金湖县志

（下册）

金湖县地方志编纂委员会 编

JINHU

XIANZHI 1986—2005

方志出版社

图书在版编目（CIP）数据

金湖县志：1986—2005 / 金湖县地方志编纂委员会编.
--北京：方志出版社，2018.10
ISBN 978-7-5144-2900-8

Ⅰ. ①金… Ⅱ. ①金… Ⅲ. ①金湖县—地方志—1986—2005 Ⅳ. ①K295.34

中国版本图书馆CIP数据核字（2017）第323098号

金湖县志（1986—2005）

编　　者：金湖县地方志编纂委员会
责任编辑：陈　效
出 版 人：冀祥德
出 版 者：方志出版社
　　　　地址　北京市朝阳区潘家园东里9号（国家方志馆4层）
　　　　邮编　100021
　　　　网址　http://www.fzph.org
发　　行：方志出版社图书经销中心
　　　　电话（010）67110500
经　　销：各地新华书店
印　　刷：南京凯德印刷有限公司
开　　本：889毫米×1194毫米　1/16
印　　张：103.5
字　　数：2832千字
版　　次：2018年10月第1版　2018年10月第1次印刷
印　　数：0001~3000册
ISBN　978-7-5144-2900-8　　定价：880.00元（上下册）

总　目　录

目 录

（下 册）

第二十二篇 名优特产

第二十三篇 金融业

第二十四篇　财政　税务

第二十五篇　综合经济管理

第二十六篇　中国共产党

第二十七篇 人民代表大会

第二十八篇 人民政府

第二十九篇　人民政协

第三十篇　群众团体

第三十一篇　法　治

第三十二篇　军　事

第三十三篇　科学技术

第三十四篇　教育　体育

第三十五篇　文　化

第三十六篇　金湖秧歌

第三十七篇　卫　生

第三十八篇　民政事务　劳动管理

第三十九篇　社会保障

第四十篇　社会生活

第四十一篇 精神文明建设

第四十二篇 人 物

第四十三篇　专　记

附　录

索　引

第二十二篇　名优特产

1986年，全县利用资源生态优势，发掘地方特产和传统食品，积极创建名优产品，申报注册商标。1989年，县举办名特优廉商品展销会，推动全县品牌创建工作，11月获得部优、省优、市优产品40个。1990年，对全县食品药品类注册商标和未注册商标进行普查建档。1992年，部分企业申报省著名商标，县有机化工厂获得2项。1995年，县组团参加'95中国高新技术、新产品博览会，参展19个项目，有8项获奖，其中金奖4项。2001年，全县多家企业参与国家级、省级、市级名牌产品评选，全县名牌产品影响力逐步提升。2003年，县组织农产品"三品（无公害农产品、绿色食品、有机食品）"认证申报，农业部绿色食品发展中心确认金湖县无公害农产品5项、绿色食品6项、有机食品2项。同时，开展商标知识电视大赛，组织百名工商干部深入百家企业，帮助注册百件商标的"三百工程"活动。

2005年，县商标协会成立，县政府下发《金湖县名牌战略实施纲要》及《关于进一步加快推进品牌建设的意见》，品牌创建工程纳入政府工作重要日程。年底，全县工业产品被认定为市级以上名优产品的种类（同类的不同型号品种产品未重复计算）共有89项，其中机械产品24项、化工产品10项、电器线缆产品22项、药品保健品8项、粮油食品12项、酒类产品4项、服装及生活日用品及其他9项。地方特产颇多，本篇记述较有名气的有42项，其中传统手工产品22项（手工产品4项、面点9项、菜肴6项、茶产品3项）；原生态特产31项，其中野生及栽培植物11项、禽蛋及水产品20项（禽类6项、蛋品3项、水产品11项）。

第一章　工业产品

第一节　机械产品

一、石油机械系列产品

该系列产品由江苏金石机械集团（原名金湖县机械厂）生产。产品有手动平板阀、节流压井管汇、整体采油树等。1986年，县机械厂组成铸件攻关QC小组、采油井口油管挂铜条镶焊QC小组，获全国石化行业先进QC小组称号。1987年，该厂获得石油部颁发的石油配件供应网络证书，产品PFF35/103手动平板阀、JY-35节流压井管汇获得省计经委授予的省优秀新产品"金牛奖"。1988年，JY-35节流压井管汇被市经委评为1987年度市优质产品，并同时获得国家经委颁发的国家技术开发优秀成果证书。1990年，JGY/YG70节流压井管汇被国家科委、物价总局、中国工商银行等部门联合评为1990年国家级新产品；1991年，获全国"七五"星火计划成果博览会银奖、中国石油天然气总公司科技进步三等奖。1995年，该厂成为中国石油物资装备出口网络创始成员单位，并获得国际石油行业权威机构——美国石油协会API（API6A、API16C、API5CT三种）证书及会标使用权。1996年，获得外经贸部企业进出口经营权。1997年，取得ISO 9001-2000国际质量标准证书。35兆帕、70兆帕套管头被国家经委认证为1996年度国家级新产品。2000年，21兆帕-70兆帕整体采油树被国家经贸委评为国家级新产品；2001年，该产品获省经贸委"金牛奖"；获中国机械工业联合会、工程学会授予的科技进步三等奖。集团被省科技厅授予省高新技术企业。2003年，被评为2003年中国国际石油、石化、化工工程、技术设备展览会优质产品奖；JMP井口设备及采油树被省名牌战略推进委员会评为省名牌产品。2004年，集团被省科技厅授予江苏省星火龙头企业，连续两年被中国石油、石油化工设备工业协会推荐为中国石油井口设备及工具制造业十强企业，并成立省级工程技术研究中心——江苏金石油气井口科技有限公司。JMP商标被评为省著名商标。2005年，金石集团被认定为国家高新技术企业，集团实现产值2.76亿元、产品销售收入2.58亿元，利税6795.3万元。

节流压井管汇　该产品于2002年6月投入批量生产。其技术特点：节流管汇通过节流阀的节流作用实施钻井作业，替换出井里被污染的泥浆，同时控制井口套管压力与立管压力，制止溢流，实现"软关井"，保护井口防喷器组；当钻井液正常循环无法进行情况下，必须利用压井管汇往井里灌钻井液，实施压井作业；在节流压井管汇的结构设计、配套使用等方面处于国内领先。产品应用于澳大利亚、哈萨克斯坦、委内瑞拉和中国大庆、新疆等地各大油田，产量约180套，市场覆盖率约占58%。

高压油气井口及自动安全控制系统　该产品于2003年10月投入批量生产，其技术特点：套管头二次密封处为双C型金属密封，是其时业界唯一能够在不加工套管表面和大公差的情况下实现20000PSI气密封的金属密封装置；油管悬挂器为锥形金属密封结构，抗老化及防腐性能提高；设有地面液动安全阀，便于实现自动控制，保证工作安全可靠；整个井口装置主要密封机构全部实现金属密封，整体技术水准处于国内领先地位。产品应用于中石化西北分公司、大庆、吉林油田，并销往乌兹别克斯坦、哈萨克斯坦等国家，产量220套，市场覆盖率约占82%。

手动平板阀（FC型）　该产品于2002年6月投入批量生产。其技术特点：整个阀门内部的阀座与阀座圈，阀座圈与阀板均采用金属密封；阀杆填料部分采用特氟隆材料，抗腐蚀能力强；相对于其他结构平板阀，开关扭矩较小；在阀门的开关扭矩和密封性能以及组装等方面处于国内领先。产品应用于美国、印尼和中国石化总公司新疆、西北分公司等各大油田。产量约1.5万套，市场覆盖率约占55%。

整体式采油树　该产品于2004年8月投入批量生产，是国家级新产品。其技术特点：①主通径为整体式组合阀，并与上法兰连成整体，减小可能的泄露。②空间较小，适用于海上平台。③可穿越各种电缆和注化学试剂管线，并可配带井下安全阀通道。④设有地面液动安全阀，便于实现自动控制，保证工作安全可靠。该产品应用于中海油渤海、南海油田等。产品产量约380套，市场覆盖率约占89%。

图 22-1-1　江苏金石集团石油机械产品，上：手动平板阀；下：整体式采油树（摄于2005年）　李义海／摄

二、“JH”牌输油泵系列产品

该系列产品由县输油泵有限公司（原名金湖县机械二厂）生产。产品有提前器、联轴节、闭门器、混水阀、圆盘犁、滚轮体、脚踏阀。输油泵、提前器获省名牌、质量信得过产品称号。

I系列输油泵　该产品适用于农业机械、工程机械、船舶机械泵行业使用。1986年，I系列B型输油泵在1983年获得机械工业部颁发I系列输油泵优质产品证书的基础上，开发汽车用输油泵样品，实现由农用柴油机用输油泵到汽车柴油机用输油泵的转型。1988年获全国油泵油嘴行业输油泵“金龙奖”。1989年在全国油泵行业中获得产量、质量、信誉、效益“四个第一”。1991年，部优I系列输油泵生产许可证通过复评。1998年通过ISO 9002-1994质量管理体系认证。2000年获省名牌产品证书，手泵总成、输油泵修理包出口尼日利亚，输油泵出口新加坡、埃及。2004年，输油泵产量超过100万台，销售收入突破1亿元，被机械工业内燃机油泵油嘴科技情报网列为全行业产销量和市场占有率均居第一，获省信得过产品称号。2005年，公司输油泵产品形成4大系列90多个品种，年生产能力200万台，产品能满足欧I、II级排放标准要求，市场占有率45%，市场覆盖面90%以上，成为世界六大活塞式输油泵生产基地之一。

QWNP系列小型双偏心供油角度自动提前器　1986年，提前器经过2年开发研制予以试产。1991年批量生产，投入市场。该产品配套广西玉林柴油机厂、扬州柴油机厂、无锡柴油机厂、无锡威孚公司、无锡四达公司、常州柴油机厂、上海电装公司、南岳等单位。1994年形成3大系列50多个品种，年生产能力达90万台，产品能满足欧洲地区I、II级排放标准要求，市场占有率40%，获国家科委颁发国家级新产品奖。1995年获机械部二等奖，1998年通过ISO 9002-1994质量管理体系认证，1999年产量突破10万台。2000年，JH牌获省名牌产品证书。2005年提前器生产量突破50万台，并获得省高新技术认证证书。开发生产出上海日本电装NB泵、国Ⅲ叶片式泵等型号输油泵、助力转向泵、上海日本电装PX型提前器、联轴节等新品。年底，JH牌输油泵、提前器产品获省名牌产品和省质量信得过产品称号；产销量和市场占有率在全国同行业均居第一。全年生产输油泵131万台，提前器52.84万台，实现产值1.11亿元、销售收入1.04亿元、利润537.9万元，上缴税金996万元。

三、“小青青”牌渔业机械产品

该系列产品由县小青青渔业设备有限公司（前身为塔集农机厂）生产。1987年，塔集农机厂研发的ZY3c型叶轮式增氧机形成生产规模，获得市政府科技进步（开发新产品类）四等奖。1998年，研究开发自动投饲机获国家专利。2000年，企业更名为县小青青渔业设备厂，厂长张晓青作为主要起草人参与制定投饲机国家行业标准，由农业部颁发实施。2004年，专利产品振动式鱼塘投饲机产量突破1万台，产值达到1000万元，并发明轧螺蛳机、机电两用叶轮式增氧机、充电式直流投饲机。2005年，生产的增氧机、投饲机被渔民称为救鱼机、高产机，成为水产养殖的必备机械。当年产销渔机2万多台，产值2000万元。12月，公司通过ISO 9001-2000质量管理体系认证。公司注册的“小青青”商标被认定为市知名商标。

四、“金卫灿”牌卫生巾设备

该设备由江苏金卫机械设备有限公司（原县卫生巾设备厂）生产。县卫生巾设备厂创建于1996年秋，2000年，“金卫灿”卫生巾设备系列产品获省质量信得过产品称号。2002年，公司成立国际销售部，研制开发国际市场领先的双路成形护翼生产线、婴儿尿裤生产线、产妇垫生产线等五大卫生巾设备系列、20多种型号的设备。2004年，产品销往泰国、乌兹别克斯坦、伊朗、埃及、加拿大、罗马尼亚、土耳其、希腊等国家，遍及世界五大洲。2005年，实现产值2000多万元、利税100多万元，其中，实现自营出口170多万美元。双路成型卫生巾快易包生产线被认定为市级高新技术产品，“金卫灿”卫生巾设备获省名牌产品称号。

五、液环式氯气泵

该产品由县石化矿业机械制造有限公司（原金湖县金北镇农机厂）生产。1995年，该企业生产的QYJ750/0.3、QYJ950/0.3等液环式氯气泵，主要用于大型石油化工、电解化工企业抽取或加压氯气、氮气、乙烯等易燃易爆、有毒有害气体，或作为自动控制系统的高压装置使用。在'95中国高新技术新产品博览会上，该产品获得银奖。2001年6月，自行开发研制的氯气泵系列产品通过国家星火计划项目验收。产品远销全国24个省（直辖市、自治区）。2004年，YLJ-1200/0.35型液环式氯气泵被认定为市高新技术产品。

1986—2005年金湖县机械行业名优产品一览表

表22-1-1

产品名称	生产企业	名优等级	获得时间
“金前”牌客车车门控制气泵	县汽车配件厂	市优、省优	1986
“挺进”牌S195喷油泵挺柱体	县滚轮体厂	省优	1986

接上表

产品名称	生产企业	名优等级	获得时间
“金阀”牌明杆楔式单闸板闸阀	县阀门厂	市优、省优	1986
“JH”牌B型、Ⅱ号、A型输油泵	县输油泵有限公司	市优、省优	1986、2003
“金机”牌采油（气）井口装置	金湖机械厂	市优	1986
“金桥”牌环型预顶应力混凝土电杆	县水泥制品厂	市优	1986、2001
“金机”牌采机（气）井口装置	金湖机械厂	市优	1986
“金机”牌手动平板阀	金湖机械厂	省优	1987
“金机”牌节流压井管汇	金湖机械厂	市优、省优秀新产品“金牛奖”	1987
“小青青”牌ZY3c型叶轮式增氧机、振动式鱼塘投饲机	县小青青渔业设备有限公司	市优，1998年国家专利产品	1987
“金刀”牌直柄麻花钻	县刃具厂	市优	1988
“金桥”牌环形预应力混凝土电杆	江苏金桥建材有限公司	市优	2001
“金轻”牌真空两用快速蒸箱	县轻工机械有限公司	市优	2001
“宏大”牌卫生巾成套设备	县宏大卫生巾设备有限公司	市优	2001
“JWC”牌卫生巾设备	江苏金卫机械设备有限公司	市优	2002
复合式井口装置	金湖石油机械有限公司	省高新技术产品	2002
“JMP”牌石油井口设备	江苏金石机械集团有限公司	省优	2003
LDA轻型氟塑料耐高温安装线	江苏利达特种电缆有限公司	市优	2004
MB-QZ2车门自动控制器	县液压元件厂	市优	2004
鼓形滚轮体	江苏金湖动力机械配件有限公司	市优	2004
“JMP”牌石油采油树	江苏金石机械集团有限公司	省优	2004
“JH”牌喷油提前器	江苏金湖输油泵有限公司	市优、2005年省优	2004
YLJ-1200/0.35型液环式氯气泵	县矿业机械制造有限公司	市优	2004
“JWC”牌双路成型卫生巾快易包生产线	江苏金卫机械设备有限公司	市优	2005

第二节　化工产品

一、“金河”牌碳酸氢铵

该产品由金湖化肥厂生产，色泽洁白，不易结块，含氮量大于17.3%，含水量小于2.9%。1986年，金河牌碳酸氢铵、磷酸氢钙在获得省优产品的基础上，被化学工业部评为部优产品。1989年，在全国小氮肥生产严重滑坡的形势下，该厂生产合成氨6739吨、碳酸氢铵1.46万吨、商品氨3341.5吨、四氯化碳822吨、盐酸3033吨，实现产值1689万元、利税243万元。1998年6月，受化肥生产大气候影响，化肥市场供大于求，农民对碳酸氢铵需求量小，处于饱和状态，被迫停产。

二、爱特福“84”牌消毒液

生产企业江苏爱特福药物保健品有限公司是中国最大含氯消毒剂产品生产研发基地。产品主要有液态消毒剂爱特福“84”牌消毒液，固态消毒片“爱特福”牌泡腾片，医用消毒剂“爱特福”牌碘伏等系列产品。其中爱特福“84”牌消毒液主要用于餐饮具、环境和物体表面消毒，具有杀灭肝炎病毒、防腐保鲜、防臭防霉、漂白去污、去除顽渍等多种功能。1990年9月，金湖县有机化工厂爱特福“84”牌消毒液获江苏省优秀新产品“金牛奖”，1995年4月，又被评为江苏省名牌产品。2003年春夏抗击“非典”中，此产品深受全国消费者的青睐。爱特福“84”牌消毒液为中国驰名商标、江苏名牌产品、中华预防医学会专家认证产品、国家免检产品，年产销量占全国总产销量的80%以上，市场占有率居同行业首位。

图22-1-2　爱特福公司“84”牌消毒液产品生产线（摄于2003年）
爱特福公司／供

三、“飞毛腿”牌杀虫气雾剂

为江苏爱特福药物保健品有限公司生产，产品主要有：“飞毛腿”牌杀虫气雾剂和“老好”牌空气净等系列。气雾剂以可再生植物提炼的食用酒精为溶剂、以环保的拟虫菊酯为有效成分的新型家用杀虫产品，具有快速杀灭苍蝇、蚊子、蟑螂等飞虫和爬虫之功能，品质纯正，不污染生活环境，对人畜无害；且采用进口阀门、机械旋流喷射，雾化好，扩散快，使用次数多。其技术水平领先国内同类产品。

1986—2005年金湖县化工行业名优产品一览表

表22-1-2

产品名称	生产企业	名优等级	获得时间
“金河”牌碳酸氢铵、磷酸氢钙	金湖化肥厂	省优、部优	1986
“金都”牌复混肥料	金湖县配方肥料厂	市优	2001
“建源”牌PP-R管材、管件	金湖县建源新型建材有限公司	市优	2001
“金波”牌药用丁基橡胶瓶塞	金湖县玻璃仪器厂	市优	2002
3-氯邻氨基苯甲酸甲酯	江苏华鼎精细化工有限公司	省高新技术产品	2002
“爱特福”牌84消毒液	江苏爱特福药物保健品有限公司	市优、省优	2001 2002 2002
“飞毛腿”牌卫生杀虫气雾剂	江苏爱特福药物保健品有限公司	市优、省优	2001 2002
“84”牌天然活性洗洁灵（好帮手）	江苏爱特福药物保健品有限公司	市优、省优	2003 2005

接上表

产品名称	生产企业	名优等级	获得时间
“老好”牌空气净	江苏爱特福药物保健品有限公司	省优	2004
“5A”牌消毒液	江苏爱特福股份有限公司	省优	2004

第三节　电器线缆

一、工业物位仪表

该仪表由江苏苏仪集团江苏红光仪表厂有限公司生产，其系列品种有：智能平衡罩式液位变送器，智能射频导纳料位（仪）开关，液位控制开关，高温料位（仪）开关，氨水—焦油界面仪，除尘仓料位（仪）开关，机械化澄清槽氨水焦油界面仪，光电液位计，雷达液位计，超声波物位计等。其中Level-Ease20000射频导纳料位仪，采用加拿大ARJAY工程公司射频检测技术核心模块，使用特殊抗冲击、耐磨损探杆护套材料生产的新一代智能连续料位（液位）测量仪表，为国内外首创，适用于各行业中在高温、高压力、强腐蚀、强粘附、强冲击、强磨损、粉尘大的环境下液体、颗粒和块状物料仓料位的连续测量，具有与ARJAY工程公司原装产品相同的性能与品质。2004年起，产品获得国家专利6项，被认定为省高新技术产品。

二、工业无线测控系统

该系列产品品种有工业无线物联网控制系统，工业无线网络开关，工业温度、压力、流量、物位、电流、电压、频率无线传感器，工业无线网络信号中继传输的路由器等。产品广泛替代有线控制传感器，引领工业自动化领域占领国际技术前沿，为工业增效、节能减排、保护环境等提供测控手段。项目获国家“863”计划和自然科学基金立项支持，产品获得国家专利30余项，被认定为省高新技术产品。

三、“金菱”牌软电线

1986年，由县橡胶电线二厂研制生产的“金菱”牌橡皮绝缘编织软电线，采用天然橡胶、丁苯橡胶、铜线束丝等原材料，经炼胶、挤橡、硫化、编织等多道工序制作而成，解决绝缘橡皮内层易发黏、导体铜丝发黑的问题，绝缘性能可靠，产品质量符合GB 3958—83国家标准，达到英国同类产品的质量要求。1988年，被农牧渔业部评为部优产品。该产品年产量超过1万公里，销往全国21个省（直辖市、自治区），且营销经久不衰。

四、“金菱”牌连接电线

1986年由县橡胶电线二厂生产。BVS型铜芯聚氯乙烯绝缘电线以聚氯乙烯、铜丝等为原料，经成缆、挤塑等工序制作而成。产品绝缘性能好，拉力强，耐高压，工作温度长期允许在70℃以内。产品质量经物理、化学、机电全性能检测，完全符合GB 5023—85国家标准。1987年被评为市优产品。该产品主要用于家用电器、仪器仪表的电流导线，年产量超过6000公里，销往全国21个省（直辖市、自治区）。

五、“全兴”牌电线

1986年由县电线电缆厂生产。BVR型铜芯聚氯乙烯绝缘电线、BVVB型铜芯聚氯乙烯绝缘护套线，分别以铜丝、聚氯乙烯，铜线、聚氯乙烯电缆等为原料，经拉丝、成缆、挤塑等工序制作而成。产品拉力强，耐高压，绝缘性能好，经理化、机电全性能检测，完全符合GB 5023—85国家标准。1987年，绝缘护套线被评为市优产品。该产品主要用于电力、电讯室内线路的固定敷设及室外线路短距离连接，使用安全可靠，年产量超过4000公里。畅销10多个省（直辖市、自治区）。1988年，绝缘电线被评为市优产品。该产品主要用于家用电器、仪器仪表等线路固定敷设时要求柔软的场合，年产量超过1万公里。销往10多个省（直辖市、自治区）。

六、特种电线电缆

1987年，江苏捷尔电缆有限公司的前身县电线厂先后与电子工业部第23所、北京航天科技集团等科研院所合作，在江苏省第一家开发生产耐高温特种电线电缆，产品用于航空、航天、雷达等国防领域。1992年，成立金湖县特种电缆厂，配套生产具有国际领先水平的雷达和飞机使用的高性能电线电缆，替代进口产品，实现产品销售收入1000万元、利税70多万元。1994年，引进通信电缆生产线，实现销售收入2000多万元、利税160万元，被列入“中国之光”名牌产品，RJZ系列耐高温绕接线产品获江苏省一等品称号。1995年，通信电缆被省政府授予省名牌产品称号。1998年，研制开发高温绕接专用线被列入省星火计划，产品填补国内空白，并被认定为省著名商标。2002年，研制开发QLA系列高性能氟塑料导线，获国家专利证书，被认定为高新技术产品，达到世界先进水平，可替代进口产品。2003年，企业更名为江苏全兴电缆有限公司，与航天集团第8研究所等科研单位合作，研制开发舰船用轻型无卤电缆，广泛应用于航空、航天、卫星、雷达、舰船、坦克等军事领域。2005年，通过国家武器装备科研生产单位三级保密资格认证，及军工产品质量管理体系的现场审核，国防科工委授予“武器装备科研生产许可证”。当年实现产品销售收入2650万元、利税260万元。

1986—2005年金湖县电器线缆行业名优产品一览表

表22-1-3

产品名称	生产企业	名优等级	获得时间
“三河”牌手用电磁吸盘	金湖县机械电器配件厂	市优、省优	1986 1988
“金菱”牌铜芯聚氯乙烯绝缘软绞型连接电线	金湖县橡胶电线二厂	市优	1987
“全兴”牌铜芯聚氯乙烯绝缘护套线	金湖县电线电缆厂	市优	1987
“全兴”牌铜芯聚氯乙烯绝缘电线	金湖县电线电缆厂	市优	1988
“利淮”牌电缆端接式管接头	金湖县机械电器配件厂	市优	1988
“三湖”牌热电偶、热电阻	金湖县热工仪表厂	市优	1988
“利淮”牌电缆端接式管接头	金湖县机械电器配件厂	市优	1988
“天翔”牌精密数字压力电流表	江苏省金工仪表集团有限公司	市优	2001
“捷尔”牌普强度橡套软线、聚氯乙烯绝缘电线	江苏捷尔电缆有限公司	市优	2001
“联环”牌电容式压力变送器	江苏红光仪表厂	市优	2002
“杰创”牌压力(差压)变送器	金湖县杰创科技有限公司	市优	2002
HG2000压力仪表自动校验系统	金湖红光仪表厂	省高新技术产品	2002

接上表

产品名称	生产企业	名优等级	获得时间
ZN-VT智能过程信号检测仪	金湖仪器仪表厂	省高新技术产品	2002
“全兴”牌聚氯乙烯绝缘电线电缆	江苏全兴电缆有限公司	市优	2004
“尔俊”牌电线电缆	江苏尔俊电缆有限公司	市优	2004
智能数字显示调节仪	江苏华海测控技术有限公司	市优	2004
“巨龙”牌电线电缆	金湖县四通电缆厂	市优	2005
“星羽”牌电线电缆	江苏星羽电缆有限公司	市优	2005
硅橡胶绝缘安装线	江苏光阳仪表线缆公司	市高新技术产品	2005
JPF智能分相无功补偿智能型配电箱	江苏腾达苏源电气设备有限公司	市高新技术产品	2005
高功率SC型镍氢电池	江苏赛尔电池有限公司	市高新技术产品	2005
新型阀控式全封闭铅酸免维护蓄电池	江苏理士科技有限公司	市高新技术产品	2005

第四节　药品保健品

一、“蜜环”牌白葡菌止咳片

该产品由江苏神华药业有限公司（原金湖县制药厂）生产。白葡菌止咳片系白色葡萄球菌采用生物工程方法进行液体发酵培育，再经一定的科学处理而制成的一种新型止咳药。药理试验表明，白葡菌止咳片有近似可待因的镇咳强度，可以直接抑制中枢延脑孤立索，并有调节副交感神经的作用，使痰量明显减少，对慢性支气管炎及其他咳嗽患者，如呼吸道感染、咽炎、急性支气管炎、肺炎、肺结核、支气管哮喘、支气管扩张、胸膜炎等都有较好的疗效，食用方便，儿童可以咀嚼。1986年，连续获得市优、省优产品称号，年产量2亿~3亿片。直至2005年，产品仍畅销全国各地，市场覆盖率90%。

二、“蜜环”牌云芝菌（灵芝）胶囊

该产品属于培育生长成具有抗生素药用价值的真菌类药物，由江苏神华药业有限公司（原金湖县制药厂）生产，具有增强免疫力、对肝损伤有辅助保护功能，搭配其他药物一起服用，可治疗慢性病毒性肝炎及早期肝硬化。2001年，获得省优质产品认证，年产量约1亿片。

三、L-谷氨酰胺胶囊

2001年，江苏神华药业有限公司与中国军事医学科学研究院放射医学研究所合作，研制生产国家四类新药L-谷氨酰胺原料药和胶囊剂，主治胃溃疡，全国独家生产，保护期6年。当年实现产值1538万元，销售收入1521万元。2005年，产值2651万元，销售收入2285万元。

四、猴头菌片

该产品由江苏神华药业有限公司（原金湖县制药厂）生产。猴头菌片成分主要是猴头菌丝体，辅料为淀粉、蔗糖、明胶、滑石粉、川蜡、硬脂酸镁。主要用于养胃和中及慢性浅表性胃炎引起的胃痛。1995—1997年，年产量分别达到2亿片，获得省优质产品认证。

1986—2005年金湖县药品保健品获得名优产品认证的品牌一览表

表22-1-4

产品名称	生产企业	名优等级	认证时间
“蜜环”牌蜜环片、猴头菌片、白葡菌止咳片	金湖县制药厂	市优、省优	1986
蜜环牌脑心舒口服液	金湖县制药厂	市优	1988
天麻蜜环片	江苏神华药业有限公司	省优	1997
长白灵咳喘片	江苏神华药业有限公司	省优	1997
L-谷氨酰胺胶囊	江苏神华药业有限公司	国家保护产品	2001
灵芝胶囊	江苏神华药业有限公司	省优	2001
云芝多糖胶囊	江苏神华药业有限公司	省优	2001
“蜜环”牌云芝菌胶囊、自维胶囊、灵芝胶囊、脑心舒口服液、猴头菌片等	江苏神华药业有限公司	省优	2005

第五节　粮油产品

一、优质大米

1986年，全县水稻种植面积3.47万公顷，总产26.76万吨，为历史之最。1989年，县域水稻种植面积3.31万公顷，总产近26万吨，平均亩产523公斤。1998年，水稻种植面积2.68万公顷，平均亩产达到575公斤，为历史之最，实收总产24.7万吨，所产优质大米远销到福建厦门。2005年，水稻生产创建优质产品基地，全县种植面积3.33万公顷，其中建成有机食品基地400公顷，绿色食品水稻基地9700公顷，无公害水稻基地2万公顷。稻田养蟹、稻鸭共作等绿色生态种养模式推广2万公顷。优质水稻生产带动大米加工业快速发展，全县建成大米年加工能力5万吨以上企业6户。“金叶”“宝金玉”“精华”“双兔”等品牌大米享誉大江南北，其中“金叶”“双兔”品牌大米获全国稻米博览会金奖，成为国家首批“放心米”；“精华”“金栗”“宝金玉”及“金叶”牌大米，“香绵”牌粳米获国家级绿色食品；“荷乡”牌、“泗湾湖”牌、“汕湖”牌、“叶贵”牌、“高邮湖”牌、“张老三”牌、“岛田”牌及“圣清”牌等8个品牌大米获得绿色食品认证，4个品牌大米获得无公害农产品认证。“精华”牌籼米出口东南亚地区。

苏垦“宝金玉”大米由省农垦米业有限公司宝应湖米厂生产。加工的水稻产自于省农垦宝应湖农场，选用武育粳3号配以香粳优良品种稻谷，通过先进的工艺设备精制加工而成，具有色泽光亮、米粒整齐、口感绵糯、略带清香等特点，产品销往南京、上海、镇江、扬州、杭州、湖州等地大型连锁超市，还运用“生产可记录、信息可查询、流向可追踪、责任可追溯”的现代化无公害农产品网上质量追溯安全体系，满足消费者“从田园到餐桌”的知情权和监督权，深受消费者青睐。

二、优质面粉

境内是国家中弱筋小麦生产基地，常年种植小麦2.67万公顷，年产近16万吨。全县拥有面粉加工企业4户，主要龙头加工企业有江苏金叶粮油食品有限公司（原县油米厂）、江苏曙东粮油食品有限公司等，代表品牌有“金叶”牌、“精华”牌特一粉、特二粉、精粉、面包粉、糕点粉，筒面、营养面等。

三、“花星”牌菜籽油

20世纪80年代，境内常年种植油菜6700公顷，年产量1.5万～2万吨，全部选用双低（低芥酸、低脂肪）优良油菜品种，采用无公害栽培模式，油菜籽质量上乘；常年种植棉花3300公顷，年产优质棉籽5000吨左右；另还有花生、大豆、芝麻等油脂类作物。龙头加工企业金湖广原油脂有限公司（原油化厂）采用先进的“浸出法”工艺生产的花生油、“花星”牌国标二级菜籽油，具有色淡、低杂、低水、少烟、味纯等特点，无沉淀物，无含皂量，酸价低于4.0，深受消费者青睐。浸出产能250吨/日，炼油车间产能120吨/日；棉籽剥壳炼油车间产能200吨/日，至1987年，连续多年被评为市优产品。2005年，“花星”牌菜籽油产销量超过5000吨。

四、黄原胶

该产品由县制药厂生产。黄原胶又名黄单胞菌多糖、汉生胶、苫顿胶，是以淀粉、蔗糖等为原料，经黄单胞杆菌发酵及一系列生化过程，产生胞外微生物多糖，最终达到一种高聚物，其主要成分为葡萄糖、甘露糖、葡萄糖醛胶等，分子量达数百万，具有突出的高粘性和水溶性。由于其大分子的特殊结构和胶体特性，而具有多种功能，可作为乳化剂、稳定剂、浸润剂、酶制剂、抗氧化防腐剂、凝胶增稠剂、被膜成型剂等，广泛应用于食品加工中，联合国粮农组织的世界卫生组织所属食品添加剂专家委员会，批准其为安全食品添加剂。1995年，年产量117吨，1997年增加到144吨。2000年7月，县制药厂改制为江苏金晔药业有限公司，黄原胶年产量增加到160吨。

1986—2005年金湖县粮油食品获得名优产品认证的品牌一览表

表22-1-5

产品名称	生产企业	名优等级	认证时间
“汉生”牌黄原胶	县制药厂	市优	1986年
国标一级花生油	县油化厂	市优	1986年
国标三级棉籽油	县油化厂	市优	1986年
国标一级杂交籼米	县面粉厂	市优 省优	1987年 1988年
“花星”牌国标二级菜籽油	县油化厂	市优 省优	1987年 1988年
“香绵”牌大米	宝应湖农场粮油加工厂	市优	2000年
“金叶”牌大米	江苏金叶粮油食品有限公司	省优	2002年
“宝金玉”牌大米	江苏农垦宝金玉粮油有限责任公司	省优	2003年
“金叶”牌面粉	江苏金叶粮油食品有限公司	省优	2004年
“精华”牌大米	江苏曙东粮油食品有限公司	市优	2004年 2005年
“宝金玉”牌粳米	江苏农垦宝金玉粮油有限责任公司	市优	2005年
“金粟”牌挂面、米、面粉	金湖县吕良福利油米厂	市优	2005年

第六节　酒类产品

一、米甜酒

金湖酒厂生产的米甜酒以地产优质糯米为原料，用大麦、小麦、豌豆特制的曲饼做发酵剂，经过浸泡、蒸制糖化、发酵，加入适量曲酒，酿化、压榨而成，具有香、鲜、甜的独特风格。色泽清黄，香气醇浓，味道甘甜而不腻，含有多种维生素、有机酸、糖类。1986年，年产量300吨，1990年增加到500吨，产品销往上海、南京、杭州等城市。20世纪90年代后期金湖酒厂停产。

二、封缸酒

20世纪70年代初，金湖酒厂采用江浙一带民间传统米甜酒酿造方法，经不断改革提升，形成独特的封缸酒生产工艺，生产出“玉兔”牌封缸酒。该酒是一种12°~13°低度甜黄酒，原料为地产糯米，苏州酒酿饼做发酵剂，采用宜兴釉缸、绍兴绢袋封缸酿化，自然变色、成香、生甜，不添加任何化学物质。酒质别具一格，新酒色泽橙黄，陈化后成橘红，香味醇正，口感微酸而后甘，爽口而不腻，含有丰富的糖分及氨基酸。畅销省内外。经常饮用可促进新陈代谢，增进食欲，补气活血。年产量由30多吨逐步上升到300多吨，还供不应求。于20世纪90年代后期停产。

三、“银仙河”牌大曲酒

该曲酒于20世纪70年代由驻境内江苏省军区运西农场酒厂生产。原料为优质高粱，采用传统酿造方法及先进的生产设备、工艺酿造而成，风味纯正，醇甘爽口，回味久长。产品有55°、38°曲酒，人参、灵芝补酒等，80年代年产量超千吨，畅销河南、河北和上海、北京、广州、南京等城市，在军内亦享有盛誉。20世纪90年代后期停产。

四、“三河”牌白酒

20世纪60年代初，金湖酒厂以山芋干和高粱为原料，采用民间传统酿造方法与现代生产工艺，生产出“三河”牌曲酒、碧泉液低度酒。该酒清澈透明，醇香浓郁，根据消费者的需求，勾兑成不同乙醇含量的酒型，有60°、55°曲酒，有50°、38°低度酒，其视嗅效果、理化标准、卫生标准均符合国家食品卫生标准，且价格低廉，深受消费者特别是农村低收入酒类消费者的青睐，产品销往10多个省（直辖市、自治区），年产销量3500吨以上。后因金湖酒厂经营管理欠佳，企业亏损，于20世纪90年代后期停产。

1986—2005年金湖县酒类获得名优产品认证的品牌一览表

表22-1-6

产品名称	生产企业	名优等级	认证时间
“银仙河”牌银河特液低度酒	省军区运西酒厂	省优	1987
“泗湾湖”牌湖泉大曲酒	南京军区泗湾湖农场酒厂	市优	1987
“三河”牌白酒、碧泉液低度酒	金湖酒厂	市优	1987
55°、38°施沟大曲	金湖施沟酒厂	市优	1987

第七节　卫生用品

1986年，全县生活日用品获认证的省市级优质产品品牌的3项，1987年2项，1988年2项。“金莲”牌皱纹纸、“金玫瑰”牌妇女卫生巾获得省优质产品认证。1996年，县制鞋总厂生产的耐酸碱油劳保靴（工矿鞋、捕捞鞋、双色女靴等）获中国高新技术新产品博览会金奖。1999年，金莲纸业有限公司“金莲”牌卫生纸和“金玫瑰”牌卫生巾被评为省市场购物首选品牌、省免检产品和重点保护产品。2001年，县银海丝业有限公司生产的“金荷”牌白厂丝被认定为市级名牌产品。2005年，县国祥工贸有限公司生产的浩特牌劳保靴被评为市优产品，县琳翔家居门业装饰有限公司生产的“琳翔”牌橱柜获省优产品称号。

一、“金莲”牌皱纹卫生纸

由金湖造纸厂生产。该产品以稻草为原料，经造纸工艺加工成洁白柔软，拉力强，吸水性能好，无毒无菌，清洁卫生纸，深受消费者青睐。1986年，35克4号皱纹卫生纸获得省优产品证书，年产量7500吨仍供不应求，在省内的市场覆盖率达75%。1987年，该企业又开发药物卫生纸，用省优产品35克4号“金莲”牌皱纹卫生纸经中草药处理制成，具有较强的杀菌能力，对多种妇科疾病有良好的防治作用，成为保护妇女生理卫生的佳品。1997年，“金莲”牌商标被认定为省著名商标。2005年，该产品年销售量突破万吨。

二、“金玫瑰”牌卫生巾

由江苏省造纸印刷工业公司金湖县卫生用品联营厂生产。1988年，该厂生产的“金玫瑰”牌妇女卫生巾获得省优产品。2005年，县域卫生巾生产厂家全部转行，建成卫生巾设备制造企业2家。

1986—2005年金湖县服装、生活日用品及其他获得名优产品认证的品牌一览表

表22-1-7

产品名称	生产企业	名优等级	认证时间
“金莲”牌皱纹纸	金湖造纸厂	市优 省优	1986 1988—2002
“金奖”“仙乐”牌扑克	县印刷厂	省优	1986
“金玫瑰”牌妇女卫生巾	省造纸印刷工业公司金湖县卫生用品联营厂	省优	1988
“冬雁”牌羽绒服	县羽绒厂	市优 省优	1987 1988
“恒力”牌编织袋	县塑料编织厂	市优	1987 1988
“金荷”牌白厂丝	县银海丝业有限公司	市优	2001
“金鸿”牌棉线、棉纱	江苏轻仟纺织有限公司	市优	2004
“浩特”牌劳保靴	县国祥工贸有限公司	省优	2005
“琳翔”牌橱柜	县琳翔家居门业装饰有限公司	省优	2005

第二章　传统手工产品

第一节　手工产品

一、吕良挂面

吕良挂面以精制面粉、盐、水为主要原料，亦有拌和鸡蛋的鸡蛋挂面。制作工序有选料、和面、盘面、醒面、压面、切面、上条、挂拉、晾晒、造型等，道道工序纯手工制作。制作时节一般选在农历十月中旬到次年农历二月底，宜在风和日丽的天气制作。成品质地均匀细腻，口感绵软润滑，清淡爽口，老少咸宜。成品挂面置于通风干燥处储存，保质期3个月。

二、香糯桂花藕

原料为鲜藕、优质糯米及蔗糖、桂花等配料加工而成。产品香气飘逸，口感绵软，老幼咸宜，是馈赠亲友的天然佳品。“荷湘缘”香糯桂花藕为县内的知名品牌。

三、松花皮蛋

松花皮蛋又称变蛋、彩蛋、松花蛋。县内松花皮蛋制作选用水乡肥鸭产的优等绿壳鲜鸭蛋，用树枝灰、石灰、烧碱等传统配方，经过十多道工序精心加工而成。此蛋去壳后软而富有弹性、光滑而不粘手；蛋白通体透明，并有乳白色花纹，称之松花，色泽艳丽；蛋黄多彩，松花清晰，鲜美醇香。成品蛋松花宛如镶嵌在翡翠中的玉花，十分美观。此松花是由蛋中的氨基酸、蛋白质等在制作过程中自然转变而成，是衡量皮蛋质量优劣的标准，有“蛋好松花开，花开皮蛋好”之说。皮蛋营养丰富，蛋白质含量多，有清热、祛火、降血压、开胃、解酒等功效，为筵席美肴、佐餐佳品。“金水”牌咸蛋、松花蛋创出一批绿色无公害产品，享誉省内外，年销售500万只。

图 22-2-3　金湖食品厂生产的松花皮蛋（摄于1989年）
姜燕／摄

四、小磨麻油

该产品清澈透明、香气飘逸，是羹汤及凉拌菜肴锦上添花的调料。原料为地产旱谷作物芝麻。

生产工艺：将芝麻洗净晒干，拌赤砂放入铁锅用文火炒熟。掌握火候是炒熟的关键，火候不到，香气不出；火候过旺过急或过时，芝麻、麻油不仅会有焦煳味，出油率亦受影响。筛去赤砂，把香气外溢的芝麻拌和适量的水分用小磨磨成稠糊状，置入油缸中。再用金属油鼓在芝麻稠糊中上下左右不停地来回晃动，沁人肺腑的麻油便逐渐上浮，油渣分离下沉，慢慢地人工虹吸或提取，最后将麻油澄清装瓶密封。

图 22-2-4　小磨麻油（摄于 2001 年）　　姜燕 / 摄

第二节　面　点

一、金沟烧卖

金沟烧卖皮薄劲道、香味浓郁、口感鲜美，是县内传统特色小吃。主要原料有面粉、糯米、肉汤、香干丁等。做法：备肉汤熬制的糯米及香干丁等馅儿；将面粉加入淡盐水搅拌均匀，揉捏成团，切小块擀成薄面皮，包上馅儿捏成折，上笼蒸熟即成。

图 22-2-5　兰花烧卖（摄于 1991 年）　　朱伟 / 摄

二、糟（朝）烧饼

为县内特色小吃之一，品种多，口味各异。原料为发酵的米粉糊，根据配制夹带的物品，有咸、辣、甜之分。制作时要把握口味，甜辣咸配置得恰到好处，可夹油条，或夹鸡蛋、火腿肠、脆饼等。还要把握火候，火候不到，内夹物不熟；火候过度，面饼焦煳；恰到好处，才能炕出香味。糟（朝）烧饼香味浓郁，口感绵软滋润，老少咸宜。

图 22-2-6　糟烧饼（摄于 2005 年）　　李义海 / 摄

三、"龙虎斗"烧饼

俗称烧饼、火烧连子。与一般烧饼区别是，一般烧饼是纯甜或纯咸的；而龙虎斗甜咸适宜，外脆内酥，滋味独特。原料为麦面、葱茸、萝卜丝、白糖、食油、调料等。做法：备好半发酵的麦面团、油酥面团及调好的葱茸或萝卜丝馅。麦面团切成剂子，裹入油酥面，几次折叠

图 22-2-7 “龙虎斗”烧饼（摄于 2005 年） 李义海 / 摄

擀成长方形，炕熟后才有层次感，然后抹上葱茸、萝卜丝，撒上适量白糖，再折叠擀成长方形，用刀划四五道浅痕，抹上饴糖，撒上芝麻，贴进特制的烧饼炉（燃料为木炭）或放进烤箱，或置入装有食油的金属盘，烤熟即成。

四、南瓜饼

南瓜饼是粗料精做的一种食品，首先要将南瓜切削去皮、蒸或煮烂，制成南瓜泥；再拌入糯米粉或麦面粉及其他调味品搅匀，揉捏成团，切成剂子，按扁放入油锅中炕或炸即成。南瓜饼吃到嘴里颇有外脆内软、滋味香甜之感，比其他饼多了南瓜的特殊香气与味道，营养较为丰富。

五、金沟大糕

金沟大糕属“金沟三绝”（陈老头的熏烧、高老头的烧卖、陶老头的大糕）之一，起初叫玉兰糕，后来约定俗成为金沟大糕。此糕薄如纸，白如银，溢清香，味甘甜，卷起像笔杆，手松又弹平，用火能点燃。制作工艺考究：原料选“上海糯”“团头白”等优质糯米，将其淘洗晾干后，用赤砂炒熟，继而将熟米磨成细粉，再用细箩筛选，清除粗粒与杂质，拌入胡萝卜，摊平在席上。待一月左右，米粉被胡萝卜营养成份渍得软绵绵的。其次熬“油糖浆”，糖、油比例为四六成。取白绵糖，加水少许温化，拌和熬制好的热猪油投放在大缸里，用竹篙搅拌均匀，即成白色糊状的“油糖浆”。再次“趟糕”。将主粉与“油糖浆”按一定比例，再加酸梅肉、红绿丝、五仁、桂花等配料，拌和均匀，成坚韧的面团，摊平切成“条糕”，放入金属模型里炖入锅中加温，使油糖和米粉完全融合，此为“趟糕”的关键，温度过高“急拿”，糕会成“黏团”，切块粘黏剥不开；温度低，糕酥而不黏，切片易碎。其技术要领是师傅的家传。每次趟糕大约40分钟左右。最后切糕。糕片要切得齐、匀、薄，25厘米长的一条糕，好手能均匀切出300片。

六、米　糕

图 22-2-8 米糕（摄于 2005 年） 李义海 / 摄

蒸米糕是县内城乡居民过年迎春的传统习俗，故别称“年糕”，以“糕”的谐音喻攀高荣升、蒸蒸日上的祝愿与向往。原料主要是糯米粉、粳米粉。做法有两种：一是发酵，一是不发酵。不发酵的为“方糕”“条糕”。方糕，将60%糯米粉和40%的粳米粉搅拌放在容器里，倒入适量水抄拌均匀，静置一段时间，让米粉充分吸收水分后揉搓成疏松而不粘黏的细粉粒，过粗筛，倒入方糕的木模型中按实刮平，上笼蒸5分钟即成一块块口感疏松的“方糕”。“条糕”与“方糕”的不同点，一是制作的面粉含水量多，面团柔韧；二是成形为扁平的条状，口感黏绵。发酵的称“米糕”，一般只用粳米粉，加温水拌成“米面糊”，传统方法用“老窖”发酵，发酵好后掺入适量的食用碱水，以闻不到发酵的酸味为度，将米面糊置入垫上白布的蒸笼，旺火蒸熟即成米糕。三种糕都可即食，条糕、米糕短期内吃不完亦可切块晒成糕干，待后煮食，口感柔韧。

七、麻　团

原料：糯米粉、芝麻、芝麻糖馅、食油。糯米粉加水和团切成剂子，捏窝嵌入芝麻糖馅，收口搓圆，外表滚粘芝麻，放入沸油锅中文火煎炸，漂浮后用油绰不停地翻动，使麻团全方位受热炸熟。麻团口感黏绵，香气外溢。

图 22-2-9　麻团（摄于 2005 年）　李义海 / 摄

八、粉　团

蒸粉团亦是县域城乡居民过年的习俗，喻合家欢聚、团团圆圆。粉团食用方便，香味浓郁，口感利爽。原料是糯米粉、大米粉、糯米、调味肉馅。做法：将一定比例的糯米粉、大米粉搅拌均匀后，加入适量开水烫制，揉成长条切成剂子按扁，包入肉馅收口搓圆，外表滚粘上糯米，上笼蒸 10~15 分钟即成。可即食，也可保鲜存放几天，再次蒸食或煮食。

九、方　酥

俗称“干烘”。原料为面粉、芝麻、糖、猪油或植物油。做法：备半发酵面粉、油面酥。油面酥由炒制面粉与猪油或植物油反复拌和揉搓而成。将半发酵面粉、油面酥、适量白糖、水一起充分搅拌，摊在案板上，按实擀平，用刀划成大小一致的方块，撒上芝麻，放入平锅烘烤。其关键在“烘”的火候，烘的材料是木炭，烘烤的平锅底下要烘，同时还要将预先烘热的金属罩罩在平锅的上面，使方酥面块烘烤受热均匀。方酥出炉后呈橙黄色，通体脆酥，油而不腻，香气扑鼻。

第三节　菜　肴

一、藕　夹

藕夹色、香、味俱全，绵软酥脆，老少咸宜，堪称金湖一绝。主要原料为鲜藕、肉馅、面粉、调料和食油。做法：拌和好姜葱末、盐、糖、鸡精、酱油等佐料的肉馅；调和好掺有食用矾、碱、鸡蛋的面粉糊；将洗净的鲜藕切成一个个些许相连的成双薄片，剥开填充肉馅捏平，置入预先调和好的面糊中，使藕片外表全部均匀粘上面糊，放入沸油锅中文火煎炸，待藕夹呈黄里透红起锅即成。留作下顿再吃的藕夹只能做成八成熟，呈淡黄色，避免再次煎炸时焦煳。

图 22-2-10　藕夹（摄于 1991 年）　朱伟 / 摄

二、金沟素鸡

县内外小有名气，既能进农家小吃、喜庆餐桌，又能进星级宾馆饭店；既能作冷盘菜，又能当羹汤热菜的配角。做法：首选盐卤点浆的小锅卜页，逐张涂抹稀释的食用碱水，卷成直径约5厘米的圆柱体，外用白布捆卷扎紧，放进清水锅中，煮沸几次捞出，待凉去掉捆布，切片，冷水浸泡数小时。然后再放入预先用姜葱和特殊香料制作的“十香卤”中，热熏2小时左右即可。

三、小锅豆腐、香干、卜页

选用无霉变黑嘴黄豆，浸泡“满堂”（黄豆中心无干瘪）为度，制作独特处在细磨去渣、铁锅烧浆、盐卤点浆三个环节，然后上箱压制成型。轻压含水分多的为豆腐；重压含水量少、质地坚韧的为豆腐干，加调料再煮的称香干；在长方形小木箱里用白布分层浇浆重压成薄如厚纸片的为卜页（又称“千张”）。色质、口味均出众，可烹饪出数种菜肴。此产品童叟皆喜食，一直畅销，不仅热销县内，还俏销邻近城市各大宾馆饭店，四时八节，特别是春节，淮安、扬州、南京等城市的商人专程到金湖采购。客商说：“金湖的豆制品就是与众不同，食而不厌。”

图 22-2-11　兰花香干（摄于2001年）　朱伟/摄

图 22-2-12　金湖手抓小龙虾（摄于2005年）陈秀玲/摄

四、手抓小龙虾

选用在无污染河湖捕捞或生态养殖、个头上等的小龙虾，洗刷干净，与选配的多种特殊香料及食油、香葱、姜末、蒜泥、辣椒、黄酒等烹饪，或添加啤酒下锅煮熟。手抓剥去甲壳、细肠后食之，肉质细嫩，口感鲜美，味道奇香，可与螃蟹媲美，食客们戏称其为“螃蟹助理”。

五、珍珠鱼圆

选用白鱼（或青鱼、鲢鱼），去内脏头尾，剔除骨卡及外皮，细剁成鱼靡，加适量盐水和姜葱汁，搅拌成能浮于水面的鱼糊；取瘦猪肉、鲜虾仁及多种佐料制成肉馅；再以精巧手工用鱼糊裹着肉馅，下入清水锅，加温至沸点，再用文火保温至馅熟。珍珠鱼圆外观细白柔韧，食之鲜嫩利爽，鱼香诱人，老少咸宜。

六、涂沟糟鱼

涂沟糟鱼是境域涂沟镇渔民采用传统而古老的制作储存方法做成的一种咸鱼，储存期长，鲜美味道经久不衰。其制作方法：选用青鱼（鲤鱼、草鱼等大鳞鱼亦可）去头、去尾、去内脏，在数九寒冬腌制晒干，切段置优质曲酒中浸一下，放入小口坛中捺实，密封储存三个月。此制作过程称为“糟”，故名曰“糟鱼”。烹饪时，取坛中鱼段加佐料，或清蒸，或红烧，鱼味酒香沁人肺腑，食欲倍增，口感酥软，回味无穷。

第四节　茶产品

一、蒌蒿茶

蒌蒿茶原料为野生或人工培植的蒌蒿。蒌蒿又名芦蒿、香艾、水艾，菊科多年生草本植物，多生于水边堤岸或沼泽中。蒌蒿叶含桉叶素、蒿属醇、石竹烯以及硒、锌、铁等微量元素。蒌蒿是一种多年生保健蔬菜，其嫩茎可供食用，脆嫩清香，营养丰富，风味独特。嫩茎叶可凉拌、炒食，亦可与大米同煮成干稀饭作主食；经沸水汆焯或直接焙晒后制作成干制品，食用茶饮均可；根茎可直接或腌制后烹饪菜肴，清香脆嫩，老少咸宜。蒌蒿有利膈、开胃、行水、解毒等功效，可治胃气虚弱、纳呆、浮肿等病症，民间用于治疗急性传染性肝炎。蒌蒿还含有芳香油，可作香料。经常饮用蒌蒿茶可以清除体内垃圾，减少多余脂肪，降低血压、血脂，增强人体免疫力及解酒护肝，养胃健脾的功效。20世纪90年代起，县内蒌蒿茶业兴起，一些绿色食品厂以野生蒌蒿为原料，配以10多种中药材，制成“九里荒”“老龙窝”“三河滩”“勤荣”“芗园”“绿园”“西苑”“中国蒿茶”等知名品牌，被誉为保健绿色食品，打入国际市场。2000年4月，县野生绿色食品厂生产的“‘西苑’牌中国蒿茶”在中国（南京）国际茶博会上荣获银奖。6月，再获省消费者信得过产品金质奖。2002年，县西苑绿野茶厂生产的“西苑”牌蒿茶获得市级优质产品品牌。2005年，“芗园”牌、“九里荒”牌及“老龙窝”牌蒿茶获得市级优质产品品牌。

图 22-2-13　蒌蒿茶（摄于2002年）　朱伟 / 摄

二、马兰茶

马兰茶原料为野生或人工培植的马兰菜。马兰菜俗称马兰头，又名马兰、红梗菜、鸡儿肠、田边菊、紫菊等，属菊科马兰属多年生草本植物，纯天然野生，遍生于田野路边、空隙地上，其全株鲜嫩茎叶可供食用，亦可直接晒制或经沸水汆焯后焙烘晒制成菜干食用。其味清香微苦，干品可作药用。功能凉血解毒、清热利湿。民间单方常用以止血、治痢。据《中药大辞典》记载，它还有祛痰、平喘、消炎作用，其浓

图 22-2-14　柏氏兰茶（摄于2001年）　县志办 / 供

煎液治疗慢性支气管炎。1999年，县柏氏兰茶有限公司研制成功速食马兰菜、马兰茶，于2003年获得国家发明专利。马兰茶以去根的全株野生马兰菜为原料，经中草药汁或食用营养调料汤浴浸，整株焙晒的为速食马兰菜，切碎焙晒加工的为饮茶。根据不同的配伍所具有的保健作用确定多种茶饮名称，食用方便，价廉物美，口味独特，长期食用能增强人体免疫功能。2005年，县盈科工贸有限公司生产的“老龙窝”牌马兰茶获市优品牌。

三、荷叶茶

荷叶茶原料为野生或人工培植的莲叶，又称荷叶。荷叶为多年水生草本植物莲的叶片，境内遍生于池塘、沟渠、湖沼或水田内，有野生亦有栽培，资源十分丰富。其化学成分主要有荷叶碱、柠檬酸、苹果酸、葡萄糖酸、草酸、琥珀酸等成分，《本草纲目》《随息居饮食谱》《中国药茶配方大全》等古今药（食）学典籍记载：荷叶能活血止血、去湿消风、清心凉血、解热解毒。荷叶碱能强悍密布人体肠壁上，形成一层脂肪隔离膜，阻止脂肪吸收，防止脂肪堆积，是瘦身的良药。民间传统的食用方法有荷叶蒸肉、熬荷叶粥等。20世纪90年代，县内绿色食品厂选用7—8月的鲜嫩无污染的荷叶做原料，洗净切成条状，再经多道工序精制加工成山楂荷叶茶、茉莉荷叶茶、枸杞荷叶茶、陈皮荷叶茶等茶饮制剂。成品茶呈片状，翠绿色，有清香，含有丰富的荷叶碱、莲碱、草酸、柠檬酸、苹果酸、琥珀酸、葡萄糖酸及维生素C，泡饮时微有苦涩味，具有清暑利湿、辛凉解毒、调节血脂的保健作用。

第三章　原生态特产

第一节　野生及栽培植物

一、鲜蒌蒿

（参见本篇第二章第四节第一目。）

二、鲜马兰菜

（参见本篇第二章第四节第二目。）

三、鲜荷叶

（参见本篇第二章第四节第三目。）

四、牌楼西瓜

牌楼西瓜是在外地优质西瓜品种基础上，采取葫芦苗嫁接、大棚培育的方式进行改良，形成独具特色的新品种。该品种具有抗冻抗旱、个小早熟、清脆香甜的特点。牌楼西瓜由戴楼镇牌楼村蔬菜专业合作社组织农户种植，年种植规模稳定在160~200公顷之间，年产量7500吨左右。

五、彩色玉米

该玉米为江南花糯玉米，按种植时间分为春玉米和秋玉米，具有色泽鲜艳、口感黏糯、营养丰富的特点。赖氨酸含量比普通玉米高70%，属低热量、低糖分农产品；富含碳水化合物、脂肪、水溶性多糖、谷物醇、核黄素、维生素，口感好，是人们喜爱的保健食品之一。春玉米于每年2月中旬采用塑料大棚育苗，5月上旬上市销售，轮作两茬；秋玉米于每年6—7月露天播种，轮作两茬。

六、芡　实

俗名鸡头米、鸡头苞、鸡头莲、刺莲藕，为一年生水生草本植物，多生长于湖塘沼泊。品种有二：野生芡实，叶、茎、果布满刺，叶呈圆形，平铺水面；果实外形呈盾形，内有球状籽粒。人工种植培植芡实，茎、果光滑无刺，籽粒较大。两种芡实的成熟籽粒外壳质地坚硬，内仁可研磨为淀粉，含蛋白质、脂肪、维生素和微量元素。据《神农本草经》载，芡实性甘、平、涩，无毒，种仁可供食用、酿酒，根茎叶果可入药。适用于慢性泄泻，便频，梦遗滑精，妇女带多腰酸。外壳可作染料。嫩叶柄和花柄剥去外皮可烹调菜肴食用，系无公害水生蔬菜，已成为县内特色水生经济植物之一。“百荡”牌芡实闻名遐迩。

图 22-3-15　剥去刺壳的芡实（摄于2004年）　　朱伟／摄

七、荷　藕

境内自然环境好，荷藕产地无污染，品质佳。荷藕品种按生长水位分为浅水藕和深水藕，深水藕品种主要为宝应美人红、鄂莲2号、鄂莲4号；浅水藕品种主要为鄂莲1号、苏州花藕、宝应大紫红、上海飘花藕、大白花等品种；还有具观赏价值的睡莲、牡丹红莲、红台莲、绝品鸳鸯莲等花莲品种80多个。早期采摘的荷藕民间称为“花香藕”，洁白脆嫩，生食口感微甜；老熟的荷藕，色深而粗壮，淀粉含量高，耐储藏，可制作菜肴，加工各种荷藕制品。新鲜荷藕远销山东、东北地区和北京、上海、杭州、南京等大中城市，鲜渍藕、袋装藕、藕粉、藕汁饮料等加工产品远销日本和欧美等地。2005年，全县建成沿湖7个镇的水生蔬菜产业带，荷藕种植面积6700公顷，80%为规模连片种植，鲜藕产量15万吨，生产藕制品1000吨。

八、莲　子

县内品种有蓝天一号、蓝天二号等，鲜莲子粒大籽圆，外观青绿色；成熟莲子脱皮后主体颜色洁白，一端中心突起，呈深棕色。主产区为闵桥、塔集、前锋、陈桥、戴楼等镇的湖河区。莲子生吃时，脆嫩味甘、清香飘逸；成熟莲子去芯晒制成莲房脯，可熬制莲子粥、做羹汤，亦可碾碎制成莲子粉，营养价值较高，含蛋白质、脂肪、钙、糖类、多种维生素、生物碱、天门冬素、蜜三糖、类黄酮等营养成分，及锰、锌、磷、钾、硒等微量元素，具有养心安神、益肾固精等保健功能。莲子芯翠绿色，味苦，可做茶饮料，有显著的强心作用，能扩张血管，降血压，祛心火，治口舌生疮。

九、菱　角

又名水栗、菱实，外壳呈绿色或红色，布2个或4个刺角，普生于湖河沟塘，闵塔、银涂及前锋、吕良等湖荡区为主产区。果实嫩时，生食或烹调菜肴，脆香味甘；老成后蒸煮食之，柔绵果腹，余香不尽；晒干去壳的菱实，或熬粥，或研磨制粉，调做羹汤，均是佳品。菱角高碳低脂，易消化吸收，是纯天然的保健品。菱实经深度加工，可制成保鲜菱米、糖水菱米罐头、菱汁饮料，还可作为制作面包、饼干、麦片、馅饼、膨化食品的添加成分。

十、茭　白

茭白民间俗称为“菰”，别名菰菜、茭笋、茭瓜等，多年生草本植物。茭白一般在湖沼、塘沟内自然生长或栽培种植，品种有秋产单季茭和夏秋双季茭两类。境内20世纪前，多为自然繁殖的秋产单季茭，肉质茎细小，产量低。20世纪后期，开始引种新品种，如象牙茭、来安茭、白玉茭、翠禾茭等。无公害技术栽培的“翠禾牌”茭白，口感脆、香、甜，营养丰富，产品质量符合江苏省无公害蔬菜质量标准。除满足本地市场需求，还销往广州、上海、杭州、南京、扬州等大中城市，深受消费者的青睐。

图22-3-16　唐港乡新淮村柳编产品（摄于2004年）　朱伟/摄

十一、杞　柳

杞柳为多年生落叶灌木，耐水抗涝抗风，春季扦插，成活后可生长数年，每年夏末秋初和冬季收割柳条1~2茬，亩产2吨以上，可做生产工具、生活器具、工艺品的编织原料。银集镇高沈村农民有扦插编织杞柳的传统习惯，在濒临淮河入江水道的低洼地上培植133公顷，形成柳编产业带，产品有笆斗、簸箕、柳匾、工艺品等。高沈杞柳以细、白、柔、韧而闻名，编织的花篮、提篮、匾框等工艺品畅销省内外。

第二节　禽蛋及水产品

一、禽　类

草鸡、罗曼蛋鸡和AA肉鸡　1986年，境内饲养鸡的地方品种主要有草鸡、麻鸡、三黄鸡、芦花鸡，引进品种有来杭鸡、罗曼鸡、依沙鸡、海兰鸡，肉鸡为AA鸡。1987年，规模饲养鸡场保留罗曼蛋鸡和AA肉鸡。1998年，全县饲养量476.8万只。从营养和口感角度看，消费者喜爱地产草鸡和草鸡产的蛋，2000年，草鸡饲养逐步改变传统方式，规模养殖取代散养。2005年，草鸡、肉鸡饲养量300万只，肉鸡生产进入工厂化饲养，产、供、销“一条龙”服务。黎城良友蛋鸡场饲养量发展到3万只，成为国家绿色无公害企业，首创绿色无公害“哒哒姆”品牌鸡蛋，进入县内外超市销售。

金湖小白鹅　属太湖鹅系，经金湖农民长期选育而成。全身羽毛洁白，嘴和脚呈黄色，躯大颈长，苗鹅养成期80~90天，体重2.5~3.5千克。此鹅以出炕时间分清明节前、清明节后两种。清明前鹅食鱼虾等水生物，清明后鹅以草食为主，不食“荤”。两种鹅均可家养，亦可放牧，性情温驯，便于饲管。母鹅年产蛋40~50枚，枚重130克左右。小白鹅肉质鲜美，营养丰富。1986年，县种禽场对小白鹅进行提纯复壮，苗禽成活率高，成熟期缩短，产蛋量增加。2005年，金湖小白鹅饲养量近68万只。

金湖麻鸭　属高邮麻鸭湖西种，经镜内农民长期选育而成。1997年，省畜牧局牵头，高邮、金湖等五县推广饲养高邮麻鸭。此鸭耐粗饲，潜水深，觅食力强，生长快，产蛋多，为肉蛋兼用型，可家养亦可放牧。成年公鸭背阔胸深，喙青带黄，头顶、颈上部、双翅羽毛呈深孔雀绿色，余为麻雀毛色，重2.5~3千克；成年母鸭头躯略小，颈细长，喙青嘴黑，全身羽毛呈麻雀毛色，重2~2.5千克，早春母鸭产蛋日龄140天左右，一般蛋鸭产蛋日龄240天左右，年产蛋160~180枚，枚重70~80克。蛋壳颜色家养多为白色，放牧或喂饲天然饲料多为绿色，绿色壳蛋蛋黄油多。金湖麻鸭肉质鲜美，营养丰富，鸭蛋食用方便，还可腌制咸蛋或精制成松花蛋。

樱桃谷鸭　该鸭于20世纪80年代中期引进。1992年，省畜牧局从新加坡引进500对父母代樱桃谷种鸭在县种禽场饲养，具有生长期短、增重快、净肉率和瘦肉率高等特点，其体型外貌酷似“北京鸭”，羽毛洁白，头大额宽、颈平而粗短，喙、胫、蹼呈橙黄色或橘红色，翅膀强健紧贴躯干，脚短而粗。

二、蛋　品

绿壳鸡蛋　该蛋是从江西引进的新品种绿壳蛋鸡所产，外壳呈青绿色，蛋清清稠，蛋黄色深，富含卵磷脂和硒、锌等微量元素，尤其有利于小孩智力发育，被誉为鸡蛋中的人参。蛋品主要销往南京和苏、锡、常等大中城市。绿壳鸡蛋主要产于闵桥、吕良等镇。

荷花荡草鸡蛋　此蛋产于闵桥镇境内高邮湖畔农户散养的草鸡，采食田间地头昆虫、草籽、青草、菜叶、小鱼虾及稻谷、杂粮等，属纯天然绿色食品。该蛋品蛋黄红而大，蛋清稠厚，富含蛋白质、卵磷脂及维生素，胆固醇低于普通鸡蛋20%~40%。口感蛋味纯香，无腥味，营养易消化吸收。蛋品主要销往南京超市及无锡、杭州等地。

双黄麻鸭蛋　1986年，金湖麻鸭推广早春鸭，苗鸭炕孵出炕期提前到谷雨前后。此鸭产蛋率提高15%，产双黄蛋比率由0.2%~2%提高到6%~7%，其个体略大于一般鸭蛋。双黄蛋和双黄松花蛋曾两次在全国食品、农业展览会中展出。2005年，产品远销美国、日本、缅甸等国及东南亚地区。

图22-3-17　金湖食品厂生产的双黄咸鸭蛋（摄于1990年）
姜燕/摄

三、水产品

斑点叉尾鮰　该鱼原产于美洲，亦称沟鲶，属于鲶形目鮰科鱼类。1999年，由银集镇银联村引进饲养。此鱼行为和食性富于变化，适应性强，最大个体20多公斤。该鱼饲料来源较广，饲料系数低，经济效益高，是最佳人工饲养品种。其肉质优良，无肌间刺，味道鲜美，营养丰富，成鱼个体适中，深受消费者喜爱，鱼片等加工产品出口，具有国际市场竞争力。2000年，金北镇成立鮰鱼养殖协会，发

图 22-3-18　金湖大青虾（摄于2005年）　　李义海／摄

展鮰鱼养殖户108户，养殖面积70多公顷，饲料统一采购，产品统一销售，亩创经济收入2000元以上。

金湖大青虾　又称河虾、沼虾，属节肢甲壳纲动物，淡水虾类，生长在水草茂盛的浅水滩处，5—7月中旬为产卵旺季。成虾一般长4~8厘米，特级虾12厘米以上，有青绿色及棕色斑纹。头胸部粗大，前缘呈三角形剑额，有长须状触角，上缘平直；胸腹部7节，附肢8对，弯曲自如；尾鳍呈剪刀形。喜栖息于湖泊、池塘、河流的沿岸水草繁茂区。青虾肉质细嫩鲜美，营养丰富，每百克食用部分含蛋白质16.4克；还含有丰富的镁、磷、钙，镁元素，具有保护心血管功能。经加工，可制成枣红虾米、冻青虾、盐水青虾等。1986年后，除建立湖区青虾资源保护区，还大力发展人工养殖，产量不断提高。2005年，青虾养殖面积3960公顷，年产量1642吨。

金湖银鱼　产于境内高邮湖、白马湖、宝应湖、黎城湖四大水域，品种有四个：短吻银鱼、寡齿短吻银鱼、大银鱼和雷氏银鱼。金湖地处亚热带北缘，四季分明，日照充足，温暖湿润，雨量充沛，水质清新，湖区滩涂芦苇丛生，水草密布，适宜银鱼生长繁殖。县内盛产短吻银鱼，成鱼身长6~9厘米，呈圆柱形，尾部稍侧扁，鱼头扁平，吻尖短，眼睛大，鱼身无鳞，洁白如银，故名银鱼。俗称银簪鱼、面条鱼。银鱼营养丰富，无鳞无刺，无骨无肠，其肉质细腻洁白，味美无腥气，富含蛋白质、脂肪、碳水化合物，具有补虚、润肺、健胃之功效，是餐桌上的珍品。用它和鸡蛋、姜葱一起炒，可做成名菜银鱼炒蛋；也可晒干，俗称银干。早在明代，就与莲子、芡实、蒿茶统称高宝湖西“四宝”。冰鲜银鱼大部分出口，远销海外。

金湖河蚬　又称黄蚬、金蚶、扁螺等，是一种淡水贝类，其贝壳略呈正三角形，成体壳长40毫米左右。壳面颜色与栖息环境有关，呈棕黄色、黄绿色、黑褐色、白瓷色等，壳面有粗糙的环肋。产于白马湖、高邮湖、宝应湖湖河蚬外壳呈独特的瓷状光泽，肉质细嫩，味鲜美，营养丰富。每百克蚬肉含蛋白质15克，脂肪3克，及维生素A、维生素B、维生素C、铁、钙、镁、钴和牛磺酸等成分，具有清热解毒、疗贫血、利二便、催乳等功效。蚬肉可作菜肴，煎、炒、炸、汆汤，还可加工成冻蚬肉、蚬干和罐头等产品。

螃蟹　学名中华绒螯蟹，属浅海里生、淡水中长的回游性甲壳类动物，喜穴居。境内中华绒螯蟹品种为长江系良种，体型肥大，肉质细嫩，黄多油丰，富含蛋白质、脂肪、碳水化合物，每百克含维生素A5960个国际单位；特别是重阳节前后，雄蟹肉多油满，雌蟹黄多肉肥，不仅深受消费者喜爱，且享誉日本和中国香港、澳门、台湾地区。1986年，湖区围网养殖333公顷。1994年，全县河蟹养殖面积2993公顷，其中湖泊养蟹2660公顷，产量达到474.4吨。2000年，购进大眼幼体蟹苗2200千克，培育幼蟹达1亿只，苗种自给率达到85%。2001—2005年，金湖县先后承担省长江系中华绒螯蟹良种推广、无公害河蟹鳜鱼套养、湖泊围养区域生态修复等科技项目研究，河蟹养殖的技术水平不断提高，有池塘养殖、湖泊围网养殖、湖泊低埂高围养殖，养殖模式有鱼蟹混养、鱼虾蟹混养和大规格河蟹套养优质鱼等。

金湖小龙虾　学名克氏原螯虾，又称淡水小龙虾、海虾。境内20世纪90年代中期开始在小池塘、河沟中进行粗放粗养，产量不高。此后，养殖规模不断扩大，2000年全县小龙虾产量4000多吨。

2002年发展养殖面积266.7公顷，产量500吨。小龙虾具有坚硬的甲壳，其颜色据生长期和生存环境不同，呈淡褐、黄褐、红褐、淡红、深红等多种颜色，成熟换壳前呈深红色。虾体共有20节，附肢19对，一般长4~12厘米，最大的达16厘米，重120克；夜间活动，栖息于湖泊、河渠、水库、池塘、沼泽地等有水有草的地方，肉嫩味鲜，营养丰富，高蛋白，低脂肪，锌、碘、硒等微量元素高于其他虾类。每年5—9月为捕捞销售旺季，蒜泥小龙虾闻名遐迩，塘口与市场销量大增。

中华鳖　别称甲鱼、团鱼，属两栖爬行动物，背甲四周有软皮鳖裙，味道鲜美，营养丰富；血、甲壳亦具有药用价值，滋阴去热，养肝益脾。境内人工养殖始于20世纪80年代末。1994年稚鳖人工繁殖取得突破，共繁育孵化稚鳖9.35万只，产品销往苏南、浙江、福建等地，种鳖最高售价达到900元/公斤，从而推进冬季稚鳖温室养殖。2005年，全县套养面积333公顷，产量72吨。

黄鳝　俗称长鱼、鳝鱼，属脊椎纲合鳃目类动物，形似蛇而无鳞，黄褐色，背有黑色花斑，一般生存在浅水边的泥洞里，昼伏夜出。民间素有“六月黄鳝赛人参”之说。其肉食率70%左右，血、骨具有药用价值。菜肴软兜长鱼闻名遐迩，煨长鱼味道鲜美，肉质细嫩，富含蛋白质、脂肪、钙、磷、铁及多种维生素，是滋补佳品。

金湖鳜鱼　又名翘嘴鳜、斑鳜、大眼鳜，因其皮表、内脏均有花，故俗称季花鱼、桂花鱼。清蒸鳜鱼肉质洁白而细腻，香气扑鼻，鲜嫩可口，富含蛋白质、脂肪、钙、铁、磷及硫胺素、核黄素、尼克酸等营养成分，具有补虚益脾功效，胆汁可消卡喉骨鲠，深得消费者青睐。县域人工养殖的鳜鱼销往北京、上海、香港和东南亚地区。

珍珠　系三角帆蚌背壳内生成的圆形颗粒，乳白色或略带黄色，用于装饰和美容。珍珠养殖是境内特种水产养殖起步较早、规模较大的养殖品种。1986年前后，多为客商到金湖承包养殖或与养殖户合作养殖，为育珠技术传播奠定基础，培养一批珍珠嫁接能手。1994年，县内技术能手开始到苏南赚取劳务报酬，育珠户推广小蚌、小片、小工具嫁接技术，嫁接优质三角帆蚌1760万只，养殖面积达到1280公顷，产珠48.4吨。后由于珍珠市价走低，珍珠养殖面积缩减。2005年，养殖面积存有57公顷，产量1.2吨。

对虾　2001年，县鱼种场从启东、连云港等地引进南美白对虾种苗20多万尾，按3‰~5‰的盐度比例进行试验驯化养殖成功，收获成虾1.72吨。南美白对虾系海产品，其外形与中国对虾相似，具有繁殖季节长、生长速度快、含肉率高、饵料要求低、产量高等特点，成虾长度12~15厘米，每500克25只左右。2003年，因受洪涝灾害影响，境内水产养殖业包括对虾养殖损失严重。2005年，逐步转入大青虾和小龙虾养殖。

第二十三篇　金融业

1986年，境内有县级金融机构6家，即银行4家，信用合作联社1家，保险公司1家，共有职工557人。银行年末各项存款余额1.21亿元，贷款余额2.15亿元。县农业银行投放农贷1.27亿元，占全县投放额的59%，成为支持“三农”发展的主力军。县人民保险公司保费收入72.4万元，保险金额10.1亿元。1988年，工商银行从中国人民银行金湖县支行划出，成为经营、办理国内城市业务的国家专业银行；邮政储蓄独立经营。1994年，成立城市信用合作社，支持城市工商业发展。1996年，县农业发展银行从县农业银行析出，办理农业政策性金融业务。金湖人保公司分设为中国人民财产保险有限公司金湖县支公司和中国人寿保险有限公司金湖县支公司。是年，全县共有金融机构10家，即银行6家，信用合作联社、保险公司各2家，基本形成以人民银行为领导、政策性与商业性金融分离，国有商业银行、地方商业银行、农村合作金融、邮政储蓄等多种金融机构并存、分工合作、功能互补的金融组织体系。金融机构在确立为农业、农村、农民服务宗旨、增加支农贷款、支持“三农”经济发展的同时，采取新举措，在贷款条件、手续、利率等方面给予农、工、商骨干企业、守信企业优惠政策，支持招商引资项目，支持有市场、有效益、有信誉的中小企业，支持个体私营经济发展，使县域经济得到长足发展。1998年，县人行采取多种措施加快风险管理体系和内控体系建设，改造金融机构管理流程和业务流程，完善经营机制，压降不良贷款率，切实防范风险，提高运行质量和绩效。2000年，县内4家国有商业银行的信贷规模全部上收到上级行以后，各金融机构采取金融报告会、银企座谈会、印发《金融运行动态》简报等方式，不定期向政府和企业主管部门及时通报金融运行、信贷资金运营和金融风险等情况；建立货币政策传导联席会议制度，促成信贷政策与产业政策的有机结合。

进入21世纪，各商业银行业务种类除传统的存、贷、汇业务外，增办国际结算、信托、住房信贷、消费信贷、房地产开发、信用卡、电子银行、代收代付、代发工资、信息咨询等新兴业务，推出业务咨询、家庭理财、代客验票等服务项目，最大限度满足经济发展需求。保险业开办的业务种类逐步增加，覆盖面拓展，至2002年，全县保险业务收入6216万元，各类理赔案件支出1095万元。2003年，金融机构坚守为“三农”服务宗旨，信贷向拓展型中小企业倾斜；把成长有空间、技术有含量、产品有市场，能为政府增税、百姓增收、银行增效的企业和项目，纳入信贷支持储备库；通过信用社区与信用镇村建设，建立信贷风险补偿机制、银行家与企业家联谊制度，加强金融生态建设。2005年，全县共有金融机构13家，其中政策性银行2家，国有独资商业银行4家，邮储行、农信社各1家；保险公司5家。金融、保险经营服务网点72个，其中国有独资商业银行网点16个，邮储行网点25个，农信社网点26个；保险业网点5个。全县金融机构年末各项存款余额34.44亿元，各项贷款余额21.25亿元，累计净投放现金4.41亿元。1986—2005年，全县各项存款余额和城乡居民储蓄余额年均递增率分别为19.1%、21.8%。保险业开办业务种类226个，承保金额103.6亿元，保险业务收入9101万元，各类理赔案件支出2005万元。

第一章　人民银行

第一节　人民银行机构

图 23-1-1　中国人民银行金湖支行（摄于 2005 年）　　姜燕 / 摄

1986年，中国人民银行金湖县支行（简称县人行）与中国工商银行金湖县支行合署，“一套班子、两块牌子”，由其代理人民银行业务。共有职工88人。1988年10月12日，县人行和县工商银行分开，专门行使中央银行职能，负责领导、管理、监督、稽核、协调各专业银行和其他金融事业单位，内设人秘、计划信贷、会计、货币发行股。1990年，增设金管稽核股。1991年，增设保卫股。1992年，增设国库股。1994年，工作职能由负责向全县各专业银行分配贷款资金、控制贷款规模，转向加强全县金融监管和调查研究。1997年，增设农村合作金融监管股。2000年，淮阴市更名为淮安市后，归属淮安市中心支行领导和管理。2003年4月，分设银行业监管办事处，行内设办公室、货币信贷与统计股、国库会计股、货币金银股。2005年，内设机构未变，共有职工39人。

第二节　货币发行、流通与管理

1986年，县人行年内两次发布提高存贷款利率的公告，向各专业银行吸收10%的存款准备金，以紧缩银根；修订货币出入库制度，规定各专业行凡超过日常业务需要的库存现金应随时送存，业务库不足时可在其存款额度内随时向发行库提取现金，确保现金需要，减少市场货币流通量。加强税款解缴、收入退还款项、库款划拨等金融行政管理，抑制“经济过热”的势头。1988年，全县出现抢购风，储户挤兑存款现象突出，金融工作出现难度。县采取宏观调控措施：对专业银行的贷款规模建立责任制，落实到基层网点；帮助开展揽存增储活动，扭转储蓄滑坡局面；确保存款准备金率上调1%、存贷款利率上调、三年以上定期储蓄存款保值及国务院颁布的现金管理条例落到实处，并帮助拆入资金6835万元，向各专业银行提供临时性贷款1200多万元，缓解资金供求矛盾。年末，全县各项存款1.62亿元，其中储蓄存款余额9507.8万元，占存款总额的58.8%。是年，建成货币发行基金库房面积68平方米。1989年，全系统推行清算资金的期限管理，帮助企业清理回收“三角债”600多万元，建立厂内银行、店内银行，把银行机制引入企业管理之中。1993年，金融部门把好货币投放和信贷规模两个总闸门，紧缩银根，遏制乱拆借、乱集资导致抢购风、哄抬物价风再度出现。县工商行收回绕规模贷款609万元、委托贷款240万元，起到稳定居民消费心理、维护存款人利益、确保人民币币值稳定的作用。

1994年，社会货币流通量明显偏多，物价上涨速度居高不下。县人行组织所辖专业银行进企业宣传，督促其将现金及时归行入库，减少货币发行对市场物价的压力，抑制通货膨胀。首次开展以“了解人民币、爱护人民币”“有意识伪造、贩运、买卖和使用假币是犯罪行为”为主题的反假币宣传活动，破获假币案1件，缴获假币2400元。1995年，反假币工作重点放在较为薄弱的乡村，各商业银行配备专职和兼职反假工作人员，建立由县人行牵头，各专业银行和有关部门负责人参加的联席会议制度。1996年，净投放现金同比多投1.18亿元，超历史水平。现金投放较猛的原因，客观上主要是现金外流现象严重，农副产品收购投放现金量增加，信用回笼现金减少，农村信用社与农行分离后现金库存量加大；主观上是银行现金管理审批不严，企业现金使用不合理，随意坐支、超限额库存、白条抵库现象较为突出。1997年，严格控制大额提现，建立大额现金支付审批制度和备案制度；对农副产品收购实行“库贷挂钩”的资金供应原则。开展反假人民币培训活动，举办业务培训班6期，参训200多人次。1999年，破获一起假币案，缴获假人民币3.2万元。

2000年初，各金融机构做好残破币的整点回收工作，全年接待有关人民币咨询2.5万人次，处理一起焚烧新版人民币假信息报道案件。2001年，办理真假人民币辨别84件、3.17万元。2002年，到6个金融机构的57个营业网点，现场检查人民币券别调剂与兑换服务、柜面收付人民币质量等情况，及时落实整改措施。2003—2004年，实行残损币兑换问责制。元旦、春节期间，向社会发出印有反假知识的明信片3万多张，检查城区营业网点10多个，查处违纪违规问题8个，涉及金额780万元，分别给予经济处罚。2005年，发行基金库顺利通过南京分行三级发行库验收。全年累计净投放现金比上年同期少投3542万元，创建“县、镇、村”反假币三级网络体系，假币案件明显减少。

1994—2005年金湖县货币发行、流通与管理统计表

表23-1-1

年份	投放现金		回收损伤券（亿元）	反假币		年份	投放现金		回收损伤券（亿元）	反假币	
	调拨（亿元）	净投放（亿元）		收缴（张）	金额（万元）		调拨（亿元）	净投放（亿元）		收缴（张）	金额（万元）
1994	—	1.32	—	378	1.50	2000	4.51	1.88	1.86	89	0.38
1995	—	1.24	0.21	361	2.47	2001	5.23	2.01	1.45	681	0.42
1996	3.28	2.42	0.26	256	1.33	2002	5.86	2.34	2.20	576	4.26
1997	4.03	2.37	0.18	116	0.46	2003	5.70	3.92	1.12	670	5.10
1998	3.85	2.07	0.47	136	1.18	2004	12.85	4.86	—	993	8.26
1999	5.02	2.78	1.11	320	3.20	2005	—	4.41	—	—	—

说明：1994年之前年份的数据未作统计。

第三节 金融宏观调控

存款及存款准备金 1986年，县人行担负国家中央银行赋予的全县金融宏观调控职责，工作重点放在资本充足率强化、依规管控存款及存款准备金缴存。县人行为各金融机构设置一般存款和准备金存款两个账户，一般存款户主要用于金融机构之间往来结算和自身现金存取；准备金存款账户实行按月调整，多退少补，确保按央行规定的准备金率足额缴存，避免因流动性资金不足产生信用危机，为货币政策工具的顺利运行创造有利条件。年末，各金融机构存款余额1.21亿元，向人民银行缴存款400万元，存款准备金819万元。1988年，全县存款余额1.61亿元，其中对公存款0.36亿元，储蓄1.13亿元；向人行缴存款338万元，缴存款准备金1269万元。1990年末，全县金融机构存款余额为2.69亿元，其中对公存款0.52亿元，储蓄1.93亿元，其他存款2485万元。

1996年，县人行设立的一般存款和准备金存款两个账户合并为缴存存款准备金一个账户，全县金融机构存款余额11.87亿元，其中对公存款1.94亿元，储蓄7.26亿元；向县人行缴存款及存款准备金1.16亿元，其中，县工商银行2571万元，县农业银行4803万元，县中国银行1454万元，县农发行3万元，县城市信用社200万元，县农村信用合作联社2750万元。1998年，辖内金融机构统一执行中国人民银行规定的存款、贷款利率，并按定期、活期及时顺利地进行利率调整。各金融机构缴存存款准备金数额调减为5691万元，调减幅度占上年缴存额的35.9%，其中县工商银行127万元，县农业银行481万元，县中国银行524万元，县建设银行1880万元，县农发行111万元，县城市商业银行576万元，县农信社1992万元。2002年，全县金融机构存款余额为20.78亿元；缴存准备金0.99亿元。2005年，各金融机构年末存款余额增加到34.44亿元，其中县工商行5.68亿元，县农行6.58亿元，县中行3.99亿元，县建行1.94亿元，县农发行0.26亿元，县农信社10.6亿元，县邮储5.4亿元；缴存准备金1.01亿元，其中县工商行175万元，县中行226万元，县建行104万元，县农发行6万元，县农信社9636万元。

1986—2005年金湖县金融机构存款余额统计表

表23-1-2　　单位：万元

年份	年末存款余额合计	存款类别						
		对公存款	其中		储蓄	其中		其他
			活期	定期		活期	定期	
1986	12079	3112	3112	—	8334	3	8331	633
1987	14456	3412	3412	—	10552	35	10517	492
1988	16123	3569	3569	—	11253	26	11227	1301
1989	20188	4535	4535	—	13945	68	13877	1708
1990	26926	5189	5189	—	19252	90	19162	2485
1991	32975	6523	6523	—	22677	264	22413	3775
1992	42854	8981	8981	—	28647	218	28429	5226
1993	56489	9745	9745	—	38861	567	38294	7883
1994	75584	9125	9125	—	51231	1307	49924	15228
1995	98146	14616	13831	785	67335	11819	55516	16195
1996	118726	19379	15804	3575	72605	18684	53921	26742
1997	129179	25547	18040	7507	83402	17097	66305	20230
1998	134061	30427	20189	10238	84211	19737	64474	19423

接上表

年份	年末存款余额合计	存款类别						
		对公存款	其中		储蓄	其中		其他
			活期	定期		活期	定期	
1999	146911	36706	24847	11859	91267	24081	67186	18938
2000	160478	38149	23522	14627	99472	27525	71947	22857
2001	173574	31007	17421	13586	116075	33623	82452	26492
2002	207825	40476	23259	17217	134766	39370	95396	32583
2003	248193	43575	22522	21053	161807	52678	109129	42811
2004	295550	37335	15511	21824	197540	67394	130146	60675
2005	344412	48030	34373	13657	220738	79135	141603	75644

1986—2005年金湖县各金融机构存款余额统计表

表23-1-3　　单位：万元

年份	年末余额合计	存款行别							
		工商行	农行	中行	建行	农发行	城信社	农信社	邮储
1986	12079	3322	5312	—	351	—	—	3085	9
1987	14456	3986	6103	—	508	—	—	3699	160
1988	16123	4322	7116	—	712	—	—	3872	101
1989	20188	5039	8591	—	1229	—	—	4990	339
1990	26926	6299	11159	—	2291	—	—	6701	476
1991	32975	7996	13249	—	3320	—	—	7432	978
1992	42854	9516	17660	732	4423	—	—	8914	1609
1993	56489	11349	24245	2229	5133	—	—	11446	2087
1994	75584	13885	29741	4394	7061	24	2950	14421	3108
1995	98146	17316	36951	7068	8969	107	2990	19411	5334
1996	118726	19953	42679	9140	15507	152	3422	20095	7778
1997	129179	25071	44107	7117	16319	374	4311	21826	10054
1998	134061	29721	38844	7366	16562	1988	4685	22673	12222
1999	146911	33672	45074	8541	17881	511	3545	25565	12122
2000	160478	35724	44440	11886	20171	479	—	32134	15644
2001	173574	33907	49316	14551	17381	345	—	36067	22007
2002	207825	39157	55728	18669	20546	2013	—	41939	29773
2003	248193	48208	57135	27898	20446	1594	—	55605	37307
2004	295550	51006	61421	36113	18368	1241	—	82428	44973
2005	344412	56794	65791	39850	19383	2589	—	105983	54022

1986—1995 年金湖县金融机构向县人行缴存存款及存款准备金统计表

表 23-1-4　　　　单位：万元

年份	县人行收取总额		工商行缴存		农行缴存		中行缴存		建行缴存		农信社缴存款准备金	其他单位缴存款
	存款	存款准备金	存款	准备金	存款	准备金	存款	准备金	存款	准备金		
1986	400	819	26	296	188	459	—	—	186	64	655	—
1987	728	1277	168	400	369	686	—	—	191	191	946	—
1988	338	1269	133	512	169	723	—	—	36	34	722	—
1989	412	1934	148	636	208	1164	—	—	56	134	868	—
1990	450	2391	197	776	143	1301	—	—	60	314	957	50
1991	718	3584	195	973	82	2128	—	—	185	483	916	256
1992	1080	3610	233	1173	146	1792	52	48	58	597	1029	591
1993	2378	5240	354	1477	221	2821	685	232	531	710	1150	587
1994	3463	6320	163	1748	452	3101	939	499	540	830	1713	1369
1995	3803	7614	467	2195	750	4485	461	776	499	—	2232	984

说明：表中未列入 1994 年县城市信用社缴存存款准备金 142 万元；1995 年农发行缴存款 642 万元，城信社缴准备金 158 万元。

1996—2005 年金湖县金融机构向县人行缴存准备金统计表

表 23-1-5　　　　单位：万元

年份	人行收取准备金总额	缴存行别						
		工商行	农行	中行	建行	农发行	城信社	农信社
1996	11781	2571	4803	1454	—	3	200	2750
1997	15862	3331	5684	924	1987	55	803	3078
1998	5691	127	481	524	1880	111	576	1992
1999	8787	724	446	213	2627	79	616	4082
2000	6228	315	408	1831	1519	—	—	2155
2001	9650	424	400	1082	1049	7	—	6688
2002	9937	427	1834	648	214	135	—	6679
2003	13564	924	1447	5186	808	29	—	5170
2004	19591	440	812	5460	839	14	—	12026
2005	10147	175	—	226	104	6	—	9636

说明：1996 年其他单位缴存 1794 万元未列入表中。

再贴现　1994年，金湖县推行商业汇票再贴现业务，扩大票据使用范围。全年办理再贴现票据14笔，金额1.02亿元。1995年，办理再贴现业务76笔，金额1.37亿元。1996年，办理再贴现1.06亿元。1997年，办理再贴现1.06亿元，保证重点企业资金需求。1998年、1999年再贴现办理权限上收到淮安中心支行。两年间累计办理票据融资3600万元。1999年，向上争取办理再贴现资金600万元，支持县属骨干工业企业。以后，县人行未办理再贴现业务。

再贷款 1999年，帮助农村信用合作联社向淮安中心支行申请再贷款1000万元。2001年，发放支农再贷款2500万元，无息再贷款4700万元。2002年，运用再贷款、再贴现的货币政策支持引导金融机构调整信贷结构，加大对中小企业投入，特别是加大对农信社“三农”的信贷投入，新增支农再贷款8700万元，其中无息再贷款4700万元。2003年，新增支农再贷款1.07亿元。2004年，发放支农再贷款1.98亿元，年末余额为6900万元。2005年3月，南京分行调减金湖农村信用合作联社再贷款，年末余额为3300万元。

信贷和货币政策传导 1986年，实行“实贷实存”，规定固定资产贷款限额，各专业银行须在核定的信贷规模限额内发放贷款。1989年，农村信用社贷款规模纳入国家信贷计划，信贷规模管理沿用到1997年。1998年，改以指导性计划作为宏观调控监测目标。2000年，县内4家国有商业银行的信贷规模全部上收到上级行。农行只办理部分票据贴现，没有新增新投信贷资金。工商行、建行和中行选择优质企业，以质押抵押的方式对企业授信，同时办理住房按揭贷款和少量个人住房抵押贷款。工商行和中行先后与县企业信用担保公司协作，发放抵押贷款。农业发展银行实行以储抵贷的方式，对县内粮油收购企业核发贷款。2001年，推动农村信用联社开展农户小额贷款，建立农户经济档案7.18万户，建档面99%，发放农户贷款证4.81万本，发证面66.7%；发生信贷关系农户4.39万户，余额达到3.11亿元，占贷款总额的30%，农民贷款难问题基本解决。与上级行沟通，协调地方财政资金4000万元存入农村信用社，对其发放无息再贷款和支农再贷款累计6亿元。

2002年4月，各金融机构与26户骨干企业签订意向协议贷款总额1.67亿元，对接资金落实率达91%。2003年，出台支持县域经济发展的新举措，在贷款条件、手续、利率等方面给予骨干企业、守信企业优惠政策，支持招商引资项目，支持有市场、有效益、有信誉的中小企业，支持个体私营经济发展。至年底，新增工业贷款7862万元。政策传导采用新载体，除采取金融报告会、银企座谈会等传统方式外，创办《金融运行动态简报》，不定期向政府和企业主管部门及时通报金融运行、信贷资金运营和金融风险等情况。2004年，发挥货币政策的指导作用，拓展传导路径。通过“置换法”敞口签发银票，置换出1.2亿元贷款指标投放到优势产业和一部分中小企业；通过“包装法”使神华药业、汽车零部件两家骨干企业获得省建行授信和意向贷款9000万元；对列为支持项目的企业，通过优惠政策、项目储备、项目培育和实行主办行制度等措施，促成56户企业与银行对接，签约贷款3.78亿元，73户培育客户中有13户跨进银行信贷门槛。引导信用社把信贷投放的重点放在绿色农业、拉长产业链、培育产业带上。全年农信社新增贷款中农业贷款比重占80%，实现盈利407万元。建立由政府和相关综合经济部门参加的货币政策传导联席会议制度，促成信贷政策与产业政策的有机结合，给35户信贷诚信企业和10个诚信工商户颁发荣誉牌，2个信用镇通过验收，全年未发生恶意逃废银行债务行为。6月，对农信社发行中央银行专项票据3135万元。在支农再贷款的政策扶持下，县农信社贷存比一直维持在90%左右，成为金湖县名副其实的支农主力军。2005年，利用银企对接平台，出台支持县域经济发展新举措，资金运用向工业企业、个体私营企业、增效创税型企业倾斜，向成长型企业、中小企业、培育对接企业延伸。全县与银行签约企业58户、项目60个，信贷4.97亿元。对工业园区企业的信贷支持净增加4311万元，增幅46%，年份累计放贷1.74亿元。并将168个成长有空间、技术有含量、产品有市场，能为政府增税、百姓增收、银行增效的企业和76个好项目，纳入到信贷支持储备库；通过信用社区创建与信用镇村建设，建立信贷风险补偿机制、银行家与企业家联谊制度，将信用培植、信贷投入列入考核奖励范畴，加强金融生态建设，打通货币政策传导环节。全年各项贷款余额21亿元，用于支持“三农”发展贷款近7.3亿元，其中直接用于农业4.85亿元，乡镇企业2.44亿元。

1986—2005 年金湖县各金融机构贷款年末余额统计表

表 23-1-6　　　　单位：万元

年份	年末总额合计	工商行	农行	中行	建行	农发行	城信社	农信社
1986	21539	6388	12711	—	634	—	—	1806
1987	22915	7242	13016	—	792	—	—	1865
1988	24307	7860	13333	—	861	—	—	2253
1989	31080	8298	18879	—	902	—	—	3001
1990	37164	9417	22797	—	980	—	—	3970
1991	44856	11307	27126	—	1693	—	—	4730
1992	52259	12847	31882	990	2140	—	—	4400
1993	56224	14433	32392	2073	2430	—	—	4896
1994	72032	15743	21812	2773	2555	20261	1926	6962
1995	88008	16764	24414	3364	4760	27589	1896	9221
1996	116799	21675	28238	3947	7139	41624	2203	11973
1997	138081	23272	34346	4330	8326	51544	3189	13074
1998	146402	24331	43525	4529	8996	47694	3252	14075
1999	155036	26122	44101	4930	9925	50854	3285	15819
2000	143635	26455	35990	3249	12362	43243	—	22336
2001	145577	23223	32848	4805	11671	44476	—	28554
2002	157106	21869	36968	5513	13353	39935	—	39468
2003	181052	23639	37491	10671	12088	38053	—	59110
2004	197548	22558	39554	15003	7473	39066	—	73894
2005	212488	18027	38022	14281	8000	43825	—	90333

1986—2005 年金湖县金融机构贷款投向统计表

表 23-1-7　　　　单位：万元

年份	贷款投放总额	中长期贷款			短期贷款											
		投放额	其中		投放额	工业合计	其中		农业合计	其中		商业合计	其中		建筑业	其他
			基建与技改	其他			县属工业	乡镇工业		种植养殖业	农副产品收购		国营集体商业	个体工商业		
1986	21539	843	611	232	20696	6978	5091	1887	2168	1262	906	10673	10651	22	384	493
1987	22915	1017	693	324	21898	7917	5911	2006	1784	879	905	11086	11055	31	325	786
1988	24307	1138	930	208	23169	8705	6288	2417	1912	1119	793	11127	11093	34	623	802
1989	31080	1036	830	206	30044	10395	7488	2907	2633	1706	927	15723	15684	39	380	913

接上表

年份	贷款投放总额	中长期贷款			短期贷款											
		投放额	其中		投放额	工业合计	其中		农业合计	其中		商业合计	其中		建筑业	其他
			基建与技改	其他			县属工业	乡镇工业		种植养殖业	农副产品收购		国营集体商业	个体工商业		
1990	37164	975	838	137	36189	12079	8545	3534	3517	2188	1329	19172	19143	29	284	1137
1991	44856	1322	1033	289	43534	15716	11269	4447	4553	2818	1735	22244	22215	29	536	485
1992	52259	2199	1889	310	50060	17079	11922	5157	4740	3188	1552	27150	27107	43	576	515
1993	56224	2972	2642	330	53252	18390	12689	5701	5263	3797	1466	27936	27815	121	826	837
1994	72032	4733	3092	1641	67299	20162	14500	5662	19956	1111	18845	17245	16790	455	876	9060
1995	88008	6127	3096	3031	81881	24490	17518	6972	28435	2461	25974	18037	17569	468	1461	9458
1996	116799	8006	3431	4575	108793	31024	21856	9168	42275	3644	38631	18723	18243	480	3366	13405
1997	138081	8153	4245	3908	129928	35033	24611	10422	53360	5229	48131	20870	20376	494	1841	18824
1998	146402	5033	3605	1428	141369	37489	27246	10243	53344	6182	47162	22461	22145	316	2019	26056
1999	155036	4939	3365	1574	150097	38422	27892	10530	58651	8187	50464	21025	20706	319	814	31185
2000	143635	6325	3110	3215	137310	39242	24435	14807	48263	5350	42913	18727	18345	382	4623	26455
2001	145577	5365	4231	1134	140212	38303	20026	18277	48463	4983	43480	15211	14982	229	4050	34185
2002	157106	8084	3820	4264	149022	30440	15351	15089	43697	4758	38939	15646	15396	250	4850	54389
2003	181052	7097	4787	2310	173955	35510	15659	19851	43275	6218	37057	16530	14984	1546	4800	73840
2004	197548	7766	2278	5488	189782	38314	14712	23602	43743	5363	38380	16096	14097	1999	800	90829
2005	212488	12249	2528	9721	200239	38914	14473	24441	48470	5331	43139	10520	8017	2503	800	101535

第二章　政策银行与商业银行

第一节　银行机构

一、农发行机构

1994年7月1日，国家农业政策性金融机构农发总行成立，金湖县涉及农业基础设施建设贷款和农产品收购储备类贷款业务，均由中国农业银行金湖县支行代理。1996年10月18日，中国农业发展银行金湖县支行（简称县农发行）成立（从县农行分设），隶属中国农业发展银行淮安市分行，内设办公室（含保卫股）、计划信贷股、财务会计股（含营业部）。年末，共有职工14人。2004年，县农发行内设机构调整为办公室（含保卫部）、计划信贷部、财务会计部（含营业部）。至2005年，内设机构未变，职工增加到21人。

二、工商行机构

1986年，成立一年时间的中国工商银行金湖县支行（简称县工商行）仍与县人行合署，实行“一套班子、两块牌子”，代理县人行业务。内设机构为人秘、计划、信贷、会计、出纳、保卫、稽核、电脑等7个股，营业网点有营业部、闸东分理处、石油二处分理处、城中分理处、第一储蓄所、城西储蓄所等6个。1988年10月，与县人行分开，内设机构未变，职工增加到101人。1990年，增设五一、八一联办储蓄所。1994年，内设机构增加储蓄股、财务股，对外营业网点增加房地产信贷部、电脑储蓄中心、环城分理处、牡丹卡业务部。1995年，新增健康西路储蓄所。1996年，内设机构调整为信贷计划科、个人业务科、会计财务科、稽查保卫科和办公室，撤销电脑储蓄中心和牡丹卡业务部，营业网点增设建设路储蓄所、健康西路储蓄所。1997年，撤销五一、八一联办储蓄所。1999年，内设机构调整为监察保卫科、信贷科、公存科、计划财务科、零售业务科和办公室。2000年，内设机构整合为市场营销部、管理核算部和办公室，撤销第一储蓄所、健康西路储蓄所和建设路储蓄所。2002年，内设机构调整为公司业务科、个人金融业务科、业务管理科和办公室。2003年，营业网点为营业部（含电脑储蓄中心）、分理处4个。2004年，撤销城中分理处，闸东分理处升格为二级支行。2005年，经过股份制改制更名为中国工商银行股份有限公司金湖支行，撤销环城分理处，营业网点为营业部、闸东支行、石油二处分理处，年末共有职工54人。

三、农行机构

1986年，中国农业银行金湖县支行（简称县农行）共有职工148人，内设人教、秘书、监察、保卫、审计、计划、工会、工商信贷、信托、组织资金、农业信贷、会计等12个科室。1990年，增设政工办和商业信贷股。1992年，成立劳动服务公司、城市信贷部、农村信贷部、发行业务部。1993年底，经营的粮、棉、油收购及加工信贷业务划归农业发展银行，但暂代为管理，实行分账经营。1994年，在县城设有营业部、信托部、房产信贷部、国际业务部、储蓄部，分理处4个，储蓄所10个；在乡镇设有办事处10个、分理处15个。1995年，共有营业网点32个，其中在县城增设信用卡部，房产信贷部改为房地产信贷部；在乡镇撤销办事处（分理处）12个。12月25日，县农村信用合作联社分门办公。1996年，内设机构为人事教育股、监审保卫股、计划会计股、信贷管理股、组织资金股和办公室，撤销资金组织股、信贷管理股，成立城市信贷部、农村信贷部、发行业务部，辖营业网点29个，其中县城分理处6个、储蓄所6个，乡镇设办事处（分理处）13个。是年，县农业发展银行分离独立，县信用合作联社脱钩经营。1998年，辖营业网点26个，其中县城分理处14个、储蓄所2个，乡镇分理处（办事处）10个。1999年，组建资产经营部，撤销国际业务部，外汇业务由黎苑分理处代理，撤销黎农分理处、健康路储蓄所、大兴闸储蓄所，营业网点减少为23个。2000年，营业网点减少为17个，其中城区营业部1个、分理处12个，农村镇乡分理处（办事处）4个。2004年进行综合改革，内设机构为客户业务科、信贷管理科、财务会计科，将办公室和人事政工科合并为综合办公室，撤销监察保卫科，其职能归并到综合办公室。2005年，经过股份制改造，更名为中国农业银行股份有限公司金湖县支行，调整内设机构，设综合办公室、财务会计科、客户业务一部、客户业务二部、资产风险管理部；对网点进行整合，保留金湖营业部、金黎分理处、黎城分理处、人民路分理处、东郊分理处、黎苑分理处、官塘分理处等网点，年末共有职工142人。

四、中行机构

中国银行金湖县支行（简称县中行），成立于1992年8月18日，隶属中国银行淮安市分行，内设人秘科、存汇科、计划信贷科、保卫科。年末，共有营业网点2个（营业部、黎明储蓄所），职工21人，其中固定职工20人，女职工6人。1993年，增设营业网点2个（健康储蓄所、金城办事处）。1995年，增设城西分理处。2000年，撤销储蓄所1个。2002年，内设机构调整为营业部、发展部、业务管理部和办公室；对外营业网点3个，分别是营业部、城西分理处、金城办事处。2005年，经过股份制改造，更名为中国银行股份有限公司金湖支行，辖营业网点3个（营业部，金城、城西分理处），年末在编职工34人，实有45人。

五、建行机构

1986年，中国人民建设银行金湖县支行（简称县建行）隶属中国人民建设银行淮阴市分行，内设人保组、业务组、储蓄组、会计组，对外营业网点2个，年末共有职工11人。1988—1990年增设储蓄所（代办所）7个。1991年，内设机构改为办公室、政工科、保卫科、投资建设科、信贷科、储蓄科、计划财务科、住房信贷部、信用卡部，对外营业网点10个。1996年3月26日，中国人民建设银行更名为中国建设银行，年内县行亦更名。1997年，实施机构改革，内设机构调整为办公室、筹资信贷科、计划财务科，设营业网点10个。1998年，增设业务拓展部，撤并代办所2个。1999—2002年撤并储蓄所、分理处5个。2003年，进行人事激励与约束机制改革，内设机构为综合管理部、业务管理部、业务经营部，撤并储蓄所1个，对外营业网点仅有2个。2004年9月，经过股份制改制，更名为中国建设银行股份有限公司金湖支行，内设营业部、综合管理部、业务管理部、业务经营部，撤并分理处1个。2005年，内设机构为办公室、营业部和客户部，年末共有在职职工31人。

六、农信社机构

1986年，金湖县信用社合作联社（简称县信用社）由县农行领导。1994年，成立县城市信用社。1995年12月25日，县信用社脱离县农业银行，开始自主经营，辖有城镇信用社1个，乡镇场信用社22个，营业部1个，农村信用站62个，年末共有职工250人。1996年，内设人事秘书、财务会计、资金运营、保卫、监察稽核等5个股。1997年，城区设营业网点4个，乡镇设信用社22个，村级设信用代办站81个。1998年12月2日，召开第一届社员代表大会，成立金湖县农村信用合作社联合社（简称“县农信社”），选举产生第一届理事会、监事会、理事长和监事长，理事会聘任联社主任、副主任。2000年10月21日，取消农村基层信用社法人资格，县农信社为统一法人。12月30日，金城城市信用社纳入县农信社管理。是年，城区设营业点7个，乡镇设信用社22个，村设信用代办站71个。2001年4月，信用代办站全部撤销。设城区营业网点7个，乡镇信用社18个。2003年3月，县城增设工业园区信用社。12月2日，召开第二届社员代表大会，社名更为金湖县农村信用合作联社，共设营业网点26个，其中城区8个，乡镇18个。2005年，联社设置工会、人事秘书股、信贷股、监察稽核股、财务会计股、个人业务股、资产风险管理股、保卫股、科技股、后勤服务中心，城区设营业点6个、营业部1个，基层设置营业点18个，共有职工250人。

七、邮政储蓄机构

1986年12月1日，县邮电局开始设立储蓄点，有专兼职人员3人。1988年5月27日，县邮电局建立县城、涂沟、金南、吕良等邮储网点22个，营业人员30人。省邮电局补助邮储网点开办费1000元，添置计算机2台。1990年，全县设置乡镇和刘圩、石港等邮储网点22个，营业人员34人。1993年5月，成立储汇公司。1995年，邮电储蓄网点发展到25个，1997年增加到28个，营业人员54人。1998年9月，邮电、邮政分营，邮储划归邮政局。2001年，撤销孙集、淮胜、闸东等网点3个，收并农行闵桥、石港网点2个，新增城西、城南网点2个，于11月20日建成并开通邮政综合通信网，营业人员68人。2002年，三里桥支局开办邮政储蓄业务，停办石油二处支局邮储业务，营业人员增加到75

人。2005年，邮政储蓄网点，城区有县局营业部、城西、城南、三里桥等4个营业部，基层邮储点有金南、金沟、卞塘、戴楼、官塘、淮建、塔集、夹沟、闵桥、横桥、银集、刘圩、唐港、涂沟、石港、前锋、白马湖、金北、吕良、新农、陈桥等21个，营业人员仍为75人。

八、农村合作基金会机构

1988年，县委农工部根据国家相关规定，协调各乡镇农村经营管理站牵头组织成立农村合作基金会。是年，唐港、官塘2个乡率先建立该组织。农村合作基金会由乡村集体经济组织和农户按照自愿互利、有偿使用原则组建。主要任务：管好用好集体资金，保护集体经济组织及其成员的合法权益；挖掘农村资金潜力，增加农业生产的资金投入；增加集体积累资金，逐步壮大集体经济实力。1993年8月，成立县农村合作基金联会，隶属于县委农工部。1994年2月，经县编委批准，县委农工部成立县农村合作基金审计所，与县农村财务辅导站实行“一套班子、两块牌子”；各乡镇也相应成立农村合作基金审计站，配备审计员34名，聘用业余审计员41名。上半年，吕良、孙集、塔集3个乡镇最后相继建立农村合作基金会，至此，全县各乡镇均成立农村合作基金会。1995年，农村合作基金会履行企业法人登记手续，全部领到“农村合作基金会开业许可证”。8月，县委农工部成立金湖县农村合作基金会办公室，与农村财务辅导站合署办公，主要职责是指导、管理、监督和协调服务于农村合作基金会。1997年，吸纳会员3.5万个。1999年底，根据中央有关清理整顿农村合作基金会的规定，县域23个农村合作基金会全部清盘关闭、停止运作。2000年依规进行清收清偿。

第二节　农业发展银行

一、存　款

1994年，县农发行业务由中国农业银行金湖县支行代理。1996年，接收县农业银行代理的全县粮棉收购企业、粮棉主管部门、财政支农专项资金等业务范围内开户企事业单位存款账户，并实行专款专用、封闭运行管理。1997年，实现业务自营，重点管理粮棉收购企业基本账户、收购资金专用辅助账户、货款回笼专用辅助账户、企业自有费用专用辅助账户、专用资金账户和粮棉销售货款回笼，办理企业活期存款152万元。1998年，经营职能转为专项管理粮棉油政策性收储资金，开户单位为粮棉油收储企业、粮棉主管部门，重点管理收购贷款发放和货款回笼。1999年后，存款余额因粮棉购销经营滑坡而逐年下降。2002年，通过开展粮棉“顺价销售”“促销突击月”等活动，企业存款余额大幅上升。2005年，扩大对公存款组织范围，使存款开户由粮棉油收储企业扩大到相关国家政策性收购储备的企事业单位，同时通过开展粮棉企业以销定贷、合同购销等经营活动，年末存款余额增长到2589万元，其中企业存款2571万元。

1994—2005年金湖县农业发展银行对公存款年末余额统计表

表23-2-8　　单位：万元

年份	年末余额合计	类别		年份	年末余额合计	类别		年份	年末余额合计	类别	
		企业活期存款	其他存款			企业活期存款	其他存款			企业活期存款	其他存款
1994	24	24	—	1996	152	152	—	1998	1988	1988	—
1995	107	107	—	1997	374	374	—	1999	511	502	9

接上表

年份	年末余额合计	类别		年份	年末余额合计	类别		年份	年末余额合计	类别	
		企业活期存款	其他存款			企业活期存款	其他存款			企业活期存款	其他存款
2000	479	431	48	2002	2013	1998	15	2004	1241	1199	42
2001	345	256	89	2003	1594	1503	91	2005	2589	2571	18

说明：该行为国家农业政策性金融机构，不办理个人储蓄业务。

二、贷　款

1994年，由县农行代理，投放农产品收购贷款2.03亿元，其中粮食收购贷款1.88亿元。1996年，县农发行贷款经过余额划转及自营，共投放收购农产品贷款3.78亿元，收购秋粮4.18万吨、籽棉1450吨。1997年，该行贷款业务始实行全面自营，范围包括粮棉油购销储、初加工及深加工贷款，农林牧副渔企业贷款，农业综合开发性贷款，扶贫贷款等。共投放农业综合开发贷款620万元，兴建涂沟特种水产养殖基地、夹沟石家坝水产养殖场、黎城绿色食品厂、宝应湖农场种子基地等农副业生产（加工）骨干工程；投放粮棉收购贷款1.88亿元，收购粮食12.7万吨，籽棉1250吨，油料50吨。1998年，贷款范围调整收缩为专项经营粮棉油购销储，投贷额为4.77亿元，其中收购贷款4.72亿元；收购粮食11.65万吨，籽棉2500吨。1999年，贯彻国务院“敞开收购、顺价销售、封闭运行”的粮改政策，履行金融职能，投放贷款5.09亿元，保障收购粮食14.78万吨。2000年，帮助粮棉企业扩大购销业务，发放贷款4.32亿元，收购粮食5.14万吨，籽棉950吨。对非保护价粮食收购，在保证经营不亏损的前提下，与企业共同磋商，确定收购操作具体步骤和方法，投放贷款455万元，收购粮食4530吨。2001年，深化粮棉收购资金封闭运行与风险管理，投放资金4.42亿元，收购粮食6530吨，籽棉550吨，实现粮棉库存值7345万元。

2002年，实行国家政策性粮棉储备、保护价收购、非保护价收购多种政策性信贷政策，投放贷款3.96亿元，其中国家储备粮库存占压资金1827万元，非保护价粮食收购贷款2402万元，新增库存粮食2.31万吨。2003年，落实“讲政策、防风险、谋经营、求发展”的工作要求，大胆创新，改以往信贷员统管式为专业化分工、精细化管理新模式，投放贷款3.77亿元，其中粮食收购贷款3.71亿元，粮食调销贷款50万元，油料收购贷款200万元，棉花收购贷款343万元；收购小麦2.万吨，稻谷4.84万吨，油菜籽910吨，籽棉850吨。2004年，针对宏观市场粮源紧缺、县内稻谷产量供不应求的实际，开展市场调研和粮源调配，信贷范围拓宽到粮棉油产业化龙头企业，投放贷款3.91亿元，其中粮食储备贷款2828万元，粮食调销贷款2175万元，粮食收购贷款3.36亿元，棉花收购贷款252万元，油菜籽收购贷款202万元；完成储备粮计划2.25万吨，收购小麦5.16万吨，稻谷8.30万吨，油菜籽720吨，籽棉260吨，首次实现业务经营粮棉油和购销储全面发展。

2005年，针对粮食市场价格波动加剧，金湖县粮食收购企业经营风险增大的实际，印发《关于推进粮食企业扩购促销的实施意见》，引导粮食企业加大市场营销，加速粮食周转。通过银企共同努力，实行“合同购销、以销定贷”，实现购销两旺，避免压库滞销形成价格波动而导致亏损现象。信贷范围拓宽到粮油种子贷款、粮食生产基地贷款、农业科技贷款等，投放贷款4.38亿元，其中粮食储备贷款2131万元，粮食收购流转贷款3.70亿元，粮食调销贷款585万元，省储粮轮换贷款1628万元，棉花收购贷款196万元，油料收购贷款2213万元；支持粮食购销企业收购小麦7.31万吨，稻谷6.24万吨，油菜籽2900吨，籽棉1780吨。

1994—2005年金湖县农业发展银行农业贷款与投向统计表

表23-2-9　　　　单位：万元

年份	年末余额合计	短期	贷款投向					中长期	贷款投向	
			商业	其中			其他		技术改造	其他
				农副产品贷款	粮食贷款	供销合作贷款				
1994	20261	20261	18845	—	18845	—	1416	—	—	—
1995	27589	25974	25974	25794	—	180	—	1615	—	1615
1996	41624	39099	38631	37816	—	815	468	2525	200	2325
1997	51544	48599	48131	46916	—	1215	468	2945	200	2745
1998	47694	47494	47162	37636	5241	4285	332	200	—	200
1999	50854	50584	50464	45493	686	4285	120	270	—	270
2000	43243	42913	42913	34961	3667	4285	0	330	—	330
2001	44476	44166	43480	35465	3730	4285	686	310	—	310
2002	39935	39625	38939	30537	4117	4285	686	310	—	310
2003	38053	37743	37057	27359	5413	4285	686	310	—	310
2004	39066	39066	38380	25946	8149	4285	686	—	—	—
2005	43825	43825	43139	35767	3087	4285	686	—	—	—

说明：该行贷款投放范畴均为农业。

第三节　工商银行

一、存　款

1986年，年末存款余额3322万元。1987年，开拓新业务，先后开办委托、代理、租赁、补偿贸易贷款等业务，试办存贷合一的建房储蓄和耐用高档消费品专项储蓄，日均储蓄额达7万元。1988年，在金融系统率先实行各储蓄所（柜）集体承包经营责任制，内部股室实行主要经济指标分解落实、百分考核、工效挂钩的办法，克服“大锅饭”和平均主义；开办新储种，相继推出大额储蓄、保值储蓄、住宅有奖储蓄、化肥彩电奖售储蓄等，并对储蓄大户办理预约上门服务，推动储蓄业务的发展。到1994年，年末各项存款余额比年初增加2670万元，达到1.39亿元，其中对公存款余额5319万元，比年初增加1065万元，月均余额占全县4家专业银行总额的47%，较上年增23个百分点。1999年，发挥存贷联动、部门联动、上下联动作用，调动全体员工争存揽储的积极性，各网点根据所处环境对个体存款客户群进行滤网式公关，把触角伸向农村养殖、种植业户，外出打工户，建立档案，拓展新业务，把教育储蓄、理财业务作为切入口，结合房改配套服务，归集住房公积金760万元，净增存款3400万元。

2000年，以组织存款、提高资产质量为着力点，适时进行经营策略的调整和经营机制创新，实现金库目标。各项存款余额3.57亿元，其中对公存款1.85亿元，储蓄存款2.05亿元。2001年，电脑储蓄中心靠优质服务，赢得存款余额节节攀升和市场份额大幅度提高。2003年，围绕效益中心，突出存款组织和质量攻坚二大重点，年末各项存款余额比上年增加9051万元，其中对公存款增加3496万元，储蓄存款增加5555万元。2005年，推进股份制改革，转变增长方式，各项存款余额比上年增加5788万元。石油二处分理处在做好服务江苏油田的同时，把握市场动态，加强金融产品营销，以精品网点吸引顾客、占领市场；注重对员工业务能力的培养，主动参与教育和业务培训，掌握新业务流程和操作技能，年末各项存款余额5.68亿元。

1986—2005年金湖县工商银行存款年末余额统计表

表23-2-10　　单位：万元

年份	年末余额合计	存款类别								
		企业存款	其中		机关团体存款	城镇储蓄	其中		农村与信托存款	其他存款
			活期	定期			活期	定期		
1986	3322	1282	—	—	317	1559	—	—	31	133
1987	3986	1491	—	—	285	2015	—	—	103	92
1988	4322	1377	—	—	222	2376	—	—	19	328
1989	5039	1505	—	—	239	2834	—	—	16	445
1990	6299	1910	—	—	247	3539	—	—	6	597
1991	7996	2578	—	—	339	4441	—	—	10	628
1992	9516	3451	—	—	291	5148	—	—	23	603
1993	11349	4147	—	—	201	6018	—	—	38	945
1994	13885	5162	—	—	157	7623	—	—	115	828
1995	17316	5234	—	—	38	9867	—	—	59	2118
1996	19953	4638	3466	1172	40	12360	2428	9932	114	2801
1997	25071	7113	4669	2444	28	14561	2630	11931	31	3338
1998	29721	10435	6731	3704	32	16570	4230	12340	69	2615
1999	33672	15106	12241	2865	36	18471	4434	14037	41	18
2000	35724	15042	11593	3449	56	20491	4835	15656	19	116
2001	33907	10583	7760	2823	300	22957	5335	17622	54	13
2002	39157	14371	11615	2756	171	24565	5442	19123	50	—
2003	48208	17745	15240	2505	293	29625	7412	22213	446	99
2004	51006	10741	9885	856	348	33019	7957	25062	1182	5716
2005	56794	9503	9243	260	7683	36449	9237	27212	2693	466

二、贷　款

1986年，县工商行支持商业网点改造建设，仅签发给商业、物资部门的银行承兑汇票就有6000多万元。1987年，对机械厂1.5吨铸钢炉改造、输油泵厂“七五改造”、制药厂黄原胶生产、汽配厂汽车门泵生产线等，共贷款1055万元。1989年，在商业系统率先推行预提商品削价损失准备金制度。1992年，对机械厂、造纸厂、制药厂等10户重点骨干企业实行技改资金、流动资金、信息服务“三优先”，贷款免于担保，共支持流动资金贷款2972万元、技改贷款1070万元。1994年，帮助黎城镇纸箱厂与合成化纤厂建成合股公司，支持县饲料厂与香港怡翔国际有限公司的混合饲料出口合资项目，迈开银行支持外向型、横向型办企业的路子。试行将有贷户的存款组织、贷款发放、贷款回笼、欠息清收融为一体的管理办法，分解落实到每位信贷人员，明确责、权、利，拟定相应的考核办法，促使信贷人员存贷并重，放收并举，本息挂钩，放管结合。年末，各项贷款余额比上年增加1031万元，新增贷款用于重点骨干企业比例占84%以上，抵押担保贷款占全部流动资金贷款比例达100%，信贷资产风险度为0.5%，较上年下降36个百分点，办理银行承兑汇票1780万元。

1996年，出台《关于改善金融服务、支持企业加速发展的十项措施》，贷款总额比上年增长29.3%。1999年，信贷资金集中投向县基础设施建设和重点技改项目及效益好、信用佳的骨干工业企业，推出支持加快工业经济发展、扩充总量的多项措施，与石油机械集团、粮油食品总厂等县属骨干企业签订银企互保协议书，投放资金2700万元。对江苏爱特福药物保健品有限公司、人民医院、金湖中学等单位发放贷款750万元。做好盘活存量工作，加大清收不良贷款力度，有选择地做好贷款量大、具有发展潜力的企业“支、帮、促”工作，向制药厂、针织厂等投放贷款250万元。2000年，继续增加有效信贷投入，支持基础设施建设、社会公益事业和重点技改项目。对石油机械集团新上项目发放技改资金1000万元，对金湖中学搬迁扩建工程新增贷款950万元。在全市范围内率先推出个人综合消费贷款，开办信用证打包贷款等。2001年，贷款技改投入3500万元，清收盘活不良资产1282万元，累计签发银行承兑汇票465万元，实现利润78万元。2002年，在办理抵押贷款时对抵押价值尽可能争取协商估价，贷款利率在规定幅度内给予优惠，办理签发银行承兑汇票，开具信用证和银行保函、贴现等业务，实行差别化、个性化服务。年末，共向对接企业投放技改资金2500万元，社会到期贷款、清收核销不良贷款6439万元，清收盘活不良资产807.5万元。

2003年，进行“快易通”贷款试点，组织力量调查全县注册资金50万元以上、年产值500万元以下的中小企业436户，收集客户信息，储备企业项目，进行授信申报。至年末有金湖县华兴实业有限公司、金湖富源机械有限公司等12家企业获授信总额2400万元，各项贷款比上年增加1770万元，处置不良贷款547万元，其中现金清收368万元，核销处置179万元。2004年，率先在全市金融系统为诚信企业开办保理业务，企业只需凭应收货款即可获得额度内的信贷支持，拓宽企业的融资渠道。金石机械集团作为全市首家享受该政策的企业获得保理融资1800万元。遵循“最小损失、最大收益”的原则，多法并举处置不良信贷资产，与政府达成银政打包处置意向，涉及贷款金额1723万元，年末新增优质贷款3400万元，不良贷款下降2200万元。2005年，向上争取加大对地方经济发展的支持力度，投放公司类客户贷款9285万元、个人类客户贷款2260万元。举行银企对接授信仪式，向铸锻公司、同泰服饰、理士科技等9家骨干企业授信1亿元。集中进行不良资产的认定剥离，突出资产经营，转变增长方式，注重风险控制，完成44户1.03亿元不良资产的剥离工作。

1986—2005年金湖县工商银行贷款年末余额统计表

表23-2-11　　　　单位：万元

年份	年末余额合计	贷款类别与投向											
		短期贷款	贷款投向								中长期贷款	贷款投向	
			工业	其中			商业	其中		其他		基建与技改	其他
				县属工业	物供工业	集体工业		国营集体商业	个体工商业				
1986	6388	5779	3131	1385	659	1087	2008	1385	623	640	609	530	79
1987	7242	6429	3304	1830	788	686	1956	1577	379	1169	813	636	177
1988	7860	6981	3500	1888	568	1044	2286	1584	702	1195	879	771	108

接上表

年份	年末余额合计	贷款类别与投向											
		短期贷款	贷款投向								中长期贷款	贷款投向	
			工业	其中			商业	其中		其他		基建与技改	其他
				县属工业	物供工业	集体工业		国营集体商业	个体工商业				
1989	8298	7479	4117	2309	663	1145	2166	1490	676	1196	819	671	148
1990	9417	8652	4785	2452	674	1659	2219	1517	702	1648	765	688	77
1991	11307	10265	5807	3144	751	1912	2451	1594	857	2007	1042	813	229
1992	12847	11214	6097	3067	778	2252	3092	2180	912	2025	1633	1383	250
1993	14433	12160	6568	3233	886	2449	3067	2114	953	2525	2273	2003	270
1994	15743	13173	8110	3576	978	3556	3794	3267	527	1269	2570	2303	267
1995	16764	14266	8710	4293	1037	3380	4152	3655	497	1404	2498	2272	226
1996	21675	18600	11858	5010	2153	4695	5020	4667	353	1722	3075	2872	203
1997	23272	19522	11439	4785	2572	4082	5451	5362	89	2632	3750	3722	28
1998	24331	21080	12063	5961	2304	3798	5640	5572	68	3377	3251	3210	41
1999	26122	22753	12049	4763	2780	4506	5272	5210	62	5432	3369	2970	399
2000	26455	21841	11920	5680	1481	4759	5584	5530	54	4337	4614	3025	1589
2001	23223	18606	11179	4388	1481	5310	5430	5376	54	1997	4617	4175	442
2002	21869	16792	8988	—	—	—	6487	6487	—	1317	5077	3753	1324
2003	23639	18722	10424	—	—	—	6528	6528	—	1770	4917	3653	1264
2004	22558	18118	9517	—	—	—	6028	6028	—	2573	4440	2178	2262
2005	18027	12094	7123	—	—	—	1070	1070	—	3901	5933	2300	3633

三、中间业务

1986—1989年，县工商行的中间业务主要是结算业务和代理业务。1990年，开办工资转存业务，并很快在全县推广。1995年，开办代收水电费、电话费、养老保险金，代保管重要凭证、有价单证等服务性业务。集体零存整取收储610万元，为342个单位6500多名职工代发工资，月代发额210万元。1997—2000年，中间业务主要是结算、代理业务及其他业务处理。2001年，在扩大代收水电费、电话费，代发工资等业务种类与份额的基础上，代理保险519万元，销售基金125万元，新建批量代扣电费、电话费等1000余户。2003年，代理保险519万元，销售基金125万元，新建批量代扣电费、电话费等1000余户。2004—2005年，中间业务收入185万元。

四、金融服务

1994年7月8日，牡丹信用卡业务部成立，至年底发卡1085张，其中金卡140张、银行卡945张，存款余额206万元；发展特约商户11家，受理信用卡业务网点7个，持卡消费165万元，大额转账结算1.7亿元。1995年，推出牡丹信用卡代发工资、代收（缴）电话费等服务项目。1996年，与供电局联合发行牡丹专用电费卡，至年底共发卡2100张，代收电费320万元。2001年，利用金融产品整合宣传营销效应，推介电子银行产品、银行卡业务、代理业务。全年新发卡3288张（贷记卡212张、信用卡320张、灵通卡2756张），发展电话银行758户（个人电话银行693户、企业电话银行65户）、网上银行3户。2003年，新发卡3288张，发展网上银行473户。2004—2005年，共向社会各界人士发行牡丹卡系列产品15万张，添置柜员机（含取款机、存取款机）4台，自助终端4台。

第四节　农业银行

一、存　款

1986年，县农行除正常储蓄业务外，开办女子储蓄等业务，创建以银行工作人员为主体的金融服务沙龙，其经验分别被省农行、国家农总行推广。1989年，随着地方经济的发展，各项存款快速增长，农行储蓄存款余额处于全县各行前列。1990年末，存款余额突破亿元。1994年，坚持“存款立行、存款立社”，把组织资金放在各项工作的首位，采取强化宣传、改善服务、开办夜市储蓄、扩大电脑存储联网等措施，促进农村储蓄快速增长；开办外币储蓄业务，通过与外资企业和港澳台胞联系，挖掘储源。年底，城乡储蓄余额2.97亿元，比上年增加5496万元，农民人均参储1047元，居淮阴市首位；外币储蓄存款9.9万美元，港币2.9万元。1996年，开办房地产业务，实行储蓄目标管理，明确各储蓄网点的储蓄任务，继续加快业务操作计算机应用，促进农村储蓄额迅猛增长，城乡储蓄余额突破4亿元。年末，归集行政事业单位公积金180万元、售房款1000多万元，存款市场份额占全县金融机构70%以上。

1997年，因部分农村金融业务分离给县农信社，加上撤并网点流失，年末存款余额增长缓慢。到2001年年末，各项存款仅比1996年（社、行分离前）增加1428万元。2002—2004年，逐步消化特定存款划转、城乡网点撤并的影响，营业部以“客户至上”，加强员工培训，开设营业窗口8个，不断完善综合柜员制，提高员工综合素质和工作效率；开展文明竞赛活动，提高优质服务水平，各项存款业务保持平稳增长。2005年末，各项存款余额6.58亿元，比上年增加4370万元，其中城乡居民储蓄额超过5亿元，比1986年增长13.6倍。

1986—2005年金湖县农业银行存款年末余额统计表

表23-2-12　　　　单位：万元

年份	年末余额合计	存款类别									
		企业存款	其中		机关团体存款	城镇储蓄	其中		农村存款	信托存款	其他存款
			活期	定期			活期	定期			
1986	5312	822	—	—	201	1627	—	—	2048	112	502
1987	6103	1076	—	—	145	2326	—	—	2289	54	213
1988	7116	1657	—	—	62	3037	—	—	1862	101	397
1989	8591	2186	—	—	126	4335	—	—	1505	68	371
1990	11159	1937	—	—	193	5969	—	—	2580	61	419
1991	13249	1991	—	—	281	7129	—	—	2816	74	958
1992	17660	3427	—	—	112	9588	—	—	3806	126	601
1993	24245	3782	—	—	72	12598	—	—	7048	22	723

接上表

年份	年末余额合计	存款类别										
		企业存款	其中		机关团体存款	城镇储蓄	其中		农村存款	信托存款	其他存款
			活期	定期			活期	定期			
1994	29741	539	—	—	131	18143	—	—	6463	-16	4481
1995	36951	4803	4383	420	83	24485	5050	19435	6040	724	816
1996	42679	5175	3998	1177	242	30188	6337	23851	1694	896	4484
1997	44107	8901	6898	2003	134	33800	7260	26540	392	773	107
1998	38844	7455	5508	1947	222	29594	5728	23866	1067	102	404
1999	45074	10543	8085	2458	44	33876	9196	24680	431	12	168
2000	44440	10923	7958	2965	260	31973	9277	22696	603	4	677
2001	49316	11651	7894	3757	323	36636	10651	25985	422	24	260
2002	55728	14221	9446	4775	91	40849	12787	28062	434	31	102
2003	57135	13217	7773	5444	117	42674	14208	28466	512	26	589
2004	61421	13481	8594	4887	270	47024	17218	29806	448	106	92
2005	65791	14981	11554	3427	—	50810	18600	32210	—	—	—

二、贷　款

1986年，县农行坚持“积极扶持、合理规划、正确引导、加强管理”的方针，加大信贷支持，实施信贷结构优化调整，重点扶持培植爱特福公司、银集渔网厂、金南电缆厂、黎城玻璃仪器厂等20户乡镇骨干企业，在流动资金、技改贷款、结算等方面给予特殊优惠政策，发放贷款5750万元，年净增3439万元。1988年，信贷资金管理坚持“实贷实存”“区别对待、择优扶持”的原则，严格贷款计划，严格审批手续，严格放款权限，实行“六不贷”，即生产设备不贷、建房造屋不贷、婚丧嫁娶不贷、高档消费不贷、现金结算不贷、不守信用不贷，集中资金保证农工商各业的生产和周转，有效遏制前几年滥发贷款的势头，实现自身的信贷平衡。在夏秋季农副产品收购中，首倡“联合办公、一条龙结算”的办法，有效解决农民卖粮难、结算难问题，且利于贷款回笼。此办法坚持8年之久。1994年，开办房地产信贷业务，年末贷款1200多万元，支持房建部门建设商品房3000平方米。是年，代理农发行业务2年，年投放农副产品收购贷款2亿多元。1995年，加大对乡镇企业技术改造资金的投入力度，成立“项目评估办公室”，参与对乡镇企业技改项目的立项、审查和报批工作，向20个骨干企业投放技改贷款1645万元、配套流动资金1855万元。

1996年，与农发行、信用社“分”“脱”后，信贷投放重点向城区转移，配合住房制度改革，发放购建房贷款150多万元，采取房地产过户再开发方式盘活呆滞呆账贷款750万元。全年贷款额下降为2.82亿元。清理收回挤占挪用资金，实行“统贷统还”，提高资金运转效率。至1997年，3年累计向爱特福公司投放信贷资金8300万元，使该企业成为全县乡镇企业中的佼佼者。1998年，对规模大、产品市场占有率高、经济效益好的乡镇骨干企业累计贷款1.2亿元，贷款存量6400万元。继续推行小额存单质押贷款业务，发放1.67亿元，其中用于支持农业生产5920万元、工业企业2600万元、城乡居民消费8124万元。1999年7月15日，举行银企合作签字仪式，向爱特福集团、轻纤集团、全兴电缆厂等10户企业颁发授信证书，下半年向授信企业增加贷款1700万元。向省农行争取农村电网改造贷款3000万元。

2000年8月，帮助新入学贫困大学生解决筹集首期学杂费、生活费和路费等方面的实际困难，推出“金钥匙”助学贷款，为22人贷款12.8万元。开办房产质押贷款业务237笔，发放贷款2573万元。中国长城资产管理公司成立，将部分不良信贷资产划归其经营，信贷资产规模由1999年的3.90亿元下降至3.66亿元。资产业务重点转为清收不良贷款，退出小、散信贷客户，调整信贷结构，适度加大优良客户的投放。2001年，继续实施业务城市化、优良客户带动战略，信贷客户实行内部统一评价、授信，重点支持金石集团等骨干企业。加大对经济发展重点项目和基础设施建设的支持，向县广播电视局宽带网、二中校园网、人民医院住院综合楼、自来水公司、金叶粮油有限公司等投放贷款1500万元。2003年，为江苏金石机械有限公司、爱特福集团等7家优良客户办理信用评级，争取省分行贷款授信额1.09亿元，向6户企业投放贷款8100多万元，为4家优良客户办理银行承兑票业务4000多万元，年底贷款余额中贴现贷款490万元。2004年，贴现贷款由2002年的371万元增加到3301万元。2005年，不良贷款额下降，信贷结构优化，但贷款净投放增长缓慢，票据贴现贷款增长较快。年底贷款余额中贴现贷款4337万元，占各项贷款额的11.4%。

1986—2005年金湖县农业银行贷款年末余额统计表

表23-2-13　　　　单位：万元

年份	年末余额合计	贷款类别与投向										
		短期总额	贷款投向						中长期总额	贷款投向		信托贷款
			工业	商业	个体工商业	农业	乡镇企业	其他		技术改造	其他	
1986	12711	12279	20	8309	22	1262	2666	—	234	81	153	198
1987	13016	12667	6	8700	31	879	3051	—	204	57	147	145
1988	13333	12984	6	8506	34	1119	3319	—	259	159	100	90
1989	18879	18602	136	13191	39	1706	3530	—	217	159	58	60
1990	22797	22529	156	16298	29	2188	3858	—	210	150	60	58
1991	27126	26788	426	19229	29	2818	4286	—	280	220	60	58
1992	31882	31544	516	23011	43	3188	4786	—	280	220	60	58
1993	32392	32054	516	22394	121	3797	5226	—	280	220	60	58
1994	21812	20479	1068	10877	455	1111	5676	1292	1309	370	939	24
1995	24414	22336	2306	10534	—	2461	5655	1380	1410	220	1190	668
1996	28238	25799	3049	11518	—	3644	6294	1294	1707	220	1487	732
1997	34346	33051	2206	12738	494	5229	7691	4693	1155	220	935	140
1998	43525	42109	2995	14109	316	6182	8275	10232	1318	131	1187	98
1999	44101	43065	4026	12964	319	8187	7692	9877	1036	131	905	—
2000	35990	34609	1402	11743	382	5350	4676	11056	1381	85	1296	—
2001	32848	32410	1921	9552	229	4983	5924	9801	438	56	382	—
2002	36968	34282	3533	8909	250	4758	5941	10891	2686	56	2630	—
2003	37491	36755	2523	8456	1546	6218	6278	11734	736	—	736	—
2004	39554	39147	1415	7594	1999	5363	7855	14921	407	—	407	—
2005	38022	37840	2365	6947	2503	5331	7612	13082	182	—	182	—

三、中间业务

1987年，县农行开始办理中间业务，主要是代收（代付、代理）结算业务等。1996年，国际业务吸收存款300万元，年末外汇存款余额26万美元，国际结算收付汇总额5万美元。2002年，代理100多家行政事业单位财政性工资发放，4870多名离退休职工养老金发放，代理中国人寿、太平洋等保险公司的保险业务，代理发行宝盈、大成开放式基金等业务。当年代理收入70多万元。2003年，完善代理机制，扩大代理业务范围，密切与人寿、财产、太平洋、平安等多家保险公司合作，开办房产保险等业务，全年代理保险100多万元。新增个体代缴税近万户，代理收入6000多万元。新增代收诉讼费、代收罚没款等收费项目，代收代付交易额3.5亿元，占同业市场份额90%以上。2005年初，正式启动代理地税的“税银一体”项目，代收税费7000多万元，联动发卡3000多张。至此，国税、地税税款缴纳统一代理，代收代付业务范围扩大，形成涵盖电话费、电费、手机费等10多种费用，代理品种发展到代理保险、代理结算、代理基金（证券、理财、咨询、信托、担保）、代发养老金、代发工资等10多项，代收代付3.35亿元，占全县金融机构代理业务量的80%以上。

四、金融服务

1994年10月8日，开办金穗信用卡业务，至年底有金穗卡指定受理单位10家及特约商号5家，发卡126张，吸收存款余额104万元。1995年，信用卡业务拓展迅速，被淮阴市分行正式批准为二级发卡行，发放的金穗信用卡为准贷记卡系列，当年发卡2300多张，吸收资金6000多万元，存款月均余额280万元；受理信用卡业务网点16家，发展特约商户13家，持卡交易额3000多万元。1997年，开通“金穗一卡通”业务，采用卡折合一形式。1999年，推出金穗星座卡，至年底发卡1086张。2003年，开发和完善银行卡功能，新增和更新自动取款机6台，开发金穗借记卡理财功能。全年发卡2.82万张，新增9206张。2004年，整合银行卡资源，优化用卡环境，增发银行卡1.47万张，发卡总量4.29万张，持卡消费3807万元，实现银行卡业务收入38.6万元。2005年，电子银行建设与银行卡等金融产品联动，新增网银客户376户，交易额2.6亿元。6月，正式发行金穗贷记卡。年底共发放银联卡1.07万张，总发卡量累计达4.39万张，卡均余额1676元，卡业务收入76.1万元。

第五节　中国银行

一、存　款

1992年，县中行以存款立行为宗旨，办理企业存款、居民定（活）期存款。年末，居民储蓄存款305万元，企业存款余额227万元。1994年，开展“争创一流、兴我中行”和创建“青年文明号”活动，各项存款余额比上年增加2165万元，其中对公存款余额153万元，居民储蓄存款余额2629万元。1998年，参与市场竞争，组织实施存款、信贷、教育培训、内控建设和文明优质服务五项工程，年末，人民币存款余额比上年增长3.4%，外币存款余额增长20.9%。1999年，把教育储蓄、理财业务作为切入口，存贷联动、部门联动、上下联动，调动员工争存揽储积极性，各网点根据所处的环境对个体存款客户群进行公关，实现对公存款2867万元，储蓄存款5631万元。

2000年，以扩大存款总量、壮大资金实力为工作重心，强化市场营销和文明优质服务，培植客户群。年底，人民币存款比上年净增3345万元，存款余额占全县存款余额的比例上升2个百分点。2002年，坚持大公司、大零售业务并重的发展战略，树立“地方经济发展我发展，我与地方共发展”

的经营理念。年末，外币存款余额168万美元，人民币存款余额1.87亿元，存款增长率和人均存款增长率在全市金融同业中占比最高。2003年，围绕效益中心，突出存款组织和质量攻坚两大重点，实现存款总量迅速攀升、资产质量明显改善、经营效益不断提高的发展目标。年末，人民币对公存款1.59亿元，储蓄存款1.11亿元，均创历史最好水平；外币储蓄存款172万美元、企业存款51万美元，市场份额达74%。2004年，围绕"抓改革、促发展、控风险、增效益"的经营理念开展各项业务。年末，城镇储蓄存款1.62亿元，企业存款1.93亿元；外汇个人存款188万美元、企业存款70万美元。2005年，推进股份制改革，转变增长方式，围绕"发展再提速、管理再提质、形象再提升"的目标开展各项业务。年末，城镇储蓄存款余额2.13亿元、企业存款余额0.91亿元，外币储蓄存款余额198万美元、企业存款余额2万美元。

1992—2005年金湖县中国银行存款年末余额统计表

表23-2-14　　　　单位：万元

年份	年末余额合计	存款类别								美元存款
		企业存款	其中		机关团体存款	城镇储蓄	其中		其他存款	
			活期	定期			活期	定期		
1992	732	227	—	—	1	305	—	—	199	—
1993	2229	917	—	—	—	1312	—	—	—	—
1994	4394	153	—	—	7	2629	—	—	1605	37
1995	7068	406	288	118	170	4315	564	3751	2177	58
1996	9140	2866	2640	226	24	6249	1424	4825	1	37
1997	7117	2155	1656	499	—	4917	208	4709	45	43
1998	7366	2453	1937	516	—	4865	202	4663	48	52
1999	8541	2867	2024	843	—	5631	503	5128	43	99
2000	11886	5387	4291	1096	—	6264	618	5646	235	92
2001	14551	7434	4624	2810	—	7117	1014	6103	—	134
2002	18669	10028	4851	5177	—	7909	1398	6511	732	168
2003	27898	15898	7833	8065	—	11136	2197	8939	864	223
2004	36113	19344	9348	9996	—	16207	3586	12621	562	258
2005	39850	9078	7195	1883	—	21266	5050	16216	9506	198

二、贷　款

1992年，县中行以提高质量、增加效益、防范风险为重点，将各项贷款规模控制在核定数之内。1995年，采取建立大额疑难贷款定期审贷制度，采取个人责任信用保证金等措施，集中资金重点支持经济效益好、抗风险能力和偿还能力强的企业，全力支持外向型经济的发展，累计发放贷款3364万元，其中外资企业贷款占13%。在支持外贸企业上，坚持谁出口就支持谁、谁效益好就支持谁的原则，保证外贸出口收购计划和创汇任务完成。1998年，发展经营风险小、操作灵活简便、收贷变现快、受储户欢迎的小额质押贷款业务，投放1055万元。1999年，出台《贷款责任人制度》，支持茧丝绸行业发展，向蚕茧公司新增贷款730万元，为春茧、晚秋茧及时收烘入库提供资金保证；向部分蚕茧深度加工企业实施信贷支持，新增贷款300万元。

2000年，增加有效信贷投入，支持基础设施建设、社会公益事业和重点技改项目，推出个人综合消费贷款，开办信用证打包贷款等。2002年，加大信贷投入力度，实现超常规倍增式发展，累计办理贴现贷款764万元，签发银行承兑汇票1.15亿元。年末，授信资产总额1.10亿元，重点支持爱特福公司、华鼎公司、茧丝绸公司、轻纤集团、银海丝业公司、金湖县中学、县人民医院等企事业单位。贷款覆盖面扩大企事业单位65户、个人消费户598户。服务招商引资，支持工业园区建设贷款830万元，向赛尔电池公司、神华药业公司、哥德威尔服饰公司、斯德瑞克化工公司贷款550万元，用于建设和启动生产。在办理抵押贷款时，对抵押价值尽可能争取协商估价，贷款利率在规定幅度内给予优惠；办理签发银行承兑汇票，开具信用证和银行保函、贴现等业务，简化手续，缩短审批合同时间，实行差别化、个性化服务。2004年，实行大公司、大授信策略，实现地方经济、客户企业、银行三方共赢，签发银行承兑汇票2.67亿元。授信支持面涵盖县国有资产公司、江苏金莲纸业、江苏理士科技等13户骨干企业，31户私营企业和42户个体工商户。

2005年，采取贷款、贴现及签发银行承兑汇票等授信品种并举的方式，支持签约对接企业经营，累计投放公司类授信贷款超过3亿元，其中支持签约对接企业授信贷款1.68亿元。发展消费贷款业务，支持城乡居民购房，推出金湖县建设房地产开发有限公司——金波小区、江苏华升房地产开发有限公司——龙港花园城、淮安中鑫置业有限公司——中鑫步行街等7家商住房“理想之家”按揭贷款项目，累计发放2461万元，支持328户家庭圆了住房梦。此外，推出个人信用循环贷款、个人抵（质）押循环贷款、个人投资经营贷款、二手商品房消费按揭贷款等业务品种，满足消费者不同的业务需求，年末消费贷款余额4935万元。

1992—2005年金湖县中国银行贷款年末余额统计表

表23-2-15　　单位：万元

年份	年末余额合计	短期	贷款投向				中长期	贷款投向	
			工业	商业	“三资”企业	建筑业和其他		基建及技术改造	其他
1992	990	704	—	704	—	—	286	286	—
1993	2073	1654	—	1654	—	—	419	419	—
1994	2773	1919	—	1919	—	—	854	419	435
1995	3364	2945	—	2883	—	62	419	419	—
1996	3947	3323	—	1616	865	842	624	264	360
1997	4330	4027	—	2187	889	951	303	303	—
1998	4529	4265	—	2396	—	1869	264	264	—
1999	4930	4666	—	2470	991	1205	264	264	—
2000	3249	3249	—	1018	1077	1154	—	—	—
2001	4805	4805	—	—	—	4805	—	—	—
2002	5513	5513	—	—	—	5513	—	—	—
2003	10671	9575	—	—	—	9575	1096	1096	—
2004	15003	12184	1963	475	1905	7841	2819	—	2819
2005	14281	8375	1260	—	950	6165	5906	—	5906

三、中间业务

1993年，该行开始经营中间业务。随着业务的不断完善，代理品种逐年增加。2002年，各项代理业务品种增至22项。2003年，开办代收水电费、代收电话费、代保管重要凭证（有价单证）等服务性中间业务。2004年，推进业务发展战略，完善服务功能，扩大中间业务服务项目，新增代理大鹏证券、银券通、黄金宝等。全年代销基金378万元，代售保险154万元。2005年，利用金融产品整合宣传营销效应做大代理业务，全年承兑汇票余额1.1亿元，中间业务收入上升。

四、金融服务

1993年10月18日，成立长城信用卡科，开始经营业务。至年底，发长城信用卡256张，其中金卡40张、银卡216张，存款余额200万元；发展特约商户8家，受理信用卡业务网点4个，持卡消费153万元。随着长城卡业务的不断完善，发卡量逐年增加。2002年，投资30多万元，增设ATM自动柜员机，使用技术先进的ES9000CARD操作系统，简化操作程序，节省操作时间。全年发卡7408张，增长84.3%。2004年，长城电子借记卡实现全国通存通兑，推出系列外汇理财产品"汇聚宝""外汇宝"等业务新品，新开企业、个人网上银行等。全年新增长城信用卡250张、电子借记卡3265张、国际卡12张。2005年，拥有柜员机（含取款机，存、取款机）3台，自助终端2台，向社会发行长城卡系列产品4.5万张。

第六节　建设银行

一、存　款

1986年，县建行办理企业存款、居民储蓄存款，开办现金业务，新增存款351万元。1994年，坚持一手抓业务发展，一手抓队伍建设，年末居民储蓄余额4765万元，企业存款余额1524万元。是年，办理单位房改金融业务212个，吸收住房建设资金430万元。1995年，通过落实承包责任制，完善考核奖惩办法，将人员利益分配与存款任务完成情况挂钩，并开展占市场、争份额等竞赛活动。年末，居民储蓄余额6027万元，企业存款余额2942万元，吸收住房资金726万元。1996年，加快业务发展，坚持储蓄存款、企业存款、住房存款、信用卡存款、外币存款一起抓，开展增存吸储活动，开办特色服务，实行功效挂钩，严格考核，全年存款快速稳定增长。年末，储蓄存款余额首次突破亿元，达到1.55亿元，其中企业存款余额5486万元，城乡居民储蓄1亿多元，吸收住房资金1100万元。

2001年，从道德水准、银行知识和技能、社会交往能力等方面，在行员中层层选拔，招聘客户经理6人，面向市场，专职为客户提供服务，以满足客户多元化的服务需求。年底，城乡居民储蓄存款余额1.14亿元，对公存款余额5991万元，外汇存款余额239.5万美元，住房公积金存款983万元。2002年，突出"筹资壮实力、清收增效益、管控树形象"三大工作主题，强化管理，改善服务，防范风险。年底，城乡居民储蓄存款余额1.37亿元，对公存款余额6119万元，住房公积金存款440万元。2003年，克服"非典"、洪灾冲击和实施人员分流及网点撤并歇业等不利因素影响，突出筹资、盘活、管理和服务工作，企业存款余额5451万元，储蓄存款余额1.39亿元，其他类存款余额239万元。在储蓄存款余额中教育存款余额较上年新增424万元，超过开办教育储蓄几年来净增额的总和；住房公积金存款余额2359万元。2005年，在仅有1个营业网点的情况下，年末仍然实现企业存款余额7445万元，储蓄存款余额1.18亿元。

1986—2005年金湖县建设银行存款年末余额统计表

表23-2-16　　　　单位：万元

年份	年末余额合计	存款类别									
		企业存款	其中		机关存款	城镇储蓄	其中		农村存款	信托存款	其他存款
			活期	定期			活期	定期			
1986	351	242	—	—	6	—	—	—	—	103	—
1987	508	295	—	—	1	105	—	—	—	103	4
1988	712	138	—	—	—	450	—	—	—	40	84
1989	1229	303	—	—	38	828	—	—	—	60	—
1990	2291	701	—	—	90	1443	—	—	—	57	—
1991	3320	1084	—	—	71	2154	—	—	—	—	11
1992	4423	1387	—	—	123	2888	—	—	—	—	25
1993	5133	1307	—	—	83	3715	—	—	—	—	28
1994	7061	1524	—	—	12	4765	—	—	—	—	760
1995	8969	2942	2695	247	—	6027	1357	4670	—	—	—
1996	15507	5486	4486	1000	3	10018	2462	7556	—	—	—
1997	16319	6938	4688	2250	3	9567	1621	7946	—	—	5
1998	16562	7699	4498	3201	3	9039	2536	6503	—	-182	3
1999	17881	8339	3642	4697	4	9517	2696	6821	—	-182	203
2000	20171	10207	4315	5892	5	10138	3122	7016	—	-182	3
2001	17381	5991	3696	2295	2	11360	3510	7850	60	-182	150
2002	20546	6119	4397	1722	718	13676	3971	9705	10	-182	205
2003	20446	5451	4627	824	1034	13883	3988	9895	21	-182	239
2004	18368	5218	4614	604	597	12482	3759	8723	12	-182	241
2005	19383	7445	5085	2360	120	11810	3464	8346	7	—	1

说明：1997年存款总额内含委托类存款-194万元。

二、贷　款

1986年，县建行按照国家有关部门“拨改贷”政策，坚持提高质量，增加效益，防范风险原则，支持地方经济建设。1994年，将造纸厂年产3000吨高档卫生用纸技改列为重点支持项目，通过盘活存量、申请专项的办法，使资金及早到位，先后投入400多万元，土建、设备安装、主产品生产等项目一次性完成。全年经办基建投资项目25个，完成投资额2900万元；发放住房贷款1120万元，支持建设住房面积2万多平方米。1995年，建立大额疑难贷款定期审贷制度，采取缴纳个人责任信用保证金等措施，全年投向县属重点骨干企业基建及技术改造1200多万元。1997年，继续抓优质服务，抓职业道德建设，推行服务承诺，支持新兴产业，独家推出“小市场”流动资金抵押贷款，使黎城市场等个体工商户得到较快发展。房地产信贷业务累计发放贷款1102万元，房改业务在县金融市场占有份额在30%以上。1998年，首家推出金融综合零售业务，面向个体工商户，集存款、贷款、咨询、家庭理财等于一体。至年底，办理该项业务有300多户，或与职工建立委托代理业务，发放贷款余额30万元，吸收活期存款余额400多万元。2000年，增加有效信贷投入，支持基础设施建设、社会公益事业，向上级行争取资金投放金湖大桥和收费站贷款5500万元，办理个人住宅贷款445万元。

2002年，对抵押贷款的抵押价值实施协商估价，按规定给予优惠，累计发放贷款1.09亿元，其中向汽车零部件公司贷款1100万元。个人住房贷款390万元，年末余额440万元。2003年，清收压缩不良贷款201万元，核销呆账贷款1214万元。及时向国家重点扶持的高科技产业项目——江苏神华药业有限公司新上真菌发酵、细菌发酵生产线投入固定资产贷款1000万元。2004年，实施信贷退出、加大现金清收力度、核销处置、协商处置、制裁及法律诉讼进行处置，剥离不良贷款和消除历史包袱9000多万元，以适应股份制改造和财务重组需要。年末，累计发放各项贷款7473万元，其中新增优质贷款3000多万元。2005年，累计发放各项贷款8000万元，清收压缩不良贷款323.8万元。

1986—2005年金湖县建设银行贷款年末余额统计表

表23-2-17　　单位：万元

年份	年末余额合计	短期	贷款投向					中长期	贷款投向		信托贷款
			工业	商业	建筑业	农业	其他		基建及技术改造	其他	
1986	634	60	—	—	60	—	—	514	384	130	60
1987	792	120	—	—	120	—	—	612	325	287	60
1988	861	155	—	—	155	—	—	635	623	12	71
1989	902	336	56	—	280	—	—	495	380	115	71
1990	980	490	130	—	360	—	—	419	284	135	71
1991	1693	812	420	—	392	—	—	881	536	345	—
1992	2140	1069	517	—	552	—	—	1061	576	485	10
1993	2430	1134	547	—	587	—	—	1296	826	470	—
1994	2555	1364	677	—	687	—	—	1191	876	315	—
1995	4760	3264	840	—	832	—	1592	1481	1461	20	15
1996	7139	3573	870	—	1315	—	1388	3386	3366	20	180
1997	8326	5951	4292	—	994	—	665	2195	1841	354	180
1998	8996	6418	4608	—	1264	—	546	2398	2019	379	180
1999	9925	8557	6335	—	1039	—	1183	1188	814	374	180
2000	12362	7378	4714	—	1159	—	1505	4984	4623	361	—
2001	11671	6938	2388	1500	1076	204	1770	4733	4050	683	—
2002	13353	8049	2830	1475	1036	384	2324	5304	4850	454	—
2003	12088	6653	2712	739	813	370	2019	5255	4800	455	180
2004	7473	6543	3780	—	865	360	1538	930	800	130	—
2005	8000	7132	4985	—	802	350	995	868	800	68	—

三、中间业务

1991年，推出代发工资、代收（缴）电话费、代收（缴）电费等服务项目。1995年，开办代收水电费、代办养老保险金、代保管重要凭证（有价单证）等服务性中间业务。1999年，实现中间业务收入30多万元。2000年，在扩大代收、代发等业务种类与份额的基础上，代理保险200多万元，销售基金100多万元，新扩批量代扣电费、电话费等800余户。2001—2005年，中间业务收入每年递增20余万元。

四、金融服务

1991年，成立信用卡部，至年底发行信用卡585张，存款余额20多万元，发展特约商户8家，设置受理信用卡业务网点6个，持卡消费100多万元，大额转账结算1.2亿元。1993年，开办“万事达”信用卡业务。2000年，推介电子银行产品，全年新发卡2000多张，发展电话银行330户，个人网上银行300户，企业网银10户。2005年，拓展电子银行业务，新增网银客户253户，其中个人网上银行客户248户，年实现网上银行交易额1.6亿元，企业网银活动率、交易量占全市建行系统90%以上。年末，共发行龙卡系列产品10万余张，拥有柜员机（含取款机、存取款机）2台、自助终端2台。全县第一家离行式自助银行服务区在建设路分理处的原址上改建成功，为客户提供自助服务，办理取款、查询、转账、缴费、存折补打等业务。

第七节　农村、城市信用合作联社

一、存　款

1986年，县信用社组织存款3083万元，其中定期1964万元，活期1119万元；乡镇企业存款242万元。1993年，加大组织资金力度，存款额突破亿元。1994年，新成立的县城市信用社吸储2950万元，其中企业存款1576万元，城镇居民储蓄1374万元，其他存款367万元。1996年，将利益分配同职工组织资金任务挂钩；加强电子化建设，对公存款、储蓄等业务全部实行微机化，以准确、快捷的服务吸引顾客。年末，各项存款余额突破2亿元。1998年，城信社存款4685万元，其中企业存款2343万元，城镇居民储蓄2335万元。2000年，城信社并入农信社后，立足农村、面向农业、服务农民，巩固农村主阵地，拓展城区新市场，城乡推进、上下联动，大力组织资金。年末，各项存款余额突破3亿元，比上年增加6569万元，增长25.7%。2001年，金融竞争激烈，在服务手段上延伸揽存触角，扩大辐射范围，抓住对公存款户、个体工商户、种植和养殖业大户及时揽存。基层信用社员工发扬“背包”银行传统，走村串户，走街串巷，深入村

图23-2-2　县农信社召开第一届社员代表大会（摄于1998年）

县志办/供

头、田头、场头、户头，开展贴心服务；城区营业网点发挥窗口作用，开拓市场，主攻企事业单位对公存款和个体工商户储蓄存款，抢占市场份额。在信用站全部撤销的情况下，仍取得年末存款余额较上年增长12.2%的实绩。

2002年，内抓管理强素质，外拓市场树形象，转换经营思路，拓展融资渠道，多管齐下、多策并施组织资金，年末对公存款余额接近亿元、储蓄存款余额3.19亿元，存款总量首次突破4亿元。2003年，推行农户联络员制度，主要为农信社与农户（个私业主）在存款、贷款和不良贷款清收等方面提供信息服务，首批发展农户联络员61人。截至年底，组织存款3000多万元，协助收回贷款1800多万元，收息75万元，成为金湖县农信社一支重要的编外力量。2004年末，农信社各项存款余额占县内金融机构之首，其中储蓄存款余额5.73亿元，对公存款余额1.9亿元，各项存款增幅48.2%，超过省联社指标33.6个百分点，位居全省农村信用社系统之首。2005年，加入全国农信银清算系统，业务品种包括农信银汇票、汇兑、通存通兑。通过本系统实现全国农村信用社间实时资金划拨、签发和代理解付农信银行汇票，跨省农信系统间储蓄业务通存通兑。全省农村信用社系统通过江苏省联社清算中心加入人民银行大额支付系统，实现国内跨行的实时资金划拨、清算。农村信用社逐步承担各级财政粮食直补、农机补贴、计划生育补助等涉农补贴资金和村级资金的代理拨付工作。是年，发放圆鼎借记卡6235张，交易笔数8958笔，交易金额6991万元；卡内年末存款余额2672万元。在县城黎城和戴楼、闵桥、塔集等镇安装ATM机，方便广大群众提现。年末，各项存款在县内金融机构中首家突破10亿元。

1986—2005年金湖县农村信用社存款年末余额统计表

表23-2-18　　单位：万元

年份	年末余额合计	存款类别							
		乡镇企业存款		机关存款	城镇储蓄	其中		集体与农户存款	信托及其他存款
		总额	其中定期			活期	定期		
1986	3083	242	—	—	2832	868	1964	—	9
1987	3699	119	—	—	3502	1365	2137	—	78
1988	3872	113	—	—	3717	916	2801	—	42
1989	4990	138	—	—	4788	798	3990	—	64
1990	6701	111	—	—	6564	1792	4772	—	26
1991	7432	179	—	—	7229	1616	5613	—	24
1992	8914	190	—	—	8347	435	7912	—	377
1993	11446	153	—	—	11050	1547	9503	—	243
1994	14421	—	—	—	14421	12457	1964	—	—
1995	19411	—	—	—	17839	3791	14048	1406	166
1996	20095	2588	—	—	17491	3019	14472	—	16
1997	21826	288	—	74	18291	3622	14669	3155	18
1998	22673	250	250	—	18803	4238	14565	3449	171
1999	25565	388	388	100	19645	4373	15272	4876	556
2000	32134	1225	1225	43	25443	6544	18899	5295	128
2001	36067	1901	1901	197	27497	7444	20053	6418	54

接上表

年份	年末余额合计	存款类别							
		乡镇企业存款		机关存款	城镇储蓄	其中		集体与农户存款	信托及其他存款
		总额	其中定期			活期	定期		
2002	41939	2787	2787	82	31899	10339	21560	7155	16
2003	55605	4215	4215	105	40965	15257	25708	10231	89
2004	82428	5481	5481	213	57262	22826	34436	13514	5958
2005	105983	5727	5727	76	70376	28968	41408	16381	13423

说明：1986-1994年“城镇储蓄”数据均为“集体与农户存款”数据。

1994—1999年金湖县城市信用社存款年末余额统计表

表23-2-19　　单位：万元

年份	年末余额合计	存款分类						
		企业存款	其中		城镇储蓄	其中		其他存款
			活期	定期		活期	定期	
1994	2950	1576	—	—	1374	—	—	—
1995	2990	1409	1409	—	1581	334	1247	0
1996	3422	1055	1055	—	2084	1725	359	283
1997	4311	1768	1457	311	2345	315	2030	198
1998	4685	2343	1723	620	2335	411	1924	7
1999	3545	1744	1136	608	1793	333	1460	8

二、贷　款

1986年，县信用社投放支农贷款1806万元，其中集体农业97万元，专业承包户906万元，乡镇企业和个体工商户803万元。1990年，加大对集体农业和专业承包户的贷款支持力度，共投放2577万元，支持乡镇工业发展贷款1375万元。1994年，城信社向城镇工商业、个体工商户投放短期贷款1926万元。1996年，累计投放支农贷款1.2亿元，其中向基地乡镇、专业村投放4632万元，向产品有市场、经营有效益的骨干乡镇企业投放4373万元。1997年，把支持农村种养大户作为信贷工作重中之重，为种养大户建立档案，实行社、站、个人三级挂扶帮助，将贷款送上门。年末，各项贷款余额比上年增长9.2%。1999年，农信社扩大信贷投入面，将信贷资金重点投向农业产业结构调整、农副业产品深度加工、农村个体工商业和农业科技园区建设，促其向产供销、种养加、贸工农一体化发展。年末，各项贷款余额比上年净增1744万元，确立农业贷款比重绝对优势的地位。城信社投放短期贷款3285万元，其中城镇工业1387万元，商业476万元，个体工商户448万元。

2000年，推行面向千家万户的“小额贷款证”贷款（最高额8000元），发放“小额贷款证”7053份，贷款额1679万元。年末，各项贷款余额比上年增加6517万元，贷款市场份额占金融机构首位。2001年，继续推行“小额贷款证”贷款，发证3.4万份，占总农户的47.3%，年末小额贷款余额4020万元，被农民称为发家致富的“绿卡”、代表信誉的“经济身份证”。2002年，在满足农业资金需求的情况下，积极扩大信贷投入面，把与农业有密切联系的蚕茧收购、粮油加工等涉农企业作为信贷支持对象，支持重点企业10户，累计提供贷款1.9亿元。年末，各项贷款余额比上年净增1.09亿元，其中农业贷款净增6367万元。2004年，省银监局和省联社将金湖县农村信用社列为第二批贷款风险五级分类（正常、次级、关注、可疑、损失）试点单位，实施改革资金扶持政策和银企对接等措施，年末各项贷款余额比上年净增1.48亿元，其中农业贷款净增1.17亿元。2005年，开始发行农信社银行卡6235张，卡余额2672万元，交易笔数8958笔，交易金额6991万元。年末各项贷款余额比上年增加1.64亿元，其中农业贷款净增1.54亿元。

1986—2005年金湖县农村信用社贷款年末余额统计表

表23-2-20　　单位：万元

年份	年末余额合计	短期贷款	其中			中长期贷款
			农业和承包户	乡镇企业	个体工商业及其他	
1986	1806	1806	1003	800	3	—
1987	1865	1865	1042	820	3	—
1988	2253	2253	1337	873	43	—
1989	3001	3001	1725	1262	14	—
1990	3970	3970	2577	1375	18	—
1991	4730	4730	2922	1735	73	—
1992	4400	4400	2279	2005	116	—
1993	4896	4896	2559	2252	85	—
1994	6962	6962	1986	1806	3170	—
1995	9221	9036	3878	3192	1966	185
1996	11973	11898	5026	4373	2499	75
1997	13074	13074	6324	5340	1410	—
1998	14075	14075	7781	5545	749	—
1999	15819	15819	8855	6024	940	—
2000	22336	22336	10538	10048	1750	—
2001	28554	28554	13823	12967	1764	—
2002	39468	39457	20190	15089	4178	11
2003	59110	59072	35566	19851	3655	38
2004	73894	73794	47251	23602	2941	100
2005	90333	90105	62621	24441	3043	228

1994—1999年金湖县城市信用社短期贷款年末余额统计表

表23-2-21　　单位：万元

年份	年末余额合计	贷款投向			
		工业	商业	个体工商业	建筑业及其他
1994	1926	1139	682	105	—
1995	1896	1234	—	452	210

接上表

年份	年末余额合计	贷款投向			
		工业	商业	个体工商业	建筑业及其他
1996	2203	822	—	397	984
1997	3189	1315	418	—	1456
1998	3252	1289	476	440	1047
1999	3285	1387	476	448	974

第八节　邮政储蓄

1986年12月1日，县邮电局储蓄点试办储蓄业务。1987年2月，代为人民银行吸收个人存款，收取月平均余额的0.2%作为酬金。当年吸收储蓄户67户，存款余额160万元。1988年，邮电部门发挥点多面广、接触人众的优势，发动全员参与邮储业务。5月27日，22个邮储网点一起开办储汇、汇转储业务。1989年，开办10元面额定期3年抽奖储蓄业务。1990年1月，邮政储蓄由代办改为自办，经费来源由提取手续费改为利差收入。全县邮储网点均开办整存整取、定活两便、活期、零存整取等储蓄业务，实现年末存款余额476万元。1991年，开办储蓄礼仪业务。1993年5月，成立储汇公司，邮政汇兑纳入邮政金融业务。1995年9月，新成立的储汇股统一制定储蓄管理制度、理顺作业流程，4个支局（所）实现微机储蓄，年末储蓄余额同比增长71.6%。1997年，邮储全部进入邮政储蓄本地网，可办理全储种通存通兑，年底储蓄余额比上年净增2444万元。1998年9月，邮电、邮政分营，邮储业务划归邮政局。年底，居民人均邮政储存款余额名列全省前茅。1999年7月1日，"绿卡工程" 开通，邮储实现全市通存通兑，首台ATM机在县局营业处投入使用。12月5日，实现全省通存通兑。2001年11月20日，建成并开通邮政综合通信网。2002年末，储蓄余额比上年净增7766万元，增长35.2%。2004年12月10日，全国统版工程上线，与31个省（市、区）、1900个县市网点成功联网。2005年，邮政储蓄年末储蓄余额5.40亿元，实现收入1093万元。

1986—2005年金湖县邮政储蓄银行存款年末余额统计表

表23-2-22　　单位：万元

年份	年末储蓄余额	其中		年份	年末储蓄余额	其中		年份	年末储蓄余额	其中	
		活期	定期			活期	定期			活期	定期
1986	9	3	6	1993	2087	567	1520	2000	156454	3129	12515
1987	160	35	125	1994	3108	1307	1801	2001	22007	5669	16338
1988	101	26	75	1995	5334	723	4611	2002	29773	5433	24340
1989	339	68	271	1996	7778	1289	6489	2003	37307	9616	27691
1990	476	90	386	1997	10054	1441	8613	2004	44973	12048	32925
1991	978	264	714	1998	12222	2392	9830	2005	54022	13816	40206
1992	1609	218	1391	1999	12431	2264	10167				

第九节　农村合作基金会

一、业　务

1993年，县农村合作基金会积聚可融资金990万元，向农村各行各业投放资金1046万元。根据上级规定，基金会存款、贷款利率，一般高于银行同等、同期利率的3~4倍。1994年底，积聚可融资金2089万元，累计投放资金2946万元，自身积累120万元。1995年，开展规范管理工作，经市主管部门审核，22个乡镇农村合作基金会全部领到“基金会开业许可证”，履行社会团体法人登记等手续。县乡农村合作基金会先后组织召开会员代表大会，对章程进行修改完善，建立健全股金筹措、财务管理、资金投放、稽核审计、收益分配等规章制度，使基金会吸股融资工作进入规范化轨道。年末，拥有各类可融资金6968万元，累计融通资金9005万元，其中向农村第二、第三产业投放3151万元，占投放总额的35%，基金会在支持农村经济发展中发挥一定作用。

1996年，根据农业部《关于加强农村合作基金会管理的通知》精神，出台《金湖县农村合作基金会管理办法》《融资管理办法》，对基金会的组建原则、基本任务、管理体制、资金筹集、投放和回收等方面做出具体规定，统一借款申请、审批、担保、抵押及连带清偿责任制，建立风险保障机制，明确备付金的预留额原则上不低于股金总额的10%，实行备付金上解制度；严格对乡镇农村合作基金会资金运行状况进行监察，实行月报表制度，每季度集中开展一次专项审计；组织人员采取经济、行政、法律等手段加紧逾期款的催收，使逾期款比年初下降20%。年底，拥有可融通资金8291万元，其中会员股金6446万元，累计融资1.36亿元。

1997年，扩大吸股融资规模，推行融资担保、抵押、公证，建立风险保障机制，严格内部审计。年底，拥有可融资金1.34亿元，其中会员股金1.11亿元，累计投放资金2.02亿元。1998年，制定《乡镇经管站、农村合作基金会收支管理暂行规定》，对支出项目、标准、审批等作详尽的规定，从乡镇抽调精干人员3人，组成审计小组，对8个乡镇基金会进行审计，对个别管理较为混乱的基金会服务部进行整顿。10月，召开融通资金逾期款清收动员大会。至年底，逾期款由6月底的3199万元降到1470万元，下降54%。全面实行会员制，坚持在会员内部吸股融资。年底，会员共吸纳4.84万个，实现可融资金1.15亿元，会员股金总额1.24亿元，累计投放资金1.73亿元。

1993—1999年金湖县农村合作基金会融资运营统计表

表23-2-23

年　份	会员数（个）	股金总额（万元）	兑付股金（万元）	可融通资金（万元）	投放贷款（万元）	收回贷款（万元）	欠款额（万元）	逾期未还额（万元）
1993	4083	980	—	990	1046	—	1046	—
1994	13580	1800	—	2089	2946	—	2946	—
1995	21900	5499	—	6968	9005	—	9005	—
1996	25800	6446	—	8290	13597	—	13597	—
1997	42600	11075	—	13441	20180	2880	17300	3687
1998	48400	12359	599	11500	17300	4400	12900	1470

接上表

年 份	会员数（个）	股金总额（万元）	兑付股金（万元）	可融通资金（万元）	投放贷款（万元）	收回贷款（万元）	欠款额（万元）	逾期未还额（万元）
1999.6	36240	11760	5700	—	12900	7500	5400	2288
2000	—	6060	1590	—	—	2630	2770	3430

二、清盘清偿

清盘关闭 农村合作基金会因缺乏管理经验，资金回收难度加大，面临较大金融风险。回收难度大的主要原因是，资金投入于农村各行各业，其本身就承受着自然风险因素、市场行情不断变化的影响，产业效益难以达到预期的效果，加上资金投放审核把关不严，有的借款人挪着他用，有的落入“老赖”之手，有的借款人步入血本无归的境地。1999年7月，根据国务院和省政府文件精神，开始清理整顿农村合作基金会。采取两种处置办法：对资产大于负债，又愿意并入信用社的，可规范并入当地农村信用社，或作为分社管理；对资不抵债的，由当地政府清盘关闭，制订资金兑付方案和防范风险预案，搞好资金兑付工作。9月初，县人行、信用合作联社、县委农工部抽调人员组成工作组，进驻卞塘、金沟、陈桥3个乡（镇），进行分类处置工作试点。工作组对23个基金会的小额借款户逐笔过堂，由当地信用社对基金会投放给社区内农户的小额种植、养殖业借款进行“收购”，将同额资金划转到农村合作基金会用于兑付，全县共收购小额借款598.7万元。同时决定，全县23个基金会全部清盘关闭。清盘时限至1999年6月底，股金总额1.6亿元，其中会员股金1.28亿元，县联合会股金3200万元。共投放资金1.29亿元。其中：投放农户9030万元，占70.0%；投放企业1210万元，占9.38%；投放村组集体2353万元，占18.24%；投放事业单位307万元，占2.38%。投放资金中，逾期欠款2288.41万元，逾期率17.7%；呆滞资金727万元，呆滞率5.6%，其中呆账175万元，无法收回。

清收清偿 1999年12月2日，金湖县农村合作基金会清偿小组成立，承接原农村合作基金会债权的清收和债务的清偿工作。清偿方案规定：“凡在农村合作基金会存入的基本股、优先股受法律保护。基本股实行三年到期兑付，优先股实行一年到期兑付，未到期的一律不得提前支取。”“1999年6月30日之前按原约定利率支付，1999年6月30日之后按银行同期同档存款利率支付。”“凡用股金存款抵还借款的，不受时间和数额限制，优先办理”。鉴于农村合作基金会资金大部分投放到各业生产中尚未全部收回，股金兑付分期分批进行，股金1万元以下的首期兑付3000元，1万元以上的首期兑付30%，剩余部分逐年兑付。12月底，首期兑付会员股金5700万元，股金余额由1.6亿元下降到6060万元。

图 23-2-3 1999 年 12 月 20 日，县政府召开全县清财化债大会

县志办 / 供

2000年，县采取行政和

法律手段双管齐下，加大基金会逾期欠款的清收力度。县委连续下发45号、46号、68号等3份文件，要求党员干部带头偿还逾期欠款及担保借款，诫勉谈话200余人，通报批评107人，停薪停职1人，作停岗、扣发工资处理26人。县人民法院加大基金会投诉案件的执行力度，找债务人、担保人做了大量工作，收回欠款156万元。至年底，全县23个基金会投放资金1.29亿元，已收回7500万元，占58.1%；股金1.28亿元，已兑付9080万元，占70.9%；县联会股金3200万元，已兑付股金2450万元，占76.6%。2001年，继续采取清收欠款、资产变现、账账抵冲、自筹资金、财政再贷款等方式，陆续兑付会员股金。至2005年底，会员股金绝大部分已兑付，剩余部分继续依规清偿。

第三章　保　险

第一节　保险机构

一、人保财保机构

1986年，中国人民保险公司金湖县支公司，内设人秘、财务、城市业务、农村业务、防灾理赔等5个股和1个营业部，有职工18人；在22个乡（镇）设立保险服务所。1991年，股改为科，人秘股改为办公室，并增设人身保险科，设有专职代理网点21个。1993年，业务机构为城市一部、城市二部、防灾理赔部、人身保险部。1995年，撤销人身保险部，原经办的各种人身、人寿保险业务划归南京人寿保险股份有限公司金湖县代理处经营，成立车辆货运科。内部机构为城市业务科、农村业务科、车船货运科、防灾理赔科、人秘科、计财科。县城设有营业部1个、代理网点8个；基层设代理所23个。1996年10月，机构体制改革，更名为中保财产保险有限公司金湖县支公司。1998年，在县城设营业部、个人代理保险部各1个，在基层设办事处1个、代理点23个。1999年，恢复原名为中国人民保险公司金湖县支公司，将城区个人代理保险部更名为营销部。2001年，代理网点减少为12个。2003年7月，更名为中国人民财产保险股份有限公司金湖支公司（简称县人保财险公司）。2005年，内设综合部、业务部、营业部，辖营销部14个（其中县城2个、镇11个、宝应湖农场1个），在编人员（含市分公司聘用）11人，保险营销员30人。

二、中国人寿保险机构

1995年1月26日，南京人寿保险公司金湖代理处（正科级非银行金融机构）成立，原中国人民保险公司金湖县支公司人险部撤销，并成建制划归。代理处在县城设1个营业部、8个代理网点，在基层设23个代理所，共有职工42人。1996年，更名为中保人寿保险有限公司金湖县支公司。1997年，除营业部外，设基层营销支部6个、乡镇保险所22个，分理处1个。1998年，营业部更名为业务处理中心。1999年5月8日，改名为中国人寿保险公司金湖县支公司，6个基层营销支部合并为农村营销业务分支部4个。2000年，设农村营销分支部3个，售后服务组11个。2001年，设城区营销职场1个，农村营销职场3个。2002年，成立营销服务部13个，农村中心职场5个。2003年总公司改制，10月，县公司更名为中国人寿保险有限公司金湖县支公司（简称县人寿保险公司），内设综合部、团体人身保险部（简称团险部）、银行保险部、个险销售部，辖城区营销职场3个，农村营销职场4个，客户服务中心（含理赔业务）1个。2005年，内设综合部、团险部、个险部、中介代理部、客户服务部，共有职工56人；设城区营销职场2个，农村营销职场4个，营销人员413人。设有管理岗及一般事务岗，撤销城区营销职场1个。

三、其他保险公司

太平洋保险公司 2000年，中国太平洋保险股份有限公司淮安支公司在金湖县设立金湖服务部，代理人员80人。2002年，相继改称金湖营销服务部、金湖支公司，其中财产保险金湖营销服务部地址在健康路33号，人寿保险金湖营销服务部地址在建设路116号。2005年，太平洋财产保险股份有限公司金湖县支公司迁往衡阳南路100号2号商铺，代理人员数增加到120人。

平安保险公司 2002年初，中国平安保险股份有限公司淮安中心支公司在金湖成立财产、人寿两个营销服务部，财产营销服务部地址在健康路33号，人寿营销服务部地址在建设路116号。2005年，财产营销服务部更名为中国平安财产保险股份有限公司金湖支公司，内设客服理赔部、新渠道部、车商部、综合开拓部、传统渠道部、个贷部和综合管理部，在编人员11人、保险代理人员15人。

天安保险金湖营销服务部 2003年4月，中国天安保险股份有限公司淮安中心支公司设立金湖营销服务部，地址设在金湖县建设路99号金湖宾馆2号楼第3层，有职工3人。业务范围为：分发保险公司签发的保险单、保险收据等相关单证；接受客户咨询、投诉；从事机车、家财险险种的查勘理赔。2004年，该公司金湖营销服务部撤离金湖，未开展营销活动。2005年，又恢复成立，职工3人。

联合财产保险公司 2004年3月，中华联合财产保险股份有限公司在金湖县设立营销服务部。2005年改称中华联合财产保险公司金湖支公司，职工3人。除经营财产、机动车辆、责任、信用、意外伤害、健康、金融服务、农业等保险业务，公司还与淮安市政府开展联办共保农业保险试点工作，金湖服务部在塔集镇试点农业保险。

第二节 人保财产保险

一、险种与投保

1986年，县人保财险公司在金沟乡进行家庭财产保险和简易人身保险试点。1987年，招聘保险代理人22人，拓展保险业务，方便农民投保。1988年，在吕良等乡镇进行计划生育系列保险（母婴安康险、计划生育干部综合险、独生子女养老金保险、计生干部养老金保险）试点，受到省计生委表彰。1990年，抓住“短险发展、长险巩固、质量管理、准确给付”四个环节，至年底收取保险费106.9万元，其中简易人身险36.3万元、定期定额险10.7万元、独生子女险9.2万元、计生干部险0.4万元、养老金险50.2万元、子女婚嫁金险0.1万元。

1991年，财产保险业务险种内容为：企业财产险、家庭财产险、机动车辆险、货运险、船舶保险、农业保险以及一切附加责任保险等。机动车辆险开办车上责任险、玻璃单独损坏险等附加险，从7月1日开办机动车辆险附加摩托车全车失窃险。8月14日开办“机动车辆保险附加车辆玻璃、轮胎损坏保险”业务。特大洪涝灾害给保险业带来困难，公司采取稳老出新、长短结合、展管并重的措施，走巩固老险种、老业务，突出长效还本家财险、大农险、养老金险、涉外业务险的展业路子，开发城市家财还本综合保险、定期定额还本保险等新险种6个。1992年，企财险分为工业险、仓储险、普通险3类。养殖业保险逐步转向规模经营，和种植业保险一样，采取“同舟共济、联办共保”的模式，以县为单位建立农业保险风险基金，成立保委会，由县政府牵头，开办该项业务。截至年底，两业险共收保费12.5万元，较上年增长100%。是年，采取“骨干险种深化挖潜、分散业务规模经营、农险稳中求进”的经营策略，核算性险种保费收入407万元。

1993年，财产保险业务主要是开展企财和机动车辆两个一揽子保险，把主、附险合起来承保。具体做法是：主险企财险，附加盗窃险、机损险、管道爆裂险、工资保障保险等；主险车损险，附加车上责任险、第三者责任险、玻璃破碎险和行驶中断险等。开办企财基本险、雇主责任险、机器设备损坏险、企财附加盗窃险、管道爆裂意外损失险及生产（营业）中断工资保障险及企财险附加“三停”（停电、停水、停气）责任保险等企财系列保险。2月，开办车辆玻璃单独破碎保险、机动车辆行驶中断损失保险、两轮及轻便摩托车全车失窃保险。农业保险在继续搞好三麦、水稻、棉花等大田农作物成本保险的基础上，有重点地适当开发试办一些商品性创汇农业和为科技兴农提供配套服务的业务，如三麦冰雹责任保险、麦场火灾保险和附加冰雹责任险。是年，按照“控制储金、狠抓短险、突击人险”的展业思路开展业务活动，保费收入较上年增4成。1994年，全员一起上，努力拓展业务，有206个企业、1300辆（艘）机动车（船）和13万人参加财产和人身保险。1995年，财产、人寿保险分业经营，187家企业、1550辆（艘）机动车（船）和6万户家庭参加财产保险；同时开办一些小险种，如小型车辆险、雇主责任险等。

1996年，在财产险上附加机器设备损坏险、盗窃险、管道爆裂保险和三停（电、水、气）损失保险条款内容。在开办小型车辆、变压器、移动电话等险种的同时，相继推出计算机设备保险、转账支票保险、菜牛保险、城乡基层干部财产综合保险和机动车附加划痕损失险等。是年，参与市场竞争，通过落实内部经营责任制、完善考核奖惩办法，将职工利益分配与完成保费任务挂钩，出台多项保险理赔服务新措施，在较短时间内办理230家企业、1152辆（艘）机动车（船）和6万户家庭的财产保险业务，列全市系统首家。1997年3月，在城区开办城市居民家庭综合保险，将家财险附加盗窃险、液化气罐险、居民用电险合为一体。7月，车上责任险附加车辆停驶损失险、车辆自燃损失险、车载货物掉落责任险、玻璃单独破碎险、盗抢险、新增设备损失险、无过失责任险、不计免赔特约险。是年，优化劳动组合，与在编职工签订无固定期限的劳动合同，开展社会承诺服务活动，230家企业、1192辆（艘）机动车（船）、6.2万户家庭参加财产保险。1998年，以“忠诚服务、笃守信誉”为宗旨发展业务，228家企业、1367辆（艘）机动车（船）、6.4万户家庭参加财产保险。6月1日，公司对机动车辆“无赔款退费”止付现金，改为续保时在保费中冲减，执行多年的机动车险安全奖取消。

1999年，将信用、责任保险作为潜在市场和业务发展的增长点，培训业务人员，推出校园责任险、餐饮责任险、产品责任险、供电责任险等7个试办险种。年末，投保财产险的有企事业单位272家、各类车辆3745辆、家庭6.1万户。7月22日，承建金湖淮河入江水道大桥B标段工程的铁道部第三工程局（上海）华海公司投保建筑安装工程险和第三者责任险，保额为3000万元，填补淮阴桥梁工程的承保历史空白。2000年，将责任、信用保险作为新的业务发展突破口，加强对供电、卫生、教育等行业的公关协调，着力加大供电和产品责任险规模，分别收取保费10万元和14万元。是年，投保财产险的有企事业单位256家、各类车辆3708辆、家庭6万户；开办建筑工程责任险，投保单位26个，保险金额8400万元。5月17日，承建金湖淮河入江水道大桥A标段工程的铁道部第四工程局金湖大桥工程项目经理部投保建筑安装工程险和第三者责任险，保额为4657.2万元。2002年，投保财产险的有企事业单位273家、各类车辆4600辆、家庭5.1万户。2003年初，在人身险停办7年之后又重新开办，以意外伤害保险为先导分阶段推出多种人身保险业务。投保财产险的有企事业单位405家、各类车辆6333辆、家庭5.4万户。2004年，加强行风建设，向社会公布承诺和行业禁令，开展优质理赔服务，加快理赔速度，提高结案率。为426家企事业单位、6573辆机动车辆、1.3万户家庭提供各类保险保障服务总价值36亿元。

2005年，开办的险种主要有企业财产险、机动车辆险、船舶险、货运险、工程责任险、家庭财产险、农业险等94个，为420家企事业单位、6570辆各类机动车辆、6万户家庭等提供各类保险保障服务，全年支付机动车辆险赔款361万元、货运险赔款43万元、企业财产险赔款305万元、家庭财产险赔款16万元，其中县域遭“麦莎”台风袭击，灾情赔付260万元，货运险赔款35万元，企业财产险赔款190万元，家庭财产险赔款1.5万元。

二、理 赔

1986年8月24日，县百货大楼发生火灾。保险公司迅速组织人员到现场查勘定损，及时赔付31.8万元。1991年6—7月，金湖县遭受百年未遇的特大洪涝灾害，造成重大经济损失，公司全力以赴投入抗灾理赔工作，组成查勘灾情小组36个，突击核损，加班加点赶做赔案，15天时间就为124家企业、700多户家庭支付水灾赔款344.4万元。1994年9月16日，县滚轮体厂发生火灾，公司闻讯迅速组织人员到现场查勘定损，在1周内将2.12亿元赔款送到该厂。金铭卫生用品有限公司发生火灾，次日公司就预付赔款5万元，10天内查勘定损后赔付16.3万元。

1995年9月7日凌晨，县汽车贸易公司一参保轿车从上海开往仪征途中冲下公路，车子侧翻严重损坏，同时造成被撞房屋倒塌，家具、用品、车辆损坏。公司根据有关条款规定，赔付12万元。1998年2月17日21时，淮河入江水道金湖段漫水公路上发生特大交通事故，江苏油田试采二厂一货车与淮胜乡一中巴相撞，造成8人死亡、16人受伤，车辆严重损坏。油田车辆承保第三者责任险，获得20万元赔偿款。5月9日，县针织内衣厂发生特大火灾，公司人员迅速赶赴现场清理核查，第二天即预付赔款15万元；后经核保，兑付赔款29万元。11月，县公路运输公司一长途卧铺车在河北省泊头市与一货车相撞，造成8死8伤的重大交通事故。该车承保车损险、第三者责任险和车上责任险，获得21万元赔偿金。

1999年8月17日14时20分，宝应湖农场运输公司一客车自南京返回金湖途中突然起火，造成重大交通事故。车主承保车损险和车上责任险，及时获得赔偿款28万元。2000年8月28日，金湖县普降暴雨，造成水灾。公司组织7个小组分赴受灾现场查勘定损，帮助保户开展保险财产施救工作，1个月内完成53个企事业单位、764户居民家庭保险财产理赔兑现，支付赔款122万元。2002年7月16日，金湖县遭受特大暴风雨袭击，部分企业和数千户家庭受灾。公司迅速组织16人，分成8个小组分赴城乡各地，在3天内即完成查勘定损工作，在1个月内赔付兑现到位，办结企业财产、家庭财产赔案1272件，支付赔款152万元。

2003年7月6日，金湖县普降大到暴雨，发生历史上罕见的洪涝灾害。公司迅速调集全体工作人员，组成7个小组快速完成查勘定损工作，接受企业财产保险案184件、家庭财产保险案164件，支付赔款210万元。2005年8月7日前后，“麦莎”台风影响金湖县，强风力和强降雨使县城、各乡镇均遭受不同程度的灾害。公司成立3个查勘定损小组，24小时轮流上阵理赔，在灾后1个月内全面完成赔付工作，支付赔款260多万元，其中企业财产险赔付190万元、货物运输险赔付35万元、家庭财产险赔付15万元。

1986—2005年金湖县人民财产保险业务经营统计表

表23-3-24

年份	开办险种（个）	保费收入（万元）	保险金额（亿元）	受理赔付案件（件）	其中			赔付金额（万元）	赔付率%
					企财险（件）	货运险（件）	车辆险（件）		
1986	8	72.4	10.1	702	16	5	323	54.9	75.8
1987	12	110.2	15.4	613	13	5	309	48.9	44.4

接上表

年份	开办险种（个）	保费收入（万元）	保险金额（亿元）	受理赔付案件（件）	其中			赔付金额（万元）	赔付率%
					企财险（件）	货运险（件）	车辆险（件）		
1988	15	142.2	19.9	1014	36	22	367	92.2	64.8
1989	20	160.6	22.5	1216	20	34	772	124.7	77.6
1990	26	181.3	25.4	1974	16	3	72	117.7	64.9
1991	28	198.4	27.8	587	191	5	65	344.4	173.6
1992	35	385.5	53.9	604	102	1	141	360.1	93.4
1993	50	521.9	73.0	471	80	5	109	251.9	48.3
1994	53	580.3	8.1	576	72	86	213	329.9	56.8
1995	16	804.7	11.3	674	97	35	289	402.9	50.1
1996	20	840.2	11.7	635	254	34	263	400.2	47.6
1997	20	865.0	12.1	1098	361	33	319	741.9	85.8
1998	22	980.1	12.1	1535	119	39	357	567.4	57.9
1999	25	970.9	15.7	718	339	10	274	459.8	47.4
2000	26	1000	17.8	964	271	292	20	603.5	60.4
2001	28	1100	15.8	786	186	23	238	472.2	42.9
2002	30	1195	16.7	978	200	21	287	653.2	54.7
2003	42	1231	18.5	1002	248	20	317	757.1	61.5
2004	87	1329	23.9	1010	461	18	499	668.3	50.3
2005	94	1422	26.8	1144	205	16	550	7460	52.5

说明：1993 年之前开办的险种数为约数。

2000—2005 年金湖县人民财产保险主要险种保费收入赔付统计表

表 23-3-25　　单位：万元

年份	企业财产险		机动车辆险		船舶险		货运险		工程责任险		家庭财产险		农业险		其他种险	
	收入	赔付	收入	赔付	收入	赔付	收入	赔付	收入	赔付	收入	赔付	收入	赔付	收入	赔付
2000	223	262	522	251	2	2	68	22	9	3	48	19	14	17	114	27.5
2001	358	168	542	228	—	1	80	30	5	2	52	17	—	—	63	26.2
2002	300	232	535	235	—	—	122	48	101	36	55	31	—	—	82	71.2
2003	349	352	550	247	—	—	126	35	1	—	47	23	10	4	148	96.1
2004	348	197	702	387	—	—	91	29	—	—	48	23	—	5	140	27.3
2005	347	305	842	361	—	—	87	43	111	21	32	16	—	—	3	—

说明：2000 年之前未作分类统计。

第三节　中国人寿保险

一、险种与投保

1995年，县人寿保险公司开展人寿保险业务宣传，扩大保源，强化服务，业绩列全市各县之首。1996年，试行保险营销员制度，开展业务竞赛，快速抢占寿险市场，使专业化经营向商业化经营发展，业绩列市全系统首家。

1997年，公司经营人寿保险、意外伤害、医疗、养老、投资理财等五大类数十个险种，业务以年均35%的速度发展，服务领域扩大。1998年，建立营销培训队伍，负责营销业务员的培训、业务策划和推动，在全市系统内率先实行万元保费工资含量制度。

1999年，开通服务热线，为社会各界广大客户全天候提供咨询、保全、投诉、报案等服务，实行首问责任制。2000年，开办险种53个。公司就客户对寿险认识和产品需求等一系列问题，在全县100个村中开展市场调查，发放调查表1万份。经统计，有80%以上的人希望通过保险的方式抵御人身风险。

2001年，投入130.5万元，加快电子化进程，建立综合业务处理、财务电算化、办公自动化系统，实现县、市、省电脑联网；开通全国统一客户服务专用热线电话，接受社会各界咨询、质询、监督等。是年，业务人员300人，全县成年人人口中平均每千人就有1人从事寿险营销工作。

2002年初，向社会推出的国寿鸿泰两全分红保险，创造3天销售330万元的全市新纪录，1个月销售分红保险1200万元。2003年，承担以大病统筹为主的新型农村合作医疗保险的运作与日常支付管理，设立服务网点13个，配备医保专管员、电脑及其他办公设备，实施联网兑付。为农村重点优抚对象开办团体住院医疗保险，有951人参保，占农村重点优抚对象的96%，使农村重点优抚对象医疗困难得到妥善解决。2004年，投入450万元，建设5层2800平方米的县人寿保险公司营业办公大楼；投资50多万元，改造金南、塔集、前锋营销职场及11个镇新型农村合作医疗补偿兑付点。

2005年，开办的险种有意外险、健康险、养老金险、子女婚嫁险等132个，适应保险市场变化，创新团险业务发展模式，借鉴个人保险业务销售经验，开展团险业务职场营销试点，召开产品说明会、保险资讯发布会12场，收入保费283万元。这一运作模式得到市分公司的肯定，并组织全市经营单位在金湖县召开观摩会。是年，个险渠道十年期缴较上年同期净增300万元，增长率35%，居全市前列；意外险实现85万元，较上年增加20万元；银保渠道期缴业务实现335万元，较上年增长70%。城区职场通过社区区域化增员模式，成为全市第一大城区职场；农村职场通过驻村代表的稳步推进，新建驻村工作室21个。

二、理　赔

1996年6月24日，塔集镇纸箱厂一货车沿天扬线返金时与一汽车相撞，驾驶员死亡。此前，死者已办理人身意外伤害保险，并2次续保。经调查核实，将4万元赔款送给死者亲属。1998年2月17日21时左右，金湖县个体驾驶员杨信林驾驶中巴车途经淮河入江水道金湖段漫水公路时，与一辆手扶拖拉机相撞。接着，江苏油田试采二处的一辆卡车由于车速太快，避让不及，又与停在路边的中巴车相撞，造成8人死亡、16人受伤。因车上乘客已向人寿保险公司投保公路旅客意外伤害险，经调查核实后，迅速将累计4万元赔款送到8名遇难乘客家中。

1995—2005 年金湖县人寿保险主要险种赔付案件受理统计表

表 23-3-26

年份	开办险种（个）	保费收入（万元）	保险金额（亿元）	受理赔付案件（件）	结案（件）	其中			赔付金额（万元）	结案率（%）
						健康险（件）	意外险（件）	康宁险（件）		
1995	42	855	9.31	791	788	522	245	21	576	99.6
1996	42	1094	11.81	2365	2361	1998	328	35	488	99.8
1997	48	1477	15.96	3797	3794	3299	457	38	724	99.9
1998	61	1767	18.32	3004	2918	2488	389	41	664	97.1
1999	53	1870	18.90	3022	3018	2407	558	53	220	99.9
2000	53	2118	21.56	1530	1526	847	621	58	378	99.7
2001	54	2863	28.98	1403	1399	517	806	76	144	99.7
2002	54	5021	50.73	1700	1675	1409	206	18	442	98.5
2003	126	6456	65.20	2400	2366	800	1200	86	800	98.6
2004	128	7748	78.25	3006	2856	2142	625	51	1200	95.0
2005	132	7679	77.55	3261	3132	2282	783	147	1259	96.0

2000—2005 年金湖县人寿保险主要险种保费收入赔付统计表

表 23-3-27　　单位：万元

年份	意外险		健康险		养老金险		子女婚嫁险		其他种险	
	收入	赔付	收入	赔付	收入	赔付	收入	赔付	收入	赔付
2000	217	57	98	65	384	—	—	—	1419	256
2001	241	55	97	49	514	—	—	—	2011	40
2002	174	60	163	115	650	—	—	—	4034	267
2003	185	60	246	178	—	—	12	—	6013	562
2004	265	92	274	259	107	—	153	—	6949	849
2005	263	59	1068	1104	—	—	—	—	6348	96

说明：2000 年之前未作分类统计。

第四节　太平洋保险

2000年，中国太平洋保险股份有限公司金湖支公司金湖服务部成立，分财产保险、人寿保险两块营销：财产保险金湖营销服务部地址在健康路45号，人寿保险金湖营销服务部设在健康路原红光仪表厂3楼。有代理员工十余人，主要开展宣传活动，无业务实绩。2001年，代理员工人数增加到80人，办理营销业务49.8万元。2002年扩建为支公司，代理员工增加到110人。主营项目为全县规模企业提供财产险、公众责任险、意外险等，办理营销业务382.5万元，保费收入40万元。2004年增加银邮代理业务，扩大营销317.5万元，合计实现业务收入775.3万元，保费收入151万元。2005年，参与政府政策性农险运作，为全县农机手提供安全保障险，有2000余户农机手参加保险。公司获全省保险系统“十佳窗口”称号，实现业务收入760.3万元，保费收入170万元。

2001—2005年太平洋保险公司金湖支公司业务经营统计表

表23-3-28　　　　单位：万元

年份	代理人数	营销收入				保费收入				
		团体业务	银邮代理	营销业务	合计	企财险	车辆险		人身意外伤害险	合计
							小计	其中摩托车		
2001	80	—	—	—	49.8	—	—	—	—	—
2002	110	—	—	382.5	382.5	—	40	1.0	—	40
2003	290	—	—	620.0	620.0	6	110	0.8	4	120
2004	160	—	317.5	457.8	775.3	8	131	2.0	12	151
2005	120	19.5	143.4	597.4	760.3	—	170	—	—	170

第五节　中华联合财产保险

2004年，中华联合财产保险股份有限公司金湖营销部成立，实收机动车等保险费96万元。主要经营财产、机动车辆、责任、健康、农业灾害、人身意外伤害等保险业务，实收保险费101.6万元。其中财产险1万元，车辆险91.8万元，人身意外伤害险8.2万元，其他险0.6万元。2005年，该公司全年实收保险费236.7万元。其中财产险9.1万元，车辆险215.5万元，责任险0.2万元，人身意外伤害险10.3万元，其他险1.6万元。公司与淮安市政府开展联办共保农业保险试点工作，县域塔集镇是试点镇之一。中华保险公司按保费总额的15%提取管理费，用于农业保险试点经费，发生灾害理赔款使用当年保费，不足部分由政府与中华保险按7比3分担。是年，塔集镇的农作物每公顷每季保额1500元，保费75元；农户缴50%、县财政补20%、市财政补30%。该镇农户6902户的1630公顷三麦、1750公顷水稻参加保险，农户实缴保费13.02万元，市财政补贴7.82万元，县财政补贴5.2万元。当年，该镇参保农户三麦受灾面积41.2公顷，理赔4.95万元；水稻受灾111.8公顷，理赔16.77万元。13户10.6公顷养鱼塘参加保险，每公顷保额6000元，保费600元，农户缴20元、市县财政补贴20元，实收保费6360元。有3.6公顷鱼塘受灾，理赔1.03万元。

第六节　平安保险

2002年，中国平安保险股份有限公司淮安中心支公司金湖营销服务部成立，主营项目为车辆保险承保、公司财产保险、公司职工意外保险、家庭财产保险和责任保险等，另依托集团公司，推出婚嫁险、个人银行账户盗失险、雾霾险和意外怀孕险等产品。全年实收保费19万元，其中财产险3万元，车辆险13万元，责任险2万元，其他险1万元。2003年，经营财产险1万元，车辆险34万元，人身意外伤害险10万元，合计26万元。2005年，保险范围有：企业财产损失险、家庭财产损失险、建筑工程险、安装工程险、货物运输险、机动车辆保险、船舶保险、一般责任险、短期健康保险、意外伤害保险，经营险种增加到24个，推出驻点服务、先理赔后修车、理赔款即时到账和人伤案件专业人员全程调解等服务举措，为多家企事业单位拥有私家车职工提供优质的“保险一揽子服务”。还依托集团公司金融优势，为企业提供年金、养老、医疗和贷款等额外服务。是年，承保金额2.57亿元，收取保险费124.7万元，受理赔付案件62件，理赔金额68.4万元。

第七节　天安财产保险

2003年4月1日，天安保险股份有限公司淮安中心支公司金湖营销服务部成立，主要经营中国保险监督管理委员会核准的人民币、外币的各种财产保险、责任保险、信用保险、水险、意外伤害保险、健康保险、金融服务保险等业务，办理各种再保险、法定保险和资金运用保险等业务。是年，实收保费10.3万元，其中财产险2.5万元，车辆险6.3万元，健康险0.1万元，人身意外险1.1万元。2004年，该公司金湖营销服务部撤离金湖，未开展营销活动。2005年，又恢复成立。全年实收保费32.5万元，其中财产险3.2万元，车辆险14.6万元，责任险0.1万元，人身意外险1.3万元，其他险13.3万元。

第二十四篇　财政　税务

金湖县财政收支规模随着国民经济发展逐步扩大。1986年，全县财政总收入1701.9万元，比上年增长8.94%，财政总支出2236.0万元，比上年增长43.65%；县内税款由县税务局负责征收，是年，各税种征收1670万元。1991年，财政收入1899.2万元，财政支出4415.5万元。1993年，财政收入3645.0万元，财政支出5194.0万元；是年，开始恢复契税征收，全年各税种征收4516万元。1994年，全县工业发展步伐加快，财政收入增幅明显，当年财政总收入5118万元，其中工商税收收入4823万元，占94.2%；财政总支出6485.0万元。

1994年9月，国税、地税机构分设，实行分税制。是年，取消产品税、集体企业所得税、国营企业调节税等，新增个人所得税，农业税由征收实物改为折征现金，价格按粮食“倒三七”比例价计算，由于粮食收购价提高，农业税计税价格相应提高，农业税额也逐年递增。县国税局充分发挥国税部门的职能优势，不断加强税收管理，积极推进依法治税；县地税局坚持以组织收入为中心，推进科学管理，严格依法征收，强化税收执法，优化税收服务，各项收入实现稳定增长。是年，国家税种征收5721万元，地方税种征收811.30万元。1997年，全县财政收入首次突破亿元，达10120万元。1998年，税制再次改革，新增一批税源，加之一批规模企业不断发展壮大，改制后的股份制企业蓬勃发展，财政总收入持续增长。是年，财政收入12324万元，财政支出11678万元；国税征收7593万元，地税征收2878.6万元。2001年，财政收入21815万元，比上年增长38.86%，其中增值税收入13280万元，比上年增长46.13%；财政总支出19437万元。

2002年后，房地产业迅速发展。2003年，财政总支出25711万元，比上年增加5375万元，增长26.43%，其中农业支出增加2727万元，抚恤和社会福利救济费支出增加553万元。2005年，全县财政总收入28180万元，比1986年增长15.6倍；全县财政支出33391万元。国税、地税各税种征收26023.1万元（其中，国税征收16150万元，地税征收9873.10万元），比1986年增长14.6倍。20年中，随着国家财政体制不断变化和一、二、三产业发展壮大，全县财政收支结构也发生相应的变化。在预算内收入中税收收入比重一直较高，财政收入质量较好。在财政支出中，“三农”、教育和社会保障等方面支出逐年加大，呈较快增长态势。

第一章　财政税务机构

第一节　财政机构

一、局本级

1986年，县财政局内设人秘股、预算股、企财股、农财股，行政编制26人。1987年3月，增设行财股，不增编。1988年8月，局内设机构调整设置有人秘股、预算股、文教行政财务股（原行财股撤销）、工交企业财务股、商贸企业财务股、农业财务股、综合财务股，人员在现有编制中安排，不增编。1989年11月，局增设财政监察股，不增编。1992年，成立县国有资产管理股。1994年1月起，省对金湖县实行分税制财政管理体制。1997年，县财政局内设人秘股、预算股、综合股、工交企业财务股、商贸企业财务股、文教行政财务股、社会保障股、农业财务股、农业税征收管理股、会计股、财政监察股、国有资产管理股、监察室等13个股室。行政编制19人，附属编制1人。1999年，县财政局成立政府采购管理科，负责全县行政事业单位的政府采购管理。2001年，撤销县会计师事务所、县集资办公室和县国债服务部。2002年5月，县财政局成立社会保障科、经济建设科。至此，县局内设科室12个，其他10个为：办公室（原人秘股改设）、预算科、政府采购科（县控制社会集团购买力办公室）、综合财务科、企业科、行财科、农业科、农税征收管理科、会计科、财政监督检查科（县财政监察办公室）。行政编制18人，附属编制1人。

图 24-1-1　位于建设路的县财政局楼（摄于1999年）　王伟民／摄

二、直属单位

国库券推销办公室　1986年6月设立，为股级事业单位，编制2人。1999年撤销。

金湖县房产管理所　1986年，县房产管理所主要负责直管公房分配、租金收取、房屋维修等，为股级事业单位。编制12人，实有职工19人，其中固定职工12人。1987年6月，县房产管理所划归县城乡建设环境保护局。

金湖县公产管理所（县滩涂开发公司）　1986年为金湖县柴滩管理购销站（又称金湖县柴滩管

理所）。1987年11月，成立金湖县滩涂开发公司，与县柴滩管理所实行“一套班子、两块牌子”，明确为副科级事业单位。1989年1月，成立金湖县公产管理所，与县滩涂开发公司实行“一套班子、两块牌子”，并升格为正科级单位，下设柴滩管理所、夹沟荡造纸原料场、石油开发服务公司3个单位。1991年2月，公司设置财供股和办公室。2001年10月，增设生产科，原财供股改为财务科。配备行管人员8人。2005年，公司内设科室3个，下辖站（场、分公司）11个，共有干部职工121人，其中在职97人、离退休19人、退养5人。

中华会计函授学校金湖函授站 1988年8月设立，为股级全民事业单位，定事业编制3人。至2005年未变。

金湖县控制社会集团购买力办公室 1989年设置，为股级全民事业单位，编制2人。2001年并入县财政局政府采购科。至2005年未变。

金湖县国债服务部 1990年6月设置，为全民事业单位，隶属县国债办公室，事业编制3人。2001年撤销。

金湖县会计师事务所 1992年成立，为全民事业单位，编制3人，1993年5月开业。2001年撤销。

县财政局预算外资金管理局 1992年，成立县预算外资金管理处，与综合财务股合署办公。1995年，预算外资金管理处升格为预算外资金管理局，为副科级事业单位，下设计会股、征管股、票据股、稽查股。至2005年未变。

金湖县会计中心 2000年，成立金湖县会计中心，为县财政局下属的副科级全民事业单位，定事业编制5人（编制从县会计师事务所调剂）。2001年1月，从各有关单位调入会计人员75人，编制从原单位同时划入会计中心，主要用于向县直20个一级和19个二级预算管理单位委派会计。至2005年未变。

金湖县国有资产经营投资有限公司 2003年3月成立，经营范围为国有资产的经营、投资、融资、管理、转让、兼并、重组、租赁以及经批准的其他业务。至2005年未变。

金湖县会计核算中心 2005年成立，为财政局股级事业单位，从各镇财政所选调8人，不增编。

金湖县国库集中支付中心 2005年成立，暂定10人，人员从县会计中心调剂，不增编。

三、乡镇财政所

1986年上半年，县财政局在所下属的22个乡镇财政所每所配备3~4人的基础上，按上级增编规定，经考试、体检、政审，选聘乡镇财政干部36人，充实到各乡镇财政所。1996年10月，县财政局牵头组建的各乡镇财政国库正式运行，主要职责是办理所属范围内国税地税等收入的划解入库和税票审核工作。2000年2月，因乡镇行政区划调整，原22个乡镇财政所合并为11个乡镇财政所。2005年，各镇财政所上划县财政局垂直管理，作为县财政局在乡镇的派出机构，共有编制98人。

第二节 国税机构

一、局本级

1986年，金湖县税务局内设6股1室、下设8个基层税务所、23个税务稽征组，实有119人（含下属单位）。1994年国家税务机构改革，国税、地税分设。9月，县税务局分设为金湖县国家税务局和金湖县地方税务局。县国税局实行垂直管理，内设办公室、人事教育股、监察室、税政股、征收管理股、计划财务股等6个股室。编制140人（含分局和下属单位）。1997年3月，撤销税政股，增设综合业务股。2001年9月，按照省局征管改革“征、管、查”三分离要求，撤销综合业务股、征收管理股，设税政管理股、征管法规股。局机关撤销计划财务股，内设行政股室由6个减为5个，即办公室、人事教育股、监察室、税收管理股、征管法规股。2002年12月，撤销税政管理股，增设政策法规科；其他内设股室统一改为科室，职能不变；2005年11月，内设机构调整设置有办公室、人事教育科、监察室、政策法规科、征收管理科（增设）、计划统计科（与计算机信息中心合署）。

图 24-1-2　位于健康西路的县国税局楼（摄于2005年）　　县志办/供

二、直属分局

1994年9月，国税、地税分设时，县国税局设税务稽查分局、直属税务分局；下设黎城、金南、塔集、涂沟、宝应湖、淮胜、吕良7个税务所；另设税务事务所1个（事业单位，正股级）。1997年3月，撤销涉外税务分局（合署），增设计算机信息中心（事业单位，正股级）；撤销原直属税务分局，设直属分局（副科级）、稽查局（副科级）；在金南、吕良、塔集、涂沟、淮胜设5个分局（其中金南分局、吕良分局为副科级），下设22个税务所。2001年9月，撤销6个乡镇分局，新设征收分局、数据局（合署），设黎城、塔集、吕良3个管理分局（副科级），负责全县11个镇的税收管理。直属机构由8个减为6个，即3个管理分局、稽查局和信息中心。2002年3月，根据集中征收、划片管理、一级稽查的要求，黎城、塔集、吕良3个管理分局全部合并至县城与县局机关集中办公，并分别更名为金湖国税局第一、第二、第三管理分局，职能不变。2002年12月，按业务流程重新设定第一管理分局（咨询、受理、核批）、第二管理分局（纳税评估）及第三、第四管理分局（调查、执行）行政职能。2005年11月，撤销直属机构第一、第二、第三、第四管理分局，设派出机构第一税务分局、第二税务分局、第三税务分局、第四税务分局，均为副科级。

第三节　地税机构

一、局本级

1994年9月26日，国税、地税机构分设，金湖县地方税务局成立。其职责为负责全县地方税收征收与管理；内设人秘股、税政股、征管股、计财股、监察室，共有编制78人，实有51人（编制与实有人数均含直属分局）。1997年8月机构改革，内设办公室、人事股、计划财务股、税政股、征收管理股、监察室；行政编制16人、附属编制1人（编制不含直属分局）。2003年下半年，按照省市地税局机构改革要求，局内设机构调整设置为办公室、人教股、计划财务股、征收管理股、信息管理股、政策法律股、监察室。是年，为同地方党政机关内设机构名称一致，各股室均更名为科室；共有编制120人，实

图 24-1-3 位于县政府大院西侧的县地税局楼（摄于2000年）
县档案馆/供

有94人（编制与实有人数均含直属分局）。至2005年机构编制未变。

二、直属分局

1994年9月县地税局成立时，下设税务稽查分局、直属税务所、金沟税务所、闵桥税务所、银集税务所、淮胜税务所、金北税务所。1996年4月，增设黎城税务所。2000年1月，稽查分局更名为稽查局；7个基层税务所全部更名为分局（其中因区划调整，金沟税务所更名为金南分局，淮胜税务所更名为白马湖分局），仍为股级建制，职责不变。2003年下半年，地税直属分局、金南分局、闵桥分局、银集分局、白马湖分局、金北分局分别更名为地税一分局、二分局、三分局、四分局、五分局、六分局，各分局职责不变；撤销地税黎城分局，其职责并入地税一分局。

2004年10月起，县地税局开始新一轮税收征管改革。此次改革依靠市局组建的网络和开发的新系统，以县局为中心，建成1个网络（县级主干网）、4个系统（税收信息管理系统、行政管理系统、外部信息引用系统和决策支持系统）。按照机构扁平化，人员专业化和征收、管理、检查三分离的要求，撤销原6个综合性征管分局，新成立1个征收分局（地税一分局）和5个管理分局，乡镇不再设立征收分局和征收点。是年，县地税局直属分局有：地税局稽查局，负责全县地税、基金、规费检查；地税局一分局，负责全县地税、基金、规费征收；地税局二分局，负责城区东片、金南镇、运西农场、运东农场、六普农场、复兴圩农场下辖湖羊场、西偏泓范围内的地税、基金、社会保险费管理；地税局三分局，负责城区西片范围内的地税、基金、社会保险费管理；地税局四分局，负责工业园区、戴楼镇、城区所有建筑安装，房地产开发单位的地税、基金、社会保险费管理；地税局五分局，负责闵桥镇、塔集镇、银集镇、涂沟镇、宝应湖农场、复兴圩农场、石港、东偏泓范围内的地税、基金、社会保险费管理；地税局六分局，负责金北镇、吕良镇、陈桥镇、前锋镇、泗湾湖农场、石油试采二厂及其所属单位范围内的地税、基金、社会保险费管理。2005年12月，成立税务事务所（事业单位，正股级）。是年，分局设置未变。

第二章 财 政

第一节 财政收入

一、预算内收入

1986年，全县财政收入l701.9万元，其中工商税收收入1430.3万元、“农业四税”（农业税、农林特产税、耕地占用税、契税。其中耕地占用税1986年未征收）132.7万元、国营企业税利等收入138.9万元。1987年开征耕地占用税，平均税率为每平方米征收4元，是年征收8.8万元。1989年，由于国有企业亏损补贴加大，导致当年财政收入比上年下降，此后财政收入逐年增长。1990年，开征农业特产税，税款39.9万元全部留给地方，县实行县乡“倒四六”比例分成，税源主要是水产养殖、蚕桑等，计算征收农业特产税时，将农业税扣除，采取差额征收办法。1993年，开始恢复契税征收。1994年，实行分税制，取消产品税、集体企业所得税、国营企业调节税等，新增个人所得税，农业税由征收实物改为折征现金，价格按粮食“倒三七”比例价计算，由于粮食收购价提高，农业税计税价格相应提高，农业税额也逐年递增。l994年，全县工业发展步伐加快，财政收入增幅明显，当年财政收入5118万元，其中工商税收收入4823万元，占94.2%。1997年，全县财政收入首次突破亿元，达10120万元。1998年，税制再次改革，新增资源税、固定资产投资方向调节税、房产税、土地增值税、土地使用税、印花税、车船使用税、屠宰税等，将国营企业所得税变更为企业所得税；加之县内原有国有企业金石集团、输油泵公司、神舟车业、金桥建材、金莲纸业等一批规模企业不断发展壮大，改制后的一批股份制企业蓬勃发展，财政收入持续增长。2002年后，房地产业迅速发展。到2005年，全县财政收入28180万元，比1986年增长15.6倍。

1986—1997年金湖县预算内财政收入统计表

表24-2-1　　单位：万元

年　份	工商税收	农业“四税”	国营企业所得税	国营企业上缴利润	国营企业计划亏损补贴	专款收入	三项收入	其他收入	合计
1986	1430.3	132.7	230.0	12.0	−124.7	—	5.2	16.4	1701.9
1987	1570.1	156.7	183.1	11.1	−103.2	45.1	10.7	14.2	1887.8
1988	1789.3	192.4	170.8	17.5	−85.9	50.6	5.4	12.2	2148.7
1989	2050.1	203.7	203.0	10.9	−970.0	45.4	47.5	41.6	1632.2
1990	2282.2	227.4	161.1	10.0	−975.0	87.8	40.4	80.5	1914.4
1991	2440.0	99.2	159.2	9.1	−952.4	88.7	15..0	40.4	1899.2
1992	2740.0	273.0	115.0	8.0	−1014.0	120.0	13.0	47.0	2302.0
1993	4066.0	296.0	113.0	5.0	−1022.0	138.0	12.0	37.0	3645.0
1994	4823.0	578.0	199.0	3.0	−744.0	177.0	1.0	81.0	5118.0
1995	5712.0	669.0	295.0	—	−12.0	203.0	132.0	28.0	7027.0
1996	6656.0	845.0	487.0	—	−12.0	347.0	165.0	—	8488.0
1997	8035.0	1108.0	920.0	—	−9.0	—	66.0	—	10120.0

说明：工商税收中包括地方收入加上增值税的中央级部分；三项收入：1986−1987年为国营企业调节税，1988−1994年为国家预算调节税，1995−1997年为罚没收入、行政性收费收入。

1998—2005年金湖县预算内财政收入统计表

表24-2-2　　单位：万元

年　份	合　计	增值税	营业税	企业所得税	个人所得税	资源税	固定资产投资方向调节税	城市维护建设税
1998	12324	6984	776	1133	421	47	202	307
1999	13655	7748	1082	1066	630	43	380	277

接上表

年　份	合　计	增值税	营业税	企业所得税	个人所得税	资源税	固定资产投资方向调节税	城市维护建设税
2000	15710	9088	1162	1414	746	51	2	355
2001	21815	13280	1334	2138	864	42	10	311
2002	23758	13800	2006	1750	1306	81	—	338
2003	24395	12276	2213	2330	1918	32	—	557
2004	24685	12560	2238	2853	1330	315	—	798
2005	28180	15008	3266	2805	1705	43	—	789

续上表

年　份	房产税	印花税	城镇土地使用税	土地增值税	车船使用税	屠宰税	农业税	农业特产税
1998	94	26	29	4	36	52	468	560
1999	113	38	19	2	41	67	467	701
2000	133	57	38	5	60	86	437	768
2001	134	90	69	5	33	6	1725	290
2002	245	82	109	45	27	—	1872	347
2003	294	95	115	37	21	—	2471	—
2004	399	124	144	57	4	—	1318	—
2005	542	181	167	118	19	—	—	—

续上表

年　份	耕地占用税	契　税	国有企业计划亏损补贴	行政性收费收入	罚没收入	专项收入	其他收入
1998	130	101	-9	—	545	418	—
1999	59	77	-9	—	391	463	—
2000	85	91	—	220	401	511	—
2001	51	90	—	451	304	573	15
2002	213	138	—	300	450	649	—
2003	214	294	—	113	660	740	15
2004	367	391	—	104	850	824	9
2005	250	826	—	80	1562	810	9

二、预算外收入

1986年，全县预算外收入未纳入财政预算，由财政部门及其他行政事业单位依据国家法律法规和政策，收取、提取和安排各项预算外资金3110万元，其中行政事业性收入1094万元、国营企业上缴1975万元、财政部门管理收入41万元。1993年，金湖县预算外收入2680万元，比上年下滑25%，主要是因1993年起国营企业改革，不再上缴利润，当年行政事业收入占预算外收入96%。

1996年，开始统筹乡镇预算外资金。1997年，财政部门取消财政管理收入，此后全县各年度预算外收入由财政事业性收费和乡镇自筹、统筹资金两部分构成。2005年，行政事业性收入占当年预算外收入96%，乡镇自筹、统筹资金占4%。

1986—2005 年金湖县预算外资金收入统计表

表 24-2-3　　单位：万元

年　份	合　计	财政部门及其他	行政事业性	年　份	合　计	财政部门及其他	行政事业性
1986	3110	2016	1094	1996	9751	3737	6014
1987	3258	2087	1171	1997	11209	4689	6520
1988	3480	2205	1275	1998	12308	2743	9565
1989	3538	2251	1287	1999	13379	4164	9215
1990	3659	2304	1355	2000	13035	3718	9317
1991	3849	2613	1236	2001	11531	2118	9413
1992	5523	3633	1890	2002	12050	861	11189
1993	2680	102	2578	2003	13202	618	12584
1994	3374	128	3246	2004	12512	226	12286
1995	5792	141	5651	2005	14988	602	14386

说明："财政部门及其他"栏在1996年前为财政管理收入、国营企业上缴等，1997年改为乡镇自筹、统筹资金。

第二节　财政支出

一、预算内支出

1986年，全县预算内支出2236万元，其中"三农"支出432万元、文教科学卫生事业费类支出743万元、行政管理费类支出305万元，分别占19.3%、33.2%、13.6%。1987—1988年，两年财政支出平稳增长。1989年，由于调资、价格补贴等因素，支出增长相对较快，比上年增长23.9%。1991年，"三农"支出、抚恤和社会福利救济费类支出增长较快，分别比上年增加292.7万元、244.4万元，增长60.9%、121.7%。1992年，由于"三农"支出、抚恤和社会福利救济费类支出和价格补贴支出比上年有所下降，导致预算内支出略有下降。1993—1994年，由于调资因素，预算内支出增长相对较快，分别增长23.6%、24.9%。1995年，新增农业综合开发支出503万元。1996年，新增卫生经费类支出788万元。1997年，新增行政事业单位离退休经费类支出656万元。1998年，国家对支出科目重新进行调整，全县预算内支出也首次突破亿元，达1.17亿元。2001年，预算内支出比上年增加4615万元，增幅较大，主要是企业挖潜改造资金支出增加411万元，教育事业费支出增加984万元，行政管理费支出增加1151万元，公检法支出增加429万元。2003年，预算内支出增长较快，其中农业支出比上年增加2727万元，抚恤和社会福利救济费支出增加553万元。

1986—1997 年金湖县财政支出统计表

表 24-2-4　　单位：万元

年份	合计	基本建设支出类	企业挖潜改造资金类	简易建筑费类	科技三项费用类	支援农村生产支出类	农林水利气象等事业费类	工业交通等事业费类	商业事业费类	城市维护费类	城镇青年就业类	文教科学卫生事业费类
1986	2236.0	148.0	73.0	1.5	2.1	142.7	288.9	4.4	—	69.2	1.3	743.0
1987	2301.9	59.2	62.9	—	1.2	265.2	189.9	7.7	5.8	46.0	1.7	814.0

接上表

年份	合计	基本建设支出类	企业挖潜改造资金类	简易建筑费类	科技三项费用类	支援农村生产支出类	农林水利气象等事业费类	工业交通等事业费类	商业事业费类	城市维护费类	城镇青年就业类	文教科学卫生事业费类
1988	2669.9	20.0	59.0	12.0	10.7	269.7	198.0	5.5	6.2	72.0	1.7	919.0
1989	3309.2	21.5	90.1	—	3.5	394.1	194.0	8.0	6.8	79.7	1.0	1085.0
1990	3600.9	18.5	70.0	28.0	0.5	317.0	163.6	10.4	7.2	123.0	6.0	1160.0
1991	4415.5	19.1	70.0	2.0	10.2	517.4	255.9	24.6	8.0	119.0	2.0	1396.0
1992	4203.0	12.0	70.0	—	12.0	436.0	203.0	12.0	8.0	118.0	—	1472.0
1993	5194.0	12.0	150.0	—	12.0	692.0	149.0	22.0	—	131.0	5.0	1866.0
1994	6485.0	12.0	50.0	—	11.0	867.0	197.0	31.0	—	163.0	—	2740.0
1995	7174.0	16.0	70.0	—	68.0	326.0	215.0	33.0	—	153.0	—	2830.0
1996	8399.0	3.0	147.0	1.0	143.0	427.0	301.0	72.0	—	173.0	—	2535.0
1997	9627.0	10.0	169.0	23.0	150.0	518.0	344.0	39.0	—	196.0	—	2794.0

续上表

年份	科学事业类	其他部门事业类	抚恤和社会福利救济类	行政管理类	公检法支出类	价格补贴支出类	其他支出类	专款支出类
1986	—	97.1	111.0	305.0	—	178.0	36.8	34.0
1987	4.9	133.0	112.6	325.0	—	176.0	62.6	34.2
1988	9.1	129.0	138.0	379.0	108.0	188.0	103.0	42.0
1989	16.4	165.0	141.2	436.0	155.0	349.0	99.4	63.5
1990	16.3	193.0	200.9	503.0	193.0	391.0	109.0	90.5
1991	7.7	204.0	445.3	505.0	205.0	362.0	177.0	85.3
1992	5.0	273.0	234.0	754.0	240.0	168.0	69.0	117.0
1993	17.0	232.0	325.0	932.0	269.0	72.0	174.0	134.0
1994	7.0	278.0	266.0	1357.0	380.0	76.0	-80.0	130.0
1995	8.0	372.0	319.0	1420.0	450.0	42.0	139.0	210.0
1996	10.0	469.0	325.0	1711.0	497.0	33.0	45.0	329.0
1997	16.0	518.0	375.0	1814.0	583.0	78.0	49.0	—

说明：1995年，另有农业综合开发支出类503万元；1996年，另有国防支出类4.0万元，农业综合开发支出类386.0万元，卫生经费类788.0万元；1997年，另有国防支出类4.0万元，农业综合开发支出类365.0万元，卫生经费类926.0万元，行政事业离退休费656万元。

1998—2005年金湖县财政支出统计表

表24-2-5　　单位：万元

年份	合计	基本建设支出类	企业挖潜改造类	科技三项费用类	支援农村生产支出类	农业综合开发支出类	农林水利气象等部门事业费
1998	11678	25	268	144	781	250	396
1999	12297	77	500	151	676	259	352

接上表

年份	合计	基本建设支出类	企业挖潜改造类	科技三项费用类	支援农村生产支出类	农业综合开发支出类	农林水利气象等部门事业费
2000	14822	63	525	288	890	396	442
2001	19437	8	936	338	991	517	627
2002	20336	17	385	459	1044	554	677
2003	25711	48	874	401	3771	38	611
2004	26849	95	389	472	2852	—	376
2005	33391	150	577	746	3456	—	854

续上表

年份	工业交通等事业费	文体广播事业费	教育事业费	科学事业费	卫生经费	其他部门的事业费	抚恤和社会福利救济费	行政事业单位离退休经费	社会保障补助支出
1998	90	365	2931	11	1005	564	463	738	81
1999	168	396	2905	9	883	594	452	868	105
2000	131	323	3454	14	858	604	548	1184	106
2001	116	549	4438	14	948	790	809	1468	75
2002	138	742	4244	19	940	759	841	1829	201
2003	165	771	4320	18	1199	902	1394	2207	322
2004	283	843	5056	116	959	995	1345	2476	483
2005	308	981	6060	72	1627	1726	2139	2740	341

续上表

年份	国防支出	行政管理费	公检法支出	城市维护费	政策补贴支出	专项支出	其他支出类
1998	4	1897	789	233	74	394	175
1999	4	2087	889	277	91	405	149
2000	5	2913	858	342	88	557	233
2001	27	4064	1287	305	—	648	482
2002	13	4409	1441	406	—	702	516
2003	26	4645	1622	547	—	667	1163
2004	26	5080	1972	721	—	763	1547
2005	32	5809	2167	764	2	801	2039

二、预算外支出

1993年，全县预算外支出2492万元，比上年减少48%，与预算外收入一样，主要是因企业改制，企业不再上缴利润，政府也不再负担企业的各项支出。1996年，预算外资金合计支出9278万元，比上年增长64%，主要是开始统筹乡镇预算外资金。1997—2004年，每年预算外支出11200万~12300万元之间。2005年，预算外支出14808万元。

1986—2005年金湖县预算外支出统计表

表24-2-6　　单位：万元

年份	合计	调出资金	解缴上级支出	年末结余	年份	合计	调出资金	解缴上级支出	年末结余
1986	1953	—	—	2012	1996	9278	40	—	5496
1987	2991	—	—	2279	1997	11281	—	—	5424
1988	3377	—	—	2382	1998	12048	—	—	5684
1989	3334	—	—	2586	1999	13656	—	—	5407
1990	3397	43	62	2848	2000	12708	—	—	5734
1991	3412	12	48	3285	2001	11773	—	—	5492
1992	4832	—	55	3976	2002	12018	—	—	5524
1993	2492	—	85	4164	2003	13164	—	—	5562
1994	2640	—	207	4898	2004	12330	—	—	5744
1995	5667	100	194	5023	2005	14808	—	—	5924

说明：年末结余为滚存结余。

第三节　财政管理

一、财源建设

投放周转金　1986年，县财政局为全县重点企业投放周转金200多万元，用于补充企业流动资金。到90年代初，每年投放1500万元。1986—1997年，平均每年投放周转金1000万元，重点对县石油机械集团、输油泵厂、汽配厂等企业投放，扶持企业扩大再生产。1998年8月，停止财政周转金发放，清理历年财政周转金贷款呆账，逐步回收所有财政周转金贷款。

筹集工农业发展资金　1986—1991年，安排预算内资金3404.8万元、向省、市争取贷款以及调度县内部间隙资金计4083万元，用于工农业生产，扶持造纸厂、制药厂、羽绒厂等国营企业和29个乡镇骨干企业的新上项目和技改项目。1989年，在全县城乡干部、居民中发行地方债券，筹集资金335万元，采用合同形式拆借给县工商行、农行投放，用作企业流动资金，助推企业发展。1996年，向省、市争取支农周转金810万元。1998年，先后向县机械厂、造纸厂、输油泵厂、爱特福有限公司等利税大户和银集渔网厂等乡镇骨干企业，投放流动资金2300多万元，促其盘大上规模，为培植地方财源、支持经济发展注入新活力。1999—2005年，筹集发展资金的重点转入到向上争取资金。

向上争取资金　县财政局发挥财政政策的引导和财政资金的杠杆作用，为中小企业向国家、省、市财政部门申请各种贴息、补贴和项目资金；帮助企业进行项目论证、调研、筛选、牵线搭桥、引进项目。1998年，为县机械厂、爱特福有限公司争取到省无偿拨款90多万元、低息扶持贷款200万元。1999—2000年，对县机械厂、汽配厂、造纸厂等重点技改项目贴息170.8万元；对县造纸厂治污贴息40万元；为县输油泵厂、金南乡全兴电缆厂等企业，向财政部争取高新技术产品（圆盘犁）拨款50万元，申报“火炬”“星火”项目贷款贴息142万元；为县制药厂、缫丝厂申报省级扭亏贷款各100万元，由省财政厅给予贴息；申报的水生蔬菜、水产养殖、农业科技示范园、滩涂开发等项目获国家立项和财政支持1000万元；2005年，申报财源建设、“星火”“火炬”、重点工业技改等项目、各种补贴、贴息资金1194万元。

落实财税政策 1990—2000年，核实县机械厂、江苏爱特福有限公司财务状况，安排退库500万元；为县机械厂、粮油食品总厂等企业退所得税550万元；为铸锻公司、国祥鞋业公司退一般增值税180万元，缓解企业资金压力，增强企业发展后劲。2003年起，全县农业特产税改征农业税。2004年起，农业税税率由7%统一调减为5%，无固定收入土地的农业税税率由4%调减为2.8%。2005年，全部免征农业税。

支持工业园区建设 2002年6月，金湖全面启动县工业园区建设，园区规划面积11.66平方公里，建成6.7平方公里。至2005年底，财政投入基础设施资金2.57亿元，进行道路绿化、供排水、电力通信等配套建设。其中，投资6187万元，建成园区内部道路40.4公里；投资5460万元，建成园区绿化26万平方米；投资1322万元，建成园区雨水管网3.5公里；投资608万元，建成园区自来水管网1.4公里；投资447.17万元，建成园区电力管网16.9公里；投资228万元，在园区1.5公里路段安装路灯278盏。

二、预算管理

1986—2000年，部门预算管理历经统收统支、核定支出、以收抵支等发展阶段。2001年，实行部门综合预算，预算编制实行“两上两下”，即财政部门召开部门预算编制布置会议，由单位编制预算建议草案上报财政部门；财政部门审核单位预算建议草案并初步确定预算草案，下发到单位征求意见；单位对财政部门初步确定的部门预算方案进行核对，若对收入和专项支出等有争议与财政部门进一步沟通，由单位提出修改建议后上报财政部门；财政部门对单位的预算修改建议进行汇总平衡后，拟定部门预算草案报县人大审查批准，然后统一批复至各单位。预算由内外收支统筹安排，强化综合预算管理，收支实行“零基预算”，即编制预算从零开始，只以当时社会经济发展的实际为依据，不考虑过去年度支出基数。在分配形式上，实行“核定收入，以收抵支，差额财政补贴，支出包干，结余留用，收支结余调控，超收全留”，调动各部门增收节支积极性。2005年，加大预算管理力度，为预算内分担政策性增支及直接减少财政拨款6300万元，为政府提供调控资金113万元，全年预算外收入累计缴存1.5亿元。

三、行政事业财务管理

1986年，转发省财政厅《重申干部休假期间外出费用不准报销的通知》。1987年，对县以上各级干部培训班（校）兼课教师酬金问题作明确规定。1989年，对党政机关工作人员下基层工作实行就餐券管理作具体规定。1989年，在全县清理“小钱柜”的基础上，下发关于严肃财经纪律，重申禁设“小钱柜”的通知，同时转发市《关于对文教行政专项资金实行追踪反馈责任制的暂行办法》。1990—1992年，实行经费包干使用，县、乡行政事业单位公务费，1990年为390元/人·年。1991年为400元/人·年，定额包干，超编人员不供给。1992年为550元/人·年。车辆燃修费1991年按0.4万~0.5万元/辆安排，1992年按0.6万~0.8万元/辆，无车辆单位给予0.2万元的补助，从严控制各项人员、会议、公费医疗及社会集团购买力。1993年，随着增支项目增多，收入增长减缓，财政状况困难，县政府发文，对所有单位公务费和业务费实行节支10%的办法，公务费标准调为600元/人，本着保行政事业单位人员经费、保正常办公费用的原则，编制下达包干经费支出指标。

1994年，县政府印发《关于对乡镇财政实施“收支挂钩”管理体制的通知》，按乡级财权与事权相统一的原则，对县乡财政体制进行规范。县财政继续对县直行政事业单位实行公用经费节减政策，对计划委、乡镇局等13个部门的公用经费减半供给，其他单位公用经费节减10%，公务费定额700元/人，车辆0.8万~1万元/辆。1996年，明确对实验幼儿园、城中幼儿园、机关幼儿园实行差额补助，差补比例为50%；对行政事业单位工作人员出差、学习、进修、培训期间的差旅费和伙食补助标准作明确规定。1997年，将车辆燃修费标准调整为0.8万元、1万元、1.2万元3个类别。1995—1997年，对教育、卫生、民政、农林水等部门事业费实行基数递增法，即在上年基数的基础上增加政策性和自然性增长因素；对行政、公检法司等部门以核实的编制和现有人员为基础，按人员工资加公务费、业务费测算到人头，各项公用经费标准仍维持上年水平。

1998年，县直各部门经费采用"零基预算法"编制，公用经费定额不变，超编不供。8月，结合上级要求，编制下达第二预算，首次将各单位行政事业性收入纳入预算管理范畴。1999—2000年，县直各部门实行综合预算。各单位综合收入纳入预算，统一安排各项支出，支出采用"零基预算法"，公务费定额，人员经费测算到人，实行"以收抵支，差额补贴，结余适度调控，超收比例返还"编制方法，对纯预算内供给单位和有综合收入单位实行不同定额标准。2001年，县直部门综合预算采取"零基预算""基数法"和综合预算相结合的方法。有预算外收入的单位实行综合预算，并组织人员调查核实；没有预算外收入的单位采用"零基预算"的办法，由申报单位直接向职能股报送并审核；少数按上年基数供给的单位仍然实行基数法，财政不兜底。2001年，单位综合预算收入基数按1999年、2000年两年收入实绩数的平均数，对公务费、车船费用实行统一定额。2004—2005年，县直部门综合预算收入以2002年实绩为基数，一定两年不变；个别项目如住房补贴、住房公积金标准，按规定分别调整为4.9%、10%。

四、企业财务管理

1986—1993年，全县国有企业以建立企业内部管理责任制为重点，推行承包经营责任制和厂长(经理)负责制。以"包死基数，确保上交，超收多留，歉收自补"为基本内容，企业权责利紧密结合。1993年7月，执行财政部《企业财务通则》及分行业的企业财务制度。1994年利改税的同时，印发《关于进一步加强企业内部财务管理的通知》，企业管理以财务管理为中心，财务管理以资金管理为中心。1994—2000年，在县机械厂、输油泵公司、造纸厂进行企业股份制财务管理试点；对经营管理不善、效益滑坡企业，试行国有民营、法人承包等多种尝试；对扭亏无望的金湖县酒厂依法破产。2001—2005年，国有小企业以"先改制，后内部职工持股"的方式进行改制。

五、农业财务管理

1986年，县财政部分支农资金由无偿改为有偿周转使用，并不断扩大范围，资金回收后继续周转使用。全县农口企业仍实行"财务包干"管理，即盈利不缴，亏损不补，自负盈亏，盈利较大者，定额上缴，一定五年不变。1996年，对农口企、事业单位上缴的所得税在原定包干上缴财政的基础上，超包干上缴部分按逐年递减办法给予财政返还，比例为:1996年80%，1997年60%，1998年40%，1999年20%，2000年10%。1986—2005年，支持农业发展资金共支出5.26亿元。

六、预算外资金管理

1987年起，全县预算外资金管理实行"专户储存，计划管理，财政审批，银行监督"的办法，并对全县所有行政事业单位收费，实行统一的财政票据管理。1991年底，按照省、市要求，预算外资金统一实行收支两条线管理。1992年，成立县预算外资金管理处。1995年，预算外资金管理处升格为预算外资金管理局，为副科级事业单位，下设计会股、征管股、票据股、稽查股。1996年，县政府根据国务院《关于加强预算外资金管理的决定》，财政部关于《预算外资金管理办法》，以及省市有关要求，制定《金湖县预算外资金管理暂行办法》。1998—2003年，每年组织预算外资金收支两条线管理情况的监督检查，6年共检查144个部门和单位，预算外资金收支两条线的管理面100%，资金进专户100%。2001—2005年，将预算外资金纳入部门综合预算，化解预算内财力的紧张状况，对全县经济的发展及预算内外的平衡起到积极的作用。1986—2005年间，全县预算外资金总收入16.27亿元，总支出15.81亿元，预算外资金主要来源于财税部门征收的各项附加收入，国营企业的专用基金收入，行政事业单位的预算外资金收入，社保基金收入，乡镇自筹、统筹资金收入等五项收入。

七、基本建设财务管理

1986年，县财政局委托建设银行代行基本建设财务管理职能。是年，支出1481万元，主要用于行政部门578万元、公安司法53万元、农业150万元、商业60万元、文教卫504万元、其他部门136万元。1987年起，财政拨款逐年减少，并逐步转变为单位自筹资金、银行贷款、利用外资、财政拨款等多种渠道。1994年9月开始，由县财政局与县建行共同履行该职能。1998年起，县财政局收回此项职能，对基本建设财务活动实施管理和监督。2002年5月，成立经济建设科，负责对财政性资金投资建设的项目工程的概算、预算、决算等方面的审查工作。2005年，全县共完成基建投资1773.36万元，其中财政拨款150万元，主要用于水务局水利基建、农村改水、县污水处理厂、县职教中心数控技术培训基地等8个项目。1986—2005年，全县财政共拨付基本建设资金3411万元。

八、农业"四税"征管

农业税　农业税长期以征收粮食为主，习惯上又称"公粮"。实行家庭联产承包责任制以后，农业税由过去的队交队结，改为户交户结。征收方法：夏粮征收时由粮食部门代扣；群众到财政部门缴纳；财政部门上门征收等。1986年，全县征收农业税折价132.7万元。1994年，由征收实物改为折征现金，价格按粮食"倒三七"比例价计算，由于粮食收购价提高，农业税计税价格也相应提高。2001年，实行农村税费改革。改革后全县11个镇的常年产量平均为664公斤/亩（0.067公顷），计税价格每公斤主粮1.1元，农业税税率7%，农业税附加为农业税的20%，随农业税一并征收，农业税及附加采取征收代金制。2004年，农业税税率由7%降为4%。2005年，农业税全面免征。

农业特产税　1989年，开征农业特产税，该税属地方收入，税款全部留给地方。县内1990年开始征收，税源主要是水产品和原木等。计算征收特产税时，将农业税扣除，采取差额征收办法。1990年，入库农业特产税39.9万元。2001年农村税费改革后，根据《江苏省农业特产税征收实施办法》规定，原木、水产品的计税税率为8%。特产税附加与农业税附加相同。2003年，农业特产税改征农业税。

耕地占用税　1987年，开征耕地占用税，对占用耕地建房或从事非农业建设的单位和个人，按批准实际占用耕地面积计征耕地占用税，平均税率为每平方米征收4元。耕地占用税的留县部分按县乡4∶6分成，分成收入作为农业发展专用基金。是年，全县实际征收耕地占用税8.8万元。1999年10月，实行预征办法，待审批用地后，按实际占用面积结算，多退少补。

契　税　1989年，开始恢复征收契税。买契税，按买价征收6%。全县实际从1993年开始征收，当年征收契税5万元。1997年10月，省规定税率为4%。1999年8月，个人购买自用普通住宅减半征收契税，即2%；典契税，按典价征收3%；赠与契税，按现值价格征收6%。契税收入纳入地方预算管理。

1986—2005年金湖县农业"四税"收入统计表

表24-2-7　　　　单位：万元

年　份	合　计	农业税	农业特产税	耕地占用税	契　税
1986	132.7	132.7	—	—	—

接上表

年　份	合　计	农业税	农业特产税	耕地占用税	契　税
1987	156.7	147.9	—	8.8	—
1988	192.4	152.2	—	40.2	—
1989	203.7	179.7	—	24.0	—
1990	227.4	172.6	39.9	14.9	—
1991	99.2	37.5	35.9	25.8	—
1992	273.0	202.0	42.0	29.0	—
1993	296.0	222.0	55.0	14.0	5.0
1994	578.0	332.0	169.0	71.0	6.0
1995	669.0	344.0	194.0	123.0	8.0
1996	845.0	475.0	288.0	55.0	27.0
1997	1108.0	496.0	523.0	47.0	42.0
1998	1259.0	468.0	560.0	130.0	101.0
1999	1304.0	467.0	701.0	59.0	77.0
2000	1381.0	437.0	768.0	85.0	91.0
2001	2156.0	1725.0	290.0	51.0	90.0
2002	2570.0	1872.0	347.0	213.0	138.0
2003	2979.0	2471.0	—	214.0	294.0
2004	2076.0	1318.0	—	367.0	391.0
2005	1076.0	—	—	250.0	826.0

九、控制集团购买力

1986年，继续按国家、省、市关于控制社会集团购买力各项规定，金湖县专控商品项目为小汽车、摩托车、沙发、空气调节器、录像机、照相机和放大机、彩色电视机、电冰箱等17种，实行“计划管理、专项审批”办法，未经批准的不得购买专控商品，同时开征专控商品附加费。1989年1月，经过批准购买的专控商品须到县以上的控办指定的供应商店或专柜购买，同时加盖专控商品销售专用章。1991年1月，专控商品调整为汽车、空调、办公用纸等8类。对调减出来的商品仍然采取控办指定的供应商或专柜购买。1993—1999年，县财政部门强化党政机关、事业单位专控商品审批管理，减少行政、事业单位经费支出。1996年起，加强政府采购管理工作，由县财政局预算科设立专人管理审批。1999年，全县政府采购制度全面启动。县财政局成立政府采购管理科，负责对全县所有行政事业单位政府采购进行管理，控购管理结束。

十、国库券发行

金湖县1981年开始发行国库券，由机关事业单位和个人认购，年息4厘，第6年一次抽签还本付息，按发行额分5年5次还清，每次偿还总额的20%，发行到1998年结束，金湖均完成和超额完成下达任务。1999年起，国债实行市场化发行，财政部门不再承担国债发行任务。

表 24-2-8

1981—1998 年金湖县国库券发行统计表

单位：万元

年　份	合　计	单位认购	个人认购	年　份	合　计	单位认购	个人认购
1986	75.5	5.5	70.0	1993	650.0	—	650.0
1987	75.5	5.5	70.0	1994	540.0	—	540.0
1988	98.0	8.0	90.0	1995	344.0	—	344.0
1989	363.9	340.9	23.0	1996	82.8	—	82.8
1990	83.0	32.8	50.2	1997	352.4	—	352.4
1991	263.0	—	263.0	1998	268.0	—	268.0
1992	360.0	—	360.0	合计	3556.1	392.7	3163.4

说明：1989 年单位认购 340.9 万元为保值公债。

十一、财政监督检查

1986年，全县组织“税收、财务、物价、物资”四项大检查。1987年，取消物资方面的检查内容。1990年检查单位3793个，包括行政事业单位、企业和个体工商户，共查处违纪金额365.2万元，入库132.3万元。1998年起，不再开展此项检查。

表 24-2-9

1986—1997 年金湖县财务大检查统计表

年份	检查单位（个、户）	违纪金额（万元）	应入库金额（万元）	已入库金额（万元）	年份	检查单位（个、户）	违纪金额（万元）	应入库金额（万元）	已入库金额（万元）
1986	815	108.0	68.0	—	1992	495	203.0	80.0	—
1987	543	74.0	18.0	6.0	1993	338	167.0	72.0	131.7
1988	811	210.0	61.0	10.0	1994	544	210.8	140.9	125.0
1989	365	279.0	133.0	3.3	1995	496	156.0	139.0	112.0
1990	3793	365.2	166.0	132.3	1996	478	313.0	230.0	188.0
1991	490	208.0	68.0	—	1997	312	172.0	86.0	75.0

十二、会计事务管理

会计资质管理　1986年，县会计系列专业技术职务评聘工作启动。1987年，成立县会计专业职称改革领导小组和县会计专业技术职务评审委员会，负责初级职务评审和中级以上职务的推荐。1991年5月起，成立会计事务管理科，管理全县会计从业资格、会计专业技术资格、会计人员信息等。1992年起，初、中级会计专业技术职称认定由评审改为考试。1994年，全县实施会计证上岗制度，从事会计工作的人员必须依法取得会计从业资格证书方可上岗工作，具有会计类职称和一定会计工作年限的人员可以直接申领会计证。1996年，全省施行会计证统一考试制度。2002年，县安装会计人员信息管理系统，对全县1987名持证人员进行会计信息网络化管理，换发计算机打印的从业资格证书，对所有会计人员的信息变更、注册、调转情况进行统一信息管理。1992—2005年，通过考试取得会计初级职称260人，中级职称310人，高级会计师10人。2005年，全县有会计从业资格证书人员2283人。

图 24-2-4　2002年9月，金湖县举办乡镇财政微机培训班　　朱伟／摄

会计业务培训　1987年11月，中华会计函授学校金湖函授站成立。当年招收中专生95人。1992年起，初、中级会计专业技术职称认定由评审改为考试，函授站会同财政局会计科承担全县会计职称考试的培训工作。1995年，金湖函授站与江苏财经高等学校（南京财经大学）联合办学，设立高校函授站点，学习期满获得教育部认可的相应大学专科、本科毕业证书。1996年，施行会计证统一考试制度，财政局函授站承担考试报名、培训工作。2001年，承担会计人员后续教育培训任务。至2005年，全县通过考试取得会计证980人，培养会计专业中专学生近900人。

第四节　国有资产管理

一、国有资产管理

1991年前，金湖县国有资产管理主要通过县财政局有关业务处室财务管理进行。1992年，成立国有资产管理股。1993—1997年，进行5次清产核资。清查工作结束后，县财政部门按单位类型，对资产的占有、变动、开办和注销等进行产权登记管理，纳入管理的有行政事业单位146户、国有企业126户，并全面实施年检制度。1998年开始，进行国有企业改制。2003年3月，县国有资产经营投资有限公司成立，经营范围为国有资产的经营、投资、融资、管理、转让、兼并、重组、租赁以及经批准的其他业务，公司经营方式是以股东或投资人身份，按照市场原则依法参与资本营运和经营管理，并获取收益。至2005年，县国资公司通过运作城市土地、整体出让国有企业资产、清收改制企业托管资产等方式，累计收取土地出让金12231万元，融资1200万元，支持拆迁安置1922万元，支持工业园区、市政基础设施和城乡道路建设等公共事业及城建投入7673万元，资产回购49万元。2005年末，公司资产总额13815万元，负债2984万元，所有者权益10830万元，资产负债率22%。

二、公滩管理

（参见“第二篇镇场”第十四章第五节。）

1986—2005年金湖县滩涂开发公司利润与上缴统计表

表 24-2-10　　单位：元

年　份	利　润	上缴财政	年　份	利　润	上缴财政
1986	4.95	—	1988	10.58	31.25
1987	31.24	37.50	1989	19.16	15.50

接上表

年　份	利　润	上缴财政	年　份	利　润	上缴财政
1990	41.69	—	1998	30.13	25.00
1991	32.12	20.00	1999	5.95	45.00
1992	51.35	—	2000	-32.00	50.00
1993	72.52	—	2001	21.16	30.00
1994	20.29	—	2002	26.17	30.00
1995	32.62	30.00	2003	26.92	40.00
1996	29.83	30.00	2004	34.96	47.40
1997	22.82	15.00	2005	60.78	50.83

第三章　国家税务

第一节　税款（基金）征收

一、机构分设前税款征收

1986年，金湖县流转税和所得税为主的税制体系逐步建立，由单一税制转向复合税制。是年，全县实行的主要税种有产品税，增值税，营业税，国有、集体企业所得税和印花税等其他税种，全年实现税收1670万元。1986—1993年，全县税收征管主要是“管户制”，即实行“一员进厂，各税统管”的税收专管员制度，县内税款由县税务局负责征收。主要税种有：工商税收类29个税种，加1个税款滞纳金补税罚款收入；国营企业所得税；能源交通重点建设基金；国家预算调节基金；其他收入、教育费附加收入；股份制企业所得税。另代收农业重点开发基金。工商税收29个税种中金湖有收入的20个税种，即产品税、增值税、营业税、工商统一税、集体企业所得税、城乡个体工商户所得税、个人收入调节税、私营企业所得税、外商投资和外国企业所得税、城市维护建设税、车船使用税、房产税、城镇土地使用税、屠宰税、国营企业奖金税、国营企业工资调节税、事业单位奖金税、印花税、固定资产投资方向调节税、烧油特别税。1990年，全县重点抽查个体工商户和私营企业863户纳税情况，查补税款84.4万元，其中个体建筑税24.1万元。

1991年起，征收国家能源交通建设基金、国家预算调节基金和教育附加费，征收金额分别为38万元、32万元和28万元。1993年，全县对私营企业和个体工商户查补税款131.7万元，其中承租柜台补缴税款33.8万元。是年初至1994年9月，工商税收主税种是：增值税2220万元，占工商税收49.2%；营业税1310万元，占29%；产品税499万元，占11.1%。1994年，国家为确保中央财政占全国总财政60%以上，并直接征收，进行分税制与税务机构分设的改革。

1986—1993 年金湖县税收统计表

表 24-3-11　　　　　　　　　　　　　　　　　　　　　　　　单位：万元

年份	合计	产品税	增值税	营业税	集体企业所得税	国有企业所得税	其他各税
1986	1670	512	205	519	—	—	434
1987	2164	462	294	672	72	—	664
1988	2148	349	483	760	48	—	508
1989	1585	268	602	893	50	—	-228
1990	1914	363	746	885	68	—	-148
1991	3042	415	797	1201	66	162	401
1992	3069	398	951	1201	60	118	341
1993	4516	499	2220	1310	18	113	356

二、国家税款征收

1994年，国税、地税分设后，县国税局负责征收税种有：工商税收类18个税种，加1个工商税收税款滞纳金、罚款收入；企业所得税；企业所得税退税；教育费附加；国家能源交通重点建设基金；国家预算调节基金。工商税收类18个税种中金湖有收入的12个税种，即增值税、营业税、消费税、个人所得税、城市维护建设税、车船税、房产税、屠宰税、资源税、土地使用税、印花税、固定资产投资方向调节税。企业所得税中金湖有收入的有国有企业、集体企业、私营企业。工商税收主税种是：增值税4048万元，占工商税收70.8%；营业税655万元，占11.5%。1995年，工商税收类18个税种中金湖有收入的7个税种，即增值税、营业税、消费税、个人所得税、城市维护建设税、屠宰税、印花税。企业所得税中金湖有收入的有国有企业和集体企业。工商税收主税种是：增值税4837万元，占工商税收94.6%。1996年，工商税收类中金湖有收入的增加1个税种，即外商投资和外国企业所得税。工商税收主税种是：增值税5497万元，占工商税收93.9%。1997年，工商税收类中金湖有收入的6个税种，即增值税、营业税、消费税、个人所得税、外商投资和外国企业所得税、城市维护建设税。屠宰税、印花税已不征收。工商税收主税种是：增值税6431万元，占工商税收94.1%。

图 24-3-5　县国税局征收服务厅（摄于 2005 年）　　　　县志办／供

1998年，将企业所得税归入工商税收类，工商税收类中金湖有收入的6个税种，即增值税、消费税、营业税、企业所得税、外商投资和外国企业所得税、个人所得税。城市维护建设税也不征收。工商税收主税种是：增值税7049万元，占工商税收92.8%。是年，县国税局对全县商业企业应税销售额进行统计、审核，对其中110户年应税销售额在180万元以下的商业企业一律划转为小规模纳税人，并按4%的征税率征收增值税。2000年，全县工商税收10089万元。2001年，全县主税种增值税收入13411万元。两项税收均在全市各县（区）率先超亿元。2004年，营业税（中央）因国家政策变化已无收入。工商税收主税种是：增值税14927万元，占工商税收92.1%。

2005年，国家将车辆购置税（中央）由原来交通部门代征改为由国税部门直接征收。工商税收中金湖有收入的6个税种，即增值税、消费税、车辆购置税（中央）、企业所得税、外商投资和外国企业所得税、个人所得税。工商税收主税种是：增值税14613万元，占工商税收90.5%。工商税收中企业所得税730万元，占4.5%；个人所得税614万元，占3.8%；车辆购置税（中央）87万元，占0.5%；外商投资和外国企业所得税72万元，占0.5%；消费税（中央）12万元，占0.07%。

1994—2005年金湖县国家税种征收统计表

表24-3-12　　单位：万元

年份	合计	增值税	消费税	营业税	企业所得税	个人所得税	其他各税
1994	5721	4048	10	655	238	29	741
1995	5113	4837	21	56	123	40	36
1996	5854	5497	13	26	244	25	49
1997	6832	6431	19	151	208	2	21
1998	7593	7049	14	231	299	—	—
1999	8374	7893	8	180	292	1	—
2000	10089	9272	8	260	328	221	—
2001	14603	13411	5	152	596	431	8
2002	15031	13941	5	50	563	459	13
2003	13574	12409	8	8	692	452	5
2004	16211	14927	8	—	736	528	12
2005	16150	14613	12	—	730	614	181

三、国税基金（费）征收

1994年税制改革，国家能源交通重点建设基金、国家预算调节基金由国税局征收，1996年改由地税局征收；教育费附加由国税局和地税局分别征收，1997年改由地税局征收。

1991—1996年金湖县国税基金、附加征收统计表

表24-3-13　　单位：万元

年份	国家能源交通建设基金	国家预算调节基金	教育费附加	年份	国家能源交通建设基金	国家预算调节基金	教育费附加
1991	38	32	28	1994	9	7	94
1992	79	29	57	1995	1	1	91
1993	32	28	64	1996	—	—	172

第二节　税务管理

1994年9月，县国税局与地税局分设后，按国、地税所辖税种进行征管范围划分调整，并迅速完成相应纳税人征管资料交接。年内，县国税局在全省系统内率先进行税收征管信息化管理应用探索工作。是年9月，县国税局税务稽查分局加强增值税专用发票等事项管理，建立增值税专用发票领、用、存、缴制度，实行专库存放、专车押运、专人保管；严格认定一般纳税人，采取企业申报、税务初审、县局复查认定的办法，严格把关、逐户过堂，年内共认定一般纳税人606户，占增值税纳税人95%。全县全年共完成国家税收5721万元，其中增值税4048万元、消费税10万元。1995年，县国税局率先实行计算机征管。筹资11万元，购置5台计算机及其配套设备，自行研究开发出处理日常税收征管软件，该软件具有税务登记、纳税申报、税款征收、发票管理、报表绘制等功能，并在直属分局成功运行，受到省、市局肯定。是年4月，县城区直属税务分局和黎城税务所管辖的375户一般纳税人，124户小规模纳税人全部进入微机征管，实行由纳税人自行核税、自行申报、自行缴税的制度，为淮阴市国税系统首家。是年末，征收中心征收入库税款1660.4万元，比上年增长30%。1996年，全县7个征管分局全部建立征收服务厅，并实行征管业务计算机管理，逐步形成以纳税人申报纳税、集中征收、重点稽查的征管新模式。

1997年，金湖在全市系统内率先进行税收征管资料档案规范化管理，并在各分局设立税收征管资料档案室，市国税局在金湖召开税收征管资料档案化、科学化、制度化建设现场会，推广金湖经验。是年，全县22个乡镇、5个国有农场的1039户企业和2713户个体工商户全部实行到征收服务厅办理申报纳税或由税务代理机构代理申报纳税；4月起，全系统改善纳税环境，规范文明用语，实行挂牌、亮牌服务，全面推行服务承诺制和首问责任制，建立税法公告制度，定期公布现行税收政策法规和征管信息；各分局均配置微机2台以上和票据打印机等，5个农村分局另配置长时UPS供电设备各1台；全局配备稽查人员44人，占全局总人数35.2%，超过省局规定30%的比例标准；征管资料进行规范化管理，其经验在全省系统内推广。是年，金湖国税局被人事部、国家税务总局联合授予“全国税务系统先进集体”称号。

1998年1月起，对全县个体工商户实行以票控税管理办法。另投入60多万元引进以色列无线网络技术，在全市国税系统建成首家无线征管广域网，全面实现数据快速传递和无线通信，促进税收征管质量提高。加强个体、私营业户建账工作，通过公开考聘，录用一批个体私营业户代账会计。年内，全县国税涉税个体、私营业户有230户建账，建账面15%，市国税局在金湖召开个体、私营经济建账管理工作现场会，推广金湖经验和做法，金湖国税局被评为1997—1998年度江苏省文明单位。1999年，县国税系统6个征管分局全面应用高平台软件，并在全省率先采用集中式数据管理模式。在超市和商场，推行税控收款机等防伪税控系统，建立纳税额与销售量和销售额的核对机制，以票控税，规范商业流通企业税收征管。是年，全面推行税收片管员制度，依据《国家税务总局税务稽查工作规程》，实行稽查内部选案、检查、审理、执行四分离。张荣化、陈启宏撰写的《处罚时效应如何掌握》《行政复议、诉讼后怎样加处罚款》等文章先后在《中国税务报》发表。

2000年，县国税局实行以计算机网络集中征收的征管模式，即全县定期缴纳定额税款的“双定户”均实行预储税款、划卡缴费。年底，有700多户企业实行网上申报。是年，根据“加强征管、堵塞漏洞、惩治腐败、清缴欠税”工作方针，加强纳税人普通发票使用管理，推行纳税逐笔开票制度。共组织入库工商税收10089万元，完成年计划111.6%，比上年增长20.5%，国税收入在全市各县率先超亿元。2001年，金湖县国税局被省局确定为征管改革试点县。年初，县国税局启动征、管、查三分离改革，使原全职能分局向专业化管理转变，并在全省率先实现县级数据集中和以网上申报、划卡缴税、委托代征为主的纳税人自行申报纳税制度，受到省市局肯定。10月，《金湖县国家税务局征管工作规程》出台，全局实现专业化管理职能界定、环节流转和协调衔接，同时开始探索流程化管理。2002年2月，在全省县级局率先实行全员集中办公。下半年，全系统实行流程再造改革，将近200个办税环节减少到90个以下。对个体税收管理调研，规定从2003年1月1日起，对全县相关行业和企业双定户，按经营地段分10类30级，分别按相应标准纳税，并对全县71台加油机安装税控装置。

2003年，全省统一调整相关税种纳税起征点，全县共有3109户个体经营户受惠。完成2002年后手工资料电子清册，建立10分钟提档制度，为全市资料流程化归档管理提供实践依据。是年，针对“多干多错多扣、少干少做少扣、不干不错不扣”现象，探索绩效考核思路，并形成相应绩效考核办法，为全市系统内绩效考核提供依据。2004年，县国税局与公安等部门配合，相继查办公安部、国家税务总局督办的杭州“12·4”虚开增值税专用发票案、“夏都虚开增值税专用发票案”和省国税局督办的宜兴“7·21”虚开增值税专用发票专案等一批金湖涉案企业和涉案人员，全年立案136件、查补税款、罚款、滞纳金113万元。是年，县国税局探索紧密协作、及时补位的团队管理模式。其基层组织形式为“常规团队+项目团队”。根据工作性质的不同，尝试在调查执行部门、受理核批部门、评估部门及稽查部门设立常规管理团队；项目团队根据实际需要进行临时组建和跨部门、跨区域组建。

2005年，县国税局全面开展以税源管理为主要内容的日常管理和目标考核，建立一套比较完善的税前、税中、税后纳税服务体系。税前服务，即对纳税人开展纳税辅导，进行税法宣传；税中服务，即帮助纳税人办理各类涉税事项，采取随时服务和节假日不停止办公等便民措施；税后服务，即对外设立举报箱，公布举报电话，完善信访举报制度，利用问卷调查、行风回访、召开座谈会等形式，听取纳税人对税务机关的意见和建议。全系统税源管理水平大幅提高，获全市六县区目标考核第一名。

第四章　地方税务

第一节　税款（基金）征收

一、税款征收

1994年，国税、地税机构分设后，县地税局征收税种有：个人所得税、土地增值税、城市维护建设税、车船使用税（对单位和个人使用的车、船征收）、房产税（对从事生产、经营的房产产权所有人或承典人征收。依照房产原值一次减除10%至30%后的余值计算，按年征收1.2%；依照房产租金收算税率为12%）、屠宰税（对从事牲畜屠宰的单位和个人征收，从事收购及屠宰的，按照实际收购头数计算缴纳，生猪每头10元，牛马驴骡每头9元，羊每头2元）、资源税（对从事开采矿产资源或产盐的单位和个人，按照实际开采生产的数量定额征收）、城镇土地使用税（在城市、县城、建制镇、工矿区范围内，除规定免缴范围外，向使用土地的单位或者个人征收，县城、建制镇每平方米0.6~12元、农村0.3~6元）、固定资产投资方向调节税、地方企业所得税、印花税（向相关单位和个人征收。具有经济标的合同或书据按0.5‰~5‰比例税率征税或者贴花；生产经营用账册、房产权证、工商营业执照、商标注册证、专利证、土地使用证按5元/件贴花）、地方税滞纳补罚收入，以及按地方营业税附征的教育费附加（土地增值税，金湖尚未开征），当年完成地方税收811.2万元，位列前3位的税种为营业税、城市维护建设税、资源税。在地税征收的12个税种中，营业税为最主要税种，征收额居各税之首。主要是向交通运输业、建筑业、金融保险业、邮电通信业、文化体育业、娱乐业、服务业等行业征收。个人所得税对个人工资、薪金、个体工商户生产经营、稿酬、利息、股息、红利、财产租赁、转让等个人所得征收。成为继营业税之后的第三大税种。是年，县地税局实施《企业所得税暂行条例》《个人所得税法》；将减免税政策落实到位，全年共办理企业所得税减免34户，减免税款106.2万元。其中校办企业9户、减免税28万元，福利企业9户、减免税62万元，乡镇企业10户、减免税4.2万元，受灾企业2户、减免税3.6万元，利用废弃资源企业3户、减免税6.4万元，其他减免税2万元；为3户企业办理营业税减免2.4万元。为4户企业筹措资金16万元；帮助45户企业实施促产项目45件，增利税50万元。1995年，实行纳税人（或代理机构）上门申报纳税，当年入库地方税收收入1015.7万元，比上年增长25.2%。1996—2000年"九五"时期，累计征收地税14650万元。1997年1月1日起，县地税局停止征收国家能源交通建设基金、国家预算调节基金，教育附加费。1998年9月，县地税局对全县运输业户实行先缴税后买养路费制度。

1998年起，房地产税随着城市规模的扩展而快速增长。1999年，县地税局深化农村税收征管改革，实行集中征收与设点征收相结合的税收征管新模式，即撤回原驻在各乡镇的地税人员，在分局所在地进行集中办公，设立征收服务大厅，各乡镇企业在纳税期内到分局所在地征收服务大厅办理纳税事宜，个体税收和零散税收由分局在征收期内在各乡镇设立征收点征收。新的税收征管模式改变了一员进厂、各税统管的税务专管员管户制。2000年，开始征收土地增值税，随着房地产业的迅猛发展，增幅逐年居前。土地增值税是对转让国有土地使用权、地面建筑物及其附着物并取得收入的单位和个人征收的一种税。实行四级超率累进税率，分别为30%、40%、50%、60%。是年，全县征收地税4373.6万元，位列前3位的税种为营业税、城市维护建设税、企业所得税，其中营业税占全部地税收入35%。

2000年，征收城市维护建设税355万元，征收额列第四。城市维护建设税是对缴纳增值税、消费税、营业税的单位和个人征收，依据农村、县城建制镇、城市不同地域分别适用1%、5%、7%的比例税率。征收额原是继营业税之后的第二大税种，但增幅缓慢。是年，县地税局被省局列为税收征管改革试点单位。年初，县地税局在直属所试点，取消原税收征管中实行的"一员进厂，各税统管"的专管员管户制，将人员分为征收、检查两个组。7月，县地税局实行以计算机开发应用作为支撑点，建立"征收—代理—检查"三位一体的税收征管新模式，被省、市地税局确定为全省地税系统税收征管改革县级试点单位。

2001年，国家取消屠宰税。是年起，县政府陆续对国营企业、集体企业试行民营股份制改制，致使企业规模和效益都得到提高，企业所得税征收额大幅度提高。企业所得税是由原国营企业所得税、集体企业所得税、私营企业所得税合并，内资企业实行33%的比例税率，所得税额在3万元以下的按18%征收，所得额在3万~10万元的按27%征收。2002年起，停征固定资产投资方向调节税（是向固定资产投资的单位和个人征收，税率为5%、15%、30%）。2004年，企业所得税征收额2755万元，比1994年增长67倍。2005年，完成地方税收9873.1万元。位列前3位的税种为营业税3736万元，占地税收入37.8%；企业所得税2574万元，占地税收入26%；个人所得税1704万元，占地税收入17.3%。

1994—2005年金湖地税收入统计表

表24-4-14　　单位：万元

年份	合计	营业税	个人所得税	土地增值税	城市维护建设税	车船使用税	房产税	屠宰税	资源税	城镇土地使用税	固定资产投资方向调节税	企业所得税	印花税
1994	811.2	353.0	28.9	—	148.3	30.0	55.7	20.6	75.4	26.6	22.9	40.5	9.3

接上表

年份	合计	营业税	个人所得税	土地增值税	城市维护建设税	车船使用税	房产税	屠宰税	资源税	城镇土地使用税	固定资产投资方向调节税	企业所得税	印花税
1995	1015.7	324.0	20.5	—	172.9	40.4	73.5	26.0	70.6	15.8	65.5	200.8	5.8
1996	1398.6	488.4	150.4	—	234.4	41.0	70.9	38.3	70.0	30.6	70.5	185.4	18.7
1997	2033.2	605.9	309.6	—	298.8	35.8	77.5	53.0	77.5	30.6	107.7	423.5	13.5
1998	2878.6	1161.0	420.6	—	306.8	36.4	94.1	51.6	46.8	28.8	201.6	510.3	20.6
1999	3966.0	1442.0	630.0	—	277.0	41.0	114.0	67.0	43.0	1.0	380.0	933.0	38.0
2000	4373.6	1550.0	746.6	4.0	355.0	60.0	133.0	86.0	51.0	38.0	2.0	1291.0	57.0
2001	4936.0	1475.0	864.0	5.0	311.0	33.0	134.0	—	42.0	69.0	10.0	1903.0	90.0
2002	6165.0	2286.0	1307.0	46.0	338.0	27.0	245.0	—	81.0	109.0	—	1644.0	82.0
2003	7735.0	2565.0	1918.0	37.0	557.0	21.0	294.0	—	31.0	115.0	—	2102.0	95.0
2004	8512.0	2586.0	1329.0	58.0	798.0	4.0	399.0	—	315.0	144.0	—	2755.0	124.0
2005	9873.0	3736.0	1704.0	118.0	789.0	19.0	542.0	—	43.0	167.0	—	2574.0	181.0

二、基金（费）征收

1995年，县地税局征收的基金（费）主要有市场物价调节基金、防洪保安基金、粮食风险基金、农业重点开发基金、教育费附加等5种。1999年，停止征收农业重点开发基金。2001年，停止征收市场物价调节基金、防洪保安基金、粮食风险基金，开征综合基金、社保费，全年征收各项基金340.79万元，占地税和基金（费）年总收入29%。2005年，停征教育费附加，征收基金为综合基金与社保费两种，总额10670万元。

1995—2000年金湖县地税基金（费）征收统计表

表24-4-15　　单位：万元

年　份	合　计	市场物价调节	防洪保安基金	粮食风险基金	农业开发基金	教育费附加
1995	116.2	31.1	61.3	—	4.1	19.7
1996	241.2	68.0	63.0	60.0	2.1	48.1
1997	275.0	29.5	19.4	42.2	2.5	181.4
1998	356.1	36.5	66.1	40.9	2.0	210.6
1999	362.8	40.0	66.0	45.0	—	211.8
2000	484.1	84.0	66.0	64.0	—	270.1

2001—2005年金湖县地税基金（费）征收统计表

表24-4-16　　单位：万元

年　份	合　计	教育费附加	综合基金	社保费
2001	4604.3	302.5	340.8	3961.0
2002	5600.0	349.0	410.0	4841.0

接上表

年　份	合　计	教育费附加	综合基金	社保费
2003	6854.0	365.0	487.0	6002.0
2004	7993.0	467.0	240.0	7286.0
2005	10670.0	—	1295.0	9375.0

第二节　税务管理

一、税务登记

1994年税务机构分设后，地税局的管户是根据原税务局的税务登记划分而来。县地税局抓住税务登记环节，掌握税源、排除漏征漏管。1996年6月起，全面换发地方税涉税企事业单位和个人（含外商投资企业）税务登记证，共换证3859本，其中企业924户、个体工商户2935户，换证率100%。是年，全系统业务处理全部实现电算化。1997年，推行“集中征收、重点稽查”的新型管理模式，简化、规范办税手续，在全县个体私营工商业户中进行建账建制试点取得成效。12月上旬，在全省系统内经验交流。对个体客运税收征管改交通部门代扣代缴为税务部门直接征管，对饮食业户改定期定额征收为按票征收与定期定额征收结合，对共管的商业户个人所得税改营业额附征为核定所得计征。是年10月，金湖县地税局自行开发的计算机多媒体光盘《税收法规指南》出版，时任国家税务总局党组书记项怀诚为光盘作“成功的尝试”题词。1998年1月，县地税局实行省级系统垂直管理，即机构上划统管、编制上划统管、干部管理权限上划统管、财务经费上划统管。

1999年，明确停（复）业、注销登记的有关规定，建立工商、国税、地税三部门信息交换制度，按照“一次性清理，按部门核对，分类型管理，从严办理新登记”的管理原则，开展税务登记清漏工作。是年，开展地方税务涉税企业登记证换发工作，共换证4336本。2000年10月，县地税局改革建筑业税收征管办法，即实行建筑工程项目开工前必须到地税机关办理注册登记手续，纳入税收管理；建筑施工企业在收取预付工程款时，必须向主管地税务机关申报开具建筑安装业统一发票，缴清税款；工程建设单位在支付工程款时，必须取得建筑安装业统一发票，年内，全县征收建筑业税收450万元，比上年增长15%。2002年，开展漏征漏管户集中清理整顿，共清理漏征户458个，漏管户285个。

2003年6月，按照市地税局征管改革“征、管、查”三分离要求，县地税局取消按地域设管理机构的模式，改按序号设立内设机构，首次推行干部竞争上岗。2004年12月，根据市局征管、机构、人事制度三项改革的精神，对下属机构职能进行调整，设立12366纳税服务热线与税务网站等纳税服务现代信息平台，破除按地域划分管辖范围，撤回基层税务机构，人事制度与采取竞争上岗、民主测评、双向选择相结合，竞争上岗与干部交流、轮岗相结合的办法，打破了干部终身制。2005年12月，县地税局根据国家税务总局颁布的《税务代理试行办法》精神，成立税务事务所。税务代理业进入试行阶段。是年，与县国税局实施联合办理税务登记证制度，受理、登记一次完成，方便纳税人。

二、发票管理

1994年地税局组建时，使用手工填写发票，分为限额和不限额2种。1997年1月起，启用金湖县饮食业定额发票，分500元、100元、50元、10元、5元5种票面。1998年6月，加强涉税票据管理，将原由部门代管的运输业发票、建筑业发票、劳务发票，收归地税部门直接管理，实行存所监开、报验和准开证制度；对浴室、舞厅、公园、游泳馆、洗染店等自印票据、收据，亦由地税部门统一管理，定期领用。开展交通运输发票专项检查，当年共查出虚假发票1069份，开票金额700多万元。2000年，制定发票管理和税收票证管理办法，对建筑业发票实行集中管理，规定建筑施工企业在收取预付工程款时，须向地税机关申报开具建筑安装业统一发票，缴清税款；工程建设单位在支付工程款时，须取得建筑安装业统一发票，对以收款收据支付预付工程款的，一律按违反发票管理规定处罚，防止建筑业新欠税款发生。是年，加强税收票证填开审核，全年调票检查400份；推进税收征管信息化进程，建成计算机局域网并推行税控机开票，停止手工开票，全县服务行业纳税大户全部使用税控机开票，税款入库率提高；全面调整个体税收定额，其标准比上年平均提高20%；对饮食业实行以票计征与定期征收办法，对交通运输业实行定期定额征收和发票准开证制度。2001年，与县财政局、县物价局联合印发《关于加强事业单位票据管理的通知》，规定全县行政事业单位和社会团体等非企业组织收费，凡应纳税者一律使用税务发票，不得使用行政事业性收费票据。至2005年，继续沿袭此前管理办法。

三、税收减免

1994年，县地税局根据税收管理权限和相关政策规定，对全县民政福利企业、校办企业、废弃资源综合利用企业、高新企业、困难性亏损企业等减免税收。2002年开始，为全县近2000户下岗再就业个体户及安置下岗人员的企业减免税收。2003年4月，发生“非典型肺炎”，给不少纳税人生产经营带来影响，县地税局及时开辟绿色通道，简化办事程序，对受到较大影响的纳税人减免税款300多万元。1994—2005年，共为纳税单位和个人减免各项税收8500多万元，其中为下岗再就业个体户及安置下岗人员的企业减免近1000万元。

四、税务稽查

1994年，县地税局对26户企业进行纳税检查，对部分企业在房产税、土地使用税上违规扩大费用列支范围和标准等进行处罚，共补收税款76万元。其中查处塔集建筑公司谢某偷漏税6.8万元。1995年，检查金融、邮电、供电、物资等企业393户，共查补税款137.68万元。1996年，开展邮电、供电、金融、烟草、建筑安装行业专项检查，共查补税、费、基金336.28万元。1997年，查补税、费、基金357.92万元。1998年，共查出虚假发票1069份，涉及169人，补税罚款30多万元，其中移交公安机关处理15人。1999年，开展企业所得税、个人所得税、印花税、个体饮食业、行政事业单位专用票据专项检查，查补税款350多万元。

2000年，开展企业所得税汇算清缴检查和建筑安装业、行政事业单位、金融保险业务及群众举报案件税收检查，共查企业193户和个体工商户114户，查补税款336.7万元，罚款31万元。2001年，共检查企业164户，查补税款336万元，罚款37万元。是年，还对建筑房地产业、餐饮业、娱乐业、医疗机构、中介机构、高收入者专项检查，查补税款340万元，罚款21.5万元。2002年，共查企业64户，车辆92辆，房屋出租285户，查补税款340万元。2003年，纳税人自查补报税款240万元，查补税款372.2万元，罚款49.4万元。2004年，纳税人自查补报税款204万元，查补税款261万元，罚款118万元。2005年，开展“欠税核查及质量评比月”活动，核查欠税企业175户，查补税款89.89万元、滞纳金4.03万元、罚款43.63万元。此外，督促纳税人自查补报税款115.58万元，滞纳金8.64万元。

第二十五篇　综合经济管理

1986年，计划部门负责制定与国家同步的全县经济社会发展五年计划和年度计划，为经济与社会建设决策提供服务。工商管理部门着力建设与培育贸易市场，开展工商企业注册登记服务，整顿查处违章违法经营行为。统计部门抽样调查分析各经济行业的投入产出和人民生活状况，并编印《金湖县国民经济统计资料》。1989年，实施标准化法，推行食品标签等通用标准，推广使用法定计量单位。物价部门重点查处利用价格双轨制空隙，平价议价转销加价，倒卖水泥、钢材、煤炭等生产资料，超最高限价，混级混价，变相涨价、饮食业超毛利率、不按规定擅提零售价等行为。审计部门开展对财政金融、行政事业、固定资产投资、工交商贸、农业水利等方面审计，查处违反财经法纪问题。安全生产实行岗位责任制，加大宣传监督力度，做到警钟长鸣。

20世纪90年代，经济管理部门围绕建立社会主义市场经济体制，由管理监督为主转变为调控、管理、监督、服务并重；推进横向经济联合，组织物资协作，促进地方经济保持稳定增长；市场管理实施管、办分离改革，引导企业投资兴建各类市场，并经常性地开展市场价格检查，严厉查处违章违法行为，打击制假售假非法活动。组织开展“质量、品种、效益年”活动，争创名牌产品，推进质量管理与国际标准接轨；建立企业安全管理网络，加大安全生产宣传教育与综合治理力度。审计部门将本级财政预算执行审计纳入常态年度审计，并探索党政机关的经济责任审计、基建工程审计、金融业审计新路。统计部门强化信息咨询功能，完成工业经济现状及其发展思路、资金运用、收益等专题调查分析。

2000年，经济体制改革不断深化，与社会主义市场经济相适应的新体制逐步建立。县计划部门管理方式由指令性转向指导性，由直接调控转向间接调控，重点对全县经济社会发展进行宏观指导、综合平衡和协调服务。2005年，县计划委员会更名为县发展和改革委员会。各经济管理部门围绕维护社会主义市场经济秩序，培育与促进多种经济成分健康发展；实施名牌战略，帮助企业申报优质名牌产品；质量监督重点向民生计量转变，促进企业参与国家、行业标准制定，维护设备安全，提高产品质量。审计部门与各专业审计、社会审计相结合，形成多层次、全方位“三位一体”的审计格局，以维护经济秩序、严肃财经纪律、促进党风廉政建设。安全生产实施不定期安全检查及隐患、危险源监控，有效防止安全事故发生。药品监督管理局加强药品和医疗器械生产、流通、使用领域的监督管理，保证人民群众用上“放心药”。统计部门增编《金湖统计公报》《金湖统计月报》，撰写统计分析文章，为全县经济发展提供决策指导服务。

第一章　经济管理机构

第一节　发展改革机构

1986年，金湖县计划委员会内设机构有计划科、工业科、农业科、财贸科及办公室，编制14人。1994年6月，县经济技术开发区管理委员会与县计委合署，县计委主任兼任县开发区管委会主任。11月，成立县矿产资源管理局，挂靠县计委，计委主任兼任局长。1995年3月，成立县重点项目办公室，正科级全民事业建制，编制5人，县计委副主任兼任办公室主任。

2001年12月，县计委更名为县发展计划委员会，内设机构调整为办公室、发展规划科（挂“县目标管理办公室”牌子）、投资科、农村经济发展科、经贸流通科，及国防动员委员会经济动员办公室和纪检监察机构，编制10人，附属编制1人。2002年，矿产资源管理职能划归县国土资源管理局。2003年，目标管理职能划归县委办。2005年8月，县发展计划委员会更名为县发展和改革委员会，设办公室（挂“县国防动员委员会经济动员办公室”和“信息动员办公室”牌子）、发展规划科（挂“经济合作科”牌子）、固定资产投资科（挂“工业科”牌子）、农村经济发展科、社会发展科（挂“服务业发展科”牌子）、经济体制改革科、县重大项目稽查办公室，编制10人，附属编制1人，实有11人。

第二节　工商管理机构

一、局本级

1986年，金湖县工商行政管理局内设人秘股、企业登记管理股、经济合同管理股、市场管理股、个体工商业户管理股、财务股6个股室；下设8个基层工商所，即城镇农贸市场服务所，官塘、金南、闵桥、塔集、涂沟、前锋、吕良工商所。共有编制65人，实有65人。

1987年，城镇农贸市场服务所更名为城镇市场管理所，另成立直属工商局的经济监督检查中队。1989年3月，县工商局和县人民检察院配合成立县人民检察院驻县工商局检察室。1990年，局机构重新调整设置为八股一室一队和十个基层工商所。分别为：人秘股、企业登记管理股、经济合同管理股、市场管理股、个体工商业户管理股、商标广告管理股、经济监督检查股、财务股；县人民检察院驻县工商局检察室；经济监督检查中队；城镇市场管理所，直属、水上、城镇、金南、闵桥、塔集、涂沟、前锋、吕良工商所。1991年，直属工商所停止办公，其职能划归企业登记管理股和城镇工商所。1993年，撤销水上工商所，管辖区域划归涂沟工商所。1994年，有干部职工124人。1995年，撤销县人民检察院驻县工商局检察室，恢复直属工商所。1996年6月，城镇市场管理所更名为市场建设服务中心，同时成立城区市场管理所。

1999年，工商系统实行省以下垂直管理。6月24日，县工商行政管理局更名为淮阴市金湖工商行政管理局，局机关内设机构调整为10个，即办公室、人事股、法制股、企业登记股、外资企业管理股、经济合同监督管理股、商标广告监督管理股、财务会计股、个体私营经济监督管理股、市场监督管理股；派出机构10个，其中，工商所7个，分别是城镇、闵桥、塔集、涂沟、前锋、吕良、金南工商所，专业管理所2个，即直属工商所、城区市场管理所，经检大队1个。2001年底，工商局与县市场建设服务中心实行管办分离，人员、资产移交县财政局。

2002年，进行县级工商机构改革，局内设机构调整为7个，即办公室（财务）、人事科、法制科、市场合同科、监督管理科、消费者权益保护科（挂“12315”申诉举报指挥中心牌子）、公平交易科；派出机构调整为5个，即黎城分局、城郊分局（辖戴楼、金南）、涂沟分局（辖闵桥、塔集、银集）、吕良分局（辖前锋、陈桥、金北）、经检大队。2004年，增设纪检监察室。2005年，金湖工商局共有内设机构8个，派出机构5个，在职人数98人，个协事业编制3人。

二、协　会

县私营个体经济协会　原名县个体劳动者协会，全民事业性质，成立于1984年。1987年，《城乡个体工商户管理暂行条例》颁布施行，协会迅速扩展壮大。1993年，建立县个协培训中心，完善个协办公条件。1998年，县私营企业协会经民政部门登记成立。1999年召开第一次代表大会，通过《金湖县私营企业协会章程》，选举产生第一届理事会，同时成立县私营企业协会工会联合会。2002年，县个体劳动者协会和县私营企业协会合并为县私营个体经济协会。2005年，该协会成立商标、仪表线缆、米业等行业协会。

县消费者协会　成立于1987年，常设组织机构为理事会，理事由政府有关部门、人民团体、新闻媒体以及相关方面的消费代表协商推举产生。协会主要从事消费法规宣传、消费纠纷调解，对商品和服务质量进行监督，维护消费者合法权益等工作。2003年，设立黎城镇、城郊、涂沟镇、吕良镇消协分会，在各村、居委会设立消费维权投诉站；在县电信局、烟草公司、自来水公司等大型公共服务单位和超市，设立消费者权益监督站。2004年3月，成立县维护消费者权益合议庭，地点设在县人民法院民一庭。2005年8月，成立人民调解委员会。

第三节　质量技术监督机构

一、局本级

1986年，全县质量技术监督工作由县标准计量管理所负责。该所有职工13人，其中技术工人10人。1988年7月，成立县标准计量局，与县标准计量管理所合署，核定事业编制10人（不包括技术工人）。1989年9月，内设计量管理股和标准化股；撤销县标准计量管理所，成立县计量测试所和县产品质量监督检验所，均为全民事业单位、股级建制，隶属县标准计量局，分别有编制8人、2人。1995年，成立稽查队，为股级全民事业单位，负责对全县工商企业计量、标准化、质量等法规的执法监督检查。1997年9月，更名为金湖县技术监督局。1999年11月，技术监督部门实行省以下垂直管理，县技术监督局更名为淮阴市金湖质量技术监督局，行政编制11人，事业编制16人。2000年，县经委质量和生产许可证管理职能及县劳动局的锅炉压力容器等特种设备安全监察职能划入质量技术监督部门。2005年，内设机构调整为办公室、标准化股、计量管理股，下设县产品质量监督检验所、县标准计量局稽查队2个全民事业单位，编制30人。

二、直属单位

县计量测试所　1989年9月成立，全民事业单位、股级建制，隶属于县标准计量局，编制8人。

负责全县企业、市场计量器具的测试检验、维修。1995年，并入县产品质量监督检验所。

县产品质量监督检验所　1989年9月成立，全民事业单位、股级建制，隶属于县标准计量局，编制2人。1995年，县计量测试所并入后，编制增加到10人。直至2005年，机构性质、人员编制无变动。

县标准计量局稽查队　1995年成立，全民事业单位，股级建制，隶属于县标准计量局，编制2人。负责对全县工商企业计量、标准化、质量等法规的执法监督检查。2000年，编制人数增加到8人。至2005年，机构性质、人员编制无变动。

第四节　食品药品监管机构

一、监管机构

县卫生局　1986年，县域的药品生产、经营监督管理由县卫生局负责。该局药政科为职能科室，设在县城健康路47号卫生局办公大楼内，有办事员1人，与医政科合署办公。1989年设独立科室，配药政科长1人、办事员1人。2001年11月，药政科撤销，人员划归新建立的淮安市金湖药品监督管理局。

淮安市金湖食品药品监督管理局　2001年11月5日，设立淮安市金湖药品监督管理局，为淮安市药品监督管理局的直属机构，地点暂设在县广播电视局大楼内。内设办公室、综合监督科、稽查科等科室3个，核定行政编制9人，实有2人，另借用县药检所事业编制人员6人。配局长1人、副局长1人。2003年11月，办公地点搬迁至县城健康路21-1号。2005年6月28日，更名为淮安市金湖食品药品监督管理局，为江苏省淮安食品药品监督管理局直属机构，内设办公室、食品综合监督科、药品综合监督科、药品稽查科。核定编制14人，实有11人。

二、直属单位

县药品检验所　1986年，隶属县卫生局，有工作人员4人，配有所长1人。办公地点暂借原黎城镇卫生院内，设化学室、中药室、无菌室、精密仪器室、图书室。1987年，与县妇幼保健所在县城园林路110号合建综合办公楼，其中药检所建筑面积350平方米，购置霉菌培养箱、数字熔点测定仪、十万分之一分析天平等设备11件。1990年，增设药理科、标本室等科室，能开展中西药一般鉴别及含量、抗生素效价、卫生学、异常毒性、热源、无菌、降压物质、氨等70余种检验和测定。1996年，县药检所注重规范化管理，编印《金湖县药检质量手册》分发给所有检验人员，健全化验室检验、文件档案管理等13项制度，为261台（套）仪器设备建立档案，新添置溶出度仪、空气除湿机、微粒检测仪等，将50多台（件）计量器具送县、市标准计量部门检验鉴定，经市标准计量局和卫生局联合组织的计量认证验收组验收，成为全市率先通过计量认证验收的县级药品检验机构。全年新开展药品检测项目11个，检验报告准确率达100%。2001年11月，该所成建制划归淮安市金湖药品监督局，后搬迁至县城健康路21-1号。2005年，全所有工作人员6人，其中高级职称1人、中级职称2人。

淮安市金湖食品药品监督稽查大队　2005年6月28日成立，编制6人，实有5人，地点设在县城健康路21-1号，与药品稽查科合署办公，为“一套班子、两块牌子”。其职能主要是开展食品药品监督执法检查、抽样检测、违法案件查处。

第五节　安全监督机构

1986年，全县锅炉、压力容器的安全监察职能由县劳动部门所属的劳动保护股和锅炉检测所负责检验和监察。1988年，成立县安全生产委员会办公室，办公室设在县劳动局，没有编制，由劳动局工作人员兼职，负责全县安全生产综合协调管理工作。1999—2000年，县经委质量和生产许可证管理职能及县劳动局的锅炉压力容器等特种设备安全监察职能划归金湖质量技术监督管理局。2001年8月，设立县安全生产监督管理局，二级局，为县经济委员会直属行政机构，内设办公室和安全生产监督股；11月，县级机构改革，安监局内设机构改为综合管理科和安全生产监督科。2005年8月，县安全生产监督管理局调整为县政府工作部门，正科级建制，内设综合管理科、监督管理一科、监督管理二科，行政编制6人，附属编制1人。

第六节　审计机构

1986年，县审计局设办公室、财政金融、行政事业、固定资产投资、工交商贸、农业水利等6个职能股室。1988年1月，设立县审计事务所，开始办理各项社会审计业务。1997年，工交商贸股分设为工业交通、商贸2个审计股，共有7个股室，行政编制17人，附属编制1人。2000年1月1日，县审计事务所与县审计局脱钩，改名为县申宝联合会计事务所。2001年县级机构改革，设办公室、任期经济责任审计科、财政金融审计科、经济贸易审计科、行政事业与社会保障审计科、农业与资源环保审计科、固定资产审计科等7个科室，另设纪检监察机构，工作人员18人。至2005年没有变化。

第七节　物价管理机构

一、局本级

1986年，物价工作由县物价委员会（与县计委合署）负责。1987年3月14日，撤销县物价委员会，成立县物价局，内设价格科、综合科和物价检查所，编制8人。1989年9月，成立黎城物价检查站，核定事业编制14人，主要负责农村价格监督检查。1992年10月，成立县价格事务所，从事公、检、法、司涉案物品价格鉴证、交通事故车辆评估，各类商品和服务成本认证等。1996年3月，黎城物价检查站与物价检查所合署。2000年8月，县价格事务所更名为价格认证中心。2001年，设立办公室（挂“政策法规科”牌子）、价格管理科、收费管理科，另设纪检监察机构。2004年7月，县物价检查所更名为县物价局检查分局。2005年，县物价局内设机构有办公室、综合科、价格认证中心和物价检查分局，有工作人员30人。

二、直属单位

物价检查分局　1986年，为县物价局下设的物价检查所，编制2人。1996年3月，与黎城物价检查站合署。2001年，县级机构改革，保留县物价检查所，黎城物价检查站撤销。2004年7月，县物价检查所更名为县物价局检查分局，编制12人。至2005年，机构名称及编制无变更。

黎城物价检查站　1989年9月成立，全民事业单位，核定事业编制14人，主要负责农村价格监督检查。1996年3月，与县物价检查所合署。2001年，县级机构改革，黎城物价检查站撤销。

价格认证中心　1992年10月，成立县价格事务所，全民事业单位，核定事业编制5人，主要从事公、检、法、司涉案物品价格鉴证、交通事故车辆评估，以及各类商品和服务成本认证等。2000年8月，县价格事务所更名为价格认证中心，核定事业编制10人。至2005年，机构名称及编制无变更。

第八节　统计机构

一、局本级

1986年，县统计局核定行政编制8人，其中农村调查队3人。1997年7月，县级党政机构改革时，内设综合股、工交物资统计股、固定资产投资统计股、贸易外经统计股、农村统计股，核定行政编制15人、附属编制1人。2001年，实施县级党政机关机构改革，内设机构为办公室、工业交通统计科、国民经济综合统计科（挂"人口与社会科技科"和"普查科"牌子）、固定资产投资统计科、贸易外经统计科、农业统计科，另设纪检监察机构。核定行政编制13人、附属编制1人。2005年，机构编制未变。

二、镇统计办公室

1986年，乡镇统计工作由农经助理或会计兼管。1988年，各乡镇成立统计站，为股级事业单位，每站核定编制1人。2000年初，全县22个乡镇撤并为11个乡镇，各镇乡统计站相应成立，除金南、闵桥统计站各配备3人外，其余每站均配备统计人员2人（行政、事业编制各1人）。2001年，撤销乡镇统计站，保留乡镇统计行政、事业编制各1名，分别为计划统计科员、计划统计办事员。2003年，全县11个镇均成立统计办公室，为镇政府内设机构，股级建制，核定行政编制2人。镇政府计划统计科员和计划统计办事员列入统计办公室管理。

第二章　计划管理

第一节　五年计划

一、"七五"计划

1986年4月，金湖县第六届人民代表大会第三次会议通过县第七个五年计划。"七五"计划要点：开展农业适度规模经营，建成"四个基地"，即商品粮基地、水产养殖基地、畜禽生产基地、桑林果生产基地；大力振兴工业，重点突破食品、轻纺工业，巩固、提高机械、建材工业，发展医药、化工工业；积极扶持发展乡镇工业。确定主要指标：到1990年，全县工农业总产值6.5亿元，财政收入2200万元，农民年人均纯收入700元。实施结果，至1990年，全县实现工农业总产值7.27亿元，1986年至1990年年均递增率为12.5%；粮食生产仍保持总产33万吨，户产5吨粮、人均1吨粮的水平；油料、棉花、蚕桑种植面积较前扩大，产量上升；发展水产养殖2333公顷，拓植成片林1667公顷。农业资源开发共完成农田水利土方3400万立方米，兴建涵闸、桥梁等建筑物346座，改造中低产田1867公顷，农业生产条件进一步改善；农业机械总动力增加到25.48万千瓦，比“六五”期末增长40%；财政收入3906.7万元，年均递增12.2%。社会商品零售总额2.29亿元，城乡物资销售总额超亿元，外贸收购总值2118万元。完成固定资产投资1.32亿元，比“六五”期末增长2.3倍。科技、教育、文化等事业得到较大发展，全县有各类科技人员7933人，科技成果获奖101项，科技进步在工农业生产中的贡献份额由20%提高到35%。人民生活水平明显提高，全县瓦房普及率达98%，人均住宅面积农村为21平方米，城镇居民为12平方米，分别比“六五”期末增加8平方米和3平方米；城镇职工年人均工资1625元，年均递增12.8%；农民年人均纯收入701元，年均递增5%。

二、“八五”计划

1991年4月，金湖县第八届人民代表大会第二次会议通过县第八个五年计划。制定“八五”计划的指导原则：继续坚持治理整顿和深化改革，以调整经济结构为重点，提高经济效益为中心，使国民经济建设走上稳定、协调、健康发展的轨道；坚持“稳定提高农业，加速发展工业，积极扶持家庭经济，努力发展外向型经济，相应发展第三产业”的基本思路，充分发挥地域优势，体现地方经济特色；实施科教兴县战略，推进科技进步，提高劳动生产率，加快工业技改步伐。总要求是：产业结构合理，经济稳定发展，效益明显提高，文化教育繁荣，社会文明进步，人民生活基本达到小康水平。确定主要指标：到1995年，全县实现社会总产值24亿元，地区生产总值10亿元，工农业总产值12.75亿元，财政收入4500万元，农民年人均纯收入1000元，教育、文化、卫生、体育、广播电视、邮电通信等各项社会事业均有相应的发展。实施结果：至1995年，全县“八五”计划指标均超额或提前1~2年完成，实现地区生产总值15.57亿元，其中，第一产业7.03亿元，第二产业4.42亿元，第三产业4.12亿元。人均地区生产总值4501元。实现工农业总产值26.52亿元，年均递增15.8%；财政收入7049万元，城镇职工年人均工资4148元，农民年人均纯收入1984元，年均递增23.1%。

三、“九五”计划

1996年3月，金湖县第九届人民代表大会第四次会议通过县第九个五年计划。“九五”计划制定的指导原则：稳定农业，着力提高农业的产出率；加快发展工业，优先发展水产品加工、饲料、造纸、纺织行业，重点突破机械、化工行业，积极发展电线电缆、仪器仪表行业，促使县域经济加速实现由速度型向效益型转变，粗放经营向集约经营转变。坚持“两个文明”一起抓，加快各项社会事业的协调发展。确定主要指标：到2000年，全县地区生产总值36亿元，工农业总产值70亿元，第三产业增加值11亿元，财政收入1.5亿元，城镇职工年均工资递增8%，农民年人均纯收入递增11%。实施结果：“九五”期间虽受亚洲金融危机波及和国内通货紧缩影响，全县经济仍保持持续增长。至2000年，实现地区生产总值28.53亿元，年均递增12.9%。其中，第一产业9.75亿元，第二产业11.33亿元，第三产业7.45亿元。人均地区生产总值8069元。实现工农业总产值41.1亿元，年均递增9.2%；第三产业增加值年均递增12.6%；财政收入1.64亿元，年均递增18.5%；城镇职工年均工资7509元，年均递增12.6%；农民年人均纯收入3351元，年均递增11.1%。所有制结构发生深刻变化，非公有制经济得到较快发展。“九五”期间，私营个体企业累计发展到9382家，注册资本1.75亿元，分别比“八五”期末增长7倍和9倍；城市化水平比“八五”期末提高8个百分点。企业产权制度改革推行股份制、拍卖、兼并、组建集团等形式，改制面达96%，实现企业资产的有效重组和优化。农村进行土地二轮承包，拍卖“三荒地”和小型水利设施经营权，实行村务公开，完成乡镇区划调整。交通工程建设总投资近3.2亿元，改建县乡黑色路面192公里、乡村砂石路面481公里，完成金宝航道块石护坡12.3公里，建成金湖新港码头。获科技进步奖27项，申请专利35项，科技进步在经济增长中的贡献份额达到52.9%。改造薄弱学校69所，新建教师住房7.5万平方米；金湖中学新校区开工建设。卫生方面通过省初级卫生保健先进县的验收，体育获省级以上各类体育奖牌24枚。建成县乡广播电视光缆传输网，实现村村通有线电视，获全国广播电视先进县称号。计划生育率保持在99%以上。居民储蓄存款余额11亿元，增长114%；城镇居民人均居住面积14.8平方米，增长23.3%，农村住房逐步向楼房化过渡。1997年，在淮阴市率先通过初步小康县验收。

四、“十五”计划

2001年1月，金湖县第十届人民代表大会第四次会议通过“金湖县国民经济和社会发展第十个五年计划纲要”。“十五”计划制定的主要原则：重抓工业，培植主导产业，盘强骨干企业，加快发展服务业，着力提高农业综合生产能力，大力实施工业强县、科教兴县、特色兴业战略。确定主要指标：到2005年，地区生产总值57.8亿元，年均递增15%；财政收入3.25亿元，工农业总产值100亿元，第三产业增加值18.3亿元，全社会消费商品零售总额12亿元，城镇职工年均工资8500元，农民年人均纯收入5000元。实施结果：至2005年，实现地区生产总值38.94亿元，年均递增6.4%。其中，第一产业增加值10.2亿元，第二产业增加值14.95亿元，第三产业增加值13.79亿元。人均地区生产总值1.09万元。实现工农业总产值70.28亿元，年均递增11.3%；第三产业增加值年均递增13.1%；财政收入3.35亿元，年均递增15.3%。工业技改投入45亿元，是“九五”期间的6倍，机械电子、医药化工、粮油食品、轻纺服装四大支柱产业形成，工业园区建成区面积6.7平方公里；农业投入开发资金1200万元，新增农业机械动力3.3万千瓦，完成农田水利建设土石方450万立方米，建成农村公路310公里。民营经济快速发展，有私营企业1286户，注册资本9.98亿元，其中500万元以上规模企业35户，销售额超亿元的企业11户；个体工商户1.22万户，注册资本1.75亿元。民营经济入库税收6320万元。“十五”期间，完成全社会固定资产投资60.6亿元，是“九五”期间的2.6倍，建成金湖大桥和金马路省道331连接线，兴建规模小区50万平方米，新建公共绿地40万平方米，新铺筑道路70万平方米，城市化水平达到40.5%。全社会消费商品零售总额17.28亿元，年均递增15.5%；城镇职工年均工资1.25万元，年均递增10.7%；农民年人均纯收入4419元，年均递增5.7%。城乡居民人均储蓄6961元。城镇居民人均住房面积30平方米，农村楼房率50%。

第二节　年度计划

1986年，全县国民经济和社会事业发展计划制定的原则是：巩固农业的基础地位，改善生产条件，大力发展粮食生产和多种经营，为工业生产发展提供原料保障。工业经济发展，针对工业原料、农业生产资料供应不足的问题，全县协作调进物资总额3249万元，与外省45个单位签订技术协作项目152项，协进煤炭48741吨，钢材5094吨，木材1.17万立方米，水泥955吨，化肥16381吨。集体工业实现产值1.27亿元，乡村组办工业和户办联户办工业产值8906万元。取得科技成果17项，获奖5项，引进星火计划项目13项。实现农业产值2.1亿元、工业产值2.43亿元。

1996年，按照“工业扩总量、农业拓市场”的总体要求，切实制定国民经济发展计划。工业实施“抓大、活小、攻难”战略，推行资产经营责任制，采取兼并、托管、租赁、破产等改革措施，加大技术改造、基础设施投入力度，拓展发展空间，使企业显露生机。地区生产总值完成年度计划的101.6%，其中第三产业增加值5.2亿元，占地区生产总值27.6%。工农业总产值完成年度计划的98.5%。其中工业总产值20.53亿元，完成年度计划的96.8%；外贸出口供货值8亿元，完成年度计划的114.3%；实际利用外资162.8万美元。完成固定资产投资额2.13亿元。

1997年，实施科教兴县发展战略，推进小康县建设进程。建成特种水产养殖、蔬菜种植、林业基地乡镇14个，专业村125个，专业户9900个。完成水利建设土方702万立方米，新建、改建各种水利设施461座；农业连片治理、中低产田改造取得明显成效，建设高产稳产农田3627公顷，农业基础条件明显改善。金湖县被省政府批准列为“九五”全省农业机械化综合示范县，5个乡镇被列为淮阴市农业机械化重点乡镇，村级集体经济纯收入村均8.4万元。经市级验收，有13个乡镇完成和超额完成年度规划达小康的主要指标。工业经济总量扩大，骨干企业发展势头良好。县乡企业以改革为动力，采取以兼并、托管、租赁、破产为主要形式的改革措施，实行资产重组、盘活存量资产3200万元，骨干企业发展势头良好。县乡村工业企业完成技改项目143个，投入资金2.5亿元（含盘活存量部分）。地区生产总值完成年度计划85.4%；工农业总产值完成年度计划88.4%，其中工业产值完成年度计划87.7%；外贸出口额707万美元，完成年度计划154%；实际利用外资409万美元，境外劳务输出124人。

2000年，基础设施建设力度加大，312省道金马段一级公路完成路基工程，投资4492万元的农村电网二期改造工程通过省市验收，50公里“三湖”圩堤加固达标建设、县城主要道路扩建延伸、金湖中学易地重建工程、农村改水工程、经济适用房建设等，均超计划进度完成。共完成“九五”期间基础设施投入23.42亿元，其中交通设施投入超过建县35年总投入的6.7倍；地区生产总值完成年度计划的78%，其中第三产业增加值7.45亿元，占地区生产总值26.1%；工农业总产值完成年度计划的81.2%，外贸出口额260万美元，完成计划的107.1%，实际利用外资565.2万美元；境外劳务输出264人；财政收入1.65亿元，完成年度计划的113%。

2005年，重点加强招商引资，县工业园区开工项目15个，竣工项目4个，实现销售额6.78亿元。城市建设管理强势推进，市政建设投入4.8亿元，完成一批城市水利工程、绿化带、景观带工程，市容市貌改观。地区生产总值比上年增长12.5%，农业产值下降3.7%，工业产值增长22.2%；外贸进出口总额增长21.2%；实际利用外资增长5.3%。财政收入增长7.3%，农民人均纯收入4419元，比上年增长10.0%；在岗职工平均工资1.25万元，增长14.1%。

1986—2005年金湖县国民经济年度计划完成统计表

表25-2-1

年份	地区生产总值（亿元）			工农业总产值（亿元）			财政收入（亿元）			职工年平均工资（元）			农民年人均纯收入（元）		
	计划数	完成数	占计划（%）	计划数	完成数	占计划（%）	计划数	完成数	占计划（%）	计划数	完成数	占计划（%）	计划数	完成数	占计划（%）
1986	6.40	3.37	52.7	3.60	7.84	211.8	0.14	0.17	121.4	950	920	96.8	550	597	108.5
1987	7.40	3.98	53.8	4.80	8.83	183.9	0.15	0.19	126.7	975	1023	104.9	570	600	105.3
1988	8.40	4.50	53.6	5.50	10.38	188.7	0.16	0.21	131.3	1084	1245	114.9	590	636	107.8
1989	9.70	5.38	55.5	6.10	11.01	180.5	0.24	0.25	104.2	1300	1459	112.2	640	668	103.9
1990	5.60	5.91	105.5	7.20	11.66	161.9	0.22	0.39	177.3	1500	1539	102.6	690	701	101.6
1991	6.20	5.88	94.8	13.99	12.40	89.2	0.19	0.47	247.4	1630	1742	106.9	700	852	121.7

接上表

年份	地区生产总值（亿元）			工农业总产值（亿元）			财政收入（亿元）			职工年平均工资（元）			农民年人均纯收入（元）		
	计划数	完成数	占计划（%）	计划数	完成数	占计划（%）	计划数	完成数	占计划（%）	计划数	完成数	占计划（%）	计划数	完成数	占计划（%）
1992	6.48	7.56	116.7	16.35	14.77	90.3	0.23	0.42	182.6	1780	1942	109.1	850	1063	125.1
1993	7.80	9.51	121.9	15.20	17.34	114.1	0.44	0.50	113.6	1980	2257	114.0	900	1304	145.4
1994	9.10	13.80	151.6	19.50	20.01	102.6	0.52	0.51	98.1	2400	3270	136.3	1200	1611	134.3
1995	10.00	15.57	155.7	26.00	22.38	86.1	0.63	0.70	111.1	3500	4148	118.5	1650	1984	120.2
1996	18.30	16.71	91.3	30.00	29.56	98.5	0.82	0.85	103.7	4350	4757	109.4	2500	2622	104.9
1997	21.00	17.93	85.4	40.00	35.35	88.4	1.00	1.05	105.0	5000	5295	105.9	3000	3006	100.2
1998	24.00	19.23	80.1	44.00	37.12	84.4	1.20	1.24	103.3	5600	6141	109.7	3300	3251	98.5
1999	28.00	20.64	73.7	50.00	41.65	83.3	1.40	1.44	102.9	6500	6269	96.4	3550	3434	96.7
2000	28.40	22.14	78.0	60.00	34.18	57.0	1.46	1.65	113.0	7200	7509	104.3	3700	3271	88.4
2001	32.20	24.38	75.7	70.00	38.15	54.5	1.80	2.19	121.7	7350	7957	108.3	3850	3434	89.2
2002	36.60	27.08	74.0	69.00	40.91	59.3	2.41	2.47	102.5	7500	9501	126.7	3630	3430	94.5
2003	40.60	30.25	74.5	76.00	47.56	62.6	2.40	2.73	113.8	8107	9854	121.5	3800	3409	89.7
2004	33.60	34.62	103.0	62.00	61.77	99.6	3.10	3.13	101.0	10400	10965	105.4	3579	4108	114.8
2005	39.00	38.94	99.8	69.50	70.28	101.1	3.40	3.36	98.8	11700	12509	106.9	4227	4419	104.5

第三节　项目审批

1986年，审批项目投资规模实行“缓刹车”，做到控而不死。全年审批项目50个，完成投资额1794万元，其中生产建设项目工程28个，完成投资额1249万元；非生产性项目22个，完成投资额545万元。1988年，审批项目78个，完成投资额3684万元。1994—1999年，审批基建项目共1147个，其中报市审批389个，总建筑面积121.3万平方米，总投资5.76亿元。审批新办企业131个，其中外资、合资企业2户；企业更名65个，变更企业性质15个。2000年，全年审批项目76个，金湖中学新校区建设和金叶粮油食品有限公司日产300吨专用面粉生产线两个外资项目通过省计委、省财政厅立项；投资800多万元的城南国家粮食储备库1.5万吨仓容扩建项目获国家计委、国家粮食局批准立项并进入实施；县石油机械集团高新技术产业项目通过国家计委立项；华鼎公司争取省科技三项基金20万元；县轻纤集团、金叶粮油食品有限公司被列入省级重点龙头企业，分别获省财政贴息20万元和10万元。争取减免县广播电视局广电宽带数据网工程进口设备关税近40万元。

2001年，全县上报金湖刘庄天然气地下储备库、金莲纸业有限公司高档生活用纸生产线、金湖工业园区、5万吨无公害优质稻米产业化开发、宁连路与京沪高速公路接线工程、荷花荡生态旅游、入江水道沿线30座涵闸加固拆建工程、新港小区建设等一批投资较大项目。全年审批项目39个，建筑面积11.14万平方米，完成投资额10.26亿元。2002年，审批项目66个，完成投资额12.51亿元，建筑面积13.2万平方米。2003年共审批项目60个，完成投资额11.36亿元，建筑面积13.36万平方米。签订宁淮挂钩合作项目32个，总投资2.6亿元，资金到位率达72.5%，其中工业项目20个，农业项目3个，服务业项目9个。

2004年，全县审批项目总数91个，完成投资额13.99亿元。申报岱峰钛金公司的钛合金、金湖—宝应（氾水）段公路工程、迪科公司年产12万吨氧化氢、弘悦公司年产6000吨TPU颗粒、城市污水处理厂等亿元项目7个。2005年，全年审批项目128个，完成投资额17.56亿元。全县固定资产投资1000万元以上在建项目84个，其中服务业项目17个，完成投资额4.3亿元。

1986—2005年金湖县国民经济发展年度项目审批统计表

表25-2-2 单位：万元

年份	项目审批		其中				资金来源		
	总数	本年完成投资额	生产性项目		非生产性项目		国家资金	贷款	自筹
			个数	投资额	个数	投资额			
1986	50	1794	28	1249	22	545	16	625	1213
1987	68	2813	29	1910	39	903	209	529	783
1988	78	3684	33	2515	45	1169	140	1356	1949
1989	52	1908	26	1254	26	654	10	440	1032
1990	98	2793	29	1805	69	988	10	1151	1726
1991	61	2966	30	1984	31	982	20	2808	—
1992	63	4896	33	3474	30	1422	—	4896	—
1993	129	9509	76	7500	53	2009	—	4123	—
1994	131	11707	70	8814	61	2893	—	6828	—
1995	153	12388	91	11846	62	542	—	4267	5536
1996	247	21325	106	19031	141	2294	104	4478	10346
1997	214	21983	108	15095	106	6888	21	5887	10226
1998	268	37265	114	19377	154	17888	125	3425	14551
1999	134	68772	88	65160	46	3612	388	9057	50436
2000	76	86551	62	81492	14	5059	500	8737	62436
2001	39	102594	27	98345	12	4249	—	6960	85481
2002	66	125057	43	78125	23	46932	—	11598	105131
2003	60	113607	31	73575	29	40032	—	7957	84730
2004	91	139927	56	94334	35	45593	—	4454	112321
2005	128	175587	84	106803	44	68784	—	12696	81267

第四节　重点项目管理

1986年，年度项目管理对全民单位实行直接控制，对集体、乡镇企业实行宏观控制，维护国家宏观调控举措得以落实。全年完成投资总额1794万元，其中建筑工程投资706万元。1987年，里下河开发项目验收合格后，黄淮海地区开发项目进入实施阶段，4个以工代赈项目争取资金212.76万元，对列入全县12个重点工业项目实施检查督促。1988年，县制药厂年产500吨黄原胶和300吨衣康酸项目、县汽配厂年产1万根汽车后桥项目被列为淮阴市政府办实事项目；县饲料厂年产3万吨特种饲料项目被列为国家扶持粮棉大县发展经济项目。1990年，水利建设、低产田改造取得新成绩。1993年，加强农业、交通运输、供电、邮电等基础设施项目投资，农村新铺城乡沥青路20公里，拓宽道路38.5公里，完成农田水利建设土方670万立方米。1994年，农村经济结构调整步伐加快，在稳定粮食生产的基础上，加大力度发展棉花、蚕桑、林业、油菜和多种经营、长毛兔、特种水产养殖等成为优势项目。“农村电气化县”通过国家验收。

1995年，县政府将重点项目的投资额度标准，从500万元以上提升到1000万元以上。编制重点项目规划31个，总投资8.24亿元。其中工业重点项目18个，基础设施建设项目6个，社会事业建设项目4个，环境保护项目2个，旅游资源开发项目1个。上报粮棉大县项目6个，获准立项4个。1996年，金湖县被列为“九五”期间全国农村能源综合建设县，所编制能源建设规划通过省、市评审；对15个重点工业项目实施检查督促；上报粮棉大县项目11个，获准立项6个；上报“粮棉油亩产增一成”项目4个，获准立项2个，争取无偿贷款40万元。1999年，连续5年陆续审批“农转非”人口1752人，其中，劳模13人，中级职称带家属340人，教师民转公138人，招录干部77人，随军家属4人，煤矿职工带家属12人，自修大153人，征地带劳81人，普通中专计划内学生934人。黎城市场、白马湖水产交易市场、县邮政综合楼等三个项目列入市考核目标，并获市第三产业目标考评单项奖。

2001年，先后组织县输油泵有限公司、黎城镇金属压铸厂、红光仪表厂、玻璃仪器厂等工业企业参加江苏省—德国巴登符腾堡州自动化与加工技术研讨会，组织县轻纤集团、金叶粮油食品有限公司、金北蒿茶厂、涂沟水产食品加工厂等农副产品加工企业参加全省龙头企业产品展销会。为县轻纤集团、金叶粮油食品有限公司、华鼎有限公司争取无偿资金50万元。2002年，申报洪金灌区二期续建配套与节水改造、高宝湖滩地生态林建设、绿色食品水稻生产基地建设、城市燃气、县图书馆大楼建设和“农家女”网站等项目立项，申报总投资2480万元的地面水厂扩建、总投资3.42亿元的市政和县乡道路建设改造、总投资2050万元的公检法设施建设、总投资300万元的社区服务物业管理等一批国债备选项目，共申请国债资金1.44亿元。

2002年，为防洪排涝项目争取资金80万元，防护林建设项目争取资金100万元，图书馆大楼项目争取资金70万元；为金叶粮油食品公司等争取农副产品加工龙头企业贴息贷款73万元，发展专项资金110万元。实施宁淮挂钩合作项目17个，其中投资类项目9个，技术合作类项目3个，贸易类项目5个；投资总额2856万元，合同引资额2596万元，到位资金1596万元。2003年，全县申报洪金灌区续建配套与节水改造二期工程项目、1.33万多公顷优质专用中筋小麦配套技术及产业化开发项目、金湖县供水设施国债资金项目、金湖热电厂项目、公检法司基础设施建设中预算内专项资金等项目60项，向上争取专项扶持资金802万元，其中洪金灌区二期项目资金275万元，优质小麦产业化开发项目资金20万元，供水设施项目150万元及国债资金250万元，县金叶粮油食品公司、轻纤集团、涂沟水产食品加工厂、广原油脂公司等农业产业化龙头企业专项扶持资金107万元。

2004年，县政府又将审批重点项目的投资额提升到3000万元以上。是年，开展固定资产投资项目清理审核工作，共清理审核项目131个，总投资12.7亿元。对4个不符合国家产业政策和行业规划以及违背建设程序的项目分别做出停止建设、暂停建设、限期整改和取消立项处理。为实施项目向上争取专项扶持资金218万元，其中为县人民法院、县公安局争取中央预算内无偿资金150万元，为7户市级以上农业产业化龙头企业争取专项扶持资金68万元；组织21家单位参加2次宁淮挂钩合作签约活动，签订项目45个，其中工业项目30个、农业项目2个、服务业项目13个，投资总额3.6亿元，到位资金2.1亿元；完成劳务输出1102人。2005年，向上争取实施项目专项扶持资金2.55亿元，其中为县污水处理厂争取国家预算内无偿资金1190万元，为县兔业发展有限公司争取苏北农业科技成果专项资金15万元，为前锋镇淮村村、金南镇中心校争取台风灾后恢复重建工程中央预算内无偿资金各15万元，为县轻仟集团、广原油脂、金叶粮油食品、银海丝业、涂沟水产食品加工厂等5户市级以上龙头企业争取投资奖励贴息贷款115万元；为全县宁淮挂钩合作与区域发展共争取资金2.42亿元，其中无偿资金8250万元。完成劳务输出1234人。

第三章　工商行政管理

第一节　企业登记

一、公有企业登记

1986年后，随着市场经济发展，国家企业登记制度从“可有可无”趋向“必不可缺”。1988年，国务院《企业法人登记管理条例》和国家工商行政管理局《企业法人登记管理条例施行细则》颁布，实行企业登记管理制度改革，降低市场准入门槛，规范登记程序，创新工作机制，方便企业设立；同时实施企业信用分类监管，促进投资创业。全县有760户国营、集体企业通过改制，成为具有完全民事行为能力、能够独立承担民事责任的法人，企业获得生产经营自主权。1991年，县域发生特大洪涝灾害，县工商局率先执行县政府关于企业复工复产10个方面的扶持意见，先后为57户企业办理经营范围和经营方式的变更手续，为弥补洪涝灾害造成损失的11户企业办理一次性经营批准手续，批准20户企业兴办第三产业，为12户企业调整产业结构和产品结构，支持企业搞活经济。

1992年，县工商局制定受理、审查、核准、发照、公告等五个登记注册的秩序规范。1997年，全县通过企业兼并、资产重组、企业拍卖、债权转股权等方式，推进国有、集体企业加快改制步伐。2000年，帮助企业进行改制论证85次，办理改制企业注册登记42户，清理整顿公司，配合企业和主管部门进一步完善承包、租赁经营责任制，支持乡镇企业发展，注册登记工作逐步实现由审批设立制向工商行政管理机关依法独立核准登记制的转轨，并首次实行工商年检AB级审定，在连续三年被评为执行工商法规先进企业中，确定首批免检企业6户。

2004年，在县政府行政审批中心设立企业登记注册窗口，企业登记事项、依据、条件、程序、期限、收费标准，以及申请需要提交的材料目录及办理结果等全部公开，企业登记速度加快。2005年，新登记内资企业70户，累计859户。县工商行政管理机关建立网络登记系统，汇集守信企业、警示企业、失信企业、严重失信企业和注销企业的基本信息，达到经营户口主体基本情况清晰，信用状况明了。

1986—1995年金湖县公有企业登记统计表

表25-3-3　　单位：户

年份	总户数	其中		年份	总户数	其中	
		法人企业	营业单位			法人企业	营业单位
1986	1206	569	637	1991	1967	751	1216
1987	1331	647	684	1992	2311	971	1340
1988	2085	760	1325	1993	2686	1120	1566
1989	2009	758	1251	1994	2740	1272	1468
1990	1796	752	1044	1995	2647	1191	1456

1996—2005年金湖县公有企业登记统计表

表25-3-4

年份	总户数（户）	其中（户）		注册资金（万元）	年份	总户数（户）	其中（户）		注册资金（万元）
		法人企业	营业单位				法人企业	营业单位	
1996	2346	1137	1209	67490	2001	1557	687	870	38729
1997	2269	1088	1181	53052	2002	1563	588	975	34834
1998	2359	1171	1188	52366	2003	1598	557	1041	31397
1999	2174	933	1241	50791	2004	968	402	566	25122
2000	2155	916	1239	37242	2005	859	344	515	117347

二、私营企业、个体工商户登记

1986年，全县私营企业、个体工商户登记实行个人申请、村委会或街道居委会签署意见、到工商部门登记领照三级审查方式。1987年9月，根据国务院颁布的《城乡个体工商户管理暂行条例》，放宽个体工商业户的生产经营范围和方式，引导个体私营业户扩大生产经营规模与范围。1988年6月，《中华人民共和国私营企业暂行条例》施行，开始建立私营企业档案。1991年，除少数计划管理的商品外，其他放开的商品都可以经营；除法律、法规规定外，其他部门自行规定的“许可证”一律不作为发照的依据。

1993年，县政府转发工商局《关于促进个体私营经济发展的意见》，对个体私营经济的字号名称、注册资金以及经营场地等登记条件进一步放宽。1997年，县鼓励企业下岗职工从事个体私营经济，在证照、规费、场地、技术信息等方面给予优先扶持，举行私营企业、个体工商户招聘下岗职工洽谈会，个私经济吸纳下岗职工513人。1998年，个体工商户换验证照8883户，换验率92%；私营企业年检6213户，参检率98%；取缔无照经营200多户。

2001年，全县劳动保障、城建、银行、税务、工商行政管理等部门进一步落实下岗职工工商登记、技能培训、场地安排、税费减免、资金信贷等项优惠政策。2004年，县政府审批中心工商服务窗口出台“一站式服务”“一卡式收费”等举措，方便经营者。2005年，年检内资企业856户。

1986—1995 年金湖县个体工商户、私营企业登记统计表

表 25-3-5　　单位：户

年份	个体户	私营企业	年份	个体户	私营企业	年份	个体户	私营企业
1986	3135	—	1990	4992	10	1994	10089	101
1987	4030	—	1991	4926	10	1995	7086	33
1988	4208	3	1992	5545	14			
1989	4709	7	1993	7554	31			

1996—2005 年金湖县个体工商户、私营企业登记统计表

表 25-3-6

年份	注册登记			年份	注册登记		
	个体户（户）	私营企业（户）	注册资金（万元）		个体户（户）	私营企业（户）	注册资金（万元）
1996	5313	130	1570	2001	16129	724	36434
1997	6754	148	6232	2002	15855	878	40666
1998	9656	376	14359	2003	9789	961	70016
1999	11956	466	19741	2004	10275	1118	28842
2000	14124	589	27369	2005	12202	1285	117347

三、外资企业及港澳台资企业登记

1986—1988年,《中华人民共和国外资企业法》《中外合作经营企业法》颁布施行,国家工商行政管理局先后制定《关于中外合资经营企业注册资本与投资总额比例的暂行规定》《关于对外商投资企业违反登记管理法规的行为进行处罚的权限和程序的规定》等规章,外资登记管理法律制度初步形成。1992年4月29日,县制鞋总厂与香港派力实业有限公司以30万美元成立江苏国祥鞋业有限公司,是全县首家港资企业。此后,全县外资和中国港澳台资企业逐年发展,投资方所在的国家和地区从起初的中国香港、台湾地区,扩大到日本、美国、英国、芬兰、韩国、加拿大、波兰、法国、俄罗斯、澳大利亚、菲律宾、多米尼加、马来西亚、阿富汗、文莱等国家和中国澳门地区。外资和中国港澳台资企业登记注册权一直在市工商局,县工商局只负责外资和中国港澳台资企业登记的初审工作。2005年,全县共有在业外资企业及港澳台资企业76户,其中年内新登记注册26户。

1992—2005 年金湖县外资、港澳台资企业注册统计表

表 25-3-7

年份	注册户数（户）	注册资本（万美元）	年份	注册户数（户）	注册资本（万美元）	年份	注册户数（户）	注册资本（万美元）
1992	3	252	1997	1	4	2002	8	601
1993	2	53	1998	1	63	2003	5	3093
1994	1	17	1999	2	69	2004	17	3788
1995	2	43	2000	5	315	2005	26	2018
1996	3	55	2001	3	406			

第二节　市场管理

一、规范化建设

20世纪80年代至90年代中期，全县各类市场普遍推行规范化建设。城区市场内制订市场管理规则、经营者须知、商品信誉卡等17种制度，经营品种分类标志。农贸市场摊位统一添置鸡笼、双层菜架、鱼池、水泥台、电子秤、医药箱等服务设施，城区工业品市场配有箱式柜台。1989年、1991年，黎苑市场连续两次被国家工商局授予“全国文明集贸市场”称号。白马湖市场、惠民市场、饮食小街等先后被评为省级文明市场。城中市场、金龙市场、闸东市场等12个市场被表彰为市级文明市场。1999年9月，黎城市场投入运营后，市场内划行归市，食品类经营者统一着装、佩戴标志上岗；取消杆秤，推广使用电子计量器具；推行先行赔付制度。

图 25-3-1　黎苑市场两次被国家工商行政管理局评为“全国文明集贸市场”（摄于1991年）　县工商局／供

2004年，县政府专项拨款20万元，为县城4个市场购买检测设备，省工商局配发流动食品检测车1辆，检测仪器，1套，配备专业检测人员2人，对全县农贸市场、商场、超市的农副产品进行检测，建立起以市场主办单位日常自检为基础，以工商部门抽检为保障，以社会检测机构复查为补充的三级农副产品市场准入制度，同时通过专刊、广播、电视新闻等多种媒介对消费者发布消费警示，构筑“肉菜粮放心工程”，全面落实食品安全准入制度。黎城市场于2001年、2003年和2005年分别被评为省、市级文明市场。

二、打假治劣

1986年，全县市场假冒伪劣品种主要集中在日用品上，工商机关查处假冒伪劣案件近千件，查获假化妆品2.4万袋、假香烟820条、假酒26.6万瓶、冒牌自行车300辆，另有假酱油、假味精、假药、假香皂、劣质皮鞋等。1992年，对13个乡镇供销社销售劣质化肥、涉及1.1万农户利益的大案进行查处，协助追回索赔款77万元。1995年，查获伪劣化肥900余吨，水泥100吨，劣质棉种、杂交稻种0.3吨；查扣假酒9.3万瓶，假烟32条，过期变质食品、饮料2100瓶（袋、听），劣质柴油1吨、轴承512件，捣毁制假窝点2个。其中制售假冒“五粮液”“郎酒”“泸州老窖”等名酒6万多瓶的犯罪嫌疑人，被移送司法机关查处。工商部门还选择14起影响大的制售假冒伪劣产品典型案件，通过举办新闻发布会、新闻媒体予以曝光，在全县开展“无假冒伪劣商品信得过经销企业”“农资商品质量信得过企业”“无假冒伪劣商品信得过企业”的评比活动，打击违法经营，引导商品合法流通。

1997年，县工商局6次组织300多名执法人员，检查企业和个体工商户150多家，查扣过期变质食品、饮料2000余瓶（袋、听），冒牌卫生巾1000余袋，翻新不合格轴承、轴流泵、三角带等农机配件2万多件（台、条），取缔非法炼油厂21家、蚕茧收购点20处，查处没收非法经营石油成品油40吨、蚕茧5吨，不合格杂交稻种10吨，棉种2吨，化肥100余吨，假农药2万余瓶（袋），总标的40多

图25-3-2　县工商局在县城惠民市场举办查处假冒伪劣商品展览（摄于2001年）　王国瑞／摄

万元。1998年，查处假冒白酒500瓶，冒牌运动鞋、皮鞋508双，劣质油毛毡221卷、仪表4台、卫生巾180件，非法销售化肥26吨、农膜3吨、农药4吨，及其他各类案件共115件，罚没款102.57万元。查处县家电公司家电商城和捷达摩托车经销处假冒“玉河”牌摩托车37辆，货值15万元，没收其非法所得1万元。1999年，查处假烟、假酒各类假冒伪劣商品40多个品种，查办各类案件225件。2001年，开展“红盾闪光”专项执法检查，查处假酒6910瓶，冒牌方便面269箱，假冒商标标识1.8万套。工商部门在惠民市场举办查处假冒伪劣商品展览，观众千余人。

2005年，发布农资抽检公告13期，市场预警15次，并多次组织打假治劣活动，查获假冒种子76吨，不合格混合肥15吨，冒牌及假劣农机配件130件，立案查处农资案件11件，案值35万多元，罚没款23万元，其中移送公安机关侦查处理违法当事人2人。取缔无照经营15户，捣毁违法加工窝点2处。通过新闻发布会，公开销毁伪劣商品，遏制假冒伪劣商品经营。

第三节　经济合同管理

一、合同鉴证

1986年，县工商局根据合同双方自愿原则，对商业部门之间，工业、农业与商业部门之间的购销、代销合同和加工订货合同进行合同鉴证。由供方或主办单位申请，工商局派员驻厂（场）对展销会、订货会、交易会所签合同进行现场审核鉴证。鉴证内容包括：签订合同的当事人是否具有法人资格，内容是否符合国家法律、政策，合同条款、文字表述是否完备、准确，合同签订是否符合法定程序等。1989年，对钢材、铜材、铝材、硫酸、烧碱、化肥、柴油等7种重要生产资料指令性计划合同实行备案管理，对建筑工程承包合同实行鉴证管理。1995年，培育“重合同、守信用”企业12家。1997年，鉴证合同为企业避免经济损失63.4万元。至2002年，全县共鉴证合同4.22万份，标的额16亿元，为企业避免经济损失9230万元。随着合同法规的宣传深入，企业对合同具备自行管理能力，工商机关合同鉴证职能逐渐演变为合同监督检查。2003—2005年，检查合同1518份，查出不合格合同93份，查处合同欺诈案件2件，为企业挽回经济损失869万元。评选省级“重合同、守信用”企业3家，市级“重合同、守信用”企业28家。

二、调解仲裁

1986年，县工商局经济合同仲裁委员会依据《中华人民共和国经济合同仲裁条例》规定，坚持以调解为主、仲裁为辅的原则，开展经济合同纠纷仲裁工作。全年受理合同纠纷案件12件，调解处理合同纠纷6件，帮助企业追回宕款4.6万元。1999年3月，县工商局成立合同争议行政调解委员会，同时在基层工商所设立合同争议行政调解庭。1986—2005年，全县工商行政管理机关仲裁合同纠纷485份，仲裁金额5400万元，确认无效合同214份，为企业和个人挽回经济损失1960万元。

三、抵押登记

1996年，县工商局始办企业动产抵押登记，实施抵押合同和抵押物登记，全年办理抵押物登记54件，抵押物价值1.77亿元。1997年，办理抵押登记61件。2001年，办理动产抵押登记35件，抵押物价值6007万元，担保主债权4336万元。1996至2005年，共办理动产抵押登记430件，担保主债权金额10亿元，为企业融资提供合法渠道。

第四节　商标广告管理

一、商标注册管理

1986年，县工商局与企业实行挂钩联系，帮助企业完善经营管理和商标使用制度。至1987年，全县51家企业拥有注册商标60只，有商标印制单位11个。1991年，指导企业申报名特优新产品，使用注册商标产品创部优的6件，创省优的17件，创市优的17件。1992年，实施“名牌兴县”战略，帮助企业开展争创著名商标工作。县有机化工厂的“84”“水仙花”两件商标被评为省著名商标。至1994年，全县创成23个名特优新产品。1997年，注册商标45件，查处商标违法案件4件，罚没款1.2万元，没收销毁假冒商标标识1.84万套。2003年，工商局逐年开展“三百工程”（百名工商干部，深入百家企业，帮助注册百件商标）活动，全县注册商标数量逐年递增，至2005年，全县注册商标总数561件，查办商标侵权案件108件，收缴各种侵权商标标识1.35万套；查处非法印制商标案30件，没收非法印制商标标识1490套，各类工具85套。

二、广告管理

1986年，全县企业广告处于随意张贴、到处发放的无序状态。1987年，县域对户外广告实行统一规划、统一管理，修建广告张贴栏，明确广告协管员，建立违章广告清理制度；允许具备一定经营能力的单位和个体户经营广告业务。到1991年，新建和修建广告栏94块，查处违章广告150多件，铲除不合格广告1991张。1994年10月27日，《中华人民共和国广告法》颁布实施，全县广告监管力度进一步强化，在主要交通路段设置广告群920平方米，在城乡设置民墙广告500平方米，灯杆广告150块，路牌广告420平方米。1995年，查处虚假广告3件。1997年，查处无证散发印刷品广告、虚假广告、无证经营广告业务案件3件。1999年，对医药广告实行格式化管理。2002年，对严重误导消费者的房地产项目预售、预租、项目转让以及相关的广告宣传实行集中整治，对违法违章当事人给予相应处罚，到2005年，共查处各类违法广告案件345件，收缴各类违法违规印刷品广告4.53万份，拆除违法户外广告、店堂广告340块（条）。经批准的广告经营单位有20户。

第五节　经济监督检查

一、查处违章违法经济案件

1986年，以查处利用国家计划分配物资进行倒卖活动为重点，严厉打击制售假冒伪劣商品、非法出版物及利用合同、广告骗买骗卖和商标侵权行为，制止“三无”产品流入市场等。至1990年，共查处违法案件249件，主要物资有汽车7辆，钢材225.8吨，购货凭证1件，钢锭60吨，粮食110吨，生铁54吨，手扶拖拉机4台，铅2.5吨，木材28立方米，黄金制品398.35克、煤炭2191吨、化肥175吨、彩电94台、农药3.07万克。1991年，转变查处重点，重点查处不正当竞争和垄断行为，严厉打击制售假冒伪劣商品和查处走私贩私、骗买骗卖、欺诈及其他不正当竞争行为，打击倒卖黄金、外汇、文物等违法活动，配合有关部门清查黄色书刊及淫秽音像制品。针对国家棉花供求矛盾突出，一些不法商贩乘机大肆倒卖棉花牟取暴利，严重影响国家收购计划完成的问题，县政府组织工商、公安、交通、县供销社等单位昼夜值班，采取查窝点、路上堵相结合方法，打击倒卖棉花不法行为，维护国家棉花收购秩序。1995—1996年，查办涉及非法收购粮、棉、蚕等生产资料案件152件，查扣非法经营的棉花1238公斤，蚕茧1674公斤，罚没款58.2万元，查处伪劣商品价值32.9万元，捣毁制假窝点2个，清理“三无公司”32家。1997年，传销在县内产生，县工商、公安等部门加大对非法传销的打击力度，先后制止“安利”“仙妮蕾德”等化妆品和营养素非法传销培训活动。

2000年，以整顿经济秩序为主要内容，对重点部位、重点商品、重点市场组织多次专项治理活动，维护市场经济秩序。2002年，查办商业贿赂、商标侵权、虚假出资等经济案件489件，无一例错案、行政复议，诉讼胜诉率100%。2004年，首次开展“红盾护农”行动，对种子、化肥、农药、农机、农膜生产销售单位进行彻底核查登记，取缔30余户不具备经营资格的无照经营户。对全县892户农资经营户实行信用等级分类监管制度。至2005年，全县开展专项检查10次，查处制售伪劣农业生产资料案件40余件，查获不合格复合肥15吨，农机及农机配件130件，假冒种子76吨。查处各类违章违法案件2842件，其中万元以上的大要案300多件，依法向公安机关移送涉嫌经济犯罪案件3件。

二、维护消费者权益

1987年，县消费者协会（以下简称消协）成立后，在每年的“3·15”国际消费者权益日，开展不同形式的维权活动，推进消费者权益保护工作。1995—1996年，受理调处消费者投诉410件，其中啤酒瓶爆炸伤人投诉10件，电视机爆炸烧毁家财投诉2件，农机具、农药、化肥质量投诉18件，电话费用投诉2件，其他投诉148件；调处率达92%，为消费者追索挽回经济损失8.9万元。

1997年，围绕中国消费者协会确定的首个“讲诚信、反欺诈”消费主题，针对涉及消费者人身和财产安全的重大隐患和消费陷阱，以“消费警示”的形式向社会公布信息。全年受理消费者投诉581件，调处571件，其中调处电视机爆炸烧毁财产、啤酒瓶爆炸伤人等重大案件27件，为消费者挽回经济损失22.6万元。1998年，县消协每两年开展一次企业“诚信单位”争创评比活动。是年，受理消费者投诉238件，调处229件，其中调处啤酒瓶爆炸伤人、劣质杂交稻种、苗禽等重大案件30多件，为消费者挽回经济损失10多万元。

1999年，中国消费者协会开通12315消费者投诉举报电话，县消协在此基础上还开通6893315消费投诉热线。全年受理消费者投诉322件，调解321件，为消费者挽回经济损失16.2万元。2004年10月，戴楼镇戴楼村村民刘某购买的啤酒瓶爆炸伤人案，通过金湖县维护消费者权益合议庭调解，为消费者争得6.5万元的一次性赔偿。2005年，受理消费者投诉案件121件，接待来人来电信访咨询1180余人次，调处率100%，为消费者挽回经济损失92.9万余元。投诉案件主要集中于商品质量和服务质量，通信手机质量投诉尤为突出。

第四章　质量技术监督

第一节　标准化管理

1986年，县标准计量管理所负责企业标准制定、修订等。1988年，县标准计量局加强标准化管理，至1994年，帮助企业制定产品标准12个，复审采用国际标准和国外先进标准企业6户，采用企业标准4户；发放“产品标准执行证书”153本，有13户企业通过ISO 9000质量体系认证，发放组织机构代码证书325份、IC卡248张。1997年4月，金湖县被列入省创“消灭无标生产县”计划，11月通过省市验收，成为淮安市率先实现“消灭无标生产县”。1997—2000年，全县开展创建省执行标准优秀乡镇活动，帮助企业制定产品标准42个，复审55个，发放“产品标准执行证书”153本，有13户企业通过ISO 9000质量体系认证，发放组织机构代码证书325份、IC卡248张；闵桥、陈桥、金南3乡镇获省执行标准优秀乡镇称号，工业企业产品标准覆盖率稳定在95%以上。2003年，全县有6家企业获市执行标准优秀企业称号。至2005年，全县采标数、标准修订数、复审及备案数等，逐年提高。

图 25-4-3　江苏金湖冬雁制衣有限公司产品被评为“全国消费者信得过产品”（摄于1996年）　姜燕／摄

1994—2005 年金湖县工业企业产品标准制定统计表

表 25-4-8　单位：个

年份	采标数	制定标准数	复审数	年审数	年份	采标数	制定标准数	复审数	年审数
1994	3	12	10	12	2000	9	11	10	153
1995	2	7	8	13	2001	10	33	18	450
1996	4	8	3	44	2002	3	41	30	526
1997	9	13	15	35	2003	16	26	32	569
1998	2	8	14	34	2004	18	52	28	211
1999	2	10	16	56	2005	21	32	32	227

第二节　计量管理

1986年，金湖县标准计量管理所对全县长度、力学、电学、热工等10多种计量器具组织开展检定和修理业务，并开始取缔杂制秤，统一使用公斤秤。至1990年底，全县基本完成向法定计量单位的过渡。1994年，开始办理企事业单位、社会团体统一代码标识申领工作，共发证978户，其中国有、集体企业835户，外资及私营企业16户，事业单位126户，社会团体1户；淮阴市商贸企业开展"计量信得过"活动，至1996年，有13户企业完成计量定级验收。1997年，开始计量合格确认验收。1999年，在全县企事业单位首次推行强制检定计量器具登记证制度。是年，计量测试所通过省级验收。2000年，确认验收计量保证、计量合格企业17户，依规吊销6户企业《制造计量器具许可证》；医疗机构通过计量确认8家，确认率达50%；加强对水表、电表检定机构管理，有3个农电营业所的电能表校验装置通过市局组织的授权考核。

2005年，全县企事业单位领取"强制检定计量器具登记证书"的共有244户，计量器具受检率和受检合格率均达100%，通过计量合格确认验收84户，通过计量保证确认验收25户；商贸企业获"计量信得过"称号27户，5个产品获市计量产品信得过称号；5户企业获淮阴市计量先进单位称号。黎城市场获江苏省计量诚信集贸市场称号。闵桥镇被列为江苏省热工仪表之乡，设在县热工仪表厂的热工仪表检测站成为苏北第一家热工仪表检测站。县计量仪器厂生产的压力变送器标准入编国家行业标准，县红光仪表厂生产的舵角指示仪、U管压力计成为上海及华东地区仪表热销产品。

1994—2005年金湖县计量标准器具受检统计表

表25-4-9

年份	检定总量（台件）	社会公用器具受检率（%）	企事业单位器具受检率（%）	工作计量器具受检率（%）	年份	检定总量（台件）	社会公用器具受检率（%）	企事业单位器具受检率（%）	工作计量器具受检率（%）
1994	7527	96.0	91.0	89.0	2000	3900	100	96.5	93.8
1995	7914	97.0	93.0	91.0	2001	4363	100	97.0	95.0
1996	7336	98.0	95.0	92.3	2002	4595	100	97.0	96.0
1997	4175	100.0	97.3	94.1	2003	4637	100	98.0	97.0
1998	3324	100.0	98.3	95.7	2004	4726	100	99.0	98.0
1999	3681	100.0	96.0	93.6	2005	4765	100	99.1	98.0

说明：1986—2005年各年度的按期检出率均为100%。

第三节　质量监督

1997年金湖县技术监督局成立后，加强生产和流通领域的产品、商品质量督查，重点对仪表线缆、建筑材料、烟酒饮料、粮油食品、农药化肥质量标准、质量认证、生产许可证发放等实施督查，加大产品、商品质量违法案件查处力度。在全县组织重点企业重点产品技术攻关，县输油泵厂产品攻关项目通过省验收，质量达国内先进水平。此后，县机械厂、县输油泵厂、江苏爱特福药物保健品公司、华鼎精细化工厂等企业先后通过ISO 9000质量体系认证。

2001年，金湖县被江苏省质监局确定为首批“质量兴市”试点县。金湖质监局先后印发《金湖县“质量兴县”实施意见》《金湖县质量振兴十五规划》《关于建立金湖县质量振兴工作联席会议制度的实施意见》《金湖县质量兴县实施方案》等文件，将质量目标纳入全县目标考核体系。2001—2002年，全县分别获省、市名牌产品1个、2个，省、市质量信得过产品3个、5个。2003年，分别获省、市名牌产品4个、14个，省、市信得过产品4个、2个，金湖县通过江苏省“质量兴市”先进县验收，成为苏北首家。2004年，全县获国家免检产品1个，分别获省、市名牌产品4个、14个。2005年，获省名牌产品7个（含复审），市名牌产品8个，全县获省、市名牌数在淮安市各县（区）中名列第一。

1997—2005年金湖县产品商品督查统计表

表25-4-10

年份	督查（批次）	合格率（%）	立案（件）	查处率（%）	年份	督查（批次）	合格率（%）	立案（件）	查处率（%）
1997	236	50	45	100	2002	263	80	107	100
1998	296	52	37	100	2003	284	80	78	100
1999	253	55	80	100	2004	276	84.5	86	100
2000	275	55	74	100	2005	287	81.6	73	100
2001	281	80	150	100					

第四节　安全监察

（参见本篇第六章。）

第五章　食品药品监督管理

第一节　药品（器械）生产经营单位

一、药品（器械）生产单位

神华药业有限公司　（参见“第十四篇工业”第四章第四节第二目。）

医院制剂室　1986年，县人民医院、宝应湖农场医院、黎城镇卫生院、金北乡卫生院设有制剂室。县人民医院制剂室用房面积320平方米，拥有各种设备价值50多万元，工作人员8人，其中药剂师1人、药剂士2人。设有无菌室、配料室、蒸馏车间、检验室、动物实验室、中成药配制室，主要生产大输液（生理盐水、糖水、苏打水）、口服液（小儿止咳糖浆、合剂、复方维生素B液）、外用药（软膏、酊剂）。宝应湖农场制剂室用房面积96平方米，拥有各种设备价值3万多元，工作人员3人，其中药师1人、药剂士2人。设有药品检验室、清洗间、外用药配制室、消毒间、成品库，主要生产大力克、复合维生素B溶液、伤风止咳糖浆及多种外用溶液、制剂。黎城、金北卫生院制剂室设备简陋，主要生产维生素B1合剂、止咳糖浆、眼药水、皮肤软膏等。1990年，县中医院设制剂室，主要生产中成药制品。1994年，是药品生产、经营许可证换证之年。县内5个医院制剂室中有3个增加投资、添置设备、扩（改）建生产和营业用房，由省卫生厅换（核）发制剂许可证。其中，县人民医院制剂室能配置丸、散、膏、口服液等内服或外用制剂数十种，一次性通过省、市、县三级验收。黎城镇和金北乡卫生院制剂室受人员、房屋、设备等条件限制，相继被吊销“药品制剂许可证”而停产。1996年11月，县人民医院从湖北省购进价值17.1万元的大输液生产连动线，提高大输液产品质量，满足临床用药需要。2004年，国家药品监督管理局下发《医院制剂管理规范》，全县医院制剂室全部自行关闭。

县医药公司中药材加工厂　1986年，有生产用房500平方米，工人5人，设车间3个，有磨刀机、粉碎机、碎石机、切药机、筛造机、打包机等生产设备8台，主要应用机械化手段，将购进的原料中药材加工成饮片，方便医疗单位和零售药房对外服务，全年加工药材107个品种、56吨，被评为淮阴市饮片质量第一名，省饮片质量第七名。1988年，县内收购的益母草数量较大，一度将益母草加工成膏剂，除满足县域供应，还远销外地。1994年，由洗、切、漂、碾加工工艺扩大到炮、炙、煨、晒、炒等工艺，提高药品质量。2002年，加工药材扩大到438个品种，年加工量102吨。2003年后，由于县内停止药材收购，从外地购进的药材大都是已炮制且袋装好的成品药材，加工厂停止生产。

其他药品医用器材生产企业　1994年3月，乡办企业金湖县康福医用材料厂在横桥建成投产，直接为外贸部门生产各类医用敷料及医药药品，至年底共生产各类医用敷料1200万片，产值170万元、利税7.8万元。10月，县自来水公司与无锡医疗器械厂联合创办金嘉医疗器械有限公司，至年底生产血压计3000台，部分产品销往日本，产值19万元，销售额21.6万元。1995年9月，金北乡马圩村创办金泰医用敷料厂，在珠海国际贸易展览（集团）有限公司进出口部帮助下，生产的手术巾、医用帽、口罩、绷带等产品出口西班牙等国，至年底创汇60万元。12月22日，县石油化工物资贸易中心与日本五星国际株式会社合资兴办金湖亚星医疗器械有限公司，注册资本14.46万美元，中日双方比例为49.17:50.83，实际利用外资7.35万美元。1996年，唐港乡创办港达中药材公司，有8个收购站、2个种植场、1个加工厂，形成生产、收购、加工、销售一体化，主要经营水蛭、荷叶、芦根、野菊花、车前草、水鳖草、蝼蛄等70多个品种中药材。公司先后参加上海、镇江、樟树、百泉举办的全国药材交易会，将地产的中药材经销到上海、浙江、四川、广东、福建等10多个省（直辖市），全年销售量500多吨，销售额150多万元，实现利税15万元。1997年，江苏迪科科技公司在县工业园区创办，主要生产一次性医疗器材。进入21世纪，国家对药品生产条件提高，加之药品市场竞争激烈等原因，乡镇、部门办的药品生产企业均陆续停止生产经营。到2005年，全县药品生产企业仅剩3家，除江苏神华药业外，还有金湖亚星医疗器械有限公司和江苏迪科科技公司，主要生产氧化氢和一次性医疗器材等产品。

二、药品（器械）经营单位

金湖县医药有限公司　（参见“第十八篇国内贸易”第一章第四节第四目。）

医院药房　1986年，县内各级医疗机构均建有药房，主要为本院门诊、住院病人服务，一般不对外零售。是年，县人民医院、中医院、乡镇卫生院设有中西药房48个，村卫生室、厂（校）医务室设药房310个。县、乡医疗机构药品较为齐全，一般在1500种以上，有专职药师（士）执业。村卫生室、厂（校）医务室药品在500种以内，司药由医务人员兼任。1987年，随着药品市场的开放，医疗单位原以县医药公司进货渠道转向各地医药公司和药厂，其中主要渠道有天长、嘉山、滁县、全椒、淮南、亳州等地。1995年，针对县内医疗机构药房多次发生被盗事件，全县开展创建“安全药库（房）”活动，各医疗单位纷纷加固药库（房）门窗，还添置水缸、沙桶、灭火器等消防设施。1997年，县内开展乡镇卫生院药房整顿工作，吕良、塔集、唐港、金北、金南、涂沟、银集、闵桥、夹沟9所乡镇卫生院和宝应湖农场医院药房（含药库）新增面积200多平方米，维修房屋6间，新添中药厨6只、药架（地货架）23张，存放麻醉药品保险柜8只、电冰箱4台，铁皮箱、塑料桶150多只。2000年，县人民医院中药房撤销。2005年，随着行政区划调整，医疗机构兼并，县镇医疗机构设置中西药房25个，村卫生室、厂（校）医务室设药房150个。

零售药店（房）　1986年，全县仅有戴楼、吕良两乡集镇设置私营中药店。1994年，药品市场放开后，全县私营药店（房）开始不断涌现。私营药店（房）只要房屋、人员、设施等符合江苏省《药品零售企业许可证验收标准》的条件，均可发给“药品经营许可证”，至11月，核批金湖县白马湖医药门市等4所药店。私营药店、药房受多种因素影响，有的在竞争中被淘汰，有的在发展壮大。2002年底，县药监局受理并初审零售药店申报材料29户，上报26户，市局批准立项24户，有21户领取“药品经营许可证”。2004年，全县有药品经营企业（门店）71户，其中，药品批发企业1户，医疗器械批发企业3个，药品零售连锁企业1户，零售连锁店26户（埠外设连锁门店6户），零售药店41户。有25户零售药店（门店）兼营医疗器械。2005年，全县有药品经营企业（门店）77户，其中药品批发企业1家，医疗器械批发企业3户，药品零售连锁企业1户，零售连锁店26户（埠外设连锁门店6户），镇村零售药店46户。有25户零售药房（门店）兼营医疗器械。是年，完善药品供应网络与监督管理网络建设，被确定为全市唯一的农村药品“两网”建设示范县。

第二节　药品（器械）抽检

1986年，县药检所对全县生产、经营药品单位抽检药品数151件，其中全检数24件，不合格药品数5件，合格率79%。1989年，县举办药品检查员学习班，提高对假劣药品的识别能力。1990年，县卫生局举办《中华人民共和国药品管理法》实施五周年纪念活动，县药品检验所在县城街头举办假劣药品展览，以提高人们药品质量意识。1992年5月，金北卫生院从湖北仙桃市第二制药厂购进蛇胆川贝液，经县药检所抽检，其质量均不符合标准，县卫生局责令对剩余药品就地销毁。1993年3月16日，县卫生局制定《金湖县基层药品管理规定》，杜绝购进“三无”（无生产厂家、无批号、无有效期）药品。8月20日，印发《金湖县医疗单位药库规范化建设标准》，要求药库必须具有避光、防尘、防潮、防鼠、防盗设备，同时建立有效期药物登记本和一览表。对个体诊室需设立药柜者，经考核合格发给“个体诊室药柜合格证”，方可经营药品。1994年12月1日，全县与全省统一行动，淘汰105种不规范中成药药品。

1996年11月27日，全县执行药品中毒事故报告制度和对药品标签、说明书进行审查审核制度，以防虚假宣传。1997年5月9日，县卫生局举办中药剂培训班，参加学习者31人，学习《医疗机构中药饮片质量管理办法》《江苏省中药饮片炮制规范》。8月5日，县医药公司购进天花粉、白芨、六味地黄丸和胃舒胶囊，经检验不符合规定，敦促该公司将部分质次的天花粉、白芨挑选后再使用，六味地黄丸和胃舒胶囊退回原厂处理。1999年，禁止村卫生室私自购药，规定村卫生室药品由所在卫生院统一代购，以保证药品质量。2001年，通过各单位自查，全县共销毁虫蛀、霉变、走油变质中药饮片118公斤。

2002年，县药监局抽样送检药品110件，其中有36件检验为不合格（内有化学药品21种、中成药6种、中药饮片9种），不合格率为35%。2003年3月至5月"非典"流行的特殊时期，县药监局重点加强防治"非典"药品、医疗器械质量跟踪监督，配合有关部门做好预防"非典"药械供应工作。对涉药单位每日巡查，出动执法人员120人次，在全县12家医疗机构、1家药品批发企业、34家零售药店及25家诊所（门诊部）中，现场抽取"非典"防治药品18种次进行质量检验，对防治用的金银花、苍术、防风等17种中药材和饮片进行真假鉴别，确保人民群众用药安全。

2004年，全面督促、指导实施《药品经营质量管理规范》（GSP认证），分期分批组织开展GSP跟踪检查，年末县城有17家零售药店通过GSP认证。是年，在全市率先推出零售药店驻店药师监督牌制度（绿色公示牌：印有药师照片、姓名、药学技术职称及承诺声明；黄色敬告牌：外出一律履行请假制度；红色上岗证：佩戴胸前）。出台《购假先行赔付办法》，凡在县域所购药品怀疑有假的，经确认后，由药监部门先行给予购药金额3倍的赔偿。2005年，县药监局抽检药品数210件，其中全检数173件，不合格数21件，合格率88%。

1986—2005年金湖县药品（器械）抽检统计表

表25-5-11　　单位：件

年份	检品总数	抽检数	全检数	不合格药品数	年份	检品总数	抽检数	全检数	不合格药品数
1986	151	151	24	5	1996	130	130	101	9
1987	161	148	46	13	1997	130	130	108	11
1988	202	35	72	5	1998	158	158	119	8
1989	237	237	199	11	1999	160	160	121	7
1990	182	182	159	8	2000	140	140	114	4
1991	172	172	110	9	2001	120	120	98	10
1992	165	165	130	13	2002	110	110	92	11
1993	160	160	120	12	2003	230	230	179	24
1994	150	150	115	11	2004	260	260	188	29
1995	148	148	108	10	2005	210	210	173	21

第三节　特殊药品监管

1986年，县内对麻醉药品实行专人负责、专柜加锁、专用账簿、专用处方、专用登记的管理办法，同时严禁农（居）民私种罂粟。病者需长期使用麻醉药品的，必须由个人申请，附以户籍证明、疾病证明，经县卫生局药政股核实后，方可领取"麻醉药品特殊使用卡"，到指定医疗单位购买。麻醉卡有规定的使用期限，到期可凭旧卡换新卡。医疗单位对麻醉剧毒药品使用统一标签，便于与普通药品区分。医生用麻醉药品统一规范为红色处方，一式两份。病人使用麻醉药品后的空安瓿需上交药房，以便备查。1987年，国务院颁发《中华人民共和国麻醉药品管理办法》，县内始对麻醉药品处方权的医师统一核定。未经认定的医师，不得使用麻醉药品。

1992年7月，一名有麻醉药品依赖性的外地人流窜县内，假借丈夫患有癌症，骗购某卫生院麻醉药品。县卫生局得知后发出紧急通知，要求各医疗单位密切关注，一旦发现，立即与当地派出所联系。1993年1月，各医疗单位统一使用新的“麻醉药品特殊使用卡”，凭新卡方能购进麻醉药品。1996年1月16日，县卫生局公布麻醉药品15种，精神药品一类7种、二类20种，特殊药品管理范围进一步明确。6月，县卫生局同意县医药公司一、二门市凭盖有医疗单位公章处方，可以零售二类精神药品、毒性药品和罂粟壳，其处方必须留存备查。1997年1月15日，县卫生局重审麻醉精神药品管理，要求晚期癌症的老病人连续多次换卡，要进行随访，确认是否患者所用。鉴于杜冷丁注射液和二氢埃托啡片成瘾性较强，1998年，要求各医疗单位逐步推广使用硫酸吗啡控释片（又名“路泰”）。到2005年，全县有具有特殊药品经营批发权的企业1户，具有使用权的医疗单位15户，具有麻醉处方权的医师121人。

第四节　药品（器械）市场监管

1986年，县内开展《中华人民共和国药品管理法》实施一周年宣传活动，强化从事生产、经营、使用药品的各类人员知法、懂法、守法意识。1988年9月，县内始实行药品生产、经营许可证制度。根据生产经营设施、技术、人员配备、药品仓储条件等标准，对全县1家药品生产企业、5家药品经营单位、4家医院制剂室进行检查验收，符合生产、经营条件者，分别发给“药品生产企业许可证”“药品经营企业许可证”“医院制剂许可证”。此后，全县推行全方位的药品监督管理体系，实行县、乡分级药品的监督管理，除县卫生局专职药政人员外，还聘请卫生院院长、防保组长、药剂组长担任兼职药品监督员、药品检查员。1989年，《健康报》专门介绍这一经验。

1992年6月，在市场上查出假冒金湖制药厂生产的盐酸林可霉素注射液，县卫生局要求各地发现后立即跟踪查处。至1993年，共立案查处假冒伪劣药品案件41件，现场处罚168件，累计罚没款3.5万元，没收并销毁伪劣药品430种次，总价值4.5万元。1994年6月，县发布《关于取缔无证行医、非法经营药品的通知》，并组织卫生、公安、工商、经委、法制等部门对县内医疗、药品市场进行执法检查。10月，卫生系统又组织人员对卫生院下伸点、经批准开业的个体医生及部分村卫生室进行执法检查。两次检查中，共取缔游医药贩22人，现场查处药品违法案件41件，没收并销毁伪劣药品409种次，价值2000元。1995年，《中华人民共和国药品管理法》颁布实施10周年，县卫生局举行多种形式的纪念活动，举办《中华人民共和国药品管理法》知识竞赛和假劣药品展览，邀请省、市、县人大代表视察药品生产、经营和使用单位。是年，针对外地药品经营单位和个人在金湖县乱销售药品、质量无法保证的现象，实施注册登记制度。经销者必须持所在地有关部门发放的“药品经营许可证”，在金湖县卫生局药政股办理注册登记手续方可经营，以规范药品采购渠道，保证药品质量。

1996年4月5日，县卫生局成立药品采购不正之风专项治理领导小组，制定《关于加强药品采购管理工作的规定》，进一步规范药品采购程序，药品回扣一律上缴单位入账。6月，县医政、药政和物价等行政执法人员，对县城10多家社会医疗机构和个体医疗点集中进行治理，对3家使用假劣药品的医疗机构、5名游医药贩进行依法查处，没收、销毁假劣药品28种次，价值2545.59元。8月，全县开展药品购销中“回扣”等违法行为自查活动，共上缴药品回扣款6800余元。10月，开展打击制售假冒伪劣药品和一次性医用器材专项活动，县组织卫生、工商、质监等部门13名行政执法人员，对100多个药品经营企业、医疗单位、个体诊所进行检查，共查出伪劣药品39种次，无证经营药品130多种次，不合格医用器材5种次，行政处罚35个单位和个人，没收假劣药品和医用器材金额5300多元，罚款2500多元。年底，金湖县被市政府表彰为打击制售假冒伪劣商品先进集体。

1997年，药品市场管理实行平时检查与突击检查、自查与抽查相结合，突击检查分别在春秋两季。是年，严格药品采购纪律，实行进货渠道、药品价格、业务洽谈、验收结果、折扣率、进货品种和数量的“六公开”。在药品质量检查活动中，全县共抽调药政、药检和乡镇药品检查员76人，历时30多天，检查药品生产经营和使用单位及村卫生室、厂医务室、个体诊所260多个，查处假劣药品123种次，不合格中成药11种次，过期失效药品92种次，劣质药材6种次，立案查处销售使用假劣药品和无证经营药品违法案件4件，罚款3800多元，现场处罚8件，罚款1100多元。1998年初，县纪委、监察局对全县医药市场进行专项执法监察，共查处游医药贩16件，其中无证药贩5件，立案查处3人；没收药品器械297种（件），价值2.76万元；移送公安机关查处有销赃嫌疑药贩1人（推销的药品被扣押）。4—5月，全县抽调药政、药检人员68人，利用40多天时间对260多个药品生产经营和使用单位及个体诊所的药品质量进行全面检查，共查出假劣药品110种次，不合格中成药40种次，过期失效药品30种次，取缔外地游医药贩11人次，没收药品药械230种次，实施处罚6件，罚款5000元。1999年，县开展医药市场执法检查56人次，查出假劣药品137种次，价值1.2万多元；立案查处4件，罚款4900元。

2000年，先后开展规模较大的医疗和药品市场执法检查活动3次。利用乡镇卫生院机构调整的机会，共清理过期、失效及滞销药品405种次，价值7.4万元；6月，取缔河南、安徽等地药贩8人，没收药械137种次，价值1.27万元。是年，县成立药械采购管理领导小组和县药械集中洽谈采购中心，出台《金湖县药械采购管理办法（试行）》《金湖县药械采购洽谈中心章程》。至年底，全县各医疗卫生单位通过县药械采购中心洽谈采购药械价值864.19万元，占全年药械采购总额的45%。2001年4—5月，县药政、药检人员检查基层药品生产企业1户，批发企业1户，零售企业12户，乡镇卫生院11个，厂（校）医务室28个，村卫生室49个，查出过期、失效药品90种次，价值3400多元。7—8月，县药政、药检、卫生、工商、质监、公安等部门，组成4个医疗和药品联合执法检查小组，出动执法人员130人次，对11个乡镇、29个村组的药品购进和使用情况进行执法检查，共封存并没收药品及医疗器械200多种次，价值1万多元；立案查处3件，处理河南、安徽、贵州、江西等地药贩6人。

2002年，全县先后开展“市县联动执法”“正源行动保健康”“基层药品质量”等专项检查，以查处假劣药品、一次性医疗器械、无证经营药品为重点，打击制售假劣药品和无证经营行为。全年共查处各类药品违法案件58件，其中假药6件，劣药18件，劣质医疗器械11件，无证经营9件，立案查处药品贿赂犯罪案件10件10人。安徽省涡阳县个体药贩燕某、胡某，1993年起到金湖县推销药品，以业务额5%回扣贿赂医院购药人员人民币10余万元，有3名镇卫生院长、1名药剂人员涉嫌受贿被立案查处。某国有医药公司对基层卫生单位的购药经办人予以现金回扣，先后贿赂有关人员近30万元，涉及20余人，其中4人构成受贿罪被查处。针对存在问题，金湖县在全市率先开展药品供应网络和监督管理网络建设，首批聘请监督协管员16人，开展宣传教育2次，提供信息9条。经过调查研究、科学论证，确定乡镇卫生院药品代购程序，并着手组建一支覆盖全县的农村药品三级质量监督队伍。5月，全市药品代购工作现场会在金湖县召开，介绍推广金湖县经验。

2003年，先后开展过期失效药品专项检查、隐形眼镜和计生药具集中整顿、广告热播药品专项检查、非药品冒充药品及擅自添加药品活性成分专项检查、“非典”药品现场监督检验的“正源行动在农村”“药品放心工程”等活动，全年共检查260个单位，实施现场处罚82件，立案查处196件；完成现场勘验66批次，抽样送检165批次，查出不合格检品36批次。加强对进口药品、国内知名品牌药品的识别，与西安杨森制药有限公司联手，查获12批次的吗丁啉、息斯敏和西比胶囊为假冒药品。年底，公开集中销毁假劣药品和医疗器械1580种次，标值25万多元。2004年，以查处假劣药品和无证经营为重点，以“正源行动保健康”为主线，先后开展4次集中执法检查，共查出过期、失效、未标注有效期药品46种次、疫苗3种次、灭菌注射液300支；从非正常渠道购进药品19批次、医疗器械4

台次，无证经营12种次。实施现场处罚15件，立案查处98件。全年抽检药品165批次，其中不合格检品35批次，不合格率为21.2%。

2005年，先后开展药品质量大检查、村卫生室药品专项检查、广告热播药品专项检查、一次性无菌医疗器械专项检查、疫苗专项检查、制售伪劣藏药专项整治等，共出动执法人员1286人次，检查涉药单位233个，实施现场处罚14件，立案查处114件，货值16.5万元。其中4—6月集中力量检查全县11个镇113个村卫生室，共查出过期、失效、未标注有效期药品26种次，假药案件4件，从非正常渠道购进药品16批次。责令改正39件，现场处罚15件，立案查处3件。

第五节　执业药师管理

1986年，县规定具有药剂士以上职称者方可执业。全县共有西药师6人，中药师11人，西药士23人，中药士43人。1988年，有1人晋升为主管西药师，2人晋升主管中药师。1992年1月，县卫生局对全县23名从业多年的药剂员进行考核，为16名考核合格者发给“合格证”，允许承担药剂士职能，凭证上岗，解决县内药剂人员匮乏问题。

1994年，国家启动执业药师资格考试，逐步取缔没有执业资格人员从事处方药经营活动。1999年，有3名药学专业人员通过考试取得执业药师资格。此后每2年进行一次药学继续教育和验证，未经验证的不得从事执业活动。2003年，国家药监局在全国开展从业药师执业资格考试，县内有58名药剂人员取得从业药师资格，弥补执业药师人员不足。到2005年，全县共有执业药师16人、从业药师58人，主要分布在江苏神华药业有限公司、县人民医院、县医药有限公司和少数零售药店。

第六章　安全生产监督管理

第一节　制度建设

1986年，县政府对全县安全生产特别重视。职能部门为县劳动局劳动保护股，定期或不定期对各企业在用锅炉、压力容器进行检验和监察。各企业主管生产的副厂长肩负安全生产职责，车间选派安全员，明确岗位责任，定期开展安全生产检查，把安全隐患消灭在萌芽状态。企业的安全生产列入经济承包得分系数，如果发生工伤事故，领导者和责任人都得给予处罚，不得评为先进个人；单位不得评为先进单位。1988年，县安全生产委员会办公室对各乡镇、重点部门下达年度安全生产目标管理指标，全面实施安全生产目标考核责任制度。1991年10月，县印发《关于实行安全工作责任制的若干规定》，明确县、乡镇人民政府及县直部门、企事业单位以及监督检查机构安全工作职责、全县安全生产工作管理目标及奖励和处罚措施，强调凡发生生产安全事故的单位不得评优评先。1995年，出台县属企业职工工伤、生育社会保险方案。1996年，县政府与各乡镇、部门和重点企事业单位签订《安全生产责任状》，将全年安全生产责任目标分解落实到基层单位。

1998年，县安委办向各乡镇、部门和重点企事业单位征收安全生产保证金，年底考核兑现。4月，县印发《关于贯彻〈市政府关于进一步落实企业法定代表人安全生产责任制的意见〉的意见》，进一步明确企业法人代表安全职责，加强安全生产考核奖惩，强化安全职能部门监督检查。2000年，除对各企业在用锅炉、压力容器开展常规检验项目外，又增加厂内车辆检验、监察。健全安全监察工作制度，开展锅炉、压力容器、特种设备普查登记，登记率100%。2002年，对“土锅炉”实施专项治理，强制拆除“土锅炉”110台，专项治理通过省质监局验收。11月，县政府办印发《金湖县人民政府关于安全生产职责规定的通知》，明确县人民政府及其有关职能部门的安全生产职责。

2003年，推行特种设备属地管理责任制，健全特种设备动态长效管理机制和县、镇两级安全监察组织网络，在11个镇聘请安全监察协管员和质监联络员13名，缩小特种设备监管盲区。2005年，出台木材加工企业“安全生产责任制”“安全生产管理责任制”“安全生产操作规程”等3项制度，并把安全生产作为换发“经营许可证”的前置条件。

第二节　专项整治

1986年，全县定期开展安全生产检查，把安全隐患消灭在萌芽状态。1988年，安全生产管理逐步走向规范化、制度化。1996年，县劳动部门对县属部分企业进行安全生产评估验收，为县机械厂、汽配厂、输油泵厂、油化厂、缫丝厂、造船厂、公路站、渡船管理所等8个单位发放“安全生产合格单位证书”，对11个乡镇砖瓦厂发放“安全资质认可证”，对县交通局下属的3个渡口所存在的安全隐患，做出停航整顿的决定，促进企业安全生产管理水平提高。1997年，检测锅炉、电梯、压力容器127台次，现场监察率50%以上。开展烟花爆竹、建筑业和交通运输业安全生产专项整治。1998年，对15个锅炉房、8个压力容器使用单位、13个电梯房进行现场监察，检测锅炉64台，压力容器68台，电梯13台，起重机60台，避雷针42支。

2000年，开展烟花爆竹、土锅炉专项整治。查清全县共有各类锅炉使用单位110个，在用锅炉152台；有各类压力容器使用单位40个，压力容器制造企业1个（江苏佳联华机械制造有限公司）；共有电梯30台、起重机械80台、厂内机动车20辆。铲除非法私产烟花爆竹窝点6个，收缴成品鞭1043万粒、半成品鞭400万粒，双响1400只，引信线24把，编鞭机6台等生产烟花爆竹原材料及设备；停业整顿烟花爆竹生产企业5户，查封不合标准的烟花爆竹零售点223个。锅炉、压力容器、起重机械、电梯等检测率100%，合格率60%。下达锅炉整改通知书68份，用户自行拆除更新合格锅炉44台，改成常压热水炉6台，强行拆除1台。

2002年，县安全局、消防大队、质监局、乡镇企业局联合开展交通运输、公共聚集场所、烟花爆竹、非煤矿山、化工、建筑、旅游、农用机械、民爆、电梯、土锅炉及液化气瓶、特种设备等12个方面安全专项整治，检测锅炉75台次，压力容器121台次，电梯24架次，起重机械136台次，送检超周期液化气钢瓶2500只，下发整改通知书76份，提出整改意见180余条，关闭烟花爆竹生产企业2户，对在用和停用的31台土锅炉予以毁灭性拆除，特种行业持证上岗率97%。2003年，开展危险化学品、非煤矿山、公众聚集场所、道路交通、锅炉压力容器、建筑施工、文化娱乐场所和农机等安全专项整治。2004年，加强对33个重大危险源监控，安全生产“三同时”验收项目21个，并就全县木材加工行业安全生产状况进行调研，开展行业安全生产专项整治。该专项整治引起省市领导高度重视，梁保华省长作批示，省市安监局主要领导到金湖专题调研，省安监局在全省范围推广金湖的做法和经验。2005年，开展危险化学品、道路运输、烟花爆竹、作业场所高毒物品职业危害、沐浴行业、消防、水上交通、道路交通、农机、燃气、特种设备、非煤矿山、建筑业、木材加工行业等14个方面安全整治。是年，全县共开展各类专项检查22次，综合性检查17次；锅炉、压力容器、电梯、起重机械、厂内机动车辆检测数，占应检验数的100%，合格率100%。

1992—2005年金湖县特种设备检验监察统计表

表25-6-12　　单位：台次

年份	锅炉	压力容器	电梯	起重机械	避雷针	年份	锅炉	压力容器	电梯	起重机械	避雷针
1992	59	62	—	—	70	1999	62	42	13	60	42
1993	62	67	—	—	56	2000	62	31	18	56	42
1994	61	56	10	—	46	2001	62	35	19	86	50
1995	66	52	12	46	46	2002	75	121	24	136	50
1996	68	42	12	48	42	2003	162	73	42	128	60
1997	62	52	13	10	42	2004	86	69	55	206	60
1998	64	68	13	60	42	2005	102	88	62	212	60

第三节　宣传培训

一、宣　传

1986年，企业工会组织职工学习《基层工会（车间）劳动保护检查委员会工作条例》《工会劳动保护检查员暂行条例》等文件，开展“安全生产在我心中”演讲比赛，提高职工安全生产意识。1988年，县安委会于每年7—10月在全县范围内开展“夏季百日安全生产无事故竞赛”活动，并重点抓好建筑行业高空作业工人的安全知识教育。1991年起，每年5月11日至17日开展“安全生产周”活动。1993年起，每年5月开展“安全生产月”活动，7月、8月、9月3个月的夏季“百日安全无事故竞赛活动”。活动期间，县领导发表电视讲话，组织开展广场宣传、人员培训、知识竞赛、专项治理、安全检查、隐患排查等活动。1993—1996年，普遍实施“企业负责，行业管理，政府监察，群众监督”的安全生产监督管理模式；开展安全生产合格单位创建工作，先后评出安全生产合格单位34个，其中，1994年8个、1995年14个、1996年12个。1998年，组织500多名厂长经理参加安全知识考试，3000多名职工参加安全知识竞赛，万名职工观看安全生产录像。2002年，在全县开展镇安全生产达标工作，各镇相继成立安全生产委员会及其办公室，明确专职安全管理人员，建立安全管理制度和安全生产台账，落实办公场所、交通工具和通信设施。年底，11个镇全部通过省市考核验收。2003年，举办“安邦杯”安全生产知识竞赛，参赛1000余人；组织开展安全生产基础知识咨询活动，解答问题近千个。2004年，组织5000多名职工观看安全生产教育影片；印发安全生产宣传画册3000多份、《金湖安全生产信息》12期，下发3000多册；邀请省安监局领导讲授安全生产政策法规，还举办“电信杯”“油泵杯”安全生产知识竞赛和演讲比赛。2005年，举办安全生产教育电影放映周、《江苏省安全生产条例》专题讲座，受教育者逾万人；组织质监、公安、交通、供电、建设等职能部门广泛宣传法律法规，召开全县安全生产基础管理工作现场会，观摩10个单位的基础管理工作台账，交流经验。

二、培　训

1986—1988年，县劳动局、工会、经委、公安局、乡镇局等部门多次联合组织安全生产培训，共培训2737人次，其中企业正副厂长经理、安全员244人次，进行安全生产知识及安全管理教育培训。1990年，共举办培训班3期，培训乡镇企业厂长、经理120人次，培训司炉工58人次。深入涂沟、唐港、卞塘乡和搬运公司，培训安全监督员32人。1993年，县劳动部门培训厂长、经理108人。1995年厂长、经理培训人数增加到202人。1996年，扩大培训面，对企业新招收的生产工人和从事压力容器操作、起重、司炉、电工等特殊工种人员进行安全知识培训，同时把负责安全生产管理的厂长、经理作为重点培训对象，特种作业人员上岗持证率达85%。2002年，共培训厂长、经理462人，培训安全员和特殊工种操作工662人，是安全培训人数最多的一年。至2005年，全县共培训安全生产人员1.06万人，其中分管安全生产的厂长、经理2877人，安全管理员461人，锅炉司炉工2157人，压力容器操作工1601人，电工、焊工、电爆工2355人，冲压工284人，起重工455人，架子工665人，水处理工21人，燃气从业人员400余人。

1993—2005年金湖县安全生产培训统计表

表25-6-13　　单位：人

年份	培训总人数	其中							
		厂长经理	安全监管员	锅炉司炉工	压力容器操作工	电工焊工电爆工	冲压工	起重工	架子工
1986	950	50	23	280	231	223	15	10	118
1987	970	46	30	295	152	256	18	13	160
1988	817	63	32	336	115	201	24	26	20
1989	493	190	33	75	50	41	30	14	60
1990	350	120	32	58	50	60	—	30	—
1991	215	—	45	120	50	—	—	—	—
1992	223	38	—	43	80	42	—	20	—
1993	313	108	—	96	42	67	—	—	—
1994	249	42	—	92	115		—	—	—
1995	509	202	78	98	46	85	—	—	—
1996	404	32	—	103	110	103	—	56	—
1997	852	538	—	100	98	116	—	—	—
1998	481	184	—	70	43	80	—	50	54
1999	618	378	—	100	45	50	—	45	—
2000	305	128	—	42	—	—	—	88	47
2001	173	88	—	40	45	—	—	—	—
2002	1167	462	53	121	151	163	110	43	64
2003	410	120	—	—	—	290	—	—	—
2004	982	120	135	68	150	260	47	60	142
2005	88	—	—	20	28	—	40	—	—

说明：另1996年培训送给水处理工21人；2000—2005年，连续培训燃气人员400余人次。

第四节 安全生产事故

一、事故查处

1986年7月，吕良乡陈庄村胜利组发生电工违规操作，造成4人触电身亡的重大事故。县政府在该乡召开反面现场会，该电工被依法逮捕，判处有期徒刑。会后，举办全县电工培训班多期，参训223人。1989年9月，县造纸厂一名年轻临时工在切草操作过程中不幸身亡。县安全委办公室、经委、劳动局立即组成调查组，查明事故的原因和责任。此次事故的直接原因是柏某某上大夜班前没有很好地休息，在喂草操作程序中，精力分散，疲劳不慎而造成；同时也反映出县造纸厂在安全管理、三级安全教育方面存在薄弱环节。县安全办根据金政发〔1988〕141号文件规定，处县造纸厂罚款5000元，厂长李鸿翔和分管安全的副厂长陆长荣作出书面检查，并扣除其9月当月奖金，另每人罚款40元。

1992年2月27日下午，银集砖瓦厂制砖车间发生一起电工操作失误，造成一名木工王某某死亡。县安委办、县劳动局、县人民检察院随即组成联合调查组，查明事故直接责任人是电工辜富章，班前喝酒，无证上岗，违章操作。辜富章由检察机关立案查处，依法追究刑事责任；砖瓦厂被罚款5000元，厂长张云做出书面检查，罚款60元。县政府于3月5日以金政发〔1992〕26号文对该事故予以通报。

1993年4月12日10时20分，县第二玻璃厂化工车间（对外称金湖县精细化工厂）发生反应罐爆炸、死亡5人、重伤3人、轻伤12人的重大事故后，县四套班子领导随即连续召开2次紧急会议，成立事故调查、伤员抢救、生产秩序维护等3个小组，做好事故调查及善后处理工作。该企业在新上项目过程中没有实行“三同时”（生产经营单位新建、改建、扩建工程项目的安全设施，必须与主体工程同时设计、同时施工、同时投入生产和使用），对工人没有进行岗前培训。县第二玻璃厂厂长张月宝安全生产意识淡薄，严重违反化工企业安全管理制度，对事故负有主要责任，给予撤销党内外职务，行政开除留用察看两年的处分；对分管生产的副厂长张建群、技术副厂长虞有乾给予行政警告处分；车间主任王启殿本应对安全生产负全面责任，因其伤势较重，暂未追究。县经委对新上项目审批把关不严，安全监督不力，对事故负有管理责任。县经委主要负责人受到全县通报批评，并向县政府、县安委会作书面检查。县政府要求全县各企业、各单位从中吸取教训，建立健全各项安全规章制度，落实安全措施，保障安全生产，并确定“4·12”为该厂安全日。

1995年11月10日，县城西木器厂使用未经许可的锅炉，留下隐患而发生火灾，直接经济损失4.8万元。12月，县委、县政府在该厂召开有30多个重点消防单位负责人参加的事故现场会，要求各单位吸取教训，引以为戒。1996年12月13日，县华鼎精细化工有限公司二车间职工违章使用损坏而短路的潜水泵，引发火灾，造成直接经济损失约46.85万元。17日，县委、县政府在该厂召开事故现场会，要求各单位从中吸取教训，强化安全管理，落实安全生产责任制，杜绝类似事故发生。至2005年，对县内发生的每一次重大安全生产事故，县安监部门都及时会同消防、质监、卫生、工商等相关部门，调查鉴定事故原因，分清责任，对责任人和分管领导做出相应处理，制定措施，吸取教训，加强管理。

1986—2005年相关年份金湖县发生重大生产安全事故统计表

表25-6-14

年份	事故（件）	其中		伤亡（人）	其中	
		违规操作（件）	不慎（件）		死亡（人）	重伤（人）
1986	2	1	1	5	5	—

接上表

年份	事故（件）	其中		伤亡（人）	其中	
		违规操作（件）	不慎（件）		死亡（人）	重伤（人）
1987	10	7	3	11	1	10
1988	6	3	3	7	1	6
1989	2	1	1	2	1	1
1990	2	1	1	2	1	1
1991	3	2	1	3	1	2
1992	5	3	2	5	3	2
1993	1	1	—	8	5	3
1994	1	1	—	1	1	—
1995	3	1	2	3	—	3
1996	2	—	2	2	—	2
1997	3	1	2	3	2	1
1998	2	—	2	2	—	2
2000	2	—	2	4	2	2
2001	1	—	1	1	1	—
2002	5	2	3	5	4	1
2005	4	—	4	4	—	4

说明：1.1999年、2003年、2004年等3个年份无重大生产事故，未列入此表；
2.此表数据不包括社会火灾事故及交通事故。

二、安全生产事故录

1986年7月21日夜晚，吕良乡陈庄村胜利组的树木被大风刮倒，砸断高压线。电工在发现高压线短路跳闸以后，不依规查明原因，违反操作规程，推上已跳闸的开关，造成4人触电身亡的重大事故。12月28日，县航运公司朱某在货船航行值班时，行走不慎，滑落航道水中而亡。

1987年1月11日，县酒厂发生火灾，30吨白酒受污染，造成经济损失3万元。5月15日，县航运公司郑某在驾船进闸停靠过程中，由于连接岸上的铁缆钩滑脱，缆绳回力将郑某击落闸池水中而亡。5月31日，县造纸厂石港草场发生火灾，烧毁草垛7个，稻草670吨，造成经济损失3.9万元。

1988年7月24日，县百货大楼发生特大火灾，造成直接经济损失34.65万元，3个月未能正常营业。

1989年9月19日凌晨0时30分，县造纸厂切草生产线一名进厂不到半年、19岁的临时工柏某某，在喂草操作过程中，手臂被稻草带入切草机进料夹辊部位，人体在机械传动力的作用下，翻入一级输送带上，颈部抵在进料口上盖边缘而窒息死亡。

1990年1月20日21时45分，县水泥制品厂电杆生产车间搅拌机岗位上的职工刘某某，在跨到搅拌机的机架上用手扒出料斗内余料时，不慎将右腿触碰进料操纵杆，致搅拌机料斗启动上升而被夹，造成内脏破裂致死。

1991年5月11日，县玻璃厂工人杨某，推车运送油压机到车间，途中磨破电线胶皮，致油压机漏电，装机使用过程中触电而亡。

1992年2月27日15时30分，银集砖瓦厂制砖车间发生一起电工在维修配电柜过程中，没有观察有无人员在操作，就按下拨齿机的按钮，造成一名正站在该车间供料机输送带上、进行维修的木工王某某被传送挤夹到搅拌机下，腹部受重创，16时10分抢救无效死亡。11月1日，县建筑二公司工人张某，在整理井架吊篮轨道钢管时，不慎坠落身亡。12月7日上午10时45分，县一建公司职工周某在百货公司工地操作砂浆搅拌机时，将头伸进搅拌筒，察看混凝土搅拌机滚筒内水分，因自己触碰进料斗启动杆，致进料斗起动向上运行，周头部被夹在滚筒和料斗之间，当场死亡。

1993年4月12日10时20分，县第二玻璃厂化工车间（对外称金湖县精细化工厂）发生反应罐爆炸，当场死亡3人（重伤人员在抢救过程中又死亡2人，实际死亡人数为5人），伤15人；新建的化工车间厂房、机械设备基本报废，并殃及第二玻璃厂玻璃生产车间部分机械设备受损。8月2日上午，淮胜乡建筑站施工人员在清理县保险公司三楼维修房屋的垃圾时，不慎掉落砖块，砸中一名在地面玩耍的幼童头部，转往南京治疗过程中死亡。

1994年12月8日晚21时40分左右，县造纸厂切蒸车间切草岗位操作工张某，在维修3号切草机时，违反操作规程，在未停机情况下，在机头处用左手挂挂钩，致棉衣袖口被主传动轴万向节上的螺丝刮拖，手臂被绞，窒息死亡。

1995年11月10日上午，县城西木器厂使用未经许可的锅炉，不足6米高的锅炉烟囱飞出的火星掉落不应毗邻锅炉房很近的易燃原料场，留下隐患。中午厂里无人值班，保卫人员又疏于检查，下午2时左右，掉落的火星引燃原料场的刨花、锯屑和树材，形成明火，过火面积830多平方米，烧毁木料约1000吨，直接经济损失4.8万元。

1996年12月13日20时左右，县华鼎精细化工有限公司二车间职工刘某违章使用普通潜水泵抽取甲苯母液，造成潜水泵电缆和电机密封圈绝缘层被甲苯腐蚀损坏而短路，打火引燃甲苯，引起火灾。县消防大队、试采二厂消防队、淮阴市消防支队共派出消防车6辆，终于在22时40分将大火扑灭，造成直接经济损失约46.85万元。

1997年5月27日下午3时30分左右，县造纸厂驾驶员孙某和徐某在车库内吸烟，引燃该厂违规存放在车库内的废纸堆，造成火灾，直接经济损失18.62万元。

1998年2月8日晚23时15分左右，县树脂厂未经“三同时”审查，擅自改变生产工艺，采用易燃溶剂环己烷在成品烘干包装车间1号烘箱房内烘干作业时引发火灾，直接经济损失15.8万元。5月9日22时30分，县槽筒车间发生火灾，直接经济损失27万余元。该车间耐火等级低，厂区无水源，且违章存放大量易燃化纤服装。6月27日、7月20日上午，县玻璃厂在使用两台违规自制升降机时，发生钢丝绳脱落，分别造成程某和林某两名工人重伤。11月15日6时50分，金湖公路运输总公司的一辆开往北京的卧铺大客车，在行至河北省沧州市富镇时，与沧州一货车发生相撞，造成死亡8人、伤10人的重大事故。

2000年4月27日下午，县第八建筑公司违规承揽县农机技术培训学校旧房拆除工程，在拆房过程中，因未采取安全防护措施，在推倒南墙体时，由于墙体一处连接钢筋未剪断，带动其他墙体倒塌，致拆房工吕某、高某2人死亡，周某、郑某2人受伤。

2002年1月17日下午3时30分左右，县港务处新港作业区沿河班在县金叶粮油食品公司原料码头装卸小麦时，临时工万某在拖拉机上双手拽拉麻包时失手，身体中心偏斜摔倒，仰面倒立落地，头部撞击水泥地坪，经抢救无效死亡。3月14日上午9时20分左右，县港务处城南作业区饮料班在县城南粮库装卸粮食作业时，植某等5名搬运工在推移移动式装仓机过程中，装仓机悬臂顶端触碰穿越库区的10千伏高压线，致5人被电击倒，植某被牵引棍所压遭连续电击，当场死亡。6月17日晚23时45分左右，淮安市锅炉水垢清洗厂个体业主潘某为县舜天生化有限公司清洗锅炉时，违规使用明火照明查看清洗效果，使锅炉内可燃气体爆燃，潘面部和呼吸道烧伤、头部血肿。9月5日上午8时左右，个体瓦工吴某违规承揽县自来水公司围墙拆建工程，在没有安全防护措施情况下蛮干，在使用千斤顶拆除围墙时墙体倒塌，将其压倒，经抢救无效死亡。12月1日中午12时左右，县金源农电公司丘陵片第四工程队在金南镇车东专线进行换杆作业，在从手扶拖拉机上卸电杆时，临时工周某操作不当，致电杆尾部撞击其头部，电杆落地后又压在其右颈部，周某当场死亡。

2003年4月20日上午11时左右，县金源农电公司丘陵片工程队在拆除原运西线废旧电杆作业中，起重工违反操作规程，在未接到起吊信号的情况下，不进行试力直接起吊，致电杆受力过猛折断，砸到一同作业的刘某头部和胸部，导致其死亡。

2004年8月30日上午9时左右，县建筑工程有限公司115工程队在承建县经济开发区金湖县康舜食用油有限公司二期工程炼油车间时，钢筋工郭某在3米高的工程主体一楼上扎钢筋柱套时，不慎坠落至地坪基础水泥墩上，经抢救无效死亡。

第七章　审　计

第一节　财政金融审计

一、财政审计

1986年，县审计局参与财务税收、物价大检查。1987年抽查21个单位，共查出违纪金额15.58万元予以纠正。1990年，尝试乡镇级财政审计，对乡镇财政体制、资金结构、管理状况进行全面了解，为乡镇财政审计全面推行打下基础。1995年开展同级财政审计。1997年，在财政同级审计中开展延伸审计，对县乡道路建设资金使用与管理、县计生经费收支管理和乡级财政决算等实施审计，发现资金使用与管理普遍存在问题。加强财政预算内、预算外资金监督力度，将监督重点放在预算内支出大、预算外收入多的部门和单位。1999年，预算执行审计从预算资金收入分配向预算资金使用环节扩展，从预算批复向预算执行环节扩展，从预算内向预算外和其他财政收支环节扩展。2000年，完成22个乡镇财政专项审计，审计成果作为干部任用考核、考察依据之一。2002年，在县本级财政预算执行审计中，重点审计组织和参与县本级总预算的相关部门和其他财政资金收支单位，加强县工业园区资金投入跟踪管理和监督、小税种征收力度和企业欠税清收力度。

2005年，对县本级2004年度财政预算收支平衡情况、县工业园区借资及使用情况执行审计。县本级财政预算支大于收2071万元，工业园区筹资到位资金4500万元，实际使用4496万元，结余4万元；同时，在对2003年度审计查出的问题整改情况检查中发现，截至11月底，"同级审"所提出的问题及整改意见大部分已落实到位。如县公安局党委对基层派出所违反财政预算体制和会计核算体制，在镇财政所领取票据另行收费的问题，下发"禁令"进行整治；县财政局向各镇财政所下发《关于规范镇派出所票据使用的函》，使这一延续多年的违规现象得到遏制。

二、金融审计

1986—1989年，先后对5家银行运行情况进行审计，审计资金总额1167.75万元，查出违纪违规金额37.55万元。1990年，根据省审计厅指派，对县农行本级经费、营业部进行重点审计，有选择地延伸到金沟、戴楼等乡镇营业所。对审计中查出的违纪事项作严肃处理。1991—1994年，对4家银行审计资金总额1.31亿元，共查出违纪违规金额11万元。对中行财务收支的审计报告先后被省厅报告、简报、机关刊物采用。1995—1998年，先后对县中行、建行等单位进行审计，纠正利息收入不入账、挤占营业成本、损益不实，财务核算不规范等违纪违规行为，下达审计决定，补缴中央金库4万元，对另外78万元违纪违规资金呈报上级机关处理。1999年，对工商银行、建设银行的资产、负债和损益情况的审计发现，两行在财务收支真实性、合法性上均存在违纪违规行为，信贷资产上存在潜在风险。根据现行财经法规，分别向两行做出审计决定，提出审计意见。工行、建行分别补交税款15万元和12万元，并对不良资产进行专项清理。2000年，加强银行账户审计力度，专门印发《银行协查存款通知书》，要求银行如实提供开户单位账户和收支情况。2001—2003年，对金湖农发行等4家银行资产、负债和损益情况进行就地审计。其中县农发行2001年会计收入1813.55万元，支出1929.10万元，利润—115.55万元。审计中查出8000元票据违规问题，依法责令整改。2004年后，金融系统体制改革，管理权限上收，除上级机关委派外，地方审计部门不再履行对其审计的职责。

1987—2003年金湖县金融审计统计表

表25-7-15

年份	审计单位（个）	审计资金总额（万元）	违纪违规资金数（万元）	年份	审计单位数（个）	审计资金总额（万元）	违纪违规资金数（万元）
1987	2	500	32.36	1996	4	9306	2.00
1988	2	500	3.84	1997	2	10347	12.00
1989	1	168	1.35	1998	2	21043	61.00
1990	5	7600	22.07	1999	2	20948	27.00
1991	1	5200	5.00	2000	1	10063	1.00
1992	1	1294	4.00	2001	1	3732	0.80
1993	1	4533	1.00	2002	2	33174	6.00
1994	1	2085	1.00	2003	1	18479	1.00
1995	2	8134	7.00				

第二节　行政事业单位审计

1986年，抽查14个行政事业单位，共清查出违纪违规金额7.16万元。至1988年三年，除抽查14个单位外，定期审计17个行政事业单位，查出违纪违规金额21.49万元。1989年，审计发现农机化服务公司扩大农机管理费开支和所属管理所擅自统一着装问题，5名工作人员发放服装费2963.75元，一并进行处理。1990年，对欠缴省粮食部门的“平转议”玉米差价款26.72万元，经审计催交入库。1991年，开展对县公安局、公路管理站、国土局、城建局、司法局等重点执法部门审计，通过对县国土局一笔有价证券利息未入账疑点，揭露一起重大贪污案件。1993年，对行政事业单位预算外资金管理、收费情况和职工欠款进行清理。1995—1998年，扩大行政事业单位审计覆盖面。2001—2002年，重点搞好行政事业单位预算执行审计与经济责任审计。2003—2004年，审计纠正1500万元违纪金额。2005年，采取经济责任审计与财政财务收支审计结合、审计个人与处理单位违法违纪问题结合方式，缓解审计力量不足与审计任务重的矛盾，审计工作成果在系统内部共享。

1986—2005年金湖县行政事业单位审计统计表

表25-7-16

年份	审计单位（个）	违纪违规资金（万元）	年份	审计单位（个）	违纪违规资金（万元）	年份	审计单位（个）	违纪违规资金（万元）
1986	3	8.03	1993	6	—	2000	25	3255.00
1987	5	0.06	1994	6	32.00	2001	20	546.00
1988	9	13.40	1995	3	23.00	2002	23	395.00
1989	16	37.93	1996	9	108.00	2003	28	194.00
1990	15	25.02	1997	3	91.00	2004	31	153.00
1991	12	33.85	1998	34	136.00	2005	15	115.00
1992	8	—	1999	9	286.00			

第三节　企业审计

1986年，对亏损大户县酒厂、盈利大户县制药厂进行效益审计，收到成效。1987年，对县属企业单位发放书报费进行专题调查，查明7户企业在成本中列支书报费，计发放书报费639人次、4.26万元。1988年，实施企业承包经营责任审计，《淮阴通讯》《江苏审计》《中国审计》等媒体先后刊载金湖县企业审计经验。1988—1990年，对企业进行承包经营终结审计。1991年，重点抓好厂长离任审计。1992年，进行滚轮体厂、自来水厂、印刷厂、砖瓦厂、果园等5户企业的厂（场）长离任审计。1993年，将亏损企业作为审计重点。1994年，对不同类型国有工业企业资产损益情况审计，发现资产流失达百万元。1995年，对亏损严重的县印刷厂、县福利化工厂等企业进行重点解剖，揭露经营管理问题。1999年，审计金湖县输油泵有限公司，发现企业少缴所得税5万元，决定如实上缴国库。2003年，进行金湖宾馆、唐港供销社、轻仟纺织有限公司、金荣玻璃制品有限公司等部分改制企业审计。2004—2005年，组织对房地产开发企业缴税、缴费及摊派情况审计，共审计企业24户，追缴违规违纪金额35万元。

1986—2005年金湖县企业审计统计表

表25-7-17

年份	审计企业数（户）	违纪违规金额（万元）	被审计企业采纳意见（条）	年份	审计企业数（户）	违纪违规金额（万元）	被审计企业采纳意见（条）
1986	5	101	4	1993	27	63	53
1987	42	81	11	1994	26	250	42
1988	17	76	10	1995	24	7	31
1989	13	588	16	1996	28	54	19
1990	19	316	13	1997	31	191	11
1991	5	62	7	1998	5	843	4
1992	17	129	27	1999	8	423	6

接上表

年份	审计企业数（户）	违纪违规金额（万元）	被审计企业采纳意见（条）	年份	审计企业数（户）	违纪违规金额（万元）	被审计企业采纳意见（条）
2000	8	497	9	2003	4	16	5
2001	5	31	7	2004	1	8	1
2002	6	264	12	2005	23	27	17

第四节　经济责任审计

1999年下半年，开始对领导干部进行任期经济责任审计。11月，对县供销合作总社、物资局主要负责人进行离任审计。2000年，先后对县交通局、计委、矿产局、水产局、粮食局、金湖宾馆、中医院等7个单位领导人进行任期经济责任审计。2002年3月，县印发《金湖县党政领导干部任期经济责任审计暂行规定》，要求每年对三分之一的镇、四分之一的县直部门党政领导干部进行经济责任审计（含离任和在任），当年开展对吕良镇、卫生局、外经贸委等18个单位科级干部任期经济责任审计。通过审计，1名干部得到任用，2名干部终止提拔，1名干部受留党察看处分。2003年，将领导干部经济责任审计工作列入常效管理，凡离任必审、任期届满必审、晋升必审、人民来信反映较多必审。2004年，金湖经济责任审计工作受到省委组织部、省纪委、省审计厅等五部门联合表彰。2005年，拓展党政领导干部经济责任审计内容，做到逢离逢评必审。

2000—2005年金湖县经济责任审计统计表

表25-7-18

年份	审计数（个）	违纪违规金额（万元）	管理不规范金额（万元）	年份	审计数（个）	违纪违规金额（万元）	管理不规范金额（万元）
2000	7	—	—	2003	24	219	790
2001	4	—	—	2004	23	141	1023
2002	18	16	555	2005	16	287	1529

第五节　固定资产与专项资金审计

一、固定资产投资审计

1986年，对县工商银行、供电局、血防站3个单位固定资产投资进行抽查。经查，上述单位固定资产投资普遍存在突破计划、资金缺口大等问题，致建设资金来源不当（乱拉资金25.2万元）、变法上马、超支无人问、责任无人追等问题。1988年，开展停建缓建项目跟踪审计。全县总投资2281万元的17个停建缓建项目，经审计，压缩固定资产投资规模。1995年，开展对基本建设项目审计，对县民政局综合服务楼在建行审核基础上进行再审计，在建行核减13.5%的基础上再核减2%，计2万元。1996年，开展建筑市场专项治理，强化固定资产投资审计。1997年，对新开工工程建设项目进行开工前审计，对1994—1995年期间已竣工的、投资额在50万元以上的工程建设项目进行竣工决算审计。2002年，县出台《金湖县固定资产投资审计暂行办法》。2003—2004年，对重点工程实施提前介入、关口前移、跟踪审计，由事前、事后两头审计，逐步向事前、事中、事后全过程审计转变。2005年，固定资产投资审计突出工程质量、工程建设程序、对中介机构再监督、对重点项目工程跟踪等审计。

1995—2005年金湖县固定资产投资审计统计表

表25-7-19　　单位：万元

年份	审计项目（个）	投资总额（万元）	违纪违规金额（万元）	核减预决算（万元）	年份	审计项目（个）	投资总额（万元）	违纪违规金额（万元）	核减预决算（万元）
1995	1	123	2	2	2001	24	8419	113	95
1996	32	2794	16	102	2002	11	15615	165	513
1997	43	9177	87	356	2003	16	7056	30	498
1998	79	13130	743	32	2004	9	3157	31	374
1999	46	11935	59	58	2005	10	2271	37	421
2000	24	3255	162	242					

二、专项资金审计

1986—1990年，先后对发展粮食生产专项资金、科技“三费”、教育经费费用、水利经费、工商罚没收入款等项目进行专项审计。1991—1992年，联合县财政、监察等部门组成联合审计小组，两次对1989年、1990年黄淮海开发资金进行审计，审计资金总额1395.02万元，查出违纪金额36.28万元。1993年，审计调查全县春茧收购费用，使中晚秋茧收购经营得以顺利进行。1994年，审计发现全县市场物价调节基金欠缴严重，管理存在问题，县采取措施予以纠正。1995年，开展普教经费审计。1996年，开展职工养老保险基金和失业保险基金、农村农民保险基金、市场物价调节基金、经济发展专项贷款等专项审计，揭露弱化宏观管理问题。1997年，对全县三期农业综合开发资金进行就地审计，对一、二期农业综合开发项目中有偿资金回收情况进行审计调查。1998—2002年，高标准完成粮食异地交叉等项目审计。在专项审计中，发现县人民法院应上缴财政的46万元罚没款转入其他收入，促其限期上缴国库。2003年，对防治“非典”专项资金和社会捐赠款物、抗洪救灾专项资金和捐赠款物以及救灾建房资金、第五期（2000—2002年）农业综合开发资金进行专项审计。2004—2005年，对农村改水、农村公路建设专项基金、农村税费改革转移支付补助资金、新型农村合作医疗基金、失业保险基金等进行审计。

第六节　社会与内部审计

一、社会审计

1987年，县审计事务所完成对武警总队商店会计账目清理。受县人民法院委托对唐港玻璃厂经济合同纠纷进行审计鉴定。这是县审计事务所进行社会审计业务的尝试。1988年1月，县审计事务所正式办理社会各界审计业务，审计范围不断扩大，审计业务不断增多，当年完成审计项目16个。

1989年，首开对县银集远射电子仪器厂破产审计，《淮阴审计情况》《江苏审计信息》分别介绍该审计情况。1990年，办理43项委托事项和113户工商企业注册资金验证业务。其中，承包企业责任审计21个，清理整顿公司11个，基本建设审计2项，厂长离任审计3项，清理盈亏及应收款1项，协助办案4项。1991年，承接委托事项30项，资金总额1亿多元。其中，经济责任审计192项，财务收支审计4项，核实家底12项，省审计事务所委托审计1项，司法机关委托审计4项，清理债权债务1项，协助收回资金113万元；验资135户，验证资金1.63亿元。1993年，接受委托审计项目438项，其中，厂长离任审计4项，经济案件鉴定3项，经济效益审计6项，建账1项，验资411户。1994年，引导社会审计开展基建审计，制定《固定资产开工前资金来源审计》《基本建设投资竣工项目决算审计》，全年完成审计项目296项。1995年，完成社会审计项目257个，办理外资企业验资2项、160万元。1997年，完成审计项目325个，其中财务收支审计25个，基建审计21个，注册资金审验273个，核减基建决算金额96万元、虚假注册资金10万元。至2005年，该事务所有从业人员15人，其中注册会计师和会计师10人、注册税务师3人，一直从事财务审计与咨询、整财建财、企业验资、资产评估、工程造价咨询、代培财务人员、代办工商营业执照等，业务扩展延伸到安徽省天长市。

二、内部审计

1986—1987年，县文教局内审人员对各乡镇教育办公室、县直文教单位1985年、1986两年预算内、预算外资金分期进行审计。1989—1990年，主管系统内审机构审计51家，占全部应审数的71%。1991年，将省厅有关内审工作程序印发各有关内审机构，组织指导教育局内审组开展全县教育费附加审计调查。1992—1995年，帮助县委农工部、各乡镇开拓农村合作经济审计范围，成立农村合作经济组织审计机构，形成农村审计网络。1996年，农行审计股的《关于对部分部、处信贷资产质量的审计报告》，获市局内审优秀报告一等奖，农村合作经济审计所的《关于塔集镇经营站财务收支情况的审计报告》获二等奖。1997年，召开县直部门内审工作会议，组织交流县农行、教育局、农工部、供销总社内审工作经验，举办内部审计规范化业务知识讲座。至2005年，全县县城内审机构共审计项目327个，查出违纪违规资金261万元，减少损失392万元，提高经济效益569万元；乡镇内审机构共审计项目134个，查出违纪违规资金708万元。

第八章　物价管理

第一节　价格管理

一、工业品价格

工业生产资料价格　1986年，国家价格政策调整，工业生产资料出现计划内、计划外双轨制两种价格。如钢材每吨2200~3500元，煤炭每吨3000~3500元，水泥每吨300~350元。随着工农业生产的发展，生产资料需求量增多，计划外市场调节比重逐步扩大，到1990年，全县主要工业生产资料市场调节价比重超过50%。是年，对计划外黑色、有色金属按国家统一规定，实行最高限价管理。1991年，先后提高成品油、钢铁、统配水泥、钢材价格，放开计划煤、统配玻璃、部分化工原料、优质钢材和绝大部分机电化工产品价格。1993年，放开钢铁产品、统配煤价格。1994年，统一调整电力、煤炭价格，计划内、计划外成品油价格并轨，生产资料价格双轨制基本停止执行。1995年，钢材每吨3000~4500元，煤炭每吨3200~4000元，水泥每吨300~340元。至2005年，逐步建立起以市场为主体的价格机制，钢材每吨3000~6000元，煤炭每吨3500~4500元，水泥每吨300~400元。

日用工业消费品价格　1986年8月，在放开缝纫机、国产手表、自行车（除凤凰、永久、飞鸽三大名牌）、收音机、电风扇等5种产品价格的基础上，又放开名牌自行车、黑白电视机、电冰箱、洗衣机、收录机、中长纤维和80支以上纯棉纱及其制品价格。1988年，放开13种名烟名酒价格，对部分高中档卷烟及粮食酿酒价格采取“调放结合、以放为主”政策。1989年，继续放开食糖、搪瓷面盆、口杯、卷烟的批发和零售价格，粗纺和精纺呢织品价格、大部分日用轻工产品价格实行市场调节。1994年，彩电、电冰箱、洗衣机等部分家电实行差率管理，最高为12%~15%。1996年，对20种居民生活必需品和服务项目提价实行监审制度。1997年后，县内日用工业消费品价格逐步回落。

1986年、1995年、2005年金湖县部分生活、日用工业消费品市场销售价格一览表

表25-8-20

年份	彩电	电冰箱	自行车	卫生纸	袋装洗衣粉	精装前门烟	肥皂	幅宽2.3米白布	石油液化气	蜂窝煤
单位	元/台	元/台	元/辆	元/卷	元/500克	元/包	元/块	元/米	元/公斤	元/块
1986	4000~6000	2800~5000	360~500	0.25~0.5	3.0~5.0	0.50	0.48	1.05	2.5~3.5	0.10~0.15
1995	2200~2840	1820~2560	360~430	0.3~0.5	2.5~3.0	1.5~2.0	1.5~2.0	3.0~4.0	3.3~3.9	0.22~0.28
2005	1550~4000	2000~3500	360~500	0.5~2.5	6.5~15.0	3.0~4.0	2.0~3.5	3.0~4.5	3.3~7.5	0.30~0.40

自来水价格　1986年，县城区水价仅为居民生活用水一个类别，到户水价为纯水价格。1990年，开征工业用水类别，1996年，又开征经营性用水类别。至2005年，全县水价共调整9次。其间，各乡镇自来水水价分类和具体价格水平，由当地政府按照县物价局《关于加强乡镇自来水价格管理的意见》制定和调整，实行同网同价和提价申报制度。

1986—2005年金湖县城区自来水价格一览表

表25-8-21　　单位：元/吨

年份	居民生活用水	工业用水	营业性用水	年份	居民生活用水	工业用水	营业性用水
1986	0.14	—	—	1996	0.45	0.50	0.70
1987	0.14	—	—	1997	0.60	0.65	0.85
1988	0.14	—	—	1998	0.80	0.95	1.15
1989	0.18	—	—	1999	1.05	1.25	1.45
1990	0.20	0.30	—	2000	1.25	1.40	1.70
1991	0.20	0.30	—	2001	1.45	1.50	1.90
1992	0.25	0.45	—	2002	1.45	1.50	1.90
1993	0.25	0.45	—	2003	1.45	1.50	1.90
1994	0.25	0.45	—	2004	1.45	1.50	1.90
1995	0.25	0.45	—	2005	2.07	2.22	2.52

说明：1997年增收污水处理费0.1元/吨；2005年工业用水增0.62元/吨，另加污水处理费0.1元/吨。

统配电价格　20世纪80—90年代，电价由省以上价格主管部门统一制定。电力工业投资体制多元化，允许多种电价共存。如部属电网电价、省属电网电价、趸售电价、非趸售电价、协作电价、集资电价等。1999年，实行一省一价区，执行统一分类电价，经多次调整，城乡电价趋于一致，价格逐步稳定。

1986—2005年相关年份金湖县居民照明用电（1千伏以上）价格一览表

表25-8-22　元／千瓦时

年份	价格	年份	价格	年份	价格
1986	0.22	1994	0.30	1997	0.47
1992	0.25	1995	0.40	1999	0.52
1993	0.26	1996	0.42	2005	0.52

二、农产品价格

粮油价格　1986年，全县对小麦、稻谷、玉米等实行比例价购销，一般为倒三七，即统购价30%，超购价70%。对城镇居民定量供应的粮油价格未作调整，购销价格倒挂的差价由财政补贴。粮油销售价格，标一杂交籼米每500克0.12元，标一粳米每500克0.163元，标准面粉每500克0.161元，统货豆油每500克0.82元，食用菜籽油每500克0.77元。

1989年，适当提高稻谷的合同定购价，取消国家议价代购。粮食部门定购任务以外超购的粮食，随行就市定价。1990年，建立粮食专项储备制度和粮食保护价制度，压缩平价粮油计划，除城镇居民定量供应外，其他按议价销售。1991年5月，适当提高定量粮油统销价格，并向职工发放每月6元补贴。1993年4月，国家放开粮油销售价格，取消凭票供应制度。1994年4月，粮油价格列入政府监审目录，实行行业议价、提价申报和经营差率控制。1995年，粮油市场销售价格，标一杂交籼米每500克2.7~3.0元，标一粳米每500克2.5~2.6元，标准面粉每500克1.6~2.5元，统货豆油每500克7.5~9.5元，食用菜籽油每500克7.2~9.6元。1998年，粮食低价位运行，执行顺价销售。2000年后，粮油价格全面放开，由市场调节。2005年，粮油市场销售价格，标一杂交籼米每500克2.2~3.0元，标一粳米每500克2.5~3.2元，标准面粉每500克1.6~2.5元，统货豆油每500克6.5~9.6元，食用菜籽油每500克6.2~8.4元。

1986—2005年金湖县主要粮食（中等质量）收购价格一览表

表25-8-23　单位：元/50公斤

年份	粳稻	中籼稻	红小麦	花小麦	白小麦	年份	粳稻	中籼稻	红小麦	花小麦	白小麦
1986	25.25	22.2	24.5	24.5	25.5	1994	70.0	62.0	51.0	54.0	54.0
1987	25.25	22.2	24.5	24.5	25.5	1995	70.0	65.0	63.0	63.0	65.0
1988	25.25	22.2	24.5	24.5	25.5	1996	81.0	73.0	72.0	74.0	—
1989	26.00	23.0	25.0	24.0	26.0	1997	81.0	72.0	72.0	74.0	—
1990	26.80	24.0	38.0	39.0	40.0	1998	76.0	70.0	70.0	72.0	—
1991	31.80	26.0	38.0	39.0	40.0	1999	59.0	50.0	56.0	62.0	—
1992	45.00	30.0	39.0	40.0	42.0	2000	61.0	54.0	54.0	54.0	—
1993	70.00	62.0	51.0	53.0	45.0	2001	61.0	54.0	54.0	54.0	—

接上表

年份	粳稻	中籼稻	红小麦	花小麦	白小麦	年份	粳稻	中籼稻	红小麦	花小麦	白小麦
2002	60.5	55.5	50.0	50.0		2004	90.0	82.0	75.0	75.0	
2003	74.8	71.0	44.0	44.0		2005	91.0	83.0	66.0	66.0	

说明：1986—1996 年为统购牌价，1997—2005 年为放开收购平均价。

副食品价格 1986年，县内生猪收购价格、猪肉销售价格相应提高，政府对城镇定量供应人口发给每人每月肉食品补贴2元。1988年3月，根据国家规定，全县合同定购的生猪收购指导价按猪粮比价，即1公斤生猪不低于5公斤议价籼稻的价格要求，合同以外的生猪价格放开，实行市场调节，其他荤食品如鸡蛋等参照这一原则同步放开。取消豆制品凭（票）证平价定量供应，对干部职工的副食品价格补贴由暗补改为明补，每人每月10元。1992年，取消猪肉定量供应，价格放开；取消价格补贴，建立副食品风险基金。1993—1995年，对猪肉、鸡蛋、食糖实行差率管理，对大宗蔬菜组织同行议价。1998年后，价格随行就市，由购销双方面议。

1986 年、1995 年、2005 年金湖县部分副食品市场销售价格一览表

表 25-8-24　　单位：元 /500 克

年份	猪肉	生牛肉	生羊肉	鸡	鸡蛋	鲫鱼	青鱼
规格	统	无骨	统	活	鲜	150克以上/活	1250克以上/活
1986	1.33	1.80	1.40	1.05	1.50	1.50	2.08
1995	12.0~15.0	15.0~25.0	15.0~30.0	9.0~12.0	5.6~8.2	10.0~17.0	20.0~25.0
2005	12.0~15.5	20.0~30.0	25.0~35.0	10.0~15.0	8.0~12.0	8.0~15.0	25.0~28.0

续上表

年份	大青虾	螃蟹	青菜	萝卜	豆腐	卜页
规格	活	活	鲜	红白	铁锅烧浆	铁锅烧浆
1986	1.73	2.75	0.05	0.045	0.07	0.30
1995	30.0~35.0	30.0~100.0	0.4~1.4	0.3~2.5	1.0~1.5	2.5~3.0
2005	35.0~40.0	30.0~80.0	0.3~2.0	0.3~2.0	1.5~2.5	3.5~4.5

续上表

品名	慈姑	食盐	砂糖	曲酒	酱油	醋
规格	无泥	粗粒	机制	60° 普	统	甲级
1986	0.15	0.14	0.79	1.76	0.19	0.16
1995	1.0~2.0	0.7~1.0	3.0~4.5	3.0~5.0	3.0~5.0	2.0~5.0
2005	2.0~3.5	1.5~2.0	3.0~4.5	4.0~10.0	3.0~7.0	3.0~6.0

农业生产资料价格 1986年，全县农资价格相对稳定。1987年，国家有计划地对农药、农用塑膜、化肥价格作调整，常用的16种农药中，有甲胺磷、除草醚等15种农业生产资料调价幅度为20%~50%；与商品粮挂钩奖品尿素实行综合供应价；碳铵、磷肥及农用塑膜销售价格也有不同程度的上升。1988年，对化肥、农药、农用塑膜实行专营，由国家定价，地产碳铵的价格由县物价局制定

出厂价、批发价和零售价。1993年1月，放开计划外农业生产资料价格，实行企业自主定价。2月，为防止价格暴涨，对化肥、农药、农用塑膜、农用柴油实行最高限价。1994年5月，改革化肥价格管理办法，对化肥的调拨和零售价格实行经营差率控制，核定地产碳铵410元/吨。1995年1月，敌敌畏等11种农药实行指导价管理。1996年，化肥调拨、零售实行综合作价，按渠道、分品种制定市场零售价。1997年3月，农药实行分级管理，对零售价格实行经营差率和价格水平双重控制办法。1999年3月，国产农用塑膜由国家定价改为国家指导价，销售价格实行差率管理。2004年，化肥价格上涨，市场价格波动较大。2005年，省物价局调整化肥价格作价办法，出厂价格执行国家指导价，零售价格实行差率管理，规定批发环节3%、零售环节4%（地产碳铵流通差率扩大1%）。

1986年、1995年、2005年金湖县部分农业生产资料、建筑材料市场销售价格一览表

表25-8-25

品名	尿素（含氮46%）	碳酸氢铵（含氮17%）	复混肥（氮磷钾45%）	柴油	农膜	红砖	红瓦
单位	元/吨	元/吨	元/吨	元/吨	元/吨	元/块	元/块
1986	520~600	170~200	510~580	1200~2000	4000~5000	0.08~0.12	0.12~0.20
1995	1950~2420	400~686	1840~3000	2230~2700	9990~10000	0.20~0.22	0.20~0.35
2005	2120~2500	520~620	2218~4000	2500~3500	10000~12000	0.20~0.22	0.40~0.60

说明：1993—1996年为放开市场价格，1997—2005年实行政府指导价。

三、商品房价格

1993年7月，县物价局印发《金湖县商品房价格管理暂行办法》，明确商品住宅价格，由开发成本、利润及地段差价等组成，并规定开发商按期申报开发成本，物价局核定基准价格。1995年6月，加强商品房价格管理，对成本构成、面积和利息计算，存量商品房重置价格等问题做出具体规定。1998年，公布全县住宅房屋相关项目价格，其中重置价为646元/平方米，建安价625元/平方米，成本价827元/平方米，基准价1050元/平方米。1999年10月，批复确定县城西苑小区首批经济适用房基准售价为865元/平方米，售房单位售价上浮幅度不得超过3%，利润率不得超过3%。2005年，县物价局公布住宅房政府指导售价为1250元/平方米，核定新城花园一期11幢经济适用房住宅楼基准售价平均每平方米为909元，代收代缴维修基金30元/平方米，车库售价为600元/平方米，阁楼售价为600元/平方米；售房单位售价上浮幅度不得超过3%。桓裕新城花园商品住宅楼基准售价平均每平方米为1565元，代收代缴维修基金30元/平方米，车库售价平均每平方米为1000元；售房单位售价上浮幅度不得超过5%。

1986—2000年金湖县城区住宅房销售政府指导价一览表

表25-8-26　　单位：元/平方米

年份	基准价格	年份	基准价格	年份	基准价格	年份	基准价格
1986	550	1991	700	1996	870	2001	1080
1987	590	1992	720	1997	1004	2002	1100
1988	600	1993	750	1998	1050	2003	1080
1989	604	1994	780	1999	1060	2004	1146
1990	645	1995	820	2000	1040	2005	1250

物业管理价格（收费） 1995年，县城西苑小区开始实行物业管理，按照谁开发谁管理原则，由开发企业设立物业管理公司。1998年1月，《金湖县城区住宅物业管理收费暂行办法》出台，其服务收费分三类：一类公共性服务收费，即为普通住宅小区物业产权人、使用人提供卫生清洁、公共设施的维修保养、保安和绿化养护等，按住宅小区所对应的等级标准收费，属政府定价；二类公众代收代办性服务收费，即受物业产权人、使用人委托，代缴水电费、煤气费、有线电视费、电话费等，属政府指导价；三类特约服务收费，即按物业产权人、使用人要求，提供特约服务，属市场调节价。物业管理企业“等级证书”规定：一等10元/月·户、二等9元/月·户、三等8元/月·户、四等5元/月·户。对有条件建立物业管理小区的商品房，经批准，可按建筑面积每平方米不低于32元标准提取物业管理基金，专项用于小区建设与管理。1999年3月，对《暂行办法》做补充规定。2000年11月，《金湖县普通住宅区物业管理公共服务费等级收费暂行办法》实施，主要内容：实行等级收费管理；进行等级评定，获“等级证书”后，方可办理收费手续；等级标准按平方米（五级0.40元，四级0.30元，三级0.20元，二级0.15元，一级0.10元）收取。2005年4月，《金湖县物业服务收费管理实施细则》出台，对普通住宅公共收费实行政府指导价，其他实行市场调节价。

第二节 收费管理

收费许可证制度 1986年前，行政事业性收费由财政部门统一管理。1987年，以财政管理部门立项、物价部门定标准的方式，将行政事业性收费的管理职能重点转移到物价部门。1988年6月，全县开始实施收费许可证制度。规定凡向社会收取行政事业性规费的政府机关、事业单位、社会团体等都必须凭“江苏省收费许可证”和“江苏省收费员证”收费。年内清理收费项目601个，核发“收费许可证”96本，“收费员证”223本。1991年，按“谁发证、谁年审”原则，对领证单位每年进行一次年审，审验内容为收费项目、标准、范围以及财税统一票据的使用和财务收支管理等。至2005年，全县收费许可证年审率100%，共取消乱收费项目484项，降低收费标准137项，平均每年减轻企业和群众负担6852万元。是年，核定行政事业收费单位378家、收费项目1980个。

清理整顿乱收费 1988年6月至1989年7月，对35个部门的行政事业性收费首次进行全面清理，取消不合理收费项目28项，并实行收费许可证制度。1991—1992年，对城建、交通、土管、公安、农机等部门的收费项目10个，采取“撤、降、并”措施，取消收费项目13项，降低35项，另将有关部门的67项收费项目合并为25项。1993年，整顿行政事业性收费35个部门及所属单位149个，清理78个收费大类、2018个项目，取消涉农项目79项，撤销部门自立收费18项，降低7个部门收费标准45项。配合财政部门将保留的行政事业性收费全面纳入预算管理。1997年9月至1999年12月，全县清理整顿403个收费单位的收费项目，取消土地注册登记建档费等11项，降低标准5项，合并1项，变更注册16项，减轻农民负担301万元。2001—2005年，清理涉及私营、个体企业收费项目及标准150个，取销56项，降低标准12项，每年减轻企业负担450万元。

第三节 价格督查

1986年，根据国务院通知精神，全县多次组织开展年度税收、财务、物价大检查，重点查处市场肉、禽、蛋、蔬菜、粮油等商品及理发、洗浴等服务价格，并对石油、化肥、农药、煤炭、钢材等生产资料价格进行专项检查；逢春节、元旦、五一、国庆、中秋重大节日，会同工商、质检、卫生等部门，组成多个检查组深入市场进行流动检查，确保市场价格稳定。1987年，物价检查覆盖面从零售市场扩展到批发环节、生产领域及垄断行业；从商品价格扩展到劳务收费和行政事业性收费；从城市延伸到农村。针对少数单位和个人，利用价格“双轨制”空隙，以平价商品转议价销售、转手加价，倒卖水泥、钢材、煤炭等生产资料，超最高限价，混级混价、变相涨价，饮食业超毛利率，不按规定擅提零售价等行为，从严查处。1991年，境域遭遇百年未遇的洪涝灾害，物价部门加大检查频率和处罚力度，遏制乱涨价、乱收费歪风。1992年，先后开展电力、电信、自来水、液化气、成品油、商品房等垄断行业价格检查，以及行政事业性收费检查，对群众反映强烈的计划生育、教育、土地、建房、民政、医疗等乱收费进行清理整顿。

1998年，各地根据实际情况，自行组织和开展相关检查活动。2003年“非典”期间，组织物价人员300多人次，暗访或检查涉及防“非典”药品、商品经营和粮油、肉、蛋销售单位200多个，查处违规提价销售商34户，罚款6万余元。2005年，重点开展教育收费、医疗收费等专项整治，以规范市场价格秩序，制止不正当价格行为。

1986—2005年金湖县查处价格违法案件统计表

表25-8-27

年份	立案查处案件（件）	违法所得（万元）	罚款（万元）	退还消费者（万元）	年份	立案查处案件（件）	违法所得（万元）	罚款（万元）
1986	15	28.90	6.90	22.00	1996	512	278.40	32.00
1987	12	31.50	5.66	25.84	1997	460	231.70	35.70
1988	108	42.40	24.90	17.50	1998	281	465.00	67.50
1989	272	96.60	73.19	23.41	1999	269	302.00	73.50
1990	341	143.09	14.65	128.44	2000	119	442.40	87.90
1991	325	31.54	12.45	19.09	2001	195	300.14	187.74
1992	269	30.00	5.00	25.00	2002	156	86.16	85.34
1993	113	104.52	11.31	93.21	2003	106	221.22	71.22
1994	228	247.00	18.10	228.90	2004	73	205.00	85.00
1995	475	189.20	98.95	90.25	2005	82	220.00	70.00

第九章　统　计

第一节　统计报表

一、工业统计

1986年，工业全面报表的填制以企业为起报单位，由统计局负责汇总，逐级上报。全县工业全面报表程序是：基层企业起报；乡及乡以上工业由县乡镇企业管理局审核后报县统计局；县属全民、集体工业企业，城镇街道办工业企业，县行政区内县属工业企业由主管部门审核后报县统计局。统计的内容主要包括生产、销售、库存和成本、费用、价格、盈利、资产负债情况及其构成等经济指标。1995年，根据新国民经济核算体系要求，改用新的工业生产评价考核指标：以工业增加值指标为主，评价考核工业发展速度；以现行工业销售产值与现价工业总产值相比，计算产品销售率；以工业产品销售率、资金利税率、成本费用利润率、增加值率、全员劳动生产率、全部流动资金周转次数等6项指标，评价考核工业经济效益，建立主要财务指标统计制度。新考核指标逐月统计。1998年，改进工业统计调查方法，由乡及乡以上独立核算工业企业改为全部国有企业及年销售收入500万元以上的其他工业企业。主要统计指标有工业产值（不变价、现价）、销售产值（现价）、利税、工业增加值、固定资产、职工数、工资总额等20多项。500万元及以上的非国有工业企业实行全面调查，年销售收入500万元以下的非国有工业企业实行抽样调查。全县按新口径统计企业有83家，占原口径统计数80%左右。直至2005年，统计指标虽有小的变动，但总体未变。

二、商业统计

1986年，批发和零售业、住宿和餐饮业统计主要执行对国营和供销合作社商业的统计。填报渠道与程序是：基层商业企业单位起报，按主管部门分系统汇总，报县统计部门。随着经济体制改革的不断深入，社会商业饮食业从单纯的国营商业逐步扩大到集体、个体、工业部门直接销售，集市贸易及其他行业直接经营，填报渠道与程序：原有报表程序不变，新增加的个体商业由县工商部门按工商管理费推算，报县统计部门。1993年，增加大中型批发零售贸易业企业报表，由县统计部门直接布置、收集和汇总，以反映企业规模经营情况。1998年，取消大中型批发零售贸易业企业报表，增加限额以上批发零售贸易和餐饮业企业报表，由县统计部门直接布置、收集和汇总。2000年，对个体批发零售业、餐饮业进行抽样调查，调查以县为总体，以从事批发和零售贸易业、餐饮业个体户为基本抽样单元。调查频率为一年4次，调查月份为每年2月、5月、8月和11月。对每个样本经营单位，调查时间为连续1个月。调查由工商部门负责抽样框资料的提供和样本资料的收集、审核、报送，统计部门负责样本的抽选、抽样误差的测算、数据的处理和总体资料的推算。2002年，对限额以下（含个体）批发零售贸易业、餐饮业进行抽样调查，调查以县为总体，以从事批发和零售贸易业、餐饮业的限额以下企业（活动单位）或个体户为基本抽样单元。调查频率为一年2次，调查月份为每年5月和11月。对每个样本经营单位，调查时间为连续1个月。抽样调查由统计部门直接负责样本的抽选，样本资料的收集、审核、处理和总体资料的推算。2005年，增加星级住宿业企业报表，由县统计部门直接布置、收集和汇总。

三、服务业统计

1999年，按照统一制度规定，全县开展服务业专项统计，首先从旅馆业开始调查，对星级以外住宿业进行抽样调查。调查的主要内容为单位财务状况及营业状况等，主要有营业收入、营业支出，利润、固定资产等财务指标以及客房数、床位数、年入住旅客人数和床位周转率等营业状况指标。此项调查一直持续到2003年。2004年，开展全国第一次经济普查，按照全国统一的调查方案，金湖县对服务业单位和个体经营户进行全面普查。随着服务业的进一步快速发展，全面加强服务业统计、提供统计服务显得日渐重要。2005年7月，淮安市第一个服务业综合统计调查制度——《2005年淮安市服务业统计制度（试行）》出台，全面开展服务业统计由此拉开序幕。

四、农业统计

1986年，县统计部门编制的综合年报表有关农业方面的有10种，报表名称：《农村社会组织情况》《耕地面积》《主要农业机械年末拥有量》《农业现代化情况》《农田水利情况》《农作物播种面积和产量》《蚕茧、茶叶和水果生产情况》《林业生产情况》《牧业生产情况》《渔业生产情况》。1988年，执行“农村统计一套表”制度，内容包括三部分：第一部分是村组填报的报表，第二部分是乡镇报表，第三部分是乡镇主要经济考核指标月报和经济社会计划执行情况公报。1992年，统计部门新增加的农村统计综合年报有8种：《现价农村社会总产值》《农业总产值和农业商品产值》《农业增加值》《农业净产值》《农村经济收入分配和效益》《农村固定资产结构》《区（市）农村经济卡片》《沿海开放区和农副产品生产基地农村社会经济卡片》。1995年，对秋粮实行“乡乡测产、以测定产”统计调查方案，即在各乡镇随机抽选3个村民小组，每个村民小组抽取10个地块，通过丈量地块、放样、收割样本、脱粒、去杂、化验水分等一系列方法推算测产。1997年，实行畜牧业统计调查新方法，以抽样调查为主，重点调查、科学推算和部分全面统计表综合运用为辅。年内分别抽选各30个村民小组为生猪、家禽饲养的调查样本点，科学推算出全县生猪、家禽的饲养量。直至2005年，有关统计指标均实行抽样调查。

五、固定资产投资统计

1986年，固定资产投资统计年报分为五大部分：全民所有制基本建设统计、全民所有制更新改造措施统计、全民所有制其他固定资产投资统计、集体所有制固定资产投资统计、私人固定资产投资统计。1987年，在全民所有制固定资产投资统计制度中，增加固定资产投资财务拨款统计报表。1989年，按照国家统计局的规定，将《基本建设本月新开工100万元以上项目一览表》填报范围扩大到全部基本建设和更新改造项目。进入90年代，固定资产投资统计报表内容包括固定资产建设项目、固定资产投资价值量、新增生产能力（或效益）、房屋建筑面积、投资效果等方面。综合统计部门将基层单位上报的数据，全部输入电子计算机储存，运用计算机汇总，以电传或报送磁盘的方式取代综合统计表式报表，并可根据需要，通过计算机加工整理各种数据，随时提取。1992年，《固定资产投资统计基层表标准表式》的部分指标有所调整。增加实际需要的总投资、本年各项应付投资款（其中工程款、设备器材款）等指标。取消二次投资、房屋翻建的原面积投资等指标。资金来源按计划资金管理部门分列。1993年，《固定资产投资统计基层表标准表式》的部分指标再作调整。增加商品房屋销售额、商品房屋销售建筑面积、商品房屋配套设施完成投资、本年交付使用财产等指标，取消房屋建筑面积及价值按房屋用途分组。1994年6月，开展固定资产投资项目快速调查。1996年，单设《房地产开发统计基层标准表》，分为投资额和新增固定资产、土地开发、资金来源、施工竣工房屋面积及竣工价值、商品房屋销售与出租情况、开发经营情况、利用外资情况等部分。1997年，实行固定资产投资新开工和竣工统计报告制度，县计委、经委、城建局、统计局联合下发通知，规定凡计划总投资在50万元以上的基建、技术改造、房地产及其他投资项目，均需履行统计报告制度。2003年，固定资产投资统计报表制度规定的基层表有3种，分别是《固定资产投资完成情况》《房地产开发投资完成情况》《房地产开发经营情况》；综合表有5种，即《基本建设投资完成情况》《更新改造投资完成情况》《其他固定资产投资完成情况》《房地产开发投资完成情况》《城镇和工矿区私人建房情况》。基本建设投资、更新改造投资统计范围为计划总投资（或实际需要总投资）50万元及以上的单位（或项目）。2004年，取销全社会表，分城镇和农村两块，城镇投资统计50万元以上项目，农村投资统计500万元以上项目。2005年，城镇投资、农村投资的统计口径均调整为50万元以上项目。

六、建筑业统计

1986年，建筑业统计在原来《建筑业净产值》《净产值计算表》《建筑安装企业主要财务成本指标》《主要建筑材料和能源节约情况》《施工任务完成情况及计划进度表》5种综合统计年报的基础上，又增加9种报表：《建筑安装企业、自营施工单位生产情况》《建筑业劳动生产率》《工程质量》

《主要施工设备实有、完好情况》《技术装备》《财务成本》《工程成本明细表》《承包责任制推行情况》《本年投标承包工程一览表》。1996年，建筑业统计报表合并为《建筑企业生产情况表》一种报表。2000年，增加《建筑企业财务状况表》。2001年增加《建筑业企业建筑材料消耗情况》。2003年增加《劳务分包建筑业企业生产经营情况》《建筑产品产量完成情况》2种表。2005年，增加《建筑业企业出省生产情况》。

七、职工及劳动工资统计

1986年，劳动职工及劳动工资综合统计年报有13种，报表名称为：《全民所有制全部职工人数和工资》《全民所有制工业企业、建筑业全部职工分类情况》《全民所有制单位固定职工和合同制职工增加来源和减少去向变动情况》《全民所有制单位全部职工工资总额构成情况》《全民所有制单位全部职工劳保福利费用构成情况》《各种合营、华侨或港澳工商业者经营和外资经营单位职工人数、工资和劳保福利费用》《各种合营、华侨或港澳工商业者经营和外资经营工业企业职工人数》《城镇集体所有制单位全部职工人数、工资和个体劳动者人数》《城镇县（区）级及其以上集体所有制单位全部职工增加来源和减少去向变动情况》《城镇县（区）级及其以上集体所有制工业企业全部职工人数》《县（区）级以上集体单位全部职工工资构成情况》《全民所有制单位按职工工资水平分组的职工人数》《城乡劳动力资源与分配平衡表》。劳动工资统计定期报表有：《全民所有制单位职工人数和工资》月、季、半年报，《各种合营、华侨或港澳工商业者经营和外资经营单位全部职工人数和工资》月、季报，《城镇集体所有制单位全部职工人数和工资及个体劳动者》月、季报。《中央、省属单位职工人数与工资一览表》和《劳保福利费用》综合统计年报表，由统计部门移交劳动主管部门编报。1987年增加《租赁企业职工工人数与工资》综合统计年报，1988年停止执行。1988年布置《各类专业技术人员情况》综合统计年报表，含专业技术人员数，按性别、文化程度、技术职称和按领导关系、经济类型、企事业机关及职业分组。1989年，增加《离休、退休、退职人员》《其他所有制工业、建筑业全部职工人数》综合统计年报表。1990年，国家统计局颁发《关于工资总额组成的规定》，作为以后工资总额统计范围的主要依据；对全部独立核算企业、事业、机关的性质，按照统一规定的标准，重新进行核定，并以此为准，改变过去以行业定性的做法。到1992年，劳动工资综合统计年报有12种，报表名称是《全部职工人数和工资》《全部职工人数和工资补充资料》《工业全部职工人数和工资》《全民所有制单位固定职工和合同制职工增加来源和减少去向变动情况》《全民所有制企业固定职工和合同制职工增加来源和减少去向变动情况》《全民所有制事业单位固定职工和合同制职工增加来源和减少去向变动情况》《全民所有制机关单位固定职工和合同制职工增加来源和减少去向变动情况》《城镇集体所有制单位全部职工增加来源和减少去向变动情况》《其他各种所有制单位职工增加来源和减少去向变动情况》《全部职工工资总额构成情况》《全部职工工资总额构成情况补充资料》《各类专业技术人员情况》。2005年，年报统计范围从原有的城镇集体以上单位扩展到私营企业中的规模以上工业、限额以上住宿、贸易和餐饮以及资质以上建筑和房地产业。主要实行年报和季报制度，综合年、季报报表有：《单位从业人员和劳动报酬情况》《单位从业人员变动情况》《私营企业从业人员和劳动报酬情况》，基层报表有《劳动情况》和《私营企业劳动情况》。

第二节　统计调查

一、普　查

人口普查　1989年，开展第四次人口普查，从1989年10月开始普查准备，到1991年11月完成普查登记、手工汇总和编码、发表普查主要数据公报、数据录入处理和人口资料汇编各阶段工作。第四次人口普查的标准时间为1990年7月1日零时。普查对县域内具有中华人民共和国国籍的人，进行逐户逐项逐人登记，人口普查规模大，调查项目多，共设21个项目，其中人记录15项、户记录6项。人记录项目有姓名、与户主关系、性别、年龄、民族、户口状况和性质，1985年7月1日常住地状况、迁来金湖的原因，文化程度，在业人口的行业、职业，不在业人口状况，婚姻状况，妇女生育存活子女数，1989年1月1日以来的生育状况。户记录项目有本户编号、户别、本户人数、本户出生人数、本户死亡人数、本户户籍人口中离开金湖县（市、区）1年以上的人数。另设死亡人口登记表，共9个项目。第四次人口普查执行严格的质量控制，充分运用电子计算机进行数据处理，人口普查资料质量提高，普查资料丰富。金湖县第四次人口普查各项目的差错率均低于国家规定标准。截至1990年6月30日，全县总人口为345191人。其中常住县内、户口在金湖县的337806人；常住金湖县1年以上、户口在外县、市的4479人；住金湖县不满1年，离开登记在1年以上的325人；住金湖县户口待定的2580人。人口总量较1982年第三次人口普查的325769人增加19422人，平均每年增加2428人，年平均递增率为0.73%。金湖县的全部人口普查登记和死亡人口登记表的机器录入数据与手工汇总的各项数据基本一致。

1999年4月，县成立第五次人口普查领导小组和办公室，办公室设在县统计局。各乡镇、场圃分别成立普查小组。8—9月，选派业务骨干和部分乡镇统计助理、调查员分别参加省、市举办的人口变动抽样调查业务培训，并用10天时间完成抽样调查现场登记和自查、互查工作。2000年1—6月，相继完成人口普查区划分、普查区地图绘制、城镇劳动力调查、地址码和行业职业码整理编印工作。7—10月，完成县乡两级人口普查业务培训、综合试点及大规模宣传活动工作。第五次人口普查的标准时间为2000年11月1日零时，普查对象为县域内具有中华人民共和国国籍的人，全县4000多名普查员入户进行逐项逐人登记。至年底，进行复查、验收、手工汇总等项工作。这次人口普查比前4次人口普查规模更大，调查项目更多，人口普查数据处理采用光电录入的先进技术，切实保证数据处理工作的顺利完成。2001年5月15日，发布第五次人口普查主要数据公报。截至2000年11月1日零时，全县总人口为363377人，同第四次全国人口普查1990年7月1日零时的人口相比，十年零四个月共增加18186人，增长6.02%，平均每年增加2033人，年平均递增率为0.57%。

第三产业普查　1993年9月开始，金湖县对1816个行政企事业单位和社会团体、5217户个体工商户，进行1991、1992两个年度的机构、人员、经济收入、经费收支、固定资产原值和净值、库存总值等39.3万个数据的普查登记。按照普查方案，先后进行业务培训、填报表格、数据审核、微机处理工作，于1994年8月按时按质完成第三产业普查任务。县第三产业普查办公室被市评为先进单位，7个基层单位分别被评为省、市先进单位，34人分别被国家及省、市评为先进个人。

工业普查　1986年第一季度进行第二次全国工业普查。普查内容主要是1985年工业经济情况，包括产、供、销、人、财、物，并以工业装备的技术状况、经济效益、工业内部结构和职工状况为重点。普查对象是全部工业企业，并以与国计民生关系较大的工业企业为重点。这次普查经历准备、调查、资料整理三个阶段，时间延续近4年（1985—1988）。1995年1月1日，国务院决定于1996年第一季度进行第三次全国工业普查。普查内容主要是1995年工业生产经营基本情况，包括生产、销售、库存和成本、费用、价格、盈利等情况；资产负债情况及其构成，生产能力利用及技术装备状况等。普查对象是全部工业企业，重点是国有企业、乡镇企业和外商投资企业。1995年4月，县成立工业普查领导小组，下设办公室。各乡镇、村、有关主管局成立普查机构，参加普查人员600多人。选择县乡村三级10个工业企业进行试点，对全县工业企业数进行调查，为普查登记做好准备。1996年1月1日正式实施工业普查全面登记，全县共有3085个中、小型工业企业登记入册，其中乡及乡以上企业305个，村办企业245个，村以下企业（含私营、个体）2535个。经过普查方案的设计与修订、普查工作试点、社会宣传动员、普查业务培训、清查调查单位、普查表的填报，数据录入、审核、汇总上报，整理装订归档资料（40卷）等一系列工作，普查圆满完成。

农业普查 1996年，做好全国第一次农业普查前期准备工作。4月初，成立县、乡农业普查领导小组，县设普查办公室；6月底，各乡镇设立普查办公室，全县参加普查人员约3000人；8月中旬，召开全县普查宣传动员大会，开展多种形式的宣传活动；10月27日至11月底，完成黎城镇普查试点工作，接着举办3期500多人参加的乡镇村普查人员培训班；年末，完成村及村民小组地址代码编制、录入和上报工作。1997年1月1日，进入全面登记阶段。全县共有73369个农村住户、433个非农乡镇企业登记入册。首次农业普查共设600多个指标，填写普查表8万多张。是年，普查人员在完成普查表填写的基础上，及时做好普查数据计算机录入、审核和汇总上报工作。经省、市农普办检查，金湖县普查数据光电录入识别差错率仅为0.5‰，在允许范围内，一次通过验收。

基本单位普查 1996年，金湖县开展第一次全国基本单位普查，为观察和分析基本单位的地区、行业、经济类型分布与发展变化情况提供基本统计信息。普查人员首先分别到工商局、编委办、民政局摘抄基本单位情况，与三产普查、工业普查资料核对后编制底册，然后以标准时间（1996年6月30日）进行登记，内容为各类基本单位的组织形式、经济构成、规模结构、生产要素配置及行业分布，普查范围为各类企业法人、事业单位法人、机关法人、社会团体法人和其他法人，及其所附属的农业、工业、建筑业、交通运输业、批发零售贸易业、餐饮业、服务业等产业活动单位，包括单位的基本标识、主要属性、基本状态等项目。全县共有1100多人对1400家基本单位进行普查登记，其中党政机关149家、企事业单位983家、基层群众自治组织268家。2001年，开展第二次全国基本单位普查。9月，着手准备工作，10月30日，召开普查相关部门协调会议，11月，县普查办公室普查人员参加省市培训，12月，全县近千名普查员参加登记培训，所有普查人员在12月31日标准时点全部到位进行正式登记。

全国经济普查 2005年，第一次全国经济普查进入登记、审核、数据处理与上报、评比阶段。1月，以宣传《全国经济普查条例》为重点，利用报刊、广播、电视等搞好宣传发动，对在县境内从事工业、建筑业和服务业的1795个法人单位、2307个产业活动单位、12415个个体经营户进行普查登记。2月，完成普查表的审核、录入处理与上报工作。5月，接受省市经济普查数据质量抽查，通过验收，初步建立起全县基本单位名录库，包括单位名称、通讯地址、行业类别、注册类型等，并建立统一的编号代码。金湖县获第一次全国经济普查省级先进集体称号，张崇礼等32人被评为国家、省、市级先进个人。

二、抽样调查

农村住户抽样调查 1986年，金湖县为江苏省农村住户34个国家调查县之一，初选调查户为60户。1990年进行第一次样本轮换。1995年10月，进行第二次样本轮换，对原有8个住户调查点重新确定为：黎城镇新生村7组、闵桥镇平桥村4组、塔集镇河村村7组、金沟镇王庄村8组、银集镇义平村5组、唐港乡崔沟村11组、前锋乡南湖村3组、新农乡新丰村红旗组。8个村民小组中的80个农户被确定为记账户。1996年，全县22个乡镇全面开展农村住户抽样调查，除上年已设的调查点和记账户外，另增设58个调查点、580个记账户，平均每乡镇设调查点3个，每点设记账户10个，为全面系统反映县域农村住户生产、消费、积累和社会活动等情况提供统计资料。1999年10月，进行农村住户调查、农产量调查两套网点轮换工作，先后完成乡镇样本轮换抽样框资料调查和原始数据录入准备等。经处理、抽选，最终确定调查点10个住户和农产量调查点15个，落实调查户和辅调员。年内，新一轮调查方案获市批准，2000年开始启用。2004年，分别进行样本轮换。6月，贯彻落实省劳务输出工作小组、省劳动和社会保障厅、江苏调查总队联合建立的《江苏省农村劳务输出（输入）统计报表制度》。12月，金湖县根据《农村劳动力转移调查方案》，一方面以乡镇为单位全面调查统计境域乡镇农村劳动力转移基本情况；另一方面在每个乡镇抽选3个村，村中再抽选第6村民小组按顺序调查10家农户，详细了解劳动力转移的流向、结构、劳务输出的收入等详细情况。2005年，依照惯例完成城镇100户居民、农村60户住户的家庭收支、从业、报酬等多项情况抽样调查。

人口抽样调查　从1994年10月1日零时起，金湖县在前锋、金南、夹沟、闵桥4乡镇8个村中13个村民小组的1800人中，进行农户住址编码、人口出生年月、死亡时间、性别、婚姻状况、文化程度、经济来源等25个项目的调查登记。历时2个月，全面完成抽样调查工作，经淮阴市统计局验收一次性通过。2005年4月，金湖县进行全国1%人口抽样调查准备工作，成立领导小组。6月，绘制镇村调查小区图，完成抽样框编制、样本抽取、调查摸底等工作。9—10月，在进一步宣传发动的同时组织业务培训，进行试登记。11月，正式入户调查登记，完成普查表的复查、编码、数据审核、数据处理与上报工作，并通过省市质量验收。此次全国1%人口抽样调查，是继2000年第五次全国人口普查之后又一次重要的大规模人口抽样调查。

投入产出抽样调查　1998年7月，省、市统计局组织部分单位进行投入产出情况调查。金湖县粮油食品总厂、制鞋总厂、烟草公司、苏淮复合肥厂、滚轮体厂、红光仪表厂被抽中确定为调查点。县抽调业务人员对6个单位1997年度投入产出构成情况进行细致调查、填报表格，涉及100多个指标。至8月底完成调查任务。

商贸、投资、工业个体抽样调查　2000年，根据省市统计调查改革要求，对商贸、投资、工业个体部分将逐步实施抽样调查，以抽样调查数据推算全县规模以下企业统计数据。10月，完成全部规模以下工商企业清查，编制商贸、投资、工业个体调查抽样框，并就调查方法过渡进行尝试。

城镇住户抽样调查　2003年，配合全面小康建设进程监测工作，开展城镇住户调查工作。在全面小康监测指标体系25个指标中，城镇居民可支配收入、城镇人均住房面积、百户家庭电话拥有量、百户家庭电脑拥有量、居民文教娱乐支出占家庭消费支出比重、恩格尔系数6项指标来源于城镇住户调查资料。在黎城镇抽中100户居民记账，调查涉及城镇住户人口、就业、收入、消费、教育、社会保障等与人民生活密切相关的诸多方面。调查资料显示，2005年，城镇居民家庭可支配收入为8925元，比上年增长14.4%，总支出7483元，增长10.8%。

人口变动情况和城镇劳动力抽样调查　2003年8月，县配合省统计局对黎城、戴楼等5个镇人口变动情况和城镇劳动力情况进行调查。先后成立调查办公室、制订工作计划、落实任务等。9月，抽调人员进行培训；10月，绘制调查区图和做好摸底工作；11月1日至6日，调查员入户登记，至年底完成复查、验收、汇总等项工作。

第三节　统计信息服务

1986—1987年，县统计局编印《金湖县国民经济统计资料》，在县直部门内部使用，内容包括综合、农业、收益分配、水利气象、工业、交通邮电、基本建设、劳动工资、财贸、文卫体等10个类别的统计数据。1988—1994年编印的《金湖县国民经济统计资料》，减少"收益分配"类别，均为9个类别的统计数据。1995年，开始编印《金湖统计年鉴》，内容调整为综合、农业、水利气象、工业、交通运输邮电、固定资产、人民生活、财贸金融、科教文卫体等9个类别。1998年，县统计局切实搞好统计信息利用、咨询和服务工作，定期向县领导和有关部门提供主要统计数据和统计资料分析报告。2月、7月，分别发布全县国民经济和社会发展情况统计公报；根据统计资料，及时反馈乡镇、部门年度目标完成情况，实施督促检查；针对全县经济运行存在问题，提出相应对策与建议。全年各专业共撰写统计分析报告38篇，其中在完成农普资料整理归档的基础上撰写专题论文和分析资料12篇，有3篇被评为市优秀农普分析报告。1999年，编印1949—1998年工业、农业、贸易、人民生活等方面主要统计指标资料，完成全县第一次全国农业普查近3万个指标整理、出版。收集整理各项经济指标，按季度向县领导提供全县地区生产总值及全县经济运行情况，按月提供工业生产和工业经济效益主要指标情况。定期、不定期为工会、多管、劳动、城建、供电、经委、乡镇企业管理、金融等部门收集整理统计资料。全年县、乡统计机构撰写各类统计分析报告240篇。2000年，每月在《金湖日报》上公布各乡镇、各部门主要工业指标完成情况。全年县乡统计机构共撰写各类统计分析文章150篇，其中在县以上刊物刊载40余篇，县农调队获省统计信息优质服务奖。

2003年，每月公布乡镇、部门主要工业经济指标完成情况，为全县各界及时提供经济运行信息。全年县、镇统计机构共撰写各类统计分析文章126篇、信息90条，其中被县级采用分析文章4篇、省级采用信息38条。2005年1月，发布《金湖县2004年国民经济和社会发展统计公报》，每月编印发行《金湖统计月报》，围绕全县社会经济发展热点开展调查研究，深入分析工业、投资等主要经济指标的变化趋势，及时向县委、县政府报送进度检测报告，并提出对策和建议。全年共撰写各类统计分析报告56篇，其中专项调查14篇。《金湖民营经济发展现状、问题与对策》在全市统计分析评比中获一等奖。

第四节 统计执法检查

1986年，金湖县执行1984年1月1日实施的《中华人民共和国统计法》（简称《统计法》）。1987年1月，实施国务院颁布的《统计法实施细则》。1989年12月15日，实施《江苏省统计管理条例》。1991年，实施《江苏省统计管理奖惩办法》。1994年初，金湖县将《统计法》列入普法教育计划；举办为期2个月的《统计法》培训班，县直部门及乡镇领导共102人参加；举办专题辅导讲座4期，500多人次参加。全年对169个县属企业和26个村以下工业企业统计资料进行抽查，其误差均在规定范围内；对8个乡镇测产、住户工作进行检查，纠正存在问题；检查核准商贸系统物资、粮食、商业、供销部门应报单位数，对供销系统基层社应报口径和要求作明确规定。1995年3月，县政府下发《关于进一步加强统计工作的通知》，强调依法开展统计工作，建立数据总量验证和评估制度。年内，县、乡、村三级建立工业台账，设有332个指标，以规范工业企业资料管理。

1997年，县成立由统计、纪检、司法等部门负责人和执法人员组成的联合检查组，开展大规模的统计执法大检查。6月25日前，完成全县22个乡镇和近700个企事业单位及主管部门自查表填写。至7月25日，重点抽查66家，其中工业企业30家，抽查的内容为1996年度和1997年1月至5月的地区生产总值、工农业总产值、工业增加值、农民人均纯收入、劳动工资、出生人口、社会消费品零售额、基建投资等统计数据。检查结果总体符合客观实际。是年，以全县国家机关、企事业单位、社会团体、基层群众性自治组织、个体工商户等为基本统计单位，全面实施统计行政登记证书年检，共有1.4万多个单位参检。1998年6月至9月，县委组织部、县纪委、监察局、统计局、法制局执法人员组成检查组，开展统计数据质量检查，分别对国内生产总值、工业产值、销售收入、利税、农产品产量、社会消费品零售额、职工工资等主要统计指标进行检查，涉及22个乡镇、11个系统和100多家企业。检查发现，全县乡镇工业产值、销售收入数据约有10%水分，少数单位职工人数、工资总额有瞒报现象。检查组责令有关单位立即纠正，据实调整失实数据。1999年7月中、下旬，在全县实施统计监审，重点抽查黎城、闵桥、前锋、陈桥4个乡镇的7个村，县机械厂等10户工业企业，县卫生局等4个行政事业单位的全部专业统计数据。结果表明：农业统计、农产量调查、农村住户调查等数据质量较高；

投资统计中个别单位不按实际进度上报，随意夸大投资规模；现行贸易统计制度难以适应形势；盐业、医药、烟草等专营行业统计数据基本准确；劳资统计中少数单位存在临时工不上报、工资总额上报不足等问题；工业统计中，一些企业受计划目标影响，存在虚报数据行为，工业总产值、产品销售收入、利税总额误差近两成。

图 25-9-4　建县后至2005年统计信息服务成果（摄于2005年）
缪红玲／摄

2000年初，县统计局在县“双思”学习班上对全县副科级以上干部宣讲《统计法》《江苏省统计管理条例》和《江苏省统计管理奖惩办法》。4月，对金南镇工业企业进行统计监审，市统计局对捷尔电线电缆公司等3户规模以上企业上报的1999年工业产值、工程结算收入严重虚报行为分别给予经济处罚，县政府也对金南镇统计违法行为进行通报批评。7月中、下旬，对金南、前锋、银集3个镇和33个企事业单位进行重点监审。2003年4月14日至16日，省统计监审组对黎城镇统计数据质量和统计基础工作进行监督检查，如实调整该镇的有关统计数据，并将未达规模以上企业标准的化工机械制造有限公司等6户工业企业，从规模以上工业企业名录中剔除。6月至7月，县对环境保护局、海事处、石油机械有限公司等15个单位的统计数据质量和统计基础工作进行监审，依法对相关单位瞒报劳动报酬总额、虚报工业产销效指标行为进行行政处罚。

2005年6月至7月，组织统计执法人员对被纳入年度监审计划的涂沟、塔集2个镇及县林牧渔业局、哥德威尔服饰有限公司、时代超市等7个单位的统计数据质量和统计基础工作进行监审，对虚报、瞒报统计数据的2户企业进行行政警告、1家行政单位责令整改。

第二十六篇 中国共产党

1986年，全县设党委25个，党总支17个，党支部721个，有党员12023人。全县各级党组织坚持民主生活会、党风检查考核、党员“三会一课一日”、外出党员教育管理、党员联系户、信访举报等制度。县委开展“谈理想、忆改革、比成果、争贡献”“振兴中华，建设家乡”和“我为党旗争光辉，我为人民做好事，我为四化作贡献”等教育活动。进行干部“德、能、勤、绩”考察，建立后备干部档案。做好干部中心组理论学习和党员干部冬训工作。举办组工干部、妇女干部和党务干部培训班。开展安全文明小区、镇村、单位创建活动。加强青少年法制和道德教育。加强统战工作建设，建立党外知识分子联系制度，做好民族团结、民族事务管理、对台宣传服务工作。1987年，推行乡镇和部委办局领导干部交流和回避制度。

1988年3月，召开中共金湖县第六次代表大会。提出全县继续抓改革，促发展，稳定提高农业，大力发展副业，重点突破县乡工业，相应发展第三产业，力争全县经济再上一个新台阶。围绕贯彻党的基本路线，进一步加强党的思想、组织、作风建设，加强精神文明建设。1989年，试行农村党支部直接和差额选举村党支部书记，全县开展纠正不正之风工作。

1991年3月，召开中共金湖县第七次代表大会，提出经济稳中求进、扬长避短、讲究效益、注重实效。1992年，开展创建“红旗乡镇党委”“红旗村支部”和选树“农村党支部书记标兵”活动。开展控减农民负担执法检查。1993年，开展乱收费专项治理。1994年，开展“双带双赛”（党组织带领群众发展壮大村级集体经济竞赛、党员带领群众致富共富竞赛）活动。

1996年3月，召开中共金湖县第八次代表大会，提出科教兴县、规模经济、外向带动三大发展战略。是年，开展工程建设专项治理。1999年，建立发展党员公示制度，实行预备党员转正“双票制”（全体党员和党外群众代表对转正对象分别投民主评议票）。2000年3月至5月，县处级领导班子和领导干部集中开展“讲学习、讲政治、讲正气”教育活动。

2000年12月，召开中共金湖县第九次代表大会，提出围绕富民富县目标，大力实施工业强县、科教兴县、特色兴业、外向带动、可持续发展战略。试行领导干部任前公示制度，实行村党支部书记和村委会主任“一肩挑”制度。是年12月至2001年3月，全县开展“三个代表”学习教育活动。2002年，实行党政正职领导干部任用前县委全委会表决制度。推行“双推双考一竞选”（党员推荐、组织推荐，考试、考察，公开竞选）村党组织书记。重视吸收符合党员条件的积极分子入党，特别注重在新经济组织、新社会组织中建立党组织，股份制企业、合资企业和私营企业等新型经济组织中，凡党员数量达到《中国共产党党章》规定要求的均建立党组织。2003年，实施发展党员全程票决制。2004年12月，召开中共金湖县第九次代表大会第二次全体会议，通过县党代会实行常任制等决议。是年12月至2005年6月，县级机关党委参加县第一批保持共产党员先进性教育活动。2005年7月至12月，县开展第二批保持共产党员先进性教育活动。至2005年末，全县共设置党委37个，党总支128个，党支部976个，有党员19668人。

第一章　党代会代表与党代会

第一节　县党代会代表

1988年3月金湖县第六次党代会代表249人，1991年3月金湖县第七次党代会代表249人，1996年3月金湖县第八次党代会代表248人，2000年12月金湖县第九次党代表会代表248人。

1986—2005年金湖县历次党代会代表构成统计表

表26-1-1

届次	代表人数	职业构成								妇女代表		年龄状况	
		干　部		专业技术人员		先进模范		解放军		人数	占比（%）	50岁以下	
		人数	占比（%）	人数	占比（%）	人数	占比（%）	人数	占比（%）			人数	占比（%）
六	249	121	48.59	68	27.31	57	22.89	3	1.20	46	18.47	148	59.44
七	249	149	59.84	50	20.08	47	18.88	3	1.20	51	20.48	215	86.35
八	248	149	60.08	50	20.16	46	18.55	3	1.21	34	13.71	206	83.06
九	248	147	59.27	50	20.16	49	19.76	2	0.81	53	21.37	124	50.00

第二节　党代会

一、第六次代表大会

1988年3月4日至6日，中共金湖县第六次代表大会召开，应出席代表249人，因公、因病等缺席8人，实际出席241人。会议听取并审议通过县委书记刘学东代表第五届县委作题为《加快改革开放，坚持从严治党，为实现金湖第二个翻番而奋斗》的工作报告、陈德昌代表中共金湖县纪律检查委员作题为《严明党的纪律，服务改革开放，努力做好纪律检查工作》的工作报告。会议提出，全县城乡都应继续抓改革，促发展，稳定提高农业，大力发展副业，重点突破县乡工业，相应发展第三产业，力争全县经济再上一个新台阶。围绕贯彻党的基本路线，进一步加强党的思想、组织、作风建设，加强精神文明建设，以党员干部的模范行动，团结带领全县人民，共同为建设小康县而奋斗。大会选举产生中共金湖县第六届委员会，委员25人、候补委员4人。选举产生县纪委委员13人。3月6日，召开中共金湖县第六届委员会第一次全体会议，选举刘学东、何璋、张卫东、陈德昌、欣立忠、柏传书、胡进、蒋成湘8人（按姓氏笔画为序）为县委常委，刘学东为县委书记，张卫东、何璋、欣立忠为副书记。纪委一次会议上，选举陈德昌为纪委书记，吉里人、周胜国为副书记。

二、第七次代表大会

1991年3月16日至18日，中共金湖县第七次代表大会召开，应出席代表249人，因公、因病等缺席4人，实际出席245人。会议听取并审议通过县委书记郭平扬代表第六届县委作题为《坚持党的基本路线，全面提高党的战斗力，夺取金湖社会主义现代化建设的新胜利》的工作报告、县纪委书记庄础代表中共金湖县纪律检查委员作题为《坚持从严治党，服务经济建设，把纪律检查工作提高到一个新水平》的工作报告。会议讨论确定1991—1993年全县国内生产总值年均递增率为10%，做到稳中求进、扬长避短、讲究效益、注重实效，努力使全县经济步入持续、稳定、协调发展的轨道。会议突出强调改革开放新时期坚持从严治党，切实加强党风和廉政建设，坚决同腐败分子和腐败现象做斗争。推进全县精神文明建设方面，会议提出广泛开展“三创”（创建文明行业、文明单位、文明户）要求。大会选举产生中共金湖县第七届委员会委员29人、候补委员5人和县纪委委员11人。1991年3月18日，召开中共金湖县第七届委员会第一次全体会议，选举郭平扬、欣立忠、何璋、陈德昌、刘文兰、蒋成湘、徐益民、庄础、孙洪中、刘宗友10人为县委常委，郭平扬为县委书记，欣立忠、何璋、陈德昌、刘文兰为副书记。纪委第一次会议上，选举庄础为纪委书记，黄玉忠、单国富为副书记。

图 26-1-1 1991 年 3 月 16 日，中共金湖县第七次代表大会召开
朱伟 / 摄

三、第八次代表大会

1996年3月8日至10日，中共金湖县第八次代表大会召开，应出席代表248人，因公、因病等缺席5人，实际出席243人。会议听取并审议通过县委书记李孔惠代表七届县委作题为《加强党的建设，加快发展步伐，为实现现代化宏伟目标而努力奋斗》的工作报告、纪委书记郑庆生代表中共金湖县纪律检查委员作题为《向县第八次党代表大会的工作报告》。会议提出，1997年全面建成小康县，

图 26-1-2 1996 年 3 月 8 日，中共金湖县第八次代表大会召开
朱伟 / 摄

2000年由小康向富裕跨越，2010年初步实现现代化。认真抓好“科教兴县”“规模经济”“外向带动”三大发展战略；以建立现代化企业制度为目标，大胆探索搞活企业的新路子；大力推进农业产业化，促进农村一、二、三产业的协调发展；集中扶持一批规模经济支柱企业、利税大户，带动全县工业进入规模化、集约化轨道；加快发展第三产业和个体私营经济，培育新的经济增长点；全方位扩大开放，突出抓好引进外资和出口创汇，做到“三外（外资、外贸、外经）齐抓，三外齐上”。会议要求全县各级党组织认清新形势下肩负的重大历史使命，提高党的思想、组织、作风建设和党的领导水平，通过《关于党的建设五年规划》和《关于加强县委自身建设的五项决定》。大会选举产生中共金湖县第八届委员会委员24人、候补委员5人和县纪委委员10人。1996年3月10日，召开中共金湖县第八届委员会第一次全体会议，选举李孔惠、陈德昌、刘文兰、胡进、徐益民、刘宗友、王殿宏、闵学元、郑庆生9人为县委常委，李孔惠为县委书记，陈德昌、刘文兰、胡进、徐益民为副书记。纪委第一次会议上，选举郑庆生为纪委书记，张少洪为副书记。

四、第九次代表大会

2000年12月11日至13日，中共金湖县第九次代表大会召开，应出席代表248人，因公、因病等缺席5人，实际出席243人。会议听取并审议通过县委书记林伟明代表八届县委作题为《实践“三个代表”思想，加快富民富县步伐，为实现金湖新世纪初的新跨越而努力奋斗》的工作报告和纪委书记谭爱国代表中共金湖县纪律检查委员作题为《向县第九次党代表大会的工作报告》。会议提出：围绕富民富县目标，大力实施工业强县、科教兴县、特色兴业、外向带动、可持续发展战略，加快推进工业化、农业产业化、城市化、外向化和市场化步伐，抓好管理、机制、技术创新，增加经济总量、财政收入和群众收入，力争在全市率先建成宽裕型小康县，为基本实现现代化奠定基础。大会选举产生中共金湖县第九届委员会委员24人、候补委员5人和县纪委委员11人。2000年12月13日，召开中共金湖县第九届委员会第一次全体会议，选举林伟明、成迎初、张厚龙、郑庆生、王殿宏、郑泽云、张震东、韦富、徐乾、谭爱国、袁春明11人为县委常委，林伟明为书记，成迎初、张厚龙、郑庆生、王殿宏为副书记。纪委一次会议上，选举谭爱国为纪委书记，朱建忠、陈旭东为副书记。

2004年12月24日至25日，召开中共金湖县第九次代表大会第二次全体会议。中共金湖县第九次代表大会全体代表出席会议；不是党代表的县人大、县政府、县政协负责人及县人大、县政协工作委员会主要负责人，不是党代表的县纪委委员，不是党代表的镇长，不是党代表的县各委办局党政主要负责人，年销售3000万元以上骨干工业企业的党员法人代表，曾担任县四套班子领导职务的离退休老同志列席会议。会议听取和审议县委书记成迎初代表中共金湖县第九届委员会作题为《努力提高执政能力，认真落实科学发展观，为全面完成县第九次党代会的各项目标而努力奋斗》的报告。报告回顾总结第九次党代会以来的主要成就与基本经验，部署2005年全县“三个文明”建设的任务，落实全面完成第九次党代

图26-1-3　2000年12月11日，中共金湖县第九次代表大会召开

县志办／供

会各项目标的具体措施。会议听取和审议县委副书记、县纪委书记谭爱国代表中共金湖县纪律检查委员会所作工作报告，审议县委常委会工作报告、县委组织部工作报告、县委宣传部工作报告、审议《中国共产党金湖县代表大会常任制试行办法（草案）》《中国共产党金湖县代表大会常任制八项工作制度（草案）》。会议补选马发荣、杨步新为中共金湖县第九届委员会委员。会议通过关于县委工作报告、县纪委工作报告、县委组织部工作报告、县委宣传部工作报告等决议，通过关于县党代会实行常任制、县党代会常任制试行办法、县党代会常任制八项工作制度等决议，通过关于设立县代表大会决策咨询委员会、提案委员会、代表联络委员会的决议。

2005年12月23日至24日，召开中共金湖县第九次代表大会第三次全体会议。中共金湖县第九届代表大会全体代表出席会议；不是党代表的县人大、县政府、县政协负责人及县人大、县政协工作委员会主要负责人，不是党代表的县纪委委员、县人民检察院检察长、县人武部政委，不是党代表的各镇镇长、纪委书记，不是党代表的县各部委办局及中央、省市属单位党政主要负责人和副科级以上事业单位党组织负责人，年销售1000万元以上的骨干工业企业的党员法人代表以及曾担任过县四套班子领导职务的离退休老干部列席会议。会议听取审议和通过成迎初代表县委作题为《坚持率先发展，加快小康进程，为金湖第十一个五年规划的顺利实施开好局起好步》的工作报告。会议总结了“十五”期间全县经济社会取得的辉煌成就，提出“十一五”时期，是全县建设全面小康社会的关键时期，必须实现跨越式发展。强调要切实加强和改进党对经济工作的领导，充分发挥各级党组织的战斗堡垒作用和共产党员的先锋模范作用。要以解放思想增强发展的动力，以作风转变推动发展环境的优化，以责任考核促进各项工作的落实。会议听取审议和通过《金湖县国民经济和社会发展第十一个五年计划的建议》、县纪律检查委员会工作报告、县委提案委员会工作报告。

第二章　县委机构　重要会议

第一节　县委委员会和常务委员会

1986年，中共金湖县第五届委员会有委员25人，常委8人，其中书记1人、副书记3人。1988年，中共金湖县第六届委员会，由委员25人组成，产生常委8人，其中书记1人、副书记3人。届内上级调出书记1人、副书记1人、常委1人，任命书记1人、副书记2人、常委4人。1991年，中共金湖县第七届委员会，由委员29人组成，产生常委10人，其中书记1人、副书记4人。届内上级调出书记1人、副书记3人、常委4人，任命书记1人、副书记4人、常委5人。1996年，中共金湖县第八届委员会，由委员24人组成，产生常委9人，其中书记1人、副书记4人。届内上级调出书记1人、副书记6人、常委9人，任命书记1人、副书记5人、常委11人。2000年，中共金湖县第九届委员会，由委员24人组成，产生常委11人，其中书记1人、副书记4人。至2005年底，上级调出书记1人、副书记6人、常委10人，任命书记1人、副书记7人、常委9人。

1986—2005年中共金湖县委历届书记、副书记、常委一览表

表26-2-2

届别	职务	姓名	性别	出生时间	学历	籍贯	任职时间	备注
中共金湖县第五届委员会（1985.05—1988.03）	书　记	苏金必	男	1948.04	专科	江苏洪泽	1985.05—1987.01	—
		刘学东	男	1940.09	大学	江苏金湖	1987.01—1988.03	—
	副书记	李继尧	男	1943.12	大学	江苏泗阳	1985.05—1987.01	县长
		何　璋	男	1939.01	专科	江苏金湖	1985.05—1988.03	—
		欣立忠	男	1950.02	专科	江苏金湖	1986.07—1988.03	—
		张卫东	男	1945.01	大学	江苏淮安	1987.02—1988.03	县长
	常　委	柏传书	男	1934.07	高中	江苏金湖	1985.05—1988.03	副县长
		李明华	男	1941.07	高中	江苏沭阳	1985.05—1986.03	县人武部政委
		杨朝荣	男	1943.07	大学	江苏滨海	1985.05—1987.01	县委办公室主任
		蒋成湘	男	1947.08	专科	江苏金湖	1986.07—1988.03	县人武部政委
		胡　进	女	1946.07	大学	四川井研	1987.02—1988.03	县委组织部部长
		陈德昌	男	1943.02	高中	江苏金湖	1987.02—1988.03	县纪律检查委员会书记
中共金湖县第六届委员会（1988.03—1991.03）	书　记	刘学东	男	1940.09	中师	江苏金湖	1988.03—1989.05	—
		郭平扬	男	1941.01	大学	江苏涟水	1989.06—1991.03	—
	副书记	张卫东	男	1945.01	大学	江苏淮安	1988.03—1989.12	县长
		何　璋	男	1939.01	专科	江苏金湖	1988.03—1991.03	—
		欣立忠	男	1950.02	专科	江苏金湖	1988.03—1991.03	县长
		陈德昌	男	1943.02	专科	江苏金湖	1989.12—1991.03	—
		刘文兰	男	1946.06	大学	福建莆田	1991.01—1991.03	—
	常　委	陈德昌	男	1943.02	专科	江苏金湖	1988.03—1989.12	县纪律检查委员会书记
		柏传书	男	1934.07	高中	江苏金湖	1988.03—1989.12	副县长
		胡　进	女	1946.07	大学	四川井研	1988.03—1991.01	县委组织部部长
		蒋成湘	男	1947.08	专科	江苏金湖	1988.03—1991.03	县人武部政委
		王曰华	男	1943.11	大学	江苏涟水	1988.12—1991.01	县委宣传部部长
		徐益民	男	1947.08	中师	江苏金湖	1989.12—1991.03	县委办公室主任
		庄　础	男	1941.11	大学	江苏泗阳	1990.05—1991.03	县纪律检查委员会书记
		孙洪中	男	1945.01	专科	江苏淮安	1991.01—1991.03	县委宣传部部长
		刘宗友	男	1942.05	大学	江苏淮安	1991.01—1991.03	县委组织部部长
中共金湖县第七届委员会（1991.03—1996.03）	书　记	郭平扬	男	1941.01	大学	江苏涟水	1991.03—1994.09	—
		李孔惠	男	1946.01	大学	福建平潭	1994.09—1996.03	—
	副书记	欣立忠	男	1950.02	专科	江苏金湖	1991.03—1992.12	县长
		何　璋	男	1939.01	专科	江苏金湖	1991.03—1993.02	—
		陈德昌	男	1943.02	专科	江苏金湖	1991.03—1996.03	1994.09—1996.03代县长、县长

接上表

届别	职务	姓名	性别	出生时间	学历	籍贯	任职时间	备注
中共金湖县第七届委员会（1991.03—1996.03）	副书记	刘文兰	男	1946.06	大学	福建莆田	1991.03—1996.03	—
		李孔惠	男	1946.01	大学	福建平潭	1992.12—1994.09	县长
		胡　进	女	1946.07	大学	四川井研	1992.12—1996.03	—
		缪蒂生	男	1956.05	研究生	江苏如东	1994.07—1996.03	挂职
		徐益民	男	1947.08	专科	江苏金湖	1994.09—1996.03	—
	常　委	蒋成湘	男	1947.08	专科	江苏金湖	1991.03—1996.03	县人武部政委
		徐益民	男	1947.08	专科	江苏金湖	1991.03—1994.09	—
		庄　础	男	1941.11	大学	江苏泗阳	1991.03—1996.01	县纪律检查委员会书记
		孙洪中	男	1945.01	专科	江苏淮安	1991.03—1993.02	县委宣传部部长
		刘宗友	男	1942.05	大学	江苏淮安	1991.03—1996.03	县委组织部部长
		毛宗杰	男	1950.12	大学	江苏淮安	1993.05—1994.09	县委宣传部部长
		韦　富	男	1952.05	专科	江苏金湖	1994.02—1995.05	黎城镇党委书记
		闵学元	男	1949.11	专科	江苏金湖	1994.09—1996.03	县委办公室主任
		王殿宏	男	1955.07	专科	江苏金湖	1994.09—1996.03	县委宣传部部长
		郑庆生	男	1950.07	专科	江苏盱眙	1996.01—1996.03	县纪律检查委员会书记
中共金湖县第八届委员会（1996.03—2000.12）	书　记	李孔惠	男	1946.01	大学	福建平潭	1996.03—1999.02	—
		林伟明	男	1953.05	大学	浙江宁波	2000.01—2000.12	—
	副书记	陈德昌	男	1943.02	专科	江苏金湖	1996.03—1997.09	县长
		刘文兰	男	1946.06	大学	福建莆田	1996.03—1999.01	—
		胡　进	女	1946.07	大学	四川井研	1996.03—1999.08	—
		徐益民	男	1947.08	专科	江苏金湖	1996.03—2000.11	县委政法委书记
		缪蒂生	男	1956.05	研究生	江苏如东	1996.03—1997.05	挂职
		林伟明	男	1953.05	大学	浙江宁波	1997.09—2000.01	1997.09—2000.01代县长、县长
		成迎初	男	1953.09	专科	江苏洪泽	1999.04—2000.12	2000.01—2000.12代县长、县长
		张厚龙	男	1950.12	专科	江苏金湖	1999.07—2000.12	—
		郑庆生	男	1950.07	专科	江苏盱眙	2000.03—2000.12	—
		王殿宏	男	1955.07	专科	江苏金湖	2000.11—2002.12	—
中共金湖县第八届委员会（1996.03—2000.12）	常委	刘宗友	男	1942.05	大学	江苏淮安	1996.03—1997.01	县委组织部部长
		王殿宏	男	1955.07	专科	江苏金湖	1996.03—2000.11	县委宣传部部长
		闵学元	男	1949.11	专科	江苏金湖	1996.03—1997.01	副县长
		郑庆生	男	1950.07	专科	江苏盱眙	1996.03—2000.03	县纪律检查委员会书记
		徐春法	男	1948.08	专科	江苏沭阳	1996.04—1998.03	县人武部部长
		朱　涛	男	1953.03	专科	江苏淮安	1997.01—2000.03	县委组织部部长

接上表

届别	职务	姓名	性别	出生时间	学历	籍贯	任职时间	备注
中共金湖县第八届委员会（1996.03—2000.12）	常委	郑泽云	男	1965.08	大学	江苏宝应	1997.01—2000.12	县委宣传部部长
		张震东	男	1953.11	大学	江苏金湖	1997.03—2000.12	县公安局局长
		刘国才	男	1953.09	专科	江苏淮安	1998.03—1999.12	县人武部部长
		张　健	男	1954.06	大学	江苏淮安	1999.12—2000.07	县人武部政委
		韦　富	男	1952.05	专科	江苏金湖	2000.03—2000.12	—
		徐　乾	男	1956.09	大学	江苏滨海	2000.03—2000.12	县委组织部部长
		潘玉龙	男	1962.03	—	江苏淮安	2000.03—2000.05	2000年11月被依法判刑
		谭爱国	男	1955.12	专科	上海	2000.07—2000.12	县纪律检查委员会书记
		袁春明	男	1957.08	专科	江苏灌云	2000.07—2000.12	县人武部政委
中共金湖县第九届委员会（2000.12—）	书记	林伟明	男	1953.05	大学	浙江宁波	2000.12—2002.01	—
		成迎初	男	1953.09	专科	江苏洪泽	2002.01—	—
	副书记	成迎初	男	1953.09	专科	江苏洪泽	2000.12—2002.01	县长
		张厚龙	男	1950.12	专科	江苏金湖	2000.12—2002.11	—
		郑庆生	男	1950.07	专科	江苏盱眙	2000.12—2002.01	—
		王殿宏	男	1955.07	大学	江苏金湖	2000.12—	—
		赵洪权	男	1963.04	研究生	江苏涟水	2002.01—	2002.01—2002.02代县长，2002.02起县长
		谭爱国	男	1955.12	专科	上海	2002.01—	—
		韦　富	男	1952.05	专科	江苏金湖	2002.11—	—
		王海平	男	1961.03	大学	江苏淮安	2002.01—2003.11	—
		周荣荣	女	1959.01	博士	吉林长春	2003.04—2004.12	省挂职
		韦瑞瑾	男	1967.06	硕士	江苏洪泽	2003.04—2005.06	省挂职
		吴兴华	男	1955.02	专科	江苏常熟	2003.11—	省挂职
	常委	郑泽云	男	1965.08	大学	江苏宝应	2000.12—2002.01	县委宣传部部长
		张震东	男	1953.11	大学	江苏金湖	2000.12—2002.01	公安局局长
		韦　富	男	1952.05	大学	江苏金湖	2000.12—2002.11	副县长
		徐　乾	男	1956.09	大学	江苏滨海	2000.12—2001.10	县委组织部部长
		谭爱国	男	1955.12	专科	上海	2000.12—2002.01	县纪律检查委员会书记
		袁春明	男	1957.08	专科	江苏灌云	2000.12—2002.04	县人武部政委
		王海平	男	1961.03	大学	江苏淮安	2001.10—2002.11	县委组织部部长
		张光射	男	1960.12	大学	山东微山	2002.01—2003.12	县委宣传部部长、2002.9常委、副县长
		于　革	男	1960.02	大学	江苏淮安	2002.04—	县人武部部长
		吕春雷	男	1964.03	研究生	江苏洪泽	2002.09—2004.12	县委宣传部部长
		关晓卫	男	1966.07	大学	江苏淮安	2002.12—2005.10	县委组织部部长

接上表

届别	职务	姓名	性别	出生时间	学历	籍贯	任职时间	备注
中共金湖县第九届委员会（2000.12—）	常委	吉子俊	男	1962.07	大学	江苏涟水	2003.12—	副县长
		罗金昌	男	1959.06	专科	江苏金湖	2003.12—	副县长
		李顺英	女	1961.12	大学	江苏泰州	2004.12—	县委宣传部部长
		秦　浩	男	1965.12	研究生	江苏盱眙	2005.10—	县委组织部部长

第二节　县委工作机构

1986年，县委下辖工作部门13个：办公室、组织部、宣传部、统战部、农工部、政法委员会、党校、县直机关党委、老干部局、组织员办公室、党史资料征集委员会办公室（县志办公室与其合署）、对台办公室、经济案件办公室。1987年3月，撤销经济案件办公室。1988年12月，县委机要室升格为正科级机构，归口县委办公室管理；成立县档案局，与县档案馆合署办公。1989年12月，设立县委保密委员会办公室，为正科级机构，归口县委办公室管理。1990年6月，县委党史资料征集委员会办公室更名为县委党史工作委员会（县志办公室仍与其合署）。1991年11月，设立县委社会治安综合治理委员会办公室，为正科级机构，与县委政法委员会合署办公。1992年1月，县委对台办公室更名为县委台湾工作办公室，同时由副科级机构升格为正科级机构，在县委统战部挂牌。1996年9月，县委机要室更名为县委办公室机要室，副科级单位，归口县委办公室管理。是年，撤销县档案局。

1997年全县党政机构改革后，县委设办公室（归口管理县委保密委员会办公室［县国家保密工作局］、县委办公室机要室）、组织部（归口管理县委老干部局）、宣传部、统战部（挂“县委台湾工作办公室”［县政府台湾事务办公室］和“县民族宗教事务管理局”牌子）、政法委（挂“县社会治安综合治理委员会”牌子）、农工部（挂“农村集体资产管理办公室”牌子）、县直机关党委，另设有党校、党史工委、档案馆。

1997年4月，县直机关党委更名为县级机关党委，县信访局由县政府办公室管理改为县委办公室、县政府办公室共同管理；是年8月，县精神文明建设活动委员会办公室更名为县精神文明建设指导委员会办公室，设在县委宣传部。

1998年8月，县档案馆增挂“县档案局”牌子，原机构规格、编制性质、隶属关系不变；成立县委对外宣传工作领导小组办公室，为副科级事业单位，挂“县人民政府新闻办公室”牌子，设在县委宣传部。9月，成立金湖通讯编辑部，为县委直属正科级事业单位；10月，《金湖通讯》编辑部更名为金湖报社。2000年12月，金湖报社更名为金湖日报社。

2001年全县党政机构改革后，县委设办公室（县委台湾工作办公室［挂“县政府台湾事务办公室”牌子］与其合署，管理县信访局、县委保密办［挂“县国家保密局”牌子］、县档案局）、组织部（挂县委组织员办公室牌子，管理老干部局）、宣传部（挂县文明办、县外宣办牌子）、统战部（县民族宗教局与其合署）、农工部、政法委（县综治办与其合署）、县编办（县人事局与其合署）、县级机关党委，另设有党校、党史工委、金湖日报社。县委办公室机要室调整为县委办公室内设机构。

2002年3月，撤销县级机关党委，成立县委县级机关工作委员会；是年7月，县委办公室机要室更名为县委机要局，仍为县委办公室内设机构。2003年12月，撤销金湖日报社。2005年6月，恢复金湖日报社；9月，成立县委督查办公室，挂“县人民政府督查室”“县经济发展软环境建设办公室”牌子，为正科级全民事业单位，归口县委办公室管理。

2005年底，县委工作部门与直属单位设办公室［县委台湾工作办公室（挂“县政府台湾事务办公室”牌子）与其合署，管理县信访局、县委保密办（挂“县国家保密局”牌子）、县档案局、县委督查办公室］、组织部（挂“县委组织员办公室”牌子，管理老干部局）、宣传部（挂“县文明办”“县外宣办”牌子）、统战部（县民族宗教局与其合署）、农工部、政法委（县综治办与其合署）、县编办（县人事局与其合署）、县级机关工作委员会，另设有党校、党史工委、金湖日报社。

第三节　重要会议

一、县委全体会议

第五届县委全体会议　1987年1月5日，召开中共金湖县五届三次全委（扩大）会议，汇报县委五届二次会议以来工作，讨论研究1987年两个文明建设措施，县委书记李继尧作工作报告。1987年12月14日至16日，召开中共金湖县五届四次全委（扩大）会议，县委书记刘学东作《抓重点、搞突破，夺取明年工作的全面胜利》。

第六届县委全体会议　1988年3月6日，召开中共金湖县第六届委员会第一次全体会议，选举产生县委常委、县委书记和副书记。10月31日至11月2日，召开中共金湖县六届二次全委（扩大）会议，县委书记刘学东作工作报告。1989年1月21日至23日，召开中共金湖县六届三次全委（扩大）会议，县委书记刘学东作《振奋精神、统一步调，夺取整治之年两个文明建设新胜利》报告。7月7日至8日，召开中共金湖县六届四次全委（扩大）会议，县委书记郭平扬作报告。1990年1月6日至7日，召开中共金湖县六届五次全委（扩大）会议，县委书记郭平扬作《以五中全会决策为指针，振奋精神、增强信心，争取一九九〇年工作再上新台阶》报告。7月26日至28日，召开中共金湖县六届六次全委（扩大）会议，县委书记郭平扬作《团结开拓、廉洁务实，为把各级领导班子建设成为坚强的战斗集体而奋斗》报告。12月28日至30日，召开中共金湖县六届七次全委（扩大）会议，通过《金湖县国民经济和社会发展第八个五年计划及后十年规划》，县委书记郭平扬作报告。

第七届县委全体会议　1991年3月18日，召开中共金湖县第七届委员会第一次全体会议，选举产生县委常委、县委书记和副书记。12月29日，召开中共金湖县七届二次全委（扩大）会议，县委书记郭平扬作《以中央“两会”精神为指针，励精图治、真抓实干，奋力开创我县改革和建设的新局面》报告。1992年12月24日，召开中共金湖县七届三次全委（扩大）会议，县委书记郭平扬作《以中共十四大精神为指针，以“八超一创”为目标，奋力夺取我县改革开放和经济建设的新胜利》报告。1993年12月26日至28日，召开中共金湖县七届四次全委（扩大）会议，县委书记郭平扬作《抓住发展机遇、加快改革开放、推进两个文明建设再上新台阶》报告。1994年6月29日至30日，召开中共金湖县七届五次全委（扩大）会议，县委书记郭平扬作《再接再厉、抢抓机遇、咬定目标、争创一流》报告。1995年1月9日至10日，召开中共金湖县七届六次全委（扩大）会议，县委书记李孔惠作《总揽全局、奋力拼搏、为加快建成小康县而努力奋斗》报告。11月18日，召开中共金湖县七届七次全委会议，审议通过《中共金湖县委关于制定金湖县国民经济和社会发展“九五”计划和2010年远景目标的建议》。1996年1月26日至28日，召开中共金湖县七届八次全委（扩大）会议，县委书记李孔惠作《跨越三十亿、快步奔小康、奋力开创我县经济建设和社会发展的新局面》报告。

第八届县委全体会议　1996年3月10日，召开中共金湖县第八届委员会第一次全体会议，选举产生县委常委、县委书记和副书记，通过《中共金湖县委员会关于党的建设五年规划》。12月1日，召开中共金湖县八届二次全委（扩大）会议，县委书记李孔惠作《贯彻六中全会精神、加强精神文明建设、全面推进小康进程》报告。1997年1月29日，召开中共金湖县八届三次全委（扩大）会议，县委书记李孔惠作《再接再厉、开拓前进、为建成小康县而努力奋斗》报告。1997年12月20日，召开中共金湖县八届四次全委（扩大）会议，县委书记李孔惠作《高举伟大旗帜、抢抓发展机遇、为建设高标准小康县而奋斗》报告。1999年1月16日至17日，召开中共金湖县八届五次全委（扩大）会议，县委书记李孔惠作《创造新优势、实现新跨越、把一个文明富裕的金湖推向新世纪》报告。2000年11月6日，召开中共金湖县八届六次全体会议，通过《中国共产党金湖县第八届委员会第六次全体会议关于召开中国共产党金湖县第九次代表大会的决议》。12月11日，召开中共金湖县八届七次全体会议，县委书记林伟明作《关于八届县委五年来简要工作总结和县第九次党代会总体安排》报告，听取和审查县委常委、组织部部长徐乾《关于党费收缴、管理和使用情况的报告》，通过县第九次党代会主席团常务委员会成员建议名单。

第九届县委全体会议 2000年12月13日，召开中共金湖县第九届委员会第一次全体会议，选举产生县委常委、县委书记和副书记。2001年1月3日，召开中共金湖县第九届委员会第二次全体（扩大）会议，传达贯彻中央、省、市经济工作会议精神，总结全县2000年经济工作，分析经济形势，研究部署2001年经济工作，县委书记林伟明作报告。2002年1月21日，召开中共金湖县第九届委员会第三次全体（扩大）会议，贯彻落实中央、省经济工作会议和农村工作会议及市委四届二次全体（扩大）会议精神，总结全县2001年工作，明确2002年任务，县委书记成迎初作工作报告。7月10日，召开中共金湖县第九届委员会第四次全体（扩大）会议，总结全县上半年工作，部署下半年任务，县委书记成迎初作《解放思想、加快发展，为完成或超额完成全年目标任务而努力奋斗》报告。12月27日，召开中共金湖县第九届委员会第五次全体（扩大）会议，县委书记成迎初作《深入贯彻中共十六大精神，为在全市率先建成小康社会而努力奋斗》报告。2003年7月29日，召开中共金湖县第九届委员会第六次全体（扩大）会议，贯彻落实省市委会议精神，明确金湖全面建设小康社会基本目标，为在全市率先撤县建市、率先赶超全省经济发展平均水平、率先建成全面小康社会而奋斗，县委书记成迎初作工作报告。12月21日，召开中共金湖县第九届委员会第七次全体（扩大）会议，县委书记成迎初作《围绕目标、狠抓落实，为加快推进全面小康社会的历史进程而努力奋斗》报告。2004年6月4日，召开中共金湖县第九届委员会第八次全体（扩大）会议，学习贯彻中共中央总书记胡锦涛视察江苏时的重要讲话和省委十届七次全体会议精神，进一步统一思想，振奋精神，坚定信心，推动全县上下更加自觉树立和落实科学发展观，坚定不移地推进工业强县，促进城乡共同发展，努力建设生产发展、生活富裕、生态良好的文明发展新金湖，县委书记成迎初作工作报告。2005年7月24日，召开中共金湖县第九届委员会第九次全体（扩大）会议，县委书记成迎初作《突出重点、强势推进，努力实现县域经济发展的新跨越》报告。

二、县委常务委员会会议

1986年，县委召开常务委员会会议35次。其中：1月2日，研究行政事业单位工资改革、退伍兵安置、居委会人员配置等问题；8月26日，研究县化肥厂新上项目问题；8月30日，讨论进县委、县政府领导班子人选。1987年召开26次。其中：1月24日，讨论研究推行企业厂长负责制问题；7月5日，召开县委常委民主生活会。

1990年召开34次，其中2月12日，研究减轻群众负担问题。1992年召开42次，其中7月17日，讨论《关于扶持乡镇骨干企业发展的若干规定》、市场建设、企业扭亏增盈暂行规定、企业技改投入的激励措施，讨论修改“八五”规划和十年规划的调整意见。1994年召开45次。其中：1月4日，讨论全县产权制度改革问题，通过《关于推行股份制工作的意见》；9月16日，会议讨论决定，全县牢固树立工业经济是主体经济的思想，全力主攻工业经济。1996年，召开41次，其中5月6日，研究乡镇财政包干基数、酒厂破产、教师增编增资等问题。1997年召开24次。其中：4月11日，讨论研究《关于加快全县工业发展的若干规定》；5月30日，研究县造纸厂治污项目前期工作，讨论支持县机械厂发展壮大的优惠措施。1998年召开24次，其中7月14日，研究通过《科教兴县实施意见》。1999年召开24次，其中7月26日，研究县属工业改制、农村改革、流通企业改制、城市资本运营、小城镇户籍制度改革（试点）、教育产业化等问题。

2001年召开26次。其中：5月21日，研究确定全县农村税费改革方案；6月12日，研究制定全县并村联组工作方案；7月17日，研究首届荷花艺术节各项准备工作，决定荷花艺术节开幕式与金湖大桥通车仪式同时举行。2003年召开28次。其中：3月6日，协调会办县行政审批中心有关问题；6月4日，会办县输油泵有限公司在县工业园区征地新建合资企业事项；8月4日，研究事业单位改革方案、救灾物资分配方案、热电厂合作方案、县人民医院改革方案等。2005年召开23次。其中：3月24日，会办城区亮化、绿化、美化、交通秩序等城市建设管理有关问题；7月31日，召开县委常委议军会议；9月27日，专题研究落实全县利用外资工作。

三、县委工作会议

1987年7月21日，召开县委工作会议，传达市委工作会议精神，总结交流上半年工作，部署下半年工作任务，县委书记刘学东作报告。1991年11月15日至16日，召开县委工作会议，传达市委工作会议精神，分析、部署金湖工业生产形势和任务，县委书记郭平扬、县长欣立忠分别作报告。1993年9月24日至26日，召开县委工作会议，县委书记郭平扬、县长李孔惠分别作报告。1994年10月18日，召开县委工作会议，县委书记李孔惠作《以贯彻四中全会决定为动力，奋力夺取全年各项工作的全胜》报告。1995年7月16日，召开县委工作会议，县委书记李孔惠作《振奋精神、狠抓落实、为全面完成今年各项工作任务而努力奋斗》报告。1996年7月27日，召开县委工作会议，县委书记李孔惠作《瞄准目标、强化责任、为全面完成全年各项任务而努力》报告。1997年7月19日，召开县委工作会议，县委书记李孔惠作《抢抓机遇、争创一流、为全面完成今年各项目标任务而奋斗》报告。1997年10月18日，召开县委工作会议，县委书记李孔惠作《认真学习贯彻中共十五大精神，努力开创我县改革发展的新局面》报告。1998年7月17日，召开县委工作会议，县委书记李孔惠作《抢抓机遇、开拓前进、确保完成和超额完成全年各项目标任务》报告。1999年7月5日至10日，召开县委工作会议，县委副书记、县长林伟明作报告。2000年7月19日至20日，召开县委工作会议，县委书记林伟明作报告。2001年7月20日，召开县委工作会议，县委书记林伟明作报告。10月18日，召开县委工作会议，县委书记林伟明作报告。2005年10月20日，召开县委工作会议，县委书记成迎初作《在解放思想中统一思想》报告。1987年至2005年，县委召开工作会议14次。

第三章　重要决策

第一节　经济建设

交通建设　1986年起，县委决定继续加大道路交通建设，筹划兴筑金马公路新线，移址重建县汽车站。1988年7月，新建汽车站竣工使用。1990年起，县委决定争取兴建盐金国防线。1992年，县委决定2000年实现“省道标准化，县乡道路黑色化，乡村道路砂石化”。1995年，县委决定建设金湖淮河入江水道公路大桥。1997年12月，盐金国防线建成通车。至年底，铺设县乡沥青路面公路154公里，全县261个行政村481公里砂石路全部修建成功，实现村村道路砂石化。1998年，实现省道标准化，县乡道路黑色化的目标。1999年，县委决定向上争取兴建金宝南线。2001年7月，淮河入江水道金湖大桥建成通车。2005年，金宝南线兴建前期准备工作基本就绪。

农村经济体制改革 1986年，县委决定，继续执行大包干责任制，建立统分结合的双层经营体制，印发《关于减轻农民负担，实行一道费上交的意见》，全县农民负担总额控制在1985年集体承包纯收入的8%以内，人均负担控制在20元以下。1987年起，鼓励农民建立经济合作组织。1989年，实行农民承包地口粮田、商品粮田、经济田“三田制”。1994年，实行农民承包地口粮田和责任田“两田制”。1998年，实行农村土地第二轮承包。2005年，全面换发农民土地承包经营权证书，取消农业税。

工业企业改革 1986年，县委决定扩大工业企业经济体制综合改革试点范围，推行厂长负责制企业6户。1987年3月，县委印发经济体制改革系列意见，6月，县委印发《工业企业租赁经营试行规定》，10月，推行第一轮企业承包。至1989年，经委直属18户工业企业实行租赁经营。1990年6月，改革完善第二轮企业承包。1993年，县委决定实施企业产权制度改革，完成县闵桥热功仪表厂改制成立股份合作制企业，县针织厂、织布厂实行“公有民营”试点。1994年1月，县委印发《关于推行股份制工作的意见》，至8月，全县528个（县属97个）工业企业中，进行产权制度改革企业347个（县属63个）。1999年9月，县委印发《关于深化全县工业改革的实施意见》，县造纸厂等8户企业完成转民营改制。至2005年，全县改制企业390多个，安置职工4600多人。

商贸体制改革 1986年，县委决定，进行商贸流通企业体制改革，先行试点县农机公司、县水产供销公司，逐步全面展开。推行经理负责制、经营承包责任制。1992年起，实施“四放开”改革和资产租赁经营等，实行责、权、利挂钩，扩大企业自主权，形成以国营和供销合作商业为主体，个体商业为补充的社会主义新型市场。1999年，深化商贸流通企业经营体制改革，采取柜组承包、整体承包、合股经营、租赁经营、资产责任经营等形式，下放商品经营权给职工和承包者，改集体经营为民营。2000年，商贸流通企业实行产权制度改革，经过资产重组、产权转让、债务处理等多种方式，使国有、集体资产有序退出，国有、集体职工随企业改制转换劳动关系，解除企业对政府的依赖关系。2003年，商贸流通企业改制全面完成，实现商贸流通企业产权多元化。

县工业园区兴建 1992年7月，县四套班子联席会议提出兴建金湖县经济技术开发区的设想。8月中旬，县委组织人员到宝应、高邮、六合等地考察开发区建设情况，提出建立开发区组织机构的意见，决定成立金湖县经济技术开发区管理委员会。1995年初，县开发区管委会与县计委合署办公。2000年10月，县委决定在县城西南片兴建工业园区。2001年2月，成立县工业园区建设领导小组。2002年5月，县工业园区正式启动建设，园区控制规划面积80平方公里，首期规划面积20平方公里，建成区11.66平方公里。年底，开工建设企业项目23个。2003年，县委、县政府实行入园项目用地、税收、规费方面优惠。2005年，县委实行帮办制、会办制、长效服务机制的三项制度，为园区企业落实贷款1.3亿元，招工5300多人，投入建设资金2.57亿元，建成区6.7平方公里，规划面积11.66平方公里，吸纳项目81个。

金湖大桥建设 （参见“第七篇交通与电力建设”第二章第七节第一目和“第四十三篇专记”《金湖大桥兴建始末》。）

基本小康县建设 1995年9月27日至28日，县委召开奔小康动员大会。是年，涂沟镇通过小康镇验收。1996年，黎城、戴楼、金南等13个乡镇被市委、市政府命名为奔小康先进乡镇，全县115个村被命名为奔小康先进村。1997年12月，官塘、吕良等8个乡镇被市委、市政府命名为奔小康先进乡镇，省统计局公布，金湖县达到小康县各项指标，基本建成小康县。

万亩荷花荡建设 （参见“第二十篇旅游业”第二章第一节第一、二目和“第四十三篇专记”《荷花节创办与旅游业的兴起》。）

丘陵区小流域农田水利综合治理　1997年11月，县委决定集中官塘、戴楼、黎城、卞塘、闵桥、塔集6个乡镇2万多民力，开展丘陵区农田水利综合治理。重点整治官塘、戴楼、黎城3个乡镇岗地1333公顷，投入工日42万个，完成土方91万立方米。1998年11月，县委决定利用1个月时间，组织黎城、官塘、戴楼、金沟、金南、唐港、银集、夹沟、涂沟9个乡镇3万多人进行丘陵区小流域治理，改造中低产田1333公顷，改善灌溉面积533公顷。2000年初，原盱眙县东阳乡的永丰、瓦地、黄庄和马坝镇的楼庄4个行政村划入金湖县戴楼镇，该地域近30年基本未搞农田水利治理，沟河淤积，灌排不畅，农田易涝易旱。是年11月，县委决定，调集黎城、金南、闵桥、塔集、戴楼5个镇民工3万多人，进行永丰、楼庄小流域工程治理，完成土方90万立方米，新开和疏浚沟渠820条，修筑机耕路56条、52公里，整治水库塘坝19面。

招商引资　1999年，县委决定实行全民动员，开展多形式、全方位的招商引资活动。10月12日，县政府制定《招商引资优惠政策》。2000年9月11日，县委制定《关于鼓励外地客商到金投资的若干规定》。2002年4月13日，县委制定《关于鼓励外商投资兴业的十五条规定》。2004年7月1日，根据国家宏观调控经济形势，县委印发《关于进一步完善招商引资有关政策的意见》，调整土地政策。2005年初，全县召开万人动员大会，再次掀起招商新热潮。调整入园项目有关政策，入园项目属于机械、仪表行业的，给予投资规模、土地出让、税收返还等方面适当优惠调整。1999—2005年，全县引进招商项目1696个、开工项目361个，引进资金988亿元、到位资金36.99亿元，利用港澳台资和外资1.44亿美元。

第二节　社会事业

举办首届金湖荷花艺术节　（参见“第二十篇旅游业”第三章第一节和“第四十三篇专记”《荷花节创办与旅游业的兴起》。）

创建全国科技进步先进县　1993年，县委决定实施科教兴县战略，科技工作列入政府和部门全年责任目标考核，制定科教兴县“八五”规划、科技发展“九五”计划和2010年规划纲要及年度工作计划。1996年，县委决定创建全国科技工作先进县，至年底，全面完成国家科委制定的10条27项考核指标。1997年5月，通过国家科委组织的专家审查评议，获全国科技工作先进县称号。1997—2002年，加强苏北星火产业开发带建设，共实施省级以上科技计划68项，其中国家级火炬计划1项、星火计划13项；省级火炬计划7项、星火计划32项，省攻关计划15项。培育支柱产业1个，建成省级高新技术企业4户、省级高新技术产品13个。2002年，金湖县被省政府授予“苏北星火产业开发带建设先进县”称号。2004年1月，金湖县被科技部评为2001—2002年度全国科技进步先进县。

县体育中心建设　1994年，县委根据城区整体规划，决定新辟体育中心，原位于县城建设路84号、县实验小学南侧的县人民体育场、县实验小学东侧的县体育馆停止使用，由县体育局开发。新建的体育中心位于衡阳路西侧、健康西路北侧的金湖县中学院内。1995年开工，该中心用地7公顷，土地来源为县果园果林，为县政府无偿划拨。前期投入170万元，主要用于中心主干道建设，围墙、果农安置和赔青，全部投入资金600万元，内设田径运动场、足球场、游泳池、羽毛球训练房，1997年建成。

文明卫生城市创建　1995年5月10日，县委在体育馆召开创建卫生文明城镇动员大会。1996年3月4日，县委召开第四次创建卫生文明城镇动员大会。1997年，县委决定开展创建文明城镇、文明村镇、文明行业的“三创建”活动。县城投入百万元，主街道设永久性护栏，人行道铺彩色路砖，大街小巷两侧安放100只与灯箱广告连体的果壳箱，居民生活区建标准垃圾箱100多只，建高标准水冲式厕所30多座。2003年，县委决定，进行城区三轮车和马路市场整治，全面取缔县城非法载客机动三轮车，投入运营福莱尔出租车120辆，各类摊点定点定位经营。2005年，经省文明委测评，金湖县被确定为创建江苏省文明城市工作先进城市。

电话县建设 1995年底，县委着眼市场需求，突破苏北农村每个村仅配置50对电话线的局限，实行部分乡镇按农户数50%配线，跨出农村电话跳跃式发展第一步。1996年初，以电话县为标准进行规划，所有村杆线均按农户数的100%配线到户，户线先行。1997年4月28日，在苏北地区率先实现杆线到村到组、一户一线。1998年，电话县建设纳入县委、县政府年度为民兴办的十件实事之中，截至12月28日，全县22个乡镇21个完成电话乡镇建设任务，261个村中221个村完成电话村建设任务，70207个农户安装电话38979户，户装电话率56%。全县固定电话用户5.07万户，电话主线普及率16%，电话普及率16.4%。是日，江苏省邮电管理局来函确认：金湖县建成苏北地区第一个电话县。

城区改造 1999年3月10日和6月21日，县委2次召开动员大会，提出城区街道变宽、绿化变多、城河变清、环境变美的奋斗目标，进行大规模城区改造。至6月底，城区拆除破旧平房5万平方米，铺设水泥路面6.2万平方米、沥青路面2000平方米、下水道2460平方米；改造利民河、三里桥河、淮河入江水道南堤城区段工程4379米，清除垃圾4500立方米，拆除房屋5600平方米，完成石方2.4万立方米，土方11.2万立方米；完成市民广场、湖滨风光带、市政及园林设施建设、城区绿化、美化、亮化等工程。2000年3月22日和7月31日，县委两次召开加快县城建设、推进城市化进程动员大会。至年底，城区拆除各类建筑物5.23万平方米，完成衡阳南路、人民南路、园林路南段和11条支巷道改造工作，铺设水泥路面2.84万平方米、下水道3690米，竣工建设房管大楼、国祥大楼等标志性建筑13座。

国家级生态示范县建设 2000年，县委决定加强生态示范区建设，6月，金湖被国家环保总局批准为第五批全国生态示范区建设试点地区。2001年4月，省环境科学研究院编制完成《金湖县生态示范区建设规划》，县政府第23次常务会议批准实施。7月，国家级生态示范区创建工作通过省环保厅初审。2002年，根据《金湖县生态示范区建设规划》，继续开展生态农业、生态工业、生态城镇、生态旅游、生态文化建设。2004年10月20日，通过国家级生态示范区建设验收。

第四章 纪律检查

第一节 纪检机构 重要会议

一、纪律检查委员会

1986年，县纪委设办公室、纪检科、审理科、信访室，行政编制22人，工作人员17人。22个乡镇党委和县直机关党委、总支设有纪检组织，60%以上党委配备专职纪检干部，城乡各基层党支部有分工纪检工作的支委1人。1988年3月，设立县监察局。1993年3月，金湖纪检、监察机关合署办公。

1995年，乡镇增设行政监察室。1997年，县纪委（含监察局）行政编制34人，附属编制3人，改设办公室、教育研究室、信访室、案件审理室、执法监察室、第一纪检监察室、第二纪检监察室、党风廉政建设室。2001年，县纪委（含监察局）行政编制33人，附属编制2人，改设办公室（监察综合室与其合署办公）、教育研究室、信访室（挂"县行政监察举报中心"牌子）、纪检监察一室、纪检监察二室、案件审理室、执法监察室、党风廉政建设室（挂"县纠正行业不正之风领导小组办公室"和"县惩治腐败廉政建设领导小组办公室"牌子）。成立县经济发展软环境建设领导小组，办公室设在县纪委。至2005年，县纪委（监察局）机构、编制未变。

二、纪律检查委员会会议

全体委员会会议　1986年召开4次。其中：1月25日，讨论全县端正党风规划；7月2日，传达省纪检交流会议精神，部署金湖纪检工作。1988年召开3次。其中：3月6日，召开中共金湖县纪律检查委员会第六届委员会第一次全体会议，选举陈德昌为纪委书记，吉里人、周胜国为副书记；6月23日至27日，召开全县纪检工作会议、举办纪检工作培训班，县委书记刘学东、县长张卫东讲话，纪委书记陈德昌作纪检工作报告；11月1日，召开中共金湖县纪律检查委员会第六届委员会第二次全体会议，陈德昌作《严明党的纪律，保证改革的顺利进行和经济的稳步发展》报告。1991年召开2次，其中3月18日，召开中共金湖县纪律检查委员会第七届委员会第一次全体会议，选举庄础为纪委书记，黄玉忠、单国富为副书记。1996年召开两次，其中3月10日，召开中共金湖县纪律检查委员会第八届委员会第一次全体会议，选举郑庆生为纪委书记，张少洪为副书记。2000年召开4次。其中：1月28日，召开县纪委全体委员和工作人员会议，总结部署全县廉洁自律、查办案件、专项治理、标本兼治、自身建设工作；5月29日，召开县纪委全体委员和全县纪检监察干部会议，总结部署全县党风廉政建设和反腐败工作；12月13日，召开中共金湖县纪律检查委员会第九届委员会第一次全体会议，选举谭爱国为纪委书记，朱建忠、陈旭东为副书记。2005年召开两次，其中12月23日，召开中共金湖县纪律检查委员会第九届委员会第三次全体会议，谭爱国作《全面履行职能、构建惩防体系，为"十一五"规划顺利实施提供政治保证》报告。至2005年，县纪律检查委员会召开全体委员会议48次。

常务委员会会议　1986年召开27次。其中：1月24日，传达市纪检会议精神，讨论大案要案查处，党风整顿等问题；11月22日，县汽配厂、日杂公司等单位汇报党风整顿情况；12月10日，讨论布置年度结案工作、年终总结评比、党风民意测评等。1988年召开44次。其中：1月12日，通报案情；2月11日，讨论印发1988年纪检工作目标责任制等问题；10月11日，通过《关于巩固发展纪检工作联系点的意见》。1999年召开26次。其中：2月9日，听取案件审理室汇报案件审理情况；5月27日，讨论机关为经济服务工作的意见。2002年召开10次。其中：2月5日，研究常委分工；4月1日，讨论机关公务用车、招待费等规定。2005年召开15次。其中：4月25日，召开领导班子专题民主生活会；11月11日，汇报立案及案件审理情况。至2005年，县纪委召开常务委员会议517次。

第二节　制度建设

1986年，全县党组织坚持民主生活会制度，乡镇539个支部89%以上的支部开展民主生活会。坚持党风检查考核制度，7月，建立前锋乡和县汽配厂党风联系点2个。1987年，落实中纪委《立即刹住用公款请客送礼、吃请受礼的歪风》的要求，并进行检查；与县酒厂、造纸厂、金南乡挂钩，建立纪检工作联系点，帮助解决问题26个；制定《关于加强党内监督的意见》，建立纪检信息网络，聘请基层党员干部为县纪委信息员49人；开展领导干部述职活动。1989年，试点并推广黎城乡和县税务局廉政制度公开情况。

1991年，制定《关于开展普纪教育的实施意见》，印发《整顿会风，严肃会议纪律的通知》，制定领导干部建房修房新规定。1996年，印发《金湖县领导干部抓党风廉政建设责任制》《金湖县领导干部抓党风廉政建设责任追究制度》《关于加强和健全党内监督的意见》。1997年，实行县纪委常委谈话制度，进行尚未构成严重违纪的党员干部谈话教育64人。1998年，税务部门实行权力分解和岗位轮换制度，公、检、法、工商等部门实行收支两条线；财政部门印发并试行会计委派制度。2000年，规范机关用车，禁止牌照100号以内的党政机关公务用车用于迎亲；印发《关于加强全县党政机关招待费管理的规定》，修订制止公费旅游的有关规定，制止3批次公费旅游活动；实施领导干部重大事项申报审批回复制度。2002年，制定《党政机关配车用车制度》，规定各镇、各部门只保留公务用车1辆；印发制止乡镇干部"走读"的规定；实行外出招商、参观申报备案和回复制度，制止6个单位无实际内容的考察活动。

2003年，印发《金湖县贯彻〈全市党政机关厉行节约、制止奢侈浪费的若干规定〉实施办法》，公开招标公款消费定点饭店16户。2004年，实行领导干部述廉、评廉、考廉制度，探索公务用车制度改革；金南、陈桥进行先公开拍卖，后限额包干的"准货币化"车改试点，11个镇的20辆公车全部公开拍卖。2005年，印发《党员干部勤政廉政"六条规定"》；建立党风廉政建设报告、通报、对照、考核四项制度；改革"考廉"制度，试行"点题"述廉；实行村级财务"报前会审"制度，印发《关于在全县村级集体经济组织实行财务会审制度的意见》，全县117个村实行财务会审制度；印发《关于加强春节期间公车管理的通知》，要求各单位公车在重大节假日期间实行封存；印发《关于乡镇车改后规范用车管理意见》。

第三节　廉政教育

1986年，剖析县农行某副行长、唐港乡某副乡长两人违纪案件并开展教育。与县委宣传部、组织部一起召开党性教育研讨会，成立全县党风党纪研究分会。1987年，副乡科级以上领导干部出现苗头性问题16人，由于及时教育，全年乡科级干部受到党纪处分只有1人，此工作经验在市党风建设经验交流会上进行介绍，《江苏纪检》第8期上刊载；向全县党员发出关于禁止党员干部索贿受贿的公开信；通报县输油泵厂一党员赌博情况；与宣传、组织等部门共同举办党风、党建知识竞赛。1988年，谈话、教育副科级以上干部19人；购置5部录像片，巡回放映90场次，受教育13740人。1989年，总结廉洁奉公的党员干部事迹2人，开展反腐败教育；开展鉴戒教育，剖析8个典型案例，向全县发出通报，组织党员进行"经受执政和改革开放的考验""讲廉洁、拒腐败"教育；举办173场次电化教育，受教育3.27万人次。1990年，举办副科级以上党员干部学习班2次，谈话副科级以上干部19人26次；总结党风廉政建设先进单位10个、廉洁奉公先进个人事迹37人，进行榜样教育；剖析典型案件4件12人，开展组织讨论，进行鉴戒教育；购买党风廉政教育录像片14部，巡回放映120多场次，受教育党员干部1.7万多人次。

1991年，开展普纪教育，全县党员普及率95.2%，参考率94.4%，经验文章被收入省纪委编印的《全省普纪教育经验材料汇编》；举办乡科级党员干部和县属企事业单位支部书记参加的普纪教育系列讲座。1994年，举办党纪教育广播讲座246期，党风廉政教育培训班65期，上党课674场，电化教育260场，剖析案例8个，树立先进典型14个，副科级以上党员干部646人普遍轮训1遍，开展党风党纪百题知识竞赛、近千人参赛。1996年，树立正面典型26个，发处理通报5份，剖析案例4件，进行电化教育160多场次，受教育人数1.86万人，上党纪教育课300场；举办党政纪条规知识考试3次，参考人数1.83万人；组织党员干部和非党积极分子参加中纪委组织的知识竞赛，参赛1万人。1997年，开展“树形象、做表率、创新风”主题教育活动，组织参加市巡回演讲会科级干部700多人；评选出勤政廉政先进典型10人，获省勤政廉政先进个人1人；开展学习《条例》和《准则》知识竞赛。1998年，开展“高举旗帜、增强党性、艰苦创业”主题教育活动，编写案例教材《前车之鉴》印发基层。1999年，开展“学习理论、弘扬正气、振奋精神、加快发展”主题教育活动，开展“讲学习、讲政治、讲正气”为主要内容的“三讲”活动。

2001年，开展“实践‘三个代表’重要思想，树立正确权力观、群众观、利益观”主题教育活动，编印《党风廉政法规选编》2000多册，组织科级干部进行党风廉政知识测试683人；开展“三廉工程”活动。2002年，开展“牢固树立正确的权力观”主题教育活动，组织科级干部120多人，到南京监狱接受警示教育；开展“三廉工程”活动，陈桥镇财政所所长沈佑成的事迹被省电视台报道。2003年，开展以“两个务必”为重点的主题教育活动，召开座谈会96场次，读书会35场次；树立市级廉内助和廉管家典型2人。2005年，印发《关于建立健全惩治和预防腐败体系实施意见》和任务分解方案，组织知识测试；制定《关于加强全县廉政文化建设的意见》，集中开展“廉政文化宣传月”活动；举办“交通杯”廉政革命歌曲演唱比赛。

第四节 信访举报与案件查处

一、信访举报

1986年，县纪委建立信访举报制度，全年受理信访举报317件，办结317件。1988年，县纪检信访举报工作连续4年实现中纪委提出达标要求，在全市纪检信访工作会议上作经验介绍，被省纪委表彰为信访举报工作先进集体。1991年，中纪委《信访简报》第16期以《明确信访工作四个关系，努力为企业生产经营服务》为题，介绍金湖纪检信访工作服务企业生产经营的做法经验，同时被收入《江苏省企业纪检信访工作经验交流材料选编》。1992年，金湖连续7年实现中纪委提出的达标目标，获省纪委1992年全省信访工作三年达标先进单位称号，南京、安徽滁州、洪泽等市县纪委分别到金湖学习取经。1997年，县纪委配备通信工具，24小时受理信访举报；乡镇纪委配备举报电话，统一号码尾数；建立信访工作常委责任区；实行署名信访两次反馈制度和信访举报记录卡制度，继续实行下转信访滚动管理，强化跟踪督办工作。1998年，坚持“以档报结”的反馈制度、跟踪督办制度，推行《信访办结情况跟踪检查表》，全省纪检监察工作会议和省市纪检监察信访工作会议介绍金湖《实行直查快办，推动反腐倡廉》《加强组织协调，解决疑难信访》经验。2005年，县纪委共收到群众信访举报320件，接待群众到访315人次，协助党委、政府处理疑难集访6件。

1986—2005年金湖县纪检监察信访举报案件办理统计表

表26-4-3

年份	信访举报（件）	办结（件）	办结率（%）	年份	信访举报（件）	办结（件）	办结率（%）
1986	317	317	100.00	1990	186	184	98.92
1987	302	301	99.67	1991	147	145	98.64
1988	125	125	100.00	1992	144	139	96.53
1989	186	184	98.92	1993	157	153	97.45

接上表

年份	信访举报（件）	办结（件）	办结率（%）	年份	信访举报（件）	办结（件）	办结率（%）
1994	194	189	97.42	2000	392	389	99.23
1995	224	224	100.00	2001	384	377	98.18
1996	634	634	100.00	2002	324	316	97.53
1997	604	604	100.00	2003	274	274	100.00
1998	401	401	100.00	2004	232	221	95.26
1999	531	531	100.00	2005	320	320	100.00

二、案件查处

1986年，县纪委注重查处干扰和破坏改革的案件，联合县人民检察院、审计局等部门，查处县造纸厂贪污问题，受到刑事处罚2人、党政纪处分1人，挽回经济损失6万多元，结案后，运用反面典型，帮助该厂开展刹歪风、整顿纪律活动，建立健全相关规章制度。1987年，受理申诉案件20件，查结19件，结案率95%。经复查复议不予纠正17人，撤销原处分1人，改变处分1人。1989年，以查处党员干部以权谋私、贪污受贿、挪用公款等经济类案件为重点，原夹沟乡丝织厂厂长等7人因贪污、挪用公款被查处，挽回经济损失近20万元。建立执法执纪部门联席会议制度，实行重大案件联合办案。是年，由县纪委牵头，调查处理县种子公司、原种场等单位有关人员出售杂交稻种子索贿受贿问题。1990年，查处贪污类8人、贿赂类5人、投机倒把类3人、盗窃类1人、乱搞男女关系类4人、违反计生政策类7人、赌博类6人、其他类7人，选择典型案例开展警示教育，印发案例通报4件，其中被《江苏纪检》选用2件。1991年，解剖企业17户，其中正常运转16户，扭亏为盈5户。解剖中形成的《乡镇企业亏损的非正常因素不容忽视》调查报告，被市纪委转发。1992年，查处金南乡营业所原主任利用发放贷款收受贿赂21466元的问题。继续解剖亏损企业4户，查处违法违纪案件3件，挽回经济损失90万元。

1993年，重点查办党政机关、司法、行政执法、经济管理部门中的案件5件。1994年，查处行政执法机关腐败案件1件、经济管理部门案件3件。县石油公司违法违纪案件涉及5个单位11人，处以开除党籍6人，留党察看3人，其他处分2人。1997年，查结违反财经纪律案件8件，贪污案件10件，贿赂案件18件，侵占案件9件，盗窃案件4件，其他经济类案件25件，违反政治纪律案件1件，违反组织人事纪律案件1件，失职渎职案件4件，腐化堕落道德败坏案件7件，赌博案件17件，违反计生政策案件3件，其他案件8件。113人受到党政纪处分，2人免予党纪处分。经济大案较1996年增加1倍，共查办万元以上经济案件38件，其中10万元以上经济案件4件，立案查办科级干部案件11件，查办党员干部违法违纪窝案、串案13宗，涉及党员干部41人，12人被移送司法机关追究刑事责任。1998年，案件总量上升20%，经济案件占案件总数的大半，因经济问题被开除党籍科级干部3人，追究刑事责任；严肃查处群众关注的工程建筑领域、以权推销商品、违规购房等热点问题案件14件。1999年，注重查办重点领域中的案件，查办政府机关案件16件，查办事业单位案件35件，查办工程建设领域行贿受贿案件7件。

2000年，查办科级干部案件比1999年增加1倍，其中8件为经济案件，全部移送司法机关追究刑事责任。基层立案查办违纪违法党员干部83人，单位负责人49人，在职干部67人，无职无权的普通党员16人。2001年，重点查办医药购销、建设工程领域违法违纪案件，涉及党员干部8人。查办一批土地批租案件，给予审批县城规划区内农民宅基地失职渎职、弄虚作假的党员干部党政纪处分6人。先后直查快办农村基层疑难案件2件，立案处理农村党员干部4人，追缴违纪金额6万多元。重点检查1997年以来县纪委自办案件处分决定执行情况，处分决定100%执行到位，受到市纪委肯定。

2003年，县公路运输公司干部3人，涉案金额20多万元，被移送司法机关。直查快办农村基层疑难复杂案件1件，前锋镇白马湖村村干部5人，因滥用招待费、严重挥霍浪费、贪污等问题被追究纪律责任，其中追究刑事责任1人，村组干部21人，责令承担费用31.9万元。突破一批有影响案件，立案查处科级干部6人，涉案金额50多万元。是年，会同县委组织部等相关部门检查上年度处分决定执行情况2次，及时督促有关部门执行处分决定全部到位。2004年，查处案件89件，其中经济类案件33件，万元以上11件，10万元以上2件，百万元以上4件，共挽回经济损失564万元。严肃查处执行政府重大决策不力，造成严重后果的案件，县林牧渔业局因滥伐林木被查处党员干部5人。严格实行信访责任追究制，因工作不到位，造成部分群众越级上访，追究黎城镇责任人3人，通报全县。严肃查处侵犯群众利益案件，县林牧渔业局原工会主席、县果园原主任受贿15万多元，被立案查处。因销售假种子、假农药，追究纪律责任党员干部4人。2005年，共查办违法违纪案件84件，追究刑事责任15人。查办7件基层事业单位财务管理混乱案件。县农机校财务混乱，奢侈浪费严重，原校长涉嫌贪污受贿被移送司法机关处理。调查群众反映强烈的企业改制中国有资产流失等方面的问题4件，追回国有资产226万元。查办发生在群众身边、损害群众利益的案件6件，吕良镇某村因财务管理混乱，少数村干部滥支费用被责令退赔，立案追究纪律责任党员干部3人。

1986—2005年金湖县纪律检查部门查办党员干部违纪违法案件统计表

表26-4-4

年份	查办案件(件)	其中		党纪处分(件)	其中			挽回经济损失(万元)
		科级干部(件)	经济类(件)		开除党籍(件)	追究刑事责任(件)	政纪处分(件)	
1986	14	—	—	17	2	2	—	6
1987	48	—	—	5	—	—	—	3
1988	41	—	—	9	4	2	—	—
1989	34	3	—	35	2	—	—	20
1990	48	3	16	38	5	—	—	—
1991	33	5	15	18	11	—	—	65
1992	46	3	—	48	10	—	—	—
1993	98	53	—	20	—	—	—	41
1994	35	3	15	43	15	—	—	36
1995	53	—	25	46	4	—	8	56
1996	69	11	19	69	10	—	5	—
1997	115	11	74	122	5	12	—	—
1998	144	12	70	119	5	—	33	182
1999	154	5	—	85	2	—	21	211
2000	108	10	43	99	6	—	16	565
2001	113	—	57	99	—	—	23	—
2002	149	—	36	112	—	—	—	—
2003	100	—	44	80	—	—	—	748

接上表

年份	查办案件（件）	其中		党纪处分（件）	其中			挽回经济损失（万元）
		科级干部（件）	经济类（件）		开除党籍（件）	追究刑事责任（件）	政纪处分（件）	
2004	89	9	33	84	—	—	—	564
2005	84	—	—	82	12	15	—	226

第五节　专项治理

一、纠正不正之风

1986年，县纪委、县监察局调研划分不正之风与改革界限和乡办企业发展情况。1989年，狠刹户口“农转非”工作中不正之风，调查淮胜、卞塘、横桥等乡镇群众反映的60年代户粮问题，查出弄虚作假24户172人。1990年，清查处理以权谋私建私房党员干部90人，其中副科级以上干部15人，追缴各种税费16.76万元，追回被侵占集体款物折价6.52万元，拆除建筑物254平方米，处理党员干部3人。1991年，清理党员干部宕欠公款1600人、162万元，收回65万元，处理少数情节严重欠款者，其中停职8人，停薪24人，通报批评3人，扣发工资248人，152人被收取利息，诉诸法律5人。

1992年，进行农村财务整顿，组织997人的清理队伍，清理村63个、村民小组501个、村集体企业31个，清出吃喝滥支82.9万元，贪污43人计2.32万元，挪用102人计3.83万元，侵占公物49人67件（折价8600元），其他违纪金额73.72万元。1994年，清理党政机关经商办企业，机关所办实体共23个，撤销10个，划转7个；脱钩实体企业10个，原在实体兼职干部72人，辞去兼职70人。1996年，狠刹节日期间不正之风，查处金湖商场、县汽车配件厂和县计控设备成套公司3个单位违反规定，印制、发售、购买和使用代币购物券问题；查处强行向企业推销挂历问题2件。清理违章违法占地建房党员干部52人，拆除违章建房30户，退出占地1533.9平方米，收缴土地有偿使用费10.98万元。

1997年，清理乡科级干部住房744人，清理公款安装的住宅电话248部、公款配置的移动电话287部。查办以权推销商品的信访18件次，没收推销款15.5万元，受到党政纪处分的科级和股级干部各2人。清理45个机关部门兴办实体90个，查处清理中暴露出来的违法违纪案件4件，追缴赃款10.25万元。1998年，专项清理公款购置通信工具，建立手机管理档案，以文件形式公布符合条件的持机人员名单，印发手机“准用证”。清理出的23部手机折价处理17部，调查摸底企事业单位领导干部用公款配置通信工具情况，企事业单位领导干部用公款安装住宅电话250部，用公款购置手机254部。

1999年，查处县商业大厦违反规定使用代币券问题，责成有关当事人及其单位领导人作深刻检查，处以单位罚款1万元。11月，进行党政机关、事业单位、国有和集体企业的公费手机清理登记、折价变卖，全县公款配置的手持机380部、寻呼机258部、住宅电话115部，全部折价过户给个人，折价款33万元。调查清理参加房改科级干部723人，清退各项房改款、住房补贴款10多万元，清退多占住房10套。2001年，规范机关公务用车管理，责成违规使用公车干部11人，补缴费用1000多元。清理违规领取住房补贴款干部职工30人16.5万元。

2002年，开展“企业服务月”活动，通过登门企业调研、走访群众等形式，收集企业反映的各类问题370多条，督促整改160多条，4人因违反首问负责制，向企业“吃拿卡要”被待岗。2003年，查处变相使用代币券单位3个，没收非法所得4.6万元，给予罚款3.9万元，受到行政警告、记过、降职等处分3人。查处滥用招待费党员干部5人，全县机关事业单位招待费比上年下降17.6%。查处违规用地17件、37.4公顷，罚款35.2万元。清理纠正用公款违规购买商业保险243.58万元。清理住房违规干部职工1.7万人，处理违规人员108人，责令退出住房19套、1063平方米，按市场价购买4套、224平方米，补缴和退出各类款项65.7万元，调整房租17套、833平方米。

2004年，规范政务公开，逐步推进热点问题“点题公开”。政府采购新增5类货物、1类工程和2类服务项目，各类采购项目资金7484万元，节约资金826万元，平均节约率11%。2005年，印发有关规定，设置干部廉洁自律“高压线”。“点题”述廉试点县审计局等单位3户，述廉过程中发出整改通知书的单位4个；进行廉洁及基本廉洁率低于85%的科级干部诫勉谈话2人。

二、控减农民负担执法检查

1992年，县纪委、监察局开展控减农民负担执法检查，取消15项、暂停执行3项，核减农民负担项目27个，减少农民负担341.5万元，人均减少12.6元，清出超编人员471人，查处涉农信访案件4件，退回多收、乱收钱款7.04万元。1994年，聘请控减农民负担义务监督员100人，健全农民负担监督网络。通过执法监察活动，全县农民合同内负担总额1263.17万元，比上年下降0.13个百分点；统筹代办费总额857.56万元，比上年减少93.19万元。1995年，制止纠正违纪行为16件，查出违纪金额500多万元，纠正退还违纪金额183.21万元。发现案件线索3条，全部查处。

1996年，全县设立农民负担监测点22个，组织执法检查3次，退还合同外集资摊派款146.14万元，受理调查涉农信访23件，其中立案调查7件，全部查结，处分7人，纠正变相增加农民负担问题4件，减少农民负担58万元，是全市查办涉农案件最多的一个县。1998年，继续巩固控减农民负担成果，实行“高收入、多负担，低收入、少负担”，核减15个乡镇不合理负担12项。查处涉及农民负担案件5件，查出违纪金额7万多元，挽回集体经济损失19万元，纠正、退还违规收费53.2万元。1999年，进行依法治负，清收债务185.8万元。2000年，清收个人欠款582万元；全面推行公平负担办法，落实高收入、多负担7799户，多负担金额28.05万元；低收入、少负担1677户，少负担金额12.98万元；查处5件涉及农民负担案件，被纪律处分村干部5人。

2002年，开展村级“清财化债”工作，印发《关于对村级“清财化债”工作实行责任追究制度的通知》，成立11个驻村督查指导组，共解决各类信访问题22件，纠正财务违规100多件，立案查处金南镇连湖村村干部挪用公款乱支乱用问题。2005年，印发《关于在全县村集体经济组织实行财务会审制度的意见》，全县实行财务会审制度村117个，全县各村累计发生非生产性开支37万元，较上年同期下降26%，较好地遏制村级非生产性开支和村级债务增长势头，此做法被《新华日报》等多家媒体报道。

三、治理乱收费

1993—1994年，县纪委、县监察局开展乱收费专项治理，印发企业付费登记制度，设立付费登记点8个；会同县物价、工商、税务、经委等部门，抽调40人，组成调查小组13个，抽查全县有收费项目行政事业部门48个，涉及单位95户、收费项目1050项、1992年收费1100多万元，对照有关规定，取消5个部门的收费项目15个。1995年，开展公路、河道“三乱”（乱收费、乱罚款、乱摊派）治理，纠正县农机监理所违反规定乱着装、上路拦截两用（农用和公路运输）拖拉机问题，处理县交通局交管执法人员违反规定乱收费、乱罚款和敲诈车主行为5人，分别受到辞退、解聘、调离交管岗位和行政记过处理，撤销公安、交通联合检查站1个。取消中小学乱收费项目8个，清退乱收费35.5万元，减轻学生经济负担25.5万元，制止向学生摊派、搭售商品30万元。1996年，撤销公路、航道收费点（卡）3处，没收非法所得，追究有关责任人的纪律责任。

1997年，治理中小学乱收费，设立中小学收费监测点100个，聘请中小学生家长担任收费义务监督员289人，查处涂沟镇教办室、夹沟中学、前锋中学等违反规定乱收费行为，分别给予主要负责人党政纪处分。开展减轻企业负担执法监察，清理部门、单位印发的企业不合理负担文件，取消不合理收费项目15个，核减企业不合理收费28件、135万元。1999年，调查处理中小学乱收费信访案件17件，清退违规收费3万元，立案查处党员干部3人。3月，立案查处淮胜交管所违反规定上路拦车收费案件，该所负责人徐某受到行政记大过处分。11月，处理金北交警中队协勤员上路拦车检查行为，该交警中队负责人被调离交警岗位，辞退违规协勤员3人。

2000年，巩固减轻企业负担成果，抽查企业32个，处理纠正违规收费部门7个，没收违纪金额18万元。查处中小学收费信访件13件，清退违规收费9.6万元。2001年，县"一报两台"公布收费标准，设立收费监督点18个，举报电话90部，举报箱88个，全县178所学校实行收费监督卡制度，县纪委会同教育部门查处涉及乱收费信访件18件，责令学校退还结余未退的代办费53.7万元，处理吕良中学等3个单位乱收费问题，退回违规收费4.1万元。2003年，巩固治理中小学乱收费工作成果，开展教育乱收费专题调研活动，探寻治本措施，做好推行"一费制"准备工作。查处违规收费28件，违规金额117.3万元，处理相关责任人，责令学校退还学生所有违规收费。2004年，严把审批关、公示关和申报关，查处教育乱收费行为26件，违规金额32万元，减轻学生负担300多万元。清理归并企业收费项目，取消收费项目32个，降低收费标准项目27个，纠正乱收费行为16件。清理减少统一着装人员364人。清理党政领导干部兼任企业职务12人。2005年，配合有关部门加强学校"一费制"落实情况监督检查，查处教育乱收费行为31件，清退违规收费30多万元。辞退违规执法城管协勤员3人。

四、工程建设专项治理

1996年，县纪委、县监察局开展工程建设专项治理，调查摸底1994年7月1日至1996年在建、竣工、新建工程造价50万元以上项目64个，受理此项信访案件9件，查结5件，在查4件。1997年，全县新开工程项目报建率和招投标率均为100%。审计调查50万元以上和群众有反映的工程项目，查办信访举报19件，立案7件，其中涉及正科级干部3件，股级干部4件，6人被开除党籍，1人留党察看1年，2人被移送司法机关，挽回经济损失30多万元。1998年，规范工程建筑市场行为，审计1998年度竣工项目20个，核减金额43.16万元；查办建筑工程信访8件，立案8件，受党政纪处分8人，移送司法机关3人。

1999年，规范建筑工程有形市场秩序，拉网式检查在建工程123个，强制整改存在问题的工程。查办工程建设信访案件5件，发现违纪线索13条，立案7件，其中万元以上大案6件，没收违法违纪款25.33万元。审计国有资产或以融资为主的建设项目10个，控减投资96.85万元，减少财政拨款11.4万元。2000年，全县28个30万元以上工程项目100%实行招投标。审计建筑项目15个，核减工程投资150万元，查处并移送司法机关案件2件。2001年，整顿建筑市场秩序，重点抽查县城在建工程10个，发现违纪线索15条，立案查处党员干部违法违纪案件8件。2002年，查纠建筑市场违规行为2件，取消招标报名资格单位2个，金湖整顿和规范建筑市场秩序工作得到省工程专项治理领导小组充分肯定。清理全县闲置土地和经济适用房，调查核实处理闲置土地9宗3.78公顷；调查划拨供地经济适用房6幢；追缴往年拖欠土地出让金、租金80.7万元；处理违法用地93户，当年追缴60户，补收土地出让金50多万元。2003年，执法检查全县建筑市场3次，印发整改通知书65份，停工通知单11份，查处公路工程建设受贿案5件。

2004年，整顿土地市场秩序，全县共征用农民、集体土地214.83公顷，支付土地补偿安置费8766.4万元，10月底，全部兑付到位；规范建筑市场秩序，组织开展借用资质、逃标、转包等违规行为大检查，查处工程建设受贿案1件。2005年，立案查处违法排污单位59户，依法取缔"小电镀"企业2个、"小造纸"企业1个；规范工程建设市场运行秩序，全年完成工程招投标项目19个，工程报建率和招投标率均100%，清理建筑企业拖欠农民工工资847万元；整顿土地市场秩序，全县经营性土地使用权转让招拍挂率100%，配合有关部门查处违规用地28宗，补收出让金11万元。

五、医药市场执法监察

1998年，县纪委、县监察局专项执法监察全县医药市场，取缔游医药贩和无证行医16件，没收药品器械197种（件），价值2.76万元。1999年，查处广播电视非法广告案3件、非法行医案3件、非法高价推销药品案1件，罚没违规款11万元。2000年，会同县卫生、工商、物价、公安等部门开展医药市场执法监察，取缔外籍无证行医6件，取缔非法医疗机构8个，没收一批不合格药械，查出老产品、过期失效产品等价值7万多元，并集中销毁。2001年，规范医药购销市场，先后取缔河南、安徽等地药贩17人次，查处药品采购违规行为，受到刑事处罚的医务人员6人。

2002年，强化医药市场管理，县药械洽谈中心进行集中洽谈采购33次，金额2383.6万元；组织专项检查，查处销售假冒伪劣药械案件9件，查处药品、医疗乱收费等违法违纪问题17件，查处医疗机构工作人员收受回扣行为7件，立案处理3件。2003年，轮换药械采购岗位工作人员12人，药械集中比价洽谈采购35次，交易额2380万元；查处违法销售假冒伪劣药械11件，经济处罚5.1万元；查处非法医药广告18件、药品医疗乱收费等问题22件，经济处罚和没收非法所得48.6万元；立案查处医疗机构工作人员收受回扣案件6件，通报批评县人民医院、戴楼卫生院违规采购药械问题。2004年，纠正医药购销和医疗服务中不正之风，全年共集中比价洽谈采购28次，采购交易额2550万元，其中，中心比价采购2040万元，占采购总额的80%，批准外购510万元，占总金额20%，立案查处医疗机构工作人员收受回扣案件5件，轮换医疗卫生热点岗位20多人次。2005年，加大医药购销市场监管力度，开展专项检查34次，取缔无证行医15件，查处销售假劣药械案件12件。

第六节　行风和软环境建设

1995年11月，县纪委抽调16个单位30人，分10个检查小组，检查评比30个纠风重点单位，检查结果是：绝大多数单位领导重视、网络健全，修订完善党风廉政制度400多项，废止过时、难以操作的制度100多项，开展明察暗访80多次，发放各行业公开信5000多份，行风测评表3000多份，征求意见信近万封，设立举报电话129部，举报信箱177只，受到党政纪处分13人、组织处理8人，挽回经济损失200万元，评审出先进单位7个。1996年，考核评议纠风重点单位33个，评审出先进单位7个。1999年，全县30个重点纠风单位，评出行风建设先进单位13个。2000年，开展民主评议行风工作，重新调整行风评议重点单位，与县文明办、县报社联合开展“我议行风”民主评议活动，公布24户行风评议重点单位的纠风重点项目和举报电话，《金湖报》刊登群众评议表，处理工作日中午饮酒的干部职工25人，待岗6人。

2001年，成立金湖县经济发展软环境建设领导小组。9月6日，县委办、县政府办印发《转发县行风办〈关于推行首问负责制等五项制度的意见〉的通知》，全面推行首问负责、否定报备、文明办公、一次违规申告查实待岗、社会服务承诺等五项制度。10月开始，以县直机关部门、单位为重点，开展经济发展软环境集中整治活动，集中整治县直机关重点部门、单位（含党政机关、司法机关、垂直管理部门、县直单位、窗口服务单位），突出重点监督管理、经济主管、政法、经济服务和综合部门61个，整治内容主要包括政策落实、行政审批制度改革、机关作风、依法行政、社会治安秩序等，集中整治活动分宣传学习、查找问题、集中整改和总结验收四个阶段。集中整治期间，县软建办编发《简报》26期，展出57个重点部门、单位领导班子成员的学习笔记和体会文章，进行部分机关工作人员软环境相关知识测试；各部门、单位围绕重点整治的6个方面、23项内容，开展自查自纠；组织服务对象和机关干部职工民主评议重点部门57个1573人；全县共收集各类意见、建议3000多条，除部

图 26-4-4　2001 年 1 月 12 日，县纪委举办“行风热线”第三期户外直播活动　县志办 / 供

分涉及特殊规定外，大部分得以解决。还加大督察力度，着力查处反面典型，组织各类暗访活动50多次，集中督察10多次，因违反软环境建设制度规定受到通报批评、待岗、免职等处理40多人。组织社会各界人士分两个阶段进行6轮民主测评重点整治单位57个，评选出“十佳”候选单位。

2002年1月12日，举办“行风热线”第三期户外直播活动，组织17户行风及软环境建设重点单位，现场接受群众咨询和投诉，接受涉及31个部门和7个镇的248个咨询和投诉问题，其中现场解决、答复69个。开展2次企业服务月活动，54个重点部门主要负责人调查走访列统企业，收集梳理问题97件，现场解决23件，会办、交办处理74件。开展软环境（行风）建设活动68次，编发《简报》61期。参与各部门、各单位召开座谈会、评议会72场次，发放征求意见表11万多份，调查走访企事业单位106户，走访群众5800多人次，设立举报箱83个，公布举报电话56部，组织明察暗访46次，梳理问题138件。查处不利于软环境建设的人和事14件，通报批评55人，党纪政纪处分2人，待岗2人，辞职1人，调离岗位4人。

2003年，开展企业服务月活动2次。摸底调查规模企业、投资500万元以上的外来投资企业112户、规模以下企业225户。县领导和相关部门负责人分成调查组34个，上门了解企业生产经营状况，收集涉及行政执法、行政服务、企业改制、基础设施建设、社会保障、治安环境等方面问题229条，涉及部门或镇49个，梳理归纳需要解决具体问题138件，召集有关部门和镇负责人会议进行交办。调查涉及10个部门的软环境举报50多件，查处违反软环境建设的人和事36件，待岗27人，辞退9人，挽回企业和群众损失23万多元。2004年2月26日，举办“行风热线”第14期户外直播活动，现场接受群众咨询及投诉，接受涉及29个部门和7个镇的投诉187件。29日，组织各办理单位召开投诉交办会并分组督办。至3月底，各项投诉办结率100%，群众满意率74%。明察暗访全县机关工作作风7次，组织专项督察25次，编发《督查通报》11期；受理涉及群众生产、生活投诉261件，专门召开交办会，明确受理单位和办理要求，并分组督办和回复投诉人，投诉办结率98%，群众满意率86%；解决企业反映问题15件，办理涉企检查93件次，实施行政处罚1件次。是年，全面实行企业付费登记制度，向全县列统企业和个体工商户发放“企业付费明白卡”和“企业缴费登记卡”8860份，进一步规范收费行为。

2005年，根据不同行业和区域分布情况，选择规模以上企业中发展潜力大、诚信度好、具有一定代表性的企业30户，作为经济环境监测点。聘请软环境监督员20人，与监测点企业保持联系沟通，定期走访，组织软环境监督员走访监测点企业6次，收集反映各类问题和意见140多个，全部帮助协调解决落实到位。5月、8月组织企业服务月活动2次，走访调研全县规模以上企业、园区企业180户、民营企业996户，分类汇总调研活动中收集的问题7大类412个，分别于6月10日和9月30日召开企业服务月问题交办会，办结率100%。9月至11月，针对金湖中介机构良莠不齐，部分中介机构存在乱评估、乱收费以及无照无证营业等违规违法现象，集中清理整顿中介机构230多户，清查出无照无证20户，存在严重问题的21户，责令存在问题的中介机构限期整改到位。11月2日，举办第24期户外行风热线“看病与上学”专题活动，现场接受社会群众咨询和投诉，受理涉及教育、看病就医、城市管理、社会治安、环境保护及企业改制遗留等各类问题109件，现场解答和办结24件。至12月底，全部办结投诉件109件，走访率和投诉办结率100%，群众满意率86%。是年，全县57个单位和11个镇中评出最佳科（股）室和基层站所95个，最佳工作人员42人，末位站所和科（股）室65个，末位工作人员41人。

第五章　组织建设

第一节　组织机构

1986年，县委组织部内设干部科、青年干部科、组织科、审干科，行政编制19人。1988年，组织部内设干部科、青年干部科、干部培训科、组织科、秘书科、审干办公室。1989年7月，增设知识分子工作科；11月，秘书科更名为办公室。1990年，增加行政编制1人。1997年，内设办公室、干部股、青年干部股、综合干部股、干部培训股、组织股、党员电教股、党员管理股、知识分子工作股，行政编制25人，附属编制1人。2001年，内设办公室（挂“研究室”牌子）、干部科（挂“青年干部科”牌子）、综合干部科、干部教育科、干部监督科、知识分子工作科、组织科、党员教育管理科，行政编制23人，附属编制1人。2004年4月，知识分子工作科更名为人才工作科。2005年没有变化。

第二节　党员与基层组织

一、党　员

党员发展　1986年，经过整党，正式党员中准予登记11080人，缓期登记的61人，不予登记23人。当年发展党员378人，预备党员转正635人，延长预备期6人，取消预备党员资格1人。1989年，施行党员发展“六公开一测评”制度，即公开入党条件、公开党员发展程序、公开积极分子名单、公开培养教育措施、公开考察结果、公开党支部讨论结果，预备党员吸收前以及预备党员转正前邀请党内外群众进行测评。

1990年，进行县属企业一线工人发展党员试点，实行经济行业干部和经济工作者入党前的经济审计制度。1993年，印发《关于进一步完善发展党员工作有关程序和手续的意见》。1996年，多年不发展党员的23个村党支部发展新党员。1997年，编印《发展党员工作规范》《入党积极分子之友》两本书和《入党积极分子发展对象写实表》，36个3年以上未发展党员的支部、20个无党员的村民小组发展新党员。1998年，制订《金湖县1998—2000年发展党员工作三年规划》，指导群团组织开展向党组织“推优”工作，共推荐35岁以下优秀青年224人、45岁以下优秀妇女282人。是年7月，首次开展县供电局党委所属检安、用电两个支部预备党员转正答辩试点工作。

1999年，建立发展党员公示制度，实行预备党员转正“双票制”（指全体党员和党外群众代表对转正对象分别投民主评议票），开展预备党员“我在预备期”教育活动，设立县财政局预备党员转正答辩试点。2000年，印发《发展党员责任追究制》，按照“坚持标准，保证质量，改善结构，慎重发展”的方针，实行“两制一跟踪”，即入党积极分子和发展对象实行公示制，接受群众监督；预备党员转正实行答辩制，作为能否按期转正的重要依据之一；分别进行预备党员和转正新党员一年期跟踪考核教育，确保新党员质量。2001年，实施发展党员审计制，年内财务审计从事经济工作的发展对象98人，暂缓发展有经济问题4人。2002年，建立共青团组织“推优”机制，扩大“推优”面到妇联、工会，注重从农村、非公有制经济组织、新社会阶层群体中培养入党积极分子，实施发展党员“全程、全员、全情”公示制。

2003年，实施发展党员全程票决制，推行“全程公示+全程票决”模式，即发展每一名党员，除全程加强培养考察外，从其递交入党申请书，到列为入党积极分子、列入发展对象、吸收入党，以及预备期、预备期满转正这几个阶段，全部采取无记名投票的方式进行表决，并在每一个环节通过多种形式进行公示，以增强工作的透明度，增强党性观念和先锋意识，确保达到“坚持标准、保证质量、改善结构”的目标。2005年，全面实施发展党员公示制，公示入党积极分子2836人、发展对象278人，群众来电来信反映问题经查属实的，均作出处理，其中暂缓确定为入党积极分子和发展对象39人，暂缓发展为预备党员8人，延长预备期预备党员2人，暂缓发展考试成绩不合格7人、未通过预审谈话发展对象6人。是年“七一”前夕，县委组织部、县级机关工委联合组织县级机关新党员84人，到周恩来纪念馆举行集体宣誓仪式。

1986—2005年金湖县党员发展统计表

表26-5-5　　单位：人

年份	发展数	其中县级机关	女性	其中县级机关	35岁以下	其中县级机关	高中以上	其中县级机关
1986	378	55	31	7	246	27	233	42
1987	412	108	51	28	239	45	244	85
1988	286	60	33	8	172	28	179	52
1989	240	34	33	7	149	11	159	28
1990	278	52	23	9	161	31	181	38
1991	387	60	29	12	235	32	255	44
1992	450	73	—	13	307	50	312	59
1993	433	58	50	13	246	32	304	51
1994	520	112	70	15	319	51	351	99
1995	607	84	96	15	358	41	427	79
1996	541	88	109	25	353	63	385	82
1997	508	74	91	20	330	52	381	68
1998	458	73	86	24	269	52	363	68
1999	476	81	110	21	310	62	374	78
2000	479	83	104	16	318	57	408	80
2001	481	89	113	22	311	57	421	85
2002	447	51	125	11	336	33	381	45
2003	382	53	99	12	291	38	343	48
2004	308	46	76	19	196	37	300	43
2005	317	32	97	14	238	30	306	29

党员结构与分布　1986年，全县女党员、35岁以下党员、高中以上文化程度党员分别占党员总数的9.07%、32.42%和21.62%。1991年，全县女党员、35岁以下党员、高中以上文化程度党员分别占党员总数的8.78%、23.5%和31.38%。1996年，全县女党员、35岁以下党员、高中以上文化程度党员分别占党员总数的9.98%、20.22%和40.09%。2001年，全县女党员、35岁以下党员、高中以上文化程度党员分别占党员总数的11.3%、16.1%和47.99%。2005年，全县女党员、35岁以下党员、高中以上文化程度党员分别占党员总数的12.62%、13.24%和52.57%。

1986—2005年金湖县党员结构统计表

表26-5-6　单位：人

年份	党员总数	分布		分类		性别		年龄		文化程度	
		县城	农村	正式	预备	男性	女性	35岁及以下	36岁及以上	初中以下	高中以上
1986	12023	2248	9775	11483	540	10932	1091	3898	8125	9424	2599
1987	12564	2516	10048	12060	504	11433	1131	3915	8649	9612	2952
1988	12760	2624	10136	12414	346	11594	1166	3797	8963	9501	3259
1989	13001	2781	10220	12690	311	11834	1167	3388	9613	9422	3579
1990	13226	2883	10343	12875	351	12050	1176	3264	9962	9277	3949
1991	13550	3027	10523	13114	436	12360	1190	3185	10365	9298	4252
1992	13962	2407	11555	—	—	12712	1250	3167	10795	—	—
1993	14415	2595	11820	13917	498	13097	1318	2839	11576	9349	5066
1994	15503	2745	12758	14964	539	14053	1450	3032	12471	9864	5639
1995	16087	2894	13193	15436	651	14539	1548	3174	12913	9919	6168
1996	16576	2928	13648	16010	566	14921	1655	3351	13225	9931	6645
1997	17048	2994	14054	16576	472	15300	1748	3419	13629	—	—
1998	17206	2855	14351	16848	358	15399	1807	3216	13990	9803	7403
1999	17778	2997	14781	17266	512	15857	1921	3338	14440	—	—
2000	18331	3162	15169	17778	553	16313	2018	3147	15184	—	—
2001	18664	3259	15405	18183	481	16553	2111	3004	15660	9706	8958
2002	19175	1822	17353	18716	459	16874	2301	2839	16336	—	—
2003	19342	1720	17622	18919	423	17021	2321	2864	16478	—	—
2004	19446	1737	17709	19045	401	17113	2333	2878	16568	—	—
2005	19668	1720	17948	19365	303	17186	2482	2604	17064	9328	10340

二、基层组织

1986年，全县有黎城镇、黎城乡、戴楼乡、官塘乡、金沟乡、金南乡、卞塘乡、横桥乡、闵桥乡、塔集乡、夹沟乡、淮建乡、银集乡、涂沟乡、唐港乡、淮胜乡、前锋乡、白马湖乡、金北乡、吕良乡、新农乡、陈桥乡、县直机关、县经济委员会、县人武部党委25个；全县有县水利局、县邮电局、县文教局、县卫生局、县公安局、县多管局、县交通局、县商业局、县粮食局、县物资局、县供销合作社、县城乡建设环境保护局等党总支17个，县供电局、县农机化公司、县石油公司等党支部721个，其中县直机关党委设党总支16个、党支部138个，乡镇设村党支部256个。

1987年3月，撤销县供电局党支部，改设县供电局党总支；8月，设县外贸公司党支部；全县有党总支22个、党支部786个。1989年7月，设立县财政局党总支。10月，撤销县文教局党总支，设立县教育局党总支。12月，设立县文化局党总支，县外贸公司党支部更名为对外经济贸易委员会党支部。1991年4月，县直机关党委设立民政局党总支、县工商局党总支、金融保险业党总支，共设置党总支23个，党支部204个。

1992年9月，设立县供销合作总社党委；12月，设县物资局党委、县商业局党委、县粮食局党委。1994年5月，设立县水产局党总支，撤销县农机化服务公司党支部、设立县农机化服务公司党总支，设立县茧丝绸有限责任公司党总支；6月18日，全县首家私营企业党支部——卞塘砖瓦厂党支部建立，有党员4人；12月，设立县国家税务局党总支。1995年，县直机关党委基层支部改选24个，11月，设立县工商银行党总支。

1996年7月，撤销县公安局党总支部，设立党委。1997年8月，县供电局、县邮电局总支划出设立党委；建立中国农业发展银行金湖支行党支部。34个机关党组织进行换届选举，调整机关党组织负责人26人。1998年，设立县贸易局党委；撤销县农机化服务公司党总支，设立县农业机械管理局党总支；撤并党支部10个，新成立检察院党总支和房管局、老龄委、外贸公司党支部；金融系统银行、保险公司等8个党支部划归条条领导；换届改选党总支、党支部22个，调整充实领导班子成员47人。全县企业改制后，成立集团党委1个、党总支1个、党支部6个，撤销党支部8个，更名党支部11个，党支部总数78个。9月，设立县农行、县邮政局、县电信局党委，撤销县邮电局党委。1999年，县委宣传部、县劳保局由原直属党支部建立党总支。新华书店、金湖报社党支部划属宣传部党总支；劳动就业管理处党支部划属劳保局党总支。新建立广播电视服务部党支部，划属广电党总支。3月，设立县工行党委。

2000年，乡镇区划调整，全县撤销党委14个、党支部4个，新设立党委3个、党支部11个，更名党总支1个、党支部173个。2001年，并村联组后，原263个村党支部调整为118个；县委直属党委16个；成立县工业园区管委会党总支，县残联、县城区工商所党支部；县国税系统党员实行系统管理；机关党委下设党总支22个、党支部171个，其中直属党支部40个；新经济组织建立党总支9个、党支部101个。11月，设立县建设局、县农信社党委；12月，设立县林牧局、县农业局、县教育局、卫生局、县交通局、县水务局党委；县经济委员会党委更名为县经济贸易委员会党委，撤销县贸易局党委、县物资局党委，撤销县多管局、县水产局、县农业局、县教育局、县民政局、县卫生局、县交通局、县文化局、县水务局党总支。

2002年4月，设立县国税局党委；6月，设立财政局党委；县供电局党委更名为省电力公司金湖县供电公司党委；设立工商局党委、城管局党总支。2003年，设立老干部局党委；设立县行政审批中心、城管局执法大队、工商局、老干部等3个党支部，撤销农机公司党支部。2004年3月，县级机关60个党支部集中换届，调整党组织书记90人；11月，设立国土局党委；设立殡仪馆、公墓管理处、文化局市场管理办公室党支部，撤销国土局机关、民政局机关党支部，茧丝绸集团、招待所党支部分别更名为蚕业发展中心、金湖宾馆党支部。设立企业党组织19个，其中工业园区16个（覆盖25户企业），全县具备单独建立党组织条件的133户非公有制企业全部建立党组织；至年底，建立企业党组织128个，其中党委2个、党总支7个，覆盖企业170户，已建率100%。

2005年，县机关工委设立县安全生产监督管理局、经济发展软环境建设办公室、劳保局劳动监察大队等3个党支部；撤销台湾工作办公室党支部；药品监督管理局、县发展计划委员会、县计划生育委员会3个党支部更名为食品药品监督管理局、发展和改革委员会、人口和计划生育委员会党支部；县委党校、广电局、县人民法院、县人民检察院4个任期届满的直属党总支进行换届选举，调整配强党组织书记37人；转移离退休党员和下岗党员组织关系到所在社区81人。是年，全县有黎城镇、戴楼镇、金南镇、闵桥镇、塔集镇、银集镇、涂沟镇、前锋镇、吕良镇、陈桥镇、金北乡、县人武部、县林牧局、县公安局、县财政局、县国税局、县粮食局、县商业局、县供销合作总社、县工行、县农行、县农信社、县邮政局、县电信局、县国土局、县供电公司、县建设局、县农业局、县教育局、县卫生局、县交通局、县水务局、县经济贸易委员会、县级机关工委、县委老干部局、县工商局党委等37个；县委有直属党委20个；县级机关工委有直属党委1个（工商局机关党委）、党总支14个、党支部122个。全县建立党总支128个，下设党支部976个、村级党支部117个。

1986—2005年金湖县基层党组织统计表

表 26-5-7　　　　单位：个

年份	党委	总支	支部	其中	
				县级机关	村级
1986	25	17	721	138	256
1987	25	22	786	156	258
1988	26	24	828	171	259
1989	25	29	834	184	259
1990	25	28	857	192	259
1991	25	31	882	204	260
1992	29	28	910	167	261
1993	29	29	926	170	261
1994	30	45	1010	181	261
1995	30	48	1036	199	261
1996	30	49	1044	201	261
1997	32	49	1054	189	261
1998	34	48	1032	169	261
1999	34	50	1045	173	259
2000	25	51	980	167	263
2001	31	43	842	171	118
2002	33	49	854	275	118
2003	35	52	852	363	117
2004	36	127	964	104	117
2005	37	128	976	122	117

第三节　党员管理

系统管理　1986年，县委继上年县直机关集中整党补课活动，县直企事业单位和农村分期分批参加整党的共有24个党委、17个党总支、673个党支部、党员11739人，其中正式党员11164人，预备党员575人。整党中，清出帮派思想严重1人，打砸抢分子1人，给予各种党籍处分110人。是年，进一步落实“三会一课一日”制度、外出党员教育管理制度、党员联系户制度。1989年，加强党员教育和管理，建立目标管理系统，制定不同行业、不同层次党员的责任目标、考评评议方法和标准。

1993年，县委印发《关于加强和改进流动党员管理的暂行规定》。1995年9月，全县基层党组织试行“流动党员活动证”制度，向短期外出（6个月以内）或长期外出但暂时无法转移组织关系的党员发放活动证62人，流动党员可持证在外出所在地或单位党组织参加组织生活、交纳党费，但不享有表决权、选举权和被选举权。1996年，发放符合条件的“流动党员活动证”77人。4—7月，开展纪念建党75周年系列活动，包括以奔小康为主题的“创先争优”活动、“轻纤杯”征文竞赛、“金莲杯”党建知识竞赛。2002年，开展民主评议党员活动，建立不合格党员教育制度和支部跟踪管理制度。2003年，闵桥镇、涂沟镇试行流动党员“三卡”管理制度；戴楼镇试行党员百分考核制度。2004年，全面推行党员百分考核制度。2005年，印发《关于深化学习恩来精神活动，实施连心桥再造工程的意见》，全县机关事业单位的党员4917人与群众14951人结成联系对子。

民主评议党员 1992年，县级机关首次开展民主评议党员工作，评出优秀党员154人，合格党员2671人，基本合格9人，无不合格党员；评出先进党组织40个，优秀党务工作者32人。1993—1994年，组织第二次民主评议党员工作。各基层支部按学习教育、自我评价、民主评议、组织考察、表彰和处置5个程序进行。学习教育阶段，组织学习《党章》《邓小平文选》第三卷、中共十四届三中全会决定和上级关于反腐倡廉文件。评议中，突出转变工作作风，主动服务中心、服务基层，模范履行职责，着重解决新的历史条件下党员自觉反腐败，加强廉政建设，增强党性观念问题。1995—1996年，民主评议中的学习阶段对广大党员进行讲学习、讲政治、讲正气“三讲”教育。1998—1999年，民主评议党员在非党群众中开展“点信念火炬，鼓理想风帆”主题教育活动，189人向党组织递交入党申请书。2000年，民主评议党员评出优秀党员155人，处置不合格党员15人。2002年，县级机关参加民主评议党员1768人，参评率97%。评出优秀党员51人，占2.88%；合格党员1702人，占96.27%；基本合格4人，占0.23%；不合格党员11人，占0.62%。2005年，县级机关参加民主评议党员1686人，参评率98%；评出优秀党员56人，占3.32%；合格党员1626人，占96.44%；不合格党员4人，占0.24%。组织直属党组织进行群众满意度测评，满意和基本满意占98.8%，不满意占0.2%。

第四节 党员干部教育

主题活动 1986年，开展“谈理想、忆改革、比成果、争贡献”和“我为党旗争光辉，我为人民做好事，我为四化作贡献”活动。1987年，学习《中共中央关于社会主义精神文明建设指导方针的决议》，围绕加快和深化农村改革主题，制订经济发展规划，促进全县物质文明和精神文明同步发展。1989年，开展县处级领导干部读书活动；4月，县委组织全县干部学习《人民日报》社论《必须旗帜鲜明地反对动乱》，动员维护安定团结大局。1990年，开展“因为我是共产党员”大讨论和“有职党员谈贡献、无职党员谈奉献”研讨交流活动，结合实际开展“创优争先”竞赛活动。1991年，以抗洪为契机，总结表彰抗洪救灾中涌现出的先进党员，组织全县广大党员干部向李德宏同志学习；分两批进行中共十三届七中、八中全会精神和社会主义理论教育，全县参加教育的副科级以上干部620人。

1995年，开展党员“学党章、学理论、学科技”活动，县委印发《在全县党员干部中开展建设有中国特色社会主义理论和党章学习活动的三年规划》，举办“学邓小平建设有中国特色社会主义理论、学党章”理论知识测试，召开学习经验交流会。1996年，以“学科学、奔小康”为主题，县、乡镇、村多层次办班1200期（次），受训党员和村组干部4万多人，每人掌握1~2门实用技术。1998年，继续深化农村党员、干部学用科技活动，举办各类培训班381期，参训4.42万人；举办邓小平理论培训班3期，参训乡科级干部670人、学科带头人90人；举办道德讲座4期；举办中共十一届三中全会召开20周年系列教育活动，进行“看成就，话改革，争贡献”主题教育，开展“高举旗帜，增强党性，艰苦创业”党纪教育活动。1999年，开展“实用技术推广周”活动，组织专家、技术人员16人到22个乡镇举办讲座30多场次，评选表彰学用科技示范村22个、学用科技示范标兵10人和学用科技示范户95户，进行下岗职工党员再就业培训82人，其中实现再就业69人。组织考核组6个，考核全县正科职干部学习情况136人；开展股级以上干部“走向新世纪”读书活动。2000年5月，举办全县副科级以上干部“致富思源，富而思进”教育培训班4期。镇乡开展以“宗旨、政策、法制”为内容的“三项教育”活动，全县农村党员、干部参加此项活动1800多人。举办科级干部培训班4期，参训665人。年轻干部轮岗交流107人。

2001年10—11月，举办科级干部学习江泽民总书记纪念建党八十周年讲话和十五届六中全会决定培训班7期。2002年，开展农村党员干部“学理论、学科技、带头富、带民富”为主要内容的“双学双带”系列活动。开展领导干部读书活动，举办系列知识讲座，3000多人次听讲座，举办各类专题培训班，参训1200多人。机关干部参加南京农业大学经济管理本科班函授学习111人，选送参加省市培训86人。2003年，印发《金湖县农村党员干部“双学双培双带”活动规划（2003—2005）》，开办各类培训班38次，参训1100人次。2004年，制定《金湖县2004年农村党员基层干部科技素质培训工作意见》，举办各类培训班23期、专家讲座6期、学历培训班2期，培训各级各类干部5031人次，其中党政干部4147人次。2005年，县直19个党委建立基层党校，实现全县党员教育阵地全覆盖，组织开展保持共产党员先进性教育活动。

“三讲”党性党风教育　1999年，进行县人民检察院和银集镇“讲学习、讲政治、讲正气”党性党风教育试点工作。2000年3—5月，县处级领导班子和领导干部中集中开展以“三讲”为主要内容的党性、党风教育活动。县委、县人大、县政府、县政协领导班子及其成员，以及县纪委、县委组织部、县委宣传部、县公安局、县人民法院、县人民检察院领导班子及其成员，共63人参加。活动分准备、集中学习、剖析、开展批评与自我批评、整改五个阶段。11月，开展“三讲”教育“回头看”活动。

“三个代表”重要思想学习教育活动　2000年12月至2001年3月，全县各乡镇和县直各部门领导班子成员集中开展“三个代表”重要思想学习教育活动。活动分准备、学习培训、对照检查、整改提高四个阶段。4月份，先后3次开展“回头查”和“回头看”活动。2001年12月至2002年6月，全县集中开展“三个代表”重要思想学习教育活动，参加活动镇乡11个、村118个、基层站所268个、党员干部6355人，分宣传发动、学习培训、对照检查、整改提高四个阶段。

保持共产党员先进性教育活动　2004年，集中时间2个月，全面调查摸底全县农村、机关、事业单位、城镇社区、企业、社会团体和中介组织等基层党组织情况，做好教育活动准备工作。2004年12月至2005年6月，县级机关党委参加第一批保持共产党员先进性（以下简称“保先”）教育活动党总支13个、直属党支部42个、党员1986人。学习《中国共产党历史》，组织开展“学习恩来精神，争做优秀党员”“聚民心、增信心、强核心、促中心”主题实践活动，开展“义务奉献日”“万名机关党员拜万家年”活动，举办党史知识竞赛、“党在我心中”演讲、读书笔记观摩、先进事迹报告会等，激励党员牢记党的宗旨，保持共产党员先进性。其间，机关党委召开专题座谈会5次，党组织书记会议4次，督查8次，党员领导干部上党课219人次，编发《“保先”活动简报》15期，印发《致全体共产党员的一封公开信》1500多份。党员平均每人书写学习心得4篇、读书笔记2.5万字以上。开设“保先”活动网站，交流信息和经验。在县级以上新闻媒体发表文章219篇，其中市级以上68篇。2005年7月至12月，开展第二批“保先”教育活动。机关民主测评满意度99.8%。整改中，开展“三优三满意”文明机关创建活动，以强化“保先”长效机制。评选出29个科室为2005年度县级机关文明科室。2005年1至2006年6月，分三批组织开展“保先”教育活动，每批6个月。活动中，征得各类意见4655条，通过交办、会办、督办等形式进行落实，实施“连心桥”再造工程，全县机关事业党员4917人，结成联系对子群众14951人。

党员电教站建设 1995年，县委组织部开始设立电化教育科，全县建立乡党员电教站5个，开展基层党组织电教片播放月活动。1996年，全县建204个基层播放点。1997年，全县建电教播放站（点）361个，建成“合格电教站（点）”217个，聘请县乡两级专兼职电教播放员483人。1998年，建481个电教播放站（点）。1999年，所有村按“两机一室”（电视机、放像机和活动室）要求，深化党员电教工作。2000年，全县村级党组织“两机一室”率98%，党政机关和企事业党组织“两机一室”率80%。2001年，全县村级党组织“两机一室”率100%，党政机关、企事业党组织“两机一室”率87%。2004年6月，开展“学创业技能，做双带标兵”主题电教播放月活动。2005年，开展“做创业先锋、当富民模范”党员电教科技周活动和“为党旗增辉、让群众满意”党员电教主题宣传教育活动。

第五节 基层党建

一、机关党建

1986年，县委继续抓好党建工作点建设，县城16个党总支与22个乡镇党委建立76个工作点。1987年，县直机关党委开展党员“如何为振兴金湖建功立业”大讨论活动，评选出先进党务工作者36人。1989年，围绕“廉政、勤政、合力、纪律”主题，举办机关领导班子建设研讨会，参加研讨的副科级以上领导干部449人。1990年，举办“为民办实事，为党增光辉”活动，县直机关全体党员参加。

1992年，机关党员干部开展“当人民公仆，做优秀党员”竞赛活动，进行机关党组织建设目标管理试点，建立适应机关特点的机关党建工作运行机制。1995年，全县机关开展“争先创优”活动。1996年，开展“五讲四创”（讲学习、讲政治、讲党性、讲团结、讲奉献，创一流作风、创一流服务、创一流水平、创一流业绩）主题教育活动。1997年12月，组织县级机关党员、干部、职工6000多人，捐款3.5万元，买猪肉2500公斤，慰问在黎城、官塘、戴楼3个乡镇进行小流域治理的民工，同时组织机关党员干部双休日参加小流域治理劳动。1999年，全县机关开展“了解纳税人，理解纳税人，尊重纳税人”活动，公开服务承诺党组4个。

2000年6月至2001年6月，机关党组织和党员开展“三服务”（服务基层、服务纳税人、服务重点项目工程）主题活动。2002年，71个县级机关党组织与71个县、镇企业结成“三服务”党建联系点共建对子，组织机关党员干部2000多人，深入企业服务。2004年3月，培训基层党组织书记148人，调查摸底工业企业86个。4月，开展“五个一”活动，即向新成立的党支部赠送一面党旗，送一套组织活动制度，派一名党建指导员或联络员，上一次示范党课，组织机关干部到企业参加一次义务劳动。组织县级机关党员、干部1300人，参观县工业园区，提供招商引资和园区建设合理化建议100多条。

2005年，机关开展“进社区、比服务、做表率”活动，建立机关事业单位在职党员到社区参加双重组织生活制度，所有在职党员到所在社区党组织报到，亮明党员身份，参加社区党组织活动，做好服务工作，到社区参加志愿者活动机关党员1078人，义务奉献2463人次。开展文明机关（科室）创建评比活动，认定2005年度县级机关文明科室29个。

二、农村党建

创建活动 1986年，县委完成整党的乡镇党委22个、农村党支部549个，受市、县、乡党组织表彰的优秀共产党员共1132人。1988年，开展党员致富共富竞赛活动，全县参赛党员2570人，活动项目412个，选树标兵267个。1992年，开展创建“红旗乡镇党委”“红旗村党支部”和选树“农村党支部书记标兵”活动，树立红旗乡镇党委3个、红旗村党支部10个、村党支部书记标兵10人。

1994年，开展“双带双赛”（党组织带领群众发展壮大村级集体经济竞赛、党员带领群众致富共富竞赛）活动，全县建立示范村54个；6月，开展夹沟乡村级组织建设试点工作，7月在全县推广。1995年，开展创“五好村”（好支部、好班子、好思路、好制度、好队伍）活动，挑选不同类型的能人520人，进入村级后备干部队伍，乡镇领导干部19人，到14个县属骨干企业担任厂长助理；村支书24人，到16个乡镇骨干企业担任厂长助理。1997年，全县选树“双带双赛”先进党支部22个、优秀党员43人，“双带双赛”服务工作先进集体20个、先进个人24人。1998年，调整村干部159人，其中新任村支书66人。

1999年，开展创建“六好”（好班子、好队伍、好路子、好制度、好作风、好格局）乡镇党委活动，建成“六好”乡镇党委5个；评出“五好”村党支部84个。2000年，全县村党支部书记和村委会主任一肩挑的14个，分类评定村党支部261个，评出一类村党支部110个、二类村党支部140个、三类村党支部11个。2002年，完成市级重点村部改造5个的同时，从党费中拨出3万元，完善配套村部办公设施11个。

2003年，推行“双推双考一竞选”（党员推荐、组织推荐，考试、考察，公开竞选）产生村党组织书记4人。办理党组织书记社会养老保险手续的村117个，全县村主要干部报酬由镇会计服务站发放和管理。2004年，投入20多万元改造村部33个；开展农村干部“双业并举、双带富民”（既要奉献于集体事业又要抓好个人创业、以小业促大业，通过自己带头致富带领群众致富，以先富促共富）活动，带头致富、带领群众致富的提拔重用。是年，新任科级干部的村党组织书记2人、任村干部的党员大户36人；村民委员会、村级党组织换届时，村党组织书记和村委会主任一肩挑率80%以上。

2005年，指导全县117个村制订小康建设2005—2007年总体规划；建立村集体经济和党员干部“双带”优秀项目定期评比制度，全县评出村集体经济优秀项目13个、村干部优秀“双带”项目23个；推出“村干部带职、带薪、带队去打工”的新机制，全县副职村干部100多人，带领农民2000多人，外出“淘金”，人均月收入千元以上。

后进村党支部帮扶　1986年，完成整顿转化后进村党支部6个。1990年，进行综合治理，下派乡镇干部兼任村支书，开展思想教育研讨会、交流会，制定支部分类标准，完成整顿转化后进党支部11个。1991年，制定实施《农村党支部达标升级分类参照标准》，考核评定全县行政村党支部258个，一类党支部87个、二类党支部157个、三类党支部14个，分别占33.7%、60.9%和5.4%。

1992年，抽调县直机关部门70人，完成整顿转化后进村支部14个。1994年，采取建立责任制、结对帮带、典型引路等措施，整顿后进村或经济薄弱村22个。1995年，重新排出经济薄弱村30个、后进村党支部2个，进行“三挂一包”（县领导1人、乡镇领导1人、县直部门1个共同挂钩一个薄弱村，包3年内实现小康村），经过1年的整顿，有明显转化的村19个、跨入先进村党支部行列5个。1996年，转化后进村党支部26个。1997年，转化后进村党支部32个，进入先进村党支部行列9个。1999年，再次排出后进村28个，明确挂扶县直部门28个，至年底转化14个。2000年，分类评定村党支部261个，评出一类村党支部110个、二类村党支部140个、三类村党支部11个，分别占42.1%、53.7%、4.2%；印发《关于县直部门挂扶暨后进村整顿转化工作意见》，落实挂扶到村县直单位79个。2005年，完善城乡挂钩帮扶机制，排名前20名和后20名的村，分别由县领导和有关部门进行挂扶，树立示范村部13个。

三、企业党建

1986年，县委完成工业企业党支部整党112个、参加企业整党的党员1688人，被市县及主管部门表彰为先进党支部的县属工厂企业党支部43个、优秀共产党员119人；随着工业企业经济体制综合改革的进展，企业党组织的中心工作转向加强职工思想政建设，支持厂长行使行政权力、保证与监督行政工作实施。1990年，配强县属企业政工队伍，县属42个企业中，配备政工人员82人，平均每个企业2人。1991年，结合“质量、品种、效益年”，开展企业党组织和共产党员带领职工在“双增双节”中争贡献活动，表彰先进单位6个、先进个人12人。

1992年，开展企业党组织和党员“先锋杯”竞赛活动，表彰竞赛红旗单位5个、奉献标兵10人。1993年，印发《企业党组织参与重大问题决策的实施细则》《企业党组织管理干部的实施细则》《企业党组织定期听取厂长（经理）报告工作制度的实施细则》《企业党组织领导思想政治工作和精神文明建设的实施细则》。1994年，印发《关于加强和改进乡镇企业党组织建设的若干意见》，研究指导党建工作困难企业20多个。1998年，进行县属企业党支部类级划分，其中一类22个、二类55个、三类16个，分别占23.7%、59.1%、17.2%。印发《关于加强改制企业党建工作的意见》，凡有正式党员3人以上的都设置党组织。10月，培训企业党组织书记116人。

1999年，印发《国有企业党组织参与重大问题决策的实施意见》和《股份制企业党组织参与重大问题决策的实施意见》，县属企业，通过民主选举、公开招聘，选拔企业领导班子31人。10月，培训企业党组织负责人80多人、企业经营管理者95人，民主评议县属企业领导干部364人，其中优秀和称职的348人，基本称职和不称职的16人。2000年，评定县属企业党组织105个，评出一类党组织31个、二类47个、三类27个，分别占29.5%、44.8%、25.7%。派驻新经济组织党建工作联络员236人。2001年，派驻暂时不具备建立党组织的新经济组织党建工作指导员186人。

2002年，通过转建、独建、联建、党工共建符合条件的非公经济组织中党组织68个，不具备建立党组织条件的非公经济组织党员挂靠到附近党组织中107人，派驻非公经济组织党建联络员207人，理顺非公经济组织隶属关系8047户，通过自然过渡、直接选举、党委委派等措施，选配非公经济党组织班子特别是一把手，党员业主兼任党组织书记34人。2003年，改制企业党组织组建率、符合条件的非公企业党组织组建率、企业党组织有专兼职党务干部率均达100%。2004年，挑选工商、税务等执法部门90人，到108户党建工作未达标的非公企业担任党建工作指导员。2005年，选派机关中层干部89人，到未建立党组织或党建工作薄弱的103户企业担任党建工作指导员。县常盛动力机械有限公司在全市范围内公开招聘党支部副书记1人。

四、社区党建

1995年8月2日，全县成立首家街道党总支——中共黎城镇街道办公室总支部委员会，总支下设城中、劳动桥、桃园、坞墩、宋坝桥等5个居委会党支部，共有党员30人。2001年5月，组织部借鉴城市社区党建工作做法，进行城西居委会辖区内县城社区党建工作试点，青年党团员77人，组建青年志愿者服务队7个，开展服务社区、服务居民活动52次。2003年，初步建立以社区党总支为主体，楼幢支部、小区支部为骨干，分类党小组为基础的社区党组织框架，落实部分社区办公和活动阵地。

2004年，以创建“五型”（规范型、服务型、平安型、学习型、创业型）特色社区为主线，全面推进社区党建工作，全县24个社区均建立党组织，其中6个建立党总支。2005年，调整社区党总支书记4个，社区党组织阵地建设达到有社区标牌、有办公室、有党群活动室、有电教设备、有档案橱柜、有规章制度、有活动记录簿册，西苑、劳动桥、闸东、健康路等社区办公活动场所均在100平方米以上。

第六节　干部选用管理

一、干部考核任用

干部考核考察　1986年，全县进行干部“德、能、勤、绩”考察802人，全面掌握领导班子群体结构与个体素质情况。1987年，进行定性考察、民主测评乡镇22个、部委办局领导班子44个、领导干部289人。1990年，采取领导班子成员跟踪考察方法，组织、纪检、监察等部门建立通气制度。1996年，完善干部年度考核制度，明确连续2年利税超100万元的乡镇企业厂长3人享受副乡级待遇。

1997年，考察全县县直部门23个、乡镇22个、科级事业单位8个、领导成员330人、股级干部600人；考核全县县属企业115个、领导班子成员464人，降职、免职43人，充实任用106人。1998年，通过民主测评、群众推荐考核对象、扩大访谈范围等形式，考察全县领导班子40个、领导干部125人、群众推荐人选122人。9月，印发《乡科级领导干部考核结果反馈制度》。年底，印发《干部考察测评情况反馈表》，涉及全县乡科级班子55个、乡科级领导干部390人。通过个人述职、民主测评、走访了解等形式，进行正科职干部思想道德、廉洁自律、工作作风等情况公开考评133人，考评有问题干部谈话26人，并限期改正。2005年，完善《金湖县机关、事业单位工作人员年度考核办法》，提高社会参与度和认可度；充实和完善干部考察预告制度，扩大考察访谈对象范围。

干部选拔任用　1986年，按照干部队伍革命化、年轻化、知识化、专业化的要求，充实调整各级领导班子，改善年龄结构、文化结构、专业结构，调整充实乡镇领导班子16个、县部委办局领导班子17个，乡镇领导干部平均年龄38.9岁，初中以上文化程度占90.4%，部委办局负责人平均年龄45.2岁，高中以上文化程度占68.6%。抽调县属工业中懂业务、会管理的干部7人，到乡镇任副乡镇长，促进乡镇工业发展；抽调县直机关干部41人，到26个工厂企业挂职锻炼。1987年，推行乡镇和部委办局领导干部交流和回避制度，试行干部试用期和任期制以及企业单位厂长（经理）选举制度。

1989年，核准县直机关股级干部职数，调整干部管理权限，印发《金湖县干部管理范围暂行条例》，建立完善干部任免备案制度。1990年，选送县直单位青年干部下乡任科技乡镇长助理22人。1991年，修订完善干部管理方面制度12项，印发《进一步明确干部管理权限的意见》《关于聘用乡镇计生助理、团委书记、妇联主任意见》和《关于严格执行干部离退休制度有关问题的意见》。1992年，选派县直部门和企事业单位干部27人，到乡镇担任正副乡镇长、乡镇长助理和工业助理；选拔乡镇企业厂长10人，担任乡镇党委副书记、副乡镇长、乡镇长助理。1994年，结合党委换届提拔担任乡科级领导干部57人，异地交流干部67人；11个乡镇召开人民代表大会，选举妇女担任副乡镇长11人。1995年，选调乡镇领导干部19人，到14个县属骨干企业担任厂长助理，为期4个月。1996年，任用乡科级领导干部100多人，其中“一把手”17人，新提拔35岁以下的年轻干部60人，其中县直机关26人、乡镇机关24人、企业10人。

1997年10月，全县党群等机关干部通过公务员过渡考试并全部合格750人，至年底，全部参照国家公务员制度管理。1998年，全县提拔乡科级干部119人，其中党外干部4人、女干部17人，交流乡科级干部102人。1999年，制定《关于全县股级干部管理的暂行规定》，审定整理全县干部档案，理顺科级以上干部及参照机关1300多人的工资管理关系。全县调整乡科级干部82人，其中提拔36人、交流27人、改任非领导职务8人。2000年，印发《金湖县关于推进党政领导班子年轻化的决定》，年龄较大领导干部改任非领导职务57人，选拔35岁以下年轻干部中优秀干部充实领导班子28人；印发《中共金湖县委关于建立领导干部选拔任用公示制度的试行意见》，试行领导干部任前公示制度，科级干部通过公示走上拟任工作岗位51人。2001年，先后公示拟提拔任用领导干部4批48人，其中暂缓任用1人；建立干部任用事前通气、事后通报和干部考察民意测评制度；年龄较大领导干部改任非领导职务37人，离岗退养4人，选拔35岁以下年轻干部中优秀干部充实领导班子33人，交流干部64人。

2002年，印发《金湖县鼓励机关干部离岗创业的暂行规定》，机关干部134人离岗创办、领办经济实体近20个。制定《中共金湖县委关于加强和改进党政领导干部选拔任用工作的意见（试行）》及与之配套的《中共金湖县委全委会任用党政正职领导干部表决暂行规定》《关于领导干部辞职的暂行规定》《金湖县党政领导干部任期经济责任审计暂行规定》《关于实行领导干部任职试用期的规定》和《关于建立科级干部诫勉谈话制度的意见》等6个文件。任用前实行县委全委会表决党政正职领导干部15人。镇与镇、镇与部门、部门与部门之间轮岗交流科级干部30人。2003年，轮岗交流科级干部17人，新提拔科级干部55人，其中正科级11人、副科级44人。2004年，交流轮岗科级干部44人，新提拔科级干部60人，其中女干部10人、35岁以下18人、招商引资实绩突出4人。2005年，调整镇党委书记2人，面向全县公推选拔正科级领导干部4人，公开选拔副科级领导干部15人。

二、村干部选配

1989年，试行农村党支部直接和差额选举村党支部书记，公开择优选拔建立534人的村级后备干部队伍。1991年，印发《关于加强村级干部管理工作的意见》。1994年，启用既有致富本领又有共富愿望的能人担任村干部93人，其中担任村主要干部56人，建立后备干部队伍每村5人。1995年，选拔进入村级领导班子能人120多人，其中担任村党支部书记15人，挑选进入村级后备干部队伍520人。

1996年，选拔经营大户业主、乡镇企业能人、退役军人133人，进入村党支部和村委会班子；调整村党支书记57人。1997年，选拔退伍军人、回乡高中毕业生、专业大户业主以及外出经商务工的回乡人员1300多人，建立村级后备干部队伍。选拔进入村党支部和村委会班子人员188人，其中任村党支部书记80人。1998年，调整村干部150人，其中新任村支书66人。1999年，推行精简村组干部工作，精简村组干部793人，新任村支书54人；3月，进行唐港乡从大中专毕业生中公开选聘村干部试点，报名者36人，按程序挑选7人，分别聘为5个村的村干部。

2000年，全县实行村党支部书记和村委会主任“一肩挑”的村14个。2002年，推行“双推双考一竞选”（党员推荐、组织推荐，考试、考察，公开竞选）村党组织书记，通过闵桥镇闵桥村试行后，全县面上推行，年内通过“双推双考一竞选”产生村党组织书记4人。2004年，全县村“两委”换届工作结束后，村党组织书记和村委会主任“一肩挑”率在80%以上。2005年，探索产业型党组织设置模式，选配“双带”型村级带头人。

三、后备干部队伍建设

1986年，按领导班子人数1∶1~1∶1.5的比例建立后备干部名单。1987年，抽调县直机关和县属企事业单位中青年干部下乡支工22人。1989年，挑选县直单位后备干部6人，到乡镇挂、任职，选送后备干部45人，参加政治、业务、文化学习，组织全县各级女领导干部后备人才推荐活动，建立女干部人才库。1990年，通过考察筛选，选拔进县级后备干部队伍8人、进乡科级后备干部队伍101人。1991年，制定《关于后备干部管理的工作意见》，进行领导班子需求预测分析，建立后备干部队伍县级20人、乡科级297人。选送下基层锻炼乡科级后备干部60多人。1992年，开展举贤荐能活动，充实后备干部队伍近200人。选派干部到农村、企业接受锻炼230多人，全县实行换岗锻炼干部129人。1994年，通过民主推荐、组织考察，调整充实后备干部，有乡科级后备干部430人，其中，35岁以上占52.5%，直接从事经济工作的占60%，年内提拔的乡科级干部中来自后备干部人才库48人。是年，后备干部参加政治理论学习和省市培训200多人，后备干部到基层任职、挂职44人，接受实践锻炼。1995年，推荐县直机关青年干部460人，其中女性112人，经过筛选，比较优秀的青年作为乡镇领导班子的后备人选33人。是年，组织后备干部参加培训或派驻企业、农村进行实践锻炼246人。

1996年4月，开展民主推荐活动，参加1544人，推荐优秀人选604人，其中女性112人、专科以上文化460人；建立后备乡科级干部队伍492人，县处级后备干部25人，乡科级党政“一把手”后备干部129人。选派县、乡镇年轻后备干部100人，到村和企业挂职锻炼，挑选年轻后备干部任各级助理50人；10月，挑选县直机关年轻干部28人，赴基层挂职锻炼。1997年，推荐乡科级后备干部423人，其中党外干部57人、女干部55人、企业干部60人；选送年轻干部参加省市培训98人，年轻干部到市大中型企业挂职锻炼19人，县直部门年轻后备干部到村和企业挂职锻炼28人，后备干部参加县、乡企业改制工作126人；举办全县青年干部培训班，参训后备干部112人。1998年10月，进行银集镇、金沟镇和县建设局乡科级后备干部公开选拔试点，共公开选拔乡科级后备干部12人；选送年轻干部参加省市培训29人，后备干部参加金湖各类培训118人，乡科级后备干部参加企业改制工作200多人，年轻干部跨单位或内部轮岗锻炼85人。1999年，推行乡级后备干部选拔、培养"双公开"制度，年底，"双公开"对象进入乡级领导班子2人；选送干部参加省市培训16人，进行乡科级后备干部县内培训143人；抽调参与全县经济建设督查工作19人，参加招商引资工作12人，赴乡镇开展依法减负工作88人，进行督查指导乡镇"一增三减"工作15人。2000年，选派骨干企业年轻干部2人，参加乡镇区划调整工作，后备干部参加招商引资工作100人。

2001年，实行"两推一公示"选拔科级后备干部389人，其中35岁以下232人、本科学历135人、党员292人、女性65人。2002年，实行"双推双考"选拔科级后备干部，建立科级后备干部队伍275人，其中35岁以下157人、专科以上学历121人。2004年，调整和充实科级后备干部，确定副科级后备干部229人，其中女干部31人、党外干部10人、35岁以下84人、本科学历125人。采取"四挂"（到重点村、重点企业"下挂"，到市直部门"上挂"，到矛盾比较突出、任务比较繁重的部门"横挂"，到苏南经济发达地区"外挂"）形式，多渠道培养年轻后备干部，全年派出年轻干部进行挂职锻炼38人。2005年，动态管理科级后备干部，全县新产生科级后备干部194人，其中正科级后备干部75人、副科级后备干部119人。选调熟悉招商引资业务的年轻干部18人，到深圳、东莞、无锡驻点招商。

四、知识分子和人才工作

至1986年11月，全县平反纠正在历次政治运动中被错打成"右派分子"、作错误结论、错误审查处理的知识分子95人，其中反右派斗争中被定"右派""中右"和"右派"言论的32人，对经济困难的21人给予一次性补助5830元，需要安排工作的12人全部落实到位。知识分子历史老案中定性和所作结论不当的20人，"文化大革命"中被立案审查处理的知识分子43人，均作妥善处理。清理因错误处理而形成的知识分子个人档案93份。清退"文化大革命"中查抄的财物，其中被查抄金银及制品上缴国库1户，发还变价金额5880.43元；被查抄原物还在的3户，全部退还；被查抄原物丢失损毁的18户，作价补偿金额1031元。补发因"文化大革命"冤假错案被扣发、减发的知识分子工资7人、13135元。全县"文化大革命"房产被没收和挤占知识分子8户，这些房产都不在金湖境内，县落实知识分子政策领导小组去人去函与外地有关部门联系，基本归还。因"右派分子"和其他冤假错案株连回农村的知识分子家属、子女50人（10户），全部迁到城镇落户，其中参照知青待遇安排工作8人。解决知识分子因冤假错案所造成的夫妻分居问题3人。全县知识分子历史遗留问题240件，全部解决。

1987年5月，成立职称改革领导小组，进行职称改革。1988年，上报省级优秀中青年专家候选人4人、市级优秀中青年专家候选人10人，掌握联系的优秀中青年专家37人。1992年9月，县委成立知识分子工作领导小组，全县建立知识分子工作联系点13个。1993年4月，金湖首次召开科技成果表彰大会，表彰有突出贡献的中青年专家5人。1995年，建立45人的跨世纪科学技术带头人名册。1996年10月9—14日，组织全县高级专业技术人员体检239人，落实治疗患病人员2人。此后，实行高级专业技术人员保健制度，每两年体检1次。至1996年底，全县有享受国家特殊津贴专家2人，市级有突出贡献中青年专家9人，县级优秀知识分子5人；学术、学科带头人省级1人、市级2人、县级45人；获省、市、县表彰科技人员317人。

1997年，实施培养跨世纪中高级人才工程，建立工程基金30万元。至年底，选拔高级专家17人，学术、技术带头人70人，学术、技术骨干人才120人。1998年，新选拔培养专家17人、学科带头人69人、各行业各学科技术骨干197人，印发《金湖县乡村优秀科技人才选拔培养试行办法》，初评乡村优秀科技人员42人。1999年，全县建立乡村科技人才队伍1158人，其中优秀科技人才65人。2000年，印发《关于农技人员参与建设农业科技园区的决定》等文件，全县通过技术入股、技术承包等形式参加农业科技示范园区建设的中高级人才63人。2002年，招聘人才81人，申报省“333”工程培养对象2人，建立高级专业技术人员台账392人，健全市县学科带头人档案75人，聘请省内外专家、教授担任金湖经济顾问7人。2003年，印发《关于实施“三高”人才强县工程的意见》和《金湖县人才引进优惠政策》《关于鼓励干部参加在职学历（学位）进修的意见》，引进本科以上人才92人，其中研究生2人。2004年，印发《关于事业单位招聘本科生工作的管理办法》，引进本科以上人才106人，其中研究生1人。2005年，全县引进人才137人，其中研究生2人，建立省级技术中心1个、市级2个、县级8个，年底被省人才工作领导小组评为全省人才工作先进县。

第七节 老干部工作

一、离休干部状况

1986年，金湖县执行全国统一规定，办理到龄干部离休手续，全年办理到龄老干部离休手续15人。其中：抗战时期2人，解放战争时期13人；享受县处级待遇5人，科级及其他10人。

1995年，全县有离休干部502人。其中：行政单位162人、事业单位99人、企业单位171人，省部属垂直部门46人；享受地市级待遇11人，享受县处级待遇265人；抗日战争时期参加革命工作的158人，解放战争时期参加革命工作的344人。

1999年，全县离休干部374人（不含省属垂直部门、军队干休所和易地安置离休干部，下同），其中新办理离休干部1人，去世14人。离休干部构成为：行政机关134人，事业单位87人，企业单位153人；享受副地（厅）级待遇6人，正县处级待遇1人，副县处级待遇194人，其他待遇173人；参加革命工作时间1937年7月7日至1942年12月底51人，1943年1月1日至1945年9月2日67人，1945年9月3日至1949年9月底256人；具有专业技术职称高级8人，中级23人，初级16人。是年后，金湖没有老干部办理离休手续。

2005年，全县离休干部285人，年内去世9人。其中：行政机关110人，事业单位62人，企业单位113人；享受副地（厅）级待遇4人，享受县处级待遇165人，其他待遇116人；参加革命工作时间1937年7月7日至1942年12月底38人，1943年1月1日至1945年9月2日51人，1945年9月3日至1949年9月底196人。

1986—2005年金湖县离休干部结构统计表

表26-5-8　　单位：人

年份	总数	抗战时期	解放战争时期	享受待遇		
				副地级	县处级	科级及其他
1986	374	138	236	—	138	236
1987	397	145	252	—	145	252
1988	397	144	253	—	144	253
1989	413	148	265	—	148	265
1990	421	140	281	—	146	281
1991	437	140	297	—	140	297

接上表

年份	总数	抗战时期	解放战争时期	享受待遇		
				副地级	县处级	科级及其他
1992	445	137	308	—	137	308
1993	443	134	309	5	210	228
1994	441	128	313	5	206	230
1995	432	127	305	5	201	226
1996	407	118	289	5	189	213
1997	396	124	272	6	204	186
1998	387	123	264	6	200	181
1999	374	118	256	6	195	173
2000	360	112	248	6	189	165
2001	345	109	236	6	184	155
2002	327	105	222	6	177	144
2003	308	98	210	6	165	137
2004	294	93	201	4	169	121
2005	285	89	196	4	165	116

说明：此表中的数字不含先后转为垂直部门管理单位、中央及省市直属企业及外地安置在金的老干部。

二、政治待遇

1986年起，县委老干部局组织老干部阅读文件、传达上级文件和参加各项重大会议，县主要领导每年召开2次全县老干部情况通报会，重要会议前或遇重大情况，召开老干部座谈会，征求意见和建议。组织全体老干部参加形势报告会、各类讲座。春节及重要节庆前夕，县领导及各乡镇、县直各部门单位领导上门走访慰问。坚持组织老干部参观考察制度，春秋两季组织老干部参观视察全县工农业生产和城市建设情况。1996年，向老干部通报经济建设情况、中共十四届六中全会精神700人次；举办迎新春慰问老干部电影招待会，参加招待会老干部及其亲属1500多人。1997年，县领导分别向老干部通报县委八届三次全委扩大会议精神，通报经济建设、党的建设和机构改革情况。每月向老干部传达一次文件，全年文件受达者3000多人次。组织老干部近200人，进行“迎香港回归、书爱国心声”百米长卷留言、留画。组建老干部独立党支部12个，与在职人员混合建党支部64个。10月，组织老干部分别视察县城工业、淮河入江水道堤防和农田水利工程。1998年，向老干部通报经济建设、社会事业、反腐倡廉和依法治国等方面情况4次，组织老干部参观周恩来故居和纪念馆，上门走访慰问老干部200人，举办电影招待会、座谈会、祝寿会、联合会6次。1999年，参加报告会和情况通报会1000多人次，订阅《当代老同志》，赠送老干部230多人，订阅《金湖报》，赠送老干部30人。组织老干部3次130多人，视察工农业生产。组织参加中华人民共和国成立50周年、建县40周年、国际老人年和“敬老日”庆祝活动。老干部300多人，由县四套班子领导陪同，共贺老人节。举办诗书画作者书画展180多人次。参加游三峡活动老干部36人、“庆国庆”游园活动老干部200多人。

2000年起，赠送老干部报纸和刊物各1份，不定期编印老干部学习材料。2002年，建立县四套班子领导联系一名老干部制度。2004年，全县有发挥余热老干部30多人，主动参加关心下一代工作，到中、小学校作报告100多场次，受到革命传统和爱国主义教育青少年2万多人。老干部参与扶贫、助残、济困等社会公益活动100多人，向社会公益事业和困难群众捐款2万多元，捐献各类书籍数千册、衣物1000多件。2005年，举办离休干部先进性教育专题讲座，参加专题讲座80人。开展“每月一访”活动，走访老干部126人，到医院看望住院老干部59人次。老干部党委内建立老干部第二党支部，接收企业离休干部党员4人。组织离休干部16人，参加万人评议机关活动，组织离休干部10多人，参观润扬大桥及扬州有关景点，组织原县四套班子领导到云南考察。

三、生活待遇

1986年，金湖干部离休后，生活待遇比照在职干部生活待遇略微从优，老干部在职时的工资及各种补贴、福利继续保持，符合条件的每年加发1~2个月不等的基本工资（老红军加发2个月，抗战前期加发一个半月，抗战后期加发1个月）。享受全额报销公费医疗。财政划拨一定经费作为特殊经费列入预算统一掌握，用于解决老干部特殊困难和必要活动经费开支。符合职级发放住宅电话补贴。生活长期不能自理的酌情发放护理费，最高每人每月51元、特需费每人每年150元。1987年，县人民医院设立老干部病房，离休干部医疗费（含门诊费）在制度规定范围内按时足额报销，每年组织离休干部体检。1988年，发放参观工农业生产费，地市级每人每年300元、其他每人每年200元。每月发放交通补贴费，地市级每人每月20元、其他每人每月10元。1992年，交通费地市级每人每月30元、其他每人每月20元。1993年，护理费调整为每人每月70元。

1994年4月，组织离休干部体检413人。7月，抽查经委、供销社、商业局下属企业单位老干部生活待遇落实情况，共抽查单位7个98人，政策落实未到位的，帮助研究解决办法。1995年，护理费调整为每人每月100元；8月，提高企事业单位离休金的离休干部263人。1996年，组织老干部体检422人，老干部按政策规定调整职务工资和津贴410人。抚恤金按离休费月标准的10个月计算。1997年，组织县人民医院医务人员上门体检地市级和县四套班子老干部21人；“敬老日”为老干部过生日80岁1人、70岁21人。特需费调整为每人每年300元；遗属困难补助按抗战时期参加工作的每人每月160元、解放战争时期参加工作每人每月140元执行。1998年，调整综合补助和二年一档职务工资老干部近400人；新办理护理费调整手续离休老干部40多人；老干部200人，护理费调整为每人每月150元，住房补贴为基本工资的2.4%，取暖费每人每年24元；春节前夕慰问特困、住院老干部100多人；清理解决单位拖欠老干部离休费6万多元、医疗费近万元；组织老干部体检418人。1999年，住房货币化安置实行以后，按月发放房租补贴。遗属困难补助按抗战时期参加工作的每人每月220元，解放战争时期参加工作的每人每月190元执行。组织老干部体检25人，特邀名医进行健康咨询和诊疗老干部300多人。

2000年10月，实行离休干部医疗费县级统筹，医药费纳入社会化发放范围。2003年，遗属困难补助按抗战时期参加工作的每人每月310元、解放战争时期参加工作的每人每月270元执行。2004年，先后两次拿出22万多元，解决机关、企事业单位老干部医药费和专项经费拖欠问题。4月，县财政局专人到主管部门和有关企业多次催收医疗统筹资金87万多元，全县统筹面81%，比上年提高11个百分点。落实离休干部医疗保障资金，除全额拨款的机关事业单位外，县财政另安排医疗保障资金预算72.36万元。调整离休干部交通费，厅级待遇离休干部由每人每月30元调至60元，其他离休干部由每人每月20元调至40元。发放一次性综合补助每人500元，调整老干部遗属生活补助，新办理享受厅局级乘车、医疗待遇的离休干部18人。2005年，清理兑现拖欠老干部费用5.1万元，医疗统筹金和企业专项经费由地税部门征收，征收近80万元。发放一次性综合补助，组织200多人进行健康检查。县财政拨款近100万元，解决离休干部的地方生活补贴和企业离休干部住房租金补贴、福利费等。增加护理依赖等级鉴定，分完全、大部分、部分护理依赖；特需费增加到每人每年500元，其中200元统一使用；交通费地市级每人每月增加到60元，其他每人每月40元。

第六章　宣传教育

第一节　宣传教育机构

县委宣传部　1986年，县委宣传部内设宣传科、理论教育科、党员教育科，行政编制12人，设有五讲四美三热爱活动委员会。1989年，县五讲四美三热爱活动委员会更名为县精神文明建设协调委员会。1996年9月，县委成立县精神文明建设活动委员会办公室，为正科级事业单位。1997年7月，县委宣传部内部机构改设为办公室、理论股、宣传股、党员教育股、文艺股、县委对外宣传领导小组办公室（县政府新闻办公室，副科级），行政编制12人，附属编制1个。8月，县精神文明建设活动委员会办公室更名为县精神文明建设指导委员会办公室，设在县委宣传部。2001年，县委宣传部改设办公室（挂“研究室”牌子）、理论科、新闻科、文化艺术科、宣传教育科，挂县文明办和县委外宣办牌子，行政编制11人，附属编制1人。至2005年，机构、编制未变。

县委党校　1986年，县委党校设办公室、教育科、总务科、图书资料室，行政编制35人。1989年，增设理论研究室。1995年，增设函授科。2005年，设办公室、教育科、函授科、理论研究室、总务科、图书资料室，行政编制34人。

第二节　理论学习

一、中心组学习

1986年，金湖干部理论学习由县委理论学习中心组年初安排专题，制订具体计划、方案和要求，印发各基层党委（党组）落实。各级党委（党组）理论学习中心组由书记任组长，分管副书记任副组长，宣传委员或办公室主任担任学习秘书，中心组每月集中学习时间不少于1天（次），全年不少于12天（次）。党委（党组）中心组学习内容主要有马列主义基本理论、中国共产党的基本路线和方针政策，社会主义现代化建设必须掌握的经济、政治、法律、科技、管理、历史等有关知识，人民群众在改革开放和现代化建设中创造的新经验。1995年，副科级以上干部参加理论培训班参训率90%，农村基层党支部支委以上人员理论学习班参训率95%，党员冬训参训率95%。1996年，印发《中共金湖县委学习中心组理论学习意见》和《关于在全县党员干部中开展邓小平建设有中国特色社会主义理论和党章学习活动的三年规划》，分别对各级党委中心学习组、基层党员干部、青年三个层次理论学习的主要内容、重点活动、时间安排、基本方法和组织领导提出要求。在《淮阴社会科学》辟“金湖县中心学习组成果”专栏。1997年，重点学习中共十四届六中全会《决议》《邓小平经济理论学习纲要》、中共十五大报告，举办“小康建设实践与思考”理论学习研讨会，收集交流论文20篇，并编印成册。

1999年，围绕中共中央《关于在全党深入学习邓小平理论的通知》要求，组织开展大讨论、大交流活动，召开“纪念建国50周年与金湖跨世纪发展战略”理论研讨会。2000年，印发《关于加强理论学习的意见》和《关于加强县直机关党员干部理论学习的意见》，进行全县基层党员干部以“致富思源、富而思进”为主要内容的轮训活动，举办副科级以上干部培训班4期，每期150人，时间4天，参训率90%以上。12月，集中开展“三个代表”重要思想学习教育活动。2002年，组织学习中共十六大精神，开展“解放思想，加快发展”大讨论活动，进行科级以上干部“千字文”学习交流。2004年，印发《关于创建“学习型金湖”的实施意见》，明确创建指导思想、总体目标和工作重点，创新学习活动载体，建立四项工作机制。2005年，开展送理论下基层活动，组织理论宣讲70多场次，印发理论宣讲资料2500多册。

二、党员干部冬训

1986年，全县党员干部冬训以宣讲中共十二届六中全会精神，贯彻中央和省农村工作会议精神为主。冬训中，以乡镇为单位组织全体党员干部集中培训，以村和机关各支部为单位分组讨论，会训结合、以训为主，通过座谈交流、先进典型现身说法、现场参观、举办图片展览、组织文艺演出、观看电视教育录像片等形式，开展集中教育活动。1997年，以学习贯彻中共十五大精神为主。1998年，采取多种形式，开展“20年改革、20年巨变”教育活动。2001年，吕良、金北镇在冬训班上组织党员干部开展“献爱心、送温暖、扶弱助困捐资”活动，分别收到捐款2万多元；陈桥镇组织一台以“公民道德颂”为主题的文艺节目。2003年，组织训前调查研究，印发调查表1000多份，走访农村党员干部50多人，召开座谈会10多场次，举办训前骨干培训、训中跟踪督查，参训对象有党员干部、个体私营企业主、农民经济人、种养大户、非党积极分子。各乡镇采取集中辅导与分散讨论相结合的形式，组织小分队到村组宣讲，组织创业现场观摩，用电化教育手段组织收看，组织文艺演出等。2005年，组织宣传部、农工部、农业局、党校人员6人，成立冬训宣讲团，到乡镇、部门宣讲82场次，组织放映电教片23场次，印发《中共十六届五中全会精神学习资料》2000册，开展专场文艺演出30场次，组织典型现身说法17场，受教育11.8万人次。

1986—2005年金湖县党员干部冬训一览表

表26-6-9

年份	时间	内　　容	参训率（%）
1986	1986.12—1987.01	学习、宣讲中共十二届六中全会《关于社会主义精神文明建设指导方针的决议》，学习、贯彻中央和省农村工作会议精神，学习《中共中央关于制定国民经济和社会发展第七个五年计划的建议》精神	95
1987	1987.12.25—1988.01.20	重点围绕学习、宣讲中共十三大精神，开展中共十一届三中全会召开9年来取得的历史性成就的宣传；社会主义初级阶段的理论和党的基本路线教育；围绕经济建设中心、加快和深化城乡改革教育；在改革开放中加强党的建设教育	95
1988	1989.01.01—1989.01.15	围绕中共十三届三中全会精神开展教育，进行改革形势教育；全党动员、团结一致、夺取农业丰收；认真搞好家庭经济、发展农村商品生产；加强党的领导、发挥政治优势；开展党员标准教育和党员考评活动	95
1989	1989.12.20—1990.01.20	学习、宣讲中共十三届四中、五中全会和江泽民1989年“国庆”讲话精神；进行发展农业和深化农村改革以及当前形势、任务教育；加强精神文明建设、倡导社会主义新风尚教育；加强基层党组织建设教育	95

接上表

年份	时间	内　　容	参训率（%）
1990	1990.12.20—1990.12.30	深入进行社会主义教育；深化农村改革、发展农村综合生产力教育；加强农村社会主义精神文明建设教育；加强村级党组织建设、密切党同群众血肉联系的教育；民主评议党员	95
1991	1991.12.10—1992.01.25	进行社会主义优越性教育；进行改革开放的方针、政策与发展经济目标的教育；加强基层组织建设、充分发挥其整体功能作用的教育；进行社会主义精神文明建设教育；进行中共十三届八中全会和中央工作会议精神教育	95
1992	1992.12.10—1993.01.10	进行14年伟大实践及成就教育；建设有中国特色社会主义理论和党的基本路线教育；建立社会主义市场经济体制、加快农村改革和经济发展教育；进行90年代改革和建设主要任务教育；加强党的建设、改善党的领导、更好地发挥党的领导核心作用教育	95
1993	1993.12.20—1994.01.30	学习《邓小平文选》第三卷，进行建设有中国特色社会主义教育；学习十四届三中全会和中央农村工作会议精神、开展加强农业基础地位教育；进一步深化农村改革以及党在农村的方针政策教育；进行发挥党员先发模范作用、为加快农业发展做出新贡献教育	95
1994	1994.12.15—1995.01.05	进行邓小平建设有中国特色社会主义理论和中共十四届四中全会《决定》以及全国农村基层组织建设会议精神的学习教育；解放思想、深化改革、加快致富步伐的教育；加强社会主义精神文明建设教育	95
1995	1995.12.20—1996.01.30	围绕学习贯彻十四届五中全会精神，进行《中共中央关于制定国民经济和社会发展“九五”计划和2010年远景目标的建议》和小康目标教育；进行深化农村改革、发展乡镇工业的“两专一基”（专业大户、专业村和基地乡镇）在奔小康实践中建功立业教育；进行社会主义精神文明建设教育	95
1996	1997.01.01—1997.01.30	进行十四届六中全会精神教育；加快两个根本转变、增强农村规模经济活力教育；以奔小康总揽全局、切实解决当前农村精神文明建设突出问题、把各项工作任务落到实处的教育	95
1997	1997.12.20—1998.01.10	以学习、贯彻中共十五大精神为主题，突出四个专题的学习宣讲：1.把握中共十五大灵魂、高举邓小平理论旗帜；2.加快所有制结构和经济结构调整步伐，推进农业产业化和工业产权制度多样化进程；3.以创建文明村镇为抓手，加强农村精神文明建设；4.面向新世纪，加强党的建设	95
1998	1998.12.10—1999.01.20	学习中共十五届三中全会建设；学习邓小平理论及精神文明建设；改革开放20年成果教育；形势与任务教育；民主评议党员	95
1999	1999.12.28—2000.01.10	进行中共十五届四中全会、中央、省、市、县经济工作会议精神和农村改革发展主要任务教育；坚持唯物论、无神论，加强社会主义精神文明建设教育；党的宗旨、政策和法制教育	95
2000	2001.01.05—2001.01.30	进行“十五”目标任务教育；“三个代表”思想教育；深化农村改革、推动农村经济健康发展教育；适应建设宽裕小康社会要求、大力推进农村精神文明建设教育	95

接上表

年份	时间	内　　容	参训率（%）
2001	2002.01.15—2002.01.30	进行江泽民“七一”重要讲话和中共十五届六中全会精神的学习教育；《公民道德精神实施纲要》教育和四五普法、信访条例教育；省第十次党代会和市第四次党代会精神及农村社会发展的形势任务教育；解放思想、调整农村经济结构、带动农民致富的教育	95.8
2002	2003.01.05—2003.01.30	进行中共十六大精神学习教育；农业和农村政策学习教育；农村基层党组织建设教育	95.0
2003	2003.12—2004.01.15	进行中共十六届三中全会精神学习教育；深化农业改革、完善农村经济体制教育；弘扬“三苦”（领导苦抓、干部苦干、群众苦创）精神、努力实现全面小康社会奋斗目标教育；加强基层党的建设、提高党组织凝聚力和战斗力教育	95.8
2004	2005.01—2005.02.15	进行中共十六届四中全会精神学习教育；树立科学发展观、推进农村经济社会发展学习教育；以提高党的执政能力为重点、加强农村基层党组织建设学习教育	95.0
2005	2005.12—2006.01.15	进行中共十六届五中全会基本精神学习教育；以科学发展观统领经济社会发展全局的学习教育；建设社会主义新农村学习教育；加强农村基层党组织建设和保持共产党员先进性教育	90.8

第三节　党校教育

一、干部培训

1986年，县委党校举办组工干部、妇女干部和党务干部培训班3期，受训86人。县委选送到省、市、县党校学习干部148人，选送进行有关专业学习和业务知识培训干部328人。1987年，举办为期两个月的乡镇和部委办局领导干部进修班。12月，举办4期学习中共十三大文件干部培训班。1988年起，举办村党组织书记培训班。1992年起，举办中青年干部培训班。1994年，举办乡科级干部学习《邓小平文选》（第三卷）研讨班4期。1995年，参加外语、微机等级培训干部120人，第1期经考试合格43人。1998年，举办科级干部邓小平理论学习班、乡科级干部和跨世纪人才邓小平理论培训班2期。2001年，选派到省市参加培训领导干部56人；举办科级领导干部学习江泽民“七一”讲话和中共十五届六中全会决定培训班7期。至2005年，举办村党支部书记培训班18期，受训2500多人次，学习市场经济知识、党务基础知识、农业实用技术等；举办中青年干部培训班14期，受训1300多人次，学习邓小平建设有中国特色社会主义理论，哲学、政治经济学、领导学的若干问题等；举办中高级知识分子和高级专业技术人员培训班5期，学员400人；举办农村党员干部学科技、用科技培训班1000多期，受训3万多人次。

二、党校系统学历教育

1986年，进行干部学历教育，85级两年制干部中专班学员毕业38人。是年，广播电视大学党政干部专业84级专科班学员毕业16人。1987年，开办两年制干部中专班，有学员40人；举办一年制全脱产干部高中文化补习班，毕业学员43人；广播电视大学党政干部专业85级专科班学员毕业36人。和县乡镇局联合举办专科学历的工业企业管理专业班，学员参加省自学考试，获得专科毕业证书59人。1988年，举办一年制全脱产干部中专专修班，毕业学员53人；举办两年制干部函授中专专修班，学员45人。

1993—1994年，举办中央党校函授学院本科班，经济管理专业招收96人，学制两年半。1995年，与河海大学联合举办经济管理专业证书班，学员42人；举办财务与会计专业证书班，招收学员42人。1996年，与徐州经济管理干部学院联合举办企业管理、经济管理专业证书班，招收学员86人。选送乡科级干部33人，参加省、市委党校学习，鼓励领导干部在职参加党校函授、自学考试，获专科以上学历证书320人，全县在职领导干部中专科以上学历45.7%。1997—1998年，与河海大学联合举办财务与会计专业证书班，学员55人；与徐州经济管理干部学院联合举办工业与民用建筑专业证书班，学员31人；与南京农业大学联合举办经济管理专业证书班，招收学员24人。1999年，举办中央党校函授学院本科班，经济管理专业学员154人，法律专业131人，学制均两年半。2001年，举办中央党校函授学院本科班，经济管理专业招收52人，学制两年半；与南京农业大学联合举办两年制专科起点本科学历农村经济管理函授班，参加学习干部113人。

2002年，举办省委党校干部函授学院本科班，经济管理专业招收26人，金融与保险专业招收18人，学制均两年半。2003年，与南京农业大学联合举办经济管理、财务与会计专业专科班，毕业学员共24人；举办中央党校函授学院本科班，经济管理专业招收40人，法律专业招收30人，学制均两年半；举办省委党校干部函授学院本科班，经济管理专业招收40人，法律专业招收30人，学制均两年半。2004年，与南京师范大学联合举办的小学教师专科班完成学业，毕业学员10人。2005年12月，中央党校函授学院经济管理专业和法律专业本科班学员毕业；省委党校干部函授学院经济管理专业和法律专业本科班学员毕业。是年，在校学员154人。

三、理论研究

1986年，县委党校开展重大理论问题和实际问题研究，为领导科学决策与提高教学质量服务。1989年11月，县委党校在淮安市党校系统率先成立理论研究室。1995年，撰写论文12篇，其中6篇被市以上报刊、研讨会采用。1996年，发表论文3篇，参加由市委党校牵头的《社会主义市场经济》一书编写工作。2篇论文分获淮阴市党校系统第二届（1993—1995年）社会科学研究成果评比二、三等奖。1997年，撰写理论文章8篇，3篇在省、市报刊发表，3篇入选省、市党校系统有关的理论研讨会或经验交流会。1998年，撰写理论文章13篇，10篇在《唯实》《淮阴论坛》和《淮海学刊》等报刊发表，4篇入选淮阴市邓小平理论研讨会并获奖。10月，在无锡召开的全省党校系统人口理论教学先进集体、先进个人表彰会上，县委党校被评为先进集体，受到省委党校、省计生委的表彰。1999年，撰写各类文章52篇，其中在省级以上刊物发表12篇，市级刊物发表8篇。7篇论文参加淮阴市党校第三届优秀科研成果评比，1篇获二等奖，2篇获三等奖。5篇论文参加淮阴市哲学社会科学优秀成果评比活动。

2000年，组织县委党校教师到乡镇、县城企事业单位，赴浙江温州、江苏太仓、上海、延安等地以及周边县区开展社会调查和实践，改变教学科研中闭门造车、理论与实际相脱离的现象，撰写各类文章23篇，其中省级以上刊物发表2篇、市级刊物发表6篇。有2篇在淮安市“干部群众的热点、难点问题及党的建设理论研讨会”上参加评比，分获三等奖和优秀奖。是年，参编2部法学教材。2001年，共撰写各类文章26篇，其中在省级以上刊物发表7篇、市级刊物发表7篇，1篇获淮安市第三届精神文明建设“五个一工程”提名奖。2002年，撰写各类文章12篇，其中在省级以上刊物发表1篇、市级刊物发表3篇。在市社科联第四届科研成果评比活动中，1篇获三等奖。2003年，撰写各类理论文章、调研报告15篇，发表8篇，其中在省级以上刊物发表1篇、市级刊物发表4

篇。2004年，撰写各类理论文章、调查报告9篇，在市级以上刊物发表4篇，1篇入选淮安市2003年度思想政治工作优秀研究成果集。2005年，撰写各类理论文章、调查报告12篇，在省级以上刊物发表8篇。至2005年，共撰写各类理论文章、调查报告279篇，发表176篇，其中：国家级8篇，省级71篇，市级76篇，县级21篇；参与由中共中央党校出版社出版的《江苏乡镇企业管理经验千例选》《政府公共关系学》，上海人民出版社出版的《基层干部实用百科》，河海大学出版社出版的《法理学》，南京大学出版社出版的《社会主义初级阶段简明教程》《乡镇管理学》《民法学概论》《抗洪赞歌》等书籍的编写工作；58篇文章在省、市、县、校级理论研讨会上交流，获市级以上科研奖项23项。

第四节　社会宣传

1986年，县委开展“振兴中华，建设家乡”教育活动，学习、宣传、贯彻中共十二届六中全会精神，进行反对资产阶级自由化教育。1987年，编写和印发《广泛深入地开展“增产节约，增收节支”活动》宣传提纲；宣传贯彻中共十三大精神，进行形势任务教育和“一个中心”（以经济建设为中心）、“两个基本点”（坚持四项基本原则、坚持改革开放）党的基本路线教育。9月，编写《路在脚下——户办联户办工业典型集萃》小册子，收入全县致富典型25个。1991年，编写“万众一心抗洪涝”宣讲材料，宣传全县人民抗击百年未遇洪涝灾害的先进典型。1992年，学习宣传邓小平南巡谈话精神。1993年学习《邓小平文选》第三卷。1995年，加强“争创一流、兴我金湖”活动宣传、“两专一基”（专业户、专业村，基地乡镇）宣传、乡镇工业专题宣传、文明单位专题宣传等。1996年5月，发布《金湖市民文明公约》。6月，县委组织部、县委宣传部举办庆祝中国共产党成立75周年歌咏晚会。1997年，通过报告会、书画展、万人歌咏比赛、万人留言签名等形式，开展迎香港回归系列宣传活动。1999年，宣传抗议以美国为首的北约轰炸中国驻南斯拉夫大使馆、反对“两国论”等重大政治事件，组织推进产业结构调整、扩大内需、国企改革等报道，做好下岗职工再就业、农民致富、农民减负等工作宣传。进行基层党员和干部马克思主义唯物论基本原理、现代科学技术知识、党的宗教政策及有关法规等“三项教育”。2001年，组织广大党员干部学习江泽民在庆祝中国共产党成立80周年大会上的讲话，围绕“新世纪、新金湖、新形象”大讨论，开展“弘扬周恩来精神，建好周总理故乡”主题教育活动，组织和动员全县干部群众振奋精神、迎难而上，为赶超全省平均水平，加快富民强县步伐而努力奋斗。2002年，开展学习宣传中共十六大精神活动。印发《金湖人与文明同行·道德篇》普及读物，倡导“道德在我心中，我与文明同行”。2004年，

图26-6-5　1996年6月30日，县委组织部、县委宣传部举办庆祝中国共产党成立75周年歌咏晚会　秦仕湘／摄

开展“弘扬创业文化，兴起创业热潮”主题活动。2005年，开展“创新、创优、创业”的“三创”主题教育活动，开展“三创”之星评比，向市推荐集体典型7个，个人典型13人，县内媒体开辟专栏集中宣传。

第五节　对外宣传

1986年，《新华日报》在《江苏一县》专版中登载《固本兴利 湖中出金》的长篇文章，详细介绍金湖的优美自然环境和丰富的资源优势。1987年3月31日，《人民日报》刊登《金湖农民增加投入增产粮食》报道，并配发《政策稳 投入增》的短评。1988年6月29日，《新华日报》头版头条以通栏标题《用行政手段“挤讹压”（“鸡鹅鸭”的谐音）——多年徘徊；靠价值规律指导生产——“三禽”兴旺“禽蛋之乡”金湖又呈养禽热》，报道金湖养禽业的情况。1989年7月13日，《新华日报》报道，金湖村村通电，用电户普及率97.9%，居全市各县之首；县委宣传部编印《春到金湖》一书，反映金湖建县30年的巨大变化；《淮阴日报》以《金湖——一颗璀璨的明珠》为题，专题介绍金湖的新成就、新面貌。1990年11月7日，新华社刊发长篇通讯《白马湖为你安魂——记公安部二级英模王长友》。12月8日，《新华日报》头版头条登载《金湖重视开发蓝色绿色工程，每户拥有养殖水面1亩、林木3亩》的报道。1991年8月7日，《中国水利报》发表长篇通讯《牵龙入江——金湖人民确保淮河入江水道安全泄洪纪实》。1993年5月9日，《中国土地报》头条报道《金湖创建土地管理“三无乡镇”的经验和做法》。

1994年11月13日，《新华日报》二版头条刊登通讯《金秋看金湖》。1995年，在市以上党报用稿400多篇，其中《人民日报》《新华日报》《淮阴日报》在显著位置发表《金湖农业综合开发走向优质高效》《金湖乡镇工业快速扩张》等稿件。1998年，在市以上党报党刊用稿600多篇，其中在《人民日报》用稿6篇；《新华日报》《锦绣江苏市县专版》介绍金湖区域风光、经济优势和特色产业；《人民日报》《新华日报》在显著版面刊登《金湖“水”产值达九亿元》《金湖开发资源点石成金》等长篇报道。1999年，在市以上党报、电台、电视台用稿2000多篇（条）。供省部级领导参考的《国内动态清样》刊出《金湖粮食顺价销售出现良性循环》；《新华日报》以《金湖怎样掘“金”？》的大标题、大照片、大篇幅，介绍金湖利用资源优势，再造一个水上金湖的实践；反映金湖水乡特色的专题片《九十九墩》在美国交流播出。2000年，在市以上新闻单位用稿3000篇，其中《人民日报》用稿6篇，《新华日报》用稿60篇，《淮阴日报》用稿750篇；12月4日，《新华日报》A1版头条刊发《金湖构筑县域经济发展新平台》。

2001年，在市以上新闻媒体用稿3000多篇（条），其中《人民日报》用稿10篇，《新华日报》用稿50篇，《淮安日报》用稿600多篇；《金湖县政府办实事请民点题》被《人民日报》华东版头条采用；充分利用金湖举办荷花艺术节的契机，做到以节为媒，推介金湖，《人民日报》《新华日报》《淮安日报》《扬子晚报》都以专版的形式介绍金湖；10月，推出《聚焦金湖》一书。2002年，《龙头岛上的孩子王》《金湖调整思路向工业掘“金”》《金湖134名机关干部离岗创业》等在《新华日报》刊发。2003年，国务院总理温家宝一行视察金湖汛情的巨幅照片被用作12月号《亚洲财富》封面，同期发表《尧乡金湖》一文。2004年8月，县成立信息中心，建立中国金湖新闻网站，拓展金湖的宣传阵地。是年《金湖种粮大户发出扩粮倡议》《金湖工业优势凸现》等，在《人民日报》《新华日报》显著位置刊登。2005年，在市以上新闻媒体用稿2500多篇。《金湖5660条意见催生干群连心桥》在《新华日报》头版头条刊登，新华社播发《苏北小县做大农村节能大文章》通讯，中央电视台播出专题片《荷花孕育商机》。

第七章　统一战线

第一节　统一战线机构

县委统战部　1986年，县委统战部行政编制8人，含县委对台工作办公室、县政府侨务办公室、县政府民族宗教事务科各1人。1989年2月，设人事秘书科、经济联络科、对台工作科、侨务工作科、民族宗教事务科，县委对台办公室、侨务办公室、民族宗教事务科对外挂牌子，对内分别作为部内的1个科。1996年9月，县委统战部挂“金湖县民族宗教事务管理局”“中共金湖县委台湾工作办公室”“金湖县人民政府台湾事务办公室”牌子。1997年7月，改设办公室、经济联络股、民族宗教股，行政编制7人，附属编制1人。2001年12月，改设办公室、经济联络科，行政编制5人，附属编制1人，县民族宗教事务管理局升格为正科级单位，与县委统战部合署办公，列政府序列，不计机构个数。县委台湾工作办公室与县委办公室合署办公。至2005年机构编制未变。

县民族宗教事务管理局　1986年，县政府民族宗教事务科设在县委统战部，编制1人。1992年1月，县民族宗教事务科更名为县民族宗教事务管理局，副科级单位。1996年9月，为县委统战部挂牌机构。2001年12月，民族宗教事务管理局升格为正科级单位，与县委统战部合署办公，列政府序列，不计机构个数。至2005年，机构编制未变。

县委台湾工作办公室　1986年，县委对台工作办公室设在县委统战部，编制1人。1990年9月，县委对台工作办公室和县政府台湾事务办公室为“一个机构、两块牌子”。1992年1月，县委对台工作办公室更名为县委台湾工作办公室，由副科级机构升格为正科级机构。1996年9月，为县委统战部挂牌机构，挂县政府台湾事务办公室牌子。1997年4月，县委台湾工作办公室改为单独设置。2001年12月，县委台湾工作办公室与县委办公室合署办公，行政编制2人，挂县政府台湾事务办公室牌子。至2005年机构编制未变。

金湖县外事侨务办公室　1986年，县政府侨务办公室设在县委统战部，编制1人。1996年9月，撤销县政府侨务办公室，职能移交给县政府办公室，在县政府办公室挂“金湖县外事侨务办公室”牌子。

第二节　党外人士工作

1986—1987年，全县落实各类统战对象包括非中共党员政协委员、原工商业者、起义投诚人员、民族宗教人士、台胞台属、归侨侨眷和港澳同胞眷属等各种历史遗留问题326件。其中纠正平反“三案”（冤假错案）243人；补发“文化大革命”期间扣减工资245人；清退查抄财物22户，发还实物548件，受损财物折价款4820元；解决受株连家属子女“农转非”户口和工作安排80人；确认原工商业者为“三小”（小商、小贩、小手工业者）人员64人；清除统战对象档案中不实之词

135人。

1987年，选拔政治上拥护党的领导、社会上有一定知名度或有一定学术造诣的党外代表人士，建立党外后备干部培养队伍，共200多人。1990年，全县中、高级以上职称党外知识分子建立档案，金湖县中学、县第二中学、县职业高级中学、黎城镇教办室、县实验小学、县人民医院等单位7个，建立党外知识分子联谊会，加强党外知识分子培养、教育和引导工作。县人大、政协换届或例会前，需要作政治安排的党外人士进行考察，根据"统筹兼顾、全面安排"的原则作适当安排。历届政协委员中的非中共委员均在60%以上。是年2月，第四届政协中的非中共委员89人，占委员总数62.2%；县人大安排适当数量党外代表和党外常委会委员。县统战部门政治安排党外代表人士100多人。

1992年，制定政治协商、民主监督制度，召开党外代表人士座谈会、通报会、协商会，就金湖政治生活和社会发展的重大问题及时与党外人士沟通，征求意见，听取批评意见；召开人民代表大会前，县政府主要领导人通过各种方式听取党外人士对《政府工作报告》的意见。是年，进行具有一定规模的私营个体业主、民营企业主登记造册；分别在"三胞"（海外侨胞、港澳同胞、台湾同胞）及其亲属、少数民族、宗教上层人士中物色党外代表人士，举办党外干部、党外代表人士培训班。1994年9月印发《关于加强党外后备干部队伍建设的意见》，进行党外后备干部实职安排。1997年，金湖有在职县处级党外干部6人，其中副县长1人、县人大常委会副主任1人、县政协副主席4人；乡科级岗位任实职党外干部10人，乡科级以上党外后备干部63人。

2000年，组织召开党外人士建言献策会4次。2002年召开由80个单位参加的党外后备干部推荐大会。2005年，建立党外知识分子联系制度，县领导每人联系党外知识分子2~3人。是年，党外后备干部队伍人数200人，党外年轻干部经过公开选拔担任科级领导职务5人。

第三节　民族工作

1986年，金湖因少数民族女青年婚进，大、中专毕业生分配和工作调动，少数民族居民共有8个62人。1987年，做好扶持少数民族户致富工作。县政协委员、水产公司会计刘震卿（满族），多次利用业余时间，到金北、黎城、新农等地调查了解少数民族户情况，反映少数民族群众呼声，多次捐助受灾少数民族户，1995年获省政府授予"省民族团结进步先进个人"称号。1996年，金湖县向上级民族部门争取扶贫资金近10万元，投放到重点乡镇。新农乡淮路村罗美金（傣族），全家7口人，挤在2间破房内，县、乡有关部门帮她解决扶贫款7000元，落实致富项目，当年收益1.5万元。新农乡少数民族贫困户5户，通过县乡有关部门的扶持相继脱贫，该乡获市政府授予"民族团结先进集体"称号。1997年，全县少数民族干部分别在有关部门任职13人，其中乡科级2人、股级4人、一般干部7人。县人大代表中有少数民族代表2人。

2001年11月1日，经县民族宗教事务局争取，由省民委出资5万元，"金湖县少数民族定点医院"在县中医院挂牌，提供全县220多户少数民族居民挂号、就诊、住院等优惠服务。是年，减免少数民族患者医疗费用3万多元，建立健康档案400多份。2003年，塔集镇建立少数民族蚕业培训基地，参加培训少数民族200多户400多人次。2005年，全县有少数民族25个，分别是白族、布依族、朝鲜族、傣族、侗族、独龙族、高山族、仡佬族、哈尼族、回族、京族、珞巴族、黎族、满族、蒙古族、苗族、羌族、畲族、水族、土家族、锡伯族、瑶族、彝族、藏族、壮族，共328户581人。

第四节 宗教事务管理

1986年，金湖宗教主要有基督教和佛教。随着信教人数逐年增加，1995年，县宗教事务部门调查22个乡镇、2个农场基督教活动点22个、佛教活动点11个，依据设立宗教活动场所的条件，予以登记宗教活动场所14个（佛教3个、基督教11个）；临时登记基本符合条件的8个（佛教2个、基督教6个）；暂缓登记不符合条件的6个，不予登记完全不符合条件规定的私设点5个。帮助各宗教活动场所建章立制，制定《堂点管理制度》《信徒活动制度》《财务公开制度》，实行规范化管理。2005年，组织全县宗教界人士学习国务院宗教事务局《宗教事务条例》，取缔、劝散部分基督教私设聚会点，以堂务、教务、财务为抓手，依法加强管理宗教事务和宗教活动场所。

第五节 对台事务

宣传 1986年，通过台属写家信、会亲友等途径，宣传党的对台方针、政策，宣传金湖经济、社会建设新成就、新发展、新变化，激发台胞爱国爱家乡热情和对"和平统一、一国两制"认同感。中秋前夕，县召开"三胞"亲属中秋赏月会，利用习俗激发"三胞"亲属思亲想友、盼望亲人团聚、祖国统一的热情。春节前夕，向台属、台胞寄发贺年卡、慰问信等，加强宣传，增进感情。1987年12月，选举产生金湖县第一届台属联谊会，陈延泉担任会长。1988年，针对台湾当局开放台胞赴大陆探亲旅游政策的对台工作新形势，通过对台工作会议、中秋茶话会等，加强对党员干部、台属、广大干群的多层面宣传，印发《对台属的宣传教育提纲》至每户台属，利用台胞回乡探亲的机会开展面对面宣传，消除台胞不敢回乡的心态。全年向省级对外宣传单位发稿65篇，被采用43篇。1989年，召开对台形势报告会2次，召开乡镇对台总结交流会3次，召开台属座谈会、茶话会25次。春节前夕，开展"五个一"（给台属发一封信、赠送一张年画、走访一次台属、召开一次座谈会、举行一期专题广播节目）活动。全年向省级对外宣传单位发稿75篇，采用31篇。1990年，向金陵之声广播电台等媒体投稿121件，采用46件，主办有关板报、专栏共86期，培训班32期，会议15次。1991年，采取多种形式宣传全国对台工作会议和全省台湾工作会议精神，全年向省级对外宣传单位发稿87篇，采用29篇。1992年，利用节日等机会召开各种座谈会、茶话会36次，利用广播、电视等媒体报道台商到金湖的活动，向省级对外宣传单位发稿200多篇，采用113篇。1993年，向省级以上对外宣传单位发稿250多篇，采用118篇，其中国家（中央）级15篇（《人民日报》海外版3篇）。2000年，中秋、春节等传统节日向台胞寄贺信、贺卡60多份。5月，接待台湾中视常乐传播拍摄组——"大陆万里行"一行3人。2003年，撰写《关于开展对台招商引资工作的几点思考》调查报告，就如何利用台资、呵护好现有台资企业及如何对台招商引资提出建议。2004年，先后召开形势报告会3次，参加干部群众2000多人。向中国台湾地区邮寄贺卡50封，慰问在金湖投资的台商台胞8人。2005年，召开台海形势报告会2次，向台商台胞宣传金湖的投资环境和优惠政策，做好赴台人员的行前教育工作。

服务 1986年，摸底调查全县台胞情况。全县共有中华人民共和国成立前去台人员275人，其中国民党十二届中央委员1人、中国台湾地区"国大代表"3人。帮助台属孙国平落实房产政策和台属浦毅香落实户口性质等。1987年11月5日，成立金湖县台胞接待站，印发《关于接待台湾同胞的工作细则》；向省市县人大、政协推荐人大代表、政协委员27人；帮助台属虞凤培、王书成等落实有关政策。1988年，建立乡镇台胞接待小组，帮助台属解决各类问题20件，扶持台属勤劳致富，台属成为专业户6户，万元户2户，全县致富标兵1户。1989年，帮助台胞台属解决矛盾问题27件。1990年，新建乡镇台胞接待站9个。1993年，帮助台属兴办经济实体16户，脱贫致富30多户，解决子女就学3件，其他事项80多件。1997年，台属兴办私营企业13户，有粮棉种植大户68户，水产特种养殖专业大户46户，饲养长毛兔、畜禽大户50户，运输、修理、个体经商等58户。1998年，共有台属384户，其中私营企业18户、种植养殖大户129户、运输修理业38户、个体经营户30户。1999年，接待探亲、经贸考察和旅游观光的台胞56人次；帮助台胞及其亲友在寻亲、处理车祸、企业解困、经济纠纷等方面排忧解难。2000年，去台探亲9户，接待探亲、经贸考察、旅游观光、文化交流台胞43人次，帮助台胞及其亲友排忧解难办实事10件。2001年，去台探亲1户，接待到金湖探亲、经贸考察和旅游观光台胞、台商78人次，帮助寻亲和处理经济纠纷等方面办实事15件。2002年，接待探亲、经贸考察和旅游观光台胞、台商56人次，帮助台胞和台商寻亲、帮助解决企业困难及经济纠纷等实事6件。2003年，办理赴台探亲12人次，县领导带队二批14人次赴台经贸考察，接待到金湖探亲、经贸考察和旅游观光台胞68人次。2004年，接待到金湖考察和旅游观光台商台胞72人次，办理赴台探亲16人次、经贸考察35人次，宣传贯彻落实《中华人民共和国台湾同胞投资保护法》，做好台资企业服务工作，帮助董伦铭先生追讨货款10多万元。2005年，开展纪念《台湾同胞投资保护法》颁布11周年活动，接待到金湖经贸考察和旅游观光台商台胞86人次，办理赴台探亲26人次。

台资引进　1990年，开展对台经贸工作，先后5次召开会议，贯彻全市对台经贸工作会议精神，宣传海峡两岸经济投资贸易新形势、引进台资优惠政策，向有投资意向的台胞投寄信件84封，送发优惠规定50多份。1991年，谈成服装来料来样加工项目1项，合同期3年；签订合资意向书2个。1992年，谈成合资项目2个（省金铭卫生用品有限公司、省金晔黄原胶股份有限公司），总投资111万美元，其中台资34.25万美元。省金铭卫生用品有限公司由台商董伦铭与县实验初中药物卫生纸厂合作兴办，总投资200万元，帮助金湖第一户合资企业，台胞周雨亭先生牵线搭桥并参与合资。1993年，兴办与台商合资企业6户，总投资143.3万美元，合同利用台资72.2万美元，当年到位台资33.36万美元。是年，全县共有台属企业4户。1995年，引进台资，促成新办合资企业2户，投资额14.91万美元，协议利用台资13.57万美元。1996年7月，调查台资企业基本情况及1993年至1996年6月产值、销售收入、利税、企业存在的困难等。全县先后兴办台资企业18户，项目投资1403.61万美元，注册资金436万美元，协议利用台资366万美元，到位资金93.12万美元。正常运转6户，未开业3户，停产4户，注销5户。1999年，新发展台资企业2户，实际引进台资25.5万美元。2000年，引进台资项目1个，投资210万元人民币，合同利用台资100万元人民币。2001年，向台胞、台商寄发项目信息、县招商引资文件等资料50多份，介绍县内农业、水产、资源等合作项目，寻求合作伙伴。2003年，先后组团7个、赴台经贸考察60多人次，推介金湖。2004年，组织考察团5个，赴台经贸考察50多人，签订钛合金项目协议，总投资3500万美元。2005年7月，以荷花艺术节活动为契机，召开金湖投资环境说明会3次，结识台商100多人，台商到金湖考察12人。是年，新办台资（独资）企业1户。

第二十七篇 人民代表大会

1986—2005年，是金湖县第六至第十一届人民代表大会任期。20年间，金湖县人民代表大会及其常务委员会认真行使宪法和法律赋予的职权，发挥地方国家权力机关的作用，按照有关法律规定，先后制定或修订《关于加强与县人民代表大会代表联系的暂行办法》《关于人事任免暂行办法》《金湖县人大常委会议事规则》，制定或修订关于议案、质询案、罢免案若干问题的规定，以及政府组成人员、“两院”中层述职评议制度等会议和工作制度10多项，人大及其常委会工作的制度化、规范化、法制化、民主化不断加强。20年中，进行县人大代表换届选举5次，举行县人民代表大会会议21次，选举产生相应届次县人大常委会主任、副主任、委员，县人民政府县长、副县长，县人民法院院长和县人民检察院检察长。县人大常委会组织乡镇进行人大代表换届选举6次；在任期内任免县内国家机关工作人员983人次。县人民代表大会及其常委会依法对“一府两院”（县人民政府，县人民检察院、县人民法院）履行法律监督和工作监督，密切关注民生，深入了解民情，充分反映民意，对国民经济和社会发展计划指标制定调整、普法教育、依法治县等重大问题及时审议。同时，开展执法检查、述职评议和工作评议，促进行风建设和全县经济社会协调、可持续发展。

第一章　人大代表与人代会

第一节　人大代表

第六届人大代表　1984年2—5月，金湖县进行第五次普选，开始实施县、乡两级人大代表同步换届选举，选举县第六届人大代表。经县五届人大常委会第二十九次会议讨论通过，决定成立县选举委员会、县选举办公室和各乡镇选举委员会。同时，依法确定县第六届人民代表大会代表名额290人。全县共划分选区211个。在选举工作的各个阶段严格依法办事，使代表名额分配、选民登记、选区划分、候选人确定、投票选举代表，以及对代表资格的确认等工作符合法律规定。凡选民10人以上联名提出的候选人，都列入第一轮代表候选人名单，与政党、团体的提名一道予以公布。候选人名单经过几上几下反复酝酿、讨论、协商，最后根据多数选民的意见确定县人大代表正式候选人493人。参选选民207809人，选出县人大代表288人。其中，妇女69人，占24%；非中共党员123人，占42.7%；工人31人、农民120人、干部56人、知识分子75人、其他5人。本届县人大代表调离金湖县9人，没有补选；至1986年底换届前实有代表279人。

第七届人大代表　1986年12月至1987年2月，进行县、乡人大代表换届选举，选举县第七届人大代表。经县六届人大常委会第十八次会议讨论通过，决定成立县选举委员会、县选举办公室。同时，依法确定县第七届人民代表大会代表名额216人。全县共划分选区167个。经民主协商，确定确定县人大代表正式候选人391人。实际选出县人大代表216人。其中，妇女37人，占16.7%；非中共党员48人，占22.7%。本届县人大代表调离7人，补选4人；至1989年底换届前实有代表213人。

第八届人大代表　1989年11月至1990年1月，进行县、乡人大代表换届选举，选举县第八届人大代表。经县七届人大常委会第十八次会议讨论通过，决定成立县选举委员会、县选举办公室。同时，依法确定县第八届人民代表大会代表名额236人。全县共划分选区183个。经民主协商，确定确定县人大代表正式候选人415人。实际选出县人大代表232人。其中：妇女37人，占15.9%；非中共党员49人，占21.1%。本届县人大代表调离7人，补选5人；至1992年底换届前实有代表230人。

第九届人大代表　1992年10月至1993年1月，进行县、乡人大代表换届选举，选举县第九届人大代表。经县八届人大常委会第二十三次会议讨论通过，决定成立县选举委员会、县选举办公室。同时，依法确定县第九届人民代表大会代表名额235人。全县共划分选区180个。经民主协商，确定县人大代表正式候选人412人。实际选出县人大代表233人。其中：妇女36人，占15.4%；非中共党员40人，占17.2%。本届县人大代表调离9人，补选4人；至1997年底换届前实有代表228人。

根据1995年2月28日八届全国人大常委会第十二次会议修正的《中华人民共和国地方组织法》规定，从县第九届人大起，县人民代表大会的任期由过去的3年改为5年，乡镇人民代表大会任期不变。

第十届人大代表　1997年10—12月，进行县人大代表换届选举，选举县第十届人大代表。10

月16日，县九届人大常委会第三十八次会议做出换届选举决定，依法设立县选举委员会。到年底，完成准备、选民登记、提名推荐代表候选人、选举代表4个阶段的工作。全县共划分130个选区，县十届人大代表名额191人全部分配到选区。共登记选民266803人。共初提代表候选人1962人，县选举委员会和各选举工作领导小组组织各选区选民对初提代候选人进行反复酝酿、协商，最后按多数选民的意见，确定正式候选人320人。12月16—20日，各选区采取召开选举大会和设立投票站两种形式进行投票。全县参加投票选举259355人，占选民总数的97.2%。130个选区中，有121个选区一次选举成功，共选出代表181人，有9个选区组织2次选举，选出代表8人；因候选人未获参投选民过三分之一的选票，当选名额不足，有1个选区组织3次选举，选出代表1人。全县191名代表名额除保留1名机动名额外，全县共选出县人大代表190人。其中，妇女40人，占21%；非中共党员44人，占23.2%；工人24人，占12.6%；农民74人，占38.9%；干部58人，占30.5%；知识分子29人，占15.3%；解放军3人，占1.6%；其他2人，占1.1%。本届县人大代表调离16人、逝世1人，补选15人（其中补选1997年换届时未选足的名额1人）；至2002年底换届前实有代表188人。

第十一届人大代表 2002年9—12月，进行人大代表换届选举，选举县第十一届人大代表。9月23日，县十届人大常委会第四十五次会议做出《关于金湖县第十一届人民代表大会代表名额分配和全县选举问题的决定》；9月30日，县十届人大常委会第四十六次会议做出《关于设立县选举委员会的决定》。至年底，完成准备、选民登记、提名推荐和协商确定代表候选人、选举代表4个阶段的工作。全县共划分107个选区，县十一届人大代表名额191人全部分配到选区。全县依法登记选民275802人。各个选区初提代表候选人1593人，县选举委员会和各选举工作领导小组组织各选区选民对初提代候选人进行反复酝酿、协商，最后确定正式候选人298人。12月10—14日，各选区采取召开选举大会和设立投票站两种形式进行投票。全县参加投票选举250496人，占选民总数的90.8%。有103个选区一次选举成功，共选出代表186人，有4个选区组织2次选举，共选出代表4人。全县共选出县人大代表190人。其中：工人22人，占11.6%；农民80人，占42.1%；干部49人，占25.8%；知识分子36人，占18.9%；解放军3人，占1.6%。本届县人大至2005年底，代表调离金湖县9人，辞去代表职务12人，暂停行使代表职务1人，补选16人；2005年底实有代表184人。

第二节 人民代表大会

一、金湖县第六届人民代表大会

本届人大共召开3次会议，1986年为第三次会议。

第三次会议 1986年4月2—4日在县城举行，出席代表241人。会议听取和审议通过副县长柏传书代表县政府所作的县人民政府工作报告、副县长王春麟代表县政府所作的县国民经济和社会发展第七个五年计划（草案）、县计委主任戴骏所作的县1985年国民经济社会发展计划执行情况和1986年国民经济社会发展计划（草案）的报告、县财政局局长赵长平所作的县1985年财政预算执行情况和1986年财政预算（草案）的报告、县人大常委会副主任柏毓祥所作的县人大常委会工作报告、县人民法院院长韩兆春所作的县人民法院工作报告、县人民检察院检察长刘群所作的县人民检察院工作报告，并作出相应的决议。六届三次会议时，县人大常委会副主任是柏毓祥、袁如松、邹开芳，人大常委会委员是：马建保、万建民、万浩庭、万福芹、王云富、叶绿湘、毕德广、陈准、陈昆玉、陈春燕、庞世钦、高敬斌、凌志仁、夏效忠。

二、金湖县第七届人民代表大会

本届人大共召开4次会议。

第一次会议　1987年4月21—24日在县城举行，出席代表210人。会议听取和审议通过代理县长张卫东所作的县人民政府工作报告、县计委主任戴骏所作的县1986年国民经济社会发展计划执行情况和1987年国民经济社会发展计划（草案）的报告、县财政局局长赵长平所作的县1986年财政预算执行情况和1987年财政预算（草案）的报告、县人大常委会副主任柏毓祥所作的县人大常委会工作报告、县人民法院院长韩兆春所作的县人民法院工作报告、县人民检察院检察长刘群所作的县人民检察院工作报告，并作出相应的决议。大会选举产生陈奎林、邹开芳、窦以华、陈宏珍、万建民、马建保、李祥高、陈长庚、陈准、周春芝、罗金昌、袁如松、夏效忠、郭俊、植学业等15人，为县第七届人民代表大会常务委员会委员。陈奎林当选为县人大常委会主任，邹开芳、窦以华、陈宏珍为副主任；选举张卫东为县人民政府县长，柏传书、周化堂、张绍洪、王春麟为副县长；选举韩兆春为县人民法院院长、刘群为县人民检察院检察长。

图27-1-1　1987年4月21—24日，金湖县七届人大一次会议召开
王国瑞／摄

第二次会议　1987年12月1—2日在县城举行，出席代表189人。会议听取县委书记刘学东所作的关于党的十三大精神的传达，听取县政府办公室主任陈立鉴所作的关于县七届人大一次会议代表建议办理情况的汇报。会议依法选举金湖县出席淮阴市第二届人民代表大会代表33人。县人大常委会主任陈奎林在会议结束前作《不断提高代表素质，充分发挥代表作用》的讲话。

第三次会议　1988年4月7—10日在县城举行，出席代表214人。会议听取和审议通过县长张卫东所作的县人民政府工作报告、县计委主任戴骏所作的县1987年国民经济社会发展计划执行情况和1988年国民经济社会发展计划（草案）的报告、县财政局局长赵长平所作的县1987年财政预算执行情况和1988年财政预算（草案）的报告、县人大常委会主任陈奎林所作的县人大常委会工作报告、县人民法院院长韩兆春所作的县人民法院工作报告、县人民检察院检察长刘群所作的县人民检察院工作报告，审议县政府提出的《金湖县国民经济和社会发展“七五”后三年规划及2000年设想（草案）》及对此所作的说明，并作出相应的决议。

第四次会议　1989年4月3—6日在县城举行，出席代表213人。会议听取和审议通过县长张卫东所作的县人民政府工作报告、县计委副主任王一峰所作的县1988年国民经济社会发展计划执行情况和1989年国民经济社会发展计划（草案）的报告、县财政局局长赵长平所作的县1988年财政预算执行情况和1989年财政预算（草案）的报告、县人大常委会主任陈奎林所作的县人大常委会工作报告、县人民法院院长韩兆春所作的县人民法院工作报告、县人民检察院代理检察长谢学广所作的县人民检察院工作报告，并作出相应的决议。会议依法补选屠汉云、冯汝驹、李广全、王志强为县七届人大常委会委员，补选谢学广为县人民检察院检察长。

三、金湖县第八届人民代表大会

本届人大共召开3次会议。

第一次会议 1990年3月7—10日在县城举行，出席代表224人。会议听取和审议通过代理县长欣立忠所作的县人民政府工作报告、县计委主任周汝华所作的县1989年国民经济社会发展计划执行情况和1990年国民经济社会发展计划（草案）的报告、县财政局局长徐庆国所作的县1989年财政预算执行情况和1990年财政预算（草案）的报告、县人大常委会主任陈奎林所作的县人大常委会工作报告、县人民法院院长韩兆春所作的县人民法院工作报告、县人民检察院检察长谢学广所作的县人民检察院工作报告，并作出相应的决议。大会选举产生陈奎林、窦以华、陈宏珍、冯汝驹、万建民、王志强、王学明、王殿宏、周春芝、郑泽云、夏效忠、郭俊、谈静南、黄玉忠、彭元旭、管惠华、薛彰武等17人，为县第八届人民代表大会常务委员会委员。陈奎林当选为县人大常委会主任，窦以华、陈宏珍、冯汝驹为副主任；选举欣立忠为县人民政府县长，徐益民、张绍洪、李谊忠、赵长平为副县长；选举韩兆春为县人民法院院长、谢学广为县人民检察院检察长。会议通过《金湖县人民代表大会关于议案若干问题的规定》。

第二次会议 1991年3月31日—4月3日在县城举行，出席代表232人。会议听取和审议通过县长欣立忠所作的县人民政府工作报告、县计委副主任朱建华所作的县1990年国民经济社会发展计划执行情况和1991年国民经济社会发展计划（草案）的报告、县财政局局长徐庆国所作的县1990年财政预算执行情况和1991年财政预算（草案）的报告、县人大常委会主任陈奎林所作的县人大常委会工作报告、县人民法院院长韩兆春所作的县人民法院工作报告、县人民检察院代理检察长周思民所作的县人民检察院工作报告，审查和批准《金湖县国民经济及社会事业发展十年规划和“八五”计划（草案）》，并作出相应的决议。会议依法补选陈立鉴为县人大常委会副主任，王成海为县八届人大常委会委员，周思民为县人民检察院检察长。

图27-1-2 1991年3月31日—4月3日，金湖县八届人大二次会议召开
朱伟／摄

第三次会议 1992年3月9—12日在县城举行，出席代表210人。会议听取和审议通过县长欣立忠所作的县人民政府工作报告、县计委主任黄玉忠所作的县1991年国民经济社会发展计划执行情况和1992年国民经济社会发展计划（草案）的报告、县财政局局长徐庆国所作的县1991年财政预算执行情况和1992年财政预算（草案）的报告、县人大常委会主任陈奎林所作的县人大常委会工作报告、县人民法院院长韩兆春所作的县人民法院工作报告、县人民检察院检察长周思民所作的县人民检察院工作报告，并作出相应的决议。

四、金湖县第九届人民代表大会

本届人大起，任期由过去的3年改为5年。本届人大共召开5次会议。

第一次会议　1993年2月19—23日在县城举行，出席代表223人。会议听取和审议通过代理县长李孔惠所作的县人民政府工作报告、县计委主任黄玉忠所作的县1992年国民经济社会发展计划执行情况和1993年国民经济社会发展计划（草案）的报告、县财政局局长徐庆国所作的县1992年财政预算执行情况和1993年财政预算（草案）的报告、县人大常委会主任陈奎林所作的县人大常委会工作报告、县人民法院院长韩兆春所作的县人民法院工作报告、县人民检察院检察长周思民所作的县人民检察院工作报告，并作出相应的决议。大会选举何璋、冯汝驹、陈立鉴、陈宏珍、万建民、王成海、王志强、杨庆凤、杨复华、陆功勋、陈旭东、单国富、姚仪保、殷定圻、涂福齐、谈静南、雍和等17人，为县第九届人民代表大会常务委员会委员。何璋当选为主任，冯汝驹、陈立鉴、陈宏珍为副主任；选举李孔惠为县人民政府县长，徐益民、赵长平、卜建民、王富仁、闵学元为副县长；选举韩兆春为县人民法院院长、周思民为县人民检察院检察长。选举王克武等33人为淮阴市第三届人民代表大会代表。

图27-1-3　1993年2月19—23日，金湖县九届人大一次会议召开
朱伟／摄

第二次会议　1994年3月14—17日在县城举行，出席代表234人、列席104人。会议听取和审议通过县长李孔惠所作的县人民政府工作报告、县计委主任黄玉忠所作的县1993年国民经济社会发展计划执行情况和1994年国民经济社会发展计划（草案）的报告、县财政局局长徐庆国所作的县1993年财政预算执行情况和1994年财政预算（草案）的报告、县人大常委会主任何璋所作的县人大常委会工作报告、县人民法院院长韩兆春所作的县人民法院工作报告、县人民检察院检察长周思民所作的县人民检察院工作报告，并作出相应的决议。大会依法补选秦永华为县第九届人大常委会副主任。

第三次会议　1995年3月6—9日在县城举行，出席代表222人、列席127人。会议听取和审议通过代理县长陈德昌所作的县人民政府工作报告、县计委主任黄玉忠所作的县1994年国民经济社会发展计划执行情况和1995年国民经济社会发展计划（草案）的报告、县财政局局长徐庆国所作的县1994年财政预算执行情况和1995年财政预算（草案）的报告、县人大常委会主任何璋所作的县人大常委会工作报告、县人民法院院长韩兆春所作的县人民法院工作报告、县人民检察院检察长周思民所作的县人民检察院工作报告，并作出相应的决议。大会依法补选王富仁为金湖县第九届人大常委会副主任，陈德昌为金湖县人民政府县长。大会决定将工交、机关两个代表团提出的《关于环城河沿河段改造工程的议案》列入大会议程，并表决通过该项议案决议。

第四次会议　1996年3月19—22日在县城举行，出席代表228人、列席124人。会议听取和审议通过县长陈德昌所作的县人民政府工作报告、县计委主任黄玉忠所作的县1995年国民经济社会发展计划执行情况和1996年国民经济社会发展计划（草案）的报告、县财政局局长徐庆国所作的县1995年财政预算执行情况和1996年财政预算（草案）的报告、县人大常委会主任何璋所作的县人大常委会工作报告、县人民法院代理院长荀华所作的县人民法院工作报告、县人民检察院检察长周思民所作的县人民检察院工作报告，并作出相应的决议。大会依法补选蒋成湘为金湖县第九届人大常委会副主任，荀华为金湖县人民法院院长。

第五次会议 1997年3月11—14日在县城举行，出席代表288人、列席147人。会议听取和审议通过县长陈德昌所作的县人民政府工作报告、县计委主任潘忠春所作的县1996年国民经济社会发展计划执行情况和1997年国民经济社会发展计划（草案）的报告、县财政局局长徐庆国所作的县1996年财政预算执行情况和1997年财政预算（草案）的报告、县人大常委会主任何璋所作的县人大常委会工作报告、县人民法院院长荀华所作的县人民法院工作报告、县人民检察院检察长周思民所作的县人民检察院工作报告，并作出相应的决议。大会依法补选华占康、王成海为金湖县第九届人大常委会副主任。县政府还向代表印发《关于环城河改造情况的汇报》。

五、金湖县第十届人民代表大会

本届人大共召开5次会议。

第一次会议 1998年1月3—6日在县城举行，出席代表190人、列席130人。会议听取和审议通过代理县长林伟明所作的县人民政府工作报告、县计委主任潘忠春所作的县1997年国民经济社会发展计划执行情况和1998年国民经济社会发展计划（草案）的报告、县财政局局长徐庆国所作的县1997年财政预算执行情况和1998年财政预算（草案）的报告、县人大常委会主任何璋所作的县人大常委会工作报告、县人民法院院长荀华所作的县人民法院工作报告、县人民检察院检察长周思民所作的县人民检察院工作报告，并作出相应的决议。大会选举陈德昌、王富仁、蒋成湘、陈宏珍、华占康、王成海、万建民、尹来、李和钧、陈云、贺宝祥、涂在保、黑春台、王逸飞、朱建忠、李顺华、柳国富、聂杭军、涂福齐等19人，为县第十届人民代表大会常务委员会委员。陈德昌当选为主任，王富仁、蒋成湘、陈宏珍、华占康、王成海为副主任；选举林伟明为县人民政府县长，王殿宏、赵长平、韦富、秦永华、伏大才、朱毅民、江华山、王永跃为副县长；选举荀华为县人民法院院长、周思民为县人民检察院检察长。选举丁桂芳等45人为淮阴市第四届人民代表大会代表。

图27-1-4 1998年1月3—6日，金湖县十届人大一次会议召开

朱伟／摄

第二次会议 1999年3月4—6日在县城举行，出席代表189人、列席142人。会议听取和审议通过县长林伟明所作的县人民政府工作报告、县计委主任吴文华所作的县1998年国民经济社会发展计划执行情况和1999年国民经济社会发展计划（草案）的报告、县财政局局长吉文柱所作的县1998年财政预算执行情况和1999年财政预算（草案）的报告、县人大常委会主任陈德昌所作的县人大常委会工作报告、县人民法院院长荀华所作的县人民法院工作报告、县人民检察院检察长周思民所作的县人民检察院工作报告，并作出相应的决议。

第三次会议 2000年1月20—22日在县城举行，出席代表184人、列席145人。会议听取和审议通过代理县长成迎初所作的县人民政府工作报告、县计委主任吴文华所作的县1999年国民经济社会发展计划执行情况和2000年国民经济社会发展计划（草案）的报告、县财政局局长吉文柱所作的县1999年财政预算执行情况和2000年财政预算（草案）的报告、县人大常委会主任陈德昌所作的县人大常委会工作报告、县人民法院院长荀华所作的县人民法院工作报告、县人民检察院检察长周思民所作的县人民检察院工作报告，并作出相应的决议。大会还审议县政府贯彻落实《关于加强县、乡财政建设议案的决议》情况的书面报告。大会以无记名投票方式，补选成迎初为县人民政府县长。

第四次会议　2001年1月7—9日在县城举行，出席代表182人、列席145人。会议听取和审议通过县长成迎初所作的县人民政府工作报告、县计委主任成东升所作的县2000年国民经济社会发展计划执行情况和2001年国民经济社会发展计划（草案）的报告、县财政局局长陈富文所作的县2000年财政预算执行情况和2001年财政预算（草案）的报告、县人大常委会主任陈德昌所作的县人大常委会工作报告、县人民法院代理院长赵四海所作的县人民法院工作报告、县人民检察院检察长周思民所作的县人民检察院工作报告，并作出相应的决议。大会审查批准县政府提出的《金湖县国民经济和社会发展第十个五年计划纲要》，审议县政府贯彻落实《关于加强县、乡财政建设议案的决议》情况的书面报告。大会依法补选徐益民、卞爱武、马发荣为县十届人大常委会副主任，孙红为人大常委会委员；补选赵四海为县人民法院院长。

第五次会议　2002年2月1—4日在县城举行。出席代表180人，列席116人。会议听取和审议通过代理县长赵洪权所作的县人民政府工作报告、县计委主任成东升所作的县2001年国民经济社会发展计划执行情况和2002年国民经济社会发展计划（草案）的报告、县财政局局长陈富文所作的县2001年财政预算执行情况和2002年财政预算（草案）的报告、县人大常委会主任陈德昌所作的县人大常委会工作报告、县人民法院院长赵四海所作的县人民法院工作报告、县人民检察院代理检察长张剑斌所作的县人民检察院工作报告，并作出相应的决议。大会审议县人民政府贯彻落实《关于加强县、乡财政建设议案的决议》情况的书面报告。大会依法补选秦永华为县十届人大常委会副主任，王辉、史善柱为人大常委会委员；补选赵洪权为县人民政府县长；补选张剑斌为县人民检察院检察长。

六、金湖县第十一届人民代表大会

本届人大至2005年底共召开3次会议。

第一次会议　2003年1月6—10日在县城举行，出席代表187人、列席128人。会议听取和审议通过县长赵洪权所作的县人民政府工作报告、县计委主任成东升所作的县2002年国民经济社会发展计划执行情况和2003年国民经济社会发展计划（草案）的报告、县财政局局长陈富文所作的县2002年财政预算执行情况和2003年财政预算（草案）的报告、县人大常委会主任陈德昌所作的县人大常委会工作报告、县人民法院代理院长刘瑞祥所作的县人民法院工作报告、县人民检察院检察长张剑斌所作的县人民检察院工作报告，并作出相应的决议。大会审议县人民政府贯彻落实《关于金湖县第十届人民代表大会第五次会议〈关于

图27-1-5　2003年1月6—10日，金湖县十一届人大一次会议召开
朱伟／摄

加快推进全县工业化进程议案的决议〉情况的报告》《关于加强县乡财政建设议案的决议执行情况的报告》。大会选举成迎初、徐益民、蒋成湘、华占康、王成海、秦永华、杜渐、王辉、吉文化、许长坡、郜向阳、郑传宝、柳国富、聂杭军、殷舜时、王逸飞、朱庆庚、苏晓宁、茆永茂、柏淮传、赵金坤、倪言珠、裴云霞等23人，为县第十一届人民代表大会常务委员会委员。成迎初当选为主任，徐益民、蒋成湘、华占康、王成海、秦永华、杜渐为副主任；选举赵洪权为县人民政府县长，王海平、张光射、罗金昌、李顺英、杨步新、陈发棣、卞爱武、马发荣为副县长；选举刘瑞祥为县人民法院院长、张剑斌为县人民检察院检察长。选举马宏斌等46人为淮安市第五届人民代表大会代表。

第二次会议 2004年1月8—11日在县城举行。出席代表180人、列席101人。会议听取和审议通过县长赵洪权所作的县人民政府工作报告、县发展计划委员会主任成东升所作的县2003年国民经济社会发展计划执行情况和2004年国民经济社会发展计划（草案）的报告、县财政局局长陈富文所作的县2003年财政预算执行情况和2004年财政预算（草案）的报告、县人大常委会副主任徐益民所作的县人大常委会工作报告、县人民法院院长刘瑞祥所作的县人民法院工作报告、县人民检察院副检察长袁俊所作的县人民检察院工作报告，并作出相应的决议。大会审议县人民政府贯彻落实《金湖县第十届人民代表大会第五次会议关于加快工业化进程议案的决议》情况的书面报告，补选王纬国、郜明为县人大常委会委员。

第三次会议 2005年1月10—12日在县城举行。出席代表184人、列席95人。会议听取和审议通过县长赵洪权所作的县人民政府工作报告、县发展计划委员会主任成东升所作的县2003年国民经济社会发展计划执行情况和2004年国民经济社会发展计划（草案）的报告、县财政局局长陈富文所作的县2003年财政预算执行情况和2004年财政预算（草案）的报告、县人大常委会副主任徐益民所作的县人大常委会工作报告、县人民法院院长刘瑞祥所作的县人民法院工作报告、县人民检察院代理检察长毛文博所作的县人民检察院工作报告，并作出相应的决议。大会审议县人民政府贯彻落实《金湖县第十一届人民代表大会第二次会议关于进一步加快发展民营经济的议案的决议》情况的书面报告。补选许夏国、杨松青、陈素梅、周修忠、顾海芸为县人大常委会委员，毛文博为金湖县人民检察院检察长。

第二章 人大机构 重要会议

第一节 人大常务委员会

金湖县人民代表大会设常务委员会，为人民代表大会常设机构。县人大常委会由主任1人、副主任若干人、委员若干人组成。1986年，第六届县人大常委会有常委18人，其中主任1人、副主任3人。1987年，第七届县人大常委会有常委15人，其中主任1人、副主任3人。1990年，第八届县人大常委会有常委17人，其中主任1人、副主任3人；1991年补选副主任1人。1993年，第九届县人大常委会有常委17人，其中主任1人、副主任3人；1994、1995、1996年，各补选副主任1人。1998年，第十届县人大常委会有常委22人，其中主任1人、副主任5人；2001年补选副主任3人，2002年补选副主任1人。2003年，第十一届县人大常委会有常委30人，其中主任1人、副主任6人。

第六至十一届金湖县人大常委会主任、副主任一览表

表 27-2-1

届　别	职　务	姓　名	出生时间	籍　贯	任职时间
第六届（1984.07—1987.04）	主　任	杨天培	1931.08	江苏兴化	1984.07—1985.05
	副主任	柏毓祥	1927.12	江苏金湖	1984.07—1987.04
		袁如松	1927.07	广东中山	1984.07—1987.04
		邹开芳	1933.01	江苏金湖	1985.05—1987.04
第七届（1987.04—1990.03）	主　任	陈奎林	1933.02	江苏姜堰	1987.04—1990.03
	副主任	邹开芳	1933.01	江苏金湖	1987.04—1989.01
		窦以华	1934.03	江苏金湖	1987.04—1990.03
		陈宏珍（女）	1939.11	江苏宝应	1987.04—1990.03
第八届（1990.03—1993.02）	主　任	陈奎林	1933.02	江苏姜堰	1990.03—1993.02
	副主任	窦以华	1934.03	江苏金湖	1990.03—1993.02
		陈宏珍（女）	1939.11	江苏宝应	1990.03—1993.02
		冯汝驹	1938.09	江苏宝应	1990.03—1993.02
		陈立鉴	1938.05	江苏江都	1991.03—1993.02
第九届（1993.02—1998.01）	主　任	何　璋	1939.01	江苏金湖	1993.03—1998.01
	副主任	冯汝驹	1938.09	江苏宝应	1993.03—1998.01
		陈立鉴	1938.05	江苏江都	1993.03—1998.01
		陈宏珍（女）	1939.11	江苏宝应	1993.03—1998.01
		秦永华	1950.06	江苏金湖	1994.03—1995.06
		王富仁	1940.11	江苏扬州	1995.03—1998.01
		蒋成湘	1947.08	江苏金湖	1996.03—1998.01
		华占康	1953.07	江苏金湖	1997.03—1998.01
		王成海	1946.03	安徽合肥	1997.03—1998.01
第十届（1998.01—2003.01）	主　任	陈德昌	1943.02	江苏金湖	1998.01—2003.01
	副主任	王富仁	1940.11	江苏扬州	1998.01—2000.11
		蒋成湘	1947.08	江苏金湖	1998.01—2003.01
		陈宏珍（女）	1939.11	江苏宝应	1998.01—2000.11
		华占康	1953.07	江苏金湖	1998.01—2003.01
		王成海	1946.03	安徽合肥	1998.01—2003.01
		徐益民	1947.08	江苏金湖	2001.01—2003.01
		卞爱武（女）	1966.01	江苏金湖	2001.01—2003.01
		马发荣	1958.06	江苏金湖	2001.01—2002.11

接上表

届　别	职　务	姓　名	出生时间	籍　贯	任职时间
第十一届（2003.01—）	主　任	成迎初	1953.09	江苏洪泽	2003.01—
	副主任	徐益民	1947.08	江苏金湖	2003.01—
		蒋成湘	1947.08	江苏金湖	2003.01—
		华占康	1953.07	江苏金湖	2003.01—
		王成海	1946.03	安徽合肥	2003.01—2005.01
		秦永华	1950.06	江苏金湖	2003.01—
		杜　渐	1944.11	河南郑州	2003.01—

第二节　常委会工作机构

图 27-2-6　至 2000 年底，县人大常委会及工作机构办公地点（摄于 1999 年 12 月）　朱伟／摄

1986年1月，金湖县人大常委会工作机构设办公室、法制工作委员会、财经工作委员会、教科文卫工作委员会、城乡建设环境保护工作委员会。1989年，设立内务工作委员会。1991年，设立农村经济工作委员会。

1997年11月，根据人大机构改革的要求，县人大常委会先后撤销农村经济、教科文卫、城市建设环境保护3个工作委员会，将财经工作委员会更名为财政经济工作委员会、法制工作委员会更名为内务司法工作委员会、内务工作委员会更名为人事代表联络工作委员会，增设社会事业工作委员会。2003年3月，增设农村经济工作委员会。

2005年，工作机构为办公室、人事代表联络工作委员会、内务司法工作委员会、财政经济工作委员会、社会事业工作委员会、农村经济工作委员会。

第三节　重要会议

一、人大常委会会议

金湖县人大常委会会议一般每两个月至少举行一次，特殊情况可临时举行，会期1天左右。常委会会议议程和日程草案及会期，由主任会议拟订，提请常委会会议通过。

第六届人大常委会在1984年7月至1987年4月期间，共召开会议22次，其中1986年1月—1987年4月召开11次。其间，建立与“一府两院”举行联席会议制度。每年年末或年初，由主任会议提出常委会工作要点草案，确定每年常委会会议的次数、时间和每次会议的议程，以县人大常委会党组名义报请县委原则同意后再提请常委会审议通过，并印发到有关方面早做筹划安排，遇有需要调整的由主任会议确定。常委会会议由主任、副主任主持。县政府、县人民法院、县人民检察院负责人及县政府有关部门负责人，常委会办公室及各工作委员会列席会议。每次会议邀请一定数量的县人大代表和部分乡镇人大主席列席。会议共审议政府19个部门的工作，作出10项决议或决定，依法任免县人大常委会工作机构及“一府两院”工作人员36人，办理代表建议、批评和意见218件。

1987年4月至1990年3月，第七届人大常委会共召开会议26次。其间，通过《县人大常委会与县人民政府、县人民法院、县人民检察院工作联系制度》《关于人事任免暂行办法》《常委会会议制度》《主任会议制度》《调查视察制度》，有力促进了人大工作的开展。会议共作出重要的决议、决定16件，开展各类调查视察活动25次，依法任命县人大常委会工作机构及“一府两院”工作人员116人，办理代表建议、批评和意见357件。

1990年3月至1993年2月，第八届人大常委会共召开会议27次。其间，制定常委会议事规则，就会议的召开，议案的提出和审议，听取和审议工作报告，质询、发言等作出较详细的规定，常委会会议的举行进一步规范化；每次常委会议结束后，整理出审议意见或审议情况通报，印发给“一府两院”及有关单位，有时还将经主任会议审定的审议意见交县政府办理。1991年，金湖县发生百年罕见的洪涝灾害，县人大常委会发出《致全县人大代表的一封信》，要求广大代表紧密团结在党和政府的周围，带领群众战胜洪涝灾害。县人大代表积极响应县人大常委会的号召，在灾害面前表现出大无畏的英雄气概，涌现出一批舍小家、顾大家的先进人物，有的先进事迹还被报刊登载。常委会共作出重要的决议、决定23件，开展各类调查视察活动26次，依法任命县人大常委会工作机构及“一府两院”工作人员94人，办理代表建议、批评和意见445件。

1993年2月至1998年1月，第九届人大常委会共召开会议40次。共作出重要的决议、决定47件，开展各类调查视察活动37次，依法任命县人大常委会工作机构及“一府两院”工作人员142人，办理代表建议、批评和意见616件。

1998年1月至2003年1月，第十届人大常委会共召开会议48次。其间，2002年2月28日，中共金湖县委召开全县人大工作会议，回顾近年来的人大工作，提出今后的工作任务。会前，县委出台《关于进一步加强人大工作的意见》。是年11月5日，金湖县人大工作理论研究会成立，并召开首届年会，共收到理论交流文章24篇，其中11篇在大会上作交流发言。常委会共作出重要的决议、决定52件，开展各类调查视察活动29次，依法任命县人大常委会工作机构及“一府两院”工作人员183人，办理代表建议、批评和意见544件。

第十一届人大常委会在2003年1月至2005年底，共召开会议23次。其间，2003年3月28日，县十一届人大常委会第二次会议通过《金湖县人大常委会公民旁听县人大常委会会议的试行办法》，年内接受公民报名16人，经研究确定汪镇平等10人旁听县人大常委会第三次会议，增强县人大常委会工作的透明度。2004年9月14日，县委、县人大常委会联合召开纪念人民代表大会制度建立50周年座谈会，与会人员畅谈人民代表大会制度的伟大意义，回顾县人大及其常委会在促进全县经济发展、社会进步，推进民主法制建设中的作用。常委会共作出重要决议、决定26件，开展各类调查视察活动31次，依法任命县人大常委会工作机构及“一府两院”工作人员104人，办理代表建议、批评和意见430件。

二、人大常委会主任会议

金湖县人大常委会主任会议，每月召开1~2次，听取常委会工作机构及“一府两院”有关工作汇报，决定提请常委会讨论决定事项。

第六届人大常委会在1986年1月至1987年4月间，共召开主任会议8次。第七届人大常委会共召开主任会议17次。第八届人大常委会共召开主任会议16次。

第九届人大常委会共召开主任会议25次。其中，1995年3月29日主任会议，听取和审议县环保局局长柏淮传作《关于我县环境污染现状及其治理对策的汇报》，县城建局副局长柏基坤作《金湖县园林绿地系统规划情况汇报》。会议要求环保局根据全县实际情况，依法征收环保费用；对新建项目的审批，要依法把好环境关。建议城建局集中力量搞好公园、淮河路、三角带的绿化工程。

第十届人大常委会共召开主任会议27次。其中，1998年10月26日主任会议，听取和审议副县长秦永华关于1998年县政府十件实事办理情况汇报，听取县人大常委会副主任王成海关于全市乡镇人大换届选举工作会议精神的传达，县人大常委会人事代表工作委员会并于全县乡镇人大换届选举的草案及说明。

第十一届人大常委会至2005年期间，共召开主任会议17次。其中，2004年1月19日主任会议，听取县政府关于城镇职工基本养老保险情况的汇报，关于县级财政预算执行情况分析及同级审中提出的整改意见落实情况的汇报。听取县劳动和社会保障局、县公安局、县建设局、县农业局综合预算执行情况的报告。2005年9月29日主任会议，听取县政府关于《江苏省基本农田保护条例》贯彻实施情况和关于同级审中整改意见落实情况的汇报。

第三章　人大常委会履职

第一节　重大事项决定

1986年1月至1987年4月，金湖县第六届人大常委会重点审议决定社会治安、环境治理、尊师重教等方面的重大事项。1986年9月15日，县第六届人大常委会第十七次会议审议通过《关于不准乡镇企业从事污染严重的项目生产的决议》和《关于批准县城私人建造住房管理暂行规定的决议》。

1987年4月至1990年3月，县第七届人大常委会重点审议决定人事任免、来信来访、义务教育等方面的重大事项。1987年7月29日，县第七届人大常委会第二次讨论通过《县人大常委会与县人民政府、县人民法院、县人民检察院工作联系制度》和《关于改变人事任免表决方式的决定》，任命国家机关工作人员的表决方式，由以前的举手表决、改为无记名投票。1987年9月29日，县第七届人大第三次常委会审议通过《县人大常委会有关工作制度》《关于加强与人民代表联系的暂行办法》《关于人事任免的暂行办法》。1988年6月24日，县第七届人大常委会第八次会议审议通过《金湖县实施〈义务教育法〉暂行规定》和《金湖县人大常委会来信来访处理暂行规定》。1988年11月10日，县第七届人大常委会第十一次会议，审议批准《金湖县供销合作联社章程》。1989年5月18日，县第七届人大常委会第十九次会议审议批准《金湖县全民国防教育实施办法》。

1990年3月至1993年2月，县第八届人大常委会重点审议决定普法、“严打”斗争、抗洪救灾等方面的重大事项。1990年12月14日，县第八届人大常委会第六次会议作出《关于县属滩涂、入江水道大堤林业开发十年规划的决议》。1990年8月25日，县第八届人大常委会第三次会议审议通过关于废止《金湖县县城私人建造住房管理暂行规定》的决议。

1993年2月至1998年1月，县第九届人大常委会重点审议决定公检法司工作、“三五”普法、县人民代表大会换届选举等方面的重大事项。1996年12月25日，县第九届人大常委会第三十一次会议审议通过《金湖县科技发展“九五”计划和2010年规划纲要》《关于在全县公民中开展法制宣传教育第三个五年规划》。1997年10月16日，县第九届人大常委会第三十八次会议通过《金湖县人大常委会关于县人民代表大会换届选举问题的决定》。1997年11月24日，县九届人大常委会第三十九次会议审议通过《关于撤销、更名、设立工作委员会的决定》《金湖县人大常委会关于对公检法司实行执法责任制监督的暂行办法》。

1998年1月至2003年1月，县第十届人大常委会重点审议决定加强县人大常委会自身建设、依法治县、兴建金湖淮河入江水道公路大桥、县城总体规划（1998—2010）、金湖县生态农业建设总体规划等方面的重大事项。1998年3月3日，县第十届人大常委会第一次会议讨论通过关于加强县人大常委会自身建设的意见。1998年5月5日，县第十届人大常委会第三次会议审议通过《金湖县人大常委会关于推进依法治县工作的决议》。1998年7月16日，县第十届人大常委会第四次会议讨论并原则通过《金湖县人大常委会关于在行政部门建立执法责任制的实施方案》《金湖县执法过错及错案责任追究监督暂行办法》《金湖县人大常委会关于述职评议的暂行办法》。1998年11月4日，县第十届人大常委会第五次会议讨论通过《金湖县人大常委会常务委员会议事规则》《金湖县人民代表大会常务委员会关于对县人民政府、县人民法院、县人民检察院行使监督权的暂行规定》《金湖县人大常委会常务委员会关于加强法律实施情况检查监督的若干规定》《金湖县人大常委会常务委员会关于议案若干问题的规定》等9项工作制度。1998年11月24日，县第十届人大常委会第七次会议听取和审议《关于兴建金湖淮河入江水道公路大桥的议案》，并作出相应决议。1999年9月6日，县第十届人大常委会第十七次会议讨论通过《关于县人民政府组成人员和县人民法院院长、县人民检察院检察长列席县人大常委会会议制度》。1999年6月17日，县第十届人大常委会第十五次会议依法通过关于县城总体规划（1998—2010）的决议。2000年6月15日，县第十届人大常委会第二十五次会议依法作出《关于加强县城区绿化建设的决定》。2001年4月4日，县第十届人大常委会第三十二次会议作出《关于加强县级预算审查监督的决定》，研究部署政府有关职能部门主要负责人的述职评议工作。2002年12月23日，县第十届人大常委会第四十八次会议审议《金湖县生态农业建设总体规划》，并作出相应的决议。

2003年1月至2005年底，县第十一届人大常委会重点审议决定土地管理、试行公民旁听县人大常委会会议制度、县人大代表向选民述职、县城总体规划等方面的重大事项。2003年3月28日，县第十一届人大常委会第二次会议讨论通过《金湖县人大常委会关于公民旁听县人大常委会会议的试行办法》。2004年3月2日，县第十一届人大常委会第十次会议讨论通过《关于对提请任命人员进行任前法律知识考试的办法》。2004年4月29日，县第十一届人大常委会第十一次会议讨论通过《关于加强县级预算审查监督的决定（修订草案）》。2004年8月25日，县第十一届人大常委会第十三次会议审议通过《金湖县人大常委会关于县人大代表向选民述职的暂行办法》。2004年11月30日，县第十一届人大常委会第十五次会议听取和审议县政府关于金湖县城总体规划修编情况的汇报，并通过《关于县城总体规划（2004—2020）的决议》。2005年2月25日，县第十一届人大常委会第十七次会议依法作出《关于加强对审计工作监督的决定》。2005年11月30日，县十一届人大常委会第二十二次会议表决通过《关于对县城规划用地进行部分调整的决定》。

第二节　法律监督

1986年至1987年4月，县第六届人大常委会及各工作委员会先后对《中华人民共和国统计法》《中华人民共和国经济合同法》等8个法律法规执行情况进行检查11次；调查全县普及法律常识情况。着重对社会治安整顿、工业污染防治、安全生产监察等，提出意见和建议。

1987年4月起，县第七届人大常委会先后就《中华人民共和国义务教育法》《中华人民共和国民法通则》《中华人民共和国治安管理处罚条例》《中华人民共和国森林法》《中华人民共和国食品卫生法》等11个法律法规执行情况进行检查24次。审议通过《金湖县实施〈中华人民共和国义务教育法〉暂行规定》。

1990年3月起，县第八届人大常委会先后就《中华人民共和国商标法》《中华人民共和国婚姻法》《中华人民共和国技术合同法》《中华人民共和国专利法》《中华人民共和国全民所有制工业企业法》等26个法律法规执行情况进行检查。听取和审议县政府关于五年普法情况，《中华人民共和国行政监察条例》宣传贯彻和廉政制度执行情况，《中华人民共和国档案法》贯彻执行情况，全县"二五"普法工作情况和社会治安综合治理情况的汇报，提出相应的要求。在听取和审议"一府两院"执法情况的同时，县人大常委会逐步加强执法检查工作。

1992年起，县人大常委会在听取和审议"一府两院"执法情况的同时，还逐步加强执法检查工作。是年，针对县内环境污染的实际情况，组织市、县人大代表对造纸厂、制药厂和县人民医院贯彻执行《中华人民共和国环境保护法》情况进行视察，并就县造纸厂切草车间严重的粉尘污染及县人民医院医疗废水的排放问题，向县政府提出限期治理的意见，推动《环境保护法》的贯彻实施。

1993年2月起，县第九届人大常委会先后听取县政府关于《中华人民共和国全民所有制工业企业转换经营机制条例》《中华人民共和国教师法》《中华人民共和国农业法》《中华人民共和国劳动法》等32个法律法规实施情况的汇报。听取和审议《关于在全县公民中开展法制宣传教育第三个五年规划》。1996年8月，县九届人大常委会再次组织省市人大代表对县城规划区内占地建私房的情况进行考察，再次向县委、县政府递交调查报告，提出要采取切实可行的措施，坚决依法查处违法行为。县委、县政府于当月召开会议，就依法查处县城规划区内违法违章占地建私房问题进行动员和部署。县委还成立工作组进行专项治理，纪检、监察、新闻等部门及社会各界对此工作予以积极支持。一些有违章行为的干部群众，主动退出多占的土地或接受罚款处理。

1998年1月起，县第十届人大常委会重视依法治县工作，在县委做出《关于推进依法治县工作的决定》的同时，做出《关于进依法治县的决议》，并积极推动此项工作的落实，努力搞好法律监督，促进"一府两院"依法行政、公正司法。对涉及面广、影响大、为群众普遍关心的法律法规实施情况，加强执法检查。共对《中华人民共和国土地管理法》《中华人民共和国环境保护法》《中华人民共和国防洪法》《中华人民共和国统计法》《中华人民共和国森林法》《中华人民共和国义务教育法》《中华人民共和国老年人权益保障法》《中华人民共和国城市居委会组织法》等法律法规实施情况，进行监督检查49次，保证法律法规的正确执行。同时，加强对司法工作的监督，加强对法制宣传和普法工的监督，加强对行政执法责任制和"两错"追究制落实情况的监督。

2003年1月至2005年12月，县第十一届人大常委会实施法律监督，推进依法治县进程。通过执法检查、听取和审议法律贯彻执行情况的汇报、组织调查视察等形式，分别对《中华人民共和国税收征收管理法》《中华人民共和国预防未成年人犯罪法》《中华人民共和国科技进步法》《中华人民共和国职业教育法》等18部法律法规的贯彻实施情况开展检查监督。2005年，进行《中华人民共和国城市规划法》执法检查，指出县城总体规划的执行存在随意性，规划中的用地性质变更较多，挤占绿地及公益性用地的现象时有发生，查处违法违规行为不够及时有力，控制性详规覆盖率偏低等问题，建议县政府围绕水乡园林特色的总定位，高起点、高标准地做好第四轮县城总体规划的修编工作，依法维护县城总体规划的严肃性，坚决查处和纠正违法违规行为。听取关于本届政府组建以来规范性文件制订情况汇报，对其制订程序和内容的合法性进行审查。

第三节　工作监督

1986年至1987年4月，县第六届人大常委会听取“一府两院”及财政、公安、水利等9个政府部门的工作报告12次；审议通过《关于不准乡镇企业从事污染严重的项目生产的决议》《关于批准县城私人建造住房管理暂行规定的决议》。

1987年4月起，县第七届人大常委会先后听取“一府两院”及财政、公安、农业、水利、教育、卫生、计生等32个政府部门工作报告38次；着重对乡村规民约以及村民委员会情况等进行明察暗访。

1989年1月，县七届人大常委会组织由其任命的县税务局、城乡建设环境保护局、多种经营管理局3位局长述职。随后，县人大常委会委派由常委会组成人员、组织人事部门人员组成的3个考评小组，分赴3个局与干群座谈，听取意见；在所考评部门主持召开述职评议会议，到会的县人大代表、部门中层干部认真听取局长的述职报告并进行评议。述职后，县七届人大常委会召开第十二次会议，听取3个考评组的情况汇报，对述职活动认真总结，形成考评意见与述职人员见面，3位局长作表态发言。根据述职和考评情况，县人大常委会会同组织人事部门对上述3个局有关领导的任职作调整，此为县人大常委会加强工作监督，依法行使好人事任免权的一次有效尝试。还检查全县政治、经济、教育、科学、文化、卫生等方面的情况；代表议案、建议、批评意见的办理情况以及人民群众普遍关心的市场管理、食品卫生、外向型经济、家庭经济等工作情况。

1990年3月起，县第八届人大常委会先后做出《关于县属滩涂、入江水道大堤林业开发十年规划的决议》。还着重对经济体制改革、市场物价管理、教育体制改革贯彻执行和精神文明建设工作情况；社会治安综合治理和扫除“六害”斗争，广播电视事业发展，音像管理、文化市场整顿管理和扫黄工作情况进行明察暗访。对一些群众关心的问题跟踪监督，提出意见和建议。

1993年2月起，县第九届人大常委会听取有关部门工作情况汇报26项72次，组织调研、视察活动53次。听取和审议关于金湖县基本农田保护区规划的汇报，并做出相应决议。审议通过《金湖县科技发展“九五”计划和2010年规划纲要》。

1994年，县九届人大常委会开展县人大代表评议公检法机关工作的活动，从6月上旬至12月上旬，历时半年。经历制定评议方案、宣传发动、代表评议、三机关整改和评议总结5个阶段。县成立由县委、县人大常委会、县政府分管领导组成的评议工作领导小组。评议中，代表们认真履行职责，参评率90%，联系选民2万多人次，对公检法三机关执法工作和自身建设提出意见和建议150多条。经调查核实后，形成比较系统的意见和建议99条，由县人大常委会以书面形式分别交公检法三机关。三机关对代表意见和建议认真研究落实，及时办理，逐条向代表进行书面答复。评议工作收到了一定的效果。如公安局对三河渡口、戴楼砖瓦厂等地治安问题，采取措施进行整治，收效明显；对淮胜、吕良等6个基层派出所的警力进行调整和充实；还破获“9·3”系列案件。县人民法院各类案件的审结率比上年上升17个百分点。县人民检察院在打击经济犯罪工作中，也取得新的突破。通过评议，公检法三机关进一步完善制度，执法工作和自身建设取得新的进展。

1998年1月起，县第十届人大常委会重视对环境保护、防洪等重点问题跟踪监督。紧紧围绕全县改革、发展、稳定大局，以富民强县、加快发展为重点，对农村经济工作，对工业经济和县镇企业改制，对重点项目建设和人民群众关注的社会热点、难点问题，对由县人大及其常委会选举、任命的工作人员和部门工作等实施工作监督。

2003年1月至2005年12月，县第十一届人大常委会实施对政府经济工作、"三农"工作、社会事业的监督，以述职评议和工作评议为主要形式的工作效能监督。2005年，对成东升、管德成、王殿宝、汤瑞仁4位局长进行述职评议，在肯定成绩的同时指出不足，提出整改意见，并对履职情况进行评议。县人大常委会还将述职评议综合意见向县委及提请任免机关进行通报，向述职对象所在部门干部职工进行反馈。述职对象也先后向县人大常委会递交整改情况汇报。

第四节　人事任免

1986年1月至1993年2月，县第六、七、八届人民代表大会依法选举产生"一府两院"负责人和县人大常委会组成人员共129人，淮阴市人大代表94人。县人大常委会依法任命国家机关工作人员共343人，补选淮阴市人大代表15人。其中：属于个别任命的县政府副县长9人，决定代理县长5人；任命县人民法院副院长6人，决定县人民法院代理院长3人；任命县人民检察院副检察长11人，决定县人民检察院代理检察长3人。这一时期，县人大常委会还免职195人，接受辞职28人，撤销检察员职务2人，罢免市人大代表职务1人。1987年7月30日，县七届人大常委会第二次会议通过《关于改变人事任命表决方式的决定》，任命国家机关工作人员的表决方式，由以前的举手表决改为无记名投票。之后，县七届人大常委会第三次会议又通过《关于人事任免暂行办法》，对县人大常委会人事任免的范围、程序、方式等作出明确规定。

1987年8月26日，县人大常委会首次召开颁发任命书大会，县人大常委会主任陈奎林代表县七届人大常委会，向新的一届县人民政府组成人员颁发任命证书。会上，县委书记刘学东、县人大常委会主任陈奎林、县长张卫东分别讲话，勉励新的一届政府组成人员不辜负人民的重托，正确行使好手中的权力，自觉接受人大监督，努力做好本职工作；经委、商业局、税务局、多管局等部门被任命人员作表态发言。从县第七届人大开始，每届政府组成人员产生之后，县人大常委会都要举行隆重的颁发任命证书仪式。

1993年2月至1998年1月，县九届人大常委会任免国家机关工作人员216人次。其中：决定县人民政府代理县长2人，县人民法院代理院长2人，县人民检察院代理检察长1人；决定任命县人民政府副县长12人；任命县人民法院副院长4人、县人民检察院副检察长5人。依法补选市四届人大代表3人，依法罢免市人大代表1人，主持选区选民罢免县人大代表2人。1993年11月26日，县九届人大常委会第六次会议对《关于人事任免暂行办法》进行修订，使其更趋完善。

1998年1月至2003年1月，县十届人大常委会任免国家机关工作人员265人次。其中：决定县人民政府代理县长2人，县人民法院代理院长1人，县人民检察院代理检察长2人；决定任命县人民政府副县长12人；任命县人民法院副院长5人；县人民检察院副检察长4人。依法补选市四届人大代表3人，依法罢免市人大代表1人，主持选区选民罢免县人大代表2人。2000年6月9日，县人大常委会首次对"一府两院"提请任命的国家机关工作人员17人进行法律知识考试，经考试合格后，同意提请县十届人大常委会第二十五次会议任命。

2003年1月至2005年底，县十届人大常委会任免国家机关工作人员159人次。其中：决定县人民政府代理县长2人，县人民法院代理院长1人，县人民检察院代理检察长1人；决定任命县人民政府副县长4人，任命县人民法院副院长2人，县人民检察院副检察长1人。依法补选市四届人大代表6人。

第五节　代表议案建议

1986年4月，县第六届人民代表大会第三次会议，收到代表提出的建议、批评和意见196件。

1987年4月至1990年3月，县第七届人民代表大会期间召开4次全体会议，代表共提出议案、建议、批评和意见357件。

1990年3月至1993年2月，县第八届人民代表大会期间召开3次全体会议，代表共提出议案、建议、批评和意见445件。

1993年2月至1998年1月，县第九届人民代表大会期间召开5次全体会议，代表共提出议案、建议、批评和意见610件。其中，代表10人以上联名提出的议案208件，建议、批评和意见402件。九届二次会议上工交、机关两个代表团提出的《关于河沿河路段改造工程的议案》，经大会秘书长会议研究，列入大会议程，大会全体代表审议决定通过此项议案，并作出相应的决议。其他206件议案，均作为重要的建议、批评和意见处理。九届二次会议上代表提出的"关于加强城市管理"方面的建议，县政府多次召开常务会议研究，结合创建卫生文明城镇，全面发动，加强管理，取得明显成效。代表提出的"关于加快淮河入江水道金湖大桥"的建议，县政府非常重视，决定采取多种办法筹措资金。

1998年1月至2003年1月，县第十届人民代表大会期间召开5次全体会议，代表共提出议案、建议、批评和意见550件。其中，代表10人以上联名提出的议案236件，建议、批评和意见314件。十届一次大会上，根据议案审查委员会提议，并经大会主席团通过，决定将伍光银等11位代表提出的《邮电与广电联合建设金湖有线电视网》和李文银等11位代表提出的《请求协调广播电视和邮电通讯不重复投资》的两件议案，由县人大常委会主任会议交社会事业工作委员会调查研究，提出处理意见。十届二次大会上，经大会主席团研究决定，将吴明星等12位代表、张来平等10位代表、王向红等10位代表提出的3项议案，综合形成《关于加强县、乡财政建设的议案》列入议程，大会通过该项议案的决议。十届五次大会上，经大会主席团研究决定，将伍光银等12位代表提出的《关于推进全县工业化进程的议案》列入议案，大会通过该项议案的决议。其他230件议案，均作为重要的建议、批评和意见处理。十届一次会议上代表提出的"关于继续拓展山丘区小流域治理工程的建议"，县政府于是年9月组织县水利、农业开发部门的技术人员，到丘岗地区实地勘察、测量，拿出治理规划，将该工程列入县办工程，组织9个乡镇的民工集中会战，于12月底前完成2万亩丘岗地的治理任务。十届二次会议后，代表对"尽快实施自来水取水口改造工程"的建议的答复表示不满意，县十届人大常委会第十六次会议要求承办单位重新答复代表，并将办理结果向主任会议作专题汇报。县建设局进行调查论证，共编制4套方案。县政府常务会议研究，同意实施"取水口至轮渡河段进行清淤，在渡口段设立钢丝网"的第四套方案。县建设局再次答复代表，并在年内实施该工程。

2003年1月至2005年12月，县第十一届人民代表大会期间召开3次全体会议，代表共提出议案、建议、批评和意见434件。其中，代表10人以上联名提出的议案169件，建议、批评和意见265件。十一届二次会议上，大会主席团会议决定将赵卫宇、韩兆成等32位代表提出的《关于进一步加快发展民营经济的议案》列入大会议程，并表决通过该项议案决议。十一届三次会议上，大会主席团会议决定将吴明星、徐成东、徐善忠提出的3项议案，综合形成《关于加快招商引资工作议案》列入大会议程，并表决通过该项议案决议。其他165件议案，均作为重要的建议、批评和意见处理。十一届三次会议上代表提出的“关于解决闵桥镇东北片有线电视信号差问题的建议”，县广电局派出专业技术人员查找原因，并投入1万元资金改造线路，增添设备，组织施工，很快提高电视信号质量。

第六节　指导乡镇人大

1986年12月至1987年2月，全县进行县、乡人大代表换届选举。经县六届人大常委会第十八次会议讨论通过，决定成立各乡镇选举委员会。全县共划分乡镇人大代表选区367个，经民主协商，确定乡镇人大代表正式候选人1344人，实际选出乡镇人大代表956人。1987年2至3月，各乡镇相继召开新的一届人民代表大会第一次会议。

1989年11月至1990年1月，全县进行县、乡人大代表换届选举。经县七届人大常委会第二十二次会议讨论通过，决定成立各乡镇选举委员会。全县共划分乡镇人大代表选区438个，经民主协商，确定乡镇人大代表正式候选人1619人，实际选出乡镇人大代表1179人。1990年1至2月，各乡镇相继召开新的一届人民代表大会第一次会议。

1990年，县人大常委会党组向县委递交《关于乡镇人民代表大会主席团在大会闭会期间设立常务主席的意见》，同年县委予以批转。从1990年县八届人大开始，全县的乡镇人大工作结束闭会后无常设机构、无专人负责、代表作用不能很好发挥的状况，22个乡镇都设立专职或兼职常务主席，乡镇人大各项工作得以正常开展。

1992年10月至1993年1月，全县进行县、乡人大代表换届选举。经县八届人大常委会第二十三次会议讨论通过，决定成立各乡镇选举委员会。全县共划分乡镇人大代表选区450个，经民主协商，确定乡镇人大代表正式候选人1630人，实际选出乡镇人大代表1117人。1993年1月10至15日，各乡镇相继召开新的一届人民代表大会第一次会议。

从县第九届人大起，县人民代表大会的任期由过去的3年改为5年，乡镇人民代表大会任期不变。县人大常委会指导各乡镇依照法律程序、法律规定开好人代会，指导乡镇人大开展工作监督。1994年，县九届人大常委会在淮建乡进行乡人大代表评议“七所八站”〔这里的“七”和“八”都是概指，并非确数。主要有乡镇直属事业所（站）、县直部门与乡镇双层管理的所（站）、“条条管理”机构〕工作试点，并及时转发试点方案，推动全县各乡镇人大代表评议“七所八站”工作的开展，县人大常委会领导多次深入到有关乡镇对评议工作给予指导。1995年起，县人大常委会建立起例会制度，按季度分片召开乡镇人大主席座谈会，以密切与乡镇人大的联系，加强对乡镇人大工作的指导。还采取邀请乡镇人大专职主席列席县人大常委会会议、组织外出学习考察、寄送学习材料等方式，帮助乡镇人大主席熟悉工代业务，提高业务能力。

1995年10月至1996年1月，全县进行乡镇人大代表换届选举。县九届人大常委会第二十次会议决定设立县选举工作办公室，具体负责指导乡镇人大代表的换届选举工作。会议还依法确定乡镇人民代表大会代表名额为1093人。接着，县九届人大常委会第二十一次会议又依法决定各乡镇选举委员会组成人员。全县共划分乡镇人大代表选区449个。在换届选举工作中，县、乡人大都严格按照《中华人民共和国选举法》和《中华人民共和国地方各级人民代表大会和地方各级人民政府组织法》办事，努力维护法律的严肃性和权威性。换届选举之初，在代表名额的分配和选区的划分上出现有悖于法律的做法，一些乡镇的个别选区代表名额超出3名限额；同类型的选区之间每一代表所代表的人口数相差较大，有的高出几倍甚至十几倍。县人大常委会及时召开各乡镇选举办公室负责人和工作人员会议，组织学习《选举法》中的有关章节，纠正违背法律规定的问题。陈桥乡在选举乡人大代表时，某选区计票员杨某虚计票数，使在差额选举中得票最少的候选人当选，而得票较多的人落选。县人大常委会接到群众举报后，立即要求县选举办公室进行调查，在确认情况属实后，又转请县人民检察院对这一破坏选举事件予以侦查，最终追究杨某的法律责任。此后，县人大常委会又协助该乡召开乡人代会，依法取消不应当选人的代表资格，同时确认应当选人的代表资格。此次换届选举实际选出乡镇人大代表1079人。1996年1月10至20日，各乡镇相继召开新的一届人民代表大会第一次会议。1996年乡镇人大换届后，全县22个乡镇人民代表大会普遍依法设立乡（镇）人大主席、副主席，乡镇人大工作进入新的发展时期。

1998年11月4日，县十届人大常委会第七次会议做出《关于乡镇人民代表大会换届选举问题的决定》，并依法设立县选举工作办公室，指导全县乡镇人大换届选举工作。经选民登记、划分选区、提名推荐代表候选人、确定正式代表候选人，12月20—24日，全县共有选民245350人参加投票选举，共选出乡镇新一届人民代表大会代表1108人。随后，各乡镇先后召开新一届人民代表大会第一次会议，选举产生新一届乡镇国家机关领导班子组成人员149人，其中乡（镇）人大主席22人、副主席21人、乡（镇）长22人、副乡（镇）长84人。

2000年2月，全县实施区划调整后，22个乡镇撤并为11个乡镇。有9个新建乡镇必须依法进行人大代表及人大、政府领导班子选举。4月12日，县十届人大常委会第二十三次会议做出有关决定，并依法成立选举工作办公室，指导全县新建乡镇人大代表的选举工作。9个新建乡镇共划分282个选区，选民185911人参加投票，选出乡镇人大代表507人。5月22至28日，9个乡镇先后召开人代会，依法选举产生乡镇新的国家机关领导班子成员99人。其中乡（镇）人大主席9人、人大副主席11人，乡（镇）长9人、副乡（镇）长70人。2001年11月17日，县十届人大常委会第三十六次会议做出有关决定，黎城、金北2个镇进行人大代表换届选举。并依法成立选举工作办公室，指导两镇人大代表的选举工作。至2002年1月中旬，两镇人大换届选举工作结束。共划分73个选区，参加投票选民67303人，选出镇人大代表149人。1月9日至10日，两镇先后召开人代会，依法选举产生镇新一届国家机关领导班子成员15人。其中镇人大主席2人、人大副主席2人，镇长2人、副镇长9人。

2004年，根据全国人民代表大会常务委员会《关于修改〈中华人民共和国地方各级人民代表大会和地方各级人民政府组织法〉的决定》，“地方各级人民代表大会每届任期五年。”乡镇人大的任期由三年改为五年。

至2005年，多次举办乡镇人大干部培训班、座谈会、经验交流会，邀请乡镇人大主席列席县人大常委会会议等，对乡镇人大工作进行指导。

第二十八篇　人民政府

1986年起，县人民政府坚持“人民政府为人民”理念，认真贯彻落实历届县人民代表大会确定的全县政治、经济、社会发展的决定、决策，切实履行经济调节、市场监管、社会管理、公共服务职能，抓好各项基础设施建设，推进招商引资、外向型经济、九年义务教育、农村初级卫生保健、扶贫开发，农村生态环境改善；组织实施全县工业、交通、流通、建设系统的企业改制和事业单位综合改革。

1996年，全县开始推进以村务、政务和企务公开为内容的“三公开”工作，并逐步规范公开程序。1996年9月至1997年8月，县党政机构改革，55个部门的机构改革“三定”方案分别印发执行。1997年9月至10月，县级机关工作人员向国家公务员过渡，举办骨干培训班，继而对各级机关工作人员1273人进行公务员知识和相关专业知识的辐射培训。10月25日，举行县乡机关公务员过渡考试，1261人参考，合格率100%。1999年，全县进行职称评审改革，根据工作需要设置岗位，再由岗位进行评聘。是年，赴南京、西安、成都等地参加毕业生就业人才市场和高校“双选”会。

2000年，印发《金湖县人民政府实行政务公开实施方案》，在工商、税务、金融、城建、国土、公安等部门全面推行“办事程序公开制”“首问责任制”“民主评议制”。通过一系列活动，政务公开程度、政府机关服务水平、办事效率等明显提高。2001年11月至2002年3月，完成县级党政机构改革，审核报批县级党政机关和群团机关“三定”方案，及时跟进非领导职务设置工作。2002年7月，县行政审批服务中心成立，履行有关行政审批工作的组织、协调、管理、监督和服务职能，为企业和广大群众提供“一站式”审批、“一条龙”服务。并对行政审批事项进行清理，实施行政审批制度改革。2003年8月，启动事业单位改革工作。

2005年，修订完善《金湖县人才引进优惠政策》《关于加强人才招聘工作若干意见》，营造有利于人才创业的良好氛围，获省人才工作先进县称号。制定县政府机构改革实施意见，对部门职能、人员、编制进行调整。出台《金湖县党政群机关事业单位机构编制管理暂行办法》。按照依法行政、高效施政、为民理政、勤廉治政要求，重视加强和改进自身建设，在人民群众中的形象不断提升。

第一章 政府机构 重要会议

第一节 政府领导人员

1986—2005年，金湖县人民政府领导人为县长、副县长。先后有8人任县长（其中有7人先任代理县长），41人任副县长。

1986—2005年金湖县人民政府县长、副县长一览表

表28-1-1

届别	职务	姓名	出生时间	籍贯	任职时间
第六届（1984.07—1987.04）	县长	李继尧	1943.12	江苏泗阳	1985.05—1987.01
		张卫东	1945.01	江苏淮安	1987.02—1987.04（代）
	副县长	柏传书	1934.07	江苏金湖	1984.07—1987.04
		张绍洪	1938.08	上海市	1984.07—1987.04
		王春麟	1947.03	江苏南京	1984.07—1987.04
		陈德昌	1943.02	江苏金湖	1984.11—1987.02
		张卫东	1945.01	江苏淮安	1987.02—1987.04
		周化堂	1941.07	江苏涟水	1987.02—1987.04
第七届（1987.04—1990.03）	县长	张卫东	1945.01	江苏淮安	1987.04—1989.12
		欣立忠	1949	江苏金湖	1989.12—1990.03（代）
	副县长	柏传书	1934.07	江苏金湖	1987.04—1989.12
		张绍洪	1938.08	上海市	1987.04—1990.03
		王春麟	1947.03	江苏南京	1987.04—1989.12
		周化堂	1941.07	江苏涟水	1987.04—1989.12
		程松林	1949	—	科技1989.01—1990.03
		徐益民	1947.08	江苏金湖	1989.05—1990.03
		欣立忠	1949	江苏金湖	1989.05—1990.03
		赵长平	1942.11	江苏金湖	1989.12—1990.03
		李谊忠	1950.08	江苏宿迁	1989.12—1990.03

接上表

届　别	职　务	姓　名	出生时间	籍　贯	任职时间
第八届（1990.3—1993.2）	县　长	欣立忠	1949	江苏金湖	1990.03—1992.12
		李孔惠	1946.01	福建平潭	1992.12—1993.02（代）
	副县长	程松林	1949	—	科技 1990.03—1991.09
		徐益民	1947.08	江苏金湖	1990.03—1993.02
		张绍洪	1938.08	上海市	1990.03—1990.10
		李谊忠	1950.08	江苏宿迁	1990.03—1990.12
		赵长平	1942.11	江苏金湖	1990.03—1993.02
		程松林	1949	—	科技 1990.03—1991.09
		卜健民	1940.12	江苏丹徒	1990.08—1993.02
		王富仁	1940.11	江苏扬州	1990.12—1993.02
		闵学元	1949.11	江苏金湖	1991.08—1993.02
		吴振骆	1942.11	上海市	科技 1991.09—1993.02
		李孔惠	1946.01	福建平潭	1992.12—1993.02
第九届（1993.02—1998.01）	县　长	李孔惠	1946.01	福建平潭	1993.02—1994.09
		陈德昌	1943.02	江苏金湖	1994.09—1995.03（代） 1995.03—1997.09
		林伟明	1953.05	浙江宁波	1997.09—1998.01（代）
	副县长	徐益民	1947.08	江苏金湖	1993.02—1994.09
		赵长平	1942.11	江苏金湖	1993.02—1998.01
		卜健民	1940.12	江苏丹徒	1993.02—1996.09
		王富仁	1940.11	江苏扬州	1993.02—1995.02
		闵学元	1949.11	江苏金湖	1993.02—1997.01
		吴振骆	1942.11	上海市	科技 1993.02—1993.09
		程学善	1940.07	安徽淮南	科技 1993.09—1996.01
		韦　富	1952.06	江苏金湖	1995.06—1998.01
		秦永华	1950.06	江苏金湖	1995.06—1998.01
		伏大才	1951.06	江苏金湖	1996.02—1998.01
		王维高	1942.02	江苏南京	科技 1996.02—1997.12
		王殿宏	1955.07	江苏金湖	1997.01—1998.01
		朱毅民	1963.05	江苏常熟	1997.01—1998.01
		王永跃	1958.04	江苏宿豫	市挂职 1997.06—1998.01
		江华山	1951.10	江苏海安	省挂职 1997.12—1998.01
		王维高	1942.02	江苏南京	科技 1996.02—1998.01
		林伟明	1953.05	浙江宁波	1997.09—1998.01

接上表

届　别	职　务	姓　名	出生时间	籍　贯	任职时间
第十届 （1998.01—2003.01）	县　长	林伟明	1953.05	浙江宁波	1998.01—2000.01
		成迎初	1953.09	江苏洪泽	2000.01—2000.01（代） 2000.01—2002.01
		赵洪权	1963.04	江苏涟水	2002.01—2002.02（代） 2002.02—2003.01
	副县长	王殿宏	1955.07	江苏金湖	1998.01—2000.11
		赵长平	1942.11	江苏金湖	1998.01—2000.11
		韦　富	1952.06	江苏金湖	1998.01—2002.11
		秦永华	1950.06	江苏金湖	1998.01—2002.01
		伏大才	1951.06	江苏金湖	1998.01—2002.01
		朱毅民	1963.05	江苏常熟	1998.01—2002.09
		江华山	1951.10	江苏海安	省挂职1998.01—1999.12
		王永跃	1958.04	江苏宿豫	市挂职1998.01—1998.06
		罗金昌	1959.07	江苏金湖	1999.01—2003.01
		成迎初	1953.09	江苏洪泽	1999.04—2000.01
		苏　雷	1961.07	江苏如皋	1999.09—2002.11
		张海彬	1957.04	河北宣化	省挂职2000.03—2002.01
		李顺英（女）	1961.12	江苏泰州	2000.12—2003.01
		杨步新	1964.03	江苏洪泽	2002.01—2003.01
		赵洪权	1963.04	江苏涟水	2002.01—2002.02
		陈发棣	1970.06	福建三明	省委组织部选派 2002.02—2003.01
		王海平	1961.03	江苏淮阴	2002.11—2003.01
		张广射	1960.12	山东微山	2002.09—2003.01
		卞爱武（女）	1966.01	江苏金湖	2002.11—2003.01
		马发荣	1958.06	江苏金湖	2002.11—2003.01
第十一届 （2003.01—）	县　长	赵洪权	1963.04	江苏涟水	2003.01—
	副县长	王海平	1961.03	江苏淮阴	2003.01—2003.11
		罗金昌	1959.07	江苏金湖	2003.01—
		张广射	1960.12	山东微山	2003.01—2003.12
		李顺英（女）	1961.12	江苏泰州	2003.01—2004.12
		杨步新	1964.03	江苏洪泽	2003.01—
		陈发棣	1970.06	福建三明	省委组织部选派 2003.01—2004.02
		卞爱武（女）	1966.01	江苏金湖	2003.01—2004.12

接上表

届　别	职　务	姓　名	出生时间	籍　贯	任职时间
第十一届 （2003.01—）	副县长	马发荣	1958.06	江苏金湖	2003.01—
		吉子俊	1962.07	江苏涟水	2003.12—
		虞小平	1962.09	江苏武进	省挂职2004.02—
		姚家福	1963.10	江苏淮安	2005.01—
		徐　琳（女）	1969.09	山东巨野	2005.01—

第二节　政府工作部门

1986年初，县政府有工作部门31个，分别是：政府办公室、民政局、人事局、计划委员会、统计局、物资局、劳动局、城乡建设环境保护局、财政局、税务局、审计局、工商局、商业局、供销社、粮食局、农业局、多种经营管理局、水利局、经济委员会、乡镇企业管理局、交通局、邮电局、供电局、文教局、卫生局、科学技术委员会、体育运动委员会、计划生育委员会、公安局、司法局、信访办公室。

1987年10月至1996年8月，工作部门中，新设或更名正科级机构有：外事办、土地管理局、监察局（与县纪委合署）、开发区管理委员会、信访局、重点项目办公室、矿产资源管理局、体改委、外经委、地税局、城建局、环保局、水产局、绿化委、绿化办、教育局、文化局、标准计量局、创建办；由原副科升格为正科级的机构有：老龄委办；分设或并入其他机构的有：税务局、城乡建设环境保护局、文教局。1994年，除县政府工作部门外，另有垂直管理部门与单位：国税局、气象局、邮电局、供电局、烟草局、人民银行、工商银行、农业银行、信用合作联社、建设银行、中国银行、保险公司、盐务公司、石油公司等。

1996年9月至1997年，县级党政机构进行改革。改革后，有县政府工作机构31个，分别是政府办公室（挂“外事侨务办公室”“经济体制改革办公室”牌子，县政府法制局与其合署）、计划委员会、经济委员会、农业局、教育委员会、公安局、民政局、财政局（挂“国有资产管理局”牌子）、人事局（编委办公室与其合署）、卫生局（爱国卫生运动委员会办公室设在该局）、计生委、审计局、工商局、统计局、劳动局、科委、建设局、交通局、司法局、乡镇局、地税局、国土管理局、文化局（体委与其合署）、环保局、物价局、水利局、粮食局、技术监督局、外经贸委、多管局、信访局。另监察局与纪律检查委员会合署。1997年，垂直管理部门与单位有：国税局、气象局、邮电局、供电局、烟草局、盐务局、人民银行、工商银行、农业银行、农发行、信用合作联社、建设银行、中国银行、人民保险公司、人寿保险公司、石油公司、茧丝绸公司等。

2001年，全县实施县级党政机关机构改革。改革后，有县政府工作部门26个，分别是政府办公室（挂“外事侨务办公室”“经济体制改革办公室”“县政府法制局”牌子）、发展计划委员会、经济贸易委员会（挂“乡镇企业管理局”牌子）、教育局（挂“体育局”牌子）、科技局、民政局、公安局、司法局、财政局、人事局（县编办与其合署）、劳动和社会保障局、国土资源局、建设局、交通局、水务局、农业局、外贸局、文化局、卫生局、计生委、审计局、环保局、物价局、统计局、粮食局、林牧渔业局。合署办公机构5个，挂牌机构9个，县政府直属事业局4个，另设部门管理机构3个。分别是：政府办公室（挂“外事侨务办公室”“经济体制改革办公室”“县政府法制局”牌子）、发展计划委员会、经济贸易委员会（挂"乡镇企业管理局"牌子）、教育局（挂"体育局"牌子）、科技局、民政局、公安局、司法局、财政局、人事局（县编办与其合署）、劳动和社会保障局、国土资源局、建设局、交通局、水务局、农业局、外贸局、文化局、卫生局、计生委、审计局、环保局、物价局、统计局、粮食局、林牧渔业局。2001年，金湖县垂直管理部门与单位有：国税局、地税局、工商局、质监局、药监局、气象局、邮政局、电信局、供电局、烟草局、盐务局、人民银行、工商银行、农业银行、农发行、信用合作联社、建设银行、中国银行、人民保险公司、人寿保险公司、石油公司等。

2005年底，县政府工作部门有：政府办公室（挂"外事侨务办公室""经济体制改革办公室""县政府法制局"牌子）、发展和改革委员会、经济贸易委员会、乡镇企业管理局（挂"民营经济发展局""中小企业管理局"牌子）、安全监督管理局、农业局、教育局（挂"体育局"牌子）、公安局、民政局、财政局、人事局、卫生局（爱卫办设在该局）、人口和计划生育委员会、审计局、统计局、劳动和社会保障局、科学技术局、建设局、交通局、司法局、文化局、环保局、物价局、水务局、监察局（与县纪委合署）、粮食局、对外贸易经济合作局、林牧渔业发展局（绿化委员会办公室设在该局）。2005年，垂直管理部门与单位有：国税局、地税局、工商局、质监局、药监局、国土局、气象局、邮政局、电信局、烟草局、盐务局、人民银行、工商银行、农业银行、农发行、信用合作联社、建设银行、中国银行、人民保险公司、人寿保险公司、移动公司、联通公司、供电公司、石油公司等。

第三节　其他单位

1986年初，县政府下属的其他单位有：地震办公室、职工教育办公室、民族宗教事务科、侨务办公室、县志办公室（与县委党史工委合署）、经济体制改革办公室、农村土地管理办公室、农机化服务公司、外贸公司。

1987年10月至1996年8月，县政府下属的其他单位中，新设或更名正科级机构有：农业资源综合开发利用管理局、地方志办公室（与县委党史工委合署）、广电局、档案局，由原副科升格为正科级的机构有：农机化服务公司；增设的全民企业集团总公司有：县供销社（集团）总公司、县粮油食品（集团）总公司、县商业（集团）总公司、县物资（集团）总公司。

1996年9月至1997年，县级党政机构改革后，县政府下属的其他单位有：承担政府管理职能的事业局5个：水产局、农业资源开发局、广播电视局、农机局、地震局。另设部门管理机构4个：监察局（与县纪委合署）、县政府法制局（与县政府办公室合署）、编委办公室（与县人事局合署）、体委（与县文化局合署）。直属事业单位：地方志办公室（与县委党史工委合署）、地震局。

2001年，县级党政机关机构改革后，县政府下属的其他单位有：民族宗教局（与县委统战部合署），承担政府管理职能的事业局4个：农机局、开发局、广电局、招商局。直属事业单位：地方志办公室（与县委党史工委合署）、接待办、城管办、地震局、机关事务局、房管局。

2005年底，县政府下属的其他单位有：农业资源开发局、广播电视局、农业机械管理局、地震局、地方志办公室（与县委党史工委合署）、民族宗教事务管理局（与县委统战部合署）、城市管理局、房产管理局、行政审批服务中心、工业园区管委会、国有资产经营投资公司、旅游局、双拥办公室、招商局、机关事务管理局、供销合作总社、蚕业发展中心。

第四节　重要会议

一、政府全体会议

1986年，县政府有全体会议制度。县政府全体会议，又称县政府组成人员会议，一般每半年举行一次，在1月和7月左右分别举行。参加人员为县长、副县长、县政府办公室主任、县政府工作部门主要负责人。县政府其他部门主要负责人列席会议。邀请县委、县人大常委会、县政协、县人民法院、人民检察院、人武部、工商联、总工会及其他社会团体负责人参加会议。会议主要内容是贯彻落实上级党委、政府及县委的方针、政策和重大决策；讨论分析全县经济、社会发展形势，决定和部署县政府重要工作；讨论修改当年度《政府工作报告》，总结上一年度或上半年工作，部署本年度或下半年工作。

1995年，县政府共召开全体会议2次。4月8日召开第一次会议，县长陈德昌作报告，围绕确保完成县九届人大三次会议确定的政府全年工作目标和任务，对政府组成人员提出要求。7月21日召开第二次会议，着重研究改进政府工作，推动经济和社会发展的措施。

1999年，县政府共召开全体会议2次。1月30日召开第一次会议，主要讨论修改县十届人大二次会议《政府工作报告》（征求意见稿）。7月27日召开第二次会议。总结上半年政府工作，部署下半年任务，6位副县长分别就城区改造、财政、农业结构调整、乡镇工业、文教工作、县属工业发言；县长讲话，就加强和改进政府工作、提高政府工作组织水平、抓好各项工作措施落实等提出要求。

2002年，县政府共召开全体（扩大）会议2次。7月25日召开第一次会议，主题是研究在加入WTO的新形势下，如何进一步转变政府职能，加快全县经济发展。12月30日召开第二次会议，主要讨论《政府工作报告》（讨论稿）、《关于金湖县2002年国民经济社会发展执行情况和2003年国民经济社会发展计划（草案）的报告》（征求意见稿）、《关于2002年财政预算执行情况和2003年财政预算（草案）的报告》（征求意见稿）。

2005年，县政府共召开全体（扩大）会议2次。3月11日召开第一次会议，主题是推进依法行政，加强政府自身建设。会议邀请省委党校刘小冰教授作依法行政讲座；县长赵洪权作主题报告；县交通局、经贸委、教育局、人行4个单位主要负责人，就如何加强自身建设，发挥职能作用，确保完成全年目标任务，促进地方经济快速发展作表态发言。6月24—25日召开第二次会议，主题是聚焦工业化，打造新优势，全力推进全县工业经济新的更大突破。县政府领导带领48个部门和企业参观宝应、兴化工业经济发展情况；金石集团、金莲纸业公司围绕如何盘大盘强企业作交流发言；县长赵洪权作总结报告，对上半年工业经济工作进行回顾分析，指出全县抓工业氛围不够浓，全社会关心工业、服务工业有待强化，少数企业发展内在动力不足，工业经济整体竞争力不强，后劲不足，发展平台不多，产业配套性不强、人才严重缺乏等，要求下半年按照“盘活存量、扩张总量、优化结构、提高效益”的工业经济发展总体思路，发展大企业，争上大项目，培育大产业，构建大载体，优化大环境，努力实现工业经济的突破；县公安局、人行、地税局和劳保局4个部门，分别就工业经济突破年如何进一步服务经济作表态发言。

第六至第十一届金湖县政府全体会议统计表

表28-1-2　　　　单位：次

届次	第六届（1986年起）	第七届	第八届	第九届	第十届	第十一届（至2005年）	合计
会议次数	1	4	5	9	8	5	32

二、政府常务会议

1986年，县政府有常务会议制度。县政府常务会议由县长、副县长、县政府办公室主任组成，与议题相关的政府工作部门负责人列席会议。县政府常务会议不定期召开。主要任务是：讨论决定县政府工作中的重大事项；讨论通过提请县人民代表大会及其常务委员会审议的工作报告和方案；讨论通过向上级请示和报告的重要事项；讨论通过县政府制定的规范性文件；听取县政府各部门重要工作情况汇报；讨论决定各部门和乡镇政府请示的重要事项；研究制定县政府规章制度及人事任免奖惩；通报和讨论县政府其他事项。会后印发县政府常务会议纪要，并督查贯彻落实情况。

1994年，共召开政府常务会议12次。其中：2月1日第一次会议，讨论《政府工作报告》稿，确定县政府拟办的8件实事。7月12日第六次会议，听取县计委关于"九五"计划纲要的汇报，对"九五"计划草案的制订提出指导意见；讨论县城防汛规划与县城河道污染治理问题；研究县城自来水厂二期工程建设的有关问题；原则同意金沟镇利东村部分划归黎城镇大兴村。

1998年，共召开政府常务会议9次。其中：1月23日第二次会议，讨论县长、副县长分工；以县政府名义下发《政府工作规则》；讨论确定1998年县政府为民所办实事及分解落实情况；通报上级取消的金湖县8个收费项目；研究困难企业职工解困问题。6月27—28日第八次会议，听取财政情况汇报，要求全县所有收费部门，从7月开始一律执行收支两条线，政府调控，财政局监管；讨论通过《依法治县规划》，决定印发执行；讨论县政府办公楼选址及设想，同意搬迁，资金采取拼盘的方式筹集，从7月开始，所有机关报建办公楼的一律停批，在向县人大、县政协征求意见的基础上，提请县委同意后再分步实施；同意外经委、外贸公司政企分开的请求；讨论全县秋播工作意见，要求荷藕面积调整到666.7公顷（10万亩）等。

2001年起，县政府常务会议冠以本届政府某次常务会议名称。是年，第十届县政府共召开政府常务会议6次。其中：3月19日十届二十一次会议，讨论在乡镇及原乡镇所在地设置居委会问题，同意按省人事厅统一规定调整机关事业单位职岗津贴标准，"三外"工作及县外贸公司改制等。11月23日十届二十五会议，决定将农村离退休教师工资从乡镇财政统筹到县财政统一发放，研究城区道路保洁实施方案，研究利农河东岸整治工程规划与筹资方案等。

2005年，第十一届县政府共召开政府常务会议9次。其中：3月29日十一届十八次会议，听取县经贸委2005年重点地作汇报，要求经贸委围绕工业经济突破年，做好具体工作；听取县工业园区工作汇报，要求工业园区协调处理好管理职能、建设职能和服务职能三者间的关系；听取县经贸委关于《县属工业企业改变土地用途有关规定》的汇报，明确县已出台的招商引资、技改和即将出台《县属工业企业改变土地用途有关规定》优惠政策不得重复享受，由县国资公司统一管理国有土地存量资产；听取县国土局关于江苏石油勘探局试采二厂住宅小区选址土地出让的汇报，明确土地拍卖起始价为17万元／亩，加价幅度每次不低于20万元，不得改变土地用途，小区住宅不得向社会销售；原则同意出台《县地方预算执行审计监督试行办法》；同意县劳动和社会保障局提出的关于2005年困难职工基本生活保障资金筹集方案；听取县国资公司关于县信用担保体系建设及运营问题的汇报，要求重重困难新注册一个担保公司，确定一个信誉好的企业牵头负责。12月29日十一届二十四次会议，讨论并修改《政府工作报告》；听取县劳动和社会保障局《关于实施〈工伤保险条例〉有关问题的处理意见》及《城镇企业职工生育保险实施办法》的汇报，要求相关部门审核把关后，由劳保局下发；同意县双拥办《关于2005年驻金部队随军家属安置工作的意见》和县人事局《关于徐俭等人重新分配工作的意见》。

第六至第十一届金湖县政府常务会议统计表

表 28-1-3　　单位：次

届次	第六届（1986年起）	第七届	第八届	第九届	第十届	第十一届（至2005年）	合计
会议次数	13	35	32	62	38	24	204

第二章　政　务

第一节　议案提案办理

一、议案建议办理

第六届至第十一届县政府共收到县人大交办的代表议案、建议意见2592件。其中，内容涉及交通、工业及外向型经济251件，农业、水利117件，科技、教育、文化、卫生、计划生育410件，城乡建设管理、环境保护892件，经济建设和体制改革97件，财贸、金融、物价141件，廉政和民主法制建设148件，人民生活和其他方面536件。对涉及面广、影响较大的重要建议，县政府召开政府常务会议专题研究，分管副县长亲自督办。承办部门实行主要领导和分管领导负责制，明确责任人和承办人。承办任务较重的单位成立专门的办理工作小组，制订计划，落实责任，确保按时完成。在每年1次的县人民代表大会会议上，县政府均向大会代表报告重要议案的落实和实施情况，听取代表意见和要求，接受审议和监督。人大代表对县政府办理议案、建议意见的满意率和基本满意率每年都达95%左右（参见“第二十七篇人民代表大会”第三章第五节）。

二、提案办理

第六届至第十一届县政府共受理政协委员提案2410件，受理县政协建议案20件。内容涉及政治建设、经济建设、文化建设、社会建设、生态文明建设、人民生活等多个方面。县政府把办理县政协及常委会的提案、建议案作为倾听群众呼声、了解社情民意、加强和改进自身工作的重要途径，建立行之有效的办理制度，采取与政协协商、共同督办，实行归口管理、明确责任，相关部门配合、全力协办，办理情况及时通报、征求意见等方法，确保提案办理的高质量和高办复率。对事关全局的重点提案，历届县政府主要领导均亲自过问，研究制定相关措施、意见，切实解决问题。因历届县政府重视提案办理工作，办复率均为100%，政协委员的满意率和基本满意率95%左右（参见“第二十九篇人民政协”第三章第三节）。

第二节　外事侨务和港澳事务

一、外事侨务机构

金湖县人民政府外事办公室成立于1994年4月9日，为正科级建制，编制1人，在县人民政府办公室挂牌。1996年9月，更名为县人民政府外事侨务办公室（同时撤销原“金湖县人民政府侨务办公室”），仍在县人民政府办公室挂牌，并在县人民政府办公室内设外事侨务股。2001年，外事侨务股更名为外事侨务科。2005年，机构和人员编制未变。

二、外事和港澳事务活动

1994年10月，举办“94江苏金湖金秋经贸联谊会”，会上有关单位和部门与外侨、中国香港地区客商签订合资协议8项。1995年，县先后召开全县外事和港澳事务工作会议、对外开放工作会议。办理30多人次赴美国、德国、比利时、俄罗斯、日本、韩国、新加坡、泰国、荷兰、法国、越南等国家和中国香港地区考察学习、洽谈项目的手续，先后达成水产品加工联营，机械、服装、化工等产品的出口协议。接待英国、美国、法国、日本、意大利、新加坡、韩国、荷兰、奥地利等10多个国家的客商和旅游者近50人次。1996年，县政协、县委统战部和县外侨办共同召开侨、港资企业法人代表座谈会。7月，县长陈德昌等3人随省政府经贸代表团赴德国、荷兰、英国进行为期21天的考察并参加有关招商活动。

2002年7月14日，牵头举办金湖县首届外事礼仪知识讲座。9月，协助县政府组团赴新加坡成功举办招商推介会。2003年，日本哈良町两批友好交流团访问金湖，与县文艺界共同举办“中日文艺大联欢”活动。3月，结合全县侨情普查开展侨法宣传月活动。2005年，举办中秋侨眷联谊会，侨眷代表30多人参加联谊活动；与团县委共同举办全县招商外事知识竞赛；接待韩国完州郡郡首崔忠一一行到金湖考察交流；塔集寿佛寺受赠新加坡大佛像1尊。

三、事务管理

1994年，全县共有海外侨胞、中国香港同胞76户316人，其中侨胞45户175人，分布在美、英、德、日、加拿大、新加坡、新西兰等国家。全年共接待回乡探亲侨胞、港胞3人，去香港会亲5人。走访侨眷35户，对6个困难户进行救助。至年底，全县侨属企业发展到10户，固定资产120多万元，从业人员50多人。1995年，全县共有海外侨胞、中国香港同胞78户322人，主要分布在美国、英国、德国、日本、新西兰、澳大利亚等12个国家和中国香港地区。全年共接待回乡探亲侨胞和香港同胞2批4人次，去香港会亲3批4人次。帮助侨、港属企业3户发展经济。9月28日，金湖宾馆被省人民政府办公厅、省国家安全厅、省外事办公室批准为涉外宾馆。11月18日，经省旅游局验收，批准为国际二星级旅游涉外饭店，在淮阴市各县（市、区）人民政府招待所中属首家。1996年，全县共有海外侨胞、中国香港同胞97户351人，全年共接待回乡探亲侨胞1人、港胞2人，走访侨属20多户。7月，县外侨办对1978年以来新移民情况进行调查，全县有移居香港的新移民8人，出国留学在海外工作的19人，随迁眷属10人，共37人。8月，对全县侨、港资企业进行调查，全县共有侨、港资企业12户，实际利用外资111.5万美元。

1997年，全县共有海外侨胞、中国香港同胞351人，接待回乡探亲5人次。向海外侨、港胞发慰问信5封，向侨属提供信息32条。组织技术人员上门指导帮助侨属企业20余次，为侨、港属办排忧解难实事12件。1998年，向海外侨胞和中国香港同胞发慰问信10封，向侨属提供致富信息并请有关技术人员上门指导9次。

2002年，全县共有海外侨胞、中国香港同胞364人，分布在9个国家和中国香港地区。办理因公出国15次40余人，其中经贸团组9个。2003年，全县共有海外侨胞、中国香港同胞265户，分布在9个国家和中国香港、澳门地区。办理因公出国（境）6批10人次。2004年，走访侨眷23户，办理因公出国（境）13批23人次。2005年，办理因公出国（境）16批次，30人次，护照回收率100%；赴14家侨资企业开展调研；出台《关于规范审核管理因公出国赴港澳审批手续的通知》，编写因公出国（境）人员出访指南。

第三节 信 访

一、信访机构

1986年，县信访办公室行政编制4人。1989年11月，县信访办公室更名为县信访局。1990年7月，由县委、县政府双重领导，列政府序列，正科级建制，归口县委办、县政府办管理，内设办信股、接待股，行政编制5人。2001年，改设办公室、办信科、接待科（对外称“县委、县政府来访接待室”），行政编制7人，附属编制1人。2005年，机构和人员编制未变。

二、制度建设

1986年，县实行信访工作目标岗位责任制，制定《关于处理群众来信来访问题的规定》《关于信访工作单位百分考核制度》等。1991年，制定《接待群众来访制度》，重申“分级负责、归口办理”责任制。1993年，将信访工作列入乡镇和部门工作考核目标，出台《信访工作目标管理考核标准及办法》。1995年，首次推行群众逐级上访制度。建立健全信访信息网络，各乡镇及部门设有信访信息员。1997年初，县信访局建立季度信访形势分析会制度，超前排查社会热点、难点问题，提前介入化解矛盾。1999年，开展创建信访工作“四无”（无越级集体上访、无非正常上访、无信访老户、无突发性群体事件）乡镇活动。年底，全县22个乡镇中19个乡镇达到信访“四无”乡镇标准，市信访工作“四无”乡镇现场会在金湖县召开。2001年机构改革中，全县11个乡镇首次全面设立信访科员职位，并全部任职到位，为全县构筑信访网络奠定基础。2002年3月8日起，全面实行领导信访接待日制度，每双周五（每月第二、第四个周五）为县领导接待日，各镇和县直有关部门每周安排一个工作日为领导接待日，初步形成“大信访”格局。2003年12月，县出台逐级上访、分级受理规定。2004年2月，各镇、各部门明确专人从事人民建议征集工作。从4月起，每月由县司法局安排律师直接到县信访局参与群众来访接待。县委组织部挑选优秀后备干部6人到县信访局锻炼。2005年，完善镇、村（居）委会以及企业、社区信访工作网络，配齐镇、村、组三级信访信息员，构筑辐射全县、上下贯通的信访网络体系，全县11个镇和县直16个重点部门均实行领导班子每日信访值班制度，每天均有班子成员在信访接待室接待来访群众。

三、接待处理

1986年，接待处理“文化大革命”的遗留问题居多。1987年，接待处理农村被清退民办教师、党纪党风方面的问题。1988年，主要接待处理60年代初精简下放人员的“农转非”问题，以及物价、工资劳保、对越自卫还击战退伍战士安置等问题。1990年，处理农民负担较重、乡镇街道扩建土地征用、婚嫁纠纷等信访问题。公、检、法、司等部门积极和信访部门联合、协调，加大协办和催办力度。1995年，涉及蚕桑生产、县城困难企业、农民负担等热点问题较多。1996年，县两次召开由各乡镇、县直部门分管信访工作负责人参加的信访形势分析会，加强对热点、难点、敏感问题的排查化解，调处县城困难企业职工工资发放无保证、职工集资款返还不及时、乡镇企业局退休职工退休金发放不足额、乡镇调田纠纷、农民不合理负担、村干部吃喝开支严重、农机收费高、水利任务分配不合理等问题。是年，开展学习全国优秀信访干部吴天祥活动，架设党和政府与人民群众的“连心桥”。唐港乡信访干部帮助上访老户徐兰香办理发店，促其自食其力；孙集乡信访干部扶持上访老户高竹干养牛蛙，年收入3万多元。

1998年，来访的主要问题是困难企业职工要求给予生活出路、农村村级财务不清、二轮土地承包矛盾、城市管理等问题，妥善处理县塑编厂职工95人到县集访，反映厂领导工作不负责任，财务账目不清等问题。1999年，针对群众反映的工资、城建、土地等民生问题，县派出专门工作组，及时化解矛盾，全年信访立案15件，结案15件，结案率100%。2000年，主要反映区划调整、企业改制、城建与城管，基层负责人违法乱纪、以权谋私、贪污挪用、吃喝挥霍方面问题，调动、就业、工资福利方面问题。着力处理乡镇区划调整中被撤并乡镇中阮桥、夹沟、金沟集镇部分群众上访问题。

2001年，绝大多数工业企业、部分流通企业改制，置换职工身份，使本已较高的信访量再次大幅攀升，主要反映企业改制、劳动工资、产权债务、土地纠纷及民政优抚问题。除开展集中处理信访问题活动外，竭力化解新矛盾新难题。5月29日，县航运公司内部退养的女职工29人因企业无法按时发放退养生活费到县集访，睡地静坐，阻断县政府大门交通，形成近百人围观。经协调，在解困资金中每年拿出部分资金，以逐年递减的方式与县交通局实行包干使用，使这一问题得到解决。2002年，面对群众反映企业改制后补偿金兑现不到位、欠缴养老保险金、拖欠工资和借资、集资、城市建设与管理以及社会风气等方面问题，积极探索信访工作新方法、新思路，改过去专抓专管为齐抓共管，变被动应付为超前化解，初步形成“大信访”工作格局，其中仅县领导接待群众来访118批288人次。2005年，主要针对企业改制后补偿金兑现不到位、欠缴养老保险金、拖欠工资和借资、集资等，城市建设与管理以及社会风气等方面信访问题开展工作，就地处理问题，化解矛盾。

表28-2-4

1986—2005年金湖县信访统计表

年份	来信来访			集体上访（批/人次）	年份	来信来访			集体上访（批/人次）
	总数（件、批）	来信（件）	来访（批）			总数（件、批）	来信（件）	来访（批）	
1986	463	251	212	4/59	1996	534	263	271	42/601
1987	496	263	233	5/97	1997	510	247	263	38/1480
1988	516	268	248	7/135	1998	535	301	234	38/1526
1989	703	345	358	15/273	1999	371	254	117	25/929
1990	624	321	303	13/208	2000	580	358	222	31/1234
1991	435	217	218	11/203	2001	755	381	374	110/3548
1992	427	219	208	9/178	2002	1003	520	483	97/1737
1993	417	211	206	13/275	2003	1070	527	543	124/3287
1994	383	191	192	30/1218	2004	1224	600	624	121/2295
1995	519	274	245	26/546	2005	1280	553	727	113/1331

第三章　职能转变

第一节　政务公开

1996年，全县开始推进以村务、政务和企务公开为内容的“三公开”工作，并逐步规范公开程序。1998年起，通过推行“窗口式”服务，为政务公开提供有效载体，先后建立工商登记注册大厅、户籍户证办理中心、县行政审批服务中心、“江苏·金湖”门户网站等多个服务窗口。其中，金湖县政府门户网站自1999年开通以来，秉持“资源整合”的理念，以构建“方便、实用、为民”的网上政府为目标，打造金湖县“政务权威信息的第一发布平台、企业市民网上办事平台、沟通政府与市民的互动平台和便民信息的汇集平台”。1999年，建立全县乡镇政务、村务统一公开日制度，统一乡镇政务、村务公开的阵地（在乡镇政府、行政村村部设专栏）、时间（每年4月、8月、12月公布）、内容（财务、计划生育指标、宅基地审批、救灾救济款发放等），并经常组织检查。在与基层和群众生产生活密切联系的县直重点部门大力推行以“窗口式”服务为载体的政务公开，建立服务大厅，公开办理程序和收费标准，进一步规范行政服务行为。2000年，印发《金湖县人民政府实行政务公开实施方案》，在工商、税务、金融、城建、国土、公安等部门全面推行“办事程序公开制”“首问责任制”“民主评议制”。通过一系列活动，政务公开程度、政府机关服务水平、办事效率等明显提高。

2001年，全县10项政务公开取得明显成效。县直64个部门和执法单位及210个基层站所，对职责范围、执法程序、工作质量、办理时限上墙予以公布，规范执法行为，提高了办事效率；人事部门对46名普通大中专毕业生的分配方案、就业情况通过政务公开栏及时对外公布；民政部门对40名志愿兵、进藏兵、伤残军人、立功义务兵的安置方案，通过《金湖日报》向全县公布，组织统一考试，公开考试成绩、考核情况和安置去向，社会反映良好；国土部门对1999年以来5000多宗土地批租的项目、户头、面积及收费标准按要求全面予以公开；建设部门对投资50万元以上的29项建筑工程，公开发布信息，实施招投标；县目标办每季度末将各乡镇、部门的目标完成情况，在《金湖日报》上予以公布；县劳动、财政、民政等部门对解困基金、养老金、救济金发放的标准、对象和数额通过多种形式予以公开，增加三项基金发放的透明度；县直138个收费单位将收费的项目、依据、标准公布上墙，并严格执行“收支两条线”和规费减免政策，规范收支行为；财政部门将由人代会审议通过的财政预决算，及时在新闻媒体上予以公布，并按季度公开全县财政收支情况；80%以上的机关单位将办公、招待费用的支出和奖金发放情况按季在政务公开栏上公开，接受群众监督。

2005年，本着“民主、高效、透明”的原则，修改完善政府工作规则。大力推行政务公开，切实做好人大代表议案、政协委员提案以及县长热线来电办理工作。县政府在制定出台涉及面广、与人民群众利益密切相关的行政措施时，通过多种渠道向社会公布，直接征求社会各界意见。是年，县政府在起草制定《金湖经济适用房管理办法》《金湖县城市基础设施配套费征收暂行办法》时，即时在政务公开栏和政府网站公布，广泛征求意见。同时在县政府常务会议研究重大决策、讨论文件时，邀请县人大代表、县政协委员和部分群众代表列席，多方式听取各方意见，扩大政府决策公众参与程度，力求依法决策、科学决策、民主决策。

第二节　行政审批

一、机构与审批事项

2002年7月15日，县政府成立金湖县行政审批服务中心（简称审批中心），为县政府直属事业单位，正科级建制，编制5人。9月17日，改为县政府派出的行政机构，内设办公室、业务科和督查科，主要履行有关行政审批工作的组织、协调、管理、监督和服务职能，为企业和广大群众提供“一站式”审批、“一条龙”服务。10月8日，在金湖宾馆举行揭牌仪式，首批有发展计划委、国土局、建设局、工商局、环保局、质监局、公安局、水务局、地震局、财政局、国税局、地税局、卫生局、外经局、经贸委、房管局、林牧渔业局、交通局、城管局共19个部门46名工作人员进审批中心集中办公，涉及审批事项183项。2003年，确定16个部门进驻审批中心，退出国税局、地税局和计划委，作为联络部门。对

19个部门202个审批项目进行清理调整，增加16项，减少27项，确定191项。2004年，对进入审批中心的部门与审批项目进行再调整，驻有20个部门和1个单位，其中7个联络部门，审批项目150项。2005年，依照《中华人民共和国行政许可法》，着重调整县房管局有关项目，把房产评估、危房鉴定、白蚁防治等审批服务项目移交审批中心，使客户办理审批事项更加方便快捷，房产证办理时限由原来的7个工作日缩短为3个工作日。

二、审批服务

2002年审批中心成立后，制定窗口工作人员考核办法，以窗口思想品德、业务技能、出勤值勤、工作实绩、安全卫生、收费和档案管理等方面为主要内容，日常督察，每月考评，按季兑现，考评结果作为个人和窗口年度评先评优的依据。是年，共受理各类审批事项4585件，办结4383件，办结率95.6%。其中，即办件3439件，当场办结率和到期承诺件办结率100%。

2003年，制定《各类事项审批管理暂行办法》，实行公开审批内容、公开办事程序、公开审批依据、公开申报材料、公开承诺时限、公开收费标准，实行一般事项直接办理制、复杂事项承诺办理制、重大事项联合办理制、上报事项帮助办理制、控制事项明确答复制和扎口收费制等制度（简称“六公开”“六办理”制度）。审批中心业务科和窗口各部门积极开展“会办”和“帮办”工作，建立招商引资服务的“绿色通道”和“特办机制”，竭诚为客商服务，全程帮办，共会办项目16个，帮办项目46个。全年累计受理各类审批事项15709件。其中，即办件10877件，占受理总件数的69%，所有审批事项在承诺期内办结率100%。

2004年，推行“三个制度”和“四项服务”，即AB岗制度、首问负责制度、责任追究制度和微笑服务、主动服务、预约服务、提速服务，并结合部门特点开展形式多样的活动。在全体党员中开展争创“党员先锋岗”“党员示范岗”“党员标兵岗”活动，年底评出6名工作人员岗位为“党员示范岗”并予以授牌，县委组织部、县级机关工委专门召开现场观摩会，向县直其他党组织推广此做法。在窗口全体工作人员中开展争创“红旗窗口”、争做“服务标兵”和争当县“服务之星”的“三争”活动。开展“我为客商、服务对象办实事”百日服务竞赛活动。全年累计受理各类审批项目13794件，办结13591件，办结率98.5%。其中，即办件审批10300件，占74.7%；承诺期内办结率达100%。

2005年，继续探索和实践“资源共享”、提速审批的办法，改过去的“串联”审批为“并联”审批，不断扩大“并联”审批范围，增加“并联”审批项目。是年，审批项目承诺时限比上年平均压缩10%左右，累计受理各类审批项目13905件，办结13780件，办结率99.1%，承诺期内办结率100%。

第四章　机构编制管理

第一节　管理机构

1989年1月，成立金湖县编制委员会办公室，与县人事局合署。1996年3月，更名为金湖县机构编制委员会办公室。1997年8月机构改革时，内设机构为行政机构编制管理股、事业机构编制管理股，核定编制4人。2001年，增挂“县事业单位登记管理局”牌子。11月实施县级党政机关机构改革方案时，内设机构为行政机构编制科、事业机构编制科，核定编制4人。至2005年，内设机构和人员编制未变。

第二节　县级机构编制

1986年，县党政群机关机构设置：县委工作部门7个，政府工作部门27个，按照宪法、党章和有关规定设置的部门9个，对外保留名义部门11个，经济组织3个。人员编制数经市编委核定，核定总编制519人，另专项编制有安全监察2人、审计机关4人、税务局机关23人、爱卫会办公室3人、血防办4人。全县水陆交通监理单位经省编委和交通厅核定编制23人，其中陆上定编15人。1987年，市批准新设立行政机构3个，依据省编委文件设立行政机构1个。1988年，市批准增设行政机构2个、事业机构1个，撤销行政机构1个。省编委会同相关部门核定金湖县事业编制单位2个，市编委会同相关部门核定金湖县党群机关编制单位3个、行政机关编制单位3个、事业编制单位2个。1989年，市批准设立行政机构5个、县政府办事机构1个，更名行政机构1个。市编委会同相关部门明确事业单位级别2个、核定事业单位编制单位3个。1990年，市编委会同相关部门更名事业单位1个、增加行政编制单位3个。

1991年，县内行政机关、事业单位编制实行冻结。1992年1月8日，印发《金湖县党政群机关、事业单位机构编制管理暂行办法》。1995年，教育系统增加编制275人，其中县直中小学增编185人。对676个事业单位的经济类型、现有级别和文件依据等进行全面调查和重新认定，对22个由乡镇集体上升为全民的事业单位进行调查和定编，对教育系统的人员编制、财政收支等情况进行重点调查。截至1996年8月，县政府工作部门新建和增设的正科级机构24个；由副科级升格为正科级机构2个；新建和增设的副科级单位20个；分设或并入其他机构的3个；增设的全民企业集团总公司4个。

1996年9月18日，市批准《金湖县党政机构改革方案》，设县级党政机构37个，部门管理机构4个，其中县委机构6个、县政府机构31个，比原有64个减少27个，精简率42.2%。1997年8月，55个部门的机构改革“三定”（定内设机构、定人员编制、定领导职数）方案分别印发执行，共设置党政机构38个，其中县委工作机构7个、县政府工作机构31个。另设部门管理机构4个，挂牌机构7个，承担政府管理职能的事业局5个。市核定金湖县行政编制680人，核定到党政机关和其他机关625人；内设机构197个，增加32个，部门领导职数142个，减少2个。县乡事业单位增编91人、定编78人。1998年，机构改革工作扫尾，对700多个机关、事业单位在编人员建立台账，实行微机管理。调整中小学人员编制，理顺人员关系，县直11所中小学净增编145人。1999年，对700多个机关、事业单位人员编制情况进行调查统计，建立实有人员台账，完成工商、地税、技术监督等部门机构编制上划和移交工作。审核部门“三定”方案2个，新增县直属事业编制41人、行政附属编制2人，收回事业编制24人，批准公安机关专项编制24人。对县直13所学校的人员编制重新核定，年检事业单位520个。

2001年，实行人员编制冻结，为机构改革做准备。11月1日召开动员大会，县级党政机构改革开始，共设置县纪委和党政机构32个，其中县委工作机构6个、县政府工作机构26个。另设部门管理机构3个、合署办公机构5个、挂牌机构9个、县直属事业局4个、直属事业单位14个。行政编制由637人减为541人，精简15%。是年，调查农村中小学学生数，重新核定镇（乡）中小学人员编制。划转74名事业编制给县会计中心。办理200个事业单位初始登记手续。2002年，审核报批县级党政机关和群团机关“三定”方案，及时跟进非领导职务设置工作，县政府工作机构共设置主任科员15人，副主任科员48人。3月，顺利通过市机构改革检查组验收。

2001年金湖县县直各部门领导职数、人员编制统计表

表 28-4-5

单位	领导职数		行政编制	附属编制	单位	领导职数		行政编制	附属编制
	部门	科室				部门	科室		
纪委(含监察局)	4+3	11	19+14	1+1	县委老干部局	3	2	4	1
县人民法院	5	36	81	0	政府办	5	10	28	20
县人民检察院	6	26	54	0	发展计划委	4	5	10	1
县委办公室	4	6	13	1	经贸委	5	7	20	1
县委组织部	4	8	23	1	乡镇局	3	4	8	0
县委宣传部	4	5	11	1	安全监督局	1	2	4	1
县委统战部	3	2	5	1	教育局	5	7	19	1
县委农工部	4	4	12	1	科技局	4	4	9	1
县委政法委(含综治办)	5	3	6	1	民政局	4	6	10	1
编委办	2	2	4	0	司法局	4	10	21	0
财政局	5	12	18	1	卫生局	5	5	13	1
人事局	4	6	14	1	计生委	4	4	10	1
劳动保障局	5	6	13	1	审计局	4	7	16	1
国土资源局	4	6	11	1	环保局	4	4	16	1
建设局	5	5	13	1	物价局	4	3	7	1
交通局	5	4	14	1	统计局	4	6	13	1
水务局	5	7	14	1	粮食局	4	4	14	1
农业局	4	5	13	1	林牧渔业局	5	5	13	1
外贸局	4	4	9	1	民族宗教局	1	1	2	0
文化局	4	3	7	1	农机局	4	3	12事业	0
机关党委	3	3	6	0	开发局	4	4	8事业	0
县委台办	2	0	2	0	广电局	4	5	14事业	0
县委保密办	1	0	2	0	招商局	4	4	8事业	0
信访局	4	3	7	1					

2002年金湖县县直有关单位领导职数、人员编制统计表

表 28-4-6

单位	领导职数		行政编制	附属编制	单位	领导职数		行政编制	附属编制
	部门	科室				部门	科室		
县人大机关	13	3	17	3	县妇联	2	4	6	0
县政协机关	8	0	8	3	县工商联	2	0	3	0
县总工会	2	4	5	1	县科协	2	3	4	1
团委	2	4	5	0	县级机关工委	2	3	4	1

2003年8月，启动事业单位改革工作。县属事业单位改革的重点是：精简压缩管理执法类、适度发展社会公益类、改企转制生产经营类，机构、编制、人员精简20%。乡镇教育、卫生单位列入县直系统改革，镇涉农事业单位改革同时进行。事业单位提交年度审验报告190家。收回事业编制136人，调整事业编制1人、行政编制2人。2004年，完成财政供养人员核查和中小学核编工作，初步建成机关事业单位机构、编制、人员信息库，实现机关事业单位机构编制“零增长”。开展年度事业单位登记年检工作，实行网上登记管理制度，提交年度审验报告121家，收回事业编制40人，调整事业编制22人、行政编制2人。2005年，制定县政府机构改革实施意见，对部门职能、人员、编制进行调整。出台《金湖县党政群机关事业单位机构编制管理暂行办法》，规范机构设置、编制核定和实用程序。对全县机关事业单位“吃空饷”问题进行督查。举办9期事业单位网上登记培训班，培训213人。

2005年金湖县行政机关机构编制人员统计表

表28-4-7　　单位：人

序号	机构名称	编制			在职人员			超编数	缺编数	其中：正副主任科员
		合计	行政	附属	合计	行政	附属			
	总计	1117	1055	62	1060	1012	48	0	57	84
一	县委合计	143	133	10	121	111	10	0	22	0
	县委正副书记	5	5	0	4	4	0	0	1	0
	县委正副调研员	0	0	0	0	0	0	0	0	0
	县委办公室	14	13	1	13	13	0	0	1	1
	县委组织部	24	23	1	19	18	1	0	5	0
	纪律检查委员会	35	33	2	27	22	5	0	8	0
	县委宣传部	12	11	1	12	11	1	0	0	1
	县委统一战线工作部	8	5	1	8	7	1	2	0	1
	县委农村工作部	13	12	1	12	11	1	0	1	3
	县委政法委员会	7	6	1	9	8	1	2	0	1
	机制编制委员会办公室	4	4	0	2	2	0	0	2	0
	县级机关委员会	6	6	0	4	4	0	0	2	0
	县委台湾工作办公室	2	2	0	0	0	0	0	2	0
	县委保密委员会办公室	2	2	0	1	1	0	0	1	0
	信访局	8	7	1	6	6	0	0	2	0
	县委老干部局	5	4	1	4	4	0	0	1	0
二	人大合计	25	22	3	19	15	4	0	6	0
	人大常委会正副主任	5	5	0	4	4	0	0	1	0
	助理调研员	0	0	0	1	1	0	1	0	0
	人大常委会办公室	20	17	3	14	10	4	0	6	0
三	政府合计	400	356	44	412	384	28	11	0	72
	政府正副县长	7	7	0	7	7	0	0	0	0
	政府办公室	48	28	20	40	21	19	0	8	1

接上表

序号	机构名称	编制			在职人员			超编数	缺编数	其中：正副主任科员
		合计	行政	附属	合计	行政	附属			
三	发展计划委员会	11	10	1	14	13	1	3	0	1
	经济贸易委员会	21	20	1	19	18	1	0	2	2
	科学技术局	10	9	1	13	13	0	3	0	3
	民政局	11	10	1	16	15	1	5	0	5
	财政局	19	18	1	21	21	0	2	0	7
	人事局	15	14	1	13	12	1	0	2	2
	劳动和社会保障局	14	13	1	16	16	0	2	0	3
	建设局／人防办	14	13	1	20	20	0	6	0	6
	交通局	15	14	1	14	14	0	0	1	3
	水务局	15	14	1	13	13	0	0	2	2
	农业局	14	13	1	16	16	0	2	0	4
	对外贸易经济合作局	10	9	1	12	11	1	2	0	1
	文化局	8	7	1	7	7	0	0	1	2
	计划生育委员会	11	10	1	11	10	1	0	0	1
	审计局	17	16	1	20	18	2	3	0	2
	环境保护局	17	16	1	14	14	0	0	3	1
	国土资源局	12	11	1	16	16	0	4	0	6
	统计局	14	13	1	12	12	0	0	2	0
	物价局	14	13	1	14	14	0	0	0	3
	粮食局	15	14	1	15	14	1	0	0	3
	林牧渔业发展局	14	13	1	14	14	0	0	0	3
	教育局	20	19	1	19	19	0	0	1	5
	卫生局	14	13	1	17	17	0	3	0	4
	民族宗教事务局	2	2	0	2	2	0	0	0	0
	行政审批服务中心	5	5	0	5	5	0	0	0	0
	乡镇企业管理局	8	8	0	8	8	0	0	0	2
	安全生产监督管理局	5	4	1	4	4	0	0	1	0
四	政协合计	16	13	3	20	17	3	4	0	3
	政协正副主席	5	5	0	6	6	0	1	0	0
	政协正副调研员	0	0	0	1	1	0	1	0	0
	金湖县政协办公室	11	8	3	13	10	3	2	0	3
五	群众团体合计	25	23	2	20	20	0	0	5	0
	共青团金湖县委	5	5	0	4	4	0	0	1	0
	金湖县妇女联合会	6	6	0	4	4	0	0	2	1

接上表

序号	机构名称	编制			在职人员			超编数	缺编数	其中：正副主任科员
		合计	行政	附属	合计	行政	附属			
五	金湖县总工会	6	5	1	7	7	0	1	0	0
	金湖县工商业联合会	3	3	0	1	1	0	0	2	0
	金湖县科学技术协会	5	4	1	4	4	0	0	1	1
六	公检法司合计	508	508	0	468	465	3	0	40	9
	公安局	328	328	0	300	300	0	0	28	6
	金湖县人民法院	81	81	0	81	81	0	0	0	1
	金湖县人民检察院	54	54	0	48	48	0	0	6	2
	司法局	21	21	0	20	17	3	0	1	0
	乡镇司法所	24	24	0	19	19	0	0	5	0
	供销社	45	45	0	10	10	0	0	0	1

2005年金湖县委、县政府直属事业机构编制人员统计表

表 28-4-8　　　　单位：人

序号	单位	级别	编制	人员				超编数	缺编数	经费来源
				合计	国干	聘干	工人			
	合计	0	202	183	114	50	19	0	19	0
一	县委直属	0	75	49	33	12	4	0	26	0
	金湖日报	正科	22	8	4	4	0	0	14	差额
	文艺界联合会	正科	2	1	0	1	0	0	1	全额
	党史工委	正科	9	9	8	1	0	0	0	全额
	档案局	副科	8	5	5	0	0	0	3	全额
	县委党校	正科	34	26	16	6	4	0	8	全额
二	政府直属	0	127	134	81	38	15	7	0	0
	旅游局	正科	4	4	4	0	0	0	0	全额
	招商局	正科	7	6	5	1	0	0	1	全额
	地震局	正科	5	6	5	1	0	1	0	全额
	机关事务局	正科	10	8	1	2	5	0	2	全额
	工业园区	正科	6	8	5	3	0	2	0	全额
	城管局	正科	10	10	6	3	1	0	0	全额
	广播电视局	正科	14	16	12	3	1	2	0	全额
	残联	正科	5	4	1	3	0	0	1	全额
	双拥办	正科	2	3	1	0	2	1	0	全额
	农机局	正科	2	12	9	2	1	0	0	全额

接上表

序号	单位	级别	编制	人员				超编数	缺编数	经费来源
				合计	国干	聘干	工人			
二	房管局	正科	19	29	10	15	4	10	0	差额
	农业资源开发局	正科	8	10	8	1	1	2	0	全额
	经济信息中心	正科	10	8	8	0	0	0	2	全额
	蚕业发展中心	正科	15	10	6	4	0	0	5	自收

第三节　乡镇机构编制

1986年，乡镇设两套班子：中共党委、人民政府。党委设书记、副书记、组织科科长、宣传科科长、秘书、纪检科科长、团委书记、妇联主任，其中有一兼职的；政府设乡长、副乡长（3人）、人武部长、人武干事、民政助理、财政所所长、计划生育助理。乡镇党政机关1982年定编297人，1986年实际使用322人，超编35人，其主要原因是1983年新划3个乡，省市没有增加编制。1987年，对全县乡镇中心卫生院人员编制进行核定。

1997年8月，县制定《金湖县乡镇党政机构改革实施意见》，对职位设置和领导职数进行详细规定，明确一类乡镇分配行政编制35人，二类乡镇30人。各乡镇设党政、工业、农业、财经（挂“财政所”牌子）、社会事务（挂“综合治理办公室”牌子）、乡镇村建设等六大办公室。

1997年金湖县各乡镇党政机关行政编制分配一览表

表28-4-9

乡　镇	类　别	编制数（人）	乡　镇	类　别	编制数（人）
黎　城	1	38	白马湖	2	30
闵　桥	1	35	陈　桥	2	30
金　南	1	35	新　农	2	30
卞　塘	1	35	塔　集	2	30
金　北	1	35	淮　建	2	30
官　塘	2	30	夹　沟	2	30
戴　楼	2	30	唐　港	2	30
孙　集	2	30	涂　沟	2	30
吕　良	2	30	银　集	2	30
前　锋	2	30	横　桥	2	30
淮　胜	2	30	金　沟	2	30

1999年11月16日起，乡镇“一增三减”（增收，减人、减事、减支）工作全面展开，12月8日结束，行政缩编42个、事业缩编67个、行政附属缩编42个，撤销临时机构34个。重新核定乡镇机关

和事业单位人员编制，总数5049人，其中机关行政编制688人、机关编外保留66人、事业编制4295人。清退临时人员1319人，超编分流39人。年检650个事业单位，其中法人单位334个、非法人单位316个、新登记事业单位23个。是年，净增事业编制231人。

2001年8至10月，乡镇事业单位和机关机构改革在闵桥镇试点，11月推开。各乡镇原18个事业单位（不含教育、卫生），通过调整、保留、划转、撤销等方式重新设置为9个，全县共104个，减少94个，精简47%；人员编制由原1112人减至778人，精简30%，分流208人。乡镇机关实行职位制，股级职位竞争上岗。核定金南、前锋2个镇机关行政编制各48人，其余乡镇各42人，另设行政附属编制3人。2005年，全县乡镇机关有行政编制474人，行政附属编制33人。

2005年金湖县乡镇机关机构编制人员统计表

表28-4-10　　单位：人

机构名称	编制			人员				超编数	缺编数	其中：乡科级协理员	其中：股级协理员
	合计	行政	附属	合计	国干	聘干	附属				
合　计	507	474	33	388	238	143	7	0	119	52	18
黎城镇	45	42	3	38	27	11	0	0	7	3	3
戴楼镇	45	42	3	44	30	14	0	0	1	7	4
金南镇	51	48	3	45	26	16	3	0	6	6	4
闵桥镇	45	42	3	35	22	12	1	0	10	4	0
塔集镇	45	42	3	35	20	14	1	0	10	4	1
银集镇	45	42	3	31	21	10	0	0	14	5	0
涂沟镇	45	42	3	32	17	15	0	0	13	6	5
前锋镇	51	48	3	33	18	15	0	0	18	4	0
吕良镇	45	42	3	34	18	16	0	0	11	5	0
陈桥镇	45	42	3	35	25	9	1	0	10	6	0
金北镇	45	42	3	26	14	11	1	0	19	2	1

说明：镇待分配行政编制63人。

第五章　人事管理

第一节　管理机构

一、局本级

1986年，县人事局内设机构为调配股、综合股、工资福利股、奖惩股、科技干部股、退休干部股，核定编制10人。1997年8月机构改革时，内设机构为办公室、录用调配股、科技干部股、工资福利股、社会保险与退休管理股、奖惩与计划股、专业技术人员职称股。2001年11月实施县级党政机关机构改革时，内设机构为办公室、公务员管理科（挂“流动调配科”牌子）、科技人员工作科、工资福利与退休管理科（县机关事业单位工人技术等级考核办公室）、政策法规与综合计划科、专业技术职称科（县专业技术职称工作领导小组办公室），另设纪检监察机构，核定编制15人。2005年，内设机构和人员编制未变。

二、直属与归口管理单位

金湖县人才交流服务中心　1991年成立，编制3人。至2005年未变。

金湖县人事仲裁委员会办公室　1992年5月成立县人事仲裁委员会，其办公室设在县人事局。至2005年未变。

金湖县人才市场　1994年6月1日成立，编制3人。至2005年未变。

第二节　干部管理

一、干部队伍结构

1986年，全县共有干部4157人。其中：机关1791人；女性759人；大专及以上学历1019人，中专及以下学历3138人。2005年，全县共有干部7605人。其中：机关1387人；女性2303人；本科及以上学历2067人，大专学历3407人，中专及以下学历2131人。

1986—1995年金湖县干部队伍构成统计表

表28-5-11　　单位：人

年份	总数	分布		女性	中共党员	学历		年龄		
		机关	企事业单位			大专及以上	中专及以下	35岁及以下	36~45岁	46岁及以上
1986	4157	1791	2366	759	1937	1019	3138	—	—	—
1987	4513	1431	3082	835	2196	1196	3317	1841	1274	1398
1988	4884	1512	3372	911	2212	1340	3544	2211	1287	1386
1989	5718	1578	4140	1137	2383	1556	4162	2573	1479	1486
1990	6287	1598	4689	1308	2535	1820	4467	3033	1664	1590
1991	7322	1640	5682	1471	2680	2096	5226	3569	2027	1726
1992	6939	1649	5290	1530	2607	2251	4688	3304	1905	1730
1993	7295	1671	5624	1599	2869	2394	4901	3444	2015	1836
1994	7466	1594	5872	1741	2925	2527	4939	3481	2113	1862
1995	7413	1319	6094	1816	3065	2725	5105	3677	2222	1931

1996—2005 年金湖县干部队伍构成统计表

表 28-5-12　　单位：人

年份	总　数	分　布		女　性	中共党员	学　历		
		机　关	企事业单位			本科及以上	大专	中专及以下
1996	8392	1341	7051	—	3206	561	2467	5364
1997	9044	1500	7544	—	3317	592	2819	5633
1998	10634	1683	8951	2362	3944	696	3406	6532
1999	10219	1534	8685	2451	3509	884	3611	5724
2000	11529	1539	9990	2620	4155	974	3958	6597
2001	12007	1451	10556	2986	4547	1174	3915	6918
2002	11831	1362	10469	3267	4736	1337	4003	6491
2003	9653	1404	8249	2740	3253	1581	3524	4548
2004	7036	1390	5646	2120	2934	1707	3207	2122
2005	7605	1387	6218	2303	3408	2067	3407	2131

续上表

年份	年　龄			职　称		
	35岁及以下	36~45岁	46岁及以上	高　级	中　级	初　级
1996	2489	3865	2038	137	2048	3197
1997	2546	4317	2181	180	2323	3199
1998	2987	4657	2990	201	2658	3592
1999	3768	2932	3519	164	2511	3126
2000	5426	3422	2681	199	3097	3637
2001	4446	3950	3611	218	3245	3695
2002	4546	4032	3253	259	3416	3787
2003	3451	3251	2951	259	3416	3487
2004	2664	2260	2112	311	2957	2333
2005	2716	2606	2283	365	3115	2232

说明：1996—1998 年间 35 岁及以下为 30 岁以下，36 ～ 45 岁为 31 ～ 45 岁。

二、干部录用调配

干部（公务员）招录聘用　1986年起，全县吸收录用干部严格按照国家的规定，尽量从社会上吸收录用。1987年，执行中组部、劳动人事部《关于颁发执行〈关于补充乡镇干部实行选任制和聘用制的暂行规定〉的通知》：乡镇党政机关和人民团体的领导干部一律由选举产生；补充乡镇一般干部在行政编制定员内，实行聘用制，受聘人员在聘用期间被选举担任乡镇领导职务的，改为选任；聘用乡镇干部必须坚持“公开招考、择优聘用”的原则，选聘人员在任期和聘期内，享有国家工作人员应有的权力，履行所承担的义务，享受同级国家干部的待遇。1990年，根据中央组织部、劳动人事部《关于补充乡镇干部实行选任制和聘任制的暂行规定》,省委组织部、省人事局《关于考试录用部分乡镇干部和优秀村党支部书记的通知》精神,经统一组织文化考试,2名村支书被录用为国家干部。1992年以后,考试考核录用转入正常工作,翌年乡镇选聘制干部被录用为国家干部有57人。到1995年底,全县乡镇机关共有聘用制干部189人。1996年报考对象范围扩大,凡现任副乡级职务或乡镇党委委员的聘用制干部均可报考。当年有40人被录用为国家干部。

1997年9月25日,召开县级机关现有工作人员向国家公务员过渡动员大会,会后举办国家公务员过渡培训骨干培训班,继而对各级机关工作人员1273人进行公务员知识和相关专业知识的辐射培训。10月25日,举行县乡机关公务员过渡考试,1261人参考,合格率100%。随后,及时开展登记、造册、填表、审批、发证工作。是年,按照"公开、平等、竞争、择优"的要求,全县为机关事业单位录(聘)用干部267人,其中录用国家干部39人、聘用干部228人。1998年,县成立国家公务员法律法规宣传教育协调小组,规定公务员学法的主要内容。此后,每年定期开展多种形式的学法活动。在试点基础上指导县直30个部门完成职位说明书编写任务。经过人员资格审查,定岗定职,县行政机关有517人过渡为国家公务员。1999年起,开拓实行公务员考录制度,7月,在唐港乡进行从大中专毕业生招考村干部试点。8月,从应届大学毕业生中考录公务员22人到乡镇机关工作。是年起,县内行政机关和参照管理事业单位补充担任主任科员以下非领导职务的国家公务员及工作人员,在编制和省下达的专项计划数额内,采用公开考试、严格考核的办法,按照德才兼备的标准择优录用,所有入职公务员均需经过培训。

2000年,按照"公开、公平、公正"原则,全县共办理录用干部手续13人,聘用干部481人。是年9月,开展国家公务员更新知识培训,举办县直机关WTO知识骨干培训班,行政机关公务员参加全市统一的WTO知识验收考试并颁发全国统一的国家公务员培训合格证书。2001年,制定国家公务员"办公自动化知识"培训计划、"四五"期间国家公务员学法用法活动和依法行政培训方案。2002年,组织126人报考县级机关29个职位公务员,录用22人;税务人员参加全国统一执法资格考试147人。开展公务员"四五"普法工作,县级机关工作人员参加普法考试810人。县级机关工作人员3批823人参加办公自动化知识培训。是年,从熟悉经济工作人员中选拔领导干部。全年从经济管理、农业、水产、林桑、外经外贸等大学专科毕业以上,有相关经历人员中选拔18人,担任外经外贸、城建管理、招商引资、环保等主管部门领导,选拔熟悉经济工作人员22人担任镇工业副书记和副镇长;选拔熟悉水产养殖人员5人到水产大镇任镇长助理;挑选工业或经济管理专业毕业的后备干部8人,到县重点工业企业任总经理助理。2003年,举办公务员普通话培训班,有200人参训,其中185人获三级甲等合格证书。

2004年,按照公开、平等、竞争、择优的原则,全县先后组织5次考试,为机关事业单位录用、聘用干部157人,其中,招干录用20人、聘用干部137人。采取专题培训、专家辅导等多种方式,组织党政领导干部和组织人事部门的公务员学习《中华人民共和国行政许可法》,县直机关1100人参加验收考试,合格率100%。举办普通话培训班3期,300人参加培训,其中240人通过市语评委测试获得三级甲等以上合格证书。完成新列入公务员管理单位工作人员过渡工作,公安交巡警、物价监督检查人员共63人,通过过渡培训和统一考试录用为国家公务员。2005年,县镇机关面向社会和优秀村干部招考录用公务员,实行报考承诺书制度、上岗宣誓制度和一年试用期人事代理制度。至2005年,共录用国家公务员176人。1997—2005年,乡镇聘用干部经过考试被录用为国家干部(公务员)260多人。

大中专毕业生分配与军转干部安置　1986年,凡国家统招且合格的大、中专毕业生,均由国家按计划实行指令性统一分配,各部门和单位必须执行分配计划。师范类毕业生由县教育局分配,非师范类毕业生分配到行政事业单位的,由县人事、编制部门增加干部计划和工资基金;到企业的,由县劳动部门办理增人计划和工资基金计划。是年,是地方安置军队转业干部(军队精简整编)任务较大的一年。县对金湖籍或在金湖入伍的军转干部，实行指令性分配安置；对转业干部随调配偶，干部由人事部门安置，工人由劳动部门安置。此后数年，军队转业干部的安置基本照此办理。1987年，对国家不包分配的大中专毕业生（含电大、职大、夜大、函大、刊大），向乡镇企业、驻乡镇集体企业或基层单位推荐，聘用后不得随意抽调、借用。1988年起，大中专毕业生实行一年见习制度。1990年，毕业生分配以指令性计划为主、指导性计划为辅。师范类毕业生由县教育局分配到普教岗位，不得改行。高校结业生、自费生不负责分配。1994年，采用“双向选择”与“推荐就业”相结合的方法分配毕业生。大中专毕业生到乡镇企业就业，行政关系、工资关系挂乡镇工业科技站，列事业编制，享受乡镇企业福利待遇。对“双选”未落实单位的国家统招生，按专业对口原则，实行一次性保底就业。是年，接收指导统配生139人、委培生2人、自费生9人，其中本科8人、专科26人、中专116人。1995年，接收指导大中专毕业生就业，其中本科生10人、大专生50人、中专生97人。

1996年，县乡行政机关、事业单位接收毕业生，须事先向县人事局申报计划。凡无计划、超计划及其他不按规定程序接收毕业生的，所签双选协议无效，县人事局一律不予派遣。对计划不足的，由县人事局指令性派遣。7月18日，金湖大中专毕业生“双选”洽谈会在县体育馆召开，54个部门和用人单位到会摆摊设点招聘人才，县内外大中专毕业生到会洽谈500多人，签订就业协议30份、意向协议260份。1997年，大中专毕业生和用人单位“双选”活动一律进入人才市场，场外协议不予签证，没有签证的“双选”协议书人事部门不予承认。7月，召开大中专毕业生“双选”洽谈会，签订正式协议41份、意向性协议250多份。从中选派优秀毕业生到乡镇机关锻炼8人，推荐地方大中专毕业生就业108人。1998年7月，签订意向性协议300多份。从中选派优秀毕业生进乡镇机关锻炼7人，推荐地方大中专毕业生就业95人。1999年7月，签订意向性协议260多份。

2000年起，大中专毕业生不包分配，全部进入人才市场“双选”就业，对毕业生实行人事代理。2000年10月，县成立困难企业军转干部解困工作领导小组，下设专门办公室，具体负责全县困难企业军转干部解困的日常工作。当年起，实行“量化积分、竞争选岗”办法，根据其军龄、职务、学历、奖励、优待、伤残、惩戒等方面进行积分（惩戒为减分），由军转安置部门制订安置计划，落实具体单位和职位，向军转干部公布。2001年2月，根据中央统一部署，军队转业干部实行计划分配和自主择业相结合的安置方式。2004—2005年，军队转业干部安置工作实行分级审批，营职及以下干部及随调家属安置由县军转安置工作领导小组审批，除条管单位外，均安置到参照公务员管理单位和国家行政机关；对军转干部随调家属，原所在单位为事业性质的，安排到事业单位工作；原所在单位为企业性质的，安排到企业单位工作。

干部调配　1986—1993年，机关事业单位的干部调配，由县编制委员会控制编制数，组织、人事部门按干部管理权限进行调配。1994年，严格控制机关事业单位职工总数增长。对机关除必须配备的领导干部外，实行扎口管理；对事业单位在有编制和增人计划的前提下，进人时一律实行公开招考、平等竞争、择优录用；对临时人员除特殊岗位外及时进行清理；对副科级以上领导干部子女、配偶要求进机关事业单位实行申报备案制度。2005年，县内对干部（公务员）调动从严控制，按管理权限报组织人事部门审批。乡镇中层干部，政府部门股级干部，县人大、县政协、党群系统、政法系统的股级和股级以下干部及事业单位班子成员，跨部门调配的，由县委组织部负责。乡镇和县政府委、办、局一般干部，企业单位股级以下干部，跨部门调配的，由县人事局负责。县各级行政机关补充工作人员，基本上在行政机关内部调整。企业单位人员原则上不得调入事业单位，企事业单位人员原则上不得调入行政单位。

三、干部任免考核

干部任免　1986年起，县委直接管理科级、副科级干部，协助市委管理有关干部。县委管理的干部由县委常委会研究确定，其中党群部门干部一般由县委任免，其他部门干部由县委提名，按法定程序任免。乡镇党委和设立党委、党组的县直单位，负责管理、任免本单位中层干部及下属单位股级干部，其中正副股级的组织、人秘、纪检、宣传、监察干部的任免，各单位拟提拔的股级干部，以及超职数调进的股级干部，必须先征得县委组织部同意，按照规定程序进行考察考核，报经县委组织部内审同意后实施。"两院"（人民法院、人民检察院）检察员、审判员、庭长、副庭长的任免，事先报县委组织部内审，然后提请县人大常委会审议决定。属主管部门和乡镇双重领导的单位，干部的任免由主管部门负责统一考察，提出任免意见，征得乡镇党委同意后予以实施。在办理任免审批手续时，由双方共同签署意见，行政职务由主管部门宣布，党内和群团职务由乡镇党委宣布。1988年9月19日，县委发文对干部制度改革提出意见，主要有：推行民主选举，严格选拔干部程序，提拔干部注意实绩，逐步实行干部聘用制，逐步推行公开录用干部制度，招用、招聘按规定程序进行。1995年3月起，县政府任免各委、办、局（科）的副主任、副局（科）长，主任科员、副主任科员及相当职务和乡、镇政府所属机构的国家公务员职务；县政府的工作部门，任免县政府任免以外的国家公务员职务；县政府人事部门负责承办县政府任免国家公务员职务的有关事宜，对县政府工作部门的任免工作进行业务指导、监督、检查。1998—2005年，国家公务员调配按《国家公务员暂行条例》规定执行。县内国家公务员行政任职，由行政任命机关或行政正职负责人签发任命书（参见"第九篇改革"第五章第二节）。

干部"退二线"　1986—1994年，县委管理的干部快到退休年龄时，先从领导岗位上退下来，安排非领导职务为"调研员"；县委组织部管理的干部安排非领导职务为"协理员"。1995年国家实施公务员制度后，对退出领导岗位的公务员或参照公务员管理干部分别设"主任科员""副主任科员"等非领导职务，事业单位干部分别设"正科级协理员""副科级协理员"等非领导职务，称为"退二线"。县每次调整干部领导职务为非领导职务时，都作出年龄界定。2002年1月1日起，由县委管理的领导干部，正科级55虚岁、副科级54虚岁"一刀切"退二线。至2005年，此规定未变。

干部考核　1986年起，金湖党政机关工作人员实行岗位目标责任制考核。年初将总体任务层层分解落实到人，定岗位、定任务、定指标、定奖惩，年终按干部管理权限分级进行考核、兑现奖惩，对考核成绩突出的报县表彰奖励。1988年12月24日，县委发出《关于部委办局和乡镇领导干部年度考核的通知》，从德、能、勤、绩四个方面进行考核，并重点考核履行1988年工作职责和清正廉洁情况。县每年召开机关岗位责任制总结表彰大会，受表彰人员一般授予先进工作者称号，对有特殊贡献的予以记功或记大功，成绩特别优异的报市批准工资晋级，晋级人数控制在1.5‰，其中领导干部不超过50%。

1994年初，县人事局选择具有考核基础的县工商局进行试点，组织人员赴建湖县考察学习，还邀请省市领导来金湖指导。在此基础上，草拟出机关工作人员年度考核暂行办法，并先后深入30多个部门征求意见。4月25日，县委、县政府正式公布《金湖县党政机关工作人员考核暂行办法》，行政机关工作人员考核工作逐步向公务员考核制度过渡。分为平时考核和定期考核。平时考核实行一级考核一级的首长负责制，主要采取工作纪实的方法进行。定期考核采取年度考核的方式，每年年底进行。机关事业单位科级干部的年度考核内容分德、能、勤、绩4个方面，重点考核工作实绩。考核结果分优秀、称职、不称职3个等次。工作勤奋、业务能力强，有改革创新意识，出色完成年度目标任务，成绩突出可评优秀，比例为10%~12%；工作努力、较好地履行岗位职责和完成工作目标任务为称职；德、能、勤、绩有一项明显达不到现任职务要求的为不称职。年度考核结果实行审核备案制度，各乡镇、县直各单位每年底按规定程序对工作人员进行考核，次年初将考核结果报县审核备案。年度考核结果作为奖惩、培训、辞退以及调整职务、级别和工资的依据。年度考核结果为称职、优秀等次的，晋职、晋级优先。对年度考核连续3年优秀的，在本职务工资标准内晋升1个档次；连续2年被确定为不称职的，按规定予以辞退。在年度考核结果为优秀的公务员中产生受表彰奖励对象。实行奖励活动申报制度，使用统一规范的奖励证书，建立行政奖励工作档案。1994年底，县召开全县机关、事业单位工作人员年度考核工作动员部署大会，当年参加考核人数8600人，被确定为优秀等次的890人，占10.3%，称职（合格）等次7707人，占89.6%，不称职3人，占0.03%。通过考核，在立机制、促效率、正形象、树榜样等方面取得明显效果。此后，考核逐年进行，并作为晋升职务、调整工资档次的重要依据。

1995年初，根据《国家公务员暂行条例》的规定，制定《金湖县党政机关工作人员年度考核办法》，按照个人总结、民主测评、领导评鉴、审定、反馈5个基本程序进行。1996年，行政机关和参照公务员制度管理单位的工勤人员，按照人事部的规定进行考核，年度考核结果分优秀、合格、不合格3个等次，主要考核劳动实绩、劳动态度、服务质量。1999年5月，对行政奖励实行"一票否决制"，凡违反计划生育、环境保护、安全生产、社会治安综合治理等政策规定的，一律取消获奖资格。2000年，下发考核纪实手册，加大平时考核力度。机关年度考核增加"基本称职"等次。

2003年，印发《金湖县机关事业单位工作人员年度考核暂行办法》，实行"每月一讲""每季一评""半年一查""一年一考"制度。对年度考核优秀等次和基本称职以下等次严格把关，举办考核不称职和单位考核末位人员学习班，当年参训30人。2004年，考核内容增加"廉"字。2005年，全县参加考核机关工作人员1148人，事业单位工作人员7204人。

1994—2002年金湖县机关、事业单位工作人员年度考核结果统计表

表28-5-13　　单位：人

年份	合计	优秀	称职	基本称职	不称职	不定等次	年份	合计	优秀	称职	基本称职	不称职	不定等次
1994	8600	890	7707	0	3	0	2000	8785	1075	7521	18	6	—
1995	8700	1031	6668	—	1	—	2001	8781	1044	7709	8	4	16
1998	8843	1071	7483	—	3	—	2002	7918	963	6844	0	7	104
1999	8877	1087	7510	0	1	279							

说明：1996、1997年考核结果查无数据。

2003—2005年金湖县机关、事业单位工作人员年度考核结果统计表

表28-5-14　　单位：人

年度	机关工作人员						事业单位工作人员					
	总数	优秀	称职	基本称职	不称职	不定等次	总数	优秀	称职	基本称职	不称职	不定等次
2003	1083	146	911	0	0	26	7219	814	6281	9	6	109
2004	1147	150	958	3	2	34	7184	832	6236	12	5	99
2005	1148	155	965	2	1	25	7204	859	6202	2	7	134

四、干部福利

工资福利　1986年，县内国家机关和事业单位实行以职务工资为主的结构工资制，主要福利为福利费、丧葬费及抚恤费、遗属补助等。1993年工资制度改革，建立正常的工资增长机制，工作人员除职务晋升、等级提高、岗位变动可增资晋级外，还将工资增长与年度考核相结合，即从1993起，机关、事业单位工作人员在连续2个年度考核结果为称职（合格）以上的基础上，可晋升1档职务工资；

机关干部在连续5个年度考核结果为称职或连续3年考核结果为优秀的基础上，可晋升1个级别，并相应增加级别工资。

1994年5月，实施国家机关、事业单位中华人民共和国成立以来第三次工资制度改革，676个机关事业单位中，工作人员7583人和离退休人员784人，按工改后的工资标准进行套改，7月兑现新工资，全县月增资总额603552元，人均88元。1997年，提高退休专家和享有特殊贡献荣誉的退休干部6人的工资待遇，殷舜时、熊同侪、何如淦3人为享受市政府特殊津贴的中青年专家。1997年，提高去世人员25人遗属补助及抚恤金标准，调整20世纪50年代定补人员33人和一次性补助人员11人的生活补助费。

1998年，审批20世纪50年代退职小乡干部增加补助费手续，离休干部和新中国成立前参加革命工作的退休老工人提高护理费标准。2005年，完成取得行政职务、专业技术职务及技工等级晋升工资审核工作，核定乡镇教师省标工资标准，开展机关事业单位各类津贴清理工作。是年，机关事业单位福利费每人每月12元，丧葬补助费标准为600元，病故者抚恤金按20个月工资计发，因公牺牲者按40个月计发，遗属补助红军时期参加工作的为每人每月550元，抗战时期参加工作的为每人每月510元，解放战争时期参加工作的为每人每月470元，新中国成立后参加工作的为每人每月420元。

1986—2005年金湖县机关事业工作人员工资统计表

表28-5-15　　单位：元/年

年份	年平均工资	国有单位			城镇集体单位		
		全员	机关	事业	全员	机关	事业
1986	961	1028	1106	942	813	1060	579
1987	1058	1114	1186	976	932	1291	580
1988	1293	1376	1482	1221	1114	1121	739
1989	1540	1700	1825	1480	1218	1635	831
1990	1624	1821	1887	1506	1257	1671	928
1991	1832	2064	2006	1630	1419	1817	861
1992	2018	2208	2483	1826	1676	3055	1215
1993	2360	2602	3225	2108	1963	2947	1760
1994	3533	4044	6660	3825	2595	5408	2731
1995	4148	4523	6168	4222	3452	6168	4222
1996	4757	5252	7160	5074	3668	7160	5074
1997	5295	5608	8450	5426	4468	8450	5426
1998	6141	6565	9839	6296	4904	9839	6296
1999	6831	7398	11195	7133	5139	11195	7133
2000	7597	8098	12174	7957	6057	12174	7957
2001	8829	9901	15633	11751	6012	9655	10845
2002	9501	10268	15976	11473	6818	10741	11612
2003	9854	10875	17391	11317	7786	8000	12707

接上表

年份	年平均工资	国有单位			城镇集体单位		
		全　员	机　关	事　业	全　员	机　关	事　业
2004	10965	12232	20117	12968	8465	15000	10298
2005	12509	14078	21665	15655	10076	—	11411

说明：1986—2000年，事业人员年均工资为农水、科教文卫等全年工资总额与年末职工人数（或年平均职工数、在岗职工数）之商。

退休　1986年，继续实行中华人民共和国成立后参加工作的干部实行退休制度。男性年满60周岁，女性年满55周岁，即办理退休手续。县坚持“到龄即退”的原则，由人事部门将本年度到达退休年龄的干部名单列表登记，按月排列，按干部管理权限，报任免机关或管理机关批准退休。干部工作年限满15年，或工作年限满10年、因工致残丧失工作能力的，也可办理退休手续。退休干部的退休金根据实际在职工作年限，分别按原月工资的75%~95%发给。教师满30年教龄的，退休金按100%发给。干部获得省人民政府以上劳动模范奖励和获得高级专业技术职称，退休金可提高5%。1986—2005年，全县共办理干部退休手续3482人。至2005年底，全县实有退休干部2565人。

离休　1986年，继续对1949年10月1日以前参加革命工作、享受供给制待遇的干部，实行国家规定实行离休制度，全县共有离休干部374人。其待遇除原工资照发和享受各种补助外，1937年7月7日前参加工作的，每年增发2个月工资；1937年7月7日至1942年12月31日参加工作的，增发1个半月工资；1943年1月1日至1945年9月2日参加工作的，增发1个月工资。2005年底，全县有离休干部294人。

第三节　事业单位人员管理

1986年，事业单位的干部调配，由县编委控制编制数，组织、人事部门按干部管理权限进行调配。1994年，严格控制事业单位职工总数增长，强化对事业单位管理，对全县676个事业单位的经济类型、现有级别和文件依据等进行全面的调查和重新认定，对22个由乡镇集体转为全民的事业单位进行调查核编，还配合财政局、农工部等部门对教育系统的人员编制、财政收支等情况进行重点调查。是年起，事业单位同机关一样，对工作人员进行年度考核，并作为晋升职务、调整工资档次的重要依据。

2000年，配合审计、财政、司法等部门，将审计、会计、律师事务所、法律事务所等事业单位改制为中介服务机构，其人事关系、养老保险、工资、职称、聘用合同鉴证、人才招聘等由县人才交流服务中心代为管理。指导县公路站、兽医站开展竞争上岗，县新华书店、建筑设计院实行工效挂钩试点等。

2003年8月，县属事业单位改革的主要内容：按照政事分开、精简效能的原则，分管理执法、社会公益和生产经营三种类型，改革重点是精简压缩管理执法类、适度发展社会公益类、改企转制生产经营类，实施机构、体制、用人、分配、职称、社会保障等配套改革，使机构、编制、人员精简20%；范围是县直部门下属事业单位，乡镇教育、卫生单位列入县直教育、卫生系统改革；在重新核定机构编制的基础上，人员实行竞争上岗考试，按照离岗退养、鼓励创业、自谋职业等途经安置分流人员。改革分调查摸底、制定方案、具体实施、总结验收四阶段进行，年内完成摸底、制定方案两阶段工作，对县直部门下属的185个事业单位的职责任务、编制人员、经费收入等进行全面细致调查，按照机构、编制、人员分别精简不低于20%目标，对管理执法类、社会公益类和生产经营类三种类型事业单位提出改革意见。制定事业单位《实行聘用制试行办法》《竞争上岗实施意见》《分配制度改革实施办法》等配套文件。同时，完成县政府招待所改制转企工作，指导县人民医院、中医院开展前期准备工作。镇涉农事业单位改革同时进行。对各镇农业技术服务站、农村经济服务站、水产林桑技术服务站、畜牧兽医服务站、乡镇企业服务站公益性职能进行剥离，统一归并组建综合性镇农业技术推广服务中心，为股级全额拨款事业单位，由各镇党委、政府直接管理，业务上接受相关部门指导。全县11个镇涉农事业单位共有正式人员424人，其中，符合提前离岗退养条件的57人，申请离岗创业的55人，自谋职业的1人，参加竞聘考试的311人，经过考试考核上岗127人。“中心”设主任1人，副主任2人，实行集中办公，定岗服务，严格考核。“中心”设3个科室：农经管理科、农技推广科、牧渔林桑科。

2004年，对涉农事业单位改革进行扫尾，县政府出台《关于完善镇农技推广服务体系建设的补充意见》，县成立督查组对11个镇贯彻落实情况进行督查；县委常委扩大会议对督查中反映出来的关于蚕桑人员、“一增三减”人员和局批兽医人员相关待遇进行研究，并以《县委常委扩大会议纪要》下发执行；向省政府争取乡镇农技推广体系改革专项补助资金，截至年底，补助资金到位60%。扩大事业改企业试点范围，年内基本完成金湖宾馆、渡管所、新华书店、电影公司改企工作。是年，事业单位进人实行公开招考制度，按照“公开、公平、公正”原则，招考分报名、笔试、面试、体检等环节。全年共组织4次考试：3月，为镇卫生院面向社会公开招考卫技人员12人；6月，为县人民医院、中医院在系统内招考护理人员5人；8月，为县直中、小学招聘中、小学教师95人；10月，考试择优安置退伍士兵35人。

2005年，严格实行事业单位新进人员公开招聘考试制度，逐步规范工作程序，全年公开招考89人：卫生系统的爱卫办、合作医疗中心招聘会计3人，县人民医院招聘护理人员6人，乡镇卫生院招聘卫技人员15人；县水务局招聘基层水利站工程技术人员6人；教育系统招聘乡镇教师26人；城镇退役士兵考试择优选择岗位33人。是年，按照“分类定位、分开管理、分别改革”的原则，拟定县直事业单位机构、编制、人员精简初步方案，制定事业单位聘任制办法等5个改革相关配套文件，开展整顿规范事业单位改制为中介机构工作，完成县种子公司事改企方案实施任务。

第四节　人才交流　职称评聘

一、人才交流服务

1994年6月，县人才市场挂牌开业，年底安排各类专业技术人员就业45人。到南京、镇江3所高等院校与毕业生当面洽谈签订“双选”协议，组织5家企业参加省第二届人才智力交流会及市在南京举办的人才招聘会，引进急缺专业人才20人。向淮阴工专等院校争取自费生指标48人。南京航空航天大学、县二中联合举办微机信息管理及办公自动化大专班，学员39人。1995年，引进急缺专业人才15人，委托大中专院校培养地方大中专毕业生43人，指导34名地方大中专毕业生就业，安排三峡库区毕业生5人。举办人才流动集市，为爱特福药物保健品有限公司招聘市场营销、英语、文秘等专业人才5人。

1996年1月，金湖县按照市“百千万人才工程”（到20世纪末造就百名进入世界科技前沿，在世界有较大影响的杰出青年科学家；千名具有国内先进水平的学术技术带头人；万名各学科起骨干核心作用的学术技术带头人）部署，建立联络点7个。通过委托培养、联合办班等形式培养人才131

人。1997年，通过多种形式培养各类人才618人。

1998年11月，流动人员人事档案移交县人才交流服务中心管理，实行人事代理。引进急缺专业人才65人，其中本科生40人。参与市人才中心联网培养地方人才27人。1999年，赴南京、西安、成都等地参加毕业生就业人才市场和高校“双选”会，在省第八届人才智力交流会上设置“县长洽谈席”，引起毕业生的极大兴趣，共引进本科以上急缺专业人才40多人。与高等院校联合培养地方性人才451人。2000年，根据重点项目发展需要，县直有关部门和县属骨干企业主要负责人外出招纳人才，引进本科以上急需紧缺人才32人，与高等院校联合培养地方性人才46人。推行大中专毕业生见习期试聘制度，为毕业生74人办理试聘合同签证手续，对新进入教育、卫生的毕业生办理人事代理手续260人。开展农村人才资源调查，分村组干部、科技推广示范户、生产专业户、能工巧匠、个体业主、农民经纪人等类型进行分类，建立乡土人才信息库，有3911人入库，其中优秀乡土人才649人。

2001年，规范人才流动运作程序，建立人才流动信息库，为市联通公司和时代超市招聘工作人员40人。设立人才开发专项基金，扩大人事代理服务范围，逐步开展国有企业和事业单位人事代理，对县镇（乡）机构改革中分流人员实行人事代理，为其办理养老保险、职称评定和党团组织关系接转等业务。建立流动人员档案室，年底有1100多人办理人事代理和管档手续。2002年初，将引才任务列入各单位目标责任状，召开人才招聘工作会议，制定《人才资源开发资金使用暂行办法》等人才招聘配套政策及人才选拔、培养、管理办法。年底，组织用人单位赴长沙、西安、南京等地参加毕业生“双选”会10多场，引进研究生3人、本科生72人、高级专业技术人才33人，其中县金屋公司以年薪12万元引进工商管理硕士2人。参与宁淮挂钩项目引进，聘请德国专家为县铸锻公司重点项目解决技术难题。有18人成为市人才培养对象。为290人办理人事代理，与高校联合培养急需人才25人。

2003年，修订完善《关于加强人才招聘工作若干意见》，出台《金湖县人才引进优惠政策补充意见》，对研究生、本科生进机关（事业）单位的工资待遇、住房、生活补贴作明确规定。组团赴武汉、长沙、南京等地招聘高层次及各类紧缺人才，参加人才招聘会8次，参加单位有50家，累计引进人才96人，其中硕士研究生3人、本科生93人，柔性引进拥有中高级职称的专业技术人才25人。聘请外国专家为县输油泵公司重点项目解决技术难题。建立政策、需求、人才信息库，为企事业单位提供人才招聘服务20次，62人办理人才流动手续。在县工业园区举办“星期日”人才交流会，36家企业进场设摊招聘，提供1200个岗位，接待登记1100人次，达成流动意向612人。人才市场接待招聘单位50家，求职登记350人，推荐到企业洽谈260人。在政府网站发布招聘信息单位70家，办理人事代理手续410人。2004年4月26日，召开人才工作会议，出台《关于事业单位招聘本科生工作的管理办法》，为研究生1人、本科生5人落实住房待遇，给在企业工作的本科生11人发放生活、技术补贴。组织企事业50余家赴武汉、吉林及省内部分院校参加人才交流会，推出需求岗位375个，引进本科以上人才123人，柔性引进拥有中高级职称的专业技术人才30人。举办人才招聘会，进场设摊单位60家，提供需求岗位1250个，进场应聘2000多人，达成意向980人，与用人单位签订就业协议452人。接待招聘单位65家、求职登记290人，推荐到企业洽谈245人。为60家企事业单位在政府网站发布招聘信息，办理单位代理81个、个人代理520人。

2005年，修订完善《金湖县人才引进优惠政策》《关于加强人才招聘工作若干意见》，营造有利于人才创业的良好氛围，获省人才工作先进县称号。组织企事业单位近60家到淮安、南京、合肥、武汉、长沙等地招聘高层次紧缺专业技术人才，选送理士科技有限公司参加全省首次网上人才交流会，签约本科生134人、研究生3人。选择有代表性的规模以上工业企业85家，围绕机械电子、仪表线缆、医药化工、食品加工四大支柱产业人才需求状况开展调研活动，为其发展提供人才智力服务。对人事代理业务流程进行梳理，制订科学、完整、规范的操作程序，建立人事代理单位和个人信息库。

共办理毕业生就业手续15人、人才流动18人、转递档案手续28人次、辞职5人、人事代理156人。7月12日，举办人才招聘会，进场设摊单位70多家，提供需求岗位1340个，进场应聘2500人，达成意向850人，与用人单位签订就业协议635人。通过省外国专家局再次为县输油泵公司争取一项外国智力服务项目，引进德国机械专家帮助企业解决工艺流程和技术管理方面难题。制订人才继续教育工作规划，以基础理论知识、专业技能和职业道德为主要内容开展素质教育培训，重点组织"职业道德与通用能力"培训，开办培训班11期，培训600多人；完成中高级技术工人126人公共基础知识继续教育培训考核工作。

二、技术职务评聘

1986年，国家实行专业技术职务聘任制度。翌年，县成立职称改革领导小组，办公室设在县科委，初级职称由县成立的各专业初级职务评审委员会负责评审，报县职称领导小组审核，中、高级职称报市、省职称改革领导小组评批。成立工程技术、农业技术、经济专业、卫生技术、档案专业、中等专业学校教师、中学教师、小学教师等8个初级职务任职资格评审委员会，和中学一级教师、小学高级教师2个中级职务任职资格评审委员会，分别组成评审委员库。1990年起，组织符合条件的人员报名参加全国统计员资格考试。1991年起，组织符合条件的人员报名参加全国经济员资格考试。1992年，县有中、初级职称评审委员会13个，其中中级评委会2个。9月，首次专业技术人员评审聘任工作结束。此后，县职称改革转入经常化工作。

1993年，县组织经济、卫生、交通工程等专业不具备规定学历，拟晋升助理级、中级职务的人员参加全省统一考试。1994年，县各事业单位按国务院有关部委制定的岗位设置结构比例底限提出设岗方案，送各业务主管部门核准，高、中级设岗方案报市职改办备案，初级设岗方案报县职改办批准。1995年，对机关事业单位取得工人技术等级证书的人员200人进行资格复核认定。1996年，组织图书发行员、公路养护工、农艺工、广播线路维修员、打字员等120人参加技术等级考试考核。1997年，调整合并中初级评审委员会，建立六大评委库（综合工程、农业技术、卫生系列初级职称评委库，小学教师、中学教师中级职称评委库，社会科学类初级职称评委库）。组织收银员、白蚁防治员等13个工种工人技术等级培训、考试、考核及发证工作。1998年，组织50个工种扫尾培训班报名工作，举办收银员、农艺工、船闸运行工、保管员、环卫工培训班。探索乡镇企业和乡土人才职称评聘经验，报评中级职称材料83份、初级204份。为毕业生办理初级专业技术职称任职资格手续169人。开展专业技术人员年度考核和继续教育工作，实行考核培训登记制度，审验、换发3500多份"继续教育证书"。为参加省职称外语考试和全国经济类专业技术资格考试500人办理报名手续，举办省职称外语培训班，通过考试的职称外语91人、经济类外语59人。

1999年，进行职称评审改革，根据工作需要设置岗位，再由岗位进行评聘，

图28-5-1　1999年12月18日，金湖县办公自动化技术培训中心、计算机培训中心揭牌　朱伟／摄

重点从教育、卫生系统实施，其他单位参照施行。拓宽乡镇企业和农民技术职称评审范围，成立综合工程和农业系列农民职称评委会，评审通过乡镇企业技术职称263人（其中中级63人、助级115人、员级85人），农民技术职称75人（其中中级9人、助级29人、员级37人）。组织24个工种的工人技术等级培训、考试、考核及发证工作157人，办理申报技师手续7人。

2000年，推行职称评定与专业技术职务聘任相分离的双轨制度，使一批中青年专业技术人员脱颖而出。拓宽职称评审范围，向农村和非国有单位延伸，审核和公布农民和乡镇企业职称95人。建立专业技术人员信息库，教育、医药卫生、电子信息、建筑业、机械汽车、农业六大行业专业技术人员10767人信息入库。开展机关事业单位25个工种195名工人技术等级正常升级培训和考核，6个工种工人技术培训评聘工作。指导各单位开展继续教育工作，举办计算机应用考核、职称外语培训班，报名参训718人。2003年，下发专业技术人员职称评聘分开相关文件，指导教育、卫生等系统开展评聘工作。进行执业药师报名和从业药师初级职称认定工作，有95人报名参加考试，93人获得任职资格。审核审批乡镇企业中初级职称材料65份，其中17人取得中级职称、28人取得初级职称。参加全国职称资格考试265人，取得初级职称53人、中级68人。开展职称外语和计算机应用考试报名工作，共有280人报名，合格215人。组织10个工种工人技术等级正常升级培训和考核65人，完成工人技师评审材料上报工作。2004年，审核申报乡镇企业初中级职称材料115份，其中取得中级职称16人、取得初级职称86人。参加全国经济类职称资格考试265人，取得初级职称6人、中级40人。

2005年，制定《金湖县初级专业技术职务任职资格规定》，把参加继续教育培训作为参评的必备条件。在卫生、教育系统开展职称评聘分开试点工作，拟订实施意见。规范职称档案管理工作，初步建立全县初中高级专业技术人员信息库。全年完成经济师、造价工程师、药剂师等20多个类别的职（执）业资格考试报名工作，通过资格审查符合报考条件的共有482人，获中级职称86人、初级职称60人。审核申报乡镇企业初、中级职称材料65份，其中取得中级职称16人、取得初级职称26人。截至2005年，全县乡镇企业会计系列中级职称有135人、初级842人，经济系列中级218人、初级587人，工程系列中级170人、初级861人，统计系列中级6人、初级34人。

1988—2005年金湖县技术职称统计表

表28-5-16　　单位：人

年份	合计	高级	中级	初级	年份	合计	高级	中级	初级
1988	2984	52	616	2316	1997	646	37	358	251
1989	2017	21	196	1800	1998	768	21	335	412
1990	1052	17	166	869	1999	1108	42	410	656
1991	1120	21	48	1051	2000	762	28	250	484
1992	1222	18	219	985	2001	533	32	216	285
1993	1910	40	648	1222	2002	663	41	263	359
1994	968	14	448	506	2003	631	71	198	362
1995	1268	28	721	519	2004	846	79	306	461
1996	773	36	224	513	2005	759	84	277	398

第二十九篇　人民政协

1986—2005年，是金湖县政协第二至第七届委员会任期。20年间，县政协在中共金湖县委的领导下，高举团结、民主旗帜，紧扣县委、县政府中心工作，认真履行政治协商、民主监督、参政议政职能。20年中，县政协进行换届选举5次，召开全体会议20次、召开常委会议105次。组织视察、调研，写出调研报告77篇。召开政情交流会，对有关部门工作进行民主评议，为党政决策的科学化、民主化提供重要依据。把处理委员提案作为重要工作任务，办理提案2176件，提案内容涉及经济建设、体制改革、招商引资、“三农”工作、工交财贸、医药卫生、文化教育、科学技术、环境保护、市政建设、群众生活等经济和社会生活的各个方面，均得到认真研究和及时办理。将社情民意工作作为反映群众呼声、畅通信息渠道的重要形式；部分政协委员受聘担任行风监督员，对相关部门执行政策法规、勤政廉政、行风建设、内部管理等事项开展监督评议。编辑出版《金湖文史资料》8辑。开展对外交流联谊活动等。这些都有力地促进了全县的经济发展和社会进步，在全县物质文明、精神文明、政治文明建设中发挥重要作用。

第一章　政协委员与政协全会

第一节　政协委员

中国人民政治协商会议金湖县委员会（简称县政协）由中国共产党、无党派人士、人民团体、少数民族等界别的代表，以及特别邀请人士组成。第一届委员会由各方面代表组成的县政协筹备组协商产生，从第二届委员会起，每届委员均由县政协常务委员会协商产生，并根据工作需要和委员工作、职务变动情况进行调整增补。

县政协第二届委员会（1984年7月起）由19个界别的委员112人组成。1986年2月、3月增补委员2人，免去委员1人。

1987年4月，县政协第三届委员会由19个界别的委员130人组成。1987年11月增补委员3人，1988年3月增补委员3人，1989年3月增补委员4人，免去委员2人。1990年3月增补委员1人。

1990年2月，县政协第四届委员会由15个界别的委员143人组成。1990年12月免去委员1人。1991年3月、12月增补委员4人。1992年2月、6月增补委员4人。1993年1月增补委员1人。

1993年2月，县政协第五届委员会由18个界别的委员153人组成。1994年2月增补委员5人，免去委员3人。1996年3月、9月增补委员12人，免去委员10人。1997年2月免去委员3人。

1998年1月，县政协第六届委员会由18个界别的委员142人组成。1998年1月、9月免去委员3人。1999年2月增补委员13人，免去委员10人。2000年1月、12月增补委员21人，免去委员17人。2001年11月增补委员3人。2002年2月增补委员9人，免去委员10人。

2003年1月，县政协第七届委员会由19个界别的委员150人组成。2003年3月、9月、12月增补委员23人，免去委员8人。2004年增补委员25人，免去委员9人。2005年1月、12月增补委员19人，免去委员21人。

1986—2005年历届政协金湖县委员会组成统计表

表29-1-1　　　　单位：人

界　别	第二届	第三届	第四届	第五届	第六届	第七届
中共	8	6	9	12	11	13
无党派人士	—	—	—	—	—	2
共青团	2	2	5	5	4	3
工会	5	5	5	5	4	3
妇联	5	6	4	4	5	3
科协	—	—	—	5	5	5
社会科学	6	15	26	13	12	12
文化艺术	3	3	4	4	3	3

接上表

界　别	第二届	第三届	第四届	第五届	第六届	第七届
科学技术	18	18	28	17	15	14
教育	12	16	20	17	13	13
体育	2	2	1	1	2	2
新闻	2	2	1	1	2	3
医药卫生	10	11	8	8	8	7
工商	5	7	—	7	7	16
个体劳动者	2	2	—	—	—	—
少数民族	2	1	2	2	2	2
农业（农民、农林）	11	13	13	16	15	15
解放军	1	1	—	—	—	—
宗教	1	1	2	2	3	3
台侨属	7	11	—	—	—	—
经济	—	—	—	20	17	23
社会福利和社会保障	—	—	—	—	—	—
特邀人士	10	8	15	14	14	8
合计	112	130	143	153	142	150

说明：表中政协委员人数均为历届政协首次确定人数，不含后来增补、免职人数。

第二节　政协委员会全体会议

一、政协金湖县第二届委员会

本届政协共举行3次全体会议，1986年为第三次会议。

第三次全体会议　1986年4月1—4日在县城举行。副主席徐则先致开幕词，县委常委、常务副县长柏传书到会讲话。副主席卞树荣作县政协常委会工作报告，高长明作提案处理情况报告；列席县人大六届三次会议，听取柏传书作政府工作报告；听取县政协主席陈国藩传达全国、省政协会议精神。增选盛桂元为县政协副主席，陈照为秘书长。县委书记苏金必在会议结束时讲话。

二、政协金湖县第三届委员会

本届政协共举行3次全体会议。

第一次全体会议　1987年4月20—23日在县城举行，出席会议委员130人。县委书记刘学东到会讲话。县政协主席陈国藩作第二届政协常委会工作报告，秘书长陈照作第二届常委会提案工作报告；列席县人大七届一次会议，听取代县长张卫东作政府工作报告；副主席卞树荣传达市政协一届五次会议精神，县委统战部部长杨少峰传达省委统战工作会议精神。选举陈国藩为县政协第三届委员会主席，伍发关、盛桂元、袁锡琳、朱丰超、卜建民为副主席，陈照为秘书长，常务委员为丁玉霞（女）、马祖骅、王曰华、王书文、王明华（女）、方玉梅（女）、孙继华（女）、刘锋、杨少峰、张松岑、陈福

图 29-1-1 1987 年 4 月 20-23 日，政协金湖县三届一次会议召开
王国瑞／摄

保、秦秀和、徐在苏、徐溥润、黄友连、彭茶英（女）、嵇廷恺、褚达楠、缪福祥。

第二次全体会议 1988年4月6—9日在县城举行。副主席伍发关致开幕词，县委书记刘学东到会讲话。县政协主席陈国藩作常委会工作报告，副主席朱丰超作提案工作报告；增选张恒祥为秘书长；表彰政协先进集体、先进个人；列席县人大七届二次会议，听取政府工作报告和有关报告。

第三次全体会议 1989年3月29—31日在县城举行。副主席伍发关致开幕词，县委书记刘学东到会讲话。县政协主席陈国藩作常委会工作报告，副主席朱丰超作提案工作报告；列席县人大七届三次会议，听取县长张卫东作政府工作报告的通报。增选杨少峰、马祖骅为县政协副主席，杜渐、高子明为政协常委；13名委员就工业、农业、文教卫体等议题作大会发言和书面交流；会议通过常委会工作报告决议和政治决议。此次县政协会议首次先于县人代会召开，在全省属首创。

三、政协金湖县第四届委员会

本届政协共举行3次全体会议。

第一次全体会议 1990年2月28至3月3日在县城举行，出席会议委员143人。副主席袁锡琳致开幕词，县委副书记何璋讲话。县政协主席陈国藩作第三届政协常委会工作报告，副主席朱丰超作第三届政协提案办理情况报告；列席县人大八届一次会议，听取代县长欣立忠作政府工作报告的通报；学习中共中央（1989）14号文件；12名委员围绕两个文明建设等议题作大会发言和书面交流。会议选举陈国藩为县政协第四届委员会主席，盛桂元、杨少峰、袁锡琳、朱丰超、卜建民、马祖骅为副主席，张恒祥为秘书长，常务委员为孙继华（女）、纪泽民、杜渐、杨涛、张星、陈照、陈福保、邵雪生、秦秀和、耿吉祥、殷定圻、高子明、龚世勤、彭茶英（女）、嵇廷恺、童玉凤（女）、褚达楠、翟登庸。会议通过第三届常委会工作报告决议、会议政治决议。

图 29-1-2 1991 年 3 月 26—28 日，政协金湖县四届二次会议召开
朱伟／摄

第二次全体会议 1991年3月26—28日在县城举行。县政协主席陈国藩致开幕词，县委书记郭平扬讲话。县政协副主席盛

桂元作常委会工作报告，提案委员会主任龚世勤作提案工作报告。列席县人大八届二次会议，听取县长欣立忠作政府工作报告的通报；10名委员就工业、农业、科技、教育等议题作大会发言和书面交流；表彰政协先进委组和个人，先进委组、个人代表发言。会议通过常委会工作报告决议、大会政治决议。

第三次全体会议　1992年3月5—7日在县城举行。副主席马祖骅致开幕词，县委书记郭平扬讲话。县政协主席陈国藩作政协常委会工作报告，提案委员会主任龚世勤作提案工作报告。列席县人大八届三次会议，听取县长欣立忠作政府工作报告；9名委员就青少年、科技兴县、卫生等议题作大会发言和书面交流；会议通过常委会工作报告决议、大会政治决议。

四、政协金湖县第五届委员会

本届政协起，任期由过去的3年改为5年。本届政协共举行5次全体会议。

图 29-1-3　1993 年 1 月 19—22 日，政协金湖县五届一次会议召开
朱伟／摄

第一次全体会议　1993年2月19—22日在县城举行，出席会议委员153人。副主席马祖骅致开幕词，县委书记郭平扬讲话。县政协副主席盛桂元作四届政协常委会工作报告，提案委员会主任龚世勤作提案工作报告。列席县人大九届一次会议，听取县政府工作报告及有关作报告。选举张绍洪为县政协第五届委员会主席，盛桂元、袁锡琳、朱丰超、马祖骅为副主席，张恒祥为秘书长，常务委员为丁日俊、万建华、王和兰（女）、邓学风、朱元富、孙继华（女）、纪泽民、杜渐、李俊鹏、杨金城、吴宜湘、张星、张福来、陈照、邵志娟（女）、秦秀和、耿吉祥、徐崇义、高子明、唐利生、龚世勤、彭茶英（女）、曾锦心、翟登庸、戴文杰。会议通过四届政协常委会工作报告决议、大会政治决议。新当选主席张绍洪致闭幕词。

第二次全体会议　1994年3月10—13日在县城举行。副主席袁锡琳致开幕词，县委书记郭平扬讲话。县政协主席张绍洪作政协常委会工作报告，提案委员会主任龚世勤作提案工作报告。列席县人大九届二次会议，听取县长李孔惠作政府工作报告。17名委员就工业、农业、科技、文化等议题作大会发言和书面交流；会议增选陈忠华、丁日俊为县政协副主席，邱志刚为政协常委。会议通过大会决议。

第三次全体会议　1995年3月2—4日在县城举行。副主席袁锡琳致开幕词，县委书记李孔惠讲话。县政协副主席盛桂元作政协常委会工作报告，提案委员会主任龚世勤作提案工作报告。列席县人大九届三次会议，听取代县长陈德昌作政府工作报告。8名委员就发展工业经济、发展“三高”农业、发展个体私营经济、农村文化工作等议题作大会发言和书面交流；表彰提案工作先进单位和先进个人。通过大会决议。

第四次全体会议　1996年3月14—17日在县城举行。副主席朱丰超致开幕词，县委书记李孔惠讲话。县政协主席张绍洪作政协常委会工作报告，提案委员会主任龚世勤作提案工作报告。列席县人大九届四次会议，听取县长陈德昌作政府工作报告；9名委员就科教兴县、农业强县、转变经济增长方式、提高工业经济发展水平等议题作大会发言和书面交流；增选韩兆春为县政协副主席，金久勇、刘晓军、朱毅民、孙德忠、李益民、季政为政协常委。通过大会决议。

第五次全体会议 1997年3月10—13日在县城举行。副主席朱丰超致开幕词，县委书记李孔惠讲话。县政协主席张绍洪作政协常委会工作报告，提案委员会主任龚世勤作提案工作报告。列席县人大九届五次会议，听取县长陈德昌作政府工作报告及相关报告；9名委员就提高工业经济运行质量、加速农业强县、加强商业企业管理等议题作大会发言和书面交流；学习政协统战知识，表彰优秀提案。会议通过大会决议。

五、政协金湖县第六届委员会

本届政协共举行5次全体会议。

第一次全体会议 1998年1月2—5日在县城举行，出席会议委员142人。副主席朱丰超致开幕词，县委书记李孔惠讲话。县政协主席张绍洪作五届政协常委会工作报告，提案委员会主任龚世勤作政协提案工作报告。列席县十届人大一次会议，听取并讨论代县长林伟明所作的政府工作报告和相关报告；选举胡进（女）为县政协第六届委员会主席，陈忠华、韩兆春、袁锡琳、朱丰超、丁日俊、杜渐、卞爱武（女）为副主席，李平为秘书长，常务委员为马宏俊、王和兰（女）、邓学风、朱庆庚、朱国侯、刘晓军、孙继华（女）、杨厚坤、李益民、吴宜湘、吴耀平、张顺友、季政、姜瑞荣、高昌萍（女）、唐利生、陶文进、龚世勤、虞有乾。会议通过大会决议。新当选主席胡进作闭幕讲话。

图 29-1-4 1998年1月2—5日，政协金湖县六届一次会议召开
朱伟／摄

第二次全体会议 1999年3月2—5日在县城举行。副主席杜渐致开幕词，县委副书记林伟明讲话。县政协主席胡进作常委会工作报告，提案委员会主任龚世勤作提案工作报告。列席县人大十届二次会议，听取县政府工作报告及相关报告；7名委员就工业经济、科技兴县、改善环境等作大会发言和书面交流；增选王培芳为县政协副主席。会议通过大会决议。

第三次全体会议 2000年1月17—21日在县城召开。副主席杜渐致开幕词，县委书记林伟明讲话。县政协主席胡进作常委会工作报告，提案委员会主任龚世勤作提案工作报告；列席县人大十届三次会议，听取县政府工作报告及有关报告；10名委员就经济可持续发展、加快技术创新步伐、构筑企业人才高地、加强农村干部队伍建设等议题作大会发言和书面交流；表彰优秀提案、先进承办单位及经办人。会议通过大会决议。

第四次全体会议 2001年1月5—8日在县城举行。副主席杜渐致开幕词，县委书记林伟明讲话。县政协主席胡进作常委会工作报告，副主席丁日俊作提案工作报告；9名委员就创造良好水环境、加大技术改造、加强党外队伍建设、农业结构调整等议题作大会发言，6篇材料作书面交流；学习省委书记回良玉在全省政协工作会议上的讲话；列席县人大十届四次会议，听取县政府工作报告及有关报告。会议增选黄松青、罗明、郜明、陈旭东为政协常委。会议通过大会决议。

第五次全体会议　2002年1月31日至2月3日在县城举行。副主席杜渐致开幕词，县委书记成迎初讲话。县政协主席胡进作常委会工作报告，副主席王培芳作提案工作报告。列席县十届人大五次会议，听取县政府工作报告及有关报告；12名委员就工业经济发展、稻田养殖、维护职工合法权益、搞好县城规划等议题作大会发言和书面交流；表彰先进委（组）、优秀政协委员和优秀提案、先进承办单位及经办人等；增选殷舜文为县政协副主席，李书侠、张正邦为政协常委。会议通过大会决议。

六、政协金湖县第七届委员会

本届政协至2005年共举行3次全体会议。

第一次全体会议　2003年1月4—8日在县城举行，出席会议委员150人。县委书记成迎初在开幕式讲话。县政协主席胡进作六届政协常委会工作报告，副主席袁锡琳作提案工作报告；4名委员就清财化债、规范企业运行、加强审计监督等议题作大会发言，5篇材料作书面交流；列席县人大十一届一次会议，听取并讨论县长赵洪权作的政府工作报告及其他有关报告；会议在充分协商的基础上，以无记名投票方式，选举胡进（女）为县政协第七届委员会主席，袁锡琳、王培芳、殷舜文、尹来为副主席，冀平为秘书长，常务委员为马宏俊、王永秋、王福善、邓学风、朱万祥、伍树玉（女）、杨发余、杨厚坤、李书侠、李益民、严岩、吴永泉、吴宜湘、应智、陈旭东、郜明、高昌萍（女）、唐凤娥（女）、唐利生、陶文进、黄松青、戴鸿宾、冀平。会议通过大会决议。

图29-1-5　2003年1月4—8日，政协金湖县七届一次会议召开　朱伟/摄

第二次全体会议　2004年1月7—10日在县城举行。县委书记成迎初在开幕式上讲话。县政协主席胡进作常委会工作报告，副主席袁锡琳作提案工作报告；5名委员就加大技术改造力度、发展生态农业、城市社区建设、村务公开等议题作大会发言，9篇材料作书面交流；列席县人大十一届二次会议，听取并讨论县长赵洪权作的县政府工作报告及其他有关报告；增选聂杭军为县政协副主席，成恒久、刘家衡、陈斌、柏基年为政协常委。会议通过大会决议。

第三次全体会议　2005年1月9—11日在县城举行。县委书记成迎初在开幕式上讲话。县政协主席胡进作常委会工作报告，副主席袁锡琳作提案工作报告；7名委员就促进工业经济更快发展、食品安全、“三农”问题、加强农村公路建设、城区治安防控体系建设等议题作大会发言，8篇材料作书面交流；列席县人大十一届三次会议，听取并讨论县长赵洪权作的县政府工作报告及其他有关报告。增选张厚龙、张小平为县政协副主席，倪言珠、邹勇为政协常委。会议通过大会决议。

第二章 政协机构 重要会议

第一节 政协常务委员会

政协金湖县委员会设常务委员会。政协常委会由主席1人、副主席若干人、秘书长1人、常务委员若干人组成。1986年，第二届县政协常委会有常委29人，其中主席1人、副主席4人。1987年，第三届县政协常委会有常委26人，其中主席1人、副主席5人、秘书长1人。1990年，第四届县政协常委会有常委26人，其中主席1人、副主席6人、秘书长1人。1993年，第五届县政协常委会有常委31人，其中主席1人、副主席4人、秘书长1人；1994年、1996年，增选副主席2人、1人。1998年，第六届县政协常委会有常委28人，其中主席1人、副主席7人、秘书长1人；1999年、2002年增选副主席各1人。2003年，第七届县政协常委会有常委28人，其中主席1人、副主席4人；2004年、2005年分别增选副主席1人、2人。

1986—2005年，政协金湖县委员会有3人任主席、21人任副主席。

1986—2005年金湖县政协主席、副主席一览表

表29-2-2

届 次	职 务	姓 名	出生时间	籍 贯	党 派	任职时间
第二届	主 席	陈国藩	1934.12	江苏金湖	中 共	1984.7—1987.04
	副主席	卞树荣	1928.09	江苏高邮	中 共	1984.7—1987.04
		任金声	1925.07	江苏金湖	中 共	1984.7—1987.04
		徐则先	1920.07	江苏金湖	无党派	1984.7—1987.04
		盛桂元	1936.08	江苏金湖	中 共	1986.4—1987.04
第三届	主 席	陈国藩	1934.12	江苏金湖	中 共	1987.4—1990.02
	副主席	伍发关	1930.01	江苏金湖	中 共	1987.4—1990.02
		盛桂元	1936.08	江苏金湖	中 共	1987.4—1990.02
		袁锡琳	1944.08	江苏泰州	无党派	1987.4—1990.02
		朱丰超	1938.11	江苏六合	无党派	1987.4—1990.02
		卜健民	1940.12	江苏镇江	无党派	1987.4—1990.02
		杨少峰	1933.01	江苏金湖	中 共	1989.3—1990.02
		马祖骅	1937.07	江苏宝应	无党派	1989.3—1990.02
第四届	主 席	陈国藩	1934.12	江苏金湖	中 共	1990.2—1993.02
	副主席	盛桂元	1936.08	江苏金湖	中 共	1990.2—1993.02
		杨少峰	1933.01	江苏金湖	中 共	1990.2—1993.02

接上表

届　次	职　务	姓　名	出生时间	籍　贯	党　派	任职时间
第四届	副主席	袁锡琳	1944.08	江苏泰州	无党派	1990.02—1993.02
		朱丰超	1938.11	江苏六合	无党派	1990.02—1993.02
		卜健民	1940.12	江苏镇江	无党派	1990.02—1990.12
		马祖骅	1937.07	江苏宝应	无党派	1990.02—1993.02
第五届	主　席	张绍洪	1938.08	上海市	中　共	1993.02—1998.01
	副主席	盛桂元	1936.08	江苏金湖	中　共	1993.02—1997.02
		袁锡琳	1944.08	江苏泰州	无党派	1993.02—1998.01
		朱丰超	1938.11	江苏六合	无党派	1993.02—1998.01
		马祖骅	1937.7	江苏宝应	无党派	1993.02—1998.01
		陈忠华	1945.10	江苏盱眙	中　共	1994.03—1998.01
		丁日俊	1944.11	江苏金湖	中　共	1994.03—1998.01
		韩兆春	1940.03	江苏金湖	中　共	1996.03—1998.01
第六届	主　席	胡　进（女）	1946.07	四川乐山	中　共	1998.01—2003.01
	副主席	卞爱武（女）	1966.01	江苏金湖	无党派	1998.01—2000.12
		杜　渐	1944.11	河南郑州	无党派	1998.01—2003.01
		陈忠华	1945.10	江苏盱眙	中　共	1998.01—2003.01
		韩兆春	1940.03	江苏金湖	中　共	1998.01—2000.10
		袁锡琳	1944.08	江苏泰州	无党派	1998.01—2003.01
		朱丰超	1938.11	江苏六合	无党派	1998.01—2000.12
		丁日俊	1944.11	江苏金湖	中　共	1998.01—2003.01
		王培芳	1951.09	江苏金湖	中　共	1998.01—2003.01
		殷舜文	1955.10	江苏金湖	中　共	1998.01—2003.01
第七届	主　席	胡　进（女）	1946.07	四川井研	中　共	2003.01—
	副主席	袁锡琳	1944.08	江苏泰州	无党派	2003.01—
		王培芳	1951.09	江苏金湖	中　共	2003.01—
		殷舜文	1955.10	江苏金湖	中　共	2003.01—
		尹　来	1963.05	安徽太和	无党派	2003.01—2003.09
		聂杭军	1953.09	江苏金湖	中　共	2004.01—
		张厚龙	1950.12	江苏金湖	中　共	2005.01—
		张小平	1958.02	江苏金湖	中　共	2005.01—

第二节　政协工作部门

县政协在全体会议闭会期间，由常委会行使政协职权，处理政协重要工作。

1986年，县政协设秘书处，2个委员会和8个工作组：学习委员会、文史资料征集委员会；城市组、农村组、科技组、文教组、医卫组、工商组、妇幼组和对台侨务民族宗教组。

1987年5月，县政协设秘书处，6个委员会和8个工作组：学习委员会、经济委员会、文教卫体委员会、祖国统一工作委员会、提案工作委员会、文史资料研究委员会；工业科技组、农业科技组、财贸组、城建环保组、教育组、文化体育组、医卫组、妇幼组。

图 29-2-6　至2000年底，县政协常委会及工作部门办公地点（摄于1999年12月）　朱伟／摄

1990年3月，县政协设秘书处，6个委员会和11个工作组：学习委员会、祖国统一联谊委员会、提案委员会、文史资料委员会、经济科技委员会、文教卫体委员会；民族宗教工作组、工交工作组、农业工作组、科技工作组、财贸工作组、城建环保工作组、教育工作组、文体工作组、医卫工作组、妇幼工作组、社会法制工作组。

1993年2月，县政协设秘书处，7个专门委员会和9个工作组：学习委员会、经济科技委员会、文教卫体委员会、社会法制委员会、提案委员会、文史资料委员会、祖国统一联谊委员会；民族宗教工作组、工业组、农业组、财贸组、科技组、教育组、医卫组、文体组、妇幼组。

1998年1月，县政协设办公室，5个委员会和8个工作组：学习宣传文史资料委员会、经济科技委员会、文教卫体社会法制委员会、提案委员会、祖国统一联谊委员会；工业交通工作组、农业工作组、财贸工作组、科技工作组、城建环保工作组、教育文体工作组、医卫妇幼工作组、社会法制工作组。

2003年1月，县政协设办公室，5个委员会和8个工作组：学习宣传文史资料委员会、提案委员会、文教卫体社会法制委员会、经济科技委员会、港澳台侨民族宗教委员会；教育文体工作组、医卫妇幼工作组、社会法制工作组、工业工作组、农业工作组、财贸工作组、科技工作组、城建环保工作组。至2005年，政协工作部门未变。

第三节　重要会议

一、政协常务委员会会议

二届政协在1986年1月至1987年4月期间，共召开常委会议6次，着重协商讨论县"七五"计划（草稿）、听取县政府经济建设情况的通报、讨论县政协常委会工作报告和提案办理的报告、人事任免事项。

1987年4月至1990年3月，三届政协共召开常委会议14次。着重协商讨论县政协常委会工作报告（讨论稿）、提案工作报告（讨论稿）；讨论县政府工作报告（讨论稿）、县"七五"工作计划后三年规划；讨论成立"县政协之友社"的有关问题；听取并讨论县长张卫东关于全县经济情况的通报；讨论决定部分委（组）更名；听取县纪委、县监察局通报廉政建设情况；讨论通过《政协金湖县委员会贯彻〈政协全国委员会关于政治协商、民主监督的暂行规定〉的实施办法》；讨论通过县政协三届常委会工作报告（讨论稿）、提案工作报告（讨论稿）、人事任免事项。

1990年3月至1993年2月，四届政协共召开常委会议14次。着重协商讨论通过县政协《关于开展“积极参政议政，致力振兴金湖”活动的决定》；听取关于视察淮胜、涂沟等地水面开发情况的汇报、县水产局水产养殖情况的通报；讨论修改县《“八五”规划（讨论稿）》；听取农业资源综合开发情况的汇报；讨论修改县委、县政府《关于加快改革开放促进经济发展的实施意见（征求意见稿）》；听取并讨论县长关于金湖县奔小康情况的通报；讨论修改县政府工作报告（征求意见稿）、县政协常委会工作报告（讨论稿）、提案工作报告（讨论稿）。

1993年2月至1998年1月，五届政协共召开常委会议26次。听取并讨论县工商局关于集贸市场建设情况的通报；听取县长李孔惠关于经济工作情况的通报、县政协工业组关于工业运行情况的调查报告；听取并讨论关于金湖县农村产业结构调整情况的通报；听取关于视察部分县属骨干工业企业的汇报；讨论通过关于进一步发展蔬菜生产的建议案；听取部分水利基本建设和农业开发工程情况的汇报；听取县政府关于农业和经济情况的通报；讨论研究如何做好了解和反映社情民意工作；听取和讨论县长《关于我县国民经济和社会发展“九五”计划和二〇一〇年远景目标计划（征求意见稿）》；听取并讨论县政府关于全县小康工程建设情况的通报，结合县政协的调研报告，就金湖县乡镇小康工程建设提出意见和建议；听取县政府关于近几年工业规模经济发展情况的通报；县政协财贸组通报《关于我县流通企业经营管理情况的调查报告》、全县流通企业情况的通报；听取并讨论县政府关于金湖县农业经济形势的通报、农副产品加工与流通情况调查报告；听取并讨论县政府关于金湖县“三资”企业发展情况的通报；听取关于视察县城创建工作情况的汇报。

1998年1月至2003年1月，六届政协共召开常委会议28次。着重协商讨论县政府关于全县企业改制情况的通报，《关于我县工业企业改制健康稳步发展的建议案》；审议通过5个有关加强政协制度建设的文件；听取并讨论县政府关于全县个体私营经济发展情况的调查报告、审议通过关于进一步发展全县个体私营经济的建议案；听取并讨论县政协农业工作组关于金湖县村级集体经济状况的调查报告；听取并讨论县政府关于全县农村合作医疗保险情况的通报、县政协医卫工作组关于金湖县农村合作医疗保险情况的调查报告；听取并讨论县政府10件实事办理情况的通报；听取并讨论县政府关于全县乡镇财政平衡工作情况的通报、县政协财贸工作组关于乡镇财政平衡工作情况的调查报告；听取并讨论县政府全县城区改造工作情况，县政府关于小城镇和中心村建设情况的通报；听取县政府关于政协提案办理情况的通报；听取并讨论县政府关于全县农业科技示范园建设情况的通报，通过《关于加强我县农业科技示范园建设的建议案》；听取并讨论县政府关于全县私营工业发展情况的通报，通过《关于进一步加快私营工业发展的建议案》；讨论通过《县政协提案工作规定》；听取并讨论县委关于预防青少年犯罪情况的通报；听取并讨论县政府关于全县招商引资情况的通报、关于工业招商引资情况的通报；对县教委、水务局进行民主评议；听取县政府关于县属工业企业改制情况的通报、县政协调查组调查报告；听取县劳动局关于全县医疗保险和失业保险情况的通报，协商通过《关于进一步完善我县企业改制工作的建议案》；听取县政府关于全县投资环境情况的通报、讨论政协调查组关于金湖县投资环境的调查报告，审议通过《关于进一步优化我县投资环境的建议案》；听取县水务局关于全县城乡用水、水费收缴情况的通报；听取并讨论县政府关于农村税费改革情况的通报、县政协调查组调查报告；民主评议县建设局城市管理工作和技术监督局工作；协商通过县政协常委会《关于加快全县开放型经济发展的建议案》；民主评议县人民法院、县环保局两部门工作；听取县政府关于提案办理情况的通报。

2003年1月至2005年12月期间，七届政协共召开常委会议17次。讨论通过《关于开展“争创政协先进组委、争当优秀政协委员”活动的决定》；听取并讨论县政府关于全县失业保险、城市最低生活保障和再就业情况的通报、协商通过《关于切实做好我县再就业、失业保障和城市最低生活保障的建议案》；讨论修订《县政协常委会工作规则》《县政协各专门委员会工作通则》《县政协提案工作条例》等有关制度；听取并讨论县政府关于全县服务业发展情况的通报、协商通过《关于加快服务业发展的建议案》；听取并讨论县政府关于金湖县工业园区建设情况的通报、协商通过《关于我县工业园区建设管理的建议案》；听取并讨论县委组织部关于全县人才工作情况的通报、协商通过《关于加强我县人才队伍建设的建议案》；听取县政协调查组关于全县全面建设小康社会情况的调查报告、听取县政府关于全面小康建设情况的通报；听取县政府关于全县新型工业化情况的通报、县政协调查组调查汇报、讨论通过关于发展全县新型工业化建设建议案。

二、政协主席会议

县政协主席会议由主席、副主席和秘书长组成，委办主要负责人列席主席会议。主席会议一般每月举行1次，讨论处理常委会议闭会期间日常事务，协商讨论全县大政方针和群众普遍关心的重大问题，审查向县委、县政府提交的建议案，决定常委会议召开日期和议程，审议提交常委会议讨论研究的事项、调研报告、讨论决定委员视察和专委会、工作组年度工作计划和其他重要活动。

2003年起，还组织主席会议视察活动。是年，县政协按照精心选题、周密安排、认真实施、讲究实效的原则，组织8次主席会议视察，分别为城区绿化建设、农业开发项目、民营经济发展、工业园区开工项目、城市电网改造、人寿保险、县人民法院的审判与执行、药品监督管理等。在视察过程中，当面听取有关部门的情况汇报，实地察看，并面对面地提出意见和建议。

2004年，主席会议采取听取汇报、实地查看、协商讨论三位一体的工作方法，分别就农村劳动力培训、土地管理、城区治安防控体系、食品放心工程、农村合作医疗、农村公路建设、农村供电建设和建行工作等进行视察。视察活动既肯定成绩，又提出建议与意见，形成4期政协简报，将60条意见抄报、抄送县委、县政府及相关部门，许多建议被采纳。

2005年6月1日至12月21日，县政协共组织主席会议视察活动8次。视察《中华人民共和国工会法》实施情况，提出主席会议建议4条；视察经济贸易委员会工作，提出主席会议建议5条；视察供电工作，提出主席会议建议4条。还有：视察审计工作、城市建设工作、财政工作、文化工作、教育工作等。

第三章　政协履职

第一节　政治协商

1986年，县政协全委会通过列席县人民代表大会，听取和讨论政府工作报告和其他有关报告，围绕全县大政方针制定和实施进行政治协商，提出意见和建议。同时，在全委会议召开前，组织政协各专委会和相关界别委员小组，就全县经济社会发展中的重要问题和群众普遍关注的热点问题进行调查研究，形成专题材料进行大会发言，积极建言献策，内容包括财政预算执行、廉政建设、法制工作、“三外”工作、新农村建设、骨干企业发展等。在政协全体会议闭会期间召开的常委会，根据经济社会发展需要，选择全局性、前瞻性、针对性的课题，与县委、县政府进行专题协商。1987年10月，县政协常委会向县委、县政府提交《关于金湖县中学等三单位知识分子人心思走情况的调查报告》，指出近3年来，金湖县中学、县人民医院、县水利局3单位骨干人员调出一年比一年增多的问题，同时分析调离金湖的主要原因，提出相关建议，遏制人才流出的问题。

1989年，县政协根据政治协商“三在前、三在先”（重大决策协商要在县委决策之前、人大通过之前、政府实施之前；制定经济和社会发展中长期规划要先协商后决策，对重要人事安排和关系人民群众切身利益的重大问题要先协商后决定，制定重要的地方规范性文件要先协商后通过）的原则，于3月29—31日在县人代会召开前6天，举行县政协三届三次全体会议，听取县长张卫东作政府工作报告的通报，就政府工作报告内容进行充分政治协商。此举为全省县级政协首创。

是年，县政协还创设政协委员活动日制度。每月10日（遇节假日适当提前或延后），组织在县城的市、县政协委员集体活动，及时对涉及全县经济社会发展的重大问题，进行政治协商。其中，在县交警大队会议室，听取县公安局、县政法委关于金湖县1991年社会治安情况的通报，政协委员对社会治安综合治理等方面的问题提出许多建设性建议。在县广电局视察县广播电视台，听取局长倪言珠的工作汇报，并提出许多建议，委员们还就如何搞好金湖的有线广播事业，联名向有关部门提交提案。

1998年9月，县政协针对村级集体经济负债过大、群众反映强烈的问题，履行政治协商职能，通过调研视察，向县委、县政府提交协商报告《关于我县村级集体经济状况的调查》。报告总结出全县农村集体经济发展的主要特点、存在的问题和困难及主要原因，提出加强领导、精减人员、广辟财源、抓好清收、规范管理、严格责任、强化服务等7点建议。报告得到县委、县政府高度重视，采纳县政协的建议，有效遏制村级负债快速增长与管理方面的问题。

2002年，县政协首次以委员约谈会和委员议政会形式进行政治协商。全年共召开委员约谈会3次、委员议政会1次。其中，2月7日委员约谈会，专题约谈干部制度改革工作，委员们就《中共金湖县委关于加强和改进党政领导干部选拔任用工作的意见》（征求意见稿）发表意见，提出选拔任用领导干部一定要走群众路线，坚持公开、公平、公正，要加大党外干部、妇女干部、青年干部的培养力度，不拘一格选拔人才，还要加强企业干部队伍的培训。县委常委、组织部长参加约谈协商。2003年，县政协共召开委员通报会1次、委员议政会1次、委员约谈会2次。其中，3月6日召开财政工作约谈会，县委副书记、县长赵洪权到会，县政协主席胡进主持会议，县财政局、国税局、地税局及政府办负责人出席会议，县政协委员16人参加约谈。约谈会就县财政如何增收节支进行政治协商，提出许多积极的建议，受到赵洪权的好评。

2005年，县政协召开委员议政会、委员通报会各1次。其中：7月29日召开委员议政会，县长赵洪权通报2005年上半年经济、社会发展情况和下半年工作打算。委员们在充分肯定县政府上半年工作基础上，就全县工业经济、招商引资及社会发展等方面提出许多建设性意见和建议，都得到采纳。是年10月31日，县政协主席会议向县委、县政府提交协商报告《新型工业化：金湖工业的崛起之路——关于我县新型工业化的调查与建议》，在详细阐述金湖工业化的进步与差距后，提出关于金湖新型工业化的7条对策与建议。

图29-3-7　2002年8月1日政协委员议政会召开　朱伟/摄

1986—2005年，县政协历

次全委会议上，累计提交大会发言（包括书面发言）材料169篇，组织委员活动日96次；历届常委会累计向县委、县政府及相关部门提交政治协商报告77份。

第二节 民主监督

一、民主评议

1995年，县政协开始建立民主评议制度，将其作为履行民主监督职能的形式。是年，重点对反腐倡廉工作进行民主监督。在县政协五届三次会议上，政协委员提出“惩治腐败、搞好廉政建设”的具体建议，有不少被采纳并组织实施；16名政协委员分别被县人民检察院、邮电局、卫生局、工商局等单位聘为特邀监督员，并应邀参加有关社会活动。同时，对纠正行业不正之风进行民主监督。对群众反映的某些部门“门难进、脸难看、话难听、事难办”等问题，进行调查和评议，指出一些部门服务质量、服务态度、管理水平、规章制度等方面存在的问题，提出意见、建议和批评，以促进行风进一步好转。

2000年，县政协在民主评议制度基础上，创新建立民主评议县直部门工作制度，使部门（单位）的履职行为受到政协委员和社会各界的有效监督，促使被评议部门（单位）找准问题，制定措施，认真整改，提高履职水平。县政协制定《关于民主评议县直部门工作的意见》，经县委批准转发后实施。9月起，组成2个调查组，分别对县水利局、县教委近年来履行职能、行政执法、服务基层、行风建设情况进行调查。调查组深入乡镇和部门，通过走访、察看、座谈、发放问卷等形式，广泛征求社会各界意见。县政协六届十五次常委会听取两部门主要负责人关于近年来工作情况汇报，审议县政协调查组的调查报告，听取常委和部分委员的评议发言，通过常委会综合评议意见，县政协对两个部门整改情况作了通报。

2001年，县政协组成2个评议小组，分别就县建设局城市管理工作和县质量技术监督局工作进行民主评议。县政协六届二十一次常委会议上，两个评议小组向会议通报各自的评议报告，常委们肯定成绩的同时也指出不足之处，相应提出整改建议。县政协向省、市技术监督局转发评议报告。是年10月，县政协还组织部分委员对2000年评议的县水务局、县教委两个部门的工作进行回访。

2002年，县政协组成2个评议小组，分别对县人民法院、县环保局工作进行民主评议。县政协六届二十六次常委会议上，两个评议小组向会议通报各自的评议情况。对县人民法院的评议报告，肯定县人民法院取得的成绩，同时提出县人民法院的政治思想工作不够有力，有的干警一年甚至几年没有领导找其谈心；队伍基础不够厚实，有些干警小进则安，小进则满，敬业精神不够强，缺少危机感和紧迫感；审判业务管理不够到位，收费透明度不高，群众打不起官司；某些案件律师与个别法官接触较为频繁，易造成法官不公正之嫌；县人民法院领导职数较多，分工较细，同一案件要请示多个领导，降低办案效率；经费与办案条件不够宽松。对县环保局的评议报告，提出县环保局还存在以下一些问题：环保宣传不够全面，“六五”环境日宣传较多，正常宣传不够，环保重要性宣传较多，环保知识普及不够，对工业企业宣传较多，面向农村及面向全社会宣传不够；执法不够有力；服务层次不够高，在管理过程中要求提得较多，治理技术提供较少；人员素质还有待提高。评议提出的问题，均得到较好解决。

二、视察调研

1986年1月至1987年4月，县政协第二届委员会将组织政协委员进行视察调研，作为进行经常性民主监督的重要途径。本届任期内，组织对农户经济收入和社会负担、“三禽”生产、部分乡卫生室建设、食品卫生、乡镇工业运行情况等开展视察调研。

1987年4月至1990年2月，县政协第三届委员会组织对市场建设管理、锅炉安全生产、溶剂厂生产经营、农村青年早婚、“三禽”生产、金中等单位知识分子人心思走、户办工业情况、农村文化工作等开展调研。

1990年2月至1993年2月，县政协第四届委员会组织对县城社会治安，县城环境保护，全县“八五”规划情况，全县审计工作，邮电，菜篮子工程，输油泵厂、造纸厂、酒厂，种子公司，流通领域部分单位廉政建设，农村经济，工业生产、乡镇工业，部分工厂改制等开展视察调研。1991年1月，组织在城委员视察县种子公司，委员们呼吁要高度重视种子生产和销售情况，防止和杜绝私自制种销售伪劣种子问题的发生。

1993年2月至1998年1月，县政协第五届委员会组织对“三资”企业，市场建设，多种经营，县看守所、消防队，农村产业结构调整，产权制度改革，农村经济工作，县城河道治污，个体私营经济发展，农业技术推广，种子工作，集镇规划和农村环保，农业科技人员待遇，农村文化工作，县属工业发展，税改政策执行，小康乡镇建设，打假治劣，工业规模经济，商业流通企业经营管理，农副产品加工与流通，农村初中办学，妇幼保健，“三资”企业运行，畜牧生产情况等开展调研。1994年4月，县政协工业组邀请县委办和县体改委的有关领导，一起对新农、卞塘、金沟、唐港4乡镇分别进行考察，并走访县农业银行等单位，撰写调查报告，指出全县农村经济工作和乡镇企业产权制度改革几个需要研究的问题，较为客观地指出部分基层单位上报各种统计数据有虚夸、瞒报的现象。此问题引起县委、县政府领导高度重视。

1998年1月至2003年4月，县政协第六届委员会组织对工业企业改制，个体私营经济，农村产业结构调整，农民增收减负，村级集体经济，农村合作医疗，农村水利设施，乡级财政收支平衡，小城镇、中心村建设，农业科技示范园，农业清财化债，私营工业企业发展，预防青少年犯罪，工业招商引资，全县工业经济发展，全县开放型经济发展，计划生育等情况等开展调研。1999年7月，县政协组织部分委员，邀请有关部门干部，由主席、副主席带队，分4个小组就小城镇、中心村建设情况，对全县22个乡镇开展全面调研，听取县建设局、国土局负责人的情况通报，考察涟水县、淮安市有关乡镇小城镇、中心村建设。在交流调查、考察情况的基础上，撰写《强化领导，统一规划，大力推进小城镇建设》的调查报告。所提建议大多被县采纳，并引起市领导重视。

2003年1月至2005年12月，县政协第七届委员会组织对城区绿化，农业开发，民营经济，工业园区，城市电网，人寿保险，县人民法院的审判与执行，药品监督管理，人口与计划生育，电力工作，工商工作，烟草工作，残疾人工作，工业园区开工项目，公安，财政，文化经贸，土地管理，审计，教育，城管，交通，检察，全县失业保险、再就业和城市最低生活保障，全县服务业发展，县工业园区建设管理，人才队伍建设，规模列统企业，建设全面小康社会，新型工业化等问题开展视察调研。2004年，主席会议、常委会议和部分委员，分别就农村劳动力培训、土地管理、城区治安防控体系、食品放心工程、农村合作医疗、农村公路建设、农村供电建设等进行视察，形成政协简报4期，将60条意见建议抄报（送）县委、县政府及相关部门，多数建议与意见被采纳。2005年，主席会议、常委会议和部分委员，分别就劳动保障、《中华人民共和国工会法》贯彻实施情况、经贸工作、供电工作、审计工作、城市建设、工业园区开工项目、公安工作、财政工作、文化工作、教育工作等进行视察。

第三节　参政议政

一、提案工作

提案　第二届政协期间（1985年5月至1987年4月），共收到各类提案98件。涉及农副业生产、工交财贸、文化教育、医药卫生、科学技术、民主法制、市政建设、环境保护等方面。提案经审议后，及时签送有关部门办理。承办部门落实和解决的44件，占总数的45%；部分解决的29件，占30%；问题难度较大，限于物力、财力难以解决的25件，占25%。

第三届政协会议期间（1987年4月至1990年2月），委员撰写提案328件，其中作为委员来信处理的2件，实际列为提案办理的326件。内容涉及廉政建设、农副业生产、工交、财贸、文教、科技、城市建设、环境保护、政协统战等方面。问题已得到解决的277件，占提案总数的84.5%；部分解决的30件，占9.2%；由于政策不允许或财力、物力不足尚不能解决的12件，占3.7%。

第四届政协会议期间（1990年2月至1993年2月），委员撰写提案327件。内容涉及经济建设、教育、科技、文化、卫生、体育、统战、政法、政协工作、劳动人事、市政建设、环境保护、群众生活等方面。均于各次会议的当年底办理完毕。1991年，县政协四届六次常委会议讨论通过《中国人民政治协商会议金湖县委员会提案工作试行办法》。1992年3月，县政协四届三次会议期间，褚达楠委员提出关于"必须制订科教兴县发展规划，并落到实处"的提案，引起县委、县政府高度重视。4月，县委、县政府即制发《关于"科教兴县"的实施意见》，明确提出"科教兴县"的目标、任务、政策措施等，以科技、教育促进经济建设的发展。

第五届政协会议期间（1993年2月至1998年1月），委员撰写提案675件，经提案审查委员会审查，立案614件。内容涉及经济建设、教育、文化、卫生、体育、计划生育、市政建设、环境保护、群众生活、统战、政治、法律、政协工作等方面。均于各次会议的当年底或下次会议召开前办理完毕。1993年春，吴宜湘、杨云昆委员联名提出"加强音像市场管理"的提案。县委宣传部在收到提案的第三天，就召开部长会议阅读研究提案内容，具体分析全县营业性录像市场情况，向县委专题递交《关于加强营业性录像放映管理的请示》。县委对此非常重视，召集文化、广电部门负责人和录像放映管理人员，专题研究加强录像放映管理问题，并下发文件，录像放映管理工作有所好转。1995年，县政协五届常委会讨论，将《中国人民政治协商会议金湖县委员会提案工作试行办法》，修订为《中国人民政治协商会议金湖县委员会提案工作实施办法》。

第六届政协会议期间（1998年1月至2003年4月），委员撰写提案566件，经提案审查委员会审查，确定立案460件。内容涉及经济建设、科技、教育、文化、医药卫生、劳动人事、群众生活、政治、法律、政协、统战等方面。均于各次会议的当年底前办理完毕。经委员评议，对办理情况满意或基本满意率在95%以上。1998年，县政协六届二次常委会讨论通过，将《中国人民政治协商会议金湖县委员会提案工作实施办法》，修订为《政协金湖县委员会提案工作规定》；同时完善提案工作各种制度，包括提案征集制度、提案委员会集体审查提案制度和集体议事制度、提案预办制度、常务委员督查和重点提案主席分工督办制度、复文草稿过目制度、提案跟踪落实制度、听取委员对提案办理意见制度、定期评比表彰制度、县政府分管领导向政协常委会通报（提案办理情况）制度等。1998年县政协六届一次会议期间，茆定章委员提出"充分利用荒滩发展蒌蒿生产"的提案。县农业部门采取办培训班、开现场会、外出参观、下派技术人员进行指导等多种方式，帮助金北、戴楼、黎城、淮建、金沟、卞塘等6个乡镇发展大棚蒌蒿生产，其中金北乡当年就种植20多公顷，除新鲜蒌蒿上市外，还加工成蒿茶向市场销售。1999年县政协六届二次会议期间，刘勇委员提出"关于进一步贯彻《中华人民共和国献血法》，保障临床用血安全"的提案。当年上半年，县成立无偿献血领导小组，召开动员大会，县政府下发《金湖县无偿献血暂行管理办法》。自此，全县无偿献血工作全面启动。至年底，有2352人在无偿献血签名簿上签名，435人经过体检，无偿献血184人，无偿献血占临床用血量的30%。李和道委员提出"精简村组干部"的提案。由县委组织部牵头，在全县乡村开展精简村组干部工作。此项活动共精简村组干部793人。

第七届政协会议期间（2003年1月至2005年12月），委员撰写提案416件，经提案审查委员会审查，确立定案351件。内容涉及经济建设、科技、教育、文化、医药卫生、组织、劳动、人事、群众生活等方面。均于各次会议的当年11月底前办理完毕，委员满意或基本满意率在90%以上。2004年县政协七届二次会议期间，姜翠英委员提出“加强宣传和培训，解决园区用工难的问题”的提案。县劳动和社会保障局认真调研做出响应，对全县劳动力进行普查，实行劳动力价位指导制度；突出技能培训，千方百计满足企业对熟练工人的需求；强化组织，想方设法为园区企业用工提供优质服务。朱作平委员提出“关于新建金湖体育中心”的提案，得到高度重视，在《县城总体规划》第三轮修编中，已规划体育设施用地17.76公顷，人均0.64公顷，占建设用地0.66%，并结合三河景观，在衡阳路东、新港路南规划县级体育中心，逐步完善体育设施和配套工作。2005年县政协七届三次会议期间，汪梅霞委员提出“关于采取有效措施，解决渔民生活困难”的提案。县政府主要负责人亲自带队深入渔民村调研，并由省人大代表在省人代会上将渔民生活困难问题作为议案提出，引起省领导的重视。

1986—2005年金湖县政协提案办理统计表

表29-3-3

年　份	届　次	提案件数	立案件数	年　份	届　次	提案件数	立案件数
1985	二届二次	98	98	1996	五届四次	157	142
1987	三届一次	161	161	1997	五届五次	116	99
1988	三届二次	83	81	1998	六届一次	103	91
1989	三届三次	84	84	1999	六届二次	112	88
1990	四届一次	126	126	2000	六届三次	113	94
1991	四届二次	116	116	2001	六届四次	106	83
1992	四届三次	85	85	2002	六届五次	132	104
1993	五届一次	139	139	2003	七届一次	141	105
1994	五届二次	122	108	2004	七届二次	143	95
1995	五届三次	141	126	2005	七届三次	132	98

建议案　1994年夏季，金湖县长期无雨，出现旱情。县政协主席张绍洪，副主席盛桂元、陈忠华在配合县政府抓抗旱工作中，了解到地处高角的官塘乡旱情特别严重，部分村组四级提水耗资巨大，不少干群卖口粮、麦种筹资，仍无力继续抗旱。县政协当即召开主席会议，除了动员政协机关人员捐资外，书面向县政府提出紧急建议，还向县委、县政府主要领导当面陈述该乡的严重旱情和继续抗旱的实际困难，提出解决问题的具体办法。县长李孔惠和县人大、县政协主要领导随即一起在官塘乡召开相关部门负责人参加的现场办公会，研究落实支持抗旱的具体措施。支援该乡抗旱的资金（包括捐款）近4万元，供应中价尿素30吨，中价或平价柴油15吨，抗旱用电保障供给并电价优惠10%。1995年5月9日，县政协五届主席会议第十三次会议通过《关于切实做好排灌设施维修、改造、更新工作的建议案》，要求县政府将此列入各级领导的重要议程和责任制考核内容，并在筹措资金上提出意见。2002年2月3日，县政协六届二十四次常委会议通过《关于加快我县工业经济发展的建议案》，提出“制订切实可行的工业发展规划，科学构建我县工业产业群”“注重资源的整合，坚持集中力量上项目”“突出工业重点，扎扎实实抓招商引资”“进一步深化企业改革，加速构筑企业的人才高地”等10条建议。2005年6月8日，县政协七届十五次常委会议通过《关于进一步加快我县全面小康社会建设的建议案》，提出迅速扩大经济总量，着力培植财税基地，创造创业就业机会，关注弱势群体，建立全面小康指标考核体系等建议。这些建议案成为党委、政府决策的重要依据。

1994—2005年金湖县政协建议案一览表

表 29-3-4

时　间	建　议　案　名　称	会　议
1994.08.12	动员全县干群支援官塘等重点灾区抗旱斗争的紧急建议	主席会议
1994.08.23	关于进一步发展我县蔬菜生产的建议案	常委会
1995.05.09	关于切实做好排灌设施维修、改造、更新工作的建议案	主席会议
1998.04.08	关于推进我县工业企业改制健康稳步发展的建议案	常委会
1998.06.19	关于撤并乡镇的建议案	主席会议
1998.06.29	深化认识，真抓实干，加快个体私营经济的发展——关于进一步发展我县个体私营经济的建议案	常委会
1999.12.17	关于加强我县农业科技示范园建设的建议案	常委会
2000.06.20	关于大力发展我县私营工业的建议案	常委会
2001.04.26	关于进一步完善我县企业改制工作的建议案	常委会
2001.08.08	关于进一步优化我县投资环境的建议案	常委会
2001.10.24	关于完善农村税费改革工作的建议案	常委会
2002.02.03	关于加快我县工业经济发展的建议案	常委会
2002.04.24	关于加快发展我县开放型经济的建议案	常委会
2003.03.21	关于进一步加强我县再就业、失业保险和城市最低生活保障工作的建议案	常委会
2003.07.08	关于加快发展服务业的建议案	常委会
2003.09.10	关于我县工业园区建设管理的建议案	常委会
2004.04.15	关于加强我县人才队伍建设的建议案	常委会
2004.01.19	关于推进列统企业发展、加快我县工业化进程的建议案	常委会
2005.06.08	关于进一步加快我县全面小康社会建设的建议案	常委会
2005.11.05	关于实施新型工业化、加快工业化进程的建议案	常委会

二、社情民意

1996年起，县政协第五届委员会开始社情民意收集工作，以此作为委员参政议政的平台，帮助县委、县政府全面了解情况，化解社会矛盾，构建和谐社会，推进决策民主化和科学化。是年8月，组织9个农村委员联络小组搜集社情民意；9月27日，县政协五届十九次常委会会议上，组织与会常委反映社情民意。政协秘书处综合整理出《职工养老保险金欠缴现象严重》《个体工商户停歇业现象严重》《中小学生书包沉重》等3篇社情民意，以《社情民意》简报形式，向县委、县政府和有关部门反映，县委书记李孔惠、县长陈德昌等分别批示，职工养老保险金欠缴问题得到迅速处理，另2个问题也受到相关部门的重视。《当前农资供应的几个问题》的社情民意，被刊登在1996年5月20日省政协《社情民意》第9期上。

1999年，县政协印发《信息征集要目》18条，编印《社情民意》4期。《农林特产税应按实征收》的社情民意，县政府要求财政局调查核实，及时对少数乡村平均摊派的做法进行纠正。《淮阴社情民意》第28期对此进行转载。《中心村建设须慎之又慎》的社情民意，县领导批示为：中心村建设原则上应以老庄台改造为主，请认真研究，制定具体实施方案，报县政府批准执行。《淮阴社情民意》全文转载，市委副书记李继尧作批示。

2000年，县政协编印《社情民意》8期。《关于选拔科级干部进行公示制的建议》的社情民意，县委书记林伟明批示：请县委组织部先拿实施方案，县委常委会认真讨论后再定。《入江水道穿堤涵闸亟等修建》的社情民意直接呈报省市政协。市委副书记、政协主席刘学东批示：此材料望及时转发，并望与市政府负责此项工作的同志联系，请省政协转发省有关领导和部门。省政协办公厅及时向省委、省人大、省政府、省政协、省纪委领导及省水利厅、淮阴市政府转发。县长成迎初批示：请水利局将此情况如实向省水利部门反映，争取国家立项，地方配套部分（资金），可按程序申请以资代劳，争取在三年内全部解决。

2001年，县政协编印《社情民意》4期。有两期被省市政协《社情民意》简报转载，有一期被《人民政协报》刊载。8月14日，全市政协工作理论研讨会在金湖召开。《乡镇企业改制需进一步完善》的社情民意反映全县乡镇企业改制后，遗留问题比较多，亟待完善。县里专门召开全县深化和完善乡镇企业产权制度改革会议，县委、县政府联合下发《关于深化和完善乡镇企业产权制度改革的规定》的文件。《农村有线广播滑坡现象值得重视》的社情民意，反映全县农村有线广播入户率、通响率近几年持续下降问题，被省市政协《社情民意简报》转载，《人民政协报》2002年1月14日刊登这期社情民意。2003年，县政协编印《社情民意》12期，多篇被省市政协采纳。8月省政协召开社情民意工作会议，金湖县政协作为唯一一家县级政协在会上作交流发言。

2004年，县政协上报15篇社情民意，2篇被《人民政协报》刊用，10篇被省、市政协采用。《农民企盼“一号文件”落实到位》和《“农民负担”监督力度还需加大》不仅被省、市政协采用，还被有关党报党刊刊用。《沂淮铁路借款哪里去了》被《人民政协报》7月19日民意版采用，对沂淮铁路借款的归还起到一定促进作用。

2005年，县政协编印《社情民意》11篇，上报省市政协6篇，《人民日报》《人民政协报》共采用4篇。市委书记丁解民对《“新官”也应理好“旧事”》作重要批示。《人民日报》采用《今夏粮价太低，农民利益受损》的社情民意。《金湖湖区渔民的生产生活面临困难》的信息，被省政协采用后，省委副书记张连珍和副省长黄莉新均作批示，解决渔民生产生活的燃眉之急。

第四节　团结联谊

图 29-3-8　1988年5月31日，金湖县政协之友社成立大会
姜燕／摄

1986年1月28日，县政协、县委统战部举办“迎春茶话会”。此后每年均举行此活动，县委书记、县长出席，共贺新春并讲话。1986年9月8至9日，县政协、县委统战部联合召开“三胞”亲属勤劳致富经验交流会。9月17日中秋节前夜，举办“三胞”亲属中秋赏月会，主题是“月圆盼统一，佳节倍思亲”，共150多人出席。1988年5月31日，县政协之友社成立大会召开。该社是团结联系离退休的老委员及热心政协工作的各界人士，巩固和发展最广泛

的爱国统一战线的平台。1991年10月9日，县政协举行纪念辛亥革命80周年座谈会。1992年2月28日，县政协召开县政协成立十周年座谈会。1995年7月5日，县政协召开纪念抗日战争胜利50周年座谈会，黄埔同学会和抗日战争时期的老干部、老战士代表、县政协离退休老干部及社会各界代表30多人出席，县政协主席张绍洪、县委副书记胡进出席并讲话。1998年3月10日，县政协召开纪念周恩来百年诞辰座谈会，县政协主席胡进出席并讲话。1999年4月5日，安徽省炎黄文化研究会会长欧远方、安徽省政协文史委原主任陈德辉一行到金湖政协就文史工作进行探讨交流。2002年9月20日，举行全县党外人士中秋茶话会。2002年12月26日，县政协之友社换届，通过新修订的《政协之友社章程》，选举产生第三届政协之友社领导班子成员。

图 29-3-9　1992 年 2 月 28 日召开纪念县政协成立十周年座谈会
朱伟／摄

第五节　文史资料征编

1986年12月，县政协文史委员会编辑出版《金湖文史资料》第二辑，以绝大部分篇幅，继续刊载活跃在县内闵家桥、塔儿集一带的一支抗日武装陈文部队的史料。到2005年，共编辑出版8辑，约165.8万字。臧文峻的《一支突起的民军》被省政协文史资料刊载；居生之、翟登庸的《金沟三劫》，朱振家的《黎城三日》，万选的《高集暴行》，在江苏省政协文史委、南京市政协文史委的《腥风血雨》一书中刊载；吴曾传叙述、翟登庸整理的《我的中统生涯》，李惠平口述、翟登庸整理的《人，应有正义感》，翟登庸整理的《金色的水道——记淮河入江水道工程建设》，被淮阴市政协文史资料转载。

1986—2005 年《金湖文史资料》编印一览表

表 29-3-5

出版时间	书名	主要栏目	编委会	编辑人员
1986.12	第二辑	地方人物 陈文与陈团（续）	文史委	主　　编：高长明 责　　编：居生之 编　　辑：翟登庸 潘国举
1987.12	第三辑	纪念“七·七”事变五十周年 地方人物	文史委	主　　编：伍发关 责　　编：居生之 编　　辑：翟登庸 助　　编：潘国举 校　　对：费国衡

接上表

出版时间	书名	主要栏目	编委会	编辑人员
1988.12	第四辑	人物春秋 风云漫记 夕阳忆昔 民间趣事	文史委	主　　编：伍发关 责　　编：居生之 编　　辑：龚世勤 助　　编：潘国举
1992.12	第五辑	人物春秋 水利沧桑 今古奇观	文史委	封面题字：周原冰 封面设计：翟登庸 主　　编：杨少峰 编　　辑：翟登庸 潘国举
1996.01	天字号事业 （第六辑）	历程编 工程编 支农编 光荣编	文史委	封面设计：翟登庸 主　　编：陈忠华 编　　辑：翟登庸
2000.09	政协工作文论集 （第七辑）	工作研究 百业采珠 理论纵横 人物风采	主　　任：胡　进 副 主 任：陈忠华 丁日俊	主　　编：姜瑞荣 副 主 编：殷德发 责　　编：姜瑞荣 倪言珠 冀　平
2002.11	金湖政协二十年 （第八辑）	组织机构及人员组成 重要会议 经常性工作 建言立论 政协人物	主　　任：胡　进 副 主 任：陈忠华 丁日俊 袁锡琳 杜　渐 王培芳 殷舜文	主　　编：丁日俊 副 主 编：冀　平 姜瑞荣
2005.12	润物无声 （第九辑）	同舟共济 集中民智 鉴往知来 委员风采	主　　任：胡　进 副 主 任：袁锡琳 王培芳 殷舜文 聂杭军 张小平 陈忠华 冀　平	主　　编：张小平 陈忠华 副 主 编：冀　平 倪言珠 姜瑞荣 责　　编：陈　剑 姜瑞荣

第三十篇　群众团体

1986年，全县群众团体有：总工会、共青团、妇联、科协等。1988年11月，县红十字会成立。1989年，中共中央《关于加强和改善对工会、共青团、妇联工作领导的通知》下发后，县工会、共青团、妇联等群众团体依照法律和各自的章程，围绕全县经济建设、改革开放等中心工作，团结广大群众，发挥自身作为党和政府联系人民群众的桥梁和纽带优势，为全县政治、经济和社会发展做贡献。县科协以团结广大科技工作者献身科教兴国作为自己的根本任务，进一步团结和动员广大科技工作者，为推进全县科技事业和经济、社会的全面发展，不断建立新的功绩。同时把科协办成科技工作者之家。是年11月，县残疾人联合会成立，为淮阴市（市、县、区）首家。大会选举产生残联主席团及执行理事会，并选举成立县残疾人福利基金会。县残联在康复、兴建福利企业、劳动就业、文体活动、扶残助残、法律援助等方面积极开展工作。是年，县实验小学建立全县第一个红十字青少年组织；在企事业单位筹建行业红十字会，会员队伍开始扩大。

1992年4月，县工商业联合会成立，为淮阴市（县、市、区）首家。县工商联积极参政议政，发挥桥梁和纽带作用，努力为工商界特别是民营经济发展建言献策；加强组织建设，会员队伍得到迅速发展；代表并维护商会会员合法权益，为会员提供信息、法律、融资等多种服务，引导会员为金湖经济发展贡献力量。1999年12月，县文学艺术界联合会成立，下设文学、美术、群众文艺、音乐舞蹈、摄影、书法等6个协会。县文联立足于全县文化优势，抓好品牌创作，实施精品工程，打造金湖的文艺品牌。同时，积极探索文化产业发展的新思路，励精图治，开拓进取，大胆推动文艺形式及风格流派的充分发展，弘扬主旋律，提倡多样化，讴歌新生活，开创金湖文艺工作全面繁荣的新局面。2001年3月，金湖县被国务院残工委表彰为第二批全国残疾人工作先进县。

第一章　总工会

第一节　组织机构

一、总工会本级

1986年，县总工会机关内设组织部、宣教部、生产保护部、生活女工部和办公室，行政编制7人。1997年7月，县总工会机关内设办公室、组织部、生产保护部、生活女工部、财务部，行政编制6人、附属编制1人，其中主席、副主席各1人。2003年1月，县总工会机关内设办公室、财务部（挂“保障部”牌子）、经济技术部（挂“法律工作部”牌子）、组织部（挂“民主管理部”牌子），行政编制5人、附属编制1人，其中主席、副主席各1人。2005年，县总工会内设机构、编制没有变化。

图30-1-1　县总工会、县工人文化宫、县职工学校大门（摄于1987年）　姜燕／摄

二、系统工会、基层组织

1986年，全县按类别、性质分类，建有县教育工会、县邮电局工会、县供电局工会等系统工会。是年，全县有基层工会组织189个，涵盖275个单位。1987年10月，成立金湖县县级机关工会工作委员会，发展会员884人。1990年1月，全县第一家乡镇企业工会在闵桥热工仪表厂成立。1994年，全县有基层工会164个，工会小组456个，会员17619人。基层工会中，国有企业59个，集体企业15个，乡镇企业2个，“三资”企业6个。

1996年，全县第一家私营企业工会在金鹏制衣厂成立。12月，市总工会为金湖县30家基层工会颁发社团法人登记证。2000年，全县成立乡镇工会工作委员会11个，有基层工会组织139个，共有会员30985人，其中女会员9296人。是年10月，全县新建基层工会小组428个，新建企业全部完成建会工作。是年，全县共有基层工会139个，会员30985人，职工之家111个。

2003年12月，县总工会在苏果超市进行民主直选试点，经全体会员四轮投票直接选举产生工会委员和工会主席，这是全县第一家非公企业民主直选工会班子。2005年，全县共有系统工会和镇工会32个，有基层工会组织205个，会员47950人，职工之家165个。

1986—2005年金湖县基层工会统计表

表30-1-1

年份	基层工会（个）	涵盖单位（个）	会员（人）	其中女会员（人）	职工之家（个）	年份	基层工会（个）	涵盖单位（个）	会员（人）	其中女会员（人）	职工之家（个）
1986	189	275	16866	6608	98	1996	155	460	26535	7961	124
1987	192	290	19238	7079	108	1997	154	484	27515	8255	123
1988	201	305	20374	7932	113	1998	151	510	29310	8793	121
1989	204	321	21670	8065	115	1999	153	537	29935	8981	122
1990	208	338	21992	8103	117	2000	139	565	30985	9296	111
1991	213	356	22106	8194	119	2001	129	595	30780	9234	103
1992	213	375	24943	9653	122	2002	127	626	47480	14244	101
1993	150	394	29350	8805	120	2003	186	659	41780	12534	149
1994	164	415	33250	9975	131	2004	191	694	45675	13703	153
1995	160	437	26535	7961	128	2005	205	730	47950	14385	165

三、直属单位

金湖县工人文化宫 成立于1987年5月27日，为股级自收自支事业单位，事业编制16人。1992年，拥有电影院1座、舞厅1个、小礼堂1座、溜冰场1个，并设有图书室、经营部。有工作人员15人。2000年后，舞厅、溜冰场等因城建等原因，逐步停业。2005年，事业编制16人，实有9人。仅存图书室、工人电影院。

金湖县职工学校 为股级自收自支事业单位，1986年，配备专职校长。1987年5月前未定编，1987年5月事业编制2人，1989年9月事业编制4人。1998年后，该学校逐步停课。2005年，事业编制4人，实有1人。

四、工会代表大会

第五次代表大会 1989年5月26至28日在县城召开，出席会议正式代表154人，特邀代表25人，老工会工作者6人。大会的主要任务是：贯彻党的十三届三中全会精神和中国工会十一大精神，讨论今后三年工会工作任务，团结和动员全县职工坚持以“整治经济环境、整顿经济秩序，全面深化改革”为中心，发挥工会民主参与和社会监督作用，推行集体合同，开展全员建功立业活动，为全县经济发展做贡献。会议选举产生县总工会第五届委员会委员18人，常委7人，主席1人，副主席1人；经费审查委员会委员3人，主任1人。郭俊当选主席。

第六次代表大会 1999年4月26至28日在县城召开，出席会议正式代表173人，特邀代表21人。会议听取五届委员会《团结和动员全县职工，为加快我县改革和经济发展步伐，建设高标准小康县而努力奋斗》的工作报告和财务工作报告。会议选举产生县总工会第六届委员会委员21人，常委7人，主席1人，副主席1人。王逸飞当选主席。

第七次代表大会 2005年7月21至22日在金湖宾馆召开，出席会议正式代表158人，列席代表23人。会议全面回顾第六次代表大会以来取得的主要成就，描绘未来五年工会工作新蓝图；会议收到各类提案173件，涵盖43个不同议题；会议期间，分别有先进单位25个、先进个人46人受到县委县政府及县总工会通报表彰。会议选举县总工会第七届委员会委员21人，常委7人，主席1人，副主席3人。张小平当选主席。

第二节　维护职工权益

一、劳动纠纷调解

1996—2002年，县总工会共处理职工来信197件次、接待处理来访740人次，参与数起人数较多、影响面较大的职工群体性上访调处工作。各企业工会充分发挥职代会在组织职工参与改革和维护职工权益方面的作用。在发展非公有制经济的新形势下，各级工会组织推进非公有制经济工会的组织建设，把农民工作为工人阶级的一部分维护其合法权益。1998年，县总工会建立劳动法律监督委员会和社会保险监督委员会，在企业建立劳动法律监督委员会和劳动争议调解委员会。2001年9月，对原属国有、集体企业的劳动用工情况和职工下岗情况进行重点调查。共调查县城75户企业，其中改制企业41户、未改制企业34户。调查中发现的主要问题：改制企业职工下岗人数多，41户改制企业下岗职工多达3000人，占原职工总数的26%；企业对新录用职工，未按《中华人民共和国劳动法》规定签订用工合同，41户改制企业新录用职工243人，签订用工合同仅23人，占9.5%；未改制企业经济运转状况普遍比较艰难，职工处于待岗和下岗状态的有3073人，占职工总数的50.8%，生活均较困难。县总工会将调查情况向省、市总工会作书面汇报，同时积极参与调解。年内，帮助下岗职工实现再就业100多人，配合劳动部门培训下岗职工300余人。

2003年9月，县总会职业介绍所成立。是年，该所共帮助下岗失业职工接受技能培训并实现再就业202人。2004—2005年，县总工会参与整治企业拖欠农民工工资活动，协助清欠农民工工资419.33万元。还为农民工追讨被欠工资、医疗费、保险费、困难补助款等计60余万元。2005年，全县共有企业192户建立平等协商、集体合同制度（其中非公有制企业128户），有企业劳动争议调解委员会115个。至2005年，参与劳动争议仲裁，累计接待职工来信来访1160件次。

二、集体劳动合同

1989年，实施企业“共保合同”制度，有14户企业由厂长（经理）代表行政、工会主席代表职工，就企业发展、管理、生产目标和职工生活福利等内容签订“共保合同”。1995年，贯彻《中华人民共和国劳动法》，在企业全面推行平等协商、签订集体合同制度。1996年，签订集体合同的企业28户，其中经县劳动部门审核批准的15户。集体合同由工会代表职工与企业签订，主要内容是企业职工一方与企业就劳动报酬、工作时间、休息休假、劳动安全卫生、保险福利等做出明确规定。1998年，签订集体合同的企业49户，占应签企业的83.5%。1999年，全县累计签订集体合同的企业68户。2003年8月，成立县职工法律援助中心，开展职工法律援助工作。同年12月，建立由劳动和社会保障局、经贸委（代表政府方），总工会（代表职工群众方），工商业联合会、个体工商业劳动者协会和私营企业协会（代表雇主方）的县级协调劳动关系三方会议机制。2004年，建立工会系统劳动关系预警调解机制，并在镇和工业园区推行区域性集体合同制度。

三、安全生产与劳动保护

1988年，建立工会劳动保护监督委员会，有劳动保护检查员371人，从事工会劳动保护专兼职干部58人，群众性劳动保护监督检查网络基本形成。此后，要求企业的各级管理者“管生产必须同时管安全”。敦促企业不断改善劳动条件，预防工伤事故和职业病的发生，为劳动者创造安全、卫生和舒适的工作环境；合理组织劳动和休息；实行女工的特殊保护，解决她们在劳动中由于生理原因而引起的一些问题；提供劳动防护用品和保健用品，加强对劳动者的特殊作业条件和环境下的保护。

1990年，在企业中开展创建安全生产合格班组活动。1991年5月，职工1300多人参加“警钟杯”安全生产知识竞赛，同时开展“百日安全竞赛”和“安全周”活动。

1994年起，每年都参加企业安全生产大检查，参加新建、改建、扩建企业的“三同时”（劳动条件和安全卫生设施与主体工程同时设计、同时施工、同时投产使用）会审验收，参与重大安全事故调查处理，在企业全面建立劳动安全保护监督委员会。1999—2005年，联合安全生产监督管理局等部门组织各企业开展“安康杯”劳动安全竞赛活动，先后表彰先进单位122个。2004年，开展“安康杯”劳动安全竞赛活动，共有9个系统、47个单位、职工8760人参加。接受三级安全知识教育1273人，签订安全卫生合同64份，设立排除事故隐患监控点498个，评出安全合格班组500个。2005年，在各企业推广事故隐患和职业危害“监控法”，落实监控点486个，评出安全合格班组504个，占全县企业班组总数的71%。参与新建企业的“三同时”审查验收13户，参与率100%。

四、女工工作

1986年初，县总工会根据全国总工会《关于颁发基层工会女工工作委员会条例的通知》，筹备建立县女职工委员会。1989年，女职工委员会成立大会召开，通过《金湖县女职工委员会工作条例》《金湖县女职工工作委员会工作要点》。随后，各基层工会陆续成立女工委员会。1994年，各基层工会女工委员会开展“四自”（自尊、自信、自立、自强）与“四有”（有理想、有道德、有文化、有纪律）教育。1995年5月29日至6月1日，县总工会举办女职工“巧手奉献展览”。1996年，在女职工中进行普及法律常识教育。是年，全县接受乳腺检查女职工2248人，对近千名患者分别进行相应的治疗。1997年7月，开展纪念《中华人民共和国妇女权益保障法》颁布实施五周年宣传月活动，共举办培训班61期，培训妇女万余人，开办广播讲座277次，悬挂横幅245条，受教育妇女13.5万人次。1998年，县女职工委员会按照“女职工之家”5条标准，对基层女职工委员会进行检查考核验收。2000年，开展“巾帼建功、巧手奉献”活动。2002年，举办2期女职工劳动保护培训班。2003年，和基层工会组织部分女工干部、劳动模范外出疗养、旅游和妇科检查。2005年，全市女职工工作现场会在金湖召开。是年，为全县女职工举办“送法律、送技能、送健康”活动。

五、关爱困难职工

1986年后，县每年都安排专项资金慰问困难职工、困难劳动模范、停产半停产企业职工活动。1988年，在职工中开展互帮互助活动，建立互助储金会117个，参加7649人，储金11.40万元。1991年，金湖县遭遇百年罕见的特大洪涝灾害，县总工会下拨救济款2.5万余元，30个企业的困难户450户得到补助；同时发动广大职工向灾区捐款捐物。1995年5月，成立职工特殊疾病互济会，参加职工8000多人，筹集资金12万元。年内，对县城身患癌症和瘫痪的职工14人救济2.2万元。1997年春节前夕，县有关部门筹集资金6.7万元，对县城特困户28户和困难家庭221户进行救助；特殊疾病互济会对职工17人解决互助金1.52万元。2001年8月，发起“金秋助学”活动，帮助困难职工解决子女学费困难。在国有企业全面改制、职工就业和生活出现较大困难时期，各级工会组织做好下岗职工基本生活保障和再就业工作，开展为下岗失业职工“送政策、送信息、送技术、送岗位、送温暖”活动。2002年8月，县总工会对10个停产半停产困难企业社会保障情况进行调查，确认10个企业中有下岗职工3371人，其中94%下岗职工未能正常领到生活费。县总工会将调查形成的书面材料及时向劳保和民政部门通报，多方争取对困难职工的救济和安排他们再就业。至年底，有关部门为下岗职工528人发放救济款，并为下岗职工2300多人重新安排就业。2003年，成立职业介绍所和困难职工帮扶中心，承担帮扶、信访接待、法律援助、就业指导等工作任务，至年底，共推荐下岗职工1150人就业，为失业职工637人免费举办电脑操作、机械加工、数控车床、家政服务等技术培训，被省总工会评为"工会再就业培训工作先进单位"。至2005年底，累计援助98760人，筹措资金418万元。

第三节　职工民主管理

一、职代会制度

1986年，有职工代表大会单位110个，占工会数的58%。1987年初，对32户实行职代会制度的企事业单位进行检查，职工的民主意识得到增强，提案质量有所提高。年底，全县192个基层工会中，建立职代会制度的有120个，占应建数的62.5%。1988年，开展宣传贯彻《中华人民共和国全民所有制工业企业法》、推行企业民主制度建设活动，并规范运作，参与企业民主管理。至1992年底，建立七大民主制度的企业有176户。1995年，推行集体合同履行情况向职工（代表）大会报告制度。1998年，推行职代会民主评议干部制度和企业业务招待费向职代会报告制度。在国有企业全面改制期间，坚持企业改革方案必须经过职代会审议制度。1999年6月，开始在企事业单位推行厂务公开制度，至2000年，公有制企事业单位100%实现厂务公开制度。2002年，在非公有制企业推行职代会制度和厂务公开制度。至2005年，共有183个企业建立职代会制度、178个企业建立厂务公开制度。

二、企（厂）务公开

1986年，县成立厂务公开领导小组，下设办公室。1987年在县有关企业试点，1989年在全县推行。推行中坚持从实际出发，规范公开形式、程序，凡需公开的事项，由厂务公开办公室整理交领导小组研究，确定公开范围、渠道、时间。1994年，以职代会为主，号召各企业充分利用公开栏、座谈会、黑板报、简报等形式进行全面公开。1997年，实行职代会民主评议企业领导干部制度和听取审议企业业务、招待费使用情况报告制度。2001年，对43户企业单位领导干部57人进行民主评议，评议结果称职40人，优秀17人。2002年，企业由党组织负责人、工会负责人、职工代表组成企（厂）务公开工作领导小组和监督检查小组，建立监督、考核制度。2004年，26户企业领导班子、领导干部将实行企（厂）务公开、建立完善制度、召开民主生活会结合起来，进一步健全监督约束机制，从源头上严守人、财、物三关。

三、"职工之家"建设

1986年，全县开展创建"模范职工之家""先进职工之家"活动。在非公有制企业中开展以"双爱双评"（职工爱企业、经营者爱职工，评选热爱企业的优秀员工、评选热爱员工的优秀经营者）为主要内容的创建"职工之家"活动。是年，全县有"职工之家"98个。1987年，根据全国总工会"抓基层、打基础"的要求，提出"合格职工之家""先进职工之家"创建目标。是年，对符合条件的30个单位进行检查评比，评出"模范职工之家"8个，"先进职工之家"22个。1991年11月，在县油化厂召开"职工之家"验收现场会。1992年，继续深入建设"职工之家"，验收合格职工之家104家，占基层工会数的65%，其中2家受省总工会表彰、8家受市总工会表彰。2001年，继续开展创建"合格职工之家""先进职工之家"活动，年底28个职工之家通过合格验收，评出10个先进职工之家。2004年，根据镇企业工会规模小、人员少、数量多、经费不足的实际，积极探索组建联合"职工之家"，并在闵桥镇进行试点，采取以一个条件较好的骨干企业为基地，联合若干小企业，组建联合"职工之家"，该做法受到省总工会肯定，并在全总、省总重要报刊上刊载做法，予以推广。是年，全市联合"职工之家”建设现场会在金湖召开。2005年，全县共有先进、合格“职工之家”183个，其中省级“模范职工之家”14个、市级“先进职工之家”32个。

四、劳动竞赛

1986—1987年，以“双增双节”（增产节约、增收节支）竞赛为主题，全县职工提出合理化建议822条，多数被有关单位和企业采纳，取得经济效益275万元。1991年，开展以“双创”（企业创最佳经济效益、非生产性单位创最优质服务质量）为主要内容的“双增双节”劳动竞赛。1994年，开展以“转机制、抓管理、练内功、增效益”为主题的劳动竞赛和建功立业活动。1995年10月，组织职工开展“技能月”系列活动，县政府表彰立功集体32个、立功个人151人；被市政府记功的集体5个、个人13人，授予“五项能手”称号8人。1996年，采取现场比武、技术练兵等方法，开展“跨世纪奉献杯”主题竞赛活动，县政府表彰立功集体32个、立功个人140人。1997年，动员职工参加新一轮创业建功活动，开展以“学邯钢、降成本、增效益”为主题的班组达标升级竞赛，受县政府表彰先进集体17个、先进个人81人，受市政府表彰先进集体4个、先进个人7人。5月1日，举行金湖县职工“迎回归、讲三德、抒心声、爱岗位”演讲会。县机械厂获市“五一劳动奖状”，县输油泵厂施立志获市“五一劳动奖章”。1999年4月，72个单位职工14500人参加“跨世纪奉献杯”立功竞赛活动，开展小改小革、高产低耗等劳动竞赛，创经济效益173万元，立功单位18个、立功个人95人受县表彰，其中铸锻有限公司等5个单位和李文焕等29名个人荣获一等功，县机械厂等4个集体和蒋复塘等8名个人受市记功表彰。2005年10月，组织优秀职工代表参加淮安市职工职业技能大赛，选手13人进入前6名（组），其中5人进入前3名（组），成绩居全市前列。王志勤获市五一劳动奖章，前3名（组）的5位选手直接取得技师资格证书，第4~6名的8位选手获高级工职称。

图30-1-2 1997年5月1日，金湖县职工“迎回归、讲三德、抒心声、爱岗位”演讲会 朱伟／摄

五、劳动模范评选、管理

1986年，全县评选享受省劳动模范（简称劳模）的1人，县总工会从多方面关心劳动模范的工作、学习与生活。1993年10月后，特别是养老保险制度改革以后，劳模享受待遇的供给渠道由原单位提供退休金百分比改为社会保险，但社会保险基金筹集难度较大。县总工会逐一登门商谈，多次商请劳模所在单位、主管部门协调，为劳模办理补充养老保险。至1998年，除6名劳模确因单位资金困难无法解决外（后也通过其他渠道分别得到解决），其他34名劳模均已按规定办理养老保险手续，退休劳模每月可领取补充养老金。此后，每逢节假日走访慰问劳模，给低收入的省级以上劳模发放生活补助费，定期安排劳模休养观光、检查身体、参观学习。2002年8月起，为劳模办理医疗保健优惠卡。是年11月，县总工会还免费为全县120名市以上劳模进行一次体检，检查内容包括量血压，肝、胆、肾等B超，心电图、肺部X光，肝功能检查等。不少劳模经检查发现疾病，得到了及时治

疗。2005年，金湖在全市率先成立县劳动模范协会，进一步促进总工会劳模管理工作水平，为推进经济和社会全面发展做出新的贡献。

1986—2005年，全县评选全国劳动模范4人，其中1989年1人、1995年、2000年、2005年各1人；全国先进工作者1人（1989年），全国"五一劳动奖章"获得者4人，其中1991年、1992年、1993年、1999年各1人。省劳模26人，其中1988年8人、1991年5人、1996年6人、1998年1人、2001年6人；享受省劳模待遇11人，其中1986年1人、1989年3人、1992年、1996年各2人、2001年、2003年、2004年各1人。市劳模120人，其中1992年18人、1996年18人、1999年25人、2002年28人、2005年31人；享受市劳模待遇26人。

第二章　共青团

第一节　组织机构

一、团县委本级

1986年，团县委设组宣、青工、青农、学少4个部，行政编制6人。1997年，团县委设组宣、青工、青农、学少4个部，行政编制6人，配书记1人、副书记1人。2003年1月，团县委内设组宣、青工、青农、学少4个部，行政编制5人，配书记1人、副书记1人、部长4人（含兼职1人）。2005年，团县委内设机构、编制没有变化。

二、基层组织

1986年，全县共有基层团委34个、总支26个、支部639个，有团员15228人。1995年，团县委加强基层组织建设，新建乡镇企业团支部20个，改建团委（总支）5个。是年，全县共设基层团委46个，总支29个，支部827个，有团员14944人。

2001年6至12月，全县团组织集中换届，40个基层团委、18个总支、467个团支部换届选举工作圆满完成。撤销贸易局、物资局、制药厂、化肥厂等4个团委，新建电信、邮政、农村信用合作联社等5个团委。换届后，全县基层团委以上团干部平均年龄从31.5岁下降到26.7岁，高中文化程度以上占91%，大专以上占67%，女团干部占45%。2005年，全县共有基层团委43个，直属总支1个，团支部732个，有团员15995人。

1986—2005年金湖县共青团基层组织统计表

表30-2-2

年份	团委（个）	总支（个）	支部（个）	团员（人）	年份	团委（个）	总支（个）	支部（个）	团员（人）
1986	34	26	639	15228	1989	35	30	776	15108
1987	31	19	610	14980	1990	48	29	768	15018
1988	37	29	753	15310	1991	37	28	772	14598

接上表

年份	团委（个）	总支（个）	支部（个）	团员（人）	年份	团委（个）	总支（个）	支部（个）	团员（人）
1992	40	25	793	14682	1999	47	22	763	14877
1993	37	23	811	14329	2000	36	22	563	14589
1994	41	21	791	14119	2001	40	18	467	16842
1995	46	29	827	14944	2002	42	2	721	15008
1996	47	23	763	14271	2003	43	2	721	17538
1997	46	23	765	15271	2004	43	2	746	17704
1998	47	22	763	15429	2005	43	1	732	15995

三、合署机构

金湖县少年先锋队工作委员会　1986—2005年，县少工委与团县委学少部合署，无专门机构和编制。

金湖县青年联合会　2001年9月27日，召开县青年联合会成立暨第一届委员会第一次会议，应到会的有全县工农商学兵、科教卫生、文化、私营企业、个体经营户等各界推选的青联委员100人，实到会76人。选举产生县青年联合会常委27人、主席1人、副主席8人。大会发出倡议，号召全县青年争当"文明、实干、进取"的新青年，为祖国、为人民创造更加辉煌的业绩。县青年联合会与团县委合署，无专门机构和编制。2005年没有变化。

四、共青团代表大会

第七次代表大会　1987年12月21至22日召开，出席大会正式代表191人。大会的主要任务是：认真学习和领会中共十三大精神，回顾总结县第六次团代会以来的工作，明确今后的奋斗目标，团结带领全县团员青年以经济建设为中心，站在改革开放前列，做美好未来的建设者。县委书记刘学东到会祝贺并讲话，罗金昌代表共青团金湖县第六届委员会向大会作题为《把青春献给建设有中国特色的社会主义的伟大事业》的工作报告。大会选举产生共青团金湖县第七届委员会委员25人，候补委员4人，常委7人，罗金昌当选书记。

第八次代表大会　1991年5月10至11日召开，出席大会正式代表221人。大会的主要任务是：认真学习宣传中共十三届七中全会精神，回顾总结县第七次团代会以来的工作，部署工作任务，动员和带领全县广大团员青年紧密团结在党中央周围，积极投身改革，为家乡富裕奋斗，为"八五"贡献青春。县委副书记何璋到会祝贺并讲话，郑泽云代表共青团金湖县第七届委员会向大会作题为《团结带领全县青年为实现"八五"计划再建新功》的工作报告。大会选举产生共青团金湖县第八届委员会委员18人，候补委员5人，常委7人，郑泽云当选书记。

第九次代表大会　2002年4月6至7日召开，出席代表220人。县委书记成迎初在开幕式上讲话。大会听取许长坡所作工作报告。大会选举产生共青团金湖县第九届委员会委员27人，候补委员11人和出席共青团淮安市第五次代表大会代表23人。在随后举行的九届一次全委会上，选出常委7人，许长坡当选书记。

第二节　青少年维权

一、法律维权岗

1986年，在“一五”普法教育中，全县各学校开设法制教育课，加强遵纪守法教育。共青团、少先队通过举办演讲、知识竞赛、实地演示、清明节到烈士陵园祭扫、组织参观革命传统教育基地，及对初中、高中入校新生进行军训等方式，向青少年进行法制教育、世界观、人生观、价值观教育，培养共产主义道德情操。1987年，县人民检察院把“挽救、感化、铸魂、预防”贯穿办理青少年案件的全过程，重塑失足青少年灵魂。1988年，各学校结合贯彻《义务教育法》深入开展学法活动。1990年，县成立家庭教育研究会，营造社会、学校、家庭全方位关爱青少年成长的氛围。1996年，全县有28所学校作为“安全文明示范点”实施依法治理。1998年，团中央、中央综治委办公室联合最高人民法院等9部门，在全国范围内共同开展青少年权益保护活动——青少年维权岗。团县委积极协调、配合各相关部门和单位，充分调动各方面的力量，担负着维护青少年合法权益的重要职责，开展服务改革、发展、稳定的大局，维护青少年合法权益，预防和减少青少年犯罪等系列活动，努力创造有利于青少年成长和发展的氛围。

2001年，在法制教育活动中，开展“青少年维权岗进社区”“青春与法同行——法制进校园”等活动，高昌萍被团中央和司法部等部门联合表彰为“青少年维权岗先进个人”。2002年，县成立青少年法制和道德教育（预防青少年违法犯罪）领导小组，协调各部门开展青少年法制和道德教育工作。在政法各部门设青少年维权岗，为各中小学校配备法制副校长1人，法制副校长每年为挂钩学校学生上法制教育课2次。是年起，每年开展一次校园及周边地区环境整治活动，并规定每年9月为预防青少年违法犯罪宣传月。2003年，实施青少年法制道德教育“六个一”工程，即建成一座青少年法制教育永久性基地，开展一次“送法到大墙”活动，编写一本法制教育读本，举办一次法制副校长研讨培训班，开展一次法制教育宣传月活动，举办一次“模拟庭审进校园”活动。2005年，全县青少年违法犯罪人数较2002年下降65%。

二、服务青年就业创业

1986—1987年，全县团组织广泛开展“建功业、育新人、献青春”等主题活动。农村基层团组织开展以人均养禽超百只、人均增值超百元为主要内容的百万青年兴百业竞赛活动，参赛青年1.54万多人，团县委被评为全省科技致富竞赛活动先进单位。工交、财贸等战线的团组织围绕提高经济效益，带领团员青年深入开展各项竞赛活动，一大批青年技术革新小组和青年科技攻关小组活跃在生产第一线。1987年，全县优秀青年126人，两次参加技术大比武活动，县化肥厂匡衡的科技论文获全国三等奖，有青年1250人为各项事业的振兴献计献策824条。1989年，团县委争取贷款2万多元，扶持夹沟乡特种养殖户14户，进行银集科技培训档案规范化管理试点和白马湖科技电教培训试点。1990年，建立青年致富档案。全县有农村青年2.3万人参加科技致富竞赛活动，青年科技示范户达1200户。

1992年，开展青年科技致富竞赛活动，重点抓发展养兔工作。塔集镇团委成立青年科技养兔培训中心和青年养兔协会，解决贷款30万元，新建兔舍2100间，购种兔4200只。长毛兔饲养量由上年的4万只发展到22万只，人均增收30多元。1993年，全县长毛兔饲养量猛增到62万只，其中青年饲养量占70%以上。1994年，团县委与县科委、农业局合作，推广水稻肥床旱育秧技术、特种养殖技术，举办新技术推广培训班50多期，培训2000余人，评定青年科技示范村22个，青年科技带头人220

人。是年9月，全县青工6000多人参加青年岗位能手竞赛活动，开展技术比武和技能竞赛150多场次，评出青年岗位能手200人、新产品开发和小革新成果100多项。1995年，组织农村各级团组织开展科技兴农活动，团省委、省科委等表彰银集镇杨永进为省农村青年科技兴农带头人标兵，王昌兰等6人为省农村青年科技兴农带头人；开展"中国青工技能月"活动，开展技术培训比武和岗位练兵150场次，举办技术培训班60期。

1996年，制定共青团服务百村行动方案，发展养殖专业项目；举行首届"农行杯""农村青年""十大科技致富状元"及"科技能手致富"活动，全县共评出青年科技致富状元10人、青年致富能手33人。1998年，发动各级团组织加强对下岗青工技能培训。是年，经团县委积极争取，团中央中青农村发展中心在黎城镇蔬菜、徐梁两村建立"中青农村高科技示范园"3.33公顷，试种、推广蔬菜高科技品种，包括巨型太空椒、21世纪宝粉西红柿、西洋芹等10个新品种。1999年，开展"十大杰出青年农民"评选活动，以中青农业科技园为辐射点，带动各基层团委培养青年科技兴农带头人，推动农业产业化经营，涌现出一大批农业产业化经营带头人，柏广友等5人被评为"省十大杰出青年农民"。2001年，动员青年500多人外出务工。2003年，举办农村青年外出务工专场招聘会，扩展金湖县劳务输出就业渠道，组织输出农村青年外出务工者3100余人。2004年，举办青年科技论坛活动，为青年科技人员提供展示才华的舞台，促进广大青年投身科技创新，营造相互学习、相互交流、共同提高的氛围。有10篇科技论文获县表彰，1篇获市二等奖，2篇获市三等奖。

第三节　公益活动

一、青年志愿者行动

1988—1990年，全县广泛开展"造林育人，留下一片清凉"青少年绿化活动，青年林、青年路、青年花圃遍布全县。全县青少年植树100万株，营建青少年绿化工程100多个。金湖县青少年绿化工程被团省委、省绿化委等6家单位联合表彰为"七五"期间省级优秀青少年绿化工程。1990年，全县工厂、企业广泛开展"双增双节""五小"成果竞赛等活动，成立青年突击队260多支，收集上报"五小"成果100多项。1991年7月，金湖遭受百年未遇的特大洪涝灾害，全县组织400多支青年抗洪抢险突击队，日夜奋战在525公里的防洪堤上。广大团员还积极捐粮、捐款、捐物，交纳特殊团费9000余元。洪灾过后，又积极投身科技救灾工作。金沟镇团委科技救灾服务队仅湖桑服务一项，就帮助农民减少损失，《人民日报》为此作了报道。

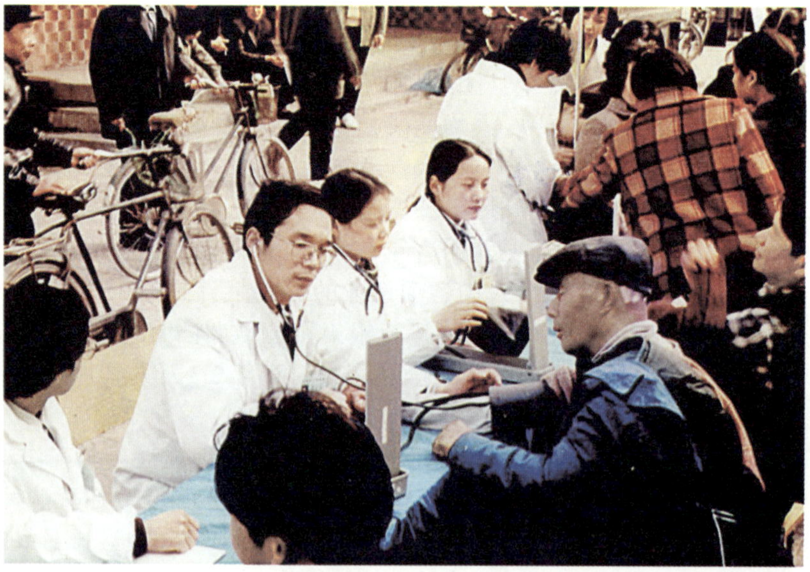

图30-2-3　2001年8月，县卫生系统青年志愿者开展医疗保健咨询活动　县志办/供

1994年起，推出青年志愿

者活动，全县成立青年志愿者服务队52支，在扶贫帮困、创建卫生城镇、植树造林、四夏帮工、水利工程、抗洪抢险等活动中，充分发挥突击队作用，展示青年关心社会、帮助他人、乐于奉献的丰采。1996年起，每年3月为青年志愿者服务月，开展义务维修家电、理发、修理钟表、医疗保健咨询、科技咨询等20项服务活动。1998年起，开展“学雷锋，我与世纪同行”为主题的青年志愿者活动，并向农村、社区延伸。

2001年，以“新世纪、新青年、新形象”为主题开展系列活动，弘扬“奉献、友爱、互助、进步”的志愿精神，不断扩大青年志愿者工作影响力。8月，西苑小区青年志愿者服务站成立，青年志愿者130人常年开展法律咨询、水电设施维修、诊病治疗、卫生整治等多项服务。首届荷花艺术节期间，青年志愿者30人为荷花节服务。2003年3月，完善青年志愿者管理机构，同时向社会公开招募注册志愿者，成功注册志愿者200多人，并实行微机化管理。青年志愿者在第二届机关运动会期间，承担开幕礼仪等任务；法制志愿者多次为社会弱势群体进行法律咨询与宣传；家政志愿者长期开展上门维修等各项服务。

2005年，外地大学生志愿者20人到金湖，参加“大学生志愿服务苏北计划”行动，在金湖县服务1年，免费为服务单位提供支教、支医、支农等志愿服务。建立定期联系、定期活动等制度，召开大学生志愿者座谈会，建立大学生志愿者QQ聊天群，做好大学生志愿者在金湖的管理服务工作。

二、希望工程

1994年起，全县各级团组织开展希望工程活动，广大团员青年和社会各界人士踊跃为希望工程捐款。南京金陵石化公司结对救助金湖贫困少儿44人。是年，全县共收到3.1万元捐款，帮助失学儿童300人重返学校。1995年，团县委倡议全县乡科级以上干部参加希望工程结对救助活动，9月26日，乡科级以上干部144人与结对少儿见面，每人首次向结对失学少儿捐款80元，确定为长期求助对子。县实验小学少先队员144人还与贫困失学少儿结成“手拉手，献爱心”对子，并互赠课外书籍、学习用品和自己制作的小礼物。

1996年，县农行为希望工程捐款6000元、县制药厂水电班工人10人加班工资，捐款1000元，团县委积极联系，将这两笔捐款资助江西安源煤矿贫困少儿10人。联系新华社江苏分社、日本关西中日友好协会等为乡镇小学建立“希望书库”；与县农行联合开展“青少年爱心储蓄”活动，完成储蓄额120万元；为省青少年发展基金会捐资3.6万元。年内，向上级争取资金15万元，资助涂沟镇建成镇教学楼，解决湖区渔民子女600人读书难问题。

2001年，向省争取“苏宁之星”助学金17.6万元，其中资助贫困大学生11人每人每年4000元，以完成学业。2004年捐款2.25万元，资助困难学生。2005年，举行“爱心成就未来”希望工程助学仪式，学生53人受到资助；与江苏油田试采二厂开展希望工程结对助学，资助特困生61人。

第四节　青少年工作

一、思想道德建设

1986年，开展“建功业、育新人、献青春”“学总理精神，做四有新人”“热爱生活健康成长”等主题教育活动，引导青少年坚定永远跟党走的理想信念。1987年，创刊《金湖团讯》，开展《青春曲》板报竞赛活动。是年，金湖团县委党建带团建工作受到团中央、团省委表彰，被团省委授予团支部活动组织奖。1988—1989年，广泛深入开展爱国主义教育、理想道德教育、艰苦奋斗教育和学习马列读好书、学雷锋树新风、树典型学先进活动，引导团员青年做促进政治稳定的积极力量。1992年，团县委与县委组织部联合下发《关于推荐优秀青年作党的发展对象》的文件。1993年9月，团县委推荐优秀青年人才166人，给组织部门选拔使用。此后，推优工作进一步正常化、制度化。

1996年，与省青年干部学院联合举办团干部培训班2期，同时举办读书班、专题讲座、读书征文活动，参加活动的团干和团员青年近3000人。1998年，团县委先后接待大学生4批、64人，到金湖县参加社会实践活动，为大专院校学生了解国情民情，认识社会创造条件。年内，全县各学校普遍举办14岁青春仪式和18岁成人仪式。7月，团县委还组织金中、实小优秀团员、优秀少先队员，到清华、北大开展"成功之路"夏令营活动。2000年，围绕"求知、明理、成才、立业"为主题，组织万名青少年开展新世纪读书活动，各学校组织学生阅读文学作品和专业知识书籍，召开演讲、主题报告会30余场，征集交流学习心得体会文章3000余篇，学生读书求知欲普遍增强。

2001年起，开展"青少年网络文明行动""远离毒品"等活动。2002年，团县委被团中央评为全国个体税法宣传最佳组织奖。2004年10月，建青少年心理咨询室，开辟电子信箱，为全县未成年人搭建倾诉、咨询平台。咨询室为中小学生提供咨询服务，特别是针对困扰青少年的早恋、厌学、人际关系、叛逆情绪等热点问题进行疏导。同时，也为家长们提供咨询，内容包括与子女沟通，促进青少年心理健康，进行青春期心理辅导。2005年10—12月，团县委与县委组织部、县总工会联合开展"党工团共建百日行"活动，以"党建带工建""党建带团建"为有效载体，重点是工业园区、镇（村）、街道（社区）、建筑和旅游、餐饮服务行业，专业市场，劳务中介机构等。11—12月，开展为期两个月的全县增强共青团员意识主题教育活动。

二、少年先锋队建设

1986年，全县共有少年先锋队（简称少先队）大队223个，有少先队员3.65万人。此后，由于小学布局调整，少先队大队随之减少。1988—1989年，县少先队工作委员会在全县各小学校组织开展"学赖宁、学十佳、做党的好孩子"活动。1994—1995年，实施"跨世纪中国少年雏鹰行动"，内容包括"广读爱国书刊、大唱革命歌曲、观看爱国影视"活动、"五自"活动、启明星科技活动和城乡小朋友"手拉手"活动，开展"百优少年""雏鹰之星"等评选活动。先后有少年儿童近2万人参加雏鹰争创活动，全县少先队组织共向优秀少先队员颁发"少年雏鹰行动"奖章1500枚。

1996年11月21日，县实验初中团委在全市率先试点"14岁青春仪式"，14周岁的少先队员400多人面对国旗庄严宣誓，正式告别少年时代，迈进青年行列。14岁青年代表发言畅谈理想，家长代表、教师代表、老干部代表、团县委领导发言提出殷切希望。团县委还召开研讨会，组织全县学少团干部畅谈现场观摩后的感想，探讨青少年心理健康教育、青春期教育等课题。1998年，县少工委组织少先队以"五自""手拉手""启明星""百花园"四项主题活动为载体，深入开展少年雏鹰行动，引导青少年学会生存，学会服务，学会创造，全面提高素质。7月，团县委还组织优秀少先队员，到清华、北大开展"成功之路"夏令营活动。2001年，全县少先队员12人受到团市委和市少工委的联合表彰，县实验小学学生郑爽被评为市优秀少先队员。2003年起，开展"以关注文明、宣传文明、崇尚文明、实践文明"为主题的"小手牵大手，带着文明走"活动，开展"学雷锋、见行动"活动，学生4000余人走上街头义务劳动。开展"学名人、读名著、听名曲、赏名画、记名言"为主题的"五名"教育系列活动。2004年，县少工委开展小公民道德建设活动，县实验小学小学生3000多人在"保护环境人人有责"的横幅上签名。

2005年，全县有少先队大队82个，少先队员1.93万人。开展"热爱生活健康成长"主题实践活动，学生近万人参加倡议签名活动。开展"我与小树同成长"活动，号召少先队员参加植树护绿活动，形成爱绿、护绿的文明风范。5月，举办全县少年才艺大赛，才艺分书画、征文、演讲、手工制作4个方面，一批少年人才脱颖而出。

第三章　妇女联合会

第一节　组织机构

一、妇联本级

1986年，县妇联机关内设组宣部、城乡工作部、权益部、儿童工作部、妇女儿童工作委员会，行政编制7人。1993年9月起，县妇联主任、副主任改称主席、副主席。1997年，县妇联机关内设组宣部、城乡工作部、权益部、儿童工作部、妇女儿童工作委员会办公室，机关行政编制7人。主席1人、副主席1人。2003年1月，县妇联机关内设办公室、组宣部（挂“权益部”牌子）、城乡部、儿童工作部，机关行政编制6人。主席1人、副主席1人，部长（主任）4人。2005年，内设机构、编制没有变化。

二、基层组织

1986年，全县22个乡镇均设有妇女联合会，256个行政村设有妇代会。1995年，全县有乡镇妇女联合会22个，村妇代会260个，县直大系统妇委会9个。2005年，全县11个镇、1个场圃设有妇女联合会，117个行政村设有妇代会，县直机关事业单位及社区设有妇联组织63个。

三、直属单位

金湖县机关幼儿园　1984年9月创办。1986年，县财政拨款购置保教设备、铺设水泥场，在教室内安装保暖设施，校园面积1295平方米，其中园舍面积720平方米。拥有6个班，在园幼儿200多人、教职工25人。1993年，由县教育部门主管改为由县妇联主管，其人员任用由县妇联管理，教学业务由县教育部门代管。1994年12月，在原定的事业编制27人基础上增加3人，为30人；2000年8月，增加事业编制10人，编制为40人。是年，实有教职工46人，在园幼儿500余人，班级11个。2005年，机构、编制没有变化，实有教职工34人。是年，全园占地面积5350平方米，建筑面积3377平方米，其中绿化面积1670平方米，固定资产330万元；拥有班级17个，在园幼儿1027人，在教职工73人；有中学高级教师2人、小学高级教师16人，省、市优秀青年教师4人，市骨干教师2人，县学科带头人4人。

四、妇女代表大会

1986—2005年，全县仅召开一次妇女代表大会，即金湖县第六次妇女代表大会，于1989年5月3—4日召开，出席会议代表219人。大会审议并通过周春芝代表五届执委会所作《自立自强，团结奋斗，为深化改革振兴金湖建功立业》的工作报告，选举产生县妇联第六届执行委员会，执委会由25人组成，常委7人，周春芝当选主任。

第二节 维护妇女儿童权益

1986年，县妇联开展被拐卖妇女情况专题调查，查明外地到金湖县婚配的妇女共272人，其中属于拐卖的46人、重婚的9人、非法同居的27人，配合相关部门进行处理。1990年，接待来信来访2356件，结案率80%以上，县妇联先后被省、市妇联评为信访、维权工作先进集体。同时结合“四五”普法，开展《中华人民共和国妇女权益保障法》《婚姻法》《未成年人保护法》等有关法律法规的宣传教育，共举办法律知识培训班32期，开展法律咨询96次，印发宣传资料8.2万份，受教育妇女达12万人次。开办家长学校46所，普及“优生、优育、优教”知识，0~14岁儿童家长受教育面达90%以上。对于家庭贫困而不能继续读书的孩子，通过实施“春蕾计划”，为她们排忧解难，动员社会各界献爱心、送温暖，开展捐资助学、扶孤助残活动。

1991年，开展维护妇女合法权益宣传月活动。其间，制止丈夫打骂妻子事件13起，教育歧视生女孩母亲家庭5个，维护女青年婚姻自由13起，解救被拐卖妇女3人，动员26户家庭送女孩上学。

2004年12月，在黎城镇派出所成立首家反家庭暴力投诉站。2005年7月，开展“反家庭暴力志愿服务者活动”，分别在县人民检察院、西苑社区、吕良镇、塔集镇设立5个反家庭暴力志愿者服务站，开通法律服务热线电话2部，登记在册的维权志愿者69人。各级妇联组织注重妇女的保健宣传，加强对妇女的“五期”（月经期、怀孕期、分娩期、哺乳期、更年期）保护。1996—2005年，普查普治妇女病25万人次。

第三节 “五好”家庭创建

金湖“五好”家庭创建活动开始于1979年。1986年，在全县广大妇女中开展“五讲四美三热爱”活动和“四自”（自尊、自重、自爱、自强）教育，推选行业先进代表9人组成妇女事迹报告团，在城乡进行宣讲，并将她们的事迹汇编成册，取名《原野春花》。1988年，13户家庭获全国和省“五好家庭”称号。1989年，3对老人获全国“金婚佳侣”纪念奖。1990年起，创建“五好家庭”活动纳入全县精神文明建设总体规划，城镇、农村家庭参评率分别达85%和40%。

图30-3-4 1988年5月，金湖县召开“五好文明家庭”表彰暨经验交流会 姜燕／摄

1994年4月，举办“金莲杯·美好家庭”有奖征文演讲比赛，推动全县的家庭文化建设，树立文明、健康、科学生活的家庭模式。1995年7月，

通报表彰顾业香等19名“军人好妻子”“军人好母亲”，号召全县人民和军属向她们学习，为部队现代化、正规化建设和金湖县两个文明建设做出新的贡献。1997年，1户家庭获全省“五好文明家庭”称号。2003年，倡导移风易俗、婚事新办的社会文明新风，举办“庆国庆”集体婚礼、金婚、银婚大型庆典活动，12对夫妇参加活动。

2004年，开展创建“学习型家庭”活动，全县2000余户家庭参与；6月，50余户家庭参加“绿色家庭”评选活动，其中5户家庭被市妇儿委表彰为“绿色家庭”，1户家庭被省妇儿委表彰为“绿色家庭”。2005年，开展“创文明家庭，树时代新风”“五好文明家庭”创建签名、五好文明家庭为金湖经济做贡献事迹报告会、“我为金湖经济发展献计策”等活动，丰富“五好”内涵。通过开展形式多样的优秀家庭角色评选活动，评选出一批好儿媳、贤内助、好家长，调动家庭成员参与群众性精神文明创建活动的积极性。

第四节 巾帼建功立业

1986年，县妇联号召全县妇女争当育树苗、种田、种果树、养鱼、养禽、养蚕、养猪、养兔、养羊及多面手等“十项能手”，在乡镇、村组、个人之间开展竞赛活动，经评比4064人达标，占参赛妇女的70%。1989年7月，响应全国妇联关于在农村妇女中开展“学文化、学技术，比成绩、比贡献”的劳动竞赛号召，成立县“双学双比”劳动竞赛协调小组，推广塔集镇发展养兔、特种种植的技术及经验，妇女参赛率73%。1990年8月，市电视台到金湖拍摄“双学双比”典型现场，分别拍摄了塔集镇高桥七组王培兰、陈庆香帮贫结对现场，涂沟镇白马湖村大杨庄湖岛渔家姐妹学文化现场，县城农业银行、商业系统技术操作竞赛表演等。

1992年，全县建成“三八”丰产方360个，面积2406公顷，平均亩产高出普通田块12~65公斤；参加“银茧赛”的妇女2.1万人，养蚕5.54万张，产量1600吨，平均每张增产29公斤。1993年，全县女职工2500多人参加技术比武100多场次。1997年12月，在实施全省“巾帼文明工程”中，涌现一批以妇女骨干、科技示范户、专业户和五好文明家庭为依托的团结互助、热心服务、勇于开拓、贡献突出的农村妇女文化中心户。塔集镇跃进村妇代会主任朱玉英、吴祖宏家庭被评为省级妇女文化中心户。

1998年8月，县妇联成立巾帼家政服务中心，为下岗女工提供择业指导、技能培训、用工信息、职业介绍。2005年，县妇联在全县11个镇启动创建“一个读书站、一个巾帼维权站、一个农村妇女劳动力培训基地、一个留守儿童家庭教育服务站”，培训妇女劳动力1800余人，为妇女200余人提供反家庭暴力、婚姻法方面咨询300余次，为广大妇女提供农村种、养、加技术图书1000余册，提供家庭教育技术指导100余次。2003—2005年，创建成国家级“巾帼文明岗”1个、省级“巾帼文明岗”18个、市级“巾帼文明岗”20个。

第四章　科学技术协会

第一节　组织机构

一、科协本级

1986年，县科学技术协会设办公室、学会学术部、科学技术普及部，行政编制5人，其中主席1人、副主席1人、主任（部长）3人。2003年，设办公室、学会学术部、科学技术普及部，行政编制4人，行政附属编制1人。主席1人、副主席2人、部长（主任）3人（含兼职1人）。2005年机构、编制没有变化。

二、基层组织及网络

1986年，全县有工商管理、文化艺术、教育、农水、医疗、农机、环保等28个学（协）会，会员2501人；乡（镇）科协22个，会员1088人；厂科协（筹备组）10个，会员315人；单位科协（筹备组）4个，会员125人。1994年，县科协辖专业学会、研究会30个，基层科协33个。会员3731人。1996年8月下旬，县科协开展清理整顿学会组织活动，根据其整顿的原则，在调查研究的基础上，对所属的31个专业学会（协会）进行审查清理，参审率100%，对组织健全、领导得力、活动正常、经费保证的15个学会（协会）予以保留；对7个学会（协会）调整组织，落实挂靠单位的整改意见；对既无挂靠单位，活动不正常，又无经费的5个学会（协会）予以撤销；对4个学会（研究会）提出变更隶属关系。

2000年，全县共有县属学会（协会）22个，厂（单位）科协10个，农村专业技术协会、研究会26个。有专兼职工作人员210人，会员5000多人（个）。2003年，全县有县属专业学会（协会）22个，镇科协11个，工厂（单位）科协10个，农村专业技术协会28个，有专兼职工作人员210人，个人会员4000多人，团体会员110个。2005年，全县有县属专业学会（协会）44个，镇科协11个，工厂（单位）科协10个，农村专业技术协会28个，有专兼职工作人员210人，个人会员4000多人，团体会员110个。

2005年金湖县科协下属县级各学会（协会）一览表

表30-4-3

名　　称	办公地点	名　　称	办公地点
县工商管理学会	县工商局	县农学会、植保学会等	县农业局
县文化艺术学会	县文化局	县电气工程学会	县供电公司
县综合治理研究会	县政法委	县仪器仪表学会、质监学会等	县质监局
县刑事侦查学会	县公安局	县财政学会、县计算机学会	县财政局
县人民检察研究会	县人民检察院	县国税学会，县计算机学会	县国税局
县法学研究会	县人民法院	县地税学会	县地税局
县经济贸易学会、县企业家协会等	县经贸委	县金融学会（金融计算机研究会等）	县人民银行

接上表

名　　称	办公地点	名　　称	办公地点
县医学会、中医学会、护理学会等	县卫生局	县建行金融学会	县建设银行
县教育学会、县数学学会	县教育局	县工行金融学会	县工商银行
县土木工程学会、县园艺学会等	县建设局	县农行金融学会	县农业银行
县房屋管理及开发研究会	县房管局	县中行金融学会	中国银行
县水利学会	县水务局	县农信社金融学会	县农信社
县粮油学会	县粮食局	县广播电视研究会	县广电局
县科技情报及成果转化学会	县科技局	县交通工程研究会	县交通局
县供销合作经济学会	县供销社	县新闻研究会	金湖日报
县人口学会	县人口计生委	县人力资源学会	县劳动保障局
县环境科学学会	县环保局	县通信学会	县电信局
县石油学会	江苏油田试采二厂	县农机学会	县农机局
县农业资源开发学会	县农业开发局	县预防医学会	县疾控中心
县土地学会	县国土局	县公共卫生学会	县卫生监督所
县气象学会	县气象局	县国有农场经济研究会	宝应湖农场
县地震学会	县地震局	县体育科学学会	县体育局

三、会员代表大会

第一次代表大会　1989年1月5至6日召开，出席大会正式代表220人，特邀代表20人。县委、县人大、县政府、县政协领导出席大会，县政协副主席卜健民到会讲话，省科协副主席孙彦德、市科协主席陈汉镇到会致词。陈照作工作报告。大会讨论通过金湖县科学技术协会章程。选举产生县科协第一届委员会委员52人，主席1人、副主席1人。陈照当选主席。

第二次代表大会　1992年1月7至9日召开，出席大会正式代表138人，特邀代表6人。县委书记郭平扬到会讲话，省科协副主席孙彦德、市科协主席陈汉镇到会致词。陈照作工作报告。大会讨论通过金湖县科学技术协会章程（修改稿）。选举产生县科协第二届委员会委员33人，常委11人，主席1人、副主席1人。陈照当选主席。

第三次代表大会　1997年4月29至30日召开，出席大会正式代表132人，特邀代表20人。市科协、县四套班子主要领导和群众团体负责人参加会议，各乡镇党委书记和县直各部门领导列席开幕式。会上，县委书记李孔惠和市科协主席庄坚分别讲话。涂在保作《团结和动员科技工作者实施科教兴县战略，为我县全面实现"九五"计划而努力奋斗》工作报告，审议并通过修订后的《金湖县科学技术协会章程》。选举产生县科协第三届委员会委员35人，常委15人，主席1人、副主席1人。涂在保当选主席。

第二节　科学普及

1986年起，县科协每年5月均举办"科普宣传周"活动，主题有"普及科学知识，破除迷信""科学与经济”“推进科技进步，振兴金湖经济”“科学与健康”等。1994年3月，县科技咨询信息网建立，筛选编辑信息网月刊11期，发布投资项目信息286条。县科协积极推广冲天炉改造技术，县汽配厂、输油泵厂各改造成功1台，年增经济效益39万元。根据乡镇产业结构特点，县科协创办珍珠、养兔、水产、仪器仪表、电线电缆等5个农村专业技术协会，广泛开展技术、信息市场分析、人员培训和产前、产中、产后系列服务，珍珠和养兔协会被评为市“十佳农村专业技术协会”，受到市政府表彰。1995年，全县22个乡（镇）全部建立农函大辅导站，全年招收农函大一年制中级班学员543人。县科协与县委组织部、农工部、教育局联合开展农村实用技术培训，共培训7000多人，印发实用技术培训教材、资料2万多份。县科协与省科协干部进修学院、南京农业大学成教学院联办“国际经贸管理函授大专班”，培养42名学员。帮助县热工仪表总厂、滚轮体厂、塔集渔业机械、江苏爱特福等6家企业在《科学大众》《中国乡镇企业报》《江苏科技报》等报刊进行广告宣传，扩大产品知名度。县科协奔赴3省2市的30多个单位牵线搭桥，推销金湖县产品55.16万元。县科协获省科普宣传工作先进集体称号。

1996年，县科协会同县科委、广电局等8个单位举办县第八届优秀科技广播稿件评选活动，共收到稿件256篇，广播录用210篇，评选一、二、三等奖28篇。县科协联合县委组织部、党校等7个单位，利用企业青年干部培训班、后备干部培训班等时机，举办“科学技术是第一生产力”“科学技术是产业革命的摇篮”“为加速实现两个根本性转变而努力”等内容的科普讲座7场，受听1600多人次。是年9月，举办金湖县第八届科普周。1997年，围绕“科学在我身边”主题开展科普宣传活动，发行《科学在我身边》科普专辑1300多册，展出展牌160块，印发科普宣传资料1.4万份，举办讲座65场、听众8345人，举办科技知识竞赛14场、参赛534人。1998年，县举办首届自然科学优秀学术论文评选活动，收到论文22篇，评选为优秀学术论文12篇。1999年，举办农村经纪人培训班3期，有近千人参加。

图30-4-5　1996年9月，金湖县第八届科普周开幕　　朱伟／摄

2000年，县科协开展农村科普示范基地基本情况调查，对全县农村科普示范基地的建设、运营、社会经济效益等情况进行调查研究，将棉田立体种植、小密度网箱和蟹立体养殖、茭白种植、蒿茶生产等24个科普示范基地的情况及时上报，被列入全国农村科普示范基地数据库。开展技术难题咨询活动，全县共征集水产养殖、农副产品加工、机械制造等方面20个难题，上报省、市科协，做好项目与省、市高等院校、科研院企业集团、咨询机构的对接和跟踪服务工作，促进科技成果转化。2003年，开展厂会协作活动，县科协先后同县经贸委、县委知识分子工作领导小组办公室，面向全县中小企业、种养大户及城乡其他各种经济组织，广泛征集当前急需解决的技术难题。经分类汇总，将机械制造、化学化工、电线电缆、农副产品加工等方面的20多个技术难题上报市科协，县科协组织下属各学会（协会）科技人员深入基层开展技术服务，同时积极向省市各有关学会（协会）寻求帮助。江苏华鼎精细化工有限公司、金湖县石油化工机械制造有限公司等企业与市化学化工学会、机械学会等学会组织合作，合作项目包括化工机械、电线电缆、农副产品加工等。是年，全县县、镇、村三级科普网络进一步完善，扎实的科普宣传和典型的科普示范基地建设工作成效显著。11月21日，金湖创建省

级科普示范县活动顺利通过省检查组验收。12月，金湖县被命名为“江苏省科普示范县”。

2005年，县科普志愿者服务团成立，由460名热心科普工作、有一定专长的居民（村民）和有一定成就、声望的专家以及科技工作者和社会知名人士组成。开展创建“江苏省科普文明社区（街道）”活动，黎城镇西苑居委会被省科协命名为江苏省科普文明社区。开展科普资格考评活动，全县31人报名考试，13人取得科普技术职称，其中科普师11人、助理科普师2人。

1986—2005年，县科协共开展17届科普宣传周活动，举办科普展览80多次，巡回展出200多次，观众达30多万人次；巡回放映科教电影、录像3500多场，观众达70多万人次；出科普画廊、板报500多期；印发科普期刊、科技资料260多期，撰写科普广播稿件1200多篇；先后有60人被评为省、市科普先进个人，80人被授予科技致富能手。

第三节　金桥工程

1993年，由中国科协发起，目的是以经济建设为中心、推动科技成果转化、促进科技与经济相结合。是年，县成立“金桥工程”领导协调小组，制定《金湖县“金桥工程”实施方案》。县科协牵头组织项目申报立项，各级科协、学会（协会）参与，动员组织科技工作者面向企业和农村广泛开展群众性的创新服务、技术服务、合作服务以及交流活动，在科技与经济、企业、农村之间“架桥”，促进科技成果向现实生产转化。1994年，县科协向省科协金桥办和香港万国投资集团有限公司推荐“提前器”“蔗糖酯”“珍珠粉”等项目，省科协作为首批项目上报国家科协。

1995年，县输油泵厂“双偏心供油角度自动提前器”和油化厂“蔗糖脂肪酸酯”两个技术项目经推荐被列为中国科协“金桥工程”第一批立项项目。提前器实现年产值250万元，利税30万元。帮助县汽配厂和县输油泵厂完成化铁炉新型专利技术改造，年新增经济效益55.8万元，帮助吕良氯气泵厂完成化铁炉、退火炉和烘房的技术改造。帮助县堤防管理所从哈尔滨引进浮雕装饰新工艺，帮助孙集乡从北京引进微型彩色鞭炮新技术，帮助卞塘美事达化工厂从天津化工研究所引进钢铁件常温发黑剂新技术，合计年增产值27.1万元，利税2.3万元。帮助县机械厂进行电弧炉的技术改进，年新增经济效益8万元。为江苏油田试采二厂、黎城镇、交通局、县土产公司等10多个单位新上项目进行科技咨询。为江苏油田试采二厂开发自动跌落开关项目，为县滚轮体厂开发石油机械新产品，为县水泥制品厂开发新型外墙装饰材料，为县制药厂开发乐极霉素新产品，为县农机公司引进喷气式喷雾新机具等牵线搭桥。为白马湖乡新跃、阮桥、新河三村“小康工程”引进资金13万元。发展科技资讯信息网网员119个，筛选各类信息3万多条，编辑网刊12期，书面、口头发布信息366条。12月10日，县科协会同教育局、经委在县电大举办金湖县经济、科技、教育界第七次联谊活动，促进经、科、教一体化。县科协还充分发挥科技人员之家的作用，热心为科技人员解除后顾之忧。县科协被市科协评为全市“金桥工程”先进单位。

1997年，县科协完成马路吸尘机生产技术、人造玛瑙洁具及装饰板生产、新型石油钻具止回阀生产技术、乐极霉素生产技术等四项淮阴市金桥工程项目申报工作。为淮胜等5个乡镇和县堤防管理所等单位联系手扶拖拉机恒压发电机等6个项目，为陈桥乡引进汽车高效节电分光电子点火器项目，为县农村动力机械配件厂引进石油液化气残液自动燃尽器项目，为官塘粮管所提供菜籽粕脱毒技术，为黎城镇利东村、黎城村提供肉狗圈养、人工地栽黑木耳等技术。1999年3月，县科协加入中国科协“金桥工程”信息网，编发信息网期刊10期，发布项目信息158条，接待科技咨询58人次。银集镇“特种水产品示范园”和涂沟镇水产食品厂“万吨盐渍荷藕加工”项目，被全国科协审定为全国第5批“金桥工程”项目。2000年，县石油化工机械厂新开发的QYJ160013.5氯气泵被中国科协审定全国第六批“金桥工程”项目。2005年，县科协编印《金桥信息》4期，对外发布信息46条，接待来电来访咨询50余人次。

第四节　队伍建设

1987年，中国科协和国家经贸委联合发起在全国科技人员中开展“讲理想、比贡献”竞赛活动。1988—1993年，县科协在组织开展该活动中强调注重高新技术的推广应用，注重解决难题的科技水平，注重提高企业的经济效益。1994年，全县20家企业科协围绕企业改革、技术攻关、产品质量、开发新品、提高经济效益等关键问题开展竞赛活动，取得明显成效。

1995年，县科协各学会（协会）围绕“科教兴县、发展地方经济”主题，研讨论证学术专题132项，撰写论文70篇，《30万亩水稻丰产栽培技术》获国家农业部丰收计划二等奖。同时，“讲理想、比贡献”竞赛活动拓展到全县所有工业企业。1996年7月，县畜牧兽医学会理事长张兴法出席在法国召开的第六届世界养兔科技大会，交流金湖县养兔建设工程情况；县林果学会引进观赏金枝垂柳等品种20个6000多株，合作造林133.33公顷，论文研讨20多次，交流论文140多篇，其中30篇被市以上报刊采用；机电工程学会秘书长罗明论文《高能耗配变不减容改造点滴》被《农村电气化》杂志第7期刊用。

1997年，县科协制定新一轮“讲理想、比贡献”活动实施意见，对活动的指导思想、组织领导和主攻方向提出具体要求。加强组织协调、立项申报和检查考核，激发科技人员参赛热情。1998年12月18日，县政府召开“讲理想、比贡献”经验交流大会，4个单位和个人进行大会发言，交流“讲比”经验，县机械厂、制药厂科协被评为“讲比”竞赛先进集体，受到县委、县政府的表彰；县机械厂组织科技人员积极开发石油机械新产品，拓展国外市场，获美国石油学会API证书使用权，获江苏省先进厂科协称号。1999年，组织厂科协开展“讲理想、比贡献”竞赛活动8次，提出科技创新合理化建议26条；完成厂科协与企业协作项目2个；申报市首批农村科普示范乡、村各2个。

2000年，县科协组织所属学会（协会）开展学术交流40多次，交流论文120多篇，有60多篇学术论文在国家级和省市级科技刊物上发表。组织厂（单位）科协开展“讲理想，比贡献”竞赛活动9次，提科技创新合理化建议30余条，完成厂会协作项目1个。在创建省市农村科普示范基地活动中，银集镇被命名为首批省级科普示范乡镇。2001年3月，配合省“科教大篷车”活动，组织科技人员300多人送科技下乡。4月，开展农村实用新技术推广月活动，全面实施品种、技术、知识更新工程，种养大户受训率90%。

图30-4-6　2001年3月，“科教大篷车”活动开幕　朱伟/摄

2004年，开展淮安市暨金湖县青少年科技创新小发明竞赛活动，经筛选上报的10件作品中有4件获市级表彰。会同县委组织部开展首届农村党员干部科技“快餐月”活动，将基层干部群众的科技需求梳理归类为36条，组织有关部门科技人员提供田头塘口技术服务，组织“短平快”实用技术系列讲座10次，

培训基层乡土人才1000多人。是年，还组织科技进社区活动，开展科普大篷车进校园活动。2005年8月，全县科技人员参加第五届淮安市优秀科技工作者评选活动，经推荐上报、评审，县林牧渔业局刘家衡被评为市优秀科技工作者，县农业局张远芬被省科协评为省优秀科技工作者。

1986—2005年，各学会举办学术报告会、讨论会、讲座800多次、组织科学考察120余次；提出合理化建议641条，其中被部门采纳的310条；撰写科技论文860篇，其中在有关杂志发表710篇，获市优秀论文奖86篇；编印学会刊物218期，发行9.8万多册。畜牧兽医学会开展的“肉用仔鹅的饲养及配套技术的推广”项目，获农业部“丰收计划”一等奖，授予张兴法等3人荣誉证书。水产学会李明峰的《论养鱼成本上升问题及其对策》一文，获省首届渔业经济论文竞赛三等奖。纺织学会缪鹏、盛政洪合写的《粗细针纬编复合织物试制》一文在针织行业全国性杂志上发表。张爱平、鲁阳东合写的有关价值工程方面的论文获省价值工程成果三等奖。

第五章　工商业联合会

第一节　组织机构

一、工商联本级

1992年1月，成立县工商联筹建工作领导小组。是年4月21日，金湖县工商业联合会成立，行政编制3人，在编2人，设主任委员1人、副主任委员1人（不驻会）、秘书长1人；9月，在编3人。1998年3月起，县工商联主任委员、副主任委员改称会长、副会长。1998年在编3人。2003年1月，行政编制3人，在编2人，会长1人、副会长兼秘书长1人。2005年机构、编制没有变化。

二、基层商会

1992年1月，发展工商联新会员154个，调查登记原有工商联老会员281个。8月，组建工商联基层（基础）会员小组。年底，成立城区、宝农、刘圩3个工商联基层小组。1993年3月起，全县22个乡镇相继建立工商联基层会员小组22个。至1996年底，共有工商联基层会员组织25个。1997年7月，夹沟乡率先成立工商联夹沟分会，至1999年底，共建立工商联基层分会23个。2000年2月，原22个乡镇基层分会合并为11个乡镇工商联分会，连同城区分会，实有基层分会12个。至2005年无变化。

三、同业商（公）会

1999年10月，金湖县绒花同业公会成立。公会主要职责：加强同行业之间协作，为会员和绒花加工户提供服务，研究解决生产销售，开发新产品，提高产品质量，发挥绒花特色产业优势等方面的问题，以达到相互帮助，共同发展，共同致富的目的。2002年7月28日，县工商联城区商会下设的南北货、水果、服装鞋帽、家禽、水产品、建筑装潢、蔬菜、屠宰、副食品加工、烟酒等10家同业商会成立。同业商会实行“自选领导、自聘人员、自筹经费、自理会务”的组织原则，按照“自我管理、自我服务、自我协调、自我约束、自我教育”的要求开展活动。2003年1月28日，金湖县工商联餐饮同行业商会成立。至2005年，全县共有工商联同业商会12个。

2005年金湖县工商联同业商（公）会一览表

表30-5-4

名　称	成立时间	会员数（人）	名　称	成立时间	会员数（人）
金湖县绒花同业公会	1999年10月	23	城区商会家禽同业商会	2002年7月	16
城区商会建筑装潢同业商会	2002年7月	23	城区商会服装鞋帽同业商会	2002年7月	25
城区商会烟酒同业商会	2002年7月	31	城区商会副食品加工同业商会	2002年7月	26
城区商会南北货同业商会	2002年7月	20	城区商会水果同业商会	2002年7月	25
城区商会屠宰同业商会	2002年7月	76	城区商会蔬菜同业商会	2002年7月	65
城区商会水产同业商会	2002年7月	27	城区商会餐饮同业商会	2003年1月	33

四、会　员

县工商联会员分为企业会员、团体会员和个人会员3类。申请经批准入会后，县工商联及时向会员发放会员证。入会对象主要是：注册经营在金湖县范围内的各类企业，申请经批准后成为企业会员；具有法人资格的工商及有关社团，在金湖县范围内登记的，申请经批准后为团体会员；工商企业的投资者和经营者，经营情况较好，有一定代表性的个体工商户，其注册在金湖县范围内的，申请经批准后为个人会员；注册登记不在金湖县范围但经营地点在金湖县的企业，申请经批准后为企业会员；与工商联工作有联系的经济工作者、法律工作者和其他有关人士，港、澳、台胞和海外侨胞中工商界知名人士，可参加或被邀请为工商联个人会员；与工商联建立工作联系的单位，可通过协商派代表参加或被邀请为个人会员。

1992年，县第一届工商联会员代表大会召开时，有会员435个（人）。另有老会员（50年代老会员，原分属宝应、高邮县工商联）281人。1994年，有会员627个（人），其中，50年代老会员281人（在职6人），1992—1994年新发展346个（人），其中团体会员1个、集体企业会员4个、乡镇企业会员12个、私营企业会员5个、个人会员27人、个体工商户会员297人。

1998年，县工商联发展对象、发展重点向股份制企业、私营企业、个体工商户等非公有制经济方面倾斜。是年，全县有会员829个（人），其中团体会员27个、股份制企业会员3个、乡镇企业会员10个、私营企业会员69个、“三胞”投资者会员1个、个人会员107人、个体工商户会员457人。另有50年代老会员180人。2000年，有会员920个（人），其中团体会员14个、股份制企业会员3个、乡镇企业会员5个、私营企业会员153个、“三胞”投资者会员1个、个人会员160人、个体工商户会员501人，另有50年代老会员92人。2002年，有会员1064个（人），其中企业会员228个、团体会员14个、个人会员810人。另有50年代老会员12人。2005年，有会员1241个（人），其中，企业会员318个、团体会员15个、个人会员901人。另有50年代老会员7人。是年，会员中担任市人大代表1人，市政协委员2人，县人大代表5人，县政协委员27人，担任省、市、县工商联常委、执委43人。

1992—2005年金湖县工商联会员统计表

表30-5-5

年份	合　计（个、人）	企业会员（个）	团体会员（个）	个人会员（人）	年份	合计（个、人）	企业会员（个）	团体会员（个）	个人会员（人）
1992	435	21	4	410	1994	627	55	27	545
1993	520	34	26	460	1995	658	78	27	553

接上表

年份	合　计（个、人）	企业会员（个）	团体会员（个）	个人会员（人）	年份	合计（个、人）	企业会员（个）	团体会员（个）	个人会员（人）
1996	684	83	27	574	2001	968	182	14	772
1997	711	90	27	594	2002	1064	228	14	822
1998	829	129	27	673	2003	1130	295	15	820
1999	896	150	27	719	2004	1180	305	15	860
2000	920	156	14	750	2005	1241	318	15	908

五、会员代表大会

第一届会员代表大会　1992年4月21日在县政府礼堂召开（为淮阴市各县区首家），出席会议的正式代表107人（个），其中个人会员代表90人、团体会员代表2个、特邀代表15人。县委副书记何璋到会讲话，市工商联副主委赵定远到会致辞。大会选举产生金湖县工商业联合会第一届执行委员会委员31人，由一届一次执委会选举产生常务委员13人组成常务委员会。杨金城当选主任委员。1993年10月，邱志刚任主任委员。

第二届会员代表大会　1997年3月18日在县政府礼堂召开，会议应到代表88人，实到66人，特邀代表10人。市工商联、县四套班子有关领导及县直有关部门负责人参加大会。会议听取和审议袁锡琳代表一届执委会所作的《肩负历史重任，再创新的辉煌，为实现工商联跨世纪的宏伟目标而努力奋斗》的工作报告。大会选举产生县工商联第二届执行委员会委员40人。其中，党外人士32人，占80%；非公有制代表人士29人，占72.5%。委员平均年龄41.8岁，比上届下降3.1岁。袁锡琳当选会长。

第三届会员代表大会　2001年11月15日在金湖宾馆召开，会议应到代表88人，实到72人，特邀代表15人。市工商联、市委统战部、县四套班子主要领导及县直有关部门负责人参加大会。会议听取和审议卞爱武代表县工商联第二届执行委员会所作的《肩负重任，创新求进，全面迈上新世纪工商联工作新台阶》的工作报告。会议选举产生县工商联第三届执行委员会委员43人和出席市工商联第五届会员代表大会代表10人。卞爱武当选会长。

第二节　参政议政

1992年4月县工商联成立后，围绕县委工作中心，广泛开展调查研究、建言献策、参政议政活动。1994年，县工商联召开各种类型的私营、个体经济代表人士座谈会12次，调查了解个体、私营经济的生产经营状况，听取个体、私营业主们关于发展非公有制经济方面的意见，对存在的乱收费、治安差、负担重、服务少等问题，及时向县委、县政府提交《关于全县个体、私营经济发展情况调查》和《强化服务 推进私营个体经济发展》等调查报告4篇。1995年3月，在县九届人大三次会议和县政协五届三次会议上，担任县人大代表、政协委员的工商联会员，就全县个体、私营经济发展中存在的问题，向会议提交议案、提案12件。在县政协五届三次会议上，县工商联作题为《关于进一步加快发展全县个体私营经济的建议》的大会发言。2000年5月，县工商联组织部分执委深入陈桥、闵桥、金南、黎城等镇的36个私营工业企业开展调研，向县委、县政府提交《强化服务，加快私营工业发展》和《关于我县私营企业党建情况的调查》等报告。

2002年，县工商联围绕非公有制经济发展等问题，广泛开展调查研究，先后撰写《金湖县私营、个体经济发展情况汇报》《关于对非公有制经济代表人士和民营企业家队伍建设的调查》《关于私营企业发展开放型经济情况的调查》等调研报告，从不同侧面反映全县非公有制经济发展情况，提出具体建议和要求，为政府加快非公有制经济发展提供决策依据。2004年，召开各类非公经济人士座谈会6次，走访调查私营企业35户，撰写《全县民营经济发展情况》《打造民营经济品牌战略》等调研报告。引导会员为全县非公经济发展和三个文明建设建言献策，在县人大、县政协会议期间，担任县人大代表和县政协委员的工商联会员，共提交议案、提案30多份。工商联在县政协会议上作题为《关于扶持非公经济发展几点建议》的大会发言，履行参政议政职能。

2005年，县工商联召开各类非公经济人士座谈会8次，走访调查各类私营企业42户，撰写《消除壁垒，打开通道》《金湖外向型企业调查》《全县服装企业用工调查及建议》《打造民营经济品牌战略》等调研报告。在县两会期间，工商联作题为《为全县非公经济创造拓宽环境》的政协大会发言，同时组织会员中的人大代表、政协委员参政议政，向大会提交提案、议案40份。

第三节　光彩事业

1993年7月，私营企业县通达特种电缆有限公司总经理徐志良为金南乡丰收村捐资3万元，用于安装自来水。1997年，私营企业县天马大理石建材厂厂长李殿俊在六一儿童节期间向县培智学校捐款4000元，并为每个学生买一套学习用品和一顶遮阳帽。1998年，县工商联执委个体工商户徐文才先后资助3000余元帮助失学儿童5人重返校园。8月15日，全县非公有制经济人士积极响应县工商联发出的为灾区奉献爱心的倡议，共向洪涝灾区人民捐款2.9万元、捐物价值3万元。2003年，县工商联号召全县非公经济人士积极开展抗击“非典”活动，共为防治“非典”捐款捐物30万元。

2004年，倡导组织非公有经济积极参与扶贫济困、帮助失学儿童等社会公益活动，共组织开展各类义务捐助活动10多次，并组织东泰公司等私营企业创办“春蕾班”2个，累计8万余元。2005年春节期间，组织10个会员企业慰问特困户20余户，5万余元、大米200公斤、食油50公斤以及其他物资。继续捐资助学、扶弱济困，帮助学生重返校园70多人，捐资12.6万元。6月，组织部分民营企业家慰问解放军泗湾湖农场，捐大型空调1台；慰问县武警中队，捐绿豆等价值近万元。继续办好“春蕾班”，县东泰发展有限公司总经理郑承营在新学年开学期间，分别向县育才小学和戴楼镇中心小学“春蕾班”各捐资1万元。

1992—2005年金湖县光彩事业捐赠统计表

表30-5-6

年份	捐款（万元）	捐物折币（万元）	资助贫困生（人）	年份	捐款（万元）	捐物折币（万元）	资助贫困生（人）
1992	2.6	1.2	8	1999	12.0	2.3	60
1993	3.5	2.6	12	2000	11.0	1.2	30
1994	3.1	2.4	10	2001	10.0	1.8	35
1995	4.5	1.8	15	2002	10.0	2.0	33
1996	6.2	3.3	20	2003	40.0	13.0	120
1997	10.5	3.5	55	2004	20.0	6.0	120
1998	25.0	3.0	40	2005	23.0	7.8	100

第六章　文学艺术界联合会

第一节　组织机构

一、文联本级

1999年12月，县文学艺术界联合会成立，挂靠县委宣传部，事业编制2人，县委先行任命副主席1人。2001年1月，县文联事业编制2人，其中驻会副主席1人。2005年，县文联人员编制没有变化。

二、文艺协会

县摄影协会　1987年10月成立，会员19人。2005年会员50人。
县书法协会　1996年1月8日成立，会员73人。2005年会员88人。
县文学协会　2000年11月4日成立，会员51人。2005年会员65人。
县美术协会　2000年11月10日成立，会员36人。2005年会员52人。
县群众文艺协会　2000年11月21日成立，会员42人。2005年会员58人。
县音舞协会　2000年11月21日成立，会员63人。2005年会员72人。

三、会员代表大会

2001年1月11日，县文学艺术界联合会第一次代表大会在金湖宾馆二楼会议室召开。应出席会议的有6个协会的代表108人，出席101人。县委书记林伟明到会发表讲话，县人大常委会主任陈德昌、县政协主席胡进等出席会议，省文联党组书记姚志强、省舞蹈家协会主席黄素嘉、省作家协会副主席赵恺、市文联主席张寿山等到会祝贺，县委常委、宣传部部长郑泽云作题为《跨入新世纪，实现新繁荣，为实践先进文化前进方向而努力奋斗》的报告。大会讨论通过《金湖县文学艺术界联合会章程》，选举产生第一届文联委员会委员30人。第一次全委会聘请赵恺、曹启瑞为特邀顾问，聘请顾问25人，推选产生主席1人、副主席3人、秘书长1人、副秘书长2人。郑泽云当选主席。

第一届文联闭会期间召开3次全委会议，第二次全委会于2002年4月8日在金湖宾馆召开。会议传达学习中国文联第七届全国代表大会和中国作协第六届全国代表大会精神。会上补选主席1人、副主席1人、委员1人。张光射当选主席。第三次全委会于2003年5月30日在金湖宾馆召开。会议听取文联第一届二次全委会工作报告，补选文联主席1人、副主席1人、秘书长1人，增补副秘书长2人、委员3人，聘请名誉主席1人。吕春雷当选主席。第四次全委会于2005年3月9日在县行政中心三楼多功能厅召开。会议传达学习江苏省七次文代会和第八次作代会精神。李顺英受大会委托作题为《高举先进文化旗帜，为构建和谐金湖做出新贡献》的报告。会议补选主席1人，增选委员2人。李顺英当选主席。

第二节　展赛交流与采风

一、展赛交流

1999年，万建华编创的少儿舞蹈《木勺舞》获全国“小荷风采”银奖，省“五星工程奖”。2000年4月2—6日，刘运义摄影作品《亲和》随第19届中国摄影艺术展览在韩国“韩中写真交流展”中展出。同年4月19日，韩国写真作家协会理事白铉基给刘运义专门寄来《感谢状》。2000年10月，县书法协会与县中百一店联合举办植晓春、肖善中、高保岭、叶华洲、李德会5人书法作品展。2001年4月，陆功勋隶书作品“深谷鸟啼云化水，远林花落雨如烟”，在中国桂林炎黄书画艺术研究院、日本爱华路多国际书画艺术研究中心和韩国国际书画协会联合举办的第五届21世纪国际书画审美大赛中获金奖；万建华编创的少儿舞蹈《银鸽飞舞》获省第三届少儿艺术节创作、表演两个一等奖、获全国校园春晚大赛一等奖。2003年10月26日，江苏省林散之纪念馆馆长、著名画家侯世藻应邀到金湖传授花鸟画技法，授课期间送学员作品10多幅。2004年8月，叶华洲书法作品入选全国大展，这是金湖书法作品首次入展全国权威性书展。是年，金湖秧歌被列入省保护项目，这是淮安市唯一被省列为民间特色文化保护工程的项目。2005年7月25日、9月12日，金湖、高淳两县书画爱好者100余幅作品，分别在中国·金湖第五届荷花艺术节和第五届中国·南京固城河螃蟹节展出，为两地节庆增色添彩。是年，由金湖娃艺术团自编、自导，独具水乡特色的少儿舞蹈《荷香鼓韵》在全国第五届校园春节晚会上获编导、表演金奖，并在中央电视台第三套节目中播出。

图 30-6-7　县摄影协会组织会员在荷花荡摄影创作（摄于2005年）
贾铭／摄

二、考察采风

2002年6月3日，南京、淮安市及安徽省天长市10多位书画名家应邀到金湖参加采风活动，书画家们游览荷花荡、白马湖等景点，创作20多幅书画，在第二届荷花艺术节“走进金湖书法绘画摄影作品展”中展出。2004年12月，全国傩戏学会会长曲六乙，中国艺术研究院戏曲研究所常务副所长刘祯，省傩文化学会副会长曹琳等专家到金湖实地考察调研金湖香火戏，对金湖香火戏的保护和挖掘的价值给予首肯。2005年5月11日，由中央人民广播电台、中央电视台、中国唱片总公司联合组织的海峡两岸淮楚文化采风考察团，观看金南镇南望村香火戏老艺人的《开坛》《升旗》《发表》《招魂》等节目和闵桥镇老艺人表演的金湖秧歌。专家们一致认为金湖秧歌、香火戏唱词唱腔清新流畅、优美动听，表达方式多种多样，是不可多得的民族民间文化遗产。

三、民间艺术普查

2004年1月13日，县印发《关于成立金湖县特色文化和民间艺术资源普查领导小组的通知》和

《关于开展金湖县特色文化和民间艺术资源普查的通知》，在全县范围内开展特色文化和民间艺术普查。上报金湖秧歌、金湖傩戏、金湖娃艺术团、金湖荷花艺术节4项特色文化项目，上报陆功勋彩膜剪纸、陆功勋辟邪画、邱卫萍草编、金湖布贴画、黎城面艺、金湖少儿吹画、闵桥刺绣7项民间艺术品项目。所形成的《金湖秧歌》《金湖（香火）傩戏》两份调研报告被作为淮安市样本。

第七章　残疾人联合会

第一节　组织机构

一、残联本级

1986—1988年，残疾人工作由县民政局代管。1989年8月，县政府成立县残疾人联合会筹备领导小组。是年11月，金湖县残疾人联合会第一届执行理事会选举产生，同时成立县残疾人福利基金会。1994年，成立县残疾人工作协调委员会（简称县残工委）、县残疾评定委员会及其办公室2个。1995年，成立县康复工作办公室。1996年4月，县残联升格为正科级，配备工作人员4人，财务独立。1999年1月，县残联内设办公室（挂“宣传文体股”牌子）、康复股、组织联络股（挂“教育就业股”牌子），事业编制4人。2000年11月，经县残疾人联合会第二届二次主席团会议通过，残疾人工作从民政部门完全析出；12月，县残联增加编制1人。2001年10月，设置教育就业股。2005年，县残联内设机构、人员编制没有变化。

二、直属单位

县残疾人劳动就业服务所　1995年成立，股级事业单位，编制4人，实有3人。2005年，编制2人，实有3人

县残疾人康复指导站　1997年9月成立，股级事业单位，编制1人。是年，县残联征用土地0.33公顷，建设残疾人康复培训活动中心。2005年，编制2人，实有1人。

县残疾人用品用具供应站　1997年9月成立，股级事业单位，编制1人。2005年没有变化。

淮安市假肢装配站　2003年5月建立，为县残联直属股级事业单位，淮安市首家。集接诊取型、制作、训练、库房于一体。是年，共为全市小腿缺肢者17人安装假肢。2005年没有变化。

三、乡（镇）残联

1989年县残联第一次代表大会召开后，部分乡镇筹备成立残联组织。1990年初，淮建、夹沟、官塘乡组建乡、村基层残联组织。年底，全县22个乡镇均建立残联，146个村、3个厂(场)建立残疾人协会，占村级单位的60%。1997年7月，乡镇残联配备工作人员22人；建企业团体残疾人组织36个，基层康复站91个。1999年，各乡镇残联均配备专职理事长，成立村（居）残疾人工作小组，共设置村（居）委员会残联组织259个，村民小组残联组织2147个。2001年11月，机构改革，保留镇乡级残联理事长职位，将残联列入镇群众团体系列。2005年，全县设置村（居）委员会残疾人协会（小组）143个，配备联络员143人、助残志愿者290人；各福利厂均成立残疾人协会，协会设主任1人，委员3~7人。

四、残疾人口调查

1987年4月，国家组织第一次残疾人抽样调查。金湖县共有残疾人14100人，占总人口的4.27%，其中文盲、半文盲占绝大多数。1995年，全县有残疾人4369户（鳏寡孤独及“五保”老人未统计）17315人，占总人口的5%。其中聋哑人5939人、视力残疾2528人、智力残疾3411人、肢体残疾2528人、精神病患者658人、多重残疾2251人。属就业年龄段的6513人，占总数的39.2%；有劳动能力的4173人，占64.1%；无劳动能力的2340人，占35.9%。在有劳动能力的残疾人中男性277人、女性215人；贫困残疾户2614户4025人，其中有劳动能力的2322人；有特困残疾户250户932人，其中无劳动能力的327人。

2005年4月，国家进行第二次残疾人抽样调查。金湖县有残疾人25957人，约占总人口的7.21%，分布在7987户家庭中，其中弱智2004人、聋哑7803人、视力残疾3844人、肢残6220人、精神残疾2069人、多重残疾4017人；有劳动能力的19386人，占总数的74.68%；贫困人口9137人。

1987年、2005年金湖县各乡（镇、场）残疾人抽样调查统计表

表30-7-7　　单位：人

乡（镇、场）	1987年	2005年	乡（镇、场）	1987年	2005年	乡（镇、场）	1987年	2005年
黎　城	1651	7098	夹　沟	1122	—	孙　集	335	—
戴　楼	309	1507	淮　建	681	—	陈　桥	565	1829
官　塘	361	—	银　集	751	1482	新　农	748	—
金　南	388	2674	涂　沟	301	1830	金　北	796	1583
下　塘	834	—	唐　港	710	—	宝应湖	48	581
金　沟	785	—	淮　胜	153	—	复兴圩	17	113
闵　桥	870	1708	前　锋	326	2033	原种场	10	114
横　桥	615	—	白马湖	321	—			
塔　集	620	1861	吕　良	440	1544			

五、残疾人代表大会

第一次代表大会　1989年11月16日在县城召开（为淮阴市各市县区首家），出席会议应到代表91人，其中残疾人代表46人，占代表总数的50.6%；健全人代表45人，占49.4%。实到会代表67人。大会选举产生县第一届残疾人联合会首届主席团及执行理事会，推选主席1人、副主席7人，常务副县长柏传书当选主席；推举产生执行理事会理事长、副理事长、理事。王玉琪为理事长。会议期间，选举成立县残疾人福利基金会。1991年3月，

图30-7-8　1989年11月16日，金湖县残疾人联合会第一次代表大会召开　李义海／摄

召开一届二次扩大会议，增选主席团主席1人、副主席2人。赵长平增选为主席。

第二次代表大会　1997年10月30日召开，出席会议的代表共117人，其中残疾人代表59人，占代表总数的50.4%；健全人代表58人，占49.6%。大会听取和审议第一届主席团工作报告，选举产生县残疾人联合会第二届主席团及执行理事会，县长林伟明受聘任名誉主席，常务副县长王殿宏当选主席。推举理事长、副理事长各1人，理事2人。王治林为理事长。大会通过相关决议，表彰残疾人工作先进集体23个、先进个人24人、自强模范23人。

1999年11月，召开二届二次主席团会议，免去主席团委员8人，增选9人；通过执行理事会理事长、理事及4个专门协会主席的任职。

第三次代表大会　2003年9月8日召开，出席会议代表152人，其中残疾人代表92人，占代表总数的60.5%；健全人代表60人，占代表总数的39.5%。大会选举产生县残疾人联合会第三届主席团及执行理事会，聘任名誉主席1人，推选主席1人、副主席7人。卞爱武当选主席。推选执行理事会理事长1人、理事4人。殷之云当选理事长。大会通过相关决议，表彰残疾人工作先进集体27个、先进个人24人、自强模范19人。

第二节　残疾人康复

1989年，为残疾人施行白内障复明10人、小儿麻痹矫治手术5人，拉开全县残疾人康复工作序幕。1992年9月，全国残联组织委派国家儿麻矫治手术医疗队骨科专家一行6人，到金湖县开展儿麻矫治工作，共检查筛选儿麻患者数百人，施行矫治手术60例，每手术一例，上级政府补助170元，县民政局在民政事业费中又增补100元。此后，又为儿麻患者施行手术29例，共完成89例。1995年，全县施行白内障复明手术156例，累计331例；儿麻矫治58例，累计234例；聋儿语训10人，累计60人；培训智力残疾儿童家长15人，精神病防治累计848人；设置县级康复站5个，乡镇、街道康复站22个，村、居康复站36个，社区康复站63个。12月，省残联在金湖举办江苏省聋儿语训、弱智康复师资培训班。金湖获全国防盲工作先进县、全国特殊教育工作先进县称号。殷之云、孙善德分别获得全国残疾人三项康复工作先进个人、全国扶残助残先进个人称号。1999年11月，由国际狮子会资助，卫生部、中残联承办的“视觉第一·中国行动”，江苏省“九九光明行动”的九九光明医疗队到金湖县，为白内障患者256人施行复明手术，植入人工晶体205例，手术成功率99%以上，为患者节省医疗费60多万元。

2000年，残疾人三项康复工作不断创造佳绩。“九五”期间，共完成白内障复明手术774例，低视力佩戴助视器33人；肢体矫治手术106例，肢体康复训练164人；聋儿语训46人，智残儿童训练80人，培训残疾儿童家长77人；残疾人用品用具供应2126件；精神病人2363人，服药显好人数1796人。金

图30-7-9　江苏金湖残疾人康复培训活动中心（摄于2005年）
县志办／供

湖先后被确定为国家精防工作试点县、省社区康复工作重点联系县。2001年，全县累计有白内障患者1547人重见光明，儿麻患者386人肢体得到矫治，聋儿语训141人，精神病患者1700多人缓减病情或康复。2004年4月，省精防康复管理干部培训班在金湖举办。利用10月10日第13个“世界精神卫生日”契机，向国家争取无偿资金11万元，为精神病患者100人提供三年免费服药。

2005年，白内障施行复明手术106例，配用助视器10人，聋儿康复训练10人，智残儿、聋儿家长培训7人，麻风畸残康复矫治、训练各1人，精神病治疗服药显好人数1703人，肢残人康复训练16人，脑瘫儿康复训练22人；假肢装配站为全市残疾人装配小腿假肢11例，免费装配大腿假肢7例，用品用具供应17种、583件。是年，实施助聋人、盲人、肢残者，给精神病人免费服药的“三助一给”爱心康复工程，使残疾人200多人实现复听、复行、复明，为精神病人128人免费给药。

1989—2005年金湖县残疾人康复工作统计表

表30-7-8　　　　单位：人

年份	白内障复明	儿麻矫治	聋儿语训	年份	白内障复明	儿麻矫治	聋儿语训
1989	10	5	—	1998	260	11	14
1990	8	—	40	1999	256	—	—
1992	62	89	—	2001	150	36	10
1993	43	24	4	2002	150	4	10
1994	52	58	6	2003	100	2	10
1995	156	58	10	2004	125	12	8
1996	82	27	13	2005	106	1	10
1997	137	59	16	合　计	1547	386	141

说明：1991年、2000年未统计。

第三节　残疾人就业与教育

一、残疾人就业与培训

1986年，全县有黎城金刚砂厂、银集绳网厂、淮胜吸盘厂、淮胜工艺木器厂等4户民政福利企业，以及卞塘民政福利综合商店。1987年，全县福利企业增至14户，吸纳残疾人就业233人。1990年，26户福利企业新安排残疾职工105人，其中肢残49人、聋哑9人、盲残12人、弱智2人、精神病患者33人。1992年，县鼓励残疾人自谋职业，残疾人个体户增至96户。

1997年10月，县出台《金湖县按比例安排残疾人就业实施办法》，以解决有劳动能力的残疾人就业问题。规定：金湖县行政辖区内的机关、团体、企业（包括国有企业、城乡集体企业、“三资”企业、个体私营企业等）、事业单位，应当按本单位从业人员总数1.8%的比例安排残疾人就业；不足安排1人的，根据具体情况，可安排1人，也可按职工实际比例差额缴纳残疾人就业保障金。安排一级盲人或者一级肢体残疾人1人就业，按残疾人2人计算。残疾人就业保障金按上年度本地职工年平均工资的90%缴纳。该办法为促进残疾人就业起到积极作用，当年即安排残疾人679人就业。2001年，残疾人进单位就业、自谋职业、输送外地打工862人次，城市残疾人就业率达80%，农村残疾人在业率达86%。2002年，累计征收残疾人就业保障金97万元（本年度收取26万元），累计支出37.37万元，结存总金额59.63万元。

图 30-7-10 2005年5月，县残联举办福利企业残疾人用工招聘会
县残联／供

2005年，共安排残疾人就业128人，其中集中进福利企业就业40人，按比例就业21人，个体从业的32人，劳务输出35人；农村残疾人稳定就业总数2694人。征收残疾人就业保障金52万元，占2001—2005年征收的残疾人就业保障金188万元的27.7%。县残联先后与南京、昆山、上海等外地企业联系、沟通，分别向南京雨润集团、昆山新至升电子厂、上海东方航空公司下属的圆通大酒店、浙江吉安纸容器有限公司等企业输出残疾劳务人员200多人次。同时，县残联、劳动、水产、农业、多管局及科委等部门密切合作，先后为残疾人开办电脑、缝纫、家电、按摩、驾驶、美发美容、特种水产养殖、蚕桑、蔬菜种植等实用技能培训近100批次，培训残疾人5680多人次。

二、残疾人教育

1986年，金湖县创办第一所聋哑学校。1989年县残联成立时，聋哑学校吸收聋哑儿童41人就学。1990年，根据国家残联"关于在残疾青壮年中开展扫盲工作"的要求，动员各乡镇、福利企业、学校开展残疾人扫盲工作。要求城镇残疾人识字2000个，农村残疾人识字1500个，盲人学会盲文，聋哑人学会哑语，在福利企业、残疾人家庭及社会中开展社会主义人道主义宣传教育。县在各民政福利企业中组织年轻残疾人开展读书活动，提高残疾人文化水平，提高残疾人自强自立能力。淮建乡民政福利厂肢残职工曾东阳，参加山西函授大学学习，经4年努力，获大专文凭。福利企业在加强对残疾人岗位技术培训的同时，施行"帮带"制度，由健全职工帮带残疾职工胜任工作岗位。

1991年，在有关乡镇小学附设弱智班16个，弱智儿童入学率达95%。1993年9月，县城4个培智班合并成立县培智学校。是年，金湖在全市率先被国家教委评为全国特殊教育先进县。2000年8月，各镇乡、单位进一步组织动员全县学龄残疾儿童少年入学，对家庭经济困难的残疾儿童，镇乡从教育附加、民政专项经费中给予补助，学校不得以任何理由拒收学龄残疾儿童入学。是年，全县有特殊教育教学班12个，聋哑、智残学生86人；教职工37人，其中小学高级特级教师22人，特教专业毕业的青年教师8人；普校附设特教班33个，其中盲生班3个，聋生班9个，弱智班21个，在校生342人。全县尚未入学适龄残疾儿童49人，其中男18人，女31人；其中视力残疾3人，听力残疾9人，智力残疾21人，肢体残疾7人，精神残疾3人，多重残疾6人。2001年，全县盲、聋、弱智儿童入学率即分别达100%、96%、95%；举办职业技能培训近100场次，培训残疾人4290余人次。

2005年，全县学龄残疾儿童433人，在校特教生389人，其中盲生17人，聋生59人，弱智生313人。未入学学龄残疾儿童少年44人，其中，听力残疾1人，智力残疾40人，肢体残疾2人，精神残疾1人。

三、残疾人文体活动

文化艺术活动 1990年，县残联组织残疾人及社会各界人士，参加中央人民广播电台、中国残联联合举办的《各地人民广播电台残疾人节目展播》节目征文活动。1992年10月，组织残疾人观看电影《启明星》，增强残疾人的"四自"精神。1996年10月，组织识字盲人53人收听江苏人民广播电台“双拼盲文”广播讲座。1997年，县选送的《危难相助见高尚，身体残缺又何妨》获“江苏省第三届残疾人事业好新闻”广播类稿件二等奖；5月，组队参加淮阴市首届残疾人文艺会演，其中肢残者朱生菲的女声独唱《我的祖国》、盲人陈明的二胡独奏《拔根芦柴花》《杨柳青》获一等奖；肢残人汪孟岐的男声独唱《小白杨》获二等奖，汪孟岐、朱生菲的男女对唱《十五的月亮》获三等奖。1999年，选送的《无手编织七彩人生》《走出无声的世界》广播稿分别获“江苏省第四届残疾人事业好新闻”一、二等奖。2001年，选送的广播稿《马国顺与书的情》获“江苏省第五届残疾人事业好新闻”广播类三等奖。2001年，刊登在《江苏法制报》上的赵化、贾金红拍摄的图照《情注聋哑学生》获图片类三等奖。2003年，《我县又有14名残疾人外出打工》《创造北狐南养奇迹的人》分别获“第六届江苏省残疾人好新闻”电视类、广播类一等奖。6月，组队参加第四届江苏省盲、聋培智学校学生艺术会演，徐雯雯等表演的《数星星》获表演三等奖；衡慧等表演的《听妈妈讲那过去的事情》获表演优秀奖。2005年10月，聋人舞蹈《银鸽飞舞》，在第六届江苏省残疾人文艺会演赛中获舞蹈类二等奖。

体育竞技活动　1987年，组队参加江苏省第二届残疾人运动会，2人获得3枚奖牌。1990年9月，组队代表淮阴市参加江苏省第二届特殊奥林匹克运动会。1991年9月，在江苏省第三届残疾人运动会上，独膀运动员王怀元夺得乒乓球比赛银牌。2001年8月，举办金湖县首届残疾人运动会，13个代表队、残疾人150多人参加角逐，宝应湖农场、黎城镇、陈桥镇代表队分别获得团体总分前三名。9月，选拔残疾人29人参加淮安市第三届残疾人运动会，在田径、游泳、举重、乒乓球等4个赛项中获金牌22枚、银牌6枚、铜牌8枚，团体总分名列全市第一。县聋哑学校教师吕爱琴（女）夺得3枚金牌。2002年3月，抽调田径、游泳、举重、盲人门球、乒乓球运动员12人，参加市残运会运动员集训，5月在江苏省第六届残疾人运动会上获3金、4银、2铜和4个第四名的好成绩。2005年9月，举办县第二届残疾人运动会，13个代表队、运动员160多人参加乒乓球、举重、田径等项目竞赛，县特殊学校获团体总分第一名，前锋镇获第二名。是年，在江苏省第四届特殊奥林匹克运动会上获金牌12枚、银牌6枚、铜牌3枚，代表队获“体育道德风尚奖”。10月，组队参加淮安市第四届残疾人运动会，获金牌26枚、银牌14枚、铜牌8枚，金牌总数名列全市第一。

第四节　扶残助残

1989年11月，县残联成立的同时，成立残疾人福利基金会。1991年，用三项康复补助经费为246户残困户建房652间。1992年，县民政局向聋哑学校赠送1台价值3000多元的彩色电视机。1993年7月，省农发行、省残联拨发金湖县康复扶贫贷款20万元，县组织配套资金20万元，核发给2个单位使用。淮建乡残疾人康复活动中心发展养殖业，安排残疾人就业3人，养殖美国七彩山鸡、美国王鸽、甲鱼等，实现利润2.5万元。该乡福利厂金菱线缆厂技术改造，新安排残疾人26人就业，形成1000万元的生产能力，创利税8.6万元，在厂残疾人年均收入增加到2043元。1994年，黎城镇为残困户减免各种税费5000多元，安排残疾人就业近300人，持助残疾人从事个体经营30人，为50%以上残疾人办理养老保险，残疾人子女免费入学10人。

1996年3月，县出台《关于对残疾人优惠照顾的暂行规定》，残疾少儿和贫困残疾人子女接受义务教育及入托（园），教育部门免收学杂费、免除一切集、募资；对农村特困户残疾人子女及残疾学生，实行定期生活补助；鼓励帮助残疾人自谋职业，优先发给营业执照，减半征收管理费，营业税、增值税的减免照顾；扶持农村残疾人从事种植业、养殖业、加工业和其他形式的生产劳动，并在生产服务、技术指导、农用物资供应、农副产品收购、信贷方面予以重点帮助和照顾；对丧失劳动能力、无依无靠、无经济来源的困难残疾人，是城镇户口的由政府部门给予定期救济；是农村户口的，按“五保”供养的规定，采取集中供养或分散供养的办法，确保他们的生活达到一般群众的实际生活水平。是年，全县为残疾人减免农业税1504人、34700元，减免三级提留1702人、150623元，减免义务工38302人、336762元，减免学杂费412人、27596元，发放教育补助费93人、7110元，减免医疗费673人、28902元，康复补助76人、12030元，减免营业税、管理费167人、24880元。

1997年，县印发《关于做好残疾人法律援助工作的通知》，解决残疾人咨询难、请律师难、打官司难、无力支付法律服务费等问题，凡康复对象是企业职工的，其医疗费由单位全额报销，在其康复期间工资福利待遇不扣不减；享受公费医疗的，由单位再给予适当补助。1998年4月，县22个部门联合提出《关于加强残疾人扶贫解困工作的意见》，7月印发《金湖县残疾人康复扶贫小额信贷扶持到户实施办法》，共为2429户残疾人减免农业税、乡村统筹15.32万元，减免义务工3.58万个，减免补助医疗康复费、学生学杂费5.08万元，减免营业税、增值税、管理费5.36万元，帮助85户因灾倒房残困户建房211间。市县共同出资10万元，购银杏、大枣树苗1万株，无偿下发1200个残困户栽植。向中央争取康复扶贫贷款120万元，地方配套20万元，扶助886名贫困残疾人解决温饱，1036人纳入最低生活保障，民政部门救济557人，集中供养或“五保”供养的36人。1999年3月，县印发《关于〈方便残疾人使用的城市道路和建筑物设计规范〉实施意见》，规定在兴修城市（集镇）道路、建造会议中心、影剧院、体育场（馆）、图书馆、宾馆（饭店）、汽车站、客运码头以及建筑面积在4000平方米以上的商场等公共建筑中，应按规范要求，建造无障碍通道、轮椅席位、专用厕所等可供残疾人使用相应设施，星级以上宾馆至少要建有1个残疾人专用客房。

2001年，国际爱德基金会向金湖灾区捐赠羊毛被褥4050床、学习用具369套、香皂5箱，价值51万元，救助灾民1350人；省向金湖发放小额扶贫贷款30万元，残疾人扶贫基地建设专项小额贷款100万元。县将此2笔贷款分别扶助2个福利企业发展生产，扶助4户残困户发展种鸽养殖。在“扶弱助残、文明关爱”活动中，1000多家残困户、失学儿童得到帮扶。是年，金湖被国务院残工委表彰为第二批“全国残疾人工作先进县”，县委副书记、常务副县长韦富，县残联理事长殷之云出席第二次全国残疾人事业工作会议，受到李瑞环等党和国家领导人接见。

2005年“全国助残日”期间，县人大、县政府、县政协分管残联工作的领导及县残工委成员单位负责人视察残疾人康复培训活动中心，并调查走访县城残疾人自主创业典型和无障碍设施建设情况。全县社会单位结对帮扶残困人口1100人，帮扶款物折合人民币5万多元；县举行“捐助特教献爱心”活动，社会各界、各学校师生代表共捐款20多万元；县副科级以上干部结对“帮、包、带、扶”残困户1000多户；国家、省发放金湖扶助残疾人贴息、低息贷款350万元。2003—2005年，县城新建盲道5000米、坡道30个，改造无障碍建筑物4座，10多座公厕内均设有残疾人坐便器。

第八章　红十字会

第一节　组织机构

1988年11月28日，金湖县红十字会成立，理事会由16个部门负责人组成，副县长周化堂兼首任会长，县人大常委会办公室主任、县委宣传部部长、县民政局局长等7人兼任副会长，县卫生局副局长1人兼任秘书长。办公室地点设在县卫生局，时无正式人员编制，卫生局内配有兼职办事员1人。共有以县城医务工作者为主体的会员368人。1989年，发展新会员，县实验小学率先建立全县第一个红十字青少年组织，并在县城企事业单位筹建行业红十字会。1990年，依托农村三级医疗卫生网，拓展农村红十字会组织试点。是年，县红十字会提出"抓好一个重点，两个网络"（组织建设重点，群众卫生救护网络和社会服务网络）工作目标，完善群众性卫生救护和社会服务网络，并制订一系列规章制度，红十字会工作逐步走上规范化。

1993年，始有事业编制1人，担任常务副秘书长；在组织体制上，办事机构开始由卫生部门代替逐步转变为完全独立设置。县红十字会在全县加大宣传，营造氛围，推动红十字会机构建设，会员队伍逐步壮大。1998年，县红十字会组织学习"国际人道主义、备灾救灾管理和会务知识"，开展"保护人的生命健康，发扬人道主义精神，促进和平进步事业"集中培训教育。在学校新建红十字会青少年组织时，把红十字会精神融于精神文明建设基础教育中，把红十字会倡导的"博爱、奉献、人道主义精神"纳入学校德育教育内容。2002年，把公民献血、造血干细胞捐赠等宣传作为重要内容，以多种形式普及血液生理知识。设立红十字卫生岗、监督岗、道德宣传岗。组织青少年学习卫生知识，进行救护训练、尊老助残及救灾救助活动。至2005年，县红十字会组织机构历经5次改选和调整，先后有副县长卜建民、徐益民、伏大才、罗金昌、李顺英、杨步新兼任会长。全县共有会员单位22个，会员768人。

第二节 救灾与生命救护

1989年5月8日，是第42个世界红十字日，也是县红十字会建立后迎来的第一个"5·8"世界红十字日。县红十字会在县城开展"人道在金湖，博爱进万家"宣传活动，并组织县人民医院、县中医院，在县城中心地段开展义诊、卫生咨询活动，印发宣传材料2000多份，宣传红十字会宗旨，普及卫生救护知识。1991年夏，境内遭受百年未遇特大洪涝灾害，在县抗灾工作领导小组统一指挥下，县红十字会组织27支医疗救护队和5支卫生防疫队深入灾区和抗洪一线开展救护工作。1996年8月，涂沟、白马湖、淮建等乡镇遭受洪涝和龙卷风袭击，县红十字会深入灾区调查灾情，并带着漂白精片、新复方新诺明等价值2000元药品，组织会员开展抗灾防病工作。

1999年，县红十字会将无偿献血和造血干细胞捐赠宣传发动工作作为一项主要任务来抓。7月29日，召开全县动员大会，县红十字会向与会者普及血液生理知识，会后共有500人自愿参加无偿献血签名，自此，无偿献血活动在全县全面推开。2000年3月27日下午5时，戴楼等乡镇遭受台风，数千间房屋倒塌，数千亩蔬菜大棚被毁，数十人致伤。县红十字会闻讯紧急投入救灾，并及时向上级红十字会求援，伤员及时得到就地医院救治，无一人死亡。

2002年，针对境内交通意外事故屡有发生，县红十字会率先在驾驶员队伍中普及群众性救护知识，掌握创伤急救理论及实际操作技术，先后培训2700多人次。此后，在供电、公安等部门相继组织类似培训。县红十字会还结合乡镇卫生院建设，在全县主要公路沿线设立救护网点，对点上人员进行救护技术培训，在公路边设标志牌，使事故伤员及时得到救护。县实验小学等学校校内设立红十字卫生岗、监督岗、道德宣传岗，组织青少年学习卫生知识，进行救护训练。2005年5月30日，县专门成立救灾医疗救护领导小组，组建两支医疗救护队，作为常备救护组织，应对突发事件。

第三节　募捐及扶弱济困

图30-8-11　2002年2月，县红十字会举行“扶贫济困 奉献爱心”募捐活动　朱伟／摄

1991年6月，县红十字会动员全县各界捐钱捐物，应对县内突发洪涝灾害救助，共收到衣、被等生活用品208件，捐款0.8万元。7月15日起，县红十字会先后接收国际和国内各界通过省市红十字会捐赠救灾药品、器械、生活用品和食品29批，及时分发灾区医疗卫生单位及灾民。翌年3月，省红十字会又从境外捐款中划拨部分捐款购置X光机、心电图机、显微镜等医疗器械，通过金湖县红十字会，装备县内部分医疗卫生单位，应对救灾使用。1995年，县红十字会设立募捐专门账户，当年共收到各界捐款5.2万元，救助困难家庭40多户。1998年9月，县城主要学校红十字会青少年组织开展“博爱在校园”活动，用自己零花钱，多余学习用品，在新学期开学时，为面临失学的同伴送去温暖。

2002年，随着红十字会工作深化，其服务内容不断扩大。积极开展扶弱济困，以“孤、老、残”为主要对象，开展“博爱送万家”活动，每年春节前，县红十字会走访需要救助家庭，送去捐款和生活用品。是年2月，举行“扶贫济困、奉献爱心”募捐活动。2005年3月29日，京沪高速公路王兴段发生两车相撞，造成液氯泄漏事故，淮阴、涟水3个乡镇遭受严重灾难，金湖县红十字会与县文明委向全县人民发出募捐救灾倡议，将收到的各界捐款和生活用品，通过市红十字会转发至受灾地区。至2005年底，县红十字会累计救助贫困人口9800多人次。

第三十一篇　法　治

1986年，全县公安司法机关履行各自职能，开展“严打”整治斗争和安全文明创建活动，为县域的改革开放和经济社会发展保驾护航。县公安机关侦破刑事案件93件，抓获犯罪嫌疑人110人。县人民检察院查办贪污贿赂案件16件、18人。县人民法院审判刑事案件87件，民事案件295件，经济案件112件。同时，对“文化大革命”前后的刑事申诉案件进行全面复查。至1990年，再审此类刑事案件360件，纠正冤假错案37件，改判纠正11件。1990年6月，县政府法制局行使法制监督、行政案件复议、法律法规文件审核清理职能。1994年，全县开展依法行政活动。县政府制定行政执法监督规定，执法主体资质授权6家、取消1家；开展执法卷宗评查，规范执法行为。公安机关破获凶杀案、“93·03”系列抢劫、强奸、“白日闯”等重大案件。县、乡（镇、场圃）、村（居）三级人民调解组织普遍建立。1995年，全县完成“一五”“二五”全民普法教育任务，平安金湖创建活动深入开展，法律服务体系、社会法治环境进一步完善。1996年，县政府改革行政审批制度，清理审批事项。公安机关开展“三禁（禁毒、禁娼、禁赌）一打（打击严重暴力犯罪）”专项斗争，加强流动人口管理，加强对刑释解教人员的安置帮教和社区矫正对象的教育，夯实维护社会稳定的基础。

1997年，修订后的《中华人民共和国刑法》（简称《刑法》）、《刑事诉讼法》和《民事诉讼法》等法律开始施行。公安司法机关组织学习，召开司法协调会，研究审判方式改革。县人民法院刑案审理执行新的控辩式程序，重视调查、举证、质证、辩论等环节，结案准确率达到99.97%；组织开展执行会战攻坚，使“法律白条”得以兑现。县人民检察院加大侦查腐败贪贿案件力度。县“110”指挥中心成立，全县社会治安快速管控和处置能力增强。公安机关开展“打抢反盗”“打恶治乱”“追三逃”等严打专项行动。司法机关加强青少年法制和道德教育，预防和减少青少年违法犯罪。

2001年，全县初步形成集预防、综治、普法教育为一体的社会化大预防格局，金湖县创建为省“创三安”工作先进县。2002年，县法制局全面清理1983年以来的县级规范性文件，受理行政复议案件。2003年，公安司法机关突出惩治暴力犯罪、黑恶势力犯罪和盗窃等多发性犯罪，坚持“从重从快”批捕查办、审判，对有重大影响的案件，检察机关适时提前介入公安侦查。推行治安防范责任承包制，开展联防联调工作，建成全省首批“社会治安安全县”。2004年，全县组织开展依法行政和行政执法情况考核检查。县社会矛盾纠纷调处中心成立，县、镇、村、组四级化解矛盾纠纷网络形成。2005年，“四五”全民普法教育任务圆满完成，法律援助受援806人，减免收费45.6万元。以“110”为龙头的“维稳”快速反应机制构成，治安“技防”设施进一步完善，全县治安案件发案数显著下降，群众安全感增强，连续第三年获“社会治安安全县”称号。

第一章　法治机构

第一节　政法委机构

一、委机关

1986年，县委政法委员会内设秘书处，有工作人员3人（不含兼职书记1人）。1990年1月，成立县社会治安综合治理工作领导小组，公、检、法、司等24个部门主要负责人为成员。9月，领导小组更名为县社会治安综合治理委员会，并设立办公室。1991年，县社会治安综合治理办公室（简称综治办）与县委政法委合署办公。9月，增设执法督查科。2002年，调整内设机构，设办公室、社会治安综合治理工作科、执法督查科，核定编制9人，行政附属编制1人。至2005年机构未变。

二、基层综治组织

1990年始，建立基层综治组织，全县22个乡镇和各场圃、县直大系统均成立社会治安综合治理机构。其中：乡镇建立综治委、综治办、派出所、司法所、联防队、义务巡防队、护村队、单位护卫队，各村（居）配备治安调解主任；县直各大系统、单位建立综治领导小组及综治办、单位义务巡逻队、护卫队，明确一名义务治安调解员。1991年，黎城镇黎城村试点建立村综治办。1994年，全县所有行政村（社区）均成立综治办，由村主任兼任综治办主任。2001年，区划调整，全县11个乡镇党委均明确副书记或委员1人专抓社会治安综合治理工作，配专职综治办主任1人，专职工作人员1~2人（黎城镇配备3人）；村（社区）综治办调整为143个。2004年，11个镇聘用治安联防队员210人，县城确定信息员100人，建成城乡一体化防控体系。2005年，县、镇、村、组四级共落实调解人员910人，形成大调解格局。

第二节　公安机构

一、局本级

1986年，县公安局内设秘书股、政保股、内保股、通信股、治安股、预审股、看守股、消防股、刑警队。1988年8月，设置县颁发居民身份证办公室。1990年6月，县颁发居民身份证办公室更名为户政股，秘书股更名为办公室。1991年1月，增设法制办公室；3月增设行政装备股。1994年11月，刑警队更名为刑警大队。1997年4月，成立“110”指挥中心，与办公室合署，“一套班子、两块牌子”。2000年，局办公室改为政工办，行政装备股改为后勤装备股，增设纪委（督察室）。2001年，县级机构改革，股建制改为科，内设“110”指挥中心（办公室）、政工办（组织人事科）、纪委（监察室）、国保大队、出入境管理科、后勤装备科、经济文化保卫科、通信科（网监科）、法制科、督察大队。2003年6月，政工办改名为政治处，通信科改为信息通信科。2005年，县公安局下设“110”指挥中心（办公室）、政治处（组织人事科）、纪委（监察室）、国保大队、出入境管理科、后勤装备科、经济文化保卫科、信息通信科（网监科）、法制科、督察大队。

图 31-1-1　位于县城建设路上的县公安局（摄于 2005 年）

吕铁军／摄

二、直属单位

交巡警大队　1986年，设置县车船监理所、县城镇交通管理队，隶属县公安局。1988年4月，县车船监理所和县城镇交通管理队撤销，设置县公安交通警察队、城区中队和县车辆管理所。1989年5月，县公安交通警察队更名为县公安交通警察大队，为副科级建制，设立政秘股、业务股、城区中队、戴楼中队、金北中队。1995年8月，设立巡逻警察大队，为副科级单位。1997年9月，交警大队增设白马湖中队，设立警务督察队，为副科级建制。1999年，交通警察大队与巡逻警察大队合并为交巡警大队，内设政秘股、秩序股、事故处理股，下设城区中队、戴楼中队、金北中队、白马湖中队。2003年，交巡警大队政秘股改称秘书股，增设车辆管理所。至2005年，交巡警大队内设机构及下属单位未有变动。

消防大队　1986年，县公安局下设消防股，与武警部队消防中队共同担负全县消防工作。1994年11月，成立县消防大队，与中国人民武装警察部队县消防大队“一套班子、两块牌子”，同属淮安市消防支队和县公安局双重领导。1995年，撤并武警金湖县消防中队和公安局消防股，组建起中国人民武装警察部队金湖县消防大队，属淮安市消防大队管辖，驻地金湖县城金湖路106号。武警消防大队为现役正营级单位。

“110”指挥中心　1997年4月成立，与县公安局办公室合署，“一套班子、两块牌子”；9月，“110”指挥中心内设指挥调度股、计算机通信股；同时明确“110”指挥中心为副科级建制。2003年5月，“110”指挥中心下设秘书科（办公室）、指挥调度科、目标管理科。至2005年，该指挥中心体制未变。

经济案件侦查大队　1997年9月，设立经济案件侦查大队，为副科级建制。1999年8月，经案大队内设3个中队，为副科级建制。2003年5月，增设秘书股。至2005年，下设秘书股和3个中队体制未变。

水上警察大队　1997年9月，设立水上警察大队，为副科级建制。1999年8月，水警大队内设2个中队。2003年5月，水警大队下设秘书股和2个中队。至2005年，下设秘书股和2个中队体制未变。

治安警察大队　前身为治安股和治安大队。1999年8月，合并成立治安警察大队，为副科级建制，内设秘书股、案件侦查股、场所行业管理股、安全防范股和处警队。2003年5月，撤销场所行业管理股，增设户政管理股，安全防范股改为危险品管理股，处警队改称防暴队。2005年，设秘书股、案件侦查股、危险品管理股、户政管理股、防暴队。

看守所、行政（治安）拘留所　1986年，县看守所面积为3550平方米。1991年3月，设置行政（治安）拘留所，为股级建制，与看守所“一套班子、两块牌子”。1997年，看守所新监房扩建改造工程竣工。2005年，看守所、行政（治安）拘留所仍保留“一套班子、两块牌子”的建置，实现连续15年监所安全无事故，被公安部评为二级看守所。

三、基层派出所

1986年，县公安局下设城镇、高邮湖、宝应湖、白马湖、石港派出所。1987年2月设立新农、官塘、城郊、唐港派出所，9月原宝应湖、高邮湖派出所改为涂沟、闵桥派出所，10月建立卞塘、夹沟、横桥、金北、金南、吕良、塔集、戴楼、金沟、淮建、银集、前锋、淮胜、陈桥派出所和水上派出所。1991年5月建立孙集派出所、9月撤销石港和水上派出所，组建新的水上派出所。2000年5月，原有20个基层派出所，除闵桥、金北、吕良，其他分别合并为戴楼、金南、塔集、银集、涂沟、前锋、陈桥等7个派出所；11月，设立宝应湖派出所。2003年6月，城镇、城郊两个派出所合并为黎城镇派出所；2005年，全县有11个镇派出所及宝应湖派出所，共12个基层派出所。

四、队伍建设

1992年，县公安局实行人民警察警衔制，首次授衔警督、警司、警员。1993年实施《国家公务员暂行条例》，干部、民警经培训、考试合格，集体转为国家公务员。1994年12月，录用农村户口的合同制警察为人民警察。1995年，开展“抓队伍、树形象、创一流”活动，被市公安局评为执法和行风建设先进单位。1997年通过公开报名考试、政治审查，从企事业单位招收民警。1998年，开展“公正执法、文明执法”教育整顿活动，通报和处分违规违纪干警5人。2005年，县公安局被省公安厅评为全省优秀公安局。

第三节　检察机构

一、院机关

1986年，县人民检察院内设办公室、刑事检察科、法纪检察科、控告申诉检察科、监所检察科，并派出驻复兴圩农场二十三劳改支队检察组（1987年因支队撤往苏南，检察组撤回）。1987年4月设立经济案件办公室，1988年撤销，设经济罪案举报室。1988年，撤销刑事检察科，分设刑事批捕检察科、刑事起诉检察科，在县税务局设立派驻检察室。1991年，在县供销合作总社设立派驻检察室。1993年，撤销刑事批捕检察科、刑事起诉检察科，设刑事检察一科、刑事检察二科，设立驻县看守所检察室。至1993年底，设办公室、刑事检察一科、刑事检察二科、经济检察科、法纪检察科、监所检察科、控告申诉检察科、税务检察室、供销检察室、驻县看守所检察室、经济罪案举报室。1994年，分别在黎城镇和石油试采二厂派驻检察室。翌年，又在各乡镇派驻检察室。1996年4月，经济检察科升格为反贪污贿赂局（副科级建制），内设综合科、侦查一科、侦查二科；11月，刑事检察一科更名为批捕科、刑事检察二科更名为起诉科。1997年1月，在控告

图 31-1-2　位于县城建设路上的县人民检察院（摄于2005年）
吕铁军/摄

申诉检察科内增设刑事赔偿办公室；11月机构改革，内设办公室、政工科、审查批捕科、审查起诉科、反贪污贿赂局、法纪检察科、监所检察科、民事行政检察科、控告申诉检察科，保留派驻乡镇检察室。1998年底，除驻看守所检察室外其他派驻基层单位检察室全部撤销。1999年9月，增设法警大队和职务犯罪预防科。2001年12月，设立办公室、政治处、侦查监督科、公诉科、反贪污贿赂局、渎职侵权检察科、监所检察科、民事行政检察科、控告申诉检察科和警务科（挂“司法警察大队”牌子），其中反贪污贿赂局下设侦查一科、侦查二科、综合科。2002年5月，起诉科更名公诉科。2005年10月，增设监察室。

二、队伍建设

1986年，县人民检察院共有干警32人，其中本科6人、大专10人（法律专业12人）、中专或高中16人（含法律中专5人）。1995年，全院大专以上40人（法律专业28人），正副检察长、中层以上干部大专以上占80%，检察员、助理检察员大专以上占68%，书记员、办事员大专以上占64%。1997年，县人民检察院荣获最高检授予的“集体一等功”，控申接待室被评为“全国检察机关文明接待室”。2000年，荣获最高人民检察院授予的“全国人民满意的检察院”称号。2005年，有干警51人，大专以上人员占91.4%。控申接待室再次被最高人民检察院表彰为“1997—1999年度全国文明接待室”。

第四节　法院机构

一、院本级

1986年，县人民法院内设机构有刑事审判庭、民事审判庭、经济审判庭、执行庭、办公室。是年底，撤销刑事审判庭，成立刑事审判第一庭、刑事审判第二庭。1988年4月成立行政审判庭。1989年5月，撤销刑事审判第一庭、刑事审判第二庭，恢复刑事审判庭，将刑事审判第二庭和隶属办公室的信访接待室合并，成立告诉申诉审判庭。1990年，成立行政审判庭。1992年1月，成立司法警察大队。1992年3月设立纪检组。1993年1月，成立经济纠纷调解中心（1995年1月撤销）。1997年9月，设立政工科，后升格为政治处（副科级）。1998年2月，设立行政装备科。1998年4月，设立监察室；7月，在全省率先成立书记官处。1999年8月，撤销告诉申诉审判庭，设立立案庭和审判监督庭。2000年7月，成立研究室，与办公室合署办公。2002年7月，将民事审判庭更名为民事审判第一庭，经济审判庭更名为民事审判第二庭，执行庭更名为执行局（2004年7月升格为副科级）。2005年12月，将书记官处更名为审判管理办公室。至年底，县人民法院内设机构有14个（除政治处、执行局为副科级外，其他均为股级），分别是办公室、政治处、立案庭、刑事审判庭、民事审判第一庭、民事审判第二庭、行政审判庭、审判监督

图 31-1-3　位于县城建设路上的县人民法院（摄于2005年）
县志办／供

庭、执行局、研究室、审判管理办公室、行政装备科、司法警察大队、监察室。上级派出机构纪检组与监察室合署办公。

二、基层法庭

1986年，设有黎城、塔集、涂沟、吕良、宝应湖5个派出法庭。1992年，成立交通巡回法庭，由行政庭副庭长兼庭长。1994年撤销交通巡回法庭。1997年，将原系省农垦局管辖的宝应湖人民法庭收编归县人民法院所属。1999年5月，4个法庭合并办公，至此，宝应湖法庭成为管辖县河北片4镇2场，人口、面积均占全县三分之一以上的中心法庭。1999年12月，新组建银集人民法庭，同时撤销吕良、涂沟、塔集3个法庭。2000年6月，将黎城法庭归并到县人民法院民事审判庭。2003年7月，撤销黎城人民法庭。至2005年，全县基层仅保留宝应湖法庭。

三、队伍建设

1986年，县人民法院有正式干警57人，其中30岁以下19人，大专以上文化程度8人，中共党员38人。2001年，县人民法院干警增加到93人，案件审结率高达97.9%，执结率80.1%，荣记省高院授予的“集体二等功”。2005年，有正式干警82人，其中，中共党员63人，大学专科以上学历64人，50岁以下63人。县人民法院被省高院授予“规范司法行为示范点”称号，再次荣记省高院授予的“集体二等功”。

第五节　司法行政机构

一、局本级

1986年，县司法局设有办公室、调解股、法制宣传股、公证处、法律顾问处，有工作人员20人。1990年增设政工股。2001年12月，成立县司法鉴定工作委员会，办公室设在县司法局。1997年，设立县法律服务中心和安置帮教股。1999年8月，增设县法律援助中心。2001年机构改革至2005年，设有办公室、法制宣传科、公证律师管理科、基层工作科（县安置帮教领导小组办公室）、政工科、司法鉴定科，行政编制21人。

二、直属机构

县公证处　1986年，县公证处有工作人员7人，其中公证员4人。1995年，该处实行联效计奖岗位责任制，有1名公证员全年办证1073件，县公证处在闵桥镇设立首家公证办事处，发展常年公证顾问单位12家。1997年，公证员发展到5人，其中涉外公证员2人。2005年底，县公证处有公证员3人，其中涉外公证员1人。

县法律援助中心　1999年8月成立。援助中心主要承担县人民法院指定的特殊援助案件和当事人申请的符合援助条件的一般援助案件，为当事人提供减免费法律服务。2001年，县镇均设立“148”法律服务工作站。2003年，开通“12348”法律服务专线，随时解答民众咨询，指导法援程序。

三、基层机构

基层法律服务所　1987年上半年，在黎城、银集、金沟、淮胜先后设立乡镇法律服务所，为乡镇企业和公民提供法律服务。1988年，有乡镇法律服务所15个，法律工作者32人。1991年，22个乡镇全部成立法律服务所，法律工作者44人。1994年，开始实行司法办公室和乡镇法律服务所“政事分离”，使行政司法助理员和事业性质的法律服务所主任各司其职。1995年，在全市率先推行乡镇法律服务所效益工资制，打破统收统支的“大锅饭”格局。1997年为乡镇法律服务工作者办理养老金保险和职工团体人身保险附加住院医疗保险。1998年，基层司法办公室与法律服务所分离。1999年，经闵桥镇改制试点后，全县22个法律服务所全部改制为合伙制法律服务所。2000年，增设复兴圩、宝应湖2个法律服务所。12月，全县乡镇99名法律工作者全部参加司法部首次举办的基层法律工作者资格考试，并将乡镇法律服务所转为中介机构，不再列入事业编制。

基层司法机构 1986年，各乡镇政府设司法科，后改为司法办公室，配备司法助理员1~2人。1988年，乡镇司法办公室人员编制44人。1994年，开始实行司法办公室和乡镇法律服务所“政事分离”，司法助理员不再担任法律服务所主任。1998年，基层司法办公室与法律服务所机构分离。2000年9月，11个镇均设立司法所，股级建制，核定行政编制2人，共22人。至2005年未变。

第六节 法制局机构

1989年10月，成立县人民政府法制科。1990年6月，更名为县人民政府法制局，编制4人。1997年，由副科升格为正科级建制，与县人民政府办公室合署办公。是年8月机构改革时，内设机构为行政复议股、法规股、法制监督股，编制4人。2001年11月实施县级党政机关机构改革时，不再保留县政府法制局，其职能交县政府办公室，挂“金湖县人民政府法制局”牌子，县政府办公室内设法制科。2005年，机构和人员编制未变。

第二章 政府法治

第一节 依法行政

1990年7月16—18日，县政府举办《中华人民共和国行政诉讼法》培训班，各乡镇政府正副职负责人及县政府工作部门的负责人参加。1994年起，对全县行政执法人员进行基本法律知识培训，县交通局、城建局、水利局等部门执法人员650人，经考核合格，获得省人民政府颁发的“行政执法证”。与县有关部门共同开展执法监督检查5次，分别对《中华人民共和国产品质量法》《中华人民共和国统计法》《中华人民共和国药品管理法》《中华人民共和国环境保护法》《中华人民共和国科技进步法》等法律、法规，在全县的贯彻实施情况进行检查。按照国家统计局、监察部、国务院法制局统一部署，会同县统计局、县监察局等部门组成检查小组，进行县级抽查工作。共抽查63个单位，其中乡镇10个、县城工业企业15个、乡镇工业企业15个、人口样本点9个。在县工商、交通、建设、环保、技术监督等行政执法单位和22个乡镇，进行执行《中华人民共和国行政处罚法》《中华人民共和国国家赔偿法》《中华人民共和国行政复议条例》《江苏省行政执法监督办法》的情况全面综合检查，共纠正违法行政行为60多起。每年组织两次对工商、公安、环保、质检等重点执法部门进行执法卷宗评查。对执法主体资格、案情事实、证据搜集、执法程序、文书制作、整理、归档等进行检查评比，以规范执法行为。

1995年11月14日，县政府印发《金湖县行政执法监督规定》，全县各行政机关全面开展依法行政活动。1996年，县政府将学习贯彻《中华人民共和国行政处罚法》作为依法行政工作重点，先后出台《关于贯彻实施〈行政处罚法〉的通知》等文件。8月15日起，在全县行政执法人员中开展学习《行政处罚法》活动，分别对烟草、水利、交通、土地、标准计量等重点执法单位的执法人员进行培训。培训班采用省编教材授课，并播放《行政处罚程序》教学录像，使参训人员尽快掌握《行政处罚法》的要领。全年共举办培训班8期，培训行政执法人员近千人次。是年9月，县政府根据《行政处罚法》相关规定，对全县行政执法机构进行清理。清理结果是：有6个不符合执法主体资格的执法机构，由主管部门依法委托授权，有1个执法机构不再承担执法职能，改变执法主体混乱现象。同时，根据《江苏省行政执法证件管理办法》规定和省政府统一部署，对全县600多名行政执法人员换发江苏省人民政府统一制发的行政执法证件，原淮阴市行政执法证件不再使用。

1998年，印发《金湖县依法治县规划》，建立行政执法责任制、过错和错案追究制，依法行政、依法管理水平不断提高。针对一些执法部门对听证知识了解较少，没有实际操作经验的状况，积极开展听证指导工作，全县行政机关共举行听证会5次，受到行政机关普遍欢迎。2000年，县政府印发《关于全面推进依法行政工作的通知》《关于表彰依法行政先进单位和先进个人的决定》。2001年7月，出台《金湖县行政审批制度改革实施方案》。9月13日，将第一批减少的行政审批事项予以公布。县政府38个部门和直属单位原有的各类审批总事项（审批、核准、审核、备案）445项。清理后保留337项，减少108项，减幅为24.3%，其中原有审批（含核准）事项275项，清理后保留199项，减少76项，减幅为27.6%，另外保留备案29项。2003年3月，出台《金湖县人民政府工作规则》，依法行政被作为重要内容予以规范，明确依法行政的核心是规范行政权力。

2004年2月，县政府印发《关于贯彻实施展〈行政许可法〉的通知》，成立实施行政许可证领导小组，组织开展全县依法行政和行政执法情况考核检查。对执法主体资格、案情事实、证据搜集、执法程序、文书制作、整理归档等18个事项进行分析评比，查找问题，限期整改。3月6日和8月28日，分别邀请省政府法制办公室副主任高建新和上海外贸学院邱贵溪教授作依法行政专题辅导，就新形势下依法行工作重点和难点及其对地方政府工作的影响作深入浅出的分析，对地方政府如何进一步转变政府职能、推进依法行政、建立法治政府，提出切实可行的意见和建议，县四套班子领导、各镇镇长、各单位负责人以及重点执法单位中层以上干部400余人参加。

2005年，县政府以贯彻全面推行依法行政实施纲要为重点，着力推进依法治县。3月13日，在县政府全体（扩大）会议上，邀请省委党校刘小冰教授对国务院《全面推行依法行政实施纲要》《法治江苏建设纲要》作辅导讲座。将执法责任制建设作为依法行政工作的突破口，配合各行政执法部门规范执法依据，分解执法责任，建立行政执法公示制度、考核评议制度和过错责任追究制度等，全县30个行政执法部门开展文明优质服务和秉公执法、文明执法活动。把好执法主体关，对不符合行政执法资质的人员一律不予发证，全年共核发执法证件756本。11月10—12日，结合行政执法证件年审注册工作，对全县行政执法人员统一进行法制培训，共培训616人。

第二节 审核与清理规范性文件

1989年，县政府法制科主要对县人民政府制定规范性文件进行法律法规性把关。2002年初，对1983年以来县级规范性文件进行全面清理。标准是：凡是与WTO原则和中国有关承诺相抵触的，一律废止；凡是试用期已过的，一律废止；凡是文件制发依据已废止或作根本性调整的，一律废止；凡是调整对象已经消失实际上已经失效的，一律废止。根据清理结果，3月8日，县政府决定，废止规范性文件375份，占规范性文件总数的76.1%。此后，转入正常的县级规范性文件审核工作。

2004年，审核规范性文件时，重视征求行政管理对象、基层政府和部门的意见，以提高规范性文件的科学性、民主性，尽量避免文件中部门利益的倾向。同时，执行规范性文件备案制度。2005年，共审核规范性文件29件，出台24件，主要有《金湖县经济适用房管理办法》《金湖县城市基础设施配套费征收暂行办法》《金湖县新型农村合作医疗管理办法》《金湖县农村土地承包经营权管理办法》《县城区农民新村规划建设的实施意见》等。均以国家法律法规为依据，结合金湖实际，具有较强的针对性和可操作性。

第三节　行政复议

1999年8月，吕良镇双岗村李庄组施赞明、施庆荣不服吕良镇人民政府《关于限期砍伐双岗村李庄组施赞明、施庆荣两农户非耕地树木的处理决定》，向县政府申请复议。经复议认为：施赞明、施庆荣所在李庄组订立的《土地二轮承包调田协议》是在全组村民民主协商的基础上签订的，且不违背国家政策和法律、法规，县政府作出复议决定，对吕良镇政府的行政处理决定予以维持。1999年11月2日，县公安局根据卖淫女张某交待，以嫖娼为由，对黎城镇居民费某处以罚款5000元的治安处罚。费某不服，向县政府申请复议。复议期间，县公安局重新审查该案，撤销原治安处罚决定。

2001年2月28日，县某公司不服县劳动局于2000年12月29日做出的《关于杜某某因工受伤的行政认定书》，申请复议。经复议认为：申请人所在的炼胶车间没有建立工人调班、代班等规章制度，并在实际工作中对工人相互调班、代班没有干预制度，故杜某某为同事代班打胶仍应属从事该单位日常生产、工作，在此过程中负伤，应认定为工伤。决定维持县劳动局做出的上述《认定书》。2002年8月8日，县某公司不服县建设局于8月1日做出的行政处罚决定书，申请复议。经复议认为：该公司未经规划建设部门批准，擅自兴建简易平房，属违法建筑，应予拆除。但依照法律规定，被责令限期拆除的，不应再处以罚款，行政处罚决定书中关于罚款的行政处罚适用法律依据错误应予撤销。2003年初，吕良镇吕良村四组村民不服县政府2000年10月向该镇供销社颁发“国有土地使用证”，于12月底向淮安市人民政府申请行政复议，后于2003年2月向淮安市中级人民法院提起行政诉讼，又于6月向江苏省高级人民法院提出上诉。该案涉及年代较久，案情复杂。县政府法制局代表县政府应诉，提供相关翔实的历史资料、相关证据和法律依据。市政府、市中院和省高院分别于2003年1月、5月、9月对金湖县政府的发证行为予以维持。

2004年，制定出台《行政复议办案程序暂行规定》，建立集体通案、案件审批等办案工作制度，规范和理顺行政复议工作程序，方便行政管理对象参与行政复议，提高办案质量和效率。印发《申请行政复议须知》，详细告知当事人的权利、义务，方便当事人及时掌握和行使自己的各项权利，履行自己的法定义务。全年共代表县政府受理行政复议案件6件，全部审结。柏某不服县卫生局做出的取缔非法诊疗场所、没收医用药品及医用器械并处罚的决定，向县政府申请行政复议。经审理查明：柏某无“执业医师资格证”和“医疗机构执业许可证”，县卫生局执法人员又从其家中查出部分药品和医用器械，县政府依法维持县卫生局对柏某的处罚决定。2005年4月12日，对县世纪食品有限公司不服县建设局行政处罚一案举行公开听证会，分双方陈述事实理由、展开调查及质证辩论三个阶段进行。听证结束后，根据笔录认定县建设局作出的处罚决定事实清楚、适用法律依据准确、程序合法、处理幅度适当，决定维持原处罚决定。

1994—2005 年金湖县政府法制工作统计表

表 31-2-1　　　　单位：件

年　份	规范性文件		行政复议案件		代表县政府应诉
	审　核	出　台	受　理	维　持	
1994	20	20	—	—	—
1995	24	17	—	—	—
1996	17	15	—	—	—
1997	26	22	15	4	—
1998	18	16	1	1	1
1999	25	23	5	5	—
2000	35	33	7	3	10
2001	40	37	3	3	—
2002	37	35	9	4	1
2003	35	34	5	5	4
2004	30	22	6	4	2
2005	29	24	5	2	2

说明：1997 年的行政复议案件数为 1989 以来的受理总数。

第三章　社会治安综合治理

第一节　平安创建

1986年，全县开展居民小区、镇村、单位安全文明创建活动（简称“创三安”活动），各乡镇、各大系统均组建起联防、保卫组织，负责境域的治安防范；基层社会矛盾纠纷由村、乡镇、司法机构组织联调。1990年，开展社会治安综合治理，落实各项安全防范措施，加强流动人口管理，加强刑释解教人员的安置帮教、社区矫正对象的教育，以及法制和道德教育。1992年起，县综治委每年组织全县乡镇专职联防队基本功竞赛。1994年，县、镇、村及各单位部门全部成立人民调解委员会，深入开展“创三安”活动，建立社会矛盾纠纷排查调处分工负责、调解时限、延期调解追究“三项责任”制和“零报告”制度，创建工作与社会治安、道德建设、环境优化等工作有机结合，宣传动员群众广泛参与。全县建成县级示范点4个，镇级示范点110个。1999年，县综治委在全县推行治安承诺制，实行“偷一赔一”，并召开农村治安承诺兑现现场会。2001年，金湖被省委、省政府评为“创三安”工作先进县。

2003年，全县开展“建设平安金湖、创建最安全地区”活动。城区（黎城镇）成立百人巡防大队，其他各镇建立起210人的联防队、315人的村级联防队。年底，金湖通过省委、省政府验收，成为全省首批“社会治安安全县”。2004年，县、镇均成立社会矛盾纠纷调处中心，建立村级人民调解组织126个，行业调解委员会3个，配备专兼职调解人员958人。2004年，加强治安“技防”基础设施建设，建成县城人民路、健康路两条电子防范街，4月，市综治委在金湖召开全市城区技防现场会。全县机关、企事业单位通过组织职工护卫队、聘请保安服务的方法，建立单位内保队伍。

2005年，各镇调处中心完善例会、值班、首问负责、受理登记、分流调处、维稳形势分析、信息报送、考核、责任倒查等制度，规范工作流程。建成以“110”为龙头，巡逻民警为主体，治安查报站、治安卡口为支点，15个流动卡点为补充的快速反应网络机制。县从政法部门挑选干警126人，担任全县126个村（社区）的平安建设驻村（社区）指导员，每月到所在村（社区）为村（居）民上法制课，听取村（居）民诉求，化解矛盾纠纷，指导平安建设工作。同时，以公安、交通、教育等职能部门为主体，开展平安企业、平安学校等基层系列平安创建活动17项，培育典型42个，召开现场会22次，进行推广。城区成立巡防大队，人员160多人；各镇按辖区人口万分之八建立镇联防中队10支共2316人；治安“技防”基础设施建设进一步完善，县城主要街道、党政机关、公共治安复杂场所、交通要道、重点部位、治安卡口设立监控点116个，11个镇118个村统一安装电子巡更点1170多个；机关、企事业单位配备专兼职内保人员700人。是年，在前锋镇与宝应县结合部开展联防联调工作。全县共调处社会矛盾纠纷7356件，调处成功率98%。县政法部门每年都根据不同时期的犯罪特点，有重点地开展“严打”整治。共破获刑事案件4895件，抓获犯罪嫌疑人3574人，惩治犯罪团伙89个532人，追回经济损失6580万元；“一票否决”综治工作不力的单位10多家。全县11个镇全部获市委、市政府授予“社会治安安全镇”称号，获平安单位（学校、医院、企业）177个、平安村（居）94个；金湖连续两年获省委、省政府授予“社会治安安全县”称号。

第二节　青少年法制和道德教育

1986年，开展“一五”普法教育，全县各学校开设法制教育课，加强遵纪守法教育。共青团、少先队通过举办演讲、知识竞赛、实地演示、清明节到烈士陵园祭扫、组织参观革命传统教育基地，及进行初中、高中入校新生军训等方式，进行青少年法制教育、世界观、人生观、价值观教育，培养共产主义道德情操。1988年，各学校结合贯彻《中华人民共和国义务教育法》开展学法活动。1990年，县成立家庭教育研究会，营造社会、学校、家庭全方位关爱青少年成长的氛围。1996年，全县有28所学校作为“安全文明示范点”实施依法治理。1997年，县人民检察院办理青少年案件坚持“挽救、感化、铸魂、预防”理念贯穿全过程，重塑失足青少年灵魂。

2002年起，县规定每年9月为预防青少年违法犯罪宣传月，并成立青少年法制和道德教育（预防青少年违法犯罪）领导小组，协调各部门开展青少年法制和道德教育工作。政法各部门设立青少年维权岗，各中小学校配备法制副校长1人，法制副校长每年到挂钩学校为学生上法制教育课2次，每年开展一次校园及周边地区环境整治活动。2003年，实施青少年法制道德教育“六个一”工程，即建成一座青少年法制教育永久性基地，开展一次“送法到‘大墙’”活动，编写一本法制教育读本，举办一次法制副校长研讨培训班，开展一次法制教育宣传月活动，举办一次“模拟庭审进校园”活动。2005年，全县青少年违法犯罪人数较2002年下降65%。

第四章　公　安

第一节　案件侦查

一、刑事案件侦查

1986年，境内发生刑事案件113件，破案93件，抓获犯罪嫌疑人110人。1994年，破获境内发生的刑事案件215件，其中凶杀、“93·03”系列抢劫、强奸、“白日闯”等重大刑事案件108件，大案要案破案率83%。是年1月13日夜，东偏泓闸口发生一件罕见的残害妇孺1死2伤的凶杀大案，13个小时后，案件告破，犯罪嫌疑人张某某被抓获归案。1996年，“严打”专项斗争再次掀起高潮。4月17日夜，县造纸厂北大圩一收购纸浆的福建人被4名犯罪嫌疑人持刀抢走现金3800余元，县公安局采取“外围突破”战略，将犯罪嫌疑人抓获，全市第一件挂牌督办案件成功破获。5—7月，破获各类刑事案件45件，其中重大案件22件，追捕逃跑犯罪嫌疑人31人，惩治各类犯罪团伙7个、成员25人，抓获各类违法犯罪嫌疑人75人，缴获赃款赃物11万元，城区治安秩序稳定。10月，将两年作案40多件，袭扰民宅抢劫财物万余元，猥亵妇女17人的犯罪嫌疑人抓获归案。12月，组织开展以禁娼、禁赌、禁毒和打击黑恶势力为主要内容的“三禁一打”专项斗争，畏罪潜逃的杀人犯罪嫌疑人伍某某在苏州被抓获；还抓获“皮条客”、嫖客、暗娼4人，刑事拘留出租黄色淫秽录像带、影碟片的1人，缴获黄色淫秽录像带、影碟片800盒。1997年3月，罪大恶极、先后强奸杀害3人、潜逃到江西德兴铜矿的犯罪嫌疑人赵某被抓获，后被判处死刑。1998年，发生刑事案件352件，破获165件。其中重大案件176件，破获80件，打击处理犯罪嫌疑人222人，其中逮捕120人。

1999年9月，再次开展“三禁一打”专项斗争，查破赌、毒、娼、恶等案件85件，其中卖淫嫖娼案件4件10人，介绍容留卖淫案1件1人；赌博案件21件101人，惩治赌博窝点12个；破获恶势力案件58件112人，惩治恶势力团伙5个26人；收缴猎枪3支、管制刀具3把；缴获赃款赃物7.5万元，打击处罚各类违法犯罪嫌疑人224人。2000年1月，县域首例盗劫轿车案告破，抓获作案多起的盗劫团伙犯罪嫌疑人3人。2001年4月，集中开展“打黑除恶”“追逃”等严打整治斗争和惩治经济犯罪专项斗争，破获刑事案件118件，查处治安案件132件，惩治犯罪团伙15个，抓获犯罪嫌疑人307人，追缴赃款赃物10万余元。5月吕良镇鸿运批发城发生的蒙面持刀抢劫案，6—7月县城衡阳路、淮河路发生的多件拦路强奸系列案，10月黎城镇发生的首例麻醉抢劫、强奸案，均成功告破。惩治经济犯罪专项斗争立案侦查17件，破获15件，抓获犯罪嫌疑人24人，挽回经济损失100余万元，县粮行一件50万元粮款被骗大案告破。

2002年开展打抢反盗“春雷行动”，成功告破“5·24”发生在戴楼镇牌楼村九组的县内首例抢劫杀害出租车司机案、“6·29”发生在闵桥镇药王村四组的抢劫杀人案和26件系列盗劫案，将县域和外地流窜金湖县域作案的犯罪嫌疑人一一抓获。2004年2月，发生在县城的故意伤害致人死亡案，5月4日陈桥镇发生的一件杀人抛尸案，6月发生在县城三河滩、漫水公路的多件恶性强奸案，以及县城工商银行宿舍区内的“9·30”抢劫杀人案，县公安局均在短期内快速破获。2005年，境内发生刑事案件1382件，破获829件，抓获犯罪嫌疑人427人。其中，有飞车抢夺案6件、持刀抢劫案1件。开展惩治出售淫秽书刊、音像制品，惩治卖淫嫖娼等专项行动，一举端掉贩卖淫秽物品的窝点12户，收缴涉嫌淫秽碟片300余张，抓获违法犯罪嫌疑人12人。

1986—2005年金湖县刑事案件侦查统计表

表31-4-2

年份	发案（件）	破案（件）	其中刑事重案侦破（件）	抓获犯罪嫌疑人（人）	年份	发案（件）	破案（件）	其中刑事重案侦破（件）	抓获犯罪嫌疑人（人）
1986	113	93	21	110	1996	178	132	87	191
1987	217	181	24	216	1997	288	247	83	258
1988	209	138	32	169	1998	352	165	80	222
1989	439	309	33	299	1999	372	231	67	327
1990	486	346	72	255	2000	1369	665	82	527
1991	707	446	90	393	2001	1433	395	34	388
1992	222	153	67	254	2002	1081	567	40	441
1993	208	168	59	221	2003	890	414	39	402
1994	249	215	36	231	2004	893	522	42	358
1995	208	170	93	193	2005	1382	829	62	427

二、经济案件侦查

1986年，境内发生经济案件17件，破获16件，抓获犯罪嫌疑人15人。1994年，为县粮食、物资、商业、供销、金融系统的企事业单位追回债权1200万元。1997年，破获诈骗案件12件，其中，金融财税案件5件，惩治犯罪团伙2个，抓获犯罪嫌疑人26人，挽回经济损失304万元。1998年，受理经济案件13件，惩治犯罪嫌疑人30人，挽回经济损失223万元。

2000年1月，湖南省湘阴县双大肉食水产实业公司个体老板余某，串通港商张某，以高价为诱饵，以新加坡某地需购一批广式腊乳猪、急需外贸代理为由，与金湖县外贸公司驻深圳办事处业务员达成协议，同金湖方签订标的额162万元的广式腊乳猪购货合同；再由双大公司与金湖方签订供货合同，骗得金湖方定金50万元。余某、张某假以货不达标为由，张某拒绝收货，余某拒不发货，并携款潜逃。县公安局经过周密布控侦查，在深圳、珠海边防检查部门的密切配合下，终将化名为张某的澳门籍邱某抓获，全案告破。是年，共受理经济案件25件，立案侦破17件，抓获犯罪嫌疑人15人，挽回经济损失306万元。

2001年5月至2002年12月，在集中打击经济犯罪专项斗争中，立案侦查17件，破获15件，挽回经济损失100余万元，县粮行50万元粮款被骗大案告破。2004年，发生在县内的特大合同诈骗案告破。犯罪嫌疑人徐某以承建县农资商住楼工程为名，于2002年12月至2003年10月，骗取多家购房户购房款130万元携款潜逃。经过县公安局周密布控侦查，终于2004年8月将犯罪嫌疑人抓获归案。2005年，受理经济案件107件，立案查处107件，惩治犯罪嫌疑人86人，挽回经济损失450万元。其中县农村信用合作社职工杨某、殷某挪用信用社资金64万元的大案被及时破获。

1986—2005年金湖县经济案件侦查统计表

表31-4-3

年份	发案（件）	破案（件）	其中经济重案侦破（件）	抓获犯罪嫌疑人（人）	年份	发案（件）	破案（件）	其中经济重案侦破（件）	抓获犯罪嫌疑人（人）
1986	17	16	5	15	1996	15	15	2	13
1987	2	2	1	9	1997	12	12	3	26
1988	7	6	3	4	1998	23	13	3	30
1989	19	18	4	21	1999	10	6	5	18
1990	7	6	3	6	2000	25	17	5	15
1991	16	16	2	10	2001	22	17	1	24
1992	25	25	4	13	2002	17	10	2	22
1993	10	10	3	13	2003	25	16	2	25
1994	12	12	2	14	2004	41	35	2	19
1995	9	9	1	11	2005	107	107	1	86

三、刑侦技术

1986年，县域公安机关刑侦技术仅设置传统的痕迹检验专业和法医专业，指纹登记制度开始实施，但采用人工查对，费工费时，效率低下，且不一定每次都能查出结果，指纹档案的作用存在较大的局限性。20世纪90年代，县公安机关刑侦部门相继加设刑事案件照相、理化检验、指纹管理等岗位，逐步向独立而又相互联系的多元化方向发展，为刑事案件的快速、准确侦破提供技术支撑。1992年至1994年间，犯罪嫌疑人采取戴口罩、撬门、扳窗棂入室等手段盗窃、抢劫、强奸40余起，办案民警根据现场遗留痕迹进行串并案侦查，终于1994年10月成功将犯罪嫌疑人盛某某（男，27岁）抓获。

进入21世纪，随着信息化的发展，刑侦技术逐步加设文件检验、刑事图像技术、法医检验、理化检验、犯罪信息管理及形式心理测试等专业技术，向现代化方向发展，破案率提高。2004年5月，金湖县陈桥镇大治桥东侧河里发现一具男尸，刑侦技术部门经现场勘验认定系他杀，并通过检取的痕迹物证，为破获提供方向，从而迅速抓获犯罪嫌疑人。2005年，全县技术防范措施进一步落实，重点要害部位、主要交通干线及关卡，均安装配置监控系统，并与“110”指挥中心联网，为刑事案件的快速侦破提供保障，盗窃案件发案率显著降低。

第二节　治安管理

一、公共场所秩序管理

1986年，县公安机关加强对公共娱乐场所，包括影剧院、录像放映厅、舞厅、卡拉OK厅、音乐茶座、室内游艺，有娱乐设施的住宿、餐饮、游泳馆等场所的治安管理，严格开办许可证制度，先由文化管理部门审批发给文化许可证，经县公安局治安科（大队）和消防大队、安全检查符合安全要求发给治安许可证，到工商管理部门办理营业执照，再到县公安局治安科（大队）进行登记，方可开业。发现有色情、赌博、卖淫嫖娼、涉毒等违法犯罪活动，和寻衅滋事、聚众斗殴、流氓滋扰、侮辱妇女等违法行为及时予以打击；对易发火灾、垮塌等治安灾害事故的隐患及时提出警示，落实安全防范措施。

至2002年，全县共有持证开业386户，其中县城持证户312户。是年11月，公安机关取消对娱乐场所经营单位设立的治安审核许可制度。2003年，加强对从业人员的培训，对不同的娱乐场所在安全、秩序等方面提出明确要求，帮助指导经营者健全安全管理制度，落实安全防范措施。至2005年，共举办从业人员培训班89期，接受安全、秩序等方面专业培训1096人。同时，对城乡公共娱乐场所例行监督检查192次，查处治安隐患1672个。

二、特种行业管理

1986年，对县域旅馆业、刻字业、印刷业、收购废旧金属等特种行业均进行登记管理。1994年，公安部《废旧金属收购业治安管理办法》颁布施行，收购生产性废旧金属的企业需申请核发特种行业许可证。2001年，全县有特种行业447户，其中旅馆177户、旧货业69户、刻字业8户、印刷业55户、机动车修理业138户。2002年11月，根据国务院《关于取消第一批行政审批项目的决定》精神，只保留旅店、刻字、典当3个特种行业的治安审核许可制度。2004年治安审核权取消，治安大队和各派出所变事前管理为事中管理，变被动管理为主动管理，进行集中清查、摸清底数，建立健全档案，加强日常检查，发现问题及时下发隐患整改通知书。全县先后开展5次集中统一行动，处理违法违规业主6户。2005年，治安大队对旅馆、特种行业进行治理整顿，取缔无证经营现象；签订治安责任承包书，传授安全防范知识，通过安全检查活动，业主管理水平提高。

三、危险物品管理

1986年，县内无生产销售民用爆破器材企业。1994年，开展收缴枪支、管制刀具专项行动，收缴各类枪支251支，其中土造猎枪78支、气枪165支；收缴各种管制刀具364把。1995年12月，开展打击假冒警察的违法犯罪活动，清理收缴非警人员持有的警服1005件，警帽352顶，警用盾牌、肩牌、背章、帽徽、警号等警用标志物品1525只。1996年10月枪支管理法施行后，全县对枪支进行摸底登记，开展宣传，完善公务用枪的使用、保管各项制度。1998年，开展集中收缴违法枪支行动3次，共收缴枪支187支，其中气枪73支、猎枪114支、子弹200余发；收缴管制刀具12把；查处涉枪案件3件，处罚犯罪嫌疑人3人。2000年4月，捣毁非法生产鞭炮窝点6个，收缴成品小鞭1043万粒、半成品小鞭400万粒、双响爆竹1400只、引线24把、编鞭机6台，以及部分火药等原料，依法处理非法生产鞭炮的业主6人。

2001年，开展集中整治民间爆炸物品活动，查封烟花爆竹非法生产点8个，取缔无证销售点150户，收缴编鞭机7台、烟花1.5万支、小鞭8000万粒、爆竹8000只。4月，开展枪支、管制刀具专项整治，收缴各类非法持有枪支180支，其中制式猎枪33支、土制猎枪86支、气枪60支、电击枪1支，子弹99发；查处违法犯罪嫌疑人13人。5月，对非法烟花爆竹进行集中销毁。2005年，捣毁城镇鞭炮非法储藏点1个，扣押烟花117件、252只，鞭炮249万粒，爆竹12件480只，案值共3万余元。

四、查禁“黄赌毒”

查禁卖淫嫖娼 1986年，境内淫秽活动较为隐蔽。1995年，开展“双禁（禁毒、禁娼）”专项斗争，惩治卖淫窝点3个，查处卖淫嫖娼案件40余件，抓获卖淫嫖娼人员48人，其中介绍容留卖淫嫖娼人员4人、暗娼7人、嫖娼人员37人。10月，依法逮捕容留卖淫旅社经营者1人，行政拘留10人，劳动教养6人。1996年12月，在“三禁一打”（禁毒、禁娼、禁赌，打击严重暴力犯罪）专项斗争中，抓获“皮条客”、嫖客、暗娼4人，缴获黄色淫秽录像带、影碟片800盒，出租黄色淫秽录像带、影碟片的李某被刑事拘留。1999年，查处卖淫嫖娼案件28件，处理涉案人员141人，收缴淫秽音像制品及电子出版物1523张（盘），非法出版物431册。1998年，收缴淫秽录像带32盘，音像制品38盒，查处卖淫嫖娼案件30件，惩治卖淫窝点8个、卖淫团伙4个。2000年，查处涉娼案件130件、167人。2004年，查处违法经营场所27户，处理涉案人员49人。2005年，开展封堵和查处政治性非法出版物、打击出售淫秽书刊、音像制品、打击卖淫嫖娼等专项行动，一举端掉贩卖淫秽物品的窝点12户，收缴涉嫌淫秽碟片300余张，抓获违法犯罪嫌疑人12人。

查禁赌博　1986年，查处赌博案件59件，查获参赌人员267人，收缴赌资2640元。1998年，查处赌博案件131件、参赌人员677人。1999年，查处赌博案件87件，处理涉赌人员382人。2000年，查处赌博案件63件，处理涉赌违法人员193人。2004年5月，县治安大队和黎城镇派出所出动警力22人，对城区所有游戏室、超市、商店进行突击检查，共检查游戏室8户、店铺58户，依法查扣跑马机、苹果机24台，下发整改通知书15份，责令停业整顿3户。7月5日凌晨2时许，群众举报戴楼镇小集村七组有近百人以“推牌九”形式聚集豪赌。接报后，先后组织两批共50余名警力赶赴现场，迅速控制局面，当场抓获参赌人员121人，缴获赌资10余万元。2005年，配合全省集中开展打击赌博违法犯罪活动专项行动，县公安部门精心组织，切实加大禁赌力度，至5月，共查破各类赌博案件51件，查处参赌人员251人，其中采取刑事强制措施8人，移送起诉及判刑5人，行政拘留12人，收缴赌资48万元，缴获赌博游戏机22台。

禁毒　1986年，境内未发现涉毒案。进入20世纪90年代，农村出现非法种植毒品原植物罂粟的现象。1995年，在“双禁”（禁毒、禁娼）专项斗争中，侦破涉毒案件2件2人，分别被收容审查和行政拘留。1998年，查处首例吸食注射毒品案，南京籍女子邵某被行政拘留15天，强制戒毒3个月；查处非法种植毒品原植物案件23件，铲除罂粟374株，大麻30株。1999年，查处吸食注射毒品案1件，铲除非法种植毒品原植物罂粟1107株，大麻12株。2000年，查处涉毒案件10件、13人。2004年12月21日凌晨4时许，巡防大队民警发现县城金皇冠歌舞厅情况异常，立即对其进行清查，在6号包厢内发现6男3女正在随音乐不停地摇头，当场从茶几上收缴摇头丸2粒。通过对9人尿样检测，均有甲基苯丙胺成分，破获全县首件吸食毒品“摇头丸”案件。2005年，破获各类涉毒案件23件，抓获违法犯罪嫌疑人47人，铲除毒品原植物427株。4月，县公安局治安大队在县制药厂宿舍区抓获吸毒人员3人，缴获注射器3支，海洛因41包10余克。

五、基层治保

1986年，全县共设置基层治保组织405个，其中县级机关、企事业单位成立治保委员会60个，成员209人。开展安全文明小区、镇村、单位创建活动（简称“创三安”活动），各乡镇、各大系统均组建起联防、巡查保卫组织，负责境域的治安防范。1990年，开展社会治安综合治理，落实各项安全防范措施，加强流动人口管理，加强对刑释解教人员的安置帮教、社区矫正对象的教育，以及法制和道德教育。1994年，县、镇、村及各单位、各部门依靠人民调解委员会，及时化解基层社会矛盾，深入开展“创三安”活动。1999年，全县推行治安承诺制，实行“偷一赔一”。2003年，开展“建设平安金湖、创建最安全地区”活动。城区（黎城镇）成立百人巡防大队，全县其他各镇建立起共210人的联防队、315人的村级联防队。年底，金湖县成为全省首批“社会治安安全县”。2004年，县、镇均成立社会矛盾纠纷调处中心，加强治安“技防”基础设施建设，在县城建成人民路、健康路两条电子防范街，机关、企事业单位通过组织职工护卫队、聘请保安服务的方法，建立单位内保队伍，再次被省委、省政府授予“社会治安安全县”称号。2005年，城区巡防大队扩大到160多人，各镇按辖区人口万分之八建立镇联防中队10支共2316人；治安“技防”基础设施建设进一步完善，县城主要街道、党政机关、公共治安复杂场所、交通要道、重点部位、治安卡口共设立监控点116个，11个镇118个村统一安装电子巡更点1170多个。机关、企事业单位配备专兼职内保人员700人。县公安司法机关挑选126名干警担任平安建设驻村（社区）指导员，为村（居）民上法制课，听取村（居）民诉求，化解矛盾纠纷，指导平安建设工作。前锋镇与宝应县结合部开展联防联调工作。全县治安案件发案数显著下降，群众安全感增强。11个镇全部被市委、市政府授予“社会治安安全镇”称号，177个学校、医院、企业单位和94个村（居）获得平安单位称号。

六、"110" 指挥中心接处警

1997年4月，县公安局"110"指挥中心成立，开通"110"自动网络报警系统。7月投资50余万元开通具有主叫号码显示功能、自动语音录音、电子地图和排队分配报警呼叫功能的"110"人工报警服务台。"110"指挥中心认真履行"有警必接、有险必救、有难必帮、有求必应"的承诺，全年共接处警2533件，受到社会各界好评。1999年11月29日晚，金湖县黎铜路8号桩处发生一件抢劫案件，犯罪嫌疑人将受害人捆绑后驾驶受害人马自达向天长方向逃窜。"110"接报后，立即指令巡警设卡堵控，仅用半小时将两名犯罪嫌疑人抓获。2001年2月11日凌晨1时许，金湖县吕良镇一个体户门市被蒙面人持刀入室，抢劫现金6000余元、手机一部。"110"接报后，立即指令辖区派出所到现场处置，将逃跑途中的犯罪嫌疑人陈某森抓获。2003年3月16日下午2时27分，金湖县人民医院收费员梁某某被犯罪嫌疑人用高压汽枪改装的火药枪托击伤头部，抢走现金2.8万元，后犯罪嫌疑人驾车逃跑。接报后，"110"指挥中心立即启动预案，通知相关部门到现场处置，并根据嫌疑人逃跑路线通知路面警力设卡堵截。当晚11时45分，办案民警在天长市铜城镇截获嫌疑车辆，将犯罪嫌疑人宋某刚（男，28岁，山东诸城人）抓获，并连带破获外省市抢劫案件10件、杀人案件2件。

图 31-4-4　金湖县公安局110指挥中心（摄于2005年）
县公安局 / 供

2005年，该中心包括"110"电话接警、主叫电话提取、计算机数据库、计算机网络、"110"公安地理信息（GIS）、计算机辅助设计（CAD）、专家辨识与出动方案编制系统、计算机二级终端等组成，形成一个快速反应、准确指挥的公安"110"指挥中心系统。该指挥中心接处境域突发、紧急、特殊公共事件，向公众提供社会紧急救援服务，实现跨地区、跨部门、跨警区以及不同警种之间的统一指挥协调，形成一张全面应急预警和处置的"安全网"，为切实保障人民群众的生命与财产安全发挥着重要作用。12月12日下午2时14分，县公安局"110"报警台接报，黎城镇加油站附近有10余人持械斗殴，并有人员受伤。接报后，"110"台立即指令黎城镇派出所、治安大队出警。到现场后，经民警调查发现，斗殴人员已乘车逃离现场。"110"台获悉后，又立即指令公路沿线警力设卡布控，并调集治安、交巡警、戴楼派出所民警向出入县城的天长市铜城镇和宁连公路方向追击。下午3时许，民警在铜城境内将乘桑塔纳轿车逃跑的7名犯罪嫌疑人抓获，当场缴获砍刀、方钢棍等凶器以及一件血衣。4时许，抓获在盱眙县楚东医院正在疗伤的同案犯罪嫌疑人4人。

1997—2005年金湖县"110"指挥中心接处警统计表

表 31-4-4　　单位：件

年份	接处警数	年份	接处警数	年份	接处警数
1997	2533	2000	8817	2003	11124
1998	4684	2001	9824	2004	11786
1999	6024	2002	11094	2005	13148

第三节　户政管理

1986年起，金湖县户籍管理制度逐步健全与完善。户口性质分为城镇、农业、菜农、自理口粮户口，户籍管理主要有人口登记和统计、户口“农转非”迁移、重点人口（刑释解教人员、吸毒人员等有前科人员）管理等事项。城镇户口按户发给城镇居民户口簿，菜农户口、自理口粮户口，由所在地公安派出所单列管理；农业户口实行乡（镇）、行政村两级户口管理制度，按自然村建立户口登记册，由乡、行政村各自保存利用。户口迁移归乡（镇）管理，由乡（镇）政府秘书兼办。出生、死亡、迁入、迁出变动情况由村、居委员会会计负责登记，定时与乡（镇）核对，年度人口统计截止时间为每年的12月31日。是年9月，县政府成立颁发居民身份证工作领导小组，下设办公室，开展颁发居民身份证工作；各乡镇政府相应成立组织，抽调人员，各行政村、居委会确定1人专门负责登记、申领居民身份证工作。经过4年多时间，全县首批共办理16周岁以上居民身份证22.8万人，占应申领居民数的96.7%。申领办理居民身份证工作转入正常后，先后由县公安局治安科、户政科负责。

1988年，县政府先后组织计划、劳动、粮食、教育等有关部门，审批“农转非”。公安机关为近万人办理“农转非”迁移手续。1992年8月至1994年，全县先后两次公开办理农村户口转为地方定量户口。1994年，县内实行农村户口城市化管理，原由乡镇管理的农业户口全部移交给所在地辖区公安派出所管理。1996年，加大人口信息管理力度，人口信息全部输入微机。黎城镇派出所通过微机查询人口信息破获刑事案件6件。1999年，在黎城、吕良、闵桥、银集4镇进行“户改”试点，共办理小城镇户口3487户7046人。

2000年，公安机关对户口和人口信息开始实行微机化管理。各派出所加强重点人口管理，全年共清查登记流动暂住人口5921人，列入重点人口1343人。2002年，通过对流动人口和出租户的管理，查处违法犯罪嫌疑人17人、破案16件。2003年12月，全县户籍微机化管理工作全部完成。2004年起，各派出所对列管的重点人口，在经常性调查了解考察的基础上，力求做到月见面、季考察、年考核。2005年末，全县登记人口总数360033人，出生2519人，死亡1355人，迁出2439人，迁入3630人。

第四节　道路交通安全管理

一、交通秩序管理

1986年，县交通局负责道路交通安全、车辆年检等管理工作，维护交通秩序。1988年，城乡道路交通秩序维护及安全管理交由新成立的县公安交通警察队具体负责。1989年，县公安交通警察队及所属中队，定期或不定期组织人员到各交通要道布点巡查，发现超载、飙速、黑驾、无证驾驶等违规违法行为，及时予以纠正和处罚。20世纪90年代初，全县主要交通要道管理推行定岗、定人、定责，包路段的“三定一包”岗位责任制，实行责效挂钩、奖勤罚懒，交通秩序明显好转，交通事故发生率明显降低。1995年，发生交通事故46起，死亡36人，伤20人，直接经济损失9.2万元。1996年，发生交通事故逃逸案件4件，全部破获。其中12月10日深夜，在淮河入江水道拦河大坝发生的汽车撞人致死逃逸的重大交通事故，经过连续几天紧张排查，终将犯罪嫌疑人张某某抓获归案。1998年2月17日晚，驾驶员王某酒后违章驾车，行至盐金线142公里319米路段时，追尾撞上停靠在路边的小客车，导致车上赴上海打工的乘客当场死亡7人、受伤16人，因抢救无效又死亡1人。王某被判处有期徒刑6年。1999年8月17日14时20分，宝应湖农场开往南京的中巴车，在返回金湖行至205国道盱眙县马坝镇境内时，发动机突然起火爆炸，中巴车栽入路沟中。27名乘客中死亡8人、重伤19人。2000年，开展交通安全与运输管理年活动，县交巡警大队加强交通法规巡回宣传，利用逢集人多机会，深入集镇宣传，使交通法规家喻户晓、深入人心，提高民众守法的自觉性。2002年，交巡警大队把预防和压降交通事故作为第一要务，按照公安部和省厅要求，加强日常管理，开展创建“平安大道”活动，以国道、省道等干线公路为重点，运用教育、罚款、记分、抄查、吊扣驾驶证、行政拘留等处罚手段，查纠公路客运和危险物品运输及超速违章行为，维护交通秩序和交通安全。2003年，全县发生道路交通案件94件，其中经济损失千元以上和造成人员伤亡的重大交通事故26件，死亡53人，伤92人，直接经济损失20.25万元。2005年，全县先后开展“夏安赛”“月安赛”“冬安赛”等维护交通安全活动，发放交通安全考核奖励金3.2万元。全年发生经济损失千元以上和造成人员伤亡的重大道路交通事故95件，死亡44人，伤76人，直接经济损失35.28万元。

表31-4-5

1988—2005年金湖县公安局处理道路交通事故统计表

年份	事故（件）	死亡（人）	受伤（人）	直接经济损失（万元）	年份	事故（件）	死亡（人）	受伤（人）	直接经济损失（万元）
1988	66	16	30	2.42	1997	31	20	24	4.45
1989	97	11	30	4.77	1998	39	25	51	7.31
1990	98	11	28	6.26	1999	24	21	16	2.85
1991	53	10	35	4.06	2000	62	40	61	19.35
1992	50	10	40	4.00	2001	75	42	68	21.06
1993	42	17	38	4.70	2002	88	50	70	22.25
1994	39	14	26	6.00	2003	94	53	92	20.25
1995	46	36	20	9.20	2004	90	48	76	27.65
1996	26	17	42	3.10	2005	95	44	76	35.28

二、驾驶员及车辆管理

1986年，车辆年检、驾驶证考核发放等工作由县交通局负责。1988年，改由县车辆管理所具体负责。1997年6月，在集中整治城区交通秩序中，淘汰更新报废车辆，设置交通标识，划定停车场及汽车喇叭禁鸣区，规定手扶拖拉机进城时间，共纠正车辆各类违章行为万余件，依法扣证18本，扣押机动车239辆，治安处罚11人，拘留1人。2000年，开展交通安全与运输管理年活动，全县办理车辆牌证1307件，驾驶证1903份，审验机动车辆5728辆；与车辆管理所协调稽查车辆206辆，处理无证出租车63辆次，查处各类违章车辆961辆次，淘汰不达标车辆27辆，办理路政案件11件。2005年，审验客运车辆281辆，审验率、合格率100%；审验货运车辆680辆，审验率96%、合格率100%。

第五节　出入境管理

1986年，办理公民出国出境申请36人。1988年11月，台湾当局允许大陆居民去台探亲、探病和奔丧，允许少数台籍人员的大陆配偶去台定居，出国出境申请人数增加到82人。1991年底，国务院颁布《中国公民往来台湾地区管理办法》，金湖县出入境管理部门改善接待环境，公布办证程序，改隔日受理为每天受理，建立急事急办制度，在法定期限完成出境审批和入境户口申报登记，优先办理夫妻团聚、孤寡老人会亲的出国出境证件，简化手续，方便群众。是年，办理出国出境手续申请人数增加到127人。至2005年，全县共办理出国出境会亲、探病、奔丧、留学及紧急商务活动申请2026人。

第六节　内部执法监督

1986年，县公安局内部执法监督由党政领导把关。1991年1月，局增设法制办公室，对各办案单位办理案件提供法律服务，同时依法进行法律监督、审核把关。1994年，根据江苏省第二次公安政法会议精神，统一印制收容审查和治安处罚的法律文书，制定接待受理、阅卷、通案、审核报批、立卷归档等一系列制度，对案件审核提出具体要求。1995年起，注重对案件的事实、证据、量罚、程序等方面的审核，落实"谁审核、谁负责"工作责任制和疑难案件集体通案制度，把握适用法律的准确性，处罚的公正性，以及程序的合法性。2001年，建立案件审核纠错登记制度，着力强化行政、刑事案件的审核把关，严肃查案执纪，对4名违纪民警以行政记过、警告处分。2002年，严格执行"六条禁令"，发现和纠正各类问题78个，决定停止职务1人，给予党纪、政纪处分8人，逮捕1人。2005年，抽查执法台账3142本，刑事案卷4092件，治安案件5万余件，纠正案件中存在的问题372个。

第七节　消防管理

1986年，县公安局消防股以消防重点单位、烟花爆竹销售点等为重点，在"五一"、国庆、元旦、春节等重大节日前进行防火安全检查；季节性防火以夏季、冬季为主。1994年11月，撤销消防股，成立县公安局消防大队，与中国人民武装警察部队金湖县消防大队"一套班子、两块牌子"。1995年，拥有消防车3辆，消防指挥车1辆。11月10日，城西木器厂使用未经许可的锅炉，烟囱冒出带火飞屑落进刨花堆和邻近的干柴堆而起火。接报后，消防大队出动消防车2辆，县中队出警15人，一边到30米以外取水救火，一边搬出一条10米宽的隔离带，经过四个半小时的紧张战斗，扑灭大火，减少经济损失8万元，直接经济损失4.8万元。事后，县政府在该厂召集30多个消防重点单位参加的事故现场分析会，总结教训，引以为戒。

1996年12月13日20时左右，县华鼎精细化工有限公司二车间职工刘某违章使用普通潜水泵抽取甲苯母液，造成潜水泵电缆和电机密封圈绝缘层被甲苯腐蚀损坏，线路短路，打火引燃甲苯，引起火灾。县消防大队、试采二厂消防队、市消防支队共派出消防车6辆，终于22时40分将大火扑灭，造成直接经济损失约46.85万元。17日，县委、县政府在该厂召开事故现场会，要求各单位从中吸取教训，强化安全管理，落实安全生产责任制，杜绝类似事故发生。1998年5月9日22时30分，县一服装厂槽筒车间发生火灾，直接经济损失27万元。该车间耐火等级低，厂区无水源，且违章存放大量化纤服装。县消防大队赶到时，车间塌顶，火势正迅速蔓延。消防大队官兵到200米外的新华纸箱厂消防栓取水救火，经1小时奋战，终将大火扑灭，保住300余万元的服装和500余万元的财产。全年发生火灾33件，伤3人；组织火因调查11件，查处违反消防管理行为31件、34人，拘留1人，罚款单位1个，个人9人，罚款金额1.21万元；没收石油液化气108瓶，查整私产鞭炮作坊47户，扣押编鞭机

4台，收缴烟花5133只、双响1770只、小鞭2045万粒、易燃易爆药物40公斤。20世纪90年代以后，公安消防部门加大防火安全检查力度，检查重点从爆炸物品、化学危险物品存放单位、消防重点单位扩大至建筑设计的防火栓、文化娱乐场所、大型超市、商场、集贸市场等公众聚集场所的防火检查。2005年，发生火灾36件，造成直接经济损失10.8万元。

表31-4-6

1986—2005年金湖县火灾统计表

年份	火灾（件）	死亡（人）	受伤（人）	直接经济损失（万元）	年份	火灾（件）	死亡（人）	受伤（人）	直接经济损失（万元）
1986	26	1	5	4.98	1996	36	2	1	62.59
1987	28	1	1	8.54	1997	35	—	—	44.92
1988	29	1	7	39.03	1998	33	—	3	61.10
1989	23	3	10	6.10	1999	17	1	16	9.13
1990	31	1	1	6.41	2000	45	—	1	32.17
1991	39	—	6	8.73	2001	19	—	2	22.10
1992	32	—	—	6.19	2002	29	—	—	6.32
1993	28	5	16	10.97	2003	30	—	—	10.28
1994	47	3	5	22.00	2004	39	—	1	6.36
1995	40	—	5	15.43	2005	36	—	—	10.80

第八节　监所管理

1986年，县看守所负责犯罪嫌疑人、被告人、行政拘留和司法拘留人员的看押、安全管理、教育改造、投送劳改、劳教等工作。公安机关严格执行《看守所工作条例（试行）》，严把收押、提审、看病、劳动、清查“五关”，坚持同案、同地区单位、有关系的在押对象“三分开”原则，执行24小时双人值班、巡视、会务“三项制度”，勤查房、勤查在押人犯物品及来往信件。是年，收押各类人员最多时为524人，其中刑拘、逮捕261人，行政、司法拘留255人，劳教、收教8人；遣送、出监237人。1988年6月起，按照公安部、省公安厅部署，开展监所安全无事故竞赛活动。1996年3月，县看守所实现10年无事故，被省公安厅评为省级先进看守所。1998年，共关押各类人员683人，其中刑拘、逮捕302人，行政、司法拘留382人，劳教、收教18人；遣送、出监372人。2000年，县看守所获省公安厅授予的全省政治攻势破案竞赛先进集体称号。2005年，县看守所共关押各类人员771人，其中刑拘、逮捕302人，行政、司法拘留382人，劳教、收教18人；遣送、出监329人。实现连续15年监所安全无事故，被公安部评为二级看守所。

第九节　劳动教养

1986年，劳动教养的对象为盗窃、诈骗、赌博、聚众斗殴、寻衅滋事、重复卖淫、嫖娼和重复吸毒等尚不够刑事处罚的人员，劳动教养期限大多数为一年。是年，全县送劳动教养9人。1995年，劳动教养暗娼6人，其他违法行为人4人。1998年6月，县人民法院组织7名缓刑少年犯和3名家长代表到省少年管教所参观，与金湖籍正在服刑的25名少年犯交流，观看所内少年犯的生活、学习、劳动改造真情实景，请管教所领导上帮教课。利用这次机会，向少年犯们赠送有关法律、人生理想信念等方面的书籍及日常生活用品。少年犯们联系自己的犯罪行为，深刻反省、忏悔自己给受害人、家庭、社会带来的危害，表示要认真学法守法，痛改前非，重新做人。这次"重塑灵魂、走向新生"的教育活动，使大墙内外的少年犯受到一次深刻教育，正在服刑的25名少年犯无一人重新犯罪。1999年，县人民检察院在审理青少年犯罪案件过程中，重视挽救、感化、铸魂、预防四项工程的实施，加强法纪、道德、人生观和理想信念教育，使青少年发案数显著减少。1998—2002年，全县涉及"黄、赌、毒"人员送劳教的共76人。1986—2005年，经县公安法制部门审核并报淮安市劳教委批准劳动教养的共259人，解除劳动教养258人。

1986—2005年金湖县投送劳动教养统计表

表31-4-7　单位：人

年　份	投　送	解　除	年　份	投　送	解　除	年　份	投　送	解　除
1986	9	9	1993	13	13	2000	16	13
1987	11	9	1994	7	10	2001	22	16
1988	13	11	1995	10	9	2002	16	24
1989	8	13	1996	11	11	2003	13	14
1990	10	8	1997	13	12	2004	13	11
1991	9	12	1998	25	25	2005	14	11
1992	11	11	1999	15	16			

第十节　保　安

1986年，全县各企业单位的安全保卫工作基本由设在该单位进出口的传达室负责，人员由各单位自行选择确定，一般为年龄接近退休、身体条件不适宜在原岗位工作的职工。1992年8月，隶属县公安局的金湖县保安服务公司成立，经济上独立核算、自负盈亏，业务归口公安机关治安部门管理。保安人员在社会上招聘，第一批招收分派300多人，以退伍军人为主，约占90%。1995年4月，金南中学设立淮阴市金湖保安学校，为社会培养年轻有文化的保安人员。1998年，县公安局对保安公司进行清理整顿，查处和纠正保安服务违规经营行为，完善管理制度，明确保安服务行为规范和道德规范。是年，保安服务公司与公安部门脱钩。2001年起，随着物业管理业兴起，保安工作被列入其中，每一个居住小区都设立保安门亭或传达室，指派专职保安员轮流值班，全天候负责小区安全保卫工作。遇有荷花艺术节等重大节日活动，除加强各单位的安全保卫，还抽调部分保安人员参与聚会地的安保工作。至2005年，县保安服务公司先后共派出保安人员1600多人次，为300多家行政企事业单位提供驻点服务，同时积极参与全县重大活动的安保工作。

第五章 检 察

第一节 刑事检察

一、审查批捕

1986年，配合“严打”斗争，县人民检察院受理公安机关提请逮捕犯罪嫌疑人66人，批准逮捕53人，不批准逮捕13人。1990年，自侦部门提请逮捕犯罪嫌疑人17人，不批准逮捕6人。1993年，以“严打”斗争为契机，审查批捕272件389人，决定批捕236件381人。4个月内，依法从重从快批捕112人。1996年，在一件金融诈骗案审查批捕过程中，抓住案中疑点深查细挖，查实高某、高某某存在故意诈骗行为，系共犯，遂对2人依法增捕。在审查批捕万某容留他人卖淫案过程中，认定万某自1994年以来，容留、介绍、引诱多名暗娼在其开设的旅店内卖淫，应构成组织他人卖淫罪。容留他人卖淫罪与组织他人卖淫罪的量刑起点有悬殊，一是五年，一是十年。该案起诉后，县人民法院以组织他人卖淫罪判处万某有期徒刑13年。同时，审查案件时坚持实事求是，不随意拔高，维护公平公正，决定不批捕9件18人。1997年决定不批捕9件24人，案件审结率和批捕准确率均达100%。8月，在审查一起抢劫案时，从犯罪嫌疑人的供述中发现，1997年3月，金北乡发生一起无业青年王某、主某、应某，窜至三河中学校园内寻衅滋事、强拿衣物、殴打他人的恶性事件，已涉嫌构成流氓罪。但公安机关调查后未予立案，其理由是，性质尚未明确，正在进一步调查中。县人民检察院认为，该案已案发5个多月，且有多名犯罪嫌疑人投案，主要事实已经查清，不立案理由不充分。决定发出《立案通知书》，对王某等3名犯罪嫌疑人执行逮捕，师生安全感增强。此案的办结，受到省、市人民检察院领导的充分肯定。

1998年，依据新刑事诉讼法相关规定，提请市人民检查院抗诉9件，建议提请抗诉2件，查明一件错误提捕案。这起错误提捕案因起一桩寻衅滋事案：1997年9月，吕良镇赤水村农民吴某等人，乘坐吉普车窜至金北乡梁圩村窑塘组农民涂某家，寻衅滋事，索要钱财。涂家父子拒绝，吴某等人实施殴打，至涂某受重伤。案发后，公安机关对犯罪嫌疑人吴某进行询问时，吴故意隐瞒事实真相，将自己的身份谎报成同组村民张某，并对张的主要社会关系进行陈述，致使吴逃脱公安机关控制。1998年5月，县公安机关将从未到过案发现场的张某以涉嫌寻衅滋事罪与其他犯罪嫌疑人一同提请逮捕。县人民检察院审理发现，此案事实不清，证据矛盾，立即组织复查，终于查明案情真相，重新确认并批准逮捕真正的犯罪嫌疑人吴某。1999年，受理公安机关提捕案件123件208人，其中批捕110件193人，不批捕7件15人，公安机关撤回6件10人；受理县人民检察院反贪局提捕案件7件8人，批捕7件8人。

2003年，抓住开展“创建平安金湖、法治金湖、和谐金湖”活动的契机，对受理公安机关提请逮捕案件坚持“从重从快”原则，突出惩治暴力犯罪、黑恶势力犯罪和盗窃等多发性犯罪，共批捕上述三类案件71件99人，约占全年批捕数的70%。对有重大影响的案件，适时介入公安侦查，如“3·16”持枪抢劫案、“9·25”恶性杀人抢劫案发生后，均及时介入，从重从快作出批捕决定。2005年，经审查批准逮捕110件171人，不批准逮捕35人。受理公安机关提请逮捕案件134件190人，经审查批准逮捕102件155人。其中,突出惩治黑恶势力犯罪、暴力犯罪和盗窃等三类案件,共批捕61件110人;批捕抢劫杀人、强奸等恶性案件13件17人。

1986—2005年金湖县人民检察院审查批捕案件统计表

表31-5-8 单位:人

年 份	批捕受理	批准逮捕	不批准逮捕	年 份	批捕受理	批准逮捕	不批准逮捕
1986	66	53	13	1996	180	169	11
1987	82	72	10	1997	187	163	24
1988	58	49	9	1998	479	459	20
1989	54	49	5	1999	208	193	15
1990	48	42	6	2000	121	114	7
1991	74	68	6	2001	193	185	8
1992	104	94	10	2002	163	156	7
1993	389	381	8	2003	165	159	6
1994	298	288	10	2004	139	134	5
1995	249	223	26	2005	206	171	35

二、审查起诉

1986年,县人民检察院受理起诉案件106件、116人,提起公诉109人,免诉、不予起诉7人,起诉到县人民法院的案件有罪判决率100%。1994年,县人民检察院决定起诉96件144人,免诉2件8人,移送市院4件6人,县人民法院对起诉案件有罪判决率100%。1995年,受理公安部门移送起诉案99件128人,其中上年积存9件11人,移送免诉案5件5人。审理后,决定起诉99件123人,免诉、不予起诉4件5人,出庭支持公诉100件次。1996年,强化公诉职能,受理起诉案件125件131人,移送起诉120件127人,其中移送市院起诉5件15人,免诉、不予起诉2件4人。

1997年,对可能判处无期徒刑以上刑罚的特大案件,移送市人民检察院审查起诉的3件3人,有罪判决率100%。发生在1996年8月22日的一起凶杀案,黎城镇赵某持凶器将妻子吴某从家中挟持到金湖县黎城镇黎城村七组化工厂外的一毛坯房内,用手掐吴某颈脖将其杀害,后逃窜至安徽省天长市。起因是1995年11月,赵某与被害人吴某,经县人民法院调解离婚,后因小孩抚养费及再婚等问题,双方多次产生矛盾,赵某遂产生杀害妻子的歹念。赵某逃到天长后,于8月24日将一汽车配件销售部女营业员郭某杀害,并劫得部分财物。8月25日,赵某潜逃安徽省滁州市火车站附近一宿舍,窃得一辆摩托车。9月1日,逃窜至安徽省桐城县大关镇,在一发廊内盗窃财物时被女理发员霍某发现,将其杀害,并劫取部分财物。9月6日,又在安徽省东至县盗窃作案3起,窃得部分现金。在窜至安徽省全椒县武岗镇时,窃得枪械弹药若干。后逃窜至江西省德兴市,窃得部分财物。1997年,犯罪嫌疑人赵某被公安机关抓捕归案。县人民检察院审理认为,赵某的行为构成故意杀人罪、抢劫罪、流氓罪、盗窃罪、盗窃弹药罪,应当数罪并罚,同时赵某有前科,属累犯,且犯罪情节特别严重,后果特别恶劣,社会危害性极大。根据刑事诉讼法之规定,县人民检察院将此案移送至淮阴市人民检察院审查起诉。淮阴市中级人民法院经审理,判处被告人赵某犯故意杀人罪、抢劫罪、盗窃罪,数罪并罚决定执行死刑,剥夺政治权利终身。

1998年,受理移送审查起诉案件109件143人,比上年上升7.5%。其中,公安机关移送审查起诉案件99件133人,县人民检察院反贪部门移送起诉案件10件10人。发生在1997年的一起聚众斗殴案，县人民检察院经侦查认为，骆某、张某、纪某等人聚众斗殴的人数之多，规模之大，影响之坏，在金湖县历史上罕见，具有非常大的社会危害性，遂提起诉讼。1997年1月，黎城镇骆某和王某等人纠集20多人，持刀、棍从利农闸出发，行进到人民路金湖县电影院南侧繁华地段，与持刀、棍的孙某、张某、黄某等人聚众斗殴，致使参斗者金某受轻伤。1998年8月，孙某、张某等人又聚集一些人持刀、枪、棍等，准备与高某一方械斗。9月，双方在闹市区迎面相遇，纪某开枪打伤高某，致高某受轻伤，后被公安机关抓捕。经县人民检察院侦查起诉、县人民法院审理，判处张某、孙某、纪某等人犯聚众斗殴罪，判处有期徒刑两年至三年六个月不等。

1999年底，率先推行主诉检察官办案制度，受理移送审查起诉案件128件151人。其中，公安机关移诉121件144人，县人民检察院自侦部门移诉7件7人。2000年，起诉伤害、抢劫、强奸等严重暴力犯罪案件30件43人，起诉严重扰乱社会公共秩序、危害公民人身和财产安全的盗窃、寻衅滋事、聚众斗殴等犯罪案件39件69人，较好地维护了社会稳定。所起诉案件，县人民法院均作有罪判决。2005年，受理公安机关移送审查起诉案件190件，审查后向县人民法院提起公诉182件，免诉、不起诉8件。

1986—2005年金湖县人民检察院审查起诉案件统计表

表31-5-9　　单位：人

年　份	起诉受理	提起公诉	免诉、不起诉	年　份	起诉受理	提起公诉	免诉、不起诉
1986	116	109	7	1996	131	127	4
1987	131	125	6	1997	133	125	8
1988	107	98	9	1998	143	134	9
1989	104	96	8	1999	151	143	8
1990	96	90	6	2000	163	157	6
1991	129	121	8	2001	161	154	7
1992	153	144	9	2002	209	200	9
1993	147	138	9	2003	204	199	5
1994	152	144	8	2004	192	186	6
1995	128	123	5	2005	190	182	8

三、出庭公诉

1986年，县人民检察院出庭公诉案件109件。1995年9月，县人民检察院出庭公诉案件123件，其中公诉一起诈骗、伪造证件案，闵桥粮管所刘某与闵桥派出所户籍警张某相互勾结，以“能弄到非农业户口指标”“能买到安徽非农业户口，再迁到金湖落户”等谎言，骗取闵某等人的办理户口款37755元，其中刘得31255元，张得6500元。此外，刘、张还为其亲属任某等11人伪造定量人口粮油供应证、粮油供应迁移单、非农业户口簿、非农业户口迁移证、户籍证明等证件。刘某、张某分别被县人民法院以诈骗罪、伪造证件罪判处有期徒刑7年、剥夺政治权利1年和有期徒刑2年6个月。

1996年11月，县人民检察院出庭公诉刘某阻碍执行公务案。1995年9月，刘某持“学习照”驾驶农用客车，驶入规定时限内禁止农用车通行的城区主干道人民路。刘某拒绝交警劝阻，继续前行。在被交警追赶逼停后，刘下车挥拳、拿铁棍击打执勤交警，致使该交警全身软组织受伤，左眼出血，双眼睑水肿，住院治疗20余日。在开庭过程中，刘拒不供认犯罪事实，还唆使4人到庭作伪证，企图推卸责任。公诉人依据事实和法律，通过当庭讯问、质证、出示各种证据材料，揭穿伪证矛盾。最终县人民法院采纳公诉人意见，以阻碍执行公务罪判处刘某有期徒刑2年。

2001年，县人民检察院出庭公诉案件140件，其中职务犯罪案件19件19人，刑事案件135件229人。7月，公诉县文化局原局长兼体育运动委员会主任杨某在1995年1月至1998年近4年间，利用主管基建工作之便，收受建筑承包人海某、包某、孙某等人贿赂人民币8.1万元。9月，县人民法院以受贿罪，判处其有期徒刑5年，并处没收财产5万元，涉及8.1万元赃款被依法没收。12月，公诉一起县木器包装厂虚开增值税专用发票大案。经查明，1994年1月至1997年6月间，县木器包装厂厂长王某、副厂长刘某，伙同总账会计王某、现金会计袁某，在本厂没有货物销售的情况下，为县内木器加工户王某、朱某、於某开具增值税专用发票258份，价税合计400.63万元，税额58.21万元，收取所谓“税金”21.93万元。为冲抵销项税额，该厂在没有实际经营的情况下，由王某、袁某和厂收树员丁某虚开用于抵扣税款的收购凭证，金额1242.34万元，抵扣税款124.24万元。2005年，县人民检察院出庭公诉案件182件，其中职务犯罪案件11件12人，刑事案件171件245人。

四、立案监督和侦查监督

1986年，县人民检察院重点抓侦查活动中刑讯逼供、违法取证问题。1989年，对公安机关和自侦案件进行认真审查，对侦查和审判活动中的违法行为提出口头纠正违法意见9次。1993年，坚持准确把握案件定性，对重特大案件进行主证主罪复核，及时纠正侦查中出现的差错。1996年，县人民检察院开展侦查监督工作，保证法律的准确适用。一是把好批捕关，通过认真审查公安部门提请批准逮捕的案件材料，查疑找漏，不放过蛛丝马迹；二是把好定性关，对所办理的公安部门移送起诉案件，严格依照办案程序集体讨论，从而准确定性。

1998年，县人民检察院严格按照修改后的《中华人民共和国刑法》《刑事诉讼法》规定的程序办案，切实履行检察职能，狠抓对公安机关刑事案件的立案监督工作，进一步加强监所检察“经常化、制度化、规范化”建设。对公安机关侦查活动中强制措施不当的违法行为，提出书面纠正建议。1999年，县人民检察院实施立案监督6件6人，其中公安机关采纳5件5人；依法退查11件29人，增加认定犯罪事实7件11人，要求侦查机关补充移送犯罪嫌疑人1件15人，改变案由2件2人，增定罪名3件3人。2000年，县人民检察院严把起诉质量关，建议公安机关撤回案件7件8人，做出不起诉决定1件1人。注重审判监督，对部分案件判决书、出庭通知书没有按时送达现象和部分判决中适用法律不当的情况，及时向审判机关提出纠正意见，均被采纳。5月，县人民检察院得到5年前的一条刑事案件线索：1995年12月，犯罪嫌疑人李某、卢某、时某、陶某等一伙人，在原汽车站西门口，路遇分别手持土制喷砂枪、砍刀的纪某、陈某，双方发生打斗，致使纪某伤势过重，当晚死亡；陈某被城郊派出所干警送往医院抢救脱险。打人致死的李某等人乘乱逃脱，致使犯罪嫌疑人一直未受法律制裁。县人民检察院立即组织力量侦查，并严格履行监督职能，于5月依法向县公安局发出对李某同伙寻衅滋事和故意伤害案件“说明不立案理由通知书”，并将抓获的犯罪嫌疑人李某移送县公安机关。翌年3月，李某涉嫌故意伤害罪被判处有期徒刑11年，剥夺政治权利2年。2003年，县人民检察院依法开展侦查监督，纠正漏捕3人，追诉1人，不批捕7人。2004年，着重监督纠正有罪不究、以罚代刑问题，防止执法不严、司法不公现象发生。2005年，全年开展立案监督案件6件。

第二节　职务犯罪检察

一、贪污贿赂侦查

1986年，县人民检察院受理贪污贿赂案件25件，立案16件。1990—1992年，加大对企业单位的反贪侦查力度，3年共受理贪贿案175件，立案104件、112人，其中万元以上大案16人，5万元以上大案2人。1994年，反贪污贿赂工作突出重要线索的排查和大案要案的查处，深挖窝案串案。是年，立案侦查贪污贿赂案27件34人，挽回经济损失100多万元。1996年，查办贪污贿赂等经济罪案22件，其中大案12件，追缴赃款赃物（折币）计82万元。针对县内建筑领域内经济犯罪现象严重的情况，县人民检察院组织攻坚，先后侦破县造船厂、江苏石油勘探局试采二厂、县第四建筑工程公司等贪污贿赂窝案，共立案9件。

1997年《刑法》全面实施后，县人民检察院针对检察机关自侦管辖做出重大调整的新情况，及时调整工作思路，立足于“多办案、办大案、办好案”，以发生在“三机关一部门”（党政机关、行政执法机关、司法机关，经济管理部门）工作人员犯罪为重点，集中优势兵力，查处大案、要案，加大反腐败的力度。全年共初查贪污贿赂案件38件，立案侦查万元以上大案21件28人，其中10万元以上的大案3件，副科级以上干部经济案件7件，涉案总金额100余万元。某乡原党委书记朱某某、县司法局原局长王某某，在1993年至1997年担任镇长、乡党委书记期间，利用职务之便，分别收受贿赂人民币3万元、2万多元，其行为已构成受贿罪。朱某被判处有期徒刑5年，并处没收财产3万元，退出赃款33100元和违法所得4400元；王某被判处有期徒刑3年6个月，并处没收财产2.2万元，退出赃款21935元和违法所得4000元。1998年，初查国家工作人员贪污贿赂等职务犯罪线索36件，立案侦查10件10人，其中，科级干部犯罪案件1件1人，贪污贿赂案件8件8人，为国家挽回直接经济损失23万元。1999年，受理并立案贪污贿赂犯罪案件线索21件23人，其中副科职以上干部2人，党员9人，涉案金额160余万元。2000年，受理并初查贪污贿赂案件线索25件30人，立案16件18人，比上年增长60%，其中，贪污案件4件5人，贿赂案件9件10人，挪用公款案件3人；5万元以上重大案件5件6人；副科级以上干部犯罪案件7件7人。

2001年，立案侦查贪污贿赂等职务犯罪案件25件27人，至年底，侦结23件23人，提起公诉19件19人，其中贪污贿赂犯罪案件21件23人。查办药品购销领域贿赂案件，有6人涉嫌受贿被立案查处。2002年，受理并初查各类职务犯罪案件线索45件54人，立案侦查28件35人，其中贪污贿赂等经济犯罪案件24件31人。2003年，立案侦查贪污贿赂类犯罪案25件27人，其中5万元以上大案9件10人，副科级以上干部犯罪案件5件5人。2004年立案侦查各类职务犯罪案件19件21人，其中贪污贿赂类犯罪案件17件19人。还接受完成市人民检察院职务犯罪指挥中心交办的原涟水县建设局、招投标办、楚州区国土局相关4名领导干部的受贿大案。2005年，县人民检察院在全程录音录像新的办案模式下，规范执法，文明办案，全年共立案查处各类职务犯罪案件17件18人，其中贪贿类犯罪案件15件17人。1986—2005年，共受理贪污受贿案件697件，立案439件502人，其中案值万元以上的贪贿案141人，案值10万元以上的大案8人，涉及副科级以上领导干部48人，追缴赃款赃物1456万元。

1986—2005年金湖县人民检察院查办贪污贿赂案件统计表

表31-5-10

年份	受理案件（件）	立案（件）	其中			年份	受理案件（件）	立案（件）	其中		
			贪污贿赂（人）	涉及副乡（科）级以上（人）	案值万元以上（人）				贪污贿赂（人）	涉及副乡（科）级以上（人）	案值万元以上（人）
1986	25	16	18	—	2	1992	56	32	37	—	1
1987	32	19	25	—	5	1993	43	30	38	—	2
1988	24	10	18	—	3	1994	36	27	34	1	2
1989	18	13	16	—	4	1995	52	20	21	—	12
1990	69	40	43	—	8	1996	30	22	16	2	12
1991	50	32	32	—	7	1997	38	21	28	7	28

接上表

年份	受理案件（件）	立案（件）	其中			年份	受理案件（件）	立案（件）	其中		
			贪污贿赂（人）	涉及副乡（科）级以上（人）	案值万元以上（人）				贪污贿赂（人）	涉及副乡（科）级以上（人）	案值万元以上（人）
1998	36	10	10	1	8	2002	45	28	35	5	7
1999	21	21	23	2	2	2003	36	25	27	5	10
2000	25	16	18	7	5	2004	19	17	19	6	12
2001	25	25	27	5	5	2005	17	15	17	7	6

二、渎职侵权侦查

1986年，县人民检察院加大反渎职侵权宣传力度，以接待室为窗口，收集群众控申举报。1990年，对群众反映的一般渎职侵权行为，与相关上一级党政机关对接交流，及时进行教育处理。1993年，县玻璃二厂发生特大安全生产事故，县人民检察院及时介入，调查企业负责人渎职行为，该厂厂长受到撤职查办。1995年，法纪检察科受理法纪案件8件9人，立案侦查4件5人。1996年，原闵桥镇副镇长兼派出所所长成某，对1993年侦破的该镇张石村村民盗窃10吨原油案，徇私枉法，一直未向县公安局报案，截留追缴的赃款8640元用于派出所建房，致使该案未被及时追诉。鉴于成某系初犯且认罪态度较好，县人民法院从轻判处其有期徒刑6个月，缓刑1年。

1998年，探索“以事立案”新路，严格掌握立案标准，把党政机关、司法机关、行政执法机关工作人员徇私舞弊、玩忽职守、刑讯逼供案件作为重点，共受理三类法纪案件线索12件。某镇政府农经助理兼农村合作基金会理事会主任柏某，在1996—1997年任职期间，多次违反合作基金会章程和金融管理法规，超越审批权限，在未经论证的情况下，将资金投放给相关单位和个人，致使其中48.56万元无法收回，其行为构成滥用职权罪。柏某被判处有期徒刑一年，缓刑二年。2001年，全年立案侦查职务犯罪案件25件27人，侦结23件23人，提起公诉19件19人，县人民法院判决16件16人。其中渎职犯罪案件4件4人。

2002年，法纪检察步入反渎职侵权的专业化道路，受理渎职侵权犯罪案件线索7件，立案侦查3件3人，其中科级干部1人，司法及行政执法人员涉嫌犯罪1人。2003年，共立案侦查渎职类犯罪案件5件5人，其中副科级以上干部犯案2件2人。2004年，立案侦查各类职务犯罪案件19件21人，其中渎职侵权类犯罪案件2件2人。2005年，全年共立案查处各类职务犯罪案件17件18人，其中渎职侵权类犯罪案件2件2人。1986—2005年，共受理各类职务犯罪案件320件，立案65件，其中徇私舞弊2件，玩忽职守10件，重大责任事故6件，其他案件47件。

三、职务犯罪预防

1986年，县人民检察院职务犯罪预防由法纪检察科负责宣传与教育。1994年，纪检监察科成员深入乡镇宣传相关职务犯罪预防法律知识，动员群众利用法律武器维护自身权益。1995年12月，县人民检察院召开公开处理大会，现场宣布逮捕虚开增值税发票100余万元的县仪表厂原厂长叶某，震慑和警示企事业单位负责人和财会人员。2000年，县人民检察院预防职务犯罪网络覆盖金融、建筑、卫生等6大系统、150多个单位，其中科级建制单位46个，在工商、税务、国土等行政执法部门建立预防职务犯罪联系点6个。2001年6月，与工商、税务、金融、卫生、建筑、国土等14家单位签订职务犯罪预防工作合约，及时沟通信息，在全市首创职务犯罪预防途径。2002年，建立行业预防联系点10个，预防网络单位178家。

2003年，向有关单位发出检察建议42份，提出整改意见100多条，到有关单位上法制课54次，召开预防工作座谈会11次，与14个行业单位联合制定开展职务犯罪预防工作实施意见。在15个行业共建预防职务犯罪网络，发展网络成员单位198个，开展法制巡展6次，培训联络员300多人次，预防职务犯罪知识讲座60多次，受教育人数近万人次。2004—2005年，跟踪监督百万元以上重大工程项目32个，并加强工程建筑领域历史行贿档案的查询，建立市场廉洁准入制度，有效实施预防。2005年，扩建有多媒体投影、图片展区、无线讲解、会场、监管场所等设施和功能的警示教育基地，接待受教育人员2850余人次，并与县教育局等单位联合出台《金湖县教育市场廉政准入规定（试行）》。

第三节　监所检察

1986年，县人民检察院注重加强对在押人员的思想教育，经常为其上法律课，进行规劝感化和前途教育，使其认罪伏法。1989年，重点开展打击牢头狱霸活动，6月对金湖籍服刑人员进行探视帮教，赠书300余册；同时，与江苏省劳改支队签订帮教合同。1995年，监所工作规范化建设在全省首批达标。1996年，县人民检察院在监所检察中，纠正超期羁押，纠正管理违法活动，提审教育290人次，促使服刑人员坦白犯罪线索80多条，有4人因检举立功被减刑。

1997年，县人民检察院继续加强监所检察规范化建设，检察已判决案犯按期投监，取保候审改判刑收监2人，纠正侦查部门超期羁押3件5人，纠正各类管理违法行为22件，提审教育291人次。配合反贪、法纪检察部门，查明县看守所两名工作人员与经济犯罪嫌疑人及亲友通风报信的违法行为；查出一名缓刑人犯出监时，违法捎带串供信的事实，经向县人民法院建议，该犯被撤销缓刑，重新收监，执行有期徒刑。1998年，县人民检察院检察看守所收押人员、出所人员、超期羁押人员。对留所服刑犯、减刑、保外就医人员进行检察，纠正管理违法行为1件，发检察建议37次，提审教育231人次。

1999年，县人民检察院围绕规范化、科学化、制度化的工作思路，抓好监所检察工作，对县看守所收押人员实行全程检察，纠正违法管理活动14次，超期羁押3件8人，监外执行到期不收监2人。2000年，加强执行监督，检察看守所收押出所投劳人员，刑满38人，缓刑38人。2001年，对羁押情况和监外执行犯的执行情况进行检察，依法向有关部门提出纠正违法意见、检察建议21件次，有效维护监管活动的合法和监管场所的安全。2002年，加强对看守所执法活动监督，检察看守所收押人犯和出所、刑满释放、投牢、缓刑人员。

2005年，加强对执行场所的法律监督，始终把依法监管和安全防范作为监所检察的监督重点，与有关部门共同努力，实现在押人员无超期羁押。

第四节　民事行政检察

1991年，县人民检察院民事行政检察工作开始起步。是年，受理县织造厂向县人民检察院提出申诉，不服县人民法院审理作出的“金湖织造厂应偿付刘某代垫付款项及赔偿金等相关费用”的判决，理由是刘某在1990年11月担任该厂供销员期间，从河南所购进的皮棉数量不是103.159吨，实际为101.88吨；而且所提供的代垫资金的发票为假发票。县人民检察院调查审理后认为，刘某所持103.159吨购棉发票为虚假发票，所以其代垫货款数额是错误的，县人民法院认定的事实有误。为维护当事人的合法权益，对县人民法院的错误判决应当予以纠正，提请市人民检察院向淮阴市中级人民法院提起抗诉。1995年，民事行政检察立案19件，全部审结，并提请抗诉9件。1996年，受理民事行政案件15件，立案审查9件，经市人民检察院审查抗诉2件。1997年，受理不服人民法院已生效的民事、经济、行政判决和裁定的申诉案件5件，经审查犯罪事实、证据材料和申诉理由，立案4件，提请抗诉3件，市院提请抗诉2件。市中级人民法院裁定县人民法院再审1件。

1998年，淮安新都砖瓦厂与官塘乡砖瓦厂签订承包红砖生产合同书，后双方因坯场和道路等问题发生矛盾，产生纠纷，新都砖瓦厂撤回全部生产人员。官塘乡砖瓦厂向县人民法院提起诉讼，要求新都砖瓦厂赔偿毁约带来的全部损失。县人民法院经审理判定新都砖瓦厂违约，应负违约和赔偿责任。新都砖瓦厂不服判决，向县人民检察院提出上诉。县人民检察院经审查认为，虽然新都砖瓦厂应负主要责任，但此案双方均有责任。而官塘厂要求赔偿全年损失和继续履行合同亦无法律依据。判决新都砖瓦厂赔偿官塘砖瓦厂全部损失而未考虑官塘砖瓦厂应负的违约责任，属适用法律不当，应予以改判。该案发回重审。1999年，民事行政检察试行提诉、参诉、驻庭的改革，受理不服人民法院生效判决的民事行政申诉案件9件9人，立案9件9人。经审查，发检察建议书42份，县人民法院自行纠正1件，提请市院抗诉6件，均被采纳。2000年，受理民事行政案件25件，立案17件，提请或建议提请抗诉的各类民事行政申诉案件9件。市院审结19件，均采纳审查意见，案件质量列全市第一。

2001年，本着“公开、公正、合法”的原则，积极开展民事行政检察。全年共受理各类民事咨询、申诉26件次，立案审查不服人民法院已生效的民事、行政判决裁定申诉案件9件，提请市院抗诉9件，市院采纳7件，提抗数和采抗率名列全市前茅。2002年，加强对不服已生效的民事行政判决的监督，县人民检察院受理此类案件线索28件，审查后立案9件，提请上级检察机关抗诉8件，被采纳4件。通过抗诉，审判机关改判3件。2004年，积极受理不服已生效的民事、行政判决、裁定的申诉案件，提请和建议市人民检察院抗诉6件，被上级检察机关采纳5件。2005年，加强对民事行政审判的监督，积极履行民事行政诉讼法律监督职责，向上级检察机关提抗民事、行政案件10件，被采纳8件。

1991—2005年金湖县人民检察院民事行政检察统计表

表31-5-11 单位：件

年份	受理	立案	提请抗诉、建议提请抗诉	年份	受理	立案	提请抗诉、建议提请抗诉
1991	5	2	1	1999	29	21	16
1992	5	2	2	2000	25	17	9
1993	16	5	3	2001	26	20	14
1994	21	15	6	2002	28	23	17
1995	19	14	9	2003	22	15	9
1996	15	9	5	2004	27	22	15
1997	26	19	11	2005	28	21	17
1998	19	15	8				

第五节　控告申诉检察

1986年，县人民检察院控申举报接待室接待群众来访、举报线索、控告、申诉73件，初查18件，立案9件。1990年，以创建“文明接待室”为龙头，充分发挥检察机关控申举报接待室的窗口作用，控申举报接待室被评为“省文明接待室”。1994年，实行检察长接待日制度，到乡镇开展巡回接待和法律咨询活动，设立刑事赔偿工作办公室和举报奖励基金，全年接待受理来访举报140件。1995年1月起，县人民检察院刑事赔偿由控告申诉科负责。

图31-5-5　2004年，金湖县人民检察院连续第8年获全国检察机关“文明接待示范窗口”称号　王敏/摄

1996年，县人民检察院受理群众来信来访263件，初查举报线索24件28人，立案15件，初查线索成案率达60%。办理控申案件2件。1997年，县人民检察院受理群众信访203件，办理申诉案件2件，查处打击报复举报人案件1件，保护公民的合法权益。8月，控申接待室被省院和最高人民检察院分别授予省、全国检察机关“文明接待室”称号。1998年，受理各类信访164件，其中举报126件；受理刑事申诉案件4件，立案复查2件。确定每年6月最后一周为举报宣传周，开展媒体宣传、设立宣传咨询点、发放宣传资料、奖励举报有功人员等系列活动，加大法制宣传力度。2000年，接待信访30件61人，受理各类信访举报78件，其中犯罪案件举报线索72件；检察长接待52次，妥善处理集体访、告急访，把可能激化的矛盾解决于萌芽状态。2001年，控申举报检察组织集中举报宣传7次，受理各类信访举报89件，其中检察长接待52次，处理信访62件87人。2002年，受理各类信访97件，其中各类犯罪举报42件，控告43件，申诉12件。

2004年，控告申诉检察部门执行首办责任制，妥善处理涉法上访；坚持检察长每周二接待日制度，努力在检察环节避免和减少集体上访和久诉不息事件的发生，维护社会稳定。年内，控申接待室连续8年蝉联全国检察机关“文明接待示范窗口”称号。2005年，对群众信访实行统一归口管理，对署名举报实行限期答复。

1986—2005年金湖县人民检察院控告申诉检察统计表

表31-5-12　　单位：件

年份	举报	控告	申诉	合计	年份	举报	控告	申诉	合计
1986	12	41	20	73	1991	61	57	14	132
1987	31	34	16	81	1992	14	61	18	93
1988	46	43	24	113	1993	44	51	34	129
1989	48	39	6	93	1994	39	49	52	140
1990	55	35	17	107	1995	50	80	22	152

接上表

年份	举报	控告	申诉	合计	年份	举报	控告	申诉	合计
1996	100	122	41	263	2001	38	39	12	89
1997	79	88	36	203	2002	42	43	12	97
1998	126	27	11	164	2003	53	36	4	93
1999	63	47	8	118	2004	47	41	3	91
2000	78	23	14	115	2005	43	36	6	85

第六章　法　院

第一节　刑事审判

1986年，县人民法院在全市人民法院系统率先推行普通程序简化审，审结的案件平均审理天数比法定期限提前10天以上。实现庭前复核为重点向庭审为重点转变，强化合议庭（独任审判员）的功能和职责，推行庭前证据展示制度，在开庭前由承办法官召集控辩双方，确定双方没有争议的事实、证据，明确争议焦点，庭审中重点围绕争议的事实证据进行调查、辩论。加大裁判文书的证据分析和依法论理，把事实说清，把证据摆齐，把理由说透。共受理并审结各类刑事案件87件。属于严打对象范围的案件，坚决依法从快从重严厉打击。1990年起，参与社会治安综合治理，利用公开审判扩大社会影响，凡是法律规定应当公开审判的案件，全部提前向社会公开开庭时间和地点，方便人民群众到庭旁听，一律公开宣判。1995年，4名被告人先后单独或结伙盗窃作案多起，窃得桑塔纳轿车、摩托车及金银首饰等物总计价值12.59万元，数额特别巨大，被依法从重判处8~10年有期徒刑，剥夺政治权利2年，并处罚金2000元。

1997年，修订后的刑法、刑事诉讼法颁布施行。县人民法院成立维护青少年合法权益合议庭，开展庭校共建活动，选派骨干法官担任学校法制辅导员，定期到学校为师生讲法律知识课，选择典型案件到学校开庭审判。是年，受理并审结治安犯罪案件113件，判处人犯140人，重点打击暴力性和集团犯罪，判处10年以上有期徒刑的2人，判处5年以上有期徒刑的25人。1998年，开展“重塑灵魂、走向新生”教育活动，在审理青少年刑事犯罪案件中，注意加强青少年法律意识、理想信念教育，保护青少年合法权益，刑事审判庭先后两次被授予省级优秀“青少年维权岗”荣誉称号。2000年，在审理4月发生的一起王某等20名被告人聚众斗殴案中查明，被告人王某、曾某于4月23日下午和晚上，各自纠集团伙共60余人，分别在县城北侧的三河滩、县自来水取水口圩堤、金湖县中学门口等处，三次聚众斗殴，致使数人受伤，社会影响极其恶劣。该案双方参与斗殴的60多人均为青少年，最大的22岁，最小的才16岁，在校初中、高中生有20多人。根据1997年修改后新刑法第292条规定，该案有多方面符合新刑法加重量刑情节，故对被告人予以重判。对犯聚众斗殴罪的王某、黎某、邓某等三名首要分子，分别判处七至八年有期徒刑，其他被告人判处一至六年不等的有期徒刑。2001年，重点惩治聚众斗殴、抢劫、盗窃等严重刑事犯罪，依法判处犯罪分子15年以上有期徒刑1人，10年以上有期徒刑17人，5年以上有期徒刑38人。是年，共受理刑事案件166件，依法判处罪犯289人，结案率、准确率均为100%。2003年，受理并审结刑事案件158件，判处罪犯206人。县人民法院被省政法委评为全省“双争”活动先进集体，记集体三等功。2004年，受理并审结刑事案件191件，判处罪犯246人，其中10年以上有期徒刑7人。2005年，受理并审结刑事案件167件，判处罪犯243人，其中判处10年以上有期徒刑3人。

1986—2005年金湖县人民法院刑事案件审判统计表

表31-6-13　　单位：件

年份	受案	结案	年份	受案	结案	年份	受案	结案	年份	受案	结案
1986	87	87	1991	137	137	1996	151	151	2001	166	166
1987	78	78	1992	140	140	1997	113	113	2002	178	178
1988	89	89	1993	116	116	1998	116	116	2003	158	158
1989	68	68	1994	147	147	1999	127	127	2004	191	191
1990	94	94	1995	126	126	2000	132	132	2005	167	167

第二节　民事审判

一、民商事案件审判

1986年，民事案件涉及婚姻家庭、侵权、债务、房地产、劳动争议、邻里关系等10多种。1994年5月，在民事、经济案件审理中首先进行审判方式改革，全年民事、经济案件审判直接开庭率50%，当事人举证率80%。1995年，吕良法庭通过调解，使20对濒临破裂的夫妻破镜重圆。1996年，直接开庭案件87%，民事、经济案件审理平均期限从过去的65天缩短到35天。

1998年，严格执行立审、审执、审监分离，分流管理，优化组合；民事案件直接开庭率90%，经济纠纷案件直接开庭率98%。1999年，实行案件审判决定权下放，合议庭和独任审判员依法独立裁决的案件占98%。2001年，推行案件流程管理，试行庭前调解和庭前证据交换制度，有效缓解当事人对立情绪，提高举证透明度，有利于查清案件事实，提高当庭结案率；有利于结案后当事人履行义务。2003年，民事案件实行繁简分流，依法扩大简易程序的适用范围，民商事案件90%以上通过简易程序审结，其中一个月内审结的约占70%。是年，受理民事案件792件，结案752件，结案率95%。2004年，受理民事案件683件，审结656件，被省高院评为民事审判工作先进集体。2005年，完善民商事案件繁简分流机制，完善疑难、复杂案件庭前证据展示和庭前证据交换制度；探索完善与社会大调解相衔接的诉讼调解机制；组织16名人民陪审员参加上级人民法院的专门培训，完善人民陪审员选任、培训、考核制度。是年，受理民事案件641件，审结629件，民事案件调解撤诉率为45.3%。1986—2005年，共受理各类民事案件1.71万件，审结1.61万件。在已结案件中，以调解方式结案，以及经县人民法院主持调解后当事人撤诉的案件占50%。

1986—2005年金湖县人民法院民事案件审判统计表

表31-6-14　　单位：件

年份	受案	结案	年份	受案	结案	年份	受案	结案	年份	受案	结案
1986	300	295	1988	574	501	1990	734	617	1992	839	777
1987	492	466	1989	901	756	1991	701	637	1993	1025	983

接上表

年份	受案	结案	年份	受案	结案	年份	受案	结案	年份	受案	结案
1994	926	880	1997	1078	1013	2000	1147	1094	2003	792	752
1995	978	917	1998	1186	1151	2001	979	951	2004	683	656
1996	1048	995	1999	1213	1157	2002	856	834	2005	641	629

二、经济案件审判

1986年，县人民法院对经济案件的审判，坚持依法平等保护不同所有制主体、不同地域当事人的合法权益，依法平衡经济利益关系，切实维护法制的统一和尊严；认真审理商品交易、票据、加工承揽等合同纠纷案件，依法加大对外地案件当事人的财产保全力度，努力营造公平竞争、平安经营的市场环境。1994年4月，配合企业产权制度改革，组织8名经济审判人员，对县四大商业系统中有代表性的14家企业产权制度改革情况及所遇到的法律问题进行为期一个月的调查研究，调查中提供法律咨询服务62次，提出司法建议41条，撰写《对我县商业企业产权制度改革的调查及思考》一文，分析研究县商业企业产权制度改革过程中所遇到的11个方面的法律问题，提出6个方面的对策。此文在市中院组织的交流评比中获一等奖。外地一家空调器总厂未按加工承揽合同给付金湖县全兴电缆厂酬金及材料费，并自行终止合同。县人民法院依法办案，除为县全兴电缆厂追回酬金及材料费3万元外，还追回滞纳金0.6万元、违约金17万元。

1997年，学习贯彻新刑法，以创建金融安全区为目标，与金融部门共同探索维护金融资产安全的措施，加大对骗取金融机构贷款、票据、承兑、信用证、保函的打击力度，推动社会信用体系的建立。全年受理并审结重要经济犯罪案件20件，判处罪犯30人，其中万元以上的案件30人，涉及原副科级以上干部5人。2001年，受理经济纠纷案件385件，审结381件。其中审结一件江苏爱特福药物保健品有限公司（简称爱特福公司）与上海赛东科技公司（简称赛东公司）买卖合同纠纷案，为原告爱特福公司挽回可能造成的经济损失77万余元。是年5月，原告爱特福公司与被告赛东公司约定，由被告供给原告一台台湾产热熔胶高速自动贴标机组，合同总价款77万余元。按合同约定，原告应于合同签订后一个月内向被告支付预付总价款30%，即23万余元。合同生效后，原告通过工商税务等部门，了解到被告公司为三个人投资开办，注册资本金仅为50万元，至签订合同时连续亏损，经营状况严重恶化，负债率已高达77%。且经原告向被告上游供货商查询，对方否认已与被告建立涉案合同项下标的物的买卖关系。如原告履行预付款义务，将有可能得不到对方供货的对待履行，由此造成原告钱货两空的损失。原告据此认为被告已符合《中华人民共和国合同法》规定的不安抗辩权情形，遂通知被告中止履行合同，要求被告提供担保后再履行。被告未提供担保，仍要求原告按原合同履行，双方引发纠纷。经交涉无果，原告向县人民法院提起诉讼，要求解除合同。县人民法院经审理认为，原告作为先履行合同义务的一方，在取得被告公司经营状况严重恶化的证据后，与履行期届满前行使不安抗辩权的理由成立。遂组织双方进行调解，并使双方达成解除买卖合同的调解协议，本案以调解结案。

2002年，县人民法院根据最高院关于经济案件审判变更为民事审判的规定，原经济审判庭改为民二庭。是年，受理经济案件272件，审结269件。2003年，审结民商事经济案件206件，解决争议标的额1300万元。在及时审判执行原告江苏南方化工公司诉被告金湖化工物资公司价值11万元的买卖合同纠纷案件后，当事人专程从南京送来"审判公开无远近，执行依法效率高"的锦旗。2004年，审结经济案件188件，解决争议标的额1700万元。截至年底，共为金融部门收回陈欠逾期贷款1000多万元，被评为全市创建金融安全区先进集体。2005年，突出抓好"三农"案件、招商引资和民营经济纠纷案件的审理，全年受理商事案件165件，审结165件，解决争议标的额1900多万元。7月，受理的原告阮某与被告胡某农村承包合同纠纷案，承办人接手后立即找当事人谈话调解，从下午3时到晚上7时，终使双方达成协议，圆满解决纠纷。年内，办案法官行程数万公里，为县金石机械集团、爱特福公司、常盛动力机械公司等民营企业收回债权160余万元，保全财产500余万元。

1986—2005 年金湖县人民法院经济案件审判统计表

表 31-6-15　　单位：件

年份	受案	结案	年份	受案	结案	年份	受案	结案	年份	受案	结案
1986	119	112	1991	485	398	1996	1585	1506	2001	385	381
1987	124	115	1992	267	194	1997	1545	1478	2002	272	269
1988	212	152	1993	619	563	1998	623	581	2003	206	206
1989	325	272	1994	710	650	1999	549	500	2004	194	188
1990	686	395	1995	1168	1065	2000	451	434	2005	165	165

第三节　行政审判

1987年，县人民法院受理首例民告官行政案件，以维持行政机关决定结案。1990年，新成立的行政审判庭依法独立行使“保护公民、法人和其他组织的合法权益，维护和监督行政机关依法行使行政职权”的权力，受理行政诉讼案件3件，审结3件。1997年，受理并审结行政案件14件，其中维持行政机关决定的5件、撤诉的8件、撤销的1件，涉及公安、建设、国土、质量技术监督、计划生育、广播电视等10多个部门。2001年，受理并审结行政诉讼案件6件，审查立案非诉讼行政执行案件255件，执结252件，准确率均达100%。2003年，受理审结行政诉讼案件8件，其中维持行政机关决定的3件。2004年，受理行政诉讼案件13件，审结13件，并执结非诉讼行政执行案件44件，审查非行政执行申请案件63件。至2005年，共受理并审结行政诉讼案件112件，原告撤诉60件，裁定不予受理5件，驳回起诉9件，调解1件，判决结案37件，其中判决行政机关败诉2件。是年，从盱眙划入金湖县行政区范围的郭某、潘某诉盱眙县政府房屋变更纠纷案。审理认为，两人房屋买卖未经房屋共有人同意或签字，转让房屋的实质要件欠缺；房产管理部门在纳税人未出具契税完税凭证即给予办理房屋变更手续，审查登记程序不符合法律规定。判决撤销盱眙县人民政府对两人房屋所有权证违规变更而形成的房屋所有权证。该案第三人不服向淮安市中级人民法院提起上诉，市中级人民法院审理后做出驳回上诉、维持原判的判决。

1987—2005 年金湖县人民法院行政诉讼案件审判统计表

表 31-6-16　　单位：件

年份	受案	结案	年份	受案	结案	年份	受案	结案	年份	受案	结案
1987	2	2	1990	3	3	1993	3	3	1996	12	12
1988	—	—	1991	2	2	1994	6	6	1997	14	14
1989	4	4	1992	4	4	1995	5	5	1998	7	7

接上表

年份	受案	结案	年份	受案	结案	年份	受案	结案	年份	受案	结案
1999	4	4	2001	6	6	2003	8	8	2005	7	7
2000	4	4	2002	8	8	2004	13	13			

第四节　审判监督

一、监督机制

1986年，全县审判活动继续实行人民陪审员制度，由1984年县第六届人民代表大会选举产生的79名人民陪审员，继续履行陪审职责，任期内依法参加人民法院审判活动，对事实认定、法律适用独立行使表决权，在民事诉讼中有与审判员同等权利，体现司法民主、司法公正。1987年，在县第七届人民代表大会上选举产生乡镇人民陪审员36名。1994年，对申诉复查程序和再审程序作分离，对再审案件的审理坚持有错必纠、慎重处理的原则，只要不是事实认定和法律适用上的错误，都最大限度地尊重原审法官的自由裁量权，维护既判力；对于一般瑕疵案件，可改可不改的，坚持调解，做好工作，不予改判。

1997年，新刑诉法施行后，县人民法院加强信访窗口建设，实行周三院长接待日制度、院长督办制度、双休日干警轮班接待制度，有效解决民众告状难问题。1999年8月，撤销告诉申诉审判庭，设立立案庭和审判监督庭，在审判监督庭内设立案件质量评查组。对案件评查实行改革，首先交由办案庭、新设立的审判监督庭逐一进行审查。按院制定的《案件质量评查办法》评查发现的问题分成案件审理程序、实体违法违规程度、造成的后果影响三类，逐月通报、评析，交由审判委员会（简称审委会）委员抽查。审委会委员评查案件制度规定：审委会委员每人每月必须抽查已经办案庭、审监庭两次评查过的案件10件以上。检查的方式是院领导检查各类案件，其他审委会委员不查本庭案件，实行交叉互查。重点检查有无违反审判程序、认定事实是否清楚、证据是否充分、适用法律是否正确、处理结果是否公正、有无超审限、超执限等问题。审委会委员逐案填写案件质量评查表，认为属错案的，还须提交书面报告。审委会定期对案件质量检查情况进行专门讨论，并在全院通报、点评。对经过讨论认定为错案的，按错案责任追究办法追究责任人责任。对经过办案庭、审判监督庭评查过，存在严重问题而未查出的，按岗位目标考核办法有关规定，追究评查庭和评查人的责任。评查结果作为年度岗位目标考核的主要内容之一，庭或个人出现一件错案，取消评先资格。

2000年，对发回重审、改判、申诉和抗诉再审而改判的案件，逐案进行破析，查找原因，吸取经验教训。院监察室对确有责任的7名责任人予以通报批评，其中一人给予扣发奖金处罚。2001年，全院从308份判决书中评出一等奖1份、二等奖2份、三等奖3份。同时实行评先一票否决制。该项制度实行后，办案质量明显提高，上诉改判和发回重审案件数明显下降。2003年1月，县第十一届人民代表大会第一次会议上选举人民陪审员19人。2005年，进一步完善人民陪审员选任、培训、考核制度，完善其参与事实审工作机制，并独立形成事实认定意见。组织16名人民陪审员参加上级人民法院组织的专门培训，学习法律知识及陪审业务，提高陪审员素质，更好地发挥人民群众对审判工作的监督作用。推行审判管理改革，以审判质量、效率评估体系为中心，加强审判工作的宏观管理；以案件流程管理为中心，加强对审判执行过程的动态管理；以法官业绩考核为中心，加强对审判行为的规范管理。案件评查程序及方法一直沿用，全院审判质量、办案效率稳步提高，处于全市前列。

二、信访监督

1986年，县人民法院的普通来信来访、涉案信访接待处理工作归院办公室负责，立案为各业务庭自立自审、分散管理。1989年，信访工作转由告诉申诉庭负责，立案工作统一由告诉申诉庭负责，县人民法院设立立案大厅，将诉讼指南、立案制度、职责、收费办法、司法救助条件等规章制度上墙公示，方便群众诉讼，增强立案工作的透明度，立案进入统管、合法、规范阶段。1986—1989年，共处理来信539件次，接待来访1855人次；立案1541件。1996年，劝息上访14次。

1997年，新刑诉法施行后，县人民法院实行院领导信访接待日制度、督办制度，有效解决民众告状难问题，全年无一人越级上访，告申接待室被省、市人民法院评为“文明窗口”。1999年，撤销告诉申诉庭，单独成立立案庭，立案工作均由立案庭负责。除立案移交审理执行的各类案件外，还自办一批公示催告案件、诉前保全案件、不予受理案件。2001年，接待来信来访126件次，其中来信23件，来访103人次。严格执行首问负责制，坚持做好思想疏导和法律解释工作，全年无越级上访，立案庭被市中院授予“优秀文明窗口”称号。2002年起，县人民法院来信来访包括涉案信访呈逐年下降趋势，劝息上访2次。2005年，坚持院长定期接访、批办督办、信访听证制度，形成内部以立案庭为主、其他部门齐抓共管；外部与党政部门会办、协办和定期联络的涉诉信访格局。全年接待来信来访148件次，处理涉案信访16件次。立案庭负责全院案审流程管理，对案件立案、送达、开庭、结案、执行、评查、归档实行全程监督、协调和跟踪管理；立案工作确立司法为民观念，坚持上门立案、假日立案、法庭立案，对确有困难的当事人实施法律援助。全年立案1595件，实施法援案件10件，没有发生一件超审（执）限案件。

1986—2005年金湖县人民法院信访受理与审查立案统计表

表31-6-17

年份	接待信访（件次）	其中		立案数	年份	接待信访（件次）	其中		立案数
		来信（件）	来访（人次）				来信（件）	来访（人次）	
1986	—	—	—	732	1996	517	66	451	4400
1987	—	—	—	889	1997	180	14	166	4294
1988	—	—	—	1085	1998	362	11	351	3785
1989	2394	539	1855	1541	1999	291	16	275	4176
1990	1140	218	922	2126	2000	254	6	248	3214
1991	1019	161	858	1907	2001	126	23	103	3242
1992	949	180	769	1886	2002	252	12	240	2592
1993	685	213	472	2354	2003	203	11	192	1973
1994	1020	194	826	2239	2004	180	16	164	1713
1995	1020	120	900	2997	2005	148	11	137	1595

说明：1989年接待信访件次为1986—1989年累计数。

2001—2005年金湖县人民法院涉案信访处理统计表

表31-6-18

年份	总数	申诉类	执行类	其他	结案数	年份	总数	申诉类	执行类	其他	结案数
2001	32	10	6	16	2918	2004	30	3	10	17	1652
2002	80	10	51	19	2374	2005	16	5	4	7	1505
2003	34	4	10	20	1885						

三、申诉案件复查

1986年，县人民法院根据中央提出的对统战对象的刑事案件进行审查的要求，先后调集7名审判员、1名书记员到刑二庭，对"文化大革命"前或"文化大革命"中已经发生法律效力的判决、裁定的刑事案件申诉，本着实事求是、有错必纠的原则，进行再次复查，全面拨乱反正，平反冤假错案。至1990年，全院复查"文化大革命"中的卷宗1.6万多件、刑事案件239件，纠正冤假错案37件；受理各类申诉案件121件，改判纠正11件，占受理申诉案件总数的9.1%。1994年，对再审案件只要不是事实认定和法律适用上的错误，都最大限度尊重原审法官的自由裁量权，维护既判力；对于一般可改可不改的，坚持调解，做好工作，不予改判。

1997年，全年受理审判监督案件47件，结案43件，改判1件。1998年，受理再审受案99件，审理结案99件，其中纠正错误提捕案1件，改判3件。2005年，全院共受理各类申诉案件8件，审结8件，无一件改判。1986—2005年，全院共受理各类再审案件798件，审结665件，其中改判的41件，改判的案件占审结案件数的6.17%。

1986—2005年金湖县人民法院审判监督案件受结案统计表

表31-6-19　　单位：件

年份	受案	结案	改判	年份	受案	结案	改判	年份	受案	结案	改判
1986	113	103	—	1993	32	28	9	2000	15	15	1
1987	108	104	—	1994	12	11	—	2001	15	15	1
1988	35	35	—	1995	53	25	1	2002	4	4	2
1989	46	23	—	1996	44	44	5	2003	5	4	—
1990	32	23	11	1997	47	43	1	2004	3	3	—
1991	46	15	1	1998	99	99	4	2005	8	8	—
1992	46	39	1	1999	35	24	4				

第五节　案件执行

1986年受理执行案件50件，办结41件。1995年9月，县人民法院到靖江市执行一起欠款案，遭到被执行人亲属围攻，卷宗被抢走，车辆遭破坏，执行员遭殴打和非法拘禁，执行被迫中断。事件发生后，省、市人民法院高度重视，《江苏法制报》《政法内参》均作报道。扬州市中级人民法院得知此事后，与靖江市人民法院一道，对阻挠执行的当事人采取拘留、罚款、训诫等司法措施，执行款终于全额到位。1998年，针对执行难问题，组织干警23人，配置业务用车4辆，开展积案执行会战，依法采用突击、公告、会议、专项等4种执行方式，推行被执行人财产申报制度、限制其高消费制度、举报制度、被执行财产拍卖变卖制度。对有能力履行而拒不履行的16名当事人予以拘留和罚款，使“法律白条”得以兑现。会战中，执结案件1318件，其中积案执结90%，新案执结86%，共执行标的额1152万元。2001年，审查立案非诉讼行政执行案件255件，执结252件；开展“执行百日攻坚战”，院领导直接参与，拍板恢复执行案件326件，并依法用活用足强制执行措施，执结案件490件，其中有多件系几经终止的“骨头案”。全年共执结各类执行案1162件，执行标的额2027万元。11月22日，《江苏法制报》头版头条报道金湖执行攻坚战做法。2002年，县人民法院执结涉及温州商贸城建设、利农河改造多起强制执行疑难案件。

图31-6-6　金湖县人民法院发放和成制衣有限公司拖欠农民工工资现场（摄于2003年）　县人民法院／供

2003年，执结县劳动和社会保障局申请执行的县金荣玻璃制品有限公司拖欠职工保险费209万元。该公司系县玻璃厂1998年改制成立，至2003年8月，共拖欠450多名职工各项社会保险费200余万元。企业职工为保险及安置问题多次上访，严重影响社会稳定。县劳动和社会保障局依法做出行政处罚决定，要求该企业缴纳209万余元的社会保险费，并申请县人民法院执行。县人民法院经过审查，做出予以执行的裁定。执行中依法查封该企业的账户和资产。同时，召集有关部门、企业职工代表及该企业负责人协调执行。经过数次协调，该企业在提供担保的前提下与有关部门达成分期还款协议，并履行完毕。2005年，受理执行案件498件，执结475件，执结率居全市人民法院前列，其中执结南京宁浦房地产开发公司申请先予执行排除妨碍案1件。1986—2005年，累计受理执行案件1.60万件，结案1.22万件，占76%，其中涉及工商行政管理、计划生育、卫生、环境保护、城市建设等行政执行案件57件。

1986—2005年金湖县人民法院执行案件受结案统计表

表31-6-20　单位：件

年份	受案	结案	年份	受案	结案	年份	受案	结案
1986	50	41	1993	558	499	2000	1321	1212
1987	84	53	1994	438	356	2001	1451	1162
1988	120	96	1995	665	580	2002	1091	913
1989	180	138	1996	1562	670	2003	714	668
1990	597	391	1997	1496	630	2004	559	445
1991	535	331	1998	1515	1318	2005	498	475
1992	585	456	1999	1959	1808			

第七章　司法行政

第一节　法制宣传

"一五"普法　1986—1990年"一五"普法期间，县建立普法领导机构，实施全体公民普及法律常识教育。县、乡、村三级干部及企事业单位中层以上干部先后学习《中华人民共和国宪法》《刑法》《经济合同法》《兵役法》《刑事诉讼法》《民法通则》《婚姻法》《继承法》《民事诉讼法》和《治安管理处罚条例》(简称"九法一例")。1987年，县级机关副科级以上干部集中学习《民法通则》《婚姻法》《继承法》《刑法》《民事诉讼法》成为全县首批学完"九法一例"的人员。各乡(镇、场)完成村级以上干部普及土地管理法的任务，并对个体工商户从业人员近2万人进行普法教育。是年，组织万人参加《经济合同法》《土地管理法》知识竞赛活动。1989年，县组织法制宣讲人员赴金湖县在县域外施工的建筑工地，开办法制课30余场，培训骨干2500余人。1990年，在青少年和工厂职工中开展宣传学习《集会游行示威法》，组织全县万名干部群众参加全省举办的婚姻家庭法律知识竞赛活动，县级机关副股长以上干部290人参加有关法律法规学习考试，参考率89%。"一五"普法期间，组织征订普法教材4890册，翻印、自编普法读本4.25万册，自编宣传材料1.41万册；开办法制课361场，受教育9.88万人次，办培训班讲课60场，听课万余人次；组织法律咨询200场，解答咨询1050人次。12月，召开"一五"普法表彰暨"二五"普法工作动员大会，表彰普法先进集体15个、普法先进个人100人。

"二五"普法　1991—1995年"二五"普法期间，全县组织公民学习宣传《中华人民共和国宪法》《行政诉讼法》《义务教育法》《集会游行法》《国旗法》《国徽法》《婚姻法》和全国人大常委会《关于禁毒的决定》《关于惩治走私制作贩卖传播淫秽物品的犯罪分子的决定》(简称"七法二决定")等法律法规，普法形式多样化。1991年，县成立县法制宣传教育领导小组及办公室，召开法制宣传教育工作会议，动员部署"二五"普法工作。全县订购各类普法教材15.1万册，基本达到县、乡、村、组干部人手1册，县属工厂职工2人1册，农户每3户1册，在淮安各县(市)处于前列。当年，农村开展社会主义教育，在146个村、20万公民中开展《土地管理法》《计划生育条例》的普及教育。1992年，开展《土地管理法》《环境保护法》《义务教育法》《计划生育条例》的普及教育。全县有2820名县、乡、村三级干部参加学习，其中副科(局、乡)级以上领导干部291人，有近2万名职工学完"四法"或"两法"。同时，组织干部学习"三外"经济基础知识及涉外企业的有关法律法规。1993年，联合组织"二五"普法宣讲团，到22个乡镇和11个县级机关单位、系统巡回宣讲，听课人员6200多人次。县、乡党校培训党员4800多人次，安排学习有关法律。县、乡机关干部和5万多名职工学习《宪法修正案》《涉外经济合同法》《产品质量法》等经济法律法规。开展关贸总协定、国际贸易知识、公司法律制度的宣传教育。1994年初，县与各乡镇和县级机关13个系统的党政负责人签订1994年普法教育及依法治理责任书，农村普及以"两法一例"(《农业法》《农业技术推广法》《农业承担费用和劳务管理条例》)为主要内容的法律法规。1995年初，县法制宣传教育领导小组与各乡镇和县级机关13个设置党委的单位领导签订普法验收责任书。8月中旬，金湖县通过淮阴市"二五"普法工作考核。是年，组织3.6万公民参加"二五"普法知识竞赛，受到市通报表彰。“二五”普法期间，征订法制宣传教材16.47万册（套），汇编、自编教材2.54万册；开办法制课321场，受教育4.4万人次；县、乡办培训班185期，参学4330人次。1996年10月，县召开“二五”普法总结暨“三五”普法动员大会，表彰“二五”普法先进集体58个，普法先进个人95人。

“三五”普法 1996—2000年“三五”普法期间，全县组织公民学习宣传《中华人民共和国宪法》《刑法》《行政诉讼法》《行政处罚法》《国家赔偿法》《香港特别行政区基本法》和《国家公务员暂行条例》《行政复议条例》（简称“六法两条例”）等法律法规。1996年12月，县部署“三五”普法工作。配合“严打”斗争，宣传《刑法》《关于严惩严重危害社会治安犯罪分子的决定》《关于禁毒的决定》《关于严惩拐卖、绑架妇女、儿童的犯罪的决定》《关于严禁卖淫嫖娼的决定》等法律法规。是年，统一组织《行政处罚法》《刑事诉讼法》《审计法》《银行法》《公司法》和《人民警察法》的学习，把学法、用法、执法检查有机结合，推动学法制度化。县级机关“一月一法”学法活动有序开展。1997年5月，开展《行政处罚法》《行政诉讼法》《国家赔偿法》《会计法》和《行政复议条例》的学习宣传活动，县、乡举办“四法一例”学习班105期，参学政府机关工作人员2500多人，其中副科（局、乡）级领导干部430多人。1998年，采用“一月一法”集中辅导形式，组织县级机关副科级以上干部学习《农业法》《农业技术推广法》《价格法》《防洪法》等9个法律法规。10月，组织2100人参加省组织的国家公务员法律知识的学习、考试与竞赛。参加省“万家学法”活动2万多户，有5000多村民参加学法知识答题活动。“三五”普法宣讲团讲课125场，受教育近5万人次。1999年，法制宣传教育以县、乡干部为重点。县委理论学习中心组举办法制讲座2期，县四套班子、县级机关中层以上干部、村委会主任等1500多人次参加有关法律法规的学习培训。9月，组织800多名干部群众参加全省《预防未成年人犯罪法》知识竞赛，1人获三等奖。2000年，举办县级机关法制讲座9次，请有关专家、教授授课，学习依法行政、市场经济、社会保险和廉政建设方面的法律法规。在《预防未成年人犯罪法》颁布一周年时，各中小学聘请法制副校长130余名，适时对在校学生开展法制教育。全县参加新《会计法》培训1000余人。7月，组织“三五”普法教育检查验收，组织公务员、机关工作人员及行政执法人员参加考试2928人，参考率达95.2%。10月底，市“三五”普法考核验收组对金湖县“三五”普法、依法治县工作给予充分肯定。2001年10月，召开“三五”普法工作总结表彰暨“四五”普法动员大会，陈桥镇政府荣获省级先进集体称号，7人被评为市先进个人。“三五”普法期间，组织订购教材3100余册，开办法制课207场，受教育6万多人次，办培训班320期，参训2万多人次，送法下乡98次，解答咨询3700多人次，发放宣传材料7.8万份（册）。

“四五”普法 2001—2005年“四五”普法期间，重点学习宣传《中华人民共和国宪法》《刑法》《婚姻法》《劳动法》《行政处罚法》《国家赔偿法》《行政诉讼法》《行政复议法》《未成年人保护法》《预防未成年人犯罪法》《义务教育法》《合同法》《公司法》。2001年10月，县政府调整法制宣传领导小组成员，制订“四五”普法规划，县人大常委会做出“四五”普法决议。共举办各种类型普法骨干培训班1000余期，开展法律知识竞赛和法律演讲700余场次，举办各类法律知识考试200余场次，上街设立法律咨询台，解答咨询2600余次，送法下乡、送法到船头约300余次，送法进企业、进机关、进社区260次，板报法制宣传1.84万块，法制广播2.5万次，征订下发各类普法读本及宣传资料17.8万册。翌年，召开县“四五”普法总结暨“五五”普法启动大会，表彰“四五”普法先进集体15个，县司法局获得省级先进集体称号，金湖县被市委、市政府表彰为法制宣传教育先进县。

第二节 人民调解

1986年，全县基层社会矛盾纠纷由村、乡镇、司法机构组织联调；各村配备治安调解员1人。

人民调解发挥着维护社会稳定“第一道防线”的重要作用。1987年，对全县调解组织进行整顿，建立健全乡镇、村级调解委员会（简称调委会），同时在毗邻县、区、乡建立跨地区、跨系统、跨单位的人民调解联合委员会。发生社会矛盾纠纷首先由基层调委会委派专人进行调解。1989—1992年，组织司法助理员、法律工作者、调解人员学习贯彻《人民调解委员会组织条例》（简称《条例》）。1993年，开展创建标准化调委会活动。县司法局在吕良乡进行试点，至年底，全县有168个调委会基本达标。1994年，贯彻“调防结合、以防为主”的方针，宅基地、债权债务等方面的纠纷经专项治理，发生率开始下降。全县318个调委会创建标准化调委会308个。1996年，村民委员会换届选举，各乡镇对调委会成员进行培训，学习《条例》、调解工作职责与纪律以及《中华人民共和国民法通则》等。

1997年，调整充实村级调解委员会和村民小组调解人员，全县有3000多名人民调解信息员实行岗位责任制。是年，全国优秀司法助理员侯殿禄的先进事迹见报后，县司法局印发《学习侯殿禄，开展创“四无”（无因民事纠纷调解不当而发生民转刑案件，无非正常死亡，无重大械斗，无群体性上访）乡镇活动的通知》，深入开展创“四无”乡（镇）活动。1998年底，全县有90%以上的乡（镇）达到“四无”要求。1999年，村委会换届选举，对351个村级调委会进行调整充实；全县建工厂企业调委会62个，居民调委会26个。5月和9月开展民间纠纷排查月活动。2000年，撤乡并镇，2001年并村联组，新组建村民、居民调委会258个，11个镇相继成立矛盾纠纷调处中心。2003年，全县防止因民间纠纷可能引起自杀后果的3件8人，防止民事转刑事案件2件3人，制止群众性械斗3件22人，防止群体集体上访5件130余人。8月，金湖县人民调解工作经验在全市人民调解工作会议上作介绍。2004年，县、镇均成立社会矛盾纠纷调处中心，建立村级人民调解组织126个、行业调解委员会3个。2005年，全县县、镇、村、组四级共落实调解人员910人，大调解格局形成。全年县、镇两级调解中心调处纠纷1316件，防止非正常死亡6件12人，防止群体上访事件5件。

1986—2005年金湖县民间纠纷调解处理统计表

表31-7-21

年份	发生纠纷（件）	调处纠纷（件）	防止非正常死亡		防止民转刑		调解率（%）	成功率（%）
			件	人	件	人		
1986	1341	1118	5	6	5	10	100	83.4
1987	481	474	2	4	1	2	100	98.5
1988	538	515	1	2	2	8	100	95.7
1989	1119	982	6	35	4	22	100	87.8
1990	793	793	5	18	5	15	100	100.0
1991	1734	1689	7	21	—	—	100	97.4
1992	1557	1533	—	—	—	—	100	98.5
1993	1135	1105	57	66	25	31	100	97.4
1994	1787	1719	25	31	27	30	100	96.2
1995	1621	1587	19	25	19	25	100	97.9
1996	1277	1260	10	14	10	14	100	98.7
1997	1032	1028	13	12	15	14	100	99.6

接上表

年份	发生纠纷（件）	调处纠纷（件）	防止非正常死亡		防止民转刑		调解率（%）	成功率（%）
			件	人	件	人		
1998	1362	1362	16	16	13	15	100	100.0
1999	1903	1846	15	17	12	14	100	97.0
2000	1160	1160	11	15	14	16	100	100.0
2001	958	958	4	8	3	8	100	100.0
2002	876	876	3	6	—	—	100	100.0
2003	693	693	3	8	2	3	100	100.0
2004	978	978	4	6	—	—	100	100.0
2005	1415	1316	6	12	—	—	100	93.0

第三节　法律服务

一、法律咨询

1986年，民间法律咨询一般由县司法局法律顾问处律师负责接待、解答、办理。1999年6月，县司法局开设“148”法律服务专线，由全县公证员、律师及司法局机关人员轮流值守，解答群众法律咨询。至12月，受话313件，接待来访97人次，接待法律咨询162人次。县司法局组织值班人员进行有关业务培训，并配备有关法律法规等资料，以供查阅，提高“148”法律服务专线质量。2000年4月，县司法局增设微机系统，该系统设置人工转接、接收管理、语音信箱和法律法规查询4项功能。微机系统实现24小时服务。是年接待来访100多人次，“148”法律服务专线共受话来访173件，接待法律咨询117人次。2001年，“148”法律服务专线向乡镇延伸，11个乡镇均设立“148”法律服务工作站，受话来访、接待法律咨询331人次。2003年，“148”法律服务专线短号改为“12348”，共受话来访867件，现场解答率100%。2004年，各镇“12348”法律服务专线全部开通，共接受来电咨询572人次、863件，接受群众来访731人次，解决纠纷186件。2005年，“12348”法律服务专线共接受来电咨询729件，接待来访群众669人次，解答率100%，解决各类纠纷154件。

二、司法鉴定

2002年4月，县仁义法医临床司法鉴定所经省司法厅批准成立，为全省县级首家司法鉴定所。其职能主要是对活体伤情进行鉴定，包括交通事故致伤、工伤及其他原因致伤的人体伤情的鉴定。随后，组织首批人员去外地进修培训。2003年3月，该鉴定所在县人民医院开业，开展面向社会服务的司法鉴定。至2005年，共受理司法鉴定业务29件。

三、基层法律服务

1987年上半年，金湖县根据司法部规定，开始建立乡镇法律服务所。1988年，全县22个乡镇全部建立法律服务所，共有工作人员88人，全年解答法律咨询236件，代写诉讼文书和其他法律文书

188件；应聘担任乡镇企业、事业单位、经济联合体、承包经营、个体工商户、个人合伙的法律顾问38家；协助公证处办理公证1634件。闵桥法律服务所担任常年法律顾问41家，接受诉讼、非诉讼代理272件，办理鉴证和协办公证业务341件，为企业避免、挽回经济损失325万元，全年业务收入10.48万元。1993年起，基层法律服务所与乡司法办公室分设，实行"两不"（不要行政编制、不要财政拨款）、"四自"（自收自支、自负盈亏、自我发展、自我管理）模式。是年，22个乡镇法律服务所担任348家企业的常年法律顾问。1999年，在闵桥镇进行合作制法律服务所改制试点，后全县22个法律服务所全部改制为合伙制法律服务所，共担任法律顾问897家，协办公证1500件，办理鉴证3541件，诉讼代理888件，非诉讼代理1074件，避免和挽回经济损失840万元。2000年8月，乡镇法律服务所转为中介机构，不再列入事业单位，业务受县司法局等单位的监督和指导。2005年，共担任法律顾问560家，协办公证2428件，办理鉴证3541件，诉讼代理648件，非诉讼代理994件，避免和挽回经济损失3500万元。

1988—2005年金湖县乡镇法律工作者服务统计表

表31-7-22

年份	担任法律顾问（家）	民事、经济案件（件）	代写文书（件）	法律咨询（人次）	追回货款（万元）	避免和挽回经济损失（万元）	协办公证（件）
1988	38	245	188	236	35	35	1634
1989	150	418	1537	430	160	427	3000
1990	199	660	1505	1703	194	475	3281
1991	249	667	1728	1814	122	955	2415
1992	325	608	1325	2898	196	281	1626
1993	348	1039	2476	4627	284	784	976
1994	423	1353	1950	4835	104	116	1411
1995	512	1975	1496	5013	51	225	1800
1996	579	2237	1296	7035	57	702	1955
1997	595	2636	1412	8984	780	780	2227
1998	601	1882	1296	9165	500	1500	1944
1999	897	1896	1684	1296	360	840	1500
2000	275	2116	1878	10214	430	1800	1200
2001	289	2342	1679	10365	480	2100	1289
2002	294	2265	1784	9734	370	1600	1386
2003	498	2784	1885	9856	640	1500	1655
2004	528	589	1682	10345	780	2200	2119
2005	560	673	1767	1218	1860	3500	2428

第四节　律师事务

一、律师事务所

江苏淮阴和成律师事务所　1986年，名称为县法律顾问处，有二级律师1人、三级律师2人、四级律师3人、律师助理1人。顾问处承担全县法律宣传咨询、诉讼代理、担任法律顾问等法律服务和法律保障职能，为县司法局直属单位。1988年，实施改制。改制后的县法律顾问处更名为金湖县律师事务所，由个人承包运作，聘用律师7人，其中二级律师1人、三级律师2人、四级律师3人，律师助理1人，实行定员、定额、定质量、定奖惩的责任制。1994年，该所改革分配制度，执业律师实行效益浮动工资制，并与县财政脱钩。1996年4月，更名为淮阴黎明律师事务所。2000年10月，由国制所改制为合作制律师事务所，并更名为江苏淮阴金诚信律师事务所。2000年11月，改称江苏淮阴和成律师事务所，有专职律师9人。

江苏淮阴金胜来律师事务所　1994年11月，成立县经济律师事务所，为县司法局直属机构，副科级全民事业单位，担负为金融、房地产、劳务市场等提供法律咨询、法律顾问及法制宣传教育等方面的法律服务，参与重大项目谈判、经济事务仲裁，代理诉讼，草拟修订合同等。1996年4月，更名为淮阴康达律师事务所。2000年10月，由国制所改制为合伙制的淮阴金胜来律师事务所。11月，又更名为江苏淮阴金胜来律师事务所，有执业律师3人、实习律师2人、行政辅助人员3人。

江苏淮阴法嘉德律师事务所　1999年，原县法律服务中心成立县建设法律服务所，实行独立核算，自收自支、自负盈亏、独立承担民事责任。2000年11月，由国制所改制为合伙制的江苏淮阴法嘉德律师事务所，合伙人3人，共有专兼职律师及行政辅助人员8人。

二、律师执业

1986年，县法律顾问处办结各类案件325件，其中刑事案件17件；代理经济纠纷案件132件，代写诉状137件；担任单位常年法律顾问21家，律师为县、乡企业避免和挽回经济损失35万元。是年8月，闵桥乡政府聘请律师担任常年法律顾问，这在全县为首家。1989年，其服务范围扩大到县外企事业单位。1990年，全县有54个机关单位、社会团体、县乡企业聘请律师担任常年法律顾问。1995年，随着改革开放的深入，社会对律师的需求日益增多，律师事务所办理经济案件标的额达6469万元。1997年，县司法局推荐2名律师担任县政府常年法律顾问；律师服务介入金融、房地产、专利、涉外等领域。两个律师事务所担任法律顾问单位120家，通过非诉讼形式，为企事业单位避免经济损失134.8万元。1998年，律师参与10余家企业改制，担任6家改制企业常年法律顾问。1999年，律师事务所共担任常年法律顾问130家，为企事业单位避免和挽回经济损失2400万元。

2002年，和成律师事务所主任褚宇新，从业13年，担任多家企事业单位法律顾问，办案逾千件，工作中勤勉、敬业、诚信，在代理中国石油乌石化总厂苏北地区金湖县经销部诉盐城某公司拖欠尿素货款320余万元的案件，克服地方保护主义的重重压力，挽回经济损失280余万元。11月，褚被省律师协会评为首届"江苏名律师"。2003年，3家律师事务所共担任法律顾问单位177家，办理各类案件525件，其中刑事辩护38件、民事诉讼代理261件、经济诉讼代理170件，非诉讼调解56件。2005年，3家律师事务所共担任企事业单位法律顾问178家，办理各类案件737件，其中刑事辩护案件89件、民事诉讼代理案件198件、经济案件代理案件326件、其他案件124件，参与县政府信访接待32次，接访息访38起，义务法律咨询465人次。

1986—2005年金湖县律师执业统计表

表31-7-23

年份	担任常年法律顾问(家)	受案类别				法律咨询(人次)	代写文书(件)	避免和挽回经济损失(万元)
		刑事案件(件)	民事案件(件)	经济案件(件)	其他案件(件)			
1986	21	17	89	132	87	268	137	35
1987	53	12	76	94	10	432	86	135
1988	53	25	148	73	17	549	200	95
1989	51	19	217	96	27	600	217	162
1990	54	30	184	85	258	324	222	190
1991	55	22	136	196	77	70	65	260
1992	67	19	211	213	187	168	126	103
1993	72	36	158	232	81	233	38	294
1994	88	61	97	60	29	278	51	805
1995	103	46	186	196	55	286	87	101
1996	116	33	179	158	42	275	132	99
1997	120	148	343	164	31	212	181	135
1998	121	108	282	167	172	296	235	2000
1999	130	184	313	53	199	328	316	2400
2000	135	155	330	205	107	284	338	2763
2001	146	78	238	89	38	218	198	136
2002	155	62	189	98	42	252	286	129
2003	177	38	261	170	56	328	298	1421
2004	196	901	372	170	136	384	347	1586
2005	178	89	198	326	124	465	469	2780

第五节　公证事务

1986年，全县办理公证2781件，其中经济类公证2476件，民事公证304件。经济类公证中招标承包合同公证34件。1989年，办理公证3520件。1990年，企业承包经营责任制进入第二轮承包阶段，办理县、乡企业承包经营合同公证163件；办理农村承包、义务兵养老金保险等合同公证3465件。1991年，为企业办理各类承包经营责任制合同公证29个。1992年，新办计划生育协议、专业技术人员劳务合同、专利、土地使用承包等方面公证30多种。1995年，县公证处实行联效计奖岗位责任制，有1名公证员全年办证1073件。县公证处在闵桥镇设立首家公证办事处，从无到有，发展常年公证顾问单位12家，年办公证2018件，业务收费6.28万元。是年，县公证处办理县、乡、村属企业经营承包、租赁及建筑工程承包合同公证817件，农村牧、副、渔业承包合同公证1110件，大学生委培协议公证270件。1997年，县公证处取得涉外公证资格。是年，办理抵押贷款合同公证90件，贷款金额2734万元，同时办理建筑业流通企业微小亏企业改制中承包、租赁、联营等合同公证257件，劳务合同公证401件，计划生育协议公证266件。1998年，办理房地产公证23件，抵押贷款和投资借款合同公证304件。1999年，全县事业单位改革，县公证处办理乡镇事业单位产权拍卖、竞价转让、协议转让、租赁承包经营等公证事项52件，涉及标的额2600多万元。2005年，县公证处共办理各类公证2040件，其中涉外公证170件，涉台公证1件；乡镇法律服务所办理见证和协办公证5321件。1986—2005年，县公证处累计办理各类公证事项4.64万件，无一错假伪证，其中，民事公证1.06万件，经济公证3.53万件，涉港、澳、台公证300余件，涉外公证230件；出具法律意见书20余份，避免经济损失400余万元。

1986—2005年金湖县公证办理统计表

表31-7-24 单位：件

年份	总数	经济	民事	涉外涉台
1986	2781	2476	304	1
1987	2912	2769	143	—
1988	3250	2980	270	—
1989	3520	3158	362	—
1990	3465	3236	229	—
1991	2506	2304	200	2
1992	2708	1800	908	—
1993	1328	1163	163	2
1994	2055	1948	102	5
1995	2018	1286	732	—
1996	2186	1198	988	—
1997	2241	1404	825	12
1998	2102	1377	725	—
1999	2138	1984	143	11
2000	2228	1850	375	3
2001	2310	2045	265	—
2002	1890	1098	790	2
2003	899	467	345	87
2004	1823	307	1282	234
2005	2040	421	1448	171

第六节　法律援助

一、组　织

1999年7月，成立金湖县职工法律援助站，挂靠县总工会，行政上归县总工会领导与管理，业务上接受县司法局的指导和监督。是年8月，县法律援助中心成立。2000年，全县法律援助机构为方便受援对象，依托基层乡镇司法所建立法律援助工作站11个。县妇联、县残联、县老龄委等社会团体也先后成立县妇女儿童权益、县残疾人权益、县老年人权益法律援助工作站。2004年，县法律援助中心积极做好社会稳定工作，参与县玻璃厂、服装厂等改制企业遗留问题的协调处理。县法律援助中心被省司法厅表彰为"法律援助工作先进集体"。

二、案　件

1999年，办理法律援助案件82件，其中刑事案件25件、民事案件57件，另办理公证9件。其中基层法律服务工作者办理法律援助事务39件，解答法律咨询296人次，减、免收费1.5万元。2000年，全县法律援助机构为方便受援对象，依托基层乡镇司法所建立法律援助工作站11个。县妇联、县残联、县老龄委等社会团体也先后成立县妇女儿童权益、县残疾人权益、县老年人权益法律援助工作站。是年，共办理法律援助案件56件，其中刑事案件16件、民事案件40件，另办理公证17件。2001年，法援中心办理法援案件102件，其中刑事案件42件、民事案件60件。在受援的刑事案件中，县人民法院指定的法援刑事案件10件，依法参与诉讼，维护受害人权益。2002年，办理维护残疾人案件54件，接待残疾当事人221人次，减免援助金额5万余元，为残疾人争取权益40余万元。县法律援助中心和县残疾人权益法律援助站被省司法厅、省残联，评为全省维护残疾人权益工作示范岗；银集法律服务所被授予全省维护残疾人工作先进集体。

2003年，国务院颁布实施《法律援助条例》，县法援中心加大法援力度，聘请村级法律援助联络员118人。全年办理法律援助案件49件，其中刑事案件12件，民事案件37件，受援人数88人，援助金额6.3万元，为残疾人争取权益近百万元。在受援的民事案件中，援助外出务工人员11件，追回劳动报酬20余万元，追索务工人员工伤事故赔偿金近50万元。吕良镇一农民工在张家港触电身亡，律师为其提供非诉讼调解服务，获取赔偿金11.4万元。2004年，县法律援助中心积极做好社会稳定工作，参与县玻璃厂、服装厂等改制企业遗留问题的协调处理。共办理法律援助案件51件，其中刑事案件16件、民事案件35件，受援95人。县法律援助中心被省司法厅表彰为法律援助工作先进集体。2005年，县法律援助中心办理法律援助案件47件，其中刑事案件14件、民事案件33件，受援104人。

1999—2005年金湖县法律援助中心办理法律援助统计表

表31-7-25

年份	受理法援（件）	其　中		受援人数	减免收费（万元）
		刑事（件）	民事（件）		
1999	82	25	57	123	7
2000	56	16	40	96	5

接上表

年份	受理法援（件）	其中		受援人数	减免收费（万元）
		刑事（件）	民事（件）		
2001	102	42	60	162	9
2002	92	25	67	138	8
2003	49	12	37	88	6.3
2004	51	16	35	95	5.2
2005	47	14	33	104	5.1

第七节　安置帮教

1986—1997年，安置帮教工作由县社会治安综合治理委员会负责。1997年，县成立刑释解教人员安置帮教工作领导小组，下设办公室（设在县司法局）。1999年，县印发金湖县刑释解教人员安置帮教工作领导小组及成员单位工作职责，指导各乡镇刑释解教人员安置帮教工作。22个乡镇成立安置帮教领导小组，并设立工作站（设在乡镇司法科），有246个村和26个居委会的村居级人民调解委员会均建立帮教小组，是年接收90人，安置81人。2000年，接收69人，安置63人。2001年，接收刑释解教人员87人，安置85人，安置率97.7%。刑释解教人员大部分是农村户口，安置帮教组织主动与所在村组商量，全部安排口粮田和责任田；对非农户口的刑释解教人员则帮助其就业。2002年，县安置帮教工作区别不同对象，采取捐助、减免、技能培训、“三联保”（所在地或单位、家庭、亲友）等方式，依靠相关部门和社会力量统筹安置、齐抓共管的经验在全省交流，被省综治委评为全省刑释解教人员安置帮教工作先进集体。2005年，刑释解教人员安置率85%，帮教率95%以上。

1999—2005年金湖县刑释解教人员帮教安置统计表

表31-7-26　　单位：人

年份	接收人数			帮教安置情况		重新犯罪
	小计	刑释	解教	帮教	安置	
1999	90	44	46	90	81	6
2000	69	63	6	69	63	0
2001	87	75	12	87	85	5
2002	134	110	24	132	126	3
2003	112	98	14	108	103	0
2004	116	105	11	114	111	0
2005	86	80	6	84	77	0
合计	694	575	119	646	646	14

第三十二篇　军　事

1986年，县域军事机构及驻军有县人民武装部（简称县人武部）、县消防大队、武警县中队及省军区运西农场、南京军区泗湾湖农场、武警江苏省运东农场等单位。全县执行义务兵役制、志愿兵役制、退役和预备役登记制度，提高农村义务兵家属优待金标准，根据不同年龄段分类编制预备役人员，兵役登记率100%。冬季征兵，全县适龄青年参军报名率99.8%。全县基干民兵人数占全县人口1.83%，加强民兵爱国主义教育、形势战备教育、民兵性质、任务教育、革命传统教育和依法服兵役教育，按专业编组进行基本技能训练，配合公安部门执勤巡逻，参与维护社会治安。成立民兵突击队抢险救灾、巡逻执勤，组织学雷锋便民小组，帮助烈军属、"五保"户收割耕种。组织人员，参加淮安（阴）军分区组织的国防动员演练。帮助军训新生800人，组织师生体验军营一日生活。全县民兵武器全部集中于县民兵武器装备仓库保管。驻军农场主要从事农副业生产，为部队补助生活提供经济来源。

1990年，城镇应征公民文化程度要求提高到高中以上。1991年，金湖县遭罕见特大洪涝灾害，全县民兵持续奋战抗洪前线2个多月。1996年，注重高中以上文化程度和党团员适龄青年登记工作，进行预备役军官军衔评授工作。组织民兵向灾区和困难群众捐款。1997年，兵役登记的独生之女数占总登记数58.5%，以后此占比数逐年上升。1998年12月，执行新兵役法，义务兵服役期缩短为两年。1999年6月，志愿兵役制士兵统称为士官。

2000年起，由于县内适龄青年就学率提高，兵役登记人数有所减少，登记率99.8%。建立人武部机关局域网，开展网上练兵。2001年，民兵武器仓库建成使用，人防工作机构成立。2002年，组织国防动员演练。2003年，成立民兵"防非"小分队，协助公安部门设卡查验，登记外出务工人员，帮助未返乡人员耕种农田。2005年，人防教育逐步形成制度，人防工程及设施从无到有，达到一定规模。组建人防专业队，参加市人防办组织的防空综合演练。建立全县退伍军人潜力数据库。军训新生4800人。完成新兵征集任务，实现连续44年无政治退兵、25年无身体责任退兵。

第一章　军事机构　驻军

第一节　武委会　国动委

一、人民武装委员会

1986年，县设有人民武装委员会（简称武委会），主任由县长担任。武委会定期召开议军会议和武委会例会，帮助解决武装工作难题。至2005年机构未变。

二、国防动员委员会

1997年2月，成立县国防动员委员会。2004年6月，设立综合、人民武装力量动员、政治动员、交通战备、人民防空、经济动员、信息动员、科技动员等办公室8个。2005年机构未变。

第二节　人民武装部

一、县人武部

1986年5月，县人民武装部（简称人武部）改归地方建制，县委书记兼任县人武部党委第一书记，副县级单位，内设军事科、政工科和办公室，行政编制13人，实有13人。1992年5月，设立民兵训练基地，为人武部下属科级全民事业单位，核定事业编制2人。1996年4月1日，县人武部恢复军队建制，称中国人民解放军江苏省金湖县人民武装部，内设军事科、政工科和后勤科，正团级单位。2001年，隶属省军区淮安军分区。2005年，内设军事科、政工科、后勤科，行政编制7人，实有9人，职工编制14人，实有13人。

图32-1-1　县人武部改归地方建制（摄于1986年5月）　姜燕／摄

1986—2005年金湖县人武部主要负责人一览表

表32-1-1

姓名	职务	任职时间	出生年月	籍贯
王云富	部长	1985.01—1986.05	1940.03	江苏六合
陈长庚	部长	1986.05—1990.03	1948.06	江苏涟水
蒋成湘	政委	1986.03—1996.04	1947.09	江苏金湖
李全德	部长	1990.03—1993.12	1943.07	江苏沭阳
徐春法	部长	1994.04—1998.03	1949.10	江苏沭阳
刘国才	部长	1998.03—1999.03	1955.06	江苏淮阴
宋恩超	部长	1999.03—2000.03	1954.11	江苏盱眙
张　健	政委	1999.03—2000.03	1954.06	江苏淮阴
王恒亮	部长	2000.02—2000.03	1959.09	江苏涟水
赵金坤	部长	2000.03—2003.02	1958.12	安徽界首
袁春明	政委	2000.03—2003.03	1957.08	江苏淮安
王纬国	部长	2003.02—2004.03	1961.03	江苏泗阳
于　革	政委	2003.04—2004.03	1960.02	江苏淮阴
于　革	部长	2004.03—2005.12	1960.02	江苏淮阴
周修忠	政委	2004.04—2005.12	1961.12	江苏六合

二、基层人武部

1986年，金湖县基层人武部23个，分别是黎城、官塘、戴楼、金南、金沟、卞塘、闵桥、横桥、塔集、夹沟、淮建、银集、涂沟、唐港、淮胜、白马湖、前锋、吕良、新农、陈桥、金北乡、黎城镇和县直机关武装部，指导省属宝应湖农场武装部征兵和民兵训练等业务工作。1988年3月，成立孙集乡武装部。1989年7月，黎城乡撤销并入黎城镇，武装部亦合并。1995年4月，成立县经济委员会武装部。1995年6月，县供销社成立首家企业武装部。1998年10月，成立县供电公司、县邮政局、县电信局武装部。2000年1月，全县乡镇22个撤并为11个，乡镇人武装部由22个归并为11个。2003年4月，县水务局、县交通局、县教育局、县建设局、县卫生局分别建立武装部。2005年，有基层武装部23个，其中镇武装部11个、机关武装部11个、业务指导省属农场武装部1个。

第三节 驻 军

一、中国人民解放军

省军区运西农副业基地 （参见“第二篇镇场圃”第十五章第一节。）

南京军区泗湾湖农副业基地 （参见“第二篇镇场圃”第十五章第三节。）

二、中国人民武装警察部队

省武警总队副食品生产基地 （参见“第二篇镇场圃”第十五章第二节。）

县消防大队 1986年，中国人民武装警察部队金湖县消防中队有干部战士19人，执勤车辆3辆。1995年，撤并武警金湖县消防中队和县公安局消防股，组建中国人民武装警察部队金湖县消防大队，正营级，与县公安局消防大队一套班子、两块牌子，驻县城金湖路106号，属武警淮阴市消防支队管辖。消防大队担负县城61个消防保卫单位和11个镇范围内的消防保卫任务。1999年获省消防总队记集体三等功1次。2005年，大队有执勤车辆4辆，其中水罐消防车3辆、泡沫消防车1辆，储存水灭火剂22吨、泡沫灭火剂15吨。

武警金湖县中队 1986年，中国人民武装警察部队金湖县中队隶属武警淮阴市支队，担负金湖县看守执勤、县内处突和反恐任务。1995年，战士李元亮因抢救交通事故中的受伤群众被武警总部记一等功，授予其全国武警部队优秀班长称号。2001年，隶属武警淮安市支队。是年，参加审判、押解、逮捕和维护荷花艺术节治安秩序执勤36次，派出兵力168人次；参与三河滩救火3次，动用兵力26人次。2002年，参加市支队举办的应急小分队比武，获射击、擒敌单项第一名，警官战术作业单项第一名。2005年，获省总队授予基层建设标兵中队称号。

第二章　兵　役

第一节　兵役制度

一、义务兵役制

1986年，县委、县政府继续执行以义务兵役制为主体，义务兵与志愿兵相结合、民兵与预备役相结合的兵役制度，义务兵服役期限为陆军3年，海、空军4年。采取优抚工作与征集工作同步进行的办法，解决现役军人后顾之忧。提高农村义务兵家属优待金标准为同等劳动力年收入的50%～70%，优抚金逐年存入银行，待本人退伍回乡后一次取出，保证兑现。农忙季节民兵班排为军人家属帮耕代种。1990年，城镇应征公民文化程度要求提高到高中以上。1998年12月，执行第九届全国人大常委会第六次会议通过的新兵役法，义务兵服役期缩短为两年，取消超期服役。此项制度至2005年未变。

二、志愿兵役制

1986年，继续执行1984年5月31日第六届全国人民代表大会第二次会议审议通过的《中华人民共和国兵役法》，义务兵超期服现役满5年的，根据军队需要和本人自愿可改为志愿兵，继续服现役。1998年12月，志愿兵实行分期服役制度，奠定了士官制度改革的法律基础。1999年6月30日，志愿兵役制士兵统称为士官，志愿兵只在涉及兵役性质时使用。公民在部队服义务兵役的期限，不论何种兵种，统一改为两年。士官服役分为6期：第一期、第二期各为3年，第三期、第四期各为4年，第五期为5年，第六期为9年以上。士官退出现役，初级士官作复员安置；服役满10年的中级、高级士官作转业安置；服现役满30年或者年龄满55周岁的高级士官作退休安置，根据地方需要和本人自愿也可作转业安置。此项制度至2005年未变。

三、预备役及登记

1986年，金湖县18~28周岁复员、退伍士兵、军外技术人员和年龄18~35周岁参训过的男女公民编为一类预备役，29~35周岁的复员退伍士兵、普通民兵及其他符合预备役条件的男性公民编为二类预备役。1994年4—6月，开展国防潜力调查，范围为全县战时可动员的人力及可利用的道路、桥梁、码头、港口、车辆、船只、工程机械、医疗器械等，进行全县专业军官和退役士兵预备役登记、统计和核对。1996年，执行淮阴军分区《关于做好评授预备役军官军衔工作的意见》，县人武部进行预备役军官军衔评授工作。1997年，县人武部与县教委联合在金南中学创建预备役兵役班，招收学员62人。2005年，建立全县退伍军人潜力数据库，编录截至上年底退伍人员数据入库，核对前10年退伍军人人数，补录登记漏登人员，明确在外退伍军人的联系方式。

第二节　兵役登记

1986年，恢复年度兵役登记制度，各基层人民武装部按单位、系统，进行18~20岁男性公民兵役登记，登记率100%。1996年起，注重高中以上文化程度和党团员适龄青年登记工作。1997年，兵役登记的独生之女数占总登记数58.5%，以后此占比数逐年上升。1999年，全县适龄青年参加兵役登记率100%。2000年起，由于县内适龄青年就学率提高，兵役登记人数有所减少，登记率99.8%。2005年，利用金湖人民广播电台、金湖电视台、《金湖快报》、政府网站等新闻媒体，宣传兵役登记及征兵工作法律法规和信息动态，人民图片网、《中国国防报》《法制日报》《人民前线报》《东海民兵》等新闻媒体先后刊登县人武部开展兵役登记信息和图片12条（幅）。

第三节　兵员征集

1986年冬季征兵，全县适龄青年参军报名率99.8%，出现父母送子报名，兄弟争先应征的局面。1987年，强化依法征兵意识，在全省率先探索依法征兵工作路子，印发《关于处理拒绝或逃避兵役登记、服兵役的暂行规定》，制定各级、各部门依法征兵工作责任制。制定全县开展国防教育和争创省级双拥模范县活动的决定。新兵征集工作围绕无政治责任退兵、无身体责任退兵目标，严格按兵役登记、宣传发动、目测初检、体检、政审、定兵等程序开展工作，高标准完成兵员征集任务。是年8月，金湖县获国防部授予征兵工作先进单位称号。1989年，采取“三级把关、三方联审”征兵方法，村（居）民委员会包初审，乡（镇）包复审，县包终审；县征兵办公室、公安局、接兵干部三方进行政审合格者全县范围内联审。征兵办公室建有举报制度，设举报箱，公布举报电话，发动群众监督。1990年，定兵工作实行群众监督，增强透明度，向社会张榜公布所定新兵，群众有反映，经查确实有问题的坚决调换。1995年，实现34年无政治责任退兵、15年无身体责任退兵，征兵工作获市政府、淮阴军分区授予先进单位称号。1996年，执行公安部、总参谋部、总政治部《关于征兵政治审查组织实施工作的规定》，除继续实行三级政审和区域联审制度外，建立非征兵期间结合兵役登记和民兵组织整顿，实施适龄青年登记、审查、考核制度。新兵政审中有关基层单位、学校、公安派出所调查掌握的实际情况，写出书面调查材料，装入新兵档案或留县级兵役机关备查。2005年，完成新兵征集任务，实现连续44年无政治退兵、25年无身体责任退兵。

第三章　民　兵

第一节　组织建设

1986年民兵整组后，全县基干民兵人数占全县人口1.83%，下辖基干民兵营25个、连22个、排296个、班657个。1991年，各乡（镇）建立以乡镇人武部部长为队长、基干民兵为骨干的突击队，县城组建基干民兵应急连1个，参加抗洪救灾。1994年，全县基干民兵编制基干民兵团1个，下辖基干民兵营25个、通信连2个、基干排327个、基干班589个。1997年，组建应急分队，县为1个连，辖排3个、通信班1个、工兵班1个；乡（镇）设20~30人的民兵应急排1个。

2001年，加强民兵和预备役组织建设，打破平摊型编组格局，达到一兵一职、互不交叉，多选择企事业单位技术骨干和职工、经过军事训练合格人员和退伍军人、专业对口人员、文化程度高的人员纳入编组。县民兵应急连集中在县城几个人武部编配，镇乡民兵应急排分别编在沿盐金国防公路和防汛任务重的5个乡镇，防化、舟桥、侦查、军械修理等专业技术分队都合理编组。2002年，组建民兵水上救护、城市供水抢修、电力抢修、通信光缆抢修等民兵对口专业分队8个。2003年，依托城区居委会建立民兵组织，扩大防空分队专业技术民兵比例，建立技术含量高，专业种类较全的城市基干民兵组织。2005年，全县民兵组织情况未变。

第二节　政治教育

1986年，县人武部执行民兵政治教育制度，基干民兵每年进行政治教育3~4次，普通民兵每年结合征兵和民兵整组进行政治教育1~2次；民兵整组和民兵军事训练期间，安排不少于10%的时间进行政治教育。内容主要为爱国主义教育、形势战备教育、民兵性质、任务教育、革命传统教育和依法服兵役教育。1994年，结合学习《民兵工作条例》《民兵组织暂行规定》，进行民兵性质、任务和光荣传统教育，每逢建军节、国庆节、元旦、春节等节日，进行革命传统教育。1998年，县人武部调整落实新时期军事战略方针，民兵政治工作纳入全民国防教育轨道，基干民兵教育每年不少于16课时，开展民兵争当经济建设尖兵、精神文明建设标兵、维护社会稳定卫兵的“三兵”活动。是年，组织民兵观看全国和全军抗洪抢险总结表彰大会电视实况，进行弘扬抗洪精神教育，增强爱国奉献意识。1999年，开展民兵统一祖国，保卫祖国教育，激发奉献在岗位，练武保国家热情。2000年，利用民兵整组、军事训练和征兵等活动，突出民兵形势战备教育、国防教育和根本职能教育，调动民兵参加生产、工作和练武的积极性。2005年，全县农村以村为单位，创办青年民兵活动室117个，县城企事业单位以职工文化活动室为主阵地，进行民兵政治教育。

第三节　军事训练

1986年，民兵训练按专业编组进行基本技能训练，训练人数300人，其中步兵82人、工兵72人、侦察兵64人、通信兵25人、民兵干部57人，训练项目为队列、射击、爆破、战术、投弹、地雷埋设、野战筑城、报话员密语、军语、通信规则、884电台使用和机上通话、电话守机与接转、电话站开设与撤收、机务常识、被复线架设等。冲锋舟操机手进行操作基础理论、登船、队列、射击训练。1988年11月，全县组织民兵干部和基干民兵300人，进行射击、爆破、侦察、队列、战术等训练。1997年3月，县人武部抽调县级机关、经委、供销合作总社、黎城镇基干民兵108人，组建县民兵应急分队，配备武器、交通工具和警棍、盾牌等防暴器材，训练45天，提高应付突发事件的能力。是年，训练基干民兵275人、民兵干部100人、应急分队队员108人，均达合格以上标准。1998年，训练工兵、防化、舟桥、通信、侦察等专业技术分队基干民兵和干部3批297人，举办消防培训班、讲座5期，受教育1200多人次。2000年，县人武部组建县供电局、县邮电局、黎城镇医疗救护、工程抢修、电机维修、计算机应用、汽车运输等民兵专业技术分队600多人，开展高技术条件下局部战争快速动员。1999年，县人武部组织部机关干部学习《高科技知识读本》，参加微机培训，参加全军统一命题的高科技知识考试，总体成绩优秀，全体干部均获得计算机应用初级合格证书。组建训练医疗救护、通用电器维修、计算机应用、汽车运输等民兵专业技术分队600人。

2000年，投资10万多元，建立部机关局域网，开展网上练兵。联合中国人民解放军理工大学工程兵学院开发“在反步兵雷场中开辟通道”科技训练项目。参加淮阴军分区科技练兵竞赛，获总分第一名。2001年，修订完善《一级战备后勤保障方案》《快速组建部队后勤保障预案》《抗洪抢险保障预案》《作战保障预案》，加强战备和应急后勤保障措施。县政府投入120多万元，购置电脑等器材，给驻军部队用于科技练兵。训练工兵、舟桥、通信、应急分队、民兵干部5批535人。2002年3月，组建民兵水上抢险救护技术分队、电力抢修分队。2004年5月，金湖县民兵高炮连、应急分队、金北舟桥连组织整顿情况接受军分区点验。县人武部围绕做好对台应急作战准备工作，进行中国特色军事变革教育训练，组织封闭式训练卫生救护分队30人、人防专业分队40人、机械修理专业分队20人。被淮安军分区确定为战备规范化建设试点县。县人武部添置数码摄像机、投影仪、扫描仪、电脑、打印机等一系列办公自动化设备，建立局域网系统、光缆数据通信系统、语音传导系统、电视监控系统、自动报警系统和电话会议系统，实现指挥中心与市、县国防动员委员会网络互通及文字、数据、语音、图像实时传输。6月14日，淮安军分区组织全市各县区人武部部长到金湖观

图 32-3-2　白马湖民兵湖上训练（摄于1986年）　姜燕/摄

摩学习,《中国国防报》介绍金湖的经验做法。县人武部还利用现代化办公条件，组织机关干部开展“红星一号”军事业务训练，学习研究参谋工作业务、军事高科技知识、美军知识研究、城市反空袭动员支前等知识。9月5日，民兵高炮连接受省军区点验。全年组织14期14个专业民兵104人，参加淮安军分区组织的跨区联训，金湖承担淮安军分区民兵信息分队的跨区联训任务。2005年，县人武部组织民兵参加淮安军分区组织比武考核竞赛，获“红星一号”新技能竞赛第二名、按纲施训团体第三名。县人武部组织机关干部2人、专武干部6人、民兵骨干100人，参加省军区、淮安军分区专业技术兵跨区联训。4月和8月，县路桥工程连，海军、空军预编分队3支民兵预备役队伍，分别接受军分区和省军区工作组集中点验，到点率98%，接受点验的照片刊登在《中国国防报》。全年训练应急分队125人，信息、医疗救护专业分队50人。

第四节　武器装备管理

1986年，全县民兵武器全部集中于县民兵武器装备仓库保管。完善弹药库配套工程，安装防爆灯吸尘器材、避雷针，配备消防器材，挖防火水塘，武器弹药存放条件达到规定要求。1994年4月，县人武部兴建危险品仓库7平方米。民兵武器装备仓库安全无事故获南京军区表彰。1995年10月，县人武部购置吸湿机1台。2000年12月，民兵武器仓库迁址新库开工，2001年8月，建成使用，仓库安装监控报警系统，达到视控、声控、电控、警控、传呼一体化。12月，县人武部获省军区授予民兵武器装备管理先进单位称号。2005年，进一步完善武器装备管理制度，细化生活管理、安全管理、技术管理、领导查库、武器使用等制度，认真执行到位。

第四章　拥政爱民

第一节　维护社会治安

1986—1995年，县人武部组织民兵配合公安部门执勤巡逻，参与维护社会治安1万多人次，协助破案1600多起。1996年，配合公安部门“严打”专项斗争集中抓捕行动，出动民兵820多人次，设立民兵哨卡126个，建立民兵治安队、联防和巡逻队160个，协助抓获各类违法犯罪嫌疑人75人。2001年，各基层人武部配合社会治安综合治理，组成以民兵为骨干的护村、护厂队145支，常年夜间轮流巡逻。2003年“非典”期间，县人武部组织6个镇民兵，成立民兵“防非”小分队，协助公安部门设卡查验，组织民兵清查登记外出务工人员，发送劝阻慰问信7352封。2005年，“五一”、国庆、春节长假期间，实施军警民兵联防，维护社会稳定，组织民兵出动5批次2600多人，协助公安部门破案230起，抓获犯罪嫌疑人120人。

第二节　抢险救灾

1986年，四夏和双秋大忙季节，22个乡镇成立民兵突击队抢险救灾、巡逻执勤，组织学雷锋便民小组743个，帮助烈军属、“五保”户栽插秧苗，收割稻麦、油菜933公顷。1987年11月，组织乡（镇）13个，整治利农河民工3万人，其中由专武干部带队乡（镇）7个，投入工程建设民兵1万多人。1991年，金湖县遭罕见特大洪涝灾害，全县民兵持续奋战抗洪前线2个多月，县人武部参与险情最大的高邮湖沿线抗洪抢险；闵桥、塔集、夹沟、淮建、银集等乡（镇）人武部部长各带领150人，参加横桥联圩抗洪和转移、安置受灾群众。1994年，全县22个乡镇组织民兵抗旱救灾小分队238个，出动民兵3.5万人次，成建制调用7个营计8000人次，帮助军烈属抗旱8900人次，做好事5400多件，参与打坝筑渠269条、400多公里，送水2240吨，义务修理农具4980台次，防治病虫害180多人次。组织青年民兵500人，完成中央电视台无锡太湖影视城演出保障警卫任务500多场次。1996年7月，县人武部调用民兵3万多人次，投入抗洪抢险救灾，保护淮河入江水道大堤、横桥联圩、墩塘圩、衡阳圩等防洪设施安全。1998年7月，县人武系统成立4000多人的民兵突击队、巡逻队，日夜奋战在抗洪抢险第一线，先后动用基干民兵30多万人次、车辆800多台次，运送抢险物资7000多吨，开辟通道近千条，堵塞圩堤渗漏100多处，抢筑和加固堤坝4万多米。

图 32-4-3　塔集镇民兵营在抗洪抢险第一线（摄于1996年7月）
何春钦／摄

2003年，成立民兵抗洪突击队24个，民兵抗洪突击小分队118个，封堵病险涵闸10座，加固堤坝3.56万米，完成土石方5.86万立方米，开辟观察通道115多公里，帮助撤离群众5619人，转移粮食20.92万公斤，挽回经济损失410万元。民兵预备役人员与抗洪抢险部队官兵2000多人，共同战斗，保护高邮湖、白马湖、宝应湖圩堤和淮河入江水道大堤安全。新华社、中央电视台、中央人民广播电台、《解放军报》《人民前线》等多家新闻媒体给予报道。“非典”期间，民兵“防非”小分队帮助未返乡人员耕种238公顷。江苏爱特福集团民兵克服困难、加班加点生产84消毒液，支援全国各地抗击“非典”。2005年，民兵预备役人员挂扶经济薄弱村15个，扶助贫困户63户，结对帮扶贫困家庭学生139人，资助学杂费1.4万多元。

第三节　参加地方建设

1986年，“八一”、元旦、春节等节日期间，驻金各部队组织慰问地方政府和人民群众，召开地方有关单位和群众代表座谈会，主动征求意见，积极参与地方建设。县武警中队与县实验小学、泗湾湖农场机务二队与白马湖同心村等结为共建精神文明对子。1995年，金湖获省政府、省军区授予双拥模范县称号。1996年，县人武部和民兵向灾区和困难群众捐款8000元；驻军为“希望工程”和聋哑学校捐款4200元。1997年，县人武系统帮扶集体经济薄弱村22个、贫困户585户，贫困户当年人均收入超过2500元，现役、退伍军人困难家庭脱贫致富226户。9月，县武警中队收到半身不遂离休老干部毕德广家属送来的“风雨无阻侍7载，武警爱心献亲人”锦旗，表达对县武警中队干部战士的感激之情。

1998年，县人武部与公路站、8个乡镇人武部和驻军与盐金国防公路沿线的4个公路养护工区结对，进行军民共建文明路活动。是年，县人武部、县公路站同获市级文明单位称号，金湖再次获省政府、省军区授予双拥模范县称号。2000年，县人武部带领全县人武干部、基干民兵、预备役人员开展“一连带一村、一兵带一户”活动。11个镇人武部帮助脱贫致富军烈属22户和“三老”家庭34户；开展民兵争当致富带头人活动，培养民兵养殖大户30户、种植大户14户、加工大户12户。2001年，县人武部组织专武干部、民兵干部结对帮扶贫困村民128户。协调6家驻金部队官兵捐款9000多元，资助特困生6人。是年起，县人武部长与金北镇中心小学结对，资助贫困学生10人。省军区运西副食品基地等驻金部队与黎苑市场、黎城市场、县图书馆、教师进修学校开展军民共建活动，清扫公共场所。武警中队指导员资助前锋镇淮武小学、育才小学特困家庭学生2人重返校园，每人每年资助200元，直至小学毕业。2002年，县人武部、消防大队、武警中队分别捐款3000元、1500元、800元济困助贫；驻军为希望工程和聋哑学校捐款4200元；金湖获省政府、省军区第三次授予双拥模范县称号。2003年，县人武部资助金北小学贫困生5人、学杂费1500元；消防大队向受灾群众捐款2163元，送水50车，捐资助学3人1340元；县武警中队捐款1000元。

2005年，驻金部队官兵到县工业园区参加义务劳动；县人武系统慰问军烈属、贫困户83户，组织民兵预备役人员为孤寡老人服务，为群众义诊，慰问残复军人、医保对象；人武系统挂扶经济薄弱村15个，扶持贫困户31户、贫困家庭学生39人，捐助学杂费8900元，帮助解决发展资金10万元，协调民政部门改造危房68户，组织劳务输出3384人。

第五章 国防动员和人民防空

第一节 国防教育

1986年，县人武部帮助全县每个民兵连订阅《中国民兵》或《东海民兵》杂志，作为民兵国防和政治教育授课主要教材。通过《金湖报》、金湖人民广播电台、金湖电视台等媒体，开辟《民兵专栏》《国防纵横》《军事天地》等专题栏目。1988年，金湖被确定为全市国防教育试点县，全县开展爱国防、尽义务教育活动，编印宣传材料分发基层5000多册，通过民兵之家阵地，进行国防精神、国防法制、国防常识教育；中小学生以校园为主要阵地，采取与学生军训、少先队共青团课外活动相结合的方式，进行军事常识、组织纪律、光荣传统和国旗、国歌、国徽为主要内容的教育，举办国防教育电影周和国防知识竞赛；组织县四套班子领导、武委会成员、国防教育领导小组成员和乡镇党委书记进行步枪实弹射击，体验军事生活。12月，全市国防教育经验交流会在金湖召开，县委书记刘学东代表金湖介绍经验。1989年5月20日，县委、县政府印发《金湖县全民国防教育实施办法》。1990年1月，金湖县获省委宣传部、省教育委员会、省军区政治部授予省全民国防教育先进单位称号；12月县人武部在省军区全民国防教育经验交流会上介绍经验。1992年6月，县人武部编发《金湖县十佳国防后备干部风采录》。1993年11月，金湖县获省国防教育委员会授予全民国防教育先进工作单位称号。1996年，结合纪念红军长征胜利60周年活动，进行专武干部发扬优良传统、弘扬艰苦创业精神教育。2000年6月9日，县政府举行进藏抢险救灾烈士杨金付追悼大会，反映其英勇事迹的资料、实物收藏在金湖县革命烈士陵园纪念馆。2001年，县人武部开展"歌颂党的业绩，强化军人意识"主题教育和军人道德、规范等教育活动，进行民兵台海形势和民兵基本职能教育，制定《2001—2003年民兵政治教育计划》，建立民兵政治教员网络。4月4日，县四套班子领导、县直单位干部职工代表、驻金部队官兵代表、中小学生代表，在县烈士陵园，举行"冀家围平暴烈士墓"揭碑仪式，缅怀烈士光辉业绩，祭奠先烈不朽之灵。2005年，县人武部进行"大力弘扬艰苦奋斗精神，始终保持昂扬精神状态"等政治思想教育，进行参谋工作业务、军事高科技知识、城市反空袭等作业的学习和研究。

第二节　国防动员演练

1986—2002年，县人武部组织人员，参加淮安（阴）军分区组织的国防动员演练。2002年4月6日，县人武部组织国防动员演练，项目有水上集合、队形变换、水上巡逻、水上抓捕、水上救护等5个，同时进行战时道路遭敌破坏后的紧急集合、实施警戒、涉险作业、紧急抢修演练，淮安军分区司令员邵继忠、淮安市副市长韩波带领8个县（区）分管副县长、人武部长现场观摩。是年，组织协调县国防动员委员会及所属8个办公室，进行平战转换、动员支前、城市反空袭课题网上综合演练，通过军分区考核验收。2004年，县政府协调县人防办、县建设局、县交通局、县卫生局、县城管局、县经贸委、县电信局等单位，组建防空专业队伍120人，其中抢险抢修专业队60人，医疗救护队20人，消防专业队20人，通信专业队20人。专业训练45人，主要是抢险抢修专业和医疗救护专业，进行不定期演练。2005年，结合民兵整组训练，组建防化、消防、医疗、抢修抢险、治安、通信和运输等人防专业队7支170人，参加市人防办组织的防空综合演练。

第三节　学生军训

1986年，县人武部帮助金湖县中学、县第二中学、职业中学高一新生军训800人，组织师生体验军营一日生活，参观部队内务管理、军事表演。1987—1993年，帮助金湖县中学、县第二中学、职业中学高一新生军训6490人。1994年，训练金湖县中学高一新生220人。1995年8月，训练县第二中学、职业中学高一新生400人，培养实验小学升旗手25人。1996年，县武警中队与金湖县中学等7所中小学结对共建文明单位，现役官兵受聘担任校外辅导员12人，训练学生700多人。1997年，军训学生2000多人。1998年，军训金湖县中学、县第二中学、职业中学、吕良中学高一新生1100人。1999年，县武警消防大队进行学生消防安全教育，军训学生500人。2001年，军训吕良中学和县城中学高一新生1200人，武警受聘担任校外辅导员18人，训练中小学7所、新生7000人。2003年，县武警消防大队进行普及消防知识、技能教育中学生5000人。2005年，县人武部协调驻金部队分3批军训6所中学新生4800人。

第四节　人民防空

一、人防机构

2001年12月，组建县人民防空办公室，行政编制2人，正科级建制，为县国防动员委员会常设机构。2005年未变。

二、防空教育

2004年，金湖中学、黎城中学开设人防课程，开课率100%；金湖电视台、金湖人民广播电台开辟专栏，宣传人防知识。5月1—4日，县首届社区文化艺术周期间，县人防办利用县行政广场、西苑新村、油田新村、供电新村举办人民防空知识挂图展，介绍人民防空的任务作用、我国人防工程建设、战争灾害与平时灾害、现代常规空袭防护等内容，普及核武器、化学武器、生物武器袭击时的防护、应急生存技能、救护等知识。2005年，吕良、闵桥中心校开设人民防空教育课程。投资8万元，设置县城建设路、汽车站长久性人防宣传广告牌、站牌，利用横幅、挂图、宣传牌，深入街头、社区、学校、工厂、商场，开展人防知识普及教育，举办庆三八人防杯知识竞赛、人防电影宣传周、人防之歌文艺晚会等，宣传人防知识。利用县“一报两台”开辟人防知识专栏，开展人防杯法律法规知识电视大奖赛、纪念《中华人民共和国人民防空法》颁布十周年系列宣传活动。城区初中人防教育开课率100%，人防宣传教育由县城向乡镇延伸，开展人防知识进机关试点工作，人防法律法规纳入县“五五”普法规划。成功编修《金湖县城市防空袭应急预案》。

三、人防工程

2002年，县政府印发《金湖县人防建设资金筹集办法》。2003年，人防经费纳入财政预算，安装县电信局钟楼电动警报器，购置流动防空警报器1台，9月30日，进行警报试鸣。2004年，组建防空专业队120人，分别增设县城电信大楼、新华书店、供电大厦防空报警器3台。2005年12月5日，县政府印发《关于加快人民防空工程建设的意见》，明确人民防空经费筹集、人民防空工程建设要求、人民防空工程开发利用、人民防空工程维护拆除及报废等要求。是年，筹集人防建设基金220万元；编制《金湖县人防工程建设规划》，训练人防专业人员140人，其中抢险抢修专业30人、医疗救护专业20人、防化专业20人、防汛专业70人；编修《金湖县城市防空袭应急预案》，新设置国祥大厦、苏源宾馆、法院大厦、龙港花园和工业园区防空警报器5台，安装警报总控设备1套，报警器9台，城区警报覆盖率95%。

第三十三篇　科学技术

1986年，县域部分工业骨干企业先行建立科研机构，引进新技术、开发新产品；县农业技术推广中心着力培训农业科技人员，加强对稻麦良种选育及农作物高产栽培、病虫害防治等农业技术指导。全县共有科技人员2799人，评定技术职称的790人，累计获得科技成果奖95项。

1992年，县委、县政府实施"科教兴县"战略，县政府出台一系列推进科技进步的政策和举措，加大科技投入，鼓励企业与大专院校、科研院所联合，开发新产品，推广新技术，科研队伍不断发展壮大，科研人员推广应用新技术、研制新产品的积极性充分调动。1994年起，开始专利的申报与管理。1993—1995年，全县科技进步对地区生产总值平均增长贡献份额68.6%，较前三年提高30.1个百分点。1997年，金湖县被国家科委授予"全国科技工作先进县"称号；"96121"天气预报电话自动咨询系统开通。1998年，科技部门强化高新技术产业化及应用技术的开发与推广，搞好科技信息、情报的合作与交流。金湖县通过国家"星火计划"和省"火炬计划"项目验收的科技项目4项；县气象局防雷检测站开展防雷工程的设计、安装、管理。1999年，走"产学研"结合之路，实施推广"星火计划"水稻肥床旱育稀植、叶面肥喷施活力素等技术，五年增产粮食近3万吨，增加经济效益5000多万元。推广大棚条桑育蚕技术1000公顷，平均亩产提高9.7%，纯收入517.1万元。县政府下发《金湖县破坏性地震应急预案》《金湖县防震减灾实施办法》，审查和检测全县已建和在建的高层建筑、"生命线"工程抗震设防情况。2004年，金湖县再次被国家科技部授予"2001—2002年度全国科技进步先进县（市、区）"称号。

至2005年，全县共有科研机构26个，其中农业方面20个、工业方面6个。有各类科技人员11601人，学术团体8个。先后68次组织260个企事业单位的2400余人次，参加国家、省市组织的各类洽谈会、博览会等技术市场活动，共签订技术交易合同328份，院所帮助企业解决难题近200项，开发新品近300个。累计获得科技成果奖项309项，其中部级5项、省级36项、市级105项、县级163项，有4个国际合作项目获得省市科技资金资助；工业推广"火炬""星火"科技项目52项，共创产值18亿元，利税近4亿元。实施过程中，向上争取拨款贴息近2000万元，攻克石油机械共性关键技术难题8项，推广适用技术15项，培训科技人才近5000人次。

第一章　科技机构　队伍

第一节　管理机构

一、科技局机构

1986年，县科委编制9人，实有工作人员13人；内设办公室、科技计划科、科技成果科、科技合作科；下设科技服务中心，编制3人。1988年，各乡镇配备专职科技助理，负责所在乡镇科技管理工作。1989年9月，县科委内设机构增设科技计划科、科技情报科、科技干部管理科，共有科室7个。编制9人，实有工作人员13人。

2001年，县科委更名为县科学技术局，内设办公室、科技计划科、科技成果与技术市场科、科技合作科等科室4个，其中科技成果与技术市场科挂“知识产权办公室”牌子，另设国防委员会科技动员办公室和纪检监察机构，行政编制9人，行政附属编制1人。2005年，县科技局编制11人，内设机构没有变动。下设县科技服务中心，事业单位性质，编制3人，实有人数6人；增挂“县知识产权局”牌子。

二、气象机构

1986年，县气象站位于县城长乐路与长安巷交会处西北侧，内设地面测报股、预报股、农业气象服务股等3个股。1989年，县气象站更名为县气象局，气象站名称仍保留，内设机构增设办公室，其他无变化。1998年9月，设置县防雷检测站。1999年1月，气象观测场迁至距县城西南4公里的县林场东北、黎铜路南侧，位于北纬32°59'、东经118°58'8″，海拔24.2米。2001年4月，县气象局（除观测场）迁至县行政中心。2002年12月，成立县星云科技有限公司，实行气象主管部门和地方政府双重领导、以气象部门为主的管理体制。2005年5月，在建设路33号兴建气象业务科技楼，除地面观测业务在地面观测场操作外，其他均迁至新址办公，共有在职职工15人，内设机构有办公室、地面测报股、预报股、农业气象服务股等4个股室；下设县防雷检测站、星云科技有限公司等2个有偿服务单位，在编9人，地方编制2人，聘用4人；专业技术人员中级职称7人，初级职称2人。

三、防震减灾机构

1986年，县地震办公室具体负责地震工作业务，为县政府直属副科级事业单位；编制5人。1997年7月，县地震办公室撤销，设置县地震局，为县政府直属正科级事业单位。1998年，县地震局编制3人。至2005年，机构编制未变。

第二节　研发机构

1986年，全县农业科技研发推广由县农科所负责，各乡镇配备农技员；工业企业设立技术科，县机械厂、制药厂等重点企业成立技术攻关小组等科研机构，研究新技术，开发新产品。1987年，县农科所改名为县农业技术推广中心，配备工作人员146人，其中科技人员50人；同时成立县水产技术指导站、蚕桑技术指导站，分别配备工作人员59人、48人。1990年，机械、医药、医疗、水利等行业成立6个专项科研机构。1992年，县鱼病防治中心成立，工作人员15人。1993年，各乡镇建立农技站，共配备科技人员125人。1995年，金湖县计量仪器厂被省科技厅认定为全县首家高新技术企业。

2000年，建立省级科研机构6个。2001年，县石油机械有限公司等2户企业被省科技厅认定为高新技术企业。2002年，增加省级高新技术企业2户、市级高新技术企业4户。2003年，省级高新技术企业增加到3户，市级高新技术企业2户。2004年，石油化工机械厂建成省级油气井口装备工程技术研究中心，4户企业被认定为市级高新技术企业。

2005年，全县设立科研机构26个。其中，农业水利方面有县农技推广中心，稻麦原种场、粮棉原种场及各镇农技服务中心，林业站、兽医站、水产站、蚕桑站、农机推广站、农业资源开发服务中心等20个，共有科研人员279人；工业方面有5户企业设置省市级研发机构6个。企业科研机构中，被省科技厅认定为省级工程技术研究中心1个，市科技局认定为市级工程技术研究中心1个，省、市经贸部门认定为省、市级企业技术开发中心4个。被科技部门认定为高新技术企业的，国家级1户，省级6户，市县级14户。全县获批计21户。

2005年金湖县科研机构一览表

表33-1-1

名　称	地　址	名　称	地　址
县农业技术推广中心	金湖路39号	涂沟镇农技服务中心	涂沟集镇
县畜牧兽医站	县城健康路32号	前锋镇农技服务中心	前锋集镇
县林业指导站	县城健康西路39号	吕良镇农技服务中心	吕良集镇
县蚕桑技术指导站	县城健康路7号	陈桥镇农技服务中心	陈桥集镇
县农机技术推广站	县城金湖西路107号	金北镇农技服务中心	金北集镇
县水产技术推广站	县城健康路路7号	稻麦原种场农技服务中心	场部
县农业资源开发服务中心	县城跃进路19号	粮棉原种场农技服务中心	场部
黎城镇农技服务中心	县城跃进路17号	省油气井口装备工程技术研究中心	江苏金石集团
戴楼镇农技服务中心	戴楼集镇	淮安仪器仪表工程技术研究中心	县红光仪表厂
金南镇农技服务中心	金南集镇	江苏华鼎精细化工有限公司技术开发中心	该公司
闵桥镇农技服务中心	闵桥集镇	江苏神华药业有限公司技术开发中心	该公司
塔集镇农技服务中心	塔集集镇	爱特福药物保健品有限公司技术开发中心	该公司
银集镇农技服务中心	县工业园区	县工业自动化仪表研究所	县工业园区

说明：省油气井口装备工程技术研究中心为省级科研机构，淮安仪器仪表工程技术研究中心、江苏华鼎精细化工有限公司技术开发中心、江苏神华药业有限公司技术开发中心、江苏爱特福药物保健品有限公司技术开发中心、县工业自动化仪表研究所为市级科研机构，其他为县级科研机构。

1995—2005年金湖县市级以上高新技术企业一览表

表33-1-2

企业名称	批准单位	获批年份	企业名称	批准单位	获批年份
县计量仪器厂（总厂）	省科技厅	1995、2001	江苏麦阁吸附剂有限公司	市科技局	2003
金湖石油机械有限公司	省科技厅	2001、2004	江苏华海测控技术有限公司	市科技局	2004
县红光仪表厂	省科技厅	2002	江苏利达特种电缆有限公司	市科技局	2004
江苏华鼎精细化工有限公司	省科技厅	2002、2003	县常盛动力机械配件	市科技局	2004
江苏神华药业有限公司	省科技厅	2003、2005	金湖卫生巾设备有限公司	市科技局	2005
县杰创计量仪器有限公司	省科技厅	2003、2005	江苏腾达苏源电器设备有限公司	市科技局	2005
江苏爱特福药物保健品有限公司	市科技局	2002	江苏赛尔电池有限公司	市科技局	2005
江苏全兴电缆厂	市科技局	2002	江苏光阳仪表线缆有限公司	市科技局	2005
江苏省金工仪表线缆有限公司	市科技局	2002	江苏理士科技有限公司	市科技局	2005
金湖输油泵有限公司	市科技局	2002	江苏金石机械集团	科技部	2005
县科星电子有限公司	市科技局	2003			

第三节　科技队伍

1986年初，全县共有各类科技人员2799人，其中，1979—1986年已评定技术职称人数790人，未定技术职称人数2009人。在技术职称人员中，高级职称1人、中级职称137人、初级职称652人；专业分布：工程技术人员263人，农业技术人员150人，卫生技术人员328人，经济专业人员101人，会计人员306人，统计人员53人，高等学校教师7人，中等专业学校教师12人，中学教师734人，小学教师544人，新闻专业人员1人，翻译人员1人，播音员3人，图书、文博、档案人员15人，体育教练2人，艺术人员9人，其他专业人员270人；分布在事业单位的1908人，企业单位的437人；国家机关454人。

1991年，全县被评为市级有突出贡献的中青年专家6人：王富仁、茆同江、金久勇、陶樟火、卢专文、郭金刚。1992年，金久勇、袁锡琳享受市政府特殊津贴。1993年，金久勇、袁锡琳被评定为省级有突出贡献的中青年专家。1995年，苏克文、张保华、邓学风、翟立成等4人被评为市级有突出贡献的中青年专家。

1987—1996年，累计评定具有专业技术职务任职资格的12495人，其中高级247人、中级2745人、初级9503人。高级技术职务人员（不含机关）的专业构成为：主任医师5人，副主任医师47人，中学高级教师108人，高级农艺师10人，高级经济师11人，高级工程师37人，副主任药师4人，副主任检验师3人，副研究馆员1人，高级畜牧兽医师5人，二级律师1人，副编审2人，主任编辑1人，高级农经师2人，高级统计师1人，高级会计师9人，高级体育教练员1人，计248人。中级技术职务人员（不含机关）的专业构成：主治医师148人，主管医师45人，主管药师13人，主管护师31人，主管技师9人，讲师36人，中学一级教师687人，小学高级教师899人，体育教练5人，工程师263人，农艺师77人，农经师11人，经济师435人，兽医师15人，馆员40人，编辑21人，三级律师3人，三级公证4人，三级美术师1人，三级演员5人，放映技师14人，会计师80人，统计师27人。

计2882人;初级技术职务任职资格10155人(不含机关、乡镇企业及以考代评人员),其中助理级6109人、员级4046人。

1997年,殷舜时、熊同侨、何如淦被评为市级有突出贡献的中青年专家。全县评定公布各类科技人员646人,其中高级技术人员37人、中级358人、初级251人。累计公布各类科技人员7235人,其中高级技术人员185人、中级2492人、初级4558人。

2000年,全县共有经评定科技人员9568人,其中高级技术职称人员307人,中级3268人,初级5993人。是年,调查统计六大行业人才资源,具有专业技术而未予评定技术职务的人员有2125人;工作在农村种养、加工、建筑等行业的乡土人才有3900多人。

2000年金湖县六大行业人才资源调查统计表

表33-1-3　　单位:人

行　业	合计	高　级	中　级	初　级	
				助理级	员　级
教育	3629	99	1724	1510	296
医药卫生	1259	33	221	703	302
农业	2733	10	150	644	1929
建筑业	872	1	51	96	724
机械汽车	2219	3	84	179	1953
电子信息	55	6	21	28	—
合计	10767	152	2251	3160	5204

2000年金湖县乡土人才调查统计表

表33-1-4　　单位:人

职　业	人　数	行　业				
		种植业	养殖业	建筑业	加工业	其他行业
科技示范户	268	113	105	—	14	36
专业户	418	98	212	5	54	49
能工巧匠	527	—	—	349	93	85
村组干部	1282	670	107	19	71	415
农民经纪人	158	19	47	—	12	80
回乡知识青年	553	179	113	46	44	171
个体业主	359	2	4	8	100	245
其他	346	78	25	25	17	201
合计	3911	1159	613	452	405	1282

2001年,全县共有专业技术人才10524人,其中高级技术人员367人,中级3718人,初级6439人。2003年,科技人员增加到11144人,其中高级职称478人、中级3931人、初级6735人。2004

年，全县科技人员文化层次为，具有本科及以上学历2067人，大专学历3407人，中专及其以下学历2131人。2005年，全县评定公布各类科技人员759人。累计有各类科技人员11601人，其中高级职称641人、中级职称4514人、初级职称6446人。企事业单位有各类科技人员5716人，其中高级职称417人、中级职称3067人、初级职称2232人。

1986—2005年部分年份金湖县科技队伍统计表

表33-1-5　　单位：人

年份	科技人员总数	其中			年份	科技人员总数	其中		
		高级	中级	初级			高级	中级	初级
1986	790	1	137	652	2000	9568	307	3268	5993
1994	948	36	407	505	2001	10524	367	3718	6439
1987—1996	12495	247	2745	9503	2002	10863	407	3889	6567
1997	7235	185	2492	4558	2003	11144	478	3931	6735
1998	9568	307	3268	5993	2004	11521	561	4124	6836
1999	10224	347	3638	6239	2005	11601	641	4514	6446

第二章　科技研发与推广

第一节　科技研发成果

1986年，全县累计获得科技成果奖95项。其中，工业类技术成果41项，农业类技术成果50项，医药卫生类技术成果4项；获得部级技术成果奖12项，省级技术成果奖20项，市级部门技术成果奖18项，其他为县级技术成果奖。1988年，获批科技成果16项。1995年，获批科技成果26项，其中有23项科技成果获奖。获奖成果中，市级成果奖12项，XGN2-10（Z）箱型固定式金属封闭开关设备获市二等奖，粮仓地槽通风技术改进获市四等奖；县级成果奖10项，其中一等奖有4项：粮仓地槽通风技术改进、杂交水稻肥床旱育稀植技术推广、耐高温防火电缆、QYJ-950液环式氯气泵；二等奖的有3项："84飞毛腿"特效气雾杀虫剂、金都牌系列复混肥的研制与应用、金北乡农田杂草分类与分布及防除对策；获县三等奖的有8项：网围鱼蟹混养高产高效试验、水质分析实验室技能综合评估——水质系统质控方法、计算机辅助设计技术在工程勘察中的应用、WSJ-93A型卫生巾、尿布敷料三用机、1.5×6.0米预应力钢筋混凝土屋面板、高铅防辐射玻璃制品及技术应用、县土地利用总体规划；获县四等奖的有7项：杂交稻旱育抛栽配套高产技术研究、中华鳖人工繁殖技术研究、灭虫丁驱除毛兔体内外寄生虫的推广应用、新药在防治油菜菌核病上的应用、麦田无杂草工程技术推广应用、HYA型市内通信电缆、自行车减震鞍管。

1996年获奖16项。其中：麦田无草害工程获市二等奖，3.5-二碘水杨酸获市三等奖，正常临产

图 33-2-1 科技部授予金湖县“2001-2002 年度全国科技进步先进县”称号（摄于 2004 年 1 月） 县科委 / 供

孕妇血清铁蛋白与新生儿血清铁蛋白关系的探讨、水质分析实验室技能综合评估、金都牌多元素配方专用肥等3项获市四等奖。1997年获市政府科技进步奖2项，水稻肥床旱育稀植配套高产栽培技术的研究与推广获一等奖，PTC型袖珍式热电偶智能温度校验仪获三等奖。1998年，获市政府科技进步奖2项，高温绕结专用线获市三等奖，BYK130/1500-A壁挂式浴室空调机获市四等奖。获县政府科技进步一等奖的有秦油二号推广应用及高产栽培技术研究、耐酸耐碱耐油橡塑劳保靴、YBS-WD精密数字压力电流等3项；获二等奖的有GYB静压式液位变送器，乳酸环丙沙星注射液，大批量生产胎盘肽、猪脾转移因子细菌、病毒灭活的质控，金湖县复合林业技术研究和应用等4项；冷轧带钢筋、杂交水稻肥床旱育稀植配套、FL系列防内漏热电阻热电偶、口服丙肝特异性胎盘肽制备、静力触探在金湖地区工程勘察中的应用等5项获三等奖；电泵井口装置的改进设计、不锈钢高压阀体的生产研制等2项获四等奖。

1999年，全县鉴定科技成果18项，其中获市政府科技进步奖4项，推广杂交新组合“特优559”水稻及其高产群体质量栽培技术获得二等奖。2000年，全县获批科技成果12项，解脲支原体致男性不育的机理探讨获省政府科技进步三等奖、市政府一等奖，肝段或亚肝动脉化疗栓塞治疗原发性肝癌获市二等奖。2001年，获批科技成果10项，水稻大螟的发生规律及防治对策研究获市政府科技进步三等奖，金湖县雨水情自动测报系统获四等奖。2002年，获批科技成果10项，稻田杂草种群变化及防除对策研究获市政府科技进步二等奖；新型给水管材暨三型聚丙烯（PP-R）给水管材、老年糖耐量低减并高血压者早期肾损害的研究获三等奖。2003年，获批科技成果7项，有6项获市政府科技进步奖：QYJ-1600/0.3液环式氯气泵的研制获二等奖，BPS数字压力变送器、柳树新品种无性系引进示范、JPF分相无功补偿智能型配电箱获三等奖，金湖县石化机械产业技术政策研究、全国农村能源综合建设县研究获四等奖。2004年，全县获批科技成果8项，湖泊网围鱼鳖混养技术试验示范项目获市政府三等奖。

2005年，全县获批科技成果5项，有3项通过市级科技成果鉴定。北极狐引种及示范获市政府科技进步奖一等奖；ZN-VT智能过程信号测量校验仪开发、HLUX旋进旋涡气体流量计划开发获三等奖。

1986—2005 年金湖县科技成果研发及获奖一览表

表 33-2-6 单位：项

年份	研发数	获奖数					重点成果项目
		合计	奖项级别				
			国家级	省级	市级	县级	
1986	95	95	2	20	18	55	“蜜环”牌白葡菌止咳片、杂交稻温室无土育秧、小麦播种免(少)耕、生猪人工授精、人工采精选留种鹅等
1987	8	6		2	2	2	JMP石油井口设备、手动平板阀、节流压井管汇

接上表

年份	研发数	获奖数					重点成果项目
		合计	奖项级别				
			国家级	省级	市级	县级	
1988	16	16	—	2	4	10	“84”消毒液
1989	6	6	—	1	1	4	JH输油泵
1990	12	12	1	2	4	5	液动节流压井装置、耐高温传输电线、防火电缆、叶轮增氧机
1991	5	5	—	1	2	2	FR803C、SK644门泵
1992	13	13	—	1	2	10	高性能军用特种电缆
1993	10	10	—	1	3	6	天然活性洗洁灵、智能压力温度表
1994	10	5	1	—	2	2	双偏心供油角度自动提前器、防爆压力变送器
1995	26	23	—	1	12	10	液环式氯气泵、箱型固定式金属封闭开关设备
1996	22	16	—	—	8	8	3.5-二碘水杨酸、多元素配方专用肥
1997	22	22	—	—	9	13	袖珍式热电偶智能温度校验仪
1998	20	24	—	2	8	14	高温绕接专用线、耐酸耐碱耐油橡塑劳保靴
1999	18	17	—	—	8	9	汉生牌食用胶
2000	12	12	1	1	7	3	整体采油树、卫生巾制造设备
2001	10	10	—	—	6	4	高可靠微机控制直流屏
2002	10	8	—	—	2	6	高性能氟塑料导线
2003	7	7	—	1	2	4	云芝菌胶囊、谷氨酰胺胶囊
2004	8	3	—	1	2	—	工业物位仪表、无线传感器
2005	5	3	—	—	3	—	高功率镍氢电池、新型阀控式全封闭铅酸免维护蓄电池

第二节　科技成果推广

一、农业科技成果推广

1986年，县农业技术推广中心加强对稻麦良种选育、农作物高产栽培、病虫害防治等农业实用技术的综合指导，着力培训农业科技人员。推广农副业新产品、新技术75项，成效显著的有杂交稻种植、温室无土育秧、小麦播种免（少）耕、棉花营养钵育苗移栽、生猪人工授精、人工采精选留种鹅等技术推广。1988年，全县引进推广苏州太湖鹅48万只，普及推广活拔鹅毛18万只次，从采精到选留种公鹅推广应用15万只，推广配合饲料3000吨，累计获益410万元。1990年为全国农业科技推广年，县政府印发《关于在全县开展科技成果推广年活动的实施意见》，引进的水稻肥床旱育稀植技术在吕良试验成功后，又在闵桥、唐港等4个乡镇扩大试验示范333.3公顷，取得“五省一增”（省工、省肥、省种、省水、省田，增产）的明显效果。1995年初，县科委会同县农业局、多管局和水产局等部门，总结科技试验推广经验，选定水稻肥床旱育稀植技术、特种水产养殖等26项新技术、新成果在全县推广，其中有7项被列入县级“星火计划”，推广面积5333公顷，遍及21个乡镇，亩均增产10%，增产粮食达4000吨，增加经济效益近800万元。至年底，全县有5个乡镇进入省级科技工作先进乡镇行列，22个村成为县级科技示范村。

1997年，组织实用技术培训2.17万人次，示范推广水稻旱育秧抛栽、河蚌育珠、网围养蟹等22项农业新技术、新成果，其中较突出的有杂交水稻肥床旱育稀植配套高产栽培技术、万亩连片池塘养鱼综合技术等9项。培育水稻旱育秧苗床1280公顷，晚茬麦田配套高产栽培3333公顷，中华肥精和活力素应用推广1.67万公顷，鱼鳖混养推广333公顷，亩（0.067公顷）纯收入1840元。1998年，县举办各类培训班、讲座460期，受训2.5万人次，播放录像310场次，观看录像9500人次，组织万名农民参加省“红太阳杯”百万农民学科技知识竞赛活动。农业推广新技术、新成果20项，有16项取得显著经济效益。如推广水稻旱育秧苗床综合利用配套增产技术，新增产值1440万元；推广水稻使用硅肥技术，增加产值500万元；推广叶面肥喷施活力素技术，新增产值1260万元。1999年，试验、示范、推广稻田、荷池养殖等科技成果18项，横桥乡100多户农户荷塘亩增效益650元以上，人平增收200元。

1999年，组织送科技下乡活动4次，聘请专家到银集、涂沟、唐港乡五星村举办农村营销经纪人培训班3期，参加培训近千人；委派56名科技人员参与农业科技示范区建设，其中技术服务26项，技术合作8项，承包经营12项，合股经营10项。2000年，县科委和农水系统共推广应用新技术、新成果12项。戴楼乡油—瓜—稻立体种植面积667公顷，实现产值2200万元，纯收入1300万元；塔集陈家圩种植芙蓉菱角池塘套养泥鳅模式33.3公顷，亩增效益1500元；推广大棚条桑育蚕技术1000公顷，平均亩产提高9.7%，纯收入517.1万元；县农业局、农机局和黎城镇承担的水稻工厂化育秧、机械化插秧试验33.3公顷，既省工、省肥、省地，又提高栽插进度，亩增收入35元。银集镇被命名为首批省级科普示范乡镇。2001年3月29日，省科技厅、省教育厅、省农林厅、南京农业大学等单位组织科教大篷车来金湖县送科技下乡，60多位专家在涂沟、闵桥、金南等镇和县城举办现代农业、蔬菜、水产、棉花、蚕桑等技术讲座，还深入田头、塘口面对面解答农户提出的技术问题，受教干群近4000人。戴楼海容蔬菜科技园引进台湾樱桃番茄（金珠、圣女）种植6.67公顷，亩产1500千克，纯收入2000元；推广洋香瓜网纹甜瓜皖杂1号、5号等新品种，亩产3600公斤，产值达4000元。涂沟镇推广池塘鱼鳖混养技术80公顷，亩产鱼552公斤、鳖22公斤，亩均效益2033元。银集镇棉田立体种植、吕良镇军舍村茭白种植、金湖县蒿茶生产等24个农村科普示范基地被列入全国农村科普示范基地数据库。

2000—2002年，全县“星火计划”“火炬计划”、适用技术培训每年都在2.6万人次以上，28名中级以上职称农业科技人员与全县51个种养大户结成科技帮扶对子。2003年，先后组织送科技下乡活动12次，邀请专家、教授74人次，到涂沟、金北等镇指导农民、渔民灾后重建，面对面地传授双低油菜栽培、水稻机插秧、网箱草鲂集约化高密度养殖、茭白套养克氏螯虾等科技知识，回答农民提出的有关技术问题，发放科技宣传资料3000多册，受益的村组干部和群众有5200多人次。

2005年，实施鱼与龟、鳖、鳅等特种水产品混养，网箱鲢、鳙标准化养殖，新栽桑速成培育等7项市级科技发展项目试验，开展“学（科学技术）、做（现代农民）、建（文明家园）”科普活动，促进农业增效，农民增收。县科委先后68次组织260家企事业单位参加省农业科技成果信息发布会、大连中国专利新技术新产品博览会、扬州科技成果洽谈会、广州中国新技术新产品博览会等各类技术市场活动，共签订技术交易合同328份，总交易额6000多万元。前锋镇、银集镇被市科技局确定为“学科学技术、做现代农民、建文明家园”科普活动示范镇。

二、工业科技成果推广

1986年，全县有全民、集体工业企业2341户，工业产值超过2亿元。县机械厂、制药厂等骨干企

图33-2-2 江苏金石集团获批国家级重点高新技术企业（摄于2005年5月） 金石集团/供

业始建立科研机构，开发研究新技术、新产品。

1992年，县政府提出并实施科教兴工、支持和鼓励石油机械支柱产业及相关企业科技进步、人才引进、鼓励工业企业科技创新等一系列举措，加大县财政对科技的投入，规模以上企业建立科技研发机构，研发投入占企业当年销售收入的1%以上；鼓励人才合理流动，鼓励企业与大专院校、科研院所联合，开发新产品，推广应用新技术等，全县逐步形成以石油机械、仪表线缆、医药化工、建材轻纺、粮食加工等五大产业为支柱的工业体系。1993年，金湖仪表联营厂生产的ZN-YWB型智能压力温度表被省科技厅认定为高新技术产品。1994年，金湖计量仪器厂研制的BP800防爆压力变送器，被省科技厅认定为高新技术产品。1995年，该厂获省科技厅授予的省高新技术企业称号。1996年，金湖县被认定为省"星火"项目的有3项，通过国家"星火"和省"火炬"项目验收的科技项目4项。

"十五"期间，相继培植金石机械集团、红光仪表厂等高新技术企业和石油机械、仪器仪表、医药化工等一批高新技术产品群，共创建国家级高新技术企业1户，省级高新技术企业8户，市级19户；省、市级工程技术研究中心各1户；省级高新产品24个，市级高新技术产品20个。高新技术企业先后承担省和国家级"火炬""星火"项目13项；省级科技攻关、重大成果转化、国际合作、火炬、星火等项目近100项，使企业的技术创新能力和市场竞争能力有较大提高。金湖县被国家科委授予"全国科技工作先进县"称号。县石油化工机械厂被省科技厅列为苏北"星火开发带"支柱产业以后，全县机械制造行业内的江苏金石机械集团有限公司、输油泵有限公司、金石阀业有限公司、金湖富源机械有限公司、江苏红光仪表厂、杰创科技有限公司、江苏全兴、捷尔电缆厂等13户骨干企业，注重科技投入与人才培养，挂靠科研院所，走"产学研"之路，大力开发新产品，实施各类科技计划，使企业装备水平、产品档次、人才素质等技术创新能力和市场竞争能力得到提升。同时，还辐射和带动20多户地方相关企业的生产经营，解决近3000人的就业问题，为地方经济发展做出积极贡献。2004年，石油化工机械行业建成省级油气井口装备工程技术研究中心。2005年，被科技部批准为国家级高新技术企业。

至2005年，全县获批国家级重点高新技术企业1户（江苏金石机械集团有限公司），省级高新技术企业7户，市级高新技术企业18户；省、市级工程技术研究中心各1户；省级高新技术产品27项，市级高新技术产品22项；培育国家级重点新产品8项，开发市级新产品200项。实施省以上各类科技计划87项，其中，国家、省级"火炬""星火"项目20项，省级重大成果转化1项，省级科技攻关12项，成果示范推广2项，省级"火炬""星火"项目52项。项目实施后共创产值18亿元、利税近4亿元。实施过程中，共向上争取拨款贴息近2000万元，攻克石油机械共性关键技术难题8项，推广适用技术15项，培训科技人才近5000人次。

1993—2005 年金湖县获得省市级高新技术产品一览表

表 33-2-7

级别	产品名称	生产企业	获批年份
省级高新技术产品	ZN-YWB型智能压力温度表	金湖仪表联营厂	1993、2000
	BP800防爆压力变送器	金湖计量仪器厂	1994
	YBS-WD数字压力电流表	金湖计量仪器厂	1997
	GYB静压式液位变送器	金湖计量仪器厂	1997
	PTC型袖珍式热电偶智能温度校验仪	金湖计量仪器厂	1997
	ZN-YWB-3C智能压力表	华东化工学院金湖仪表联营厂	2000
	AD-C就地显示仪	金湖县红光仪表厂	2000
	21-700MPa整体式采油树	县石油机械有限公司	2000
	膨胀式井口闸阀	县石油机械有限公司	2000
	便携式抽油机并功图量液仪	县计量仪器厂	2000
	PZG-27高可靠微机控制直流屏	县开关厂	2001
	整体式套管头	金湖石油机械有限公司	2002
	3-氯邻氨基苯甲酸甲酯	江苏华鼎精细化工有限公司	2002
	ZN-VT智能过程信号检测仪	金湖县仪器仪表总厂	2002
	HG2000压力仪表自动校验系统	金湖县红光仪表厂	2002
	KX601型电感式液位变送器	江苏省金湖县科星电子有限公司	2003
	云芝菌胶囊	江苏神华神华药业有限公司	2003
	黄原胶	江苏神华神华药业有限公司	2003
	QYJ-1600/0.30液环式氯气泵	江苏金湖石化机械制造有限公司	2003
	QLA高性能氟塑料导线	江苏全兴电缆厂	2003
	八溴代-1-苯基-1,3,3-三甲基氢化茚	江苏华鼎精细化工有限公司	2003
	HG-S303手操式智能过程仪表校验仪	江苏麦阁吸附剂有限公司	2004
	MG高效吸附剂	江苏红光仪表厂	2004
	HG2000-RZS热工全自动检定系统	江苏红光仪表厂	2005
	整体结构式压力（变压）变送器	金湖杰创计量仪器有限公司	2005
	JPF型智能分相无功补偿智能型配电箱	江苏腾达苏源电气设备有限公司	2005
	新型阀控式全封闭铅酸免维护蓄电池	江苏理士科技有限公司	2005
市级高新技术产品	无公害绿色环保空气清新剂（“老好”空气净）	江苏爱特福药物保健品有限公司	2002
	MG高效吸附剂	江苏麦阁吸附剂有限公司	2002
	三型聚丙烯（PP-R）给水管材、管件	金湖县洁源新型建材有限公司	2002

接上表

级别	产品名称	生产企业	获批年份
市级高新技术产品	组胺二盐酸盐	江苏省金湖县金融化工有限公司	2002
	QLA高性能氟塑料导线	金湖全兴电缆厂	2002
	BPS数字压力变送器	金湖县工业自动化仪表研究所	2002
	D114系列输油泵	江苏金湖输油泵有限公司	2002
	八溴代-1-苯基-1，3，3-三甲基氢化茚	江苏华鼎精细化工有限公司	2003
	QYJ-1600/0.30液环式氯气泵	江苏金湖石化机械制造有限公司	2003
	Kx601型电感式液位变送器	江苏金湖县科星电子有限公司	2003
	JC-YZL-T自动压力校验装置	金湖县杰创计量仪器有限公司	2003
	自维胶囊（L-谷氨酰胺胶囊）	江苏神华药业有限公司	2003
	无烟清洁炭	金湖县安康木器加工厂	2004
	智能数字显示调节仪	江苏华海测控技术有限公司	2004
	LDA轻型氟塑料耐高温安装线	江苏利达特种电缆有限公司	2004
	鼓形滚轮体	江苏金湖动力机械配件有限公司	2004
	MB-QZ2车门气动控制器	金湖县液压元件厂	2004
	双路成型卫生巾快易包生产线	金湖卫生巾设备有限公司	2005
	JPF智能分相无功补偿智能型配电箱	江苏腾达苏源电器设备有限公司	2005
	高功率SC型镍氢电池	江苏赛尔电池有限公司	2005
	新型阀控式全封闭铅酸免维护蓄电池	江苏理士科技有限公司	2005
	硅橡胶绝缘安装线	江苏光阳仪表线缆公司	2005

第三章　科技普及　合作交流

第一节　科普宣传周

1989年起，全省开展科普宣传周活动。1994年10月9日至15日，开展第六届科普宣传周，活动主题“科学与健康”，组织3万余人参加知识竞赛，印发科普资料1.2万份。1995年5月30日至6月5日，全县万余人参加“环境与人类”为主题的第七届科普宣传周活动。1996年9月16日至22日，开展科技咨询，举办科技展览、科普集市、送科技下乡等系列活动。1999年4月5日起，开展“依靠科技进步、迎接21世纪挑战”，组织科协、农业、水产等45个联办单位和23个学会，动员130名科技人员参加第十一届科普宣传周活动，设咨询服务点26个，展牌128块，印发科技资料4万份，接待咨询520人次。

2000年9月18日至24日，开展第十二届“提高全民创新意识，促进21世纪跨越发展”宣传周活动，组织送科技下乡和知识竞赛活动，发行科技资料4万余份，发行科技书刊200多册，接待咨询和义诊400多人次，普及人数达10万人以上；首次举办农村经纪人培训班，培训近千人。2001年9月9日至15日，开展第十三届科普宣传周活动，主题为“环境保护——安全与健康”，先后组织“当代环境问题与可持续发展”科普讲座、送科技下乡、进校园等活动，1.5万余人参加江苏省“百万农民学科技知识竞赛”，出板报、橱窗200期，印发科技书籍、资料5万余份，办培训班15个。

2002年5月9日至24日，开展“科技创造未来”第十四届科普宣传周活动，特邀南农大博士生导师李岳云教授到金北、陈桥等镇，为干部群众作“中国入世后，农业面临的机遇与挑战”科普报告；组织28个单位、16个科技团体联办“科普宣传一条街”系列活动，展出大型科技展牌65块，设咨询服务台10个，宣传科技知识300多项，出板报、橱窗200多期，印发科技书籍、资料1.2万余份，办培训班16期。2003年11月17日至23日和2004年5月15日至24日，开展的“依靠科学，战胜非典”“科技以人为本，全面建设小康”的科普宣传周活动，全县印发《农村防治“非典”指南》宣传册、画册3000册，科技书籍、资料6万余份，办培训班16期，接待科技咨询1200多人次；创建省级科普示范县活动顺利通过省检查组验收。

2005年10月9日至15日，开展省暨县第十七届“学科学技术、做现代农民、建文明家园”科普宣传周活动，成立科普志愿者服务团，服务人员460人。首次开展科普专业技术资格考评工作，评聘科普师11人、助理科普师2人。

第二节　青少年科普活动

1986年，全县青少年科普活动主要集中在校园。组织中小学生开展“小发明”“小创造”活动，到工厂企业观摩，到农村实地考察机械化作业，进行科技知识启蒙教育。1999年，电化教育基本普及后，部分学校开办科技课，引导学生学科技、用科技。职业中学设置机械、电子、数控实训基地，除系统学习科技知识，还聘请技工、技师传授实用科技才能。

2000年，县教委在全县中小学开展“金钥匙”科技竞赛活动，县实验小学在学生中开展10项科普宣传活动，即科普讲座、播放科普录像、自办科普板报、主办科普展览、出刊科普小报、读1册科普书、举办科普征文、开展学科学用科学社会调查活动、组织科普知识竞赛、进行科技制作。2004年6月，开展科普大篷车进校园活动，邀请省科普服务中心10位专家，走进县实验中学和外国语学校进行科普知识演讲；制作30多种集科学性和趣味性于一体的科普展品、100多块科普展板，开展科普展览、高科技演示、科普知识竞猜等系列活动。

2005年，各职业中学探索校企办学的人才培养模式，与县内外多家知名企业建立长期合作关系，拥有20多家实习基地，为培养科技人才奠定坚实基础。

第三节　科技交流与合作

1986年，全县科技交流与合作处于半封闭状态，除少数重点企业与大专院校、科研单位建立合作关系外，新技术、新产品开发研究局限在企业或县域范围内。1988年，县输油泵厂从联邦德国博世公司、奥地利FM公司引进多种型号输油泵试验项目，生产的产品出口东南亚，获得全国油嘴油泵“金龙奖”。1992年，县政府出台推进科技发展的新举措，企业领导人及科技人员走出去，初步展现出人才技术交流与合作的活力。县石油机械厂与宝鸡石油机械厂合作，拿下印度招标的石油井口设备生产任务。县有机化工厂与港商合资新成立江苏爱特福药物保健品有限公司。1993年，红光仪表厂引进10余名营销人员，打开产品销路，搞活市场经营。1996年，县科技部门组织60户企业、500余人次，参加5次技术市场活动，金湖县参展项目46个，引进项目7个，签订技术交易合同41份，总交易额1536.6万元。1997年，县科委先后5次组织38户企业单位207人次，参加江苏省农业科技成果信息发布会、大连中国专利新技术新产品博览会、扬州科技成果洽谈会、高校科技成果洽谈会、广州第九届中国新技术新产品博览会等，金湖县参展科技项目23个，签订正式合同43份，产品成交金额545万元。2001年，全县组织12户企业100多人参加淮安市赴上海招商引资科技合作项目签约大会，华鼎精细化工、金溶化工公司与上海相关院校科研所签订产学研科技研发项目8项、国际合作项目1个，征集技术难题18个。

2002年，组织16个部门企业539人次参加科技洽谈，与17家高校签订技术合作项目协议18项，引进高层次人才31人，签订意向性科技合作项目58个，国际合作项目2个，征集技术难题42个。2003年，组织60户企业400多人次，参加淮安市科技洽谈会，16户企业与20家高校签订技术合作协议20项，征集技术难题40个。2004年，组织62户企业和各镇及相关部门的650多人参加淮安市科技洽谈会，18户企业、部门与高校院所签订技术合作项目20个、国际合作项目1个，征集技术难题36个，并举办金湖县支柱产业（仪器仪表）技术创新研讨会。

2005年，组织620多人参加淮安科技洽谈会，24户企业与院校签订技术合作协议33项、国际合作项目1个，40户企业与50多家高校挂靠，开发新产品20项，解决技术难题55个。小青青公司与中国矿业大学签订开发单体液压支柱项目，取得多项专利，产品投放市场后供不应求。

第四章　知识产权　科技管理

第一节　知识产权

1994年，全县始申请专利并被国家专利局受理13件，获得专利证书8件，在县内组织实施7件。1995年，共申请专利25件，授权12件。1996年，全县专利申请10件，授权2件，为香烟新型包装、新型水箱。1997年，专利申请量18件，授权5件。1998年，县科委通过市科委申报国家专利20件，其中授权10件，分别是：新型多功能圆规、多功能课桌、智能仪表外观、智能仪表（新型）、透明彩衬雨靴、迷彩靴外观、课桌外观、投影仪演示器、电教保健讲台、外文书法练习模板。

1999年，全县共申请专利36项，有12项被国家专利局授予专利权，即振动式负压投饵机、手泵活塞、整体式输油泵、小型输油泵、手柄（外观）、一种输油泵密封结构及其专用装配工具、磷化铝分层投药管、水田靴外形、劳保靴外形、军警靴外形、工矿靴外形、防油靴外形。2000年，共申请专利17项，有6项被国家专利局授予专利权，即粮场粮食烘干机、薯碗、兰茶及其制作方法、一种治疗阑尾炎的药物、一次性可食餐具、一次性可食餐具制造机。2001年，申请专利23项，有7项被国家专利局授予专利权，即耐油靴、劳保靴、童靴等雨靴5种，履带式可食性餐盒制造机、一种治疗阑尾炎的复式膏药。2002年，专利申请38项，授权15项。

2003年4月26日，开展第三个“世界知识产权日”宣传活动，共悬挂过街横幅20条，张贴标语100多条，分管副县长陈发棣发表题为《切实加强我县知识产权工作》广播电视讲话，同时开展流通、商贸领域专利产品登记、检查、打假活动。县红光仪表厂、县国祥工贸有限公司、江苏爱特福药物保健品有限公司等3户企业申报省重点领域企业和行业知识产权战略推进计划。全县完成专利申请50项，比上年增长15%，授权31项。

2004年，全县知识产权工作取得突破性进展。4月26日，开展第四个“世界知识产权日”宣传活动，县知识产权办公室与工商、文化、质监等部门联合开展执法行动，重点查处音像市场、食品行业的假冒伪劣商品。县红光仪表厂、江苏爱特福药物保健品有限公司、县佳申实业有限公司、县国祥工贸有限公司等4户企业实施《江苏省企事业单位知识产权管理推进计划》。县财政拨专项资金2.2万元，奖励2003年度获得国家专利权的31项专利。

2005年5月，县知识产权局建立。知识产权工作按照省知识产权局试点县要求，构建与经济发展相适应的区域知识产权管理体系，完成专利申请146项，当年专利授权量30项，公开奖励2004年度获得国家专利权的37项授权专利。江苏红光仪表厂研制的压力仪表自动校验装置获省第四届优秀专利项目银奖。年底，全县有55户重点工业企业建立知识产权制度，占规模以上企业的50%，拥有10项专利技术的企业1户，拥有5项专利技术的企业6户；拥有百枚以上商标的企业1户，拥有外观设计专利或注册商标的企业65户，占规模企业65%以上。共申请专利486件，授权185件。

第二节 科技管理

1986年，全县科技管理重点抓好科技队伍、科研机构、群众学术团体的发展和壮大，组织科技人员开展科技宣传、学术交流，研究开发新技术、新产品，科技攻关重点项目。1992年，县政府实施“科教兴县”战略，科技部门实施多项科技体制改革的政策与措施：支持和鼓励石油机械支柱产业及相关企业引进人才，鼓励工业企业科技创新，强化高新技术产业化及应用技术的开发与推广工作；争取多渠道增加科技投入，优化科技资源配置；实施自然科学系列和民营科技企业科技人员的专业技术职务评审工作；负责归口管理科学事业费、“科技三项”费用、各类县级科技基金和科技外事经费等，为科技发展提供服务与保障。1994年起，开始重视专利的申报与管理，广泛宣传专利法，做好各项发明创造专利的申报、保密、转化工作，切实保护专利权所有者的合法权益。1996年前后，重点加强科技计划管理，编制全县科学技术发展中长期规划和年度计划，包括科教兴县“八五”规划、科技发展“九五”计划等；制定实施重点科技攻关、软科学研究和社会发展等科技计划；论证评估“火炬计划”“星火计划”、成果推广计划等科技开发计划；研究全县科技人才资源的合理配置，参与制订全县自然科学与工程技术人员队伍发展的规划、计划；协同有关部门制订实施重点学科技术带头人培养计划；申报并组织实施对外科技合作交流计划等。

1997—2005年，科技项目与成果管理被提到重要议事日程，对项目实施、科技成果应用实行全程监督管理。组织实施苏北星火产业开发带和支柱产业等各类科技创新工程项目；搞好“火炬计划”“星火计划”项目的前期论证评估、项目过程管理、项目验收工作中的事务性工作，制订申报项目并组织实施；申报省、市高新技术企业和高新技术产品，牵头抓好新产品开发，强化高新技术产业化及应用技术的开发与推广；搞好科技信息、情报的合作交流与普及，协办全县对外科技合作交流申报事项，协同有关部门组织技术进出口和引进技术的消化吸收创新工作。

第五章　气　象

第一节　观测设施设备

1986年，县气象站气象观测仪器有百叶箱、温度表和曲管地温表、雨量计、蒸发皿、日照计、气压表、自动温（湿）气压计等。1999年，在县林场东北、黎铜路南侧新址新建观测场办公楼和围墙，设置通信信号塔以及与“9210工程”配套的VSAT气象卫星接收站各1座，并配置气象高频电话、气象资料无线传输系统、气象警报服务系统。2005年5月，设置2兆数据光线天气可视会商系统。

第二节　观测与预报

1986年，县气象站为国家一般气象观测站，采用人工操作方法观测气象。按照上级业务指导的要求，每天观测气象3次，北京时间8时、14时、20时，20时为日界，夜间不守班；观测项目有能见度、云状、云量、天气现象、风向风速、气温、气压、湿度、降水、积雪深度、地面状态、日照、蒸发、地面温度等。县气象站通过收音机收听天气形势，结合本站地面观测图表资料，每日早、中、晚制作24小时日常天气预报，开展常规24小时、未来3~5天、旬报、月报、季报，以及临近预报和重大活动中供领导决策的各类重要天气报告。

2000年5月1日8时起，开始人工观测与自动仪器观测双轨运行，用自动站资料编报发报。2001年6月1日8时，部分人工站的观测项目改由仪器自动观测，以自动化观测单轨运行为主。2005年，以自动化观测单轨运行为主的操作规程仍在延续，并开展天气预报预警业务。

第三节　气象服务

1986年，县专业气象有偿服务起步，利用传真、邮寄、气象警报服务系统、声讯、视屏、电子屏、手机短信等手段，面向各行各业开展气象科技服务。1991年，县气象局被省气象局表彰为抗洪救灾气象服务先进集体。

1996年1月，建成气象警报服务系统，面向有关部门、乡（镇）、村、企业，每天开展4次天气预报及警报信息发布服务。1997年12月，“96121”天气预报电话自动咨询系统开通。1998年9月，为企事业单位高层建筑物避雷设施开展安全检测技术服务的县防雷检测站成立，负责县内避雷装置的检测和防雷工程的设计、安装、管理。

1999年，为经济建设开展全方位服务。在夏秋收种季节、春运、高考、有重大活动期间，提前一个月发布天气展望、天气趋势预报；收种关键时期，向县领导、农业水利部门、乡镇场每天发送2次24~48小时天气预报，还编写气象服务材料供决策部门参阅；遇有突发性、灾害性天气，除利用天气警报系统服务外，还实行建筑、砖瓦、养殖等特殊行业跟踪服务，将灾害损失降低到最低限度。是年，检测有避雷装置的单位68家，发给合格证51家，合格率为75%。被省气象局授予台站综合改善优秀单位称号。2000年，防雷检测单位65家、检测点640个，合格率80%；对不合格单位均下发整改通知书，重新安装避雷针8支，整改不力或没有整改的单位，在8月28日强对流天气发生时，遭受雷击，损坏烟囱、通信基站各2座。

2001年，“96121”天气预报自动答询服务系统更新换代，由8对扩展为32对通信线路；完成“金湖县雷暴活动规律的探讨及防雷对策”“金湖县城区与丘陵地区气候差异的分析”两项课题研究。防雷安全检测64个单位、698个点，查出不合格率6.5%，比2000年上升13.5个百分点，其中不合格率医院系统21%、广电系统11.5%、金融系统4.4%、工厂企业3%、学校1.5%。2002年5月，建立电视气象影视制作系统，在金湖电视台《金湖新闻》后播出。12月，气象科技服务的规模扩大，金湖县星云科技有限公司服务项目由专业气象服务、宣传标语氢气球悬挂、无线组网拓展为专业有偿服务，庆典气球礼仪服务，防雷技术服务以及气象信息咨询服务、公益决策服务等。2004年，县气象局在淮安市举行的第三届电视天气预报节目制作观摩评比会上获一等奖，并代表市气象局参加全省电视天气预报节目制作观摩评比，荣获县级实播带综合二等奖。2005年5月，建成省、市、县2兆数据光线天气可视会商系统。

第六章 防震减灾

第一节 地震监测

一、宏观哨与监测点

1986年，全县地震宏观哨有县种禽场、水产试验场2个宏观哨，有国家地震局批准设立的苏鲁皖深井观测网中新农苏06号、塔集苏07号两个深水井观测点，配备自记水位仪。县地震办公室配置国家、省地震局调拨给金湖县的强震仪设备1套，电磁信息仪1台，鹦鹉叫声数字打印自记仪、小白鼠活动量客观自记仪各1组。1994年12月，为新农苏06号井地震观测站更新水温仪，在全省首家新上ST-1型采样通信自动地下水测温仪，监测埋深2300多米的水温变化，精确度±0.01℃。

1996年，全部撤销宏观哨，监测点仅保留新农乡境内的苏06号深水井1个监测点。1998年12月，更新改造县监测点苏06号井数字化台网。该项目由国家、省地震局共同投资兴建，作为服务于全省防震减灾事业的重点项目之一，拆除苏06号井原来条件简陋的仪器室，新建1间40平方米仪器观测室和1间办公室，配备“十一五”数字化观测仪器，并新砌围墙，设置避雷装置，监控项目增加到5个，即水位、400米地热、降雨、气温、气压等。2000年，该监测点通过国家、省专家组验收。2001年，金湖县地震前兆数据库与全国地震计算机网络系统联网，水位、地热观测资料测报在全省评比中，分别获得第一名、第二名。2002年，苏06号井数字化监测资料连续3年获得全省第一名；水位观测资料获全国第三名。2005年，苏06号井监测点自设置以来26年，均有专人担任观测员，监测资料质量获得国家级二等奖2次、省优秀奖20多次。

二、群测群防

1986年，县内宏观哨常年观测气象、动物、环境异常等各种地震征兆，不定期向县地震办公室汇报。1996年宏观哨撤销后，县地震局聘用地震群测群防联络员，观测搜集各方面的地震征兆、地震设防信息，由县地震局汇总整理上报。2005年10月，举办全县地震群测群防联络员业务培训班，40人参加，强化地震群测群防工作。

三、震情监测会商

1986—1988年，全县地震震情监测全部采用人工手段，24小时收集记录宏观、微观征兆与数据，及时向上级地震部门汇报。震情会商一般由市地震局举办，每年1~2次。1989年起，金湖县处于全国地震重点监视防御区。县地震局树立“震情第一”的观念，及时、准确进行苏06井的前兆监测，结合震情形势变化，组织前兆数据对照和研究，每年召开一次由淮安地震专业人士参加的震情会商会议，重大活动庆典增加会商次数，并不定期编发震情简报，为县政府提供准确的地震信息。

2005年，全省地震监测台网逐步实现数字化、自动化，金湖县利用地震前兆数据库及处理系统收集整理的数据，及时上报国家和省地震局；同时，定期从国家、省市地震局计算机网络中获取信息，汇集地震最新动态汇报县领导。5月2日至4日，苏06号井观测到的呈连续下降的地热曲线图异常，被省地震局判定为5月7日距苏06号井80公里的安徽省来安县3.5级群震的前兆反映。至2005年底，金湖境内未发生破坏性地震或有感地震。

第二节　震害防御

一、抗震设防管理

1986年，金湖县抗震设防标准根据《中国地震动参数区划图》（GB 18306—2001）和《建筑抗震设计规范》（GB 50011—2001），全县行政区划范围内的抗震设防地震动峰值加速度是0.05克，地震动反应谱特征周期是I区II类场地0.45秒。全县抗震设防工作尚未普遍引起关注，仅工程设计人员比较重视；农村村民由于防震减灾观念淡薄以及经济条件限制，建造房屋很少考虑防震减灾；在城镇，除公共建筑外，民间建房一般都达不到抗震标准。抗震设防管理流于形式。1999年4月，金湖大桥地震安全性评价通过审批。2000年，县地震局与省市地震局合作，承接一批重要地震服务项目，如金湖大桥、县供电局城西配电所建筑工程基础测试分析等。县城新开发建设的高层建筑，县建设部门在项目审批时对抗震设防标准注意把关，很少通过地震安全性评价审批。

2002年，县地震局在金湖县行政审批服务中心设立服务窗口，负责建设工程抗震设防要求审批工作，抗震设防管理开始步入正轨。2003年，对全县建设工程抗震设防标准实行严格审批，登记造册；对危险源立案建档，完善应急预案。为热电厂招商引资项目、220千伏变电所选址提供抗震设防资料和科学依据。协助市地震局完成县人民医院综合楼地震安全性评价工作。2004年，完成龙港花园、金都花园、中鑫置业、城西液化气站等工程建设抗震设防检测，参与修订《金湖县城总体规划》，增加疏散通道和地震应急避难所，避免在断层处建造大工程和高层建筑。2005年，审批都市花园等抗震设防建设工程项目53个，检测县中医院新建综合楼抗震设防项目1个。

二、防震科普宣传

1986年起，金湖县按照“主动、慎重、科学、有效”原则，制定防震减灾宣传教育计划，每年开展防震减灾知识宣传。1989年，县成立地震科普知识协会。1990年，结合“科普宣传周”及“三下乡”活动，编发防震科普知识资料，普及宣传地震知识。1994年，县地震科普知识协会开展多种形式的防震减灾知识宣传，举办讲座65次，放映录像92场，向各单位、中小学校发放防震减灾资料万余份。

1999年，利用科普宣传周宣传《中华人民共和国防震减灾法》《江苏省防震减灾条例》，组织500多人参加省市举办的防震减灾法律法规知识竞赛，金湖县获得省市一等奖各1人。是年，县地震局被评为市防震减灾工作先进单位。2000年，在《金湖日报》全文转载《防震减灾法》，发行2万余份。2001年，利用广播电视新闻媒体广泛宣传防震减灾知识，并将20世纪日本阪神、中国唐山大地震灾害制作成宣传板报，到各乡镇、各单位、街道、学校巡回展示；编印发放防震减灾资料5000多份。2002年，加大防震减灾宣传力度，在《新金湖》报上刊登《地震安全性评价管理条例》发行至全县各单位。2004年，制作《防震减灾利国利民》宣传图版8块，在县城行政广场和省金湖中学、金湖县实验小学等学校巡回展出。2005年第十七届科普宣传周期间，在县城主要街道设立咨询台宣传防震减灾知识，到中小学、机关部门、工厂播放防震减灾录像。

三、震害应急预案

1986年，县政府批转地震局制定的《金湖县防震减灾应急预案》。县设置金湖县地震工作领导小组，下设防震指挥部和震情监测组。1994年，重新修订《金湖县防震减灾应急预案》。1999年，县政府制定《金湖县破坏性地震应急预案》，成立县防震减灾领导小组，下设防震减灾办公室，办公室地址设在县地震局。同时，明确遇到突发地震时，防震减灾小组立即转为防震减灾指挥部，县委书记为总指挥，县长为副总指挥，指挥部设在县地震局，下设办公室、震情综合组、工程抗震组、抢险救灾组、医疗救护组、治安保卫组、邮电通信组、水利工程组、电力供给组、交通运输组、物资供应组、宣传组、民政安抚组和保险理赔财经组，成员单位组成县防震减灾联席会议。2001年，金湖县政府颁布《金湖县防震减灾实施办法》，防震减灾工作实行“预防为主、防御与救助相结合”的方针，并明确规定地震监测预报、地震灾害防御、地震应急、震后救灾与重建等工作的原则。是年起，对全县已建和在建的高层建筑、“生命线”工程，尤其是对位于地震烈度分界线8000米范围内的建筑物，进行抗震设防审查和检测。至2005年，修改与完善《金湖县破坏性地震应急预案》多次。

第三十四篇　教育　体育

1986年，全县共有各类学校474所，在校学生66451人。各类学校中，有幼儿园52所、村级小学“校带园”127个，在园幼儿10463人；小学250所，在校生36497人；普通初中35所，在校生14017人；普通高中5所，在校生2221人；职业中学4所，开设专业15个，在校生2600人；广播电视大学分校1所，10个班，1个专业，在校生240人；特殊学校（聋哑）1所，在校生18人。共有各级各类教职工3712人，其中公办教师1227人。是年，学龄儿童入学率提升到100%，小学毕业生免试直接升入初中学习。在校中、小学生的巩固率和毕业率均达100%。1986年，金湖建有一批体育场馆，有少年业余体育学校，开展少年田径、球类，特别是羽毛球的业余训练；经常参加体育运动的人数占总人口的20%以上。20世纪80、90年代，金湖少儿羽毛球选手在全省、全国比赛中多次获得团体或个人前三名。1986—2005年，金湖县运动员在国际、全国、全省重大比赛中，共获奖牌55枚，其中金牌21枚。

1990年2月，金湖被省政府命名为江苏省体育先进县。是年，县体育馆建成使用，形成体育馆、体育场、训练房、健身房的配套；22个乡镇均建成球场、活动室；县、乡（镇）定期举办各类运动会。1991年，经市政府验收，宣布金湖县在全市率先普及六年义务教育。1993年，开始实施九年义务教育。1994年，全县普及九年义务教育，实现高标准扫盲，并将特殊教育纳入义务教育管理。90年代中期起，全民健身工程、老年体育、残疾人体育、社区体育全面开展。1995年，县体育中心开工建设，1997年完工，建有国际标准跑道田径运动场和足球场，25米×50米6泳道标准游泳池和儿童戏水池各1座。1998年9月，金湖被国家体育总局命名为全国体育先进县。1998年起，全县中、小学进行改造危险校舍和薄弱学校的工程，经过5年努力，顺利通过省“无危房校舍县”验收。进入21世纪，学校生源逐年减少，特别是小学生源减少。2002年，县、镇调整学校规模布局，撤并村小39所，降格为初小14所；省属宝应湖农场和复兴圩农场学校移交金湖县管理。翌年，又撤并小学20所，设教学点20个；撤并初中1所，设分校6所。2003—2005年，全县中心小学以上的学校实现宽带上网，农村学校现代教育技术覆盖率达100%，全县中、小学都设有多媒体教室、电脑房、理化生物实验室、图书室、美术室、音乐室、仪器室，且教学设备较为齐全，办学条件进一步改善。

2005年底，全县有镇级以上幼儿园27所、村级“校带园”28个，在园幼儿5895人；小学46所，在校生20013人；初中24所，在校生12359人；高中4所，在校生3262人；职业学校（含电大、中专）4所，开设专业20个，在校生4771人；特殊教育学校1所，在校生101人。共有各级各类教师3604人，全部为公办教师。全县学前教育普及率94.9%，高于省均值20.9个百分点；义务教育阶段毛入学率100%，高于省均值1个百分点、市均值4个百分点；初中毕业生参加中考4894人，参考率居全市上游，人均分、优分率、学科优分率都处于较好水平；高中教育阶段毛入学率64.9%，高于市均值14.7个百分点。全县高中阶段在校生6776人，高考本科达线482人，万人上线率13.3%，高等教育毛入学率29.5%，均居全市前列。职业教育年内共培训下岗转岗人员2585人，完成农民实用技术培训9.1万人次、农村劳动力转移培训6771人，完成劳务输出6073人。是年，全县第一所民办学校江苏金湖枫叶国际学校立项。金湖县被评为淮安市教育工作先进县。

第一章　教育体育机构　管理

第一节　教育机构

一、局本级

金湖县教育局　1986年，名为金湖县文教局，教育方面内设人秘股、教育股、财计股和教育工会（文化方面内设机构在1989年10月从该局划出成立文化局，参见第三十五篇“文化”第一章“文化机构”第一节“文化局机构”）。7月，撤销教育股，设置中教股、小教股。是年，核定行政编制11人，局机关行政人员13人、工勤人员8人。1989年10月，教育与文化分设，更名为金湖县教育局，内设机构未变。1997年8月机构改革时，更名为金湖县教育委员会，内设办公室、人事股、计财股、初教股、中教股和纪检组。1998年，撤销成人业余教育办公室，设立成人职业教育科。2001年11月县级党政机关机构改革时，更名为金湖县教育局（挂“金湖县体育局”牌子），内设办公室、组织人事科、财务基建科（挂“审计科”牌子）、普教科、职业与成人教育科（即原“成人职业教育科”易名）、训练竞赛科、群体科，另设纪检监察机构。核定行政编制19人、附属编制1人。2005年，内设机构未变。

二、挂靠机构

金湖县人民政府教育督导室　1987年7月，开始筹建；1989年1月30日，成立金湖县督导室，隶属于县文教局领导，定编4人。1989年4月，升格为副科级单位。7月17日，更名为金湖县教育督导室，为县政府设置在文教局内的教育督导机构，业务上接受上级教育督导机构指导。2005年5月10日，更名为金湖县人民政府教育督导室，代表县人民政府履行督政、督学双重职能。是年，编制4人，实有2人。

金湖县职工教育办公室　1986年，设有金湖县职工教育委员会办公室，为县政府直属单位，副科级，定编3人，有职工4人，1996年，增加到6人。1998年，并入县教委。

三、直属单位

金湖县教学研究室　1986年，金湖县教学研究室为县文教局设置的事业机构，定编3人。1991年，升格为副科级单位，定编20人，实有22人。2005年机构编制未变，实有20人。

金湖县成人业余教育办公室　1986年，设有金湖县业余教育委员会办公室。1997年机构改革时，更名为金湖县成人业余教育办公室，定编2人。1998年，撤销成人业余教育办公室，设立县教委内设机构成人职业教育科。

金湖县招生办公室　1986年，设有金湖县招生办公室，事业编制，定编3人，实有4人。1987年，分设为金湖县高校招生办公室、金湖县高等教育自学考试办公室，合署办公，实有4人。1991年，招生办和自考办编制5人，实有6人。2005年机构、编制未变。

金湖县教育局基建办公室　1987年成立，定编2人。2001年县级党政机关机构改革时，撤销基建办公室，设置为县教委内设机构财务基建科（挂“审计科”牌子）。

金湖县勤工俭学办公室 1986年，有金湖县勤工俭学办公室，定编2人。2005年定编3人，缺编3人。

金湖县电化教育中心 1987年成立，定编2人。2005年编制4人，实有3人。

金湖县职业教育办公室 1997年8月底，机构改革时成立，定编2人。1998年撤销，设立县教委内设机构成人职业教育科。

金湖县民办教育办公室 2003年成立，未定编。2005年机构未变。

金湖县社区教育委员会 2004年成立，定编1人。2005年机构未变。

第二节 体育机构

一、局本级

金湖县体育局 1986年，体育管理部门是金湖县体育运动委员会，正科级行政编制，内设竞赛训练股、群众体育股，定编2人。1991年，定编3人，实有3人。1997年，县体委与县文化局合署，内设办公室、训练竞赛股、群体股，编制6人。2001年12月，县体委更名为县体育局，职能交县教育局，在教育局内挂“金湖县体育局”牌子，设训练竞赛科、群体科，编制1人。2005年，机构未变。

二、直属单位

金湖县人民体育场 1986年为正股级事业编制，定编6人，隶属县体委。2005年编制10人，实有8人。

金湖县少年儿童业余体育学校 未定编，负责全县体育后备人才的培养。

金湖县青少年活动中心 2005年1月7日成立，定编2人。

第三节 教育行政管理

1986年，金湖根据中共中央颁布的《教育体制改革的决定》与省、市规定，制订《关于全县实行教育体制改革的试行意见》，实行普通教育分级办学、分级管理新体制，全县36所初中、211所小学划归乡镇管理。农村学校以乡镇为单位建立党支部隶属乡镇党委领导，农村完中、职中行政上由县教育局管理，而党组织隶属乡镇党委领导，县城直属学校的党组织隶属教育局党委管理。各乡镇均建立教育管理委员会，由乡（镇）长或党委副书记任主任，文教助理任副主任，乡（镇）财政所所长、初中及中心小学校长、成人教育辅导员、幼儿辅导员、总账会计等为成员，负责研究、制订乡镇教育事业计划，管理乡镇教育行政、教学、人事、财务。下设办公室，处理乡镇教育、教学中的日常事务。村建校董会，由村党支部书记或村委会主任、学校校长和在群众中有一定威信、热心办学的人士组成，对师生开展思想教育，组织儿童入学，筹集办学资金等。县则集中精力办好直属学校，加强教师进修，开展教育、教学检查，落实全县教育事业计划，履行宏观调控职能等。完全中学、职业中学（含设在普中的高中职业班）、县城初中、实验小学、实验幼儿园和教师进修学校由县办，农场、企事业单位主办的学校由办学单位管理。在学校实行校长选任制、教师聘任制、教职员工岗位责任制。乡级学校校长由县文教局任免，村级学校校长和乡级学校中层干部，根据群众推荐，由乡镇教育管理委员会考察，乡镇人民政府委任。教师实行县、乡（镇）共管制，乡（镇）办学校的公、民办教师由县和乡（镇）共同管理，公办教师以县为主，民办教师以乡镇为主；县办学校的公、民办教师归县教育部门管理。教育事业费由县下达到乡（镇）包干使用，乡（镇）财政按计划、按项目、按时拨给乡（镇）教育管理委员会安排使用。学校的撤销、合并、新建，小学由乡（镇）政府报请县政府批准，中学由县政府批准、报市教育部门备案。在分级办学、分级管理新体制改革后的5年（1987—1992年）中，全县为消除危房、改善办学条件，多渠道筹措资金1237万元，改造和新建中小学校舍3180间、10.4万平方米，约占全县校舍总面积的50%；添置标准课桌凳2万多套，配齐率在90%以上。不少学校在修建、新建校舍的同时，还建起围墙，铺设硬质道路，添置仪器设备和图书资料。

1986年4月，《中华人民共和国义务教育法》颁布后，县乡党政负责人普遍建立与挂钩学校联系制度。1988年6月，县第七届人大常务委员会第八次会议通过《金湖县实施〈义务教育法〉暂行规定》，确定1991年完成“普六”，1995年完成“普九”的实施规划，将《义务教育法》定为全县普法的重点法律之一，规定每年9月为《义务教育法》宣传月。在普及义务教育中，制定防止流生措施：禁止企业招收在校中小学生做工，禁止学校歧视排斥差生，建立流生动员与汇报制度，设立解困基金解决特困生学习费用的困难。1988—1994年，全县共动员流生返校学习1000多人，小学辍学率从0.14%下降到0.12%，初中辍学率从5.75%下降到1.86%。

1996年起，明确幼儿园、小学、初级中学、普通高级中学、职业中学、广播电视大学、成人中专、党校、农机学校和技工学校的招生以及人事部门办理的委培计划，均在县招生委员会的统一指导下开展工作。

2005年，改革“小升初”办法，小学毕业生按施教区就近升入初中学习，普通高中招生实行二星级以上学校同批次录取。是年，在教育行风和软环境建设中，成立宣传办公室，与县电台、电视台联办《教育园地》《空中教苑》等栏目，加强对教育的宣传；通过多种渠道广泛征求社会各界意见和建议800多条，围绕群众反映强烈的中小学收费、师德等热点问题集中整改；开通投诉热线，实行24小时限时办理并给予答复。在市第24期“看病与上学——走进社区与寻常百姓面对面”行风热线户外直播活动中，接到群众投诉46件，均予回复。如制止学校乱办班、乱补课，对各校暑期办班（点）全部予以取缔；各校对本校教师有偿家教情况进行全面清查和彻底整治，对从事有偿家教或未经学校同意在校外办学机构进行兼教的在职教师，在职称评聘、评优评先、年终考核中“一票否决”；定期组织科室人员述职，请基层单位评议机关工作。

第四节　教育经费

一、投　入

1986年，全县教育经费总投入708.2万元；1993年，投入1886.4万元；1994年，投入3414.1万元，比上年增加1527.7万元；1995年投入5854万元，又增加2439.9万元。两年内教育经费增长2.1倍，其主要原因是：从1993年开始实施九年义务教育，1994年县乡政府及教育主管部门大力改善办学条件，投资878.4万元，征收教育费附加339万元，单位和个人集资、捐资302万元；1995年县乡政府及教育主管部门投资1806万元，征收教育费附加569万元，争取省、市专项补助69万元，单位和个人集资、捐资379万元。2005年总投入1.47亿元，20年增长近20倍，其中财政资金由476万元增至7311万元。

1986—2005年，全县教育经费总投入10.87亿元。其来源主要是：财政拨款5.17亿元，占总投入的48%，其中财政预算资金5.11亿元，其他财政性资金574万元；征收城乡教育事业费附加8789万元，占总投入的8%；学校预算外收入4.82亿元，占总投入的44%，其中学杂费收入1.89亿元、勤工俭学收入2653万元、社会集捐资收入4371万元、其他收入2.22亿元。

1986—2005年金湖县教育经费投入统计表

表34-1-1　　单位：万元

年份	合计	财政预算资金	其他财政资金	城市及农村教育附加	学杂费收入	勤工俭学收入	集捐资收入	其他收入
1986	708.2	471.4	5.0	114.3	40.6	36.2	—	40.7
1987	767.7	486.7	27.5	180.2	43.0	16.8	—	13.5
1988	1032.7	646.4	—	167.0	63.0	30.5	96.1	29.7
1989	1321.4	705.1	—	228.3	133.6	51.4	155.0	48.0
1990	1480.5	743.8	31.3	285.0	102.7	52.0	173.1	92.6
1991	1444.7	801.1	147.7	221.7	87.0	62.1	125.1	—
1992	1724.1	920.4	31.5	208.0	146.0	87.2	158.5	172.5
1993	1886.4	1107.7	44.5	293.0	170.0	115.0	156.2	—
1994	3414.1	1769.3	33.7	344.0	329.6	172.5	226.0	539.0
1995	5854.0	1890.0	—	579.0	1193.0	616.0	379.0	1197.0
1996	5667.4	2111.0	106.0	680.2	743.0	339.8	414.6	1272.8
1997	6319.5	2635.0	91.5	826.0	782.7	306.9	376.9	1300.5
1998	7182.4	3178.6	5.0	941.0	815.2	30.0	113.0	2099.6
1999	7913.0	3182.0	10.0	995.0	1093.5	90.0	165.0	2377.5
2000	7913.6	3761.1	—	881.0	1604.5	67.5	361.9	1237.6
2001	8197.0	4430.4	—	339.0	1672.5	101.2	349.9	1304.0
2002	9099.2	4244.6	10.0	270.0	2278.1	130.0	359.2	1807.3
2003	9749.0	4443.0	30.1	329.0	2032.2	139.6	281.6	2493.5
2004	12336.4	6268.3	—	488.8	2033.9	99.3	299.3	3146.8
2005	14654.6	7311.3	—	419.0	3567.3	109.0	180.4	3067.6

二、支　出

教育经费主要用于教职工工资（含离休、退休、退职生活补助金）、行政和教学业务费用、基建维修项目、购置教学设备及学生助学金、职工福利等项目。在教育经费支出中，1986年义务教育学校支出为471.4万元，其中教职工工资、补助、福利、退职（退休）金319.1万元，学生助学金8.2万元，教育公务费、业务费等36.5万元，设备购置费14.5万元，房屋修缮费92.5万元。之后，教育经费支出逐年有所增加，其中1994年比1993年猛增661.6万元，增长59.7%，除部分教师增加工资外，主要用于实施九年制义务教育，改善办学条件；2004年比上年猛增1825.3万元，2005年又猛增1043万元，达到7311.3万元，其主要原因是，除在职教职工增加工资、退职（退休）教师增加养老金外，农村中小学实施“六有”（有整洁的校园、有满足师生就餐需要的卫生食堂、有冷热用水、有水冲式厕所、有安全宿舍、寄宿生每人有一张床）工程，推进“校校通”（中小学信息化网络）工程，用于设备购置、房屋修缮等。

1986—2005年金湖县财政预算内教育经费支出统计表

表34-1-2　单位：万元

年份	合计	工资	补助工资	职工福利费	退职退休金	人民助学金	公务费	设备购置费	修缮费	业务费	其他费用
1986	471.4	157.3	131.1	19.9	10.8	8.2	16.6	14.5	92.5	19.9	0.6
1987	486.7	187.9	117.8	23.2	12.5	8.6	13.5	27.6	77.3	18.3	—
1988	646.4	245.8	157.3	26.4	13.8	8.3	27.7	19.9	114.2	11.8	21.2
1989	705.1	273.4	167.2	31.3	20.2	8.0	27.5	23.0	126.1	13.7	14.7
1990	743.8	301.0	177.1	36.2	26.6	7.8	27.0	26.1	98.1	15.6	28.3
1991	801.1	315.8	180.0	44.1	35.0	7.6	33.6	9.3	125.4	18.4	31.9
1992	920.4	354.8	287.8	46.7	48.6	6.6	42.1	28.6	50.0	23.1	32.1
1993	1107.7	408.0	371.7	63.4	64.3	8.5	41.7	21.6	71.9	21.3	35.3
1994	1769.3	949.3	502.9	54.0	117.6	9.3	46.0	9.1	39.5	26.0	15.6
1995	1890.0	991.4	537.8	54.3	118.1	10.7	29.7	54.9	63.4	18.4	11.3
1996	2111.0	1445.8	452.1	58.0	60.7	11.4	34.8	4.4	16.9	25.7	1.2
1997	2635.0	2308.0	165.0	26.0	—	11.0	25.0	1.0	89.0	10.0	—
1998	3178.6	1399.1	1184.4	62.4	202.9	10.6	18.7	65.2	127.1	68.2	40.0
1999	3182.0	1546.0	1540.0	28.0	51.0	1.0	6.0	—	10.0	—	—
2000	3761.1	2176.3	1426.7	—	103.1	—	—	—	55.0	—	—
2001	4430.4	2540.5	1270.1	50.2	348.9	0.6	23.9	12.8	120.3	15.1	48.0
2002	4244.6	3003.8	835.5	69.6	238.7	—	72.6	—	23.4	1.0	—
2003	4443.0	3240.5	464.9	8.5	576.0	2.0	—	—	151.1	—	—
2004	6268.3	3561.2	1640.2	0.8	987.0	—	46.4	—	6.8	25.9	—
2005	7311.3	4093.5	1769.1	20.5	1334.1	1.4	29.7	32.5	5.5	25.0	—

说明：以上数据为财政预算内教育事业经费支出数。1990—1994年的其他费用中含副食品补价，分别是：30.7万元、31.6万元、33.1万元、15.7万元。

1986—2005年金湖县财政预算内教育经费分类支出统计表

表34-1-3　单位：万元

年份	合　计	幼儿教育	小学教育	中学教育	农职业教育	业余教育	教师进修	其他教育
1986	471.4	10.1	183.8	208.4	21.0	5.8	13.0	29.6
1987	486.7	11.8	206.8	196.7	27.5	6.7	14.4	22.8
1988	646.4	30.0	272.9	235.8	42.5	8.6	23.5	33.1
1989	705.1	27.7	294.9	255.9	40.8	13.0	26.0	46.8

接上表

年份	合　计	幼儿教育	小学教育	中学教育	农职业教育	业余教育	教师进修	其他教育
1990	743.8	22.0	315.3	275.9	39.1	17.4	28.5	45.6
1991	801.1	23.5	336.6	323.5	33.3	19.5	18.8	45.9
1992	920.4	34.0	374.7	358.2	52.3	26.3	33.3	41.6
1993	1107.7	36.4	491.7	414.2	53.0	32.3	23.1	57.0
1994	1769.3	59.0	742.6	680.2	91.8	10.1	28.2	157.4
1995	1890.0	44.1	830.7	730.3	114.6	38.3	50.0	82.0
1996	2111.0	50.3	982.0	710.0	152.6	52.6	31.4	132.1
1997	2635.0	59.0	1135.0	965.0	204.0	—	37.0	235.0
1998	3178.6	68.5	1282.3	1089.3	362.0	—	62.4	314.1
1999	3182.0	36.0	1506.0	1109.0	168.0	—	28.0	335.0
2000	3761.1	62.6	2179.7	1152.5	197.7	—	11.0	157.6
2001	4430.4	23.5	2359.0	1489.1	232.3	42.3	25.3	258.9
2002	4244.6	13.1	2090.2	1629.5	213.1	31.0	34.8	232.9
2003	4443.0	6.7	2154.8	1820.9	254.2	—	2.0	204.4
2004	6268.3	35.4	2999.3	2377.0	389.4	28.9	77.8	360.5
2005	7311.3	35.2	3565.8	2790.8	342.3	65.0	74.2	438.0

说明：“其他教育”为中专、电大、特教、教研等。

第五节　教育设施设备

1986年，金湖教育设施设备条件较差，校舍教室危房较多，课桌凳破损不齐。1989年6月29日，县委工作会议提出消除中小学危房，改善办学条件的要求，动员全县各行各业捐资助学。此后，全县上下普遍掀起筹资、捐资、融资办学的热潮。1990年4月6—7日，市改善中小学办学条件表彰大会在金湖召开，省、市有关领导，淮阴市各市、县（区）委书记和分管文教的副市、县（区）长，教育局长参加会议，与会人员参观金北、淮胜、白马湖3个乡的8所中小学。此次会议对金湖改善办学条件起到进一步推动作用。至1994年，全县共征地33.3公顷，新建教学楼（宿舍楼）25幢、新建平房7.51万平方米，改建危房4.43万平方米，添置图书及教学仪器400余万件，乡镇以上学校基本实现“一无（危房）、二有（标准教室和课桌凳）”；乡镇中心小学以上学校全部建成淮阴市“合格两室（实验室、图书室）”。新建唐港、闵桥等中心小学合格自然实验室10个，中小学合格图书室12个。县第二中学等3所完全中学都建成物理、化学、生物实验室。

1995年，全县单位和个人集资、捐资379万元，改建、新建、维修校舍3.33万平方米，添置课桌、凳1.33万张（条），购置图书12.81万册及部分教学仪器。1996年，新建校舍2.89万平方米，添置课桌、凳1.60万张（条），新铺道路1.57万平方米，配备教学仪器、器材及图书资料150多万元，小学自然制作材料、美术学具60多万元，实验器材达标率在80%以上，音、美器材达标率在70%以上。举办小学美术学具使用培训班，自然制作材料及美术作品评奖活动，加大教学研究力度，提高教学仪器、图书资料及小学生“材具”使用效益。是年12月，县教育局被省教委评为装备供应工作先进集体。

1997年，各学校继续实施“六有工程”。投资202万元（占全县教育总投资的三分之一），完成15所小学、3所初中薄弱学校的改造任务，新建、维修校舍2.21万平方米，添置图书5.18万册。1998年，投入资金1837万元，完成15个乡镇54所学校3.81万平方米的危房改造任务。全县校办企业、勤工俭学总利润646万元，补助教育经费498万元（其中用于改善办学条件182万元）。投入11万元购置图书2万册，投入250万元添置教学用具2万余件，投入350万元添置内部设施。1999年，全县内部装备总投入310万元，2万多平方米危房改造完毕，32所薄弱学校除8所因布局调整无须改造外，其余亦改造完毕。高宝湖区渔民子女寄读小学在涂沟镇扩建成功，闵桥镇学校“双改”（校舍改危、改薄）工作被市政府评为先进单位。职教中心、实验幼儿园率先成为内部装备现代化学校。2000年，全县共改造学校危房2.50万平方米，投入资金862万元，新扩建校舍开工8.08万平方米，竣工2.05万平方米，金湖县中学、实验初中、唐港中学、涂沟中学、金沟中学、银集中心小学、淮建中心小学、陈桥中心小学、戴楼中心小学新建教学楼。2001年，改造学校危房2.16万平方米，投入资金3785万元，新扩建校舍开工6.8万平方米，竣工4.7万平方米。至年底，全县中小学共有校园面积156.60万平方米，校舍建筑面积31.78万平方米，小学生人均占地面积31平方米，中学生人均占地面积36平方米。2002年，消除学校危房3.81万平方米，其中D、C级危房2.86万平方米。投入资金1836.7万元，新建校舍施工面积4.65万平方米，竣工3.24万平方米，改造危房任务全面完成，顺利通过省“无危房校舍县”验收。

2003年，实施“三新一亮”（课桌新、板凳新、讲台新，电灯亮）工程，投入资金480万元，新建农村中小学校舍1.02万平方米，新增、维修课桌凳2.81万套，新增、维修讲台800张，通电教室911间。2004年，在“三新一亮”工程通过省级验收的基础上，投入资金1200万元，全面启动“六有”工程建设。是年，各校还自购、维修课桌凳1.58万套，省、市分配课桌凳1.78万套，通电并维修教室1141间。创建市优秀实验室、图书馆（室）3个，农村完小装备合格学校11所。2005年，投入2000多万元，开工项目120个，新增校园绿化12.37万平方米，新铺硬质路面6.33万平方米，新建、改建食堂、宿舍1.26万平方米、水冲式厕所53座，新添学生床1989张。

第六节　教育现代化

1986年前，全县电教装备落后。是年，县文教局在教研室内设电教实验组，负责全县电化教学和理、化、生实验教学管理工作，有电影放映机1套，后来省下发放像设备1套，电教人员以此装备到各校巡回播放教育教学电影和教学录像，特级教师的课堂教学实况录像和实验教学演示等。至1994年，全县乡镇中心小学以上学校全部建成淮阴市合格放像点（室），所有学校“一机一仪一幕”进教室（班有录音机、投影仪、投影幕），部分学校还配备投影机。是年，县实验幼儿园被市教育局命名为全市唯一市级电教试点幼儿园。全县电教装备工作首批通过国家“实验教学普及县”“普九”验收。1996年，电教器材达标率在70%以上。1998年，投入3700万元建成地面卫星接收站。是年，全县有教学电脑134台，各类学校基本实现电化教学。县实验小学投入电教建设资金40多万元，购置微机、投影仪、摄像机、彩电、录放机、影碟机、音响等，学校建立一整套电教管理制度。是年底，该校被省委命名为电化教育实验学校；县实验幼儿园被列为全市幼儿园中唯一“江苏省电化教育示范学校”。

1999年，金湖县中学、县二中、县实验初中增设微机房。金湖县中学成立“电化教育中心”，教师办公室全部配备计算机，综合楼70多个点联网，实现校内资源共享和办公网络化。学校有各类计算

图34-1-1 全县农村中、小学"校校通"工程校校达标。图为县实验初中多媒体网络校室（摄于2005年） 县志办／供

机120多台，建有多媒体教室、计算机室、电教室、语音室、视听阅览室等，有两条专线连通国际互联网，与多所知名中学和教育科研单位在网上建立联系，80%以上教师能使用计算机备课，35%以上教师能单独开发、研制多媒体课件，电教开课率达50%以上。6月，顺利通过省级现代化教育技术实验校验收。吕良中学成为金陵中学、扬州中学、苏州中学、盐城中学四大名校的网上学校，通过因特网获取以上四所名校无偿赠送的最新教育教学信息及教学资料。是年，县实验小学、城中幼儿园率先建成校园闭路电视系统。

2000年，金湖在苏北率先启动教育信息化建设，县教委投资20多万元设立教育信息中心，又投入30多万元为各镇乡中心学校配备微机和"共创"软件。一个以互联网为依托、以教委信息中心为门户、以学校为基础的金湖县教育信息管理网络初步形成。2001年，全县电教投入320万元，新建计算机网络教室13个，改造电脑室8个。2002年，建起计算机教室、校园闭路电视系统，分批对学校部门工作人员、学校教干、教师进行信息技术知识和应用技能培训，推动教育信息化管理，金湖中学、县实验小学、县实验幼儿园成为江苏省首批电化教育实验学校。是年投资450万元，用于新建电脑室20个及其他内部装备。

2003年，电教软件投入47万元，装备合格完小16所，镇以上学校实现宽带上网，部分学校还制作自己的网页。2004年，乡镇中心小学以上学校全部建成计算机网络学校，实现宽带上网，2005年，强势推进"校校通"（中小学教育信息化网络）工程，投入1000多万元（其中向上争取800多万元），帮助50所农村中小学建成高标准电脑教室和多媒体网络教室，现代教育技术覆盖率达100%。县设立金湖县教育技术装备电化教育中心，对全县教育技术装备和电化教育发展进行规划，对学校电教设备管理使用、专用教室的建设、设备的维修、卫星电视教育节目的收录等工作进行指导、督查。

第七节　教育督导

1986年，金湖教育督导工作由县文教局教育股负责。1987年，出台《金湖县教育督导暂行办法》，研究制定综合督导评估与专项督导评估的指标体系、等级标准，提出"千、百、万"（每年行千里路、查百校、写万字总结汇报）的督导要求，采用专项督导和综合督导相结合的办法，与教研室、教育股联合对全县211所小学进行督导。1990年9月22日，国家教委督导司、省督导室领导到金湖考察，确定金湖县为国家教委教育督导工作联系点，县教育督导室"千、百、万"的督导做法在《江苏教育报》《中国教育报》上登载。1991年5月25日，国家教委督导司特邀金湖县代表参加全国教育督导工作会议，当月被省教委确定为《普通中、小学督导评估工作指导纲要》实施试点县。

1992年5月，完成11个督导评估体系和等级标准细则的研究，编印《金湖教育督导》一书。1993—1995年，通过看校貌、察常规、查簿册、验质量、测负担，对全县中小学的教育管理、教学方法、教研活动、执行课程计划、减轻课业负担及德育工作等开展专项督导；就教育附加费、教师工资、学校收费、办学条件、综合改革等内容进行督查；牵头组织九年义务教育实施情况的自查，行使督导职能；每年出《督导情况》10期左右，将督导的情况进行统计、分析，提出整改意见和建议。1994年参加全国督导工作研讨会，介绍本县督导工作情况。1996年，县组织力量对全县24所中小学进行综合督导，并随访督导58所村小学，对22个乡镇村小学随访督导两次，在治理乱收费、减轻学生过重课业负担等方面提出整改意见。1997年，被省教委、市教委评为先进教育督导室，有2人被评为市先进督学，1人被评为全国教育督导先进工作者和省先进督学。

1998年，根据国家教委《中小学督导评估工作指导纲要（修订稿）实施意见的通知》及省教育督导的有关文件精神，结合多年实践经验，对原《中小学督导评估体系及标准》《乡镇教育工作督导评估方案》进行重新修订。评估内容的一级指标由原来的4个增加到7个，二、三级指标分别增加到25个和60个，并于下半年开始使用。至2005年底，编印《督导情况》200期，参与市《教育督导评估方案》一书的编写，督导人员先后在市以上刊物发表论文30篇，多篇论文在省、市获奖，先后接待本省及安徽、山东、浙江、江西、福建等省同行的考察与交流。

第二章　学前教育

第一节　概　况

1986年，金湖县幼儿教育尚处于初始阶段，全县有幼儿园52所、村级小学“校带园”127个，班级354个，在园幼儿10463人，3~6周岁幼儿入园率65%，幼儿教师大多是合同制人员，由于办园条件差、师资力量薄，故保教质量较差。1989年，进行整合提高，县实验幼儿园新校园建成，县育才小学新设立幼儿园，各乡镇中心小学相继建起中心园，村级小学“校带园”萎缩，就近入园的幼儿数量回落。是年，全县共有幼儿园29所，村级幼儿班156个，在园幼儿9609人。

1990年后，学前教育逐步走上正轨，质量逐步提高，普通话、行为习惯、音乐舞蹈、游戏活动和智力开发等教育有了规范要求和评估标准。县实验幼儿园、机关幼儿园开办日托，为幼儿提供中餐和午睡服务。1994年，县决定县城小班幼儿入园需交400元幼儿教育基金，县教育局制定各类幼儿园（班）收费标准，并开展登记注册工作。是年，县教育局、黎城镇政府多渠道筹集资金80多万元，新建城中幼儿园并投入使用；县教育局与县丝绸总厂联办的县丝绸总厂幼儿园开班招生。1995年，金南、陈桥、银集、唐港、淮建5个乡镇中心幼儿园迁至新址，全县145所村级幼儿园经县验收合格。1996年，县直幼儿园自9月始全面实行半日托；实施幼儿教师持证上岗制度，开展“爱孩子赛妈妈”活动；举办舞蹈、乐理、琴法、新教材培训班，幼儿歌咏、诗朗诵等竞赛活动。1997年，对照《幼儿园工作督导评估细则》，分类制定目标，对县实验幼儿园等3所市一类园提出创现代化幼儿园目标，有22所村级园通过县一类园验收；利用暑假举办教材教法培训班和韵律操学习班，受训106人；10月，组织幼儿教师简笔画比赛，11月，在县实验幼儿园、油田四幼、城南幼儿园组织公开教学活动。1998年，加强对各级各类幼儿园管理，建成县一类园81所、市一类园4所；建立县、片、乡三级教研网络，进行“农村混合幼儿班课程改革”等课题研究。1998年3月，全市幼儿园半日活动观摩现场会在金湖县淮建乡幼儿园举行。

1999年起，实施《村级幼儿园工作评估验收标准》《幼儿园全面评估指标标准》，年底有30所村办幼儿园通过县一类园验收；县教委组织绘画、琴法、唱歌、舞蹈、教学等10项内容的“十佳能手”比赛，10多个实验课题研究取得新进展，其中《利用电教媒体培养幼儿良好习惯》等课题研究被列入省级课题；县教师进修学校附属幼儿园——金师幼儿园创办县第一所双语（汉语、英语）幼儿园，黎城镇中心小学所属的城东幼儿园建成全市第一所村级一类园，官塘乡中心幼儿园建成县农村示范园。2000年，各镇中心园陆续开办日托。2001年，县启动乡镇中心园和村级幼儿班创建工程，戴楼、卞塘、金沟、塔集、银集、涂沟、唐港、孙集、陈桥中心园等进行扩建，新农幼儿园迁入新址，金南中心园进行改建，闵桥中心园易地新建。

2002年，县机关幼儿园、育才幼儿园、吕良镇中心幼儿园分别创建成省示范幼儿园、市现代化幼儿园和一类幼儿园；贯彻《幼儿教育指导纲要》，申报省、市、县科研课题20多个。2003年，闵桥镇中心幼儿园创建成市一类幼儿园，县实验幼儿园筹建青少年校外活动中心，部分幼儿园试用省教育厅教研室编写的新教材《综合活动丛书》。2004年秋季全部使用新教材，将每周2~3次集体教育活动改为每天1次，保证幼儿每天有3小时游戏、2小时户外活动、1小时体育锻炼的时间。2005年，全县共有幼儿园27所、“校带园”28个，班级160个，在园幼儿5895人，3~6周岁幼儿入园率达94.9%。其中，县育才幼儿园被确认为省示范幼儿园，实验、机关、育才、闵桥幼儿园在全市幼儿园环境建设评比中分获优胜奖和创意奖；县青少年活动中心建成，实验幼儿园规模由原来的14个班增至20个班，在园幼儿增至1097人；机关幼儿园规模扩大，由9个班增至17个班，在园幼儿1027人；育才幼儿园9个班，在园幼儿400多人；黎城镇城南幼儿园、金北镇中心幼儿园6月顺利通过市一类幼儿园验收。是年，全县拥有省示范性实验幼儿园3所、市现代化幼儿园1所、市一类幼儿园10所，优质教育资源达52%，被省教育厅评为幼儿教育先进县，市教育局将“金湖幼教发展模式”作为淮安市典范在全市推广。

1986—2005年金湖县学前教育（幼儿园）事业发展统计表

表34-2-4

年份	幼儿园（所）	校带园（个）	共有班级（个）	在园幼儿（人）	年内入园（人）	离园（人）	入园率（%）	教师（人）	行政人员（人）	其他人员（人）
1986	52	127	354	10463	—	—	64.6	424	23	10
1987	66	206	348	11321	—	—	76.1	463	18	8
1988	28	220	362	9984	—	—	78.0	461	24	5
1989	29	156	366	9609	—	—	79.8	434	24	10
1990	29	209	369	10582	—	—	78.1	470	29	10
1991	27	220	381	10996	6915	—	80.0	503	29	12
1992	26	230	388	12194	5530	—	80.1	124	13	11
1993	29	248	394	12952	5349	—	79.8	144	21	—
1994	41	250	364	12562	3277	4833	82.1	161	25	6
1995	32	176	395	13348	4912	5087	82.9	578	—	—

接上表

年份	幼儿园（所）	校带园（个）	共有班级（个）	在园幼儿（人）	年内入园（人）	离园（人）	入园率（%）	教师（人）	行政人员（人）	其他人员（人）
1996	32	176	367	11721	4545	—	84.0	429	33	8
1997	32	176	340	10492	3683	4910	85.2	461	34	11
1998	32	173	335	9577	3378	4293	85.7	431	35	7
1999	30	176	327	9160	2951	3368	90.1	461	32	7
2000	30	139	278	8577	2496	3079	92.1	454	36	17
2001	30	105	265	7511	2100	3516	98.2	365	7	20
2002	28	90	234	6889	1919	3180	98.8	69	6	10
2003	25	61	178	6850	2078	2622	95.0	37	3	5
2004	28	61	174	6146	1756	2297	94.5	537	48	120
2005	27	28	160	5895	1998	2042	94.9	184	23	60

第二节　幼儿园选介

一、金湖县实验幼儿园

前身为黎城中心小学附设幼儿班，建于1959年。1960年定名为县实验小学附属幼儿园。1984年从实验小学析出成立金湖县实验幼儿园，但园址仍在实验小学内。1986年，园舍面积504平方米，共有9个班、1个托儿所，有幼儿400多人，教职工27人。教师队伍有师范毕业生6人，其他是从小学转来的年龄较大的不再胜任小学教育的老弱病人员、招工安排的初高中毕业生。1987年开始筹建新园，1989年6月1日迁至新园址黎城镇健康西路29号，校园面积5086平方米，规模扩展到10个班，在园幼儿565人、教职工30人。1990年起，贯彻《幼儿园教育纲要》，借鉴南京实验幼儿园的经验，实施分科教学，保教质量不断提升，幼儿书画作品获国家级奖励300多人次，其中金奖132人、银奖107人。1994年，开展校内电化教学、撰写电教论文及投影片制作评优等活动，提高保教水平，被市教育局确认为全市唯一的市级电教试点幼儿园。1996年6月经省教委评估验收，被认定为“省电化教学实验园”。1998年，注重幼儿体育工作，添置大中型儿童体育游乐活动的设施设备78件，开展适合幼儿的体育活动和教学研究，被中国体育科学学会认定为21世纪中国学校体育发展研究实验学校。

1999年，各班配备钢琴、录音机、投影机，开通闭路电视，安装电话；园内有图书室、海洋球室、科学发现室、玩水池、玩沙池、多功能活动厅等设施；卫生设备齐全，班班有消毒柜、紫外线消毒厅等。教职工56人中有骨干教师12人、高级教师22人，均上过县内公开课，80%上过市级以上汇报课、研究课、公开课、评优课，20多名教师的优课、玩具制作、科研论文在省、市评比中获奖。5月通过省现代化幼儿园验收，7月被认定为省示范性实验幼儿园。2001年，完成省、市、县8个立项科研课题，获一等奖2个、二等奖3个，被市教科所评为教科研先进单位；“我爱自然——幼儿环保意识教育”课题研究取得显著效果，被省教育厅、环保厅命名为首批“江苏省绿色幼儿园”。2002年被中国教育学会评为全国小公民道德建设先进单位。

2005年，园内的县青少年活动中心建成，校园面积扩大到2.01万平方米，其中建筑面积9800平方米、绿化面积8200平方米、活动场地1.2万平方米；拥有班级21个，在园幼儿1097人；有大专以上学历教师49人，占总数的89%；在岗教职工86人中取得中级职称的30人、高级职称的1人，市、县学科带头人3人，市、县骨干教师23人，县“十佳教师”“十佳教学能手”12人、“教学新秀”2人，幼儿在省少儿科技小发明竞赛活动中获得集体二等奖，在市百名幼儿体操表演中获一等奖。

二、金湖县机关幼儿园

创办于1984年9月，园址在三河路2号。1986年，县财政拨款购置保教设备、铺设水泥场，在教室内安装保暖设施，校园面积1295平方米，其中园舍面积720平方米。拥有6个班，在园幼儿200多人、教职工25人。1993年，由县教育部门主管改为由县妇联主管，其人员任用由县妇联管理，教学业务由县教育部门代管。1994年起，在幼儿教育教学研究中，开展“活动教育课程”“整合教育课程”“科学认读”“幼儿双语”等国家、省、市级重点课题研究，被省教育学会评为重点课题实验研究先进单位。1995年，在中国首届“好孩子幼儿家庭游戏”征文大奖赛中，教师邹振香编写的《送树叶回家》获二等奖，李爱华等8名教师的作品获优秀奖；在中国学前教育研究会组织的竞赛中，教师何卫红撰写的《幼儿排序教学浅谈》获二等奖。是年，学校被中华爱国工程联合会确认为“爱国启蒙教育”全国示范幼儿园，经市教育局验收被评为一类园。1996年，在县妇联等部门的支持下，投资107万元兴建综合教学楼，建筑面积1629平方米，内设教室、寝室、多功能活动室、科学发现室、幼儿图书室等，被省妇联确定为系统重点幼儿园。

图 34-2-2　县机关幼儿园　李义海／摄

2001年起，参与国家“十五”重点课题“整体构建学校德育体系的深化研究与推广实验”研究，编写《园本规程》《教育教学实践专集》《儿歌集》等园本教材，教师所撰写的近400篇论文中有200多篇在省、市、县获奖，50多篇在报刊发表。2003年，被确定为省示范性实验幼儿园。2005年，全园占地面积5350平方米，建筑面积3377平方米，其中绿化面积1670平方米，固定资产330万元；拥有班级17个，在园幼儿1027人，在教职工73人；有中学高级教师2人、小学高级教师16人，省、市优秀青年教师4人，市骨干教师2人，县学科带头人4人。幼儿园被中央教科所德育处评为“全国德育科研先进实验幼儿园”，被中国妇女儿童事业发展研究院确定为“儿童美术创新教育基地”，园长刘红玲被评为江苏省课题研究先进工作者。

三、闵桥镇中心幼儿园

原为闵桥中心小学附设幼儿班，1985年独立，定名为闵桥幼儿园，园址仍在闵桥中心小学校园内。1986年，拥有班级3个，在园幼儿150余人、教师4人。2001年易为现名，有班级3个，在园幼儿180人、教师12人。2002年，县教育局、镇政府筹措资金近200万元，易地新建1座占地5000平方米、建筑面积1055平方米的新校园，有2层楼房1幢共24间，设有活动室、寝室、教室、办公室、厨房、卫生间、餐厅、保健室等保教配套设施，园内设有玩水池、玩沙池等活动场所和部分大中型玩具，建有花坛、假山、画廊、雕塑，植有草坪、松柏等。是年起开办日托，幼儿早入晚归，在园上课、用午餐。2004

年，升格为市一类园，被评为市文明单位。2005年，拥有班级4个，在园幼儿205人，在园教职工16人，有大专以上学历6人，占总数的37.5%；学校被市教育局评为市现代化幼儿园；教师有10篇论文在省、市评比中获奖，有4名教师在省（市）优课、优秀教案、绘画、舞蹈、手工比赛中获奖，4名教师被评为江苏省优秀青年教师；幼儿在县大型团体操、韵律操和集体舞比赛中均获一等奖。

四、金南镇中心幼儿园

创办于1978年，为金南中心小学幼儿班（校带班），有班级1个、教师1人、幼儿10多人，设在集镇一居民家。1980年，搬迁至金南中心小学两间平房内。1986年独立，定名为金南幼儿园，中心小学让出1幢教室（6间）给幼儿园，开设3个班，有教师7人、幼儿近200人。1994年，幼儿园收到县、镇有关单位的赞助款12万余元，县教育局、镇政府投资10多万元，进行易地重建。2000年，添置部分大型玩具、幼儿午睡床，开办日托，在全县率先创办成市一类幼儿园。2001年易为现名。2005年，市、县、镇三级政府投资70多万元进行扩建，校园占地面积3200平方米，建筑面积1110平方米，绿化面积1500平方米，拥有多功能教室、电子白板、钢琴、电脑等设施。有班级4个，在园幼儿160人，教职工12人，其中县骨干教师4人，教师专业合格率100%，多人在省、市、县优课评比、优秀教案比赛中获奖。

五、前锋镇白马湖幼儿园

创建于1975年，为白马湖中心小学幼儿班（校带班），园址在白马湖集镇。1986年，白马湖乡政府投入近8万元对原有校舍进行改造，新建校舍400平方米，并添加大型组合器材，拥有班级6个，在园幼儿200多人，教职工16人，成为全县乡（镇）幼儿园的典范。1995年，白马湖乡政府再次投入近8万元，将破旧的房屋推倒后，在旧址上新建校舍近500平方米，并重新购置大型组合器材。1999年10月，白马湖乡政府与主管部门决定，对该园实行改制，由公办园转为民办园。定名为前锋镇白马湖幼儿园。转制后的法人代表衡阳当年投入改造资金44.1万元，2004年又投入120多万元，新建教学楼和食堂，添置幼儿活动器械，聘请幼儿教师，实施“双语”教学。2005年，幼儿园占地5600平方米，园内设有教学区、生活区、活动区，有幼儿130人、教师10人，幼儿教师专业合格率达100%。是年，幼儿园获市、县“青年文明号”称号，在县教育局主办的庆“六一”活动中，集体舞、幼儿团体操比赛分获一、二等奖，幼儿讲故事、绘画、卡拉OK赛分获一、二、三等奖。

第三章　小学教育

第一节　概　况

1986年，金湖共有小学250所，班级1184个，在校学生36497人，教职员工1748人。大多数农村小学校舍危房多，课桌凳破损不齐，设施设备条件比较差，师资力量薄弱，全县农村小学学制五年。是年，县政府印发《关于组织实施六年义务教育的意见》，明确乡（镇）“普六”任务。1988年起，农村小学学制改为六年。1990年，经过四年努力，实现“一无二有”（校校无危房，班班有教室，生生有课桌凳），被省政府确认为基础教育先进县。是年，根据国家教委全日制中小学课程（教学）计划，全县小学实行40小时标准工作制，学生每周在校活动总量控制在30个课时以内，开设思想品德、语文、数学、音乐、美术、体育、自然、劳动技术课课程。到1991年，全县小学入学率99.8%，巩固率99.9%，普及率99.1%，毕业率99.9%，顺利完成"普六"任务。

1993年，农村小学试行"一二三四"办学模式，即确立一个目标——为社会主义新农村两个文明建设培养接班人，全面提高劳动者素质；办"两位一体"学校——白天实施义务教育，夜晚和节假日开展农民文化、技术培训，推广农业新科技；培训"三员"教师——使农村小学教师在进修中逐步成为教书育人的好教员、农民教育的辅导员、传递科技知识和农村文明建设的信息员；培养"四小儿童"——让学生在课堂做好学习文化科学知识的小主人，在课外做参加兴趣小组活动的小能手，在家庭做父母农事活动的小帮手，在村组做两个文明建设的小广播。编印"四小儿童"丛书，在县内推广，在省、市级交流。1994年起，在素质教育中强化活动性课程，全县开展万人广播操比赛和千人大合唱歌咏比赛等，每年举办庆"六一"系列活动。当年创建市合格小学13所、县优秀学校15所，8所中心小学成为县级窗口学校。1997年，根据就近入学原则，采取整合优化方法调整小学布局，学校数比上年减少25所，尚有191所，其中县直小学2所、中心小学25所、联办高级小学3所、村办完全小学52所、初级小学109所，另有教学点38个。1997年及以前，县育才小学为五年制，是年改为六年制。1998年，在农村本着"扩大中心校，合并村完小，增加办学点"的原则，撤并村小19所，同时将"改薄（改造薄弱学校）"工作列入乡镇教育工作考评内容之一，投入经费483.55万元，完成15个乡镇36所学校9862平方米危房和18所薄弱学校改造任务，并通过市级验收。1998年及以前，县实验小学为五年制，是年改为六年制。1999年，县育才小学开展"实施合作教育，全面提高儿童素质"省级课题研究，金南乡中心小学及马塘小学率先开设英语课程。

2000年，县育才小学通过市实验小学验收，被评为省青少年科技教育特色学校，确定为省科教所实验基地；县实验小学被评为全国读书育人特色学校，成为中国少年研究基地；金南中心小学被评为全国教育科研先进单位；金南镇马塘小学被中国教学学会复式教学研究会评为全国复式教学实验学校，其"导、探、议、练"教学法研究在全国推广。

2001—2002年，继续调整学校布局，撤并小学59所，减少班级152个。县实验小学被中国青少年研究中心、中国青少年研究会评为全国素质教育优秀实践基地；县育才小学出版"九五"立项课题教改成果专集《创新·探索·育才》一书，省现代小学数学教育课堂教学观摩暨学术报告会在该校举行。2003年，全县布局调整，撤并小学20所，降为教学点20个。秋季，有条件的学校从五、六年级开设英语课程。2004年秋，全县三年级以上均增开英语课程。2005年，全县共有小学40所，班级491个，在校学生19303人，教职员工1548人，小学适龄儿童入学率、在校生巩固率均达100%。县实验小学被评为淮安市心理健康先进学校，金南中心小学被评为淮安市德育先进学校，金北中心小学成为淮安市实验小学之一。

1986—2005年金湖县小学教育事业发展统计表

表34-3-5

年份	学校（所）	班级（个）	在校生（人）	招生（人）	毕业生（人）	教师（人）	行政人员（人）	工勤人员（人）	其他（人）
1986	250	1184	36497	5214	3001	1639	59	33	114
1987	248	1119	34693	4021	5044	1634	114	44	67
1988	249	1087	32787	4457	5550	1514	106	54	70
1989	239	1016	31725	4751	5375	1638	66	51	63

接上表

年份	学校（所）	班级（个）	在校生（人）	招生（人）	毕业生（人）	教师（人）	行政人员（人）	工勤人员（人）	其他（人）
1990	233	975	30248	4100	5371	1589	68	33	51
1991	228	952	28661	4179	5438	1603	93	33	61
1992	225	909	28035	4604	5110	1662	82	44	59
1993	219	907	28383	5216	4627	1662	64	58	54
1994	215	926	29305	5609	4608	1707	170	52	61
1995	238	924	30662	6100	4665	2026	—	—	—
1996	216	934	32552	6168	4224	1676	95	61	39
1997	191	940	33706	5617	4379	1633	100	41	29
1998	184	925	34486	4839	4035	1704	75	50	75
1999	141	888	33662	4177	4910	1763	67	37	58
2000	159	867	32258	4008	5703	1788	73	51	38
2001	121	796	29932	3882	6158	1666	150	15	20
2002	100	716	26756	3481	6418	1698	50	15	—
2003	74	617	23369	3021	5912	1518	59	80	—
2004	67	501	20968	2634	4175	1432	72	18	—
2005	40	491	19303	2461	3938	1377	28	143	—

说明：1995年的教师数为教职员工总数。

第二节　小学选介

一、金湖县实验小学

图 34-3-3　1993 年 10 月县实验小学逸夫楼落成庆典　朱伟／摄

1986年，金湖县实验小学有教学大楼2幢，校舍面积7800平方米，班级26个，学生1200人，教职工60多人。学校坚持“合作、进取、务实、创新”的办学原则，全面推进素质教育（达到学生新知识的接受率、课堂信息交流面、参加一个活动兴趣组队、掌握一种艺体技能、有设置一块文化角的能力、学会一种劳动技能等6项100%的育人目标）。1988年被确定为全国德育教育整体改革实验学校。1993年10月，由香港邵逸夫先生捐建的“逸夫楼”落成，1994年，启用微电脑室、语音室、自然实验室、舞蹈室、图书阅览室、书法室、美术室、音乐室等18个专业性内部教学设施，“金湖娃”艺术团创作的《板铃舞》在全国文化先进县经验交流文艺专场演出中获一等奖。1997年，投入资金120万元，修建320米环形跑道及体育活动小区，添置活动器械、仪器设备、图书资料，办学条件得到明显改善；教师20多篇论文在省级刊物发表或获奖，10多名教师在省、市优课评选中获奖；金湖娃艺术团成立，促进艺术教育质量的提高。10月，通过省教委评估，被重新确认为江苏省实验小学。

1999年，该校少先队大队开展“献爱心，创文明”为主题的系列教育活动，有爱我金湖——环保行动，爱我实小——绿色行动，爱我家庭——孝心行动，以及助残、为希望工程捐款、做一日模范小公民、“我是小雷锋”等活动，被国家少工委授予全国红旗大队称号。是年，艺术团创作的《木勺舞》在省第四届音舞节中荣获创作金奖和表演金奖。2001年1月26日，创作的《银鸽飞舞》在中央电视台、中国教育电视台举办的“春到校园——第二届校园春节联欢晚会”节目征集评选中获一等奖，被中国青少年研究中心、中国青少年研究会确定为全国素质教育优秀研究试验基地，校长金荣被聘为特约研究员。2003年，学校升格为副科级，被省教育厅、省环保厅评为“绿色学校”，被省文明委评为省文明单位。2005年，学校占地面积1.65万平方米，建筑面积1万平方米，有教学及辅助楼4幢，专业教学（活动、实验）室9个及校园电视台；有班级57个，在校生3500多人，教职工160人。教职工中有全国优秀教师1人，省、市劳动模范4人；大专以上学历147人，占总数的92%。

二、金湖县育才小学

1986年，黎城镇中心小学建成全县小学中最大的教学楼，校舍面积4080平方米，共有21个教学班，在校学生1000多人，教职工45人。1987年，新建幼儿园教室6间。1988、1989年幼儿歌舞、中老年女教师迪斯科比赛先后荣获市一等奖。1989年，建成学校办公楼3层370平方米，创办家长学校，创刊《育才家长报》。1992年9月，因原“校带园”独立成立城中幼儿园，学校又重新创办附属幼儿园。1994年，被省妇女儿童工作委员会评为省少儿工作先进集体。1996年5月28日更为现名，由县教育行政部门主管。1998年起，建成新教学楼1幢，主体4层，局部5层，建筑面积2400平方米，总造价175万元。后又新建绿茵操场、曲桥喷泉，开办电脑房、电教室、实验室、图书阅览室、音乐室、舞蹈房、室内乒乓馆等10多个专用教室。至2000年，校园占地面积1.93万平方米，有教学班42个、在校生2600多人、教职工114人，教职工有市骨干教师5人、县学科带头人6人，90%以上上过县内公开课，有9人获省、市优课评比一等奖，在省市级刊物上发表论文200多篇，其中获奖100余篇。学校被确定为省教育科研实验基地、省青少年科技教育特色学校、省实施素质教育先进学校，并成为市实验小学。

图 34-3-4 县育才小学（摄于2005年） 李义海／摄

2001年，以新课改为契机，坚持为学生终身发展服务的办学宗旨，开展“十个一百”活动，即组建乐器、鼓号、合唱、腰鼓、舞蹈、体操、武术、太极拳、书画、哑铃等十个各100人的艺术组队，推进学校内涵发展，多次参加省市调演。2002年起，先后开展“整体构建学校德育体系的研究与实验”“构建自主创新的课堂教学模式实验研究”“苏北集镇‘小班化教育’实验研究”等国家级重点课题的子课题和省、市课题的研究。2003年被评为市素质教育先进学校。2005年，学校分东西2个校区：东区占地1.20万平方米，主要是幼教部、塑胶体育场；西区占地7992平方米，主要是教学区。有教学班47个，其中小学部37个班，在校生2700余人；教职工156人，专任教师大专以上学历达95%，有全国优秀教师、省特级教师、省先进教育工作者、享受市政府特殊津贴教育工作者各1人，被省教育厅确认为省实验小学。

三、淮安市闵桥实验小学

1986年，闵桥乡中心小学校址在闵桥集镇闵桥村村部西侧，校园占地面积1万平方米，校舍建筑面积800平方米，有班级6个，在校生315人，教职工18人。1998年，投资160万元，新建教学楼1幢，主体3层，局部4层，建筑面积1765平方米。是年12月，校代表队3名学生代表县小学组参加市读书竞赛活动，获第二名，被评为全省第三届读书活动一等奖。2000年，教师丁松荣参加市第二届小学教师基本功十项全能大赛，获标兵称号，学校被评为市文明单位。2002年，学校占地面积2.25万平方米，校园绿化面积7174平方米，新建教学楼1幢3280平方米，300米黑色跑道操场1个，图书室藏书1.3万册，有微机30台。有教学班14个，在校生780人，教职工35人，其中大专以上学历19人、市级优秀教师3人。自三年级起开设信息课，先后有52名学生在市以上竞赛中获奖，被市教育局评为模范学校，更名为淮安市闵桥实验小学（全县农村小学仅此一家）。2003年，确立“开发潜能，张扬个性，自主发展，终身幸福”的办学目标，教师在各级各类报刊发表论文100多篇，获市、县教学基本功竞赛一、二等奖教师10多人，获市“十佳标兵”称号教师1人，被评为县级骨干教师5人；学生中在省、市、县各类竞赛中获奖有60人次，刊登在《小学生之友》《英语周报》等报刊上的美术作品有10幅，被市教育局评为课改和实施素质教育先进学校。2005年，学校建有多媒体教室、网络教室、图书阅览室、自然实验室、学生餐厅、学生宿舍等，有班级11个，在校生432人，教职员工39人，教师专科以上学历达100%，其中本科学历占22%。

四、涂沟镇中心小学

1986年，涂沟乡中心小学整体搬迁至涂沟集镇，名为涂沟镇中心小学，校园占地面积2.6万平方米，建筑面积3500平方米，拥有班级10个，在校生465人，教职工28人。施教区的学生主要是高邮湖、宝应湖、白马湖地区的渔（船）民子女。1988年学校购置水泥船1条，创建“湖心小学”，方便湖中渔民子女上学。1998年，受省、市、县希望工程资助，镇财政加大投入，湖区广大渔民踊跃捐款，共筹集资金80多万元，建成教学楼1

图34-3-5　涂沟镇在水泥船上创建“湖心小学”（摄于1988年）
朱伟/摄

幢，主体3层，建筑面积1000多平方米，并建设师生宿舍、食堂等配套设施，省希望工程办公室将涂沟镇中心小学命名为“涂沟寄宿（希望）小学”，有教学班12个，在校生300多人。1999年，教师王玉宏在江苏省“教海探航”征文比赛中获一等奖。2002年建成教学楼1幢、3层，被市教育局评为模范学校。2004年5月，学生刁倩雯获全国小学生英语竞赛三年级组一等奖；12月，万欣悦参加市小学生网上作文竞赛获二等奖。2005年，新建学生公寓楼及餐厅800平方米，校舍面积增加到1.08万平方米，有班级12个，在校生588人，教职工36人。教师中具有大专以上学历31名，占86.1%。学校被中央教科所评为“整体构建学校特色体系深化研究与推广实验”先进学校；学生徐陈在省教育厅组织的中小学电脑制作活动中获二等奖，闵羽获市信息技术应用一等奖。

第四章　普通中等教育

第一节　概　况

一、初中教育

1986年，全县有初级中学35所，教学班281个，在校生14071人。各初中均开办“3+1”班，即除规定的三年学制正常课本教学外，对毕业生中不能升入高一级学校的学生增设1门农业技术或职业技能课程，继续学习一年，为参加当地工农业生产学会必要的基本技能，全县办班24个，接受教育的学生797人。翌年办班60个，接受教育的学生2656人。1989年起，初中毕业实行“两种证书”制度试点，即毕业生离校前，学校对其进行15~30天的农村实用技术培训，学习农科教部门联合编印的农村实用技术教材。学生毕业时，文化学业成绩合格，技术培训成绩合格，发放毕业证书与实用技术培训合格证书。

1992年，县政府下发《金湖县实施义务教育法的意见》《关于普及九年制义务教育验收的意见》，并将特殊教育纳入义务教育范畴。县财政先后增拨资金1000余万元，乡（镇）一次性筹资1800余万元，教育附加和学校勤工俭学投资1100余万元，用于完善初中校舍和其他设施建设，改善办学条件。同时，不断加强师资队伍建设，提高教学质量等。在市1992—1994年验收中，各乡（镇）在学校建设、师资队伍建设、教育质量等方面均达到“普九”指标要求，提前一年完成任务。1994年，实用技术教育由学生毕业前的短期集中培训，改为学生进校后分三年实施。是年，全县初中入学率100%，巩固率98.1%，毕业率99.0%，升学率62%；残疾儿童入学率94.0%。

1994年12月，经市验收，确认金湖县完成九年义务教育任务。1995年5月，省实施义务教育验收组到金湖检查验收九年义务教育情况，戴楼、金南、横桥、银集、淮胜和新农等6个乡镇代表全县接受省验收组复查，以资料达标、教学仪器等设备配套和校舍合格等顺利通过验收。省验收组还视察金湖县中学、县第二中学、县实验中学、黎城初中、县实验幼儿园，对金湖普及义务教育程度、教育水平、教学仪器设备、校舍、师生精神面貌等给予充分肯定。1996年，全县初中生人均校舍面积4.73平方米（基本消除危房）、图书13.5册，教学设备、仪器达标率88%，初中毛入学率110.1%，青壮年非文盲率98.8%，中学教师学历达标率87%。金湖被国家教委认定为普及九年义务教育县。

1996年后，各学校统一执行每周教学5天、每课45分钟的教学制度。规定健康教育间周进行1

次；利用体育活动课、课间操及其他综合性文体活动，确保学生每天有1小时体育活动时间；综合实践活动课程内容包括信息技术教育、研究性学习、社区服务与社会实践、劳动与技术教育。2005年，全县有初中22所，班级287个，在校学生14350人。是年，全县第一所民办学校江苏金湖枫叶国际学校立项。

1986—2005年金湖县普通中学教育（初级）事业发展统计表

表34-4-6

年份	学校（所）	班级（个）	在校生（人）	招生（人）	毕业生（人）	教师（人）	行政人员（人）	工勤人员（人）	其他（人）
1986	35	281	14071	2830	3446	770	50	222	49
1987	34	270	12861	4144	4073	739	—	—	—
1988	28	275	11537	4516	4513	754	—	—	—
1989	26	261	11711	4294	3061	769	—	—	—
1990	24	269	12357	4601	2865	772	—	—	—
1991	24	278	12985	4740	3111	820	—	—	—
1992	23	280	12984	4521	3196	833	—	—	—
1993	23	301	12158	4144	3657	822	52	226	38
1994	22	259	12420	4400	3684	832	48	164	27
1995	22	262	12829	4503	3870	1074			
1996	19	264	12686	4048	3825	827	42	102	17
1997	19	260	12644	4326	4122	815	40	137	7
1998	20	320	12098	3998	4214	812	40	161	36
1999	20	338	12826	4897	3753	877	33	92	34
2000	20	283	14149	5658	3789	874	29	106	—
2001	20	315	16272	6056	3581	974	66	44	44
2002	26	336	17004	5972	4611	1008	44	82	—
2003	21	337	17467	5720	5084	984	50	130	—
2004	24	322	16290	4744	5860	946	35	180	—
2005	22	287	14350	4149	5501	970	21	40	—

说明：1987—1992年的行政人员、工勤人员、校办厂人员、代课教师数含在高级中学对应数字中。1995年的教师数为普通中学的教职员工总数。

二、高中教育

1986年，全县有普通高中5所，县城有金湖县中学、金湖县第二中学，农村3所高级中学（完中）分布在塔集镇、吕良镇和宝应湖农场。有班级42个，在校生2221人，实行三年学制。参加高考530人，被高等院校和中等专业学校录取298人，其中本科113人、专科117人。课程设置和教学方法按照省、市教育部门规定进行，且根据省高考方案的调整变化作相应的调整，经历按文理科分班教学和按学科组分班教学的过程。1990年3月，高中课程结构由学科课程和活动两部分组成，学科课程采取必修课和选修课两种形式，活动包括课外活动和社会实践活动。是年，普通高中实行毕业生会考制度，凡思想品德表现（包括社会实践）合格，会考成绩达到学籍管理中毕业生文化课成绩合格标准，体育达到合格标准的学生，方可取得普通高中毕业证书。1993年后，普及九年制义务教育带动普通高中教育的发展，全县扩大学校规模，逐渐增加班级，扩招学生数额。金湖县中学由4轨发展到6轨，1997年又发展到8轨，招生数从160多人增加到300多人。县第二中学初办时高中班只有2轨，1996年发展到6轨，招生数从近100人发展到200多人。1997年，全县教学班57个，在校生2836人，其中当年招生1275人。以后逐年上升，到2003年班级突破100个，在校生突破5000人。此后，逐步减少直至停止农村普高的招生，集中财力、物力、师资力量办好县城重点中学，撤销宝应湖中学，在县城兴办艺术中学。2005年，全县有完中5所，分别是江苏省金湖中学、金湖县第二中学、金湖县艺术中学、金湖县吕良中学、金湖县塔集中学，有班级112个，在校学生6776人。在9月开始的新学期中，新生全部按国家课程标准进行新课程实验。金湖除向社会输送大量建设人才外，累计向高校输送本、专科新生10479人。

1986—2005年金湖县普通中学教育（高级）事业发展统计表

表34-4-7

年份	学校（所）	班级（个）	在校生（人）	招生（人）	毕业生（人）	教师（人）	行政人员（人）	工勤人员（人）	其他（人）
1986	5	42	2221	731	606	140	21	49	4
1987	5	47	2481	865	655	153	98	265	31
1988	5	48	2560	853	757	173	109	274	51
1989	5	49	2548	757	763	181	102	272	56
1990	5	48	2405	746	855	188	123	250	53
1991	5	42	2232	635	812	180	108	266	37
1992	5	42	2112	609	750	171	89	269	45
1993	5	39	1868	558	758	183	15	25	10
1994	5	40	1784	552	616	184	20	60	20
1995	5	41	1883	764	579	1074	—	—	—
1996	5	47	2222	971	601	196	15	50	10
1997	5	57	2836	1275	511	211	15	30	14
1998	5	65	3354	1324	712	248	20	40	15
1999	5	76	4038	1444	800	278	10	50	9
2000	5	83	4553	1883	1223	337	15	30	—
2001	5	89	5027	1484	1230	289	12	20	20
2002	5	98	5450	1970	1360	355	8	18	—
2003	5	103	5808	2019	1652	330	10	55	—
2004	5	109	6350	2307	2032	372	14	75	—
2005	5	112	6776	2512	1985	375	15	127	—

说明：1987—1992年的行政人员、工勤人员、校办厂人员、代课教师数中含初级中学人员数，1995年的教师数为普通中学的教职员工总数。

1986—2005年金湖县普通高级中学高考参考学生及录取统计表

表34-4-8　　单位：人

年份	参考人数	本科录取	大专录取	中专录取	录取合计	年份	参考人数	本科录取	大专录取	中专录取	录取合计
1986	530	113	117	68	298	1996	923	186	221	22	429
1987	535	107	126	54	287	1997	659	175	131	39	345
1988	593	137	177	27	341	1998	732	195	128	5	328
1989	573	107	141	52	300	1999	891	298	187	—	485
1990	583	71	75	30	176	2000	1292	332	314	—	646
1991	580	73	84	52	209	2001	1491	385	413	—	798
1992	547	64	109	25	198	2002	1471	490	447	—	937
1993	534	118	105	39	262	2003	1830	485	688	—	1173
1994	710	105	143	32	280	2004	1834	464	750	—	1214
1995	764	103	113	109	325	2005	1958	529	809	—	1338

第二节　中学选介

一、江苏省金湖中学

前身为“宝应县黎城初级中学”，创办于1956年。1960年新增高中部，定名为“金湖县中学”，征地5.3公顷，重建校舍。1986年，金湖县中学校舍总面积1.1万平方米，有教学楼和实验楼各1幢，有理化、生物、语音、微机等实验室7个；有高中班15个、初中班12个，在校生1400人，教职工120人。是年，学校建起三级教改试验网，使教改课题由点（试验班）到线（年级组）到面（全校），有组织、有步骤地逐步推开，促使教学质量普遍提高，中考升学率达72%，6门应考学科5门全县第一，其中学生曹阳考进清华大学少年预备班，张旭文考进南大少年预备班。1987年高考升学率79%。1988年高考升学率85.5%，学生王红扬获省理科第五名、市理科第一名。1989年高考升学率83.5%，华文全获市理科第一名。

图34-4-6　江苏省金湖中学（摄于2005年）　　李义海／摄

1990年，建成可容全校师生集会、就餐的会堂兼饭厅，加之办学成绩卓著，成为全省第一批合格重点高中。1994年，坚持以爱国主义教育为主线，在“五四”“一二·九”等重大节日中，举办“祖国万岁”演唱会、读书报告会、爱国故事会、诗歌朗诵会，举办“祖国——母亲”散文诗歌征文及爱国主义题材影评征文比赛；举办以爱国主义为主题的书法、美术、摄影、手抄报等作品展览；还组织学生收集爱国故事、诗歌、名言等400余条，被省教委评为德育工作先进学校。1995年，应届高中毕业生201人，有77人达本科最低控制分数线，其中理科达线数71人，创历史最高记录，共有132人被各级各类学校录取。是年，重视电化教学，添置微机30台，每班配齐投影幻灯设备，建成市级电化教学试点校。1997年被确认为江苏省OEH多媒体教育网络实验学校。1998年建成多媒体教室、安装闭路电视、教师备课上课用笔记本电脑。

2000年8月18日，占地23.3公顷的新校区（黎城镇健康西路109号）开工。2001年8月底，新校区首期工程竣工，建有单体楼15幢（标准化教室92个，科技楼、图书馆楼各1座），400米标准塑胶田径场（操场），篮球场8个、升旗广场、游泳池各1个，还有学生公寓、餐厅、超市、浴室等附属设施，总建筑面积5万平方米，投资1.2亿元。9月1日，初中部与高中部分离，成为独立高中，高中学生1343人迁至新校区就读。是年，承担教育部“十五”重点课题“教育信息资源网络建设对策研究”、子课题“数字资源与各学科教学的整合运用”，省重大课题“建设学校学习型组织的研究”、重点课题“普通高中研究性学习课程开发的研究”等。2003年6月，经省教育厅批准金湖县中学更名为江苏省金湖中学；8月被明确为副处级单位；10月被评为三星高中。2004年7月，被省教育厅命名为全省首批四星级普通高中。2005年，校区有标准化教室60个，在校生3296人，教职员工232人。在专任教师202人中，本科学历200人，占总数的99%；获得中学高级教师职称的91人，占45%；获得中学一级教师的51人。至年底，教师在省级以上刊物上发表论文70多篇，有14位教师在省、市优课评比中获奖，学生参加学科竞赛获国家级奖16人次、省级奖15人次。

二、金湖县第二中学

创建于1978年，时名黎东中学，校址在黎城镇育才路10号，校园占地3197平方米。1979年7月更名为金湖县第二中学。1985年增设高中班，向完全中学过渡。1986年，校园面积近2公顷，校舍建筑面积3610平方米，有班级16个，其中高中班4个，在校生近1000人，教职工150余人。1987年起，学校明确把培养学生“做堂堂正正的现代中国人”作为育人目标，着力培养学生的自主意识、自理能力和自律品质。是年，成立学校文学社——苇风，不定期编辑出版刊物《苇风》，连续8年荣获全国优秀校刊校报一等奖，被评为全国中学生文学社示范社刊和江苏省优秀中学生校刊。1990年，尝试走艺术和体育教育特色之路。

图34-4-7　20世纪90年代，校刊《苇风》硕果累累　　县志办／供

1995年，与南京航空航天大学工商学院联办大专班，与南京师范大学体育系、南京航空航天大学外语系联办特色班。1996年高、中考本科达线36人、专科以上达线90人，在全市65所普通完中处上游地位。1997年，扩大办学规模和加大教育投入，有班级31个、学生1700多人、教职工150余人；有现代化语音室1个、图书3万余册，音体美和电化教学设施种类齐全，经市教委验收，被确定为市重点高级中学、高中艺术教育试验点。1999年，学

校建有教学楼、科学馆、餐厅、学生公寓和综合楼，有微机室、多媒体教室、声像同步语音室、图书室、阅览室、音乐室、美术室、劳技活动室、心理咨询卫生室，配备微机40台、投影仪36台及复印机、激光打印机和扫描仪等现代化教学设备。学生参加第十一届“国际科学与和平周全国中小学生‘金钥匙’科技竞赛”活动，有5人获一等奖、5人获二等奖、2人获三等奖。

2000年，把艺、体教育作为工作重点，被确认为省重点高级中学、省教育科学研究基地。2003年，升格为正科级。2004年被认定为全国中学生社团活动示范单位。2005年，校园面积近4公顷，有教学楼、实验楼、办公楼、学生宿舍、教师宿舍楼及餐厅等13幢，建筑面积6.34万平方米，有班级40个、在校生2500多人、教职工210人。高中部专任教师111人，其中本科以上学历104人，占93.7%；中、高级职称88人，占79.3%。是年，被评为“三星级”普通高中。

三、金湖县吕良中学

前身为1959年7月成立的宝应县吕良初级中学。1966年改校名为向阳中学。1969年春，招收两年制高中班1个，初中规模亦逐步扩大，由此过渡为完全中学。1977年更名为金湖县吕良中学。1986年，校舍面积3868平方米，有教学班15个（其中初中班9个、高中班6个），学生近800人、教职工40多人。1991年9月，明确为副科级单位。1995年、1996年被市教育局评为市文明单位。1999年，学校占地4公顷，有教学班20个，在校生1500余人、教职工100余人，加大硬件设施投入，投资202.4万元，在24个教室安装投影仪，配备语音设备58台（套），新购图书6000册，建成图书阅览室250平方米，建成教师办公楼、学校公园和教师公寓，建成学生餐厅840平方米，铺设水泥篮球场，改建田径场，添置乒乓球台、电子琴、石膏像等基本音、体、美器材，同年成为金陵中学、扬州中学、苏州中学、盐城中学四大名校的网上学校，取名校无偿赠送的最新教育教学信息及教学资料，被省教育厅批准为淮阴师范学院教育实习基地。2001年获省实施素质教育先进学校称号。

2002年，推进质量工程，学生中考成绩在600分以上者有38人，均被省重点中学录取，其中王佳兵以总分711分夺得全县第一名；高考达到专科院校分数线并被录取131人，其中柏林被中国人民解放军飞行学院录取；学生雷蓉获全国中学生作文大赛一等奖，并进入“全国500强小作者”行列；学校被评为江苏省科技教育先进学校。2003年，艺术类学生高考达线15人。2004年高考，达本科线36人、专科线64人，录取率为全市农村重点中学第一，被评为县高中教育教学工作先进单位。2005年，学校占地面积2.85万平方米，建筑面积1.20万平方米，拥有教学楼、办公楼、计算机房、实验室、图书室、阅览室、运动场等教育教学设施，以及学生公寓、多功能餐厅、商店、早点店、浴室等配套齐全的生活设施。在校生稳定在1000人左右，教职工中有1人被评为全国优秀教师、2人受到省级表彰、12人受到市级表彰；有大学本科学历58人，专科学历7人，高级教师5人。

四、金湖县塔集中学

建于1958年，为“戴帽初中”（在小学内增设初中班），附设于塔集中心小学，时名为塔集小学初中班，1个班，招收初一新生59人，教职工3人。1960年从中心小学划出，单独设立塔集初级中学，迁址于塔集集镇东首，建校舍27间，设5个班，有学生283人、教职工20人。1966年“文化大革命”中，改校名为红卫中学。1968年增设高中班，发展为完全中学。1978年更名为金湖县塔集中学。1986年，有班级15个（其中初中班9个、高中班6个），在校生近1000人，教职工60多人，当年高考本科达线58人，受到省教育厅的表彰。1991年9月，明确为副科级单位。1996年，学校占地面积2.6万平方米，有班级15个（初中班9个、高中班6个），在校生675人、教职工78人，建成2幢3层教学楼及设施齐全的物理、化学、生物实验室，是全县乡镇重点中学之一。1998年，初三学生陈德权参加中华第五届“圣陶杯”中学生作文大赛获初中组一等奖。

2002年初，投资100多万元，建成1700多平方米的综合楼，随后又多方筹集资金30多万元，建成电脑室、语音室、实验室、多功能教室，配置30多台电脑、多媒体液晶投影仪、教学录像带、VCD片等，并为初中部各班配备电视机、录音机、VCD，有70名教师取得省现代教育技术和省教育信息技术考试合格证书，在全县农村中学中率先走上教育现代化之路。4月，全市课改现场会在该校召开。2003年，购买图书5000册，建成高标准理化生实验室，添置仪器价值5万多元；新建标准操场1个、篮球场2个，购置数码钢琴、手风琴、球类、石膏像等音、体、美器材。2005年，原夹沟初中撤销，师生与可动资产全部并入。学校占地面积2.95万平方米，建筑面积1.11万平方米，校园内有教学楼、综合楼、学生餐厅、学生公寓，微机室、语音室、实验室、多功能教室，晴雨操场、篮球场、羽毛球场等。有班级26个，在校生1500多人，教职工120多人。

五、金湖县外国语学校

前身是金湖县中学初中部，性质为公办民助，校址在黎城镇建设路28号。2000年定名为金湖县外国语初级中学，校园占地面积3.80万平方米、建筑面积13989平方米，首次招生284人。每周设置英语课5节，并开设日语供学生选修。2002年，中考优秀率、人均分居全县第一，被评为淮安市模范学校。2003年6月更为现名。2004年，编写校本教材2种，分别是《诗歌赏析》，收录体现地方特色的金湖民歌；《中学生安全教育读本》，内容涵盖学校、交通、日常生活安全以及社会治安和个人卫生等方面。在第三届"江苏省中学生与社会"作文大赛中，冯秀羽以全省第三名的成绩获一等奖。2005年，校园占地面积5.6万平方米，建筑面积1.50万平方米，有班级38个，在校生2615人，教职工146人；教师中本科率89.9%、中高级职称占81.9%，享受市县政府特殊津贴4人，省优秀青年教师2人，被评为全国中小学生思想道德建设先进单位、省级示范初中。

六、金湖县实验初级中学

创办于1983年，校名为金湖县第四中学，地址在今黎城镇建设西路123号。1986年，校园占地面积4万平方米，校舍建筑面积1556平方米，有班级10个，在校生512人，教职工32人。1989年被市教育局确认为合格初中。1990年9月，更名为金湖县实验初级中学。1993年被评为省德育先进学校。1995年10月，在省初中素质教育经验交流会上，校长翟立成作交流发言，学校被省教委确定为全省首批素质教育试点学校。1997—1999年，注重数学课堂教学改革，实施"单元结构教学法"及"渗透数学思想，提高初中学生学习数学的能力"等课题研究，学生参加"希望杯"数学竞赛及数学考试成绩在全县名列前茅。2000年，将艺术教育当作实施素质教育的切入口，努力在校园内形成高雅的艺术氛围，并结合工作实践，完成省级"九五"课题"构建农村艺术教育模式研究"。是年，筹资400多万元兴建综合实验楼、图书楼及标准操场等教育教学设施。教学质量不断提高，中考成绩连续五年优秀，被评为江苏省模范学校。2003年，学校升格为副科级单位。

图34-4-8 县实验初级中学（摄于2005年） 李义海/摄

2004年，承担的全国教育科学“十五”规划国家重点课题的子课题“开展有效德育活动，促进学生自主发展”研究与实验取得成果，5名教师德育课题实录获国家科研成果一等奖，10多篇论文分获中央教科所一、二、三等奖。是年，设立160万元专项资金，为全体教师配备笔记本电脑116台，建成校园网，网络终端到达每一个教学场所及教师办公桌，同时建成电子阅览室、语音室各1个和多媒体设施20套，被确认为江苏省实施现代教育技术实验校。2005年，校舍建筑面积2.11万平方米，有班级54个，在校生3500多人，教职员工203人。教师中有省特级教师1人，中学高级教师57人，被评为省级示范初中。

第五章　中等职业与特殊教育

第一节　中等职业教育

1986年，全县有职业学校4所，其中县城1所：金湖县职业高级中学；农村3所：金湖县金南职业高级中学、金湖县三河中学、金湖县涂沟中学。共有班级53个，开设专业15个，在校生2600人，教职工130人。1987—1990年，围绕地方经济发展需要，培养财会、农经、水产养殖、蚕桑、电线电缆、机械、车工、钳工、绒绣和美甲等专业的实用型人才，输送毕业生8500余人。1990年起，在相关普中附设职中班，是年，普中附设职中班18个班677人。

1991年起，各职业学校创建教学、生产、经营、科研、服务为一体的学校，探索开放办学、联合办学的路子。1993年，金湖被省教委确定为省农村教育综合改革实验县，职业教育得到快速发展，一些学校办起校中校，金南中学办起预备役学校，翌年又成立淮阴市金湖保安学校。县职业高级中学新设工民建、宾馆服务、保安、微机等13个专业。全县各类中等职业技术学校与普通高中招生之比达到2∶1。10月，金湖县农村干部培训学校在塔集中学创立，培养对象为乡（镇）推荐的德才兼备、年轻有为的在职村党支部书记、村民委员会主任、村主办会计等，当年招收学员54人。1995年，县职业高级中学组织学生参加对口高考，参考15人，被大学录取9人，名列全市第一。1996年，县职业高级中学成为全市有影响的普通中专、职业中专和职业高中“三合一”的学校。三河中学与江苏爱特福药物保健品有限公司合办化工班；县进修学校开办法律事务、水电工程中专班。年内，全县职业中学共招生981人，其中职业技术学校定向培养办班劳务输出486人，对口高考录取24人。县职教办和县职业中学被评为市教学管理先进单位。

1997年，县职业高级中学开办的专业有机电、财会、宾服、保安、预备役、高尔夫球场服务等，向厦门、珠海、扬州等地输出毕业生400余人，对口高考达线46人。1998年6月，金湖电大与县职业高级中学合并，成立金湖职业技术教育中心，为“一套班子、四块牌子”（金湖职业技术教育中心、淮阴广播电视大学金湖分校、金湖县中等专业学校、江苏省金湖职业高级中学）。1999年，全县有职业中学4所，班级76个，开设机电、化工、计算机、财会、美术装潢、旅游、宾服、幼师、保安与驾驶、水产养殖、外事、文秘、服装等27个专业，有在校生3123人。在全省职教招生滑坡的情况下，全县仍招生717人，毕业585人。在校生巩固率97.3%，对口高考在全市名列前茅，报考49人、达线47人。是年，通过区域调整、资源整合、创新模式等途径，在全市率先成立金湖县职业教育集团。集团由金湖职教中心（现更名江苏省金湖中等专业学校）和11所成人教育中心校以及金石集团、江苏爱特福集团、金湖输油泵公司、金湖小青青渔业机械设备制造有限公司等县内10多家大型骨干企业组成。新建校舍面积3.10万平方米，建成数控（机电）实训室、语音室、多媒体电化教室、理化生实验室、电子电工实验室、计算机网络教室和卫星宽带网接收系统、校园音响系统等，添置液晶投影仪、汽车、实物展示平台等教学仪器设备。集团紧紧围绕“合作、发展、共赢”的工作目标，遵循设置统一规划、教育教学统一安排、教研教改统一运行、教学资源统一共享、实习就业统一安置的原则，推行“校企对接，特色办班”的人才培养模式，实施“课程内容岗位化、课程体系模块化、课程特征校本化”的教学内容改革，进行“行业专家教师化，专业教师技师化”的师资改革，充分发挥企业和学校的优势，开展多形式的项目合作交流，为县域经济社会建设与发展培养合格人才。

2000年，职业教育适应新一轮国际产业转移和长江三角洲制造业迅猛发展的需要，开设电子技术、计算机技术、机械加工、汽车运用、机电和数控技术等一系列新型专业，为苏南经济发达地区和金湖县工业园区培养一批技术操作工人。与苏州、无锡、扬州、南京、上海等地有关高校联合办学，通过校际合作、校企合作，提高办学水平，拓宽学生就业渠道。是年6月，县职教中心通过省教育厅组织的省合格职教中心验收。该校设立的驻外劳务服务机构，至年底向昆山、上海、广州等大中城市输送毕业生600余人。2001年，县职教中心先后建成多媒体语音室、数控编程室、电工电子实验室、微机室等实验室20多个和校外实验实习基地10多个，10月被省教育厅确定为江苏省现代教育技术实验校。2002年，相关普中附设职中班30个班658人。2003年起，普中不再附设职中班。

2005年，全县有职业中学4所（其中国家和省重点职中各1所），班级101个，开设专业20个，在校生4771人，专业教师269人，其中中学高级教师57人。开设计算机应用、旅游管理、财务会计等20个专业。参加普通高校对口高考学生251人，达专科以上分数线241人（其中达本科分数线66人），达线率为96%。1986—2005年，全县职业教育为社会输送各类实用型毕业生1.50万多人，被上海、苏州、南京等地企业录用毕业生8000多人。全县参加对口高考职高学生共1424人，本、专科达线分别为427人和712人，升学率连续6年居全市之首。

1986—2005年金湖县中等职业教育（职中）事业发展统计表

表34-5-9

年份	学校（所）	班级（个）	专业（个）	在校生（人）	招生（人）	毕业生（人）	教师（人）	行政人员（人）	工勤人员（人）	其他（人）
1986	4	53	15	2600	2056	501	92	13	25	10
1987	4	26	16	1279	556	445	78	30	18	1
1988	4	37	17	1412	692	423	90	14	20	4
1989	4	39	18	1529	552	493	119	14	23	4
1990	4	33	19	1278	563	681	110	17	19	22
1991	4	28	20	1169	614	677	112	16	24	20
1992	4	25	21	988	408	363	91	9	9	17
1993	4	32	29	1156	557	334	101	12	17	17
1994	4	34	20	1309	666	397	103	15	23	20
1995	4	51	19	1603	1122	383	149	—	—	—
1996	4	55	19	2404	981	549	153	7	24	36
1997	4	54	29	2595	907	699	150	7	51	35

接上表

年份	学校（所）	班级（个）	专业（个）	在校生（人）	招生（人）	毕业生（人）	教师（人）	行政人员（人）	工勤人员（人）	其他（人）
1998	4	48	29	2424	753	752	141	6	34	46
1999	4	76	27	3123	717	585	86	4	24	36
2000	4	43	32	1540	724	308	68	4	22	15
2001	4	40	26	1532	702	453	102	12	9	9
2002	4	76	20	2350	1178	938	165	8	10	—
2003	4	82	20	3756	1477	573	195	10	35	—
2004	4	97	20	3733	1304	1123	310	7	30	—
2005	4	101	20	4771	2022	1385	269	15	47	—

说明：表中数据为职业中学数据，此外有普中附设职业班。普中附设职业班数据为：1990年18个班677人，1991年10个班1169人，1992年9个班315人，1993年12个班369人，1994年4个班64人，1996年2个班118人，1997年4个班100人，1998年3个班56人，1999年3个班58人，2000年4个班126人，2001年24个班142人，2002年30个班658人。1995年的教师数为教职员工总数。

第二节　特殊教育

1986年11月，金湖成立聋哑学校，在黎城镇城西小学校内开设1个班，招收聋哑学生18人，配有教师2人。1987年1月，在校园内新建教室2间和教师办公室1间。是年起，采用“校带班”形式，县实验小学、黎城镇中心小学、城南小学、城西小学开办4个培智班。1989年8月，县聋哑学校在青年路南侧新建教室、宿舍、食堂等13间，建筑面积420平方米，有班级4个、学生32人、教职工16人。1991年在原址扩建，新建教室8间，建筑面积近900平方米，有班级5个、学生52人、教职工20人，设立淮安市聋儿语训部。是年，还在有关乡镇小学附设弱智班16个，弱智儿童入学率95%。1993年9月，县城4个培智班合并，成立县培智学校，地址先在黎城镇成人教育中心，后搬迁到城西小学内，有班级4个、学生37人、教师10人。是年，金湖被国家教委评为全国特殊教育先进县。

图 34-5-9　县特殊教育学校（摄于2005年）　刘本湘／摄

1994年，聋哑学校有班级7个、学生57人，培智学校有班级4个、学生32人；6所中心小学附设培智班、学生44人，特殊儿童入学率93.4%。县聋哑学校首届毕业生被安置在县城有关工厂和乡镇企业就业10人。1996年，县聋哑学校有学生61人，培智学校有学生38人，同时全县全日制学校附设特教班13个112人，特教生入学率95.3%。4月20日，市在金湖县召开特殊教育现场会，县教育局作题为《积极发展特教，全面实施义务教育》的经验介绍。10月，县在闵桥镇召开特殊教育年会，评出特殊教育先进工作者32人，为残疾儿童捐资4.5万元。

1998年，布局调整，将县聋哑学校、培智学校与市聋儿语训部合并，定名为金湖县特殊教育学校，学校集聋儿语训、弱智学前康复、聋哑弱智少儿九年义务教育于一体。2000年，全县除县特殊教育学校外，还有普校附设特教班33个，其中盲生班3个，聋生班9个，弱智班21个，在校生342人。是年初，总投入近300万元的县特殊教育学校新校区基建工程开工。2002年春，选址、规划、改扩建、装修及配套设施、校园美化等工程全部竣工。新校区与职业中学、黎城中学相邻，占地面积约6000平方米，建筑面积1500多平方米，规划精致独特，"三区"（教学区、生活区、活动区）独立。其中教学、生活功能齐全，条件一流；活动区铺设1500平方米水泥球场和100米炭渣跑道，添置3万余元的大型户外玩具，种植2000多平方米的草坪、花圃。校园内花草、雕塑、水池、画廊、建筑物交相辉映，已具现代特校规模。5月12日（第12个"全国助残日"）上午，该校隆重举行"社会各界助残献爱心捐赠仪式暨新校区落成庆典，县四套班子领导，社会各界人士及教育系统师生代表广泛参与该次活动，收到捐款18万元。是年，县特校有教学班12个、在校生98人、教师30人。学校坚持养成、素质、康复、职业教育并举的方针，遵循特殊儿童的身心特点和客观规律，注重学生补偿训练（弱智学生用听力补偿智力），强化体育、律动、书画等活动课程训练，充分控制学生的代偿机制（目视代替听力），取得喜人成绩。5月，学生吕爱琴（聋）、伍德慧（智残）代表淮安市参加省第六届残运会，夺得银牌2枚、铜牌1枚，学校被省政府评为省第六届残运会先进单位。是年底，毕业的10名聋哑学生全部就业。2003年，金湖县承担省级特殊教育随班就读支持保障体系实验工作。

2005年，县特殊教育学校有听力、智力、脑瘫、孤独症、多动症等残疾儿童105人，分教学部3个（聋哑部、培智部、康复部），班级12个，教职员工39人，其中特殊教育师范毕业生10人，大专以上学历14人，达标率100%。学校以中重度弱智学生的康复教育为切入点，开发校本训练教材《认知》《语知》，并在教学中使用；开设绘画、书法、理发、修理、缝纫、刺绣等职技课程，帮助残疾儿童毕业后能自食其力；启动创建省特殊学校现代化工程，筹建残疾儿童康复训练中心。是年，学校体育队代表淮安市，在省第四届特奥会上夺得金牌12枚、银牌6枚、铜牌8枚，学校舞蹈队表演的《银鸽飞舞》在省第六届残疾人文艺会演中获二等奖，学生的绘画作品《丰收》获得江苏省少儿书画大赛少年组银奖。

1986—2005年金湖县特殊教育学校发展统计表

表34-5-10

年份	学校（所）	班级（个）	在校生（人）	招生（人）	毕业生（人）	教师（人）	行政人员（人）	工勤人员（人）	其他（人）
1986	1	1	18	18	—	2	—	—	—
1987	1	11	88	79	—	13	1	1	—
1988	1	5	52	12	8	11	1	1	—
1989	3	6	56	12	—	9	2	4	—
1990	2	21	180	110	—	12	2	3	2
1991	2	21	216	34	13	29	3	2	2
1992	2	12	110	14	10	24	3	4	2
1993	2	18	697	6	10	38	10	—	—
1994	2	11	89	15	10	21	8	4	4

接上表

年份	学校（所）	班级（个）	在校生（人）	招生（人）	毕业生（人）	教师（人）	行政人员（人）	工勤人员（人）	其他（人）
1995	2	11	107	—	—	—	—	—	—
1996	2	13	112	11	28	31	4	14	—
1997	2	13	108	10	12	35	4	5	7
1998	1	8	75	17	19	35	3	7	—
1999	1	12	70	16	6	21	4	5	8
2000	1	12	78	8	—	23	3	—	12
2001	1	12	98	18	8	27	3	5	7
2002	1	12	98	15	12	30	4	8	—
2003	1	12	101	9	—	35	2	5	—
2004	1	12	101	5	—	31	2	4	—
2005	1	12	105	—	—	28	4	7	—

说明：表中数据为特殊教育学校数据，此外还有普校附设特教班。

第三节　学校选介

一、江苏省金湖职业技术教育中心

原名金湖县职业高级中学，1983年创立，设在县第三中学内（“一套班子、两块牌子”），校址在黎城镇青年路9号。1986年，校园占地面积2.7公顷，校舍建筑面积3974.8平方米，有机械、化工、财会、幼师、花卉、建筑等9个专业11个班级，在校生近600名，教职工48名。1987年，县三中初中部撤出后成为独立职业中学。1989年，被团中央、农业部、国家科委联合表彰为全国实践教育先进单位。1991年被确定为省级重点职业高级中学。1994年10月，由省计经委、省教委批准，在职业高级中学的基础上成立金湖县历史上第一所中等专业学校——金湖县中等专业学校，开设3个专业3个班的4年制中专，与职业高中“一套班子、两块牌子”；全校共有班级23个，在校生1020人。

1995年，投资800余万元扩建校园，学校占地面积增至8.7万平方米，建筑面积增至3万平方米，新建实验楼、图书馆、学生公寓，装备多媒体语音

图34-5-10　1996年5月1日，县举行“庆祝金湖职中成为国家级重点职中暨金湖县中等专业学校成立”大会　朱伟／摄

室、微机室、电工实验室、财会模拟室等实验室12个，配置图书5万余册，建成县供销合作总社、商业局、机械厂等校外实习基地12个。10月，通过国家级重点职业中学验收。是年，启动大专学历教育工程，与南京师范大学、南京经济学院联合举办外语、财会自学考试辅导站，还建成机械、建筑专科函授辅导站。1996年，被国家教委评定为国家级重点职业高中。是年，经省政府批准，正式建立金湖县中等专业学校。以办好职教为地方经济建设服务为中心，围绕企业办专业，使专业、企业、产业同步发展，逐步形成融教学、实习、生产、科研、服务为一体的办学模式，为苏北职业教育事业树立迅速发展的典型，1997年被评为省模范学校、职业高中教学管理先进学校。

1998年6月28日，金湖广播电视大学与之合并，成立职业技术教育中心，一套班子，四块牌子（金湖县职业技术教育中心、淮阴市广播电视大学金湖分校、金湖县中等专业学校、江苏省金湖县职业高级中学）。校园占地8.7公顷，建筑面积5万平方米，建有教学连体楼、科技中心、图书馆、学生公寓等设施；办有华鼎精细化工公司等实习工厂4个，拥有价值近1000万元的教育教学、实验实习设备；开设机械、微机、财会、化工、文秘、师范英语、证券与金融、餐旅管理等专业13个，有普通大专、成人大专、普通中专、职业中专、职业高中不同层次的教学班级59个，在校生2400人，教职工236人，教师中具有高级职称的占60%。是年，被团中央、农业部、中国科协联合评为实践教育活动先进单位。

2003年，新建教学楼、实验楼、综合楼、学生公寓、学生餐厅、浴室等，总建筑面积11000多平方米，配置相应的设备。2004年，被教育部等六部确定为国家数控专业紧缺人才培训基地，被科技部确定为国家星火计划科技培训学校。2005年，开展职业高中、职业中专、开放大专等多层次（多形式）的学历教育，探索校企办学的人才培养模式，与县内外多家知名企业建立长期合作关系，有金石集团、小青青电机设备有限公司、江苏同泰服饰等校内外实习基地20个。是年，有班级46个、专业23个，其中大学本（专）科专业7个、班级13个。在籍学生3200多人，教职工235人，专业教师中具有本科以上学历的占70%，具有中高级职称的占三分之二以上。

二、金湖县金南职业高级中学

1986年，金湖县金南中学校园占地面积4公顷，建筑面积5090平方米，有初、高中班级19个，其中高中班为职业班，在校生近千人，教职工80余人。1987—1993年，根据地方经济发展需求，重点开设农经财会、工经财会、电缆等专业。1994年，与县人武部合办预备兵役专业，后成立金湖县预备兵役学校。1995年4月，经省公安厅、市政府同意，市公安局、教育局批准，在保安专业的基础上成立全省唯一的保安学校——淮阴市金湖保安学校；11月，经有关部门批准，成立中央党校函授学院辅导站，首届招收本科班学员40人、专科班学员60人。是年，综合教学楼落成，建筑面积1200平方米，投资70万元。

1996年起，先后与苏州商校、苏州经贸职业技术学院、无锡汽车工程学校、扬州商务高等学校、无锡丁蜀职业教育中心等院校联合办学，开设电子技术、计算机技术、机械加工、汽车运用、机电与数控技术、商务英语等专业，培养面向苏南等地区和本县工业园区的技术工人。2003年，被省教育厅确认为省实施教育现代化示范学校。2005年，更名为金湖县金南职业高级中学，校园占地面积4公顷，建筑面积1.50万多平方米，班级10个，开设专业9个，在校生1500余人，教职工102人。自开办职业高中班以来，共培养毕业生1.30万多人，就业率98%以上，其中技工3000余人，被省教育厅确认为江苏省重点职业高级中学。

三、金湖县三河中学

1986年，三河中学设有职业高中班，县乡共同拨款新建理化实验室2幢、校园中心水泥路1条、教师宿舍1幢。1991年9月，学校被明确为副科级单位。1994年起，与无锡市古罗马大酒店、胜利油田度假村和扬州市渔具机械集团公司联合办学。7月，向南京、无锡等地输送首批就业人才70余人。

1996年，校园占地面积4.8万平方米，设有班级21个（初中18个班、与江苏爱特福药物保健有限公司合办职业高中化工班3个），共有在校生1008人，教职工77人，其中中高级职称18人。1999年，有班级21个，教职工90余人。2001—2002年，启动教育现代化工程，先后投资154万元（其中省、市团委援助7万元），兴建教学楼，占地面积610平方米，建筑面积1611平方米，添置微机等现代化教学设施。2005年，校园占地面积6.08万平方米，建筑面积7713平方米，有初中班18个、职高班6个，在校生1000人，教职工75人。是年，与南京电子集团公司技工学校联合办学，开设电子技术应用、真空电子2个专业，招收学生100多人。

四、金湖县涂沟中学

1985年9月，金湖县涂沟中学撤销普通高中，专办职业高中，与省农业广播电视大学联合办学。1991年9月，被明确为副科级单位。1996年，有班级10个（其中初中班6个、职业高中班4个），在校生371人、教职工47人（高、中级教师10人）。职业高中部设有财税、会计、统计与审计、多种经营等专业，职业高中毕业生62人。至年底，共培养出职业高中毕业生907人，其中多数成为乡镇、村和乡办企业的管理人才、技术人员或致富能手，并有考入高等院校学生34人。2000年，教学楼投入使用。9月，原涂沟成人教育中心校并入涂沟中学，开办特种水产养殖、多种经营、旅游、财经等专业，有学生200多人。2001年下半年，市、县教育局确定该校为2002年江苏省农科教示范基地创建校。此后，投资297万元，建成鱼、鳖、蟹、虾混养示范基地18公顷，创建鱼、鳖、蟹、南美白对虾育种、繁苗、精养系列化养殖模式。2003—2005年，该校已形成水产产、供、销一条龙技术示范服务体系，辐射带动邻近宝应县、高邮市及安徽天长市等县市水产养殖业发展。2005年，涂沟中学分为初中部和职业高中部，初中部6个班，在校生202人，年内毕业61人；职业高中部5个班，开设财会、水产和养殖3个专业，在校生145人，年内毕业26人。

第六章　成人与高等教育

第一节　职工教育

1986年，县城企业和事业单位的职工教育主要由县职工教育办公室负责，乡（镇）、村企业和事业单位的职工教育由县成人教育办公室负责。20世纪80年代末和90年代初，全县陆续建立起总工会职工学校、粮食职工学校、供销合作总社职工学校、经委职工学校、商业局职工学校、卫生学校、交通职工学校、财政局中华会计函授学校、物资局职工学校、农机化学校等系统内的职工学校，各乡（镇）企事业单位亦建有教学点，这些职工学校均配有相应的管理人员和教学人员，主要是对本系统、本单位的在职职工进行岗位资格培训、技术等级培训和文化继续教育。

1998年下半年起，随着产权制度和劳动用工制度的改革，各系统有组织的职工教育工作逐渐退出，各职工学校开始寻求新的办学形式和教学方法，先后同县体改委联合举办厂长、经理、人教股长参加的产权制度改革培训班，与市电大联合开办电脑应用培训班，县粮食局职工学校与南京航空大学联合开办营销大专班，县财政局中华会计函授学校举办会计电算化大专班，县职教办被市职教办评为社会办学先进单位。

1994—1998年金湖县职工教育发展统计表

表34-6-11

年份	职工学校（所）	教学管理（人）	培训职工（人）	其中		
				岗位资格（人）	技术等级（人）	文化课（人）
1994	10	115	14241	2875	2018	727
1995	10	100	13103	2403	1344	3184
1996	9	56	15433	2461	1964	4021
1997	10	80	14361	10428	8529	3933
1998	11	85	9845	9211	555	79

2000年，确立依靠社区、面向社会、服务社会的教育观念，开展学历与非学历、家庭教育指导、建设文明小区和文明村镇、医疗保健、休闲娱乐等社区教育。2002年12月，市教育局职业教育与社会教育处在金湖县黎城社区召开全市社区教育研讨会。2003年3月，县教育局职成科在黎城镇成人教育中心校举办第一期社区教育师资培训班，内容是剪纸艺术，参加培训社区教育教师60多人；7月举办第二期师资培训班，内容是太极拳等健身运动技能以及防病抗病知识，参加培训教师40多人。2004年，县教师进修学校成立社区教育办公室，开展就业市场调研，了解各行业具体培训要求，先后与有关部门配合举办计算机、英语、普通话等培训班10期，参加培训近4000人次。

2005年，在社区开展学习型单位、学习型家庭、五好家庭创建活动，举办演讲会、学习创作展、社区教育论文评选等竞赛。县卫生系统利用街头义诊、健康宣传电视讲座等形式开展社区卫生教育培训工作。吕良镇社区开办电脑上网培训，提高居民网上学习、网上接受信息的能力。有些社区通过科普集市和跑旱船、耍龙灯、踩高跷等活动，丰富社区群众文化生活。

第二节　农民教育

一、扫除文盲

1986—1993年，每年召开扫除文盲工作会议，落实扫除文盲任务，通过成人教育机构，利用农村中小学校教师和教室，共举办扫盲班635个，参加学习7011人；办高小班112个，参加巩固与提高学习1894人。全县15~40周岁人口中，非盲人数为182686人，非盲率在95%以上。1994年5月，省政府高标准扫盲验收组对金湖县进行扫盲工作验收，通过对戴楼、白马湖、涂沟、新农、淮建等6个乡镇抽验后确认，全县非盲率为98.63%，巩固率为97.8%，村级非盲率在95%以上，城镇居委会及乡（镇）事业单位非盲率在98%以上，宣布完成高标准扫盲任务。1996年，全县在基本扫除青壮年文盲后，又开始扫除1949年以后出生人口中的所有文盲，开办脱盲人员的初等职业教育。到1999年底，全县15~50周岁人口中非盲率在99%以上，达到国家扫除文盲标准并通过验收。至此，全县的扫盲工作基本结束。

二、农科培训

1986年，域内每万人口中有中专生4.3人、高中生54人、初中生169人，这些初高中生中绝大多数科盲，每万亩仅有农田初级技术人员104人。1987年开始，通过各乡（镇）、村成人教育网络对广大农民进行种植业、养殖业和加工业等实用技术培训，实行长短结合的办学方法，长班每年开课150课时以上，短班每年开课30~150课时，年均办班300多个，培训1.5万多人次。1990年，在黎城镇双坝小学和淮胜乡淮武小学创设“两位一体”（在村小设成人教育）学校，白天小学生上课，晚上成人教育上课，后在全县推广，全县办起“两位一体”学校150所。1991年，全县依靠农科教结合优势，在农村成人教育方面实施“二二四”工程，即发展培训、实验两个基地，组建教学、科技推广两支队伍，提高培训、示范、推广、服务四种功能，促进普通教育、职业教育、成人教育的相互沟通与渗透，建起一批具有地方特色的改革模式学校。

1992年，金湖被省教委确定为农村教育改革实验县。1993年，全县建立乡（镇）科教服务队和村级实用技术辅导队29个。1994年，全县建有产业研究会72个、电教服务队22个。1995年，各乡（镇）成人教育中心校在当地中小学的配合下，围绕“两专一基（专业村、专业户、种养基地），到村、组、户开展科技培训、科技咨询、科技服务200多次，服务面5000多户，编印实用技术教材9个专业2.86万册、科技小报5万多份。是年，创办“两位一体”学校被市教委立为市级研究课题，成果分别在《新华日报》《中国教育报》等报刊报道。随后，在金北乡马港村、官塘乡高河村开办农民学校，在黎城镇双坝村、淮胜乡淮武村推行村级大教育，促进农村教育综合改革工作，建成促小康示范乡（镇）4个，创市重点成人学校3所，被省教委评为农村教育综合改革先进县。1998年起，各乡镇成人教育中心校成为融党校、团校、青年农民科技学校、妇女学校为一体的学校。此后，农科培训不再单独办班。2001—2005年，县教育局与劳动局、农业局等部门配合，实施“阳光工程”，每年开展农村富余劳动力转移培训工作。

三、学历教育

1999年起，随着农民尤其是青壮年农民对学习科学技术、提升文化学历积极性的提高，金北、横桥等7所成人中心学校与淮阴市城建中专学校、淮阴纺织中专学校、县农业技术推广学校联合举办成人中专班7个，开设专业有农经管理、经济管理、微机应用和机电等，学员200人。金南、黎城等7所成人中心学校开办电线电缆、花卉种植、法律等专业的成人中专（高中）班7个，招生205人，成人大专班3个，招生66人。此后，各成人中心校不断扩大招生规模和招生层次，在增开中专、大专班的同时，组织成人参加省高等教育自学考试的人数也不断增加。2000年，组织农村人员报考高等教育自学考试536人；举办成人高中班11个，学员248人；中专班17个，学员427人；大专班13个，学员589人。2001年，组织农村青年报考高等教育自学考试568人；举办成人高中班12个、中专班13个、大专班14个，学员1046人。2002年，开办成人大专班12个，组织400多名农村青年参加自学考试。2003年，举办成人高中班10个、中专班4个、大专班12个，学员826人，组织农村青年报考高等教育自学考试409人。之后，学历教育逐渐淡化。

1999—2003年金湖县成人学历教育统计表

表34-6-12

年份	学校（所）	班级（个）	在校生（人）	招生（人）	毕业生（人）	教师（人）	行政人员（人）
1999	23	27	827	200	—	66	—
2000	12	3	90	271	—	52	—
2001	11	7	425	183	136	22	—
2002	11	22	496	180	156	34	22
2003	12	4	234	125	34	11	11

四、劳务培训

2001年起，县教育局会同劳保局、农业局等部门，与各镇成教中心校联合开展劳动力转移和阳光工程培训工作，开办的专业有机械加工、普通车工、电动缝纫、电子装配、电子电工、办公自动化、家政服务等。2003年，完成下岗转岗培训3800多人，为县工业园区培训一大批合格熟练工人。完成农村劳动力转移就业培训11981人，在县内或外地就业8840人。其中吕良成人中心校培训转移劳动力1300人。2005年，参加培训12145人。其中组织农村劳动力转移就业培训6771人，在县内或外地就业6514人。

1987—2005年金湖县农民教育发展统计表

表34-6-13

年份	成校中心（所）	专兼职教师（人）	培训班（期）	培训人数（人）	讲座（期）	听众（人次）
1987	22	100	388	15266	178	12375
1988	22	150	400	15200	200	20000
1989	22	159	500	15000	204	26257
1990	22	160	564	30700	354	41837
1991	22	150	410	25000	350	36000
1992	22	140	418	14370	364	37470
1993	22	130	437	14689	610	38047
1994	22	120	566	25000	616	45626
1995	22	102	645	38000	750	45000
1996	22	200	732	27925	790	43927
1997	22	336	762	31487	809	39885
1998	22	455	672	25949	818	40198
1999	22	296	628	31376	751	43149
2000	11	274	580	29652	805	47490
2001	11	138	416	25096	551	66476
2002	11	135	264	22312	366	61829
2003	11	128	295	22995	391	50346
2004	11	175	328	19475	304	37309
2005	11	160	202	12145	326	36202

第三节　高等教育

一、县电大及联办大专（本科）班

1979年8月，开始筹建江苏省广播电视大学金湖县管理站，1983年9月正式成立，站址暂设于县教师进修学校。1985年迁至建设西路125号。1986年5月，更名为淮阴市广播电视大学金湖分校，隶属于县人民政府，由县文教局代管。8月，县电大首次招收商业企业管理专业10个班，学员240人。随后，电大的专业设置逐年增多，招生人数逐年增加。1990年12月，被明确为正科级事业单位。1993年，招收机械、行管、审计、统计等7个专业16个班，学员445人，被评为省广播电视大学教育先进单位。

1994年，除电大正常招生外，参与高等教育的学校还有县委党校、县二中等，全县办有各类大专班19个、本科班2个，学员711人。其中：县委党校开设经济管理专业（中央党校函授）5个班，其中，大专班3个、345人，本科班2个、104人；县二中与南京航空航天大学、南京工商学院联办办公自动化大专班，首批40名学员参加全国成人考试；县职业高中启动"大专学历教育"工程，建成机械、建筑专科函授辅导站；县财政局中华会计函授学校和省高等财经专科学校联合举办会计电算化大专班。1995年，电大开设大专财会、审计、营销、机械4个专业，7个班，在校生128人；县委党校开设经济管理专业5个班，在校生445人。

1996年，省教育学院在金湖县教师进修学校设立全市第一个本科函授点——江苏省教育学院金湖函授站，12月从扬州、宿迁、连云港、淮阴4市参加全国成人高考的考生中招生44人；金南中学在与南京炮兵学院联合办学的基础上，又与南京空军气象学院联办中央党校函授学院经济管理专业本科班，招收学员66人，学制2年。1997年，县粮食职工学校与南京航空航天大学联办在职干部企业管理大专证书班，招收学员66人。

1998年6月28日，县电大与金湖职业中学合并，成立职业技术教育中心，仍保留学校牌子。是年，全县新开办大专、本科学历班8个，学员235人；毕业7个班，184人取得大专学历、39人取得本科学历。1999年9月，县职业高中经省招办批准招收第一届五年制大专班，专业为计算机信息管理、会计统计与核算，招生90人。是年，江苏教育学院金湖函授站首届本科班46名学员毕业，江苏理工大学机电一体化专业大专函授金湖班在职教中心开办，淮阴工专在职教中心设立函授站，有条件的乡镇成人教育中心校开办大专班6个、学员212人，县城7所职工学校也开办高等教育函授班。2000年，县电大参加省电大开放专科试点教育，开设专业有教管、财会、经管、现代秘书，招收学员226人，尔后又参加省电大开放本科教育试点。

2005年，县电大成人教育有财会、会计学、计算机科学与技术、小学教育和法律等开放专科班5个。9月，通过中央电大的评估验收，批准参加中央电大开放本科教育的试点工作，开设汉语言文学、计算机信息管理、财务会计、工商管理和金融学本科班5个，招收学员215人。10月，经中央电大奥鹏教育中心评估验收，批准成立金湖奥鹏学习中心，为全县参加高等教育学习的人提供教学支持服务。金湖电大建校以来共向社会输送本科及大、中专毕业生2000多人，其中不少人成为机关、工厂、学校的领导和骨干，也有一部分成为县内外创业能手。

1986—1998年金湖县广播电视大学事业发展统计表

表34-6-14

年份	班级（个）	在校生（人）	招生（人）	毕业生（人）	教师（人）	行政人员（人）	工勤人员（人）
1986	10	240	—	—	7	1	2
1987	8	277	171	84	5	1	5
1988	6	178	168	90	6	1	5
1989	5	155	—	—	8	3	2
1990	13	502	356	8	7	2	4
1991	—	80	30	63	8	2	5
1992	—	140	140	—	7	3	5
1993	16	445	246	7	11	4	2

接上表

年份	班级（个）	在校生（人）	招生（人）	毕业生（人）	教师（人）	行政人员（人）	工勤人员（人）
1994	15	632	162	—	11	4	—
1995	7	128	—	39	15	—	—
1996	16	668	252	262	10	3	3
1997	13	632	—	—	20	6	1
1998	10	328	54	145	16	6	—

说明：1998年6月28日，该校并入江苏省金湖职业技术教育中心，有关数据不再单独统计。

二、自学考试

金湖高等教育自学考试始于1983年，考务工作由县招生办代管。1986年，首届大专毕业22人，其中党政干部基础理论专业12人、汉语言文字专业5人、法律专业4人、英语专业1人，毕业人数居全市各县区之首。尔后，参考人数逐年增加。

1994年，开始有组织地进行高等教育自学考试辅导助学工作，当年县职业高中与南京师范大学、南京经济学院联合举办外语、财会自学考试辅导站，有学生145人报名参加高等教育自学考试，毕业26人，其中大专25人、本科1人。1996年，江苏省教育学院金湖函授站举办自学考试助学班5个、239人，农业函授大专班10个、388人。是年，县自学考试办公室牵头开设社会管理学、公共关系、法律等专业的辅导班4个，编印《满园春色》一书，宣传优秀自学考试毕业生的事迹，县招生办被市招生委、教委评为先进集体。1997年，全县参加自学考试报名3262人，其中本科274人、大专2967人、中专21人；有93人取得自考毕业证书。成人高考报名685人，被各类院校录取234人。是年，县二中被省教委、省招生办评为自学考试优秀考点，黎城镇职工学校被市教委评为优秀辅导站。1999年，全县参加自学考试3588人，当年毕业73人，全县自参加自学考试以来累计毕业675人。是年，各乡镇成人教育中心校与县自学考试办公室联合建立乡镇高等教育自学考试服务站22个，组织438名农村人员报考高等教育自学考试。经省、市自学考试办公室批准，首次自学考试农村实验区种植、养殖、加工、机电、管理五大类专业在县实验中学开考，参加人员有乡镇干部职工、农村青年及从事农技、农机、农管、林木、畜牧、种植、养殖的专业户、个体户588人。县二中自1983年承担国家级自学考试考点工作以来，累计开考32场，接待考生4万多人，被评为省自学考试优秀考点。

2000年，成立县高等教育自学考试辅导学院，和江苏教育学院金湖函授站、县教师进修学校建成“三位一体”的学校。下半年举办3期自学考试助学辅导班，开设本专科汉语文学专业古汉语、现代文学史、现代文学作品选等课程，接受辅导学员120余人。是年，高等教育自学考试报名3259人，累计在籍考生12847人。2002年，县高等教育自学考试办公室被江苏省高等教育自学考试委员会和省教育厅评为高等教育自学考试先进集体。2005年底，参考在籍生13011人，参考本、专科专业118个，参加考试1565人，取得本、专科毕业文凭100人。1986—2005年20年间，全县先后有8万多人次参加高等教育自学考试，参考科目涉及文、理、工、农、医、法、经济、教育、历史、管理等224个本科、专科专业，每年有近百人取得本、专科文凭。

1994—2005年金湖县高等教育自学考试统计表

表34-6-15　　单位：人

年份	报名	取得毕业证书人数	附：成人高考		年份	报名	取得毕业证书人数	附：成人高考	
			报名	录取				报名	录取
1994	145	26	—	—	1995	—	47	—	—

接上表

年份	报名	取得毕业证书人数	附:成人高考		年份	报名	取得毕业证书人数	附:成人高考	
			报名	录取				报名	录取
1996	3610	31	705	130	2001	2551	82	420	254
1997	3262	93	685	234	2002	2100	—	—	284
1998	3500	118	673	—	2003	1896	—	—	246
1999	3588	73	608	203	2004	1577	—	403	240
2000	3259	76	380	171	2005	1565	100	484	244

说明：1.1986—1993年数据未作专门统计。2.报名人数中：1996年，本科212人、专科3369人；1997年本科274人、专科2967人；2004年本科801人、专科776人。3.取得毕业证书人数中：1994年本科1人、专科25人；1995年本科1人、专科46人；1996年本科1人、专科30人；1997年本科4人、专科89人。

第七章　教　师

第一节　队伍结构

1986年，全县共有教职工3712人，其中，教师3108人（公办教师1227人），行政人员185人，工勤人员353人，校办厂66人，另有代课教师162人。1987—1993年，县每年在组织中、高考报名时，都动员和推荐100多名优秀学生报考师范专业。在此期间，回县的大、中专师范毕业生有1000余人，约占全县教师总数的三分之一；定向委培、脱产进修600多名紧缺学科教师；县教师进修学校举办中师、幼师函授班，组织参加省大专、本科自学考试，毕业1300多人。至1993年，全县小学教师合格率91.3%，初中教师合格率86.3%；小学教师大专学历18%，初中教师本科学历11%。

1994年，全县在教职工3878人，其中公办教职工2623人（公办教师2111人），民办教职工616人，代课教师50人，合同制教职工589人；有在职中学高级教师55人，中学一级教师395人，中学二级、三级教师752人；小学高级教师395人，小学一级、二级教师1250人，特级教师3人，幼儿教师599人（其中公办186人）；新分配中师、中专生46人，大专生40人，本科生12人；调进6人，调出19人；退离休24人。1997年，全县有教职工4056人，其中公办教职工3538人（公办教师2976人），民办教职工518人。小学教师中本科学历6人、大专学历389人；中学教师中本科学历241人、大专学历906人。是年，符合教师资质的人员取得资格证书，教师持证上岗在各学校实施，有省级中小学特级教师3人，高级职称教师91人、中级职称教师1540人，青年骨干教师400多人，学科带头人33人。1998年，在实施"塑魂工程""青蓝工程"中，加大改革力度，增强教师群体活力；实行双聘，打破"铁饭碗"，有6名教师落聘下岗；换岗交流，竞选教干，打破"铁交椅"，有87名教干换岗。1999年暑假后，乡（镇）教师双聘制在全县推开，有93人转岗、试聘、待聘。

2000年，全县有教职工3723人，其中公办教职工3715人（公办教师3494人），民办教职工8人。小学教师中本科学历20人、大专学历599人。初中教师中，大专学历634人，本科学历124

人，学历达标率82.6%，本科率10.5%；高中教师中，学历达标率58%，参加研究生课程班学习25人。参加教师自学考试491人，获专科毕业104人、本科毕业56人。2002年，全县有公办教师3505人，其中，幼儿教师69人；小学教师1728人（含特教30人），学历达大专率45.2%；中学教师1363人，初中教师学历达本科率25.1%；高中教师学历达本科率78%。暑期，通过“双选”接收师范类本科生16人，专科生58人，中师生15人。是年，全县首次认定教师资格工作于5—7月进行，取得相应的教师资格有781人，其中取得幼儿园教师资格32人、小学教师资格442人、初中教师资格307人。

2003年，全县中小学校长、幼儿园园长持证上岗率98%，教师持证上岗率95%。新接收的高校毕业生实行公开招考聘任，择优录用。年内，有49名教师获得高级职称、92名教师获得中级职称、156名教师获得初级职称。是年5月，全县面向社会认定教师资格，共有357人取得相应的教师资格。其中取得幼儿园教师资格207人、小学教师资格63人、初中教师资格87人。2004年，获得中学高级教师职称的59人，获市级以上表彰教师10人，其中获国家级表彰1人。

2005年，全县共有在职（专任）教师3298人（全部为公办教师），其中幼儿教师184人，小学教师1377人，普通中学教师1345人（初中教师970人、高中教师375人），职业中学教师269人，教师进修学校教师61人，成人教育学校教师34人，特殊教育学校教师28人。是年暑期，通过双向选择和公开招考，接收师范类本科生44人、专科生26人。还面向社会公开招聘农村初级中学教师，通过资格审查、笔试、体检等程序，共招聘县内外师范类专科以上毕业生26人，充实到农村初级中学师资队伍中。至2005年底，全县专任幼儿教师学历达标率82.5%、大专率70%，小学专任教师学历达标率94.2%、大专率60.7%，初中专任教师学历达标率84.4%、本科率34.8%，高中专任教师学历达标率83.8%，职业高中专任教师学历达标率48%。

1986—2005年金湖县各类学校公办教师统计表

表34-7-16　　单位：人

年份	总计	普通中学	其中		职业中学	小学	幼儿园	进修学校	电视大学	中专校	党校	成人教育	特殊教育	其他
			高中	初中										
1986	1227	588	125	463	64	472	61	16	6	—	—	—	—	20
1987	1430	636	152	484	67	609	54	18	5	—	16	—	4	21
1988	1595	716	159	557	79	658	66	22	6	—	20	—	7	21
1989	1654	748	169	579	110	675	59	20	8	—	16	—	6	12
1990	1704	767	174	593	101	684	62	19	7	—	15	—	7	42
1991	1825	823	158	665	103	695	74	22	8	—	15	—	21	64
1992	1861	831	150	681	87	777	81	21	7	—	18	—	21	18
1993	2183	1005	183	822	97	870	79	21	11	—	18	—	38	44
1994	2111	909	169	337	100	920	75	18	11	—	18	—	21	39
1995	2840	1074	—	—	149	1541	35	26	15	—	—	—	—	—
1996	2681	965	182	783	153	1324	94	22	10	—	—	82	31	—
1997	2976	1016	211	805	149	1546	90	22	20	—	—	78	35	20
1998	3164	1060	248	812	141	1700	96	25	16	—		69	35	22
1999	3276	1138	278	860	86	1759	89	27	—	70	—	66	21	20

接上表

年份	总计	普通中学	其中		职业中学	小学	幼儿园	进修学校	电视大学	中专校	党校	成人教育	特殊教育	其他
			高中	初中										
2000	3494	1391	337	874	68	1762	74	34	—	90	—	52	23	—
2001	3283	1263	289	974	102	1658	65	56	—	90	—	22	27	—
2002	3505	1363	355	1008	165	1698	69	56	—	90	—	34	30	—
2003	3169	1314	330	984	195	1518	37	59	—	—	—	35	11	—
2004	3746	1318	372	946	310	1432	537	73	—	—	—	45	31	—
2005	3298	1345	375	970	269	1377	184	61	—	—	—	34	28	—

2005年金湖县中小学及幼儿园专任教师学历统计表

表34-7-17　　单位：人

类别		专任教师	本科	专科	中师	中专及高中以下
合计		3604	1028	1678	718	180
普通中学	高中	456	382	59	11	4
	初中	1000	348	495	114	43
职业中学	文化	137	51	76	4	6
	专业	222	121	79	6	16
小学		1726	120	928	578	100
幼儿园		63	6	41	5	11

第二节　师资培训

一、概　况

1987—2005年，组织达标的教师参加“一三五”工程培训（一年入门培训、三年合格培训、五年骨干培训），提高其政治、业务水平。加强教育教学管理，侧重学校领导“六到位”（教风、课程计划、教学“六认真”、教科研、质量评估、教学设备管理到位），教师教学“六认真”（认真备课、认真上课、认真布置和批改作业、认真辅导、认真组织考试、认真组织课外活动），促进教干、教师队伍素质的提高。

1994年，县教师进修学校招收幼师脱产班学员39人、中师函授学员99人。参加教师大专自学考试900余人，15个专业62个科目的考试及格成绩超省、市平均及格成绩。1995年，县教师进修学校开办6期中、小学校长培训班，举办小学语文、数学骨干教师培训班，170人参训。是年，全县参加省教师大专自学考试1089人，平均及格率高于市平均及格率4.6个百分点。1996年，举办各类师训班62个，培训在职教师3853人次，县教育局被评为省师训干训先进单位。1997年，组织15名学科带头人送教下乡，安排12名教师参加在职研究生课程班进修。县教师进修学校开设教师函授班10个，学员519人；各类短训班12个，学员770人。9月，举办首期校长提高班，参加16人。教师培训班结业119人（小学、幼儿园77人、中学42人），小学语文骨干班结业30人，幼儿园园长培训班结业

30人。被评为省优秀班主任的教师5人，被评为优秀班主任的教师10人。县教师进修学校制订《金湖县教师继续教育工作计划》，规定全县在职教职工参加继续教育的学时标准，即高中教师为每年60学时，初中以下为每年40学时。并对继续教育从规划、实施、考核、验证四方面加强全程管理，县、乡各教育部门都为教师再教育积极创造条件。是年，县、乡共办研讨班、培训班41个（期），教职工通过市继续教育验证的3500人。

1998年，共举办岗职培训班127个，3000多名教师接受继续教育，受教育率100%；与淮阴师院联办普通幼师班，与江苏教育学院联办小学教师大专脱产班、政教专升本考前辅导班，496名教师参加全省教师自学考试，有91名教师取得专科或本科学历。通过继续教育，至1999年，全县小学、初中、高中、职中教师的学历达标率分别为94.7%、82.2%、61.5%、29.2%。1999年，县教师进修学校开展大规模的小学教师基本功考核工作，全县小学教师1225人参加基本功考核4317个项次，占小学教师总数69.6%。考核内容分课堂教学、口语表达、教育教学论文、电脑操作、教具与科技作品制作、艺术特长等7个项目。各项目合格率为：教学类90.9%，口语类98.2%，书面表达87.9%，书写类88%，操作类72.7%，教具制作类91.3%，艺术类100%。

2000年，县教师进修学校先后举办"小学语文骨干教师培训班""新教师岗位培训班""初、中级职称培训班""校长培训提高班""普通话辅导培训班"，以及教师自学考试课程辅导班共25个。接受各级各类继续教育培训的教师3300多人，合格率、验证率、通过率均达100%。2004年，县教师进修学校先后举办小学教师英语培训班、英语专业大专层次脱产培训班、新教师岗位培训班、小学语文和数学骨干教师培训班等，全县在职教师受训600多人次。是年，全县参加省市级培训500多人次，组织参加信息技术培训考核教师550多人。开办"课改"轮训班、小学语文骨干教师培训班、中小学班主任培训班、幼儿园教导主任培训班，完成中小学、幼儿园教师教学基本功考核，新分配教师培训及考核。

2005年，县教师进修学校先后举办"课改"师资轮训班5期，接受培训教师250多人，在各自岗位上发挥了骨干作用。其办班经验在全国范围内产生较大影响，教育部主办的《中小学教师培训》杂志将其作为要闻发布，《淮安教育》也作报道。

二、金湖县教师进修学校

1960年9月创办，校址位于利农闸东，开始仅有教职工9人（专职教师3人）。1978年迁址到建设西路2号，占地面积9450平方米。1985年6月明确为副科级事业单位，1988年3月升格为科级单位。1993年和1996年先后被省教委评为"成人教育先进单位"和"中小学校长岗位培训先进单位"。1996年起，启动省级示范教师进修学校创建工程。至2001年，先后投资近1000万元，加强学校的软硬件建设。校舍建筑面积9385平方米，其中教学用房3317平方米、行政用房768平方米、生活活动用房5300平方米。其中投资230万元建成的综合楼建筑面积3060平方米，内设微机房、多媒体阶梯教室、舞蹈房、琴房、画室、语音室、理化生实验室等现代化教学设施及行政办公室、会议室。12月中旬通过省专家组的验收，被省教育厅认定为省级示范教师进修学校。2005年其机构未变。

1986—2005年金湖县教师进修学校事业发展统计表

表34-7-18

年份	班级（个）	在校生（人）	招生（人）	毕业生（人）	教师（人）	行政人员（人）	工勤人员（人）	校办厂及其他（人）
1986	8	413	105	51	16	5	4	41
1987	7	379	172	48	21	6	14	—

接上表

年份	班级（个）	在校生（人）	招生（人）	毕业生（人）	教师（人）	行政人员（人）	工勤人员（人）	校办厂及其他（人）
1988	8	425	56	—	22	6	15	1
1989	6	322	100	189	20	6	16	—
1990	4	207	—	115	19	6	14	3
1991	—	95	—	107	22	6	15	—
1992	—	157	76	14	21	7	12	—
1993	4	183	103	72	21	7	6	—
1994	8	303	106	157	18	6	9	—
1995	—	—	—	—	26	—	—	—
1996	13	536	526	252	22	12	1	—
1997	12	408	142	61	22	11	—	2
1998	18	662	168	227	25	10	—	2
1999	8	317	—	146	27	8	—	2
2000	10	399	262	162	34	10	—	3
2001	—	812	605	742	56	2	2	3
2002	10	400	268	160	56	5	3	5
2003	14	793	319	238	59	3	12	—
2004	20	840	220	225	73	8	11	—
2005	20	947	267	263	61	9	7	—

说明：1995年的教师数为教职员工总数。

第三节　人才选拔培养

1995年，金湖县中学重视青年教师培养工作，强化政治素质和教学业务素质培训，制订《培养青年教师工程规划》《青年教师教学基本功5年培养规划》，成立金湖县中学中青年骨干教师协会，使一批青年教师成为县、校学科带头人。是年，该校青年教师在省以上刊物发表教学论文8篇，其中获奖5篇（国家级3篇、省级2篇），在市以上交流文章12篇。是年，县第二中学校长邹峰因教学水平突出，被南京航空航天大学聘为兼职教授。1996年，县教育局在全县评出首批中小学学科带头人32人，其中小学15人、中学17人。1997年，开展形式多样的师德教育活动，开办“名教师”“名校长”培训班4期，200多人参训；1998年，全县骨干教师成为市、县学科带头人46人。

2000年起，全县实施“师表工程”“名师工程”“名校长工程”“青蓝工程”，有市级名校长、名教师、学科带头人、骨干教师50人。2002年，受到国家及省、市、县级表彰的教师180人，获中学高级教师职称21人，获中级教师职称142人。被评为县学科带头人的教师61人。2005年，以“通识培训、学科培训、骨干培训”形式，完成出国培训11人、国家和省级培训157人、市级培训800人次。全县新认定中小学教师资格111人，评定中小学高级教师职称62人。在全县中小学教师中开展“考学”活动，参加小学、初中、高中3个阶段24个文化类科目考试的教师2000多人。此活动获市教育局2005年教育创新奖。

第四节　待　遇

民师转正　1986年起，金湖继续按照省逐年下达的“民转公”指标，解决民办教师的人员性质和工资待遇问题，主要条件为：1979年9月30日前被县教育行政部门录用的民办教师（含1979年9月30日前经县教育或劳动行政部门批准的长期顶编代课教师），领取《民办教师合格证书》，并取得合格学历（小学教师为高中或中师毕业，中学教师为大专毕业），或相应的《教材教法合格证书》；教龄满25年且取得相应的“教材教法合格证书”，未达到离岗年龄至今在岗的中、小学民办教师。按照有关政策规定，为中师以上学历、小教5级、中教7级以上的教师家属办理“农转非”手续。“民转公”数量较多的年份是，1994年138人、1995年234人、1996年187人、1998年18人，至1998年底，全县共有符合条件的合格民办教师转为公办教师1460人（只有8人因违反计划生育政策等原因未能转正）。

工资福利　1986年，全县教师月工资人均不足100元，经过1993年工资改革和历年调资、增资，至2005年，教师月工资人均1500多元，已略高于全县公务员人均工资。同时，教职工养老、医疗、住房等相关福利待遇均按政策得到落实。1994年，筹措资金363万元，新建教师宿舍8200平方米，其中楼房8幢76套6323平方米，平房5幢63间1877平方米。102户教师搬进新居，37户教师住房条件得到改善，8户离退休教师得以安置。县城教师住房成套率76%。1997年，为离退休教师办理在城区的公费医疗手续，为部分乡镇教师办理养老保险手续。投入851万元，建成教师住房1.51万平方米。1998年，金湖在获得“江苏省教职工住房建设先进县”的基础上，投入资金2394万元，新开工教职工住宅457户（套）面积3.60万平方米，当年建成住宅楼17幢442户（套）3.26万平方米，相当于此之前成套住宅楼面积的总和。2005年10月起，全县农村教师开始享受基本医疗保险。

职称评聘　1986年起，县分别成立“中小学教师中级职称评审委员会”和“中小学教师初级职称评审委员会”，全县中、小学和幼儿园教师开始实行教师专业技术职称制度。在聘任职务任期内履行职责，享受相应的职务工资待遇。1996年，为符合条件的3014名从事教学工作的教师及承担教育教学任务的其他专业技术人员，办理教师资格认定过渡手续，并发给相应的资格证书。其中获幼儿园教师资格144人、小学教师资格1803人、初级中学教师资格757人、高级中学教师资格310人。至2005年底，全县共评定出中学高级教师（副高职称）396人，中学一级教师1169人，小学高级教师1896人。

政治待遇　1986年，全县乡镇以上中、小学建有中共党支部30个，在优秀教师中发展党员58人。随后，根据积极吸收优秀知识分子入党的方针，每年都吸纳一批教师加入党组织。是年9月10日，是我国第二个教师节，县政府召开庆祝大会，表彰教育系统优秀教师、先进集体和先进工作者。至2005年，全县每年教师节前夕（或当天）都举行庆祝活动，慰问教师，弘扬尊师重教。1994年教师节前夕，编印《金湖县教师功勋录（荣誉册）》，包括“人物表”和“人物简介”两部分。“人物表”汇集1977—1993年获得部、省、市级劳动模范、优秀或先进教育工作者（教师）称号，省中小学特级教师和市有特殊贡献中青年专家，县政府表彰的优秀教师、优秀知识分子和先进个人，县委表彰的优秀共产党员，市以上各部门单项表彰的个人，共分7大类15项，累计2259人次。“人物简介”共选收39名贡献较大、成就突出的受省以上表彰的先进人物，其中从事幼儿教育2人、小学教育19人、成人教育1人、中学教育9人、职业教育3人、其他5人。1986—2005年，教师中受全国表彰的15人（其中模范教师3人），受省表彰的22人（其中劳模3人），受市表彰的59人（其中劳模3人），受县委、县政府表彰的1311人次。被评为省特级教师有4人。每年为教龄满30年的教师颁发荣誉证书。截至2005年，全县教育系统党委中有党支部15个（不含镇一级），教师中有党员558人。为创造机会给教师搭建参政议政、施展才华的平台，通过选举，1986—2005年教育系统共有市县中共党代表、人大代表、政协委员近200人次，其中县中共党代表59人次、县人大代表49人次、县政协委员92人次。

第五节　教学管理与科研

1986年，金湖根据多年教育教学管理工作的经验积累，归纳出教师教学工作“六认真”的基本要求：认真备课，就是吃透教材、学生，研究教法、学法，备教材、教法、训练，写好教案，在“深”字上下功夫；认真上课，就是明确目标，突出重点，精讲多练，启发思维，培养能力，在“实”字上下功夫；认真批改作业，就是及时细致，符号一致，做好记录，定期评讲，在“细”上下功夫；认真辅导，就是因材施教，照顾两头，热情鼓励，具体指点，在“勤”字上下功夫；认真考查，就是控制次数，精心命题，深浅得当，注意“坡度”，侧重双基，考查能力，考前复习，考后分析，在“严”字上下功夫；认真总结，就是立好专题，注重实践，积累资料，开展调研，总结交流，在“精”字上下功夫。同时，县教学研究室制订《课堂教学常规四项基本要求》《课堂教学发展智能五条要求》，在全市率先将“智能教育”理论运用于课堂教学；针对乡镇初中学校多而教师人数少、各学科教研活动难以开展的实际，制订分片集中开展学科教研活动制度。1987年秋季，小学语文“导读基本式”研究开始，经过几年的研究和实验，全县小学语文教学质量显著提高，研究的文本成果在多家杂志公开发表。

20世纪90年代起，随着学校布局调整和课程改革的深入推进，全县初中学科基地这一教研模式逐步完善，县城初中更好地发挥示范和引领作用。随后建立高中学科基地，发挥基地学校（金湖县中学）的辐射作用，带动并搞活全县各高中的学科教学教研。1990年7月，县教研室编写的乡土教材《可爱的家乡——金湖》在全县小学高年级和初、高中一年级推广使用。10月7—10日，全国协作区第五次尝试教学法研讨会在金湖召开，来自全国28个省、直辖市、自治区的专家、学者500多人参加会议，省特级教师、尝试教学法的首创者邱学华作《有指导的尝试原则》的学术报告，与会者观摩县实验小学的教学示范，县内10位年轻教师上汇报课。1991—1992年，参与省“四小儿童”实验研究及相关教材的编写，承担国家教委、联合国儿童基金会关于小学语文、数学学科学习标准的项目实验，承担省教委“关于构建义务教育教学管理模式”的课题研究。1992年，金湖承担国家教委、联合国儿童基金会关于小学语文、数学学习标准的制订和质量检测项目的研究，明确以语文教学改革为龙头、改革教法为重点、改革学法为关键的教改思路，建立以目标教学为特色的教学新模式。

1993年4月，全省复式教学工作会议在金湖召开；当年秋季，金湖被省教委确定为义务教育小学数学教材实验试点县。1994年，组织开展中、小学县级教学观摩活动10次，在省、市优课评比中获奖20人次；举办各类教学讲座66次，听讲2332人；在推广李吉林语文情境教学法实验研究中，有5人获市优课奖。在全县100所农村小学2万余名儿童中开展“四小儿童”教育实验，编写出1套共5册的实验教材，获国家教委批准正式出版。11月3日，省哲学社会科学“市场经济形成过程中基础教育的矛盾及其对策”研讨会在金湖召开，金湖县向大会提供25篇论文，有5篇获优秀成果奖。1995年，成立县教育学会创业教育专业委员会，确定创业教育试点学校113所。开展中、小学县级教学观摩活动176次，举办学科专题讲座134次，组织学科竞赛71次，近3万名师生参加。1996年4月，黎城镇被确定为全国农村小学作文教研基地；9月，金湖县中学语文教研组被市教研室确定为淮阴市说课教研点。小学语文教研员何国成《教儿童学习阅读》教学讲座被省电教馆拍成10集电视片，在中国教育电视台播出。是年，举办优课评选、教学基本功大赛等活动126次，教学专题讲座110次；组织并完成国家教委下达的关于县级义务教育小学语文、数学质量抽样检测工作，并撰写长篇监测报告2份；被列为省级“九五”课题8项、市级课题22项。截至1997年，县教育学会10年间承担或参与研究的教学科研课题300多个（其中国家级3个、省级36个），金湖县教师发表教育论文3000多篇，出版《国旗下的讲话》《教子韬略》《句群与句群教学》等教育图书28种，参与编写《尝试教学理论》等图书100余种。

1998年，开展县级教研活动82次，承担省级实验课题10个，组织教学讲座50多次。1999年4月，全国小学数学尝试教学法研讨会在金湖召开，县育才小学承办全国尝试理论研讨会暨课堂教学观摩会。2000年，国际复式教学论坛暨中国第四届复式教学年会、淮阴市初中语文新教材教学研讨暨初中语文单元整体教学法成果推广会等高层次会议在金湖举行。2001年3月，金湖被省教育厅确定为新一轮课程改革试点县。2002—2003年，先后承办市初中、小学课程改革课堂教学观摩活动，接受国家体卫艺专项督查；包括6个市级“十五”规划课题、8个德育课题、5个其他教科研课题在内的19个课题顺利结题；教师发表科研论文266篇，完成德育科研论文12篇，组织和参加市以上评优课获奖100多人次，学生参加各类竞赛获奖500多人次。2004年，大规模、全方位开展新课程师资培训和课堂教学观摩活动，邀请国内著名教育教学专家、教材主编、实验区优秀教师和县内教学教研骨干为参训人员讲座、上示范课；11月，淮安市在本县召开“综合实践活动专题研讨会”。是年3月，对教学“六认真”基本要求再次进行修订。

2005年，深入进行课程改革研究，举办新课程教学观摩研讨系列活动，促进教学方式的优化转变；建立高三学科、高一中心备课组、初中片教研、小学校本培训等活动基地，逐步构建点、线、面结合的三级教研网络；初步建立有利于推进课程改革的学校评价机制，年内新创建市级课改先进校4所；县成立督查组，采取推门听课的方法，督查、调研教学情况，根据现场了解、拍摄的教育教学管理情况，制作成专题电教片，在全县各校巡回播放，针对存在问题，制订或修订多项教育管理制度。至2005年底，全县各学校均根据校情编写出适合本校使用的校本教材。

第八章　体　育

第一节　体育团体与设施

一、团　体

1986年，全县有单项体育协会4个。1991年3月，金湖县体育总会成立，有单项体育协会8个，即县中国象棋协会、县围棋协会、县桥牌协会、县信鸽协会、县田径协会、县乒乓球协会、县老年体育协会、县气功协会。会员1429人。各乡镇建有分会。1992年3月，成立县健身武术协会。2005年，县体育总会共有单项体育协会9个，会员总人数1791人，活动范围遍及全县城区和各镇。

二、公共体育设施

1986年，全县共有各种体育场、馆175个，其中篮球场95个、排球场50个、运动场30个。设施较完整的运动场地主要集中在城区。2005年，全县有标准体育场地118个，含公共体育设施体育馆1座、训练房1幢、游泳池1座；非标准体育场地66个。

金湖县人民体育场　位于县城建设路84号，县实验小学南侧，占地4公顷，建于20世纪70年代。1986年，建有400米标准跑道，足球场1个，训练球门6个，水泥地面篮球场1个，内含跳高、跳远沙坑、单杠、双杠、云梯、铅球、铁饼等设施和器材，北侧建主席台，四周有水泥护栏。该场地是全县体育活动中心和体育人才培训基地。承办有淮安市第一届中小学生田径运动会等重大竞赛。至1995年，该场地一直是全县中小学生田径运动会和全县职工足球比赛的场地，同时也是全县重大活动的场地。1995年，城区整体规划，另辟地建县体育中心，该体育场停止使用，由县体育局开发。

金湖县体育馆　位于建设路84号，县实验小学东侧，县羽毛球训练房南侧。系1988年将原金湖露天看台灯光球场改建，1990年建成，1991年1月交付使用。为钢架轻质屋顶结构，贴木地板，建筑面积1344平方米，1560座，可加临时座椅600个，可容纳观众2000人。该馆基建投入87万元，后追加灯光、电子记分牌、30秒计时器、音响等24万元，实际投资111万元。该馆建成后，多次接纳省、市大型篮球、排球、羽毛球等重大比赛，同时也是全县历年职工篮球、排球、乒乓球、羽毛球比赛的主要赛场和县少体校羽毛球训练基地。

金湖县体育中心　位于衡阳路189号。1995年开工，1997年建成。该中心用地7公顷，土地来源为县果园果林，为县政府无偿划拨。前期投入170万元，主要用于中心主干道建设，围墙、果农安置和赔青。在中心建设过程中，先后投入近400多万元，其中原体育场土地开发、转让费350万元，省、市体育部门专项拨款50万元，全部投入资金600万元。县体育中心建有田径运动场1个，400米标准跑道，弯道8道，直道10道；足球场1个，跳高、跳远、铅球、铁饼比赛设施齐全；游泳池和儿童池各1个，标准池50米×25米，水深1.4~1.8米，儿童池20米×8米，水深0.4~0.7米；附属设施有男、女更衣室、休息室、办公楼、深水井、机房等。该游泳池建成后，每年接待5万多人次参加游泳运动。

金湖县羽毛球训练房　位于县体育馆北侧，训练用场地300平方米，为钢架彩钢大屋顶结构。南端配建3层办公室和乒乓球活动室。该训练房是省属羽毛球训练班和市羽毛球重点训练基地，多次承办省、市少儿羽毛球比赛，同时也是全县乒乓球、羽毛球比赛的主要场地。

三、学校体育设施

1986年，全县各学校都建有固定的体育活动场地。各小学均辟有操场，各初级中学辟有小运动场，各完全中学辟有标准田径场。各中小学还辟有活动室。设施较完善的有金湖县中学、县第二中学、县职业中学、县第四中学。其中，金湖县中学设有300米跑道田径场1个，内含足球场；另有水泥篮球场、排球场、羽毛球场各2个，乒乓球台8个。1996年，市体委、教育局确定金湖为全市羽毛球训练中心。5月8日，在金湖县体育馆举行挂牌仪式。1997年，县实验小学投资120万元，修建320米环形跑道及体育活动小区，添置活动设备。2000年，闵桥实验小学新建300米黑色跑道操场1个。2001年，金湖中学建成400米标准塑胶田径场（操场）、篮球场8个、游泳池1个。2001—2005年，县实验小学、县育才小学先后新建有塑胶跑道田径场。

四、工厂企事业体育设施

1986年，全县各工厂、企事业单位拥有水泥球场24个，室内体育活动室41个。百人以上的企业中，90%以上均设有篮球场或排球场、羽毛球场。后逐年增多。1990年起，体育产业社会化步伐加快，并迅速发展成新兴产业部门，较大规模的有县水利局投资100万元建成的保龄球运动馆。1996年，县饮服公司投资300万元的县娱乐城建成开业，内含室内游泳馆、沐浴中心、台球城、棋牌室、舞厅、健身房。1997年，县家电总公司投资兴建县娱乐中心乒乓球馆和台球房，使用面积400平方米，设乒乓球桌8台，并设斯洛克台球、健身房等。县新华书店二门市二楼建成乒乓球馆。

五、乡镇体育设施与全民健身工程

1986年，全县各乡镇（场）都辟有固定的体育活动场所，均拥有篮球场和室内活动室，宝应湖农场还建有灯光球场。后逐年增多。1996年起，随着全民健身活动的兴起，开始实施城乡全民健身工程。1997年，县邮电局投入4万余元，购置落地按摩器、登山器、豪华划船器、健腰器、跑步器等15种健身器材；县供电局投入9万余元，购置跑步器、划船器、臂力器、举重器、多功能综合健身器等10余种健身器材，在全县率先建成健身房，为职工强身健体创造条件。各社区居委会及辖区各机关企事业单位采取政府投资、社会捐资、招商引资、企业出资等方式从各方面筹措资金，兴建篮球场、排球场、游泳池、健身房等，全民健身设施逐步普及。

2002年起，全县开始在有条件的社区、街道、集镇建全民健身路径、健身房、"阳光基金"健身点。2004年，在各镇新增22个晨（晚）练点；各点都有固定的健身场所，活动场地安全、卫生、不扰民；各晨（晚）练点都建有管理小组，制定自己的管理办法，配备1名以上社会体育指导员，且坚持常年指导。2005年，全县建成18条健身路径，分别为西苑新村社区、人医小区、广电小区、县政府宿舍小区、供电小区、残联小区、园林处（2条）、实验小区、地税小区、聋哑学校、宝应湖农场、刘圩、银集镇、陈桥镇、三河风光带（2条）、金南镇。资金由县体育部门在体育彩票收益金中支出2万元，建设单位配套1万元。每条路径配有单杠、双杠、弹震压腿、三位漫步机、伸背器、吊环等设施。10月，省体育局捐赠金湖3副标准篮球架，在塔集、黎城建成3个"阳光基金"篮球场。

六、经　费

全县体育事业费、行政费及较大的专项体育设施经费，主要由县财政拨给。1986年，财政拨体育经费2万余元。后随着经济日益发展，体育投入逐年增加。1994年起年递增20%以上，1998年财政拨款达14万元（不含专项工程建设）。2005年财政拨给体育事业经费17.3万元。

1986—2005年金湖县体育经费统计表

表34-8-19　　　　单位：万元

年　份	事业经费	行政经费	省、市专项补贴	年　份	事业经费	行政经费	省、市专项补贴
1986	1.8	0.2	0.5	1996	7.8	3.1	2.4
1987	1.8	0.2	0.7	1997	8.2	3.2	2.4
1988	2.2	0.2	1.7	1998	9.8	4.2	3.1
1989	4.2	1.8	2.5	1999	10.2	3.7	3.7
1990	5.0	2.2	0.7	2000	12.0	4.0	3.5
1991	5.4	2.4	0.7	2001	12.0	4.0	—
1992	5.4	2.5	1.2	2002	12.2	4.2	3.7
1993	6.2	2.8	1.5	2003	12.8	4.3	3.8
1994	6.2	3.0	1.8	2004	13.2	4.5	4.2
1995	7.0	3.1	2.1	2005	13.2	4.1	4.1

说明：基建维修方面：1986年省市拨款4万元、县拨款2万元；1987年自筹20万元；1988年自筹23万元；1993年省市拨50万元、自筹170万元（老体育场改造）；1994年县拨35万元；1996年自筹200万元（老体育场改造）；1997年自筹150万元（老体育场改造）。

第二节　学校体育

一、体育教学

1986年，全县472所中小学配有专、兼职体育教师528人，正常进行体育课程教学，开展体育课外活动，主要项目有田径、篮球、排球、足球、羽毛球、乒乓球、棋类、广播操等。是年，全县体育传统项目学校已发展到12所。其中：省级3所，即金中（田径、羽毛球）、实小（羽毛球、田径）、宝应湖中学（排球）；市级3所，即城镇、复兴圩、宝农小学（均为羽毛球）；县级6所。1987年，成立县中、小学体育教学研究会。1989年11月在县实验小学召开体育研究会年会。后多次召开（举行）全县中、小学体育教师研讨会、中小学体育教师会议、小学体育教师教学基本功比赛等。

1994年，全县体育传统项目学校有18所。省级有金中（田径）、宝应湖中学（排球）、县实验初中（田径）；市级羽毛球传统项目学校有宝应湖中心小学、黎城中心小学、复兴圩小学；县级田径传统项目学校有金南中心小学、金北中心小学、吕良中心小学、塔集中心小学、县二中、陈桥初中、金北中学、金南中学、吕良中学、县实验初中、塔集中学、白马湖初中。年底，城西小学被命名为淮阴市业余训练学校。1997年，金湖县中学体育教师史贵永被评为全国施行国家体育锻炼标准先进个人。1998年，全县63所主要中、小学配有专、兼职体育教师115人，有业余运动队120支，运动员1326人。各学校不仅将体育成绩列入学生成绩报告单，而且作为评定三好生和升学的重要条件之一。1998年，金湖首次实行将体育考试成绩（50分）纳入高中招生总分中。2005年，全县79所主要中、小学配有专、兼职体育教师158人，有业余运动队156支，运动员3800人。

二、体育达标

1986年，全县各中小学继续开展《国家体育锻炼标准》达标活动，每周两节体育课、两节课外活动，每天有早操、课间操、眼保健操，每年有4万~5万名学生参加《国家体育锻炼标准》测试，1987—1988学年起，每学年达标率均在90%以上，优秀率20%左右。90年代起，贯彻《学校体育工作条例》和《学校卫生工作条例》，全县中小学校每年开展冬季三项运动（长跑、跳绳、踢毽子）和广播体操比赛。1993—1994学年，达标率98.5%。2001—2002学年，达标率92.1%。2004—2005学年，达标率95.3%。

表34-8-20

1986—2005年金湖县中小学施行《国家体育锻炼标准》统计表

学　年	施行学校（所）	占学校比例（%）	达标人数（人）	达标率（%）	优秀率（%）
1985—1986	472	100	33403	83.0	14.0
1986—1987	472	100	31229	73.8	22.9
1987—1988	472	100	30332	84.0	20.0
1988—1989	472	100	37743	88.0	23.4
1989—1990	472	100	47744	96.6	25.3
1990—1991	472	100	37780	90.6	13.1
1991—1992	472	100	38021	92.4	20.7
1992—1993	472	100	38129	91.6	18.3

接上表

学　年	施行学校（所）	占学校比例（%）	达标人数（人）	达标率（%）	优秀率（%）
1993—1994	245	100	40966	98.5	18.5
1994—1995	245	100	36363	96.0	20.6
1995—1996	245	100	32343	95.8	21.1
1996—1997	245	100	29423	95.3	20.4
1998—1999	245	100	—	—	—
1999—2000	211	100	45545	90.3	15.8
2000—2001	211	100	34764	91.2	17.0
2001—2002	160	100	30413	92.1	18.2
2002—2003	102	100	29742	94.7	18.7
2003—2004	102	100	29833	95.6	19.2
2004—2005	79	100	29798	95.3	17.4

说明：1998年6月，省、市体委、教委对金湖实验初级中学、陈桥初级中学、银集中心小学、银集新塘小学、黎城小学、金南中心小学分别进行《国家体育锻炼标准》达标抽样调查，合格率均达90%以上。

三、田径运动会

1986年4月，在县体育场举行县中学生田径选拔赛。是年5月，举行第十七届全县中小学生田径运动会，有代表队58个，参赛682人。除县田径运动会外，各学校每年都举办1~2次运动会，比赛项目主要有田径、排球、篮球等。1990年4月，在金沟中学操场举行全镇中小学生田径运动会。1997年，金南乡举行全乡中小学生田径运动会。2005年11月，在金湖中学操场，举办全县第三十五届中小学生田径运动会，25个代表队参加，参赛运动员492人。

1986—2005年金湖县历届中小学生田径运动会一览表

表34-8-21

运动会届次	时　间	代表队（个）	参赛（人）	比赛地点
第十七届	1986.05	58	682	县人民体育场
第十八届	1987.05	58	671	县人民体育场
第十九届	1988.05	58	740	县人民体育场
第二十届	1989.05	58	733	县人民体育场
第二十一届	1990.05	56	711	县人民体育场
第二十二届	1991.05	56	724	县人民体育场
第二十三届	1992.05	55	749	县人民体育场
第二十四届	1993.05	55	689	县人民体育场
第二十五届	1994.10	55	628	金湖县中学
第二十六届	1995.10	59	630	金湖县中学
第二十七届	1997.11	60	638	县职业高中
第二十八届	1998.04	55	440	金湖县中学

接上表

运动会届次	时　间	代表队（个）	参赛（人）	比赛地点
第二十九届	1999.04	29	630	金湖县中学
第三十届	2000.04	52	680	金湖县中学
第三十一届	2001.05	30	600	县职教中心
第三十二届	2002.05	22	500	县职教中心
第三十三届	2003.10	23	484	金湖中学
第三十四届	2004.10	37	562	金湖中学
第三十五届	2005.11	25	492	金湖中学

第三节　群众体育

一、职工体育

职工运动会　1989年10月，县举行第二届消防运动会。20世纪90年代初，全县经常参加体育活动的职工1万余人，游泳活动是热点之一，夏季每天都有数百甚至上千人到县城北郊三河中游泳。1992年，职工群体性运动会普遍展开。县饮服公司工会在体育场举办拔河、夫妻同步走、带物走、自行车慢骑等体育竞赛项目，133人参加；县棉纺厂根据该厂特点，举办消防运动会，每个班组都组队参加，参赛人数占职工总数的50%以上；县汽配厂开展女子健美操活动，全厂80%以上女工参加。90年代中期起，田径运动在职工中普及。1996年3月，县举办首届“齐心协力奔小康”万人环城长跑活动。是年，参加市第三届运动会，获得团体总分第六名；县游乐城室内游泳池和县体育中心游泳池的相继建成，每年游泳者达10多万人次。1998年，全县百人以上的企事业单位，均设有室外球场和室内活动室，条件较好的单位还辟有健身房、台球室、棋牌室和舞厅等设施。至是年，县城先后建立起象棋、围棋、桥牌、信鸽、钓鱼、乒乓球、门球等7个单项体育协会，每年自办2~3次比赛，基本实现体育机构普及化，各种比赛制度化。2001年9月，举行首届县级机关职工运动会，61支代表队1000多名运动员参加，比赛项目有拔河、换物接力、鸭子赛跑、跳绳、乒乓球、田径、围棋、中国象棋、八十分扑克牌、三人制篮球等10个。运动员年龄最大的57岁，最小的21岁，设团体、个人、优秀组织三大奖项。2005年9至10月，举行第五

图34-8-11　1996年1月9日，县举行“迎新春”万人长跑
朱伟／摄

届县级机关职工运动会，比赛项目由10个增至15个，代表队增至547支，运动员增至2564人，县教育局代表队获得团体总分第一名，县供销总社、广电局、国税局、供电公司、卫生局、联通公司、经贸委等代表队分别列团体总分第二至第八名。

足球、排球、羽毛球 1986—1994年，举行县职工足球赛8届（第二届至第九届），举行职工“青年杯”排球赛8届（第三届至第十届）。其间，举行县职工羽毛球赛3届（第四届至第六届）。此后，足球、排球、羽毛球赛不定期举行。1998年10月20—24日，县职工足球赛在县体育中心举行，4个代表队56人参赛。1999年6月5日，在县体育中心举行“移动杯”职工足球赛，6个代表队参赛。2005年11月，在县体育馆举办市首届“网通杯”职工羽毛球赛，12个代表队54名运动员参赛。

篮球 1986年10月—1994年，举行县职工篮球等级联赛20届，分甲、乙、丙3队，1994年增设女子队篮球赛。其间：1991年9月，县税务局主办，举行“财金杯”篮球赛。1992年7月，县双拥办、县体委主办，在县体育馆举行驻金部队“八一杯”篮球赛，县武警中队、县消防队、运西农场、泗湾湖农场队参赛。1995—2005年，举行县职工篮球赛10届。其间：1997年，县职工男、女篮球队参加淮阴地区篮球赛，双双获得第二名；1999年8月，在县体育馆举行驻军部队篮球赛，5个代表队参赛；11月3日，在县体育馆举行县职工篮球赛，15个代表队参赛；2005年11月，在县体育馆举行全县职工篮球比赛，8个代表队参赛。

乒乓球 1986年，县燃料公司男女乒乓球队参加淮阴市比赛，获团体第三名。1989年11月，在塔集中学举行东南片教工乒乓球比赛。1992年，县造纸厂、缫丝厂、输油泵厂在企业内部进行乒乓球赛。1994—2005年，先后举行有“经委杯”“中保人寿杯”、第六届“金轻杯”“环保杯”“家电杯”“罗莱家纺杯”等青年乒乓球赛。

棋牌类活动 1986年，县燃料公司中国象棋队参加淮阴市比赛，获团体第三名。是年12月，参加淮阴市棋类比赛，金湖队获团体总分第七名。1987年2月，在县体育馆举行国际象棋赛。是年10月，在县体育场举行金湖县首届桥牌赛。1991年5月，县税务局主办，在体育馆举行江淮八县（市）税务系统围棋联谊赛。1992年，县造纸厂、缫丝厂、输油泵厂在企业内部举行中国象棋赛。1997年5月，由县体委、团县委、县桥牌协会联办的“商综杯”桥牌双轮邀请赛在县体育馆举行，金湖、盱眙、宝应县以及安徽天长市等4县市代表队参赛。1998年4月，举办“共青之春”系列比赛，在县公安局举行“金盾杯”青年围棋赛，50人参赛；在县建设局举行“城建杯”青年象棋赛，40人参赛。是年6月，由中百一店赞助的“中百杯”象棋赛在县中百一店2楼举行，30人参赛。10月26日，“84杯”围棋棋王赛在县人武部宾馆会议室举行，40人参赛。是年11月，“国祥杯”围棋天元赛在县人武部宾馆会议室举行，40人参赛；12月，县围棋协会组织的围棋大赛在县人武部宾馆会议室举行，40人参赛。2000年5月，在县体育馆举行职工围棋赛，12月举行年度个人升段赛。2001年2月，在县体育馆举行全县职工扑克牌“八十分”比赛。5月，在县围棋俱乐部举行名人围棋赛；9月，在县围棋俱乐部举行职工围棋赛。2005年，举行中国象棋赛，15个代表队94名运动员参赛，个人第一名为县淮剧团房忠诚，团体冠军为县供销总社代表队。

二、农民体育

1986年2月，开展第二个“农村体育活动周”活动，全县各乡镇场如期开展各种形式的农村体育活动，主要项目有田径、篮球、乒乓球、拔河、自行车慢骑、棋类等，参加活动农民4万~5万人，占农村总劳动力的三分之一以上，此项活动已持续多年。1987年，开始举办农民运动会。新农乡陈新村率先并坚持每年举办。是年，在县体委食堂举办农村棋类比赛；涂沟乡举办第二届“金渔杯”乒乓球团体赛。1995年9月，省复兴圩农场举办“丰收杯”职工篮球赛。1996年，全县22个乡镇均成立农民体育协会，并建有体育指导站。全县农村体育设施有水泥球场11个，乒乓球室22个，运动队73支，运动员662人。全年组织竞赛89次，参赛1.24万人次，县财政体育经费拨款5.74万元。闵桥、夹沟、宝农、金北、吕良、卞塘、金沟、银集等乡（镇、场），被省政府命名为“江苏省体育先进乡（镇、场）”。1998年，金北、前锋、白马湖、银集等乡镇先后举办农民运动会。其中金北乡有代表队21支、运动员300多人参赛。前锋乡参赛运动员及观摩人数多达5000余人，比赛项目有田径、球类、棋类、拔河、自行车慢骑、自行车载重等。1999年，前锋、孙集、涂沟等乡镇先后举办农民运动会。

2000年4月，吕良镇举办农民运动会，参赛运动员230人，比赛设有田径、棋类、球类等8个项目。同月，黎城镇举办农民运动会，参赛运动员近300人，比赛设有拔河、田径、球类等12个项目。8月，前锋镇政府举办白马湖周边村农民水上运动会，设有游泳、水上拔河、水上投掷、划船等6个项目，参赛运动员共计50人次。2001年8月2日，举行荷花艺术节活动项目之一的白马湖水上运动会，设有划船、游泳、叉鱼、水上投弹、水上拔河等5个项目和3个表演项目：少儿游泳、武装泅渡、水上篮球，参加运动会180多人，最大的50多岁，最小的只有9岁。来自南京、淮安等地游客及周边地区群众1000多人观看，省、市体育局领导与县四套班子领导应邀参加。2005年，在银集镇开展以“生活奔小康，身体要健康”为主题的“体育三下乡”活动，活动项目有县优秀晨（晚）练项目表演、篮球友谊赛、象棋车轮大战、乒乓球表演、体质测定及健身咨询等，下乡的代表团人员近百人，参加活动农民2000余人；县体育局还向该镇捐赠篮球、排球、足球等体育器材，与镇政府签订全民健身点捐赠协议。

三、老年人体育

1986年，县老干部俱乐部有门球场及乒乓球、台球、棋牌室等，举行第二届离退休干部运动会，设象棋、围棋、桌球、乒乓球、门球、扑克、麻将、钓鱼、太极拳9项，参赛200人。1991年11月，金湖县老年男子篮球队成立。是年，举办第一届“寿乐杯”比赛，设象棋、围棋、桌球、乒乓球、麻将、扑克、门球、钓鱼、万步走等9项，参赛人数126人；举办首届“梅花杯”中国象棋赛（共举办八届），参赛18人（还有6人替补）。

1992年，成立县老年体育协会，坚持每年举办一次老年运动会，并在县城设立15个晨练点。每天清晨，舞木兰剑、打太极拳、练健美操、跳迪斯科和进行长途慢跑的老年人群达数千人。1994年，县老年体育协会与老年大学联合，在老干部俱乐部进行门球、乒乓球、象棋等训练，并举办门球、象棋、围棋、钓鱼等比赛，开办老年迪斯科、交谊舞、太极拳、太极剑、门球、气功课程，培训一批老年体育骨干。是年，金湖代表队在全市老年乒乓球竞赛中获女子单打第二名，男子单打第六名；在市老年象棋比赛中，获团体第一名，个人第一名；在“松霞杯”象棋比赛中，获团体第一名，个人第一、第二名。

2000年9—10月，举办金湖县第十一届离退休干部运动会，设象棋、扑克、麻将、桌球、乒乓球、门球、钓鱼、国庆游园竞技（内含灯谜、套环、象棋残局拆解、旱钓、手抛门球）等8项。2005年2月23日（农历正月十五），在市民广场举行“喜闹元宵”晨晚练健身表演活动，参加表演的健身爱好者200余人，有腰鼓、太极、橡皮筋操等10多个项目。是年6月，在县老年大学举办“体彩杯”中老年乒乓球赛，参赛选手34人。至2005年，共举办离退休干部运动会16届。

四、妇幼体育

1986年3月，举行县首届女子迎春长跑比赛。1988年5月，举行县首届“青年杯”女子排球赛（共举办3届）。1992年3月，县妇联在县体育场、体育馆、县供销社活动室分别举行排球、乒乓球、扑克牌“八十分”比赛。1994年5月，县关工委、县教育局、县妇联、团县委联合在县体育馆举行金湖“六一”小小家庭运动会，项目有接力赛、同步走、运球接力，参加人员是县城各幼儿园小朋友及其家长。2001—2004年，先后在县围棋俱乐部、围棋协会活动室、县体育馆举办县少年儿童庆“六一”围棋比赛，参赛运动员100人左右。2005年5月，在县少年活动中心举办“迎十运‘放心种业杯’”县少儿围棋比赛，参赛运动员134人。县围棋协会建有国家级少儿围棋育苗中心，培养出少儿棋手300多人，参加省市及全国围棋比赛取得较好名次。

五、残疾人体育

2001年8月，举办首届全县残疾人运动会，参赛代表队有11个乡镇、宝应湖农场和县特殊教育学校共13支，参赛运动员150多人，项目有乒乓球、举重、游泳、田径等，县委书记林伟明等县四套班子领导冒雨参加开幕式。9月，金湖组团参加市第三届残运会，取得团体总分第一的好成绩。2005年9月，举办第二届残疾人运动会，参赛代表队13支（11个镇及宝应湖农场、县特殊教育学校），运动员160多人，项目有乒乓球、举重、田径等。是年，组团参加市第四届残运会，夺得金牌26枚、银牌14枚、铜牌8枚，以金牌数第一获团体总分第二名；组团代表淮安市参加省第四届特殊奥林匹克运动会的田径和乒乓球两个大项的比赛，获得金牌12枚、银牌6枚、铜牌3枚，还获得“体育道德风尚奖”。

六、全民健身

1995年起，全县贯彻《体育法》和《全民健身计划纲要》，开始全民健身活动。1996年1月9日，县举行“迎新春”万人长跑，参加长跑的有县四套班子领导、县城各机关、企事业单位、学校干部、职工、学生、驻金部队官兵近万人，组成方阵100多个，路线是县政府门前—华昌商厦—中医院—县人民医院—县政府大门，全长约3000米。各单位还结合行业特点，统一着装，制作宣传彩车，打出横幅标语。是年，县城坚持晨练的中老年人3000余人，晨练项目有跑步、太极拳、广场操、气功、剑术、球类等，晨练活动点分布在县体育馆健身房和羽毛球训练房、翠湖园公园、三河南堤、机关大院等处。至1997年，全县有省级体育先进乡镇7个，市级体育先进乡镇6个，体育人口占全县总人口38.8%。2000年10月，举行’2000奔向21世纪万人长跑健身活动。2001年5月12日，在县行政中心广场举行“金湖县晨练中心”及“晨练点”成立1周年表演活动，县四套班子领导到场讲话并观看晨练表演，对一年来晨练活动成绩突出的翠湖园等3个晨练点给予表彰。是年，县城晨练点18个，晨练项目10多个，参加人员数千人。

2002年5月19日，县体育局围绕“让更多的人运动起来，把建设搞扎实”主题，开展第六个“全民健身宣传月”活动，活动项目有中老年人万步走、晨（晚）练点健身项目表演、国民体质监测、健身知识咨询、体育成就图片展等，市、县领导及数万名群众参加。健身月期间，参加健身活动者达10万人次。是年国庆期间，县体育局在西苑小区组织体育进社区系列活动，活动项目有县老年大学学员表演腰鼓舞、草帽舞、功夫扇等健身舞；西苑小区居民开展家庭趣味赛，有跳绳、二人拔河、立定跳远、抓单杠等；还为居民进行体质测定、健身咨询等服务，参加居民千余人。2003年5月，围绕“我锻炼、我健康、我快乐”主题，开展金湖县第七个全民健身宣传月暨江苏省第一个“6·10”全民健身日活动，举行省“可口可乐杯”青少年足球联赛金湖赛区比赛、老年人健步走、体育进社区、科学健身讲座及咨询、国民体质测试等活动，参加健身月活动者10万人次。

2004年起，全民健身月改为全民健身周，6月10日举行启动仪式，举行晨晚练点优秀项目展示、武术健身协会揭牌仪式暨表演、县职工乒乓球比赛、“体彩杯”中老年乒乓球赛、“环保杯”职工足球赛，100多名少儿运动员参加的围棋赛等，参加活动超过10万人次。2005年6月，围绕“人人都是东道主，要为十运做贡献”的主题，开展全民健身周暨省第三个全民健身日活动。其间，举行晨（晚）练点优秀项目展示、“走向十运”老年健步走游三河风光带、县职工乒乓球比赛、“体彩杯”中老年乒乓球比赛、县中小学生广播操比赛、“新华杯”教育工会乒乓球比赛、县少儿围棋赛、科学健身讲座、国民体质测试等，参加活动者10万人次以上。

第四节　竞技体育

一、参加运动会

1986年，金湖羽毛球队队员先后参加全国青年羽毛球赛、全国业余体校羽毛球赛、省十一届运动会中小学部羽毛球赛，获得11项团体和个人第一、第二、第三名。此后，县羽毛球队多次代表淮阴（安）市参加全省比赛，多次参与省队参加全国性比赛。是年，金湖代表队参加在清浦区举行的淮阴市中学生田径运动会，获男子乙组100米、跳高，女子乙组3000米竞走，男子甲组110米栏，女子甲组100米栏，五项全能共6个单项第一名；金湖中学生男子排球队参加市中学生排球赛获第一名，为第七次夺冠；金湖县实验小学田径队参加市小学生田径传统项目学校比赛获团体第三名；金北乡男子篮球队参加市"丰收杯"农民篮球赛，获第四名。

1988年，在淮阴市首届农民运动会上，金湖代表队获田径团体第三名，获4个单项第一名。有4名运动员被市挑选参加省农民运动会。1990年，金湖老干部代表队参加淮阴市"松霞杯"象棋赛，夺得团体冠军，获个人金牌1枚。是年，金湖羽毛球队在省少年儿童羽毛球比赛中，少年女子乙组获团体冠军；在省十二届运动会上，获团体总分第三名；取得儿童女子甲组团体第二名，儿童女子乙组团体第五名，儿童男子乙组团体第五名。1993年，金湖老年围棋队参加淮阴市首届老年运动会，获得团体冠军，个人金牌1枚，第四名1个；乒乓球队取得团体第五名，女子单打第四名，男子单打第五名；门球队获得团体第六名；象棋队夺得个人金牌，并取得团体总分第五名。

图34-8-12　1993年10月1日，县举行全国七运会金湖获奖运动员庆功会　朱伟／摄

1994年，在省县级田径比赛中，金湖张海涛获男子100米第五名，谢立华获女子1500米第六名。是年，在省第十三届运动会羽毛球比赛中，金湖获儿童男子组团体第四名，儿童女子组团体第五名，少年男子乙组团体第六名；刘桂红获儿童男子单打第六名，杨丽、李星玮获女子双打第五名，少年女子甲组吴媛媛获单打第四名，招艳获单打第六名。1995年，金湖老干部代表队参加市第二届老年运动会门球、男女乒乓球、健美操、中国象棋、围棋、男子长跑等6个项目的比赛，获门球团体第四名，围棋团体第二名，汪日新获个人第五名；健美操团体第二名；刘品华获女子乒乓球个人第五名；县老年体协被市评为先进集体，老干部杨永珍被评为先进个人；长寿老干部袁虹（82岁）被评为全市十佳健康老人。1996年，县羽毛球队参加在南京体院举行的江苏省少年儿童羽毛球赛，获少乙男团、少乙女团2个第三名。是年，在淮阴市第三届运动会上，金湖队获金牌11枚。其中：获羽毛球男、女团体第一名，陈红军获个人冠军；农民代表队获中国象棋团体第一名，个人第二、第四名；

金湖运动员冀益顺被选中，代表淮阴市参加省1996年农民运动会。是年，金湖参加市以上各类体育竞赛获奖牌30枚。

1997年，县羽毛球队参加在南京下关举行的江苏省少年儿童羽毛球赛，获少乙男团、少乙女团2个第三名。是年，在淮阴市中小学生田径运动会上，金湖队获金牌7枚。金湖县中学参加江苏省重点中学田径比赛，获团体总分第三名。金湖职工男、女篮球队参加淮阴地区篮球赛，双双获得第二名。金湖老年门球队代表淮阴市参加在山西太原举行的全国门球比赛，获第四名。4—5月，金湖县、南化公司及南京浦口区、大厂区、六合县、安徽天长市信鸽协会（简称江北六会）举行信鸽联赛。开封—金湖480公里、1000羽竞翔，金湖王书林获放飞第一、二名；郑州—金湖530公里、1900羽竞翔，金湖林后霞、王学贵分别获放飞第二、第三名；西安—金湖1000公里、1075羽竞翔，金湖潘松宝获放飞第二、第三名。1998年，县羽毛球队参加在南京下关举行的省第十四届运动会羽毛球赛。金湖县17名运动员代表淮阴市参赛，分别获少年甲组男子单打第二名、女子单打第四名；少年乙组男子团体第五名、女子双打第六名；儿童组女子团体第四名、女子单打第五名。是年5月，老干部队参加淮阴市“松霞杯”和“康乐杯”退离休老干部象棋赛，获“松霞杯”团体第一名，罗中唯获“松霞杯”“康乐杯”2项个人第一名。11月，老干部队参加淮阴市第三届老年运动会，分别获围棋、象棋团体第一名，万存厚、蒋国甫分获围棋个人第一、第二名，罗中唯获象棋个人第一名。是年，金湖县中学参加江苏省重点中学田径比赛，获团体总分第一名。

2000年，参加淮阴市第四届运动会，在田径、篮球、羽毛球、排球、乒乓球、象棋、围棋等12项比赛中，获奖牌69枚，其中金牌29枚。中小学生代表队获得学生部金牌总数第四名、团体总分第四名，职工部获金牌总数第三名、团体总分第四名；职工、学生羽毛球赛囊括该项目的6枚金牌。2001年，金湖少儿围棋队参加在天津举行的全国少儿围棋“育苗杯”赛，为参赛代表队中唯一县级代表队，列第30名。是年，县老年门球队参加市迎“七一”“金融杯”门球赛，获第一名；县组队参加市中小学生田径运动会，初中男子、女子组分别获团体第三名、第四名，夺得金牌4枚，银牌6枚、铜牌10枚。2002年4月，金湖田径队参加江苏省县级田径赛，获年龄组男子铅球第三名。2002年，金湖中老年秧歌队参加全国健身秧歌比赛（淮安赛区），获得规定套路和自选套路三等奖。5月，县特殊教育学校学生吕爱琴（聋）、伍德慧（智残）代表淮安市参江苏省第六届残运会，获银牌2枚、铜牌1枚，受到市、县残联重奖。7月，在第五届全国“育苗杯”围棋赛上，金湖少儿围棋队获团体第九名，升入甲级队行列。2003年，组队参加市少儿“三棋”赛，获围棋团体第二名，闵济与获个人第二名。

2004年，金湖代表队在市第五届运动会上共获奖牌97枚，其中金牌24枚，团体总分第四名。县田径队参加省县级田径比赛，取得乙组第九名。是年，县信鸽协会参加市信鸽竞翔，获500千米（淮安—潼关）团体第一名、800千米（淮安—兰州）团体第二名。2005年4月，金湖田径队参加在徐州举行的省县级田径比赛，取得金牌4枚、银牌6枚、铜牌2枚，获团体总分第六名，并荣升江苏省县级田径赛甲级队。是年，县羽毛球队参加在南京举行的省羽毛球传统校比赛，取得优异成绩。县少儿围棋队参加省、市各级各类比赛，获得级位棋手36人，其中4段2人、3段4人、2段8人、1段15人。

1986—2005年金湖县运动员参加省及全国性体育比赛前三名一览表

表34-8-22

类别	年 份	姓 名	性别	赛事名称	地 点	项 目	成 绩
全国	1986	潘 莉	女	全国青年羽毛球赛	北京	女子双打	第二名
	1986	林琦伟	男	全国男子排球锦标赛	陕西西安	团体	第一名
	1986	戴红萍	女	全国业余体校女子手球联赛	江苏淮阴	团体	第一名

接上表

类别	年　份	姓　名	性别	赛事名称	地　点	项　目	成　绩
全国	1986	王　勇	男	全国业余体校羽毛球赛	湖北沙市	少甲组男单打	第二名
	1987	吴九桂	男	全国业余体校田径赛标枪	河北唐山	男子甲组个人	第二名
	1989	潘永军	男	全国第二届城市运动会柔道比赛	河北唐山	86公斤级	第一名
	1990	李　群	女	全国少儿羽毛球赛	四川	儿童女子单打	第二名
	1990	李　群	女	全国少儿羽毛球赛	四川	儿童女子双打	第三名
	1990	刘佳梅	女	全国青少年羽毛球赛	广西桂林	女子丙组单打	冠　军
	1993	潘　莉	女	第七届全运会羽毛球赛	四川成都	女子团体	冠　军
	1993	刘桂梅	女	第七届全运会羽毛球赛	四川成都	女子团体	冠　军
	1993	孙　全	男	第七届全运会羽毛球赛	四川成都	男子团体	冠　军
	1993	韩雯绤	男	全国少儿羽毛球赛	湖北宜昌	男子单打	亚　军
	1994	韩雯绤	男	全国少儿羽毛球赛	辽宁大连	男子双打	亚　军
	1994	韩雯绤	男	全国少儿羽毛球赛	辽宁大连	年龄组男子双打	冠　军
	1995	刘桂梅	女	世界青年羽毛球锦标赛	山东青岛	女子单打	冠　军
	1995	韩雯绤	男	全国少儿羽毛球赛	湖南益阳	男子单打	亚　军
	1996	徐延诗	男	全国少儿羽毛球赛	福建厦门	男子双打	第三名
	1997	曹　伟	男	全国少儿羽毛球赛	广西南宁	年龄组男子单打	第三名
	1997	孙　全	男	第八届全运会羽毛球赛	上海	男子团体	冠　军
	1998	曹　伟	男	18个省市羽毛球赛	四川成都	年龄组男子单打	第三名
	2001	朱羚君	女	华东地区少儿羽毛球赛	上海	女乙组单打	第三名
	2003	徐延诗	男	全国青年羽毛球锦标赛	北京	男甲组双打、混合双打	冠　军
	2003	曹　伟	男	全国青年羽毛球锦标赛	北京	男乙组单打、双打	冠　军
全省	1986	刘　勇	男	江苏省第十一届运动会中小学部羽毛球赛	江苏南京	儿童甲组男子单打	第一名
	1986	刘　勇 徐　明	男	江苏省第十一届运动会中小学部羽毛球赛	江苏南京	儿童甲组男子双打	第三名
	1986	刘桂梅	女	江苏省第十一届运动会中小学部羽毛球赛	江苏南京	儿童甲组女子单打	第二名
	1986	王　勇	男	江苏省第十一届运动会中小学部羽毛球赛	江苏南京	少甲组男子单打	第二名
	1986	王　勇 问泽军	男	江苏省第十一届运动会中小学部羽毛球赛	江苏南京	少甲组男子双打	第二名
	1986	纪军师	男	江苏省第十一届运动会柔道比赛	江苏南京	80公斤级	第一名
	1987	刘广华	女	江苏省县级中学田径赛	江苏金坛	5公里女甲竞走	第三名

接上表

类别	年份	姓名	性别	赛事名称	地点	项目	成绩
全省	1989	赵伟兵	男	江苏省县级中学田径赛	江苏盐城	5公里男乙竞走	第一名
	1990	徐明	男	江苏省第十二届运动会羽毛球赛	江苏南京	男少甲组单打	第一名
	1990	朱政权	男	江苏省县级中学田径赛	江苏武进	男子甲组跳高	冠军
	1993	吴媛媛	女	江苏省少年儿童羽毛球赛	江苏南通	少甲女单打	第三名
	1995	谢立华	女	江苏省少年儿童羽毛球赛	江苏徐州	女乙女团	冠军
	1995	韩雯级	男	江苏省少年儿童羽毛球赛	江苏徐州	少乙男单打	冠军
	1995	杨丽 李星玮	女	江苏省少年儿童羽毛球赛	江苏徐州	少乙女双打	第三名
	1995	张来涛	男	江苏省县级田径比赛	江苏江都	男乙200米	第二名
	1995	谢立华	女	江苏省县级田径比赛	江苏江都	女乙1500米	第二名
	1995	谢立华	女	江苏省县级田径比赛	江苏江都	女乙3000米	第二名
	1996	徐延诗 刘桂红	男	江苏省少年儿童羽毛球赛	江苏南京	少乙男双打	第二名
	1996	施红霞	女	江苏省县级田径竞赛	江苏江都	女乙标枪	冠军
	1996	陈香	女	江苏省县级田径竞赛	江苏江都	女乙800米	第三名
	1997	施红霞	女	江苏省县级田径赛	江苏淮阴	女乙标枪	第二名
	1997	施红霞	女	江苏省县级田径赛	江苏淮阴	女乙跳高	第二名
	1997	曹伟	男	江苏省少年儿童羽毛球赛	江苏南京	儿男单打	第二名
	1997	陈燕 丁晓燕	女	江苏省少年儿童羽毛球赛	江苏南京	女乙双打	第三名
	1997	李星玮	女	江苏省少年儿童羽毛球赛	江苏南京	女甲单打	第三名
	2003	朱羚君 凌玲	女	江苏省羽毛球赛	江苏南京	儿童组女子双打	第三名
	2003	陈晨	男	江苏省少儿羽毛球俱乐部赛	江苏南京	92龄组男子单打	第一名
	2004	陈晨	男	江苏省羽毛球赛	江苏南京	少乙组男子单打	第三名
	2005	张华敏 朱羚君	女	江苏省羽毛球赛	江苏南京	少甲组女子双打	第二名
	2005	朱羚君	女	江苏省羽毛球赛	江苏南京	少甲组女子单打	第三名

二、承办赛事

市级比赛　1987年12月，承办淮阴市职工桥牌赛，金湖一队获第五名。1989年5月，承办市人行系统职工男子篮球分片赛；8月，承办淮阴市南片五县（区）老干部象棋邀请赛。1994年10月，承办市老年象棋赛，全市13个县（区）代表队参赛。本县老干部队夺得团体第一名和个人第一、第三名。1996年5月，在县体育馆承办市第三届运动会职工部羽毛球赛，9支代表队56人参赛。10月，承办市“爱特福84杯”老年门球赛，19个队210人参赛。2001年8月，承办淮安市电信系统职工篮球赛；承办苏北片人寿保险公司系统职工篮球赛、江苏省南钢与上海东方队的篮球邀请赛。2004年，承办市第五届运动会中、小学生部排球、羽毛球比赛。2005年11月，承办市“网通杯”职工羽毛球比赛。

省级比赛　1991年，承办在县体育馆举行的省人行系统13个县（市）的羽毛球比赛。是年，还承办在县体育馆举行的江淮8县（市）篮球、围棋比赛。1998年8月，由金湖县体委、县教委主办，县实验小学承办的第六届苏北片小学生田径夏令营在本县体育中心举办，有13支代表队256名运动员参赛，比赛项目60米、100米、200米、400米、800米、1500米、跳高、跳远、垒球、铅球等10项，赛期2天。县实验小学女子代表队获团体总分第8名，获夏令营组织奖。是年11月，承办在金湖老干部俱乐部举行的江苏省门球十强排名赛，由曾获得省赛前三名的市、县和青年强队等13个代表队100余名运动员参赛，金湖代表队获排名第七。2001年7月，承办江苏省乒乓球队优秀运动员阎森和秦志戬的表演赛；10月，承办江苏省苏北片人寿保险公司系统职工篮球赛；江苏南钢与上海东方队的篮球邀请赛。

第五节　人才培养与输送

培养输送运动员　1986年，金湖少年儿童业余体育学校有羽毛球班，为省助重点班，面向全市招生。1995年起，被列为淮阴市羽毛球业余训练中心。1987年县围棋协会成立，设有成人活动中心和少儿围棋育苗中心，先后培养出少儿棋手300多人，多次参加省市及全国围棋比赛，并取得较好名次。2003年，少儿围棋育苗中心有电脑3台、课桌18张、围棋50盘等教学设备，业余教练2人，学员47人，其中有段位棋手11人，被国家围棋协会批准为全国围棋育苗工程成员单位，为全国70多家围棋育苗工程单位中唯一一家县级单位。2005年，有在省、市注册的运动员63人，向市体校输送体育后备人才34人，向省少年体校输送运动员2人，向省体工队输送运动员1人。至2005年，县少年儿童业余体育学校办班近40期，毕业学员1700余人。在省和全国比赛中，获团体冠军10个，团体第二名10个，团体第三名12个，单项第一40个，共向省少年体校和省体工队输送体育人才40多人，其中入国家队的4人。

培训指导员、裁判员　1987年起，本县先后举办羽毛球、太极拳、桥牌教练员和第八套广播体操领操员的培训班。1996—2005年，组织体育爱好者参加省、市、县三级社会体育指导员、裁判员的培训班的学习与考评，培养一、二、三级社会体育指导员276人，裁判员26人。退休老干部陆功勋被省体育局授予江苏省百名优秀社会体育指导员称号，万仕海被评为全国业余训练优秀教练员，县体育辅导中心朱作平等8人被授予社会体育一级指导员，授予二级指导员26人、三级指导员150人，授予篮球二级裁判员6人，授予乒乓球、篮球、中国象棋三级裁判员14人。

第六节　体育市场

体育彩票　1993年4月，省体育彩票发行中心首次在金湖发行全国第三届城市运动会彩票，每张彩票2元，返奖率为50%，设2元、5元、20元、80元4个奖级，为即开即兑奖。初期彩票发行由各地体委负责，省体彩中心按实际销售额5%付销售费，并可分到彩票受益金15%。主要是县体委采取委托销售的办法在学校和企业中由部门工会和学校体育教师代理销售，属于分散型委托销售。1993—1996年，每年销售额在7000元至4万元不等。

1997年5月，首次在县羽毛球馆举行集中销售，彩票为亚运会体育彩票，返奖率51%，采用2元、5元、10元小额现金返奖和大奖变速自行车返奖形式（为永久牌4变速自行车，市价390元）兑奖，销售人员17人，由体委工作人员和体委下属企业员工组成，销售2天，销售额为7万余元，分散销售形式从此废除。是年11月，市体育彩票发行中心开始在金湖组织大规模即开型彩票销售，前期通过广播、电视媒体、宣传车等在全县城乡巡回宣传，搭建兑奖台、奖品巡展，销售现场组织彩票售票员80多人，40万元彩票为一组，设10个奖级，头奖为天津大发面包车（价值6万元），所设奖均为实物兑奖，现场人头攒动，气势宏大，公安、司法、工商、银行等部门都协助体育部门在现场进行售票管理，实际售票3天，销售金额47万元，有2张彩票获头奖。1997—2001年，即开型体彩票销售均采取此种销售模式，每年2~3次，年销售额50万元左右。自发售彩票至2001年，县体育部门每年均按规定得到提成4万~8万元，作为体育经费补充。

因集中大规模销售易受发行方操控，倍受彩民质疑，从2002年退出，电脑销售取代即开型集中销售，管理者改为市体彩中心，当年在城区建成电脑彩票销售点16个，销售额2000多万元。2003年开始在乡镇布点。2005年，全县有电脑彩票销售点26个，销售额3900万元，领先于周边县市。

金湖县塑料二厂 1986年，县体委有自筹资金建成的金湖县塑料二厂（隶属县少年业余体校）。1996年，产值300多万元，利税33万元。2000年，因产品技术含量不高而停办。该厂先后为业余体校建运动员宿舍26间，建运动员食堂，每年上缴管理费2万元，并为兴建县体育馆提供大量资金，累计支持体育事业经费100余万元。

场馆创收 1990年县体育馆建成，1997年县体育中心游泳池建成，除肩负县少年儿童业余体育学校训练任务和承接体育部门的各类竞赛任务外，还注重经济效益，为体育事业提供经费。创收主渠道有广告收入、承办商业性体育比赛、文艺演出、服装家具展销等活动，举办舞会和各类培训活动。每年体育馆营业收入30万元，游泳池10万元，纯收入8万元。

第三十五篇　文　化

1986年，县文化广电部门有县文化馆、图书馆、新华书店、广播站、电视差转台、淮剧团、电影放映公司等单位，设电影院17座、电影队29个，乡镇文化站22个、乡镇广播放大站21个、村广播室183个。县设党史、县志编纂及档案部门各1个。随着改革开放的深入，私营个体录像放映室、舞厅、歌厅、卡拉OK厅、书店、网吧等不断涌现，各乡镇文化站亦开办经济实体，以弥补文化经费的不足。1988年，成立县档案局；县文化部门每年在乡镇轮流举办一届文化节；同时，开展等级文化站、明星文化中心、群众文化先进乡镇创建活动及"百千万"小康书架建设工程。1989年，县党史部门编辑的民主革命时期《金湖革命史料》第二辑内部出版。1990年10月，淮胜乡文化站被文化部命名为全国先进文化站；11月，县广播站更名为金湖人民广播电台。1993年，县档案馆被评为省三级综合档案馆。1994年第一部《金湖县志》出版发行。1995年，创刊号《金湖年鉴》（1995卷）出版发行，全县创建省级群众文化先进乡镇10个。1998年，收编金湖人民群众英勇革命斗争事迹327篇的《江苏人民革命斗争群英谱·金湖分卷》出版发行。县委机关报《金湖报》再度出版。9月，县有线电视台成立。1999年，县文学艺术界联合会成立。至2000年，共举办文化节13届，评选出县"十佳藏书家庭""十佳农民藏书家庭"和2户"市读书优秀家庭"、1户"市科技读书示范户"；建成乡镇万册图书馆（室）3个，村千册图书室80个，藏书百册农民家庭5000户。

2001年起，县每年举办一届荷花艺术节，带动校园文化、企业文化、社区文化蓬勃发展，并涌现出一批文化名人。创作出版诗歌集、散文集、戏剧、长篇小说、短篇小说集数十册；有数百幅书法、美术、摄影、篆刻、草编作品在省以上报刊发表、展览或获奖，有些作品还在国际社会中产生影响；金湖娃艺术团舞蹈蜚声省内外，秧歌、香火戏、剪纸等民间文化艺术精彩纷呈。电视机普及，录像放映室兴起，电影市场走向低谷；新华书店在改革中前行，个人书店、书屋、地摊售书等参与竞争。6月，《中共金湖地方史》第一卷出版发行。2003年2月，收编社会主义建设时期68个党史专题的3辑资料丛书《金湖党史资料》内部出版发行。2004年，"金湖书城"开业，新华书店仍为县图书发行的主渠道。

2005年，4000多平方米新图书馆建成，馆藏图书增至8.28万册，全县建成万册以上镇图书馆（室）10个，5000册乡镇图书馆（室）1个，总藏书量达11.5万册；共有歌舞厅34家、网吧43家、音像放映室40家，印刷企业21户，演出经营单位1个。《金湖年鉴》连续出版发行11卷。档案馆馆藏文本档案全宗87个、档案4.62万卷，实物档案1.29万件，资料7770册。文博考古、考证工作发现和保护古遗址15处，其中市级以上2处；有馆藏文物914件，其中国家二级文物2件、三级文物20件。农村有线广播与有线电视实现共缆传输，全县有线电视终端发展到6.1万个。地方志编纂工作除完成志书8部，还搜集整理部分部门志、乡镇场志和专业志稿共约20余部。

第一章　文化机构

第一节　文化局机构

一、局本级

1986年，设有县文教局，负责全县文化和教育工作，文化方面设文化股、创作室；4月，增设县民间文学集成办公室，开展民间文学普查工作。1989年10月，县文教局分设为县文化局和县教育局，均为县政府职能部门。县文化局为科级建制，设办公室、文化股、演出团体办公室、公企办公室、综合股。1992年6月，增设文化市场管理办公室。2001年，县文化局内设机构有办公室、文化艺术科、文化市场管理稽查科等3个科室，另设纪检监察机构。有行政编制7人、附属编制1人。2003年，深化文化单位内部改革，县文化局机关内设办公室、文化艺术科、新闻出版科、文化市场管理办公室等4个科室。2005年，县文化局内设机构无变化，编制8人，实有工作人员7人。

二、直属单位

县文化馆　1986年，县文化馆设创作组、群众文艺组、美术摄影组，有工作人员16人。1992年10月，成立文化服务公司，经营电视放映室、桌球、舞厅等多种创收项目。1999年被评为省群众文化先进集体。2003年，县文化馆大楼因城市改造拆除，租赁人民路原农机局大楼办公。2005年，县文化馆设办公室、事业部、培训部。文化业务方面有文艺创作、音乐、舞蹈、美术、摄影、书法、少儿文艺等组室，共有工作人员15人。1986—2005年，县文化馆每年均组织、举办规模较大的文艺演出活动20场次以上、展览5次以上、艺术培训班20余期。

县图书馆　1986年，设文博室、采编室、资料室、农村图书辅导室等，有工作人员7人。1987年，增设外借处、阅览室、少儿室、文献复制室4个服务窗口。1994年工作人员增至16人。1998年，继1999年后第二次被评为国家二级图书馆。2003年，图书馆因城市改造拆除，租赁人民路温州商贸城门面房4间，外借部、阅读部、少儿部得以正常开放。2005年，投资460万元，在县城健康西路3号建成主体4层、局部5层的新图书楼，建筑面积4145平方米。馆内设藏书室、阅览室、借书室、展览室、办公室、文博室等，有职员12人。

县电影发行放映公司　前身为县电影事业管理站，驻地县城健康路。1986年，县电影发行放映公司设办公室、财务统计股、宣传股、技术股、发行股、放映技术与放映网管理股，编制22人。兴办有华冠和迷你影厅。时影片发行实行计划经济模式，由上一级影片发行单位统一供片，再由县级发行公司发放到各放映单位，公司收入由各放映单位缴纳的片租提成而得。1995年，影片发行收入21.4万元。1999年，由于受外部录像等放映行业的冲击，电影发行放映呈下滑态势，影片发行收入下降到16.5万元。2000年，影片发行实行市场化的“院线制”模式，片源严重不足，2001年影片发行收入只有12万元，2004年仅有0.6万元，公司资金链断裂，严重亏损。2004年8月，电影公司停业改制，将原公司的房地产予以变现，所得资金用于安置34名职工的养老、医疗保险及其补偿等，公司职能交由金城影剧院代为行使。

金湖电影院　(参见本篇第四章第三节第二目。)

金城影剧院　(参见本篇第四章第三节第二目。)

工人电影院　(参见本篇第四章第三节第二目。)

县新华书店　(参见本篇第四章第一节第二目。)

县淮剧团　1986年,戏剧市场滑坡。县委、县政府决定,县淮剧团保留编制,人员分流,大部分人员分流到教育和文化部门;留下几个有一定技术专长的人员,再外聘演员,组成金城歌舞团,赴全国各地演出。1993年底,剧团由县文化局安排,承包给外地人经营,不久停业。2005年底,淮剧团有编制11人,在职职工4人,退休职工8人,无任何演出。

县文化系统工业企业管理办公室　1994年成立,为自收自支事业单位性质,负责全县文化系统养文补文经济项目的指导、管理与协调发展,配备工作人员2人。2000年,核定编制2人,实有工作人员1人。2001—2005年,该机构一直处于缺编状态,其职能由县文化局文化市场管理办公室兼管。

三、镇文化站

1986年,全县有乡镇文化站22个,下设14家影剧院。各文化站均建有文化中心,配合乡镇中心工作,宣传党的方针政策,普及科学知识,开展各项文化娱乐活动,活跃群众文化生活。文化中心一般都设有电视放映室、图书室或书报阅览室,置乒乓球、康乐棋等文体器具,开办文化用品商店、书画门市部、照相馆及站办工厂等补文养文经济项目。1987年,有农村电影院、队36个(不包括国有农场、石油二厂电影放映单位),大多数乡镇实行院、队合一的管理体制,影剧院以售票为主,电影队以普及放映为主,普及放映的经费来源为农村统筹资金。1999年,省市支持资金40万元,县自筹资金60万元,在黎城、夹沟、涂沟、银集、吕良等乡镇兴建文化楼,对官塘、卞塘、淮胜、新农、陈桥、金北等乡镇文化站用房进行改造、维修,新建和改造面积2800多平方米。2000年撤乡并镇,全县重新合并组建乡镇文化站、文化中心11个。2001年10月,各镇文化站、文化中心与广播电视站合并,成立文化广播电视服务站11个。至2005年,全县镇级文化广播电视服务站机构设置没有变化。

第二节　广播电视机构

一、局本级

1989年10月,县广播电视局成立,正科级全民事业单位,县政府职能部门,实行局、站合一管理体制,设人秘股、事业股、宣传股、音像管理股,下设县广播站和县电视差转台,编制57人。1990年10月,县电视差转台提升为县电视转播台。1992年12月,增设广告信息公司。1993年3月,县电视转播台更名为金湖电视台,副科级事业单位。1997年4月,成立影视音像稽查大队,股级全民事业单位;10月,广播电台、电视台合并为县广播电视台。是年底,县广播电视局设人秘、财务会计、宣传、音像管理、技术设备管理等5个股和广播电视台、影视音像稽查大队、广告信息公司。1998年9月,成立县有线电视台。1999年12月,组建有线电视网络服务站。2001年机构改革,镇广播电视站与文化站合并成立文化广播电视服务站,交由各所在镇乡管理,县广播电视局只负责广播电视业务指导,在各镇成立电视网络服务站,以加强对电视网络的维护、管理。2005年,县广播电视局设办公室、宣传科、财务审计科、科技科、社会管理科等职能部门5个,局本级编制14人,实有工作人员16人;下设金湖人民广播电台、金湖电视台、金湖有线电视台、县广播电视稽查大队,编制69人,实有工作人员128人,超编59人。另设镇有线电视网络服务站10个,共有职工121人。

二、直属单位

金湖人民广播电台 前身为县广播站。1986年，县广播站实行站长负责制，是全县广播业务主管部门，编制55人。下设乡放大站21个、村广播室183个；有广播喇叭5.86万只，其中25瓦大喇叭196只。1989年10月，县广播站隶属于新成立的广播电视局领导，所属乡镇放大站更名为广播电视站。1990年11月，县广播站更名为金湖人民广播电台。2001年10月，对镇乡文化广播电视服务站负责广播业务指导。2005年，体制无变化。

金湖电视台 1986年，县设置县电视差转台，实行站长负责制，是电视业务主管部门。1989年，隶属于新成立的广播电视局领导。1990年10月，更名为县电视转播台。1993年10月，金湖电视台成立。2001年10月，对镇乡文化广播电视服务站负责电视业务指导。2005年，体制无变化。

宽带网络有限公司 2002年成立，由县广电局与浙江华立集团共同投资1150万元建成，县广电局股份占51%，浙江华立集团股份占49%。12月18日投入运营，县广电局局长任董事长。是年，发展用户540户，其中集团用户108户。2005年，新增用户426户，累计966户。

广告信息公司 1992年12月成立，主要负责广播语音广告、电视广告的制作与传播。电视广告类别有字幕广告、剧插广告，收费标准分白天、夜晚两种。2000—2005年，由县广电局承包给私人经营。

三、镇广播电视单位

1986年，全县有广播放大站21个，下设村广播室183个，各镇文化中心设有电视放映室。1987年11月，夹沟乡广播放大站率先更名为广播电视站。1989年，全县22个乡镇广播放大站均更名为广播电视站。1995年，县投资40万元改造乡镇广播站房152平方米，建村级广播室20个，乡镇广播设备达到部颁乙级技术指标；6个乡镇开通有线电视。1999年，改架广播主杆线路20多杆线公里，全县有线广播主杆线路187.2杆线公里，建成标准化村广播室131个，农村有线电视入户4780户。2000年撤乡并镇，乡镇广播电视服务站合并为11个，交由各所在镇乡管理，县广播电视局负责业务指导。2001年10月，各镇文化站、文化中心与广播电视站合并，成立文化广播电视服务站11个。2005年，全县11个镇级文化广播电视服务站，核定全额拨款事业编制77人，实有工作人员73人。

第三节　新闻出版机构

1998年9月9日，成立金湖通讯编辑部。10月12日，成立金湖报社，差额拨款事业单位。2001年1月1日，《金湖报》更名为《金湖日报》，遂成立金湖日报社，核定编制22人，实有工作人员10人。2002年，国家整顿报刊，《金湖日报》更名为《新金湖》，金湖日报社名称未改。2003年12月28日，《新金湖》停刊后，又改刊《金湖资讯》，直至2005年6月15日后，恢复《金湖日报》《今日金湖》，机构名称一直沿用金湖日报社，编制22人，实有工作人员保持在8~12人。书刊内部出版、公开出版审批事项统由县文化局新闻出版科审批。

第四节　史志编纂机构

1981年6月，中共金湖县委党史资料征集领导小组办公室成立，正科级全额拨款事业单位，编制4人。1983年,地方党史资料征集工作全面开展,县委相继从党校、文教局等部门抽调5人到县委党史办帮助工作,实有工作人员9人。1984年11月,金湖县县志编纂委员会办公室(简称县志办)成立,为副科级全额拨款事业单位,与县委党史资料征集领导小组办公室合署。1986年6月,县委党史资料征集领导小组办公室改称县委党史资料征集委员会办公室(简称县委党史办);县调整县志编纂委员会组成人员,县志办升格为正科级事业单位,与县委党史办合署,"一套班子、两块牌子",编制9人,其中县委党史办4人、县志办5人。1990年6月,县委党史办公室更名为县委党史工作委员会(简称县委党史工委),县志办仍与其合署,单位级别、编制未变。1994年10月,县志编纂委员会更名为县地方志编纂委员会,县志办公室更名为县地方志办公室。1999年,机构编制"三定"方案核定县委党史工委、县地方志办公室为合署机构,内设机构为党史编研股、地方志编研股、年鉴编纂股,编制9人,实有工作人员9人。2001年,县委党史工委、县地方志办公室内设机构改称党史编研科、地方志编研科、年鉴编纂科,另设办公室,编制9人。至2005年机构编制无变化。

第五节　档案机构

1981年2月,设立县档案科。1984年3月,撤销档案科,恢复县档案馆建制,为副科级单位。1986年,县档案馆有档案管理人员6人。1988年12月,成立县档案局,与县档案馆合署办公,"一套班子、两块牌子",工作人员7人。1989年,县档案局设业务股和档案管理股,工作人员8人。1993年,县档案馆被评为省三级综合档案馆。1996年,撤销县档案局。1998年12月,县档案馆增挂"县档案局"牌子,实行局馆合一体制,为正科级事业单位,设秘书编研、征集指导、档案管理3个股,有工作人员8人。2005年,县档案馆内设机构未变,编制核定8人,实有工作人员6人。

第二章　群众文化

第一节　活　动

一、农村文化活动

1986年,全县农村文化活动由县文化馆和各乡镇文化站负责组织与开展。各乡镇均设置文化中心,有影剧院、放映队、业余文艺宣传队,及录像放映队等,村村有青年民兵俱乐部,常年开展活动。塔集、夹沟、闵桥、横桥等乡还建有婚丧喜庆服务队、鼓乐队、传统秧歌队等,有创作、编导、演唱、舞蹈等各类人才,常年开展文化活动。每年春节,各乡镇编排的文艺节目,除参加县统一组织的文艺调演,还在所在地集镇、乡村向群众公演,部分节目到军烈属家慰问演出。1988年1月,县组织的首届农民文化节在卞塘乡开幕,历时10天,节目有花船、舞龙、跑驴、打莲湘等广场文艺表演,有小品、演唱、舞蹈等舞台文艺会演,有乒乓球、桌球等体育比赛,有"两个文明"成就图片展、送书下

图 35-2-1　2001 年 2 月 10 日，县举办首届农村群文新作调演
李义海 / 摄

乡活动等13项。文化节每年在各乡镇轮流举办一届，参演人数达千人，观众有3万人之多。1991年，淮胜乡创办县农民业余淮剧团，编演剧目20多个，在县内外演出150多场次，观众超过6万人次，年补文收入超过12万元，被文化部授予先进文化站称号。1995年，全县乡镇村举办文艺演出188场。

1997年1月10日至2月21日，县第十届文化节举办，分元旦、春节、元宵节三个阶段进行。5000人组成的“万众一心奔小康”长跑活动拉开此届文化节的序幕。在县城，各大系统组织文艺骨干参演文艺晚会、时装表演、器乐演奏等；省艺术家应邀到金湖表演精彩节目；在农村，分卞塘、塔集、宝农、金北四个片区举办文艺会演，有广场文艺、舞台演出、综合展览等项目，共演出文艺节目150多个，参演1600多人，观众3万多人。1998年11月28日，白马湖乡举办白马湖区域群文活动，白马湖周边26个单位120多人参加。50多名歌手参加“水电之声”卡拉OK大赛；120余幅美术、书法、摄影作品参展；28名选手参加象棋比赛。至2000年，农民文化节共举办13届。

2001年起，县宣传、文化部门与乡镇合作，每年举办一届农村群文新作调演。是年2月10日，举办首届农村群文新作调演，举办广场和舞台两场演出。广场演出有舞龙、花船、花担、舞狮等；舞台演出为创新作品，每乡镇上演2个节目。金南镇舞蹈《欢乐中国年》，戴楼乡舞蹈《夕歌》、表演唱《金湖美》，涂沟镇歌表演《三个小和尚》、小品《针锋相对》，黎城镇评话《打电话》等作品受到观众好评。2002—2004年，分别与陈桥、银集、涂沟镇联合举办农村群文新作调演。2005年，与金南镇合作调演，全县11个镇代表队参演节目22个，有歌舞、戏剧、语言三大类。涂沟镇诗舞组合《航标颂》、闵桥镇舞蹈《欢腾的荷乡》、黎城镇舞蹈《溜溜的她、溜溜的情》、陈桥镇舞蹈《悠悠格冬代》、涂沟镇快板《兑现的承诺》等10个节目获奖。

二、企业、社区文化活动

1986年，县域经济效益比较好的工商企业文化活动活跃，在重大节日或企业、行业节庆时，都组织文艺表演，参加县举办的一些庆祝活动。20世纪90年代，县城社区自发组织开展的文化活动渐渐兴起，业余文艺爱好者积极参加，形式有艺术节、纳凉晚会、广场文艺表演、集体舞等，还有行业宣传性质的文艺演出，群众卡拉OK演唱比赛，书画、摄影展等，内容丰富，不拘场地、时间，不论男女老少，自愿参与，雅俗共赏。1998年9月26至27日，县精神文明建设指导委员会、县委宣传部联合举办创建文明行业“邮电杯”文艺会演，县邮政、电信、公检法、工商、国税、交通、建设、商业、供销、金融、汽配厂等19个文明行业创建单位组队参加，共演出合唱、小品、曲艺、舞蹈等文艺节目52个，其中17支大合唱队伍阵容强大、气势恢宏。

2001年起，县在每年举办的荷花艺术节期间，均举办社区艺术周。由社区居民参与，气氛热烈。2002年2月5日，县文化局组织县老年大学、县书法协会、县实验幼儿园等9支代表队202人，在县

图 35-2-2　2004 年 5 月 12 日，理士集团举办建厂 10 周年庆典文艺晚会
县志办 / 供

行政广场举办“彩笔描绘水乡、巧手装扮金湖”为主题的百人艺术展示活动，为市民义务书写春联、花样剪纸等。2004年7月15日，县委宣传部、县文化局、老年大学在行政广场联合举办“月是故乡明”激情广场晚会。演员由社区居民担当，夫妻同台、老少上阵，自娱自乐，其乐融融。参演200多人，观众3000多人。2005年6月5日，县文化局、联通金湖分公司在金城影剧院联合举办“品味高雅文化、推出文艺新人”的“联通之夜”器乐演奏会。至是年，县供电公司共举办“电力之光”文化艺术节4届；县法制局在休闲广场举办以演唱为主的法制宣传节目多次。

三、校园文化活动

1986年，全县各学校文化艺术活动活跃，重要节日、纪念日组织学生上台表演，有大合唱、独唱、诗朗诵、舞蹈、快板、相声等；部分幼儿园、学校还以画廊、板报、专刊等形式，不定期展出学生的书画、诗歌、散文等作品及手工艺术品，培养学生的兴趣爱好，部分作品被国家及省、市级刊物选载。金湖县中学创办的《世纪星》、县第二中学《苇风》、县教师进修学校《百草园》等校刊，在全国享有较高美誉度。1995年，全县学校企业举办文艺演出12场。是年至1997年，全县选送少儿作品50余幅参加第一届“新旅杯”全国少儿书画赛、“双龙杯”全国少儿书画赛、“迎回归”书画赛。

1997年12月，县实验小学金湖娃艺术团成立。1998年，选送学生作品50余幅参加“金秋全国青少年绘画大赛”。1999年12月，金湖娃艺术团表演的《木勺舞》，在省第四届音乐舞蹈节上获创作、表演两项金奖，《银鸽飞舞》获全国校园春节晚会一等奖，《小马奋蹄》获江苏省少儿舞蹈新作大赛一等奖。2000年，城乡兴办起舞蹈、音乐、器乐、美术、书法等多种艺术培训班，许多学生家长根据孩子的特长爱好，利用节假日让孩子选学各自的专业技艺。是年，全县选送小学生书法绘画作

图 35-2-3　金湖娃舞蹈（摄于 2005 年）　陈义宝 / 摄

品100余幅，参加“世纪之星”全国少年儿童美术书法艺术教育成果展、书画摄影艺术教育成果展、首届“阳光中华杯”全国校园美术大赛等国家级的各类比赛，有100多人次获奖，并有数十幅作品在《小学生之友》等报刊上发表。

2005年1月，隶属于县教育局的青少年活动中心成立。全国政协委员、香港中华文化总会会长高敬德向金湖中学捐赠人民币100万元，支持校园文化建设与发展。县宣教部门与团县委联合举办县青少年才艺大赛、县第四届“时代超市杯”少儿书画大赛，开展书画、征文、演讲、手工制作等竞赛。少儿书画赛共征集作品650件，其中幼儿美术组22人获奖、少儿美术组获奖23人、少儿书法组获奖9人。至是年，全县连续举办教育艺术节5届，内容有歌舞、方阵表演、书画、剪纸、诗歌、朗诵和综艺竞赛等项目。金湖中学校园文化艺术节举办到第25届、校园读书节10届；县高级职业中学举办文化艺术节6届；县教师进修学校举办文化艺术节4届。

四、节日、纪念日文化活动

1986年，每逢元旦、春节、五一国际劳动节、国庆节，全县均组织文艺团体、文艺爱好者拿出最好的节目向群众公演。1994年，县先后举办“奔小康迎元旦”文艺晚会、“庆三八迎九五”家庭演唱竞赛、“庆五一主人公赞”文艺演出、“六一”少儿书画展、“八一”慰问泗湾湖农场驻军文艺演出、迎中秋“金秋纳凉晚会”、第十个教师节“九月潮”文艺演出，国庆节有晚会、画展、摄影展等。1995年9月3日，县文化局在金城影剧院举办纪念中国抗日战争胜利暨世界反法西斯战争胜利50周年歌咏大会，600余人的15支合唱队演唱抗战歌曲30首，观众千余人；放映《南京大屠杀》《七七事变》《敌后武工队》等影片，观众2.15万人次。

1997年6月30日，县委宣传部、县文化局在金城影剧院举办“迎回归·庆七一”专场文艺晚会，县经委、教委、供电局等大系统共组织800余人的19个代表队参加演出；7月25日，县文化馆举办“庆回归”大型图片展览，展出反映全县各行各业重大成就的图片120多幅。1998年春节期间，安徽省天长市文联、县书法协会联合举办“天长·金湖迎春书画作品联展”，在金湖、天长巡回展出，共展览两地书画工作者、爱好者的书画、篆刻作品70幅。1999年，是中华人民共和国成立50周年、建县40周年，县开展多种形式的“双庆”活动。分别在黎城、金北、涂沟3镇举办“祖国在我心中”书画展，县委宣传部、县文化局、供电局、电信局、交通局、教委、塔集镇、戴楼镇等举办《歌唱祖国》专场文艺演出和歌咏比赛9场。

图35-2-4 2001年6月25日，在金城影剧院举行庆祝中国共产党成立80周年文艺晚会 朱伟/摄

2001年6月25日，县委在金城影剧院举办“光辉的历程”大型文艺晚会，纪念中国共产党建党80周年。晚会分“艰苦卓绝”“欣欣向荣”“继往开来”三组乐章，共演出大合唱《七律·长征》、歌舞《绣红旗》《春天的故事》、舞蹈《东方红》、联唱《越来越好》等节目15个。7月1日，县图书馆在县建设局大楼举办“纪念建党80周年书画作品展”，展出县内国家级及省市级书画家和驻金部队官兵的书

画作品共76幅，其中书法46幅，绘画30幅。2005年元旦、春节，开展“金鸡报晓”文艺会演、“三下乡”文艺演出；县总工会、团县委、联通公司联合举办五一文艺晚会“魅力青春”。

第二节　送文化下乡

1996年，县文化部门组织县城各文化单位开展“送戏下乡”“送书下乡”“送电影下乡”等系列活动。2000年1月18日，县文化局组织人员送文化到夹沟乡。县新华书店选择《长毛兔饲养》《科学育儿》等1000多种近7000册科技图书在现场销售；市、县农业、多种经营、卫生等方面专家现场为广大农民讲解科技致富专业知识；文艺人员为农民表演精彩的文艺节目；书法家为乡民书写春联等。

2003年4月6日，县委宣传部、文化局组织文艺人员分别前往塔集镇中桥村、金北镇万庄村，开展“让先进文化走进千家万户”活动，在两村各演出歌舞戏剧等文艺节目10多个，观众2000多人。县图书馆先后选送优秀书刊到军营、到边远学校12次6000多册。2004年5月20日，县委宣传部、县文化局组织编排一组三句半“一号文件就是好”、舞蹈等10个文艺节目下乡，在吕良镇影剧院演出，宣传全民创业和中央一号文件精神。县图书馆选送优秀书刊到军营、边远学校8次400册。至2005年，县直部门联合开展的送书下乡活动，累计向镇、村图书室赠送图书4万余册，为创建“小康书架”工程做出贡献。县文化馆每年组织文艺小分队深入农村巡回演出；县电影公司组织爱国主义教育影片到各乡镇放映；县文联在春节之前，均组织书法家下乡，为农家义务书写春联。

第三节　文化市场及管理

一、文化市场

1986年，计划经济下的大一统文化市场结构被打破，集体、个人的文化经营体蓬勃发展。电影放映不景气，代之以录像放映活跃。全民所有制印刷厂改制，出现许多个体印刷厂、打字社、复印社、工作室，个人书摊、书店，文化用品、音像制品经营点随处可见，歌厅、舞厅、卡拉OK厅不断增多。互联网面世后，众多网吧充斥城乡的大街小巷。1995年，全县有书刊经营门市46个，其中省二级批发单位1个，销售、出租书店45个；印刷业37户，其中印刷厂25家，打字、复印12家；音像制品发行站3个，录像放映点53个，舞厅13家，游戏室6个，斯诺克桌球室2个，露天球桌180余盘；民间吹奏艺人200余人，民间业余剧团1个。1996年，登记注册的印刷业36户，书刊发行业45户，舞厅13个，卡拉OK厅（包括卡拉OK餐厅）41个，智力型电子游戏机经营户12户，录像发行放映30余户，综合性大型娱乐城1座。2005年，全县有歌舞厅34户，网吧43户，音像放映单位40户，印刷企业21户，演出经营单位1个。

录像放映　1986年，全县有公办、私营录像放映室8个，录像片发行和销售由县广播站音像制品发行站供应，但仍有一些经营者偷偷从外地购回一些色情片暗地销售。1987年，放映点20个，其中农村16个、县城4个。1988年，全县有音像制品发行站3个，年提供录像片191部220盒；录像观众人数达到顶峰期，有75万人次。1994年，音像制品销售点增加到53个，购买录像带1200盒，库存录像带增加到3000盒，年出租录像带2万盒次；放映点31个，放映7000场次，观众近18万人次。1995年起，港澳武打片和域外色情片等对部分观众产生很大的诱惑力，但在“扫黄打非”高压态势下受到遏制；加之电视、互联网的迅速发展和普及，录像放映业的生存空间受到挤压。1999年，全县录像放映室仅存6个，2001年全部停业。

歌厅、舞厅、卡拉OK厅 1986年，人们思想解放，情绪宽松，自娱自乐的观念越来越强，娱乐消遣场所应运而生。20世纪90年代初，歌、舞风始兴，带动很多人加入跳舞的行列，加入最多的当是中青年人。舞式由比较简单的慢三、慢四，渐渐转变到有难度、高水平的中四、快三、吉德巴等，大小舞厅、歌厅、卡拉OK厅在全县城乡出现。1993年，县招待所将一中型餐厅改造成舞厅，县文化馆将3楼的文化展厅改成县内第一家经营性舞厅，县体育馆改办的舞厅，是县内最大的舞池，能容纳上百人跳舞。1996年，全县有舞厅13家、卡拉OK厅41家，乡镇开办的电子游戏机、舞厅、歌厅、卡拉OK厅、溜冰场等，档次、效益也很好，白马湖乡阮桥集镇办有两个溜冰场，平均每天接待溜冰者300多人次。2000年，歌舞厅增加到106家。水利局水利器材服务站与南京皇冠装饰有限公司在县城顺河路防汛器材仓库合办金皇冠健身休闲中心，内设保龄球、歌厅、餐饮、桑拿浴，成为全县服务档次和消费水平最高的娱乐场所。21世纪初，由于县城区公共活动场地不断增多，一些中老年人以健身为主，相聚于此跳广场舞，原在舞厅跳舞的人受感染，也易地加入这支队伍。2005年，县城有歌舞厅34家，户外广场跳舞点有40多处。

二、文化市场管理

1986年，县公安局、工商局、广电局查禁淫秽录像制品300多部，对吕良乡农电站两职工无证放映录像进行通报，对黎城录像放映点违规翻录行为进行查处，查处其违章翻录录像片8件；制定《金湖县节目录像带发行办法（试行）》《金湖县录像放映管理有关规定》。1987年，对新农乡放映点违规跨地区放映进行通报；县公安局、工商局、广电局联合印发关于整顿录像放映点意见，打击非法经营、出版活动，全年共没收无版权录音带20个品种561盒，查封录像带227盒。1988年，县物价局、县广电局对部分节目录像带票价和租价实行浮动。1989年，在全县3个音像制品发行站、27个录像放映点开展争创先进文明单位活动，同时对音像市场进行整顿。

1991年8月，县出台音像管理6项制度，对录像带保管、审查、放映，及场地管理、财务票务管理作出规定。1992年，县成立文化市场管理办公室、县音像市场监察小组，加强对音像市场管理、检查、监督。1995年，收缴非法书刊7种80余册，录像、录音带224盒，收缴电脑板块15块，取缔博彩游戏机152台；中外合资的金台娱乐有限公司、乐园游戏室被查封，15家游戏室歇业。1996年，县成立音像市场执法大队，出台《金湖县书报刊零售（出租）送审制度》，规定歌厅、舞厅、卡拉OK厅、游戏室不得容留中小学生。1997年，县成立供片部，由县电视台统一购片、审片。县文化局文化管理办公室查禁一起文物违法经营活动。突击检查县城电子游戏室12家，发现容留中小学生娱乐的有4家，没收游戏机2台，并在电视台予以曝光。

2000年9月18日上午8时至21日18时，关闭县城所有文化娱乐、服务场所，集中进行过堂审核。通过审核，共有歌厅98家、舞厅8家、电子游戏室20家、录像放映室14家，合格84家，占60%；停业整顿20家，占14.3%；取缔36家，占25.7%。合格的由公安、工商、文化部门发给审核合格牌，可继续经营；停业整顿的，待整改到位，并经公安、工商、文化三家联合验收合格方可经营。2002年，查处违规演出团体2个，收缴非法音像制品3.8万张，清理无证音像经营点23处，关停违规印刷厂7户，核准上报印刷企业13户。对全县城乡网吧进行专项清理，网吧总数由70户减至14户。2004年，出动500余人次，查处网吧30家，收缴非法出版物530册、盗版光盘3万多张。2005年，收缴非法出版物1500多册、盗版音像制品3万多盒。共有歌舞厅34家、网吧43家、音像放映室40家，印刷企业21户，演出经营单位1个。

第三章　文艺创作

第一节　小说　散文　诗歌

1986年起，县内文艺工作者、文学爱好者创作的散文、短篇小说等一批文学作品，分别在相关报刊上发表。1989年10月，县委宣传部汇编的纪念建县30周年《春到金湖》一书内部出版发行。1994年，县第二中学教师张俊平的长篇小说《青苹果》由东北师范大学出版社出版发行，开创全县长篇小说创作的历史。县输油泵厂青年女工金虹创作的短篇小说《黑猫税务官》，获县文联与县税务局联合举办的“税务杯”文学艺术作品大奖赛文学一等奖，并刊载于《江苏税务》。

1996年5月22日，以中国文联副主席、诗人李瑛为团长的“中国文联文艺家万里采风团”一行9人，从北京远赴金湖采风。采风团成员有：作曲家生茂、画家袁运甫、摄影家张雅心、作家舒丽珍、书法家熊伯齐、影视演员温玉娟、歌唱家苏红和中国文联机关党委副书记、中国散文诗学会理事、中国音乐家协会会员谷福海，深入乡镇、企业、学校、农户、渔家、林场参观访问并即兴表演。县四套班子领导热情接待，副县长伏大才和县文化部门人员自始至终陪同。1998年1月，谷福海撰著诗集《万里金湖步步歌》由中国文联出版公司出版发行，诗集收入采风团成员词作、题词和“金湖春色好”歌曲一首；谷福海诗作分“千年沧桑遗古韵”“万众携手谱新曲”“一草一木入华章”三部分，有“走近金湖”“塔集八景”“白马湖”“三河滩”“水上灯会”“秧田锣鼓”等诗作135篇，热情讴歌金湖的悠久历史、灿烂文化、丰富物产和勤劳淳朴的人民。

1995—1998年，县文化馆馆员戴之尧创作的长篇小说《葫芦套》《多情岁月》分别由时代出版社和宁夏人民出版社出版发行；县人民检察院周思民的诗词集《湖城情》由江苏文艺出版社出版发行；县教育局教研室主任杜渐的《公曼诗稿》内部出版；县离退休老领导杨少峰、朱金荣、袁虹、孔化、费国衡，分别内部出版诗集《晚霞情》《野草集》《湖畔吟》《切偲集》《向阳集》等。2001—2003年，驻金湖部队农场省军区运西副食品基地场长肖继勇的长篇纪实小说《神秘的第三只手》，陈肥生的纪实散文《记忆深处的北大荒》，管见的《心声语》，徐则先的《风月老人俚歌》，汪淦的《青山夕照》，丁志刚的诗歌集《我的春草》、散文集《心韵留痕》，聂杭军的杂文集《立仕悟语》相继出版发行。至2005年，闵宇平的小说集《血痕栀子花》，张小平文集《驾驭欲望》，吴祖丽的中篇小说《明月和潮生》，陈肥生的小说集《红伞下的罪恶》、短篇小说集《疯狂的爱》等文学作品，先后出版发行，全县的文学创作进入繁荣期。

1989—2005年金湖县文学作品出版或在省以上刊物刊载获奖一览表

表35-3-1

作品名称	体　裁	作　者	发表刊物或出版社	发表年份
《窗棂》	小小说	戴之尧	《休闲周刊报》	1989
《梁》	小小说	戴之尧	《精神文明报》	1991

接上表

作品名称	体　裁	作　者	发表刊物或出版社	发表年份
《锣鼓阵阵》	小小说	戴之尧	《精神文明报》	1992
《茭米》	散文	戴之尧	《扬子晚报》	1992
《雨巷》	小小说	戴之尧	微型小说选刊	1997
《青苹果》	长篇小说	张俊平	东北师范大学出版社	1994
《黑猫税务官》	短篇小说	金　虹	《江苏税务》杂志	1994
《数圣·华罗庚传奇》	长篇小说	李克忠等	西南师范大学出版社	1995
《葫芦套》	长篇小说	戴之尧	时代文艺出版社，获市第三届文学艺术二等奖	1995 2002年再版
《高庄日出》	散文	王本强	“洪泽湖”全国散文大赛优秀作品奖	1995
《湖城情》	诗词集	周思民	江苏文艺出版社	1996
《多情岁月》	长篇小说	戴之尧	宁夏人民出版社	1997
《血痕栀子花》	中短篇小说集	闵宇平	中国文联出版社	2000
《我的春草》	诗歌集	丁志刚	中国戏剧出版社	2001
《神秘的第三只手》	长篇小说	肖继勇	江苏人民出版社	2001
《立仕悟语》	杂文集	聂杭军	中国文联出版社	2002
《记忆深处的北大荒》	纪实散文集	陈肥生	中国文联出版社	2002
《明月和潮生》	中篇小说	吴祖丽	《雨花》杂志	2003
《心韵留痕》	散文集	丁志刚	中国文联出版社	2003
《疯狂的爱》	短篇小说集	陈肥生	作家出版社	2004
《松木邮箱》	散文	聂杭军	《雨花》杂志	2005
《驾驭欲望》	散文集	张小平	长江出版社	2005
《道是寻常却艰辛》	杂文	闵永军	江苏文艺出版社	2005

第二节　戏剧　曲艺

1986年，县教育局闵宇平创作的电视专题剧《芳龄县的年轻人》，在省电视系列片《欢乐的小城镇》中与观众见面。费家骖与汪农兵联合创作的新故事《自食其果》等，参加省市会演、会串等，并多次获奖。1990—1992年间，故事《雨中的故事》、小品《吃橘皮的人》、小演唱《攀小亲》、扬州评话《胖大嫂扬威堵缺口》等作品在省演出并分别荣获三等奖，表演唱《农场好》获一等奖。1996年创作的小品《胎教》，入选全国“百优”，获三等奖。20世纪90年代以后，戏曲演出市场萧条，专业戏剧创作走向低谷。县内戏曲剧本业余创作仍在坚持。1995年1月，江苏电视台与金湖县联办“迎新春奔小康”文艺晚会，费家骖等作词作曲并编导的独唱《我爱家乡金湖美》、相声《金湖好》《找丈夫》、表演唱《永远跟党向前进》等在江苏电视台播出。2002年，业余作者黄心久先后在江苏《剧影月报》发表《“追鱼”续曲》《少帅相亲》《郑板桥做“贼”》《洪泽湖传奇》《归程》等戏曲剧本。

1986—2005年金湖县戏剧、曲艺作品发表出版一览表

表35-3-2

作品名称	体裁	作者姓名	发表刊物或出版社	发表年份
《芳龄县的年轻人》	电视剧	闵宇平	省电视系列片《欢乐的小城镇》	1986
《自食其果》	故 事	费家骖等	《戏剧丛刊》	1986
《保姆喜相逢》	故 事	费家骖等	《乡土》杂志	1987
《金湖一字歌》	新民歌	费家骖	《乡土》杂志	1987
《采五花云》	民间舞蹈	李俊鹏	《中国民族民间舞蹈集成·江苏卷》	1987
《水乡教师爱水乡》	歌 曲	费家骖	《江苏教育》杂志12期	1989
《杨柳塘捉妖》	故 事	费家骖	福建省《小火炬》杂志	1990
《胖大嫂扬威堵缺口》	扬州评话	费家骖	《曲艺》杂志、《回天曲》杂志	1991
《吃橘皮的人》	小 品	费家骖等	《回天曲》杂志	1991
《禁财娘子军》	表演唱	费家骖	《戏剧曲艺丛刊》、《新风》杂志	1991、1992
《攀小亲》	表演唱	费家骖	《群艺丛刊》	1992
《追鱼》续曲	戏 剧	黄心久	《江苏戏剧》杂志	1992
《说安全》《我快乐，我光荣，我知足》	快板	王学军	《全国群文系统作品选集》优秀创作奖，载入中国曲艺家协会《曲艺》杂志	1998
《金大爷赛秧歌》《小交警》《珍稀餐馆》	小品	王学军	《文化大视野全国群文系统文艺作品选集》优秀作品奖，中华颂—全国小戏小品曲艺作品大赛二等奖	1998
《少帅相亲》《郑板桥做“贼”》《洪泽湖传奇》《归程》	戏 剧	黄心久	《剧影月报》杂志	2002

第三节 美术 书法 篆刻

一、美术

1986年，王伟民创作的国画《巧媳妇》《年年有余》《渔家乐》《晨香》在省级报刊发表。王伟民、王明华、周立龙、朱生剑、吴健民等人的美术作品参加省、市展览并获奖。1994年4月，陆功勋在县百货公司举办个人书画展，展出书画、剪纸、漫画147幅。李义祥国画《齐白石》《虎啸图》入载《江苏老年诗书画大观》，出版物有《李义祥画集》等。1998年，徐勤的国画《牧野笛声》《悄悄话》等参加省群文美术展览并获奖。2001年11月，嵇才文的山水画在文化部社会文化和中国诗酒文化协会主办的“中国国际科技文化成果博览会庆申奥成功全国老年诗书画征文大赛”中获优秀奖。针砭时弊、富含哲理则是陆功勋漫画作品的另一特色。他的《采访归来》漫画，画面中记者的摄像机倒出

图35-3-5 嵇才文牡丹图（创作于2005年） 县志办/供

的不是新闻，而是高级烟酒和土特产品，对有偿新闻是一个辛辣的讽刺。他成功地组织“全国漫画邀请展”，传播漫画艺术形式，让人们在观赏中领略漫画艺术的深刻内涵。至2005年，陆功勋创作中国画《迎春图》《一路顺风》《屹立千秋》《出淤泥而不染》等23幅。是年，县域少儿在参加“世纪之星”全国少年儿童书画摄影艺术教育成果展、首届“阳光中华杯”全国校园美术大赛等国家级比赛中，小学生丁锐、汤昱、万鹏、薛晨、黄奥、陆晨、郝殷元、阮远深、郜淳亮等人的作品获奖；在《小学生之友》等刊物上，发表作品数十幅。

二、书法　篆刻

1986年前后，县域书法界知名人士王凝来、陈秉中、植晓春等，在城乡或学校，相继开办少儿书法培训班，培养出一批批出类拔萃的书法人才。李绍春的篆刻作品《学法》《做有理想的一代青年》《科学种田》等9方，发表于江苏《党的生活》《江苏农业科技报》《江苏健康报》等报刊；《国歌歌词》发表于《人民政协报》。1993—1994年，县第二中学吴玉清在第二届全国青少年书法银河大赛中获青年组三等奖；李绍春行书《祖国万岁》获“省第四届群众文化干部美术、书法、摄影展优秀奖”。1996年，县二中退休教师周承龙参加中外书画交流协会举办的“炎黄杯国际书法大赛”获金奖。10月4—14日，江苏石油试采二厂、县文联、残联、民政局、文化局联合，为夹沟乡文化站站长虞俊（残疾人）在县文化馆举办个人书画展，展出书画作品100幅，数千人观摩展览。虞俊11岁时因病右手致残，改用左手握笔，苦练30余载不辍。他的书画作品独具风格、自成一体，深受行家的好评。中国美术馆、江苏美术馆曾先后展出过他的作品，河南省碑林收藏有他的部分作品。10月8日，植晓春、肖善中、高宝岭、叶华洲、李德会在中百一店2楼举办五青年书法联展，展出经装裱书法作品60幅，县内外书法爱好者观赏2000多人次，金湖人民广播电台、金湖电视台作专题报道。1997年，中国硬笔书协会员、县文化馆馆员徐勤在商业大厦举办个人56幅书画作品展。教师陈才桂书法在全国环保书画邀请赛中获优秀奖。1997年6月，徐勤《读书乐》等5方篆刻作品参加“长白山杯”全国书画篆刻大赛，获一等奖。

2001年7月，徐勤的书法作品在“庆祝中国共产党成立80周年中国书画家精品海外大展”中获三等奖；县二中退休教师周承龙的行草《咏孔子》，先后在中国军事博物馆、中国历史博物馆展出，入选《二十世纪中日书画名匠集》，在“纪念孔子2550周年诞辰书画大展”中获精品奖。徐勤、李绍春

图 35-3-6　李绍春篆刻《中华人民共和国国歌》歌词（1999 年发表在《人民政协报》）
县志办 / 供

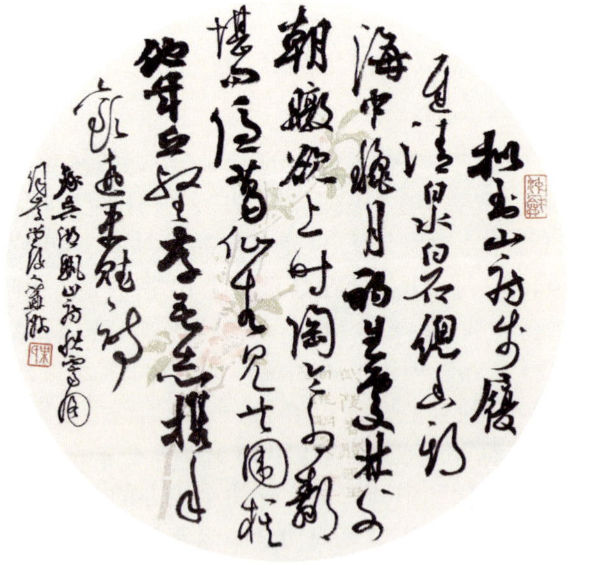

图 35-3-7　叶华洲行草团扇《吴湖帆诗》一首（创作于 2004 年）
县志办 / 供

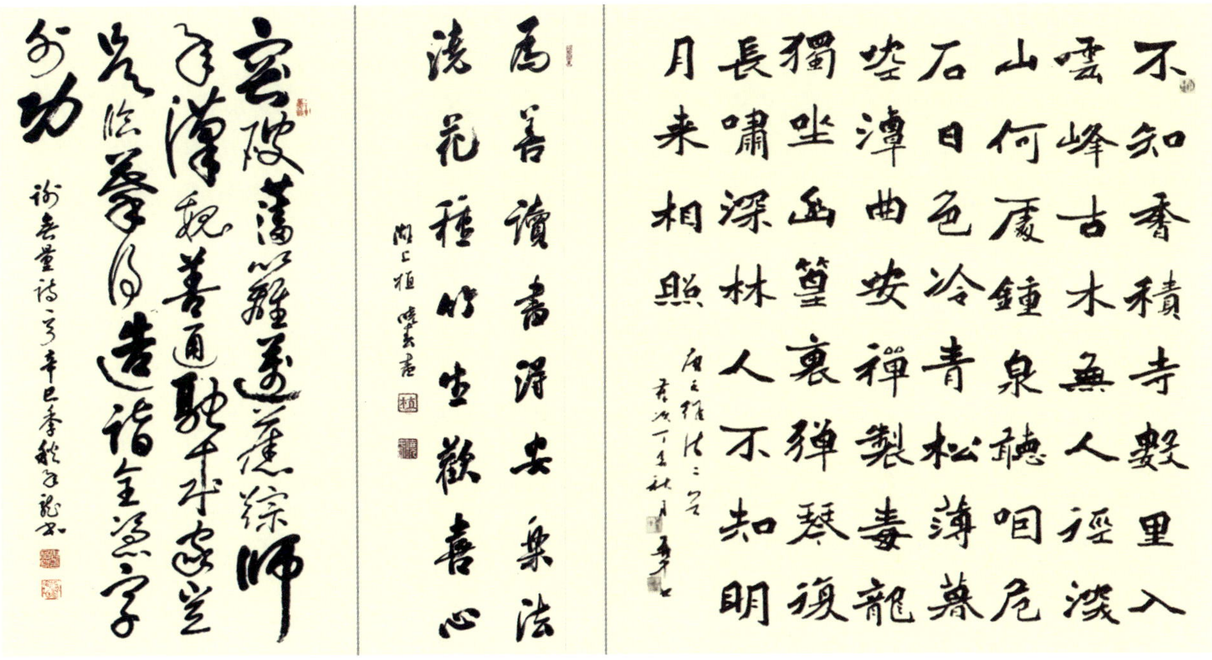

图 35-3-8　左图：周承龙行草《谢无量诗》（创作于2001年）；中图：植晓春行书《集古人联》（创作于2005年）；右图：肖善中楷书诗抄唐·王维《过香积寺》入选江苏省第四届新人书法、篆刻作品展（创作于2003年9月）　县志办 / 供

等人篆刻作品在省以上报刊发表400余方，其中参加省及全国展览及大赛中获奖的有80余方。县城西小学学生张莹（女）的正楷书法作品《弘扬正气》，在第二届世纪之星全国少儿美术书法摄影艺术教育成果展中获金奖。12月31日至翌年1月7日，县文化局在文化馆举办“庆元旦迎新春”徐勤、李绍春书画篆刻作品展，展出作品64幅（方），其中国画17幅、书法36幅、篆刻11方。

2003—2004年，县书法界周承龙、嵇才文、陈才桂等知名人士的书法作品参加纪念毛主席诞辰110周年全国书画大赛、纪念邓小平100周年诞辰中华书画精品展，分别获得一等奖、二等奖、银奖；入展省委宣传部、省文化厅、省文联举办的“伟大的祖国伟大的党”、省老科技工作者“首届书画篆刻摄影大展”，获优秀奖；肖善中、陈太平、杨仁荣等人的书法作品入选省第四届、第五届新人新作书法篆刻展。李绍春《情系奥运》《新年快乐》《贺新春》《慎独》《无念》《晚翠》等多方篆刻作品，载入文化部《情系奥运中华书画大展精选集》，获优秀奖，有的刊载于《中国书画报》《美术大观》《书法之友》《书法世界》等杂志。

至2005年，小学生高飞、刘伟、柏楠、刘彤彤、王清、孙梦天、万鹏、李晓杨等，先后参加全国少儿书法大赛，获得金、银、铜奖及优秀奖的有120多人次。周承龙的多幅书法作品入选“中国电影百年书画大展”“走进新加坡——中国书画家精品展”“纪念中国人民抗日战争胜利60周年中华当代艺术家作品展”并获奖，入编《中国书画家精品集》《中国老年金奖艺术家作品经典》；自作诗《咏台湾（行草）》入编《第八届中国当代实力派书画拍卖图鉴》，出有专著《周承龙书法诗词选》。

1986—2005年金湖县书法作品在省级以上书报刊用、展赛获奖一览表

表 35-3-3

书法作品名称	作　者	展览比赛、发表及获奖情况	获奖年份
《祖国万岁》	李绍春	获省第四届群众文化干部美术、书法、摄影展优秀奖	1994
行草《咏孔子》	周承龙	“全国奥斯卡杯书画大赛”铜奖（中国青年书画家协会）	1994

接上表

书法作品名称	作　者	展览比赛、发表及获奖情况	获奖年份
行书鲁迅诗	徐　勤	获“潇湘杯”全国书法大赛铜奖	1996
行书毛主席诗词《长征》	徐　勤	书法作品赴日交流获银奖	1998
隶书毛主席诗词《沁园春·长沙》	徐　勤	“世纪人才杯”全国书画大赛—隶书，获银奖	1999
行草《咏孔子》	周承龙	入展“纪念孔子2550年诞辰书画大展”，获“全国民间工艺美术书法大展”特别金奖	1999
行书《历经半百创伟业》	李绍春	发表于《人民日报》	1999
行书《奇云扶堕石 秋月冷边关》	李海军	入选省第三届书法篆刻新人新作展	2001
行书毛主席诗词《长征》	徐　勤	建党80周年全国书画大赛铜奖	2001
《丁炳、顾宇画集》	丁　炳 顾　宇	南京美术出版社	2001
行书《江泽民诗一首》	李绍春	发表于《美术大观》	2002
草书《千字文》	嵇才文	纪念毛主席110周年诞辰全国书画大赛二等奖	2003
隶书毛主席诗词《沁园春·长沙》	徐　勤	全国书画大赛铜奖	2003

第四节　摄　影

1986年，全县有专业和业余摄影人员近40人，知名者有马为群、姜燕、潘熙绵等。1987年10月，县摄影协会成立后，涌现出徐景浩、刘运义等一批摄影新人。是年，马为群创作的《社会主义新农村》《港湾日出》，及与潘熙绵合创的《育新苗》，姜燕创作的《金色的田野》《丰收的喜悦》和逆光抓拍的名为《天职》的母鸡振翅护雏图等，入展第13届国展；徐景浩慢门拍摄的名为《家乡的云》的流动鹅群，获省第11届摄影艺术展金奖；《荷花图》入选日本第48届国际摄影展。1988年，徐景浩摄影作品展览在江苏美术馆成功举办。刘运义名为《秀色可餐》的夕阳映照下的螳螂图，入载《中国画报》封三，并以多国文字向世界刊发。1999年，刘云义名为《亲和》的白鹭八哥戏牛图，入选第十九届全国影展；《中国摄影报》以《故里》为题，对刘云义摄影技艺成长历程作专题报道；《金晨》获中华人民共和国成立50周年中国渔业摄影赛三等奖。是年，在县广电局演播厅举办《周思民影与诗和陆功勋剪纸作品展》，展出周思民以祖国大好河山为题材并配有精美诗句的摄影作品81幅；陆功勋以废旧挂历为原料、以水乡风情为素材的剪纸作品69幅。姜燕《水乡情韵》摄影展在县农行大厅

图35-3-9　王作礼摄影作品《湖中淘金》（2001年入选江苏省企业之光摄影展）　　县志办／供

举办，展出姜燕自20世纪70年代以来拍摄的金湖水乡风貌、风情摄影作品100多幅。

2001年，冀春阳创作的《一叶轻舟》等作品刊载于《中国摄影报》，王作礼创作的《湖中淘金》等作品参加省企业之光摄影展。随着数码摄影艺术的兴起，数码摄影爱好者纷纷涌现。中国·金湖荷花艺术节期间，举办以荷花为主题的摄影艺术展，参展作品150余幅。2003年，冀春阳创作的《天真烂漫》等作品入选亚洲摄影大赛中国展区，获得三等奖。2005年，县摄影协会有会员50人，其中省级会员3人。姜燕、秦仕湘、李义海、王作礼、刘明礼、冀春阳等会员有数十幅作品入选国家、省、市级摄影展。至是年，全县共举办摄影展、摄影赛50多场次，协会单独或与书画协会合作印制《湖城书画摄影作品集》《湖城摄影》等专集。

图 35-3-10 秦仕湘摄影作品《血沃中华》（1989年入选河北省第十一届摄影艺术展） 县志办/供

1986—2005年金湖县摄影作品在省级以上展赛获奖一览表

表 35-3-4

作者姓名	作品名称	影展、影赛或期刊名称	展赛年份
姜　燕	《天职》《一群老妖》《春天放飞》	省摄影大赛获铜奖并入选全国第13届摄影展、江苏省老年体育摄影展	1987、2005
徐景浩	《荷花图》《家乡的云》《丰收乐》	日本第48届国际摄影展参展，省第11届摄影艺术展获金奖，省首届农民摄影展获银奖，省展览馆展出徐景浩摄影展	1987、1988
秦仕湘	《血沃中华》《不速之客》《春芽》《中国龙》	中国摄影家协会选送日本展出，入选河北省第十一届摄影展，登载《人民摄影》《解放军报》报刊	1989
刘运义	《秀食可餐》《望乡》《相敬如宾》《心语》《初涉人寰》《赏心悦目，迈向小康》《水情融融》等	登载《中国画报》《中国摄影报》《大众摄影》《摄影与摄像》《摄影世界》《文萃》等杂志	1996
冀春阳	《一叶轻舟》《天真烂漫》《神来之笔》《渔娃》等	登载《中国摄影报》，参加亚洲大赛中国区获三等奖	2001—2005
王作礼	《湖中淘金》《左推右挡》《雷锋精神代代传》等	入选省企业之光摄影展、省老年体育摄影展，获省和谐科学创新老年摄影展优秀奖	2001—2005
李义海	《沸腾的湖湾》《扬眉剑出鞘》《含苞欲放》	入选美在新江苏大型摄影艺术展、省老年体育摄影展，省和谐科学创新老年摄影展三等奖	2005
刘明礼	《水乡腰鼓队》《小获奖者》	入选省老年体育摄影展，省和谐科学创新老年摄影展三等奖	2005

第五节　音乐　舞蹈

1986年，少儿歌曲《小花伞》（王培芳作词），在甘肃省优秀少儿歌曲评选中获二等奖。县文化馆李俊鹏搜集民间舞蹈《踩五花云》入选《中国民舞集成·江苏卷》。1988—1993年，以县志办公室徐国杰为第一小提琴手的金湖爱乐弦乐四重奏组成立，成员有陆会新（大提琴）、林和平（小提琴）、沈舰（中提琴），每周二晚集中排练，多次参加省内演出活动并获奖。县委办公室秘书王培芳加入江苏省音乐文学学会，并先后与文化馆李俊鹏、汽配厂黄德玉合作，创作《塑造明天、奔向未来》等歌曲，多次获奖。淮阴市第二届民间舞蹈会演在金湖县举行，县内的“打苹封”节目获一等奖。1994年9月3日，陈小钢在县粮食局礼堂举办县域首次钢琴演奏会。1996年7月7日，金湖爱乐弦乐四重奏组在县宾馆大会议室举办专场音乐会，演奏《G大调弦乐小夜曲》《G大调小步舞曲》《二泉映月》《梁山伯与祝英台》等中外名曲11首，县领导和千余名干群到场观看，省歌舞剧院、江苏人民广播电台文艺台、省音乐家协会等为音乐会发来贺电，县电视台全程录像，并得到俞丽拿、丁芷若、金在清、崔新等音乐界名人的关注和支持，文化部音乐采访组专家生茂、温玉娟给予高度评价。是年，县油化厂苏克文牵头组建金湖弘声民乐队，定期排练，并参加社会音乐活动；黄德玉创作的歌曲《歌唱农民》获市“五星工程奖”。

1997年12月，县实验小学由童心艺术团改名的金湖娃艺术团成立。少儿舞蹈教师万建华编导的少儿舞蹈《板铃舞》《 鞭春》《跳跳虾》等多次获奖，名扬大江南北。2000年起，该团小演员表演的《木勺舞》《银鸽飞舞》《小马奋蹄》等舞蹈节目，在省市乃至全国比赛中多次获奖，被誉为“南有小红花，北有金湖娃”。徐国杰、陆会新、朱新朋、赵振金、陈从钢、陈小钢、陈丽莉、林和平、朱文达等社会音乐人，竞相开办少儿器乐培训班，为培养器乐演奏新人出力。2001年，金湖娃艺术团小演员闵煜在全国推新人大赛中获得“全国十佳”称号。2005年6月5日，县文化局在金城影剧院举办陈丽莉音乐演奏会，她以钢琴、手风琴、葫芦丝等乐器，娴熟地演奏不同风格的中外名曲13首，社会各界反响热烈。至是年，黄德玉谱写的《黄昏的风》《我家住在淮河边》《农家小院一片笑》等歌曲10余首，发表在《江苏音乐》《春风歌曲》等刊物，并在江苏人民广播电台播放。

1986—2005年金湖县音乐、舞蹈作品在省级以上刊物发表、展演获奖一览表

表35-3-5

作品名称	类别	作者姓名	发表刊物、获奖情况	发表展演年份
《父辈的脊梁·西北恋歌》《我的故乡在水上》《我是海燕》《驼铃沙漠的心灵》	歌词	王培芳	《词刊》第6期，刊载《天津歌声》第10期，《解放军歌曲》《词作家》	1987
《故乡情思》	歌曲	王培芳词 李俊鹏曲	参加省第二届新春、新人、新歌电视大赛获二等奖	1991
《塑造明天，奔向未来；盛开吧，金莲、金玫瑰》《缫丝工之歌》	歌曲	王培芳词 黄德玉曲	省工人征歌评选活动获金奖，第二届全国工人歌曲征歌评选活动获银奖	1991—1993
《板铃舞》《打丫丫》《鞭春》《跳跳虾》《木勺舞》《银鸽飞舞》《小马奋蹄》《打金斗》《荷乡鼓韵》	舞蹈	万建华编导	省第二、第三、第四届音舞节创作和表演获一等奖、优秀创作奖、表演二等奖、“五星工程奖”等，省校园集体舞比赛获第一名，获省第三届少儿艺术节创作和表演金奖、全国校园春晚一等奖等	1991—2005

接上表

作品名称	类别	作者姓名	发表刊物、获奖情况	发表展演年份
《相信春天》	歌曲	张志东词	中国群文学会群众歌曲创作大赛获金奖	1996
《春风赞》《走近你，中国城市》《心中的蝴蝶》《河湖一样的情怀》《秧叶》《感恩》	歌词	王学军	感动中国—全国首届新创歌曲创作一等奖，中国第五、第六届群众新歌大赛金奖，全国少儿歌词创作征集评选、中华颂—全国小戏小品曲艺作品大赛三等奖，入载中国广播电视出版社《神州歌曲》	1997—1998
《青年是奋进的歌》《四季盛开的花》	歌曲	李俊鹏	《放歌新世纪》《盛世欢歌》——江苏创作歌曲集	2003

第六节　民间文化

一、歌谣故事

1986年前后，县文化馆、站工作人员与民间艺人共同努力，先后搜集整理金湖秧歌、民歌、歌谣、故事等文艺作品2000余首篇，在省以上报刊发表300余首篇。1987年6月18日起，县域民间文学作品在《乡土》杂志陆续刊登。县民间文学集成办公室编印的《中国民间文学集成·金湖县资料本》出版，被省文化厅定为样本向省内外推广、交流，并参加全国文艺集成志书展览。1998年，费家骖搜集整理的《姐在房中将郎望》《东庄姐西庄郎》《 王大娘栽小秧》《做花鞋》《打樱桃》《鹰来了》《栀子花开大白袍》《数蛋号子》等金湖民歌8首，入选《中国民歌集成·江苏卷》；费家骖、王琦、戴之尧等搜集整理的《唱得春风杨柳开》《牵条黄牛去打场》《篾匠歌》等金湖歌谣24首，入选《中国歌谣集成·江苏卷》；戴之尧、褚达楠等搜集整理的《老龙窝与黎龙河》《渔民为何早晨娶亲》《看心》等金湖民间故事8篇，入选《中国民间故事集成·江苏卷》。2001年，戴之尧主编的《金湖秧歌集萃》出版。2004年“金湖秧歌”被列为省民族民间文化保护工程第一批试点项目和省非物质文化遗产名录。2005年，金湖秧歌保护工程启动，出版《金湖秧歌资料汇编》《金湖秧歌艺术表演手法》和金湖秧歌音像制品。

表35-3-6

1998年《中国歌谣集成·江苏卷》中收录的金湖歌谣一览表

歌谣名称	搜集人	歌谣名称	搜集人	歌谣名称	搜集人
《唱得春风杨柳开》	费家骖	《莫撩有夫有妻人》	王善荣	《想姐姐》	戴之尧
《小麦生来面皮黄》	王　琦	《铁树开花把郎丢》	王善荣	《哪个死人才变心》	戴之尧
《牵条黄牛去打场》	王　琦	《做喜材》	邹开美	《想姐姐想得渴焦焦》	陈发元
《挑盖头》	王　琦	《七单词》	戴之尧	《远看姐姐洗大盆》	陈发元
《篾匠歌》	朱　伟	《姐跟小郎隔条河》	戴之尧	《配个小男人拳头高》	陈世新
《霍托到扬州》	刘万忠	《永远跟你不分离》	戴之尧	《婆婆死了我当家》	季春明
《送恶水缸》	王善荣	《小公鸡》	戴之尧	《撩不到姐姐不要焦》	华文鉴
《天上小雨烂坯坯》	王善荣	《为何不杀鹅》	戴之尧	《情哥爱姐姐爱郎》	金洁溪

1998年《中国民间故事集成·江苏卷》收录的金湖民间故事一览表

表35-3-7

故事名称	搜集人	故事名称	搜集人
《老龙窝与黎龙河》	戴之尧	《京城出诊》	费家骙　戴之尧
《渔民为何早晨娶亲》	戴之尧	《神童甘罗》	1986年2月戴之尧发表于江苏《乐园》杂志
《王策夺被》	戴之尧	《婚前孕》	1991年9月戴之尧发表于上海《采风》杂志
《锯树让田》	戴之尧	《渔家婚趣》	1992年7月戴之尧发表于江苏《垦春泥》杂志
《下府门》	戴之尧	《还牙记》	1992年11月戴之尧发表于山东《故事大观》
《三个女婿比文》	戴之尧　费家骙	《招领启事》	1993年9月戴之尧发表于《民间文学》杂志
《看心》	褚达楠	《上寿》	1997年2月戴之尧发表于《曲艺》杂志

二、秧　歌

（参见“第三十六篇金湖秧歌”。）

三、香火戏

1986年，流传千余年的金湖香火戏销声匿迹后又渐渐复苏，在民间有一定市场。香火戏，又称僮子戏，俗称香火会，是江淮地方戏的鼻祖，从业人员称香火、僮子，是一种集祭祀、信仰、娱乐、教化为一体的传统民俗活动，蕴藏着丰富的汉族传统文化内涵，并综合说唱、舞蹈、戏弄杂耍等表演艺术和剪纸、绘画、民间工艺造型艺术。说唱部分，故事曲折，情节生动，语言丰富，人物鲜明，是民间口头文学中的瑰宝，体现平民百姓祈求风调雨顺、国泰民安的趋吉心理，带有“为民家逐疫驱邪、酬神还愿”封建色彩。香火戏中被香火们称之“神书”的忏文，是民间文学读本。韵文说唱中的拆字歌、故事传说、寓言吉采、时令嘌唱等是研究江淮方言、土语，谐语、歇后语、谚语、俗语的资料。1990年8月，日本学习院大学文学部教授、戏剧专家諏访春雄先生，在《中国大百科全书》编审刘辉的陪同下，到金湖考察香火戏。做会的主要程式有开坛、交生、升旗、发表、熟献、念忏、安龙垫土、安王谢灶、结坛送圣等。演唱时用锣、鼓、铛、钵、牙板等打击乐加以伴奏，不用管弦乐器。唱腔为香火调，常用曲调有“开坛诗”“起板”“落板”“二扇板”“四扇板”“悲调”“串十字”“洪山调”等10多种。2005年，随着科学技术的进步，生活节奏的加快，请表演香火戏的人逐渐稀少。县文化馆馆长姜燕潜心研究香火戏多年，着手编著《香火戏考》《中国古代戏剧探佚》，意在挖掘和保护境域的非物质文化遗产。

四、剪　纸

1986年，县域民间剪纸样式类别有刺绣花、喜庆花、礼仪花、年节花、祭祀花等，集装饰、观赏、知识性为一体，具有较高的审美情趣和艺术价值。县文化馆陈春燕擅长戏剧人物剪纸，其撕纸作品多次参加全国展览，《人民日报》（海外版）刊专文介绍其撕纸艺术。各乡镇文化中心剪纸培训班培养出一支剪纸技艺新秀，黎城镇顺河村二组村民林尔模，能剪出栩栩如生的人物、动物、花卉等。是年，全县有11幅剪纸作品在全国第一届剪纸艺术展览中参展。20世纪90年代初，以书画见长的陆功勋，开始潜心钻研剪纸技艺，并向其亲属传授。其妹陆功香应邀在“世界历史文化名城会”上和淮安市文化艺术节上表演刻纸。陆功勋、陈春燕、徐勤、李绍春的剪纸作品多次参加省市展览、比赛并获奖。2001年起，每年的荷花艺术节期间，县文化部门均举行剪纸作品专展。陆功勋利用废旧挂历彩膜作剪纸原料，将传统剪纸技艺提高到一个新水平。作品先后参加中国第六届艺术节、世界历史文化名城会、国家旅游交易会、省民间艺术节、首届东方工艺美术之都博览会等多次展览。2002年

图 35-3-11　县城西中心小学将剪纸纳入课程教学（摄于 2005 年）
黎城镇 / 供

12月，《渔归图》等作品在华夏杯全国老年书画艺术精品大展赛中获精品奖，并入选《中国当代工艺美术精品集》；有80多幅剪纸作品被县、市选为礼品，赠送给美国、法国、日本、韩国、奥地利、新加坡及中国港、台地区的宾客收藏。

2003年，陆功勋在品尝鳖、蟹之后，顿生灵感，以鳖壳、蟹壳为材料，将传统的钟馗、门神等脸谱画，与现代虎娃、兔娃、鱼娃绘画艺术相融合，制作成"避邪画"（用鳖、蟹的谐音），还编写《"避邪画"手工制作流程自学教材》，传承、普及、发展这一传统民间艺术。中央电视台、江苏电视台、淮安电视台先后拍摄播放其《彩膜剪纸》《刀下生辉》《平淡中的精彩》等专题艺术片。《人民日报》《新华日报》、香港《大公报》等10多家报刊发表其剪纸作品及评论文章。2005年，黎城镇城西中心小学将剪纸纳入课程教学。全县在第五届"中国·金湖荷花艺术节"展出剪纸作品1026幅。

五、草（竹、柳）编

1986年，境域草、竹、柳编器具应用广泛，手工编制工匠遍及城乡。草编以地产稻草、麦秸、菖蒲、鲜竹叶等野生或栽培的草类茎叶为原料，资源丰富。农村常见的草编生活用品有：草绳、草帽、草鞋、毛窝（穿在脚上御寒用）、蓑衣（雨天劳作防雨用）、草帘、草篓、蒲包、蒲扇、站窝（冬日放置会站立的小孩，既保暖，又可以腾出人手从事劳作）等；芦苇编制的器具有：芦席、芦帘、斜垫、大扉、窝褶（用于囤积粮食）等；竹柳编制的器具有：簸箕、粪兜、笆斗、晒匾、箩筛、淘米篮、洗菜篮、凉席等。随着工业生产的发展和塑料制品的问世，许多器具为之替代，专业从事草、竹、柳编的匠人逐渐减少。

1990年，黎城镇邱卫萍，专业从事特殊的草编玩具活计。她的技艺从民间草编艺人外婆耿氏那儿学来，数年不辍。其草编以水竹叶为原料，巧妙利用老、嫩叶颜色的变化，青、黄搭配；工艺流程先是用针将水竹叶划开，手工进行绕、穿、插、抽、嘴咬等编织程序，再用剪刀进行整形修饰；特殊动物玩具还进行点颜喷漆。她能编出天上飞、地上跑、水里游的动物，活灵活现、栩栩如生。至20世纪末，她先后到过吉林、内蒙古、天津、山东、河南、安徽、浙江等省市，一边制售作品积攒盘缠，一边寻师拜友，广集民间草编工艺之长，技艺日臻精湛。2001年后，因

图 35-3-12　邱卫萍草编作品（摄于 1990 年）　黎城镇 / 供

年老体衰，不再外出，在县城街头巷尾随编随卖，长年经营，两分钟工夫编一只蚂蚱十分抢手。2003年，其作品获县民间工艺品展一等奖、市民间工艺美术展二等奖，并在淮安市文化美食节民间工艺品展览会上现场表演。2004年，传授草编技艺于儿媳陈艳、孙女吴雨欣。2005年11月，参加江苏绝技展，现场表演近一个月时间，被外宾称为“绝活”。是年，境内由于产业结构调整、田园方整，竹园柳地减少。竹编主要集中在缓坡丘陵地带，柳编仅存于银集镇，草竹柳编器物有草帽、蒲包、竹篮、簸箕、粪兜、笆斗、晒匾等，其他为塑料制品替代。

六、民间画

1986年前后，境域农村、集镇居民，一般都传承上代习俗，居家设置一间主堂屋，在对着大门的正面墙壁，挂上“三堂”字画，中间为“天地国亲师”五个大字或菩萨像、神像，左边张仙送子图，右边“世代宗支位”；“三堂”下设立柜（又称老爷柜）、堂桌。主堂屋主要用于供奉、祭祀及会客。渔家亦有立“三堂”、挂神像的习俗，但由于居家条件的限制，一般是平时卷藏，年节时立挂祭祀。民间的一些能工巧匠，有的专业绘制“三堂”字画、菩萨、土地、灶君、财神、钟馗等图像；有的印刷冥票、封签；还有的刻制成雕版，批量印制销售，供百姓供奉祭祀用。随着时代的变迁，印刷业的发展，“三堂”字画逐步为山水油画、现代字画所代替，冥票亦印成形似通行货币的样式。20世纪90年代，县文化馆搜集到民间各类雕绘图案30余种，有建筑物上的木雕、砖雕、石雕画，有桌椅、箱柜上的木雕画，灯、扇及银镯、金锁、玉佩等饰物图案等，其中荷花图案为多。2005年，民间老式“三堂”画基本没有市场，建筑物、家用器具、饰物上的雕刻或绘画多为电脑设计、机器制作，画匠、雕刻匠不得不转行。

第四章　图书　文博　电影

第一节　图　书

一、图书馆（室）

图35-4-13　县图书馆被评为国家二级图书馆（摄于2005年）　陈祥龙／摄

县图书馆　1986年，馆藏图书4.23万册。1994年，购书1727册、订报刊253种，年末藏书6.06万册。1997年，图书馆订报刊202种，购图书1523册，支出经费3.02万元；年末藏书6.6万册。1999年，购书579册，订报刊146种，年末藏书6.71万册。2003年，图书馆因城市改造拆除，馆藏图书量没有增加。2004年，完成图书书目录入3.79万册，剔除旧图书1.03万册、期刊1369册。2005年，购新书5347册，订期刊600多种、报纸100余份，年末藏书8.28万册；

继续开展藏书剔旧及书目、数据录入工作，剔旧、登记图书8000册、期刊800余册，录入书目1.2万册，采编新书3000余册。

1986—2005年金湖县图书馆购书、藏书统计表

表35-4-8

年份	购置新书（册）	征订报刊（种）	藏书量（万册）	购书额（万元）	年份	购置新书（册）	征订报刊（种）	藏书量（万册）	购书额（万元）
1986	1885	191	4.23	1.26	1996	1284	288	6.38	1.95
1987	1424	214	4.39	1.19	1997	1527	195	6.55	1.84
1988	1068	214	4.52	1.00	1998	565	201	6.63	1.62
1989	1119	218	4.65	1.19	1999	579	211	6.71	2.82
1990	1967	216	4.87	1.46	2000	669	181	6.79	2.86
1991	3573	275	5.26	3.00	2001	1232	167	6.93	2.60
1992	2627	363	5.55	2.90	2002	1945	174	7.14	3.00
1993	2648	367	5.86	3.00	2003	1900	180	7.35	3.30
1994	1727	326	6.06	2.45	2004	3000	180	7.65	3.80
1995	1308	305	6.22	1.91	2005	5347	600	8.28	4.70

乡镇图书室　1986年，境域各乡镇文化中心均设置图书室，有为数不多的书籍、刊物供读者阅览。1998年，县域实施"百千万"小康书架建设工程，至年底，建成农民藏书百册以上家庭5000户，村千册以上图书室80个，乡镇万册以上图书馆（室）3个；金北镇文化中心图书室被评为"市红旗图书室"。2005年，全县镇级图书馆（室）藏书1.5万册有黎城、闵桥2个镇，万册图书馆（室）8个，5000册图书馆（室）1个。总藏书量达11.5万册。

2005年镇图书馆（室）购书、藏书统计表

表35-4-9

单位	藏书总量（册）	购书经费（元）	购书数（册）	读者（人次）	单位	藏书总量（册）	购书经费（元）	购书数（册）	读者（人次）
黎城	15000	2500	400	1200	涂沟	10000	1000	200	430
戴楼	10000	1000	200	1000	前锋	10000	1000	200	420
金南	10000	1000	200	480	吕良	10000	1000	200	400
闵桥	15000	2000	200	680	陈桥	10000	1000	200	560
塔集	10000	1000	200	430	金北	5000	800	100	380
银集	10000	1000	200	380	总计	115000	13300	2300	6360

单位社区图书室　1997年4月12日，县图书馆配合县教委开展迎香港回归知识竞赛，倡导读书，各单位、社区图书室每年都举办各类主题的读书活动多次，掀起读书热潮。一些部门、企事业单位、社区办起图书阅览室，满足读者读书需求。至2005年，县城办有社区、企事业单位阅览室6个，可供阅读图书2.5万册。

表 35-4-10

2005年部分单位、社区图书阅览室藏书统计表

单 位	藏书总量（册）	购书经费（元）	购书数（册）	读者（人次）	单 位	藏书总量（册）	购书经费（元）	购书数（册）	读者（人次）
消防大队	2000	1000	300	100	西苑社区	5000	1000	200	500
机关幼儿园	5000	2000	400	2000	劳动桥社区	4000	800	150	400
实验幼儿园	5000	2000	400	2000	闸东社区	4000	1000	150	500

民间藏书 1986年，县域民间藏书爱好者均设有家庭图书室，家庭藏书数量最多的有5000余册。1996年，县委宣传部、县文化局、县图书馆、县新华书店联合开展“十佳藏书家庭”评选活动。全县共有参评家庭33户，经实地考评，县人民检察院周思民、县委党史工委马国顺、县文化局姜燕、县教研室杜渐、县第二中学张俊平、县委宣传部王仁明、县实验小学吉启艳、金湖县中学李青松、县职业高级中学谢乃林、县造纸厂杨仁荣被评为县“十佳藏书家庭”。联办单位向他们颁发荣誉证书，图书馆发给“特约读者”证书，县新华书店赠送价值200元图书。1997年，新华书店开展“十佳农民藏书家庭”评选活动。全县参评家庭40多户，经实地考评，评出藏书多、质量好、用好书的家庭10户。分别是：淮胜乡杨登弼、吕良镇季爱萍、孙集乡孙国采、陈桥乡万巧兰、前锋乡李雪松、白马湖乡郑孝富、塔集镇吴德义、银集镇施玉珍和邹平、新农乡涂怀国。2000年，县委党史工委马国顺、县人民检察院周思民被评为“市读书优秀家庭”，朱英被评为“市科技读书示范户”。2005年，家庭藏书量增多，最多的是县“十佳藏书家庭”马国顺，有《二十五史》（中华书局单行本、上海古籍影印版、中华书局简体横排版）、《中国通史》（范文澜本、白寿彝本、周谷城本、郭沫若本、剑桥本）等珍贵书籍8000余册。

阅览 1986年，县图书馆办理借书阅览证1400本，接待读者7.1万人次，借阅图书7.3万册次。图书馆实行每日对外开放制，每星期接待读者56小时。1995年，办理借书阅览证1092本，接待读者6.8万人次，接待咨询读者415人次。开展爱国主义读书活动，参加者近6000人，获省三等奖2人。1996年，办理借书阅览证822本，接待读者近3万人次，借阅5.9万人次。1997年，办理借书阅览证1000本，接待读者3.1万人次，图书流通9.2万册次；向读者推荐报刊240期，编印《半月大事记》24期、《读者园地》《知识窗》各12期；接待信息咨询59人次，上门送书8次。1999年，办理借书阅览证779本，接待读者6.8万人次，接待咨询读者415人次。2002年，全年办借书证660本，共接待读者8万多人次，借阅书刊2.5万多册。2003年，图书馆拆除，租赁人民路温州商贸城门面房，外借部、阅读部、少儿部得以正常开放。共接待读者5万多人次，借阅书刊4万多册，开展集体阅读4次，义务查阅资料351人次。

2005年，馆内设成年读者座位200个、少儿座位300个；办理借阅证370本，接待读者6.5万人次，借阅书刊15万册次；收到“红领巾读书活动”征文68篇，获省市优秀奖10篇；开通图书馆网站，建立读者自助检索台，开辟网上阅读、查询、阅览小厅，定期播放影视作品等；延伸服务功能，建立与学校、部队、社区、镇村互联的图书馆阅读服务体系。至是年，乡镇图书馆室累计借阅、阅览6.36万人次；单位图书室接待读者5万多人次。

二、图书发行

1986年，县新华书店有发行网点33个，门市营业面积1000多平方米，图书仓储面积400多平方米。1989年，其隶属关系由教育局划归文化局管理。1994年，销售门市增加到5个，营业面积1096平方米，库房面积471.5平方米。实行岗位技能工资制，以岗定编，岗变薪变；加大联销计酬幅度，增加职工风险意识和竞争意识，年销售图书340万册，销售码洋393.63万元，实现利润7.17

万元，人均创利2587元。1995年，书店投资近30万元对建设路门市进行改造装潢，添置新式高低书架104只，增加营业面积120平方米。销售门市增加到6个，营业面积1300平方米。是年，开展“送书下乡”活动，向基层销售网点送农业科技图书4.2万册，赠送新落成的白马湖图书室农业图书2000册，价值4000元。淮阴电视台为此拍摄《春雨润芳华》专题片，播放送书下乡现场会盛况。1996年，在“迎香港回归祖国”读书活动中，全县一年级至三年级小学生每人购买1册，共销售近5万册。

1999年6月9日，金湖新华书店以全资控股子公司并入江苏新华发行集团，人、财、物亦由集团直管。省新闻出版局、市文化局及县委宣传部、县文化局在金湖宾馆举行交接仪式。2002年3月，金湖新华书店投资1000多万元，在县城健康西路与衡阳路交会处西南侧兴建新华大厦，大厦1楼为图书销售门市金湖书城。2003年，送书上门3次。2004年，完成“事转企”改制，11人提前办理退休手续，10人自愿解除劳动合同，分流人员50%，支付改制费400多万元。2月16日，金湖书城开业，按国家星级门店要求配置销售大厅820平方米，实行敞开式书架销售、电脑联网结算、智能防盗等现代化管理，为淮安市一流。书城与省集团公司实现连锁，当年销售图书70多万册，实现销售收入51.4万元。2005年，创新经营思路，提升服务质量，实现企业经济效益和社会效益双赢，销售码洋1881.44万元，利润57.5万元，人均创利2.3万元，被省新华发行集团授予“重点文教图书发行先进单位”称号。

1986—2005年金湖新华书店图书销售、固定资产统计表

表35-4-11　　单位：万元

年份	销售码洋	利润	固定资产	年份	销售码洋	利润	固定资产
1986	101.81	3.90	32.41	1996	1054.04	16.77	372.44
1987	117.76	4.33	32.41	1997	1260.42	19.76	396.95
1988	122.67	7.32	37.31	1998	1293.10	23.28	479.18
1989	196.50	7.94	37.31	1999	1350.50	31.28	647.00
1990	240.19	8.81	42.14	2000	1450.37	32.76	452.39
1991	257.38	8.65	47.90	2001	1594.15	31.29	458.29
1992	275.05	3.63	65.66	2002	1681.74	34.72	526.29
1993	374.10	5.13	65.54	2003	1756.15	34.22	505.97
1994	393.63	7.17	104.79	2004	1620.72	23.49	657.16
1995	712.43	10.72	334.48	2005	1881.44	57.50	176.58

第二节　文　博

一、古遗址

概况　1986年前，境域存时墩、磨脐墩、獾墩、抬饭墩、宋墩、郑岗井群、衡阳镇、黎城镇、塔集镇等古遗址9处，多为20世纪80年代中期发现。遗址上除出土大量文物，遗留下的主要古建筑物痕迹有衡阳、郑岗、时墩、塔集等地的墓群、井群及塔集古塔（毁于“文化大革命”初期“破四旧”中）。1991年，在淮河入江水道金沟行洪道内发现嵇圩遗址。1996年，在戴楼镇牌楼村西海水库西北侧，发现一处先秦文化遗址，面积约1万平方米，出土一批汉代、宋代、清代的钱币。1997年，在横桥老镇东荡中心公路东西300多米的水沟坎里发现有15~40厘米的“文化层”，并有一口直径75~80厘米的陶圈水井。在县广电局、公安局院内新建大楼前的开槽现场，相继发现秦汉时期的3口陶汉井和25克古钱币。2005年，全县共有古遗址15处，其中市级以上保护遗址2处；出土文物1000余件。

磨脐墩遗址 20世纪70年代初，官塘公社小集大队一中学生在土墩上挖穴打洞时发现。该遗址位于今县城西南约12.5公里处的戴楼镇小集村境内。遗址由东大、西小两墩组成。大墩高5米，周长300米；小墩高2米，周长150米。两墩相连，呈椭圆形。两墩上均见红、灰、黑色陶片，花纹有绳纹、堆纹、几何纹，能辨认器形的有罐、钵、碗、瓮、鬲，还发现十数只绳纹鬲足。据当地群众反映，在墩之东北面建窑时，发现很多骨头，还挖出像土烛台式样的东西（可能是陶豆）。据考古确定，该遗址为西周居民生活遗址。1989年，被公布为市级文物保护单位。

宋墩遗址 20世纪80年代中期发现，位于金南镇宋墩村宋庄东南约50米处。遗址为圆形土墩，高3米，面积6000平方米，文化层厚度约2米，地表遍见红、灰、黑色陶片，可辨器形的有甗、罐、碗、鬲等。据考古确定，该遗址为周代居民生活遗址。1989年，被公布为市级文物保护单位。

窑墩遗址 1996年发现，位于戴楼镇新塘村永丰河中的河滩上。河滩原为低洼地，今汛期为行洪区。遗址为圆形土墩，高2米多，面积约4000平方米。地表散见有青莲岗文化特征的石斧、石锛、夹砂红褐陶鼎、釜、罐等残片；西周时期的灰陶、瓿、罐等陶器残片。窑墩遗址为新石器时期聚落遗址。

嵇圩遗址 1991年发现，在金沟乡嵇圩村发现一新石器时期聚落遗址。位于淮河入江水道金沟行洪道中，与古三阿毗连。非行洪期，遗址裸露滩地，杂草丛生，地表凹凸，伴有诸多水坑。陆上面积约1万平方米，文化层厚度1米左右。至1995年，地表采集有新石器时期的石斧2件、石锛及泥质红陶和夹砂红陶罐、壶、碗、鼎、鬲、豆等器皿陶片，西周时期的绳纹陶鬲、灰陶豆等残片，汉代的砖、釉陶残片，以及大量宋至明代的瓷器残片等。

西海遗址 1996年发现，位于戴楼镇牌楼村。面积约1万平方米，文化层厚度1.5米，其中上层厚度60厘米，是宋元至近代的遗留物；中层上部厚度50厘米，是春秋至汉代的遗留物；中层下部10~25厘米厚的是黄生土，土质坚实；下部有15~30厘米厚的灰土，内夹少量粗砂红陶及泥质灰陶陶片。为先秦到清代的文化遗址。

横桥遗址 1997年发现，位于闵桥镇荷花荡景区横荡桥老街东侧沟坎处，文化层厚15~40厘米，在文化层处有一口直径近80厘米的陶圈水井，为战国时期遗址。

北阿镇遗址 位于塔集镇西南的淮河入江水道金沟行洪道内，与古塔集镇遗址重叠，面积近万平方米，出土大量自汉代以来的绳纹陶片、瓦片、陶罐、陶井及铜镜、货币等，系古北阿镇（晋时叫三阿）遗址。该遗址东北400多米处有汉井1口，井圈已裸露地表。

草桥关遗址 为古道驿站遗址。位于戴楼镇衡阳村西北，北临古衡阳河，俗称衡阳岗头。据考古调查，东西长约150米，南北宽约80米，面积约1.2万平方米。文化层厚约3米，地表散见汉、宋陶瓷残片。北侧临水斜坡断面有汉墓、汉砖显露地表。该遗址是古衡阳河南岸的制高点，原为淮阴至金陵、广陵的交通要道。相传三国时期曹操曾在此驻军，军队过河时，在河道上用树木、芦草等搭建临时浮桥，后俗称“草桥”。宋、金以淮河为界，淮河以南为宋，以北为金。草桥为南宋地域，为守镇关卡要地，草桥便称为草桥关。

遗址保护 20世纪80年代中期，境域发现古遗址并出土大量文物后，县文化部门即加强古遗址的保护与宣传工作。1986年，县图书馆文博室与乡镇文化站深入古遗址所在村调查走访，指派专人协助做好保护工作。1994年，县文博馆完成磨脐墩、宋墩、时墩、抬饭墩、跃进汉墓群5个县级文物保护单位的档案资料收集、整理，保护措施设计。1998年10月，县文博馆在有关部门配合下，对该5

处遗址进行立碑保护工作。正碑为大理石，高60厘米；基座为混凝土，高90厘米；碑正面雕刻有遗址名称、级别、公布机关及时间、立碑机关及时间，背面雕刻有保护说明、保护范围、保护规定、保护要求等。塔集镇周围是县内地藏文物比较丰富的地区之一，2002年12月，县将塔集镇西侧金沟行洪道内（北在东堤49号桩—西堤44.5号桩、南在东堤52.5号桩—西堤48号桩间）10.5平方公里（东西宽3公里，南北长3.5公里）的地块列为县级文物保护单位。该范围内，任何单位或个人不得擅自进行建设工程或爆破、钻探、挖掘地下古墓，开采地下资源等作业。

2005年金湖县文物保护单位一览表

表35-4-12

名 称	类 别	时 代	地 址	公布年份	保护级别
磨脐墩遗址	古遗址	西 周	戴楼镇小集村	1989	市级
宋墩遗址	古遗址	西 周	金南镇宋墩村	1989	市级
抬饭墩遗址	古遗址	新石器	金南镇抬饭村	1989	县级
时墩遗址	古遗址	新石器	金南镇时墩村	1989	县级
獾墩遗址	古遗址	新石器	戴楼镇戴楼砖瓦厂	1989	县级
跃进汉墓群	古墓葬	汉	塔集镇陆河村	1989	县级
嵇圩遗址	古遗址	新石器	金沟嵇圩行洪道	1991	县级
塔集闸西北墓群	古墓葬	汉	淮河入江水道塔集段	2002	县级

二、出土文物

文物出土与搜集 1986年，县有馆藏文物485件。其中有极为珍贵罕见的良渚文化玉琮：高5.8厘米，12.5厘米×12.5厘米见方。出土于金湖县夹沟乡，上大下小，琮壁较厚，对穿孔，孔壁打磨，有台痕。纹饰以四角为中线向两侧对称展开，上部饰两组平行的横凸棱，棱上刻有细直线；下部以管钻一对浅圆圈为眼，下方以凸横档为鼻，上刻细横直线。此种纹饰组合多称为神面纹或兽面纹。全器造型庄重，制作规整，青玉质地，土朴满沁。1994年征集文物10件，馆藏文物增至495件，其中国家三级以上文物15件、一般文物147件、参考品34件、各时期古钱币299种。1995年，在开展文物调查征集活动中，征集文物11件，有陶盒、陶鼎、铜鍪等。其中，铜鍪属巴蜀文化中常见的典型器，在全市馆藏文物中尚属首见。在县农行大楼施工现场，发现春秋战国楚币——蚁鼻钱和印文硬沟陶片等一批文物标本，这是县域第四处吴越文化和楚文化文物标本遗址。1997年7月，在县城广电局、公安局院内施工挖土时发现3口陶汉井和一些灰坑，灰坑内有陶片和残缺25克古钱币。1998年，搜集出土文物4件，其中四桥系盘口壶为南北朝时期所产，为民窑上品。1999年，征集文物12件，其中参考品3件，一般藏品9件。征集品中有四乳钉纹铜镜、印花人物故事碗、青花折枝高足杯等。在戴楼乡牌楼村十组发现一宋代钱币藏窖，出土五铢、货泉和开元通宝及元祐通宝、元丰通宝、皇宋通宝等30多品种57个类别的古钱币6公斤。是年2月3日，黎城镇徐梁村五组村民刘广柱在自家院内打水井时，发现一古墓葬，经县文博馆和市博物院考古部共同发掘，出土陶壶、瓿、罐、盒、鼎及铜洗、漆盘、铁剑、铜镜等文物20余件。此墓葬系徐梁汉墓群中之一墓。2000年，调查发现古墓葬34处，其中战国晚期1处、汉代15处、三国两晋各1处、元明各2处、清代11处。多为平民墓，出土有石器、陶器、铜器、瓷器、铁骑等19件文物。其中，铺首双耳环铜壶、绳纹双耳鼎、飞禽型铜带钩、铜刷柄、云雷纹铜镜为县域首次发现；兽纹蹄形足陶鼎、陶豆、陶盘的器型较为完整，是县域难得的文物考古资料。2002年，对小商品市场明察暗访时，缴获非法所得的金代双鱼铜镜一面。2005年，有馆藏文物914件，其中国家二级文物2件、三级文物20件。

2005年金湖县图书馆馆藏出土文物一览表

表35-4-13

名　称	时　代	出土或搜集年份	出土地点	收藏单位
楚国金币郢爰	战国	1957	吕良区张家集	送南京博物院
石斧、玉琮、石璧	新石器	1974	夹沟公社高邮湖边夹沟荡	送淮安市博物馆
阳刻叠文铜印	元	1980	金北公社同兴大队收购	县文博馆
莫定镇官护印	元	1981	陈桥公社高集收集	县文博馆
长柄三足铜焦斗	汉	1981	塔集公社跃进大队朱德华捐	县文博馆
圈足白瓷盘	宋	1981	金北公社黄庄	县文博馆
映青瓷碗	宋	1982	官塘公社李庄	县文博馆
青铜剑	战国	1984	陈桥乡鱼池涧	县文博馆
石锛	新石器	1985	金南乡抬饭墩	县文博馆
铜香炉	元	1985	夹沟乡龚河村	县文博馆
兽足莲花纹香炉	元	1985	夹沟乡陈家圩北滩	县文博馆
陶井圈	汉	1985	黎城镇郑岗	县文博馆
古钱币	汉、唐、宋	1986	陈桥乡新桥，500公斤	县文博馆
斗彩云龙纹长形盒	明	1987	前锋乡沈宽悦捐	县文博馆
彩云瓷盘	明	1987	前锋乡沈来宽捐	县文博馆
镇墓武士石雕像	宋	1987	复兴圩农场	县文博馆
神兽画像镜	汉	1988	塔集镇杨定乾捐	县文博馆
三足铜鐎斗	汉	1988	塔集镇朱德华捐	县文博馆
铜弩机	汉	1988	塔集镇朱德华捐	县文博馆
四神规矩镜	汉	1989	塔集镇跃进村杨定乾捐	县文博馆
四系盘口壶	隋	1991	金沟镇乌龟套闸	县文博馆
福寿双全铜镜	明	1992	卞塘乡墩塘村外圩	县文博馆
弦纹双耳盘口壶	汉	1992	塔集镇跃进村吴福洲捐	县文博馆
釉麻布纹四系罐	汉	1992	塔集镇跃进村袁哲仁捐	县文博馆
绿釉麻布纹四系罐	汉	1992	塔集镇跃进村袁哲仁捐	县文博馆
神兽规矩铜镜	汉	1993	塔集镇陆河村	县文博馆
而字镜	汉	1993	塔集镇跃进村吴祖贵捐	县文博馆
神兽规矩镜	汉	1993	塔集镇跃进村吴祖贵捐	县文博馆
楚币	春秋战国	1995	黎城镇	县文博馆
龙泉窑印花盘	明	1996	卞塘乡南望村朱圩	县文博馆
玉璧等	汉	1999	黎城镇徐梁村	县文博馆

接上表

名　称	时　代	出土或搜集年份	出土地点	收藏单位
四系盘口壶	南朝	1999	下塘乡墩塘村八组	县文博馆
印花青瓷碗	明	1999	新农乡新农集镇	县文博馆
龙泉人物文字碗	明	1999	新农乡农机站明墓	县文博馆
高足杯	明	1999	新农乡农机站明墓	县文博馆
十二连弧纹铜镜	汉	2001	县公安局在金南镇收缴	县文博馆
弩机	汉	2001	县公安局在金南镇收缴	县文博馆

说明：文物出土地点以出土时间的地名为准。

文物管护　1986年，县图书馆文博室设有文物收藏室，专人负责管理。1995年，加强文物安全保护，制订防范预案，并将等级文物全部转移到县人行金库代保存，坚持节假日和重点季节值班制度，连续17年馆藏文物无事故。1996年，全县以贯彻《中华人民共和国文物保护法》为契机，开展文物保护宣传与落实乡镇文物保护组织工作，全县12个乡镇成立出土文物上报、管理组织，并落实兼职上报、管理人员。1997年6月18日，一伙盗墓分子在西周遗址磨脐墩中心打洞，被群众发现并及时举报，避免文物被盗受损发生。是年，县广播电视局及唐港、塔集、官塘等部门乡镇干部群众发现文物情况，及时主动报告文物部门，使文物得到及时保护；对金南镇杨某等非法盗墓行为予以查处。

2000年，图书馆对馆藏文物进行核对、整理、建卡。针对馆藏文物的不同质地、风蚀程度、伤裂纹变化，采取相应措施，以减少自然损坏；将重点文物送县人行代为保管。2001年，对馆藏文物全部进行核对、整理、建卡，将等级文物送市博物馆代为保管。2004年，为磨脐墩竖立一块"市级文物保护单位"大理石保护碑。到工业园区、塔集镇散发、张贴文物保护宣传单2000余份。2005年，文化部门到重点文保单位、建筑工地散发、张贴文物保护宣传单2000余份。突击清查集市文物，打击塔集镇文物小贩2人。

第三节　电　影

一、概　况

1986年，全县有电影发行放映公司1个，放映队29个，其中乡镇办8个，村及个体办3个，俱乐部18个；有电影院17座，其中县城3座，乡镇集镇14座。随着电视的普及，电影放映受到很大冲击，各项经济指标连年下降。1994年，县对农村电影放映采取恢复统筹款的办法；电影发行放映公司改革内部运营机制，划小核算单位并逐级承包，开办其他娱乐项目等，以缓解电影工作所面临的困难。是年，全县有电影发行单位1个，电影放映单位39个，工作人员200人；全年放映1.1万场次，观众860万人次，收入85万元，发行收入23万元。1995年，县在农村采取每人收取0.8元的款项作为统筹电影放映经费，全县统筹29万元，缓解各农村电影队经费不足的困难，使一些停映、半停映的电影队有了些许活力。县城影院观众上座率低下，放映场次严重滑坡。是年，全县有影片发行单位1个，放映单位32个。影片发行收入21.4万元；放映电影1.2万场次，观众120万人次，收入75万元。2005年，全县有电影队11个，均为镇办；有电影院17座，其中县城3座，农村集镇14座，放映人员150名。全年放映电影260场次，其中为学生放映30多场，观众7万人次，放映收入5.5万元。

二、电影院（队）选介

金湖影剧院 1958年4月，宝应县湖西办事处在黎城镇劳动桥东南侧建成人民剧场，上级调拨影片在此放映。1962年9月，因房屋破危移迁至原党校。1964年，在人民路14号兴建新院，1969年建成，定名为金湖电影院。电影院占地5179平方米，建筑面积1360平方米。设前厅、观众厅、舞台、放映室、化妆室、演员宿舍、小卖部等。观众厅分上下两层，设座椅1112个。是县域建设最早的专业电影院，为差额拨款事业单位。改革开放以后电影放映市场萎缩，收不抵支，影院转行。1987年更改为金湖影剧院。1992年，其隶属关系由教育局划归文化局管理，单位性质改为自收自支事业单位，核定编制、实有人数23人。1998年房屋全部出租，停止电影放映。至2005年，核定编制23人，实有人数17人，一直依靠房屋出租费维持。

金城影剧院 该院1982年5月建成，位于人民路76号，为差额拨款事业单位，核定编制19人。1986年，院址占地面积8000平方米，建筑面积2700平方米，设前厅、观众厅、舞台、放映室、化妆室、休息室等。观众厅分上下两层，设座位1296个，是集电影放映、文艺演出为一体的影剧院。1992年，其隶属关系由教育局划归文化局管理，单位性质改为自收自支事业单位，核定编制16人，实有职工20人。由于电影放映、戏剧演出渐次滑坡，影剧院运转难以为继。1999年，投资78万元对影剧院进行硬件改造升级，加强软件建设和三产经营。将观众厅硬座改为软座，安装中央空调，更新灯光、音响、幕景幻灯等，提升休息室、化妆室规格质量，新建服装保管室，前厅按临街门面重新装潢等，影剧院面貌焕然一新。制定财务、场务、票务及安全保卫等各项规章制度，强化管理。全面提高职工素质，转换观念，主业副业并举，在不放松主业戏剧演出、电影放映的同时，经营好大厅出租、会议接待、酒楼舞厅等。搞好优质服务，打造服务品牌。改造后，成为县内设施最好的唯一一座大型集电影放映、文艺演出、室内集会等为一体的影剧院。5月，首次接待中国歌舞团到剧院演出。先后接待过东方歌舞团、铁路文工团及俄罗斯青年艺术团等20多个国内外著名演出团体到此演出；国内著名文艺人倪萍、宋祖英、李谷一、蒋大为等，以及30多个国家的一级演员曾到此演出。是年，创收44.57万元，连续两次被省文化厅评为省级明星剧场；荣获市级“先进集体”“综合治理先进单位”等光荣称号，被誉为苏北县级影剧院中一枝独秀。2004年，县电影发行放映公司改制后，有关职能移交金城影剧院行使。2005年，编制16人，实有职工14人，依靠房屋出租费维持。

图 35-4-14 金城影剧院（摄于2005年） 县志办/供

工人电影院 位于健康路与黎城路交会处西南侧的文化宫内，隶属于县总工会。1981年1月建成，10月对外营业，建筑面积1262平方米，设置有前厅、观众厅、放映室、舞台。观众厅分上下两层，设座位960个，是县城区内三个影剧院之一。1986年，放映300多场次，观众近万人次。1990年后，放映场次和观众逐渐减少。2005年停业，房屋全部出租，被承租户改造成为“高老庄酒楼”。

农村电影院（队） 1986年，全县农村电影院、队共有46个（电影院17个、电影队29个），大多数乡镇都是院、队合一的管理体制。1990年以前农村电影放映采取售票、统筹集资、农户包场三管齐下的办法收取电影放映费，农村电影院、队收入比较稳定，电影放映正常且活跃，《农民日报》《解放日报》《淮阴日报》曾相继报道金湖县在解决农民看电影难、逐步实现农村电影放映“三个过渡”中的一些做法，并在全省电影工作会议上作经验介绍。1990年，电影放映统筹款被纳入乱收费项目予以取消，电影放映经济收入主渠道堵塞，各电影院、队入不敷出，农村电影放映举步维艰。1994年，有农村电影院、队35个，电影放映款统筹款得到恢复，人均统筹0.5元，90%以上的农村电影院、队恢复放映活动。当年放映8240场次，观众820万人次，农民人均看电影20多场次。1997年农村电影统筹款调高为每人1元，电影院、队放映率100%，农村人均看电影12场次。1998年农村电影放映统筹款降至0.8元。2000年，县域虽实施国家“2131”工程（21世纪，每1个农民每年花1元钱每月看1场电影），将电影放映统筹款提高到0.9元，努力扶持农村电影市场，但当年也只放映电影2936场次，观众仅67.7万人次。观众数较上年虽有增加，但效果仍不理想，仅是1994年观众数的8.26%。进入21世纪，全县的无线、有线电视已相当普及，农村群众坐在家里即可欣赏丰富的文娱节目，电影观众急剧减少在所难免。农村电影放映严重滑坡，电影放映人员纷纷下岗或改行。2005年底，全县唯有金城影剧院坚持电影放映和戏剧演出。

第五章　广播电视

第一节　广　播

一、设施设备

金湖人民广播电台　1986年，县广播站有848平方米的广播电视楼，拥有录音机、扩音机10多台套，输出功率1100瓦。1988年，完成全县广播整网任务，有线广播入户率90%，通响率95%。1989年，县广播站对机器设备进行改造更新，购置扩音机、控制柜、录音机、输出柜、电源柜等，设备由丙级指标上升为甲级指标。1995年4月，金湖人民广播电台300瓦调频立体声广播发射机投入使用，电台节目信号覆盖到南京、淮阴等地区。县城在闹市区安装广播音柱、音箱62组，架设线路4杆公里；农村发展广播室220个，“音箱村”9个（累计53个），安装音箱1.1万只，占广播喇叭总数32%，入户率、通响率均达95%以上。1998年11月，县广电中心大楼竣工，主体6层，局部7层，建筑面积5180平方米，造价1000万元。2005年9月，投入2.4万元添置硬盘播出系统，投入20多万元改造新建广播直播室，在全市县级首家开播《勤廉热线》直播节目。

乡镇广播电视站　1982—1987年，对村广播网进行标准化整顿、对乡镇广播放大站设备进行更新。1989年，县属22个乡镇均建有放大站，有扩音机38台，总输出功率2.25万瓦。1996年，乡镇广播电视站设备均达到部颁乙级标准。2002年，投入35万元，架设农村有线广播主杆线路55杆线公里，农村有线广播入户率96%，通响率95.3%。2005年，全县11个镇全部实现有线电视、有线广播共缆传输，成为广播、电视双入户县。

二、信号传输及喇叭

1986年，县至乡镇广播线175杆公里，乡镇以下广播线4016杆公里，2217根广播杆均为标准水泥杆；有广播喇叭5.84万个（其中动圈喇叭6000个），广播喇叭入户率90%；村广播室183个。1993年，各乡镇均建成1个音箱村。1994年3月23日，县广播电台开办调频广播，广播信号实行有线、无线双轨传输。1995年，在县城区街道、车站、码头、农贸市场、商场、居民小区等区位架设广播音柱62个。1996年，黎城镇建成全市第一家广播音箱镇。1998年，唐港乡建成全县第二家广播音箱乡。1999年起，城区因杆线入地，除三河风光带、建设东路外，广播音柱均予拆除。2001年乡镇机构改革，管理体制发生变化，广播维护费统筹政策取消，广播事业受挫，广播喇叭入户率下滑到52%，通响率不足30%。2003年，在县城三河风光带增设音柱20多个，各镇在镇政府所在地集镇安装广播音柱。2005年，农村有线广播与有线电视实现共缆传输，当年新增广播喇叭3540个，全县广播喇叭数上升到5.7万个。

三、广播节目

1986年，县广播站除转播中央人民广播电台的《新闻和报纸摘要》《各地人民广播电台联播》节目和省电台的《新闻》《本省报纸摘要》《文艺天地》《农村节目》《社会新闻》《通俗音乐》《音乐之友》《江苏快讯》等有关节目外，自办有《金湖新闻》（周日为江淮友邻县市信息联播）、社会服务性节目和文艺节目。社会服务性节目有《科技知识》《青年之友》《法制园地》《信息之窗》《学习节目》《报刊文摘》《为您服务》《广告》《天气预报》《淮阴各地》《一周农事》《听众信箱》等；文艺节目有《戏曲之友》《农村俱乐部》《听众点播》《星期六相声》《明星演唱》《乡土文艺》等。每天播音3次，时长6小时25分，其中自办节目3小时55分，约占全天播音时间的64%。各乡镇放大站均有自办节目。1988年，《青年之友》改成一档主持人节目，是县域广播开播以来的第一档主持人节目；4月17日，开始增加长篇作品连播节目。1990年，每天播音时长6小时30分。每周日增加乡镇节目展播。1991年，唐港乡广播电视站开办的节目有《唐港新闻》《科技与信息》《学习节目》《青年之友》《农民信箱》《报刊文摘》《少儿节目》《一周农事》《专题节目》等。夹沟乡、唐港乡设有专职采、编、播人员。自办节目以县域新闻、农业科技知识为主。1993年，增加乡镇联办节目。1995年初，停办《学习》《红领巾》《青年之友》《报刊文摘》等专题节目，增加《经济舞台》《热门话题》《报刊集锦》《校园的风》《小康之路》《科技与信息》等。9月起，每天播音时长增加到7小时。1996年4月1日，增设《926焦点传真》节目，追踪新闻热点、评说大众话题、反映百姓心声等。1997年，《经济舞台》更名为《企业星空》，《报刊文摘》更名为《时政荟萃》，增加《金湖历史上的今天》。1998年，《小康之路》改为《水乡集锦》。2000年，合并归类文艺节目，形成《综合文艺》《文学之窗》《艺苑风景线》《流行音乐网》等4个节目。2003年，《 926焦点传真》更名为《生活信箱》，文艺节目合并为《艺苑风景线》。2004年9月，广播直播节目开播。2005年，广播有《新闻》《水乡集锦》《青少年驿站》《生活信箱》《科技与信息》《艺苑风景线》等自办节目；还有《新闻和报纸摘要节目》、中央电视台《新闻联播》和江苏人民广播电台的《江苏早间新闻报道》《农村节目》；增设《教育天地》《空中教苑》《勤廉广角》三档节目，每两周一档，每档10分钟；12月9日，在全市首家开播《勤廉热线》直播节目，月内共播出2档，每档1小时，县供电公司、金湖质监局领导走进直播间，与听众交流。每天播音时长7小时。

第二节 电 视

一、设 备

1986年，县电视差转台有10瓦和300瓦电视差转机各1台，索尼录像机2台，另有一部差转机备份。9月29日，新建的电视信号塔投入使用，塔高93.5米，结构为热镀锌钢架自立塔。与直径6.25米的地面卫星接收站同时启用，电视信号的接收和发射性能提升。1989年3月，增设1000瓦分米发射机。1989年8月15日，使用8GHZ微波频率由宝应向金湖县传送江苏省电视台第一套电视节目。

1993年7月5日，在县城区范围内开始建设有线电视、有线广播共缆传输系统，并兴建电视演播室，完成电视台机房改造和设备搬迁任务。12月10日，淮胜乡兴建有线电视小系统。至12月18日，全县架设有线电视传输主杆线40多公里，在全市首家开通县城区有线电视。1995年9月，投资16万元建微波站，上海电视台开通，江苏台电视信号质量提高。是年，先后在金南、金沟、闵桥、吕良、卞塘等乡镇兴建有线电视小系统，至年底，全县各乡镇开通有线电视，为全市第一家。1996年始，对传输网络进行多次升级改造，从300兆、550兆，再到750兆，从小前端到市、县、镇、村光缆联网，从微波到光发射逐步完善，在全市第一家实现市、县、镇、村光电缆联网。至1997年，先后添置数字卫星接收机4台，转播上星数字压缩频道的微波站兴建成功。1998年11月底，经过18个月的精心施工，金湖县广播电视新闻中心大楼落成并交付使用。

1999年3月起，实施城区有线电视传输线入地工程。2000年，城区有线电视网络升级改造，投资200万元建成广播电视宽带信息网。省广电厅认定，县一级建成广播电视宽带信息网在苏北地区为第一家，全省第三家，同时将主干线电缆更换为光缆；农村22个乡镇集镇、98个村开通光缆。2002年，投资100多万元，铺设工业园区入地有线电视线路；106个村实现光电缆联网，占总村数89.8%。全县有线电视终端发展到3.7万个。2005年，实施农村有线广播、有线电视共缆传输工程。至年底，全县11个镇均实现有线广播、有线电视共缆传输，有线电视终端发展到6.1万个。

二、用　户

1986年，县电视差转台向全县1.5万电视机用户转播电视节目。1993年，县城区有线电视网建成，有用户3000多户。1994年，增加到6700户，列全市第一。12月10日，淮胜乡有线电视小系统开通，发展有线电视用户1300多户，占全乡有电视机户的76%，为省内第一个村组普及有线电视的乡镇。1995年，先后在金南、金沟、闵桥、吕良、卞塘等乡镇兴建有线电视小系统，发展有线电视用户929户，终端986个。年底，发展有线电视用户2300户，县城电视用户7800户，全县城乡有线电视用户突破1万户。1996年，银集、唐港新开通有线电视，累计开通乡镇8个，城乡有线电视入户1.28万户。无线电视播出中央电视台一套、江苏电视台卫星频道、淮安电视台一套和金湖电视台节目，全年播出1.1万台小时。1998年9月，成立县有线电视台，全县所有乡镇通有线电视、为全市第一家。

2000年，金湖县在全市第一家实现有线电视村村通，新增农村有线电视终端5000个，累计1.7万个，入户率23.4%。2002年，全县有线电视终端发展到3.7万个，其中农村2.1万个，县城1.6万个。2005年，新增有线电视用户2046户，全县城乡共有有线电视用户6.1万户，其中城区2.3万户、农村3.8万户。县广播电视网络公司新增个人、集体用户426户。

三、节　目

1986年，县电视差转台每天向全县1.5万台电视机用户转播广播电视大学教学课程6小时、江苏电视台节目8小时，全年播出3820.26小时。9月29日，开始转播中央电视台一套节目。1989年8月15日，由宝应县向金湖县传送江苏电视台第一套电视节目。1991年1月1日，开始转播中央电视台第二套节目，共能转播中央电视台一套、二套、江苏电视台、淮阴电视台4个台（套）节目。

1993年12月18日，在全市首家开通县城区有线电视，3000多用户通过电缆传输看上中央电视台（1、2、4套）、山东台、浙江台等12套有线电视节目。1994年12月28日，金湖电视台开始试播《金湖新闻》节目，每周2档，逢周三、五播出，次日重播，每档8分钟，试播其他节目有《经济信息》《点歌台》《屏幕大世界》等，每天共播出4小时。1995年12月25日，经过一年试播，《金湖新闻》正式开播，电视节目逐步形成较为固定的内容，主要有新闻、文艺、经济信息3大类，《金湖新闻》《三河风》《天气预报》《经济信息》《每周一歌》《海外新科技》《百货大楼点歌台》《第一泉剧场》《世界文艺荟萃》《体育大世界》等小档节目10个，每晚播出3.5小时；《金湖新闻》增加到3档，每周一、三、五播出，次日重播，星期天为《一周要闻》。1996年，对节目进行调整，由3大类、10个小档增加到新闻、经济信息、文艺、体育4大类，《金湖新闻》《爱心传递》《市场天地》《天岛歌台》《信息广场》《金湖历史上的今天》《导购台》《农村服务台》《信息300秒》《明星风采》《点歌台》《文艺一刻钟》《第一泉剧场》等13个小档。 1997年，开始固定转播中央电视台《新闻联播》节目，日播出时间增加到4.5小时。

1999年6月18日，金湖有线电视开办白天节目。播出栏目有《金湖新闻》《佳日有约》《综合文艺》《请您欣赏》《电视直销》等；同时可以播放拍摄电视专题片。2000年，增加《经济舞台》《世界风云》《新华纵横》《法制报道》，日播出时间增加到11.5小时。2001年7月28日，县举办金湖县第一届荷花艺术节，金湖电视台首次直播"荷乡放歌"大型文艺晚会，这是金湖电视传播史上的又一次飞跃。2002年，电视节目调整为《金湖新闻》《社会纵横》《观众服务台》《卫生与健康》《文艺一刻钟》。是年4月3日，在4频道开播电视互动点播节目。2003年8月8日，影视文艺频道（金湖二套）开播。2004年6月14日，新闻节目改版，由过去的每周一、三、五播出，改为周一至周五每天有《当日新闻》《周六滚动》，周日为《一周要闻》。2005年，有线电视正常播出中央电视台11个、江苏电视台有线、教育2个频道，淮阴电视台2个，及上海、山东、安徽、河南、湖南、贵州、云南、广东、浙江、四川等10个省、直辖市有线电视台频道，和金湖有线电视台共26个频道，全年播放16万台小时；无线电视播出中央电视台一套，江苏电视台卫星频道、淮安电视台一套和金湖电视台节目。自办节目有《金湖新闻》《社会纵横》《观众服务台》《健康教育》《新华纵横》等5个。全年播出16.5万台小时。

第三节　广播电视管理

图35-5-15　金湖县获"全国广播电视先进县"称号（摄于1997年）　县广电局／供

1993年起，县广播电视局开展以查处偷窃广播电视信号、破坏广播电视设施、私自安装地面卫星接收设备和违规广告等内容的广播电视管理工作。至1994年，共查处案件100件。1995年，加大电视设施保护宣传力度，查处偷窃有线电视信号行为19件23人，分别给予批评教育和罚款处理。2001年，依法拆除大功率无绳电话的附属设施20多台，有效解决大功率无绳电话对有线电视信号的干扰。2002年4月，县广播电视局成立社会管理科，专事广播电视的社会管理工作。2005年，广播电视执法大队查处偷窃有线电视信号、私自安装地面卫星接收设施的不法行为204件。

第六章　新闻出版

第一节　报　纸

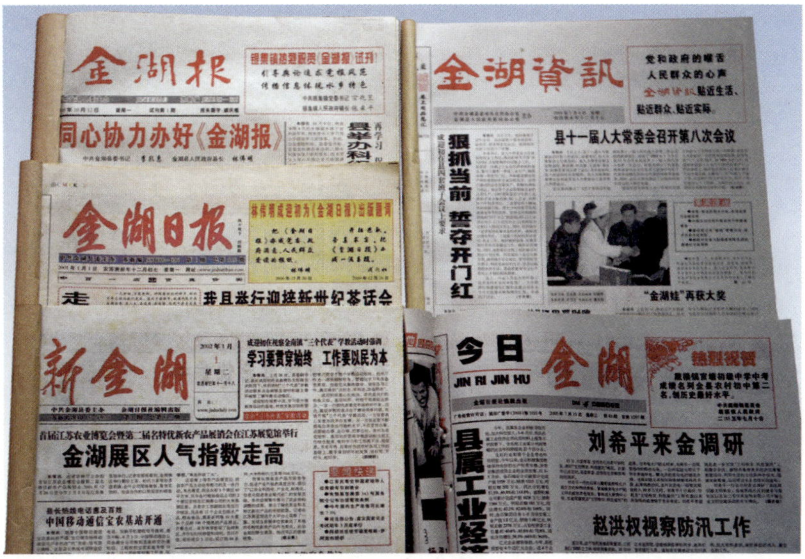

图 35-6-16　金湖县先后出刊的县委机关报报头（摄于 2005 年）
县志办 / 供

1998年9月9日，成立《金湖通讯》编辑部。10月12日，《金湖报》出刊，为县委机关报；每周2期刊，四开四版，一版为要闻，二版为综合，三版为专刊，四版为副刊。1999年1月4日，《金湖报》发行量突破万份；10月18日，《金湖报》电子版上传互联网。2000年1月1日，《金湖报》由周2期刊扩为周4期刊。2001年1月1日，《金湖报》更名为《金湖日报》，每周6期刊，当日出版“新世纪”元旦特刊48版（彩印36版，套红12版），全年出版303期，期发1.2万份。2002年，国家整顿报刊，《金湖日报》更名为《新金湖》，由公开征订发行改为免费赠送，每周由6期刊改为5期刊。2003年12月28日，《新金湖》停刊。2004年1月6日，《金湖资讯》出刊，每周3期刊，期发4000份；4月9日《金湖资讯》停刊（前后出版41期）。是年11月24日，恢复《金湖资讯》，每周3期刊，全套红，免费赠送，期发4000份。2005年6月15日，恢复金湖日报社，7月13日出刊《今日金湖》周3期刊，期发4000份，免费赠送。

第二节　出版物

1986年，随着部门、单位的资料交流和群众文艺创作的繁荣，全县内部印刷的书刊不断增多，有诗词、散文、小小说等。1989年4月，杜传洲撰写的《浅谈商业优质服务》一书，作为商业职业优质服务教材在全市供销商业系统发行；10月，县委宣传部汇编的纪念建县30周年《春到金湖》一书内部印刷。20世纪90年代前后，金湖中学的《世纪星》、金湖二中的《苇风》、县教师进修学校的《百草园》等校刊先后内部印刷。陆功勋内部印刷的有《陆功勋艺术作品选》等书籍、画册。县委宣传部，县教育局、文化局、水务局、工商局、卫生局等部门，为方便工作、交流信息，编印大量内部资料。1998年，县文化馆的《金湖民间故事选》《秧歌专辑》，县诗词协会的《金湖诗词》，县文学协会的《咏荷集》，县书法协会的《走进金湖》，县摄影协会的《湖城摄影》相继内部印刷。一些离退休老干部吟诗作赋，并自费编印《诗词集》，其中有杜渐的《公曼吟稿》《公曼诗词》，杨少峰的《晚霞情》，徐则先的《风月老人俚歌》，袁虹的《湖畔吟》，朱金荣的《野草集》等。1999年8月，县人民检察院检察长周思民主编的问答式《基本权利维护》一书，由南京师范大学出版社出版，列题150个，其中案例85个，15.4万字。2000年，内部印刷的书籍有：县政协编著的《政协工作文论选》，县委政法委《新时期的金湖政法工作》，县文学协会《湖城文学》，县书法协会《湖城书画》，县摄影协会《湖城摄影》等。2001年，县委宣传部的《聚焦金湖——首届荷花艺术节新闻集锦》、县人民检察院的《湖城检察》、陆功勋的《陆功勋艺术作品选》、周思民的《屐履印记——影与诗作品集》、县书法协会的《湖城书法作品集》内部印刷。2002年，县委宣传部、县文化局编印的《盛世荷风——江苏金湖第二届荷花艺术节图片集锦》《走进金湖——书法绘画摄影作品集》，管见的调研文章集《心声语》内部印刷。2004年—2005年，全县内部印刷《金湖秧歌资料汇编》等书籍5册。

第三节　新闻出版管理

2003年，县文化局始设新闻出版科，负责审核、报批新建出版单位、出版物和二级发行单位；审核、报批音像制品、电子出版物复制单位、书籍报刊印刷企业、出版物批发市场、交易市场及读者俱乐部等经营性组织。至2005年，查处违禁出版物和出版、印刷、复制、发行单位的违法违规行为为20余起，查处非法出版和著作权侵权案件3起。

第七章　史志编纂研究

第一节　中共党史编研

一、党史资料征集

1986年，全县党史资料征集编研工作经过前5年的努力，取得一定的成效。通过发动群众、走访调查、召开座谈会、书函联系等形式，广泛征集资料，同时派员到高邮、宝应、天长等邻县以及民主革命时期有隶属关系的淮南、淮北抗日民主根据地相关县市调查走访，征集到革命历史资料逾千万字，其中有270多位老干部、老党员提供的革命回忆录300多万字，查阅、摘抄省内南京、高邮、淮安市、宝应、洪泽、盱眙、六合县，安徽省滁州市及天长、来安、嘉山等县档案馆资料500多万字，复印抗日战争时期《淮南日报》128期；闵桥镇小桥村村民闵权捐献其珍藏近半个世纪的革命历史文件1100多份；征集到抗日民主根据地金南小朱庄吴运铎兵工厂制造的枪榴弹、子弹，闵桥织布厂纺织的布匹样块，以及民主革命时期的宣传资料、画册、图照，淮南抗日民主政府印章等革命文物250多件。这些，为编研地方革命斗争史奠定了基础。先后编辑印发《金湖史料》期刊36期，抗日战争、解放战争时期《金湖革命史料》两个专辑，和《金湖革命传统教育资料》两辑等书刊。

1989年，补充征集民主革命时期党史资料，联系访问部分中华人民共和国成立后在金湖地区工作过的老干部，征集到民主革命时期党的地下交通史资料，新中国成立初土改复查、水利建设以及农业合作化资料，征集到部分老干部的诗集、日记、工作笔记，进一步调查核实高宝湖西境内第一个党支部创建经过，女民运队员章辅、周璧、王辉遇害情况；搜集整理原高宝县委副书记陶滔解放战争时期的日记《一千个日日夜夜》30余万字。1992年，搜集整理1957—1966年金湖地区大事记，为编写中华人民共和国成立后大事记搜集素材；先后去六合县、安徽省合肥市征集原高宝县县长张静江、淮宝县县长万立誉生平事迹资料。1995年8月，发动各乡镇广泛征集境内人民群众积极参加与支援革命战争的英雄事迹，为编写《江苏人民革命斗争群英谱·金湖分卷》做好准备。

1996年1月，中华人民共和国成立后党史资料征集工作全面开展，为编撰《中共金湖地方史》第二卷搜集资料。至年底，县直部门单位完成党史专题资料稿20余篇。1997年5月，牵头收集、整理全县党、政、军、群团、垂直单位，以及45个副科级企事业单位组织机构沿革及领导人名录。1998—1999年，继续征集社会主义时期党史专题资料稿51篇。2002年11月，去宝应、高邮档案馆查阅、复印建县前资料2000余页，查阅县档案馆所存1959年建县至1978年资料千余卷；联系1949—1978年曾在金湖地区工作过的县、区（乡科）级老干部，请其提供工作经历、回忆录等。整理原县委书记侍伊本、李敬松关于二十世纪六七十年代金湖农业、工业回忆录各1份。2005年，征集到18位老干部的简历、照片，收到安徽省科技厅离休老干部李聪关于抗战时期高宝湖西地区财经工作情况的回忆录近万字。

二、党史编研

概况　1986年，对《解放战争时期金湖地区革命斗争大事记》进行第五次修改，补充128条；完成中央、省、市党史部门布置的党史资料编目任务，上报省市编目548条；论文《试论高宝湖西在淮南自卫战争中的历史地位》，在市党史学术研讨会上交流。1988年，撰写《解放战争时期金湖地区革命斗争概述》，《陶滔日记》1~9卷压缩成4万字左右，出版《金湖史料》4期，撰写《小河东在解放战争中的战略地位》《塔儿集战斗》2篇专题研究文章，分别刊登于市党史和地方志刊物。1991年8月，向省党史工委报送《姚卿贤烈士传略》一文，《淮阴宣传》刊载县委党史工委撰写的《宁可站着死，不愿跪着生——记章辅烈士的英雄事迹》文章。1992年，整理编纂金湖地区中华人民共和国成立后党史大事记和张静江、万立誉两位老县长，及华汉光、许连才、张斌、王长友等烈士的人物传略。1993年，编写中华人民共和国成立前革命斗争简史和中华人民共和国成立后党史大事记。发表党史文章8篇，其中在江苏人民出版社出版的县邑丛书《金湖》上发表7篇。1994年，完成约10万字的《金湖人民革命斗争史》初稿。撰就《1949~1990年金湖县党史大事记》。1995年，组织有关抗战胜利50周年纪念活动；撰写《截断淮河交通线》文章收入省委党史工委编辑的《江苏抗战风云录》；市党

图35-7-17　1986—2005年，金湖县党史编研部分成果（摄于2005年）
李义海/摄

史工委、市关工委出版的《淮阴抗日斗争故事集》刊载金湖抗日故事4篇；论文《淮南抗日根据地的经济斗争策略》在市纪念抗战胜利50周年学术研讨会上发表。

1996年3月，编印《党史专题资料征编业务辅导讲座》。1997年9月，完成14个小康乡镇纪实文学稿；完成31个党史专题初稿；1998年8月，《江苏人民革命斗争群英谱·金湖分卷》出版发行，完成8个小康乡镇纪实文学稿8篇。2000年，马国顺编写金湖民主革命时期地方党史宣讲材料，完成省下达《江苏淮南人民革命斗争史》第八、九、十章撰稿任务。2002年，制订《中共金湖地方史》第二卷编写出版规划与纲目；4月，完成市下达《热血忠魂》编写任务中王长友等10位烈士事迹纪实文稿；为配合盱眙县党史工委编写《古城战斗》一书，组织4名工作人员调查走访老党员、老干部、老复员军人20余人，写成金湖籍在古城战斗中牺牲的吉居人、刘坤、李万全、周登基4位烈士生平事迹。2003年，江苏《党史资料与研究》第2期刊载马国顺《正确处理党史编写业务上的几个关系》的文章。2005年，为市委党史工办编纂出版《淮安抗战风云录》和市委宣传部、市关工委联合编纂出版《江苏人民打击日寇英雄事迹·淮安卷》两书，撰写文稿19篇8万字，其中收入《淮安抗战风云录》4篇，收入《江苏人民打击日寇英雄事迹·淮安卷》7篇。3月，经省委党史系统优秀成果评审委员会评审，《中共金湖地方史》（第一卷）获全省党史系统优秀成果二等奖，是淮安市唯一获奖的党史成果。

《金湖革命史料》 继1984年9月抗日战争时期专辑第一辑编印发行以后，于1989年10月编辑刊发解放战争时期专辑第二辑。这两本专辑，主要记载民主革命时期高宝湖西地区的革命历程，包括文献资料、报刊选辑、革命回忆录、日记摘录、综合资料、专题研究、革命烈士简介、革命烈士英名录、附录、图照等专栏，共约47万字。主编邵福增。

《中国共产党江苏省金湖县组织史资料》 1989年11月，内部出版发行第一卷，约31万字，由县委组织部、党史办公室、县档案馆三家联合编撰。征编领导小组组长何璋，副组长胡进、李广全，主编邵福增。该卷以金湖辖区为范围，全面、系统地收编从1939年12月境内第一个中共地方党组织的建立，1940年4月抗日民主根据地开辟，到1987年10月，金湖地区党、政、军、群团组织机构沿革及副科级以上区、乡、社级干部、副科级以上重点企业负责人任职序列和名录。1998年8月，出版发行第二卷，约15.1万字，由县委组织部编撰。征编领导小组组长、主编朱涛，副组长、副主编聂杭军、郜明，特约编纂邵福增。该卷系统收编1987年10月至1996年8月，全县党、政、军、群团组织机构沿革及副科级以上乡镇干部、重点企业负责人任职序列和名录。

《金湖党史资料》 1996年1月开始征集社会主义建设时期党史专题，为编撰《中共金湖地方史》（第二卷）搜集资料。1998年2月，内部出版发行《金湖党史资料》（第一辑），收集党史专题22个，共20.6万字。1999年2月，第二辑内部出版发行，收集党史专题21个，共26.3万字。2003年2月，第三辑内部出版发行，收集党史专题25个，老干部评说党史文章12篇，共28.9万字。三辑党史资料按基本完成社会主义改造时期、开始建设社会主义时期、“文化大革命”和它的结束时期、开创社会主义现代化建设新局面等四个时期分为四部分，主要刊载新中国成立以来各个历史时期，金湖地区党组织领导人民群众开展社会主义革命和建设的情况，以及在政治、经济、文化等领域取得的辉煌业绩。该3辑资料丛书共搜集专题68个；收集一篇长篇史略特稿《金湖改革开放二十年》（马国顺著）；附录文稿6篇，及新中国成立前在金湖地区工作过的18位老领导对金湖地区史志资料的来信来稿摘登，共75.8万字。丛书主编马国顺，副主编徐承佑、徐国杰、陈学文。

《江苏人民革命斗争群英谱·金湖分卷》 1998年8月，由江苏人民出版社出版发行。该卷编撰工作自1995年10月全面发动，至1998年4月竣稿送出版社，历时两年半时间。征编工作由县委宣传部牵头，县党史工委负责业务指导和资料审编，县关工委参审。全书收编金湖人民群众英勇革命斗争事迹327篇；分卷主编王殿宏、郑泽云，副主编王本强、马国顺（常务副主编）、徐承佑、陈学文。

《中共金湖地方史》 2001年6月，《中共金湖地方史》第一卷出版。全书共12章45节，记载金湖地区自1939年建立第一个党组织到1949年中华人民共和国成立期间，党领导人民群众进行革命斗争的历史。该卷资料征集始于1981年，在收集到丰富资料的基础上，于2000年初分工马国顺写出史纲《学习金湖党史　继承光荣传统》，勾勒出全书简况。接着，集体研定纲目，分工撰写初稿，2001年初完成初稿。引言及1~5章抗日战争时期史稿由徐承佑撰写，6~12章解放战争时期史稿及结束语由马国顺撰写，附录包括大事索引、组织机构序列、领导人名录和人物传略由陈学文撰写，最后交由马国顺统稿与修改。再提交县领导及民主革命时期在金湖地区工作过的老干部审查修改后，于2001年4月交吉林人民出版社审定，作为庆祝中国共产党诞生80周年的献礼书出版发行。该书主编马国顺，副主编徐承佑、徐国杰、陈学文。

三、党史宣传

1986年，县委党史办将解放战争时期的10篇有影响的回忆录整理汇编成册，编印《金湖革命传统教育资料》第二辑，下发全县基层党支部，供党员干部学习。党史办负责人应邀给县城6所中小学师生和县计划委员会系统干部职工上党史课，讲本地革命斗争历史和故事，进行理想和信念教育。1988年，邀请在外地工作的本籍老干部到金湖作党史讲座；提供党史资料给共青团、中小学校，进行革命传统教育。1989年，编印内部刊物《金湖史志通讯》10期，向社会提供爱国爱乡教材，普及地方党史知识。1991年，组织建党70周年纪念活动，4—7月，编印5万字的《光辉的历程——金湖地方党史讲话材料》，分发各基层党支部，作为地方党史教材。6月25日，组织以纪念建党70周年为主题的老干部座谈会。县委党史工委负责人应黎城小学、县消防中队等单位邀请，作地方党史专题报告。1992年建党71周年前夕，县委党史工委负责人给县直机关全体党员上党课，进行中共党史和地方革命斗争史教育。1993年，与县城小学建立党史教育网络，利用节日或会议宣传革命先烈英勇斗争事迹。1998年，举行《金湖党史资料》（第一辑）首发式。在《淮阴广播电视报·金湖版》开辟“金湖的古与今”专栏，发表由马国顺撰写的史话类文章45篇14万字。发行党史刊物《世纪风采》404份。沈德仁、徐承佑撰写的报告文学《小“卒”过河赛大“车”》，载于《世纪风采》1998年第4期，介绍马国顺刻苦学习、勤奋工作的事迹。

2001年5月，县委党史工委从20年党史资料征集和研究的成果中精选70幅图片，分5个部分，制作15块展牌，撰写近万字图片解说词，生动再现金湖人民在党的领导下粉碎日伪军扫荡、打击国民党顽固派、清剿湖匪，开展大生产运动、收复和建设解放区的情景。6月，在县宾馆举办民主革命时期中共金湖地方党史展，县电视台主持人现场讲解，接待团体、个人参观者数千人；在金湖中学、第二中学、实验中学、职业中学、实验小学、育才小学等学校巡回展出，近万名中小学生接受党史教育；组织3500余名党员干部、团员青年、人民群众参加淮安市组织的党史、党建知识竞赛，占全市参赛人数的70%，其中2人获一等奖，党史工委与县委组织部获组织奖；在《金湖日报》开辟党史宣传专栏《中国共产党在金湖》，每周一期，每期1000字左右，系统介绍金湖地区党组织活动情况，对全县人民进行革命传统教育。2005年，县委党史工委负责人分别为全县预备党员和入党积极分子培训班、供电系统干部职工学习班宣讲金湖地区革命斗争史。

第二节　地方志编纂

一、志书编纂

概况　1986年，《金湖县志》编纂工作启动以后，全县各大系统、各乡镇及县直各部门都积极行动起来，一方面查询搜集资料，为编纂县志提供素材；一方面为编写本系统、本部门专业志做准备。1994年，《金湖县志》出版前后，《金湖县交通志》《金湖县电影志》《金湖县电力工业志》《金湖县水利志》相继面世。1995年10月、1998年6月，《金湖县工会志》《金湖县卫生志》分别内部出版。2001年6月，《金湖县土地志》由吉林人民出版社出版。至2005年，全县地方志编纂工作除完成志书8册，还搜集整理部分部门志、乡镇场志稿或专业志稿，主要有：县政协、县人武部、县供销合作联社、县残疾人联合会志，金南、闵桥、银集、前锋、吕良、陈桥、宝应湖农场、复兴圩农场等乡镇场志，以及县化肥厂、江苏金石集团、江苏爱特福药物保健品、小青青机电设备公司、卫生巾设备公司等企业志初稿，共约20余家。

《金湖县志》 1986年4月，首部《金湖县志》编纂工作启动，县属各部门、各乡镇场圃均抽调人员，成立相应组织，全县修志队伍有200余人。县志办公室举办修志业务培训班，组织修志人员系统学习方志理论和编写方法。随后，进入征集资料阶段。各部门、单位编写人员通过查阅档案、有关历史资料、实地考察与走访知情人，千方百计搜集资料，编写资料上报稿，并陆续送县志办公室。同时，县志办公室人员重点搜集相关历史资料。到南京图书馆、扬州图书馆查阅历代方志类著作中有关金湖地域的史料，到金湖建县前所隶属的宝应、高邮县档案馆档案资料，到天长、盱眙、洪泽及县内重要古遗迹进行实地考察，反复查阅《二十五史》与明清、民国《宝应县志》《高邮州志》《天长县志》《盱眙县志》《山阳县志》有关金湖地域的记述，还调查走访大量知情人，搜集口述资料。

1987年起，县志办公室人员开始根据各部门、单位的上报稿及直接搜集的资料，进行各个分志稿的撰写。1988年，县志编纂委员会任命《金湖县志》主编、副主编。随后，对写出的初稿逐个在办公室内部进行评审，责任编辑根据评审意见进行补充修改，经主编、副主编验收合格方为志稿完成。1991年10月，全部志稿编写完成，分送县志编纂委员会、老领导及相关知情人审稿。根据审查意见再次修改后，报送省市地方志办公室评审。1992年3月18—19日，《金湖县志》稿评审会召开，省市地方志办公室领导、专家，周边宝应、高邮、天长、盱眙、洪泽等县县志主编对《金湖县志》进行全面评审。评审会后，县志办公室将评审会所提出意见进行整理，形成《〈金湖县志〉稿修改意见汇编》。经一年多的核实补充与修改，在报经省志办公室验收批准后，1993年4月送江苏人民出版社出版。下半年，根据出版社审稿意见进行核实修改，组织进行相关照片拍摄，进行三次校对。1994年3月，《金湖县志》由江苏人民出版社出版，共印3000册。

《金湖县志》由金湖县地方志编纂委员会编，主编吴振宝，副主编马国顺、邵福增。志书上限因事而异，下限至1985年，由照片、序、凡例、概述、大事记、正文、附录等七大部分组成，设置建置、自然资源、人口、乡镇、综合经济、农业、林牧副业、水产、水利、工业、交通邮电、商业、粮油经营、城乡建设、财税金融、政党社团、政权政协、军事、治安司法、民政、干部职工管理、文化、教育、卫生、体育、科技、方言、社会、人物等29编，140章、442节，共117万字，16开精装本，全一册，插有金湖县地图、金湖县城区图和展现金湖特色的彩色照片60余幅。志书全面系统地反映金湖县自然、经济、政治、文化、社会的历史和现状。1994年12月，《金湖县志》获江苏省地方志工作优秀成果志书类一等奖。后获全国地方志优秀成果二等奖。

《金湖县卫生志》 该志书于1985年着手筹备，建立组织，搜集资料。1987年因人事变动暂停。1992年重新启动，1998年6月内部出版。编纂委员会主任先后由县卫生局局长朱长川、何士明担任，副主任朱新平、姚庆森、徐志宏；主编龚俊杰。该志书上限因资料而异，下限1990年，大事记延至1997年。全书设概述、大事记，和卫生机构队伍、卫生监督监测、医疗业务技术、医教科研、疾病预防控制、妇幼保健、血吸虫病皮肤病防治、爱国卫生运动、人物、杂录等18章、66节，16开精装本，共50.6万字。

《金湖县电力工业志》 1986年10月，首部《金湖县电力工业志》编纂工作开始启动，成立编纂小组，局长陈启余担任组长和主编，副局长成恒久任副主编，县志办马国顺为特约副主编。该志书设置概述、大事记，和电源、电网、供电、用电、管理、职工、机构等7章29节，共8.6万字，1990年印刷成书，32开简装本。1994年，该志书获省地方志志书类三等奖。

2004年初，县供电公司续修《金湖县电力工业志（1988—2004）》。历经4年多时间，查阅档案1500余卷，搜集资料200余万字，征集图照80余幅。几经锤炼，数易志稿，2005年8月送交特约主编马国顺进行统稿，先后三次提出三万余字的书面统审意见。执行副主编根据通审意见修改后，印刷成书。续编电力工业志设置概述、大事记，和电源、电力网络、供电、调度、用电、电网改造、科技教育与信息化、多种产业、安全、管理、精神文明建设、机构等12章63节，另加附录，共25万余字，16开简装本。

图 35-7-18　1986—2005 年金湖县志书部分编研成果（摄于 2005 年）
李义海／摄

《金湖县交通志》　1988年9月内部出版。该志书于1984年6月着手筹备，成立交通志编审领导小组和办公室，组长郑锦全，副组长朱丰超、王成山，兼办公室正副主任，离休教师费国衡为主笔，朱治家、祝琳、姚仕高、李家元、主立华、顾银等为采编人员，最后由淮阴市交通志编审委员会主任李连坤审定。该志书上限因事因资料而异，一般以1960年建县为开端，下限1985年，部分章节延至1988年。全书设概述、大事记，和交通机构、水上交通、陆路交通、企业、职工等5章、26节，32开简装本，共12.4万字。

《金湖县水利志》　1994年12月由河海大学出版社出版。编纂委员会主任陶樟火，副主任闵晋军、潘宝铭；主编陶樟火，副主编周春芝、闵晋军、谢国顺、潘宝铭、陈智跃、王作礼、汪日新，特约副主编马国顺。该志书上限因事而异，下限1990年，大事记延至1991年，名录讫至1992年。全书设概述、大事记，和自然环境、河道治理、圩堤建设、农田水利、水库塘坝、配套建筑物、机电排灌、防汛防旱、工程管理、土石方、机构人物等11章、40节，另加附录，32开简装本，共35万字。

《金湖县工会志》　1995年10月内部出版。该志书于1993年6月成立工会志编委员会，确定前任县工会主席郭俊为主编，特约副主编马国顺；郭俊、费国衡、刘红、雷兴朝、张文学、莫凤祥、沈大孝等7人为编辑。随后即着手筹备，搜集资料，是年底完成初稿。1994年1月、6月，经市县史志界专家评审，修订成第二稿，聘请金湖县志办副主任、特约副主编马国顺通审，于是年10月修订完稿。该志书上限因事而异，下限1992年。全书设概述、大事记，和工会组织机构、职工教育、群众生产、民主管理、劳动保护、文体活动、生活福利、女职工工作、工会经费、人物等10章、35节，另加附录，16开简装本，共18万字。

《金湖县土地志》　该志书于1997年着手筹备，建立组织，搜集资料，2001年6月由吉林人民出版社出版。编纂委员会主任、主编杨宏章，特约主编马国顺，副主编杨应奇、傅仕干。该志书上限因事而异，下限1996年，大事记延至1999年。全书设概述、大事记，和土地资源、土地制度，土地开发与复垦、调查与登记，用地管理与监察、补偿与安置，土地市场与税费，集约用地宣传，土地管理机构与队伍等10章、30节，另加附录，32开精装本，共35万字。

《金湖县电影志》　1988年8月内部刊印成书。该志书以黑白电影《白毛女》在县域涂沟镇第一次放映的时间1955年4月为上限，下限1987年，设概况、大事记，和发行放映机构、放映单位、人物等3章7节，另加附录，详细记述了电影发行放映事业的发展变化过程。全书收录放映场地的历史图照10余幅，16开简装本，约4.5万字。执笔人徐礼华。

二、年鉴编纂

1994年，《金湖县志》出版发行后，年鉴编纂提上工作议程。1995年10月，由县委、县政府主办，县地方志编纂委员会领导、县地方志办公室具体负责编辑的《金湖年鉴（1995）》创刊号，由中国县镇年鉴社出版。该年鉴设有大事记、金湖概貌、重要文献选编、人物、百科、乡镇概况、统计资料、附录等栏目33个，分目167个，共53万字，主要记载1994年县域各行各业的新情况、新成就以及大事、要事、新事、特事。县地方志办公室确立精品意识、创新意识，抓住全县的地方特色和年度特色，精心组织编纂，逐步形成年鉴框架结构科学合理、条目信息准确完整、文字图片相得益彰、装帧设计美观大方等鲜明特色。

图 35-7-19 1995—2005年县志办编纂出版的《金湖年鉴》（摄于2005年） 李义海/摄

1996年，突出金湖地区的湖区特色，增设《水产业》栏目。1997年条目精简为949个，缩减19%。1998年，增设《特载》《服务机构名录》《金湖企业名录》等栏目，栏目总数36个，信息量更为充实。文稿发排后，全办人员认真进行四次校对，最后相互交换“捉错”，确保文稿质量。1997卷《金湖年鉴》获第二届全国年鉴校对质量评比优秀奖。1999年，金湖人民盼望已久的淮河入江水道大桥开工建设，将“金湖大桥建设”分目提升为栏目。2000年，在编纂1999卷《金湖年鉴》过程中，突出金湖建县40周年的历史节点，各业增加“40年回眸”内容，《镇乡概况》栏目中各镇增设“村级概况表”，充分展现各项事业的发展变化及取得的重要业绩。此卷再次获第三届全国年鉴编校质量评比优秀奖。12月，马国顺著《史·志·鉴探论》由吉林人民出版社出版发行，并根据县委、县政府各个时期中心工作、决策措施的变化，对年鉴栏目、分目、条目设置进行相应的调整优化，做到与时俱进、常编常新，编纂质量不断提高。2001年，2000卷《金湖年鉴》获省第三次地方志系统优秀成果评比特等奖。2004年，《金湖年鉴》创刊10周年，全办人员矢志不渝地努力，坚持质量第一，2003卷又获省第四次地方志系统优秀成果评比一等奖。2月，马国顺所著《年鉴的实践与思考》由吉林人民出版社出版发行。至2005年，《金湖年鉴》连续出版11卷，得到社会各界一致好评。

1995—2005年《金湖年鉴》各卷情况一览表

表 35-7-14

卷号	栏目（个）	分目（个）	条目（个）	表格（份）	字数（万字）	主 编	副主编	出版社	出版时间
1995	33	167	1088	8	53.0	马国顺	徐承佑、叶友林、徐国杰	中国县镇年鉴社	1995.10
1996	33	167	1165	13	54.9	马国顺	徐承佑、叶友林、徐国杰	中国县镇年鉴社	1996.09
1997	34	167	949	22	54.9	马国顺	徐承佑、徐国杰、叶友林	中国县镇年鉴社	1997.09

接上表

卷号	栏目（个）	分目（个）	条目（个）	表格（份）	字数（万字）	主　编	副主编	出版社	出版时间
1998	36	165	960	30	54.9	马国顺	徐承佑、叶友林、徐国杰	中国县镇年鉴社	1998.09
1999	34	175	1368	66	54.9	马国顺	徐承佑、叶友林、徐国杰	中国县镇年鉴社	1999.09
2000	33	174	937	89	59.0	马国顺	徐承佑、徐国杰、叶友林	吉林人民出版社	2000.08
2001	33	164	950	72	59.0	马国顺	徐承佑、徐国杰、叶友林	吉林人民出版社	2001.09
2002	36	166	926	83	61.8	马国顺	徐承佑、徐国杰、叶友林	吉林人民出版社	2002.09
2003	37	164	956	91	61.8	马国顺	徐承佑、徐国杰、叶友林	吉林人民出版社	2003.09
2004	34	162	968	99	61.8	吴耀平	叶友林、陈学文、陈晓云	吉林人民出版社	2004.09
2005	34	162	968	89	61.8	吴耀平	陈学文、陈晓云	方志出版社	2005.09

说明：2004卷、2005卷徐承佑、徐国杰为执行主编。

三、地情资料编著

1986年，全县出版发行的地情资料有：县地名办李义海主持编撰的《金湖县地名录》，此书以地名为载体，记述本域自然、地理、历史、文化、政治、政区、经济状况；县政协文史委翟登庸编辑的《金湖文史资料》期刊第一期，收编有费国衡的《金湖县境沿革浅说》，第一次以朝代为序阐述金湖县的历史沿革。1989年7月，县志办公室编辑《金湖史话》，庆祝建县30周年。该书由江苏古籍出版社出版。1994年，县地名办李义海分别在《江苏地名》《中国地名》等刊物发表《尧与塔集》的考证文章。有关人员根据考证文章，撰写新闻报道《尧出生地是金湖县塔集镇》，在1994年11月15日《人民日报》（海外版）上发表。1999年，马国顺所著建县40周年献礼书《历史上的金湖》由江苏人民出版社出版，该书发行4500多册。2000年，退休老教师费国衡的《史志掇拾》《钩沉随笔》内部印刷。2005年，县统计局逐年整理汇编自1986年起的《金湖县国民经济统计资料》《统计年鉴》等县情资料共20余册，内部出版（参见“第二十五篇综合经济管理”第九章第三节），向县委、县政府和各部门报告经济和社会事业的实绩及发展情况，并提出相应的对策和建议。

第八章　档　案

第一节　收集整理

一、文本实物档案

1986年，县档案馆馆藏档案全宗53个，案卷1.05万卷，各种图书资料1.15万册。根据《金湖县档案馆档案收集范围实施细则》及人手、库容等情况，科学编制进馆全宗单位名册和进馆序列表，采取优先将重（重点工程、重大活动档案）、急（保管条件差、损毁比较严重、急需进馆的档案）、特（能体现金湖特色、需要抢救保护的档案）档案收集入馆方法，对保管条件较好，有一定管理水平的全宗以暂存原单位为主。1987年起，加大基层档案整理归档辅导力度，做好接收入馆准备。1992年，接收各乡镇档案3500卷。1995年，县统计档案1535卷首次入库。1998年，馆藏档案全宗80个，案卷2.88万卷，实物档案1207件。1999年，全面开展农业和农村档案建档工作。2000年，接收撤乡并镇和县直机关到期档案4230卷。2004年，接收诉讼档案9136卷；原馆藏档案经整理立卷的有历年复退军人档案9067卷、统计档案4020卷、违纪档案2420卷、公证档案721卷等，计新增档案3.82万卷，实物档案1.29万件。累计馆藏档案全宗80个，案卷4.50万卷，实物档案1.29万件，资料7710册。档案馆重视征集、征购散落于社会、民间的与县域有关的重要文字、图片、票证、碑刻、艺术品、名人名事等。先后征集、征购有温家宝总理来金湖视察水灾情况的照片、抗日战争时期的有关文件、计划经济时代的购物票证、民间艺术剪纸作品、荷花节艺术作品、家谱、石碑、名人全宗等有重要价值的档案、资料等。2005年，馆藏档案全宗87个，档案4.61万卷，实物档案1.29万件，资料7770册。

二、电子文档

2000年，县档案馆购置电脑、打印机、刻录机等设备。是年，革命历史档案扫描录入电脑1030件，县委县政府文件名称输入电脑1.3万多条，并编制检索程序，实现图文自动检索。2003年，县档案信息网建成，为苏北第一家。建网页186页，设置图片212张，开辟历史、现行文件目录，开放档案目录、档案征集与业务指导等10个栏目，首次发布信息3400多条。2004年起，对全县各档案室信息化提出要求，凡新归档档案和移交进档案馆档案必须建立符合规范的电子目录。是年，县档案馆新录入电子文档案卷级目录1.51万条、文件级条目1.06万条，累计录入案卷级条目2.63万条、文件级条目19.84万条，占馆藏全部档案的60%。2005年，录入案卷级目录1.02万条、文件级目录7.18万条，累计录入案卷级目录3.65万条、文件级目录2.68万条，馆藏档案目录电子录入工作完成。初步建立档案数据库32万余条，文件级、案卷级目录数据录入完毕；建立重要档案全文数据库5.2万页，可及时、快速、准确提供档案利用。

第二节　保管利用

一、保　管

1986年，县档案馆有2层楼的档案库房，建筑面积453平方米，与县委组织部档案室同在一栋楼。其中，档案馆存档库房183.5平方米，资料室约100平方米，办公室、接待室、阅览室53平方米；有档案橱柜96套，电脑1台，复印机1台，去湿机2台。档案保管条件较为简陋，存放档案有木质、铁质橱柜。走道安置消防栓，设立禁止烟火标志。室外禁止堆放易燃物，做好日常防火、防潮、防强光、防高温、防有害气体和有害生物侵袭，档案保管良好。2000年，加强档案管理人员的培训辅导，先后选送到省3人、去市6人参加档案管理岗位教育培训。县内加强对基层档案室文书档案分类立卷的培训辅导。2001年，县档案馆补抄卷内目录2700卷，重新装订及完善题名2810卷；依据国家档案局相关规定，鉴定短期档案2251卷，其中提升为长期的422卷，没有保管价值的1829卷，经原形成单位同意后予以销毁；另有到期的短期档案48个全宗、4033卷，移交原形成单位履行相关手续后予以销毁。2005年，档案馆建筑面积663.75平方米，其中，存档库房面积458平方米，有档案密集架13列、档案柜108套、去湿机2台、电脑3台、复印机1台、扫描仪1台、空调4台。

二、利　用

1986年，县档案馆坚持档案资料来源于社会、服务于社会的原则，不断拓展档案利用渠道。除接受当事人查档外，还设置电话、信函、委托代理人等查档方式，方便当事人利用。1987年前后，为编史修志提供利用，阅档的单位和个人急剧增多，超过常年平均数的4~5倍。2000年起，免除查档费，对老、弱、病、残、贫苦等社会弱势群体免除复制档案工本费，是省内最早承诺免费查档的县级档案馆。复员退伍军人、婚姻、诉讼、公证等大批民生档案进馆，为维护普通百姓利益、落实党的相关政策、维护社会稳定做出一定的贡献。2001年，档案馆先后与县职教中心、县城9所中小学等单位签订共建爱国主义教育基地协议书。6月，县档案馆被县委宣传部命名为县级"爱国主义教育基地"，先后接待中小学生参展12批次、6000余人次。1999年，在建县40周年之际，举行"金湖商品票证回顾展"，展出计划经济时代市场流通的布票、粮票、糖票、豆制品票、煤票、火柴票、肥皂票等81种818枚，和金湖历史照片28幅，在县各中小学巡展，充分展示金湖的巨变，展现出经济和社会事业的发展。参观者3万多人次。2002年，档案馆对县属各镇、职能部门形成的与群众切身利益有关的并可公开的政策、文件进行汇总分类后向市民开放，供市民到馆查阅或在网上搜寻。是年，档案馆将馆藏的书法、美术、摄影作品筛选出88幅，举办"迎新春百人艺术展示会"。2003年，县档案馆独办、联办档案展览50余次，观展市民及中小学生5万余人次。举办"金湖县情展"，展出县域境内新石器、春秋战国、汉代等时期居民聚落遗址、出土文物图片和温家宝等党和国家领导人到金湖视察的图片。2005年，举办"贾彬同志事迹展"，展示优秀共产党员、原县人委办公室主任贾彬勇救落水儿童等先进事迹。县档案馆收集保存的革命历史档案被评定为省珍贵档案。1986—2005年，县档案馆共为单位和个人提供调阅1.03万人次，查找档案资料3.98万卷、册、件，出具相关居民下放、知青插队、工龄、军龄、工资、婚姻等证明材料1.80万件。

1986—2005年金湖县档案馆档案查阅利用统计表

表35-8-15

年份	接待人次（人次）	查阅资料数（卷件册）	出具证明（件）	年份	接待人次（人次）	查阅资料数（卷件册）	出具证明（件）
1986	520	1810	920	1996	320	1390	971
1987	458	1760	890	1997	1600	4168	1457
1988	690	2920	905	1998	320	2340	1419
1989	870	3010	1210	1999	300	1153	127
1990	695	2846	1080	2000	214	1953	150
1991	516	2641	985	2001	225	1097	183
1992	497	2230	967	2002	272	1528	264
1993	623	2490	1230	2003	450	1780	320
1994	716	2613	1542	2004	508	686	285
1995	233	680	2720	2005	260	735	364

第三节　基层档案管理

1986年，全县存有档案的机关单位51个，建立档案室的10个，配备专职档案员3人，兼职档案员57人；22个乡镇均设置档案室，档案工作由乡镇党委或政府文秘人员兼管；各企业的人事档案、会计档案分别由单位秘书、总账会计兼管。1990年，部分规模企业建立档案室。1995年，开展基层等级档案室创建工作，企事业单位的档案管理逐步走向正规。1997年3月，县档案馆在公路管理站、乡镇企业管理局开展“三集中”文书立卷工作，45个单位47名文秘人员接受培训与指导，现场示范立卷档案800余卷，合格率85%。培训后，基层档案管理工作加强，管理水平提升。1998年，县档案馆依据省档案管理达标标准，指导县港航监督所、公路站、航道管理站、供电局等单位，进行档案业务、档案信息开发、档案利用服务等方面整改，帮助建立档案管理制度，制作多种检索工具，编写两种以上专题资料，添置密集架、去湿机、空调机等硬件设施，采取真空充氮杀虫法防护。四个单位均被认定为省级标准档案管理合格单位。与县财政局合作，清理乡镇财政所会计档案、音像档案、文书档案，实施档案综合管理；进行业务指导，帮助组卷、审卷2.21万卷，使其顺利进入档案管理达标单位行列。全县档案管理达标累计建成国家二级标准2家，省级标准24家，市级标准15家，其中市一级4家。1999年，贯彻实施《江苏省档案管理条例》，在县广播电台举办《中华人民共和国档案法》广播讲座，在县电视台播出档案工作纪录片《兰台魂》。2002年，对基层法律服务所工作人员进行档案法规培训，联合法制局抽查档案法规执行情况的县直部门单位16个；联合县财政局制订《金湖县会计档案整理步骤与方法》，多次举办培训班，规范会计档案保管价值划分、整理流程和移交方法；指导、验收全县各预算单位财会档案，对全县设立会计岗位的所有单位提出要求，促进财会档案管理规范化。全县会计档案达到国家规范标准率为95%。机构改革期间，县委办、政府办印发《关于在机构改革中加强档案工作的意见》，及时开展撤销机构档案的接收工作。建立村级档案工作示范点，推进农业、农村档案工作规范化。制订《农村党员档案收集范围和分类方案》，22个乡镇的农村党员、干部档案全部进行逐卷逐人清理。与县劳动局、职改办、职教办、人武部、民政局等单位，集中清理、整理职工档案2000余份。2004年，档案局对执行《中华人民共和国档案法》不力的单位发放《加强档案管理建议书》28份，对建议书重视不够的单位发放督办“归档进度登记表”16份。2005年，发放《加强档案管理建议书》6份，指导机关事业保险处、湖河管理所档案目标管理分别达到省一级、二级标准。

1995—2005年金湖县机关事业单位获评市级以上等级档案室一览表

表35-8-16

年份	单位名称	评定等级	年份	单位名称	评定等级
1995	县土地局	省一级	1999	县防疫站	省级
1995	县交通局	市一级	1999	县工行	省级
1997	县公路管理站	省一级	2000	县物资局	省级
1997	县港航监督站	市一级	2000	县渡船管理所	省级
1998	县人民法院	全国法院系统一级	2002	县纪委	市一级
1998	2个乡镇土管所	省级标准	2002	县盐务局	市一级
1998	14个乡镇土管所	市级标准	2003	县人民检察院	省一级
1998	8个乡镇财政所	市一级	2004	农行金湖县支行	省二级
1998	县环保局	省环保系统二级	2005	县河湖管理所	省二级
1999	县收费站	省一级			

1995—2005年金湖县企业单位获评市级以上等级档案室一览表

表35-8-17

年份	企业名称	级别	年份	企业名称	级别
1995	县化肥厂	国家二级	1997	县服装厂	市级
1995	县汽配厂	省级	1998	县燃料公司	省级
1995	县水泥制品厂	省级	1998	财产保险有限公司金湖支公司	省级
1995	县制药厂	省级	1998	县网线厂	省级
1995	县毛巾厂	市级	1998	县银集渔网厂	市级
1995	县医药公司	市级	1998	县造纸厂	市级
1995	县联合砖瓦厂	市级	2000	县压铸厂	省级
1995	县新华纸箱厂	市级	2000	县石油公司	市级
1995	县滚轮体厂	市级	2001	县银集砖瓦厂	市级
1997	县供电公司	国家二级	2001	县闵桥仪表厂	市级
1997	县航道管理站	省级	2002	县粮食总厂	市级
1997	县烟草公司	省级	2002	县轻工机械厂	市级
1997	县机械厂	省级	2002	县全兴电缆厂	市级
1997	县输油泵厂	省级	2003	县自来水厂	市级

第三十六篇　金湖秧歌

金湖秧歌是金湖农民在长期从事栽秧劳作中，为消疲解乏随口而唱的小调逐步演变发展而来。最初，唱段简单短小，曲调自由，内容质朴，叫“秧号子”。随着时间推移，演唱者不断改进完善，揉进山歌、时调、戏曲、宝卷、唱本等元素，逐步形成具有地方特色的“四句头”“五句半”“抢八句”“串十字”等曲调，以及“打鼓唱唱”“锣鼓秧歌”等演唱方式。金湖秧歌歌词题材以爱情和生产生活作品为主，内容广泛丰富，涵盖金湖农村社会生活的方方面面。语言朴实生动，叙事细致入微，表达直抒胸臆，类比含蓄，音调优美，旋律丰富，有五声调式旋律，也有带偏音的双重调式或多重调式旋律，大量使用偏音清角、变宫，带有清角为宫、变宫为角乃至变徵为角的移调色彩，特别是在简短的单乐段中，有3个不同宫调系统的调性作连续同调式变调，这种复杂调性是中国汉族民歌中独特的运用手法。秧歌演唱的风格上有平腔唱法、高腔唱法、直声唱法、润腔唱法、衬腔衬词唱法。锣鼓秧歌中的锣鼓敲法有72套之多。

金湖秧歌伴稻作文化而起，中华人民共和国成立后，传统秧歌得到传承发展。20世纪60年代后期至70年代末，兴起秧歌普及热潮。每逢插秧季节，县广播站每天都播放和教唱秧歌。县内专业文艺工作者与民间业余文艺人合作，搜集、整理、加工流传于县内的旧秧歌，填写新词，先后编印《金湖秧歌专辑》15期，收录新词400余首。随着家庭联产承包责任制的实行和插秧机的使用，众人插秧的场景减少，秧田里传唱秧歌的人越来越少。根据普查，有张忠祥、蔡凤英等一批秧歌传承人。2001年起，相继编纂出版《金湖秧歌集萃》《金湖秧歌大观》《金湖民歌》等作品，收录大量秧歌。2004年，金湖秧歌被列为省首批13个民族民间文化保护试点工程项目之一，后被列入省首批非物质文化遗产名录、国家级第四批非物质文化遗产名录。

第一章　流传与保护

第一节　秧歌流传

金湖地处淮河下游水网地区，属亚热带湿润季风气候，适宜水稻生长。三国曹魏始，该地区为历代王朝的屯田之所，农耕文化底蕴深厚。南齐建元二年（480年），境内石鳖立阳平郡。《通典》记载，“平阳石鳖，田稻丰饶，盖历代屯田之地”，说明水稻种植很普遍。水稻种植需要将种子培育成秧苗后移栽，工序多而繁，劳动强度大，秧苗全靠人手一撮一撮插入田中。每到插秧季节，农妇们不间断地栽插秧苗40天左右，每天泡在水田里10多个小时，抢时间、赶季节，晚上拔秧白天栽，睡不解衣，食不就桌，有的妇女吃饭时候就睡着。插秧时便以说笑话、唱歌等方式分散注意力，缓解疲劳疼痛，提振精神。久而久之，唱歌成为人们栽插秧苗时消疲解乏的最好形式，所唱之歌也逐渐定型，统称为秧歌。金湖秧歌早期称为“秧号子”，唱段简单、短小，曲调自由，内容质朴。后逐渐形成固定曲调“四句头”“五句半”“串十字”等，演唱形式有打鼓唱唱、锣鼓秧歌等。打鼓唱唱，为插秧妇女自娱自乐，一人唱过门（俗称打鼓），一人唱主歌（俗称唱唱）。锣鼓秧歌，则由专门的锣鼓师傅为插秧人唱歌，唱段与唱段之间以锣鼓过渡，既唱歌又敲锣打鼓。金湖秧歌主要通过乡村农民口头创作、口耳相传的形式延续、发展，在演唱过程中，歌手们相互竞争，各显才能，不断创新，唱词及曲调中不断融入山歌、时调、戏曲、宝卷、唱本等其他艺术成分，流传多种秧歌唱本。

中华人民共和国成立后，农民分得土地，互助组、合作社的集体劳动，金湖秧歌演唱得到普及。农村会唱秧歌的人很多，一些不会唱秧歌的人被称为“男的不是真才子，女的不是巧红娘”。“文化大革命”初期，秧歌一度作为“四旧”（旧思想、旧文化、旧风俗、旧习惯的统称）禁止演唱。“文化大革命”后期，地方党委、革命委员会重视秧歌的积极作用，每年四五月份，组织县文工团、文化馆和农村业余作者创作秧歌新歌词，整理改编秧歌曲调，编印《金湖秧歌专辑》发至基层生产队，县有线广播教唱。

改革开放以后，农村实行联产责任制，一家一户的种田模式兴起，农业机械化水平逐步提高，人工栽秧逐步被机器栽秧所替代，众多妇女一起插秧的场景愈来愈少，秧田里的秧歌声越来越少。青年人受流行音乐影响，对传统秧歌已不感兴趣。许多老秧歌手相继离世，金湖秧歌的传人减少。县文化部门组织力量开展金湖秧歌一系列抢救保护工作，保存这一宝贵地方文化遗产。

第二节　秧歌保护

一、整　理

20世纪50年代初，国家和省艺术家到金湖采风，音乐家刘炽挖掘整理出金湖秧歌《串十字》。

境内秧歌参加省文艺会演获奖，江苏人民广播电台录音广播。1954年冬，高邮中学音乐教师索兴利用寒假到闵桥、塔集地区，采集当地民歌10余首，其中有“秧号子”“串十字”等，后收录于《高邮民歌》。1971年，县文工团组织专人研究提炼金湖秧歌，将“打鼓唱唱”以歌舞的形式呈现舞台，县文化馆先后编印《金湖秧歌专辑》15期，收录新词400余首，发至基层。1979年，县文化馆收集整理《四句头·只要我嘴动舌头环》《五句半·栀子花开大白袍》《串十字·东庄姐西庄郎》《斩龙头·姐在房中将郎望》《秧号子·打樱桃》《秧号子·鹰来了》《秧号子·做花鞋》秧歌7首，入选《中国民歌集成·江苏卷》。1985年7月，根据全国编撰《民间文学三套集成》要求，县文化部门组织专门人员整理研究金湖秧歌，全县搜集秧歌800首，其中200首录入《金湖民间文学三套集成资料本》。1987年10月，《金湖民间文学三套集成资料本》在全省率先出版，省文化厅作为样本在省内外推广交流，受到文化部嘉奖。20世纪90年代，县内向外界推出金湖秧歌这一文化品牌，经过多次挖掘整理，2001年12月，出版《金湖秧歌集萃》，主编戴之尧，副主编李俊鹏、张志东，字数17.4万字，收录金湖秧歌歌词202首，其中歌头30首、情歌82首、生活歌61首、杂歌27首、长歌2首和秧歌曲谱8首、常用锣鼓谱10首，较为详细地介绍金湖秧歌内容、种类、曲调、曲谱，获淮安市“五个一工程”奖。

2004年7月，省文化厅印发《关于公布江苏省民族民间文化保护工程第一批试点名单的通知》，金湖秧歌列入其中。12月，金湖县《江苏省民族民间文化保护工程金湖秧歌省级试点项目目标任务书》完成上报省文化厅，书中包含省民族民间文化保护工程中心、市文化局、县文化局三方主要职责、试点项目总体规划、2004—2007年分年度目标、预算资金管理与项目验收大纲等内容。2005年2月，由三方代表签字后开始实施。4月，县秧歌保护工作领导小组及办公室成立，办公室设在县文化馆，内设普查组、音乐组、文学组、资料组、陈列组、后勤组，负责日常具体业务。成立金湖秧歌协会，通过协会章程，组建县镇两级会员队伍。协会下设采集组、创作组、表演组、研讨组，拥有协会会员248人，秧歌创作骨干40人，表演骨干60人。4月20日，县委、县政府召开金湖秧歌保护工程工作会议，市委宣传部、市文广新局领导和县有关部门负责人参加，研究制订金湖秧歌保护工程规划和相关措施。7月，省专家组朱新华、陈剑秋等到金湖调研、指导金湖秧歌保护工作，县文化局、县文化馆相关领导介绍金湖秧歌发展历史和保护工作情况，请张忠祥等老歌手现场演唱，专家组高度评价金湖秧歌的艺术价值，提出保护工作技术性指导意见，强调金湖秧歌保护要坚持抢救第一的原则，利用音像设备，掌握第一手资料。在保护性普查中，全县收集整理秧歌近千首，其中短歌900余首，长歌20首，建立文字档案30卷8万余字，录制音像资料42盘（盒），录音30小时，录像5个多小时。此后，金湖县文化部门正式出版的秧歌专业书籍有：《金湖秧歌大观》，南京大学出版社出版，41.8万字，主编戴之尧、张志东，收录秧歌歌词816首，其中歌头168首、情歌346首、生活歌294首、长歌8首，主要歌手

图36-1-1 2005年12月7日，县文化馆工作人员在闵桥镇找老艺人搜集整理金湖秧歌 朱伟／摄

简介17人，相关评论文章15篇。《金湖民歌》，中国文史出版社出版，46.6万字，主编李俊鹏，副主编费家骖、房忠诚、陈剑峰，收录金湖秧歌词曲44首。

此期间，省文化厅下拨金湖秧歌保护工程专项资金10万元，县财政配套相应资金，建立秧歌资料室，购置电脑、照相机、摄像机等设备。成立县非物质文化遗产保护领导小组和县非物质文化遗产保护中心，金湖秧歌保护工作并入县非物质文化遗产保护中心职责范围。县文化馆成立金湖秧歌研究会，闵桥镇建立秧歌协会和秧歌表演队。全县初步形成秧歌传承人网络，县文广新局组织开展全县秧歌普查工作，县文化馆举办金湖秧歌普查培训班，组织专门人员进村入户开展“拉网式”的普查，补充完善秧歌资料，收集金湖秧歌农耕实物30余种（件），举办金湖农耕展。金湖秧歌获省首批非物质文化遗产名录、国家级第四批非物质文化遗产代表性项目名录扩展名录。

二、创　作

1971年5月，戴之尧创作的长篇叙事秧歌《三推婚期》由县委宣传部刊印发行。1973年，县委宣传部干事吉文褧、县文工团乐队演奏员吕忠建，在淮胜、闵桥、涂沟、金沟等地采集秧歌“格冬代”，吉文褧作词、吕忠建作曲，改编创作《秧田新歌》，后经县文工团音乐创作特邀老师王律珍进行润色加工，《秧田新歌》从此唱响，同时被列为省参加华东六省一市文艺调演备选节目。1987年，戴之尧创作的秧歌词《情歌联唱》发表于《乡土报》第12期。1991年5月，王培芳作词，黄德玉以金湖秧歌的音乐为素材作曲的女声独唱歌曲《我家住在淮河边》发表于《江苏音乐》第5期，是年，该歌曲由淮阴市选送参加省民歌、民舞、民乐演出。1993年，万建华用金湖秧歌体裁创作的少儿舞蹈《棒花花》，获省第一届少儿舞蹈大赛二等奖。1994年12月，女声独唱歌曲《我家住在淮河边》参加淮阴市民歌、民舞、民乐大赛（由杨定玉演唱）获一等奖；1996年12月，该曲获淮阴市首届五星工程提名奖。2001年，李朝润（省文联副主席）作词、崔新（国家一级作曲）作曲的《苏北江南》和阮晓星（国家一级编剧）作词、宋继勇作曲的《走进金湖》，均以金湖秧歌体裁创作，参加县首届荷花艺术节演出。张志东创作，张日才、周玲表演的相声《秧歌情》参加县首届荷花艺术节闭幕式晚会演出。2003年10月，费家骖作词、黄德玉编曲的秧歌联唱《悠悠格冬代》，参加中国淮安·淮扬美食文化节民歌、民舞、民乐专场演出。2005年，戴之尧创作的歌词《金湖秧歌一束》，发表于是年6月28日《淮安日报》。此后，张志东作词，曹士波作曲，万建华编导的歌舞《格冬代》获省第八届五星工程奖银奖。张志东作词、吴小平（国家一级作曲）作曲、万建华编导的歌舞《唱起秧歌喜洋洋》获省第九届五星工程奖银奖。崔新以金湖秧歌为题材创作的交响音画《格冬代》，由省交响乐团赴奥地利维也纳金色音乐大厅演奏。房忠诚、黄德玉、潘杨创作、王卫东演奏的笛子独奏《秧歌情韵》，获淮安市群文新作调演创作一等奖。李俊鹏创编的《金湖秧歌》，由县文化馆演出代表队参加省音乐舞蹈类非物质文化遗产保护成果展演，获优秀传承奖（最高奖项），该作品代表淮安市参加昆山市锦溪镇举办的民俗音乐节演出。

三、研　究

1990年1月19日，戴之尧的《朴实优美的金湖秧歌》发表于《人民政协报》。1994年4月，南京大学外国留学生一行六人到闵桥、涂沟等镇采风金湖秧歌。2001年，诗人、一级作家赵恺的《踩出个脚印子有人猜》发表于《新华日报》。2005年6月26日，戴之尧、张志东撰写的《金湖秧歌调查报告》整版刊登于《淮安日报》，获省民族民间文化保护论文三等奖。此后，金湖秧歌研究进入发展繁荣期。全国文联、省市学者、外国留学生、省市电台电视台先后组团到金湖采风金湖秧歌，通过图书报刊及网络等媒体发表研究文章，推介与报道金湖秧歌，他们从不同角度介绍金湖秧歌的形成、歌词特色、音乐特征、演唱风格和艺术前景思考。主要成果有：南京师范大学王彦蘅发表硕士学位论文《金湖秧歌的艺术特色及其演唱风格》，其论文《金湖秧歌中长歌的语言艺术与演唱特点》发表于

图 36-1-2　南京大学外国留学生一行六人采风金湖秧歌（摄于1994年4月）　朱伟/摄

《艺术百家》杂志，《金湖秧歌音乐体裁样式特征分析》发表于《时代教育》杂志，《金湖秧歌的产生与发展回顾》发表于《四川戏剧》杂志。淮安师范学院音乐系副教授郑怀佐的研究文章《金湖秧歌的词曲风格与教育意蕴探析》发表于《艺术百家》。江苏食品职业技术学院讲师何艳的《金湖秧歌的艺术特色及其传承发展》发表于《大众文艺》。淮安市音乐舞蹈家协会副主席、国家一级作曲申旭光的《金湖秧歌的艺术特色》，常熟理工学院音乐系副教授、文学博士王小龙和靖江市季市镇季南初中音乐教师嵇亚玲合作的《金湖民歌的音乐艺术特征》，均收集于《金湖民歌》一书。

金湖县文化界专业人士发表的秧歌研究文章主要有：戴之尧的《金湖秧歌独特的演唱方式》发表于《江苏省特色文化丛书》一书，《朴实优美的金湖秧歌》发表于《文化新世纪》杂志，《秧田里飞出来的歌》收集于《金湖秧歌集萃》一书，《金湖秧歌探源》发表于《文化新世纪》杂志。戴之尧、王学军的《金湖秧歌的现状与思考》收集于《江苏非遗调查》。王学军的《金湖秧歌》发表于《文化月刊》杂志。张志东的《谈金湖秧歌的辞格运用》《金湖秧歌：节奏明快，旋律悠扬》《发挥资源优势、弘扬特色文化》发表于《江苏文化》周讯；《挖掘秧歌资源打造非遗品牌》入选《全国非遗保护论文集》。李俊鹏的《谈金湖秧歌》收集于《文化新世纪》杂志，《金湖秧歌的基本音乐特征与特色谈》发表于《淮安文化民生》杂志，《金湖秧歌中打鼓唱唱与锣鼓秧歌演唱形式、特点之比较》发表于《江苏文艺》。李俊鹏、房忠诚合作的《金湖秧歌中的交替调式初探》收集于《金湖民歌》一书。诸葛艾莉的《金湖秧歌的演唱艺术》获市群众文化论文比赛奖。

金湖县秧歌爱好者发表的秧歌研究文章主要有：姜瑞荣的《秧田里飘出的情歌》发表于《中国周刊》《江苏政协》杂志，邹晓耘的《留在记忆深处的歌声》收集于《金湖民歌》一书，王新葆的《挖掘乡土中的"瑰宝"、传承秧田里的"诗经"——关于保护传承金湖秧歌号子的几点思考》发表于《江苏地方志》杂志，夏华丽的《小议金湖秧歌》发表于《北方文学》杂志，吴祖丽的《秧田里的诗经》发表于《淮安日报》，朱行辉的《金湖秧歌，禁锢不住情爱的宣泄》收集于《金湖民歌》一书，《金湖秧歌中的爱情观管窥》《金湖秧歌唱农村生活之苦乐》均收集于《新浪博客》。范昌余的《且说金湖秧歌》发表于《金湖快报》。

四、交流表演

1957年，金湖秧歌手蔡凤英参加南京人民大会堂演出，所唱秧歌《十二月姑娘巧梳妆》，受到观众好评。1974年，县文工团编排女声表演唱《秧田新歌》参加省文艺演出，被列为华东五省一市文艺调演备选节目。2001年始，每年一届的中国·金湖荷花艺术节主题晚会，金湖秧歌均作为保留节目参加演出。2004年7月，举办金湖秧歌演唱邀请赛，以卡拉OK的形式演唱金湖秧歌，吸引周边地区专业及业余秧歌手30余名前来参赛。利用送戏下乡、农村文艺调演、广场文艺会演等多种载体，促进秧歌艺术创新发展，焕发生机。2005年11月，王文惠、杨占余、丁庭英、曹永英参加省文化厅主办的省第二届文物节，在南京博物院原生态演唱金湖秧歌3天、6场，包括四句头、五句半、抢八句、串十字等曲调的秧歌10多首，主要有《四句头·红娘子来女裙钗》《锣鼓秧歌·打芦叶》等。艺术节期间，设立金湖秧歌陈列室，重点介绍金湖秧歌的历史渊源、流布区域、传承状况、艺术价值等。随后，金湖秧歌合唱《想姐姐》参加中央电视台在金湖举办的"激情广场大家唱"活动。闵桥镇农民艺术团秧歌表演队赴南京参加全省非遗日展演，秧歌联唱、锣鼓秧歌节目获二等奖。金湖秧歌获省选调参加上海举办的长三角非物质文化——民间音乐展演活动。金湖秧歌《格冬代》参加省五星工程奖音乐专场演出获银奖。由省淮海剧团、淮安市艺校、淮安市文化馆联合演出的金湖秧歌《唱起秧歌喜洋洋》，参加上海世博会江苏周·民间艺术和民俗表演。金湖县秧歌表演队应韩国固城邀请，参加韩国第25届民俗音乐节交流演出。省交响乐团赴奥地利维也纳金色音乐大厅演奏金湖秧歌为题材创作的交响音画《格冬代》。金湖县秧歌表演队参加全省非物质文化遗产展演展示活动，演唱的《金湖秧歌联唱》获优秀传承奖。

第三节　秧歌传承人

戴曼尊（1922—1992），名宗孟、字曼尊，男，金南镇金南村人，中师文化，教师职业。喜欢诗文，爱好民间文学，保存手抄本秧歌200余首，多为生活歌，其中《渔樵耕读》《朝代歌》等短歌25首，收录于《金湖秧歌大观》。

周启甲，男，黎城镇工农村人，1927年生，读私塾3年，农民。爱好文艺，做过锣鼓师傅，年轻时演唱的秧歌记忆如新，保存多种锣鼓秧歌手抄本。演唱的短歌20首、长歌《姐思情》和《栀子花》部分选段，收录于《金湖秧歌大观》。

张保佑，男，银集镇淮建村人，1927年生，农民，读过私塾。1947年参加工作，任乡团委书记、副乡长等职。爱好文艺，能演唱秧歌100多首，演唱的《巧姑娘》《勤大嫂》等中短篇秧歌34首及《小红娘》和《栀子花》等长篇秧歌部分选段，收录于《金湖秧歌大观》。

蔡凤英，女，黎城镇黎城村人，1931年生，小学文化，县民间文艺协会会员。出身贫苦，七岁开始跟当地民间艺人查江浩学唱民歌，年轻时当过村、乡妇联主任，经常组织和参加业余文艺演出，是当时宝应湖西地区有名的民间歌手。20世纪50年代，演唱民歌《拔根芦柴花》参加省电台对台湾广播节目录制，秧歌《十二月姑娘巧梳妆》，参加南京人民大会堂演出。1957年进入宝应县文艺学校培训，受过中央歌剧院李道川、万苗凤等名家指导，后调入县淮剧团。金湖建县后下放农村，做过多年秧田锣鼓师傅，20世纪70年代根据相关政策，安排到县塑料厂当工人直到退休。她记忆力强，80岁还能演唱百余首民歌。演唱的短歌《一双筷子》《敬师傅》等39首、长歌《姐思情》收录于《金湖秧歌大观》《金湖民歌》。

丁广宇（1935—1989），男，闵桥镇双庙村人，读过私塾。自幼热爱文艺，八岁起就上台表演文艺节目，唱、念、做、打全能。1957年入宝应县文工团，参加过系统文艺基础培训，导演、表演、作曲、创作各门功课均在前列。1963年担任闵桥公社文工团团长，兼导演、作曲，演出过《小陈庄风云》《沙家浜》《红灯记》《智取威虎山》《最听话的丫头》《难忘的日子》《断桥》等数十部剧目。精通民间舞蹈、莲湘、花鼓、高跷、金湖秧歌演唱等技艺，所谱写的莲湘配曲，作为省级非物质文化遗产项目莲湘舞的主曲调。参加淮安市民间文化展示，受到专家同行的肯定。演唱的《做花鞋》《鹰来了》《姐在房中将郎望》等4首秧号子，收录于《中国民间歌曲·江苏卷》《金湖民歌》。

张忠祥，男，闵桥镇养殖场人，1939年生，初中文化，农民，县民间文艺协会会员，是当地著名锣鼓师傅，能演唱多种长篇秧歌。16岁随父张志荣（1896年生）学艺，连续演唱锣鼓秧歌50年。参加县、市、省秧歌表演多次，接受过中国文联、省民间文艺家协会、南京大学留学生部、上海音乐学院、《新华日报》记者、省市电台、电视台采访，被列入省非物质文化遗产保护项目——金湖秧歌传承人。他演唱的短歌《面朝黄土背朝天》《打起来唱起来》等21首、长歌《打芦叶》《趱工忙》收录于《金湖秧歌大观》《金湖民歌》。

徐哲卿，男，闵桥镇朱桥村人，1940年生，初中文化，农民，县民间文艺协会会员。年轻时做过锣鼓师傅，是乡村文艺骨干。20世纪80、90年代从事乡镇企业销售工作，特别喜爱民间文艺，深谙乡俗民风，保存有秧歌手抄本10多种，其中《衣架姐》《配药硝》和部分《栀子花》等多篇长歌收录于《金湖秧歌大观》。

杨瑞新，男，塔集镇三柳村人，1941年生，初中文化，农民，县民间文艺协会会员。做过生产队会计、民办教师，爱好文艺。年轻时是当地著名的锣鼓师傅，保存有多种长篇秧歌手抄本，其中《姐思情》《大红娘》和其他部分长歌选段，收录于《金湖秧歌大观》。

张锡财，男，金北镇马港村人，1941年生，农民，小学文化。喜爱民间艺术，做过花鼓艺人，会演唱很多民歌与小曲，演唱的《半文钱》《五更天》等短歌24首，收录于《金湖秧歌大观》。

张玉珍，女，闵桥镇横桥村人，1942年生，小学文化，农民，县民间文艺协会会员。七八岁时起跟随祖母、母亲、姑母学唱秧歌，十五六岁下田演唱，50年未间断。她音色甜美、记忆力好，能演唱秧歌200多首，是当地著名秧歌手。被列入省非物质文化遗产保护项目——金湖秧歌传承人。她演唱的《四季调情》《三杯酒》《鹰来了》等39首短歌收录于《金湖秧歌大观》《金湖民歌》。

窦连珍，女，金南镇抬饭村人，1944年生，初中文化，曾做过耕读教师、幼儿教师、村扫盲辅导员。喜爱玩花船、唱小戏，是当地业余文艺骨干，能演唱秧歌80多首，演唱的《划粉墙》《两头忙》《六月荷花连着个藕》《黄花子》等短歌，收录于《金湖秧歌大观》《金湖民歌》。

雷心成，男，戴楼镇衡阳村人，1944年生，初中文化，农民，县民间文艺协会会员。做过会计、供销员、农村干部，平时爱好文艺，年轻时做过锣鼓师傅，记忆力强，会演唱许多本地民歌，保存有秧歌手抄本200余首，其中《送郎送到藕塘边》《倒十二月古人》等26首短歌及《大红娘》《栀子花》等长歌部分选段，收录于《金湖秧歌大观》。

董姓兰，女，陈桥镇新港村人，1945年生，农民，小学文化。喜爱玩花船、唱小戏，是基层文艺骨干。能演唱80多首秧歌，其中生活歌较多，演唱的《四季苦》《害伢子》等22首中短篇秧歌，收录于《金湖秧歌大观》。

陈殿楼，男，前锋镇淮胜村人，1948年生，农民，初中文化。是基层文艺骨干，做过锣鼓师傅，演唱的秧歌中歌头较多，而且很有特色。演唱的《早上来》《收歌》等短歌23首，收录于《金湖秧歌大观》。

王桂兰，女，吕良镇孙集村人，1949年生，农民，初中文化。每年都参加村、镇文艺活动，是基层文艺骨干，会演唱很多秧歌，其中歌头尤为突出。演唱的《笑嘻嘻》《开起头来就难收》《唱得神仙不想走》等短歌21首，收录于《金湖秧歌大观》。

丁庭英，女，闵桥镇甫坝村人，1952年生，农民，小学文化。儿时随母亲学唱秧歌，镇文艺骨干，经常参加市、县文艺演出，多次获奖。2005年11月，参加省文化厅主办的第二届文物节，演唱《情哥爱姐姐爱郎》等多首金湖秧歌。参加中央电视台在金湖举办的“激情广场大家唱”，演唱秧歌《想姐姐》等。

李月华，女，戴楼镇永丰村人，1954年生，小学文化，农民。父亲是当地著名民歌手，自幼随父学唱秧歌及民间小调，音色纯正，吐词清楚，经常参加镇、县文艺演出，是基层业余文艺骨干。演唱的《十二月哥妹情》《采桑姐》等25首中短篇秧歌，收录于《金湖秧歌大观》。

宗秀英，女，涂沟镇崔沟村人，1954年生，农民，小学文化，县民间文艺协会会员。丈夫是文化站站长，她是文艺骨干，经常参加镇、县文艺汇演。嗓音甜美，嘹亮清脆，演唱的秧歌多为情歌，很具代表性。演唱的《哭甚细》《梦里相逢》等短歌26首，收录于《金湖秧歌大观》。

曹永英，女，闵桥镇甫坝村人，1956年生，农民，小学文化。从小随奶奶学唱秧歌，镇文艺骨干，经常参加文艺演出活动，多次获奖。2005年11月，参加省文化厅主办的第二届文物节，演唱秧歌《红娘子来女裙钗》等地方民歌。参加中央电视台在金湖举办的"激情广场大家唱"演唱秧歌。她演唱的《怕婆娘》《五枝花》《二姑娘害相思》《玉香香》《苏武牧羊调》等多首民歌被收录于《金湖民歌》。

陈桂英，女，塔集镇陆河村人，1957年生，小学文化，农民，是当地著名的秧歌手，能演唱秧歌100多首，吐词清楚，唱腔优美，演唱的《采菱》《浓到哪里是哪里》等20首短歌收录于《金湖秧歌大观》。

徐树华，女，吕良镇三圆村人，1960年生，农民，小学文化。从小具音乐天赋，嗓音清纯甜美，随母亲学会秧歌数十首，为金湖秧歌三河北片唱法的代表人物之一，获评"县十佳秧歌手"。在县、市秧歌演出中多次获奖，和季爱萍联唱的秧歌《金秋号子》，获苏北民歌邀请赛金奖。还喜爱民歌、淮剧，演唱的《小寡妇上坟》等民歌收录于《金湖民歌》一书。

季爱萍，女，吕良镇幸福村人，1964年生，高中文化。从小随母亲和许多秧歌手学唱秧歌、地方小调。镇文艺骨干，经常到学校、敬老院传唱秧歌、民歌。参加市、县文艺演出，多次获奖，为"县十佳秧歌手"。和徐树华联唱的秧歌《金秋号子》，获苏北民歌邀请赛金奖。与徐树华等代表淮安市参加阜宁国际牛哥节，演唱秧歌号子《二八佳人一枝花》获特别奖，和徐树华一起参加香港导演马玉辉执导影片《一路上有你》中金湖秧歌拍摄。

第二章　演唱方式与曲调

金湖秧歌的演唱方式有秧号子、打鼓唱唱、锣鼓秧歌三种。曲调以一两个基本曲调，通过变奏配合多种词格唱词构成，综合北方民歌的高亢豪放、南方民歌的舒缓流畅，形成独特的曲调（亦称曲牌、句式结构、创腔手法、固定格式、体式音乐、曲调类型等），调名一般以句式结构而定。曲调主要有"秧号子""四句头""五句半""抢八句""串十字"。秧号子常见曲调有两句式、三句式、四句式和五句式，锣鼓秧歌还有"说头""斩龙头""收歌"曲调。锣鼓秧歌与打鼓唱唱，唱法不尽相同，各唱各调，即使打鼓唱唱中同名曲调，也有多种唱法。

第一节　秧号子

概况　秧歌的初期唱法。唱词简短，情节简单，内容质朴，基本都是单乐段曲式结构，以二至五句为多，很少有十句以上，有两句式、三句式、四句式（包括起承转换式）、五句式及多乐句乐段。内容质朴，情节简单，多为一曲一词，很少另有填词，曲调相对自由，无固定格式。曲调繁多，唱法不尽相同。

秧号子两句式　曲调平缓流畅，带有哀怨的情感，两句一转，常用于叙事。代表作品有《秧号子两句式·小媳妇苦》。

【秧号子两句式】

小媳妇苦

1=G $\frac{2}{4}$

中速

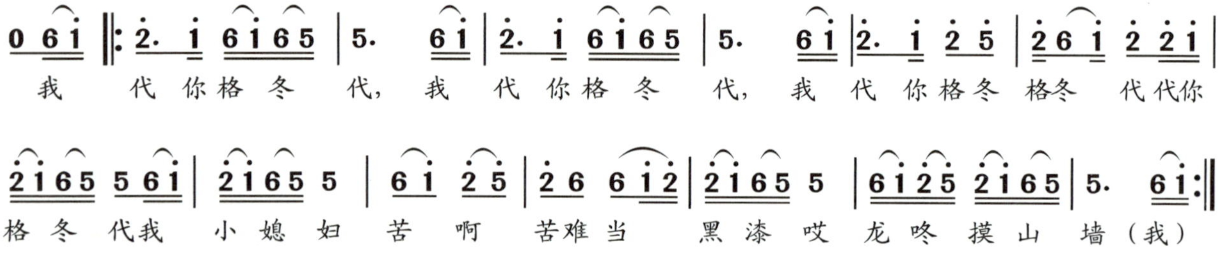

秧号子三句式 曲调节奏轻盈，细腻缠绵，尾句悠长婉转，别具特色，三句一转。代表作品有《秧号子三句式·姐姐生来像枝梅》。

【秧号子三句式】

姐姐生来像枝梅

1=C $\frac{2}{4}$

中速

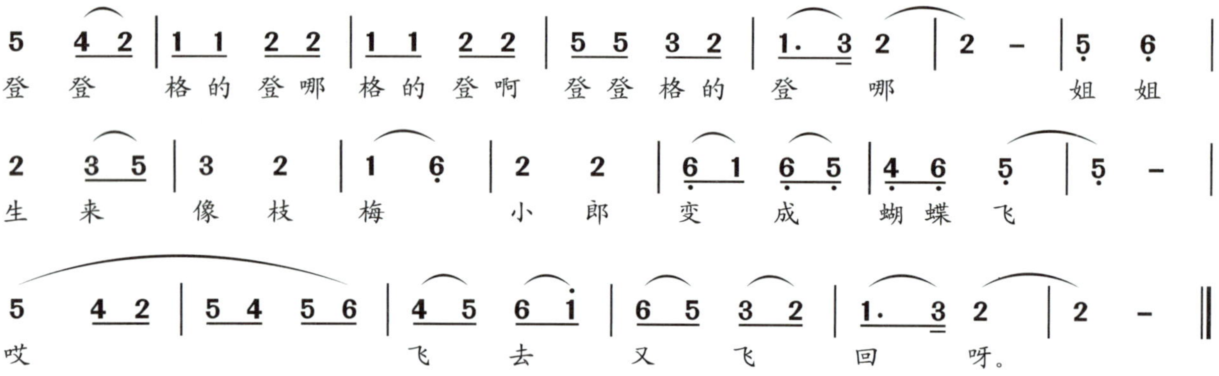

秧号子四句式 曲调节奏明快，有跳跃感，四句一转。代表作品有《秧号子四句式·做花鞋（一）》。

【秧号子四句式】

做花鞋（一）

1=F $\frac{2}{4}$

中速

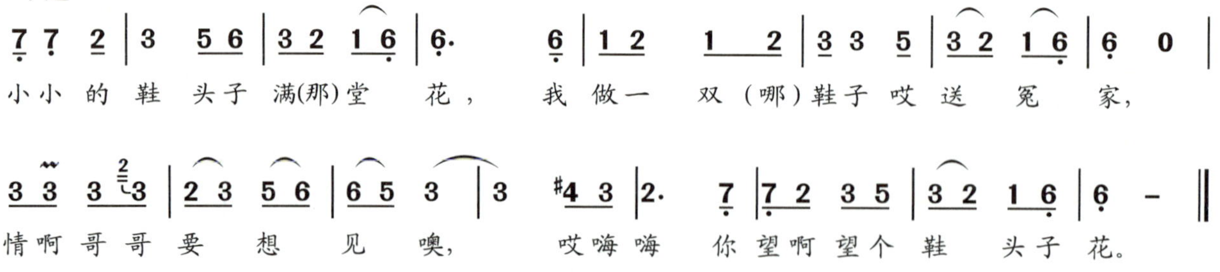

（吴桂英唱，石坚、戴寿曾、朱新华记谱）

第二节 打鼓唱唱

概况 打鼓唱唱是插秧人边插秧边唱和，用来消遣自娱的演唱活动。打鼓唱唱中的“打鼓”，由一人或多人唱“格冬代”作为引子或过门。唱完后，另一秧歌手接着唱带有实际意义的歌词，叫唱唱，合称打鼓唱唱。为歌手即兴创作，随意性较大，唱词内容丰富、生动，曲调优美动听。是金湖秧歌中流传范围最广、存续时间最久的一种短歌演唱形式，保存下来的唱词有千首之多。主要唱法有独唱、齐唱、对唱、说唱、一领众和。后来“格冬代”逐渐成为金湖秧歌的代名词。

图 36-2-3 “打鼓唱唱”在插秧时演唱的情景（摄于 2005 年 6 月） 县文化馆 / 供

打鼓唱唱唱腔悠长婉转，发声位置自然靠前，共鸣好且声音贯通，清纯明亮，许多乐句曲折回绕，有的一个乐句长达八九个小节，虽然音域并不很高，但唱起来明朗悠扬，柔婉、质朴、流畅的行腔融合略带幽暗委婉的曲调色彩，产生出一种靓丽独特的美。金湖秧歌的基本曲调以打鼓唱唱曲调为代表，打鼓唱唱曲调包括“四句头”“五句半”“抢八句”“串十字”4种。

四句头 每句七个字，每四句为一段。《四句头·我爱姐姐会唱歌》曲调旋律第一句悠长，兼有戏曲唱腔的特点，接下来如行云流水，一气呵成，曲调委婉动听，乐曲富有传统音乐的神韵，具有强烈的生活气息，听起来感染力强，耐人寻味。

【四句头】 我爱姐姐会唱歌

1=G $\frac{2}{4}$

中速

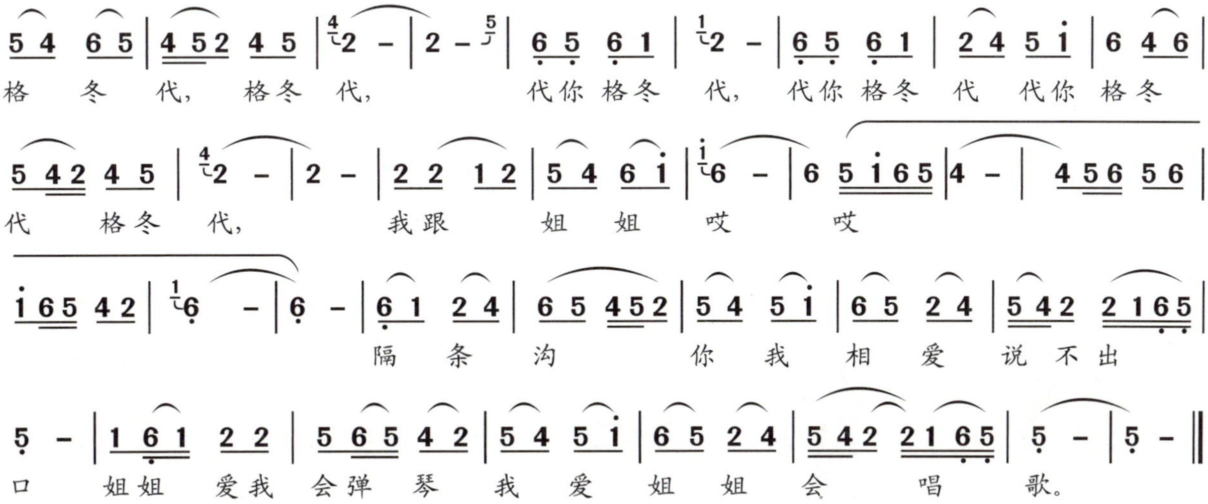

五句半　以《四句头》调为基础发展而成，第五句唱词前面加半句衬词，常用于抒情性的唱段。委婉曲折，曲调优美。代表作品有《五句半 · 栀子花开大白袍》。

【五句半】

栀子花开大白袍

1=G $\frac{2}{4}$

中速

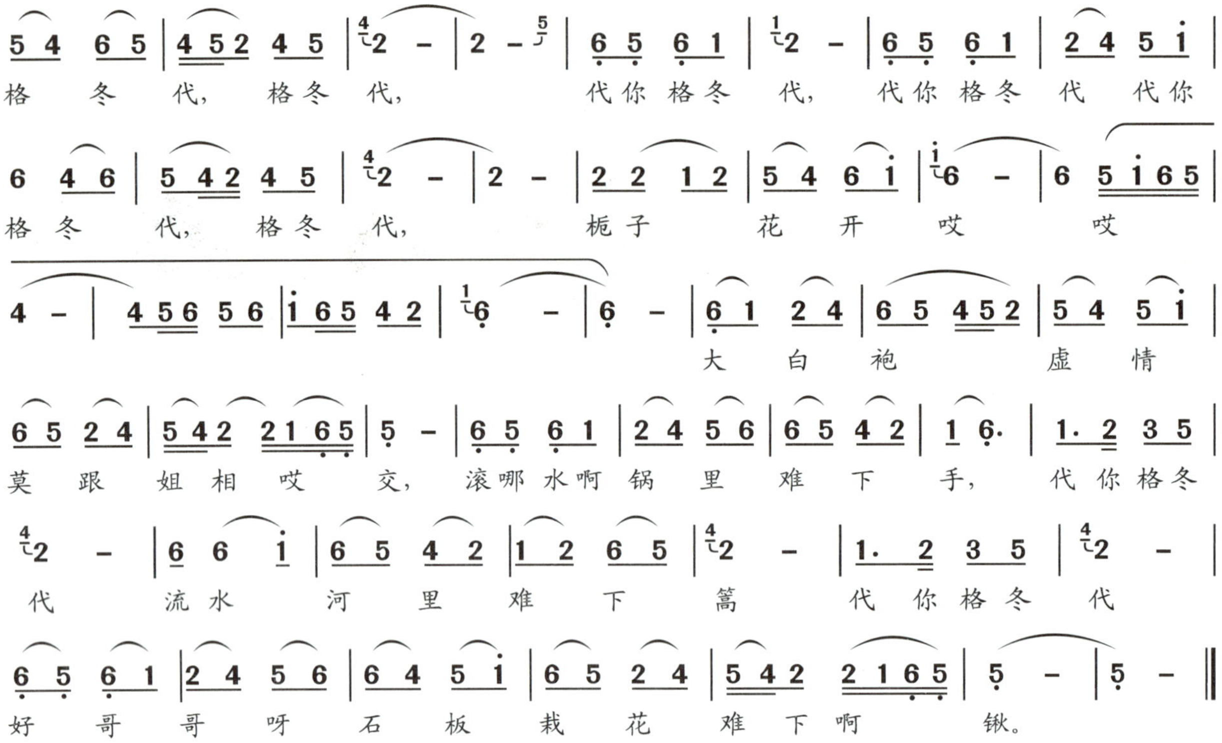

抢八句　基本源于《四句头》调，中间插入四句快板式的说唱念白与鼓点，曲调更为清新活泼，富于变化，音乐简约精练，词与曲共同传达出情真意切、真挚和善的意境。代表作品有《抢八句 · 我与妹妹隔条河》。

【抢八句】

我与妹妹隔条河

1=G $\frac{2}{4}$

中速

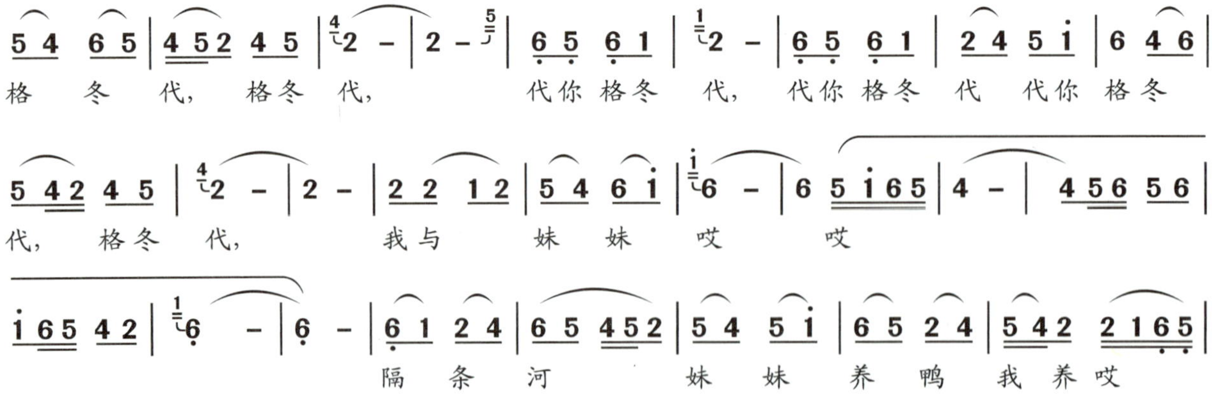

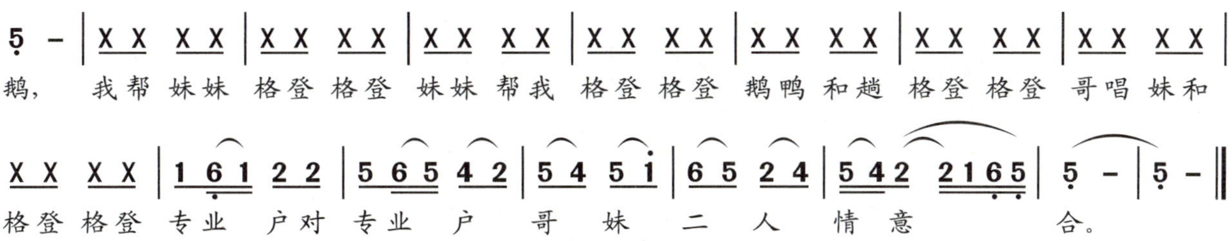

串十字　每句十字，两句一段，周而复始，属于十字句唱法，节奏短促明快、火热诱人，一般用于叙述事情、褒贬事物、抒发感情。代表作《串十字·小红娘》选择二拍子节奏，符合歌曲所要表达的思想感情和旋律本身要求，强拍和弱拍有规律地交替进行，与四句头、五句半、抢八句曲调对比鲜明，易于表达欢乐、喜悦、热烈的情绪。

【串十字】

小红娘

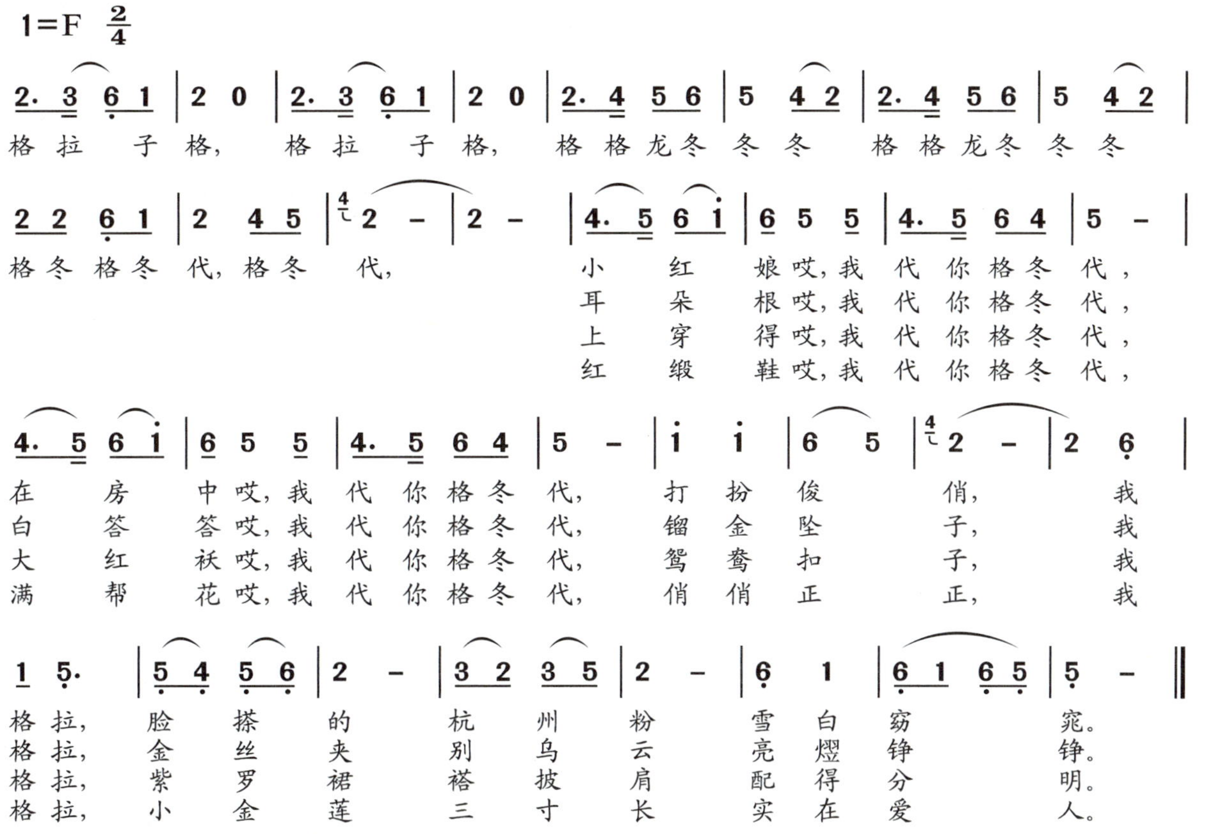

（马永宝、丁克唱，费家骖、李俊鹏记词谱）

第三节　锣鼓秧歌

概况　锣鼓秧歌的演唱歌手是锣鼓师傅。锣鼓师傅多半来自当地民间艺人、香火道士等，插秧季节受雇于主家，工钱通常是普通秧工的一倍以上，不参加插秧劳动，专门唱给插秧人听。锣鼓师傅演唱时两人配对。锣鼓用作前奏与过门，分工是一人打鼓，一人敲锣。锣鼓停歇时唱歌（秧歌），分工

图36-2-4　2002年6月24日，闵桥镇农民在插秧时演唱“锣鼓秧歌”的情景　朱伟/摄

是打鼓者主唱，敲锣者帮腔，时而轮换。大多演唱长篇叙事歌，也称为长歌，叙述性成分居多，曲调较为平缓短促，没有劳动群众唱法那么高亢悠长。唱段当中穿插有很多打情骂俏的荤段子，用来取悦听众。通过敲打锣鼓和演唱来指挥生产、督促进度、监督质量、鼓舞情绪。每当主家请来锣鼓师傅，秧工们便热情高涨，干劲倍增。

锣鼓师傅演唱长歌从早到晚一般唱10小时以上，唱腔短促缓慢，便于叙事而不太吃力。歌手发声位置相对靠后，声音略显暗淡，唱中带吟，吟中有唱，有时唱吟诵结合。同时，通过大量敲打锣鼓点的方式作过门，一方面延长演唱时间，一方面构思下面故事情节，使唱段更生动，更引人入胜。金湖收集较为完整的锣鼓秧歌唱本有20多种，主要作品有《打芦叶》《小红娘》《衣架姐》《姐思情》《刘全进瓜》《趱工忙》等。

锣鼓秧歌中锣鼓、唱词、曲调连接顺序一般为：“开趟锣鼓”“说头”“四句头”“五句半”“抢八句”“串十字”“斩龙头”或“收歌”，循环交替演唱，构成长大有序的套曲结构。

开趟锣鼓　为锣鼓秧歌刚开始时的锣鼓敲打方法，节奏明快，短促有力，令人振奋，具有催促秧工下田劳动的意思。这是锣鼓秧歌的固定套用格式和敲法。

开趟锣鼓

2/4
中速　由弱渐强

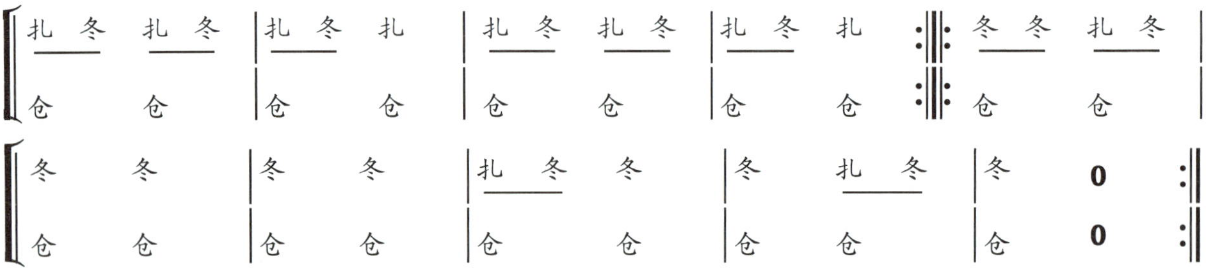

说头　为锣鼓秧歌的开场白。一般是快板式六字说白，每两句辅以锣鼓敲打节奏，以壮声势，也可以不用敲锣鼓直接说表。它与“开趟锣鼓”一样，是锣鼓秧歌的固定套用格式。

【说头】

打芦叶

（长篇锣鼓秧歌节选）

打起锣鼓开腔，诸位且听短长。

注：扎，敲击鼓面时，大拇指按住鼓面发出的闷音。冬，敲击鼓面时，大拇指松开发出的声音。仓，单击大锣。

不道前秦后汉，不说帝王将相。

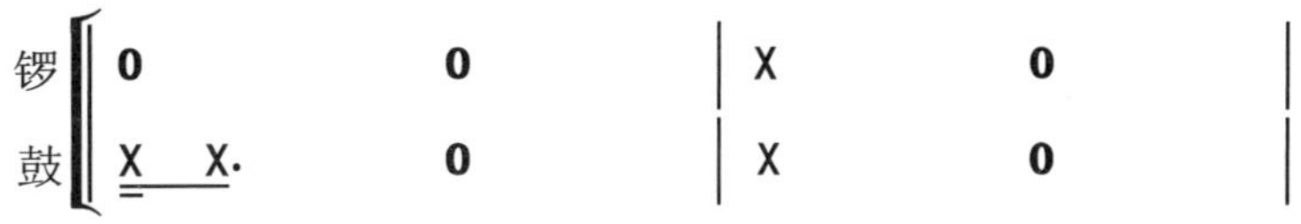

世上多少风流，惟有儿女情长。

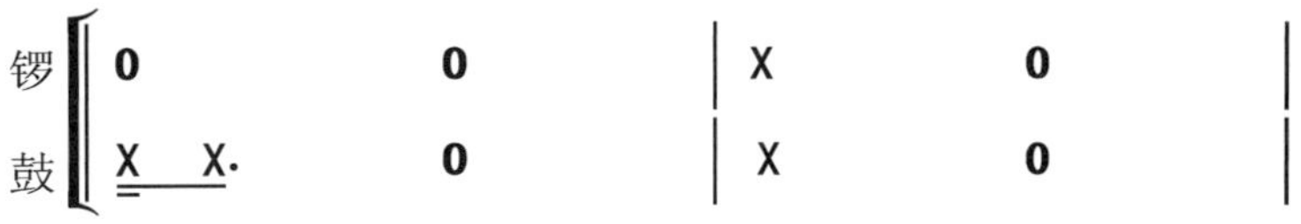

唱起一段《打芦叶》，送予朋友解解愁肠。

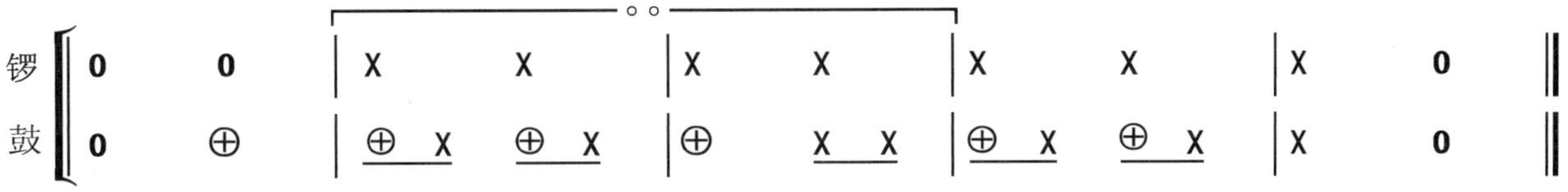

四句头、五句半、抢八句、串十字　为锣鼓秧歌的核心部分。与打鼓唱唱比，句式结构相同，曲调却不同。锣鼓秧歌四种曲调的共同特点是：节奏短促明快，每句均以锣鼓作为间奏（过门），一般为一字一音而长于叙事。曲调根据故事情节需要，不断反复循环演唱。作为间奏（过门）的锣鼓敲法，民间有72套花香鼓之说。常用的锣鼓谱有《单格登》《双格登》《凤凰三点头》《长流水》《鲤鱼穿浪》《一阵风（赶趟锣鼓）》《喜鹊登枝》《鲤鱼跳龙门》《乌龙戏水（下趟锣鼓）》《鲤鱼翻泡》《乌鸦浪翅》《老树盘根》等。锣鼓师傅用不同的鼓点表示下趟、赶趟或收工，每天早、中、晚都有不同的敲法。

【四句头】

越思越想越难过

（《打芦叶》节选）

1=♭E $\frac{2}{4}$

中速

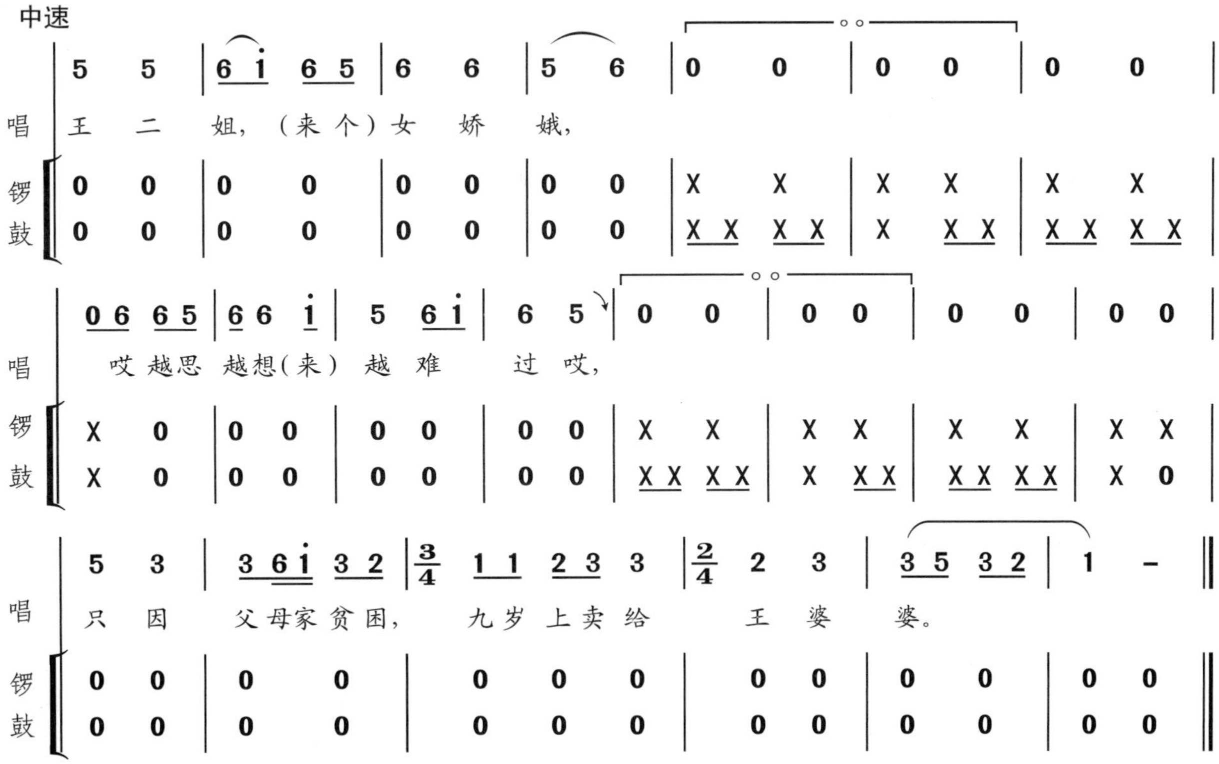

（张忠祥唱，李俊鹏、房忠诚、陈剑峰记谱）

注：⊕，敲击鼓面时，大拇指按住鼓面发出的闷音。

【五句半】

妹妹有话对你说

（《打芦叶》节选）

1=♭B $\frac{2}{4}$

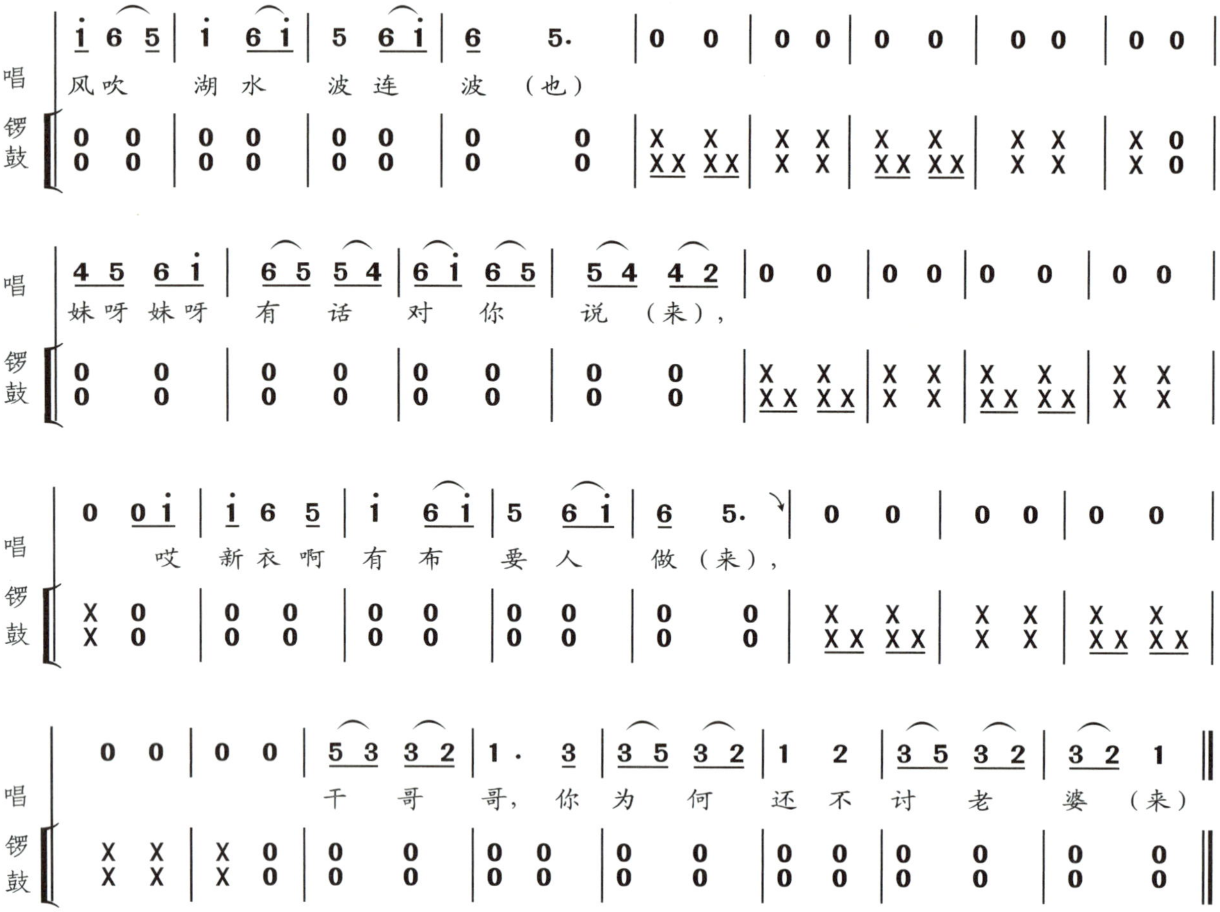

（张忠祥唱，李俊鹏、房忠诚、陈剑峰记谱）

【抢八句】

走到桥边愣住神

（《打芦叶》节选）

1=♭B $\frac{2}{4}$ $\frac{3}{4}$

中速

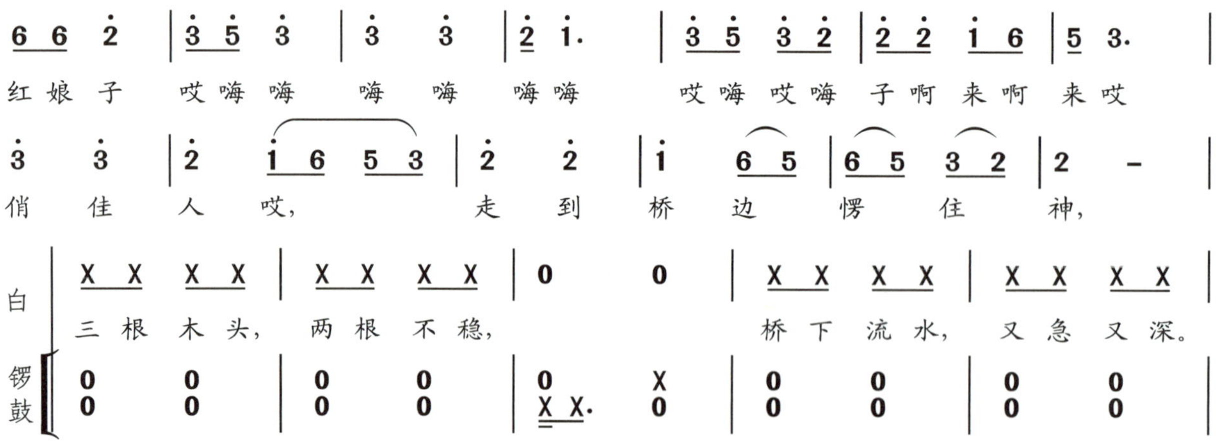

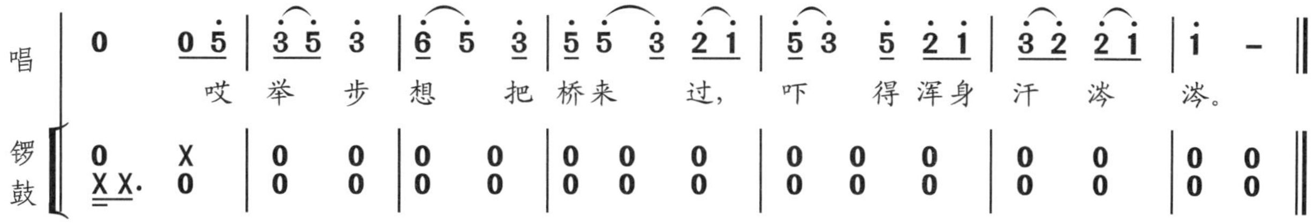

（张忠祥唱，李俊鹏、房忠诚、陈剑峰记谱）

公婆骂我不答腔

（《打芦叶》节选）

【串十字】

1=♭B $\frac{2}{4}$

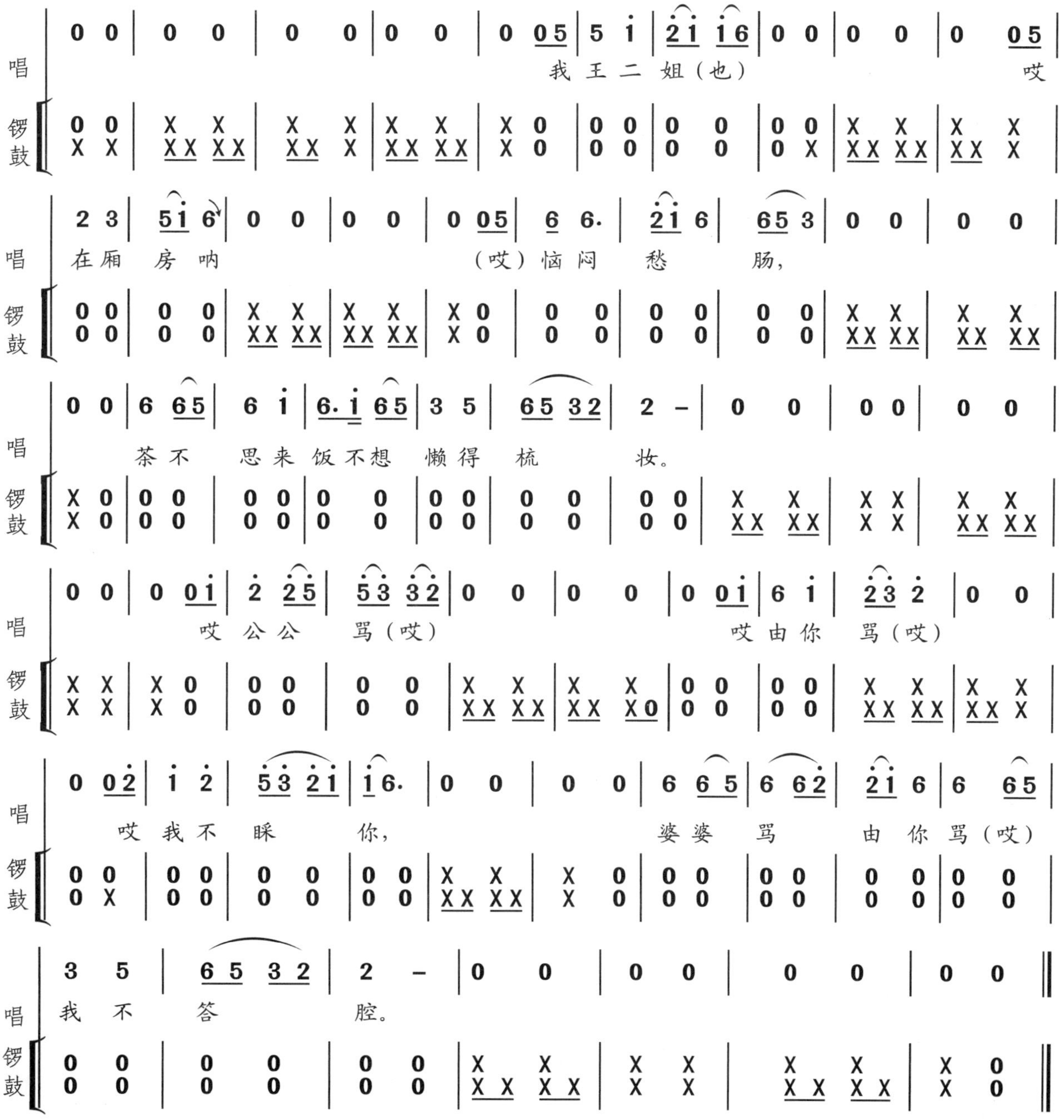

（张忠祥唱，李俊鹏、房忠诚、陈剑峰记谱）

斩龙头、收歌 为锣鼓秧歌的曲调。通常根据需要，在“斩龙头”“收歌”两种曲调中选择其中一种收尾。每句七个字，每四句为一段，中间的可根据故事情节需要，变换曲调，锣鼓节奏缓慢，曲调悠长，秧工们听到曲调和唱词就知道收工的时候到了。

【斩龙头】

1=C $\frac{2}{4}$

我在芦苇滩头配成双

（《打芦叶》节选）

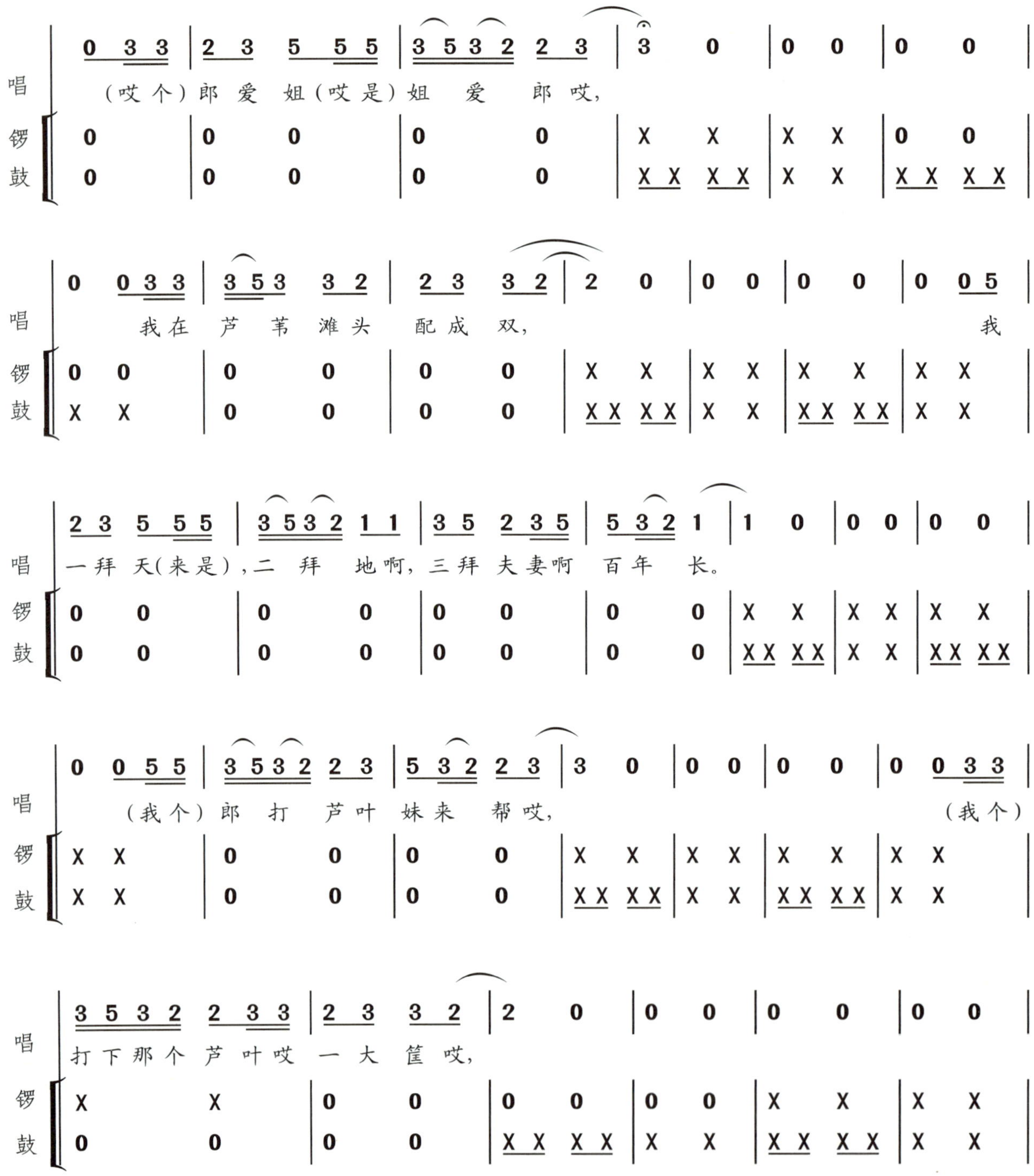

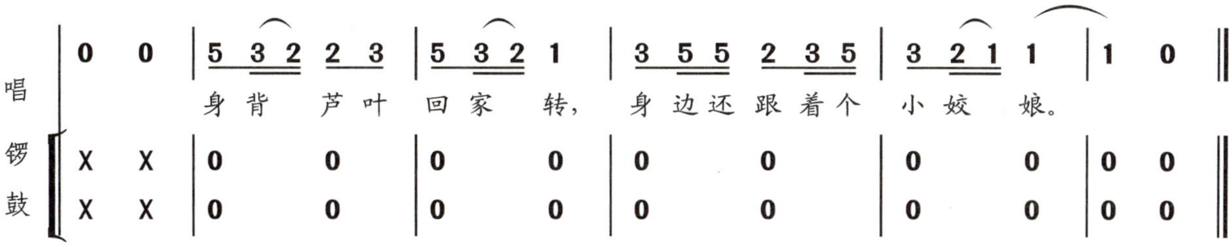

【收歌】 重编新歌往下唱

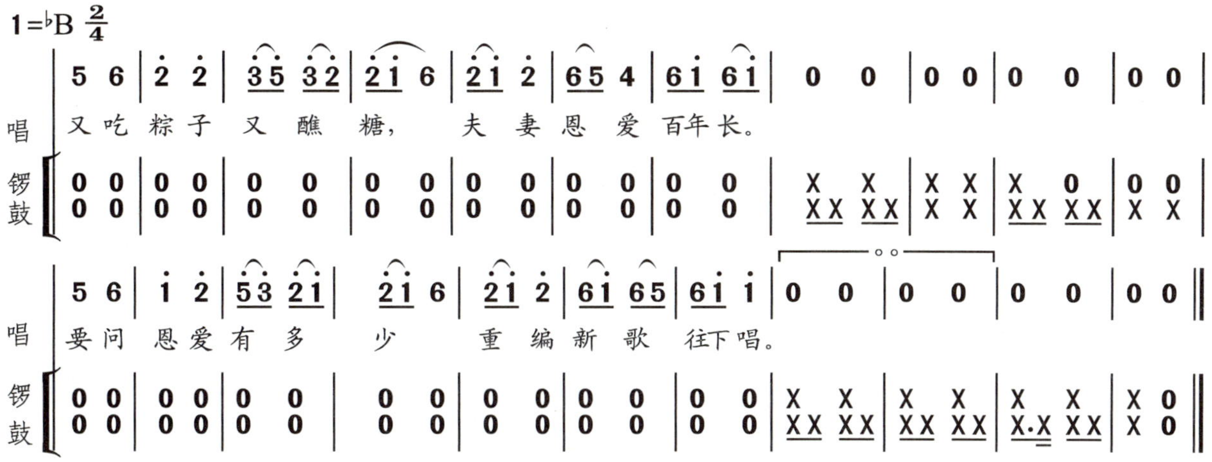

（张忠祥唱，李俊鹏、房忠诚、陈剑峰记谱）

第三章　音乐特点与演唱风格

第一节　音阶与调式

金湖秧歌多为五声性羽、商交替调式。调式、调性多变，频繁、复杂的调式交替是其显著特点。有同宫系统的调式交替，也有异宫系统的调式交替，不作调式、调性转换的单一调式较少。单一调式主要存在于《秧号子》和《锣鼓秧歌》中。《秧号子·做花鞋（一）》在短短几句的单乐段中就有3个不同宫调系统的连续同调式的离调。

五声性的单一调式　有宫调式、商调式、角调式、徵调式和羽调式，代表作品有《秧号子·黄黄子》《四句头·凉帽丢在姐厢房》《锣鼓秧歌·爱妹妹》《秧号子·随我荷花一路来》等。

添加偏音的单一调式　添加偏音的单一调式有添加清角音的六声宫调式和添加清角音和变宫音的七声徵调式，代表作有《秧号子·无时不间寻小姐》《四句头·叫我唱唱我不难》等。

多声调式　《秧号子·姐在房中将郎望》是一首具有丰富调式色彩的曲调，它在七声清乐音阶基础上添加#1和#5构成九声音阶调式。调式音阶为$\underset{\cdot}{6}$、$\underset{\cdot}{7}$、1、#1、2、3、4、5、#5、6。该曲中出现的#1和#5均与邻音形成助音关系，这种小二度的级进演唱起来并不难。

【秧号子】

姐在房中将郎望

（陆风英、丁广余唱，费家骏记谱）

交替调式 金湖秧歌大量运用“变宫为角”“清角为宫”“变徵为角”（以商为宫）等多种调式交替手法，构成调性色彩丰富的交替调式。既有乐段间对置式的调式交替，也有乐句乐汇间的离调式的调式调性转换；既有同宫系统的调式交替，亦有异宫系统的调式交替。

同宫系的交替调式 同宫系统的交替调式有《四句头·开口容易闭口难》《四句头·凉帽丢在姐厢房》《四句头·我见老师傅口难张》等，它们都是羽、商交替调式，音列相同，相互渗透，融合圆顺，对比不强，舒缓流畅。

【四句头】

开口容易闭口难

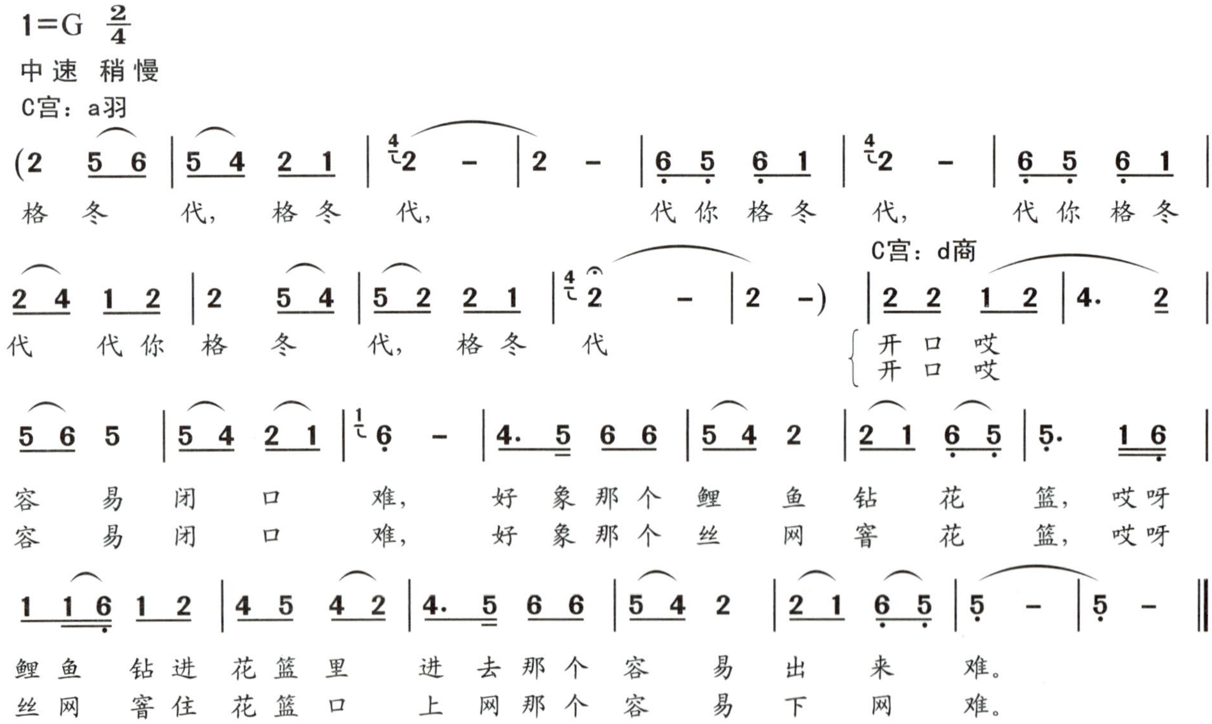

（伏道香唱，李俊鹏、房忠诚收集记谱）

该曲括号内的虚词“格冬代”部分为a羽调式，后面歌词部分为d商调式，a羽d商两种调式对置在一起，形成同宫交替调式。

异宫系统的交替调式　异宫系统的交替调式大量存在于金湖秧歌中，交替手法有：异宫同调式不同主音的调式交替；异宫同主音不同调式的调式交替；异宫不同调式不同主音的调式交替。在这些调式交替手法运用中，其转调方法主要是“清角为宫”“变宫为角”，作四、五度近关系调转调，“变徵为角”（以商为宫）作二、七度远关系调转换的曲例较少。

异宫系统同调式不同主音的调式交替：《四句头·里河没得外河深》“格冬代”虚词部分为C宫a羽，后面歌词部分曲调为“清角为宫”转到上四度下五度的F宫d羽上，属异宫同调式不同主音的交替调式。

【四句头】

里河没得外河深

1=C $\frac{2}{4}$

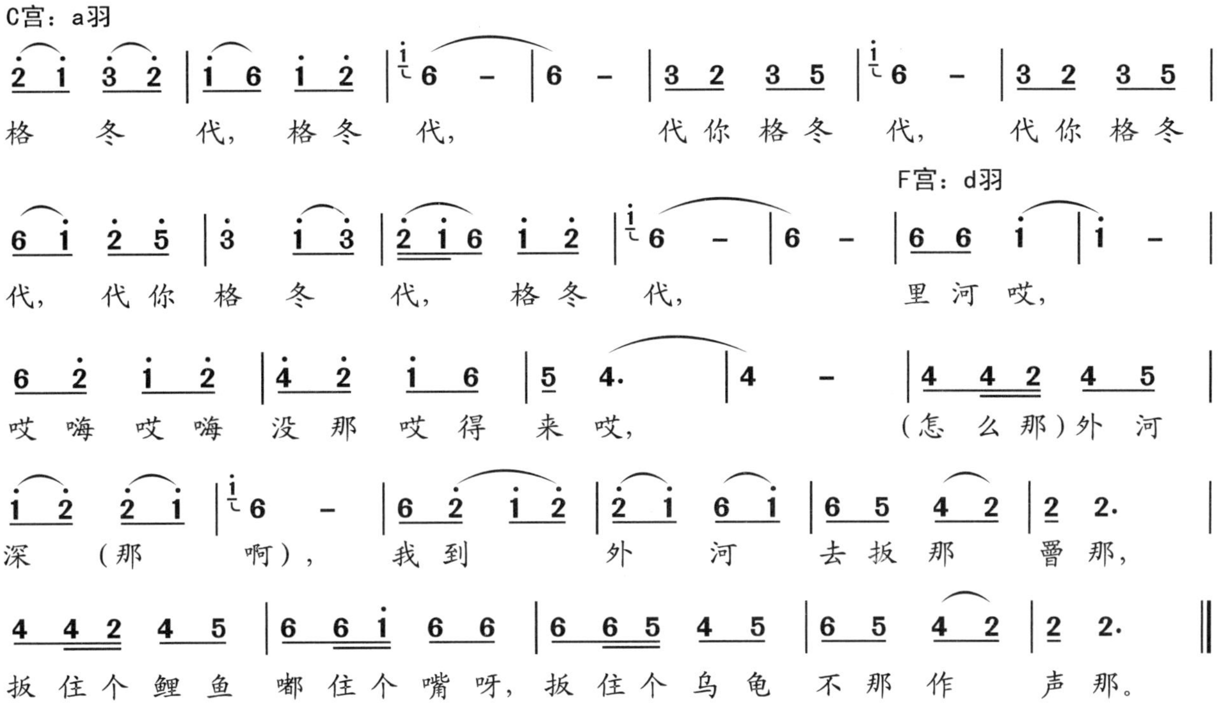

（万学兰唱，房忠诚记谱）

异宫系统同主音不同调式的调式交替：《秧号子·老脸姑娘想少年》从D徵交替到d商，形成D徵d商交替调式。

【秧号子】

老脸姑娘想少年

1=G $\frac{2}{4}$

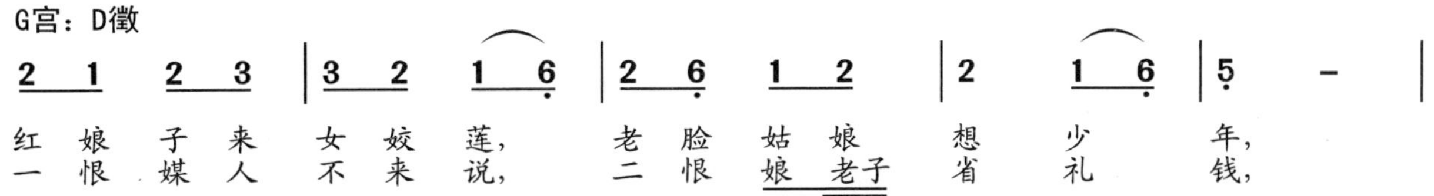

注：作声，金湖方言，吱声的意思。没得，金湖方言，没有的意思。

（窦连珍，李俊鹏、房忠诚、陈剑峰记谱）

异宫系统不同调式不同主音的调式交替：《串十字·想姐姐》1~10小节（虚词部分）为五声a商调式，11~18小节为a羽a商调式交替，属异宫系统不同主音不同调式的调式交替，19~27小节转为C宫a羽调式，28~31小节又转为G宫D徵，这简短的单乐段中连续作了商、羽、徵的调式交替。

想姐姐

【串十字】

1=G 2/4

中速 稍快

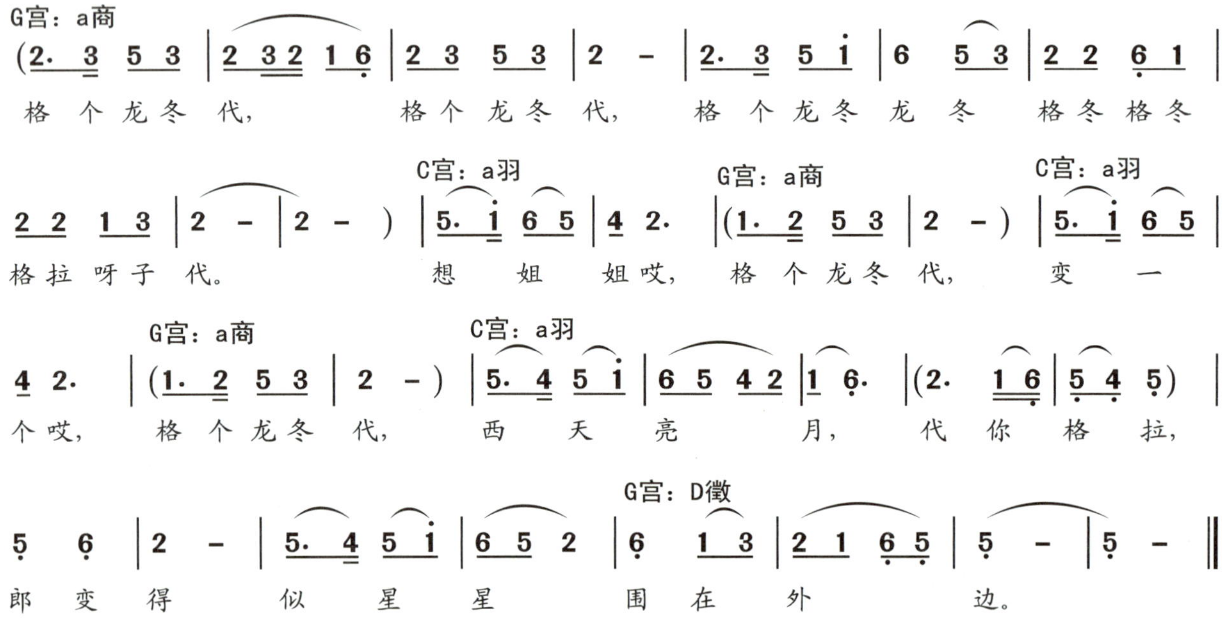

第二节 旋律旋法

曲折级进 金湖秧歌以曲折的级进为主，并且使用最频繁。《秧号子三句式·姐姐生来像枝梅》

和《秧号子四句式 · 好面出在三月黄》中的锣鼓前奏部分都是完全以级进来完成整个旋律线条的。

大跳旋律　金湖秧歌中有很多大跳的旋律进行。《四句头 · 我爱姐姐会唱歌》《五句半 · 栀子花开大白袍》《抢八句 · 我与妹妹隔条河》入唱部分的第一句，就是以大跳为主的旋律进行，一个乐句共进行了25、5i、2̇6这3次纯四度音程的大跳。《秧号子四句式 · 好面出在三月黄》入唱部分的第一句和第二句衔接处，由第一句最后一个音的低音的6̣跨到第二句第一个音4，中间进行一个小六度音程大跳。

级进和跳进交替　从整体上来看，金湖秧歌旋律的走向不是单一孤立的级进和跳进，它们结合在一起，有跳进，有级进，交替进行。

级进下行旋律　金湖秧歌的旋律走向呈下行态势，大多数乐句的结束以直线下行或曲折下行来完成，五声音阶级进作为全曲的结束，形成一种委婉、柔和的特性风格。代表作有《五句半 · 天上下雨烂坯坯》《秧号子 · 打樱桃》等。《秧号子 · 打樱桃》乐曲的第一句是商调音阶式的上行、下行进行，第二句则是羽调式音阶的上行、下行进行。

【秧号子】

打樱桃

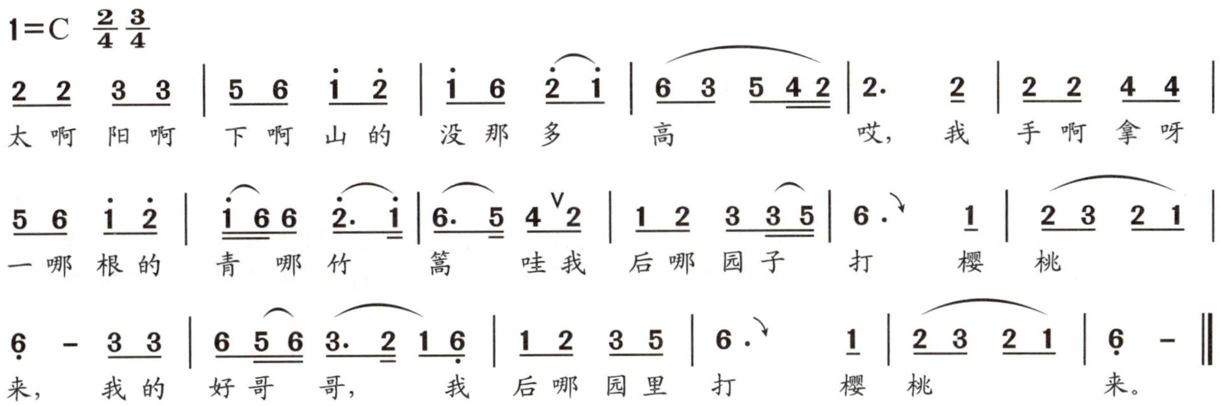

第三节　节奏与节拍

栽秧是没有节奏感的劳作，作为劳动号子的秧歌自由度较大，曲调节奏无需规整划一，是一种从心田自由流淌的音乐，题材绝大多数表现爱情内容，是抒情和歌唱。"打鼓唱唱"中的"四句头""五句半""抢八句""串十字"，句式长短不一，长短句交错，演唱时常有拖腔，节奏自由。例如，《四句头 · 我见老师傅口难张》节奏自由、句式长短句交错的曲调普遍存在于秧歌中，第一句唱词旋律的后半部分是第二句唱词旋律的前半部分，形成词曲异步的非常规现象。

【四句头】

我见老师傅口难张

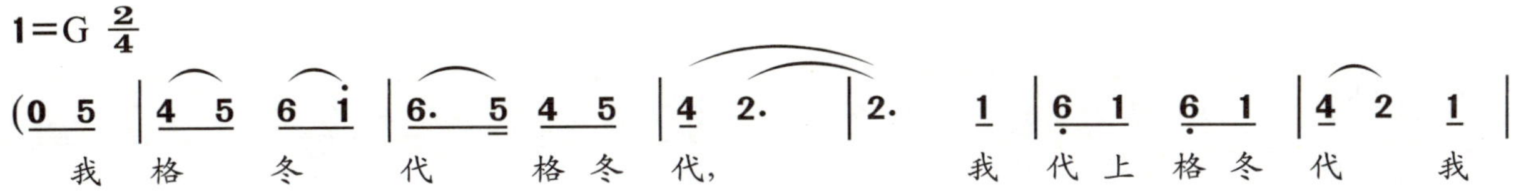

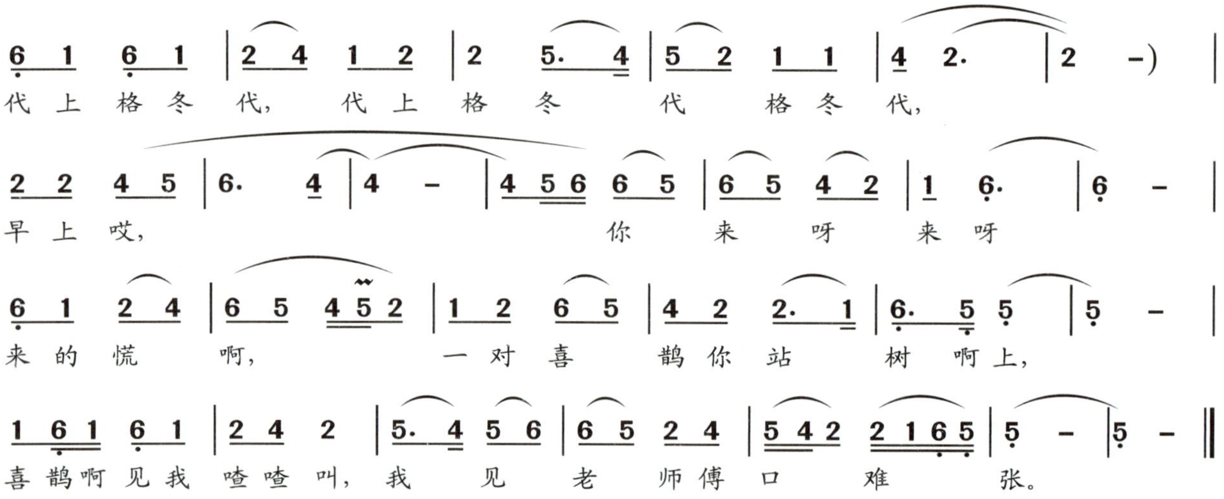

（房忠诚、李俊鹏、陈明收集记谱）

第四节 演唱风格

金湖秧歌综合山歌、小调和号子的因素和特征，音乐体裁样式具有综合性。以比较自由带有即兴性质的山歌旋律为主，节奏自由，句尾多用自由延长的拖腔，多用倚音和有明确时值的上下滑音为润腔。集体演唱的短歌中使用小调旋律，节奏较规整，旋律较朴素，带有说唱性叙事性的长歌中也使用小调旋律。一定场合中也使用一领众和的演唱形式，具有号子的演唱和旋律特征。

平腔唱法 平腔唱法就是用真嗓演唱，用朴实平稳而直线的声音展示原生态，音色明亮，位置靠前，吐字清晰，演唱者声音的本色自然表露，平腔舒展，色彩朴素，感情深沉。演唱风格与生活的语音语调比较接近，亲切自然，生活气息浓，演唱者凭借自然的嗓音条件，采用平稳直线的声音演唱，明亮且富有穿透力，保持本地特有的风格和个性。例如，《秧号子三句式·姐姐生来像枝梅》前（1—6）小节是人声唱的代替锣鼓伴奏的部分，后（7—14）小节是入唱的音乐。这一段的音域不宽，从小字一组的C到小字二组的D，共九度。旋律进行平稳主要以级进为主，节奏简单规整咏述性较强，风格朴实。真声色彩是人声音调中最自然的色彩，与生活语音语调比较接近，亲切自然，生活气息浓。如谱例《秧号子三句式·姐姐生来像枝梅》。

高腔唱法 高腔主要是用假声进行演唱，风格兼具苏南民歌的优美婉转和苏北民歌的高亢豪放，还带有诙谐有趣的一面，有些曲调中还有拟人化的模仿性音乐，配合特定的音调，听起来特别形象生动，充满意趣盎然的色彩，富有艺术感染力。如：《做花鞋（二）》前六小节F宫系统的部分以高腔为主进行演唱，最高音为小字二组的G，演唱时共鸣点多集中于鼻腔，喉头处于上提状态。这一部分音乐音区较高，从旋律和歌词内容上来看不失委婉柔和。

【秧号子】

做花鞋（二）

1=F 2/4

中速

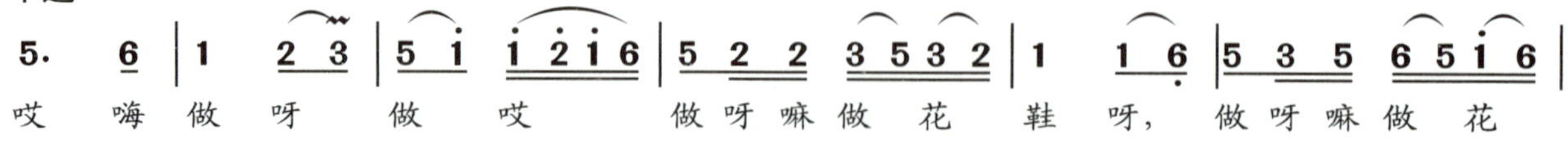

直声唱法　声音延长时，声腔平直进行，不抖不颤，力度均衡，质朴爽朗，中长音处理尤为明显，演唱时声带拉紧，气息有力，长音字头发声后保持好口形，送气做渐强渐弱，旋律悠长宽广，表现悲苦喜乐的情绪。高腔唱法和直声唱法都带有山歌的演唱风格，具有悠长、奔放、节奏自由等特点，听起来有种余音袅袅、意犹未尽之感。例如，《四句头·不唱秧歌瞌睡多》旋律悠长宽广，采用直声唱法表现悲苦情绪，第一乐句的“遍”字整整拖了七小节才结束，声音处理由强直声到弱直声，表现一种苦涩哭腔意味，真实形象地唱出旧社会农民生活苦不堪言的心声。演唱时，声带拉紧，有强有力地气息支持。长音字头发声后就要保持好口形，送气做渐强渐弱。这首歌音乐具有非方整性的句式特点，四句长度分别为 a（11）b（4）C（3）d（5），音乐演唱风格高亢悠长，自由奔放，听来余音袅袅、意犹未尽。

【四句头】　不唱秧歌瞌睡多

1=G $\frac{2}{4}$

中速

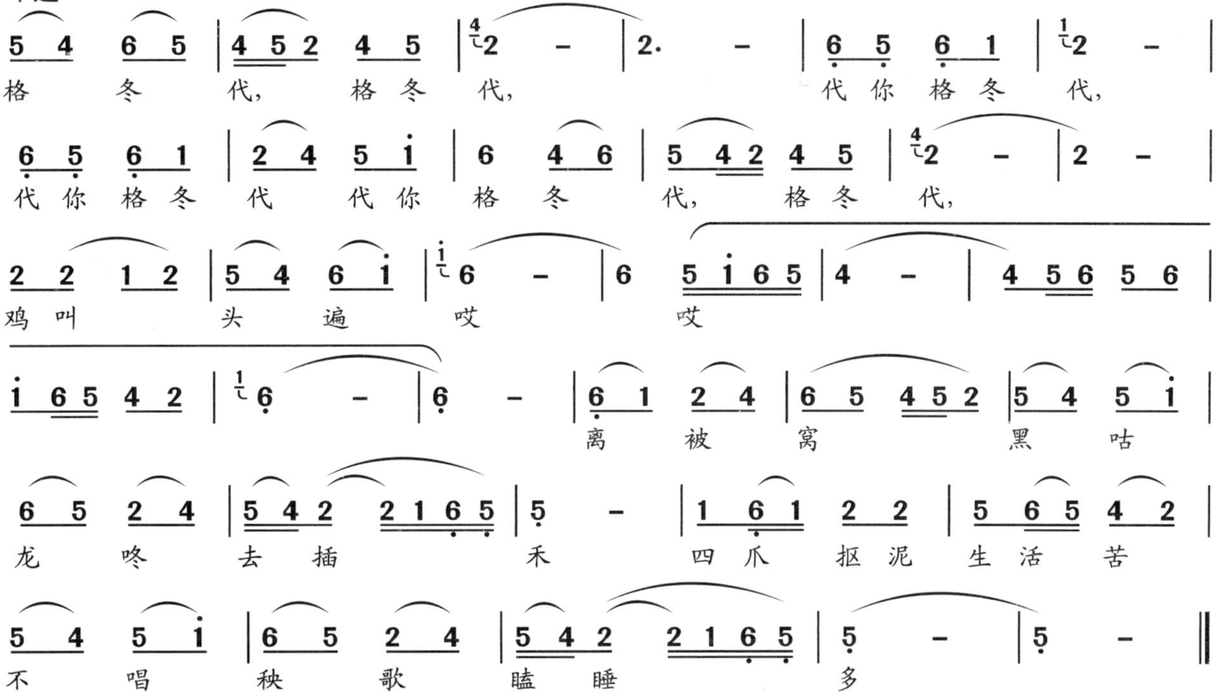

润腔唱法　润腔唱法中主要分为倚音唱法和滑音唱法两大类。倚音是依附在主音前后的音，金湖秧歌演唱中广泛运用倚音唱法，丰富旋律，活跃情绪，增强效果，全曲听来更加生动活泼，加强表现力。《串十字·想姐姐》是一首表达男女间爱慕之情的甜蜜情歌，节奏欢快，全曲共有5处使用前倚音，3个单倚音，2个复倚音。运用倚音演唱方法，听来全曲更加生动活泼，加强表现力。

滑音唱法大多出现在专业锣鼓师傅演唱的长篇叙事秧歌中，长篇叙事歌的旋律进行比较平稳，以级进为主，音区跨度不大，演唱的口吻接近说话，加入滑音的演唱技巧，增加旋律行进的流动感，旋律更加柔美婉转，音乐性更强。金湖秧歌中所运用的滑音有上滑音、下滑音以及带有拖腔性质的大滑音。《锣鼓秧歌·王二姐在厢房》中滑音频繁运用，起着加重语气和装饰的作用，这首叙述性质较强的秧歌旋律走向亲切自然，音调委婉。上滑音在弱拍上，可一带而过，对音准的把握要求比较高，不容易唱到位，不到位，会影响整个歌曲的风味。下滑音在强拍上起，对气息的要求比较高，演唱前要先储好气，发声时略带爆破性。演唱有滑音的乐句时，一定要控制好气息，这才能使整句连贯流畅，一气呵成。大滑音是一种比较夸张的唱法，通常出现在句尾的虚词上，加重语气词，强调字的劲口，突出词义，全区具有戏剧性效果。例如，《锣鼓秧歌·王二姐在厢房》中带有拖腔性质的大滑音运用，对气息要求更高，演唱过程中一定要作充分的气息准备，要吸得深，滑的过程中要有“叹出来”的感觉，同时做一个由强到弱的处理。

【串十字】

王二姐在厢房

（《打芦叶》节选）

1=G $\frac{2}{4}$

衬词衬腔唱法 衬词衬腔是金湖秧歌中常用的一种特殊的表现手段，衬词最初是来自语气词、感叹词或象声词等，具有很强的音乐性和表达感情的作用，当秧歌曲调的发展受到一般唱词陈述的束缚时，往往利用衬词使旋律得到更大的发挥，配唱衬词的片断叫做衬腔。概括起来主要有两类，一类是出现在正词中的衬词，一般常见的语气词有啊、哎个、哎是、来、呃、哎呀、呀等。这种衬词衬腔加在正词的中间，经过性的尾随在某个字的后面，起着衬垫和华彩的作用。如谱例《锣鼓秧歌·我在芦苇滩头配成双》。

《锣锣秧歌·王二姐在厢房》和《锣鼓秧歌·我在芦苇滩头配成双》都是长歌《打芦叶》的节选段。《打芦叶》以叙事性的口吻讲述农村出身苦难的年轻姑娘王二姐，大胆追求爱情最终获得幸福生活的故事，括号里的部分就是衬词。叙事体的长歌篇幅都很长，衬词衬腔的加入，增强整个故事的生活趣味性。有些经过性的衬词也是歌曲内容表现和感情表达需要，这些衬词衬腔的运用，更多体现自然口语化的特点，有利于进一步发挥正词乐句的思想感情，加深与丰富正词乐句的形象。

另一类是不出现在正词乐句中的衬腔，在完整的词曲之前，扩展性的附加大段的带有引子性质的衬词衬腔，成为相当独立的完整乐段，不同短歌连续演唱时，形成衬词衬腔段穿插在正词中演唱，这种衬词衬腔最能体现金湖秧歌特色。衬词通常有“格冬代”“格个龙冬代”“哦代呢格冬代”“登登格的登”等这几种，很多秧歌唱词前面都有大段的这种衬词衬腔，通常是集体演唱的，它们作为对正词的陪衬和烘托，形成固定的格式和规模。这种衬词衬腔又称“锣鼓衬腔”“打鼓号子”或“锣鼓前奏”。

第四章　歌词类型与语言特色

第一节　类　型

一、婚姻爱情

反映男女之间爱情题材的秧歌，包括赞慕歌、相思歌、探访歌、热恋歌、偷情歌、送别歌、私奔歌等，大多为业余歌手创作、演唱，这类秧歌占金湖秧歌中的比重大、内容丰富、艺术性强，反映人们渴望自由相爱，追求幸福生活的强烈愿望。“正月想姐姐来拜年，二月想姐姐来种田。三月想姐姐清明节，四月想姐姐下秧田。五月想姐姐端午节，六月想姐姐过伏天，七月想姐姐盂兰会，八月想姐姐月团圆。九月想姐姐重阳节，十月想姐姐小阳春，冬月想姐姐天寒冷，腊月想姐姐整一年。(《四句头·十二月想姐》)”表达年轻男子对爱人浓浓的思恋之情。“彩礼再多我不爱，钱财不能做夫妻。只要哥哥心肠好，永世跟你不分离！《秧号子·钱财不能做夫妻》”表现出青年男女们追求纯洁爱情的真挚情感。“天边白云要一块，交予奴家做衣裙。东方红日要半边，交予奴家掸口唇。海里龙鳞十六片，交予奴家贴云鬓。月中娑罗树一棵，交予奴家箍脚盆。……蠓虫肚里四两油，交予奴家点油灯。鹭鸶腿上半斤肉，交予奴家做点心。我要的东西不算多，请你一一记在心。如若其中少一样，叫我成亲万不能！(《四句头·要彩礼》)”农村传统习俗中，男女婚配是男方家请媒人上门说亲，歌词中反映了当时婚姻的一种习俗。歌中女方乍一看似乎很贪财，要了很多彩礼，否则就不同意成婚，又似乎故意刁难对方，要了一堆根本不可能得到或很难得到的东西，其实这个聪明女子是考验对方。这首歌中可以感受到金湖人民的智慧和积极健康向上的爱情观、婚姻观。“姐在房中气呼呼，你要喝酒我上街打，你要吃肉我去杀猪，赌钱确实无好处。闲来无事蹲家里，你拉二胡我唱曲，夫妻和睦多自如。你若不听我的劝，我丢下娃娃去做尼姑，随你以后赌不赌。(《牙牌调·劝夫莫赌钱》)”表达出妻子珍惜和向往美好的家庭生活。

二、劳动生产

描述农民生产劳动时的情景，劝导人们勤劳致富，表达人们向往和追求幸福生活。“养蚕姑娘忙又忙，起早带晚采蚕桑。一篮桑叶一篮茧，桑园就是小银行(《四句头·桑园就是小银行》)”“早上拉网是黄金，晚上拉网是白银，荡里处处有珍宝，高邮老湖聚宝盆(《渔号子·拉网歌》)”。这两首歌告诉人们通过劳动就有收获的道理。“正月立春雨水勤，农活安排要抓紧。二月惊蛰接春分，家家户户忙春耕。三月清明谷雨连，育好小秧是关键。四月立夏到小满，田间管理最重要。五月芒种到夏至，夏收夏插紧相连。六月小暑大暑到，耘趟推耙除杂草。七月立秋处暑来，防旱防涝防虫灾。八月白露到秋分，秋收工作要认真。九月寒露霜降临，抢种三麦不能停。十月立冬小雪天，交售余粮作贡献。冬月大雪到冬至，集中劳力搞水利。腊月小寒大寒连，植树造林建家园(《四句头·十二月农事歌》)”。这首秧歌朗朗上口，条理清晰，全面总结和安排一年的农业生产。

三、劝　世

教育引导人们用道德规范来正确生活的秧歌。歌词中倡导上进和谐、行善积德的生活状态，传颂惜时如金的道理。“番瓜成熟藤子老，黄瓜上架起嫩时，西瓜老来光是水，刀豆老来两张皮。六月鲜鱼赶早卖，庄稼宜早不宜迟。早栽树木早有用，早栽黄秧发杈枝，光阴易过催人老，黄金难买少年时。（《秧号子·黄金难买少年时》）”采用农民日常生活密切相关的番瓜、黄瓜、西瓜、刀豆作比喻，形象、生动、活泼，告诉人们惜时如金的道理。“第一条，写得好，勤劳致富；爱国家，爱家乡，觉悟提高。第二条，教大家，尊老爱幼；家庭和，邻里睦，争创五好。（《串十字·村民公约》）”这首歌提倡健康向上，和谐美好的生活状态。“行善之人有好处，作恶之人天自知；富靠贫，贫靠富，买田有个卖田时。恶人如同铁铲头，善人好比田中泥；耕来耕去泥还在，生铁铲头有坏时。富人莫把穷人欺，莫笑穷人穿破衣；叫花子也有时来到，爆灰也有发热时。山上竹子有稀稠，水中荷花有高低；十个指头有长短，两臂哪能一样齐？莫说世上蛇无足，也有成龙驾云时；正如古人说破了，十年河东转河西。（《四句头·劝善歌》）”“天上和风雨顺，地上和五谷丰；爹妈和疼儿女，儿女和孝双亲。弟兄和全家富，妯娌和家不分；姑嫂和如姐妹，夫妻和赛宝珍。老年和多长寿，青年和早成人；邻里和有帮衬，社会和万事成。（《四句头·和字歌》）”“父是天，母是地，天高地厚父母恩。一拃五寸生下你，端尿拉屎养成人。一岁两岁娘怀里，三岁四岁不离身；五岁六岁长大了，七岁上学读诗文。十八九岁娶妻子，娶了妻子另立门；老来还未得享福，又要劳碌哄小孙。父母恩情深似海，生为人子要孝顺。一段小唱说予你，千万牢牢记在心！（《四句头·生为人子要孝顺》）”“与人共事要真诚，不可欺负老实人；借人多少还多少，秤平斗满莫欺人。走路君子断盘缠，不帮三文帮两文；门前过来要饭的，不把一升把半升。人在难中拉一把，落井下石万不能。古来老人有句话，不修今世修来生。（《四句头·与人共事》）”“会结瓠子会牵藤，会做婆婆会摆文；人前莫要夸自己，背后不要说别人。（《四句头·背后不要说别人》）”这些歌告诉人们加强修养，与人为善，上孝下敬，和睦相处，诚信做人的道理。

四、时　政

就是反映不同时代特色为题材的秧歌。中华人民共和国成立前，劳动人民受压迫和剥削，充满痛苦和怨恨的情绪，饱含着反抗的激情。“农民苦、农民苦，打下粮食交地主，年年忙、月月忙，一家老小饿断肠。（《四句头·农民苦》）”“那天鬼子上了庄，奸淫烧杀赛虎狼。耕牛粮食都抢走，活活逼死孩子娘。要反抗、要反抗，大家一起上战场，只有赶走小鬼子，我们才能回家乡。（《四句头·月儿弯弯》）”歌词与《黄河大合唱》中的著名歌曲《黄水谣》中的歌词内容颇为相似，创作背景都是抗日战争时期，可见金湖人民的非凡智慧和大无畏的精神。中华人民共和国成立后，“大跃进”、包干到户、改革开放等不同历史时期，人们不断创作新歌词，表现他们的内在情感。“打擂台、放卫星，睁着眼睛说瞎话，亩产吹到上万斤，吹得群众冷了心。（《秧号子·放卫星》）”反映“大跃进”浮夸风给人民生活带来的不幸。“忆往昔、生活苦、缺吃少穿；大呼隆、搞生产、磨磨洋洋。责任制、定得好、天翻地覆；拔穷根、栽富苗、变了模样。（《串十字·变了模样》）”反映包干到户责任制时期农民的生活状态。“三中全会似春风，春风吹遍艳阳天。吹过山冈山变绿，吹过水乡水也甜。三中全会似春风，吹得农民心花放。勤劳致富政策好，千家万户喜洋洋。（《四句头·三中全会似春风》）”反映改革开放带来人民生活变化，表达农民喜悦心情。

五、古代文化

又称杂歌，内容涉及古代文学、历史、神话传说。“春季里春风吹百草鲜嫩，祝英台改了装去学诗文。夏季里交大暑热浪滚滚，白娘子漫金山水淹庙门。秋季里天转凉秋风阵阵，小牛郎度鹊桥相会亲人。冬季里雪花飘天气寒冷，孟姜女寻夫君哭倒长城。（《串十字·四大传说歌》）”歌词巧妙地根据季节特点与中国古代四大传说自然结合，朗朗上口，趣意盎然。“正月里蜡烛花堂前闪闪，郑板桥画竹子孤孤单单。二月里荠菜花开在野外，二郎神将妹子压在华山。三月里小桃花满园开放，刘关张在桃园立下香案。四月里牡丹花荣华富贵，解学士去赶考高中为官。五月里栀子花满树白了，伍子胥白了头闯过昭关。六月里番瓜花开在藤上，杨六郎与番兵沙场征战。七月里菱角花星星点点，戚继光抗倭寇解民苦难。八月里桂花开香气扑鼻，八贤王保寇准破了大案。九月里野菊花有黄有白，魏九郎跳火坑送表游山。十月里芦苇花飘飘落落，石达开大渡河全军遇难。冬月里小雪花纷纷洒洒，小董永槐树下等妻回还。腊月里水仙花桌上供放，诸葛亮借东风救了江南。(《串十字·十二月道古人》)”歌词根据12个月的自然变化，叙述12位古人的故事。“自从盘古开天地，三皇五帝到如今；尧舜古远难稽考，禹王传位自家人。夏商千年到西周，东周接着是春秋；春秋战国七雄起，秦皇统一列国休。两汉之后乱糟糟，三国鼎立孙刘曹。晋分西东司马氏，战乱纷纷南北朝。隋唐五代动刀兵，北宋南宋抗辽金；成吉思汗帝国大，元朝过后是明清。(《四句头·朝代歌》)”歌词画龙点睛，简明扼要的说清了中国五千年朝代变迁。

六、其　他

主要有打发歌、颠倒歌、风物歌等。打发歌是歌手们插秧劳动时经常用一些言语来嘲弄、戏谑别人，是劳动过程即兴编唱，带有谐谑幽默的意味，具有生动性。打发歌还包含支使别人的意思。“六月里来大伏天，是哪个闲人站路边?不是我黄秧缠住手，拽住你个小辫子撂上天!(《秧号子·拽住小辫子撂上天》)”这首打发歌可能出于清末，当时的男人头上还拖着小辫子。这首歌用戏弄诙谐的口吻告诉秧工们，六月繁忙的栽秧田里没有闲人，如果是闲人就要被打发走。“申时已过日西斜，不见主家送晚茶，你若不把晚茶送，给你来个间插花。(《四句头·申时已过》)”这首打发歌打发的不是秧工而是主家，歌手是告诉主家这时候该送晚茶(晚饭前的小吃)了，可是主家还是没有把晚茶送来，如果再不送来的话，秧工们就“给你来个间插花”(就是插得很稀的意思)。说明锣鼓歌手在充当着监工角色的同时也要笼络秧工。

第二节　语言特色

金湖秧歌是人们劳动中产生的口头艺术，歌手们除演唱传统长篇秧歌中的选段，很大一部分唱词属于即兴创作，运用比兴、夸张、象征、拟人、对比、谐音等表现手法，语言精炼含蓄，朴实幽默，贴近现场情景，体现真情实感，形象生动，通俗易懂，便于记忆传颂。歌词基本是七字句和十字句，除中长篇秧歌，基本是每首一韵，常用的韵脚有“人辰”“江阳”“遥迢”“怀来”四大韵为主，一般首句定韵，偶句押韵，绝大多数平声韵落尾，音韵流畅，朗朗上口。

细致入微　歌词情境描写细腻形象。“枣木梳子拿在手，打开青丝千万缕，后头梳个龙摆尾，前头梳个滚绣球。一朵绒花头上戴，辫捎子扎个红绿绸，鸭蛋香粉搽在脸，胭脂点成樱桃口。”这是长歌《打芦叶》中一段王二姐梳头打扮的描写，细致入微，形象生动。“饮食店买的是山珍海味，有鱼翅共海参燕窝佳肴。肉案子买的是猪羊牛肉，有猪蹄有羊膀排骨牛条。鲜行里买的是鳊白鲤鲫，野鸭子与公鸡野兔熏烧……”这是长歌《配药硝》中描写南京城市集热闹的场景，饮食店、肉案子、鲜鱼行、铜匠店、银匠店、铁匠店、嫁妆店、瓷器店、茶食店、布店、烟馆等，细腻传神。长歌中还经常使用数字来进行描述，“一程走过桃花店，二程走过柳树沟，三程走过磨盘村，四程来到小桥头。”歌词使用数字排列，交代一路行程清楚明白，通顺流畅，令人身临其境。

平实通俗　歌词表达内容几乎涵盖本地数百年来农村生活各个方面，当时的社会世态，风俗民情，生产和生活状况，以及当地的语言特点和表述方式，都是通过歌词反映出来，这些歌词都是农民的集体创作，用自己的语言来描述事物，抒发情感，长期流传过程中不断丰富完善，形成朴实清新，平实简练，形象生动，朗朗上口的艺术风格。“树头晃动怪的风，云里响雷怪的天，狗拿耗子管闲事，人正不怕影子斜!(《四句头·栀子花》)”这段歌词简洁明了，通俗易懂，“狗拿耗子管闲事”和“人正不怕影子斜”都是金湖地区非常流行的俗语，这里引用得恰到好处，表现姐姐敢作敢为的形象。“世上夫妻千千万，这样的夫妻算什么?飞不起来跳不高，脚下扣个铁秤砣。(《四句头·打芦叶》)”这段唱词表达童养媳对自身遭遇的叹息，用“飞不起来跳不高，脚下扣个铁秤砣”来形容自己18岁，丈夫才10岁，想走不能走，想逃不能逃的无奈心情，确切得当。秧歌中还经常使用一些方言土语，体现地方特色和原生状态：“啥呆”，就是聊天、谈心的意思；“格巴楞正”，就是漂亮，端庄的意思；“阴山背后”，就是阳光照射不到的地方；“不得好交稍”，就是没有好结果的意思。

以事寓理 歌词大都采用比兴手法，重点意思落在最后一句，以事寓理，借物传情，生动形象，意味深远。“栀子花开靠墙栽，墙头上冒出个花朵子来。东庄大姐要花戴，西庄大姐要花栽，小裙钗，人多花少我匀不开。(《五句半·栀子花开靠墙栽》)”这首秧歌，用“花朵冒出墙头”比喻少女出众，用“东庄大姐要花戴，西庄大姐要花栽”比喻众人前来求婚。最后表示“人多花少匀不开”，表现这位少女对爱情的专一。

直抒胸臆 歌词大胆泼辣，反映劳动人民率真质朴的思想感情。“郎跟姐姐一路来，背后闲话半截街。旁人说来由他说，郎装痴来姐装呆，小情哥，说得心里倒自在。(《五句半·郎姐行》)”封建时代少男少女一起逛街，常遭到别人说闲话。他们不仅用“装痴”“装呆”来表示反抗，反而觉得“心里倒自在”，这种直抒胸臆的表现手法纯真朴实。

想象丰富 歌词运用夸张手法，借助丰富想象，强调和突出事物某些特征，进行放大描写，引人注目，增强艺术效果。“想姐姐想得渴焦焦，四两灯草不能挑，哪位大姐允了我，石磙子能挑好几条。(《秧号子·想姐姐想得渴焦焦》)”描述思念情人之苦，浑身无力，连四两灯草都挑不动，只要哪位姑娘应允他的婚事，立刻精神陡长，“石磙子能挑好几条”。高度夸张爱情力量，感人至深。

类比含蓄 歌词借助某一具体事物形象，利用象征物与被象征物之间的某种类比，被象征物的某种抽象概念、思想或情感得到含蓄而形象的表现。“想姐姐变一个西天亮月，郎变得似星星围在边边。想姐姐变一个长湖大浪，郎变得似小船浪上颠颠。想姐姐变一个蓝花大碗，郎变得似牙筷碗上搛搛。想姐姐变一个梧桐大树，郎变得似萝藤树上缠缠。”这首《串十字·想姐姐》情歌，用星星与亮月、小船与大浪、牙筷与蓝花碗、萝藤与梧桐树之间的关系，象征郎与姐之间的关系，比喻贴切，概括内容深远宽广，形象生动。

讽喻影射 歌词常用一些嘲弄、奚落别人的语言，通过嘲讽、影射手法，幽默风趣地表达歌手的想法。“我下得田来水又深，蚂蟥叮住脚后跟，三把两把抹不掉，你这个东西太缠人!(《四句头·你这个东西太缠人》)”。这首打发歌是歌手把反复撩拨自己唱歌的人影射成蚂蟥，就用歌打发他。“姐在房中头梳手，忽听门外人咬狗，姐拿狗子砸砖头，反被砖头咬了手。(《四句头·头梳手》)”这首颠倒歌说的都是反话，反映人们对当时社会现实的不满与无奈。

第三十七篇　卫　生

1986年，全县有县人民医院、县中医院、县卫生防疫站、县医药公司等县直医药卫生单位9个，中心卫生院2所，乡镇卫生院20所，村卫生室251个。有职工775人，其中卫技人员616人，中级职称33人，初级573人。设病床507张，年门诊73.7万人次，住院1.1万人次。全年传染病报告发病率1027.94/10万。1987年，制定《金湖县初级卫生保健发展规划》，推动农村卫生事业发展。1991年，加大对卫生工作投入。乡镇卫生院、县卫生防疫站、县妇幼保健所三项建设迅速推开，乡镇卫生院面貌普遍改善，初步实现"一无四有"（无危房，有门诊、病房、围墙和食堂、基本医疗设备）。卫生改革步伐加快，调动广大医务人员积极性。开展医德教育，规范医德行为，社会对医疗卫生单位满意度明显提高。全县推行计划免疫合同制、妇幼保健合同制，预防保健工作逐步规范。

《中华人民共和国食品卫生法》全面实施后，国家又先后颁布若干卫生法律法规。1994年，全县掀起学法、普法热潮，促进社会对卫生工作的关注、参与、配合和支持。加大卫生监督力度，卫生工作逐步进入法制轨道。1995年，开展创建等级医院（站、所）活动，提高科学管理水平。重视人才培养，积极开展继续医学教育，每年选派骨干医务人员外出进修深造。添置、更新大型医疗设备，保证重点科室配套。完善各项规章制度和技术操作常规，加强医疗质量管理。开展医学科研活动，提升县内整体医学科技水平，每年有一批重要论文在省以上医学杂志上发表。县级医疗卫生单位和乡镇（中心）卫生院先后通过省等级医院（站、所）评定。

1998年，推行新型农村合作医疗制度和乡村卫生组织一体化管理，初步改变农村缺医少药和看不起病的状况。加大县中医院中医特色专科建设，积极开展中西医结合研究；加强农村中医事业建设，普及提高镇、村医务人员中医基础知识；恢复或重建镇卫生院中医科、中药房。完善突发事件应急预案，在2003年国内发生非典型肺炎大流行中，全县卫生系统的指挥组织、专业队伍、健康教育、消杀药品及时到位，疫情防范得力，未发生1例非典病人。

2005年，有县属医药卫生单位9个，中心卫生院2所，镇卫生院9所，村卫生室117个。全系统在职职工1052人，其中卫技人员758人，高级职称43人，中级306人。设病床570张，年门诊46.61万人次、住院1.8万人次。通过巩固深化医疗卫生机构改革，医疗服务内在活力逐步增强，医疗机构运行质量逐步提升。公共卫生体系建设稳步推行，预防保健工作水平不断提高，农村卫生条件逐步改善。全县传染病报告发生率下降至170.11/10万，一度严重危害人们健康的麻风病、血吸虫病、小儿麻痹症等疾病得到基本控制。金湖先后获得"全国农村初级卫生保健工作先进县""江苏省农村中医工作先进县"等称号。

第一章　卫生机构　管理

第一节　卫生机构

一、局本级

金湖县卫生局　位于县城健康路36号。1986年，设人秘、医政、药政、防保、计财5个科室，有工作人员12人（含借用4人）。管理县直医药卫生单位7个、县卫生进修学校1所、中心卫生院2所和乡镇卫生院20所，代管爱卫办、公费办。1989年，县医药公司划属县经委，1997年复归县卫生局。1997年2月，卫生局设纪检组，增设局办公室，人秘股更名为人事股。1998年3月，增设合作医疗办公室，加强对新型农村合作医疗管理。2001年2月，建立局党委。是年11月，药政科及其所属药品检验所划归县药监局。2003年3月，增设监察室。2005年，设工会和人武部，内设机构有组织人事、医政、防保、计财4科和办公室、监察室、合作医疗办公室，有工作人员17人（含借用7人）。

二、挂靠机构

金湖县爱国卫生运动委员会办公室　设县卫生局大楼内。1986年，办公室主任由卫生局副局长兼任。1988年，有专职办公室主任、副主任、办事员各1人。是年，借用卫生系统3人，设改水服务队。2005年，有工作人员5人，其中在编2人，借用3人。

金湖县公费医疗管理委员会办公室　1986年，设县卫生局大楼内。1988年，配专职办公室主任、会计、出纳等。2000年9月，设金湖县离休干部医疗管理办公室，与县公费医疗管理委员会办公室“一套班子、两块牌子”。2005年，有工作人员3人。

三、直属单位

金湖县疾病预防控制中心　位于县城健康路36号。1986年，为县卫生防疫站，有工作人员32人，其中专业人员27人。拥有检验、检测、放射等大型仪器设备47件和防疫车2辆，办公用房686平方米，检验用房650平方米。设卫生科、防疫科、寄防科、结防科、食品卫生科、消杀科、检验科、宣教科8个科室。1995年，先后购置价值10万元检测设备，编写《金湖县卫生防疫站质量管理手册》。1996年8月9日，通过省级计量认证，获“中华人民共和国计量认证合格证书”。1998年，购置电脑、速印机、摄像机、卫生监测检验仪器，开展等级站创建活动。翌年12月2日，被卫生部评为全国一级卫生防疫站，为全市首家。2003年机构改革，县卫生防疫站撤销，组建县疾病预防控制中心，县皮肤病防治所并入，对外增挂“县卫生检测中心”牌子。2005年，添置疫情处理用车、多功能透视摄影系统、离子色谱仪、全自动生化分析仪、原子吸收分光光谱仪、台式电脑等；中心设办公室、疾控一科、疾控二科、卫生科、检验科、结防门诊部6个科室，承担全县公共卫生、疾病预防控制、卫生监测检验、预防医学研究等职能，有工作人员36人，其中专业人员31人。

金湖县血吸虫病防治站　1986年5月，金湖县血吸虫病防治站由疫区唐港乡迁至县城，设预防科、诊治科、总务科，有工作人员12人。2005年设血防科、寄地科、办公室等3个科室，承担全县血吸虫病、地方病、寄生虫病防治任务，有工作人员10人，其中大专以上学历占70%。

金湖县卫生监督所　2003年4月，县卫生防疫站撤销，组建县卫生监督所，副科级建制，设办公室（受理科）、监督科、稽查科，有工作人员17人，其中本科学历2人，大专11人，中专4人。2005年，监督科分设为监督1科、监督2科，有卫生监督车1辆、数码相机4部、摄像机1台，现场快速检测仪器2台套。

金湖县妇幼保健所　1986年，在县卫生防疫站楼下开设门诊对外服务，设妇保组、儿保组。有工作人员9人，其中专业人员7人。1987年5月，与县药检所合建综合办公楼，添置设备，始设妇女保健科、儿童保健科、计划生育指导科、优生遗传咨询科和冷光乳透室、资料室、陈列室、观察床等。1999年办公用房扩大到999平方米，改建二楼候诊厅，新设婚保小区，婴儿沐浴室等。2005年，有职工23人，其中中级技术职称以上占36%。先后被省、市授予“文明保健所”“巾帼示范岗”“一级甲等妇幼保健所”等称号。

第二节　卫生队伍

一、队伍状况

1986年，全县医疗卫生单位共有职工775人，其中卫技人员616人，全县每千人拥有卫技人员2.42人。卫技人员中，大学学历42人、大专96人、中专308人；中级职称33人、初级573人。卫技人员补充以国家统配的医学院校毕业生为主渠道，同时在应届高、初中毕业生中采取定向招生办法解决分配不足。是年，首次从市人才市场引进东北地区卫技人才4人，聘用县卫校学员13人到乡镇卫生院工作。1991年10月，为具有医师以上职称12人家属办理“农转非”，为在农村基层的卫技人员213人工资上浮2级，以稳定卫生技术队伍。对新分配的医学毕业生进行岗位职业道德培训，举办医德宣誓仪式。1992年，委托高等、中等专业学校定向培养毕业生，采取定向分配方式，当年新增大中专生42人，其中向乡镇卫生院输送10人。与定向分配生签订合同，不得借故他调。控制临时用工，清退计划外用工40人；控制企业职工调入卫生系统和集体人员调入全民事业单位；规定技术干部的聘用条件。

1993年10月20日，市职称改革领导小组公布金湖主任医师职务资格1人，由此，县内始有主任医师称谓。1995年，接收长江三峡库区中专毕业生5人和新分配大专生31人。是年，县规定卫技人员不得停薪留职、不得辞退从事个体行医、不得借用到外系统、外地工作，对擅自离职3个月以上者作自动离职处理。1998年，实行一次审告待岗制度，对服务态度差、不遵守工作纪律、以职谋私者，经查属实宣布待岗，待岗期间另行安排工作，发基本工资。对确有改正表现的恢复原工作。

2001年，大中专毕业生不再实行国家统配政策，县内卫技人员补充主要通过人才市场双向选择确定；9月，以此方法引进大中专生21人，并始行一年试上岗制度。县卫生局印发《关于系统内人员流动的意见》，县、乡镇之间、乡镇与乡镇之间流动，采取公开、公平竞争机制，均需考核。是年起，因外地高薪聘用吸引，县内不少卫技人员流向苏南地区。加之建县初参加工作的卫技人员陆续退休，县内卫技人才出现匮乏现象。县卫生局引导在职卫技人员树立正确的价值观，提高单位领导爱才、惜才、用才水平，创造人才工作需要的环境和条件，使人才流失问题得到遏制。同时积极引进人才，先后公开招考引进各类专业人才86人，充实到县、镇各级医疗卫生机构。2005年底，全县医疗卫生单位职工1052人，其中卫技人员758人，平均每千人拥有卫技人员2.10人。其中本科学历98人、大专136人、中专503人；高级职称43人、中级306人、初级409人。

1986—2005年金湖县卫生队伍统计表

表37-1-1　　单位：人

年份	总数	学历			职称			卫技人员数	卫技人员/千人
		大学	大专	中专	高级	中级	初级		
1986	775	42	96	308	0	33	573	616	2.42
1987	763	45	95	312	0	35	551	586	2.27
1988	770	41	99	323	13	86	490	589	2.22
1989	805	35	102	329	17	99	405	521	2.29
1990	837	33	105	336	25	93	498	616	2.36
1991	859	35	107	346	26	96	512	636	1.86
1992	882	36	109	357	27	98	519	654	1.91
1993	923	39	118	366	28	105	528	671	1.93
1994	931	44	126	378	30	116	541	689	1.99
1995	917	46	127	384	29	128	562	848	2.49
1996	1088	49	124	396	31	147	588	851	2.45
1997	1041	53	122	397	33	172	619	865	2.48
1998	1112	58	127	412	35	196	651	867	2.47
1999	1169	62	128	423	35	222	708	965	2.74
2000	1098	68	129	435	34	235	598	867	2.44
2001	1131	73	131	448	31	205	619	865	2.42
2002	1022	79	128	462	36	253	540	829	2.31
2003	907	85	131	481	32	284	525	841	2.33
2004	901	91	133	488	41	296	410	747	2.07
2005	1052	98	136	503	43	306	409	758	2.10

二、注册执业医（护）师管理

1986年，具有中等医学专业及以上学历或具有医士以上职称者，即可执业；护士学校毕业或取得护士职称，即可从事护理工作。非卫技人员不得从事卫生技术工作。县卫生局对各类从业人员统一制订工作职责和医疗规章制度，规范从医（护）行为。

1994年1月，实施《中华人民共和国护士管理办法》（简称《办法》）。《办法》实施前全县有护士161人，经县卫生行政部门确认免试，予以注册并发给“中华人民共和国护士执业证书”。《办法》实施后普通中等卫生（护士）学校护理专业毕业生参加工作，必须参加全国举行的每年1次的执业资格考试，合格者方可注册执业，未经注册不得从事护士工作。护士注册有效期2年，连续注册必须进行校验。职业医（护）师技术职称作为唯一执业准入，其评定工作逐步规范，根据学历和从医工龄评定，每年评定1次。至1998年底，累计晋升初级职称651人、中级196人、高级35人。

1999年5月起，实施《中华人民共和国执业医师法》（简称《执业医师法》），对执业医师实行考试注册制度。医师注册后，可以在医疗、预防、保健机构中按照注册的执业地点、执业类别、执业范围执业，从事相应的医疗、预防、保健业务。医师变更执业类别、执业范围须办理变更注册手续。未经注册不得从事医师执业活动。对《执业医师法》颁布前全县已取得医学专业技术职称的542人，经省卫生厅审定，其中承认404人为执业医师、138人为助理执业医师，给予注册并发给“执业医师证书”。《执业医师法》颁发后新上岗的卫技人员，每年参加全国统一执业医师资格考试，合格者予以注册。

2001年起，取消初级卫技人员评定工作；对取得执业医师，承认为医师职称；对已取得执业医师资格，定期对业务水平、工作成绩和职业道德状况进行考核，考核不合格者责令其暂停执业活动。至2005年，经评审和考试取得高级职称43人、中级职称306人。全县注册执业医师437人，执业助理医师125人，注册护士204人。其中经考试合格的执业医师63人，助理执业医师57人，执业护士19人。变更注册医（护）师66人，因病故等原因吊销医（护）师执业注册38人。

第三节　卫生行政管理

一、卫生经费管理

1986年，县财政补助县、乡医疗卫生单位事业经费，由县卫生局统一管理。是年，医疗卫生单位工资基金手册每月审批1次，工资基金计划每季审批1次，以控制人员超编。1988年，贯彻卫生部、财政部《关于制发“医院财务管理办法”“医院会计制度”试行通知》，财务管理从收付实现制转变为权责发生制。明确医院财务管理范围，其中包括预算管理、收入管理、支出管理、财产物资管理、货币资金管理以及财务分析和监督检查。

1990年，根据“统一领导、分级负责、归口管理”原则，逐步实行总账会计师责任制，采取集中管理与分工负责，专业管理与群众管理相结合的办法。1991年，各单位所有经济活动全部纳入财务管理和会计核算范围，加强经济管理和经济核算，建立健全内部约束机制。县卫生局对乡镇卫生院和防保单位经费实行定额补助，超支不补，节余留用的原则。其中提取乡镇卫生事业费的28%用于配套建设。县属医疗单位卫生事业费全部转向，用于指定建设项目。提取医疗单位补助经费15%、防保单位10%作为浮动经费，待年终目标责任状考核达标后兑现，职工奖金发放与单位工作实绩挂钩。建立卫生事业发展基金，从挂号、住院费的收入中分别提取30%和50%用于医疗单位重点建设。

1993年，县、乡财政“分灶”，乡镇卫生院补助列入乡财政预算，各乡镇给予卫生院补助普遍不足，且不能及时到位，加之收入增长慢，增支因素多，不少单位负债经营。为改变局面，各乡镇卫生院积极组织收入，实行应收能收，一滴不漏。加强人员经费管理，严格控制事业编制，压缩人头经费。加强公用经费管理，节减邮电费用开支，控制外出考察等差旅费用。制定消耗定额，降低成本。县属单位的财政补助也逐年减少，各单位在稳定增收、合理创收的同时，杜绝不必要的开支，控制非业务行政支出，控制车辆费用增长，建立健全车辆零部件更换、维修档案。

1995年，县卫生局建立财务内部审计组，加强对各单位财务审计，及时查处违纪事件。至1997年，卫生院公用经费支出每年都控制在年业务收入的10%以内，县直医疗卫生单位年招待费大多在年收入的0.5%以内。全县实行药品采购登记申报制，严禁向私人或证照不全的药品经营者采购药品，明确药品优惠率，药品采购秩序明显好转。2000年4月28日，县成立药械集中洽谈采购中心，实行集中洽谈制度。2001年，卫生局将县属医疗卫生单位大型设备万元以上、乡镇卫生院5000元以上，按购进原价年提取1.2% ~1.8%，按业务收入年提取一般修购费6% ~10%。人才培训费、科研基金按业务收入年提取1.5%，职工福利基金按工资总额月提取2.5%。各项基金及时转入专用基金账户，实行专款专用，先提取后使用，自求平衡。

2003年，加强医疗单位药品财务管理，县卫生局统一制订药品采购、药品消耗、药品清查盘存、药品报损、药品调价等管理制度。2004年，乡镇卫生院总账会计由县卫生局统一委派，出台《关于民主理财工作的实施意见》。2005年9月，省卫生厅调整232项医疗收费项目，其中药品价格平均下调8%，仪器诊断检查费下调7%，年底，县级医院人均业务收入8.07万元，净资产平均增长1556.6万元；乡镇卫生院人均收入4.43万元，净资产平均增长153.61万元。

二、设施设备建设及管理

1986年，县各医疗单位采取自筹和向上级争取等，添置或更新医疗设备。县人民医院率先装备B型超声波诊断仪、经食道心房调搏器、光疗箱等。乡镇（中心）卫生院先后添置心电图机10台、A型超声波诊断仪5台、B型超声波诊断仪2台。县卫生局对全县病床设置进行调整，削减中心卫生院病床30张、乡镇卫生院病床34张，增加县人民医院病床22张，逐步淘汰木床，更新钢床。乡镇卫生院将手提式消毒锅全部更新为立式高压消毒锅。鼓励地方政府对卫生事业投入，县卫生局采取与乡镇政府1∶1投入改善卫生院医疗用房。是年，金北、闵桥、夹沟等卫生院改扩建门诊和病房。白马湖、夹沟等6个乡镇政府为所在地卫生院添置大小发电机组，解决停电时医院用电问题。

1990年10月，县皮肤病防治所318平方米综合办公楼在衡阳路与金湖路交会处破土动工。12月，县人民医院新建的6层5100平方米综合病房楼交付使用。1991年1月，县决定全县农民连续3年每人每年集资2元，用于乡镇卫生院“一无四有”（无危房，有门诊、病房、围墙和食堂、基本医疗设备）建设，当年筹集21.5万元，占应统筹41%。县卫生局调整卫生事业费投向，重点扶持乡镇卫生院房屋改造，支持县防保机构设备更新。1992年10月，夹沟乡卫生院病房楼和唐港、横桥乡卫生院门诊楼先后竣工投入使用，总面积1688平方米，实现医疗与生活区分开。1993年11月29日，县人民医院750平方米的放射楼和污水处理工程竣工投入使用，装备500毫安遥控遥蓝X光机(带日产闭路电视)。是年，省中医院无偿赠送白马湖乡卫生院50毫安X光机、心电图机等医疗设备37件。闵桥等5所卫生院添置B型超声波诊断仪，全县乡镇卫生院B超普及率41%。12所卫生院治疗室、妇产科、检验室、计划免疫门诊达到卫生部一级医院相关科室建设标准，金北等5所卫生院实现“一无四有”。各医疗单位重视绿化、美化，在院内栽种花草树木、铺设水泥道路，为病者提供优美、舒适环境。

1995年5月，新建淮胜、金北、新农、涂沟乡镇卫生院医疗用房1835平方米。县人民医院装备脑电地形图仪、血气酸碱分析仪、尿道膀胱镜、多功能生理监护仪、EUB-420型B超诊断仪、高压氧舱等设备。县中医院添置高频心电图机、多普勒B超诊断仪。县妇幼保健所购置红外线乳房扫描仪。1996年，县人民医院购置AC-920全自动血球计算仪、M-300型经颅多普勒、L-200型子母无影灯，引进大输液生产连动线。1997年4月，县人民医院购置275万元的德国西门子公司生产的X线电子计算机断层扫描系统（CT）、60多万元的瑞典金宝血液透析机2台，使诊治技能提升到一个新水平。2000年6月，县人民医院投入60多万元，引进医院信息管理系统，实现“划价、收费、取药”电脑联网一条龙服务，减少病人往返排队。至2000年，先后新建吕良、金南等5所卫生院业务用房2835平方米，乡镇卫生院投入350多万元更新B超、X光机、心电图机等。

2005年8月，省卫生厅、财政厅扶持金湖县农村卫生院设备装备163台（件），价值200多万元。吕良、塔集、戴楼、金南、前锋卫生院首批被市确认为“标准化乡镇卫生院”。是年底，全县设置病床588张，其中县级医院388张，农村卫生院190张，平均每千人口占有床位1.64张。全县贵重医疗设备总价值1124.5万元，一般专用设备1121.8万元，医疗用房61142平方米，拥有救护等用车9辆。

2005年金湖县医疗机构主要医疗器械配备统计表

表37-1-2

设备名称	单位	合计	县人民医院	县中医院	中心卫生院	乡镇卫生院
万能手术床	张	15	6	—	2	7
无影灯	台	18	1	4	3	10
高压消毒柜	台	9	2	—	1	6
麻醉机	台	17	5	3	1	8
电动洗胃机	台	11	2	1	2	6
呼吸机	台	6	3	—	—	3
电动吸引器	台	30	10	1	2	17
显微镜	台	25	6	2	2	15
手术显微镜	台	2	1	—	—	1
分析天平	台	6	—	1	—	5
分光光度计	只	7	2	—	1	4
光电比色计	只	6	1	—	1	4
电热培养箱	只	10	1	—	1	8
100毫安X线机	台	1	—	1	—	—
200毫安X线机	台	4	—	1	1	2
300毫安X线机	台	6	1	—	—	5
400毫安X线机	台	1	—	1	—	—
500毫安X线机	台	7	3	—	1	3
B型超声波机	台	17	4	1	1	11
彩色多普勒超声仪	台	3	1	—	—	2
纤维胃镜	台	9	4	1	1	3
纤维结肠镜	台	2	1	1	—	—
心电图机	台	21	6	1	3	11
心电监护仪	台	20	6	—	2	12
半自动血细胞分析仪	台	7	1	—	1	5
超速离心机	台	3	1	—	—	2
超短波治疗机	台	2	1	—	—	1
电动牙科椅	张	7	4	—	—	3
产床	张	15	2	—	2	11
早产婴儿培养箱	只	12	1	—	—	11
计算机	台	51	6	—	8	37
救护车	辆	5	2	1	1	1
多功能微波治疗仪	台	5	2	—	—	3
超声洁牙机	台	4	2	—	—	2

接上表

设备名称	单位	合计	县人民医院	县中医院	中心卫生院	乡镇卫生院
频谱治疗仪	台	2	1	—	—	1
彩色B型超声波机	台	3	1	—	—	2
动态心电图分析系统	台	2	1	—	—	1
全自动生化分析仪	台	4	1	1	—	2

说明：除表中所列的之外，县人民医院1家独有的设备有：万分之一分析天平1台，裂隙灯显微镜1台，50毫安X线机1台，纤维膀胱镜2台，CT机1台，血液透析机4台，激光医疗机1台，产程监护仪1台，移动式C臂X线机1台，腹腔镜1台，内窥镜图像显示仪1台，脑外科显微镜1台，介入治疗床1张。

三、医疗市场管理

1986年10月，县卫生局会同工商、公安部门联合制定《个体开业医生管理暂行办法》，严禁无证行医、严禁乱贴医药广告。1990年，对全县村卫生室、厂校医务室和个体开业诊所消毒用品质量进行抽查，合格率62.4%；对诊断、治疗混为一室的要求分开，以防交叉感染。1993年5月，县制订《金湖县社会医疗机构管理办法》，允许社会力量开办医疗机构，尤其是允许个体开业行医。对符合开业条件，医疗网点布局合理，按规定履行报批手续的社会医疗机构，卫生部门予以支持。是年，县卫生局始建社会医疗机构及从业人员技术档案，加强管理。1994年6月，县发布《关于取缔无证行业、非法经营药品的通告》，组织县卫生局、公安局、工商局、纪委、法制局等部门对县内医药市场进行两次全面联合执法检查，取缔无证非法开业的诊所10户和游医药贩22个；对虽经批准但不规范从医的医疗机构下伸点、个体诊所予以行政处罚；对非法医疗广告进行查处；对游医广告寻根溯源，发现一个，打击一个。

1995年11月，县贯彻国务院《医疗机构管理条例》，对县乡医疗机构首次实行执业许可制度，全县符合条件的340家（含村卫生室、厂校医务室、个体诊所）颁发卫生部统一印制的“医疗机构执业许可证”。1997年，对社会医疗机构执业资格、执业条件、执业范围现场检查登记，符合重新发证15户，限期整改4户，责令停业16户。1998年，开展“以药代物”专项治理检查，对少数库存牙膏、香皂、电饭煲等非治疗性物品的医疗单位进行严肃处理。2001年，组织执法人员深入农村开展医药市场秩序整顿，查处无证行医31户，没收药品器械1800余件，移送司法机关依法追究刑事责任1起。2004年，规范社会资本开办医疗机构准入条件，县卫生主管部门首次批准外地人投资1200万元拟建1座设置80张床位的综合性民营医院，后因投资人原因未能建成。2005年，在全县开展医疗市场秩序集中整顿行动。一是整顿医疗机构。依法校验和换发“医疗机构执业许可证”206个，注册乡村医生430人，注销医疗机构1个，暂缓校验医务室8个。取缔县城个别医疗单位以合资、出租、承租等形式开展的不正规诊疗项目，纠正社区卫生服务站使用无资质人员从事诊疗活动的行为。二是查处非法行医。严厉打击无证行医行为，查处无证行医20人，立案调查并处罚14人，没收药械价值3000余元，罚款2万余元。三是治理镶牙、美容机构。对不符合资质的镶牙、美容机构进行专项整治，限期整改。

四、医疗质量管理

1986年起，县卫生局在每年7—9月3个月发病高峰季节，组织全县医疗单位开展百日安全竞赛、突击查岗和病历及X光摄片评审等活动，以加强医疗质量管理。完善首诊负责制，规定对科室间“临界病人”，首诊医生必须进行相关检查处理，详细记录，对需会诊、转诊病人负责到底。1991年，全县开展学先进、争贡献、树形象为主题的“白求恩杯”竞赛活动，以增强医务人员对患者责任意识。

各单位严格执行值班、交接班、查对、三级查房、疑难病例讨论、会诊、消毒隔离、急诊抢救、病历书写和手术室管理等制度，落实各类人员职责和各种医疗护理操作常规。

1995年，县卫生局规定医疗单位如因医疗质量失控，违反医疗管理制度导致医疗事故，实行赔偿挂钩，其中院长承担15%、科主任（医疗组长）承担5%、直接责任人承担30%，情况严重者给予行政处分。1997年9月起，全县执行江苏省《病历书写规范》（第三版）要求，严格病史采集、体检和病程记录，提高病历内涵质量。加强医疗机构消毒隔离和院内感染控制管理工作，开展医院消毒质量监测检查，消毒器械、一次性使用医疗卫生用品检查。县人民医院建立医疗质量管理小组、质量督查小组、病案管理委员会等组织。乡镇卫生院实行医疗行政和上级医师查房制度、护理差错事故登记制度。

2000年，县卫生局下发《行风建设工作意见》，各单位加强干部职工道德教育，将学习活动记入每一名职工“职业道德继续教育”学分卡。多数单位从群众对卫生工作“四不”（不愉快、不满意、不放心、不方便）问题入手，简化看病中间环节，增加各种为民、便民、利民措施，杜绝冷、硬、顶、拖现象发生。县中医院开展“照镜子、找差距、献计策、求生存、促发展”为主题的教育活动，排查从服务观念到行为规范，从管理到服务，从后勤到临床一线，从软件到硬件等48条存在问题，加大整改措施。2001年11月，前锋镇发生一起分娩产妇因羊水栓塞死亡而引发的医疗纠纷，县卫生局及时组织人员调查，向全县通报，要求各医疗单位要加强基础环节质量监督管理。

2002年9月，规范医疗技术准入制度、医疗机构执业行为，规定个体诊所不得开展导尿、脓肿切开。二级医院的特殊造影技术、介入治疗必须经过专业进修或训练，并经专家认证方可开展。专科手术必须有相应专科医师资格人员参加。妇产科“剖宫术”需取得资格证书。中心卫生院必须在手术室条件具备和人员配套下方可开展上腹部手术。尊重病人知情权，透明诊疗过程中可能存在的并发症及医疗风险，履行相关的书面告知义务，避免医疗纠纷。2004年，县人民医院将收费处窗户改建成开放式收银台，拉近与患者距离。县级医院常年设立导医台，为群众提供就医咨询，开具便民处方。2005年3月，在卫生部开展的“以病人为中心，以提高医疗服务质量”为主题的医疗管理年活动中，开展争创“百姓放心医院”“诚信诊所”“十佳卫生室”“名科”“名医”活动。是年，全县医疗机构入、出院诊断符合率98.9%，手术前后诊断符合率99%。医疗责任事故大大减少。

第四节　医疗事故鉴定及处理

1986年，县成立医疗事故技术鉴定委员会，由县内医疗卫生单位知名专家组成，主委由县卫生局1名副局长兼任。1989年，贯彻执行国务院颁发的《医疗事故处理办法》和省政府制定的《江苏省“医疗事故处理办法”实施细则》。2000年起，医疗事故鉴定统一由市医学会负责，根据鉴定结果，由地方卫生行政部门处理。至2005年，县内共发生医疗事故15起，移交司法机关处理1起，行政处罚9起，调解5起。

表37-1-3

1986—2005年金湖县主要医疗事故及处理一览表

时　间	单　位	经过、原因及处理结果
1986.01.16	陈桥乡卫生院	中期妊娠产妇行钳刮术致子宫穿孔。责任人检查
1987.03.21	银集乡卫生院	足月妊娠产妇，由于技术操作不慎致产妇阴道损伤，出血性休克，产妇胎儿均死亡。责任人被开除留用
1988.04.28	县人民医院	胃底贲门癌术中麻醉意外致呼吸心搏骤停，死亡。责任单位赔偿经济损失

接上表

时　间	单　位	经过、原因及处理结果
1990.05.19	塔集中心卫生院	患者发热待查，以病毒感染、急性胃炎，给予一般抗感染补液治疗，由于观察不细，病史采集不详，后患者突然腹痛加剧，病情恶化，抢救无效死亡。责任人被行政记过等处分
1990.05.30	县人民医院	被高压电杆砸伤患者，按腰背部软组织挫伤草率处理回家，7小时后病情加重，再次来院途中，因皮下和肌肉间隙广泛出血及大量血肿，导致创伤性、失血性休克死亡。通报批评，责任人被扣发全年奖金
1993.04.05	吕良镇大庄卫生室	双黄连与丁胺卡那霉素混合使用，引起过敏性休克死亡。经济赔偿
1995.09.16	县人民医院	股骨骨折使用劣质钢板固定引起断裂，造成功能障碍。经济赔偿
1998.07.23	唐港乡曙光卫生室	在患者家输氨基酸液，中途擅自离开病人，输液反应处理不及时而死亡。经济赔偿
2000.04.02	黎城镇九里卫生室	聘请外地无资质医生为患者使用川乌、草乌中药浸酒，服后中毒死亡。移交司法部门处理
2001.11.08	陈桥镇卫生院	刮宫引起子宫穿孔。责任人被免行政职务
2001.11.23	前锋镇卫生院	产妇羊水栓塞死亡。经济赔偿
2002.08.14	县中医院	宫内孕误诊宫外孕。责任人检查
2004.10.18	县中医院	患者外伤住院，诊断为左前臂开放性损伤，术后5天出现左无名指及小指发暗、皮温不升，转外院手术发现尺桡动脉断裂。后经淮安市医学会鉴定为四级医疗事故，医方承担次要责任。责任单位赔偿
2004.12.28	陈桥镇卫生院新农医疗区	患者行上环术后出现下腹疼痛，后剖腹探查发现子宫穿孔、小肠穿孔；术后出现并发症；后经淮安市医学会鉴定为三级戊等医疗事故，医方承担完全责任。责任单位赔偿；通报批评，取消评先评优资格；免去当事人行政职务，暂停执业6个月，承担10%赔偿
2005.08.10	县人民医院	患儿因“房屋破墙倒塌砸伤后半小时”住院，术后出现呼吸、心跳停止，抢救无效死亡。经淮安市医学会鉴定为一级甲等医疗事故，医方承担主要责任。责任单位赔偿；责任人被通报批评，待岗2个月

第五节　公费医疗管理

1986年，全县享受公费医疗4420人，支出医药费用48万元，人均108.59元。由于医疗条件改善，各种检查项目和新药增多、药品价格上涨，出现医疗费持续增长势头。1988年5月，县印发《公费医疗管理改革试行办法》，医疗经费实行享受人员按单位管理，个人定额包干，节余归己，超支部分分档次与个人挂钩。办法实施后，公费医药费用支出上涨势头一度时期有所减缓，但因公费医疗未与医疗单位实行经费挂钩，医疗费用增长势头复又抬升。1990年8月，县印发《关于公费医疗管理补充规定的通知》，要求各单位健全管理制度，发现自费药品报销的处以2倍罚款，限量以外部分的药品费用由医生承担，连续3天占用病床而不住院，其住院费由个人承担。

1991年7月，县印发《金湖县公费医疗管理实施办法》，对享受公费医疗待遇的对象、经费开支及报销比例、住院及转诊等做出相应规定。公费医疗费用上涨势头得到减缓。1997年6月，县印发《关于完善金湖县行政事业单位公费医疗管理的有关规定》，对个人补贴基数适当提高，并采取定额补贴，节余归己，超支部分由医疗单位、公费办及个人分别负担，同时根据中组发〔1990〕5号文件精神，县对离休干部及在乡二等乙级以上伤残军人，在严格执行公费医疗管理有关规定的情况下实行实报实销。7月，县财政局、卫生局印发《金湖县公费医疗管理实施细则》，进一步明确公费医疗享受对象及经费管理办法等。12月，县财政局、卫生局印发《金湖县特殊医疗范围及其费用负担比例的规定（试行）》，就特殊诊疗技术范围、特殊药品范围、特殊床位费用及特殊医疗费用的负担比例做出规定。

2001年1月，县印发《金湖县城镇职工医疗保险制度改革实施方案》，行政事业单位享受公费医疗人员全部转入社会医疗保险，公费医疗享受对象仅为离休干部及在乡二等乙级以上伤残军人，享受人数从7936人下降到458人。2002年6月，县财政局、卫生局、老干部局印发《关于离休干部医药费统筹和审核报销的补充规定》，对统筹基金、报销办法等作进一步明确。2005年，全县享受公费医疗377人，人均年医药费用11360.74元。

1986—2005年金湖县公费医疗经费开支统计表

表37-1-4

年份	总经费（万元）	享受人员（人）	人均（元）	年份	总经费（万元）	享受人员（人）	人均（元）
1986	48.0	4420	108.60	1996	318.8	6606	482.59
1987	59.1	4756	124.26	1997	398.8	7205	553.50
1988	69.4	4900	141.63	1998	438.8	7629	575.17
1989	118.8	4988	238.17	1999	387.8	7681	504.88
1990	130.0	5152	252.33	2000	446.8	7936	563.00
1991	152.1	5452	278.98	2001	285.0	458	6222.71
1992	131.0	5572	235.10	2002	408.5	426	9589.20
1993	202.0	5654	357.27	2003	448.7	391	11475.70
1994	230.8	5793	398.41	2004	418.2	379	11034.30
1995	298.8	6234	479.31	2005	428.3	377	11360.74

第二章　医　疗

第一节　医疗机构

一、县、乡医疗机构

1986年，有县直医疗单位2个，中心卫生院2所，乡镇卫生院20所。1988年3月，设置孙集乡卫生院。1989年8月，黎城乡卫生院并入黎城镇卫生院。1991年9月，黎城镇卫生院析置县口腔病防治院。1995年，县内各级医疗机构开展等级医院创建活动。5月，市卫生局批准吕良、塔集、唐港、金北卫生院为一级甲等卫生院；县人民医院通过省卫生厅二级甲等医院评审。县卫生局出台《金湖县医疗机构设置规划》。县、乡医疗机构开展结队帮扶活动。县人民医院无偿赠送孙集乡卫生院B超、X光机等医疗器械，并派人前往进行业务指导，免费带教卫技人员，帮助该院开展手术。县中医院与新农、戴楼卫生院结对，给予物资支持，在业务技术上进行带教指导，增强结对单位“造血功能”。1999年6月，县口腔病防治院并入县中医院，在县口腔病防治院原址设县中医院第二门诊部。

2000年3月，撤乡并镇后，原22个乡镇（中心）卫生院合并为11个乡镇（中心）卫生院，被撤销卫生院改设为卫生服务站。县中医院和黎城镇卫生院根据县城医疗机构布局，先后在县城不同地点设立社区卫生服务站6处，选派有一定资历和业务水平的医务人员为附近居民开展健康咨询、卫生宣传、体格检查和常见病诊治等医疗卫生保健服务。定期深入街道、工厂和上门开展老年病、慢性病防治工作。2000年4月，推行社区卫生服务，全县在原有乡镇卫生院和规模较大的村卫生室基础上，建立11个社区卫生服务中心和22个服务站，社区卫生服务中心均按三部一室（预防保健部、医疗康复部、行政后勤部和办公室）格局建设。全县初步形成保基本、广覆盖的社区卫生服务网络，以网络为依托开展多样化、个性化服务，增加家庭医生、健康体检、动态监测等。是年，各单位开辟合作办医新途径。县人民医院与中日友好南京眼科医院合作，引进设备和专家，开展眼科疾病诊治。县中医院分别与中国联络中心淮安总代表、上海美国新世纪公司合作添置彩色经颅多普勒和日本岛津5000CT医疗设备。县皮肤病防治所与福建投资商合作，引进资金83万元，开办皮肤、性病门诊部。2005年，全县有县人民医院、县中医院2个县直医疗卫生单位，吕良、塔集2所中心卫生院和黎城、戴楼、金南、闵桥、银集、涂沟、前锋、陈桥、金北9所镇卫生院。

2005年金湖县医疗机构统计表

表37-2-5

单　位	创建时间	职工（人）	其中卫技（人）	核定床位（张）
县人民医院	1950.10	343	307	300
县中医院（第二人民医院）	1983.12	160	110	80
吕良中心卫生院（第三人民医院）	1951.03	38	32	20
塔集中心卫生院（第四人民医院）	1955.05	38	37	20
黎城镇卫生院	1956.03	45	38	30
戴楼镇卫生院	1984.04	26	23	15
金南镇卫生院	1955.07	45	38	15
闵桥镇卫生院	1952.07	26	22	15
银集镇卫生院	1956.02	29	27	15
涂沟镇卫生院	1953.08	25	20	15
前锋镇卫生院	1984.04	49	42	15
陈桥镇卫生院	1980.02	32	28	15
金北镇卫生院	1956.08	23	19	15

说明：县人民医院前身是1950年宝应县在金沟集镇建立的金沟区卫生所，为境内第一所公立医疗机构。1954年因洪水暴发迁入黎城（时因黎城集镇隶属金沟区）。是年，经宝应县卫生科批准，易名为金沟区医院。1958年5月，更名为宝应县黎城医院，7月更名为宝应县湖西人民医院。1960年6月，经金湖县人委批准，湖西人民医院升格为金湖县人民医院。

二、社会（单位）医疗机构

1986年，境内有省属农场医院2所、驻金部队卫生所3所、县属工厂（学校）医务室35所、个人开业诊所11户。省属农场医院以宝应湖农场职工医院规模最大，全院职工86人，其中卫生技术人员66人，房屋建筑面积3349平方米，门诊设临床科室11个和辅助科室11个，分3个病区，病床100张，下设3个卫生所。医院既为农场1万多职工家属服务，还对其周边的金湖乡镇群众开展服务，淮河入江水道行洪交通受阻时，是金湖县河北片的医疗中心。驻金部队卫生所一般不对外服务。单位医务室和个人诊所规模较小，大多为1人1室。县交通卫生所、化肥厂医务室、造纸厂医务室规模较大。交通卫生所有房屋6间，设诊断等科室6个，置观察床5张，下设水上新村分所，有工作人员11人，其中受过中等医学院校培训6人。交通卫生所主要承担交通系统下属11个单位8000多职工家属医疗服务。面向社会开放，开展星期天义诊，平日上门服务，在社会上有一定影响，曾受到市、县政府表彰。个人诊所中，吕良镇陈氏诊所规模稍大，设简易病床5张。

1993年后，个人申请开业诊所不断增加，其中以退离休的医务人员居多。企业改制后，工厂医务室相继解体。部分保留的医务室名为企业实为个人所办，并对外开展业务。个体诊所在竞争中得到发展，也有不少诊所被淘汰。宝应湖农场医院由于医务骨干分流到扬州水利工程建设总队医院，金湖县内乡镇卫生院建设逐步壮大，其对外服务功能逐步减弱。1995年后，县内完善卫生行业管理政策，鼓励社会资本兴办非营利性医疗机构。全县医务室、个人诊所办医条件逐步规范，每室（所）配有执业医师、护士，室内诊断、治疗、药房分开，有基本消毒隔离设施。2005年，全县有省属农场（厂）医院3所，工厂（学校）医务室18所，个人诊所14户。

第二节　医院选介

一、金湖县人民医院

位于县城人民路58号，占地面积5.1公顷，医疗用房7218平方米。1986年，有职工163人，其中医技人员107人，主治医师15人。设内、外、妇、儿、传染、老干部6个病区，门诊设有内科等11个科室和化验室等8个功能科室。拥有B型超声仪、400毫米X光机等大型医疗设备33件，年门诊11.4万人次，收治病人3707人，病床202张，病床使用率86.4%。1988年，增设急诊科、设备科、药材科、中心实验室。医院每年选送骨干医务人员到省、市医院进修深造，组织医务人员参加省内外各类培训班、学术会议。积极开展医学科研活动，每年开展新

图 37-2-1　金湖县人民医院（摄于2002年）　李义海／摄

技术10多项，在全国、省级医学刊物发表论文20多篇。医院接收、承担县内乡镇卫生院医务人员进修和淮阴卫校等医学院校学生实习任务。医院实行院长负责制、干部聘任制、技术人员聘用制，后勤部门承包等举措。

1991年，新建的6层综合病房楼投入使用，增设内二、外二2个病区；为院内高中级知识分子建设3400多平方米住宅楼。1996年被确定为扬州医学院实习基地，增设CT室、高压氧室、制剂室、病区建立重症监护病室。1997年成立血液透析中心。2002年8月，9层1.10万平方米综合病房楼启用，病区设中央空调、中心供氧、中心负压吸引、电视、电话、自动传呼等系统，装备美国全自动化分析仪和Proloo型监护仪等12件大型医疗设备。是年，成立全省第一个县级人体伤害临床司法鉴定中心，出台节假日、双休日免收病者挂号费等制度。

2005年，全院共有职工343人，其中医技人员307人；有主任医师4人、副主任医师24人、主治医师121人。医疗用房面积1.25万平方米，增设内三（内分泌、血液、肿瘤科）病区，全院总床位增加到300张。设有临床一级科室14个、二级专业组13个、医技科室10个、专科门诊25个，其中心血管内科、泌尿外科、神经外科、消化内科为全市确定的重点专科。拥有万元以上贵重医疗诊断设备167件、救护等用车4辆。年门诊9.7万人次，收治病人7641人次，初步形成集医疗、教学、科研于一体的综合性医院，先后被省卫生厅授予“二等甲级医院”“爱婴医院”等称号。

二、金湖县中医院

挂“金湖县第二人民医院”牌子，原为金湖县中医门诊部。1986年3月升格为金湖县中医院，编制65人，床位50张。1987年，在园林路新建1540平方米3层仿古综合门诊楼，1988年1月，医院迁入新址。设中医内科、中医妇产科、针灸推拿科、肛肠科、伤骨科等8个临床科室。翌年，开始充实大批西医专业人才，新建手术室、放射科用房110平方米，添置胃镜、超声诊断仪等现代化设备；住院部设内科、外科2个病区。1994年10月，徐则先被省卫生主管部门命名为“江苏省名中医”。1998年，经县卫生局批准，增挂“金湖县第二人民医院”牌子。新建综合病房楼，增设妇产科病区。2000年1月，设口腔病防治中心。是年8月，徐承祖被市卫生主管部门命名为“淮阴市十大名中医”。

图37-2-2　金湖县中医院（摄于1988年）　李义海／摄

2001年3月，设立体外震波碎石中心；设城东、城西、城中、衡阳路4个社区卫生服务站和第二门诊部。2001年，购置美国GE双排螺旋CT、意大利“百胜”彩色超声诊断系统、美国惠普B超等。2005年，开工兴建建筑面积6400平方米的智能化病房楼，增设外科、消化、妇产、五官、口腔、中西医结合肿瘤等科，开放床位80张；是年，全院在职职工160人，其中高级职称20人、中级职称50人；年门诊10.6万人次，年收治病人3800人次。初步形成以中西医结合为特色的综合性医院。

三、金湖县吕良中心卫生院

挂“金湖县第三人民医院”牌子，位于吕良镇。1986年，有医务人员32人，其中专业技术人员25人；有医疗用房895平方米，辅助用房204平方米，行政用房132平方米，生活用房668平方米；设内、外、妇、中医4个一级临床科室和化验、B超、放射3个辅助科室；置病床30张，下设孙集诊所。1987年，卫生院的大、中专医技人员陆续调离，治疗水平下降，病床减少到15张。为稳定和吸引人才，卫生院积极向上争取统配生，推行工资浮动改革，分配向一线人员倾斜，改善在职职工工作、生活、居住条件。新建手术室，购置恒温箱、干燥箱、光电比色计等医疗设备，开展生化检验。1990年，选送骨干医技人员到省、市医院进修深造，鼓励在职职工加强基本功训练，与省、市、县医院建立广泛业务联系，聘请专家来院坐诊、会诊手术，提高医院业务水平。

1996年，重新规划卫生院，投资83万元兴建1幢1100多平方米综合门诊楼，增设儿科、针灸理疗、心电图等科室。1999年再建1幢1100多平方米病房楼，设置病床17张、观察床8张。是年，经县卫生局批准，增挂“金湖县第三人民医院”牌子。2003年，卫生院重视院内美化、绿化，加强职工医德医风和精神文明建设，为病者提供优质服务，得到社会认可和好评。2005年，全院职工38人，其中卫技人员32人，本科学历1人、大专学历26人；拥有进口胃镜、GE180B型超声诊断仪、万能手术床、麻醉呼吸机、心电监护仪、高频电刀、急救车辆等医疗设备。内科能成功抢救心肌梗死、心力衰竭等重危病人，外科能开展甲状腺部分切除、胃切除等手术，妇产科能开展卵巢囊肿切除、子宫切除等妇科疾病医治，中医科能开展肝胆疾病、妇科疾病诊治。卫生院常年开展农村常见病、多发病诊治、危重病人应急处理和计划生育技术指导，为县内河北片医疗、救护、预防保健技术中心。

四、金湖县塔集中心卫生院

挂“金湖县第四人民医院”牌子，位于塔集镇。为县内东南片的医疗、救护、预防保健中心。1986年，有员工28人；设内科、外科、中医科、妇产科、眼科、五官科、口腔科等临床科室和化验、B超、放射3个辅助科室，置病床15张；有医疗用房458平方米，辅助用房200平方米；1987年后，卫生院专业技术人员相继调离，治疗水平下降。为稳定和吸引人才，卫生院在改善职工待遇、生活、居住条件上狠下功夫，同时选送骨干医生到省、市医院进修深造，鼓励职工加强业务技能的培训，与上级医院建立广泛的业务联系。1991年，聘请上海长征医院眼科专家戴干来院坐诊，给周边眼疾患者带来福音，同时为卫生院培养了眼科人才，提高卫生院业务水平。1995年创建为“一级甲等”卫生院、1996年评为“爱婴医院”，是县医保和合作医疗定点医疗机构。1999年，经县卫生局批准，增挂“金湖县第四人民医院”牌子。

2000年，新建1幢780平方米的病房楼，设置病床20张、观察床位4张，对院内环境进行美化、绿化，加强职工的医德医风和精神文明建设，以病人为中心，全心全意为病人服务，取得社会效益与经济效益双丰收。2005年，全院有员工36人，其中卫技人员32人，拥有500毫安X光机及闭路电视影像增强系统、全自动洗片机、美国进口GE180型B超诊断仪及工作站、美国进口脉道多功能测定仪、十二导联心电图仪及工作站、生化分析仪、尿液分析仪、血球计数仪、进口多功能心电监护仪、眼裂隙灯、多功能微波治疗仪、进口电子胃镜等先进设备。开设有特需病房。卫生院具备处理内科急、危重症、脑血管意外、重度口服有机磷农药中毒、难治性高血压病、心功能不全等方面的技术水平，在同类单位中处于领先地位；常规开展胆囊摘除术、脾切除、前列腺手术、难产的处理、剖宫产手术、子宫肌瘤和附件肿瘤手术、眼科手术、超声洁牙术。为县内东南片医疗、救护、预防保健技术中心。

五、金湖县戴楼镇卫生院

位于戴楼镇。1986年，全院职工10人，其中卫技人员7人。拥有30毫安X光机、医用显微镜等设备。开设内、外、妇、防保和放射、检验等科室，设有观察病床5张，为全镇提供常见病、多发病诊治和计划生育、预防保健等服务。有业务用房318.5平方米。1987年，调进中专毕业生2人，兴建职工食堂及宿舍140平方米。1990年，兴建门诊医疗办公用房475平方米，增设中医科。添置心电图机1台，扩建防保所办公用房127平方米。2000年乡镇区划调整后，原官塘乡卫生院并入，下设官塘社区卫生服务站。全院工作人员增加到27人。2001年兴建手术室、产房和辅助用房259平方米，添置手术床和手术器械，置病床13张。2002年添置高压蒸汽灭菌器、高频电刀、电动吸引器、胎心监护仪、半自动生化仪、全电脑微波治疗仪等医疗设备，开展血液生化检验。

2003年，投资40万元兴建门诊办公楼。调进医学院校大专生3人，建立骨科、内科、妇科、口腔科为主的人才群体。2004年，投资近50万元兴建防保所办公楼及辅助用房，铺设院区水泥地面710平方米。购置双床双管300毫安X光机、6参数心电监护仪、B超诊断仪、血糖仪、HVJ-880M呼吸机、KY-M麻醉机、尿液分析仪等一批医疗设备，增设生化室和B超室，开展X光摄片、超声学诊断。2005年，全院职工26人，其中卫技人员23人；中级职称5人；大专以上学历14人。投资20万元改（扩）建病房486平方米，核定床位15张，实际开放床位24张，病房配套空调、电视。

第三节　医疗服务

一、门诊　住院

门诊　1986年，县人民医院门诊13.06万人次，县中医院3.31万人次，中心卫生院7.42万人次，乡镇卫生院49.99万人次。1988年，县人民医院始设心血管、泌尿等专科门诊，定期为病人服务，特种检查采取预约办法。2005年，县人民医院门诊9.73万人次，县中医院9.02万人次，中心卫生院4.41万人次，乡镇卫生院23.46万人次。

住院　1986年，县人民医院病房出院病人4035人次，治疗好转率86.7%；县中医院病房出院病人220人次，治疗好转率80%；中心卫生院病房出院病人1711人次，治疗好转率73%；乡镇卫生院病房出院病人5149人次，治疗好转率71.8%。县人民医院住院病人中消化系统疾病、妊娠分娩及产后病、呼吸系统疾病、外伤、肿瘤位居前5位；1987年，县人民医院、县中医院开设家庭病床36张，由于人员和管理等原因，不久停开。2005年，县人民医院病房出院病人7641人次，治愈好转率85%；县中医院病房出院病人2576人次，治疗好转率73%；中心卫生院病房出院病人593人次，治疗好转率75%；乡镇卫生院病房出院病人7209人次，治疗好转率71%。县人民医院住院病人中呼吸系统疾病、消化系统疾病、妊娠分娩及产后病、循环系统疾病、外伤位居前5位。

1986—2005年金湖县医疗机构门诊、住院统计表

表37-2-6　　单位：人次

年份	医疗机构	门诊诊疗	观察室病人	病房出院病人	出院病人治愈	出院病人好转
1986	县人民医院	130611	1961	4035	2807	693
	县中医院	33138	—	220	100	78
	中心卫生院	74240	59	1711	951	264
	乡镇卫生院	499900	2617	5149	2639	1058
1987	县人民医院	162591	1181	4222	1906	738
	县中医院	45228	—	157	93	55

接上表

年份	医疗机构	门诊诊疗	观察室病人	病房出院病人	出院病人治愈	出院病人好转
1987	中心卫生院	50317	333	1401	679	231
	乡镇卫生院	547213	2802	5920	3148	1350
1988	县人民医院	178503	1810	5284	2696	806
	县中医院	45632	201	549	317	201
	中心卫生院	52066	141	1694	851	285
	乡镇卫生院	547213	2396	6651	3606	1344
1989	县人民医院	162131	1673	5279	2616	926
	县中医院	41816	—	1157	604	477
	中心卫生院	64984	204	1521	695	250
	乡镇卫生院	512614	2269	5268	2579	1044
1990	县人民医院	138878	1853	5696	2960	1180
	县中医院	40659	—	999	486	452
	中心卫生院	69982	68	1577	730	258
	乡镇卫生院	517625	3232	4612	2330	844
1991	县人民医院	147595	2017	5775	2968	1240
	县中医院	32899	2846	984	428	499
	中心卫生院	31015	101	471	360	89
	乡镇卫生院	164856	11404	1845	1433	333
1992	县人民医院	149957	1604	5737	3263	1332
	县中医院	34670	3387	1071	395	545
	中心卫生院	33413	113	455	350	84
	乡镇卫生院	171606	13362	1845	1373	369
1993	县人民医院	131068	1789	5577	3372	1366
	县中医院	35817	3267	1094	489	460
	中心卫生院	35595	132	478	383	67
	乡镇卫生院	168471	12779	1903	1408	401
1994	县人民医院	121758	1754	5884	3541	1466
	县中医院	31469	3165	1095	507	430
	中心卫生院	35947	112	483	363	83
	乡镇卫生院	174965	11535	2002	1483	395
1995	县人民医院	126618	2368	5433	3086	1453
	县中医院	29965	4784	1125	500	442
	中心卫生院	37719	137	469	342	91
	乡镇卫生院	179504	14889	2027	1534	381

接上表

年份	医疗机构	门诊诊疗	观察室病人	病房出院病人	出院病人治愈	出院病人好转
1996	县人民医院	125279	2630	5494	3250	1459
	县中医院	27454	6104	1072	519	392
	中心卫生院	37741	102	484	355	84
	乡镇卫生院	177691	12193	1977	1532	352
1997	县人民医院	141106	851	5591	3281	1628
	县中医院	33269	1554	1186	656	318
	中心卫生院	38973	117	483	374	72
	乡镇卫生院	184440	12433	1994	1534	379
1998	县人民医院	120585	124	5350	3054	1588
	县中医院	46819	1440	1318	654	382
	中心卫生院	40686	122	468	339	80
	乡镇卫生院	194861	13111	2053	1588	384
1999	县人民医院	120161	135	5546	3006	1793
	县中医院	55121	1356	1350	618	434
	中心卫生院	41379	101	474	350	83
	乡镇卫生院	191506	12947	2033	1564	394
2000	县人民医院	122311	73	5725	2922	2057
	县中医院	100903	1767	1565	740	486
	中心卫生院	42876	127	484	360	86
	乡镇卫生院	207252	13049	2367	1905	394
2001	县人民医院	89180	21	5674	2911	1998
	县中医院	104433	1938	1570	675	527
	中心卫生院	45055	138	502	386	81
	乡镇卫生院	210787	15100	2483	1993	408
2002	县人民医院	72352	—	5860	2955	2111
	县中医院	91731	2100	1778	749	591
	中心卫生院	47475	156	496	384	81
	乡镇卫生院	209746	14020	2560	2036	437
2003	县人民医院	67657	—	5633	2959	2324
	县中医院	89873	1486	1778	682	763
	中心卫生院	44013	147	490	391	75
	乡镇卫生院	225819	16225	2927	2347	500
2004	县人民医院	73253	39	6383	2962	2436
	县中医院	80188	1229	2132	873	807

接上表

年份	医疗机构	门诊诊疗	观察室病人	病房出院病人	出院病人治愈	出院病人好转
2004	中心卫生院	41972	161	507	395	94
	乡镇卫生院	223463	17767	3133	2409	625
2005	县人民医院	97261	397	7641	3232	3301
	县中医院	90221	1167	2576	1007	890
	中心卫生院	44071	174	593	327	120
	乡镇卫生院	234609	19383	7209	4484	657

1986—2005年部分年份金湖县人民医院住院病人前十位疾病构成统计表

表37-2-7

疾病种类	1986			1990			1995			2000			2005		
	人数	构成（%）	位次	人数	构成（%）	位次	人数	构成（%）	位次	人数	构成（%）	位次	人数	构成（%）	位次
消化系统疾病	814	20.2	1	829	14.6	2	806	14.8	2	986	17.2	1	1201	15.7	2
呼吸系统疾病	486	12	3	733	12.9	3	801	14.7	3	856	14.9	3	1234	16.1	1
传染病	454	11.3	4	468	8.2	4	344	6.3	5	260	4.5	8	287	3.7	8
外伤	287	7	5	399	7.0	5	674	12.4	4	677	11.8	4	652	8.5	5
循环系统疾病	159	4	7	211	3.7	7	275	5.0	7	452	7.8	6	728	9.5	4
妊娠、分娩及产后病	810	20	2	2034	35.7	1	1470	27.0	1	959	16.7	2	1025	13.4	3
肿瘤	231	5.7	6	238	4.2	6	293	5.3	6	461	8.0	5	474	6.2	6
泌尿系统疾病	155	3.8	8	91	1.6	9	226	4.1	8	338	5.9	7	401	5.2	7
女性生殖器疾病	51	—	—	52	—	—	80	1.4	10	145	2.5	9	401	5.2	7
新生儿疾病	137	3.3	9	200	—	8	127	2.3	9	82	1.4	10	199	2.6	9
内分泌、营养及代谢病	45	—	—	61	—	—	45	—	—	79	—	—	288	3.7	8
耳病	16	—	—	18	—	—	25	—	—	49	—	—	134	1.7	10

二、急　救

1986年，县、乡（镇）医疗机构均设有抢救室，配有一定医疗器械和药品。县人民医院率先配齐五机（心电图机、呼吸机、电动洗胃机、心脏起搏器、电动吸引器）、八包（气管切开包、静脉切开包、输血包、输液包、胸穿包、腰穿包、导尿包、缝合包），以应对急诊病人需求。各医院严格抢救记录，对病人到达时间、医生到达时间、抢救时间、用药时间、药品剂量等均一一详细登记。县卫生局经常组织人员深入各医院夜间突击查岗，模拟病人应诊，检查各医院应急能力和水平。1988年，县人民医院设立急诊科，配固定护士，医生由各科室轮流排班，设观察床10张，单独设置挂号、化验、药房和收费室，全天24小时对外服务，装备现代化的供氧和通信设备。县内其他医疗单位由分管院长、医疗组（科）长、护士长等组成抢救组织，设备和药品实行定品种、定数量、定位置，随时处于完好备用状态。很多单位在急诊处设有醒目标志，白天有路标，夜间有灯光。

1993年，经几年实践，医疗单位总结梳理出内科白天少下班后多、创伤一早一晚多、冬季呼吸道感染病人多、雨雪天骨折病人多、夏季农药中毒病人多的急诊一般规律后，对症备药，安排人员，迅速开展抢救工作。产科急诊建立绿色通道，减少入院时繁琐程序。是年4月12日，县精细化工厂对氨车间发生爆炸，10多名工人被烧伤，县人民医院紧急动员，各科室快速调度，通力协作，全力抢救伤员，无1人死亡。1997年，县人民医院首次采用微量输液泵用于危重病人抢救和治疗。1998年，建立重症监护（ICU）病房，对患者心率及心律、呼吸、血压、中心静脉压、体温、末梢脉搏等进行监护，病情变化能及时发现并处理。是年2月17日，县内一起特大交通事故造成27人伤亡，县人民医院接警后派出抢救小组快速赶赴事故现场，为抢救病人生命赢得宝贵时间。

2000年起，县乡各医疗机构注重抢救基本技术训练，县医学会、县卫校对基层医务人员多次举办心肌梗塞、脑血管意外、重症休克、心脏骤停、心肺复苏等知识培训。县人民医院开展急救技术操作比赛，促进抢救技术水平提高。县中医院对急救工作加强督察力度，采取平时随时查、每月重点查、季度全面查，以保证抢救工作及时、准确、合理、有效。2004年12月，县卫生系统自筹资金100余万元，购置急救车3辆和急救药械，配备医务人员13人，建立县急救站，开通“120”全国统一急救电话号码。至2005年底，急救站共出动急救车325辆次，为228名危急病人提供急救服务，其中为151名病人赢得宝贵时间。是年，全县共抢救重危病人921人，抢救成功率82%。

三、健康体检

医疗单位每年承担征兵、招生和招工等健康体检。1986年，全县抽调以县人民医院为主的医务人员24人，在县人武部设征兵体检站。体检站置内、外、五官、血压、听力、视力、放射、检验、统计等科室。全县初选应征青年599人到体检站接受体检。初检合格368人，特种检查中肝功能及乙肝表面抗原不合格62人，X线胸透不合格6人，淘汰率18.5%，总合格人数300人，合格率50%。县人民医院为县内各类招生的固定体检单位，1986年，抽调医务人员17人参加招生体检。体检531人，合格143人，合格率26.9%；合格限考生382人，合格率71.9%，不合格4人，占0.7%。县人民医院承担县属全民、集体企事业单位招工、招干人员上岗前体格检查，车辆船舶驾驶员领驾驶证前的体格检查，高中级科技人员、干部、教师、残疾人的体格检查。征兵体检和政审严格把关，连续9年无责任退兵，1990年县受到省军区、市军分区表彰。招生体检，从报考各类院校的考生全部体检到对达分数线的考生进行体检，后又改为对预考通过的考生进行体检，体检工作量逐步减轻。1990年，县人民医院建立病退、工伤事故丧失劳动能力鉴定小组，负责对全县交通事故、工伤、病退对象的伤、病情鉴定工作。1995年，完成征兵任务体检195人和高考生体检328人。实现15年无责任退兵。1996年10月，县人民医院为高级专业技术人员239人进行健康体检。2005年，完成征兵任务体检147人，实现25年无身体责任退兵；完成高校招生体检1336人，无1例身体责任退学。在对高中级科技人员、干部及教师体检项目中增加心电图、B型超声波、血脂分析、空腹血糖、肝功能及乙型肝炎表面抗原检测等内容。

四、采供血

1986年，县内实行有偿献血，有献血员1500余人，每年各医疗单位临床用血量约25万毫升。1992年7月，建立县人民医院血站。为加强用血安全，县卫生局于1995年8月8日发出《关于加强临床用血管理的通知》，要求执行以县人民医院血站为中心的“三统一”（统一采取、统一供血、统一管理血液），采血前须对献血员进行甲肝、乙肝、丙肝、艾滋病、梅毒抗体或抗原检测，严格执行交叉配血和用血查对制度。1996年3月，省卫生厅同意将县人民医院血站划为独立机构，设立金湖县中心血库。

1998年10月1日,《中华人民共和国献血法》实施。1999年5月15日,县政府出台《金湖县无偿献血管理暂行办法》,确定县中心血库为金湖采集提供临床用血的唯一机构,号召国家工作人员、现役军人等为献血树立表率,规定每公民献血一般在200毫升,最多不超过400毫升,每次采血间隔不少于6个月。献血者发给献血证书,无偿献血量累计在800毫升以内,本人按献血量的3倍免费用血,超过800毫升,享受终身免费用血,其配偶和直系亲属需要用血可按献血者实际献血量等量免费用血。择期手术病人需要用血,动员其家属、亲友和所在单位互助献血。7月29日,县政府召开无偿献血动员大会,至年底,全县共有2300多人自愿参加无偿献血签名,有11个单位241人参加无偿献血,献血量4.82万毫升。此后,县内开始从有偿献血向无偿献血过渡。

2000年5月《江苏省献血条例》颁布,县卫生局组织医务人员在县城主要街道宣传,至年底,全县有770人次参加无偿献血,占临床用血31%。2001年,县中心血库通过省级评审。为节约用血,科学用血,县人民医院始开展成分输血。2004年,县中心血库划归淮安市中心血站,全县无偿献血由指令性计划向自愿无偿转移,一次献血200毫升向400毫升、一次献血向多次献血转移,献全血向成分血转移,无偿献血工作从县城向农村延伸。至2005年,全县无偿献血2672人次,献血53.54万毫升,占临床用血98%,成分血使用率56.8%。

第四节　护　理

1986年,全县有护理人员149人,其中护师55人、护士91人、护理员3人,护理人员占卫技人员数24.1%。县人民医院设内、外、妇、传染、老干部病区、门诊、手术室、供应室8个护理单元。供应室划分污染区、清洁区、无菌区,以防范院内交叉感染。在功能制护理基础上推行责任制护理,变被动执行医嘱为主动关心病人整体状况。实行危重病人护理计划、护理查房、护理病历书写、组织个案查房。规范“四车八盘”(治疗车、护理车、换药车、抢救车,注射盘、输液盘、皮试盘、导尿盘、灌肠盘、口腔护理盘、皮肤护理盘、备皮盘)。县中医院逐步配备护理人员,按照县级医院要求和中医院特点执行各项护理操作,用四诊(望、闻、问、切)方法观察病情、食疗法指导病员膳食营养、中医病名和术语记录护理日志和交接班记录。乡镇卫生院护理人员掌握给氧、吸痰、导尿、洗胃技术和徒手心肺复苏的规范化操作。全县护理人员待遇不断提高,在岗护士在增加护龄津贴的同时,1989年提高工资10%;护士享受医生同等晋升待遇。1989年符合条件的护士晋升主管护师9人。

1991年,按照二级医院标准和要求,县人民医院率先制定等级护理13项工作制度。县中医院始设护理部、总护士长。中心卫生院制定特级、一级、二级、基础护理、病房管理、消毒隔离等项标准,成立护理质量检查小组。后实行护士长手册制度。乡镇卫生院设护士组长,制定各级护理人员工作职责、各种护理工作制度、护理操作程序和各种护理常规。全县开展护理技术比武竞赛活动,促进护理技术水平提高。1993年,县人民医院护理部从医务科划出成立独立职能部门,晋升副主任护师1人。1998年,县人民医院选派护理骨干14人参加全国及省市举办的护理培训,4月,率先在内一、外二两病区开展整体护理,从生理、心理、社会及疾病等几个方面全面评估病人,做出护理诊断。年内,在内二、外一、妇产科病区全面推开。是年,县中医院加强示范病区建设,促进护理质量提高。乡镇(中心)卫生院规范体温单、医嘱单、医嘱本、特护单、交班报告护理文件书写,提高护理质量。

2003年,县卫生局修订护理质量考核标准,引进扬州大学护理专业本科生1人。2005年,全县有护理人员211人,其中副主任护师2人、主管护师52人、护师64人、护士91人,领取护士执业证书204人。县人民医院护理单位增加到14个,县中医院增加到6个。

第五节 医疗技术

内科 1986年，县人民医院开展心血管系统疾病诊断，首次启用心电监护仪；县中医院能进行内科危重病人抢救。1988年，县人民医院开展脑电图、脑血液图、心脏二维超声检查，神经系统、心脏疾病诊断水平得到提高。1989年，开展肝穿刺、自体腹水回输诊疗肝脏疾病，同时采用抗病毒干扰素、阿昔洛韦、白细胞介素协同免疫调节剂治疗各类型肝炎。1990年，首次使用量子血液疗法治疗脑血管意外瘫痪多年的病人获得成功。是年8月，采用多种复苏办法成功抢救一名昏迷10天、心跳停止7次、自主呼吸停止1周的重症格林巴氏综合征患者。中心卫生院能开展肾功能衰竭抢救和部分肿瘤诊断。1993年，乡镇卫生院心电图机、B超机普及，内科疾病诊断水平得到提高。1997年，县人民医院消化科成为市重点专科。1998年启用血液透析机治疗急、慢性肾病功能衰竭及各种中毒和难治性心衰病人。是年，心血管科开展人工心脏起搏器安置术，呼吸科开展纤维支气管镜检查和活检术，内分泌科开展人胰岛素的临床应用和甲状腺的常规诊治，传染科开展胸腔置管引流治疗难治性胸水。院内首次设立高压氧治疗室。1999年，开展血液灌流抢救大量安眠药中毒。2000年，开展经股动脉插管脑血管造影术和性激素水平测定，心内科开展心脏彩色多普勒诊治心脏疾病。2001年，消化科启用电子内窥镜，开展急性消化道大出血患者诊疗，胃镜下治疗胃息肉、胃肿瘤，对晚期食道癌病人经手术扩张食道后再置金属支架，开展经皮胃镜下胃造瘘术。2004年，心血管科成为淮安市重点专科，添置中心监护系统和微波内镜治疗仪。呼吸内科开展无创机械通气。2005年参与市级课题“缺氧诊疗因子—1a与肝癌血管生成的关系”的研究。

外科 1986年，县人民医院泌尿、骨科、胸外、神经外科等专科已基本健全。开展奥狄氏括约肌成形术、各型颅脑外伤、血肿消除术、去骨瓣减压术、颅内表浅层肿瘤和椎管内占位手术。开展右开胸术三切口食道上段癌切除、颈部食管胃吻合术、心包剥脱术、肺叶切除术、门腔静脉搭桥分流术、全膀胱切除术、输尿管乙状结肠吻合术。县中医院开始配有外科医生，能开展上腹部手术。乡镇（中心）卫生院因骨干医生进城，仅有9所卫生院能开展下腹部手术。1987年，县人民医院开展哈氏棒脊柱内固定及髌骨骨折外固定术、垂体经额肿瘤切除术。1988年，开展经皮肝穿刺置管引流术。1989年，开展小脑半球肿瘤切除、桥小脑角占位切除术。1990年，开展重复肾切除、肾癌根治和腹主动脉旁淋巴结清扫术、人工股骨头置换术、立体定向治疗帕金森氏症、精神分裂症、狭颅症颅缝重建、颅骨整形术。1991年，开展二尖瓣直视分离术、直肠癌根治保留肛门低位吻合术，食道狭窄扩张术。1995年，开展脑室出血脑室外引流术。1997年，开展脑室腹腔分流术、颅内及椎管血管畸形出血畸形血管切除术。是年，神经外科成为市重点专科。1998年，开展腹腔镜微创手术，治疗胆囊、阑尾等疾病。开展胰十二指肠切除术、前列腺电气化术、下腔静脉修补术。2000年，施行疝环充填式无张力疝修补术、骨盆骨折切开复位内固定术、腰椎滑脱后路复位椎间植骨融合内固定术。2005年，开展胸腔镜下肺大泡切除术、漏斗胸整形术和周围神经鞘瘤切除术。

妇产科 1986年，县人民医院开展滋养叶细胞肿瘤、绒毛膜上皮癌、卵巢癌诊治。1995年，启用早产婴儿保温箱，施行早孕药物引流。1997年，腹腔镜下行宫外孕、子宫肌瘤手术。1998年，开展中晚期妊娠，包括足月过期妊娠米索引产。非米司酮应用于子宫肌瘤、子宫内膜异位症和更年期综合征治疗。2000年，开展下腹横切口剖宫手术、施行无痛分娩。2004年，开展宫颈癌根治术。2005年，开展子宫破裂修补及子宫全切术，子宫内翻经阴道及腹部整复术。

儿科 1986年，县人民医院儿科从内科划出，添置保温箱、远红外复温床、蓝光仪，收治新生儿黄疸、肾病综合征等。1990年，施行颈静脉、股静脉穿刺术。2002年，开展血液流变学检测在过敏性紫癜患儿中的临床应用价值研究。2005年，开展后囟门、硬膜下腔穿刺及气管插管、超声雾化吸入等诊治项目。

口腔科　1986年，县人民医院因口腔科骨干医生调离，仅开展拔牙、颌面部损伤处理和牙龈、牙周、牙体等常见病诊断和治疗。1990年，口腔科技术人员得到充实，开展涎腺手术、齿槽骨手术、上下颌骨切除、颌面部肿瘤切除及部分整容手术。1995年，开展固定、活桥及全口牙修复术。2000年，施行瓷冠铸造不锈托镶牙新项目。2000年1月，在县中医院设口腔病防治中心。2005年，启用牙科摄片机，超声波牙机治疗牙周病。

五官科　1986年，县人民医院开展声带息肉摘除术、电子喉镜检查、鼻内镜手术、支撑喉镜喉部肿物切除术、喉裂开术、半吼切除术、食道异物取出术、下鼻甲切除术、斜视矫正术、眼球内异物取出术，提上睑肌缩短术、翼状息肉切除术、睑内外翻矫正术、睑肿瘤切除术。1990年后，开展眼科显微手术、青光眼滤过性手术、白内障摘除加人工晶体植入术。2005年，开展超声乳化摘除白内障加入人工晶体植入术。

皮肤科　1986年，县人民医院开展皮肤结核、红斑狼疮、神经皮炎、玫瑰糠疹、牛皮癣诊治。1991年后，开展高频电刀治疗尖锐湿疣、寻常疣、纤维瘤。2005年增设液氨浸冷或冷冻治疗多种皮肤病、采用脱甲法治疗甲癣。

麻醉科　1986年，县人民医院开展支气管内麻醉，1998年开展降温降压在静脉全麻中的应用和右侧全肺切除、后颅凹肿瘤的麻醉处理。2002年开展清醒状态纤维支气管镜引导支气管插管。2005年，手术麻醉实现监测电子化、呼吸自动化。

中医科　20世纪80年代，农村中医建设开始出现滑坡。1986年，县中医门诊部升格为县中医院后，县重视中医专科建设，陆续选派年轻医生外出进修。中医院先后设置针灸、推拿、伤骨、肛肠、妇科、儿科、外科等专科，中医科室逐步齐全。1988年，成立县中医学会，开展中医学术活动。在全县中医人员中进行中医病历书写规范和普及工作，将中医病历书写列入单位考核和个人晋升内容。90年代初，全县乡镇卫生院所设中医科仅占50%，运用中医中药诊治疾病不到20%。中医经济效益远远不如西医，许多中医生弃中从西，或半中半西。1990年，县中医院加强中医学研究，总结吴鞠通外感热病诊疗经验、李中梓辨疑验案，提高中医理论水平。1994年10月，县中医院副主任中医师徐则先被省卫生主管部门命名为“江苏省名中医”。1995年，县中医院设计生产中药制剂20多个品种应用临床，“桔红半夏口服液”治疗咳嗽，被临床广泛推广；“增脉汤”治疗病窦综合征，活血化瘀治疗支气管扩张咯血；“消痔灵”治疗阴道前庭大腺囊肿；针灸治疗面神经麻痹及三叉神经痛疗效良好。县人民医院研制的“益宁心胶囊”，在该院制剂室批量生产，用于治疗冠心病、高血脂。前锋镇卫生院加强中药散剂研制和开发，解决煎熬药汤的不便。

图 37-2-3　县中医院专家义诊（摄于2000年）　县志办／供

1998年5月，县开展创建农村中医工作先进县活动，重点加强镇、村医务人员中医基础知识培训，加大对中医事业投入，许多乡镇卫生院恢复或重建中医科、中药房，中药和中成药使用率逐渐上升。吕良中心卫生院中医肝胆专科、黎城镇卫生院脾胃专科形成特色，在社会上有一定信誉。2000年8月，县中医院副主任中医师徐承祖被市卫生主管部门命名为“淮阴市十大名中医”。经3年努力，2001年金湖通过江苏省农村中医工作先进县评审。2005年，全县医疗机构中有中医43人，其中副主任医师3人、主治医师13人、医师16人；中药剂34人，其中主管药师8人、中药师20人。镇、村医疗机构中临床运用中药、中成药占整个诊疗活动30%以上。县中医院在“止嗽散”加减治疗感冒后咳嗽、“半夏泻心汤”化裁治疗糖尿病性胃软瘫、“蓝薏银翘汤”治疗水痘、“补阳还五汤”加味治疗糖尿病周围神经病变等方面效果显著。

中西医结合 1986年，县卫生局举办高年资中医人员西医学习班，学习现代医学理论，掌握运用现代医疗设备知识，提高诊断水平，实现中医人员从单纯辨证施治向辨病相结合的转变。县人民医院鼓励一线医务人员学习中医，加强中医诊治疾病整体观念的认识。县卫校开设中医基础课，并多次举办镇、村医务人员中医学习班，促进基层医务人员对中西医医学理论知识相互贯通。1993年，县中医院开展中西医结合科学研究，从临床实践着手，用现代科学方法，对疾病进行详细临床检查，运用中西医结合方法治疗卡他中耳炎、喉源性咳嗽、腰椎退行性变等。在运用中西医结合方法治疗混合痔、肛裂、肛瘘、慢性结肠炎和顽固性皮肤瘙痒症等方面取得独特疗效。妇产科对不孕症、月经病、更年期综合征治疗积累一定经验。白马湖乡卫生院应用“百合固金汤”加减，治疗肺结核西药化疗期间不良反应，取得满意效果。县人民医院把中医调动内因和西医控制外因有机结合起来，开展慢性肝病结合抗病毒治疗研究，自制生产“护肝口服液1、2、3号”应用临床；开发“复方泰利必妥滴耳液”“保元生脉饮口服液”等中成药制品。2001年3月，县中医院投资60万元，购置CRMS—VⅠ型体外震波碎石中心，采用“碎、溶、排、防”四法并举辨证施治综合治疗方法治疗泌尿系统结石，为全县结石病治疗开辟新渠道。运用“洁肤灵洗剂”配合西药甲硝唑治疗细菌性阴道炎，“固体愈疡方”联合西药奥美拉唑治疗幽门螺旋杆菌相关消化性溃疡，微波结合中药治疗鼻出血、过敏性鼻炎、耳郭假性囊肿、慢性咽炎、慢性扁桃体炎等，取得一定成果。部分卫生院采用中西医结合治疗骨折病人，恢复快、花钱少，受到群众欢迎。2005年，县中医院设有中西医结合五官科、中西医结合肛肠科、中西医结合肿瘤科。运用中医辨证整体观和西医定性、定量、定位的检查方法，制定一些疾病合理治疗方案，使中西医结合工作出现新局面。

第六节　医学教育科研

一、医学教育

概况 1986年，医学教育纳入县医疗卫生单位考核内容，各单位将在职医务人员“基本理论、基本知识、基本技能”训练作为医院一项重要工作。县卫生局对各类人员实行不定期统考，推动全县医学教育工作开展。对“文化大革命”中进入卫生系统的非卫技人员，动员参加培训，取得一定技能，方能从事卫生技术工作。1990年，全县青年医务人员23人被录取到市各类职工中专内招班学习，接受系统教育。对具有一定学历的骨干医务人员，根据单位需要，每年有计划分期分批送外地进修深造。鼓励在职人员通过自学、函授等多种形式不断提高理论知识及实践操作水平。

1992年，成立金湖县卫生系统继续医学教育委员会，负责指导全县医学教育工作。利用医学会人才资源和县卫生进修学校教学阵地，举办各类短训班、专题讲座。在学习计划中兼顾医、技、护各学科，讲座内容力求新颖、实用。1993年，乡镇卫技人员参加县内举办的妇幼、化验、中医等培训班122人。县级医疗单位自办“抗菌素合理使用”等20个专题讲座，接受教育520多人次。系统全员培训率61%。1994年11月，全县实施《江苏省专业技术人员继续医学教育证书制度实施办法》，规定高、中级医务人员脱产接受教育平均每年不少于75学时，初级卫技人员不少于45学时。县始发卫生技术人员继续医学教育证书，与外出进修人员签订培训合同，将继续医学教育作为对卫技人员专业技术职务评聘、续聘和晋升的必要条件。

1996年10月，县卫生局对全县妇产、检验、防疫、放射、药剂等5个专业45岁以下的卫技人员168人进行业务水平摸底考试。1997年，全县600多人参加各种形式医学专业学习，县直医疗单位住院医师规范化培训率100%。2002年9月，县卫校与南京中医药大学联合办学，学员脱产学习取得中医大专学历32人。参加全国各类自学学历教育60多人，中专生取得大专学历36人，大专生取得本科学历18人。2004年，全县医务人员300多人参加"好医生"网站学习。2005年，采取普遍轮训与定向专业培养结合、基本技能培训与专科技术进修提高结合、脱产深造与以老带新结合，提高全县消化、呼吸、内分泌、骨科、胸外、泌尿、妇产、儿科等科室技术水平。

金湖县卫生进修学校　前身为1980年县人民医院创办的卫生学校（院办校），1984年6月10日，县人民医院卫生学校升格并更名为金湖县卫生进修学校，为县卫生局直属独立教学单位。校址位于县人民医院后院。1986年，有教学楼1幢，建筑面积392平方米，人体模型、投影仪等教学用具价值万元以上。配有校长1人、员工2人，根据需要聘请县直医疗卫生单位高年资医护人员兼任教师。学校主要承担在职乡村医生轮训工作，学习内容以医学基本理论为主，学制1年以上。每年还定期或不定期举办各类短训班，主要培训对象为县乡医护人员，学习新知识、新理论、新技能，时间一般3~5天。1986—1987年，有2年制职业医士班在校生51人。职业医士班学员毕业时，学校发给职业高中文凭，由各乡镇择优聘用。

农村合作医疗解体后，举办乡村医生培训班（即初训），学制1年。1988年4月至1989年6月，举办全县第一期乡村医生初训班，招收在职未经过培训的乡村医生，入学55人，结业后返回原村卫生室工作；1992年2月至1993年2月，举办第二期乡村医生初训班，招收学员62人。1994年，学校始配教导主任1人。1994年3月至1995年3月，举办第三期乡村医生初训班，招收学员64人，其中金湖县学员49人、代培邻县学员15人。1995年4月至1996年4月，举办1年制在职乡村医生函授班，招收未经培训过的乡村医生37人。

1997年，乡村医生初训任务基本完成后，学校开始转向乡村医生系统化培训（即复训）。学制2年（含半年实习），学校统一使用全国11省市编印的中专教材，按省卫生厅制订的教学大纲组织教学，对结业合格者发给省卫生厅统一印制的"医学系统化培训证书"，承认中专学历。1997年3月至1999年3月，举办全县第一期乡村医生复训班，招收学员49人；1999年5月至2001年5月，举办第二期乡村医生复训班，招收学员52人。2002年，为解决县内中医人员缺乏，学校利用教学阵地，与南京中医药大学成人教育学院联合办学，开设中医大专班。是年，学校始建学员食堂、卫生间等辅助用房，配置电脑2台，并配有副校长2人。9月，经考核，录取县内在职医务人员41人（含系统外8人）脱产学习，学制3年。2003年10月至2005年10月，举办第三期乡村医生复训班，招收学员51人。2005年，中医大专班毕业，有32人取得中医大专学历。1986—2005年，学校举办乡村医生培训班8期、中医大专班1期，共培训462人。在举办长期班的同时，还举办各类短训班32期，接受培训共有1295人次。

1986—2005年金湖县卫生进修学校举办短期培训班一览表

表37-2-8

日　期	培　训　内　容	时间（天）	参加对象	人数（人）
1986.4	计划免疫	5	防保组长	36
1987.9	医学古文知识	7	中医生	26
1987.10	中学西基本知识	20	中医生	21

接上表

日期	培训内容	时间（天）	参加对象	人数（人）
1987.12	医学伦理	8	科室以上负责人	120
1988.4	流行病学	2	防保组长	32
1988.6	药政管理	5	药剂人员	42
1989.3	结核病防治	3	结防医生	46
1989.5	妇女保健	5	妇产科医生	32
1989.6	儿童保健	3	儿保医生	32
1989.7	责任制护理	3	护士	46
1990.6	内科知识更新	7	内科医生	28
1990.10	心电图基本知识	10	内科医生	26
1991.4	抗生素合理利用	2	内、外科医生	46
1992.9	工人健康教育师培训	3	工厂厂医	32
1993.3	心肺复苏	3	临床医生	42
1993.9	临床检验	5	检验人员	27
1994.7	性病防治	3	外、妇科医生	45
1995.3	卫生行政管理	3	行管干部	68
1996.6	输液反应预防及处置	1	护士	41
1997.8	病历书写规范	3	医疗组长	23
1998.10	慢性病管理	2	防保组长	24
1999.4	急性呼吸道感染（ARI）监测	3	内、儿科医生	36
1999.6	中医基本知识（第一期）	7	乡村医生	63
1999.10	中医基本知识（第二期）	7	乡村医生	58
2000.8	食物中毒防治	1	内科医生、防保组长	40
2001.7	龋齿防治	2	儿保医生	23
2001.11	初级卫生保健	3	院长、防保组长	43
2002.3	中医基础理论	5	中医、内科医生	41
2003.3	非典型肺炎（SARS）防治	3	医疗、防保组长	44
2003.6	重大疫情预案拟定	1	医疗、防保组长	45
2004.9	医用垃圾处理	1	防保组长	24
2005.4	禽流感防治	3	内科医生、防保组长	43

二、医学科研

1986年，县重视引进应用新技术、新项目，以带动卫生科技发展。鼓励在职医务人员总结临床经验，加深对医学科学规律认识，不断有所发明、创造和革新。县防疫站方玉梅在《中华流行病学杂志》发表《酶联SPA结合试验检测麻疹IgG抗体的初步应用》，为麻疹血清流行病学调查提供良好前景。县人民医院郭金刚《胎儿胸腺素F5提取及生化性质分析》，在国际学术会议上受到美国专家认同。县防疫站在疾病监测中参加全国“麻疹控制与消除”“传染性肝炎转归”等专题研究。

1992年，医疗单位加强重点专科和特色专科建设，在技术力量、仪器设备等方面给予重点配备。县人民医院在巩固提高心血管内科、消化内科、神经外科、泌尿外科的基础上，建成普外科、骨外科、妇产科、内分泌代谢科等重点专科；县中医院重点建设中西医结合肛肠科、老年病科、康复科、伤骨科、肿瘤科及口腔科等特色专科。各医疗单位同时对检验、放射、手术与麻醉等科室加强建设，为临床专业技术发展创造有利条件。县医学会、中医学会积极开展学术活动，活跃学术研究氛围，创造各种学习和交流条件。

1994年，县人民医院根据脐血含有丰富造血干细胞，经静脉输注达到造血干细胞移植这一原理，开展胎盘脐血治疗再生障碍贫血及白血病研究。1995年，采用镍钛合金材料置换治疗股骨、颈骨骨折。1996年10月，临产妇与新生儿脐血血清铁蛋白关系研究，获市科技进步三等奖。开展NZ酰化转移酶多肽性在食道癌和胃癌患者上的表达及同幽门螺旋杆菌感染关系、经皮内镜胃造瘘术（PEG），经食道心房调搏抑制治疗阵发性室上速与药复律的对比等研究。县中医院运用现代科学方法开展微循环系列研究。县防疫站开展豆奶粉脲激酶检测等O—I群霍乱弧菌检测。县口腔病防治院开展人工种植牙新技术。

1999年，县中医院开展中频电子治疗仪、微波治疗、非特异性肿瘤因子测定3项新技术。2000年，全县发表医学论文58篇，其中刊登在省以上杂志19篇，在省以上学术会议交流13篇。县卫生局增加科技投资，在卫生事业费中提取3%建立科技发展基金，专门用于扶持医学科技特色专科和项目，奖励在科技创新上有突出贡献的卫技人员。2001年，县人民医院开展老年糖尿病耐量低减并高血压早期肾功能损害的研究，10月通过省科研成果鉴定，获市科技进步一等奖、省科技进步三等奖。腹腔热灌化疗术填补市内技术空白。县中医院应用人羊膜移植治疗复发性翼状胬肉，获市医学技术引进二等奖。县防疫站完成原子吸收法代替化学法（比色法）测定金属离子和酶标仪法代替血凝法测定血清抗体水平的技术更新。县妇幼保健所开展胎儿心电监护和妇女乳房疾病诊治新项目。2005年11月，县人民医院沙眼衣原体感染在生殖道中致病机制及临床应用，获省、市卫生主管部门表彰。是年，推广科技成果和新技术20项，消化、泌尿学科达市同级医疗卫生机构先进水平。

第三章　卫生防疫

第一节　计划免疫

1986年，全县乡镇卫生院设计划免疫门诊，按儿童计划免疫程序对0~7岁儿童每月定期进行卡介苗、脊髓灰质疫苗、麻疹疫苗、百白破（百日咳、白喉、破伤风）三联苗、乙型脑炎疫苗、流行性脑膜炎疫苗接种。1987年11月18日起，全县推行儿童免疫保偿合同制，对按计划免疫程序接种疫苗的儿童，如发生与之相关疾病，其医药费用实行一定的赔偿，并实行凭接种证入托、入学办法，提高计划免疫接种率。1990年8月，吕良中心卫生院和官塘乡卫生院率先进行计划免疫门诊规范化建设，各种疫苗分室接种。全县建成11个规范化门诊。县卫生防疫站定期或不定期检查漏卡、漏种和计划免疫程序执行情况，提高计划免疫工作质量。1992年2月，全县乙肝疫苗接种纳入计划免疫程序管理。1994年，县卫生局出台《预防用生物制品管理规定》，规范疫苗供货渠道。2003年7月1日起，各医疗单位产房承担乙肝疫苗和卡介苗第一针接种任务。2005年10月，县拨专项经费14万元用于一类苗免费接种，为全市率先实现一类苗免费接种县。是年，全县儿童计划免疫投保率99%，“四苗”（卡介苗、脊髓灰质疫苗、百白破疫苗和麻疹减毒活疫苗）接种覆盖率98.5%。

第二节　传染病

一、概　况

1986年，全县甲乙类传染病报告总发病率981.70/10万，主要传染病有霍乱、肝炎、痢疾、伤寒等肠道传染病和麻疹、脊髓灰质炎、百日咳、流行型脑膜炎、肺结核等呼吸道传染病。卫生部门严格传染病报告制度和重视预防接种程序。一般传染病旬报，甲类传染病24小时内报告，突发性传染病2小时内电话报告。在肠道病发病高峰季节，各医疗单位设立肠道门诊，实行以“五专”（专室、专人、专簿登记、专门采样器材、专门消毒隔离设备），开展“三管一灭”（饮用水管理、食品卫生管理、粪便管理，消灭蚊蝇）为重点的爱国卫生运动，以控制肠道传染病流行。1988年，外地流行甲型肝炎传入流行金湖县，2月11日，县发出《关于加强病毒性肝炎防治工作的紧急通知》，县卫生防疫站适时配制中药汤剂供应，分发漂白精片用于饮用水消毒，控制甲肝蔓延。

1989年9月1日，《中华人民共和国传染病防治法》实施，县内传染病管理走上法制化轨道。1992年春，呼吸道传染病在县内部分地区形成暴发点，县防疫站要求对疑似病人做到早发现、早诊断、早报告、早隔离、早治疗，要求住宅要清扫通风、日光暴晒，要用“84”消毒液及来苏水消毒等措施，控制疫情蔓延。1994年，县内传染病发病出现回升现象，甲、乙类传染病报告发病1248例，比上年上升101.11个十万分点。其中三河渡口发生1起因生活引用水污染引起霍乱暴发流行，受威胁人口5500多人。防疫人员及时赶赴现场，开展流行病学调查及疫点处理，加强水源消毒和管理，隔离和处置病人，疫情得到有效控制。1998年10月，县卫生防疫站按分层随机整群抽样原则，在监测区内选择5个乡，每乡4个村，每村100户进行出生、死亡和居民传染病发病情况走访调查。结果，死亡漏报率1.36%，传染病漏报（未就诊）率5%。2004年3月，建立县疾病预防控制中心和各镇卫生院疫情及公共卫生信息网络，实现疫情网络直报和市、县、镇联网，健全疫情和信息报告责任制。2005年全县传染病报告总发病率169.72/10万；小儿麻痹症、白喉等传染病多年来无报告病例，虫媒性传染病发病率呈逐年下降趋势。

1986—2005年金湖县传染病报告发病统计表

表37-3-9

年份	总报告发病数（人）	其中（人）		总报告发病率（/10万）	病死数（人）	病死率（%）
		甲类	乙类			
1986	3237	0	3237	981.70	1	0.03
1987	1371	0	1371	415.18	3	0.22
1988	1369	0	1369	412.60	3	0.22
1989	1286	0	1286	382.51	6	0.47
1990	845	0	845	248.75	1	0.12

接上表

年 份	总报告发病数（人）	其中（人）		总报告发病率（/10万）	病死数（人）	病死率（%）
		甲类	乙类			
1991	905	2	903	265.32	1	0.11
1992	1016	0	1016	297.31	1	0.10
1993	902	0	902	259.69	0	—
1994	1248	5	1243	360.90	0	—
1995	862	0	862	248.92	5	0.58
1996	613	0	613	176.50	2	0.33
1997	750	0	750	215.15	2	0.27
1998	688	1	687	196.24	1	0.15
1999	663	2	661	188.46	2	0.30
2000	642	0	642	180.74	0	—
2001	591	0	591	165.36	2	0.34
2002	497	0	497	138.36	1	0.20
2003	452	0	452	125.42	6	1.33
2004	584	0	584	163.75	4	0.68
2005	611	0	611	169.72	5	0.82

二、一般传染病

霍乱　1986年及以后几年，境内无霍乱报告发病病例。1991年，报告发病2例，报告发病率为0.607/10万。1994年，报告发病2例，报告发病率为0.57/10万。1998年，报告发病1例，报告发病率为0.28/10万。1999年，报告发病2例，报告发病率为0.57/10万。以上报告均没有死亡病例，主要流行菌株为O1群的小川型和O139血清群，1999—2005年未有报告病例。

流行性脑脊髓膜炎　1986年，报告发病18例，死亡1例。1987年3例，1988年2例，1994年1例，2003年1例，均无死亡病例。2005年无报告病例。

百日咳　1986—1991年，报告发病32例，1992—2005无报告病例。

猩红热　1986—2000年，报告发病38例，其中1988年报告发病14例，发病率为4.22/10万，无死亡病例。2000—2005年无报告病例。

麻疹　1986—2005年，每年都有少数报告病例。1992年发病率最高，报告发病108例，无死亡病例报告。3月9—20日，涂沟镇金宝小学报告发病13例，65人受到威胁，罹患率20%；3月10—22日，戴楼乡中心小学报告发病13例，274人受到威胁，罹患率4.75%；3月26日至4月9日，戴楼乡衡阳村小学报告发病43例，76人受到威胁，罹患率56.58%；4月23日至28日，横桥乡小学报告发病14例，330人受到威胁，罹患率4.24%。

细菌性痢疾　1986—2005年，县内累计报告发病4240例，发病高峰出现在1994年度，报告发病564例，报告发病率163.05/10万。后呈逐年下降趋势。流行菌株以沙门氏和福氏2A菌型为主，有明显的季节性，多年来高峰期均出现在8、9、10三个月内。

伤寒、副伤寒　1986—2005年，累计报告发病719例，1986年报告发病99例，报告发病率为

29.7/10万，此后呈逐年下降趋势，2005年报告发病3例，报告发病率0.84/10万。

病毒性肝炎 1986—1990年，共报告发病2297例，均未分型，其中死亡4例。1991—2005年共报告甲型肝炎1875例、戊型肝炎8例、丙型肝炎79例，均无死亡报告。报告乙型肝炎类1825例，其中报告死亡8例。

脊髓灰质炎 1986—2005年，无报告病例。1989年夏秋徐州、淮阴两市部分地区脊髓灰质炎暴发流行，为防止传入，县在全县范围内进行儿童突击查漏补服糖丸疫苗，共投服糖丸1.31万粒，服苗率98.11%。此后每年12月5日至6日和次年1月5日至6日，开展小儿麻痹糖丸强化服苗工作，巩固和强化预防效果。

流行性乙型脑炎 1986—2003年，共报告发病26例，其中死亡6例。2004—2005年，无报告病例。

流行性出血热 1986—1995年，共报告发病20例，其中死亡2例。1996—2005年，无报告病例。

钩端螺旋体病 1997年，金北乡报告发病1例，流行形式为稻田型。1998—2005年，无报告病例。

狂犬病 1986—1989年，共报告发病4例，死亡4例。2002—2004年，共报告发病5例，死亡5例。2005年无报告病例。

三、血吸虫病

查灭螺 1986年前，境内有钉螺面积3392.73万平方米，涉及9个乡镇（场）23个行政村。为阻断血吸虫病传播媒介，县内每年春季组织人力开展查灭钉螺，根据不同环境分别采取筑堤、药物、栽植树木等方法灭螺。1987年，在龚荡历史螺区先后查出2520平方米和10005平方米复现钉螺2块，采取药物和环境改造相结合灭螺。1992年，在唐港张尖内滩查出复现钉螺14万平方米，1995年，在唐港郭家滩查出复现钉螺16万平方米，均进行药浸灭螺。2001年5月，在闵桥施尖滩新发现有钉螺面积7.95万平方米，分期进行环境改造，灭杀8.16万平方米。截至2005年，全县共投入灭螺义务工5600个，完成重点灭螺工程4个，灭螺土方9000立方米，药物灭螺69.62万平方米，巩固灭螺271.94万平方米。对44块历史有螺环境进行调查，92.24%的环境通过复耕、间种、除草、治虫、开沟降渍等综合措施，未发现新钉螺区。

查治病 1986年前，累计查出血吸虫病人1744人，治疗2725人次。是年起，以流行乡镇为单位，开展血吸虫病普查普治工作，至1989年，共普查39289人次，查出病人48人，其中新感染病人29人，及时集中住院治疗，以消灭传染源。1990年，根据《江苏省血防经费分级负担暂行规定》，县每年落实血吸虫病防治工作经费4万元，将沿高邮湖畔的横桥、闵桥、夹沟等非流行乡镇列入查病范围，共查23533人次，查出病人19人，其中新感染病人18人，对病者进行治疗。1992年，金湖被列为世界银行贷款血吸虫病控制项目县。1995年10月，二省（江苏、安徽）七县市（扬州、邗江、江都、高邮、宝应、金湖、天长）血吸虫病联防会议在金湖召开，会议就进一步搞好血防联防与会者达成共识。1997年5月14日，因连续多年未发现血吸虫病新病人和未查到钉螺，通过省血地防领导小组的达标考核，全县达到血吸虫病传播阻断标准。2001年，对在闵桥施尖滩从事石油作业的工人125人体检，未发现血吸虫病人。2002年后，调整查病方案，将门诊疑似血吸虫病人和渔船民等流动人口作为查病重点对象，共查9894人次，未发现病人。2004年，对晚期血吸虫病人8人进行清理调查，建立数据库。2005年，查出病人73人，对其进行免费治疗；对523例血清阳性者采取扩大化疗。

四、麻风病及性病

麻风病 1986年，境内累计有病人743人，累计治愈605人，现症病人40人，对现症病人家属每年访视1次。县皮防所设有社防组，专门负责院外麻风病人的治疗工作，对现症病人坚持每月送药

1次，巩固性治疗对象每季送药1次。麻风病治疗由单一药物改为三联药物，以提高治疗效果。1991年7—11月，对涉及11个乡镇的15个疫点村开展专业普查工作，总查14717人，调查率96%，发现疑似病人6人，现症病人16人，接受联化16人。1995年，疫点村普查23574人，未发现病人。1996年，患病率下降到0.85/10万，治愈率99.53%。11月2日，经省卫生厅评审组验收，金湖县提前1年达到卫生部基本消灭麻风病标准。1998年5—10月，对全县进行线索调查，共调查58730人，发现可疑对象325人，经复查均排除。通过卫生部组织的达标验收。2001年12月19日起，历时26天，对全县新老麻风患者336人进行畸残调查，查有畸残病员124人，为康复需求提供依据。2005年，全县发现麻风病人累计762人，至年底累计治愈存活302人，现症病人3人，规则治疗2人，因长期外出治疗不规则1人，联化监测10人。在全县范围内，对云、贵、川等到金湖的709人开展皮肤病检查，均无异常。

性病　1986年，境内性病患者多为供销、驾驶员及外勤人员。1988年，县成立性病防治技术领导小组，确定县人民医院、妇幼保健所、卫生防疫站等单位为性病监测点。对基层医务人员进行性病知识培训，提高医务人员对性病的认识。县皮防所和县卫生防疫站联合为全县驾驶员890人进行梅毒血清学检查。县人民医院在婚前检查中增加梅毒血清学检查内容。全县先后发现淋病患者5人，均接受治疗。1990年，检查看守所高危人群50人，发现可疑病人1例。1996年，全县登记性病病例61例，其中淋病52例，尖锐湿疣9例。1998年，开始对县人民医院血库中的血液实施监测。全年登记献血人员150人，抽检血样21份，检测均为阴性。2002年，发现性病282例，其中淋病47例、非淋菌性尿道炎103例、尖锐湿疣80例、生殖器疱疹2例，规范化治疗100%，治愈率95%。对看守所性犯罪人员进行性病集中检查3次，共检查16人，未查出性病患者。至2005年，淋病累计发病988例，无病死病例。职业分布：司机占29.4%，个体户占28.1%，家务待业占17.7%，商业服务占9.2%，工人占8.5%，干部占5.2%，教师和农民各占0.7%。梅毒发病19例，无病死病例。淋病和梅毒呈上升趋势，发病与患者的职业、年龄、个人的文化素质、道德修养有一定关系。

艾滋病　1986年，境内尚未开展艾滋病防治。1989年9月，县成立性病防治领导小组和性病监测中心，印发《关于开展性病防治工作的通知》，控制以艾滋病为主的性病发生。12月1日，县内首次开展以"青年和艾滋病"为主题的艾滋病防治知识宣传，宣传艾滋病是通过血液、母婴和性接触传播的知识，增强民众自我防护意识，消除对艾滋病的恐慌心理。1994年起，对所有自愿接受艾滋病咨询检测的人员实行免费咨询和初筛检测。2005年3月，对以往有偿供血者及其配偶和年龄小于14周岁的子女进行登记、采样和检测，全县核查采血检测191人，初查有偿供血人员1355人，HIV检测均为抗体阴性。对看守所在押人员进行一次HIV抗体筛查，共检测98人，结果均为阴性。

五、结核病

1986年，继续推行出生儿卡介苗接种，预防结核病。是年，全县各乡镇卫生院明确内科医生1人为兼职结防医生，开展结核病门诊。县结核病防治所举办培训班，帮助乡镇结防医生提高结核病防治水平，初步形成县、乡（镇）结防网络。是年，报告结核病病人193例，初治151人，复治42人。1988年，全县统一结核病"防、查、治、管"办法，对有症状者进行线索调查，发现传染源及时登记、报告，对现症患者按全省统一化疗方案，落实治疗措施，加强管理。实行"查出必治、治必彻底"和"早期、全程、足量、规则"原则，使结核病防治逐步规范。全县实行疫情会审制，开展PPD试验诊断。1991年4月19日，对乡镇防保所人员进行1期OT试验及卡介苗接种理论和操作技术培训，下发《金湖县初治涂阳肺结核病人抗痨药品和X光片补助管理实施细则的通知》和《金湖县结核病归口管理办法实施细则》。1995年6月，对黎城镇115例新生儿进行BCG接种，12周后PPD阳转率调查，观察110例，阳转率90.90%。

1996年，贯彻卫生部对结核病按乙类传染病管理，限时报告。10月，省肺结核漏报调查组对金湖县人民医院，吕良、塔集、唐港、新农和前锋卫生院进行肺结核病报告调查，查住院病人2424例，查到肺结核病人45例，报告45例，无漏报。1999年3月30日，举办肺结核痰检培训班，受训乡镇卫生院等基层痰检人员24人。2000年10月，省肺结核归口管理与痰检调查组对金湖县人民医院、结防所、银集和塔集卫生院进行调查，漏报率7.53%，漏转率6.98%，未痰检率24.79%。2002年3月15日，市、县政协主要领导走访肺结核患者，送药上门，并召开座谈会，结防工作者受到鼓舞，结核病患者增强治疗信心。2004年3月21日，县疾控中心与县医学会联合举办镇、村兼职结防医生强化培训班，参训60余人，邀请市中心结防科专家来金授课。2005年，新登记肺结核病人数367例，肺结核病人新登记率101.84/10万，其中菌阳病人188例，菌阳病人新登记率52.17/万，均进行规范治疗。

六、重大疫情

1986—1990年，县内出现病毒性肝炎、脊髓灰质炎、麻疹等传染病发病上升的苗头，卫生防疫部门及时采取管理传染源、切断传播途径、保护易感人群等措施，使这些传染病未能在县内暴发流行。

1991年夏，金湖遭受罕见特大洪涝灾害，水源受到严重污染，粮食大量霉变，蚊蝇密度增高，灾区居民生活环境恶劣，多种传染病发病、流行隐患同时存在。6月30日，县卫生局抽调125人组成27支医疗队、防疫队和消杀队，深入横桥、涂沟、白马湖、戴楼等乡镇灾区开展医疗、防疫和消杀工作，诊治病人25410人，对全县5万多户34632口水井进行消毒，对灾民临时居住点灭蚊灭蝇，消杀面积达200多万平方米。洪水消退后，全县传染病发病率比往年没有明显上升，实现“大灾之年无大疫”目标。

图37-3-4 设于高邮湖大堤上的任港段卫生服务站（摄于1991年7月） 李义海／摄

1996年夏，全县持续阴雨，河湖水位猛涨，许多乡镇形成内涝。全县卫生系统迅速行动，成立抗灾防病工作领导小组，制订救灾防病工作应急方案，加强对饮用水源和食品卫生监督检测，组织20多支医疗卫生小分队深入到涝区及抗洪民工居住地，进行环境治理和饮水消毒，加强对卫生防病工作检查，排除事故隐患，将漂白精片、复方新诺明等防病消毒药品，送到遭受洪涝和龙卷风袭击的涂沟、白马湖、淮建等乡镇的重灾区，发放到船民和灾民手中。境内未发生疫情暴发流行。

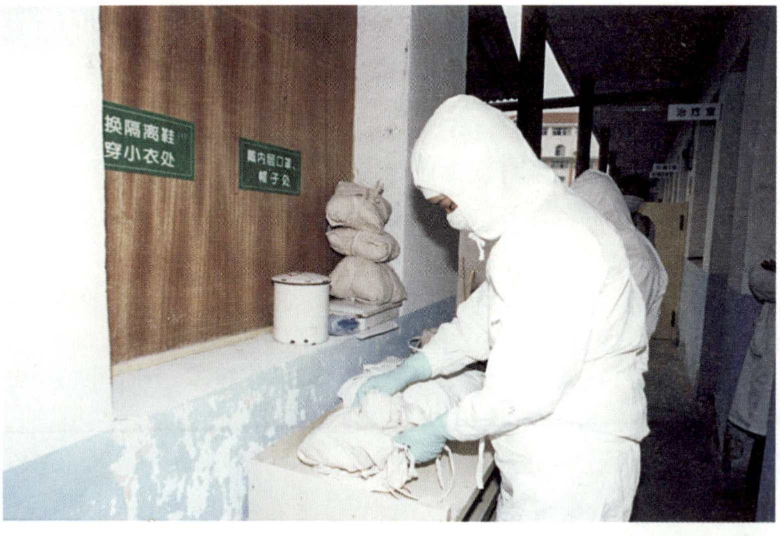

图37-3-5 县人民医院成立疑似病例隔离病区，应对非典疫情（摄于2003年） 县档案馆／供

2003年春，中国发生非典型肺炎（SARS，简称“非典”）大流

行，邻县盱眙发病1例，境内防治任务紧迫。4月10日，县成立疫情应急处理小组、疫情巡回指导小组、流行病学调查小组、疫情疫点处理小组、非典病人诊治小组，24小时值班。县人民医院成立疑似病例隔离病区，县委党校招待所、县劳动局就业培训中心先后被临时作为留验观察区。至6月底，全县返乡人员14567人，发热门诊登记数1115人，临床观察人数185例，非典病人密切接触者协查2例，非典临床诊断可疑病例流行病学调查19例，没有非典确诊病例报告。

2005年，县外禽流感流行。4月，县制订人间高致病性禽流感防控工作方案和应急预案，对医务人员开展专题培训，做好应对。是年，县内未发现人感染禽流感病例。

第三节　慢性非传染性疾病

一、概　况

1986年，境内慢性非传染性疾病防治处于自然状态。1988年，县开展肿瘤病人和肿瘤死亡病人逐级报告登记工作，为探索全县肿瘤病发病原因和制订预防办法积累资料。是年，全县防盲工作起步，通过对医务人员业务培训及病人筛查定性，至1994年10月，共对白内障盲人197人进行手术治疗，占白内障可治盲人86.7%，脱残率96.2%。1998年，根据《江苏省慢性病基础资料调查方案》，随机抽取黎城、金沟、唐港、塔集4乡镇为慢性病基础资料调查点。1月至5月，选取辖区内35岁以上常住居民开展慢性病基础资料调查，共完成调查表2万张，基本摸清全县慢性病流行状况。境内慢性病主要有5种，患病率最高是高血压，占24.56%；其次为恶性肿瘤，占0.25%；5种慢性病合计患病率达24.98%。产生该5种慢性病的主要原因是，不参加体育锻炼、常食腌制食品、向心性肥胖、水果蔬菜摄入较少、超重、吸烟。10月，按照中国预防医学科学院调查方案，对金南等5个乡镇和5所中学进行青少年吸烟及成人戒烟行为调查，共填写调查表1638份。经调查，青少年吸烟率、成人戒烟率均不高。

1999年，卫生部、国家残联与国际狮子会携手开展白内障复明“视觉第一中国行动”，组织省人民医院眼科专家8人医疗队到金湖县；县内眼科医生深入基层对全县白内障患者再次筛查，确定手术治疗对象225人。11月8日至20日，眼科专家在县人民医院和宝农职工医院2个医疗点巡回手术，手术成功率99%。2000年，县开展居民慢性病相关知识、态度、行为调查，随机抽样2000户，将15~69岁成人中出生日期最接近调查日期者列为被调查对象。调查结果：对吸烟、被动吸烟有损健康认识较高，普遍反对成人男子吸烟；但行为上人群的平均吸烟率、饮酒率偏高。25岁以上未婚与已婚妇女中大多数认为应该定期进行乳腺、宫颈检查。2001年，金湖县被确定为淮安市慢性病防治综合示范点。2003年，县防疫站在金南镇进行高血压病综合防治试点，制定《金湖县高血压综合防治试点方案》，开展高血压病人系统管理。金南镇卫生院开设高血压病综合防治专科门诊，对参加系统管理的患者建立健康档案，提供健康干预措施，指导长期规范科学用药，共管理57人。开展肿瘤新发病例监测报告工作试点，实行微机化管理，全年共报告肿瘤新发病例49人，病死25人，病死率51.02%。

2004年，金湖被确定为国家78个成人慢性病相关危险因素监测点之一，参加国家疾病预防控制中心慢性病防制中心开展的《中国成人慢性病相关危险因素监测（2004）》现场调查，完成调查表420份。2005年，围绕“全国肿瘤防治宣传周”“世界无烟日”“全国高血压日”“联合国糖尿病日”等相关主题开展慢性病防治宣传活动，发放相关宣传资料2000份，接受咨询200人次，在全县展开肿瘤发病与死亡登记报告。在金南镇卫生院继续进行高血压综合防治试点，同时启动糖尿病、冠心病、脑卒中等慢性病人的登记报告管理工作。该年金南镇管理高血压病人60例，登记糖尿病、脑卒中、冠心病分别为19例、26例、21例。

二、寄生虫病

疟疾　1986年，全县疟疾发病率0.64%。疟防工作采取“重点防治，分类指导”方法，发病率1%以上的村进行全民服药，1%以下的村采取重点人群服药。1988年，全县共服药6160人，全程率96.8%。1990年，对与安徽接壤的黎城、官塘、戴楼、金南等乡镇中的重点村实施压高峰预防服药，县乡派出专业队员130人次，深入重点村调查病例，送药到人，督服下肚。是年，全县间日疟、三日虐发病92例，发病率0.027%。恶性疟疾6年未有发生。1993—2002年，疟疾发病率控制在1/万以下，防治工作转入巩固监测。2003年，制定实施《金湖县疟疾暴发流行应急处理预案》。2005年，开展“三热”（临床诊断疟疾、疑似疟疾、不明原因发热）病人镜检，完成血检2590张，确诊疟疾病人2例，为输入性复发病例。

丝虫病　1986年夏，金湖接受省、市丝虫病防治考核验收，采用集体薄膜过滤法作微丝蚴感染调查，县卫生防疫站抽调工作人员24人，历时10个夜晚，调查5个乡7个村7132人，受检率92.3%，检出微丝蚴阳性患者2人，阳性率0.03%，达到卫生部规定的基本消灭丝虫病标准。1988年，选择与安徽毗邻的4个乡镇为监测点，进行丝虫病防治后期监测。受检人数5678人，发现微丝蚴感染患者1例。1990年，在金沟、卞塘2个乡镇采血样2289人次，受检率91.3%，未发现阳性病例。1996年6月17日，再次通过省、市组织的丝虫病考核审评，确认有关业务指标达到部颁消灭丝虫病标准。2005年，开展微丝蚴病原学检测，血检503人，未发现微丝蚴血症者。

肠道寄生虫病　1986年，境内未开展大规模肠道寄生虫病防治。1989年，对全县中小学生进行集体服药驱虫，共服药47078人，占全县学生数90%。县防疫站对黎城镇船塘、任庄2村小学生305人进行服药效果观察，其中183人有蛔虫排出，排出率60%。1995年，开展大规模防治肠道寄生虫病，在22个乡镇中各选择1个村进行驱虫服药，服药3.3万人。钩虫、蛔虫、鞭虫感染率分别由上年的42.3%、11.8%、21.4%下降至9.9%、6.1%、10.3%。1998年5月，对全县居民（1周岁以上）及流动人口开展全民肠道驱虫服药工作，全县应服药324315人，实服药198250人，服药率61.4%。抽样调查，居民肠道寄生虫感染率5.2%，比前几年大幅度下降。翌年，继续开展大范围服药，共服药107377人。开展第二次人体寄生虫分布抽样调查，感染率7.32%。提前实现卫生部规定控制标准。2002年12月，通过省基本控制肠道线虫病达标考核，为全市首家。2003年，在5个镇5所幼儿园和5所小学开展蛲虫病调查，检测1027人，阳性87人，阳性率8.47%，对阳性者均进行驱虫治疗。2005年，开展肠道驱虫服药效果监测，调查3个村1518人，感染率1.05%；开展蛲虫感染调查1034人，阳性率3.58%。

三、地方病

碘缺乏病　1995年，根据《江苏省“2000年消除碘缺乏病”行动规划》，县启动碘缺乏病防治工作，县卫生局制定具体实施计划和方案，当年在官塘、戴楼2个乡进行病情和碘营养状况调查。共调查17488人，其中甲状腺肿大477人，肿大率2.73%，尿碘中位数为每升108微克，有碘缺乏相关疾病61人，碘缺乏相关病发生率0.35%，表明金湖为碘缺乏病轻度流行区。是年8月1日起，全县各食盐零售店供应加碘食盐，同时采取补服碘油丸为辅的综合性防治措施，开展碘盐监测、病情监测、“防治碘缺乏病日”活动、新生儿脐带血监测等工作。1999年8月，完成脐带血检测1028份，未发现甲状腺功能低下病人。2000年10月，全县补服碘油丸28366人，服药率84.2%，其中特需人群7424人，服药率95.7%。是年，对前锋、陈桥中心小学的8~10岁学生开展病情监测，共调查80人，其中甲状腺肿大2人，肿大率2.5%。对盐业公司、售盐点、居民户的食盐开展监测32批次800份，合格792份，合格率99%，通过省消除碘缺乏病阶段目标考评。2003年，采集水样105份，水碘中位数每升67.8微克，表明金湖自然环境中碘含量偏低。

地方性砷中毒　2004年，首次在戴楼、金南2个镇5个村进行饮用水砷含量检测，50份样品中有

4份超过国家标准，占检测水样的8%，最高为每升0.07毫克，表明金湖可能存在地方性砷中毒病区或高砷区。是年，在戴楼镇小集村进行肿瘤发病状况调查和饮用水水质分析，该村恶性肿瘤死亡率与全县监测区相比无明显差异，生活饮用水质量不稳定。2005年，在戴楼、金南2个镇采集饮用水样品500份，进行砷含量检测，未发现超标水样。

地方性氟中毒　1986年，金湖县银集乡新胜村、银红村被市确定为地方性氟中毒病区村。1987年，县防疫站在全县开展水源含氟量调查，采集生活饮用水587份，水点含氟量最高为每升1.4毫克，同时对蔬菜、粮食、土地进行检测，含氟量均低于国家标准，调查证明，县内其他地区均为低氟地区。1994年10月，新胜村（银红村并入）兴建降氟改水工程，受益人口1700余人。2004—2005年，对新胜村自来水厂的出厂水和末梢水多次进行监测，氟含量均未超标。

四、精神病

1986年，金湖县开展精神病线索调查，全县重度精神病发病率1.3‰，其中女性占68%，常见精神病发病高低排列先后为神经症、反应性精神病、精神分裂症、躁郁性精神病、老年性精神病、精神发育迟滞。随着人口老年化，老年期精神障碍总罹患数不断上升；因经济发展带来生活节奏的变化，生活和工作中竞争增多，作为产生精神病主要因素的应激源增加，神经症患病率趋向增多。1988年，根据县民政部门对全县残疾人的调查结果，全县精神病人占残疾人的12.5%。20世纪90年代，县精神病防治院设立精神病康复中心，开展精神病防治知识宣传、心理咨询和心理卫生活动。2000年，对全县精神病建立健康档案，各村成立监护小组，对患者实行监护督促服药，对急性期病人动员住院治疗，政府给予适当补助。2002年，结合社区卫生服务站功能，建立康复训练室，免费提供训练器材，让患者得到康复训练服务。2004年，金湖县被省确定为贫困精神病医疗救助县，对全县精神病人重新核实诊断，相继向贫困精神病患者400人发放医疗救助卡，根据病情提供免费药品。同时加强药品检测，确保用药安全，并按时进行服药疗效评估。至2005年，县精神病防治院先后收治住院病人1640人次，接待门诊病人49220人次，治愈率82%。

五、职业病

1986年，县卫生部门对县乡工厂有害作业场所职业危害因素进行监测，对职工进行职业性健康体检。随着乡镇企业的发展，加大职业病防治任务。20世纪80年代后期，一些工厂单纯追求经济效益，忽视劳动卫生防护，全县职业性危害防护合格率不稳定。1991年，县防疫站建工业企业卫生档案49份，接触有毒有害工人健康体检615人，检出相关病人33人，占5.3%。卫生用品监测3家，检测合格率76.9%。从业人员健康体检175人，合格率96%。1997年10月，卫生部《职业性健康检查管理规定》颁布实施。是年，对接触有毒有害工人健康体检的同时，开展上岗前健康体检。2002年，为工人进行上岗前健康体检2000人，开展有毒有害物质防护知识普及教育。深入有关企业，动员接触有毒有害作业者定期体检，帮助制订防护措施，加强对电池制造等企业职业危害进行督查和整改。2005年，为接触有毒有害工种人员健康体检266人，检出相关病人18人，占6.7%。为江苏理士科技有限公司接触铅作业人员102人进行职业健康检查，检出符合铅中毒诊断标准人员16人、继续观察对象41人，及时出具职业健康监护报告，提出处理意见。

第四节　疾病监测

人群免疫水平　1986年，开展白喉、流脑人群免疫水平监测，分别检测人数288人、252人，阳性率分别为95.49%、84.52%。1990年，对麻疹、流脑人群免疫水平监测，分别检测人数171人、178人，阳性率分别为98.25%、58.99%。1992年春，对麻疹暴发点中病例前驱期的患儿开展麻疹抗体水平检测，阳性率96%，几何平均滴度1∶27.68，最高滴度1∶128。1995年，在淮胜乡开展儿童和成人白喉、百日咳、破伤风抗体监测，阳性率分别为78%、77%和39%。2000年，在金湖中学、县实验小学开展流脑带菌者情况调查，脑膜炎双球菌总携带率为19.2%。2005年，在金南镇178人中用锡克氏法进行白喉免疫水平检测调查，6~8岁组为15.18%，13~15岁组为4.2%。

传染病疫情漏报　1986年，县内传染病居民漏报率35.19%，医院漏报率4.11%。1996年，县防疫站对全县农村居民进行法定传染病漏报调查，调查漏报率0.16%。2002—2005年，传染病漏报率为零。

死亡原因　1986年，全县居民死亡原因居于前5位的依次为：恶性肿瘤、心血管病、脑血管病、意外伤害、消化系统疾病，分别占全死因的26.34%、25.94%、16.26%、12.77%、5.24%。1996年，居民死亡原因居于前5位的依次为：恶性肿瘤、心血管病、脑血管病、意外伤害、呼吸系统疾病，分别占全死因的36.59%、20.72%、18.51%、5.99%、5.15%。2005年，居民死亡原因居于前5位的依次为：恶性肿瘤、脑血管病、呼吸系统疾病、心血管病、意外伤害，分别占全死因的32.46%、27.92%、10.29%、9.22%、7.89%。

出生时期望寿命　1986年，全县人口出生平均期望寿命69.8岁，其中男性69.48岁、女性74.04岁。2005年，全县人口出生平均期望寿命75.49岁，其中男性73.39岁、女性77.71岁。

第五节　卫生监督

一、食品卫生

生产经营单位管理　1986年，全县对新建和扩建的食品厂家，实施预防性卫生监督制度，从设厂地点、环境布局、设备安装、产品检验等逐项审核，从业人员经健康体检合格后，发给卫生许可证，方能正式生产、经营。1988年，县卫生防疫站对县糕点厂、水产加工厂、饮服公司冷饮厂等12个工厂和车间进行卫生业务指导，提出合理化建议32条。1990年夏，为配合“三病”（霍乱、肝炎、伤寒）防治工作，全县开展食品卫生执法检查，共查县城和乡镇集市食品生产、经营单位982户，提出限期改进1户、停业改进2户、罚款5户，销毁变质食品1875公斤。1991年，对全县食品从业人员进行健康体检3958人，查出“六病”（结核、甲肝、乙肝、肠道带菌、伤寒、皮肤病）59人，全部调离原工作单位。1993年，开展食品卫生信得过单位评选活动，申报15家，获通过8家。1998年，全县组织10次规模较大的卫生执法检查，行政处罚52户，罚款51户，全年监督3599户次。2000年起，金湖多次参加全国膳食和健康调查，全县居民蛋白质、脂肪摄入量随每次调查逐次增加。2001年，县卫生局与县教委联合打击假冒伪劣儿童食品，查处11户。2004年7月，在饮食行业中全面开展食品卫生监督量化分级管理，根据卫生许可审查量化得分和经常性卫生监督量化得分，确定食品卫生信誉A、B、C、D四个等级，对A级进行简化监督，B级常规监督，C级强化监督，D级不予许可或次年不予验证。金湖宾馆、金湖中学食堂获A级信誉单位，苏源宾馆、御沁园酒店等12户获B级信誉单位。2005年，全县核发卫生许可证2065户，其中新发证1684户，核证381户，查处卫生行政处罚食品违法案145起，结案118起，结案率81.3%，罚款5.9万元，对9起拒不履行法律义务的经营户申请人民法院强制执行结案，取缔非法食品经营户2户，销毁各种过期霉变食品约24吨。

卫生检测　1986年，全县食品抽样检测平均合格率44.51%。1990年，全县糖果糕点类食品合格率86.7%、粮油类100%、冷饮类68%、乳品类93.5%、水产品类87.8%、卤菜类87.5%、调味品类

89.9%、酒类93.7%，其他100%。1995年，全县食品平均合格率提高到91.5%。由于食品卫生受很多环节制约，其合格率常有波动。1997年，抽查食品779件，合格率92.04%；抽查餐具2861件，合格率88.78%。2002年，抽查食品793件，合格率93.44%；抽查餐具1988件，合格率95.82%。2005年，抽查食品358件，合格率77.09%；抽查餐具2418件，合格率86.15%。

食物中毒　1987年，唐港乡幼儿园儿童20人因食用污染馒头发生食物中毒，系蜡样芽孢杆菌感染，经及时处理，未发生严重后果。1999年9月8日，县城黎城街无证经营户黄某，生产凤（鸡）爪批发给张、刘2户卤菜摊销售，造成15人沙门氏菌食物中毒，县卫生局责令停产停业，并对黄、张、刘3户分别给予处罚，中毒者经及时治疗痊愈。2000年3月21日，县城一酒店厨师误将亚硝酸盐当成食盐，引起4人食物中毒，县卫生局发出紧急通知，要求规范酒店管理。随着人们食品卫生观念加强，食品卫生管理逐步走上轨道，食品中毒事故较少发生。

二、饮水卫生

1986年，在淮胜等5个全国饮用水观察点和自来水厂进行枯水期、丰水期采样检测，共获得检测数据925个，超标117个，超标率12.6%，超标大多是混沌度、色度和铁含量。1991年起，每年对县城和农村自来水厂进行抽样检测，平均合格率分别在70%和60%上下。1998年，加强生活饮用水卫生监督管理，督促自来水厂配备完善水质净化消毒设施，规范饮用水生产操作规程。县卫生局抽查纯净水生产场地，强化纯净水瓶消毒，纯净水合格率由40%上升至80%。2003年，县城生活饮用水监测采样90份，其中全项目分析8份，检测合格率76.67%；镇水厂采样61份，检测合格率70.49%。2005年，城市生活饮用水监测采样54份，检测合格率85.19%；农村自来水监测采样44份，检测合格率45.45%；浅水井、地表水采样9份，检测均不合格。

三、劳动卫生

工业卫生　1986年，全县调查乡镇企业中有毒有害因素工厂53户，接触有毒有害物质工人849人，抽测18户，控制标准内占22.2%，其中粉尘危害最为突出，其次为工业毒物和高温辐射热。1989年，有职业危害工厂31户，设监测点79个，合格点7个，合格率8.8%。1993年，对接触有毒有害工人健康体检的同时，对上岗前进行健康体检，是年共查1103人，占应检人数的91%。1995年，县卫生部门组织人员深入工厂企业宣传贯彻劳动卫生法规，开展监督检查，共监督16户次，对有问题的发责令整改通知。1998年，设有毒有害监测点38个，合格点18个，合格率47.4%。2005年，设立粉尘监测点、化学因素监测点、物理因素监测点48个，合格率分别是41%、39%、73%。

农业卫生　1986年，在全县开展农药中毒原因调查，发现生产性中毒主要原因是个人防护不当和施药方法不当，分别占66.2%和33.8%，农药种类以有机磷居多，分布季节以6、7、8三个月为高峰。1989年7月，县举办由乡镇防保医生、内科医生参加的农药中毒防治知识学习班，各乡镇举办相应乡村医生学习班，形成县、乡、村农药中毒防治网络。1990年，县防疫站与有关单位深入各乡镇检查农药贮存、使用、预防中毒等措施落实情况，印发“农药中毒防治知识表”至各乡村，农药中毒防治知识逐步普及，生产性农药中毒发生率逐年下降。到2005年，全县发生生产性农药中毒326人，无1例死亡；发生非生产性中毒271人，大多为自寻短见，死亡28例，死亡率10.3%。

四、学校卫生

1986年，县卫生防疫站对全县中小学生2.3万余人进行体态指标和机能指标调查。小学生的身高、体重、胸围、坐高都随年龄的增长而增长，青春期学生尤为明显，男女4项指标的曲线呈2次交叉，第一次交叉在10~11岁，第二次交叉在13~14岁。14岁以上男生发育水平高于女生，距离逐渐拉大，实增年龄阶段，女生在11岁左右，男生在13岁左右。1988年5月，对全县学生进行头虱查治，共调查43224人，头虱感染人数2307人，感染率5.34%，给予治疗。开展龋齿、沙眼发病情况调查，县实验小学龋齿、沙眼患病率分别为33.66%、10%。1989年，县防疫站对金湖中学、县实验小学教学楼采光方式、投角、采光系数、室涂系数、墙壁反射系数、每名学生所占教室面积等进行监测，监测结果均达到学校卫生基本要求。开始在县城中小学建立学校卫生档案，对全县新建和改建的教室进行卫生监测。在金南、新农乡进行学校卫生试点，建立学生健康档案。

1991年，开展全县中小学生卫生监护工作，中小学生健康体检39852人，查出龋齿7299人、沙眼4544人，视力不良4225人、疥疮1076人。1998年，开展学生常见病和营养不良防治工作，共调查中学生3407人，小学生1557人，其中中学生营养不良率38.48%，小学生营养不良率33.78%，肥胖率3.4%。开展因病缺课调查，调查小学生1925人，缺课总人天数844，缺课率0.22%，人均缺课率0.44天；调查中学生3829人，缺课总人天数952，缺课率0.12%，人均缺课率0.25天。

2002年，对学生3756人进行健康体检，结果:生长发育状况，身高上等709人，占18.88%；身高下等132人，占3.51%；体重上等549人，占14.62%；下等174人，占4.63%。营养状况，小学生营养不良率33.78%，中学生营养不良率38.48%。视力状况，视力低下1323人，小学生视力低下9.39%，中学生视力低下64.84%。龋齿，小学生患病率57.82%，中学生患病率19.73%。沙眼，小学生患病率9.55%，中学生患病率10.76%。蛔虫病，小学生患病率15.4%，中学生患病率19.78%。贫血，男生患病率11%，女生患病率21.4%。2005年，全县建有校医务室5所，共有校医7人，保健老师38人，建立卫生档案学校136所。

五、放射卫生

1986年，对使用X线机的县乡医疗机构进行逐一测试审查，开展放射个人剂量监测，实行一机一卡档案管理，对全县17台医用X线机防护合格者发放“放射工作许可证”，发放率60%。1988年，南京东湖医疗防护设备厂与金湖医疗部门协作，为全县6台X线机安装防护设备。1991年，对全县38台X线机进行监测，监测合格率100%。1998年，全年监测X线机39台，检测172个点，合格点151个；对全县放射人员46人进行健康体检、32人开展放射个人剂量监测，为30个使用放射单位建立医用X线机防护档案。2001年，全年监测X线机40台，检测298个点，合格289个点，合格率96.98%。2003年，防护合格率93.55%，45人开展个人放射剂量监测，未检出职业性放射病。2004年，监测29台X线机，监测覆盖率86.11%，工作人员防护合格率96.43%。2005年，全年监测X线机24台，工作人员防护率95.83%，监测覆盖率89.58%，机房周围外环境防护合格率54.17%；个人放射剂量监测43人，其中超过国家吸收剂量限值3人。

第四章　妇幼保健

第一节　妇女保健

1986年，全县基本废止老法接生，普遍推行科学接生、产程图监护、高危产妇分娩监护、产科疾病诊断及治疗，建立孕产妇登记、产前检查、产时记录、产后访视4本账。全年产妇3695人，科学接生率达99.13%，未发生新生儿破伤风病例，高危孕产妇均得到及时治疗。1987年，贯彻全国《女职工保健工作暂行规定（试行草案）》，全县组织对辖区内工矿企业女职工保健状况及卫生设施进行调查摸底，全县大小工厂108户，女职工8345人，其中接触有毒有害职工318人，超负荷劳动163人。县出台《金湖县女职工劳动保护办法》，对妇女"五期"（经期、孕期、产褥期，哺乳期、更年期）保健提出具体意见。县妇幼保健所为418家企事业单位一线女工建立健康档案，先后上门服务女工5万多人次，对困难企业实行免费服务。不少单位建立女工卫生室、孕妇休息室、哺乳室、冲洗室、淋（盆）浴室，改善妇女卫生保健环境。1992年，将每年一次的大范围妇女病查治工作改为医疗单位日常门诊承担和每两年组织一次普查普治。当年继续开展以宫颈癌、乳房癌为主的妇女病查治，共查2311人，其中接受宫颈电灼38人，冷光乳透128人。1998年，开展RTI（妇女生殖道感染）综合防治，共查5966人，其中患病380人，均进行及时治疗，妇女子宫脱垂和尿瘘新病例杜绝，淋病、尖锐湿疣和梅毒得到有效控制。

2000年，开展高危孕产妇筛查，对查出妊娠高血压、胎位异常等高危孕产妇实行个案管理。县保健所开展新项目，为1036例孕产妇运用斯利安预防神经管畸形，为孕产妇335人开展风疹等五种病毒感染筛查。县卫生局制定乡镇高危孕产妇转诊制度，不少医疗单位建立高危门诊、高危病室。培训从事剖宫产技术的外科医生，全县外科医生15人获市卫生局考核合格。县人民医院率先开辟产科"绿色通道"，提高产科急救能力，保证母婴安全，降低孕产妇、婴幼儿死亡率。一度时期，由于剖宫产指征掌握不严，剖宫产率居高不下。县制定助产技术操作规范，对无指征施行剖宫产采取处罚措施。2002—2004年，连续3年无孕产妇死亡，胎位性难产发生率1.9%，子痫发生率0.2%。2005年，全县孕产妇2069人，系统管理率96.8%，高危孕产妇筛查率21.4%，管理率100%。

第二节　儿童保健

1986年，县乡医疗卫生单位结合儿童计划免疫，定期为儿童健康检查，开展新生儿疾病诊断和治疗，重点抓好"四病"（佝偻病、腹泻、贫血、小儿肺炎）防治。对活动性佝偻病和重度营养不良等体弱儿进行专案管理和缺点矫治。统一使用"江苏省儿童出生保健卡"，作为申报户口、入托入园的依据。"六一"儿童节前后为入托入园儿童健康体检，全县0~7岁儿童26817人，受检率76.9%，患病率5.7%，体弱儿6.9%。在托幼机构开展健美儿评选和家长育儿知识大奖赛活动，推动育儿知识普及。1989年，县妇幼保健所制订《体弱儿管理细则》，以指导全县体弱儿规范管理。3岁前小儿定期常规体检，查出缺点进行矫治，重点体弱儿（佝偻病、营养不良、缺铁性贫血、早产儿、低体重儿）实行预约随访。1991年，县保健所在县城开展儿童营养调查，在幼儿园3~5岁儿童698人中查出营养不良75人，为儿童食谱安排提出指导意见。开展贫血情况调查、儿童智力调查等。1992年2月12日，县妇幼保健所在县城幼儿园开展幼儿龋齿防治，检查945人，龋齿率83.4%。此后，每年为幼儿采用氟离子透入防治数千人次，对幼托老师和保育员建立健康档案。1993年，全县幼教人员550人，受检率70.9%，其中查出结核1人，表面抗原阳性2人。对健康合格者发给健康证，对不适宜幼教工作建议调换工种。

1996年，贯彻省教委与卫生厅联合颁布的《江苏省托儿所、幼儿园卫生保健管理办法实施细则（试行）》，加强对幼教人员卫生知识培训，使受培训者会测量身长体重及评价，会正确进行晨间检查和异常情况处理，会预防接种管理，会管理儿童膳食和营养计算，会小伤小病的处理。1998年，县城4所幼儿园率先领取"卫生保健合格证"，全县一类园合格率80%，二类园合格率55%。2003年，确定县人民医院、中医院和2所中心卫生院为新生儿疾病筛查试点单位，开展苯丙酮尿症、甲状腺机能低下筛查工作，县人民医院和中心卫生院筛查率分别为80%和50%。吕良、金北2个镇开展急性呼吸道感染（ARI）监测，为指导全县儿童急性呼吸道防治提供科学依据。全县开展儿童弱视（斜视、高度屈光不正、单眼形觉剥夺）防治。2005年，全县活产儿2087人，系统管理率99%，体弱儿管理率100%，5岁以下儿童死亡率14.37‰，婴儿死亡率11.0‰。

第三节　妇幼卫生管理

1986年4月，县卫生局根据乡镇人口总数万分之零点五比例标准，配齐各乡镇妇儿保专兼职人员。各行政村结合创建甲级卫生室活动配齐乡村女保健员。县卫生局制定《孕产妇、婴幼儿系统管理常规》，吕良镇试行妇女从婚前、产前到产后保健系列化服务。县卫生局、民政局等6部门联合下发《关于认真做好婚前保健工作》的通知，金湖县在全市率先实行婚前检查归口管理，当年共查未婚青年1303人，患病49人，不能生育1人。1988年，县卫生局制定乡镇卫生院妇儿保设备配套标准，首批装备7个乡镇，取缔不符合接生资格的乡村医生14人和60年代培养的老法接生员13人。随着住院分娩的推行，乡村医生在产妇家庭接生情况逐渐减少。1993年5月，县财政局、物价局、民政局、卫生局等部门联合印发《金湖县妇女儿童保健保偿合同制度实施办法》，妇幼保健保偿制度在全县全面推开，保偿金实行专户储存，专款专用。

1995年6月，《中华人民共和国母婴保健法》实施，县内始行“母婴保健专项技术执业许可证”“母婴保健技术合格证书”准入制度。8月，全县开展“促进母乳喂养，创建爱婴医院”活动，各医疗单位改善产科病区设施、休养环境，强化各项管理制度，抓好产前卫生宣传、孕产妇母乳喂养技术培训、母婴同室消毒隔离措施落实。利用“世界母乳喂养周活动”开展宣传，促进支持母乳喂养行动。10月，县人民医院通过“爱婴医院”评审，其他各医疗单位亦相继通过“爱婴医院”验收，全县母乳喂养率82%，金湖县被省妇女儿童委员会评为“爱婴县”。

2000年，根据国家“两纲”（中国妇女发展纲要、儿童发展纲要）、省“两规”（江苏省妇女发展规划、儿童发展规划），县建立金湖县妇女儿童发展《规划》监测评估组织，加强母婴保健技术管理，及时掌握孕产妇、围产儿及婴幼儿的主要死亡原因，制定干预措施。2003年2月，全县医疗单位开展创建“示范产科”活动，实现产科四室（诊断、检查、产房、休息）分开，年底有5所乡镇卫生院率先达标。2005年，全县妇幼保健工作全面实行计算机网络、信息化管理，5岁以下儿童生命、孕产妇死亡、婴儿出生缺陷监测全面开展，全县妇幼保健保偿以乡镇为单位覆盖率100%。

1988—2005年金湖县妇幼卫生主要指标统计表

表37-4-10

年份	儿童				妇女		
	婴儿死亡率（‰）	5岁以下死亡率（‰）	7岁以下保健管理率（%）	3岁以下系统管理率（%）	孕产妇保健管理率（%）	孕产妇系统管理率（%）	孕产妇死亡率（/10万）
1988	28.00	—	87.91	80.56	52.33	—	148.51
1989	20.07	—	89.25	91.99	56.54	—	87.28
1990	20.17	—	87.56	82.36	53.13	—	169.82
1991	23.33	—	81.36	60.23	41.41	—	69.99
1992	22.21	35.19	79.18	71.52	87.20	—	124.78

“应知”“应会”为重点内容的短期培训，经省统一考试，合格者可以注册为乡村医生。2005年，全县乡村医生通过注册413人，取得执业资格。

第三节　新型农村合作医疗

1986年，农村合作医疗基本处于停顿状态，全县258个行政村，仅吕良镇大庄村、金南乡宋墩村2村维持合作医疗，覆盖人口2956人，全县参合率仅1%。合作医疗的解体，给广大农民看病带来困难，不少地方出现因病致贫、因病返贫现象。县卫生局深入吕良、卞塘等乡镇调研，75%的农民要求恢复合作医疗。1991年，针对农村不同经济条件推行福利风险型和大病风险型合作医疗制度，在一些行政村筹办合作医疗，举办村占全县村总数的12%，农民参合率16%。因资金筹集渠道单一、参保率低，抗风险能力不强。1997年，合作医疗又处于停顿状态。

1998年5月8日，县委、县政府印发《关于推行农村合作医疗保险制度的意见》《金湖县农村合作医疗保险暂行管理办法》，9月，全面推行合作医疗保险制度。保健风险型筹资标准为每人每年32元，其中农民个人缴纳20元，村公益金安排10元，县、乡财政各补贴1元；大病风险型筹资标准为每人每年12元，村公益金安排10元，县、乡财政各补贴1元。县、乡合作医疗管理办公室与农民签订合同，资金统一由乡财政所收缴。保健风险型合作医疗实行门诊和住院补偿，大病风险型仅限于对住院费用超过5000元的补偿。塔集、夹沟、唐港、横桥、银集、闵桥等6个乡镇为保健风险型，其余乡镇为大病风险型。当年全县参保19.1万人，参合率75%。1999年，2个保健风险型乡镇退至大病风险型。2000年度，全县统一实行大病风险型，规定农民缴纳为每人每年6元，参保23.9万人，参合率88%。2001年，农村合作医疗再次滑坡。

2003年3月，根据中共中央《关于进一步加强农村卫生工作的决定》，全县统一规范新型农村合作医疗的运作方式及流程，增加合作医疗的受益面与影响力，形成“政府筹资、医院看病、寿保公司兑付、管委会监督”四轮齐转格局，解决以往资金管理不到位、群众补偿难到位的诸多弊端。农民个人筹资由每人每年6元增至10元，省、市、县财政加大对农村合作医疗扶持力度；享受补助比例在以往标准基础上提高10个百分点；报销补偿下限由300元上调至500元，上限由2万元调至2.2万元，同时外出打工的参加者亦可享受最高限额为5000元的补偿。新型农村合作医疗与社区卫生服务工作结合，参加者开展常规体检，建立健康档案。新农合提高筹资标准、提高补偿比例、扩大补偿限额、扩大补偿人群、免费体检、免费建立健康档案，受到农民欢迎。

2004年，全县建立培训学习、服务承诺、拨款审批、定期会办、信息报告、逐级转诊、补偿公示、监督检查等8项制度，委托县人寿保险公司兑付保险费，规范基金管理运作，各镇设报销点，配备电脑、网络、电话等办公设施，参保者不出镇即可领到补偿。2005年，新农合步入良性循环，全县参加合作医疗20.5万人，参合率88%。筹资标准每人每年30元，其中省10元、市2元、县8元、农民个人10元。全年共筹集资金250.4万元，为住院患者3742人补助医药费用617万元，人均补助1649元。

第四节　初级卫生保健

1987年，淮阴市确定金湖为初级卫生保健试点县，实现世界卫生组织提出的“人人享有初级卫生保健”目标。10月，县卫生局对农村卫生服务状况进行调查，找出影响居民健康的主要因素，制定《金湖县卫生发展概略规划》。12月，县成立初级卫生保健委员会，下设办公室，负责全县初级卫生保健规划制定、组织实施、检查评价等工作。1988年8月，市政府在金湖召开“2000年人人享有初级卫生保健工作会议”。1990年，金湖县被省列为试点县。是年7月，县印发《金湖县初级卫生保健规划要点（1988—2000年）》，初级卫生保健纳入地方政府工作目标和地方社会发展规划，卫生工作由单一防病治病的“小卫生”，转变为医疗保障、饮水卫生、食品卫生、健康知识普及、环境保护等范围的“大卫生”。

1991年，初保工作在淮胜、戴楼2乡试点，对照初保工作十三条标准，将目标层层分解到乡镇各部门、各村组、各责任人。1993年，试点工作扩大到14个乡镇，继而在全县全面推开。将农村改水改厕、合作医疗和村卫生室建设作为初保工作重点，各乡镇向县政府递交责任状。1995年7月，经省专家组考评，金湖通过省初保合格县评审。1996年11月，卫生部、国家计委、农业部、国家环保局、全国爱卫会五部委联合组成检查组对江苏省初保工作抽查复核，公布金湖为全国初级卫生保健合格县。此后，初保工作进一步细化，在全县开展创建初保合格乡镇活动，列入小康社会建设工程。1997年，塔集、闵桥、银集、淮胜、唐港通过初保合格乡镇验收。1998年，县加大对初保工作投入，县乡财政部门按预算确保初保经费到位，县规定每个农民人均5元的标准在村公益金中提取支持初保工作，省卫生厅下拨金湖初保专项资金10万元。

1999年初，全县开展创建全国农村初保先进县活动。2001年5月1日，《江苏省农村初级卫生保健条例》公布实施，县初保委对年初制定的“五年（2001—2005）规划”作重新调整。2002年，农村税费改革，初保经费筹集发生困难，县初保委深入农村专题调研，提出对策，确保初保工作顺利开展。10月，金湖再次被卫生部等五部委联合表彰为全国农村初级卫生保健先进县。2005年，全县初保支持体系趋于健全，初保合格乡镇率90%。

第六章　爱国卫生运动

第一节　除“四害”

1986年，全县灭鼠工作由县灭鼠领导小组统一领导、统一组织、统一药物、统一时间、统一行动。1987年，全县共投入毒饵15吨（县城1.5吨、农村13.5吨），平均投药率88%，最多一户灭鼠45只。农村鼠密度从11.56%下降到2.54%，县城从8.2%下降到2.57%，金湖被评为全省6个灭鼠先进县之一。是年夏，县防疫站、清管所组织蚊蝇消杀队，落实消杀员12人，经费1.2万元，对县城18万平方米公共场所的蚊蝇孳生地进行消杀。根据蟑螂生活习性，采取堵“三孔”（水管、暖气管、煤气管孔），封“五缝”（墙、门窗、地板、水池、灶台缝），清“四堆”（煤、杂物、木料、垃圾堆）消灭蟑螂。

1991年起，每年春、秋组织两次除“四害”工作。当年灭鼠毒饵改鼠钠盐为邱氏快速诱杀药，县爱卫会在县城投入鼠药1万包，在前锋乡开展农田灭鼠试点，免费投药4000公斤，并聘请淮安灭鼠专业队承包金沟、淮胜、前锋、陈桥、吕良等乡镇灭鼠任务。1995年，县政府拨款3万元用于蚊蝇消杀，县爱卫办对县城100多处公共场所蚊蝇孳生地登记造册，组织3个消杀专业队对12万平方米的场所进行药物喷洒。各集镇结合大扫除突击活动，加大对公共场所蚊蝇孳生地治理。

1998年，除“四害”推广堵、围、诱、捕、毒等标本兼治灭鼠方法。用清理积水容器、填平污水沟塘、清除杂草垃圾、药物喷洒等办法治理蚊蝇孳生地。2003年，除害工作提出“综合治理环境为主，药物消杀为辅”，加强四害密度监测，引导群众科学除害。是年底，全县“四害”监测结果，鼠迹阳性率2.8%，蚊蝇幼蛹阳性率2.9%，蟑螂阳性率零，在国家控制标准内，禁止使用“毒鼠强”。2005年，全县鼠害密度在3%以下，因鼠传播的流行性出血热疾病大幅度下降，公共场所蚊蝇密度下降，城乡蟑螂明显减少。

第二节　健康教育

1986年，县卫生局建立卫生宣传领导小组，下设文编、美工、电化教育3个组。各乡镇卫生院、村卫生室承担相应健康教育责任。县卫生局将医疗单位候诊室健康教育宣传、农村集市贸易卫生宣传、典型单位卫生宣传、订阅《淮海卫生报》等，纳入基层医疗卫生单位工作考核内容。11月，省卫生厅在金湖召开农村卫生宣传教育工作经验交流会，与会人员参观淮胜、淮建和县化肥厂等卫生宣教典型单位。1990年，健康教育纳入初级卫生保健总体规划，针对农民、工人、学生等不同人群开展系统健康教育。是年冬，农民健康教育率先在淮胜、陈桥、塔集、闵桥等7个乡镇开展，工人健康教育在县缫丝厂试点，学生健康教育在县实验小学和各乡镇中心小学推开。全年共举办各类健康教育班25期，受教育人数3.7万人。城区建立完善卫生宣传栏，集镇主要道口张贴宣传标牌，利用卫生小报、广播、墙报、宣传车、幻灯等形式，向群众宣传通俗易懂的卫生科普知识。开始在机关、学校、医院和公共场所张贴“控烟”标志。1991年，在抗洪防病中，县防疫站根据灾情发展及时调整宣传内容，编写《五要五不要》《暴雨声中不忘预防肠道传染病》《受淹地区的家庭保健》等宣传资料，发放到灾区1.50万多份。1992年9月16日，县防疫站举办工人健康教育师资培训班，培训师资32人。

1994年7月，全国爱卫会等四部委发起开展“全国九亿农民健康促进行动”，提供健康教育系列音像制品，全县各地反复播放。县广播电视设立卫生科普专题节目。县建立健康教育所、健康教育专家组，聘请资深医师为教员，举办健康教育师资班。结合爱国卫生月、世界无烟日、结核病防治日、艾滋病日等活动，开展健康教育咨询，农民健康教育面达52%。1996年，开展“吸烟有害健康·公共场所禁止吸烟”宣传活动。县人民检察院等11个单位被评为“控制吸烟”先进单位。7月，全县医疗单位实施健康教育处方制度。1998年，县健康教育所向媒体投稿106篇，编印卫生宣传资料16种16万多份；自购宣传资料12种近30万份、宣传画1400份，自制音像资料9盘，推动农民健康促进行动。2001年，县城工人健康教育普及率78%，其中有毒有害工种健康教育普及率100%。中小学生健康教育开课率100%，农民健康教育面64%，县镇医院“健康教育处方”发放3.13万多份。2005年，70%的县镇医疗卫生单位、村卫生室能为当地居民提供健康咨询、行为干预等多种形式的健康教育服务。卫生知识知晓率学生86%、工人71%、农民64%，卫生行为形成率学生80%、工人63%、农民59%。

第三节　农村改水改厕

一、改　水

1986年，农村有3个乡镇18个村办起简易自来水厂，设置管道126公里，进户小水嘴7400余只，受益人口6万多人，占全县农村人口的20%。淮胜乡是苏北地区第一个实现全乡自来水化的乡。1987年，贯彻省政府改水工作会议精神，全县农村改水采取民办公助原则，县拨款4万元用于农村改水，县爱卫办从有偿服务经费中提取2.6万元，支持农村改水。1988年，爱卫办建立农村改水服务队，负责改水技术指导和改水材料供应。县加强自来水厂管理，爱卫会多次举办农村自来水厂管理人员学习班。1991年，全县改水坚持“政府领导、部门协调、民办公助、多方集资、因地制宜，形式多样，以水养水，科学管理”方针，将农村改水纳入政府目标考核内容，县财政扶持金提高到10万元，争取省市资金5.5万元，集体投入5.7万元，农民集资45.65万元，在戴楼等6个乡镇8个村新建水厂7座。在扩大改水受益人口的同时，兼顾水源保护、净化消毒、水质监测等。注重水厂管理人员配备，制订《农村水厂管理暂行办法》，开展文明水厂评比活动。1992年7月，金湖县被省爱卫会评为全省农村改水先进县。1994年，全县水厂扩大到78座，受益人口56.7%。

1997年，县在闵桥镇召开农村改水现场会，推广闵桥改水经验，根据方便群众、降低造价、保证质量原则，农村水厂建设布局同中心镇、中心村、工业生产区建设结合，加快消除农村改水空白乡镇。1999年3月，县爱卫办与劳动局联合举办水工学习班，培训合格者发给“水工专业技术证书”，全县农村水工开始凭证上岗。2000年，闵桥自来水厂率先安装二氧化氯发生器装置。12月，戴楼乡永丰村自来水厂安装全自动恒压供水装置，开辟农村改水节能新路。是年，新建农村水厂3座（塔集镇双桥村、戴楼乡永丰村、黎城镇九里村）。至年底，全县累计建水厂152座，其中凿深井144眼、大口井8眼。自来水总受益人口27.5万人。2001年，金南镇南望村、宋墩村，陈桥镇新桥村、新丰村，涂沟镇秦庄村等18个村，以管网延伸为主实施改水工作，新增受益人口2.05万人。2002年，塔集镇新华村、金北镇刘庄村、金南镇连湖村等19个村，实施管网延伸，新增受益人口2.02万人。

2003年，全省实施第三轮农村改水。年初，县政府提出再用3年时间全面普及农村自来水目标，下达各镇年度改水任务共3万人，并列入当年为农民办5件实事之首。金湖加大对经济薄弱、居住分散村组改水扶持力度，免收水资源费和农村水厂土地征用费等。除县财政安排扶持资金外，省、市首次安排扶持资金人均35元。年内，吕良镇沿湖村、前锋镇同心村建起自来水厂，金南镇新杨村，闵桥镇药王村等38个村，利用邻近水厂实施管网延伸工程，新增农村自来水受益人口3.05万人，全县总受益人口30.65万人，自来水普及率达85.4%。2004年3月、10月，县政府两次召开全县农村改水工作会议，6月，县政府分管领导到改水重点镇协调解决问题。全县共投入改水资金260.52万元（其中省、市财政补助70万元，县财政配套35万元，群众自筹139.8万元，镇村集体组织及社会各界资助15.4万元），金南镇新坝村等28个村延伸管网，新增自来水受益人口2.04万人，全县自来水普及率达90%，农村自来水普及率达79.6%。2005年初，县政府召开全县农村改水工作会议，全县11个镇中有改水任务的共25个村，共投入改水资金203.3万元（其中，省补助50万元，市、县财政配套59.5万元，村组投入5万元，群众自筹管网费用67.5万元，社会各界资助21.3万元）。至年底，全县新建农村（戴楼镇小集村）水厂1座，管网延伸25处，新增农村改水受益人口22467人。其中，黎城、金南、戴楼、塔集、银集、吕良、闵桥镇完成三年改水攻坚任务，达到改水普及镇标准（改水受益率95%以上）。是年，全县农村有自来水厂155座，饮用自来水人口26万人，普及率89.5%。

二、改　厕

1986年，农村改厕以取缔“三边”（路边、村边、河边）露天粪缸和农户旧厕改造为重点，要求户厕上有顶、边有墙，粪坑不渗漏，不外溢。至1990年，全县农村户厕改造1760户。1991年，结合能源开发，淮胜乡淮村村率先推广沼气三联式无害化厕所，全村集资8万多元，建起沼气池62座。1992年底，全县建沼气池1263座。1993年5月，淮胜、夹沟、戴楼3乡参与全国农村厕所及粪便处理背景调查，为全县改厕提供依据。

1997年，选择完成改水任务，经济条件好，群众积极性高的行政村作改厕试点，推荐“三格式”（沼气式、双瓮式、粪尿分集式）等多种形式无害化厕所。银集镇新胜村、闵桥镇金桥村等4个村建起水泥预制三格化粪池，安装节水型坐便器，抽水马桶开始进入农户家。1999年，全县实行卫生户厕与农民房屋主体建设同时设计、审批、施工。对沼气式厕所坚持统一规划标准，集中重点镇村连片建设，实现实施一片，成功一片，受益一片。2005年，全县农户80304户，建有卫生户厕50518户，占总户数62.9%，其中无害化厕所4761户，占卫生户厕9.4%。

第四节　创建卫生城镇

1986年，全县开展争创省、市三优（优良环境、秩序、服务）达标单位活动。门前三包（包卫生、绿化、秩序）达标单位128户，县化肥厂、黎城镇被评为省级卫生先进单位，被评为市级卫生先进单位5户，被评为县级卫生先进单位11户。1987年7月，市在金湖召开爱国卫生运动现场会，金湖被评为全市“三优”优胜县。1989年4月，为全国第一个“爱国卫生月”，县机关干部、工人、学生上街打扫环境卫生。1991年夏，金湖遭遇特大洪涝灾害，结合救灾防病，县号召开展爱国卫生突击旬活动，县城出动5988人，运输车辆31台次，清运垃圾291吨，拆除乱搭乱建12处，填平污水坑塘103个，增添垃圾箱50只，新建垃圾池3个，铺设水泥路5条，新修下水道1350米，治理面积达15万平方米。

1992年9月17日，县召开创建省级卫生城镇工作会议，设立县创建办公室，出台《金湖县城市容环境卫生管理暂行规定》。12月，金湖县城被市政府命名为“淮阴市卫生城镇”。1995年5月8日，县设立创建卫生文明城镇办公室，县城实行路段长负责制，县委组织部任命8个路段指挥长、副指挥长，与主要街道单位和居民签订门前“三包”合同1814份，签订率100%。1996年，创建工作由城市向城郊和农村辐射。10月，淮胜乡淮村村率先获省级卫生村称号。1997年4月，县将城区划分为68个卫生包干区，实行卫生督查和清洁包干制度，有关部门一把手为卫生包干区负责人，促进城区卫生面貌改善。

2000年8月3日，县城举行“告别脏乱差、文明你我他”千人游行和集体签名活动，创建工作达到家喻户晓。加强城市基础设施建设，建设高等级的道路骨架和符合卫生要求的大型垃圾粪便污水无害化处理设施，所有公共厕所都改建成水冲式，生活废弃物达到日产日清。2001年1月，闵桥镇通过省爱卫会考评，被评为江苏省卫生镇，为全市第一家获此殊荣的镇。2004年9月，县印发《金湖县爱国卫生管理暂行办法》，县城开展创建文明一条街、创建卫生示范带活动，在金湖路和宁连公路金湖段沿线落实“一建三改”（建沼池，改厕、改圈、改厨）和“四无”（无秸秆杂物乱堆乱放、无杂草污水横流、无散养牲畜露天粪坑、无乱写乱画违章广告）措施，城市卫生面貌大幅提升。截至2005年，全县获爱国卫生单位称号省级4个、市级77个、县级410个，被评为省卫生镇1个、省卫生村1个，市卫生镇4个、市卫生村2个。

第三十八篇 民政事务 劳动管理

1986年，金湖实行劳动部门介绍就业、自愿组织起来就业和自谋职业相结合的就业方针。县劳动服务公司向企业推荐劳务用工，企业与新招用工人签订劳动合同，传统的固定工改为劳动合同用工，由此揭开金湖劳动用工制度改革的序幕。社会事务管理范围扩大，开始履行社团登记管理职能，进行社团清理整顿、婚姻登记改革，进行殡葬改革。1988年起，全县火化率一直保持100%。是年7月，下塘乡胡庄村进行第一届村民委员会选举试点。1992年，进行用工制度改革试点工业企业6户，流通企业4户，取消企业中干部、工人身份界限，试行全员劳动合同制，并全面推开。此后，新招用工人均实行劳动合同制，企业新招进的技术工人、管理人员，经批准迁入户口、粮油关系。居民就业亦由指令性安置逐步向市场就业转变；企业职工工资由全国统一的8级工资制，改为由基本工资、浮动工资两部分组成；国有、集体企业转变经营机制，部分工人分流下岗，出现再就业问题；组织社会力量进行职业培训；有组织实施劳务输出；随着劳资纠纷增多，设立劳动争议调解组织，建立劳动仲裁制度，组织劳动监察。其间，社会事务管理适应由农村向城市转变的需要，进行村委会建设同时，重视城镇居委会的设置与建设。

1995—1999年，社会事务管理力度加大，实行居委会对县城区的全覆盖，部分乡镇集镇设立社区居委会。劳动管理上，探索用行政和市场相结合的手段安置居民就业，启动再就业工程，推行政策性安置再就业人员责任制；举办劳务人才交流大会，职业培训工作推向市场，鼓励就业、社会各界兴办培训实体；推行"市场机制决定，企业自主分配，政府宏观调控"的工资管理体制，形成结构工资制、浮动工资制、职务（等级）工资制、技能工资制、技术等级工资制等基本工资制度，执行企业工资指导线；推行集体合同制度；实行最低工资保障制度；建立政府、工会、用人单位参与的劳动关系协调机制，进行用人单位工资发放检查，以维护劳动者的权益。

2000年以后，实行以村民委员会、社区居委会为主体的一体化管理制度；开始对民办非企业单位进行登记，尝试建立对民办非企业单位的双重管理体制；勘定与周边省、市、县的界址；再度进行婚姻登记改革，集中由县进行婚姻登记。劳动管理不断加强，鼓励职业介绍机构介绍失业人员就业，对困难失业人员实行托底安置；建立有形劳动力市场，全面推行持证上岗、劳动预备制、就业准入制；进行民营企业工资集体协商试点；加大劳动关系协调力度，实施劳动监察案件审理制度，建立群体性突发劳资纠纷应急机制。2005年，坚持实施积极的就业政策，全年新增就业、再就业4922人，培训下岗失业人员2160人，登记失业率3.93%，有组织输出就业劳务工9515人。

第一章　民政与劳动机构

第一节　民政机构

一、局本级

1986年，县民政局内设人秘股、民政股、优抚股、财计股，行政编制9人，共有职工45人，其中固定职工33人。1997年8月，县级党政机构改革时，改内设机构为人秘股、财务审计股、社会救济股、社会事务股、优抚股、退伍军人安置办公室、双拥办公室、监察室，行政编制11人、附属编制1人。2001年11月，实施县级党政机关机构改革，改内设机构为办公室、财务审计科、社会救济科、社会事务科、优抚科、安置科，另设纪检监察机构，行政编制10人、附属编制1人。2005年，内设机构和行政编制未变，共有职工35人，其中局机关15人。

二、挂靠机构

金湖县拥军优属、拥政爱民工作领导小组办公室　1986年，名为金湖县军人家庭服务中心指导委员会办公室，全额拨款股级事业单位，编制2人。1997年10月，更名为县拥军优属、拥政爱民工作领导小组办公室，明确为副科级事业单位。1998年5月，由县民政局管理的事业单位调整为县政府直属正科级事业单位。至2005年机构未变。

金湖县退役士兵安置工作领导小组办公室　1986年，全额拨款股级事业单位，编制2人。至2005年未变。

金湖县地名委员会办公室　1986年，全额拨款股级事业单位，编制2人。至2005年未变。

金湖县老龄工作委员会办公室　1986—2001年，全额拨款正科级事业单位，核定编制4人。2002年1月，整建制划给县民政局，为其下属副科级事业单位。2005年，机构未变。

金湖县社会福利有奖募捐委员会办公室　1988年11月成立，全额拨款股级事业单位，编制1人。2005年，机构未变。

金湖县民办社会团体登记管理工作领导小组办公室　1991年1月成立，全额拨款股级事业单位，编制1人。2005年，机构未变。

三、直属机构

金湖县殡葬管理所　1986年，全额拨款股级事业单位，编制1人。至2005年未变。

金湖县殡仪馆　1986年，自收自支股级事业单位，编制5人，位于县城三里桥西南（园林路西、顺河西路东段南侧）。1987年5月，编制增加到12人，共有职工12人。1992年，新建殡仪馆于淮建乡境内的新河闸北侧。1994年12月，编制增加到15人。1996年6月20日，新河闸北侧殡仪馆建成并营业，县城三里桥殡仪馆停业。1998年5月，拆除三里桥殡仪馆。2005年，机构未变。

金湖县优抚招待所　1986年，自收自支股级事业单位，编制2人。1987年5月，编制增加到5人。1991—1992年，职工4人，其中固定工2人。1993年，固定工增至4人。1994年，固定工增至5人。2005年，增挂“县光荣院”牌子。

金湖县烈士陵园 1986年，自收自支股级事业单位，编制5人。1987年，园内建成革命烈士纪念馆。1993年，有固定职工5人。1994年，固定工增至7人。2005年，机构未变。

金湖县军队离休、退休干部休养所 1987年1月成立，股级全民事业单位，编制2人。1997年7月，增加编制1人。2005年，机构未变。

金湖县民政福利公司 1988年8月设立，自收自支股级事业单位，编制3人。2005年，机构未变。

金湖县十里岗公墓管理所 1998年9月建立，自收自支副股级事业单位，编制3人，位于县城西南黎铜公路西侧。2005年，机构未变。

金湖县婚姻登记处 2004年6月成立，自收自支股级事业单位，编制3人。2005年，机构未变。

四、镇民政机构

1986年，全县乡镇均设有民政办事机构，配有民政助理员1人、民政会计1人（临时人员）。至2005年未变。

第二节　劳动机构

一、局本级

1986年，名为金湖县劳动局，内设计划调配股、工资福利股、劳动争议仲裁股、培训就业股、劳动保护监察股，行政编制11人，年末共有干部职工11人，其中固定干部职工10人。1997年8月，县级党政机构改革，改设办公室、综合计划与工资保险福利股、劳动关系与监察股、劳动争议仲裁股、职业技能开发股、劳动安全监察股，行政编制15人、附属编制1人。2001年11月，县级党政机关机构改革，县劳动局更名为县劳动和社会保障局，改设办公室（挂“财务审计科”牌子）、政策法规和劳动监察科（挂“信访室”牌子）、劳动就业和工资科、劳动争议仲裁科（挂“县劳动争议仲裁委员会办公室”牌子）、职业技能开发科（挂“县工人技术考核领导小组办公室”牌子）、社会保险科（挂“县劳动鉴定委员会办公室”牌子），另设纪检监察机构，行政编制13人、附属编制1人。2005年，内设机构和人员编制未变，共有干部职工76人，其中局机关15人。

二、挂靠机构

金湖县劳动争议仲裁委员会办公室 1986年12月16日成立，由县劳动局、经委、总工会三方代表组成，办公室设县劳动局，与仲裁股合署办公。2005年，机构未变。

金湖县安全生产委员会办公室 1987年10月成立，抽调劳动、公安、工会等部门工作人员组成，设于劳动局。2001年11月县级党政机关机构改革时划出。

三、直属单位

金湖县劳动就业管理处 1986年，为县劳动服务公司，股级全民事业单位，编制5人。内设劳动管理、待业安置、财务计划组3个。1987年5月增加编制9人，编制总数14人。1989年1月，设置金湖县劳务市场，与县劳动服务公司“一套班子、两块牌子”。1990年9月增加编制1人，编制总数15人。1991年9月6日，县劳动服务公司更名为县劳动就业管理处，自收自支股级事业单位，编制不变，实有职工13人，其中固定工9人。下辖县职业技术培训指导中心、县劳务市场。1992年，实有职工13人，其中固定工11人。1993年增至15人。1994年又减至13人。1997年4月21日，县劳务市场更名为县职业介绍所。2005年，机构未变。

金湖县劳动监察大队　1998年9月9日成立，全额拨款股级事业单位，编制3人。2001年10月，增加编制2人。2005年，机构未变。

金湖县人才交流服务中心　1986年，名称为金湖县人才交流服务站，事业单位，编制4人。1989年2月，更名为县人才交流服务中心。2005年，机构未变。

金湖县人才市场　1993年10月成立，股级全民事业单位，编制3人。2005年，机构未变。

第二章　民政事务

第一节　村（居）委会和社区建设

一、村民委员会选举

1988年7月18—30日，县委进行卞塘乡胡庄村第一届村民委员会（以下简称村委会）选举试点工作。全县抽调县委农工部、县人大常委会办公室、县民政局等有关部门11人，卞塘乡机关人员13人，村干部7人，组成工作班子，分宣传、材料、会务、资格审查4个小组开展工作。分为准备、宣传发动、学习文件、推荐候选人、选举、制定村规民约、总结等阶段进行。胡庄村有村民小组10个、330户1359人，通过登记、审查、公布，共有选民1006人。以村民小组为单位，酝酿、提名、协商候选人，全村提出候选人15人。试点班子根据选民意见拿出方案，再交选民讨论，经过两下两上酝酿协商，最后确定候选人9人；通过宣传介绍候选人，召开选民选举大会投票，以得票多者当选，选出村委会委员7人，委员中通过无记名投票产生主任1人、副主任2人。全县第一届村委会选举工作仅进行胡庄村试点，没有全面推开。

1990年4月5—8日，全县进行第二届村委会选举，共有村259个，参加选举村244个。选出村主任240人、副主任342人、委员761人，其中连选连任主任209人、副主任268人。当选成员中，妇女241人，其中主任2人、副主任22人，党员657人，高中文化447人、初中文化647人，选民参选率99.2%。

1993年3月1—31日，全县进行第三届村委会选举，共有村261个，参加选举村248个。选出村主任240人、副主任297人、委员732人，其中连选连任主任183人、副主任253人、委员556人，妇女226人、党员681人、高中以上文化479人、初中文化623人，选民参选率97.89%。

1996年3月27日至4月26日，全县进行第四届村委会选举，共有村261个、参加选举村256个，初提候选人1821人，经筛选确定候选人1498人，当选1285人，当选率85.78%，选出村主任239人，副主任、委员1046人，其中连选连任主任172人、副主任229人、委员600人，主任兼任村支部书记4人。村委会成员中，女性209人，占16.3%；党员741人，占57.7%；高中以上文化577人，占44.9%；35周岁以下511人，占39.8%；36~45周岁580人，占45.1%。

1998年11月1日至12月25日，进行第五届村委会换届选举。试点银集镇新胜村无候选人由村民直接选举村委会班子。该村由村民推举村干部、村民小组组长、村民代表各2人，组成选举委员会，负责选举事务，县、乡工作人员以观察员身份出现。新胜村有选民723人，选举当日参加选举497人，代为投票223人。选举大会上参加竞选演讲的有事先报名者3人，现场报名者1人，选民在没有候选人的票面上直接填写推选人姓名，结果村委会班子以原任当选。民政部、省民政厅和省、市有

图 38-2-1　2001 年 9 月 20 日，金北镇董河村第六届村委会选举大会
李义海／摄

关领导及众多媒体记者旁观选举全过程。是年，全县行政村261个，参选村259个，共选出村委会主任250人，副主任、委员955人，其中连选连任主任203人、副主任171人、委员506人，主任兼任村支部书记8人。村委会组成人员中，女性175人，占14.5%；党员913人，占76%；高中以上文化635人，占52.6%；30周岁以下144人，占12%；31~40周岁596人，占50%。

2001年，进行第六届村委会选举，改由村民一人一票直接选举产生。8月10日至9月20日，金北镇先行试点。11月1日至12月15日，全县村委会换届选举村118个，选举失败村1个，共选出村委会主任117人，副主任、委员590人，其中连选连任56人、副主任114人、委员217人，主任兼任村党组织书记4人，落选402人，占36.2%，落选人中原村委会主任61人。村委会组成人员中，女性104人，占15%；党员578人，占81.75%；大专以上文化101人，占14.29%；高中、中专文化405人，占57%；30周岁以下57人，占8%；31~40周岁363人，占51.34%。选举一次性成功村102个，占86.4%。

2004年9月，闵桥镇进行淮安市第七届村委会选举试点工作。11月，全县村委会换届选举工作全面推开，12月6日结束。参与选举村117个，实行无候选人一次性直接投票选举村17个，村民一人一票直接选举选出村委会主任115人、副主任228人、委员351人；主任兼任村党组织书记92人。村委会成员694人、平均年龄42岁，较上届年轻2岁；高中、中专以上文化水平的561人（其中大专以上139人），占81%；女性15人，占2.2%。选举一次性成功村115个，占98.3%。

1988—2005 年金湖县村委会选举情况统计表

表 38-2-1

届别	选举年份	共有村数（个）	参选村（个）	选民总人数（人）	选民到会参加投票人数（人）	委托他人投票人数（人）	参选率（%）	参选候选人数（人）	当选人数（人）	当选率（%）
第一届	1988	259	1	1006	645	311	95.03	9	7	77.78
第二届	1990	259	244	176569	82078	93075	99.20	1375	1343	97.67
第三届	1993	261	248	185932	77747	104262	97.89	1332	1269	95.27
第四届	1996	261	256	241311	90351	106326	81.50	1498	1285	85.78
第五届	1998	261	259	201484	113277	84581	98.20	1777	1205	67.81
第六届	2001	118	118	201790	100456	89442	94.11	1109	707	63.75
第七届	2004	117	117	211790	110456	92862	96.00	1003	694	69.19

说明：县第七届村委会换届选举有20%的村实行无候选人一次性直接选举。

二、社区居民委员会设置

1986年，县城所在地黎城镇有红旗、闸东、向阳、红卫、新建、红星居民委员会（以下简称居委会）6个。1993年，黎城镇调整重组居委会后共7个：设置劳动桥居委会，合并红旗、向阳居委会和红星居委会部分属地；设置桃园居委会，撤销红卫居委会，其所属与人民路以东、健康路以南、三里桥河以北部分合并；设置城中居委会，撤销新建居委会，其所属与人民路以西、利民河以南、三里桥河以北部分合并；设置城西、宋坝桥、坞墩居委会；闸东居委会依旧。1997年6月，闵桥镇设置古镇居委会，唐港乡设置港中居委会，金北乡设置金港居委会。

2001年6月，县城区居委会名称嵌入"社区"二字，共涉及居委会7个，分别为劳动桥、城西、桃园、城中、宋坝桥、坞墩、闸东社区居民委员会。8月，黎城镇设置郑岗社区居委会，戴楼镇设置金西、永丰、官路居委会，金南镇设置金南、金沟、卞塘居委会，闵桥镇设置庙沟居委会，塔集镇设置宝塔、夹沟居委会，银集镇设置银集、淮建居委会，涂沟镇设置通衢居委会，陈桥镇设置新宁、兴隆居委会，是年，全县共有居委会25个。2003年4月，吕良镇设置泰山居委会。

2004年，县城8个居委会调整为6个，其中城西更名为西苑社区居委会；撤销坞墩居委会，其所属并入劳动桥社区居委会；城中与桃园居委会合并为健康路社区居委会。2005年，全县共有社区居委会24个，其中城区有社区居委会6个、居民小区（组）83个、居民户30183户、人口8.2万人。

三、村民自治和社区建设

村民自治　1990年，全县开始开展村民自治示范创建活动，规定村民自治示范创建基本内容，示范单位标准，包括民主选举、民主决策、民主管理、民主监督等村民自治核心内容。1992年，选择银集镇义平村和夹沟乡三柳村作为全县村民自治试点单位。1993年1月，县委办、县政府办联合印发《关于进一步开展村民自治示范活动的意见》，规定由村民依法选举村委会干部，加强民主政治建设，建立健全村民会议或村民代表会议制度，定期开展村民议事活动；建立、完善村规民约和其它各项必要的规章制度，完善群众参政机制，加快民主建设进程；建立健全村委会下属的治保、调解、公共卫生等组织；加强精神文明建设，进行村民热爱党、热爱祖国、热爱社会主义、热爱农村教育，坚持移风易俗、破除迷信；发展集体经济，壮大村民自治经济基础，增强村委会吸引力、凝聚力，努力办好村里的公共事务和公益事业。1997年4月，县委农工部和县民政局进行金沟镇村务公开试点，5月，全县推开，各村建立公布栏，每季度公布村财务收支、债权、债务、各项代办费用等村务事项1次。9月，县政府命名黎城镇黎城村等村民自治示范村233个，获市政府命名村民自治模范乡镇8个。10月，金湖县获省民政厅授予省村民自治示范县称号。

1998年，全县村务公开向两头延伸，向上延伸到乡镇一级，实行乡镇政务公开，向下延伸到组一级，实行组务公开，农村一切公共事务都向群众公开。是年3月，全县获市政府命名的第二批村民自治模范乡镇12个：黎城镇、新农乡、吕良镇、陈桥乡、金北乡、白马湖乡、前锋乡、淮胜乡、唐港乡、涂沟镇、横桥乡、金沟镇。1999年6月，金湖县获市政府命名的第三批村民自治模范乡镇2个：孙集乡、官塘乡。

2000年，全县各村建立和完善村民自治配套设施，有村委会牌子、村民意见箱、村民档案、村务公开栏、村民议事室、村委会工作记录簿和村民代表会议记录簿。2005年9月，县委办公室印发《关于进一步加强村务公开和民主管理工作的通知》，健全和完善全县村务公开制度、民主决策制度和村务管理的监督制约机制，全县进行村民会议和村民代表会议、村务公开监督小组、村民民主理财小组建设村117个。全县村委会依法自治达标率100%，村民自治示范单位创建工作全面完成，通过省市验收。

社区建设　1986年，黎城镇整顿和改造居委会6个，建立健全组织机构与各项规章制度，居委会管理和服务工作逐步走上轨道。1990年，全县加强居委会建设，吸收政治素质好、业务能力强、热心为居民服务的人进入居委会班子。建立健全办事机构，修订居民公约，兴办公益事业和便民利民的生产、生活服务事业，各个居委会建立小活动室、小修理部、小裁剪店、小医疗室、小餐饮店、小理发室等经营加福利型的小服务设施。全县居委会组织社会孤老包护组3个、军烈属服务组1个、精神病人监护组6个、特困户帮助组2个、失足青少年帮教组7个，上门服务民政对象。1992年，完成换届选举居委会6个。

1995年，县民政部门与黎城镇一起，建立健全社区服务组织机构，拥有社区服务福利基金会1个、基金1万元，建托老所1个，老人活动中心3个，职工疗养站1个，残疾儿童寄养班1个，便民服务中心7个。1999年6月，县民政等部门16个，联合印发《关于加快发展社区服务业的通知》，明确全县社区服务业发展目标及各有关单位的职责。8月，黎城镇城西居委会率先成立社区服务站，服务项目有为居民代充液化气、疏通上下水管道等10多项，服务人员30多人，获市民政局命名为市一级模范居委会称号。至年底，黎城镇居委会7个，均成立服务站。居委会和县直单位58个，联合成立青年志愿者服务队、文化活动基地、家政服务中心、卫生保健中心、法律援助中心、环境美化中心，服务人员110人。建立信息通报制度和居民需求登记制度，居民一个电话，就可以享受找保姆（钟点工）、修电器、上门治病、免费保健咨询、清洗油烟机、聘请律师、小花圃维护、老人陪护、孩子入托等多项服务。居委会党员免费上门服务困难居民，提供法律、卫生保健等免费咨询，仅卫生保健中心先后接受群众卫生知识咨询1000多人次，上门服务100多人次，年印发保健资料2000份，出板报和橱窗10期。帮助军烈属免费安装电器，上门办理老弱病残居民身份证，定期打扫社区卫生死角、擦洗护栏、疏通下水道，帮敬老院老人拆洗被褥，进行小区治安巡逻。2000年，县政府协调驻居委会单位，利用小区资源，共同参与小区建设，确定公园、居民小区物业管理处、教委等居委会成员单位18个，开放相关场所，提供小区居民开展文体活动、卫生保健咨询、教育培训、集会等基本条件。城西公园、审计局、西苑小区物业管理处、上湾小区物业管理处、衡阳路小区物业管理处提供居民晨练场所，每天早晨五点半至七点半免费开放；县中医院、黎城镇卫生院提供卫生保健咨询场所，每星期六免费开放。黎城镇文化广电服务站提供的娱乐活动中心，县教师进修学校提供的居民教育、培训场所，县建设局提供的小区各类集会场所等居委会成员单位的闲置资源，免费提供给小区使用。金客隆商城利用二楼歌舞厅组织居民健身活动，居民每月缴纳一定费用，以会员身份参加每天2次的健身舞蹈，参加会员100多人。加强小区基础设施建设，居委会办公用房均达80平方米以上，每个居委会服务用房60平方米以上，配备电话、电脑、档案柜等办公设施。是年6月，黎城镇获省民政厅命名为“江苏省社区服务示范镇”称号。至2001年底，城郊、城镇派出所设立县城小区警务室9个，拥有治安保卫人员30人，创建安全文明小区58个。2002年，开展社区文明街道（巷）、路、楼、户创建活动，通过民主选举产生小区楼长112人，评比五好家庭78户，举办健康教育讲座4场次、散发宣传资料2600多份、受教育1200人次。2003年，县政府投入20万元，建设城西、桃园社区健身室、棋牌室、乒乓室、阅览室等，黎城镇获市民政局命名为社区建设示范镇称号，黎城镇城西社区居委会、银集镇淮建社区居委会获市社区建设示范社区居委会称号，银集镇获市社区服务示范镇称号，塔集镇夹沟社区居委会获社区服务示范社区居委会称号。2004年5月，县委召开社区党建工作动员大会，各镇相应成立社区建设组织机构，制订有关社区建设发展规划和工作制度。下半年，县民政局会同黎城镇政府进行社区居委会统一选举5个，产生居委会成员和常务议事会，建立社区居民代表大会制度，制定各项规章制度。是年，县政府投资10万元，创办闸东、劳动桥社区老年活动室，添置健身器材、文娱用品、图书杂志等。西苑社区、劳动桥社区获市级模范社区称号。2005年，县城社区居委会办公经费、人员工资、福利等，全部纳入县镇财政预算。全县社区参加市级十佳社区、党组织书记、社区工作者评选活动，黎城西苑社区钱晓凤获市十佳党组织书记称号。完成学习型社区创建，劳动桥社区、西苑社区获县委、县政府学习型社区先进集体称号。

第二节　地名管理

推广使用标准地名　1986年，县地名委员会推广和监督《金湖县地名录》《金湖县地名图集》标准地名使用，全县办理地名申报、审批手续，均按地名标准化要求实施。1987年，出版发行第二轮1∶50000金湖县地图，编制1∶250000金湖县地图和4开版金湖县城区图。1989年，开展地名补查和资料更新工作。10月，县城乡建设局第一次设置县城区道路25条，路、街、巷地名标志牌71块。标志牌为蓝底白字搪瓷牌，规格45厘米×20厘米，采取立杆和附墙相结合的方式设置，立杆为直径4厘米、高度180厘米钢管。1990年3月，县政府印发《金湖县地名管理细则》，至年底，共补查地名30条，更新资料地名501条，填写成果资料表2124份，标注1∶50000成果图4套36张，填写补查目录表4份。

1992年4月，县民政、公安、国土、邮电、城乡建设等9部门联合印发《关于对农村聚落地名实施标准化管理的联合意见》，做到一个乡镇、场范围的村庄名称无重名，无同音；养成通信、联络使用村庄名称的习惯；编制村庄住户门牌号码并安装门牌。1993年1月1日起，村民登记、审批、审核户籍、婚姻、建房、营业执照、电力配置等方面使用村庄名和门牌号码。是年，编制1∶220000金湖县政区图和1∶15000金湖县城区图。1997年7月，县民政部门印发《县城区门牌整顿、完善工作的布告》，进行县城区门牌整顿，全面规划、设置县城各类地名标志，包括路、街、巷牌，居民区牌，房屋幢牌，楼房单元牌，机关、企事业单位、居民户门牌等，至年底，完成建设路、人民路等道路4条、正门牌安装400多块。1998年4月，县政府办公室印发《金湖县门牌管理规定》，详细阐述门牌设置、使用、管理等要求，印发张贴全县城乡。是年，共安装临街正门牌9000多块、支门牌6000多块，楼房单元牌530块、楼内户室牌4000多块、支号门牌200多块，填发门牌证1.6万多本，建立门牌档案96卷，门牌设置率95%以上。

2001年，县政府印发《金湖县地名管理规定》。界定地名概念、地名标准化含义、地名命名更名程序、标准地名使用、地名标志设置、地名管理机构设定、地名管理机构职能以及地名档案管理、利用等，提供开展地名工作法律法规依据。8月，县政府办公室印发《关于认真做好县城地名标志设置工作的通知》，成立金湖县城标准地名标志设置领导小组，地名办主任为该领导小组办公室主任，具体负责设标工作，采取市场化运作方式设置县城道路标志牌，地名管理部门按照国家标准设计路牌尺寸、式样，广告商出资制作、安装、保养、更新路牌，广告商经营路牌内的广告版面，收入归广告商。是年，县民政局按照地名标牌国家强制性标准，设置建设路、健康路与人民路交叉路口第一批整体框架箱式路牌14座。是年，县民政部门配合荷花艺术节编印两开版金湖县交通旅游图；编制《金湖年鉴》内插金湖县地图和金湖县城区图，提供社会使用标准地名查考依据。2003年，编制1∶60000彩色金湖县地图，此图为第三版金湖县地图，改变前两轮1∶50000地图需要两幅拼接的格局，采用1∶60000独幅横版格局，方便、简洁、大方，准确反映金湖与周边县市区域界线勘定后的界线走向，注明撤乡并镇、并村联组后镇村区域范围、标准名称和地理位置情况。2004年，继续出版发行第三轮1∶60000金湖县地图。

2005年，全县地名标志基本形成从县城到农村、从路街到巷道、从楼幢到户室的全覆盖。结合公安部门办理第二代居民身份证，编制顺德路、西苑小区多户居民门牌号并填发门牌证。

县城区地名命名更名　1988年4月，县政府命名县城区道路、巷道、河道、桥梁、居民区26处，更名道路、河道、桥梁、涵闸9处。

1988年金湖县城区地名命名一览表

表 38-2-2

命名名称	方位及起讫
人民路	人民路及其向南延伸的路段均为人民路，南至环城南路
健康路	健康路向西延伸。东自利农河，西至环城西路
城中路	县汽车站门前路。东自环城东路，西至环城西路
新建路	县烈士陵园北侧东西向路。东自利农河，西至环城西路
黎城路	黎城街向南延伸之道路。北自黎城闸，南至新建路。
利农路	利农路向南延伸，北自利农闸，南至环城南路
淮河路	县自来水厂及油米厂北大堤路。东自与建设路相交处，向西蜿蜒至利农闸，过利农闸北折后向西至城西排涝河
环城东路	利东河西侧路。北自建设路，南至环城南路
环城西路	城西排涝河东侧路。北自淮河路，南至环城南路
环城南路	新建河北侧路。东自环城东路，西至环城西路
长乐路	县农机公司北侧路。东自人民路，西至园林路
青年路	县职业中学北侧东西向路。东自黎城路，西至园林路
大兴路	县轧花厂北侧东西向路。东自环城东路，西至利农路
交通路	交通路向北延伸，北自淮河路，南至利民路
育才路	县机械厂东侧南北向路。北自建设路，南至大兴路
丰收路	县造纸厂斜对面南北向路。北自建设路，南至大兴路
为民路	城西粮站西侧南北向路。北自淮河路，南至建设路
康乐路	县老干部活动室西侧南北向路。北自健康路，南至朝阳路
便民巷	县滚轮体厂东侧南北向路。北自建设路，南过便民桥至健康路
团结巷	县运输公司西侧南北向路。北自淮河路，南至建设路
新华巷	县卫生局西侧南北向路。北自健康路，南至跃进路
长安巷	县制药厂西侧南北向路。北自健康路，南至跃进路
城西新村	县房产管理所住宅区
城西排涝河	县果园西侧南北向河道。北自淮河路，南至新建河
护城闸	三里桥河入利农河处节水闸
交通桥	城中路达县化肥厂处跨利农河桥梁

1988年金湖县城区地名更名一览表

表 38-2-3

更名名称	原名、方位及起讫
建设路	原名大兴路。建设路利农闸以东道路
利民路	原名城中路。东自利农河，西至园林路
顺河路	原名大庆路。三里桥河南岸东西向路。东自利农河，西至环城西路
园林路	原名新建路。城西桥东侧南北向路。北自淮河路，南至新建河

接上表

更名名称	原名、方位及起讫
利民河	原名城中河。金星旅社南侧东西向河道。东连利农河，西至园林路
利民桥	原名城中桥。人民路跨利民河桥梁
便民桥	原名利民桥。便民巷跨利民河桥梁
黎城闸	原名城中闸。利民河入利农河处节水闸
人民桥	原名城南桥。人民路跨三里桥河桥梁

1997年6月，县政府命名县城道路、巷道、居民区、公园、桥梁41处，更名道路10处。

1997年金湖县城区地名命名一览表

表38-2-4

命名名称	方位及起讫
衡阳路	俗称城西干道。南北向，北自淮河西路，南至金湖西路
衡阳南路	衡阳路向南延伸之道路。北自金湖西路，南至建业西路或更远
高宝路	金湖变电所东侧南北向路。北自建设东路，南至金湖东路
高宝南路	高宝路向南延伸之道路。北自金湖东路，南至建业东路或更远
东阳路	县农科所西侧南北向路。北自建设东路，南至金湖东路。
东阳南路	东阳路向南延伸之道路。北自金湖东路，南至建业东路或更远
通湖路	利东河西侧南北向路。北自淮河东路，南至金湖东路
通湖南路	通湖路向南延伸之路。北自金湖东路，南至建业东路或更远
翠园路	县实验中学西侧南北向路。北自淮河西路，南至健康路
西苑路	西苑新村内南北向路。北自建设西路，南至健康路
昌盛路	黎城村五、六组中南北向路。北自金湖西路，南至建业西路
润德路	县实验幼儿园西侧南北向路。北自建设西路，南至跃进路
顺德路	城南商场西侧南北向路。北自金湖路，南至青年路
新民路	汽车站东侧南北向路。北自顺河路，南至新建路
船塘路	县技术协作公司东侧南北向路。北自顺河路，南至建业路或更远
九里路	金湖变电所西侧九里村境内南北向路。北自金湖东路，南至建业东路
港口路	金湖港西岸南北向路。北自淮河西路，南至建设路
甘泉路	县自来水厂门前南北向路。北自淮河西路，南至建设路
建业路	新建河北侧东西向路。东自利农南路，西至园林南路
建业东路	建业路向东延伸之道路。西自利农南路，东至通湖南路或更远
建业西路	建业路向西延伸之道路。东自园林南路，西至衡阳南路或更远
上湾路	园林路北段西侧东西向路。东自园林路，西至衡阳路
友谊路	园林路北段西侧东西向路。东自园林路，西交为民路
平安路	金湖汽车加油站南侧东西向路。东自船塘路，西至衡阳南路
海晏路	县油化厂北侧东西向路。西自利农路，东至通湖路
玉泉路	县淀粉厂南东西向路。西自利农南路，东至高宝南路

接上表

命名名称	方位及起讫
虹桥路	县通用机械厂南东西向路。西自利农南路，东至高宝南路
福源路	青年路东段南侧黎城村三组处东西向路。东自新建二组，西至人民路
河西巷	城西河北段西侧南北向路。北自友谊路，南至跃进路
同仁巷	县堤防管理所西侧南北向路。北自顺河路，南至青年路
悦来巷	县邮电局东侧南北向路。北自沿河路，南至利民路
黄庄巷	县造纸厂西侧南北向路。北自淮河东路，南至建设东路
聚贤巷	金湖汽车加油站西侧南北向路。北自金湖西路，南至平安路
西苑新村	建设西路中段南侧居民区。东自县房产管理所，西至衡阳路，北自建设西路，南至健康路
友谊新村	园林路北段西侧居民区。东自河西巷，西至为民路，北自上湾路，南至建设西路
南湖新村	平安路东段南侧居民区。东自化肥厂，西至人民路，北自石油试采二厂，南至青年路
海晏新村	大兴路西段南侧居民区。东自蔬菜村，西至棉纺厂，北自大兴路，南至蔬菜村
翠湖园	健康路西段南侧公园
尧园	金湖西路与园林路相交处街心公园
三河公园	淮河西路北侧、三河河道南侧柳林地
利农桥	健康路东首跨利农河桥梁

1997年金湖县城区地名更名一览表

表38-2-5

更名名称	原名、方位及起讫
建设东路	原建设路利农闸以东路段。西自利农闸，东至与淮河东路相交处
建设西路	原建设路城西桥以西路段。东自城西桥，西至果园或更远
金湖路	原城中路。西自园林路，东至利农路
金湖东路	金湖路向东延伸路段。西自利农路，东至通湖路或更远
金湖西路	金湖路向西延伸路段。东自园林路，西至金湖汽车加油站或更远
淮河东路	原淮河路金湖港口以东路段。西自港口东侧，东至与通湖路相交处或更远
淮河西路	原淮河路金湖港口以西路段。东自港口西侧，西至衡阳路或更远
利农南路	利农路与金湖路相交处以南路段。北自金湖东路，南至建业东路或更远
园林南路	园林路与金湖路相交处以南路段。北自金湖路，南至建业路或更远
竹园路	原闸东巷东西向路段。西自闸东巷，东至黄庄巷

1998年6月，县政府命名县城道路、巷道16处，更名桥梁1处。

1998年金湖县城区地名命名一览表

表38-2-6

命名名称	方位及起讫
坞墩巷	县教师进修学校南侧东西向路。东自园林路，西至润德路东
朱家巷	坞墩巷南侧东西向路。东自园林路，西至润德路东
健康西路	园林路以西路段。东自园林路，西至衡阳路或更远

接上表

命名名称	方位及起讫
利民西路	利民路向西延伸路段。东自园林路，西至润德路或更远
长乐西路	长乐路向西延伸路段。东自园林路，西至衡阳路或更远
跃进西路	跃进路向西延伸路段。东自园林路，西至衡阳路或更远
顺河西路	顺河路向西延伸路段。东自园林路，西至衡阳路东
平安西路	平安路向西延伸路段。东自园林南路，西至衡阳南路或更远
利生路	黎铜路南侧东西向路。东自园林南路，西至衡阳南路或更远
新建西路	新建路向西延伸路段。东自园林南路，西至衡阳南路或更远
建园路	建业路北侧东西向路。西自园林南路，东至船塘路
民康路	建园路北侧东西向路。西自园林南路，东至人民路或更远
联合路	衡阳路北段西侧南北向路。南自建设西路，北至联合砖瓦厂
果园路	建设西路南侧南北向路。北自建设西路，南至金湖西路
北园路	建设西路南侧东西向路。东自果园路，西至县稻麦原种场
南园路	健康西路南侧东西向路。东自衡阳路，西至县稻麦原种场
园林桥	原名三里桥。桥随园林路扩建而重建，以路更名

2004年5月，县政府办公室印发《金湖县地名有偿冠名暂行办法的通知》。县地名管理部门采取公开招标形式，有偿冠名县城及金湖工业园区内部分道路，所筹资金用于城市建设和地名管理工作。是年，神华药业、同泰服饰、华海测控等企业获得有偿冠名权，更名命名新建路、新建西路和新建的尚没有路名的道路为神华大道、同泰大道、华海路，使用期限20年。2005年，针对城区部分道路名称、居民区门牌无序和违规命名的情况，县民政局印发《关于进一步加强地名管理工作的意见》，完善地名命名规则和程序，完成《江苏政区通典》资料编写和地名数据库录入工作。

地名考证　（参见“附录”《尧帝出生地考》。）

第三节　勘　界

一、勘界实施

1997年4月，成立县勘界工作领导小组，组建工作班子，开展县界勘定工作。勘界以历史资料、现状和1∶10000航测地形图上的界线为基础。与金湖有界线关系天长、宝应、高邮、洪泽、盱眙5县（市）。勘界本着实事求是、顾全大局、互谅互让原则，采取对图接边、协商分歧、实地踏勘方法进行。是年，与盱眙县界线形成共识33.3公里，全线贯通；与安徽天长市界线57.2公里，贯通陆地界线39.1公里，待定水面（百家荡）界线18.1公里；与宝应县界线43公里，贯通白马湖、大汕河处6段17.4公里；与高邮市界线因均在高邮湖内，未有进展。

1998年10月，完成与洪泽县界线勘定50公里，全部贯通。

2000年5月9日至16日，国家勘界办公室召集两省（江苏、安徽）、两市（淮安、滁州）、两县市（金湖、天长）有关人员在滁州市海顿国际大酒店调处百家荡内界线问题，双方进行多次对等协商，各自逐步向后退让原持观点，分歧渐趋缩小，16日达成协议。

是年7月7日至8日，省勘界办公室召集两市（淮安、扬州）、两县市（金湖与宝应、金湖与高邮）有关人员在淮阴市吉祥大酒店调处高邮湖、白马湖湖中界线问题，省民政厅副厅长、省勘界办公室主任陶礼仁主持。调处原则：两县（市）达成协议的省勘办同意；两县（市）不一致的，由两县（市）商量，两县（市）不能达成协议的，由省里调处，两市、两县（市）必须服从。双方各陈述划界意见并出示界线资料。金湖陈述理由充分，提供资料详实，特别是从中央档案馆搜集的与宝应划县资料和从省测绘局档案馆搜集的与高邮市水面界线资料在会上展示后，省勘办据此作为调处金湖与宝应、金湖与高邮界线的充分依据。根据省、市勘办调处，至8日凌晨3时，金湖与宝应、高邮分别达成界线贯通协议，双方有关人员均在贯通界线上签字。

2001年，完成金湖与盱眙、金湖与洪泽县际界线资料的整理归档工作，所成案卷一式6套，每套7卷，分勘界实施方案、勘定界线会议纪要、勘定界线协议书、勘定界线协议书附图、界桩成果表和界桩照片等。与天长市的省界，与宝应、高邮的市界资料分别上报省、市勘办，由其分别予以整理建档。

二、勘定界线

金湖县与洪泽县界线　起于白马湖内龙头集处的金湖、洪泽、宝应3县界线交会处，由此向西延伸至草泽河、向南沿山阳河延伸，过老三河入陆地后蜿蜒至三河内中街滩西侧的金湖、洪泽、盱眙3县界线交会处止，界线长53.68公里。除2个三交点外设界点8个，埋设双立双面界桩12块、单立双面界桩2块，共14块。

表38-2-7

金湖县与洪泽县界桩设置一览表

界线代号	界桩号	界桩类型	界桩位置	
			洪泽县	金湖县
5759	1A、1B	单面双立	仁和镇堆头集村	孙集乡军舍村
5759	2A、2B	单面双立	仁和镇堆头集村	孙集乡周圩村
5759	3A、3B	单面双立	仁和镇临泽村	新农乡淮路村
5759	4A、4B	单面双立	万集镇丰收村	新农乡刘桥村
5759	5A、5B	单面双立	万集镇山阳村	新农乡前进村
5759	6A、6B	单面双立	共和乡戚庄村	陈桥乡宋庄村
5759	7	双面单立	共和乡费坝村	陈桥乡大园村
5759	8	双面单立	共和乡刘尖村	陈桥乡高集村

金湖县与盱眙县界线　起于三河内中街滩西侧的金湖、洪泽、盱眙3县界线交会处，由此向东南延伸，止于金湖、盱眙、安徽天长市3县市界线交会处，界线长33.3公里。除三交会点外，设界点2个，埋设双立双面界桩4块，其中戴楼乡永丰桥处的双立双面界桩拆除。

表38-2-8

金湖县与盱眙县界桩设置一览表

界线代号	界桩号	界桩类型	界桩位置	
			盱眙县	金湖县
5859	1A、1B	单面双立（2000年废）	东阳乡永丰村	戴楼乡金西农场
5859	2A、2B	单面双立	东阳乡梁桥村	官塘乡大坝村

金湖县与洪泽县、盱眙县界线三交点界桩设置一览表

表 38-2-9

界线代号	界桩号	界桩类型	界桩位置		
			洪泽县	盱眙县	金湖县
575859	洪盱金 1A	三面三立	共和乡草桥村		
575859	洪盱金 1B	三面三立		观音寺乡衡西村	
575859	洪盱金 1C	三面三立			戴楼乡衡阳村

金湖县与宝应县界线　起于白马湖内龙头集的金湖、洪泽、宝应3县界线交会处，由此向东过省道331，蜿蜒至宝应湖、大汕河心延伸，讫于宝应湖退水闸南侧高邮湖内金湖、宝应、高邮3县（市）界线交会处，界线长43公里，设3个界点。

金湖县与宝应县界桩设置一览表

表 38-2-10

界线代号	界桩号	界桩类型	界桩位置	
			金湖县	宝应县
0810	009	双面单立	前锋镇陈涧村	山阳镇光辉村
0810	010	双面单立	前锋镇东滩村	山阳镇公民村
0810	011A	单面双立	滩涂开发公司	氾水镇水产资源管委会（原朱港镇）
0810	011B	单面双立	滩涂开发公司	氾水镇水产资源管委会

金湖县与高邮市界线　起于宝应湖退水闸南侧金湖、宝应、高邮3县（市）界线交会处，沿高邮湖心南伸西折，止于高邮湖内耿家尖北侧金湖、高邮、天长市3县市界线交会处，界线长42.5公里，本界线未设界桩。

金湖县与安徽省天长市界线　起于官塘乡西南金湖、盱眙、天长3县市界线交会处，在陆地蜿蜒至百家荡西岸，入百家荡东伸至金湖、高邮、天长3县（市）界线交会处，界线长57.2公里。本界线未设界桩。2005年，做好与邻县界线联检工作，妥善处理界线纠纷，确保县际边界地区社会稳定。

第四节　民间组织登记管理

1990年1月，县社团登记管理工作领导小组及办公室成立，进行社团登记审批，研究制定有关政策规定并组织实施，指导和检查监督社团活动，7月，县政府印发《关于进行社会团体情况调查的通知》。通过调查，全县城区共有社团52个，能够坚持正常活动的37个，领导班子健全的44个，有正常活动经费的12个；清理整顿“三无”社团12个，其中无固定地点的3个、无经费来源的3个、无人过问的6个。是年，社团年检合格37个，新登记2个，注销12个。1991年，社团咨询服务业收入5000万元。1992年9月，县民政局印发《金湖县社会团体财务管理暂行办法的通知》，明确社团经费收入、支出办法。1994年，通过调查摸底，掌握全县社团的基本情况，参加各有关社团活动21次，办理合格社团注册登记2个，累计注册登记社团56个，拒绝不合格社团注册登记4个，注销2个。1995年，全

县年检合格县属社团54个，其中学术团体22个、专业性18个、行业性12个、联合性2个，社团各项收入25万元。1996年10月，县政府表彰先进社团6个、社团先进工作者12人。

1997年，进行清理非法社会团体、规范社会团体行为工作，年初县属社团61个，限期整改10个、合并和注销10个，保留40个，新登记1个。1998年，全县清理整顿社团，乡镇社团作为县属社团的分支机构，不再重新注册。县属社团52个，年检换证29个，限期整改17个，注销5个，新注册1个。1999年4月，县政府印发《关于贯彻执行〈社会团体登记管理登记条例〉〈民办非企业单位登记管理暂行条例〉的通知》，继续做好社团清理整顿后的审定、换证工作和民办非企业单位的清理登记，建立健全社团和民办非企业单位组织活动制度。是年，注销社团4个，保留41个。2001年5月，县社会团体管理办公室开展民办非企业单位复查登记工作，复查教育、卫生、文化、科技、体育、劳动、民政、社会中介、法律服务等行（事）业各类民办机构10个，调查民办非企业单位21个，依法核准登记5个，暂缓登记13个。7月，年检社会团体41个，确认合格35个，注销因组织机构解体、瘫痪或活动不正常团体6个。

2003年1月，县民政局印发《关于实行社会团体重大活动报告制度的通知》，规范社团行为，全县共有社团46个，其中新登记4个，年检合格31个，限期整改11个。举办社团秘书长培训班1期。2004年，全县共有民间组织54个，其中社团46个、民办非企业单位8个。全部社团档案录入社团理管信息系统，及时更新当年变更、注销社团资料，全县民间组织基本情况录入民政事业统计信息管理系统。2005年，培育发展与监督管理并重，进一步规范社团管理，执行《行政许可法》，规范民间组织行政审批程序，规范化管理民间组织登记。全县累计登记民间组织59个，其中原有社团45个、民办非企业单位8个，新登记6个。是年，年检社团45个、注销1个，合格44个；年检民办非企业单位8个、注销1个，合格7个。全县共有通过年检和新登记民间组织57个。

1990—2005年金湖县民间组织登记管理统计表

表38-2-11　单位：个

年份	累计登记	其中				年份	累计登记	其中			
		当年登记	年检合格	限期整改	注销			当年登记	年检合格	限期整改	注销
1990	52	3	37	—	12	1998	52	1	29	17	5
1991	60	20	36	—	4	1999	51	4	41	2	4
1992	58	2	50	—	6	2000	49	2	38	1	8
1993	56	8	46	—	2	2001	48	7	35	—	6
1994	56	2	52	—	2	2002	49	7	34	1	7
1995	59	5	54	—	0	2003	46	4	31	11	0
1996	62	3	58	—	1	2004	54	8	45	—	1
1997	61	1	40	10	10	2005	59	6	51	—	2

2005年金湖县民间组织新登记及通过年检单位一览表

表38-2-12

单位名称	登记时间	主管部门	地址
县计划生育协会	1991.06.21	县计生委	县城健康西路40号
县消费者协会	1991.06.21	县工商行政管理局	县城建设路108号

接上表

单位名称	登记时间	主管部门	地　址
县红十字会	1991.06.21	县卫生局	县城健康路34号
县砖瓦技术协会	1991.06.21	县乡镇企业管理局	县城健康路19号
县畜牧兽医学会	1991.06.25	县林牧渔业局	县城健康路32号
县茧丝绸协会	1991.06.25	县科协	县城健康西路31号
县教育学会	1991.06.25	县教育局	县城建设西路123号
县摄影协会	1991.06.26	县文联	县城建设路109号
县农学会	1991.06.27	县科协	县城建设路109号
县企业联合会	1991.06.30	县经贸委	县城建设路80号
县女干部联谊会	1991.07.01	县妇联	县城建设路109号
县农村金融学会	1991.07.04	县农行	县城建设路106号
县粮油储藏学会	1991.08.05	县科协	县城建设路120号
县财政会计学会	1991.08.05	县财政局	县城建设路69号
县水利工程学会	1991.08.05	县科协	县城健康西路101号
县医学会	1991.08.05	县卫生局	县城人民路60号
县中医学会	1991.08.05	县卫生局	县城园林路99号
县集邮协会	1991.08.05	县邮政局	县城建设路136号
县文明单位联谊会	1994.12.30	县委宣传部	县城建设路109号
县农机安全互济协会	1996.03.12	县农业机械管理局	县城金湖路116号
县围棋协会	1996.08.01	县文化局	县城建设路84号
县金融学会	1997.10.15	县人民银行	县城建设路100号
县基督教三自爱国运动委员会	1998.03.28	县民族宗教事务局	金北乡洪圩教堂
县书法协会	1999.05.01	县文联	县城园林路50-4号
县网友协会	1999.12.30	县电信局	县城健康路23号
县新闻工作者协会	2000.11.06	县委宣传部	县城建设路109号
县基层法律工作者协会	2000.11.08	县司法局	县城建设路29号
县金湖娃艺术小学	2001.01.29	县教育局	县城建设路80号
县农村改水服务中心	2001.10.16	县爱卫办	县城健康路36号
县粮食职业教育培训中心	2001.11.08	县教育局	县城建设路293号
前锋镇白马湖中心幼儿园	2001.11.12	县教育局	前锋镇白马湖集镇
县广播电视教育培训中心	2001.11.26	县教育局	县城建设路58号
县经纪人协会	2001.12.10	县工商行政管理局	县城建设路108号
县人大工作理论研究会	2002.02.22	县人大常委会办公室	县城建设路109号
涂沟镇水产品营销协会	2002.08.05	涂沟镇人民政府	涂沟镇养殖场
县企业家协会	2002.08.15	县经贸委	县城建设路80号
县党员电化教育工作联谊会	2002.08.27	县委组织部	县城建设路109号
县药学会	2002.09.13	县科协	县城园林路207号

接上表

单位名称	登记时间	主管部门	地　址
县老科技工作者协会	2002.11.09	县科协	县城建设路109号
县洪金灌区用水者协会	2002.12.13	县水务局	陈桥集镇
县企业信用（合同）管理协会	2003.03.18	县工商行政管理局	县城建设路108号
县质量计量标准化协会	2003.07.22	县质量技术监督局	县城建设路47号
县爱心救助总会	2003.07.18	县政府办公室	县城建设路5号
县城西社区教育培训学校	2003.12.29	县教育局	县城建设西路西苑新村
县武术健身协会	2004.01.14	县体育局	县城建设路84号
县福利企业管理协会	2004.01.22	县民政局	县城建设路5号
县线缆仪表协会	2004.07.07	县乡镇企业管理局	县城健康路19号
前锋镇水产品营销协会	2004.07.13	县委农工部	前锋镇白马湖集镇
县婚姻登记服务中心	2004.07.28	县民政局	县城园林路109号
复兴圩粮食营销协会	2004.12.10	复兴圩农场	复兴圩农场
县景春莱萎蒿产品营销协会	2004.12.30	县委农工部	金北镇集镇
县公共场所行业治安管理协会	2005.04.13	县公安局	县城健康路19号
县商标协会	2005.05.18	县工商行政管理局	县城建设路108号
县农机作业协会	2005.07.26	县农业机械管理局	县城金湖西路105号
县网吧协会	2005.08.10	县文化局	县城建设路109号
宝应湖农场水产品产销协会	2005.10.28	宝应湖农场	宝应湖农场
宝应湖农场农业技术服务协会	2005.12.26	宝应湖农场	宝应湖农场

第五节　婚姻登记

1986年，县民政部门采用多种形式，宣传民政部是年3月15日发布实施的《婚姻登记办法》，举办婚姻登记员培训班，建立健全婚姻登记岗位责任制。同时，婚姻登记手续不符合要求不登记，男女双方不到场不登记，年龄不到不登记，登记时看手续是否齐全，问双方是否愿意，核对婚姻状况证明、身份证或户口簿。县民政部门进行清理早婚和补办登记工作，全县清查1981—1986年婚姻登记情况，共结婚16988对，领证11550对，领证率67.99%，未领证的5438对，补证5112对，补证率94%。此后，各乡镇建立健全婚姻登记制度，婚姻登记工作走上法制化、制度化、规范化轨道。是年12月20日起，凡申请结婚的男女双方，须凭所在单位或所在村（居）委会出具的结婚证明和半身脱帽1寸照片到所在乡镇卫生院婚前保健门诊进行婚前体格检查，结婚当事人凭医院发给的婚前检查证明和所在单位或乡、村出具的结婚证明，方可到户口所在地一方的乡镇人民政府所在地办理结婚登记手续。1987年，全县投入1万多元，各乡镇添置统一规格的婚姻档案橱，规范婚姻档案管理。全县结婚2361对，领证2188对，领证率92.67%，补证158对。

1990年，各乡镇建立婚姻管理所，单设婚姻登记处，登记处室外挂牌并设立违法婚姻举报箱；室内配齐办公和服务用品，张贴婚姻法、晚婚晚育、婚姻家庭知识等宣传标语。至年底，全县举办集体婚礼5次，参加婚礼的新婚夫妇26对。

1991年9月，县民政局印发《关于严格履行婚姻登记收费标准及严禁搭车收费的通知》，婚姻登记收取工本费按县民政局、县物价局核定标准执行，公开收费项目、收费标准，接受群众监督。是年，全县进行外进婚普查，有云南、贵州、四川等地妇女流入金湖成婚284人，大部分没有办理结婚登记手续，民政部门通过向外进妇女原籍所在地发函450件，索取婚姻状况证明书，依法补办结婚证124对。

1996年，全县加强早婚、外进婚管理，宣传《中华人民共和国婚姻法》、婚姻登记管理条例和有关文件，增强依法婚姻的自觉性。召开戴楼镇向东村依法治村现场会，推介向东村未婚青年男女签订“防止早婚协议书”的做法。是年，全县结婚2981对，其中登记2955对，登记率99.1%；结婚人员中初婚者5643人，再婚者267人；申请离婚85对，准予登记43对。1998年7月1日起，凡办理结婚登记的当事人须持有指定医院出具的婚前医学检查证明，到登记机关登记。1999年5月，开展以“纠正违法婚姻”为主要内容的婚姻登记执法检查，查出违法婚姻41对，其中未登记以夫妻关系同居39对，未到法定年龄结婚2对。是年，全县申请结婚2495对，其中符合条件准予登记2467对，初婚者4800人，再婚者134人（男性55人、女性79人），再婚中恢复结婚16人。要求离婚126对，准予登记78对。全县共建立婚姻档案1221卷。

2003年10月，全县执行国务院《婚姻登记条例》，简化结婚、离婚登记手续，免除婚姻当事人需提供个人申请、单位或村（居）委会证明及婚前体检等手续，凭户口簿、身份证和二人合影照片即可办理婚姻登记。县民政局举办婚姻登记人员业务培训，依法进行婚姻登记。是年，申请离婚245对，是1987年的9.8倍。2004年6月1日起，裁撤各镇及宝应湖农场的婚姻登记权项，县城设立婚姻登记处，集中统一办理全县婚姻登记。2005年，围绕“零投诉”目标，进一步提高婚姻登记人员业务素质，规范登记程序，提高服务质量，全年共办理结婚登记手续2174对，登记离婚手续275对，婚姻登记合格率100%。

1986—2005年金湖县婚姻登记统计表

表38-2-13

年份	结婚（对）	登记结婚（对）	其中		补办结婚证（对）	申请离婚（对）	登记离婚（对）
			初婚（人）	再婚（人）			
1986	1379	1288	2463	113	5112	24	12
1987	2361	2188	4236	140	158	25	14
1988	2939	2874	5592	156	126	65	31
1989	3087	2871	5562	180	110	78	34
1990	3342	3155	6143	167	98	68	27
1991	3449	3377	6604	150	124	45	13
1992	3410	3403	6610	196	87	60	26
1993	3333	3166	6145	187	85	80	28
1994	3829	3619	7035	203	73	78	36
1995	3744	3357	6476	238	70	70	36
1996	2981	2955	5643	267	71	85	43
1997	2736	2722	5205	239	68	73	46
1998	2828	2687	5188	186	17	132	64
1999	2495	2467	4800	134	11	126	78
2000	2316	2223	4185	261	10	132	86

接上表

年份	结婚（对）	登记结婚（对）	其中		补办结婚证（对）	申请离婚（对）	登记离婚（对）
			初婚（人）	再婚（人）			
2001	1918	1916	3694	138	1	228	103
2002	2005	1984	3776	192	3	152	119
2003	1809	1798	3431	165	2	245	147
2004	2379	2248	4366	130	37	232	221
2005	2241	2174	4238	110	45	280	275

第六节　殡葬管理

一、概　况

1986年，全县殡葬管理加大宣传力度，实行责任追究制，效果明显，全县死亡1805人，火化遗体1804具，土葬1具。1987年，全县成立红白理事会22个，进行殡葬服务。全县死亡1945人，火化尸遗体1870具，土葬75具，火化率96.14%。1989年，县殡仪馆实行承包经营，添置紫外线消毒车，增加哀乐、盆景、花圈出租和遗体防腐、整容、告别及骨灰袋加工、骨灰盒包布、代写挽联等服务项目，提供休息室、供应茶水。淮胜乡、宝应湖农场率先建立安息堂安放骨灰盒。

1992年，县政府在东偏泓新河闸北侧征地2公顷，兴建金湖县殡仪馆。借鉴外地经验，全县新建骨灰存放塔11个。1996年，全县兴办公益性公墓12个，东偏泓殡仪馆启用。整顿丧葬用品市场，全县从事生产销售丧葬用品的单位和个人21户，整顿后，发放生产销售丧葬用品许可证4户。

1997年，推广新型公益性公墓，以一村或数村为单位，划出一方土地作为墓葬用地，墓地内建置若干墓穴，分为双穴和单穴，双穴占地1.2平方米，单穴占地0.7平方米，道路、绿化配套，全县新建或改建小型公益性公墓235个。3月，兴建经营性十里岗公墓。是年，金湖县获省委宣传部、省人事厅、省民政厅、省国土管理局授予江苏省深化殡葬改革、清理墓葬用地工作先进单位称号。1998年2月，建成黎城镇上岗公墓等公益性公墓135个。1999年，跟踪督查公益性公墓规格、质量建设，至年底共建成148处。2001年，县政府办公室印发《关于清明节期间开展文明祭祀，加强骨灰处理设施建设与管理的通知》，全县共建有公益性骨灰处理设施158处，其中，公墓153处，堂、室、塔5个，全县骨灰入墓（堂、室、塔）率85%，部分镇乡达100%。

2003年5月1日起，实行骨灰安葬墓葬证制度，死者火化后丧户凭证领回骨灰，按指定公墓（骨灰存放室、塔）安葬（放）骨灰。是年，南京捷先广告有限公司投资近700万元，兴建归宇殡仪馆，位于戴楼镇楼庄村境内，是金湖第一家私营殡仪馆，年底建成运营，占地近2公顷，建筑面积1.2万平方米，按国家三级殡仪馆设计规范设计建造，设有悼念厅3个、休息厅3个、营业厅1个，配备冷藏柜2组、发电机1组、燃油火化炉2台，办公、消防等设施齐全。后因尸源不足停业。2004年，全县配置统一型号殡葬专用车15辆，建立健全管理制度，实现死亡人员就地火化、骨灰到公墓安葬的墓葬管理目标，确保火化率100%。

2005年，专项检查平（迁）坟、公墓建设和骨灰入墓情况，发现问题当场纠正，全县共兴建公益性公墓169处。是年，改革殡葬专用车运营方式，由过去以镇运营改为以片联合运营，统一收费价格。全县全年共死亡2404人，火化率100%，骨灰入墓率85%以上。

二、殡仪馆、公墓

三里桥殡仪馆　1967年筹建，1970年9月建成，位于县城三里桥西南（园林路西、顺河西路东段南侧）。1986年，占地6600多平方米，设有三眼拱炉1座、接尸车1辆、防腐间1间、礼堂1座。1996年6月20日停业。1998年5月拆除。

金湖县殡仪馆　1992年立项，9月10日动工兴建，1996年5月20日建成营业，位于淮建乡境内东偏泓新河闸北侧，占地2公顷，建筑面积949.5平方米，分设8室（整容室、淋浴室、冷藏室、验尸室、停尸室、音响室、更衣室、高档休息室）、4房（卸尸房、发电房、水房、杂物燃烧房）、3厅（悼念厅、告别一厅、告别二厅）及停车场、厕所等配套设施，总投资168万元。1999年，投资150多万元，添置技术先进的油化炉，更新老式火化设备，兴建办公楼，扩建停车场1200平方米，修建长廊、花圃、水池、假山等景点。建立健全各项规章制度，推行社会服务承诺制，公布服务项目、内容、程序和收费标准，实行24小时服务，工作人员一律持证上岗，2000年，被省民政厅评定为国家三级殡仪馆。2005年，开展优美环境、优质服务、优良秩序、优秀员工、优异成果创建活动，投入11万元，打造绿化、亮化工程，设置业务办理、吊唁、休息、停车服务指示牌，免费提供茶水、急救药品。公开服务承诺，设立监督台和意见箱，认真整改群众投诉和建议，开展殡葬法规、服务技能、业务知识培训，提升员工素质和服务质量。

十里岗公墓　2001年3月，县民政局与县林场合作，经省民政厅批准，兴建经营性公墓，位于县城西南黎铜公路西侧十里岗，规划面积3.33公顷，分设豪华、高、中、低和普通5个区，供丧户选用。是年，建成成品墓145座，出售55座。2005年，建成墓穴1200穴，出售1100多穴。

1986—2005年金湖县遗体火化统计表

表38-2-14

年　份	火化数（具）	火化率（%）	年　份	火化数（具）	火化率（%）	年　份	火化数（具）	火化率（%）
1986	1804	99.9	1993	2207	100	2000	2393	100
1987	1870	96.1	1994	2221	100	2001	2430	100
1988	1932	100	1995	2264	100	2002	2397	100
1989	1740	100	1996	2240	100	2003	2033	100
1990	1965	100	1997	2196	100	2004	2302	100
1991	2048	100	1998	2288	100	2005	2404	100
1992	2239	100	1999	2300	100			

第三章　劳动管理

第一节　劳动就业

一、居民就业

1986年，全县实行劳动部门介绍就业、自愿组织起来就业和自谋职业"三结合"的就业方针。贯彻实施国务院印发的《国营企业招用工人暂行规定》和省政府《关于贯彻国营企业招用工人暂行规定实施细则》，除1957年以前参加工作、家居农村的老工人退休保留子女顶替外，其余一律废除企业内部招工和退休工人子女顶替进企业。企业招用工人实行面向社会、公开招工、全面考核、择优录用。就业安置中，做到临时就业与正式就业相结合，自谋职业与安置就业相结合，积极发展第三产业，组织待业青年兴办服务行业，是年，全县安置就业604人，其中，自谋职业115人。1988年，安置城镇待业青年766人，其中临时就业250人，占安置任务127%。1989年，县政府印发《关于做好城镇待业青年安置工作的通知》，鼓励城镇待业青年到集体企业和乡镇企业就业，试用6个月后，表现好的，经企业和主管部门同意，考核录用为集体合同制工人。是年7月起，开展清退农民工工作，腾岗安置待业人员和下岗职工。至年底，全民所有制单位共清退农民工1217人，集体所有制单位清退800人。面向社会公开招用城镇待业青年，安置城镇待业青年1260人，其中临时就业850人。1990年，进行县属企事业单位和有关国家机关及社会团体调查统计，使用农民工8661人（不包括合同教师），占干部、职工总数28.5%。当年全民单位清退831人、集体单位清退489人。全年安置就业城镇待业人员796人，占年计划153%，介绍临时就业768人，自谋职业46人。正式招收城镇待业青年培训生312人，其中，全民培训生162人，集体培训生150人，走上工作岗位较快掌握生产技能。城镇待业青年由劳动部门介绍进集体企业和乡镇企业工作，经过6个月试用，正式录用为集体合同制工人279人。录用扬州师范学院文秘班学员和专业对口职中1989届以前毕业生205人，安置市商业技术学校、市技校毕业生51人。县内职工调配141人，合同工人转移110人，县外调进26人，调出28人，接收安置军转干部家属5人，配合民政安置退伍军人41人。

1991年，实施省劳动局转发劳动部《关于继续贯彻执行国营企业招用工人暂行规定的通知》，一律废除企业内部招工和退休工人子女顶替进企业。全县录用全民合同制工人391人，集体合同制工人247人，介绍临时就业298人，鼓励自谋职业75人。安置军转干部家属6人，安置技工学校毕业生64人。清退农民工1153人，其中全民企业单位清退679人，实行农民工进城临时务工许可制度。

1992年，依据国务院《劳动就业服务企业管理规定》和江苏省《劳动就业服务企业管理规定实施细则》，创办劳动就业服务企业，从业人员中安置城镇待业人员60%以上，给予新开办的劳动就业服务企业免征所得税2~3年，免税期满后继续承担安置城镇待业人员任务并达到一定比例，享受相应减免税优惠和适当调低所得税税率。全县先后创办劳动服务企业16户，安置城镇失业人员4700多人次。全年安置城镇待业青年就业1130人，自谋职业77人。办理集体单位临时工满1年以上录用为集体合同制工人手续321人。

1993年，共安置城镇待业青年就业1595人，介绍临时就业385人，分别占年计划的106%和128.3%。1994年，通过培育和完善劳动力市场，开展求职登记，就业咨询，就业中介服务等工作，全年安置1252人，占年计划的124.2%。其中全民企业安置557人，集体企业安置387人，临时性介绍就业308人，县劳动局与全县企事业单位155个签订计划外劳动用工合同2644份。1995年，安置各类人员793人，其中征地带人28人，劳释安排6人，退伍军人安置92人，技工学校毕业生81人，转业干部家属安置4人，熟练工录用582人。县外人才引进21人，调出县外23人。1996年，随着企业经营体制、产权制度改革的不断深入，企业用工逐步走向市场，城镇居民就业进入再就业工程。1997年，安置录用职工891人。2000—2005年，县劳动局协助统筹安置城镇退役士兵600人，安置部队转业干部及随军家属45人。

二、再就业

1996年，全县开始实施再就业工程，提供下岗失业职工就业指导、培训和帮扶。鼓励用人单位招用失业职工和企业富余职工，招用失业职工的单位，提前支取职工安置费，标准为职工失业救济金

图 38-3-2 县举行下岗失业人员再就业政策咨询活动（摄于2002年）
县志办／供

的3个月，同时一次性付给用人单位职工应享受的失业救济金，作为支付工资的补偿；单位录用享受失业救济金期满的失业职工，提前支取安置费，标准为职工6个月失业救济金。鼓励失业职工和富余职工组织起来就业和自谋职业，自谋职业的职工，一次性发给应享受的失业救济金作为启动资金，已领完失业救济金的失业职工，从事理发、修理、缝纫等个体经营的，一次性给予300元补助费，1年内减半征收工商管理费。是年，全县职业中介介绍就业1650人，比上年增加50.67%。

1997年，县劳动局印发《金湖县职业介绍暂行规定》《金湖县职业介绍工作运作程序》，中介提供用工服务单位21个，中介成功就业1747人。介绍安置城镇失业人员1259人，失业人员自谋职业710人。

1998年，县委、县政府先后于6月17日、9月28日、11月26日召开全县国有企业下岗职工基本生活保障与再就业工作会议，印发《关于切实做好国有企业下岗职工基本生活保障和再就业工作目标管理的通知》《关于筹集1998年度解困资金的通知》《金湖县失业、下岗职工转业转岗培训实施办法》《关于提高失业保险基金征集比例实行个人缴费制度有关问题的通知》等具有政策性指导性文件，鼓励困难企业下岗职工到其他企业或经济组织中再就业，企业招工必须优先按30%的比例招收下岗职工。全县有下岗职工企业55户、主管部门10个，都建立再就业服务中心，下岗职工3340人，全部进入再就业服务中心托管，签订托管协议。实施腾岗安置计划，至年底，全县清退农村劳动力用工1637人，多渠道分流安置下岗职工2215人，就业率66.31%。鼓励下岗职工自谋职业和组织起来就业，享受劳动、工商、税务、城建、公安等部门的优惠待遇，同时，企业再就业服务中心发给其1年的基本生活费，代缴1年社会保险费，是年，下岗职工自谋职业624人。举行招聘活动单位32个，涉及工种26个，中介成功就业760人，介绍安置录用职工1009人。

1999年，下岗职工再就业1789人，其中自谋职业445人，再就业率50.12%。成立家政服务中心、社区服务中心等，安置下岗职工517人。2000年11月1日，召开下岗失业职工招聘洽谈会，进场招聘单位18户，提供岗位347个，进场求职应聘1000人，当日选定岗位138人，全年下岗职工再就业1400人，再就业率50.1%。2001年，县劳动和社会保障局通过一次性发放失业救济金和兑现劳务型企业优惠政策，鼓励扶持下岗失业职工组织生产自救，发放下岗失业职工城镇再就业人员优惠卡和城镇再就业人员缴费登记卡，公开优惠政策、收费项目、减免标准以及监督投诉电话，形成落实再就业优惠政策的制约机制。全年共安置再就业人员1200人，其中正式录用安置682人、临时性安置518人，安置下岗失业职工648人。2002年，采用搞好中介、开发社会、购买岗位、向外输出等多种办法，安置下岗再就业人员1230人，其中安置城镇失业人员1219人（向外输出381人）；政府差额购买岗位援助下岗失业职工再就业200人。

2003年，县委、县政府首次将扩大就业、控制失业纳入县宏观调控体系，提出安置下岗失业人员就业再就业2500人，城镇登记失业率控制在4.5%以内的目标体系。做到建立一把手负责制，成立由县长和24个部门主要负责人组成的全县再就业工作领导小组；完善责任目标考核制度，下达就业再就业目标任务县直部门78个，就业工作纳入双文明责任目标体系考核；实行再就业联席会议制度，每季度召开一次联席会议，协调解决工作中遇到的矛盾和问题；建立社区就业平台，成立城区社区就业工作服务站4个，建立微机管理系统。出台《关于进一步做好下岗失业人员再就业工作的实施意见》《关于落实再就业优惠扶持政策的实施办法》等优惠政策，国有企业的下岗职工、失业人员，国有企业关闭破产需要安置的人员，享受最低生活保障并且失业一年以上的城镇其他失业人员，城镇集体企业的下岗职工、失业人员再就业时，凭再就业优惠证申请享受相应的扶持政策。县劳动保障局会同工商、税务、监察、财政等部门，加快就业优惠证的发放速度，共发放再就业优惠证2820份，减免下岗失业职工再就业税费174万元，兑现社会保险补贴109万元，劳动保险系统减免相关费用37.6万元。全年新增就业岗位4993个，完成年度任务的156%；安置下岗失业人员再就业2779人，完成年度任务的112%，其中帮扶"4050"（40岁以上女性、50岁以上男性下岗待业人员）等弱势群体再就业598人，完成年度任务的119.6%；筹集解困金306.18万元，占年度任务的109.35%。

2004年，强势推进工业强县战略，增加就业岗位，新引进规模项目457个，增加用工4000个；新增私营企业246户、个体工商户2486户；县直部门78个，完成就业再就业2500人、特困帮扶300人、购买就业岗位200个。加大免费求职和招工服务，登记求职者2800多人，提供就业岗位6800个；全县全年实现净增就业2764人，新增就业再就业4675人，帮扶弱势群体再就业500人，城镇登记失业率3.9%。

2005年，坚持加强用工信息采集，强化中介服务、技能培训服务、优惠政策服务、结对帮扶服务、创业指导服务等，全年新增就业再就业5137人，帮助困难弱势群体再就业530人，再就业培训2160人，分别占目标任务的140.6%、105.7%、106%和108%，登记失业率3.93%。共减免自谋职业、自主创业下岗失业人员行政性税费392.7万元，落实社保补贴单位43户，享受社保补贴人员850人，发放社保补贴77.3万元，发放购岗补贴78万元，受益5000多人。

1986—2005年金湖县职工人数统计表

表38-3-15　　　　单位：人

年份	年末职工总数	其中										
		机关团体	农林水环保	科教文卫	工业制造业	供电供水	建筑业	交通运输邮电	商贸服务	金融保险业	房地产业	其他
1986	33169	1853	7515	4538	9956	264	515	2281	5745	483	19	—
1987	34186	1862	7464	4567	10872	277	597	2322	5662	545	18	—
1988	35708	1991	7540	4659	11635	280	669	2270	5979	665	20	—
1989	36061	2114	7571	4616	12087	287	687	2239	5789	643	28	—
1990	37886	2248	7472	4748	13444	302	677	2250	6038	656	51	—
1991	37743	2361	7285	4837	13814	311	673	1982	5793	651	36	—
1992	40333	2324	7572	4958	15052	325	812	1981	6538	724	47	—
1993	42866	2280	7899	4660	17017	337	754	2235	6723	847	114	—
1994	44042	2365	8025	5227	17103	339	790	2148	7076	849	120	—
1995	42195	2435	5496	5166	18133	346	669	2110	6883	868	89	—

接上表

年份	年末职工总数	其中										
		机关团体	农林水环保	科教文卫	工业制造业	供电供水	建筑业	交通运输邮电	商贸服务	金融保险业	房地产业	其他
1996	41639	2313	5871	5387	16238	360	681	2744	6972	946	94	33
1997	40397	2371	6721	5343	15611	373	680	1970	6252	907	104	65
1998	36546	2523	6600	5206	12608	368	698	1603	5940	833	107	60
1999	34698	2593	5967	5272	11686	356	620	1555	5649	822	120	58
2000	31487	2563	5363	5418	9639	346	642	1268	5261	825	110	52
2001	29283	2578	5637	5516	8334	344	643	1156	4150	802	73	50
2002	26280	2364	5236	5376	7899	748	602	1171	1999	728	68	89
2003	26719	2409	5394	5430	9351	802	461	838	1304	671	59	—
2004	26936	2406	4961	5986	9690	795	424	827	1156	642	49	—
2005	28390	2878	4562	5786	11400	782	781	527	990	648	36	—

1986—2005 年金湖县劳动就业与再就业统计表

表 38-3-16

年份	失业人数（人）	登记失业率（%）	就业再就业总人数（人）	其中再就业人数（人）	年份	失业人数（人）	登记失业率（%）	就业再就业总人数（人）	其中再就业人数（人）
1986	3420	3.6	604	—	1996	2300	2.3	1650	1598
1987	3570	3.8	800	—	1997	1400	2.5	1969	1859
1988	2250	3.2	766	—	1998	1100	2.7	2285	2215
1989	2750	3.6	1260	—	1999	1780	2.6	1859	1789
1990	2157	3.5	2521	—	2000	1100	2.9	1521	1400
1991	2718	2.9	1081	—	2001	1500	3.45	1328	1200
1992	1978	3.3	1207	—	2002	3400	4.4	1325	1230
1993	2322	3.4	1980	—	2003	2700	4.4	2876	2779
1994	2510	3.1	1252	—	2004	4600	3.9	4675	4560
1995	1900	2.2	814	362	2005	5000	3.93	5137	4922

三、劳务输出

1986—1987年，全县劳务输出以自发和投亲靠友为主，有组织输出为辅，主要从事水上运输、建筑、服装缝纫等行业，年外出从事劳务1000多人。1988年9月，县劳动部门开办劳务市场，进行有组织联系、介绍，全年有组织输出劳力181人，至1992年陆续有组织输出南京、浙江等地劳动力1753人。

1993年，县成立劳务输出领导小组，各乡镇明确专人负责，强化劳务输出工作，形成以建筑、宾馆服务、河蚌嫁接、保安、电子装配为龙头的劳务输出格局，劳动部门组织力量外出联系劳务输出业务，编印劳务输出工作规范手册，协调、指导劳务输出工作，是年，全县共输出劳动力1.34万人次，其中有组织输出5478人次。

1994年，有组织输出到南京、无锡、苏州、张家港、扬州、上海等地劳动力646人，占年计划的107.6%。至年底，淮胜乡输送无锡唐城、欧洲城、三国城等旅游景点300多人；县人武部以民兵营、连、排建制输送上述旅游景点500人；涂沟镇利用本镇和外地驳船、码头的有利条件，先后与无锡、浙江、镇江等运输公司组成水上运输船队17个，从事运输692人；金南中学输送到常州保安人员100人。孙集乡承接新疆建筑业务，一次输出200多人。1996年，全县首批输出以色列劳务工27人，办理赴塞浦路斯、新加坡劳务输出手续42人。

1997—2000年，在外务工人数稳定在2万人左右，建成上海、浙江嘉兴、南京3个较固定的劳务输出基地，年劳务收入超过2亿元，占农民纯收入2成多。2002年，实施"出去一个人，富裕一家人，影响一片人"劳务输出富民工程，3月，县委、县政府印发《关于加快发展劳务输出工作的意见》，劳动部门采集劳务输出信息，发布80多次，建立输出基地2个，举办大型劳务输出洽谈会1次，提供输出岗位2000多个，全年新增劳务输出7150人，其中有组织输出3933人，全县在外务工人数稳定在4万人左右，年劳务收入超过3.2亿元。2003年，全年新增劳务输出14450人，其中有组织输出7800人，劳动部门组织输出483人，全县年劳务收入4亿多元。7月21—22日，全省劳务输出工作会议在金湖召开。2004年，劳务输出突出做好组织输出、基地输出、技能输出和基础工作，全年新增劳务输出14776人，有组织输出8889人。

2005年，全县劳务输出转移工作中心，由过去单一注重向县外输出，转向就地转移与异地输并重，突出技能培训和园区企业用工，解决县工业园区企业用工紧缺的问题，全县实现新增劳务输出15579人，有组织输出9515人。

1986—2005年金湖县劳务输出统计表

表38-3-17 单位：人

年份	输出就业总人数	其中境外	就地转移	有组织输出	年份	输出就业总人数	其中境外	就地转移	有组织输出
1986	1100	—	3200	87	1996	9670	27	12400	4865
1987	1200	—	3800	96	1997	19900	36	14900	4623
1988	1300	—	4500	181	1998	18500	40	15800	5600
1989	1450	—	5100	215	1999	20300	48	16800	4760
1990	1350	—	5600	276	2000	24426	89	18000	4861
1991	1560	—	6400	329	2001	36586	160	25200	4700
1992	1780	—	7100	569	2002	43736	110	27700	3933
1993	13400	—	7900	5478	2003	58186	120	30200	7800
1994	6000	—	9000	5132	2004	72962	180	33200	8889
1995	10021	—	11700	5056	2005	88541	180	37700	9515

第二节 劳动力市场 职业培训

一、劳动力市场

1986年，县劳动服务公司下设的供销经理部开办饭店、商店、旅社、照相馆、电机维修厂等集体企业，解决城镇待业青年就业问题。1989年，上述企业划归县供销合作联社。11月，金湖建立再就业服务中心，下岗职工陆续进再就业服务中心托管，县发放每人每月生活费140元，确保3年，鼓励待业青年到集体和乡镇企业就业。1993年9月，成立县劳务市场综合配套服务办公室，内设职业介绍所，办理求职登记、职业介绍、招收录用、调动转移、鉴证劳动合同、办理养老保险等一系列配套办公业务。1995年，县劳动局批准企事业单位使用农村户口临时工3374人。通过劳动力市场综合配套服务，办理招工350人，办理职工流动手续725人。1996年，县劳动局建成劳动力交流大厅面积60平方米，各乡镇均成立劳动服务所。根据企业自主用工、劳动者自主择业、城乡协调发展、劳动力市场调节供求、社会提供服务的就业方针，针对全县劳动力供大于求的矛盾和特点，发挥职业中介作用，全年职业中介介绍就业1650人。1997年，进行职业中介活动，求职登记劳动者2419人，其中城镇户口1105人，农村1044人，举办招聘活动19次，提供服务单位21个，参加交流、招工报名活动的求职者3187人次，中介服务成功1747人次，其中介绍城镇失业人员就业1279人，介绍农村劳动力就业468人，职业介绍中介成功率55%。

1998年，县劳动局根据《金湖县职业介绍暂行规定》《金湖县职业介绍工作运行程序》，全县组织系统10个企业55户，建立下岗职工再就业服务中心65个，提供职业指导和就业培训服务。8月12日，组织召开下岗职工招聘洽谈会，参会单位24户，提供招聘岗位500个，参加招聘下岗职工1500多人，选定岗位232人。8月26日，县劳动局与工商局联合举办下岗职工自谋职业恳谈会，城镇个体工商户13户，分别介绍他们所从事专业个体经营的创业过程和经验，表示为下岗职工提供免费学徒机会和条件，参加恳谈会的下岗职工100多人，达成意向的40多人。1999年，实施再就业帮扶工程，指定县直各部门帮扶就业困难群体，举办县内外46个单位招聘活动。3年间，通过开展用工信息调查、中介活动、制定优惠政策等措施，共中介成功2189人，介绍安置下岗职工和待业青年4014人，开发社区服务、劳服企业、生产自救就业岗位710个，下岗职工实现再就业1636人。

2000年5月，县劳动局、县工商局筹资30万元，建成惠民副食品批发再就业一条街，开发门面房65间，入场经营下岗失业人员100多人。6月，县劳动局印发《关于贯彻〈江苏省劳动力市场管理条例〉有关规定的意见》，实行职业介绍机构许可证制度，建立劳动力市场信息网络规范运作体系，落实用人单位招聘广告发布审查登记制度，实行用人单位招聘录用人员登记备案制度，使用农村、外地劳动力批准书制度，开展劳动社会保险事务代理等项服务。9月，县劳动局成立县职业介绍所。11月1日，开通劳动力市场信息网，辟有专门交流服务场地，配置电子显示屏、触摸屏，所有职业介绍业务实行计算机管理。2001年，建立劳动力供求信息采集、发布网络信息，到浙江、上海及苏南等地寻求用工信息60条，用人单位43个，提供岗位929个。组织专业劳务洽谈会4场，中介成功548人。7月1日起，下岗职工停止进再就业服务中心。

2002年，县职业介绍所进行招聘活动，组织用人单位76家，提供求职服务登记1560人，中介成功810人，其中下岗职工487人。合理设置社区服务项目和服务岗位，吸纳下岗失业职工158人。10月底，全部撤出下岗职工再就业服务中心6800多人，进入失业保障体系。2003年，县劳动保障局成立专门的用工信息采集小组，免费提供各用人单位和城乡劳动力用工信息8000多个，组织入场招聘、求职大型用工洽谈会3次，小型洽谈会30多次，参加招聘单位120多个、城乡劳动力1.2万多人，中介就业1123人。2004年，举办大型招聘会6场，投放就业岗位1.2万个，中介就业4000人；落实商贸服务企业及新开业个体工商户减免税费208万元，发放社保补贴67万元，推动1800多名下岗失业人员自谋职业。

2005年，进行就业求职与企业用工需求对接，开展每季度一次企业用工上门服务周活动；组建工业园区企业劳动保障服务中心，举办大型招聘会3次，吸引求职者近万名，成功上岗3000多人。中介机构登记求职人员1.5万人，采集、发布用工信息300多条，提供就业岗位1万多个，实现就业再就业4922人。

二、职业培训

1986年，成立县职业技术培训指导中心，与县劳动服务公司合署办公，采取专业培训、自办培训、联合培训、委托培训等形式，进行待业青年、企业职工培训，招收培训生175人，毕业培训生231人。依靠社会力量，组织企业、职工举办机械、操作、浇铸、麻纺培训班4个，培训学员120人。企业结合本单位实际，组织班组长进行政治、文化、技术业务、管理知识和操作技能等内容培训。县教育部门根据企业用人需要，设置对口专业，招收定量户口学生职业班12个，学员540人。县职业教育办公室等单位进行在职职工技术培训，开办初级和中级职业技术培训班35个，学员974人。1988年，发挥单位自培、联办培训和职业中学的职业技术教育的作用，开办纺织、化工、航运驾驶等14个专业22个班，参培613人，其中全民企业334人、集体企业279人，结业335人。全年共举办职业技能培训34期1321人。举办乡镇工业公司经理劳动保护知识培训1期20人，县属企业厂长培训1期43人，考核合格领取省厂矿长劳动保护知识合格证。

1989年，县劳动就业培训中心自办机械、营业员培训班2期、培训170人。县职中开办专业培训班9期、结业665人。招收初中技校生2期、86人，其中委托代培53人；高中技校生1期、24人，其中委托代培8人。举办厂长劳动保护知识培训班3期190人，司炉工培训班2期75人，鞭炮行业经营销售人员培训班1期45人。1990年，新建教学楼1幢600平方米。本着先培训后就业的原则，申请市劳动力计划指标，公开报名，招收培训生，采取联办培训为主、委托培训为辅的形式，开设化工、机械、缫丝等专业8个，办班12期，培训城镇待业青年568人，其中全民单位培训229人，集体单位培训209人，县职中代培130人，结业468人。技校招收初中毕业生80人，高中毕业技校生15人，计划外代培技校生46人。举办安全技术培训班5期198人。举办工会主席、女工干部岗位培训班各1期，共110人。1992年，开办就业指导班18期，培训学员2065人，联办培训班2期，培训印刷、营业员专业30人，自办宾馆服务员培训班1期，培训22人，委托县职业中学开设化工、机械、服装专业3个，培训3期125人。县劳动局印发《关于企业新工人技术等级考核的意见》，进行新进工人考工定级工作，办班9期，培训390人，合格率98%。高级工复习培训班1期57人，招收技校生145人，委培生70人。

1994年，县劳动局规定，凡25周岁以下待业者，就业前均需经过县职业培训中心专业技能培训，领取待业证、培训合格证后方可进入劳务市场参加就业竞争。是年，全县通过自办、联办等形式，举办各类就业培训班22期，培训学员1251人，其中，委托企业开办缫丝专业班2期149人，印刷专业班1期45人，塑编专业班1期56人，化工专业班2期104人，机械专业班2期136人，商业班1期55人，联办培训制鞋专业班3期193人，宾馆服务班1期54人，自培缫丝专业班2期108人，服装专业班5期264人，就业前指导教育班2期87人。1995年，举办就业前专业培训班13期，培训学员654人，其中联办机械专业班2个126人，营业员专业班2个110人，化工专业班1个46人，塑料专业班1个32人，自培机电专业班1个52人，标准化专业班1个65人，缫丝专业班2个108人，棉纺专业班2个80人，营销专业班1个35人。举办失业职工转业训练班2期38人。特种作业安全技术培训5期229人。1997年，开办就业培训班12期，培训学员699人，结业653人，结业率97.6%，其中自培营销、服装、机械、造纸、财会、羽绒服装、粮储等专业7个班9期，培训学员549人；联合培训财会、电算化、外贸专业班3期，培训学员150人。职业指导培训专业班2期76人。1998年，建立就业准入制度和职业资格证书制度，设置技术培训专业25个，进行转业转岗培训下岗职工办班25期1980人，其中帮助县机械厂、县轻纤实业公司等单位11个，开办机械班、营销班等培训班11期，学员617人。1999年，就业前培训围绕市场，面向各类企业、多层次劳动者，注重职业技能动手训练投入20多万元，新上培训用电脑16台，添置美容设备4套，建起美容技能操作室，帮助县缫丝分厂、水泥制品厂、棉纺厂、阀门厂等企业举办专业培训班11期750人。转业转岗培训12期1529人。职业技能培训11期700人。

规范社会力量办学行为，逐一审查社会力量办学单位资格，进行师资力量、场所安排、教学设备配备、教学大纲、教学计划等评估审核验收，整顿取消办学资格1户，发给办学许可1户，同意一班一批制办学1户。2000年，开办就业前培训缫丝、粮储、水上运输、保安、电脑等专业培训班25期，参训931人，举办退伍安置军人就业培训班2期91人。下岗失业职工转业转岗培训13期1198人。职业资格证书培训10期984人。

图 38-3-3 县劳动和社会保障局举办下岗失业人员技能培训班（摄于2003年） 县劳动和社会保障局／供

2001年，动员社会力量参与就业培训，县职业教育中心为下岗职工培训基地，金南、金北、涂沟等镇成人职业教育中心成为全县农村劳动力就业技能培训基地。举办失业职工就业指导班18期，参加失业指导职工2361人。开办电脑、电动缝纫、家政服务、宾馆服务、保安等实用技能培训班8期，在职职工技能培训750人。农村劳动力输出培训56期1万人。是年，特种作业安全技术培训转入县安全生产监督管理局。2002年，免费开展家政服务、电子装配、电动缝纫、宾馆服务、电脑操作等实用技能和就业指导，培训下岗失业职工8期1517人。开展农村劳动力培训，做到劳务型与技术型并重，提高输出成功率。金南、金北、涂沟、银集等培训基地和各成人教育学校共举办电动缝纫、机械操作、编织、电子装配、水电工、宾馆服务等各类培训班120多期，培训劳务人员9718人次。2003年，培训下岗失业职工12期2565人，占新增下岗失业职工的90%，培训再就业率85%。职业技能培训2期105人，农村劳动力输出培训123期9823人。2004年，加大农村劳动力培训力度，新建劳务输出培训基地5个，全年培训农村劳动力87期8406人。突出技能培训，新开办汽车修理工等市场紧缺工种的培训，全县技能培训机构增加到23个，培训专业增加到20多个，全年办班97期3478人。举办创业培训班2期106人，举办工业园区企业急需工种专业技能培训班52期4586人。开展中式面点师、服装等职业培训10期349人。实施娘子军就业培训工程计划，全县培训机构20多户，举办电动缝纫工培训班97期3478人。2005年，县劳务输出办公室根据工业园区用工紧缺的实际，突出技能培训，打造具有金湖特色的娘子军就业培训、特色品牌培训工程，开展定向、订单式技能培训，提高农村劳动力就业技能，举办各类技能培训班169期，培训7295人，其中电动缝纫班110期，培训近4000人。再就业培训18期1500人。聘请南京创业指导专家现场授课，开办创业指导培训班2期、参训220人。金湖首次承担高级工、技师培训任务，举办培训班2期，培训技工228人。

1986—2005年金湖县职业培训统计表

表 38-3-18

年份	管理培训		技能培训		年份	管理培训		技能培训	
	期数（期）	人数（人）	期数（期）	人数（人）		期数（期）	人数（人）	期数（期）	人数（人）
1986	2	61	56	1809	1988	2	63	34	1321
1987	2	56	43	1424	1989	3	190	17	1065

接上表

年份	管理培训		技能培训		年份	管理培训		技能培训	
	期数（期）	人数（人）	期数（期）	人数（人）		期数（期）	人数（人）	期数（期）	人数（人）
1990	2	110	21	1017	1998	4	518	27	2227
1991	1	45	15	945	1999	2	360	37	3191
1992	1	80	34	2904	2000	3	120	50	3204
1993	2	82	30	1856	2001	2	130	82	13111
1994	4	526	22	1251	2002	3	140	128	11235
1995	3	202	20	921	2003	2	128	137	12493
1996	2	85	17	1034	2004	4	562	345	20403
1997	4	538	19	1033	2005	3	210	191	9243

三、职业技能鉴定与考核

1990年，县劳动局聘评技师3人。1991年，举办机械行业高级工复习班1个，培训38人，经市有关部门考试、考核，全部合格。推荐输送到市有关行业系统参加高级工复习班35人，取得高级工合格证书23人，企业聘任上岗高级工61人。1992年，高级工培训57人，参加考试及格54人，申报市考核合格53人。考核县职业中学应届毕业生80人，考核合格三级工以上77人。至年底，全县三级工以下（含三级）2575人，其中机械类1300人。1993年，开办机械高级工培训120人，考核合格115人，合格率96%。考核职中毕业生技术等级156人，合格143人，合格率92%。1994年，进行县职业中学的化工、机械、服装、玻璃班中级工技术等级考核合格200人，培训考核商业、粮食、供销系统和个体理发业初级工技术等级证书170人，核发汽车驾驶中级技术等级证书41人，核发汽车驾驶高级工证书110人，机械高级工100人。

1995年，成立县工人技术考核办公室，负责实施各行业劳动者国家职业技能考核鉴定。经理论与实践考核，高级工合格109人、中级工考核合格42人，初级工362人，技师45人。1996年，确定县职业培训中心为国家职业技能考核站，站下设专业考核小组9个，负责全县相关专业技术工人的技能考核，全年考核且合格初级工550人，选拔高级工中优秀职工聘任技师14人。1997年，县劳动局培训中心进行县职业中学、金南乡职业中学、城镇职工学校、各类企业单位工人技术等级考核工作，考核机械、微机、财会、建筑、宾馆服务、烹饪、电工、服装专业8个、工种9个，初、中级工622人，发放了技术等级证书。1998年，进行中级技工技能鉴定职业中学财会、电工、机械专业应届毕业生398人，考核鉴定县属企业在职锅炉工、汽车维修工62人，技能鉴定县职业培训中心营销专业结业学生61人，考核合格后发给初级工技术等级证书。1999年，考核发证车工、钳工、财会等工种10个671人。分别组建幼师、车工、钳工、电工、财会、服装、计算机文字录入处理员等考评小组，组建考评鉴定员队伍30多人。

2002年，实行就业准入制技术工种95个，规定在技术工种岗位就业必须取得相应职业资格证书。进行调查登记建档从业人员技术工种16个，建立考评员队伍工种10个，进行考核鉴定各类职中毕业生、社会力量办学单位培训生、下岗失业职工技能培训和自办班学员。2003年，推行职业资格证书制度。按照考培分离的原则，根据职业技能培训、考核、鉴定规定，制定鉴定机构职责、培训考核范围、申报条件、工作程序、考评人员选用、鉴定内容和方式、试题管理、证书核发、收费依据等实施意见。2005年，进行劳务输出人员职业资格培训鉴定，发放初级工证书100人。全年发放考核证书1524人，其中初级工985人、中级工425人、高级工80人、技师34人。

1991—2005 年金湖县职业技能鉴定与考核发证统计表

表 38-3-19　　　　　　　　　　　　　　　　　　　　　　　　　　　　　　单位：人

年　份	鉴定人数	发证人数	其　　中			
			初级工	中级工	高级工	技师以上
1991	1309	1287	1030	196	61	—
1992	1310	1288	960	198	130	—
1993	851	834	576	143	115	—
1994	642	639	170	241	210	18
1995	610	558	362	42	109	45
1996	661	652	550		88	14
1997	729	690	622		12	56
1998	611	559	521		8	30
1999	730	671	406	209	56	—
2000	984	788	342	438	6	2
2001	1350	1250	888	326	32	4
2002	1160	1067	465	588	11	3
2003	1196	1059	591	461	6	1
2004	1208	1065	607	452	4	2
2005	1650	1524	985	425	80	34

说明：1996—1998年初级工数中含中级工。

第三节　企业工资

一、基本工资制度

1986年起，金湖劳动工资统计工作由各级统计部门划归各级劳动部门，做好1985年企业工资改革的扫尾和完善工作。全民、县属集体职工按照国家规定的工资标准正常调资。1987年，进行劳动合同制工人工资性补贴，经济效益好的企业，工资性补贴幅度为劳动合同制工人标准工资的15%左右，经济效益比较差的企业，适当减少工资性补贴。1988年，实行不同形式工资与经济效益挂钩全民企业40户、集体企业31户。1989年，完善工资审批办法，进行县制药厂、县汽车配件厂等全民、集体企业经济效益核算6户，改浮动升级为固定升级。实行工资与效益挂钩全民企业43户，占92%，集体企业48户，占82%。4月1日起，县劳动局逐月审核全县各企业单位工资总额，实行凭工资发放通知书支付工资的管理办法。

1990年，扩大改浮动升级为固定升级工资审批手续的覆盖面，调整全民、集体企业166户、在册职工21341人，人平增资12.5元。1991年，审核实行工资总额同经济效益挂钩的全民和集体企业浮动工资，浮动升级改为固定升级全民企业41户、集体企业41户，办理新进职工的定级手续950人。1992年，进行县输油泵厂试点岗位技能工资制，符合条件实行工效挂钩的企业129户，其中全民企业48户。1993年，进行核定、兑现工效挂钩企业117户，县机械厂、油化厂、新华书店推行岗位技能工资制。

1994年9月，全县县属企业全面推行技能工资制。按照效率优先、兼顾公平的原则，根据企业1993年经济效益情况，制定企业套入技能工资标准，起点最低标准每人每月80元，最高标准每人每月145元，原企业实行的干部、职工两种工资等级标准合并为同一等级标准。全县进行工资套改全民、集体企业近200户、职工1.5万人，月增资总额165万元，人均增资100多元。1995年6月，推行企业最低工资标准制度，职工月最低工资140元。1996年，试行企业工资指导线，公布工资增长基准线17%、预警线25%，工资零增长或负增长为工资增长下限。进行工资晋级国有、集体企业职工1.2万人，人平增资22.5元。1997年，县劳动局实行工效挂钩管理全民企业65户、集体企业85户。1998年8月，分类确定企业增加工资比例，发布企业职工工资增长指导线，引导企业适度增加职工工资，全县增加工资企业232户、职工2.1万人，人均月增资55元。1999年，进行最后一次部分企业调资，企业职工调整工资219户、1.8万多人。

2000年，企业经营体制转换，原实行的工效挂钩、固定升级工资模式取消，职工工资标准、发放形式及增资完全由企业自主确定。2002年，根据全县工资增长指导线和企业经营实绩，进行劳资双方平等协商，确定本企业年度工资增长水平和分配方式，签订集体协议付诸实施76份，签订率86.4%。2003年，推行企业工资集体协商协议71户。2004年，实施工资增长指导线制度、最低工资保障制度、工资集体协商制度，纠正工资水平低于最低工资标准企业5户35人，直接参与指导制定改制方案企业32户、事业单位3户，严格审查职工置换身份补偿金剥离方案，督促兑付，签订工资集体协议企业69户。2005年，全县企业工资集体协商协议65户，在岗职工年平均工资12509元。

1986—1992年金湖县在岗职工年平均工资统计表

表38-3-20　　单位：元/年·人

年份	在岗职工每人年平均	全民所有制		城镇集体所有制	
		全部职工	其中企业	全部职工	其中企业
1986	961	1028	1094	813	867
1987	1058	1114	1224	932	1005
1988	1293	1376	1493	1114	1184
1989	1540	1700	1885	1218	1287
1990	1624	1821	2088	1257	1301
1991	1832	2064	2477	1419	1493
1992	2018	2208	2488	1676	1727

1993—2005年金湖县在岗职工年平均工资统计表

表38-3-21　　单位：元/年·人

年份	在岗职工每人年平均	全民所有制		城镇集体所有制		其他经济类型企业			
		全部职工	其中企业	全部职工	其中企业	全部职工	其中		
							内资	港澳台资	外资
1993	2360	2602	2922	1963	1978	1876	—	1876	—
1994	3533	4044	3798	2595	2567	2053	—	2053	—

接上表

年份	在岗职工每人年平均	全民所有制		城镇集体所有制		其他经济类型企业			
		全部职工	其中企业	全部职工	其中企业	全部职工	其中 内资	港澳台资	外资
1995	4148	4523	3947	3452	3947	2770	—	2770	—
1996	4757	5252	4396	3668	4396	3426	—	3426	—
1997	5295	5608	4982	4468	4982	4448	—	4448	—
1998	6141	6565	5687	4904	5687	5973	—	5973	—
1999	6831	7398	6040	5139	6040	7224	—	7224	—
2000	7597	8098	6762	6057	6762	7365	—	7365	—
2001	8829	9901	7060	6012	5361	7868	7944	7118	7613
2002	9501	10268	7091	6818	5968	9044	8291	8751	14018
2003	9854	10875	7939	7786	6008	8591	8868	7162	7781
2004	10965	12232	8302	8465	7454	9570	9559	8093	10624
2005	12509	14078	9013	10076	9603	10914	10711	8902	14175

二、工资保障制度

最低工资保障 1995年6月，全县推行企业最低工资标准制度，确保劳动者付出劳动后基本生活有所保证。最低工资标准由县政府确定，以小时工资为基本形式，每年调整一次，是年，职工最低工资标准每小时0.8元，每月140元。2004年3月，执行国家《最低工资规定》，企业签订工资集体协议69户。2005年，全县在岗职工年平均工资增长14.1%，最低工资标准增长11.1%。

1995—2005年金湖县企业职工月最低工资标准统计表

表38-3-22 单位：元

年份	1995	1996	1997	1998	1999	2000	2001	2002	2003	2004	2005
标准	140	160	175	175	210	240	250	260	320	360	400

欠薪保障 1995年6月，县政府明确用人单位违反规定，低于全县最低工资标准支付劳动者工资的，劳动者有权举报、控告，县劳动行政部门责令用人单位限期补足劳动者低于标准部分的工资报酬，同时支付劳动者相当于低于标准部分25%的经济补偿金，用人单位限期内拒绝支付所欠工资和经济补偿的，劳动行政部门给予警告、通报批评，责令用人单位补发所欠劳动者的工资和经济补偿金外，支付劳动者赔偿金，标准按用人单位支付劳动者工资低于最低标准部分及相当于低于标准部分的25%经济补偿金总和的1至5倍。2004年，县劳动和社会保障局、县建设局联合印发《关于切实解决建筑企业拖欠农民工工资问题的通知》，组织人员清查拖欠和克扣农民工工资的企业，加大建设、开发项目的监管力度，指导企业依法与农民工签订劳动合同，规范用工行为，建立健全农民工工资支付监控和企业工资支付信用制度。帮助职工301人，讨回拖欠工资17.8万元、押金3400元，补缴社会保险费31万元。2005年，县劳动和社会保障局帮助职工讨回拖欠工资81万元，其中农民工工资34.6万元，责令退还工人押金3.2万元，补缴社会保险费58万元。

第四节　劳动关系

一、劳动合同

1986年，全县贯彻实施国务院《国营企业实行劳动合同制暂行规定》，明确企业统一实行劳动合同制，通过签订劳动合同，实行工人和企业的双向选择，用经济、法律和行政相结合的手段来确定和调节劳动关系。实行这项制度首先在新录用工人中普遍推行。企业招用国家计划指标内职工统一实行劳动合同制，招用劳动合同制职工执行公开招收、自愿报名、德智体全面考核、择优录用原则。企业录用全民、集体固定职工，先申报用工人数，劳动部门审核，报市局批准下达计划，统一招收。1987年，全县实行新招工人劳动合同制。全部职工年平均人数21040人，其中合同制工人2958人，占职工总数14.1%，形成合同制与固定工制度并存的双轨制局面。1988年，进行县印刷厂搞活固定工制度、优化劳动组合试点，采用条件公开、双向选择、考核上岗、合同管理、干部先行、"治懒不治老""治滑不治病"、动态组合的原则，实行层层承包、层层聘用工人组合。

1992年，进行用工制度改革试点的单位有县机械厂、县制药厂等工业企业6户，县百货公司、县建材公司等流通企业4户，全体职工实行劳动手册制度，行管人员除明文规定任命和选举产生者外，均实行聘任制。1993年，推进县机械厂、县五交化公司、县输油泵厂、县汽配厂第二批全员劳动合同制试点。1994年，贯彻国务院《全民所有制工业企业转换经营机制条例》，落实企业用工自主权，深化企业用工制度改革，进行县织布厂、县针织厂产权制度改革试点企业2户，试点企业劳动合同签订率、鉴证率达98%，未能签订劳动合同的职工作妥善安置。是年，劳动合同制向乡镇企业和私营企业、个体工商户、计划外用工延伸，实行劳动合同制乡镇企业40户，签订合同职工2689人；私营企业7户、个体工商户2户，签订用工劳动合同136人。全年鉴证劳动合同5102份，其中临时用工合同制工人合同1820份，临时用工合同2700份，全员劳动合同582份，鉴证率99%。

1995年，县政府印发《关于贯彻省市劳动合同制度办法的意见》，全面推行劳动合同制。1月1日起，全县境内所有企业、个体经济组织使用的职工全面实行劳动合同制度，取消不同所有制企业职工以及企业内全民职工和集体职工、干部与工人、固定工与合同制工的界限，用人单位按照劳动合同建立劳动关系。年底，顺利完成县属企事业单位转制工作，共发放劳动合同3.2万份，签订劳动合同县属企事业单位154户、个体经济组织136户，职工11492人。

1996年，劳动合同制扩大到镇属企业、私营企业和个体工商户，黎城镇镇属企业推行劳动合同制11户，签订劳动合同职工749人，私营企业和个体工商户22户，与其雇佣的帮工签订劳动合同466人。县百货公司、县制鞋总厂、县粮油食品总厂、县轻纤实业公司、县航运公司、县物资商厦等企业签订集体合同15户。全县共转制职工13120人，清退农村劳动力2297人。

1997年，全县乡镇企业实行劳动合同制40户，占具备条件企业数的80%，签订职工劳动合同2689人，私营企业7户、个体工商户2户同职工签订劳动合同136人。

1999年，全县做好劳动合同管理，用人单位100多户，签订临时用工合同2826份，就业证卡年检率98%，签订集体合同11户，私营企业和个体经济组织中用人单位与用工签订劳动合同561份。2003年，县劳动和社会保障局指导事业单位制定改制方案，改制企业36户、转制企业4户，合理分流富余职工，新签、续签劳动合同4890人。2004年，规范改制企业劳动关系，审核改制中分流富余职工和经济补偿方案企业32户、事业单位3户，督促企业与返聘职工签订劳动合同，全年新签、续签劳动合同4374份。至2005年底，全县运用经济、法律和行政手段进行监督，保障全县企事业单位全员劳动合同制度的正确执行。是年，签订职工劳动合同4729份。

1986—1994年金湖县企业职工劳动合同签订统计表

表 38-3-23

年份	年末职工总数（人）	国有企业固定工（人）	城镇集体单位大集体工（人）	劳动合同制		
				企业（户）	个体（户）	签订个人劳动合同（人·份）
1986	19263	4569	8245	—	—	—
1987	20293	4478	8706	32	—	2958
1988	21518	4507	9466	28	—	2642
1989	21670	4525	10256	15	—	1470
1990	23418	4475	11516	21	—	1910
1991	23260	4517	11900	26	—	2352
1992	25479	6533	12788	19	—	1745
1993	28027	—	13300	33	—	2779
1994	28425	—	12970	40	9	2825

1995—2005年金湖县企业职工劳动合同签订统计表

表 38-3-24

年份	年末职工总数（人）	劳动合同制			年份	年末职工总数（人）	劳动合同制		
		企业（户）	个体（户）	签订个人合同（人）			企业（户）	个体（户）	签订个人合同（人）
1995	29098	154	136	11492	2001	19715	32	86	2317
1996	28068	162	75	14335	2002	16377	196	375	2100
1997	26702	40	94	2825	2003	16841	40	113	4890
1998	22217	51	278	3551	2004	17044	35	92	4374
1999	20866	36	561	3387	2005	18670	43	141	4729
2000	18143	29	142	2040					

二、集体合同

1996年3月，县劳动局执行《中华人民共和国劳动法》规定，推行企业集体合同制度，用人单位与本单位职工就劳动报酬、工作时间、休息休假、保险福利、劳动条件、职业培训等事项，经过集体协商签订书面协议。年内，选择试点企业15户，通过企业与职工多次平等协商，均签订集体合同。1998年根据市《关于加强集体协商、集体合同工作管理的意见》，明确集体合同的签订程序、审查登记、档案管理等。是年，新签集体合同的企业11户。2000年8月，县劳动局印发《关于做好2000年度企业工资集体协商工作的通知》，明确全县企业职工实际平均工资增长不低于7%，工资增长基准线为货币工资增长率的11%，工资增长预警线为货币工资增长的17%，工资增长下限线为货币工资增长的5%，各企业参照此标准进行工资集体协商。2002年，新签集体合同76份，新签工资集体协商协议76份，符合条件的企业集体合同或工资集体协商协议签订率86.4%。

2003年，县劳动局印发《关于建立和完善集体合同工作监督保障机制的意见》，劳资双方签订集体合同38户，工资集体协商协议71户。2004年，签订集体合同18份，工资集体协议企业69户。2005年，帮助指导企业理顺劳动关系15户，事业单位制定改制方案2户，指导企业签订集体劳动合同18户。

三、劳动争议调解与仲裁

1986年12月16日，县劳动争议仲裁委员会及其办公室成立，与县劳动局仲裁股合署办公，受理立案1件，调解结案。1988年，接待来访65人次，处理企业和职工各种劳动争议10人次，其中企业辞退职工2人、解除合同3人、除名3人、开除2人，领取待业救济金4人。1989年，帮助企业建立基层调解委员会73个。1990年，调解劳动纠纷4起，鉴证劳动合同3220份，其中全民283份，集体743份，计划外2194份，没有发现一份是由于合同鉴定问题而引起纠纷的。1992年，鉴证各类劳动合同3430份，其中全民1200份，集体680份，计划外合同1550份。处理违纪职工25人，其中开除3人，除名4人，解除合同5人，辞退4人，一般纪律处分9人。1993年，建立调解委员会的企业78户，占应建数的80%，积极做好调解工作，职工被除名的55人，解除合同8人，终止合同1人，辞退1人，没有一例矛盾激化的。

1994年，劳动仲裁逐步向乡镇企业和私营企业延伸。受理劳动争议案件5件，调解处理4件，裁决1件。1997年，鉴证各类劳动合同12981份，其中劳动合同制工人合同9054份、临时工合同3927份，审查集体合同12户，劳动合同鉴证率100%。推行乡镇企业劳动合同制39户，鉴证合同2609份，私营企业劳动合同制7户，鉴证劳动合同134份，鉴证个体工商户合同2份。处理职工86人，其中除名46人、解除合同14人、辞职16人、辞退1人、终止合同3人、其他处分6人。受理劳动争议案5件，立案裁决处理2件，调解处理1件，审理后不符合受理条件1件，劳动监察处理1件。

2000年，鉴证各类劳动合同3523人，其中私营企业1012人、临时用工1493人，审查集体合同10户，劳动合同鉴证率100%。处理职工1614人，其中除名8人、解除合同699人、辞退8人、终止合同888人、自动离职11人。受理劳动案件8件，其中裁决4件，调解处理3件，其他方式处理1件。2004年，县劳动保障局依法受理劳动争议申诉18起，受理立案率100%，调解结案15起，调解结案率83%。全年鉴证合同4373份，纠正不规范合同188份。2005年，积极受理争议投诉，加强调解，依法仲裁，确保结案率，全年共受理劳动争议申诉案件13件，全部结案，是全市唯一100%结案单位，其中调解结案7件，调解结案率54%，其他方式处理1件，被省劳动厅评为劳动争议仲裁工作先进单位。

1995—2005年金湖县劳动争议仲裁案件统计表

表38-3-25

年份	受理（件）	立案数（件）	涉及人数（人）	调解结案（件）	开庭审理（件）	年份	受理（件）	立案数（件）	涉及人数（人）	调解结案（件）	开庭审理（件）
1995	5	5	19	4	1	2001	6	6	6	4	2
1996	3	2	4	1	1	2002	10	10	13	8	2
1997	5	2	4	1	—	2003	13	13	19	6	7
1998	8	5	6	1	4	2004	18	18	19	15	3
1999	13	12	15	2	10	2005	13	13	14	7	5
2000	8	8	9	4	4						

1988—2005年金湖县劳动争议调解与合同鉴证统计表

表 38-3-26

年份	调解处理（件）	涉及人数（人）	合同鉴证（人·份）	年份	调解处理（件）	涉及人数（人）	合同鉴证（人·份）
1988	4	10	1156	1997	28	31	12981
1989	1	1	1896	1998	52	56	5923
1990	4	16	3220	1999	74	130	1863
1991	6	36	2281	2000	81	89	3523
1992	8	25	3430	2001	94	98	5007
1993	12	65	4858	2002	77	78	3183
1994	5	31	5102	2003	63	65	4890
1995	18	50	14340	2004	80	81	4373
1996	16	25	5866	2005	81	86	4729

四、劳动监察

1986年5月和12月，县政府组织县公安局、县卫生局、县人民检察院、县总工会参加的安全大检查，重点抽查县属系统6个单位42户，全年发送监察通知书8份，限期整改隐患12条。1988年，组织安全监察6次，发出安全监察通知书6份。1990年，进行锅炉检查3次，评出先进锅炉房8个，合格锅炉房30个，不合格锅炉房1个，挂牌奖励先进锅炉房，停业整治不合格锅炉房。检测锅炉65台，压力容器204台，起重设备37台。1991年，开展全县锅炉房评比定级工作，评出先进锅炉房8个，合格锅炉房3个，不合格锅炉房1个，锅炉年检率90%，压力容器检测率、起重机械检测率均达100%，避雷设施检测率80%。全年发生重伤事故2起，重伤2人，死亡事故1起，死亡1人，进行事故单位督查整改。

1992—1995年，检验锅炉370台、压力容器233台、电梯35台、起重设备144台、避雷针218支，检测率均90%以上。取缔非法劳动中介组织1个，组织《劳动法》执法大检查2次，印发乡镇砖瓦厂矿山许可证10份。1996年，检查企业102户，其中“三资”企业、街道企业、私营企业28户，立案调查处理劳动监察案件6件，企业支付拖欠工资9.7万元，缴纳养老保险基金7万元。检验锅炉68台，压力容器42台，检测率100%。检测起重机械48台，电梯12台，避雷针42支，检测率均达90%以上。1997年，督促用人单位补签劳动合同1000份，清退农村劳动力2297人，清退风险抵押金8200元，追缴社会保险基金20多万元，发出劳动监察限改指令书30多份，劳动用工年审企业182户。检验锅炉62台，压力容器52台，电梯13台，检测率100%。检测避雷针42支。现场监察锅炉房50个、使用压力容器单位9个、电梯房13个、建筑施工现场5个，下发安全监察通知书单位2户，责令限期整改。

1998年9月，县劳动局成立劳动监察大队，设立举报电话、信访接待室，监察员持劳动监察证和行政执法证上岗，采取巡查、年审、专项检查等监察方式，检查监督各用人单位劳动规章制度，劳动合同签订与履行，劳动用工行为，工时与休假，劳动卫生与福利，女职工、未成年人保护，残疾人保障，养老、失业保险费缴纳与支付，职业中介、培训及技能鉴定、持证上岗，劳动者就业维权等，维护用人单位和劳动者合法权益。颁发劳动监察授权委托书乡镇劳动所16个，形成全县上下联动的劳动监察网络。县政府发布《关于整顿劳动力市场的通告》，印发《关于进一步加强劳动力市场建设的通知》

《金湖县企业用工管理暂行规定》，县劳动局组成年检检查组2个、执法检查组1个，检查用人单位400多户。做到一般性监察与重点监察相结合，一般监察企业167户，检查面72.4%；重点监察受理劳动监察案件10起。是年，检验锅炉64台，压力容器68台，电梯13台，起重机60台，避雷针42支。现场监察锅炉房15个、使用压力容器单位8个、电梯房13个。

1999年，企业改制力度加大，下岗分流人员增加，多元化劳动纠纷增多，职工来信来访数量上升。县劳动局重点监察养老保险、失业保险扩面与征缴，督办社会保险登记537户，扩面67户，督促缴纳养老保险金103.7万元，失业保险金180元。加大案件查处力度，全年检查用人单位572户，其中私营企业116户、个体经济组织20户，立案查处64起，实施处理处罚程序案件36起，申请县人民法院强制执行1起。2000年，督促办理社会保险登记336户，督促缴纳养老保险费103.7万元、失业保险费46万元，其中私营企业参加社会保险登记、缴费41户。督查部省属企事业单位进行失业保险登记、申报缴纳失业保险费470户。立案查处劳动监察案件71件，实施处理处罚程序案件31起，结案63起。2002年，县劳动保障局组织社保扩面、基金清欠、打击非法中介等劳动执法监察活动8项，检查各类用人单位347户，督促用人单位缴纳社会保险费、补签劳动合同、补发职工工资、清退童工等。

2003年，共检查各类用人单位310户，立案查处各类劳动保障违法案件53件，结案49件，案件查处涉及社会保险费标的289.64万元，兑付拖欠职工工资17.6万元。2004年，组织劳动用工、社会保险、改制企业补偿金兑付、农民工权益维护等专项执法检查9次，检查各类用人单位290户，涉及职工3万多人，查出违法违规案件35件，依法受理劳动者投诉举报35件，其中劳动合同案8件、社会保险案14件、拖欠工资案13件。取缔非法职业中介1户。2005年，组织劳务中介市场、失业保险、劳动合同、禁止使用童工、劳务派遣及短期劳动合同人员参加基本养老保险、农民工工资支付等专项执法检查5次，劳动监察员巡查用人单位187家、书面审查用人单位300多家。全年共检查各类用人单位225户，涉及用工1.6万人；受理投诉、举报133件，合计立案查处70件，其中违反劳动合同、社会保险案23件、拖欠劳动工资案39件，年底结案68件，结案率97%。

1995—2005年金湖县劳动监察统计表

表38-3-27

年份	检查用人单位（户）	涉及职工（人）	专项检查（次）	立案监察（件）	结案（件）	年份	检查用人单位（户）	涉及职工（人）	专项检查（次）	立案监察（件）	结案（件）
1986	42	432	2	8	8	1996	102	10200	2	6	6
1987	51	523	3	7	7	1997	182	14700	4	11	11
1988	53	586	5	6	6	1998	400	16000	3	10	10
1989	56	610	3	5	5	1999	572	29900	2	64	62
1990	60	680	3	4	4	2000	806	28700	3	71	63
1991	63	690	2	3	3	2001	258	19800	5	84	79
1992	61	632	2	4	4	2002	347	21200	7	64	61
1993	65	643	2	3	3	2003	310	20050	7	53	49
1994	66	631	1	2	2	2004	290	30000	9	35	35
1995	92	3000	3	28	28	2005	225	16000	5	70	68

第五节　劳动保护

1986年，县劳动局督促企业禁止使用未满16周岁的童工，进行女工孕期、产假期和哺乳期“三期”保护，劳保用品主要有工作服、手套、安全帽，保健食品主要是清凉饮料，有高空、高温、有毒有害作业等津贴补贴；执行全国统一的每天8小时工作制，执行国家统一的节假日休假制度，元旦、春节、“五一”劳动节、国庆节统一放假，“三八”妇女节、“五四”青年节、教师节、护士节等，放假半天。

1988年，禁止企业安排女职工从事高温高空、有毒有害等工种、岗位作业；女职工产假由56天增至90天；女职工孕期、产期、哺乳期不降低其基本工资，不得解除劳动合同。县制药厂按车间女职工人数的多少，设置孕妇休息室。哺乳女工给予不少于每班1小时的哺乳时间。县针织厂、县制药厂、县缫丝厂等企业一线女工休完产假后，给予半年到1年的照顾休假，工资按一定比例打折。实行优化劳动组合和各类经济承包的单位，不得以任何借口拒绝招收女工，怀孕7个月以上女工及哺乳期女工减少工作量，合理分配定额，不得安排加班加点或夜班劳动。凡接触有毒有害作业，且未享受类似待遇的企业及主管部门的劳动保护专职人员，每人每月享受保健津贴10元；已享受营养费待遇的企业及主管部门的劳动保护专职人员，每人每月享受津贴5元。1994年，调查处理县羽绒厂、县服装厂严重加班加点行为，处罚县食品玩具厂招用童工行为，下发宝应湖农场华康食品总厂的劳动组织状况和加班加点行为劳动监察限期整改指令书。

1995年5月1日起，国家机关、事业单位、商业系统实行每周40小时工作制，大部分企业实行44小时工作制，县建筑公司、县羽绒厂等因生产经营需要，实行不定时工作制和综合计算工时的工时制。10月，县劳动局对某服装厂使用不满16周岁女工发出行政处罚决定书，责成该厂退回女工，处该厂罚金1000元。2000年，组织企业劳动用工年检400户。2002年，县劳动和社会保障局组织检查用人单位37户，督促企业清退童工6人。2005年，县劳动和社会保障局加大服装加工、纸品包装、纺织等女工较多行业的劳动保护检查监督力度，会同县妇联进行女工保护、童工使用专项检查3次，检查用人单位63户，下发整改通知18份，督促企业清退童工3人，保护职工应享受的合法权益。

第六节　劳动法治宣传与培训

一、宣　传

1986年，县劳动局开展劳动用工政策宣传活动，促进用工管理，杜绝私招乱雇现象。1988年，县政府组织学习、宣传国务院《国营企业劳动争议处理暂行规定》和省政府《实施细则》，县劳动局会同县总工会编写劳动争议调解与仲裁学习资料，印发到县属各企事业单位。各企业利用厂内广播、黑板报等工具，宣传1988年7月21日国务院颁布的《女职工劳动保护规定》。1993年，县劳动局通过会议、培训班、板报、广播、报纸等，广泛宣传国务院7月6日发布的《中华人民共和国企业劳动争议处理条例》。

1994年10月10日，举办《中华人民共和国劳动法》咨询日，发放《劳动法》单行本1000多本，接受咨询200多人。12月12日至18日，开展《劳动法》宣传周活动，组织文艺宣传、知识竞赛、座谈讨论、领导电视讲话进行宣传。

1995年6月1日，县政府召开全县全面推行和实施劳动合同制度动员大会，宣传和贯彻《劳动法》关于用人单位同劳动者建立劳动关系应当订立劳动合同的规定和省市部署。县劳动局社会保险管理处工作人员办理养老保险手续、调动工作、审核《职工养老保险缴费记录花名册》《养老保险手册》、退休职工档案材料、办理退休手续、发放离退休费等业务时，耐心、细致解释国家、省、市关于社会保险政策、法律、法规。

1997年5月，开展职业介绍宣传月活动，集中时间2周，宣传县劳动局印发的《金湖县职业介绍暂行规定》《金湖县职业介绍工作运行程序》规范性文件2个，运用广播、电视采访报道、宣传栏、横幅标语、流动宣传板块、街头咨询以及金湖电视报撰文等形式，宣传职业介绍。10月1日，县社会劳动保险处通过拉横幅、设立咨询服务站、发放保险知识问答等方式开展全国社会保险宣传日活动。利用电视、广播等媒体进行劳动保险宣传周活动。

2000年，宣传国务院《社会保险费征缴暂行条例》《失业保险条例》，通过召开私营企业法定代表人会议、挨门逐户到企业动员宣传和监督企业进行社会保险登记、办理社会保险缴纳手续。2001年，开展劳动法律法规宣传活动，县劳动和社会保障局领导、各业务科室负责人走上街头、进入企业，接受咨询，发放宣传资料2万多份，接受咨询2900多人次。

2005年，县劳动和社会保障局利用县城超市、公园和乡镇逢集，开展劳动法律法规咨询活动，发放《劳动法》等宣传资料4.8万份，接受咨询1.6万人次，通过企业老板、职工代表恳谈会和送法律上门等形式，宣传劳动法律法规，解答疑难问题，全年接受咨询2.4万人次，登门送法135户，涉及8326人。

二、培　训

1986年起，举办厂长、经理劳动安全法律法规培训班，参训率95%以上。1988年，举办企业厂长（经理）劳动争议调解与仲裁培训班1期。1994年，组织学习、宣传7月5日颁布的《劳动法》，开办企业法人、劳资干部、工会主席等参加的《劳动法》培训班。1995年6月，县劳动局举办推行劳动合同制培训班，参加培训的县属企业劳资干部200多人，明确实施劳动合同制过程中应注意的若干具体问题。1997年，县劳动局与县输油泵厂联合举办《劳动法》培训班，县输油泵厂中层以上干部参训60多人，县职业培训中心开设就业前培训学法、用法讲座，参加培训500多人次。2000年，举办社会保险业务培训班5期，参加人员为县直部门人秘股长、财务负责人，镇劳动人事助理、镇财政所长、镇属事业单位负责人及具体保险经办人，分专题辅导机关事业单位养老保险政策、法律、法规及各级文件精神，受训400多人次。2000—2005年，县劳动局举办劳动法律法规培训班20多期，培训2900多人次。

第三十九篇　社会保障

1986年10月，金湖县开始改革传统劳动保险制度和民政保障制度，逐步建立起适应社会主义市场经济的新型社会保障制度。

1986—1995年，为建立社会保障制度开创时期。随着“三资”企业以及股份制企业、民营企业、个体经济组织的不断涌现，传统的劳动保险制度已严重不相适应。为此，1986年10月成立县劳动局社会劳动保险公司，12月更名为金湖县社会劳动保险管理处。1987年1月开始收取国营企业、国家机关、事业单位、社会团体招用的劳动合同制工人劳动保险费。1989年1月，实施全民企业职工离退休费用统筹办法。7月，所有合同制职工开始缴纳劳动保险费，初步建立起社会化的养老保险制度。在待业困难补助基础上，初步建立待业保险制度。农村农民和机关事业人员养老保险工作也分别启动，1992年5月成立金湖县农村社会养老保险事业管理处，1995年8月成立金湖县机关事业社会保险管理处。民政保障方面，建立起福利公司、福利企业、慈善总会，开始从以农村救济为主，逐步向社会福利为主过渡。

1996—2000年，为推进社会保障制度综合改革时期。1996年6月，开始进行社会保障制度综合改革，建立社会共济与个人账户相结合的新型养老保险模式，统一全民工、集体工、合同工、临时工交费标准与退休待遇，实现养老金社会化发放。2000年4月，成立金湖县社会医疗保险管理处。取消劳保医疗制度，建立企业职工医疗保险制度、社会化工伤保险制度。民政保障方面，1997年，从单纯生活救济转为治穷致富，困难群众由临时救济转变为定期救济与临时救济结合；进行城乡居民最低生活保障试点，后全面推行；“五保”供养由救济型向福利型转变；义务兵优待由乡镇、村组统筹改为县财政拨款。

2000年后，为社会保障制度不断健全和完善时期。2001年1月，全县实行社会统筹与个人账户相结合的医疗保险制度。从此，机关事业单位取消财政发放离退休金与公费医疗制度，实行基本养老保险、基本医疗保险，且与企业职工缴费比例一致、待遇一致。不断扩大个体劳动者社会保险范围，逐步建立起包括基本养老保险、企业和个人补充养老保险等多层次的保险体系，待业保险改称为失业保险，建立地方补充医疗保险。2002年6月，生育保险从社会养老保险机构划归社会医疗保险机构。民政保障方面，大规模开展“送温暖”活动，建立乡镇敬老院，抚恤标准与社会经济发展同步提高，转业士官与城镇退伍军人安置改为政府指令性安置与自谋职业领取一次性补助金相结合。至2005年底，全县基本形成养老、医疗、工伤、失业、生育五项社会保障体系，初步形成以贫困户、老年人、烈军属为重点，面向镇村、社区居民的社会福利网络，社会保障程度不断提高。

第一章　社会保障机构

第一节　社会保险机构

一、局本级

县劳动和社会保障局（参见“第三十八篇民政事务　劳动管理”第一章第二节第一目。）

二、直属单位

金湖县社会劳动保险管理处　1986年10月13日成立，名为金湖县社会劳动保险公司，股级事业单位，编制3人，隶属县劳动局，12月16日，更名为县社会劳动保险管理处。1989年1月，增加编制3人，编制总数6人。1998年9月，增加编制4人，编制总数10人。2000年8月至2003年5月，陆续增加编制8人，编制总数18人。2003年5月，调出编制到县机关事业社会保险管理处1人，编制总数17人。2005年，机构未变。

金湖县农村社会养老保险事业管理处　1992年5月成立，自收自支股级事业单位，编制3人，实有3人，其中固定工2人，隶属县民政局。1993年3月，增加编制2人，编制总数5人，固定工4人。2004年11月，划属县劳动和社会保障局，核定编制改为4人，自收自支事业单位（享受财政全额拨款待遇）。2005年，机构未变。

金湖县机关事业社会保险管理处　1995年8月7日成立，全额拨款股级事业单位，编制5人，隶属县人事局。2002年6月，移交县劳动和社会保障局。2003年5月，调进编制1人，编制总数6人。2005年，机构未变。

金湖县社会医疗保险管理处　2000年4月4日成立，全额拨款事业单位，副科级，编制15人，隶属县劳动和社会保障局。2004年7月，设立综合股、财务股、基金股、医疗管理股，均为副股级。2005年，机构未变。

三、乡镇劳动管理服务所

1996年12月成立，简称乡镇劳动所，全民事业单位，编制1人。2005年，机构未变。

第二节　社会救助机构

一、局本级

民政局（参见“第三十八篇民政事务　劳动管理”第一章第一节第一目。）

二、挂靠机构

金湖县拥军优属、拥政爱民工作领导小组办公室（参见“第三十八篇民政事务　劳动管理”第一章第一节第二目。）

金湖县退役士兵安置工作领导小组办公室　（参见“第三十八篇民政事务　劳动管理”第一章第一节第二目。）

金湖县社会福利有奖募捐委员会办公室　（参见“第三十八篇民政事务　劳动管理”第一章第一节第二目。）

金湖县爱心救助总会　2003年9月11日成立，下设大病医疗救助、特困学生救助、意外灾害救助分会3个。2005年，机构未变。

三、直属机构

金湖县优抚招待所　（参见“第三十八篇民政事务　劳动管理”第一章第一节第三目。）

金湖县军队离休、退休干部休养所　（参见“第三十八篇民政事务　劳动管理”第一章第一节第三目。）

金湖县民政福利公司　（参见“第三十八篇民政事务　劳动管理”第一章第一节第三目。）

第二章　社会保险

第一节　养老保险

一、企业养老保险

参保范围与缴费　1986年10月，成立县社会劳动保险公司，12月，更名为县社会劳动保险管理处，进行全县全民企事业单位劳动合同制职工和离退休人员退休费社会统筹，职工退休费采用国家、所在单位和个人共同承担统筹的方法。1987年1月，开展国营企业、国家机关、事业单位、社会团体招用的劳动合同制工人养老保险工作，按照合同制工人的工资级别按月定额征缴退休养老基金。年末，参保企业131户，参保职工1283人，征缴保险费38.05万元。1988年，县政府制定全民企业职工离退休费用统筹暂行办法，亦称固定工统筹，1989年1月开始实施，至年底，全县实行统筹企业43户，参保固定工7768人、离退休（职）人员586人，征缴统筹费用55.09万元。合同制工人养老保险制度亦同时实施，是年7月，全县国家机关、社会团体、全民集体企事业单位，由劳动部门介绍使用的城镇户口临时工、季节工均参加养老保险，1989年以前进单位的城镇户口劳务工养老保险金实行若干年补缴，补缴时按银行利率计缴利息，补缴情况作为累计金额和年限。

1990年，全民所有制企业、县属集体所有制企业、事业单位、机关团体，经劳动部门同意使用的城镇户口临时工，签订劳动合同时，参加临时工养老保险金，单位负担80%，个人负担20%，乡镇企业职工和领有营业执照的城镇户口个体经营者，亦参加该项保险，每人每月分10元、12.5元、15元、17.5元、20元、25元6种标准。是年，参加固定工统筹企业42个，在职职工8565人，离退休职工715人，收缴统筹基金124.35万元。1991年，县劳动保险部门帮助解决县塑编厂、县航运公司、县塑料厂、县针织厂、县农业科技中心、县种禽厂等单位合同制工人养老保险中的遗留问题，增加保险135人。做好养老金欠款回收工作，收回欠款29.7万元。

1992年12月，县政府转发县劳动局、县财政局、县人民银行印发的《金湖县企业职工养老保险制度改革实施办法》，确定养老保险范围为，县属全民所有制企业、集体所有制企业、驻金全民所有制企业（除国家和省另有规定者外），都应参加养老保险。企业参加养老保险的职工包括固定职工、劳动合同制职工（含农民劳动合同制职工）、县以上劳动部门批准使用的城镇临时工。养老保险的具体对象为：全民所有制企业职工；驻金的中央企业（含金融、保险企业）职工；驻金的省市企业和部队企业职工；国务院批准按系统统筹的部属企业中的劳动合同制职工；国家机关、事业单位和社会团体中的劳动合同制职工；县属以上城镇所有制企业职工；安排到乡镇企业工作的国家统配人员和劳动合同制职工；外商，华侨，中国港、澳、台地区工商业者，在金湖开办的合作、合资及独资企业的大陆职工。按照国家、集体、个人三方合理负担基本养老保险费用原则，建立统一的全民所有制企业和城镇集体企业基本养老保险制度，开展企业职工基本养老保险统筹、企业补充养老保险、职工个人储蓄性养老保险工作。国家机关、事业单位和社会团体中的劳动合同制职工的基本养老保险基金按每人每月30元的标准缴纳，从1992年10月起执行。企业缴纳的基本养老保险费列营业外支出。参加统筹的集体所有制企业个人基本养老保险费缴费标准，暂按本人工资总额的2%缴纳，由企业发工资时代为扣缴，随经济发展和职工工资增加逐步调整，其他集体企业单位中的劳动合同制职工从1993年1月起，暂按每人每月25元缴纳（其中个人每月缴纳3元）。

1994年1月1日起，全民和集体企业养老保险基金征缴比例调至20%（含个人缴纳部分），职工个人缴纳比例由2%调至3%。6月，县劳动局印发《金湖县关于企业使用农村户口临时工实行基本养老保险有关问题的处理意见》，明确各企业使用农村户口临时工，凡经劳动部门批准使用，到1993年12月31日止，未达到法定退休年龄的人员，从1994年1月1日起，由企业统一办理养老保险，1981年9月底前参加工作的，从1981年9月起补缴，1981年9月底以后参加工作的，从参加工作之月起补缴。是年，农村户口临时工办理养老保险企业31户207人。办理驻军办企业泗湾湖酒厂、运西酒厂、武警服务社职工养老保险。1995年，办理农村户口临时工养老保险企业137户、2476人。

1996年12月，县政府印发《深化城镇职工养老保险制度改革实施办法的通知》，参保范围为，全县行政区域内城镇各类企业，包括国有企业、集体企业、股份制企业、股份合作企业、联营企业、外商及中国港、澳、台商投资企业、城镇私营企业及其与之形成劳动关系的所有职工，不包括已领取基本养老金或者达到退休年龄但终止养老保险关系的人员以及外商及中国港、澳、台商投资企业中的外籍人员。城镇个体工商户及其聘用帮工，包括个体经营者本人、帮手、学徒、雇用人员，以及未在其他企业参加基本养老保险的家庭辅助人员。规定从1996年1月1日起，城镇各类企业以当年全部职工缴费工资总额的15%（不含职工个人缴纳部分）缴纳基本养老费，职工按照本人当年缴费工资4%缴纳基本养老保险费，随着职工工资收入的增长，原则上每2年提高1个百分点，逐步提高到8%，适当调整企业缴纳比例，逐步减轻企业负担。城镇个体工商户和私营企业主按全县上一年职工平均工资的18%缴纳基本养老保险费，其中税前列支10%，税后列支8%。至年底，增加养老保险的外商投资企业3户、城镇街道办集体企业10户、上规模私营企业1户。是年，全县实行社会统筹与个人账户相结合的养老保险基本制度，确定统筹基金现收现付、个人账户基金完全积累的制度模式，从根本上打破企业不同所有制形式、职工身份界限。

1997年，县政府制定企业职工养老保险实施方案，印发《关于强化养老保险基金征缴工作的通知》，年末参加社会劳动保险企业达100%。1998年4月，实施修改后的省城镇企业职工养老保险规定。1999年1月，贯彻国务院颁布《社会保险费征缴条例》，新增养老保险县属企业临时工2900多人，镇和街道办企业13户834人，乡镇企业19户739人，私营企业、个体工商户31户74人。7月1日起，调整企业职工个人缴纳基本养老保险费比例，凡参加全县城镇企业职工养老保险的各类企业职工，个人缴纳基本养老保险费比例由5%提高到6%。

2000年1月起，调整职工（含下岗职工）社会保险缴费工资下限为上年度职工平均工资的

60%，工资收入低于县上年平均工资60%的一律按60%和规定的比例缴费。3月，"三资"企业、私营企业参加基本养老保险按职工工资总额23%缴纳，其中个人缴纳6%，到年底，登记私营企业养老保险54户，申报缴纳养老保险费的私营企业41户362人。8月1日起，社会保险费征收由劳动部门移交给地税部门。2002年，做好新建企业和镇办企业养老保险扩面工作，新增镇办企业养老保险2户360人。

2003年1月起，根据省政府《关于调整各市县城镇企业缴纳基本养老保险费比例的通知》，全县城镇职工基本养老保险费单位缴费比例由17%调至18%。12月，《江苏省社会保险费征缴条例》颁布。明确国有和国有控股企业、股份有限公司、外商投资企业（包括外国企业分支机构）及其职工，城镇集体企业、城镇私营企业和其他城镇企业及其职工，实行企业化管理事业单位及其职工，国家机关、事业单位、社会团体及其编制外聘用人员，民办非企业单位及其职工，城镇个体工商户及其雇工为基本养老保险费征缴范围。是年，新增民政福利企业养老保险9户101人。2004年，新增新建企业养老保险49户932人，其中县工业园区招商引资企业5户95人。

2005年7月1日起，调整企业职工基本养老保险缴费工资的上下限，以2004年度在岗职工平均工资10965元的300%和60%确定为32895元和6579元。个体缴费者养老保险缴费比例调整到20%。县属以下城镇集体企业、城镇街道办企业、城镇私营企业、地处乡镇的各类企业及经济组织，在扩大养老保险覆盖面后参加养老保险，单位在1992年1月1日前成立的，单位和职工最早只能从1992年1月1日起补缴基本养老保险费。是年，全县城镇职工基本养老保险实现全覆盖，参加保险单位433户、职工29707人，其中年度新增参保职工2709人，较上年净增1996人。参保职工构成是：各类企业13460人，失业职工、个体工商户和自由职业人员16247人。与上年相比，各类参保企业增加68户，参保职工减少1257人；参保的失业职工、个体工商户和自由职业人员增加2603人。参保企业增加而参保职工人数下降的主要原因是，部分职工参保后与企业解除劳动关系，以失业职工身份续接养老保险关系。全年实际缴费29157人，离退休（职）6778人，较上年末净增526人，其中事业单位改企业划转37人。基本养老保险基金总收入5740万元，其中征收养老保险费5655万元，较上年增收1320万元，清收往年欠费602万元，当期征收率98.5%。

1987—2005年金湖县城镇职工基本养老保险参保与缴费统计表

表39-2-1

年份	参保企业（户）	参保数（万人）	其中企业（万人）	个体缴费（万人）	保费总额（万元）	年份	参保企业（户）	参保数（万人）	其中企业（万人）	个体缴费（万人）	保费总额（万元）
1987	131	0.13	—	—	38	1997	317	2.31	2.31	—	1847
1988	145	0.19	—	—	43	1998	308	2.35	2.33	0.02	2030
1989	233	0.27	—	—	144	1999	326	2.46	2.40	0.06	2283
1990	315	0.41	—	—	219	2000	283	2.47	2.20	0.27	2481
1991	371	0.55	—	—	270	2001	281	2.51	2.01	0.50	2622
1992	388	0.98	—	—	484	2002	292	2.56	2.00	0.56	2906
1993	418	1.84	—	—	1045	2003	315	2.68	1.69	0.99	3530
1994	315	2.18	—	—	1280	2004	365	2.77	1.46	1.31	4540
1995	321	2.29	—	—	1699	2005	433	2.97	1.40	1.57	5740
1996	314	2.23	—	—	1638						

说明：表中数据以财务报表为准，下同。

职工退休（职）规定　1986年10月，县劳动局设立工资福利股，负责全县国有、集体企业职工工资、职工退休（职）、因工致残、因病完全丧失劳动能力退休审批，执行1978年6月国务院颁发的《关于工人退休、退职暂行办法》《关于安置老弱病残干部暂行办法》规定。办理退休手续条件为男职工年满60周岁，女干部年满55周岁，女工人年满50周岁；男年满55周岁，女年满45周岁，从事井下、高空、高温、繁重体力劳动和其他有害健康工种职工；男年满50周岁，女年满45周岁，经医院证明和劳动鉴定委员会确认为完全丧失劳动能力职工且连续工龄或工作年限满10年。1993年3月，成立县劳动鉴定委员会，4月，鉴定申请病退职工45人，批准病退职工25人。1994年，鉴定申请病退职工88人，批准病退职工34人。1995年，实行医疗鉴定小组与鉴定委员会分离，坚持鉴定标准，不迁就照顾，鉴定申请病退职工50人，批准病退职工20人。全年共批准退休职工215人。

1999年，全县执行劳动保障部《关于制止和纠正违反国家规定办理企业职工提前退休有关问题的通知》，企业职工办理提前退休的条件为，从事高空和特别繁重体力劳动的必须在该岗位工作累计满10年，从事井下和高温工作必须在该工种岗位工作满9年，从事其他有害身体健康的必须在该工种工作满8年。因病或非因工伤残申请提前退休职工，规定时间内到指定县级以上医院进行医疗诊断，取得的诊断证明送市级劳动鉴定委员会审核，作出是否属于完全丧失劳动能力鉴定结论，符合条件的，办理提前退休手续。

2002年4月5日前，职工因病或非因工负伤完全丧失劳动能力鉴定标准，执行《职工工伤与职业病致残程度鉴定标准》（GB/T 16180-1996）；2002年4月5日后，执行《职工非因工伤残或因病丧失劳动能力程度鉴定标准（试行）》。2004年1月1日起，因工致残，经医院证明和劳动鉴定委员会确认完全丧失工作能力，依据《工伤保险条例》执行。2005年，上述规定未有变化。

退休（职）手续办理　1986—1994年，企业职工离退休经所在单位的主管部门批准。1994年10月，县劳动局印发《关于企业在办理职工退休手续中有关具体问题处理意见的通知》，明确企业职工档案中反映的档案年龄和身份证上记载的年龄不一致时，相差一周岁以内的，一律以身份证年龄为准，相差一周岁以上的，由劳动部门到县公安部门查阅人口普查资料，以最早的人口普查资料所反映的年龄为准。从1993年6月30日起，凡超过正常退休年龄的，应及时办理退休手续，如确系生产需要在管理岗位上工作8年以上的和专业技术人员需要缓退的，必须在到达正常退休年龄之前，由单位提出申请、主管部门同意、报县劳动局审核批准，方可缓退；没有经过批准，超过退休年龄继续工作的时间不计算连续工龄，不参加所在单位的调整工资起点，调资晋级。

1995—1996年，金湖县劳动部门按照省市有关规定办理企业职工离退休手续。从1997年起，按照《国务院关于建立统一的企业职工基本养老保险制度的决定》规定，参加基本养老保险企业职工，经退休审批后，按规定由养老保险部门办理领取退休待遇手续。缴费年限（含视同缴费年限）满15年，可以按月领取基本养老金。个人缴费年限累计不满15年，退休后不享受基本养老金待遇，其个人账户储备额一次性支付给本人。2000年，建立离退休人员生存调查制度，共调查4200人。2001年，实施退休职工养老证制度，共审核4500人。2002年，县劳动部门配备指纹识别系统，用于离退休人员指纹采集及生存情况鉴别，共采集指纹信息4000人。

2004年，进行尚未到龄退休特殊岗位工种年限认定工作，形成书面材料落实归档，上报市局备案企业3户160人。2005年，完善工伤认定工作，规范工伤认定程序，受理工伤认定申请72件，依法确认68件。经过医院检查、档案审查、公示、批准等环节，核准病退88人、特殊工种提前退休116人，办理正常退休583人。至年底，全县共办理离退休（职）职工6778人，其中离休56人、退休5968人、退职754人。

退休（职）金、养老金调整和发放　1986年，劳动合同制工人社会劳动保险金和离退休人员退休费统筹资金发放范围为：职工离退休金、退休期间的医疗费、退休后死亡丧葬费、遗属抚恤费，以及待业人员待业期间生活困难者的补助费。1989年，发放586人60万元。

1992年1月1日起，增加离退休人员工资，全县企业单位中，凡1985年工改前（未参加1985年工改）的离退休人员，每人每月增发离退休金10元，按1978年5月国务院《关于工人退休退职的暂行办法》规定的退职人员，每人每月增发退职生活费8元；企业单位的离退休、退职人员，按本人离退（职）休金（包括上述增发的10元、各种补贴）的10%增加离退（职）休金。10月1日起，根据有关政策性安置人员，主要为经各级劳动人事部门安排的20世纪60年代停办的大中专生，冤假错案平反后安排的人员，属于统战对象安排的人员，根据市委有关规定，安置知识分子农转非家属，含计划内临时工，退（职）休后的养老保险金计发办法为，缴费年限（指实行养老保险前职工的连续工龄和实行养老保险后企业与职工缴纳基本养老保险费的年限之和，下同）满15年以上的，按1978年5月国务院《关于工人退休退职的暂行办法》文件精神办理退休手续；满10年、不满15年的，按1978年5月国务院《关于工人退休退职的暂行办法》文件精神办理退职手续；满5年不满10年的按月发给本人最后1个月标准工资40%的生活费，同时享受国家和省市规定的各项物价补贴以及医疗保险待遇，但不执行退职人员生活费最低保证数，以上人员同时办理此次增加离退（职）休费；缴费年限不满5年的，每满1年发给2个月本人最后1个月标准工资的一次生活补助费，原享受保养待遇的人员，保养金从是年10月起相应提高，城市户口每人每月75元，农村户口每人每月60元。

1994年9月，调整企业离退休人员离退休金，按照离退休职工参加工作年限、离退休时级别和离退休时间，人均月增发20~100元。10月，增发离退休金人均每月18元。全年共支付离退休金2671人835万元。是年，退休费用仍以委托单位代发为主，差额拨付的县酒厂、县糖果食品厂、县蔬菜公司、县冷冻厂、县调味副食品公司等困难企业全额拨付。县劳动局试行退休费社会直接发放，县物资、粮食、商业系统和经委企业工资直接发放单位22户337人，部分单位委托银行代发。县劳动局印发《关于企业离退休干部享受护理费有关问题的通知》，全年审批享受护理费老干部55人，因公致残职工2人，发放护理费5.39万元。1995年，社会化发放单位31户578人，占离退休职工总数的21%，月发放额18.4万元。办理1945年9月2日前参加革命工作的离休干部享受护理费待遇的审批手续，调整离休干部护理费73人，由每月70元调至100元，调整新中国成立前参加工作的老工人护理费5人，由每月70元调至100元。1996年，调整退休（职）金，全县各类企业退休（职）人员2901人，人均月增资20.8元，社会化发放退休（职）金685人。增补离休干部职务津贴和离休费177人，办理年满70周岁解放战争时期参加革命工作的离休干部和老工人护理费审批手续28人。城镇企业离休干部离休费纳入社会化发放36人，全县社会化发放离退休工资685人，月发放额26.4万元。

1997年7月，再次调整退休（职）金，全县各类企业退休（职）人员3110人，人均月增资18.5元。是年，通过县工商银行、县建设银行，社会化发放退休（职）金企业25户、职工366人，代发县特困企业县印刷厂退休人员工资76人，全县社会化发放离退休工资人员1115人，占总人数的35.85%。1998年，全县离退休职工总数3764人，月支付额142万元，其中：直接发放1463人，发放额662万元；差额拨付1379人，拨付差额14万元；企业自筹39万元，补发拖欠工资14万元，没有发生新的拖欠。

1999年，企业基本养老金发放分新老办法进行，老办法是按截至1999年末，国家和省统一规定支付给1995年12月31日前离退休人员的离退休金，增加的基本养老金和生活、物价补贴每月67.5元。全县执行老办法发放人数2645人，其中离休155人、退休2490人，月养老金455.8元。新办法是按截至1999年末，省劳动保障部门调整基本养老金等规定，支付给1996年1月1日后退休人员的基本养老金和正常调整增加的基本养老金，其中新老办法过渡期间老办法参照标准统一按1994年底前本人标准工资、综合补贴（66元）确定，福利性房贴与基本养老金一并发放的予以剔除。全县执行新办法发放人数1195人，均为退休人员，月养老金419.3元。1999年前，企业退休（职）职工的退休（职）金由原所在单位发放，2000年开始，企业退休（职）职工的退休（职）金和离休职工的离休金与城镇职工养老保险金并轨，由劳动部门100%社会化直接发放。2001年，调整社会化发放点，由多行发放改为县农行一行发放，居住在乡镇的企业离退休人员委托邮政储蓄银行发放。

2005年，调整2004年6月30日前退休、退职领取生活费养老金待遇5885人，人均月增加32.5元。城镇职工月人均养老金585.84元，全年共发放离退休职工养老金6778人、4765万元，无一例拖欠，社会化发放率100%。

1989—2005年金湖县企业离退休（职）金、养老金发放统计表

表39-2-2

年份	离退休人员（人）	基金支出（万元）	月人均离退休养老金（元）	年份	离退休人员（人）	基金支出（万元）	月人均退休、养老金（元）
1989	586	60	85.32	1998	3764	1703	377.04
1990	699	128	152.60	1999	4066	2015	412.98
1991	998	132	110.22	2000	4472	2375	442.57
1992	1206	311	214.90	2001	4862	2624	449.75
1993	2533	658	216.48	2002	5408	3289	506.81
1994	2671	835	260.51	2003	5712	3566	520.25
1995	2790	958	286.14	2004	6257	4099	545.92
1996	2901	1181	339.25	2005	6778	4765	585.84
1997	3110	1414	378.89				

二、机关事业单位养老保险

参保范围与缴费 1993年，全县贯彻落实国务院全面推进机关、事业单位养老保险制度改革的意见精神，组织人员到已实施运作的苏南、苏中地区学习取经，全面调查全县在职人员的工资总额、离退休人员的退休费用以及经费渠道等情况，拟定《金湖县机关、事业单位职工养老保险费社会统筹暂行办法》和《实施细则》。1995年初，组织人员去射阳县学习取经，修改《暂行办法》。5月，县人事局、劳动局联合印发《关于机关、事业单位养老保险制度改革方案出台前有关问题的处理意见》，明确机关、事业单位养老保险制度改革方案出台前，机关、事业单位劳动合同制工人养老保险工作暂委托县社会劳动保险管理处负责，机关、事业单位劳动合同制工人养老保险基金暂实行统一筹集标准，从1995年1月1日起按月工资23%缴纳，工资总额的组成以国家统计局规定的统计口径为准，原未参加养老保险的机关、事业单位劳动合同制工人从参加工作之日（最早至1981年9月）起一次性补缴，补缴标准暂定为，1989年12月前按每人每月27元补缴，1990年1月后按每人每月30元补缴，1995年1月后按月工资总额23%补缴。

1995年7月，县政府印发《金湖县机关、事业单位职工养老保险费社会统筹暂行办法》和《金湖县机关、事业单位职工养老保险费实施细则》，决定从是年8月起，机关、事业单位职工全部实行养老保险费社会统筹。统筹范围是：全县国家机关、社会团体和事业单位及驻金湖的部、省、市属国家机关、事业单位。对象是在编正式工作人员以及经教育行政部门批准使用的民办教师。养老保险基金的提取率为：全额预算机关事业单位暂定被保险人工资总额的21%，差额预算和自收自支单位为24%，其中个人均缴1%。8月，成立县机关事业社会保险管理处，隶属县人事局。至1996年底，全县机关事业单位参加保险634个、工作人员8683人、离退休人员1151人。共收缴养老金967.3万元，除支付离退休人员727.5万元外，积累基金239.8万元。1998年，加强养老保险基金收缴和管理，制定养老保险社会统筹和个人账户相结合的办法，重新填报花名册，核发养老保险手册，全面实行保险

资料微机化管理。

1999年10月8日，县政府决定，具备条件农林场圃参加机关事业单位养老保险。2002年6月，机关事业社会保险管理处由县人事局移交县劳动和社会保障局。9月，县政府印发《关于调整机关事业单位养老保险政策意见》，10月，调整后全额拨款单位缴费比例为23%，差额拨款和自收自支单位为26%，个人缴费比例从1%提高到3%，同时明确各镇全额拨款机关、事业单位参照县级全额拨款机关、事业单位征缴办法运行。建立全县欠缴情况业务台账，进行欠缴养老金单位动态跟踪，制定缴款计划，明确还款时间，签订还款协议的欠款大户5户，协议还款金额100万元，全年完成基金清欠80万元，完成预定任务。

2003年7月，县政府办公室转发县劳动和社会保障局等部门《关于进一步完善机关事业单位养老保险制度的意见》，进一步明确参保范围和参保对象，参加机关事业单位养老保险的单位，是经编制管理部门批准、办理机关事业单位法人登记、实行机关事业单位工资制度和会计制度的单位，参保人员是经批准的正式在编人员。全额拨款机关事业单位、差额预算事业单位和自收自支事业单位及工作人员（含部、省、市属相应的事业单位及其工作人员）继续参加机关事业单位养老保险。县人才服务中心的人事代理人员中，符合机关事业单位参保范围和条件的，参加机关事业单位养老保险，其他人员不纳入机关事业单位养老保险，原已参加机关事业单位养老保险的单位和个人，按规定改为参加城镇企业职工养老保险。县机关养老保险费的劳动合同制职工、从非在职人员中招收的聘用制干部，机关事业单位工资改革实施前（1993年9月）按每人每月40元的标准补缴，机关事业单位工资改革后按每人每月80元的标准补缴，其中劳动合同制工人1981年9月15日前参加工作的，其1981年9月15日之前工作的工作年限视同缴费年限；1981年9月15日（含）后参加工作的，从参加工作之月起补缴，从非在职人员中招收的聘用制干部1986年1月1日前参加工作的，其1986年1月1日前参加工作的工作年限视同缴费年限，1986年1月1日后参加工作的，从参加工作之月起补缴。是年，完成基金清欠160万元。2004年，完成基金清欠160.61万元。

2005年4月，县政府印发《关于调整机关事业单位缴纳基本养老保险费比例的通知》，1月起，征缴比例调整到31%，即差额拨款和自收自支单位和个人分别提高4个和1个百分点，全额拨款单位和个人分别提高7个和1个百分点，其中单位缴费比例27%、个人缴费比例4%。是年，共有参保人员9015人，比上年减少94人。参保人员基本构成是：全额拨款事业单位5075人，其中镇属2491人；自收自支和差额拨款单位2416人，其中镇属664人。参保人员比上年减少的主要原因是机关事业人员、编制调整，封存机关公务员关系，暂停缴费1431人。全年共征收养老保险费2988.41万元，较上年增收564.52万元，其中清欠160.6万元，当期征缴率99.01%。

1995—2005年金湖县机关事业参加社会养老保险统计表

表39-2-3

年份	参保单位（户）	参保人数（人）	征缴保费（万元）	年份	参保单位（户）	参保人数（人）	征缴保费（万元）
1995	628	8236	512	2001	427	9883	1847
1996	634	8683	967	2002	399	9097	2585
1997	649	9013	1288	2003	279	8916	2174
1998	652	9405	1462	2004	301	9109	2424
1999	652	9954	1811	2005	296	9015	2988
2000	427	9871	1906				

待遇与养老金发放 1995年，机关事业单位人员参加保险后，按规定支付给离休、退休、退职人员的费用，暂由单位向机关事业养老保险管理处结算拨付。经办机构负责机关事业单位及职工养老保险关系建立、养老保险基金征缴、结算、稽核、退休材料审核、退休人员养老金社会化发放管理和服务工作，建立参保职工档案。1997年，县机关事业社会保险管理处核发《养老保险手册》5000份。1998年，加强养老保险基金的收缴和管理，制定养老保险统筹和个人账户相结合的办法。2002年，养老金由一家银行发放调整为两家发放，县级全额拨款单位离退休人员养老金社会化发放759人，占总发放人数的38.94%。2003年，差额拨款和自收自支单位离休人员养老金纳入社会化发放范围，全县机关事业单位离退休养老金社会化发放人数859人，占发放离退休人员工资总数的38.16%。2004年，社会化发放902人，占离退休人员总数的36.98%。2005年，全县发放机关事业离退休人员养老金2556人2790.44万元，社会化发放949人，占离退休人员总数的37.13%，其中离休人员100%。

1995—2005年金湖县机关事业单位养老金发放统计表

表39-2-4

年份	发放人数（人）	发放金额（万元）	年份	发放人数（人）	发放金额（万元）	年份	发放人数（人）	发放金额（万元）
1995	1028	194.00	1999	1580	1572.04	2003	2251	2280.31
1996	1151	556.00	2000	1699	1945.86	2004	2439	2606.53
1997	1273	1070.27	2001	1771	2457.36	2005	2556	2790.44
1998	1406	1335.43	2002	1949	2683.43			

养老金管理 1995年，养老保险基金实行财政专户储存，专款专用，按人民银行规定储蓄存款利率计息，所得利息并入养老保险基金。结存基金的使用确保安全增值，基金的管理接受财政、审计部门的监督。2002年，完善退休人员待遇审核程序，办理机关事业单位养老保险人员退休手续时，县机关事业保险经办机构先进行退休条件和养老金待遇审核，县人事部门再审批退休手续，按规定支付养老金，严格执行养老保险基金专户储存、专款专用制度。加大基金监督检查力度，堵塞发放中的漏洞，规定离退休人员死亡后，参保单位出具证明、火化发票向保险处申报，核销死亡职工的养老保险关系，全年查出虚报冒领退休金死亡退休职工11人，追回被冒领的养老金。

2003年7月，机关事业单位养老保险基金纳入预算管理，确保基金专款专用，妥善安排基金存入国有商业银行和购买国债计划，确保基金保值增值。社会保险经办机构严格执行社会保险基金财务、会计制度，加强基金收入户、支出户及财政专户管理，收入户基金按时足额划入财政专户，做好社会保险基金核算工作，及时核对基金收入户、支出户和财政专户的基金，保证财政专户与收入户、支出户账账相符。财政部门定期不定期监督基金收入户、支出户及财政专户基金管理情况。养老保险基金除按规定支付机关事业单位参保的离退休人员养老金外，不得经商办企业和购买股票，更不得为各类经济活动作经济担保。任何单位或个人不得以任何方式挪用养老保险基金，挪用养老保险基金的单位或个人，依据国家有关规定予以查处。经办机构应根据省、市、县规定，按时编制和报送财务、会计和统计报表，接受劳动保障、财政、审计部门监督、检查。添置指纹识别系统，采集离退休人员指纹1521份，核发《机关事业单位离退休人员养老证》。2004年8—10月，进行离退休人员资格认证1509人，查出冒领养老金9人6.48万元，追回2.4万元。2005年，建立离退休人员养老证年审长效机制，居住本地的离退休人员，本人携带退休证、养老证到保险机构查验；居住外地人员，通过寄居地社会保险经办机构协助认证。全年稽核参保单位80户，审核在职人员2778人，资格认证离退休人员1151人，查出冒领养老金4人2.72万元，追回1.3万元。

三、农村养老保险

参保范围与缴费　1992年7月，正式启动全县农村社会养老保险。参保对象为：全县农村户口，不由国家供应商品粮的公民为对象，包括务工、务农、经商、乡镇招聘干部、民办教师、医生和其他各业劳动者，投保年龄为20~60周岁。保险费筹集以个人缴费为主，集体补助为辅；缴费方式分月缴纳与年缴纳两种。分月缴费标准为2元、4元、6元、8元、10元、12元、14元、16元、18元、20元10个档次；年缴纳2次，当年的7月15日和12月15日前缴清。个人缴纳方式由投保人决定。1993年4月，成立乡镇农保所，核定编制40人，人员性质聘干。1998年，县政府印发《关于进一步做好一九九八年社会养老保险工作的通知》，确定各乡镇农保任务，制定农保干事和民政会计工资实施工效挂钩办法，目标考核和奖优罚劣相结合。2004年11月，农村社会养老保险事业管理处划归县劳动和社会保障局，基金积累1400多万元，当年实收14万元。2005年8月起，每个镇选择一个逢集日，每镇每月1次，组织人员定时定点下乡赶集宣传，拉横幅、摆摊子、发资料、宣讲政策，每月赶10个集，每个集市上受到宣传的农民少则一二百人，多则七八百人，全年共发宣传资料2万多份。针对部分到龄应享受保险金而未办理手续的参保人，相关人员主动到村组送养老金上门15次，现场办理缴费、领取养老金手续96人次。是年，参保212人，保险金额21万元。

1992—2005年金湖县农村养老保险参保统计表

表39-2-5

年份	参保人数（人）	保险金额（万元）	年份	参保人数（人）	保险金额（万元）	年份	参保人数（人）	保险金额（万元）
1992	712	92	1997	6298	178	2002	1399	26
1993	116	32	1998	7012	191	2003	506	12
1994	2208	260	1999	5201	134	2004	401	14
1995	5098	201	2000	2503	63	2005	212	21
1996	5312	136	2001	602	29			

待遇与养老金发放　1995年起，开始发放农村养老保险金，投保人年满60周岁，根据个人月缴费标准、年数，计算月领取标准，享受养老金待遇。2004年，有退休人员182人，支付养老金3.41万元，办理退保380人，支付基金87.92万元。2005年，县农村养老保险处根据农村养老保险乡镇无机构，享受养老金农民领取养老金要往返县城来回不方便的情况，实行社会化发放。针对缴费少，享受养老金每月5元以下的人员，一次性发放到位10年保证期养老金；每月享受金额5元以上的人员，全部办理县邮政储蓄存折，由其系统网点代为发放，保险处每月5日前划拨应发放的养老金进邮政储蓄银行，邮政储蓄银行每月8日前划入参保人个人账户。是年，全县农村社会养老保险金一次性发放到位51人，金额7.09万元；通过邮政储蓄银行农村网点社会化发放139人，金额3.79万元，共发放190人，总金额10.88万元。

1995—2005年金湖县农村养老保险养老金发放统计表

表39-2-6

年份	领取人数（人）	发放金额（万元）	年份	领取人数（人）	发放金额（元）	年份	领取人数（人）	发放金额（万元）
1995	20	0.02	1996	36	0.04	1997	40	0.25

接上表

年份	领取人数（人）	发放金额（万元）	年份	领取人数（人）	发放金额（元）	年份	领取人数（人）	发放金额（万元）
1998	50	0.46	2001	90	3.13	2004	182	3.41
1999	60	0.75	2002	101	3.47	2005	190	10.88
2000	70	2.64	2003	130	2.35			

四、自由职业者与城镇居民养老保险

1989年7月起，全县自谋职业的个体工商户参加养老保险。1994年，养老保险实施范围扩大到所有个体工商户。1996年1月1日起，城镇个体工商户及其聘用帮工，包括个体经营者本人、帮手、学徒、雇用人员，以及未在其他企业参加基本养老保险的家庭辅助人员，不包括已领取基本养老金或者达到退休年龄但终止养老保险关系从事个体劳动的人员。城镇个体工商户和私营企业主缴纳基本养老保险费标准为全县上一年职工平均工资的18%，其中税前列支10%，税后列支8%。1997年，黎城镇参加养老保险镇办企业10户635人、私营企业1户15人、个体工商户及帮工5人。

1999年12月，县社会劳动保险管理处开设个人缴费窗口，受理自由职业人员的养老保险费申请，延续因下岗分流而自谋职业等人员的养老保险关系。具体范围是城镇个体工商户及其从业人员，年满18周岁、且男性未满45周岁、女性未满35周岁，凭工商营业执照、身份证办理保险手续；自由职业者为金湖城镇户口，年满18周岁，男性未满45周岁、女性未满35周岁，没有与任何单位形成劳动关系期间，从事有合法经济收入的人员，凭户口簿、身份证和相关证件办理保险手续；与企业终止、解除劳动关系（含辞退、辞职、下岗等）而离开企业人员，凭《养老保险手册》和与企业终止、解除劳动关系的相关材料，办理保险或续保手续。缴费数额由参保者根据自己的经济收入状况而定，最高不得高于全县上一年职工平均工资300%，最低不得低于平均工资60%，缴费比例均为18%。缴费时间原则上每年一次性缴清，也可分2次缴纳。

2000年3月，个体工商户为雇工缴纳基本养老保险费和雇工个人缴纳基本养老保险费的比例之和，暂按18%标准执行，其中雇工个人缴纳8%，其余由业主缴纳；个体工商户业主基本养老保险费由本人按18%标准缴纳。8月1日起，取消个人缴费窗口，养老保险费征收由劳动部门移交给地税部门。至年底，个体工商户登记养老保险30户，替雇工缴纳养老保险费5人，业主自己缴纳30人。2001年，县劳动和社会保障局印发《失业职工续接养老保险关系的处理意见》，失业职工可以以个人身份参加养老保险，适当降低缴费基数和缴费比例，缴费基数最低可按全县上年职工平均工资60%执行，缴费比例由在职职工24%下降到18%。是年，失业职工续接养老保险关系1649人，正常缴费1308人；劳动部门恢复个人缴费窗口代收业务，办理养老保险的个体工商户87人。2003年，参保的个体工商户和自由职业人员增加244人，企业改制，部分参保职工与企业解除劳动关系，以失业职工身份续接养老保险关系2787人。

2004年，不再办理不符合条件的个体工商户、自由职业者采取追补缴费的方式补足领取基本养老保险待遇所需的最低缴费年限（满15年）；严格界定个体工商户、自由职业者身份，吸引更多个体工商户和自由职业者参加养老保险，是年，参加养老保险的个体工商户和自由职业者732人。2005年，符合条件的城镇个体工商户可以补缴养老保险费，1992年1月1日前领取营业执照并从事个体经营的，只能从1992年1月1日起补缴，补缴基数均按上一年县职工平均工资确定。是年，新增个体工商户、自由职业者养老保险1129人，总数为15697人。

第二节　医疗保险

一、参保范围与缴费

2000年11月，县政府印发《金湖县城镇职工医疗保险制度改革实施方案》《城镇职工大病医疗救助暂行办法》《城镇职工基本医疗保险医疗管理实施细则》《城镇职工基本医疗保险基金管理暂行办法》《城镇职工基本医疗保险费用结算试行办法》《城镇职工基本医疗保险费用结算程序》《城镇职工基本医疗保险定点医院考评标准和奖励分档表》等文件。召开全县城镇职工医疗保险制度改革动员大会，全县行政区域内所有机关企事业单位人员由原公费医疗和劳动医疗中退出，进行重新申报登记。

2001年1月1日起，全县开始执行公费医疗、劳保医疗改革，推行社会医疗保险。覆盖范围：全县所有党政机关及其派出机构，县人大、政协、人民检察院、人民法院及其派出机构，各民主党派、社会团体，各全民事业单位和集体事业单位，城镇各类所有制企业，依靠工资收入为主要生活来源的乡镇级以上的国有或集体农场、林场、渔场等，民办非企业单位。参保对象：上述各项中确定劳动关系的所有职工（外商投资企业的外籍员工除外）、驻金部队无军籍职工和退休、退职人员。乡镇企业及其职工、城镇个体经济组织及其从业人员暂不参加基本医疗保险。保险费实行基金统筹模式，用人单位缴费率为职工工资总额7%，职工个人缴费率为本人收入2%，退休人员不缴纳，由单位按规定缴纳。医保费由用人单位统一按月缴纳，职工个人医保费由用人单位从其工资中代扣代缴；新成立单位须于批准成立之日起或领取营业执照之日起30日内，向医保经办机构申请办理参保；参保单位发生解散、破产、撤销、合并的应自变更、注销工商登记证和吊销营业执照或有关机关批准公布变更、终止之日起30日内到医保经办机构办理变更、注销或重新登记手续。

凡参加城镇职工基本医疗保险的用人单位均可参加大病医疗救助，必须是用人单位全员参加，大病医疗救助基金可以由单位缴纳，也可以由个人缴纳部分或全部，个人缴纳须经职代会讨论同意，参加大病医疗救助的单位按每人每月8元标准缴纳大病救助基金，使用大病救助基金职工个人承担费用20%。是年，全县参保单位251户、参保职工17012人，征收医保基金833万元。

2002年6月，县政府办公室印发《金湖县城镇职工基本医疗保险补充规定》，7月1日起，参加基本医疗保险按时足额缴费有困难的企业、镇和镇所在单位、退休人数占参保人员30%以上的企业，在职职工以国家规定的上年职工工资总额为缴费基数，退休人员以上年养老金为缴费基数，但不得低于全县上年社会平均工资60%，缴费比例为缴费基数的4.5%，不建立个人账户。

2003年，用解困基金办理特困企业改制后退休人员医疗保险392万元。12月30日，县政府办公室印发《金湖县城镇个体劳动者医疗保险暂行办法》，规定凡参加金湖城镇职工基本养老保险并按国家政策规定办理劳动事务代理的失业人员、个体工商户、自由职业者和以自由职业者身份办理退休的人员均可自愿申请参加医疗保险。缴费标准是：依据统计部门公布的全县上年在岗职工平均工资9%为缴费基数，缴纳基本医疗保险费，大病医疗救助费每人每年缴纳96元。参保人员参保时距法定退休年龄女性不足15年、男性不足20年的，基本医疗保险费需补足15年、20年，补缴数额，按参保时确定缴费基数的4.5%乘以补缴期限，一次性补缴纳，补缴期间的医疗费自理，补缴款不计个人账户。参保人员到达法定退休年龄时缴费年限女性满25年、男性满30年的，退休后不再缴纳基本医疗保险费，不满25年、30年的，其基本医疗保险费需补足25年、30年，补缴的数额，按退休时确定的缴费基数的7%乘以补缴期限，一次性补缴纳。参保人员参保后因病办理提前退休的，基本医疗保险费按退休时确定的缴费基数的7%，一次性缴至社会平均生存年限（男性72周岁、女性75周岁）。参加城镇职工基本养老保险、以自由职业者身份已经退休且参加医疗保险的个体劳动者，截止平均生存年限的缴费期，女性应满25年，男性应满30年，不足25年、30年的，基本医疗保险费需补足25年、30年，补缴数额按参保时的缴费基数的4.5%乘以补缴期限，一次性补缴纳，补缴期间的医疗费自理，补缴款不计入个人账户。是年，享受民政部门定期抚恤的烈属、病故军人家属，在乡三等甲级、三等乙级革命伤残军人、在乡老复员军人等农村重点优抚对象，县民政局与县人寿保险公司合作，开办团体住院医疗保险，解决医疗困难。

2005年，县政府印发《金湖县乡镇教师医疗保险资金筹集方案的通知》，乡镇中小学教师参加医疗保险在职教师1996人、退休教师435人，保险资金筹集以各镇政府为主体，县财政适当补助较为困难乡镇，11个镇中，黎城、戴楼、陈桥镇的教师医保资金由镇财政自行承担，金南、闵桥等8个镇，由县财政根据各镇人均财力及医保增支等情况酌情给予补助，原则上补助不超过50%，县财政补助89.6万元，各镇承担181.9万元。是年，城镇劳动者社会医疗保险共有参保人员30073人，较上年净增4056人，覆盖面90%。全年征缴医疗保险基金2467万元。

2001—2005年金湖县医疗保险参保人数及基金征收统计表

表39-2-7

年份	参保单位（户）	参保人数（人）	其中		征收基金（万元）	其中			
			在职职工	退休人员		单位统筹	个人账户	大病救助	特殊人员医疗基金
2001	251	17012	14098	2914	833	392	351	88	2
2002	262	21105	16954	4151	1229	526	588	113	2
2003	285	22864	17597	5267	1546	700	694	149	3
2004	342	26017	19858	6159	1949	936	846	165	2
2005	385	30073	22012	8061	2467	1199	1084	181	3

二、待遇与费用偿付

2001年1月起，全县实行职工社会医疗保险，建立统筹基金与个人账户相结合的医疗费使用方法，划定各自支付范围，分别核算，分别管理，不相互挤占。基本医疗保险费由用人单位和职工双方共同负担，基本医疗保险基金实行社会统筹和个人账户相结合，职工个人缴纳的医保费全部计入个人账户，用人单位缴纳的医保费分为两部分，一部分用于建立统筹基金，一部分划入个人账户，划入个人账户比例一般为用人单位缴费30%左右，确定统筹基金起付标准和最高支付限额，起付标准原则上控制在全县职工年平均工资10%左右；起付标准以下医疗费用，从个人账户中支付或由个人自付；起付标准以上，最高支付限额以下医疗费用，主要从统筹基金支付，个人也要负担一定比例。

个人账户资金支付范围：门诊医疗费用，住院治疗中统筹基金起付标准以下的医疗费用，住院治疗统筹基金支付段中个人自付的医疗费用，个人账户资金不足支付时，由个人自付。统筹基金用于支付统筹基金起付标准以上，最高支付限额以下的基本医疗范围以内的住院医疗费、门诊特定项目的医疗费用等。

统筹基金起付标准为，年内首次住院起付550元，第二次400元，第三次250元（最低数）；统筹基金年内最高支付限额2.2万元。统筹基金起付标准以上、最高支付限额以下的医疗费用，在职人员每次住院个人负担比例为：5000元及其以下的，个人自付20%；5000元~1万元（含）的，个人自付15%；1万~2万元（含）的，个人自付10%；2万元以上的，个人自付5%，个人自付部分分段计算。退休人员个人自付比例为：工龄在20年及以下的，自付以上各段的70%；工龄满20年至30年的，自付以上各分段比例的60%；工龄满30年的，自付以上各分段比例的50%。个人缴纳的2%划入个人账户，本金和利息归个人所有，只用于门诊医疗、购药，结余部分可跨年度结转与继承。单位缴纳的按职工缴费基数比例划入个人账户：35周岁以下为1.2%，36~50周岁为1.6%，51~60周岁为2.2%，退休人员4.5%。建立医保计算机网络系统，发放医保IC卡，实现与县城各医、药网点联网。参加大病医疗救助的单位只要缴纳启动金每人48元，就可以直接进入给付期，享受大病救助待遇，由大病医疗经办机构承担救助责任，新参加的单位连续缴费满3个月后，进入救助给付期，职工享受基本医疗保险统筹基金年最高支付限额以上、年医疗费总额10万元以下基本医疗费用待遇。

是年，建立医保计算机网络系统，实现与县人民医院、县中医院、县医药公司一门市、二门市、四门市、中医院下属口腔医院、黎城镇卫生院、县妇幼保健所费用结算联网，发放医保IC卡12754张。2005年，全县共支出医保基金2088万元，其中统筹基金支出1090万元、个人账户支出809万元、大病救助基金支出188万元。

2001—2005年金湖县社会医疗保险费用偿付统计表

表39-2-8

年份	总支出（万元）	其中				
		基本医疗保险基金支出	其中		大病救助医疗基金支出	伤残人员医疗基金支出
			统筹基金支出	个人账户基金支出		
2001	382	342	246	96	38	2
2002	997	937	490	447	59	1
2003	1412	1276	678	598	135	1
2004	1751	1600	882	718	151	—
2005	2088	1899	1090	809	188	1

三、医疗单位、用药与特殊查治管理

定点医疗单位管理 2001年1月，全县以地方财政投资的医疗单位作为医疗保险定点医疗单位16户，分别是县人民医院、县中医院、县妇幼保健所、县卫生防疫站、县皮肤病防治所、黎城镇卫生院、戴楼乡卫生院、金南镇卫生院、闵桥镇卫生院、塔集中心卫生院、银集镇卫生院、涂沟镇卫生院、前锋镇卫生院、吕良中心卫生院、陈桥镇卫生院、金北镇卫生院。转县外就医的指定医院11户，分别为淮阴市一院、淮阴市中医院、淮阴市传染病院、淮阴市精神病院、淮阴市妇幼保健院、省人民医院、省肿瘤医院、省中医院、南京市脑科医院、南京军区总医院、中科院皮研所。定点药店为县医药公司。定点医院每人每次住院费用定额结算标准为县人民医院2600元，县中医院2200元，吕良、塔集中心卫生院各为1100元，各乡镇卫生院为900元。2002年，县劳动局印发《金湖县城镇职工基本医疗保险定点医院考核管理暂行办法》《金湖县城镇职工基本医疗保险定点药店考核管理暂行办法》，分别以百分制进行考核，签订协议书。2003年，印发《金湖县社会医疗保险门诊特定项目专用处方使用管理暂行办法》《金湖县城镇职工基本医疗保险零售药店定点实施意见》，全县新增医保定点药店18户，所有办理医保定点药店的个体药房进行资格认定、业务培训，签订服务协议书。实行定点医院医疗费用定额包干制度，确定医保人员住院登记百分率作为考核定点医院的一项重要指标，参保人员住院医疗持定点医院医师开出的住院通知单、社会医疗保险证、社会医疗保险病历，经医院审核相符后，方可办理住院手续，住院处填写住院审核登记表，记录住院人员的姓名、工作单位、性别、年龄、医保号、入院时间、住院号、病区、科别、病床号等，医疗管理人员每周一、三、五到各定点医院进行新入院的住院人员核对，回访前期入院病人情况，给予人、证、病历相符者签字确认，住院人员出院时凭住院费用明细清单和住院登记表办理医疗费用报销手续，避免挂床住院、冒名顶替住院、人证不符住院，减少参保人员资金垫付和往返办理住院手续的麻烦。

2004年，开展定点药店、诊所优质服务竞赛活动，县社会医疗保险管理处表彰县医药公司一门市、县百灵药房、县嘉宏诊所为优质服务竞赛先进单位。是年，签订城镇职工基本医疗定点医疗机构医疗服务协议书30户，医疗定点药店服务协议书18户。2005年，县社会医疗保险管理处印发《关于加强医保定点零售药店管理的通知》，各医保定点零售药店、诊所、刷卡点一律不得在店内摆放洗化等日常生活用品，设立非药品专柜，不得提供用医保IC卡刷卡销售非药商品。全县取得药品监督管理部门核发经营许可的药店70户，取得医疗保险定点药店资格22户，年刷卡额334.56万元。

用药管理 2001—2005年，全县基本医疗保险药品使用范围参照《国家基本医疗保险药品目录》及省市有关规定，根据积极防病、克服浪费、保证基本医疗的原则，按照临床必须、安全有效、价格合理、保证供应的要求，社保部门确定定点医院医保基本用药、控制用药和自费用药范围。定点医院按照急性疾病用药量3天、慢性疾病用药量7天，最长不超过2~4周的原则给药，允许医生所开门诊处方到定点零售药店购药，药品进货渠道符合政策规定，无异形包装、假冒、过期、霉变药品，不得有保健品和生活用品，药品价格执行物价部门规定，遇有提高或降低收费标准，及时向社会医疗保险部门提供物价部门批复文件等资料，严格按照医疗服务价格项目规范及相应标准记账、收费、申报。尽量提供基本医疗保险支付范围内的用药等服务，如确因病情需要，事先征得参保人员或其家属同意，由病人另付现金，医院年度内自费药品费用不得超过全年药品费用的5%，治疗中药品占医疗总费用的55%，超出部分在合理的医疗费用中扣除。

特殊检查治疗管理 2001—2005年，执行医疗保险制度规定，应用X射线计算机体层摄像装置（CT）、心脏及血管造影X射线机（含数字减影设备）、核磁共振成像装置（MRI）、单光子发射电子计算机扫描装置（SPECT）、彩色多普勒仪、电子彩色内窥镜、动态心电图、医疗直线加速器大型医疗设备，体外震波碎石与高压氧治疗，血液透析、腹膜透析，肾脏、心脏瓣膜、角膜、皮肤、血管、骨、骨髓移植，心脏激光打孔、微波透视、抗肿瘤照射治疗、放射治疗、化学疗法、心脏射频消融和快中子治疗等特殊检查治疗项目，使用前必须经过医疗保险机构审核批准，费用由医保基金支付80%，个人支付20%；安装心脏起搏器、人工关节、人工晶体、血管支架、人工喉等体内置换的人工器官、体内置放材料，使用中外合资企业生产的，个人支付30%；使用进口的，超出国产费用的部分由个人支付。

门诊特定项目管理 2001年，县劳动局印发《金湖县城镇职工基本医疗保险门诊特定病种管理暂行办法》，明确特定病种范围及费用报销定额标准，恶性肿瘤门诊放化疗、慢性肾功能不全血透、器官组织移植使用抗排斥药、系统性红斑狼疮按住院有关规定报销；高血压三期、冠心病、重度糖尿病最高报销定额为每年3000元；慢性肝炎（含肝硬化）最高报销定额为每年6000元；结核病最高报销定额为每年2000元；精神病需常年服药的最高报销定额为每年1500元；以上门诊特定项目以外的慢性病，如病情重、费用较高，需常年服药的，也可以申请门诊特定项目，最高报销定额标准原则上不超过每年3000元。门诊特定项目定点医院为县人民医院和县中医院门诊部，不含其下属医院门诊部、派出门诊部，门诊特定项目治疗、检查、化验、购药只能在县人民医院、县中医院，需到县人民医院、县中医院以外的其他药店、医院治疗、检查、化验、购药的，须由县人民医院、县中医院同意，县医保处核准。2003年，重新印制门诊特定项目专用处方，充实管理内容，制定门诊病种审核标准和调整相关病种定额标准，做到合理、清楚、便于操作，全年发放门诊特定项目专用处方948本。2004年，实行门诊特定项目定病种及定额标准、定医院、定医生、定药品和检查项目。2005年，发放门诊特定项目专用处方1400本。

第三节　工伤保险

一、参保范围与缴费

1986年，全县企业工伤保险执行《中华人民共和国劳动保险条例》，覆盖范围为：有工人职员100人以上的国营、公私合营、私营及合作社经营的工厂、矿场及其附属单位，航运、邮电的各企业单位与附属单位，工、矿、交通事业的基本建设单位，国营建筑公司。企业保费自筹，每月缴纳企业全部职工工资总额的3%，作为劳动保险金，由工会组织办理。1993年，县社会劳动保险管理处进行企业工伤保险调查测算全民、集体企业211户。

1995年12月，县政府印发《金湖县企业职工工伤社会保险试行办法》，明确工伤社会保险的范围为全县境内全民企业、集体企业、股份制企业、联营企业、部省市属驻金企业、外商投资企业和中国港澳台地区投资企业，参加工伤保险的职工为企业全部劳动合同制职工（含农民合同制职工）、经县劳动局批准使用，签订劳动合同的临时工和外商投资企业中的中方职工。

1996年，县劳动局印发《金湖县企业职工工伤社会保险试行办法实施细则》，县劳动局为工伤保险主管部门，县劳动鉴定委员会负责鉴定致残程度、评定伤残等级，县社会劳动保险处负责工伤保险实施和管理。工伤保险参保范围为全县境内全民、集体、股份制、联营、部省市属驻金企业，外商投资企业（中外合资、外商独资）的全部劳动合同制职工（含农民合同制职工），经县劳动部门批准使用、签订劳动合同的临时工和外商投资企业中方职工。工伤保险基金筹集标准为企业在职职工工资总额1%，职工个人不缴纳。1997年11月，县政府发文下调工伤保险基金征缴比例为0.5%，1998年1月1日起执行。

2002年6月，工伤保险经办管理由县社会劳动保险处移交县社会医疗保险处，10月1日起，工伤保险基金征缴比例由0.5%恢复到1%。2004年1月1日，执行国务院《工伤保险条例》，适用范围为全县各类企业、有雇工个体工商户、事业单位、社会团体、民办非企业单位中的所有职工。没有参加工伤保险的单位，仍由该单位承担支付工伤待遇责任。2005年，全县参加工伤保险13729人，工伤保险基金收入75万元。

1996—2005年金湖县工伤保险参保与缴费统计表

表39-2-9

年份	参保单位（户）	参保人数（人）	收缴保费（万元）	年份	参保单位（户）	参保人数（人）	收缴保费（万元）
1996	143	21930	75	2001	95	18518	40
1997	152	22327	97	2002	53	15105	42
1998	161	22670	56	2003	53	15105	62
1999	157	22323	54	2004	46	13160	60
2000	129	20857	47	2005	58	13729	75

二、待遇与偿付

1986年，全县企业发生工伤事故，其工伤医疗待遇、因工伤残待遇、因工死亡或残废退职后死亡待遇，按《中华人民共和国劳动保险条例》规定执行。

1996年1月1日起，全县实行社会化工伤保险，工伤医疗待遇为：职工工伤或旧病复发需要治疗期间，所需挂号费、检查费、治疗费、手术费、药费、普通病房床位费，由县社会劳动保险管理处和工伤职工所在企业共同负担，其中县社会劳动保险管理处负担60%，企业负担40%，达不到伤残等级的，全部由企业负担；经医院证明，需要护理的，由企业支付护理费；医疗期一般不超过18个月，严重工伤或职业病需要延长医疗期的，由县劳动鉴定委员会确定，医疗期最长不超过36个月。因工伤残待遇为：1~4级伤残为完全丧失劳动能力，应退出生产、工作岗位，定期抚恤金分别为上年度全县社会月平均工资的90%、85%、80%、75%；1~3级伤残护理费分别为上年度全县社会月平均工资的50%、40%、30%；5~6级为大部分丧失劳动能力；7~10级为部分丧失劳动能力；一次性伤残补助按等次以上年度全县社会月平均工资发放，分别为：1等伤残24个月、2等22个月、3等20个月、4等18个月、5等12个月、6等10个月、7等8个月、8等7个月、9等6个月、10等5个月。因工死亡待遇为，由社保机构发给丧葬费，供养直系亲属一次性抚恤费，按月发给供养直系亲属生活补助费。

发生工伤案件经市劳动能力鉴定委员会认定并确定工伤等级后，由经办机构按规定标准支付职工或亲属一次性伤残补助金、定期抚恤金、护理费、死亡丧葬费、供养直系亲属一次性抚恤金和定期抚恤金。职工因工负伤期间，单位不得解除或终止劳动合同或作开除、解雇、辞退。职工因工致残被鉴定为一至四级伤残，保留劳动关系，退出工作岗位，按月享受伤残津贴；伤残职工达到退休年龄并办理退休手续后，停发伤残津贴，享受基本养老保险待遇，基本养老保险待遇低于伤残津贴的，由工伤保险基金补足差额。是年，全县没有发生职工工伤保险范围死亡案件。2005年，享受工伤保险待遇工伤职工117人，支付工伤保险费73万元。

1996—2005年金湖县工伤保险补偿统计表

表39-2-10

年份	宗数（宗）	享受待遇人数（人）	其中			补偿总额（万元）	其中						
			有伤无残	致残	死亡		医疗费	伤残补助金	伤残抚恤金	遗属抚恤金	其他工伤待遇支出	宣传、科研和培训费	伤残器具费
1996	2	2	2	—	—	0.34	—	0.34	—	—	—	—	—
1997	3	3	—	1	2	25	5	3	—	1	16	—	—
1998	21	19	—	—	—	42	12	11	—	4	15	—	—
1999	42	34	—	—	—	146	13	10	—	10	113	—	—
2000	47	40	—	—	—	84	14	18	—	—	52	—	—
2001	73	67	—	—	—	61	21	20	—	—	20	—	—
2002	79	73	26	47	—	52	19	19	11	3	—	—	—
2003	80	71	50	21	—	52	26	9	13	3	—	1	—
2004	91	87	53	32	2	62	27	14	15	3	1	1	1
2005	117	117	73	42	2	73	28	21	19	3	1	1	—

三、工伤认定、医疗与预防管理

工伤认定管理 1986年，金湖县企业员工发生工伤事故的认定，由工会小组据实报告基层工会劳动保险委员会审查确定后，报请基层工会通知企业行政方或资方、工人职员本人或其供养直系亲属，有不同意见则报请劳动行政机关处理。1993年3月，县劳动局印发《关于对我县县属单位职工因工因病丧失劳动能力鉴定工作中具体问题的通知》，明确负责鉴定部门为县劳动鉴定委员会办公室，鉴定时间每年2次，为每年4月下旬和10月上旬。1996年，金湖县明确申请工伤认定的时效和程序。企业必须在发生工伤事故24小时内向县劳动局报告，县劳动局安全监察股根据企业工伤事故报告和事故现场调查情况确定是否属于工伤，签发重伤证或因工死亡结案批复。自工伤事故发生或职业病确诊之日起30日内，由企业向县社会劳动保险管理处填报《企业职工工伤情况呈报表》，附带重伤证或因工死亡结案批复，提出工伤保险待遇申请，特殊情况可以延长，时效最长为1年。1998年，进行工伤伤残评定2次，参评50人。2005年，受理认定工伤事故117宗，认定率100%。

工伤医疗管理　1986年，金湖县工伤医疗由企业或资方直接与医疗机构发生关系。1996年1月，社保机构指定医疗单位为县人民医院和县中医院并进行监督。6月，县劳动局与卫生局联合印发《关于企业职工工（公）伤实行定点医疗管理的通知》，企业职工发生工（公）伤或职业病可在就近的乡镇卫生院先行抢救，待伤（病）情稳定后，须转往县级定点医院县人民医院、县中医院治疗。2001年，加大定点医院工伤治疗的核查力度，纠正医疗单位违规行为，全年到医院核查工伤不合理费用10多宗，减少资金流失20多万元。2005年，支付工伤医疗费28万元，较上年增长3.7%，增长幅度下降1.43个百分点。

工伤预防管理　1986年，金湖县劳动部门设有劳动保护安全生产管理机构，承担工伤预防管理任务。1996年1月，明确县社会劳动保险管理处为工伤预防管理机构，各企业落实工伤预防和医疗保健措施，企业劳资部门为职能部门，专（兼）职人员负责组织工伤职工的抢救治疗，工伤档案管理，协助劳动部门开展工伤保险工作。县社会劳动保险管理处同定点医院签订协议，明确双方职责，各级工会进行监督。1997年，县劳动局实施企业职工工伤社会保险奖励，企业当年未发生工伤事故、足额缴纳工伤保险费，奖励实际缴纳额的20%；欠缴工伤保险费在5%以下，奖励实际缴纳额的15%；欠缴率在10%以下的，奖励实际缴纳额的10%。是年，发放工伤保险安全生产奖励金148户9.2万元。2003年开始，县劳动局每年从工伤保险基金中拨出一定经费用于工伤保险的宣传、推广及事故预防工作，是年，发放工伤保险安全生产奖励金46户6.8万元。2005年，会同县安监局建立工伤预防工作联席会议制度，发放工伤保险安全生产奖励金48户7.9万元。

第四节　失业保险

参保范围与缴费　1986年10月，金湖县根据国务院《国营企业职工待业保险暂行规定》，实行新招合同制工人待业保险制度，企业按照全部职工标准工资总额1%缴纳待业保险金（税前列支），待业保险基金由县劳动服务公司统一征缴。1991年9月，县劳动服务公司更名为县劳动就业管理处，具体负责职工失业保险的组织实施。1993年，执行国务院《国有企业待业保险规定》，全县所有国营企业职工实行待业保险制度。1995年，执行省政府《江苏省职工失业保险规定》，巩固原国有企业、集体企业、中外合资企业中的中方职工、国家机关及事业单位和社会团体的劳动合同制工人失业保险覆盖面，扩大镇集体所有制企业、股份制企业、股份合作制企业和私营企业（城镇职工）失业保险覆盖面。职工失业保险实行社会统筹，凡属规定范围内的企业均按全部职工工资总额1%缴纳；国家机关、事业单位和社会团体按照全部劳动合同制工人工资总额1%缴纳；外商投资企业按照中方全部职工工资总额1%缴纳。

1998年1月1日起，提高用人单位缴纳失业保险标准，城镇各类企业、个体工商户和实行企业化管理的事业单位，按照职工工资总额的2%缴纳，国家机关和事业单位、社会团体的工人（非国家正式干部），按照全部工人工资总额的2%缴纳，外商投资企业按照中方全部职工工资总额的2%缴纳，乡镇企业按照城镇户口职工工资总额的2%缴纳。用人单位缴费工资基数按养老保险缴费工资基数执行。

1999年，依据国务院《失业保险条例》，城镇各类企事业单位职工均实行失业保险制度。是年1月，失业保险征缴比例调整为工资总额3%，其中单位缴纳2%、职工个人缴纳1%（单位代扣代缴），新增307户、3000人。2005年，全县参加失业保险3.4万人，保险覆盖面96.5%，失业保险总收入356.75万元。

1986—2005年金湖县失业保险参保统计表

表39-2-11

年份	参保单位（户）	参保人数（万人）	缴费金额（万元）	年份	参保单位（户）	参保人数（万人）	缴费金额（万元）
1986	36	0.06	1.29	1996	301	2.40	80.90
1987	54	0.28	6.17	1997	304	2.70	92.90
1988	85	0.29	7.15	1998	306	2.80	206.36
1989	88	0.29	7.46	1999	613	3.10	298.07
1990	95	0.36	11.38	2000	586	3.24	334.15
1991	124	0.38	16.45	2001	514	3.51	420.50
1992	126	0.54	22.65	2002	536	3.28	374.21
1993	176	0.56	35.64	2003	542	3.40	494.00
1994	185	0.92	57.86	2004	556	3.40	478.53
1995	298	2.26	89.71	2005	568	3.40	356.75

待遇与失业金发放 1986年，待业救济金发放标准以职工离开企业前两年内本人月平均标准工资为基数发放，是年，领取待业救济金10人共2300元。1988年，领取待业救济金的增加到240人5.98万元。1995年，待业救济改称失业救济。职工失业救济金按月发放，发放期限依据失业职工失业前连续工作时间确定，工作时间1年以上不到2年的为3个月，工作时间2年以上不到3年的为6个月，工作时间3年以上不到5年的为12个月，工作时间5年以上的为24个月，职工失业救济金发放标准暂为当地最低工资的60%，失业职工领取失业救济金期间的医疗费暂定每人每月10元，领取失业救济金时一并发放给个人包干使用。

1989年11月起，全县下岗职工陆续进再就业服务中心托管，政府发放每人每月生活费140元，确保3年。2000年，企业普遍改制，下岗失业人员和发放失业金数额急剧增加。2001年，失业保险金支付标准为每人每月165元，其中15元为门诊医疗费用。失业保险金领取期限为，城镇户口缴费满1年发2个月，最长不超过24个月；农村户口缴费满1年发1个月，最长不超过12个月；失业职工在领取失业金期间发生住院医疗费用，执行医疗保险规定，向县劳动就业管理处申报，按50%核报，但最高不得超过应享受失业金2倍；失业职工在领取失业金期间死亡，领取丧葬费2400元、抚恤金2400元；农民合同制工人失业金标准为城镇合同制工人三分之二，失业时一次性发给。2002年10月，全部撤出下岗职工再就业服务中心托管职工6800多人，进入失业保障。

2005年，县劳动和社会保障局争取省级调剂金180万元，确保失业救济金按时足额发放，因企业改制置换职工身份高峰期已过，领取失业保险人数、发放金额呈现回落，年末结存3800人，比高峰期的2003年6500人下降41.54%。

1986—2005 年金湖县失业金发放统计表

表 39-2-12

年份	领取人数（人）	金额（万元）	其中失业金（万元）	年份	领取人数（人）	金额（万元）	其　中		
							失业金（万元）	医疗门诊费（万元）	住院医疗费（万元）
1986	10	0.23	0.23	1996	1100	65.69	59.49	6.2	—
1987	30	0.68	0.68	1997	4100	102.45	92.85	9.6	—
1988	240	5.98	5.98	1998	2300	106.93	97.63	9.3	—
1989	140	3.59	3.59	1999	1300	157.58	147.08	10.5	—
1990	140	3.30	3.30	2000	1100	167.50	156.30	11.2	—
1991	210	6.60	6.60	2001	3500	500.58	467.18	33.4	—
1992	270	9.13	9.13	2002	5700	831.89	754.59	75.5	1.8
1993	400	14.44	14.44	2003	6500	962.00	872.20	87.2	2.6
1994	870	25.60	25.60	2004	6100	976.65	885.35	88.5	2.8
1995	100	24.90	24.90	2005	3800	590.00	533.20	53.3	3.5

第五节　生育保险

参保范围与缴费　1986—1995年，全县女职工生育费用由所在单位解决。1995年12月，县政府印发《金湖县企业女职工生育保险试行办法》。1996年，县劳动局印发《金湖县企业女职工生育保险试行办法实施细则》，女职工生育保险费用按属地原则实行社会统筹，保险范围为金湖县境内全民、集体、股份制、联营、部省市属驻金企业，外商投资企业（中外合资、外商独资）全部劳动合同制职工（含农民合同制职工），经县劳动部门批准并签订劳动合同使用一年以上，参加基本养老保险临时工和外商投资企业中方职工。基金筹集标准为，企业按职工工资总额1%缴纳到社会劳动保险管理处，职工个人不缴纳。

2002年起，参保对象为参保单位全部职工。2005年，全县生育保险参保13729人，保险基金收入67万元。

1996—2005 年金湖县生育保险参保与缴费统计表

表 39-2-13

年份	参保单位（户）	参保人数（人）	基金收入（万元）	享受待遇（人）	年份	参保单位（户）	参保人数（人）	基金收入（万元）	享受待遇（人）
1996	143	21930	76	332	2001	95	18518	78	296
1997	152	22327	90	537	2002	53	15105	67	185
1998	161	22670	88	461	2003	53	15105	63	161
1999	157	22323	99	510	2004	46	13160	61	178
2000	129	20857	85	423	2005	58	13729	67	113

待遇与费用偿付 1995年，参加生育保险的统筹对象符合计划生育有关管理规定生育的，由经办机构分别按带环怀孕或流产、顺产、难产类别支付女职工生育津贴、生育医疗费、一次性营养费。2000年12月，县劳动局印发《关于调整城镇企业职工生育保险待遇的通知》，符合享受国家和省规定90天及以上产假的女职工，发给一次性营养补助费，标准为全县上一年职工平均工资的1%；原在企业参加生育保险的女职工失业后，领取失业救济金期间，符合计划生育规定，正常生育时，生育医疗费和一次性营养补助费由生育保险基金支付；参加生育保险的男职工，配偶未列入职工生育保险范围，不能享受生育保险待遇的，符合计划生育规定正常生育时，按照县规定的生育医疗费标准的50%，由生育保险基金给予一次性补偿。2001年1月1日零时起执行。2005年，全县享受生育保险待遇113人，生育保险基金支出58万元。

1996—2005年金湖县生育保险偿付统计表

表39-2-14

年份	享受待遇（人）	基金支出（万元）	其中			年份	享受待遇（人）	基金支出（万元）	其中		
			津贴支出	生育医疗	其他支出				津贴支出	生育医疗	其他支出
1996	332	49	27	22	—	2001	296	81	29	26	26
1997	537	80	42	38	—	2002	185	38	18	17	3
1998	461	73	40	33	—	2003	161	26	12	14	—
1999	510	76	38	38	—	2004	178	32	16	14	2
2000	423	127	36	34	57	2005	113	58	11	11	36

生育保险管理 1995年，生育保险由社会劳动保险处负责管理。1996年5月，县卫生局印发《孕产妇生育保险中难产诊断标准》，列出异常分娩、发生妊娠合并症或分娩并发症、产褥感染等难产情况10项。6月，县劳动局与卫生局联合印发《关于企业职工生育定点医疗管理的通知》，企业女职工生育须在乡镇（中心）卫生院及其以上医疗单位住院分娩，驻县城企业女职工生育限在县人民医院和县中医院住院分娩，驻乡镇企业女职工生育限在乡镇（中心）卫生院及其以上医疗单位住院分娩，如需到县城医院生育的限在县人民医院和县中医院住院分娩。是年，生育保险医疗费支出22万元。2002年6月，生育保险移交县社会医疗保险管理处负责管理。2005年，生育保险医疗费支出11万元，比上年下降3万元。

第三章　社会救济

第一节　灾害救济

1986年6—7月，全县连续阴雨，部分地区遭到狂风暴雨袭击，沿湖的横桥、淮胜、淮建、前锋等

图 39-3-1　县民政局工作人员调查闵桥镇风灾情况（摄于1986年）
李义海／摄

乡，阵风超过10级，日降雨量100毫米，全县遭灾乡20个、村184个、村民小组1298个，受灾面积13.89万公顷，成灾面积4187.33公顷，减产9280吨，倒塌房屋2174间，损坏3567间，死亡5人，伤6人，死牛2头、羊19只、家禽9.643万只。全年拨给救济款16.6万元，木材30立方米，救济受灾户613户、2814人，建房1282间。发放救济寒衣棉布13650米，絮棉1220公斤，金额3.15万元，救济“五保”户、特困户、灾民户等2635户、3191人。发放棉袄1101件、棉裤884条、棉被225条、被面206条、被里198条、被胎115床、其他衣裤154件。1987年3月6日，境内遭受雷雨、冰雹、暴风袭击乡（镇、场）18个。3月31日、4月1日境内普降大雪2次，气温降至零度以下，新农乡、陈桥乡、吕良镇伴有冰雹村17个。8月27日、28日，境内遭受特大暴雨和龙卷风袭击。是年，县下拨救灾救济款36.1万元，其中用于修房9.8万元，修建房屋435户、883间；生活安排12.4万元，解决吃饭问题1800户、6500人；发放救济款4万元、棉布2万米、棉花1173公斤，帮助越冬御寒1597户、2328人。1989年，金湖县遭受暴雨、台风等自然灾害袭击，造成部分群众经济损失和生活困难，全县下拨救灾款33.48万元，其中修建房屋72户、151间，资金4万元，安排生活2417户、9571人、资金19.28万元，灾民治病1.2万元，救济寒衣4万元，扶贫5万元。

1991年，金湖县遭受暴雨、冰雹、龙卷风、病虫害等袭击。7月1—7日降雨量是常年的4倍。大灾之年，县委提出“五不”（不饿死人、不冻死人、不出现灾民成批外流乞讨、不发生疫病流行、不延误中小学开学）要求，贯彻“依靠群众，依靠集体，生产自救，互助互济，辅以国家必要的救济和扶持”的救灾方针，做到重灾重救、钱随粮走、一次到户、妥善安排灾民生活。共筹集救灾资金868.47万元，下拨538.33万元，其中国家补助救灾建房款370.73万元，帮助灾民建房2386户、5913间；下拨生活安排款167.6万元、原粮计划220万公斤、捐赠大米102.85万公斤。

1992年春节前后，重点做好灾民生活安排，下拨生活安排款36.98万元，粮食37.5万公斤，救济灾民10292户、37022人。1993年5月25日，因特大风暴、冰雹、洪涝等自然灾害，全县下拨救灾款73.5万元、粮食76万公斤，解决17506户、6.88万重灾民生活困难，帮助1386倒房户建房2212间。1994年，金湖县自然灾害频繁，仅农业一项全县损失1.5亿元，造成1.95万户7.12万人冬春缺粮，县政府下拨救灾款31.5万元，救灾粮12万公斤。1995年，县政府下拨救灾款70.1万元，救灾粮45.4万公斤，安排建房款12.5万元，灾民169户，建房189间。

2000年10月，县政府采取“三个一点”（政府补一点、部门捐一点、村组帮一点）办法，筹集并下拨草危房改造资金66.5万元，困难户建房102户、4765平方米。2002—2005年，金湖县全境连年遭受大风暴雨袭击、外洪内涝夹击，渔民在湖区的养殖设施不断遭到破坏，渔民生活贫困。2005年初，县委、县政府进行“百户渔民春荒大调查”上报省市，副省长黄莉新带领省财政厅、农林厅领导和专家到金湖县渔区慰问渔民，帮助恢复生产。省、市民政部门下拨专款60万元，用于渔民生活安排。县委、县政府专门召开渔民问题交办会，拿出具体恢复生产、子女就学等问题方案，拨付救灾资金296.3万元、购衣被680件（条），其中渔民救济款物142.72万元。

1986—2005年金湖县救灾救济资金下拨统计表

表39-3-15　　单位：万元

年份	金　额	年　份	金　额	年份	金　额	年份	金　额
1986	16.6	1991	538.33	1996	34.1	2001	80.1
1987	36.1	1992	36.98	1997	51.2	2002	103.6
1988	29.2	1993	73.5	1998	58.2	2003	528.4
1989	33.5	1994	31.5	1999	76.1	2004	215.7
1990	47.1	1995	70.1	2000	66.5	2005	296.3

第二节　贫困救济

1986年，金湖县有贫困户3155户，约占总农户4%。年初县政府下发1号文件，落实优惠措施10项，主要有增加扶贫资金，贷款利息下调20%；每户供应平价柴油25公斤、优质化肥100公斤、芦柴150公斤，养猪户供应优惠价饲料500公斤；科技部门减半收取科技承包款，免费为扶持对象举办各类技术培训班，赠送《致富报》《江苏农业科技报》《金湖农业科技》；减免农业税，工业项目免交产品税、营业税和所得税；参加社会保险的减免收费20%；治病免收挂号费、注射费；子女上学免收学杂费，上中学享受助学金，优先安排进厂务工；优先安排外贸经营中投资少、见效快、收益高的项目；减免各种公益事业统筹费和缺劳力户的义务工；优先收购合同定购的粮、棉、油、猪等，从事工商业的优先发证并免收管理费。县政府为"双扶"（扶贫、扶优）户发证2632户，凭证享受上述优惠政策。是年，全县筹集扶贫资金212.6万元，其中农行100万元、粮食部门60万元、商业部门10万元、供销部门10万元、县财政20万元、民政部门12.6万元。实际投放扶贫资金212.6万元，扶持贫困户2803户，占贫困户总数的88.8%，其中优抚对象251户、续扶户484户。粮食局优惠供应贫困户饲料6515吨，供销、农资部门优惠供应化肥168.19吨，文教部门减免贫困家庭子女629人学费6446.5元，卫生部门减免贫困户医疗费1930元，税务部门减免税收1.3万元。当年脱贫1162户，其中成为专业户137户。1987年，各乡镇创办扶贫经济实体和扶贫经济联合体，采取以大带小、以强带弱、互相帮扶的形式进行扶贫。民政部门牵头，各部门通力合作，下拨一定数量的扶贫资金，实行干部包扶责任制，扶贫项目因地因人制宜，做到宜工则工、宜农则农、宜副则副。全县筹集财政支穷款、民政救灾款、各类贷款等扶贫资金130.2万元。1988年，县民政局与金北乡合作兴办扶贫经济实体——扶贫养殖场。民政部门注入该乡开挖鱼塘时一部分扶贫资金，养殖场吸纳一定数量的扶贫对象参与饲养、管理，扶贫对象得到一定的经济收入。1989年，全县扶持贫困户1376户，筹集和实际投放资金134.45万元，办扶贫经济实体1个、联合体13个，脱贫率49.13%。1991年，全县筹集资金106万元，实际投放资金100.81万元，扶持贫困户1392户，其中优抚对象253户、续扶822户、脱贫789户，脱贫率56.68%，办扶贫经济实体3个。1992年，办扶贫经济实体3个。1993年，全县办扶贫经济实体7个。1996年，全县筹集和实际投放资金52.9万元，扶持贫困户780户，其中优抚对象330户、脱贫513户，脱贫率65.77%。此后，贫困救济工作改为城乡居民最低生活保障。

1986—1996年金湖县扶贫统计表

表39-3-16

年份	下拨扶贫资金（万元）	扶持贫困户（户）	其中优抚对象（户）	脱贫户（户）	脱贫率%
1986	212.60	2803	251	1162	41.46
1987	130.20	2097	224	734	35.00
1988	129.40	1776	227	732	41.22
1989	134.45	1376	230	676	49.13
1990	104.82	1703	250	862	50.62
1991	100.81	1392	253	789	56.68
1992	106.00	980	270	516	52.65
1993	108.00	1118	290	615	55.01
1994	94.40	1054	300	633	60.06
1995	70.00	950	320	570	60.00
1996	52.90	780	330	513	65.77

第三节　最低生活保障

低保标准　1997年10月，成立县城乡最低生活保障工作领导小组，办公室设在县民政局，制定开展最低生活保障工作方案、步骤，定期调查核实社会困难群体和低保对象，社会上新出现的符合低保标准的纳入低保，经济好转的低保对象取消低保。低保标准亦根据国家和地方的经济形势予以调整。是年，确定全县最低生活保障（简称低保）对象标准为城镇户平人均年收入低于1000元、农村户平人均年收入低于700元。

1998年起，城镇低保标准由原人均年收入改为人均月收入。5月，出台城镇非农户口低保对象标准：无生活来源、无劳动能力、无法定赡养人或无抚养人的；领取失业救济金期间或领取失业救济金期满后，未能重新就业，家庭人均月收入低于110元的；在职人员和下岗人员在领取全部最低工资、基本生活费后以及退休人员领取退休金后，其家庭人均月收入低于110元的居民；对有劳动能力的懒惰者，依法有赡（抚）养关系、而未履行赡（抚）养义务的，违反《中华人民共和国婚姻法》《江苏省计划生育条例》和有违法犯罪的人及家庭的不纳入低保调查范围。

1999年，部分企业因关停并转，下岗人员增多；农村因灾、因病等部分农民收入低下，生活难以维持，县政府印发《关于切实做好城乡居民最低生活保障的通知》，各乡镇按照属地管理原则，城乡非农业户口居民，不论是否就业，凡共同居住家庭成员人均月收入低于130元的纳入最低生活保障范围；农业户口居民，凡共同居住家庭成员人均年收入低于700元的纳入最低生活保障。2002年，城镇低保金由上年的每人每月130元调高到150元，农村低保金由上年每人每年700元调高到800元。

2004年7月1日起，城镇低保金由每人每月150元提高到165元，农村低保金由每人每年800元提高到900元。凡在最低生活保障线以下的城乡居民均可申请最低生活保障，做到应保尽保。2005年，城镇户平人均月收入低于180元、农村户平人均年收入低于840元的纳入低保。

分级负担低保金　1997—1998年，非农户口居民所需最低生活保障金由县财政负担，农村低保金由县、乡、村三级按30%、30%、40%的比例负担，村级负担列入统筹。1999年，农村低保金改由乡（镇）、村两级负担。2002年，省财政给予补助，历年补助金额不等。2003年，改由县、镇各50%的比例负担；2005年，改由省、县、镇三级财政按50%、25%、25%的比例负担，是年，省财政补助70万元。

低保对象申请和管理 1997年，确定低保对象采取个人申请、村（居）委会审核、民政部门会同乡镇及村（居）委会核查、张榜公布接受社会监督、民政局最后核定的办法，最低生活保障的惠民政策覆盖全体贫困人员，避免个别贫困人员因信息不灵、自己没有申请而被遗漏，杜绝不该享受低保的人员被列为低保对象。动态管理保障对象，一年一核定。

2002年3月，根据省、市政府“提标扩面”城乡低保要求，县民政部门一方面组织各镇摸底排查所辖区域内的贫困家庭，一方面抽调本部门工作人员10多人，摸底排查核实黎城镇、宝应湖农场、复兴圩农场的贫困户，通过广播、电视、报纸、通告等形式宣传低保条件、低保标准及申报、核实公示、审批发证程序。全县共核实城市低保对象495户1215人，较上年相比，因经济好转脱贫退出低保69户，新增193户，发保障金218.7万元；核实农村低保对象609户1412人，较上年新增96户49人，发放保障金112.96万元。2005年，全县共有城市低保对象744户1877人，发放保障金405.43万元；农村低保对象1453户3397人，发放保障金285.34万元。城乡均实行打卡社会化发放，按照一户一档的要求建立低保户档案，规范化管理。

表39-3-17

1997—2005年金湖县城乡低保统计表

年份	城市				农村			
	户数	人数	月标准（元/人）	发放金额（万元）	户数	人数	年标准（元/人）	发放金额（万元）
1997	21	45	83	4.48	432	1116	700	78.12
1998	59	123	130	19.19	519	1363	700	95.41
1999	170	341	130	53.20	486	1197	700	83.79
2000	184	434	130	67.70	373	984	700	68.88
2001	371	854	130	133.22	513	1363	700	95.41
2002	495	1215	150	218.70	609	1412	800	112.96
2003	670	1576	150	283.68	1101	2670	800	213.6
2004	747	1756	165	347.69	1301	2951	900	265.59
2005	744	1877	180	405.43	1453	3397	840	285.35

说明：以上户数、人数均为年末数。

第四节 社会捐助

1991年，金湖县遭受特大自然灾害，县抗灾救灾办公室陆续收到县内外捐款捐物，其中捐款406万元，物资有食盐37吨、粮票面值3.82万公斤、饼干等食品4326箱、挂面5420公斤、蔬菜50吨、煤球47万只、夹克衫等衣物1.73万件、毛巾800条、水泥20吨、柴油33吨、女彩靴72双、儿童靴300双、塑料薄膜1000公斤、塑料编织袋5.74万条、草包2400条、台湾和缅甸大米51.24万公斤。县民政部门及时分批下拨捐赠款物到灾区，用于抗洪救灾和灾民生活安置。1995年，全县春季先高温

图 39-3-2　1991 年遭受特大自然灾害的村民领到县民政局发放的救灾食品
李义海 / 摄

后遭寒流袭击，夏季持续高温、久旱无雨，造成粮食、水产严重减产，1.95万户7.12万人缺粮约948万公斤，全县组织捐赠物资折款10多万元。1996年7月21日凌晨3时许，金湖县遭冰雹和龙卷风袭击，造成直接经济损失9807万元，间接（防洪排涝等投入的人力物力）经济损失2557万元。县直机关组织救灾捐赠活动，捐款31万元，捐物折合人民币3万多元，及时送到灾民手中。1998年8月21日，县委办、县人大办、县政府办和县政协办全体人员捐款4525元，支援6月至8月发生在长江、嫩江和松花江流域特大洪涝灾害的灾区。至9月16日，县接收救灾办公室收到全县捐款40.25万元，其中个人捐款39.29万元，衣服、棉被、雨披等物品2万多件。2002年，县民政部门设立经常性社会捐助接收站，共接收捐赠款7.1万元，衣物8200万件，发放捐赠款4.1万元，衣物全部发放。

2003年9月，成立县爱心救助总会，进行赈灾募捐和“慈善一日捐”活动，至2005年，募集救助资金293万元，发放爱心救助款141.15万元，其中资助特困学生1729人51.6万元、大病医疗490人83.79万元、意外灾害资助11户2.5万元、定向救助43户35人3.26万元。

第四章　社会福利

第一节　敬老院建设

1986年，吕良、金沟、塔集乡建成敬老院，加上先前的黎城镇、涂沟乡、前锋乡、淮胜乡敬老院，全县共有敬老院7所，进院“五保”老人53人。官塘乡“五保”户30户，寄住亲友和集体公房8户、危房5户、破漏房7户。看病医药费严重短缺，少数居住分散、健康状况不好的“五保”户无人照顾。针对这些问题，县民政局确定专人护理分散供养“五保”人员，并与护理人员签订护理协议书。1987年，新建敬老院1所，新增入院“五保”老人4人。

1989年，共建成乡镇敬老院18所，村办3所。1990年，新建县镇联办福利院1所。1992年，22个乡镇全部建有敬老院，敬老院改建的乡镇7个，改建房121间，扩建的乡镇8个，新增住房85间。1994年，建成村办敬老院6所，全县共有敬老院28所，在院“五保”人员235人。是年，各敬老院因

图 39-4-3　戴楼乡敬老院（摄于1987年）　　李义海/摄

地制宜，从事养殖、种植、加工、服务业务等，其中黎城敬老院的加工业、淮建敬老院的养殖业、戴楼敬老院的加工养殖业、夹沟敬老院的种植服务业等经营较有特色，全年全县院办经济实现产值137.48万元、利润22.78万元。

1997年10月，县民政局印发《金湖县合格敬老院标准》，明确规定敬老院的硬件设施、生活标准、"五保"供养金统筹等标准。2002年10月，银集镇敬老院通过省、市考评小组考核评议，获江苏省文明敬老院称号。2005年，全县实施关爱工程，多方争取资金400万元，其中省补助134万元、各镇自筹196万元，改扩建黎城、戴楼、闵桥、塔集、银集、金北、吕良、陈桥镇敬老院，增加房屋179间6646平方米。

2005年金湖县农村敬老院情况统计表

表 39-4-18

镇　别	"五保"对象（人）	在院人数（人）	敬老院建设				建立年份
			面积（平方米）	房间（间）	附属房间	床位（张）	
黎　城	47	14	500	18	3	20	1984
戴　楼	65	11	350	8	3	12	1991
金　南	129	26	950	21	10	42	2004
闵　桥	181	30	600	16	5	30	2001
塔　集	136	30	920	28	3	30	1985
银　集	112	40	2300	20	10	40	1991
涂　沟	100	24	800	12	11	24	2000
前　锋	101	20	650	25	10	20	1985
吕　良	115	6	600	23	3	24	1986
陈　桥	151	16	750	24	4	40	1992
金　北	108	22	640	12	9	28	2001

第二节　"五保"人员供养

1986年，金湖县"五保"人员供养经费以村统筹。敬老院集中供养每人每年300元。4—5月，执行省颁发的《江苏省农村"五保"户供养工作暂行规定》，全县进行保吃、保穿、保烧（燃料）、保教

（儿童和少年）、保葬“五保”户普查。普查显示，全县共有“五保”户1349户1442人，其中孤老1252人、残疾159人、孤儿31人；入敬老院供养53户55人，占3.81%；分散供养1387人，占96.19%；分散供养中亲属代养181人。1987年，一部分乡镇开始以乡统筹资金，集中供养入院“五保”老人，集中供养标准为每人每年350元。是年，共有“五保”户1371户1500人，入院供养57人，分散供养1443人。1989年，全县“五保”户1248户1348人，入院93人，“五保”户全部实行供养经费以乡统筹，分级负担，供养标准每人每年提高到500元，分散供养1255人，均签订分散供养协议书，落实护理人员。

1991年，金湖县遭受特大水灾，“五保”供养标准仍然略有上升，集中供养每人每年600元。之后，随着群众生活水平的不断提高，“五保”供养经费的统筹标准不断提高。1994年，集中供养的每人每年800元，1999年提高到1550元。

2004年7月1日起，集中供养“五保”人员供养经费由县财政全额拨入各镇财政所敬老院专户管理，每人每年为1750元，除按标准作生活费用外，余者用于就医、住房维修和丧葬等。2005年，全县共有“五保”对象1196人，其中分散供养952人、集中供养244人。分散供养标准由上年的每人每年1550元提高到1800元，集中供养标准由1750元提高到2200元。全年发放“五保”供养经费225.04万元。

1986—2005年金湖县“五保”人员供养统计表

表39-4-19

年份	总人数（人）	集中供养			入院率（%）	分散供养		经费来源
		敬老院（所）	在院人数（人）	标准（元/人·年）		人　数	标准（元/人·年）	
1986	1442	7	55	300	3.8	1387	280	村统筹为主
1987	1500	8	57	350	3.8	1443	320	乡镇统筹为主
1988	1395	8	60	400	4.3	1335	350	乡镇统筹为主
1989	1348	18	93	500	6.9	1255	480	乡镇统筹
1990	1287	22	139	513	10.8	1148	513	乡镇统筹
1991	1370	22	150	600	10.9	1220	500	乡镇统筹
1992	1453	22	185	700	12.7	1268	550	乡镇统筹
1993	1342	22	224	750	16.7	1118	600	乡镇统筹
1994	1247	28	235	800	18.8	1012	650	乡镇统筹
1995	1170	22	230	800	19.7	940	650	乡镇统筹
1996	1175	22	236	800	20.1	939	650	乡镇统筹
1997	1198	22	159	850	13.3	1039	700	乡镇统筹
1998	1132	22	244	1000	21.6	811	800	乡镇统筹
1999	1065	22	328	1550	30.8	737	1250	乡镇统筹
2000	1043	22	323	1500	31.0	720	1200	乡镇统筹
2001	1054	15	267	1400	25.3	787	1250	镇统筹
2002	1064	15	210	1325	19.7	854	1325	镇统筹
2003	1098	15	220	1450	20.0	878	1450	镇统筹

接上表

年份	总人数（人）	集中供养			入院率（%）	分散供养		经费来源
		敬老院（所）	在院人数（人）	标准（元/人·年）		人数	标准（元/人·年）	
2004	1147	15	232	1750	20.2	908	1550	县财政核拨
2005	1196	15	244	2200	20.4	952	1800	县财政核拨

第三节　福利企业

1986年，全县共有福利企业12户，其中新办2户，吸纳残疾人233人、贫困者41人、优抚对象就业7人，年总产值865.3万元，利润29.36万元，上缴税收28.92万元。1988年，根据淮阴市“乡乡有福利厂、敬老院，实现以厂养院”的要求，金湖县加大兴办福利企业的力度，设立县民政福利公司，全县福利企业增加到34户，其中新办15户，全年产值1678.1万元，利税71.3万元。1989年，全县福利企业31户，职工1663人，产值2214万元，利润86.8万元。1990年，全县福利企业30户，职工1998人，产值2757万元，利税165.51万元。1992年，金湖福利化工厂生产的自动取暖袋参加民政部在深圳举办的“92中国乡镇街道之星产品博览会”获银奖。1994年，全县福利企业年检换证33户，实现产值9000万元，销售收入6500万元，税利500万元。1995年，共有福利企业36户，固定资产2500多万元，职工1423人，其中残疾人516人，占生产工人的36.26%；年产值1.2亿元，实现利税600万元。1996年，县民政局进行福利企业年检36户，吊销福利企业证书6户，规范福利企业管理，全县共有福利企业30户，职工1410人，生产工人中残疾人596人，占53.1%；年实现产值13547万元，完成销售10401万元，实现利税576万元。1997—2004年，国家加强宏观调控，福利企业享受优惠政策条件有所限制，有兴办或改办，也有经营不善自行消失或脱离福利企业性质的，全县福利企业数量下降到25户。2005年，共有福利企业28户，其中新办2户，企业中有残疾职工302人，全部参加社会养老保险。福利企业产值1.6亿元、销售1.3亿元，实现利税800万元。

1986—2005年金湖县福利企业统计表

表39-4-20

年份	企业（户）	职工（人）	残疾职工（人）	产值（万元）	利税（万元）	年份	企业（户）	职工（人）	残疾职工（人）	产值（万元）	利税（万元）
1986	12	701	197	865	58	1996	30	1410	596	13547	576
1987	19	805	233	858	59	1997	32	1399	647	14650	828
1988	34	855	341	1678	71	1998	31	1283	590	14198	964
1989	31	1663	366	2214	87	1999	30	1182	568	14280	989
1990	30	1998	528	2757	166	2000	29	1112	456	14260	1086
1991	33	1996	527	2883	222	2001	28	986	401	14300	1193
1992	32	1998	526	3012	211	2002	27	870	352	14400	1202
1993	30	1981	521	6181	357	2003	26	789	312	14500	1256
1994	33	1962	518	9000	500	2004	25	739	302	15000	1250
1995	36	1423	516	12000	600	2005	28	786	302	16000	800

第四节　福利基金募集

福利彩票销售　1988年11月，成立县社会福利有奖募捐委员会，办公室设在县民政局。县募捐办公室利用多种渠道加大宣传力度，政府发文下达募捐券销售任务，按人口比例分配到各乡镇，各乡镇再分配给机关单位和村。1988—1991年，全县每年销售任务20万元，共收回销售款64万元。

1993年春节前夕，县募捐办公室尝试即开式实物兑奖销售募捐券活动，位于县城繁华地段设立有奖募捐点，设定即开式福利有奖募捐券10万张、每张2元为1个奖组，确定应奖金额为不同级别的奖项，按级别奖额配置等值的牙膏、面盆、热水瓶、钢精锅、电视机等不同实物。3天时间，福利募捐券10万张全部售完。全年任务30万元，完成38万元。1994年12月，改为福利彩票销售。1996年1月23—30日，举办100万张（200万元）即开式大奖组的福利彩票销售活动。8天销售彩票76.85万张，募集现金153.69万元，除去兑奖和发行成本等费用，筹集福利资金32万多元。1998年11月，进行针对全国大部分地区遭受水灾赈灾福利彩票大奖组销售活动，组织奖票300万张600万元，销售70多万张140多万元。

图39-4-4　县城健康路金城商厦南门福利彩票销售现场（摄于1998年11月）
李义海／摄

2000年4月，筹划设立电脑福利彩票销售点。6月16日，第一批县城开设的电脑福利彩票销售点门市开业6个，年销售额107.02万元，本级公益金10.7万元，享受10%。此后，县内城乡新的销售点不断增加，电脑福利彩票年销售额大部分过百万元。2005年，全县城乡有电脑福利彩票销售点47个，销售额231.2万元，本级公益金23.12万元。

1988—2005年金湖县福利彩票销售统计表

表39-4-21　　单位：万元

年份	销售额	年份	销售额	年份	销售额	年份	销售额	年份	销售额
1988	15	1992	20.00	1996	153.69	2000	107.02	2004	229.90
1989	15	1993	38.00	1997	47.09	2001	126.50	2005	231.20
1990	16	1994	53.70	1998	140.00	2002	130.17		
1991	18	1995	50.28	1999	48.50	2003	98.93		

福利募捐资金使用　金湖县1988年开始推销福利募捐券，1992年销售即开式大奖组募捐券

（福利彩票），2000年进行电脑福利彩票销售，至2005年共销售各类福利彩票3283.96万张，销售金额1641.98万元，其中1988—1999年，销售即开型彩票307.63万张615.26万元，2000—2005年，销售电脑福利彩票923.72万元、刮刮乐103万元。根据国家规定的福利金提成比例，共筹得公益福利资金162万元，主要用于乡镇敬老院改、扩建及设施改善，资助残疾人事业，支援灾区，城乡大病医疗救助和留存县财政备用等。

第五章　社会优抚

第一节　双拥活动

1986年，"八一"建军节和春节期间，金湖县驻军和地方党政部门之间互相走访交流，地方党政部门慰问优抚对象。县政府印发《关于1986年春节期间开展拥军优属活动的通知》，登门慰问老红军5人、一等残废军人4人、军烈属30户，帮助解决军烈属房屋修理、家属子女工作调动、治病等具体问题。

1987—1991年，县政府调整城镇军属住房202户、解决农村军属宅基地455户，调换工种（班次）154人，解决子女入学入托321人，组织收种帮工4784人次，帮收种面积637公顷，解决生产资金370万元、化肥等生产资料160吨，提供致富信息362条，扶持军人家庭脱贫116户，办经济实体15个。1991年，金湖县获国家民政部、解放军总政治部拥军优属先进单位称号。1992年，县委、县政府开展文化拥军、科技拥军活动，帮助驻军办实事20多件，赠送驻军部队电脑、摄像机、打印机、复印机、电视机、IC电话机、科技书籍等价值190多万元。1995年，金湖县首次获省政府、省军区授予双拥模范县称号。

1996年，全县发行爱国防、作奉献专用明信片3.5万张，募集双拥基金10.8万元，发动社会向优抚对象捐衣1654件。县公路站免费铺设驻军农场砂石路500米，县供电局免费安装现役军人家属触电保安器50户，县双拥办协调有关部门帮助军嫂调换班次14人、调换工种2人、免费办理驻军干部子女入学入托手续22人。

1999年，县双拥工作领导小组印发《双拥工作九项制度》《双拥工作联络员职责》，乡镇和有关部门均成立双拥工作办公室或军人家庭服务中心，工、青、妇等群众团体组织拥军优属义务帮工队和志愿者服务队238个，义务帮工2142人次、工作日8426个。县委、县政府开展爱心献功臣行动，发放优抚对象医疗优惠卡1800多张，实行"五优二免六减半"待遇，即优先挂号、就诊、检查、取药、住院，免门诊费、出诊费，减半收取常规化验费、透视费、心电图费、针灸费、住院床位费、推拿费。进行部门结对帮扶，筹集资金84万元，其中县财政投入11.8万元、各乡镇13.5万元、县直75个部门及驻金部队34.3万元、社会各界支持7.6万元、其他16.8万元，帮助重点优抚对象建房118户340间5610平方米，修造住家船3条136吨位。是年，金湖县获国家民政部授予全国爱心献功臣行动先进县称号。

2000年，开展科技拥军活动，县人行赠送消防大队电脑1台，石油二厂赠送武警消防大队科技书籍价值3000元，县农行赠送县武警中队电脑2台及相关设备，价值2万元，县电信局免费安装泗湾湖农场、运西农场、武警农场、县武警中队、消防大队IC卡电话8部，县供电局等10多个部门筹资12.7万元，添置县武警中队训练设施，是年，金湖县获省拥军优属、拥军爱民工作领导小组授予江苏省科技拥军活动先进县称号。

2002年6月，县委、县政府成立维护国防利益和军人军属合法权益领导小组，县人武部成立维护国防利益和军人军属合法权益法律服务站，县人民法院设维护国防利益和军人军属合法权益合议庭。7月，根据全国双拥工作领导小组、司法部、民政部、解放军总政治部等7部门联合下发的《关于重视解决部队官兵涉法问题，维护军人及其家属合法权益的通知》精神，各镇相继建立涉军维权工作组织网络"一办五站"，即镇民政科设立涉军维权工作领导小组办公室，人武部设立法律法规指导站，双拥办设立优待政策咨询站，司法办设立民事纠纷调解站，法律事务所设立诉讼代理救助站，派出所设立治安案件受理站。各村（社区）均设有涉军维权调解员，负责调解和联络工作。采取给服役的军人和军人家属寄发公开信、走访军烈属、开座谈会等形式，宣传维护国防利益和军人军属合法权益工作的意义、目的，遇事及时联系沟通。是年，受理涉及军人婚姻、军人家庭鱼塘承包等案件6件，均得到圆满处理。

2003年，县双拥工作推进以节日慰问为主向经常性军地互办实事为主转移，全县军地双方共互办实事16件，投入人力、物力、资金折合人民币108万元。推进以解决部队日常生活问题为主向解决部队热点、难点问题为主转移，部队转业干部均安置进行政机关和事业单位，随军家属安置进事业单位4人，驻金部队军人子女均进入本地最好的学校就读，免收择校费。推进以解决一般性科技拥军为主向科技攻关为主转移，全县共向部队捐赠科技图书5000多册、电脑8台、打印机4台；帮助县人武部建局域网1个，监控系统3个、训练大棚2座。

2005年，全县共受理涉军问题（案件）10件，涉及经济纠纷4件，婚姻家庭纠纷3件，其他纠纷3件。其中合议庭审理6件，经法律服务站调解处理4件。接受安置转业干部9人、部队随军家属4人，随军子女入学入托6人。投入资金10多万元，捐赠驻军部队科技图书1000多册、电脑7台、空调2台、太阳能热水器3台、背投彩色电视机1台、复印机1台。八一建军节和抗日战争胜利60周年纪念日，县、镇政府及有关部门组织慰问抗日老战士，发放慰问金6.4万元、抗战胜利60周年纪念章298枚。9月2日，全市军民共建工作现场会在金湖县召开。

第二节　烈士褒扬与抚恤优待

一、烈士褒扬

1986年，金湖县有多处革命烈士纪念碑，成为全县人民纪念烈士、教育后代的重要场所。金湖县烈士陵园占地2.53公顷，位于园林南路黎城镇黎城村境内，陵园内建有革命烈士纪念塔高14米。农抗河战斗烈士公墓，位于金南镇南桥村，卞塘街西约1500米，安葬有1948年5月1日金沟河东保卫战牺牲指战员12人。章辅等九烈士殉难处纪念碑，位于塔集镇双桥村境内。金北烈士陵园，位于金北镇三河中学校园北侧，进园烈士53人，其中有名烈士27人、无名烈士26人。

1986年3月，投资16万元，在县烈士陵园内兴建革命烈士纪念馆298平方米，纪念馆内存有烈士名录986人和烈士遗物、图片资料等，1987年清明节，对外展出。2000年，金北烈士陵园迁往县烈士陵园烈士4人。2001年，园林南路拓宽改造，县烈士陵园东大门及东围墙向西退18.5米，以致园内原有布局被打乱，县政府投入40万元，改造烈士陵园，兴建古城堡式大门楼1座、绿茵场3000多平方米、地下灌排水渠300多米，铺设中轴线及两侧道路4条，栽植观花桃树250多株。是年，在园内建设冀家围平暴烈士墓，4月4日，县四套班子领导、县直单位干部、职工代表、驻金部队（武警）官兵代表和中小学生代表1000多人，集中于县烈士陵园祭扫广场，举行冀家围平暴烈士墓揭碑仪式，缅怀23位烈士光辉业绩，祭奠先烈不朽英灵。2004—2005年，县政府投资15万元，维修和改造县烈士陵园，全面翻新烈士英名录和烈士简介等展板，增加部分瞻仰设施，接待社会各界瞻仰祭扫10万多人次。

二、“三属”优待

1986年，金湖县烈属、因公牺牲军人家属、病故军人家属（简称“三属”）3856人，改定期定量补助为定期抚恤；农村烈属、因公牺牲军人家属抚恤金每人每月23元，病故军人家属每人每月18元。1989年，烈属82户，优待金1.06万元，户均129元。1994年1月1日起，烈属定补标准每人每月增加10元。

1995年1月起，提高“三属”抚恤金标准，每人每月增加5元，其中烈属77元、因公牺牲军人家属77元、病故军人家属72元。1996年，“三属”优待175人、人均240元。1997年7月，重新确定“三属”抚恤定补标准；城镇户口的烈属、因公牺牲军人家属每人每月155元，农村户口的每人每月136元；城镇户口的病故军人家属每人每月136元，农村户口的每人每月116元；“三属”中凡属孤老的每人每月增发10元。1998年3月规定，城镇户口（含在乡镇居住）享受定期抚恤补助的“三属”每年增发300~400元。1999年，县、乡（镇）财政拿出121.3万元，解决老烈属、老伤残军人、老复员军人治病难、住房难、生活难问题1889人，补助享受抚恤、定补和“三老”优待金的残、复军人，每人最低380元，最高550元。2000年1月起，“三属”定期抚恤金每人每月提高20元。2003年，烈属、因公牺牲军人家属，农村月定补258元，城镇月定补322元；病故军人家属，农村月定补238元，城镇月定补303元。属孤老对象的，在此标准上每月再增加10元。2005年，烈属补助每人每月城镇户口468元、农村户口423元，因公牺牲军人家属补助每人每月城镇户口423元、农村户口378元，病故军人家属补助每人每月城镇户口378元、农村户口333元，属孤老对象的，在此标准上每月再增加20元。

三、伤残军人抚恤保健

1986年，全县革命伤残军人492人。在乡革命伤残军人生活补贴标准为特等和一等每人每月12元，二等每人每月6元，三等每人每月4元。1990年4—6月，进行伤残军人换证工作。全县有伤残军人461人、伤残民工1人，其中一等4人、二等甲25人、二等乙103人、三等甲160人、三等乙170人；因战353人、因公96人、因病13人；在职128人，在乡334人。残情记载偏低43人；残情记载不明确，经目测后明确的28人；残情部位记载错误予以纠正的11人；证件失落的5人；在职伤残军人领取在乡人员残废金的2人。1989年，伤残军人87人，优待金13746元，人均158元。

1994年1月1日起，革命伤残军人抚恤金，从特等到三等乙级6个档次，每人每年分别增加680~100元；保健金从特等到三等乙级6个档次，分别增加210~40元。调整革命伤残军人年抚恤金，特等因战伤残军人由1560元提高到2240元，因公的由1440元提高到2100元；一等因战的由1260元提高到1860元，因公的由1170元提高到1740元，因病的由1060元提高到1620元；二等甲级因战的由920元提高到1250元，因公的由830元提高到1150元，因病的由760元提高到1070元；二等乙级因战的由656元提高到856元，因公的由590元提高到780元，因病的由554元提高到740元；三等甲级因战的由416元提高到536元，因公的由400元提高到516元；三等乙级因战的由342元提高到442元。伤残保健金，特等因战伤残军人由240元提高到450元，因公的由216元提高到420元；一等因战的由204元提高到374元，因公的由184元提高到342元，因病的提高到332元；二等甲级因战的由156元提高到288元，因公的由140元提高到268元，因病的提高到250元；二等乙级因战的由135元提高到231元，因公的由122元提高到214元，因病的提高到210元；三等甲级因战的由108元提高到174元，因公的由98元提高到160元；三等乙级因战的由90元提高到132元，因公的由82元提高到122元。

1995年7月起，三等革命残废军人的残废金低于同期入伍的复员军人定期定量补助的，按后者补助标准执行。1996年，在乡老伤残军人优待金人均218元。1997年7月起，城镇户口革命伤残军人年抚恤金以上一年度全县城镇职工平均工资水平4647元确定：因战特等伤残军人按100%的4647元发给，因公特等伤残军人按95%的4415元发给；因战一等伤残军人按76%的3532元发给，因公一等伤残军人按73.9%的3435元发给，因病一等伤残军人按67.9%的3155元发给；因战二等甲伤残军人按44.1%的2050元发给，因公二等甲伤残军人按40.7%的1893元发给，因病二等甲伤残军人按38%的1764元发给；因战二等乙伤残军人按32.02%的1488元发给，因公二等乙伤残军人按30.3%的1408元发给，因病二等乙按29.44%的1368元发给；因战三等甲伤残军人按24.88%的1156元发给，因公三等甲伤残军人按24.45%的1136元发给；因战三等乙伤残军人按22.68%的1054元发给，因公三等乙伤残军人按22.68%的1054元发给。农村户口的伤残军人二等甲中的三类对象，其标准与城镇户口的标准相同；二等乙及三等甲、三等乙中的各类对象，其标准依次分别是：1377元、1262元、1205元、900元、872元、755元、755元。

1998年3月，在乡伤残军人每年发300~400元；城镇在乡伤残军人，战争期间和中华人民共和国成立初期立功的增发立功荣誉金：荣立特等功的每年发240元、一等功的每年发180元、二等功的每年发120元、三等功的每年发60元。2000年10月起，在乡革命伤残人员的伤残抚恤金，在1999年标准基础上，特等每人每年提高660元，一等每人每年提高600元，二等每人每年提高360元，三等每人每年提高150元；在职革命伤残人员的伤残保健金，在1999年标准基础上，特等、一等每人每年提高180元，二等、三等每人每年提高60元。2002年底，伤残军人462人。改依法与所在单位解除劳动（聘用）及工作关系，未能领取或已不再领取失业保险金，未再就业的失业伤残军人保健金为抚恤金。全县物资、粮食、供销等系统的伤残军人16人，在职时的二等乙、三等甲、三等乙三种等级的年保健金改为抚恤金后，每年分别为2638元、1768元和1168元，均为保健金的4倍多，此办法从2003年1月起执行。2003年，伤残军人抚恤金最低的三等乙级提高每人每年180元，最高的一等提高每人每年1200元。2004年，全县伤残军人469人，办理与单位解除劳动关系无生活来源的伤残军人改领伤残抚恤金手续10人。2005年，革命伤残军人抚恤标准由原4个等级改为8个等级，金额有所提高。

2005年金湖县革命伤残人员抚恤金统计表

表39-5-22　　　　单位：元/年·人

定补对象		一、二级		三、四级			五级		
		因战	因公	因战	因公	因病	因战	因公	因病
标准	居民	11817	11585	9202	9105	8825	5131	4973	4844
	在职	2140	2110	1720	1680	1670	810	790	770

续上表

定补对象			六级			七级		八级	
			因战	因公	因病	因战	因公	因战	因公
标准	居民	城镇	3758	3678	3638	2718	2698	2548	
		农村	3647	3532	3475	2462	2434	2249	
	在职		680	660	650	510	490	430	420

四、在乡复员军人定期定量补助

1986年10月1日起，全县调整在乡复员军人定期定量补助标准：抗日战争期间的每人每月20元，其中孤老23元、定量户口25元。解放战争期间、新中国成立后的每人每月15元，其中孤老18元、定量户口20元。是年，在乡退伍红军老战士3人、在乡复员军人1582人、在乡退伍军人6041人。1989年，全县复员军人153人，优待金17334元，人均113元；带病退伍军人12人，优待金1124元，人均93.7元。1994年1月1日起，在乡复员军人定补标准每人每月增加10元。1995年7月起，增发1954年10月31日前入伍的在乡、立过战功的复员军人荣誉金：荣立一等功者每人每月15元，二等功者每人每月10元，三等功者每人每月5元。10月1日起，抗日战争期间的每人每月由40元增加到55元，解放战争期间的由35元增加到45元，中华人民共和国成立以后的由35元增加到40元。1996年，在乡复员军人优待金人均218元。1997年7月起，在乡复员军人抗日战争期间城镇户口的每人每月140元、农村户口的96元，解放战争期间城镇户口的130元、农村户口的86元，中华人民共和国成立后城镇户口的120元、农村户口的76元，凡属孤老的每人每月增发10元。“三红”对象补助标准：退伍老红军每人每月388元，西路军老红军310元，失散老红军233元。1998年3月，在乡老复员军人每年发300~400元；城镇在乡老复员军人，战争期间和中华人民共和国成立初期立功的增发立功荣誉金：荣立特等功的每年发240元、一等功的发180元、二等功的发120元、三等功的发60元。2003年，在乡复员军人，抗日战争期间农村的月定补161元，城镇的月定补205元；解放战争期间农村的月定补151元，城镇的月定补195元；中华人民共和国成立以后农村的月定补141元，城镇的月定补185元。属孤老对象的，在此标准上每月再增加10元。2005年，在乡复员军人定补标准有所提高。

2005年金湖县复员军人定补标准统计表

表39-5-23　　单位：元/月·人

定补对象	复员军人						红军		带病回乡退伍军人
	抗日战争		解放战争		中华人民共和国成立后		退伍红军	失散红军	
	城镇	农村	城镇	农村	城镇	农村			
补助标准	315	251	297	235	279	220	963	603	88
孤老另加	20	20	20	20	20	20			

五、义务兵优待

1986年，城镇义务兵优待金由县内企业单位按在册职工人数统筹，标准为每人每年4元，全县签订筹款协议书企业140多户，义务兵优待金标准按服役年限计算，第1年300元、第2年350元、第3年400元、第4年450元、第5年500元。农村义务兵优待金每年350~600元，全县平均461元，由乡村向农民统筹。奖励在部队立功人员，三等功奖100元、二等功奖300元、一等功奖或大军区授予荣誉称号奖600元，退伍安置晋升一级工资。是年，共有现役军人1394人。1987年，全县农村义务兵694人，优待金32.62万元，人均470元，比1986年人均增加9元。城镇现役义务兵42人，按照服役年限，年底前一次性发给。1988年，全县农村义务兵726人，优待金35.57万元，人均490元，比1987年人均增加20元。城镇现役义务兵48人，按照服役年限，年底前一次性发给，共1.92万元。1989年，全县农村义务兵715人，优待金35.75万元，人均500元，比1987年人均增加10元。城镇现役义务兵60人，按照服役年限，年底前一次性发给，共2.4万元，人均400元。1990

年，城镇义务兵118人，发放优待金3.64万元；农村义务兵743人，发放优待金38.71万元，农村人均优待521元。

1994年12月，县规定城镇义务兵家属优待金标准按义务兵服役年限计算，第一年300元，之后每增加1年增加50元。父母一方在单位工作的（不含财政全额拨款单位），由所在单位发给；父母双方都有工作单位的（不含财政全额拨款），双方单位各发一半；父母双方在财政全额拨款单位、父母无正式工作或无父母的，由民政局年初编报预算，报县财政拨款，每年12月底发给。在职职工参军由所在单位发给。农村义务兵优待每人提高50元，为580元。1995年，农村义务兵优待金提高到每人每年770元，1996年提高到873元。1997年9月，县规定农村服现役的义务兵家属优待标准不得低于上年度人均生活收入的70%。1998年3月，城镇义务兵优待金改为社会统筹，对象为国家机关、社会团体、企事业单位、个体工商户。标准为：系统（单位）按上年工资总额的0.2%筹集，县城区个体工商户按上年全县职工人均收入的0.5%筹集。规定城镇户口入伍的义务兵在服役期内优待金第一年400元，之后每增加1年增加50元，超期服役每年600元；服役期间获军以上单位授予荣誉称号或立一等功的一次性奖励1000元，二等功的奖励500元，三等功的奖励100元，荣获优秀士兵称号的奖励50元，连续两年以上获此荣誉奖励100元。1999年，农村义务兵优待金最少1000元、最高1300元。之后，每年以250元的标准递增。2003年，城镇义务兵优待金按全县职工年人均生活费的25%（1136元）、农村义务兵优待金按全县农村年人均收入的70%（2403元）发给。2005年，城镇义务兵家属优待金全部纳入县财政预算，保证按时足额发放。农村义务兵优待金人均2813元。

第三节　退役士兵安置

1986年，全县接收退伍军人404人，其中城镇定量26人、志愿兵9人、城镇定销6人、农村户口363人。安置退役士兵按照国家“从哪里来，回哪里去”原则，城镇户口及志愿兵统筹安排工作41人，农村户口的安排回农村，军地两用人才推荐介绍使用116人。

1986—1992年，接收退役士兵和志愿兵1483人，其中城镇户口273人、军地两用人才（有专业技术特长）466人。195人被安排进县级企事业单位，108人安排到乡镇企业，71人走上乡村领导岗位。1993—1994年，采取按系统分配任务包干的办法，统配安置退役士兵和转业志愿兵198人，农业户口的退伍兵中开发利用“军地两用人才”34人。

1999年起，统筹安置的退役士兵去向有事业和企业之分，志愿兵、三等功荣立者、女兵和城镇入伍的孤儿照顾安置进事业单位，其余一律进企业单位。是年，接收退役士兵173人，其中非农定量户口54人，志愿兵13人，需要县统筹分配安置的68人（含照顾安置1人），安置率100%。2000年，采取按系统分配和按职工比例分配相结合的办法，服役时间长、贡献大的志愿兵分配进事业单位，城镇义务兵一律安排进企业单位。进事业单位人员一次性审定，当场拍板，一步到位。是年，接收退役士兵207人（含女兵3人），其中城镇定量户口义务兵57人，转业志愿兵36人、伤残军人1人、农村户口义务兵113人，符合政策性分配93人，符合安置条件进事业单位51人、进企业单位42人。2001年起，城镇退役士兵实行指令性安置和自谋职业、有偿安置相结合的安置办法。自谋职业者由本人提出申请，与退役士兵安置办公室签订《自谋职业协议书》，根据其军龄长短一次性发给补助金。是年，全县共接收退役士兵178人，其中农村退伍义务兵70人，符合条件需要安置118人。申请自谋职业退役士兵44人，占应安置对象37.3%。自谋职业者中，志愿兵1人，义务兵43人，根据省政府规定的自谋职业补偿标准，按服役期限10年以下和10年以上（含10年）两个档次，分别按当地上年度职工平均工资的3倍和5倍发给一次性经济补偿金，志愿兵获补偿金1人3.75万元，义务兵每人获2.25万元补偿金。指令性安排退役士兵74人，其中安置进事业单位和部、省属企事业单位40人，进企业单位34人。

2002年，申请自谋职业的54人，其中符合进事业单位的对象6人，按10年以下和10年（含10年）以上军龄分两个档次给予经济补偿，依据全县上年度职工平均工资的3倍和5倍发给补偿金共136万元，允许其在兴办个人或私营企业、参与机关团体、企事业单位招工招干及聘用时享受政府促进就业的各种优惠政策。2003年，纳入城镇安置85人，实行考核考试，依得分高低选择安置单位16人，发放申请自谋职业补偿金69人168.8万元。2004年，纳入统筹安置104人，实行考核考试，依得分高低选择安置单位35人，自谋职业经济补偿69人167.2万元。

2005年，全县共接收各类退役士兵225人，其中城镇义务兵115人、农村义务兵110人。符合安置条件的115人，纳入事业单位分配的专业士官23人、女兵7人、非农进藏兵2人、荣立二等功1人，采取文化考试与素质考核相结合的办法，公开安置政策、公开安置程序、公开监督方法、公开考试考核分数、公开接收单位，得分高者优先选择单位。不符合参加考试条件和申请自谋职业的城镇退役士兵，采取货币化安置，分10年以上和10年以下两个档次，分别发给一次性经济补助金4万元和2.4万元，享受金湖县促进就业各项优惠政策。全县共发放安置补助金208.8万元。是年，纳入事业单位统配安置对象（志愿兵）选择自谋职业3人。合理引导、使用农村籍退役士兵，鼓励和扶持他们创办经济实体，其中作为军地两用人才获有关单位招用10人。

1986—2005年金湖县退役士兵安置统计表

表39-5-24　　单位：人

年份	共接收	其中		统筹分配安置	年份	共接收	其中		统筹分配安置
		农村	城镇				农村	城镇	
1986	404	363	41	41	1996	79	48	31	45
1987	221	200	21	21	1997	205	135	70	90
1988	155	136	19	19	1998	187	119	68	69
1989	183	150	33	33	1999	173	119	54	68
1990	140	111	29	40	2000	207	113	94	94
1991	180	100	80	80	2001	178	70	108	118
1992	200	150	50	50	2002	164	79	85	85
1993	260	159	101	101	2003	194	109	85	85
1994	182	89	93	97	2004	186	82	104	104
1995	194	112	82	94	2005	225	110	115	115

第四节　军队离退休干部安置

1986年，县委、县政府征地5000平方米，作为干休所办公和军队离、退休干部住所用地，位于县城为民路东侧，建成军队离退休干部6户住房384平方米。1987—2005年干休所接收安置部队离退休干部15人，其中师级3人、团级7人、营级及以下5人。

第六章　慈善救助

第一节　募　捐

2003年，县爱心救助总会通过县四套班子领导带头捐资，向外发信争取外地捐资等多种渠道，全县行政机关、企事业单位和社会各界人士共募捐赈灾款131万多元。12月16日，县爱心救助总会举行首批资助发放仪式，同时召开“慈善一日捐”动员大会。翌日，全县招商引资汇报会结束后，县四套班子领导带头捐款，出席会议的各镇、各部门主要负责人现场捐款5430元。12月底，县爱心救助总会接收“慈善一日捐”款额103425元，其中县人民医院、县广电局、县供电公司分别捐款1.1万元、1万元和9570元。全年共募集救助资金140多万元。2004年5月助残日前后，开展“慈善一日捐”活动，接收募捐47万元。县地税局税务干部踊跃捐款，一般人员100元，股级干部200元，局级干部300~500元，合计捐款1.14万元；县人寿保险公司职工123人，捐款7100元。

2005年12月6日，县委办公室、县政府办公室印发《关于转发“慈善一日捐、济困送温暖”活动实施方案的通知》。县民政局、县地税局先后召开本系统干部职工参加的扶贫济困献爱心捐赠大会，现场捐款分别为3.64元和2.42万元。13日，县召开扶贫济困献爱心捐赠动员大会，参会县四套班子领导、离退休老领导、小学生代表、企事业单位代表170多人，现场收到捐款3.69万元。大会对2003年以来捐款3万元以上的17个单位和5000元以上的10名个人进行表彰。现场救助县城大病医疗特困群众10人，发放救助金1.85万元。会后陆续收到各镇各单位和房地产开发商捐款，主要有江苏华夏有限公司11.33万元，江苏中发置业有限公司10万元，淮安富康房地产有限公司8.89万元，淮安中鑫置业有限公司5万元，县金浦房地产开发有限责任公司5万元，县神华房地产开发有限公司3万元，县国云房地产开发有限公司2万元，上海绿达房地产有限公司1万元，浙江远丰房地产有限公司1万元，县建设房地产开发有限公司1万元，县民政局3.64万元，县地税局2.42万元，县委宣传部1.16万元，县经贸委1.39万元，县财政局1.2万元，江苏理士科技有限公司2万元，县卫生巾设备有限公司1.2万元，江苏金湖输油泵有限公司1万元，县国税局2.14万元，县农业局1万元，县交通局2.18万元，县水务局1.2万元，县供电公司2.35万元，县公安局2.86万元，石油试采二厂1万元，县城管局1.04万元，县广电局1.06万元，县林牧渔业局8500元，县粮食局6600元，县工商局8280元，县教育局5万元，县卫生局2.68万元，县建设局1万元，县电信局2万元，县信用社1万元，江苏爱特福股份有限公司9751元。全年共募集救助资金106万元。

第二节　救　助

2003年，县爱心救助总会实施社会救助27.98万元。资助特困学生519人19.88万元，其中高校特困生32人（本科生21人、大专生11人）、高中特困生51人、初中特困生140人、小学特困生296

人，资助标准为高校特困生一次性资助本科生每人2000元、大专生每人1000元，高中、初中、小学特困生每生每年分别为600元、400元、200元。救助特困家庭重病患者18人4.84万元。定向救助3.26万元，其中10月31日，淮阴赛欧消泡剂有限公司总经理杨柏忠捐款1万元，救助闵桥镇横桥联圩特困群众43户；12月2日，东泰发展有限公司总经理郑承营捐款1万元，资助育才小学春蕾班特困学生34人；县卫生巾设备有限公司总经理陈斌除在"慈善一日捐"活动期间捐赠1万元外，另捐赠2600元，帮助闵桥镇特困农民韩兆林恢复视力。

2004年，县爱心救助总会实施社会救助46.57万元。大病医疗救助141人32.35万元。1月中旬，县领导带领慰问大病医疗特困群众13户，发放救助金2.85万元。救助特困生564人13.52万元，其中高校特困生59人、每生1000元，高中特困生55人、每生每学期300元，初中特困生147人、每生每学期200元，小学特困生303人、每人每学期100元。3月5日，县工商局、县私营个体经济协会组织十佳私营业主、十佳个体工商户20多人，前往金湖中学结对帮扶特困学生21对，当场交付资助金1.96万元。意外灾害救助2户7000元。

2005年，县慈善总会先后实施救助城乡弱势群体中的大病患者、特困学生和意外灾害户4次，共发放救助资金66.6万元，其中大病医疗救助331人46.6万元，特困学生救助646人18.2万元，遭受意外伤害救助9户1.8万元。县慈善总会理事、县卫生巾设备有限公司总经理陈斌资助金湖中学高中二年级特困学生16人，每年资助1万元。

第四十篇　社会生活

1986年，全县60岁以上老年人2.63万人，占全县总人口8%。此后，老年人数量和老年人占全县人口的百分比也逐年上升。主要宗教有佛教、基督教。20世纪90年代初起，佛教活动逐步恢复；移居金湖的淮阴人中有一些人是基督教信徒，亦有基督教活动。1992年，县成立民族宗教事务局，宗教活动纳入法律、法规和政策范畴，正常的宗教活动受到保护，经县政府批准，一些寺庙、教堂得以重建或兴建，佛教人员及基督教信徒有所增加。

2000年第五次人口普查时，全县80岁以上老人达到2000人，且每年以1000人的数量递增，百岁老人也有增加。随着改革开放的深入，经济和社会发展，人们物质和文化生活水平的提高，加之交通改善、电视普及、网络流行，他乡之俗融入县域，金湖的社会风俗发生较大变化。在城区，日常生活、节日和礼仪习俗逐渐演变，有些陈规陋习已被新风尚所代替。而在农村传统的风俗，有些仍保留相传，一些被新时尚所替代。金湖人的语言文化也与全国各地一样发生变化，新词语不断涌现，俗语、谚语、歇后语、民间歌谣等，植根于广大群众之中，表现着他们的喜怒哀乐，寄托着他们的思想感情。2005年，全县60岁以上老年人48560人，占总人口13.5%。100岁以上老人5人（全部在农村，且均为女性）。

第一章 宗 教

第一节 佛 教

1986年，全县有僧11人，尼姑17人，对丧失劳动能力的佛教人员，当地政府均给予“五保”。

20世纪90年代起，金湖县的佛教得到逐步恢复。1991年，海晏寺住持能安发心筹资修建后殿3间。1993年9月，县政府批准海晏寺为金湖对外开放的佛事活动场所，并决定对该寺进行修建。1994年11月30日，金湖县佛教协会成立暨第一届会员大会在海晏寺召开，会议通过县佛教协会章程，选举名誉会长、副会长、秘书长。是年，全县有经县政府批准的佛事活动场所1处（海晏寺），另有简易房屋并供有佛像（历史上曾是庙宇）的8处。

1995年3月，县征地1.67公顷，修建海晏寺，第一期工程修建前殿，9月第二期工程修建东西殿，翌年10月完工。整个工程共修建仿古式殿堂11间，300平方米，耗资近20万元。工程完成后，香客、游客络绎不绝。是年3—6月，根据国务院颁布的《宗教活动场所管理条例》、国务院宗教事务局制定的《宗教活动场所登记办法》及省政府有关文件精神，县民族宗教局分别对全县22个乡镇、2个农场的22处基督教活动点和11处佛教活动点进行实地调查，并会同有关乡镇宣传统战委员，分别听取各点负责人介绍该点历史和现实情况，听取乡、村、组干部的意见，摸清各活动点的人数、设点时间、寺庵及教会内部管理组织和规章制度情况。此后，依据设立宗教活动场所必须具备的条件，对提出登记申请的活动点进行审查，并报请县政府批准，对手续完备、材料齐全、符合条件的14处宗教活动场所予以登记。对基本符合条件的8处宗教活动场所予以临时登记。其中，予以登记的佛教活动场所有3处，分别是海晏寺（黎城镇）、接引庵（塔集镇新华村）、十方庵（闵桥镇施尖村）；予以临时登记的有2处，分别是西安寺（横桥乡高庄村）、观音庵（卞塘乡窑墩村）。

1996年3月19日，县佛教协会一届二次会议在海晏寺召开，参会会员98人。大会通过协会工作报告和《关于拥护人民政府查禁邪教组织的声明》，修改协会章程。是年，县佛教协会有会员156人，其中男140人、女16人；已受戒18人。1997年3月19日，县领导到海晏寺现场办公，落实海晏寺出行道路建设费用2.5万元。是年，县佛教协会有会员149人，其中男141人，女8人。

2000年，全县有佛教协会会员160人，有经登记的佛教寺庙5处、活动点5处。2001年，全县有佛教协会会员216人。2002年，县委统战部和县民族宗教事务局筹资3.5万元，海晏寺自筹21.5万元，改建海晏寺大雄宝殿，10月完成。改建后的大雄宝殿，面积130多平方米，坐北面南，砖混墙壁，钢木屋顶，外形古色古香，高大雄伟，殿堂内设有新请的佛像。2005年9月，新加坡双灵寺常恒法师（金湖县闵桥镇人）捐赠的一尊玉佛（缅甸玉，高2.6米，重4.5吨）运抵金湖。

2005年，境内有海晏寺（黎城镇）、南宫庙（金南镇）、观音庵（金南镇）、西安寺（闵桥镇）、双庙寺（闵桥镇）、十方寺（闵桥镇）、白衣禅寺（闵桥镇）、寿佛寺（塔集镇）、接引庵（塔集镇）、净土禅寺（涂沟镇）、花园庵（吕良镇）等佛教寺庙11处，活动点3处。有佛教教职人员16人。

表 40-1-1　**2005年金湖县佛教寺庙、活动点一览表**　单位：平方米

名称	地点	占地面积	建筑面积	形成时间	名称	地点	占地面积	建筑面积	形成时间
海晏寺	黎城镇	2400	1800	唐贞观年间	寿佛寺	塔集镇	2000	1161	唐代
南宫庙	金南镇	5000	2000	清朝	接引庵	塔集镇	3000	1300	唐代
观音庵	金南镇	1000	500	隋唐时期	净土禅寺	涂沟镇	4000	180	清光绪二十七年
西安寺	闵桥镇	12000	500	唐贞观三年	花园庵	吕良镇	2000	1000	明朝中期
双庙寺	闵桥镇	28000	740	唐贞观年间	南宫庙（活动点）	金南镇	3000	1500	清朝
十方寺	闵桥镇	8000	2000	清咸丰十年	天缘观音寺（活动点）	金南镇	8000	6000	清朝末年
白衣禅寺	闵桥镇	2500	2100	唐末宋初	福寿庵（活动点）	金南镇	1000	500	清朝

第二节　基督教

1986年，全县有基督教信徒207人，分布在陈桥、金北、吕良、新农、前锋、官塘等乡。1987年11月6日，陈桥乡管庄村、金北乡洪圩村设立基督教活动点，活动点设有教堂，教堂外树基督教标志。这是金湖县设立基督教活动点之始。1995年3—6月，根据国务院颁布的《宗教活动场所管理条例》、国务院宗教事务局制定的《宗教活动场所登记办法》及省政府有关文件精神，县民族宗教局分别对全县22个乡镇、2个农场的22处基督教活动点和11处佛教活动点进行实地调查。此后，依据设立宗教活动场所所必须具备的条件，对提出登记申请的活动点进行严格审查，并报请县政府批准，对手续完备、材料齐全、符合条件的14处宗教活动场所予以登记。对基本符合条件的8处宗教活动场所予以临时登记。其中，予以登记的基督教活动场所有11处，分别是金北乡洪圩村、陈桥乡管庄村、前锋乡民生村、新农乡新农村、吕良镇曹圩村、孙集乡傅圩村、唐港乡秦庄村、银集镇团结村、官塘乡小集村、戴楼乡果林场、陈桥乡万坝村等活动点；予以临时登记的有6处，分别是黎城镇黎城村、吕良镇赤水村、金北乡李庄村、陈桥乡陶庄村、新农乡前进村、宝应湖农场等临时登记场所。是年12月12日，在金北乡洪圩基督教堂举行颁证大会。

1998年3月31日，金湖县基督教第一届代表会议在县城召开，来自各堂点代表60人出席会议。会议听取筹备组的筹备报告，通过《金湖县基督教三自爱国运动委员会章程》，选举产生县第一届基督教三自爱国运动委员会组成人员。是年，县民族宗教局在金北乡洪圩教堂进行规范化管理试点，帮助制订学习、财务管理、会员吸纳等10项规章制度。11月19日，在金北召开全县基督教活动场所规范化管理现场会。12月，全县23处基督教活动场所负责人、传道士到金北洪圩教堂观摩学习。至年底，全县各基督教活动场所普遍建立起10项规章制度，基督教活动场所管理走上规范化轨道。是年，全县有基督教信徒2756人，已受洗1350人，慕道友1406人。有基督教正式登记点17处、临时登记点5处、暂缓登记点1处。

2000年，全县有基督教信徒2814人，已受洗1468人，慕道友1346人。有基督教教堂4处、活动点23处。2002年，全县有基督教信徒2868人，已受洗1508人，慕道友1360人。有基督教教堂4处、活动点24处。

2004年11月8日，黎城基督教堂举行落成典礼。该教堂由基督教信徒自筹资金50多万元建成，建

筑面积564平方米，能同时容纳信徒800多人进行教仪活动。教堂位于县城翠园路北首西侧，正门面北。至2005年底，全县有基督教信徒2867人，其中已受洗1669人、慕道友1198人；有黎城基督教堂（黎城镇）、洪圩福音堂（金北镇）、宋庄基督教堂（陈桥镇）、新农（陈桥镇）基督教堂4处，活动点28处。

2005年金湖县基督教教堂、活动点一览表

表40-1-2 单位：平方米

名称	地点	占地面积	建筑面积	形成时间	名称	地点	占地面积	建筑面积	形成时间
黎城教堂	黎城镇	1000	564	1988	民生活动点	前锋镇	350	150	1990
洪圩福音堂	金北镇	930	160	1985	白马湖活动点	前锋镇	670	200	2000
宋庄教堂	陈桥镇	900	300	2000	吕良活动点	吕良镇	350	200	2000
新农教堂	陈桥镇	400	200	1990	赤水活动点	吕良镇	500	180	2001
九里活动点	黎城镇	600	200	1998	曹圩活动点	吕良镇	500	150	1996
果园活动点	黎城镇	100	100	2002	陈庄活动点	吕良镇	400	160	1998
工农活动点	黎城镇	300	100	2005	付圩活动点	吕良镇	500	180	1996
小集活动点	戴楼镇	500	80	1990	大坝活动点	陈桥镇	660	300	1990
果林场活动点	戴楼镇	500	120	1990	涧北活动点	陈桥镇	600	180	2004
牌楼活动点	戴楼镇	50	40	2000	管庄活动点	陈桥镇	620	180	1985
湖羊场活动点	金南镇	320	120	1995	陶庄活动点	陈桥镇	800	280	1989
塔集活动点	塔集镇	350	150	1995	军王活动点	陈桥镇	500	260	2000
团结活动点	银涂镇	600	200	1987	刘桥活动点	陈桥镇	100	80	1998
秦庄活动点	银涂镇	1500	300	1988	李庄活动点	金北镇	600	120	1992
宝农活动点	宝应湖农场	350	150	1990	董河活动点	金北镇	800	250	1999
复兴圩活动点	复兴圩农场	600	120	2002	沿河活动点	金北镇	300	120	1999

第三节　寺庙、教堂选介

一、寺　庙

图40-1-1　位于县城东部的海晏寺（摄于2005年）　李义海／摄

海晏寺　海晏寺位于县城东部。相传唐贞观年间（627—649年），高邮城有位杨姓商人载一船芝麻，行至湖中，突遇狂风。在船将倾覆之时，杨姓商人当即跪天祈祷许愿：苍天若能让其度过此劫，愿以整船芝麻的钱用于捐资建寺。瞬间风平浪静。嗣后，杨姓商人还愿，在此修建庙宇，名曰海安寺。占地6300多平方米，大小殿堂近百间。后人改为海晏寺。历代僧众多有修

图 40-1-2　海晏寺大雄宝殿（摄于 2005 年）　　李义海／摄

葺，其中大雄宝殿题额，为扬州名士所书，有明万历铜钟、记载碑等。寺内香客不断，香烟缭绕，蔚为壮观。清嘉庆十八年（1813年），寺院被洪水冲毁。咸丰五年（1855年），筹资重建。民国初年，军阀混战，溃败的散兵游勇又入湖为匪。黎城一带遭到乱兵、劫匪的残酷蹂躏，寺院香火日益凋零。抗日战争爆发，日军侵入高宝湖西地区扫荡，寺庙被毁，为躲避灾祸，僧人四散。民国37年（1948年），金湖地区解放后，住持隆祥法师和徒弟能安在当地信众的资助下，恢复咸丰寺院旧貌。1966年，经“文化大革命”浩劫，工厂进驻，殿宇摧颓，经像毁弃，僧人被迫离寺。

20世纪80年代初，政府落实宗教信仰自由政策，经有关部门协调，迁徙工厂。1991年，海晏寺住持能安筹资修建后殿3间。1993年9月，县政府批准海晏寺为金湖对外开放的佛事活动场所，并决定对该寺进行修建。1995年3月，县征地1.67公顷，修建海晏寺，第一期工程修建前殿，9月第二期工程修建东、西殿，翌年10月完工。整个工程共修建仿古式殿堂11间，有弥勒殿、观音殿、地藏殿、僧寮居，共300平方米，耗资近20万元。2002年起，多方筹资重建大雄宝殿及斋堂整幢楼生活区。寺院山门殿两侧镶嵌有一对明末清初流传的石鼓，为汉白玉材质，雕刻精美。每块高约85厘米，直径约60厘米，厚约26厘米，一面是高浮雕三狮戏球，另一面是浅浮雕缠枝龙，上面刻有多种图案，每块重100多公斤。2013年孟冬被窃。

2005年，寺院总占地面积约2400平方米，建筑面积约1800平方米。有正殿大雄宝殿，中央供奉佛像释迦牟尼佛及左右胁侍迦叶尊者和阿难，后方供奉鳄鱼观音像，两侧塑有十八罗汉像。殿内有法器钟鼓、大磬、木鱼、千佛灯等。大雄宝殿两侧楹联：“海晏河清鹫岭云开空界自成清净色 太平盛世龙潭月皓圆光常现妙明心”。大殿东、西侧建有观音殿和地藏殿，殿堂内供奉佛像多尊。前山门天王殿中，为袒胸露腹的大肚弥勒佛，两侧有对联：“大肚能容，容天下难容之事；开口便笑，笑世间可笑之人。”弥勒佛身后为韦驮将军，为四大天王座下三十二将之首，为佛教护法神。山门外两侧有一对青石雕狮子，威武凶悍，镇守寺院。

双庙寺　位于今闵桥镇双庙村境内。据传说，唐贞观年间，湖荡出了土匪，在周围打家劫舍，烧杀抢掠；不久又流行瘟疫，一时饿殍遍野。人间惨景惊动如来佛祖，立即差遣救苦救难的观音菩萨和疾恶如仇、惩奸除恶的城隍菩萨下界拯救难民。两位菩萨一个扮着郎中，给人治病送药；一个扮

图 40-1-3　位于闵桥镇双庙村的双庙寺鸟瞰（摄于 2005 年）　李义海／摄

图 40-1-4　双庙寺放生池及露天观音像（摄于 2005 年）　李义海 /摄

着判官，专治人间盗贼，严惩湖匪作乱。这里很快恢复往日生机，人丁兴旺，五谷丰登。当地百姓为感谢观音菩萨和城隍菩萨的恩情，自发出钱出物修建寺庙，供奉两位菩萨。原打算兴建两座寺庙，但因财力不足，一时又无法筹款。有位工匠建议两位菩萨共住一庙，得到百姓认同。考虑菩萨有别，就在寺庙大殿中间砌墙，把大殿一分为二，分别供奉观音菩萨和城隍菩萨的神像，并取名为双庙寺。后迭经战乱，屡毁屡建，"文化大革命"中亦未能幸存。2002年，由当地老居士王兰堂发起，开始修建双庙寺。2004年，曙明法师受邀担任双庙寺住持，继续完成王老居士的心愿，先后修建大雄宝殿、观音殿、地藏殿、药师殿、弥陀殿、天王殿、僧寮等10余间殿堂，在寺东侧修建放生池，池中有4.8米高的露天观音像、石栏桥等。2005年，双庙寺占地2.8万平方米，建筑面积740平方米。山门前有一对石鼓，相传是唐时双庙寺的遗物。每年农历四月初一，从前一天晚开始，来自县城和周边十里八乡的信众陆续而至，烧香祈福。

二、教　堂

洪圩福音堂　位于金北乡（镇）洪圩村。1985年，当地基督教信徒30余人。自发聚会于洪圩村渠北组李和道家。1987年11月，县民族宗教事务局批准该聚会场所为基督教活动点，树基督教标志。此为金湖县设立基督教活动点之始。1989年6月，由于信徒不断增加，购买洪圩村渠北组梁承美家砖瓦结构房屋4间，作为聚会点。1992年，信徒增加至200余人。是年8月20日，县土地局批准划拨建堂用地930多平方米。1993年2月，建成教堂4间160平方米、教会附属用房90平方米，教堂始开展正常宗教活动，定名为洪圩福音堂。2005年，洪圩福音堂有牧师1人、传道2人。聚会信徒200余人，聚会时间每礼拜天上午7—9时、礼拜三下午1时30分—3时、礼拜六晚间祷告会7—9时。建有老年信徒归天家乐队，专门为归天家的信徒举行丧礼。

图 40-1-5　位于县城翠园路北首，淮河西路南侧的黎城教堂（摄于 2004 年）　冀春阳 /摄

黎城教堂　位于县城翠园路北首，淮河西路南侧。教堂前身是1988年形成基督教信徒聚会点。2002年，信教群众自筹资金50多万元，兴建教堂，2004年11月8日举行落成典礼。占地面积1000多平方米，建筑面积564平方米，能同时容纳800多名信徒开展宗教活动。得名于黎城教堂。黎城教堂主要活动有：每礼拜天上午有崇拜活动，内容是唱诗、赞美、祈祷和讲道，下午有祷告会；礼拜三下午有查经聚会；礼拜五下午有崇拜聚会；礼拜六下午诗班排练诗歌。还不定期举行培灵会和布道会，组织

专门的探访小组，经常去医院和困难家庭探访患病和贫困人员，送去关怀和温暖。教堂被有关机关评为“四星级教堂”。2005年，有信徒500多人。

第二章　老年事业

第一节　老年机构

1986年，金湖老年组织有县老龄工作委员会，并设办公室，基层老年组织相继成立。1994年，建立老龄工作委员会乡镇22个，建立老年协会村193个。建老年活动中心117个，其中县级1个、乡级43个、村级73个，总面积3500平方米。1995年，村级老年协会增至210个，入会人数1.96万人。1997年，配备专职老龄委副主任的乡镇10个，村级老年协会增至261个。1998年，建立老年学校的乡镇20个。2001年4月，县老龄委、老科技工作者协会、关心下一代工作委员会、老区开发促进会、扶贫开发协会、老年体育协会、老年大学联合成立县老年联合工作委员会，“一套班子、八块牌子”，实行统一领导，分别对口工作。2002年，各镇人大主席或副镇长兼镇老龄委主任，村（居）委会中有老年协会128个。2005年，11个镇均建有老龄委，村（社区）老年协会119个，老年组织覆盖率95%以上。

第二节　老年人口

1986年，全县60岁以上老年人2.63万人，占全县总人口8%。1990年，全县60岁以上老年人超过3万人。1991年3.41万人，占全县总人口的比例超过10%。1994年，开始出现百岁老人。1999年，70岁以上老人接近2万人。2000年，80岁以上老人达到2000人，且每年以1000人的数量递增，百岁老人也有所增加。2005年，全县总人口360033人中，60岁以上老年人48560人，占13.5%。其中60~69岁29824人（农村25264人、城镇4560人），70~79岁13426人（农村11084人、城镇2342人），80~89岁4735人（农村4014人、城镇721人），90~99岁570人（农村345人、城镇225人），100岁以上老人5人（全部在农村，且均为女性）。

1986—2005年金湖县60岁以上老年人口统计表

表40-2-3

年份	60岁以上（万人）	占全县人口（%）	年份	60岁以上（万人）	占全县人口（%）	年份	60岁以上（万人）	占全县人口（%）
1986	2.63	8.0	1988	2.79	8.4	1990	3.23	9.5
1987	2.71	8.2	1989	2.96	8.8	1991	3.41	10.0

接上表

年份	60岁以上（万人）	占全县人口（%）	年份	60岁以上（万人）	占全县人口（%）	年份	60岁以上（万人）	占全县人口（%）
1992	3.49	10.2	1997	3.74	10.7	2002	5.02	14.0
1993	3.55	10.3	1998	4.12	11.7	2003	4.66	12.9
1994	3.60	10.4	1999	4.56	12.1	2004	4.56	12.7
1995	3.65	10.5	2000	3.68	10.4	2005	4.86	13.5
1996	3.70	10.6	2001	4.59	12.9			

2005 年金湖县百岁老人一览表

表 40-2-4

姓　名	性　别	出生日期	年　龄	家庭住址
王维珍	女	1904	102	塔集镇陆河村
董保英	女	1904.10.07	102	陈桥镇新桥村
陈林氏	女	1905.03.14	101	金北镇陈渡村
刘启英	女	1905.04	101	金北镇陈渡村
殷舜兰	女	1905.09.15	101	金南镇五星村

第三节　老年人权益保障

1986年，县内老年人赡养以家庭为主，居家老人一般随儿孙一起生活。无儿无女的“五保”老人，政府采取敬老院集中和就地分散相结合的模式赡养。

图 40-2-6　淮建乡敬老院（摄于 1998 年）　　姜燕／摄

1995年，县老龄办与新农乡老龄委组织调查该乡60岁以上老年人衣、食、住、医和身体状况。新农乡100户有老年人家庭中，老年男性占56%，农民占96%，文盲占68%，有配偶占54%，有劳动能力占85%，口粮基本满足者占89%，有房者占99%，身体健康或一般者占87%，生活能自理或部分自理者占97%，经济上无须资助者占91%。根据调查发现的问题，县、乡政府采取保障老年人权益和生活的措施，动员农民个人和集体投入养老保险5.5万人，签订赡养老年人协议书8500份。

2001年10月24日，在黎城市场广场，县老龄委与黎城镇联合开展《老年法》宣传咨询活动，向行人散发《中华人民共和国老年人权益保障法》宣传资料1000多份；县老龄委领导和镇司法、民政工作人员接受40多人咨询，回答许多老年人关心的诸如赡养、医疗等热点问题。2003年10月14日，县民政、司法等部门组织人员到县城西苑社区，提供老人法律咨询等服务70多人。2005年，金湖以创建全国老龄工作先进县为目标，以实现“老有所养、老有所医、老有所教、老有所学、老有所为、老有所乐”为工作重点，认真做好敬老爱老、优老助老和老年人的维权服务。11个镇均成立老年人合法权益维护站，县老科技工作者协会成立由政法部门老干部10多人参加的法律援助工作者分会，无偿为老年人提供法律援助。

第四节　老年大学

1992年9月，金湖老年大学开办，学员160人。通过办学，提高老人们自我服务、家庭服务和社会服务的能力，促进老人们愉悦身心、延年益寿。1994年，有医疗保健、历史、音乐、书法、诗文、气功、花卉、烹调、门球、棋牌、舞蹈和食用菌等14个专业班，有学员176人。2000年10月28日（敬老日），老年大学文艺宣传队自编19个文艺节目，到涂沟镇敬老院为老人进行慰问演出。

图 40-2-7　金湖老年大学（摄于1994年）　泰仕湘／摄

2002年，县财政和各有关单位投资、赞助11万元，改建老年大学校舍。建成后设教室3个、办公室3个，有活动场地和草坪、花圃。学校开设政治、保健、诗文、电脑、绘画、书法、音乐等20多门课程，实施思想政治、科学养生、学用结合、娱乐活动4项工程。在校学员262人，单科学习500多人次。12月18日，县召开老年大学建校10周年庆祝大会，市相关领导及友邻县区老年大学校长，县四套班子有关领导、各镇和县直各单位分管负责人出席。县民政局等单位和个人交流发言，县老年大学部分兼职教师和学员受到表彰。老年大学学员以“夕阳灿烂”为主题进行文艺表演。2004年11月25日，市老年大学协会领导和专家到金湖进行示范老年大学创建工作检查验收，审定金湖老年大学为全市首批示范学校，且得分第一。

2005年2月，县老年大学组织开展送文化下乡活动，组织40多人次到塔集、银集、涂沟等地为农渔民书写春联1100多幅，送去新春祝福。3月7日，县老年大学举行市示范老年大学挂牌仪式，并举办庆“三八”书画展和文艺演出。是年，县老年大学开设政治、保健、诗文、电脑、绘画、书法、音乐等20多门课程，在校学员323人。

第五节　老年活动场所

1986年，县建有老干部俱乐部，设有图书阅览室、乒乓球室、台球室、棋牌室、门球场等。是年，举行第二届离退休干部运动会，参赛200人。1991年11月，县委老干部局、县人事局、老龄办等单位联合举办第一届离退休干部“寿乐杯”体育比赛。此后每年举行1次（参见“第三十四篇教育　体育”第八章第三节）。1992年，金湖老年大学开办，亦为老年人活动场所。

1994年，全县有老年活动中心117个，其中县级1个、乡级43个、村级73个，面积3500平方米。活动中心都设有图书阅览室、乒乓球室、棋牌室等。1995年10月1日第五届国际老人节和11月1日省第八届敬老日，县委、县政府组织各乡镇、县直各单位开展纪念活动。1996年，县老干部俱乐部举办多种知识讲座和文娱、体育等兴趣活动，每天吸引200多老年人前来活动。是年，扩建门球场2个，购置各种体育、娱乐器材。2001年9月24日，县政府举办“迎国庆老年彩膜剪纸展”，近百幅剪纸作品参展。此后，此类活动在县内多次举办。

2002年10月，县民政局投资3万元，在康乐路10号利用老年大学部分校舍和设施，新建一个初具规模的社区“星光老年之家”。该活动场所占地2000多平方米，有教室、阅览室、棋牌室、台球室、乒乓球室和健身房，配备蹬力训练器、三位漫步机、太极柔推器等大型健身器材，外有活动场地和花圃，融老年教育、娱乐、健身、服务为一体。该场所建成后，每天都有100~200名老人前来参加活动。2005年，全县有老年活动中心153个，其中县级2个、镇（场）级25个、村（居）级126个，面积4500多平方米。

第六节　尊老敬老

1986年起，每年农历九月九日重阳节（敬老日、老人节）前后，全县都开展形式多样的尊老、敬老、爱老活动。每年春节期间，县四套班子领导及部委办局负责人组成慰问组，到各乡镇敬老院及“五保”户和老党员、老干部家庭送上慰问金、慰问品等。农村80岁老人生日，由村、组干部登门祝寿慰问；90岁老人生日，由乡、村、组干部登门祝寿慰问；100岁老人生日，由县、乡、村、组干部登门祝寿慰问。1994年10月13日，县、乡、村干部群众代表400多人，为夹沟乡龚河村王维兰老人，举行100岁生日祝寿活动。

图40-2-8　1998年10月医务人员在县城街头进行敬老日义诊服务
朱伟/摄

1996年11月，县政府首次召开老龄工作先进集体和先进个人表彰大会，表彰吕良镇、财政局等先进单位28个，林桂荣、彭德芳等先进个人63人；孙集乡花园村小学教师王友余赡养瘫痪叔父王福成，参加全省“百名孝星”评比，获省老龄委授予孝星称号。1997年12月3日，县老龄委、民政局等部门和淮胜乡村组干部、群众100多人，祝贺淮锋村四组耿金兰老人百岁生日。1998年3月，县出台老年人优惠政策10条，主要有开设60岁以上老人专门门诊和家庭病房、免收80岁以上老人就诊挂号费、免收100岁以上老人住院费，各乡镇卫生院、村卫生室每年义务为老年人体检1~2次。年底，发放老年优待证2万多本。1998年10月15日，县城千余老年人和全县老龄工作者在金城影剧院聚会，庆祝国际老人年和省第12个敬老日，表彰敬老先进集体27个、老龄工作先进个人12人、老有所为老人16人、敬老好儿女28人。

2000年12月28日，县政府有关领导祝贺涂沟镇交管站陈开英老人百岁生日，送去“期颐高寿”寿匾和礼金800元。2001年3月23日、4月28日、5月10日，县政府分别祝贺金南镇百庙村孙连英、前锋镇白马湖村倪金氏、县城果园小区周炳前百岁生日。2002年10月14日，是江苏省第15个敬老日，全县开展多种形式敬老活动。主要有：县委、县政府发表广播讲话，向全县老人致以节日祝贺，要求全县各级党政组织进一步关注老龄问题，重视老龄工作；县老龄委组织农村50多位老人到县城，先后参观“两河一堤”（利农河、三里桥河、淮河入江水道南堤）绿化带、爱特福广场、金中新校区等，通过看变化、议发展、谈体会，激发老年人热爱金湖、建设金湖的“夕阳情”；县老年科技工作者协会医卫分会组织老医务人员，为来自农村的50多位老人义务体检，并开展医疗保健知识咨询；城乡200多位老人欢聚在金湖宾馆大会议室内，老人们交流学习、娱乐、生活等情况，庆祝自己的节日；县老年大学为12位90岁、80岁、70岁寿星祝寿，献演文艺节目，县四套班子领导为寿星们赠送陆功勋老人亲手制作书画寿礼；县民政局、县老龄办负责人与前锋镇一同慰问该镇105岁耿金兰老人，赠送现金和慰问品800元。

2004年，为60周岁以上老人办理老人优待证近300本，接待老人来访60多人次。春节期间，县镇共慰问老人2800多人次，赠送各种礼品和慰问金3万多元。老人节前夕，县委、县政府领导带队，分3组慰问老干部、老教师、特困老人和百岁老人。是年，全县特困老人享受低保1800多人，农村特困老人参加农村新型合作医疗556人；单位结对帮扶、特困救助、节日慰问特困老人1800多人次；建国前老党员359人，每人每年补助生活费400元，60岁以上离任村干部每人每年补助生活费600元，离退休干部补贴每人年增加500元，百岁老人补贴由每月50元增加到100元；帮助特困老人建房60户180间。2005年，全县投入330多万元，改扩建敬老院8所，新增床位330多张，“五保”人员集中供养率42%以上；特困老人115户、每户补助不少于2000元，新建住房280多间；全县特困老人纳入城乡低保943人。全县共有“五保”人员1196人，其中分散供养952人、集中供养244人，集中供养标准由上年每人每年1750元提高到2200元，分散供养标准由上年每人每年1550元提高到1800元。

第三章　风俗习惯

第一节　岁时习俗

一、传统节日

春节　狭义是指农历正月初一至初五（最狭义的仅指大年初一当日）；广义是自上年农历腊月

二十三或二十四送灶起，至本年正月十五元宵节，有20多天。这20多天均属春节范畴。送灶至除夕为准备春节阶段，农历初一至十五为经历、享受春节阶段。其中含有送灶、除夕、元宵节等节日。国家规定，春节放假3天。1999年起，全县机关单位按国家统一规定，实行长假制，将春节前后的两个双休日调节使用，共放假7天。

送灶：送灶神日在腊月二十三、二十四，接灶神在除夕日。送灶时，于当日晚盛一碗煮熟的糯米饭，饭里放些蜜枣等，供奉在堂屋老爷柜左侧，碗旁放一双筷子，并将灶膛火叉拿出，由当家人或长子面对供品跪烧黄元、磕头，口念"灶老爷上西天，有一说一，有二说二"或"上天言好事，下界保平安，带回望岁心，除夕接灶神"等语。自送灶之日起，家家户户开始为准备春节忙碌。拆洗衣被、揩擦橱柜门窗、洗刷锅碗瓢盆、打扫室内外卫生，蒸制馒头包子，炒制花生葵花籽，购买大糕糖果茶食，张贴春联年画等。

除夕：除夕是农历年的最后一天，俗称为"大年三十"或"三十晚上"。是日，主妇要置办可供全家人在春节初一至初五几天内食用的饭菜（节日期间要吃剩饭剩菜，不兴烧制新饭新菜，意为年年有余）。中午，民间有祭祖的习俗，饭后要到先祖的墓地烧纸送"压岁钱"。除夕晚，全家人要聚在一起吃团圆饭、喝"守岁酒"，无特殊情况，即使在千里之外的亲人也要赶回来参加。晚饭后接灶神。当家人向未成年的孩子分发"压岁钱"和大糕（糯米粉加白糖等制成的薄片糕点），以祈愿小孩健康、平安、快乐成长。压岁钱根据家境和小孩岁数的大小或多或少，2000年后一般少则50元，多则100元、200元的，有的甚至更多。而且是父母给、爷爷奶奶给、外公外婆也给，再加上其他亲戚给的，一般一个小孩在春节期间能收到几百甚至几千元的压岁钱。1983年央视有了春节联欢晚会后，除夕晚上全家人聚坐在电视机前，饶有兴致地看春晚节目，很多人一直看到零点新年钟声敲响，燃放鞭炮，辞旧迎新。

大年初一：当家人早早起床，在堂屋大桌上焚香、供汤圆，开门后放鞭炮，谓之"接天地"。早餐后进城入乡，走亲访友，互致祝福之语。20世纪八九十年代，在电视节目里为亲友打字幕恭贺新春。随着通信技术的发展，打电话、发短信或电子邮件，为对方送去新春的祝福，逐渐成为人们拜年的重要方式。是日起，城乡有舞狮子、踩高跷、跑旱船等文娱形式的拜年活动。

大年初二：是回娘家日，新嫁女（婚龄在3年以内）每年都偕丈夫、携子女回娘家拜年。婚龄稍长的妇女也有在年初二去娘家拜年的习俗。回娘家所带礼品有烟酒、营养品之类。新婚夫妇头3年回娘家，娘家的长辈要给一对新人发红包，这红包既是压岁钱也是喜钱。

图40-3-9 1996年2月19日（正月初一），各乡镇组织文艺队开展拜年活动

秦仕湘／摄

正月初五：是接财神日。财神有五路之说，五路即东、西、南、北、中，意为出门五路皆可得财。接财神时，在堂屋老爷柜（或大桌）上置有五碗供面（或汤圆），门窗大开，燃香、点烛、放鞭炮，先迎后敬，祈愿在新的一年里大发大富。生意人对此日礼仪尤为重视。初五也称小年，一些地方也叫"破五"。初一至初五期间有好多禁忌，如不洗

衣、不扫地、不做针线活、不做新鲜饭菜、不说脏粗话，行为谨慎不粗野等。但初五一过，就可以不受这些约束。

元宵节：正月十五是元宵节，俗称“正月半”，家家户户吃汤圆，寓意全家团圆。元宵节又称“灯节”，市镇街道、店门前均挂各种各样彩灯，并组织灯展、灯谜有奖竞猜等活动。20世纪90年代后，各大超市出售的速冻成品汤圆为消费者提供方便，大多家庭不再自做汤圆。元宵节也是民间文化活动最集中的一天。民间艺人各显其能，有划旱船、舞龙、舞狮子、踩高跷等。划旱船也称跑旱船，是县内元宵节比较普遍的一种文艺形式。旱船以竹木扎成，再蒙以彩纸彩布，点缀彩花，形似船。表演时一女子身置船内，双手提旱船，在锣鼓声的渲染、带动下，双脚和双臂相互配合在表演圈内有规律的来回跑动，形似船在风浪中颠簸；两旁边有两男子手持篙或橹扮成丑角作撑或划船状。船内船外互动，边舞边歌，有说有唱。演唱的皆为地方小调。因时、因地、因人唱一些得体的喜庆吉利新词，气氛热烈，逗主人欢乐，让围观者捧腹大笑。

清明节 “清明”是农历二十四节气之一，清明节在公历每年的4月5日或4日、6日。清明祭祖是金湖民众重要的祭祀活动，即使远离家乡的人也要赶回参加。清明祭祖宜早不宜晚，俗曰：“早清明、晚大冬，七月半的亡人等不到中”，亦即当日在家中的供奉饭菜，焚香、烧纸、磕头等活动（亦叫烧亡人纸），应在午时前完成。清明祭祖另一重要内容是扫墓（俗称上坟），扫墓一般在当日进行，也可在节前节后的10天内进行。扫墓时要铲除坟墓处杂草，整理墓冢，挖置坟头，在坟头上扦插柳枝，最后是焚香、烧纸、磕头。遇有迁坟等事宜，一般也在清明节期间处理。金湖县1985年实行殡葬改革，逝者一律火化葬于规划的公墓。此前散置于田间、圩边的坟墓被逐渐平坟还田。今有些人家既不焚香，亦不烧纸，将一束鲜花置于墓前即示祭祀。有些人家在扫墓时还供奉一些果品、食品，甚至烟酒等物。清明期间，人们有折柳枝抹成小花或扎成柳枝环戴于头上，据称这样可以“避灾”，民谚曰“清明不戴柳，死后变黄狗”。每逢清明节，县内党政机关、群众团体、驻军、学校及企事业单位，大都组织干部、指战员、职工、学生到烈士陵园或烈士墓扫墓、献花圈等，祭奠英烈。

端午节 农历五月初五为端午节，又称端阳节、蒲节。据传，春秋战国时期楚国爱国诗人屈原在五月初五投汨罗江自尽。人们为打捞屈原遗体，使其不被江中鱼虾所食，出动若干船只在江中寻找，向江中投掷饭团等食物以诱开鱼虾。船只在江中游荡演变为赛龙舟，向江中投掷饭团等演变为吃粽子，并作为节日以示纪念。端午节，金湖居民都要腌制咸鸭蛋，采艾草、菖蒲，包粽子，准备各色丝线等。粽子以数张芦叶为包皮，内裹糯米，外用蓑草（现也有用棉线、塑料绳）捆扎。有些人家还将咸肉或红枣、花生米、豆沙等拌入糯米为馅。粽子有三角锥形和四角枕形两种，形雅色翠，清香可口，一般5~10个连成一串。在物质匮乏的年代，小孩喜将煮熟的粽子和鸭蛋用蛋络（由彩丝线织成）挂于胸前。人们将采来的艾草、菖蒲置于堂屋门顶之上，认为这样可以“驱邪避灾”。有些人家悬钟馗像，用以镇宅驱邪。端午节有吃“五黄”（黄瓜、黄鳝、黄鱼、咸鸭蛋黄、雄黄酒）习俗，并将雄黄酒洒在地上或涂抹在小孩额头、耳朵、肚脐上，以示驱邪。因雄黄酒有毒，今喝雄黄酒的陋习已除。端午节，小孩有在项、胸佩戴艾叶，手脚佩戴“百岁索”（由多股彩丝线绞成）的习惯；娘家有将新出嫁的姑娘带回家“躲午”，并向其馈送由粽子、鸭蛋、花线、铜银铃铛和礼布等配成的“端午锦”的习惯。也有男方人家用“端午锦”送至女家作为聘礼。

七夕节 农历七月初七是七夕节。七夕节的主要参与者是少女，活动内容是以乞巧为主。是日晚，姑娘们手持九孔针、五彩线对月穿之，穿过者得巧。故该节又为“乞巧节”或“少女节”“女儿节”，是过去姑娘们最为重视的节日。地方流传，七七为牛郎织女相会之日。为帮助被阻隔在银河两边的牛郎织女相会，七七之日，喜鹊衔来端午节后孩子们解除的“百索”搭成鹊桥。随着西方情人节传入，七夕节已演变为中国情人节。

七月半 农历七月十五为“七月半”，是“鬼节”，为祭祀亡人的节日。俗传去世的祖先七月初被阎王释放半月，故有七月初接祖，七月半送祖习俗。居民于此日中午置饭菜，焚香、烧纸、磕头.祭祀祖先，晚上于户外烧纸，祭孤魂野鬼。过去此日，有请僮子做“盂兰会”，或请道士“放斋孤焰口”，祭祀鬼魂，以求鬼神“降福消灾”，今已消失。七月半祭祀亡人的仪式应在午时之前进行。

中秋节 农历八月十五为中秋节，俗称“八月半”。八月是秋季的第二个月，为仲秋，也称为中秋。该日月亮圆满，寓意阖家欢乐、平安、团圆，又称为团圆节。节前，至亲好友有互赠月饼的习俗。是日，城乡居民均设家宴，有吃月饼、敬月、赏月、赏桂花、猜灯谜等多种习俗。敬月时，家家在户外露天设案，案头置放团圆饼（特制的大月饼）、米糕、菱角、藕、芡实、石榴、芋头等水旱供品各8个品种(俗称“水八鲜、旱八鲜”)，燃香，跪对月亮磕头。敬毕，分食团圆饼。家中如有未归人员，则将月饼切一小块留下，以示全家团圆。居民比较看重中秋节，每届时至，在外人员总要设法回家，和家人团聚、敬月，以求月亮保佑家人。地方有“在家不敬月，出门遭雨雪”的谚语。许多单位、团体开展中秋联欢活动，为远离家乡的游子排遣思乡之情。

图 40-3-10 1989年重阳节，县民政局、塔集镇领导慰问百岁老人杜张氏 李义海／摄

重阳节 农历九月初九为重阳节。《易经》将“六”定为阴数，“九”定为阳数，九月初九日月并阳，两阳相逢，故名重阳。该节有出游赏景、登高望远、观赏菊花、吃重阳糕、饮菊花酒等活动。登高远望可心旷神怡、健身祛病，吃重阳糕有步步登高之意。因重阳节的“九九”谐音“久久”，有长久、健康长寿之意。1989年，我国把该日定为老人节，成为尊老、敬老、爱老、助老的老年人的节日。重阳节前或当日，县机关、团体和社会各界均开展敬老、爱老活动。

冬至节 农历二十四节气中的冬至，冬至是北半球一年中白昼最短、黑夜最长的一天，所谓“日南之至，日短之至，日影长之至，故曰冬至”。自冬至之日起即进入“数九”，数九寒天亦自此日开始。居民称冬至为“大冬”，是鬼节，有“清（大）冬大似年”之说，是金湖民俗三大鬼节之一。金湖人重要的民俗节日有六个，称为“人三节，鬼三节”，春节、端午和中秋（八月半）为人三节，冬至、清明和七月十五（七月半）为“鬼三节”。在“鬼三节”里，民间家家要烧纸钱、祭祖。是日，家家置办饭菜、焚香烧纸、磕头祭祀亡人。

二、现代节日纪念日

现代节日及纪念日主要有元旦、三八国际妇女节、五一国际劳动节、五四青年节、六一国际儿童节、七一建党节、八一建军节、十一国庆节等。随着国家经济实力增强、人民生活水平不断提高，一些现代节日、纪念日得到关注和重视。每届节至，总要放假和举行一些相关的活动，以示纪念。其中：元旦为1月1日，俗称“阳历年”，国务院规定放假1天欢庆新年。是日，机关、团体、企事业单位张灯结彩，悬挂国旗、横幅，插彩旗，以示庆贺。20世纪90年代起，渐兴节前寄以贺卡、发电子邮件或手机短信相互祝福之风。元旦前后，直至除夕前，单位领导走访慰问离退休同志和困难职工。三八国际妇女节是妇女们的节日，国家规定妇女放假半天，机关事业单位的妇女一般都放假半天，企业单位的妇女视生产情况而定。有些单位还向节日对象发放一些节日礼品，以示关怀。国际劳动节为5月1日，国家规定放假一天。1999年9月国务院规定，劳动节假期由原来放假1天延长为3天。2000年国庆放假开始，对国庆、春节和劳动节这3个节日的休假时间进行调整，将节日前后2个双休日和法定假期合并，每个节日休息7天，自此开始实行“长假”制度。节日期间，县委、县政府及各单位工会组织举办形式多样的庆祝活动，有劳模先进表彰大会、先进人物事迹报告会、座谈会等。五四青年节是青年人节日，以弘扬“五四”精神为主旨，倡导青年人为党、为国、为民族奋发努力、积极向上。14周岁以上的青年放假半天。六一国际儿童节是孩子们的节日，教育部门每至六月一日，都要举办适应孩子们特点、形式多样、丰富多彩的各种活动，以使他们度过一个愉快而美好的节日。不满14周岁的少年儿童放假1天。七一建党节、八一建军节是中国共产党、中国人民解放军的节日，但也是全国人民的节日。每逢这些节日，地方各级党委、政府都要举行相应活动予以纪念。八一建军节，县四套班子领导及县属有关部门负责人都要分组分头开展走访、慰问驻金部队活动，帮助部队解决问题，征询部队对地方的意见、建议和要求。国庆节为10月1日。是日，国家机关、企事业单位都升国旗，插彩旗、挂彩灯，悬挂庆祝标语，举行庆祝活动。1999年国务院规定，国庆假期由2天延长为3天。2000年以后，将国庆节前后的两个双休日和节日假期合并，形成7天长假的“黄金周”。走亲访友、游历名山大川是很多人的节日选项，也有青年人选择国庆节举行婚礼，寄托吉祥美好。

除上述这些现代节日外，还有教师节、护士节、记者节、植树节等节日，每逢这些节日，均举行相关节庆活动。此外，另有一些纪念日，主要是五卅纪念日、七七抗战纪念日、九三抗战胜利纪念日、九一八纪念日等，遇有这样的纪念日，全县时而举行一些活动。这些节日、纪念日均不放假。

三、外来节日

情人节　2月14日为西方情人节，20世纪90年代起，在年轻人和青年学生中逐步流行。是日，不少情侣通过互发短信、互赠礼物表达爱情。男送女玫瑰花、首饰等，女送男巧克力、手表、领带等，并在晚间到浪漫的地点共进烛光晚餐。温馨浪漫的节日也给相关服务业带来商机。

愚人节　4月1日为西方愚人节，20世纪90年代传入中国，在年轻人和高年级学生中较为流行。是日最典型的活动是彼此开玩笑，后多用手机发虚假信息愚弄对方以此取乐，多数群众不愿苟同。

母亲节　每年5月第二个星期日为母亲节，20世纪90年代传入。这一天，儿女们向母亲赠送贺卡、鲜花、衣物、保健品等礼物，以表达报答父母养育之恩。

父亲节　每年6月第三个星期日为父亲节，21世纪初兴起，大众了解程度远不如母亲节，仅少部分子女在此节日打电话或发短信向父亲祝贺，或送父亲喜欢的礼物以示孝敬。

圣诞节　12月25日为圣诞节，又名耶诞节，是基督教和天主教纪念耶稣诞生的日子。20世纪80年代起，金湖县基督教徒和外资企业注重庆贺。90年代开始，在年轻人中流行。这一天，各大商场、饭店张贴圣诞老人像，在门口布置圣诞树，或装扮圣诞老人，以招揽顾客，还举行圣诞晚会、圣诞大餐等，开展促销活动。少年儿童们以戴圣诞帽为乐，朋友间也会发各种贺卡和短信问候。一些年轻人在圣诞之夜去歌厅、舞厅狂欢。基督教和天主教信徒在12月24日的平安夜，聚集在教堂举行欢庆活动，纪念耶稣诞生日。

第二节　礼仪习俗

一、寿　诞

做满月　孩子出生第三天“解谳”，请“鲜谳”酒。第十二天请酒，称作十二朝，十二朝可做满月。

国家提倡计划生育后，特别是改革开放后，人们的生育观发生重大变化（县内不愿生育第二胎者渐多），多数家庭不论生男生女皆做满月。孩子出生之前，外婆须送婴儿衣服、鞋袜及尿布等到婿家，称催生。做满月请酒那天，农村中亲友习惯送猪蹄挂面、馓子、烧饼、食糖等食品，亦有送钱和衣物者；城镇中，多送钱、衣物、鞋帽和婴儿食品等。满月当天，有些人家要给婴儿戴锁，称为满月锁；同时婿家要请女家父母、舅舅、姨母等吃饭，称为吃满月饭。20世纪80年代至21世纪初，随着生育观的改变，独生子女家庭居多。无论城乡，当事人都要置办几桌或十几桌酒席，邀来亲朋好友一起欢庆，客人除姥姥家及其相关亲戚外，一般都以钱币作贺礼。满月酒，农村人家基本在家中置办，县城居民大多在酒店举行。

生日 孩子周岁或10岁、20岁，多数人家有做生日习惯；一些成年人满30岁、40岁、50岁，亦做生日。届时，亲朋好友携礼登门，主家以酒相待。60岁为花甲之寿，70岁、80岁、90岁为古稀及耄耋之年，一般均要做寿。寿礼分“干”“湿”两种，“干礼”即现金，“湿礼”有烛、面、酒、鱼、肉及寿桃等。有的为显示隆重，担着寿礼，请吹鼓手一路吹奏送到做寿人家。做寿这天，堂屋或客厅设案，案上焚香、燃烛，供寿面（俗称长寿面）、寿果、寿桃等。拜寿（60岁以上寿者方行拜寿之礼）时，寿者在堂屋或客厅内上席而坐，子女、晚辈等依次叩拜，口中并言“某某，福如东海，寿比南山”等祝语。受拜者对拜寿者赠礼包。礼毕，吃寿面、喝寿酒，燃放鞭炮、焰火。60岁以上者寿日的前一日为“暖寿”日。是日，寿者晚辈为其“暖寿”，近亲密友、居家紧邻参加，燃放鞭炮焰火。20世纪80年代以来，做生日或做寿时兴送生日蛋糕等礼品，“糕”高谐音，对小孩、年轻人寓健康成长、步步高升，对耄耋之年做寿者，寿宴结束必向贺寿亲朋发“寿盏”，有“讨寿”，长命百岁之意。

二、婚　嫁

定亲 20世纪80年代后，随着思想解放，婚姻当事人自由恋爱成分愈来愈重，男女交流渠道也越来越多，同学同事、朋友介绍、征婚广告、一见钟情、网恋等。是否建立恋爱关系，基本凭当事人自己的意愿。现今，部分青年男女在婚恋关系期间有同居现象，置酒定亲的形式有所淡化。

登记 恋爱的男女之间，为了实现共同生活的目的，必须依照法定程序，双方共同到一方常住户口所在地的婚姻登记处，提交结婚申请和相关材料，对当事人符合结婚条件的，会当场予以登记，发给结婚证。

暖房 结婚前一天晚，男方请至亲好友近邻吃酒，俗称吃“暖房酒”。暖房这一天，洞房布置一新。被褥请一个“全福人”（即夫妻康健、子女双全、儿孙满堂的妇女）缝制铺叠。铺床用稻草（80年代后除少数农村地区仍用稻草外，多用棉胎，亦有用席梦思），铺床时，“全福人”从屋外到新房，一边说好话（吉利话），一边往床上投掷枣子、花生、糖果等，象征早（枣子）生（花生）贵子甜甜蜜蜜。晚上要请一位10岁左右的男孩（俗称“童男子”）“压床”，与新郎同睡一床。此俗农村多见，但无论城、乡，“暖房酒”必吃。80年代后，城镇和农村少数富户对新房布置越来越讲究，由过去的一般家具、收音机等用品，逐渐发展到组合家具、电视机、收录机、落地电风扇等用品。现今，县城的男方在县城一般都有一套新房；农村的男方在家庭条件允许的情况下，也有在县城购置一套新房，以供一对新人居住。新房一定要装潢，橱柜、沙发、餐桌等为必备，空调、冰箱、洗衣机、抽油烟机、彩电、音响等高档电器基本齐全。

成婚 20世纪80年代，结婚当日（俗称“正日”），由男家备交通工具，农村多用手扶拖拉机，城镇多用小轿车，与新郎、媒人同去女家迎新娘。新娘于一两日前“忍食”（不吃或少吃食物）。上车前必啼哭一场，以示对娘家眷念。上车时，头顶凤冠，身着男家购置的新衣，脚穿父亲的鞋子（俗曰“踩轿鞋”，上轿后须脱去留下，认为穿走会把娘家“财气”带走），由哥哥抱上车。车到男家，燃放鞭炮相迎，新娘由“福奶奶”（亦称“全福人”）搀扶下轿，新娘落轿后脚不能与地面接触，须在路面铺上布袋或窝褶（芦柴为材编折而成，作为储粮围栏用），直接进入洞房。“福奶奶”送来两碗红枣、两

图 40-3-11　前锋镇白马湖村渔民婚俗——揭盖头　　李义海／摄

碗饭、两条鱼，请新郎新娘一同用餐，称吃“富贵茶”“富贵饭”。但新娘不吃，由新郎代吃。此时“福奶奶”揭开新娘凤冠略看，道好。入夜后有闹洞房习俗。21世纪后，穿婚纱、拍婚纱照、用数辆小轿车迎娶新娘已是普遍和必不可少的成婚形式之一。酒席置办的场面越来越大、档次越来越高。县城人根据家庭经济状况、社会关系、社会地位等情况，结婚喜酒少则十几桌，多则几十桌，都是在酒店置办；饭菜一桌不低于300元，多则500元，甚至更多；香烟每桌两包，价15~30元；酒、饮料不限，酒价一般每瓶在50元以上的。结婚当日，新娘早起到婚纱店化妆，迎娶小车也在婚纱店披彩、缀花。婚宴上，需请专职司仪主持婚礼，请长者或有一定地位的人为一对新人证婚。

做朝　做朝也叫分朝，是新娘娘家人到新郎家作客。分朝在新婚的第二天进行。来作客的人数视男方经济状况和待客热情程度而定，但应来新娘的舅父、父亲或兄弟、侄儿等三代人，一般四人以上。男家视女方家来客人数置席，所来之人均坐上席，每两客置一席（四方桌上席为两客）。每席除两位主客外，余为主家安排的陪客。根据主客的文化、地位等情况，选择相应的人员作陪。居民有将分朝当作亲家互相走动和熟悉的机会，女方父母、兄弟姐妹、娘舅姑表姨亲戚等一应前来，除主要人员置于主席外，一般人员也就随遇而坐，两个“大家”合于一起，你来我往，新婚夫妇互认对方亲眷，分大小，别辈份。在杯盏交错中由生渐熟，其乐融融。

回门　婚后第三天，新婚夫妇须去女方娘家，俗称回门。这既释新娘念家之情，亦解父母初别女儿之思。回门夫妇一般不在新娘娘家住宿，当天必须回新郎家。现回门有当日回和婚后第二天进行的。

三、丧　葬

送终　老人临终，在外子女应尽快回家，聆听嘱咐，送别逝者。若没能在老人咽气前见到老人，也就是没能送终，是人生最大憾事。在确认老人不支，将欲断气时，即为其穿“寿衣”（亦称装老衣）。“寿衣”上下件数均成单，上身5件，女为衬褂、夹衣、大小棉袄、罩衫；男为衬褂、夹衣、棉袄、棉袍、罩袍；下身衬裤、棉裤、罩裤3条，俗称“五领三腰”（现今棉袍已不用，改为大衣等）。穿好衣服后抬入堂屋，置于“草铺”之上。草铺靠堂屋山墙而搁，男性在左（以人在屋内面外而别），女性在右，头南脚北仰面而卧，面盖纸（俗称蒙脸纸）。如死者父母尚在，则身下铺草席。头前点一盏素油灯，昼夜不息（俗称长明灯），一碗插有两只筷子的夹生饭（俗称“倒头饭”，现大多盛一碗生米），一碟果品（俗称供果），置于死者头前。死者双脚并拢，外侧两边各用一只筷子抵撑，称“踮脚筷”。老人断气后，需请阴阳先生（阴阳先生，多指懂些风水、阴阳八卦、五行命理的一类人，早期多从道教演化而来，为人推算祸福吉凶、生老病死等等。现在大多是专指风水师，在民间，从事殡葬礼仪的专业人员，也叫阴阳先生）推算开吊、安葬日期，书写“七单”，确定守七时日；家人要置灵堂，守灵，并四出报丧，告知亲友；请吹手（治丧乐队，以唢呐式的喇叭为主，以笙为伴奏）奏哀乐；请帮办（21世纪初逐渐兴起的民间自发组织的帮助丧户料理丧事的一班人员，他们自带丧篷、桌凳、餐具、炉灶等，帮助丧户搭建丧篷、置办酒席、抬重等）处理有关丧事。

戴孝 旧时父母去世，孝子（儿子）、孝媳（儿媳）等要穿丧服、戴孝手巾。今穿孝服者极少，大多为头戴孝手巾或胸佩白花，或臂套黑纱袖套。孝手巾由白布撕成戴在头上，由身后披拖而下。老人断气后，孝子要请丧主决定孝手巾发放规格和范围，孝子孝孙等首先要佩戴孝手巾。孝子、孝媳的孝手巾最长，一般双叠后由头顶披拖至地。孝子腰间系一左麻绳（左搓之绳），麻绳上打7个结（逢七解一结），孝媳孝手巾上要附一束细麻（所谓披麻戴孝）；孝子、孝媳还要穿白布鞋，现一般在所穿鞋的前部蒙以白布。孝孙、孝孙女等晚辈亦要戴白孝，但长度比孝子、孝媳短。除白孝外，孙辈还要佩戴一朵红布花或一红布条，以示辈份。重孙辈戴红布孝，再在红布孝中缀以黄布花或黄布条。孙辈等在鞋的前部蒙以蓝布，再在布上缀以红布花或红布条。夫亡，妻戴孝；妻亡，夫不戴孝。其他晚辈亲友之孝手巾较短，曰“嗑头孝”“人情孝”，在开吊时发给。分发孝手巾忌手手传接，而是由发孝人将其抛于地上，接孝人由地面捡起，接孝人在捡拿孝手巾前后均要跪地叩首。亦有以臂佩黑纱袖套取代孝手巾。黑纱袖套同一式样，不分彼此，无亲疏之别。有前来吊唁者，孝子要到路头跪迎。吊唁者向逝者行悼礼时，孝子或孝孙要陪跪。

开吊 开吊（亦称吊丧）之日众亲友皆至，祭奠逝者，出吊唁礼；请丧主主持决定亲属孝手巾长短及发放层次（即所谓三党孝、五党孝）；分发孝手巾。丧主由父族或母族中长者为之。死者为男，请叔伯或族中长者为丧主（亦有以死者母舅家人为丧主）；死者为女，娘舅家人为丧主。若丧主年老体弱或不谙礼仪，则请其族中德高望重者。此时丧主最为尊严，必“三请四邀”。丧主坐于邻家，孝子、孝媳、孝孙等在吹鼓手引带下由灵堂经过去邻家，每至必跪地叩首，第四次方邀得丧主。丧主在听完孝子禀报逝者临终前身体、生病、医治等情况后，视孝子、孝媳等平时表现，或表扬，或提出不足，或严词苛责，然后起身去灵堂。前来吊唁者，着装素淡，神情凝重，至逝者草铺前行悼礼，丧礼为花圈和现金。午时，丧户要置办丰盛饭菜（俗称斋饭）款待吊唁者。宴间每当上大菜（红烧猪肉）时行“谢客仪式”，孝子、孝媳、孝孙等都要在司仪（由治丧乐队的人担当）、乐队的带领下绕席三周后行跪叩礼，以感谢丧主及众亲友。同时，司仪高调拖唱“孝子孝媳孝孙孝孙媳孝曾孙……叩谢丧主各位亲朋好友”，在司仪唱至叩谢时，孝子孝孙齐刷刷面席跪地叩首，就餐者起立回礼。耄耋年逝者，丧户向吊唁亲友发放一对“寿盏”和毛巾，还“讨寿”愿。进入21世纪，此繁琐仪式在县城逐渐淡化。

穿材 将死者由草铺请（移）至棺柩叫穿材，亦叫下材、入殓。金湖县1985年推行火化后，尸体入棺土葬的习俗被禁止。现今穿材就是将死者由草铺移至殡仪馆提供的棺罩或冰棺内。遗体向棺罩移动之时就意味死者离开人间，此时满堂号啕，哀声恸地。死者入棺罩后，在未盖棺罩之前，死者亲友依长幼为序在抬重人（负责死者安葬等事宜的民间人士）的安排下绕棺一周，与死者“会面”。“会面”是生者最后一次面见死者，有动情者会哭得死去活来。“会面”后盖上罩盖，丧主在孝子、孝媳头上各剪少许头发，裹在钉上钉入棺材主钉位，俗称“刹钉”。“刹钉”由丧主（或请阴阳先生代劳）将主钉钉入棺材，孝子必给执斧者刹钉礼。现棺罩不能钉钉，待安葬时在骨灰盒上钉钉。抬重人将原搁置在板凳上的棺罩抬到高一些的凳子或桌子上搁置，叫“升高”，意为后人留下吉祥。穿材在开吊日的晚饭后进行。

安葬 1985年，金湖县全面推行火化，农村以村为单位建有公益性公墓或骨灰塔、骨灰堂等。1997年，县城在十里岗建成经营性公墓，丧户可出资购买墓穴安葬死者。提倡骨灰入骨灰盒安葬，禁止木棺安葬，要求安葬于规划的公墓或骨灰塔、骨灰堂，不得乱埋乱葬。人死，一般3天或5天后火化并安葬。出殡时，魂幡引发，鼓号齐鸣，孝子、孝媳、孝孙等披麻戴孝执“哭丧棒”引柩缓行，其他亲友于后随行，一路哀哭，丢“买路钱”，步向（现大多离家一段距离后即上车）墓地（现是去殡仪馆）。遇有桥闸或路祭的，要停棺，孝子孝孙回身对棺跪叩、烧纸。安葬时，遵阴阳先生所择，有定位、定向、抓土、掩土、垒坟、立碑、拜哭、辞坟等仪式。送葬者回家时忌回头望和走回头路，进门前须跨火堆并吃片糕。第三日，孝子、孝媳、孝孙等携饭菜等祭品来安葬地，用衣服撮土撒于坟上，挖两颗锥形土团置于冢顶，顶上扦插柳枝，燃烛、焚香、烧纸、跪叩，为“复山”。干部或职工去世火化前，一般均在殡仪馆设灵堂，生前同事、领导及亲友齐聚灵堂，举行向遗体告别仪式，以示哀悼。吹鼓手、乐队自老人断气后即被请来，到逝者安葬结束，期间除不定时的吹奏外，凡遇吊唁、请丧主、上大菜、散发孝手巾、开吊、送葬等均要吹奏哀乐（时而也吹奏一些流行曲调）。所用唢呐式喇叭声音洪亮、高亢，曲调凄婉，如泣如诉，营造哀伤气氛。有些丧户孝女、孝媳不谙哭技，花钱请吹乐队里专职的“代哭者”权为哭丧。

守七　老人逝后，家里设立灵台，置遗像，家人为其“守七”（亦称“做七”）。每七天为一个“七”，共7个七，逢七均守。守七于晚间进行，在堂屋门口置桌，焚香，放置水饺、糕点等供品，焚香、烧纸、磕头，以示悼念。仪式后，家人与众邻分食水饺。做七时，有些人家逢七还请和尚道士放“焰口”、念经，而大多数人家则是在“六七”之日进行，以超度亡灵。“六七”日，出嫁女儿置办饭菜来供奉亡灵，俗称“换饭”。七期之日如逢农历初七、十七、二十七，则为“犯七”。逝者最忌犯头七，习俗认为犯头七者是最凶最恶之人（民间骂人时有用“你这个犯头七的”）。习俗认为犯七是死者灵魂回归，家人要将罐、缸、坛等有口器具之口盖好，恐其坠入。“六七”后，孝子方可“剃头”“修面”和到亲友家作客。旧习俗守孝须3年，3年之内不得穿红着绿、喧哗喜庆等。如遇需办之婚娶之事，七期之内免俗，曰“七里操”或“孝里操”。死者100天时要做“百日”，一周年时要做“头周年”。少数人家3年之内每周年均做“周年祭”，每逢整十年都要做周年祭，每逢死者整十的生日要做“晚祭”。

四、礼　节

握手　亲朋、熟人等相见或分别，双方多以手相握。初次见面，经熟人或本人自我介绍亦握手。遇尊长或领导等，通常是尊长或领导先予伸手，再与之握。握手忌戴手套。现异性握手亦非鲜见。

招呼　朋友、熟人或同事等路上相遇，总要互相微笑或点头问候“您好”。如早上相遇，则问候“您早”。若一方问候“忙啊?”另一方则回答“可以”“不忙”“忙呢”等。有时还以是否吃饭为问候语，“您吃过啦？”以示招呼，另一方则回答“吃过了”“没吃呢”“就吃”等。遇到领导，常称呼职务，或在职务后称以“早”“好”等，对方或点头示礼或回答“你早”“你好”等。一些老年人于傍晚遇见老年人、尊长等，常以“晚请”（意为“晚上好”）问候对方。在外出从工经商者，别后相逢问候语有：“在哪发财呢？”“发财，同发”等。

让路　出入门户，让长者、领导、客人等先行。狭路相逢，年轻让年老、男让女、体健者让孕妇和病残者、行人让车辆等先行。城区或公路有红绿灯的交叉路口，行人在显示绿灯时过马路。

作客　到别人家作客，雨天一般将雨具放置门外，鞋有泥土，多在门外擦去；若主家室内使用拖鞋，作客者则应主动换穿拖鞋。室内客人众多时，须一一招呼，相识的并握手示礼。身旁坐有妇女、儿童或病人，一般不主动吸烟。敬茶则喝。坐席时，应谦让主席；用菜时应视主席之意，并就近持夹；忌不作任何招呼先行用菜、将筷子伸到别人面前夹持，或在盘内翻来倒去、挑瘦拣肥和夹菜时汤滴不止等。

待客　客人来访，主人起身相迎，入室让客人先行，让座、敬茶、敬烟、敬糖、敬水果等。客人在场，不打骂孩子，不看手表，以免有下逐客令之嫌。客人欲走，常留饭。客人走时，送至门外，有时还送到大路上，以示礼貌。临别时常说“慢走”“好走”“再来”等。

第三节　生活习俗

一、饮　食

改革开放后，居民收入增加，物质丰富，生活水平不断提高，饮食习惯亦发生一些变化。一日三餐，早、晚稀饭，中午干饭，是大多数居民沿袭的日餐制。所不同的是过去以纯米饭、粥为主，今则以饭、粥内能掺有菜、豆、菱、藕、山芋、胡萝卜等五谷杂粮为要；佐菜不追求大鱼、大肉，而是荤素搭配，以素为主，注重营养平衡。金湖县居民大多不谙面食之道，早晚伴稀饭之烧饼、馒头、包子、面包等点心，大多由街上店里买得。油条内因含有对人体有害的物质，现大多数人偶尔食用。随着家庭人口结构的小型化（2005年户均2.79人），3口之家生活节奏较快，父母上班、子女上学，早餐大多数人在附近或顺路的饮食店里以稀饭、包子等点心对付，有的甚至一块面包或一罐牛奶、豆汁、八宝粥边走边吃。中餐佐菜一般两炒一汤或一炒一烧一汤。居民有腌制咸菜、咸鱼、咸肉等习惯，但因这些腌制品多含对人体有害的亚硝酸盐，随时间推移该习惯大多数人逐渐淡化。市场经济蓬勃发展，扩大人脉关系被人们所看重，进饭店酒楼与三朋四友联络感情已成常态。单位之间，上下级之间的公款招待，是助吃喝之风的一个重要因素。每至午、晚，县内数百家大小饭店、酒楼食客盈门。就餐者也有自费偕妻携子者。无论是在饭店或是在家宴请亲朋或置办喜、丧事，用菜已由以往的“八大碗”演变为先冷盘，后炒菜，再烧菜的共10多道或20多道菜肴，而且讲究色、香、味、形，皆为淮扬菜系。宴请宾朋，酒的烈度越来越低（酒精度40°～50° 左右），一桌用酒，少则三五瓶，多则七八瓶。街头面条、馄饨、水饺、蒸饺、各色包子、油条、烧饼、大饼、蒸糕、麻团、麻花、馓子、凉粉等餐馆（店）为行商客旅、流动打工者等临时小吃提供方便。改革开放后在露天广场敞置的夜市大排档很受一些人的青睐。互相吃请之风较盛，剩菜剩饭倒掉等浪费现象严重。有些家庭对独生子女娇生惯养，养成孩子不思家中饭食，专挑超市香脆零食的坏习惯，导致营养不均衡，影响孩子正常发育、健康成长。

二、服　饰

20世纪80年代中后期，随着生活水平的提高，衣服除了遮体保暖之外，装饰功能得到很大提升。男士穿西服、女士穿百褶裙的人渐多。随着服装行业的兴起，成品衣店开始增多，衣店所售服装从常熟等南方服装市场批进，款式新、品种多、色彩全、价格廉，很受金湖人喜爱。女装连衣裙、超短裙、套裙、直筒裙、蝙蝠衫、无袖衫、低领衫等，男装夹克衫、运动衫、滑雪衫、西装、牛仔服、劳动服、风衣、猎装等无所不有；童装、学生装、青年装、中老年装应有尽有；色彩丰富，清淡艳丽各色齐全；价格从几十到几百元，可以还价；看中则买，买后即穿，方便快捷。这是金湖人衣着上的一次重要变革。买布料到裁缝店请裁缝制作衣服的习惯，在居民中渐行渐远，很多作为生活生产工具的家用缝纫机，成为家庭的一个摆设。服装面料有化纤、棉布、丝质、毛料等，高、中、低档都有。由于人体对化纤的不适，贴身衣服人们更青睐纯棉料。青年男女是新式服装的弄潮儿，女性追求漂亮、时尚，男性讲究个性、风度。毛线衣渐次收入衣柜，穿羊毛衫者愈来愈多。穿西服者一般均系领带，女青年则在颈脖处扎纱巾。童装式样别致、色彩鲜艳，有娃娃衫、小警服、海军衫、小西装、背带裤、连衣裙、超短裙等。国内外流行的服装，在很短时间内就能在金湖看到。

在城镇，布鞋、球鞋逐渐淡出人们的视线，穿着皮鞋的人越来越多。年轻女性皮鞋的高跟愈来愈高、愈来愈细。男性皮鞋款式愈来愈多，颜色愈来愈丰富。长筒锦纶袜、丝袜备受女青年喜爱。20世纪90年代中期起，轻便、舒适的运动鞋、旅游鞋，受到居民的青睐，无论男女、不拘老少。

三、发　型

20世纪80年代起，电烫、化学烫发开始流行，不单女子烫，部分青年男子亦烫发，但男子以吹风见多。发型多种多样。男子一般有无缝青年式、有缝青年式、奔式、爆炸式、中分式、二八式、平顶式等。少数男青年留长发，形成包头。剃光头是一些男人的时尚。女子发型一般有披肩式、童花式、花瓣式、波浪式、云纹式、螺旋式、刘海式等。少数女青年喜梳长、短辫。老年男子和男童一般理平顶或自由式，老年妇女多为齐颈短发，女童理齐耳、齐颈直发或扎小辫。

四、饰　物

改革开放后，居民生活逐渐富裕，配戴饰物成为一些人的时尚。因性别、年龄不一，所配饰物也各不相同。成年女性佩戴金耳环、金戒指、金项链之风渐盛。富有或讲究者在饰物上还点缀有珍珠、翡翠、玛瑙、钻石等，以示珍贵。20世纪90年代起，白金饰品在县内开始销售，一些富有女性选购白金耳环、戒指、项链佩戴。一些男性因爱好或为显示富有、时尚或强势，亦佩戴金戒指、金项链。有的戒指、项链硕大，戒指重达数十克，项链粗如小手指。经济条件差的女性佩戴小型金银饰品，或买镀金的饰品。铜质戒指、项链等已很少有人佩戴。一些名牌真皮腰带、钱包、手持包等，也被人当饰品配用。女性青少年喜欢具有个性的绒质、塑料、陶瓷的小兔、小狗、唐老鸭、芭比娃娃等小饰品，装饰于自行车钥匙、手机、背包等。男青年喜爱别领带针，女青年喜爱佩胸针。青年女性涂脂抹粉、描眉、涂口红、画眼影等渐兴起。

五、房　舍

20世纪80年代中期，县内农村大多数人家建有砖混结构的瓦房，集镇少数人家建有两层小楼。居民在住房建设上不遗余力，总想将房屋建得高大、宽敞、明亮、通风、保暖、隔热、牢固和实用。90年代中后期在县城机关、企事业单位开始实行住房制度改革，职工住房由单位分配改为发放住房公积金，提倡职工购买商品房。居民建房、购房热兴起，县城房地产业迅速崛起，个人兴建的单体二三层小楼、开发商开发的五六层的住宅楼拔地而起。在县城楼房热的带动下，农村居民建房亦趋楼房化。2005年，县城的层楼房户面积一般80~120平方米，小的两室（卧室）一厅（客厅）一厨（厨房）一卫（卫生间）；大些的三室（卧室）两厅（客厅、餐厅）一橱（厨房）两卫（两个卫生间），每户都有一个伸出主墙体的阳台。县城少数别墅式的楼房和农村农民建的单门独院的楼房，有2层的，也有3层的，农村大多砖混结构，县城大多钢筋水泥整浇，面积150~250平方米，农村的占地面积稍大，结构、功能相似。这种楼房较之层楼，空间更大，实用性、舒适度更强。金湖地处北纬，为有利采光，房屋大多为正门朝南。

图 40-3-12　闵桥镇施尖村农民新居（摄于2005年）　县建设局／供

六、出　行

1986年起，金湖县公路建设步伐加快，交通条件得到改善；人民生活水平逐步提高，机械化陆路交通工具得到发展。有通往周边县市的客运班车，农村公交车通达各乡镇，人们外出一般都是乘车，骑自行车的渐少，步行的更少。20世纪90年代中后期公路路况等级提升、乡村公路得到延伸，外出使用摩托车的人迅速增加。进入21世纪，以电瓶车代步开始兴起，小轿车的拥有量逐年增多。至2005年，以车代步已极为普遍。

第四节　游艺习俗

20世纪80年代中期以后，打麻将之风渐盛。起初以年老体弱者居多，主要是娱乐消遣，略带一些经济刺激。大多以“拔锅”形式进行，每人往锅里（纸盒类器具）投一点钱，投钱量由大家商定，一般一人5元、10元左右，锅里钱被“拔光”即告结束。90年代至21世纪初，打麻将之风在中青年中蔓延，一些退离休老人也加入该队伍，打麻将者甚众。金湖麻将流行“老三番”，成牌认“嘴”记账，小的一“嘴”0.2元、0.5元，大的有1元，甚至更多。众多打麻将者催生打麻将场所，个人开设的棋牌室逐步增加。棋牌室在提供场所的同时，还提供饮料、水果、点心及饭菜等。东家以打牌者的“水钱”取利，凡成牌者都要按约定丢水钱，成一次牌，丢一次钱，所丢之钱一般都多于东家的开销。后来，不用人工洗牌的自动麻将机应运而生，给打麻将者带来新的乐趣和便捷。扑克牌的玩法也不断翻新。20世纪80年代以“40分”“80分”为主，90年代兴“五十K”“斗地主”，21世纪后流行“跑得快”“擦皮鞋”“掼蛋”。“跑得快”“擦皮鞋”定有经济刺激，玩者不是很多。“掼蛋”因既可娱乐也可有经济刺激而较为流行。有空便“惯”，有人即“掼”，即使是饭前的很少一些时间也不放过。利用麻将、扑克等为赌具进行赌博，亦时有发生，且屡禁不绝。

第五节　其他习俗

20世纪80年代初，不少人对“面相”“手相”的所谓“科学算命”感兴趣。算命先生基本是一些盲人，他们由人引领，游走于乡村、县城，遇有欲算命者，便登门入室为其算命。80年代后，民间相沿的风俗禁忌逐渐减少，但农村中有些忌讳仍存。新娘进洞房时，丧偶者不能在新娘所到之处出现。家中置办婚、丧、喜、庆宴席时，不能打破碗碟。送葬时，后面的人不能踩踏前面人的脚后跟。戴孝期间，忌走亲访友，更忌入喜宴、寿堂。向人敬酒，忌反手倒酒，属不敬。书信忌用红笔写，意为绝交。船民、渔民吃饭忌将筷子搁碗上，吃鱼忌将鱼翻身或夹断，盛饭叫装饭，不能叫盛（沉）饭，犯忌不吉，意为搁浅或翻船。90年代起，算命先生队伍中增添很多健全人，他们将其作为一种职业。在县城，他们三五成群散落于某条路边，摆摊设点，招引路人算命。有些算命先生则在自家门前挂上书有“算命、测字、起名字”等招牌，招揽生意。一些人遇有婚配、孕育、升迁、生病等情况时，总要请算命先生算一算。算命先生以人的生辰八字，来“推断”命运、事运、时运等。算命一次，少则几十元，多则上百元，甚至几百元。遇有需要免灾、变运等“运点”，则需要“断”，“断”之收费没有谱。90年代后，又增添新的忌讳。忌四旺八，“四”意“死”、“八”意“发”，私家车牌号上争用“8”的诸多。“98”意为“久发”，“168”意为“一路发”。饭店电话号码则喜用“777”，意为“吃吃吃”，房号喜用“8”。

病者吃中药的药渣要倒在过往人较多的路上，说是经多人踩踏后病患易愈。儿童换乳牙，上牙扔床下，下牙扔屋顶，寓意上牙健康向下长、下牙健康向上长，长得齐整，不会歪斜。以圆形指头纹（螺纹）"判断"人命运。"一螺巧，二螺拙，三螺四螺动棍拨，五螺六螺骑红马，七八九螺有官做，十螺全不下田，拿个棍子讨荒年。"眼跳是凶吉征兆，"左眼跳喜，右眼跳灾"，或"左眼跳福，右眼跳晦气"等。叫魂，小孩生病，巫婆说："小孩魂掉了"，于是按巫婆的方法：带一件小孩的衣服和一把笤帚，用笤帚在家前屋后的地上扫扫晃晃，着一人呼唤小孩乳名："某某来家吆"，另一人应答："来家了！"，呼唤应答之声延续到家。后用被子将小孩盖好捂汗，说是可以病愈。小儿睡不着觉，夜啼不止，被称为"吵夜郎"或"夜啼郎"。家人请人用红纸写上"天皇皇，地皇皇，我家有个夜啼郎，过路行人念一遍，一觉睡到大天亮"，贴在路边，说是行人念后可治小儿夜啼。有些人生病找香头（亦叫巫婆、神汉），香头扮神鬼状，称是某某鬼附身，需要还阴债。病者依其所说的时间地点去烧纸。

第四章　地方语汇

第一节　俗语　谚语　歇后语

一、俗语　谚语

金窝银窝，不如自家穷窝。
儿不嫌母丑，狗不嫌家贫。
在家千日好，出门一时难。
不是一家人，不进一家门。
树高高不过天，权大大不过法。
人怕出名猪怕壮。
行大欺客，客大欺行。
火仗风威，狗仗人势。
有理走遍天下，无理寸步难行。
开水不响，响水不开。
不经厨子手，有点酱黄味。
刀是磨出来的，人是练出来的。
一芽知春，一叶知秋。
树怕伤根，人怕伤心。
田不耕不长，人不学不知。
不怕人笨，就怕不问。
牛不知力大，人不知己过。
干部带头，万事不愁。
喊破嗓子，不如做出样子。
事业能终身，单怕不认真。
不听老人言，吃苦在眼前。
外头有个挣钱手，家里要有聚钱斗。
有钱常想无钱日，莫教无钱想有钱。
穿不穷吃不穷，算盘不到一世穷。
儿多母苦，人多家贫。
寒从脚下起，病从口中入。
身怕不动，脑怕不用。
世上三样苦，撑船打铁磨豆腐。
吃猪要吃叫，吃鱼要吃跳。
拼死吃河豚，老婆跟旁人。
隔河千里远。
吃鱼不如取鱼乐。
小鱼小虾，连吃带抓。
三斤半个鸭子，二斤半个嘴。
田鸡要命蛇要饱。
龟在一湾，鳖在一滩。
桥归桥，路归路。
人抬人高，水涨船高。
小洞里爬不出大蟹来。

二、歇后语

百尺竿头挂剪刀——高才（裁）。
扳倒葫芦洒了油——一不做，二不休。
搬石头砸天——自不量力。
板上钉钉子——稳扎稳打。
狗撵鸭子——刮刮（呱呱）叫。
矮子放屁——低声下气。
水中捞月——一场空。
砧板上的肉——任人宰割。
八角掉进粪坑里——香臭不分。
八仙桌缺条腿——摆不平。
八月十五吃年饭——还早呢。
螃蟹过马路——横行霸道。
韭菜叶子炒大葱——亲（青）上加亲（青）。
白天打电筒——多此一举。
抱着孩子拜天地——双喜临门。
背着油桶救火——惹火烧身。
鼻梁上推小车——走投（头）无路。
豁嘴子吹喇叭——走漏风声。
痨病鬼子开药店——带吃带卖。
不出芽的谷子——坏种。
裁缝铺里挂衣裳——一套一套的。
秋天的辣椒——越老越红。
蚊虫叮菩萨——看错人了。
扯着胡子过河——谦虚（牵须）过度（渡）。
城头上放风筝——出手高。
出国的轮船——外行（航）。
穿草鞋戴礼帽——土洋结合。
船上打伞——没天没地。
秃子打伞——无法（发）无天。
铁公鸡——一毛不拔。
打铁的拆炉子——散伙（火）。
大海里丢针——没处找。
老鼠拖板锹——大头在后。
刘备招亲——弄假成真。
肚子里安电灯——心里明。
肚脐眼插钥匙——开心。
鳄鱼挂念珠——冒充善人。
咸菜烧豆腐——有言（盐）在先。
咸鱼放生——白送。
房梁做锄柄——大材小用。
刚出水的虾子——活蹦乱跳。
铁板钉钉——硬碰硬。
狗头上长角——装佯（羊）。
棺材里头放爆竹——吓死人。
过街的老鼠——人人喊打。
喝酒不拿盅子——胡（壶）来。
猴子戴眼镜——冒充斯文。
老虎吃刺猬——下不了口。
老鼠躲进猫窝里——找死。
脸上写字——表面文章。
两个哑巴睡一头——无话可说。
驴屎蛋子——外面光。
往轮胎打气——只进不出。
卖油的带买盐——好管闲（咸）事。
毛驴拉磨——跑不出小圈子。
米汤洗头——糊涂到顶。
蜜蜂飞到彩画上——空欢喜。
拿着草帽当锅盖——乱扣帽子。
南天门上种南瓜——难（南）上加难（南）。
骑驴拄拐杖——多此一举。
秋后的树叶——黄了。
蚊子叮鸡蛋——无缝可钻。
癞蛤蟆爬戥盘——自称。
高山顶上倒马桶——臭名远扬。
大海里撑篙子——打不到底。
荷叶包钉子——个个想出头。
荷叶包长鱼——溜之大吉。
阴沟里的鸭子——顾嘴不顾身。
木排上跑马——蹩脚。
河内翻了豆腐船——汤里来水里去。
水牛吃了荸荠——食而不知其味。
乌龟吃徽子——自绕自。
乌龟垫床腿——硬撑。
三个指头拾田螺——十拿九稳。
虾子掉在大麦上——忙上加忙（芒）。
属甲鱼的——肉在里头。

第二节　民间歌谣[1]

打樱桃　【民间小调】

太阳下山不多高，手拿一根青竹篙，
我在后园打樱桃，我的好哥哥，
我在后园打樱桃。人矮树高够不着，
哪位哥哥心肠好，撮我姐姐一把腰，
我的好哥哥，撮我姐姐一把腰。

采花歌　【民间小调】

正月采花无花采，二月采花头上戴，
三月采花花打朵，四月采花靠墙栽。
五月石榴红似火，六月蔷薇带露开，
七月菱花浮出水，八月桂花熏下来。
九月菊花家家有，十月芙蓉堂前摆，
冬月采花进暖房，腊月采花等春来。

高邮西北乡　【民间小调】

高邮上边哎有个西北乡呀，
有一位小老板开了一爿六成行。
依呀呀子喂，结识了个干妹子家住在六里庄。
小老板得了个相思病呀，
思想起干妹子实实是苦难当。
依呀呀子喂，带个信给我家干妹子二姑娘。
干妹子接信呀两眼泪汪汪
可恨我家娘老子待我赛虎狼。
依呀呀子喂，实在是教奴家没得个好主张。
到了清明哎就是寒食节，
收拾得停停当地藏庵里去烧香。
依呀呀子喂，约我家干哥哥二人会一场。
陪我家干哥哥呀跪在蒲团上，
求一签下下签霸王逼死在乌江。
依呀呀子喂，二人不住泪汪汪相爱空一场。
二小妹子一把哎拽住郎衣裳，
不求神不求娘只求我郎好心肠。
依呀呀子喂，倒不如奔下河早早配成双！

龙车下河　【车水锣鼓】

新造的龙车抬下河，两边挂的锣和鼓，
车干了多少塘和坝，打破了多少鼓和锣。
小哥哥呀，救活黄秧杀老鹅。
说明：金湖车水时，常常配以锣鼓助兴，
这是锣鼓师父演唱的歌谣。

小小车轴　【车水锣鼓】

小小车轴圆又圆，两头安上铁箍圈，
公榷子[2]拉住母榷子走，乌端子[3]底下水涟涟。
小小车轴圆又圆，两头安上铁箍圈，
二十岁小汉子踩不动，唱段《红娘》一溜烟。

青青草　【耕田号子】

青青草，嫩又鲜，我牵老牛到河边，
老牛低头来饮水，吃饱喝足好耕田。

三更拔秧　【拔秧号子】

一更里拔小秧月朗星稀，一棵棵要分开切莫带泥。
二更里拔小秧加快速度，把得牢扎得紧不要马虎。
三更里拔小秧实在难熬，码好了秧端子回家睡觉。
回到家扒两口连衣睡倒，眼一眨鸡打鸣又要赶早。

小小秧架高又高　【挑秧号子】

小小秧架子高又高，哥哥田头把秧挑，
一担秧把百斤重，匡住腿来哈住腰，
小哥哥，田埂上头歇歇脚。
小小秧架子颤歪歪，哥哥有力我能挨，
今日栽秧要赶早，莫等缺秧把我怪，
小妹子，我不挑秧你拿什么栽？

薅秧歌　【薅秧号子】

敲起鼓来打起锣，薅秧要唱薅秧歌，
薅去杂草多结稻，手抓污泥护秧棵。

注释：①民间歌谣中有独具特色的金湖秧歌（参见“第三十六篇金湖秧歌”）。②榷子：榷hè（鹤），水车中拉水的木质链条，链条上装有刮水的拂板。③乌端子：水车下端闷于水中导榷翻水的木件。

敲起鼓来打起锣，薅秧要唱薅秧歌，
秧苗上头结稻子，秋风一吹谷满箩。

谁知粒粒皆辛苦 【锄田号子】

手拿锄头把草除，锄禾正逢日当午。
锄得小苗抽抽长，锄得庄稼唰唰乌。
一颗粮食一滴汗，谁知粒粒皆辛苦？

四月小麦伏垄黄 【割麦号子】

四月小麦伏垄黄，颗粒饱满穗儿长。
镰刀飞舞割得快，呼呼啦啦像推云。
又是一季好年景，精收细打堆满仓。

姐姐挑担 【挑担号子】

姐姐挑担前面走，小郎紧跟在后头，
步套步，脚套脚，两眼不住往前瞅。
春风吹得树头摇，姐姐挑担像柳飘，
膀子划，身子扭，看得小郎心花了。

太阳下山黄又黄 【打场号子】

太阳下山黄又黄，牵条老牛去打场，
老牛恋住巴根草，老母猪恋住荸荠塘，
八哥子恋住樱桃树，小大姐恋住少年郎。

精筛细选好良种 【选种号子】

什么葫芦锯什么瓢，什么种子出什么苗，
精筛细选好良种，秋季田里长好稻。

保住大圩夺口粮 【打硪号子】

太阳出来黄又黄，小圩头上三尺浪，
男女老少齐上阵，保住大圩夺口粮！

唱得高 抬得高 【打夯锣鼓】

唱得高，抬得高，石滚子抬到柳树稍，
柳树头上站喜鹊，恭喜主家节节高。
夯了一番又一番，庄前屋后开牡丹，
牡丹开在你府上，银钱胜过沈万山。

说明：境内建房夯屋基墩时，常常配以锣鼓助兴。

小麦生来两头尖 【磨面号子】

小麦生来两头尖，长在田里过大年，
正二月里来薅草，三四月里来施肥。
一到五月收割忙，割的割来扛的扛，
挑到场上连枷打，晒干扬净送进仓。
磨出粉来白如雪，挂出面来细又长，
蒸出馒头暄抽抽，炕出饼来喷喷香。
女子吃了描花朵，男子吃了写文章，
姑娘绣花尖尖朵，学生文章件件强。

面食谣 【擀面号子】

小小曲蟮①儿爬旗杆②，癞蛤蟆跳进玉门槛③，
二姑娘倒打一把伞④，灶老爷笼里盘坟滩⑤。

蒸糕师傅手艺高 【白案号子】

蒸糕师傅手艺高，做成银锭金元宝，
吃了米糕身体好，脚踏楼梯步步高。

什么出笼四角方 【蒸馒号子】

什么出笼四角方？什么出笼一身疮？
什么出笼盘盘坐？什么出笼脱衣裳？
方糕出笼四角方，粉团出笼一身疮，
寿桃出笼盘盘坐，粽子出笼脱衣裳。

十二月菜谣 【卖菜号子】

正月里青蒜绿茵茵，二月里菠菜早发青，
三月里芥菜铺满地，四月里莴苣园中生。
五月里黄瓜上了架，六月里瓠子结满藤，
七月里茄子一肚籽，八月里尖椒辣死人。
九月里毛豆粒粒饱，十月里萝卜动秤称，
冬月里乌青家家有，腊月里芫荽迎新春。

嚯托到扬州 【船号子】

尕尕⑥一只舟，趴趴⑦水上游，
哗啦一声响，嚯托⑧到扬州。

注释：①曲蟮：比喻面条。②旗杆：比喻筷子。③癞蛤蟆：比喻面疙瘩；玉门槛：比喻牙齿。④一把伞，比喻煎饼。⑤坟滩，比喻馒头。⑥尕尕：方言，小小的意思。⑦趴趴：方言，扁扁的意思。⑧嚯托：方言，极快的意思。

捕鱼歌　【打鱼号子】

勤打簖，懒张缳，苦命的乖乖拉抹滩，
叮叮咚咚张丝网，累死人的罱小罱[①]。

胖头[②]腮　厚子[③]头　【打鱼号子】

胖头腮，厚子头，漕鱼[④]肚皮鳗鱼肉，
白鱼脊梁净是卡，鳊鱼肚里一肚子油。

拉网歌　【拉网号子】

早上拉网是黄金，晚上拉网是白银，
荡里处处有珍宝，高邮老湖聚宝盆。

养鸡歌　【养鸡号子】

蛋窝高，鸡窝低，我家有群老母鸡，
一天生下一篮蛋，油盐酱醋都备齐。
客人来，有主意，三个蛋茶泡炒米，
亲友谢我好招待，我谢家中好母鸡。

草鞋歌　【草鞋号子】

少时青青老来黄，套在耙头打一双，
送君千里终须别，弃旧换新丢路旁。

看月歌　【民谣】

初一初二看不见，初三初四一条线。
初五初六月牙子，初八初九月半边。
十一十二早朝饼，十五十六月正圆。
十七十八渐渐缺，二十一二坐地守。
二十五月出到半夜，二十八月出用耕牛。

时辰歌　【民谣】

三更半夜是子时，丑时卧听金鸡啼，
黎明之前寅时分，日出东方是卯时。
早饭前后辰时候，太阳傍中是巳时。
日中午时影子正，一到偏西是未时。
吃了晚茶申时过，日落西山看酉时。
戌时掌灯晚饭后，人静安眠是亥时。

数九歌　【民谣】

一九二九不出手，三九四九冰上走，
五九六九沿河插柳。七九河冻开，
八九燕子来，九九加一九，耕牛遍地走。

物候歌　【民谣】

蜻蜓低飞鲤鱼跳，水缸出汗蛤蟆叫，
蚂蚁搬家蛇过道，下雨之前有征兆。

看云歌　【民谣】

什么云头刮狂风？什么云头太阳红？
什么云头要下雨？什么云头雾蒙蒙？
黑漆云头刮狂风，万里无云太阳红，
棉花云头要下雨，鸭绒云头雾蒙蒙。

节气歌　【民谣】

春雨惊春清谷天，夏满芒夏暑相连，
秋处露秋寒霜降，冬雪雪冬小大寒。

十二月农事歌　【民谣】

正月立春雨水勤，农活安排要抓紧。
二月惊蛰接春分，家家户户忙春耕。
三月清明谷雨连，育好小秧是关键。
四月立夏小满到，田间管理最重要。
五月芒种夏至天，夏收夏插紧相连。
六月小暑大暑到，耘趟推耙除杂草。
七月立秋处暑来，防旱防涝防虫灾。
八月白露到秋分，秋收工作要认真。
九月寒露霜降临，抢种三麦不能停。
十月立冬小雪天，交售余粮作贡献。
冬月大雪到冬至，集中劳力搞水利。
腊月小寒大寒连，植树造林建家园。

注释：①此句或为“扳大罾的最清闲”。歌中“簖”“缳”“抹滩”“丝网”“小罱”“大罾”都是渔具。②胖头：鲢鱼的俗称。③厚子：草鱼的俗称。④漕鱼：野生鲫鱼的俗称。

第四十一篇　精神文明建设

1986年起，县委围绕贯彻落实社会主义初级阶段理论和党的基本路线，加强精神文明建设，开展学科学、学技术、学文化活动，进行有理想、有道德、有文化、有纪律教育；进行各行各业热爱本职、忠于职守、为人民服务、对社会负责教育；开展创优美环境、创优良秩序、创优质服务活动。各乡镇、村组层层进行新风之家、五好家庭、遵纪守法户、科技示范户、文明户评选活动；开展“五讲四美三热爱”（讲文明、讲礼貌、讲卫生、讲秩序、讲道德，心灵美、语言美、行为美、环境美，热爱祖国、热爱社会主义、热爱中国共产党）活动和“四自”（自尊、自重、自爱、自强）教育。淮胜乡淮村村首先跨入江苏省首批文明村行列。

1993年起，县委围绕创建社会主义市场经济体制，开展精神文明建设活动。先后进行干部职工基本路线、基本国情和《爱国主义教育实施纲要》系列教育活动，卫生文明城创建活动。县委发布金湖市民文明公约。实施精神文明支柱工程、道德修养工程、帮带工程、平安工程、标志工程五大工程建设。

1998年起，县委围绕高举邓小平理论伟大旗帜，把建设有中国特色社会主义事业全面推向21世纪要求，开展系列教育活动，进行社会公德、职业道德、家庭美德“三德”教育，加强农村思想道德教育阵地建设，实施致富思源、富而思进教育活动，启动现代农民教育工程。开展弘扬周恩来精神，建好周总理家乡主题教育系列活动，县委组织征集金湖精神活动，提出的金湖精神为“实干、超越、文明”。

2002年起，县委围绕全面贯彻“三个代表”重要思想，全面建设小康社会，加快推进社会主义现代化的要求，开展精神文明建设活动，进行金湖人与文明同行主题教育，开展公民道德规范大家议、公民道德公约大家学、公民道德歌曲大家唱、公民道德知识大家赛、公民道德新风大家讲、公民道德事迹大家颂6项系列活动。2005年，金湖精神升华为“团结、创新、务实、争先”。金湖县被省文明委确定为创建省文明城市工作先进城市。全县通过文明建设，倡导文明新风，形成尊老爱幼、扶贫济困、拾金不昧、见义勇为等新风尚。

第一章　文明建设机构　道德建设

第一节　精神文明建设机构

1986年，全县精神文明建设活动由县委宣传部和县五讲四美三热爱活动委员会负责。1989年，县五讲四美三热爱活动委员会更名为县精神文明建设协调委员会。1996年9月9日，成立县精神文明建设活动委员会办公室，为正科级事业单位。1997年8月，更名为县精神文明建设指导委员会办公室，设在县委宣传部。2001年12月，改为县委宣传部挂牌机构。2005年，机构未变。

第二节　主题教育活动

1986年，县委开展学科学、学技术、学文化活动，进行有理想、有道德、有文化、有纪律教育，选树先进人物18人，成立报告团到乡村巡回演讲，受教育2300多人次。1988年，组织县乡干部进村入户，宣传金湖10年改革成就，进行改革开放、形势政策教育。1989年，开展提倡勤俭节约、反对大操大办，提倡科学文明、反对封建迷信，提倡勤劳致富、反对赌博钻营的“三提倡三反对”活动。1994年，围绕学习邓小平建设有中国特色社会主义理论，进行“抓精神文明、促经济腾飞”“学理论、闯市场、奔小康、比贡献”主题教育活动。

1995年，开展“争创一流、兴我金湖”活动，组织“我看金湖”专题征文，一线人物话金湖座谈会，召开金湖精神研讨会，出台在机关、城镇、农村、工业企业开展活动4个实施意见，下发十佳人民公仆、十佳文明户、十佳文明市民、十佳服务明星、十佳白衣天使、十佳人民园丁、十佳企业家、十佳规模经营户、十佳技术操作能手竞赛评比标准，农户与农户相互开展富裕户竞赛，党员干部之间相互开展致富领头雁竞赛，村组之间开展专业达标竞赛，企业之间开展比速度、比效益竞赛。1996年，开展世界观、人生观、价值观主题教育活动，举行座谈会，总结推广县商业大厦、县机械厂思想教育经验；分别在官塘、淮建、金北乡召开思想道德工作分析会，探索新形势下加强和改进思想道德教育的思路和方法；还评出“百名十佳”，由县委、县政府命名表彰。

1997年，县委开展“双带双赛”（党组织带领群众发展壮大村级集体经济竞赛、党员带领群众致富共富竞赛）活动，在黎城镇试点后全面推开，选树先进党支部22个、优秀党员43人、服务工作先进集体20个、先进个人24人；开展党员干部树形象、做表率、创新风主题教育活动，举办勤政廉政事迹演讲会69场，宣传典型人物180人，评选出文明新事31件；纪念金湖市民文明公约发布1周年文明知识竞赛活动，庆七一、迎回归系列活动。1998年，宣传贯彻中共十五大和十五届三中全会精神，围绕高举邓小平理论旗帜、依法治县、乡镇企业产权制度改革等20多个理论学习专题，组织专人调研、备课，举行多场报告会和研讨会，近万人受到教育；全县干部群众参与社会公德、职业道德、家庭美德“三德”教育，推动文明新风建设；县委进行“百千万”小康书架工程建设，建成万册图书馆乡镇

3个、千册图书室村80个、家庭藏书百册农户5000多个；举办文明之光汇演等群众业余文化娱乐活动。1999年，进行农村思想道德教育阵地建设，各乡镇建成青年农民政治科技学校，电化教育网络比例达65%；继续开展“三德”系列教育，组织学习省、市编印的《三德知识读本》《三德教育手册》；举办读《群英谱》、迎新世纪，颂辉煌、展风采等读书活动，向乡村图书馆（室）捐书3万多册，全县达到小康书架工程标准的乡镇15个、村110个、农户8000多个。2000年，全县开展致富思源、富而思进教育活动，启动现代农民教育工程，开展县直机关党员干部服务基层、服务纳税人、服务重点项目工程主题教育活动。

2001年，开展“三个代表”重要思想教育；弘扬周恩来精神、建好周总理家乡主题教育系列活动，即企业“创企业精神、树主人翁形象”活动，机关“学习周恩来、树公仆形象”活动，农村“讲文明、学科技、闯市场、奔小康”竞赛，县城“讲文明、树新风”活动。2002年，全县干部群众学习中共十六大精神，进行金湖人与文明同行主题教育，开展公民道德规范大家议、公民道德公约大家学、公民道德歌曲大家唱、公民道德知识大家赛、公民道德新风大家讲、公民道德事迹大家颂6项系列活动。是年，县电信局、县国税局、县供电局等10家文明单位联合发出“道德在我心中、我与文明同行”倡议。6月，召开全县公民道德建设学习研讨会，编印文明创建系列丛书之三——《金湖人与文明同行·道德篇》普及读物，印制道德卡，简明扼要介绍公民基本道德规范，社会公德、职业道德、家庭美德和金湖市民公约内容。2003年，启动创建省级文明城市三年规划，围绕金湖人与文明同行主题，进行礼仪金湖、诚信金湖、知识金湖教育活动。进行公民道德知识大家谈、大家议、大家赛、大家唱等活动，发放市民守则、文明公约等宣传材料，宣传《公民道德建设实施纲要》。实施文明育农、科技富民工程，加强现代农民意识教育。

2004年，根据中央及省、市《关于进一步加强和改进未成年人思想道德建设的若干意见》，成立协调小组，组织专人开展调研，印发全县未成年人思想道德建设行动计划，召开全县动员大会和相关部门座谈会，组织开展系列活动。加强日常管理，把中小学生日常行为规范、日查周评制度纳入学生评优评比；开展社会实践活动，公民道德宣传日期间，全县中小学生参加社会实践集中行动；开展法制教育，观看法制图片和专题片，各中小学普遍聘请法制副校长，为学生、教师、家长作法制讲座80多次；开展心理健康教育，设立心理咨询室，开通青少年心理咨询热线，矫正学生的心理偏差；办好家长学校，各中小学每学期举办家长学校讲座3次，开展单亲家庭、留守儿童家庭和困难家庭结对帮扶活动；举办万名学子看金湖有奖征文、热爱生活知识竞赛、礼仪知识竞赛、中学生上网利与弊辩论赛；开展中小学校长参加的未成年人思想道德建设专题培训，聘请60多名老干部为网吧义务监督员、20多名老干部为精神文明建设义务监督员，定期检查全县未成年人思想道德建设工作。2005年，继续开展未成年人思想道德建设系列活动。县文明办、团县委、县教育局牵头，各有关部门参加，开展热爱生活、健康成长主题实践活动，近万名学生参加倡议签名仪式；开展我与小树同成长活动，营造全社会参与环保、爱护树木、美化家乡的氛围；开展文明交通宣传活动，向过往行人和驾驶员发放《中华人民共和国道路交通安全法》、城管知识问答、行文明路做文明人倡议书等宣传资料；举办青少年书画、征文、演讲、手工制作才艺大赛。

第三节　爱国主义教育

1986年，县委开展学总理精神、做“四有”新人，热爱生活、健康成长等教育活动。1987年，县烈士陵园内建成革命烈士纪念馆，建筑面积295平方米，造价近16万元，全县155个单位、3600多人捐款4万多元。4月2日，省人大常委会副主任李执中为新落成的革命烈士纪念馆题名题词。清明节，县城机关企业事业单位干部职工、学校学生前往扫墓和瞻仰革命烈士纪念碑。是年，县工会牵头组织开展“社会主义在中国”职工演讲和知识竞赛。1991年，开展学雷锋、树新风活动，举办以爱党、爱国、爱厂、爱岗为主题的演讲比赛。1993年，进行干部职工基本路线、基本国情系列教育活动。1994年，县委印发《金湖县贯彻实施〈爱国主义教育实施纲要〉的意见》，开展机关干部“学楷模、当公仆，争做开拓、团结、务实、廉洁的好干部”活动，服务行业“优质服务竞赛”“挂牌微笑服务”“评选最佳营业员”活动，工业企业“五爱”（爱党、爱国、爱家乡、爱企业、爱岗位）教育活动，中学生“百部影视片、百幅名人画像、百段诗歌格言、百首歌曲、百场课本剧、百个服务小岗位”载体教育活动。团县委组织全县少年儿童参加团中央发起的“跨世纪中国少年雏鹰行动”，开展广读爱国书刊、大唱革命歌曲、观看爱国影视活动，启明星科技活动和城乡小朋友手拉手活动。

1995年5月，县委确定县烈士陵园、县图书馆、嵇圩林场、崔庄油田、省军区运西农场、淮河入江水道等6个单位（场所）为全县爱国主义教育基地。是年，县烈士陵园接待凭吊者5万人次，县图书馆接纳阅览者6万多人次，嵇圩林场、崔庄油田接待参观者3万多人次，省军区运西农场与10多所学校建立军民共建对子。组织开展金湖儿女爱中华系列教育活动，先后举行“中华曲”歌咏比赛、“中华魂”书画摄影展、“中华颂”诗歌朗诵会、“中华史”知识竞赛、“中华情”征文比赛、“中华源”文物展等系列活动，开展职工“爱我中华、兴我企业、看我贡献”教育活动。团县委与县委宣传部、县地税局、县文化局、县广电局、县物资局联合举办“爱我中华、兴我金湖”知识竞赛，参加中华史、金湖史学习宣传的团员青年1.5万人，参加预赛代表队37支、选手111人，五四青年节晚，决赛在物资局礼堂举行，县卫生局、县城建局、戴楼乡、县地税局、涂沟镇、金湖二中代表队分别获奖。实施“少年雏鹰行动”活动，进行广读爱国书刊、大唱革命歌曲、观看爱国影视等行动，向优秀少先队员颁发“少年雏鹰行动”奖章1500枚。

1996年，县委宣传部组织举办各类展览、各种竞赛活动，瞻仰爱国主义教育基地，观看百部爱国主义影片，组织编撰《江苏人民革命斗争群英谱·金湖分卷》。1997年，进行香港回归祖国宣传教育活动，举办迎回归报告会、“迎香港回归·书爱国心声”百米长卷万人留言签名、倒计时100天、《香港基本法》讲座、“迎回归·庆五一”职工文艺晚会、“迎回归·庆七一”歌咏和喜迎香港回归演讲比赛、迎回归书画展和征文比赛、爱国主义教育影视月等活动，县电台、电视台开辟专题栏目，配合各项活动展开宣传。1998年，进行纪念中共十一届三中全会20周年系列活动，举办看成就、话改革、争贡献知识竞赛，举办走向辉煌演讲、“我看这二十年”征文、“我家二十年”摄影图片展览活动，举行理论研讨会和大型文艺晚会。1999年，举行庆祝中华人民共和国成立50周年和建县40周年系列活动，拍摄电视专题片《走进金湖》，出版反映金湖历史的读物《历史上的金湖》，举办金湖颂大型文艺晚会，《金湖报》、电台、电视台开辟《40年巡礼》专栏，全县开展“颂辉煌、展风采、迎未来”“伟大的祖国、可爱的家乡”“颂辉煌、迎县庆”等主题教育、读书演讲和知识竞赛活动，举办摄影、书法、民间剪纸和票证展，发行《伟大祖国——共和国50年礼赞》系列图片。

2000年10月25日，县委举办中国人民志愿军抗美援朝出国作战50周年纪念活动。2001年4月，县烈士陵园内建成冀家围平暴烈士墓，23位烈士遗骨迁入陵园安葬。4日，县委举行揭碑仪式，县四套班子领导、县直单位干部职工代表、驻金部队官兵和中小学生代表1000多人，祭奠先烈英灵，缅怀烈士业绩。2001—2005年，进行弘扬周恩来精神、建好周总理家乡教育活动，开展学习周恩来精神、树好金湖人形象大讨论，《金湖日报》、电台、电视台开辟新世纪、新金湖、新形象大家谈专栏（专题），共刊播讨论文章60多篇。开展弘扬周恩来精神、加快金湖发展建言献策活动，发放建言献策表1800多份，收回1261份，受到表彰的建言献策者42人。开展企业“创企业精神，树立主人翁形象”活动；机关“学习恩来精神，树立公仆形象”活动；农村“讲文明、学科技、闯市场、奔小康”竞赛活动；全社会“讲文明、树新风”活动。

第四节　爱岗敬业教育

1986年，县委进行各行各业热爱本职、忠于职守、为人民服务、对社会负责教育，开展创优美环境、创优良秩序、创优质服务活动，表彰先进单位10个、先进个人20人。县商业、供销等服务部门进行优质服务百日竞赛，所有服务窗口单位人员做到服务第一、顾客至上、礼貌用语、微笑待客、讲究信誉、买卖公平。1987年，县总工会、团县委、县妇联进行全民建功立业、千名劳动力转移、千名绣花女工培训教育活动。1989年7月20日，成立"双学双比"劳动竞赛协调小组，进行农村妇女学文化、学技术、比成绩、比贡献劳动竞赛活动，1990年，该项活动得到社会广泛关注，淮阴市电视台记者到金湖县采访拍摄塔集镇高桥七组王培兰、陈庆香家帮贫结对现场，涂沟镇白马湖村大杨庄湖岛渔家姐妹学文化现场，县农业银行、商业系统技术操作竞赛表演，向全市播出。1991年，开展城镇女职工巾帼建功活动。1994年，团县委开展树文明风尚、展文明之花活动，参加活动服务窗口400个、青年职工7000多人。9月，组织"青年岗位能手"竞赛活动，参加活动团委（总支）22个、青工6000人，先后开展技术比武和技术操作竞赛150次，评出青年岗位能手200人，新产品开发和小革新成果110项。是年，县棉纺厂业务培训女职工700多人，符合一级纺织手水准的达60%。羽绒厂裁剪车间女工进行技术革新，改电剪刀为电钨丝裁剪，不但提高功效，每件衣服还节省腈纶棉面料5厘米。县邮电局妇委会开展"服务千万家，满意在邮电"优质服务活动，人人争当明星话务员、明星营业员，用户满意率达98%。县中行营业部被团省委命名为首批"青年文明号"，县棉纺厂被省妇联评为巾帼建功先进集体。

1995年三八妇女节期间，县妇联开展巾帼风采宣传周活动，宣传致富女能手、女专业大户、女企业家的先进事迹；举办巾帼风采电视系列展播活动，宣传金湖县"双学双比"巾帼建功活动涌现出的8个典型，分别是黎城镇徐梁村养鸡大户孙从翠、金沟镇养蚕能手张志梅、白马湖乡中营村妇代会主任乔月娥、陈桥乡养貂能手钟丽芬、吕良镇种粮能手雷兴梅、横桥乡绒花姑娘杨素萍、金湖县中学副校长张光裕、县第一棉纺厂；第四次世界妇女代表大会召开期间，举办巾帼风采图片展，县委大门前，展出22个乡镇、10大系统制作的宣传板32块，吸引数千人参观。是年，团县委组织参加第二个"中国青工技能月"活动，参加活动的团委（总支）21个、青工6000人，开展技术比武和岗位练兵150场次，举办技术培训班60期，评选县"青年文明号"85个、县青年岗位能手职工109人，县金城宾馆团支部获省"青年文明号"称号。翌年，团县委命名县商业大厦小百货柜等县级"青年文明号"64个，嵇达峰等县级青年岗位能手47人。

1997年，县商业、卫生、交通、金融、公安、邮电、税务等行业推广"青年文明号"服务卡制度，开展服务承诺，引导青年职工爱岗敬业，树立良好的职业道德，创造一流业绩，全年创省级"青年文明号"1家、市级6家，县级56家，培养县级青年岗位能手30人，其中被县政府授予县十大青年岗位能手称号10人。县妇联进行巾帼示范岗创建活动，城镇女职工开展岗位练兵、岗位成才、岗位建功、岗位奉献活动；基层妇委会结合行业、窗口特点，开展职业道德教育，推出文明用语、文明忌语、限时服务、站立服务、上门服务、微笑服务等服务承诺。年底，评出县巾帼示范岗20个、市巾帼示范岗2个、省妇女文化中心户2个。2000年，县第二建筑工程有限公司和县电信局市线班分别被团省委和省邮电管理局授予"青年文明号"称号。2001年，县人行办公室被人行南京分行授予"青年文明号"称号。2002年，县环境卫生管理处、县环境监测站被团省委授予"青年文明号"称号，县电信局中心营业厅被团省委、省电信公司授予"青年文明号"称号，县农发行财会部被中国农业发展银行总行授予"青年文明号"称号。

2003年，县、镇妇联组织共表彰“双学双比”先进个人40人，巾帼示范岗21个、巾帼建功先进个人45人、十佳女私营业主10人。县第一税务分局办税服务厅、县机关幼儿园被省妇联授予江苏省巾帼示范岗称号。2004年，县人行办公室被人行南京分行、县农发行财会部被中国农业发展银行总行再次授予“青年文明号”称号，县农行营业部被省农业银行、县人寿公司被省人寿保险公司分别授予“青年文明号”称号，县人行国库会计股、县供电公司客户服务中心综合班被省妇联授予巾帼示范岗称号。2005年，县移动公司被团省委授予“青年文明号”称号，黎城派出所、县公安局刑警大队被团省委、省公安厅授予“青年文明号”称号。县地税局第一分局办税服务大厅被授予全国巾帼文明岗称号，县供电公司客服中心综合班被授予省巾帼示范明星岗称号，县机关幼儿园被省妇联授予巾帼示范明星岗称号，县环卫处保洁队被省总工会授予巾帼标兵岗称号。是年，全县被评为国家级巾帼文明岗1个、省级巾帼文明岗18个、市级巾帼文明岗20个、县级巾帼文明岗15个。

第二章　金湖精神　文明创建

第一节　文明公约与金湖精神

1996年5月，县委发布金湖市民文明公约。内容是：爱国爱乡、敬业爱岗、建设金湖、自立自强、遵纪守法、见义勇为、热心公益、爱护公物、尊师重教、拥军优属、保护环境、计划生育、讲究卫生、移风易俗、敬老爱幼、家和邻睦。

2001年2月，县委开展新世纪、新金湖、新形象大讨论，组织征集金湖精神，收到社会各界建议700多份，从中归纳提炼六个字的金湖精神，即“实干、超越、文明”。其含义为：“实干”，就是勤勤恳恳工作，不做表面文章，实实在在干事，不搞形式主义；“超越”，就是奋发向上，跨越从前，不沾沾自喜，不留恋成绩，勇于开拓，赶超强者；“文明”，就是思想解放，精神振奋，诚实守信，行为规范，富有现代气息。

2005年，学习贯彻省委提出的“创新、创优、创业”三创精神，金湖精神升华为“团结、创新、务实、争先”八个字。其含义为：“团结”，就是统一意志，齐心合力；团结出凝聚力、出战斗力、出生产力，视团结为生命，以和谐为己任，求稳定为大局。“创新”就是更新观念、大胆探索；争创新优势、谋求新跨越，敢为人先、敢想敢干、敢作敢当，创新观念、创新方法、创新体制、创新机制、开创新局面。“务实”，就是求真务实，埋头苦干；在科学发展观的指导下，一步一个脚印地干，老老实实、扎扎实实地干，聚精会神搞建设，一心一意谋发展。“争先”，就是追求卓越，志存高远，勇攀高峰；在创新中争先，在追赶中争先，创造无愧于时代的辉煌，使“金湖精神”更充满生机和活力。

第二节　文明创建

1986年，全县精神文明建设活动全面展开，受省表彰文明单位1个、受市表彰文明单位12个，县委、县政府表彰文明单位51个、文明个人50人。淮胜乡淮村村首先跨入江苏省首批文明村行列。1987年1月5—6日，县委召开五届三次全委扩大会议，通过《关于加强精神文明建设的决议》，命名百货公司等文明单位51个、精神文明先进个人50人。3月14日，县委颁发《1987年经济建设和社会主义精神文明建设目标责任制》。1988年，县供电局被省人民政府评为1986—1987年度文明单位。1989年，全县开展文明新事季度评选活动。1990年12月16日，县城中农贸市场被国家工商行政管理局授予全国文明集贸市场称号。1993年，县委进行创建县城文明一条街活动，评出优胜服务单位6家、服务明星6人，召开表彰大会，给优胜单位颁发奖状、服务明星挂红花。1994年，全县共有文明单位215个，其中省级3个、市级57个、县级155个，县委举行颁牌仪式，对获得1993年度市级以上文明单位称号的驻县城单位，组织人员和车辆，敲锣打鼓上门挂牌；县广播电台开办《文明之花》专题节目，重点报道30多家文明单位的先进事迹和经验；举办城乡文明单位联谊活动，编印省市文明单位工作经验，分发到各乡镇、部门。

1995年5月9日，成立创建卫生文明城镇办公室，县政府印发《金湖县城区市容和环境卫生监督处罚规定》。翌日，县委、县政府在县体育馆召开创建卫生文明城镇动员大会，成立创建卫生文明城镇监察大队，同时将文明单位创建评比工作制度化。全县评比省级文明单位3个、市级文明单位68个、县级文明单位167个，县人民检察院控申接待室受到最高人民检察院通报表扬，被省人民检察院评为文明接待室。1996年10月，县委印发《关于学习贯彻党的十四届六中全会精神的意见》，实施精神文明建设五大工程，即支柱工程、道德修养工程、帮带工程、平安工程、标志工程，印发《金湖县实施精神文明建设“五大工程”的意见》；组织精神文明建设调研活动，形成调研报告15篇，印发《金湖县“九五”期间社会主义精神文明建设规划》。是年，金湖县在全市率先成立文明单位联谊会，全年举行联谊活动3次；县电台、电视台开办《文明之花遍金湖》栏目，播出文明单位创建实绩及经验稿件500多篇；全县共评出省级文明单位3个、市级65个，县级174个，县汽配厂、淮胜乡淮村村、广播电视局被评为省级文明单位。

1997年，全县开展创建文明城镇、文明村镇、文明行业活动，县城投入百万元，设立主街道永久性护栏，铺设人行道彩色路砖，安放大街小巷两侧与灯箱广告连体果壳箱100只，添置居民生活区标准垃圾箱100多只，新建高标准水冲式厕所30多座；县城园林路拓宽工程完工，商贸一条街主体工程竣工，进行环城河、城西河改造；全县把星期六作为机关干部的义务劳动日，清扫护城河两岸的杂草、垃圾；各乡镇创建文明一条街。年初，确定优质服务示范窗口30个，其中被确定为市级文明行业示范点14个，各示范窗口单位相继向社会公布服务承诺和监督电话，主动接受社会监督；城乡商业零售企业开展万店无假货、个体工商户开展争当文明个体工商户活动。是年，创建省级文明单位3个、市级文明单位59个，县级文明单位134个，淮建邮电支局被省邮电局评为文明服务示范窗口，吕良镇被省委、省政府授予“安全文明乡镇”称号，县广播电视局、县人民检察院、县汽车配件总厂被评为省级文明单位，县人民检察院控申接待室被最高人民检察院评为全国文明接待室，江苏爱特福集团被农业部乡镇企业局评为全国文明乡镇企业，县水利局被省水利厅、县输油泵厂被省机械工业厅分别评为双文明先进单位。

1998年，全县进行争创文明单位、争为文明行业、争建文明村镇、争当文明户、争做文明人活动，举办文明行业文艺汇演，参加演出的文明行业13个、省级文明单位3个、职工2000多人。县文明办动态管理各级文明单位，复查验收新申报的县级文明单位87个，撤销市级文明单位称号28个。是年，全县共有省级文明单位3个、市级文明单位53个、县级文明单位184个，建成市级文明小区1个、市级文明行业4个、县级文明行业5个。开展安全文明系列创建活动，评出省级安全文明单位1个、乡镇1个，市级安全文明单位2个、乡镇3个、小区1个，县级安全文明单位5个、乡镇5个。黎城法庭被省文明委评为文明示范窗口，县人民法院告审庭被省高级人民法院评为法院系统文明窗口单位，银集镇被省综治委评为安全文明乡镇，县广播电视局、县人民检察院、县汽车配件总厂被复评为省级文明单位，县供电局被省综治委评为安全文明单位，县人民法院被省高级人民法院评为文明法院，县工商银行被省工商银行评为文明银行、文明优质服务先进单位，县人寿保险公司被省人寿保险公司评为双文明建设先进单位，金南乡财政所、闵桥镇财政所被省财政厅评为文明财政所，淮建乡敬老院被省民政厅评为文明敬老院。

1999年，全县创建省级文明行业6家、市级文明行业4家；省级文明单位8家、市级文明单位71家、县级文明单位196家；省文明村1个，创省文明乡镇工作先进乡镇2个。是年，县首次申报参评首批江苏省文明城市。县国税、电信、供电、气象、邮政、交通系统被省文明委评为省级文明行业。黎城、唐港、银集、金南供电所被省电力工业局、电力公司评为省电力系统创建文明行业、为人民服务、树行业新风示范供电所；金沟、官塘、戴楼、白马湖、陈桥、塔集、横桥、淮胜、金北、闵桥、卞塘、前锋供电所被省电力工业局、电力公司评为文明供电所。县国税局直属分局被省国税局评为国税系统创建文明行业示范单位。闵桥镇、银集镇被省文明委评为创建文明乡镇工作先进乡镇，淮胜乡淮村村被省文明委复评为文明村，黎城镇蔬菜村被省文明委评为创建文明村镇工作先进村，银集镇被省社会治安综合治理委员会评为安全文明乡镇。县广播电视局、人民检察院被省文明委复评为省级文明单位，县国税局、县供电局、县电信局、县公路管理站、县河道管理所、机械厂被评为省级文明单位，县供电局被省社会治安综合治理委员会评为第二批省级安全文明单位，县老干部活动中心被省老龄委、省民政厅、省退管会评为江苏省文明老年活动室，县国税分局直属分局、金南分局、涂沟分局、淮胜分局、吕良分局被省国税局评为国税系统文明单位，县地税局黎城地税所被省地税局评为地税系统文明单位，金南乡财政所被省财政厅、人事厅评为双文明财政所，县公路站、公路站前锋工区、县航道站、县港监所被省文明委、省交通厅分别评为文明公路站、文明工区、文明航道站、文明港监所。

2000年，全县共有创建省级文明行业工作先进行业6家、市级文明行业4家，省级文明单位8家、市级文明单位58家，市级文明窗口9家。县国税、电信、供电、气象、邮政、交通系统被省文明委评为创建省级文明行业工作先进行业，县供电局供电营业厅被华东电力公司评为华东电力系统城市供电营业规范化服务达标窗口。县人民检察院、县广播电视局、县国税局、县供电局、县电信局、县机械厂、县公路管理站、县河湖管理所（原河道管理所）被复评为省级文明单位，县人民检察院控申接待室分别被最高人民检察院、省人民检察院复评为全国文明接待室、省文明接待室。2001年，全县省、市、县三级文明单位启动扶弱助困、文明关爱工程，实施为孤寡残疾人献爱心、为失学儿童添希望、为下岗职工传技能、为特困家庭送温暖行动，参与一对一关爱行动文明单位269个，捐助爱心款42万元、衣物7万多件，帮助特困残疾人74人，救助困难职工家庭88户，资助特困学生289人，帮助下岗职工再就业135人。是年，建成省级文明行业5个、文明标兵单位1个、文明单位4个、文明村镇4个、文明小区1个、文明社区示范点1个，市级文明村镇10个、文明小区2个。县国税、供电、电信、邮政、地税系统被省文明委复评为省级文明行业，银集供电所被国家电力公司评为为人民服务、树行业新风农电示范窗口，县广播电视局被省文明委评为省级文明单位标兵，县人民检察院、县河湖管理所、县石油机械有限公司（原机械厂）、县公路管理站被复评为省级文明单位，县人保公司车辆业务部被省文明委、省总工会评为省五一文明班组。

2002年，建成省级文明单位4个、文明村镇4个、文明行业5个，市级文明单位50个、文明窗口17个。县电信局市话班被省电信公司、省电信工会评为优质服务文明窗口。闵桥镇、银集镇、陈桥镇被省文明委评为省级文明镇，前锋镇淮村村被复评为省级文明村，县供电新村被评为省级文明小区，县西苑新村被确定为省级创建文明社区示范点。县国税局被省国税局评为省国税系统文明单位，县河湖管理所被省文明委复评为省级文明单位，塔集水利服务站被省水利厅评为文明服务水利站。2003年，建成省级文明单位3个、文明镇3个、文明村3个、文明行业7个，市级文明村镇11个、文明行业5个。县邮政、电信、供电、地税系统被省委、省政府授予“江苏省文明行业”称号，县质监局被省文明委评为江苏省文明行业，县药监局被省药监局评为创建文明行业先进单位，县中行营业部被省中国银行评为文明优质服务示范窗口，闵桥邮政支局被省邮政局评为文明示范窗口。闵桥镇、银集镇、陈桥镇、前锋镇淮村村被省文明委复评为江苏省文明村镇，黎城镇大兴村、涂沟镇三河村被省文明委评为江苏省文明村。县广播电视局被省委、省政府授予“江苏省文明单位标兵”称号，县运输管理所、县实验小学、县河湖管理所被省政府授予江苏省文明单位称号，金湖人寿保险公司被省人寿保险公司评为全省人寿保险系统双文明建设先进单位，县地税局第四税务分局被省地税局评为江苏省地税系统文明单位。

2004年，全县开展创建学习型金湖活动，县总工会开展“创建学习型组织，争做知识型职工”活动，组织百题竞赛，参加竞赛企事业单位100家、职工1万多人。是年，建成市级以上文明单位46个、文明窗口20个、文明小区3个。县电信局被省委、省政府授予江苏省文明行业称号，黎城市场被省工商局评为江苏省样板市场、江苏省文明市场、江苏省肉菜粮放心工程示范市场，县药监局被省药监局评为创建文明行业先进单位，吕良供电所被国家电网公司评为农村供电营业规范化服务示范窗口，县中行被省中国银行评为文明优质服务示范窗口，县国土局被省国土资源厅评为全省国土资源系统精神文明创建先进单位，县广播电视局被省文明委评为江苏省文明单位标兵，黎城镇财政所被省人事厅、省财政厅评为江苏省财政系统文明单位，县人寿保险公司被省人寿保险公司复评为双文明建设先进单位。

2005年，全县继续开展学习型金湖和省级文明城市创建活动，开展围绕构建和谐社会的文明行业、文明单位创建活动，以文明育农、科技富民为主题的文明村镇创建活动，以文明家园、和谐社区为主题的文明社区创建活动，经省文明委测评，确定为创建江苏省文明城市工作先进城市。是年，全县建成省级文明行业7个、文明单位8个、文明村镇6个。县邮政、国税、电信、供电、地税系统被省文明委复评为江苏省文明行业，县人民检察院、质监系统被评为江苏省文明行业。闵桥镇、银集镇被省文明委复评为江苏省文明镇，涂沟镇被评为江苏省文明镇，黎城镇大兴村、涂沟镇三河村、前锋镇淮村村被复评为江苏省文明村。县广播电视局、县实验小学、县运输管理所、金石集团（原石油机械有限公司）、县河湖管理所被省文明委复评为江苏省文明单位，金湖中学、县物价局、县烟草专卖局被省文明委评为江苏省文明单位。

第三章　文明新风

第一节　倡导活动

1986年，全县各乡镇、村组层层进行新风之家、五好家庭、遵纪守法户、科技示范户、文明户评选活动；成立妇女禁赌队、红白理事会、婚丧喜庆服务队、举办农民运动会、农民文化节；开展“五讲四美三热爱”（讲文明、讲礼貌、讲卫生、讲秩序、讲道德，心灵美、语言美、行为美、环境美，热爱祖国、热爱社会主义、热爱中国共产党）活动和“四自”（自尊、自重、自爱、自强）教育。县委、县政府表彰五好家庭（爱国守法，热心公益好；学习进取，爱岗敬业好；男女平等，尊老爱幼好；移风易俗，少生优育好；勤俭持家，保护环境好）1774个、五好村民2060人、先进生产（工作）者1808人。1987年，县委根据中共十二届六中全会《关于社会主义精神文明建设指导方针的决议》，进行“提倡民主和法制，反对以权谋私、违法乱纪；提倡科学和文明，反对迷信愚昧；提倡勤俭节约，反对奢侈浪费”的教育活动，农村成立婚丧喜庆服务队20多个，帮助群众以新的形式代替陈规陋习，促进婚事新办、丧事简办。1989年，县委宣传部开展季度文明新事评选活动，全县评选文明新事20件。

1991—1994年，开展农村遵纪守法户、新风户、文明户创建活动，先在夹沟乡进行试点，修订和完善创建标准，然后在全县推开。1994年，全县开展刹“三风”（赌博风、封建迷信风、婚丧喜庆大操大办风）、树新风活动，在农村捣毁、拆除砖瓦结构土地庙141个，乡镇健全红白理事会、婚丧喜庆服务队、妇女禁赌队等群众组织，举办从事封建迷信活动人员学习班，设立举报箱，制定奖惩办法，有效遏制歪风蔓延势头；县城举办“金莲杯”美好家庭有奖征文、演讲比赛，推动市民家庭文化建设；评出县季度文明新事35件，列为市文明新事5件。1995年，县堤防管理所开展自觉禁赌签名活动，参加榜上签名的干部职工175人。全县评出遵纪守法户60314个、新风户10980个、文明户8016个，“三户”占总户数的72.91%。1996年，评出农村“三户”7.05万户，占总农户的90%。1997年，正面引导婚嫁、丧葬、节日等民俗活动，评出农村“三户”6.66万户，占全县总农户86.82%。

2003年，全县开展告别陋习、相约健康，讲科学、讲卫生、讲文明、树新风活动，举办“我健康、我文明、我快乐”万人签名活动，《金湖日报》、县电台、电视台开辟《破除陋习大家谈》专栏，举办“尔俊杯”首届家庭才艺展和电视大赛，形成践行健康、文明生活的新风尚。2004年，县委宣传部、县妇联联合开展创建学习型家庭活动，参与家庭2000多户；县环保局、县妇联联合开展“绿色家庭”评选活动，被市妇儿委表彰为“绿色家庭”5户，省妇儿委表彰为“绿色家庭”1户。2005年，全县进行创文明家庭、树时代新风，五好文明家庭创建签名，五好文明家庭为金湖经济作贡献事迹报告会，“我为金湖经济发展献计策”等活动；县妇联进行优秀家庭角色评选活动，评选出一批好儿媳、贤内助、好家长，调动家庭成员参与群众性树新风活动的积极性。

第二节　新风尚

一、尊老爱幼

1986年，县委、县政府组织老干部进行联欢演出、召开座谈会、茶话会；开展棋牌比赛、参观游园、体育竞技文娱活动；组织团员青年到乡村、街道为老人缝补清洗、家电维修、家务整理服务；组织医疗卫生工作者免费为军烈属、优抚老人、提供健康体检、保健咨询和常见病治疗；组织少先队员与敬老院老人拉家常，帮助打扫卫生、维修等。

1989年，首个老人节期间，全县机关、学校、企事业单位组织开展中华经典诵读活动，引导青年感受传统文化魅力，传承尊老敬老美德；走访慰问老干部，特别是老年道德模范，帮助特困、高龄、残疾和受灾生活困难老年人200多人。

是年，淮胜乡淮村村小学少先队开展“我为孤寡老人献爱心”活动，定期为本村“五保”老人打扫卫生、表演节目，逢年过节送给老人糖果、糕点、大米、鸡蛋等物品，轮流探望生病老人。

1994年，黎城镇中心小学开展手拉手、献爱心，向希望工程捐款活动，全校师生捐款5000多元；戴楼乡金湖卷烟材料有限公司与香港盈利国际投资有限公司合资办厂，港方代表庄胜向乡敬老院捐献善款1万元。

是年，塔集镇新华村王某某上小学一年级时，父母双亡，和70多岁的奶奶一起生活。该村小学教师吴翠英为其垫支学杂费、校服费，星期日和阴雨雪天接其到自家吃住、辅导功课，给他织毛衣，担负起“母亲”和教师的双重责任。

1996年，官塘乡卫东村三组90岁孤寡老人韩某某，1985年丧失生活自理能力，本组村民殷如彬和妻子黄传兰帮助老人洗衣、烧饭、打扫卫生12年。7月11日，老人病重，卧床不起，殷如彬夫妇放弃家中农活，背韩某某到自己家里，替老人请医抓药、喂茶喂饭、端屎倒尿，日夜护理调养。

是年中秋节前夕，前锋乡卫生院院长兼党支部书记郑先荣组织党员干部5人，带着月饼、白糖等礼品看望乡敬老院老人，帮助敬老院打扫卫生，敬老院老人平时生病，卫生院免费治疗。

是年，县水利局局长陶樟火与淮胜乡淮滨村一组困难学生杨某某结为帮扶对象。一方面给予经济支持，一方面关心他的学习生活情况。杨某某初中毕业考取淮安师范学校，陶又资助2000元。

是年，金沟镇向阳村七组学生陈某某考取淮安师范学校，他年幼丧父，母亲又是残疾人，学费无处着落。镇党委书记顾福全、镇长耿家春带头捐款，并号召镇机关工作人员捐款1500多元，基本解决陈某某的入学费用。

1997年初，涂沟镇家庭经济困难小学生12人面临失学危险，镇机关24名工作人员进行帮扶，直到12人小学毕业。

是年儿童节前夕，横桥乡成立失学儿童基金会，筹资6000多元，帮助重返校园儿童8人。

是年8月，县供电局开展向优秀学子献爱心活动，收到个人捐款7860元，单位拿出1.2万元，资助金湖中学考进高校家境贫寒学子5人。

是年，县直机关干部杨少峰、倪翠英夫妇赡养无儿无女三伯母，36年如一日，直到老人94岁病逝，获“江苏省五好文明家庭”称号。

是年，银集镇供销社职工冀建中，自1985年起，每逢节假日，带礼品和零花钱看望慰问敬老院老人，22年累计花费近万元。

1998年，夹沟乡个体理发师黎道江，自1989年起，为乡敬老院14名孤寡老人义务理发10年。

1999年，新农乡前进村孤寡老人梁某某早年患病，丧失劳动能力，该村青年妇女伍光梅自1982年起承担起照顾老人的责任。18年中，一日三餐端到老人床前，帮助洗衣洗澡。一次老人从床上跌下摔断腿，伍光梅送老人到医院治疗，精心护理照料，直至完全康复。1992年冬天，老人旧病复发，伍光梅到百里外的盱眙县城买药为其治疗。1999年，老人双目失明，伍光梅除经常与其聊天外，还为其买1台收音机，让其不感孤单寂寞。

是年，淮胜乡淮村村五组李翠萍一家，自1982年起照顾“五保”老人李某某，常年为其洗衣做饭、打扫卫生，平时烧鱼烧肉，总是先送给老人品尝。1997年，老人生活不能自理，大小便均由李翠萍母女俩料理。邻居王培香也帮助照顾老人，老人双目失明、双耳失聪、瘫痪在床，完全丧失自理能力后，王培香把老人接回家照顾，每年老人生日，王培香买蛋糕、鞭炮，做可口饭菜，为老人祝寿。

是年，金沟镇李坝村四组张某某，是一位16岁参加革命的老英雄，解放战争时期曾忍受敌人酷刑不屈服，严守党的秘密，事迹被载入《江苏人民革命斗争群英谱·金湖卷》一书。1999年，老英雄的家庭遇到困难，老伴中风卧病在床，儿媳患食道癌无钱医治，孙女初中毕业无钱支付学费面临失学。金沟镇干部群众向老英雄伸出援助之手，捐款4000多元，镇里又解决部分资金，让其儿媳住院治疗，孙女如愿入学。

是年，金沟镇胜利村纪某某、兄弟俩幼年丧母，父亲外出打工，与年老耳聋的祖母相依为命。县桃园超市总经理郑承营带上食品、生活用品和现金看望纪家兄弟，承担兄弟俩的全部学习费用，每月提供他们大米15公斤、猪肉1公斤、食用油1公斤以及零花钱50元。金南乡车塘村学生刘建章母亲病故，父亲外出，与残疾姐姐相依为命，郑承营主动承担刘建章学杂费、书本费和生活费。

2000年2月，银集镇团委开展团员青年捐资助学活动，年内捐款1万多元，贫困、病残生重返校园8人。

是年初，戴楼乡大坝村学生席某某，母亲病逝，父亲外出，生活无来源，学业难以为继，独自到扬州某企业打工。新学期开始后，班主任王德香发现席某某未到校，了解原因后，自费到扬州找回席某某，官塘初中减免她所有学杂费，学校师生捐款、捐粮，席某某回到学校安心读书。

2001年6月，县育才小学学生金某被诊断患粗细胞白血病，师生们开展“手拉手、献爱心”活动，为她捐款近万元，学校免除金某书本费、学杂费、代办费，送去慰问金，金某所在班级的师生轮流和她一起学习、游戏、聊天。

是年7月17日，县国税局征收分局万萍接到县人民医院打来求助电话，说一名新生儿急需输血抢救，患儿的RH阴O型血在全国较为罕见，比例为十二万分之一，医生从县献血办公室了解到万萍是全县唯一在册的可供血者，希望得到她的帮助，万萍毫不犹豫赶到医院献出鲜血200毫升。

是年，卞塘中学初三学生张某某确诊患白血病，需施行骨髓移植手术费30多万元，张某某所在学校师生首先捐款5000元，金南镇全镇师生又捐助8000元，送到张某某治疗的苏州医学院附属医院。

是年，县人民医院药剂师唐天梅资助残疾孤儿赵某某、困难学生李某某完成学业的事迹被评为淮安市2001年度新人新事。

2003年冬，闵桥镇居民张学勤65岁的公公不慎煤气中毒，瘫痪在床，生活不能自理，张学勤与老人同住一室，端屎倒尿，洗澡擦背，悉心服侍，用平时积攒的辛苦钱，买肉买鱼给老人增加营养。

是年，前锋镇合义村三组张某某老人，早年丧夫，与痴呆儿一起靠政府救济生活，一直未能通电照明。国庆节前夕，镇供电所职工捐赠架电款560元，韩仕云等3名职工放弃休息日，义务架设线路，安装灯具。

2004年，原塔集镇夹沟居委会主任陈广毅连续19年每逢中秋节、重阳节、春节送用的吃的给镇敬老院老人，2001年联合7位老人创办老年活动中心的事迹被全国敬老爱老助老主题教育活动组委会评为“葆春杯”孝亲敬老之星。

2005年3月11日，县妇联组织社会妈妈助春蕾结对活动，女干部、女企业家、女能人60多人，爱心结对帮扶贫困家庭学生56人。

是年，县妇联通过发动文明单位赞助、妇女干部结对帮扶、社会募捐等活动，共筹款80多万元，创建春蕾小学1所、春蕾班7个，资助贫困学生365人，帮助贫困儿童重返校园3000多人。

二、扶贫济困

1986—1987年，县总工会筹措资金418万元，援助困难职工98760人。1988年，县总工会开展互帮互助活动，建立互助储金会117个，参加人数7649人，储金额11.39万元。

1991年2月，淮建乡永祥村四组村民纪某帮助本村困难户锯树时，不慎被树砸伤，造成下肢瘫痪。1993年，淮建派出所和纪某结为联系户，每到夏秋大忙期间，所长汤汉宝组织干警、联防队员到纪某家帮助割麦、收稻，逢年过节带礼品上门看望，还专门请人为纪某制作一辆手摇三轮车。

1994年4月，唐港乡曙光村村民顾某某因车祸受伤，需医疗费2万多元，而顾的家庭贫困，全乡干部群众4个月期间，先后捐款15次、现金7500元，帮助其及时治疗。

是年5月17日，淮建乡火星村三组青年村民陈某某病逝，留下妻子和2个未成年的孩子及60多岁的父母。本村共产党员张优全、陈如刚、陈昔富3位老人主动帮助陈家料理丧事，发动村民捐款，金菱电线电缆厂、在东闵线施工的县公路管理站技术人员、乡农机厂、乡民政部门也伸出援助之手，帮助陈家渡过难关。

1995年1月，家境贫困的新农乡前进村伍某某父亲因病去世，本村干部群众闻讯后捐款1400元，帮助伍家安葬父亲。3月，伍妻不幸病逝，村党支部、村委会负责人带头捐款，正在该村了解工作的乡长黄厚峰和随行的乡干部也加入捐款行列，75岁的老太太茆德英拄着拐杖，捐出平时卖鸡蛋省下的10元钱，共捐得善款1000多元、米160多公斤。

是年4月中旬，白马湖乡红丰村七组女青年施某某患环驰脑膜瘤，急需手术治疗，施某某父母多方筹措资金，但仍不足。乡妇联开展献爱心活动，半个月时间，全乡妇女捐款7648元，乡妇联帮助担保贷款1万元，施某某得以及时治疗，转危为安。

是年，塔集镇中桥村青年杨某某患精神病流浪街头，其塔集中学同学金崇龙、曹斌发现后，向当年的同学发出为杨某某捐款治病倡议，塔中七九届30多名同学回母校捐款6000多元，杨某某的邻里乡亲也捐款6000多元，杨某某被送往扬州精神病医院治疗。

1996年，服役于南京空军某部的金湖籍战士吴某某患尿毒症，急需巨资换肾，县委、县政府组织捐款2.7万元。

是年，塔集镇居民耿崔英，听说高桥八组华某某家庭贫寒，丈夫患肺病多年，一个小孩先天痴呆，华某某又患子宫肌瘤。耿崔英与老伴商量后，拿出自己平时敲白铁积攒的1000多元，接济华某某治病，钱仍不够，她抵押价值800元的手表给医院，镇机关干部为华某某捐款1800多元，华某某通过治疗，身体逐渐康复。

1997年，前锋乡新南村村民捐款3500多元，帮助家属生病去世欠债3万多元的村民孙某某维持生活，孩子重返校园。

1998年，金南乡敬老院6位年过八旬的"五保"老人看到长江、嫩江、松花江流域发生特大洪灾电视报道后，到乡救灾捐款办公室，捐上平时省吃俭用30元，受老人们的精神感动，乡救灾捐款办公室3天收到个人捐款6800元。

是年，金沟镇党委动员全镇干群为先锋村村民孙某捐款6000多元，帮助孙某治病。金南乡车洪村党支部为本村一组患肾功能衰竭症村民陆某某捐款2400多元。

2000年，县城郊派出所组织干警捐款1万多元，帮助县稻麦原种场九队困难家庭殷某某新起瓦房5间。

2002年1月5日，金南镇福寿村四组村民吴某某家遭受火灾，烧毁房屋3间与家用电器、家具、衣服等，乡邻们帮忙从金沟砖瓦厂拖回红砖4000块，8名瓦工连夜砌墙。镇干部叶梅、村干部姚国平、华能特种线缆公司经理闵习华、党员吴寿仁等捐献木梁、现金、衣物等，用2天时间起成新房3间。

是年，县城西苑新村27幢楼居民姚某某，患病花去家中所有积蓄，丈夫下岗，生活困难。春节前夕，她家的情况被同住一幢楼的邻居知道后，27幢楼里居民23户分别捐出100元、200元、300元不等的现金，有的还送来年货。

2003年，县总工会成立困难职工帮扶中心，承担特困职工帮扶、信访接待、法律援助、就业指导等工作任务，至年底，推荐再就业职工1150人，免费举办下岗失业职工电脑操作、机械加工、数控车床、家政服务等培训637人。

2004年，闵桥镇闵桥村七联组农民韩某某仅存的左眼失明，妻子、女儿生活不能自理，年迈的母亲常年卧床不起，家庭负债上万元，因交不起医药费只好放弃治疗。镇里知情后，动员机关、企事业单位工作人员为其捐款5000多元，县爱心救助总会、卫生巾设备厂捐助3500元，半个月时间，韩某某收到社会各界捐款近万元，经治疗，左眼痊愈。

2005年，塔集镇三柳村村民王其青出资5万元，组织自己的建筑施工队，义务修砂石路1条，长300米、宽2.2米，小木桥改建成水泥桥，便利出行村民20多户。

是年，县委、县政府举行捐助特教献爱心活动，社会各界代表捐款20多万元。县工商联开展各类光彩事业活动120多次，累计捐款捐物（折价）2000多万元，资助贫困学生4000多人次，创办春蕾班2个，吸纳下岗职工1.8万人。

三、拾金不昧

1994年2月11日上午，县实验初级中学初二学生伍华玲同哥嫂去商场购物时，捡到人民币156元。她让哥嫂去买东西，自己站在那里耐心等待失主。2个多小时后，看见一位60多岁老太太在找东西，她热情上前询问，证实老太太就是失主，还款后，老太太非常感激，要付酬金被她拒绝。

1995年7月25日中午，官塘乡大坝村六组农民费香连从粮管所结完售麦账，1037.53元现金和结账回单装在手提包中，骑车回家时提包不慎失落。下午，在县城办事的乡初中三年级学生柏广琴回家途中发现失落在地的提包，便在路边等候失主认领。等了1个多小时仍无人认领，便打开提包，发现里面的现金和结账单。她顾不得回家吃饭，按账单上的姓名、地址将提包送到费香连家。

1996年4月20日，夹沟乡金平村三组女青年纪英骑自行车去亲戚家，途径陈家圩大堤时，发现超至她前面行驶的骑摩托车青年掉落下一只皮包。纪英停车捡起一看，包内有人民币近2万元。于是，她加快骑车速度，朝摩托车离去的方向追去。半小时后，骑摩托车的青年找回来，纪英交还钱包。

1998年4月8日，官塘乡大坝村六组年近七旬老人王初有搭乘金湖开往铜城的客车，当车行至铜城街准备下车时，发现身边空位上有一只被人遗忘的手提包，打开一看，里面装有1500元现金和发票，当即询问周围乘客，却无一人认领。老人因办急事，就委托驾乘人员寻找失主。客车返程时，驾乘人员根据包内一张有官塘字样的发票，专门将车停在官塘集镇，乘客们分头寻找失主，几经周折，终于找到失主。

1999年8月17日，金南乡丰南村女青年陈廷英上班路上捡到一个塑料袋包裹，里面整齐叠放着现金6700元。她站在路边等失主回头找，因快到上班时间，她赶到村部将钱交给村支书，请他帮助寻找失主，2小时后失主找到，失主要送1000元给陈廷英作酬谢被她谢绝。

2003年12月1日，县粮食局粮校电脑培训班主任张玉中往南京开会，乘出租车赶往车站，将钱包掉到出租车后排座位下。出租车司机打扫车内卫生时发现钱包，里有现金170元及身份证、信用卡和少许名片等。司机按名片上的地址拨打粮校的电话，将钱包送到粮校。

2004年5月7日上午，银集供电所职工李书标的妻子去涂沟镇邮政局存款，营业员告知该卡存款余额6560元，李妻随即打电话询问丈夫。李书标怀疑营业员疏忽造成，赶到邮政局要营业员检查他存款记录，原是李存款700元营业员误操作为7000元，李树标夫妇立即退交多出的存款。

四、见义勇为

1994年4月8日，卞塘初级中学女学生王晓玲、李传梅、华娟晚自习后骑车回家，行在最后的李传梅遭到歹徒袭击。听到呼救声，王晓玲毅然回头相救。歹徒放开李传梅，抓住王晓玲的头发，掏出匕首，王晓玲与歹徒搏斗，身中6刀，其中3刀伤及肺部，经医院全力抢救保住性命。后王晓玲被评为省见义勇为先进个人。

是年4月29日上午，一小偷窜至银集镇劳动村二组陈仕友家行窃，该镇渔网厂女青年陈仕琴发现后，一边大喊抓贼，一边挡住小偷的去路，孤身同其搏斗，奋力夺下小偷的自行车，公安机关根据自行车的钢印号码，很快抓获小偷。

是年6月24日早晨，安徽一辆载重汽车行至江苏省道226线黎铜段6公里拐弯处，连撞4棵树后翻入河沟之中。黎城镇徐梁村七组村民王琴听到巨响后，立即奔向出事地点，见司机被卡在驾驶室里，淤泥漫到颈部，还在上溢，情况十分危急。她连忙回家叫上丈夫胡中文，带着铁锹、脸盆，奋力挖泥、舀水，闻讯赶来的村民一起动手，终于将司机救出，经送医院抢救后脱险。

是年8月4日中午，闵桥镇楼庄村五组养殖大户王明荣刚午睡，突然听到呼救声，循声看到离家不远的河中有两人落水，他急忙跑去跳入河中，奋力将两名少年一一救上岸。事后两少年父母几次登门酬谢，均被其婉言谢绝。

是年11月30日，唐港乡红星村党支部书记徐石俊乘坐三轮车回家途中，看见唐港中学女学生张某某，因癫痫病突发而晕倒在泥泞的放学路上，徐石俊立即叫司机停车，不顾女孩浑身泥水，将其抱上三轮车，送到唐港乡卫生院抢救，还为女孩支付医疗费110多元。

1995年1月25日傍晚，夹沟乡交管站船民潘某一家5人，乘小船过中心河回家掉落河中，路过此地的退伍军人简德忠听到呼救声，飞奔出事地点，和衣跳入寒冷刺骨的水中，一手抓住半沉半漂在水面上的两个小孩衣领，一手托起正在下沉的另一个小孩，用尽全力把他们救上岸，旋即又跳入河中，将另两名落水者推到岸边。省电台、《新华日报》《东海民兵》《嫩江日报》等多家新闻媒体报道这一事迹。

是年3月29日中午，金城商厦职工徐国才路过县城便民桥，听到桥下河里传出儿童哭救声，寻声见一女孩在污水河中挣扎，便跳入又冷又脏的河中，救起女孩后，带着浑身污水悄悄离开现场。

是年4月24日，涂沟镇高邮湖村二组船民夏国祥驾船停泊在上海市苏州河湖南路桥与四川路桥之间的航道上，发现北苏州河路一男孩在苏州河防潮堤上玩耍，不慎落入河中，当时正值退潮，苏州河水汹涌奔向黄浦江，沿河两岸及四川路上有近千人围观，眼看小孩就要被急流冲走，夏国祥甩衣跳入河中，潜到小孩身边，抓住正在下沉的小孩，游到岸边，在围观人的帮助下将小孩拉上驳船。小孩父母闻讯赶到，当场拿出1000元作为酬金，被夏婉言谢绝。事后，上海东方电视台专门采访夏国祥，作详细报道。

是年5月26日，县武警中队某班班长李元亮在探家归队途中突遇车祸，所乘中巴车翻入官塘乡卫东村路边河中。他忍着腰部被撞伤的剧痛，抢救车内8名落水乘客上岸，随后又护送2名重伤者到黎城医院救治，并垫付药费。事后，脱险群众几经周折才找到这位不留姓名的见义勇为者。后李元亮被武警总部分别记一等功和授予“全国武警部队优秀班长”称号。

是年8月9日，闵桥镇食品加工个体户丁国强骑车送货从卞塘乡返回，途径淮河入江水道金沟行洪道西堤泥坝闸时，见一辆载人的手扶拖拉机翻入3米多深的闸塘中，丁国强不顾个人安危纵身跳入水中，先救出4名儿童，又救出4名妇女，并协助驾驶员救出1名被压在拖斗下的受伤者，之后还将溺水死亡的3名妇女打捞上岸。丁国强全身多处被划伤，忍痛悄悄离开现场。由于过度劳累、加之受凉，生病住进医院，加工的食品也因未能及时售出而霉变，损失1000多元。9名落水被救者多方打听，直到12月才得知救人者的姓名与家乡住址。县见义勇为基金会对丁国强的见义勇为先进事迹予以通报表扬，并颁发奖金。省政府授予丁国强“见义勇为先进分子”称号，颁发奖章和奖金。

1996年2月23日上午10时许，官塘乡卫东村年近七旬的周得安从县城回家，在黎铜线官塘段7号路牌处被一辆机动三轮车撞倒在地，当即鲜血直流，昏倒路边。三轮车司机见无人发现，急忙开车逃离。恰巧在安徽省天长市读书的卫东村二组青年学生王金龙路经这里，立即放下行李，拦住过路的货车，把老人送到县人民医院抢救。当老人家人得知赶到医院时，王金龙已为老人垫付抢救手续费500多元，老人在抢救室抢救。

1997年2月15日，官塘乡红岗村一组农民陈圣标，在家门口看到不远处一辆摩托车连同驾驶员一起摔入路边沟中，他立即跑去跳下沟中救人，又跑回家去开来手扶拖拉机，送伤者往医院抢救。

是年3月18日，塔集中学学生黄海龙、时才峰、于怀兵、丁诗俊一起骑车上学，途径高桥时，忽然听到河边传来幼童的哭声，他们看见一名4岁左右的幼童正在水中挣扎。黄海龙纵身跳入水中，抓住幼童，托出水面，然而河岸太陡，幼童难以上岸。四同学手拉手一个接一个将幼童接上岸，然后不声不响去上学。

是年12月15日，宝应湖农场劳改释放人员张某某，流窜到银集镇复连村王兵家时，发现仅有其女儿王凤梅一人在家，便以要水喝为由进入王家，乘王女转身之际，猛扑上去扼住其脖子，威胁她拿出钱来。王女临危不惧，与歹徒进行搏斗，颈部、手部多处受伤。恰好母亲王秀琴回家，她一边大声呼救，一边冲上去和女儿一起与歹徒搏斗。闻讯赶来的群众围住歹徒，迅速报警，警方赶到现场抓获歹徒。

1998年4月9日，涂沟镇新渔村朱长高夫妇在淮河入江水道捕鱼，停歇在西偏泓船闸。吃晚饭时，听到附近泄洪道中传来阵阵呼救声，立即丢下饭碗，跳上小机船，循着呼救声开过去。当时，天色已晚，看不清人影，泄洪流量每秒2500立方米。在湍急的洪流中，夫妇俩不顾个人安危，向呼救方向靠近，拼尽全力将3名落水者救上船。事后得知，被救的3名落水者是淮阴市公安局办案的干警。7

月26日，县见义勇为基金会给予朱长高夫妇二等奖奖励。

1999年3月1日，横桥乡水利站东侧一民房失火。在附近上班的安康木器厂厂长华云中闻讯，随手拎起一只水桶赶到救火。当他得知於老太还在屋里时，便冲进冒火的屋里，摸到老人身边，抱起老人，刚冲出门外，整个屋顶就塌了下来。

是年8月6日，横桥万亩荷花荡景区，两名游客同乘一游船进入水深2米多的禁游区，不慎翻船落水。由于两人都不会游泳，情况危急。这时，该乡71岁的老党员何长荣不顾年老体弱，跳进水中，先将女游客救上岸，接着又返回去救男游客。此时，何老由于体力消耗太大，又呛了几口水，他把男游客托出水面时，身体开始下沉。在这关键时刻，另有两名游客划船赶到，及时将他们救上船。

2000年3月20日，三河中学学生王海东放晚学骑自行车回家，路过金北乡塘埂桥时，听到前方传来有人落水的呼喊声。他加快车速骑到河边，看到有个小孩在水中挣扎，小王来不及细想，纵身跳入冰冷的河水中，奋力将小孩救上岸。

是年3月28日下午5时20分左右，银集镇老街杨定元家突然起火，同住一条街的邱永英、唐顺红、郭兆芹、刘立白、汤玉香、简玉兵等前往灭火。邻居蒋志平见房内有液化气瓶，不顾个人安危，冲进屋内，拎出已烧得发烫的液化气钢瓶，避免更大事故发生。在众人和镇粮管所义务消防队的共同努力下，40分钟后扑灭大火。

2001年5月10日夜，一蒙面持刀歹徒攀窗闯入吕良镇宏运批发城私营业主徐龙生的店铺窃取钱物，后又窜至卧室实施抢劫。睡在同楼层的徐相甫惊醒后，立即赶到出事地点与歹徒展开搏斗，右上肩内侧被歹徒划出一道8厘米长的口子，仍然奋力将歹徒摔倒摁住。是年11月，徐相甫被省公安厅、见义勇为基金会授予见义勇为先进个人称号。

2003年12月28日，闵桥镇西河口一机帆船因拐弯太急翻成底朝天，船上乘客全部落入宽50米、深3米的河中。闵桥养殖一场渔民周长喜发现险情，拿斧头砍断自家小船的缆绳，驾着船直奔出事地点救人。他跳入水中，接连救起落水者3人。刚要上船，突然发现翻在水中的船下又接连冒出人来，其中大多数是妇女。眼看一位老年妇女体力不支渐渐下沉，周长喜又扑过去，奋力将老人顶出水面。此时，渔民周开文驾船赶到，救起妇女4人；正在附近渡口摆渡的船工陈汉祥、颜凤青闻讯赶来，向水中抛出6个救生圈；渔民周开元、周开明、周开春、倪长英母子、宋文林夫妇等也赶来救援。众人合力，前后不到30分钟，落水的14人全部被救起。

2004年10月28日，闵桥镇闵桥村一组一农户厨房起火，正好路过这里的镇派出所联防队队员嵇峰见到后，立即赶到现场救火。当他得知有一位老人被困在屋里时，冒着房屋随时可能倒塌的危险冲进火里，用手摸索着寻找被困的老人，终于在墙角处摸到老人，背起就跑，就在一根房梁被烧断砸下来的一瞬间冲出屋外。

2005年4月13日夜，一窃贼窜至前锋镇中兴村，盗窃村民家的鸡、狗，被村民发现后，慌不择路拼命逃窜。抓强盗的喊声惊醒睡梦中的梁瑞瑶、李广彩、李忠平、周正元四名村民。他们迅速起床，奋不顾身，合力勇擒窃贼，扭送到当地派出所。前锋镇政府表彰四村民的见义勇为行为，颁发每人见义勇为奖金200元。

是年4月22日，闵桥镇集镇上一辆大型油罐车进行常规电焊维修时，因车内残存气体与明火接触引发爆炸，驾驶员和电焊工当场被炸伤，油罐车处于燃烧之中。参与救火的王加兵跃上驾驶室，冒着生命危险将着火的油罐车开到镇外安全地带，避免了更大的火情发生。

是年5月9日傍晚，塔集镇高桥村一联组73岁的老人姜寿春不慎落水，塔集派出所正在值班的所长万仁华得知后，立即奔赴事发现场，只见老人正在水中挣扎。万仁华衣服来不及脱就跳下水，和附近居民一起救老人上岸，万仁华又很快赶回宿舍拿来自己的衣服给老人穿上。

第四十二篇　人　物

本篇设人物传略、人物简介和人物表。

人物传略收录1986—2005年间的革命烈士，逝世的获得和享受省部级及以上劳动模范称号的建设者，科技、文化、教育、卫生等各界杰出人物，县四套班子正职领导人，金湖籍在外副厅（师）级以上人士。共收录10人。

人物简介收录县四套班子正职领导人，在金湖获得和享受省部级及以上劳动模范待遇的建设者，经济、科技、文化、教育、卫生等各界有突出贡献的人物，金湖籍（或随父母自幼在金湖生活、学习、工作）在外乡贤（为副司局级以上干部以及经济与教科文卫界知名人物）。共收录122人，其中劳动模范与有突出贡献者55人，县主要领导15人，在外乡贤52人。

人物表收录1986—2005年金湖县获省部级以上机关表彰先进个人83人次，正高级专业技术人员19人。

本志立传人物按照志书"生不立传"的原则，皆为已去世人物，排列以去世时间为序；人物简介中的人物，排列以出生时间为序（县主要领导以任职时间为序），时间相同的以姓名笔画为序；人物表中，以获得称号时间为序，时间相同的以姓名笔画为序。享受省劳动模范待遇者，以县总工会确认为准。

第一章　人物传略

王遐松

王遐松(1923—1992)　如皋县人,民国12年(1923年)7月生。1960年5月任金湖县委第一书记。民国31年(1942年)3月参加革命工作,同年10月加入中国共产党。历任泰县学联主席、如西县夏堡区调解助理;泰县雅周区副区长、代区长;如皋城西区委书记兼区长、如皋县委委员、县团政治处副主任兼河东三角地区五区办事处主任、工委书记;如皋县委宣传部部长、县委副书记兼出征民工总队政委。中华人民共和国成立后,历任泰县县长;如皋县县长;崇明县委书记兼县人武部政委;省委组织部部务委员、处长;南通地委委员、如皋县委第二书记兼人武部第二政委,如东县委书记处书记。1960年5月任金湖县委第一书记兼县人武部政委,1963年11月调离金湖。后任省农业办公室秘书处处长、农业处处长;江苏农科院副院长;中共连云港市市委常委、农办主任,市委常委、革委会副主任,市委副书记兼市纪委书记,市人大常委会副主任;中共江苏省委农村工作部厅局级巡视员、省委党史工委顾问等职。

任金湖县委第一书记期间,是建县初最困难时期。贯彻中央部署整风整社,纠正“大跃进”运动中的“左”倾错误,纠正高指标、高征购和“浮夸风”所带来的问题,重新核实1959年的粮食产量,调整各地征购任务,该返还的全部返还,解决农村急需的种子和口粮问题。组织全县大批干部深入社队,逐户调查核实1958年以来“一平二调”的情况,全县共退赔平调资金330多万元;同时允许每户社员经营0.2亩左右的自留地和少量家庭副业。组织县、社领导深入基层调查研究,切实帮助群众解决生产、生活和医疗等方面的困难,发动群众,实行生产自救。组织供销、粮食部门去外地求援,调进粮食、种子,购买杂粮、山芋干等副食品供应农村,并前后几次逐队逐户安排落实,发证到户,以保证群众渡过饥荒。加强对党员干部的思想教育,在县委党校分批轮训党员干部,号召党员干部站在克服困难的第一线。在1960年夏季干旱的紧要关头,和副书记荀涤明一起两次到洪泽县委请求给予水源支持,借用洪泽湖水灌溉保苗,解决三河、吕良两公社稻田用水3300多公顷。由于缺乏技术,全县121台抽水机械只有57台能正常使用,通过请求扬州地委,迅速从江都等地抽调技术人员到金湖现场指导,使所有机器迅速正常运转,缓解旱情。1990年离休,1992年10月18日病逝。

封培南

封培南(1910—1996)　灌云县人,清宣统二年(1910年)生。1959年10月任金湖县首任县长。民国28年(1939年)3月,参加革命工作,民国29年(1940年)4月加入中国共产党,先后任灌云县警卫队队长,灌云县董圩乡支部书记兼乡长,灌云县朱埝区副区长,陈楼区区长、区委书记,陈集区区委书记,灌云县政府支前科长、副县长。中华人民共和国成立后,历任苏北行署农水处水产科长,宝应县副县长、县委副书记,宝应县委副书记兼宝应湖西工委书记。1959年10月,金湖建县后历任金湖县委副书记、县长,县委委员、黎城镇党委书记,县工办室主任,县委常委、县纪律检查委员会书记,县人大常委会副主任等职。

在金湖工作25年,几乎跑遍每座村庄、圩堤、水荡和滩地。1958年7月至8月长时间干旱,带领湖西工委一班人,动员抗旱队伍9万多人。1959年5月至8月久旱无雨,大部分港河断流,沟塘干涸,旱象露头初期,及时召开抗旱保苗会议,组织3600多人,肩挑人抬,运水保苗救苗。“沟中挖沟,塘中挖塘”，新挖引水渠，动用“三车”（风车、牛车、脚车）5105部、水桶笆斗1276只，架设抽水机101台，以缓解旱情。9月4日至6日普降大暴雨，受涝1万余公顷，迅速将工作重点由全面抗旱转入突击排涝。涝情严重的三河公社水稻2200公顷、旱谷1200公顷全部受淹，组织全社5400多人，水车134部，排除水旱作物田间积水，突击抢收成熟水稻600多公顷。1983年2月离休，同年5月享受地市级政治生活待遇。1996年2月28日病逝。

金子平

金子平（1915—1997） 金湖县黎城镇人，民国4年（1915年）3月生。1961—1965年任金湖县委第二书记、县长。民国29年（1940年）3月参加革命工作，民国33年（1944年）8月加入中国共产党，历任高宝县黎城乡农抗会理事长，官塘、金平、杨井等乡乡长，黎城区副区长，北湖区区长等职。民国34年（1945年）9月起，任仪扬县朴席区副区长，盱眙县马坝区区长，高宝县黎城区区长、区委书记，华野二纵四师司令部指导员等职。1949年9月起，任宝应县政府秘书、税务局局长、副县长、县长，江苏省农业学校校长、扬州专署水利局局长。1961年3月起，任金湖县委第二书记、县长，1965年3月离任。后任扬州专署水利局局长、扬州地区行政公署农水办公室副主任、扬州市农委副主任等职。

在金湖任职期间，以“勤俭办社、民主办社”为中心，改进社队经济管理，促进农副业生产的发展。开展县属工业企业增产节约和技术革新运动，提高劳动生产率，要求各工厂把生产支农产品放在首位，支援农业生产。巩固和发展全日制学校，兴办半耕半读小学，建立耕读小学897所、农业中学21所。1962年，全县遭受13号台风袭击，1.3万多公顷成熟水稻随着特大暴雨沉入水中，与县委、县人委领导班子成员一起，组织全县干部群众抢捞稻谷500多万公斤。组织全县人民加固防洪圩堤，增设小型排涝翻水站，抽水机动力由1500千瓦增加到5200多千瓦。1962年5月，经过2年努力，铺筑成功金湖到天长石子路，兴建金湖汽车站。扩大金湖中学规模，增设高中部，扩建校舍，充实教师提高教学质量。兴建县中心医院，争取上级拨款15万元，建设门诊大楼，添置病床100多张。加强县城基础设施建设，为金湖发展打下基础。1983年4月离休，1997年5月病逝。

刘　浩

刘浩（1918—2000） 金湖县金南镇人，民国7年（1918年）12月生。1985年3月获省劳动模范称号。十二三岁开始随父养鸭。20世纪70年代末，利用马草滩、百家荡、高邮湖得天独厚的自然条件，为生产队养鸭数百只。深知鸭子习性，几乎可以和鸭子对话，能以多种哨声和竹篙动作将混在一起的几家上万只鸭子分开，各奔其主，被誉称高邮湖上“鸭司令”。1982年，养鸭、鹅2700多只，纯收入1.1万元，成为名副其实的万元户。邻村纪德清体弱不能干重活，想养鹅无本，刘出资买回100只苗鹅送去。西庄秦吉才50多只鸭子中毒，刘顾不得吃饭，疾步赶到现场，用土法救活鸭子40多只。种鹅饲养按6母1公搭配，本村一养鹅人不知这一方法，刘主动传授，剔减公鹅10多只，节省饲料450多公斤。此时，鹅鸭的市场价高于国家收购价，商贩欲以每只高出收购站1元的价格收购其鹅，刘坚持将鹅卖给收购站，减少收入近万元。至1985年，累计饲养鸭鹅2.1万多只，向国家交售鲜蛋6万多公斤。2000年10月病逝。

杨金付

杨金付（1976—2000） 金湖县黎城镇人，1976年10月生，共青团员。革命烈士。1996年12月入伍，为中国人民武装警察部队水电二总队厦门工程指挥所三中队战士，一级士官，推土机操作手，评为优秀士兵、优秀共青团员各1次。1998年10月，下班乘车回队途中，见路旁山坡一歹徒抢劫一男子摩托车，被劫者被击倒在地，浑身是血。杨与战友立即下车追击歹徒，歹徒见状弃车操小路逃窜，杨等担心伤者安危，返身护送伤者回家。这位村民伤愈后，专程送锦旗和苹果到中队，感谢武警官兵的救命之恩。一次，在中队营房附近的山坡上，见两民工各持铁锹互殴，杨冒被误伤的危险拉开两个丧失理智的民工，制止殴斗。参加总队学习期间，担任江西新余市钢铁公司技校学生军训教官，被评为优秀教官。参加厦门海沧嵩屿污水处理厂建设，负责驾驶推土机推运土石，连续工作4个月，推运土石50多万立方米，受到中队嘉奖。

2000年4月9日，西藏易贡河发生巨型山体滑坡，易贡河被拦腰截断，上游水位不断上升，淹没农田、茶园，吞没公路、桥梁，4000多名群众生命财产受到威胁。29日下午1时，杨等7名战士奉命前往西藏易贡河受灾地区参加抢险。刚到藏区，强烈的高原反应，致其患上严重的鼻窦炎，鼻腔肿胀，嘴唇开裂，只能以口呼吸。白天炎热，窝在驾驶室汗水浸泡10小时，夜晚寒冷，回营地又不能洗澡，杨及战友们都患上裆部溃烂疹，疼痛无比，仍坚持工作。一次宿营时，指导员发现二中队1名战士还没有回来，杨主动和指导员一起重返抢险现场，冒着随时都可能有泥石流、山洪袭击的危险，找回身处困境的战友。5月31日，杨和他的战友们圆满完成任务，返回拉萨途中发生车祸，杨被重重地甩出车外，头部重伤，血流满面。他强忍剧痛，顽强地拖出车肚里小何、小蒋两位战友，由于失血过多，加之体力消耗殆尽，背第二位战友到路上时，便栽倒在地。战友得救，杨献出年轻的生命。中国人民武装警察部队水电指挥部政治部授予他革命烈士称号，追记二等功1次。6月7日，西藏自治区政府按当地最高规格，安葬烈士遗体于林芝地区烈士陵园。6月9日，烈士遗像被请回家乡，县委、县政府在县烈士陵园举行追悼大会，号召全县人民向其学习。

朱茂成

朱茂成（1926—2001）　金湖县黎城镇人，民国15年（1926年）8月生。1991年12月获省劳动模范称号。幼时念过私塾，12岁开始走村串户卖百货，为炕坊收种蛋卖苗禽，育鱼苗，焖木炭，加工板鸭，养母猪、鹅、鸭等。1983年初，租用黎城公社徐庄大队林业队5间公房开办炕坊。冬季自筹资金新砌5间近200平方米炕孵苗禽用房，每年炕孵出鸡、鸭、鹅苗禽60万只以上，远销至浙江省萧山市、富阳市和本省泗洪县、沭阳县、淮安市清浦区等地。热心助人，每年对经济困难、无钱购买种鹅、种鸭的饲养户均予赊欠，待次年春让养鹅、鸭户用种蛋抵冲欠款，帮助养禽户脱贫致富；还帮助沭阳县钱集镇办起板鸭加工厂。2001年12月病逝。

闵　权

闵　权（1915—2003）　金湖县闵桥镇人，民国4年（1915年）12月生。为保存革命历史文献有贡献者。民国28年（1939年）冬，参加中共天长工委地下组织在塔集镇举办的进步青年“读书会”活动，同年12月加入中国共产党。民国29年（1940年）4月，高邮县抗日民主政府建立后，历任闵塔区东化、横桥、湾桥等乡副乡长、乡长，闵塔区及南湖区区队长、指导员等职。1946年9月，境域党政军机关奉命北撤，闵权未及转移，被国民党还乡团抓捕入狱，脱离中共党组织。高邮解放后，其在高邮监狱被释放回乡。后任南湖区生产建设股股长。1950年因病回乡，任扫盲教师、民办教师。1968年后在家乡小桥村务农。1982年11月，向县委党史资料征集部门捐献自己珍藏40多年的抗日战争、解放战争时期革命历史文献1100余份，其中胡服（刘少奇）、朱德、彭德怀、方毅、邓子恢和新四军江北指挥部政治部、津浦路东联防办事处签署的训令和文告等12份，上报中央党史研究室、江苏省和淮南协作区党史研究部门，其他珍藏在县档案馆，并编纂成《抗战》一书。为保存这些历史文献，其多次冒着生命危险辗转密藏，躲过战争年代日伪军、国民党军的搜查，避开暴雨、洪涝对文件的侵蚀，躲过“文化大革命”“破四旧”三番五次查抄。撰写《三亲往事》等回忆录20多篇，为研究和编撰淮南津浦路东抗日民主根据地及中共金湖县地方史做出突出贡献。2003年8月病逝。

崔海云

崔海云（1937—2004） 金湖县戴楼镇人，民国26年（1937年）2月生，小学文化。1983年1月获省劳动模范称号。1978年，利用生产队抛荒地制窑烧砖，两年烧砖60万块，帮助生产队30多户乡邻全部住上砖瓦房屋。1981年开始，发展养殖业，饲养鸭子1000多只，鸡近百只。1982年，扩大饲养规模，养鸭2000多只，鸡100多只，猪100多头，收入超万元，成为远近闻名的万元户。2004年7月病逝。

张功发

张功发（1921—2004） 南京市江宁区人，民国10年（1921年）9月生。1968—1975年任金湖县革委会主任。民国32年（1943年）11月参加革命工作，同年10月加入中国共产党。历任苏南一分区江宁县警卫连班长、教导大队第三中队学员、新四军第六师十六旅四十七团三营八连副排长、苏南一分区江宁县警卫连副连长。民国35年（1946年）7月起，任苏中九分区如东县城东区区队副连长，如东县团特务连连长、作战参谋、南通军分区如东县大队军事干事、司令部人武部军事干事、整风队学员、人武部参谋、苏北泰州分区宝应县人武部副部长，1954年10月起，历任江苏省宝应县兵役局副局长、兴化县兵役局副局长、第十七文化连学员。1960年9月调任金湖县人武部部长，1968年4月至1971年6月，任县革命委员会主任，1971年6月至1975年2月，任县委副书记、县革委会主任。任职正处于“文化大革命”时期，带领干部群众抵制“左”倾错误，工农业生产仍获较大发展。1969年水电部批准兴建淮河入江水道，及时组织民工投入工程，进行入江水道内大批农户拆迁安置，提供外地20万治水民工后勤保障，确保工程顺利进行。由于入江水道的建成，加之不断提高科学种田水平，全县粮食大幅度增长，1973年亩产首次突破《纲要》（400公斤）。县城工业和社队工业也有较大发展，1975年，全县工业总产值比1968年增长6倍。1975年8月离休，1982年6月享受副师职待遇。2004年12月病逝。

徐则先

徐则先（1920—2005） 原名徐哲民（字则先），金湖县闵桥镇人，民国九年（1920年）8月生。1994年10月被省卫生厅、省中医药管理局命名为“江苏省名中医”。15岁随其父徐俊升（字曙东）学医，18岁独立应诊，行医高邮、天长、盱眙一带，是欣氏医派第三代传人。1956年7月被首批吸收参加国家医疗机构，先后在高邮县闵塔区卫生所、金湖县闵桥地区医院、县人民医院和县中医院任中医师、副主任中医师。多次当选为高邮县、金湖县人民代表，县人民委员会委员。1980年当选为金湖县人大常委会委员，1982—1987年任金湖县政协第一、第二届副主席，仍兼任县人大常委会委员。先后任县卫协会副主任、县医学会副理事长、县中医药学会名誉理事长等。

寝馈于古典医籍，数十载而不辍，具有扎实的中医理论功底。注重博采众方，无论是古人的，还是当代同行的经验，乃至西医学的理论，皆兼收并蓄，在内、妇、儿科等领域积累丰富的临床经验。1957年1月，被《江苏中医》编委会聘为“特约撰述人员”，先后撰写《外台桔梗白散治愈肺痈的经验介绍》《子宫脱垂运用古法治愈的经验介绍》等论文，发表于《江苏中医》。特别讲究医案的书写，力主“书方宜人共识”“字期清爽，药期共晓”，反对在处方中杜撰草书，故弄别名，“致人生眼不识”。带徒时撰写的医案，引经据典，字斟句酌，理法方药，丝丝入扣，读起来，朗朗上口，在当地中医同行和知识界有口皆碑。在多次省、市中医医疗质量检查中，其中药处方均博得检查组专家称赞。自20世纪50年代起，先后带徒10余人，其中多数成为金湖及安徽天长一带中医界骨干，其长子徐承祖被命名为“淮阴市十大名中医”。除中医理论外，古典文学基础深厚，《诗经》《论语》《左传》以及“唐宋八大家”作品中许多篇目，皆能背诵。喜吟诗作对，书法等亦具相当功底。1989年6月，所书正楷条幅，获江苏省保险系统首届书画作品优秀奖，有诗词集《风月老人俚歌》传世，有“儒医”之称。1988年退休后，继续被金湖县中医院返聘，80高龄全休，医林奉献60余载。2005年11月12日病逝，遵照遗嘱，丧事从简，骨灰撒入高邮湖。

第二章　人物简介

第一节　劳动模范与有突出贡献者

费国衡　金湖县黎城镇人，民国12年（1923年）12月生，中专学历。为境内研究金湖历史第一人。民国30年（1941年），任黎城小学教师。民国37年（1948年）起，先后任金沟、吕良、黎城三区中心学校校长。20世纪70年代末，任金湖中学教师和图书管理员。其间，搜集研究金湖历史资料，写成《金湖县境沿革浅说》一文，编入《金湖文史资料》第一辑。该文按照中国历史朝代顺序，记述金湖县境不同历史时期地域变化和重大事件，是金湖建县以来撰写发表此类文章的第一人。参与编辑《金湖老区教育史》《金湖县工会志》，担任主笔编纂《金湖县交通志》，著有《切偲集》（与邵振铎合著）、《钩沉随笔》《韵诗填词》等。

袁如松　广东中山市人，民国16年（1927年）7月生，大学文化。为县人民医院外科创办人。1956年起，任扬州医专、苏北人民医院外科教师，从事外科医疗工作。1960年9月，调到金湖，创办金湖县人民医院外科，先后任中华医学会副会长、县医学会副理事长、县人民医院卫生学校副校长。1980–1987年任县人大常委会副主任。

夏　斌　金坛县人，民国22年（1933年）2月生，高中文化，经济师，中共党员。1988年4月获省劳动模范称号。1951年10月，考取金坛县人民银行任职工。1954年5月，调任高邮县人民银行信贷员、副股长、股长。1976年1月，调任金湖县农业银行黎城办事处营业所主任。1978年6月，任县农业银行塔集办事处营业所主任。1992年12月，获中国人民银行、中国金融工会全国金融系统劳动模范称号。任主任期间，单位多次获省市金融先进单位称号。

陈素娟　女，高邮市人，民国22年（1933年）10月生，高级经济师，中共党员。1989年9月获国务院授予全国先进工作者称号。1949年7月参加工作，历任县农行基层营业所出纳收款员、会计、副主任，县行出纳员、副股长、股长、副行长、行长等职。工作中创建“十个不准”“当日两清”“三个坚持”“三道工序，百字规程”业务操作法，在全国金融系统推广。“十个不准”：不管生人熟人，干部群众，不准到柜台里办业务；柜台里没有两人，不准对外办公；会计记账的传票，未经复核不准收回；现金收入未经复核不准收进；现金付出未经复核不准付款；电汇、电报、托收、报单，未经复核不准发出；储蓄利息未经复核不准列账付款；付款凭证未经记账不准付款；出纳不准填制现金付出传票；工作时间不准随便离开岗位。“当日两清”：每天出纳的收付款数字与会计现金收付凭证金额核对清；

当天发生的内外业务要逐笔处理清。“三个坚持”：坚持一笔业务由经办人一办到底；坚持在现金收付款中，对“收中有付”“付中有收”的业务，要在凭证反面进行记录；坚持取款凭证必须有取款人签章。“三道工序、百字规范”：第一道，会计操作，即在受理支款凭证以后的做法，审查或填制凭证，核对印鉴看背书，记账（销折）盖私章；第二道，出纳操作，出纳接到会计递来的账折和支取凭证以后的做法，看凭证大小写金额与账折是否一致，查凭证背书和经办人签章是否齐全，登记现金账，配好款，盖章，交会计复核；第三道，会计操作，会计收到出纳递回的账款后，复核现金的做法，钞票成札复大数，零头点细数，登记票面，用算盘计数，与付款凭证核对，叫名，问数付款。任行长期间，组织资金，发展储蓄，陆续开办电脑储蓄、女子储蓄、旅游储蓄、有奖储蓄、定额储蓄、通存通兑活期储蓄等，城乡储蓄存款由1983年的几百万元，增加到1994年的4亿多元。积极支持农业、农村、农民生产贷款，10年发放贷款10多亿元，发行粮食定额支取结算凭证5亿多元，发放支持乡镇企业贷款30多亿元。建设基础网点办公楼17幢，宿舍楼5幢，平房住宅200多套，建筑面积8000多平方米。先后获全国金融红旗手、全国三八红旗手等称号。

徐　源　宝应县人，民国23年（1934年）1月生。1993年4月获全国五一劳动奖章和全国优秀卫生工作者称号。1980年，任金湖县航运公司交通卫生所所长。卫生所初创时，将自家的床头柜、蚊帐拿到病房，家里点蚊香御蚊；化验室没有冰柜储血，自己掏钱买冰箱。经过几年的艰苦创业，医院效益好转，先后购置X光机、B超、显微镜、心电图仪等一批医疗器械，固定资产增至20余万元，设置科室5个，医护人员增加到14人。1990年，兼任县航运公司计划生育协会副会长，诊所推出周日免费为民服务，免费检查项目25个。放弃所有星期天，接待咨询万余人次，免费透环1.3万人次，赠送孙集乡便携式10毫安X光透环机1台。1991年7月，金湖遭受洪涝灾害，自发组织起全县第一个抗洪救护小组，奔波重灾区40个日夜，诊治病人659人。个人捐款1300元，粮票850公斤，白糖、面粉各50公斤，以及手表、自行车、板车、毛毯、衣服等物品。10月，被交通部表彰为全国交通系统抗洪救灾先进个人。1994年退休后自办优抚诊所，免费送医送药给驻金部队、军烈属、黎城敬老院、孤残病人。

沈春生　常熟市人，民国24年（1935年）2月生，大学文化，中学高级教师。1994年9月获省政府授予中学语文特级教师称号。1954年8月，任宝应中学教师。1961年，任金湖县中学教师。1970年2月，下放夹沟中学，1976年8月返回金中，历任金中语文教研组长，兼任省中学语文教学研究会、省语言学会理事、市中学语文教学研究会、语言学会副理事长，全国中学语文教学研究会课堂教学研究中心学术委员。从教40年，根据自己积累的知识和经验撰写大量的总结和数十篇学术论文。1992年出版的专著《句群和句群教学》，在西部九省（区）优秀教育图书评奖活动中获优秀奖。主编有供淮阴市中学生使用的《高中语文选修课讲义》《初中作文导练》两书。《〈中学语文教材·汉语知识·句群〉科学性商兑》《多重复句分析应以意义为主》被中国人民大学复印资料收录。《比较法在语法复习中的运用》等文章多次获奖。主持的“语文教学四步骤基本教学式”实验课题，获全国中学语文教学研究会优秀论文二等奖。其培养的大批青年教师，成为金湖县中学语文教学骨干，部分人员走上领导岗位。

缪福祥　宜兴市人，民国25年（1936年）9月生，大学文化，中共党员，主任医师。为金湖县著名内科主任。1960年9月起，任金湖县人民医院住院医师、主治医师、副主任医师、主任医师。1977年，任县人民医院综合内科主任，完成医院诊疗技术正规化恢复和医疗文件规范化记录及存档保管工作。1978年，任县医学会理事长，利用医学会学术交流的机会配合县卫生局工作，把医疗诊疗工作及医疗文件规范化工作推广至全县各乡镇卫生院。1982年起，当选县政协第一、第二、第三届常务委员会委员。1986年6月起，任县人民医院副院长（主持全面工作）、院长兼党支部书记。遇到疑难重症主动邀请省市医疗专家来院会诊指导，委派多批次医疗骨干赴上海、南京等国内著名医院进修学习，快速提高医疗水平。引进纤维内窥镜、全自动生化检测仪、彩色超声波、大型放射设备等多项先进医疗设备，提高确诊率，减少误诊。多方募集资金，兴建医疗大楼。1995年，医院获联合国爱德基金会授予爱婴医院称号，国家第一批核准二级甲等医院，扬州医学院核定教学医院。

陶樟火 浙江省嵊州市人，民国25年（1936年）10月生，大学学历，工程师，中共党员。1991年12月获省劳动模范称号。1964年10月参加工作，任省苏北运河工程指挥部干部。1968年8月，调县水利局历任技术员、股长、副局长、局长、党组书记等职。

虞有德 金湖县前锋镇人，民国26年（1937年）11月生，初中文化，中共党员。1991年12月获省劳动模范称号。1954年10月起，任北湖区张集乡第五村第三生产组会计、张集乡张集高级农业合作社总账会计、宝应湖公社腰滩大队总账会计、滨湖公社新河大队总账会计。1960年12月起，任白马湖公社新河大队总账会计、白马湖公社财务科会计、办公室文书、会计辅导员、农经助理，在农村财务管理、生产经营管理、劳动力管理和分配管理方面成绩显著，1983年12月、1993年8月，分别获农牧渔业部（农业部）授予农业科学技术推广先进工作者称号。

陈启余 扬州市人，民国27年（1938年）2月生，中专学历，中共党员。1988年4月获省劳动模范称号。1960年南京电力学校毕业。1960年7月起，任福建省水电厅基建局物供科工作人员，福建省邵武电厂任值长、技术员。1976年3月起，任江苏省盱眙县供电局技术员、生技股长、副局长。1982年12月，任金湖县供电局局长、党支部书记，1997年离职。

姜 燕 高邮市人，民国27年（1938年）4月生，中专学历，中共党员。为研究金湖香火戏有贡献者。1960年起，任闵桥中学初中教师、闵桥公社文化站工作人员、站长，金沟文化站站长。1979年起，任县文化馆摄影工作者，县文化馆馆长、县文化局综合股股长。1986年，运用调查研究香火戏所累积的上千幅图片和近百万字资料，撰写论文《跳神与戏剧发端》（发表于1991年《影视月报》），1990年参加山西临汾师范大学举办的中国傩文化国际学术研讨会。1998年退休后继续研究金湖香火戏。2004年4月，《香火戏考》由广陵书社出版发行，约50万字，列入省社科院举办的得奖精品书展，推荐为海外交流书籍之一。

曾金山 泰兴市人，民国27年（1938年）7月生，中师文化，中共党员。1988年4月获省劳动模范称号。1960年8月起，任白马湖公社中心校教师、新河教学点教师、前锋小学校长。经过多年努力，筹集资金20多万元，新建校舍20多间，亲自带领师生平地基、搬砖瓦、运材料，还建起全县村小第一家实验室。1984年妻子难产，1989年哥哥病故，1991年母亲病故，他都忙于教学和学校事务，未能回家料理。1991年右眼患白内障住院开刀，病情刚好转，右眼敷着纱布，回到学校工作。

何国成 江都市人，民国28年（1939年）5月生，中学高级教师。1990年获省政府授予小学语文特级教师称号。1959年起，任金南小学教师、县实验小学五年制实验班语文教师。1969年，下放农村，先后任金南中学、黎城农技校、黎城中学语文教师。1978年起，任县教研室专职教研员、副主任，兼任县小语会理事长、县教育学会副会长、省教育学研究会会员。任教40余年，坚持小学语文教学、儿童学习心理研究，设计、指导“读讲背写综合教程”“题引读写基本式”“小学生语感培养”等课题实验。1991年、1993年、1994年，分别在“全国远程教育小学语文骨干教师讲习班”主讲《小学阅读教学心理》。1993年，经省教委推荐作为国家教委、联合国儿基会合作项目专家组成员，参与研制《小学生语文学习标准及质量检测》具体方案和检测工具。1994年，作为执行编委参与编写苏教版小学语文新教材，赴安徽、山东、河南、湖北、福建、青海等省实验区，培训教师，辅导教材实验，主持教学质量评价研究。1995年，与省优秀教师合作，为中国远程教育主讲“教儿童学习阅读”，由省电教馆主导摄制10集电视系列教学片，1996年中国教育电视《教师之友》栏目正式播放。1999年退休后，继续进行教学研究，自编《我的教育信仰》《母语教育乡村行》《草根课堂幸福泉》《呵护儿童天性，启发自主学习》等文集。2001年，受聘南京师范大学主讲教授，在小学语文骨干教师国家级培训班作“语文教学评价与考试改革”专题讲座。

陆功勋　兴化市人，民国28年（1939年）11月生，大专学历，中共党员。为研究金湖剪纸艺术有贡献者。中国剪纸学会会员，江苏省美术家协会、书法家协会等会员，江苏省对外文化交流协会理事。1962年起，任金湖中学教师、大队辅导员、教导处副主任，县文化馆、图书馆党支部副书记，县广电局局长、党支部书记，县人大常委会办公室主任兼教科文委员会主任，县广播电视局调研员。2000年退休后任县老年大学常务副校长。酷爱民间剪纸艺术，自创彩膜剪纸艺术新品种，多幅剪纸作品被国家及市、县政府征集，作为礼品赠送外国友人。剪纸作品先后参加中日艺术展、第六届中国艺术节中国工艺美术精品展、江苏省首届社区艺术节综合艺术展、中国旅游交易会等，并多次获奖。2001年，一组剪纸作品入选中国300电话卡，发行330万套；另一组剪纸作品入选淮阴电信998电话卡。出版有《剪纸艺术台历》《剪纸艺术明信片》《剪纸金铂画》《陆功勋剪纸艺术技法》《学剪纸》等作品。创办金湖县社区家庭艺术馆，节假日对外开放，接待县内外参观者千余人。举办中小学生剪纸艺术讲座、太极拳培训班，开设老年人剪纸课，组织剪纸作品进工厂、社区展览。中央电视台两次采访并拍摄专题片，《新华日报》《苏州日报》《扬子晚报》《当代老同志》《淮安日报》等多家报刊介绍其艺术成果。

张福来　金湖县涂沟镇人，民国28年（1939年）11月生，高中文化，中共党员。1989年获全国金融系统劳动模范称号，享受省劳动模范待遇。1958年11月参军，任青岛海空兵第二学校学员、南海舰队1216部队军械员。1961年11月起，任宝应湖信用社会计，唐港信用社会计、主任。1982年4月，任涂沟信用社、营业所主任；1991年4月起，任农行县支行政工办主任、党组纪检组长、调研员(副科级)。多次获省、市、县先进工作者称号。

王富仁　扬州市人，民国29年（1940年）11月生，大学学历，高级工程师，中共党员。1988年4月获省劳动模范称号。1968年5月，任武汉湖北船厂技术员。1973年3月起，任金湖县机械厂技术股长、副厂长、厂长、党总支书记。1990年12月，任金湖县人民政府副县长。

陈　庄　曾用名陈淑贞，女，上海市人，民国30年（1941年）2月生，中专（幼师）文化，小学高级教师，中共党员。1989年10月获教育部、全国总工会、人事部授予全国教育系统劳动模范称号。1961年8月，任盐城师范附小幼儿园教师。1969年12月，调任金湖县实验幼儿园教师、园长。1985年起，在国家、省级杂志发表论文10多篇。1979年10月，获省妇联授予三八红旗手称号。担任园长期间，幼儿园连续四年获市文明单位称号，获市爱国卫生先进集体称号，1990年获淮安市一类园称号，1996年获首批江苏省示范园称号。

纪德香　女，金湖县金南镇人，民国31年（1942年）6月生，小学文化，中共党员。1988年4月获省劳动模范称号。1957年5月，任卞塘乡胡庄村会计。1976年7月，任村幼儿园教师。1984年初，辞掉村幼儿教师职务，银行借贷500元，兴建兔舍8间，引进德国长毛兔饲养20只，当年规模扩大到

100多只，收入3600余元。1985年，扩大养殖规模，加强幼兔繁育，所繁育幼兔全部出售给周边群众，养殖户遇到饲养上的问题她主动上门帮助解决。1986年，利用兔舍上面空间搭建鸽窝，饲养菜鸽，改造自家废旧水塘，利用兔子下脚料，饲养甲鱼，这种立体式养殖方式产生更大的经济效益，年收入3万余元，建起瓦房5间。周围群众效仿她立体养殖做法，胡庄村成养殖专业村。先后获市致富标兵、优秀共产党员等称号。

徐承祖　金湖县闵桥镇人，民国31年（1942年）12月生，大学肄业，中共党员，副主任中医师，欣氏医派第四代传人。2000年8月获市卫生局授予“淮阴市十大名中医”称号。1960年，合肥工业大学肄业（因眼疾）后，随父徐则先学习中医；1965年起，任卞塘卫生院、闵桥卫生院医生，县人民医院中医师，县中医门诊部业务副主任、中医师，县中医院业务副院长，主治中医师，副主任中医师，县医学会副理事长兼中医学组组长，县政协委员，县中医学会副理事长兼秘书长，市中医学会理事，省中医药学会脑病专业委员会委员。熟谙中医经典，兼容现代医学，擅长治疗内科脾胃病、肝胆病，妇科经、带、胎、产诸病以及多种心身疾患和某些疑难杂症，辨病辨证，审因论治，博采众方，择善而从，在群众中享有较高声望，多次被评为先进个人和优秀党员。1961年起，在《江苏中医》《上海中医药杂志》《中医杂志》《医学与哲学》等省级以上刊物发表学术论文20余篇。

熊同侨　江西兴国县人（祖籍安徽省凤阳县），民国33年（1944年）10月生，大学文化，中共党员。为金湖县著名神经外科主任医师。1968年12月，分配到金湖县卫生局工作，一度下农村劳动锻炼。1970年5起，任金沟卫生院外科医师、金湖卫生学校兼职教师、县人民医院外科主治医师、外科主任医师、大外科副主任、外二科主任、医院副院长，党总支委员。任中华医学会淮阴分会神经外科分会第3、4、5届副主任，中华医学会淮海经济区神经外科分会委员。1982年，创立神经外科，进行各类神经外科手术，主要有脑血管造影、脑室造影、椎管内造影，神经系统定位检查和诊断；硬膜外血肿、脑挫裂伤、脑内血肿清除等各类型颅脑外伤手术；各部位脑膜瘤、胶质瘤、脑脓肿切除等颅内肿瘤手术；小脑血肿清除、小脑半球肿瘤切除、chiari氏畸形、后颅凹减压成形等后颅窝各类手术；嗅沟脑膜瘤切除、蝶骨棘脑膜瘤切除、经额垂体肿瘤切除、听神经瘤切除、桥小脑角脑膜瘤切除等颅底肿瘤切除术；各型椎管内占位切除、脊髓损伤椎管内探查减压、椎体内固定等脊椎、椎管内手术；各型高血压脑出血，脑血管畸形出血手术及立体定向手术。在省、市医学杂志发表论文10余篇，主要有《儿童急性颅脑损伤69例临床分析》《颅脑损伤与基础血糖量关系》《老年性颅脑损伤的临床特点》《影响重症颅脑损伤预后的因素（113例死亡原因分析）》《老年颅脑损伤83例临床分析》。1997年，被淮阴市人民政府授予有突出贡献中青年专家称号。

李善彬　金湖县吕良镇人，民国33年（1944年）11月生，大专文化，中学高级教师，中共党员。1991年12月获省劳动模范称号。1969年4月起，任吕良公社霍桥小学、新农乡陈新中学教师。1971年4月起，任吕良中学教师、吕良公社教革组扫盲辅导员、县农业工作队队员。1978年4月起，任吕良中学教师。1982年，南京师范学院中文函授毕业。1986年9月至1991年9月，任吕良中学副校长、副书记，主持学校全面工作，教育教学质量初中部名列淮阴市13县市前茅，高中部位居淮阴市农村完中首位，学校获市政府奖励电影放映机1台，个人多次获县政府表彰。

王作礼　金湖县闵桥镇人，民国34年（1945年）4月生，高中文化，工程师，中共党员。2001年4月获省劳动模范称号。1963年9月参加工作，先后在县水产公司、县多管局、县治淮工程团工作，1978年7月到县水利局工作，1984年，任县水利局器材站副站长、站长。1992年3月，任县堤防管理所所长、党支部书记。开拓农、林、牧、副、渔，工、商、运、建、服等经营项目，开发堤内废沟荒滩530

多公顷，以种代清河床1000公顷，创办小工厂（场）10多个，新建商业门市40多间，堤防更新植树28万株，加强船闸收费、堤防占用管理，经济效益逐年上升，职工收入、福利逐年提高，1996年，单位获水利部全国水利管理先进单位称号。1997年，获省委、省政府省级文明单位称号。1999年，堤防管理所更名为河湖管理所，续任所长、党支部书记。全所经济收入500万元，年上缴县财政和主管局近30万元，先后兴建县所、乡镇站点办公楼12幢、宿舍楼1幢。个人及单位获省市县表彰多次。1999年获市劳动模范称号。

戴之尧 金湖县金南镇人，祖籍安徽天长，民国34年（1945年）4月生，大专学历，副研究馆员。为研究金湖民间文艺有贡献者。中国民间文艺家协会会员，江苏省作家协会、民俗学会、周易文化研究会会员，淮安市民间文艺家协会副主席，金湖县群众文艺协会主席。1961年参加工作，任小学教师。1981年，调县文化馆工作，负责文艺创作和辅导工作，先后创作戏剧、小品、故事、表演唱、摇滚快板、小说、诗歌等文艺作品多篇（首）。《雨巷》《梁》《锣鼓阵阵》《老摆渡招工》《祝寿》《招领启事》《相婆婆》《金湖美》等作品60多篇，刊登在国家及省市报刊。《打排斧》《芦苇赞》《水乡的桥》《忆北阿古塔》《水上灯会》等散文17篇，入载江苏人民出版社出版的《江苏县邑丛书·金湖》。1995年，所著描写本地风情长篇小说《葫芦套》32万字，由时代文艺出版社出版，1996年《淮海晚报》连载。致力金湖县民间文化传播和研究工作，历时2年，完成民间文学《三套集成·金湖卷》资料收集和编纂工作，1987年省内首家出版，先后被省编委会、国家总编委确定为样板本推广，获文化部、国家民委、中国民间文艺家协会表彰。2001年，主编《金湖秧歌集萃》由中国文艺出版社出版。2003年，选编《淮安民歌民谣》由中共党史出版社出版。2005年6月，所撰《金湖秧歌调查报告》在《淮安日报》刊登。

邱卫萍 女，金湖县塔集镇人，民国34年（1945年）6月生，中专学历。为金湖草编技艺创立者。1953年，随父母去吉林抚松县生活。1962年，回塔集公社红旗大队劳动。1979年5月，进县塑料厂工作。邱卫萍自幼受外婆影响，对草编产生兴趣，上学期间常为同学老师编制小动物，深受师生称赞，成年后兴趣不减。1990年退休后，以草编为业，走江湖卖艺，先后到吉林、内蒙古、北京、河南、浙江等地游走寻访，行程1万多公里，销售草编作品的同时，寻师拜能，博采众长，提高草编技艺。2001年后，回金湖摆摊设点，她草编技艺娴熟精湛，随手拈来的草、竹等叶片，不到两分钟就变成一只栩栩如生的蚂蚱、螳螂或青蛙、老鼠、小鸟等。家里陈列有虫、鸟、禽、兽等草编作品数十件，如同草编艺术博物馆。她的草编作品获选省在澳门举办的民间艺术展。2004年10月，市电视台摄制《邱卫萍民间草编艺术》专题片，省、市电视台播放。2005年11月，参加省在南京举办的江苏绝技展，现场表演1个月，赢得中外宾客的喝彩、称赞。她将草编技艺无偿传授给身边一批草编爱好者，培养自己的孙女吴雨欣为草编传承人。

冯守福 金湖县前锋镇人，民国35年（1946年）4月生。1996年12月获省劳动模范称号。1976年起担任大队75型拖拉机驾驶员。1986年，买回所在新跃村折价东方红75型拖拉机1台，从事农田作业和土方工程施工，不断积累资金，增添机械，滚动发展，经过10年艰苦创业，拥有东方红75型拖拉机1台、东方红50型拖拉机1台、手扶拖拉机1台、东方红70型推土机1台、联合收割机2台、旋耕机3台、拖车1辆、犁2部，另有摩托车2辆，以及电焊机、电钻等维修设备，拥有固定资产35万元，可进行耕旋、收脱、植保、运输等一条龙作业。从1994年起，3年创产值285万元，实现纯利40万元。他致富不忘大家，1995年乡兴建初中教学楼，带头捐资1000元；1996年春，他开着推土机，义务为村里修路并承担养路费用；积极为村民排忧解难，为困难户和军烈属收割、耕种免费提供机械600多台次，面积350公顷。

徐慧文　女，南京市人，民国36年（1947年）5月生，大专学历，中学高级教师，中共党员。1989年10月获国家教委、人事部授予全国教育系统劳动模范称号。1966年7月，南京师范学院附属中学高中毕业。1968年10月，插队金湖县黎城公社。1970年，任大队初中教师。1971年，淮阴师范学校进修半年。1972年，任黎城公社顺河学校初中教师。1974年，任黎城公社农技校教师。1978年，任金湖中学初中教师。1979年1月，参加南师大高等数学函授学习，1882年10月毕业。1986年，进行数学教学"自学议论引导"教学法实验，1988年获市教改成果二等奖、县教改成果特别奖，该项教改实验报告1989年获南通市教育局教研室教改论文一等奖。多次应邀到省、市、县有关学校授课。1997年1月调离金湖，任南京师专附中初中教师。

李义海　金湖县吕良镇人，民国36年（1947年）7月生，高中文化，中共党员。为研究"尧出生在金湖"有贡献者。中国地名学研究会会员。1971年参加工作，任县交通局车船监理所港监艇司机、内勤。1980年起，任县地名办办事员、秘书、副主任、主任。1997年，兼任勘界办副主任。1982年，主编《金湖县地名录》，获省优秀版本奖，勘界工作获省人事厅、省民政厅记二等功1次。1993年，根据上海古籍出版社、上海书店出版的《二十五史》所载"尧初生时其母在三阿之南"的记载，查阅大量史地典籍、地方史志和家谱，写成《尧与塔集》一文，1994年6月发表在《江苏地名》第3期。是年11月15日，《人民日报》（海外版）以《尧出生地是江苏省金湖县塔集》为题予以报道。11月24日，《报刊文摘》以《李义海考证——尧出生地是金湖县塔集镇》为题发表消息。12月26日，《金湖政报》第50期以《凭史考帝籍　金湖是尧乡》为题，加编者按发表。1995年11月，《中国地名》1995年第6期刊载《尧帝出生地考》一文。是年11月30日，《新华日报·内参》以《据淮阴市有关专家学者论证：金湖县塔集镇为尧出生地》为题发表文章。1998年，商务印书馆出版发行《中华人民共和国地名大词典》，金湖县和塔集镇词条下均有尧生塔集的相关记载。2003年8月9日至11月8日，《新金湖》连载《尧与塔集——为了荒疏的记忆》一文。

卢专文　金湖县陈桥镇人，1949年10月生，大专文化，小学高级教师，中共党员。1994年9月获省政府授予小学数学特级教师称号。1969年2月起，历任吕良公社新丰小学、孙集学校、黎城镇中心小学、县实验小学教师。1984年8月起，任县教研室小学数学教研员、副主任、党支部书记、协理员。1986年至2005年12月，撰写教育、教学方面学术论文230多篇，分别在《中国教育学刊》《江苏教育研究》《江苏教育》《福建教育》等20多家报纸杂志发表，主编并出版教师教学参考用书和少儿读物80多本。专著《帮你教好数学》和《小学数学专题研究》获省教委列入全省小学教师继续教育教材，专著《卢专文农村小学数学教学研究与实践》被教育部选入《全国著名特级教师教学艺术》丛书；参编教材《现代小学数学》《苏教版义务教育小学数学教材》和《苏教版课程标准小学数学教材》获全国20多个省、自治区使用。编写出版《新编小学数学备课手册》一套6本，近300万字；《小学数学学习手册》150万字；《小学数学童话大王》一套6本，70万字；《教你怎样想》一套6本，30万字；《尝试教学大全》120万字；《尝试教学设计》一套6本，160万字。先后培养全国各地骨干教师200多人，其中特级教师4人。

戴宗仁　金湖县金北镇人，1949年11月生，初中文化，中共党员。1989年9月获全国劳动模范称号。1984年春，带领4名农民承包前锋镇同心村王家圩荒地近千亩。每年生产粮食126.65万公斤，向国家提供商品粮116万公斤，人均23.2万公斤，人均收入1.44万元。1988年4月获省劳动模范称号，2002年获省军区先进退伍军人称号。

马国顺　金湖县陈桥镇人，祖籍建湖县，1950年4月生，自学考试中文本科学历、文学士，省委党校研究生，副编审，中共党员。为研究金湖历史与史志年鉴编纂理论有贡献者。1969年3月参加工作，历任教师、教研负责人、学校负责人。1978年5月后，历任公社（乡）党委代理秘书、秘书、秘书兼宣传科长。1987年4月后，任县委党史办公室（县委党史工委）与县志办公室（县地方志办公室）秘书、副主任、主任。为江苏省地方志学会理事、副秘书长。任职期间，多方搜集研究金湖历史，担任副主编（主编、特约主编），编纂出版有《金湖史话》《金湖县志》（获全国二等奖、省一等奖）、《金湖县电力工业志》《金湖县水利志》《金湖县土地志》（前三志皆获省三等奖）《金湖县工会志》《中共金湖地方史（第一卷）》（获省三等奖）《江苏淮南人民革命斗争史》《江苏人民革命斗争群英谱·金湖分卷》《金湖年鉴》（1995至2003年各卷）（获全国年鉴校对质量奖）、《金湖党史资料》（1至3辑）等，著有《历史上的金湖》（获市"五个一"工程奖）《史·志·鉴探论》《年鉴实践与探索》等，1000余万字。在省以上刊物发表论文60余篇、50余万字（多篇获省一等奖），为金湖地方史研究奠定基础；同时对史志年鉴的研究多有建树，受到史志界关注。退二线后受聘深圳市南山区区志办，担任副总纂（副主编），编纂出版有《深圳市南山区志》《中国共产党南山历史》《南山年鉴》（获全国综合年鉴特等奖）、《南山区蛇口街道志》《罗湖区人民检察院志》等。担任多部市县志书、年鉴的通审、顾问。《世纪风采》《江苏地方志》杂志先后报道其献身史志事业的事迹。

殷舜时 金湖县金南镇人，1950年7月生，大专文化，高级工程师，中共党员。1996年获省劳动模范称号，1999年获全国五一劳动奖章。1967年7月进金湖机械厂，历任工人、车间副主任、主任、厂长助理、副厂长、厂长。1996年获省劳动模范称号，1998年5月起，任金湖石油机械集团、金湖石油机械集团责任有限公司、江苏金石机械集团董事长、党委书记。1999年4月，获省优秀企业家称号。2001年，获省政府授予苏北星火产业开发带先进工作者、省优秀创业企业家称号。（参见"第四十三篇专记"《从小机械厂到江苏金石机械集团》）

沈宣尧 金湖县金北镇人，1950年12月生，初中文化，中药师。为沈氏关节炎传统叠丸疗法世袭技法传人。清同治十年（1871年）春，其祖父沈登培师从扬州和春堂大药房李广明药师，两年后满师回到家乡应集街开设大德生药房。其父沈玉林16岁开始在药房学徒，民国10年（1921年）接管大德生药房，1950年大德生药房合并到应集联合诊所。1968年3月起，沈继承祖业，从事中药剂工作，经过长期实践，针对丸剂具有不需经火煎水煮，能随症加减配伍、省工省时、节约原料、价廉实惠、易于储藏、携带服用方便、患者容易接受等优势，挖掘整理家传多种中医药治疗秘方，加工制作传统叠丸，主要治疗类风湿关节炎、风湿性关节炎、胃溃疡、胃炎等慢性病，对关节炎患者具有祛风镇痛、放松手足痉挛、消除轻微肿痛、减轻肢体麻木等疗效；对慢性胃炎、胃溃疡患者具有不嗳气、不吐酸水等疗效。

姚文龙 高邮市人，1951年6月生，党校函授大专学历，中共党员。2001年8月获中央综治委、人事部授予全国社会治安综合治理先进工作者称号，享受省级劳动模范待遇。1968年3月参加中国人民解放军，历任战士、学员、参谋。1979年10月，从部队转业，先后任黎城公社（乡）、戴楼乡人武干事、副乡长、乡长等职。1989年12月起，任黎城镇党委副书记，县委政法委副书记、县综治委办公室主任等职，带领政法委、综治办一班人，加强政法委对全县政法工作的组织协调及对全县社会治安综合治理工作的组织协调，总结出抓安全文明系列创建工作、综治工作规范化管理等一系列工作经验，受到淮阴市委、市政府肯定，并向全市推广。2000年1月，获省委、省政府授予"社会治安综合治理先进工作者"称号。2002年11月，任县环保局局长。

陈洪年 高邮市人，1952年7月生，中专文化，中共党员。1992年4月获国家防汛总指挥部、人事部、水利部授予"全国抗洪抢险模范"称号，享受省劳动模范待遇。1972年1月，任淮阴地区水文站办事员。后上学，1976年7月，任金湖水文站办事员、站长等职。1991年7月初，江淮地区遭受特大暴雨袭击，淮河入江水道水位不断上涨，不顾母亲病危，日夜来回穿梭淮河入江水道金湖段水文站10多个，坚持每小时观察水位1次，每天拍发电报30多份，及时准确提供水情、汛情。经常在暴雨如注的夜晚，带着妻儿，打着手电筒，用一根长长的绳子，一头系在腰间，跳进水里，游近水标尺，妻子小心放着绳子，等他看清水位后，收紧绳子，拉他上岸。

柏华基　金湖县前锋镇人，1952年7月生，大专文化，中共党员。1991年12月获省劳动模范称号。1970年3月起，任淮胜乡淮阳村乡村医生，淮胜乡工办室会计，计划生育办公室办事员。1988年4月，任淮胜乡计划生育助理。1998年4月，任前锋乡综治干事。2000年6月，任前锋镇司法助理。

朱国侯　如皋市人，1952年8月生，大专文化，高级经济师。1991年获省劳动模范称号。1968年参加工作。1987年，承包县造纸厂卫生巾车间，当年由亏损16.4万元，实现税利148.2万元，主持开发"金玫瑰"牌卫生巾获省优产品称号，获县建功立业特等功、市建功立业一等功。1988年5月，租赁县塑料厂，引进意大利AZ520制鞋设备，成功投入使用，连续3年荣立市县建功立业一等功。1990年，兼并县封缸酒厂。1992年，创办江苏国祥鞋业有限公司，任董事长，主持开发男女系列橡塑靴获省优秀新产品金牛奖，被劳动部定为劳保用品定点生产企业。2000年，成立县国祥工贸有限公司，根据国内外市场需求，研制生产阻燃抗静电靴和耐动植物油靴系列产品，填补国内空白，成为省星火计划项目。企业拥有技术专利20多项，是省知识产权重点保护单位。

许万明　金湖县金南镇人，1952年10月生，大专毕业，中学高级教师，中共党员。2000年5月获省政府授予小学数学特级教师称号。1970年7月参加教育工作，任卞塘乡南桥小学、南望小学教师。1972年3月起，历任县东方红小学（现实验小学）教师、班主任、少先队大队辅导员、团支部书记、教导副主任，县闸东小学（现城东小学）校长，城镇中心小学教导副主任、教导主任、政教主任、副校长，县实验小学教导副主任、政教主任。1995年3月起，历任县政府教育督导室教育督学，县教师进修学校教师培训中心副主任。撰写的《少先队员纪律形成和培养的调查》《初级阶段与少先队理想教育》分获全国第四届、第三届少年儿童教育小论文一、二等奖。围绕小学数学应用题教学、小学数学课堂教学结构改革、大面积提高小学数学课堂教学效率、小学数学课堂教学立体化、培养学生创造性思维、新课程理念下小学数学教学策略等专题，写出经验文章，先后在《人民教育》《中国教育报》《中国小学数学教育》《小学教学研究》等教育报刊发表，获省以上论文奖10余篇，部分文章被中国人民大学书报资料中心复印转载及有关书籍收录。

赵　瑛　女，洪泽县人，1953年1月生，中师毕业，小学高级教师。1998年9月获教育部、人事部授予全国教育系统劳动模范称号。1976年9月，任洪泽县共和公社赵集中学民办教师。1978年，自愿来金湖县涂沟镇渔区任小学教师。1981年，独自到白马湖渔林场开办教学点，没有教室就用林场的公房，白天当教室，夜晚当宿舍；没有黑板，就从自己25元的月工资中拿出14元买黑板；没有桌凳，就找些木板敲敲打打凑合用。为不影响教学工作，她又动员在县油米厂工作的丈夫到渔林场工作。1989年秋，因疲劳过度，下肢和右手不慎摔伤，她叫学生分年级到床前听课，用左手批改作业，卧床授课半个多月。1994年，去镇里参加教研活动，因车祸手臂被撞断、腿被撞伤，只住院4天，就忍着疼痛坚持上课。1990年，获市优秀德育工作者称号。1998年，获省劳动模范称号。1999年9月，获省教育系统十大模范标兵称号。

吴德文 金湖县金南镇人，1953年8月生，高中学历，中共党员。1988年4月获省劳动模范称号。1972年，高中毕业回乡后为农机操作手。1985年5月，与同生产队好友龚寿喜共同筹资1.3万元，合办金湖县金沟合金厂，吴德文任厂长，从事金属冶炼、铸造、加工等生产，与南京、上海、山东等地大型有色金属企业配套生产国家标准的铜、铝合金零部件。发扬“燕子垒窝”精神，逐步添置固定资产、提高生产能力，购置手扶拖拉机3台、汽车2辆，自配发电机组解决停电之忧，年生产能力由20吨增至120吨。1988年，实现固定资产22万元，产值60万元、利润3万元。吴德文关心支持村组公益事业，3台手扶拖拉机无偿供村民使用，上缴国家和集体的有关税费全由他缴付，至1989年，兴办村组福利事业累计出资2.8万元。

曹保喜 金湖县涂沟镇人，1953年9月生，高中文化，中共党员。1988年4月获省劳动模范称号。1971年高中毕业。1974年3月起，任唐港公社窑湾大队水利工程员兼文字材料员。1979年3月，任窑湾大队第七生产队会计。1981年2月，任生产队队长。上任伊始，带领村民发展棉花生产，当年种植1.3公顷，到1986年，全组土地全部种植棉花，计20.3公顷，年产皮棉2.3万公斤，全部出售给国家，作为推广典型，全县棉花种植现场会多次在该组召开。

朱庆庚 金湖县涂沟镇人，1953年11月生，大专文化，高级经济师，中共党员。获感动淮安十大经济人物称号。1970年7月起，历任县汽车配件厂职工、保管员、钻刨班班长、金工车间主任、副厂长。1992年2月，任县汽配厂厂长。2000年3月，企业由县属大集体企业改制转换为股份制民营企业，成立江苏金湖汽车零部件有限责任公司，出任公司董事长、总经理。企业改制后，汽车零部件客户由1家发展到6家，冲压和焊接生产设备由改制前的10多台发展到200多台。2004年4月，公司更名为江苏神舟车业集团有限公司，旗下设有本部核心企业集团公司和江苏车桥有限责任公司、金湖金马汽车配件公司、金屋控制系统有限公司（中美合营）、金湖金大众汽车维修公司等子公司4个，为江浙地区较大的汽车零部件生产规模企业。到年底，集团拥有主厂房和辅助用房等生产场地和空间2.3万平方米，固定资产总额3560万元，实现产值8400万元，产品销售收入7800万元，上缴税金195万元，利润76.26万元。集团公司获省政府授予先进企业称号，个人获市劳动模范等称号。

沈开成 金湖县陈桥镇人，1953年11月生，大专文化，高级经济师，中共党员。1996年6月获省优秀共产党员称号，享受省级劳动模范待遇。1984年1月起，任陈桥乡建材厂、化工厂厂长。1992年7月起，任江苏爱特福药物保健品有限公司、江苏爱特福气雾剂有限公司、江苏爱特福化工有限责任公司、江苏爱特福化工集团、江苏爱特福股份有限公司总经理、董事长，江苏爱特福集团总裁。先后多次获省乡镇企业家、全国优秀乡镇企业厂长（经理、董事长）、全国乡镇企业家、全国质量管理先进个人称号。（参见“第四十三篇专记”《江苏爱特福集团创业路》）

孙先梅 女，金湖县吕良镇人，1954年3月生，初中文化。1996年11月获省劳动模范称号。1979年在缫丝岗位，5岁的孩子突患急性脑膜炎住院，她只请两天假照顾。1994年，其父母相继住院，生活不能自理，家中无人照顾，她只是班前班后抽空陪伴父母，未请一天假。她长期从事缫丝工作，手开裂溃烂，腰肌劳损，视听力下降，但考虑到厂里的困难，从未提出过调换工种的要求。1991—1995年，天天坚持捡落地茧，为企业节约原料茧410公斤，经手缫制生丝1482公斤，等级均达4A以上，仅此两项，为企业增加收入1.3万元。先后辅导新工人40多人，其中80%达一级手标准。1992年，获市劳动模范称号，1995年，获市政府授予百佳新女性称号。

杨复华 女，江都市人，1954年7月生，大专学历，高级经济师，中共党员。1992年4月获全国五一劳动奖章。1970年8月起，任县缫丝厂职工、党支部副书记、厂长、党支部书记，县茧丝绸总公司副总经理兼金湖县缫丝总厂厂长、党支部书记，县茧丝绸总公司党总支书记、副总经理，县蚕业发展中心主任。任职期间，放手改革，产品质量大幅提高，生丝获江苏省优良产品称号，处淮阴市同行领先地位，新上高速自动缫丝机项目，一次性试产成功，生产能力提高三成。获市一等功3次。2005年3月，任县农业局主任科员。

沈玉香　女，金湖县涂沟镇人，1954年11月生，初中文化，中共党员。2001年5月获省劳动模范称号。1987年12月随丈夫转业，到金湖县环卫处从事保洁工作。因保洁任务重，延长工作时间，孩子小无人照顾，她带着孩子扫路，每天工作10小时以上。1991年担任保洁队长后，每天至少检查各个路段、垃圾池点、公共厕所2次，经常顶班清扫。1996年起，放弃节假日500多个，和环卫女工一起，参加妇女环保志愿服务队活动，义务捡拾城区垃圾，清理城乡结合部积存垃圾3000多吨，深入单位、居民家中宣传环境卫生知识20余次，服务队涌现市县先进个人10余名。2000年，服务队获省妇联、省环保局授予先进集体称号。

邹　平　金湖县银集镇人，1955年10月生，大专文化，中共党员。1996年12月获省劳动模范称号。1975年3月起，任银集砖瓦厂扫盲教师、事务长、保管员、统计员、车间主任、总账会计、厂长。1986年7月，任银集渔网厂厂长。1989年10月，任银集镇工业公司经理兼渔网厂厂长。1992年10月，任银集镇副镇长兼渔网厂厂长。1994年3月，任银集镇党委副书记兼渔网厂厂长。任渔网厂厂长后，扭转净亏38.5万元，濒临倒闭的企业实现盈利，至1996年，有总资产1450万元，年生产渔具品种6个，产量2500吨，产值5000万元，利税320万元，成为华东地区聚乙烯渔具制品主要生产基地，省明星企业。

殷光黎　曾用名殷向阳，扬州市人，1956年3月生，本科文化，中共党员。1998年7月获省政府授予小学语文特级教师称号。1980年，淮阴师范语文专业班毕业。1981年起，历任金湖县实验小学教导主任、副校长、校长。获县、市先进教育工作者、语文评优课一等奖多次。参加省内外教研活动作示范课及学术交流近200次。主持国家和省市级多项课题研究。学术论文发表省级以上刊物400多篇，获奖100多篇。主编或参与编纂《小学生作文起步》《随堂语文导读》《语文趣味园》等教辅用书，指导学生习作在省级以上刊物发表或获奖400多篇。主持“启发自我教育”课题研究获全国整体改革优秀成果奖，获中央教科所教研成果先进个人。《小学语文教学》《江苏教育》《小学语文教师》等报刊多次介绍他的教研成果和办学实绩。1999年，作为张家港市引进人才调入市实验小学任副校长，兼任中国小学作文教学研究会理事，中国教育实验研究会会员。

万建华　女，金湖县陈桥镇人，1956年12月生，大专学历，小学高级教师，民进党员。为创办全国知名的金湖娃艺术团有贡献者。中国舞蹈家协会会员，淮安市舞蹈家协会副主席。1990年，创办县实验小学童心艺术团，创作的舞蹈《打背风》获淮安市第二届民舞比赛一等奖。1991年创作的《铃舞》获江苏省第二届音乐、舞蹈节比赛创作、表演一等奖，优秀辅导奖，文化部群星奖，优秀节目奖。1993年获全国推广校园集体舞先进个人，创作的舞蹈《棒花花》获省少儿舞蹈大赛二等奖、《打丫丫》获省校园舞蹈一等奖。1995年，创作的舞蹈《鞭春》获第三届省音舞节创作一等奖。1997年，童心艺术团更名为金湖娃艺术团，创作的舞蹈《跳跳虾》获省少儿舞蹈大赛创作一等奖，举办个人作品专场演出2场。1998年，获省优秀教育工作者、市首批名教师称号。1999年，参加全国第七次舞蹈家代表大会，创作的舞蹈《木勺舞》获省第四届音舞节比赛创作金奖、表演金奖、文化部首届蒲公英比赛创作金奖。2000年，舞蹈《木勺舞》参加第六届全国艺术节展演。2001年，创作的舞蹈《银鸽飞舞》

获省少儿舞蹈大赛创作、表演金奖，全国校园春晚一等奖。2003年，创作的舞蹈《打金斗》获省五星工程金奖。2005年，创作的舞蹈《小马奋蹄》获全国校园春晚一等奖，论文《浅谈少儿舞蹈创作风格化》获全国校园艺术论文比赛一等奖。舞蹈《荷乡鼓韵》参加中央三套全国校园春晚演出，获省五星工程金奖、全国第二届中小学艺术展演一等奖。《中国文化报》《人民日报》《扬子晚报》《淮安日报》发表其事迹报道。

韩福焕 金湖县前锋镇人，1959年8月生，高中文化。1995年4月获全国劳动模范称号。1984年担任同心村二组村民组长，1991年秋，经村批准，辞职承包本村王圩低洼荒地35.7公顷，当年投资8.3万元，用于添置机械、修渠筑路、垦荒平田，冬前抢播了小麦，第二年收获粮食44.2万公斤。1994年，加大投入，新开灌排渠道600米，筑路1200米，改造成沟渠配套农田18.3公顷，新建房舍14间、猪圈4间，添置手扶拖拉机5台、水泵7台、发电机组1台（套），固定资产总值达6万元。同时，增包王圩荒地9公顷、吕良镇赵家圩水面5.7公顷，投资7万元搞鱼蚌混养，购鱼种5600公斤，嫁接珍珠蚌5.1万只，1992—1994年创产值1077.6万元，纯收入65.98万元。他劳动致富的成功经历，多次受到市、县表彰。

仇　英 女，金湖县黎城镇人，1961年10月生，高级技师，中共党员。2000年5月获全国劳动模范称号。1976年6月参加工作，为金湖输油泵公司输油泵零部件研磨工直至退休，早上班、迟下班，平均每天超产50%以上，1994—1996年，超正品工时3996小时，按定额标准计算，3年干5年的活，多创效益20多万元。她立足本职爱岗敬业34年，学习钻研技术，不断总结提高，掌握一套过硬的研磨本领，苦干加巧干，保证输油泵零部件研磨的质量和数量。1996年7月，获淮阴市劳动模范称号；11月，获江苏省劳动模范称号。

吴夕兵 金湖县塔集镇人，1962年12月生，高中文化，中共党员。1996年11月获省劳动模范称号。1980年高中毕业后从事农业生产，1986年担任双桥村二组组长，在全乡率先搞起螃蟹放养，1988年承包村里池塘0.67公顷，当年收入4万多元，成为全县闻名的特种水产养殖专业户。1989年12月起任双桥村村委会副主任、主任，1994年5月起任双桥村党支部书记。1995年，带动全村投入34万元，出动劳力700多人，开发高邮湖水面，形成石家坝综合养殖开发示范区。1996年，进行扩大和利用，并在上海崇明岛建立蟹苗繁育基地，形成繁殖、养殖、销售一条龙生产。他向困难户无偿传授养殖技术，还帮助协调拆借资金、销售产品。至1996年底，全村水产养殖面积247公顷，其中精养水面67公顷，年产成鱼250吨、螃蟹10吨，实现产值500余万元，创利税150万元。

杨登琴 女，金湖县金南镇人，1962年12月生，大专文化，助理经济师，中共党员。2001年5月获省劳动模范称号。1981年10月，任金南乡金南村妇女主任、团支部书记。1986年6月，任黎城镇蔬菜村妇女主任、团支部书记。1993年4月，任蔬菜村村委会副主任。1996年4月，任黎城镇蔬菜村村委会主任。1997年8月，任黎城镇蔬菜村党支部书记兼村委会主任。1998年起，村集体投资124万元，铺设道路1.3万平方米，疏浚灌溉渠3条，承担农户上缴费用8万元，有线电视、程控电话入户率75%以上。她利用区域优势，狠抓企业改制和招商引资，开发商贸楼2300平方米，兴办私营工业企业18户，村集体经济不断巩固壮大。1999年，获淮阴市优秀共产党员称号。2000年，蔬菜村集体经济收入31万元，村民人均纯收入4200元。2001年8月，任黎城镇大兴村（并村后）党支部书记兼村委会主任。2004年3月，任黎城镇副镇长兼大兴村党总支书记。

尹　来 安徽太和县人，1963年5月生，本科学历，主任医师，中共党员。2001年5月获省劳动模范称号。1982年7月毕业于徐州医学院临床医学系，先后担任黎城卫生院医师，县人民医院主治医师，副主任医师，内二科主任，院长助理，副院长兼任扬州医学院副教授。1999年起，任县卫生局副局长兼县人民医院院长。他从医后，结合临床实践，潜心钻研心血管病，观察研究千余病例，撰写论文数十篇，其中市以上医学杂志发表25篇，《室上性和室性交替性心动过速探讨》等5篇论文在全国心血管学术研讨会上交流并获优秀论文奖，被选为中国心力衰竭研究学会会员。1997年起，他与助手通过千余男性不育病例的分析研究和数百次实验，发现解脲支原体导致男性不育的机理，分别获市、省科技进步一等奖、三等奖，被评为省优秀科技工作者，获中国名医研究会授予的“中华名医”称号。1999年，由他主持的市立项课题“老年糖耐量低减并高血压患者的早期肾损害”顺利通过省级科研成果鉴定。2003年1月，兼任县政协副主席。2003年7月，调任浙江省医学学术交流管理中心副主任、浙江省医疗事故技术鉴定办公室主任、浙江省医学会副秘书长。

陆义坤　金湖县塔集镇人，1966年1月生，初中文化，技师，中共党员。2005年获全国劳动模范称号。1987年8月起，为金湖机械厂二车间金工班车工、班长。任职期间，平均每年完成工时定额6321小时，工时定额、正品率、加工低能耗均列全公司第一。公司新开发组合阀成套石油井口装置，每件重1吨以上，有的重达4吨，长度1米至2米，他大胆创新，改合金刀为白钢刀，加粗刀杆，增加压板和中心支撑架，增强抗颤力，有效控制切割速度和切割量，确保加工精度。1998年，公司为渤海油田生产14套价值168万元组合阀，合同规定1个月内交货。他接受任务后，边实践，边总结，仅用15天独自完成14套组合阀精加工任务。他先后立县一等功、二等功各1次、市一等功1次，获县十佳技术操作能手、十佳青年岗位能手等称号。2001年5月获省劳动模范称号。

沈英姿　女，洪泽县人，1967年10月生，大专文化。2003年10月获省政府授予省再创业明星称号，享受省劳动模范待遇。1985年8月起，任县塑料厂、县糖烟酒公司保管员、操作工、营业员。1995年底下岗后，卖青货、贩鸡蛋、开半爿店。1997年7月创办城西超市，2001年7月扩大规模，租赁原华昌商厦1楼800平方米，办起金湖苏果超市，任总经理，陆续开办金湖苏果超市二店、金湖苏果超市三店，安置下岗职工44人，占员工总数的60%。金湖苏果超市先后被省酒类流通协会、质量协会评为江苏省放心酒销售单位、商品质量信得过单位，连续3年获苏果总部授予优秀合格加盟店称号，个人被评为淮安市百名新女性、全市杰出青年兴业领头人。

第二节　县主要领导

李继尧　泗阳县人，民国32年（1943年）12月生，中共党员，大学文化。1984—1987年任金湖县委副书记、县政府代县长、县长。1968年12月，南京大学历史系毕业，到泗阳县王集公社建设大队劳动锻炼。1969年11月起，任泗阳县县委宣传部办事员、秘书，共青团泗阳县委副书记、书记，来安乡党委副书记、管委会主任，县委宣传部部长。1984年2月起，任金湖县委副书记、县政府代县长、县长。1987年2月离任，后任涟水县委书记、人大常委会主任，淮阴市委政法委书记，市人民检察院检察长、党组书记兼市政法委书记，市公安局局长、党组书记兼市政法委书记，中共淮阴市委副书记，淮安市人大常委会副主任等职。

陈国藩　金湖县吕良镇人，民国23年（1934年）12月生，高中文化，中共党员。1984—1993年任金湖县政协主席。1953年10月，任吕良供销社销货员、门市部副经理、业务组长。1958年3月，任宝应县公安局刑侦股股员。1960年10月，任金湖县委组织部干事。1964年8月至1968年11月，在省干部文化学校学习。1968年11月起，任金湖县“五七”干校副政治指导员、县战备办公室秘书、县广播站负责人、县政工组宣传组副组长，唐港公社党委副书记、革委会副主任、党委书记、革委会主任，黎城公社党委书记。1982年9月，任县人民政府副县长、顾问。1984年7月任县政协主席、党组书记，1993年2月离任。

苏金必 洪泽县人，民国37年（1948年）5月生，中共党员，大专学历。1985—1987年任金湖县委书记。1968年8月于淮阴师范学校毕业，先后任洪泽县淮河光明小学、公河五七学校教师，公河公社团委副书记，共青团洪泽县委副书记。1974年4月起，任洪泽县高涧公社党委副书记、黄集公社党委副书记、洪泽县化肥厂党委副书记。1980年10月，进入华东水利学院农水系学习。1983年7月毕业，任洪泽县农委主任。1985年5月任金湖县委书记，1987年1月离任，后任淮安县委书记、淮安市委书记。1991年3月起，任淮阴市人民政府副市长、党组成员，淮阴工学院党委书记，淮安市政协党组成员等职。

刘学东 金湖县黎城镇人，民国29年（1940年）9月生，大学文化，中共党员。1987—1989年任金湖县委书记。1958年参加工作，历任教师、校长，共青团金湖县委副书记、书记，中共金湖县委常委、公社党委书记、公社革委会主任，县委副书记、县革委会副主任，金湖县委副书记、县长。1983年起，任泗洪、沭阳县委书记。1987年1月起任金湖县委书记。1989年5月离任，后任淮阴市委常委、纪委书记，市委副书记、政协主席，宿迁市委副书记、市长、政协主席，淮阴市委副书记、政协主席，淮安市政协主席。2003年，任淮安市关心下一代工作委员会主任，淮安市周恩来研究会会长，著有《岁月留痕》一书。

张卫东 淮安市楚州区人，民国34年（1945年）1月生，中共党员，大学文化。1987—1989年任金湖县委副书记，县政府代县长、县长。1970年3月，清华大学工程物理系毕业，留校200#工作。1970年9月，到淮阴地区“五七”干校劳动。1971年8月，淮阴地区教卫处借用。1972年4月起，任淮阴地区计划组、科技组工作人员，淮阴地区（市）科委办事员、副科长、科长，淮阴市科委副主任，淮阴市环保局局长。1987年1月起，任金湖县委副书记，县政府代县长、县长，1989年12月离任。后任淮阴市劳动局局长、党组书记，淮阴市人大常委会副秘书长，淮安市人大常委会副秘书长兼人代联委主任等职。

陈奎林 泰州市姜堰区人，民国22年（1933年）2月生，中共党员。1987—1993年任金湖县人大常委会主任。1949年7月参加工作，历任扬州专署农业局、六合地区助理秘书、秘书。1970年1月调金湖县，历任县文化馆负责人，县革委会办公室副主任，县委办公室主任、县委常委，县委副书记、代理县长，淮阴市清浦区委书记等职。1987年4月，任金湖县人大常委会主任，1993年2月离任。

郭平扬 涟水县人，民国30年（1941年）1月生，大学文化，中共党员。1989—1994年任金湖县委书记、县人武部党委书记。1967年9月，在涟水县城南果园劳动锻炼。1970年10月，任涟水县中学秘书、县人武部通讯报道员。1975年8月起，任涟水县大东公社革委会副主任、党委副书记、南集公社党委书记。1983年7月，任涟水县副县长、县委副书记、县长。1989年6月，任金湖县委书记、县人武部党委书记。1994年9月离任，后任淮阴市国家税务局局长。

李孔惠 福建平潭人，民国35年（1946年）1月生，大学文化，中共党员。1992—1999年任金湖县政府代理县长、县长、县委书记。1970年8月起，在县五七农场、化工厂劳动锻炼。1971年4月起，任黎城公社农技校教师、公社农技员、革委会副主任、党委副书记、管委会主任、经管会主任。1983年9月起，省委党校干部培训班学习并毕业。1985年7月，任白马湖乡党委书记。1987年2月起，任中共淮阴县委常委、组织部长、县委副书记。1992年12月起，任中共金湖县委副书记、县政府代县长、县长，1994年9月任金湖县委书记。1997年，获国家科委授予全国科技先进县创建工作先进个人称号。1999年2月离任，后任淮阴师范学院党委副书记（副厅级）。

张绍洪　上海市人，民国27年（1938年）8月生，大学学历，中共党员。1993—1998年1月任金湖县政协主席。1961年9月参加工作，历任化工部物资供应局技术员、调度员等职。1971年9月调金湖县，任县化肥厂技术员、副厂长、厂长。1983年9月起，任县人民政府副县长，淮阴市乡镇局局长、党组书记。1993年2月，任金湖县政协主席，1998年1月离任。

何　璋　金湖县前锋镇人，民国28年（1939年）1月生，中共党员。1993—1998年任县人大常委会主任。1962年11月起，任省农林厅老山林场技术员、上海市木材公司科员。1969年8月，在上海市南京9424工程焦化厂下放劳动。1972年4月起，任金湖县革命委员会政工组组织组工作人员、县委组织部办事员、秘书、副部长。1983年12月起，任灌南县委常委、组织部长，县委副书记。1985年4月，任金湖县委副书记。1993年3月，任县人大常委会主任，1998年1月离任。

陈德昌　金湖县闵桥镇人，民国32年（1943年）2月生，大专文化，中共党员。1994—2003年任金湖县政府代理县长，县长，县人大常委会主任、党组书记。1961年11月，为安徽省兽药厂嘉山畜牧厂工人。1963年7月，下放金湖县闵桥公社，支援大办农业。1964年10月起，任邗江、句容、江浦、金湖县社教工作队队员、文字员。1966年5月起，任闵桥公社副社长、团委书记、革委会副主任、党委副书记。1978年1月起，任淮建公社党委书记兼革委会主任、县委委员。1982年7月起，任中共泗洪县委常委、县政府副县长。1984年11月，任金湖县人民政府副县长。1987年2月，任县委常委、县纪委书记（县委副书记职级）。1989年12月，任县委副书记、政法委书记。1994年9月，任县委副书记、县人民政府代县长、县长、党组书记。1997年9月，任县委副书记、县人大常委会党组书记。是年获国家科委授予全国科技先进县创建工作先进个人称号。1998年1月任县人大常委会主任、党组书记，2003年1月离任。

林伟明　浙江宁波人，1953年5月生，大学文化，中共党员。1997年—2002年，任金湖县政府代理县长、县长、县委书记。1969年1月，从南京到盱眙县河桥公社三元大队插队。1972年1月起，任河桥公社交管站监理员，副站长，河桥公社三元大队革委会副主任，河桥公社、古桑公社党委委员、革委会副主任。1979年5月起，任共青团盱眙县委宣传部长，盱眙县龙山公社（乡）党委委员、革委会副主任兼组织纪检委员，乡党委副书记、党委书记。1984年9月，在淮阴市委党校大专班学习（1994年中央党校函授班本科毕业）。1986年8月起，任盱眙县计划生育委员会主任，中共盱眙县委常委、县纪委书记，县委副书记、县政府常务副县长、党组副书记，中共淮阴市委组织部副部长。1997年9月起，任中共金湖县委副书记、县人民政府代县长、党组书记，县委副书记、县人民政府县长、党组书记。10月起兼任县委党校校长。2002年1月调离金湖，历任淮安市人民检察院副检察长、党组副书记，检察长、党组书记。

胡　进　女，四川井研人，民国35年（1946年）7月生，大学文化，中共党员。1998—2005年任金湖县政协主席。1970年7月起，任陕西榆林县鱼河公社、县农技站、县种子公司干部。1981年9月起，任金湖县种子公司技术干部，县妇联主任，省委党校干部培训班学员，县委组织部副部长。1987年1月起，任中共金湖县委常委、组织部部长，淮阴市妇联主任。1992年12月，任中共金湖县委副书记。1997年12月，任县政协党组书记、县政协主席。

成迎初 洪泽县人，1953年9月生，大专文化，中共党员。2000—2005年任金湖县政府县长、县委书记。1973年8月起，任洪泽县高涧公社（乡）通讯报道员，团委副书记，党委秘书，组织委员，党委书记。1987年2月，任洪泽县仁和镇党委书记。1987年12月，任洪泽县岔河镇党委书记。1992年3月起，任洪泽县政府县长助理，副县长，县委常委、副县长，县委副书记、副县长。1997年9月起，任淮阴市水产局（湖管局）局长、党组书记，局长、党组副书记。1999年4月，任中共金湖县委副书记、县人民政府副县长。2000年1月，任中共金湖县委副书记、县人民政府县长、党组书记。2002年1月，任金湖县委书记。2003年1月起，任金湖县委书记、县人大常委会主任。

赵洪权 涟水县人，1963年4月生，大学文化，中共党员。2002—2005年任金湖县政府代理县长、县长。1984年7月起，任淮阴市供销社财务科办事员，涟水县河网中学市级讲师团成员，淮阴市供销社科员，淮阴供销物资总公司总经理，淮阴市供销社人事劳动部主任，淮阴市供销社主任助理兼人事劳动部主任、淮阴市供销大厦股份公司总经理，淮阴市供销社副主任兼人事劳动部主任。1998年7月起，任淮阴市供销社主任、党委书记，兼任淮阴市供销大厦董事长、党委书记、总经理。2001年2月起，任淮安市供销社主任、党委书记。2002年1月起，任中共金湖县委副书记、县人民政府副县长、代县长、党组书记。2002年2月起，任中共金湖县委副书记、县人民政府县长、党组书记。

第三节 在外乡贤

杨向荣 金湖县前锋镇人，民国11年（1922年）生，中共党员。副厅级干部。民国30年（1941年）参加革命工作。1962年8月起，任西北冶金地质公司计划处处长、探矿处处长、物资处处长，中国有色金属西安供销运输公司经理（副厅级）。1986年离休。著回忆录《一年四季》6万余字。

陈瑞林 金湖县金南镇人，民国12年（1923年）8月生，初中文化，中共党员。副师职干部。抗日战争时期参加革命，新中国成立后任职于上海第二军医大学政治部、南京军事学院训练部政治处、解放军政治学院学员高级队。1982年，从解放军政治学院离退休办公室副主任岗位上离职休养，行政13级。立二等功两次、三等功多次。

刘春风 金湖县吕良镇人，民国12年（1923年）11月24日生，中共党员。副厅级干部。民国30年（1941年）10月，参加新四军，抗日战争期间参加小牛庄、小魏庄、石展庄、泗州、仁和、益林、王庄等战斗；民国31年（1942年）5月，加入中国共产党，先后担任副班长、班长、副排长、排长、连政治指导员、营政治教导员、团政治部主任、师后勤部政治委员等职务。参加过淮海战役和渡江战役，解放初期奉命在浙江山区参加剿匪战斗。1953年5月，参加抗美援朝战争和援助朝鲜战后恢复建设，1957年3月，分别获得中华人民共和国独立自由奖章1枚和三级解放勋章1枚，被授予中校军衔。1964年11月至1969年，任北京医药研究院党委书记。1969年10月，任内蒙古自治区呼和浩特市委组织部长。1979年5月至1983年9月，任中国天辰化学工程公司（原化学工业部第一设计院）党委副书记。1983年11月离休。

杨敦礼　曾用名杨德崇，金湖县前锋镇人，民国14年（1925年）8月生，小学文化，中共党员。副厅级干部。抗日战争时期参加革命，先后任淮宝县东湖区张集乡乡长、郑圩乡乡长兼六乡联防除奸队（武工队）队长；解放战争时期任淮宝县东湖区财粮区员兼民政区员、县财务科会计。1950年4月起，先后调苏北行署民政处、省委组织部、苏州江苏师范学院、省高教局（后并入省教育厅）、省五七干校工作。1974年10月起，调广州交易会、深圳外贸办事处工作。1982年，回南京组建外贸转内销门市部。1987年，在省外贸局离休。

吕　迈　金湖县戴楼镇人，民国14年（1925年）9月生，中共党员。著名书画家。民国30年（1941年），淮南艺专美术系毕业后从事抗日救亡宣传活动。民国33年（1944年）参加新四军，历任空军《战士报》、华东《战士报》美术编辑。1978年转业到浙江省文化局工作，任中国书法家协会首届理事，浙江省书法家协会第一、第二届副主席兼秘书长，浙江画院画师，西泠印社社员，杭州市书画院副院长，浙江省老年书画研究会会长。他的书法篆刻私淑齐白石并得陈大羽、萧娴指授，所作隶篆结合、融篆刻刀法、绘画构图于书法之中，风貌别具。早年木刻代表作《守卫祖国海防》，抗美援朝时期有《英雄的阵地》等；篆刻代表作有刻砖《反霸》大印。国画尤擅长画斗鸡，画赤膊小鸡。1964年全军第三届美展中木刻作品《铁机僚机》被评为优秀作品奖。1993年杭州电视台拍摄专题片《吕迈画鸡》。其被全国老年书画家协会评为优秀书画家。1993年和1999年开办个人书画展。

嵇　华　金湖县塔集镇人，民国14年（1925年）11月生，中共党员。副省职干部。民国30年（1941年）2月，参加革命工作，任闵塔区民运队员，同年8月加入中国共产党，任乡党支部书记、指导员。民国31年（1942年）3月起，任闵塔区农抗会理事长、区公安特派员，高宝湖区区委书记、区队教委，闵塔区区委书记、区队教委、区长，天高县公安局副局长，来安县公安局局长、人民检察院检察长。1952年10月，任滁县专区检察署检察长。1954年8月，任黑龙江省东安机械厂（哈市120厂）监察室主任、监委书记、党委副书记。1958年后，任哈医大党委常委兼组织部长、哈电工学院党委副书记。1972年，任哈工大革委会副主任兼政治部主任，党委副书记。1977年，任黑龙江省省委党校副书记兼副校长。1981年1月，任黑龙江省省委政法委副书记。1988年2月，当选为黑龙江省第七届人大常委会副主任。1993年离休。

沈　奎　原名沈保柱，金湖县银集镇人，民国15年（1926年）3月生，中专学历。副师职干部。民国31年（1942年）1月，参加抗日自卫武装自卫队。民国32年（1943年）11月参加新四军，任淮南军区路东军分区天（长）高（邮）支队巡湖大队战士、支队第三连保健员。民国33年（1944年）12月加入中国共产党。抗日战争时期，参加金沟、相官集、乌衣、仙墩庙战斗。民国34年（1945年）8月起，任淮南军区独立旅第3团6连保健员、华中野战军第6师18旅特务连见习医务员，华东野战军第六纵队第18师炮兵营、师部门诊室、师教导队医务员、军医。解放战争时期，参加涟水、莱芜、孟良崮、豫东、淮海和渡江战役。1949年3月起，任第二十四军卫生部卫校第2队干事、副队长，后勤干训大队第3队队长。1952年9月起，任志愿军第二十四军后勤部医政科科员，第二十四军72师后勤处组织计划科副科长，师防化兵主任。1953年6月，参加上甘岭地区夏季进攻战役。1957年，任空军高射炮兵102师防化兵主任，空军高射炮兵第2师政治部宣教科科长，团政治处主任、团政委，师副政委。1967年，参加援越抗美战争。1971年6月起，任空军政治部干部部副部长，空军高射炮兵第13师、第14师副政委。获独立功勋荣誉章和朝鲜民主主义人民共和国三级国旗勋章、中越友谊纪念章。1982年离休。

李志先　金湖县塔集镇人，民国15年（1926年）5月生，中共党员，大学文化。正师职干部。

民国30年（1941年）2月参加革命工作，先后任新四军淮南二师战士、新四军二师四旅卫生部医训队学员、新四军二师四旅十一团保健员、二师东分区卫生部二所任医务员、卫生所长，华东野战七院一队任室长。1949年5月，参加华东军区卫生部干部轮训队学习，后转至第二军医大学学习。1951年起，任福建南平第92医院（福建军区医院）外科副主任、主任。1959年，参加第七军医大学高级进修班进修脑外科专业5年。1963年，任福州军区总医院神经外科（脑外科）副主任、主任，为该院神经外科创始人之一及第一任主任，福建省医学会常务理事、福州军区神经外科专业组组长等。1983年离休。获中南战役纪念章，淮海战役、渡江战役纪念章，中华人民共和国独立自由奖章，中国人民解放军独立功勋荣誉章；2005年获中共中央、国务院、中央军委颁发的中国人民抗日战争胜利60周年纪念章。

高　胡　原名高长湖，金湖县银集镇人，民国16年（1927年）1月生，大学文化，中共党员。副省职干部。民国29年（1940年）7月参加新四军，1942年加入中国共产党。历任战士（做过文教和事务长工作）、卫生员、医务员，徐海东将军的保健医生、室长、所长、队长。1948年起，参加淮海战役和渡江战役，任华东军区兼第三野战军第一重伤医院队长、所长。1946年，在苏中七战七捷、苏北涟水保卫战中，被评为医院特等模范。1947年，在鲁南战役、莱芜战役、孟良崮战役中，全军开展“高胡运动”，高胡被誉为“华东医务工作者的旗帜”。福州解放时任福州军管会军事代表，中华人民共和国成立后被保送福建医学院读书，后因故停学，任福建省卫生厅医学教育科科长、教育处处长，卫生干部学校校长。1960年9月毕业于中国人民大学哲学系研究生班，任中共福建省委政策研究室处级研究员、福建医学院马列主义教研室主任、院党委委员兼院党委办公室主任，中国援塞内加尔医疗队队长，福建医科大学副校长、党委副书记。1980年9月后任中共福建省委常委、组织部长、省纪委书记（省委副书记级），兼任省委党校校长、省委整党办公室主任。1981年当选中共十二大代表。1988年2月当选福建省第六届政协副主席。1992年离休，享受正省级医疗待遇。担任福建省新四军研究会会长、省老年诗词协会会长、省楹联学会顾问和上海《人才开发》杂志顾问。著有《稳步轻行问伤病》《白浪履踪》《神州纪行》《人生感悟》《枫叶寄旅》《华夏纪行》《法理人生》《濠江寄语》《儒学现代化》《科学发展观理论与实践》《管中窥豹喻古今》等。

纪　奎　曾用名纪佐有，金湖县金南镇人，民国16年（1927年）6月生，中共党员。副军职干部。民国30年（1941年）10月参加新四军，先后任新四军二师五旅14团警卫员、勤务员、排长、连长，中国人民解放军第三野战军第25军75师223团营长，中国人民志愿军第24军74师221团营长、团参谋长。1955年8月进入中国人民解放军南京军事学院学习，被授予中校军衔。1959年8月毕业，历任北京军区第66军团长、师长、副军长。1985年，任天津警备区副司令员。1987年离休（正军级待遇）。

杨佩萱　原名欣邵华，金湖县闵桥镇人，民国17年（1928年）2月生，初中文化，中共党员。正厅级干部。为吉林省政府副秘书长兼办公厅主任、党组书记。16岁参加塔集剧团抗日宣传活动，任剧团团长。民国33年（1944年）9月，赴铜城镇参加高邮县政府举办的青干班学习，一个月后被提前调到县财粮科做出纳员，先后任天长县政府财粮科、路东专员公署会计科会计，大连坦克学校学员，旅大市委、旅大市公安局译报员。1952年任吉林省委机要处任科长、吉林省委办公厅秘书、秘书处副处长、处长。1970年任吉林省水利勘测设计院党委书记，勘测设计大中型水库、电灌站数座，星星哨水库受到水利部部长钱正英表扬。1978年起，任吉林省委办公厅秘书处处长、吉林省政府办公厅副主任、吉林省政府副秘书长兼办公厅主任、外办副主任、党组书记，吉林省七届人大常委会委员，1993年离休。2005年，获中共中央、国务院、中央军委颁发的中国人民抗日战争胜利60周年纪念章。

欣士敏　金湖县闵桥镇人，民国24年（1935年）4月生，大学文化，高级经济师，高级国际商务师，中共党员。正厅级干部。1950年参加工作。1951年7月，任苏北人民银行盐城中心支行、淮安支行信贷员、会计员、主办会计。1955年，以调干身份考进厦门大学经济系货币与信贷专业学习。1959年，分配到福建省计划委员会工作。“文化大革命”期间，下放到福建生产建设兵团劳动和工作。1975年起，任福建省计委处长、计委委员、副主任、正厅级副主任兼福建省工程咨询总公司党组书记、总经理。1994年，任福建省投资企业公司（简称华福公司）、福建国际信托投资公司党组书记、总裁，兼华福香港公司董事长、香港金酬公司董事长、厦门航空公司副董事长等职。为福建省第七届政协委员。多次参加省委、省政府组团或被委任组团，出访美国、澳大利亚及欧洲、亚洲等多个国家和地区，洽谈经济贸易。担任闽港、闽澳经济合作促进委员会委员，福建省多所高等院校的兼职教授、客座教授、特约研究员。出版《经济决策概论》《经济发展理论与实践》《世界钱币分类收藏与鉴赏》《中国金融趣味知识集锦》《金泉沙龙——历代名家货币思想述论》等专著，主编、合编、副主编经济、产业、计划、规划、咨询、发展、战略等书籍20多部。在中央及省级等报刊上发表论文、文章200多篇，约200万字。退休前后，任福建省钱币学会顾问、福建省收藏家协会名誉会长等。

欣焕友　金湖县闵桥镇人，民国28年（1939年）1月生，大学文化，副教授，高级工程师，中共党员。大校军衔。1970年起，任北京军区通信团技师、北京军区通信训练大队教员、有线教研室主任，立三等功1次。1990年晋升大校军衔，1995年晋升为技术五级，1996年9月退休。

何春喜　金湖县金南镇人，民国35年（1946年）1月生，大学文化，中共党员。正军职，海军少将军衔。1964年8月参加中国人民解放军，历任战士，班长，师、军政治部宣传干事，南海舰队政治部、宣传部新闻科副科长、科长，南海舰队政治部秘书处副处长，南海舰队司令部办公室主任，南海舰队榆林基地政治部副主任、主任、副政委，南海舰队广州基地政委，海军北海舰队旅顺基地政委，南海舰队副政委等职。

刘金友　金湖县金北镇人，民国35年（1946年）12月生，大专文化，中共党员。大校军衔。1964年11月应征入伍，历任副班长、班长、炮长、士长(排长)、副政治指导员、政治指导员、海军某舰副政治委员（其间参加南京海军学院学习）、海军某舰政治委员（其间参加南京海军学院学习）、海军某部队副政治委员兼政治处主任，1983年10月任海军某部政治委员，1990年，被授予海军大校军衔。2002年退休，任辽宁省江苏商会高级顾问、常务副秘书长。

史继明　金湖县黎城镇人，民国37年（1948年）2月生，党校研究生学历，中共党员。少将军衔。1969年2月入伍，历任吉林省军区独立第一师步兵第三团二营五连战士、文书，吉林省军区边防第四团政治处报道组报道员，吉林省通化军分区政治部干部科干事、副科长、科长，吉林省靖宇县人民武装部政治委员。1983年9月，调中国人民解放军总政治部干部部工作，先后任调配处干事、预备役干部处干事，干部部军衔奖励处副处长，干部部组织计划局副局长，组织计划局局长，综合局局长，干部部办公室主任。2001年5月，任总装备部政治部副主任，2003年7月，晋升少将军衔。2005年3月，任总装备部陆军装备科研订购部政治委员，担任党委副书记、书记，参与国家载人航天神舟三号、四号、五号飞行任务和一些大型武器装备科研试验活动。

封明伟　灌云县人，1951年10月生，大学学历，中共党员。大校军衔。1959年随父母到金湖县生活。1968年9月插队金南公社。1970年12月入伍，历任中国人民解放军航空兵某部机械员、机械师、指导员、大队政委、团政治处主任、团政治委员。曾先后在空军上海政治学校、解放军干部进修学院和空军指挥学院学习。1994年，任空军装备部驻上海军事代表局政治部和航空兵某师政治部主任，1995年，被授予空军大校军衔。2001年1月转业至上海市公安局浦东分局工作，任分局纪委副书记、监察室主任、调研员等职，三级警监警衔。

汤　杰　金湖县人，1952年9月生，无党派人士。博士研究生导师。为华东师范大学科学与技术跨学科高等研究院教授、华东师范大学化学系有机化学教研室主任。1976年后，历任南京师范学院化学系助教、讲师，华东师范大学化学系副教授、教授（博导）。长期从事绿色有机合成、功能有机分子合成与应用等领域的研究。先后主持和承担国家自然科学基金，国家重大科技专项，教育部、上海市科委重点和国际合作等多项研究项目，并为多家企业提供支持。发表学术论文70余篇，其中SCI期刊发表论文63篇；申请中国发明专利42项，其中13项获授权。获教育部优秀骨干教师称号。担任国家留学基金委评审专家、国家自然科学基金委和上海市科委评审专家、《化学通报》第十二届编委、《有机化学》编委、《华东师范大学学报》编委。

崔　新　祖籍海安县，1953年6月生，自小随父母在金湖生活、学习、工作。一级作曲家，文化部优秀专家。为江苏省歌舞剧院院长、江苏文化音像出版社社长、江苏省音协理论创作委员会主任，南京艺术学院客座教授，江苏省第九届政协委员，多次担任全国各类音乐赛事评委、出任大型文艺晚会、歌剧、舞剧、交响乐等演出艺术总监。1986年序曲《支点》获全国管弦乐作品比赛优秀作曲奖，1987年民族管弦乐曲《萌》获上海音乐学院第五届作品比赛一等奖，1992年舞剧《五姑娘》获全国舞剧汇演文化部优秀作曲奖，1995年序曲《弄潮》获江苏省第三届音舞节作曲金奖，1996年歌剧《孙武》获全国歌剧汇演文化部优秀作曲奖，1999年音乐剧《快乐推销员》获江苏省第四届音舞节作曲金奖。其他音乐作品有：舞剧《南黄海古谣》《大海梦幻》，音舞诗画《神韵金陵》，序曲《金陵畅想》，交响合唱《太阳—大地—人》，民族交响音画《金陵风韵》，音诗《海峡女神》，序曲《英雄诗篇》，组歌《江海潮》，民乐五重奏《时空》《第一弦乐四重奏》，歌曲《情醉美江南》《大江运河》《和谐交响》《云湖之歌》《月亮颂》《大爱无边》等。还有电视剧《在水一方》《深圳人》《红蜻蜓》《双桥故事》《一路夫妻》《血色誓言》及专题片《中国江苏》《博爱之都》《金陵节拍》等百余部电视音乐。

卢津平　金湖县金南镇人，1953年8月生，大学文化，中共党员。正军职干部。1970年12月入伍，历任中国人民解放军沈阳军区第40集团军119师355团战士、排长、指导员，师政治部秘书、组织科副科长，武警上海市总队办公室副主任、后勤办公室主任、第7支队政委、总队政治部主任等职。2002年8月，任武警上海市总队政委。

李伯林　金湖县陈桥镇人，1953年9月生，硕士研究生学历，中共党员。大校军衔。1970年参加中国人民解放军，历任战士、学员、干部、后在领导岗位转向军事科研，分别在江苏、河南、山西、上海、新疆以及北京等地从事卫生、计算机、网络、通信、非通信、遥感、信息化以及翻译等多领域和多专业工作，历任科长、处长、学术研究带头人和遥感应用研究专家。1996年晋升大校军衔，2003年改任技术大校五级。参与并肩负总参谋部某工程35年间的建设、服务以及相关业务领导工作；主持某部门非通信领域激光侦察研究课题；自始至终参与国家“863”小卫星遥感应用研究课题；参与国家北斗卫星双模应用转换研究课题等重大专项。在军内外二级期刊发表技术、学术研究论文10余篇，先后获军队科技进步三等奖2次、科技进步四等奖5次。

毛广仁　金湖县宝应湖农场人，1954年7月生，大学文化，中共党员。大校军衔。1973年参加工作，1974年12月入伍，历任战士、班长、排长、连长、参谋、副主任、主任、副处长、处长、军区步兵侦察大队大队长（团长）、军区军事调研室主任（副师）、军分区副司令等领导职务，立三等功5次。

杨　彪　金湖县金南镇人，1954年12月生，大学文化，中共党员。大校军衔。1970年12月应征入伍，先后任西安空军工程学院学员、空军某部无线电师、分队长，福建空军、南京空军工程部助理员，空军驻扬州地区军事代表室军代表。立三等功1次。

蔡　军　女，金湖县涂沟镇人，1955年1月生，研究生学历，中共党员。硕士研究生导师。为西安体育学院体育产业教研室教授、主任，中国体育科学学会体育产业分会委员。长期从事体育经济学、体育经营管理理论和体育社会科学、软科学的研究工作。主要研究方向为体育经济学，体育市场营销学，体育经营管理，主持和参加国家级、省部级课题8项，院管重点课题6项。编辑专著、教材9部，发表学术论文50余篇，其中多篇论文被中国人民大学复印资料、《体育博览》、《中国体育报》等刊物引用和转载。完成的国家、省部级课题成果有："关于中国特色社会主义体育市场的研究"（获省政府社会科学专著优秀成果二等奖）、"体育产业成为国民经济新的增长点""关于我国居民消费选择与体育产业化走势的研究""西北五省区体育多元化发展战略研究"等。

张耀东　金湖县闵桥镇人，1955年2月生，大学文化，中共党员。大校军衔。1974年12月应征入伍，历任济南军区某野战部队战士、文书、排长、参谋，解放军后勤学院后勤指挥专业学员、南京高级陆军学校教员、中国驻坦桑尼亚高级军官训练组后勤教官。2000年9月，晋升大校军衔。

柏　然　金湖县金北镇人，1955年8月生，研究生，副译审，中共党员。正厅级干部。历任能源部国际合作司处长，煤炭工业部国际合作司处长、副司长，国家煤炭工业局办公室（外事司）副主任（副司长），中国煤炭工业协会国际合作部主任，中国国际贸易促进委员会煤炭行业分会（中国国际商会煤炭行业商会）副会长兼秘书长。2001年3月，任国家安全生产监督管理总局国际交流合作中心主任、国家安全生产监督管理总局办公厅、国际合作司、财务司副主任、副司长（国家部委正司局级）。北京大学、华北科技学院兼职教授，世界采矿大会国际组委会委员，国际煤炭研究委员会委员，世界能源理事会清洁化石燃料机制委员会委员。

任晓明　金湖县塔集镇人，1956年4月生，大学文化，中共党员。副师职干部。1973年12月应征入伍，北京军区空军第十二飞行学院一团从事飞机维修工作。1977年8月起历任无线电师、机务中队副指导员、指导员，空军上海政治学院飞行大队政委班学员，南京军区空军航空机务训练团指导员、政治处干事、政治处主任、团政委，空军上海政治学院中级指挥班学员。2000年3月，任南京军区空军装备部航空工厂管理处处长（副师职）。

孙景伟　金湖县塔集镇人，1956年8月生，博士学位，中共党员。少将军衔。1974年12月参军，历任解放军第38军114师某部战士、排长、副连长、作训参谋、连指导员、集团军教导队教员和某后勤学校军事教员。1978年起，入北京军区步兵学校步兵指挥专业学习、国防大学研究生院攻读战役学硕士学位、国防大学研究生院攻读战役学博士学位。1996—1997年，留学俄罗斯总参军事学院，学习国家军事安全专业。回国后，先后任国防大学作战理论研究所所长，海军某驱逐舰副支队长，国防大学战役教研部副主任（副军职），战役学教授、博士研究生导师。

缪同武　金湖县人，1956年12月生，硕士，中共党员。正师职干部。1974年应征入伍，历任战士、副班长、班长、排长、文化干事、指导员、新闻干事、记者、编辑、成人教育中心主任、科学文化中心主任、南京炮兵学院地方生政委（正师），技术6级副教授。立三等功3次。

姜进章 金湖县人，1958年11月生，博士。博士研究生导师。20世纪70年代末，从一名学徒工开始他的职业生涯，经历30多年的学习和工作，历任工厂厂长，证券公司、投资公司、数码公司、房地产开发公司和文化传播公司经理、总经理、董事长等职，后为上海交通大学媒体与设计学院教授、新媒体管理研究所所长，中国管理研究国际学会会员。学术研究方向主要是新媒体管理、媒体战略、城市产业、知识创新管理等，出版《新媒体管理》等三本专著，主持国家自然科学基金课题、科技部863主题、重大项目子课题和上海市高新技术成果转化项目等研究。为上海2010世界博览会主题馆和中国馆的主题演绎策划专家，一些城市、部门、媒体和企业管理顾问。每年发表2至5篇论文，获国家信息中心信息技术应用个人成就奖，主持多项企业技术和管理开发项目，拥有个人发明专利。

孙飘扬 金湖县闵桥镇人，1958年生，博士研究生学历，中共党员，江苏恒瑞医药股份有限公司董事长。1996年起享受国务院政府特殊津贴。1982年，孙从中国药科大学化学制药专业毕业。先后任连云港制药厂技术员、科长、副厂长。该厂为作坊式小厂，产品仅有红药水、紫药水和片剂，1990年账面利润仅8万元，职工300多人，经营陷入困境。此时，孙受命出任厂长，经过全国范围内寻找新药并市场调研，力排众议，决定上马抗癌药物VP16软胶囊产品。该产品使药厂当年营业额增长34%，盈利接近百万元。1991年，孙斥资120万元收购中国医科院药研所开发的抗癌新药异环磷酰胺的专利权，1995年获批上市，同年通过美国FDA（美国食品药品监督管理局）认证。此款新药上市，连云港制药厂成为全国抗癌药物领域的领导厂商。除抗癌药物外，1991—1996年，还开发20多个新产品，其中有包括抗癌药在内的5个产品被评为国家级重点产品。1996年药厂营业收入破亿元，利税也首次突破千万元。1997年经江苏省政府批准进行股份制改造，药厂更名为江苏恒瑞医药股份有限公司（简称恒瑞医药），孙任董事长。1997、2000年，投资近2亿元相继在连云港和上海设立两大研究中心，确立以研制抗肿瘤药、心血管药、麻醉镇痛药、手术用药等为重点方向的科研战略，每年将销售额的8%以上作为科研经费。2000年9月7日，恒瑞医药在上海证交所上市，股票简称恒瑞医药，代码600276，孙任董事长。2001年建立企业技术中心和博士后科研工作站。2003年公司被评为国家“863”计划产业化基地，专利药品艾瑞昔布获得国家SFDA临床批件。2005年，恒瑞医药奥沙利铂原料药获得欧盟CEP认证。2006年，恒瑞医药全年营收14.2亿元，净利润2亿元。后集团耗巨资在成都和美国均设立研发中心，在上海设立临床医学部，构建药物靶标和分子筛选、生物标志和转化医学等六大创新平台，提升企业自身的核心竞争力，成为我国最大的抗肿瘤药和手术用药的研究和生产基地，国内最具创新能力的大型制药企业之一，还是医药类上市公司中效益最好的前三名之一。孙为“十五”国家重大科技专项（863计划）医药评审组专家委员，第八、第九届国家药典委员会委员，江苏省劳动模范。

吴永佩 金湖县宝应湖农场人，1959年4月生，大学文化，中共党员。大校军衔。1978年3月应征入伍，先后就读于济南陆军学院、解放军电子工程学院、陆军参谋学院等军队院校，历任战士、班长、干部报务员、电台台长、副连长、教官、教研室主任等职。1985年3月，赴云南老山地区作战训练，多次赴老挝国进行军事友好援助。参加多项科研成果获军队科技进步奖，立三等功3次，获军队育才二等奖1次。

万立波 金湖县陈桥镇人，1959年9月生，大学文化，中共党员。大校军衔。1978年3月应征入伍，先后参加济南陆军学院、石家庄陆军参谋学院学习，任第67集团军步兵第598团班长、排长、连长，师、军两级司令部参谋。1985年参加老山地区对越自卫反击作战。1987年起，任西安陆军学院教员、政治部干事、秘书办公室主任、大学生培训大队政治委员、新疆军区博尔塔拉军分区政治部副主任、西安陆军学院学生军训教研室副教授（专业技术六级）。立三等功4次，被总政、兰州军区评为优秀党务工作者，优秀党委书记。发表学术论文40余篇，学术专著2部，参与军内多项重点课题研究。

田　超　金湖县黎城镇人，1961年6月生，中共党员，研究生学历，副教授。硕士研究生导师。1982年起，任安徽农业大学本科生无机化学、分析化学、物理化学和研究生的环境化学、高级物理化学等课程教学工作，先后担任安徽农业大学应用化学系无机化学教研室主任、应用化学系主任、应用化学系党支部书记、安徽农业大学化学实验教学中心主任。长期从事土壤化学、环境化学、生物化学等领域的科学研究，先后主持和参加国家、省部、校各级科研课题多项，其中主持省部级3项、校级3项、参加多项。在教学研究中，先后主持和参加安徽省教学研究项目6项（其中主持3项）、安徽农业大学教学研究项目6项（其中主持3项），获安徽省教学成果二等奖1项，主编国家级教材4本，在国内外学术期刊上发表研究论文30余篇。

张俊平　金湖县黎城镇人，1961年11月生，研究生学历，中共党员。《江苏教育》杂志主编。1984年起，先后任金湖县塔集中学教师、县教育局教科室主任、第二中学副校长、《江苏教育》杂志副主编、主编。任职金湖县塔集中学和县第二中学期间，主办小草文学社和苇风文学社，主编校园文学刊物《含羞草》和《苇风》，1994年，出版金湖县第一部长篇小说《青苹果》，获淮阴市第二届政府文化奖二等奖。主编并正式出版《国旗下的讲话》《教师做个思想者》等20多部教育教学书籍。推出洋思中学、东庐中学、后六中学以及蔡林森、陈康金、姚止平、于永正等在全省、全国有影响的学校与教师典型，以《把握明天》《孔雀东南飞》《拷问“洋思”》等为代表的一批作品在省及国家新闻评选中获奖。

王金诚　金湖县戴楼镇人，1963年3月生，研究生学历，中共党员。大校军衔，中国人民解放军某部副师职干部。1983年10月入伍，1984年7月，参加对越自卫反击作战，历任战士、文书、排长、副政治指导员、政治指导员、干事、参谋、处长等职。先后进徐州工程兵指挥学院、西安政治学院、中央党校学习，参加南京高级陆军指挥学院处长（科长）培训班培训。立三等功4次，多次获优秀共产党员、优秀党务工作者称号。

刘成军　金湖县吕良镇人，1963年4月生，研究生学历，中共党员。大校军衔。1982年11月应征入伍，毕业于海军电子工程学院，后就读于国防大学研究生。先后任中国人民解放军某部组织干事、保卫处副处长、处长、政治部副主任，某部政治委员，某部政治部主任、政治委员。

王殿湘　金湖县金北镇人，1963年11月生，大学学历，中共党员。大校军衔。1982年11月应征入伍，1986年毕业于武汉海军工程学院，任中国人民解放军驻某军事代表局政治部干事、党委秘书，海军驻某军事代表室军事代表，专业技术组组长，副总军事代表，总军事代表，驻某军事代表室高级工程师（专业技术六级），国家注册QMS高级审核员，总装备部装备承制单位资格高级审查员。

冯春业　金湖县黎城镇人，1963年11月生，中共党员，大学文化，教授级高级工程师。为国家多项重点电力工程设计者。1988年12月进入中南电力设计研究院，主要从事电力设计工作，具有国际项目经理IPMP资质C级证书，后任该院设计总工程师。主持完成天广±500千伏直流输电、±500千伏贵广直流输电、我国第一条直流输电工程葛洲坝换流站直流控制保护系统国产化改造、我国在国外第一个大型变电工程（苏丹麦洛维大坝工程输变电项目3个500千伏变电站，4个220千伏变电站）、±500千伏荆门换流站、恩施500千伏变电站、资阳500千伏变电站、遂宁500千伏变电站等国家重点工程的设计工作。主持编写《电力工程专业设计工日定额》（换流站部分）、《高压直流换流站设计技术规定》《高压直流换流站设计技术导则》《高压直流换流站初步设计内容深度规定》等电力技术标准。向广东送电1000万千瓦及川电外送的系统规划与输变电研究获全国优秀工程咨询成果一等奖，黔电送粤交直流输变电工程可行性研究获电力行业优秀工程咨询成果一等奖，天生桥换流站获全国优秀工程设计铜奖、高压直流换流站设计技术规定获全国科学技术一等奖等。

於如桂 曾用名於如贵，金湖县金南镇人，1964年7月生，中共党员，硕士研究生。为南京市著名企业家。1983年10月入伍，1984年在对越自卫还击作战中立二等功。1986年4月起，任金湖县金沟供销社职工、江苏共同商社宝应物资中心总经理。1998年8月自主创业，组建江苏爱邦钢铁有限公司（原金湖县华东物资有限公司）。2002年6月，创办南京爱邦钢铁有限公司，任董事长。先后攻读中国人民大学、美国南加州大学、澳门科技大学工商管理（MBA）硕士和南京大学高级工商管理（EMBA）硕士。随同党和国家领导人访问新加坡、英国、法国、日本、俄罗斯、克罗地亚等国，多次随团陪同国家领导人参加APEC工商领导人峰会，参与国家宏观经济研究。先后获评首届南京市优秀青年企业家、首届长三角杰出青商等，公司获南京市钢材销售十强企业、江苏钢材营销企业五十强、全国百强钢材营销企业。

杨效中 金湖县闵桥镇人，1964年7月生，中共党员，硕士学位，副师级干部。1989年4月任教解放军理工大学工程兵工程学院，1999年12月任解放军理工大学工程兵工程学院副教授（副师级待遇）。编制第一部监理国家标准《建设工程监理规范》，并赴全国讲课培训，参加全国和江苏省建设监理的政策研究与制定工作，多次参加国家和江苏省监理工程师资格考试命题工作。主编《建筑工程监理人员丛书》（一套8本），由中国建筑工业出版社出版，其中《建筑工程监理基本知识》重印12次；参加《国家注册监理工程师继续教育培训系列教材》（一套13本）的审定工作；组织编写并审定《江苏省监理工程师能力建设系列读本》（一套5本），由中国建筑工业出版社出版；主编《人防工程建设监理》，并参加福建等省市的人防工程监理工程师培训工作。2004年，获建设部授予全国建设监理先进工作者称号。

张来明 金湖县金南镇人，1964年8月生，中共党员。正厅级干部。1987年7月在外交学院任教，1991年5月起，历任中央政策研究室政治组副处级调研员、政治组正处级调研员、政治研究局副局长、国际研究局副局长、国际研究局局长（1995年5月至1996年5月挂职河北省定兴县委副书记）。长期从事政治法律、社会建设、国际问题研究工作。

钱焕群 金湖县人，1964年10月生，博士。硕士研究生导师。为山东建筑大学热能工程学院教授，主要研究方向：燃烧与污染控制；气-固吸附过程的传热传质；低位热源的高效利用。参与完成国家项目2项，承担完成省级和企业项目3项，主持山东省自然科学基金项目“新型二氧化碳吸附分离过程数值模拟与优化”、山东省教育厅自然科学项目“新型二氧化碳吸附分离的方法与系统研究”、山东建筑大学博士基金项目“气液两相流非线性研究”。同时承担建筑节能审计工作。在《动力工程》《西安交通大学学报》《应用力学学报》和《热能动力工程》等中英文刊物发表论文近30篇，其中被EI收录10篇。编写流体力学参考书1部。

仲维清 金湖县吕良镇人，1964年12月生，中共党员，博士，副教授。硕士研究生导师。为第二军医大学药学院无机化学教研室副教授、副主任。1985年起从事金属配合物的合成、表征和性能研究、金属硫蛋白的结构与生物功能研究、人和致病菌铁传递蛋白的结构、金属识别及功能研究。1999–2001年获英国Wellcome Trust Travelling Research Fellowship资助赴英国Edinburgh大学进行博士后研究，随后又数次赴该校进行合作访问研究。获得英国Wellcome Trust International Research Development Award、国家自然科学基金和军队归国人员启动基金各1项。作为主要完成人参与完成多项国家自然科学基金、校企合作基金、国家重点实验室开放基金研究项目。研制的自黏性防火包带填补国内空白并通过公安部组织的部级鉴定，获军队科技进步二等奖1项。在国内外学术期刊上发表论文30多篇，其中SCI收录14篇。多次参加国际学术会议并作大会发言。

王志农　金湖县人，1965年4月生，中共党员，博士学位。博士研究生导师。为第二军医大学附属长海医院胸心外科主任医师、教授。从事临床医疗、教学和科研工作20年，临床擅长瓣膜性心脏病特别是危重心脏瓣膜病，以及先天性心脏病的手术治疗，临床特色包括心脏瓣膜成形术、感染性心内膜炎的外科治疗以及重症肌无力和胸腺瘤的手术治疗；在肺部疾病、食管肿瘤以及漏斗胸的根治等方面积累了丰富的临床经验。先后获得各类科技进步或医疗成果奖10项，其中包括国家科技进步二等奖1项、“九五”全军重大科技成果奖和军队科技进步一等奖1项；发表学术论文40余篇，参编专著4部，积极开展临床新技术和新疗法10余项。荣立个人二等功、三等功各1次。2001年在西藏援藏工作1年，开创性地开展多例高难度的体外循环心脏手术。2003年度获上海市青年医务工作者的最高荣誉奖——“银蛇奖”一等奖。

王　轩　金湖县闵桥镇人，1965年5月生，中共党员，医学博士，主任医师。硕士研究生导师。为解放军八一医院全军肿瘤中心肿瘤外科主任，南京军区肝移植中心主任，安徽医科大学、第二军医大学、南京中医药大学兼职教授，从事胃肠道及肝脏肿瘤外科治疗20余年，成功为上千例胃肠及肝脏肿瘤患者实施手术治疗，处于全国先进水准。2002年赴美国爱荷华大学医学院器官移植中心从事临床肝移植研究。2003年7月回国后在医院组建肝移植中心，兼任中心主任，悉心培养移植中心骨干，成功组建一支技术精湛的肝移植队伍，同年即成功开展尸体肝移植手术20余例，2003年底完成南京军区首例肝肾联合移植并获得成功；陆续完成南京军区首例父子间活体半肝移植手术并获得成功，供体无任何并发症发生。肝移植中心通过国家卫生部核查，成为首批获得器官移植资质肝移植中心。成功主刀完成人尸体肝移植手术205例，活体肝移植5例（军区内唯一开展），肝肾联合移植2例，手术成功率100%，肝移植术后1、3、5年生存率分别达到91%、85%、78%，处于国内先进水平。开展的“超刀辅助下精准肝切除”已做到肝脏手术无禁区，达到国内肝脏外科先进水准；在国内率先开展的“选择性肝动脉球囊阻断射频治疗中期肝癌的研究”处于国内领先水准。在各级专业刊物发表医学论著40余篇，获军队医疗成果奖二等奖1项，三等奖3项，个人荣立三等功1次。为南京军区器官移植专业委员会副主任委员，南京军区肿瘤专业委员会委员，《临床肿瘤学杂志》《肝胆外科杂志》常务编委。

万学军　金湖县金北镇人，1969年1月生，中共党员，工商管理硕士。副厅级干部。1991年起，历任共青团中央副处长、处长、国际联络部副部长，中华全国青年联合会国际部副部长、部长、副秘书长，中国青年企业家协会副秘书长，中华全国学生联合会副秘书长。1996年3月，留学日本创价大学，攻读国际政治和日本语言文学。2005年3月，任团中央扶贫工作队队长，挂职任中共山西省灵丘县委副书记。

左如忠　金湖县陈桥镇人，1971年5月生，九三学社社员，博士，教授。博士研究生导师。合肥工业大学电子陶瓷与器件研究所所长，合肥工业大学“黄山学者”特聘教授博士研究生导师，国家教育部“新世纪优秀人才支持计划”入选者，合肥市第六届专业技术拔尖人才。2001年9月至2005年12月在德国达姆斯塔特工业大学材料研究所从事博士后工作，在美国华盛顿大学和英国利兹大学从事短期的学术访问。先后发表过100余篇学术论文，其中有80多篇为SCI收录，论文被引用近千次。承担国家及省部级项目10余项，获国家发明专利9项。

孙本华 金湖县塔集镇人，1972年2月生，中共党员，博士，任西北农林科技大学副教授。硕士研究生导师。1993年7月在陕西省农业科学院土壤肥料研究所工作，1999年起在西北农林科技大学资源环境学院工作。长期从事土壤肥力演变规律、氮素转化和运移、土壤有机质、土壤重金属等方面的科学研究工作，共主持和参与科研项目“减少氮素损失，提高氮肥利用率”（中国瑞典合作项目），“陕西省土壤硫状况及硫肥肥效研究”（中科院南京土壤所——国际硫肥研究所协作项目），“陕西省土壤钾临界值及钾肥肥效研究”（中科院南京土壤所——国际钾肥研究所协作项目），“黄土区土壤质量评价方法、演化及安全预警研究”（科技部社会公益专项），“提高氮肥利用率新技术推广”（中国与瑞典合作项目），“中国土壤生物演化及安全预警系统研究”（科技部社会公益专项），“黄土农田养分非均衡化与土壤健康功能衰退研究”（科技部基础研究重大项目前期专项），“全国农业土壤肥力监测试验站网络——国家黄土肥力与肥料效益监测基地”（科技部野外台站），“小麦产地重金属农产品安全阈值研究”（农业部公益性行业专项）等10多项。1998年10月出席在合肥举行的“中国农业硫肥研究和使用国际研讨会”，并作“陕西省土壤有效硫及硫肥使用状况”的报告；2002年9月出席在长沙举行的“土壤钾素肥力评价与钾肥合理施用”国际学术讨论会，并作“陕西省几种作物土壤钾临界值的研究”的报告。在《Plant and Soil》《生态学报》《应用生态学报》《水土保持学报》《土壤学报》《植物营养与肥料学报》等国内外刊物上发表学术论文40余篇；参与编写“十一五”国家重点图书《中国土壤肥力演变》。

赵娅丽 女，金湖县人，1975年8月生，博士。硕士研究生导师。2000年，受邀赴加拿大蒙特利尔大学进行交流访问一年。2002年4月起，在同济大学交通工程运输学院交通工程系任教。主要从事城市交通系统规划、管理和设计的研究，主持和参加广州市、惠州市、日照市、东莞市、苏州市等多个城市的综合交通规划、公共交通规划。在城市物流系统、航空陆测交通系统等方面也有一定研究。获上海市科技进步三等奖和广东省城市规划设计优秀项目三等奖。参加和组织多次国内外学术会议，并在国内外重要会议和期刊上发表学术论文10余篇。承担“客运交通系统”课程和“交通工程专业英语”课程的本科生教学以及“公共交通运营调度和规划”课程的研究生教学。科研以可持续交通发展研究为长期研究方向，主要集中在公共交通规划管理政策理论研究、城市综合交通体系研究和城市交通节能减排发展研究等。

李雪松 金湖县黎城镇人，1978年1月生，博士，讲师。硕士研究生导师。清华大学热能系讲师与硕导岗位，承担科研、本科生教学与研究生指导工作。主要研究方向为计算流体力学、叶轮机械气动热力学、湍流模型如大涡模拟与分离涡模拟、轴承润滑与密封动特性等。先后主持与参与国家自然科学基金、973、863、国际国内企业合作项目等10余项，在国内外核心期刊发表论文30余篇，其中国际发表论文10余篇，国际顶级期刊论文3篇。

曹保国 艺名吉星，金湖县闵桥镇人，1979年10月生，中专学历，专业艺人。2000年拜相声表演艺术家博林为师，随博林参加央视和地方电视录影及大型综艺晚会，为台湾全能制作公司签约艺人。

第三章　人物表

1986—2005 年金湖县获省部级以上机关表彰先进个人一览表

表 42-3-1

姓名	性别	民族	籍贯	出生年月	学历	荣誉名称	授予时间	授予机关	获奖时工作单位与职务
顾　坤	男	汉	江苏南京	1936.07	中师	全国职工教育先进教师	1986.02	全国职教委、全国总工会	县总工会职工学校校长
陈　照	男	汉	江苏宝应	1938.11	中专	全省农村能源建设先进个人	1986.11	省政府	县政协秘书长
薛忠秀	男	汉	金湖戴楼	1952.02	初中	全省农村能源建设先进个人	1986.11	省政府	县沼气办公室技工
王显德	男	汉	江苏宝应	1939.03	中专	全国麻风病防治先进工作者	1987	卫生部	县皮肤病防治所
郭金刚	男	汉	河北永年	1937.01	中专	征兵体检（20年）成绩显著者	1987	国防部	县人民医院血站主任
任建民	男	汉	金湖闵桥	1953.07	大专	省乡镇企业家	1988.03	省政府	闵桥热工仪表厂厂长
许兴元	男	汉	江苏武进	1934.01	大专	全国优秀教师	1989.09	国家教委、人事部	白马湖中心小学教师
何如淦	男	汉	金湖黎城	1956.12	大专	全国优秀教师	1989.09	国家教委、人事部等	塔集中学副校长
吴素芝	女	汉	河北唐山	1940.05	中专	全国优秀教育工作者	1989	国家教委、人事部	县实验小学教师、教导主任
张长清	男	汉	金湖吕良	1943.08	高中	全国优秀教师	1989.09	国家教委、人事部等	黎城镇成人教育中心学校校长
任建民	男	汉	金湖闵桥	1953.07	大专	省乡镇企业家	1990.02	省政府	闵桥镇热工仪表厂厂长
黄尚贤	男	汉	江苏苏州	1937.06	中专	全国土地管理系统先进个人	1990.06	国家土地管理局、人事部	县国土局地政地籍股副股长
王长友	男	汉	江苏淮安	1944.04	小学	追授全国公安二级英模	1990.09	公安部	白马乡派出所所长
梁　玉	男	汉	金湖	1932.11	大专	优秀食品卫生监督员	1990	卫生部	县卫生防疫站、副主任医师
黄　谦	男	汉	—	—	—	爱国卫生先进工作者	1990	全国爱委会	—
汪镇平	男	汉	江苏扬州	1930.09	高中	全国优秀教育工作者	1991	国家教委、人事部	金湖中学校长、党支部书记
刘成阜	男	汉	金湖黎城	1942.10	高中	全国优秀教育工作者	1991.09	国家教委、人事部	县成人教育办公室主任

接上表

姓名	性别	民族	籍贯	出生年月	学历	荣誉名称	授予时间	授予机关	获奖时工作单位与职务
王文学	男	汉	金湖闵桥	1940.04	初小	抗洪救灾先进个人	1991.11	省委、省政府	县绿化委员会专职副主任
任建民	男	汉	金湖闵桥	1953.07	大专	全国乡镇企业家	1991	农业部	闵桥镇副镇长、热工仪表厂厂长
王凝来	男	汉	江苏宝应	1934.03	大专	全国优秀教育工作者	1993.09	国家教委、人事部	县教育督导室主任
杨登怀	男	汉	金湖金南	1960.06	中专	全国优秀教师	1993.09	国家教委、人事部	金南乡马塘小学教师
殷之云	男	汉	金湖金南	1956.10	在职研究生	全国残疾人三项康复工作先进个人	1993.10	国务院残工委	县残疾人联合会理事
张兴法	男	汉	江苏沛县	1944	大专	血防工作先进个人	1994	农业部、卫生部、水利部	县多管局副局长
李殿清	男	汉	金湖	1957.05	高中	优秀纪检监察干部	1994	省委、省政府	白马湖乡纪委书记
赵怀富	男	汉	金湖塔集	1942	小学	全国模范人民调解员	1994	司法部	夹沟乡陆家村调解委员会主任
王晓玲	女	汉	金湖金南	1978.05	初中	见义勇为先进个人	1995	省政府	卞塘初中学生
蔡　进	男	汉	江苏高邮	1959.05	中专	统计工作先进个人	1995	国家统计局	县溶剂厂厂长
陈　良	男	汉	江苏宝应	1963	大专	打击伪造、倒卖、盗窃虚开增值税发票先进个人	1995.03	最高人民法院、最高人民检察院等	县人民检察院税务监察室主任
赵卫宇	男	汉	金湖黎城	1964	大专	全国乡镇企业系统优秀财会工作者	1995.05	农业部	县乡镇企业管理局财计股股长
刘震卿	女	汉	吉林吉安	1952.04	高中	全省民族团结进步先进个人	1995.06	省政府	县水产供销公司会计
韩咏梅	女	汉	金湖吕良	1953.04	中专	全国优秀教师	1995.09	国家教委、人事部	黎城镇中心小学教师
吴文华	女	汉	江苏苏州	1946.02	大学	全国优秀教师	1995.09	国家教委、人事部	金湖县中学英语教师
李元亮	男	汉	江苏江都	1972.03	高中	一等功、全国武警部队优秀班长	1995.10	武警总部	武警金湖县中队某班
王文学	男	汉	金湖闵桥	1940.04	初小	省绿化先进工作者	1996.02	省政府	县绿化委员会副主任、办公室主任
周华增	男	汉	浙江温岭	1946.10	大专	省绿化先进工作者	1996.02	省政府	县绿化委员会办公室副主任
陈　照	男	汉	江苏宝应	1938.11	中专	全国金桥工程优秀组织者	1996.05	中国科协	县科学技术协会主席

接上表

姓名	性别	民族	籍贯	出生年月	学历	荣誉名称	授予时间	授予机关	获奖时工作单位与职务
丁国强	男	汉	金湖闵桥	1956.07	小学	见义勇为先进分子	1996.09	省政府	闵桥镇食品加工个体户
何艾芹	女	汉	金湖金南	1956.12	中专	妇幼卫生先进工作者	1996.12	卫生部	县妇幼保健所所长
闵湘余	男	汉	金湖银集	1956.03	大专	全省社会治安综合治理先进个人	1997.01	省委、省政府	银集镇副镇长
殷舜文	男	汉	金湖金南	1955.10	大专	全国老干部工作先进工作者	1997.01	中共中央组织部	县委老干部局局长
吕殿民	男	汉	金湖吕良	1941.07	大专	优秀工会干部	1997.04	中国工商银行	县工行工会主席
胡耀华	男	汉	江苏宝应	1960.04	大专	扶贫通电工程先进个人	1997.06	省政府	县供电局农电总站站长
吴海东	男	汉	金湖银集	1948.05	高中	全国百名优秀科技创业转业退伍军人	1997.10	解放军总参、总政	县羽绒服装总厂厂长
伏道凤	男	汉	金湖前锋	1956.04	大专	贯彻实施《技术合同法》先进个人	1997.11	国家科委	县科委科技计划科科长
雷恒玉	男	汉	金湖陈桥	1940.10	初中	全国乡镇企业安全生产综治先进工作者	1997.11	国家农业部、劳动部	县乡镇企业管理局生产股股长
史贵永	男	汉	江苏洪泽	1962.09	大学	推行《国家体育锻炼标准》先进工作者	1997.12	国家体委、国家教委	金湖县中学体卫艺处主任
陈远鸿	男	汉	金湖黎城	1958.12	大专	全国物价工作先进个人	1997.12	国家计委	县物价局副局长
张业才	男	汉	金湖金北	1965.10	大专	全国优秀人民警察	1998.04	公安部	戴楼派出所所长
王益群	男	汉	金湖闵桥	1950.11	大学	全国教育督导先进工作者	1998.12	教育部	县教育督导室副主任
梁喜贵	男	汉	金湖吕良	1965.08	大专	省优秀纪检监察干部	1999.01	省委、省政府	新农乡纪委书记
闵福勤	男	汉	金湖塔集	1966.03	大专	全国优秀人民警察	1999.03	公安部	银集派出所所长
万立美	男	汉	金湖陈桥	1953.5	大专	全省惩治腐败查办大要案件二等功	1999.12	省委、省政府	县纪委常委、监察局副局长
王恒林	男	汉	金湖金南	1951.03	中专	优秀共产党员	2000.01	中国人民银行总行党委	县人行办事员
丁　兴	男	汉	江苏宜兴	1964.11	大专	全国统计系统先进个人	2000.12	国家统计局	县统计局工业科科长
杨梧桐	男	汉	江苏宝应	1967	大专	全国青少年体育工作先进工作者	2000.12	体育总局、教育部	县业余体校羽毛球队男队教练员
徐　乾	男	汉	江苏滨海	1956.09	大学	优秀党务工作者	2001	省委	县委组织部部长
高昌萍	女	汉	金湖黎城	1965.02	大学	法律援助先进个人	2001.03	司法部	县法律援助中心主任
王勤宝	男	汉	金湖塔集	1969.07	大学	全国乡镇企业系统优秀财会工作者	2001.08	农业部	县乡镇企业管理局乡镇企业技术改造办公室主任

接上表

姓名	性别	民族	籍贯	出生年月	学历	荣誉名称	授予时间	授予机关	获奖时工作单位与职务
朱建忠	男	汉	金湖塔集	1960.08	大专	全省纪检监察先进工作者	2001.09	省委、省政府	县纪委副书记
杨维凤	男	汉	金湖陈桥	1967.11	研究生	全国优秀教师	2001.09	教育部	金湖县中学办公室主任
徐相甫	男	汉	金湖吕良	1936.06	初小	见义勇为先进个人	2001.11	省政府	新农粮站退休职工
万建林	男	汉	金湖黎城	1954.03	大专	全省治理公路、河道“三乱”先进个人	2002.07	省政府	县公安局纪委副书记
卢金富	男	汉	金湖黎城	1972.11	大学	全省治理公路、河道“三乱”先进个人	2002.07	省政府	县纪委党风廉政建设室副主任
伍发玉	男	汉	金湖陈桥	1955.01	大专	全省治理公路、河道“三乱”工作先进个人	2002.07	省政府	县交通局纪委书记
吴如专	男	汉	金湖金南	1954.10	大学	全国职业教育先进个人	2002.08	教育部、劳动和社会保障部	县职业教育中心校长
陈继红	男	汉	金湖吕良	1956.07	大专	全国环境监察先进个人	2002.10	环境保护总局	县环保局环境管理科科长
尹　来	男	汉	安徽太和	1963.04	大学	全国青年岗位能手	2002	共青团中央	县卫生局副局长、县人民医院院长
朱宝军	男	汉	江苏宝应	1974.07	大专	全省土地批租专项治理工作先进个人	2003	省政府	县土地管理局耕保科办事员
伏道凤	男	汉	金湖前锋	1956.08	大专	星火计划先进个人	2003.05	科技部、农业部	县科技局计划科科长
颜卫东	男	汉	金湖吕良	1955.08	大学	省农村卫生工作先进个人	2003.07	省政府	县卫生局党委副书记、爱委办主任
郑书琴	女	汉	金湖黎城	1970.01	大专	全国优秀人民警察	2003.07	公安部	县公安局政工办主任
殷之云	男	汉	金湖金南	1956.10	在职研究生	全国残疾人体育工作先进个人	2003.09	国家体育总局、中国残联	县残疾人联合会理事长
杨　红	女	汉	金湖金北	1956.08	大专	全国人口和计生系统作风建设先进个人	2004	国家人口计生委	县计生委副主任
管德成	男	汉	金湖金北	1956.10	大专	全国市（县、区）科技进步先进个人	2004.03	科技部	县科技局局长、党组副书记
王　春	女	汉	金湖涂沟	1964.01	大学	中国农业发展银行先进工作者	2004.06	中国农业发展银行党委	县农发行财务会计部主任
李书荣	男	汉	金湖前锋	1948.10	初中	优秀共产党员	2004.06	省委	前锋镇淮胜村党总支书记
高昌萍	女	汉	金湖黎城	1965.02	大专	全国优秀“青少年维权岗”创建先进个人	2004.08	共青团中央、中央综治办等	县司法局副局长

接上表

姓名	性别	民族	籍贯	出生年月	学历	荣誉名称	授予时间	授予机关	获奖时工作单位与职务
王培松	男	汉	金湖金南	1960.01	大专	全国优秀教师、全国德育先进工作者	2004.09	教育部	县实验小学德育处主任
李书忠	男	汉	金湖戴楼	1953.03	高中	全国粮食生产大户	2004.12	农业部	戴楼镇抗排站职工
柏玉山	男	汉	金湖金南	1955.05	大专	“红盾护农”专项执法行动先进个人	2005	国家工商总局	县工商局市场合同科科长
柏永富	男	汉	金湖金南	1968.09	大专	全国群众体育先进个人	2005	国家体育总局	县实验小学体育教研组长
闵宇平	男	汉	金湖闵桥	1962.09	大专	社会治安综合治理先进工作者	2005.01	省委、省政府	县委政法委副书记、县综治办主任
倪彩霞	女	汉	金湖金南	1964.12	大学	学习型家庭	2005.10	中国人民银行总行	县人行副行长

1986—2005年金湖县正高级专业技术人员一览表

表42-3-2

姓名	性别	民族	籍贯	出生年月	学历	职称名称	批准时间	获得时工作单位与职务
缪福祥	男	汉	江苏宜兴	1936.01	大学	主任医师	1993	县人民医院院长
杨玉林	男	汉	江苏泰兴	1938.05	大学	主任医师	1994	县人民医院外科行政主任
彭秋姑	女	汉	江西吉水	1939.09	大学	主任医师	1994	县人民医院预防保健科科长
吴一德	男	汉	江苏常州	1939.11	大学	主任医师	1995	县人民医院传染科主任
黄金明	男	汉	江苏新沂	1939.09	大学	主任医师	1996	县人民医院放射科主任医师
袁　玫	女	汉	湖南长沙	1944.08	大学	主任医师	1997	县人民医院内科主任医师
管惠华	女	汉	江苏南京	1944.12	大学	主任医师	1997	县人民医院儿科主任
熊同侨	男	汉	安徽凤阳	1944.01	大学	主任医师	1997	县人民医院副院长
王克武	男	汉	湖南邵阳	1945.11	大学	主任医师	1999	县人民医院胸外科主任医师
仲　伯	男	汉	江苏沭阳	1945.12	大学	主任医师	1999	县人民医院CT室主任
徐　进	男	汉	江苏兴化	1944.11	大学	主任医师	1999	县人民医院主任医师
高升元	男	汉	江苏吴县	1944.02	大学	主任医师	1999	县卫生防疫站主任医师
钱　嵩	男	汉	江苏镇江	1945.03	大学	主任中医师	2000	县中医院协理员
张保华	男	汉	安徽怀远	1946.01	大学	农业技术推广研究员	2001	县畜牧兽医站党支部书记
杨志坤	男	汉	金湖塔集	1954.09	本科	研究员级高级工程师	2003	县工程质量监督站主任工程师
吴圣明	男	汉	金湖闵桥	1956.09	大学	主任中医师	2004	县人民医院门诊部主任
沈为林	男	汉	金湖吕良	1967.03	大学	主任医师	2005	县人民医院内四科主任
张建中	男	汉	江苏宝应	1957.11	大学	主任医师	2005	县人民医院大外科副主任
夏夕霞	女	汉	江苏宝应	1955.08	大学	主任医师	2005	县人民医院感染科主任

第四十三篇　专　记

兴修淮河入江水道的前前后后

淮河发源于河南省桐柏山。历史上，淮河自安徽省五河县进入盱眙县后，折向东北，经淮阴与王营之间穿过，经安东（今涟水）至云梯关入海。南宋绍熙五年（1194年），黄河在阳武决口，后不断南下，夺泗入淮。到明代中叶后，朝廷为保证江南皇粮北运，采取“蓄清刷黄”的治水政策，加筑高家堰大堤。由于黄强淮弱，黄水屡次冲进洪泽湖，湖底不断淤高，水位随之上升，洪泽湖大堤一次次加高、加长、加固。位于湖西泗州的明祖陵，受到洪水威胁。明嘉靖中期（1538—1548年），看守泗陵的太监，在洪泽湖大堤上建高良涧、周桥、古沟等处滚水石闸，排泄湖水。县境域正处周桥、古沟下游，从这时起，滚滚的洪泽湖水开始在境内横冲直撞，恣意泛滥。据史书记载，自明嘉靖二年（1523年）到清咸丰五年（1855年）的332年间，共发生大水灾103次，平均每3.2年达1次。其中，清嘉庆共历25年，水灾就有15次，三年有两年遭水灾。中华人民共和国成立后，淮水仍然疏导不出，1953—1968年，每两年发生一次内涝。一般内涝受淹青苗1.1万公顷，其中失收5300公顷左右。1965年大涝，秋熟作物受涝2.2万公顷，其中失收1.2万公顷。1959年建县至1968年，有6年因洪涝减产粮食10万吨以上。生活在高宝湖西地区的干部群众积极向上争取兴办淮河入江水道、根治水患。

一

1950年10月4日，周恩来总理主持中央人民政府政务院会议，做出《关于治理淮河的决定》，确定“蓄泄兼筹”的治理方针，同时设立国家治淮委员会。1951年4月19日，水利部部长傅作义、副部长李葆华、顾问苏联专家布可夫、苏北行署主任惠浴宇、治淮委员会淮河下游工程局局长熊梯云等视察淮河下游，勘察淮河入江水道路线，认为“入江水道和里运河堤防存在问题很大，看来入江水道在黎城必须改道，走金沟河直线势在必行”。5月2日，毛泽东主席题词“一定要把淮河修好”。不久，国家治淮委员会及相关省、地、县均组织力量勘察，研讨治淮方案。1952年11月，苏北治淮指挥部提出兴建入江水道的五条原则：排洪8000立方米/秒，利用原有部分河槽，安全排洪，结合航运，要涸出高宝湖土地。据此编制工程预算修正本。与此同时，各地党和政府组织群众继续联圩并圩，加固圩堤，缩短防洪战线，提高抗洪能力。

国家在治淮时，先治理上游、中游，下游治理措施未能跟上。上游兴修一系列水库，中游淮河干堤堤防断面加大，原来几个大型蓄洪水库多数增加蓄水库容，原先的蓄洪区、滞洪区大部分改变控制、运用办法，城西湖逐步围垦，又开挖1条600米堤距的新汴河。凡此种种，加大汛期入洪泽湖洪水流量，下游联圩并圩措施所产生的抗洪能力，远远抵挡不住上、中游的泄洪压力。1953年，建成的三河闸，只能在平时起节制作用，一遇大水必须全部开放，致使下游水位暴涨，沿岸圩堤险情频发。1954年发生特大洪水，淮河进入洪泽湖总水量640多亿立方米。三河闸7月11日开始泄洪，至10月16日历时98天，其中泄洪8000至1万立方米/秒有28天、1万立方米/秒以上有8天，8月6日，下泄流量1.07万立方米/秒，高宝湖西最大洪峰入湖量1.58万立方米/秒，造成严重洪涝灾害。1957年，实施"分淮入沂"工程，但对减轻汛期洪泽湖压力杯水车薪。

1958年，根据湖西群众多年要求，宝应县委、县人委决定自修入江水道工程，挑筑金沟行洪道东、西堤。9月，规划准备。10月上旬，测量放样。10月17日，全面开工。宝应县委湖西工作委员会成立湖西水利工程分指挥部，封培南任政委，万永庭任政治处主任，湖西办事处副主任、水利科科长张殿臣任总队长，负责具体业务工作，陈桂任副总队长。组织域内挑筑圩堤民工2.1万人，编成工程营7个、连48个、排265个、班1231个。至1959年5月底，实做工日122个晴天，筑成改道段东、西两大堤雏形，总长45.5公里，完成正堤土方226.62万立方米。堤防标准：堤顶真高10.6~11.9米，顶宽3米，外坡1:3，内坡1:2.5。开挖西堤西侧顺堤排涝河长8152米，河底宽17米、真高4米，完成土方216.34万立方米。工程施工中，石硪600多片换成滚硪400多个，拖拉机1台拖千斤砣压土。工程拆迁民房2358间，就地安置3214人，迁移坟墓4000余丘，清基去杂154.31万平方米，搭盖工灶棚3543间，调运各种物品235万多吨，制造四平车、独轮车1.48万辆，铺设铁、木轨道2.3万米，群众投资生、熟铁12.76万公斤。国家补助大米52.5万公斤、豆饼25万公斤，拨款87万元。工地宣传设广播站，成立业余剧团、组37个，搭文化跃进门195个，设黑板报248块，插红旗1059面、鼓动牌1.1万面。因改道工程浩大，湖西人力、物力、财力不足，只能降低工程标准，推迟实施重要项目，加之行洪区内居民没有全部拆迁，工程未能发挥效益。宝应县委、县人委继续向江苏省委及水电部提出要求，兴修淮河入江水道金沟行洪道工程。

1959年10月，高宝湖西地区从宝应县析出，设立金湖县，更加重视兴修淮河入江水道。1960年后，每到汛期，淮河上中游汇入洪泽湖的洪水愈来愈猛、愈来愈大，下游泄洪不畅，形成上压下阻，金湖变成滞洪区，民间俗称"水臌胀"，疏通金沟行洪道显得更为迫切。1961年11月12日至1962年1月15日，金湖县组织民工2066人，疏通整治金沟行洪道，施工2个多月，完成土方18.4万立方米，河底浚至真高4米、底宽3米，河首建金沟闸，成为金沟、塔集、闵桥、夹沟、卞塘等公社引水灌溉的骨干河道，灌溉面积7500公顷。但是，由于洪泽湖下泄的洪水挟带大量泥沙沉积，金湖地区的河、湖、滩地逐年淤垫，水位不断升高。1963年，淮河流域暴发大水，来势凶猛，下泄不畅，阻水严重，各地纷纷告急。上级为顾全大局，决定炸开县境东部的振兴圩，分洪入高邮湖，全县沉没中、小圩12座，只保住大圩3座。

1963年大水后，金湖县委、县人委再次向省委、地委提出兴修入江水道的要求，出席省人代会的金湖县人大代表在会上作专题发言，要求兴修淮河入江水道。县水利部门拿出兴修入江水道工程的初步规划。1964年，省水利厅会同金湖县组成入江水道规划组，金湖县县长金子平任组长，省水利厅规划室工程师卢渠、技术员周茂林，扬州专署水利局张俭，金湖县水利局王进宪、李朝枢、藏梧华、高学勤等人参加规划组工作。规划组实地勘查淮河洪水入江走向，年底提出两道治理方案：一是淮水仍循原道走向迂回入江，加固沿岸河湖大堤；二是淮水经三河至金沟河口不再往东，而是改道向南直下高邮湖入江，且拿出挑筑金沟行洪道大堤、三河拦河大坝、大汕子隔堤的施工方案。1965年初，县委、县人委组织有关专家、干部群众对规划组提出的两道治理方案进行比较。大家认为，改道方案科学、合理，洪水不再经过宝应湖，河湖分开，免除大运河防洪战线34公里，金湖、宝应两县还可涸出湖滩地1.33万公顷。改道方案符合水利部领导1951年视察意图，同时经过1958年金沟行洪道施工，行洪道内群众也有搬迁的思想准备。

改道方案选定后，金湖县委、县人委向省委、省人委递交请批报告，省具文呈报中央。然而，1966年“文化大革命”开始，兴修淮河入江水道的计划亦遭夭折。尽管如此，金湖干部群众根治水患的愿望强烈，尤其是饱经水患的老一辈人，认为不搞好入江水道死不瞑目。1967年春天，金湖县干部群众冒着“以建设压革命”的政治风险，再次向上级提出兴修淮河入江水道的要求。唐港公社振兴圩的群众推派代表到省水利厅，追究1963年炸圩的责任，要求赔偿损失和恢复圩堤原状，目的是要求兴修淮河入江水道。3月18日，中国人民解放军金湖县人民武装部生产办公室、金湖县贫下中农协会将《入江水道规划》文本，报告江苏省水利厅和水电部，再三请求根治淮河下游水患。报告呈到省里，地方干部因“靠边”、闹派性，对兴修淮河入江水道工程态度冷淡、意见不一，但得到军队干部积极支持。省军管会农办主任黄斗和六合专区军管会副主任马国礼，得知金湖常遭水灾后深表同情，积极支持兴修淮河入江水道工程。他们特地来到金湖，不仅听取县里汇报，还实地勘查入江线路，由黎城沿三河南堤至金沟河口，一直看到金沟镇，指示县军管会领导要“拿出切实的有说服力的材料，向国家水电部报请批准”。黄斗还说：“至于省水利厅有什么不同意见，我去同他们商量。”

3月26日，县人武部生产办公室写好要求兴修淮河入江水道工程的报告，派县水利局工务股股长万连喜、县贫协秘书马展、县军管会秘书华金城去江苏省水利厅，随同省水利厅副厅长、总工程师陈志定，规划室工程师卢渠、技术员周茂林，首次到水电部，请求兴建淮河入江水道。水电部农水局余局长听取汇报后，表示同情搞入江水道工程，但认为缺乏相邻地区的态度和具体施工方案，要求将这些材料收集齐全后再研究。根据部里要求，5月3日，江苏省水利厅在洪泽召开会议，省水利厅陈志定、卢渠、周茂林，六合专区军管会副主任马国礼，淮阴专区水利局局长方福钧、金湖县副县长张可乐，以及金湖、洪泽、淮安、宝应等县水利局的代表出席会议。会议由黄斗主持，与会代表一致同意兴办淮河入江水道工程，形成的《对淮河下游入江水道工程的初步意见》认为：“高宝湖地区水利上的主要矛盾是洪涝矛盾。由于该地区地形封闭，每遇三河闸放水，再加上天落水、回归水、坐圩水三水投塘，上下叠角，使圩内低地成涝失收、高地受渍减产。”7月11—15日，江苏省水利厅对淮河入江水道规划公开征求意见。7月23—25日，江苏省军管会生产委员会在淮阴召开座谈会，专门研究淮河下游入江水道整治工程规划，参加会议人员有黄斗、陈志定、马国礼，扬州专区徐桂林、淮阴专区陶硕夫，金湖、宝应、高邮、邗江、江都、淮安、洪泽7个县的代表等。金湖县参加会议的有贾志超、张可乐、万连喜、赵守楚、王进宪。

8月19日，江苏省军事管制委员会以〔1967〕军管生字第274号文，向水电部呈报《入江水道初步规划及设计任务书》，要求批准兴修淮河入江水道工程。8月20日，陈志定带队第二次进京。此次，接收材料和听取汇报的有水电部领导杜星垣、财务处徐处长和计划处姚处长。隔2天，徐处长答复：“中华人民共和国成立后，国家在治理淮河方面取得了很大成绩。1954年淮河发大水，三河闸下泄1万多立方米/秒，你们高宝湖地区还有些圩堤没有沉。1954年后，大量修复圩堤，防洪能力加强了。1957年搞了‘分淮入沂’工程，三河闸下泄定为8000立方米/秒。今后，金湖县防洪圩堤维修工作再加强一下，对内涝和抗旱问题可发展些机电排灌。金湖县历遭洪涝灾害确是事实，全国水灾尚未解决的县还有10多个，有几个县比金湖还严重。今后，国家必须逐步解决，你们回去向干部群众说清楚。”进京的人当场提出强烈要求，强调金湖的水灾是国家在治淮中的遗留问题，与全国其他县不能相比。淮河上、中游治理好了，洪水集中向下游倾注，金湖县实在承受不了如此大的洪水压力。经过一番争论休会后，连续几天，进京的人每天都去水电部找徐处长谈理由、提要求。最后，徐处长透露："这个五年计划国家没有列入，水电部无权批准，到'四五'期间再考虑。"

进京的人又找到国家计委，接连跑了20余天，门卫被盯得没法，同意打电话给水电处处长李进波。万连喜和他通话。李进波说："你们是从江苏金湖来的，水电部已向我们汇报了要搞淮河入江水道的事，现在没有办法解决。你们回去，到'四五'期间再说。"万连喜再三请求，说明"是代表全县人民向中央汇报金湖历史以来遭水灾情况。入江道搞不搞由中央安排，我们要求接见，以便回去好交代。"李处长同意9月23日上午见面。会见时，进京的人着重说明高宝湖地区水灾由来已久，人民饱经苦难。近年国家在治淮时，上、中游得到治理，下游措施未跟上，因而水患尤甚，要求中央尽快解决这个矛盾。同时详细回答了一起参加见面的水电处刘工程师提出的许多问题。最后，李处长说："由于国家经济困难，新冒出来的项目无法安排，但由于是过去遗留问题，又急需解决，同意《入江水道规划方案和设计任务书》，先拨给1700万元，搞好主体工程，到'四五'期间打个'歼灭战'，你们回去搞好施工组织设计，报水电部批准。"9月27日，中国人民解放军水电部军事管制委员会"（67）水电军规字第139号"《关于淮河入江水道初步规划及设计任务书审查意见书》中，同意该工程列入1968年中央建设项目，请国家计委安排。该文还要求江苏省水利厅编报总体规划。省厅接到部文后，即着手编制总体规划和施工设计方案。

12月3日，陈志定、卢渠、王进宪3人第三次进京，带着编制好的淮河入江水道总体规划和施工设计方案，上报水电部审核。12月26日，水电部将审核意见送国家计委。1968年元月3日晚，进京者到国家计委面谈，国家计委王委员、李处长、刘工程师听取陈志定约3个小时的汇报。最后，王委员答复："国家计委同意搞入江水道工程，工程计划已由水电部报来了。现在各地武斗很激烈，1967年工农业减产，国家经济困难。我们已经将淮河入江水道工程列入1968年国家计划，报国务院待批。1969年批建。"1968年9月4日，金湖县革命委员会分别向江苏省革命委员会、国家水电部、国家计委呈递报告，要求安排入江水道工程。

10月，县革命委员会派副主任荀涤明、县生产指挥组组长刘宝才、水利局王进宪第四次进京，询问入江水道工程批准情况。水电部部长钱正英接见进京代表并明确表态："入江水道工程国家计委已批复。昨晚部里与江苏省水利厅通过电话，要他们做好施工前的一切准备工作。"11月22日，江苏省革命委员会以苏革生〔1968〕470号文报国务院，请求批准淮河下游入江水道列入1969年度国家计划。1969年1月27日，水电部军管会以〔1969〕水电军生水字第20号文批准，淮河下游入江水道工程做准备工作及部分开工，列入国家水利建设及投资计划。入江水道工程设计标准，根据大运河堤防抗洪能力，确定高邮湖最高水位9.5米，三河闸最大泄洪1.2万立方米/秒。境内主要工程是：加固和扩大淮河入江水道大堤（金沟行洪道东、西堤，三河南、北堤）、高邮湖大堤，兴修三河拦河坝、大汕子隔堤等，淮河洪水改道金沟行洪道直接注入高邮湖。

二

1969年4月4—6日，省委、省革命委员会召开兴修淮河入江水道工程筹备工作会议，地点在金湖县城，淮阴、扬州、六合3个专区，洪泽、淮安、宝应、高邮、江都、邗江、金湖7个县代表参加。会上，成立江苏省淮河入江水道工程指挥部，军队干部蓝白庄任指挥，省委副书记许家屯、省水利厅副厅长梁公甫任副指挥，贾文先、吴山、顾均为成员。指挥部设在黎城镇。参加施工的各专区成立工程分指挥部，各县成立水利民工团。5月3日，成立金湖县革命委员会水利民工团。县革命委员会副主任李敬松任团长，县人武部副部长袁存弼任政委，张可乐、陈长富任副团长，顾玉田任副政委。下设政工、工程、后勤3个组和拆迁安置委员会。6月2日，水利民工团改称民兵团。9月5日，又改称工程团。政委袁存弼，副团长张可乐、陈长富、丁炳、万浩庭、刘宝才、陈桂，副政委顾玉田、顾乃奇、朱振礼、周振新。下辖2个分团、12个营。第一分团团长兼政委孙国银，副团长唐广洲、副政委邵戴福。负责东漫水闸、漫水公路便道、新河洞等工程施工。第二分团团长金长武，政委卞长干，副团长杨金城、顾祝富，副政委张庆友。负责移民拆迁。11月14日，成立第三分团，团长万浩庭，政委周振新，副团长袁正芹。负责淮河入江水道沿线小型闸洞施工。

1969年5月中旬，前期工程上马，泰兴、金湖、仪征3县民工2.3万人，开挖西偏泓北段河槽，东、西漫水闸闸塘，挑筑移民庄台，建造沿堤涵闸，修通新集至石港、金湖至闵桥的施工公路。6月15日，省指挥部成立入江水道漫水闸工程处，组长吴山，副组长王陵祥、吴智保、张可乐，公社代表秦吉珍，工人代表高六怀，贫下中农代表黄永文，技术人员代表邵汉跃。9月初，六合、盱眙、宝应、兴化、江都、泰县、靖江、高邮、邗江、淮阴、淮安、宿迁、涟水、灌云、灌南、沭阳、泗阳等17个县民工陆续来到金湖水利工地，加上先前的3个县，共有20.3万人。9月中旬，堵筑施工围堰。10月上旬，搭好民工工棚。10月24日，全面开工。第一期土方工程分工是：六合专区3.5万人，开挖西偏泓及淮河入江水道清障；淮阴专区8万人，开挖东偏泓，挑筑三河拦河坝，加高培厚淮河入江水道（三河）南堤、北堤；扬州专区8.8万人，开挖东、西偏泓及筑堤，挑筑大汕子隔堤。至1970年1月，第一期土方工程完成。第二期土方工程于1970年9—11月陆续放样开工，参加施工民工总数6.4万人，其中金湖1.7万人、仪征2万人、盱眙2.7万人。工程项目是：穿筑夹沟荡新堤，加固高邮湖大堤。1971年1月，第二期工程结束，共完成土方381.68万立方米，其中夹沟荡新穿堤177.19万立方米，石方3.59万立方米。

兴修淮河入江水道的当年，正是"文化大革命"时期，各地普遍实行军管，所以水利工地上也实行军事化，民工称"水利战士"，按班、排、连、营、团进行组织、指挥。行动战斗化，早晨吹号起身，动作迅速、整齐。起身后整队上操、跑步，然后洗漱，早餐后整队上工。组织严密，令行禁止，顽强劳动，工效较高。施工高峰时期，总数约25万人在金湖境内，相等于当时全县的总人口。县内人口陡增1倍，各方面工作出现新情况、新局面。全县各级党政组织集中精力忙治淮，称治淮工程工地为"前方"，其他工作称为"后方"。"前方"有三大任务：完成县内承担的工程任务，担负对其他各县的后勤支持，搞好移民拆迁安置。全县1个总团3个分团，领导指挥民工作战"前方"；县商业、供销、物资、粮食部门负责"后方"后勤保障，物资供给。交通部门人员用船只运输物资到工地，工程沿线农户腾出好房子给民工住宿，农民广种蔬菜供应民工。工地上到处是红旗飘飘、标语遍布、广播高歌、号声嘹亮，还有直升机盘旋拍摄壮观的施工场景。华东水利学院师生和越南留学生加入施工队伍，他们一方面帮助设计、测量，掌握技术标准，一方面参加劳动，老教授、讲师两人抬一兜土，双手抱着木杠，来回往返，精神十分可嘉。当时，水电部部长钱正英到金湖，检查淮河入江水道工程建设情况，听取指挥部情况汇报。

兴修淮河入江水道工程，移民搬迁安置是基础工作，来不得半点马虎。全县需要搬迁金沟行洪道内长18.3公里、宽3公里多，金沟、卞塘、闵桥、塔集公社4个、生产队97个、农户2790户、人口8000多人；三河中的衡阳滩官塘公社忠东大队生产队7个、农户193户、人口600多人。这些移民，一部分安插原公社内，一部分迁往唐港公社、白马湖公社和县粮棉原种场，大部分安置在韩家滩。韩家滩位于宝应湖，是兴修淮河入江水道工程新涸出的一片滩地，其中柴草荒地273公顷。1969年11月，担负拆迁安置的金湖县5000多民工，一个半月时间，割除柴草，开好纵横排水沟，挑筑庄台土方50万立方米。组织全县瓦木工1000多人，建造房屋，新房建好后，民工们帮移民搬入新居。这些任务都在寒冷刺骨的冬天里完成，饱含着大量的思想政治工作。拆迁安置工作根据自力更生为主、国家补助为辅的方针，国家补助全部拆迁户经费296万元，标准是：每间房屋大梁1根、毛竹2根、架竹8根、大柴5束、麦草600公斤、工日40个。1970年1月1日，经六合专区革命委员会批准，韩家滩移民1564户，单独成立淮胜人民公社。

1971年秋冬，施工继续进行。至1972年底，淮河入江水道金湖境内主体工程全面竣工。完成的项目有：拦腰筑起三河拦河大坝和大汕子隔堤；新辟金沟行洪道；加高培厚金沟行洪道东、西堤，三河南、北堤，闵桥施尖至唐港张尖的高邮湖大堤（淮南圩大堤）；筑成夹沟荡大堤；新建漫水公路4公里；开挖东、西偏泓河26.5公里，金宝航道21.8公里；建成石港、西偏泓船闸2座，大汕子、涂沟退水闸2座；加上清除行洪障碍等，共完成总土方2980.34万立方米、石方22.53万立方米、混凝土方1.46万立方米，国家总投资2999.7万元。金湖县参加施工民工3年计4.7万人，完成土方583.26万立方米，石方22.53万立方米。与淮河入江水道工程相配套，境内还建成石港翻水站。整个土方工程中，比较艰巨的有以下三项：

三河拦河坝，也就是在三河下游拦河筑坝。坝身分正坝和副坝两个部分，总长5公里。正坝长2.1公里，自新河闸到原腰滩渡口，正坝基础位于三河河床内，河底高程真高4.5米，表层为0.3~1米流动浮淤，大墩岭北泓、南泓段淤深2~8米。副坝紧接正坝，自石港大桥至引江洞全长2.9公里，基础为湖滩。1969年10月，淮阴专区沭阳、灌南、泗阳、淮阴4个县施工，进驻工地民工4.4万人、独轮车1万多辆。施工从南北两个方向同时进行，北端以筑副坝为主，南端以筑正坝为主。北端开挖石港闸航道以土筑坝，南端开挖东偏泓以土筑坝。南北分成39路大军强势推进。民工们以胶轮车为运土工具，从三河大墩岭东侧南北两岸相对施工，采用“水中压土法”，在3~5米的深淤上踩坯前进，由于淤泥太深，边筑边坍塌，施工期间先后发生坝身整体滑坡9次，坝底铺开的宽度从几十米扩展到167米。民工们日夜轮流施工，工地上安装发电机组，拉出串联电线4条，架设在大坝的两肩口和两堤脚，夜晚灯火通明，人来车往，上万辆独轮车循序前进，重的来，空的回，好似一条条长龙不停地游动。车轮声、号子声响成一片，震撼大地，场面壮观。1970年4月29日，大坝筑成，高出水面近10米，顶宽14米，两侧筑有阻水平台，完成土方280多万立方米。从此，拦河坝拦腰斩断三河，洪水不再往东进入宝应湖，改转金沟行洪道向南直下高邮湖。

图43-1　淮河入江水道三河拦河坝　　李义海／摄

大汕子隔堤，是横穿大汕河的堤坝。大汕河连接高邮、宝应两湖南北向河道，包括两边滩地，东西长12公里，西起唐港张鼓墩（张尖）、东至宝应县南运西闸。这里水草丛生，是鱼虾和水鸟的乐园，无人在此定居，不说施工困难，就连居住的地方也没有。担任水中筑堤任务的是水乡兴化、宝应、江都县民工6万余人。1969年10月中旬，他们自带农船3000多条，以船为家，驻泊水上，民工们站在齐腰深的水里湖底取土，运至大堤两侧，经过7天时间，筑成湖中施工围堰，围堰筑成后，再排除其中的积水，清除淤泥2~3米，挑筑正堤。挑筑正堤时，采取分坯进土、层层碾压的方法，保证工程质量。民工们靠着坚强意志，艰苦奋斗80多天，至1970年1月，完成土方398万立方米，筑成湖上长堤。自此，宝应湖、高邮湖被隔开，宝应湖、白马湖区域和界首以北的里运河堤，不再受到洪水威胁。隔堤，也成为金湖县至高邮、宝应的陆上通道。

夹沟荡新堤，南起淮南圩夹沟坝，北至复兴圩扬水站，全长4.75公里。1970年11月，金湖县承担夹沟荡水中筑堤任务。闵桥、塔集、银集、夹沟、渔业5个公社、民工3800人、农船512条齐集工地，民工吃住在船上，每天劳动13小时左右，奋战14天，筑成施工围堰4.78公里，完成土方9.2万立方米。围堰筑成后，民工们采用桶挑、布兜抬、面盆刮、泥盒子甩等方法，开挖湖底淤泥纵横“龙沟”（垄沟）1.36万条，划成湖底“豆腐块”上万个，排除内部积水，创造正堤施工条件。正堤施工时，工地上成立团、营、连、排4级党、政、团（共青团）组织，制定和执行各项规章制度。各营、连工地红旗飘扬，还设有3栏：墙报（芦席架子）栏、表扬栏、批评栏。民工们豪迈地说：“愚公能移山，我们定能治好夹沟荡。”银集营民工顾业，先是发高烧，后又眉头生疔，脸肿起半边，坚持不离工地。三河营知青高兰，牙痛胃痛，坚持不下火线。闵桥营工段地处深泓，施工极其困难，干部带头劳动，民工人人争先。该营17名女青年与男劳力一样，在寒冷刺骨的水里“突龙沟”。丁广兰、王政香肩膀磨破了，脚掌起血泡，不能穿鞋子就赤脚挑土，大家称她们为“铁姑娘班”。施工中，做到歇人不歇船，交替吃饭，轮流作业。工地上开展“三比”：比装足、比速度、比安全。苦干3个多月，完成夹沟荡新堤穿筑任务，完成土方198万立方米。从此，割断高邮湖伸向夹沟公社内陆的“尾巴”，夹沟荡成为宜农宜渔的陆地，缩短高邮湖大堤防洪战线7.6公里，提高堤身御洪标准。

淮河入江水道金湖段各项工程建成后，运行过程中陆续出现一些问题，主要是：金沟行洪道河床糙率高于原设计，行洪时金湖水位也高于原设计；拦河大坝施工时未清淤，坝身沉陷局部渗水，有些地段裂缝。针对问题，不断实施圩堤加固处理、行洪道内清障和病涵闸洞拆建工程。1972年开始加固淮河入江水道金湖段，至1978年，仅金湖县就完成国家投资855.24万元（其他县到金湖施工完成投资数无法统计）；1979—1990年，淮河入江水道金湖段加固工程由金湖县独立施工，完成投资804.46万元；1991—1996年，国家投资加固大堤、行洪道内清障等资金3587.37万元；1997—2005年，国家每年投入加固大堤、病涵闸洞拆建等资金1000万元以上。

三

建成淮河入江水道及其各项配套工程，开辟了淮水畅流入江通道，承泄淮河上、中游流域15.8万平方公里洪水，同时承担三河闸至邵伯湖区间6633平方公里汇水。保障里下河地区人民生命财产安全，受益县（市）15个、农田200万公顷、人口2000万人，消除高宝湖西地区几百年“水臌胀”，金湖人民放手发展经济和社会事业。

缩短防洪战线。兴修淮河入江水道工程前，域内有大、中、小圩17座，堤长275.5公里。其中，大圩3座，防洪标准为三河闸泄洪8000立方米/秒；中圩2座，防洪标准6000立方米/秒；小圩12座，防洪标准4000立方米/秒。因防洪圩堤长、堤身标准低、险段多，每年防汛投入民工2万多人，占全县总劳力30%左右。三河闸泄洪5000立方米/秒以上，投入民工3万多人，且圩堤不时沉没。冬春复堤补圩，动用民工1.5万人以上。建成淮河入江水道工程后，缩短域内洪水入江线路20多公里，缩短防洪圩堤至115公里，圩堤设计标准提高到防御三河闸泄洪1.2万立方米/秒。入江水道行洪5000立方米/秒以下时，仅需900多个民工巡逻看守即可，不但金湖县，而且整个里下河地区摆脱了淮河洪水下泄的威胁，每年汛期节省大批防汛人力、物力和财力。宝应湖成为滞涝湖泊，免受外洪侵袭，水位高于高邮湖时，通过大汕子、涂沟2座退水闸排除，三河以北地区一般雨量可自排，淮南圩涝水高于宝应湖水位时，可投入机械排泄洪水。同时，入江水道沿线机电排涝站有较强排涝能力。

方便农田灌溉。兴修淮河入江水道工程前，干旱时，三河蓄水成为金湖县灌溉水源，组织人力筑坝拦三河入宝应湖河口之水，汛期三河闸行洪前拆除坝头。1959年干旱，8月2—23日组织民工4672人，筑坝三河入湖口人字头、褂子袄、公司河等处14座，总长1270米，挑土13万立方米。1962年5—6月，县内沿湖圩区沟河部分断流，丘陵岗区塘坝大半干涸。5月10—22日，全县组织民工

4000人，筑坝三河各入湖口20道，坝顶真高7.5~8米，顶宽2~3米，挑土4.3万立方米。1966年春旱接夏旱，5月24—29日，全县组织民工6450人，筑坝头21座，挑筑土方5.1万立方米。建成淮河入江水道工程后，三河拦河大坝堵住三河水入宝应湖通道，东、西漫水闸控制三河水位平时在7~7.5米，满足金湖县农田灌溉用水需要，节省大量筑坝、拆坝人力、物力。

实现粮食丰收。建成淮河入江水道工程后，全县每年抗洪排涝、整治圩堤劳动量大为减少，集中劳力从事小型农田水利基本建设，全县呈现出农田方整、沟渠纵横、泵站配套、涵闸相间、排灌方便、旱涝保收的喜人景象。宝应湖成为内湖，常年水位控制在6.5米，垦种真高6.5米以上滩地6000公顷，土壤肥沃，一年两熟，除去金沟行洪道内挖废耕地，增加耕地5300公顷。兴建入江水道时的1969年，全县粮食总产8.55万吨。1972年，是建成入江水道工程后粮食丰收的第一年，全县粮食总产量12.3万吨，比1969年增加3.75万吨。1973年，全县粮食又获得大丰收，粮食总产量16.55万吨。1983年，全面实行大包干，全县粮食总产33.19万吨，提供国家商品粮5.5万吨，平均每户产粮5250公斤，人均产粮1200公斤，人均售粮650公斤。金湖因“户产万斤粮、人产1吨粮、人均贡献商品粮超千斤”，被《半月谈》列为当年江苏省五大成就之一。1985年，全县粮食总产38.91万吨，人均产粮1417.5公斤。1986年，全县粮食生产又上新台阶，总产40.7万吨，是1969年的4.76倍。至2005年全县年粮食总产量一直稳定在37万吨左右。

发展多种经营。兴修淮河入江水道工程前的1969年，全县油料产量61.75吨，棉花157吨，水产品产量3099吨，蚕茧产量114.75吨，生猪饲养量6.85万头，家禽饲养量37.53万羽。建成淮河入江水道工程后，副业生产发展迅速，1978年，省委在金湖县召开副业生产现场会，省电视台拍摄金湖《禽蛋之乡》电视片热播全省。改革开放后，金湖不断调整种植业内部结构，大力发展林牧渔业生产，收入水平逐年提高，迈入小康行列。2005年，全县油料总产量1.22万吨、棉花总产量1825吨、水产品产量4.57万吨，分别为1969年的197.57倍、11.62倍、14.75倍；蚕茧产量1919吨，生猪饲养量26.17万头，家禽饲养量499.63万羽，分别为1969年的16.72倍、3.82倍、13.31倍。

图43-2 淮河入江水道建成后，金沟行洪道非行洪期禽畜放牧（摄于2005年） 李义海/摄

拓展工业规模。20世纪70年代初，金湖县做出发展地方工业的决策，更新改造原有工业，采取扩大规模、“母鸡下蛋”、脱壳分厂等办法，小厂变大厂、一厂变多厂，工业经济发展迅猛。1969年，全县仅有工业企业32户，年产值1007.97万元。1978年，全县工业企业发展到185户，工业产值7316万元。1985年，全县工业企业260户，拥有电力、机械、建材、食品、医药化工、塑料制品、纺织、造纸、印刷等多个门类，各类产品中，获部、省、市级奖种类19个，全县工业产值2.1亿元，其中乡镇村办工业产值7313万元，占全县工业产值的34.82%。2005年，全县共有工业企业2000多户，其中年产值500万元以上的规模工业企业105户，全年实现工业产值51亿元，是1969年的505.97倍。

改善水陆交通。兴修淮河入江水道工程前，金湖水陆交通困难。水路曲折，河道通航能力低。公路无法跨越三河，丘陵片只有金湖至铜城、金湖至下塘公路，全长32公里。建成淮河入江水道工程后，开挖疏浚金宝航道，航线缩短，通航能力提高，可以不受枯水季节影响，通达京杭大运河。陆路交通上，建成淮河入江水道工程后，行洪期间，滔滔洪水将县域陆地一分为二，给两岸人民生产生活带来诸多不便。1969年10月，县委、县政府动用大批船只装运石料，组织民工日夜施工，建成入江水道东西两堤之间东偏泓至西偏泓的混凝土路面，长3.7公里、宽5.5米、真高7.5米，因行洪期间被淹没，故称漫水公路，枯水期，成为县城与东、北片乡镇的重要通道。从1969年开始，相继分段修建省级干道金（湖）洪（泽）公路、金（湖）淮（安）公路和县内的县乡公路。1974年2月，省交通厅拨款12万元，添置"金湖号"四车渡船1艘，船长24米、宽7.2米，主机72马力，载重100吨，渡河1次可运载大小车10余辆，缓解淮河入江水道行洪期两岸车辆来往不便的矛盾。1984年4月，调入镇江—扬州渡口八车钢质汽渡船1艘，长24米、宽7.2米、载重能力100吨。开通县城—石港、县城—金北客渡，两岸群众通过客渡来往。1990年4月，江苏油田修筑大汕子隔堤金湖段沙石路7.77公里。1991—1996年，金湖县修筑淮河入江水道大堤防汛公路73.53公里。尽管如此，淮河入江水道仍然阻碍着全县陆路交通的发展，金湖人迫切希望兴建淮河入江水道大桥，打通发展的快车道。经过努力，2001年7月28日，金湖淮河入江水道公路大桥建成通车。2001—2005年，铺筑淮河入江水道大堤防汛公路18.5公里。随后，双向四车道一级公路金（湖）宝（应）南线、一级公路宁（南京）淮（安）东线相继建成，金湖交通状况大为改观。

实现南水北调。进行东线南水北调，解决宝应湖周边地区涝水出路问题，也是兴修淮河入江水道工程所要达到的主要目的之一。1974年1月，开工建造石港翻水站，8月4日建成。该站位于淮河入江水道三河拦河大坝副坝西端、金宝航道河首，拥有55千瓦电动机240台（套），总容量1.32万千瓦，提水能力120立方米/秒，通过出水池南岸引江闸洞向三河排（送）水。石港翻水站建成后，干旱年份，里运河引长江水经金宝航道至石港翻水站，翻水向淮河入江水道上游，经蒋坝翻水站翻水进洪泽湖，补给苏北、鲁南地区用水，实现国家东线南水北调；雨涝年份，石港翻水站排除洪金排涝河、老三河及宝应湖周边地区下泄的涝水，进入淮河入江水道，洪泽县南部、金湖县北部和东部及宝应县运西地区均受益。

金湖大桥兴建始末

金湖淮河入江水道公路大桥（简称金湖大桥），是盐金国防公路上跨越淮河入江水道的一座特大型桥梁，全长3354.49米，共121跨，全宽15米，净14米，接线长1432米。1999年7月9日举行开工典礼，7月28日正式开工，2001年7月28日建成通车。这是一座由金湖人民主动发起、热情捐款，又争取到国家与省、市重点资助而建成的大桥。大桥建成，历史性改变了金湖交通南北分隔、东西阻断的局面。

一

金湖县位于淮河下游。清咸丰五年（1855年），黄河北徙，淮河上、中游15.8万平方公里的地面径流汇入洪泽湖，这些客水70%以上经金湖境内三河入宝应湖、白马湖，再由高邮湖、邵伯湖下泄入江，金湖地区成为“洪水走廊”“水囤子”，灾害不断，南北、东西成“天堑”，交通仅能靠木船。

1969年国家修建淮河入江水道，使包括金湖县在内的里下河地区摆脱严重水患，同时在行洪道内铺设一条长7公里的公路，成为漫水公路。在入江水道不行洪时，金湖南北与东西车辆靠此通行。但是，为了便于船运，漫水公路西侧设置有吊桥节制船闸，一天4次吊桥放船，每次吊桥约1小时，过往车辆只得单行排队，等候过船结束后通行，几乎是天天堵车。1995年9月，时任中共中央政治局候补委员、中央书记处书记温家宝到金湖视察，他乘坐的车同样在此排队等候通过。有一次，一位急赶县城医院分娩的孕妇，由于吊桥过不去，婴儿生在了途中。

图 43-3　2001 年 7 月，金湖大桥建成前漫水公路西偏泓吊桥节制闸吊桥放船时，车辆排队等候　县档案馆／供

而到了入江水道行洪期，漫水公路也起不了作用。因为行洪达250立方米/秒，漫水公路即淹没于水下，致使金湖县东部和北部约占全县三分之二的地域，与县城所在地域完全分割。交通阻断时间，平均每年89.8天，最长达167天。到了泄洪1500立方米/秒，方能运行一艘8车位汽渡运载过往车辆。汽渡每天最大限度运行14小时，仍不能满足当时的交通量，尚有2300多辆车须绕道三河闸，后为绕经宁连路上的三河大桥，远达75公里之多。仅此一项，每年造成直接经济损失1200多万元。更为严重的是，入江道行洪时，入江道以东的防洪大堤的防汛物资难以调运，险情威胁着里下河地区1000万人民生命财产安全。

入江水道的阻隔，不仅给金湖造成巨大的经济损失，也使周边乃至苏北地区交通运输、经济社会发展受到制约。多年来，全县人民迫切希望在入江水道上建设大桥。①

1984年起，金湖县全国人大代表嵇月香受县委、县政府所托，代表金湖人民，先后三次向第六届全国人民代表大会递交议案，要求在淮河入江水道兴建大桥。建议得到水利电力部的重视，并多次行文予以答复。水利电力部〔1987〕水电水规第76号《对六届人大五次会议第0762号建议的答复》摘录如下：嵇月香代表：你提出的“关于在江苏省金湖县建造淮河入江水道高桥矮闸事”的建议收悉，现答复如下：这项工程已列入南水北调东线第一期工程计划中，我部曾以〔1984〕水电水规76号文件答复过。第一期工程设计任务书已报国家计委，正在审批中，待按照其建设程序完成各阶段报批手续得到批准后才能实施。

后由于南水北调工程已改道中线，致原答复意见无法施行。嵇月香以全国人大代表的身份递交的议案，为兴建金湖淮河入江水道大桥奠定了基础。

---

① 据县政协文史委员会原主任翟登庸回忆：1960年元旦，他以黎城初中教师的身份，在当时的人民剧场（劳动桥旁），听县委第一书记赵柏生作报告。报告中讲：我们要修100米宽的马路，店面一律向南（朝阳）。在黎城与新街之间的三河上建一座大桥，像匈牙利的首都西布达、东佩斯。

二

人民的期盼，就是政府的责任。1994年9月起，代县长陈德昌就将兴建金湖淮河入江水道大桥列入政府工作重要日程，组织相关单位进行可行性调研。1995年2月14日，县政府召开常务会议，专题听取县水利局关于筹建金湖大桥的调研报告，对筹建工作做出布置，并形成会议纪要。

1995年3月7日，在县九届人大三次会议上，县政府提出建设金湖淮河入江水道大桥的动议，还将兴建金湖大桥的动因和可能性、可行性，以及建桥资金的来源、效益分析的说明，印发给全体人大代表和列席会议的政协委员。陈德昌在县政府工作报告中明确提出："兴建入江水道金湖大桥，对全县经济建设、社会发展、对外开放，将起到十分重要的作用。只要全县人民、各界人士支持、经过3~5年的努力，大桥能够也一定能够建成通车，到那时'一桥飞架东西，天堑变通途！'"县政府的决心，得到全体人大代表、政协委员长时间热烈的鼓掌，更得到全县人民的拥护。

1996年，江苏省政府提出：全省公路建设重心向苏北转移，各县都要通一级公路等。这是一个极大的喜讯，县委、县政府紧紧抓住这个机遇，以"金湖大桥是全省腹部横向东西大动脉"为事实，紧锣密鼓地开展调研、论证，广泛宣传向上争取项目。当年初，县政府向淮阴市政府申报建设金湖大桥计划项目，获市政府批准；紧接着，市政府和市计委向省交通厅、省计委提出《关于淮河入江水道金湖公路大桥项目建议书的请示》（淮计〔1996〕320号），省交通厅向省计委发出《关于淮河入江水道金湖公路大桥项目建议书审查意见的函》（苏交计〔1997〕33号）。函中明确：金湖大桥"建设是必要的"，应认真、扎实、严谨地做好前期工作。县委、县政府领导受到鼓舞，迅即组织相关人员开展项目可行性研究工作，对桥位、桥型等进行科学论证，并按基本建设程序报审。1996年10月，县委县政府成立大桥筹建领导小组，县委书记李孔惠任第一组长，县长陈德昌任组长，王殿宏、赵长平、韦富任副组长，计委、交通、水利等部门主要负责人为成员。下设大桥筹建办公室并抽调专职人员负责日常工作。筹建大桥工作以及申报立项正式启动。与此同时，金湖县出席省第八届人代会的代表向省人代会提出《关于建设淮河入江水道金湖大桥的议案》，助推大桥立项的进程。

1997年9月8日，省计经委对"金湖淮河入江水道大桥项目建议书"给予批复，同意建设"金湖淮河入江水道大桥"。是年，省交通厅科学研究所受金湖委托，完成《盐金国防公路、淮河入江水道金湖大桥工程可行性研究报告》的编制，并按程序呈报至省计经委，同时抄报省交通厅、水利厅。10月23—24日，省计经委组织省交通、水利、建委等单位和专家对《工程可行性研究报告》进行评估，原则同意大桥的设计方案。大桥位于县城东约6公里处，横跨淮河入江水道，呈东西向，大桥全长3354.49米，全宽15米，净宽14米，接线长1432米，计算行车速度80公里/小时，设计荷载为汽—20/挂车—100。

1998年10月8日，省计经委做出《关于金湖淮河入江水道公路大桥可行性研究报告的批复》，对大桥选址、标准、有关技术指标、总投资、建设工期等做出批复。至此，筹备工作进入筹措资金、设计开工的关键阶段。11月2日，县委、县政府决定，将原"金湖大桥筹建领导小组"改设为"金湖淮河入江水道公路大桥建设指挥部"，县委书记李孔惠任政委，县委副书记、县长林伟明任总指挥，县委常委、副县长王殿宏任常务副总指挥，副县长赵长平任副总指挥，计委、交通、水利3部门主要负责人任指挥。11月23日，省建委在南京主持召开金湖淮河入江水道公路桥初步设计审查会。金湖大桥，这个新生"婴儿"终于获得了"准生证"。

金湖大桥名称还有一段小插曲。在筹建大桥过程中，金湖上报和上级有关批文中，均使用"淮河入江水道金湖大桥"或"淮河入江水道金湖公路大桥"名称。1997年初，县委党史工委主任、县地方志办公室主任马国顺，在一次请示汇报工作时，向县长、大桥筹建领导小组组长陈德昌提议，大桥的全称应将专名“金湖”两字前置，应为“金湖淮河入江水道大桥”或“金湖淮河入江水道公路大桥”。并举例：武汉与南京的长江大桥，全称叫“武汉长江大桥”“南京长江大桥”，而不叫“长江武汉大桥”“长江南京大桥”，就是这个道理。陈德昌深以为然，在后来县上报和上级有关批文中，大桥的全称就改过来了。

三

金湖大桥是在“无米”的情况下上马的。大桥总概算资金1.04亿元，原县、市报告方案为：县自筹15%，贷款25%，交通部门40%，水利部门20%；省批准时要求：县自筹25%、贷款40%、交通水利部门补助35%。

由于全县人民的迫切要求，上级交通部门于1999年6月批准金湖大桥开工报告。这是在资金只有1000多万元，B标段图纸出来，但全部图纸尚未出来的情况下批准的。为此，1999年7月28日正式开工时，采用A、B两个标段，且错时开工。A标段于1999年7月28日开工，B标段于2000年2月20日开工，两者相差205天，边施工、边筹资。因为该项目既不是省重点项目，亦不是省市要办项目，所涉及支持的部门都没有列入“九五”计划，只能年度调剂安排；上级虽然答应支持，但力度明显不足；金湖地方无财力出资，筹资亦无渠道。省建行贷款评估时就指出潜在问题：“资金渠道较多，筹集上存在很多不确定因素”。金湖大桥建设实际是东拼西凑、到处求援的项目，如果有一块出问题，将会出现严重后果。面对此现状，金湖县委、县政府及大桥指挥部人员采用动员干部群众志愿捐资、申请银行贷款、向国家战备办求援、向省市水利与交通部门求助等多种形式，开始艰难的筹资路。

在动员干部群众自愿捐资方面：1998年11月13日，县大桥建设指挥部在金湖宾馆举行新闻发布会，县委书记、大桥指挥部政委李孔惠指出：大桥建设对国家战备、对区域经济发展、对金湖人民生产、生活具有深远意义，强调要把这件大事、实事办成、办好。他要求要加强宣传发动工作，发挥干部、党员的表率作用，动员单位、企业赞助，对捐款数额较大的单位和个人，要树碑立传，载入史册。县长、大桥指挥部总指挥林伟明向全县通报金湖淮河入江水道公路大桥建设的进展情况，同时，动员全县各单位和全县人民为大桥建设捐献资金。并规定这次大桥建设资金捐助，县里不发文件，不下达任务，完全由广大干群自觉自愿进行捐资。会上还举行捐款仪式，县四套班子主要领导，水利局、交通局、国税局、国土局、计委等部门当场捐款，一些部门和乡镇作表态发言。11月18日，大桥指挥部向全县各乡镇、各企事业单位和驻金各单位，向全县党员干部、团员青年、工人、农民和知识分子，向个体工商户、私营业主，向在外地工作的金湖老乡、在金湖工作过的干部发出捐资建桥《倡议书》。12月6日，举办“爱我家乡、情系大桥”文艺晚会，市委副书记、市政协主席刘学东等从淮阴专程到金湖参加，一些因故未到的老领导也纷纷来电来函，以示祝贺。晚会在大合唱《祖国颂》中拉开序幕，小品《盼》、舞蹈《小小心愿》《在欢腾的大地上》，道出金湖人民对大桥建设的多年的企盼。特意为晚会创作赶排的群口快板《万众一心建大桥》，表达35万金湖儿女团结奋斗，努力建大桥的决心。国家一级演员、两次梅花奖和一次文华奖获得者、苏州滑稽剧团副团长，曾在金湖插队的顾芗，著名表演艺术家张克勤等，专程前来无偿献艺，给晚会带来精彩节目，现场气氛热烈，掀起自筹资金热潮，企业家纷纷举牌赞助、上台亮相等，现场捐款一浪高过一浪，当场认捐600多万元，其中供电公司88万元、爱特福公司84万元……晚会后，全县人民积极响应，踊跃向大桥捐款。大桥捐款第一人是陈桥乡小学生柏涛捐款4元钱。孩子的举动震撼着金湖人的心，老教师陈桂珍送来2000元，贫困户杜书全捐出20元，残疾人缪同才捐款500元，个体户闵忠诚到县城购货捐了2143元……客居他乡的金湖人也留下了许多支援家乡建设的感人故事，退休住外地的老干部、在外服役的军人、在外创业人士、外出打工的农民，纷纷向大桥建设献上一份爱心。还有江苏石油勘探局受全县捐资的感动，在企业亏损、裁员减负的情况下，支持500万元。至2001年底，个人、集体捐款累计952.65万元。其中个人584.5万元、单位368.1万元。捐款2万元以上的单位29个，捐款2000元以上的个人285人，这些单位和个人的名单，已经镌刻在大桥广场的石碑上。

在申请银行贷款方面：省计经委、财政厅、交通厅批准大桥贷款额度为5000万元，其中，银行4000万元、国家战办1000万元。大桥指挥部分别对工行、农行、中行、建行进行排队、了解，工、农二行贷款规模在县内较大，但因上级行无兴趣，而与桥无缘。中行表示愿意配合，但最好与其他行“拼盘”，建行表示愿意贷款，省建行写“贷款意向承诺”。市县建行及时对项目进行调查、审查，及时将情况上报，省建行于1999年4月21日派项目评审复查组到金湖，经过详细的调查、核实后，上报省信贷管委会。因开工在即，大桥指挥部多次去省、市行了解、催促，因需研究项目多，直到1999年9月20日才进行研究，给市建行下发信贷业务审批反馈意见通知书：“经省分行第六次贷款审批人会议研究，决定对你行申报的金湖大桥项目暂缓审批”，并略述理由。见此结果，大家心急如焚，大桥已于7月28日正式开工，至今贷款未落实。因此，又与县中行联系，中行派员作摸底调查，这引起建行的怀疑。没几天，突然接到市建行正式通知，取消原书面贷款意向承诺。这无疑是当头一棒，涉及大桥能不能继续建下去的大问题。情急之下，县主要领导只得做出无奈之举，在会上宣布：县内所有单位在建行的存款要全部转出。会后，房管局负责人来指挥部了解情况并征求意见，能否不转？回答是：希望按领导要求处理，及时将存款转出，但县建行可在划转期内想办法解决问题。这下引起县建行的重视，他们及时向市行汇报，大桥指挥部亦表示愿意与市行交换意见，协商解决问题。次日，市建行解释：取消承诺主要是因你们找中行了，建行贷款也紧，所以退出。大桥指挥部解释找中行的原因，双方通过交流消除误会，在融洽的气氛中取得一致意见。省建行于2000年3月又一次开会研究，因贷款主体和担保单位不符合《担保法》有关规定，还是未能通过。最后，市政府副市长黄天汉出面协调，市建行陈行长亲自去省行，分别与贷款管委会的行长、处长等领导一一做工作，终于在2000年4月21日批准贷款，解了燃眉之急。

在向国家战备办求援方面：1998年10月18日，县大桥指挥部总指挥林伟明亲自带队去北京，拜访国家战备办公室领导，向他们介绍盐金国防公路中建桥的问题，得到战备办领导同情，表示愿意支持。但时间上最早要在“十五”初期才能安排，并说明：江苏共有3家向国家战备办申请资金，我们将金湖大桥放第一位。恰在此时，国家对“九五”批准的项目作适当调整，增加东部投资。国家战备办立即兑现承诺，于1999年11月发出通知，对金湖大桥无偿补助800万元。这在当时是个大喜讯，而且由原计划“安排贷款1000万元”变为“无偿补助800万元”。这笔宝贵资金的获得，时任总政干部部办公室主任的史继明和省交通厅战备处王处长做出很大努力。

在向省市水利、交通部门求助方面：1995年开始，县水利部门就把大桥建设作为本部门重要工作，先后数十次向水利部5位部长，该部农水司、投资司、淮委，以及省水利厅、市水利局等部门和领导汇报情况，报告建桥打算，邀请到金湖考察等。大桥建设第一笔上级补助400万元，省水利部门于1998年就汇入金湖。原市政府分管水利的副市长陈芸多次应邀、有时还主动帮助金湖去北京、蚌埠（国家淮委驻地）、南京等水利部门找领导，解决不少问题。1999年1月23日，受县主要领导之邀，陈芸和县大桥指挥部几位负责人一起去省水利厅，受到翟、沈两位厅长热情接待，同意按2000万元总盘子给予书面承诺，因厅里没有决定权，还需要分管省长同意，但答应尽快汇报。就金湖而言，省水利厅的承诺书当时就出来才好，向省长汇报不知何时、能否同意，万一不同意怎么办？来宁前，县委主要领导告诉指挥部：他曾找过姜永荣副省长，姜说省里江海堤防加固缺口数很大。他向俞兴德副省长要钱，结果几百万都不给，哪有钱给你们金湖建大桥。考虑此前因，在翟厅长同意下，副县长、大桥指挥部副总指挥赵长平，县交通局长、大桥指挥部指挥柏宝传（以下简称赵、柏）等去省政府。繁忙中的姜副省长，在事前没有约见的情况下，立即接见他们。赵、柏将水利厅意见、交通厅态度，以及要求交通厅支持数不低于水利厅，还有水利部门承诺后就可促交通部门解决等一揽子情况，作了详细汇报。姜副省长耐心听取汇报，并当即表示“可以”。赵、柏再回水利厅时，翟厅长说明姜副省长已主动打电话给他，并让计划处出具承诺函。赵、柏看到函后，感到不太理想，又找到沈厅长、翟厅长，要求修改并增添部分内容，二位厅长答应重新修改。函中承诺：“为支持该桥建设，水利部淮委在1998年已下达补助经费200万元，省将再配套200万元，市县配套200万元（经费计划另文下达）。1999年我厅已向水利部和淮委作了专题报告，淮委初步同意支持300万元，省市再配套600万元。2000年再继续以1999年申请的规模向水利部和淮委争取补助支持。”后来，水利部门的承诺全部兑现。

交通部门见到水利部门承诺后，于同年2月14日也出具书面承诺：①按国家对交通基本建设项目资本金不低于35%的要求，该项目资本金近4000万元，建议由市县和交通、水利等多方共同解决。其中我厅拟从公路建设资金中安排1000万元，根据工程进度在今年计划中安排。②在建设期内，我厅拟帮助建设单位共同争取申请总后国防公路建设贷款1000万~1500万元。赵、柏等感觉，交通厅实际出资只有1000万元，又一次找交通厅有关处室和厅领导，只是口头答应今后再说。对此，赵、柏等只能另谋他法，其中想到直接找省长季允石。为大桥筹资，县领导曾多次找过在北京任职的一位领导。这位领导曾将淮安市政府关于金湖大桥解决资金的报告，请季省长批示过。但批示过的报告金湖一直没有看到，也不知批的什么内容。因此，想通过这位领导，请季省长再次进行批示。1999年3月6日，指挥部接到这位领导电话，要金湖把上次大桥要资金的报告传给他，以便找省长批示。3月7日，县里安排赵、柏两人到北京，便于汇报情况。在这位领导协调下，赵、柏二人见到季省长，当面递给金湖的报告，并口头汇报有关情况。季省长听后非常重视，提出交通部门应加大支持力度，出资2000万元左右，并要求金湖按汇报的情况重写个报告直接找他。4月4日，按照季省长安排，赵、柏去其办公室。季省长再次听汇报看报告后，即与交通厅厅长通电话，又在报告上作了批示，还告诉赵、柏，厅长还是担心水利厅的承诺能否兑现，并要求赵、柏向厅长当面汇报。不久，县委书记林伟明带指挥部人员，去省交通厅向厅长当面汇报，再次争取支持，厅长表示理解，并当面答应增加支持。后省交通厅批复，增加拨款700万元。

金湖大桥原概算为1.04亿元。经过不懈努力，几年中累计筹集资金9552.65万元。其中：国家战备办800万元，国家淮委900万元，省交通厅1700万元，省水利厅300万元，市防洪保安资金100万元，江苏石油勘探局500万元，基建投资借款4300万元（其中建设银行贷款4000万元，省财政厅借款300万元），县内个人、集体捐款952.65万元。

四

与筹资同时，大桥的建设也在同步推进。

大桥原设计在桥东部大堤内，为斜拉桁架连续梁（共五跨，其中70米的三跨、40米的二跨）。指挥部感到造价太高，比整个预算高出1200多万元，且工期长，今后修理维护费用多。经研究并请示后，征得交通厅领导及有关处室同意，向设计单位提出更改图纸要求。但主管设计者坚决反对，设计单位部分领导也不支持。他们认为，五跨连续梁在国内是首创（当时国内最多三跨），设计复杂，已花去了大量人力、财力，还请上海同济大学、南京东南大学帮助论证、复查。现在要更改，无时间无人手。经过指挥部反复沟通，后来得到部分专家及领导的理解支持。在省建委主持的专家论证会上，东南大学桥梁专家邵荣光教授指出：设计上虽然没有问题，不代表施工技术没有问题；美观是相对的，3000多米长的桥本身已很美；桥在开阔地多雷区，高处易出问题。不是原方案不成立，原想法很

图 43-4　“新世纪之光”不锈钢雕塑矗立于大桥广场中央（摄于2002年）　　县志办／供

自然，从经济上、风险上，特别是在水流不影响（后水流试验，无大影响）的情况下，个人观点改为好。主持专家论证会的负责人最后表示：严格讲，批过的是首肯的，一般是对的，是不易变更的。考虑到县里第一次搞这样的大桥，经济上有困难，同意作为重大变更，按有关程序办理。最后，设计院更改图纸，由于施工难度降低，基本未影响工期。

设计图纸被批准后，大桥指挥部立即向全国公开招标，选择施工承包商和监理单位。投标期内，21个施工单位3个监理单位报名。指挥部组织人员实地考察投标单位，对他们的资质等级、部分工程、财务状况、信誉满意度等方面情况逐一了解。1999年7月4日，金湖大桥开标。市招标办主持，大桥指挥部汇报实地考察情况，评标专家审核标书，再由评委确定中标单位。评委根据大桥指挥部汇报，结合标书，最终确定：由国家一级施工企业中铁三局（上海华海公司）、中铁四局六处中标承建，由江苏省交通咨询监理总公司中标监理。后来事实证明：评委选择铁三、铁四局是对的。省市交通部门领导和技术人员也认为：队伍选得不错，确保了大桥质量。

开标的第二天一早，中标单位中铁三局华海工程公司工程技术骨干7人，就直奔工地，除了工程用的仪器，连生活日用品都没来得及带上。桥头定位直接关系大桥的走向，因而误差不能超过1厘米，否则会产生不堪设想的后果。施工人员在杂草丛中，在阴雨天里，紧张测绘，起早带晚，渴了喝矿泉水；饿了，啃几口面包；晚上到宿舍没有桌子，就趴在床上研究图纸。7日晚，大桥主线定位通过省设计研究院的鉴定。8日晚上，大桥的测量定位也得到认可。与此同时，钻孔机、搅拌机、标车人员等也全部到位，施工准备就绪。

7月9日开工典礼隆重举行。7月28日全面开工建设。施工大军到达工地时，当地农民纷纷让出自家最好的房子，以节约为几百人的盖房时间。A标段预制桥梁施工中，出现日进度与工程进度不配套的问题，直接影响整个工程进度，原因是场地狭小、设备能力不足。项目部和指挥部协商决定征地扩场，当地群众服从安排，主动配合拆迁腾地作场地。县国土局有关负责人起早带晚跑省市，仅用1个月时间办好征地手续。县河湖管理所及早在淮河入江水道划出取土范围，方便大桥用土，并将一处水利器材仓库腾出给施工单位做项目经理部。

“不留隐患，不留遗憾”是大桥建设者的共同理念。大桥指挥部明确要求该工程的质量目标为创“部优”，并建立“政府监督、社会监理、企业自检”的工程质量管理体系，在整个施工过程中严把10关，即施工单位进场施工关、材料进场关、设备运用关、施工工艺关、工序关、旁站关、现场管理关、试验检测资质关、计量支付关、验收关等，开展质量年和创优质精品工程等系列活动，对进度、质量、投资进行全方位的科学管理。一次，一个价值5万元的大梁出现微缝，教授认为可以注灌粘合剂解决，但施工单位认为，不给历史留遗憾，还是作报废处理。中铁四局六处开工后，指挥部发现进度不快，弄不好，会影响整个工程进度，指挥部主要负责人立即去现场督促。得到信息后，施工单位中铁四局六处负责人从贵州六盘水连夜赶来，采纳指挥部的意见，加快工程进度。中标单位从项目办管理人员到施工人员，一天24小时吃住在工地，确保发现问题及时解决。预制队长张攀族，退休后又返聘，他带领一队人马没日没夜地干，力保工程进度。质检部工程师翁成玉常和施工队长发生争执，一段施工已经通过工程总监理的检验，却常常被自己人要求返工。但大桥快完工时的总质检结果，令所有人都非常满意，没有一处要求返工。

金湖大桥建设，从前期准备（1996年）到工程竣工（2001年），历时5年，建设时间2年。两年里，大桥指挥部办公室人员每天坚守岗位，有的抱病工作，确保工程质量和进度。在整个建桥过程中，没有一封人民来信，没有一起质量事故，没有一件违规案件。工程质量经省4次、市10次抽查检查，各项质量指标都符合要求，最终获得铁道部最高奖——“2002年度火车头优质工程”奖。整个工程实现概算收支平衡，略有结余。结余款建设大桥路灯、雕塑等附属工程，还建了宋坝侨、三河风光带一期工程。

2001年7月28日，金湖淮河入江水道公路大桥举行隆重通车典礼。南京军区战备办，省交通厅、水利厅、江苏石油勘探局，淮安市委、市人大常委会、市政府、市政协，市直有关部门等领导及全县1万多名干群参加庆祝大会。典礼现场，锣鼓喧天，彩球腾空，彩旗、腰鼓、花炮、龙灯……热闹非凡，淮安市市长陈从亮宣布，金湖大桥正式通车。自此，金湖走上跨越发展的快车道。

图43-5　2001年7月28日建成通车的金湖大桥　　李义海／摄

荷花节创办与旅游业的兴起

一

金湖县域东南部的闵桥镇有一片突入高邮湖的湖滩沼泽地，东、南、西三面环湖，形成一个半岛，名为“横荡”，分东荡、西荡，面积约22.4平方公里。1954年遭遇洪水，宝应县政府安置圩内民众迁移至卞塘南望村落户，灾后，动迁村民又复迁原地。1957年，将横荡27座小圩联并成朱桥、高庄、任港三座圩。因堤身瘦小，抗御洪涝灾害能力低，圩内仍然十年九淹。1961年2月，成立渔业公社，公社机关驻横桥集镇（1971年迁至涂沟集镇）。1965年遭遇洪水，圩内5个大队房屋倒塌，所种庄稼颗粒无收，近900户、3000余民众的生命财产安全受到严重威胁。闵桥公社决定将该地群众搬迁安置。但村民们留恋故土，一直坚持住在小圩内。1969年兴建淮河入江水道，这一片湖滩沼泽地划入行洪道内，村民们都被作为拆迁户进行安置。但他们依然怀乡恋旧，不离不弃。

1978年，时任闵桥公社党委书记的盛桂元从确保圩内群众生命财产安全出发，亦为增加耕地，加快发展生产，下决心整治“横荡”，将其改造成能抵御洪涝灾害、为民所用的田园。他把自己的想法提交公社党委、革委会研究，统一思想，形成共识，认为此举造福于民，不影响行洪滞洪。当年巧遇干旱，横荡半岛全部裸露出高邮湖。经调研和勘察，并请示县委、县革命委员会及省水利厅主要领导同意，于是年和翌年，组织全公社劳力7400多人，利用冬春农闲，只拿集体工分，不要政府补贴，自带伙食铺盖，吃住在横荡圩堤工地，起早带晚，人工作业；任务每人每天挖运土方3立方米。从100~200米外的地方取土，脚踩淤泥，一担担肩挑到东荡、西荡的圩堤上。因湖荡腐殖酸土质稀软，有时前一天筑垒成堤，第二天早晨又自然沉降陷落为脊丘。红花大队处于最低洼的东荡地段，为此先后返工多次。经过攻坚克难，连续苦战两个冬春，终于将3座小圩堤圈联成一座真高10米、顶宽4米、总长17.5公里的横桥联圩。共筑土140万立方米，在东、西荡新穿堤6.65公里，缩短防洪线12.9公里，保护滩地总面积22.4平方公里。

横桥联圩筑成后，原居住在圩内的老村民基本全部返回。经过开发整治，垦殖耕地980公顷、水面600多公顷。这些新开发的土地、水面均按全公社人劳比例划分给各个大队、生产队。然而，原闵桥公社境内的群众对于所分得的土地水面不太重视，原因是距离居家远，不便管理，加上地势低洼，一年一季收成，粮价又不高，效益低，不少地方出现“抛荒”。1984年2月，成立横桥乡，联圩内土地、水面全部划归横桥乡。乡政府发动干群集思广益，对联圩区组织勘测调研，开始探索林渔结合，林粮、林蔬套种的新路子。高处种庄稼，低洼地实施“抬田造林”，栽植池杉、杨树等，洼塘栽藕。还组织专人到宝应县獐狮荡乡、子婴镇等植藕区考察，引荐老藕农来联圩承包植藕22公顷，每亩承包价50~60元。经过2年的实践，承包户、发包方均获得利益，发包方还学到植藕经验。20世纪80年代中期，联圩内开发荷藕田及林渔间作区66.7公顷。1988年，该乡村民继续优化产业结构，加大开发力度，改造连片荷藕塘33.3公顷、鱼蚌混养塘3.3公顷，建丰产林基地66.7公顷，在17.5公里的堤岸线上植树63万株，农民收入增加，集体经济不断发展壮大。1989年8月17日，国家农牧渔业部和中央电视台一行8人，慕名前往参观采访，并拍摄电视新闻片。从此，便增强了干群发展荷藕种植、水产养殖产业的信心与决心。1991年，遭遇百年未遇的洪水，横桥联圩高庄圩段塌方3000米，东荡迎水坡被风浪冲刷近二分之一，军民全力投入抗洪保圩，圩内撤出老弱病残人员1483人。灾后，省市县对横桥联圩安全高度重视，省水利厅无偿调拨护坡块石2万吨。是年冬至1996年，横桥联圩作为县内重点水利工程，连续组织复堤加固。

图43-6 横桥乡筹划开发联圩内的低洼区（摄于1984年）

朱伟／摄

1993年，沈建中调任横桥乡党委书记。在实地勘察和深入调研的基础上，乡党委政府做出“水面开发”的总动员，乡成立“江苏金湖东南农业基地开发区”，提出发展“六杆”旅游业的创意与设想，即鱼竿垂钓，苇秆（保留部分芦苇区）游乐，笔杆创作，箭杆射猎，桅杆（游船）荡漾，秤杆购销（建立水产品市场，收储销售各种鲜活水产品），吸引文人学士、企业老板、外国友人、情人伴侣前来游玩、赏景、吃住、购物，聚敛人气，搞活经济。为吸引县级部门和外地能人投资开发，重点抓好三件事：一是筑路，确保交通畅通。将联圩内纵贯南北和横穿东西的砂石主干道由真高5米全部加高到7米。二是加固圩堤，确保安全。1996年，全县组织20个乡镇3万余民工，70台挖掘机、推土机，千余台手扶拖拉机参加作业。后来，又继续加高培厚，圩身真高增至11.5~11.8米，顶宽6米，铺筑块石护坡7.8公里，联圩抗洪能力显著增强。三是整治洼地，提高产出。组织劳力、机械对圩内低洼地进行综合整治，改造成片林，开发藕塘、鱼塘133.3公顷，初步形成具有特色的浅水藕生产基地。招引县电信局建成"电信度假村"，粮食局开发166.7公顷（2500亩）河蚌育珠基地。圩内每年农、副业产值提高到3500万元以上。

二

1994年，联圩内的荷藕基地发展到千余亩，初步形成规模。乡党委书记沈建中认为要发展横桥的旅游业，必须要有"名片"，他为荷藕基地命名为"荷花荡"。乡政府在联圩的进口处砌一堵宽7米、高4米的砖墙，上书"荷花荡"三个大字，"荷花荡"由此出名，吸引县内外众多游客及文人墨客前往观荷、赏荷、摄荷。1996年3月、8月、11月，县委、县政府及县委宣传部协助中央电视台江苏记者站拍摄金湖利用自然资源优势发展经济，反映金湖民俗风情的专题片《水乡金湖》，横桥乡"荷花荡"名列其中。此片曾在中央电视台一、四、六3个频道黄金时段6次播出，引起强烈反响，全国各地的金湖籍人士以及曾在金湖工作过的老同志，纷纷来函来电赞誉。

1997年的荷花盛开季节，新到任的县委副书记、代县长林伟明到横桥乡调研荷藕基地开发及水产养殖业的发展状况，被横桥联圩里一望无垠、五彩缤纷的荷海美景所吸引。他鼓励乡村领导加快发展荷荡旅游业，以带动地方经济发展，并提出规划和设想。乡村领导乘势而上，动员全乡的力量投入荷藕基地开发。1998年冬，横桥组织全乡民工2000多人，挑挖土方19万立方米，改造复垦沼泽地1040亩（69.3公顷），发展荷藕种植及水产养殖，经济效益提高2至3倍。1999年3月，县委为迎接市委工作会议在金湖召开，专门召开动员大会。县委书记李孔惠，县委副书记、县长林伟明要求全县各级党政机关全力做好准备工作，把展示项目工程抓出成效，并将荷花荡列入市委工作会议的观摩点之一，敦促乡村加大投入，加快荷花荡建设。是年，横桥乡政府投资600多万元，以原有7000亩（467公顷）荷塘为依托，连片扩植4000亩（267公顷），建成融生态农业与生态旅游为一体的万亩荷花荡，设置景点10处。"万亩荷花荡"旅游景点有了雏形。

图43-7　横桥乡荷藕连片种植（摄于1995年）　　李义海／摄

1999年7月，市委工作会议在金湖县召开，横桥万亩荷花荡被列为此次会议的观摩点。出席会议的市、县、区领导观摩后，给予极高的评价。是年，荷花荡观光游客逾万人，同时也吸引省会南京以及国家部委一批批慕名而来的领导及知名专家学者，还有新闻界、文艺界工作者，他们对金湖优美的生态自然环境、淳朴的民风民俗加大宣传力度，为金湖经济发展出谋划策。县委、县政府决定，将万亩荷花荡的发展上升到全县经济发展的战略层面，于2001年荷花盛开季节举办荷花艺术节。县委书记林伟明阐明办节的宗旨就是“树形象、图发展”六个字。通过搭建“加强联系、增进了解”的大舞台，弘扬金湖荷文化，树立金湖新形象；扩大金湖知名度，拓展招商引资；带动旅游业兴起，促进经贸洽谈与合作，促进“三水”农业的发展，为农业增效、农民增收探出一条新路。市领导明确指示，办好荷花节不单是一项经贸活动，同时也是艺术展示，要使“湖城文化”与创立淮安历史名城相策应。

三

荷花节筹备工作从2001年初就开始紧张而有序地进行，全县城镇与乡村联动，干部与群众全力以赴。年初，成立金湖县第一届荷花艺术节组委会。县委书记林伟明担任主任，县人大常委会、县政府、县政协的主要领导任副主任，委员由县属24个相关部门一把手组成；组委会下设景点建设、文艺活动、经贸活动、后勤保障督查4个指挥部和办公室。确定投资1.04亿元兴建的金湖淮河入江水道大桥、1.1亿元的312省道金马段一级路改造工程为荷花节的献礼工程。2001年5月17日，县委县政府向各镇乡党委政府、各部委办局、县直各单位发出《关于举办金湖县首届荷花艺术节的意见》的通知，提出举办荷花艺术节的宗旨和指导思想，即“以荷为媒，文艺搭台，经贸唱戏，凝聚人心，鼓舞斗志，促进经贸合作，为金湖经济发展增添后劲，推动农业产业化、工业外向化和城区规模化进程，为实施‘大开放、大招商、大发展’战略服务”。

首先，荷花荡景区建设。聘请扬州古典园林设计院、南京艺术学院、金湖建筑设计院、兴化市亚龙机械厂等单位的专业设计人员，对荷花荡景点进行全面的规划建设。筹集的资金主要用于荷花荡内、外交通设施建设，将原6300米砂石路改建为混凝土路面、沥青混凝土路面，兴建人工景点14处。是年，动员相关部门与企业共筹集资金1078万元，为荷花荡景区建设提供资金保障。其中：淮钢集团、盱眙狼山水泥厂、县水务局、交通局、建设局、房管局、广电局、电信局等单位共投入478万元；闵桥镇政府投入520万元（含镇属部门、群众投工），民间投资80万元。7月初，荷花节的献礼工程如期高质量地竣工；荷花荡进口处一座雄伟而具有明清古典风格的琉璃瓦“荷荡牌坊”重新建成；汉白玉雕塑的“荷花仙子”以及碧荷亭、东坡望月亭、咏荷碑廊、观荷亭桥等14处人工景点相继落成；县电信局将临近荷花荡的职工培训中心改造成为“度假渔村”。荷花荡栽植荷藕730公顷（1.1万亩），水产养殖面积800公顷。荷花荡展现出集生产、旅游、观光、度假为一体的现代生态农业旅游新姿。

图43-8　万亩荷花荡旅游景点（摄于2001年）　　朱伟／摄

其次，景区展示工程建设。除了重点进行荷花荡景区建设，其他景区建设也同步跟进。县城北侧的三河滩湿地公园建设：该地原是三河边的一块滩地，故名三河滩，面积172万平方米。1997年建成三河滩游乐村。2000年，除设置的溜冰场、跑马场、网球场、儿童乐园、歌舞厅外，新增碰碰车、赛车、小火车、射雕等娱乐项目。2001年，被列入省级生态公益林。水上森林公园建设：县委、县政府将嵇圩林场作为旅游景点予以培育、发展、推介，并改称为“金湖县水上森林公园”。水上森林公园独特的生态环境和景观，吸引天南地北的人来此休闲、度假、写生、游玩、摄影等，游客称其为“天然氧吧”“生态清凉林”（炎夏林中气温比阳光下低10摄氏度左右），被列入淮安市对外开放的旅游景点之一。是年秋，县滩涂开发公司继续扩大林地面积，在南刘林场实施千亩机械化“抬田造林”工程，开沟宽度增至10~11米，深度1.5~1.8米，田垛增高至1~1.2米，共完成土方18.1万立方米，栽植意杨2万多株，总投入35.5万元。此后，人工林面积逐步扩大到590公顷，成为苏北地区较大的人工林基地。白马湖生态渔村建设：县、乡两级政府先后投资1000余万元，建成12.6公里环湖大道、旅游码头、跨湖大桥，建成桃花岛、长寿岛、龙马庄园等3个旅游景点；新辟渔歌催晓、双龙聚首、渔家小憩、百味鱼宴、孤岛垂钓、荡舟采莲、白马观月等旅游项目，设置赏湖景、品湖鲜为主题的“渔家乐”，让游客游渔村，逛渔岛，进渔家，品鱼宴。湖边开设名为“宝中宝”“好中好”“旺中旺”“明中明”“大安大”“高乐高”等数座旅游饭店和装修华丽的“水上漂”餐船，让游客品尝原生态渔家美味佳肴，成为白马湖旅游的特色和亮点，受到众多游客的青睐。

再次，城区美化建设。在加大力度建设旅游景区的基础上，大规模进行金湖县城的改造、建设与美化。在旧城改造与建设方面：荷花节举办前的2000年3月，县委、县政府召开“加快县城建设、推进城市化进程”动员大会，向全县发出“奋力拼搏一千天、再造金湖新城区”的号召。县城区先后拆除破旧平房20多万平方米，新建楼房16万平方米，建设房管大厦、国祥大楼、电信大楼、教师进修学校大楼、中医院综合楼、果园大楼、金桥大楼等13座标志性建筑物相继竣工；人民路、园林路、衡阳路、新建路四条主干道接线改造工程，以及利民路、顺河路、向阳路、平安路、为民路、甘泉路、交通巷、河西巷等次路巷改造工程先后完成，共铺筑改造混凝土路面2.83万平方米，下水道3690米；拓展绿地3万多平方米，以迎接市委工作会议在金湖召开，办好荷花艺术节。在城区景点美化方面，翠湖园新建月季园、廊架4000平方米，铺筑园内道路1000平方米，增设盆景、花池、坐凳6处，新植草坪3100平方米。4100米的“两河一堤”风光带建成，铺筑鹅卵石和大理石碎片拼构的路面2300平方米，植草坪2.8万平方米，栽植垂柳、棕榈、黄杨球风景树740株，布置飞天、云梯、彩虹、四联亭、蘑菇亭、月亮湾、双鱼腾飞等小品建筑物8处。在县城人民路等主要路段设置荷花灯展、翠湖园赏荷园、咏荷书画展、荷韵摄影展、经贸产品展，还把闵桥荷藕加工企业、江苏金石机械集团、爱特福药物保健品有限公司、卫生巾设备有限公司等工业企业作为展示工程及献礼工程。节前，县城主要道路两侧布置花圃，人民路沿线布挂荷花灯30多个品种、2000多盏，县行政广场设置大型气囊拱门，两边耸立吉祥物巨形“开心鸭”4只。县城变得更加靓丽多彩。

四

2001年7月28日至8月20日，金湖县首届荷花艺术节圆满举办。节前，县宣传文化部门举办由江苏省文联、江苏省作协、淮安市文联参加的荷花诗歌节、诗歌朗诵会及采风荷花荡、激情创作金湖歌等活动，文艺家们创作多首水乡特色浓郁的歌词歌曲，书写出多部颂扬金湖的文学作品。节间，在县行政广场举行盛大的“荷乡放歌”开幕式文艺晚会。晚会历时近3小时，近千名中外嘉宾、新闻媒体记者、艺术家，省市县党政军界领导，各界知名人士代表，和金湖县、临近县干部群众共1.3万多人现场观看演出；现场直播的城乡观众近30万人。接着，又举办多场青少年器乐演奏晚会、专场文艺晚会、配乐诗朗诵、时装表演、闭幕式文艺晚会等，观众场场爆满。8月28日，县委、县政府又在金湖宾馆召开招商引资项目发布和签约大会，国内外客商100多人参加，签约项目35个，投资1.7亿元；举办的经贸产品展览，展出县域地方名特优产品600多种。与会者对金湖的工业产品、农业产品特别是湖区的土特产品，如乌龟、螃蟹、甲鱼、黄鳝、小龙虾、鳜鱼、冻龙虾仁、速冻整肢龙虾、蒿茶、银鱼、藕粉、双黄蛋等，青睐有加。有的企业直接设点介绍、销售产品。展期从7月28日至9月底，国内外客商及游客万余人浏览购买，反响热烈。

第一届金湖荷花艺术节的创办，引来旺盛的人气，不仅吸引众多慕名前来观光览奇、购物尝鲜的游客，还引来筑巢兴业的“凤凰”，由此催生了金湖的旅游业。金湖荷花艺术节举办前，县内旅游业基本为空白。首届荷花艺术节前后，众多人士到金湖观荷、赏荷、摄荷。当地民众在塘边路头向游人销售莲、藕、菱、芡实等农副产品，获得很好的经济收益。据不完全统计，荷花节期间，到金湖游览的省内外游客有20多万人次，数万人浏览互联网金湖网页，接待各地有投资意向的客商100余人；节后，县政府还将荷花节的重大活动、宣传金湖的一大批精品力作刻录成光盘，作为礼品对外发行交流，使金湖县的美誉度、知名度进一步扩大。白马湖生态渔村举办“白马湖渔民水上运动会”和“十一黄金周白马湖观光美食一日游”活动。“渔运会”赛项发展到水上篮球、赛龙舟、水上拔河、水上纤夫、水中抓鸭、攀爬桅杆、浮桥行走、武装泅渡、鱼鹰捕鱼、夫妻撑船、蒙眼织网、自行车赛、游泳、划船、钓鱼、跳绳、撒旋网等，吸引江苏、上海、辽宁、山东、湖北、安徽、浙江等8省、直辖市代表队参加角逐。从村办到镇办，再到县办、省办，直至晋升为国家级赛事，规模一步步扩大，影响和知名度逐步提升。其中，一日游活动吸引淮安、南京、上海等地数千游客前来游玩，创收30多万元。

图43-9　2001年7月28日，“荷乡放歌”大型文艺晚会舞台演出

姜燕／摄

2002年第二届荷花艺术节举办前，县内第一家拥有旅游经营资质的金盛旅行社成立。6月，金湖县旅游局成立，政府主导型旅游业发展战略得到强化，重点旅游项目规划、投资、建设步伐加快。闵桥荷花荡新增自然景观10处，人工景观14处，新建高老庄大酒店，推出“全藕宴”特色菜肴。县城除修葺巩固原有景点，又加快培育金湖县工业园区、金湖县中学、爱特福广场等新景区；县城宾馆、饭店的环境、条件、接待能力进一步提升。第二届荷花艺术节开幕式于7月18日在县工业园区内的石油机械有限公司采气井口项目工地举行。节间，中央电视台第三、第四、第七套节目均报道播发金湖举办荷花艺术节的消息，第七套节目还多次播放《金湖做好生态文章》专题片及《金湖加快水面开发》新闻，扩大金湖在全省、全国乃至全世界的知名度。举办大型花车方阵游行和“民间艺术表演”“湖城万家乐”广场晚会、“人寿年丰”礼花焰火晚会、“金莲盛开”文艺晚会、“爱特福杯”里下河风情演唱会、“十里荷花”人民保险大型灯展；组织客商座谈会、“相聚在金湖”企业家联谊会。县政府为扩大荷花节在省城的影响，特意在南京夫子庙大成殿东城门广场举行“金湖风”文艺演出。12月，金湖旅行社、金港旅行社成立。是年，全县基本建成以县城为旅游接待服务中心，以万亩荷花荡、

白马湖生态渔村、水上森林公园、三河滩湿地公园为游览观光点，全县旅游业逐步由观光过境点，发展成为观光、休闲、娱乐、餐饮、度假为一体的独立型旅游目的地。9月，闵桥荷花荡被省旅游局评为国家AA级旅游景区，苏源宾馆被省旅游局评为二星级旅游宾馆。

2003年第三届荷花艺术节期间，应邀到金湖的省市领导、外地客商以及城乡的数万游客冒着盛夏酷暑，参观荷花荡、三河滩湿地公园、水上森林公园、白马湖生态渔村等旅游景点。荷花荡向游客推出可以在指定地点自采自食绿色食品荷藕，还可以自己动手制作加工藕片、藕夹、藕圆等"亲善旅游"项目，金湖的区域文化、区域优势与区域特色进一步得到彰显。全县旅游年收入1.79亿元，接待游客26.21万人，接待海外游客267人，旅游外汇收入13.51万美元。组织出游3400人次，营业额280万元。

2004年，县旅游局编制的《金湖县白马湖旅游总体规划》通过专家评审，向省争取到修建白马湖旅游公路专项资金30万元。6月，组织"万名游客解读生态金湖"旅游活动。7月，举办中国·金湖第四届荷花艺术节。县委副书记、县长赵洪权在闭幕词中说，"相约绿色金湖，分享盛世荷风"，是中国·金湖荷花艺术节的永恒主题，承载金湖人民"实干、超越、文明"的精神和水乡风情。是年，全县旅游年收入1.89亿元，比上年增长5.6%；接待游客28.24万人，比上年增长7.7%。旅游外汇收入14.11万美元，组织出游4200人次，营业额510万元。

2005年，中国·金湖第五届荷花艺术节前，县委、县政府举办"百名记者金湖行"活动。新华社、人民日报社、新华日报社、江苏省报纸副刊协会、江苏卫视、江苏广播电台、扬子晚报社等数十家主流媒体新闻单位的领导和上百名记者齐聚金湖，深入金湖城镇乡村、各行各业、大街小巷，以他们特有的敏锐视角和艺术手法进行记录和采访，一批介绍宣传金湖的文章、图片、音像先后在报纸、电台、电视台、网络刊载、播出。此届荷花节"以情结聚人气，以展示育商机"，突出"隆重节俭、多方联动、体现自我"的办节特色，动员江苏洋河酒厂、淮阴卷烟厂、江苏石油试采二厂等10家企业出资联办，是体现市场主体凝聚力的一次经济、艺术盛会。县旅游局完成荷花荡、三河滩湿地公园旅游总体规划编制工作，向省争取到旅游发展专项资金40万元。全县有星级宾馆3家，旅行社4家，旅游定点饭店5家，旅游景点5处，其中售票景点3处。旅游产品企业16家。全县旅游年收入2.012亿元，比上年增长6.5%；接待游客38.5万人次，比上年增长36.3%；其中海外游客300人（外国游客114人、中国港澳台游客186人），旅游外汇收入15.2万美元。组织出游5300人次，营业额750万元。

金湖荷花节的举办，使金湖旅游业从无到有，从小到大，逐步兴盛。后南京、扬州、淮安等旅游市场开通金湖旅游直通车，每到周末都会有200多名游客的旅游团队到金湖旅游观光。旅游业的发展，使金湖获得"中国荷文化之乡""中国荷文化传承基地""中国湖鲜美食之乡"等诸多美誉；在"亚洲博鳌·中国品牌年度盛典"上，荣获"最佳生态和谐环境美丽城市""中国最佳环境县""中国最具发展潜力县"等荣誉，成为"江苏省卫生县城""江苏省园林县城"。

从小机械厂到江苏金石机械集团

一

江苏金石机械集团的前身是地方国营金湖通用机械厂。1959年11月，新设立的金湖县人委决

图 43-10　金湖机械厂厂房（摄于 1986 年）　　金石集团 / 供

定，在黎城公社大兴大队白手起家兴建地方国营金湖通用机械厂，筹建开办费只拨发3700元。当时，利农闸刚开始建造，向东是一条土路，路面泥泞，行走不便，路北是县油米厂、金湖县中学；路南有一条小河，小河西是金湖电厂，东南岸的一片菜田和坟茔地就是规划的机械厂厂址。筹建初借用油米厂的三间草房。负责筹建的刘家宏，原为宝应县通用机械厂副厂长，初到金湖，一家6口人借住油米厂一间小房，后来搬进民工浚深利农河留下的一间不足15平方米的工棚里，一住就是7年。

1960年6月，县委组织部任命范春福、刘家宏为副厂长，刘伯华任党支部副书记，并先后从宝应、扬州、泰州、南京等地调来10多名工人、技术骨干和几台简陋的机械设备，机械厂挂牌经营。大家在临时搭建的工棚里，支起锻工炉，架上台钳桌，开始边生产边建设。建厂房用的砖瓦全都是从宝应南窑调运过来的，运至闸口，由工人们车拉肩挑运到工地。刚调来的人员住在芦席搭建的工棚里，睡在用芦柴把散铺、木桩固定的床上，吃在搭伙的油米厂食堂。1960年10月底，第一幢13间厂房建成，建筑面积近400平方米。上级调拨C618车床2台，又从宝应协进被淘汰的旧皮带车床2台，当时无电供应，加工时用柴油机带动。1960年底，全厂职工增加到30多人，设立金加工、锻工、钳工维修3个组；行政上设置生产技术组和财务室，工厂有了雏形。1961年，又建成一幢联合厂房13间，中间主厂房宽10米，南北两边各加一个4米宽披子，总跨度18米，建筑面积近千平方米。12月，地方国营金湖通用机械厂更名为地方国营金湖机械厂，原先的金加工、锻工、钳工维修3个组搬到新厂房划分为3个车间，并砌建铸铁炉，成立铸工车间。通过多种途径，先后从南京、扬州、泰兴等地协商调进70多名技术人才，全厂职工增加到120多人。1962年，国民经济进入调整阶段，向上争取县农具厂并入，县机械厂得以保留。因机械厂处于初创阶段，职工忙于建设，没有产品，农业机械维修量少，利润低微，年产值只有9.1万元，厂里工人工资及其他支出主要靠政府调拨，至1962年底，累计亏损12万元。

1963年下半年，政府要求工业企业挖掘潜力，发挥特长，发展生产，推进工业经济增长。金湖机械厂一方面坚持以农业为基础、为农业生产服务方向，主要承担维修农机具、生产农业机械及配件，如饲料粉碎机、机动脱粒机、插秧机等；一方面抢抓机遇，“找米下锅”。时任厂长的何桂松、副厂长刘家宏，利用在扬州地区召开工业会议的机会，拜访熟人，寻找出路，结识玉门油矿科长袁德路、常州柴油机厂王厂长，厂领导第一次领回60只口径50毫米球阀的外加工任务，一只加工费60元，产品做好后，因加工质量过硬，常州柴油机厂另加20元一只加工费。是年，全厂工业产值比上年略有增加，达到10.55万元。后来，常州柴油机厂把阀门产品业务接单直接交给金湖机械厂做。所做的阀门质量完全达到标准。玉门油田主动提出与金湖机械厂直接签订合同。通过一段时间的协作，又联系上新疆油田、胜利油田及省内多家油田的代表，一时间接受许多业务，除铸钢管道阀门，还有高利润的合金阀门等。当时，厂里生产设备和技术条件跟不上，厂领导组织技术攻关，外出求援。毛坯从镇江铸钢厂购回，不锈钢阀门闸板的焊接请常州柴油机厂加工。1964年，全厂开始扭亏为赢，产值15.29万元，第一次获得利润0.4万元。1965年，经华东石油管理局推荐，省机械厅拨给金湖机械厂价值20万元生产设备，其中包括车床4台，铇床、铣床、焊机、65公斤的锻锤各1台，生产设备逐渐增多变好。为解决铸造技术难题，该厂从扬州汽车修理厂挖来铸工、炼炉工师傅，阀门业务量不断扩大。

1966年“文化大革命”开始，生产石油机械产品被诬为“不务正业”“走资本主义道路”；县机械厂坚持以农业为基础、为农业生产服务的方向，一度时期把研制生产插秧机、机动脱粒机、粉碎机作为支农重点，兼生产维修农业机械，研制开发金属切削车床、刨床等。然而，全厂干部职工为了企业的生存，不得不正视生产石油机械产品带来的经济效益，仍然抓住高低压阀门、千米钻机等产品不放，从而给全厂经济发展带来新的生机。1967至1969年，厂内招收一批新徒工，调进一批技术骨干，又接收南京知识青年近20名，生产规模不断扩大，设置铸造（木模）、金工、维修、锻造（电焊、热处理）、轴承、插秧机等6个生产车间。1970年，生产机动脱粒机244台，饲料粉碎机9台，金属切削机床56台。是年，省机械工业厅要从昆山、泰兴、六合等地挑选一批石油机械加工企业加工石油机械产品，厂领导通过石油勘探局关系，协进一大批石油机械产品加工任务。县革委会主抓工业的副主任李敬松给予大力支持。为促进石油机械工业发展，特意从县机械厂调出刘家宏、朱林根等一批业务技术骨干，以县五金社为基础组建起县阀门厂。在国家没有一分钱投入的情况下，“借鸡生蛋、找米下锅”，自我武装，扩大生产，开始仅向县工业局借开办费3000元。经过5年的努力，企业从初创时只有13人、四五间房屋、几台简陋机械，发展到拥有职工130多人、年产值80多万元、固定资产300多万元的阀门厂，即后来的金湖高中压阀门有限公司，并成为金石集团旗下的分公司。1970年，县机械厂改名为金湖县农机修理制造一厂。1971年又更名为金湖县机械厂、金湖县农业机械厂，生产高中压阀门25吨，机动脱粒机554台，饲料粉碎机253台，金属切削机床54台，机动插秧机15台。12月，轴承车间划出筹建轴承厂。1972年，生产高中压阀门58吨，机动脱粒机507台，饲料粉碎机9台，金属切削机床89台，机动插秧机20台。

1973年，石油机械工业部看好金湖机械厂的人力、设备、技术资源和过硬的石油机械产品质量，向该厂投入技改资金70余万元。全厂上下抓住这一契机，组织科技人员攻关会战，成功研制出平板阀、楔形闸阀等产品，一举成为石油天然气机械设备专业定点生产厂家。厂里还组织一批人员去镇江铸钢厂、南京大厂镇化机厂等地学习培训，提高铸造技术水平。全年生产高中压阀门103吨，机动脱粒机577台，饲料粉碎机26台，金属切削机床38台，机动插秧机35台，以黑春台、王富仁、殷舜时为代表的一批业务技术骨干得到培养锻炼，为后来石油机械生产的发展奠定了基础。

二

1974年2月，金湖县农业机械厂更名为金湖县机械厂，进入石油机械产品生产发展新阶段。全厂职工增加到229人，分两条生产线：一条支农生产线，一条石油机械生产线。主要产品产量：支农产品生产滚筒脱粒机、工农牌机动脱粒机692台，打浆机87台，饲料粉碎机2台，以及为支援基层农机厂发展而生产金属切削机床19台，其中C650车床5台、C6136A车床12台，牛头刨床2台；石油机械产品生产高中压阀门64.12吨，低压阀门168.23吨，全厂实现产值123.72万元。1979年，全厂职工人数增加到429人，一线工人371人，生产高中压阀门269吨，固定资产总额188.37万元，产值304.12万元，销售收入278.03万元。1980年，厂增设生产、技术、质量管理、动力设备等4个组。1981年，实行经济责任制，加强质量考核，企业在生产过程中，不断引进、吸收、消化国内外先进技术和工艺，组织科技人员研制开发石油机械新产品。副厂长李学勤专程去四川石油勘探局联系石油机械产品销售渠道，聘请该局钻采设备研究所的专家到金湖机械厂教授石油机械产品平板阀的性能特征与制造工艺。1982年起，副厂长黑春台、王富仁带领科技人员重点研发石油机械等产品，企业产值及效益开始攀升。是年生产高中压阀门268套，石油机械配件49吨，机动脱粒机产量猛增到1323台。

1983年10月，王富仁担任厂长，下决心狠抓质量管理，提高石油机械产品的市场竞争力。厂部增设全面质量管理办公室，拟定岗位责任制，实行质量分级考核制，把质量管理贯穿产品生产的全过程。紧接着，组织科技人员试制KY250采油井口、KY250抗硫采油（气）井口装置，经过7个多月的艰苦努力，于1984年11月试制成功，12月顺利通过市机电公司的鉴定验收。同时，千方百计拓展石油机械产品销售渠道，将厂供销股改设为经营科，下设销售、供应、仓储三个组。1985年4月，试制出KL-500压力平衡阀样机。年底，全厂职工人数424人，生产高中压阀门945吨，机动脱粒机445台，销售收入增加到362万元，缴纳税金20万元，阀门产量比上年增长1.27倍，销售收入增长42.5%，纳税额占全县全民所有制工业的6%。

1986年，全厂设置6个车间、12个科室，厂区占地面积5.2万平方米，建筑面积1.5万平方米，职工556人，各种设备260台（套），设备装机容量1700千瓦，固定资产原值266.44万元。"铸件攻关" QC小组、"提高采油井口油管挂铜条镶焊" QC小组在全国石化行业第二次QC成果会上被评为石化行业先进QC小组。全厂实现产值420.19万元，产品销售收入387.68万元，利税53.91万元，其中税金16万元。1987年3月，实行厂长负责制，4月成立厂管理委员会，全面加强科技创新、产品质量、生产经营等方面的管理。铸钢车间、计量测试楼开始筹建。4月11日，"阀板喷焊攻关" 课题在全国石油化工机械行业第三次QC成果会上荣获三等奖。12日，产品PFF35/103手动平板阀、JY-35节流压井管汇获得省计经委授予的江苏省优秀新产品金牛奖。9月，被石油部列为石油机械定点生产协作厂，获得石油部颁发的石油配件供应网络证书。1988年，产品JY-35节流压井管汇获得国家经委授予的技术开发优秀成果奖和颁发的"1987年度国家技术开发优秀成果证书"，企业获得省机械工业厅颁发的"铸造行业检查合格证书"。

三

1990年，县机械厂获得"江苏省技术进步先进企业" 称号，职工人数540人，固定资产原值668万元，实现产值1387万元，销售收入1433万元，利税268万元，其中税金107万元，利润161万元。全员劳动生产率人均2.53万元。

1991年2月，副厂长殷舜时接任金湖机械厂厂长、党总支书记。殷舜时上任伊始，重视发挥科技人员的聪明才智，组织科技人员攻关，加大科技开发力度，实施"巩固陆地、开发海上、拓展国际市场" 的经营策略，石油机械产品产量、产值取得突破性进展。是年，省计经委为JJ牌PFF70/52-103手动平板阀门、JJ牌JGY/YG70节流压井管汇颁发江苏省优质新产品证书，并获得全国星火计划成果博览会银奖、中国石油天然气总公司科技进步三等奖。1992年初，厂成立综合改革领导小组，层层签订合约，进一步搞活生产经营。8月，金湖机械厂增挂"金湖石油机械厂" 牌子，实行"一套班子、两块牌子"。9月，耐火阀试验装置新产品经过两个月的攻关，试制成功。经市经委批准，金湖石油机械厂为中型二类企业。10月22日，为开辟国际市场，与宝鸡石油机械厂合作，第一次接单出口印度的48套井口设备及采油树生产任务。厂领导抓住这一产品跨越国门的良机，进一步落实项目责任制和质量保证体系，明确协作单位，带领科技人员仔细研究技术难点及新材料应用，制定最佳工艺程序，试制的产品达到国际先进水准，按时保质保量完成订单任务。11月，该厂趁县政府实施城乡结合、强弱互补的工业发展战略机遇，整合企业内部资源，下决心建设大型铸件特钢项目，实现大发展。厂领导通过多次实地调研考察，经办公会议讨论决定，将厂铸造车间推向市场，拓展锻造车间规模，与官塘乡农机厂合股成立铸锻责任有限公司，将其搬迁到苏皖交界、距县城10公里、交通便利的官塘集镇。1993年2月27日，该厂以法人持股形式与官塘乡、县供电公司合股组建金湖铸锻有限责任公司，为机械厂第一家参股的股份制企业。第一期投入560万元，其中机械厂投资450万元，县供电公司、官塘乡分别投资60万元、50万元。铸锻公司的铸、锻两条生产线主要为石油机械生产提供配套服务，从而，使石油机械生产能力扩大，经济效益提高，出口印度的48套井口设备及采油树顺利通过检验。6月起，美国OTS公司、ICT公司，香港辉恩工程公司，中国及上海石油天然气公司等多家单位到厂进行技术考察，讨论合作事宜，达成协议。是年，集团以科研、生产、销售为一体，建立油气井口装备技术研发中心，主产品为井口采气树、节流压井管汇、泥浆气体分离器、系列平板阀、大口径球阀、防喷器等，均执行API国际标准。获国家级新产品5项，国家专利技术22项，承担并完成国家及省科技攻关、星火计划及火炬计划等项目20多项。金石集团产品覆盖全国各大油田，市场占有率在全国同行业中保持领先地位。产品在国内市场覆盖率达90%以上（其中在国内的高端市场占有率达到50%以上），并出口亚洲、欧洲、非洲、美洲、大洋洲五大洲的50多个国家，出口额占销售总额70%以上。

1994年9月，机械厂参股的第二家有限责任公司江苏车桥有限责任公司挂牌成立。14日至18日，厂长殷舜时一行5人，带着石油机械产品样本模型，参加“＇94北京国际石油化工设备展览会”，获得与会者的青睐。11月29日，副厂长李益民等赴新加坡参加国际石油产品展览会，金湖石油机械产品引起国外客商的关注，并达成订货意向。12月，与交通部重庆公路科学研究所就加工虎门大桥主缆索股铸钢套筒一事达成协议，加工样品检测合格，投入批量生产。该厂的“JMP”产品再次跨越国门，走向世界。是年，县机械厂在全国同行业中创产量、质量、销售、效益、市场占有率和覆盖率六个第一，“JMP”节流压井管汇国内市场占有率达70%。1995年，企业通过API国际标准质量体系现场验收，成为中国石油物资装备进出口网络第一批创始成员。

1996年，县机械厂获得国家外经贸部授予的企业进出口经营权。2月3日，被淮阴市机械工业局评为1995年度出口创汇先进单位。4月21日，县机械厂三车间金工班荣获“全国五一劳动奖状”证书。4月23日，厂长殷舜时、常务副厂长李益民去上海与美国维高格雷公司副总裁Anderson洽谈合资事宜。维高格雷公司决定在机械厂先期制作100套2.0625/5M阀体、阀盖。该厂全力组织生产。5月16日，VG200阀体、阀盖，2.0625阀体、阀盖样品一次性通过检验。7月起，美国维高格雷公司副总裁丁·安德森，菲律宾国家石油公司（PNOC）代表团，日本住友商事、住友金属工业两家株式会社钢管技术部部长龙神毅、横滨雅彦，美国ABBVG公司派财务副总裁菲利克斯·马克德、亚太及中东副总裁亚伦·特洛斯及上海维高格雷公司范士鑫先生等外商，先后专程到机械厂考察访谈，核实成本、资产情况，洽谈合作订货事宜。11月21日，县机械厂“九五”期间年产万套系列平板阀生产线技术改造项目经省工程设计公司论证，由省计经委批准实施，总投资规模为2980万元。11月30日，厂长殷舜时被评为江苏省劳动模范。12月8日，防喷系统配套技术研究获评中国石油天然气总公司科学技术进步一等奖。

1997年4月2日，县机械厂的35MPa、70MPa套管头经过专家评审，被国家经济贸易委员会认定为1996年度国家级新产品。12月8日，防喷系统配套技术研究获评中国石油天然气总公司科学技术进步一等奖。是年，核心企业质量保证体系的20个要素全部达到国际标准要求，顺利通过质量认证机构加拿大QCB认证委员会的现场体系审核和API监督复核，取得ISO 9001国际质量体系认证标准证书，使企业的质量管理与国际标准接轨。是年，全厂固定资产净值1583万元，实现产值4700万元，销售收入4941万元，利税1017万元，其中利润568万元，税金469万元，占全县工业企业纳税额的6%。

四

1998年1月9日，该厂在南海油田中标14套整体式采油树，首次实现金湖石油机械产品在海上油田使用的突破。厂长殷舜时抓住机遇，趁势而上。一方面狠抓技术改造，引领企业向国内国际高端科技迈进，加快与国际接轨进程；一方面及时调整产品结构和营销策略，壮大销售队伍，提高服务质量。企业经过努力，2月4日，获得加拿大质量认证局QCB的ISO 9001证书。

1998年5月8日，金湖石油机械集团成立，殷舜时任董事长、党委书记。该集团下设8个分公司和20多个松散层企业，以金湖机械厂为核心企业，金湖铸锻有限责任公司、金湖第二石油机械厂、金湖煤矿机械厂为紧密层企业，金湖阀门厂为半紧密层企业。其核心企业金湖机械厂为国有中型企业，占地面积10.4万平方米，职工480人，其中技术人员130人，固定资产2500多万元，拥有铸造、锻造、热处理、金属切削等多种生产能力，计量、检测、试验设备齐全，年生产石油机械设备能力3500余吨，主产品有4类12种。系中国石油天然气总公司石油钻采设备定点供应单位，被省、市列为建立现代企业制度的试点单位。金湖石油机械有限公司注册资本2000万元，股本设置为：国有股1200万元，占60%；内部职工现金入股300万元，原企业工资基金配股200万元，净资产配股300万元，合计800万元，共占40%。5月28日，县机械厂控股改制组建的金湖石油矿山机械有限责任公司（原县煤矿机械厂）成立挂牌。是年，县机械厂累计投资2540万元的万套平板阀技改项目竣工投产，10月通过省机械工业厅等部门组织的竣工验收，产品质量达国际同行业先进水平。全年实现产值5641.6万元. 销售收入6560万元，出口交货值262万美元，利税1232万元。其中利润822万元，税金410万元，创历史最好水平。1999年，石油机械配件、石油钻采设备销往国内各大油田，市场覆盖率达40%，殷舜时荣获中华全国总工会授予的“全国五一劳动奖章”。

2000年7月，金石集团组建市场部。9月14日，21-70MPa整体采油树、膨胀式井口闸阀经省科学技术厅检验获得高新技术产品认证证书，集团被省科技厅授予“江苏省高新技术企业”。2001年1月，集团国有股全部退出，成立金湖石油机械有限公司，邓学风为总经理。集团出口额近5000万元，占销售总额的50%，实现利税额2250万元，创历史新高。2002年8月，整体式套管头获省高新技术产品认证证书。是年，集团与东南大学合作，举办机电一体化专升本教学班，使部分员工接受再教育。

2003年，“江苏金石机械集团”“江苏金石机械集团有限责任公司”挂牌成立，殷舜时任董事长，国有股全部退出，转为民营企业，注册资金2000万元。集团拥有员工380人，其中大专以上学历110人，约占30%，从事产品研究开发的高中级技术人员46人。先后研制开发出耐火阀门、膨胀式阀门、不锈钢阀门、整体式采油树、气密封井口、复合式井口等20多项新产品。是年，金石集团加大中亚地区市场开发，参与中国石油技术开发公司（简称CPTDC）投资在哈萨克斯坦建立井口设备组装厂。2004年，江苏省油气井口装备工程技术研究中心获准成立，同时成立省级工程技术研究中心——江苏金石油气井口科技有限公司，进一步加强企业的科研开发力度，邓学风为董事长。9月，江苏金石集团与昆山凤凰车业有限公司合资成立昆山金石机械有限公司。12月，投入4980万元的天然气西气东输工程配套采气井口装置技术改造项目通过竣工验收。

2005年，金石集团已发展成门类齐全，拥有铸造、锻造、热处理、金属切削加工，实现科工贸一体化发展的高科技企业，产品远销中东、东南亚、北美、非洲、独联体等地区的20多个国家。集团以技术、生产制造、售后服务优势，与具有资金优势的中国石油技术开发公司（简称CPTDC）开展全方位合作，在北京签订《建立发展战略联盟协议书》，定位于国际市场，向国际型企业迈进。是年，经国家科技部批准，集团被认定为国家高新技术企业，获此殊荣为淮安市第一家。固定资产净值2605.8万元，产值2.76亿元，分别比1986年增长到14.13倍、65.6倍；产品销售收入2.58亿元，税利6795.30万元，其中利润5699.8万元，税金1195.5万元，占全县工业企业纳税额的11.2%，是1986年的74.7倍。

江苏爱特福集团创业路

江苏爱特福集团是综合性多元化企业集团。有核心企业1户：江苏爱特福药物保健品有限公司；紧密层企业3户：金湖县有机化工厂、金湖县爱特福投资有限责任公司、金湖县爱特福销售有限责任公司；半紧密层企业4户：金湖县神珠防水材料厂、金湖县陈桥镇水泥制品厂、金湖县轻工机械厂、金湖县金北日用化工厂；松散层企业8户：上海申威气雾剂制造有限公司、淮阴市天成旅游广告公司、江苏省百货总公司、汕头华贸公司、连云港港旭酿酒有限公司、上海富力精细化工公司、扬州农药厂、南京炼油厂。拥有分布于全国子公司和派驻机构数十户，管理中心设在上海，销售总部在南京，研发中心在北京，生产基地在金湖，有员工1000余人，产业涉及日化、磁动车及磁动科技、粮食科技物流、国际贸易等多个领域。"爱特福""飞毛腿"商标为中国驰名商标。集团拥有专利52项，时为中国最大消毒剂生产研发基地、气雾剂行业龙头企业、中国知名洗涤用品企业、首家规模磁动车制造商、国家储备粮收储经销集散基地。集团董事长就是沈开成。

一

1984年1月，陈桥乡党委、政府主要领导找沈开成沟通，建议他担任乡建筑器材厂（84爱特福集团前身）厂长，挽救这个仅有七八名职工，却亏损13万多元的小厂。接不接这副担子？沈开成思考了三天三夜。要是不接，完全可以找理由推卸，继续干那既舒适又实惠的乡建筑站会计；如果接了，自己知道担子有多重，压力有多大。但是一股创业的激情，让他热血沸腾，最终不顾亲友的"忠告"，18日，沈开成接受陈桥乡党委、政府任命乡建筑器材厂厂长的决定，走马上任，并与乡里立下"军令状"。

建材厂说起来是个厂子，实际满眼看到的是一堆堆破瓦砾，一丛丛杂草和荆棘，几间歪歪斜斜的旧房子。沈开成上任第一天，宿舍门上就被人写上一首打油诗：风扫地，月点灯，窗前卧着个小先生；今天你撑硬头船，看你明儿怎糊生？可是沈开成就是要驾驭这条船，寻找新大陆，开辟新生活。到任后，处理的第一项事务就是与走马灯似的13家债主磨嘴皮，承诺分期还清13万元债务。开展的第一项工作是招工，可是七八天下来招进的第一个工人却是自己的妻子，原先她经营个体烟酒店，经说服后进了厂子。父母抱怨他：不该打肿脸充胖子。朋友规劝他：现在撒手还来得及。过路人讥讽他：冲进了"石灰炉"。不理解他的说：沈开成想赚大钱，想出风头啦！面对这一切，沈开成没有动摇。围着一张已经裂缝的四方桌，厂里十几号人，坐在一张吱呀作响的芦笆床和几条缺胳膊断腿的长板凳上。沈开成指指自己又点点大家，神情严肃地说了三句话：一、现在你我都是厂里人。二、你我都是来准备干一番事业的。三、谁不想干，趁早提出来。要干，大伙儿就应拿出点精神来！思想认识统一后，十几颗心紧紧连在一起。沈开成带领大家捣涵管、浇桁梁、楼板、制石棉板……同时走南闯北、餐风饮露，四处推销这些冷冰而笨重的水泥制品，一到阴雨天，土路泥烂，产品运输更加艰难。如何才能轻松挣钱呢？ 1985年初，沈开成遇到一位推销产品中的同乡，他专门推销印染厂清洗剂，闲聊中觉得生产清洗剂技术要求低，两人便形成共识，一个忙生产，一个忙销售，后来干脆自产自销。

1985年8月的一天，沈开成看到自订的《建筑》杂志上一则信息，苏州建筑科学研究所转让改性白乳胶生产技术，立即联系，带着家人入住苏州20多天，每天所里人上班，沈开成和家人就跟班学习技术。回来后，倾囊买反应釜1台，硬是靠人力安装起重达数吨的反应釜，买回一批国家正规厂家生产的白乳胶和改性原料，1986年1月，改性白乳胶及内墙涂料研制成功并投产，接着又生产出外墙涂料、地板漆等建筑化工产品，当年实现销售收入32万元。自此，小小建筑器材厂逐渐显出生机，更名为陈桥有机化工厂。

1987年8月，一个偶然的机会，《工人日报》中缝一条广告攫住了沈开成的心：转让肝炎病毒洗消剂专利。他反复看，逐字读，仔细想，终于看到一个很好的机遇扑面而来。于是，他托熟人找到省卫生防疫站有关专家，了解此产品市场行情，得到肯定答复后，一个大胆的设想萌生了：抢下专利，停产水泥制品，改产消毒液。当晚，沈开成向乡党委主要负责人作了汇报，得到支持后，随即向肝炎病毒洗消剂专利单位——北京地坛医院写信。好不容易熬过10天，北京回信：同意转让，转让费6万元。可是，这6万元当时来说是个不小的数字，更何况是一个负债的小厂。沈开成想到家中仅有的存款2000元，想方设法做通妻子思想工作，第一个将钱交到厂部。职工们感动了，纷纷集资，终于凑了1万元。8月26日，经县、乡政府批准，沈开成与省级机关在金湖支工的副县长唐惠勇、乡长助理吴建民一起，带着这1万元飞往北京洽谈业务。27日，谈判桌上，他沉着自信，谈笑风生。面对这个精明干练的“大胆王”，地坛医院信服了，同意转让技术，首付转让费1万元，分期付款剩余5万元，办好专利技术转让手续仅用2个小时。第二天，他们乘火车赶回。

沈开成根据转让技术，购回磺酸等原料和不锈钢桶等生产工具，靠人工搅动，生产成品。他多次登门拜访一个又一个专家、教授，解决生产上的一个又一个难题，先后跑省卫生防疫站消毒科送样检验8次，直到1988年6月，投试产品获得成功。8次产品检验，赢得省卫生防疫站的信任，省卫生防疫站成为肝炎病毒洗消剂的第一个客户，他们订购20吨，订金8.2万元，就是沈开成获得的“第一桶金”。拿回订单后，停产水泥预制品，主产肝炎病毒洗消剂，兼产改性白乳胶、内外墙涂料、地板漆等建筑化工产品。

沈开成买回大缸36口，每口容量250公斤，严格按要求生产肝炎病毒洗消剂，第一批产品分别送到全省各市卫生防疫部门，反映良好。此时，北京地坛医院报送科技部科技成果，特邀沈开成赴京，到卫生部为肝炎病毒洗消剂定名。坐在开往北京的列车上，沈开成开动了脑筋：肝炎病毒洗消剂是国家1984年星火计划项目，自己也是1984年到乡建筑器材厂工作的，这个产品就叫“84”消毒液吧。到了卫生部，部长钱信忠听完沈开成的想法，征询国家工商总局意见后，当即拍板定名产品为“84”消毒液。

有了正式命名的产品，沈开成大刀阔斧地生产起来，然而，销路尚未打开，面对仓库里积压的一箱箱产品，沈开成犯愁了，忽然，他想起一位日本商人的生意经：好产品，低成本，打广告。于是，做出一个大胆的决定：抵押所有财产，贷款1万元，到省电视台做广告。1988年7月，江苏电视台首次推出“84”消毒液画面广告。奇迹出现了，随着“84”消毒液广告词“妈妈的话最最管用”传遍大江南北，“84”产品开始源源不断地走进千家万户。尝到广告宣传的甜头后，沈开成更加重视广告投入。1995年，企业投入广告资金500万元，此后每年都保持在1000万元左右。宣传领域从本省到华东地区、从部分大中城市向全国延伸，广告宣传工作因此从总公司中分离出来，成立独立广告公司，专门负责宣传广告运作。广告创意、画面设计、台词撰写，广告公司精细策划，精心创作，力求出奇制胜、耐人寻味，刺激人们的购买欲望。经上海亿利美动画有限公司制作的“飞毛腿”杀虫剂广告片，先后在华东地区电视台播出20多家。这个广告片从台词到画面都是自家广告公司设计，采用战争新闻报道式题材画面30秒钟，采取诉说产品优点方式台词15秒钟。广告词：九一年海湾战争，飞毛腿导弹曾给中东人民带来灾难。今天，沈开成领衔制造的“飞毛腿”却给人们带来了幸福。只要你使用它，蚊子、苍蝇、蟑螂等飞虫、爬虫将在你夏日的环境中彻底灭迹。您不必担心爱国者来抗衡，因为它已经被本公司注册。

“84”消毒液问世后，连续向社会推出多款“84”系列新品：1989年1月，医用“84”碘伏消毒剂投产，1990年4月7日，申请注册第一枚“水仙花”商标，9月，“84”消毒液获江苏省优秀新产品金牛奖。1991年7月，投放和捐赠洪水灾区“84”消毒液500多万瓶。是年，企业总资产1.26亿元、总负债100万元、产值500万元、销售收入428万元、税收45万元、利润64万元。

二

1992年，沈开成看到《健康报》登载的一篇报道，介绍北戴河一位主任医师下海到深圳创业，与一香港人士合伙生产沐浴露，此产品能短时间内杀灭艾滋病。沈开成认为这又是一个利好的新产品，也是促进企业上台阶的一次极好机遇。趁县里组织去深圳考察之机，他到深圳找到这位医师，再找到了医师的合伙人香港励锵行有限公司的徐达山，经过一番商谈，双方决定合资生产沐浴露。刚达成合资协议时，沈开成想，成立的公司最好既能保留“84”的涵义，又能富有新意。经过反复思量，取了“8”和“4”的英译音“爱特福”，因为中文里“爱特福”也是美妙吉祥的字眼。7月2日，合资兴办“江苏爱特福药物保健品有限公司”正式挂牌。公司成立后，引进先进生产技术和管理经验，产品定名“84”沐浴露，很快投入生产。该产品采用18种名贵中药材精制而成，男女老少均可使用，既可杀灭自身各种传染病菌，也可预防他人各种病原体传染；既可消毒，也可洁身润肤，成为家庭、宾馆、饭店、旅游必备佳品。不久，“84”香波问世，国家旅游局曾定它为中国友好观光年产品，泰国商家作为“护士节”增给护士小姐的一份厚礼。有了好产品，很快形成产销两旺的态势。产值和利税每年以100%以上的速度递增，产销率均在98%以上。是年9月，“84”商标被评为江苏省著名商标。1993年3月5日，“84”消毒液标贴外观设计获国家专利；5月，新一代天然活性洗洁灵“84”好帮手研制成功并投产；6月，新一代以酒精为载体的“84”飞毛腿杀虫气雾剂研制成功并投产；9月，公司获省政府明星企业称号；12月，获农业部颁发的全面质量管理达标证书。

1995年，公司技改和开发新品投入313万元，解决酒精制剂杀虫产品锈蚀包装罐体内壁问题，完成“84”香波新产品省级鉴定工作，通过餐洗剂、碘伏、消毒液、杀虫剂产品换证验收，完成2000特效油剂气雾杀虫剂、飞毛腿电热蚊香片、盘式蚊香等材料和设备的调研工作。乡政府投资270万元，完善化工厂老产品水处理和一条龙生产、包装线，扩大吹塑车间，新添产品用水净化处理系统，改造“飞毛腿”杀虫剂生产线，年生产能力达10万箱，形成“84”系列、“水仙花”洗洁精和“飞毛腿”杀虫剂生产线3条，拥有洗涤、化工、保健产品3大系列、品种20多个。4月8日，“84”消毒液被评为江苏省著名产品；5月，企业资信获得AAA级；6月，公司被评为省级环保先进单位。

1996年，乡政府又多方协调资金350万元，沈开成也主动出击，建设“84”系列产品扩改工程，提高自动化生产程度。一方面委托东南大学建筑设计院设计技改项目生产线，规划企业未来3年发展蓝图。规划的主要内容是实施“一十百”“两美”“双管齐下”“六轮代步”发展战略。“一十百”是培育一个上市公司，产品销售超十亿，争创江苏百强企业。“两美”是商品美、环境美。商品美是创造驰名商标2个、中国名牌2个；环境美是建成爱特福消杀基地、飞毛腿磁动车基地绿化和环保一流的工业旅游景点。“双管齐下”是把“爱特福84”消毒液和“飞毛腿”杀虫气雾剂的品种做全、数量做大，成为和保持中国消毒产业、杀虫产业的龙头。“六轮代步”是发展“飞毛腿”磁动车等高新产业，放磁动车这两个轮子的小车在轿车、公交车、出租车等四个轮子的大车里，人们出行的代步工具由4个轮子增加到6个轮子。同年，飞毛腿杀虫气雾剂生产线技术改造项目、“84”消毒液生产线技术改造项目，均被省经信委列为重点扶持技改项目，分别获扶持资金50万元。是年6月，沈开成获省优秀共产党员称号。

在企业快速发展的同时，沈开成借助国家经济体制改革的东风，进行体制创新。1996年，申报组建江苏爱特福化工集团（市级），12月，经淮阴市经济体制改革委员会审批同意组建。集团上联塑料厂、纸箱厂、化工原料厂，下联一级代理商等20余家，组成松散型产供销合作组织。集团总资产3759.4万元，净资产1155.4万元。公司还加快建立市场为轴心的改革，销售业务从总公司中分离出来，成立专门的销售公司，并下设12个分公司，产品销售渠道由单一的医疗部门，拓展到商业流通、饮服行业及工矿企业多个领域。主产医用消毒、民用餐洗、杀虫保健、日用化妆品4大系列产品20多种，北京、上海、武汉等国内大中城市12个，建有销售服务机构，销售网点上万个，市场覆盖全国，部分产品渗透国际市场。

1997年5月，德国艾格福公司派人来到陈桥，介绍他们的先进技术和生产设备。沈开成抓住这个机会，筹资100多万元，引进该公司“84”飞毛腿自动灌装生产线1条，生产能力由年产10万箱提高到30万箱。8月，公司获农业部颁发的全国文明乡镇企业证书。9月，市、县经济体制改革委员会根据集团运转和资产状况，上报省经济体制改革委员会审核批准，同意组建江苏爱特福集团（省级）。集团核心企业拥有总资产1.01亿元，净资产6109万元；紧密层企业拥有净资产399.34万元。两者拥有“84”“飞毛腿”“爱特福”“好帮手”“水仙花”国内知名品牌5个，是年，产值9120万元，销售收入8028万元，税收526万元，利润782万元，总裁沈开成当选为江苏省第九届人大代表，随江苏企业代表团赴美国考察调研。1998年11月，沈开成被评为全国优秀乡镇企业家。

1999年1月18日，与港商嘉利美商（集团）有限公司合作，合资成立江苏爱特福气雾剂有限公司，注册资本840万元，投资总额1200万元，其中爱特福900万元。8月20日，集体企业改制为民营有限责任公司，召开第一届股东大会。改制采取“先售后股”的办法，集体资产全部出售给职工，共配置741万股，每股人民币1元，职工持股会持股165万股，占股本总额22.3%，职工个人持股576万股，占股本总额77.7%。公司虚拟注册资本5584万元，其中股东欠款1930万元，实资本3654万元，净资产780万元分3年上交镇政府。2002年8月4日，召开第二届股东大会，变更江苏爱特福化工有限责任公司，组建江苏爱特福股份有限公司，股东30人，为全县第一家私营股份有限公司。

三

企业改制后，沈开成深知，公司要进一步扩张发展，必须不断进行市场拓展、科研拓展、行业拓展。

在市场拓展方面，首要目标是将产品打进上海。因为在商品市场上有一个不成文的潜规则，上海人不认可的东西就打不开全国市场，进不了国际市场。于是，他花4000万元，在上海中山南路世博会2号门旁边，设立上海管理中心。1999年9月9日，上海爱特福实业公司开业，注册资本840万元。直接接待国内外客商，招商引资谈生意，引进技术和人才。既销售本集团的各类产品，又代理与本集团产品相关联的同类产品，年销售额在5000万元以上，标志着集团产业多元化经营战略又向前迈开实质性的一大步。

2001年1月18日，江苏爱特福实业（南京）公司成立，主要负责华东地区（除上海）销售，年销售额584万元。办事处28岁的主任万延文，头脑灵，业务精，吃苦耐劳，工作出色，上任3年个人年均销售额300万元以上，成为公司销售骨干。接着，董事会召开会议，决定设立深圳、珠海、海口、天津等12个大中城市代理机构，开发温州、杭州、武汉等新市场。不久，销售公司建立国内固定销售网点6000余家。有的销售员刚出校门，连淮安市区也没去过，接受市场销售的洗礼和熏陶，取得骄人的成绩。北京办事处8名小伙子，平均年龄23岁，个个都是多面手，进京3个月，创销售额100多万元。办事处25岁的主任骆成万，为了工作，一而再地推迟婚期，一次面部神经麻痹，两个多月未休息1天。是年，集团实现产值2.28亿元、销售收入2.25亿元、税收1119万元、利润1221万元，总资产1.24亿元。

在科研拓展方面，爱特福累计投入2000多万元，逐步建立起集团内部大型技术研发机构——爱特福质品研究所，开展质量提升与新品研发。该所发挥自身职能，加强与各大科研院所交流沟通，先后建立双边技术合作关系的有，中国军事科学医学院、上海日化研究院、南京农业大学、江南大学等高校院所，日本住友化学工业株式会社等国际厂商，加拿大亚洲集团和韩国WOORI公司等科贸机构，形成以集团为主体、高校和科研院所为依托的产学研联合技术支撑体系。以此提升自主孵化创新能力和整体科技实力，拓宽未来发展空间，提供集团应对全球化经济竞争的后续发展动力。企业内部一方面积极技改扩能，技术改造“84”消毒液、飞毛腿杀虫系列等主导产品，聚焦科技含量，继续保持这些主导产品在同行业中的技术领先优势；另一方面通过多种渠道培育新品，开发出老好空气净等具有良好市场效益的高新技术项目。科技进步对集团经济增长贡献率20%以上，每年获得十余项重大科研成果。1999年10月，“84”消毒液获部级卫生许可证。11月9日，飞毛腿卫生杀虫气雾剂获农业部科技进步奖。2000年，公司投资900万元，与南京农业大学共同研制开发成功“飞毛腿”花卉康新产品。该产品为国内首创，主要用于花卉防病治病和保鲜，亦可用作花卉肥料。4月8日，经中国方圆论证委员会专家审核，江苏爱特福药物保健品有限公司（爱特福集团核心企业）生产的“84”消毒液、“84”好帮手、“84”姊妹花、“飞毛腿”杀虫剂、蚊香片、黑蚊香等系列产品顺利通过ISO 9002质量体系认证。

2001年7月，与白求恩军事医学院合作，联合开发采用纳米技术生产的二氧化氯泡腾片等系列消毒剂；与第二军医大学合作，采用新型技术开发生物消毒气雾剂事项达成意向性合作协议。11月24日，公司生产的老好空气净，采用茶树油、桉叶油和丁香罗勒油等天然植物油为主要原料，经中国军事科学院、中国药科大学等专家评审认定，填补国内天然空气净空白，12月，该产品获江苏省优秀新产品金牛奖。2002年6月5日，北京爱特福科技开发有限公司成立。公司受国家质量技术监督总局、农业部聘请，参与气雾杀虫剂、空气消毒剂两项第一部国家质量标准的制定。2003年4月，通过省经贸委认定，爱特福质品研究所为江苏省重点支持的企业技术中心，爱特福“84”消毒液创下8天日产200吨以上的良好记录，“抗非典”捐赠受国家卫生部表彰。

在行业拓展方面，沈开成认为：公司员工长期进行固定产品生产、销售，易产生疲劳情绪，缺乏激情和动力。因此，在化工产品取得丰厚的业绩后，沈开成打起新主意：跨行业发展，新上高科技项目，实现新的飞跃。主要是实施农副产品产销工程与高科技绿色环保工程。金湖是农业大县，优质而丰富的农产品可以借助的“84”牌子打出去。1999年，开始陆续投产“九里荒”大米、“九里芳”杂粮、“九里香”菜籽油、“九里天”猪头肉、“九里长”手擀面、“三河滩”老鹅、“鱼池涧”麻鸭、“老堤”九里鸡、“入江道”杂鱼、“农家土”黑猪、有机无公害蔬菜等。2003年12月，“九里荒”牌蒿茶被认定为中国绿色食品。至2005年，九里荒系列农副产品生产2000多箱，全部销售。

飞毛腿磁动车是沈开成带领爱特福集团立项研发的跨行业重大科技项目。该项目立足该公司自有科研、制造、市场和品牌优势，根据国家重点鼓励环保节能产业目录，依据环保、节能、节约、轻便、

图 43-11　2003 年 7 月 26 日，江苏爱特福工业园区奠基　　朱伟/摄

时尚的设计理念，与传统电动车相比，飞毛腿磁动车实现电机、电池、电路管理和外形及结构的变革性创新。超轻超薄：采用盘式永磁电机，重量只有0.7公斤，外形美观简洁，安装方便；环保动力源：采用锂电池动力源，不含镉铅汞等有害物质，无二次环境污染；安全便捷：磁遥控按钮与控制器无线连接，实现两级电子变速，同时具备钥匙功能，E-ABS电子刹车系统和机械双重控制；超低能耗：行驶1公里，耗能半分钱。飞毛腿磁动车适用于城市公交地铁上班族、适龄学生、白领“六轮代步”者（折叠后放轿车后备箱，4+2即为六轮代步）、游乐健身的老人等。2003年7月26日，飞毛腿磁动车生产线在金湖县工业园区举行奠基仪式。飞毛腿磁动车公司注册资金1984万元，设计年产量50万辆，投资8600万元，2005年9月9日，工程项目开工。首批产量2000辆，销售额600万元。

到2005年底，江苏爱特福股份有限公司的核心企业——江苏爱特福保健品有限公司，主产品有医药消毒、民用餐洗、杀虫保健、日用化妆等6大系列30多个品种，年产销能力10亿元。“84”消毒液等系列产品成为国内知名品牌、中华预防医学会指定用品，获中国百病克星大赛奖，全国消费者信得过产品，产销率100%，国内市场占有率80%以上，位居同行首位。集团总资产2.28亿元、总负债1.63亿元、产值3.83亿元、销售收入3.63亿元、税收2016万元、利润2305万元。总裁沈开成获全国乡镇企业家称号。

附　　录

本附录收录有关金湖的诗词、文章、文件。设置四个部分。第一部分诗　词　赋，收录歌咏金湖的诗、词与赋作品24篇，作者22人。入选有县外作品8篇，作者6人；县内作品16篇，作者16人。第二部分散文，收录以金湖为题材的散文8篇，作者8人，均为县外作品，未收录县内作品。第三部分碑记、考证，收录金湖重要的碑记、考证文章5篇，其中碑记2篇、考证文章3篇。第四部分文献辑存，收录淮阴市政府与中共金湖县委、金湖县政府重要文件7篇，其中淮阴市2篇、金湖县5篇。

一、诗 词 赋[①]

白马湖

谷福海

因为美丽的名字，
还是因为动人的传说？
未来到这里，
心的相册，
早贴满了诱惑。

湖水亮成一面镜子，
把码头、岸柳、
无边无际的竹篱，
和五千年日出日落，
一一倒映出来。

芦苇很清纯，
风声很清纯，
水鸟飞翔的样子很清纯，
一切都让人想起，
传说中的纯情故事。

像熟悉桅杆和橹，
渔家太熟悉那个传说。
老渔民用平和的语气，
把传说讲成船上的一幅画。
而我，却分明
品味出血、呐喊，
和不屈不挠的抗争。

远处传来鼓乐之声，
接亲的船队渐渐驶来。
红绸飘舞成彩虹，
唢呐掀起一阵大风。
看新娘新郎站在船头，
太阳为他们拍照着合影。

啊，谢谢你，办喜事的渔家，
谢谢你，成亲的新人，
你们用晶莹的笑声，
镀亮白马湖的今天。

三河滩

谷福海

白云，在远处
高高地撑开一把把大伞。
鸥鸟，在湖上
静静地扯动一条条风筝线。
浪花，在船舷，

①所收录诗、词、赋，由中华诗词学会常务理事、江苏省诗词协会副会长、淮安市诗词协会会长、淮安市政协原副主席荀德麟与金湖县诗词协会会长、金湖县政协原副主席杜渐，按照精品要求，进行收集并反复比较筛选而成。

匆匆地伸手，
一次次爬上甲板。
垂柳，在岸边
悄悄地甩出一支支钓竿。
恋人，在小路
默默地手牵手，
一步步走进诗篇。
三河滩，
美丽、宁静、悠闲，
是春天送给金湖人的一张相片

（作者系中国文联精神文明委员会办公室原主任，中国美术家协会会员，中国作家协会会员，中国音乐家协会会员，中国诗歌学会会员）

参观金石机械集团感赋

荀德麟

穿石销金五十年，根生岩隙上参天。
频招四海风云聚，长令五洲擘指添。
百尺竿头图近日，千层地底着先鞭。
休言僻野腾蛟凤，更转时轮照大千。

（作者系中华诗词学会常务理事、江苏省诗词协会副会长，淮安市政协原副主席、淮安市地方志办公室原主任）

柳树湾湿地公园

舒贵生

雾锁烟笼柳树湾，几人湖畔正垂竿。
溪云染绿千丝雨，钓出莲池一画船。

（作者系全球汉诗学会常务理事，中华诗词学会会员，江苏省诗词协会常务理事兼副秘书长）

雨中游稖圩水上森林公园

杜　渐

杉林深秀伴瑶池，白鹭飘来自在诗。
我欲行吟还拾翠，韵含雨色句含痴。

（作者系金湖县人大常委会原副主任、金湖县教研室原主任，金湖县诗词协会会长）

柳树湾踏春

朱士华

柳烟浮嫩草初匀，莺啭江芦角角新。
不敢随心轻迈步，应怜踏碎一摊春。

（作者系金湖县政府办公室主任）

咏荷花荡

杨发余

芙蓉自古美名扬，万亩陂（bēi）塘君子乡。
玉藕入泥亲地脉，新荷出水著天妆。
蜻蜓独爱尖尖角，岁月长留淡淡香。
心底植莲生正气，清风两袖贮诗囊。

（作者系金湖县政协副主席，金湖二中原校长，金湖诗词协会会员）

丙申夏初随诗协群友游嵇圩林场感赋

罗梅英

来客问荷节，怅嗟未及期。
随车近林场，眉色顿飞怡。
杉阵谁人布？俑兵何样仪？
烟蒿兜落果，云鸟弹穹枝。
清栈宜寻句，空亭可敲棋。
莫嫌水雾重，凫舟正依依。
有景夺诗眸，有情不忍辞。
寄言东道主，再约莫迟迟。

（作者系金湖县实验初中原校长，淮安市诗词协会理事，金湖县诗词协会会员）

走进嵇圩林场

周承龙

苍翠林涛濯我身，清馨空气启诗心。
直抒胸臆长吟啸，鸟雀知音伴和鸣。

（作者系金湖二中原高级教师，中华诗词学会会员，淮安诗词协会会员，金湖诗词协会副会长）

高邮湖采风记

王本强

滩头仰卧白云低，小雀啾啾桃李依。
我与湖光争妩媚，短歌长啸总相宜。

（作者系金湖县卫生局原局长）

春到三河滩柳树湾

杨少峰

绿柳浓荫蔽九天，一弯波碧泛漪涟。
风筝劲遨飞霞彩，流水无声伴钓仙。

（作者系金湖县政协原副主席、淮安市诗词协会副会长、金湖县诗词协会会长）

过白马湖

孔 化

傍柳依荷入画中，轻舟半日妙无穷。
翩翩白鹭帆前舞，处处渔歌荡碧空。

（作者系金湖县邮电局原局长、江苏省诗词协会常务理事、金湖县诗词协会常务副会长）

游 湖（新古体）

汪 淦

小舟一叶橹一支，荷荡寻幽览胜时。
昨夜曾同仙子约，君舞霓裳我赋诗。

（作者系黎城小学高级教师，淮安市诗词协会会员，淮安市田园诗社理事，金湖县诗词协会理事）

醉杉林

郜凤琴

欲觅瑶台境，欣然入此林。
轻纱含玉润，碧水醉杉阴。
一瞥仙姬叹，千斟墨客吟。
停云凝秀色，何必作他寻。

（作者系金湖实验小学教科室主任，淮安市诗词协会理事，金湖县诗词协会会员）

荷 花 荡

岳 明

斜雨飞丝织晓空，荷花深处小船通。
风吹湖面波光潋，犹有残香挂满篷。

（作者系金湖县委农工部工作人员）

清平乐·翠湖园

林　峰

西风吹处，绿满林中路。楼倚绛云风欲舞，拾得青红无数。　　归时且弄丝弦，新词细逐花钿。最爱怡心秋水，来照桂魄长圆。

（作者系中华诗词学会会长）

定风波·乘摩托快艇游白马湖

赵京战

湖面拉开射日弓，轻装小艇浪间冲。左右水墙如壁矗，瞠目。劈波直欲探龙宫。　　白马溜缰舒望眼，无岸。接天莲叶绿葱茏。蒲苇点头迎远客，亲热。不知是浪是清风。

（作者系中华诗词学会副会长、《中华诗词》杂志副主编）

水调歌头·金湖荷荡

李静凤

国在妙香里，虹气可浮天。荷锄谁种寒玉，古佩踏琼仙。倒扣银河宽广，开得花枝十丈，着个小菱船。我欲住花底，霜骨也珊珊。　　风来去，鹭上下，叶田田。红鲜绿湛，同抱清梦夜深眠。漫道和云和月，又恐为冰为雪，飞散露盘烟。一棹生秋雨，洒作水心圆。

（作者系中华诗词学会理事、江苏省诗词协会副会长）

鹧鸪天·白马湖即景

宗寿华

柔润清风起绿漪，平湖莹彻碧波微。长空若洗轻云淡，烟罩微波逛小舟。　　花解语，柳盈堤，客来诗句绕湖圆。渔家靓女划船过，一曲清歌贴水飞。

（作者系金湖县外国语学校教师，淮安市诗词协会会员、金湖县诗词协会会员）

满庭芳·荷花荡

崔寿槐

风暖芙蓉，雨肥莲子，捧出万亩青洲。水长园近，荷韵过牌楼。堤外波涛起落，曲桥下，闲水悠悠。凭栏望，新荷满目，紫霭绕桥头。　　幽幽，如庆典，赏荷不绝，性养身修。论水天同色，垂钓湾沟。仙子凝妆玉立，圆蟾照、分外晴柔。心潮涌，碑伫立，容我醉还留。

（作者系金湖县公安局原副政委）

行香子·水乡荷荡

邹晓耘

霞染晨初，烟散风疏。阴浓处、鹊唱蝉娱。碧涟作意，弄景瑶图。映陌头藤、河边柳、水中蕖。 凝神眺远，萦梦情舒。荡兰舟、醉拟寒儒。一池清韵，填抚琴书。赞莲魂洁、荷姿雅，藕颜殊。

（作者系金湖县供电公司原职工，淮安市巾帼诗词协会理事，金湖县诗词协会副会长）

菩萨蛮·三河滩踏青

戴之尧

如烟薄雾浮林表，河滩柳绿春来早。碧水泛涟漪，树高云霞低。 赶春当此日，不负郊游意。携幼踏青纱，风筝天上斜。

（作者系金湖县文化馆原馆员，副研究员，中国民间文艺家协会会员，江苏省作家协会会员，金湖县民间文艺家协会名誉主席）

西江月·横桥荷花荡

徐祝山

昔是一摊蒿草，今成万亩荷塘。荷花红艳映朝阳，满眼清波荡漾。 蟹大鱼肥虾俏，莲甜藕嫩花香。鸥凫阵阵起飞翔，一派迷人景象。

（作者系金北镇粮管所原会计，淮安市诗词协会会员，金湖县诗词协会顾问）

金湖赋

荀德麟

洪泽西悬，三河波涌桐柏水①；邗沟北去，一线堤分珠串湖②。倚皖东缘之岩阿，启里下河之沮洳③。牵江引淮，襟楚带吴。建县五十年，忆元初之定名；流金百余里，兆繁富之奥区。

然而淮、扬交壤，高、宝旧土④，洪荒垦殖，世代步武。三阿之南，母怀帝尧以降⑤；夹荡高墩，陶鬲

---

① 洪泽湖位于金湖县西侧，湖底高程比金湖县陆地高3~5米。淮河发源桐柏山，流入洪泽湖，大部经由三河下泄入江。

② 邗沟：淮扬运河前身。公元前486年，吴王开邗沟，沟通江、淮。运河西侧的金湖县境内，有白马湖、宝应湖、高邮湖等串连湖泊。

③ 金湖县为水乡泽国，属于里下河地区。

④ 金湖县域原分属扬州专区高邮、宝应二县，1959年建县后仍属扬州专区，1967年改属淮阴专区。该县为淮、扬交界地带。

⑤ 三阿：在今金湖塔集。史载：尧生三阿之南。县有尧帝公园。

间储玉斧[①]。秦县东阳，迹存丘阜；汉置平安，城没滩涂[②]。石鳖屯丰，汉魏六朝资保障[③]；黎阳仓满，难挽隋运叹洛都[④]。直渎衡阳，山货海盐之捷径；黎城善道，行商列肆之交衢[⑤]。

何期破釜成湖，高堰俯踞，黄淮水患，十年九顾，人为鱼鳖[⑥]，吁天无助。于是筑圩列墩，织筏编芦，摘菱采藕，亦稻亦渔，挣扎聚散，若萍若蜉。

逮乎共和初建，领袖指点江山，支祁一举驱除[⑦]。昔时洪水走廊，满目凄楚；如今无限风光，焕彩版图。同源异脉，三湖开灵镜；水村山廓，四时物华殊。圩堰纵横，圈田棋布，清流环绕，翠屏如堵。芦洲荻岛，隐三两红楼，胜仙子之居；水上森林，集九皋鸣凤，乃鸟国之都[⑧]。百里荷乡，万顷清妍，追念东坡情韵[⑨]；一轮桂月，几重璧影，似见梦溪神珠[⑩]。至于县城琼阁，溪街玉树，烟柳板桥，杏花春雨，稻熟蟹肥，丹鹤白鹭，皆生态乐园，实不胜枚举。得闲求田问舍，寻幽追古，则吕梁镇上，可艳说棋盘[⑪]；古塔遗址，好臆想湖天。马塘村敬礼，大佛寺闻梵[⑫]。草编和合，纸剪缠绵[⑬]。娱神傩戏，传世无偏。僻野韵书涵绝响，倾动学界震文坛。秧田锣鼓鸣阡陌，打情骂俏转新鲜，乃田作之情趣，真《关雎》之续篇。而金湖娃之虾舞莲唱，则央视台之雏凤清嘉[⑭]。偶携三五友人踏上船家，采鸡头、玉臂[⑮]，网白鲤、青虾，杂馔湖鲜八大碗，泡莲芯茶，举荷叶杯，赏芙蓉向脸、青霞接天，其乐也何以复加！

若夫俯察仰观，纵论风流，看大浪淘沙，数彪炳千秋。唐尧北上握中原，陈婴揭竿反暴秦。邓艾

① 陶鬲：古陶袋形三足炊器。县境湖中很多高墩为古文化遗址，先后出土大量新石器时代的陶器、石器等。

② 秦置东阳县，县城遗址在金湖西境云山之侧，为秦末陈婴揭竿起义处。汉代所置平安县，县城遗址淤没在金湖县唐港湖滩里。

③ 石鳖屯：古代淮河下游地区著名屯垦区，魏将邓艾筑石鳖城以护屯，城在金湖县西侧云山下。此屯区一直延续到元末。

④ 古黎阳仓，在今金湖县城。相传隋大业十二年（616），李密义军包围洛阳，城内粮尽，太常丞元善化装出城赴扬州报警，隋炀帝令至黎阳仓调粮，然未及调粮，洛阳已破。

⑤ 直渎：《南齐书。州郡志》："割直渎、破釜以东淮阴镇下流杂一百户置淮安县。"此处直渎与唐魏景清所开盱眙直河、宋崇宁二年诏开遇明河，皆位于今龟山、三河一线，经古衡阳镇、石鳖城、高黎王城，而下扬州。此线向为私货、私盐行运之道，旧有衡阳巡检司之设。黎城，即高黎王城，今金湖县城。

⑥ 洪泽湖原为淮河右岸湖沼洼地，古有破釜塘、白水塘、富陵湖等小水库、小湖泊。明中叶黄河全流夺淮以后，淮水下泄受阻，湖面渐形扩大。万历六年（1578），总河潘季驯厉行"束水攻沙，蓄清刷黄"之策，大筑高家堰并镶砌石工，此后历任河臣遵行。然因黄强淮弱，黄河经常倒灌，淤高湖底，洪泽湖遂成悬湖。"倒了高家堰，淮、扬二府不见面"。洪泽湖高屋建瓴之势，造成频繁决口，金湖县首当其冲，历史上无数次人为鱼鳖。

⑦ 1951年毛泽东提出"一定要把淮河修好"厉行治淮。支祁：即无支祁，古代神话中的淮河水怪。《古岳渎经》载：大禹治淮时，无支祁作怪，阻挠治淮，被禹最终擒获，并用铁索锁系，镇压在淮阴龟山脚下，从此淮水安澜入海。

⑧ 金湖县水上森林公园，占地1万多亩，是禽鸟的天堂，有"鸟都"之称。

⑨ 东坡：宋代大文豪苏东坡曾泛舟高邮湖，在今横荡、闵桥地方写下"酒沽横荡桥头月，茶煮青山庙后泉"的诗句。

⑩ 梦溪神珠：宋沈括《梦溪笔谈》载，高邮西北甓社湖中经常出现一巨蚌，行人居民都曾见过。一天夜里，高邮书生孙觉亲见大珠蚌微开两扇有半条席子大的壳，珍珠大如拳头，灼灼的珠光刺得人不敢正视，十多里外树木都被照亮，忽地上空被映成红彤彤的一片。珠蚌随波上下晃动，好像湖面上的夕照波光。后甓社湖遂称珠湖。

⑪ 棋盘：吕良古镇状如棋盘。

⑫ 大佛寺，金湖县最古老的寺院。

⑬ 指金湖草编的和合二仙等；金湖剪纸也很有名。

⑭ 金湖县金湖娃艺术团的跳跳虾等节目，曾在中央电视台播放。

⑮ 鸡头，即鸡头菱角，又称芡实；玉臂，指荷藕，有"玉臂弓"之称。

屯戍，功德惠古今；谢玄一战[1]，雄风化长城。梁武帝读书留高台[2]，李孝逸火攻扭乾坤[3]。高黎王造城县基奠[4]，觉非子悬壶济苍生[5]。肝胆照人，吴运铎制造枪榴弹[6]；劳瘁救国，罗炳辉奴隶作将军[7]。看山河之巨变、赤血之化碧，复有多少英雄而无名！

且喜革故鼎新，继往开来，卅年回首，豪兴满怀。乘时因地，不负东君之约；科学发展，谱写盛世华篇：拓主航道，贯东西南北，修高速路，恰左右逢源。巨轮往还新港，汽车纵意湖壖。地藏油田，日涌乌金万桶；金石机械，唱响禹甸尧封。飞毛腿捷足闻天下，海内外盛开金莲花[8]。筑巢引凤，工业园巨商接踵；全面提速，三产业竞放光华。强县、兴镇、壮村、富民，四大工程齐奋进；爱士、悯农、推工、助商，交响韶乐奏康庄。

噫吁嘻！湖海涛壮，把帜弄潮，水击千里，信时不我待；碧落风高，振翮腾霄，直上九重，正酬志良机。一赋草具，七绝吟成：

众擎易举泰山移，托定金湖聚宝奇。

大块文章千古事，洛阳纸贵更相期。

二、散　文

荷花荡记

赵　恺

金湖不是湖，是县。因为水多，别号湖城。

湖城多荷。今年横桥窜出新绿，一万一千亩，名作“荷花荡”。

初闻荷花荡并不经意，以为无非是数量多，面积大。可是到了荷花荡，就感觉到目不暇接，心旌动摇了。

荷荡中心，立亭两座。翠柱，翠顶，仿佛亭之本身就是荷的写照。两座翠亭依偎着、扶持着、眷念着，像是一根藕节上孕出的两个花苞。东为碧荷亭，楹联为杨万里的赏荷诗。字为隶书，端庄含蓄如

① 谢玄，东晋名将。太元二年（377）率军抵御前秦，在盱眙、三阿（今金湖塔集）、淮阴等地击败前秦军。

② 梁武帝读书留高台：梁武帝萧衍博学多才，曾为边将，在金湖境内筑坛读书，留有读书台遗迹。

③ 李孝逸火攻扭乾坤：唐睿宗文明元年（684），徐敬业据扬州反叛，武则天命李孝逸等南下讨伐，最终在金湖一带用火攻获胜。

④ 黎城即高黎王城的简称。明嘉靖《宝应县志略》载：高黎王城，“宋治平间高黎王筑，高一丈，周回一里四十武。”

⑤ 欣澹庵（1846—1904），号觉非子，金湖闵桥镇欣家沟头人，一代名医，被称为“欣半仙”。所著《四诊秘录》《集试秘览》，为中医重要典籍。

⑥吴运铎：抗日战争时期革命根据地兵工事业的开拓者，被称为“中国的保尔”，在金湖金沟、马塘一带建有“茅屋兵工厂”。其自传《把一切献给党》，曾教育了整整一代人。

⑦ 罗炳辉，新四军著名将领，第二师副师长、师长，抗日战争时期，经常驻扎在金湖境内，民间有不少关于他的故事传说。

⑧ 金石石油机械、飞毛腿消毒液、金莲系列卫生纸，均为金湖畅销的名牌产品。

琵琶半遮粉面。西为望月亭，名自苏东坡望月诗。楹联亦为苏句："酒沽横荡桥头月，茶煮青山庙后泉"。首句嵌入地名"横桥"，可见情愫之深厚真切。字为行草，仿佛酒酣耳热曲终人散，荷杆荷花荷叶肩踵相接步履蹒跚酡颜醉态误入水乡泽国。苏东坡的诗写于东至庵，东至庵在东至尖上，东至尖在金湖县突入大湖的半岛顶端，尖尖半岛，好像一尾蓄势待发的昂刺鱼。如今，佛庵依然，月依然、诗依然，横桥意境依然矣。

荷荡之绿，不是水墨画卷的绿，不是古典诗词的绿，也不是流淌在琴弦、迸溅在键盘、回旋在吟哦之间的绿。它是质地，是结构，是建筑；它是穿透，是支撑，是涵盖；生息于形神之间，它是中国民间美学原则之一的"大红大绿"的绿，这种绿和红太阳、黄土地一道，组成生命三原色。

走向荷荡，仿佛走向森林。出水就超越两米，一万亩，一千万株两米以上的绿树。一千万株绿树，不是一座苍茫迷蒙的阔叶大森林？由清浅到深邃，由疏离到密集，由简约到繁复；由已知到未知，由散淡到惕励，由愉悦到惊恐；举桨入荡，就像穿行审美的心理历程。

荷荡具备常规森林的全部特征，还具备常规森林所不具备的许多特征。

入荡观花可谓淋漓酣畅、巨细无遗。花期因株而异，小朵像婴儿探指，大瓣如兀鹰展翼。色彩则一斩地白，白得像银锭摇动，像月光滴落，又像炎炎六月飘雪片。最珍贵的是花瓣未凋而莲蓬初成的瞬间。那时的花瓣像是母亲的手掌，小心翼翼捧着柔弱稚嫩的莲蓬。收紧怕勒伤，放松怕摔破，一双观世音一般的手掌，颤颤地白。手掌和孩子之间，还垫着一层丝绒一般细密柔软的金色花蕊。莲蓬呢？莲蓬初生，莲蓬好奇，一只，一只，它睁开星星一般的眼睛。荷花区别于人，人生从啼哭开始，荷花从观察开始。

果实三维结构。空中有莲蓬，水面有菱角，水下有藕。莲蓬磕碰额头，菱角戳手。随意曳出一茎荷根，主枝九节，侧枝九节，总共十八节。晶莹剔透，雍容典雅，整体呈弓形，像非洲象牙，又像中国玉如意。

飞鸟是森林的法定居民。荷荡上空有鸥鹭，有鹰隼，有白鹤，有天鹅，更有天女散花一般旋转盘绕、斑斓迷离的无名羽翼。水之清，清成空灵禅境，于是游鱼行于当行，止于不可不止。行止之间，有鳍之鱼升华成无翼之鸟——龙，本质不就是神游？荷叶与水面也珍藏飞翔，离我们最近的一只鸟就宝石一般镶嵌在大叶之下小叶之上，喙尖且长，前端金黄，后端紫红。羽毛漆黑，腿脚翠绿，膝头一圈橘红，仿佛运动员戴着彩色护膝。因为丹顶，人们把它唤着红冠鸟。红冠鸟上能飞天，下能潜水，这种境界，就不是常规森林所能企及的了。叶上滑来乐音，而且愈来愈近，仿佛溪涧流淌。俄顷，小艇自荷花深处出。艇上，母亲伴着孩子，孩子握着提琴在拉《四小天鹅舞》。洁白衫裙，殷红头结，那只头结让人想到立在绿荷尖上的红蜻蜓。琴声稚嫩甚至畏怯，仿佛自琴弦飞起的正是稚嫩畏怯的小天鹅。飞翔的旋律召唤飞翔，一只、两只、三只，三只天鹅款款飞来，从容平静地围着尖尖小荷转。

友人叹惋："三只天鹅。"

我则欣慰："四只。"

友人问："还有一只在哪？"

遥指红蜻蜓我安详作答："喏——"

荷花荡里也有沼泽。我们遇到的一片沼泽，远看平面地黑，近看立体地黑。贴身一瞅，竟然是密密匝匝一群青鱼，挤在荷花荡隙地晒太阳。

被誉为野兽乃至猛兽的首当是蛇。水蛇以色彩别，绿色的无毒甚至温顺；不主动伤害人，更不阴险袭击人——看来，连鸟兽都懂得用绿色维护大自然的声誉和尊严。有侦探，也有杀手；一条黑白相间的水蛇，就耐心而又熟稔地尾随船后，行、止、疾、缓、曲、直、隐、显，体现出一个职业侦探的综合素质。至蔽日遮天阴森险恶处，侦探倏忽消失，转瞬间十多位剽悍伙伴首尾相衔屏息蹑足仿佛自地狱出——我们乘坐的是一条渔船，侦探已觉察到后舱中的鲜活猎物。对峙一刹，船家以桨柄三击船帮，斑斓群体即作鸟兽散；这位船家诨名浪里白条，曾入水觅蛇作过腰带。幼小绿蛇甚是可爱。在我们小憩之片刻，一条不谙世事的孟浪少年居然藤蔓一般缠绕在竹篙上。船家不忍伤害它，只是轻轻抽出竹篙轻轻一抖，幼蛇便腰带一般缠绕荷梗去了。再美丽的蛇依然是蛇，它们或俯伏叶下，或攀沿梗上，还常常文静伫立客串荷梗，把荷荡当做悉尼水上歌剧院，实验用卡夫卡的手法阐释达尔文；攻击的前奏，是续写本的《这里的黎明静悄悄》。湖鼠很大，大得像水獭。毛，则像刺猬。那天的一群，不慌不忙不急不躁悠然怡然游弋在前，像户外健身，又像主人为宾客做向导。不可小觑虾，不敢小觑蟹。虾色殷红，晶莹圆润如脱胎漆器。名作龙虾，可见其大。五六寸的平平，五六寸之中，虾钳就占去一半。一有动静，就摇晃双钳，就旋转触须。摇晃双钳像变形金刚，旋转触须像无线电定位仪。蟹为泽国贵族，泽国贵族，却刻意进取。从玲珑玩物到盔甲猛士，蟹之一生竟然四脱其壳。痛心疾首易，洗心革面难，脱胎换骨贵，更何况每一只螃蟹的躯壳里，都盘踞着一位法海和尚。

对于荷荡遇雨，起始抱怨，继而骇异，之后便是接纳、便是领悟、便是震撼、便是深长地感慨和无奈地追忆了。

风过荷叶如铜镲相磨，云过荷叶如角铁轻击。铜声、铁声，都是雷霆质感的状写。雷霆走向大湖，步履激活荷荡，杆之崛立，叶之舒展，仿佛千万手臂举起千万锣鼓。荷花，则瓣瓣紧束成为锣锤鼓槌。风住云止，天地肃杀，仿佛交响乐团等待那支被称作闪电的银色指挥棒。雨滴描写环佩相击，雨丝描写管弦应和，大雷雨一旦推出，则回肠荡气、则振聋发聩、则石破天惊诨若银河泻地——这时的荷荡，便长成为一组璧玉雕塑。

只因荷叶覆盖，如此雷电音诗，只容我们觅求红豆一般觅得三粒五粒雨珠以示象征和纪念——倾听自然、依偎自然、融入自然，荷花荡愧煞一切歌台舞榭。

（作者系中国作家协会会员，《诗刊》编委，江苏省作家协会原副主席、淮安市文联主席，一级作家）

荷乡行

荀德麟

早就想到金湖去看荷花，七头八岔，拖了一个多月。偶翻台历，已经是农历六月十五。今年闰五月，暑热来得早，爽得也早。想到后天就是立秋，心中不免一凉。下午正好没有什么羁绊的事，于是喊了两个先前承诺过的丫头小伙子，匆匆上道。

途中下了一阵雨，大家都说，雨中看荷花带雨，荷叶泄露，别有一番韵味，可遇而不可求！谁知不一会，雨却停了。

一进入金湖县境，就感受到荷乡的浓浓氛围。从车窗随意望去，近则路旁的排水沟中，远则田头地脚的塘坳渠道里，凡是有成片水面的地方，无论大一点小一点的，都布满了碧罗裙似的荷叶，簇拥着娇羞妩媚的红荷、白荷……

荷影在车窗前不断闪现着。在殷舜文先生的陪同下，我们直奔主要目的地——荷花荡。荷花荡在闵桥镇境内的高邮湖中，穿过闵桥镇区，向东几个弯子一拐，视野忽然舒展开来，荷花荡到了！这里的荷藕都是一大片一大片的，片与片之间有矮矮的窄窄的小埂，小埂上疏疏落落的长着矮树。如果没有矮树的分隔，就是一眼望不到边的大荷田。

我们在高大的“荷花荡”牌坊前下了车，走了一截路，越过观荷桥，走入荷花丛中，才算是赏荷！顶托荷叶的荷梗一般都出水三四尺高，而顶托荷花的莲茎则更高些。一朵朵清丽多姿的荷花，沾带着刚下的雨滴，映衬着微风拂动的荷叶，更增添了几分令人动情的妩媚。这才叫亭亭玉立，楚楚动人啊！

“荷叶罗裙一色裁，芙蓉向脸两边开。乱入池中看不见，闻歌始觉有人来。”如果有一叶游船，到这大荷田里去钻一圈，体会一下王昌龄的这首《采莲曲》，那多惬意！

这专供观赏的荷田都是一小方一小方的，每方约三五亩，一方一品，不相混杂。诸如“红粉佳人”“白芙蓉”“玉观音”“红领巾”……还有红色的、白色的、黄色的睡莲，一个个美丽的名字，无不展示特点，曲尽其妙，就像平时听到西施、貂蝉、红拂、绿珠等美女的名字一样，有闻名成像之美。

我们一路看过去，不知不觉间，已走入荷花深处。

“快一点，更精彩的还在前面呢！”我们不时地招呼着同游的丫头小伙子。他们忙不迭在这里照那里拍，其近乎贪婪的爱美之情，粘着挪不开的脚步，哪里还有上桥之前的欢快麻利，一路跑在前面！就这样催催挪挪，一个多小时下来，还不及一半。然而，已觉得大饱眼福、大开眼界：荷花，还有这么多优美品种，这么多娇娆姿态！

殷舜文是土生土长的金湖人，又是专家型领导，讲起荷乡金湖来一套一套的。

金湖作为荷乡，首先是水乡，县境有白马湖、宝应湖、高邮湖，一县兼三湖，全国少有，水面面积占国土面积的三分之一。水浅土肥，农渔民种植荷藕历史悠久，相沿成习。全县有荷田10万亩，仅闵桥荷花荡一处，就达一万多亩。藕多花繁，荷花品种也多，有370多种，其中不少是金湖这一“中国荷文化传承基地”培植的新品种。听说走进北京奥运村的“红领巾”等名贵荷花，就是莳荷成癖的许德成先生培育的新品荷。

荷花荡登高看荷花也是一大亮点。我们由汉白玉九曲桥走向湖心的两层楼阁陈州亭，极目远眺，荷天相连，好一片荷莲之海！不由想起杨万里的咏荷名句：“接天莲叶无穷碧，映日荷花别样红。”加之晚风送爽，荷香濡染，更令人心旷神怡，恨不能腋下生出一双翅膀，到荷海上翱翔一圈；或化作一条鱼儿，来几遭游鱼戏荷！

殷舜文先生却不无遗憾地说：“你们来得迟了，要是提前一个月来，那才漂亮呢！每天早上九点到下午两点，阳光照射时间不太长，花瓣不下垂，而且含苞待放的多，又没有凋谢的，看起来更美、更壮观！”

我接过话茬：“两个多月前，我去白马湖，那时片片小圆荷才铺上水面，那‘万点新荷起白鸥’的景色，也很美哟！这次来迟则有来迟的好处，不仅照样欣赏到荷花之丽，而且欣赏到莲蓬之丰，一举两得，岂不更美！”

殷舜文转过话锋，还带着几分诙谐：“倒也是，再过一个月来看残荷，也别有一番风味呀！那时候，荷残藕丰，如果亲自下去采几支玉藕带回家，不亚于挽上美女的手臂哦！每年九月，冲荷藕而来的游客还真不少呢。近几年，金湖荷花荡每年吸引海内外游客一百多万，今年大概要近二百万人次！”

尽管未到九月，已经有不少鲜活的荷莲之类的水产品摆在路边、荡口。经不住朴实的渔姑渔妇叫卖声的诱惑，我们每人买了几支莲蓬，以及红菱角、芡实梗。

其实，金湖的荷产品很多，莲子茶、荷叶茶、荷藕粉等等，有几十个品种，也非常诱人的。投资荷莲产业的富商大贾则联袂而至，进一步推动了荷产品的工业化开发。

“全藕席”更堪称金湖一绝，诸如湖水煮烂藕、芝麻藕粉圆、荷藕夹肉馅、清炒芡实梗……晚餐中的这些藕菜，让人齿颊生香，回味久长！

金湖剪纸则将荷、莲的谐音，与其美丽形象、美好意蕴巧妙结合起来，那些从村姑、村妇、村媪的妙手中诞生的和合（荷）二仙、年年（莲）有余（鱼）、莲花观音……无不栩栩如生，惹人惊叹。金湖娃艺术团的“荷舞”“荷戏”，水灵、鲜活、生动，早已演出了县，演出了市，演到南京、北京，还演上了电视，屡获大奖呢。荷乡的民歌更情趣横生、优美动人：

哥是莲叶妹是花，花艳还须莲叶大；

相依相伴不分离，羡煞天上和水下。

天上盘旋多飞鸟，水下游鱼撞荷腰，
哥哥似鱼也似鸟，偷眼瞧罢更撞腰。
哥哥划桨妹采莲，采满船舱心更甜，
为啥情歌没了尾，湖心热吻意绵绵。
月上柳梢照荷塘，荷花乘月着晚妆。
都道雾中花更美，愿化绿叶作荷床……

真正的艺术是在辛勤的劳动中创造的，在火热的生活中创造的，在对未来的美好憧憬中创造的。金湖荷文化的魅力正在于此！

在朦胧的暮雨中，我们带着企盼、拖着悬念，告别梦中待月的荷乡……

金色的收获

范小青

并没有一座叫金湖的湖，却有一个叫金湖的地方。

在金湖这个地方近1400平方公里的范围内，虽然没有一座金湖，但是她与许多的湖、许多的水紧紧相连着，亲密相拥着。

在金湖的四周，有洪泽湖，高邮湖，宝应湖，白马湖，境内有氾光湖等等，还有淮河入江水道贯穿而过，京杭大运河更是像母亲河一样滋润着这片土地……全县有三分之一是水。

这许许多多的湖，这许许多多的水，是资源，是宝库，是金湖昨天和今天的最可靠的依靠。

所以，当年金湖县建制的时候，给这个地方取名为金湖，正是金湖人对于金湖未来的愿望和信心。既然资源丰富，加之人民勤奋，日出斗金应该早晚的事情呵。

前几年头一次到金湖，印象非常深，因为那是在六月份，好季节呵，荷花开始红起来了，从南京一路过来，一到金湖的地界，毫无准备的，一下子，道路两边，满眼都是荷花塘，满眼青绿艳红，虽然还没到盛开的时候，但已足以让人惊叹让人陶醉，如同进入仙境，如同进入梦幻，如同在欣赏美轮美奂的画作，如同在听闻天籁之音。

早就听说这个苏北大地上的“江南水乡”，有万亩荷荡，她被冠之以“中国荷花之都”“荷文化之乡”“荷文化传承基地”等等，总之，以荷都称的金湖，确实可以和荷同名、齐名，共享盛名。

在全球最大、品种最全的观荷园，300多个荷的品种，囊括了世界精品。因为荷的习性，因为荷的特质，出污泥而不染，濯清涟而不妖，多为文人墨客精神寄托和赞誉对象。南宋杨万里曾经有名句写荷：“毕竟西湖六月中，风光不与四时同，接天莲叶无穷碧，映日荷花别样红。”虽然诗人写的不是金湖是西湖，但是此时眼前金湖之荷景，同样是荷花分外红。

可惜的是，那一次不是专程来看荷，也不是专程来看金湖的，那一次的金湖之行，是参加一个会议，会议结束就离开了金湖，来去匆匆，没有来得及特别安排出时间专门去看一看即将盛开的荷花。不过，虽然没有专程看荷，但是会议上的诗歌朗诵有荷，餐桌上的盆碗里有莲藕，一路坐在车上，车窗外满目的荷景，似乎已经让人陶醉在荷的世界里了。

前不久，我们又来金湖了，这一次可是专程来看金湖的，又可惜时节已是深秋，若要看荷，那已是焦叶连连，“残荷相倚瘦”了呵。别说是荷，即便万物，到了此时，也都该是枯黄一片了。

且慢，寒意中的金湖，呈现在我们眼前的，可不是沧桑秋色，而是一幅多姿多彩的画面。

在金湖运西农场，在运西农场的现代农业基地，我们看到了另一番情景，另一种壮观，让我们对于金湖的期盼在这个虽是满塘残荷的季节里，同样得到了满足，得到了回报。在金湖，在金色的秋季里，我们有了金色的收获。

赤橙黄绿青蓝紫，目不暇接看运西，这里的大棚蔬菜、数十品种的苗木，主产的红膏蟹，鸡鸭鹅鸽大黑猪……运西农场，由军人在金湖的大地上建造的一片神奇的世界，既是一处淡泊清静的世外桃源，又是一处货真价实的实惠之地，运西农场还有一个值得赞叹的专利，农场自已生产一种名为“荷香源”的白酒，酒以荷命名，是奇特的富有激情的组合，荷是清淡的，酒是浓烈的，两者又是相融和的，部队是坚硬的，但同时他们又是柔软的，他们亦柔亦刚，拼搏努力，以一个新型、高效、多效的农业示范园为我们做出了良好的示范。

如果说金湖的万亩荷荡，像是镶嵌在苏北平原的一颗珍珠；而运西农场的现代农业，则是精心织造的一段彩链，珍珠和彩链，相辅相成，相映生辉，组合出金湖历史的新一页。

（作者系省作家协会主席、党组书记、书记处第一书记，中国作协全委会委员，省政协九届常委，教育文化委员会副主任）

一个城市的愿景

黄蓓佳

从我的河西家中出发，过江心洲隧道，上宁连高速，找马坝出口下去，到达金湖，不多不少花去了一个半小时。正在惊讶这段路程如此短促，却听金湖的朋友说，宁连高速上另一个直通金湖的出口正在施工中，到明年，南京开车上路，到金湖的时间，直接缩短成一个小时。

不免赞叹本世纪的高速交通网如此之发达。比较而言，从南京的城南开车到城北，逢上路况不畅，一个小时未必够用。

那么，找个双休日，给你的爱车加满油，载上一家老小，呼啸着直奔金湖而去吧。宽敞的宁连高速，相比较拥挤的苏南一带的路网，实在是心旷神怡的“爽”。一路的风景，由南到北，渐次变化，树种，房屋，农田，河流，随着纬度的升高，呈现出丰富而迷人的差异，如果车上有小学生，回到南京，便有了一篇极生动的出行见闻。

去金湖干什么？先不说别的，品尝一顿价廉物美新鲜原味的水乡农家菜，对于休闲中的工薪家庭，已经是一个令人心动的诱惑了吧？

相对于周边几个动辄百多万人口的农业大县，金湖显得低调而袖珍：她只有区区37万人口。人少，环境却得天独厚。用当地人的话说，整个金湖县，头枕洪泽湖，脚踩高邮湖，怀抱宝应湖，背靠白马湖，口含黎城湖。众多的湖泊湿地，众星抱月一般，抬升起金湖这块金子一样闪烁的生态宝地。如此宽广的湖面，如此稀疏的人口，可以想见，此地的空气，食物，水，比之喧嚣而繁闹的大城市，有多么的洁净和纯良。

金湖盛产荷花，若盛夏来访，荷田碧色的美景可以想像。此时深秋，花谢了，藕肥了，莲子熟了，吃货们也就有口福了。莲子是滋补品，这个不用多说，电影电视上凡演到从前的大户人家，必有丫环端上来的一盅晶莹剔透的“银耳莲子羹”。藕，吃法多样，可以做“藕夹”，可以做“桂花糯米藕”，可以煨排骨，也可以切片清炒，凉拌，甚至当水果生吃，都美味。剥开莲子，有一根碧绿的莲芯，拿它泡茶，茶汤清碧可人，清热，泻火，养颜，也是好东西。

还有一种“水糊茶”，这回我到金湖刚刚听说，也第一次吃到。据说是从前饥饿年代乡民们发明出来的吃食。仲春初夏，青黄不接之时，日子难熬，老人孩子眼见得熬不过去时，家中主妇们就去到地里，把青黄色尚未成熟的麦粒捋下来，连皮带谷磨成糊浆，在热锅中摊成薄煎饼，切出条状，放葱蒜佐料煮沸，撒些许韭菜香荾，淋几滴麻油，遂成此种饭食。名为“茶”，实为面点。想当年，穷人家饥饿至极时，能喝上这么一碗水糊茶，可算得至高享受了。由此想到我的老家，从前也有人用这种将熟未熟的青麦子做成面食，不同之处在于，我们老家的青麦子是先蒸熟，再碾磨，而后连皮带面搓成半寸长的条索，拿干净毛巾包起来，拧做拳头大小的一团，直接抓在手里吃，名叫“冷蒸”。小时候街巷里有人叫卖，我总是垂涎欲滴。碧绿的一团，捧在手里清香扑鼻，不必吃，只一闻便醉。

金湖的蔬菜，茼蒿，蒌蒿，菠菜，水芹，南瓜，黄瓜，茄子……不说别的，只论一个新鲜，原味，那就非我们平常吃惯的大棚菜可比。我们此行参观的日程中，有一个专做农副产品的运西农场，其生态农业的规模，农业现代化的设施和技术，所产农副食品的丰富和多样，令我们十分赞叹。世人提到农业现代化，都喜欢举以色列的精耕细作为例，其实我们眼面前的运西农场，诸如蔬菜无土栽培，诸如精确滴灌技术，想必也不会比以色列的农业现状落后到哪里去。

金湖人的愿望，是很盼着将他们的河流湖泊耕地，成为南京市民的一只巨大的丰饶的菜篮子，他们也可以不纠结于GDP的烦恼，不勉强于房地产的发展和虚高，而专注于侍弄这一片尚未被污染的土地，为南京市民提供洁净的米，绿色的菜，生态的鸡、鱼、虾、蟹。果然如此的话，那将是南京人的福，是我们大家的福。

上天赐予金湖这一方丰饶之地，我们没有理由不珍惜。

盼金湖人的愿景，成为我们生活中的现实。

（作者系江苏省作协副主席，文学创作一级）

鹭巢与气根

储福金

秋天来到金湖的水上森林公园。

很奇特的是那片池杉林，池杉植在池中，偌大一片池啊，成百上千亩。说池，难勾勒出真切形象，应该说是大片大片的池杉田，一垄一垄长着整齐的修直翠绿的池杉，那田埂阡陌便都是水，从水埂入池杉田间，须乘扁叶小舟，幽幽，悠悠，深吸一口气，无尽的苍绿，都到胸臆中了。

林中多有山鸡、野鸭、黑腰燕等，最醒目的是白鹭，扇动着白翅飞过了，身形优美。整个水上森林公园中，有一万多只白鹭生活憩息。鹭为候鸟，也有随季节变化去南方过冬的。繁殖期间，在森林公园的杉树上筑巢，杉树上下层层筑成巢窝，那期间喳喳呱呱，叫得好不热闹。如此优美的白鹭，巢却筑得那么简单随意，像是得取方便就落脚，不选大树粗枝，不避风向高低，筑到枝上便是巢。如此，一旦大风起时，巢便吹歪吹覆，不时会有鹭蛋从树上跌落下来，路上染一处处蛋黄之迹，那母鹭回不见巢，找不见蛋，扇长翅，上青天，只有嘶鸣而已。

走在池杉林边，见水面上有一个个如笋状之物，伸长着，说笋状并不完全准确，笋头是尖的，其物上平，如一柱柱置放的小假山石，又不能用假山石来形容，因为它的形体丑陋，靠水处像是染着了青苔，却是黑乎乎的，头上光秃，色泽暗黄。此物从水中生长出，分明是只顾伸出身子来，根本不管好看不好看，来不及也没心思装点一下自己。

林务员介绍说，那是气根，是池杉的气根。

那池杉植在土上，偏爱水，需要周围都是水，以滋润那根。一般的树根都伸向土深处，去获取养料，以支撑土上之树身，所谓树大根深。而池杉之根伸向着水，却又耐不得水中的沉闷，憋得慌，便学鱼儿，伸头到水面上来吸气了。想水中的气大概不如土中的气，土再密实，总有气孔，水极柔软，却是漫漫淹淹，无处不及，无孔不入。

池杉在土上的树身，还有那针叶，是何等的挺拔好看，底下在水面露出来的气根，直显腌臜之腚。白鹭飘飘如仙体，却不能给未出世的子女筑一个牢固的巢。可见世间万物，都有两面。其实，好看与否，对错与否，看法都只出于人类的角度。而将鹭巢与气根扯在了一起，也只是我一时莫名的想法。

走到池杉林后面，水尽处，见另一片杉林，树叶色彩已黄，那是水杉树。池杉针形叶，常绿。水杉羽形叶，秋黄冬落尽。

夕照映处，池杉绿得葱茏，水杉黄得明艳。

秋色很好。

久居城市之中，四季轮换，只有寒暑之感，难见色彩变化。

（作者系江苏省作家协会副主席，一级作家）

金湖行吟

姜琍敏

“一唱雄鸡天下白”。

当我从此起彼伏的鸡鸣声中醒来时，一时竟恍兮惚兮，分不清还在梦中，抑或又回到了遥远的童年——久居现代都市之我，居然又“闻鸡起舞”了呢！而这并非梦境。因为我今夜下榻在金湖的省军区运西农副业基地自建的高档宾馆内。而林下养殖，规模散养鸡鸭正是该基地的特色之一。鸡鸣声声伴好梦，往昔的寻常事，而今听着却既新鲜又亲切呵。

说到金湖，我对这个城市并不陌生，因为我十多年前就来过金湖，此后又多次来过，不仅有着许多文朋好友，还对这座秀丽而富有个性色彩的城市有着相当的好感。盖因她不仅确实当得上荷都、水乡等概念，还一向呈现着鲜明的生态城市之气象。

就说荷都吧。记得那是2001年夏季，我有幸应邀来参加首届金湖荷花节。具体的日子，好像是农历六月二十四日，古俗的荷花生日那一天。至今犹清晰地记得，那天晴空万里，热浪滚滚。但比天气更热的是人心，四乡八镇乃至周边县市都有人前来赏荷。而我也是平生第一次见识到如此浩瀚而生动的荷园，广至万亩的荷荡，实乃“接天莲叶无穷碧，映日荷花别样红”。其实何止是红呢，那多达几十种的荷花，青、粉、黄、白地争奇斗艳；我“览百卉之英茂，无斯华之独灵”，沉醉于斯，几不知今夕何夕矣！

据说，荷花节至今仍在办着，一年一届。金湖荷都之美名早已名满天下。而我由衷欣赏这一方略。莲荷不仅是实用的农副产品，其美化和提升城市审美意义和促进“生态”之价值，是不可替代的。

至于金湖的生态，我想到淮安市委书记姚晓东说过：到淮安来，白天可以深呼吸，晚上可以数星星。显然是极言淮安的生态环境和空气质量之上乘。而此言确否，整个淮安我缺乏体验，在其辖境之金湖，却可信此言不虚。比如这回来金湖，刚上金湖第二大桥，眼前那波光粼粼的入江水道便令人豁然开朗。说实在的，我真有点不敢相信自己的眼睛，当下居然还有城畔有着如此清澈甚而泛着蔚蓝色光泽的水体！而这是作不得假的。那么，正如列宁说，泡沫是本质的反映。这蓝天碧水岂不就是金湖生态环境的一面透镜吗？

更令我叹为观止的是，金湖还有着一大片广逾万亩而莽莽苍苍的湿地森林公园在。无数株粗已约一人抱的杉树挤挤挨挨，高大而笔直地直插云霄；树顶的阳光尽被密密层层的叶冠吸收，林子里寒气森森、水网纵横。粗粗一算，就算每亩只有十棵树吧，一万亩林子该有多少棵巨树？有了这么庞大的一片绿肺，金湖的空气和生态能不好吗？

据了解，这片华东地区最大的人工生态林，种植于30年前。原地本是一片逐步退化的芦苇滩。当时的县政府在此设立林场，广植树木，不到30年就令荒田变为了宝地，我不禁唏嘘这一决策是何等的了不起。而前人栽树，后人乘凉。我很想知道，当年那一锹一镐、挥汗如雨的造林人，后来那日夕晨昏、精心管养的护林人，而今你们在哪？请受我深深地一拜！

曾几何时，整个国家都在比着攀着大干快上，摩天大厦几乎成了我们的主要追求。这未必不对，但是当这一切归于现实，当古风悄然流逝，当此城与彼城几乎分不出伯仲，当尘烟充塞我们的呼吸，当心灵数点我们的所得时，你是否也会如我一样，或浓或淡地有些怅然若失呢？因此，每当与人谈及对某地的观感时，我首先想到的并非那日新月异的繁华景观，而是那日渐整洁的市容和春芳般簇拥着每一个角落的花木、绿地。因为日益萌生的大厦和街区，几已是当下中国任一座城的寻常景观，而充满生态气息的红花绿地，才真算得是一座城的“诗眼”所在呀！随着各种社会和生态问题的加剧，GDP指标的缺陷日益明显，它掩盖了社会生活的许多实质内容，让都市人在物质丰富的前提下感受不到多少实在的幸福。实际上，如金湖这样经济发展和生态保护齐头并进，人们的生活质量和幸福感才会有相应的提升。而人类或一个城市发展之根本目的，乃是要如海德格尔所言：“诗意地栖居在大地上”。若缺少了绿意和良好的生态，缺少了人生或一个城市真正价值依托的休闲等空间，诗意云乎哉！

而诗意乃生活之盐。其形固千变万化，其根则断不能离弃“生态”。

（作者系中国作协会员，江苏省作协理事，江苏作协《雨花》执行主编，一级作家）

水晶世界

梁　晴

来金湖之前，我正在咳嗽。这段时期，我居住的都市空气脏到了匪夷所思，我在街上步行，身边左冲右突的机动车延绵不绝，它们搅起饱含尾气的尘埃，加上周围工地弥漫的粉尘，空气在感觉上已近乎粘稠。机动车如过江之鲫，我便如涸辙之鱼，边走边艰难地张着嘴，以“噗噗”地吐气自救。

我的肺怎么能不表示抗议呢？

没想到驱车一个多小时来到金湖，下车一看，水是透明的，天是透明的，没有任何积尘的树叶、草茎和花瓣也几乎是透明的。我大口大口地呼吸，我的肺一定觉得这样的呼吸非常奢侈。

20世纪90年代我来过这里，采访一位警察烈士的遗属。我记得采访的条件十分艰苦，金湖给人的印象灰而颓败。金湖当时的支柱产业是卫生纸制造，满城是装载芦柴的拖拉机，长长的芦柴尾梢拖着大街小巷的尘土，水面是一种凝滞的黑色。

现在的金湖，看不到任何烟囱，听不到任何机器的喧嚣，造纸产业早已采用回收纸浆为原料，所有的污染源均已被杜绝。餐桌上，主人举起手中的龙虾，是“清水蒜泥”的品牌，它们有足以骄傲的素颜资本。

金湖有美不胜收的水面、有一流的淡水养殖资源，有介绍尧帝创历法、施德政的尧帝公园，有国内第一个以荷花为主题的开放式大型广场。眼下虽然秋意已深，这个广场的风荷绿野滨水休闲区、凌波踏荷亲水赏荷区、荷风柳岸生态休闲区和荷香花溪游赏区等等，给人的美丽遐想依然是无穷无尽。据说每天的晚上，这里会有数以千计的金湖市民跳广场舞，他们的手舞足蹈牵动着拂面的荷风，而霓虹灯将水面的万亩荷田变幻为壮阔天幕，我想这些市民简直是可以飘飘欲仙了！

金湖最让我一往情深的，是南临高邮湖、北接宝应湖、东与宝应县隔湖相望的水上森林公园。这座水上森林公园总面积11000亩，是华东地区最大的人工生态林之一。

我们在半干涸的泥道上，踏着青苔行行复行行，两侧茂密的水杉林底下，是幽深纵横的水巷，据说这些水草掩映的水巷从来没有人进去过，因为不想打扰里面已经形成的各种鸟兽的生态世界。说话之间，一只美丽的野雉旁若无人地踱步而过，头顶上鸟儿的鸣啾声里，听得见一只白鹭的翅尖掠过水杉树梢。

仰起头来，蔽日的水杉林只留下雁翎般的一抹蓝天，蓝得让人眩晕。夏日的这里，是天然的空调世界，到了冬天，则所有的景物都缀上了白绒绒的霜饰，美到无法用文字去形容。这座水上森林的前身，是一片无边无际的芦柴滩，20世纪80年代，入江水道改变了水系，柴滩上的芦苇逐年退化，渐成衰败之势。为了有效利用这一宝贵的滩涂资源，金湖县人民政府于1983年在这里设立直属林场，一批金湖的热血青年在这里胼手胝足，清芦根开苗畦，栽种下这片蔚为壮观的水杉林。整整30年的时光过去，这里已成为环境优美、气候独特的鸟类天堂和天然氧吧。

我在金湖徘徊流连，脑子里始终浮现着“水晶”两个字。这里的天空是蓝水晶，这里的水面是青水晶，那座荷花主题广场是粉水晶，而这片水上森林，它夏天的时候是绿水晶，秋天的时候是黄水晶，到了冬天，它就是一块最晶莹剔透的白水晶了吧！

我惊异于离省城不过一箭之遥的地方，就有这样一座水晶世界养在深闺。

（作者系《雨花》编辑部副主编，省作家协会第四届理事，专业作家）

燕子风水说

张五常

话说深圳某商场有间海鲜酒家，称燕来居，名字与我有关，而设计的品位也由我做主。我这个年纪对生意没有兴趣，但还是要像年轻时那样，好玩的总想玩一下。深圳的燕来居以中国的文化为主题，提供的是我从小爱吃的广东菜。风水不灵，该高雅的商场八成满后，不知怎的差不多所有租客都跑掉，什么广告云云，不说算了。

故事要从“燕来居”这个名字说起。两年前我想到这个名字，不打算采用，但后来一位朋友竟然推荐同一名字，那么巧，就决定采用了。说跟我有关，因为我母亲的名字是苏燕琦，父亲的名字是张文来，前“燕”后“来”，取名燕来居有点意思。英文名字称什么呢？灵机一触，我想到Capistrano，是再适当不过的“翻译”了。在燕来居酒家的菜牌上我写下了这样的解释：

美国加州南部有一个小镇，名Capistrano，很小的，镇内有一间教堂，很旧的。百多年前发现，每年三月十九日燕子一定飞到该教堂，勾留几个月，又再飞去了。这个三月十九燕子归来的习惯据说起码有几百年，而多年以来，每当该教堂见到第一只燕子回归，就敲响钟声，而钟声一响，整个小镇就大事庆祝好几天，游客云集。很多年前，有人写了一首题为When the Swallows Come Back to Capistrano的歌，今天不少人还在唱。

那些燕子来自阿根廷，每年从二月十八起飞，飞三十天，在二千英尺以上的高空飞七千五百英里。这个大自然的现象没有谁可以解释，可见造物者远超世俗。

宋人晏同叔的《浣溪沙》词是这样说的：一曲新词酒一杯，去年天气旧亭台。夕阳西下几时回？无可奈何花落去，似曾相识燕归来。小园香径独徘徊。

话分两头。江苏有一处叫金湖的地方，其中有一处叫荷花荡，有荷塘万亩，据说是地球荷花最多的地方。六年前我到过，见而喜之，五年前再去，摄影两个早上，出版了《荷乡掠影》那本摄影集。我热爱田园，在荷花荡承包了一些鱼塘，一些荷塘，后来又在那里购得一小块绝无仅有的陆地，希望在那里筑小房子，偶尔过一下陶渊明的生活。

头痛的问题来了。朋友希望我能安排一点小投资，带动一下荷花荡的可能发展的旅游业。大家想到建造一间只几个房间的小宾馆，成本看来不高。看错了。我这个人不能接受不舒适的居所，于是成本直线上升。读者要知道，荷花荡这个地方虽然风景幽美，但每年除了荷花盛放的季节，四顾无人，一些散落的农家是不食人间烟火的。几个月前我对那里的朋友说：平生为了好玩屡作要亏蚀的小投资，但荷花荡小宾馆的投资不算小，加上要雇用人手，亏蚀可以肯定，而每年我只能抽空到那里三几天，玩意是玩得太贵了。这一次，风水有灵，荷花荡的投资一下子变为有机会赚点钱！我赌读者怎样也猜不中。分点教你怎样赚钱吧。

一、六年前承包鱼塘之际，鱼的批发价约二元五角一斤，请人饲养一定亏蚀。今天批发每斤八元，算盘打得过。

二、不知是谁几年前的发明，在荷塘饲养大闸蟹可与植藕共存，互不干扰，于是把小蟹苗放进荷塘去。

三、金湖一带盛产小龙虾，产量冠于天下。这种小龙虾肉少，我不认为好吃。但说不得笑，这是大名鼎鼎的crayfish，在美国被视为珍贵食品，六年前金湖的小龙虾批发一至两元一斤，今天市场需求庞大，是十元以上了。奇迹开始出现。我们把小龙虾的苗放进一个荷塘饲养，也是聪明的农民的发明。效果好得离奇，养大的小龙虾呈碧绿色，是顶级精品，商人抢购，出价每斤二十元。不少农民也在荷塘养小龙虾，但我们的产量特别多，也特别精，农民皆啧啧称奇。不知发生了什么事。依照农民的方法，是五月小龙虾收成后，落药物杀掉余下的，培植莲藕，到九月莲藕收成后，再饲养龙虾。我见该塘是龙虾神塘，为恐杀掉龙虾的药物会影响该塘的生态环境，立刻禁止。算盘说，要龙虾不要莲藕。

四、最神奇的故事你道是什么？你不可能猜中。正在装修的荷花荡的小宾馆，两个月前有燕子飞来筑巢，而且愈来愈多，多到妨碍着装修工程。想到Capistrano的世界知名的典故，我立刻禁止损害任何燕子，燕巢一个不许动——燕子的光临有季节性，不久后会离开。它们选择栖身的建筑物有偏爱，只有上帝才知道它们怎样选，很可能明年会再来，有可能像Capistrano的教堂那样，今后数百年每年会准时回归。难道Capistrano的举世知名的燕子奇迹会在神州大地的荷花荡重演吗？机会恐怕不大，可能性存在。

荷花荡那间宾馆原本定名“听荷居”，我们立刻改为“燕来居”。与深圳的酒家同名，但风水有别也。老人家的生意眼立刻发亮。如果燕子回归两三年，我会在宾馆顶上建一小钟亭，不用西方教堂的钟，用中国的古式寺钟，张继写“夜半钟声到客船”那种，每年见第一只燕子回归就敲响钟声，然后大摆筵席，让邻近的农民免费地吃个饱。此法一行，传了开去，游客生意滔滔可以断言吧。我会说服有关人士，如果因为燕子赏面年年回归，使荷花荡的燕来居赚到钱，要全部捐出去给邻近农家的孩子们，为教育用途也。燕子协助教育孩子，不是很有意思吗？

写到这里，我想到某些事，某些情，也想到燕子，不由得想到苏子的《蝶恋花》。词好，是天才之笔：

“花褪残红青杏小，燕子飞时，绿水人家绕。枝上柳绵吹又少；天涯何处无芳草。

墙里秋千墙外道，墙外行人，墙里佳人笑。笑渐不闻声渐悄；多情却被无情恼。”

（作者系国际知名经济学家，新制度经济学和现代产权经济学创始人之一）

三、碑记　考证

冀家围平暴烈士墓记

一九四〇年暮春，日寇蹂躏之三河以南，初建抗日民主政权。日伪顽极尽颠覆能事。五月初，反动地主冀长庚以冀家围（今黎城镇新生村）为巢，高筑炮楼，深掘围沟，拥长短枪四百余支、机枪十余挺，策动暴乱。旋即挥屠刀，勾顽军，偷袭民主政权，残杀民运干部，拘捕抗日骨干。下旬，新四军五支队十团团长成钧，衔命率部平暴。二十五日，困冀家围，政治喊话。冀执迷不悟，突驱千余小刀会众，出围砍杀。将士步步后撤，伤亡廿余人。直至会首毙命，方鸟兽散。二十六日，十团挖战壕，构掩体，外阻来援之常备十旅于三河以北，内毁互援之炮楼两座于张庄徐庄。冀乃负隅顽抗。二十七日，十团以湿草所燃之浓烟掩护，冒弹雨，越壕沟，歼抵抗暴徒，俘冀等乱首，乱终息。平暴三日，数十将士壮烈捐躯，长眠冀家围侧，遗姓名者仅张子前、侯清顺。一九八四年烈士塔竣，茔地忠骸二十三具（亦或有他处牺牲者）移厝塔后。今值吾党八十诞辰，特为英烈建墓立亭树碑，以祭忠魂。是为记。

金湖县人民政府

二〇〇一年清明

金湖大桥碑记

金湖，地处江淮之间，高宝湖西，寓日出斗金之意。然昔日黄泛夺淮，洪荒连年；待淮河入江水道建成，水患根除，即又添泄洪阻断交通之苦。降洪魔、畅通衢并举，乃民心所向，民意所系。

县委、县政府顺民心、察民意、集民智、聚民力，运筹帷幄，反复论证高桥矮闸等诸多方案，于一九九五年决策，在县城东六公里处兴建横跨东、西偏泓淮河入江水道公路大桥，并于一九九九年七月奠基，由中铁三局、四局中标承建，寒来暑往，斗转星移，终于二〇〇一年七月竣工通车。桥长三千三百五十四米，宽十五米，东连京沪高速，西接宁连、宁徐公路，总造价一点零四亿元，其中得上级部门补助、县内外集体个人资助捐赠六千万元，为我县有史以来基本建设之最，我省内陆河特大桥之一。

回眸剪彩之日，长虹凌空，辉映祥云，三河扬波，湖城沸腾。追忆筹建历程，跨两个世纪、百年，历三届县委、县政府，蒙四方政要宾朋竭诚襄赞，载全县三十七万民众殷厚望，经十余载殚心竭力，负重奋进，始成大业。巍巍一桥飞架，体现了金湖人敢为人先之胆略、善办大事之气魄、团结务实之品格、乐于奉献之精神，打造了水乡改革开放累累硕果的靓丽名片，拓展了金湖新飞跃、新辉煌的广阔空间。

为传承创业壮举，褒扬奋斗伟绩，育今人，励来者，特勒石志之，以昭久远。

金湖县人民政府

2001年12月

尧帝出生地考[①]

李义海

在长江、淮河之间的江苏省中部的金湖县，在盱眙山地东伸为缓坡丘陵的边缘地带，有一个古老

---

① 1994年，泗阳县地名办谈嘉德在《竹枝词·三河轶事》中提及尧与三河的关系，本人受其启发，开始加强对本地古地名研究，多次深入乡村实地，查阅典籍探究古地名，以1986年上海古籍出版社、上海书店出版的《二十五史》中所载“尧初生时其母在三阿之南”内容为基础，撰写《尧与塔集》的考证文章（载于《江苏地名》1994年第三期），认定现在的塔集就是晋朝的三阿，且该三阿是皇甫谧所说尧帝出生的地方。此考证被《人民日报·海外版》1994年11月15日以“尧出生地是金湖县塔集镇”作了报道，继而《报刊文摘》《苏州晚报》《淮阴日报》等报刊相继转载或报道，在社会上引起广泛关注。按县领导要求，本人进一步考证、研究，撰写《凭史考帝籍，金湖是尧乡》一文，刊登于1994年第50期《金湖政报》，对尧生塔集作了详尽阐述。1995年7月，全国地名管理工作研讨会在江西庐山召开，本人撰写的考证文章《溯塔集之渊源，考帝尧之生地》，受到与会者的关注。1995年第六期《中国地名》刊登李义海《尧帝出生地考》考证文章，把对尧帝出生地的考证提高到学术层面，在全国范围内进行研讨。1998年商务印书馆出版发行的《中华人民共和国地名大词典》中收入“尧生塔集”的结论。在“金湖县”和“塔集镇”的词条下均有“尧生塔集”的相关陈述。金湖县条目下释文为：“为中华民族的先祖、五帝之一的尧帝的诞生地。”在塔集镇条目下的释文是：“据有关史料记载，中华民族的祖先、五帝之一的尧帝出生于此。晋时曰三阿，宋时称北阿，后改为塔阿镇，俗称塔儿集、塔集。”。

的小集镇——塔集镇。据有关“史”“典”“志”等的记载，这个东晋叫“三阿”，后易名为“北阿”，现今称“塔集”的地方，乃中华名族先祖之一尧帝的生身之地。

一

尧是中国古代传说中父系氏族社会后期部落联盟的领袖，是中华民族的先祖，是“三皇五帝”之一。他虽是传说中的人物，但却早为民间所传颂、历史所记载，他不仅在国内家喻户晓，在国际上也享有盛誉。由于尧时文字尚未形成，史书所记载的只能是民间传说经搜集整理综合而就的成果。关于这一点，首当归功于伟大的史学家司马迁和他的不朽名著《史记》。后代各种书籍有关尧的记述均越不出《史记》。1986年12月上海古籍出版社影印出版的《二十五史》，是“正史”《二十四史》加“清史稿”缩印而成的。它记载了我国从上古到清朝几千年的历史，是研究中国历史的重要史料。关于尧的出生地的记述就出自于该《二十五史》的《史记·五帝本纪》的“索隐”。“索隐”，皇甫谧（公元215—282年，魏晋间医学家，今甘肃平凉西北人，著有《帝王世纪》《高士传》等）著，“索隐”云：“尧谥也放熏名帝喾之子......尧初生时其母在三阿之南寄于伊长孺之家故从母所居为姓也”。其中“尧初生时其母在三阿之南”是关键语，它点出了尧的出生地是三阿之南。既然以“三阿”为基准定方位，则“之南”应是距“三阿”不远处的某地。故以三阿叙之。只要弄清楚“三阿”是何时之三阿，何地之三阿就行了。

二

关于三阿。查1931年商务印书馆香港分馆出版的《中国古今地名大辞典》（以下简称《辞典》），在第32页有“三阿”词条，词条释文云：“三阿，在江苏高邮县西北。《舆地纪胜》高邮有北阿镇，离城九十里，即晋时三阿。《高邮州志》东晋尝侨置幽州。太元四年，符秦将句难，彭超围幽州刺史田洛于三阿，去广陵百里。即此。”这里，《辞典》除给“三阿”下了定论：“在江苏高邮县西北”外，还引用了《舆地纪胜》和《高邮州志》中的话来补叙三阿。点明三阿是东晋时的三阿，以及三阿相对于高邮县城的方位和距离，这就为我们确定三阿的具体地理位置奠定了基础。同时又指出在三阿处所发生过的一些大事，说明三阿是有相当影响的地方。查遍整个《辞典》没有第二个“三阿”。或许有人质疑云“《辞典》上没有，难道就不能有第二个第三个‘三阿’吗？难道其他的三阿就不能是尧的出生地吗”？对此，笔者不予否认。问题是必须有充分的证据，说明其他“三阿”的存在，并且该三阿就是皇甫谧所言的“三阿”。否则，笔者不能苟同。

关于三阿名称含义问题。塔集地处缓坡丘陵的边缘地带，高丘与洼地并存，以阿名地符合先民的命名规则和习惯，该地域历史上多有以阿名地者。《嘉靖扬州府志》云：“三阿者，镇之南有平阿湖，又南有下阿溪也......”。《读史方舆纪要》云：“三阿者，镇南有平阿湖，又南有下阿溪也......，或云，平阿湖侧有平阿村，村有故平阿县.....，此三阿也”。关于平阿、下阿这些名称，经查《高邮州志》《扬州府志》《扬州营志》等，其内的有关地图、文字均多有提及；好多图上在塔儿集的以南地区都标有“平阿湖”“下阿溪”“平阿村”等名称。这就把塔集与平阿、下阿联系到了一起。而且塔集相对于高邮城的方位、距离，非常接近上文提到的三阿相对于高邮城的方位和距离。

需要指出的是：《中国古今地名大辞典》引用《舆地纪胜》中的话来叙述三阿，是因为《舆地纪胜》是南宋时权威的地理总志，它所记载的南宋时期的事内容丰富，翔实可信。《舆地纪胜》又云：“高邮有北阿镇，即晋时三阿”。这就点出了起码是南宋时，三阿已经不叫三阿了，而改为北阿了。

关于北阿镇。《中国古今地名大辞典》中北阿镇仅有一条（见第184页），其注释云：“北阿镇，在江苏省高邮县西。即晋时三阿也”。《高邮州志》云：北阿镇，在州（高邮曾为州）治西北八十里，亦曰三阿，以镇有平阿湖，又南有下阿溪也”。《读史方舆纪要》第1080页云“北阿镇，州西八十里。一曰三阿”。查《乾隆高邮州志·州境总图》在塔儿集周围有平阿西村、平阿中村等地名。平阿这一专名近代又移用于乡名称，叫平阿乡（见高邮县第八区乡镇名表。第八区地今全属金湖县）。从以上这些引文不难看出，北阿镇就是晋时三阿。

塔集镇与北阿镇。1982年5月底6月初，笔者为编辑《金湖县地名录》，就塔集名称来历、含义等问题，同地名办殷鸿华同志一道去塔集调查。约请塔集镇翁正、陈友山、吴承志、杨淇、杜平等老居民座谈。他们谈到了北阿镇，而且对北阿镇这一名称还记忆犹新。言他们在孩提时大人在农历腊月送灶神时灶符上落款的地址有的还叫“高邮西北北阿镇吴大庄”。并言，现在的塔集是北阿镇迁来后兴建的。此地原叫吴大庄，在原北阿镇东北一里多地。原北阿镇因地势较吴大庄低，因常遭水灾而迁此。新集镇兴建后，初叫塔阿集。因原北阿镇内有一古塔（塔在今塔集西南一里多地，已于1966年8月拆毁），所以从古塔和北阿镇内各取一字组成新集镇名。以上虽是口碑资料，但是是实实在在的。再者，1986年在塔集北首出土了一方地券，地券上文曰“维大明国直隶扬州府高邮州昌平乡见□□□□（该4字不清楚）寓平阿西村北阿镇”。这就佐证了塔集与北阿的渊源。塔集就是原北阿镇应该是毋庸置疑的。由于“阿”“儿”在方言中音近，因而常传呼为“塔儿集”。清道光年间重修的《高邮州志·高邮州境总图》中标注的就是“塔儿集”。再后，为了传呼的方便，由三个字减为两个字，为塔集。塔集原为乡置，1987年改置为塔集镇。塔集原属高邮县，1958年划归宝应西办事处，1959年金湖建县后隶金湖县至今。

为进一步核准“三阿”的所属及其具体位置，本人又查检了《中国历史地图集》(《中国历史地图集》编辑组编辑，1975年中国地图学社出版）等历史地图，在《中国历史地图集》第四册的《东晋》图上，在高邮城西北（今金湖县境内）的今塔集处标有幽州、兖州和三阿三个地名，其中三阿是聚落名，幽州，兖州是政区名，时二州侨置于三阿；第七册的《明·南京图》上，在原三阿的位置处标着北阿镇。这就说明塔集历史上先后确实叫过三阿和北阿。查遍全套图集，没有发现第二个三阿，也没有发现第二个北阿。这就说明在全国范围内够资格上图册的三阿和北阿仅此一个。这和《地名大辞典》中提供的信息完全一致。或说，实地中可能还有另一个或多个三阿，但既然《图集》《辞典》中均未提及，难道皇甫谧所言之三阿还能不是它?

从以上这些文字可以看出：塔集就是北阿，北阿就是三阿，塔集就是三阿也。

三

尧生于塔集之南，符合历史文化背景和地理生存环境。从大范围讲，分布于山东、江苏、浙江一带的青莲岗文化是1951年在淮安青莲岗发现的，金湖县域属于其中。1989年出版的《江苏市县概况》中的江苏省情概述云：“距今六七千年至三四千年前，北至徐海、南至太湖的广大区域内，分布着许多原始的氏族部落。从淮安青莲岗文化遗址发现的炭化小米……江苏境内古人类创造的文化位居当时其他地区的前列”。高邮县运河以东一沟乡、龙奔乡境内的龙虬庄遗址、周邱墩遗址是距今6000年至4500年前的两处新石器时期的文化遗址，出土有很多新石器时期先民的生产、生活用具（见1990年版《高邮县志·文物古迹》)。以上这些遗址都在京杭大运河以东。从地理位置上讲，金湖在淮安、高邮一线的西侧，也就是说相对而言，淮安、高邮两市离海较近，而金湖则离海较远。按照本地区地貌及文明演化学说，金湖地区应先于运河以东地区。既然在6000年前在金湖以东地区就有人类及人类文明，则金湖地区也应该有。从金湖县域的小范围来讲，以下事实也足以证明起码在新石器时期就已有先民在金湖地区活动了。境内的时墩、抬饭墩、獾墩、嵇圩等是新石器时期的聚落遗址（见1994年版《金湖县志·文物古迹》)。1974年在塔集以东近10公里的高邮湖边夹沟荡出土了新石器时期的石斧、石琮（玉琮)、石璧（玉璧）(见《金湖县地名录》《金湖县志》)，现这些文物完好无损地收藏在淮阴市博物院。如果没有先民在此活动，哪来这些遗址和文物?！新石器时期开始于距今7000年至8000年，此时先民已定居生活，广泛使用磨制石器（见《辞海》)。尧是传说中的历史人物，他的生存年代距今约4000年以前（见《中国历史大事纪年》)，尧帝出生于此地是符合历史文化背景的。

金湖地区介于江（长江）淮（淮河）之间，岗丘错置，溪涧纵横，土地肥沃，草木繁茂，可食性野生动植物丰富，气候适宜，易于生存。先民们择高临水而居，是繁衍生息的理想之地。是开发较早和比较富庶的地区之一。三阿遗址处地面真高6米，而其西南数百米处的窑墩等真高13米之多，是先民们理想的栖居之地。新石器时期即有先民在此生息（此处的嵇圩即为新石器遗址)，至尧时人口已有相当集聚，至汉时人口已经比较稠密（境内遍布汉代墓葬，汉代文物俯拾皆是，塔集地区尤多)，否则汉武帝是不会在这里设平安县，建平安城的。三国时魏将邓艾在今县境及今洪泽县境内屯田筑白水塘，灌塘下田一万二千顷，并筑石鳖城。南齐建元二年（公元480年）于石鳖立阳平郡，北周置石鳖县;《通典》云:“山阳重镇守险有平阳石鳖田稻丰饶盖历代屯田之地”。“尧苗生九穗，汉麦结双歧”这是当地世代袭用的土地庙门联（塔集吴承志提供)，充分说明当地人对尧帝及汉朝的推崇和歌颂。这是汉以前连续数千年开发、垦植的结果，否则，至汉时是不会有如此繁盛情景的。

综上所述:塔集就是北阿，而北阿就是三阿，则塔集就是三阿也。《史记》中“尧初生时其母在三阿之南”，今应言之为“尧初生时其母在塔集之南也”。塔集是金湖所属之建制镇，故尧帝生于金湖，金湖乃尧帝故里也。

赘述上文以志之。祈仰品评。

（原载1995年11月第6期、总第66期《中国地名》，作者见本志“人物简介”）

新老三河形成演变考

马国顺

新三河、老三河，源于洪泽湖，在经过洪泽县东南一隅后，一南一北，横贯本县东西，东入宝应湖。两河先后为淮水入江的主要通道，是本县两大主要河流。考查两河的形成与演变，对于弄清本县水利变迁的历史，对于研究淮河入江线路的变迁，对于为今天的水利建设提供借鉴，都具有重要的意义。本文根据史籍记载，本县水利志资料及实地考察，试对新老三河形成原因、形成过程、历史变迁进行考证。

明代“蓄清刷黄”，建高堰三闸，
仍泄水不及，遂有开新老三河之举

新老三河的形成，有着特定的历史背景，与黄河夺淮及明清统治者“蓄清刷黄”有着密切的联系。据历史记载，淮河本是一条利河，水清鱼肥，舟楫便利，横贯豫、皖、苏三省，流域内耕地面积近二亿亩，自汉魏到北宋，开发水利，以灌溉农田，鲜有水患。但是，南宋光宗绍熙五年（1194年)，黄河在阳武决口南下，到明弘治八年（1495年)，开始“专力夺淮入海”，[①]使淮河发生了一次历史性转折。不久，夺淮的黄水影响到运河的水运。明统治者为了保证漕运畅通，采取“蓄清刷黄”“引黄济运”的治水政策，大筑高家堰，抬高洪泽湖水位，用淮河清水冲刷黄河的浑水，企图减轻黄河泥沙对运河的沉淀，同时调剂运河的水量。“蓄”的结果，一是因黄强淮弱，黄水不断倒灌入湖，泥沙大量沉

① 《光绪重修安东县志》。

淀在湖底，湖底不断升高；二是黄河南流的河道，被泥沙沉淀，河床也不断抬高。于是，不得不持续地加高高堰，先筑土堤，继之石工。但水位抬高后，又出现水灌明祖陵的问题。早在明嘉靖中（1550年左右），看守泗陵的太监为避“淮水暴涨”，便首次在高堰“设周家桥、高良涧、古沟等处闸座，留四尺水头，如滚水坝之制”。①本县北部处在周家桥、古沟下游，说明此时淮水已侵犯本县县境了。

明万历十九年至二十一年（1591~1593年），连续三年大水，淮河中下游地区，方数千里，鱼游城关，舟行树梢。万历二十三年（1595年），淮水更上涨到明祖陵石阶之上，朝廷震惊。万历二十四年（1596年），总河杨一魁大举导淮，“建高堰三闸，一建武家墩闸，由永济河达泾河；一建高良涧闸，由岔河达泾河，均下射阳湖；一建周家桥闸，由草子河、宝应湖入子婴沟，下广洋河，水患以平”。②其中的草子河与本县关系密切。《淮系年表水道编》载：由周家桥闸“分水东出，曰草泽河，一名草子河，下达白马湖、宝应湖”。《民国宝应县志》载：“草子河，在丁宁庄，东通高宝诸湖，西达周家桥入洪泽湖。”《同治重修山阳县志》亦载：“草泽河，在治三河之北，浔河之南，河头起周家桥，旧有周家洞，引湖水入河东，下至山宝交界沟，又东至宝应仁和集入宝应湖，河长三十余里。”由此可知，当年建周家桥闸往东泄水的草泽河，就是今天我县北部与洪泽县的交界河。这表明，从那时起，部分淮水已正常经过本县县域入湖，继而入海与入江了。

到了清初顺治、康熙年间，淮水愈壅愈高，高堰决口次数日益增多。康熙元年（1662年），南河分司吴炜“擅开周桥，淮大泄”，“旋冲决翟家坝”；康熙三年（1664年），“淮溢武家墩、高良涧，闸坝颓卸”；康熙九年（1670年），“淮黄大涨”，“水由翟坝、周桥东注”；康熙十二年（1673年），“淮决高良涧”；康熙十五年（1676年），“黄水灌清口，决武家墩，决高家堰”；③康熙十九年（1680年）泗州南北霪雨七十多天，黄淮并涨，泗州城被洪泽湖滔滔巨浪所淹没。其时的水势，正如《淮系年表水道编》所云：“隆（庆）万（历）中，高堰险要在中段大小涧；顺（治）康（熙）间，周桥以南又严重”，“大抵洪湖减水，趋重在周桥以南”。需要在周桥以南的高堰大堤上设坝而往下游泄水，老三河的形成成了必然。

康熙建五坝，坝下开唐曹河，
筑束水堤，又称三河六堆后呼老三河

康熙初年，周桥以南之高堰大堤，低矮残破。《行水金鉴》记载：“周桥以南至翟坝，长二十五里，比高堰石工低二尺许，称天然减水坝。中有长沟，深不过尺许，旧有石闸，亦有石限，止留四尺水头，水入民田，不通河路。近因淮水涨发，土被冲刷，年久渐形低陷，加之私盐渔户私行偷挖，渐成河港”，随地可以过水。由于卑矮残破之堤不能障水，康熙十七年（1678年），“总河靳辅，修筑高堰大堤，接筑周桥以南至翟坝堤工二十里，塞高堰诸决口”。④为了洪泽湖泄水，康熙十九年（1680年），“创筑武家墩、高良涧、周家桥、古沟、东西夏家桥、唐埂等减水坝，是为六坝”。⑤“坝非石建，或用三合土，或于凹口堤塞”。六土坝中，“武家墩、高良涧、周桥诸坝，则备而未用”，⑥泄水俱在周桥以南的三坝，而且“屡经冲缺，泄水过多”。⑦三坝下泄之水，均注入后来开为老三河的地域，再漫入宝应湖。其时，

① 《乾隆高邮州志》。

② 《淮系年表水道编》。

③《淮系年表水道编》。

④《淮系年表水道编》。

⑤《江苏省民国通志稿·都水志》。

⑥《淮系年表水道编》。

⑦《江苏省民国通志稿·都水志》。

下游仅有废河槽，远不能承接坝上来水；且无障水之堤，故泄水时，势必一片汪洋。

康熙四十年春（1701年，一说康熙三十九年），总河张鹏翮“于古沟迤南，建滚水石坝三座，坝底加高三尺，仍留天然二土坝，以备异涨（其余诸坝皆堵塞）”。其中，“北坝、南坝，长七十丈，中坝，长六十丈，均上加封土”。乾隆十六年（1751年），大学士、总河高斌，“添建山盱石滚坝二座，旧坝定名仁、义、礼，新坝定名智、信，是为洪湖五坝”。“智、信二坝，金门各宽六十丈，墙高一丈零二寸，坝脊与仁、义、礼三坝一律”，“俟仁、义、礼三坝过水三尺五寸，始启信坝，次及智坝。天然二土坝，永禁开放”。[①]五坝次序，据《续行水金鉴》载，“自北至南，曰仁、义、智、礼、信”。

早在建仁、义、礼三坝之初，就开始筹划在坝之下游开挖引河。康熙皇帝曾下谕：“天然坝一带，旧有河形，当挑浚此河，酌量可容漕艘。建立闸座，水小则闭闸蓄湖水以敌黄，水大则开闸使之畅流。一面由武家墩通至运河，一面通至高邮湖，则商民船只，皆得长行，似为永久利益。”[②]康熙帝谓“旧有河形”，是些什么样的河形呢？据史载：天然坝一带，原为三国魏邓艾所筑白水塘旧址，塘下应有引塘水灌溉之旧河道，今天可考的是赤水涧。明《嘉靖宝应县志略》载：“赤水涧，西接白水塘。”清《道光重修宝应县志》记得详细一点：“赤水涧，在县西南七十里，西接白水塘，东入洒火湖”，而“洒火湖，在县西南四十里，西通衡阳河，南接安宜溪，东北入汜光湖”，是宝应湖的一部分。由此可以推定，当时开引水河是利用赤水涧故道的。“康熙四十五年（1706年）正月，奉旨于高堰三坝之下挑河筑堤束水。”[③]所挑河名，当时称作唐曹河。《光绪淮安府志》记载：“唐曹河，治西九十五里，与草子河相近，即康熙四十五年所挑三河六堤也。上承五坝减泄之水，東之东注，洪泽全河尾闾在此。”《民国宝应县志》亦有进一步记载：“三河，在县西南七十五里，系洪湖堤五坝下游，黄河南下洪湖时，溢开五坝泄水，坝下开沟三条，筑堤四，以分水势，东达宝应湖。南北两堤，分立涵洞，引水灌田，乡人俗称三河六堆。”至此，唐曹河开成了。

还有一个问题，既然“开沟三条，筑堤四”，应该是“三河四堆”，何来“三河六堆”呢？原来，康熙四十五年在开挖唐曹河的同时，又在南、北、中三滚水石坝及天然二坝两侧筑南北束水堤各一道。南束水堤头，“在蒋坝镇北约五里许，南北束水堤头直距约十里。南北两束水堤，自西至东，各长五十余里”。[④]《光绪淮安府志》对此记载颇详：“山盱三滚坝并天然二土坝下，南北两束水堤工，原因洪泽湖异涨，水从五坝滚下，两岸无堤，必然漂没田庐。康熙四十五年，发帑自大堤起，迄宝邑境，浚水引河，两岸建堤达宝应湖。”“束水堤北堤头与南堤头，相距口宽二千二百余丈，……而迤下之陈家庄、南甸等处，南北两堤相距仅宽百六十二丈”。所“宣泄的洪泽湖水，由南北束水二堤内，下注李良桥入宝应湖，计程五十余里”。府志所述沿线地名，今皆可考，“陈家庄”、“南甸”，在洪泽县内，“李良桥”即为今吕良镇。现在可以回答“三河六堆”了，“三河”者，是指开的三条河；“六堆”者，挑河的土筑成四道堤，四堤外侧，又筑两束水堤，共六道堤。“三河六堆”所说的“三河”，一共有三条河，但由于“三河六堆”所承泄的是五坝之水，“洪泽全河尾闾在此”，水势既大又猛，“一朝崩溃，倒漾之水，屆郡城、运河西岸而止”。这样，经过一段时间的“洪水冲激，三河汇而为一，六堤仅存其两，南则王家庵，北则茆家围”，[⑤]老三河就这样形成了。

从以上考证中，我们可以看出，五坝下原有赤水涧，康熙年间大致沿赤水涧方向开挖了三条引水河，称为唐曹河，民间俗称三河六堆，后来省称为三河。为区别于嘉庆年间所开蒋坝以南的三河（下部分将考证），而称为老三河。今天从实地考察，老三河西自洪泽县三河乡保子庵，东至本县吕良镇

---

①《淮系年表水道编》。

②《嘉庆重修一统志·淮安府》。

③《淮系年表》。

④《淮系年表水道编》。

⑤《光绪淮安府志》。

桥河口，全长38公里，流经洪泽、金湖两县，流域面积249.6平方公里。其中，本县境内河段长23公里，流域面积125.2平方公里。河道两岸地面西高东低，由真高11米降至6米，比降为0.13%。

嘉庆坝址南移，坝下挖仁、义、礼河，再注衡阳古河，后唯礼河敞放又曰新三河

康熙年间开始，洪泽湖泄水大抵都经过五坝下老三河入宝应湖，再经高邮湖、邵伯湖注入长江。据《淮系年表》等史籍记载：康熙十九年到乾隆三十年（1680年—1765年）的86年间，坝过水或开坝共16次。屡经开坝或过水，又是高水往低处冲，坝下势必要跌成深塘，使大堤堤脚变虚。为保整个大堤安全，不得不堵闭泄水坝。其中的仁坝，“嘉庆十六年（1811年）启放，跌成深塘堵闭后未能修复”；义坝，“嘉庆十年、十五年（分别为1805年、1810年）两次过水，跌成深塘，堵闭后未能修复”；礼坝，“嘉庆十七、八年（1812年、1813年）启放，跌成深塘，未能修复”。三坝皆在嘉庆二十三年（1818年），“奏明补还土堤，临湖建成石工”，“西面抛筑护桩、碎石”，五坝唯剩较高处的智坝、信坝。①

此外，由于黄河水屡次冲进洪泽湖，使泥沙大量沉淀，北部湖底急剧升高。《淮系年表水道编》记载：“湖西北岸，亦以黄水冲刷及淀淤之结果，造成溧河、安河、成子三大洼，洪泽湖底垫高至一丈五尺上下。湖之北面，竟成平陆，水位线南缩至三十余里，全湖大溜。”光绪十年（1884年），漕督杨昌浚向朝廷有一奏文，亦可证明。奏文曰：“淮水挟两省众流汇为洪泽湖，本系江皖巨浸。道光年间，为黄河夺淮所淤，北高南下，形如侧釜。”②

由于仁、义、礼三坝堵闭后，所剩智、信两坝不敷使用。必须另筑泄水之坝；又因洪泽湖北部湖底升高，所以新的泄水坝址就自然要移在蒋坝以南。嘉庆十八年（1813年），总河黎世序“议移建山盱仁、义、礼三坝于蒋家坝之南，各挑引河”。经朝廷批准，是年，“先挑仁、义二河，筑草坝”。③其中，仁字河，“河长七百六丈，以抵仁坝减泄湖涨。后恐刷深，（嘉庆）二十二年（1817年）于河头创建滚水石坝一座，金门口宽六十丈”；义字河，“河长七百八丈，以抵义坝宣泄湖涨”，“道光三年（1823年），河头建滚水石坝，金门宽六十丈”。到嘉庆二十一年（1816年），再挑浚“礼字河一道，长八百丈”，以抵礼坝宣泄湖涨，“湖头筑有拦坝，以时启闭”。④道光十八年（1838年），“礼河草坝改石滚坝，金门宽七十丈”。⑤此时，仁、义、礼三引河及河头石坝均已告成。

仁、义、礼三河，各长仅七百到八百丈（合2.3公里到2.7公里），离宝应湖尚遥远，如何能泄水呢？原来，所挖三引河的地段，即从三河头到三河街一段，“南北岗地俱在二十五公尺（米）左右”，而“再东行，北岸地势低降，在十公尺（米）以下”，⑥三引河即使挖深十五米，其河底也才与河尾地面相平。也就是说，三引河是引高水往洼处流。还有一个重要原因，就是挑三引河时，也已考虑到让“新挑仁、义、礼三河泄下之水，汇入旧坝汊河内，流归高宝等湖东注”。⑦“旧坝汊河”河流的具体情况，民国初年水利专家武同举对此考证颇详。他认为，洪泽湖西南部原有“圣人湖，周约十许里，湖之西口，南有甘泉山，北有圣人山，湖东枯河，一名古河，东西迳道，长约十七里许，淮水涨时，可由此河漾入，达于洪泽湖之南洼乱湖，水出三河口”。他又引《读史方舆纪要》记载，湖东枯河以东

①《江苏省民国通志稿·都水志》。

②《民国宝应县志》。

③《淮系年表水道编》。

④《江苏省民国通志稿·都水志》。

⑤《淮系年表水道编》。

⑥《淮河水道志》。

⑦《江苏省民国通志稿·都水志》。

有“衡阳河，在宝应县西南六十里，达氾光湖，又西南四十里，达衡阳镇，以迄于云山”。武氏据此做出推定：“圣人湖古为淮口。淮口以东，确有水道，开河通漕，自淮趋高邮为捷径，避楚州淮险。其水自圣人湖东导，经白水废塘、绝塘河，更东导为衡阳河，以通高邮至扬州，即今枯河东出由蒋坝三河以达高宝湖之道。”[①]武氏所述及的“白水废塘”、“绝塘河”，其位置虽无确考，但均在蒋坝三引河一带是为研究者所公认的。而“衡阳河”，史书有详尽记载，除武氏所引《方舆纪要》记载外，还有多处可见。如明《嘉靖宝应县志略》载：“衡阳河，在洒火湖之西。”又清《道光重修宝应县志》曰：“衡阳河，在县西南六十里，西连衡阳镇，东入洒火湖。”又清《嘉庆重修一统志》云：“衡阳河，在宝应县西南，源出安徽盱眙县界，东流绕云山；东北流二十里，经衡阳镇；又东北流四十里，经洒火湖；又东北二十五里，通氾光湖，长百余里。”综上述，仁、义、礼三引河下泄之水，是经衡阳河而流入宝应湖的。

蒋坝南仁、义、礼三引河挖好后，即成为淮水的主要下泄之道。据《江苏省民国通志稿》载：道光帝统治三十年间，启放仁字河13次，义字河13次，礼字河14次。由于屡次启坝泄水，不仅坝下冲成深塘，而且坝底不断损坏。道光三十年（1850年），“仁坝冲损，以后堵闭”。咸丰元年（1851年），“礼坝冲损未修”。咸丰五年（1855年）六月，黄河大决兰仪县铜瓦厢而北徙，发生了淮河史上的又一次历史性转折。于是，“仁义两河永闭，只留礼河一口，即三河口”。其时，三引河汇归演变为礼字河一河，其地位也越来越重要。一是礼河口淮底，“高于海平面八十五生的（‘生的’即‘厘米’），其迤东之跌塘，低于海平面三米突七〇一（‘米突’即‘米’），较洪泽湖底低两丈八尺许至四丈二尺许，倾斜甚大，泄势极猛”；[②]二是黄河虽北徙，但淮水入海之路，被黄水所带大量泥沙淤塞，“不能重归故道”。[③]所以，礼字河就成为“洪泽湖最大之尾闾”，[④]淮水入江主要之通道，且河道越冲越宽。就这样，新三河正式形成了。

到民国末年，新三河河道演变大致情况是：淮水自礼河口往东，经过三河街、观音寺、龙登口、衡阳小新街、郑岗、黎城镇、柏家涧、金沟河口，再往东北入宝应湖，全长44公里。[⑤]按照今日的行政区划，南岸以衡阳小新街为界，西属盱眙县，北岸以渔池涧为界，西属洪泽县，其余皆在本县境内，长约25公里。其宽度，龙登口以西较窄，在一公里左右，龙登口以东均在三公里上下。

再说河名，自礼字河到新三河也有一个演变过程，早在嘉庆年间开仁、义、礼三条引河时，就“一名头、二、三河”，[⑥]即仁字河又叫头河，义字河又叫二河，礼字河又叫三河。此外，三引河下游，还有衡阳河、黎城河（衡阳河在黎城镇一段的河名）。这样，到新三河形成时，同一条河，就有四个名称。《民国宝应县志》对四个名称兼收兼蓄：“礼字河，俗名南三河，在洪泽湖下游，东经衡阳河、济河、黎城河，达洒火、宝应等湖，上自礼字坝入口，过衡羡、白水、瓜山至黎磨庄，长约六十余里。”“衡阳河，在县西南六十里，西连衡阳镇，东入洒火湖。”“黎城河，在县西南八十五里，西达礼字河，东达金汉涧（即金沟河），北连洒火湖。”但从四个河名的记载上，我们可以看出两个变化：一是原来只有近3公里长的礼字河（或称三河），开始超出所指范围而指整个泄水入宝应湖的河道；二是四个河名，三河与礼字河本是同一条河的两个名称，而衡阳河与黎城河均已包含在礼字河之内。再经过慢慢地约定俗成，人们渐渐取三河为名而舍弃其他名称了。有时为区别于北部的三河，而称为南三河或新三河，省称为三河。

①《淮系年表水道编》。

②《淮系年表水道编》。

③《江苏省乡土志》。

④《江苏省民国通志稿·都水志》。

⑤《淮河水道志》。

⑥《淮系年表水道编》。

新中国建闸筑堤，兴修入江水道，
水乡鱼肥粮丰，新老三河造福人民

清咸丰五年（1855年）后，新三河年年敞放，下游人民并没有因黄河北徙而减轻水灾的磨难。洪泽湖水位，平时比下游地区的地面高出三四米，汛期则高出六七米。一遇洪水，则白浪滚滚，直泻而下，庐舍禾稼荡然无遗。本县首当其冲，百姓流离失所，田地遍生蒿莱，四野荒芜一片。有识之士屡次提出治理淮河，但旧政权统治，往往议未及行，即寿终正寝。同治五年（1866年），山阳（淮安）丁显、阜宁裴荫森、宿迁蔡则沄等“请复淮水故道”，“收束洪湖礼字河，疏挑张福口引河”，“议寝未行”。光绪三十二年（1906年），通州（南通）张謇“议复淮浚河，标本兼治”，不见动作。宣统元年（1909年），翰林院侍读学士恽毓鼎、资政院议员周廷弼“议导淮，由淮北盐河、北潮河入海”，亦无行动。①民国18年（1929年），国民党的导淮委员会成立；民国20年（1931年）公布“导淮工程计划”，“拟建蒋坝洪泽湖三河活动坝”；又迟至民国26年（1937年），三河活动坝才开始打桩，恰逢日寇侵华，草草收场，以后再也没有复工。②因此，这一时期虽淮水下泄如故，但除临河段及流域范围内筑了一道道不堪一击的小圩外，没有其他治淮措施。民国29年（1940年），新四军开辟高宝湖西抗日根据地，境内以新三河为界，分属淮南、淮北两区。共产党和民主政府关心群众疾苦，尽可能组织了一些筑堤保圩工程。著名的是民国33年（1944年）春，新老三河之间的淮宝县南宁区把应集、瓜泽、潘万、南宁、高集五个乡的42个挡新三河洪水的小圩联并起来，叫五乡联圩。由于处在战争环境，还无条件对新老三河进行较大的治理。

淮河新生，新老三河的新生，是在中华人民共和国成立以后。1950年10月14日，中央人民政府政务院颁布《关于治理淮河的决定》。1951年5月4日，毛泽东主席发出“一定要把淮河修好”的伟大号召。千百万饱受淮水之苦的群众，踊跃投入了整治淮河的斗争，淮河尾闾的新老三河也日新月异。

首先，以新三河入口处即礼河口进行整修并采取节制措施。为了旱时蓄水，汛期有控制地排泄洪水，水利部批准在三河口建造三河闸。1952年10月1日正式开工，从各地调集干部3696人，各种技工2403人，先后三期动员2专区12县民工158647人。本县当时分属宝应、高邮两县，县内参加的民工5100人，其中属宝应县的3600人，属高邮县的1500人。经过十个月的会战，到1953年7月26日，完成土方939.5万立方米，混凝土方51486立方米，石方7.83万立方米，胜利建成63孔、泄洪8000秒立方米、长达697.75米的三河闸，另外还修筑了御水的三河草坝，疏浚了闸上引河，轰动全国。③1968年，又对三河闸进行加固，最大泄洪量增加到12000秒立方米。

上游有了水闸控制，两岸河堤也屡经加固。本县河堤在中下游，工程十分浩大。新三河的北堤（也叫淮北堤 ），自民国33年（1944年）春筑成五乡联圩后，又经过六次改造、加固。第一次，1950年冬至1951年春，宝应县吕良区组织民工，将原来的五乡联圩加固并延伸至新宁乡，遂更名为六乡联圩，简称大联圩。第二次，1956年冬至1957年春，将六乡联圩继续向西延伸，穿过渔池涧至中渡，按中央淮委规划的线路，筑成入江水道北大堤雏形。第三次，1957年冬至1958年春，六乡联圩一段改线，西从黄庄圩拐向东挑至六房南，筑新堤4.6公里，挑土27万立方米。第四次，1969年兴建淮河入江水道时，淮阴专区民工承担扩大、加固整个北堤。第五次，1972年冬至1973年春，本县动员三河（后划为陈桥、金北两公社）、淮建、淮胜等公社民工940人，加固大堤渔池涧段1500米，洪圩段2900米，动土20万立方米。第六次，1975年冬至1976年春，继续加固和增做二台，由淮阴地区淮

①《江苏省民国通志稿·都水志》。

②《江苏水利史志资料选辑》（1985年第3辑）。

③《江苏水利史志资料选辑》（1985年第3辑）。

安、泗阳、灌南、宿迁四县47000名民工施工，完成土方224.8万立方米。至此，新三河北堤筑成。其中本县所属地段自陈桥乡渔池涧往东至石港引江洞，长11公里，堤顶真高15米~15.5米，顶宽6米，均有前后平台。

新三河的南岸，本为缓坡地形，三河水涨时，逐级漫滩。民国27年（1938年）大洪，船只可以直接停靠到距三河2公里外的黎城乡三里桥。南岸的大堤以郑岗为界，西段叫衡阳圩，东段叫淮南圩。先考察一下衡阳圩的形成：1952年冬到1953年春，挑筑了从柏常庄到陈桥（今戴楼乡向东村二组）的马家小圩，堤顶离地面2米左右。1962年冬至1963年春，官塘公社民工1500人，加大和延长马家小圩，往西延伸到衡阳岗头，使全圩共长4000多米，底宽15米，顶宽2米，此时便称衡阳圩。1972年冬，再次动员官塘公社民工650人，黎城公社88人，全面加固衡阳圩，同时向东延伸到郑岗，做土方23.5万立方米。其时，衡阳圩全长5.7公里，堤顶真高13.8米，顶宽4米。再看南堤东段淮南圩形成过程：此处大规模筑堤始于1954年春，金沟区委动员近万名民工参加施工，大堤走向是，金沟河西由石友大圩起直至黎城镇，金沟河东由高沈圩筑至邹河圩拐，大堤堤脚在三河边，民工在芦柴滩里取土。此堤筑成，既缩短了防洪线，又放垦良田一万多亩。1969年兴修淮河入江水道时，由淮阴专区各县民工负责加固、扩大该堤。1977年冬，动员12个公社4280名民工加固大堤东段4857米，挑土32.34万立方米。1978年冬到1979年春，再次动员10个公社5000名民工加固大堤西段4415米，挑土32.5万立方米。全堤自郑岗到西漫水闸，长9.4公里，堤顶真高14.8米~15.2米，顶宽6米。自此，新三河南北两堤巍巍屹立，遥相呼应，堪称水上长城。

新三河下泄的淮水，在淮河入江水道建成前，均是注入宝应湖的。这股洪水在宝应湖辗转迂回20多公里后，才进入高邮湖、邵伯湖等处入江。由于在县境迂回线路很长，同时下游入江通道不畅，因而泄水异常缓慢。每遇泄洪，宝应湖水位急剧上涨，不仅新三河、老三河，而且大片地势较低的农田、村庄均被淹没为滞洪区，水天相连，烟波浩渺。虽然中华人民共和国成立后筑堤建闸，但仍不能解除水患之苦。因此，治理淮河的根本大计，是在兴修淮河入江水道。中华人民共和国成立伊始，即开始研究入江水道的治理规划。1956年2月，水电部报国家计委，同意提前举办淮河入江水道工程，设计入江流量11000秒立方米。根据设计，入江水道沿着新三河河道至金沟河口折向南行入高邮湖，再由邵伯湖至廖家沟、三江营入江，全长156公里，其中上段与中段一部分均在本县境内，长31公里。1958年冬到1959年春，县境内民工21076人，进行金沟改道段工程施工，挑筑起入江道两侧共长45465米的大堤，土方272.02万立方米。但因当时两堤标准较低，加之行洪区内居民未拆迁，故未起泄洪作用。1969年4月，经水电部批准，入江水道全面兴修。本县境内的工程，分两期施工。第一期工程，1969年10月到1970年1月施工，民工来自六合、扬州、淮阴三个专区，金湖、六合、仪征、盱眙、宝应、江都、兴化、泰兴、泰县、靖江、高邮、邗江、淮阴、淮安、宿迁、涟水、灌云、灌南、沭阳、泗阳等20个县20.3万人，水电部部长钱正英亲自来到工地慰问。第二期工程，1970年11月到1971年1月，民工来自金湖、仪征、盱眙三县，4.4万人。两期工程共完成土方2924.5万立方米，石方46.8万立方米，耗资2999.7万元，加高了新三河南北大堤，兴建长4公里多的三河拦河大坝，加筑金沟改道段东西大堤，还筑起大汕子隔堤，加固淮南圩大堤（指高邮湖大堤），增做入江道沿线闸洞33座，使淮河洪水由过去迂回宝应湖改从金沟行洪道直接注入高邮湖。此后，又逐年修葺，其中块石护坡即达72.1公里。淮河入江水道的建成，是淮河史上的再一次历史性转折。宽阔的入江水道，将奔腾不羁的洪水泄入长江；沿线座座闸洞，旱时引入淮水灌溉良田，涝时排除积水免受水害。

再说老三河，自形成后也历尽沧桑。老三河入口处的滚水石坝，嘉庆中已将仁、义、礼三主坝移往蒋坝以南，剩下智、信坝及道光中建的林家西坝。其时，在蒋坝以南仁、义、礼三坝均已启放仍不足“排泄淮涨”的情况下，智坝亦启放8次，信坝2次，林家西坝2次，老三河成为下泄淮水的辅助河道。[①]咸丰黄河北徙后，所剩三坝全部堵闭，老三河亦由辅助行洪河道退而为排涝及下游滞洪河道。一旦新三河行洪入宝应湖，宝应湖水即逆入老三河，老三河成为滞洪区。由于宝应湖水位不断提高，而老三河堤岸卑矮，故不断决堤成灾。1957年筑白马湖大隔堤时，对老三河南北堤亦进行扩大、加固，1965年再次复堤。淮河入江水道建成后，宝应湖不再承泄新三河来水，老三河遂成为洪泽、金湖两县的排涝河道。宽阔的故道里，建成方方整整的精养鱼池，单本县境内1988年底就有3098亩，产鱼622吨。南来的金（湖）淮（安）公里自吕良镇起，上北堤向西北方向延伸，到新农集后下堤折向北行。

淮水曾经给我县人民带来无尽的灾难，新老三河终年流淌着劳动人民的血和泪。新中国建闸筑坝，特别是入江水道建成，淮水畅流入江，水害变为水利，昔日的穷乡僻壤，今朝成了鱼米之乡。1988年，全县粮食总产333011吨，比建国时的1949年增长86.5倍，人均产粮1161.3公斤，早在1983年，即成为本省第一个“户产万斤粮、人产一吨粮、贡献千斤粮”的县。全县水产品总产量10730吨，跨入全省水产品产量万吨县的行列，比1949年增长8.4倍，人均产鱼37.4公斤，受到省政府表彰，新老三河造福人民，大放异彩。

（原载江苏省水利史志编纂委员会编《江苏水利史志资料选辑》第19辑，作者见本志“人物简介”）

衡阳古镇兴废考

马国顺

衡阳古镇，坐落在我县西部戴楼乡境内，今天已不大为人们所知。而在明清时期，这里曾是宝应县运河以西的政治、经济与军事的中心。本文根据有关史书的记载，结合今天的实地考察与调查，试对衡阳古镇在历史上的兴盛状况与兴废原因作一些探讨，以求教于内行与知情人士。

一

衡阳古镇遗址，在金湖县城——黎城镇之西偏北方向，距离约10公里，今天三河河心的衡阳滩上。遗址上遍布瓦砾，少数建筑物遗址尚存。根据考古人员对遗址的考察及当地老人的回忆，衡阳古镇基本呈正方形，东西长约1公里，南北宽也为1公里，占地面积1500多亩。镇上主街为东西向平行的三条大街，自北而南，分别叫中街、小中街、南街，其中，中街、小中街均在现在的河滩上，南街在衡阳岗头上。主街之外，还有许多小巷，计为“九桥十八巷”。主街街道，都用青砖铺地。兴盛时，古镇常住人口在2000人以上。衡阳镇巡检司及衡阳镇汛的官署，设在中街中间，坐北面南。镇上工商各业，详情难考，但中街西北的高行、南街的赵行遗址尚在，两行相距约1.5公里。古镇有四座庙宇，中街东首为东岳庙（又名泰山殿），西首是都天庙，小中街西首有一无名庙，南街西首为真武庙。四座庙宇以中街东首的东岳庙为最大，根据遗存的瓦当、滴水等实物推断，当是明代的建筑。庙宇建为大四合院，有大殿三间，供有三尊铜佛像。庙前有一旗杆，一抱粗，三丈多高。庙里的一口水井，砖井栏上留有18条一寸多深的绳印。东岳庙东侧，还有清道光时吏部尚书朱士彦（民间称朱天官）的衣冠冢。[②]由此可见，衡阳镇是宝应湖西的一个大镇。

史书记载，明清两朝，这里曾设置衡阳镇巡检司。巡检司，亦称巡司，是明清时期重要关隘的巡

① 《江苏省民国通志稿·都水志》。

② 朱士彦生平，见《中国人名大辞典》，247页，臧励龢等编，商务印书馆版；又见《宝应县志》，12卷，336页，民国23年版。

防、稽查机构，主要职责是“掌缉捕盗贼、盘诘奸伪，凡州县关津要害并设之”。清朝中叶，全国20个省（府），共有巡检职967人。①江苏全省56个州县（厅），共有85人。②宝应县在明代共设有两处巡检司，一处是宝应县南运河堤上的槐楼镇巡检司，另一处就是衡阳镇巡检司。清《嘉庆重修一统志》记载：“衡阳镇巡司，在宝应县西南一百二十里，明洪武初置。”③清道光《重修宝应县志》载：“衡阳巡检司，在县西南一百二十里，嘉靖六年知县闻人诠修，今圮。”④这就说明，衡阳镇当时地处要津，为一重地。

清初，封建专制统治加强，衡阳镇地位迅速上升，进一步成为宝应县运河以西地区的统治中心。这时，衡阳镇开始驻扎军队，番号为清绿营兵狼山镇扬州营衡阳镇汛。志书记载：“雍正二年，设衡阳镇汛，调扬州营千总官一员，马步兵三十名，并拨泗州营步兵二十名，驻防巡缉湖西私盐。”“乾隆七年，奉文，衡阳汛兼巡缉盱眙湖下寺一带私盐。”在当时的宝应县境内，除衡阳汛外，只有宝应汛，而衡阳汛主官是千总，宝应汛只是把总，位在宝应汛之上。到了“嘉庆……十四年，以宝应为北来首汛，地方紧要，差务繁杂，将衡阳汛千总改驻宝应城守汛。以宝应把总改驻衡阳汛缉私。”“道光四年，泗州营贴防衡阳汛缉私兵丁二十名撤回。是年，添设额外外委把总一员。九年，准兵部议，复衡阳汛，与宝应汛划界分防。以衡阳汛把总带兵二十五名，分驻观音寺；外委带兵十五名，分驻黎城镇。”以后，衡阳汛驻兵一直为40名。编制与装备为，“峕汛右哨、三司把总一员，协防右哨、外委把总一员，弓箭管队步兵一名，鸟枪管队步兵一名，红旗步兵一名，字识步兵一名，留扬抵拨步兵一名，操巡步兵三十五名。巡船四只，官坐马二匹，战马一匹。”⑤到“同治六年，亦调防改编（指改编新军营，笔者注），调二十四名。光绪三十三年，裁兵十名。宣统末，营制尽改。”⑥当时的扬州营，对宝应、衡阳两汛的分工是：运河西岸以下湖西一带村庄有盗窃案件，归衡阳讯专管承缉。西岸以上及运河一带东南北三乡，归宝应汛专管承缉。湖西尽属水乡，官兵巡缉，非舟莫济。⑦衡阳汛具体管辖的地域，“东至漕河西堤一百五里，抵宝应汛界；西至云山二十五里，抵泗州营汛界；南至王家小村六十八里，抵水北汛界；北至新集、南甸一十八里，抵淮安营汛界。广一百三十里，袤八十里。”⑧对照《扬州营志·衡阳镇汛图》，衡阳汛四至为：西至云山、观音寺、新集、仁和集一线，北至仁和集、孙家集、山阳沟、运河西堤一线，东至运河西堤的宝应段一线，南至运河西堤、银沟集、龙岗、云山一线。今天的金湖县境（除塔集、夹沟、闵桥、横桥、卞塘等乡以外），宝应县的山阳乡、中港乡、氾光湖乡，盱眙县的东阳乡、观音寺乡，洪泽县的共和乡、万集乡、仁和镇，均属衡阳镇汛管辖。当时，以衡阳镇汛为中心，隶属的“缉捕私枭”的口隘，有银沟集口隘、黎城镇口隘、衡阳镇口隘、磨旗墩口隘、观音寺口隘、仁和集口隘。⑨清朝是军政一体。以上资料足以说明，衡阳镇为明清时期宝应县运河之西的政治、经济与军事中心，是两朝重镇。

二

衡阳镇，得名于衡阳河，因为史书记载到衡阳河名称的年代早于衡阳镇，衡阳镇又横跨在衡阳河

①《清朝通典》，34卷，2211页，民国24年商务印书馆版。

② 同②，92卷，2715页。

③《嘉庆重修一统志》，扬州府二，11页，民国24年商务印书馆版。

④《重修宝应县志》，3卷，4页，道光庚子刊。

⑤ 同⑤，6卷，16页。

⑥《宝应县志》，8卷，215页，民国23年版。

⑦《重修宝应县志》，6卷，16页，道光庚子刊。

⑧《重修宝应县志》，6卷，19页，道光庚子刊。

⑨《重修宝应县志》，6卷，21页，道光庚子刊。

上。衡阳古镇大约形成于元末或明初。清初史学家顾祖禹《读史方舆纪要》载：南宋嘉定六年（公元1213年），朝廷讨论修复白水塘时，参加者认为，白水塘“若修复之，使高宝诸河相接，游波所及，使衡阳阜、三角村诸处皆浸淫至域，则形势自张”。[①]这里提到的衡阳阜，就是衡阳镇地，阜为水边高地。可见，南宋嘉定时，这里并没有集镇，还只是一个高地。明初设置衡阳镇巡检司后，促进了古镇的形成。到明代中叶，已发展为一大名镇。明嘉靖《宝应县志略》列出的宝应县内八大镇中，第二就是衡阳镇。[②]衡阳镇是自清道光年间开始衰落的，根据盛极而衰的规律，那么这时也自然是古镇兴盛的顶点。

衡阳古镇为什么在明清时期得以兴盛呢？马克思主义认为，任何社会形态都是在历史中产生、发展和灭亡的，它们产生、发展和灭亡的辩证运动的根源在于社会内部的矛盾性。[③]就是说，观察一个社会历史现象发生、发展的变化原因，必须从社会内部的矛盾性中去揭示。

衡阳古镇的兴盛，首先是地理环境方面的原因。所谓地理环境，就是指环绕社会的各种自然条件，包括地理位置以及这一地理位置的地形、气候、土壤、山林、水系、地下矿藏、水利资源、动物、植物等等。地理环境对社会的发展起着不可忽视的重要作用。它是人们创造历史所依赖的必要物质条件，人们总是在一定的地理环境中生活，在一定的地理环境中创造自己的历史。衡阳镇所处地理环境，对其形成与兴盛的影响，至少有三个方面：一是衡阳镇为宝应县的西大门。它不仅地处宝应、盱眙、山阳（淮安）三县交界，而且也处于扬州府、凤阳府、淮安府三府接合部。《道光重修宝应县志》称：“衡阳僻处湖西，最称险要，囤贩私盐，视为恒业”。又云，“衡阳镇口隘，界连盱泗，东由黎城接高宝湖，西走观音寺达长淮、入云山，为私贩要隘”。[④]二是东西水路交通发达。今日之三河，前身为衡阳河。明清时，衡阳河“源出安徽盱眙县界，东流绕云山东；北流二十里，经衡阳镇；又东北流四十里，经洒火湖；又东北二十五里，通氾光湖，长百余里。”[⑤]衡阳镇西的泗州，为明祖陵所在地，在明代比较繁荣。从宝应、高邮、扬州等地到泗州，衡阳河为最佳通道，水路运输一定十分繁忙。三是衡阳镇自古就是从山阳（淮安）到金陵（南京）、广陵（扬州）交通驿道的经过之地。史书记载：衡阳镇北的三角村，向为淮河“边兵横趋大仪之路”。清初诗人孙应嘉有诗为证：“十里新阜路，前朝三角村；兵戈今已静，耕凿古犹存。”[⑥]因为，当时的衡阳河，只是一条不太宽的河流。在道光《扬州营志·衡阳镇汛图》与《道光重修宝应县志·西境图》上都标明，衡阳河流经衡阳镇时分为三条小河，每条河上都有一道桥，分别称为北桥、中桥、南桥，当地群众称为太平桥、中桥、草桥，如今仍有桥桩在水底，南北交通极为便利。衡阳镇得天独厚的地理环境，为它的发展兴盛提供了重要条件。

马克思主义还认为，在社会的物质生活条件中，对社会发展起着决定作用的只能是物质资料的生产方式。生产方式就是人类进行生产活动的社会方式，它是生产力和生产关系的统一体。所谓人们在既定的物质条件下创造历史，主要的正是指的在既定的生产方式下创造历史。衡阳古镇之所以在明清时期兴盛，其根本原因是在于当时物质资料的生产方式矛盾运动的结果，具体地说，也就是明清社会基本矛盾运动的结果。

从经济上看，自明代起出现了资本主义萌芽，商品经济不断发展。明初，纺织业中有了小规模的资本主义手工工场。万历年间，出现了脱离了生产资料、出卖劳动力的劳动者。在清初统一活动的过程中，东南地区遭到很大破坏，资本主义萌芽横遭摧毁。等到局势平定下来后，资本主义萌芽在东

①《读史方舆纪要》，23卷，19页，顾祖禹著，光绪二十七年图书集成局排印本。

②《宝应县志略》，2卷，17页，闻人诠撰，明嘉靖刻本。

③ 参见《马克思主义哲学纲要》，221页，陈晏清著，中央广播电视大学出版社、天津人民出版社版。

④《重修宝应县志》，6卷，19页，21页，道光庚子刊。

⑤《嘉庆重修一统志》，扬州府二，16页，民国24年商务印书馆版。

⑥《重修宝应县志》，2卷，21页，道光庚子刊。

南地区由复苏而有缓慢的发展，还逐渐扩展到东南地区以外。[①]随着商品生产的发展，商品流通的速度也必然加快。衡阳镇处在东西水路与南北陆路交通的交汇点上，是理想的商品集散地，这就刺激了集镇工商各业的发展，使衡阳镇不断发展为一个大镇。

从政治上看，明清时期的阶级矛盾空前激化，专制统治不断加强。联系衡阳镇所处的特定的地理环境，有两个方面是不可忽视的。一方面，是在关隘要地设卡，防范“流民”走私。这一时期，土地兼并日益严重，社会财富高度集中，人民极度贫困，大批失去土地的农民，流离失所，成为“流民”。自明英宗起，流民问题日趋严重。这些“流民”百十成群，分布各地，采野菜、煮榆树皮为食。道光时扬州营参将陈述祖所撰《扬州营志》中，对此作了带有诬蔑性的记载：“良以扬州声名文物，民气敦庞，一切劫、杀、略、卖、抢、夺非法之事，大都出回侉流民。回侉皆无赖子，徒手千里，冒厉禁。不约而集者，为扬州有私盐可业，而为利至厚，故也。”“小民不明大义，贪重值，或为之导引、搬运，致罗重咎，甚。”[②]衡阳镇地处扬州府西北边界，是东部沿海食盐、西部山区山货的私运者必经通道，这使该镇成了流民活动的理想场所，故在衡阳镇以重兵设防。另一方面，是对处于极度贫困境地的人民，以重兵防范“作乱”。衡阳镇地处淮河下游，明清统治者推行“蓄清刷黄”的治水政策，大葺高家堰，使得这一地区成了“滞水区”，人民饱受水害、极度贫困。自明代宗景泰五年（1454年）到清道光十一年（1831年）的377年间，仅《道光重修宝应县志》记载的特大水灾就达47次。如，明穆宗隆庆三年（1569年）秋大水，海潮溢高二丈余，狂飙大作，浪卷庐舍无孑遗，人畜死者无数，城中行百斛舟，湖堤决十五处。又，道光四年（1824年）十一月十三日，洪泽湖堤决，十三堡田庐多淹没。时湖西村落皆成巨浸，灾民升树缘屋，危在呼吸之倾。[③]清刘中柱《湖啸叹》诗描写当时惨景是：“银沟古集屋压屋，金钗涧里无人哭，艾塘庙接吕梁桥，家家裹束波间宿。可怜一霎即黄泉”。（注：此处所列地名皆在今金湖县境内，银沟集今为银集，金钗涧今为金沟，吕梁桥今为吕良镇，艾塘庙待考。）[④]大水过后，一片凄凉，“可怜老弱尽沉溺，壮者既活饥无餔。呼天动地白日暗，抱女掩男忍离散。百钱斗米不得换，露宿茕茕已肠断。再闻羽檄云边来，岁租力役交相催”。[⑤]走投无路的农民，务必要群起反抗，统治者也必定加紧镇压人民的反抗。衡阳镇地处要冲，就自然成为统治者镇压人民反抗的一个中心据点。衡阳镇既设巡检司，又置衡阳汛，表明该地成了宝应湖西的政治中心与军事中心，客观上，也促使衡阳镇兴盛发展起来。

三

衡阳古镇走过一段由兴而盛、由盛而衰、又由衰而废的曲折道路。衡阳古镇在清道光年间开始衰落。《道光重修宝应县志》载：“衡阳汛，自道光九年奉部复准，把总移驻观音寺，外委移驻黎城镇。”[⑥]这是衡阳镇衰落的起点。到了民国初年，衡阳古镇终于由衰而废。《民国宝应县志》对湖西岗原诸地的记载是：“其湖以西，冈（岗）原绵亘者，曰白水塘、观音寺、衡羡塘、官路塘、磨旗墩、瓜山庙、黎城、永丰镇、仁和集、金汉涧、银沟集。”并在上文曰：“衡羡庄，即衡阳镇地，在宝应湖西去城一百二十里。”[⑦]这里已无衡阳镇的名称了。最近，我们发现了一些当地的契约文书，也证明衡阳镇民

①《中国通史纲要》，363页，白寿彝主编，上海人民出版社。

② 转引自《重修宝应县志》，6卷，22页，道光庚子刊。

③《重修宝应县志》，9卷，1至10页，道光庚子刊。

④ 转引自《重修宝应县志》，19卷，7页，道光庚子刊。

⑤ 见清陶征《湖水决》诗，转引自《重修宝应县志》，9卷，6页，道光庚子刊。

⑥《重修宝应县志》，6卷，20页，道光庚子刊。

⑦《宝应县志》，2卷，53页，民国23年版。

国时已不称镇。如，发给当地居民蔡如光的《宝应清乡分局枪支执照》，时间是民国3年（1914年），住址填的是衡羡乡。又，民国24年（1935年）的《江苏省宝应县征收田赋执照》，户名是当地农民蔡惟周，住址是衡羡庄。衡羡庄取代衡阳镇，说明此时衡阳镇已完全废弃。

衡阳镇，在明清时是作为县辖镇而出现的。镇，即市镇，一是指宋代以后县以下的小商业都市，二是指基层行政区域单位，以工商活动为主的小于城市的居民区。市镇是我国社会历史发展的必然产物，它自人类社会开始商品交换后就逐渐形成。它的形成，促进了商品经济的发展，沟通了城乡之间的政治、经济、文化的交流。一个市镇，就是一个地区的政治、经济、文化中心。这既是一个市镇的形成原因，也是一个市镇得以存在的条件，失去了这个条件，这个市镇必然要遭废弃。衡阳镇由盛而废的主要原因，就在于它失去作为市镇存在的条件。

第一，淮水改由衡阳河下注高宝诸湖，使衡阳镇失去了存在的地理条件。民国初的《淮系年表水道编》载：衡阳河上游的三河口，今为洪泽湖水东出唯一之大口，即嘉道时分减淮水礼河之口。清嘉庆中，挑仁义两河，又挑礼字河（注：礼字河下连衡阳河，后统称为三河），建仁河头滚水石坝一座。道光，建义坝，又建礼坝，又改建仁坝。道光三十年（1850年），仁坝冲损，以后堵闭。咸丰元年（1851年），礼坝冲损未修，随后义坝亦永闭。礼河年年敞放，渐刷渐宽。[①]衡阳镇一段河道，已由原来的三条小河刷宽到3公里之遥，这使古镇失去了存在的地理条件。其一，是“横趋大仪之路”的陆路交通中断。咸丰以后，衡阳镇南北交通仅靠小木船，而且往返一趟要两三个小时之久。群众中流传这样一句民谣：“要过衡阳渡，带个稻草去打铺。”就是讲渡河之难。这“天堑”阻隔了南北陆路交通，交通线路逐渐西移洪泽湖堤，或东移运河大堤。其二，是水运萧条。这主要是咸丰年间，黄河北徙，沿运河北上的水路更加畅通无阻，不需要经衡阳河辗转水运了。衡阳镇交通枢纽功能消失，就一步步走上由盛而衰之路。其三，洪水破坏了衡阳镇的生机。衡阳镇跨衡阳河，地势低平，正当洪水之冲，严重遭受水淹，有时一年要受淹数次。居民们往返搬迁，劳民伤财，使衡阳古镇迅速衰落下去。从古镇遗址可以看出，衡阳镇西首迎水地段，被洪水严重冲刷，有些可考遗址已没入水中。而中部及东首严重被淤，一般有三四尺深。地理环境主要是水系的突变，使衡阳镇逃不出被废的命运。

第二，黎城镇兴起，取代了衡阳古镇的地位。黎城，即古高黎王城，“在县西南八十里侯村乡。宋治平间，高黎王筑，高丈周，回一里四十武”。[②]自清道光年间开始，衡阳镇作为政治、军事中心，就有东移迹象，外委把总带兵驻扎到了黎城。到民国初年，黎城一带为宝应县第七区（含衡阳镇地），区治正式设到了黎城。1958年3月，设立宝应县湖西办事处时，办事处驻地亦在黎城。1959年10月，设置金湖县，黎城成立了县委、县人委的所在地。黎城镇的兴起，可能因为它正处于宝应湖西中心地带，“黎城距治八十里，北滨宝应湖，当高邮、天长诸县交通之冲”。[③]如以黎城为中心，它北去吕良镇10公里，西至衡阳镇10公里，南到金南乡近10公里，东往银集乡15公里。黎城镇作为宝应湖西政治、经济中心而出现，衡阳镇的废弃就在必然之中了。虽然衡阳镇在连续遭受水淹后，也力图往南侧高岗地迁移，但只发展成一条小街，没有挽回被废的局势。

衡阳古镇兴废的历史说明：一个集镇的兴废，有着深刻的历史原因，具有历史必然性。当社会需要，一个集镇就能兴起；当它失去存在条件时，就必须要被废弃。这对于我们理解近年来的小城镇的兴起，以及如何建设小城镇等问题，是不无启发的。

（原载淮阴市地方志办公室主办《淮阴志林》1988年第1期）

---

① 《淮系年表全编》，第4册，52页，武同举著，民国17年排印本。

② 《重修宝应县志》，2卷，21页，道光庚子刊。

③ 《江苏六十一县志》，殷惟龢纂，民国25年版。

四、文献辑存

关于同意调整金湖县乡镇行政区划的批复

淮政复〔2000〕6号

金湖县人民政府：

你县《关于要求乡镇撤并的请示》(金政发〔2000〕5号)悉。经审核并报省政府批准，现根据《省政府关于同意调整金湖县乡镇行政区划的批复》(苏政复〔2000〕27号)批复如下：

一、同意撤销金沟镇，将原金沟镇的利东村、王湾村划归黎城镇管辖。区划调整后黎城镇行政区域55平方公里，人口8.24万，辖7个居委会、17个村委会。

二、同意撤销金南乡、卞塘乡，将这两个乡的原辖区域和原金沟镇的王庄村、胜利村、嵇圩村、先进村、先锋村、向阳村、新坝村、李坝村、五里村、罗坝村、吴桥村、立新村、金镇村合并，设立金南镇，实行镇管村体制，镇政府驻金南。区划调整后金南镇行政区域97.2平方公里，人口3.8万，辖39个村委会。

三、同意撤销官塘乡，将其原辖区域并入戴楼乡，乡政府驻戴楼。区划调整后戴楼乡行政区域76.4平方公里，人口1.8万，辖15个村委会。

四、同意撤销横桥乡，将其原辖区域并入闵桥镇，实行镇管村体制，镇政府驻闵桥。区划调整后闵桥镇行政区域68平方公里，人口2.48万，辖1个居委会、19个村委会。

五、同意撤销夹沟乡，将其原辖区域并入塔集镇，实行镇管村体制，镇政府驻塔集。区划调整后塔集镇行政区域52平方公里，人口2.79万，辖23个村委会。

六、同意撤销淮建乡，将其原辖区域并入银集镇，实行镇管村体制，镇政府驻银集。区划调整后银集镇行政区域42.2平方公里，人口2.17万，辖24个村委会。

七、同意撤销唐港乡，将其原辖区域并入涂沟镇，实行镇管村体制，镇政府驻涂沟。区划调整后涂沟镇行政区域64.6平方公里，人口2.6万，辖1个居委会、24个村委会。

八、同意撤销前锋乡、白马湖乡、淮胜乡，将这三个乡的原辖区域和涂沟镇的白马湖村、三河村合并，设立前锋镇，实行镇管村体制，镇政府驻前锋。区划调整后前锋镇行政区域84.9平方公里，人口2.93万，辖29个村委会。

九、同意撤销孙集乡，将其原辖区域并入吕良镇，实行镇管村体制，镇政府驻吕良。区划调整后吕良镇行政区域57.78平方公里，人口2.26万，辖23个村委会。

十、同意撤销陈桥乡、新农乡，将这两个乡的原辖区域合并，设立陈桥镇，实行镇管村体制，镇政府驻陈桥。区划调整后陈桥镇行政区域67.1平方公里，人口2.62万，辖25个村委会。

十一、保留金北乡，其行政区域和乡政府驻地不变。

乡镇区划调整涉及面广，希你县切实加强对乡镇区划调整工作的领导，精心组织，周密部署，妥善处理行政区划调整涉及的干部人事、资产和债权债务问题，实行平稳过渡，确保社会稳定。

特此批复。

淮阴市人民政府(公章)

2000年1月27日

关于同意将盱眙县东阳乡永丰村瓦地村及马坝镇楼庄村划归金湖县戴楼乡管辖的批复

淮政复〔2000〕10号

金湖县人民政府：

你县《关于请求将盱眙县东阳乡永丰村、瓦地村和马坝镇楼庄村划归金湖县管辖的请示》（金政发[2000]3号）悉。经审核并经省政府批准，现根据《省政府关于同意将盱眙县东阳乡永丰村瓦地村及马坝镇楼庄村划归金湖县戴楼乡管辖的批复》（苏政复〔2000〕31号）批复如下：

同意将盱眙县东阳乡永丰村、瓦地村及马坝镇楼庄村划归金湖县戴楼乡管辖。区划调整后，盱眙县行政区域2478.65平方公里，人口70.76万，辖9个镇、10个乡、14个居委会、423个村委会；金湖县行政区域1346.75平方公里，人口35.21万，辖9个镇、2个乡、10个居委会、262个村委会，其中戴楼乡行政区域78.4平方公里，人口2.02万，辖18个村委会。

区划调整涉及人、财、物等问题，务必做好工作，妥善安排。

特此批复

淮阴市人民政府（公章）

2000年1月27日

关于全面推行厂长（经理）负责制若干具体问题的意见

金委发〔1987〕14号

为了认真贯彻执行中共中央、国务院发布的全民所有制工业企业三个条例。全面推行厂长（经理）负责制，结合我县的实际情况，提出以下意见。

一、进一步明确企业干部的管理权限：

对于已提升级别的企业，应尽早确定其负责人。根据目前干部管理权限的划分，副局级以上的厂长（经理）及副局级的副厂长（副经理）由县政府任命。股级企业的厂长（经理）、副厂长（副经理）由企业的主管部门任命。企业党组织负责人的任命，按原规定不变。企业工会组织负责人的任命，按原规定不变，享受企业党政的副职待遇。

企业主要负责人的年龄问题：

有关部门在挑选厂长（经理）时，应根据干部四化的要求，注意年龄结构，考虑到厂长条例中对厂长的年龄没有限制，对少数企业的主要领导人年龄偏大的，只要身体好，工作能力强，在群众中有威望，不受年龄限制。

厂长（经理）的任期：

厂长（经理）实行任期制和任期目标责任制、离任审计制。任期原则上每届三至五年。厂长（经理）在任期内无特殊情况，上级有关部门一般不调动其工作。

企业党、政领导班子的配备名额：

大多数企业的党、政领导原则上是厂长（经理）和书记由一人担任，少数企业的厂长（经理）书记可以分设；厂长（经理）不是党员的，配专职书记或副书记一名。

400人以上的企业配行政领导：一名正职，两至三名副职。配专职书记或副书记一名。400人以

文中所述数据与实际情况稍有出入，以实际情况为准。

下，100人以上的企业配行政领导：一名正职，一至两名副职。配专职副书记一名。100人以下的企业配行政领导：一名正职，一名副职。配专职副书记一名。

商业企业的行政领导原则上配一名正职，一至两名副职，配专职副书记一名，少数企业行政领导可配两至三名副职，专职书记一名。

厂长（经理）有下列权利：

1.厂长（经理）有企业经营管理工作的决策权和生产指挥权。

企业设管理委员会，就企业经营管理中的重大问题协助厂长决策，管理委员会由厂长、副厂长、总工程师、总经济师、总会计师、党委书记、工会主席、团委书记和职工代表大会选举的职工代表组成。职工代表（包括工会主席）人数一般应占管理委员会全体成员的三分之一，厂长任管理委员会主任。厂长（经理）同管委会的多数成员对经营管理中的重大问题意见不一致时，厂长（经理）有权做出决定。

（1）在不改变企业所有制形式，不改变隶属关系，不改变财政体制的情况下，企业有权参与或组织跨部门、跨地区的联合经营，有择优选点，组织生产协作或扩散产品的自主权。

（2）企业在保证完成国家下达的产品计划前提下，厂长（经理）有权决定本企业的产品方向和经营方向。

2.人事权。

（1）企业是否设行政副职以及副职的名额，由厂长（经理）提出方案，报企业主管部门决定。

（2）厂长（经理）有权提名副厂长（副经理），并亲自填写“副厂长、副经理提名呈报表”，征求企业党组织意见后，根据干部管理权限，报有关部门批准。

（3）企业党组织、主管部门和干部管理部门要充分尊重厂长（经理）的意见，个别人选确系不能任命的，主管部门和干部管理部门要向厂长（经理）说明原因，建议厂长（经理）重新提名，上级有关部门在向企业委派行政副职时，应事先征得厂长（经理）同意后，履行报批手续。

（4）厂长（经理）有权任免企业的中层干部，但事先要征求本企业党组织的意见。

（5）厂长（经理）有权对违纪职工予以行政处分，直至辞退、开除。辞退和开除职工应征求本企业工会的意见。有权拒绝外部任何组织和个人无偿抽调、借用企业的人员。

（6）企业可以根据需要从外单位、外地招聘技术管理人员，并有权决定其报酬。

3.厂长（经理）有权决定本企业的工资形式和奖金分配办法。

（1）企业在国家下达的控制工资总额的前提下，厂长（经理）有权选择本企业的工资形式。

（2）厂长（经理）有权对成绩显著的职工给予荣誉奖励和一次性物质奖励。有给特殊贡献的职工晋级权，每年晋级面为百分之三；按照干部管理权限，分别报上级有关部门批准。

（3）有权选择适合本企业的经济责任制形成和奖励基金分配办法。

（4）企业可将留成所有的资金，按有关主管部门规定的比例，分别建立生产发展基金，新产品试制基金，后备基金，职工福利基金和奖励基金，并有权支配使用。前三项基金可以同折旧基金、大修理基金结合起来，统筹安排，合理使用。

（5）企业有权把多余闲置固定的资产出租和有偿的转让，出租转让所得的收益，必须用于技术改造和设备更新。

（6）在完成和超额完成当年产值、利润等各项指标的前提下，厂长（经理）的个人收入可高于本企业人平收入的1~3倍。做出突出贡献的，还可以更高些；完不成年度责任目标的，应扣减厂长（经理）的个人收入，具体办法由企业主管部门制定。

中共金湖县委（公章）

金湖县人民政府（公章）

1987年3月17日

关于加快县属流通企业改革的实施意见

金发〔1999〕26号

县直各有关单位：

为进一步深化流通企业改革，激发企业活力，促进流通企业发展，特制定我县流通企业改制方案。

一、流通企业的基本情况

商粮物供四大系统共有纯流通企业89家，总资产6.4亿元，总负债5.4亿元，净资产1亿元；共有在册职工7009人，其中在岗的4732人，待（歇）岗的1320人，离退休957人；89家企业中正常运行的37家，亏损的32家；已实行改制的流通企业49家，运行正常的45家。

二、流通企业改制的指导思想及基本原则。

根据金发〔1997〕54号文件《金湖县企业改制方案》的精神，流通企业改制的指导思想是以邓小平理论和党的十五大精神为指导，以产权制度改革为突破口，以拍卖出售、股份制和股份合作制为主要改制形式，放手发展私营企业，从整体上搞活搞好企业，促进全县经济持续快速健康发展。

流通企业改制的基本原则是"八个坚持"，即：坚持贯彻党的十五大关于调整和完善所有制结构，加快推进企业改革的战略部署，按照"积极、稳妥、扎实、发展"的八字要求，转换机制，增强企业活力和后劲；坚持以"三个有利于"的原则为标准，解放思想，用于探索创新；坚持实事求是，一切从实际出发，不搞一刀切；坚持突出重点，整体推进；坚持规范操作，保证质量；坚持全心全意依靠工人阶级，尊重职工意愿，维护职工权益；坚持一把手负责制，明确职责；坚持改革、发展、稳定一起抓。

三、实施办法

1.抓大活小，推进企业产权制度改革。从今年下半年起，全县流通企业将进一步从企业产权制度改革入手，推动流通企业从整体上搞活。继续贯彻落实市委、市政府39号文件精神，按照"国有、集体资本逐步退出"的要求，推进产权制度改革。

（1）对规模较大、效益较好的企业以股份制改造为主。在股份制改造中突出经营层控股、经营者持大股，加速盘大轻纤集团、粮油食品总厂，使这两个工业企业延长产业链，带动流通产业的发展。

（2）一般中小流通企业要以股份合作制以及出售转民营为主，鼓励职工或法人、自然人购买流通企业。四大流通系统今年都要选择有净资产的中小流通企业进行拍卖出售。

（3）对严重资不抵债、无法出售的企业，要因企制宜，以地生财，利用营业网点、仓库、厂房等设施，创办专业批发市场，也可以部分出售、出租资产。

（4）鼓励企业靠大靠外组建集团，加快在县、市内外资产重组步伐，鼓励企业挂靠外地大企业，加入外地企业集团，建立连锁店、加盟店。在县内要加快基层供销社、食品站、粮站的资产重组，鼓励兼并，组建集团。农贸公司要明确分公司、基层供销社的职能，调整结构，规范运行，成立金湖县粮食购销公司，实行企业化管理，贸易局、物资局也要结合实际，进一步调整和重组企业，最大限度的发挥企业的职能作用。

（5）在企业内部搞模拟股份合作制，县农资公司可按照股份合作制方式运行，先在1—2个乡镇搞试点，然后在面上推开。

2.一企多制，加快经营体制改革。下半年，全县各流通企业要进一步把商品经营权放给职工。要结合企业实际，从自身优势出发，选择最佳的改革形式，一厂一策，一企一策，对少数大而亏的企业可以一企多策。

（1）商业零售企业要进一步完善采用公有民营、招标租赁的经营形式，包括柜台承租、柜组承租、合伙承租、个人承租、整体出租等形式，各流通企业可在面上推开“四自”（自由组合、自筹资金、自主经营、自负盈亏）的经营形式。

（2）多元开拓，不断扩大市场空间。一是积极推行连锁配送等现代经营方式，要发挥连锁超市“便宜、放心、方便、增效”的优势，在已有的苏果超市、华联超市等基础上，扩大经营规模，利用集体资金优势，把连锁超市办到居民密集区去。二要大力开拓以农村市场为重点的潜在市场。贸易局、供销社、粮食局要改变经营策略，改善经营态度，要变“人来买货”为“替人送货”，要根据农村的消费特点，把网点发展到乡镇、甚至是村组，农药、肥料等产品经营可送到农户家里。三要大力开拓特色市场，创造消费热点，开发老年人市场、妇女儿童市场、残疾人等市场，多设立“小而专”的专柜或门点。四要结合当前经济发展趋势，瞄准即将发生重大变化的国际市场，加强内外贸结合，拓展经营范围和区域。

（3）发挥主渠道作用，拓宽全县农副产品加工流通渠道。鼓励全县流通企业参与农副产品的加工流通。基层供销社、食品站等流通企业要积极到大中城市开拓市场，把我县更多的农副产品销往县外。鼓励流通企业以控股、参股等形式组建农副产品流通合作社，鼓励农副产品流通加工企业到乡镇建立生产基地，实施贸工农、产加销一体化。

3.加强内部管理，推进三项制度改革。

（1）强化劳动人事管理，大力精减行管机构和行管人员，实行全员聘用制、末名淘汰待岗制，做到干部能上能下，职工能进能出。搞好厂长经理年薪制试点，逐步在流通企业推开。

（2）强化财务审计管理。严格制定费用开支计划，落实成本否决，从紧控制各项费用。支持一支笔审批制度，规范做好各级法人的离任审计工作。

（3）加强民主管理。改制后的企业，更要发挥党组织的领导核心作用，充分发挥职代会职能，提高企业的科学化、民主化管理水平，减少决策失误。

4.狠抓落实，搞好粮食流通体制改革。下半年，要继续围绕“三项政策、一项改革”这一重点，搞好粮食流通体制改革工作。

（1）粮食部门要配合有关部门管好粮食市场，维护粮食收购秩序。

（2）上下共同努力，敞开收购，满足农民出售余粮的要求。

（3）对粮食收购资金实行封闭运行。

（4）搞好粮食企业自身改革。要进行严格的定岗、定员、分流富余人员，粮食购销公司要切实做到主、辅营业务分开，企业分设，资金分离，人员分开。

四、要注意的几个问题

1.改制过程中的企业，债权债务的处理将继续按金发〔1997〕54号文件执行。

2.解决好歇岗、待岗、留职停薪、内退等职工的劳动人事问题，把流通企业和工业企业的下岗、内退职工一样对待，让他们享受同等待遇。

3.改制过程要规范操作，企业在财产清查、资产评估、产权界定、资产剥离等方面要严格按金发〔1997〕54号文件规定执行。

4.各流通系统要制定总体的改制方案，各流通企业的改制方案（细则）要报本系统改制办公室审批，报县流通改制办公室备案。

此意见从公布之日起执行！

中共金湖县委（公章）
金湖县人民政府（公章）
1999年7月30日

关于深化全县工业改革的实施意见

金发〔1999〕34号

各乡镇党委、人民政府，县委各部委，县各委、办、局、县各直属单位：

为进一步深化企业改革，逐步建立现代企业制度，完善和发展壮大企业集团，放开搞活中小企业，促进全县工业经济持续、快速、健康发展。根据省政府《关于深化我省国有企业改革的若干意见》（苏政发〔1999〕69号）和市委、市政府《关于进一步深化改革，拉动需求，促进经济增长的意见》（淮发〔1999〕20号）文件精神，结合我县实际，特提出如下实施意见。

一、优化重组，推行规模化、集团化经营战略

以优势行业、名牌产品、骨干企业为依托，积极实施有效资产的优化和重组，促进我县存量资产向支柱产业和骨干企业集聚。对已组建的石油机械集团、轻纤集团、爱特福集团和中大电线电缆集团进一步按照《公司法》进行规范，完善法人治理结构和内部管理制度，以产权为纽带，理顺母子公司管理体制，提高企业集团资本扩张能力、科技创新能力、市场开拓能力。

切实抓好三大集团的组建工作：以汽配厂为核心，组建金湖汽车配件集团；以县粮油食品总厂为核心，组建粮油食品集团；以丰南木器厂为核心，组建木业集团，年底前完成组建工作。

（一）资产重组。以资本为纽带，推进企业跨地区、跨行业、跨所有制的强强联合，鼓励兼并和收购劣势企业，组建和壮大企业集团，提高产业集中度。

（二）技术创新。加快骨干企业技术创新机构建设，集团核心企业都要建立自己的技术开发中心。对集团核心企业在技术改造项目和资金上优先予以支持，培养和引进技术创新人才，加大对技术创新人才的激励力度，吸引国内外人才来我县企业从事技术开发工作。鼓励企业提高科技投入比重。加大政府的科技投入。鼓励科研院所以参股、兼并等多种形式进入企业，参与技术中介服务体系的建设，完善技术创新载体。

（三）制度创新，对企业集团母公司进行规范的公司制改革，实行投资主体多元化，在企业集团内部要加快资产的重组力度，建立规范的母子公司体制，加快集团内成员企业的改制，转换经营机制。

（四）拓展市场。企业集团要加强企业经营战略的研究与制定。每个企业集团都要制定发展战略、技术创新战略和市场营销战略，企业集团要建立健全营销网络和营销基地，发挥知名品牌、专有技术、先进管理等方面的优势，扩大市场覆盖面和市场占有率。

二、机制创新，加快现代企业制度建立步伐

按照产权清晰、权责明确、政企分开、管理科学的现代企业制度要求，通过深化改革，解决好企业“人多、债多、负担重”三个历史性难题，着力解决“企业产权改革滞后、活力不足”、“分配机制不活、引不住留不住人才”和“自主创新能力薄弱、竞争力不强”三个新难题。尽快在转换企业经营机制，形成企业优胜劣汰、经营者能上能下、人员能进能出、收入能增能减、技术不断创新、国有资产保值增值等方面取得进展。1999年，全县国有企业改制面力争达到80%，2000年要达到90%以上。

1.确保完成企业建立现代企业制度改制面目标。县造纸厂、县粮油食品总厂和县制药厂年内初步建立现代企业制度，年底挂牌运作。县汽配厂按《公司法》进行规范改制，各部门要对列入目标的改制企业，从方案论证，到资产重组、增资减债、分离分流、建立母子公司体制等，一项一项排出时间进度表，逐户企业抓落实。认真总结前几年改制工作的经验和教训，要针对改制不到位，改革不彻底，企业经营机制转换慢等实际问题，采取切实措施抓好“回头看”。重点是按照《公司法》的要求，进一步完善法人治理结构和内部管理制度，促进企业产权主体到位，明确企业产权代表的权、责、利，切实发挥产权代表在企业经营决策中的作用。

2.大力推进企业投资主体多元化。投资主体多元化是企业具有活力的产权基础，建立现代企业制度必须与企业产权制度改革有机结合起来。主要途径有：通过企业互相参股，形成两个以上投资主体的企业；通过鼓励更多的个人资本、法人资本和外商资本投向企业，参与企业改造；国有、集体、个人多种经济成分互相参股，建立多种经济成分的混合型企业；鼓励企业经营者出资购买企业，建立私营企业或股份制企业。

3.积极探索企业改制的新形势。符合整体改制条件的企业要加大工作力度，建立规范的公司制企业；对暂不具备整体改制条件的企业，可以产品生产线、生产车间等优势部门为单位进行分块改制；对难以独立生存和扭亏无望、资不抵债的企业要坚决实行兼并或破产。

4.建立和完善法人治理结构。明确股东大会、董事会、监事会和经理层的职责，使其各负其责，形成有效的制衡机制。董事会决策公司重大经营活动，聘任经营者，对经营者业绩进行考核和评价，决定经营者年薪，维护出资人权益，对公司负责。监事会要按章履行对企业财务、董事、经理经营行为的监督，维护股东和公司利益。董事长和总经理要尽可能实行分设，按确立的工作程序各司其职。决策严重失误的，要依法追究法律责任。

5.建立和健全分配激励机制。积极试行企业经营者目标管理年薪制和经营者持股制度。根据企业经营业绩，制定经营者年薪考核办法，年薪以现金和股份两种形式兑现。对企业技术骨干和管理骨干实行更加积极和灵活的分配政策，提高其收入。允许从技术开发、技术转让、技术咨询、技术服务的收入中，提取一定比例分配给科技人员，可从单位拥有的技术股份中提取一定比例划给有贡献的科技人员，可从技术转让净收入中一次性提取20%以上，也可从企业税后利润中连续3年提取5%—10%奖励有关科研人员，充分调动科技人员技术创新积极性。

三、因企制宜，放开搞活小企业

以产权改革为突破口，突出产权转私营，进一步采取多种形式放开搞活中小企业，从实际出发，尊重企业的选择，因企制宜，采取改组、联合、兼并、租赁、承包经营和股份合作制、出售等多种形式放开搞活。对能够出售的中小企业在不逃废银行债务，妥善安置职工，有利于企业发展的前提下，能快卖不慢卖，能全卖不部分卖。对一时难以出售的工业小企业，要积极探索企业改制的新形势，促进小企业的解困。对经营性净资产是负数的小企业，除了实行挂账建新、建新租旧、抵债返租等形式外，也可以用改制后企业上缴的所得税逐年返还抵扣，或用土地、厂房租金进行抵补；对困难企业中具有发展前景的项目，可将项目从企业中分离出来，吸引外资合股投资；对产品互补性较强或联合后能产生较大收益的企业，可将其进行协作的部分资产与母体分离，组建“虚拟联合体”；债务沉重的企业可将其能独立运转的有效资产与母体相对分离，封闭运行；对亏损额较大、人员较少、产品无市场的企业可进行关闭，人员进入再就业中心。要规范中心运作，确保下岗职工基本生活，促进其再就业。对资不抵债、无法偿还到期债务的企业，依法实施破产。

四、完善提高，深化乡镇企业改制

对已改制企业再组织“回头看”，股份制企业着力完善法人治理结构，发挥股东会、董事会、监事会的作用。同时，深化企业内部三项制度改革，调动干部职工生产经营积极性。对改制后运行不正常的企业，按照企业章程，因企制宜，进行整改。未改制的乡镇企业，今年内一户不漏地完成改制。对规模较大、资产较多的企业，通过股份制改造，集体资产逐步退出。对未改的行业性企业，要主动与上级行业主管部门联系，加快改制步伐；对矛盾较多、债务较大的企业，在妥善处理好债权、债务的基础上可实施多形式的改制，也可以依法破产。要重点抓好中大电线电缆集团的完善和资产重组工作。从全县近300家木器加工企业中选择部分企业组建木业集团，今年底前完成组建工作。

五、健全机构，加强国有、集体资产的管理

乡镇企业集体资产管理按县委、县政府金发〔1999〕29号文件执行，尤其应重视乡镇企业集体资产出让金管理，加大资产监管力度。各乡镇要继续抓好集体资产经营公司的组建工作和企业会计委派制工作。县里将按省、市的统一部署和要求，成立国有、集体资产管理委员会和资产经营公司，加强对国有、集体资产的管理。

六、建立健全约束机制

一是建立科学的约束制度。改制企业在抓好股东会、董事会、监事会的法人治理结构的规范运作和内部制度建设的基础上，积极探索总经理聘用制和会计委派制等监督约束制度。二是加强党组织的监督，保证党和国家的方针政策在企业得到贯彻落实。三是加强民主监督，充分发挥企业职代会对经营集团的民主评议和监督职能，推行厂务公开，建立企业内部自我约束机制。四是全面推行风险抵押金制度，完不成任务或未实现国有、集体资产保值、增值目标，要扣缴经营者的风险抵押金。对因经营管理不善而亏损的企业一把手，一年黄牌警告，二年撤职换人，对贪污违法乱纪者，要坚决依法惩处。五是严格执行企业经营者的年度、离任审计制度。

七、有关政策

1.企业改制后，原企业享受的职工再就业、兼并破产、退休医疗、财税、劳动、信贷等方面的政策保持不变。

2.改制企业中的国有股红利，暂时留给企业使用。在增资配股时用作国有股配股。

3.国有企业改制转让股权和出售国有企业所得资金，在3至5年内无息或低息借给改制后的企业发展生产，或用于结构调整和补充企业欠交的社会保障基金。

4.放宽出资方式，简化工商登记程序。具备一定条件的股东出资可以用股权、债权进行投股入股；也可以用商标、商誉、专利技术、非专利技术等无形资产作价出资，经评估其出资金额比例一般无形资产可最高占公司注册成本的35%，另有约定的除外。

5.企业改制中，允许将非经营性资产剥离，剥离出的非经营性资产可组成独立核算单位，其经营资金可从企业净资产中划出一部分，给予一次性补助；离退休人员、公伤致残人员的社会保险费用，可折算成相应金额在净资产中扣除；对拖欠的职工工资、医疗费和集资款，以及欠交的养老保险和医疗保险费用可从净资产出售所得收入中一次性还清和补足；对企业待处理的流动资产损失、产成品损失、递延资产中的潜亏挂账和逾期三年的应收账款，经同级财税、国资管理部门核准，可按盈余公积金、资本公积金和资本金的顺序冲减。

6.放开企业经营者、技术骨干、营销骨干和高级管理人员持股政策。董事长、总经理持股数额可以不受数额限制，鼓励持大股、控股。企业历年的应付工资和应付福利费结余可量化给本企业职工，享有所有权。完成资产增值任务的企业，可将净资产增值部分的一定比例折成股份，按贡献大小奖励给企业高级管理人员和其他有功人员。企业对个人认缴出资在20万元以上的，可适当延长分期付款期限，但首次缴纳额不得低于认购股金的50%，其余部分允许其以股权、个人资产抵押贷款或分红补足。对欠缴部分可作为个人债务，按银行借款同期利率计付利息。职工入股一次性付款的可优惠10%。

7.鼓励和支持个体工商户、私营企业等非公有经济采取承包、购买、租赁、兼并、入股等多种形式，参与企业的改制。在改制中，允许个体、私营经济成分占有控股权，并实行3年内先征后返企业所得税的优惠政策。

8.鼓励改制企业通过产权交易市场，实现国家股、法人股和内部职工股的流通和转让。允许股份合作制企业的内部职工股在企业内部转让，或通过产权交易，向其他企业、社会个人或外商转让。

9.深化企业内部的三项制度改革，建立以分配为龙头的激励机制，经营者逐步实行年薪制，调动企业经营者、生产者的积极性。

10.改善金融服务，对重点骨干企业继续实行主办银行制度，加强银企协作，对产品有市场、有效益，但暂有困难的企业组织实施好封闭贷款。金融部门要加强调查研究，有针对性、有计划的选择部分企业，积极向上级有关部门申请企业债权转股权计划。

11.从今年7月1日起，执行固定资产投资方向调节税减半征收的规定，明年暂停征收。对凡以自有资金或银行贷款用于国家鼓励的技术改造项目的国产设备投资的企业，按40%的比例抵免企业所得税。根据当前电力供应状况明显改善的情况，停止增收电力增容费。

12.本意见未涉及的有关企业改制的操作环节、优惠政策，仍按金发〔1997〕54号等文件执行。

中共金湖县委（公章）
金湖县人民政府（公章）
1999年9月9日

关于鼓励外地客商来金投资的若干规定

金发〔2000〕70号

第一章　总则

一、为鼓励外地客商来金投资，规范优惠、保护、服务行为，特制定本规定。

二、本规定所指客商是指来金湖投资固定资产额在100万元（人民币）以上的金湖境外的国内外一切组织、单位和个人。

三、外地客商来金湖投资范围，包括工业、农业、建筑业、第三产业，兼并、购买或租赁我县企业，盘活闲置固定资产及其他投资。

四、在执行本规定过程中，应因地、因事制宜，按照“三个有利于”标准和互利互惠原则，用足用活用好政策；省内其他市县更加优惠的政策，更加实在的保护措施，更加周到的服务办法，我县均可吸收借鉴。

第二章　用地

五、客商开办科技、教育、文化、卫生和其他社会公益事业可按行政划拨方式取得土地使用权，免缴土地使用费。

六、客商以出让方式取得土地使用权的可按不高于基准地价的40%收取出让金。其中，兴办科技型和投资400万元以上的重点企业，土地出让金的县留存部分允许在三年内分期付款。

七、以租赁形式取得土地使用权的，可采取年租制，七年内租金按不高于省定最低标准的50%收取。

八、投资企业属于下列情况之一者，在5年内免缴土地使用费，自第6年起5年内，按省定最低标准下限50%缴纳。

1.产品出口企业和先进企业；

2.引进高新技术和利用滩涂、洼地等进行农业开发项目；

3.兴办交通、能源、港口、码头等基础设施项目；

4.与乡镇企业合资、合作经营项目。

九、承担债务式兼并、承包租赁的企业可按租用方式取得土地使用权，土地使用费按最低标准收取；以整体收购、兼并公有制企业取得土地使用权的，允许在交完土地出让金后一次性改变用途（不含房地产开发用地），不再缴纳土地用途变更费。

第三章　税费

十、来金投资企业从获利年度起，企业所得税的县留存部分和个人所得税实行“五免五减半”优惠政策。

十一、客商缴纳的增值税、营业税的县留存部分，自生产经营之日起，第一年至第三年由县乡财政分级安排全额兑现，第四至第五年由县乡财政分级安排50%兑现。

十二、客商投资企业五年内缴纳的车船使用税、房产税、城镇土地使用税、城市建设维护税、耕地占用税的县留存部分，由县乡财政分级安排全额支出。

十三、对先进技术型和出口创汇型投资企业免征省以下一切行政性规费。固定资产投资额在100万元以上的企业，按县招商引资收费简表执行。

十四、以上优惠，如超出国家规定部分，实行先由税务部门征收，后由地方财政列支的办法。

十五、投资企业对关闭、停产、半停产企业进行投资改造，安置企业下岗职工超过职工总数60%，免收厂房租金。对来金的投资客商，需要在金湖落户的，免费办理户口落户手续，其子女需要入托、入学的，享有本地城镇子女的一切待遇。

第四章　保护

十六、建立外地客商保护责任制。县招商局对外地客商保护负总责，明确实施保护的具体责任单位和责任人，实行责任追究制度，对保护不力者予以处罚。

十七、对外地客商投资200万元以上的项目实施挂牌保护。县内任何部门、单位未经县政府批准，不得进入挂牌单位进行检查、评比等活动。投资500万元以上的项目，县成立筹建工作指挥部，全面负责和协调有关事务。

十八、县内任何单位和个人不得向外地客商集资、索要赞助和摊派款物。

十九、当外地客商正常的生产经营活动或合法权益受到侵害时，可以向当地党委、政府或公安、工商、招商局和责任单位投诉，有关部门应尽快做出处理，情节严重的，依法、依纪从严查处。

二十、外地客商必须守法经营按章纳税，如遇有违纪行为，必须处罚的，有关部门应事先与县招商局和责任单位“通气”，并坚持在法律和纪律面前人人平等。

第五章　服务

二十一、县财税、公安、工商、国土、建设、供电等有关部门，要根据本部门的工作职责，为来金湖投资客商提供便利，做好服务，为投资者创造一个良好的投资环境。

二十二、县招商局是全县招商引资工作的主管部门，直接对县委、县政府负责，也是对外地客商提供全方位、全过程服务的办事机构，并接受外地客商的政策、业务、法律、法规咨询，负责协调有关部门之间关系，为外地客商排忧解难。

二十三、县招商局可为外地客商提供下列代理服务：

1.介绍本地的资源情况、优惠政策，寻找合适的投资项目和合作伙伴。

2.实行“一站式”服务，抽调专门人员集中办公。自外地客商交齐有关证件之日起，属县内权限审批的，一周内办理完毕（特殊行业除外）；属省、市审批的，由招商局督促相关部门限期办理。

3.代收除税收以外的各项费用，并注意各项费用构成，然后定期分别解交相关单位，各有关部门不得再向客商直接收费。

二十四、凡引进项目实施后，按外资引资额的1%，内联引资额的5‰，给引荐人奖励，所需奖励金，合资企业由金湖方支付，独资企业由企业属地财政支付，个人所得税即征即返，奖金手续的审批由财政局、审计局、招商局负责。

二十五、凡签约的招商引资项目由招商局负责跟踪督查，有关部门必须积极配合。

二十六、招商引资实绩的考核，以项目开工、设备到位、资金到账等为依据，并由招商局负责按季由媒体公布。

第六章　附则

二十七、本规定服从于国家法律、法规和有关政策规定，县内一切有悖于本规定的文件，以本规定为准。

二十八、本规定自发布之日起执行，解释权归县招商局。

中共金湖县委（公章）
金湖县人民政府（公章）
2000年9月11日

关于鼓励和支持民营经济发展的暂行办法

金发〔2003〕27号

各镇党委、人民政府，县委各部委办，县各委办局，县直各单位：

为深入贯彻落实党的十六大精神和“三个代表”重要思想，推进全县民营经济快速健康发展，特制定如下办法：

1.放宽经营范围。除国家法律、法规和国家政策明令禁止的行业和领域，均允许民营经济进入，鼓励和支持民营企业兴办一、二、三产业。

2.放宽投资人资格、注册资本和投资方式。除法律法规和国家政策另有规定外，凡具有完全民事行为能力的人员，均可凭居民身份证和有关证明申办民营企业。允许新设立的小型民营企业分期注入注册资本；允许以企业名称或字号评估作价作为无形资产出资。

3.对新办的服务型企业、商贸企业以及现有的服务、商贸企业招用下岗失业人员达到30%（含30%）以上，以及下岗人员从事个体经营的，经劳动部门认定，税务机关批准，享受国家财政部、国家税务总局〔2002〕208号文件有关优惠政策。

4.对新创办的民营科技企业，新办咨询、信息技术服务业的私营有限公司，经认定，两年内所得税地方留成部分，由财政部门全额奖励纳税企业；新办软件企业自获利年度起，两年内所得税地方留成部分，由财政部门全额奖励纳税企业，后三年内减半奖励。

5.企业集团、大中型骨干企业的结构调整、技术改造、名特优产品开发和贸工农一体化项目可申报市级乡镇企业发展基金（有偿、贷款贴息）；农业产业化经营龙头企业基地建设，农产品加工项目，农产品批发市场和龙头出口创汇企业可申报农业产业化重点企业贷款贴息资金；民营企业均可申报技改贴息和星火、火炬计划贴息及科技三项费用项目。

6.经鉴定并投入生产的国家级新产品三年内，省部级新产品两年内，市级新产品一年内可凭企业新产品认定证书和纳税证明，由财政按隶属关系（下同）给予省级以上新产品实缴地方所得税留成部分全额补贴，市级新产品50%的补贴，专项用于企业开发科技新产品。

7.民营企业用于研究开发新产品、新技术、新工艺的费用以及为研究开发新产品、新技术而购置的测试仪器和实验性装置费用（个人独资企业和合伙企业单台价值在5万元以下，民营科技企业单台10万元以下）经税务机关审核，可按实际发生额计入成本，在税前扣除，单台价值10万元以上的可按实际发生额的50%计入成本在税前列支，技术开发费增长10%以上且有盈利的企业经审核认定后可再按新增额的50%抵扣应缴所得额。

8.对个人独资企业和合伙企业，停止征收企业所得税，其投资者所取得的生产经营所得，比照个体工商户生产经营所得征收个人所得税。

9.金融部门对确认为真实的个人存单，可通过柜面直接审核发放质押贷款，存单质押放贷比例提高到90%。

10.鼓励符合条件的党政机关事业单位干部职工提前退休、辞职、离岗从事民营经济，允许机关事业单位工作人员投资入股民营经济。

11.政策性安置人员从事民营经济的，保留安置分配权5年，由人才服务机构负责办理人事代理，是干部身份的保留干部身份。对政策性安置人员领办创办的民营企业，开业2年内免收县内有关行政规费。

12.年用电量超500万千瓦的民营企业，可享受每度电0.1元的优惠。

13.鼓励民营企业创品牌、创名牌，自2003年起凡获得国家驰名商标、省著名商标、市知名商标的，财政分别给予2万元、1万元、0.2万元的一次性奖励；凡获得国家级名牌产品或省级名牌产品的，财政分别给予2万元、1万元的奖励。

14.鼓励民营企业进行质量和环保认证，自2003年起，凡同时通过ISO 9000质量体系和ISO 14000环保体系论证的，财政给予2万元的一次性奖励。

15.本办法所出台的各项奖励优惠政策，如与县已经出台的优惠政策雷同时，采取就高不就低的原则，不得重复享受。

本办法由民营经济发展局负责解释。

中共金湖县委（公章）
金湖县人民政府（公章）
2003年4月18日

索　引

说　明

一、本索引范围涵盖全志，包括卷首图照、总述、大事记、各个分志（篇）、附录。

二、本索引按照深层次搜索志书内容的需要，设置主题分析索引（综合索引）、人物索引、机构索引、图照索引、表索引等五种。

三、主题分析索引使用主题词（中心词）作为标目；篇、章标题纳入索引，并以黑体显示；镇、场内容采取二级复式索引方式编制，即对同一镇或场的标目词，在该镇或场下低一字排列；凡是列入专题索引的标目，主题分析索引一般不再出现。

四、人物索引收录全志所有作为行为主体的人物，包括事表中所列人物，非主体人物（行为对象）未列入，以人物姓名为标目。

五、机构索引收录全志记载的机关企事业单位名称，其中党政机关包括挂牌单位、直属单位，不含内设职能机构；以机构的简称为标目；“办公室”“委员会”分别省略为“办”“委”，除少数外省略“江苏省”“淮安市”“金湖县”字样。

六、图照索引以图注为标目，图注较长时用简称，标目词后的说明项使用括注，标明场景发生时间或拍摄时间。

七、表索引以表的主体内容为标目，标目词后说明项使用括注，说明表所涵盖的时限，“金湖县”或“××单位”以及“统计表”“一览表”均省略。

八、本索引同一标目多次出现的，使用一个标目，在标目后标明多次出现的页码。

九、本索引对标目指引内容在志书页面的位置，采用三分区方法标示，即一个页面大致划分上、中、下三个区域；分区以“上”“中”“下”字样紧随页码标注，无分区标注的为全页。

十、各种索引均以汉语拼音字母（同音字按声调）顺序排列。

主题索引

C

K

M

N

W

X

Y

人物索引

D

F

G

L

M

N

O

P

Q

R

S

T

W

X

Y

Z

机构索引

K

L

M

T

W

X

图照索引

J

K

L

T

W

X

Y

Z

表索引

A

B

C

D

F

G

H

J

R

S

T

W

X

Y

Z

编后记

在县委、县政府历任领导的重视与关心下，在省市地方志部门领导的关怀与指导下，在全县各承编单位的支持与帮助下，经过全体编纂人员共同努力，《金湖县志（1986—2005）》历经十年编纂，五易其稿，今天终于付梓出版。

一

2008年9月，《金湖县志（1986—2005）》编纂工作正式启动，到正式出版，先后历经七个阶段。

第一阶段：组织发动，2008年9月至2008年12月。全省二轮修志启动后，即着手金湖二轮修志筹备工作，参加省志办培训、到邗江区志办取经，编写并数度修改《金湖县志（1986—2005）》的编纂工作规划、篇目、凡例、进度安排，并进行人员物色与经费申请等。2008年9月，县政府召开续修《金湖县志》动员大会，印发《金湖县志（1986—2005）编纂工作规划》《金湖县志（1986—2005）篇目》；聘请编辑人员，并进行工作分工；在各供稿单位建立组织，确定撰稿人员；进行业务培训。

第二阶段：征集资料，2009年1月至2011年5月。县志办指导各部门撰稿人员，根据《金湖县志（1986—2005）篇目》搜集资料，并进行资料稿编写。因县志办与党史工委合署，故征集资料中，因县里要求，编写出版建县50周年献礼书《辉煌的历程——金湖建县50年大事纪实（1959—2009）》《天南地北金湖人》《中共金湖地方史（第二卷）》以及与县委组织部合编《中共金湖地方组织史（第三卷）》等书，故时间拉长。

第三阶段：初稿撰写，2011年6月至2013年4月。进行《金湖县志（1986—2005）篇目》的评审与修改；编辑人员进行初稿试写，进行试写稿评审，明确撰写要求；各编辑按照分工，根据各部门上报的资料稿，边补充资料，边进行初稿撰写，基本完成初稿。

第四阶段：志稿初审复审与修改，2013年5月至2014年12月。组织全体编纂人员及部分专家对初稿进行初审，并进行第一次通纂。根据初审与通纂意见，编纂人员对篇目再次进行调整，增设“机械制造业”“金湖油田”“金湖秧歌”“专记”等重点特色篇目，继续进行资料搜集与撰写，完成复审稿。2014年7月，在全县选聘12名专家、学者，对《金湖县志（1986—2005）》修改稿进行复审，并将修改稿反馈各镇、各部门征求意见，同时进行第二次通纂。编纂人员根据复审与通纂意见，再度进行资料补充与修改完善，完成复审修改稿。

第五阶段：志稿总纂，2015年1月至2016年6月。制定《金湖县志（1986—2005）》总纂方案、篇目、凡例、技术规范；组建总纂班子，进行总纂分工；各总纂人员进行志稿总纂；进行志稿第三次通纂，总纂人员进行通纂意见补充修改，完成终审稿。

第六阶段：终审修改，2016年7月至2017年7月。志稿送市志办终审，市志办组成终审委员会；

2016年8月市志办主持召开志稿终审会；整理终审意见，制定终审修改工作方案；对照终审意见，调整志稿篇目，析分“人民代表大会”“人民政府”“人民政协”篇目，增设“水产业”“附录”篇目，对照终审意见逐条进行修改，完成验收稿；验收稿报市志办验收通过。

第七阶段：出版校对，2017年8月至今。志稿送出版社审查；整理出版社三审意见，制定出版社审稿意见修改方案；逐一修改出版社提出的审稿意见；设计与制作卷首图片，配置文内插图；送省志办进行最后审核；根据省志办验收意见进行修改，进行志书校对，志书出版。

二

《金湖县志（1986—2005）》在内容与形式方面进行了一些创新尝试，力求使传统志书与时代契合，充分发挥志书“资政、存史、教化”的功用。

在内容方面，努力突出改革开放的时代主旋律。在以改革开放贯穿全志外，专门设置“第九篇改革”“第十篇开放　开发”，集中记述断限内进行的农村经济体制改革、工业企业改革、商贸体制改革、宏观调控体制改革、行政管理体制改革、教育卫生与住房体制改革，记述对外与港澳台贸易、经济技术合作以及断限内出现的招商引资、工业园区等内容。

与此同时，大力突出金湖的地方特色。金湖地域47.5%的面积是湖泊、滩涂、内河水面，水面与水生动植物资源丰富，志书设“第十三篇水产业”予以记述。金湖机械工业支撑起全县工业半壁江山，志书设“第十五篇机械制造业”进行记载。金湖蕴藏丰富的石油资源，是江苏主要产油区之一，“第十六篇金湖油田”记述这一史实。金湖的旅游业是本世纪初蓬勃兴起的新型产业，“第二十篇旅游业”对其产生与发展进行记述。特别是“第三十六篇金湖秧歌”，这是国家级非物质文化遗产，是金湖的重要特色。为了保存金湖重要的历史资料，少数章节上溯到事物发端，以弥补前志的缺憾。

形式方面，也进行了多方面的探索。全志注重机构这一实体的设置，突出行为主体的记述，以集合状态的“人”，来弥补志书“见事不见人”的缺憾。志书尽可能采用扁平化的记述方式，减少记述层次，使每一个记述单位（除说明体外）达到“纵述演变”的要求，加强志书的完整性与整体性。除篇下序外，章节目层次一般不设无题小序，避免叠床架屋，交叉重复。使用“参见”形式，对少数内容相同或相近的节与目，只在主要节或目一处作完整记述，他处注明“参见”，以减少重复。在体例上，创设“第四十三篇专记”，记述金湖具有全国性影响的淮河入江水道、金湖大桥、金湖荷花艺术节、金石集团、爱特福公司重大建设与重要事物。

三

志书的编纂出版凝结着全体编纂人员的心血和汗水。

主编丁兴（2008年9月至2018年1月）：主持志书编纂工作，负责组织发动、业务培训、资料征集工作，负责初稿、分纂稿、总纂稿、验收稿与出版社稿的编纂组织与实施，进行志稿数据核对与内容审核，组织志稿初审、终审与出版社审稿工作，负责志书编纂的各项保障等。

主编姜海舟（2018年2月起）：主持志书编纂工作，负责出版社审稿意见修改、卷首彩页、文内插图组织与审定，负责省志办验收意见修改，负责志书校对与出版事务工作，为编纂人员提供保障等。

执行主编马国顺（2011年8月起）：协助主编进行相关工作。负责志书初稿篇目的评审与拟定，进行多篇试写稿的评审与指导；对初稿进行第一次通审；对分纂稿进行第二次通审；制定总纂工作方案、总纂技术规范、总纂篇目、凡例，进行志稿第三次通审；进行终审意见整理，制定终审修改方案，完善篇目，确定重点补充修改内容与重点行文规范，进行第四次通审；整理出版社审稿意见，制定篇目与内容修改意见、重点记述问题处理规范；整理省志办审核意见，制定修改方案与规范；对卷首图片、文内插图进行审核确定；负责总述的撰写等。

常务副主编陈凤举（2010年12月起）：协助主编负责志书编纂工作，负责志书的编纂业务；承担“政党”“军事”“人物”等初稿的撰写；负责“第一篇政区　自然环境”“第三篇人口”“第十六篇金湖油田”“第二十六篇中国共产党”“第三十二篇军事”“第三十六篇金湖秧歌”“第三十八篇民政事务　劳动管理”“第三十九篇社会保障”“第四十一篇精神文明建设”“第四十二篇人物”“第四十三篇专记”（部分）“附录”的分纂与总纂；负责志书文内插图编辑与校对工作等。

副主编徐承佑：主持志书编纂筹备阶段工作，编写并数度修改《金湖县志（1986—2005）》的编纂工作规划、篇目、凡例、进度安排，进行人员物色与经费申请等项工作；协助主编进行志书编纂工作；负责“大事记”“农业”“政权　政协”“电力工业”“体育”资料征集与初稿撰写；负责“大事记”“第七篇交通与电力建设”“第九篇改革”“第十篇开放　开发”“第十三篇水产业”“第二十一篇信息产业”“第二十四篇财政　税务”“第二十七篇人民代表大会”“第二十八篇人民政府”“第二十九篇人民政协”“第三十篇群众团体”“第三十四篇教育　体育”“第三十七篇卫生”“第四十篇社会生活”“第四十三篇专记”（部分）的分纂与总纂及文内插图编辑；参与校对等。

副主编徐国杰（至2013年11月）：协同徐承佑，主持志书编纂筹备阶段工作，编写并数度修改《金湖县志（1986—2005）》的编纂工作规划、篇目、凡例、进度安排，进行人员物色与经费申请等项工作；协助主编进行组织发动、资料征集、初稿撰写工作；负责“综合经济管理”“财政税务”“卫生”资料征集与初稿撰写。

副主编高进超（2018年2月起）：协助主编负责志书编纂工作，参与志书校对工作等。

编辑王仁明：参加志书组织发动等工作；负责“交通”“水利”“信息产业”“农业”资料征集与部分初稿撰写。

编辑陈一文（2008年9月—2011年07月）：负责“群众团体”“法治”“国内贸易”“现代服务业”资料征集与部分初稿撰写。

编辑陈直前（2008年9月—2011年11月）：负责“综合行政管理”“金融业”“教育”“精神文明建设”资料征集与部分初稿撰写。

编辑陈学文：负责“镇　场圃”“国土资源”“城乡建设”“建筑与房地产”“名优特产”“科学技术”资料征集与初稿撰写；负责“第二篇镇　场”“第四篇国土资源管理”“第五篇环境保护”“第六篇城乡建设”“第八篇水利”“第十一篇宏观经济”“第十二篇农业”“第十四篇工业”“第十五篇机械制造业”“第十七篇建筑业　房地产业”“第十八篇国内贸易”“第十九篇运输业　生活服务业”“第二十篇旅游业”“第二十二篇名优特产”“第二十三篇金融业”“第二十五篇综合经济管理”“第三十一篇法治”“第三十三篇科学技术”“第三十五篇文化”“第四十三篇专记”（部分）的分纂与总纂及文内插图编辑；参与校对等。

编辑李义海：负责“政区环境”“环境保护”“人口”“水利”“中国共产党”“群众团体”“军事”“卫生”“文化”“节庆　旅游”“宗教　习俗　新语汇”资料征集、初稿撰写与志稿分纂；负责卷首图片与文内图片征集、整理与部分图片的拍摄，负责卷首图片编辑，修改地图；参与校对等。

编辑杜传洲（2008年9月至2013年11月）：负责“改革”“开放　开发”“宏观经济”“工业”“民营经济”资料征集与初稿撰写。

编辑姜瑞荣（2012年1月至2013年11月）：负责“群众团体”“法治”“国内贸易”“现代服务业”资料征集与初稿撰写。

编辑李顺华（2012年1月至2015年3月）：负责“综合行政管理”“金融业”“教育”“精神文明建设”“专记”（部分）资料征集、初稿、分纂稿撰写。

编辑潘宝铭（2012年1月至2013年11月）：负责“交通”“水利”“农业”“信息产业”资料征集

与初稿撰写。

编务张红梅：负责志书筹备、编纂、出版期间的行政事务。

编务黄雯雯（2016年8月起）：参加志书编纂服务与校对工作。

编务胡媛（2017年8月起）：参加志书编纂服务与校对工作。

四

《金湖县志（1986—2005）》的编纂出版，得到省市地方志部门与县委、县政府领导的高度重视与大力支持，也与全县各供稿部门领导与供稿人员共同努力分不开。

省、市地方志部门对《金湖县志（1986—2005）》的编纂十分重视。省地方志办公室时任主任方未艾，副主任蔡金良，以及市县指导处处长陈华等领导，多次来金湖指导与检查督促，并寄予厚望，特别是蔡主任在百忙之中参加志稿的终审会，给了我们莫大的鼓舞与鞭策。时任市政协副主席、市地方志办公室主任荀德麟多次到金湖进行指导检查，亲自参加县志启动动员会并发表讲话。市地方志办公室继任主任周平对县志编纂更是关爱有加，除多次进行指导与督促外，还对县志编纂提出高标准、严要求，期望我们编纂出一流的志书，并帮助我们解决编纂中许多实际问题；特别是组成高规格的评审组对县志进行终审，对我们促进很大。

县委、县政府主要领导都十分重视县志编纂工作，对县志办提出的困难和问题，及时给予解决。县主要领导表示：修志是对前人历史与经验教训的记载，我们当任一定要高度重视，相信后人也会像我们一样重视对我们任内的历史进行记述。历任分管领导杨步新、徐琳、梁喜洲、沈启涛、高昌萍经常过问修志工作，关心修志人员，对请示的问题及时给予解决。县老领导与相关专家蒋成湘、杨少峰、丁日俊、朱金荣、杨金城、翟登庸、王本强、姜燕、王作礼、沈德仁、陶文生等为我们初审志稿，提出修改与补充意见。领导的关心与支持，为修志工作提供了重要的基础与保证。

县志编纂过程中，我们得到了许多专家学者指导与帮助。江苏省地方志办公室原省志处处长张乃格担任县志评审组通审；中国地方志指导小组办公室处长、博士张英聘，方志出版社编辑、博士陈效，淮安市政协原副主席、市地方志办公室原主任荀德麟，苏州市地方志办公室副主任陈其弟，扬州市地方志办公室副调研员姚震，《盐城市亭湖区志》主编朱月潭，盱眙县政协副主席、县志办主任王行政，《洪泽县志》主编流新武分别担任县志评审组的分审，对县志进行高质量的评审。方志出版社综合编辑室主任李江为我们审看部分志稿，提出重要的修改意见；扬州市地方志办公室处长刘扣林为我们通看了全部志稿，提出许多宝贵意见。专家学者的审稿意见，对提高县志的编纂质量起到重要作用。

全县各单位与社会各界人士也对县志编纂给予了宝贵的支持。承担志稿编纂任务的各镇、各部门与相关单位，按照县委、县政府的要求，重视修志资料的搜集与提供，并为编辑人员查找资料提供方便。县档案馆除了开放所有档案供编纂人员利用外，还提供馆藏三万多张照片供选用。县志征集社会知名人士艺术作品，得到热情响应与支持。在《金湖秧歌》后期修改中，房忠诚多次不厌其烦进行补充与核实，黄德玉为秧歌录入曲谱。在资料补充与审稿中，沈家彪为部分志稿提出修改意见，戴之尧、张志东等提供许多重要资料。魏宇、吴雯慧编制了全志索引。在志书校对过程中，县政协文史委原主任翟登庸、县地方志办原主任丁兴为我们通校全部志稿，提出许多宝贵的修改意见。

在《金湖县志（1986—2005）》出版问世之际，我们谨向重视、支持、帮助县志编纂出版的各级领导、各位专家学者与社会各界人士致以衷心的感谢！

编者

二〇一八年十月

金湖县志

（上册）

金湖县地方志编纂委员会 编

JINHU XIANZHI 1986—2005

方志出版社

图书在版编目（CIP）数据

金湖县志：1986—2005 / 金湖县地方志编纂委员会编.
--北京：方志出版社，2018.10
ISBN 978-7-5144-2900-8

Ⅰ. ①金… Ⅱ. ①金… Ⅲ. ①金湖县—地方志—
1986—2005 Ⅳ. ①K295.34

中国版本图书馆CIP数据核字（2017）第323098号

金湖县志（1986—2005）

编　　者：金湖县地方志编纂委员会
责任编辑：陈　效

出 版 人：冀祥德
出 版 者：方志出版社
地址　北京市朝阳区潘家园东里9号（国家方志馆4层）
邮编　100021
网址　http://www.fzph.org
发　　行：方志出版社图书经销中心
电话（010）67110500
经　　销：各地新华书店
印　　刷：南京凯德印刷有限公司

开　　本：889毫米 × 1194毫米　　1/16
印　　张：103.5
字　　数：2832千字
版　　次：2018年10月第1版　　2018年10月第1次印刷
印　　数：0001~3000册

ISBN　978 – 7 – 5144 – 2900 – 8　　定价：880.00元（上下册）

金湖县地方志编纂委员会

（2008.09—2011.12）

名誉主任：陶光辉

主　　任：肖进方

副 主 任：曹新军　孙晓燕　王培芳　殷舜文

常务副主任：徐　琳（2008.09—2011.02）　梁喜洲（2011.03—2011.12）

委　　员：（排名不分先后）

赵　文　毛文博　周为民　万寿荣　杨　皖　张　健　郃向阳　张海波　万玉廷
王仁山　朱士华　王永泉　张来平　闵宇平　郜　明　张来银　闵永龙　朱建忠
王　辉　涂福成　伍光泽　叶道勤　徐成东　季建国　郭桂文　管德成　冯　伟
沈建忠　李中秋　陈富文　苏晓宁　宋兆庆　王殿宝　赵卫宇　汤瑞仁　徐　晖
崔登峰　相咸忠　韩延秋　伍光银　陈志顺　葛恒斌　张正邦　郑仕德　施明祥
徐善忠　杨红梅　高德真　杨永进　顾海芸　孙培红　丁本松　殷建华　陈晓泉
雍吕云　丁　兴　徐国杰　雷兴科　徐承佑

地方志办公室

主　　任：丁　兴（2011.01起）

副 主 任：丁　兴（2008.07—2011.01主持工作）　徐国杰（至2009.08）　陈凤举（2010.12起）

金湖县地方志编纂委员会

（2011.12—2015.01）

名誉主任：肖进方

主　　任：龚晓琴

副 主 任：张　锋　董　蔚　张小平　殷舜文

常务副主任：梁喜洲（2011.12—2012.01）　徐　琳（2012.02—2013.06）
沈启涛（2013.06—2015.01）

委　　员：（排名不分先后）

朱介进　毛文博　周为民　万寿荣　陈明中　王仁山　沈在良　朱士华　万玉廷
张如中　陈　剑　王永泉　张来平　许夏国　王友俊　郜　明　张来银　闵永龙
王　辉　涂福成　郭桂文　张海波　何如进　季建国　王守和　苏晓宁　陈　化
荣维刚　李中秋　凌　诚　高召荣　赵卫宇　伍光泽　郃向阳　潘九海　徐　迅
吉文柱　梁喜贵　顾曙光　陈志顺　张红兵　张正邦　郑仕德　汤学华　万祥华
杨继银　沈德清　高德真　杨永进　李冬生　孙培红　杨鸿明　张荣平　王　林
林　涛　丁　兴　雷兴科　陈凤举

地方志办公室

主　　任：丁　兴

副 主 任：陈凤举

金湖县地方志编纂委员会

（2015.01—2016.06）

名誉主任：肖进方

主　　任：张志勇

副 主 任：蔡绍忠　张建闯　张小平　杨发余

常务副主任：沈启涛（2015.01—2016.04）　高昌萍（2016.04—2016.06）

委　　员：（排名不分先后）

陈来强　葛　蕾　单　波　万寿荣　陈明中　束小平　朱士华　陈国林　王培元
张如中　李学军　李中秋　戚苏华　许夏国　王友俊　赵卫宇　黄锦国　陈月祥
王　辉　闵宇平　杨鸿明　沈华东　徐善忠　季建国　王守和　孙传逊　陈　化
汤学华　浦荣曹　凌　诚　高召荣　孙燕国　王雪峰　杨全民　潘九海　杨红梅
董国庆　梁喜贵　顾海芸　刘元海　陈志顺　张红兵　倪彩霞　张太华　沈明忠
孙桂清　张荣健　黄海滨　李冬生　闵学军　刘双喜　周开春　詹道宽　陈晓丽
丁　兴　雷兴科　陈凤举

地方志办公室

主　　任：丁　兴

副 主 任：陈凤举　李成红（县发改委借用，2015.08起）

金湖县地方志编纂委员会

（2016.06起）

名誉主任：张志勇

主　　任：徐亚平

副 主 任：蔡绍忠　周广峰　张小平　杨发余

常务副主任：高昌萍（2016.06起）

委　　员：（排名不分先后）

陈来强　葛　蕾　王颐然　杨鸿明　邵　钧　束小平　朱士华　陈国林　王培元
卢金富　李学军　李中秋　戚苏华　许夏国　王友俊　赵卫宇　黄锦国　陈月祥
吕新军　闵宇平　沈华东　徐善忠　季建国　潘九海　孙传逊　陈　化　徐　迅
凌　诚　高召荣　孙燕国　王雪峰　杨全民　陈建军　杨红梅　董国庆　梁喜贵
顾海芸　刘元海　陈志顺　徐　丽　倪彩霞　张太华　沈明忠　孙桂清　李　军
刘　慧　闵学军　刘仁海　周开春　曹福生　陈晓丽　丁　兴　雷兴科　陈凤举

地方志办公室

主　　任：丁　兴（至2018.01）　姜海舟（2018.02起）

副 主 任：陈凤举　李成红（县发改委借用，至2018.01）　高进超（2018.01起）

中共金湖县委、县人大、县政府、县政协机关大楼暨行政广场（摄于2012年）

县城主城区鸟瞰（摄于2017年）

人民路
黎城路

烟波浩渺白马湖（摄于2005年）

苏果超市（摄于2011年） 苏果超市/供

名流酒店（摄于2009年）

金湖淮河入江水道大桥（扩建后，摄于2008年）

金湖淮河入江水道二桥（摄于2012年）

金宝南线绕城段（摄于2015年）

衡阳路（摄于2017年）

金湖城区夜景（摄于2017年）

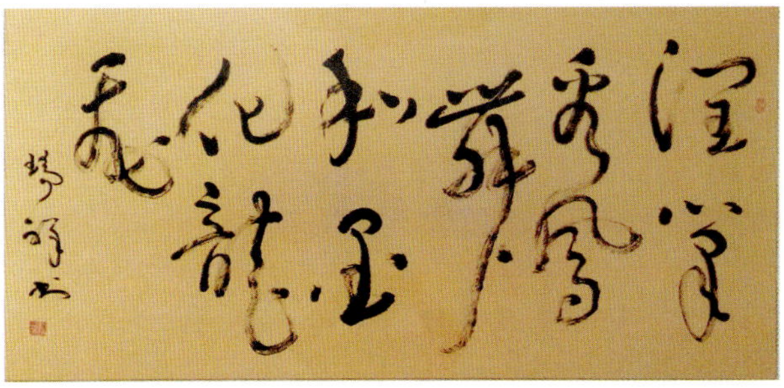

对联（行草，1997年兰州军区庆祝建军七十周年书画展展出） 刘瑞祥创作

宋词两首（行书扇面，2005年全国第二届扇面书法展展出） 李德会创作

归渔图（剪纸，1996年作，中国第六届艺术节展出） 陆功勋创作

天职（摄影，1984年全国第十三届摄影艺术展展出） 姜燕创作

亲和（摄影，1993年全国第十七届摄影艺术展优秀奖） 刘运义创作

沸腾的湖湾（摄影，2005年江苏文联美在新江苏大型图片展展出） 李义海创作

2011年10月27日淮安市志办召开《〈金湖县志（1986—2005）〉篇目》评审会

2016年8月26日淮安市志办召开《金湖县志（1986—2005）》稿终审会

（卷首彩照除署名者外均为李义海拍摄）

总　目　录

目　　录

（上　册）

第一篇　政区　自然环境

第二篇 镇 场

第三篇 人 口

第四篇 国土资源管理

第五篇　环境保护

第六篇 城乡建设

第七篇 交通与电力建设

第八篇　水　利

第九篇　改　革

第十篇　开放　开发

第十一篇　宏观经济

第十二篇　农　业

第十三篇　水产业

第十四篇　工　业

第十五篇 机械制造业

第十六篇 金湖油田

第十七篇 建筑业 房地产业

第十八篇 国内贸易

第十九篇 运输业 生活服务业

第二十篇　旅游业

第二十一篇　信息产业

总　述

金湖，位于江苏省中部偏西，地处两省（江苏、安徽）三市（扬州市、滁州市、淮安市）交界。1959年建县，建县前分属宝应、高邮二县，今隶于淮安市。2005年，辖镇11个、行政村117个、居委会24个，人口36万人。县域总面积1393.86平方公里，淮河入江水道横贯，白马湖、宝应湖、高邮湖环抱，水域与滩涂占总面积47.1%。物产资源丰厚富饶，经济社会发展迅猛，被誉称“淮上明珠”“苏北小江南”。

一

得天独厚的自然禀赋。

金湖地处我国五大淡水湖之一的洪泽湖与古老的京杭大运河之间，县域沿淮河入江水道（三河）、金宝航道南北分布。全县地势西高东低，呈缓坡丘陵与平原地貌。缓坡丘陵地貌：面积250.44平方公里（含内陆河流、水库、沟塘），占县域面积的18.0%；分布于三河以南、金沟行洪道以西的县域西南部，地貌呈北东—北北东排列，坡度低缓，垄岗真高一般为20~30米，最高点在戴楼镇红岭村，真高35.4米；有阶地发育，经过长期农田改造，岗坡大多被改造为小块梯田。平原地貌是境内主要地貌，面积640.04平方公里（含内陆河流、水库、沟塘），占县域总面积的45.9%；分布于三河以北、金沟行洪道以东的广大地区，地势平坦，地表土为黄泛淤积土，地面真高4.5~9.6米。平原地貌又分为三区：西北平田区，为三河以北，腰滩河、避沉沟一线以西地带；东北滩田区，为三河、金宝航道以北、腰滩河、避沉沟一线以东地带，多由退水成陆形成；东南圩田区，为三河、金宝航道以南，金沟行洪道以东地带。金湖属亚热带湿润季风气候区，四季分明，日照充足，雨量充沛，气候温和，年平均气温15.1℃，降水量1026.6毫米，日照时数2061.7小时。

金湖具有原生态的水乡自然风光。境内水域宽广、河湖相连，东南有高邮湖，东部有宝应湖，东北有白马湖，全国知名的淮河入江水道贯穿腹地。境内河网密布，湖荡风光旖旎，水面与滩涂近占总面积一半，被称为“浮在水上的县”。 高邮湖烟波浩渺，水天一色；湖边的荷花荡，碧叶连天、荷花映日，可漫步荷荡，可泛舟采莲，也可赏阅荷中珍品。宝应湖湖与滩一体，滩地上大片的水上森林，珍禽栖息，野兔出没，绿树遮天蔽日，静谧幽雅，是一座天然氧吧。白马湖湖面辽阔，湖光潋滟，乘快艇、竹筏，能饱览湖上美景；湖中有神奇小岛 99座，岛岛小巧玲珑，林木苍翠，堪称“苏北千岛湖”；湖里大杨庄岛、龙头岛等传承古老的渔具编制、湖中捕鱼、渔家歌舞等民俗风情。淮河入江水道中心有著名的三河滩湿地公园，面积约2平方公里，柳林亭亭如盖，芦苇苍翠飘香，一幅原生态景象。高邮湖边万亩荷花荡、宝应湖水上森林公园、白马湖生态渔村等自然景观成为金湖亮丽的名片。

金湖因水乡之灵气，有丰厚的动植物资源与矿产资源，以水为特色的物产富饶。有无公害优质稻米，有以荷藕为主的水生蔬菜，有以螃蟹、甲鱼、小龙虾为主的特种水产品，有以麻鸭、小白鹅为主的湖中放牧水禽。金湖地下蕴藏珍贵的石油、天然气，已探明石油储量4500多万吨、天然气储量5亿立方米，油气富集区15处，是华东石油勘探局重要的原油生产基地。年产原油60万吨，其中崔庄、杨家坝油田是江苏境内最大的油田之一，年产原油30万吨。

原生态的自然风光也催生金湖的旅游业。高邮湖边荷花荡，还有白马湖，已成为全国生态旅游示范景区，被称为“南京后花园”。如今，年接待游客50多万人次，旅游综合收入近2亿元。

二

突飞猛进的交通电力建设。

交通条件的改善是金湖经济社会建设一项重大成就。金湖地处三市接合部，位置偏僻，特别是周边湖泊环绕，中有近似“天堑”的淮河入江水道分隔，历史上交通闭塞。1986年，金湖到南京必须经过铜城、天长或者绕道铜城、马坝，到淮阴要绕道铜城、马坝或者岔河、淮安（县级），到宝应也必须绕道岔河、淮安（县级）。县内南北东西交通，依赖建于淮河入江水道中狭窄的漫水公路，汛期公路下水只能依靠摆渡；县城到乡镇政府驻地才有简易的砂石公路，其他皆为土路。金湖的交通成为经济社会发展的“瓶颈”，“要致富先修路”成为全县上下的强烈愿望。1986年，修筑金（湖）马（坝）公路，金湖到马坝的距离由绕道铜城的40公里缩短为18公里，金湖到南京、到淮阴再也不用绕道铜城。1995年，国家兴建331省道丹宝明线（盐金国防公路），金马公路为其中的一段，得到拓宽改造，提高等级；由金湖县城往东过漫水公路，向东北经阮桥到宝应为新建公路，金湖到宝应、盐城再也不用绕道岔河、淮安（县级）。1997年，金湖在向国家争取多年未果的情况下，县委县政府决定，自主努力兴建金湖淮河入江水道大桥。消息传出，群情振奋，全县上下集体、个人踊跃捐款，累计达952.65万元，其中个人捐款584.5万元，捐款2000元以上的个人285人，向大桥捐款第一人是陈桥中心小学的一名小学生。同时，县领导与交通部门领导风餐露宿，四处奔波求援，争取到国家战备办、水利部淮河委员会、省交通厅、水利厅、江苏石油局、中国建设银行江苏分行的资金支持。2001年7月大桥建成通车，全长3354米，全宽15米，净宽14米，接线长1432米，总投资1.04亿元。金湖人民如愿以偿，再也不用为南北、东西水道分割而发愁。2005年，又开建金（湖）宝（应）南线，打通金湖往东部盐城、大丰的通道。到2005年，全县有省道及县际公路5条，总长112.31公里（不含重合段）。盐金国防公路、金宝南线（建设中）横穿全境，东通京沪高速，西连宁淮高速和宁连一级公路，金湖到南京、淮安、扬州均在100公里左右，融入省政府规划的“南京一小时都市圈”之中，金湖经济发展驶入快车道。

在发展对外交通的同时，金湖着力县内农村公路和桥梁建设，改善微循环。首先，改造县到乡镇公路，拓宽道路，路面由砂石改为沥青；修筑乡到村公路，开始是砂石路面，后逐步硬化改为水泥路面达到四级公路标准；新建村庄到村庄公路，先是砂石路，继而逐步改建水泥路。其次，适应公路建设需要，兴建或改建桥梁、涵闸。到2005年，全县117个村及重要居民集中点，全部通上等级公路，共兴建四级以上农村公路810公里，总投资约3亿元，其中县道150公里、乡道457公里、村道203公里，工程质量达到省定标准要求。

电力建设为金湖发展提供重要条件。1986年，全县电力设施建设具备一定规模，有110千伏线路2条、变电所2座，35千伏线路6条、变电所6座，用电量8371万千瓦时，人均254千瓦时。电力建设为经济社会发展提供基本条件，经济社会发展又推动电力建设的快速发展。全县增加110千伏网供电源的引进，提高供电能力；增加35千伏输电工程的密度，完善网络布局，提高供电覆盖水平。特别是到220千伏双龙输变电工程（淮安杨庄电厂—220千伏双龙变电所）建设，使金湖的供电保障水平有了质的提高。到2005年，全县有220千伏线路1条、变电所1座（均施工中），110千伏线路4条、变电所3座，35千伏线路15条、变电所15座，10千伏配电线路67条，全年用电量3.45亿千瓦时，人均872千瓦时，基本满足金湖经济建议、社会事业与人民生活对电力的需求。

三

盛产绿色产品的生态农业。

历来水乡与鱼米紧密相连，生态和绿色互为因果。大自然的恩赐，金湖人的勤劳，成就金湖“鱼米之乡”“禽蛋之乡”“荷藕之乡”的美誉，获得国家级生态示范区、国家平原绿化先进县、全国生态农业示范区、江苏省生态农业示范县的殊荣。

1986年以来，金湖根据自身区位特点、资源优势，着力打造水稻、水产、水禽、水生蔬菜等生态农业，形成无公害粮油食品、水产品、禽蛋、绿色保健饮品、水生蔬菜等绿色农产品。

放心的粮油产品。金湖是“全国商品粮生产基地县”，全国稻麦重点产区之一。2005年，全县粮食作物播种面积6.38万公顷，粮食总产37.49万吨，其中小麦2.5万公顷、产量12.86万吨，水稻3.55万公顷、产量23.77万吨。“金叶”大米、面粉是国家首批“放心米面”，荣获第三届中国优质稻米博览会金奖。“金叶”“宝金玉”“双兔”“花星”等6个大米品牌，获得国家A级绿色食品证书。在南京几大超市，均能看到这些品牌大米的身影，南京大米市场三分天下有其一，被称为南京人的“米袋子”。

原生态的水产品。金湖丰富的水面资源为水产品养殖提供天然条件。2005年，全县水产养殖面积（主要为特种水产品养殖）1.47万公顷。其中：湖泊养殖面积5260公顷，主要分布在高邮湖、宝应湖、白马湖；池塘养殖面积4933公顷，一半集中在沿老三河、朝阳河养殖带，另一半在郭家荡、夹沟荡、陈家圩、横桥联圩养殖区；湖中网箱养殖40万平方米，主要分布在宝应湖围栏养殖区和黎城湖围栏养殖区。养殖品种主要有鲢鱼、鳙鱼、异育银鲫、团头鲂、草鱼、青鱼、鲤鱼等常规鱼类及河蟹、甲鱼、乌龟、小龙虾、鳜鱼、黄颡鱼、黄鳝、泥鳅、珍珠等特种水产品。全县建有省级无公害水产品生产基地14个、面积6000公顷，有国家级产地无公害水产品18个。金湖湖泊水质纯净，水草丰富，在湖中自然生长的螃蟹、甲鱼、小龙虾、鳜鱼、黄鳝、泥鳅、青虾、河蚬等，是地道的绿色特种水产品。其中：金湖大闸蟹全部推行生态养殖模式，螃蟹规格大，品质优，味道鲜，畅销港澳台。金湖小龙虾全部生长于湖区，通体洁净，个大皮薄，体态丰满，肉质鲜嫩，营养丰富；“金宇”牌冻青虾、冻虾仁、冻小龙虾等加工产品远销美国等海外市场。野生甲鱼是最具特色的水产品，体色土黄、土绿，因食用湖中小鱼、小虾、螺蛳等，其肉质细嫩，风味独特，堪称一绝。全县水产品总产量4.57万吨，渔业产值5亿多元，增加值2.86亿元。

无公害的水禽与蛋品。广阔水面是水禽的天然牧场，金湖以麻鸭、小白鹅为特色的家禽业发达，70年代就成为全国闻名的“禽蛋之乡”。2005年，全县拥有省级无公害水禽生产基地5个、部级无公害禽产品7个。家禽饲养量499.63万只，年末存栏137.66万只，出栏361.97万只；年加工蛋制品

5000万枚以上。主要肉禽有高邮湖麻鸭、三湖野鸭、金湖小白鹅等，肉嫩、味鲜；主要蛋制品有皮蛋、咸蛋、双黄咸蛋等。

纯天然的水生蔬菜。产自湖河中的水生蔬菜是金湖一绝。全县有以荷藕为主的纯天然水生蔬菜基地6700公顷，沿湖7个镇均有连片水生蔬菜种植。在生产过程中，基本施用有机肥，农药和化肥施用受到严格限制，所产鲜藕洁白如雪，脆嫩香甜。鲜藕年产量18万吨，畅销上海、山东等地；以金湖荷藕加工制成的盐渍藕、糖渍藕、营养藕粉等藕制品，年产量1000吨，远销日本和东南亚地区。此外，茭白、芡实、菱角等，也是产自湖河绿色水生蔬菜。

野生特色的保健饮品。金湖广阔的湿地滩涂，大多呈原生态，生长大片野生珍品蒌蒿和马兰头。金湖人素有自制蒿茶的传统，清明前后，采摘鲜嫩的野生蒿头、马兰头等，在阳光下曝晒成干，一年四季作为农家饮品，具有降压除脂、养肝明目、解热消炎、生发乌发、防衰益寿等作用。以野生蒌蒿头和马兰头为主要原料，开发出的“老龙窝”“九里荒”“柏氏兰”等饮品用茶，是上好的保健饮用品。其中，“老龙窝”“九里荒”等野生蒿茶被评为有机食品和国家AA级绿色食品。

作为金湖生态农业的绿色屏障，森林覆盖也居于全省前列。2005年，全县有成片林7725公顷，其中用材林4591公顷、经济林3134公顷。农田林网3.46万公顷，村庄树木保存量831万株。全县共有树木1240万株，活立木蓄积量93.4万立方米，其中宝应湖湿地森林公园活立木蓄积量3.35万立方米。森林覆盖率23.6%，高出全省8个百分点、全国15个百分点。

如今，金湖生态农业结出硕果。全县耕地一次性通过江苏省无公害农产品产地认证，有中国地理标志商标7个，无公害农产品、有机食品、绿色食品品牌334个，生产面积为江苏省第一，被认定省级无公害农产品品牌16个、有机食品品牌2个、绿色食品品牌8个。2005年，全县农业总产值19.28亿元，增加值10.88亿元，占地区生产总值27.6%。

四

快速发展的工业化进程。

金湖具有较好的工业基础。1986年以来，通过大力推进改革开放，实施工业强县战略，特别是强力推进招商引资和实施产权制度改革，激发市场主体工业企业的勃勃生机与活力，全县工业化进程不断加快。到2005年，已形成机械电子、医药化工、粮油食品、轻纺服装四大支柱产业，拥有机械、建材、纺织、线缆、仪表、模具、服装生产等40多个工业门类和2000多家企业，全县工业规模企业105家，培育出采油树、仪表、电缆、车桥、卫生纸、渔网渔具等50多个优势产品。石油机械压井管汇、采油树等通过国际API认证，覆盖全国70%市场；“金莲”卫生纸获部优标志，全省同类产品年销售量第一；“84飞毛腿”被认定为全国驰名商标，“84爱特福”系列产品为江苏知名商标；卫生巾设备40%出口，占全国市场份额的30%以上；汽车零部件、电线电缆、仪器仪表等也是金湖的优势产品。金石集团、爱特福集团销售均超过4亿元。全县工业总产值51亿元，工业增加值13.25亿元，第二产业增加值占地区生产总值33.6%。

县镇工业园区是工业化的有效载体。早在1992年，县委、县政府借鉴外地建设经验，决定在县西郊设立经济技术开发区，将县内规模较大的工业企业和招商来的工业企业向开发区集中，已形成规模效应。2000年开始，经济技术开发区升格为金湖县工业园区，规划园区面积1166公顷。到2005年，累计投入建设资金2.57亿元，园区“五通一平”（通电、通自来水、通电信、通广电、通排水、场地平整）面积770公顷，建成区670公顷，建成“六纵六横”（“六纵”：华海路、金荷路、环城西路、同泰大道、星州路、八四大道;“六横”:上海路、建设西路、健康西路、金湖西路、工二路、神华大道)道路网络,总长1.76万米,面积24万平方米,绿化总面积13万平方米,申报省级工业园区。工业园区共有项目81个,其中竣工投产46个,实现销售6.79亿元、税收1843万元、出口退税1533万元。初步形成机电、服装、精细化工三大主导产业。其中:机电产业以理士科技、金石集团、卫生巾机械和柴油机配件等有影响的企业为龙头,延伸发展,有企业44个;服装产业以同泰服饰、歌德威尔等大企业为龙头,在上下游配套上做文章,有企业16个;精细化工以神华药业、爱特福等大企业为龙头,有企业14个。与此同时,镇工业区建设也快速推进。1997年,黎城镇开始创建私营工业园区,此后各镇也兴办镇工业园区。到2005年,全县建成上规模的镇工业园区,有以电线电缆为主导的金南工业园区,以渔具渔网为主导的银集工业园区,以日用化工为主导的陈桥工业园区,以仪器仪表为主导的闵桥工业园区,以木业制品为主导的吕良工业园区和黎城镇工业园区。其中,黎城镇工业园区占地20公顷,以机械、线缆、仪表为主导产品,入园企业40个,年营业收入3亿元,被农业部命名为全国乡镇企业示范区。工业园区的兴起为金湖工业化提供发展空间与平台。

机械制造业几近金湖工业的“半壁江山”。金湖县机械制造业起步于20世纪60年代初,70年代中后期开始发展。1986年,机械制造行业已初具规模,有企业67家,有柴油机零部件制造、通用设备制造、通用零部件制造、专用设备制造及脱粒机、粉碎机等农林渔业机械制造等行业,产品近千种,产值5617万元。90年代,金湖工业以机械制造业为龙头,大力发展上下游配套企业,形成产业链优势;大力引进新技术,开展科技创新,不断形成机械制造业的集群效应;狠抓产品质量管理,通过国际质量体系认证,提高产品市场竞争力。1994年,金湖县机械厂的主要产品在全国同行业中,达到产量、质量、销售、效益、市场占有率和覆盖率六个第一,引起同行业震动;县机械厂节流压井管汇、输油泵厂输油泵、汽配厂汽车门泵分别占全国同类产品销售的70%、75%、60%。县组团参加1995中国高新技术新产品博览会,获得4项金奖、3项银奖、1项优秀奖;金湖机械厂获得国际石油行业权威机构——美国石油协会API(API6A、API16C、API5CT三种)证书及会标使用权,产品直接进入国际市场。2005年,全县有机械制造业企业641家,个体工业945户,分布在金属制品、黑色有色金属冶炼及压延加工、通用机械制造、专用设备制造、交通运输设备制造、电气机械及器材制造等行业。有国家高新技术企业1家、省级高新技术企业2家、市级高新技术企业3家;金石集团生产的石油机械产品70%以上出口国外,金湖的提前器占全国40%的市场份额。规模以上机械工业企业53家,实现产值15.86亿元,产品销售收入15.25亿元,税利1.29亿元,分别占全县规模以上企业的50.5%、47.4%、46.9%、60.2%。

五

不断推进的城市化转型。

县城规模快速扩大。1986年,县城主干道为“三纵三横”(“三纵”:利农路、人民路、园林路;“三横”:建设路、健康路、金湖路),呈“田”字形格局,城区面积9平方公里,建成区面积约3平方公里。城区人口2.69万人,其中非农业人口2.15万人。房屋多为低矮简陋的平房,部分行政、企事业单位建有5层以下的楼房,最高建筑仅金湖商场的8层综合楼。县城道路总长13.37公里,巷道、背道为砂石路、土路。随着工业化与农业现代化的推进,开始城市化的进程。县委、县政府提出将金湖县城打造成现代化水乡园林城市目标,以经营城市为理念,通过招商引资与吸引民间资本投资,全力进行县城建设。一方面，着力改造老城区，将排污河由明河改暗道，排涝河疏浚建岸改为景观河，拓宽道路，架设桥梁，拆旧除危，兴建新楼。另一方面，大力建设新城区，实施“西进、南拓、东扩”战略。“西进”是向西延伸建设西路、健康西路，兴建神华大道等主干道，拉开新城区的骨架，并将沿街建成以商业、办公、住宅为主的混合型现代化城市街道，在老城区西南部兴建工业园区6.7平方公里；“南拓”是拓展人民路、园林南路、衡阳南路，兴建神华大道、金宝南线，南拓城区面积4.66平方公里；“东扩”是扩建建设东路、金湖东路、神华大道东段（新建东路），新建大兴路、高宝路，东扩城区面积11.26平方公里。至2005年，城区总面积扩至34.27平方公里，建成区面积14.45平方公里。有主次干道29条，形成“五横九纵”道路网络，“五横”是建设路（建设东路、建设路、建设西路）、健康路（健康路、健康西路）、金湖路（金湖东路、金湖路、金湖西路）、神华大道、金宝南线绕城段，“九纵”是城东干道、利农路（利农路、利农南路）、黎城路、人民路、园林路（园林路、园林南路）、衡阳路（衡阳路、衡阳南路）、同泰大道、理士大道、八四大道。道路总面积101.16万平方米，电力、电信、广播、电视线路和排水管道、煤气管道全部入地，楼栋累计竣工面积55.91万平方米。建成憩园、爱特福广场、市民广场、邮政广场、电信广场、行政广场、飞天广场等景观广场，翠湖园、三河滩湿地公园和三里桥河、三河、利民河等风光带等。建成区内高楼林立，地面乔、灌、花、草相互搭配，绿化覆盖率42%。如今，金湖县城以三河沿线景观带和利农河沿线景观带为主轴，以人民路、衡阳路、金湖路、神华大道为骨架，利民河、三里桥河横贯城区，西海水库森林风景区与三河滩湿地相呼应，商业中心、行政办公中心、社区中心相配套，标志性广场、公园、码头车站为节点，初步形成一个具有水乡园林特色的现代化城市。

集镇建设组团推进。1986年，乡镇集镇虽为一地的经济、文化中心，但囿于财力的原因，处于比较原始形态，公共设施简陋，主街道为砂石路或砖铺路，其余多为土路，市场皆为露天，房屋一般都是平房。随着经济发展财力增强与县城建设的推进，集镇建设开始起步。首先，拓宽原有道路，开辟新的街道，进行道路硬化，拉开集镇格局。其次，建设公共设施，开凿深水井，扩大自来水供水能力；铺设下水道，改变街道污水漫流的状况；安装路灯，进行集镇亮化；组建保洁队，建设垃圾处理场，置放垃圾箱；建设室内农贸市场，改善经营条件；进行绿化、美化，提高生活质量等。再次，引导分散的居民点逐步向集镇集中，集镇规划范围内的村庄集中到镇区统一建设，实施乡村工业向集镇工业小区集中、人口向镇区集中、耕地向种田大户集中的战略，促进城市化进程。到2005年，吕良镇、闵桥镇成为两个省级重点中心镇，闵桥镇还建成省级新型小城镇，银集镇、陈桥镇建成市级新型小城镇。集镇建设加速县城现代化要素向集镇的传递，促进农村产业转移，从而推动县域经济的发展与城市化进程。

农村建设日新月异。1986年，农村道路皆为土路，农民居住在传统自然村庄。随着经济的发展，农村建设开始提速。主要进行农村道路建设，沟渠河塘清理，农村自来水入户，推行“一建三改”（建沼气池，改厕所、改猪圈、改厨灶），整治卫生环境等。到2005年，全县117个村村村通上水泥路，农村自来水普及率达90%，全县建成省级卫生村3个。农村建设的重点是中心村建设，在符合乡镇域规划区、基本农田保护区的前提下，确定中心村人口1000人，基层村人口500人，建设用地人均100平方米，并在每个中心村、基层村，铺设水泥路或沥青路，铺设有线电视光缆与自来水管道，配置广播音柱，村前后的河道进行清理整治，建设商业服务、文教卫、公共建筑、住宅、工业等五大功能区。到2005年，全县建成中心村、基层村12个，建成房屋40余栋，建筑面积21.4万平方米。

城市与乡村建设，为第三产业的发展提供广阔的空间。2005年，全县地区生产总值39.43亿元，其中第三产业增加值13.61亿元，占地区生产总值34.5%，超过地区生产总值的三分之一。第三产业以及第二产业的发展，使人口快速向城镇流动集聚，县城常住人口12万人，占全县总人口33.3%，金湖在不断向城市化转型。

六

南北交汇的水乡人文底蕴。

金湖地处中国地理上的南北交汇地区。历史上，北方居民多次南迁并在境内停留，并侨置郡县；南方居民也有北移滞留于此，特别是明初“洪武赶散”，苏州一带居民集体迁移于此，人口占本地一半以上。受齐鲁文化、吴楚文化和运河文化的多重影响，金湖文化底蕴厚实，风格独特。水乡的灵气催生金湖的全国文化工作先进县、教育工作先进县、科技工作先进县、体育先进县等美誉。

金湖文化洋溢水乡元素。自2001年起，一年一届的中国金湖荷花艺术节，以“荷”为媒，通过开闭幕式大型文艺演出、社区广场群众表演、乡镇传统艺术展示以及摄影、书法、绘画展览，历时一个月左右，是金湖年度文化盛宴，水乡情愫演绎得淋漓尽致。以县实验小学舞蹈教师万建华为编导的金湖娃艺术团，以金湖水乡风情为特色，创作与演出的舞蹈在省、市乃至全国比赛中屡屡获奖，其中《鞭春》《跳跳虾》《木勺舞》《打金斗》《荷乡鼓韵》分别于1996年、1997年、1999年、2004年、2005年获江苏省少儿艺术节金奖与江苏省“五星工程奖”,《银鸽飞舞》《小马奋蹄》分别于2001年、2002年两次获全国校园春晚一等奖，名闻大江南北，被誉为“南有小红花，北有金湖娃”。金湖有中国摄影家协会会员8人，徐景浩拍摄题为《荷花图》入选日本第四十八届国际摄影展，还在江苏美术馆举办“徐景浩摄影作品展览”；姜燕拍摄题为《天职》的母鸡振翅护雏图入选第十三届全国摄影展；刘运义拍摄题为《亲和》的白鹭和八哥戏牛图入选第十九届全国摄影展，题为《秀色可餐》的夕阳映照螳螂图，刊登在《中国画报》封三，以多国文字向世界发行。业余作者黄心久潜心戏曲创作，在江苏《影剧月报》发表《“追鱼”续曲》《少帅相亲》《郑板桥做“贼”》《洪泽湖传奇》《归程》等多部剧本。

金湖秧歌和水稻栽插文化相伴相生，世代相传。金湖秧歌曲调优美，节奏明快，演唱方式独特，唱词内容丰富，已经发现有定型谱系的金湖秧歌距今150年多年。1957年，金湖秧歌手蔡凤英在南京人民大会堂演唱秧歌。1974年，由县文工团编排的金湖秧歌《秧田新歌》参加全省文艺演出，并被选送参加华东五省一市优秀节目调演。金湖秧歌合唱《想姐姐》参加中央电视台“激情广场大家唱”演出。金湖秧歌还走向世界，秧歌《金大爷赛秧歌》《做花鞋》参加韩国第二十五届民俗音乐节交流演出，以金湖秧歌为题材的交响乐《格冬代》，在奥地利维也纳金色音乐大厅奏响。全县共搜集整理秧歌近千首，其中短歌900余首、长歌20首，被列入国家级非物质文化遗产名录。

水乡教育可圈可点。金湖在1991年普及六年小学义务教育，1994年普及九年义务教育。调整学校布局，进行教育资源整合；实施“三新一亮”（新课桌、新板凳、新讲台、电灯亮）工程，推进“校校通”（中小学信息化网络）工程，全县中小学均设有多媒体教室、电脑房、理化生物实验室、图书室、美术室、音乐室、仪器室等。金湖中学迁址新校区，占地23.3公顷，建筑面积5万平方米，投资1.2亿元，建有单体楼15栋、标准塑胶田径场1个、篮球场8个，升旗广场、游泳池各1个，以及学生公寓、餐厅、超市、浴室等附属设施，成为一所现代化高级中学。金湖县普通中等专业学校成立，县职业高级中学成为全市有影响的普通中专、职业中专和职业高中“三合一”的学校。至2005年底，全县有各级各类学校79所，其中小学46所、初中24所、高中4所、职业学校（含电大、中专）4所、特殊学校1所，班级933个，在校生40506人。全县学前教育普及率94.9%，义务教育阶段毛入学率100%，分别高于省均值20.9个百分点、1个百分点；高中教育阶段毛入学率64.9%，高于市均值14.7个百分点，高考万人上线率居全市前列。累计普高向高校输送本专科新生10479人，职高为社会输送各类实用型毕业生2万多人，被上海、苏州、南京等地企业录用8000多人，参加对口高考本专科达线率连续6年居全市之首。

科技创新成果丰硕。县委、县政府加大科技投入，鼓励企业与大专院校、科研院所联合，开发新产品，推广新技术，重视专利的申报与管理。至2005年，全县共有科研机构26个，其中省、市级研发机构6个，有各类科技人员12749人，累计获得市以上科技成果奖146项，其中全国性5项、省级36项、市级105项，有4个国际合作项目获得省、市科技资金资助。

体育卫生特色显著。全县有公共体育设施184处，其中标准体育设施118处。羽毛球运动是金湖强项，县少年儿童业余体育学校羽毛球班被列为淮安市羽毛球业余训练中心，办班近40期，毕业学员1700余人，毕业学员在参加省和全国比赛中，共获团体冠军10个、亚军10个、季军12个，单项冠军40个。其中获得全国比赛前三名25个、冠军11个。向省少年体校和省体工队输送40多人，其中进入国家队3人。全县有县属医疗卫生单位9个，农村中心卫生院2所、镇卫生院9所，每万人有卫技人员21.1人。

民风民情淳朴敦厚。金湖地当淮水走廊，历史上水患频仍。长期以来，在与洪水的拼搏中人们戮力同心，在向苦难的抗争中人们相扶相助，由此铸成金湖人吃苦耐劳、不畏艰难、互帮互爱、宽厚待人的秉性，形成金湖人同情理解、诚实守信、秉性中和、相互谦让的民风。改革成果的惠及与辛勤劳动的收获，2005年金湖城镇居民人均总收入9551元，农村居民人均总收入7210元。心地善而易包容，衣食足而知荣辱。外地人初到金湖，都会感受到非家似家的温馨、非亲胜亲的热情。金湖社会治安良好，多年未发生重大恶性案件，是江苏省首批法治建设示范县、苏北首家金融安全区，连续四年获江苏省社会治安安全县称号，是江苏省文明城市，这就是金湖民风民情的真实写照。淳朴敦厚的民风民情，既是金湖宝贵的精神财富，也是金湖发展的无形资产。

中共十九大开启了新时代中国特色社会主义新的伟大工程。金湖二十年经济社会发展的成就，以及近十多年来的快速发展，已经为这一伟大工程打下了坚实的基础。站在新的伟大历史工程的起点上，县委、县政府正带领全县人民，在习近平新时代中国特色社会主义思想的指导下，紧紧围绕“高端产业文明县、生态宜居标杆县、全域旅游示范县、开放融合先行县、富足安乐首善县”五县共建目标，高举解放思想和改革开放旗帜，秉承务实苦干的作风，全力推动“强富美高”新金湖建设。

大 事 记

1986年

1月26—28日 横桥乡朱桥村农民挖树塘时，挖出古钱币近500公斤、银器数件。经鉴定，有汉代五铢钱和唐宋钱币等古钱币20余种。

1月 全县农村乡村两级基层单位整党工作全面展开，并分层次进行。

3月 金湖县被国家计划生育委员会评为“全国计划生育先进集体”。

4月21日 在淮建乡举行金湖县科教影片巡回放映首映式，省、市电影公司负责人及淮阴市各县电影公司经理应邀参加。此后一月内，在全县放映科教片78部、610场，观众7万多人次。

5月24日 中国人民解放军江苏省金湖县人民武装部改归地方建制，称江苏省金湖县人民武装部。

5月 金湖县被全国绿化委员会命名为“全国平原绿化先进县”。

7月21日 晚，吕良乡陈庄村胜利组遭遇大风，刮倒树木，砸断高压线，农民韩玉明家5口人，触电死亡4人，伤1人。

7月31日 下午3时至6时，全县大部地区遭受大风暴雨袭击，损坏房屋1898间，其中倒塌404间，农田受淹1.63万公顷。

8月29日 金湖商场主体工程全部竣工，总建筑面积4333平方米，主体8层，其中营业部3层，2612平方米。

9月29日 县电视台建成电视铁塔和卫星地面接收站，铁塔高93.5米。

9月 金湖与江都、高邮、邗江、六合、盱眙、仪征、天长等江淮8县市开设联播节目。

是年 金湖县被省政府命名为“基础教育先进县”。

是年 全县开挖和整修精养鱼塘666.67公顷，精养面积比1985年增加1倍。

1987年

1月11日 县酒厂发生火灾，30吨白酒受污染，经济损失3万元。

1月 刘学东任中共金湖县委书记。

2月24日 吕良、塔集2乡撤乡设镇，实行镇管村体制。

3月14日 撤销与县计委合署的金湖县物价委员会，成立金湖县物价局。

4月1日 金湖县电线电缆厂（金南）生产的铜芯塑料聚氯乙烯绝缘电线，经中国电工产品论证委员会论证合格，是全国首批通过论证的27家企业中唯一一家乡镇企业。同年，该厂采用国际标准生产的电线通过省级验收。

4月20—23日 县政协三届一次会议召开。会议听取并审议相关报告，选举县政协三届委员会主席、副主席，常务委员。陈国藩当选县政协主席。

4月21—24日 县第七届人大一次会议召开。会议听取并审议相关报告。选举县人大常委会主任、副主任，常委会组成人员；选举县政府县长、副县长；选举县人民法院院长、县人民检察院检察长。陈奎林当选县人大常委会主任，张卫东当选县长。

5月27—30日 南京博物院考古部专家周厚本等到金湖进行商周时期考古调查，认定官塘乡磨脐墩为西周居民生活遗址，戴楼乡獾墩为新石器时代居民遗址。

6月1日 县湖管会在县境内的白马湖向阳闸外投放鲤鱼苗1190万尾。

6月12日 经农牧渔业部、国家计委批准，金湖县被列为“七五”期间第一批国家重点商品粮基地县，由国家和地方按比例共同投资，总额为348万元，分1987年、1988年两年完成。

7月13日 县政府发出《关于切实稳定市场物价的通知》，要求努力稳定副食品价格，严格控制日用工业品消费价格，做好价格改革的宣传工作。

7月中旬 金湖农民施用县农资公司从泰兴县有机化工三厂购进的除草醚后，秧苗落黄、僵苗，严重的成片烂根枯死。全县23个乡场，有621.4公顷稻田受害。

8月 县电影发行公司发宣股、吕良影剧院、银集影剧院、淮建影剧院、官塘电影队在全国农林科教电影放映月活动中，受到农牧渔业部、林业部、广播电影电视局、文化部、科学技术委员会和中国科学技术协会等6个单位的联合表彰。

10月25日 县委转发《关于黎城、金沟两乡深化农村改革试点情况的报告》，要求结合改革流通体制、金融体制，从服务体制入手，大胆实践，摸索经验，深化农村改革。

10月 《金湖县民间文学三套集成资料本》印成，收集濒于失传的民间故事146则、歌谣200首、谚语850条。

11月6日 经县政府批准，陈桥乡管庄村、金北乡洪圩村设立基督教活动点。

12月5—28日 全县14个乡镇派出劳力，参加整治利农河工程，共完成土方355万立方米。

是年 全县水产品总产量7795吨，其中养殖产量3992吨，占总产量的51.2%，第一次超过捕捞量。

1988年

1月15日 全县第一个村办商场——黎明商场开业。该商场为黎城村所办，经营面积2226平方米，设百货、棉布、鞋帽、针织、文化用品、生活日杂、食品、调味等柜。

2月1日 县委、县政府颁发《关于进一步扶持农村商品生产的若干规定》。

3月4—6日 中共金湖县第六次代表大会召开。会议听取并审议相关报告，选举出县委委员、候补委员；六届一次会议上选举中共金湖县第六届委员会常务委员会委员，县委书记、副书记。刘学东当选中共金湖县委书记。

3月17日 成立县监察局。

3月29日 设立孙集乡。

4月15日 撤销县农村土地管理办公室，成立金湖县土地管理局。

4月18日 副省长凌启鸿率省农林厅、水利厅、计经委、水产局负责人视察金湖前锋乡实心田改造、白马湖乡荒地开发、新农乡老三河开发利用情况。

5月3—4日 金湖遭暴风雨和冰雹袭击，风力9级以上，冰雹一般有蚕豆大。全县被刮倒民房186间，受损坏民房231479间。

5月25日 新农乡刘桥、前进两村通电。至此，全县259个行政村全部通电，居淮阴市各县之首。

6月24日 县人大常委会通过《金湖县实施义务教育法的暂行规定》，要求普及九年义务教育分两步走：第一步1991年前实现六年义务教育；第二步1995年实现九年义务教育。

7月1日 县汽车站建成启用，实际占地1.89万平方米，总建筑面积2988平方米，总投资200余万元。

7月2日 闵桥、银集、金沟、涂沟等4乡撤乡建镇，实行镇管村体制。

7月15日 全县组织3万余民工、5000台手扶拖拉机，在漫水公路以北抢筑抗旱翻水拦河坝。保证石港抽水站经三河向洪泽湖翻水。

7月18日 成立县标准计量局。

8月1日 金湖县被命名为"全国拥军优属先进单位"。

8月16日 县实验小学被确定为"全国德育教育整体改革实验学校"。

9月6日 县政府设400门自动电话总机，县委、县政府机关大院内的部分办公室和干部宿舍开始使用内部电话。

9月9日 9时至17时，境内遭大风暴雨袭击，最大风力在9级以上，全县水稻倒伏1.77万公顷。

10月12日 重新组建中国人民银行金湖县支行，负责领导、管理、监督、稽核、协调各专业银行和其他金融事业单位。

12月8日 成立县档案局。

是年 全县水产品总量突破万吨，为10730吨，跨入全国水产品总量万吨县行列。

是年 县图书馆购置《四库全书》1套，价格5万元。

1989年

3月 金湖计量仪表厂生产的TBS–2型精密数字压力表通过鉴定。该产品为国家填补一项空白。

4月6日 县城乡建设环境保护局分设为县城乡建设局和县环境保护局。

4月27日 县委组织全县干部学习4月26日《人民日报》社论《必须旗帜鲜明地反对动乱》，动员全县人民维护安定团结大局。

6月 郭平扬任中共金湖县委书记。

7月13日 撤销黎城乡，所属各村和乡直属单位划归黎城镇。

7月14日 中午12时10分至40分，金北、淮胜、前锋、白马湖4乡48个村遭龙卷风、冰雹、暴雨的袭击，刮倒刮断树木5976株、高低压电线杆105根，房屋受损1037间。

7月23日 县万吨级饲料厂建成投产。

8月15日 县电视转播台开始使用微波信号转播江苏台节目。

8月17日 农牧渔业部和中央电视台一行8人，参观横桥乡连片淡水藕33.33公顷，鱼蚌混养鱼塘3.33公顷和联圩千亩丰产林基地，并拍摄电视新闻片。

9月 庆祝建县30周年电视片《金湖1959—1989》拍摄完成。

9月29日 金北乡农民戴宗仁被国务院授予"全国劳动模范"称号；金湖县农业银行行长陈素娟被国务院授予"全国先进工作者"称号。

10月7日 由县委宣传部编印的《春到金湖》在全县首发，该书从各个侧面反映金湖建县30年的巨大变化。

10月12日 举行庆祝建县30周年大会。参加会议的有建县后历任县委书记、县长，曾在金湖工作过的干部代表以及淮阴市领导及邻县来宾。

10月12日 由县志办公室编纂、江苏古籍出版社出版的《金湖史话》发行，该书较系统地介绍金湖2000余年的历史。

10月19日 成立县广播电视局。

10月21日 恢复设立县水产局。

10月30日 县文教局分设为县文化局和县教育局。

11月3日 撤销县外贸局，成立县对外经济贸易委员会，与外贸公司合署办公。

是年 县城西部新建的西苑新村住宅区，已拥有住宅楼15幢，是城区楼群最密集处。

1990年

1月9日 成立县经济体制改革委员会，撤销县经济体制改革办公室。

1月11日 金湖拖拉机配件厂和上海华元干燥技术工程公司联合开发的KSB空心浆干燥机通过鉴定，该产品填补了国内新型干燥机械的空白。

1月31日 《人民日报》报道：金湖县建成粮食与养殖基地县。

1月 金湖乡镇企业第一家工会——闵桥热工仪表厂工会成立。

2月6日 金湖被省政府命名为“体育先进县”。

2月17日 县有机化工厂生产的84消毒液，获“第十一届亚运会标志产品”称号。

2月20日 在1989年度全国夏季粮油创高产活动中，金湖县夏季油料总产量超历史最高水平，达9889.65吨，是1988年的2.31倍，受到国务院嘉奖。

2月28—3月3日 县政协四届一次会议召开。会议听取并审议相关报告，选举县政协四届委员会主席、副主席，常务委员。陈国藩当选县政协主席。

3月7—10日 县第八届人大第一次会议召开。会议听取并审议相关报告。选举县人大常委会主任、副主任，常委会组成人员；选举县政府县长、副县长；选举县人民法院院长、县人民检察院检察长。陈奎林当选县人大常委会主任，欣立忠当选县长。

3月27日 县委组织500名干部下乡，宣讲国务院减轻农民负担政策。

4月5日 夹沟乡在章辅（女）等9烈士殉难处建立纪念碑。

4月 代表江苏省参加全国少年羽毛球赛的金湖选手刘桂花，获女子丙组单打第一名。

6月16日 金湖县化肥厂通过化工部正式评审，被列为国家二级企业。这是苏北小氮肥生产行业第一家。

7月7日 白马湖乡派出所副所长王长友在查询在逃人员时，被逃犯及其帮凶杀害。9月，公安部追授王长友为全国公安战线二级英模。

7月18—19日 金湖普遍遭受大风暴雨袭击，部分乡镇降雨量210毫米，全县受灾水稻1.33万公顷、旱谷2000公顷、棉花667公顷，淹没鱼塘31.4公顷，损坏房屋1120间，倒塌房屋385间，工厂被迫停产315个。

9月 县人民医院首次使用量子血液疗法治疗中风获成功。

10月7—10日 全国协作区第五次尝试教学法研讨会在金湖举行，来自全国28个省、直辖市、自治区的500多名专家、学者参加会议，省特级教师、尝试教学法的创造者邱学华作《有指导的尝试原则》的学术报告，代表们观摩县实验小学的教学示范。

11月5日 金湖县被省政府、省军区评为兵役工作“创三优”（选送优质兵员、协助部队培养优秀战士、开发使用优秀退伍军人）先进单位。

11月17日 县统计局发布1990年人口普查第一号公报。全县人口为345191人，其中男性174043人、女性171148人。

12月8日 《新华日报》头版头条报道：金湖县重视开发蓝色、绿色工程（水产养殖和造林），每户已拥有养殖水面1亩，林木3亩。

12月16日 国家工商局授予金湖城中农贸市场“全国文明集贸市场”称号。

12月底 金湖计量仪器厂设计制造的“YBS-s系列交直流两用精密压力表”通过鉴定，从而结束了靠进口压力表检定国内仪表的状况。

1991年

3月12日 金湖县被全国绿化委员会授予“全国造林绿化先进单位”称号。

3月14日 撤销农业资源开发办公室、区划办公室，成立金湖县农业资源综合开发利用管理局。

3月16—18日 中共金湖县第七次代表大会召开。会议听取并审议相关报告。选举出县委委员、候补委员；七届一次会议上选举中共金湖县第七届委员会常务委员会委员，县委书记、副书记。郭平扬当选中共金湖县委书记。

6—7月 金湖遭遇百年未遇的特大洪涝灾害。水稻被淹约1.4万公顷，其中绝收6000公顷；旱谷受淹2333公顷，其中绝收1866.7公顷；棉花受淹3000公顷，其中绝收2266.7公顷；桑田、果林受淹1333公顷；鱼塘漫水1200公顷；损毁房屋8730间，其中倒塌2516间，转移群众9926户、41200人，粮食3000吨；受淹工厂109家，其中停产51家。直接经济损失2.7亿元。

7月1日 县隆重纪念中国共产党成立70周年。

8月19—20日 省长陈焕友率领省直19个部门负责人先后到淮阴市重灾区盱眙、金湖两县现场办公，检查、指导抗灾自救、恢复生产、重修家园等工作。

11月28日 淮阴市政府批复同意《金湖县城总体规划（1990年至2010年）》。

1992年

1月29日 县委对台工作办公室更名为台湾工作办公室。

1—5月 在全县22个乡镇258个村，开展历时5个月的农村社会主义教育工作。

3月16日 县委下发《关于进一步深化改革搞好企业的意见》，随后批准通过《关于县属骨干企业综合改革试点暂行方案》。

3月28日 成立县工商业联合会。

4月初—5月中旬 全县进行钉螺普查，组织专业队635人，动员近万名干部职工、农民与中学生，普查湖河滩地8046公顷。在郭家滩并沿金宝航线边角滩发现活螺面积14公顷，每平方米最高密度213只，捕捉活螺2769只。县政府拨专款进行灭杀。

5月16日 县委、县政府下发《关于“科教兴县”的实施意见》。

6月7日 省长陈焕友、省委副书记曹克明、省人大常委会副主任凌启鸿、副省长俞兴德视察三河闸闸门更换项目、金湖淮河入江水道西堤、卞塘闸、大汕隔堤护坡工程等，并看望正在施工的民工们。

6月9日 全国甲级男子排球四强邀请赛在金湖县体育馆举行。

6月21日 凌晨起到下午，省人工增雨指挥部共对苏北地区实施3次飞机人工增雨作业，淮阴市普降喜雨。降雨中心在盱眙、金湖一带，最大雨量28.8毫米，初步缓解旱情。

6月 县委、县政府出台《关于进一步扩大工业企业综合改革试点的意见》。

6—7月 金湖受多年未遇的干旱影响，受旱水稻2万多公顷，严重发黄近7000公顷，部分枯死，受旱旱谷4867公顷，棉花落黄枯萎1000公顷，大豆和新栽桑苗干死1200公顷。

7月1日 县政府下发《关于在流通企业全面推行“四放开”改革意见》，

7月15日 开办县老年大学，校址在老干部俱乐部。

8月14—25日 县开展办理县内地方城镇定量户口，群众报名踊跃。

8月21日 成立金湖县西郊经济技术开发区。

8—10月 金湖连续受台风袭击，水稻倒伏2.16万公顷，烂场水稻1万公顷，倒塌房屋1742间，损坏房屋5082间。

12月19日 全县22个乡镇电话交换全部实现自动化。为苏北地区首家。

是年 县工商局被人事部、国家工商行政管理局授予“全国工商行政管理系统先进集体”称号。

1993年

1月16日 县政府下发《金湖县城镇住房制度改革实施意见》。

2月2日 县政府在全县国营、集体商业零售企业全面推行“双层经营、柜台承包”。

2月19—22日 县政协五届一次会议召开。会议听取并审议相关报告。选举县政协主席、副主席，常务委员。张绍洪当选县政协主席。

2月19—23日 县第九届人大一次会议召开。会议听取并审议相关报告。选举县人大常委会主任、副主任，常委会组成人员；选举县政府县长、副县长；选举县人民法院院长、县人民检察院检察长。何璋当选县人大常委会主任，李孔惠当选县长。

3月4日 县委、县政府印发《关于贯彻落实市委市政府〈关于切实减轻农民负担、保护农民利益的决定〉的意见》。

3月25日 县政府决定从4月1日起，放开粮食、油料购销价格和经营。

4月4日 成立县茧丝绸集团总公司，为直属县政府的全民正科级企业，自负盈亏。

4月12日 10时20分，县第二玻璃厂（对外称金湖县精细化工厂）化工车间发生反应罐爆炸，死亡5人、重伤3人、轻伤12人的重大事故。新建的化工车间厂房、机械设备基本报废，第二玻璃厂玻璃生产车间部分机械设备受损。

5月31日 县政府允许社会力量举办医疗机构，尤其是允许个体开业行医。

6月9日 县委、县政府发出《关于扩大乡镇企业股份合作制试点的意见》。

7月10日 县土地管理局获“全国土地管理系统先进集体”称号。

8月19日 县委发出《关于加快推行企业股份合作制》的通知。

9月 金湖县被国家计划生育委员会评为“全国计划生育先进单位”。

10月8日 县政府明确宋墩、时墩、抬饭墩、磨脐墩、跃进汉墓5个县级文物保护单位保护范围和建设控制地带。

12月8日 县出台《关于党政机关与所办经济实体脱钩的若干规定》，全面清理党政机关所办实体，明确党政机关不准经商办企业。

12月16日 中共中央政治局候补委员、中央书记处书记温家宝一行6人，在省、市领导陪同下视察金湖，重点视察黎城镇、嵇圩林场、涂沟镇乡镇企业等，并听取县委工作汇报。

是年 全县纪检监察机关合署办公。

1994年

1月1日 金湖人民广播电台调频台开通，增加无线传播广播节目。

1月8日 淮阴市首家乡镇企业集团江苏中大电线电缆集团公司在金南乡成立。

1月 县委、县政府组织18个乡镇、5万多名劳力，进行老三河疏浚固岸工程，完成土方100万立方米。

1月 县邮电局引进18信道美国摩托罗拉公司设备，建成移动电话基站，向用户推出移动电话（大哥大）业务，全年放装移动电话301部。

3月1日 实行国务院规定的每天工作8小时、每周工作44小时的新工时制。

3月 淮河入江水道北堤防汛公路开始施工，12月竣工，全长10.93公里。

3月 金湖有史以来的第一部志书《金湖县志》出版。12月8日，《金湖县志》获省地方志工作优秀成果志书类一等奖。

4月15日 金湖通过电力部"农村电气化县"、省电力工业局"用电标准化县"验收。为苏北地区通过"两化"验收首家。

4月 国内贸易部发布'94中国物资流通百强县"排名榜，金湖县物资（集团）总公司名列其中。

5月27日 金湖非文盲率达98.6%，通过省高标准扫盲合格县验收。

6月1日 县人才市场挂牌开业。

6月10日 《江苏地名》第三期发表李义海《尧与塔集》的考证文章，认为尧出生于金湖县塔集镇，同年11月15日《人民日报》（海外版）以标题《尧出生地是金湖县塔集镇》予以报道。

6月18日 金湖第一个私营企业党支部——卞塘砖瓦厂党支部成立。

6月20日 县经协委与县计委合署办公。

6月30日 淮阴市对外经济贸易进出口公司金湖分公司取得进出口自营权。

9月7日 县"丰收"计划项目"优质水稻及高产高效栽培技术"通过省农林厅验收，金湖被批准为省"绿色证书工程"试点县。

9月26日 撤销金湖县税务局，分设为县国家税务局、县地方税务局。

9月 李孔惠任中共金湖县委书记。

10月5日 金湖县县志办公室更名为金湖县地方志办公室。

10月7日 县中等专业学校成立，与县职业高级中学为"一套班子、两块牌子"。

10月27日 县农行农村储蓄余额达30833万元，市委、市政府及市农行和县四套班子分别发出贺信、贺电。

11月13日 《新华日报》发表长篇通讯《金秋看金湖》，赞美金湖县"走水路、奔小康"的"蓝色工程"。

11月28日 金城宾馆开始营业，建筑面积近4000平方米，设客房72套，其中豪华套房4套，总投资1200万元。

11月30日 县佛教协会成立大会暨第一届会员大会在海晏寺举行。

11月 全县138名民办教师转为公办教师。

12月28日 金湖电视台首次自办试播《金湖新闻》等节目。

12月 历时3年的全县非农业用地登记工作结束，共发放农村宅基地土地使用证63352份，农村集镇建设用地土地使用证1825份。

12月 中国银行金湖县支行营业办公大楼竣工。

12月 淮胜乡有线电视开通，成为全省第一家村、组普及有线电视之乡。

1995年

1月18日 电力大厦启用。大厦总投资800万元，占地650平方米、建筑面积5080平方米、高42.6米（12层）。

1月20日 县举办"迎新春、奔小康"联欢会，江苏电视台、江苏人民广播电台分别于当月27日、31日播出联欢会实况。

2月25日 县委、县政府召开产权制度改革工作会议，部署小型国有（集体）企业实行先售后股改制。

3月9日 在县九届人大第三次会议上，陈德昌当选县长。

3月14日 中国人民武装警察部队金湖县消防大队、金湖县公安消防大队成立，为“一套班子、两块牌子”；原武警金湖县消防中队、县公安局消防股撤销。

4月18日 金湖县服装有限责任公司（改制前为县服装厂）成立，此为金湖县首家实行先售后股企业。

4月 全县党员干部学习孔繁森先进事迹。

4月 金湖与海南省琼中县缔结为友好县。

4月 前锋乡同心村农民韩福焕，被国务院授予“全国劳动模范”称号。

5月1日 实行国务院规定的新工时制度，即星期六、星期日为周休息日。

5月8日 成立县创建卫生文明城镇办公室，为正科级建制县政府直属机构。

5月9日 县委、县政府在县体育馆召开创建卫生文明城镇动员大会。

5月 全县普及九年义务教育通过省级验收。

5月 县人民医院通过评审，达到国家二级甲等医院标准。

5月 县委宣传部命名县烈士陵园、县图书馆、嵇圩林场、崔庄油田、省军区运西农场、淮河入江水道等6个爱国主义教育基地。

5月 在全国青少年羽毛球比赛中，金湖县选手韩雯绍获81~82年龄组男子单打亚军。

6月1日 金湖全面推行和实施劳动合同制，至年底，全县机关事业、县属企业（含部、省、市属企业）的固定工，均与所属单位签订劳动合同。

6月1日 全县开始执行企业最低工资保障制度，1995年企业最低工资标准为140元/月。

6月6日 县机械厂获得国际石油权威机构美国石油学会（API）会标使用权证书，该厂石油机械产品可直接进入国际市场。

6月15日 金湖组团参加'95中国高新技术、新产品博览会，参展项目19项，8项获奖，其中金奖4项、银奖3项、优秀奖1项。

7月18日 三河轮渡新码头投入使用。

7月 省政府、省军区授予金湖县“双拥”模范县称号。

8月9日 上午9时左右，横桥乡高庄村东南方向的高邮湖湖面出现“海市蜃楼”，持续约40分钟。

8月18日 零时起，金湖县电话号码升7位（在原号码首位加“6”），并进入淮阴本地网，长途区号由05278改为0517。

8月28日 全县机关事业单位养老保险制度改革方案正式实施。至年底有8236人参加保险。

8月 县农业局承担的“30万亩杂交稻高产高效综合增产栽培技术”项目，被农业部授予“丰收计划”二等奖。

9月15日 县委、县政府邀请部分抗日老战士召开座谈会，纪念中国抗日战争与世界反法西斯战争胜利50周年。

9月27—28日 县委、县政府奔小康动员大会在金城影剧院召开，提出“全民动员，苦干两年，为全面建成小康县而奋斗！”

9月 中共中央政治局候补委员、中央书记处书记温家宝经金湖县城乘车，到宝应湖退水闸换乘轮船，沿湖到嵇圩林场，看苏北最大的人工造林基地，下船后来到嵇圩林场水杉林，双手合掌，感慨地说：“这个林子太美了，就像我在泰国看到的塔林！”

10月20日 《金湖年鉴》创刊号由中国县镇年鉴社出版。此后逐年编纂出版。12月6日，县委、县政府举行《金湖年鉴》首发式。

11月18日 中共金湖县七届七次全委会议召开，审议通过《中共金湖县委关于制定金湖县国民经济和社会发展“九五”计划和2010年远景目标的建议》。

12月6日 金湖被国家土地管理局授予创建“三无”（无违法批地、无违法管地、无违法用地）乡镇活动先进县称号。

12月20日 全县15个乡镇出动民工6万多人、3000台机械，拓改县乡公路（国防312线、东塘线、金下线、金沟线、塔夹线、陈桥线）路基。翌年1月竣工，完成路基长48.52公里，筑土73万立方米。

12月 县农村信用合作联社与县农业银行实行分门办公。

是年 全县农村实行“村账乡管”改革，村组集体资金由乡镇统管，村会计每月集中记账、会审，按月向群众公布收支账目。

1996年

2月 县职业高级中学被国家教委评定为国家级重点职中。

2月 金沟镇胜利村被全国绿化委员会授予“全国造林绿化千佳村”称号。

3月8—10日 中国共产党金湖县第八次代表大会召开。会议通过相关工作报告。选举产生新一届县委委员、候补委员。八届一次全委会上，李孔惠当选中共金湖县委书记。

3月 省政府确定金湖县为“九五”期间全省农机化综合示范县。

3月、8月、11月 中央电视台拍摄、反映金湖利用自然资源优势发展经济及水乡风俗人情的专题片《水乡金湖》，在中央电视台第一、四、六3个频道黄金时段6次播出。

4月1日 江苏省金湖县人民武装部收归军队建制，改称中国人民解放军江苏省金湖县人民武装部，为正团级单位。

4月17日 经国务院批准，金湖被列为“九五”期间全国农村能源综合建设县。

4月 金湖县通过国家级“基本实施九年义务教育”验收。

5月24日 以全国文联副主席、著名诗人李瑛为团长的首都文艺家万里采风团一行9人，到金湖采风。

5月 《金湖市民文明公约》出台。

5月 园林路改造工程开工，年底竣工，铺设宽28~30米的三块板水泥路面1.31万平方米，下水道3000米，绿化岛1800米，路牙2000米，总投资558万元。

6月 县堤防管理所被水利部表彰为全国水利管理先进单位。

9月9日 成立县精神文明建设活动委员会办公室，为正科级事业机构。

9月24日 县政府作出关于取缔和并停一批污染严重企业的决定，关闭县化工厂炼油车间，取缔关停7个土炼油厂（点）。

9月26日 县土地管理局更名为县国土管理局。

9月27日 县委、县政府召开县级党政机构改革动员大会。

9月28日 横跨利农河、东连利农路、西接健康路的利农桥建成通车，全长71米，桥面宽14米，1995年10月9日破土兴建，总投资214万元。

11月 金湖被评为国家初级卫生保健合格县。

12月24日 以江苏爱特福药物保健品有限公司为核心企业的江苏爱特福化工集团（市级）成立。

12月28日 金湖城乡电话实现传输光缆化、交换数字化，全县村村通电话。

12月 经市验收，继涂沟镇之后，金湖县又有黎城、戴楼、金南、金沟、卞塘、闵桥、夹沟、塔集、银集、唐港、淮胜、白马湖、陈桥等13个乡镇被市委、市政府命名为“奔小康先进乡镇”，占全县乡镇数的63.6%，占全市小康乡镇数40%。全县有115个村被命名为“奔小康先进村”，占44%。

12月 由县委宣传部与党史工委联合编辑的《江苏人民革命斗争群英谱·金湖分卷》由江苏人

民出版社出版，全书收录金湖群众英雄事迹411篇，近30万字。

1997年

1月1日 金湖开始全国第一次农业普查。

3月 共青团中央将金湖列为全国50家稻田养鱼示范县，赠送革胡子鲶鱼苗6万尾，在新农乡建立养殖基地14.67公顷。

4月上旬 县委农工部、县民政局在金沟镇进行村务公开试点。在试点基础上，全县开展“给群众一个明白，还干部一个清白”的村务公开活动。

5月9日 省政协主席孙颔率淮北工程调查组到金湖调查，听取致富工程情况的汇报，并到闵桥、黎城等乡镇考察。

5月31日 全国蚕茧收购工作电视电话会议宣布，安徽天长市与金湖县边界蚕茧收购市场列为全国四大监管地区之一。6月3日，由国家茧丝绸协调小组牵头组织的联合执法检查组分别进驻天长市和金湖县。

5月 金湖被国家科委命名为全国科技工作先进县。

6月28日 举行县体育中心暨游泳池落成庆典。体育中心与金湖县中学新校园毗连，于1995年开工，用地7公顷，投资600万元；游泳池于1996年8月动工，投资185万元。

7月上旬 金湖县勘界工作开始。至年底，勘定金湖天长线、金湖盱眙线、金湖宝应线、金湖高邮线部分界址。

7月 金湖县1991年以来完成的治淮工程项目，通过由国家计委、水利部、淮河水利委员会和省水利厅组成的治淮工程验收组验收，获优良等级。

8月23日 县委、县政府召开乡镇党政机构改革动员大会。至10月底，各乡镇六大办公室全部挂牌，人员调整到位，新机构启动运行。

8月 县级54个部门的机构改革“三定”方案分别由县委办、县政府办印发执行。共设置党政机构38个，其中县委工作机构7个、县政府工作机构31个；另设部门管理机构4个，挂牌机构7个，承担政府管理职能的事业局5个。

9月27日 县委、县政府召开县级机关公务员过渡动员大会。10月25日，举行县、乡机关公务员过渡考试。年底，县级机关工作人员向国家公务员过渡基本完成。

10月11日 江苏省里下河地区秋种机械化现场会在金湖召开，20多种新型农机具参加演示，进行耕地、整地、播种、开沟等示范性机械作业。

10月26日 县农行营业大楼落成。该楼主体9层，总高度37.4米，建筑面积5050平方米，总投资1050万元。

10月30日 县政府规定居民最低生活保障线为：农村人均600~800元／年，城镇月人均100元，不足部分由政府予以补贴。

10月 县实验小学被重新确定为江苏省实验小学。

11月 园林路贸易一条街建成，总投资1600多万元。

12月5日 县造纸厂废水治理工程竣工并试运行，共投资850万元。

12月10日 盐（城）—金（湖）国防公路建成通车。盐金线为国防战备公路，西起金湖城区园林桥（原三里桥），东止江苏盐城，全长158.7公里，其中金湖段长45.2公里。

12月22日 首批乡镇企业产权交易在县政府小礼堂举行，吕良镇禽蛋加工厂、黎城镇冶金建材工业公司和汽车修理厂3户企业拍卖成功，金南福利橡胶厂等6户企业顺利进行产权协议转让。

12月 全县又有8个乡镇通过市小康验收。至此，全县22个乡镇均被市委、市政府命名为“奔小康先进乡镇”。

12月 据省统计局公布，金湖已达到小康县各项指标，基本建成小康县。

12月 金湖被广播电影电视部授予“全国广播电视先进县”称号。

1998年

1月2—5日 县政协六届一次会议召开。会议听取并审议相关报告。选举县政协六届委员会主席、副主席，常务委员。胡进当选县政协主席。

1月3—6日 县十届人大一次会议召开。大会听取并审议相关报告。选举县人大常委会主任、副主任，常务委员；选举县政府县长、副县长；选举县人民法院院长、县人民检察院检察长。陈德昌当选县人大常委会主任，林伟明当选县长。

2月17日 江苏油田试采二厂驾驶员王某酒后驾车，行至盐金公路142K+319(东偏泓）路段时，操作失误，追尾撞上停靠在路边的小客车，造成车内乘客8人死亡，10人受伤。

3月27日 县房产管理所与县政府住房制度改革办公室合并，成立金湖县房产管理局，为县政府正科级事业单位。

3月31日 金湖县基督教第一届代表会议召开，选举产生县第一届基督教“三自”爱国运动委员会组成人员。

4月上旬 县委农工部在塔集镇进行土地第二轮承包试点，落实中共中央关于土地承包期延长30年不变的政策，6月向全县推开。

4月21日 国家防汛抗旱总指挥部副总指挥、水利部部长钮茂生率国家防总淮河流域防汛检查组，在副省长姜永荣等省、市领导陪同下，到金湖检查淮河入江水道防汛工作。

4月 县政府为宋墩遗址、抬饭墩遗址、磨脐墩遗址、跃进汉墓群等5处县级文物保护单位设置永久性保护标志牌。

5月8日 成立金湖石油机械集团。

5月8日 全县开始推行新型农村合作医疗制度。

5月11日 县移动通信成建制从县邮电局剥离，成立中国（香港）江苏省移动通讯有限责任公司淮阴分公司金湖经营部。

5月28日 江苏省金湖农机跨区作业出征仪式在金湖举行，副省长姜永荣及省、市有关领导亲临现场。

6月28日 电大金湖分校与金湖职业高级中学合并，成立金湖县职业技术教育中心。合并后，县职业技术教育中心、电大金湖分校、县中等专业学校、县职业高级中学为“一套班子、四块牌子”。

6月 全县乡镇企业产权制度改革结束，共改制335户，改制面97%。

7月7日 县外经贸委与县外贸公司实行政企分开，县外贸公司为独立核算的全民企业。

8月25日 县档案馆增挂县档案局牌子，原机构规格、编制性质、隶属关系不变。

8月 县农村能源办公室在闵桥镇闵桥村建成秸秆气化供应站，每小时可产气400立方米，为苏北第一家。

9月8日 金湖被国家体育总局命名为全国体育先进县。

9月8日 县邮电局完成邮电分营，分别设立金湖县邮政局和金湖县电信局。

9月18日 县委、县政府发出《关于切实做好国有企业下岗职工基本生活保障和再就业工作的通知》。

9月 《中国共产党江苏省金湖县组织史料（第二卷）》出版。该卷收录1987年10月至1996年8

月金湖县党、政、军、统、群五个系统组织机构沿革和领导人更迭情况，并增收副科级以上企事业单位情况。

10月9日 省新闻出版局行文批准创办《金湖报》，为周二刊，刊号Jsxb8-036。12日，《金湖通讯》编辑部更名为金湖报社，仍为县委直属正科级事业单位；是日，《金湖报》创刊号诞生。

10月16—18日 由中央教育科学研究所教学研究中心主办的'98全国农村小学作文教学研讨会在黎城镇举行，来自全国16个省、市、自治区的代表1300余人参加。

11月30日 省科委批准启动建设"金湖高效农业科技示范园"，重点建设5万亩银涂特种水产养殖带、312省道沿线高效农业科技示范区。

11月 全县掀起圩堤达标、山区小流域治理、河道整治和世行二期项目配套等冬季四大水利工程施工热潮，集中实施丘陵片官塘、戴楼、黎城3个乡镇小流域综合治理，并疏浚陈新港、朝阳河，共完成土方625万立方米。

12月6日 金湖大桥建设指挥部在金城影剧院举办"爱我家乡、情系大桥"大型捐资文艺晚会。晚会现场接受单位和个人认捐600万元。

12月28日 金湖建成电话县，为苏北地区首家。

1999年

1月1日 县工商行政管理局实行省以下垂直管理。

1月 县地税局改为市地税局直属机构，实行上级地税机构和同级政府双重领导、以垂直领导为主的管理体制。

2月9日 黎城镇徐梁村六组农民刘广柱在自家门口挖水井时发现一座古墓，共出土铜镜、青铜剑、陶器等文物20件，经市文物管理部门鉴定属西汉初期珍贵文物。

2月26日 县委、县政府成立县招商引资工作办公室。

3月15日 县政府下达第一批城区拆迁改造任务，共涉及43个部门、223个单位和个人，需拆除房屋756间、13028平方米，整治与亮化504处。到4月20日基本完成。

3月15日 衡阳路改造工程开工，6月底竣工。全长1780米，铺设水泥路面5.4万平方米，建绿化岛9000平方米，环形广场2000平方米，供电、邮电、广电线路及煤气管道全部入地，总投入1000万元。

3月中旬 城区"两河一堤"（利民河、三里桥河、入江水道南堤县城段）改造工程开工，5月底结束。共改造工长4379米，清除垃圾4500立方米，完成石方2.4万立方米，土方11.2万立方米，投入近1000万元。

5月 县公安局在黎城、吕良、闵桥、银集4乡镇进行小城镇户籍制度改革试点。到11月底，全县共办理小城镇常住户口3487户、7046人。

6月中旬 全县小麦收割进仓，实收亩产345公斤，总产12.93万吨，亩产、总产均超过历史最高水平。

7月3日 清理整顿农村合作基金会工作开始。11月底，全县23个合作基金会清盘关闭。

7月9日 举行金湖淮河入江水道大桥开工典礼。该工程为金湖建县以来投资最多、规模最大的工程。

7月 全县第一批经济适用房竣工，共6幢240套，2.3万平方米，总投资1960万元。

9月18日 黎城市场建成开业。该市场占地2公顷，总建筑面积28000平方米，主体6层，总投资1600万元。

9月29日 县委、县政府召开庆祝中华人民共和国成立50周年、建县40周年大会。

9月 县政府门户网站www.jinhu.gov.cn.开通。

9月 金湖建县40周年献礼工程之一《历史上的金湖》(马国顺著)一书,由江苏人民出版社出版。该书系作者多年搜集金湖历史资料与研究金湖历史的成果,大量资料为第一次对外公布,共发行5000册。

11月8—16日 由卫生部、中残联、国际狮子会组织的“视觉第一中国行动”江苏省九九光明医疗队,为金湖225名白内障患者施行复明手术,成功率99%。

11月11日 县技术监督局改为市技术监督局直属机构,实行垂直管理体制。

11月16日 全县乡镇“一增三减”(增收,减人、减事、减支)工作全面展开,12月8日结束。全县乡镇行政缩编42个,事业缩编67个,行政附属缩编42个,撤销临时机构34个,清退临时人员1319人,超编分流39人。

12月 县人民检察院被最高人民检察院授予“人民满意的检察院”称号。

是年 金湖县被省委、省政府评为“1997—1999年综治工作先进集体”。

2000年

1月13日 林伟明任中共金湖县委书记。

1月13日 省农垦集团有限公司党委将复兴圩农场党组织关系移交金湖县委管理。

1月22日 在县十届人大三次会议上,成迎初当选县长。

1月27日 盱眙县东阳乡永丰、瓦地、黄桥和马坝镇楼庄共4个村划归金湖县管辖。4个村总面积15.14平方公里,耕地403.33公顷,35个村民小组,3465人。

2月12日 县委、县政府召开全县区划调整动员大会。全县22个乡镇调整为11个镇乡。

3月31日 县委召开“讲学习、讲政治、讲正气”(“三讲”)集中教育活动动员大会。

3月 全县农村电网建设与改造工程全部竣工,该工程于1998年12月12日启动。两期工程共投资8262.56万元。6月,金湖被国家发展计划委员会评为“农村电网建设与改造工作先进县”。

3月 撤销县招商引资办公室,成立金湖县招商局,为县政府直属正科级事业单位。

3月 金湖实现“2000年人人享有初级卫生保健”目标,被省政府评为先进县。

4月27日 水利部常务副部长敬正书率国家防总淮河防汛检查组,在省、市有关领导陪同下,到金湖视察淮河入江水道工程。

4月29日 县委召开全县“致富思源,富而思进”教育活动动员大会,

4月 金湖生产的“中国蒿茶”在中国(南京)国际茶博览会上荣获银奖,6月获省消费者信得过产品金奖。

5月10日 县第二中学被认定为省级重点中学。

5月 金湖输油泵有限公司研磨工仇英,被国务院授予“全国劳动模范”称号。

6月8日 江苏金湖职业高级中学被教育部认定为国家级重点中等职业学校。

6月9日 县委、县政府在烈士陵园举行杨金付烈士追悼大会,作出《关于在全县开展向杨金付烈士学习的决定》。杨金付5月31日西藏抢险救灾中牺牲,被授予革命烈士称号,追记二等功1次。

6月10日 经市政府批准,金湖县中学初中部改为公办民助形式的金湖外国语初级中学。

7月4—6日 因淮河上游污水大量下泄,金湖县三河、高邮湖水域发生重大污染事故,受害面积1万公顷,死亡成鱼45万公斤、蟹2万公斤、虾1万公斤,直接经济损失600万元。

8月6—9日 金湖娃艺术团表演的舞蹈《木勺舞》,在第二届中国“小荷风采”少儿舞蹈大赛上获银奖。10月9日,该舞蹈参加第六届中国艺术节“花开新世纪”少儿专场演出。

9月11日 黎城镇私营工业园区被农业部命名为“全国乡镇企业示范区”。

10月25日 金北乡撤乡设镇,实行镇管村体制。

11月1日 金湖县开展第五次全国人口普查工作。

11月上旬 县组织3万名劳力，对从盱眙划归金湖的永丰、瓦地、黄桥、楼庄4村进行小流域治理，年底结束，共挖土90万立方米。

11月11—13日 2000年国际复式教学论坛暨中国教育学会复式教学专业委员会第四届年会在金湖举行，全国26个省、直辖市、自治区的230多名复式教学工作者及20多名中外记者参加。

11月20日 金宝航道唐港段墙前土疏浚工程，历时5年，全面竣工。

11月23日 经省政府组织的评价核验组测算考核，确定金湖基本实现农业机械化。

11月28日 县政府发出《金湖县城镇职工医疗保险制度改革实施方案》，决定从2001年1月1日起实行新的医疗保险制度。

11月下旬 全县事业单位人事制度改革全面推开，在事业单位内部实行聘用合同、竞争上岗、工资分配、公开用人和末位淘汰制度。

12月4日 《新华日报》A1版头条《金湖构筑县域经济发展新平台》。

12月11—13日 中国共产党金湖县第九次代表大会召开。会议通过相关工作报告。会议选举产生新一届县委委员、候补委员。九届一次全委会上，选举县九届委员会常务委员会委员，书记、副书记。林伟明当选中共金湖县委书记。

12月28日 县行政中心大楼落成，主体9层，建筑面积1.2万平方米，总投资1700万元。

是年 全县县属企业全部改制为股份制企业，进行国有与社会资产、全民与集体职工身份置换。

是年 全县农村有线电视实现村村通。

2001年

1月 全县医疗制度改革方案正式实施，251个单位、17012名职工参加医疗保险。

1月2日 县委在全县镇乡和县直各部门领导干部中集中开展“三个代表”重要思想学习教育活动。3月20日结束。

1月11日 金湖县文学艺术届联合会成立暨第一次代表大会召开。

2月 县委开展“新世纪、新金湖、新形象”大讨论，同时组织征集“金湖精神”活动，后确定“实干、超越、文明”为金湖精神。

4月3—5日 金湖县通过“九五”“全国农村能源综合建设县”项目验收。

4月4日 县委、县政府在县烈士陵园举行“冀家围平暴烈士墓”揭碑仪式，各界群众1000多人参加。

4月13日 金湖被授予“全国残疾人工作先进县”称号。

4月20日 水利部副部长翟浩辉、淮河水利委员会主任宁远率国家防总淮河防汛检查组，到金湖对淮河入江水道工程进行汛前检查。

6月5日 由县委党史工委编写的《中共金湖地方史》第一卷，由江苏人民出版社出版。该书23.6万字，记载金湖地区自1939年建立第一个党组织到1949年中华人民共和国成立期间，党领导人民进行革命斗争的历史。

6月25日 县委召开庆祝建党80周年大会。

6月 金湖被省政府命名为“全省计划生育工作示范县”。

7月28日—8月20日 举行金湖首届荷花艺术节。宗旨是：以荷为媒，文化搭台，经贸唱戏，让世界了解金湖，让金湖走向世界。开展19项系列活动。

7月28日 金湖淮河入江水道公路大桥（金湖大桥）建成通车。为超二级公路桥，全长3354.49米，全宽15米，净14米，接线长1432米。总投资1.05亿元。

7月 金湖被农业部命名为“中国荷藕之乡”。

7月 县首届残疾人运动会举行。

7月 县电信局开通ADSL宽带网，全县城乡正式接入宽带通信网络。

8月31日 金湖县中学新校区（高中部）投入使用，占地面积18公顷，建筑面积5万平方米，主要建筑有15幢单体楼及400米标准塑胶田径场、8个篮球场，工程概算总造价8000万元。

9月13日 县政府公布第一批减少行政审批事项，38个部门和直属单位原有审批事项445项，清理后保留337项，减少108项。

9月26日 金湖时代超市开业。营业面积3800平方米，投资1600万元。

9月28—30日 首届县级机关职工运动会举行，61支代表队、1000多名运动员参赛。

10月1—7日 白马湖村举办“十一黄金周白马湖观光美食一日游”活动，内容有百味鱼宴、浮舟野炊、孤岛独钓、荡舟采莲、白马观月、夜泊听涛等10多项，接待游客3000多人次。

11月1日 县委、县政府召开机构改革动员大会。共设置党政机构32个，其中，县委工作机构6个，县政府工作机构26个，另设部门管理机构3个，合署办公机构5个，挂牌机构9个，县政府直属事业局4个，县委、县政府直属事业单位14个。行政编制由637名减少为541名，精简15%。

11月5日 淮安市金湖药品监督管理局成立。为淮安药品监督管理局的直属机构。

11月22日 金湖宾馆获“三星级旅游涉外饭店”称号。

11月23日 312省道金马段一级路改造工程通过交工验收，工程西起宁连公路盐金立交C匝道，东至县城爱特福广场，全长15.45公里，宽24米，投资1.1亿元。

11月23日 金湖通过农业部水稻生产机械化示范县验收。

11月 《金湖年鉴》2000卷荣获全省地方年鉴特等奖，获此殊荣的县级年鉴，苏北地区仅金湖一家。

12月中旬 人民南路、园林南路、衡阳南路和新建路接线工程竣工，总长3948米，宽28~34米（含绿岛），铺设水泥路面10.03万平方米，总投资2000万元，拉开县城“三纵三横”新框架。

12月 金湖第三次被省政府、省军区命名为“双拥模范县”。

12月 金湖被省卫生厅命名为全省“农村中医工作先进县”。

2002年

1月15日 金湖第二次全国基本单位普查工作开始，3月5日结束，全县共有法人单位1763个，产业活动单位2554个。

1月下旬 金湖被省政府授予“苏北星火产业开发带建设先进集体”称号。

1月 成迎初任中共金湖县委书记。

2月4日 在县十届人大五次会议上，赵洪权当选县长。

3月1日 江苏省宝应湖农场所属完中1所、小学2所、教学点6个移交金湖县，江苏省复兴圩农场所属小学1所移交金湖县。

3月7日 县委召开政协工作会议暨纪念县政协成立20周年大会。

3月8日 县政府决定：废止1983年以来县级规范性文件中与WTO规则和我国相关承诺相抵触的、适用期已过的、文件制发依据已废止或作根本性调整的、调整对象已消失实际上已失效的文件375份。

3月17日 撤销中共金湖县委县级机关委员会，成立中共金湖县委机关工作委员会，为县委派出机构，对县级机关党的工作实行统一领导。

3月 县委、县政府在全县农村开展“清理村级债务、化解村级债务”工作，到6月底，共清收债权3944.05万元，占总债权的53.7%；化解债务6373.7万元，化解率50.6%。

4月 戴楼乡撤乡设镇，实行镇管村体制。至此，全县乡镇一级全部为镇建制。

4月24日 省政协主席曹克明视察金湖爱特福集团、金湖汽车零部件有限公司、涂沟镇、嵇圩林场。

5月16日 全县首批离岗创业干部134人，其中科级干部82人，时间暂定3年，手续一年一批。

5月31日 温州商贸城竣工，建筑面积1.81万平方米，分5个区域，总投资2000万元。

6月16日 省委副书记任彦申，省委常委、宣传部部长王国生，副省长张桃林等到金湖参加全省现代农民教育工作经验交流会，并视察江苏爱特福集团开展现代农民教育情况。

7月6日 由银涂特种水产养殖带与盐金公路金马段沿线示范区组成的金湖高效农业科技示范园区，经过3年建设，投资4688万元，通过省科技厅验收。

7月15日 成立县工业园区管理委员会，为县政府直属事业单位，正科级建制。

7月15日 成立县行政审批服务中心，为县政府直属事业单位，正科级建制。9月17日，改为县政府派出的行政机构。

7月15日 金湖县城市管理委员会办公室更名为金湖县城市管理局，为县政府直属事业单位，正科级建制。

7月15日 成立金湖县旅游局，为县政府直属事业单位，正科级建制。

7月18—22日 金湖县第二届荷花艺术节隆重举行。宗旨是：聚焦工业园，推进金湖经济；点击金莲花，展示水乡金湖。开展12项文化、经贸系列活动。

7月19日 金湖县与南京市秦淮区结为友好县区。

7月20日 首批由全县71个规模以上工业企业法人代表组成的金湖县企业联合会成立。

7月 对全县农村土地流转情况进行调查，因外出打工无人耕种、产业结构调整集体统一流转、年老体弱无力耕种、招商引资转出等，全县土地流出2613户，耕地611.4公顷。

9月 闵桥荷花荡景区被省旅游局评为国家AA级旅游景区，成为淮安市首家AA级旅游景区。

10月 金湖被表彰为“全国农村初级卫生保健工作先进县”。

10月 226省道（黎城—铜城）金湖段二级路改造工程竣工。该工程全长13.79公里，总投资2444万元。

2003年

1月4—8日 县政协七届一次会议召开。大会听取并审议相关报告。选举政协主席、副主席，常务委员会委员。胡进当选县政协主席。

1月6—10日 县十一届人大一次会议召开。大会听取并审议相关报告。选举人大常委会主任、副主任，常务委员会委员；选举县长、副县长；选举县人民法院院长、县人民检察院检察长。成迎初当选县人大常委会主任，赵洪权当选县长。

3月 县少儿围棋育苗中心被国家围棋协会批准为全国独家县级成员单位。

3月 县委、县政府开设“江苏·金湖”门户网站。

4月25日 县成立“非典”防治指挥部，全面进行“非典”防治。

5月 洪金灌区续建配套与节水改造一期工程竣工。金湖境内有66处工程，包括10处干渠工程、22处支渠工程、34处配套支渠路涵，总投资281.4万元。

6月21日至7月14日 淮河流域连降暴雨。金湖境内22天累计降水量637.3毫米，同时洪泽湖上游泄洪量猛增，全县累计受灾面积5.3万公顷，农作物绝收面积0.77万公顷。

6月 金湖县中学更名为江苏省金湖中学，为副处级单位。

6月 金湖芗园蒿茶开发、D 114输油泵开发等4个项目被列为国家星火项目计划。

7月13日 中共中央政治局常委、国务院总理温家宝，中共中央政治局委员、国务院副总理回良玉等亲临金湖视察指导抗洪救灾工作。

7月13—14日 南京军区政委雷鸣球，省委书记、省人大常委会主任李源潮，省长梁保华，省委副书记张连珍，副省长张卫国、黄莉新，南京军区副政委熊智仁，省军区政委吴齐等；水利部副部长陈雷、张基尧，淮河水利委员会主任钱敏等，先后到金湖视察指导抗洪救灾工作和灾后重建工作。

7月26—28日 举办江苏金湖第三届荷花艺术节。主题是：以荷为媒，做大经济发展平台；扬荷之风，展示水乡文化特色。举行系列活动多项，其中《情满荷乡》大型赈灾广场文艺晚会上收到赈灾捐款134.26万元。

7月 黎城市场被农业部认定为全国大型农产品加工流通企业。

9月8日 金湖获"江苏省质量兴市先进市（县）"称号，为苏北地区首家获此殊荣的县。

10月19—20日 金湖国家级生态示范区经3年建设，通过国家环保总局验收。

10月22日 省委常委、政法委书记孙安华视察金湖"建设平安江苏，创建最安全地区"工作。

11月1日 省军区司令员陈一远一行视察金湖县人武工作。

2004年

1月5日 金湖县被省委、省政府命名为"全省社会治安安全县"。

1月 金湖被科技部批准为"2001—2002年度全国科技进步县"。为淮安市第一家。

2月 县职教中心被教育部、国防科工委等六部委选定为国家级数控技术应用专业技能型人才培养培训基地。

3月5日 县环境监测站通过国家实验室认可，取得CNALNO.L1158认可证书，为淮安市县级环境监测站首家。

5月26日 出台《金湖县城市房屋拆迁管理实施细则》《金湖县城市房屋拆迁补偿价格估价技术实施细则（试行）》，自2004年6月15日起实施。

7月16—18日 举办中国·金湖第四届荷花艺术节。结合45周年县庆，开展系列文艺和经贸活动。

7月20日 江苏省金湖中学被省教育厅命名为四星级普通高中。

7月21—22日 全省民族民间文化保护工程工作会议公布江苏民族民间文化保护工程第一批试点名单和首批试点项目12个，金湖秧歌榜上有名，淮安市仅此一项。

11月 全县公推直选产生银集、涂沟、陈桥3个镇党委书记。

12月24—25日 中共金湖县第九次代表大会第二次会议召开。

是年 金湖县被国家环保总局命名为"生态建设示范区"。

2005年

1月20日 县委召开保持共产党员先进性教育活动动员大会。

1月26日 召开全县招商引资工作万人动员大会。

3月31日 以全国政协委员、香港中华文化总会会长高敬德为团长的香港知名企业家考察团，实地考察县工业园区、金湖中学、三河滩森林公园，并向金湖中学捐赠人民币100万元。

4月9日 金湖二中被省教育厅评定为"三星级"普通高中。

4月 《金湖年鉴》2004卷被评为江苏省第四次地方志系统优秀成果一等奖。

5月17日 台北曹仲植基金会向全县残疾人捐赠160辆轮椅典礼举行。2007年，该基金会再次向金湖县残疾人捐赠轮椅200辆。

5月 江苏金石机械集团有限公司被认定为国家级高新技术企业，淮安市仅此一家。

6月10日 省委副书记张连珍率省级涉农部门有关领导，视察调研金湖农业综合开发促进产业化情况。

6月28日 在原金湖药品监督管理局基础上组建金湖食品药品监督管理局。

6月 县政府新一轮机构改革实施。

6月 金湖被商务部批准为全国“万村千乡”放心店试点县。

6月 县育才小学被评定为省级实验小学，育才幼儿园被评定为省示范性实验幼儿园。

7月16日 涂沟镇遭龙卷风、强降雨和冰雹袭击，2小时降雨51.27毫米。宝应湖水位上涨至6.86米，高邮湖水位上涨至7.59米，三河闸泄洪5630立方米/秒。至8月7日，高邮湖围养区近2000公顷养殖面积被淹没，毁损殆尽。

7月26—29日 举办中国·金湖第五届荷花艺术节。宗旨是：以荷为媒、宣传金湖、发展经济。开展文化艺术、经贸招商类系列活动共10多项。

8月7日 台风“麦莎”袭击金湖，高邮湖面风力达10级以上，闵桥镇横桥联圩出现1000多米长的块石滑坡，圩堤告急。经6个多小时全力抢险，终于保住圩堤。副省长黄莉新，市委书记丁解民，市长樊金龙等省、市领导亲临现场。

8月25日 省委常委、政法委书记林祥国率队到金湖视察综合治理和平安创建工作。

10月24日 荷花荡景点通过国家旅游局验收，被评定为全国农业旅游示范点。

11月 由省教育厅补助的价值800万元的电脑、数字彩电、视频展示仪等现代化教育设备陆续发放到县内50所农村中小学。

12月23日 中共金湖县第九届代表大会第三次会议召开。

是年 金湖高压油气井口装备及自动安全控制系统研究与产业化项目，被省科技厅批准为江苏省科技成果转化专项资金项目，计划投资1.2亿元，其中省财政无偿补贴1000万元，贷款贴息234万元。

是年 江苏金石集团工人陆义坤，被国务院授予“全国劳动模范”称号。

2006年

1月13日 赵洪权任中共金湖县委书记。

1月20日 在县十一届人大四次会议上，赵洪权当选县人大常委会主任，肖进方当选县长。

2月23日 金湖建县以来最大的基础设施建设工程——331省道、332省道金宝南线工程举行开工典礼。

4月30日 金湖县哲学社会科学界联合会成立暨第一次代表大会召开。

4月 金湖被省政府、省军区命名为“人民防空先进县”。

5月17日 水利部副部长周英率国家防总淮河流域防汛抗旱检查组到金湖视察，副省长黄莉新等省、市领导陪同。

5月22日 由国家粮食局、江苏省粮食局主办，成都粮食储藏科研所、淮安市粮食局、金湖县政府承办的“粮食科技活动周”农村科学储粮宣传活动江苏分会场在县内吕良镇举行。

5月26日 省军区司令员陈一远一行到金湖视察人武工作。

6月7日 江苏省“农家书香”工程推进会暨“农家书屋”授牌仪式在金湖举行。省委常委、宣传部部长孙志军和来自全省代表500多人参加会议，并观摩金湖10个“农家书屋”。

6月15—17日 中共金湖县第十次代表大会召开。会议选举产生新一届县委委员、候补委员和县纪委委员。赵洪权当选中共金湖县委书记。

6月20日 金湖历史上第一座220千伏双龙变电所建成投运，总投资2.1亿元。

6月30日 金湖遭受大暴雨袭击，一直持续到7月4日，累计降雨量322毫米。全县11个镇全部受灾，直接经济损失1.89亿元。

7月21—30日 举办中国·金湖第六届荷花艺术节。主题为魅力金湖——尧乡·荷风·水韵，举行系列活动18项。

9月16日 《淮安日报》报道：金湖县西苑社区被全国妇联、公安部、司法部等6部委联合表彰为全国“平安家庭”创建活动优秀示范区。

11月5日 白马湖景区被评为全国农业旅游示范点，此前为国家AA级旅游景区。

11月22日 宁、淮、连共建优质稻米基地签约仪式在金湖举行。根据协议，从2006年到2008年，金湖县每年发展优质粳稻基地3300多公顷，订单收购粳稻1500万公斤。

11月 金湖再次被民政部评为“全国民政工作先进县”。

12月8日 举行县图书馆建馆30周年暨新馆开馆庆典。

2007年

1月19日 陶光辉任中共金湖县委书记。

2月7日 在县十一届人大五次会议上，陶光辉当选县人大常委会主任。

3月7日 副省长张卫国率队到金湖调研开发区建设和项目建设情况。

3月14日 副省长何权率队到金湖视察义务教育工作。

3月24日 金湖秧歌入选第一批省级非物质文化遗产名录。

5月18日 金湖县第一家农民公寓——牌楼农民公寓正式破土动工。2008年1月10日，牌楼公寓安置房一期370套交付使用。

6月8日 金湖建县以来最大的拆迁安置房建设工程——新城花园B区建设工程开工。

6月26日 县召开创建省级园林城、卫生城、文明城动员大会。

7月8—15日 举办金湖第七届中国荷花艺术节暨首届三湖美食节。主题为全民创业、招商引资、保护环境，建设富裕、和谐、秀美新金湖。举行系列活动22项。

7月12日 国家防总视察江苏淮河流域防汛排涝工作汇报会在金湖举行。水利部副部长矫勇、国家防办副主任田以堂等国家防总领导听取副省长黄莉新、省水利厅厅长吕振霖等关于淮河流域防汛排涝工作汇报。

7月13日 省长梁保华到金湖检查指导防汛工作，副省长黄莉新、市委书记丁解民等省、市领导陪同检查。

8月25日 县污水处理厂进行通水试运营。

8月 全国网络媒体淮安行·看金湖采访团到金湖采访。20多家网络媒体、30多名记者参加。

11月23日 副省长张桃林一行视察金湖经济开发区。

12月18—22日 县政协八届一次会议召开。会议听取并审议相关报告，会议通过大会决议及《关于加快县城老城区改造步伐的决议》。会议选举县政协八届委员会主席、副主席，常务委员会委员。

12月19—23日 县十二届人大一次会议召开。大会听取并审议相关报告。选举县人大常委会主任、副主任，常务委员会委员；选举县政府县长、副县长；选举县人民法院院长、县人民检察院检察长。陶光辉当选县人大常委会主任，肖进方当选县长。

是年 县人民检察院办案办公综合楼、县人民法院审判综合楼、县土地储备交易中心大楼相继落成。

是年 金湖小青青机电设备有限公司实施的"DWX型（悬浮式）单体液压支柱研发及产业化"项目被省科技厅批准为江苏省科技成果转化专项资金项目，获省财政无偿补贴800万元，贷款贴息200万元。

2008年

1月 金湖被省政府授予"'十五'期间省人口和计划生育示范县"称号。

3月22日 省城市饮用水安全保障工作现场考核会在金湖举行，省专家组对金湖县投资2000万元用于改造取水口和水厂扩建工程予以肯定。

3月 金湖被农业部评为"全国粮食生产先进县"。

5月15日 县召开向四川等地震灾区捐款动员大会。19日，干部群众举行各种悼念仪式，哀悼在"5·12"四川汶川地震灾害中遇难同胞。

6月 太平排涝站机电工程完工。该工程是淮河流域2003年灾后重建应急项目之一，总投资1579万元。

7月10日 开展"县委书记大接访"活动。

7月28—8月8日 举办第八届中国金湖荷花·美食节。举行系列活动20项。

8月8日 金湖新体育馆举行落成典礼。该馆占地面积6000平方米，建筑面积5498平方米。总投资近3000万元。

9月8日 黎城镇大兴村党委成立，这是淮安市成立的第一家村党委。

9月8日 《金湖县志》续修编纂工作启动。

11月26日 天立广场·盛世豪庭项目开工。该项目主体32层，总投资近4亿元，建筑面积18万平方米，是全县建筑面积最大、楼层最高的城市综合项目。

12月1—2日 省长罗志军率省经贸、财政、交通、农林等部门领导到金湖视察调研。

12月2日 避风港新建工程开工建设，工程投资约800万元。2009年6月完工，总面积7万平方米，可容纳渔船300条。

12月4日 在第三届江浙工商业领袖峰会暨江浙企业家投资中国首选开发区颁奖典礼上，江苏省金湖经济开发区被评选为"全国十大诚信开发区"。

12月28日 家和国际家居广场举行开业庆典。该项目投资1.1亿元，占地3.6万平方米。

是年 江苏金湖枫叶国际学校竣工交付使用。占地15.3公顷，总建筑面积12万平方米，总投资1.2亿元。该校是全县第一所民办学校，可容纳7000名学生学习和生活。

2009年

1月13日 金湖获"江苏省卫生县城"称号。

1月18日 金湖被省政府命名为"江苏省园林城市"。

1月18日 金湖再次被省委、省政府授予"社会治安安全县"称号。

1月 县教师进修学校与金湖县职业技术教育中心合并，组建新的金湖职业技术教育中心。

2月18日 全县创建国家级园林城市动员大会召开。20日，再度召开全县创建国家级卫生县城动员大会。

3月20日 县召开深入学习实践科学发展观活动动员大会。

4月25日 江苏爱特福保健品股份有限公司的"爱特福"及其图形商标被国家工商总局商标委

认定为中国驰名商标。

5月9日 金湖县在北京举办首届中国金湖荷文化高层论坛。

5月 金水河工程竣工。该工程为城市防洪排涝工程，总投资近1亿元。

6月16日 《〈金湖快报〉手机报》正式开通。

6月20日 香火戏（金湖香火戏）入选第二批省级非物质文化遗产名录。

7月13日 省对外贸易经济合作厅、省财政厅联合发文，批准金湖县为江苏石油机械出口基地，基地办公室（工作机构）设在金湖。

7月26日 金湖建县50周年成果展暨第九届中国金湖荷花·美食节汇报会在南京双门楼宾馆举行。省委常委、副省长黄莉新，省人大常委会副主任丁解民，市委书记刘永忠莅临汇报会，省直部门领导、各级媒体、餐饮旅游单位、有投资意向或已在金湖投资的客商等应邀出席。

7月 成立县城市管理行政执法局，集中行使城区市容环卫、城市规划、城市绿化、市政管理以及环境保护、工商管理、公安交通等方面的行政处罚权，使城管执法范围更全面，责任更明确。标志着金湖县相对集中行政处罚权工作全面启动。

8月2日 2009首届"长三角百家媒体看金湖"大型采访活动暨县庆系列丛书音像作品首发式举行。

8月2日 城区规模最大的综合性农贸市场——新街口农贸市场举行开业典礼。

8月6日 县委党史工委、县地方志办承编的《辉煌的历程——金湖建县50年大事纪实（1959~2009）》出版发行，向建县50周年献礼。

8月6日 华润苏果金湖购物广场开业，项目总投资1.2亿元。

8月7日 《新华日报》头版头条：《构筑大交通，金湖再写"水乡突围"》。

8月8日 金湖建县50周年庆祝大会暨第九届中国金湖荷花·美食节开幕，世界烹饪联合会会长、中国烹饪协会常务副会长杨柳，世界杰出华商协会常务副主席、北京天九伟业集团总裁夏令生，副省长史和平，市委书记刘永忠，市长高雪坤等出席。节庆期间举行系列活动33项。

8月8日 县表彰"50年感动金湖人物"共28人。

8月8日 中国烹饪协会授予金湖县"中国湖鲜美食之乡"称号。

8月8日 金湖建材市场一期工程竣工，总投资2亿多元。

8月上旬 省委常委、副省长黄莉新到金湖调研。

8月13—14日 中韩文化交流活动在县体育馆举行。

9月29日 县政协举行庆祝中国人民政治协商会议成立60周年暨迎国庆·贺中秋座谈会。

9月 浙江玉环、瑞安等地客商共同投资兴建玉环汽摩配产业园，占地面积13.34公顷，固定资产总投资20亿元。

10月13日 闵桥中心小学学生闵正红被团中央、教育部、全国少工委联合表彰为全国优秀少先队员。

10月 在第二届"节庆中华奖"暨中华人民共和国成立60周年节庆图片奖评选中，"中国金湖荷花·美食节"获最佳组织奖。

11月8日 县广播电视局被评为"辉煌60年"全国广播电视系统县级百家先进局。

11月8日 在2009第五届节庆产业年会上，中国金湖荷花·美食节获2009年十大潜力节庆、十大饮食类节庆和十大花卉类节庆3个奖项。

11月12日 金湖职教中心通过省"四星"级中等职业学校的现场评估。

12月6日 大佛寺举行奠基法会，该寺占地面积2公顷多，总造价8000万元。

12月21日 在"亚洲博鳌·中国品牌年度盛典"上，金湖获"最佳生态和谐环境美丽城市""中国最佳环境县""中国最具发展潜力县"3项称号。

12月 金湖小青青机电设备有限公司“小青青”、江苏爱特福药物保健品有限公司“飞毛腿”、江苏金叶粮油有限公司“金叶”、江苏杰创科技有限公司“杰创及图”、江苏理士电池有限公司“LEOCH及图”被认定为江苏省著名商标。

2010年

1月15日 在县政协八届三次会议上，王殿宏当选县政协主席。

1月 金湖县连续第七年被省委、省政府授予“社会治安安全县”称号。

2月4日 金湖被住房和城乡建设部命名为国家园林县城。

2月6日 金湖县汽车客运站新站开始启用。该站按国家一级汽车客运站标准设计，总投资8000万元，占地面积6.2公顷，建设面积2万多平方米，设有28个发车位，13个售票窗口，设计日均发送旅客1.3万人次。

3月27日 金湖县在京举行“央企·金湖（北京）联谊会”，与中央直属企业对接交流、洽谈合作。

4月20日 县政府与上海长宁区政府在上海签订两地全面战略合作协议。

4月中旬 金湖获“中国产业发展能力百强县”称号。

4月 金湖县与宜兴市正式签订合作共建南北工业园区框架协议。

4月 金湖被省委、省政府、省军区连续第五次评为“双拥模范县”。

5月9日 由县委县政府、上海世博会国际信息发展网馆、扬子晚报社共同主办的第二届中国金湖荷文化高层论坛暨国际信息发展网馆“金湖日”活动，在上海世博园联合国国际信息发展网馆举行。

5月16日 应理士电池董事长董李邀请，美国商务考察团一行29人到金湖参观考察。

6月17日 中国金湖秧歌艺术团赴韩国参加第25届民俗音乐节交流演出。

6月22日 省军区副司令员周国建、参谋长庞士勇一行到金湖勘察防汛险工险段。

7月6日 江苏省南水北调运西线（金湖站、金宝航道）工程在金湖县正式开工。省长罗志军出席仪式，并视察金湖县部分重点企业和黎城镇徐梁村科技创业园。

7月17日 金湖在南京玄武湖观荷点莲花广场举办大型金湖精品荷花展暨荷花美食开心纳凉晚会。

7月23日 来自太湖、洞庭湖、洪泽湖等名湖的120多名湖鲜烹饪高手齐聚中国湖鲜美食之乡——金湖，进行湖鲜美食烹饪比赛。

7月28日至8月8日 举办第十届中国金湖荷花·美食节。举行系列活动22项。

7月28日 举行尧帝公园开园暨塑像揭幕典礼。尧帝公园位于县城环城西路和健康西路交会点东北侧，总投资3000多万元。

7月30日 江苏省首届“渔乐”水上运动会暨第七届白马湖水上运动会，在白马湖生态渔村举办。

8月26日 金湖在全市县（区）中率先实现注册外资到账1亿美元。30日，市委、市政府在金湖县召开祝捷大会。

8月 中央电视台“走遍中国”摄制组到金湖拍摄《金湖大米》专题片。

9月28日 虹桥农贸市场正式开业迎客。该市场占地总面积1.33万平方米，建有商铺128间、摊位300个。

10月12日 全省秸秆户用沼气现场会在金湖召开。推广金湖县发展秸秆户用沼气的做法和经验。

10月23日 县在京举办央企·金湖（北京）联谊会。

10月29—31日 在第六届中国节庆产业年会上，中国金湖荷花·美食节再获2010年度中国十大节庆、中国十大饮食类节庆称号。

11月5日 金湖县被授予“江苏省渔业机械之乡”称号。

12月19日 331省道、332省道金宝南线通车典礼在扬州、淮安两市交界处金湖县境内大汕子隔堤上举行。该线为双向四车道一级公路，全长51公里，其中金湖段41.064公里，总投资7.1亿元。

12月19—20日 在北京举行的中国城市投资环境及绿色生态建设高层论坛暨颁奖盛典上，金湖获“中国最具投资价值百强县”和“最佳和谐民生县”称号。

2011年

2月18日 县召开“共产党员在行动”主题实践活动动员大会。

2月22日 县举行女企业家与女大学生“村官”结对仪式，37名工商界精英女性与37名刚踏上工作岗位的女大学生“村官”结成帮扶对子。

4月1日 县委、县政府举办第一期“金湖发展论坛”专题报告会，邀请省委党校谈镇教授作《“十二五”规划与县域经济发展战略》的专题报告。

5月15日 第二届中国节庆创新论坛在京举行。中国金湖荷花·美食节获“十大国际影响力节庆”称号。

5月28日 宏源国际大酒店隆重开业。占地2.5万平方米，主体建筑17层，总投资1.5亿元，是金湖首家四星级酒店。

6月上旬 金湖被表彰为“全国科普示范县”。

6月11—12日 由中央企业青联举办的中央企业青联委员“感受新金湖”活动在金湖举办。

6月27—28日 中共金湖县第十一次代表大会召开。会议选举产生新一届县委委员、候补委员和县纪委委员。陶光辉当选中共金湖县委书记。

6月29日 县隆重召开“荷乡党旗红”建党90周年纪念大会。

6月29日 省长李学勇一行到金湖调研经济社会发展情况。

6月 县委党史工委、县地方志办公室编纂的《天南地北金湖人》出版发行。

7月12日 副省长何权视察金湖城乡建设工作。

7月15日 《金湖快报》多媒体数字报开通。

7月21日 副省长史和平到金湖调研交通工程规划、建设情况，市委书记刘永忠等陪同。

7月27日 全国第三届（金湖）丁芒文学艺术研讨会暨荷乡金湖采风活动，在金湖举行。

8月8日 中韩文化交流座谈会在金湖迎宾馆举行。近30位韩国艺术家和10多位金湖艺术家参加。

8月10日 中国（金湖）首届白马湖水上渔民运动会暨金湖县第三届大学生“村官”运动会在金湖县白马湖畔开赛。

8月10日 淮河入江水道特大桥（金湖二桥）正式通车。全长3583米、宽26米，主跨80米、副跨45米、净空7米，总投资2.8亿元。

8月10日 淮安—金湖一级公路通车仪式在金湖二桥隆重举行。该路全长61.1公里，沥青混凝土路面，总投资18亿元。

8月24日 中国·金湖“映日荷花别样红”摄影大赛获奖作品揭晓。历经3个月，共收到省内外参赛作品2318幅，经专家评选，获奖作品100幅，在南京图书馆展览厅展出。

9月3日 县举行香港城开业庆典，总投资2.1亿元。该城为集休闲购物、餐饮娱乐于一体的大型购物中心街。

9月13日 位于陈桥镇的江苏中储粮收储经销有限公司金湖粮库发生磷化氢气体中毒事故。造成4人死亡，直接经济损失216.97万元。

9月中旬 金湖剪纸（黎城）和莲湘舞（闵桥）入选第三批省级非物质文化遗产名录。

9月29日 县举办“应对危机管理”发展论坛。中国浦东干部学院王石泉教授作《突发事件处置及舆论引导》专题讲座，县四套班子领导及1500多名党员干部聆听讲座。

10月13日 戴楼镇小集村青年、聋哑残疾人运动员杜先锋，在全国第八届残疾人运动会上，勇夺得男子5000米T60级金牌和马拉松银牌。

10月16日 县举行“赏金湖荷花 品湖鲜美食”行动闭幕式暨荷花广场落成典礼。荷花广场建设面积24万平方米，总投入3500多万元。

11月24日 省委常委、省军区政委李笃信到金湖视察指导人武工作。

12月7日 县委组织部举行“党员爸爸”“党员妈妈”爱心援助行动新闻发布会暨《大爱无言》首发式。

12月21日 肖进方任中共金湖县委书记。

12月底 金湖荷花荡被批准为国家AAA级旅游景区。

2012年

1月17日 金湖获“江苏省文明城市”称号。

2月17日 全省送农机下乡暨农机化科技创新推进年活动在金湖启动，来自全省及周边省市的70多家农机企业、600多台（套）农机新机具参加展示和操作演示。

2月19日 县在上海举办2012金湖（上海）投资环境推介暨新春联谊恳谈会，洽谈签约项目11个，总投资26亿元，其中亿元以上项目10个。

2月20日 县委召开政协工作会议和庆祝县政协成立30周年大会。举行《金湖县政协志》首发式。

3月22—25日 县政协九届一次会议召开，会议听取并审议相关报告，会议通过大会决议及相关报告。会议选举县政协九届委员会主席、副主席，常务委员会委员。王殿宏当选县政协主席。

3月23—26日 县十三届人大一次会议召开。大会听取并审议相关报告。选举县人大常委会主任、副主任，常务委员会委员；选举县政府县长、副县长；选举县人民法院院长、县人民检察院检察长。肖进方当选县人大常委会主任，龚晓琴当选县长。

4月6—10日 省长李学勇在戴楼镇楼庄村驻户调研。

4月24日 县首届职工文化艺术节开幕。

6月6日 省委副书记石泰峰到金湖视察指导夏收夏种工作。

6月11日 县见义勇为基金会成立。

7月15日 县在全国政协礼堂举办金湖建设生态荷都（北京）座谈会。翌日，举行央企共建荷都金湖恳谈会和金湖籍北京老乡联谊会。

7月28日—8月8日 举办第十二届中国金湖荷花·美食节。举行系列活动31项。

8月22日 中国旅游卫视《文明中华行》栏目摄制组到荷花荡景区拍摄生态旅游电视宣传片。11月3—4日，宣传片《金湖印象》播出。

8月27日 阳光金湖·“12345”政府公共服务平台正式运行。

8月28日 县举行第七届江苏省创新烹饪技术比赛（湖鲜美食专场）、第四届中国金湖湖鲜美食烹饪大赛暨金湖湖鲜美食民间头道菜、全荷宴研发大赛。

9月下旬 徐梁村农家书屋被新闻出版总署表彰为“全国示范农家书屋”。

10月上旬 金湖入选中国最具投资潜力中小城市百强县。

10月 金湖获“全国农村集体‘三资’管理示范县”称号。

11月6日 金湖通过国家级生态县省级考核验收，为苏北首家省级生态县。

11月9日 江苏省渔业机械工程技术创新中心在金湖挂牌。

12月7日 金湖荷藕、金湖芡实、金湖泥鳅、金湖白鹅、金湖甲鱼、金湖螃蟹等6个地理标志商标获国家工商总局注册。

12月12日 副省长徐鸣一行视察南水北调金湖站工程。

2013年

1月上旬 金湖被农业部、国家安监总局联合评为全国“平安农机”示范县。

1月下旬 金湖被农业部表彰为2012年全国粮食生产先进县。

2月16日 金湖县被《人民日报》、人民网联合授予“中国荷花之都”称号。

2月中旬 中央电视台二套《生财有道》栏目以30分钟时间，播出专题片《赵红芳的“狐狸经”》，介绍金湖县农民赵红芳的养狐致富经历。

3月16日 宏源国际大酒店举行四星级酒店揭牌仪式。

3月31日 总投资4亿元的江苏中叶新材料科技有限公司木塑产品项目，在金湖经济开发区开工建设。

5月2日 县妇幼保健所新建大楼投入使用。该项目占地0.37公顷，建筑面积5000平方米，总投入2044.7万元，其中县政府投入1995.5万元。

6月上旬 金湖县被省环保厅正式命名为“江苏省省级生态县（区）”。

6月16日 中央电视台《走基层·寻找最美孝心少年》栏目，报道金湖县（金湖中学）美德少年张颖带着盲人母亲读书的感人事迹。10月13日，张颖获省“百名美德少年”和“十大美德少年标兵”称号。

6月27日 县举行《中共金湖地方史》第二卷首发式。

7月18日 县隆重举行大佛寺落成开光庆典。

7月26日 金湖县人民医院迁入新址。新建成的县人民医院投资近3亿元，设计体现现代化、多元化、景观化、生态化、整体化、高效化的布局。

7月28日—8月12日 举办第十三届中国金湖·荷花美食节。以“寄情金湖水，寻梦荷花源”为主题，共有荷梦、荷艺、荷景、荷缘、荷韵、荷香等6个板块23项活动。

7月28日 “金湖夕阳红老年康乐中心”奠基。该项目总投资约1.2亿元，占地2公顷。

8月5日 金湖县首部本土电影《荷都奇遇》举行首映礼。首映后在全国公映。

8月中旬 新一轮省域城镇体系规划出台，银集镇被确定为省级重点中心镇，全市仅10个。

8月24—28日 为期5天的2013年江苏省青少年手球锦标赛在金湖圆满结束。金湖县青少年女子手球队代表淮安市参赛，获得女子组亚军。

10月12日 县中医院被确认为国家二级甲等中医医院。

10月17日 省委第五巡视组进驻金湖，开始为期一个半月的巡视工作。

10月21日 《2013年中国中小城市绿皮书》在京发布。金湖再度荣膺“中国最具投资潜力中小城市百强县”称号。

10月24—25日 省作家协会主席范小青，副主席黄蓓佳、周梅森、储福金，《雨花》杂志社主编姜琍敏，副主编梁晴，《钟山》杂志社原副主编傅晓红等省内著名作家相约到金湖采风。市委书记姚晓东等看望作家一行。

10月25日 在金湖召开的“中国气候宜人之乡”气候适宜性专家论证会上，金湖县申报的全国首个“中国气候宜人之乡”通过专家论证。

10月25日 《人民日报》专题报道《江苏省金湖县“赛绩比选”集聚正能量》经验。

10月28日 金湖苏中农副产品一级批发市场隆重开业。该市场总投资2亿元，占地7.67公顷，总建筑面积6.89万平方米，有584间商铺。

10月下旬 农业部批准认定，金湖县成为全国31个国家级杂交水稻种子生产基地之一。

11月6日 金湖县“高卵黄免疫球蛋白鸡蛋生产的关键技术研究与产业化”“规模化蛋鸡场标准化养殖技术应用示范”“淡水鱼深加工休闲食品的产业化开发”等3个项目，跻身2013年度国家星火计划。

11月7日 陈桥、戴楼、金南3条镇村公交线正式开通。加上已开通的涂沟、塔集、闵桥3条镇村公交线，全县镇村公交开通率达55%。

11月上旬 《金湖民歌》由中国文史出版社出版发行。

11月17日 《人民日报》刊登《江苏金湖九成土地生产无公害、绿色、有机农产品——优质才是“农家宝”》新闻。

12月10日 江苏省诗词协会正式授予金湖县“江苏省诗词之乡”荣誉称号。25日，省诗词协会在金湖举行“诗词之乡”授牌仪式。

12月18日 金湖规划展示馆试开馆。该馆于2010年9月正式施工，占地面积6559平方米，总建筑面积8120平方米。

12月27日 在“第十二届中国改革与发展论坛暨2013中国改革人物巡礼活动”中，江苏省金湖县被评为“最美新城镇”。

12月28日 金湖至马坝的金马高速公路正式通车。该工程总投资10亿多元，2010年8月开工建设，全长23公里。

12月29日 金湖县被正式命名为“国家卫生县城”。为淮安市第一个国家级卫生县城。

2014年

1月31日 全面启动县级公立医院综合改革，人民医院、中医院、妇幼保健所同时开始取消药品加成政策，实行药品零差率销售。

2月19日 县召开党的群众路线教育实践活动动员大会。10月18日，召开总结大会。

2月21日 应中央电视台财经频道约请，县委书记、县人大常委会主任肖进方等出席在北京人民大会堂举办的“第四届中国县域经济发展高层论坛”。

3月19日 省委书记罗志军在省委常委、省委秘书长樊金龙，市委书记姚晓东，市长曲福田等陪同下到金湖，对新型城镇化建设等开展调研视察。

4月29日 阳光金湖·“12345”政府公共服务平台，被国家标准化管理委员会列入首批社会管理和公共服务综合标准化试点项目。

5月3日 金湖书画院揭牌仪式暨首届书画名家名作邀请展在尧帝古城成功举行。

5月7日 省政协主席张连珍一行到金湖调研生态文明建设情况。

5月20日 县委书记肖进方、县长龚晓琴在金湖会见罗马尼亚社会党执行主席瓦西莱斯库·丹尼萨（Vasilescu Denisa）、鸿宇集团董事长吕晓宇一行。

5月中旬 金湖县顺利通过国家气候中心在京召开“中国（金湖）气候宜人之乡”评估报告专家咨询会的评估，成为全国首家“中国气候宜人之乡”。

6月18日 淮南—南京—上海1000千伏交流特高压输电变工程1000千伏交流线路工程（金湖段）编号为DN36号的首个钢管塔基在戴楼镇官塘村开钻。

6月26日 国务院南水北调办公室副主任于幼军到金湖调研南水北调水质保护工作，省人大常委会秘书长、省南水北调办公室主任吕振霖等陪同。

7月8日 以“为‘荷’而来，醉享金湖”为主题的第28届全国荷花展览会在金湖荷花荡景区举行，省人大常委会副主任刘永忠，中国花卉协会副秘书长陈建武等出席开幕式。本届全国荷花展览会，历时50天，来自全国26个省、自治区和直辖市以及澳门、台湾地区的108家参展单位设台参展，展出的珍贵荷花品种超过500种。

7月12日 “外国驻沪领馆感知淮安——看金湖”活动在金湖启动，保加利亚、斯里兰卡和匈牙利等国驻上海总领事馆10多名外国友人参加活动。

7月31日 县召开新四军历史研究会成立大会。

8月6日 由县政府、省作家协会联合主办，著名文学杂志《青春》承办，以荷为主题“金湖植莲杯”全国散文大赛征文评比活动获奖作品揭晓。

8月8日 淮河入江水道金湖中义渡特大桥（金湖三桥）建成通车。

8月上旬 前锋镇白马湖村（白马湖大闸蟹）入选农业部第四批全国一村一品示范村镇名单。

8月中旬 银集镇入选住建部、国家发改委、农业部等7部委公布的全国重点镇名单。

8月26日 金湖县科技馆正式开馆。

9月18—25日 由金湖县承担的省第十八届运动会青少年部“宝祥体育”杯手球比赛（甲组）在县体育馆拉开帷幕。在女甲B组比赛中，由金湖选手组成的淮安队以17∶2战胜盐城手球队。

9月18日 县召开纪念人民代表大会制度建立暨宪法颁布实施60周年座谈会。

9月24日 县召开创建省文明城市动员大会。

9月28日 县召开纪念人民政协成立65周年座谈会。

10月23日 新华社、人民网、东方卫视等10多家主流媒体的记者齐聚金湖，开展“金秋看金湖”活动。

10月27日 戴楼派出所获“全国公安机关爱民模范集体”称号。

11月 “金湖秧歌”经国务院批准、文化部确定为国家级非物质文化遗产代表性项目。

2015年

1月25—26日 中国台利康有限公司董事长、中华工商文化经贸促进协会理事长王龄娇，率20名台湾高雄中小企业家到金湖考察投资环境。

1月28日 中国科协党组副书记、副主席张勤，省科协副主席阮仁良等一行到金湖调研。

1月 金湖县被中华诗词协会授予“中华诗词之乡”称号。

2月2—4日 县政协九届四次会议召开。罗金昌当选县政协主席。

2月3—5日 县人大十三届四次会议召开。张志勇当选县人民政府县长。

2月14、22、24日 县人力资源市场连续举办3场新春招聘会。130多家用人单位提供多个用工岗位，1.8万余名求职者参加应聘，2357人现场达成求职意向。

3月26日 农业部总农艺师孙中华一行，到金湖调研指导农村土地承包经营权确权登记颁证和土地承包经营权流转等工作。市长曲福田等陪同调研。

3月31日 金湖县市场监督管理局成立。该局由原县工商局、质监局和食药监局整合组建。

4月1日 县邮政局唐港支局投递员姚城民登上3月“中国好人榜”诚实守信好人，成为金湖“中国好人”第一人。

4月11日 全县“五城同创”动员大会召开。全面启动江苏省文明城市、国家园林县城、国家卫生县城、国家生态文明建设示范区、全国绿化模范县“五城同创”工作。

4月23日 《中国共产党江苏省金湖县组织史资料》第三卷出版发行。

4月28日 全国人大常委、致公党中央副主席杨邦杰、严以新率致公党中央调研组，到金湖调研淮河流域发展及入海（入江）水道航运工作。省政协副主席、致公党江苏省主委麻建国等陪同调研。

4月28日 县举行纪念中华全国总工会成立90周年暨第三届劳动模范表彰大会。

4月 塔集镇“高邮县抗日民主政府旧址”入选江苏省抗战文物抢救保护工程立项项目名单。

5月8日 全国政协常委、云南省政协常务副主席白成亮率领驻云南全国政协委员考察团，到金湖就“产业转型升级”进行专题调研考察。省政协副主席范燕青等陪同。

6月16日 “为荷而来·醉享金湖”2015中国荷都赏荷季专题旅游推介会在上海举行。同时，上海—金湖旅游直通车正式开通。

7月2日 银涂镇成立大会召开。银涂镇由原银集镇、涂沟镇合并组建，镇政府设银集集镇。

7月3日 致公党江苏省企业家与金湖对接交流会召开。省政协副主席、致公党江苏省委主委麻建国及致公党江苏省委部分企业家代表参加会议。

7月上旬 金湖荷花荡荷产业基地被中国科协命名为“全国科普教育基地”，淮安市仅此一家。

7月15日 金湖荷花荡、水上森林公园、白马湖生态渔村3个景点旅游专线正式开通。

7月18日 2015荷都金湖赏荷季暨中国荷花博览园开园仪式在荷花荡举行，这是金湖连续举办的第十五届荷花·美食节。在第十五届中国金湖荷花·美食节项目开竣工暨签约仪式上，共有开工项目24个、竣工项目15个、签约项目38个。

8月1日 中影国际影城金湖香港城店正式开业。影城总投资5000多万元，面积4000多平方米，是苏北地区唯一集同步展厅与点播影厅于一体的综合性影城。

8月3日 举行中国·金湖首届“荷花仙子”旅游形象大使决赛暨颁奖晚会。有来自江苏、山东、江西等省400余名选手报名参赛，经海选、初赛、复赛，有20名选手进入决赛。

8月 县档案局编纂的《抗战在金湖》出版发行。

9月5日 县举行纪念中国人民抗日战争胜利70周年座谈会。

9月上旬 第九届全国残疾人运动会暨第六届特殊奥林匹克运动会上，金湖选手杜先锋获T60项目10000米决赛冠军，并获5000米和马拉松长跑亚军。

9月24日 副省长徐南平一行到金湖调研科技创新推进工作。市委书记姚晓东等陪同调研。

9月29日 城南新区实验小学开工奠基。项目总投资约2.3亿元，占地10.94公顷，建筑面积6.4万平方米，项目分九年一贯制学校和幼儿园两部分，其中，小学部和初中部设八轨共72个班，幼儿园设六轨18个班。

10月20日 省人大常委会常务副主任、党组副书记蒋宏坤带领省人大常委会执法检查组，到金湖调研《江苏省耕地质量管理条例》贯彻落实情况。

10月24日 举行《金湖县通用机场选址报告编制合同》签约仪式。该机场位于金北镇三河渡大桥北接线东侧，规划为A类通用机场，按二类标准建设，占地133.34公顷，跑道1000米。其中一期占地33.34公顷，跑道800米。

10月24日 由新华通讯社江苏分社，淮安市委、市政府，中国移动江苏有限公司主办，中国移动江苏有限公司淮安分公司承办的全省“村务通”信息化服务平台建设现场会在金湖召开。市委书记姚晓东，新华社江苏分社社长、党组书记冯诚出席会议并讲话。

10月 尧帝古城游乐园建成运营。

11月6日 江苏吉新电力有限公司金湖18兆瓦光伏电站项目一期竣工，并正式并网发电。

11月 金湖县登榜“2015年度全国投资潜力百强县”名单，位列第90位，比上年提升1位，是金湖连续第四年登榜。

12月10—11日 2015年南京都市圈城市年鉴编纂工作研讨会在金湖举行。

12月上旬 淮湖渡大桥工程正式启动。该桥长181.46米，全宽7.0米，净宽6.0米，两侧设防撞护栏。

12月11日 苏皖高宝邵湖区第四十二届血防联防会议在金湖举行。从1992年起，金湖已连续23年未再发现当地感染的血吸虫病人，2014年起境内未再发现活钉螺。

12月25日 省军区司令员李大清到金湖调研部队全面建设情况。市委常委、军分区司令员张正军等陪同。

12月29日 兆辉太阳能电力有限公司吕良8兆瓦光伏电站项目正式并网发电。这是继塔集、银涂、前锋三镇之后，第四个渔光互补光伏发电项目建成投运的镇。至此，全县光伏发电装机容量已达246兆瓦。

12月 尧帝古城景区创成国家AAA级旅游景区。截至年底，全县已有AAA级旅游景区2家（荷花荡、尧帝古城），AA级旅游景区6家，全国农业旅游示范点2家，省级乡村旅游点4家。

2016年

1月6—8日 金湖县人大十三届五次会议召开。毛文博当选县人大常委会主任。

1月上旬 “金湖芡实”地理标志集体商标被认定为“江苏省著名商标”。

2月上旬 金湖县入选“国家全域旅游示范区”首批创建名单。为全市唯一入选县区。

3月上旬 金湖被全国绿化委员会授予“全国绿化模范县”称号。至2015年底，县城区绿化覆盖率41.48%，人均公园绿地11.36平方米，主干道绿地率25.5%，乡镇建成区绿化覆盖率30.5%。

4月27日 县召开国家全域旅游示范区暨荷花荡AAAA级旅游景区创建动员大会。

5月上旬 金湖被省商务厅授予“省级农村电子商务示范县”。

5月15日 淮安市首个经中国田协认证马拉松赛事、环太湖马拉松系列赛事之一——2016淮安金湖国际半程马拉松开跑。比赛共设有半程马拉松（21.0975公里）、周恩来纪念跑（11.8公里）和迷你马拉松（5公里）3个项目，来自肯尼亚等国家和全国各地马拉松爱好者共11888人参赛。

6月6日 三河渡大桥（金湖四桥）开工建设。该项目全长7.9公里，其中桥梁长2868米，按二级公路标准建设。工程总投资2.43亿元，计划2018年底前建成通车。

6月10日 2016年江苏省“文化遗产日”主题活动暨“荷风舞韵、追梦江淮”苏皖莲湘舞邀请赛在金湖举行。

6月15日 2016全国动媒联盟总编论坛暨荷韵金湖联合采访行动在金湖举行。全国动媒联盟主席、深圳市记协主席杨黎光，南京报业集团党委书记、董事长、南京日报社社长王嵬等，以及来自全国20个城市，包括中国香港、台湾地铁动媒总编参加活动。

6月26日 全县领导干部大会召开，宣布省委、市委对金湖主要领导调整决定：张志勇任中共金湖县委书记，肖进方不再担任中共金湖县委书记；徐亚平任中共金湖县委副书记，提名县人民政府县长候选人。市委书记姚晓东出席会议，市委常委、组织部部长张彤主持会议。

6月28日 县第十三届人大常委会第三十四次会议，接受张志勇辞去县人民政府县长职务，任命徐亚平为县人民政府副县长、代理县长。

7月8日 第十六届中国·金湖荷花节在金湖荷花荡接待中心广场举行开幕式。开幕式上，部分嘉宾集中为“全国科普教育基地”“国家水利风景区”“江苏省对台交流基地”“南京农业大学与金湖县产学研合作基地”揭牌。

7月8日 县举办第十六届中国·金湖荷花节重大项目开·竣工暨签约仪式。其中，集中签约项目36个、集中开工项目18个、集中竣工项目17个。

7月20日 2016年“金湖民泰银行杯”国际青少年手球夏令营暨全国中小学生手球锦标赛开幕式在金湖举行。此次大赛由国家体育总局手曲棒垒球运动管理中心、中国手球协会联合举办，金湖县人民政府承办，历时8天，于7月27日结束。赛事由县级政府承办，开创全国性手球赛事的先河。

7月24日 金湖—上海旅游直通车正式开通。

7月27—28日 中共金湖县第十二次代表大会召开。县委书记张志勇代表中共金湖县第十一届委员会向大会作题为《负重爬坡勇担当，奋楫破浪敢为先，以决战决胜之势夺取“十三五”全面胜利》工作报告，县委副书记、代县长徐亚平主持会议。28日下午，中共金湖县第十二届委员会第一次全体会议召开，张志勇当选县委书记。

8月9日 金湖欣氏后人——80岁高龄金湖籍老干部欣士敭代表其家族，在安徽省滁州市向金湖县捐献其高祖清代名医欣用五手稿原件《增订医方汤头歌诀》，以及其祖父欣澹庵手稿原件《四诊秘录》《集试秘览》等珍贵医学著作共20册。县委副书记蔡绍忠及县相关部门负责人参加捐赠仪式。

8月21—26日 县委书记张志勇带领县相关部门及企业代表，赴美国洛杉矶、亚特兰大、纽约和加拿大多伦多、温哥华等地开展经贸交流活动。此次活动，成功签约外资项目4个，投资总额超亿元。

8月26日 县召开《金湖县志（1986—2005）》终审会。省地方志办副主任蔡金良，市政协原副主席、市志办原主任荀德麟，市志办主任周平，县委副书记、代县长徐亚平，副县长高昌萍等出席会议。

9月13日 全国农技中心杂交稻制种新技术培训暨现场观摩在金湖举行。

9月20日 县举办金石集团获“中国出口质量安全示范企业”授牌仪式。这是国家质检总局在产品质量方面授予出口企业的最高荣誉，是苏北唯一一家上榜企业。

11月4日 县委书记张志勇在北京参加由国家信访局与中国政府网、新华网联合推出的“县委书记谈信访”系列栏目，就金湖基层信访工作取得的主要成效和做法与网友面对面交流。

11月6日 江苏省金湖中学举行建校60周年庆祝活动。

12月7日 三河湾创建省级水利风景区工作通过省级考核评价，成为金湖继荷花荡后又一个省级水利风景区。

12月26日 中铁二院宁淮铁路金湖段项目组入驻金湖，开展可研报告编制现场勘察及资料收集工作。

12月29日 省人大常委会副主任、党组成员刘永忠率省直南通组、连云港组、淮安组及省人大常委会外事委员会、民族宗教侨务委员会等省人大代表视察组，到金湖县视察工业、生态等相关工作。市委书记、市人大常委会主任姚晓东等陪同。

12月 省中医药局确认金湖县中医院耳鼻喉科为“江苏省中医重点专科”。

第一篇　政区　自然环境

金湖陆地在距今1.35亿年前的燕山运动中逐渐隆起，中生代以前，境内大部分地区沉浸在海中。中更新世海水退出，海陆分异明显，形成湖相环境，沉积一套杂色黏土层。晚更新世形成陆地，主要为河湖环境，沉积以亚黏土为主的砂泥质地层。县内位于金湖至东台坳陷西部，中新生代沉积较厚，沉积物多以冲积、冲湖积和湖积为主，基底构造复杂，并有多次基性岩浆活动，地下蕴藏丰富的石油天然气。

1986年，全县总面积1343.78平方公里，辖镇1个、乡21个、场圃4个、省属场圃3个、部队农场3个。乡（镇）下设行政村256个、居委会6个。1987年，塔集、吕良2乡撤乡建镇。1988年，涂沟、闵桥、金沟、银集4乡撤乡建镇。2000年1月，盱眙县东阳乡永丰、黄桥、瓦地村及马坝镇楼庄村划属金湖县戴楼乡管辖；撤并乡（镇）22个为镇9个、乡2个。11月，金北乡撤乡建镇。2001年，合并行政村263个为118个，合并村民小组2187个为联组958个。2002年2月，戴楼乡撤乡建镇。2005年，全县总面积1393.86平方公里，其中水域面积420.08平方公里，耕地34571.93公顷；辖镇11个、场圃4个、行政村117个、居民委员会24个、省属农场2个、部队农场3个。淮河入江水道（三河闸至三河拦河大坝段亦称三河，漫水公路至施家尖段亦称金沟行洪道）贯穿县境，上承淮河、洪泽湖，下达高邮湖。全县地势西高东低，三河以南、金沟行洪道以西为缓坡丘陵地带，约占全县陆地面积27%，地面真高5.5~35.4米；北、东北、东、东南是湖荡相间的沿湖圩区，约占陆地面积73%，地面真高5.5~9.6米。

县境属亚热带湿润季风气候区，四季分明，日照充足，雨量充沛，气候温和。年平均日照时数2016.7小时、气温15.1℃、降水量1026.6毫米。境内水面宽广，水资源丰盈，水产业发达，盛产鱼、虾、蟹。地势平整，土地肥沃，自淮河入江水道建成后，抗御洪涝灾害能力增强，农业丰产丰收有了保障。河、湖滩面积广大，林木、植被、野生动植物资源丰富。

第一章　政区　治所

第一节　地理位置

金湖位于江苏省中部偏西，洪泽湖下游，宝应湖、高邮湖以西地区。北纬32°47′～33°13′，东经118°48′～119°22′，东西最大横距51.2公里，南北最大纵距47.3公里。四至为：东至宝应湖、氾光湖、大汕子、界首湖心，东南至高邮湖湖心，西南至安徽省天长市界，西及西北与盱眙县、洪泽县接壤，北与洪泽县交界。

第二节　建置沿革

春秋时期，境内属吴国地。

战国时期，吴王夫差二十三年（前473年），越国灭吴国，境内属越国地。楚惠王四十四年（前445年），楚东侵，境内属楚国地。

秦始皇二十六年（前221年），秦统一中国，废除分封制，推行郡县制，境内属东阳县，先隶九江郡，后隶东海郡。楚汉之际，改隶东阳郡。

西汉时期，东境置平安县，先后隶楚国、荆国、吴国、广陵国。东南境属高邮县，隶广陵国。西境仍属东阳县，先后隶楚国、荆国、东阳国、临淮郡。

新朝王莽时期，东境平安县改名为杜乡县，隶江平郡（由广陵国改之）。东南境仍属高邮县，隶江平郡。西境属东阳县，隶临淮郡。

东汉时期，东境恢复平安县名，东南境属高邮县，西境属东阳县，皆隶广陵郡。

三国时期，江淮间为魏、吴争夺之地，曹操恐其地为孙权所掠，强令迁民至淮北，百姓惊逃江南，遂成隙地，平安、高邮、东阳三县俱荒废不置。境内属魏国广陵郡（治淮阴）地，一度亦属吴国。

西晋太康元年（280年），复置射阳县、高邮县、东阳县。东境平安县地界并入射阳县，隶广陵郡。东南境属高邮县、西境属东阳县，均隶临淮郡。

东晋初，东境属射阳县，隶广陵郡；西境属东阳县，隶临淮郡；东南境属高邮县，隶广陵郡。其时，北方居民大量南迁，明帝太宁年间（323—325年）始，东南境三阿地区（今闵桥、塔集一带）侨置幽州，因淮河两侧战乱连年，东阳、射阳百姓纷纷逃往江南，并在江南侨立东阳、射阳县，故于义熙七年（411年）立三阳县，原东阳、射阳县地皆入之，隶山阳郡，东境、西境皆属之。

南北朝时期，泰始二年（466年），淮北为北魏所占，西境置县不明，东境仍属山阳县，隶山阳郡。东南境属高邮县，隶广陵郡。

南齐初，东境、北境皆属山阳县，隶山阳郡。建元二年（480年），于石鳖城立阳平郡，上隶北兖州，领太清、永阳、安宜、丰国4县，计2000多户，其中安宜县立于汉平安县旧址。北境、西境属太清、永阳、丰国等县，东境属安宜县。永明七年（489年），阳平郡及所领太清、永阳、安宜、丰国4县皆侨寄山阳郡内，东境、北境、西境皆属山阳县，隶山阳郡。东南境一直属高邮县，隶广陵郡。

梁时，析山阳县南境之半，于安宜县立阳平郡，又立安宜县隶之，并于此兼立东莞郡及所领莒县，东境属之。北境、西境仍属山阳县，隶山阳郡。高邮县析置竹塘、三归二县，东南境属之，隶广业郡，不久改为神农郡。后期，梁与东魏南北相持，互有侵扰，地域归属，随之变易。

北齐天保三年（552年），北齐大都督潘乐与郭元建率军南进，江淮间悉归北齐。东境仍属安宜县，隶阳平郡及东莞郡（治安宜城）。北境、西境属山阳县，隶山阳郡。东南境属竹塘、三归县，隶神农郡。

陈太建五年（573年），镇前将军吴明彻攻北齐，收复淮南，地入于陈。东境仍属安宜县，隶阳平郡及东莞郡。北境、西境仍属山阳县，隶山阳郡。东南境仍属竹塘、三归县，隶神农郡。

北周大成元年（579年），江北之地皆入北周。析山阳县之西南境于石鳖城置石鳖县，北境、西境皆属之。东境属安宜县，隶阳平郡及东莞郡。东南境仍属竹塘、三归县，隶神农郡。

隋开皇三年（583年），废石鳖县，地入安宜县，隶江都郡，东境、北境、西境属之。同期，并竹塘、三归、临泽三县入高邮县，废神农郡，隶江都郡，东南境属之。

唐武德四年（621年）于安宜城置仓州，领安宜县。武德七年，废仓州，安宜县隶东楚州，翌年改楚州，东境、北境、西境皆属之。唐宝应元年（762年），于安宜县得定国宝13枚，改年号为宝应，改安宜县为宝应县，隶楚州，东境、北境、西境属之。东南境仍属高邮县，隶扬州。天复二年（902年），境内为吴国地域。

五代十国时期，南唐升元元年（937年），徐知诰（即李昪）称帝，改吴国为南唐，境内为南唐地域。后周显德五年（958年），后周兼并长江以北州县，境内为后周地域。南唐、后周期间，东境、北境、西境皆属宝应县，隶楚州；东南境属高邮县，隶江都府（后周时改称扬州）。

北宋时期，东境、北境、西境属宝应县，隶楚州。东南境属高邮县，隶高邮军，熙宁五年（1072年）隶扬州，元祐元年（1086年）复隶高邮军。

南宋高宗南渡（1127年）后，南宋与金以淮河为界，境内属南宋地域。东境、北境、西境属宝应县；宝庆三年（1227年），升宝应为宝应州，县如故，隶宝应州；南宋末，改宝应州为宝应军，隶宝应军。东南境属高邮县，隶高邮军；建炎四年（1130年）升高邮军为承州，改隶承州；绍兴五年（1135年）承州废，改隶扬州；绍兴三十一年复置高邮军，仍隶高邮军。

元代，东境、北境、西境先属宝应县，至元十六年（1279年）隶安宜府。至元二十年安宜府废，改隶高邮府。东南境属高邮县，亦隶高邮府，上隶江淮行省淮东道扬州路。元末，高邮府为散府，直接隶河南江北行省淮东道。

明代，洪武元年（1368年），高邮府降为高邮州，撤销高邮县并入高邮州，隶南直隶扬州府，东南境属扬州府，东境、北境、西境属宝应县，隶高邮州。

清代，东境、北境、西境属宝应县，隶高邮州；东南境属高邮州，上隶江南省扬州府，康熙六年（1667年）改隶江苏省扬州府。乾隆三十二年（1767年），高邮州改为散州，隶扬州府；宝应县亦由隶高邮州改隶扬州府。

民国元年（1912年），东境、北境、西境属宝应县，东南境属高邮县。民国3年6月起，两县皆隶江苏省淮扬道。民国19年，废除道制，改设行政督察专员公署，宝应县先后隶第五行区、第七行区，高邮县先后隶九行区、四行区、六行区、五行区。自民国29年4月到中华人民共和国成立前，境内为抗日根据地与解放区。

1949年10月中华人民共和国成立，三河以北属淮宝县，隶苏北行署淮阴专区。三河以南东境、西境属宝应县，东南属高邮县。宝应、高邮二县隶属苏北行署扬州专区，1950年1月隶泰州专区。1950年4月，淮宝县建制撤销，境内东境、北境、西境皆属宝应县，东南境属高邮县。1953年1月，二县改隶扬州专区。1958年4月，原属高邮县的东南境划归宝应县，7月，宝应县在宝应湖西地区设立湖西办事处，驻黎城镇，境内皆属之。

1959年10月13日，中共中央电复江苏省委："同意在宝应县宝应湖西地区设立金湖县。"金湖县自此建立，上隶扬州专区。1960年4月29日，国务院第100次会议通过在宝应湖西地区成立金湖县。1966年3月，设置六合专区，金湖由扬州专区改隶六合专区。1971年3月，六合专区撤销，金湖改隶淮阴地区。1983年3月，淮阴地区撤销，建立省辖淮阴市，金湖隶淮阴市。

1986年，金湖隶淮阴市。2001年2月，淮阴市更名为淮安市，金湖隶淮安市。

第三节　行政区划

1986年，全县辖镇1个（黎城），乡21个（黎城、官塘、戴楼、金南、金沟、卞塘、闵桥、横桥、塔集、夹沟、淮建、银集、涂沟、唐港、淮胜、白马湖、前锋、吕良、新农、陈桥、金北），场圃4个（林场、果园、粮棉原种场、稻麦原种场），行政村256个、居委会6个；省属场圃3个（宝应湖、复兴圩、六普），部队农场3个（运西、武警、泗湾湖）。

1986年11月，涂沟乡为方便渔民在县外渔业作业，经县政府批准，在涉渔村村名后冠"渔业"二字，叫某某渔业村，分别是高邮湖、东湖、三河、金宝、夹荡、新渔、复南、白马湖、宝应湖、滨湖渔业村10个。

1987年1月，卞塘乡析出卞塘乡农科队、卞塘村第二、第三村民小组291户、831人、耕地53.9公顷，设置新卞村；吕良乡析出军舍村王庄、新圩、曹河、坝口、胡庄、仲庄、陈刘、三元村民小组8个、209户、1008人、耕地163.3公顷，设置周圩村。2月，塔集、吕良2乡撤乡建镇，实行镇管村体制。塔集镇区包括东方红村第一、第六组，塔镇村第七、第九组。吕良镇区包括吕良村、吕良蚕桑场、吕良农科站、吕良水产养殖场。

1988年3月，析出吕良镇孙集、周圩、军舍、花园、老圩、傅圩、沿湖、湖滨、高圩、创业、蔡沟村11个，设置孙集乡。7月，金沟、涂沟、闵桥、银集4乡撤乡建镇，实行镇管村体制。是月，全县共有镇7个、乡16个，分别是黎城镇、金沟镇、闵桥镇、塔集镇、银集镇、涂沟镇、吕良镇，黎城乡、官塘乡、戴楼乡、卞塘乡、金南乡、夹沟乡、横桥乡、淮建乡、唐港乡、淮胜乡、白马湖乡、前锋乡、新农乡、孙集乡、金北乡、陈桥乡。8月，陈桥乡析出大园村郭庄、拾圩、新圩、新桥、立新、刘庄村民小组6个、169户、730人、耕地115公顷，设置拾圩村。

1989年6月，夹沟乡高杨村并入三柳村。

1989年7月，撤销黎城乡，其所属区域并入黎城镇。合并后，黎城镇设居委会6个、行政村15个，村民小组101个，14916户47237人，耕地1732.73公顷。

1992年12月，孙集乡析出孙集村跃进、杨庄、前阳、乔庄、陈庄、陈新、新港、周庄村民小组8个、199户、647人、耕地85.7公顷，设置泽南村。

1993年，黎城镇调整重组居委会：设置劳动桥居委会，合并红旗、向阳居委会和红星居委会部分属地，四至为：东至利农河、西至交通路、南至利民河、北至淮河西路。设置城西居委会，四至为：东至园林路、西至西苑小区、南至五七化工厂、北至淮河西路。设置桃园居委会，撤销红卫居委会，将其所属与人民路以东、健康路以南、三里桥河以北部分合并，四至为：东至利农河、西至人民路、南至三里桥河、北至利民河。设置城中居委会，撤销新建居委会，将其所属与人民路以西、利民河以南、三里桥河以北部分合并，四至为：东至人民路、西至园林路、北至利民河、南至三里桥河。设置宋坝桥居委会，四至为：东至利农河、西至园林路、北至三里桥河、南至新建河。设置坞墩居委会，四至为：东至交通路、西至园林路、北至淮河路西路、南至利民河。闸东居委会依旧，四至为：东至县造纸厂、西至利农河、南至水上新村、北至淮河东路。

1997年6月，闵桥镇设置古镇居委会，唐港乡设置港中居委会，金北乡设置金港居委会。

2000年1月，调整乡（镇）行政区划：撤销金沟镇，原金沟镇利东、王湾村划属黎城镇；区划调整后，黎城镇辖居委会7个、行政村17个，人口8.86万人。撤销金南、卞塘乡，两乡原辖区域与原金沟镇（除利东、王湾村）合并，设立金南镇，镇政府驻金南；调整后，金南镇辖行政村40个，人口3.82万人。撤销官塘乡，原辖区域并入戴楼乡，乡政府驻戴楼；盱眙县东阳乡永丰村、黄桥村、瓦地村及马坝镇楼庄村划归戴楼乡管辖，调整后，戴楼乡辖行政村19个，人口2.16万人。撤销横桥乡，原辖区域并入闵桥镇，镇政府驻闵桥；调整后，闵桥镇辖居委会1个、行政村19个，人口2.35万人。撤销夹沟乡，原辖区域并入塔集镇，镇政府驻塔集；调整后，塔集镇辖行政村23个，人口2.73万人。撤销淮建乡，原辖区域并入银集镇，镇政府驻银集；调整后，银集镇辖行政村24个，人口2.12万人。撤销唐港乡，原辖区域并入涂沟镇，镇政府驻涂沟；涂沟镇白马湖村、滨湖村划属前锋镇；调整后，涂沟镇辖居委会1个、行政村24个，人口2.53万人。撤销前锋乡、白马湖乡、淮胜乡，3乡原辖区域与涂沟镇白马湖村、滨湖村合并，设立前锋镇，镇政府驻前锋；调整后，前锋镇辖行政村29个，人口2.91万人。撤销孙集乡，原辖区域并入吕良镇，镇政府驻吕良；调整后，吕良镇辖行政村22个，人口2.23万人。撤销陈桥、新农乡，两乡原辖区域合并，设立陈桥镇，镇政府驻陈桥；调整后，陈桥镇辖行政村25个，人口2.59万人。金北乡保留原建制，行政区域和政府驻地不变，辖居委会1个、行政村20个，人口2.23万人。10月，金北乡撤乡建镇，实行镇管村体制。

2001年6月，县城区居委会名称嵌入“社区”二字，共涉及居委会7个，分别为劳动桥、城西、桃园、城中、宋坝桥、坞墩、闸东社区居民委员会。是月，闵桥镇完成并村试点工作，行政村18个合并为9个。撤销渔业村，所属区域划归镇养殖场，人口315人、耕地10.5公顷。

2001年闵桥镇行政村合并一览表

表1-1-1

合并前村	合并后村	村部驻地	人口（人）	耕地（公顷）
闵桥、胡桥	闵桥	原胡桥村部	2346	266.0
双庙、周桥	双庙	原周桥村部	2060	266.3
药王、楼庄	药王	原药王村部	2045	264.8
太平、平桥	太平	原平桥村部	2560	302.2
甫坝、姜湾	甫坝	原姜湾村部	2107	290.8
施尖、张石	施尖	原张石小学	2615	278.3
金桥、杨平	金桥	原杨平村部	3021	404.0
小桥、朱桥	小桥	原朱桥村部	1718	240.8
高庄、任港	横桥	原任港村部	2228	272.4

2001年7月20日，县委、县政府启动全县并村联组工作，至8月中旬，全县10个镇1个乡均完成并村联组工作，行政村263个合并为118个，撤并率55.1%；村民小组2187个合并为联组958个，撤并率56.2%；村平人口由原来986.3人增至2180人，增长121%；村平耕地（渔业村为养殖水面）由原来131.8公顷增至291.4公顷，增长121%；组平人口由原来118.6人增至271.1人，增长128.6%。全县村组干部由原来3684人减至1383人，下降62.5%；村组干部中高中以上学历815人，占58.9%，上升21.2个百分点；村组干部40岁以下人员占53.4%，上升9.2个百分点。

黎城镇行政村15个合并为7个，徐梁、上湾2村维持原状，徐梁村2069人、耕地184.8公顷，上湾村3162人、耕地83.9公顷，郑岗砖瓦厂设置郑岗居民委员会。

2001 年黎城镇行政村合并一览表

表 1-1-2

合并前村	合并后村	村部驻地	人口（人）	耕地（公顷）
黎城、新建	黎城	黎城服务楼	2934	58.2
任庄、船塘	任庄	原任庄村部	2244	270.6
工农、响墩、周高	工农	原工农小学	2165	402.7
顺河、新生	顺河	原顺河小学	2261	247.4
大兴、蔬菜	大兴	原蔬菜村部	3417	81.8
九里、双坝	九里	原九里村部	2087	254.9
黎东、王湾	黎东	原黎东村部	2341	247.8

戴楼乡行政村19个合并为8个，永丰村改设为永丰居民委员会，人口978人、耕地117.8公顷；戴楼、官塘2个集镇分别设立金西、官路居民委员会。

2001 年戴楼乡行政村合并一览表

表 1-1-3

合并前村	合并后村	村部驻地	人口（人）	耕地（公顷）
戴楼、中东	戴楼	原戴楼村部	2267	276.7
牌楼、官东	牌楼	原牌楼村部	2597	340.4
新塘、大坝	新塘	原新塘村部	2400	322.5
衡阳、向东	衡阳	原向东村部	1888	214.4
楼庄、黄桥、瓦地	楼庄	原楼庄村部	1991	267.1
小集、建设、林庄	小集	原建设村部	2590	272.7
官塘、红岗	官塘	原红岗村部	2190	278.7
卫东、红岭	红岭	原卫东村部	1731	265.9

金南镇行政村38个合并为16个，金南、金沟、卞塘3个集镇分别设立金南、金沟、卞塘居民委员会；金镇、新卞村分别纳入金沟、卞塘居民委员会。

2001 年金南镇行政村合并一览表

表 1-1-4

合并前村	合并后村	村部驻地	人口（人）	耕地（公顷）
车洪、车东、车塘	三车	原车洪小学	2310	371.9
抬饭、瓦庙	抬饭	原瓦庙村部	2167	313.9
宋墩、宋坝、丰南	宋墩	原宋坝村部	2083	285.7
马塘、丰收、金南	福寿	原丰收村部	2589	326.5
时墩、百庙	时墩	原百庙村部	2325	257.7
胜利、王庄、嵇圩	王庄	原王庄村部	2461	315.7
先进、先锋	南宫	原先进小学	1985	210.3
向阳、新坝	新坝	原向阳村部	2023	229.3

接上表

合并前村	合并后村	村部驻地	人口（人）	耕地（公顷）
李坝、五里、罗坝	五里	原李坝村部	1972	271.2
吴桥、立新	吴桥	原立新村部	1989	260.0
卞塘、南桥	南桥	原南桥村部	1827	211.1
窑墩、新杨	新杨	原窑墩村部	1697	213.6
华沟、泥坝	华家坝	原华沟小学	1537	140.3
徐庄、缸庙	缸庙	原徐庄村部	1301	175.3
南望、墩塘、岗坂	南望	原墩塘村部	3450	457.9
胡庄、联盟	连湖	原胡庄小学	1998	205.1

塔集镇行政村22个合并为11个；撤销渔业村，并入镇养殖公司；塔集、夹沟2个集镇分别设立宝塔、夹沟居民委员会。

2001年塔集镇行政村合并一览表

表1-1-5

合并前村	合并后村	村部驻地	人口（人）	耕地（公顷）
跃进、陆河	陆河	原跃进村部	2570	298.7
塔镇、东方红	东方红	原塔镇村部	2410	163.5
高桥、时坝	高桥	原时坝村部	2052	184.4
联合、中侨	联合	原中侨村部	2046	242.3
河村、新华	新华	原新华村部	2094	271.9
岔河、新桥	岔河	原新桥村部	1445	215.1
陆家、安乐	安乐	原安乐村部	2009	225.7
三柳、三官	三柳	原三官村部	2516	296.5
双桥、淮泉	双桥	原夹沟水利站	2692	293.8
夹镇、金平	金平	原金平村部	2110	266.3
夹沟、龚河	龚河	原夹沟村部	2226	266.3

银集镇行政村22个合并为11个；银集、淮建2个集镇分别设立银集、淮建居民委员会，撤销集镇村，其所属并入银集居民委员会；撤销火星村，其所属并入淮建居民委员会。

2001年银集镇行政村合并一览表

表1-1-6

合并前村	合并后村	村部驻地	人口（人）	耕地（公顷）
复兴、复连	复连	原复兴村部	2216	383.8
团结、银联	团结	原银联村部	1856	290.6
天堂、新北	天堂	原新北村部	1516	250.6
新胜、银红	新胜	原银红村部	2090	339.7

接上表

合并前村	合并后村	村部驻地	人口（人）	耕地（公顷）
何营、银集	何营	原银集村部	1524	225.9
红湖、义平	红湖	原义平村部	2025	259.8
劳动、银东	劳动	原银东村部	1756	283.7
利生、刘圩	利生	原利生村部	1528	248.5
高沈、新红	高沈	原新红村部	2056	310.9
永祥、新东	永祥	原永祥小学	1835	265.3
刘坝、新庄	刘坝	原新庄村部	2022	389.1

涂沟镇行政村22个合并为9个；涂沟村不变，全村1128人，耕地168.1公顷；宝应湖渔业村更名为湖滨渔业村，全村924人，耕地36.7公顷，养殖水面346.7公顷；涂沟集镇设立通衢居民委员会。

2001年涂沟镇行政村合并一览表

表1-1-7

合并前村	合并后村	村部驻地	人口（人）	耕地（公顷）
窑湾、秦庄、红星	秦庄	原秦庄村部	3413	470.5
桂花、五星、副兴	五星	原五星村部	2953	429.7
唐港、崔沟	唐港	原崔沟村部	1820	238.4
于沟、曙光	于沟	原曙光村部	2278	305.2
新联、于南	新联	原于南村部	1728	237.3
华沟、新淮、外滩	新淮	原新淮村部	2221	236.5
高邮湖、夹荡、复南	高邮湖渔业	原高邮湖村部	2503	120.0
金宝、东湖	东湖渔业	原金宝村部	1705	70.0
三河、新渔	三河渔业	原三河村部	1161	26.7

前锋镇行政村29个、林场1个、良种场1个合并为行政村12个。

2001年前锋镇行政村合并一览表

表1-1-8

合并前村	合并后村	村部驻地	人口（人）	耕地（公顷）
同心、施港	同心	原同心村部	2151	363.2
合意、新村	合意	前锋道班	1660	228.3
民生、南湖	民生	原南湖村部	1827	304.6
中段、新兴	中兴	新南站	2109	295.0
淮建、淮红、淮锋、林场	淮胜	淮胜集镇	2676	285.4
淮武、淮阳、淮湖、良种场	淮武	原淮武小学	2349	277.9
淮滨、淮村、淮新	淮村	原淮村村部	2426	347.1
张集、新河、阮桥	阮桥	原阮桥村部	2596	523.1

接上表

合并前村	合并后村	村部驻地	人口（人）	耕地（公顷）
红旗、中营、陈涧	郑圩	原中营村部	3050	566.5
东滩、红丰	东滩	原红丰村部	1692	302.4
前锋、新跃	前锋	原新跃村部	2243	370.1
白马湖、滨湖	白马湖	原白马湖村部	2093	66.7

吕良镇行政村21个、场1个合并为行政村10个；傅圩村不变，全村1216人，耕地137.5公顷。

2001年吕良镇行政村合并一览表

表1-1-9

合并前村	合并后村	村部驻地	人口（人）	耕地（公顷）
吕良、大庄、蚕桑场	吕良	原吕良村部	2621	220.0
赤水、双岗	赤水	原赤水村部	2505	406.6
幸福、曹圩	幸福	境内供销站	2306	313.6
陈庄、茶庵	陈庄	原茶庵村部	2346	321.7
金淮、金河	金淮	原金淮村部	2042	233.7
孙集、泽南	孙集	原孙集村部	1947	118.5
花园、老圩	花园	原花园小学	1884	188.9
沿湖、湖滨	沿湖	原沿湖小学	2048	230.1
高圩、蔡沟、创业	三圆	境内小学	1756	217.1
军舍、周圩	军舍	原军舍小学	2010	167.7

金北镇行政村20个合并为9个。

2001年金北镇行政村合并一览表

表1-1-10

合并前村	合并后村	村部驻地	人口（人）	耕地（公顷）
刘庄、张桥、吴庄	刘庄	原刘庄	2936	376.2
应集、腰滩	应集	原应集村部	2351	247.5
马港、周庄、梁圩	马港	原马港村部	2362	356.5
张方、管墩	张方	原张方村部	1550	279.0
陈渡、李庄	陈渡	原李庄村部	1912	388.1
董河、黄庄	董河	原董河村部	2345	326.5
万庄、塘埂	万庄	原万庄村部	2013	296.5
新街、闸东	新街	原闸东村部	1754	200.4
洪圩、马圩	洪圩	原洪圩村部	2268	288.5

陈桥镇行政村25个合并为11个；陈桥、兴隆集2个集镇设立新宁、兴隆居民委员会。

2001 年陈桥镇行政村合并一览表

表 1-1-11

合并前村	合并后村	村部驻地	人口（人）	耕地（公顷）
宋庄、军王	军王	原军王村部	2322	351.8
马庄、南堆、陶庄	南宁	原南堆村部	2143	357.9
陈桥、新港	新港	原新港村部	1957	333.2
大园、拾圩、涧北、鱼池涧	新桥	原涧北小学	2468	365.4
高集、邬桥	邬桥	原邬桥村部	1862	211.5
万坝、管庄	万坝	原管庄村部	1713	213.1
新农、金北	振兴	兴隆集镇	2593	299.5
新丰、陈新	新丰	原陈新村部	2442	277.0
淮路、丰乐	丰乐	原丰乐村部	2180	264.2
张坝、漕泽	张坝	原张坝村部	1914	247.5
刘桥、前进	前进	原前进村部	2746	345.1

2002年4月，戴楼乡撤乡建镇，至此，全县下辖黎城、戴楼、金南、闵桥、塔集、银集、涂沟、前锋、吕良、金北、陈桥镇11个。

2003年4月，吕良镇析出吕良村内原吕良村、蚕桑场、农业组，设置泰山居民委员会；原吕良村更名大庄村。9月，涂沟镇撤销新联村，其所属二、十联组和一联组四岔河以西部分划属唐港村；三、四、五联组和一联组四岔河以东部分、六联组青年河以南部分划属新淮村；七、八、九联组和六联组青年河以北部分划属于沟村。

2004年，黎城镇社区居民委员会8个调整为6个：城西社区居民委员会更名为西苑社区居民居委会；撤销坞墩社区居民委员会，将其所属并入劳动桥社区居民委员会；城中社区居民委员会与桃园社区居民委员会合并，合并后名称为健康路社区居民委员会；闸东、宋坝桥、郑岗社区居民委员会依旧。

2005年，全县辖黎城、戴楼、金南、闵桥、塔集、银集、涂沟、前锋、吕良、金北、陈桥镇11个，果园、林场、稻麦原种场、粮棉原种场场圃4个，九里等行政村117个，西苑等居委会24个。

2005 年金湖县行政区划一览表

表 1-1-12

镇名称	行政村名称	居委会名称
黎城镇	黎城、九里、任庄、工农、顺河、大兴、黎东、徐梁、上湾	西苑、健康路、劳动桥、闸东、宋坝桥、郑岗
戴楼镇	戴楼、衡阳、官塘、牌楼、红岭、楼庄、新塘、小集	金西、永丰、官路
金南镇	三车、抬饭、宋墩、福寿、时墩、五里、吴桥、王庄、南宫、新坝、新杨、南桥、华家坝、缸庙、连湖、南望	金沟、卞塘、金南
闵桥镇	闵桥、双庙、太平、药王、甫坝、施尖、金桥、小桥、横桥	古镇、庙沟
塔集镇	陆河、东方红、高桥、联合、新华、岔河、安乐、三柳、双桥、金平、龚河	宝塔、夹沟
银集镇	红湖、劳动、复连、团结、天堂、何营、新胜、刘坝、永祥、高沈、利生	银集、淮建
涂沟镇	秦庄、五星、唐港、于沟、新淮、涂沟、高邮湖、湖滨、东湖、三河	通衢、港中
前锋镇	淮胜、淮武、淮村、同心、合意、民生、中兴、阮桥、郑圩、东滩、前锋、白马湖	—
吕良镇	大庄、赤水、幸福、陈庄、傅圩、沿湖、三圚、军舍、孙集、花园、金淮	泰山
陈桥镇	军王、南宁、新港、新桥、邬桥、万坝、振兴、丰乐、前进、新丰、张坝	新宁、兴隆
金北镇	刘庄、应集、马港、张方、陈渡、董河、万庄、新街、洪圩	金港

第四节　治　所

图 1-1-1　县委、县人大常委会、县政府、县政协大院门楼（摄于 1995 年）　李义海 / 摄

1986年，县委、县政府驻县城建设路109号，位于建设路中段北侧、人民路北端，东西宽约140米，南北长约180米，占地2.5公顷。非全封闭式大院，院内办公用房12幢，其中3层楼（局部4层）1幢（位北侧中部）、平房11幢，另有档案馆二层楼1幢、大会堂1幢。大门楼至三层楼大门之间有中心路1条，大院分为东西两部分。3层办公楼内一楼驻有县委宣传部，县政府收发室、会计室、打字室，二楼、三楼分别为县政府、县委机关办公区。11幢平房分别驻有县人大、县政协、县纪委、县委组织部、县委统战部、县委农工部、县劳动局、县计委、县统计局、县物价局、县经委、县人事局、县文教局、县民政局、县台办、县侨办、县团委、县妇联、县工商联等部门和单位29个，县档案馆、县委组织部档案室驻档案楼。

1989年，拆除人大、政协平房办公室，原址分别建形制、结构相同的人大、政协四合院式办公区。人大位路西、门朝东，政协位路东、门朝西。院内房屋南北两侧均8间，东西两侧5间（含门楼）。1990年10月1日进驻办公。

1999年5月20日，兴建行政大楼，拆除除县档案馆（局）以外的院内其他房屋，空出地块建市民广场。大楼由东南大学、县建筑设计院设计，县建筑工程公司承建，钢筋混凝土结构。大楼9层（含底层半地下车库），东西长88米、南北宽14.24米、高33.1米，呈弧形状，背（北）半径79.24米、面（南）半径65米，主体中部1~3层向南外凸，南北长12米、东西宽17.6米。外凸部分一层为门厅，二层会议室，三层多功能厅。大楼占地面积1250平方米，建筑面积1.2万平方米。楼内各层置东西向中间过道，设人行楼梯道3座、电梯2部（−1楼至7楼）、办公室233间、会议室5个、多功能厅1

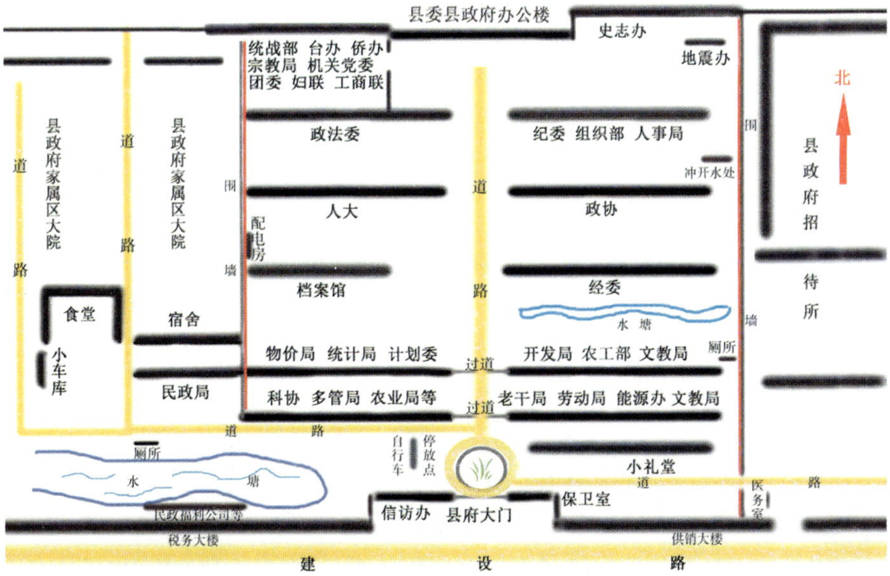

图 1-1-2　1986—1989 年县委大院示意图　李义海 / 绘制

个。配有中央空调、虚拟电话网、宽带信息网、火灾报警系统及卫生间、小便池及冲水感应器等，造价1700万元。2000年11月18日竣工。12月28日，县委、县人大常委会、县政府、县政协、县纪委及县委、县政府有关部门入驻楼内办公。至2005年，一楼驻保卫科、县发展和改革委员会、县委党史工委（地方志办公室）、县机关事务局；二楼驻县政府及办公室；三楼驻县人大常委会及办公室、县统计局。四楼驻县政协及办公室、县人事局、县机构编制委员会办公室、县工商业联合会；五楼驻县委及办公室、县委组织部、县委保密委员会办公室；六楼驻县纪委及办公室、县监察局、县委宣传部、县文明办、县文学艺术界联合会、县委县级机关工作委员会；七楼驻县委农工部、县委统战部、县民族宗教事务管理局、县委台湾工作办公室、团县委、县妇联、县科学技术协会；八楼驻县文化局、县旅游局、县农业局、军转干部安置科、行政效能中心。大楼门前市民广场与档案馆楼房齐平处向东开挖水沟，沟宽12米。水沟北侧是国旗广场，南侧分别建多功能舞池、钟亭、大舞池、花草坪等。西侧与家属院交界处建南北向二层小楼和平房各1幢，小楼上层为关工委、小车班、行政科办公室及老干部棋牌室等，下层和平房为轿车库。广场内草坪约1万平方米。道路由大门楼直入后在水沟南侧分置左右道，与行政大楼门厅形成循环通道。县委县政府大院与南侧街道间设有门楼，门楼处设保卫科、信访局。

表1-1-13

2005年金湖县驻行政中心外有关单位地址一览表

单　位	县城地址	单　位	县城地址
县人武部	建设路37号	县城市管理局	健康路5号
县人民法院	建设路35号	县房产管理局	健康西路40号
县人民检察院	建设路33号	县行政审批中心	健康西路40号
县总工会	健康路98号	县工业园区管理委员会	金湖西路159-9号
县委政法委	建设路31号	县国有资产经营投资公司	建设路33号
县综治办	建设路31号	县双拥办公室	建设路5号
县老干部局	康乐路2号	县残疾人联合会	人民路169号
县委党校	跃进路19号	县招商局	建设路109号
金湖日报社	健康路19号	县供销合作社	健康路35号
县经济贸易委员会	健康路25号	县国家税务局	健康西路99号
县乡镇企业管理局	健康路19号	县地方税务局	健康路101号
县安全生产监督管理局	健康西路40号	金湖工商行政管理局	衡阳南路33号
县教育局	建设西路123号	金湖质量技术监督局	建设路47号
县公安局	建设路31号	金湖食品药品监督管理局	健康路36号
县民政局	建设路5号	县国土资源局	健康西路28号
县财政局	建设路69号	人行县支行	建设路100号
县卫生局	健康路36号	工行金湖支行	健康路33号
县人口和计划生育委员会	健康西路40号	农行金湖支行	人民路2号
县审计局	健康西路45号	农发行金湖支行	建设西路26号
县劳动和社会保障局	园林路183号	县农村信用合作联社	健康路2号
县科学技术局	健康路13号	建行金湖支行	人民路78号
县建设局	健康西路40号	中行金湖支行	人民路1号
县交通局	建设路119号	人保金湖支公司	健康路1号
县司法局	建设路33号	人寿金湖支公司	金湖西路118号
县环境保护局	长安巷8号	移动县分公司	健康西路49号

接上表

单　位	县城地址	单　位	县城地址
县水务局	健康西路103号	联通县分公司	园林路112号
县粮食局	建设路120号	县气象局	建设路33号
县物价局	健康西路43号	县邮政局	建设路136号
县对外贸易经济合作局	康乐路25号	县电信局	衡阳路188号
县林牧渔业发展局	健康西路39号	县烟草专卖局	人民路130号
县农业资源开发局	跃进路23号	县盐务局	金湖路31号
县广播电视局	建设路58号	县供电公司	建设东路2号
县农业机械管理局	金湖西路105号	中石化金湖石油分公司	健康路15号
县地震局	健康西路40号		

第二章　地质　地貌

第一节　地　质

县境位于金湖至东台坳陷西部，中新生代沉积较厚，沉积物多以冲积、冲湖积和湖积为主，基底构造复杂，并有多次基性岩浆活动。

一、地　层

境内地层以新生界第四系最发育，次为第三系，均属内陆盆地沉积，地表极少出露。钻孔揭露，地层分为下第三系、上第三系，皆为陆相碎屑岩系为主。

第三系地层　分为下第三系（E）和上第三系（N）。

下第三系（E）：分为泰州组、阜宁群、戴南组与三垛组。沉积岩相属河湖相夹海陆过渡相，局部见火山岩相。主要岩性为泥岩、夹砂岩、泥灰岩、生物灰岩、中粗砂岩、砂岩等，夹多层玄武岩。据钻孔资料，沉积厚度945.9~1997.5米，其中以阜宁群最发育，沉积厚、分布广、保存全、生油条件好，构成境内突出的沉积特征。

上第三系（N）：境内称盐城群，以河湖相碎屑岩沉积为主，夹基性火山岩，分上下两部分。岩性组合、厚度横向上，自西向东由薄变厚，粒度由粗变细，玄武岩夹层由多变少；纵向上，自下而上，粒度由粗变细。岩性下部为含砾砂岩、砂砾岩夹杂色泥岩；上部泥岩夹砂岩、夹玄武岩。总厚度279~289.5米。

第四系（Q）地层　分为下更新统（Q1）、中更新统（Q2）、上更新统（Q3）和全新统（Q4）。

下更新统（Q1）：仅在钻孔中见及，零星分布于陈桥至官塘一线以西地区。河湖相砂泥质沉积，主要岩性为黏土质粉砂、细粉砂，底部见砂砾层或含砾层，砾石磨圆度，分选性较好，厚度一般在0.5~21米不等。

中更新统（Q2）：分布与下更新统（Q1）类似，地表亦未出露。钻孔揭露，埋深一般在10~22

米，厚度0.6~12米。

上更新统（Q3）：主要分布于河谷两岸和金南至县林场一线南西地区，组成Ⅱ级阶地，为河湖相沉积，由细粒物质组成。岩性大致分为两部分，上部较细，为粉砂质黏土夹粉砂层；下部稍粗，为黏土与粉砂互层，含铁锰结核、钙质结核。本层最大厚度22米，一般为数米至10米不等。

全新统（Q4）：分布极广，成因类型有河相、河湖相及湖沼相。河相分布于三河、利农河、金宝河等河谷地带。岩性为灰黄及土黄色粉砂、黏土质粉砂，局部为亚黏土与粉砂互层，粉砂中含云母碎片，成分均一，底部常见一层淤泥质亚黏土，具微细层理，厚度一般1~4米，最大厚度可达34米。河湖相分布于三河流域地区及高邮湖以西一带，组成冲积平原。岩性可分上下两部，上部为灰黄色粉砂质亚黏土、黏土质粉砂；下部为灰黄色粉砂，高邮湖以西尚见含少量黑色亚黏土，厚度0.5米至数米。湖沼相分布于前锋、唐港、宝应湖和泗湾湖等滩地，面积235平方公里。岩性主要为灰褐、灰黑色淤泥质亚黏土、淤泥质黏土及淤泥，局部见夹泥炭层，地区差异明显，厚度数米。

二、岩浆岩

境内第三纪玄武岩多次喷发迹象明显，钻孔揭示，从下第三系泰州组喷发活动即已开始，多呈夹层产出，特点是厚度变化较大，多属偏碱性的橄榄玄武岩及玄武质火山碎屑岩，伴有辉绿岩侵入，主要见于官塘至三河一线以西地区，厚度300多米。

三、地质构造

境内大地构造主要由东西向构造带、华夏式构造和新华夏系三个构造体系组成。

东西向构造带　是境内地质构造体系之一，被第四系掩盖。物探、钻探证实，为一隐伏凹陷，走向东西。北侧与洪泽至建湖隆起相接，亦为第三系沉积边界。坳陷内新生代沉积厚度达2000~3000米，最厚6000米。由于受新华夏系构造干扰，致使凹陷内次级凹陷均呈北东向展布，另在凹陷内零星展布一些东西向断裂，诸如官塘至塔集断裂、高庙至闵桥王庄断裂、吕良断裂等。

华夏式构造　以凹陷、凸起与断裂为主。境内称金湖凹陷，另尚展布一些断裂。物探、钻探揭示，此凹陷位于金湖至东台凹陷的西段，以断裂和斜坡过度两种形式与不同级别的构造单元相接。构造线北东走向，呈现自北东向南西喇叭形的萁状断陷特征。重力为明显的40°方向负异常带。其中又可进一步分为三河次凹和汜水次凹，尤以三河次凹最大，并具南陡北缓、南断北超的特点。断裂构造主要有刘庄断层、石港断层和塔集断层等，走向均为北东，影响地层为第三系。凹陷内新生界沉积厚度1000~3000米，最厚达6.1万米，是一个多中心的深凹陷。

新华夏系　在境内有广泛发育，主要以断裂为主，有吕良至新街断裂，泗湾湖至运西断裂，涂沟至淮建断裂，唐港至复兴圩断裂等，皆发育于第三系，总体走向为北东向。

四、工程地质

低缓丘岗工程地质区　该地质区位于界线西南，为垄岗状地形，西北高、东南低。工程地质岩组主要为第四系上更新统Q3亚黏土、黏土组成，含铁锰、钙质结核。地表呈硬塑状态，结构紧密，土质均一，固结性较好，透水性差。岩组厚度一般在10~20米之间，地基容许承载力约16~18吨/平方米，为建筑物良好的天然地基。

河湖平原工程地质区　该地质区含两个工程地质组。岩性主要为第四系全新统Q4亚黏土、黏土，夹轻亚黏土、粉细砂，含铁锰、钙质结核。

冲积松散岩组：主要分布于三河、老三河、利农河、金宝河等河谷的高漫滩、边滩、心滩及河床中，以三河南岸、中街滩、殷家滩沉积最厚，达10米。岩性为灰黄、土黄色黏土质粉砂、粉砂，局部为亚黏土与粉砂互层，见细微层理。沙层中含云母碎片，成分均一，底部见淤泥质黏土，压缩系数大于0.05公斤/平方厘米，属高压缩性，厚度一般3~4米，地基容许承载力为5~6吨/平方米。由于地势低平，地下水位埋深浅（一般小于1米，部分地段1~2米），黏土质粉砂、粉砂层结构松散，易流动、液化、潜蚀等，稳定性差。在此岩组分布区建筑，会发生不均匀沉降及渗透液化现象。

冲湖积松散岩组：主要分布于老三河南北及淮河入江水道东西等广大地带。岩性为土黄、棕黄色亚黏土、黏土，夹轻亚黏土、粉砂，高邮湖西尚含黑色亚黏土，厚度1~5米，最厚达7~10米，为中压缩性，地基容许承载力较高，约为14~18吨/平方米，地下水位埋深1~2米左右，是工程建筑的良好基地。

湖积平原工程地质区　主要分布于复兴圩—唐港—涂沟一线北东和宝应湖—泗湾湖农场—孙集以东等地区的湖积和湖沼积滩地，含湖积松软岩组和湖沼积松软岩组。

湖积松软岩组：主要岩性为第四系全新统Q4湖积黑褐色淤质黏土、淤质亚黏土，夹轻亚黏土，局部见夹泥炭层、有机质，厚度2~4米，最厚达6米，地基容许承载力约3~5吨/平方米，特点是含水量高、高压缩性、强度低、具触变性。在此岩组上建筑须采取适当处理，否则会出现不均匀或整体沉陷现象。

湖沼积松软岩组：分布于横桥、夹沟、复兴圩沿湖一带，岩性为第四系全新统Q4湖沼积灰褐色淤质亚黏土、轻亚黏土及淤泥等，含水量高，软塑—流塑，高压缩性，强度低，触变性强，地基承载力低，约为3~4吨/平方米，在垂直压力作用下，土体结构易遭破坏及产生表面移动和侧面挤压等不良工程地质现象，不宜作为建筑工程的天然地基。

第二节　地　貌

一、丘　陵

丘陵分布于三河以南、金沟行洪道以西的县西南部，面积约250.44平方公里，占境域面积17.97%。丘陵坡度低缓，垄岗真高一般为20~30米，最高点在戴楼镇红岭村，真高35.4米。有阶地发育，经过长期农田改造，岗坡大多被改造为小块梯田。

二、平　原

平原是境内主要陆地地貌，面积640.04平方公里，占境域面积45.92%，分布于三河以北、金沟行洪道以东的广大地区，地势平坦。按地貌形态特征分三区：

西北平田区：分布于三河以北，腰滩河、避沉沟一线以西地带，包括金北、陈桥、吕良等镇，面积约228.77平方公里，占境域面积16.41%；地面真高6~9.6米，地势呈由西向东倾斜，地表土系黄河泛滥时所携泥沙淤积而成。

东北滩田区：分布于前锋、涂沟（淮南大堤以北部分）和宝应湖（淮南大堤以北部分）、泗湾湖农场等镇、场圃，多由退水成陆形成，面积约217.04平方公里，占境域面积15.57%；地势平坦，地面真高一般在8.5米左右，最低处5.5米，地表土为黄泛沉积土；原大多为水面，是行洪、滞洪区；1970年淮河入江水道建成后，该区域不再行洪、滞洪，水位低而稳，湖滩尽露。

东南圩田区：分布县境东南部塔集、闵桥、银集和复兴圩农场等镇、场圃，面积约194.23平方公里，占境域面积13.94%，地面真高5.5~7米，地势平坦，地表土为黄泛淤积土。

三、水　系

县内属淮河水系。县内水系，依据河道走向、河水流向，主要有草泽河—白马湖、老三河—宝应湖、三河—高邮湖3个水系。

草泽河—白马湖水系　汇入河流主要有：山阳河，自老三河向北流入草泽河，长4公里，汇水面积2.5平方公里；姚湾大沟，自姚湾折向东、东北经孙集西河沟入草泽河，长5.8公里，汇水面积7.5平方公里；大金沟河，自兴隆集东流至吕良镇陈庄村迎湖闸入白马湖，长10.9公里，汇水面积57平方公里；避沉沟，自孙家渡入草泽河，长6公里，汇水面积8平方公里；陈新港，由老三河向北流入草泽河，长7公里，汇水面积12平方公里；幸福港，自老三河向北流入草泽河，长10公里，汇水面积20平方公里；跃进港，自金南干渠向北经朝阳河流入草泽河，长5077公里，汇水面积10平方公里；张集内圩中心河、郑家圩内中心河流入白马湖，长10公里，汇水面积10多平方公里等。

老三河—宝应湖水系 汇入河流主要有：李新港，自鱼池涧向北流入老三河，长9.2公里，汇水面积8平方公里；丰收港，自金南干渠向北流入老三河，长7.08公里，汇水面积4平方公里；陈大涧，自金南干渠向北流入老三河，长7.8公里，汇水面积6.3平方公里；学田港，自三河北大堤向北流入老三河，长6.7公里，汇水面积5.3平方公里；七房港，自三河北大堤向北流入老三河，长4.27公里，汇水面积5.6平方公里；腰滩河，长4.4公里，汇水面积16.7平方公里；振兴圩中心河，长7.2公里，汇水面积4平方公里；丰收河，长3.46公里，汇水面积3平方公里；腰闩河，长5公里，汇水面积9.34平方公里等。

三河—高邮湖水系 汇入河流主要有：衡阳冲，自对面庄向东北流入三河，长11公里，汇水面积25平方公里；丰收河，向北流入三河，长10.5公里，汇水面积47.67平方公里；利农河，由北往南流入百家荡，长18公里，汇水面积154平方公里；大马港，自施家沟经涂沟河流入高邮湖，长8.3公里，汇水面积18平方公里；五岔河，自陈家大塘往东北流入高邮湖，长7.5公里，汇水面积8平方公里；闵桥河，自西河口向东流入高邮湖，长6.6公里，汇水面积5平方公里；涂沟河，向东流入高邮湖，长7.4公里，汇水面积18平方公里；淮南圩西中心河，北入金宝河，长17.2公里，汇水面积67.3平方公里；淮南圩东中心河，北入金宝河，长14.3公里，汇水面积62.6平方公里；高扬河，自时坝涧向东流入高邮湖，长8.75公里，汇水面积6平方公里；塔集河，长5.7公里，汇水面积6.67平方公里等。

图1-2-3 三河郑岗段（摄于2005年） 李义海/摄

第三章 气候 物候

第一节 气 候

一、四季特征

春季 金湖气温回升，雨水增多，冷暖空气活动频繁，气温变化幅度较大。日平均气温稳定通过

10℃的初日为春季开始，日平均气温稳定通过22℃的初日的前一天为春季的结束。春季一般为3—5月。1986—2005年日平均气温稳定通过10℃的初日最早日为2000年3月17日，春季结束的最迟日为1999年6月28日。1986—2005年春季平均气温为14.5℃。春季平均降水总量208.6毫米，占年平均总量20.3%，春季风向多东南偏东。

夏季　高温多湿，初夏有一段梅雨天气，盛夏受西太平洋副热带高压控制，天气炎热。日平均气温稳定通过22℃的初日为夏季的开始，日平均气温稳定通过22℃的终日为夏季的结束。夏季一般为6—8月。1986—2005年，金湖日平均气温稳定通过22℃的初日最早日为1994年5月19日，夏季结束的最迟日为1993年9月27日。1986—2005年，金湖夏季平均气温为26.0℃，极端最高气温38.3℃。夏季平均降水总量557.1毫米，占年平均总量54.3%，梅雨常年约在6月中下旬开始，7月上半月结束。夏季风向多为东、东南偏东。

秋季　气候凉爽，秋雨时多时少。日平均气温稳定通过22℃的终日的后一天为秋季的开始，日平均气温稳定通过10℃的终日为秋季的结束。秋季一般为9—11月。1986—2005年，金湖秋季最早日为2002年8月13日，秋季结束的最迟日为2004年11月24日。1986—2005年，金湖秋季平均气温为16.6℃。秋季平均降水量159.8毫米，占年平均总量15.6%。秋季风向多为东北、东。

冬季　气候寒冷，降水偏少，日平均气温稳定通过10℃的终日的后一天为冬季的开始，次年日平均气温稳定通过10℃的初日的前一天为冬季的结束。冬季一般为上一年的12月至当年的2月。1986—2005年，金湖冬季最早日为1986年10月28日，冬季结束最迟日为1987年4月16日。1986—2005年，冬季平均气温为3.4℃，极端最低气温-13.5℃。冬季平均降水量103.5毫米，占年平均总量10.1%。冬季风向多为东北、西北。

二、气象要素

日照　1986—2005年，金湖平均日照时数2061.7小时，最多年达2341.5小时（2004年），最少年为1719.8小时（1998年）。累年月平均日照最多月（5月）为201.3小时，最少月（1月）为144小时。1994年7月日照275.9小时，为20年月日照时数最大值。1990年2月、2000年1月日照均为85.1小时，为月日照时数最小值。20年平均日照百分率为47%。

1986—2005年金湖县日照时数统计表

表1-3-14　　单位：小时

年份	1月	2月	3月	4月	5月	6月	7月	8月	9月	10月	11月	12月	合计
1986	174.8	172.3	161.6	155.4	267.0	170.7	138.9	206.6	191.0	200.3	124.5	134.3	2097.4
1987	147.8	164.3	128.3	187.2	218.1	177.0	121.4	171.1	226.4	152.6	161.4	212.5	2068.1
1988	141.0	112.4	154.5	215.5	181.7	146.9	235.7	225.3	192.0	173.4	260.7	159.0	2198.1
1989	108.8	112.2	190.8	157.3	207.6	206.2	157.0	197.4	185.2	235.1	168.6	109.6	2035.8
1990	96.2	85.1	167.9	174.8	204.7	213.5	235.5	228.6	171.2	193.3	168.3	177.3	2116.4
1991	157.2	137.1	98.1	172.2	132.9	103.7	154.9	211.3	165.7	231.1	194.7	143.2	1902.1
1992	124.7	208.9	103.7	212.8	257.6	164.8	219.7	188.5	112.5	224.6	187.8	123.9	2129.5
1993	149.7	133.9	176.1	203.3	156.2	164.6	117.4	102.3	162.0	198.6	110.9	172.9	1847.9
1994	157.5	118.3	199.8	156.3	261.4	182.1	275.9	225.6	207.6	180.0	100.5	89.5	2154.5
1995	164.7	173.8	210.4	163.6	200.0	142.4	186.9	229.8	137.3	176.3	202.4	191.2	2178.8
1996	144.5	184.4	112.8	216.3	211.3	160.8	154.6	197.6	156.3	154.4	116.4	169.1	1978.5

接上表

年份	1月	2月	3月	4月	5月	6月	7月	8月	9月	10月	11月	12月	合计
1997	147.3	134.3	151.7	178.1	225.7	214.4	157.2	187.4	207.6	200.6	127.3	89.5	2021.1
1998	108.7	112.3	107.7	156.5	115.3	131.5	168.5	151.0	202.4	193.8	168.8	103.3	1719.8
1999	163.1	184.5	89.9	163.3	198.0	118.5	130.4	163.3	186.1	116.6	154.8	207.0	1875.5
2000	85.1	176.3	214.9	224.8	214.7	171.9	226.5	177.3	185.6	103.3	115.2	125.6	2021.2
2001	106.5	110.2	200.8	194.6	239.2	141.0	237.5	220.4	268.6	160.7	200.3	117.4	2197.2
2002	182.8	168.6	164.6	138.3	135.4	218.1	232.4	225.8	226.1	197.9	180.3	117.4	2187.7
2003	187.5	128.5	160.7	145.5	199.2	214.1	128.9	105.0	194.3	186.7	155.0	159.5	1964.9
2004	149.9	194.0	205.2	220.4	186.5	178.1	233.4	216.8	202.3	221.3	205.7	127.9	2341.5
2005	181.3	117.6	216.8	257.6	214.4	231.4	156.2	143.3	142.4	175.2	155.3	207.4	2198.9
累年月平均	144.0	146.5	160.8	184.7	201.3	172.6	183.4	188.7	186.1	183.8	162.9	146.9	2061.7

气温　1986—2005年，金湖年平均气温15.1℃，最高年（1994年、1998年）平均气温16.1℃，最低年（1986年）平均气温14.4℃。1月最冷，月平均气温1.9℃；最高年2002年1月，月平均气温3.7℃；最低年1993年1月，月平均气温0.1℃。7月最热，月平均气温为27.3℃；最高年1994年7月，月平均气温30.1℃；最低年（1986年、1999年）7月，月平均气温25.7℃。1986年以来极端最低气温-13.5℃，出现在1990年2月1日；极端最高气温38.3℃，出现在2003年8月2日。

1986—2005年金湖县平均气温统计表

表1-3-15　　单位：℃

年份	1月	2月	3月	4月	5月	6月	7月	8月	9月	10月	11月	12月	平均
1986	1.2	2.2	8.3	14.1	20.4	24.5	25.7	26.2	21.7	15.1	9.2	3.6	14.4
1987	3.1	4.2	6.6	13.7	19.8	23.1	26.0	26.5	22.2	17.8	10.0	3.3	14.7
1988	2.1	1.8	6.2	14.8	19.7	23.8	28.8	25.7	21.8	16.7	9.4	4.1	14.6
1989	2.9	3.2	8.6	14.6	19.2	23.5	25.8	25.9	22.2	16.9	9.0	5.0	14.7
1990	1.2	3.3	9.8	13.7	19.8	25.2	28.3	27.8	22.4	16.8	11.7	3.9	15.3
1991	2.3	3.9	6.6	13.6	18.8	23.8	27.2	26.1	22.1	16.4	9.9	3.6	14.5
1992	1.2	4.9	6.9	15.4	20.7	23.5	27.8	26.1	21.9	14.8	9.2	4.8	14.8
1993	0.1	5.1	8.2	14.8	18.9	24.7	26.0	24.9	22.9	17.0	9.9	3.1	14.6
1994	2.8	3.7	8.2	15.8	22.0	24.7	30.1	28.6	23.0	16.4	12.3	5.8	16.1
1995	2.3	4.1	9.3	14.0	20.1	23.8	27.7	27.8	23.0	17.5	9.4	3.0	15.2
1996	2.0	2.9	7.3	14.4	20.0	24.8	26.6	27.3	23.2	17.2	9.3	4.4	15.0
1997	1.0	4.3	9.6	14.9	22.2	25.8	27.2	27.5	21.6	17.8	10.6	4.9	15.6
1998	1.4	5.5	8.7	16.9	19.6	23.7	28.7	27.7	23.8	18.8	13.1	5.6	16.1
1999	3.2	5.4	8.1	14.6	20.2	23.0	25.7	25.4	23.7	16.3	9.6	4.1	14.9

接上表

年份	1月	2月	3月	4月	5月	6月	7月	8月	9月	10月	11月	12月	平均
2000	1.0	2.5	9.8	15.5	20.5	24.2	27.5	26.8	22.3	17.1	8.7	5.7	15.1
2001	2.5	4.3	9.2	14.2	21.9	24.0	28.3	25.9	22.5	17.2	9.9	3.3	15.3
2002	3.7	6.3	10.7	15.4	18.4	25.4	27.2	25.6	22.4	16.6	9.4	3.8	15.4
2003	1.0	4.5	8.5	14.4	19.5	24.4	26.3	26.3	23.5	16.1	10.2	3.7	14.9
2004	1.8	6.9	9.0	15.9	20.0	24.2	28.2	26.7	22.2	16.5	11.8	5.4	15.7
2005	0.5	1.6	7.6	16.9	20.0	26.4	27.2	25.6	23.2	16.4	12.5	2.3	15.0
累年月平均	1.9	4.0	8.4	14.9	20.1	24.3	27.3	26.5	22.6	16.8	10.3	4.2	15.1

1986—2005年金湖县各月极端最高气温统计表

表1-3-16　　单位：℃

年份	1月	2月	3月	4月	5月	6月	7月	8月	9月	10月	11月	12月	极值
1986	12.4	14.2	22.3	31.6	34.0	33.8	35.6	35.0	31.1	27.9	21.2	16.6	35.6
1987	15.0	24.0	22.4	28.9	35.4	35.3	33.5	34.1	30.8	30.4	24.1	21.0	35.4
1988	11.2	18.0	21.4	30.7	30.7	36.2	37.4	32.0	30.2	25.5	23.4	17.7	37.4
1989	11.4	14.0	23.8	26.8	30.3	33.3	34.4	34.6	31.8	28.0	18.1	19.1	34.6
1990	10.0	14.3	20.5	28.6	32.9	33.5	35.7	35.0	32.5	27.6	23.2	20.1	35.7
1991	13.9	14.2	22.1	27.0	32.0	33.5	35.8	32.7	32.0	26.4	23.6	19.8	35.8
1992	19.5	24.6	17.6	29.7	34.1	36.1	36.7	34.6	31.3	28.5	20.8	13.8	36.7
1993	12.6	21.9	21.3	31.2	32.6	33.5	34.8	34.5	31.4	29.0	23.4	16.5	34.8
1994	12.8	16.4	19.9	32.0	33.2	34.8	37.4	36.0	33.2	31.3	24.6	16.9	37.4
1995	15.5	15.6	25.4	23.9	32.3	33.9	35.5	35.3	36.6	28.2	22.5	13.0	36.6
1996	14.5	24.5	20.4	29.4	32.3	36.1	35.4	34.5	30.0	27.2	18.1	17.1	36.1
1997	12.0	17.9	23.3	29.7	34.5	36.8	35.6	34.2	34.5	31.5	23.5	15.8	36.8
1998	12.2	20.0	24.6	32.0	30.9	33.2	36.5	35.7	34.0	31.5	26.4	19.4	36.5
1999	14.4	15.4	20.1	25.1	32.6	33.0	34.9	32.9	34.3	28.5	19.2	16.9	34.9
2000	12.0	13.4	24.6	27.8	34.8	31.8	34.6	33.0	32.4	29.1	21.5	16.3	34.8
2001	10.7	13.9	24.8	27.7	33.5	33.9	36.2	34.0	29.5	27.6	19.8	12.1	36.2
2002	18.6	18.2	24.9	27.5	32.7	33.8	36.9	35.0	34.0	33.3	22.1	15.7	36.9
2003	14.6	14.4	27.5	28.9	30.4	33.3	36.8	38.3	33.9	28.0	28.2	16.6	38.3
2004	13.3	20.1	25.7	33.1	31.8	35.2	37.0	35.8	29.8	27.5	27.0	17.0	37.0
2005	8.4	13.5	23.0	31.7	31.4	35.7	35.0	35.7	33.3	25.8	23.3	14.9	35.7
累年月极值	19.5	24.6	27.5	33.1	35.4	36.8	37.4	38.3	36.6	33.3	28.2	21.0	38.3

1986—2005 年金湖县各月极端最低气温统计表

表 1-3-17　　单位：℃

年份	1月	2月	3月	4月	5月	6月	7月	8月	9月	10月	11月	12月	极值
1986	−10.4	−8.0	−4.5	5.0	9.4	16.3	19.1	18.5	13.0	0.6	−5.1	−6.4	−10.4
1987	−7.8	−9.2	−1.4	0.6	7.3	12.5	20.0	20.5	10.2	7.5	−4.6	−6.9	−9.2
1988	−8.6	−7.6	−6.4	2.5	10.4	16.8	20.5	18.3	11.0	3.9	−4.1	−8.6	−8.6
1989	−6.2	−4.5	−1.8	7.0	9.5	16.5	19.5	20.2	13.6	3.7	−3.5	−5.3	−6.2
1990	−9.6	−13.5	1.1	2.1	10.3	15.0	20.3	21.7	12.6	6.5	0.5	−6.4	−13.5
1991	−7.0	−4.4	−1.7	1.6	7.5	16.6	19.7	19.8	14.7	2.9	0.3	−12.5	−12.5
1992	−7.3	−5.0	−1.9	5.7	7.7	13.3	20.9	18.3	13.0	2.7	−2.2	−5.7	−7.3
1993	−10.7	−5.1	−1.7	2.2	10.4	15.6	19.5	17.9	11.2	2.6	−5.6	−7.6	−10.7
1994	−7.0	−4.2	−2.6	6.0	9.6	16.2	22.8	22.9	12.1	4.2	3.4	−1.5	−7.0
1995	−5.9	−7.5	−1.9	−1.2	10.2	17.3	20.3	20.4	12.8	6.5	−2.9	−7.0	−7.5
1996	−7.4	−7.4	−1.1	2.3	8.4	17.2	18.6	20.0	14.0	7.4	1.0	−4.2	−7.4
1997	−7.4	−4.9	0.5	3.4	10.0	16.5	17.6	19.6	11.1	5.4	−2.0	−4.5	−7.4
1998	−9.2	−3.9	−1.6	2.0	11.0	15.9	21.0	19.5	14.4	8.0	4.1	−3.3	−9.2
1999	−6.7	−4.5	−2.4	4.5	9.4	13.4	19.5	19.3	11.4	5.6	−1.7	−10.5	−10.5
2000	−10.0	−6.5	−2.3	3.5	7.0	16.1	20.7	20.6	15.4	6.2	0.0	−2.2	−10.0
2001	−6.9	−4.0	−1.2	2.0	10.7	16.2	20.2	18.3	13.9	5.6	−0.9	−6.9	−6.9
2002	−5.6	−3.6	0.6	5.3	10.2	18.5	20.1	18.5	13.2	4.7	−2.9	−7.5	−7.5
2003	−8.9	−6.8	−0.8	4.6	9.8	15.6	200.2	17.2	14.7	5.6	−0.6	−4.8	−8.9
2004	−7.6	−4.0	−2.0	1.9	7.6	12.7	21.1	17.5	13.6	5.0	−1.2	−8.1	−8.1
2005	−9.9	−6.1	−4.7	4.7	10.4	16.1	21.0	18.1	15.8	5.8	2.0	−6.5	−9.9
累年月极值	−10.7	−13.5	−6.4	−1.2	7.0	12.5	17.6	17.2	10.2	0.6	−5.6	−12.5	−13.5

降水量　1986—2005年，金湖县年平均降水量1026.6毫米，年际间变幅较大，最多年（1987年）1727.9毫米，最少年（2004年）592.7毫米。一年中，7月降水量最多，累计年平均为217.8毫米；12月降水量最少，累计年平均为25.3毫米。月最大降水量为673.5毫米（1987年8月）。单日最大降水量195毫米（2000年8月28日）。20年年均降雨日104天，最多年达130天（2003年），最少年76天（1995年）。

1986—2005 年金湖县各月降水量及累年平均值统计表

表 1-3-18　　单位：毫米

年份	1月	2月	3月	4月	5月	6月	7月	8月	9月	10月	11月	12月	合计
1986	10.4	4.7	66.0	30.6	54.8	225.4	332.3	122.5	75.9	23.8	48.7	32.8	1027.9
1987	37.1	57.6	111.5	100.7	164.4	72.8	310.0	673.5	22.5	85.1	92.7	0.0	1727.9
1988	3.2	59.9	52.6	33.3	116.1	167.6	198.8	95.6	72.8	23.8	1.8	8.5	834.0

接上表

年份	1月	2月	3月	4月	5月	6月	7月	8月	9月	10月	11月	12月	合计
1989	51.6	70.7	28.1	42.1	21.6	177.4	89.7	73.4	50.2	9.0	108.2	19.2	741.2
1990	36.9	78.5	87.9	42.4	103.6	131.7	74.6	68.1	149.5	23.5	85.2	13.8	895.7
1991	41.1	88.5	245.4	25.9	105.4	367.4	505.5	82.3	165.0	0.1	5.5	47.1	1679.2
1992	43.7	6.8	108.3	59.7	41.7	124.3	132.8	213.5	90.6	86.9	11.3	18.6	938.2
1993	83.0	61.2	63.5	31.5	80.6	383.2	162.8	242.8	23.1	33.8	98.1	17.9	1281.5
1994	6.6	44.9	30.4	62.4	82.7	122.0	73.7	62.8	69.2	54.4	23.7	25.1	657.9
1995	14.4	18.3	23.2	147.4	105.2	57.6	182.8	184.9	23.9	16.2	0.0	9.8	783.7
1996	43.0	24.7	105.0	30.9	34.9	167.1	303.8	31.7	93.3	82.8	161.6	9.7	1088.5
1997	10.7	24.7	72.8	63.6	20.0	92.2	220.8	151.9	68.2	15.3	81.3	64.3	885.8
1998	115.4	38.4	119.0	97.5	221.1	201.2	262.8	216.9	17.9	38.9	5.4.	22.9	1352.0
1999	18.5	22.6	65.0	48.0	50.2	83.5	59.6	139.8	57.0	149.9	10.4	0.0	704.5
2000	47.4	22.2	15.6	10.4	82.6	319.0	119.7	323.2	59.9	83.9	83.5	13.3	1180.7
2001	84.5	34.4	6.4	32.2	3.5	109.6	200.2	87.7	13.6	30.2	26.0	78.6	706.9
2002	11.9	33.1	73.2	46.3	150.2	102.0	140.4	158.2	45.8	72.4	0.5	61.4	895.4
2003	37.8	56.0	121.6	118.1	46.4	127.7	603.2	199.8	29.2	57.8	44.1	19.9	1461.6
2004	33.9	3.9	23.4	26.3	60.9	133.6	86.0	118.9	21.5	19.1	42.7	22.5	592.7
2005	23.7	59.8	41.5	61.2	56.7	86.4	297.0	286.9	114.6	14.3	34.8	20.1	1097.0
累年月平均	37.7	40.5	73.0	55.5	80.1	162.6	217.8	176.7	63.2	46.1	48.3	25.3	1026.6

1986—2005 年金湖县各月降雨日及累年平均值统计表

表1-3-19　　单位：天

年份	1月	2月	3月	4月	5月	6月	7月	8月	9月	10月	11月	12月	合计
1986	2	3	9	9	6	13	20	9	9	5	8	6	99
1987	6	8	19	11	10	11	17	18	3	11	6	0	120
1988	4	9	11	6	11	11	13	7	9	6	1	4	92
1989	11	11	8	10	7	10	17	8	10	2	8	5	107
1990	7	15	12	10	8	11	14	8	12	6	7	6	116
1991	7	8	14	6	16	16	15	8	9	1	2	5	107
1992	4	3	16	5	8	9	12	10	12	4	3	6	92
1993	11	10	10	5	16	9	9	14	6	6	13	3	112
1994	5	9	6	10	8	9	6	11	9	8	7	11	99
1995	5	4	8	7	5	8	11	11	5	10	0	2	76
1996	9	4	11	7	4	14	12	6	9	6	14	3	99

接上表

年份	1月	2月	3月	4月	5月	6月	7月	8月	9月	10月	11月	12月	合计
1997	5	7	10	10	7	9	15	9	2	4	12	6	96
1998	8	9	12	12	13	9	16	14	6	7	3	5	114
1999	5	6	10	8	11	9	8	13	10	10	3	0	93
2000	11	5	7	5	11	14	11	16	9	17	11	4	121
2001	11	11	4	9	3	9	14	9	1	4	4	15	94
2002	5	5	11	10	18	8	10	13	4	6	2	13	105
2003	7	13	11	14	8	9	19	17	8	9	7	8	130
2004	7	3	6	6	12	11	10	12	5	3	8	6	89
2005	5	12	7	8	10	6	16	20	13	5	8	4	114
累年月平均	6.8	7.8	10.1	8.4	9.6	10.3	13.3	11.7	7.6	6.5	6.4	5.6	104.1

蒸发量 1986—2005年，金湖年平均蒸发量1433.9毫米，1994年为1641.2毫米，是1986年以来最高年份；2003年为1306.7毫米，是1986年以来最少年份。月蒸发量最大值259.5毫米（1994年7月），最小值29.6毫米（1992年1月）。

1986—2005年金湖县各月蒸发量及累年平均值统计表

表1-3-20　　单位：毫米

年份	1月	2月	3月	4月	5月	6月	7月	8月	9月	10月	11月	12月	合计
1986	51.0	64.4	123.4	134.9	189.1	174.8	149.1	184.3	135.3	134.4	67.7	46.1	1454.5
1987	51.0	67.2	89.6	138.8	182.7	190.0	139.6	132.2	163.0	105.3	63.5	53.1	1376.0
1988	54.9	63.4	94.5	173.3	171.6	158.5	196.9	183.8	137.2	109.1	108.2	68.7	1520.1
1989	38.0	50.1	115.5	122.9	164.1	166.2	150.5	151.2	129.4	139.6	67.1	57.0	1351.6
1990	40.9	46.1	102.6	133.3	167.3	190.4	189.6	174.5	123.9	112.2	70.8	57.7	1409.3
1991	43.8	49.6	67.8	120.9	143.9	134.9	163.5	174.4	135.4	145.3	87.5	53.0	1320.0
1992	29.6	84.7	69.7	171.0	213.4	205.6	207.8	161.7	120.2	117.8	93.2	55.7	1530.4
1993	36.4	63.2	102.5	166.0	141.0	167.6	166.3	127.3	132.8	134.6	48.6	60.2	1346.5
1994	55.9	56.0	110.4	132.4	225.1	182.5	259.5	216.4	168.4	119.7	72.7	42.2	1641.2
1995	51.6	70.8	134.1	138.5	189.2	169.1	189.8	194.8	151.8	111.4	105.8	51.0	1557.9
1996	47.8	70.8	87.0	181.8	199.1	174.3	155.1	189.6	132.5	99.8	60.6	55.6	1454.0
1997	48.7	70.0	96.4	136.9	214.1	213.1	169.2	173.1	160.6	141.1	63.0	39.0	1525.2
1998	37.1	57.7	80.6	127.0	132.6	156.2	181.6	155.4	155.3	115.7	96.2	49.9	1345.3
1999	58.1	82.1	82.5	136.2	170.8	157.3	147.2	127.2	128.5	74.0	68.6	70.2	1302.7
2000	35.2	61.2	158.6	187.7	195.7	148.4	170.3	143.2	131.6	71.5	56.0	55.6	1415.0
2001	44.0	50.1	146.4	154.3	196.1	147.5	182.1	157.2	173.3	120.6	85.3	41.4	1498.3
2002	58.8	81.2	103.1	125.5	111.6	214.1	184.5	156.4	132.6	129.3	98.8	38.3	1434.2

接上表

年份	1月	2月	3月	4月	5月	6月	7月	8月	9月	10月	11月	12月	合计
2003	46.3	47.6	101.1	114.6	155.0	201.6	140.9	117.2	133.9	103.9	93.2	51.4	1306.7
2004	43.9	105.7	146.5	187.1	167.2	180.1	179.2	154.6	134.2	122.6	82.9	56.9	1560.9
2005	41.2	43.7	119.3	168.9	164.8	195.7	151.1	109.7	105.1	96.4	73.5	59.4	1328.8
累年月平均	45.7	64.3	106.6	147.6	174.7	176.4	173.7	159.2	139.3	115.2	78.2	53.1	1433.9

降雪　1986—2005年，金湖降雪初日最早为2001年11月11日，最晚为2002年1月18日；终雪日最迟为1988年4月6日。年最大积雪深度15厘米，出现于1991年12月27日。

风　1986—2005年，金湖年平均风速2.5米/秒，3月风速最大，月平均风速2.8米/秒。10月风速最小，月平均风速1.9米/秒。最大风速为13.5米/秒，出现于2000年3月27日和4月10日。20年最多风向为东南偏东风，次风向为东风。

雷暴　1986—2005年，金湖年平均雷暴日数为26天。最多是1998年为40天，最少是1999年为13天。雷暴初日最早是1月29日（1992年），最晚日是5月11日（2004年）。

霜　1986—2005年，金湖无霜期年均218天，初霜一般出现在10月底11月初，最早出现在10月17日（1990年），终霜一般出现在次年3月底4月初，最迟出现在4月27日（1987年）。

大气压　1986—2005年，金湖年平均气压为1015.3毫巴。极端最高气压1043.7毫巴，有2天，分别出现在1995年12月25日和2000年1月31日。极端最低气压990.6毫巴，出现在1992年9月1日。20年年平均最高气压1017毫巴（1993年），年平均最低气压1013.2毫巴（1999年）。

1986—2005年金湖县各月气压及累年平均值统计表

表1-3-21　　　　单位：毫巴

年份	1月	2月	3月	4月	5月	6月	7月	8月	9月	10月	11月	12月	合计	年平均
1986	1026.3	1026.3	1019.0	1015.4	1008.7	1004.0	1004.9	1005.6	1013.3	1021.3	1025.9	1026.7	12197.4	1016.5
1987	1026.7	1024.5	1018.9	1015.4	1011.3	1006.7	1002.9	1005.2	1014.0	1017.7	1023.1	1027.3	12193.7	1016.1
1988	1025.7	1027.2	1020.8	1015.3	1009.3	1004.7	1003.1	1006.3	1013.2	1019.7	1024.1	1027.0	12196.4	1016.4
1989	1027.0	1025.3	1020.3	1013.6	1011.1	1006.4	1005.6	1006.1	1011.9	1019.7	1026.3	1025.7	12199.0	1016.6
1990	1027.9	1025.6	1020.5	1013.4	1009.6	1003.8	1002.4	1003.7	1011.8	1020.6	1022.3	1026.5	12188.1	1015.7
1991	1027.5	1024.9	1021.3	1015.9	1011.6	1005.3	1002.8	1006.7	1012.9	1018.9	1025.2	1027.1	12200.1	1016.7
1992	1027.7	1022.9	1022.0	1012.6	1010.9	1007.1	1005.5	1006.9	1011.8	1022.0	1025.5	1026.4	12201.3	1016.8
1993	1028.9	1023.7	1021.1	1015.9	1011.4	1004.5	1003.6	1007.3	1013.7	1021.9	1023.6	1028.9	12204.5	1017.0
1994	1024.1	1022.6	1022.5	1012.6	1007.2	1005.7	1002.7	1005.4	1012.3	1020.0	1024.0	1027.6	12186.7	1015.6
1995	1027.4	1025.2	1018.7	1014.6	1009.6	1004.6	1003.7	1006.1	1013.3	1019.6	1022.9	1029.1	12194.8	1016.2
1996	1025.9	1027.1	1019.4	1016.3	1011.6	1004.5	1003.9	1006.6	1012.0	1018.4	1024.1	1023.9	12193.7	1016.1
1997	1026.0	1024.7	1021.0	1016.1	1007.1	1005.7	1004.7	1004.7	1014.7	1018.8	1022.1	1026.4	12192.0	1016.0
1998	1026.1	1022.3	1020.2	1012.4	1011.4	1005.0	1002.1	1005.7	1011.9	1017.8	1020.4	1027.0	12182.3	1015.2
1999	1022.2	1022.2	1014.7	1011.9	1007.5	1003.6	1001.0	1003.2	1008.5	1017.0	1021.0	1025.3	12158.1	1013.2

接上表

年份	1月	2月	3月	4月	5月	6月	7月	8月	9月	10月	11月	12月	合计	年平均
2000	1025.4	1022.5	1016.3	1010.5	1006.4	1003.4	1000.9	1003.0	1009.9	1016.7	1022.1	1022.5	12159.6	1013.3
2001	1021.3	1021.5	1014.9	1012.8	1006.7	1002.8	1001.1	1005.5	1011.4	1016.7	1021.0	1026.9	12162.6	1013.6
2002	1021.6	1022.3	1015.7	1011.5	1008.7	1002.8	1000.7	1005.0	1012.0	1015.3	1020.3	1024.4	12160.3	1013.4
2003	1024.6	1021.1	1019.3	1012.4	1008.4	1002.3	1001.9	1004.2	1010.3	1017.0	1021.6	1026.2	12169.3	1014.1
2004	1024.4	1019.4	1018.4	1010.9	1006.3	1005.0	1001.9	1003.5	1011.4	1019.4	1021.1	1024.2	12165.9	1013.8
2005	1024.3	1023.7	1019.9	1011.3	1006.5	1000.7	1002.1	1003.4	1011.0	1019.0	1018.7	1026.4	12167.0	1013.9
累年平均	1025.6	1023.8	1019.2	1013.5	1009.1	1004.4	1002.9	1005.2	1012.1	1018.9	1022.8	1026.3	12183.6	1015.3

第二节　物候　农谚

一、物　候

1月　小麦、油菜越冬。喜鹊结对营巢。小寒、大寒节气到，农田庄稼施腊肥。果树林木整枝。鱼池清塘整修。

2月　小麦返青（中旬）、油菜抽薹（下旬）。柳树、杞柳萌芽（下旬）。芦苇幼芽出土（下旬末），菖蒲等发芽（下旬）。立春、雨水节气到，小麦施返青肥、锄草，油菜培土壅根。

3月　小麦拔节（中旬）、甘蓝型油菜抽薹（中旬）。意杨萌芽（中旬）、含苞（中旬）、开花（下旬）。水杉、刺槐萌芽，柳树、杞柳展叶（下旬）。湖桑树萌芽（中旬），茭白分蘖芽萌发（下旬）。青蛙始鸣（下旬），蛇出洞。菜蛾出现，蜜蜂始见，燕子回归，野兔活动。惊蛰 、春分节气到，植树造林，果树嫁接，复晒稻种。

4月　油菜抽薹开花（上旬）、棉花播种出苗（上、中旬）、小麦抽穗（中、下旬）。杨树展叶，柳树开花（上旬），泡桐萌芽（上旬）、展叶（中旬）。槐树发芽，湖桑展叶、抽条，石榴全叶（上、中旬）。清明、谷雨节气到，防治小麦赤霉病、白粉病，油菜菌核病（中、下旬）。

5月　小麦灌浆、乳熟，油菜、豌豆、蚕豆成熟（下旬），水稻播种、出苗（上中旬）。刺槐、石榴、柿树开花（上旬）。春蚕结茧，蝌蚪脱尾，蟾蜍出蛰，燕子交配产卵，猫产仔，布谷鸟回归。立夏、小满节气到，三夏大忙开始，收割油菜及夏杂粮。套种玉米，湖桑春蚕采叶，棉花移栽。防治水稻一代二化螟、稻蓟马。湖桑夏伐（下旬末）。青、草、鲢、鳙、鳊等鱼人工繁殖。

6月　小麦成熟收割（上旬），水稻移栽活株（中旬）、分蘖（中、下旬）。棉花现蕾（中旬）。湖桑树夏伐后再发芽（上、中旬）。雏燕试飞，杜鹃日夜啼鸣，寻偶交配产卵。野兔产仔。刺蛾第一代幼虫发生（上、中旬）。蝉始鸣。芒种 、夏至节气到，收割小麦。水稻栽插、追肥、除草、搁田。栽红薯，挖土豆。

7月　水稻分蘖（上旬）、拔节（中旬），棉花开花（上、中旬），玉米抽雄、吐丝授粉、结棒，大豆开花结实，湖桑枝条旺盛生长，芦苇孕穗（中旬）。冬青、梧桐开花（上旬），石榴终花、结果，菱始花（下旬），雏燕出户。小暑、大暑节气到，水稻中期田间管理：搁田、追穗肥，防治水稻纹枯病及二代二化螟、大螟、二代纵叶螟（下旬）。湖桑夏蚕采叶期，荷花盛开（中下旬）。

8月　水稻抽穗（杂交中稻中旬，粳稻下旬），棉花吐絮（下旬末），玉米灌浆、成熟。芝麻开花，芦苇抽穗（中旬）。菱结角（中旬），茭白孕茭（下旬），蚊、蝇猖獗。刺蛾第二代幼虫发生（中旬）。立秋、处暑节气到，水稻追施粒肥、叶面喷肥，防治水稻三代纵卷叶螟、三代稻飞虱（中、下旬），水稻破口前防治稻曲病。

9月　油菜出苗（下旬），桂花开。石榴、柿子渐熟。燕、杜鹃南下（下旬）。白露、秋分节气到，水稻防治四代稻飞虱，油菜育苗（中旬），收获水稻、芝麻、花生。采菱角，湖桑秋蚕采叶期。

10月　粳稻成熟（上、中旬），油菜育苗，小麦播种出苗（中下旬），菊花盛开，冬青籽熟。蚊子开始匿迹，青蛙蛰伏，大雁回归，蝉化蛹入土。寒露、霜降节气到，收割粳稻，耕耖稻田（上旬），小麦播种（中下旬），油菜移栽，收红薯、杂粮（中、下旬）。蜜蜂越冬保养。

11月　小麦分蘖（中旬），油菜幼苗生长期。立冬、小雪节气到，小麦、油菜追施苗肥、化学除草、中耕、清墒理沟。

12月　小麦、油菜越冬（下旬）。大雪、冬至节气到，小麦、油菜追施腊肥，清沟理墒。

二、农　谚

春雨贵如油。
春风如醇酒，著物物不知。
立春天气晴，百事好收成。
立春晴一日，耕田不费力。
年逢双春雨水多，年逢双春好种田。
雨水日下雨，预兆成丰收。
二月二打雷，稻米较重捶。
清明秫秫谷雨花，立夏前后栽地瓜。
立夏麦咧嘴，不能缺了水。
芒种刮北风，旱断春苗根。
大暑前小暑后，两暑之间种绿豆。
树上叽溜（蝉）叫，梅雨要结束。
立秋栽葱，处暑（种）萝卜。
立秋有雨样样有，立秋无雨收半秋。
头秋旱，减一半，处暑雨，贵如金。
白露天气晴，谷子如白银。
立冬种青菜，雨水惹人爱。
冬雪是麦被，春雪是麦鬼。
冬有尺雪，虫子大灭。
腊月初三晴，来年阴湿到清明。
小雪不畏寒，建设丰产田。
小寒天晴旱禾好，大寒南风五谷丰。
日落红云升，则日是晴天。
鱼鳞天，不雨也风颠。
日出红云升，劝君莫远行。
东风湿，西风干，南风暖，北风寒。
夜夜刮大风，雨雪不相逢；
南风若过三，不下就阴天。
长刮西北风，近日天气晴。
春雷十日阴，冬雷十日寒。
东南风向闪电晴，西北风向闪电雨。

春雾雨，夏雾热，秋雾凉风，冬雾雪。
早上地罩雾，保管晒衣裤。
冬暖、春湿、雾多、报夏涝。
三月三看河雾，雾多高，汛期发水有多高。
六月雾，要雨望白露。
腊月雾，来年富（雨水调匀）。
早雾晴，晚雾雨。
大雾不过三，过三，十有八无雨。
雾后东南风，不过三日雨。
正月雾，鱼行人路；五月雾，大水满埂布；六月雾，湖河变成路。
伏里有雾秋水多。
“头九”下雾四月水；“三九”下雾五月阴。
喜鹊搭窝高，当年雨水涝。
久雨闻鸟鸣，不久即转晴。
蜜蜂采花忙，短期有雨降。
猫洗脸、青蛙叫，雨必下。
蜘蛛结网，久雨必晴。
喜鹊枝头叫，出门晴天报。
早雨一日晴，晚雨到天明。

第四章 土壤 植被

第一节 土 壤

土壤类型及分布 金湖土壤类型分为4个土类、7个亚类、10个土属、17个土种。

2005年金湖县土壤分布一览表

表1-4-22

土类	亚类	土属	土种	分布镇
潮土	黄潮土	淤土	淤土	黎城、戴楼、金南、涂沟、前锋、吕良、金北、宝应湖、泗湾湖
			底黑淤土	涂沟、前锋、泗湾湖
黄棕壤	黏盘黄棕壤	黄冈土	黄冈土	黎城、戴楼
			白冈土	戴楼
砂姜黑土	砂姜黑土	冈黑土	冈黑土	黎城、戴楼、复兴圩
		湖黑土	湖黑土	戴楼、金北

接上表

土类	亚类	土属	土种	分布镇
水稻土	渗育水稻土	姜黑土	姜黑土	黎城、金南
		潮黄土	底黑潮黄土	银集、涂沟、宝应湖
		泥黄土	泥黄土	黎城、金南
			底黑泥黄土	金南
			泥黄白土	黎城、金南
			泥黄灰土	黎城、戴楼
	潴育型水稻土	黏黄土	灰黏黄土	金南、闵桥、塔集、银集、涂沟、吕良、前锋、陈桥、金北
			腰黑灰黏黄土	金南、塔集、银集、吕良、陈桥、金北
			姜底灰黏黄土	塔集、银集、前锋、吕良、陈桥、金北
	脱潜水稻土	乌　土	乌　土	闵桥、塔集、银集、涂沟、复兴圩
	潜育水稻土	青泥土	青泥土	闵桥、塔集、银集、涂沟

土壤状况　金湖土壤有机质含量中等偏上，全氮含量较高，磷素含量较缺乏，钾素养分丰富。有机质平均含量1.97%，变幅在0.89%~2.98%之间；全氮平均含量0.128%，变幅0.09%~0.18%之间；速效磷平均含量百万分之6.3，变幅百万分之2.17~12.21之间；速效钾含量平均百万分之163.8，变幅百万分之74.4~250.6之间；pH值含量平均6.97，变幅6.5~7.5之间。

第二节　植　被

林木植被　境内林木主要为栽培林木，根据林木用途划分为用材林木、防护林木、经济林木。用材林木，可分为针叶林木和阔叶林木两种，以阔叶林木为主。农村庄前屋后、道路两侧和成片栽植，面积约分别占45%、40%和15%。针叶林木主要种属有水杉、刺杉、柳杉、松、柏等，集中分布在宝应湖、高邮湖滩涂地带，为人工围垦滩涂后栽植，面积约700公顷，水杉占80%。阔叶林主要种属有杨树、泡桐等，全县均有分布，意杨占90%以上。竹林主要是淡竹，主要分布在丘岗地区。防护林主要树种有杨（意杨）、柳、水杉、白榆、刺槐等，分布在沿湖、沿淮河入江水道圩堤一带。经济林木主要有桑、梨、桃、柿、葡萄等，桑分为乔木桑和湖桑。1986年，推广栽种湖桑，1995年面积5036公顷，2005年面积1667公顷。果树集中成片较少，多分散栽植在庄前屋后、十边隙地，2005年面积21.7公顷，以桃树为主。

非主栽林木（含自然林木）植被，主要有榆、槐、苦楝、皂荚、橡、椿、乌柏、檀、松、柏、桐、棠、冬青等。

水生植被　境内水生植被资源丰富，有百余种。根据形态特征和生长习性分为四个类型。浮叶类，主要有菱、藕、芡实、荇菜等，一般分布在水深3米以内的水域中，以自然生长为主。20世纪90年代，围湖地域及地势低洼地推广栽培浅水藕、芡实等。最多时，全县种植荷藕面积1万公顷、芡实面积1200公顷。漂浮类，主要有芜萍、青萍、斑萍、绿萍、槐叶萍、水浮莲等。20世纪80年代中后期，境外水花生引入后蔓延，浅水河道、沟渠均有分布，排水、航行受阻。沉水类，主要有苦草、竹节草、眼子菜、菹草、里藻、狐尾藻、金鱼藻等，多分布于湖河水较深处。挺水类，人工栽植的有茭白、水芹、慈姑等，主要栽植于低洼田块、浅水河塘沟渠；自然生长的主要有芦苇、蒿草、蒲草、稗草等，多分布于沟渠水边及湖河离岸浅水区域，由于围湖垦地，芦苇、蒿草、蒲草面积逐年下降。

野生牧草植被　主要有蓑草、褐穗莎草、荆三棱、青蒿、狗牙根、狗尾草、喜旱莲子草、荸荠、水蓼、千金子、马齿苋、紫云英、大蓟、小蓟、蒲公英等。

第五章　自然资源

第一节　土地资源

1986年，全县土地总面积134378公顷，其中陆地面积87970公顷、水面42008公顷、柴滩地面积4400公顷。2000年，因区划调整、“飞地”核定等因素，县统计局公布全县土地总面积139386公顷，其中陆地97378公顷、水面42008公顷；2005年，土地总面积没有变化。

1986—2005年金湖县耕地面积统计表

表1-5-23　　单位：公顷

年份	面积	年份	面积	年份	面积	年份	面积
1986	34873.87	1991	34713.00	1996	34379.27	2001	34704.47
1987	34844.13	1992	34695.07	1997	34380.00	2002	34617.80
1988	34813.53	1993	34668.80	1998	34402.07	2003	34539.00
1989	34801.27	1994	34473.00	1999	34386.00	2004	34590.00
1990	34780.73	1995	34395.93	2000	34727.07	2005	34571.93

第二节　水资源

一、地表水

金湖湖泊众多，河沟如网，水塘密布，地表水丰富，水面积占总面积30.14%。高邮湖水位5.7米时，蓄水量4.6亿立方米；宝应湖水位5.7米时，蓄水量0.56亿立方米；白马湖水位6.5米时，蓄水量0.95亿立方米。地表水总量年平均为8.56亿立方米。地表径流量2.77亿立方米，其中：丰水年（保证率20%）径流量3.52亿立方米，平水年（保证率50%）径流量2.09亿立方米，枯水年（保证率75%）径流量1.24亿立方米，特枯年（保证率95%）径流量0.18亿立方米。过境水量比较大，年平均过境水量218亿立方米，其中淮河入江水道214.4亿立方米，老三河2亿立方米，洪金排涝河0.3亿立方米，洪金干渠1.2亿立方米，盱眙东阳山丘地带流泄0.1亿立方米。西北平田区灌溉条件好，除部分地区提水灌溉，大部分地区直接引洪泽湖水自流灌溉，受益面积6667公顷。东北滩田区和东南圩田区，外临白马、宝应、高邮三湖，内则河网密布，蓄水量充足，回归水利用率高。

金湖县不同保证率年利用地表水总量统计表

表1-5-24

降水量特征年	保证率(%)	过境水(亿立方米)	地面径流(亿立方米)	回归水(亿立方米)	合计(亿立方米)
丰水年	20	8.52	0.46	0.36	9.34
平水年	50	6.03	0.42	0.41	6.86
枯水年	75	5.29	0.33	0.56	6.18
特枯年	95	3.49	0.06	0.62	4.17

高邮湖　位于金湖东南部，地跨金湖、高邮、安徽省天长市。总面积760.67平方公里，其中金湖辖289平方公里。该湖承接淮河来水经邵伯湖入长江，为河道型湖泊。入湖水源有淮河入江水道、白塔河、新开河、铜龙河等，汇水面积约16万平方公里。湖底微向南倾，真高4~4.5米。湖水位6米时，可蓄水10.8亿立方米；9.5米水位时，库容30亿立方米；5米死水位时，库容4.2亿立方米。改革开放后，该湖周边围网养殖盛行，由于以网围养，对蓄水、行洪影响不大。淮河上中游时有污水下泄，该湖水质呈轻度富营养状。2003年，该湖庙沟水位9.49米，为淮河入江水道建成以来最高。

宝应湖　位于县境东北部，高邮湖、白马湖之间，与宝应县共有，面积140平方公里，金湖辖60.1平方公里。宝应湖原与高邮湖、白马湖通连，1957年建成白马湖隔堤，宝应湖与白马湖分开；1970年建成大汕子隔堤，宝应湖与高邮湖分开，三湖之间有涵闸相通，可以通航。主要入湖河道有老三河、阮桥河、洪金排涝河，淮南圩东、西中心河在淮河入江水道行洪时，排水入宝应湖，宝应县中港等地亦有沟河下水入该湖。泄水途径：通过南运河西闸向运河退水，宝应湖地涵(地龙)向运河以东退水，高邮湖水位低于该湖时通过宝应湖退水闸、朝阳闸向高邮湖退水，石港抽水站可向入江水道翻水。该湖湖底真高5米，非汛期水位5.7~6.5米，水位5.7米时，蓄水0.56亿立方米。境内淮南圩区可利用该湖水灌溉农田。2005年，水质状况以Ⅲ类为主，主要超标项目有总磷、总氮。

白马湖　位于县境北部，古称马濑湖。地跨金湖、洪泽、宝应、楚州县(区)。白马湖原与宝应、高邮二湖连为一体，是重要的滞洪区和行洪道。1957年建成白马湖隔堤，白马湖与宝应湖分开，成为内陆湖。白马湖入湖河道主要有草泽河、浔河、永济河、花河、新河等。泄洪途径有：经北运河西闸向运河下水，运河水位高于该湖时，可由淮安翻水站向苏北灌溉总渠翻水；通过镇湖闸向楚州新河退水，经白马湖穿运地涵向运东退水；由阮桥闸向宝应湖泄水。白马湖南北长17.8公里，东西宽6.4公里，面积约110平方公里，其中金湖辖37平方公里。白马湖湖底平缓，真高4.5~5.5米；水位稳定，常年水位真高6.5米左右。常年水位时，蓄水0.95亿立方米；防洪水位8米时，库容2.5亿立方米。20世纪90年代初，水面围养业兴起，湖面除几条通航水道外，大多被围圩、围网养殖。2005年，水质状况为Ⅲ类—Ⅳ类，主要超标项目为总磷、总氮。

1986—2005年金湖县“三湖一河”水位统计表

表1-5-25　　单位：米

年份	高邮湖(庙沟)		宝应湖(淮胜大桥)		白马湖(阮桥)		三河(黎城)	
	最高	最低	最高	最低	最高	最低	最高	最低
1986	8.06	5.04	7.14	5.47	7.41	5.46	10.95	7.05
1987	7.90	5.40	7.45	5.73	7.47	5.76	10.75	7.18

接上表

年份	高邮湖（庙沟）		宝应湖（淮胜大桥）		白马湖（阮桥）		三河（黎城）	
	最高	最低	最高	最低	最高	最低	最高	最低
1988	6.30	5.23	6.76	5.61	7.22	5.67	9.84	7.05
1989	7.46	5.42	7.05	5.57	7.28	6.16	10.60	7.70
1990	7.64	5.46	6.84	5.58	7.26	5.99	11.19	7.30
1991	9.22	5.55	7.70	5.43	8.25	5.73	11.69	7.29
1992	6.11	5.00	6.88	5.08	7.20	5.97	7.81	7.03
1993	6.62	5.55	7.09	5.52	7.19	5.84	10.33	7.24
1994	5.76	4.97	6.08	5.19	6.79	5.72	7.78	7.24
1995	6.33	5.28	6.56	5.49	7.09	6.10	9.52	7.27
1996	8.62	5.19	7.00	5.56	7.33	5.75	11.34	7.38
1997	6.80	5.03	7.14	5.37	7.32	5.96	10.68	7.28
1998	8.43	5.60	7.10	5.73	7.70	6.15	10.81	7.28
1999	5.85	5.37	6.55	5.46	7.08	6.09	7.88	7.29
2000	8.23	5.37	7.33	5.60	7.86	6.04	10.92	7.09
2001	5.43	4.82	6.47	5.80	7.19	6.46	8.81	7.18
2002	7.73	5.19	6.80	5.85	7.56	6.26	10.59	6.96
2003	9.49	5.76	7.75	5.93	8.11	6.67	11.97	7.55
2004	7.09	5.68	6.70	6.15	7.26	6.56	10.19	7.41
2005	8.71	5.75	7.58	6.48	7.84	6.52	11.29	7.41

河流 （参见“第八篇水利”第二章第二节第一、第二目。）

二、地下水

境内地下水分布为松散岩类孔隙潜水和孔隙承压水，广泛分布于三河南北冲湖积平原和波状平原区。水资源主要由大气降水入渗和河流湖泊渗漏补给组成，水量丰富，水质较好。在开采条件下，地下水受河流、湖泊补给明显，含水层补充资源充足。境内大气降水入渗量为1.53亿吨/年，河流、湖泊渗漏补给量43.3万吨/年（含承压水渗漏补给量13.7万吨/年，地下水天然资源总计1.53亿吨/年）。其中，大气降水入渗补给量约占总量的99.7%；河流、湖泊水的渗漏补给量因受地下水径流条件和排泄条件影响，对含水层的有效补给量仅为0.3%左右。境内地下水仅少数企业及生活用水开采。

孔隙潜水 孔隙潜水遍布全县，含水组地层为第四系全新统冲湖积、湖积、湖沼积松散层。岩性主要有灰黑、灰黄色亚黏土，局部夹粉砂薄层或透镜体。含水层厚5米左右，单井涌水量小于30吨/日，水位埋深0.5~2.5米，底板以黏土或亚黏土为主，水质较好，水质类型主要为HCO_3-Ca·Mg型淡水，矿化度除城镇等少数地区因受污染略高外，一般每升低于1克。

孔隙承压水 境内孔隙承压水分4组：第一承压含水组，主要分布于三河以北及利东河以东地区，含水层为第四系上更新统，岩性主要有灰黄、褐黄色粉细沙，一般由两个砂层组成，含砂比50%，厚度10~25米，顶板埋深10~50米，具承压性，水位埋深1米左右，单井涌水量1000吨/日，利东河以西小于1000吨/日。水质类型为HCO_3-Ca·Mg型，矿化度每升小于0.5克。

第二承压含水组，主要分布于三河—漫水公路—复兴圩农场一线以北地区，含水层为第四系中更新统，岩性为粉细砂—中细砂，结构松散、饱水。由于受古淮河泛滥影响，砂层分选性差，多含泥质，含水层厚度除吕良至复兴圩农场一线南西小于1米外其他地区厚度达5~10米，由1~3个含水层组成，含砂比0%~23%。含水组顶板埋深白马湖一带小于50米，其他地段均在55~60米，地下水具承压性，水位埋深小于1米，单井涌水量100~500吨/日，水质类型单一，以HCO_3-Ca·Na型为主，矿化度每升小于0.6克。

第三承压含水组，境内均有分布，含水组地层相当于第四系下更新统，受古地貌、古淮河水流控制，具有一定分带性。含水层岩性为含砾细砂为主，淮河主流线、黎城至塔集一线见含砾细砂，岩性结构松散，分选性好，惟粉砂中含少量泥质。含水层厚度22~30米，最厚达60米，由1~2个含水砂层组成，含砂比50%~85%。地下水具有承压性，含水层顶板埋深50~67米，水位埋深1~3米，单井涌水量1000~2000吨/日，水质类型单一，多属HCO_3-Ca·Na型，矿化度每升小于0.5克。

第四承压含水组，分布于县境各地，含水组地层为新第三系上更新统。含水层岩性多变，一般为细砂—粗砂砾石，含水层多达三层以上，厚度一般大于50米，最厚达132米。因受古淮河泛滥影响，砂层中含泥质较多，地下水具承压性，含水层顶板埋深42~70米，水位埋深小于3米，单井涌水量500~1000吨/日，水质类型一般为HCO_3-Na·Ca或HCO_3-Na·Mg型，矿化度每升在0.3~0.37克。

第三节　矿产资源

石油天然气资源　20世纪50年代始，石油工作者通过试油地质勘查、区域概查、普查勘探，确定金湖凹陷是多层次、多类型、分布广、油气活跃、以气为主的含油气凹陷构造。油源区分为3类；一类为次要油源区，总厚度300~500米，埋深1000~1500米；二类为主要油源区，总厚度500~1000米，埋深1500~3000米；三类为中心油源区，总厚度大于7000米，埋深大于3000米。油气层具有明显分带现象，上部纯气层带，成分以甲烷为主；中部为油气混合带，高处为气，低处为油；下部为油层带，以油为主。油气资源丰度约为每平方公里3.3万吨，凹陷油气资源量约2亿吨。1974年发现刘庄油田后，陆续发现闵桥油田、金南油田、腰滩油田、崔庄油田、卞东油田、杨家坝油田、淮建油田，均先后投入试采和开发。至2005年，金湖油田探明含油面积64.42平方公里，地质储量4527.63 万吨，动用含油面积47.15平方公里，动用储量4442.63万吨，注水储量2748.63万吨，天然气4.17亿立方米。金湖辖区内有油水井560口，其中采油井425口，开井342口；注水井135口，开井98口，日产油水平850吨。30年累计开发油气田11个（刘庄、卞东、杨家坝、石港、墩塘、闵桥、崔庄、腰滩、金南、吕庄、淮建），试采区5个（李庄、乔河口、唐港、尖1、银集），累计产油超过840万吨。

黏土资源　境内黏土分布广、储量大，主要见于黎城、官塘、金沟、卞塘、唐港、淮胜、金北等低缓丘岗、河谷两岸与滩地一带。土体呈黄或棕黄色，厚度不一，一般3米至5米，最厚达15米左右。岩性为黏土、砂质黏土或砂土，可塑，土质黏重，易于加工煅烧。黎城郑岗黏土质量居全县之首，黏土含二氧化硅65%、氧化铝12.9%、氧化铁6.05%、销酸钙6.33%、甲基铝氧烷4.10%等化学成分，呈酸性或偏酸性。前锋镇淮武矿区可开采黏土2.2万立方米，陈桥镇南宁矿区可开采黏土11万立方米，陈桥镇新丰矿区可开采黏土6.45万立方米，宝应湖农场矿区可开采黏土2.2万立方米，戴楼镇衡阳矿区可开采黏土2万立方米，银集镇砖瓦厂矿区可开采黏土1.3万立方米。

第四节　野生动植物

一、野生动物

哺乳类　野兔、黄鼬、刺猬、獐、水獭、狗獾、蝙蝠、鼠等。

飞行类　啄木鸟、麻雀、黄雀、乌鸦、鹦鹉、喜鹊、山雀、白鹭、燕子、斑鸠、野鸡、野鸭、猫头鹰、雁、鹌鹑等。

爬行类　蛇、龟、甲鱼、蜥蜴、壁虎等。

两栖类　青蛙、蟾蜍等。

鱼类　草鱼、鳊鱼、翘嘴红、白鱼、刀鱼、鲤鱼、鲫鱼、鲢鱼、银鱼、青鱼、乌鳢（黑鱼）、鳗鱼、泥鳅、黄鳝、鲂鱼、鳜鱼、梅鲚等。

软体类　螺、蜗牛、蛞蝓、河蚌、河蚬等。

环节类　蚯蚓、水蛭（蚂蟥）等。

节肢类　蜘蛛、蜈蚣、河蟹（中华绒螯蟹）、土鳖、螨、蝗虫、蜻蜓、蝶、螳螂、蜂、蚕、萤火虫、地鳖虫、蝼蛄、蚱蜢、平甲虫、虻虫、金龟子、蟋蟀、蛾、蚂蚁、虾（青虾、白条虾、草风虾、竹节虾）、蝎、蝉等。

二、野生植物

藻、菌、地衣类　水绵、大蝉草、蘑菇、茭白、黑木耳、马勃、地钱等。

蕨类　肾蕨、问荆（节节草）、一支箭（青藤）、井栏边草（凤尾草）、浮萍（紫萍、青萍）、田字草（四叶草、四叶萍）、槐叶萍（蜈蚣萍）、满江红等。

被子植物类　杨、柳、桑、槐、檀、桧、桐、榆、椿、冬青、夜合、黄杨、黄楝、皂荚、橡、棠、李、枣、石榴、水烛（蒲草）、黑三棱、泽泻、慈姑、芦苇、牛筋草、狗牙根（铁线草）、茭白、菰米、马唐、白茅、黄背草、荆三棱、水葱、香附子、菖蒲、大藻、鸭跖草、火柴头、水竹叶、鸭舌草、天门冬、土麦冬、绶草、红蓼、茅栗、葎草、百蕊草、马兜铃、萹蓄（竹节草）、习见蓼（马齿苋）、蓼蓝、辣蓼、虎杖（紫金龙）、扛板归、酸模（野波菜、羊蹄）、齿果、藜（灰条）、地肤（扫帚草）、青葙（野鸡冠花）、皱果苋（野苋菜、刺苋）、牛膝、莲子草、空心莲子草、紫茉莉、粟米草、牛繁缕（鹅儿肠）、漆姑草、蚤缀、麦蓝菜、石竹、莲、睡莲、芡实、白头翁、威灵仙、扬子毛茛、回回蒜、小毛茛（猫爪草）、毛茛、石龙芮、木防己、风花菜、碎米荠、播娘蒿、遏蓝菜、珠芽景天、扯根菜、棠梨、蔷薇、龙牙草（仙鹤草）、地榆、茅莓（天青地白）、草莓、蛇莓、蛇含、三叶委陵菜、毛细蔓委陵菜、翻白草、朝天委陵菜、合欢、短叶决明、草决明、小叶野决明、草木犀、野大豆、鹿藿、箭舌豌豆、小巢豆、四粒野豌豆、紫苜蓿、田皂角、山豆花、截叶铁扫帚、鸡眼草、长萼鸡眼草、酢浆草、牻牛儿苗（老鹳草）、蒺藜、瓜子金、地锦草、斑地锦、大戟、泽漆（苦丁草）、蓖麻、铁苋菜、乌桕、算盘子、叶下珠、盐肤木、白肚、蘡薁（野葡萄）、乌蔹莓、甜麻、苘麻（冬葵子）、野西瓜苗、木芙蓉、地耳草（田基黄）、长萼堇菜、紫花地丁、芫花、胡秃子、乌菱子、刺菱、丁香蓼、窃衣（华南鹤虱）、野胡萝卜（南鹤虱）、蛇床（野胡萝卜）、大齿山芹、点地梅、龙胆草、荇菜、络石藤、箩藦、紫花合掌消、菟丝子（黄丝藤）、打碗花、附地菜、多苞斑种草、马鞭草、半枝莲、活血丹、夏枯草、水苏、龙葵、益母草（小胡麻、车篷草）、雪见草（荔枝草、蛤蟆草）、石荠苎、苏薄荷、地笋（泽兰、地藕）、白苏、紫苏、白英（蜀羊泉）、酸浆、枸杞（地骨皮）、曼陀罗（枫茄花）、紫花曼陀罗（洋金花）、通泉草、陌上菜（母草）、北水苦荬、婆婆纳、蚊母草（仙桃草）、爵床（小青草）、车前草（猪耳朵棵子）、六月雪、鸡矢藤、茜草、猪殃殃（八仙草）、接骨草（陆英）、接骨木、忍冬（金银花）、盒子草、桔梗、杏叶沙参（南沙参）、半边莲、一枝黄花、鸡儿肠（马兰）、女菀（紫菀）、一年莲、小白酒草（小飞莲）、鼠麴草（佛耳草）、旋覆花、窄叶旋覆花（金佛草）、天名精、虾须草、苍耳、豨莶草、鳢肠（墨旱莲）、狼把草、鬼针草、野菊、石胡荽（鹅不食草）、茵陈、黄花蒿、青蒿、蒌蒿、艾蒿、飞廉、刺儿菜（小蓟）、大蓟、水飞蓟、笔管草（鸦葱、防风）、蒲公英、苦荬苦菜、苦苣菜、续断菊、山苦荬、旱柳、小叶朴、水田碎米荠、瓦松等。

第六章　自然灾害

第一节　灾害类型

洪涝　金湖年均降水量1000毫米左右，大多集中在夏秋季节。该时段暴雨频繁且集中，引发河湖水位陡涨，如遇大量客水过境，长江水位升高，入江水道下泄缓慢，导致外洪内涝。1991年2—3月，降雨334毫米，为常年4倍；7月初，连降暴雨，1—7月共降雨1379.2毫米。三河闸3月11日开始行洪，泄洪流量最高8900每秒立方米，县城水位11.69米，高出警戒水位1.19米，全县受到外洪内涝双重夹击。2003年6月21至7月14日，降雨651.1毫米；6月30至7月11日连降暴雨6次，其中7月3—5日降雨296毫米。淮河入江水道行洪239天，金湖水位超过警戒水位达64天。三河闸行洪63天，其中泄洪超7000立方米/秒的28天，7月10日县城水位11.88米，超警戒水位1.38米。外洪水位之高、时间之长，为历史罕见。

干旱　1986—2005年，金湖共出现旱年6个，分别是1989年、1994年、1995年、1999年、2001年、2004年，其中有大旱年（年降水量距平百分率＜–30%为大旱年，在–20%～–30%之间为旱年）4个，分别是1994年、1999年、2001年、2004年。

强风　1986—2005年，金湖共出现大风（风力≥8级，风速≥17米/秒）日数30次。影响金湖的强风一年四季都可出现，最多的2000年共出现6次。影响金湖的极大风速为23.5米/秒，出现在2000年3月27日。

冰雹　影响金湖的冰雹一般有豆粒至鸡蛋大小，大多在初夏的6月出现（最早为4月、最迟为12月），降雹时间一般在午后至上半夜，每次降雹均伴有大风和雷阵雨等。1986—2005年，金湖共降雹8次。

连阴雨　1986—2005年，金湖共出现连阴雨（连续阴雨天数≥5天，且日雨量＞0.1毫米为一次阴雨过程）70次。连阴雨是危害农业生产比较严重的灾害性天气之一，形成农田涝渍灾害，引起农作物烂种、烂苗，小麦赤霉病，稻麦发芽霉变，棉花幼铃脱落、大铃霉烂和霉絮。1989年5月连续阴雨，全县2.67万公顷小麦遭受赤霉病侵害。1992年9月 11—21日寡日多雨，倒伏水稻霉变发芽，收割登场的水稻烂场6700多公顷。

寒潮　1986—2005年，金湖共出现寒潮（24小时内气温下降10C° 或以上、最低气温下降到5C° 或以下，同时伴有5级以上的偏北大风时为一次寒潮过程）79次，年平均4次。1988年、1996年、2003年各出现6次，出现时间主要在10月下旬到次年4月。寒潮发生，气温骤降，小麦、油菜等越冬作物严重受冻。

暴雨　1986—2005年，金湖共降暴雨（24小时降水量≥50毫米为暴雨，≥100毫米为大暴雨，

≥200毫米为特大暴雨）65次，其中大暴雨11次。降雨期主要集中在7—9月。1991年6—7月发生暴雨7次。

高温 1986—2005年，金湖出现日气温≥35℃高温天气118次，年均出现6次。年际出现次数差异较大，最多的1994年19次，而1989年、1993年、1999年、2000年，一次未出现。出现最早时间在5月，结束最迟在9月。历年连续高温时间最长10天，是1994年7月1—10日。极端最高气温38.3℃，出现在2003年8月2日。

第二节 自然灾害录

1986年7月中下旬，全县连续降雨，三河闸泄洪从2000立方米/秒增加到6400立方米/秒，县城三河水位从7.4米增加到10.99米，相当于以往7200立方米/秒的水位，是淮河入江水道建成以来最大流量和最高水位。高邮湖庙沟水位从4.92米提高到7.87米，超过圩内地面2.5~3米。由于外水顶托，宝应湖水位6.5~7.14米 。21日，吕良乡陈庄村胜利组遭大风袭击，被刮断的树木砸断高压电线，不幸触电死亡村民4人。31日下午3时至6时，全县大部分地区遭大风暴雨袭击，受损房屋870多户1898间，其中倒塌房屋193户404间；受淹农田1.63万公顷。

1987年3月 6日下午2时40分至4时05分，境内18个乡镇场遭受雷雨、冰雹、暴风袭击。冰雹持续19分钟，雷雨10小时，降雨量最高乡镇92毫米，受灾三麦9800多公顷、油菜3200公顷，倒塌房屋714户214间、损坏房屋684间。雷电击死1人，击坏输电变压器6台，倒塌房屋砸伤6人。3月 31日晚7时半至9时半、4月1日上午8时至10时，境内普降大雪2次，气温降至零度以下，并伴有冰雹的新农、陈桥、吕良3个乡17个村，受灾小麦870公顷、油菜66.7公顷，冻死苗禽2万多只。8月 27日、28日，全县遭受特大暴雨和龙卷风袭击，24小时内降雨量333毫米，受淹水稻1.55万公顷、旱谷2400公顷、棉花1000多公顷、豆类等1400多公顷，倒塌房屋840间，损坏房屋1537间，刮断电线杆182根、树木1.19万株，沉没鱼塘800多公顷，损坏砖坯78.8万块，砸伤1人，死亡生猪51头。

1987年冬和1988年3月、5月、6月，全县分别遭受低温、大风、冰雹、暴风暴雨等袭击，累计受冻、倒伏、断秆、断穗三麦3.46万公顷，受冻、倒伏、断秆油菜8500多公顷，砸坏秧苗400多公顷、棉花300多公顷，已割麦子淋雨受潮900多公顷，场头已脱麦子霉烂335吨，场头遭暴雨冲淌麦子600多吨；损坏、倒塌房屋379户654间；死亡3人、受伤21人；夏不接秋生活困难5274户2.07万人，缺粮799.6吨，折款47.98万元。

1988年5月3日至4日，全县遭受暴风雨和冰雹袭击，风力9级以上，冰雹蚕豆大小，刮倒房屋105户186间，损坏房屋23.15万间，刮断、刮倒树木、电杆5000多株（根）。8月19日下午6时30分至9时30分，丘陵片和东南片遭受暴风雨袭击乡镇9个，农作物受灾面积1万多公顷，其中水稻严重倒伏5500多公顷；受损房屋408户996间，其中倒塌265间。9月9日上午9时至傍晚，全县遭受大风暴雨袭击，最大风力9级以上，倒伏水稻1.77万公顷，长势好的水稻倒伏严重，稻株完全倒贴地面，似石磙碾压。

1989年2月21日凌晨，全县普降大雪，降雪10多厘米；22日中午下冻雨；22日下午1时再次普降大雪，1个多小时降雪10厘米以上。暖冬后的暴冷，受灾小麦2.67万公顷、油菜6700公顷。5月，阴雨连续，全县遭受赤霉病侵害小麦面积2.67万公顷，其中赤霉病受害面积达10%的3300公顷、20%~30%的6600公顷、30%~40%的1.33万公顷、50%以上的3300公顷。7月14日中午12时10—40分，金北、淮胜、前锋、白马湖4个乡48个村遭受龙卷风、冰雹、暴雨袭击，龙卷风伴随冰雹持续7分钟左右，冰雹最大如小鹅蛋。刮倒刮断树木5976株、高低压电线杆105根，房屋受损1037间，其中倒塌234间。9月13—16日，全县受23号台风外围影响，普降中到大雨、风力8级以上。严重倒伏水稻1.44多万公顷，其中成灾三成以上水稻8500多公顷；倒塌房屋108间，损坏房屋425间。

1990年7月18至19日，金湖普遍遭受大风暴雨袭击，部分乡镇降雨量210毫米，全县受灾水稻1.33万公顷、旱谷2000公顷、棉花667公顷，淹没鱼塘31.4公顷，损坏房屋1120间，倒塌房屋385间，工厂被迫停产315个。

1991年6至7月，金湖遭遇百年未遇的特大洪涝灾害。水稻被淹约1.4万公顷，其中绝收6000公顷；旱谷受淹2333公顷，其中绝收1866.7公顷；棉花受淹3000公顷，其中绝收2266.7公顷；桑田、果林受淹1333公顷；鱼塘漫水1200公顷；损毁房屋8730间，其中倒塌2516间，转移群众9926户、41200人，粮食3000吨；受淹工厂109家，其中停产51家。直接经济损失2.7亿元。

1992年6至7月，金湖受多年未遇的干旱影响，受旱水稻2万多公顷，严重发黄近7000公顷，部分枯死，受旱旱谷4867公顷，棉花落黄枯萎1000公顷，大豆和新栽桑苗干死1200公顷。8至10月，金湖连续受台风袭击，水稻倒伏2.16万公顷，烂场水稻1万公顷，倒塌房屋1742间，损坏房屋5082间。

1993年5月25日，银集等4乡镇遭受特大风暴、冰雹袭击。风力最大11级，冰雹最大直径3厘米，持续约20分钟，倒塌房屋1637间，损坏房屋7818间；死亡1人，受伤2人；农作物损失严重，减产8300吨。

1994年，全县遭受寒流、持续高温、干旱和病虫害等自然灾害，夏粮减产1.13万吨，水稻减产5.15万吨，旱谷减产4462.8吨，皮棉减产855吨；水产养殖成灾3953公顷，死亡鱼蟹3396吨，经济损失折合人民币1.53亿元。

1995年2月1—6日，连续寒流袭击，气温最低降至零下7.5℃，三麦、油菜大面积冻死。三麦减产5成1.2万多公顷、绝收1300多公顷，减产3500万公斤；油菜减产5成以上3300多公顷，减产油菜籽700万公斤。秋冬以后平均日气温较常年高出4℃~5℃，三九之前未降过一次明霜，全县三麦长势偏旺，发育提前，1996年春节前油菜出现抽薹、开花现象。

1996年6—7月，淮河流域普降暴雨，淮河入江水道及高邮湖泄洪水位居高不下，外洪内涝威胁金湖。7月21日凌晨3时许，县内淮建、夹沟、涂沟、银集及宝应湖农场等乡镇场圃遭冰雹和龙卷风袭击，伤亡22人，其中死亡2人；倒塌房屋432户836间，损坏房屋1481户1949间；受灾水稻8900多公顷，其中成灾减产3~5成2300多公顷，绝收1300多公顷；旱作物受灾9800多公顷，其中受灾棉花2400多公顷，玉米、山芋、湖桑、豆类等7400多公顷；白马湖、高邮湖等水面围养受灾2200多公顷，其中绝收1400多公顷；死亡禽畜2.21万只（头）；刮倒刮断树木5.43万株；刮倒高压线、电话、广播杆2402根；损坏砖坯420万块；雷电击坏变压器4台、电动机8台、电风扇102台、电话机82部、广播喇叭162只，共造成直接经济损失9807万元，间接（防洪排涝等投入的人力物力）经济损失2557万元。

1998年3月20日，全县普降大雪，降雪量5厘米以上，气温下降至零下3℃~4℃。处于拔节期的小麦、开花期的油菜严重受灾，成灾小麦6666.7公顷、油菜3666.7公顷。5月23—25日，全县遭受暴风雨袭击，三河以北6个乡镇降雨177毫米，白马湖水位上升到7.8米。小麦受灾2.03万公顷，减收3.91万吨；油菜受灾6600多公顷，减收6675吨；淮河入江水道提前行洪，水道内1600公顷7875吨小麦绝收。

1999年7月，全县干旱，降雨量仅59.6毫米，是常年降雨量的27%，农田龟裂、水稻枯黄、鱼塘翻塘、鱼蟹死亡；秋收时持续阴雨，成熟农作物不能及时收割，直接经济损失8000多万元，缺粮3.5万人500万公斤。

2002年7月16日19时5分，全县遭受大风暴雨袭击，前后延续2小时，最大风力超过10级，降雨61毫米。风雨时全县停电，广播、通信中断，自来水停水。受损民房5524户1.18万间，其中严重受损房屋1757户2819间；刮断刮倒树木16万株、各类电杆915根，砸伤8人；倒伏旱谷作物3267公顷；走失、死亡禽畜3251只（头）；受损猪舍1245间；毁损水面围养设施1320公顷，逃走大量鱼、蟹；共造成直接经济损失1.04亿元。17日晚，县城民用电恢复供电，3日后，工业用电、广播、通信恢复。

2003年6月21至7月14日，全县累计降水量637.3毫米。6月30至7月11日连降暴雨6次，其中7月3—5日降雨296毫米。三河闸行洪超6000立方米/秒达63天，超7000立方米/秒28天。7月10日，三河县城段水位11.88米，超警戒水位1.38米。全县农作物受灾面积5.3万公顷，绝收7700公顷，经济损失2.3亿元；漫塘水产养殖1.29万公顷，经济损失2.4亿元；进水受淹工厂416户、店铺730多户，经济损失6.4亿元；受灾人口29.3万人，倒塌房屋425间，损坏房屋2.15万间，进水民房3.68万户，撤离家园转移安置5.4万人。全县直接或间接经济损失12.6亿元。

2005年7月16日，涂沟镇遭龙卷风、强降雨和冰雹袭击，2小时降雨量51.27毫米。宝应湖水位上涨至6.86米，高邮湖水位上涨至7.59米，三河闸泄洪5630立方米/秒。8月7日，台风“麦莎”袭击金湖，高邮湖面风浪10级以上，至8月15日，全县湖区累计死亡和逃逸鱼类4000多吨、河蟹2000多吨，折断淌走网桩8万多根，撕毁卷走渔网600多吨，直接经济损失2亿多元，湖区弃养面积2000多公顷。

第二篇 镇 场

1986年,全县设镇1个、乡21个、县属场圃4个,共有村256个、居委会6个,集镇30个,省属场圃3个,中国人民解放军部队驻境内农场3个。1987年,塔集、吕良撤乡建镇,全县有3个镇、19个乡。1988年,涂沟、闵桥、金沟、银集4乡撤乡建镇,全县有镇7个、乡16个。1989年7月,撤销黎城乡并入黎城镇,镇下设村15个、居委会6个。

2000年,撤乡并镇,原22个乡镇调整撤并为9镇2乡。11月,金北乡撤乡建镇。省军区运西农场改称为省军区运西副食品生产基地,为副团级单位。2001年,全县并村联组,原263个村、2187个村民小组合并为118个村、958个联组,同时在14个集镇、1个居民聚居区设置15个居民委员会。南京军区泗湾湖农场改称为南京军区泗湾湖副食品生产基地。2002年初,武警省总队农场缩编为副营级单位,改称武警省总队副食品生产基地。4月,戴楼乡撤乡建镇。2003年,县以下一级均为镇建置,共设置镇11个,村117个,社区居民委员会26个,联组960个。南京军区泗湾湖副食品生产基地又改称南京军区泗湾湖农副业基地。2005年,省军区运西副食品生产基地更名为省军区运西农副业基地。

至2005年,全县设置镇11个、村117个、社区居民委员会24个,联组951个;镇政府所在地集镇11个,其他集镇19个;农林场圃7个。各镇、场圃的经济建设、社会事业快速发展。工业经济通过招商引资,各镇均建成工业集中区。黎城镇实现工业产值3.77亿元,比1986年增长25.4倍;陈桥镇"84"品牌成为中国驰名商标,产值突破4.03亿元;金南镇的线缆机械,闵桥镇的仪器仪表,银集镇的渔具渔网,前锋镇的木业加工,金北镇的丝织均形成各具特色的支柱产业群。农业经济不断加大基础设施投入,兴修水利,加快农业机械化、产业化进程;推广新品种、新技术,实施科学种田,高产稳产农田比例逐年提升,粮棉油连年获得丰收,林牧渔业兴旺发达。金南镇的蚕桑和"三禽"饲养,银集、涂沟镇的棉花种植和水产养殖,塔集镇的毛兔饲养均在历史上留下辉煌。是年,全县农村从业人口14.72万人,比1986年增加15425人;工农业总产值70.28亿元,其中农业产值19.28亿元、工业产值51亿元,分别比1986年增长55.25%、下降8.07%、增长109.7%;拥有农业机械总动力42.94万千瓦,有效灌溉面积3.45万公顷,分别比1986年增长121.3%、338.9%、8.8%;农民人均纯收入4419元,比1986年增长5.4倍;城市化率29.1%,比1986年上升18.63个百分点。

第一章　黎城镇

第一节　基本情况

一、概　貌

黎城镇位于三河南岸，为县委、县政府所在地，是全县政治、经济、文化中心。该镇于1964年6月由黎城乡划出部分村组及蔬菜大队建立。1986年，黎城镇辖村居8个，土地总面积25.67平方公里，镇政府驻地人民路中段东侧；黎城乡辖村13个，土地总面积40.33平方公里，乡政府驻地健康路东段北侧。1989年，黎城乡撤销并入黎城镇，镇域东南连金南镇，南接省军区运西农场、武警省总队农场、县粮棉原种场，西连戴楼镇，北濒三河，土地总面积66平方公里，镇政府驻地新迁跃进路北侧。利农河、利东河贯穿南北，地势由东北向西南呈渐高走势，西南属缓坡丘陵地带。土壤种类绝大部分是岗黑土、姜黑土，西南部为泥黄土、泥黄白土，适宜稻、麦、油料作物种植。2000年1月，金沟镇的利东、王湾2村划属黎城镇，土地总面积67.33平方公里。2005年，黎城镇经过近半个世纪建设与发展，城区高楼林立，工业快速发展，商贸店肆鳞次栉比，道路宽敞，四季花木葱郁，初步展示出水乡园林城市特色。实现地区生产总值2.93亿元，人均1.23万元。其中第一产业4266万元、第二产业1.92亿元（工业1.89亿元）、第三产业5773万元。

二、建置区划

1986年，黎城镇辖蔬菜、大兴2个村，6个居委会，119个村（居）民小组。黎城乡辖13个村、90个村（居）民小组。1989年7月，撤销黎城乡，该乡九里、双坝、黎城、新建、任庄、船塘、周高、工农、响墩、徐梁、上湾、顺河、新生等13个村、103个村（居）民小组并入黎城镇。合并后的黎城镇，设6个居委会，15个村、101个村民小组。1993年，居民委员会调整重组成劳动桥、城西、桃园、城中、坞墩、宋坝桥、闸东等7个居委会，设置村15个，村（居）民小组102个。

2000年1月，金沟镇的利东、王湾两村划属黎城镇，全镇共有居委会7个，村17个、村（居）民小组124个。2001年6月，居委会名称均改为社区居民委员会。8月完成并村联组工作：黎城、新建村合并为黎城村，任庄、船塘村合并为任庄村，工农、响墩、周高村合并为工农村，顺河、新生村合并为顺河村，大兴、蔬菜村合并为大兴村，九里、双坝村合并为九里村，利东、王湾村合并为黎东村，徐梁、上湾两村建制不变。年底，全镇17个村合并为9个，下辖的村民小组由124个联并为74个联组，社区居民委员会增加一个郑岗，管理辖区为县砖瓦厂范围。共有社区居民委员会8个。2001年，县政府在上湾、徐梁、顺河村兴建工业园区。2004年，8个社区居委会调整合并为6个：城西更名为西苑社区居委会；撤销坞墩并入劳动桥社区居委会；城中与桃园合并，更名为健康路社区居委会；闸东、宋坝桥、郑岗等3个社区居委会的辖区及名称不变。2005年，全镇辖黎城、大兴、黎东、九里、任庄、工农、徐梁、上湾、顺河9个村，及西苑、健康路、劳动桥、闸东、宋坝桥、郑岗社区居委会6个，下设联组71个。

三、土地人口

土地　1986年，黎城镇有耕地面积91.07公顷，其中水田40.47公顷、旱地50.6公顷。黎城乡有耕地面积1682.73公顷，其中水田1517.8公顷、旱地164.93公顷；水面746.87公顷。是年，退耕还林34公顷，退耕还渔2公顷。1989年7月，黎城乡并入黎城镇，全镇有耕地面积1732.73公顷，其中水田1495.4公顷、旱地237.33公顷；水面746.87公顷。1993年，因县镇基本建设需要，征用部分土地，黎城镇有耕地面积1717.2公顷，其中水田1478.87公顷、旱地238.33公顷。当年退耕还林3.2公顷，退耕还渔33.93公顷。2000年1月，金沟镇的利东、王湾2村划属黎城镇，全镇耕地面积1884.67公顷。2005年，全镇有耕地1895公顷、水面1730公顷。

人口　1986年，黎城镇共有8160户，人口26854人。其中：非农业人口21523人；出生314人，死亡84人，人口自然增长率8.56‰。黎城乡共有4394户，人口16441人。1989年7月，黎城乡并入，全镇共有14916户，人口47237人。1996年，全镇共有29796户，人口72756人。其中：非农业人口47440人；出生890人，死亡132人，人口自然增长率10.42‰。2000年1月，金沟镇的利东村、王湾村划属黎城镇，黎城镇人口增加到88615人。2001年，共有39746户，人口89745人。其中：非农业人口61308人；人口自然增长率12.1‰。2005年，共有41569户，总人口98453人。其中：非农业人口76129人；出生982人，死亡121人，人口自然增长率9.05‰；少数民族人口回族3人、壮族1人、蒙古族3人、土家族2人、畲族1人。

第二节　经济建设

一、农　业

概况　1986年，黎城镇有耕地91.07公顷，粮食产量508.15吨，油料产量1.4吨，农业总产值1125万元。黎城乡有大中型拖拉机15台，农业机械动力5782千瓦，粮食总产量2万多吨，油料产量280.9吨；副业以养殖为主，饲养生猪1.62万头，耕牛630头，“三禽” 16.25万只；栽植果林26公顷，植桑37.07公顷，产茧20.75吨，水产品产量76.22吨。建有沼气池320个。

1989年，黎城镇、黎城乡合并为新的黎城镇后，有耕地1732.73公顷，其中有效灌溉面积1660.5公顷；农机总动力9982千瓦，其中大中型拖拉机25台，农用载重汽车7辆。粮食总产量1.9万吨，棉花产量2.5吨，油料产量644.57吨。副业以养殖为主，饲养生猪1.86万头、耕牛444头、家禽24万只；栽植果林44.2公顷，植桑37.07公顷，产茧22.1吨，水产品产量199.28吨。实现农业总产值1125万元，其中种植业产值788万元、牧业产值213.8万元，分别占农业总产值70.04%、19%。大兴村青年农民金洪成投资60万元，种植花卉2.7公顷，建成盛发园艺公司。1995年起，黎城镇着力发展“两专一基”（专业户、专业村，基地乡镇），涌现291户专业户和黎城、蔬菜、大兴、船塘等4个专业村，改造中低产田133公顷，复垦开发废地33公顷。2003年，全镇进一步挖掘资源优势，加大水利基础设施建设和农业布局调整力度，先后疏浚河渠230多条，扩浚蓄水塘14个，400公顷农田排灌条件得到改善，改造中低产田85.3公顷。2005年，全镇年饲养禽类68万多只，拓植湖桑面积500多公顷，完成任庄、工农两村连片意杨带栽植任务，全镇意杨栽植面积900多公顷。粮食总产量1.51万吨，农业总产值8674万元，分别比1986年上升368%、577%。

蔬菜种植　1986年，黎城镇蔬菜种植面积139.2公顷，黎城乡蔬菜种植49.8公顷。1989年，全镇蔬菜瓜类种植面积268.8公顷，蔬菜生产普遍采用地膜覆盖、温床育苗、塑棚培植等技术。1994年，蔬菜瓜类种植面积增加到508.4公顷。1997年，随着城镇建设的发展，原蔬菜、大兴村土地被征用，蔬菜生产基地逐步向城郊外转移。镇政府在金马路南侧的九里村建立九里果蔬生态园；在三河南岸、淮河入江水道金沟行洪道西侧的利东村滩涂上建立利东生态养殖区。2000年，九里果蔬生态园从安徽芜湖请来种瓜师傅，种植市场上畅销的小香瓜。利东村委会因势利导，组织饲养大户牵头成立专业合作社，划分指定滩涂区域，帮助养殖户解决各种难题，大力发展樱桃谷鸭和小白鹅的饲养，逐步形成规模养殖，年饲养禽类100多万只，活禽远销上海、合肥等大中城市。2003年，优化黎城、大兴、上湾、徐梁、九里、利东等6个村的大棚蔬菜生产，巩固强化蔬菜产业。2005年，九里果蔬生态园种植面积12公顷，其中大棚种植8公顷，香瓜、蔬菜产品大部分供应城区市场，部分外销。在九里果蔬生态园、利东生态养殖区的带动下，全镇年饲养禽类68万多只，种植蔬菜面积600公顷，其中大棚蔬菜种植面积300多公顷。是年，获得省农林厅授予的“省无公害蔬菜产地”称号。

二、工　业

概况　1986年，黎城镇乡镇工业有汽配厂、新华纸箱厂、玻璃仪器厂、毛巾厂、三禾鞋业服饰加工厂等20多家企业，职工总数2233人，年产值1610万元。三禾鞋业服饰加工厂以室内工艺拖鞋生产为主业，还有玩具、服装加工。黎城乡有农机厂、干燥设备厂、城西木器厂等企业，年产值547.4万元。1991年，引进县常盛动力机械厂。该厂主要生产柴油机燃油泵用滚轮体、输油泵、接合器、飞锤支架等机械配件。1995年，全镇实行企业产权制度改革，对18户企业全面进行清产核资，联合重组，壮大竞争实力，形成规模经营。玻璃仪器厂投入技改资金300万元，新上药用丁基橡胶瓶塞生产线，实现产值2857万元、销售收入2000万元、利税385万元。1997年，严重资不抵债的计控设备厂依法破产，生产同类产品的企业进行联合。干燥设备厂与天大集团、金湖石油机械厂联合，产品技术含量提高，市场竞争力增强。红光仪表厂与南京气象学院联合，开发出智能仪表新产品。是年，全镇工业产值3.40亿元，其中镇办工业1.8亿元、村办工业7616万元、个体工业8403万元。镇办工业实现销售收入1.47亿元、利税1362万元，分别比1996年增长40%、29%。

2001年，实施“工业强镇、工业富镇”战略。全年引资2900万元，招商项目21个，为加大技改投入、扩大生产规模、提升市场竞争力奠定坚实基础。是年，尔俊电缆、通达特种电缆、友联制衣、建华彩钢、科星电子等5户企业相继通过ISO 9000、ISO 9002质量管理体系认证。2005年，招商引资引进项目49个，到位资金1.2亿元。全镇集体所有制企业全部改制，共有私营工业企业650户，其中具有一定规模的企业35户，形成以医药包装、线缆仪表、服装鞋帽、机械加工制造为主体的四大支柱产业，产品有49个系列、800多个品种，远销欧美和中国港澳台等地区。实现工业销售收入7.76亿元、利税2865万元，技改投入1.52亿元。全镇企业通过国际质量体系认证的有7户。2005年，红光仪表厂改制建成的江苏红光仪表有限公司，累计自主开发专利产品21个，完成国家和省科技项目19项，公司成为“国家火炬计划重点高新技术企业”“国家高新技术企业”“江苏省‘星火’龙头企业”“江苏省民营科技型企业”“江苏省质量信得过企业”。“联环”牌商标获“江苏省著名商标”，热工产

图2-1-1　黎城镇大兴工业集中区一角（摄于2005年）
李义海/摄

品被认定为“江苏省名牌产品”（参见“第十四篇工业”第四章第二节第一目）。另有金湖县常盛动力机械配件有限公司（参见“第十五篇机械制造业”第四章第二节第五目）、江苏三禾鞋业服饰有限公司（参见“第十四篇工业”第四章第三节第七目）发展成为县内的重点规模企业。

工业集中区　1997年，镇党委、政府在黎城村内黎铜路与金马路交会处，建成占地5.09公顷的黎城工业集中区，扶持私营个体经济发展。当年进区私营企业有42户，创产值3000多万元。此后，集中区面积逐步延伸扩大到10.33公顷。2002年，又兴建大兴村私营工业园区，占地53公顷，可吸纳中小企业60多户。2005年，该镇充分发挥紧邻县工业园区的区位优势，在黎城村五组园林路以西、工园路两侧、开发新建黎城中小企业集中区。该区占地6.7公顷，投入资金150多万元，建成水、电、路等配套基础设施。是年底，共有6户投资500万元以上企业在集中区落户，其中投产企业3户。

三、商贸服务业

1986年，黎城镇有蔬菜公司、商业公司、青年饭店、人民浴室、人民旅社等近20户商服餐饮单位，从业人员144人，年收入56万元。黎城乡有供销社、商店、饭店及村庄代销点，从事商服餐饮业113人，创收39.29万元，年销售农用化肥3893吨。1989年，全镇从事商服餐饮业303人，年创收187万元。1994年，增加到363人，年创收237万元。年销售农用化肥4269吨、农药9.63吨、塑膜26吨、柴油297吨。2000年，抓住县城改造契机，镇区主街道开发店铺300多间、1.2万平方米，从事小商品批发零售、餐饮、服装加工销售等，从业人员2000多人。年销售农用化肥4307吨、农药19.5吨、塑膜48吨、柴油19.5吨。2005年，全镇有批发零售、餐饮、洗浴、住宿等大小工商户612户，从业人员4000多人。设置蔬菜、肉类、水产品、生猪、建筑材料、建筑装饰材料等各类交易市场10个，规模较大的有黎城市场、城西菜场、城南建材市场等。年销售农用化肥4778吨、农药2888.6吨、塑膜44吨、柴油470吨。

第三节　社会事业

一、城区建设

黎城镇为县委、县政府所在地。城区建设（参见“第六篇城乡建设”第三章第三节。）

二、教　育

幼儿教育　1986年，黎城镇设黎小幼儿园1所。1990年，黎小幼儿园划归县直后，城镇又相继创办城南、城中、城西幼儿园。1997年，全镇设置幼儿园5所、村幼儿班11个，在园幼儿1600人。2001年，设幼儿园11所，在园幼儿1100人。2003年，缩减为4所，在园幼儿801人。2005年，调整为3所，设置16个班，入园幼儿680人。城西幼儿园异地重建。城中幼儿园经扩建后，改称为金荷花幼儿园，通过省级优质园验收，划归县直管。

小学教育　1986年，黎城镇设置小学3所，在校生2100人；黎城乡设置小学11所，在校生3260人，学龄儿童入学率100%。是年，该乡集资16万元，新建扩建教室2100平方米。1995年，黎城中心小学改称为城南实验小学，引领全镇教育教学改革，被确定为市级实验学校。1997年，全镇设置小学14所、128个班，在校生5770人。2001年，改设12所，在校生2980人。2003年，随着城乡一体化建设加快，教育布局加大调整步伐，全镇小学设置缩减为8所，在校生3084人。2005年，全镇小学合并为城南实验、城西、城东3所小学，在校生2810人，学龄儿童入学率、巩固率均为100%。

中学教育　1986年，黎城乡设置金平、工农、顺河初级中学3所，在校生418人。1995年，教育体制改革，镇区布局调整，农村初中全部撤并到黎城初级中学，在校生近900人。2004年，在校生830人。2005年，镇初中设置16个班，在校生620人，初中阶段毕业年级毕业率100%。

成人教育 黎城镇成人教育中心校创办于1981年，是苏北地区最早创办的乡镇成人教育中心校之一。1986年，该中心校为农村扫除文盲、培训农业技术人员举办多期专业训练班。1997年，先后举办大专学历教育班3期，培训450多人，主要对象为农村基层组织、乡镇企业后备干部、工程技术管理人员；举办对口专业、职业培训班121期，受训1845人次，被省教委评为省重点成人教育中心校。2000年，获得省实施教育促小康先进单位称号。2004年，被评为淮安市乡镇示范成人教育中心校。2005年，改称为成人职业学校，设置3个班，招收180人。

三、文化体育

文化 1986年，黎城镇有图书室、电视娱乐室等文化活动用房300平方米，添置图书、报刊、电视机等，常年向群众开放。黎城乡文化站每逢重大节日，都组织文艺爱好者排演龙灯、花船、蚌舞、踩高跷等群众喜闻乐见的节目，在城乡演出。1995年，镇文化中心站筹资18万元，由园林路与金马路交会处迁移到上湾村一组，占地1969平方米，新建办公、活动室520平方米，1996年交付使用。2000年，全镇投资12万元，对广播网络进行复整改造，架设主杆线63公里，新架钢筋混凝土圆杆66根，方杆23根，校正整杆320根，安装音箱19只、喇叭180只，拉线46条3200米，清除障碍500多处。2001—2005年间，文化活动常态化，创作的摇滚快板《说变》、舞蹈《旋子》获县创作表演一等奖，评话《打电话》、歌舞《月光下的凤尾竹》、黄梅戏《沙滩别》、舞蹈《水乡金湖》《秧歌情》《溜溜的她、溜溜的情》及小品《卖荫凉》在县群文新作调演中获奖。江苏三禾鞋业服饰有限公司创办三禾发展历程展馆、三禾员工文体娱乐中心及《三禾报》，组建三禾业余艺术团，丰富企业文化生活。

体育 2000年以前，全镇体育活动以学校组织开展为主。2001年起，镇、村、居委会的居民小区和休闲娱乐场所逐步添置体育活动器材、健身器材，供群众晨晚练，丰富群众体育活动内容。2005年，镇区范围共设置篮球场、体育场21处，晨晚练点33处（包括村居点）。

四、医疗卫生

1986年，黎城镇有社区卫生室36个。黎城乡有卫生院1所、村卫生室13个，医务人员65人。1989年，全镇有卫生院1所、村卫生室13个、社区卫生室12个，医务人员53人。2000年，有卫生院1所、甲级村卫生室15个、社区卫生室12个，医务人员74人。2005年，全镇设中心卫生院1所、医疗点5个、甲级村（居）卫生室9个，医务人员72人。

第四节 人民生活

1986年，黎城镇劳动力参加农村经济收益分配总收入184.48万元，其中，农业收入102.92万元（出售农副业产品收入84万元）、工业收入7.06万元、建筑运输业收入4.75万元、商业饮食业收入2.12万元、服务业收入9500元、其他收入66.68万元，除去税金、集体提留和公益金、公积金等，农民各项所得总额140.18万元，人均收入558.49元。黎城乡总收入1397.3万元，其中，农业收入1182.61万元（出售农副业产品收入997.4万元）、工业收入41.52万元、建筑运输收入92万元、商业饮食业收入13.56万元、服务业收入25.73万元、其他收入41.81万元，农民从企事业单位直接得到的工资收入80.4万元，除去税金、集体提留和公益金、公积金等，农民各项所得总额931.3万元，人均纯收入639元。农民家庭支出主要用于生产资料购买，城乡居民用于孩子上学和正常的生活开支，没有太多结余。1989年,黎城镇农村经济收益分配总收入3149.15万元,农民总收益1589.58万元,人均纯收入782元。1994年,镇农村经济收益分配总收入9539.49万元,人均纯收入1376元。农民人均支出食品1200元、衣着180元、生活用品及其他210元、用于居住条件改善的330元。每百户家庭拥有自行车180辆、缝纫机80架、电风扇170台、洗衣机54台、电视机110台、收录机80台。

2001年,随着种植业、养殖业结构的调整和规模化、设施化经营的发展,农民收入提高。人均纯收入4605元,其中工资性收入1609元、家庭经营收入2697元;除去经营性费用、税费等支出,人均纯收入3486元。人均食品支出1500元,衣着支出300元,用于居住条件改善1000多元。居民建新房216户,建筑面积2.93万平方米,有的住上楼房,家用电器、卫生用具、厨房洁具等一应俱全。2005年,农村劳动力基本形成农忙时务农、农闲时务工、经商的格局。全镇城乡居民收入增加,生活逐步改善。农村住户调查人均总收入7180元,其中工资性收入2606元、家庭经营收入4225元;除去经营性费用、税费等支出,人均纯收入5081元。城区人均支出食品2398元,衣着576元,购置设备、耐用消费品445元,医疗保健368元,交通、通信475元,教育文化服务923元,居民建房323户,建筑面积5.03万平方米。每百户居民中拥有成套家具的有94户,有彩色电视机128台、电脑24台、自行车174辆、摩托车25辆、程控及移动电话206部、空调机71台、电风扇207台、洗衣机95台、电冰箱81台、影碟机57台。年末居民人均储蓄余额5683元。

第二章 戴楼镇

第一节 基本情况

一、概 貌

戴楼镇由原官塘、戴楼两乡合并建成。镇域东连县城,南与安徽省天长市铜城镇高庙乡接壤,西与盱眙县马坝镇交界,北临三河与洪泽县共和乡毗邻,盐金公路、宁连路、省道226线黎铜段及汪木排河穿过境内。全镇地势南高北低,南部属缓坡丘陵,北部系沿湖圩区,真高6.7~34米。总面积84平方公里。

1986年,官塘乡位于县境西南部,东界黎城乡、县林场,南与安徽省天长县接壤,西临盱眙县,北连戴楼乡,总面积41.81平方公里,乡政府驻官塘集镇,距县城10公里。经济收益分配收入973.66万元,其中农业收入875.92万元、工业收入49.19万元。戴楼乡在县城西8公里处,乡政府驻地戴楼村三组。该乡东毗县稻麦原种场和黎城镇林场,南临官塘乡,西界盱眙县,北濒三河。总面积34.64平方公里。全乡经济收益分配总收入775.68万元,其中农业收入707.45万元、工业收入9.04万元。2000年1月,戴楼乡区划调整,原官塘乡整建制划入,盱眙县东阳乡永丰村、黄桥村、瓦地村及马坝镇楼庄村亦划归戴楼乡管辖,土地总面积84平方公里。地区生产总值9234万元,其中第一产业4387万元、第二产业3201万元、第三产业1446万元。2005年,地区生产总值1.67亿元,其中第一产业6062万元、第二产业6483万元、第三产业4129万元,人均地区生产总值8017元。

镇域有4个集镇(市):

戴楼集镇 乡政府机关驻地。设初级中学、小学、幼儿园、卫生院、超市等,商户、居民672户、人口2810人，街道以东西向金马路和南北向青年路交会点为中心，呈“十”字形。东西向街道长1000米、宽40米，沥青混凝土路面；南北向青年路为集镇主街道，长2000米、宽12米，砂石路面，设有路灯28盏、垃圾池10个。

衡阳集市　坐落衡阳岗头，街面东西向，设有粮站、供销站、小学校，居民40多户、130人。集北衡阳滩为明清时代的衡阳古镇遗址，后因洪水经常泛滥而堙没。衡阳集西南150米处有獾墩，为新石器至周代先民生活遗址。

官塘集镇　街道呈“又”字形，东西向主街长500米、宽9.3米，为混凝土路面；南北向街道长500米、宽10米，为混凝土路面；西南对东北向街道以黎铜路为基础，长1000米、宽28米。集镇设初级中学、小学、幼儿园、卫生所、超市等，有商户、居民113户，人口357人。集镇西2公里小集村存有西周时代遗址磨脐墩。

永丰集市　街道呈“工”字形，北侧为老街道，长600米；南侧以金马路为基础设新街道。1990年前，老街道每到逢集，商贾云集，贸易兴盛。2000年，建立南街新市场，老街道逐渐冷落。

二、建置区划

1986年，官塘乡辖大坝、小集、建设、林庄、红岭、红岗、卫东、官东、官塘、良种等10个村，60个村民小组。戴楼乡辖新塘、向东、衡阳、中东、牌楼、戴楼等6个村，51个村民小组。1987年，官塘乡撤销良种村，10个村调整为大坝、小集、建设、林庄、红岭、红岗、卫东、官东、官塘9个村。2000年，官塘乡和盱眙县东阳乡的永丰、黄桥、瓦地及马坝镇楼庄村划入戴楼乡，全乡辖19个村，2个农场，148个村民小组。2001年8月并村联组，全乡撤并为9个村68个联组。2002年4月10日，戴楼乡撤乡设镇，辖8个村，3个居委会，68个联组。至2005年，镇域建置区划未变。

三、土地人口

土地　1986年，官塘乡拥有耕地1529公顷、水面921公顷、牧草地800公顷。戴楼乡耕地1158公顷、水面1089公顷。是年，在戴楼乡境内勘探发现崔庄油田。1988年，戴楼村十组开挖鱼塘6.53公顷。1993年，省属崔庄油田在戴楼乡境内开采。1995年，产原油4.59万吨。2000年，官塘乡并入戴楼乡，共有耕地2687公顷、水面1110公顷。2001年产原油1.75万吨。2005年产原油3.26万吨。是年，戴楼镇有耕地3038.7公顷、水面1128公顷，工业集中区开发用地69公顷。

人口　1986年，官塘乡共有1937户，9118人。其中：农业人口8377人，非农业人口741人；从业人员4545人；全为汉族人口；人口出生率6.9‰，自然增长率0.4‰。戴楼乡共有2210户，8399人。其中：农业人口7897人，非农业人口502人；从业人员4725人；人口出生率6.2‰，自然增长率0.45‰。婚进少数民族人口2人。2000年，官塘乡并入戴楼乡，盱眙县4个村划入，全乡共有6298户，人口21829人。其中：农业人口21021人，非农业人口808人；乡村从业人员12181人；汉族21572人，羌族1人，布依族1人；人口出生率2.49‰，自然增长率-2.95‰。2005年底，全镇共有6522户，人口20897人。其中：汉族20894人，羌族1人，布依族2人；人口出生率6.25‰，自然增长率4.09‰；农业人口19686人，非农业人口1211人；乡村从业人员12075人。

第二节　经济建设

一、农　业

1986年，戴楼乡拥有农业机械动力5330千瓦，可灌溉面积1120公顷，粮食总产量1.28万吨，平均亩产635公斤，油料产量141.5吨。副业以养殖为主，乡境北部村组利用濒临三河、滩地广阔、资源丰富等优越的自然条件，发展养殖业，年饲养生猪8717头、耕牛674头、羊265头、"三禽" 10.2万只、蜜蜂43箱；栽植果林107公顷，其中山楂87公顷，苹果、梨、葡萄28公顷；苎麻120公顷；植桑15.5公顷，产茧2750公斤；水产品产量11.2吨。官塘乡利用土地资源丰富、杂粮多、草地多的自然优势，大力发展养猪业。全年饲养生猪1.02万头，户均5头，生猪产值43.65万元。粮食总产1.65万吨，农副工业总产值890.5万元。1987年，官塘乡突出发展多种经营，开始饲养甲鱼、黄鳝、黑鱼（学名乌鳢）、螃蟹、野鸡、珍珠鸡等。1994年，戴楼乡种植西瓜84公顷，发展"油菜—西瓜—水稻"高效益立体种植面积52公顷。全乡动员劳动力1500多人，筑成金西圩堤1550米，新开发土地133公顷。1995年，官塘乡万亩连片中低产田改造规划实施，完成土方51万立方米。卫东村成立官塘甲鱼养殖公司，全村甲鱼专业户发展到54户，养殖面积3.6公顷，甲鱼饲养形成规模。四组村民陈广杰养甲鱼年收入20多万元。1996年，12月24日，《淮阴日报》刊载《公司农户一线牵》专题报道，介绍官塘乡植造成片林480公顷，达到市林业基地乡标准的经验。

1998年，戴楼乡发展经济作物244公顷、"三禽"专业户150户，实现纯收入220万元，人均增收300元。上海海蓉国际贸易有限公司柏安东在戴楼村九组租地13.3公顷，创办海蓉蔬菜科技园，形成"产、加、销"一体化的蔬菜科技示范园区。11月26日，官塘乡小型水利设施经营使用权首次租赁成交，成交额79万元。当天，《淮阴日报》头版头条作报道。1999年，戴楼乡投资300多万元，开挖疏通沟渠45公里，修建涵、闸、洞300多座，铺设砂石路面5公里，绿化植树5万多株，建绿色通道1.7公里。建成海蓉蔬菜园，戴楼、向东、新塘村荷藕园，牌楼西瓜园等集科技、效益、观光为一体的新型高标准农业示范区，总面积533公顷。牌楼九组农民万福俊办起万福生态养殖公司，新上板鸭加工厂，形成养殖、加工、销售一条龙生产格局，年产值60多万元，纯收入6万多元。

图2-2-2　戴楼镇新塘村建成荷藕园（摄于1999年）　李义海／摄

2000年，戴楼乡实施"三个一万"工程，即万亩西瓜园、万亩成片林、万亩水生蔬菜，实现农业总产值5283万元。9月中旬，瓦地、向东、牌楼3个村发展大棚蔬菜98.7公顷，主要种植品种有"汴椒一号"辣椒、抗病"苏蜜一号"西瓜、杨花萝卜等。2002年，该镇因地制宜，确定"南林北禽、中部瓜菜药材"的农业结构调整战略，加快发展特色农业项目。共种植西瓜134公顷、大棚蔬菜134公顷、水生蔬菜246公顷，经济作物总面积2000公顷。牌楼、小集、新塘、戴楼等村建成"油套瓜"种植带667公顷，并推广葫芦苗嫁接西瓜新技术和"苏源二号""抗病苏蜜一号"等优质高产西瓜新品种。牌楼村引进客商种植"米帮塔"食用仙人掌0.47公顷，俏销种片2万片，收入18万多元。2003年，红岭村引进波尔种羊14对及其他种羊，建成山羊繁殖基地，年繁殖1000头。2005年，全镇共种植西瓜333公顷、蔬菜67公顷，植树32万株。植树造林连续多年获得市嘉奖，获省农林厅一等奖。楼庄村农民李书忠被农业部表彰为全国粮食生产大户。是年，全镇地区生产总值1.67亿元，镇财政收入1564万元，劳务输出6650人。农林牧渔业总产值1.15亿元，粮食总产量3.18万吨，棉花总产量5吨，油料总产量1544吨，生猪饲养量2.21万头，“三禽”饲养量34.5万只，水产品量617吨，蚕茧产量21吨，羊饲养量1303只。

二、工　业

1986年，戴楼乡乡村工业有砖瓦、弹簧、仪表、橡胶、铰链、水泥制品、炕孵等企业12户，职工354人；户办、联户办企业3户。官塘乡乡村工业有砖瓦厂、水泥制品厂、云母制品厂、纺织机械配件厂、塑料厂等13户，职工230人，户办、联办企业30个，主要产品有纺织机械配件、散热器和仪表配件等，工业产值129万元。1994年，金湖县第一卷烟配套材料厂与香港盈利国际投资有限公司进行合资，在戴楼乡成立江苏金利卷烟材料有限公司，引资270万元。官塘乡投入110万元，新办传动胶带厂、玻璃工艺品厂；投资560万元、占地面积2.6万平方米的金湖铸锻有限公司在官塘集镇建成投产。1995年，江苏金利卷烟材料有限公司新上金卡纸生产项目，产品主要用于高档商品外包装。官塘乡农机站投资11万元新建加油站。乡砖瓦厂年产红砖1820万块，实现销售收入244万元、利税41.3万元，比上年翻一番，跻身“市砖瓦行业二十强”。1998年，戴楼乡新上仪表配件、塑料加工等项目4个，共有乡、村企业15户，主要有金湖县凯吉卷烟材料厂、牌楼制刷厂、向东冲压件厂、衡阳制线厂和戴楼木器厂。全乡共实现产值7747万元、利税167万元，其中税收84万元。

2000年，戴楼乡共有航宇仪表线缆公司，宏大、光辉、金莲卫生巾设备厂，戴楼减速机厂，牌楼卷板厂等工业企业78户，从业人员621人，年产值500万元以上的企业5个。主要产品有建筑材料、卫生巾设备、特种电缆、木制餐具、卷烟材料等10个种类。共实现工业产值1.86亿元、利税795万元。2002年，戴楼镇引进投资额2000万元的栋栅服饰有限公司落户县工业园区，还引进投资1500万元的双兔米业有限公司，投资600万元的新亚木业有限公司，投资500万元的飞达提前器公司。全镇有私营工业企业86户，其中年销售收入500万元以上规模企业3户，个体工业户73户。2005年，全镇共有私营工业企业78户，其中年销售收入500万元以上的规模企业10户，引进招商项目18个，协议引资额1.51亿元，实际到位资金1.15亿元；个体工业户380户。全年实现工业销售收入2.5亿元、利税2420万元，完成技改投入8400万元。全镇工业初步形成服装、建材、电线电缆、石油机械、卫生巾设备、化工、粮食加工、木材加工等工业项目齐发展的格局。

三、商贸服务业

1986年，戴楼乡销售粮食1.32万吨，生猪0.7万头、蚕茧2.75吨、水产品11.2吨。2000年，官塘乡并入戴楼乡，全年销售粮食2.72万吨，油料1502吨、棉花18.1吨、生猪2.1万头、“三禽”45万只、长毛兔275只、山羊2715只、水产508吨。全镇有个体工商户68户。2005年，销售粮食3万吨、棉花5.6吨、油料1500吨、生猪2000头。有个体工商户380户，主要从事个体加工业、餐饮业和商品零售批发业等。官塘集镇、永丰集镇设立逢集日，日成交额8万多元。

第三节　社会事业

一、基础设施建设

1986年，戴楼乡集镇将南北向泥土路街道改建成简易石子路，总长400米。1995年，官塘乡筹资115万元，新建政府办公楼，局部4层，共42间，建筑面积1100平方米；新建一条长550米、宽6米的集镇砂石路；建成农贸市场，建筑面积1200平方米。戴楼乡抓住崔庄油田会战机遇，争取资金250

万元，铺设村组砂石路3.6万平方米，村级道路全部砂石化，51个村民小组有28个通上砂石路，向东村组组通上砂石路。1996年，戴楼乡新铺村级砂石路7500米，6个村全部通上砂石路；兴建乡邮电楼600平方米，新增程控电话容量1000门，电话杆线接送到组，安装程控电话200多部，达到村村通。开凿深井7口，自来水普及率83%。1997年，官塘乡投入50万元，新铺村级砂石路11.6公里，敷设通村电话杆线60公里，安装程控电话203部，完成集镇向西到建设粮站广播主杆线改造，西片4个村通响率95%。开凿深水井1口，饮用自来水人口普及率71.5%。1998年，官塘乡投资13.4万元铺通与戴楼乡相连的官东砂石路3公里；官塘、戴楼两集镇和邻近村开通有线电视，新装电话1730部，累计装机2460多部，均达到电话乡标准。官塘乡投资60万元，在集镇兴建一条东西长500米、宽9.3米的混凝土路面街道和下水道等配套设施；在文化站院内建影视厅297平方米。戴楼乡投资新建公安楼和幼儿园教学楼。2005年，全镇有线电视新入户600户，累计总户数2729户，入户率53%；农村改水新增自来水受益人口7000人；新铺筑乡村混凝土路面4.5公里；集镇新设灯箱8个、路灯18盏、垃圾池3个、垃圾箱35个；改造农村危桥3座；投资47万元新建敬老院。

二、教　育

1986年，戴楼乡新建、改建校舍126间、3800平方米，设小学7所，在校生987人。官塘乡有初级中学1所、小学9所，在校生1150人；幼儿园9所。1995年，戴楼乡设初级中学1所、小学6所，在校生983人；官塘乡在校生1183人。中考时，官塘初中96名应届毕业生，升入县中学10人、中师中专30人、普通中学8人、职业中学15人，升学率65.8%，居全县乡镇初级中学第二名，水平测试全科合格率居全县之首，受到市教育局嘉奖。1997年，戴楼乡设初级中学1所，小学撤并为5所，在校生1185人，学龄儿童入学率100%。

2000年，合并后的戴楼乡设初级中学2所，在校生786人；小学9所，在校生2013人；幼儿园2所20个班，在园幼儿985人；成人学校设行政管理大专班1个，在校生40人。2001年，戴楼乡中心学校综合素质考评获县一等奖，有5所学校被县评为教育工作先进集体。官塘幼儿园被评为市一类幼儿园。2003年，戴楼镇小学撤并为8所，2004年为6所。2005年，戴楼镇有初级中学2所，在校生868人，初中阶段入学率100%；小学3所，在校生1468人；幼儿园2所13个班，在园幼儿308人。成人学校开办缝纫、电脑、电子、驾驶等劳动技能培训班15期，培训500多人次。

三、文化体育

1986年，官塘、戴楼乡均设置文化中心和有线广播放大站。春节期间，文化中心组织宣传队演出，慰问烈军属。体育活动主要以学校为主开展。2000年2月，新设置的戴楼乡文化中心与广播站合并，有职工21人，负责文艺宣传、广播信号传输、有线电视安装等工作。2005年，全镇广播通响率86%，安装有线电视168户，衡阳村农民文艺宣传队每年为农民演出10多场次。镇、村开始建立篮球场，配置乒乓球桌等体育设施。

四、医疗卫生

1986年，官塘乡有卫生院1所和村卫生室9个，医务人员26人。戴楼乡有卫生院1所、农村诊所6所，医务人员32人。1997年，戴楼乡有卫生院1所、诊所2个，村卫生室4个，有各类医务人员32人，计划免疫率达98%。2000年，戴楼乡卫生院下设骨科特色门诊和1个官塘分院，11个甲级村卫生室，各类医务人员71人。2005年，戴楼镇设卫生院1所，医疗点2个，甲级村卫生室9个，医务人员70人。骨科特色门诊以中医传统疗法专治各种骨伤，采取手法复位、祖传秘方外敷和临床牵引等方法，吸引安徽天长、宝应、洪泽等市县病人就诊，每年急诊病人近万人，收治住院病人400多人。

第四节 人民生活

1986年，官塘、戴楼两乡农民收入主要以粮食和经济作物种植及饲养畜禽为主要来源。官塘乡收益分配总收入973.66万元，其中农副业收入875.92万元、工业收入49.19万元、建筑运输收入5.44万元、商业饮食业收入3.22万元、农民服务业收入5.92万元、其他收入33.97万元，人均纯收入611元。戴楼乡分配总收入775.68万元，其中农业收入707.45万元、工业收入9.04万元、建筑运输收入38.38万元、商业饮食业收入5.88万元、服务业收入2.7万元、农民务工收入6万元、其他收入6.23万元，人均纯收入561元。1994年，官塘乡、戴楼乡农民人均收入分别为1236.06元、1292.21元。

2001年，戴楼乡人均总收入4339元，其中工资性收入857.5元、家庭经营收入3455.2元，人均纯收入3176元。农民收入提高，生活逐步改善，绝大部分居民修建新房，少数人家住上楼房，人均食品支出1100元，衣着支出170元，用于居住条件改善400元。2005年，该镇农村劳动力利用邻近县城的优势，农忙时务农，农闲时务工、经商，收入大幅提高。农村住户调查人均总收入7500元，其中工资性收入1557元、家庭经营收入5770.4元；除去经营性费用、税费等支出，人均纯收入5081元。每百户家庭中拥有成套家具的有70户，拥有电视机102台，其中彩电76台，自行车190辆，摩托车28辆，程控及移动电话156部，电风扇190台，洗衣机51台，电冰箱16台，影碟机11台。年末居民人均储蓄余额4800元。人均支出食品1500元，衣着210元，购置设备、耐用消费品245元，交通通信375元，教育文化服务623元，用于居住条件改善346元。

第三章 金南镇

第一节 基本情况

一、概　貌

金南镇由原金沟镇和卞塘、金南两乡合并建成，位于县境南部，镇驻地金南集镇，距县城南9公里。1986年，金沟乡西界利东河接黎城镇和金南乡，南至北新沟邻卞塘乡，东、北濒淮河入江水道，总面积37.56平方公里。卞塘乡东濒淮河入江水道西堤，南临高邮湖，西界利农河邻金南乡，北至北新沟接金沟乡，总面积34.14平方公里。金南乡东界利东河和利农河由北至南邻金沟乡、卞塘乡，南临高邮湖百家荡，西与安徽省天长县接壤，北至大寨河、金西河，毗邻县粮棉原种场、省军区运西农场、省武警总队农场，总面积34.22平方公里。1988年，金沟乡撤乡设镇。2000年，3乡镇撤并为金南镇，镇域东濒淮河入江水道，南濒高邮湖百家荡，西邻天长县龙岗、高庙镇，北与县粮棉原种场、省军区运西农副业基地、省武警总队副食品生产基地、黎城镇九里村及黎东村接壤，地面真高4~18米，既有沿河圩区，亦含缓坡丘陵，总面积105.92平方公里。排灌主河道有南北向的利东河、利农河、大寨河，东西向有金西河、北新沟、等高、跃进河、北涧河；陆上交通有连接县城的金卞线、金西线。金南被称为金湖南大门，为绿化平原乡镇、蚕桑基地乡镇、线缆之乡。2005年，实现地区生产总值2.27亿元，其中第一产业7094万元、第二产业9381万元（工业8866万元）、第三产业6209万元；三次产业所占比重分别为31.3%、41.4%（工业39.1%）、27.3%。

镇域有3个集镇：

金南集镇　1986年起，为金南乡、镇驻地，主街道呈“十”字形，东西向的主街道由古街道改造而成，为混凝土路面，向西连接通往安徽天长、高庙集镇的砂石路，集镇面积约70公顷。2000年，南北向的街道沿金卞路规划设置，为沥青路面。2005年，集镇设有中小学、幼儿园、医院、商场，临街经商门面房508间，主要从事加工、餐饮及小商品批发零售；工商业发达，有线缆、农机、木业加工等企业，有农贸市场1座，面积980平方米；居民769户，人口2410人。农历每月的一、六为逢集日。

金沟集镇　距金南镇东偏北9.1公里。1986—1988年为金沟乡、镇政府驻地。历史上商业较为繁荣，特色饮食业远近闻名。淮河入江水道建成后，集镇以东成为一片空荡的行洪区，至2000年撤镇，该集镇渐趋萧条。2002年设置金沟居委会。2005年，集镇占地约42.7公顷，有居民554户，人口1681人。主街道两条东西向、一条南北向组成为“干”字形格局。东西向北街为建设路，是通往县城公路的延伸，沥青路面；南街为金沟路，由集镇古街道改造延伸而成；一条南北向的人民路，混凝土路面，北自建设路，经金沟路向南伸展。集镇有临街经商门面房427间。农历每月的三、八为逢集日。

卞塘集镇　距金南镇东南10公里。1986年，为卞塘乡政府驻地，历史上工业经济比较发达，主要有机械、纺织、建材等企业。2000年，卞塘乡撤销并入金南镇。2002年，设置卞塘居委会。2005年，该集镇占地45.3公顷，有居民598户，人口1748人，主街道呈“ф”形，环形路北半部为人民路，南半部为油田路；中间由古街（改称向阳路）连贯并向南北延伸，均为混凝土路面；有农贸市场1个，面积750平方米，临街有经商门面房462间。农历每月的五、十为逢集日。

二、建置区划

1986年，镇域建置为金沟乡、卞塘乡、金南乡。金沟乡辖15个村、120个组；卞塘乡辖14个村、108个组；金南乡辖13个村、85个组。2000年1月，全县区划调整，金南镇成为全县人口最多、面积最大的镇，辖40个村、291个组。2002年，并村联组，40个村合并为三车、抬饭、宋墩、福寿、时墩、五里、吴桥、王庄、南宫、新坝、南桥、新杨、华家坝、连湖、缸庙、南望等16个村，设金南、金沟、卞塘3个居委会，自然组合并为129个联组，居委会设农业组3个。金南居委会为镇政府所在地，金沟、卞塘居委会分别设在原金沟镇政府、卞塘乡政府所在地。至2005年，镇域建置区划无变更。

三、土地人口

土地　1986年，金沟乡有耕地1623.5公顷、水面58.5公顷；卞塘乡耕地1551公顷、水面624.9公顷；金南乡耕地1572.9公顷、水面734公顷。1995年，划定基本农田保护区，金沟镇耕地1637.03公顷，卞塘乡耕地1586.77公顷，金南乡耕地1636.7公顷。2000年，区划调整时，原金沟镇王湾、利东2个村划进黎城镇，合并后的金南镇共有耕地4417公顷、水面346.7公顷。境内南望、新坝、南宫、王庄、吴桥、五里等村地下富含石油资源。2005年，全镇有30口油井出油。全镇划入基本农田保护区面积5770.4公顷，其中耕地4680.6公顷、园地808.3公顷、林地187.2公顷、其他农用地94.3公顷。

人口　1986年，金沟乡3804户，人口15180人。其中：农业人口13015人，非农业人口2165人；从业人员5769人；人口自然增长率5.75‰。卞塘乡3487户，人口14356人。其中：农业人口12618人，非农业人口1738人；从业人员5312人；人口自然增长率5.69‰。金南乡共有3037户，人口12164人。其中：农业人口10552人，非农业人口1612人；从业人员4241人；人口自然增长率5.64‰。2000年，金南镇共有12770户，人口38203人。其中：农业人口34583人，非农业人口3620人；从业人员

21832人；人口自然增长率-2.2‰。2005年底，全镇共有12827户，人口37086人。其中：汉族36990人，苗族53人，回族5人，白族3人，藏族3人，侗族7人，羌族3人，彝族4人，哈尼族2人，土家族3人，壮族4人，布依族9人；人口出生率4.82%、自然增长率-2.11‰；农业人口32251人，非农业人口4835人；从业人员20388人。

第二节　经济建设

一、农　业

1986年，金沟乡有贯穿东西的跃进河、北涧河等主干河道3条，全长214米；南北向的分界河3条，全长94米。是年前后，该乡组织劳力兴修水利，先后疏浚金西河、大寨河、丰收河、东风河等重点河道4条，全长254米；加固横龙河东堤、新阳河北岸，全长224米；开挖支渠，整修古河道、乡村公路等。全乡粮食产量1.88万吨，油料产量498.6吨；饲养生猪1.65万头、家禽17.02万只、水牛243头、驴3头、羊574只、毛兔516只，水产品产量79.43吨。卞塘乡加固防洪圩堤134米。粮食产量1.81万吨，油料产量402吨，饲养生猪1.4万头、家禽24.06万只、耕牛396头、驴2头、羊101只、毛兔2519只，水产品产量114.4吨。金南乡结合防汛圩堤加固，将车东村与车洪村交界的金家湾改造成63.3公顷的水产养殖场。粮食产量1.61万吨，棉花产量0.7吨，油料产量468.2吨，水产品产量35.1吨，饲养生猪1.21万头，家禽15.24万只，水牛232头、驴头8头、羊28只、毛兔572只。是年，3个乡镇有大中型拖拉机69台、手扶拖拉机等小型耕作机械819台，农业机械总动力2.15万千瓦。其中金南乡5262.4千瓦、金沟乡9168.2千瓦、卞塘乡7028.9千瓦。金沟镇王庄村被列为省农业机械化试点村，全村拥有大中型拖拉机、推土机、收割机5台（套），手扶拖拉机、插秧机、播种机、开沟机等24台（套）。1987—1988年，金沟乡改造低洼田100公顷，古河沟塘166.7公顷，兴建渔业养殖场，育成鱼、漂鱼苗，为全乡水产养殖提供种源和技术支持。卞塘乡开发改造低洼田，建起特种水产养殖场，由渔民朱凤才等11户在高邮湖乌龟套水域联手围网养殖66.7公顷。

1995—1996年，金沟镇胜利村有成片林16公顷、果园0.67公顷，建成一级农田林网71.3公顷，村庄绿化覆盖率65.9%，人均林业纯收入750元，获得全国绿化委员会授予该村"全国造林绿化千佳村"称号。卞塘乡依靠科技发展"三高"农业，先后完成400公顷中低产田改造和533公顷农田连片治理工程和卞塘河疏浚工程项目；实施良种计划，扩增扬麦-158、杂交稻籼优-63品种种植面积。利用临河靠湖的地域优势，引进优质禽种，发展"三禽"专业户249户，其中饲养千只以上大户63户，建成胡庄、南望、岗坂3村连片的养禽专业带。全乡共饲养"三禽"66.81万只，户均174只，被市委、市政府命名为市""三禽"养殖基地乡镇"。南望村7组村民刘浩养禽规模连年达万只，村民称其为高邮湖上的"鸭司令"，被省政府授予劳动模范称号。1997年，刘浩孙儿刘华章创办"三禽"养殖龙头企业县华章禽蛋营销公司，实施"三禽"炕孵，咸蛋、松花蛋生产、加工、销售"一条龙"，带动周边400多户发展"三禽"养殖。同时，利用"鸭司令"的知名度，将公司生产的咸鸭蛋、松花蛋注册为"刘浩"牌商标，产品打入上海、南京、常州等大中城市。金南乡大力实施"绿色工程"，全乡营造成片林208公顷，村庄绿化面积283.3公顷，森林覆盖率25.56%，年均绿化增收600万元，人均384.6元。年底，该乡被省绿化委员会授予"江苏省国土绿化最佳乡镇"称号。

1999年，卞塘乡出动劳力3000人，动用机械15台，投入工日1.5万个，完成土方9万立方米，加固南望圩东段2000米，使该圩的防洪灌溉综合能力显著增强。建成沿河沿湖经济作物、稻田养殖和水生作物种植、高岗林桑套种三大示范带。同时，建成徐庄、缸庙千亩（66.7公顷）榨菜、13.3公顷百合、13.3公顷牧草基地等27个各具特色的乡级示范点。金沟镇引进品质优、成活率高、饲养周期短的樱桃谷鸭新品种，在入江道沿线建成长4公里的肉鸭养殖带，年饲养量30万~50万只，其中万只以上饲养大户15户。5月，该镇成立肉鸭养殖协会，带领养殖户联手闯市场。年底，该协会与南京桂花板鸭厂和扬州、镇江、无锡等地客商建立常年业务关系，形成一个养有规模、销有市场的产业链。

2000—2001年，金南镇继续加大农业产业结构调整力度，投入资金3163万元，完成王庄、吴桥、五里等村1504公顷农田的田、水、路、林综合治理任务，新建桥梁2座，大小涵洞130个，铺设砂石道路6.5公里，灌排能力提升，机械耕作条件改善，新增耕地201.06公顷。2003年，镇区遭遇洪涝，主汛期间，副省长黄莉新、市委书记丁解民等领导多次亲临乌龟套闸，现场指挥抢险。全镇组织劳力2000余人，完成土方3000立方米。2004年，乌龟套闸拆除重建工程竣工。永祥种鸡场发展成为淮安市最大的一家种鸡场，年炕孵、销售苗鸡500万只，销售种蛋400万枚，年产值1000多万元，产品远销安徽、山东、浙江、福建等省。发展稻田养殖面积266.67公顷，其中特种养殖面积106.67公顷。以刘华章等养殖专业大户为核心群，采用"公司+农户"的经营模式，推广无公害饲养，全年饲养良种高邮蛋鸭35万只。每只鸭年产蛋180枚以上，枚重80克，产值100元，纯利润30多元。年底，该示范区通过省、市质监部门无公害饲养标准化验收，被确定为市"无公害蛋鸭养殖标准化示范基地"。

2005年，全镇拥有大中型拖拉机201台、手扶拖拉机1534台、收割机220台、水稻插秧机7台、推土机56台，农业机械总动力3.42万千瓦。农村用电量1168万千瓦时。除栽插外基本实现农业生产全程机械化，机械化水平86%。实现农业总产值1.63亿元，其中种植业8048万元、林业1271万元、牧业5080万元、渔业1593万元、其他300万元。全年粮食总产量3.5万吨，油料总产量2756吨，饲养生猪3.62万头、羊2280只、"三禽" 80.5万只，水产品产量1950吨。

蚕桑业　1986年，金沟镇14个村120个组拥有湖桑面积166公顷，建成百亩（6.7公顷）连片"桑园带" 11个，王庄、罗坝、吴桥、立新等4大林场为高产高效示范区，形成组组有桑、户户养蚕、粮蚕齐发展的格局，成为淮安市蚕桑重点乡镇，涌现出户有10亩（0.67公顷）桑、养蚕纸（蚕卵纸）30张、张产茧超百斤、收入超千元的重点户56户。全镇产茧95吨，占全县蚕茧总量19%。1999年，金沟镇新栽桑66.7公顷，桑园总面积317.3公顷，蚕子发种量、桑园亩均效益连续4年位居全县首位。金南乡桑园面积达265公顷，建成金南、时墩、马塘、丰南、宋坝、抬饭6个蚕桑专业村，培养出蚕桑专业户615户。卞塘乡桑园面积达128公顷，建成连片蚕桑带，养蚕户达860户，其中大户62户。2000年，金南镇抓住国际茧丝行情上扬的发展机遇，制定一系列优惠政策，鼓励扶持发展新栽桑。全镇拓植湖桑266.7公顷，桑田累计942公顷，成桑面积667公顷，产茧676吨，亩平收入1512元，蚕桑形成区域经济特色和规模经营优势，成为农民增收的支柱产业。2001年，金南镇积极争取世界银行二期贷款扩展支柱产业规模，建成万亩湖桑种植带。该种植带拥有湖桑田733.3公顷，覆盖时墩、五里、吴桥等7个村。万亩湖桑种植带的建成，为争创省优质茧基地创造了良好条件。2005年，全镇共有湖桑1004公顷，全年发种量2.39万张，产茧789.55吨，收入1722.6万元。

二、工　业

1986年，金沟乡工业项目主要有棉毛纺织、砖瓦、塑料、机械配件、油米加工、铝制鞋楦等企业11户，村办工业企业13户。卞塘乡乡办企业主要有农机、织带、塑料、仪表、建筑、粮油加工等6户，村办工业有木器、针织等企业8户。生产的木盘、板材、包装箱等，远销上海及苏、锡、常地区，并建立长期协作关系。金南乡乡办工业主要有电线电缆、农机配件、塑料、油米加工等企业6户；村办工业有铜铝铸造、木器加工、油米加工等企业8户。1987年，金沟乡乡办工业产值1100万元，利税98万元，成为全县第一个产值过1000万元的乡镇；村办工业产值860万元，利税68万元，成为全县村办工业的排头兵，受到市委市政府表彰奖励。1989年，卞塘乡先后兴办金湖县第二砖瓦厂、窑墩砖瓦厂两户轮窑砖瓦厂。1992年，金沟镇连续5年技改投入资金近1000万元，扩大企业规模，延伸配套产品。乡办棉纺厂、毛纺厂与上海国棉二十七厂、清江棉纺厂成为合作伙伴，产品由粗纺提升为细纺。砖瓦厂扩增到3户，与毗邻的卞塘砖瓦厂、县砖瓦二厂连成一个较大窑群，产品远销上海、南京、苏州、无锡、常州。铝制鞋楦厂跃入产值千万元的规模企业，产品远销韩国、日本，为国家创税创汇百万元，成为首屈一指的全国特种行业。王庄村宏申有色金属铸造厂生产的合金铝、牌号铜、铜铝合金系列叶轮、泥浆泵，与上海通用设备公司、上海深井泵厂、压铸厂、阀门厂等企业长期合作，列为其成员单位、定点生产基地。食品饮料、民用"三堂"轴画，与上海益民食品厂、省发行社、省新华书店挂钩联产联销。利东村农机厂与县石油机械厂、输油泵厂建立紧密协作关系，为农村劳动力转移、致富奠定基础。

图 2-3-3 江苏全兴电缆有限公司生产车间（摄于2005年）
吴爱忠／摄

1995年，金沟镇织巾厂技改投资208万元，新建车间、厂房32间，建筑面积1990平方米，新增烘干机、溢流染色机、槽筒车、提花织机、电脑绣花机、电动缝纫机等40多台（套），产品质量、档次提高。生产的浴巾、地巾、面巾、浴衣、拖鞋等产品供四星、五星级宾馆使用。1996—1998年，金南乡高温导线、交联电缆等产品再次获得国家金奖和省市优质产品称号，产品畅销全国，实现销售收入1.09亿元，利税570万元。通信电缆、交联电缆系列产品配套升级，在全国各大城市建立起直销联营网点35处，实现销售收入1.21亿元。金沟镇铝制鞋楦厂产值1060万元，织巾厂生产的宾馆、旅游用品覆盖全国，产、销、效提高一倍。砖瓦厂1座18门轮窑，年产红砖2500万块，产销率100%，成为全县规模最大的砖瓦企业。金沟镇永兴布厂生产的纯棉、涤棉、安纶、色织格布、绒布、印染坯布等产品，通过无锡、苏州、南通、上海4个外贸口岸，销往日本、美国、韩国、新加坡等国家，年生产能力100万米，产值600万元，创利税50万元。1999年，金沟镇在镇西的金西河北岸兴建私营工业园，走"筑巢引凤、以工兴镇"的发展道路。利用杨树资源优势发展木器加工特色产业。引进金宁塑料机械厂、金科化工厂、金西木器厂等私营企业7家，年创产值3000多万元。卞塘乡通过内引外联，兴办永森木业等私营企业3家，新上电子设备、木器包装、粉末冶金、空心砖等产品，工业产值1.34亿元。

2002年，金南镇引进芗园饮品公司与南京农业大学食品科学院共同研制开发无公害绿色保健茶、天生草解酒茶、蒿尖珍品茶、蒿尖枸杞工艺茶、袋泡茶、蒌蒿茶等产品，投放市场后深受消费者好评。其中有5个产品申请国家专利，蒿尖珍品茶在上海全国农副产品博览会上荣获金奖。5月，镇福利木器厂扩建多层胶合板生产线，带动当地木器行业发展，实现销售收入1042万元，创利税44万元，吸纳当地剩余劳动力150多人。2005年，镇引进祥丰制衣有限公司项目进入县工业园区；与县财政局共同引资兴办的金湖县金南宏天粮食加工厂，投资1000万元，新上大米加工自动化流水生产线1条，库容量8000吨，年生产能力8000吨。该厂被海南杰利粮油贸易有限公司看中，建为生产基地，年创销售收入2500万元，利税80万元。全镇从事木业产品加工的企业有56家，年产值在500万元以上的骨干企业有4家。金岛木业公司生产的细木工板远销美国、德国和东南亚等国家和地区。

三、商贸服务业

1986年,金沟集镇有饭店、茶食店、商店、客栈和手工业店铺40多户,商业贸易较为繁荣,特别是饮食业颇具特色,金沟大糕、素鸡、豆制品久负盛名。1994年,随着农副业、蚕桑业、乡村工业的快速发展,金南、卞塘两集镇规模扩大,居民增多,带动商贸日渐繁华。镇域3个乡商业贸易增加值885万元,其中金南乡328万元、卞塘乡302万元、金沟镇255万元。1996年,专业户、专业村和特色基地的"两专一基"发展,促进城乡交流,农民经纪人队伍扩大,3个乡个体工商户发展到145户。2001年,个体工商户发展到1330户,建立专业合作社7个,商业贸易更为繁荣,农村经纪人队伍农忙务农,农闲经商,有的常年经商闯市场,并吸引毗邻的安徽天长市周边乡镇的外地客商到金南从事商贸活动。第三产业产值3596万元。2005年,全镇共有私营商业企业13户,个体工商户720户,有饭店、酒家、旅馆26户,浴室12户,从业人员1850人,主要从事个体加工业、餐饮业和商品零售批发业等。全年私营个体经济入库税收56万元,社会商品零售总额3570万元,商业规模最大的为上海发联超市,营业面积400平方米,经营商品1万多种,年营业额400多万元。

第三节 社会事业

一、基础设施建设

1986年前,三个乡政府所在地集镇建设由于资金约束,步伐迟缓,基本处于修修补补的状态。1988年,金沟镇兴建自来水厂。1994年起,金南乡被确定为县绿化试点乡镇,投资近100万元绿化集镇,美化环境,铺筑乡村道路,实现村村通砂石路。金沟镇投资75万元硬化道路,建成商贸一条街;铺筑砂石路15公里,使全镇13个村通上晴雨路。卞塘乡铺筑砂石路12公里,乡通村砂石路全部建成。1996年,金南、卞塘两乡居民用上自来水,集镇下水道、路灯、厕所等配套设施起步建设。1999年,金南乡投入20万元,更新广播线路19杆线公里,在全市第一家实现乡村广播主杆线电缆化。

2000年,合并后的金南镇组织人力对金南、金沟、卞塘3个集镇进行集中整治。拆除违章搭建,整修街道、危桥、建市场,规范集市贸易时间(逢集日),建立集市管理规章制度,强化卫生保洁管理服务机制。2004年,向省工商业联合会、省光彩事业促进会等单位争取捐资救助32万元,镇财政投入20万元,兴建一座集住宿、健身、娱乐为一体的标准化敬老院,使全镇"五保"老人享受到晚年幸福。2005年起,实施改造拓宽东西向主街道(古街道)长800米、宽12米;沿金卞路南北向东街长1500米、宽14米;新建镇北一条贯通东西的长1500米、宽14米环镇大道,定名为人民路,架设人民桥1座,东与金卞路相接;一条南北向贯穿镇中心的十字街道,长1500米、宽12米;新建农贸市场、污水处理厂1座;在镇东、镇西开发新建两个住宅区(全兴、福寿开发区),可入住居民700户。同时,还规划建设金沟、卞塘集镇和南望村望湖庄3个农民集中居住点,新建商品房200套。铺设农村混凝土路面27公里,修建桥梁16座,实现全镇道路、水电通畅,环境优美。

二、教 育

1986年,镇域有中小学44所、幼儿园36所。其中,金南乡初级中学附设财会、农经职业高中班3个,小学12所,幼儿园10所;金沟乡设初级中学3所,小学14所,幼儿园14所;卞塘乡设初级中学2所,小学14所,幼儿园14所。1995年,金南中学设立淮阴市金湖保安学校,兴建金南中学2层综合教学楼，建筑面积1200平方米。翌年，该校开设中央党校函授经济管理专业本科、大专各1个班，学员90人；成人教育中心校开办电视中专班，学员56人。1997—1998年，广播电台详细报道金南乡马塘小学办学经验，金南中学被省教育厅确认为“省重点职业高级中学”。1999年，镇域设置中学3所，小学25所。金南乡建成乡成教、党校一体化综合教学楼。

2000年，金南镇设初级中学2所，完全中学1所，在校生1010人；小学22所，在校生3469人；幼儿园3所31个班，在园幼儿805人。镇教育工作被省教委表彰为省“教育促小康工程先进乡镇”，先锋小学为“市合格学校”，镇中心幼儿园被市评为“淮阴市一类园”，镇成人教育中心被省教委命名为“省重点成人学校”。2001年，建成镇中心小学教学楼，建筑面积1980平方米；投资70万元，合并原南望、墩塘、胡庄、岗坂等5所小学，兴建南望小学，“五校合一”在全县村小合并中投资最多、规模最大。2002年，镇投资810万元，改造金南、卞塘中心小学、先锋小学和卞塘中学等8所中、小学危房，整修、美化学校环境，添置微机、乒乓球台、电子琴等教学设备和音体美器材。金南中学为24个教室全部装上投影仪，配备语音设备56台（套），购置电脑50多台（套）；建成教学楼、实验楼、教师宿舍、学生公寓、学生餐厅；新建图书阅览室180平方米，藏书1.5万册。2005年，全镇有初级中学2所，完中1所（高中部为职业高中），在校生1168人；小学5所，在校生2175人；中心幼儿园3所，村幼儿园2所，在园幼儿362人。镇多方筹措50万元新建寄宿学生公寓，建筑面积740平方米，解决120多名全日制学生寄宿问题。

三、文化体育

1986年，镇域由于历史文化的传承，文艺活动较为活跃，乡乡有文艺宣传队，每遇重大节日，民间传统的花船、花担、莲湘、蚌舞及自编自演的小品、话剧等争相演出。1988年1月，县首届农民文艺节在卞塘乡揭幕，为期10天。1995年，金南乡群众文化被评为省级先进单位。金沟镇有线电视正式开通。1997年，卞塘乡文化体育事业繁荣兴旺，获得市级“文化先进乡镇”和省级“体育先进乡”称号。1998年4月，县政府确定镇域宋墩、抬饭墩、时墩等5处遗址为县级文物保护单位。1999年，金南乡更新全乡广播线路19杆线公里，在全市第一家实现乡村广播主杆线传输电缆化。2000年，金南镇兴建广播电视综合楼，建筑面积456平方米，设有有线广播转播机房、有线电视发射机房、有线电视宽带网信息机房，全镇广播、电视传输质量显著提高。2005年，全镇有6个村设置乒乓球室，8个企业新建篮球场和乒乓球室。

四、医疗卫生

1986年，镇域三乡设置卫生院3所，各村配备卫生员1人。1997年，建成甲级村卫生室25个，医务人员132人。其中，金南乡有卫生院1所，村卫生室13个（甲级10个），医务人员39人；金沟镇有卫生院1所，甲级村卫生室15个，医务人员44人；卞塘乡有卫生院1所，村卫生室14个，医务人员49人。1999年，镇域设置卫生院3所，村卫生室27个，医务人员136人。2000年5月，金南镇丰南村民间医生王成业，研制出治疗急性、慢性阑尾炎的中药内服方剂，获得国家专利。2005年，全镇有卫生院1所，医疗点2个，甲级村卫生室18个，医务人员105人。

第四节　人民生活

1986年，金南乡农村经济收入总额1071.03万元，其中农业收入908.17万元、非农业收入162.86万元，农民人均纯收入579元；金沟镇农村经济收入总额1363.70万元，其中农业收入1108.70万元，非农业收入255.00万元，农民人均纯收入574元；卞塘乡农村经济收入总额1218.09万元，其中农业收入1042.18万元，非农业收入175.91万元，农民人均纯收入560元。三乡镇收入的主要来源是出售农副产品收入、非农业收入。非农收入主要有工业、建筑运输业、商饮服务业等，所占比例仅为15%左右，金沟镇稍高，占18.7%。随着农副工业生产的发展，农村居民收入提高，生活条件不断改善。1996年，三乡镇的农民人均纯收入，金南乡2744元，金沟镇2724元，卞塘乡2733元；农村居民生活消费品支出分别为1896元、2030元、2327元。恩格尔系数分别为51.35%、51.06%、51.88%，衣着支出约占6.2%，居住支出约占19.7%，其他支出约占2%，结余部分占纯收入的20%左右。三乡镇自来水受益人口占总人口的72.5%，有线电视频道开通18套节目，其中有8个频道在全市率先开通加密频道。金沟镇农户拥有楼房451幢，占全镇农户10%；通信事业新增程控电话400门。卞塘乡程控电话网遍及村、组、户，全乡共安装程控电话643部。

2005年，全镇有楼房1131幢，楼房占比率10.6%；农村居民人均总收入7109.2元，纯收入4301.6元，恩格尔系数44.56%；衣着支出约占4.6%，居住支出约占10.3%，其他支出约占5%，结余部分占30%以上。全镇参加养老保险人数4950人，参加农村新型合作医疗保险人数2.96万人，享受居民最低生活保障人数447人。全镇农户固定电话拥有量1.03万部、移动电话4500部；自来水饮用户1.22万户，普及率95%；石油液化气使用1.1万户，普及率86%；有线电视入户7696户，入户率60%；互联网上网用户105户；全镇年末各项存款余额1.55亿元，其中居民储蓄存款余额1.39亿元。

第四章 闵桥镇

第一节 基本情况

一、概 貌

闵桥镇由原闵桥镇和横桥乡合并建成，位于县境东南部，镇驻地闵桥集镇，距县城东南27公里。1986年，闵桥乡东濒高邮湖，南面的东半部与横桥乡接壤，西半部濒高邮湖，西至淮河入江水道东堤，北界范坝河与塔集、夹沟接壤，乡政府驻地闵桥集镇。总面积36.51平方公里。横桥乡形似半岛，东、南、西三面为高邮湖环绕，西、北与闵桥乡接壤，乡政府驻地庙沟集镇，距县城东南32公里。总面积31.56平方公里。1988年，闵桥乡撤乡设镇。2000年，横桥乡并入闵桥镇，新镇域东、南两面环绕高邮湖，西至淮河入江水道东堤，北界范坝河与塔集、夹沟接壤，总面积68.07平方公里。地面真高4.2~6.8米。2005年，全镇实现地区生产总值1.84亿元，其中第一产业8538万元、第二产业5270万元（工业5050万元）、第三产业4558万元；三次产业占比分别为46.5%、28.7%（工业27.5%）、24.8%。被命名为“省文明乡镇”。

镇域有5个集镇（市）。

闵桥集镇 1986年，街道成“T”字形，总长1000多米，有居民800户、2000多人，工商户300多户，集镇面积1.8平方公里。兴办热工仪表、化工等企业11户，年产值百万元以上企业4户，100多种产品销往全国各地，被誉为“仪表之乡”。2000年，集镇面积扩大到2.2平方公里。2005年，南北向的人民路、富康路、古镇路，与东西向的建设路、西湖路、健康路、环镇路纵横交错，道路总长10余公里，面积18.9万平方米；排水管道总长10公里，公共绿地2万平方米；建公厕9座，卫生设施齐全。两座自来水厂，日供水量达万吨。集镇面积约3平方公里，居民1.5万多人。

双庙集市 位于闵桥集镇东北3公里处。1986年为双庙村驻地，集市居民200多户、500多人口，有商店、饮食店、小学校等。有逢集习俗，后渐衰颓。2000年前后，当地村民自筹资金在原城隍庙（双庙小学）旧址重建“双庙寺”。2005年，该集香火旺，游人多。

太平集市 距闵桥镇东4公里。1986年前有逢集习俗，后因粮站、商店、学校先后迁走，逐渐衰颓。1987年，为太平村部，集市有商铺、诊所等。2003年，在原太平小学旧址恢复兴建“白衣庵”，庵产价值近百万元。2005年，居民200多户、600多人口。

横桥集镇 曾为渔业公社驻地，位于闵桥镇东南高邮湖畔7.5公里处，史称黄荡桥、横荡桥。有商店、粮站、豆腐店等，每月农历二、七为逢集日，较为繁华。1971年，渔业公社驻地迁至涂沟，该集逐步冷落。1986年，集市南北长约300米。1996年，集镇面积91公顷。2005年，集镇面积约10万平方米，街道南北向为通湖路，东西向为人民路、新建路，集镇居民400多户、1500多人口。

庙沟集镇 又名庙子沟、阴阳集，集市顺河而建，东西长约200米，位于闵桥镇东南6公里处高邮湖畔叶家渡。因居民一部分住岸上，称为阳；一部分居水中渔运船舶上，称为阴，故名“阴阳集”。1986年，为横桥乡政府驻地，集市上有供销社、粮站、饮食服务业、商铺、铁匠铺等。1994年起，每月农历二、七为逢集日。2000年，撤乡并镇后，集镇商贸较前萧条。

二、建置区划

1986年，闵桥乡辖闵桥、胡桥、双庙、周桥、平桥、太平、楼庄、药王、张石、施尖、甫坝、姜湾、渔业等13个村、127个村民小组；横桥乡辖高庄、任港、金桥、杨平、小桥、朱桥等6个村、69个村民小组。1988年7月闵桥改为镇建置。1997年6月，镇设置古镇居委会。2000年1月，撤销横桥乡并入闵桥镇，设19个村，均保留原村名，1个古镇居委会。6月，原19个村合并为闵桥、双庙、太平、药王、横桥、甫坝、施尖、金桥、小桥等9个村和古镇、庙沟2个居委会；197个村民小组合并为73个联组。至2005年，镇域建置无变更。

三、土地人口

土地 1986年，闵桥乡有耕地1665.87公顷、水面186.67公顷。横桥乡耕地940.73公顷、水面994.67公顷，联圩外滩涂333.3公顷。镇域石油资源丰富，设油井48口，其中闵桥乡36口，横桥乡12口。1995年划定基本农田保护区，横桥乡耕地1358.46公顷，闵桥镇1710.3公顷。2000年，闵横镇乡合并后，全镇南北长9.1公里，东西宽10.8公里，有耕地2595.87公顷，水面1200公顷，高邮湖围养水面开发500公顷。石油井增加到130口。小桥村复垦废河废塘、古庄基、荒圩，增加耕地面积20公顷。2005年，全镇有耕地2586公顷，水面733公顷。镇域石油井开采数上升到161口，日产原油量226吨。

人口 1986年，闵桥乡共有4792户、人口18096人。其中：农业人口17550人，非农业人口546人；少数民族人口壮族1人，回族5人；从业人员8153人。横桥乡2221户、人口9001人。其中：农业人口889人，非农业人口112人；少数民族人口苗族6人，黎族1人，侗族1人，布依族1人；从业人员4320人。1987年，闵桥乡人口自然增长率为5.75‰，1998年为-2.85‰。2000年合并后的闵桥镇，人口23458人。其中：少数民族人口黎族1人，苗族26人，彝族2人，布依族1人，侗族2人，哈尼族3人，回族4人；小学程度9333人，初中8649人，高中1465人，中专360人，大专252人，大学本科28人，文盲、半文盲人口1390人。2005年，全镇23695人。其中：农业人口18865人，非农业人口4830人；人口自然增长率-0.93‰。

第二节 经济建设

一、农 业

1986年，闵桥乡粮食总产2.1万吨，人均产粮1.2吨；饲养生猪1.74万头，“三禽”22.68万只，农业总收入1155.75万元。横桥乡粮食总产2899.8吨，人均产粮1.29吨；饲养生猪9859头、“三禽”14.52万只，农业总收入738.85万元。1989年，闵桥镇拥有农机总动力9879千瓦，有效灌排面积1678公顷；横桥乡农机总动力7293千瓦，兴建朱桥排涝站，疏浚杨平至小桥村的排涝河，有效灌排面积939公顷。1995年，闵桥镇建成5个专业村，实现农林牧副渔业总产值3466万元，粮食产量1.35万吨，油菜产量890吨，饲养生猪2.21万头、毛兔2.03万只，蚕茧产量141吨，水产品产量1167吨；财政收入154万元，被淮阴市政府命名为“财政十骏乡镇”。横桥乡开发水面533公顷，年产成鱼1391吨，荷藕4700吨，珍珠8.02吨，实现产值2111万元。1997年，横桥乡加固联圩，扩大“三水”（水产品种植、养殖、加工）项目规模，扩植荷藕267公顷，总面积达万亩（667公顷），扩增水产养殖面积440公顷，扩建水禽饲养场3个，饲养水禽21万只。同时建立荷藕产销协会，使横桥的鲜藕进入山东、江西等外埠市场，鲜藕销售4200吨，收入300万元。1999年，闵桥镇改造低产田200公顷，兴建各类配套建筑物329座，疏浚三沟6800米。横桥乡发展水生蔬菜733公顷，水产养殖507公顷，其中特种养殖320公顷。

2000年，合并后的闵桥镇粮食总产2.31万吨，油料976吨，棉花93吨，饲养生猪2.76万头、“三禽”59.48万只、毛兔1.4万只、羊1173只，蚕茧产量65吨，水产品产量4535吨，实现农林牧渔业总产值9043万元。2002年，全镇劳务输出3397人，初步形成以新疆、上海、苏州等地为主的建筑装潢，以山西、安徽等地为主的仪器、仪表，以北京为主的广告业及苏南、昆山的纺织服装等四大劳务输出基地。建成稻田养殖、内塘螃蟹养殖、万亩高邮湖围网养殖、2万亩优质粳稻等4个无公害绿色食品基地。疏浚六六河、东西河、东七河等排涝河道6条，总长22.4公里，挖土30.8万立方米，改造低产田3000公顷。2004年，加固横桥联圩张家圩拐，铺砌块石护坡2.7公里，疏浚排涝河4条，总长5.5公里，完成土方56万立方米。同时拆建南华坝、小桥坝等2座挡洪闸。兴建农桥4座和配套涵洞32个。

2005年，增加“双低”油菜面积1000公顷，推广优质水稻2050公顷、小麦1000公顷，水产养殖1053公顷、水生蔬菜1670公顷，栽植意杨成片林33公顷，农田林网改造233公顷。实现粮食产量2.23万吨，棉花16吨，油料1217吨，饲养生猪2.64万头、“三禽”50.8万只、羊1533只，毛兔圈存量3758只，水产品产量5015吨，蚕茧产量67吨。全镇劳务输出6831人，其中境外输出44人，另有3800多富余劳力在当地就近就业。农业基础设施建设完成水利土方46万立方米，兴建御洪闸8座，内河节制闸29座，中沟级桥梁66座。有排涝站12座，排灌机械47台（套）、3700千瓦。

二、工 业

1986年，闵桥拥有工业企业37家，其中乡办工业企业15家，从业人员639人，初步形成仪表、化工、机械为主的三大行业，实现工业产值443万元，销售收入420万元。横桥乡有从闵桥乡划入的乡办企业金湖县第二织带厂等企业3家，实现工业产值84万元，销售收入80万元。1987年，新上消泡剂、医用敷料、聚丙烯塑料编织带等项目，有乡办企业5家，户办联户办加工厂13家，实现工业产值157.35万元。1988年，闵桥镇开发仪表成套装置、数字压力电流表、玻璃工艺刻花等重点产品，新增产值600万元。镇办工业被市委、市政府评为“乡镇工业五十强”。10月，省“明星企业”热工仪表总厂受到江苏省政府通令嘉奖。横桥乡新发展轻工助剂、测温仪表、粮食加工和塑料包装、编织厂等企业。以绒花为主产品的村办工业企业有2家，年产值达120万元，从业人员150人。闵桥镇闵桥村兴办起仪表电器厂等一批私营企业，生产的800多种仪表产品销往全国27个省市，“仪表之乡”美称远扬。1997年，小桥村村民闵沛玉在该村发展绒花企业4家，从业人员291人，绒花产品通过外贸渠道远销新加坡、菲律宾、泰国等东南亚10多个国家，产品质量享受免检待遇。1999年，建成闵桥镇工商业园区，面积约1平方公里。年底，引进金陵助剂厂等私营企业18家，实现销售收入2200万元。是年，扩大村办工业玩具和绒花加工规模，小桥村加工绒花18万打，创汇40万美元，被省轻工业厅誉为“苏北绒花第一村”。

2000年，合并后的闵桥镇建成化工企业4家，电子仪表企业8家，机械制造业3家，实现工业产值1.76亿元。建成苏北首家秸秆气化站，年转化麦草、稻草200吨，保护环境，节约能源。2002年，开发荷藕加工、针织，精密铸造等新项目8个；6家仪表企业重组成立仪表企业集团，形成营销强势，引进项目36个，创德制衣有限公司、江苏华海测控技术有限公司两个项目落户县工业园区。闵桥籍供销员王恒林回乡投资兴办杰创计量仪器有限公司，实现销售收入650万元，利税65万元。2003—2004年，引进昆仑自动化有限公司落户县工业园区，引进扬州市客商吴乃虎投资1500万元，建成淮安市维尔特电气有限公司。主要生产特种电线电缆，年销售收入3000万元。镇粮油食品加工厂引进精制挂面自动化生产线和精制大米加工设备，年生产能力增加到6万吨，产值超亿元；同时吸纳富余女工就业150人。新增热工仪表线缆厂、仪表三厂两家销售收入超500万元的企业，初步形成以仪器仪表、化工、电线、电缆、木器、绒花、粮油食品加工、玩具、服装、刺绣等多行业齐头并进的工业格局，全年实现工业总产值2.26亿元、销售收入2.1亿元、利税2100万元。2005年，引进进县工业园区项目20个，视同园区项目4个，有16个项目当年投产。全镇共有工业企业65户，其中规模企业5户，实现工业总产值3.3亿元、销售收入3.2亿元、利税2362万元。兴建镇工业园区3个，占地133公顷。其中：镇西片区64公顷，有80多户工业企业落户；镇北片区45.3公顷，横桥集镇区30.7公顷，企业全部入驻。宝应客商张泰湘投资兴办荷藕食品加工厂，生产藕粉、真空藕、鲜切藕等品种14个，产品全部出口日本、韩国市场。

图2-4-4 落户县工业园区的江苏华海测控技术有限公司车间一角（摄于2002年） 闵桥镇/供

三、商贸服务业

1986年，闵桥乡有商业户85户，从业人员300多人；横桥乡有商业户40多户，从业人员60多人。1995年，商贸业个体户迅猛发展。闵桥镇拥有个体工商户522户，从业人员900人；横桥乡有个体工商户50多户，从业人员116人。横桥乡成立荷藕产销协会，销售收入300多万元。1997年，闵桥镇兴建农贸市场1820平方米，富康路、商贸一条街市面经商户40多户，年交易额400万元。渔业村办起华宝鱼禽销售公司。横桥乡小桥村原村主任、老党员闵立基，承包水塘养鱼养虾，热心帮助困难户脱贫，被市委组织部、宣传部授予1997年度“双带标兵”称号。1998年8月，乡水利站在淮河入江水道高邮湖大堤旁建成水产品批发交易市场，水产品日均成交量3吨以上。1999年，闵桥镇施尖村成立高邮湖禽蛋加工有限公司，设立销售窗口5个，建立营销队伍5支，从业人员近350人，农副产品年购销量3000吨以上。横桥乡兴办商业、饮食业、服务业、加工业等多种行业，新发展个体工商户50户，是建乡15年中最昌盛的一年。

2000年，镇乡合并后，第三产业和非农业经济发展步伐加快。全镇有粮食、水产品、畜禽、工业产品购销，绒花加工，广告、建筑等不同行业的经纪人300余人。藕农直接联系车辆到塘口运藕，销往上海、浙江、山东、山西、北京等地，年销售量超万吨。2001年，兴办农副产品商贸销售公司3个，服务公司5个，到大中城市设立窗口75个。2003年，改造原供销社为新亚商城。成立荷藕合作社，年销售鲜藕500多吨，交易额100多万元。2005年，闵桥镇个体工商户895户，从业人员4716人，经纪人450人，营销额1800万元。其中集镇有个体工商户300多户，各村居住点及交通便利的村庄均有家禽家畜、鱼虾蟹鳖、瓜果蔬菜等销售，或代收废品，方便居民生活。

旅游业　金湖万亩荷花荡景区位于该镇（参见“第四十三篇专记”《荷花节创办与旅游业兴起》。）

第三节　社会事业

一、基础设施建设

1986年，闵桥集镇为乡政府驻地。铺设混凝土路面街道300米。1989年，闵桥镇重点狠抓乱设、乱搭、乱建等违章建筑的管理，使镇容镇貌有所改变。1995年，被确定为市级和省级小城镇建设试点乡镇。1996年，闵桥集镇安装路灯50盏，有线电视入户218户，镇区有文化中心、高档水冲式沐浴室、电影院、舞厅、农贸市场、商场、商店、卫生院、学校等文化、科教、生活娱乐设施，自来水日供水量2000吨，被省政府命名为“百新小城镇”。1997年，闵桥镇新建停车场1500平方米，开凿深水井1口，铺设自来水管道5000米，新增程控电话1500门、有线电视入户500户，有72户农民进集镇建房，建筑面积9653平方米。原横桥乡政府铺筑横桥集镇沥青混凝土路面1200米。1998年，闵桥集镇扩建绿地1300平方米，绿岛1000平方米，道路建设完成土方1万多立方米。横桥乡建成占地400平方米的水产品交易市场；到集镇建房的农户有26户，主要街道延长600米。翌年，该乡在主街道建办公楼1300平方米，经商门面房78户、1.8万平方米，街道两侧均铺设下水道。

2000年起，闵桥集镇成立管理办公室，配管理人员3人，环卫工人12人，并兴建垃圾填埋场和垃圾中转站130平方米。镇区水冲式或三格式化粪池使用率达100%，行政村建公厕13座。至2005年，闵桥镇集镇建设累计投入资金8000多万元，铺筑集镇道路7条，总长1万多米，面积18.9万平方米；建设行道绿岛4000平方米，绿化覆盖率38%；铺设排水管道10公里，公共绿地2万平方米；建公厕9座。兴建起镇政府、农电、财政、国土、教育、邮电、文化广播等楼宇和农贸市场，灯塔2座，安装路灯168盏，广告宣传灯箱80个，通信基站4座。集镇面积1.8平方公里，居民1.3万人。

二、教　育

1986年，闵桥乡共有小学16所，中学2所，教职工154人，在校生3659人。横桥乡有中学1所，小学6所，教职工91人，在校生1399人。1998年，闵桥镇筹集资金110万元改善办学条件，建成全县乡镇中心校中第一所集教学、办公为一体的标准化教学楼，结构为4层，建筑面积1764平方米。1999年春，闵桥镇施尖、甫坝、姜湾三所村小学合并到闵南初小，原闵南高年级小学撤并到闵桥中心小学。横桥乡中小学有3人在全国竞赛中获奖。

2000年，镇乡合并后，闵中、横中2所中学在校生888人；6所小学在校生2100人；幼儿园3所，村级幼儿班10个，在园幼儿500人。共有教师216人。2001年，闵桥中学在全县乡镇学校中率先办起电脑室，各年级开设信息技术课；中心校成为“淮安市500强中心小学”。2002年，全镇筹资400多万元用于改造学校危房。新建校舍126间、2520平方米，建围墙1000米，维修教舍200多间、6000平方米。铺水泥地平路道和种植草坪各万余平方米，新建标准操场一个和水冲式厕所2座。学校全部通过省“无危房校舍镇”验收。2003年，19所中小学撤并为中学2所，中心校2所，村完小3所。筹措资金500万元改造薄弱学校，新建教学楼2幢，校舍4500平方米，修缮校舍8000平方米，砌围墙1000米，浇筑水泥地坪、跑道和种植草坪各万余平方米。添置电脑等教学设备，加大师资培训力度。2005年，闵南初小并入闵桥中心小学。全镇投资近百万元，继续完善“三新一亮”（新课桌、新板凳、新讲台，电灯亮）和“六有”（有整洁的校园、有满足师生就餐需要的卫生食堂、有冷热饮用水、有水冲式厕所、有安全宿舍、寄宿生一人有一张床），市、县分别在闵桥镇召开现场会，推广其经验做法。

三、文化体育

文化 1986年，闵桥乡有一所简易文化站，6间房屋，约90平方米；广播站拥有站房8间，建筑面积156平方米，主杆线路126.3杆公里，扩音机3台，广播通响率95%。横桥文化站建于1987年，房屋5间，约180平方米；广播站建站房6间、168平方米，拥有扩音机1台，10千瓦发电机组1套，广播主杆线路75.8杆公里，广播通响率96.7%。两乡均有影剧院、放映队，及录像队、婚丧喜庆服务队、鼓乐队、传统秧歌队以及文艺宣传队等，有创作、编导、演唱、书法、舞蹈等各类人才，常年坚持活动。各村建有一支业余文艺宣传队，备办道具、服装，有龙灯、花船、驴灯、花担等，经常安排调演。编排的哑剧《理发》，声乐《渴望》《十送红军》，话剧《急诊》《冬季生产掀高潮》《立志做新人》等参加县文化艺术节演出。1992年，省文化厅授予闵桥镇“文化先进镇”称号。1998年，闵桥镇、横桥乡开通有线电视。2000年镇乡合并后，文化队伍、人才、设施更为充裕，活动较为正常。2003年，建成淮安市第一家广播音频工作站。2001—2004年获得县群文新作调演二等奖、创作奖等多项奖励。2005年，镇文化中心楼设有影剧院、溜冰场、图书室、象棋室、乒乓球室、录像室、歌舞厅等。

体育 1986年，闵桥乡举办第二届农民运动会，竞赛项目有长跑、跳远、跳高、舞剑、篮球、乒乓球、拔河、象棋、健身舞等。被省体委授予“体育先进乡”称号。1990年2月2号，闵桥镇举办第六届农民运动会，比赛项目有田径类跳高、跳远等，球类有乒乓球、羽毛球、篮球等，还有棋类。1994年，横桥乡建起一个600平方米的篮球场、100平方米的乒乓球室，组织1200余人参加9个项目竞赛活动。2000年镇乡合并后，由于多种原因，体育活动减少。留守在家的老人有晨练、散步、慢跑、体操、打拳等活动。

四、医疗卫生

1986年，闵桥乡设卫生院1所，每年的4月定为开展爱国卫生和健康教育活动月。1988年，闵桥镇卫生院兴建门诊楼1幢、381平方米；横桥乡设卫生分院。1999年，开展食品卫生、公共场所卫生及饮用水卫生、单位和居民区卫生、环境保护等10个方面的宣传教育4次，发放健康教育资料4万份。2000年，镇乡合并，镇卫生院集医疗，预防、保健、计划生育、健康教育、康复为一体，医疗质量提高。食品、公共场所从业人员体检率、培训率和“三证”（食品流通许可证、餐饮服务许可证、食品卫生许可证）发放率均达100%，卫生合格率达98%以上，“四苗”（卡介苗、甲肝疫苗、百白破疫苗、脊髓灰质炎疫苗）覆盖率99.5%，儿童建卡率100%，孕妇参保率90%，孕产妇住院分娩率92%；9个村春季血防查螺面积6.96万平方米，在非疫区新查出钉螺条块1个，位于闵桥镇施尖村外滩、高邮湖入口处，为湖沼型钉螺区。被省爱卫会命名为“江苏省卫生镇”。2004年，连续5年被授予“淮安市文明单位”称号。2005年，设镇卫生院1所，村卫生室9个。拥有卫技人员27人，设内科、儿科、外科、妇产科、中医科、口腔科、预防保健科、手术室、产房、药库、中西药房、检验科、放射科、B超、心电图室等。医疗设备添置日本东芝X光增强系统、全自动洗胃机，能独立进行中腹、下腹部手术、剖腹产、宫外孕、附件囊肿摘除等手术，并与二三级医院横向联系，开展上腹部手术，以及妇科子宫全切除等，基本能解决农村多发病、常见病的诊断治疗，年业务收入165万元。

第四节　人民生活

1986年，农民人均纯收入闵桥乡523元，横桥乡504元。两乡银行居民储蓄余额254万元，人均141元。收入的主要来源是种植业、养殖业及工业、运输建筑业、商饮服务业等，“五匠”各显其能，中等以上收入家庭购买消费品主要是“三转一响”，即自行车、手表、缝纫机，收音机。人均住房面积约13~15平方米，沿湖区有相当部分农户仍住着土坯墙、草顶房。瓦房率约占30%。1999年，闵桥镇人均收入3463元，横桥乡3302元。集镇居民收入4500元，居民储蓄存款余额1342万元，人均住房面积30平方米，瓦房率占95%，其中楼房户占20%。2000年，农村居民收入水平提高，购买消费品的档次提升为“三机一箱”（电视机、录音机、洗衣机，电冰箱）。少数富裕农居民家拥有别墅、小汽车、商品房、电脑。衣着款式多样化，面料质地趋好。2003年，农民人均纯收入增加到3969元，集镇居民收入6000元，居民储蓄存款人均1900元。居民收入增多的原因是到大城市和海外市场打工赚钱。

2005年，农民年人均纯收入4235元，居民储蓄存款余额达4495万元。全镇打工人数达到6381人，占总劳动力的52.3%，其中境外44人，就近从事二、三产业的3000多人，人均年劳务收入2万元左右，有私家车300余辆。青少年衣着讲时尚、选名牌。人们的饮食讲究营养均衡，粗细搭配，口味清淡。亲友上门进饭店，婚丧喜庆找帮厨。人均住房面积达36平方米，楼房率占55%，部分居民住进设施齐全的居民点（中心村）。交通工具有摩托车、电动车、小汽车，品种繁多，出行便捷。人们的信息交流用上程控电话、BB机、手机，户均达2部，百户家庭拥有洗衣机80台，电冰箱45台、电视机150台、电脑2台。扩建敬老院，占地1公顷，建筑面积900平方米，设床位70张，入院老人38人；分散供养“五保”老人115人。

第五章　塔集镇

第一节　基本情况

一、概　貌

塔集镇由夹沟乡和原塔集镇合并建成，位于金湖县东部偏南，镇驻地塔集集镇，距县城约21.5公里。镇域地势西高东低，有东西走向的庄台河10条；与南北走向的2条中心河每隔430米纵横交汇，农村居民搬上新庄台，家家沿河而居。1986年，夹沟乡东濒高邮湖，南界范坝河邻闵桥镇，西与塔集镇接壤，北连涂沟乡，总面积27.77平方公里。塔集乡东毗夹沟乡，南邻闵桥乡，西至淮河入江水道东提，北与淮建、银集两乡相连，总面积24.36平方公里，地面真高5.5~7米。1988年，塔集镇撤乡改为镇建制。2000年，合并后的塔集镇，东濒高邮湖，南界范坝河邻闵桥镇，西至淮河入江水道东堤，北连银集镇和涂沟镇高邮湖村，总面积52.13平方公里。土壤大部分属中性灰黑沉积黏土，土质肥沃，适宜稻麦等农作物种植，为粮食高产区。2005年，全镇实现地区生产总值1.82亿元，其中第一产业8738万元、第二产业4918万元（工业4698万元）、第三产业4546万元；三次产业占比分别为48%、27%（工业25.8%）、25%。

镇域有2个集镇。

塔集集镇 1986年，原集镇街道呈"卄"字形，东西向主街道由老街沿塔夹路向东延伸至1000多米，此路与金闵路交会，交会处渐成中心区，南街与西老街为居民区和厂区，街道为砂石路或砖头铺扎而成。1995年，新建一条新建路，主街道逐步东移至金闵公路两侧。2000年撤乡并镇后，开发集镇周边闲置地块，建造居民楼、创业区，集镇规模扩大。2005年，集镇两横、两纵四条街长约2100米，均为混凝土路面。建成区面积约2.1平方公里，居民1300户，人口4500人。

夹沟集镇 位于东中心河畔，距塔集集镇东5公里。1986年为夹沟乡政府所在地。沿中心河东岸新辟的一条街以商业繁荣为显著特色，商户延绵200米，故名繁昌街。2000年撤乡并镇后，设置夹沟居委会，集镇建成区约0.7平方公里。2005年，集镇建成"两横三纵"5条街道，总趋势沿塔夹路向西发展，河西有学校、企业及居民，主街道已延伸1000多米，有居民1200户，人口4100人。

二、建置区划

1986年，塔集乡辖10个村，77个村民小组。夹沟乡辖13个村，103个村民小组。1988年，塔集乡改为镇建置，辖区和所属村名未变。2000年，夹沟乡并入塔集镇，全镇辖塔镇、高桥、中桥、时坝、联合、东方红、跃进、陆河、河村、新华、金平、夹镇、渔业、夹沟、龚河、岔河、新桥、陆家、安乐、三柳、双桥、三官、淮泉等23个村，180个村民小组。2002年，并村联组，23个村合并为陆河、东方红、高桥、联合、新华、岔河、安乐、三柳、双桥、金平、龚河11个村，设置宝塔和夹沟2个居委会；村民小组合并为85个联组。至2005年，镇域建置区划无变更。

三、土地人口

土地 1986年，塔集乡耕地1191.4公顷，水面316.9公顷。夹沟乡耕地1433.6公顷，水面555.93公顷。镇域南部高桥、联合、三柳、双桥等村拥有石油资源，正在开采中。1995年，塔集镇划定基本农田保护区耕地1220公顷，其中一级保护区1113.3公顷，占耕地总面积91.3%；二级保护区106.7公顷，占8.7%。；夹沟乡划定基本农田保护区耕地1460公顷。2000年，合并后的塔集镇耕地面积2625公顷，水面710公顷。对镇区以东的高邮湖边的约40平方公里水生资源丰富的滩涂湿地和浅湖水域进行开发，发展水产养殖、捕捞及水生植物种植。2005年，耕地面积2608公顷，水面800公顷。划入基本农田保护区面积3239.5公顷。

人口 1986年，原塔集镇共有3571户，人口13615人。其中：农业人口12915人，非农业人口700人；从业人员6557人；人口出生率16.81‰，自然增长率11.23‰。夹沟乡共有4421户，人口15865人。其中：农业人口15481人，非农业人口384人；从业人员7129人；人口出生率9.9‰，自然增长率4.92‰。2000年，合并后的塔集镇，共有9396户，人口27328人。其中：农业人口25044人，非农业人口2284人；从业人员13810人；人口出生率6.26‰，自然增长率2.3‰。2005年，全镇共有9387户，人口25809人。其中：汉族25786人，少数民族人口23人；人口出生率7.19‰，自然增长率-3.75‰；农业人口23784人，非农业人口2025人；从业人员12880人（从事农林牧渔业3057人，工业1187人，建筑业2148人，交通运输业、仓储、邮电216人，信息计算机服务业94人，批零商贸餐饮业98人，金融保险业30人，卫生体育福利业73人，教育、文化、广电业93人，经济组织管理30人，其他1911人）。

第二节 经济建设

一、农 业

种植养殖业 1986年，塔集乡粮食总产量1.51万吨，平均亩产425.5公斤，副业以养殖业为主，工农业总产值956.14万元。夹沟乡粮食总产量1.88万吨，平均亩产414.5公斤，工农业总产值1221.27万元。1987年后，夹沟乡结合陈家圩堤防加固工程，圩内开挖水产养殖池塘，圩外滩涂发展浅水围网养殖，还种植菱、藕、芡实、茭白、水芹、荸荠、慈姑、荇菜等“水八鲜”。经改良引植，建成全县唯一的千亩（66.7公顷）芙蓉菱角种植带。塔集乡以稻麦、油菜种植为主，是全县粮食主产区之一。1995年，全镇共有湖桑面积340公顷，联合、三柳村建成蚕桑产业带，“淮安市蚕桑示范园”落户陆河村。全镇年饲养蚕种1.3万张纸，产鲜茧517.08吨，蚕茧总值620万元。后因市场影响，蚕桑业逐渐下滑。

2000年并镇后，形成“东水西桑”的格局，建成特种养殖公司（鱼类、虾蟹类）、捕捞公司和林蚕场。种植业全面推行无公害稻麦良种种植，被国家农业科技部门认定为“绿色食品产地”。充分利用西濒淮河入江水道、牧草资源丰盛的地域优势，发展牛羊饲养，新增养牛户5户，养牛360多头，养羊户56户，养羊5814只。塔集林业站被国家林业局授予“全国先进乡镇林业工作站”称号。改建、拆建挡洪涵闸5座，整修加固圩口防洪闸16座，内河节制闸18座；建排涝泵站25座，装机总动力2992千瓦。

2005年，粮食总产量2.53万吨，其中稻麦总产2.46万吨，占实收粮食总产量97.2%；水稻平均亩产427.5公斤，小麦平均亩产343公斤。水面养殖总面积2406.7公顷，其中内圩养殖167公顷，外圩养殖873.3公顷，其中陈家圩精养面积306.7公顷，稻田养殖200公顷，分布在双桥、龚河、岔河等村；湖区水面围网养殖467公顷，养殖100亩（6.7公顷）以上的围网养殖大户30多户，捕捞公司、双桥、龚河和金平等村养殖户居多。从事捕捞业的有115户、448人，捕捞总产值在5500万元左右。全镇有意杨150多万株，其中农田林网48万株，成片林12万株，四旁种植50多万株，圩堤栽植40万余株；有湖桑面积1006.7公顷，茧产量403吨。

长毛兔饲养 1986年，全镇饲养长毛兔7978只，产兔毛2486公斤，分别占全县总量23.1%、25.5%。1994年末，毛兔圈存量17.3万只，产兔毛9.12吨，分别占全县总量的33.97%、34.12%。1997—1998年，镇投资80万元，兴建起万只种兔场，引进苏系粗毛兔、新西兰肉兔等优良品种，年产仔兔6万只。是

图2-5-5 塔集镇长毛兔饲养苑（摄于1999年） 塔集镇/供

年，产兔毛100吨，创产值1679万元。1999年，全镇养兔24.8万只，引进美、法等国优良品种7个；时坝村扶持发展养兔户88户，累计246户，存栏毛兔2.44万只，产仔兔1.7万只，实现专业产值152万元。高桥村饲养100只以上的大户有101户，50只以上的170多户。塔集被誉为全国养兔基地。2003年，由于市场行情等因素影响，毛兔产业开始萎缩。全镇毛兔圈存量2004年仅7.18万只，2005年8.66万只。

二、工　业

1986年，塔集乡有仪器仪表、农机、针织、钢刷、麦芽、服装、建材、化工、鞭炮等企业20多户，职工672人；户办、联户办企业33户。主要工业产品钢丝刷，远销欧美16个国家和地区，获省外贸优质产品奖。工业产值405万元。夹沟乡拥有农机、沙发、丝织、胶木、仪表、木器、工艺、草帽、糕点等乡村企业27户，职工651人，户办联户办企业130多户，年产值233万元。1990年，夹沟乡创办金科仪表企业，年产值78万元，利税3万元。1991年，金菱机械厂投产，年产值20万元左右。

2000年撤乡并镇，全镇共有工业企业366户，其中年销售收入500万元以上的规模企业9户，个体工业企业287户，主要产品有渔业机械、鱼药、麦芽原料、仪表、电器设备、金属配件、粮食加工等12个系列400多个品种。2002年，渔业公司改制为股份制，新上渔业机械、鱼药生产项目，招商引进工业项目7个，技改投入4472万元。金科仪表搬迁至县工业园区，固定资产投入645万元，职工人数40人，年产值565万元，利税32万元。全镇实现工业产值6.21亿元，其中私营工业3.75亿元，个体2.46亿元。2005年，金菱机械厂固定资产达到240万元，职工92人，年产值694万元，利税72万元。镇引进新项目10个，其中500万元以上项目5个，共有工业企业148户。主要产品为渔业机械、机械、机床配件、仪器仪表、工艺玩具、大米、面粉、橡塑制品、杨树卷板等，年产值1.79亿元，其中规模以上工业3607万元，规模以下1.43亿元。

三、商贸服务业

1986年，塔集、夹沟两乡以集镇为中心，开拓发展商贸业。夹沟乡商贸一条街初具规模。1988年，塔集乡有个体工商户72户，商品零售额268万元；夹沟乡有个体工商户106户，商品零售额375万元。1995年，省委副书记孙颔考察夹沟繁昌街，给予高度评价。1998年，夹沟乡成立水产品营销协会，会员83人，经纪人16人，并在上海、杭州及苏州、无锡、常州设立销售窗口20个，销售水产品500吨，销售收入达860万元。

2000年撤乡并镇后，商贸繁荣带动餐饮行业兴旺。塔集、夹沟两集镇的餐饮店40多户，每户有自己的特色产品或特色菜肴，如大块牛肉、椒盐仔鸡、牛肉烩细粉等。2005年，全镇有高档次的新世纪浴都1个，普通浴室11个，理发店25户，各种维修门市20多个，缝纫店22个，从事各种服务行业的人数400多人。从事三产行业的共有千余户，从业人数达3000多人。劳务输出逾万人，其中走出国门的近百人。夹沟集镇每到逢集，车水马龙，周边县、市皆有客商贸易往来。商业贸易门类齐全，品种繁多。

第三节　社会事业

一、基础设施建设

1986年前后，塔集集镇东西向老街向东延伸至原东方红村，镇中心逐步由古镇区向金闵公路与塔夹公路交会点转移。镇区面积约1平方公里。船舶运输逐渐被车辆取代。夹沟集镇傍依东中心河扩展繁昌街，与原街道组成“口”字形，总长千余米。1995年，塔集新建东西走向的新建路，由老南街向东穿越金闵公路延伸300余米。新老街道呈“井”字形，四街总长约2100米，均为混凝土路面。2000年，农村居民进镇经商建房户增多，塔夹路向东穿过夹沟集镇，直达高邮湖大堤，全长10公里全部改建为混凝土路面，11个村部相继修通沥青路或砂石路，85%的村民小组通上砂石路或砖头路，部分铺筑为混凝土路面。全镇道路硬化17条，总长110.3公里。配套兴建公路桥13座，机耕农用桥57座，便桥5座。同时，加大植树造林、绿化美化力度，在圩堤、河堤、庄台、路旁栽植意杨、香樟树、花木，发动机关、学校、企事业单位美化绿化。随着农民收入逐年增加，居民建房向集镇和规划点移建，楼房逐渐增多。全镇共有楼房1783幢。集镇均设有垃圾箱，安排专人清扫转运，疏通水道，保持路道、街道清洁卫生。2004年，政府投资120万元，兴建塔集中心小学教学楼，建筑面积3200平方米。夹沟中心小学搬迁到原夹沟中学校舍，装修一新，现代化设施齐全。至2005年，在国家财政的支持下，全镇建沼气池5000多座，沼气、石油液化气和电气等生活燃源普及使用，改厕率100%。有线电视收视率93%；有线广播通过线路整改、扩容，村村有播音喇叭，通响率95%。

二、教　育

1986年，塔集乡有完全中学、初级中学各1所，小学12所，幼儿园12所；夹沟乡有初级中学2所，小学13所，幼儿园11所。两乡成人教育中心主要职能是扫盲、业余教育。1996年，塔集成人教育中心举办成人中专、业余高中、大专学历教育班。2000年，塔集镇、夹沟乡各建中心小学1所，小学计19所，中心幼儿园2所。塔集成人教育中心自编的乡土教材《蚕桑》《科学养兔》等在全县推广，为养兔教学基地，《新华日报》《扬子晚报》均进行报道。塔集中学培育出留学生吕建仁（英国）、杨小平（美国）、杨国华（美国）等。塔集乡闵忠友在对越自卫反击战中荣获二等功。2004年，塔集中心小学教学楼建成。2005年，塔、夹两中学合并，撤出高中部，并将闵桥中学全部、银集中学部分施教区划入，更名为金湖县塔集中心初级中学。东、西两片所有村小学全部撤销并入夹沟、塔集两中心小学，校带幼儿园分别并入中心园。塔集镇九年义务教育入学率、巩固率、幼儿入园率均为100%，初中升学率91.7%，巩固率95%。

三、文化体育

1986年，塔集、夹沟两乡文化中心开设电影、录像放映、图书阅览、板报画廊等多项文化活动，有乒乓球、康乐球、棋牌等娱乐项目。夹沟乡新桥村组织近20人的女子舞龙队，在县城及邻乡演出；淮泉村组织20多人的文艺队，排练莲湘舞、撑旱船；岔河村的跳驴舞等，每年慰问烈军属、“五保”户10余次，深受群众欢迎。1988年，夹沟乡成立业余篮球队，每年参加赛事活动20次以上，组织乡镇间联谊活动10次以上。1993年，政府投资数万元，维修敷设广播线路，广播入户率、通响率均达95%，高桥、联合、安乐、双桥、金平等村建成“音箱村”。2000年，全镇评选出文明标兵户100户，文明户1000户，新风户2000户，遵纪守法户4000户。2002年，塔集镇创建市级文明单位7个，市级文明窗口3个，县级文明单位23个，文明村4个。至2005年，政府每年从群众一事一议中提取3万~5万元，用于有线电视杆线的敷设维护，6年累计投资150万元，铺设电缆电线50公里，通入各个村组，有线电视用户1600户，有线广播电视实现光纤传输14.25公里，3条主干线呈“工”字形，即中桥线北至银集，南至闵桥；夹沟线北至涂沟，南至楼庄；塔夹线西起塔集，东至夹沟。

四、医疗卫生

1986年，塔集乡有中心卫生院1所，村卫生室9个；夹沟乡有卫生院1所，村卫生室13个。1996年，塔集镇建成农村初级卫生保健合格镇。2000年撤乡并镇后，原夹沟乡卫生院并入塔集中心卫生院。塔集中心卫生院投资100多万元兴建900多平方米的住院大楼、通往金闵公路健康桥及职工宿舍，改善医疗卫生条件，被评为部颁一级甲等卫生院，成为金湖县东南片的医疗、急救、预防保健中心，辐射周边4个镇10余万人口，辖塔集社区卫生服务站夹沟分院、东南药店。全院有职工50多人，大专以上学历20多人，医疗用房3800平方米，生活用房1900平方米，固定资产225万元，设有空调病房、免费浴室，开设内科、儿科、外科、中医科、妇产科、五官科、骨伤科等临床特色专科，医疗技术水平在同类单位中处于领先地位。2004年，增挂"金湖县第四人民医院"牌子。2005年，全镇11所村级卫生室，甲级率90%，共有医务人员41人。

第四节　人民生活

1986年，农民人均收入塔集乡488.71元，夹沟乡503.63元。镇域有电话41部，人均住房12平方米，农民基本无存款，少数家庭有自行车、黑白电视机。1988年，原塔集镇、夹沟乡开始安装改造自来水。1995年后，摩托车走进农家。1997年，广播有线电视由集镇逐步向农村居民推开。2000年，农民住房逐渐向楼房发展。并配有太阳能热水器和空调。有105户到县城和其他大中城市购置房产。居民饮食趋于多样化、营养型，炒菜、烧菜代替咸菜萝卜干，鸡鸭鱼肉、牛奶果汁等饮料进入百姓饭桌，燃气普及率92%。衣着普遍购买成品服装，青年人结婚，贵重首饰、高档服装、家具及各种日用品一应俱全。2004年，全镇除陈家圩内等无常住居民地方外全部通上自来水。

2005年，塔集镇农民人均收入4345元。安装程控电话6763部，居民有手机3874部，用上互联网41户，有摩托车762辆，农用小型卡车32辆。全镇民居建楼房1783幢，其他均为砖瓦结构平房，人均住房面积39平方米。人均食品消费额3664元，彩电、冰箱、空调、洗衣机、太阳能热水器、微波炉、电脑等耐用消费品家庭拥有量占55%~70%，民众消费范围扩展到观光旅游、文化教育、医疗保健及休闲娱乐等方面。镇设敬老院1所，生活自理困难、无亲属照顾的"五保"老人、重残人均集中供养。年末，居民储蓄存款余额1.09亿元，人均4352元。

第六章　银集镇

第一节　基本情况

一、概　貌

银集镇由淮建乡和原银集镇合并建成。镇域属高邮湖、宝应湖、黎城湖三湖水系的沿湖圩区，土壤大部分为黑黏土，地面真高5.2~7.6米。1986年，银集为乡建置，位于县域东部，东界涂沟河、分界河邻唐港乡和复兴圩农场，南毗塔集镇和涂沟乡高邮湖村，西至淮南圩西中心河与淮建乡相连，西北、北与宝应湖农场和涂沟乡接壤，总面积32.94平方公里。淮建乡东界淮南圩西中心河邻银集乡，南与塔集乡接壤，西濒淮河入江水道，北毗宝应湖农场，总面积18.15平方公里。1988年7月，银集乡撤乡建镇，1997年迈入淮阴市经济十强镇行列。2000年1月，原银集镇和淮建乡合并建成新的银集镇，东、北邻江苏省农垦总公司复兴圩农场、宝应湖农场和涂沟镇，西濒淮河入江水道，南与塔集镇和涂沟镇接壤，总面积51.09平方公里。

2005年，全镇经过连续多年农田基本建设，田园方整，土地肥沃，沟渠纵横，河网密布，水利设施配套，排灌畅通，是县境粮棉油高产区。全镇地区生产总值1.32亿元，人均6414元，其中第一产业4157万元、第二产业5523万元（工业5186万元）、第三产业3531万元；三次产业占比分别为31.5%、41.8%（工业39.3%）、26.7%。先后获“全国婚育新风进万家活动先进乡镇”“省文明乡镇”等称号。

二、建置区划

1986年，银集为乡建置，辖15个村、105个村民小组；淮建乡辖9个村、66个村民小组。1988年7月，银集撤乡建镇。2000年2月，原银集镇和淮建乡合并为新的银集镇，共辖义平、红湖、劳动、银东、复兴、复连、团结、银联、天塘、新北、何营、银集、银红、新胜、集镇、新庄、刘坝、火星、新东、永祥、高沈、新红、利生、刘圩等24个村、105个村民小组。2001年并村联组，设置红湖、劳动、复连、团结、天堂、何营、新胜、刘坝、永祥、高沈、利生等11个村、75个联组，银集集镇、淮建集镇和火星村分别改设为银集、淮建2个社区居委会。淮建居委会下设3个组。至2005年，银集镇建置区划无变更。

镇域有2个集镇。

银集集镇　1986年，集镇以老街为主体，设置乡级机关、中小学、幼儿园、医院、供销社和20多家企业，镇区面积1.1平方公里，集镇人口近2000人，街道仅有一条东西向老街沿河路和一条南北向振兴路，路面为简易砖石路面，两侧居民房和单位房均为砖瓦平房。1988年撤乡设镇后，银集村1组划入集镇范围，居民增加到240户2035人。2005年，集镇道路形成南北向人民路、振兴路与东西向金渔路、沿河路、新建路、健康路两纵四横格局，建成区面积9.5平方公里，集镇人口4000多人。

淮建集镇　位于淮河入江水道行洪道东侧、县乡干道金闵路旁，距银集集镇西南8公里，距县城东13公里。1986年，为淮建乡政府驻地，设置乡级机关、学校、医院、供销社和10多家企业，集镇面积0.6平方公里，人口520人，集镇以横贯东西的金闵公路为主街道，南侧为经商户和居民房，北侧为机关单位和企业。1999年，居民在集镇自建楼房和平房，教学楼、邮电楼相继竣工，金菱线缆厂、星月制线厂等企业扩大规模。2000年设置淮建居委会。2005年建成工业集中区，16家企业入驻，集镇人口1500多人。

三、土地人口

土地　1986年，淮建乡有耕地1041.7公顷，退耕还林14公顷；集体耕地931.2公顷，农民自留地110.5公顷。银集乡有耕地1546.4公顷，其中水田1434.7公顷、旱地111.7公顷，退耕还林6.3公顷，退耕还渔5.6公顷；集体耕地1435.87公顷，农民自留地110.5公顷。1996年起，淮建乡分期开发大墩岭荒滩103公顷。2000年，合并后的银集镇拥有耕地2578.47公顷、水面400公顷。至2005年未变。

人口　1986年，淮建乡2271户，人口8815人。其中：农业人口8618人，非农人口197人；自然增长率6.44‰；农村从业人口4320人。银集乡3644户，人口13988人。其中：农业人口13421人，非农人口567人；自然增长率2.93‰；农村从业人口6574人。1996年，淮建乡计划生育率连续13年保持100%，自然增长率-1.21%。5月，国家计生委副主任蒋正华到淮建视察后，为该镇题词“保持先进，再接再厉，九五时期更上一层楼”。银集乡4259户，人口13822人。其中农业人口12566人、非农业人口1256人。2000年镇乡合并时，全镇共有6653户，人口21227人，人口自然增长率为-2.27‰，农村从业人员10787人。2005年，共有7385户，人口20553人。其中：非农业人口3299人，农业人口17254人；人口自然增长率3.59‰；乡村人口从业人员10410人。

第二节 经济建设

一、农 业

1986年，淮建乡粮食、大豆播种面积1841.8公顷，平均亩产416.5公斤，产量1.05万吨，饲养生猪8496头、家禽9万只、水牛64头、羊260头、毛兔384只；拥有桑田15公顷，茧产量8.15吨；水产品产量46.1吨；果园3.47公顷，造林23.3公顷。经济收入696.5万元，年人均纯收入552元。建成新东村北排涝站，拥有机械总动力3726千瓦，有效灌溉面积1042公顷。银集乡粮食、大豆播种面积3055公顷，平均亩产419.5公斤，产量1.92万吨，饲养生猪1.69万头、家禽13.31万只、水牛83头、驴1头、羊96头、毛兔1232只；拥有桑田27.5公顷，茧产量18.2吨；水产品产量26.94吨；果园6.3公顷，造林29.6公顷。农业机械拥有大中型拖拉机46台，总动力8465千瓦；经济收入1117.4万元。建成银集、银联、新胜、义平、老河圩等8座排涝站，机械总动力1.15万千瓦。

1990年，两乡镇调整农业产业结构，实施规模化种植养殖，重点发展蚕桑、意杨、杞柳、抗虫棉、特种水产水禽、牛蛙、洋葱、荷兰豆、金姑娘香瓜等产业。农田林网化率100%，淮建乡高沈村栽植杞柳超过47公顷。1994—1995年，银集镇特种养殖品种由牛蛙、黄鳝、螃蟹，发展到野鸭、胡子鲶、泥鳅、蝎子、七彩山鸡等，水产养殖面积167公顷。义平、红湖两村用2年时间复垦同心圩36.7公顷，建桑园11.3公顷，植树16.7公顷，开发养殖鱼塘8.7公顷。淮建乡建成养羊专业村1个，培植专业大户128户。永祥村发挥杞柳扦插面积大、柳编工艺精的传统优势，有107户165人从事笆斗、匾筐、包装箱、工艺花篮等柳制品编织加工，产品畅销苏皖邻近市县，创纯收入32万元。同时还利用资源优势，大力发展养羊业，全村饲养山羊5000多只。1996年起，淮建乡疏浚东南片新阳河、沿堤河、迎丰河等主干渠道15公里，连片治理低产田400公顷，复垦土地40公顷，建成省“蚕桑基地乡镇”。高沈、新红两村拓植杞柳133公顷，形成杞柳产业带。银涂万亩特种水产养殖带建设进入实施阶段。

2001年，银集镇在建成省优质茧基地镇和市级棉花生产基地镇的基础上，突出发展特种水产养殖、稻田养殖，建成万亩银涂特种水产养殖带，其中稻田养殖面积333.3公顷；发展杞柳产业带和大棚蔬菜示范园，蔬菜种植133.3公顷；蚕茧产量179吨，水产品产量1502吨。实现农业总产值5380万元。2004年，调整养殖结构和模式，主养小龙虾，推广稻田小龙虾养殖技术，形成粮、棉、蚕桑、林木、特种水产五大主导产业。粮食总产量2.02万吨，棉花1052吨，油料1099吨；蚕茧产量218吨；水产品产量1038吨。农业生产总值9368万元。

2005年，全镇购置拖拉机35台、播种机25台、插秧机23台，农机具2100台（套），总动力3.2万千瓦；小麦机条播面积超过500公顷，机插秧面积1000公顷，农机跨区作业创收900余万元。兴建桥梁16座，水利配套建筑物186座，建防渗渠道1.3公里，改造排涝站4座，疏浚河道3条，改造中低产田700公顷，营造防护林20公顷。银集镇被确定为“淮安市稻田龙虾养殖示范基地”。粮食总产量2.26万吨，饲养生猪2.14万头、家禽27.7万只、羊760头，蚕茧产量182吨，水产品产量1205吨。农业生产总值9047万元。招商引进泰州籍客商焦静，在高沈村承包开发荒废洼地13.3公顷，投资500万元创建“静苑生态养殖农庄”，采用生态养殖模式，集规模畜禽养殖、高效水产养殖、垂钓休闲、餐饮娱乐一体化综合经营。

棉花种植 1986年，淮建乡棉花播种1.8公顷，产量1吨；银集乡棉花播种8.5公顷，产量7.5吨。1989年，淮建乡种植棉花29.5公顷，产量19.38吨；银集镇种植棉花57.2公顷，产量37.05吨。1990年起，调整农业产业结构，银集镇劳动村、复连村植棉1000亩（66.7公顷）以上。1993年，淮建乡棉花播种66.7公顷，产量42吨；银集镇棉花种植468公顷，产量443吨。1995年，银集镇劳动村植棉

78公顷，产皮棉67.28吨，收入110.33万元，植棉者人平纯收入682.47元。1996年，淮建乡有棉花专业村3个，棉花产量98吨；银集镇有棉花专业村11个，棉花总产量650吨，成为市级棉花生产基地乡镇。1997年，棉花产量淮建乡60吨，银集镇650吨。2000年合并后的银集镇，植棉面积933公顷，棉经套种400公顷，棉花产量1205吨。2001年，全镇植棉面积1066.7公顷，棉花产量1389吨，达到历史顶峰，列全县各镇第二位，仅次于涂沟镇。2005年，银集镇共植棉424.7公顷，产量357吨。

二、工　业

1986年，银集乡有乡村办工业企业20户，户办联户办企业127户，主要项目有聚乙烯绳网、农机、砖瓦、粮食加工、水泥制品、织袜、印刷、木器加工等，其中聚乙烯绳网产品畅销省内外，年产值超过100万元，全乡工业产值384万元。淮建乡有乡村办工业企业23户，户办联户办企业6户，主要项目有农机修造、机械配件加工、水泥制品、草帽柳器编织、砖瓦、饲料加工等，年产值376万元。1994年，淮建乡金菱电线电缆厂获得农业部颁发的全国质量管理达标证书，线缆产品畅销全国22个省市，实现销售收入513万元。银集渔网厂兴建一条聚氯乙烯拉丝生产线，生产多种型号的聚氯乙烯丝、线、绳以及有结网、经编网、尼龙网等新产品，产量突破2400吨，实现产值2720万元，利税58.06万元，被冠以“渔网之乡”美名。1997年，银集渔网厂加大技改资金投入300万元，扩延规模优势，开发安全网新产品，聚氯乙烯网具产量突破3500吨，实现销售收入5569万元，创利税228.5万元，成为华东地区渔网渔具主要生产基地，迈入淮阴市工业十强镇行列。翌年，新上聚氯乙烯捻线机组2台（套）；冲压件厂喷油嘴总成项目上马，年产150万套，增加产值250万元；水泥制品二厂开发长度10米预应力圆柱形电力杆项目，获得省销售资质，年增销售收入300万元；农机厂与金蛙集团联姻，扩大农用三轮车配件生产能力。6户骨干企业实现工业总产值1.18亿元，利税490万元。2000年，金荣公司新上塑料粒子项目，广泛用于绝缘、耐油、耐腐等特种电缆生产，年增产值800万元。

图2-6-6　银集渔网厂生产的各类渔网、线、绳（摄于1999年）
朱伟／摄

2001年，银集镇引进环宇信息、华兴仪表、医用化工材料等项目22个，拥有工业企业40多户，销售额在500万元以上的规模企业8户，投入技改资金1536万元，形成塑料制品、建筑材料、机械配件、印刷包装、电线电缆、木器制造等6大支柱产业，实现销售收入2.48亿元、利税1253万元。利生村村民柏庆宝发明试制的“柏氏兰药茶”和以山芋干、糯米面为原料的“新型薯碗”获得国家发明专利2项，并创办柏氏兰茶有限公司。县渔网厂开发生产的“多菱”牌聚氯乙烯安全保护网、体育设施网等产品拓展销路，由东南沿海扩大到西南地区，以致到新西兰、美国等国际市场。密目式安全网被确定为劳动防护标准用品，新增销售收入260万元。2002年，在淮建集镇兴办镇工业小区，盘活厂房、场地等闲置资产800万元，吸纳富余劳动力200多人。引进沁宝橡塑等2个500万元以上项目落户县工业园区。2004年，永华绳网、义平渔网、动力机械等8户企业落户银集，还兴办6户“庄台工厂”，就地吸纳劳动力483人。

2005年，淮建工业集中区占地面积173.3公顷，引进金京制衣、宇豪机械、金工机械等工业项目22个，其中入驻工业集中区企业16户。全镇共有工业户441户，销售收入在500万元以上规模企业7户，工业产品拥有机械配件、渔具渔网、木器卷板、电线电缆、仪器仪表、印刷包装、服装、电子、橡塑、建材等10个系列800多个品种。富林电子公司形成5000万元电子产品的生产能力，取得自营出口权，电子产品销路拓展到澳大利亚等10多个国家和地区。是年，县渔网厂多菱牌渔网、建筑安全网被中国渔网渔具协会评为金牌产品，江苏金菱电线电缆厂金菱牌电线电缆被评为部省优质产品。实现工业总产值2.52亿元。

三、商贸服务业

1986年，淮建乡商业网点设供销合作社、商店、饭店、代销店、旅社共20多户，供销部门为农民提供各种化肥2115吨、柴油146吨、农药163吨、农用薄膜3.7吨；为全乡销售农副产品230吨。全年商品销售额257万元，实现利润3.6万元。粮食部门完成690吨粮食合同订购任务，金融部门为农、副、工、商投放各种贷款131万元。银集乡商业网点设供销合作社、商饭店、代销店、旅社共20多户，购销化肥4085吨、柴油266吨、农药193吨、农用薄膜7.3吨；为全乡购销售农副产品270多吨，全年商品销售额568万元，实现利润近8万元。粮食部门完成1154吨粮食合同订购任务，金融部门为农、副、工、商投放各种贷款242万元。1989年，淮建乡建成柳编、废旧收购、畜禽、养羊、母猪等专业合作社5个，全年营业额78.48万元；银集乡建成禽、猪、兔、粮油等专业合作社5个，全年营业额251.32万元。1995年，淮建乡累计发展个体工商户262户，从业人员405人，创产值400余万元。银集镇累计发展个体工商户320户，从业人员350人，创产值1.19亿元。1998年，淮建乡劳务输出1068人，出国4人；银集镇劳务输出803人，出国5人。2001年，全镇累计发展个体工商户551户，从业人员830人，餐饮业和商品零售批发业兴旺。2002年，转移农村剩余劳动力4700人，创劳务收入2500多万元，银集镇被确定为全市6个劳务输出基地镇之一。团结村青年农民杨晓东先后三次出国，赴以色列、科威特、阿尔及利亚从事建筑装潢。2004年，在浙江诸暨大堂镇建立劳务输出基地。2005年，全镇规模批发零售企业有江苏商联公司银集店、阳光连锁超市、一家人超市；餐饮业有铭春酒楼、大众酒楼、振兴饭店、顾中华饭店、热忱酒楼、宏森大酒店。

第三节　社会事业

一、基础设施建设

1986年，银集乡、淮建乡农村民居实行庄台化，由村组集体依河傍水安排宅基地，呈“一”字形排开，每户333平方米左右，房屋多为砖瓦结构平房。淮建乡建沼气池12个，银集乡建沼气池151个。1990年，淮建乡采取允许流转责任田、到集镇落户、安排子女就读等优惠措施，吸引52户居民到集镇兴办第三产业，从事商饮服务业。1995年起，两乡先后兴建中心幼儿园898平方米，新建公厕、垃圾池等环卫设施，设立集镇管理办公室，组建保洁队伍，负责集镇环卫工作。银集镇铺筑镇村砂石路9条、28.8公里，新建农贸市场300平方米，架设街道路灯20盏，程控电话开通1000门。淮建乡第一条乡村砂石路淮宝路建成，新凿百米深水井3口，增加自来水受益人口3500人；新建起农经、城建综合楼，建筑面积486平方米。架设10千伏输变电路6.5公里。新辟集贸市场720平方米。

2000年，银集集镇形成“两纵四横”街道格局，设置中小学、卫生院、邮政电信、金融服务等机构和22个机关单位，餐饮、商业批发零售、个体加工服务业268户，集镇居民约4000人。淮建集镇扩建改造敬老院2000平方米、农贸市场1000平方米，绿化面积20万平方米，新增集镇居民42户，建造居民楼房6000平方米。设置学校、卫生所、邮政电信、供电、金融等单位和农贸市场、敬老院，工业企业6户，个体工商户125户，集镇居民约600人。2003年，镇域实施第二期农村电网改造工程，建成35千伏变电所，华庄变电所停止运营。2005年，铺筑硬化何营二路、学校路、肖坝路共4.6公里，重建复兴闸，修筑淮建集镇主街道混凝土路面1公里和银集集镇道路两侧下水道，扩建敬老院200平方米。

二、教 育

1986年，淮建乡有初级中学1所，小学10所，幼儿园9所。银集乡有初级中学2所，小学16所，幼儿园10所。1990年，镇成人教育中心校教学楼落成。1994年，银集镇镇兴建教学楼，建筑面积679平方米。淮建初级中学教学质量显著提高，有应届毕业生93人，升学率达65.6%。1995年，淮建乡投资兴建幼儿园，建校舍、活动室11间，操场2000平方米。1998年，淮建乡小学校合并为6所，幼儿园1所，在校生960人，中心校购置微机、投影仪等教学器材，开展电化教育。银集镇初级中学合并为1所，小学8所，在校生1962人。中心校五（2）班学生邹露露获得“市十佳勤奋少年”称号。2000年，全镇有初级中学2所，小学11所，幼儿园1所，在校生3130人。镇党委政府筹资152万元，兴建银集、淮建2所中心小学的教学楼，共60间、3200平方米。2005年，镇设置初级中学1所，在校生796人；小学4所，在校生1011人；幼儿园4所，入园幼儿283人。中心小学被列入淮安市首批50强、市书法传统实验学校。投资80余万元为银集中心校、银集中学修筑混凝土路面2000平方米，兴建中学食堂、宿舍，改造厕所，添置教学微机100台。镇成人教育中心校常年举办各类实用技术培训班100个，受训人员逾万人。

三、文化体育

1986年，淮建、银集均设置文化中心，开设板报画廊，放映电影录像，举办图书阅览，开展农技知识宣传等多种文化活动；村村兴办文艺队，自编自演戏剧、小品、演唱节目，每逢节日到各村、各单位演出。1998年，银集镇举办一期农民运动会，有田径、球类、棋类、拔河等项目。新胜村小康书架藏书2500余册。1999年12月，银集镇团委、文化站联合举办千人万米长跑、拔河比赛，8个代表队参赛1500多人。2005年，开展“婚育新风进万家”活动，通过召开演讲会、图片展览、办知识讲座、开展知识竞赛等形式，融晚婚晚育、婚前婚后知识教育、计划生育教育为一体，并为计划生育困难户排忧解难，受到中宣部、国家计生委、民政部、国家广电总局等10部委联合表彰。

四、医疗卫生

1986年，淮建乡设置乡卫生院1所，村卫生室5个，医务人员28人。银集乡设置乡卫生院1所，村卫生室12个，医务人员35人，1990年通过淮安市卫生镇验收。1998年，银集镇初级卫生保健指标全部达到国家标准，计划免疫率100%。2000年镇乡合并后，淮建乡卫生院并入银集镇卫生院，在淮建集镇设立社区卫生服务站。2001年，设镇卫生院1所，社区卫生服务站5所，村卫生室10个，医务人员73人。镇卫生院住院部扩建后，占地4500平方米，建筑面积2600平方米，有病床30张，设置医疗康复部、预防保健部和综合办公室。医疗康复部开设内科、外科、儿科、妇产科、中医科、康复科等6个临床科室和放射影像、检验、生化、超声波、胃镜、心电图等6个医技科室；预防健康部开设计划免疫、妇幼保健等服务门诊和慢性病管理、传染病管理、卫生监督、镇村“一体化”管理等功能科室，住院、药库、药房、划价、收费全部实行微机化管理。2005年，镇卫生院和10个村卫生室，共有医务人员73人。集镇环境卫生向农村延伸，实施农村“三清”（清理废沟塘、清除垃圾、清除卫生死角）工程，启动农村改厕和河塘治理，引导农民告别陋习，保护环境，美化家园。该镇在2004年获得“市新型小城镇”的基础上，又被评为“淮安市卫生镇”。

第四节　人民生活

1986年，农民人均纯收入银集乡569元，淮建乡552元。两乡均设有敬老院。1990年，随着农民收入增加，民房逐步改建砖混楼房，居住环境改善。两地开展大病特困救助和孤儿救助，重视残疾人事业发展。淮建乡党委副书记兼残联理事长孙善德被评为全国助残工作先进个人。1991—1993年，淮建乡农村居民建房3034户，建筑面积近33.4万平方米；银集镇农村居民建房2330户，建筑面积25.6万平方米。1995年，淮建乡敬老院被评为省文明敬老院。银集镇居民储蓄余额1710万元。

2000年，银集镇兴办绳网厂、金菱电线电缆厂福利企业2户，安排残疾人就业66人。2001年，被省文明委授予“文明村镇”称号。是年，境域移动、联通通信信号网络覆盖全镇，民众使用移动电话逐步普及。2004年，全镇纳入城乡最低生活保障42户46人。2005年，农民人均纯收入4234元。用于生活消费支出3700元，其中食品消费额1900元，衣着180元，居住380元。每百户家庭生活耐用品拥有量：自行车170辆、电视机110台、电冰箱30台、洗衣机60台、摩托车30辆、电风扇210台，少数家庭拥有私家汽车。

第七章　涂沟镇

第一节　基本情况

一、概　貌

涂沟镇由原涂沟镇和唐港乡合并建成，是江苏省10个淡水渔业专业乡镇之一。位于县境东北部，镇驻地涂沟集镇，距县城25公里。1986年，涂沟乡中心行政区域东界涂沟河邻唐港乡，南、西与银集镇相连，北濒金宝河邻宝应湖农场；边远村星散于高邮湖、白马湖、宝应湖及三河、大汕子等沿湖沿河地区，总面积29.58平方公里。唐港乡东界大汕子邻宝应县，东南濒高邮湖，南至涂沟河尾段毗银集乡和复兴圩农场，西连银集镇、涂沟乡和宝应湖农场，北临宝应湖，总面积51.47平方公里。1988年7月，撤销涂沟乡改为涂沟镇。

2000年，唐港乡并入涂沟镇，划出白马湖村、滨湖村到前锋镇。镇区东濒大汕子和高邮湖毗宝应县，南、西南界涂沟河邻银集镇和复兴圩农场，西、北与银集镇及宝应湖农场相连，土地总面积74.55平方公里。2005年，实现地区生产总值2.29亿元，人均9034元。其中，第一产业1.12亿元，第二产业5771万元（其中工业5661万元），第三产业5918万元。水乡涂沟属滩田区，河湖三面环绕，连接淮河入江水道和京杭大运河的金宝航道穿境而过，三河支流涂沟河流经镇区。渔业生产、粮棉种植是该镇特色产业。

镇域有2个集镇。

涂沟集镇　1986年，涂沟集镇有街道4条，呈“开”字形。南北向的为老街、康乐街，东西向的为工商街、湖滨路。集镇面积0.12平方公里。1990年，延伸康乐街为人民路。2000年，新建利民路、惠民路。2003年，集镇设通衢居委会。2005年，绿化街道，设置市场、公交停车点，集镇增建公厕、垃圾箱，建成区面积约0.5平方公里。有居民880户、近4000人，其中工商户203户。

唐港集镇　该集镇历史上经济较为繁荣。1986年为唐港乡政府驻地，距涂沟镇东北4公里，街市呈"T"字形，面积26.7公顷。2003年设置港中居委会。2005年，集镇面积约1平方公里。有居民668户、2678人，集镇有镇中路、通金路、镇南路和富康路等4条主街道，均为混凝土路面，形成"口"字形格局。

二、建置区划

1986年，镇域建置为涂沟乡、唐港乡。涂沟乡辖11个村、49个村民小组和1个居委会，2个养殖场。唐港乡辖15个村、157个村民小组、1个农业队。1988年7月，涂沟乡撤销，建置改为涂沟镇，其辖区及建制未变。2000年1月，唐港撤乡并入涂沟镇，镇域向东北扩延。全镇辖窑湾、秦庄、红星、五星、桂花、付兴、唐港、崔沟、于沟、于南、曙光、华庄、新联、新淮、外滩、高邮湖、夹荡、复南、宝应湖、东湖、金宝、三河、新渔、涂沟（除白马湖、滨湖村划给前锋）等24个村、194个村民小组。高邮湖、湖滨、东湖、三河等4个村改为渔业村。2001年，并村联组，24个村合并为秦庄、五星、唐港、于沟、新淮、涂沟等农业村6个，高邮湖、湖滨、东湖、三河等渔业村4个，港中、通衢居委会2个，联组79个。港中居委会设在原唐港乡政府驻地，通衢居委会系涂沟镇镇政府所在地。高邮湖、宝应湖两个养殖场分别位于南面的高邮湖村夹沟荡、北面的东湖村伏家洼。至2005年，镇域建置区划无变更。

三、土地人口

土地　1986年，涂沟乡有耕地500公顷、水面383.5公顷、牧草地667公顷；唐港乡有耕地1981公顷、水面1185公顷、牧草地667公顷。2000年，撤并后的涂沟镇有耕地2352公顷、水面2133公顷。2005年，镇域耕地面积2352公顷，水面2136公顷。

人口　1986年，涂沟乡2928户，人口11920人。其中：农业人口10445人，非农业人口1475人；从业人员6815人；汉族11913人，苗族2人，傣族3人；人口出生率7.17‰，自然增长率0.33‰。唐港乡4185户，人口17320人。其中：农业人口16075人，非农业人口1245人；从业人员9920人；汉族9911人，苗族3人，傣族4人；人口出生率7.25‰，自然增长率0.35‰。少数民族人口主要是婚进。2000年，撤并后的涂沟镇，共有7745户，人口25265 人，人口出生率6.02‰，自然增长率-2.61‰。2005年，全镇8337户，人口25382人。其中：汉族25361人，苗族7人，傣族11人；人口出生率7.36‰，自然增长率2.36‰；农业人口23629人，非农业人口1753人；从业人员14754人（从事农林牧渔业8195人、工业677人、建筑业884人、交通运输业852人、信息计算机服务业9人、批零商贸餐饮业528人、金融保险业30人、卫生体育福利业64人、教育文化广电业111人、经济组织管理100人、其他职业3304人）。

第二节　经济建设

一、农　业

农林牧业　1986年，以渔为主的涂沟乡粮食种植业开始发展。全乡建机电灌站14座，灌排沟渠总长14.7公里，除涝面积913.3公顷；粮食产量超过4000吨。唐港乡以粮棉种植为主，是县内棉花重点产地，粮食产量2.5万吨，皮棉产量超过600吨。该乡拥有电灌站24座，灌排沟渠总长26.3公里，除涝面积3453.3公顷。涂沟、唐港两乡均重视林果、蚕桑业的发展，涂沟乡拥有林果园83.7公顷，其中果园46.7公顷、造林36公顷；唐港乡植树造林面积49.5公顷，植桑33公顷，果园13.6公顷。1994年，唐港乡植棉选用优良品种，改直播为营养钵移栽，并推广苗床化学除草、合理密植、短期施肥等新技术，达到保苗保花、增加坐桃率及提高棉花品质的效果，802.3公顷棉花获得丰收，产皮棉819吨，平均亩产68公斤，亩创产值超千元。全乡拥有成片林310公顷，各类树木102万株，森林覆盖率28%，被市政府命名为“绿化达标乡”。1997年秋，唐港乡投工16.2万个，清理排灌渠道652条、263公里，完成土方16.3万立方米，改造5个村低产农田667公顷。同时，兴建桥梁1座、涵洞2个，其他配套建筑物39座。鼓励农民植棉867公顷，建成棉花专业村15个，户平植棉2.6亩（0.17公顷），列全市第一。是年，全乡推广地膜棉、地膜直播棉53公顷，麦套棉533公顷，实行全程化控、科学防治病虫害。棉花总产993吨，亩产80公斤，亩产列全市第一名，在江苏淮南片棉花高产竞赛中获第二名。

2000年，全镇拥有活立木19.6万株，拍卖林地经营权树木10万株。省茧丝绸公司扶植该镇建立优质茧生产基地，桑园面积扩大到236公顷。随着木材价格的上涨，村民意杨栽植热情高涨。秦庄村九联组发现地热资源一处，该处长约1800米，宽约100米，待开发利用。2001年，涂沟镇种植棉花面积1557.2公顷，总产1860吨，占全县总产量近50%。2005年，全镇拥有机电灌站39座，电机62台，灌排沟渠总长25.56公里，灌溉面积2453.3公顷，除涝面积4866.7公顷，灌排结合面积66.7公顷。实施农业开发工程，兴建各项配套建物291座，其中桥梁21座、中沟涵洞6座、节制闸4座、电灌站11座、田间配套建筑物245座，铺设防渗渠道3.5公里，砂石路7.82公里。全年粮食播种面积4178公顷，亩产366公斤，总产2.29万吨。累计造林面积798.7公顷，农田林网400公顷。实现农业总产值2.57亿元，其中种植业9142万元、林业1076万元、牧业1581万元、渔业1.31亿元、其他860万元。棉花种植面积1554公顷，总产1227吨，占全县总产量67.2%。产茧93吨，水果125吨，出栏生猪6677头，养禽20.2万只。

渔业 1986年，涂沟乡渔民改变以捕捞为主的传统生产模式，开挖鱼塘发展水产养殖。三河村率先在刘圩渡口至鲢鱼滩围网养鱼200公顷。随后，其他村亦相继在白马湖、高邮湖进行大水面围养，推广科学养鱼技术。1989年8月，县在涂沟镇投资40万元二度开发伏家洼，动土20万立方米，建成河蚌育珠基地20公顷，荷藕基地153公顷，鱼蟹混养水面近400公顷。1990—1992年，省、县水产研究部门在镇域进行小水体高密度养殖试验，网箱体积1~8立方米不等，每立方米最高产鱼52.5公斤。伏家洼累计产鱼500吨、螃蟹65吨、黄鳝20吨、虾5吨、荷藕5000吨，总产值900多万元，获利200万元。1993—1994年，全镇大区网养面积发展到884公顷，粗养水面412公顷，加上小区、网箱围养和精养鱼池，养殖总面积1619公顷，产量2481吨，其中鱼2327吨、蟹154吨，占全镇水产品总产量41.3%。唐港乡开发荒滩、荒地、荒水33公顷，发展鱼、蟹、珍珠养殖，创产值80万元。

1995年，涂沟乡动用渔船320艘、2.1万吨位入江捕鳗苗65万尾；湖泊围养1933公顷。1997年，建成东临高邮湖畔，西到夹涂公路，南起高邮湖村，北至涂沟村，南北长10公里、东西宽4公里，连接高邮湖、夹荡、复南、宝应湖、涂沟等5个村和1个水产养殖场的特养带，总面积400公顷。其中稻田养殖200公顷、甲鱼养殖33公顷，形成鱼鳖、鱼蟹、鱼虾混养特种养殖区域，并投资30万元兴建起600平方米的温室育鳖池，年产2亿仔花（鱼仔苗）的鱼苗人工繁殖池和8000平方米的大棚育蟹池。是年，该特养带培育稚鳖1万只，成品甲鱼10吨，养殖青虾10吨，牛蛙4吨，育蟹苗200万只，产成蟹100吨，鱼2500吨。1999年，水产养殖总面积达4333公顷，其中宝应湖633公顷、高邮湖2133公顷、白马湖733.3公顷、内塘精养833公顷（内塘养蟹540公顷）。

2000年，上海众友蟹业发展有限公司总经理薛笑利投资300万元，在涂沟村征地8公顷，建成长江蟹苗培育基地，每年为全县提供优质蟹苗500万只。2002年，新淮村率先推广稻田小龙虾养殖67公顷，当年亩产小龙虾300公斤，带动全镇推广小龙虾养殖200公顷。2005年，推广网箱养殖5.87公顷、多品种养殖33公顷、立体养殖133公顷、生态养殖133公顷，同时发展小龙虾养殖。水产品总产量达1.19万吨，其中青鱼158吨、草鱼1459吨、鲢鱼1658吨、鲫鱼2115吨、鲤鱼534吨、鳊鱼1013吨、其他鱼1705吨，青虾363吨、小龙虾591吨、河蟹1014吨、甲鱼22吨、黄鳝17吨、贝类978吨、风虾120吨、梅鲚162吨、刀鱼2吨。

二、工 业

1986年，涂沟乡办工业主要项目有铸造、农机修造、化工、服装、砖瓦、粮食饲料加工、水产品加工、橡胶加工等个体私营企业19户，从业人员293人，工业产值106万元；唐港乡有农机修造、砖瓦、五金等个体私营企业16户，从业人员654人，工业产值173万元。1992年，涂沟镇农机厂（又名金湖县纺织机械配件三厂）采用国家通用标准生产的平胶木槽筒车的筒杆架，产品销往浙江、安徽、山东、黑龙江、吉林、上海等省（直辖市）。全镇工业总产值753万元，利税78万元。1995年春，涂沟镇投资130万元扩建水产食品厂，设置150吨级速冻冷藏库l座，每次速冻能力80吨，冷藏130吨，制冰5吨。另有冷藏车、运输汽车、收购机船等辅助设备。初加工产品有速冻鱼、禽等；精加工产品有河虾仁、乌鱼片、冻河虾、冻银鱼、冻蟹黄等。镇内还有村办水产品加工厂7个，水产品销往日本、韩国等国际市场及中国香港、台湾地区。

2000年，深圳郡懋电子有限公司在该镇投资兴办渔具渔网厂，年产优质渔网180吨。2003年，引进常州客商投资3000万元，兴办金龙压延有限公司，成为涂沟历史上第一个投资超千万元、产值千万元的工业企业。此外，还引进金信线缆、德泰制衣、东湖木器、荣盛渔网、荣顺机械、金宇食品等企业。2005年，该镇把境内金宝南线以北，金宝航道以南区域规划为镇工业集中区，引进金大地服饰有限公司、森淼纸业有限公司、金信二期线缆桥架等项目落户县工业园区，法尔胜集团公司创办的金湖泓达木业制品有限公司落户镇三河工业集中区。是年底，该镇共有工业企业245户，主要工业产品有合金钢、服装、水产品加工、机械零配件、卷板、胶合板、渔网、仪表线缆、农副产品加工、建材等种类30多个，工业销售收入1.46亿元，入库税收334.6万元。水产食品加工福利厂、金信仪表、德泰制衣、东湖木器等5户企业，年销售收入超过500万元，金龙压延公司销售收入1920万元。

三、商贸服务业

1986—1992年，全镇销售大米12.8万吨，饲料4.2万吨。出口大米4.3万吨。1992年，出口青虾84吨，田螺肉30吨，蚬子10吨，银鱼4吨，外贸成交额300万元。是年，镇建起水产品专业市场，并在上海和深圳、福州、海口等沿海开放城市开辟销售窗口。涂沟米厂为县粮食局驻镇企业，所产标一籼米为市优质产品。2005年，全镇共有私营商业企业13户、个体工商户185户，主要从事个体加工业、餐饮业和商品零售批发业等，其中饭店、旅馆有20户，浴室4户。手抓小龙虾、珍珠鱼圆、蟹黄包、糟鱼，是涂沟镇传统名菜。太明小龙虾享誉大江南北，在无锡、常州和金湖有20多户连锁店，年销售小龙虾数百吨，利润200多万元。全年私营个体经济入库税收195万元，镇区社会商品零售总额5000万元，商业规模最大的为商联超市，营业面积1000平方米，经营商品5000多种，年营业额600多万元。

第三节 社会事业

一、基础设施建设

1986年，涂沟镇区有4条主要街道，呈“开”字形。南北方向的老街长约1000米，康乐街长约400米；东西向工商街长1.3公里，湖滨路长200米。1990年，自康乐街中段往西铺筑400米第五条街道，定名人民路。1992年，镇区总面积12公顷，其中建成面积8公顷，建筑总面积7.7万平方米，其中住宅建筑4.7万平方米、公共建筑2.2万平方米、生产性建筑0.8万平方米。1995年，唐港乡筹集资金90余万元，投入工日10万个，完成土方28万立方米，铺设集镇通往各村的砂石公路30公里，路宽3.5米。1996年，涂沟镇政府筹资65万元，兴建起3层36间875平方米的办公楼。唐港乡筹资780多万元，立杆2000根，敷设通信线缆100公里，把杆线架到村组，15个村程控电话全部开通，共安装程控电话1100部，累计1400多部。窑湾、崔沟、曙光、于南4个村建成百部电话村。2000年，镇政府投资20余万元，将原唐港乡政府办公用房改造成为敬老院，并完善内部配套设施，入住"五保"老人24人，被评为市级文明敬老院。2005年，将砂石街面的200米湖滨路、500米富康路建成混凝土路面。镇区总面积26公顷，建筑总面积10.5万平方米，其中住宅建筑5.8万平方米、公共建筑3.1万平方米、生产性建筑1.4万平方米。全镇道路硬化总长47.5公里，基本构成循环的农村公路网。集镇增设垃圾箱50多个，绿化花草树木3000多株。

二、教　育

1986年，涂沟乡有初级中学1所、小学12所、教学点9处，教职工35人；唐港乡有初级中学3所、小学16所、幼儿园18所，教职工108人。1991年，涂沟乡针对渔民水上流动作业的特点，办起两所寄宿小学，方便渔民子女就读。1994年，涂沟镇有初级中学1所、小学11所、教学点7个，班级38个，在校学生1107人；唐港乡有初级中学1所、小学16所、幼儿园18所，在校生1887人。1996年，涂沟中学设立电视中专班和水产职业高中班。2000年，镇乡合并后，设置初级中学、完全中学各1所（高中部为职业高中），在校生936人；小学19所，在校学生2194人。2005年，全镇有初级中学、完全中学各1所，在校生770人；小学6所，在校生1260人；县级示范幼儿园2所，在园幼儿270人。

三、文化体育

1986年，涂沟、唐港两乡分别设有文化活动中心，部分村建起篮球场。1995年1月，唐港乡在集镇举行首届群众文化节，共展出反映工农业生产的图片和书画作品134幅，演出戏剧小品、相声、歌舞等舞台节目21个，广场节目有彩车队、彩旗队、鼓号队、民乐队演奏和舞龙灯、撑旱船等，320多名文艺爱好者参加表演，吸引观众近万人。1996年，涂沟乡组织文化船到各村巡回放映电影，丰富渔民文化生活。唐港乡崔沟村70岁的退休教师鲜月林，13年业余创作诗词200多首，相声、戏剧、小品60多个。小戏剧《考渡工》、小品《倒垃圾》先后获市创作一等奖。2005年，省政协机关妇委会与港澳台侨委教育文化委员会、上海大学国际关系交流学院及淮阴师范学院水产专业的30多名师生，先后向镇中心学校、镇渔民子弟小学、湖心小学捐赠2.4万元和少年儿童书籍、学习用品、水产养殖科技书籍资料、彩电等，建起爱心图书室。是年，扩建涂沟镇文化站。该站占地1599.7平方米，建筑面积534平方米，新增棋牌室、图书室、乒乓球室、

图2-7-7　涂沟乡组织文化船到渔民集中居住点巡回放映电影（摄于1996年）　姜燕/摄

培训室、多功能室等活动阵地16个。有线电视入户率85%。年内，镇在敬老院设立体育活动广场，有单杠、双杠、吊环、跑步机等多种体育器材。至年底，有8个村新建篮球场和乒乓球室。

四、医疗卫生

1986年，涂沟乡有卫生院1所、村卫生室10个，卫技人员14人；唐港乡有卫生院1所、村卫生室15个，卫技人员33人。1995年，涂沟镇、唐港乡卫生院均兴建起门诊楼，唐港卫生院同时还兴建640平方米病房，添置B超等医疗器械。2000年，涂沟镇有一等甲级卫生院1所、村卫生室21个，医务人员79人。2005年，全镇有卫生院2所、村卫生室9个，医务人员64人。

第四节　人民生活

1986年，农民人均纯收入唐港乡672元，涂沟乡606.35元。随着农渔业生产发展，农渔民生活发生显著变化。1988年，金宝村率先开凿百米深的机井，渔民用上洁净的自来水。1992年，渔民有住房5050间、9.35万平方米，皆为砖墙瓦盖，其中楼房250间、6300平方米；渔村家家通电，户户用上自来水的有6个村；渔民住家船发展到1200条、1.5万吨位；海船配有挂桨机2台，30吨位以上住家船配挂桨机3台。住家船有船楼，门窗用铝合金、茶色玻璃装潢，舱底铺合成革地板，有的还配套组合家具、组合音响、电风扇、沙发等，烧饭用液化气灶，有摩托车80辆、电视机2120台（其中彩色电视机120台）、放像机20台、洗衣机600台、电冰箱（柜）102台。1994年，涂沟镇高邮湖村运输组船民庞夕林，个人投资50万元，在泰州造船厂定制一艘载重量为400吨位的120马力机动铁质运输船下水营运，年纯收入20万元。是年，全镇拥有个体运输船317艘，载重量2.02万吨位，其中水泥船203艘、7224吨位；铁质船114艘、1.3万吨位。1997年，三河村从事养殖的5户渔民，投资15万元，购置玻璃钢快艇5艘，以加强巡防和应急恶劣天气之需。

2005年，全镇有楼房2152幢，占住房面积的31%；农民人均纯收入4403元，恩格尔系数44.8%；参加养老保险人数3870人，参加农村新型合作医疗保险人数1.87万人，享受居民最低生活保障人数1151人。全镇农户固定电话拥有量5569部、移动电话5250部；自来水普及率81%，达5625户；生活燃气普及率80%；有线电视入户率90%；绿化覆盖率26%，互联网用户102户；居民储蓄存款余额5850万元。

第八章　前锋镇

第一节　基本情况

一、概　貌

前锋镇由白马湖、前锋、淮胜3乡合并建成，地处县境东北部白马湖、宝应湖畔，东、南毗邻宝应湖和宝应湖农场，西与吕良镇、金北镇接壤，北濒白马湖，镇驻地前锋集镇，距县城26公里。1986年，白马湖乡位于县域东北部边缘，东北傍宝应湖，西北濒白马湖，正北与宝应县山阳镇相邻，南接前锋乡和宝应湖农场，大汕河、盐金国防公路穿越境内，总面积31.83平方公里，乡政府驻地阮桥集镇，距县城30公里。前锋乡东濒宝应湖农场，南至颜赵河与淮胜乡和泗湾湖农场毗邻，西连吕良镇，北与白马湖乡接壤，东西长10公里，南北宽5公里，总面积24.15平方公里，乡政府驻地前锋集镇，距县城26公里；大汕河沿岸地势较高，真高7~8米，东片呈锅底洼，真高5~8米之间。淮胜乡东、北连前锋乡，南濒三河及宝应湖农场，西、西南邻金北乡和宝应湖农场，西北界军民河毗南京军区泗湾湖副食品基地，真高7~8米，总面积22.42平方公里，乡政府驻地淮胜集镇，距县城21公里。2000年，白马湖、淮胜、前锋三乡撤销原辖区，与划入的原涂沟镇白马湖村、滨湖村合并为前锋镇，总面积84.9平方公里。2005年，镇域区划建置没有变动。实现地区生产总产值1.97亿元，人均6970元。其中，第一产业9914万元，第二产业4087万元（其中工业3967万元），第三产业5701万元；三次产业所占比重分别为50.3%、20.7%（工业20.1%）、29%。

镇域有4个集镇（市）。

阮桥集镇 为原白马湖乡政府驻地。1986年，街道成东北对西南走势，有中小学、卫生院各1所，千人影剧院1座，集镇面积0.4平方公里。1995年，集镇建成区面积1.2平方公里，人口2010人，从事工商业820人。建楼房58幢、102间、4040平方米。集镇共有饭店10户，旅馆12户，缝纫店8户，理发店7户，个体私营企业8户。2000年，东西向的阮桥老北街、盐金国防公路白马湖路段的新街和南北向的商业街，与正在兴建的青岛路组成"干"字形格局。公共建筑有机关、学校、卫生院、影剧院等，建筑面积2.46万平方米，生产建筑面积1.63万平方米，居民住宅面积3.48万平方米。2005年，有工商户100多家，居民540多户、2300余人。

张集集市 位于阮桥集西南2.5公里处。1986年为张集村驻地，居民60多户、200多人口，设商店、小学校等。2000年并村联组后，村部迁驻新跃村，该集渐趋萧条。

前锋集镇 古地名施港，1984年5月设为前锋乡政府驻地后，逐渐形成集市。1986年新辟一条东西向街道，相继建立乡级机关及学校、医院、商店、自来水厂等企事业单位。1997年，乡政府确定每月农历二、七为逢集日。2000年，街道向西延伸，铺筑成沥青混凝土路面，与盐金国防公路相连，建成区面积0.2平方公里，公共建筑面积4.8万平方米，生产建筑面积0.91万平方米，居民住宅面积2.7万平方米。2005年，居民200多户、人口737人。

淮胜集镇 原名韩家滩，为淮胜乡驻地，位于县城东北大汕河畔21公里处，北距前锋集镇5公里。1986年，有商店、粮站、学校、医院等，街道东西长约300米。2000年，集镇建成区面积0.34平方公里，公共建筑面积1.69万平方米，生产建筑面积1.07万平方米，居民住宅面积0.97万平方米。2005年，街道呈"开"字形格局，居民300多户，人口616人。

二、建置区划

1986年，淮胜乡辖10个村，59个村民小组，大汕河将全乡分成东西两片，东片有淮湖、淮滨、淮村、淮新4个村，西片有淮建、淮红、淮锋、淮武、淮阳、渔业6个村。前锋乡辖8个村，82个组，大汕河以东有民生、南湖、中段、新兴等4个村，以西有同心、施港、合意、新村等4个村。白马湖乡辖阮桥、中营、红旗、陈涧、新河、张集、新跃、前锋、红丰、东滩等10个村，89个村民小组。1989年，前锋乡新设置新南村。1993年，淮胜乡渔业村改为良种场；白马湖乡新划分一个组；前锋乡设置85个村民小组。2000年1月，撤销前锋、白马湖、淮胜3乡，原辖区和涂沟镇的白马湖村、滨湖村划入合并，设立前锋镇，辖29个村和良种场、林场，223个组。2001年8月，并村联组，合并为12个村、119个联组。2005年，全镇辖淮胜、淮武、淮村、同心、合意、民生、中兴、阮桥、郑圩、东滩、前锋、白马湖等12个村，129个联组。

三、土地人口

土地　1986年，淮胜乡有耕地842.4公顷，其中水田693.27公顷、旱地149.13公顷。白马湖乡有耕地942.53公顷，其中水田540.67公顷、旱地401.87公顷。前锋乡有耕地802公顷，其中水田462.93公顷、旱地339.07公顷。1991年，前锋乡开发中领滩195公顷。2000年，三乡合并后，前锋镇有耕地2500公顷，水面1788公顷。2005年，全镇耕地2588公顷，水面1788公顷。

人口　1986年，淮胜乡有居民2331户，人口9272人。其中：农业人口9069人，非农人口203人；人口自然增长率9.6‰。前锋乡1779户，人口7798人。其中：农业人口7715人，非农人口83人；人口自然增长率12.95‰。白马湖乡2738户，人口10378人。其中：农业人口10024人，非农人口354人；人口自然增长率10.4‰。三乡农村从业人口11896人。2000年，全镇8598户，人口29121人。其中：农业人口27514人，非农人口1607人；人口自然增长率1.85‰。2005年，全镇8746户，人口28201人。其中：农业人口26871人，非农人口1330人；人口自然增长率6.35‰；农村从业人口15856人（从事种植业7521人、林牧副渔业1986人、工业992人、建筑业584人、其他职业4773人）。

第二节　经济建设

一、农　业

1986年，淮胜乡种植业结构除稻麦常规品种外，经济作物主要有大豆、油菜、棉花和药材；桑园面积69公顷，茧产量49.05吨；果园60公顷。饲养生猪8431头，“三禽” 8.51万只，水产品产量86.01吨。前锋乡粮食产量1.36万吨，油料产量140.2吨；饲养蜜蜂220箱，产蜜13.5吨；水产品产量124.36吨，饲养生猪8217头、家禽9.78万只、水牛49头、毛兔772只，茧产量450公斤。民生村将14.67公顷五道岭柴草地改造成粮田。白马湖乡粮食产量18515.75吨，油料产量236.65吨；水产品产量376.56吨，饲养生猪7697头，家禽6.66万只，水牛195头，驴195头，毛兔118只，茧产量300公斤。1988年，淮胜乡在“丰收杯”高产竞赛中获省三等奖；小蚕实行共育，蚕茧产量66吨。白马湖乡栽植果林488.6公顷，新开挖鱼塘453.87公顷，水产品产量692吨，产值81.5万元。1992年，淮胜乡兴建鱼池26.7公顷，孵化室1座，建成长江系种鱼苗、鳜鱼苗繁殖基地。白马湖乡聘请专家教授培训珍珠嫁接服务队成员128人，珠蚌养殖形成自繁、自育、自嫁接、自管理的“四自”体系，参训后的“珍珠女”活跃在大江南北打工挣钱。1994—1996年，前锋乡鱼蚌混养133.3公顷，养珠蚌220万只，嫁接130万只，产珍珠230公斤，产值300万元；白马湖乡开发利用水面800公顷，其中鱼蟹、鱼鳖、鱼蚌混养474

图 2-8-8　前锋镇郭家荡特种养殖基地（摄于2005年）　李义海／摄

公顷，水产品产量3000吨，产值2242万元，上市珍珠3000公斤，产值570万元。白马湖乡嫁接河蚌220万只，培育幼蚌1000万只。水产养殖面积908.8公顷，水产品产量4245吨，渔业总产值2918.4万元。产荷藕509吨、慈姑20吨、菱角31吨、蒲草50吨。该乡组织25台收割机外出劳务作业；推土机、挖泥船远赴苏州工业园区投工建设。1997—1998年，前锋乡农民出县承包农田面积933公顷，产粮8400吨。劳务输出700多人，有220台手扶拖拉机外出作业。白马湖乡组织劳动力4000个，两栖式挖泥船8艘、排灌机械17台，对郭家荡特种水产养殖区进行深度开发，投工6万个，改造塘口42个，动土4.89万立方米，修建涵闸1座，架设输电线路1公里。

2000年，前锋镇实施万亩（667公顷）稻田养殖、万亩水生蔬菜、万亩农田林网等三个“万亩工程”。全年实收粮食3.56万吨、棉花415吨、油料589吨；实现农林牧渔业总产值1.03亿元，其中种植业3586万元、林业413万元、牧业1429万元、渔业4920万元。白马湖水产品开始进入上海大市场。白马湖村在上海铜川和江桥水产品交易市场设立销售门市5个，销售特种水产品306吨，销售额2037万元。2002年，杂交稻制种266公顷，总产1100多吨；营造农田林网2210公顷。2005年，前锋镇示范推广鳜鱼、常规鱼网箱混套养，实施大苗稀放、种草养螺喂饲等措施，提升水产品产量和质量；新栽植荷藕、芡实333公顷。发展以郑圩村为核心区的优质无公害稻麦生产基地3333公顷。全年实收优质稻麦5.02万吨、棉花170吨、油料834吨；实现农林牧渔业总产值2.16亿元，其中种植业1.15亿元、林业305万元、牧业1967万元、渔业7370万元、服务业423万元。

二、工　业

1986年，淮胜乡工业产值285万元，前锋、白马湖乡工业发展缓慢，两乡工业产值只有112万元，其中前锋乡37万元、白马湖乡75万元。有乡村工业企业68户，其中乡办6户，村办12户，年产值144.3万元。1988年，淮胜乡兴办工业企业8户，产品电磁吸盘、电缆接头、红砖分别获得省优、市优产品称号。1992—1993年，白马湖乡主要工业产品有机床配件、C640车床、MB1大小缸、803活塞、橡胶密封件、水泥桁条、涵管、楼板等；新办调味品厂开发蟹黄系列调味品。实现工业产值1051万元，其中乡镇办工业产值302万元、村办工业251万元、个体工业498万元；前锋乡实现工业产值847万元，其中乡镇办工业产值210万元、村办工业229万元、个体工业408万元。1996—1999年，淮胜乡兴办胶合板厂、日用电化厂。胶合板厂带动6户卷板厂和15个木材运销专业户共同发展。日用电化厂主产品为“欲望”牌壁挂式浴室空调机。开发电子灭蚊灯、吸油烟机、饮水机、彩钢瓦等4个系列20多种产品，适应市场需求；成立卷板加工工业集中区，新上卷板企业53户。全年工业产值1.2亿元。前锋乡新上构件厂、粮食加工厂等企业8户，工业总产值4312万元。白马湖乡引进资金1000万元，兴办宝马电器有限公司、阮桥化工厂、前锋木器厂，工业产值6130万元。

图2-8-9　前锋镇淮胜村胶合板生产车间（摄于2005年）　朱伟／摄

2000年，三乡合并为前锋镇后，全镇实现工业产值2.9亿元，其中集体工业产值780万元、私营工业1.58亿元、个体工业1.24亿元。2001年，全镇共有工业企业80户，其中意杨卷板企业就有52户，从业人员2000余人。实现工业产值3.53亿元，其中私营2亿元、个体工业1.52亿元；销售收入3.1亿元。宝马电器、金裕建材、盛丰粮油、金珠米业等4个规模企业销售收入达5196万元，利税288万元。2002年，前锋镇卷板业突飞猛进，投资1500万元新上木业卷板企业28户，总数达80户，销售额1.6亿元，吸纳富余劳动力2200人。全镇有工业户402户，主要工业产品有芯板、胶合板、热保护器、机械配件、橡胶制品、砖瓦建材等12个系列、200个品种，工业总产值4.36亿元。2004年，常州利多有限公司总经理王学深与同昌木业加工厂老板殷志伟联合投资562万元，一次性买断原淮胜乡政府房产30年使用权，兴办志伟胶合板厂，吸纳农村劳动力100多人。2005年，全镇对木业卷板、机电产品制造加工、粮食加工、服装玩具、砖瓦建材等产业群加大技改投入，扩增效益，卷板企业发展到103户，实现工业产值1.74亿元，其中规模以上企业实现产值1.66亿元，占工业总产值的95.2%。镇在省道331淮胜支公路沿线建成木业卷板集中区，入驻个体企业38户。集中区实现销售收入8000万元，利税650万元。

三、商贸服务业

1986年，白马湖、前锋、淮胜3乡供销部门为农民购销各种化肥8695吨、柴油448吨、农药349吨、农用薄膜12.1吨，为全乡销售农副工产品580多吨，全年商品销售额1004万元，实现利润14.47万元；粮食部门完成7149吨粮食合同订购任务。1988年，三乡组建各类专业合作社22个，参加合作社户数1218户，成员6343人，全年营业额432.44万元。1989—1991年，白马湖乡新建农贸市场。该市场由单一的副食品经营发展到水产品批发、粮食批发、“三草”（麦、稻、蒲草）收购等，辐射面2市、4县、36个乡镇，集市贸易成交额达284万元，被市政府授予“文明贸易市场”称号。1996—1998年，前锋乡政府引进尼日利亚老板投入80多万元，兴建农贸市场2000平方米。白马湖乡水产品批发市场竣工运营，培育水产品营销大户50户，其中具有一定规模的有8户，全年向周边市县和苏州、无锡、常州、上海、浙江等地销售水产品4000吨，营销额4100万元。2005年，前锋镇水产品营销协会吸纳会员350个，带动养殖户1000多户，开设购销点8个，在大中城市设立营销窗口16个，销售水产品1500吨，销售收入3500多万元，被省农林厅授予“‘四有’示范农民专业合作经济组织”称号。

旅游业　前锋镇白马湖生态渔村景区为全县旅游基地之一（参见“第二十篇旅游业”第二章第二节与“第四十三篇专记”《荷花节创办与旅游业的兴起》）。

第三节　社会事业

一、基础设施建设

1986年，白马湖乡拓展阮桥南北大街；前锋乡兴建一条东西向大街，长601米，宽28米；淮胜乡铺筑砂石路1200米，建起商业一条街。1987—1989年，白马湖乡铺筑东小街沥青路420米，拓宽中心街混凝土路面280米，开挖下水道400米，安装路灯37盏，并设置垃圾箱。淮胜乡在主街道北侧铺筑东西向混凝土道路150米。前锋、白马湖乡建成钢架大棚农贸市场。1990年，前锋乡兴建农民一条街、农贸市场；农电站、农科站、文化中心楼建成。1991年，兴建前锋大桥，拱形3跨，长72.1米。白马湖乡铺筑教育街，兴建教师宿舍。1992年，建成白马湖工业集中区。1994年，前锋乡铺筑乡村组砂石路21.8公里，主街道、下水道1680米；兴建前锋农民商城近2万平方米。1996年，白马湖乡新辟白马湖开发区，集镇铺筑街市混凝土道路1100米，下水道520米，开凿115米深水井1口，安装自来水管道5.4公里，更新2公里，供水能力提高到180吨/日。居民经商办企业进镇建楼房58幢、102间、4040平方米。铺筑村级道路15公里，为湖区渔民架设10千伏输电线路7.2公里，安装路灯12盏。供销楼、税务楼、公安楼、邮电宿舍楼相继建成。前锋乡、淮胜乡集镇向西通往盐金国防公路的连接线竣工通行。前锋乡敷设广播线缆2.5公里。1998—1999年，淮胜乡铺筑集镇沥青路面淮胜街、朝阳街600米，兴建起乡农经城建综合楼和财政楼。前锋乡铺筑村组砂石路10公里，铺筑街道混凝土路面、下水道各1680米，安装自来水管道2000米及路灯、广播音柱等，新砌住宅楼30幢，兴建农贸市场2000平方米、公共厕所2座。白马湖乡拆除集镇旧危房300多间，兴建楼房70多幢、水运码头1座；铺筑通往新跃中心村沥青混凝土路2.2公里，通过市级小城镇验收。2000年，前锋乡主街道与盐金国防公路连接线改筑沥青混凝土路面。2005年，前锋镇铺筑4条镇村混凝土道路14.53公里；淮村、同心两村实施第二次改水工程。

二、教　育

1986年，淮胜乡有中学1所、小学8所，校舍181间，班级43个，在校学生1432人；幼儿园9所，13个班级，在园幼儿383人。白马湖乡有初级中学1所，小学10所，乡政府为中小学建校舍8间、200平方米，并筹资兴建幼儿园；中学扩建体育场1.33公顷。前锋乡有初级中学1所，小学7所，兴建乡幼儿园和中心校教室、宿舍，添置教学器材；新成立乡成人教育中心，举办农业、水产、刺绣等实用技术培训班；前锋、红峰2个村投资兴建新校舍3幢、15间。1987—1989年，淮胜乡教办室编发《淮胜教研》《优秀教案选编》《小学生优秀作文日记选》等资料在全县推广，被评为省基础教育先进乡。前锋乡改造学校危房33间、919.5平方米；新建实验室7间、200平方米，新建教师宿舍和生活用房24间、419.5平方米，新砌和改造厕所5座，新砌围墙934平方米；投资2.4万元添置体育器材设施、图书和书橱、桌凳、讲台；兴办幼儿园13所，建校舍82间、2626平方米。淮胜乡集资兴建中学教学楼750平方米。前锋、白马湖两乡成人教育中心举办成人实用技术培训班，参训5460人次。1992—1994年，白马湖乡添置教学设备1200件套，乡中心幼儿园建成全市一流幼儿园，有4省8市32个县的幼教领导前来参观学习。淮胜乡兴建修缮校舍3500平方米。前锋乡投资45万元，为中学装备图书阅览室、电教室、音美室。乡政府从财政基地划出鱼塘2公顷、旧校址1.2公顷，给中小学作种植、养殖基地，发展校园经济。1996年，白马湖乡兴建教学楼、教师宿舍楼10套。2001年，前锋镇有初级中学3所，在校学生1378人；小学13所，在校学生2273人；幼儿园6所，在园幼儿420人。2005年，阮桥村村民衡阳，个人出资购买白马湖幼儿园，兴建起全县第一家民办幼儿园教学楼，建筑面积1700平方米，设置大、中、小三个班，配备教职工12人，在园幼儿160人。全镇有初级中学3所，在校学生912人；小学3所，在校学生1121人；中心幼儿园、村幼儿园各3所，在园幼儿420人。

三、文化体育

1986年，淮胜乡文化中心开设电影录像放映、图书阅览、板报画廊、农技知识宣传等多种文化活动，有乒乓球、康乐球、棋牌等娱乐项目；各村均兴办青年民兵俱乐部，被淮阴军分区评为先进单位；淮村村再次被评为省文明村。白马湖乡组织180人的文艺队，自编自演戏剧小品节目120个，演唱节目47个，每逢节日组织演出；举办乡第二届农民运动会和书法、绘画展，开展文艺、演唱比赛。全年引荐3个职业剧团为群众演戏28场，放映电影28场，观众3万余人次。1987—1988年，淮胜、前锋、白马湖三乡村村办起俱乐部，拥有电视室、图书室和棋类、球类活动室。淮胜乡文化中心举办画廊展览20多期，放映电影、录像15场次，还举办民歌大奖赛。前锋乡办起“青年之家”，发展文化户10余家。新跃村红白理事会制定章程，遏制农村婚丧喜庆大操大办的陋习。白马湖乡敷设东北片3个村的广播线路8公里，立杆116根；成立白马湖区域群众文化联谊协会，先后举办书法、绘画展览6次，象棋、乒乓球比赛4次；举办“秋之声”声乐大奖赛，“白马杯”歌曲、戏曲大奖赛，评选出全乡“十佳”歌手；搜集民间谚语、歌谣，编写三大集成；举办春秋两季农民体育运动会。

1991年，淮胜乡创办的30多人金湖县农民业余淮剧团，编演现代剧《难咽的苦果》，古装戏《真假太子》《罗帕记》《孟姜女》等剧目20多个，在县内外演出150多场次，观众超过6万人次，年补文收入12万多元，被文化部授予“先进文化站”称号。白马湖乡举办白马湖区域4县市15乡镇“‘秋之声’优秀歌手卡拉OK大奖赛”及书画摄影作品展览。1993年，白马湖乡文化活动中心藏书5100余册，到基层村组巡回放映影视848场次，《新华日报》《淮阴日报》及省市电台、电视台作过多次报道，创作的电视节目《驾着铁牛奔小康》获市一等奖、省二等奖，于1996年获得省文化先进乡镇称号。1997年，该乡敷设东北片3个村广播主干线路8公里。阮桥村郑孝富、前锋乡合意村李雪松、淮胜乡淮锋村杨登弼等三家被评选为县“十佳农民藏书家庭”。1998年，淮胜乡成立农民体育工作协会、农民体育工作指导站，推进全民健身计划实施；前锋、白马湖乡举办首届农民运动会；白马湖乡举办第十二届白马湖区域群众文化联谊活动，淮安、洪泽、宝应及金湖文化工作者、文艺爱好者100多人参加。活动内容有卡拉OK大奖赛，象棋比赛，美术、书法、摄影作品展览，群文活动交流等。

2000—2002年，前锋镇获省“群众体育先进集体”称号后，组织实施“现代农民培训计划”，成立农民教育学校13所，开办各种培训班85期，参训1.2万人次，提高农民素质。成立农村思想政治工作研究会、村民议事会、红白理事会，以及放映队、文艺宣传队、时政宣传队、婚丧喜庆服务队、科技服务队、司法服务队等9支队伍，开展破除迷信、移风易俗活动。2004年，实施广播电视光缆传输工程，有线电视入户7000多户，入户率80%，有线广播入户通响率98%，获得“苏北首家有线电视镇”称号。2005年，前锋镇开展学科学技术、做现代农民、建美好家园活动，建成省、市级文明单位各1个，县级文明单位10个。

四、医疗卫生

1986年，淮胜乡卫生院有房屋建筑面积1125平方米，病床16张，30毫安X光机1台，设置内科、外科、中医、妇产、儿保、放射、化验等7个科室。1987年，前锋乡卫生院添置50毫安、100毫安X光机各1台。1988年，淮胜乡在全县率先建成甲级村卫生室4个。市县卫生同行前来参观学习的达500余人次。1989年，白马湖乡卫生院兴建病房、手术室、消毒间、职工食堂、围墙等，改建门楼，美化环境。1990年，前锋乡卫生院添置心电图、超声波、生化等医疗诊断仪器。1991年起，淮胜、前锋、白马湖三乡于每年5月，连续4年组织查螺灭螺专业队，开展春季查螺灭螺，巡查滩地、河塘、沟渠近千公顷。1995年，白马湖、淮胜两乡卫生院建成一级乙等卫生院，分别创建甲级村卫生室9个。1996年，白马湖乡完成血吸虫病防治工作查病6000人份。1997年，前锋乡血吸虫病防治工作通过省级验收。2000年，前锋全镇设卫生院1所，卫生分院2所，甲级医疗室16个，医务人员94人。2005年，设卫生院1所，医疗点3个，村医疗室12个，医务人员83人。

第四节　人民生活

1986年，淮胜乡农民人均收入646元，前锋乡682元，白马湖乡745元。春节前一般家庭宰杀自养的猪、禽、鱼，腌制成咸货，方便开春或大忙期间食用；外出一般骑自行车，居民衣着简朴。1987—1991年，淮胜乡扩建敬老院18间、540平方米，17名“五保”老人生活有保障；为农户优惠建沼气池180个，96%的农户住上瓦房，部分农户拥有电视机、收录机、洗衣机，居民储蓄余额178万元，人均227元。白马湖乡集资筹建乡敬老院，第一批接收“五保”老人4人，散居农村的24人给予分散供养。前锋乡16名“五保”老人，集中供养6人，分散供养10人。1992—1993年，淮胜乡农村居民建房2135户，建筑面积35.23万平方米。前锋乡农村居民建房1642户，建筑面积18.1万平方米，东滩村投资10万元为村民安装自来水。白马湖乡农村居民建房3421户，建筑面积41.1万平方米。1995年，淮胜乡居民年末存款余额1010万元，人均1151元。乡集镇设立石油液化气储备供应站，部分居民改用液化气灶。白马湖乡阮桥、东滩建成电话村。前锋乡政府给予19户、70名困难居民最低生活保障，年补助金额9792元。

2000年，前锋全镇农民人均纯收入3696元，居民储蓄存款余额4495万元，人均1900元。住房面积人均达36平方米，楼房率55%。2003年，镇政府成立扶弱济困工作站，4次动员机关事业单位人员、私营个体企业老板捐募助困资金15.8万元，帮助960户困难群众解决治病及生活问题。2005年，全镇农民人均纯收入4380元，富余劳动力外出打工人数6381人，占劳动力总数52.3%。有线电视、程控电话、手机基本普及，百户家庭电脑拥有2台。部分先富裕起来的居民家拥有别墅、小汽车，有的为婚嫁子女到县城购买商品房，为就读子女到县城租房，派老人护理照料。

第九章　吕良镇

第一节　基本情况

一、概　貌

吕良镇的前身是吕良乡，位于县境北端。1986年，乡政府驻地吕良集镇，距县城26公里（直线距离9公里）。乡域北界草泽河邻洪泽县，东北濒白马湖，东毗南京军区泗湾湖农场、前锋乡及白马湖乡，南至老三河、西至陈新港分别与金北、新农两乡为邻。全乡总面积57.81平方公里。1987年撤乡建镇。1988年，以镇内大金沟河为界，以北析为孙集乡，乡政府驻地孙集集镇，距县城34公里（直线距离17公里），距吕良集镇8公里，全乡总面积27.49平方公里；以南仍为吕良镇，镇政府驻地吕良集镇，全镇总面积30.32平方公里。2000年2月，原吕良镇、孙集乡撤销合并为吕良镇，镇政府驻地仍设在吕良集镇。全镇总面积57.81平方公里。2001年，全镇实现地区生产总值1.39亿元。2005年，实现地区生产总值1.73亿元，其中第一产业7892万元、第二产业4417万元（工业4154万元）、第三产业4994万元；三次产业占比分别为45.6%、25.5%（工业24%）、28.9%。

镇域有2个集镇。

吕良集镇　为镇政府驻地。1986年，镇机关单位、居民住房多为低矮平房。1997—1998年兴建单位楼9幢。1999年，40多户居民新建楼房4000多平方米，有通信基站2座，电话装机容量2800部；有线电视为光缆传输信号，开通22个频道。2000年区划调整后，新增公共绿地2000平方米，新建畜禽交易市场，延伸下水道600米。2001年，铺设集镇人民路混凝土路面500米，绿化岛5100平方米。2005年，集镇设学校、机关单位20多个，贸易市场及商业、服务业网点等100多个。镇区面积1.21平方公里，居民1200多户，4500多人。公历每旬5、10为逢集日。

孙集集镇　位于吕良镇北部幸福港北端西岸边。1986年，有一条南北向的古街道。1988年成立孙集乡时在幸福港东侧新辟一条东西向建设路，沿港东岸是一条南北向的幸福路。1989年，港上架设孙集大桥。1994年，建设路改铺沥青路面。1998年，幸福路铺设沥青路面，街道有路灯43盏。2000年，设有卫生所、粮站、幼儿园、小学、初中、电信支局等。有通信基站2座，程控电话装机容量2000部。2005年，列为吕良镇最大的中心村规划建设。集镇面积0.6平方公里，居民450户、1500人。以商业、手工业为主，公历每旬3、8为逢集日。

二、建置区划

1986年，吕良乡辖吕良、大庄、赤水、双岗、曹圩、幸福、茶庵、陈庄、湖滨、沿湖、高圩、蔡沟、创业、军舍、孙集、傅圩、花园、老圩、金淮、金河等20个村，211个村民小组。1987年2月，吕良乡改为建制镇，所辖村组未变。1988年3月，析置孙集乡（4月1日在孙集老村部召开成立大会），辖孙集、花园、老圩、傅圩、周圩、军舍、沿湖、蔡沟、高圩、创业、湖滨11个村，95个村民小组；新吕良镇辖吕良、大庄、赤水、双岗、曹圩、茶庵、陈庄、幸福、金河、金淮、蚕桑场11个村（场），127个村民小组。1992年12月，孙集村中心公路以西划出，设立泽南村。2000年2月，撤销孙集乡，其辖区又回归吕良镇。2001年8月并村联组。原24个村（场）合并成吕良、赤水、幸福、陈庄、金淮、孙集、花园、付圩、沿湖、三圆、军舍等11个村，222个组并成88个联组。2003年4月，吕良村撤销，分设大庄村和泰山居委会。泰山居委会辖原吕良村1、2、3、4、5组和镇蚕桑场、农业组。2005年，全镇辖11个村、1个居委会，81个联组。

三、土地人口

土地　1986年，吕良乡有耕地2689公顷，其中水田2649公顷、旱地40公顷。是年新增镇村集体用地3公顷，农民建房占地1.9公顷，退耕还林8公顷，退耕还渔0.4公顷。1988年，吕良镇实有耕地1602.5公顷，其中水田1572公顷、旱地30.5公顷。是年新增镇村集体用地4公顷，农民建房占地0.2公顷，退耕还林2.67公顷，退耕还渔1.3公顷。孙集乡年初有耕地1086公顷，是年国家基建占地2公顷，年底实有1084公顷，其中水田1082公顷、旱地2公顷。是年新增乡村集体用地0.6公顷，农民建房占地0.27公顷。1998年，吕良镇复垦土地25.3公顷，孙集乡复垦土地10.47公顷。2000年，镇乡合并后，吕良镇有耕地2500公顷、水面1788公顷。2005年，全镇实有耕地2698公顷、水面833公顷。

人口　1986年，吕良乡有居民5281户，人口23085人。其中：农业人口22669人，非农业人口416人；人口自然增长率9.75‰；农村从业人口9367人。1988年，吕良镇有居民3511户，人口13614人。其中：农业人口12136人，非农人口1478人；人口自然增长率9.42‰。孙集乡有居民2387户，人口9762人。其中：农业人口9387人，非农人口375人；人口自然增长率8.09‰。2000年，全镇有居民6629户，人口22267人（少数民族30人）。其中：农业人口20421人，非农人口1846人；人口自然增长率6.91‰；从业人口11572人。2005年，全镇有居民6793户，人口21421人。其中：农业人口20262人，非农业人口1159人；人口自然增长率2.65‰；城镇化率16.9%。从业人员12184人（其中从事种植业3652人、林牧渔业2276人、工业551人、建筑业458人、第三产业5247人）。

第二节　经济建设

一、农　业

1986年，吕良乡农作物总播种面积6145公顷，其中粮食作物5439公顷，总产量3.47万吨；油料作物产量783.2吨；薄荷产油4310公斤；种植蔬菜瓜果87.1公顷，绿肥189公顷，桑园33.3公顷，产茧34.65吨。饲养生猪1.74万头、水牛665头、驴2头、羊599头、家禽12.86万只、兔1756只，养蜂75箱，牧业收入207万元。养鱼226.7公顷，水产品产量146.9吨。拥有农业机械总动力1.3万千瓦，其中大中型拖拉机8台、小型拖拉机569台。1988年，吕良镇农作物总播种面积2697公顷，其中粮食作物产量1.54万吨；油料作物产量92吨；棉花产量6.5吨。饲养生猪1.08万头、家禽20.34万只、水牛250头、羊767头、兔400只，牧业收入207万元。孙集乡农作物总播种面积2218公顷，其中粮食作物产量1.23万吨；油料产量67.5吨；棉花产量3.9吨。饲养生猪9500头、家禽20.09万只、水牛15头、羊260头、兔497只、牧业收入207万元。1993年，吕良镇水面养殖200公顷，其中特种养殖100公顷，涌现河蚌育珠基地村，甲鱼、牛蛙饲养基地村各1个；孙集乡开发荒滩467公顷，建成精养鱼塘53公顷、鱼蟹混养基地307公顷。1997年，吕良镇水稻旱育秧面积98%，孙集乡水稻旱育秧面积97%，同时建立健全镇村农业科技服务体系。孙集乡利用地势低洼的田块发展浅水藕167公顷，创产值300万元。1999年军舍、周圩两村建成66.7公顷茭白基地，年产值85万元。

2000年，吕良镇压缩“三麦”面积387公顷，扩大粳稻种植面积，占水稻面积的60%以上，扩大稻田养殖200公顷，扩大水生蔬菜333公顷。农作物总产量2.87万吨，亩产421公斤；油料总产量852吨；栽植荷藕667公顷、茭白267公顷、慈姑67公顷，总产1.31万吨，实现水生蔬菜产值2625万元，亩产值1750元。蚕桑场、大庄村建成蔬菜示范园53公顷。新植意杨18.5万株，累计营造成片林246.2公顷，发展农田林网699.7公顷，林、牧、渔业总产值4684万元，占农业总产值63.8%。全镇拥有大中型拖拉机120台、小型拖拉机1977台、联合收割机110台。2003年，幸福村九组村民罗银昌种药材0.6公顷，创收3万元。2005年，粮食总产量3.89万吨，亩产409公斤；油料总产量492吨；其他农作物产量5666吨。饲养生猪1.92万头、家禽30.52万只、水牛14头、羊1670头。水产养殖实施鱼蟹混养、鱼鸭混养、网箱高产养殖，水产品产量5206吨。拥有农业机械总动力3.95万千瓦。其中，大中型拖拉机174台，小型拖拉机1706台，联合收割机303台，水稻插秧机72台，推土机14台，挖掘机3台。

二、工　业

1986年，吕良乡有工业企业124户，其中乡办企业12户、村办企业17户、户办联户办95户，从业人员371人。工业总产值（现价）156.86万元。1988年，吕良镇从事工业生产人员237人，其中镇办116人、村办51人、村以下办70人；工业总产值406万元，其中镇办183万元、村办47万元、联户办58万元、个体118万元。孙集乡从事工业生产人员99人，其中乡办34人、村办25人、村以下办40人；工业总产值95万元，其中村办44万元、联户办14万元、个体37万元。2000年，吕良镇共有工业企业206户，其中私营企业72户、个体企业134户，从业人员1093人。主要产品有化工机械、矿山除尘机械、芯板、床上用品、大米等。全年技改投入1714万元，实现招商引资997万元；完成工业总产值1.59亿元，其中私营1.24亿元、个体3473万元；工业销售收入1.43亿元，利税总额984万元，其中规模工业333万元。2005年，吕良镇有个体工业238户，私营工业企业89户，其中年开票销售500万元以上的企业2户，从业人员3422人。全年完成技改投入6985万元，其中投资1000万元项目1个、500万元项目3个。完成招商引资任务500万元，引入县工业园区项目2个。主要工业产品有石油化工机械、芯板、大米、服装、布绒玩具、水泥制品等8个系列130个品种。全年工业总产值1.64亿元，规模以上工业总产值（现价）5025万元，利润总额264万元。

三、商贸服务业

1986年，吕良乡有商业联营户、个体户224户，国营粮食、食品部门也改“坐商”为“行贾”，扩大经营，商业、饮食业、运输业、建筑业等从业劳动力556人，年销售收入183.52万元，占社会总产值11.5%。其中，运输业收入19.24万元，商业饮食业收入22.84万元，服务业收入30.32万元，其他收入32.98万元。公历逢5、10日为集日。逢集时，来自安徽天长、宝应山阳、洪泽岔河、仁和等地500多名生意人到镇上摆摊设点，经营服装、食品、生活用品等，经营品种上千个，日客流量3万多人次，日平均成交贸易额30多万元，年集市贸易成交额超亿元。1988年，吕良镇从事交通运输业、批零商贸餐饮业、公用服务业等劳动力886人，孙集乡从事交通运输业、批零商贸餐饮业、服务业等366人。2000年，吕良镇个体工商户638户，从业人员1831人；外出务工经商人员2740人，其中境外劳务10

人、省外劳务220人、县外劳务1320人、镇外劳务1190人，主要从事服装经营、纺织、宾馆、家庭服务等。9月26日，河北片首家畜禽交易市场成立，总投资20万元，占地1000平方米，拥有房屋建筑面积600平方米，是一个集畜禽交易、动物防疫检疫于一体的大型综合市场。年畜禽成交额80多万元。2003年5月成立全县首家镇级农副产品营销合作社，主要从事水生农副产品营销，社址设在军舍村部。共有固定资产总额189万元，会员101个，参社人数201人，季节性从业人数500人。拥有荷藕种植面积533公顷，鱼蟹养殖面积133公顷。年产荷藕1.2万吨，鱼蟹1500吨，运销水产品、水生蔬菜1.35万吨，实现销售收入1100万元、利税86万元。2004年10月，金湖县顺通运输公司投入运营，总投资2000万元，其中固定资产1800万元。主要从事长江中下游及支流省际普通货运，当年实现产值900万元，上缴利税60万元。2005年，吕良镇新发展个体工商户147户，增加从业人员852人；劳务输出1375人，其中成建制输出697人，主要从事水电安装、电动缝纫等，创收1200万元。至年底，全镇共有商贸服务单位和个体1103户，从业人员3614人，年增加值4994万元。

图2-9-10　吕良集市贸易（摄于2005年）　罗孩昌/摄

第三节　社会事业

一、基础设施建设

1986年，吕良乡幸福港东岸加宽路基，军民河通航航道9.5公里。1990年4月吕良至孙集的砂石公路通车。1996年，程控电话网络遍及村、组，吕良镇当年装机300多部，翌年突破1000部；孙集乡当年装机110部，翌年700部。1997年7月，草泽河大桥建成通车，12月，吕良大桥建成通车。1998年，吕良至孙集沥青路竣工。2000年全镇电话装机2800部，有自来水厂10家，凿深水井10口，受益人口1.85万人。2005年，全镇电话装机4500多部。交通线路内河航道吕良镇至淮胜集镇军民河的等外级航道11.2公里；陆路通车县道吕良线1公里，孙集线10公里，农村公路30.01公里。铺筑陈庄、幸福两村混凝土路面11公里。幸福港与大金沟河交汇处的大金沟桥改建竣工，主体长26米、宽7.5米、设计荷载汽-15。建成天金液化气站，配有容积为100立方米、50立方米、20立方米储气罐各1只，为该镇及周边金北、陈桥、前锋、宝应湖农场供气，月销售量约35吨。有35千伏的变电所1座，10千伏输电线路92.52公里，400伏低压线路227.03公里。总用电量658.96万千瓦时。

二、教　育

1986年，吕良乡有完中1所、独立初中2所、小学19所、幼儿园20所、成人学校1所。1989年，陈庄初中撤销，并入吕良中学和孙集初中。孙集初级中学连续3年被列为县初级中学前6强。1999年，吕良镇有完中1所、小学10所，在校学生2910人。孙集乡有初级中学1所、小学6所，在校学生1520人。2000年，全镇有中学2所、小学15所、幼儿园16所，在校学生3838人。2002年，吕良中心小学被授予全国“小公民道德建设实验学校”。2005年，全镇有完中、初中各1所，在校生1447人，初中阶段入学率100%，毕业年级毕业率100%；小学2所，在校学生956人；幼儿园2所，6个班，大、中、小班齐全，在园幼儿240人，幼儿教师合格率100%，学前3年幼儿入园率100%；成人学校1所。吕良中学拥有教学楼、办公楼、计算机房、实验室、图书室、阅览室、运动场等教育教学设施，学生公寓、多功能餐厅、商店、早点店、浴室等生活设施。教师65人，其中1人被评为全国优秀教师，具有大学本科学历58人，高级教师5人，为省实施素质教育先进学校。

三、文化体育

1986年，吕良乡文化中心添置录像机1台，电影队更换16毫米放映机1台；筹集10万元资金架设有线广播，喇叭普及率、通响率85%以上。1987年8月，吕良影剧院在全国农林科教电影放映月活动中，受到农牧渔业部、林业部、广播电影电视部、文化部、科学技术委员会和中国科学技术协会等6单位的联合表彰。1992年，该镇被省文化厅评为国家群众文化先进镇。2000年4月5日，吕良镇举办第一届农民运动会，历时7天，设有田径、棋类、球类、拔河等10个项目，30支代表队500多名运动员参赛。2003年全镇建成有线电视村3个，新增有线电视550户。2005年，有线电视新入户700户，入户率56%。开展文明创建活动，创建市级文明单位2个、县级文明单位7个。

四、医疗卫生

1986年，吕良乡有中心卫生院和孙集卫生所、21个村卫生室。医务人员73名。拥有200毫安X光机、B型超声诊断仪、心电图、恒温箱、干燥箱、光电比色计等医疗设备。1996年12月，新建门诊楼1幢，建筑面积1290平方米，设内、外、中医、肝胆等22个科室。2000年，全镇有中心卫生院1所、村卫生室14个，医务人员92人，病床40张。2004年，增挂“金湖县第三人民医院”牌子。2005年，有卫生院1所、医疗点1个、甲级村卫生室11个，医务人员62人。2005年，计划生育率98%，节育知情选择率100%，综合避孕措施落实率100%。

第四节　人民生活

1986年，吕良乡农村经济收益分配农民各项所得总额1189.34万元，其中，农村经济所得1160.31万元，在企事业单位从工人员直接得到工资收入29.03万元，人均552.02元。年末全乡储蓄款余额220万元，人均不到100元。大多数农民住上砖木结构的瓦房。全乡拥有黑白电视机742台、收录机2400台、缝纫机3217台、自行车5890辆、手表7221块、洗衣机210台。1988年，吕良镇农村经济收益以分配农民所得704.43万元，人平571.4元；孙集乡农民所得471.55万元，人平496元。2000年，吕良镇农村住户调查人均总收入4654元，其中工资性收入770.3元、家庭经营收入3821.6元；总支出3664.7元，其中家庭经营费用支出960.4元、税费支出221.9元、生产性固定资产折旧104.3元；人均可支配收入3275.9元，人均纯收入3367元。2005年，全镇农村住户平均总收入7457元，其中工资性收入1024元，家庭经营收入6243.6元；总支出7202.5元，其中家庭经营费用支出2919.3元，人均纯收入4133元。有650多户人家盖上楼房，大多数人家除住房面积增加外，房屋建筑追求宽敞明亮，装潢开始讲究美观，空调、冰箱、太阳能也逐渐走进家庭。每百户农民中拥有自行车164辆、摩托车21辆、电话及移动电话157部、电风扇207台、洗衣机58台、电冰箱20台、影碟机17台、电视机108台（其中彩电93台）、大型家具1338件。

第十章 陈桥镇

第一节 基本情况

一、概 貌

陈桥镇由原新农、陈桥两乡合并建成。新镇域地处县境西北部，东与吕良、金北两镇接壤，南濒三河，西部、北部与洪泽县万集、共和、仁和等镇相邻。与县城所在地黎城镇仅一河之隔，老三河横穿腹部，东西向洪金干渠流经镇域南部，属自流灌区，引用洪泽湖水源；金淮公路纵贯南北，水陆交通便捷。1986年，新农乡东界陈新港毗吕良镇，西濒山阳河、北临草泽河与洪泽县为邻，南至老三河与陈桥乡隔河相望，总面积29.92平方公里。乡政府驻新农集，距县城西北18公里（直线距离约12公里）。镇域地势平坦，西部稍高于东部，地面真高7.3~9米。陈桥乡南濒三河，北临老三河，东界陈大涧毗金北乡，西邻洪泽县共和乡，总面积37.14平方公里。乡政府驻陈桥集，距县城西北11公里（直线距离约8公里）。该乡属沿河平田区，地势平坦，东部略低，真高8~11.2米。2000年2月，陈桥、新农两乡撤销，合并为陈桥镇，总面积67.06平方公里。2005年，地区生产总值2.49亿元，人均9814万元。境内拥有石油天然气资源，省石油勘探局在刘庄构造带60号、64号井探明地下储有丰富的工业油气流。

镇域有3个集镇（市）。

陈桥集镇 1986年，集镇为陈桥乡政府驻地，建一东西向街道，长约400米。机关、学校、工厂、商店沿街设置，居民300余人。2000年，建成区面积0.5平方公里，有学校、机关企事业单位32家，通信基站2座，房屋建筑面积9.71万平方米，其中楼房面积7.28万平方米。2005年，集镇建成区面积1.2平方公里，主街道东西向1200米人民路建有人行道、下水道、绿岛、垃圾箱、路灯、广播音柱等辅助设施；南北向振兴路长2000米。从商个体户320户，常住居民人口3080人。

新农集镇 古为兴隆集，后以谐音定名为新农。1986年，新农集镇为新农乡政府驻地，距县城北部偏西18公里。设置中小学、卫生院及机关单位。2000年，兴建镇私营工业小区，落户机械、针织、服装等5家企业。常住人口400余人。2005年，集镇东西向兴隆路、南北向金淮路呈“十”字形，居民800余人。

高集集市 位于三河边，北距陈桥集镇4公里。1986年，街道设有学校、商店，居民100多人。2001年，高集村与邬桥村合并，村部改设邬桥，高集渐趋冷落。2005年，该集常住居民约150人。

二、建置区划

1986年，镇域建置为新农乡、陈桥乡。新农乡辖10个村、104个村民小组。陈桥乡辖14个村、118个村民小组。1988年8月，陈桥乡大园村划出郭庄、拾圩、新圩、新桥、立新、刘庄6个组、169户730人、114.67公顷耕地析置拾圩村。2000年撤乡并镇，新农乡与陈桥乡合并为陈桥镇，设置军王、宋庄、马庄、南堆、陶庄、陈桥、新港、拾圩、大园、涧北、鱼池涧、高集、邬桥、万坝、管庄、新农、新丰、陈新、金北、张坝、漕泽、淮路、丰乐、刘桥、前进等25个村，1个居委会，225个村民小组。2001年并村联组，合并为11个村、2个居民委员会、94个联组（包括新宁居委会4个联组）。2005年，全镇建置区划没有变动，仍辖军王、南宁、新港、新桥、邬桥、万坝、振兴、丰乐、前进、新丰、张坝等11个村，设新宁、兴隆2个社区居委会，联组94个。

三、土地人口

土地 1986年，新农乡有耕地1607.37公顷，其中水田1409.5公顷、旱地197.87公顷。陈桥乡有耕地2300.4公顷，其中水田2055.4公顷、旱地245公顷。1989年，新农乡集体基建占地2.3公顷，农民建房占地0.87公顷；陈桥乡集体基建占地0.07公顷，农民建房占地0.27公顷。1995年，划入基本农田保护区耕地新农乡1626.4公顷，陈桥乡2390.5公顷。2000年，合并后的陈桥镇有耕地3919.47公顷、水面440公顷。2001年，陈桥镇吸引社会闲散资金开发低洼地666.7公顷。2005年，全镇有耕地3926公顷、水面444公顷。

人口 1986年，新农乡3190户，人口13453人。其中：农业人口13247人，非农人口206人；傣族1人，余为汉族；人口自然增长率5.7‰。陈桥乡3017户，人口13595人。其中：农业人口13373人，非农人口222人；人口自然增长率11.3‰。两乡农村从业人口11324人。2000年，全镇共有7761户，人口25986人。其中：非农业人口1009人，农业人口24977人；人口自然增长率为-1.85‰。2005年，7960户，人口25367人。其中：非农业人口1128人，农业人口24239人；人口自然增长率1.65‰；乡村人口从业人员12966人（从事种植业4766人、林牧副渔业707人、工业954人、建筑业737人、其他职业5802人）。

第二节 经济建设

一、农 业

1986年，新农乡种植业除稻麦常规品种外，经济作物主要有大豆、油菜、花生、玉米、高粱和蔬菜瓜果类。是年，粮食播种面积2672.1公顷，产量1.74万吨；饲养生猪1.31万头、耕牛245头、羊380头、“三禽”21.34万只、毛兔3702只，产兔毛661.5公斤；水产品产量76吨，桑园面积108.87公顷，茧产量42.15吨，桃梨果园4.2公顷，造林26.7公顷。陈桥乡种植经济作物品种还有芝麻、黄麻、薄荷等；桑园面积51.8公顷，茧产量29.45吨；桃梨果园7.6公顷，造林30.7公顷。粮食播种面积3944.87公顷，产量2.45万吨，饲养生猪1.3万头、耕牛340头、“三禽”14.57万只、毛兔684只，产兔毛191.5公斤，养蜂92箱，水产品产量71.41吨。1994年，新农乡开发老三河新农段134公顷荒滩水面，建成鱼、蚌、蟹、鳖特种养殖基地。前进村累计拓植湖桑69.3公顷，蚕茧产值116.46万元。1998年，新农乡发展特种水产养殖、麻鸭肉鸭养殖及蚕桑、蔬菜种植，发展专业户45户，累计600户，发展养鸽户150户。12月15日，陈桥乡涧北村青年农民梁晓军养狐貉年收入近20万元的业绩在江苏卫视《凡人小事》栏目播出。1999年，陈桥乡扩大蔬菜种植，总面积333公顷，发展水生植物种植、湖桑面积分别为133公顷，建成种植养殖专业村8个，实现农业总产值3562万元。

2000年，陈桥镇新增稻田养殖167公顷，拓植桑园面积140公顷，植牧草27公顷，发展大棚蔬菜29公顷；发展老三河400公顷特种养殖带、鱼池涧67公顷茭白种植区；管庄村引进东台市西瓜种植大户11户，建成精品西瓜种植园26.87公顷，生产的中国台湾“特小凤”“特小兰”“黑美人”，中国香港“金兰”“新金兰”和日本“早春红玉”等精优品种西瓜，畅销江苏、上海等地。是年，实收粮食产量3.75万吨、油料724吨、棉花1吨，蚕茧产量165吨，水产品产量2229吨；饲养生猪2.62万头、“三禽”50.79万只，农业总产值5864万元。2001年，该镇实施“农民向集镇集中、土地向规模经营者集中、工业向园区集中”的发展战略，建成33.3公顷精品西瓜园，466.7公顷稻田养殖示范区，533.3公顷湖桑带和300公顷水生蔬菜示范带。在老三河营造的“绿色走廊”引来上千只国家二级保护鸟类白鹭筑巢孵化。2004年，该镇丰乐村村民为多产粮食、增加收入，纷纷到泗湾湖农场、复兴圩农场、白马湖农场和盱眙等地承包土地种粮，承包面积超过200公顷，年收益400多万元。

2005年，全镇重点发展意杨产业，稳定畜禽和水产养殖等传统产业，发展桑园面积120公顷，水产养殖400公顷。实收粮食总产量3.78万吨，饲养生猪2.5万头、家禽67.23万只、羊2430头；蚕茧产量209吨；水产品产量2167吨。农业生产总值1.29亿元。10月31日，中央电视台七套《致富经》栏目组专程到金湖，拍摄获全国致富明星、省十大杰出青年、十大致富能手称号的新桥村六组残疾人梁晓军的养狐事迹。

二、工　业

1986年，新农乡乡村工业兴办企业17户，工业项目主要有农机、磷肥、砖瓦、皮革塑料、针织内衣、机电盘、铸件等，有职工131人，工业产值114万元；户办联户办企业13户，豆制品加工颇具特色，100多户作坊生产的豆制品畅销县城和邻近集镇。陈桥乡兴办乡村工业企业18户，职工320人，户办联户办企业13户；工业项目主要有镀锌、矿烛、标牌、皮鞋、羽毛球、高频热火机缫丝蒸箱、沙发家具、砖瓦、涂料、洗涤剂、洗洁净、碳化稻壳等，全乡乡办工业产值118万元。1995年，江苏爱特福药物保健品有限公司投入技改资金313万元，开发“84”好帮手洗洁精、香波、消毒液及“飞毛腿”系列杀虫剂等新产品；轻工机械有限公司研制出丝织行业使用的乳化泵、5.5立方米大容积缫丝蒸箱及储水罐系列产品，实现产值407万元、利税33.5万元。1998年，新农乡兴办起新发塑料厂、煤球厂、电焊条厂、建筑构件厂等个体企业。1999年，江苏爱特福公司与香港嘉利美商集团有限公司共同投资1200万元，组建江苏爱特福气雾剂有限公司，销售突破亿元，成为全县知名企业（参见“第四十三篇专记”《江苏爱特福集团创业路》）。

2000年，全镇工业企业总数43户，实现销售收入3.32亿元。新农村村民曹为仁继获得斜推式倒流液拉阀发明专利后，又一次发明撒肥机获得国家专利证书。2001年，建成一批以化工、机械、冶金、卷板为主体的产业集群，实现工业产值4.24亿元，销售收入4.1亿元，创利税3972万元，名列全县先进行列。在深圳、海南打拼多年的新农集镇居民郑念江创办金桥粮油食品厂，生产的优质大米畅销海南、福建、浙江、广东、广西、上海等8个省市自治区，设立销售分公司14个，年产值突破2000万元。2003年，在新农集镇建兴隆工业小区。全镇盘活闲置资产1600万元，私营工业企业增加到50户，固定资产投入突破亿元。2004年，新办私营企业18户。2005年，私营企业总数达72户，个体工业户354户，职工3901人，实现工业产值5.58亿元，销售收入6.83亿元。个体工商户销售额1.4亿元。工业形成以化工、机械、农副产品加工、塑料制品、纺织、木器、工艺品

图2-10-11　爱特福公司新厂区（摄于2005年）　姜燕／摄

制作等七大类支柱产业格局。

三、商贸服务业

1986年，新农、陈桥两乡供销部门为农民提供各种化肥8380吨、柴油434吨、农药306吨、农用薄膜9.5吨，购销农副产品450多吨，全年商品销售额456万元，实现利润6.5万元；粮食部门完成2510吨粮食合同订购任务。1989年，两乡建成各类专业合作社19个，营业额380.02万元。1996年，新农乡兴建农贸市场1320平方米，供销社商场开业。2004年，新增个体工商户157户，总户数发展到692户；劳务输出建立稳定的信息网络和服务体系，新增外出务工人员1476人，累计劳务输出4500多人，创收2200万元。公历每旬2、8为逢集日。2005年，工商户365户。渔业养殖营销、白鸭养殖等协会工作职能强化，注册的“新丰”肉鸭、“九里荒”蒿茶、“渔家傲”水产品，“丝苗”“猫牙”“岛田”等品牌大米俏销市场。举办电动缝纫、微机操作等实用技术培训班16期，为县工业园区同泰服饰、哥的威尔等公司输送电动缝纫工210人。全年在外务工人数6293人。

第三节　社会事业

一、基础设施建设

1986年，陈桥集镇街道由泥土路改铺成砂石路，建明沟下水道1200米，行道树为法桐、黄杨和冬青灌木。新农乡政府对驻地兴隆集“十”字形街道进行维修改造，栽植行道树，开挖下水道。1990年起，陈桥集镇街西首沿李新港路往南的个体经商户统一建成2层楼房。新辟南北向一条街延伸至万坝闸，并在街西建成钢架农贸市场1座，在小学西边建敬老院1座。1995年，镇东首的爱特福公司新建“84宾馆”、职工宿舍楼等。8月，高集村与江苏油田第七钻井队铺筑李新港段砂石路。马庄、南堆、陈桥、大园等4个村建起自来水厂，铺设管道3万多米，受益2900多人。新农乡开凿深水井2口，增加自来水受益人口5000人。1996—1997年，新农、陈桥两乡分别投资150万元，按四级公路标准铺筑乡村砂石路，一期完成12.3公里，其中新农乡铺筑7公里，村村通上砂石路；陈桥集镇的砂石路改建成混凝土路面，明沟下水道改成暗道，建绿岛1000米，配置灯箱、广告牌。新农乡敷设通信杆线1600根、75公里，通信线路、有线电视线路通达到各村各组各庄台，程控电话安装890部，有线电视入户320户。1998—1999年，陈桥乡集镇主街道建门面房17间，集镇开通有线电视，并向农村拓展，相继新建财政、农经、电信、公安、国土城建、镇政府办公楼，中、小学教学楼、农具厂办公楼、化工厂宿舍楼、粮管所综合楼等；个体户平房改建成楼房。人民路、振兴路的人行道、慢车道全部铺设混凝土路面，在供销社南侧征地新建农贸市场钢架大棚1200平方米，周边开发商住楼，停车站同时建成。新农集镇主街道改铺成沥青混凝土路面，两边下水道改成加盖的明沟暗道，新建机关办公楼8幢，改造临街门面房60多间。

2000年，集镇建成区面积约0.8平方公里，房屋建筑面积9.7万平方米，其中楼房建筑面积7.28万平方米。东西向人民路延伸至1200米，宽30米；新辟金桥路、邬南路、健康路均为混凝土路面。街道两侧配建辅助设施绿岛、下水道、路灯、广播音柱、垃圾箱等；南北向振兴路为沥青路面，长2000米。至2005年，铺设镇村混凝土路面20.25公里，改造危桥2座，兴建水利配套设施21座；敷设广播有线电视线路，有线电视入户率44%；改水工程普及11个村，受益人口2.13万人。镇区建成区面积达1.2平方公里，个体工商户450户，建筑总面积18.92万平方米，其中公共建筑8.94万平方米、生产建筑4.55万平方米。集镇绿岛长2200米，公共绿地4.43万平方米，安装路灯38盏。全镇混凝土路面总长49.8公里，基本构成循环的农村公路网。

二、教　育

1986年，新农乡有初级中学1所、小学10所、幼儿园10所、成人教育中心校1所；陈桥乡设初级中学2所、小学20所、中心幼儿园2所、校带园19个、成人教育中心校1所。1994年，新农乡兴建修缮校舍42间、厕所1座，砌围墙45米，为中学购置教学仪器设备、图书，安装维修水电，九年义务教育软硬件设施建设通过市级验收。1995年，爱特福公司捐资10万元兴建中心幼儿园房屋10间、750平方米，并添置教具、活动器材、玩具等100多件。1997年，陈桥初级中学建起一幢建筑面积为1273平方米的教学楼。1999年，陈桥中心小学建起1幢1178平方米的教学楼，拥有300米的碳砂环形跑道运动场及2个篮球场。2001年，全镇设置初级中学2所、小学15所、幼儿园2所9个班，中小学设置电脑室。2005年，全镇设置成人教育中心校1所、初级中学2所，在校学生1146人；小学10所，在校学生1039人；中心幼儿园2所，校带园9个，在园幼儿327人。

三、文化体育

1986年，新农、陈桥两乡均设置文化中心，开设板报画廊，放映电影录像，举办图书阅览，开展农技知识宣传等多种文化活动。新农乡有乡业余文艺宣传队，陈新村组组设置简易体育场，连续15年举办村农民运动会，约有60%的村民自发参加体育运动。陈桥乡设置的文化中心，占地2.4公顷，建筑面积1248平方米，其中农民乐园和体育场占地5000平方米。2000年，陈桥镇举办第一届文化活动周，千余人参加。2001年，各村建立起宣传文化室，组织村民学文化、学技术，传播交流信息。镇举办“文明关爱”文艺晚会，现场收到募捐款6000元，扶助贫困户发展致富项目。2005年，改造敷设广播电视线路，新增有线电视用户600多家，广播通响率85%。

四、医疗卫生

1986年，陈桥乡卫生院占地1.18公顷，建筑面积839平方米，设病床10张、职工18人，拥有一台30毫安X光机和简陋的手术室，可开展阑尾切除等下腹部手术；设村卫生室15个，其中甲级村卫生室13个，乡村医生35人。新农乡卫生院占地面积1.15公顷，建筑面积1086平方米，职工17人；设甲级村卫生室10个，乡村医生20人。1995年，新农乡卫生院有各类医务人员44人，陈桥镇卫生院54人。

2000年并镇后，有卫生院1所、村卫生室13个，医务人员42人。2004年，有卫生院、分院各1所，医疗点1个，设病床70张，村卫生室13个，医务人员70人。2005年，医务人员增加到82人，其中乡村医生48人。医院总面积2.2万平方米，建筑面积3880平方米，拥有病床30张、300毫安X光机两台及B超诊断仪、心电图仪、麻醉机、洗胃机、心电监护仪、生化分析仪、尿液分析仪等，正常开设内、外、妇产、儿、五官、中医等临床科室和检验、放射、B超、心电、理疗等辅助科室。

第四节　人民生活

1986年，新农乡农民人均纯收入521元；陈桥乡农民人均纯收入558元。1991—1993年，新农乡农村居民建房3120户，建筑面积28.1万平方米。陈桥乡农村居民建房4251户，建筑面积近51万平方米。1994年，新建的敬老院集中供养“五保”老人18人。2002年，南宁村二组孤儿刘某某考取苏州工艺美术学院，在镇团委、妇联及社会各界的关心下募捐万余元，并采取勤工俭学的办法帮助他维持学业。2003年8月，邬桥村三组万某姐妹俩分别被江苏大学、江南大学录取，因家庭经济困难无法入学。江苏电视台《江苏新时空》栏目报道这一消息后，姐妹俩接到一位不愿透露身份的张先生及时汇来1.4万元，使她们如愿按期入学。翌年，张先生又按承诺汇来9200元。2004年，大病风险医疗制度实施后，有180名参保村民获得医保补助40多万元。农民储蓄年末余额6500万元，人均2559元。2005年，民居建筑面积5.42万平方米。农民人均纯收入4517.4元，每百户居民中拥有成套家具的有76家，有电视机98台、自行车150辆、摩托车26辆、程控及移动电话182部、空调机10台、电风扇160台、洗衣机68台、电冰箱11台、影碟机12台。

第十一章　金北镇

第一节　基本情况

一、概　貌

金北镇是全县撤乡并镇前区划范围最大、且没有变动的一个镇，位于淮河入江水道以北，地处金湖县中部。北濒老三河，邻泗湾湖农场、吕良镇，南依三河与金湖县城隔河相望，西至陈大涧接陈桥镇，东界腰滩河毗宝应湖农场和前锋镇，总面积60.99平方公里。镇政府驻新街集，南距县城5公里（直线距离）。2005年，地区生产总值1.05亿元，其中第一产业4688万元、第二产业3265万元（工业3135万元）、第三产业2509万元，三次产业占比分别为44.8%、31.2%（工业30%）、24%。

镇域有2个集镇（市）。

新街集镇　1986年，集镇街道呈“十”字形，洪金路与金淮路交会点为集市中心，建成区面积达1平方公里。1996年，塘埂村蚕桑组、万庄村林场、闸东村主庄组、新街村潘庄组和杨庄组划归集镇，面积51公顷，户数161户，人口551人。2001年，兴建镇政府4层办公楼和派出所3层办公楼，集镇农贸市场建成。2005年，商业一条街、农民休闲公园和人民广场相继建成；常住居民近千户，人口4000多人。

应集集市　东隔腰滩河、盐金国防公路邻宝应湖农场场部，南滨中心河，向南2公里混凝土路面连洪金线，水陆交通便利。西距镇政府5.5公里。1986年，设置学校、商店、饮食店、粮站等。2000年为并村后村部。2005年，居民300余人。

二、建置区划

1986年，镇域建制为金北乡，辖刘庄、吴庄、张桥、腰滩、应集、马港、周庄、梁圩、张方、管墩、陈渡、李庄、董河、黄庄、塘埂、万庄、新街、闸东、洪圩、马圩等20个村，202个组。1988年，新建养殖场3个。1996年，集镇设置金港居委会。2000年10月，金北乡撤乡建镇，实行镇管村体制。2001年，并村联组，全镇20个村合并为刘庄、应集、马港、张方、陈渡、董河、万庄、新街、洪圩等9个村和金港居委会；208个组合并为75个联组、3个养殖场和湾港村民小组。至2005年，全镇建置区划无变动。

三、土地人口

土地　1986年，金北乡拥有耕地面积2884.47公顷，其中水田2762.07公顷、旱地122.4公顷；

集体耕地2671.53公顷，农民自留地212.94公顷。1989年，乡村集体基建占地0.6公顷，农民建房占地3.13公顷，退耕还林还渔13.27公顷，实有耕地2883.8公顷，其中水田2690.33公顷、旱地193.47公顷。1995年，金北乡划定基本农田保护区耕地2919.67公顷，其中一级保护区2699.67公顷，占92.46%；二级保护区220公顷。2005年，全镇耕地面积2848公顷，水面1568公顷。

人口　1986年，金北乡有居民5618户，人口23423人。其中：农业人口22567人，非农人口856人；人口自然增长率9.6‰；农村从业人口9918人。2001年，全镇有居民6800户，人口22471人。其中：农业人口20906人，非农人口1565人；人口自然增长率-0.22‰。2005年，全镇6666户，人口21960人。其中：农业人口19344人，非农人口2616人；人口自然增长率-5.75‰；有健在的百岁老人3人；乡村从业人口8711人（种植业4417人、林牧副渔业943人、工业546人、建筑业463人、其他职业2342人）。

第二节　经济建设

一、农　业

1986年，金北乡种植业结构除稻麦常规品种外，经济作物主要有大豆、油菜、棉花和药材；桑园面积91.8公顷，茧产量45.45吨；果园1公顷。粮食、大豆播种面积5577.4公顷，平均亩产427公斤，产量3.57万吨，其中油料产量737.75吨、大豆总产245.7吨。饲养生猪1.98万头、耕牛405头、驴12头、“三禽”22.49万只、毛兔2250只、蜜蜂293箱，水产品产量79.8吨。1994年，重点发展蚕桑、水产业，开挖精养鱼塘32.7公顷，增加鱼鳖混养13.3公顷，特养品种有牛蛙、河蚌、胡子鲶、野鸭等，养殖面积达50.7公顷，朝阳河两岸建成千亩（66.7公顷）特种养殖带，养殖总面积233.3公顷；新植湖桑30公顷，累计达367公顷。粮食总产量2.14万吨，油料总产1134吨、饲养生猪2.6万头、“三禽”46.65万只、毛兔饲养3.3万只、山羊1200只，蚕茧产量255吨，水产品产量970吨。1997年，发展巩固朝阳河两侧千亩（66.7公顷）水产养殖带，洪金干渠两侧500亩（33.3公顷）特种养殖带，老三河、淮河入江水道万只水禽养殖带。建成专业村6个，发展专业大户865户，其中百头猪场11个，千只以上养禽户19户，500只以上养禽户36户。1998年，塘埂村建成野生蒌蒿种植园，建钢架塑篷203个，占地20公顷。

2001年，建成朝阳河沿线334公顷水产养殖带，以老三河、淮河入江水道水面为主的两大万只水禽饲养带，万庄村20公顷大棚蔬菜示范园，新街村14公顷蚕桑示范园，万庄村百头二元母猪繁育基地。2002年9月，江苏金叶粮油食品有限公司与刘庄、洪圩、马港、董河等村采取“公司＋农户”的订单经营模式，联手共建万亩（667公顷）优质小麦种植基地，实际播种面积950公顷。2003年，应集、马港等村造林100公顷。镇水产养殖示范园投入200万元池养史氏鲟，亩产2000公斤，价格32元/公斤。2005年，养殖回鱼、黑鱼、小龙虾和螃蟹等特种水产品，亩纯收入2000元以上。由于水质好，水产品质量优，被认定为绿色食品，产品销往上海、浙江、山东、南京等地，年销售额近亿元。

二、工　业

1986年，全乡拥有农机修造、粮食加工、缫丝、织绸、砖瓦、水泥制品等工业企业215户，其中乡办18户，村办8户，组户联办189户；职工1173人，工业产值670.7万元。三河缫丝厂和农具厂销售额突破千万元，产品白厂丝获农业部“梅花奖”。1994年，全乡工业产值4768万元，产品销售收入5275万元，其中村办工业663万元。三河缫丝厂技改投入490万元，购置丝织机129台（套），新建封闭式厂房1860平方米，拥有固定资产总额800万元，达到国家中二型企业标准，生产能力年产白厂

图 2-11-12　三河缫丝厂缫丝车间（摄于 1996 年）
姜燕／摄

丝150吨，丝绸140万米。1995年，石化矿业机械厂研发的“金笛”牌氯气泵、三用阀等3个产品通过部级测试检验，投入批量生产（参见“第十五篇机械制造业”第二章第四节）。马圩村金泰医用敷料厂生产的医用帽、口罩、绷带、手术巾、纱布等产品出口西班牙等国，创产值60万元人民币。1996年，三河缫丝厂与清华、复旦等大学科研机构联合开发高效无磷助剂过碳酸钠项目，通过省级星火计划项目评审。马圩村金泰医用敷料厂销售市场拓展到美国、西班牙和中国香港地区。日用化工厂开发二氧化氯新产品投入市场。1998—1999年，丝织厂开发OZ双绉丝绸新品，打开市场销路。木器厂建成胶合板生产线，实现产值200万元，利税11.8万元。野生绿色食品厂开发“中国蒿茶”新品，销往南京、上海，出口泰国，年创产值38万元，获利8万元。

2000—2002年，粮食加工厂新上面粉自动化生产线，与周边340个面粉兑换点签订长期供货协议。金湖县妙洁化工公司研制的过碳酸钠产品通过省星火计划项目验收。野生绿色食品厂生产的“中国蒿茶”，连获中国·南京国际茶博会银质奖、江苏省消费者信得过产品金质奖，并打入国际市场。发展缫丝丝织企业7户，拥有立缫和自动缫缫丝机300台（套）、丝织机150台（套），年产白厂丝80吨、软缎180万米。谷风公司、金穗米厂生产的“荷香”牌大米、面粉通过达标检验，被认定为省无公害产品，获得省食品生产许可证，产品销往海南，出口泰国。招商引进浙江宏泰集团投资1500万元兴建的700万米人造革基布项目落户县工业园区。2003年，工业技改资金投入2030万元，其中金凌化工无纺布项目投入1500万元，宏宝塑业PVC异形板项目投入530万元。引进南京客商高兰美与金北集镇青年张芹共同投资400万元，兴办贝斯特制衣公司，利用原洪圩小学闲置房屋，占地0.8公顷，建筑面积1700平方米，配置电动缝纫机120台，吸纳当地职工150人，年产值800万元。全镇工业产品主要有白厂丝、绸缎、木器、服装、米面、建筑材料等10个系列70多个品种，产值7221万元，销售收入6153万元，利税608万元。

2004年，盘活闲置土地6.3公顷，存量资产300多万元，吸引客商4户；工业技改投入突破5000万元。合成革公司投资600多万元，新上一条合成革生产线；金新缫丝厂投资200万元新上3组自动缫丝机，年增白厂丝产量120吨；木器厂投资80万元，新上5万张胶合板生产线。2005年，金北镇工业集中区规划面积133.3公顷，分东区和西区两部分。其中东区位于石港大桥以西、金宝航道北侧，规划面积63.3公顷，产业以金属制品为特色；西区位于镇政府所在地北侧，规划面积70公顷，产业特色以轻纺为主。入驻企业19户，实现销售收入1.15亿元。

三、商贸服务业

1986年，金北乡商贸批发和零售业单位约30户，总产值50万元。1989年，组建起养猪、养禽、养兔、养蜂、养蚌、废旧收购等6个合作社，参加合作社162户、815人，全年营业额42.62万元，获利20.18万元。1994年，有个体工商户438户，从业人员560人；从事建筑、运输、服务业的人员共有1600多人。1996年，集镇居民胡松与在台亲属合资兴建裕成宾馆，建客房26间和停车场、浴室等，特设周一为""五保"老人服务日"，免费提供调水温洗浴、擦背、剪指甲等服务。12月2日《人民日报》刊载此事迹。2001年，兴建金北农贸市场，占地6000平方米，门面房20多间，年成交额500多万元。2002年，全镇有工商户314户，增加从业人员321人；劳务输出2787人，其中从事建筑业576人、电子装配381人、服装加工173人、宾馆服务89人、保安65人、其他1503人，年创收入1060万元。2003年，外出务工人员增加973人，主要集中在服装加工、宾馆服务两个行业，年收入增加到2020万元，比上年增加960万元。2004年，马港村党支部书记顾福来在金北与吕良交界的吕良桥南首兴建一座水运码头，方便村民中转营运农副产品。2005年，新增个体工商户166户，累计720户，从商人员1791人。其中，从事餐饮业就有10多户，加上民间帮厨，餐饮服务业人员100多人。

第三节　社会事业

一、基础设施建设

1986年，金北乡有变电所1个、邮电支局2个。1987年，集镇区使用上自来水。1988年，农村居民兴建住房150多户。1995年，1000门数字程控交换机开通，安装程控电话169部，经3年努力电话入户超千家，建成电话乡。开凿深水井7口，全乡自来水普及率96%；铺筑黄陈路砂石路面12公里，至此，村村通上沥青路或砂石路。1999年7月，兴建的黄滩大桥竣工，桥身长22米，宽5米，设计荷载汽-8。2000年，新建邮电支局楼，并开办邮政储蓄业务。部分农户兴建2层楼房。镇政府办公楼交付使用。该楼占地617平方米，建筑面积1397平方米，主体3层，局部4层，拥有办公室34间。腰滩村自筹15.6万元，铺筑砂石路4000米。2002年，农村改水新增受益人口3100多人；投资15万元改建扩建镇福利院，兴建宿舍10间，每间均设置卫生间，新辟草坪、活动室，配置麻将、扑克、象棋，活跃老人文化娱乐生活。

2001年，金北农贸市场建成，总投资200多万元，占地6000平方米，门面房20多间，年成交额500多万元。至2004年，新建2~4层楼房60多户。镇政府投入配套资金380万元，铺设集镇金港路和村道东方路、双马路、万庄中心路等混凝土路面20.13公里。2005年，修铺集镇主街道3公里，新建桥梁2座；招商引进的吉祥玩具公司、金新缫丝厂和天纺丝织厂新建厂房万余平方米，建成商业一条街；农民休闲公园和人民广场相继建成。投入100多万元架设路灯，绿化美化道路，改造集镇自来水，铺筑地下排水管道，建垃圾池150个，垃圾箱50只，改厕1600座，建沼气池600个，环境卫生和保洁工作向农村延伸。

二、教　育

1986年，全乡设置初级中学、职业中学各1所，小学17所，幼儿园18所。1994年，小学并为13所，在校学生3327人。1995年，三河中学新建会堂2165平方米、餐厅120平方米。翌年新河中学撤并到三河中学。1997年，全乡设置中学1所、小学13所，在校学生2537人。马港小学突破校园界限，围绕村经济发展办"大教育"，利用先进科技信息，建立"校联系组、师联系户、生联络家"的农科教服务网络，编印科技小报1000余份，播放科技录像120场次，实用技能培训万余人次，其做法得到市教委的肯定和推广。1999年，乡成人教育中心校修缮改造校舍，添置图书2000册，微机、电教设备6台（套），举办科技讲座49期，办短期培训班39次，电教50场，受训万余人次。2001年，建筑面积1611平方米的三河中学教学楼竣工，主体3层，局部4层，教室48间。2002年，撤销应集、张桥等4所小学，师资配备优化。设置中学1所，高中部为职业高中，在校学生1130人；完小6所，在校学生1387人；幼儿园10所，在园幼儿452人。筹资100余万元兴建镇中心小学教学楼，主体3层，局部4层，教室48间，建筑面积1715平方米。2004年，万庄、洪圩、潘万、张方、陈渡等5所小学并入镇中心小学后，镇投资30万元改原农技站办公楼为学生公寓，方便边远学生寄宿就读，设置宿舍8间、床位40张，食堂200平方米。占地面积1万平方米，建教学楼、办公楼各1幢，辅助用房20间，操场面积5000平方米。2005年，设初级中学1所、完小2所，在校学生1570人；中心幼儿园1所，在园幼儿185人。中心小学升格为淮安市实验小学，幼儿园创建成市级一类幼儿园。

三、文化体育

1986年，金北乡影剧院面积近3000平方米，拥有座位2000多个，每年坚持为中小学生义务放映50多场次。文化中心建筑面积700平方米；基层有14个村设俱乐部、文化室。1995年，乡文广站拥有办公楼1幢，面积260平方米；全乡安装高音音柱100多个，常年开办自办节目；设置图书阅览、录像放映、乒乓球室、舞厅等活动场所，图书室藏书1万多册；组建书画、音乐、摄影、创作、宣传等5支队伍，常年开展文艺宣传活动，涌现209个文化户。文化中心兴办的服务部年创产值9.2万元。年底，被省文化厅评为群众文化先进乡。1998年，乡举办农民运动会，有21支代表队、300余名运动员参赛，比赛项目有田径、拔河和球类、棋类等。2001年，省"三下乡"文化服务团到金北镇开展活动，举办种植、养殖业和妇女保健知识讲座，捐赠VCD 2台，电子音像出版物500盒，图书、杂志9000多册，价值8.15万元。2005年，完成广播电视楼改建和机房搬迁，有线电视入户3400户，广播通响率95%。

四、医疗卫生

1986年，金北乡卫生院占地1.54公顷，1989年升格为一级甲等卫生院和部颁"爱婴医院"。1994年，设置乡卫生院1所、村卫生室20个，医务人员39人。1995年，乡卫生院新建复式门诊用房370平方米，总建筑面积1252平方米；购置100毫安X光机、B超机，设置内科、外科、五官、妇产、化验、放射等医疗诊断科室，软硬件建设验收合格。2001年，有卫生院1所、卫生所2所、村卫生室9个，医务人员67人。2005年，新建门诊综合楼1幢，建筑面积866平方米，铺筑混凝土路面750平方米，绿化面积1200平方米，门诊科室齐全，添置彩色B超、500毫安X光机、心电图机、半自动生化分析仪、尿液分析仪、心电监护仪、微波治疗仪、全自动洗胃机、综合手术床等设备；拥有床位24张，医务人员33人，建标准化村级社区卫生服务站5个，居民健康档案实施微机化管理。

第四节　人民生活

1986年，金北乡农民人均收入610.24元。1988年，乡福利院占地1.07公顷，建筑面积1786平方米，床位66张，有餐厅、洗澡间、活动室、娱乐中心，每间房内设卫生室，基础设施齐全，配备工作人员5名，集中供养"五保"老人26人。2001年，农民人均纯收入3256元，村村开通有线电视，入户1070户；程控电话安装3500户。2003年，参加新型农村合作医疗1.2万人，参加养老保险432人。筹资164万元为贫困户改造危房89户、211间，建筑面积5900平方米。年末存款余额4900万元，其中居民储蓄存款4100万元。2005年，全镇拥有固定电话用户3547户、移动电话3202部；户户通上自来水、有线电视，拥有电视机7018台、洗衣机6832台。

第十二章 江苏省宝应湖农场

第一节 基本情况

一、概 貌

省宝应湖农场位于境内宝应湖畔，东临涂沟，南接银集，西连金北，北界前锋。总面积约45平方公里。三河、大汕子沟通场内外，金宝航道，上通洪泽湖，下达京杭大运河入长江。陆路省道332横贯境内，西与盐金国防公路、宁连公路相连，东接京沪高速公路。场部驻五七新村，距金湖县城14公里。农场地貌大致分为平原、湖沼滩地，地面真高5.5~8米。境内土地肥沃，沟渠众多，水生资源丰富。2005年，农场以生产优质粮食和制种为主，产量2.93万吨；工业有中小企业32家，产值4298万元。

二、机 构

1986年为国有农场，隶属于省农垦局。1990年，农场恢复县团级建制。1992年，实行场长负责制，农场场长成为法人代表。1993年7月，归属省农垦集团有限公司领导，称省宝应湖农场。机关设办公室、组宣科、计财科、生产科、副业科、工会，撤销4个分场。至2005年机构无变化。

三、土地人口

土地 1986年，全场总面积45平方公里，耕地面积2266.67公顷，其中水田666.67公顷、旱地1600公顷；水面1333.3公顷。至2005年，全场占地面积、耕地、水面保持稳定。

人口 1986年，有3812户，人口10457人。其中：男性5129人、女性5328人；农业人口6907人，非农业人口3550人。1992年，常住户为4061户，人口9375人。其中：男性4614人、女性4761人；人口出生率12.3‰，自然增长率6.1‰。1997年4045户，人口8710人。其中：男性4330人、女性4380人；农业人口4647人，非农业人口4063人。2005年，全场3207户，人口8064人。其中：男性3995人、女性4069人。

第二节 经济发展

一、农 业

1986年，农场推行联产承包责任制，扩大粮豆种植，缩小绿肥种植，逐步明确稳麦、扩稻、良种繁育的发展思路。新植树木8万株，培育林业新的经济增长点。1987年，饲养肉鸡8.11万只，鹅、鸭4.4万只，水产业开始养殖螃蟹。1989年，农场选育出水稻宝粳1号、2号，小麦宝麦1号、博爱74-22等新品种。其中博爱74-22成为淮河两岸推广良种，获省政府、省水利厅科技成果进步奖。首次引进小型插秧机12台。1992年，种植玉米100公顷，大豆1067公顷，棉花140公顷，油菜133公顷，绿肥、薄荷245公顷等经济作物。1993年，水产精养塘口和外湖围养水面达到1200公顷。修建涵洞44座，进水闸15座，电灌站50座，小型田间配套建筑物738座，农机总动力2149千瓦；砖砌干渠1700米，有大中小排水沟319条224公里，农渠246条165公里，防洪圩堤16条7.3公里，防渗渠2100米，平田整地1000公顷，填平废沟河49.5万平方米，铺筑水泥晒场3.9万平方米，建库房5.49万平方米，累计完成土方407.1万立方米。1994年，实施黄淮海开发项目，修建防渗渠3.2公里，改建桥梁5座，中沟涵洞20座，节制闸10座，电灌站11座。投入1100多万元新建大型谷物种子晒场，添置烘干、加工等设备，建成1667公顷良种生产基地。1999年农业综合开发项目通过国家验收，共完成2133.3公顷中低产田改造和1333.3公顷吨粮田建设任务。

2001年11月，大华种子公司投资253万元，建成两条种子烘干线，新添日本产“一心号”烘干机6台、中国台湾产“三久”烘干机6台，年可烘干粮食2.8万吨。2003年底，国家“九五”种子工程建设项目小麦种子基地全部建成，总投资548.67万元。项目区新建电站2座，改建电站5座；建设沟、渠系配套建筑物432座、防渗渠3200米，田间道路400米，改建农村桥梁3座，新铺砂石道路5000米。2005年，小麦播种面积1800公顷，亩产388公斤，总产1.05万吨；水稻种植面积2460公顷，亩产509公斤，总产1.88万吨。实现粮食总产量2.95万吨。

二、工　业

1986年，农场建有农机厂、砖瓦厂、农具厂、船舶修造厂、粮棉油加工厂、水泥预制厂、钢窗厂、食品厂、酒厂、印刷厂、挂面厂、纺织厂、酱醋厂、彩印厂等，工业总产值114.9万元。1987年，建成豆乳晶厂。1993年设置华康保健食品总厂，下设豆乳晶、蛋白粉和豆奶粉3个分厂。1998—2000年，场办13家企业改制为民营，人员分流到农业单位和再就业中心，男50~55岁，女40~45岁发放生活费。2001年，改制净资产亏损123万元的华康保健食品总厂；对机耕队进行第三次改革，拍卖全部农机具；对经营严重亏损的石油经营公司实行股份重组，退出国有股，由个人出资购买；撤销净资产亏损26万元的建安公司。全场企业改制共分流职工1632人，其中内退和伤残退养等286人，分流到农业的1159人，从事水产养殖87人。撤销工业、商业公司和房地产开发中心，成立企业发展中心，与浙江客商共同组建宝金玉粮油责任有限公司，“宝金玉”大米获中国名牌产品称号。2005年，宝金玉粮油公司更名为省农垦米业集团宝应湖米厂。

三、商贸服务业

1989年，农场商业物资公司更名为商业公司。汽车运输队拥有货车13辆50吨位，水上运输船队1300吨位。1992年成立电力管理站，下设2个变电所。1993年，成立种子公司，年加工稻麦良种8000吨。1994年成立物资公司，负责粮食购销和农资经营；成立石油经营公司，有水上和公路两个加油站。2000年，种子公司更名为江苏农垦大华种子公司宝应湖分公司。2001年，组建宝金玉粮油责任有限公司，“宝金玉”牌大米销售沪、宁大

图 2-12-13　1994 年成立水上加油站　　李广才 / 摄

超市，年销售1.5万吨，销售收入3100万元，2002年改制为民营。2005年，有招待所，刘圩、场部2个集贸市场，饭店5户，浴室3户，从事个体经营200余人。

第三节 社会事业

一、道路建设

1986年，农场有宝红桥、工农桥、劳动桥、淮红桥、石港桥5座。1989年，铺设九队宝红桥到一队工农桥的砂石路。1990年，铺设一队到十队劳动桥、原种队至宝农第二中学砂石路10.4公里。2003年，农场投资90余万元，铺设刘圩集镇混凝土路面主干道625米，及四队、五队、六队、十一队、十四队等6个单位的砂石道路1万余米。2005年，实施农村道路通达工程，投资220万元，建成宝红桥至一管理区的工农桥、招待所至盐金公路5.5公里混凝土行道路面，在省四级公路标准上加宽到4.5米，并由15厘米加厚到20厘米，路面承载能力提高。

二、教 育

1986年，农场设置完中、初级中学各1所，完小2所，复式完小4所，复式初小4所，在校学生1336人，教师125人，学校占地9公顷，校舍建筑面积1.07万平方米。1994年成立教育中心。2001年3月，农场中、小学校均交地方政府接收，包括中学2所，小学2所，在校学生976人，教职工118人，所有固定资产整体无偿移交。县政府于6月在场域设立1所完中、2所完小和6个教学点。2005年，全场设置中学1所、小学2所。

三、文化体育

1986年，农场有电影院2座，建有图书室、乒乓球室、篮球队。农场多次组队参加省农垦局在镇江举办的省农民运动会，先后培养输送给省队7人，市体校22人，运动学校10人，师范院校22人。农场中学获全国排球赛一等奖1次，二等奖2次，羽毛球赛二等奖2次。1992年，征集农场场歌、场徽、企业精神。1995年，农场建立550兆有线电视网络。2001年，场部五七新村和刘圩新村有线电视与金湖广电宽带信息联网，有线电视入户率达90%。2003年，组团参加县第一届残疾人运动会，获14个项目第一名，团体总分第一名；有4人参加市第三届残疾人运动会，获4个项目第一名。2005年，购买摄像机1台，与县电视台联办《聚焦宝农》电视新闻，每两周一档。

四、医疗卫生

农场有职工医院1所，分场卫生所3所，医务和后勤人员82人，年支付医疗经费130万元，职工享受劳保医疗，全部实行统筹医疗。2005年，建立大病救助机制，年筹集大病救助专项资金46万元。

第四节 职工保障

1986年，农场在职职工5391人，全部按工资级别发放工资，其他人员享受定额生活补贴。工资总额507.51万元，其中奖金30.75万元，各种津贴30.49万元；劳保福利费14.45万元，其中医疗卫生费23.51万元。1994年划归省农垦集团公司后，实行养老金农垦系统内统筹，纳入省直接结算。

2003—2005年，评定城镇低保户105户，年保障金14.8万元，由县财政支付；农村低保户98户，年保障金6.4万元，由农场承担。

第十三章　江苏省复兴圩农场

第一节　基本情况

一、概　貌

省复兴圩农场位于金湖县东部，地处高邮湖西岸。农场由复兴圩总场和湖羊分场两块地域组成，总面积15平方公里。复兴圩片区，为场部所在地，西距金湖县城23公里。该片区临湖傍河，三面环水，东、南偎依高邮湖，西连银集镇团结村，北界涂沟河邻涂沟镇高邮湖村。高邮湖大堤复兴圩段将片区分为东西两部分：以东为湖荡滩地，原名龚荡新滩，面积约420公顷；以西为复兴圩核心地带，面积约为740公顷。湖羊分场片区，北界利农河临华东石油勘探局第六普查大队农场，及金南镇马塘村、新阳村；南至红星河、苏皖河邻安徽省高庙镇；东至金南镇南桥村、先进村；西至金南镇丰南村、宋坝村。该片区农田方整，道路绿树成荫，排灌河渠呈“田”字形。分场场部位于片中心，北距县城12公里，东偏北距复兴圩场部约35公里。面积340公顷。

复兴圩片区属平原、湖沼滩地；湖羊分场片区属垄岗丘陵。地面真高5.5~21米。境内土地肥沃，三面环湖，沟渠众多，水面总面积463.7公顷，水生资源丰富。农作物以小麦、水稻、大豆、玉米为主，辅以棉花、油菜、蔬菜、瓜蒌等经济作物，在边角隙地亦种植山芋、胡萝卜、马铃薯、芝麻、高粱、杂豆等。圩堤、界埂、沟渠埂用于发展林业。2005年，实现地区生产总值1411万元，其中第一产业1152万元、第二产业120万元、第三产业139万元，人均地区生产总值1.07万元。三次产业所占比重分别为81.66%、8.5%、9.84%。

二、机　构

1986年8月，由市管改为省管，隶属于省司法厅和劳改工作局管辖。1987年3月，场内服刑人员全部撤离，农场改为职工农场，对外称省复兴圩农场，对内仍称省第23劳动改造管教支队。1994年11月，支队更名为省金湖监狱。1999年2月，整建制移交给省农垦集团有限公司，名称为省复兴圩农场。至2005年机构未变。

三、土地人口

土地　1986年，全场总面积15平方公里，其中耕地826.7公顷，水面463.7公顷（其中养殖面积325公顷）。至2005年，农场建置虽改动几次，但所属域地未变。

人口　1986年，有常住户568户，人口3118人，其中男性2122人、女性996人。1987年3月，场内服刑人员全部转移，农场常住户为536户，人口1888人。1997年，常住户568户，人口1556人。其中：男性793人、女性763人；从业人员803人。2005年，全场596户，人口1565人。其中：男性785人、女性780人。

第二节 经济建设

一、农 业

1986年，全场农业以粮食生产为主，一年两熟制，稻麦水旱轮作种植。有大中型农机27台，41片轻耙6台。1987年，大豆种植305公顷。1988年，全场基本不种植旱谷作物，全年粮食总产3426.4吨，创建场以来粮食生产最好水平。1990年，更新电灌站3座，开挖排水河、平田整地共动土8万立方米；水稻面积扩大66.7公顷。1992年，压缩普通小麦面积，扩大大麦种植面积，扩种粳稻69.4公顷，经济作物89.5公顷。1996年，实施东滩开发项目，完成土方3.2万立方米。

图2-13-14 复兴圩农场机械化统防统治林木病虫害（摄于2005年） 李路卿／摄

2000年，以种子产业为主，经济作物为辅，为苏州蔬菜研究所种植蔬菜制种田33.3公顷。修建防渗渠道2945米，铺筑田间砂石路5850米、混凝土路面258米；清理大沟1100米、中沟9000米，修建危桥2座，平整农田5.63公顷，完成土方12.1万立方米。2001年，全场拥有农机总动力4409.37千瓦，大中型农机保有量30台（套），综合机械化程度67%。2003年，治理低产农田266.7公顷，改建配套设施12个。全场林地面积100公顷，共有活立木8.21万株，用材林4.58万株，观赏绿化林木3.6万株，果树300株。麦种产量1000吨，翌年上升到2500吨。2005年，粮食作物主要是麦、稻良种繁育、优质商品粮生产，种子产业形成规模。全场粮食总产量8633吨，其中水稻产量5161吨、“三麦”产量3472吨。

二、工 业

1986年，全场有加工厂、农机修理厂、弹力丝厂、酱醋厂、食品厂、窑厂、玻纤拉丝厂等场办企业，工业总产值114.9万元。1988年，新建复兴圩汽车修理厂、织袜厂。1990年，建立煤球厂；农场与镇江国营延陵酱醋厂联营，新增陈醋生产项目。弹力丝、涤纶丝加工152吨，织袜18万双，生产酱油220吨，粮食加工5875吨，总产值335万元。1993年，关闭织袜厂、弹力丝厂，停玻璃纤维拉丝，上马锁口瓶厂、绳网厂。2001年，兴办“笑眯眯”天然矿泉水厂。2003年，农场引进玻璃拉丝、玻璃丝织布工业项目2个，引进民营企业项目5个，固定资产投入204万元；扩大项目规模3个。2004年，玻璃纤维拉丝产量239吨，玻纤织布56万米，产矿泉水314吨，生态饮料45吨，意杨卷板280立方米；再生塑料生产量200吨。2005年，农场新建工业集中区，规划面积13.3公顷。一期工程，建标准厂房6400平方米，并达到路、电、水、通信四通，有5户招商引资企业入驻。

三、商贸服务业

1986年，农场办起商品供应点。1988年，有商业网点3个，营业额近100万元，利税15万元。1993—1995年，农工商公司办起农用物资、生活用品、饮食服务、食品、鱼肉、烟酒等门市商店，方便职工的生产生活，销售收入增加到220万元。1997年，由于农场常住人口逐年减少，商贸业发展萎缩。2005年，农场兴办电动车、自行车、摩托车修理门市3个、商店门市5个、油面兑换门市1个。

图 2-13-15　复兴圩农场玻璃纤维拉丝织布技术改造项目上马（摄于2004年）　李路卿／摄

第三节　社会事业

一、基础设施建设

1986年，东（东偏泓）复线砂石路建成。1997年，场区道路里程23公里，混凝土路面仅1公里。2000年6月，铺筑砂石路5850米，混凝土路面258米。2003年，建成复兴圩到银集的混凝土路面7公里，通往高邮湖环湖大堤混凝土路面1.3公里。2005年，新建职工休闲广场1.32万平方米，职工住宅楼4810平方米，绿化、照明、环卫公共设施得到改善。铺筑出场公路7.28公里，建成田间干道混凝土路面及农田一级防渗渠。水路交通，场部北与涂沟河、金宝航道相通，东、南直入高邮湖。

二、教　育

1986年，场部小学设置14个班，附设“戴帽子”初中班4个；湖羊小学6个班级；幼儿班2个。共有在校学生360多人，教职工30余人。1987年，设置初中1所、小学2所，班级16个（场部10个班，湖羊小学6个班）。1988年，建造校舍18间，修缮翻建教室32间，添置教学设备，购置儿童玩具等，中学、小学、幼儿园分开。1993年，初中部开设3个年级一个教学班，学生77人。1997年，设初中1所，小学2所，幼儿园1所，班级15个（含湖羊场教学点4个年级），学生259人，教职工35人。2002年，初中仅有3个班级、50多名学生。2003年，撤销农场中学，农场小学、幼儿园移交地方政府兴办。

三、文化体育

1986年，农场设置10个电影放映点，成立业余男子篮球队。1989年，农场成立体育运动委员会。1990年，农场举行职工长跑比赛，重大节日和庆典，举办歌咏比赛、演唱会、文艺会演，形式多样。1992年，农场获省级体育先进场称号。1997年，设体育场所3个、广播站2个和卡拉OK歌舞厅。1998年开通有线电视。1999年，举办国庆50周年文艺晚会和体育竞赛；举行“喜迎澳门回归”普通话演讲赛和卡拉OK演唱比赛及民族器乐演奏，百人迎新年环场越野长跑、篮球友谊赛等。2001

年，组织开展文艺会演、大合唱和普通话演讲比赛。2002—2005年，农场多次组织篮球队参加县城赛事。

四、医疗卫生

1986年，设置医院、卫生所各1所，床位40张，有医生6人，设内外科、放射科、中医科、五官科，及超声波、心电图、化验室。1988年，医院有房屋61间，建筑面积1313.5平方米，医务人员20人。每年组织数千人次进行梳篦、地毯式血吸虫病源钉螺的清查和杀灭，清查面积1033公顷。除为场内干部职工防病治病，还为邻近村民、渔民、船民诊治疾病。1997年，有医技人员14人，病床23张。2000年，投入资金7万元更新医疗设备、修缮房屋、整治医疗环境。2001年，重点整治场部环境卫生，兴建修缮公共厕所5座，建垃圾池13个，搬移猪圈、羊圈、鸡圈、草垛等170处。2005年，农场居民减少，医疗保险进入地方统筹，大多数职工到县城或邻近乡镇医院就医，农场医院职能仅提供购药便利服务。

第四节　职工保障

1986年，农场在职职工1107人，工资总额67.91万元，其中奖金0.16万元、津贴12.78万元；劳保福利费21.53万元，其中医疗卫生费11.16万元。住房由农场分配公房或集体宿舍。1987年，农业实行经济承包责任制，劳动收入随着承包效益的高低，按比例上浮或下调。1988年，农业职工实行档案工资；工厂工人按件计酬、多劳多得。1994年，职工住房实行商品化。1995年，场内旧平房按150元/平方米的价格出售给房改对象。1999年，农场职工退休金人月均567元。2002年春节，10户农场职工住进新的住宅楼，共2幢1080平方米。3月起，对场内身患癌症的职工给予每人每月210元的生活补贴费。农场退休人员养老保险全部纳入省级统筹。2003年，全场有在职职工629人、退休职工310人。居民住房面积5.13万平方米，其中楼房面积1.75万平方米，占34.2%，人均住房面积37.21平方米。2005年，投资65万元兴建的4810平方米职工住宅楼竣工使用。

第十四章　县属场圃

第一节　金湖县果园

县果园位于县城西部，北、东与黎城镇上湾村、黎城村接壤，南界金湖路邻戴楼镇牌楼村，西连县稻麦原种场。1986年，县果园有125户，人口428人，其中男性203人、女性225人；农业人口425人，非农业人口3人。果园带队62户、246人，其中劳动力104人。土地面积73.3公顷，其中耕地16公顷、果园41.8公顷。粮食作物播种面积6.87公顷，产量19.5吨；水果产量401.8吨，其中苹果228.25吨、桃50.75吨、梨122.8吨；饲养生猪190头、耕牛4头、驴3头、家禽1000只。拥有400吨恒温冷库

1座。1990年，投资200万元兴建山楂加工厂。1994年，该场总面积73.3公顷，其中果园49.6公顷、粮田13.3公顷、竹园1.33公顷。工农业总产值55.5万元，其中工业产值33.5万元、农业产值22万元。1998年，总面积60公顷，其中果园23.3公顷，水果产量700吨；粮田16.67公顷，竹园1.33公顷；场带队土地18.67公顷。人口654人，其中职工59人，场带队人口273人，新迁进的302人；离退休20人。工业产值281万元，农业产值64万元。1999年，总面积47公顷，其中果园13.3公顷，水果产量120吨；粮田15公顷；场带队土地18.7公顷。人口664人，其中职工44人，场带队人口273人，新迁进的320人；离退休27人。该场发挥区位优势，利用闲置土地开发房地产，效益明显。实现工业产值330万元、农业产值50万元。

2000年，总面积36.4公顷，其中果园5.3公顷、粮田16.4公顷，场带队土地14.67公顷。人口650人，其中职工45人，场带队人口300人，新迁进的273人；离退休32人。工农业总产值320万元，其中工业产值295万元、农业产值25万元。因城区建设需要，土地逐年减少，该场引导职工向“三产”转移，发展水果批发；利用土地资源，开发门面房，优惠租赁给员工，解决生活出路。2001年，总面积28.7公顷，其中果园2公顷，水果产量40吨；粮田12公顷，场带队土地14.7公顷。人口605人，其中职工49人，场带队人口305人，新迁进的231人。离退休20人。工农业总产值289万元，其中工业产值277万元、农业产值12万元。2005年，总面积4公顷。人口759人，其中职工41人，常居人口226人，新迁入人口457人；离退休35人。实现工业产值440万元、农业产值5.5万元，盈利33万元。

第二节　金湖县林场

县林场场部位于黎铜公路旁徐梁村境内，距县城东南12公里。1986年，有41户、人口138人，其中男性74人、女性64人；农业人口117人，非农业人口21人。土地面积186.7公顷，其中林地136.7公顷，耕地20.67公顷；耕地中旱地18.67公顷、水田2公顷。粮食作物播种面积18.6公顷，产量44.55吨；饲养生猪40头、家禽700只，蚕茧产量150公斤。1994年，开发公有土地9.17公顷，总面积增加到195.87公顷，其中林地169.2公顷、粮田13.3公顷、非耕地13.3公顷；人口225人，其中职工88人。工农业总产值120万元，其中工业产值105万元。1995年，有土地174公顷，人口219人，其中职工41人，固定资产总额60万元。造林20公顷，扶育幼林41.3公顷，间伐10公顷，兼营工业、养殖业。拥有半机械化养鸡场1座，林、农、副、工产值100万元。

1997年，林场与县民政局联合创办金湖县第一座经营性公墓十里岗公墓，林场提供场部西北侧土地3.3公顷；转让3.8公顷土地兴建县人武部民兵训练基地、县气象局气象观测站。1999年，三河滩造林面积增加，总面积195.87公顷，其中林地177.86公顷、粮田13.3公顷；人口237人，其中职工41人。养禽5000多只，工农业总产值60万元。筹资20多万元在淮河入江水道南堤金湖段南侧，兴建2层办公楼1幢，建筑面积340平方米，场部迁于此。2003年，总面积177.34公顷，其中农田17.34公顷、林地160公顷；分布在三河滩146.67公顷，南场区30.67公顷；人口175人，其中职工21人。造林37.33公顷，成林和培育苗木6.67公顷，采伐意杨老品种4公顷。利用农业综合开发资金135万元，建林果基地330多公顷，防渗渠道1650米，涵洞120座，仓库500平方米，添置农林机械4台（套），基础设施条件改善。实现工农业产值175万元，人均纯收入3560元。2005年，公益林成片造林34公顷，南场区四旁植树500多株，培育绿化苗木3.4公顷；加强林木管理，公益幼林化学除草150公顷，幼林施肥70公顷，采伐意杨老品种4公顷。为职工办理合作医疗保险140人，动员自主创业60人。

第三节 金湖县粮棉原种场

县粮棉原种场位于县城以南，北距县城7公里。东、东南邻省军区运西农场、金南镇，南与安徽省天长市高庙镇交界，北与黎城镇工农村接壤。1986年，328户，人口1218人，其中男性621人、女性597人；农业人口1199人，非农业人口19人。场带队86户、352人，劳动力174人。总面积3.2平方公里，其中耕地面积152.4公顷，均为水田。粮食产量422吨，其中油菜籽产量20.95吨；饲养生猪593头、耕牛27头、家禽2900只。拥有电灌站2座，动力70千瓦，75型拖拉机1台，公房1200平方米，固定资产总额15万元。1993年，兴办玻璃器皿厂，为上海捷达公司加工雕花玻璃器皿，供外贸出口。设置小学1所，教职工7人，在校生120人，学龄儿童入学率100%。有卫生室1个。1995年，设置3个大队、4个场带队，人口1378人，其中职工492人（正式职工146人）。“三麦”产量310吨，油菜子45吨；产杂交籼稻种108吨，杂交粳稻种361.5吨。农副业总产值512.3万元，其中农业产值483.3万元。为省六优三号杂交粳种子生产基地。

1996年，设置12个生产组，人口1450人，职工800多人，其中专业技术人员4人，固定资产总额120万元。拥有仓库230平方米，晒场2.6万平方米，排灌站8座，联合收割耕翻机5台（套），中型种子精选机5台。开凿120米深水井1口，铺设石子路3.5公里，兴建种子检测楼330平方米；生产优良稻种320吨，小麦良种150吨，实现农产品收入220万元。累计提供优良种子3200多吨，其中六优三号等杂交粳种子800多吨，优良小麦种子2400吨。1997年，改造输电线路5公里，添置80千伏变压器1台，兴建排灌站1座；有线电视入户80户，安装程控电话120部。9月，省种子公司在该场召开杂交粳稻制种观摩现场会，落实小麦良种繁育基地133.3公顷。兴建种子晒场1万平方米，种子仓库378平方米，涵闸15座。华东石油勘探局试采大队在境内开采油井6口，场部转让场地2735平方米、办公楼520.14平方米给石油试采大队作办公生活基地。是年，“三麦”产量257吨，油菜产量7吨，杂交稻制种315吨，实现农副业产值324万元。

1999年，开发林地12公顷，鱼塘4公顷；人口1575人，其中职工142人。收获小麦新品种“9356”600吨，增加经济效益50万元；籼优559杂交稻因抽穗扬花期遭遇10多天连续阴雨天气，无法拉花授粉，结实率下降而减产，产杂交籼稻种160吨，直接经济损失250万元。2000年，种植杂交稻两优培九、协优63等品种，因抽穗扬花期遭遇连续阴雨天气和台风而减产，亩产只有75公斤，直接经济损失280万元。2001年，由于连年减产和库存种子大量积压，账面负债465.1万元，亏损127.3万元，农民所得不能及时兑现。县派工作组进驻，将12个生产组改为4个联组，实行自主经营，调整种植业结构，发展订单农业，生产经营出现转机。2003年，实现农副业产值240万元。2004年，修筑防洪圩堤1200米，铺设混凝土路面1600米。2005年，耕地153.5公顷，林地12公顷，水产养殖面积4.2公顷，人口1450人，实现农副业产值300万元，人均收入2800元。

第四节 金湖县稻麦原种场

县稻麦原种场位于县城西郊金马公路北侧，东连县果园，西邻戴楼镇，南北与黎城镇接壤，场部设于金湖路165号新城公寓会所2楼，距县城中心区2公里。1986年，有138户，人口326人，其中男性169人、女性157人；农业人口308人，非农业人口18人。土地面积84.07公顷，其中耕地

51.4公顷。粮食产量602.8吨；拥有2.5吨运输车1辆，50型拖拉机、手扶拖拉机各1台，公房3800平方米，固定资产总额92万元。饲养生猪91头，耕牛1头，家禽3000只。该场以生产杂交水稻和"三麦"优良品种为主，并利用临近县城地理优势适当发展工业。1994年，新拓果园10公顷，鱼塘1公顷；人口822人，其中职工213人。播种"三麦"16.6公顷，油菜20公顷；杂交稻制种18.3公顷，产量55吨；杂交稻不育系繁殖18.6公顷，产量30吨。拥有工业企业制氧厂、轻纺机械厂、机电仪表厂等3家，固定资产总额229万元，职工71人，实现销售收入182.6万元。1995年，设置农业队、农业技术推广站；拥有深水井2口，水塔2座，水泥晒场1面，还有拖拉机、制氧机、车钻刨床、电焊机等机械设备，固定资产总额141万元。"三麦"产量90吨，油菜50吨；产杂交稻优良种子90吨；工业企业3家，工业制氧和生产的仪表、缫丝蒸箱等产品销往省内外，实现销售收入188万元，利税15.8万元。

1998年，杂交稻制种因抽穗扬花期遭受35℃以上高温天气影响，导致花粉死亡，结实率下降，亩产只有125公斤。浚深2口蓄水塘，农田灌溉条件改善。铺筑砂石路1公里；有线电视入户128户，广播入户150户。1999年，杂交稻制种列入市级种子基地，专业技术人员16人。杂交稻制种面积66公顷，其中承租戴楼乡金西农场20公顷，抽穗扬花期遭遇连续阴雨10多天，穗花难扬，授粉迟滞，结实率下降，亩产仅75公斤，总产比上年减收40吨。工业制氧受市场影响，亏损严重，45名员工精简37人，厂房设备转租；农技站、轻纺机械厂实行租赁承包。全年实现工农业产值114万元，商业销售收入43万元。利用10间门面房解决28人再就业。投资2万元，修缮办公楼，铺筑简易道路1000米。

2000年4月，建秸秆气化站1座。人口973人，其中职工235人。全年实现工农业产值165万元，比上年增收40万元；商业销售收入50万元。轻纺机械厂销售缫丝蒸箱14台，产值50万元。2003年，农场划入县工业园区，土地被征用57.8公顷，其余为租用。正式工全部享受事业单位养老保险与医疗保险，临时工纳入企业保险。除几名行管人员，职工全部下岗，领取生活费，自谋职业。总面积为26.27公顷，其中耕地20.7公顷，水面1公顷；人口1073人，其中职工215人，退休70人，享受待遇的临时工109人。全年实现工农业产值60万元。2005年，县工业园区企业在该场征地6.7公顷，土地仅剩19.57公顷。年末总人口1050人，其中职工212人。工农业总产值60万元，职工人均收入2500元。

第五节　金湖县滩涂开发公司

一、概　貌

据民国24年（1935年）《内政年鉴》记载："宝应县共有滩地73188亩（4879.2公顷），其中上则11756亩（783.8公顷），中则13951亩（930公顷），下则47481亩（3165.4公顷）"，这些滩地绝大部分在今金湖县境内。民国36年（1947年）调查核实，境内列为公产的滩地4106.7公顷，其中红船滩906.7公顷，白果滩、宾宜滩3200公顷。中华人民共和国成立初，境内各区、乡按照中共中央颁布的《土地法大纲》，将公滩和流亡人员丢下的柴草滩收归区财粮所代管。1954年农业合作化后，除划归集体土地部分以外，公滩由县政府统一管理；集体部分的滩地分别由各所在乡、村集体管理。是年6月，划出2899.8公顷滩地给中国人民解放军农业建设兵团第四师开垦，兴建宝应湖农场。1956年，宝应县将大墩岭、南刘下尾、邱子拐新淤积滩地及私人非法占用的滩地共105.3公顷收归国有。1959年金湖建县时，有公滩4154.5公顷，后在滩地相继建起金湖林场、湖羊场、复兴圩农场；水面面积（含滩地）4.47万公顷，为全省河湖滩涂资源最为丰富的县份之一。

1969年兴建淮河入江水道，境内河湖水位普遍下降，大面积湖区退水成陆，滩地增多，部分公滩或被水利工程占用，或被安置移民定居，或划给乡镇办副业，在宝应湖区域滩地陆续建立起淮胜人民公社、新淮林场和南京军区泗湾湖农场，全县公滩面积从4000多公顷减至3333.3公顷。1981年，县人大常委会做出改苇植树的决议。滩涂管理部门根据当时的客观条件，仍以扩大传统的柴草经营为主，改人工栽植芦苇为栽植茭草、蒲草，辅以开发利用滩地水面发展粮食种植、水产养殖和植树造林。

1986年，公滩芦苇种植面积667公顷，蒲草483公顷，余为茭草；芦苇产量累计33.24万吨，产值1935.53万元，利润660万元。每年生产的柴草除供天津、镇江造纸厂作造纸原料和供当地发展编织业外，还用于抗洪防汛和解决城镇居民生活燃料不足等问题，同时为地方财政增加收入。是年，县政府决定从柴滩管理所刘协记站伏家洼划出400公顷水面给涂沟镇兴办水产养殖场。1987年，省轻工业厅所属金湖县造纸原料场撤销，夹沟荡的501.2公顷滩地划归县滩涂开发公司。随着河湖水系的变化，大片芦荡变为旱滩，导致柴质逐年退化，产量逐步走低。20世纪80年代末，由于茭草、蒲草需求量减少，不再栽植。县公产管理所根据市场经济发展需要，逐渐转变经营方式和管理模式，科学规划，综合开发。嵇圩、南刘、堤北等站首先进行"抬田植树"尝试，采用"垛上植树、树下套种、沟里养鱼"的方式对滩地进行立体开发。至1988年，共建造人工林300公顷，成为苏北地区最大的人工林基地。同时，在高邮湖区域的龚荡、堤南、堤西、夹沟荡等四站的滩涂水面上实行低圩高网、灭柴养殖鱼蟹1467公顷，优惠招引当地及周边地区经营大户到此投资创业，经济效益由原先每年亏损30万~40万元转为盈利130多万元。1993年，在十八篙子草滩划出466.7公顷给涂沟镇白马湖村发展养殖。

进入21世纪，县政府决定，采取退养还湖、发展高效生态农业等措施，加强对湖区生态环境的治理与保护。2002年，县滩涂开发公司将刘协记、南刘林场、十八篙子463公顷滩地纳入三河滩地保护性开发项目，获得国家投资1983万元。2005年，三河滩地保护性开发项目一期工程实施后，共平整土地400余公顷，新增耕地369公顷；同时，保留部分湿地水面原生态风貌，由原来单一的湖滩沼泽生态系统变为农业生态、池塘生态、林地生态、自然原生态相结合的生态结构，形成新的产业布局，农、林、渔、旅游业协调发展。是年，县滩涂开发公司实有国有滩地面积4189公顷。

二、机 构

县滩涂开发公司成立于1987年11月，前身为公产管理所（股），副科级事业单位，与县柴滩管理所"一套班子、两块牌子"，隶属于县财政局。1989年1月，调升为正科级全民事业单位，下属单位有柴滩管理所、夹沟荡造纸原料场和石油开发服务公司。1991年2月，公司设置财供股和办公室。2001年10月，增设生产科，原财供股改为财务科。配备行管人员8人。至2005年，公司内设科室3个，下辖站、场（林场2个、水产养殖场1个）12个，共有干部职工121人，其中在职97人、离退休19人、退养5人。

刘协记站 位于涂沟镇以北约10公里处。东、南与宝应湖农场交界，西与十八篙站相连，北与宝应县长沟镇、金湖县前锋镇施港村毗邻。该站建于1962年，原有面积1333.3公顷，为全县柴滩管理站规模之首。1970—2002年间，共划出滩地（含水面）667公顷新建南刘林场和给涂沟镇搞水产养殖。站内经营项目原以生长芦苇、茭草为主，年产量稳定在3500吨左右，最高时达5000吨。1988年起，对柴滩逐步实行开发，改为发展种植、养殖业。2005年，总面积527公顷，由北一、北二、小闸北、一号岭子、二号岭子、吴厚德等6块滩地组成。粮食种植173公顷，水产养殖100公顷，其他滩地水面承包给涂沟镇使用。

十八篙站 地处宝应湖区域，东与刘协记二号岭子交界，西与前锋镇中心村相连，南邻涂沟镇东湖村、银集镇红湖村、宝应县山阳镇光辉村、宝应湖农场，北与前锋镇东滩村、中心村接壤。1986年，面积733公顷，其中滩地167公顷，水面566公顷。1993年，白马湖湖荡划给涂沟镇渔民养殖。至1996年，剩下99.3公顷滩地水面，由东方格、西方格、鸭栏墩子等滩头组成，全部招标发展粮食种植和水产养殖，年收入10万元。2005年，建有站房9间，建筑面积160平方米，排涝站、水泥桥、虹吸涵洞各1座，防汛圩堤3300米。职工4人。承包收入20万元左右。

堤北站 地处大汕子隔堤以北而得名，北与宝应汜光湖滩地相接，东临宝应湖，西与郭家塘（黎城镇管辖）交界，南至金宝航道。该站建于1970年，时有面积347公顷。2001年与原水产养殖场合并，管辖范围近467公顷，由华公司、三官中、陈圩、徐河4块滩地和鱼塘（原水产养殖场）组成。其中用于养殖业153.3公顷（主养鱼、小龙虾、河蟹），用于种植业120公顷（含意杨66.7公顷，粮食、荷藕53.3公顷），另有芦苇地53.3公顷。2005年，建有站房13间，建筑面积约400平方米，职工4人。承包收入40万元。

堤南站 位于高邮湖北侧，地处大汕子隔堤以南而得名，东与涂沟镇三河、高邮湖等村交界，西与堤西站相连，南至涂沟镇滨湖村、三河村，北至大汕子隔堤。该站建于1970年，原有面积1200公顷。1982年划出369.7公顷设堤西站，剩余面积830.3公顷。1996年改芦滩为水产养殖。2005年，站内有房屋15间，建筑面积300平方米，职工7人。

堤西站 位于高邮湖北侧，东与堤南站交界，南与涂沟镇滨湖村相连，西接龚荡站，北抵大汕子隔堤。该站于1982年从堤南站划出建站，面积369.7公顷，由郭家溜、徐家大塘、外水滩、中心河东、西滩组成。2005年，站内有房屋8间，建筑面积128平方米，职工7人。

龚荡站 位于高邮湖区域，东北与堤西站相连，南至复兴圩农场，西至大汕子隔堤，面积300公顷，由护神庙，小新滩、二师滩、294丈、马草滩、叶家渡等6块滩地组成。1999年起逐步实行滩涂开发，除留有29.3公顷芦滩外，其余247公顷水面和24公顷滩地全部租给38户承包户搞水产养殖和粮食种植，年收入20.1万元。2005年，站内有站房8间，计130平方米，机船1艘，职工4人。

马草滩站 该站建于1975年，时有芦滩3.3公顷，其他为水面及茭草田，位于县域最南端，东至闵桥镇横桥叶家渡滩，南至安徽省天长市龙集乡、金湖县金南镇养殖场，北至金湖县墩塘大圩，面积116公顷。是全县最小的柴滩管理站，年收入1000元左右。2002年，撤站建组，归龚荡站管辖。2005年，有芦滩46.7公顷、农田20公顷，还有待开发荒滩46.7公顷。

夹沟荡站 1975年3月始建，前身为省轻工业厅金湖县造纸原料场，系省属处级事业单位。该站东至高邮湖，南至塔集镇双桥村，西至塔集镇陈家大圩，北至涂沟镇高邮湖、任港村，面积501.2公顷，原夹沟公社安乐、陆家、淮泉等7个大队滩地组成。1987年11月，省造纸原料场撤销，划归县滩涂开发公司管辖，改为股级事业单位。2001年，场部由高邮湖大堤边迁至夹沟镇。至2005年体制未变。

石港草站 1971年兴建，原为县土产公司管辖，1973年划归柴滩管理所管理。站址设在石港闸以东约1500米处，水陆交通方便，占地约1.3公顷，常年堆放红、白料柴2000吨左右，其中防汛用柴150~250吨。20世纪80年代以后，随着芦滩柴质退化，柴草产量下降，堆放量逐渐减少。2005年，拥有房屋10间，建筑面积200平方米，有消防机2台、灭火机9台，职工4人。年存柴量在75~100吨左右，主要为防汛用柴。

嵇圩林场 1983年建场，前身为斜流站，场部设在夷家圩，始名为夷圩林场，刻制公章时将“夷”误刻为“嵇”字，故一直沿用“嵇圩林场”场名。该场位于宝应湖区域，东、西、北面与涂沟镇新淮村交界，东南与堤北站、西南与郭家塘（黎城镇管辖）相接，总面积307公顷，由夷家田、东来寺、西来寺、南来寺、挡水圩南等五块滩地组成。该地原为芦苇滩，后因芦苇退化，改以培育生态林为主，栽有生态林木240公顷，其中水杉、池杉117.3公顷，意杨116公顷及少量银杏、金枝垂柳等风景树木，林间套作花生等经济作物，林木规模居苏北地区人工生态林之首，并以其优美独特的生态环境被命名为“金湖县水上森林湿地公园”，成为淮安市对外开放的旅游景点之一。1992年9月，时任中央政治局候补委员、书记处书记温家宝到此视察。2005年，站内拥有排涝站1座，混凝土路面4000米，防汛圩堤3375米；建养鹿场1座，养梅花鹿24头；发包水面73.3公顷；有房屋11间，建筑面积280平方米，职工7人。

南刘林场 1987年7月从刘协记划出建场，位于宝应湖中段西侧，东至涂沟镇围网养殖区，南至南公司河与涂沟镇于沟村隔河相望，西与宝应湖农场第十一大队接壤，北与涂沟镇东湖村毗邻。始有滩地、水面253.3公顷。1993年划出86.7公顷水面建特种水产养殖场，2001年特种水产养殖场撤销，归并南刘林场管辖。2002年，又从刘协记站划入53.3公顷。2005年，总面积306.7公顷（另有13.3公顷水面与涂沟镇共同管理）。经营项目粮食种植110公顷，成片造林110公顷，水生种植32公顷，水产养殖95.3公顷；站内拥有排涝站2座，砂石路3800米，房屋20间，建筑面积400平方米，职工5人。

图 2-14-16　嵇圩林场西来寺林经（花生）间作（摄于2005年）
刘家衡/摄

石油开发服务公司 1987年11月为县滩涂开发公司下属单位。1988年4月成立该公司，隶属县财政局，为经济独立核算的股级全民事业单位，办公地址设在县政府招待所，员工3人。1989年下半年迁至县财政局，1991年迁至县城园林路北端原金湖草站。其职能代表县政府协调服务江苏油田，并将油田每年供应县里的2.4万吨原油送清江石化厂加工成成品油，组织市场销售，年收入250万元左右。所得利润除该公司正常开支，其余上缴县财政，年上缴额200余万元。1994年，石油资源由国家统管，公司经济收益急剧下滑。2005年，拥有房屋18间，其中办公用房10间、门面房8间。经济上入不敷出，仅靠追讨历史遗留的外债及门面房租金（每年3万~4万元）维持。

水产养殖场 1983年6月从嵇圩林场划出建立，为经济独立核算单位，面积115公顷，其中柴滩80公顷，每年产柴100吨左右；开挖鱼塘36.8公顷，由单位自主经营。1987年，场内有房屋24间，职工18人，配置与水泵相配套的12马力柴油机5台，饲料粉碎机1台，船4艘。2001年撤销并入堤北站。

三、经济发展

柴草人工栽植 县滩涂开发公司历史上一直以芦苇、柴草生产经营为主。1959年建县后，县柴滩管理所先后在龚荡、堤南、刘协记、夹沟荡等滩地人工栽植芦苇，其中夹沟荡为省轻工业厅造纸原料场，栽植面积近500公顷。茭草、蒲草栽植面积：1965年栽植茭草面积619公顷，蒲草面积80公顷；1975年栽植茭草1800公顷，蒲草150公顷。1986年，共有芦苇滩地467公顷，茭草面积1万公顷，蒲草483公顷。20世纪80年代末，由于茭草、蒲草需求量减少，不再栽植。

柴草滩管理 柴草滩地管理除正常防火、防虫、防洪涝，进行精心养护外，每年3—4月，均要组织人力清除柴滩杂草，除草方法有人工薅锄、二甲四氯与使它隆等除草剂喷洒杀灭；每年5—8月，要清除柴滩病虫害，主要害虫为蝗虫、钻心虫和毛虫，柴苗钻心虫无有效药物可治，一般实行虫

图 2-14-17　芦苇收储（摄于1986年）　　朱伟／摄

柴人工割除。1966年秋，白马湖张集外圩至人字头一带的3333公顷滩地发生严重蝗虫灾害。县调用喷粉器360台，三用机6台，轮船、木船13艘，治蝗人员吃住在滩上船上，连续奋战3天，终将蝗灾扑灭。1978年，县柴滩管理所成立科研组，逐步摸索并掌握钻心虫及毛虫的发生规律与防治方法。当春季柴苗长有1米多高、害虫进入产卵期时，实行晚间点灯诱蛾灭杀，减少毛虫产卵。如发生小面积毛虫灾害，就用药物灭杀；发生大面积虫灾，用飞机喷洒药物杀灭。1982年8月和1984年7月，因长时间阴雨，境内柴滩发生大面积虫灾，有的滩地苇叶几乎被毛虫吃光，只剩下光秃秃柴秆。县政府请省民航局两次派出飞机对虫灾区施撒六六六农药粉，扑灭害虫。1986年，南京农业大学与柴滩管理所合作开发"江苏芦、荻钻蛀虫害及防治研究"科技项目，柴滩管理所陈春余为项目实施负责人之一。该项目于1989年完成，共撰写论文13篇，分别在南京农业大学学报、《昆虫学报》、联合国粮农组织刊物上发表，1991年获轻工业部颁发的科技进步奖。

柴草收储　建县后每年11月下旬，芦苇生长成熟，秋收秋种结束，县组织全县民工上滩收割。割柴时间一般为11月下旬至翌年春节前，需用40~50个晴天。县将割柴任务下达至各乡（公社）及相关单位。每到收割季节，县成立割柴指挥部，下设组宣、财供、运输、治保等机构，负责组织领导、安全管理和柴草调拨分配等工作。并以乡（公社）为单位，设立大队部，下设中队、小队，以大队为单位设立日杂用品供应站，并带医生1人，实行半军事化管理。上滩割柴民工人数最多时达万人，各人自带割柴工具和生活用品。割柴工具包括长柄砍柴刀、拖板、拍板、扁担、绳、草扒等，生活用品包括锅、碗、盆、勺、桅灯、手电筒等；还要备齐两个月的基本口粮、油盐、蔬菜、副食品，和棉衣、棉被、铺草、鞋袜及其他生活用品。寒冬数九，民工们挥汗如雨，勤苦劳作，粗茶淡饭，露宿于冰天雪地或简易工棚。割柴报酬一般是三七分成，民工所得三成，政府以现金支付，其中80%在滩地及时兑现，其余20%除去在滩上一些必要的集体开支（包括医药费、渡船费、公杂费等），全部带回后方上缴集体，参加收益分配。1966年，民工割柴报酬改由后方生产队按同等劳力记工计酬，并根据多劳多得原则，给予相应的粮食补助和工业品奖励。连续两天以上因雨雪不能出勤的，从第二天起，每人每天补助原粮0.25公斤；因病不能出勤，经医生证明，公社带队干部批准，每人每天补助原粮0.25公斤。工业品奖励每收购50公斤柴，奖励布证2市寸、白酒2市两。

1979年，公滩割柴工作改由柴滩管理所全权负责，自行组织民工收割。1983年，农村实行联产承包责任制以后，公滩割柴付酬方法由县柴滩管理所根据滩地芦苇长势好坏、运距远近等实际情况与割柴者按一定比例分柴（一般宝应湖区域为7比3，高邮湖区域为6比4），民工的粮食补助和工业品奖励也随着市场的开放而取消。

收割验收标准为：割得平，柴茬平泥；割得清，在滩上看不见芦花、杂草；捆得紧，柴束手插不进；捆得匀，按根部2~3寸处计算，白柴（料柴）每束腰围为3.2尺（1.07米），红柴为3.5尺（1.17米）；晒得干，删得净，柴束无藤草包心。芦苇分成料柴（又称大白柴）、红柴、小白柴、毛红柴、杂草五类，质量分为四个等级：料柴、红柴长1丈以上为甲级，8尺以上为乙级，6尺以上为丙级，6尺以下为净红或净白（俗称毛柴）。柴草分等级捆扎成束，依束围直径、柴质好次定价销售。甲等大白柴最长的达4.5米，每束25公斤，1984年售价4.5元。茭、蒲草由政府承包给农民收割，按田亩面积向承包户收取一定的金额。茭蒲草可以作牛、羊、猪、鱼的饲料；茭白是绿色蔬菜；蒲草可以加工蒲包、蒲席，蒲绒可做枕芯。芦苇收割捆好后，分不同品种和规格集中堆放在指定地点。柴堆一般安置在近水区，柴堆间距50米，柴堆区严禁明火，照明一律使用桅灯或玻璃围灯，严禁烤火，抽烟设在指定地点，确保消防安全和方便车船运输。滩上设有治安队伍，坚持日夜巡查，严防火灾、偷盗等意外事故发生。防汛用柴与居民燃料用柴由柴滩管理所负责组织船只分别运至石港、涂沟草站和金湖草站存放。分配用柴由各购柴草单位自备运输工具直接到滩头取货。

柴草销售 1954年至改革开放前，地方政府一度将芦苇作为二类计划物资，实行统一收购、统一调拨、统一销售。芦苇用途广泛，市场需求量大。民间多用于打屋箔、编芦扉盖屋面，卷“草老鼠”夹篱笆墙，编窝褶囤粮，摺席铺床，编斗篷，搭凉棚，结箔圈养家禽等；更广泛的用途是用作造纸原料，质次的作燃料；端午时节，人们采摘嫩芦叶包粽子；冬天用稻草、芦花编织成的“草窝子”当保暖鞋；芦根可清热生津、止呕利尿。1962年，柴草产量为历史最高，总产量2.08万吨，销售产值67.5万元。柴草除供应天津、镇江造纸厂作工业造纸原料和供当地发展编织业外，还用于储备抗洪防汛、解决城乡居民建房用材和生活燃料不足等问题，同时为地方财政增加收入。1971年淮河入江水道建成后，境内水系发生重大变化，导致公滩芦苇长势退化，柴质和产量下降。20世纪80年代初，市场开放，芦苇经营取消政策限制，可以自由进入市场交易。1984年产值141万元，创历史之最。1996年以后，大部分柴滩被逐步开发利用。2005年，全县柴滩面积仅有堤北、龚荡两站保留约70公顷，为芦荡的历史遗迹。

1986—1996年公滩柴草产量产值统计表

表2-14-1

年份	总产量（吨）	产值（万元）	年份	总产量（吨）	产值（万元）	年份	总产量（吨）	产值（万元）
1986	10000	110.93	1990	9147	139.49	1994	8381	142.60
1987	9145	98.08	1991	5104	54.64	1995	7836	176.06
1988	9890	104.97	1992	9159	133.91	1996	6626	131.91
1989	9325	120.13	1993	7188	113.63			

说明：1996年后因大部分柴滩被开发，至2005年柴草产量、产值微乎其微，故未作统计。

四、滩涂开发

1983年始，县滩涂开发公司由原来单一的柴草经营改为农、副、渔业综合经营，逐步将柴滩开发为林地、农田、水产养殖场。3300多公顷滩地中，林地与柴田由公司自主经营，其他滩地、水面均以招标投标方式对外发包，由中标者承包经营。2005年，辖区共发展种植业477公顷、林木业390公顷、水产养殖业2377公顷。年收缴承包金600多万元，比开发初的1983年单一柴草经营收入增长近7.5倍。

林业 1983年，柴滩管理所贯彻落实县人大常委会关于“改苇植树”的决议，首次在嵇圩林场实施“抬田造林”工程，即在低洼的滩地上每隔9米开挖一条7米宽、1.5~1.8米深的水沟，开挖的泥土分布于两边的田垛上，田垛平均抬高0.8米左右；然后在垛上植树，沟里养鱼。是年，“抬田造林”40.6公顷，栽植水杉树2.5万株。此后，每年“抬田造林”13~15公顷，至80年代末，共栽植水杉、池杉面积117.3公顷，泡桐、杨树面积66.7公顷，桃李果木面积5.7公顷，其中桃李果木在1991年特大洪涝灾害中全部被淹死。

1990—1991年，县政府组织淮胜、前锋、唐港、白马湖、银集等5个乡万名民工，出动手扶拖拉机625辆、船只85艘，奋战两个冬春，共完成土方70多万立方米，开沟206条，全长4.9万米，栽植杨树、银杏、杂交柳、金枝垂柳等树木面积334公顷。2001年，公司对南刘林场75公顷林田实施机械化抬田改造，开沟宽度增至10~11米，深度1.5~1.8米，田垛增高1~1.2米，完成土方18.1万立方米，耗资35.5万元，栽植35意杨新品种2万多株，并采用“垛上植树、树下套种、沟中养鱼”的林农渔复合经营的生产模式，成为省机械施工造林的典范。2005年，全公司人工林面积590公顷，为苏北地区较大的人工林基地；三河滩柳树林被列入省级生态公益林。

水产养殖业 水产养殖始于1983年6月，从嵇圩林场划出115公顷滩地建水产养殖场，共开挖鱼塘35公顷，其中粗养鱼塘30公顷、精养鱼塘1公顷、鱼种塘4公顷。1993年，又从南刘林场划出86.7公顷建特种水产养殖场，其中养殖珍珠20公顷，其余用于鱼蟹混养。1997年始，公司相继对高邮湖区域堤南、堤西、龚荡、夹沟荡等4个站，实行低圩高网、灭柴养殖螃蟹和淡水鱼的改革，制定优惠政策，招引周边县市和当地养殖大户承包经营。兴化养殖大户陈玉干一人就承包400公顷柴田改养螃蟹。2001年，两个养殖场撤销，人员、资产分别并入堤北站、南刘林场，所有鱼塘改为发包给个人承包经营。1998—2005年，大汕子隔堤以南1467公顷国有滩涂水面，全部发包给23家个体经营户养殖鱼蟹，经济效益由原来每年亏损近40万元，转为年盈利130多万元。

五、基础设施建设

1987年7月，从刘协记站划出滩地（含水面）253.3公顷建立南刘林场发展林业。1990年，嵇圩林场西来寺、南来寺和堤北站徐河、陈圩滩地抬田工程竣工。1992年，嵇圩林场排涝站建设工程被列为黄淮海农业开发二期年度项目之一。该工程共投资39.57万元，由水利建筑安装工程队承建，于1992年3月动工，6月竣工交付使用。新建的排涝站配置两台（套）电力排灌机组，单机功率分别为55千瓦、37千瓦，单泵流量分别为1.2立方米/秒、0.6立方米/秒，设计扬程2.5米。该泵站建成后，260公顷林地的渍涝问题得到解决，使用水位降低到真高5米，活林木蓄积量比原来递增20%左右。2001年，申报的金湖县三河滩滩地保护性开发项目被列为首批国家级重点项目之一，获得国家投资1983万元。2003年9月，项目第一批预算下达后，县政府确定县滩涂开发公司为项目法人单位。该项目自2005年4月动工，累计完成防洪圩堤加固14公里、建排灌站4座、农用桥4座、倒虹吸1座、排灌涵闸292座、防渗渠12.66公里，土地平整动土214.43万立方米，筑砂石路15.53公里，栽植防护林7.16万株。投入资金2010.4万元，超出国家预算27.4万元。

三河滩滩地保护性开发项目工程完成后，部分河滩地生态系统得到生物和工程的改造治理，在采取科学合理的耕作制度的同时，保留部分沼泽滩地的功能，用以调节环境温度、调蓄洪水，美化自然景观，为野生动植物提供生存条件等，组成新的生态系统和产业结构。

2005年，县滩涂开发公司总面积40.56万公顷，其中滩地4189公顷、水面40.15万公顷。粮食种植面积412.6公顷，荷藕64.5公顷，林业390.7公顷；水产养殖2377公顷，芦苇柴滩面积仅有堤北、龚荡两站保留约70公顷。其中，粮食种植面积最多的是刘协记站，为171.5公顷；堤北站荷藕种植面积64.5公顷；嵇圩林场造林面积241.4公顷，堤南站水产养殖面积835公顷。县滩涂开发公司4189公顷滩地逐步形成宝应湖高效生态区、水上森林公园湿地保护区、高邮湖大水体低埂高网养殖三大功能区，经济效益、生态效益和社会效益稳步提升。

第十五章　部队生产基地和六普农场

第一节　江苏省军区运西农副业基地

一、概　貌

省军区运西农副业基地前身为省军区“五七”干校、省军区运西农场。场部位于县城以南4.5公里的利农河西岸，周边有河道与四邻间隔，东界利农河、金下线邻武警省总队副食品生产基地，南与县粮棉原种场毗邻，西、北分别与黎城镇船塘、双坝村相接。农场道路畅通，交通方便。1986年，省军区运西农场为正团级建制的军队列编农场，由固定兵员从事生产经营。占地353公顷，可耕地面积320公顷。2000年，改称省军区运西副食品生产基地，为副团级单位。2005年，更名为省军区运西农副业基地。拥有土地面积304公顷，其中耕地面积247公顷、特种养殖面积40公顷、林地2.75公顷、苗圃2.4公顷、蔬菜大棚1.3公顷、综合利用10.55公顷。在高邮湖淮河入江水道有柴滩66.7公顷。房屋面积1.08万平方米。其中，办公楼1幢，4层1045平方米；官兵生活用房9幢、1862平方米；临时生产用房8幢、960平方米；仓库4幢、1147平方米；酒厂占地4公顷，房屋36间、5740平方米；在黎城镇健康中路南侧建干部宿舍楼1幢、1408平方米。

二、经济建设

1986年，种植业实收稻谷、小麦、大豆约500吨，副业产禽、肉、蛋、鱼约40吨；工业开办的酒厂与南京生化研究所、江苏洋河酒厂合作，引进低度酒生产工艺，建成低度酒生产线，年产量500吨。其中38°银河特液被认定为全军优质产品，获得中国人民解放军展览馆金奖、中国食品博览会银奖。农场被南京军区评为先进农场。1990年，拥有大中型耕作机械11台（套）、507千瓦，大中型配套农机30部，排灌电机4台、147千瓦，农用水泵4台；联合收割机3台、232千瓦，载重汽车1辆，机械总动力962千瓦。1993年粮食产量1350吨。2000年，水利设施有利农河防洪大堤2000米，堤顶真高5米，可抵御50年一遇洪水；排涝泵站2座，流量1.23立方米/秒。开发鱼塘水面4公顷，猪圈18间，鸽棚1500平方米。拥有200千伏变电所1座，东方红-70履带式拖拉机1台，铁牛-55、504轮式拖拉机3台，收割机1台，猎豹越野车1辆，轿车1辆，指挥车1辆，东风运输车1辆，生产用房1.2万平方米，固定资产净值380万元。

2005年，基地开辟高效蔬菜园区，新建温室蔬菜大棚5000平方米，瓜果长廊600米，为机关提供环保蔬菜；新建荷塘3.3公顷、养蟹塘40公顷、精品苗木基地20公顷，建千头养猪场和家禽养殖场各1个。按照自愿互利、优势互补，风险共担、利益共享的原则，引进资金、技术、人才发展农副业生产，生产效益显著提高。基地以水稻、小麦等商品粮生产和制种为主，复种指数373.3公顷，小麦亩产400公斤，总产1120吨；水稻亩产550公斤，总产1540吨。亩效益超过1000元。饲养鱼、螃蟹、乳鸽，培植香樟、桂花、广玉兰、高杆冬青等苗木，为省军区机关、部队提供绿色食品和绿化服务。基地两次被解放军三总部评为全军先进农场。

三、拥政爱民

1986年起，基地先后与县级19家单位、黎城镇的2个村结成军民共建对子。1996年，基地党委会每年都讨论拥政爱民工作，每年“六一”儿童节、教师节，慰问教师、看望学生，抽调20名官兵为学校入校新生进行军事训练，派出10多名官兵给驻地小学担任校外辅导员，对学生进行革命传统教育、国防知识教育、遵纪守法等教育；还派出汽车，会同学校组织学生到烈士陵园凭吊革命烈士，到淮安参观周总理故居、周恩来纪念馆。每年助残日，组织官兵“送温暖”；每逢元旦春节，带领官兵到驻地附近的九里、船塘村和黎城、涂沟、金南等镇，走访慰问烈军属和敬老院孤寡老人，为他们送上基地生产的面粉、大米、食油、优质酒等年货；基地出资6000元持助金南镇2户烈军属翻盖住房。夏秋大忙前，基地都派出10多名技术能手为驻地村组的群众检修农机具，大忙时帮助收割庄稼。1999年1月底，肖继勇带领全家人到驻地船塘村看望孤寡老人，妻子资助老人1000元。2000年7月起，场长肖继勇先后资助10多名贫困家庭学生，给予每人每月100元直至完成学业（截至2005年，其中已有5人考入大学）。2003年，发生特大洪涝灾害，派出20多名官兵投入抗洪抢险，为保卫驻地群众的生命财产安全做出突出贡献。基地官兵还多次捐款万余元、衣物800余件，帮助受灾群众搞好生产自救，为第二故乡献爱心。官兵投入万余义务劳动日，参加“三城同创”和国家级生态县创建等活动。至2005年，基地先后接待5所中、小学校的2万多名师生来基地参观、听课、军训，体会“军营一日”生活；军训学生共万余人次，慰问残疾人25名，共为群众修理农机具500多台（件），收割庄稼533公顷，串换良种200余吨，帮扶21家农户走上脱贫致富的道路。肖继勇利用业余时间笔耕不辍，发表《我是金湖人》《荷花一笑水乡红》《久客金湖》等数百篇具有水乡特色的文学作品，为宣传第二故乡、扩大第二故乡知名度作出努力，《解放军报》《人民前线》报多次报道他的先进事迹。基地“军民共建”的经验，曾在全省介绍推广，多次被江苏省军区评为“双拥”工作先进单位。

第二节　武警江苏省总队副食品生产基地

该场西界利农河邻江苏省军区运西农副业基地，东、北毗黎城镇九里村，南隔金西河连华东石油局第六普查勘测大队农场和金南镇时墩村。场部北距县城6公里。1986年，为团级单位，有土地面积175公顷，其中耕地面积124公顷，养殖面积6.7公顷。建电力排灌站1座，铺筑砂石路2600米；建水塔1座，安装自来水管道3000米；添置耕作、植保、运输等机械，农田作业基本实现机械化。兴办猪场、禽场，建养禽育雏室604平方米，半机械化养禽场346平方米；开挖鱼池16面，面积6.7公顷，饲养品种除常规鱼，还有黑鱼、鳖。1987年，种植业实收稻谷、小麦、大豆550吨，副业产禽、肉、蛋、鱼约13吨；工业开办一化工厂，生产警用装备，1996年停办。1998年，部分农田外包经营，亩承包费350元。2001年，实行租赁经营，由承包户种植稻麦良种。2002年初，该场缩编为副营级单位，改称中国人民武装警察部队江苏省总队副食品生产基地。2005年，改为武警江苏省总队后勤基地的下属单位，副产品年产禽10吨，蛋品40万枚，猪肉50吨，鱼、蟹、鳖等水产品7吨。

第三节　南京军区泗湾湖农副业基地

该场位于金湖县北部，西邻吕良镇，北、东、南连前锋镇和金北镇。总面积913公顷，可耕地

466.7公顷。1986年，粮食种植面积近400公顷，有果园3.33公顷，林地66.7公顷；大中型拖拉机31台（套），联合收割机9台（套），手扶拖拉机8台。年内，兴办面粉厂、饲料厂农副产品加工企业。饲养猪1000头、禽5000只，产鱼10吨，工副业产值160万元。1990年，拥有大中型耕作机械32台（套）、1378千瓦，小型拖拉机10台、88千瓦，大中型配套农具46部，排灌电机11台、695千瓦，农用水泵11台；联合收割机10台、765千瓦，载重汽车4辆，机械总动力3321千瓦。1992年1月，场长王振国受到江泽民等中央领导人的接见。2001年，农场改称泗湾湖副食品生产基地。2003年又改称为中国人民解放军南京军区泗湾湖农副业基地。2005年，基地拥有日产25吨大米加工设备1套，灌排泵站3座及其他农用机械，主要从事小麦、水稻商品粮生产及水稻良种繁育、水产养殖、林业种植等，生产形式以合作生产经营为主。先后3次被中国人民解放军总后勤部评为全军先进农场。

第四节　华东石油局六普农场

该场原为南京气象学院、南京工学院校办农场。1980年统一移交给华东石油局第六普查勘探大队兴办农场，定名华东石油局第六普查勘探大队农场（简称六普农场）。该场位于金南镇境内，东、南与金南镇时墩、南桥两村接壤，西濒利农河，北连武警江苏省总队副食品生产基地，场部北距县城12公里。1986年，占地面积60.7公顷，耕地面积58.53公顷，均为水田。建有办公用房、场房、仓库10余幢，水泥晒场2000余平方米，拥有排灌站2座和1座养鸡场，有拖拉机、旋耕机、播种机等农业机械10余台（套）；工业兴办有电线厂。粮食作物播种面积91.3公顷，产量352.35吨，其中“三麦”79.05吨，水稻258.3吨，大豆15吨；经济作物产量，油菜籽4.95吨，花生3.45吨；饲养生猪380头，家禽4400只；果园面积0.8公顷，产量1吨。1990年，粮食作物播种面积133公顷，产量443.38吨，其中“三麦”123吨，杂优稻谷310吨，油料作物10.38吨。1991年，第六普查大队集中力量从事华东地区石油、天然气勘查，及其共生、伴生矿产地质调查、水文地质调查，为国家地质勘探工程提供技术服务，只派少数人留守农场负责经营管理，土地全部发包给承包户经营，年收入30万元左右。2000年承包收入增加到40多万元。直至2005年，该场土地一直实行租赁经营，每亩土地租金600~700元，年收入55万元上下。

第三篇　人　口

1986年后，全县进入第三次人口生育高峰。是年，总人口32.97万人，其中男性16.73万人，占全县总人口50.8%；女性16.24万人，占总人口49.2%。非农业人口（城镇定量户口）3.45万人，占全县总人口的10.5%。人口出生率13.3‰，自然增长率7.5‰。除县城、乡镇集镇外，乡村24万多人分布于自然村庄4092个。全县人口密度每平方公里237人。开展计划生育基本国策教育，推行科学接生、孕妇登记、产前检查等优生优育系列服务。1989年和1990年，人口出生率分别为16.5‰和17.1‰，自然增长率分别达10.6‰和10.7‰。20世纪90年代起，计划生育逐渐成为自觉行动，人口出生和自然增长率逐年下降。1992后，全县人口保持低出生率、低死亡率、低自然增长率的三低局面。1997年，人口自然增长率下降到2.1‰。

2000年，全县每万人中拥有大学生（包括大学以上）250人，比1990年增长2.91倍。青少年人口占总人口的18.16%，65岁以上老人占总人口的8.84%，人口类型转为老龄化社会。随着工业化和城镇化步伐的加快，居民迁移变动频繁，人口快速向城镇集聚，外来人口增加。

2005年，全县总人口36万人，其中男性18.17万人，占总人口50.5%；女性17.83万人，占总人口49.5%；男女性别比101.89∶100。非农业人口10.48万人，占全县总人口29.1%，外来暂住人口9869人，出生率7‰，死亡率3.8‰，人口自然增长率3.2‰，计划生育率98.9%。全县人口最多的镇是黎城镇，登记在册人口9.85万人，加流动人口，实际人口12万多人；人口最少的镇是银集镇2.06万人。全县人口密度每平方公里256人；黎城镇人口密度最高，每平方公里1502人；闵桥镇人口密度最小，每平方公里202人。全县有百岁以上老人5人，有少数民族25个328户581人。全县避孕节育全程服务和生殖保健服务率95.2%。

第一章　人口状况

第一节　人口总量

1986年，全县户数84581户，人口329735人，其中男性167336人、女性162399人；非农业人口34537人、农业人口295198人。1994年，户数增加到106381户，人口345779人，其中男性175166人、女性170613人；非农业人口61655人、农业人口284124人。2005年，户数增加到129222户，人口360033人，其中男性181700人、女性178333人；非农业人口104809人、农业人口255224人。

1986—2005年金湖县人口统计表

表3-1-1

年份	总　数		按性别分（人）		按户口性质分（人）	
	户数（户）	人口（人）	男	女	非农业人口	农业人口
1986	84581	329735	167336	162399	34537	295198
1987	87071	330304	166970	163334	39269	291035
1988	90697	331800	168038	163762	45065	286735
1989	94800	336212	170341	165871	49641	286571
1990	96674	339662	171990	167672	51310	288352
1991	99725	341191	173202	167989	52549	288642
1992	99639	342382	173780	168602	56661	285721
1993	106063	345129	174837	170292	60076	285053
1994	106381	345779	175166	170613	61655	284124
1995	108785	346258	175239	171019	63972	282286
1996	111654	347331	175679	171652	68864	278467
1997	113372	348560	176110	172450	71935	276625
1998	115919	350580	177438	173142	74943	275637
1999	119387	351810	177679	174131	81671	270139
2000	124006	355229	179905	175324	85634	269595
2001	123878	357395	180364	177031	88196	269199
2002	126623	359218	182285	176933	93059	266159
2003	127152	360366	181584	178782	104868	255498

接上表

年份	总　数		按性别分（人）		按户口性质分（人）	
	户数（户）	人口（人）	男	女	非农业人口	农业人口
2004	127694	356636	179477	177159	103619	253017
2005	129222	360033	181700	178333	104809	255224

第二节　人口分布

1986年，全县除县城、乡镇集镇外，乡村24万多人分布于自然村庄4092个。金湖县人口居住形式主要为墩庄点状、庄台条状和集镇集团状。农村庄台沿河就路设置，东西向有“一”字形、“二”字形，南北向大多沿河就路呈“非”字形，庄台长短不等，一般数百米，长的数公里。人口最多的乡镇是黎城镇26854人，最少的是前锋乡7798人。1990年，人口最多的乡镇是黎城镇48881人，最少的是前锋乡8265人。2000年，人口最多的乡镇是黎城镇88615人，最少的是银集镇21227人。2005年，全县人口最多的镇是黎城镇，登记在册人口98453人，加流动人口，实际人口12万多人；人口最少的镇是银集镇20553人。

1986年、1990年金湖县人口分布统计表

表3-1-2

单　位	1986年		1990年	
	人口数（人）	占比（%）	人口数（人）	占比（%）
全　县	329735	100.00	339662	100.00
黎城镇	26854	8.14	48881	14.39
黎城乡	16441	4.99	—	—
官　塘	9239	2.80	9607	2.83
戴　楼	8280	2.51	8736	2.57
金　南	13471	4.09	13260	3.90
金　沟	15259	4.63	15682	4.62
卞　塘	14996	4.55	15050	4.43
闵　桥	18096	5.49	18206	5.36
横　桥	9001	2.73	8924	2.63
夹　沟	15865	4.81	15948	4.70
塔　集	13615	4.13	14032	4.13
淮　建	8815	2.67	8855	2.61
银　集	13988	4.24	14530	4.28
涂　沟	11795	3.58	11992	3.53
唐　港	17331	5.26	17758	5.23

接上表

单 位	1986年		1990年	
	人口数（人）	占比（%）	人口数（人）	占比（%）
淮 胜	9272	2.81	9387	2.76
白马湖	10378	3.15	10753	3.17
前 锋	7798	2.36	8265	2.43
吕 良	23085	7.00	13667	4.02
孙 集	—	—	10092	2.97
新 农	13453	4.08	13825	4.07
陈 桥	13595	4.12	14191	4.18
金 北	23423	7.10	24201	7.13
宝应湖农场	10457	3.17	9552	2.81
复兴圩农场	3118	0.95	1893	0.56
林 场	138	0.04	164	0.05
果 园	428	0.13	441	0.13
稻麦原种场	326	0.10	373	0.11
粮棉原种场	1218	0.37	1397	0.41

2000年、2005年金湖县人口分布统计表

表3-1-3

单 位	2000年		2005年	
	人口数（人）	占比（%）	人口数（人）	占比（%）
全 县	355229	100.00	360033	100.00
黎 城	88615	24.95	98453	27.35
戴 楼	21574	6.07	20897	5.80
金 南	38203	10.75	37086	10.30
闵 桥	23458	6.60	23695	6.58
塔 集	27328	7.69	25809	7.17
银 集	21227	5.98	20553	5.71
涂 沟	25265	7.11	25382	7.05
前 锋	29121	8.20	28201	7.83
吕 良	22267	6.27	21421	5.95
陈 桥	25986	7.32	25367	7.05
金 北	22331	6.29	21960	6.10
宝应湖农场	8363	2.35	8064	2.24
复兴圩农场	1491	0.42	1565	0.43

第三节 人口密度

1986年，全县人口密度每平方公里245人。县内各乡镇之间，因所处位置不同，人口密度有差异，黎城（镇及乡）是县委、县政府所在地，人口比较集中，人口密度每平方公里739人；塔集镇历史悠久，位处腹地，人口比较稠密，人口密度较高，每平方公里526人；横桥乡地处高邮湖边，水面滩涂面积较大，人口比较稀疏，人口密度相对较低，每平方公里152人。2005年，全县人口密度每平方公里258人；黎城镇人口密度最高，每平方公里1502人；闵桥镇人口密度最低，每平方公里202人。

1986年、1990年金湖县各乡镇人口密度统计表

表3-1-4

单位	1986年			1990年		
	土地总面积（平方公里）	人口（人）	人口密度（人/平方公里）	土地总面积（平方公里）	人口（人）	人口密度（人/平方公里）
全县	1343.78	329735	245	1343.78	339662	253
黎城镇、黎城乡	58.56	43295	739	58.56	48881	835
官塘	41.84	9239	221	41.84	9607	230
戴楼	34.12	8280	243	34.12	8736	256
金南	37.62	13471	358	37.62	13260	352
金沟	43.54	15259	350	43.54	15682	360
卞塘	49.18	14996	305	49.18	15050	306
闵桥	58.21	18096	311	58.21	18206	313
横桥	59.26	9001	152	59.26	8924	151
夹沟	69.16	15865	229	69.16	15948	231
塔集	25.89	13615	526	25.89	14032	542
淮建	22.72	8815	388	22.72	8855	390
银集	37.21	13988	376	37.21	14530	390
涂沟	38.78	11795	304	38.78	11992	309
唐港	59.76	17331	290	59.76	17758	297
淮胜	21.40	9272	433	21.40	9387	439
白马湖	63.22	10378	164	63.22	10753	170
前锋	33.01	7798	236	33.01	8265	250
吕良	77.70	23085	297	41.82	13667	327
孙集	—	—	—	35.88	10092	281
新农	35.74	13453	376	35.74	13825	387
陈桥	55.33	13595	246	55.33	14191	256
金北	77.37	23423	303	77.37	24201	313

表3-1-5

2000年、2005年金湖县各镇人口密度统计表

单　位	2000年			2005年		
	土地总面积（平方公里）	人口（人）	人口密度（人/平方公里）	土地总面积（平方公里）	人口（人）	人口密度（人/平方公里）
全　县	1393.86	355229	255	1393.86	360033	258
黎　城	65.55	88615	1352	65.55	98453	1502
戴　楼	90.58	21574	238	90.58	20897	231
金　南	123.35	38203	310	123.35	37086	301
闵　桥	117.47	23458	200	117.47	23695	202
塔　集	95.05	27328	288	95.05	25809	272
银　集	59.93	21227	354	59.93	20553	343
涂　沟	93.77	25265	269	93.77	25382	271
前　锋	122.40	29121	238	122.40	28201	230
吕　良	77.70	22267	287	77.70	21421	276
陈　桥	91.07	25986	285	91.07	25367	279
金　北	77.37	22331	289	77.37	21960	284

说明：1.各乡镇土地总面积数据，因县统计局无公布数据，故采用县土地局1990—1991年土地详查数据；
2.全县总面积包括各乡镇面积与省属、县属场圃面积及国有土地面积；
3.表3-1-4中，1986年黎城镇的土地面积和人口数包括黎城乡的土地面积和人口数。

第二章　人口变动

第一节　自然变动

1986年，全县出生4373人，出生率13.3‰；死亡1918人，死亡率5.8‰；人口自然增长率7.5‰。1989年，人口自然增长率达10.6‰，1990年达10.7‰。1991年，人口自然增长率下降到8.4‰，1997年，人口自然增长率下降到2.1‰。2005年，全县出生2519人，出生率7‰；死亡1355人，死亡率3.8‰；人口自然增长率3.2‰。

表3-2-6

1986—2005年金湖县人口自然变动统计表

年份	出生		死亡		全县总人口数（人）	自然增长率（‰）
	人数（人）	出生率（‰）	人数（人）	死亡率（‰）		
1986	4373	13.3	1918	5.8	329735	7.5
1987	5060	15.3	2045	6.2	330304	9.1

接上表

年份	出生		死亡		全县总人口数（人）	自然增长率（‰）
	人数（人）	出生率（‰）	人数（人）	死亡率（‰）		
1988	4931	14.9	2132	6.4	331800	8.5
1989	5523	16.5	1979	5.9	336212	10.6
1990	5777	17.1	2170	6.4	339662	10.7
1991	5114	15.0	2252	6.6	341191	8.4
1992	4148	12.1	2283	6.7	342382	5.4
1993	3803	11.1	2140	6.2	345129	4.9
1994	3684	10.7	2123	6.2	345779	4.5
1995	3490	10.1	2214	6.4	346258	3.7
1996	3009	8.7	2076	6.0	347331	2.7
1997	2723	7.8	1989	5.7	348560	2.1
1998	3497	10.0	2036	5.8	350580	4.2
1999	2871	8.2	2019	5.7	351810	2.5
2000	2615	7.4	2276	6.4	355229	1.0
2001	2495	7.0	1606	4.5	356039	2.5
2002	2353	6.6	1520	4.2	357072	2.4
2003	2168	6.0	2033	5.6	357112	0.4
2004	2558	7.1	2692	7.3	356636	−0.2
2005	2519	7.0	1355	3.8	360033	3.2

第二节　机械变动

1986年，参军、退伍、招工、调动、大学生考出外地上学及毕业安排工作、职工子女异地顶替工作，婚进婚出等迁入迁出户口，全年迁入5447人、迁出6058人。1991年起，劳务输出、工作调动人数逐步增多，户口迁入迁出频繁，迁入苏南等地定居人数多于外地到金湖县定居人数。20年中，迁入迁出年份人数大多基本相当，少数年份悬殊较大，1992年和2003年，迁出人数较迁进人数分别多6751人和4063人。1986—2005年，全县迁入103501人、迁出112058人，迁出较迁入多8557人。

1986—2005年金湖县人口迁入、迁出统计表

表3-2-7　　单位：人

年份	迁入	迁出	年份	迁入	迁出
1986	5447	6058	1989	9810	9285
1987	5692	7707	1990	7139	6875
1988	7114	8433	1991	5920	6915

接上表

年份	迁入	迁出	年份	迁入	迁出
1992	1370	8121	1999	5282	2569
1993	7648	6671	2000	5406	6710
1994	5094	2641	2001	3604	3178
1995	4695	4899	2002	2590	4605
1996	4571	4684	2003	4505	8568
1997	4021	3501	2004	5012	4307
1998	4951	3982	2005	3630	2349

第三节　流动人口

人口流出　1986年，随着市场经济的发展，金湖县外出务工经商人员逐步增多。据1990年第四次全国人口普查，全县有外出一年以上人口2066人。至1994年，政府组织输出张家港、无锡、上海、新疆等地建筑、保安、水上运输劳动力7631人。随着企业改制、下岗工人增多，农业机械化程度提高、农田向种粮大户集中，农村富余劳动力增多，除政府组织劳务输出外，输出人员相互帮带，外出务工经商，人口流动范围扩大。据2000年第五次全国人口普查，全县有外出半年以上人口14835人，在国外工作或学习人口45人。2001—2005年，金湖县每年县外劳务输出2万多人，其中2005年劳务输出2.18万人，有组织劳务输出9315人，境外劳务输出8 00人。

人口流入　1986年，外地进入金湖县务工经商暂住人口440人，1987年703人。据1990年第四次全国人口普查，外地进入金湖县务工经商落户1512人，常住金湖县1年以上、户口在外县市人口4479人，入住金湖县不满1年、离开户口登记地1年以上人口325人，居住金湖县、户口待定人口2580人。据2000年第五次全国人口普查，外地进入金湖县务工经商落户600人，住居金湖县乡镇街道半年以上、户口在金湖县乡镇街道以外人口31647人，居住金湖县乡镇街道不满半年、离开户口登记地半年以上人口1260人，居住金湖县乡镇街道、户口待定人口2586人。据公安部门统计，金湖县暂住人口2000年10210人，2001年9985人，2002年10465人，2003年12105人，2004年10794人，2005年9869人。

第三章　人口构成

第一节　性别构成

1986年，全县329735人，其中男性167336人，占全县总人口50.75%；女性162399人，占总人口49.25%。1990年第四次全国人口普查时，性别比为101.69（女=100）。2000年第五次全国人口普查时，性别比为101.35（女=100）。2005年，全县360033人，其中男性181700人，占总人口50.47%；女性178333人，占总人口49.53%；性别比101.89（女=100）。

第四、五次全国人口普查金湖县人口性别构成统计表

表3-3-8

普查年份	人口数（人）			男女比（%）		性别比（女＝100）
	合计	男	女	男	女	
第四次全国人口普查（1990年）	345191	174044	171147	50.42	49.58	101.69
第五次全国人口普查（2000年）	363377	182905	180472	50.33	49.67	101.35

第二节　年龄构成

年龄分布　1990年第四次全国人口普查时，全县总人口345191人，0~14周岁少年儿童71364人，占总人口20.67%；15~64周岁人口252078人，占总人口73.03%；65周岁以上老年人21749人，占总人口的6.3%。平均年龄31.2岁，年龄中位数（人口按年龄分为两个半数的点）27.8岁，男性年龄最高94岁，女性年龄最高95岁，人口长寿水平（80周岁以上人口占60周岁以上人口比重）5.86%，低于全省8.77%的长寿水平。2000年第五次全国人口普查时，全县总人口363377人，0~14周岁少年儿童65979人，占总人口18.16%；15~64周岁人口265288人，占总人口73%；65周岁以上老年人32110人，占总人口的8.84%。10年间总人口增加18186人，增长5.27%，每年增加1819人，年均增长0.51%；0~14周岁儿童减少5385人；15~64周岁人口增加13210人；65周岁以上老年人增加10361人。人口平均年龄35.3周岁，比1990年上升4.1周岁，年龄中位数33.4周岁，上升5.6周岁。2005年，全县有百岁以上老人5人。

第四、五次全国人口普查金湖县人口年龄构成统计表

表3-3-9

年龄（周岁）	1990年				2000年			
	合计（人）	男（人）	女（人）	性别比	合计（人）	男（人）	女（人）	性别比
0~4	26723	13685	13038	104.96	14190	7448	6742	110.47
5~9	21115	10937	10178	107.46	23069	11763	11306	104.04
10~14	23526	12127	11399	106.39	28720	14705	14015	104.92
15~19	34776	17690	17086	103.54	19376	9987	9389	106.37
20~24	49025	24420	24605	99.25	19405	9347	10058	92.93
25~29	30633	15580	15053	103.50	34601	17352	17249	100.60
30~34	28160	14424	13736	105.01	50196	25308	24888	101.69
35~39	28821	14507	14314	101.35	33510	17093	16417	104.12

接上表

年龄(周岁)	1990年				2000年			
	合计(人)	男(人)	女(人)	性别比	合计(人)	男(人)	女(人)	性别比
40~44	20114	10367	9747	106.36	27376	14165	13211	107.22
45~49	18982	9892	9090	108.82	29241	14799	14442	102.47
50~54	15021	7856	7165	109.64	19609	10188	9421	108.14
55~59	14221	7389	6832	108.15	18151	9317	8834	105.47
60~64	12325	5969	6356	93.91	13823	7214	6609	109.15
65~69	9964	4495	5469	82.19	12365	6094	6271	97.18
70~74	6565	2833	3732	75.91	9393	4206	5187	81.09
75~79	3223	1265	1958	64.61	6412	2578	3834	67.24
80~84	1436	440	996	44.18	2922	1035	1887	54.85
85~89	490	146	344	42.44	865	274	591	46.36
90~94	69	22	47	46.81	136	26	110	23.64
95~99	2	—	2	0.00	15	5	10	50.00
100岁及以上	—	—	—	—	2	1	1	100.00
总计	345191	174044	171147	101.69	363377	182905	180472	101.35

说明:表中性别比女=100。

年龄类型　1990年第四次全国人口普查时,全县少年儿童人口(0周岁至14周岁)占20.67%,老年人口(65周岁及以上)占6.3%,老少比例(65周岁及以上/0周岁至14周岁)30.48。按照国际上通用的人口年龄类型标准,人口年龄类型由成年型向老年型转化。2000年第五次全国人口普查时,全县少年儿童人口比例18.16%,老年人口比例8.84%,老少比例48.68。与第四次全国人口普查相比,少年人口比例下降,老年人口比例、年龄中位数上升。按照国际上通用的人口年龄类型标准,人口年龄类型呈现老年型社会明显特征。

第四、五次全国人口普查金湖县年龄类型统计表

表3-3-10

指　　标	国际上通用的人口年龄类型标准			金湖人口年龄类型指标	
	年轻型	成年型	老年型	第四次人口普查	第五次人口普查
少儿系数(0周岁~14岁占总人口比重)	0.4%	30% ~40%	30%以下	20.67%	18.16%
老年系数(65岁及以上人口占总人口比重)	4%以下	4% ~7%	7%以上	6.3%	8.84%
老化指标(〈65岁以上人口数/周岁0~14岁人口数〉×100%)	15%以下	15% ~30%	30%以上	30.5%	48.7%
年龄中位数	20周岁以下	20~30周岁	30周岁以上	27.8岁	33.4岁

第三节 文化构成

1990年第四次全国人口普查时，全县6周岁以上人口314561人，其中大学本科生370人、大学专科生1844人、中专生2960人、高中生21882人、初中生85682人、小学生136774人，分别占6周岁以上人口的0.1%、0.6%、0.9%、7%、27.2%、43.5%；文盲、半文盲人口65049人，占6周岁以上人口的20.7%。文盲、半文盲人口中，15周岁及15周岁以上64263人，其中女性47682人，占74.2%。

2000年第五次全国人口普查，全县6周岁以上人口344990人，其中接受大学（含大专）及以上教育的9091人，占6周岁以上人口的2.6%，是1990年的4.11倍；接受高中（含中专）教育的48161人，占6周岁以上人口的13.96%，是1990年的1.94倍；接受初中教育的133108人，占6周岁以上人口的38.6%，是1990年的1.55倍；接受小学教育的111907人，占6周岁以上人口的32.4%，是1990年的0.82倍。全县15周岁及15周岁以上文盲人口32348人，占6周岁以上人口的9.4%，较1990年减少31915人，下降11.05个百分点。其中男性人口文盲率3.9%，女性人口文盲率17.9%，分别比1990年下降8.2和17个百分点。

第四、五次全国人口普查金湖县人口文化构成统计表

表3-3-11 单位：人

类别	第四次全国人口普查（1990年）			第五次全国人口普查（2000年）		
	合计	男	女	合计	男	女
6岁及6岁以上人口	314561	158353	156208	344990	173337	171653
未上过学	—	—	—	29291	5351	23940
不识字或识字很少	65049	16986	48063	—	—	—
扫盲班	—	—	—	13432	2355	11077
小学	136774	64608	72166	111907	51707	60200
初中	85682	56310	29372	133108	74821	58287
高中	21882	16545	5337	37437	26398	11039
中专	2960	2074	886	10724	5917	4807
大学专科	1844	1524	320	7423	5437	1986
大学本科	370	306	64	1645	1330	315
研究生	—	—	—	23	21	2

第四、第五次全国人口普查金湖县文化构成每万人拥有量统计表

表3-3-12 单位：人

年份	大学及研究生		高中（含中专）		初中		小学	
	人数	人/万人	人数	人/万人	人数	人/万人	人数	人/万人
1990	2214	64	24842	720	85682	2482	136774	3962
2000	9091	250	48161	1325	133108	3663	111907	3080

第四节　民族构成

1990年第四次全国人口普查时，全县共有民族16个，汉族人口345091人，占总人口99.97%，少数民族人口100人，男28人、女72人，占总人口的0.03%。少数民族人口中，白族3人、布依族4人、傣族1人、东乡族1人、侗族2人、高山族2人、回族51人、黎族5人、满族10人、蒙古族5人、苗族5人、畲族2人、土家族2人、彝族1人、壮族6人。2000年第五次全国人口普查时，全县共有23个民族，比1990年的第四次全国人口普查新增民族8个减少1个，净增加7个，分别是朝鲜族、仡佬族、哈尼族、景颇族、京族、水族、土族、维吾尔族；减少民族1个，东乡族。汉族人口362858人，占99.86%；少数民族人口519人，占0.14%，比1990年上升0.11个百分点。其中白族6人、布依族86人、朝鲜族6人、傣族4人、侗族29人、高山族1人、仡佬族3人、哈尼族4人、回族67人、景颇族2人、京族8人、黎族8人、满族13人、蒙古族20人、苗族177人、畲族3人、水族2人、土家族37人、土族1人、维吾尔族2人、彝族20人、壮族19人，其他未识别的民族1人。少数民族人口中，男性96人，女性423人，少数民族女性人口增幅大于男性增幅人口，所增加的人口大部分是外地流入或婚进妇女。2005年，全县有少数民族25个，分别是白族、布依族、朝鲜族、傣族、侗族、独龙族、高山族、仡佬族、哈尼族、回族、京族、珞巴族、黎族、满族、蒙古族、苗族、羌族、畲族、水族、土家族、锡伯族、瑶族、彝族、藏族、壮族，共328户581人。

第五节　城乡构成

1986年，全县84581户329735人，其中非农业人口（城镇定量户口）34537人，占全县总人口的10.47%。1987年2月，金湖县根据省政府要求，处理20世纪60年代初城镇下放居民户粮问题。至1989年初，经过2年多排查摸底、调查登记、查找户粮历史资料、审核取证、上报审批、见面发证等工作，办理符合要求“农转非”手续1058户、2357人。1990年第四次全国人口普查时，全县非农业人口39575人，占总人口11.46%。1992年，县计划委员会、县财政局、县公安局、县粮食局、县劳动局联合发文，办理县内地方城镇定量户口。8月14—25日，每个农业户口缴纳6000元，转为地方城镇定量户口3093人，其中男性1294人、女性1799人。1993年3月25日，县政府发文明确4月1日起放开粮食、油料购销价格和经营，定量、定（统）销户口人员不再使用粮油供应证购买粮油，保留定量人口粮油供应关系，人口迁移和农转非人口粮油供应关系暂时保留，原定量、定（统）销粮油证作为档案户口保留，不再换发新证，粮油供应证上结余的粮油计划，国家全部收回，不再供应。1994年，全县第二次集中办理县内地方城镇定量户口手续，每个农业户口缴纳1万元，转为城镇定量户口3480人，其中男性1510人、女性1970人。是年，全县345779人，其中非农业人口61655人，占全县总人口的17.83%。1998年，进一步放宽农业户口人员进城条件，全县实行婴儿出生落户随父随母自愿政策（原政策只能随母）；夫妻投靠、在县城区投资办企业、购买商品房等，均按实际居住地登记原则办理城镇居民户口。2000年第五次全国人口普查时，全县非农业人口82548人，占总人口22.88%。2003年，统一城区常住人口户籍类别，原属农业户口、蓝印户口（指在金湖县投资经商、购买商品住宅或者被金湖县单位聘用的外省市县到金湖人员，具备规定条件，经公安机关批准登记后加盖蓝色印章表示户籍关系的户口凭证。在入托、入园和义务教育阶段的入学、申领营业执照、安装煤气和电话等方面享受金湖县常住户口的同等待遇。蓝印户口不是常住户口，每年须年检，在转为常住户口前，原所在地常住户口并不注销）、地方农转非（金湖县根据改革开放后城市发展和规划需要，出台有关规定，把本来从事农业劳动的人口，以划拨部分土地、商业网点建设和各种保障政策，安置到集体所有制企业，所从事人员由农业户口转变成为非农业户口。）、自理口粮户口（是20世纪80年代中期，国务院为解决进城经商农民的实际困难，采取的一种"转人不转粮"的临时性户口政策，自理口粮就是当时介于农业和非农之间的一种户口类型，当时农业户有地，非农业户有粮本；自理口粮，顾名思义就是自己解决粮食问题。）一律登记为非农业人口，换发城镇居民户口簿。全县城乡居民实行统一的户口登记制度，取消农业户口、非农业户口、地方城镇户口等各种户口性质，按照实际居住地登记户口，统称居民户口，取消农转非制度，废止非农业人口迁入许可证，实行户口迁移条件准入制。2005年，全县360033人，其中非农业人口104809人，占全县总人口29.11%，比1986年增长18.64个百分点。

第六节　在业人口构成

一、年龄与文化构成

1990年第四次全国人口普查时，全县在业人口年龄构成为：青年劳动力（15~34岁）127502人，占在业人口57%；壮年劳动力（35~44岁）48265人，占21.6%；中老年劳动力（45岁及以上）48136人，占21.5%。全县15岁及以上在业人口中男性占51.8%，女性占48.2%，男女性别相差3.6个百分点。在业人口中，初中文化以下占89.8%，高中（含中专）占9.2%，大专以上占1%。

2000年第五次全国人口普查时，按10%抽样调查统计，全县在业人口年龄构成为：青年劳动力9565人，占43.2%；壮年劳动力5608人，占25.4%；中老年劳动力6949人，占31.4%。全县15岁及以上在业人口中，男性占52.5%，女性占47.5%，男女性别相差5个百分点。在业人口中，初中文化以下占81.84%，高中（含中专）占14.28%，大专以上占3.88%。

第四、第五次全国人口普查金湖县在业人口年龄构成统计表

表3-3-13

年龄	1990年（全部）		2000年（10%人口抽样）		年龄	1990年（全部）		2000年（10%人口抽样）	
	在业人口（人）	占比（%）	在业人口（人）	占比（%）		在业人口（人）	占比（%）	在业人口（人）	占比（%）
合计	223903	100	22122	100	45~49岁	18175	8.12	2663	12.04
15~19岁	21960	9.81	483	2.18	50~54岁	12818	5.72	1636	7.40
20~24岁	47507	21.22	1453	6.57	55~59岁	9926	4.43	1305	5.90
25~29岁	30175	13.48	2987	13.50	60~64岁	4909	2.19	749	3.39
30~34岁	27860	12.44	4642	20.98	65岁及以上	2308	1.03	596	2.69
35~39岁	28485	12.72	3123	14.12	年龄中位数	27.8	—	33.4	—
40~44岁	19780	8.83	2485	11.23					

表 3-3-14

第四、第五次全国人口普查金湖县在业人口文化构成统计表

类别	1990年（全部）						2000年（10%人口抽样）					
	在业人口（人）		男(人）		女（人）		在业人口（人）		男（人）		女（人）	
	人数（人）	比重（%）	人数（人）	比重（%）	人数（人）	比重（%）	人数（人）	比重（%）	人数（人）	比重（%）	人数（人）	比重（%）
合计	223903	100	116091	51.85	107812	48.15	22122	100	11609	52.48	10513	47.52
未上过学	—	—	—	—	—	—	986	4.46	203	0.92	783	3.54
扫盲班	—	—	—	—	—	—	996	4.50	177	0.80	819	3.70
文盲半文盲	37420	16.71	10636	4.75	26784	11.96	—	—	—	—	—	—
小学	93268	41.66	40941	18.29	52327	23.37	6402	28.94	2651	11.98	3751	16.96
初中	70426	31.45	46967	20.98	23459	10.48	9722	43.95	5697	25.75	4025	18.20
高中	17850	7.97	13792	6.16	4058	1.81	2430	10.98	1834	8.29	596	2.69
中专	2795	1.25	1978	0.88	817	0.36	728	3.29	420	1.90	308	1.39
大学专科	1778	0.79	1475	0.66	303	0.14	726	3.28	522	2.36	204	0.92
大学本科	366	0.16	302	0.13	64	0.03	129	0.58	102	0.46	27	0.12
研究生	—	—	—	—	—	—	3	0.01	3	0.01	—	—

二、行业构成

1990年第四次全国人口普查时，全县劳动力在业人口223903人。占15岁及以上人口81.8%。其中，男性116091人，占在业人口51.85%；女性107812人，占在业人口的48.5%。劳动力在业人口中，第一产业在业人口169571人，占在业人口75.7%；第二产业在业人口28997人，占在业人口12.95%；第三产业在业人口25335人，占在业人口的11.32%。

2000年第五次全国人口普查时，按10%人口抽样调查统计：全县15岁及以上在业人口22122人，占15岁及以上人口78%，比1990年下降3.8个百分点。在业人口中，第一产业在业人口14197人，占在业人口64.18%；第二产业在业人口3858人，占在业人口17.44%；第三产业在业人口4067人，占在业人口18.38%。与1990年相比，第一产业在业人口比重下降11.52个百分点，第二产业在业人口比重上升4.49个百分点，第三产业在业人口比重上升7.06个百分点。

是年，各行业在业人口文化程度构成为：第一产业初中以下文化程度占93.69%，其中文盲占6.26%；第二产业初中以下文化程度占70.72%，其中制造业、建筑业初中以下文化程度分别占70.75%、83.37%；第三产业初中以下文化程度占51.37%，其中交通运输和仓储及邮电通信业、社会服务业分别占71.67%、71.77%。

表 3-3-15

第四、第五次全国人口普查金湖县在业人口行业构成统计表

行业名称	1990年				2000年（10%人口抽样）			
	在业人口（人）			占比（%）	在业人口（人）			占比（%）
	合计（人）	男（人）	女（人）		合计（人）	男（人）	女（人）	
总　计	223903	116091	107812	100	22122	11609	10513	100

接上表

行业名称	1990年				2000年（10%人口抽样）			
	在业人口（人）			占比（%）	在业人口（人）			占比（%）
	合计（人）	男（人）	女（人）		合计（人）	男（人）	女（人）	
农、林、牧、渔、水利业	169571	82497	87074	75.73	14197	6508	7689	64.18
工业	27698	15312	12386	12.37	—	—	—	—
采掘业	—	—	—	—	169	103	66	0.76
制造业	—	—	—	—	2745	1501	1244	12.41
电力、煤气及水生产和供应业	—	—	—	—	126	104	22	0.57
地质勘查业	2	2	0	0.001	—	—	—	—
建筑业	1297	1211	86	0.58	818	795	23	3.70
地质勘查业、水利管理业	—	—	—	—	49	40	9	0.22
交通运输和邮电通信业	5376	3613	1763	2.40	—	—	—	—
交通运输、仓储及邮电通信业	—	—	—	—	614	498	116	2.78
商业、饮食业、物资供销业及仓储业	8477	5246	3231	3.79	—	—	—	—
批发、零售贸易业和餐饮业	—	—	—	—	1508	775	733	6.82
房地产和共用居民服务业	1183	763	420	0.53	511	342	169	2.31
卫生、体育和社会福利业	1445	865	580	0.65	201	114	87	0.91
教育、文化艺术和广电事业	4621	3031	1590	2.06	496	285	211	2.24
科学研究和综合技术服务事业	44	31	13	0.02	12	10	2	0.05
金融、保险业	772	558	214	0.34	122	75	47	0.55
国家机关、政党和社会团体	3417	2962	455	1.53	519	428	91	2.35
其他行业	—	—	—	—	35	31	4	0.16

第五次全国人口普查金湖县各行业人口文化程度构成统计表

表3-3-16

产业、行业名称	研究生（%）	大学本科（%）	大学专科（%）	中专（%）	高中（%）	初中（%）	小学（%）	文盲（%）	扫盲（%）
总计	0.01	0.58	3.28	3.29	10.98	43.95	28.94	4.46	4.51
第一产业：	0.00	0.01	0.23	0.66	5.41	42.54	38.35	6.26	6.54
第二产业：	0.03	0.04	3.78	5.13	20.30	55.88	12.86	0.99	0.99
采掘业	0.00	4.14	7.69	11.24	59.76	14.20	2.96	0.00	0.01
制造业	0.04	0.22	4.44	5.21	19.34	54.83	14.03	1.20	0.69
电力、煤气及水的生产和供应	0.00	0.00	5.56	10.32	35.71	43.65	4.76	0.00	0.00
建筑业	0.00	0.37	0.49	2.81	12.96	69.93	12.22	0.61	0.61

接上表

产业、行业名称	研究生（%）	大学本科（%）	大学专科（%）	中专（%）	高中（%）	初中（%）	小学（%）	文盲（%）	扫盲（%）
第三产业：	0.05	2.75	13.47	10.75	21.61	37.55	11.34	1.40	1.08
地质勘察和水利管理业	0.00	2.04	10.20	14.29	34.69	28.57	10.20	0.00	0.01
交通运输、仓储及邮电通信业	0.00	0.16	2.44	3.42	22.31	50.65	17.92	1.30	1.80
批发和零售贸易、餐饮业	0.07	0.07	2.79	5.04	22.35	49.73	16.18	2.52	1.25
房地产	0.00	0.00	9.09	22.73	22.73	40.91	4.54	0.00	0.00
社会服务业	0.00	0.41	3.89	5.73	18.20	52.35	15.95	1.43	2.04
金融、保险业	0.00	3.28	32.79	22.13	28.69	12.30	0.81	0.00	0.00
卫生、体育和社会福利业	0.00	2.99	19.90	28.36	21.89	22.39	2.49	0.50	1.48
教育、文化艺术及广播电视业	0.00	11.90	38.51	28.02	10.48	9.88	1.01	0.20	0.00
科学研究和综合技术服务事业	0.00	16.67	33.33	16.67	33.33	0.00	0.00	0.00	0.00
国家机关、政党机关和社会团体	0.19	6.36	34.87	14.45	27.94	14.07	1.74	0.19	0.19
其他行业	0.00	8.57	25.71	0.00	40.00	14.29	8.57	2.86	0.00

三、职业构成

1986年，全县329735人，纳入农村组织统计282089人，其中劳动力131795人。劳动力中，从事农业89900人、林牧副渔9059人、乡村办企业11044人、建筑业7744人、交通运输和邮电业2960人、商业饮食业1506人、物资供销业632人、房地产管理公用事业216人、卫生体育和社会福利事业772人、教育文化和广播电视业1858人、科学和综合技术服务业17人、金融保险业127人、乡经济组织管理业701人、县以上全民集体单位临时工2623人、其他从业者2636人。纳入县直机关企事业单位职工统计的22908人，其中从事农林牧副渔水利7511人、工业6483人、建筑业28人、交通运输邮电通信业602人、商业饮服物资供销3435人、卫生体育社会福利497人、文化教育广播电视2027人、金融保险265人、机关团体1791人、其他269人。随着改革开放的不断深入，计划经济逐步退缩，市场经济愈发活跃，城乡产业结构发生重大变化，市场经济影响着人们的职业取向。2005年，全县农村组织人口260451人，其中从业人员147220人。从业人员中，从事农林牧渔业65359人、工业12723人、建筑业10311人、其他（包括离开本乡镇的外出从业人员）58827人。县以上单位从业人员28390人，以企业、事业、机关人员为主。金湖县农林牧渔业从业人员下降，商业、服务业人员增加，在业人口与总人口比例下降。

第四、五次全国人口普查金湖县在业人口职业分布统计表

表3-3-17

类　　别	1990年（全部）		2000年（10%人口抽样）	
	在业人口（人）	比重（%）	在业人口（人）	比重（%）
总计	223903	—	22122	—
国家机关、党群组织、企业、事业单位负责人	5202	2.32	510	2.31

接上表

类　　别	1990年（全部）		2000年（10%人口抽样）	
	在业人口（人）	比重（%）	在业人口（人）	比重（%）
专业技术人员	10411	4.65	1127	5.09
办事人员和有关人员	2549	1.14	513	2.32
商业、服务业人员	10828	4.84	2221	10.04
农、林、牧、渔业劳动者	159209	71.11	14124	63.85
生产运输设备操作及有关人员	35460	15.83	3627	16.4
不便分类的其他劳动者	254	0.11	—	—

第四、第五次全国人口普查金湖县不在业人口状况统计表

表3-3-18

类　别	1990年（全部）		2000年（10%人口抽样）	
	人数（人）	比重（%）	人数（人）	比重（%）
总计	49924	—	6227	—
在校学生	11824	23.68	936	15.03
料理家务	24774	49.62	1990	31.96
离、退休	4399	8.81	993	15.95
丧失工作能力	7205	14.43	1471	23.62
正在找工作	777	1.56	678	10.89
其他	945	1.89	159	2.55

第四章　婚姻　家庭

第一节　婚　姻

1990年第四次全国人口普查时，全县共有15岁及以上人口273827人，其中男性137295人、女性136532人。未婚人口58429人，占15岁及以上人口21.34%。其中：男性32941人、女性25488人，男女相差7453人，性别比129.24∶100。未婚人口主要分布在15~24岁，人口54780人，占未婚人口93.75%。其中：男性29583人、占54%，女性25197人、占46%，性别比117.41∶100。35岁以上未婚人口1623人，其中男性1554人、女性69人。有配偶人口196860人，占15岁及以上人口

71.89%，其中男性98096人、女性98764人，性别比99.32∶100，女性比男性人口多668人。有配偶人口中，15~21岁男性人口2998人，占有配偶男性人口3.06%；15~19岁女性人口779人，占有配偶女性人口0.79%。丧偶人口17742人，占15岁及以上人口6.48%，其中男性5607人、女性12135人，丧偶女性比男性多6528人。离婚人口796人，占15岁及以上人口0.29%，其中男性651人、女性145人，女性离婚后再婚比例高于男性。

2000年第五次全国人口普查时，全县有15岁及以上人口297398人，占总人口81.84%，其中男性148989人、女性148409人，性别比100.39∶100。根据10%长表抽样调查15岁及以上人口28349人，处于未婚状态3079人，其中男性1829人、女性1250人，男性比女性多579人。未婚人口占15岁及以上人口10.86%，比1990年下降10.48个百分点。未婚者主要集中于15~24岁人群，25岁以上未婚者大部分是男性。有配偶人口23276人，其中男性11514人、女性11762人，女性比男性多248人。有配偶人口占15岁及以上人口82.11%，比1990年上升10.21个百分点。离婚人口134人，其中男性100人、女性34人，男性比女性多66人。离婚人口占15岁及以上人口0.47%，比1990年上升0.18个百分点。离婚者年龄段主要在30~44岁之间。丧偶人口1860人，其中男性578人、女性1282人，女性比男性多704人。丧偶人口占15岁及以上人口6.56%，与1990年基本持平。在有配偶的人群中，未满法定婚龄的人占有一定比例。

第二节　家　庭

1990年第四次全国人口普查时，全县总户数91575户，其中家庭户91100户、集体户475户。家庭户平均每户人口3.71人，其中城镇平均每户人口3.18人、农村3.77人，家庭户以两代三口之家占主要地位。2000年第五次全国人口普查时，全县总户数113171户，比1990年第四次全国人口普查增加21596户，其中家庭户111401户，增加20301户，户平均人口3.18人，比1990年减少0.53人。

第四、第五次全国人口普查金湖县家庭结构统计表

表3-4-19

名称		第四次全国人口普查		第五次全国人口普查	
		户数（户）	占比（%）	户数（户）	占比（%）
家庭户数（户）		91100	100.00	111401	100.00
家庭户类别	单身户	3579	3.93	—	—
	一对夫妇户（一代户）	5554	6.09	27534	24.72
	二代户	55070	60.45	56408	50.64
	三代户	20147	22.12	25598	22.98
	四代户	1264	1.39	1861	1.67
	五代户及五代户以上户	5	0.01	—	—
	一代户和其他亲属及非亲属	443	0.48	—	—
	二代户和其他亲属及非亲属	1830	2.01	—	—

接上表

名称		第四次全国人口普查		第五次全国人口普查	
		户数（户）	占比（%）	户数（户）	占比（%）
家庭户类别	三代户和其他亲属及非亲属	1273	1.40	—	—
	四代户和其他亲属及非亲属	86	0.09	—	—
	五代户和其他亲属及非亲属	—	—	—	—
	其他	1849	2.03	—	—
家庭规模	一人户	5428	5.96	9257	8.31
	二人户	9600	10.54	22106	19.84
	三人户	30690	33.69	44126	39.61
	四人户	21935	24.08	17173	15.42
	五人户	13532	14.85	14132	12.69
	六人户	5988	6.57	3566	3.20
	七人户	2545	2.79	766	0.69
	八人户	880	0.97	210	0.19
	九人户	339	0.37	49	0.04
	十人及十人以上户	163	0.18	16	0.01

第五章 人口控制

第一节 计划生育机构

县人口和计划生育委员会 1986年，县计划生育委员会行政编制9人。1989年9月，新设政秘科、宣传科、业务科，编制不变。1997年，全县党政机构改革时，改设人秘股、财务审计股、规划统计股、政策法规股、宣传教育股，行政编制12人、附属编制1人。2001年，全县党政机关机构改革时，改设办公室、规划统计科、宣传教育科、政策法规科，另设纪检监察机构，行政编制10人、附属编制1人。2005年6月，县计划生育委员会更名为县人口和计划生育委员会，内设机构和编制不变。

县计划生育协会 1988年6月成立，全县22个乡镇256个村中，成立计划生育协会乡镇14个、村163个，小组1122个，会员5964人。1998年9月，县编委批复，核定县计生协会事业编制1人，财政拨款，纳入事业单位管理。1999年5月，全县乡镇、村均建立计划生育协会，会员发展到32394人。2000年1月，全县合并乡镇。2001年7月，并村联组，全县11个镇、117个村计划生育协会基层组织全部健全。2005年11月，选举产生第四届理事会，有基层计划生育协会145个，会员总数36121人，登记计划生育服务志愿者691人。

县计划生育指导站　1986年，县计划生育宣传指导站为全额拨款股级事业单位，编制6人。1987年5月，更名为县计划生育指导站。1993年3月，编制增加到13人。2001年1月，编制减为10人。2005年编制未变。

第二节　人口出生控制

1986年，全县执行国家、省、市计划生育法律法规和政策，提倡实行晚婚、晚育，规定男年满25周岁、女年满23周岁以上结婚的为晚婚，实行少生优生，奖励一对夫妇只生育一个孩子，国家干部和职工、城镇居民，除特殊情况外，一对夫妇只生育一个孩子；农村普遍提倡一对夫妇只生育一个孩子。晚婚晚育的夫妻，城镇职工增加婚假15天，工资照发，不影响当年评奖，农民免除义务工15个。一对夫妻生育一孩后，从领取《独生子女证》起到小孩14周岁，每年发给独生子女保健费40元。干部、职工无计划生育二胎的，按夫妇每月工资的15%征收社会抚养费，生多孩者，加收10%，从小孩出生起逐月征收，时间为10年。

1987年，县委、县政府把计划生育工作摆到全县工作的重要位置，评选先进单位、先进个人，订立党员干部计划生育联系户制度，党员干部向联系户宣传党和政府的人口政策，帮助解决联系户生产、生活困难，被联系户成为计划生育义务宣传员和信息员。1988年，县委、县政府与各乡镇签订计划生育目标责任状，各乡镇层层分解到村组、到单位，责任状内容包括出生率、自然增长率、一孩率、多孩率控制指标，落实人口规划、计划生育政策、节育措施等。

1990年，县政府加强流动人口计划生育管理，组织县计划生育、公安、工商等部门和黎城镇70多人，检查县城社区7个、饭店旅社86户、出租屋120多户，处理外地流入本县无准生证怀孕6人，无结婚证同居4人，无准生证生育1人，超生子女未接受处理3人。是年11月，全县城镇职工符合晚婚年龄依法登记结婚的初婚夫妻，增加婚假7天；符合晚育年龄的夫妻，增加女方产假15~30天，给予男方护理假3~7天，享受假期期间，照发工资、奖金。1995年，各乡镇计划生育目标考核中，做到定目标、定责任、定奖惩、定岗位，与干部工资挂钩。1997年，明确计划生育工作一把手负总责。2000年，全县计划生育户占“文明户”“新风之家”户等各类文明家庭户98%以上，90%以上独生子女家庭收入高于全县人均收入水平。建立和完善有利于计划生育的社会保障机制和利益导向机制，包括基本养老保险、基本医疗保险、生育保险、独生子女平安保险、中小学生平安保险、计生专干两全保险等，落实对计划生育家庭和独生子女的各项奖励优惠政策。各乡镇、各部门建立统一规范的《流动人口计划生育基础管理簿册》，流动人口进行全面登记，严把流出人口登记关，登记率95%以上，县公安、工商、劳动、卫生、房管、交通、城建等部门在办理暂住证、个体驾驶证、营业执照、务工证、健康证、房屋产权证、营运证时，工作人员在窗口贴上公告，提醒办证人提交“流动人口婚育证明”后，进行登记。

2002年12月1日，根据《江苏省人口与计划生育条例》第二次修订内容，金湖县规定：凡男女双方经依法登记结婚且均未生育过的，即可生育一个孩子。符合条件可以再生育一个孩子的夫妻，女方达到24周岁后可以向女方户籍所在地的乡（镇）人民政府提出生育申请，经县计划生育行政部门批准并领取生育证后方可生育。晚婚的，延长婚假10天；夫妻双方晚婚的，双方享受；一方晚婚的，一方享受。晚育的，延长女方产假30天，给予男方护理假10天。

2005年，改革再生一孩审批制度，由原来的集体定期讨论制改为集体正常阅批制，审批再生一孩工作变为一项正常性工作。5月，进行流动人口查证、查环、查孕、查病服务。实行村组干部和党员联系流动人口计划生育制度，落实村组干部计划生育责任区、党员干部计划生育联系户、流出人员生产生活帮扶措施。是年，全县实行农村计划生育家庭奖励扶助制度，符合奖扶条件的农村居民每月可获得不低于50元的奖扶金，直至亡故，奖扶金从是年1月1日起实行，每年6月、12月各发放一次，是年，全县奖扶1316人，奖扶金76.86万元。

第三节　技术服务

1986年，全县推行科学接生、孕妇登记、产前检查工作。1987年，塔集、吕良推行优生优育系列服务。1989年，查治以宫颈癌、乳腺癌为主的妇女病。1994年，县计划生育指导站设立B超室，配置SJN2032B型超声诊断仪、全自动稳压延时保护器、SJN7211B型探头等设备，提供育龄妇女孕情监测、妇科疾病诊断服务。1996年，投资10万元扩建、改造县计划生育指导站。是年，黎城镇、唐港乡计划生育服务站建成避孕节育全程服务和生殖保健服务市级试点单位。2000年，全县乡镇计划生育服务站配备B超、乳腺诊断仪、红外光治疗仪等设备，开展避孕节育全程服务和生殖保健服务，建成镇计划生育甲级服务站7个，乙级服务站4个。2002年，县计生委、卫生局进行育龄妇女生殖道感染综合查治，完成查治88个村，查治育龄妇女11068人，其中带病者6490人，占被查治人员的58.64%。2003年，实施计划生育知情选择、随访、生殖道感染综合防治、出生缺陷干预和青少年、男性生殖健康服务，育龄妇女生殖保健服务率87.4%。2004年12月，金湖县被国家人口计生委评为全国计划生育优质服务先进县。2005年，全县避孕节育全程服务和生殖保健服务率95.2%。

第四节　宣传与管理

宣传教育　1986年，全县大力开展计划生育基本国策教育，各乡镇开办新婚夫妇业余学校、孕妇业余学校、家长业余学校，宣传普及优生优育知识，全县开设生理卫生知识课中学47所，各影剧院、电影队、文化站（馆）利用板报、橱窗、幻灯等工具，宣传计划生育内容，县淮剧团编排计划生育专题文艺节目在全县公演，同时村规民约、文明村、文明户评比均纳入计划生育内容。1988年，县计生委、县文教局、县妇联、县总工会联合举办庆六一“蓓蕾杯”独生子女家庭演唱会；县广播站开辟计划生育专题节目，每周1档，每档播2次，每次10分钟；各乡镇利用广播开办计划生育自办节目。1993年，黎城镇徐梁村成立全省第一家人口学校，传授人口知识、伦理道德、生产技术等。1994年，全县开展计划生育合格村创建活动（条件是队伍建设好、政策落实好、宣传教育好、技术服务好、制度建设好、干群关系好），验收达标村135个，占全县村数51.7%。1995年，全县建成乡级人口学校16所，村级人口分校183所，各人口学校进行婚前期、新婚期、孕产期、避孕期、更年期等“五期”知识教育。1997年，全县启动“三个一”（各乡镇建一块国策牌、各村建一面国策墙、各农户发放一份国策宣传手册）工程，共建成规范国策牌16块、简易国策牌6块，村村建有规范国策墙，发放国策宣传手册20万份。1999年，全县初中以上学校开设人口理论和生理卫生课，各级党校、党员冬训班讲授人口理论课。县电视台常年开办计划生育专题节目；《金湖报》开辟《人口天地》专版；县计生委、县文化馆联合举办计划生育图片展览。5月，开展婚育新风进万家活动，在育龄群众中评选婚育新风光荣之家、少生快富小康之家、文明幸福之家。2000年，县城和各镇开展人口和计划生育知识科普集市活动。2002年，县计生委组织编排计划生育小品、相声等节目到乡村演出；人口与计划生育法宣传周期间，印制发放计生宣传品2万多份；元旦、春节、“5·29”中国计划生育协会成立日、“9·25”计划生育公开信发表日和世界人口日期间，张贴标语、出动宣传车、悬挂过街横幅、设立咨询台，开展宣传活动。2005年，县计生委成立计划生育宣讲团，到各镇党员干部冬训班巡回宣讲11场，受众8000多人次。发放计划生育连心卡7.2万份。科普宣传周期间，进行计划生育知识普及、政策咨询、血压测量等义务服务30多场次，服务群众2万多人。

图3-5-1　1992年5月29日，县交通局卫生所在门前进行计划生育宣传服务　朱伟/摄

基层基础信息管理　1986—1992年，全县建立计划生育统计与基层基础台账“一单一表八册”，即计划生育信息报告单，该单由村级记载每月发生在本村的妇女结婚、怀孕、生育、避孕措施和人口变动等情况，每月底上报乡级计生办；乡级人口与计划生育情况统计表，包括月报表、季报表、半年报表和全年报表；村级计划生育8本基础台账，包括每个育龄妇女结婚、怀孕、生育、避孕节育、季度服务及其迁移变动情况和人口死亡情况账，形成原始记录资料。1993年，调整计划生育基础台账，只建立台账2种，即育龄妇女基本情况台账和人口变动（死亡、迁移）情况台账，全面修改计划生育信息报告单，实行一表上报。2000年，在全市率先建立育龄妇女信息管理系统，进行计划生育基层基础信息网络化管理；村级单位全部建立育龄妇女信息卡，取消以前使用的所有台账。县政府组织建立县计生委与民政、卫生、公安等部门协作机制，互通新婚、人口迁移、死亡、儿保及计划生育手术等信息。制定信息管理制度，明确县、乡、村三级在信息采集、处理中各自的职责，规范信息采集、处理流程。2001年，取消育龄妇女信息卡，建立总人口台账，设置居住户人口登记表，一个居住户人口登记一张表。2005年，更新升级县乡两级计算机、网络及外围设备，完善数据采集、处理、传输等功能。村一级统一建有台账4本：居住户人口登记表、育龄妇女信息卡、流入（出）育妇情况登记表、人口和计划生育信息报告单，信息涵盖家庭人口、人口变动、育龄妇女生育、避孕节育情况等。

第四篇　国土资源管理

境内湖泊相连，河渠纵横，水资源丰富；田园方整，土地肥沃，适宜种植水稻、“三麦”；地下蕴藏着丰富的石油、天然气，土地资源条件得天独厚。1986年，全县土地总面积为1343.78平方公里，其中耕地面积34873.9公顷。在经济建设和社会事业飞速发展、建设用地需求量逐年增多的严峻形势下，县委、县政府和县国土管理部门依法加强土地管理，节约使用土地资源；鼓励土地开发复垦，加强基本农田保护，保持耕地占补基本平衡。1987年，《中华人民共和国土地管理法》（简称《土地管理法》）颁布实施。1989年，开始征收国有土地使用税，实行国有土地有偿使用。1990年，县委、县政府清查党员干部建私房违章违法用地，拆除房屋建筑面积282平方米，退出土地3198平方米，退出多占公房18套，建筑面积824平方米，收缴各项规费6.5万元。1991年，开展土地管理“三无”（无违法批地、无违法管地、无违法用地）乡镇创建工作，控制土地违法案件发生。8月，经过土地详查，查清全县土地总面积为1393.86平方公里（上报数仍为1343.78平方公里）。其中，国有土地面积534.56平方公里，乡镇集体土地面积69.34平方公里，村集体土地面积789.97平方公里。

1992年，县、乡镇、村、组四级土地监察网络建立健全。金湖县在全市率先以协议出让方式出让县城国有土地使用权。1993年，对淮河入江水道金湖段圩堤（包括三河、金沟行洪道堤防和高邮湖及大汕隔堤圩堤）国有土地面积进行登记。1994年，继续强化土地巡回监察制度执行，实施基本农田保护工作。据1995年统计：1986—1995年10年中，全县三项建设占用土地面积812.9公顷，开发复垦土地901.8公顷，集体退耕还林还渔面积3331.2公顷。1997年4月，开展第三次非农业建设用地清查。1998年，金湖县被列为省土地执法模范县创建活动的14个试点县之一，全县严格按照土地利用总体规划和年度用地计划，实行土地规划、征地、开发、供地等“四个统一”，集中到县审批，控制农用地转用。是年，复垦开发土地后备资源464.7公顷。1999年，加大对1.14万公顷“四低”（低产耕地、林地、园地、水面）、“四荒”（荒地、荒山、荒水、荒滩）资源的开发力度。

2002年，县城区和镇村清查经济适用房用地和闲置存量建设用地面积103.25公顷；查出供而未用的闲置存量建设用地面积84.09公顷。2004年，开展土地登记发证专项清理，纠正不合格土地登记225宗，集体所有权土地发证工作全部完成。至2005年，全县土地挂牌出让面积182.31公顷，成交价3.09亿元；土地执法部门共立案查处土地违章违法案件277件，收回土地2743.8平方米，复耕地2380平方米，没收非法建筑物1.13万平方米，拆除建筑物6746.78平方米，罚款753.77万元。全县土地总面积1393.86平方公里，其中陆地973.81平方公里，水面（含滩地44平方公里）420.05平方公里。县城建成区用地面积为14.45平方公里，常住人口10万多人；10个建制镇的集镇占地563.34公顷；县工业园区建成区用地面积670公顷。1986—2005年，全县共开发复垦土地3120.5公顷，实测耕地面积5.19万公顷，重新划定落实到田块的基本农田保护面积为5.05万公顷；有存量土地面积41.93公顷。

第一章　国土机构　规划

第一节　国土机构

一、局本级

1986年，县农村土地管理办公室成立，工作人员4人，负责农村土地管理工作，县城规划区内的土地管理由县城乡建设环境保护局负责。1988年3月，县土地管理局成立，实有在编人员8人，设置综合股、建设用地管理股、政策法规监察股、地政地籍管理股，全县城乡土地资源保护与管理统由该局负责。1996年9月，县土地管理局更名为金湖县国土管理局，编制11人。1997年8月，增设财务计划股，综合股更名人秘股。2000年，设立国土管理服务大厅，置有建设用地、地政地籍、土地市场、法规监察、规费征收等窗口5个。

2001年12月，县国土管理局更名为金湖县国土资源局。2002年2月，局内设机构调整为办公室、财务审计科、测绘地籍管理科、规划耕保科、矿产资源管理科、法规监察科、审批中心国土窗口，另设组织纪检监察机构，编制11人。2005年，设置办公室、规划耕保科、财务审计科、测绘地籍管理科、矿产资源管理科、法规监察科、审批中心国土窗口、机关土地管理服务大厅等8个科室，编制13人。

二、直属单位

土地开发征用事务所　1989年2月，设置土地征用开发事务所，行政编制1人。职能负责全县土地资源的征用与开发的规划、审核、上报等事项。1993年，编制2人，2005年，增加到4人。

地产管理所　1993年3月，设置县地产管理所，行政编制1人，职能负责地政地籍的测绘与管理。1998年，地籍测绘划入县成立的土地测量队。2000年，其职能并入地政地籍股，地产管理所撤销。

土地估价所　1995年7月，设置县土地估价所，行政编制1人，职能负责全县城乡土地等级区的划分与评定，土地价格评估。2000年，编制增加到3人。2005年，与新成立的江苏省土地市场金湖县交易所合署，编制数仍为3人。

国土管理监察大队　1997年4月，设置县国土管理监察中队，行政编制1人，事业编制3人，职能负责全县国土资源的巡回执法监察，制止和查处土地违法案件。1998年9月，升格为金湖县国土管理监察大队，编制增加到10人。2005年，编制数仍为10人。

土地测量队　1998年6月，设置金湖县土地测量队，编制3人，职能负责土地测量、绘制图形，及测绘资源的利用与管理。2001—2005年，机构设置与编制无变化。

土地储备开发中心　2000年5月，设置土地储备开发中心，全民事业单位，股级建置，编制3人，隶属县国土管理局。职能负责全县国土储备资源开发的调查研究与规划实施，为补充耕地提供保障。2001—2005年，机构设置与编制无变化。

三、镇国土资源所

1987年，22个乡镇设立土地管理办公室。1990年，撤销乡镇土地管理办公室，成立22个乡镇土地管理所和宝应湖农场土地管理所。1997年，各乡镇土地管理所由集体事业性质提升为全民事业性质，划归县国土管理局统一管理。1998年，江苏农垦复兴圩农场成立土地管理所。2000年，撤乡并镇，全县设置11个乡镇土地管理站，仍归县国土管理局统一管理。2001年12月，乡镇土地管理所更名为国土管理站。2002年，各乡镇国土管理站更名为国土资源所，编制65人。至2005年，机构及人员编制无变动。

第二节　土地利用规划

一、总体规划

1993年11月，县政府成立土地利用总体规划领导小组，县土地局成立规划工作组，各乡镇也设立相应机构，全县组成253人参加的工作班子，第一次开展县、乡镇土地利用总体规划的编制工作。规划期限为1990—2000年，1995年为过渡年。1994年，乡镇土地利用总体规划编制工作经陈桥乡试点在全县面上铺开。编制过程中，本着“节约土地、有利生产、方便生活、逐步实施”的原则，对土地开发、利用、整治、保护做出总体规划安排。6月，完成乡镇级土地利用总体规划（文本）和规划说明书各22份，1∶10000乡镇级土地总体利用图和土地复垦规划图共66幅，村级土地利用说明书259份，1∶5000的村级土地利用现状图和规划图518幅。同时，编制县级土地利用总体规划。

1993年制定的金湖县土地利用总体规划统计表

表4-1-1

地类	面积（公顷）	占总面积（%）	地类	面积（公顷）	占总面积（%）
总面积	139386.7	100	居民点及工矿用地	6406.7	4.6
耕　地	51626.7	37.0	交通用地	3820.0	2.8
园　地	6000.0	4.3	水域	66500.0	47.7
林　地	4666.7	3.3	未利用土地	366.6	0.3
牧草地	—	—			

说明：此规划使用年限为2000年。

1998年，以《金湖县国民经济和社会发展“九五”计划及到2010年目标规划》为指导依据，开展县乡两级土地总体规划修订和编制工作。

2005年，全县新一轮土地利用总体规划修编组织机构成立。规划着重调整黎城、戴楼、闵桥等9个镇、57个村和复兴圩、宝应湖2个农场建设用地377.4公顷。是年，修改调整金宝南线金湖境内用地规划，同时制定和编修2020年全县土地利用规划。

2005年制定的金湖县土地利用总体规划统计表

表4-1-2

地类	面积（公顷）	占总面积（%）	地类	面积（公顷）	占总面积（%）
总面积	139512.1	100.0	居民点及工矿用地	7704.2	5.5
耕　地	50742.9	36.4	交通用地	3952.7	2.8

接上表

地类	面积（公顷）	占总面积（%）	地类	面积（公顷）	占总面积（%）
园　地	6000.0	4.3	水域	66212.2	47.5
林　地	4666.6	3.4	未利用土地	233.5	0.2
牧草地	—	—			

说明：此规划使用年限为2020年。

二、专项规划

县城用地规划　1990年，县政府对1982年第一次编修的县城总体规划进行第二轮编修，规划年限：近期1990—1995年，远期1990—2010年。至2010年，县城规划总面积从9平方公里扩大到26.5平方公里。规划区范围为：东至利东河，南至黎城镇任庄、船塘等村，西至县稻麦原种场，北至三河南岸。规划期内建设用地结构，西南部设工业区，城南配置居民生活区，新建路两侧建设较为集中的公共设施。建设用地总量控制在823公顷以内，规划城镇居民8.74万人，人均建设用地94.2平方米。2003年，第三轮县城总体规划编修，规划近期到2007年，城市用地规模13.45平方公里，人均112.11平方米；远期至2020年，城市用地规模21.56平方公里，人均119.56平方米。其范围为，西至城西干道，东至城东干道，南至南环路，总面积34.27平方公里。2005年4月，淮安市政府批准实施。

村镇建设用地规划　1986年，根据国家关于积极发展小城镇的要求，各乡镇实施所在地集镇建设规划，集镇用地一般控制在0.5~0.8平方公里范围内。1989年，对全县21个乡镇（除黎城镇）建设规划进行修订，适当增加各集镇建设用地控制面积。1995至1996年6月，编修《金湖县1996—2010年村镇建设规划》。修编依据“因地制宜、节约土地，有利生产、方便生活，全面规划、逐步实施”的原则，按照农业现代化、乡村城市化、城乡一体化的总思路，合理确定镇、村布局、用地规模和发展方向，逐步缩小自然村，建设中心镇、中心村；严格控制用地标准，远期规划的规划目标将村镇人均建设用地标准控制在100平方米以内。规划到2010年，全县人口366036人，村镇建设用地控制在3647.5公顷以内，人均建设用地99.7平方米。其中：建设中心镇15个，人口161976人，建设用地1745.4公顷，人均107.8平方米；一般集镇8个，人口28031人，建设用地311公顷，人均86.8平方米；中心村108个，人口111945人，建设用地1012.4公顷，人均90.4平方米；基层村106个，人口64084人，建设用地578.9公顷，人均90.3平方米。规划实施后，可复垦土地6443.7公顷，城镇化水平达49%。

1996—2010年金湖县村镇建设规划统计表

表4-1-3

单位名称	总人口（人）	总面积（公顷）	中心镇				一般集镇			
			数量（个）	人口（人）	建设用地（公顷）	人均用地（平方米）	数量（个）	人口（人）	建设用地（公顷）	人均用地（平方米）
合　计	366036	3647.5	15	161976	1745.4	107.8	8	28031	311.0	86.8
官　塘	11262	112.4	—	—	—	—	1	5177	61.0	117.8
夹　沟	20300	202.8	—	8900	99.9	112.2	—	—	—	—
黎　城	10500	104.9	1	—	—	—	—	—	—	—
横　桥	8987	91.0	—	—	—	—	2	5650	58.1	102.8
淮　胜	10580	105.0	—	5500	64.0	116.4	—	—	—	—

接上表

单位名称	总人口（人）	总面积（公顷）	中心镇				一般集镇			
			数量（个）	人口（人）	建设用地（公顷）	人均用地（平方米）	数量（个）	人口（人）	建设用地（公顷）	人均用地（平方米）
卞　塘	17920	177.1	1	9164	93.3	101.8	—	—	—	—
银　集	17500	173.9	1	9500	109.7	115.5	—	—	—	—
吕　良	27000	270.0	1	20020	212.0	105.9	—	—	—	—
前　锋	9000	90.0	1	—	—	—	1	3500	39.0	111.4
金　南	18500	184.0	1	11500	128.8	112.0	—	—	—	—
孙　集	11087	110.5	—	—	—	—	1	4013	44.6	111.1
淮　建	10300	103.0	—	—	—	—	1	3700	40.7	110.0
陈　桥	17176	171.5	1	7639	76.2	99.8	—	—	—	—
闵　桥	30400	304.0	1	20016	200.9	100.4	—	—	—	—
唐　港	19003	184.9	1	8000	81.22	101.5	—	—	—	—
金　沟	18200	179.2	1	10000	109.0	109.0	—	—	—	—
新　农	15054	150.8	—	—	—	—	2	5991	67. 5	112.2
塔　集	20050	200.4	1	14000	150.0	107.1	—	—	—	—
戴　楼	15400	154.0	1	8000	94.9	118.6	—	—	—	—
白马湖	12217	123.3	1	6500	65.0	100.0	—	—	—	—
金　北	25600	254.8	1	14000	168.0	120.0	—	—	—	—
涂　沟	20000	200.0	1	9237	92.4	100.0	—	—	—	—

接上表

单位名称	中　心　村				基　层　村				村镇人均用地（平方米）	规划复垦土地（公顷）
	数量（个）	人口（人）	建设用地（公顷）	人均用地（平方米）	数量（个）	人口（人）	建设用地（公顷）	人均用地（平方米）		
合　计	108	111945	1012.4	90.4	106	64084	578.9	90.3	99.7	6443.7
黎　城	4	6100	62.0	101.6	7	4400	42.9	97.6	100.0	458.0
戴　楼	3	3750	30.0	80.0	8	3650	29.1	79.8	100.0	114.9
官　塘	4	2792	24.4	87.3	7	3293	27.0	82.0	100.0	335.8
金　南	3	7000	56.0	80.0	—	—	—	—	100.0	434.2
金　沟	4	5500	49.5	90.0	4	2700	20.7	82.7	100.0	573.9
卞　塘	7	6234	61.1	98.1	5	2522	22.7	90.0	98.8	347.5
闵　桥	4	4320	43.2	100.0	7	6080	60.8	100.0	100.0	170.0
横　桥	2	1800	18.8	100.0	3	1537	15.0	97.6	100.0	458.0
塔　集	3	3000	25.4	84.7	5	3050	24.4	80.0	100.0	149.6
夹　沟	6	8100	73.4	90.7	5	3300	29.5	89.4	100.0	136.5
淮　建	5	5400	51.8	96.0	4	1200	10.5	95.5	100.0	182.3

接上表

单位名称	中心村				基层村				村镇人均用地（平方米）	规划复垦土地（公顷）
	数量（个）	人口（人）	建设用地（公顷）	人均用地（平方米）	数量（个）	人口（人）	建设用地（公顷）	人均用地（平方米）		
银　集	6	4200	35.7	85.0	8	3800	28.5	75.0	99.4	356.9
涂　沟	—	—	—	—	12	10727	107.2	100.0	100	46.5
唐　港	9	8255	76.7	92.9	6	2748	27.0	98.3	100	198.9
淮　胜	1	1800	14.8	82.0	4	3280	26.2	80.0	99.3	129.8
前　锋	3	3410	34.1	100.0	4	2090	16.9	80.8	100.0	135.4
白　马	9	4869	48.7	100.0	4	848	8.5	100.0	100.0	160.0
吕　良	6	6400	53.6	83.8	1	600	4.4	73.0	100.0	530.2
孙　集	—	—	—	—	9	7074	66.2	93.6	100.0	53.15
新　农	6	8533	78.5	91.1	1	530	4.9	91.1	100.0	473.9
陈　桥	11	8882	88.8	100.0	2	655	6.5	98.9	99.8	543.3
金　北	12	11600	86.8	75.0	—	—	—	—	99.4	455.0

2003年,《金湖县镇村布局规划（2004—2020年）》中，规划建设闵桥、吕良重点中心镇2个，一般镇8个。本着合理用地、节约用地的原则，鼓励工业项目向开发区集中，鼓励农户进城镇及中心村居住，村庄选址以规模大、区位好的现有村庄为主，以新建为辅，尽量利用废地劣地进行开发整治，节约和保护耕地。

基本农田保护区规划　1994年12月，全县开始实施基本农田保护工作，筹备成立基本农田保护区划定工作领导小组，各乡镇也建立相应机构，全县共抽调200多人参加。经过淮建乡试点和半年多时间的努力，全县超额完成市下达的基本农田保护指标，共划定基本农田保护面积59073.4公顷。其中：连片集中、排灌条件较好、土壤肥沃、稳产高产的一级基本农田保护田块1061块，面积48806.7公顷；二级基本农田保护田块2387块，面积10266.7公顷。对划入一、二级保护区的基本农田，都逐块编号，登记造册，绘制成图。1995年8月，县人大常委会审议通过。

第二章　开发与保护

第一节　土地开发与复垦

一、改造中低产田

2001年，县域开始中低产田改造，全年改造中低产田1000公顷，其中金南桑蚕示范基地400公顷，闵桥生态农业观光区200公顷，涂沟棉经套种基地400公顷。2002年，世行二期项目改造中低产田1800公顷，其中金南266.7公顷，闵桥300公顷，涂沟300公顷，银集300公顷，黎城300公顷；

土地治理项目建戴楼优质蔬菜示范基地133.3公顷；丘陵山区改造项目改造戴楼林业基地200公顷。2003年，实施第六期农业综合开发项目，涉及涂沟、陈桥、金北、前锋、银集、吕良、塔集、闵桥等8个镇和县林场的土地治理，至2005年，共改造中低产田364公顷，建设优质稻麦基地3280公顷，改良土壤770公顷。

二、平原坡地开发

平原坡地是金湖县的主要陆地地貌，面积约为640.04平方公里，占境域总面积的45.9%。主要分布在县境北部、东部三河以北、淮河入江水道以东地区，地势平坦，局部稍有起伏。可分为西北部平田区、东北部滩田区、东南部圩田区，地面真高在5.5~8.5米之间。1996年，黄淮海三期开发项目在丘岗、滩田、圩田项目区平整土地及机械深翻2600公顷，建农田林网400公顷，蔬菜基地5.3公顷，蟹苗基地0.67公顷。1998年，农田开发主要目标是突出发展粮食生产，投入资金452万元，改造中低产田1133公顷，造林133公顷，发展立体养殖80公顷。建成淮建、塔集万亩（667公顷）开发示范区1个，金北谷丰公司生态农业基地1个，完成戴楼、官塘丘陵区一期工程的建设。丘陵区工程建设年新增生产能力：粮食4980吨，油料121吨，产值905万元，项目区内人均增收160元。1999年6月，内县首次试行农田开发工程公开招投标，部分工程由县水利建筑安装工程公司中标，中标标的额为162.1万元，与往年同类工程造价相比，降低10万元。

2001年，金湖县执行省规定，凡建设项目占用耕地的，按每平方米5元标准缴纳耕地开垦费方可办理用地手续；鼓励单位、个人开发复垦土地，对开发的土地，用于粮、油、林、渔生产的，自有收益之日起，3年内免缴提留、农业税和农业特产税，免承担公差勤务。承包开发复垦的土地从事农业生产的，允许土地使用权在承包期内流转或继承，对在开发复垦土地工作中做出突出贡献的，给予表彰奖励。2000年，县建立耕地占补平衡项目库。至2001年，经省国土资源厅确认，2年入库项目13个，面积1111.6公顷。其中县滩涂开发公司河滩地保护性开发项目争取省市投资复垦资金570万元，两年完成土地开发复垦项目6个，建成耕地144.9公顷，确保全县耕地总量动态平衡。2002年，整理和开发复垦土地133.7公顷，新增耕地100公顷。2005年，完成土地复垦整理项目13个，项目区总面积833.3公顷，新增耕地面积166.7公顷，累计征收耕地开垦费46万元。

三、河湖滩地开发

1994年，县政府决定开发黎城镇新生圩低洼滩地，计划用三年时间开发建成667公顷连片标准鱼池，建立鲜活水产品养殖基地。至年底，开挖好塘口3个、10公顷，用于养蟹和育蚌。1995年，实施黄淮海三期开发，滩田项目区分布在新农、吕良、孙集、唐港、白马湖等乡镇。至1996年，改造中低产田7200公顷，垦殖宜农荒地600公顷，造林1000多公顷，发展水产养殖167公顷；新建排涝站2座，改造2座，建防渗渠道2200米，节制闸改造3座，建中沟以上建筑物28座，小沟站建筑物24座。2002年，县国土局自筹资金80万元，支持宝应湖滩地、金北镇洪圩村、前锋镇前锋村、涂沟镇华庄村、东湖村、唐港村等5个土地开发复垦项目，向国家和省、市国土资源部门争取投资394万元，落实宁淮挂钩项目资金101万元，采取以机械为主、人工为辅的作业方式，动用大型拖拉机20多台次，投工日10万多个，完成土方量100多万立方米，整理和开发复垦土地面积293.6公顷，建成耕地233.8公顷，扣除当年建设占用的耕地，增加补充耕地库容194.7公顷。

2003年，三河河滩地保护开发项目列入第一批国家投资土地开发项目，计划工期2年，承担单位为县滩涂开发公司。实施总规模463.5公顷，计划新增耕地347.87公顷。是年，完成投资1149.08万元，建成耕地330公顷。2004年9月，县国土局和县滩涂开发公司联合发布公告，对国家级三河河滩地保护性土地整理开发工程进行公开招标。11月，第一标段新建灌溉站1座，防渗渠道4.24米，修筑砂石路2.8公里，圩堤加固5.3公里，配套沟涵建筑物87座，由县建设工程有限公司以289.4万元中标；第二标段新建灌溉站，圩口引水节制涵、中沟桥各1座，圩堤加固3.87公里，配套沟涵30座，由县市政建设工程有限公司以189.7万元中标；第三标段新建中沟桥2座，圩堤加固3.75公里，修筑砂石路5.1公里，配套沟涵建筑物78座，由江苏建设工程有限公司以302.4万元中标。2005年，全面实施以上开发工程。

四、黄淮海开发

20世纪80年代初，金湖县继续实施黄淮海一期综合开发项目，进行水、田、林、路综合治理，进一步增强灌排能力，使粮食生产不断向高产稳产方向迈进。1991年，实施黄淮海二期综合开发项目。至1993年底，共投入资金1493.8万元，完成农田开发9393公顷。其中，改造中低产田7773公顷，开垦宜农荒地153公顷，造林660公顷，发展水产养殖807公顷。新增耕地20公顷，改良土壤1467公顷，完成土方445万立方米。兴建和改造排灌站14座，中沟以上配套桥、涵、闸83座，田间配套建筑物260座。1994年7月，该项工程顺利通过国家及省、市验收，获得三等奖。1995年，黄淮海三期开发项目分布在丘陵项目区的黎城、金沟，圩田项目区的闵桥、唐港、白马湖等乡镇，及滩田区的新农、吕良等乡镇。至1998年，完成投资625.47万元，改造中低产田3220公顷，造林367公顷，开垦宜农荒地333公顷，发展水产养殖100公顷。1999年，投资重点建设资金453万元，建成戴楼镇荷藕示范区，新建中沟以上建筑物106座，新增产值530万元，项目区人均增收150元。改造中低产田3533公顷，营造防护林68公顷。2003年，改造中低产田546.67公顷，其中：涂沟镇226.67公顷，金北镇160公顷，陈桥镇160公顷；在前锋镇建立优质粮食生产基地666.7公顷；在黎城镇建立经济林果基地133.3公顷。2005年，金南、吕良两镇土地整理项目，为当年国家投资土地整理项目，实施总规模3371.9公顷，项目工期2年，计划新增耕地399公顷，预算总投资6094万元。

五、闲置废弃地复垦

闲置废弃地习惯称“五老”（老圩堤、老沟塘、老宅基、老坟地、老荒滩）、“三废”（废宅基地、废窑场、废沟塘）地。淮河入江水道兴建以后，境内水系发生变化，经多年检验考察，将部分失去防洪效能的废圩堤推平复垦，改造为农田。至80年代初，唐港公社华庄、于沟、曙光、崔沟等大队，复垦废宅基、废沟塘、沼泽地125.3公顷成为粮田。1988年，县政府出台一系列优惠政策，“谁复垦、谁种植、谁受益”，鼓励集体、个人复垦土地。是年春，白马湖乡新河村一组、二组，将已迁居新规划庄台的村民原有的旧宅基全部复垦，开发为粮田8公顷。1990年，全县复垦老庄基、废圩埂、废沟塘180.7公顷。白马湖乡新河村22户村民联合复垦17.13公顷，带动全乡开发复垦60.47公顷，并做到垦一块成一块，开一亩种一亩。《新华日报》为此专门作报道。1991年，陈桥、孙集、戴楼、塔集、吕良等5个乡镇共复垦古圩堤26.2公顷，其中陈桥乡复垦7.5公顷。白马湖乡新河村三组，陈桥乡南堆村陈庄组、宋庄村，以及金南、银集等乡镇，复垦废河沟、老宅基、荒坟地37.3公顷，均开发成粮田和园地。1992年，陈桥乡继续复垦六联圩10.7公顷。两年中，该镇将古圩堤复垦成耕地18.2公顷，其中用作桑园5.07公顷。1993年，银集镇银联村在县土地局的支持下，发动群众复垦九联圩4.7公顷种粮植棉，年经济效益达8.5万元。前锋乡合义村结合改善农村环境，建设新村庄，投资26万元，用2个月时间，复垦腰汕河北岸的老宅基32.8公顷。金沟镇结合高产田建设，组织3000多名劳力，动用5台推土机，推高埂、填洼塘复垦土地10公顷。银集镇复垦老宅基、废工地、洼地10.8公顷。1994年，银集镇义平、红湖两村，用2年时间复垦同心圩36.7公顷，建桑园11.3公顷，植树16.7公顷，开发养殖鱼塘8.7公顷。白马湖乡土地管理所投资9万元，复垦渔民滩沼泽地12公顷，建成精养鱼塘7.3公顷，粮田4.7公顷。1995年，夹沟、金南、唐港等乡复垦“三废”地12.8公顷。1996年，唐港乡新联、华庄两村复垦十里长圩53.3公顷，开发成粮田和养殖鱼塘。县土地局和黎城镇政府，向上争取复垦资金80万元，组织劳力6000人，作业机械8台，将九里与双坝两村结合部的“三废”地复垦成耕地56.7公顷。

1999年12月，县土地局与白马湖乡政府对位于白马湖前锋村黎园北侧，东连大汕河，西南接外滩尾主干道4宗、12.53公顷荒水、荒地使用权进行拍卖，以促进开发和提高土地的利用率。1999年，闲置废弃地复垦，列入土地连片治理和优质粮食基地的建设之中。是年，全县整理复垦339.5公顷。至2005年，全县共整理复垦3120.5公顷。其中：开发681.7公顷，整理861.1公顷，复垦1577.7公顷；开发复垦后用作耕地1524.8公顷，林地978.7公顷，园地142.1公顷，鱼池420.7公顷，其他54.2公顷。

1986—2005年金湖县土地开发复垦统计表

表4-2-4　　单位：公顷

年份	开发整理复垦土地	其中			开发复垦后用途				
		开发	整理	复垦	耕地	林地	园地	鱼池	其他
1986	0.3	—	—	0.3	0.3	—	—	—	—
1987	—	—	—	—	—	—	—	—	—
1988	8.7	—	—	8.7	8.7	—	—	—	—
1989	42.2	—	—	42.2	—	—	—	—	42.2
1990	180.7	—	—	180.7	180.7	—	—	—	—
1991	178.8	—	—	178.8	152.4	—	10.1	16.2	0.1
1992	157.3	—	—	157.3	92.9	29.7	—	34.7	—
1993	100.0	—	—	100.0	33.3	20.0	16.7	26.7	3.3
1994	110.0	—	—	110.0	49.0	2.0	12.0	47.0	—
1995	123.8	—	—	123.8	84.3	—	5.7	32.7	1.1
1996	106.7	—	—	106.7	54.5	—	25.3	19.4	7.5
1997	180.7	—	112.0	68.7	68.7	82.0	—	30.0	—
1998	300.0	—	129.4	170.6	126.0	120.0	—	54.0	—
1999	339.5	—	210.1	129.4	113.3	150.0	—	76.2	—
2000	272.0	—	173.3	98.7	98.7	165.0	8.3	—	—
2001	178.9	31.5	132.7	14.7	14.7	140.0	24.2	—	—
2002	233.8	206.0	6.4	21.4	100.0	120.0	—	13.8	—
2003	247.7	199.8	3.7	44.2	19.3	150.0	28.4	50.0	—
2004	192.7	158.5	34.2	—	161.3	—	11.4	20.0	—
2005	166.7	85.9	59.3	21.5	166.7	—	—	—	—

第二节　基本农田保护

一、保护面积

1995年，全县各乡镇基本农田保护区划定，划为一级基本农田保护区面积48806.67公顷，二级基本农田保护区面积8840公顷。1997年1—5月，县国土局重新划定基本农田保护区，使其与村镇规划区在规划期限、规划方位等方面相互协调和衔接。全县共划定一级基本农田保护区面积48800

公顷，二级基本农田保护区面积9920公顷。1998年，全县划定22个基本农田保护区，面积49802.8公顷，其中耕地47527公顷。基本农田保护率达95.1%。2000年乡镇建制合并调整后，基本农田保护区划为11个，面积仍为49802.8公顷。2001年，划定和保护基本农田1061块，面积33447公顷（上报数，土地调查面积为49802.8公顷）。2003年12月至2005年，全县实际落实到块的基本农田面积为50496.6公顷，其中，耕地45376.1公顷，园地2537.8公顷，林地1179.9公顷，其他农用地1402.8公顷。

二、保护措施

1995年，基本农田保护区划定以后，即采取保护措施：制定《金湖县基本农田保护办法》，将基本农田保护列入乡规民约；逐级签订农田保护责任状300多份，明确责任人和奖励措施，使划入基本农田保护区范围耕地的原承包农民明确保护义务；设立保护标志牌550块，将保护范围、面积、责任人和保护措施公布于众；严格执行在基本农田保护区内，不准建房、不准毁田取土、不准弃耕抛荒和破坏地力、不准葬坟、不准开挖鱼塘、不准损坏农田设施的“六不准”制度；审批用地时，凡占用基本农田搞非农业建设项目，一律不予审批；对国家建设项目非占用农田不可的，按《基本农田保护条例》规定，严格审批手续，并收取复垦造地费。1996年，停批占用耕地，在农村集镇实行以拍卖方式出让国有土地使用权，加大土地使用制度改革力度，对房地产等经营性用地一律采取出让方式供地。

2001年，县政府与各乡镇、各乡镇与各村逐级签订农田保护责任状300多份，向农民发放基本农田保护通告书7万多份，设立保护标志牌550块，将保护范围、面积、责任人和保护措施公布于众。当年新增建设用地1250宗（含宅基地1149宗），无一宗占用基本农田。对经国家立项的特殊项目确需占用少量基本农田的，严格按照法定程序，上报省政府批准，并从基本农田以外的土地中划入数量相同、质量相当的土地，补充进入基本农田保护区，确保基本农田数量不减，质量不变，共上报省调整规划2批次25宗，面积8.13公顷。

2003年，县国土局在闵桥镇进行基本农田“一定、两网、三化”管护机制试点。即将基本农田保护区的耕地、园地、林地及其他农用地，面积逐块核实、定位到田块；对基本农田保护区的片、块进行编号，将面积、地类登记造册，输入微机，建成“数据网”；各镇镇长为第一责任人；每个村明确一名管护员，每个基本农田田块明确一名管护联络员，建成“管护人员网”，入网人员由监督机构发给聘书，并与基本农田监督机构签订《基本农田管护合同书》；实行农田管理组织网络化、手段信息化、监督社会化，绘制县镇两级基本农田管护网络图，设置基本农田保护标志，标明六种禁止行为、省市县镇监督机构电话号码、管护人名姓名、管护范围面积等，埋设基本农田保护区界点桩，拍摄图片资料，建立图片档案，建立县镇村组户上下联动、室内有资料、田块有标志、管理有制度、监管有专人的基本农田管护格局。2004年，开展基本农田保护基础建设和基本农田保护大检查，全县签订县镇村三级责任书1090份，向农户下发通知书70285份，聘请村管护员134人，块管护联络员798人，签订管护合同932份，设立标志牌943块，埋设基本农田界点桩3772根，建立保护责任、用途管制、审批和占补平衡、田力质量保护、检查和动态监测等5项制度。2005年，全县实际落实到块的基本农田面积为50496.6公顷，基本农田保护工作得到国土资源部督查组和省国土资源厅的好评。

图4-2-1 金湖县被国土资源部、农业部表彰为“全国基本农田保护工作先进单位”（摄于2001年6月）

县国土局／供

表 4-2-5

2005 年金湖县各镇基本农田保护面积分布统计表

单位：公顷

镇	合计	耕地	园地	林地	其他农用地
合计	50496.6	45376.1	2537.8	1179.9	1402.8
黎城	1656.5	1225.2	198.3	233.0	—
戴楼	4500.8	4391.8	16.7	56.5	35.8
金南	5770.4	4680.6	808.3	187.2	94.3
闵桥	3676.7	2902.9	238.7	53.8	481.3
塔集	3239.5	2492.6	493.0	50.1	203.8
涂沟	3879.1	3405.7	203.9	158.8	110.7
银集	3337.6	3088.1	101.1	107.5	40.9
前锋	6735.8	5895.5	318.4	239.5	282.4
吕良	4547.9	4504.6	16.6	—	26.7
金北	3516.8	3404.5	29.5	42.6	40.2
陈桥	4368.7	4145.2	113.3	50.9	59.3
宝应湖农场	2431.9	2431.9	—	—	—
其他	2834.9	2807.5	—	—	27.4

说明：表中“其他农用地”项目中的27.4公顷，系未利用土地保护区面积。

第三章　土地调查与登记

第一节　土地调查

一、土地利用现状调查

1986年，经首次利用航测技术调查，县域土地总面积为136878.8公顷，其中用作耕地的51361.6公顷，占土地总面积的37.52%；人均耕地2.37亩（0.158公顷）。用地规模累计，县城建成区用地面积300公顷，各集镇用地445.83公顷，农村居民建房用地1960.67公顷，交通建设用地136.69公顷，水利建设用地15935.67公顷；油田用地59.89公顷（不包括临时用地）。

1990年至1991年8月，在全县范围内开展土地利用现状调查工作（又称土地详查），查清全县实有土地利用类型为7个一级类，30个二级类，4个三级类。土地总面积（包括宝应县“飞地”1172.4公顷和洪泽县“飞地”53.3公顷）为139386公顷，其中耕地53435公顷，占土地总面积的38.34%；园地3761.8公顷，占2.70%；林地2587.2公顷，占1.86%；居民点及独立工矿用地9729.8公顷，占7.10%；交通用地3487.2公顷，占2.50%；水域65079.8公顷，占46.7%；未利用土地1305.5公顷，占0.94%。弄清全县村级以上权属单位土地面积，全县国有土地面积53455.9公顷，乡镇集体土地面积6933.5公顷，村集体土地78997.0公顷；并确定权属界线，共签订土地权属界线协议书999份，土地权属界线争议缘由书12份，填写独立工矿地籍调查表65份。编绘县五万分之一土地利用现状图1幅，万分之一乡镇土地利用现状图23幅，万分之一全信息聚膜图60幅，万分之一乡镇土地权属界线图23幅等。编写《金湖县土地利用现状调查报告》，分析全县土地利用现状和特点、存在的问题，提出今后合理利用土地的建议。该报告是建县以来较完整、准确、系统和全面反映土地利用方面的资料。1993年11月，通过省验收组检查鉴定，被评为江苏省土地管理科技进步一等奖。

1996年，土地总面积仍为139386公顷，其中，用作耕地的面积占土地总面积的比例比1991年下降3.55个百分点，园地上升0.75个百分点，居民点及独立工矿用地下降0.35个百分点，林地上升0.74个百分点，交通用地上升0.21个百分点，水域上升0.64个百分点，未利用土地上升0.01个百分点。县城建成区累计用地面积823公顷，比1986年增加523公顷；全县各集镇用地796公顷，增加350.17公顷；农村居民建房用地2072.5公顷，增加111.83公顷；交通建设用地3701.2公顷，其中公路用地283.77公顷，增加147.08公顷，农村道路用地3417.33公顷，比1990年增加121.2公顷；水利建设用地18441.01公顷，油田用地130.35公顷（不包括临时用地）。

2005年，土地利用现状结构比例：耕地占35.3%，园地占3.6%，林地占3.4%，居民点及工矿用地占7.7%，交通用地占2.9%，水域占47.0%。水域中，湖泊水面占42.5%，河流沟渠占22.7%，苇草地占9.6%，滩涂占3.0%，水工占5.2%；水库坑塘及其他占17.0%。

表4-3-6　**1990年、1996年、2005年金湖县土地利用现状统计表**　单位：公顷

年　份			1990	1996	2005
总面积			139386	139386	139386
耕地	其中	合　计	53435.0	49951.9	49241.1
		水　田	44787.6	41987.1	46180.8
		望天田	153.7	162.2	—
		水浇地	1155.5	1030.1	—
		旱　地	5439.3	4844.9	3060.3
		菜　地	1899.2	1927.6	—
园地	其中	合　计	3761.8	4802.5	4991.9
		果　园	728.1	386.1	256.1
		桑　园	3031.0	4408.4	3048.4
		其　他	2.7	8.0	1687.4
居民点及工矿用地	其中	合　计	9729.8	7637.5	10667.2
		城　镇	606.0	974.7	1093.8
		居民点	8243.1	5747.4	8364.2
		工矿用地	676.02	727.5	926.5
		特殊用地	204.5	187.9	282.7
林地	其中	合　计	2587.2	3643.7	4766.6
		有林地	2046.2	3025.7	4766.6
		灌木林	25.4	31.5	—
		疏林地	53.6	67.4	—
		造林地	507.9	484.0	—
		苗　圃	25.9	35.2	—

接上表

年份			1990	1996	2005
交通用地	其中	合　计	3487.2	3701.2	4050.4
		公　路	189.8	283.8	429.5
		农　路	3297.2	3417.4	3620.9
未利用土地	其中	合　计	1305.5	1269.6	0.4
		荒草地	1176.4	1211.7	0.4
		沼泽地	51.1	47.0	—
		田　坎	78.0	10.9	—
水域	其中	合　计	65079.8	65976.8	65575.0
		河　流	8743.1	8807.4	8807.4
		湖　泊	27678.2	27844.4	27844.4
		水　库	3114.5	140.0	140.0
		坑　塘	6890.6	7638.9	7400
		苇　地	6599.7	6479.8	6279.8
		滩　涂	5586.7	5572.6	1963.2
		沟　渠	6022.2	6151.4	6107.6
		水　工	3248.0	3342.3	3432.6

表4-3-7

1990年、1995年、2000年、2005年金湖县土地利用现状结构统计表

地类＼年份	1990		1995		2000		2005	
	面积（公顷）	占比（%）	面积（公顷）	占比（%）	面积（公顷）	占比（%）	面积公顷	占比（%）
土地总面积	139386	100.0	139386	100.0	139386	100.0	139386	100.0
耕地	53435	38.3	52076.2	37.4	51409.5	36.9	49241.1	35.3
园地	3761.8	2.7	5333.3	3.8	6000.0	4.3	4991.9	3.6
林地	2587.2	1.9	3333.3	2.4	4666.6	3.4	4766.6	3.4
居民点及工矿用地	9729.8	7.0	7637.5	5.5	6978.6	5.0	10667.2	7.7
交通用地	3487.2	2.5	3636.0	2.6	3819.3	2.7	4051.4	2.9
水域	65079.8	46.7	6596.2	47.7	66146.0	47.5	65574.0	47.0
未利用土地及其他	1305.5	0.9	799.2	0.6	366.0	0.2	0.4	0.0

表4-3-8

1993—1999年金湖县建制镇土地利用现状调查统计表

单位：公顷

集镇名称	调查年份	镇区面积	商服用地	工业仓储用地	市政用地	公共建设用地	住宅用地	交通用地	水域用地	农用地	其他用地
黎城	1993	801.0	47.1	104.9	14.4	74.6	148.5	159.2	78.8	158.6	14.9
闵桥	1996	98.4	2.0	6.2	0.2	6.2	20.0	8.1	3.8	51.9	—
塔集	1997	97.4	2.4	3.0	0.3	7.2	5.9	6.5	5.5	60.3	6.3

表4-6-20

1995年金湖县县城商业用地路线价统计表

路线名称	起讫点		标准宽度（米）	标准深度（米）	路线价（元/平方米）
	起点	讫点			
建设路中段A	黎城镇卫生院	人民路	4~6	4~6	1400
建设路中段B	人民路	园林路	4~6	4~6	780
建设路西路	园林路	电大	4~6	4~6	470
人民路北段	建设路	健康路	4~6	4~6	1190
人民路中段	健康路	影剧院	4~6	4~6	1220
健康路东段	一级地东界	职工学校东	4~6	4~6	470
健康路西段	园林路	一级地西界	4~6	4~6	640
金湖路A	人民路	化肥厂	4~6	4~6	495
金湖路B	园林路	人民路	4~6	4~6	500

1996年，县土地局会同南京金陵土地资产评估高新技术公司对全县21个乡镇（不含黎城镇）驻地集镇的土地等级，依据该集镇居住人口、商业服务网点布局及市面繁华程度，道路交通便利情况，交通、卫生、体育、文化公共设施的设置与配备，市容市貌等多种因素进行综合评估分析，测定集镇土地的基准地价，确定为一等土地集镇5个，即：闵桥、金南、吕良、银集、塔集；二等土地集镇10个：涂沟、白马湖、金北、夹沟、官塘、金沟、戴楼、卞塘、唐港、陈桥；三等土地集镇6个：淮建、横桥、前锋、新农、孙集、淮胜。

表4-6-21

1996年金湖县一、二、三等次集镇各类土地基准地价统计表

单位：元/平方米

集镇等次	集镇名称	商业用地				工业用地		住宅用地	
		一级地		二级地		平均地价	变幅	平均地价	变幅
		平均地价	变幅	平均地价	变幅				
一类	闵桥	690	540~840	470	350~590	240	120~360	320	160~480
	金南	680	530~830	450	530~830	240	160~360	300	120~360
	吕良	650	500~800	440	320~560	220	120~320	300	140~460
	银集	630	500~760	430	300~560	210	120~300	280	140~420
	塔集	630	500~760	430	300~560	200	120~300	280	140~420
二类	涂沟	650	420~700	300	150~450	190	100~280	240	140~340
	白马湖	550	420~700	280	140~420	180	100~260	220	120~320
	金北	560	420~700	280	140~420	190	100~280	230	130~330
	夹沟	550	360~660	270	140~400	180	100~260	230	120~300
	官塘	510	360~660	250	130~370	180	100~260	220	120~320
	金沟	510	350~690	240	120~360	170	100~260	210	120~320
	戴楼	520	360~690	240	120~360	170	100~240	220	120~320
	卞塘	470	320~620	220	120~320	160	100~240	200	120~280
	唐港	480	320~640	240	120~360	150	100~220	200	120~280
	陈桥	480	320~640	220	120~280	170	100~220	210	120~320

接上表

集镇等次	集镇名称	商业用地				工业用地		住宅用地	
		一级地		二级地		平均地价	变幅	平均地价	变幅
		平均地价	变幅	平均地价	变幅				
三类	淮建	400	250~550	200	120~360	130	80~160	160	100~220
	横桥	380	240~520	190	110~250	120	80~160	150	100~200
	前锋	380	250~470	180	120~260	120	80~160	150	100~200
	新农	360	240~480	190	120~260	120	80~160	150	100~200
	孙集	360	240~500	170	100~240	110	70~150	110	90~190
	淮胜	370	240~500	180	110~250	120	80~160	150	100~200

说明：一类集镇商业用地有三级地，表中省略。

1996年金湖县集镇土地各等次综合基准地价统计表

表4-6-22　　单位：元/平方米

等级	商业用地	工业用地	住宅用地
一	640	220	300
二	450	180	220
三	320	120	130

2004年11月，县国土局对县城东至苏湖养殖公司，南至新建河，西至台州路西侧，北至三河，总面积14.86平方公里范围土地的地价，举行调整听证会。听证会后，对地价及相关事项进行调整。主要内容：对县城区原有4个土地级别范围作调整，确定各级别平均地价，并划分10个地价区段。与2000年基准地价级别相比，一级地范围向西延伸，包含金湖中学老校区、苏果超市，二级地向西延伸到衡阳路，三级地范围有所扩大，四级地包含工业园区。设定土地开发程度，一、二、三级宗地外达到通路、通上水、通下水、通电、通信，宗地内达到场地平整的开发水平；四级地宗地外达到通路、通上水、通电、通信和宗地内场地平整的开发水平。各类用地法定最高出让期，商业、住宅、工业用地基准地价评估设定的使用年期分别为40年、50年、70年。明确基准地价与政府最低保护价区别，政府最低保护价只包含土地取得费和土地增值收益，基准地价还包含基础设施开发费。建立县城区地价动态监测体系，以2003年12月31为评估基准日，共设立地价监测点74个。

2005年，县国土局对县城12平方公里范围内新一轮土地级别和商业、住宅、工业用地的基准地价以及商业路线价进行调整，并通过省厅组织的验收，领取合格证书。

2000年、2005年金湖县县城各类用地基准地价统计表

表4-6-23　　单位：元/平方米

年份与用地类型		一		二		三		四	
		基准地价	变幅地价	基准地价	变幅地价	基准地价	变幅地价	基准地价	变幅地价
2000年	商业用地	1250	850~1650	820	520~1120	520	340~700	340	210~470
	住宅用地	570	420~720	420	300~540	310	220~400	240	170~310
	工业用地	420	320~520	320	240~400	250	190~310	205	165~245

接上表

年份与用地类型		一		二		三		四	
		基准地价	变幅地价	基准地价	变幅地价	基准地价	变幅地价	基准地价	变幅地价
2005年	商业用地	1350	1755~959	840	1084~613	530	668~403	320	390~250
	住宅用地	640	794~480	460	546~364	320	390~253	250	292~201
	工业用地	390	476~300	290	351~228	220	262~174	180	210~140

二、评估标定地价

1994年，金湖开始规范土地市场交易，由土地估价部门对出让、转让、租赁、抵押的宗地，兼并企业的土地，中外合资、合作企业用地和股份企业作价入股的土地，进行地价评估，再经县政府授权的县土地局确认，以此作为具体地块在一定使用年限内的标定地价。1995年3月，县土地局受县新华书店委托，采用土地市场资料分析法，对该单位在县城区使用的两宗国有土地进行地价评估。经评估确认，位于健康路中段63号宗地面积为1263.2平方米，每平方米土地价格为500元，总地价为63.16万元；位于建设路中段271号宗地面积1632.5平方米，每平方米土地价格为570元，总地价为93.05万元。5月，县机电配件厂改建股份制企业，委托县土地局对厂区面积为4900平方米土地进行评估，经评估确认，该厂区地价总值为62.77万元，每平方米土地价格为128.11元。7月，成立金湖县土地估价所，规范县内地价评估，并取得江苏省B级土地估价机构证书。至8月底，在全县清产核资工作中，共对165个使用国有土地单位进行土地估价，评估宗地363幅，面积68.97万平方米，土地资产总值1.96亿元，平均地价为284.26元/平方米。其中，商业用地面积8.39万平方米，土地资产为3775.5万元，平均地价为450元/平方米；工业用地面积58.61万平方米，土地资产为1.52亿元，平均地价为260元/平方米；住宅用地面积1.97万平方米，土地资产为591万元，平均地价为300元/平方米。

1996年，县城基准地价到宗地地价修正系统建立后，县城范围内的宗地地价评估，大都采用基准地价系数修正法进行，农村集镇范围内的宗地地价评估，仍以市场资料分析法为主。6月，受金湖县商业综合公司委托，县土地估价所采用基准地价系数修正法，对该公司使用位于人民路、建设路临街3宗国有土地使用权分别进行地价评估。经县土地局确认，位于人民路宗地面积608.5平方米，平均土地价格为528元/平方米，总地价为32.1万元；位于建设路408号宗地面积596.4平方米，平均土地价格为509.4元/平方米，总地价为30.4万元；位于建设路219号宗地面积445.1平方米，平均土地价格为548.2元/平方米，总地价为24.4万元。10月，县土地估价所受县印刷厂的委托，运用基准地价系数修正法，对该单位申请抵押贷款的4534.8平方米国有土地使用权进行地价评估。经县土地局确认，平均土地价格为491.8元/平方米，总抵押地价为223万元。12月，江苏爱特福药物保健品有限公司申请利用位于陈桥乡集镇生产区的38476.7平方米土地抵押贷款，由县土地估价所采用市场资料分析法中成本逼近法评估，并经县土地局确认，平均土地价格为138.16元/平方米，总地价为531.59万元。至1996年，金湖县土地估价所（含县土地局地政地籍管理股）共评估170个委托单位的371宗地，总面积72.22万平方米，评估土地资产总值2.07亿元。

2002年，省苏地房地产评估有限责任公司金湖分公司受理并呈报备案评估土地457宗，面积7.14万平方米，确认评估土地资产总金额2.06亿元。2003年，评估备案土地320宗，面积78公顷，确认评估土地资产总额1.2亿元。2004年，评估备案341宗，面积143.7公顷，确认评估土地资产总额3.35亿元。2005年，受理评估土地使用权201宗，面积40.2公顷，评估土地资产总额1.8亿元，平均土地价格为447.76/平方米；受理地价备案23宗，面积10.98公顷，备案土地资产总值1099万元。

三、出让地价、底价

协议出让地价 1993年，县房地产开发公司受让城郊国有土地，每平方米为80元。协议出让地一般为工业、公共事业项目用地和需要减免的机关团体用地，以及国家需要优先发展的建设用地。协议出让时，由于受所出让地块自身因素、外部环境和用途等因素的影响，土地价格亦有所不同。1994—1996年，全县共协议出让国有土地使用权21宗，最低协议出让价每平方米为70元，最高协议出让价每平方米为480元。

出让底价 1993年，县城和建制镇土地使用权出让底价为：县城区每平方米150元，达到“三通一平”的新开发区每平方米130元，农村生地每平方米70元。出让底价是由县政府根据基准地价、标定地价和本地经济发展水平，以及国家政策等因素确定的某一块土地出让时的最低控制价格标准。1996年，县内国有土地使用权的出让底价，都以土地级别等次和用途类别所确定的基准地价（参见本篇第六章第二节第一目）为准，一律不得低于基准地价标准。1996年后，土地协议出让方式退出土地交易市场，为招标、拍卖形式所代替。

招标拍卖地价 1996年，县土地局开始以招标拍卖的方式出让国有土地使用权。在招标拍卖过程中，县土地局根据基准地价和土地市场行情等因素确定标的底价后，经过公开招标或拍卖程序，而形成中标、中拍的土地价格。是年6月，县土地局对位于闵桥集镇主街道的3宗156平方米国有土地使用权拍卖出让，经过市场调查分析，确定每宗地平均土地价格为384.6元/平方米。经过竞拍，3宗地的成交价每平方米分别达542.3元、576.9元、640.4元。全年拍卖国有土地使用权20宗地，面积19156.6平方米，收取土地出让金65.8万元，平均土地价格为343.5元/平方米，其中最高宗地出让价每平方米为640.4元，最低宗地每平方米为136.7元。2003年，凡土地使用权拍卖，必须依法由县国土局组织实施。是年，房地产经营性用地全部实行拍卖和挂牌出让。全年公开出让经营性用地49宗，面积10.88公顷，成交额4397.44万元。其中挂牌37宗，9.08公顷，成交额4137万元；拍卖12宗，0.91公顷，成交额260.44万元。2005年，经营性用地公开挂牌拍卖28期，公告出让地块100宗，成交93宗，面积40公顷，成交额1.66亿元，平均土地价格为415/平方米。是年，县政府对位于上湾村8组60宗住宅用地组织拍卖，起始价每宗地8万元，经激烈竞拍，最高宗地价达21.5万元，60宗住宅用地成交总额982.1万元，平均每宗地16.37万元，平均土地价格为1194.89元/平方米。翠湖公园西侧商住用地16.93公顷，挂牌成交价为7300万元。

第三节　地产市场

一、隐形土地交易市场

1988年以前，土地作为国家和集体资产，不允许进入市场交易，县内国家、集体、个人用地，都通过征用或行政划拨取得土地使用权。随着经济的发展，市场经济的形成，土地隐形市场逐步孕育发展。其主要表现形式：以买卖房屋为名，变相买卖土地，协议买卖双方签订真假两份价格悬殊的房屋买卖协议，只字不提土地交易，偷漏房产税和土地增值费；以出租房屋、场地为名，获得高额土地级差收益，县规定房租标准每月0.2~1.0元/平方米，但多数房屋出租户收取房租超过限度，最高超过百倍之多；以土地使用权作为联建分成的条件，从中捞取好处；用土地使用权抵押银行债务等。据测算，20世纪90年代初，全县土地隐形市场每年交易额在230万元左右，国有土地资产流失总量在100万元以上。

1993年5月，成立县地产管理所，开始对县城区范围内的土地市场交易进行清理整顿。共清查出房屋非法买卖87户，房屋出租户603家，办理土地权属变更5宗，面积1087平方米，办理临时经营性亭棚11个，收取土地收益金8.64万元，权属变更费4.13万元，发放“土地使用权承租许可证”189份。

1998年4月，第七届全国人民代表大会第一次会议通过的《宪法》修正案规定，土地使用权可以依照法律规定转让，实行土地有偿、有期限、可流通使用。县土地局重点打击炒买炒卖土地牟取暴利的“地皮商”，对非法买卖转让土地行为依法处理，对买卖房产、土地出让金和土地收益金，统一按三级地段标准收取，出让金20~50元/平方米，收益金5~30元/平方米，把国有土地使用权交易全面推向市场。2003年，土地交易统一由县国土局管理。是年，对县燃料公司和闵桥、塔集、吕良等镇的供销社、食品站改变土地用途和擅自转让土地使用权的行为进行查处，全部纳入土地市场公开出让，按市场价格补交土地出让金。2005年，随着县内清理整顿非法土地市场交易的力度加大，依法建立规范的土地市场，隐蔽而非法的土地市场交易逐渐减少。

二、规范土地交易市场

土地使用权出让　1993年，金湖县率先在县城以协议出让方式出让国有土地使用权。11月20日，首例国有土地使用权出让合同在县土地局草签。县土地局根据县城建设规划和县房地产开发公司的用地申请，把位于西苑新村的黎城镇黎城村七组集体土地依法征为国有后，与县房地产开发公司达成意向性土地使用权出让协议。11月25日，经市人民政府批准后，正式签订《国有土地使用权出让合同》，将16352.5平方米国有土地使用权，出让给县房地产开发公司用于商品房开发，出让年限为70年，协议出让价每平方米80元，总地价130.82万元。

1994年，国有土地使用权出让开始在农村集镇推行。4月，中国农业银行金湖县支行拟在塔集兴建塔集办事处，县政府将塔集食品站处于半闲置的1196.6平方米国有土地使用权收回，由县土地局以每平方米70元的协议价，出让给该单位作金融用地。是年，县土地局办理土地使用权出让、转让33宗，面积1.18万平方米。其中：单位8宗，面积9080.87平方米；个人房屋买卖25宗，面积2679.05平方米。应收土地出让金115万元，土地收益金57万元。财政部门同意减免，实收出让金9.7万元，土地收益金5.38万元。办理临时用地18宗，用途变更8宗。1995年，县内共出让国有土地使用权37宗，面积1.41万平方米。1996年，对商业、金融、房地产等经营性用地一律以出让方式供地，并扩大出让范围。全年出让土地9570.28平方米，收取出让金125.25万元。县土地局在继续开展协议出让国有土地使用权的同时，开始在农村集镇推行以拍卖方式出让国有土地使用权。6月28日，县域首例国有土地使用权拍卖会在闵桥镇举行，县土地局经过准备、公告、报名等程序，对位于闵桥镇菜场西侧，每宗地为52平方米的3宗国有土地使用权进行拍卖，起拍价每宗地为2万元，使用年限50年，有10多名竞拍者参加，经过40多轮的竞拍，并经金湖县公证处公证，1、2、3号地分别以2.82万元、3万元和3.33万元受让。是年，全县在闵桥、涂沟、夹沟等集镇共出让国有土地使用权65宗，面积1.19万平方米，价64.15万元。其中，协议出让40宗地，面积1万余平方米；拍卖出让25宗，面积1916.0平方米。

1998年，对各乡镇经营性用地一律实行拍卖方式供地，限制和停止协议出让供地。至年底，唐港、银集、横桥、孙集、新农等10多个乡镇共拍卖出让土地64宗，面积5476.9平方米，收取出让金133.24万元，平均每平方米出让地价243.3元，其中银集镇拍卖宗地最高价每平方米698.28元。1999年4月，经县政府批准，对位于县城汽车站西侧的24宗国有土地使用权实行公开拍卖出让，面积1108.8平方米，土地出让金90万元，平均每平方米811.7元，比拍卖底价432.9元高出378.8元，最高宗地每平方米974元，比拍卖底价高541.1元。是年12月，县土地局与白马湖乡政府拍卖位于白马湖前锋村黎园北侧外滩尾4宗、12.53公顷荒水、荒地使用权，以240~290元/亩竞拍成交。2001年，加大土地用途管理力度，严格控制农用地转为建设用地，实施建设用地项目前期论证和现场调查勘测，对不符合建设用地规划的建设用地，一律不予报批。2002年，办理地产交易540宗，面积1.2公顷；处置企业改制土地资产6宗，面积4.7公顷；储备土地7宗，面积6.9公顷。其中，征用集体土地5宗，面积6.2公顷；收回国有土地2宗，面积0.7公顷；投放市场3宗，面积1.5公顷，成交价330万元。统筹安排各业用地79宗，其中基础设施用地5宗，工业用地17宗，教育用地1宗，商业旅游用地10宗，房地产用地6宗，国家能源用地1宗，其他用地39宗，总面积44.5公顷，在新增项目建设用地中，划拨供地10宗，面积12.7公顷，占28.6%，有偿出让供地69宗，面积31.8公顷，占71.4%。2003年，出让国有土地使用权113宗，面积86.29公顷。办理国有土地使用权交易934宗，面积18.7公顷，交易额5684.1万元。2004年，办理国有土地使用权交易583宗，面积6.7公顷。

2005年，县国土局全年建设项目供地52宗，面积87.17公顷。其中：划拨供地16宗，面积19.9公顷；出让供地36宗，面积67.27公顷，合同出让金总额1.74亿元。办理农民宅基地1116宗，面积18.14公顷。办理临时用地14宗，面积7.217公顷，其中耕地7.217公顷。挂牌拍卖28期，地块100宗，成交93宗，面积40公顷，成交额1.66亿元。收购土地9宗，面积10公顷。

1998—2005年金湖县土地协议出让交易统计表

表4-6-24

年份	土地交易（宗）	出让方式与面积			交易面积（公顷）	成交价（万元）	竞得者
		协议出让	挂牌	拍卖			
1998	79	—	—	0.65	0.65	160.40	各集镇经营性用地拍卖给集镇居民
1999	24	—	—	0.11	0.11	90.00	县城原汽车站西侧地块拍卖作商业用地
2000	15	4.13	—	—	4.13	643.13	金湖县机械厂、金创、航宇线缆、卫生巾设备厂等工商业单位
2001	8	10.40	—	—	10.40	1463.27	爱特福公司、丰谷塑编、移动公司等工商业单位
2002	27	0.57	0.03	—	0.60	258.30	淮胜建筑工程公司及高崇、姜淮、林双武、潘玲、刘建梅等26户居民
2003	67	68.40	3.76	0.72	72.87	8239.45	江苏理士、爱特福包装、斯德瑞克、栋珊服饰、凯源涂料、金科仪表、南京华兴实业、江苏金洪工程、金祥电线电缆耀宣网业等工商业单位
2004	30	58.27	2.36	0.14	60.65	7054.92	双兔米业、大明华实业、依思蔓服饰、金洋生物工程、爱特邦机电、衢州远丰房地产等工商业单位
2005	32	18.87	28.53	0.78	48.19	15361.14	振泰电缆、华厦置业、龙盘环保、杰创科技等工商业单位

土地使用权转让 金湖县自1993年实行土地使用权转让后，在县政府垄断土地一级市场的前提下，放开国有土地使用权转让市场，即土地二、三级市场，变土地使用权无流动为可流动，转让流动的形式为出售、交换和赠与。1993年，办理土地使用权转让32宗，面积4097.37平方米，其中单位转让土地使用权3宗。1994年，办理土地使用权转让28宗，面积5912.48平方米，其中单位转让土地使用权6宗、个人14宗，受让面积最大的单位是中国农业银行金湖县支行。该行为建设综合大楼，经县

政府协调，将位于县城黄金地段，原属县饮服公司、商业公司、蔬菜公司三家所有的人民路1#～3#、建设路311~317号土地使用权，以148万元的价格转让给县农行，面积3057.97平方米，每平方米483.98元。1996年，农村集镇国有土地使用权转让市场逐渐发展。闵桥、银集、官塘、唐港、金北等集镇共办理国有土地使用权转让45宗，面积5707.98平方米。1998年，在县城规划区内共办理土地使用权转让153宗，面积1.3万平方米，收取土地转让金、补收出让金99.2万元。2005年，办理国有土地使用权转让25宗，面积8.12公顷。办理商品房屋土地转让1100宗，面积2.52公顷，收取土地转让金、补交出让金13.52万元。

土地使用权出租　县内土地使用权出租始于1993年。凡依法取得国有土地使用权，在合同规定的使用期限内，按合同规定使用期限和条件投资开发、利用土地的，经县土地局办理土地使用权出租登记手续，均可以依法出租。并由出租土地使用权的单位或个人，按其出租土地地块区位、用途和使用年限，一次性缴纳土地收益金。1993—1996年，全县共有87个单位和个人办理土地使用权出租登记，面积2187平方米，缴纳土地收益金1.94万元。1998年，在县城规划区内共办理土地使用权出租267宗，面积1.4公顷，土地租金12.6万元。此后，不再办理土地使用权出租。

土地使用权抵押登记　1990年，国务院颁布的55号令规定，凡未按出让方式取得土地使用权的，未按出让合同规定的年限及用途投资开发、利用土地的，土地使用权不得抵押。1995年，县内有部分单位和个人为取得金融贷款等，以不规范的形式将土地使用权和地面上的建筑物一并作抵押物。1996年，县内开始依法规范办理土地使用权抵押登记，即由抵押人与抵押权人签订抵押合同，到县土地局和县房产局办理抵押登记手续。土地使用权抵押时，其地上建筑物和其他附着物随之一并抵押；地上建筑物和其他附着物抵押时，其使用范围内的土地使用权随之抵押。是年，县土地局共办理土地使用权抵押登记6起，面积3.91万平方米，抵押地价总金额1292.93万元。企业取得生产流动资金265.8万元，商业流动资金174.99万元，建设工程流动资金84.88万元。1998年，县土地局在县城规划区内共办理土地使用权抵押登记5宗。2002年，办理土地使用权抵押登记28宗，面积15公顷。2003年，办理国有土地使用权抵押登记129宗，面积49公顷，交易额1.51亿元。处置企业改制土地资产17宗，面积17.6公顷。2004年，办理国有土地使用权抵押登记179宗，面积111.1公顷，抵押土地资产总额1.28亿元。2005年，办理国有土地使用权抵押登记135宗，面积119公顷，抵押土地资产总额3.94亿元。

第七章　法规宣传与监察

第一节　法规宣传

20世纪80年代，国家把珍惜和合理利用每寸土地，切实保护耕地，提到落实基本国策的高度。县内不断加强土地政策法规的宣传力度，贯彻落实这一基本国策。1987年，《土地管理法》颁布实施，全县广泛开展宣传活动，并把每年的12月定为《土地管理法》教育宣传月。届时，县长发表广播电视讲话，县宣传、司法、土地管理部门联合编印宣传材料，县广播电台、电视台举办专题讲座，对查处的典型土地违法案件进行曝光，教育广大群众依法节约用地。1987—1990年，全县上下召开土地宣传会议千余场次，受教育干群25万人次，设置铁皮宣传标语牌161块，张贴、粉刷标语数万条，印发各类宣传资料10多种、2万余册，制作、放映幻灯900多场次，宣传车巡回下乡宣传100余次。1988年6月，县土地局与广播电视台联合举办土地管理知识大奖赛。

1991年，全县结合“二五”普法教育和开展创建土地管理“三无”（无违法批地、无违法管地、无违法用地）乡镇，深入开展贯彻《土地管理法》的宣传活动，县土地局编印《土地管理法》宣传教材，县、乡镇两级以党校为阵地，加强对党员干部土地国情、国策、国法的宣传教育；基层还编排群众喜闻乐见的文艺节目进行宣传，全县有15万人次以上成年人受到教育。1996年，县土地局抓住《土地管理法》颁布十周年契机，广泛宣传十年土地管理工作成就，宣传合理用地、节约用地和保护耕地的重要意义。组织80余人参加省举办的“土地管理法百题知识竞赛”活动，金沟镇土地管理所纪书锦获省一等奖。是年，县土地局配合土地知识普及与宣传，由杨宏章、杨应奇合编《土地知识实用年历手册》（北京标准化出版社出版），在全国公开发行。

1998年，县土地局配合创建土地执法模范县的宣传教育，编印土地政策法规1.2万多份，播放电视字幕100多条，广播讲座1000多次，举办图片展览80多场次，知识竞赛2期，还在《金湖日报》开辟土地宣传专版60期。2002年，县域开展整顿规范地图市场专项治理，先后印发宣传资料2000多份，张贴标语200多条，召开座谈会5次，在《新金湖》报设专版3期。2001年，全县抓住“全国土地日”机遇，加大土地国情、国策的宣传力度。至2005年，国土系统在新闻媒体上设立《土地经纬》专版，定期编发《国土资源简报》，在各级各类报刊上发表土地管理论文、新闻报道稿件536篇。

第二节　执法监察

一、权属纠纷调处

1988年3月，陈桥乡郛桥村渠南组3户村民之间发生土地使用权纠纷，经当事人协商和陈桥乡政府及县乡土地管理部门多次调解，均未获得解决。5月，陈桥乡政府提请县人民法院强制执行。县土地局会同县人民法院在陈桥乡召开公开执行大会，请全县各法庭审判人员、各乡镇土地管理人员参加，现场以案说法，依法强制执行，责成当事人万某停止侵占他人合法土地使用权行为，退回被侵占的土地。

1990年5月，金湖县影剧院与黎城镇青年饭店发生土地使用权纠纷。县影剧院向县土地局提出调处确权申请。经查，该土地使用权在金湖县影剧院1962年所征用的土地使用面积范围之内，权属来源清楚，手续合法齐备；而黎城镇青年饭店在1989年国有土地申报登记时，发生争议的土地面积不在之列。为此，县政府做出处理决定，维护县影剧院原国有土地使用权的合法权益。1995年1月，新农乡新丰、陈新两村及17个村民小组对该乡境内老三河河床中的160公顷（其中水产养殖面积120公顷）土地的权属提出争议，要求县人民政府确权。县土地局根据县政府的授权，组织调查组进行全面调查、勘测和验证。根据历史事实和相关的土地政策法规，经县政府审查批准，于1996年4月作出处理决定，确认该争议土地权属为国家所有，并确定给新农乡水产养殖场使用经营。新丰、陈新两村及17个村民小组不服，先后向县人民法院、市中级人民法院提起诉讼和上诉。最后，市中级人民法院作出维持一审判决，即争议土地权属为国家所有。至1996年，全县共调处土地权属纠纷445件。其中，全民所有制单位之间的土地权属纠纷8件，集体所有制单位之间的土地权属纠纷33件，全民与集体所有制单位之间的土地权属纠纷6件，单位与个人之间的土地权属纠纷47件，个人与个人之间的土地权属纠纷351件。

2001年，调处土地权属纠纷5件。12月，解决金北镇董河村村民委员会与港北组2.3公顷集体土地所有权争议，确认该土地为港北组集体所有。2002年，县国土局共调处土地权属纠纷19件。2003年，县国土局调处土地权属纠纷17件。年初，吕良镇吕良村四组向淮安市人民政府提起行政复议，认为金湖县人民政府于2002年3月14日发给吕良供销社的金土国用字第3037号“国有土地使用证”侵犯该组7420.6平方米的集体土地使用权，并向市中级人民法院提起行政诉讼。5月7日、9月23日，淮安市中级人民法院、江苏省高级人民法院分别进行开庭审理，均认为金湖县人民政府“认定事实清楚，适用法律准确”，省高院作出“驳回上诉，维持原判”的终审判决。12月11日，县国土局根据县人民政府授权，依法对吕良镇孙集村二组与三组在高家圩内4.66公顷争议土地权属做出行政决定书，确认争议地段高家圩内3.33公顷土地为现使用者吕良镇孙集村三组所有，其余1.33公顷土地为孙集村二组所有。2004年2月，县人民政府授权县国土局，对吕良镇大庄村同心组与该镇泰山居委会七组为邹家墩子及南洼田内0.67公顷的土地争议权属问题进行确认，该争议地段的土地所有权属泰山居委会七组。大庄村同心组不服，先后向市政府提起行政复议，向县、市人民法院提起行政诉讼。12月7日，市中级人民法院作出终审判决，驳回上诉，维持原判。

2005年，县国土局经过多次深入实地调查与勘测，解决涂沟镇郭家滩长达20多年的土地权属纠纷。郭家滩位于涂沟镇张尖圩以东，古徐河西侧，金宝航道、大汕隔堤南北两侧，面积60多公顷。这里的土地是1951年土改时，由政府分给当地郭姓一门农户所有。1953年，郭姓家族内部要求分户，当时的北湖区决定以原朱槽港中心线为界分成南北两片、各10个私股。1954年合作化时，滩地的所有权即归属到各有关乡、村集体所有，相关乡村每年仅以收割的柴草为收益。后因界墩被破坏，为收割柴草而引起纷争时有发生。1970年，开凿金宝航道、大汕隔堤，郭家滩部分滩地被占用，县公产管理所、宝应县刘堡村与郭家滩原权属大队、生产队之间进行土地调换。1978年唐港乡开发滩地制种，1991年又因防汛需要新筑滩外小圩，致使郭家滩和调换的周边滩地被侵占，造成原地界混乱，界墩逐渐消失，土地争议日渐扩大，矛盾加剧。1987年，县土地局受理此案，并立即组织调查。由于历史久远，地形地貌发生很大变化，给争议纠纷的解决带来很大难度。1997年，县土地局根据“尊重历史，面对现实，方便群众生产生活”的原则，出面协调，采用调整置换滩地的形式，使以郭文彬为代表的集体一方，与县公产管理所另一方达成调解协议，划定环绕郭家滩为主体的北界、东界和南界；对于西界与有关村组的纠纷，经多次协调，亦于2005年达成调解协议。至此，相持20多年的土地权属争议得到解决。

二、专项清理

非农业建设用地清查 1986年9月，金湖县首次开展非农业建设用地清查。清查范围：全民企事业单位、乡镇村企事业单位非农业建设征用、占用的所有土地，农户和集镇居民使用的新老宅基地、砖瓦窑厂，新开挖鱼塘等占用的土地。清查中，全县共组织3936人，组成280个清查专业队，对全县7万宗非农业建设用地进行逐宗权属审查、丈量、登记、统计、汇总。此次清查，查清全县非农业建设用地面积2728.82公顷。其中：全民企事业单位304个，用地面积244.47公顷；乡镇村企事业单位828个，用地面积299.13公顷；砖瓦窑520座，用地面积219.2公顷；农（居）民64572户，宅基地面积1960.67公顷；个体工商户493户，用地面积5.35公顷。查出违章违法的用地：全民、大集体单位81个，面积40.8公顷；乡镇村企事业单位249个，用地面积129.3公顷；农（居）民28837户，宅基地面积99公顷。查出的问题直至1989年6月方处理完毕，共拆除221户房屋378间，建筑面积7568平方米；退还土地1457户86.13公顷，抵算自留地或承包地的4952户155.8公顷；对1252户罚款6.35万元，2635户超标罚缴使用费6.76万元。

1995年，全县组织第二次非农业建设用地清查。主要清查1993年、1994年非农业建设用地，共清查118个非农业建设用地项目。查出黎城村化工厂、徐梁村轧石厂等8个单位违法用地1.63公顷，违法占用耕地0.94公顷。对黎城村化工厂等6个单位给予经济处罚后，补办用地手续；对徐梁村轧石厂等2个单位的非法占地建筑物予以拆除，依法收回土地。

1997年4月，开展第三次非农业建设用地清查，查出1991—1997年违法用地113宗、223.11公顷，依法拆除房屋52间，建筑面积846平方米，退地1162平方米，其中5件申请县人民法院强制执行。是年，根据中央通知精神，从1997年4月15日起，全县冻结非农业建设项目占用耕地，时限一年。

党员干部建私房专项清理 1990年5月，县政府成立由县土地局、县纪委、监察局、城建局等部门组成的党员干部建私房清理办公室，对党员干部建私房情况逐系统、逐乡镇、逐人进行排查。共清查出党员干部建私房户170户，有89户存在违章违法用地行为，其中副科级以上党员干部有16户。清查后，拆除房屋建筑面积282平方米，退出土地3198平方米，退出多占公房18套、建筑面积824平方米，收缴各项款费6.5万元。

越权批地清理 1990年3至5月，县土地局与县监察局组成22个清理小组，对全县1987年以来，超越规定的土地审批权限批准用地情况进行清理。清理发现：至1989年，全县越权批地367件，面积21.29公顷。其中：县政府越权批地7件、面积15.33公顷；乡镇级越权批地360件、面积5.96公顷。根据《土地管理法》《江苏省人民政府关于〈土地管理法〉实施办法》中的有关规定，县政府对自身存在的问题主动进行纠正，重新核实项目，按法定的审批权限和程序申报补办用地手续。乡镇越权批地的问题给予通报批评，并对89宗符合用地条件的限期补办用地手续，补缴土地税费；对8宗不符合用地条件的限期退耕。

临时用地清理 2002年，清查临时用地，建立跟踪管理档案24本，对使用期满的宗地，限期拆除退地或续办用地手续。全年共退地43宗、面积2130平方米。2003年6至12月，县国土资源局抽调33人组成11个工作组，对江苏油田、中国电信金湖分公司、中国农业银行金湖支行用地行为进行清查。经过收集资料、外业调查、内业整理，查清并登记江苏油田用地266宗、面积92.26公顷；中国电信金湖分公司用地24宗、面积5.78公顷；中国农业银行金湖县支行用地14宗、面积4.4公顷。合计用地304宗、面积102.44公顷，发证304本。

拖欠征地补偿安置费清理 2004年，县国土局对全县拖欠征地补偿安置费的情况进行专项清理。清理发现，1999—2003年期间，全县累计拖欠农民征（使）用土地安置费4400.98万元，一般都以协议方式分为8年支付。清理后，由县财政局与镇、镇与村组、村组与农户层层重新签订协议，一次性全部结清，并由县督查组逐项督查，确保按期还款到位，切实保护农民利益。

经济适用房用地清查 2001年7月组织清查，县长成迎初担任清查组组长。清查范围是：1991年1月1日至2001年12月31日，已建和已批在建的经济适用房，包括安居房、集资建房、合作建房和利用单位自有及国有划拨土地兴建的其他住宅建设项目。经查，未发现经营性开发情况，但有个别经济适用房建设项目存在对销售对象把关不严和房价偏高的问题。

闲置存量建设用地清查 2001年，全县开展闲置存量建设用地清查。至2005年，共查出供而未用的闲置存量建设用地65宗、面积84.09公顷，主要集中在县城区和工业园区。其中需调整工业项目用地和暂时无法实施的城镇建设项目用地，共有17宗、面积32.48公顷，造成的原因为：投资商事先申请项目用地，批准后又取消投资，造成土地无法供应；城市规划调整，原用途改变，不宜供给原项目使用；部分乡镇部门的空闲地留作招商引资项目使用，但引进的项目不符合供地条件而无法批准供给；部分项目因拆迁成本过高，导致无法实施；因政府财力有限，部分项目用地补偿落实有难度影响供地；部分工业项目因不符合园区产业布局，造成无法供地。园区内空闲土地共有6宗、面积9.8公顷；镇村闲置存量建设用地有39宗、面积19.16公顷。按土地权属分，国有土地15宗、6.7公顷；集体土地24宗、12.45公顷。按土地用途分，教育用地16宗、11.43公顷；工业用地9宗、4.48公顷；商业用地3宗、0.55公顷；办公用地4宗、0.97公顷；仓储用地2宗、0.96公顷；基础设施用地2宗、0.63公顷；其他用地3宗、0.13公顷。

土地登记专项清理　2004年7月，开展土地登记发证专项清理。至8月，全县共清查各类土地登记证8.43万本，查阅地籍登记档案9.07万宗，纠正不合格土地登记225宗，其中权属不合法土地登记79宗，界址面积不准确131宗，登记程序不规范15宗。

三、案件查处

20世纪80年代初，县委、县纪委根据举报，查处黎城公社将批建8间宿舍的地基，任意扩建成17间正房和6间厢房的问题；随意允许新迁进24户在黎城大队第一生产队买地建私人住宅的问题，买卖土地0.87公顷。县政府决定：未经县政府批准，社队与私人签订的土地买卖契约一律无效，所买土地交还生产队；黎城公社违规所建宿舍，一律由县政府收回，交县房产管理所统一处理。县委印发通报，要求全县党员干部引以为戒。1987年，县土地管理办公室贯彻落实《土地管理法》，开始采取定期与不定期相结合的方法，开展常规性执法监察，制止违法用地行为发生。4月，县土地管理办公室发现吕良镇曹圩村于1986年10月，未经批准突击划拨耕地给村民建住宅，每户占地1亩（0.067公顷）左右，其中有6户已开工建筑。在其影响下，该村又有17户农户未经批准擅自使用原宅基地建房。对此，县土地管理办公室及时向县政府作汇报。5月，县政府按照《土地管理法》规定作出处理决定：吕良镇曹圩村未经批准划拨的宅基地属非法用地，凡不符合村镇建设规划和申请宅基地条件的农户，限在一个月内予以复垦，已建的房屋一个月内自行拆除；对符合条件并确需占用耕地建房的农户，必须按法定程序办理报批手续。吕良镇为此专门召开由全体镇、村、组干部参加的处理现场会，公开处理12户违法占地案，当场用推土机推平6家不符合用地条件的农户在非法宅基地上垒砌的建筑物，为符合用地条件的农户补办用地手续。

1988年，各乡镇陆续开展土地巡回执法检查。检查人员除乡镇土地管理人员外，还协调公安、司法、村建等单位人员参加。全年共查处土地违法案件132宗，其中单位2宗、个人130宗；依法补办用地手续116宗，拆除15宗个人在违法占地上的建筑物、面积750平方米，废止土地非法买卖1宗。1989年，采用“以预防为主、防治结合”的措施加强土地管理，实行群防、群治、群管，把土地管理纳入综合治理的轨道，控制土地违法案件的发生。全年共查处违法用地83宗，其中单位9宗、个人74宗；依法补办用地手续64宗，拆除19宗个人违法占地建筑物面积1244平方米。1990年，全县共查处土地违法案件141件，其中单位2件、个人139件，依法补办用地手续126宗，拆除14宗个人违法占地建筑物面积3119.4平方米，依法收回金南乡食品站占而未用土地0.2公顷。

1991年以后，全县土地管理工作逐步走上正轨，土地违法案件上升的势头被有效遏制。1993年，县、乡镇、村、组四级土地监察网络建立健全，农村庄台土地信息员的作用充分发挥，有70多起土地违法案件被及时发现和制止。1994年，县土地局进一步强化土地巡回监察制度管理，规定乡镇土地管理所每月到村巡回监察1次，县国土局每两月到乡镇巡回监察1次。6月，对地质勘探、石油开采94宗用地逐一进行普查，发现和纠正临时用地手续不全或未及时办理延期用地手续27宗。是年，县土地局与城管中队密切配合，对县城规划区用地进行重点巡回监察，每月巡查4次，共查处城区个人违法占地11件，依法拆除非法占地建筑物面积299.4平方米，退地340平方米。1996年，开展对1992—1995年经县级以上人民政府批准的国家、集体单位非农业建设项目用地全面清理工作，查出征而未用达两年以上的用地项目4宗、面积1.66公顷。8月，对城区违章违法用地进行专项治理，经宣传发动、清理核实、自查自纠、处理处罚等阶段，共查出违章违法用地350宗，涉及科局级党员干部28人24件，拆除违章建筑面积6248平方米，收缴土地有偿使用费25.5万元。1997年，查处各类土地违法用地案件23件。

1999年，行使新《土地管理法》赋予县土地管理部门的执法监督权、行政处罚权、行政处分权和行政处分建议权，加强土地执法监察，制止纠正土地违法行为299件，涉及违法占地单位29件，个人270件，查处非法占地2.62万平方米，其中立案查处4件，拆除非法占地建筑物面积130平方米。是年8月，开展以县城和农村集镇为主要对象的非法土地转让清理，至10月，共查出城区及近郊区非法转让国有土地使用权27宗、面积2.66万平方米；非法出租82宗、面积4898平方米；擅自改变土地用途43宗、面积7028平方米。集体土地使用权非法出租66宗、面积3223平方米；非法买卖2宗、面积354.17平方米。乡镇国有土地使用权非法转让62宗、面积9674平方米；非法出租78宗、面积2990平方米。乡镇集体土地使用权非法出租22宗、面积637平方米；非法买卖20宗、面积1.17万平方米。处置改制企业国有土地资产4宗、面积1.82万平方米；处置改制企业集体土地资产10宗、面积5.54万平方米，共收缴土地出让金47.6万元，收取土地租金5.6万元。

2001年，县国土局对全县各镇乡巡回监察12次，对县城巡回监察108次。城乡国土所对辖区巡回监察880次。在全县范围内开展土地专项治理，对1999年1月1至2001年6月30日期间批准的建设用地项目逐一清理核查，共检查核实宗地173宗、面积54.14公顷，清查出2个单位超占土地600平方米，依法责令停工并限期补办土地出让手续，补缴土地出让金5.3万元，追缴拖欠土地出让金80.7万元。查处2001当年违法用地124宗、面积6265平方米。其中：及时制止和纠正115宗、面积5096平方米，追缴规费9.8万元；立案处罚9宗、依法拆除非法占地建筑面积119平方米，退地1050平方米。2002年，全年1300宗建设用地资料审批后，交县监察大队和镇国土资源站登记，从打桩放线到工程竣工验收，由土地监察大队全程跟踪监察，防止新用地中的超标移位、未批先用等违法违规行为发生，共纠正违法违规行为33宗、面积1060平方米。至2004年，及时发现、纠正、制止违法用地703宗、面积41.58公顷。经说服教育，自行拆除的108宗、面积13.14公顷；依法处理的35宗、罚款34.48万元；补办手续的16宗、面积33.04公顷；依法行文拆除的19宗、面积0.14公顷；申请县人民法院强制执行的6宗、面积0.047公顷。

2005年，对城乡组织巡查383次，发现违法用地42宗、面积3.24公顷，涉及耕地2.18公顷，其中立案处罚34宗、面积3.17公顷，立案拆除8宗、面积0.068公顷，收缴罚没款11.44万元。

第三节　创优活动

一、土地管理“三无”乡镇创建

1988年以前，全县违章违法用地现象较为严重。1989年，县土地局在全县范围内开展创建以“无越权批地、无未批先用、无批少用多、无批东建西、无将耕地作非耕地审批”为内容的“无违法用地乡镇”活动。县土地局成立由局长负责、各股室主要负责人参加的创建工作领导小组，各乡镇亦相应成立由土地管理、村建、司法、宣传等部门负责人组成的创建领导小组。创建工作中，突出以预防为重点，在加强舆论宣传教育的同时，动员各级干部关心支持土地管理工作，要求县、乡镇、村土地管理工作人员加强巡回监察，及时发现和制止违法用地行为；加大对土地违法案件的查处力度。是年，陈桥、闵桥、戴楼等3个乡镇达标，全县土地违法案件得到控制，全年共发生违章违法用地83件，比1988年减少49件。1991年，县政府将创建“无违法用地乡镇”活动列入各乡镇人民政府年度工作目标考核内容，全县形成由县到乡镇、由乡镇到村、由村到组一级包一级、层层联动抓“防、管、治”的创建机制。是年，全县共发生违法用地49件，陈桥、闵桥等2个乡镇由于“防、管、治”措施扎实，连续3年被市、县人民政府授予“无违法用地乡镇”称号。

1992年，县政府印发《关于开展创建“三无”乡镇活动的意见》，明确创建活动的重点和目标，无违法批地、无违法管地、无违法用地，预防和制止土地违章违法事件发生。对达到“三无”标准的乡镇每年给予1000元人民币奖励；乡镇村、组干部土地管理的实绩与年度考核奖金挂钩。陈桥乡土地所还对达“三无”标准的村每年给予200元人民币奖励。陈桥、夹沟、唐港等乡镇在创建活动中，实行“一票否决制”，即达不到“三无”标准的村，不得被评为先进集体，主要负责人不得被评为先进个人。新农乡实行“三定一包”责任制，即乡干部定到村，村干部定到组，组干部定到户，乡政府部门的负责人包本部门无人违法用地。由于采取“防、管、治”并举的综合措施，土地违法事件日趋减少，达标准的乡镇数量逐年增加。1994年3月，省土地管理局在全省推广金湖县创建土地管理“三无”乡镇的做法。10月，授予县土地局创建土地管理“三无”乡镇活动组织奖。是年，陈桥、唐港两个乡被省政府授予土地管理“三无”乡镇活动先进乡镇称号。1996年，全县22个乡镇中有20个达标，被市政府评为土地管理“三无”乡镇创建先进单位。

二、土地执法模范县创建

1998年，金湖县被列为省土地执法模范县创建活动的14个试点县之一。县政府印发《关于开展创建土地执法模范县活动的意见》，加强土地执法队伍和网络建设，在系统内推行错案和执法错案责任追究制度，原土地监察中队升格为土地监察大队，配备监察专用车和移动电话，统一着装；在县城区聘请38位土地执法监督员，在261个行政村聘请3350名土地监察信息员，通过巡回检查，及时制止48起违章违法用地事件发生。全年查处违法用地事件193件，清理非法交易土地80宗，接待处理来信来访58件。

2000年，全县围绕创建土地执法模范县，县镇（乡）人民政府和国土管理部门均成立由行政“一把手”为责任人的创建工作领导小组，召开会议140多次，出台相关文件、制度50多份，签订责任状135份，创建工作顺利通过省验收组考核验收。2002年，接待处理信访68人次，结案率100%。查处违法用地105宗、面积7211.1平方米，处罚后补办用地手续102宗、面积6341平方米，立案处理3宗、退地870平方米，拆除违法占地建筑物面积341.5平方米。2005年，全县及时发现和查处32件，拆除建筑物2353平方米，罚款2.3万元。

第五篇　环境保护

20世纪80年代初，县城区河道污水流溢，30座高矮不等的烟囱浓烟滚滚，厂区周围机声隆隆，金湖县被列入全省28个环保工作重点县之一。1986年，县政府根据县人大常委会《关于乡镇企业不准从事污染严重的项目生产的决议》，严格限制新建污染严重又难以治理的小化工、小造纸、小电镀等项目，将环境影响评价作为建设项目的“第一审批权”。通过淮河水系污染源、县和乡镇工业污染源调查，发现全县有重点污染源企业59户，首先必须解决的是锅炉黑烟问题。监测数据显示，县境水质污染超标项目为氨氮、石油类和化学耗氧量；大气污染物主要是烟尘废气，污染源来自县乡企业的锅炉窑灶，年耗煤量4.74万吨，废气量1.97亿标立方米。1987年，对县城环境污染严重的火葬场、玻璃厂等企业逐步搬出城外。1989年12月，《中华人民共和国环境保护法》（简称《环境保护法》）颁布实施，环境保护工作得到社会的认可和关注。1992年，县加强农村环境保护，提高森林覆盖率；县城先后建成水资源保护区、烟尘控制区、汽车喇叭禁鸣区。1996年，全县投入污染治理资金1807.4万元，实施工业污染源达标排放；县城冲污站建成，城区河道污染得到初步治理；噪声排污费开征后，建筑施工噪声污染得到控制。

2000年，实施水污染物达标排放，全县年削减化学耗氧量2230吨，悬浮物排放量1903吨，分别比上年下降29.5%、40%，饮用水水源水质符合功能区水质要求。6月，金湖县被国家环保总局确定为第五批全国生态示范区建设试点县。全县用于生态示范区建设资金5.4亿元，保护天然湿地509.1平方公里，逐步开发人工湿地1333平方公里。2001年，重点狠抓秸秆禁烧，治理农村大气污染。2002年，进一步实施工业污染源达标排放、清洁生产等工作，加大城市垃圾处理力度。2003年10月，建立“金湖县湿地市级自然保护区”。联合国教科文组织授予金湖县“推进环境保护、生态建设，可持续发展示范县”称号；县环境监理大队标准化建设达国家二级标准，环境监测站获得国家实验室颁发的认可证书，被省环保厅授予环境监测优秀单位称号。2005年，全县各类污染物排放呈逐年下降趋势。年审企业排污申报登记注册证561户，新发放排污许可证356户，征收排污费28.43万元，20年累计2894.13万元。生态建设加大先进技术推广力度，实施无公害工程，鼓励民营资本进入生态环境保护，实现可持续发展，保持美好的生态环境。金湖县被国家环保总局命名为“国家级生态示范区”。

第一章　环保机构　宣传

第一节　环保机构

一、局本级

1986年，县环境保护工作隶属于县城乡建设环境保护局，下设环境保护股及环境监测站，编制8人，实有工作人员6人。1989年4月，从县城乡建设环境保护局中独立分置县环境保护局，正科级建制，为县政府环境保护职能部门，内设办公室、综合计划股、环境管理股、宣传教育股，下辖事业性质的环境监测站，行政编制14人，附属编制1人，事业编制10人。1994年，县环保局办公新楼坐落健康路长安巷24号，共有职工26人，其中局机关6人，环境监测站、环境监理站共20人。1996年，全局共有职工34人，其中局机关5人，环境监测站23人，环境监理站6人。1997年，局机关设置办公室、综合计划股、环境管理股、宣传教育股；下辖事业性质的环境监测站。编制26人，其中行政编制14人，附属编制1人，事业编制11人。2001年，县级机构改革，建制股改为科，设置办公室、环境管理科、计划法制科、宣传教育科技科，另设纪检监察机构；编制增加到47人，其中行政编制16人，事业编制31人。2005年，内设科室无变动，行政编制16人，附属编制1人；下设环境监察大队、环境监测站，事业编制增加到32人。

二、直属单位

县环境监察大队　1993年11月，成立县环境监理站，股级事业单位，编制5人，隶属县环保局。原隶属环境监测站的排污收费站撤销，职能划归县环境监理站。此前，环境监理工作由局环境管理股负责，在25户企业和22个乡镇都配备兼职环保员。1994年，县编委设置金北、银集、金南3个片区环境监理所，编制3人。4月，县环境监理站更名为县环境监理大队，工作人员增至14人；下设3个监理中队，每中队配置3人。2000年，县监理大队添置环境监理车、摄像机、传真机等硬件设施，标准化建设达国家二级标准。2002年，编制增加到16人。2004年，更名为县环境监察大队，设置第一、第二、第三3个中队，编制16人；金北、银集、金南3个片区环境监理所改称片区监察中队，单位性质、人员编制依旧。2005年，大队机构人员未变动，3个基层片区监察中队撤销，全县环境监察工作由县环境监察大队统一监察管理。

县环境监测站　该站1983年4月成立。1986年，监测人员事业编制4人。1989年，编制8人。1990年，环境监测任务重，编制8人，实际工作人员增加到12人。1992年5月，增挂县排污收费站牌子，不增加编制。1993年，排污收费站撤销，职能划归县环境监理站。1995年7月，编制增加到14人。2003年，实有工作人员15人。2005年，县监测站设置综合、监测、技术等股室3个，编制增加到16人。

第二节　环保宣传

1986年，县环境监测机构挑选确定义务鸟类观察员和护鸟宣传员4名。1988年，拍摄环保录像

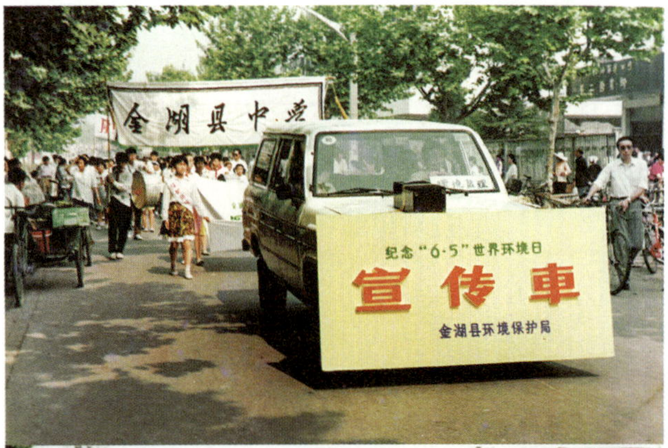

图 5-1-1　第十二个“6·5”世界环境日，中小学校环境保护宣传队上街宣传（摄于 2001 年）
县环保局 / 供

片在全县城乡巡回播放。1989年，县环境保护局单独设置后，利用世界环境日、地球日、爱鸟日、无烟日、科普宣传周等，开展环境保护系列宣传教育活动。请县领导发表广播电视讲话，设立环境保护咨询服务台、散发宣传资料、作现场解答，接受有关环境保护方面投诉等。12月，《环境保护法》颁布实施，在县城区悬挂环保过街横幅4条，印发环保资料300多份、宣传单5000余份。1990年8月，举办一期县属企业厂长、环保员学习班，增强其环保意识。1991年，出环保专栏54期，拍摄环保录像片《金湖环保一瞥》，举办讲座6次，放幻灯15场次，出动宣传车到城乡巡回宣传18次，举办环保知识竞赛1次。

1995年，在金湖人民广播电台播出《金湖环保》专题节目156档，印发《金湖环保简报》20期、环保宣传衫700件。1996年，举办“环保杯”足球赛、乒乓球赛。1997年，举办“为了地球上的生命——环保书画展”。1998年，与县妇联联合开展“珍惜蓝天绿地、建设美好家园”为主题的宣传活动，印发“妇女环保知识65问”，在金湖人民广播电台开设《妇女环保之声》专题节目等。2002年，县环境监测站每逢周二在县报上发布《环境空气质量周报》。

2003年，县成立由宣传、教育、共青团、妇联、企业等社会各界参加的县环保志愿者队伍，宣传环保，维护生态环境。至2005年，全县连续举办16届“6·5”世界环境日宣传活动，举办“环保杯”书法、乒乓球、摄影比赛，“我与环保”演讲比赛等。在中小学开展“爱我家园、保护环境”的捡垃圾和万人签名活动。在县“一报两台”（《金湖日报》、县广播电台、电视台）开辟《金湖环保》栏目，摄制《金湖环保十年巡礼》《自然的呼唤》等环境保护专题电视片，动员全社会支持参与环保事业，建设绿色家园。

第二章　环境质量监测

第一节　监测设施与能力

1986年，县环境监测站对水质、大气、噪音、粉尘、烟尘开始监测分析，监测项目：工业废水20个，地表水15个，地下水17个，饮用水18个，渔业水5个；工业废气2个及锅炉烟尘黑度。县环境监测站有环境监测楼1幢、664平方米，环境监测车1辆及价值3万余元的监测设备，设化验室2间。市环保局、财政局拨发金湖县环境保护补助资金4.19万元，其中监测仪器4万元、污染源普查补助费1900元。1987年，省站调拨“7520”紫外分光光度计、“721”分光光度计、粉尘采样器各1台，大气采标器4台。1990年，监测站添置化试、玻仪及设备7000元。1991—1997年，又添置流量器、空气采样器、尾气分析仪、化验器材、制水设备等4.56万元。1995年4月通过省级计量认证。1998年，购置摄像机、照相机、林格曼仪、经纬度测定仪、数显打印声级计、酸度计、去湿机等，9月通过计量监督检查。

1999年，投资60万元扩建环境监测楼698平方米；配备环保110报警车，提高快速处理污染事故能力；建成环保110社会联动体系和环保信息传输网络，装备水平、监测能力进一步提高。是年，金湖县获全市环境监测系统目标考核第一名。2002年，改善环保监测条件，拥有仪器47台套，监测分析项目增加到128个，并建成信息传输网络及县城蔬菜监测站，加强对蔬菜农药残留的监测，定期向社会公布。2003年，监测站拥有磁力搅拌器、生化培养箱、触摸查询一体机、精密酸度计、积分声级计、实验台、测汞仪、测试仪、分光光度计、反应器，分光测油仪、原子吸收仪等主要监测仪器。2004年，县环境监测站通过中国实验室国家认可委员会对6大类91个监测能力的现场试验、盲样考核、查阅记录、现场提问和演示，一次性通过评审。

2005年，县环境监测站设置综合室、监测室和技术室等职能室3个，在职人员16人，其中本科学历5人，大中专学历5人；质量工程师2名，中级职称6名。是年，又投入设备购置费18.78万元，其中专用设备11.31万元，一般设备7.44万元。拥有实验室用房750平方米，主要监测仪器（除腐蚀损坏失能外）54件，共约1000余万元。环境要素分析项目达91个，其中，水及废水43个，生物4个，底泥、土壤、固体废弃物9个，空气及废气21个，降水8个，噪声、振动6个。监测项目分析方法均按国家标准进行，完成监测数据9406个，比1986年增长407%，年均获得有效监测数据6981个。5月，一次性通过中国实验室国家认可委员会和省质监局组织的水质样品能力验证项目9个，获得国家实验室颁发的认可证书，被省环保厅授予“环境监测优秀单位”称号。

第二节　水环境

一、县城饮用水水源水质

1988年，开始对县城饮用水水源地实施监测，在三河自来水厂取水口和渡管所处设监测点2个，监测周期每月1次，全年12次。水质污染级别中污染。1990—1994年，污染级别达到重污染，特别是1991年遭遇洪涝灾害，水源严重污染，主要污染物为石油类和高锰酸盐指数，污染分担率分别为64.0%和13.1%。1995年，水质较差状况稍有好转，直至1999年5年，县城饮用水水源地水质加权均值污染指数由0.87降到0.40，呈下降趋势，由中污染降为轻污染。2000年以后，水质状况好转，水源水质加权均值污染指数一直保持在0.40以下，水质符合功能区划Ⅲ类水质要求。2005年，水质污染级别为清洁级。

1988—2005年金湖县城区饮用水水源地水质监测一览表

表5-2-1　　单位：毫克/升

年份	加权均值污染指数	水质级别	pH值（无量纲）	总硬度	溶解性总固体	氨氮	亚硝酸盐氮	硝酸盐氮	挥发酚	氰化物
1988	0.80	中污染	8.4	—	—	0.06	0.006	1.06	0.004	0.001
1989	0.70	中污染	8.34	2.75	—	0.59	0.170	2.65	0.001	0.002

接上表

年份	加权均值污染指数	水质级别	pH值（无量纲）	总硬度	溶解性总固体	氨氮	亚硝酸盐氮	硝酸盐氮	挥发酚	氰化物
1990	1.10	重污染	7.99	7.60	—	0.97	0.106	2.32	0.001	0.001
1991	2.36	严重污染	7.23	4.11	—	0.05	0.015	2.39	—	—
1992	1.06	重污染	7.22	380.00	—	0.14	0.007	0.57	—	—
1993	1.40	重污染	7.87	110.00	—	—	—	0.31	0.002	—
1994	1.14	重污染	7.93	279.00	—	—	—	0.03	—	—
1995	0.76	中污染	8.40	205.00	—	—	—	0.09	—	—
1996	0.87	中污染	7.50	18.01	365	0.56	0.026	0.51	0.002	0.002
1997	0.44	轻污染	7.59	13.26	565	0.528	0.011	0.12	0.001	0.002
1998	0.40	轻污染	7.41	16.11	487	0.641	0.003	0.69	0.001	0.002
1999	0.44	轻污染	7.57	16.08	268	0.218	0.006	0.77	0.001	0.002
2000	0.39	清洁	7.88	15.60	455	0.238	0.005	0.64	0.001	0.002
2001	0.33	清洁	7.27	98.00	315	0.228	0.01	0.76	0.002	0.004
2002	0.34	清洁	7.51	130.00	333	0.125	0.007	0.86	0.002	0.004
2003	0.35	清洁	7.17	210.00	313	0.227	0.01	0.83	0.002	0.004
2004	0.33	清洁	7.47	215.80	347	0.101	0.007	0.74	0.002	0.004
2005	0.33	清洁	7.18	196.00	336	0.069	0.006	0.78	0.002	0.004

续上表　　单位：毫克／升

年份	砷	六价铬	镉	氟化物	硫酸盐	氯化物	高锰酸盐指数	汞	细菌总数（个/毫升）	总大肠菌群（个/升）
1988	0.004	0.002	0	—	—	—	—	0.00002	—	23800
1989	0.008	0.002	—	—	—	—	—	0.00002	5600	2300
1990	0.038	0.005	0	—	—	—	—	0.00002	3000	2130
1991	0	0	0	0.53	45.00	59.00	0.87	0	19	15
1992	0	0	0	0.76	35.00	12.00	1.51	0	61	3235
1993	0	0	0	0.61	31.80	19.34	0.50	0	47	2861
1994	0	0	0	0.49	26.20	32.00	0.80	0	43	187
1995	0	0	0	0.55	16.90	30.24	2.30	0	37	213
1996	0.004	0.003	0	0.64	6.94	39.07	0.80	0	16	165
1997	0.004	0.002	0	0.45	19.47	37.00	2.00	0	6	10
1998	0.004	0.003	0	0.49	17.00	39.70	1.70	0	9	13
1999	0.004	0.002	0.0001	0.52	50.53	37.46	1.70	0.00002	24	<3
2000	0.004	0.005	0.00007	0.55	56.63	24.68	1.10	0.00002	85	<3
2001	0.007	0.004	0.001	0.58	34.84	34.10	1.90	0.00005	83	<3
2002	0.007	0.004	0.001	0.67	34.56	36.60	1.50	0.00005	85	<3
2003	0.007	0.004	0.001	0.64	36.57	23.00	1.70	0.00005	73	<3

接上表

年份	砷	六价铬	镉	氟化物	硫酸盐	氯化物	高锰酸盐指数	汞	细菌总数（个/毫升）	总大肠菌群（个/升）
2004	0.007	0.004	0.001	0.45	33.41	42.6	2.8	0.00005	85	<3
2005	0.007	0.004	0.001	0.47	33.90	30.5	2.1	0.00005	84	<3

二、淮河入江水道水质

1986年，在淮河入江水道东偏泓、西偏泓和塔集设置监测点3个。监测周期每月1次，全年共12次。1993年，该水域污染尤为严重，主要超标污染物为石油类和高锰酸盐指数，污染分担率分别为63.3%和13.2%；超标高达16.2倍。1995年，水质污染级别处于中污染，污染物石油类和高锰酸盐加权均值污染指数为0.8。2000年，水质主要污染物石油类加权均值污染指数下降到0.39，水质逐步好转。至2005年，污染级别为清洁级，符合功能区划Ⅲ类水质要求。

1988—2005年金湖县淮河入江水道水质监测一览表

表5-2-2　　单位：毫克/升

年份	加权均值污染指数	水质级别	pH值（无量纲）	总硬度	溶解性总固体	氨氮	亚硝酸盐氮	硝酸盐氮	挥发酚
1988	0.5	轻污染	8.03	—	—	0.830	0.015	0.83	0.004
1989	0.4	轻污染	8.15	4.64	—	0.960	0.039	2.64	0.002
1990	1	重污染	7.94	6.72	272	3.730	0.098	1.77	0.002
1991	0.9	中污染	—	—	—	0.470	0.033	0	0.001
1992	0.9	中污染	—	—	—	0.330	0.040	0	0
1993	1.8	重污染	—	—	—	0.360	0.046	0	0
1994	1.3	重污染	—	—	—	0.370	0.038	0	0
1995	0.8	中污染	8.38	7.60	—	0.280	0.016	0.45	0.002
1996	0.87	中污染	—	—	—	—	0.029	0.76	0.003
1997	0.44	轻污染	—	—	—	—	0.023	0.82	0.001
1998	0.4	轻污染	—	—	—	—	0.030	0.91	0.001
1999	0.44	轻污染	—	—	—	—	0.016	0.99	0.002
2000	0.39	清　洁	—	—	—	—	0.018	1.15	0.001
2001	0.33	清　洁	7.86	—	—	0.306	—	—	0.002-L
2002	0.34	清　洁	7.94	—	—	0.342	—	—	0.002-L
2003	0.35	清　洁	7.17	—	—	0.330	—	—	0.002-L
2004	0.35	清　洁	7.55	—	—	0.307	—	—	0.002-L
2005	0.35	清　洁	7.54	—	—	0.252	—	—	0.002-L

续上表　　单位：毫克/升

年份	氰化物	砷	六价铬	镉	氟化物	硫酸盐	氯化物	高锰酸盐指数	汞	细菌总数（个/毫升）	总大肠菌群（个/升）
1988	0.001	0.004	0.002	0	—	—	—	—	0.00006	—	—

接上表

年份	氰化物	砷	六价铬	镉	氟化物	硫酸盐	氯化物	高锰酸盐指数	汞	细菌总数（个/毫升）	总大肠菌群（个/升）
1989	0.001	0.007	0.002	0	—	—	—	—	0.00002	—	—
1990	0.001	0.007	0.002	0	—	—	—	—	0.00012	—	—
1991	0.002	0	0	0	—	—	—	4.8	—	—	—
1992	0	0	0	0	—	—	—	3.6	—	—	—
1993	0.002	0	0	0	—	—	—	5.3	—	—	—
1994	0	0	0	0	—	—	—	5.8	—	—	—
1995	0	0	0.005	0	—	—	—	5.0	0	—	—
1996	0.002	0.004	0.008	0.0001	—	—	—	5.7	0.00002	—	—
1997	0.002	0.004	0.013	0.0001	—	—	—	4.8	0.00002	—	—
1998	0.002	0.004	0.012	0.0001	—	—	—	5.3	0.00002	—	—
1999	0.002	0.004	0.005	0.0001	—	—	—	5.3	0.00002	—	—
2000	0.002	0.004	0.006	0.00005	—	—	—	5.3	0.00002	—	—
2001	0.004-L	0.007-L	0.006	0.001-L	—	—	—	5.1	0.00005-L	—	—
2002	0.004-L	0.007-L	0.006	0.001-L	—	—	—	5.2	0.00005-L	—	—
2003	0.004-L	0.007-L	0.006	0.001-L	0.66	—	—	5.1	0.00005-L	—	—
2004	0.004-L	0.007-L	0.005	0.001-L	0.70	—	—	4.7	0.00005-L	—	—
2005	0.004-L	0.007-L	0.005	0.001-L	0.72	—	—	4.6	0.00005-L	—	—

三、利农河水质

1988年，在贯穿县域三河以南自北向南的利农河上的利农闸、油库和运西农场一线，依次设监测点3个，监测周期逢单月监测，全年6次。1990年达到重污染程度，污染物加权均值污染指数达1.1，污染分担率为51.7%。1991年，大水年份，污染指数降到0.7，污染分担率为17.0%。1992年，仍然上升到重污染程度的1.1，一直持续到1996年，污染分担率回升到51.7%。1997年，县城加大对利农河的换水冲刷频率，水质污染程度下降到轻污染。至2005年，污染分担率降到12.3%，水质逐步改善，污染级别为清洁级，水质状况较好，符合功能区划Ⅳ类水要求。

表5-2-3

1988—2005年金湖县利农河水质监测一览表

单位：毫克/升

年份	加权均值污染指数	水质级别	pH值（无量纲）	总硬度	溶解性总固体	氨氮	亚硝酸盐氮	硝酸盐氮	挥发酚	氰化物
1988	0.40	轻污染	7.66	—	—	—	0.087	2.00	0.002	—
1989	0.50	轻污染	8.07	3.28	—	—	0.019	1.88	0.001	—
1990	1.10	重污染	7.85	6.93	—	—	0.224	1.76	0.001	—
1991	0.70	中污染	—	—	—	3.23	0.070	—	0.130	0.01
1992	1.10	重污染	—	—	—	9.24	0.060	—	0.130	0.01

接上表

年份	加权均值污染指数	水质级别	pH值（无量纲）	总硬度	溶解性总固体	氨氮	亚硝酸盐氮	硝酸盐氮	挥发酚	氰化物
1993	1.10	重污染	—	—	—	7.460	0.120	—	0.200	0
1994	1.10	重污染	—	—	—	6.960	0.060	—	0.130	0.03
1995	0.90	中污染	8.57	8.57	—	6.850	0.120	0.707	0.330	0
1996	1.01	重污染	—	—	—	—	0.174	0.900	0.003	0.002
1997	0.50	轻污染	—	—	—	—	0.079	0.700	0.001	0.002
1998	0.24	清　洁	—	—	—	—	0.187	0.750	0.001	0.002
1999	0.19	清　洁	—	—	—	—	0.086	1.050	0.002	0.002
2000	0.19	清　洁	—	—	—	—	0.025	0.880	0.002	0.002
2001	0.23	清　洁	7.98	—	—	0.288	—	—	0.002-L	0.004-L
2002	0.23	清　洁	7.66	—	—	0.477	—	—	0.002-L	0.004-L
2003	0.22	清　洁	7.33	—	—	0.559	—	—	0.002-L	0.004-L
2004	0.23	清　洁	7.53	—	—	0.728	—	—	0.002-L	0.004-L
2005	0.22	清　洁	7.42	—	—	0.727	—	—	0.002-L	0.004-L

续上表　　　　单位：毫克/升

年份	砷	六价铬	镉	氟化物	硫酸盐	氯化物	高锰酸盐指数	汞	细菌总数（个/毫升）	总大肠菌群（个/升）
1988	0.005	0.002	0	—	—	0.001	—	0.00002	—	—
1989	0.005	0.002	0	—	—	0.001	—	0.00002	—	—
1990	0.007	0.002	0	—	—	0.001	—	0.00002	—	—
1991	0	0	0	—	—	—	0.7	—	—	—
1992	0.010	0	0	—	—	—	0.9	—	—	—
1993	0	0	0	—	—	—	0.8	—	—	—
1994	0.030	0	0	—	—	—	0.7	—	—	—
1995	0	0.011	0	—	—	—	0.8	0	—	—
1996	0.004	0.011	0.0001	—	—	—	6.6	0.00002	—	—
1997	0.004	0.014	0.0001	—	—	—	6.9	0.00002	—	—
1998	0.004	0.015	0.0001	—	—	—	6.2	0.00002	—	—
1999	0.004	0.007	0.0001	—	—	—	5.7	0.00002	—	—
2000	0.004	0.007	0.00005	—	—	—	5.7	0.00002	—	—
2001	0.007-L	0.007	0.001-L	—	—	—	5.5	0.00005-L	—	—
2002	0.007-L	0.007	0.001-L	—	—	—	5.7	0.00005-L	—	—
2003	0.007-L	0.007	0.001-L	0.71	—	—	5.3	0.00005-L	—	—
2004	0.007-L	0.007	0.001-L	0.81	—	—	5.2	0.00005-L	—	—
2005	0.007-L	0.007	0.001-L	0.79	—	—	5.1	0.00005-L	—	—

四、白马湖水质

2001年，开始在县域北部的白马湖李庄布设断面监测点1个，监测周期逢单月监测，全年6次。是年，出现超标项目2个，综合污染指数达5.11。2002年，未出现超标现象。2003—2004年，综合污染指数回升，水质未达到《地表水环境质量标准》Ⅲ类标准，主要超标项目有高锰酸盐指数及总磷、总氮。2005年，水质污染程度降低，但降低幅度不大，高锰酸盐指数、总磷、总氮的系数均超过《地表水环境质量标准》Ⅲ类标准。

2001—2005年金湖县白马湖水质监测一览表

表5-2-4 单位：毫克/升

年份	加权均值污染指数	水质级别	pH值（无量纲）	总硬度	溶解性总固体	氨氮	亚硝酸盐氮	硝酸盐氮	挥发酚	氰化物	砷
2001	5.11	轻污染	7.74	—	—	0.377	—	—	0.002-L	0.004-L	0.007-L
2002	4.90	轻污染	7.96	—	—	0.328	—	—	0.002-L	0.004-L	0.007-L
2003	4.94	轻污染	6.93	—	—	0.273	—	—	0.002-L	0.004-L	0.007-L
2004	5.00	轻污染	7.43	—	—	0.236	—	—	0.002-L	0.004-L	0.007-L
2005	4.70	轻污染	7.37	—	—	0.200	—	—	0.002-L	0.004-L	0.007-L

续上表 单位：毫克/升

年份	六价铬	镉	氟化物	硫酸盐	氯化物	高锰酸盐指数	汞	细菌总数（个/毫升）	总大肠菌群（个/升）
2001	0.006	0.001-L	—	—	—	5.5	0.00005-L	—	—
2002	0.005	0.001-L	—	—	—	5.1	0.00005-L	—	—
2003	0.006	0.001-L	0.62	—	—	5.0	0.00005-L	—	—
2004	0.006	0.001-L	0.56	—	—	4.0	0.00005-L	—	—
2005	0.006	0.001-L	0.61	—	—	3.9	0.00005-L	—	—

五、地下水水质

1989年，在县城翠湖园、油化厂布设监测点2个，分别进行地下水潜层水和浅层承压水两种监测，监测周期为半年，一年2次。1990年，增设酒厂浅层承压水监测点1个。至1995年，地下水污染指数在4.28~7.20之间，水质属较差级别，主要污染物为氨氮、亚硝酸盐和总硬度。其中，潜层水水质，1989年属良好级别；浅层承压水水质，1994年、1995年污染指数在4.28~7.10之间，水质属较差级别。2001年，在深井泵、自来水公司、国

图5-2-2 县环境监测站人员采样检测（摄于1998年）

县环保局/供

土局增设潜层水监测点3个。至2005年，潜层水水质呈逐年改善趋势，属优良和良好级别；浅层承压水水质2001年污染指数在4.28~7.10之间，水质属较差级别，主要污染物为总硬度、矿化度和氨氮，其他年份水质属优良和良好级别。

表5-2-5　**1991—2005年金湖县城区地下水监测一览表**　单位：毫克/升

年份	pH值（无量纲）	总硬度	溶解性总固体	氨氮	亚硝酸盐氮	硝酸盐氮	挥发酚	氰化物	砷
1991	7.23	4.11	—	0.050	0.015	2.39	0	0	0
1992	7.22	380.00	—	0.140	0.007	0.57	0	0	0
1993	7.87	110.00	—	0	—	0.31	0.002	—	0
1994	7.93	279.00	—	0	—	0.03	0	—	0
1995	8.40	205.00	—	0	—	0.09	0	—	0
1996	7.50	18.01	365	0.560	0.026	0.51	0.002	0.002	0.004
1997	7.59	13.26	565	0.528	0.011	0.12	0.001	0.002	0.004
1998	7.41	16.11	487	0.641	0.003	0.69	0.001	0.002	0.004
1999	7.57	16.08	268	0.218	0.006	0.77	0.001	0.002	0.004
2000	7.88	15.60	455	0.238	0.005	0.64	0.001	0.002	0.004
2001	7.27	98.00	315	0.228	0.010	0.76	0.002	0.004	0.007
2002	7.51	130.00	333	0.125	0.007	0.86	0.002	0.004	0.007
2003	7.17	210.00	313	0.227	0.010	0.83	0.002	0.004	0.007
2004	7.47	215.80	347	0.101	0.007	0.74	0.002	0.004	0.007
2005	7.18	196.00	336	0.069	0.006	0.78	0.002	0.004	0.007

续上表　单位：毫克/升

年份	六价铬	镉	氟化物	硫酸盐	氯化物	高锰酸盐指数	汞	细菌总数（个/毫升）	总大肠菌群（个/升）
1991	0	0	0.53	45.00	59.00	0.87	0	19	15
1992	0	0	0.76	35.00	12.00	1.51	0	61	3235
1993	0	0	0.61	31.80	19.34	0.5	0	47	2861
1994	0	0	0.49	26.20	32.00	0.8	0	43	187
1995	0	0	0.55	16.90	30.24	2.3	0	37	213
1996	0.003	0	0.64	6.94	39.07	0.8	0	16	165
1997	0.002	0	0.45	19.47	37.00	2.0	0	6	10
1998	0.003	0	0.49	17.00	39.70	1.7	0	9	13
1999	0.002	0.00010	0.52	50.53	37.46	1.7	0.00002	24	<3
2000	0.005	0.00007	0.55	56.63	24.68	1.1	0.00002	85	<3
2001	0.004	0.0010	0.58	34.84	34.10	1.9	0.00005	83	<3
2002	0.004	0.0010	0.67	34.56	36.60	1.5	0.00005	85	<3
2003	0.004	0.0010	0.64	36.57	23.00	1.7	0.00005	73	<3
2004	0.004	0.0010	0.45	33.41	42.60	2.8	0.00005	85	<3
2005	0.004	0.0010	0.47	33.90	30.50	2.1	0.00005	84	<3

说明：1991年以前，县城区地下水监测没有年平均值数据。

第三节　大气环境

一、县城区空气质量

1986年，在县城区布设大气监测点3个，分别代表清洁区、对照点和工业区等3个不同功能区。空气监测周期为每季度1次，全年4次。随着县城建设的不断发展，3个测点的位置时有变化，但所代表的功能区未改变，取得的监测结果具有可比性，基本反映出县城环境空气质量状况。2001年开始，监测周期改为24小时连续采样，其中二氧化硫、二氧化氮隔日采样，总悬浮颗粒物隔双日采样。

至2005年，县域环境空气监测数据显示：首要污染物为总悬浮颗粒物，总悬浮颗粒物年均值在0.12~0.42毫克/立方米之间。年均最大值0.42毫克/立方米出现在1987年、1991年，最小值0.12毫克/立方米，出现在1997年。年均值超过国家环境空气质量二级标准的有4年，分别是1987年、1989年、1990年、1991年，其中以1987年、1991年超标最为严重，超标率达36.2%，其他年份的年均值均符合国家二级标准。空气中二氧化硫浓度年均值在0.007~0.028毫升/立方米之间，均达到国家环境空气质量二级标准。年均最大值0.028毫升/立方米出现在1993年，最低值0.007毫升/立方米出现在2001年，1994年以后未出现超标现象。氮氧化物浓度年均值在0.005~0.036毫升/立方米之间，均达到国家环境空气质量二级标准。年均最大值0.036毫升/立方米出现在1991年，最低值0.005毫升/立方米出现在2001年，1992年以后未出现超标现象；降尘监测点与环境空气监测点同，监测周期为每月1次，全年12次。

1986—2005年金湖县大气质量监测统计表

表5-2-6　　单位：毫克/立方米

年份	总悬浮微粒	二氧化硫	氮氧化物	年份	总悬浮微粒	二氧化硫	氮氧化物	年份	总悬浮微粒	二氧化硫	氮氧化物
1986	0.34	0.025	0.023	1993	0.18	0.028	0.024	2000	0.24	0.010	0.022
1987	0.42	0.018	0.024	1994	0.22	0.013	0.018	2001	0.18	0.007	0.005
1988	0.35	0.021	0.019	1995	0.16	0.016	0.035	2002	0.18	0.010	0.007
1989	0.41	0.018	0.027	1996	0.20	0.014	0.023	2003	0.16	0.010	0.011
1990	0.41	0.017	0.022	1997	0.12	0.011	0.021	2004	0.20	0.011	0.011
1991	0.42	0.026	0.036	1998	0.20	0.014	0.027	2005	0.20	0.011	0.013
1992	0.24	0.018	0.014	1999	0.18	0.010	0.030				

二、降水监测

1986年，县监测站对降雨、降雪水质进行监测，在县城设降水监测点1个。降水监测一直坚持。至2005年，监测数据显示：1987年，县域出现降水酸雨频率达30.9%，为最大值；1996年，降水pH值为4.04，为最低值；1997年，pH值达8.30，为最大值。2000年以后，降水酸雨频率有所下降。2002—2005年，全县未出现降酸雨现象。

第三章　环境污染与防治

第一节　水污染与防治

一、废水污染

1986年，全县污水排放量681.23万吨，其中经过处理180.93万吨，达标排放15.2万吨；排放各类水污染物2.36万吨。1990年工业废水排放量1038.99万吨，其中经过处理排放482.7万吨，达标排放31.02万吨，水污染物排放2.56万吨。1995年工业废水排放量1546万吨，其中经过处理排放580万吨，达标排放289.6万吨，水污染物排放量2.98万吨。1998年3月，县造纸厂实现达标排放。1999年，县政府对县中医院下达医疗废水限期治理通知；县轻仟集团投资17.4万元，完成缫丝汰头废水治理工程；县人民医院投资7.4万元，更新医疗废水治理设施。10月，县造纸厂废水治理二期工程开工。2000年共排放废水1411.83万吨，其中工业废水962.83万吨，经处理911.92万吨，达标排放952.78万吨；生活污水449万吨，经处理112万吨。废水中排放各类污染物5158吨。2001年至2005年间，全县共排放废水7265万吨，各类水污染物3.7万吨，逐年数据呈下降趋势。其中2005年排放废水1220万吨。在废水排放总量中，工业废水700万吨，其中经处理634万吨，达标排放678万吨；生活污水520万吨，其中经处理199.5万吨。排放各类水污染物3295吨。

1986—2005年金湖县水污染物排放统计表

表5-3-9

年份	化学耗氧量（吨）	石油类（吨）	六价铬（千克）	悬浮物（吨）	年份	化学耗氧量（吨）	石油类（吨）	六价铬（千克）	悬浮物（吨）
1986	17148	301.00	0.06	6127	1996	16872	53.00	0.02	11500
1987	17581	307.00	0.06	6341	1997	12073	8.00	0.01	11498
1988	17984	317.00	0.07	6324	1998	6426	3.20	0.03	4965
1989	18147	341.00	0.09	6418	1999	4581	2.05	0.01	3189
1990	18745	351.00	0.12	6547	2000	3252	2.52	0.01	1903
1991	19025	365.00	0.10	6746	2001	8776	2.41	0.02	2041
1992	19578	254.00	0.07	7459	2002	9143	2.34	0.02	2141
1993	19247	218.00	0.06	7815	2003	5280	2.04	0.03	2364
1994	18751	124.00	0.04	8914	2004	3322	1.85	0.03	2695
1995	17619	52.70	0.02	12121	2005	2751	1.50	0.03	542

二、废水治理

20世纪80年代，县造纸厂、化肥厂、油化厂一直是县城污染废水排放大户。1986年，县城区的生活、工业废水和雨水主要通过管网或自流形式排入近河道，两座排涝排污站亦发挥一定的作用。县化肥厂投资22万元兴办一个闭路水循环工程，废水重复利用率达92%，减少年排放废水450万吨，同时每年可增加经济效益5万元左右。排放废水含氮量从150毫克/升降到57.1毫克/升。1987年，该厂先后投资40多万元，建氨水储罐，稀氨浓缩；建石灰窑，利用二氧化碳与过剩的氨水生成化肥，解决氨碳平衡问题，有效治理废气、废水和粉尘污染，每年还从中获益9万多元。1988年，该厂获得省环境保护先进单位。县油化厂添置溶剂与气体回收冷却机、冷却塔各1台（套），投资6.4万元。至1989年，县城建成4立方米/秒的排涝、排污泵站，疏浚城西排涝河600米。全县治理污染投入132.8万元，完成项目15个，处理废水250万吨，占废水排放总量的27.8%。县汽配厂、输油泵厂的电镀废水中的氰化物、六价铬一直严重超标，装置净化处理装置以后，均符合国家排放标准。县造纸厂征用一片洼塘作污水贮放天然曝气池，进行废水黑白液分流和悬浮物的回收，并对切草车间粉尘、噪音进行治理。县油化厂新建油水分离沉淀池2个，冷却水循环池2个。是年，城河明河改暗道工程及防洪排污闸建成，全县工业废水处理率为32%，污染治理设施运转率80%以上，城区河道水质逐步好转。

1994年，淮河流域发生特大水污染事故。1995年6月，由县建设局投资，县水利局工程服务中心设计并承建，在县自来水公司北厂区东侧兴建冲污站，提取三河水，冲释城区环城河涵洞及利民河、三里桥河污水，河道污染得到有效治理。是年，县环保执法部门依法动迁临近县自来水水源、严重影响水质的金联船舶修造厂等企业2户。1996年，《淮河流域水污染防治暂行条例》颁布实施。1997年，全县投入污染治理资金1807.4万元。其中排污大户县造纸厂投入850万元，采用南京理工大学环境研究所提供的"稳定塘方案"和南京华嘉公司的"碱煮法草浆黑液处理新工艺"对造纸中段水予以净化，但效果不理想。1998年，县制药厂投资26万元，新上染菌发酵收集和冷却水循环工程；县输油泵厂投资45万元的电镀水中和沉淀、隔油处理工程；县油化厂投资41万元的油脂加工废水综合治理工程，县织巾厂投资7.6万元，建造面积1300平方米氧化塘工程，江苏华康保健食品总厂投资20万元，建生物氧化塘工程，利用治理后的废水发展水产养殖；县玻璃厂投资8.37万元，建成沉淀净化池。县化工厂关停了化工车间。年底，全县有10家企业通过省市县达标排放验收。1999年，县油化厂又投资4万元添置曝气砂滤、活性炭吸附器等，废水综合治理总投资20万元，治理废水达国家二级标准。

2000年，县政府出台《金湖县水污染物达标排放计划》，全县年削减化学耗氧量2230吨，对改善水环境质量起到一定作用。2002年，县玉明电镀有限公司投资13万元，建成电镀废水治理设施；江苏神华药业投资20万元治理锅炉烟尘，改旋风除尘为水膜除尘，对引风机系统进行密封降噪，达到国家规定标准。2005年，县城污水处理厂部分基础设施建设开始启动，建设规模为日处理2万吨污水能力。江苏金莲纸业有限公司（由县造纸厂更名）由于未能完全解决草浆生产线废水污染处理问题，关停草浆生产线，改建5万吨脱墨废纸和7万吨瓦塄纸造纸项目，新上日处理2万吨废水设备，废水及污染物排放减少。

第二节　大气污染与防治

一、废气污染

1986年，全县排放工业废气4.2亿标立方米，工艺废气1289万标立方米，其中经过消烟除尘或净化1.29亿标立方米。1990年，全县排放工业燃烧废气5.09亿标立方米，工艺废气1896万标立方米，其中经过消烟除尘或净化3.05亿标立方米。废气中主要污染物是二氧化硫和烟尘，排放量分别为1584.73吨和522.44吨。1995年排放工业燃烧废气5.07亿标立方米，工业废气2723万标立方米，经过消烟除尘或净化的废气3.78亿标立方米。废气中主要污染物是二氧化硫和烟尘，排放量分别为1010吨和421吨。2000年，燃烧排放大气污染物1853.2吨，主要是二氧化硫和烟尘，分别为1234.2吨、619吨。工业废气排放量为3.02亿标立方米，污染物为粉尘，其排放量达72.3吨。2005年全县燃烧废气排放污染物1081吨，主要是二氧化硫和烟尘，分别为787吨和294吨。工业废气排放总量为8.63亿标立方米，污染物排放总量为77.3吨，其中粉尘排放量最大，达71.2吨。2001年至2005年，县推进工业结构调整，将一些高能耗、低产出的企业相继关停并转；加大环保执法力度，建成一定规模的烟尘控制区；推广使用低硫分、低灰分的优质煤炭；全县共排放各类废气污染物8917吨，呈逐年下降趋势。

1986-2005年金湖县大气污染物排放统计表

表5-3-10　　单位：毫克/立方米

年份	烟粉尘	二氧化硫	年份	烟粉尘	二氧化硫	年份	烟粉尘	二氧化硫
1986	408	964	1993	578	1225	2000	619	1234
1987	415	987	1994	632	1390	2001	516	1324
1988	421	1010	1995	700	1583	2002	431	1458
1989	458	1172	1996	691	1457	2003	351	1487
1990	472	1081	1997	672	1328	2004	207	1518
1991	495	1050	1998	652	1298	2005	294	787
1992	542	1150	1999	634	1257			

二、废气治理

1986年，县域废气污染源主要来自工厂企业的锅炉、窑炉及城乡居民家的烧草灶。时环保部门重点解决锅炉排放黑烟污染环境问题。全县有锅炉30台，是年改造3台，累计改造28台，占93.3%。1987年，县委、县政府决定，对环境污染严重的县火葬场、酒厂、玻璃厂等企业整体搬出城外，建立烟尘控制区0.5平方公里，范围为建设路以南，健康路以北，人民路以西，园林路以东地区。县化肥厂先后投资40多万元，建成造气炉尾气处理、粉尘干湿旋风式除尘等装置。1988年，县油化厂添置锅炉消烟除尘设备2台（套）。1989年，督促企业改造炉、窑、灶，对锅炉全部进行更新改造，配置消烟除尘设备，烟尘排放量减少，共投入150多万元。1990年，县城划定烟尘控制区2.25平方公里，范围淮河路以南，人民路以西，城中路以北地区。1993年5月，县城烟尘控制区扩大1.2平方公里，扩大范围指淮河路以南，城中路以北，人民路以东，利农路以西地区；1994年5月，县印发《关于加强城区烟尘控制区管理的通知》，加强对烟尘排放管控。县城锅炉增加到55台，窑炉3座，重点烟尘污染源有县造纸厂、油化厂、神华药业、华鼎精细化工厂、输油泵厂等。年底，取缔一批大灶。县输油泵厂投资14.5万元，配置一套吸尘处理装置，净化电镀车间废气中的有害物质铬酸。1995年，取缔和关停浪费资源且严重污染大气环境的土法小炼油厂4家。1997年，县城烟尘控制区向东、向南扩展到4.25平方公里。县机械厂将废气污染严重的铸锻车间迁离县城。区内有锅炉49台，窑炉12座，大灶372眼，经过改造，减少烟尘排放量8400吨，锅炉烟尘浓度、烟气林格曼黑度达标率分别为81.6%、89.8%，均符合国家要求。1999年，将黎城、戴楼等6个乡镇划定为秸秆禁烧区，防止烟尘污染大气环境。

2001年，农村大气污染治理重点狠抓秸秆禁烧，在全县范围内推广机械化秸秆还田、人工覆盖、秸秆高温沤肥、气化、养禽等，提高综合利用率。闵桥镇建成苏北首家秸秆气化站，年转化为沼气的

图 5-3-3 县城人民路烟控区治理前后（摄于 1997 年） 县环保局 / 供

稻麦草约200吨，沼气通过管道输送到农民家中，用于烧水做饭或照明；居民家安装太阳能热水器3600多台，既节约能源，又减少污染，保护环境。该镇被国家环保总局、农业部、团中央综合授予秸秆禁烧和综合利用先进单位称号。2002年，全面推广清洁能源，提高液化气的入户率；禁止县城区范围内的餐饮服务业焚烧原煤，推行固硫煤。江苏神华药业有限公司投资20万元治理锅炉烟尘，改旋风除尘为水膜除尘，对引风机进行密封降噪，烟尘、噪声排放量均达到国家规定标准。

2003年3月，县政府对城区沐浴业下达限期治理决定，熙园洗浴休闲城、城市温泉、月牙湖浴城、皇冠健身休闲中心4家浴室烟尘林格曼黑度超过国家排放标准。经过现场专项整治，4月验收达标。2004年，县规定所有洗浴业的小锅炉一律以无烟煤为燃料，不得焚烧烟煤；新增5套水冲式烟气净化装置。经整治，2005年县城烟尘控制区扩大到5.4平方公里，范围北起淮河路，南至金宝南线，东自城东干道，西至城西干道，削减排放量粉尘9.7吨、二氧化硫3.4吨，县城区环境空气质量得到改善。

第三节　固体废弃物污染与防治

1986年，县城区固体废弃物主要有工业炉渣、粉煤灰及建筑垃圾、生活垃圾等，年排放量2.11万吨，其中工业垃圾1万吨，多用于筑路和制砖等。1989年，废渣处置率、综合利用率均在98%以上。1990年，随着工业经济的发展，固体废弃物、废渣逐年增多，是年排放量3.84万吨。1995年，增加到5.65万吨。县拓展垃圾填埋场2公顷，年清运垃圾量3.5万吨、粪便7400吨，清理积存垃圾326吨。

进入21世纪，县域城市化建设步伐加快，县城人口迅速增长，固体废弃物、废渣，包括建筑垃圾、生活垃圾等排放量急剧增多，2001年排放量超过8万吨，其中生活垃圾3.95万吨。对生活垃圾一般经堆置、药物消毒后予以填埋；城区粪便收集后，经净化处理，作为肥料或水产养殖饵料；煤渣用于制砖、铺路等。2005年，废渣排放量增加到11.38万吨，其中工业垃圾4.81万吨，建筑垃圾、生活垃圾6.57万吨。是年，县在响墩4万平方米的垃圾填埋场实施二期浚深开挖工程，新建垃圾处理场6.7公顷，县城区固体废弃物处理率100%。

第四节　噪声污染与防治

1986年，县城区工业企业噪声污染在90分贝以上的有12户，主要是机械性、动力性噪声污染排放严重。县棉织厂、输油泵厂、制药厂、汽车配件厂的机械性噪声均超过100分贝，县输油泵厂、汽车配件厂的电磁性噪声也超过100分贝。1988年，县溶剂厂自行设计空压机消音装置，效果很好。1990年，县城塑料厂噪声污染严重，群众反映强烈。企业采取安装消音器、隔音板、隔音窗加以解决。1991年设置健康路、人民路汽车喇叭禁鸣街道2条。5月7日，对县棉绒厂噪声污染下发限期整改通知。5月28日，下达对黎城北路私营面粉厂噪音污染的仲裁意见：对粉碎机进行消音处理，达标后方可生产。8月10日，对噪声污染100分贝以上、影响村民正常生活秩序的黎城镇顺河村雍某所开办的铸造厂，给予实行停止生产的处罚。该户拒不接受，遂于1992年1月7日作出吊销营业执照的建议。

1992年，对临街营业性音响和建筑施工噪声提出明确要求，对高考期间扰民噪声进行有效管理。1993年，县城主干道均设置汽车喇叭禁鸣标志，规定机动车禁行时间；修建环城公路，减少进入城区主街道的车流量。1995年，县化肥厂、制药厂投资50多万元，治理超标固定噪声源9个。县制药厂黄原胶车间20吨罐搅拌系统噪声严重超标，直接影响生产工人的身体健康。县制药厂对该系统采用改进设备、隔音、吸声等方法进行综合治理，对锅炉引风机噪声进行密封降噪处理，通过竣工验收。

1997年，首次开征建筑业建筑施工噪声排污费。县机械厂搬迁噪声污染严重的铸锻车间到远离县城的官塘集镇。1998年，重点解决建筑施工噪声污染问题。环保局组织人员向建筑工程队负责人宣传环保法规，限期申报建筑工程地点、进度、污染物排放情况。县规定夜间22点至次日凌晨6点不得施工；如遇特殊工艺须连续施工的，必须事先报批，向工地周围居民进行公示；学生中、高考期间，考场周围所有建筑施工场地一律无条件停止施工。对群众反映强烈的建筑施工噪声，实行昼夜值班，跟踪监督检查，及时查处违规排放噪声行为4件，向14项超标排放噪声的建筑工程征收排污费4万元。2002年，对超标排放噪声的大理石加工企业实施专项整治，关停坐落在同仁巷居民区的大理石厂，另实施强制搬迁大理石厂3家。2003年5月、6月间，对群众投诉较多，影响较大的“杀鸡宰鹅噪声污染”问题进行查处。2005年，县城噪声控制区扩大到5.4平方公里，范围北起淮河路，南至金宝南线，东自城东干道，西至城西干道。全年举报噪声污染案件60件，均依法进行调查处理，结案率100%。

第四章　环保执法

第一节　排污管理

一、排污申报登记

1986年，县人大常委会作出《关于乡镇企业不准从事污染严重的项目生产的决议》，要求境内不准新办污染严重的生产项目及噪声震动严重扰民的工业项目，禁止生产和经营在自然环境中不可分解、能在生物体内蓄积的剧毒污染物或强致癌物成分的产品；已建成的要进行调整，限期改造达到国家或地方的污染排放标准；限期达不到要求的，县环保部门有权责令其停止生产。县政府根据县人大常委会决议，制定相应落实措施。1987年，淮建乡原打算投资230万元、新建一座年产2000吨的箱板纸厂，闵桥楼庄打算接手南昌转来电镀项目，官塘乡打算建化工厂，因污水排放难以治理，均放弃原来的计划。

1990年，全县开展排污申报登记和实行排污许可证制度，排污申报登记企业10户，发放水污染物排放许可证5户。1995年，排污申报登记企业19户，颁发水污染物排放许可证4户。1996年，发放噪声污染源排污申报登记注册证272户，新发放排污许可证11户，年审262户。1997年，县建成排污申报登记数据库。1999年，申报A类注册登记证22户，B类注册登记证205户，新发放排污许可证13户。2002年，年审A类企业15家，B类企业90家，建立污染物排放增量、减量台账和重点污染源动态数据库。申报登记注册证175户，新发放排污许可证10户。2003年，年审排污申报登记注册证188户。2005年，年审排污申报登记注册证561户，新发放排污许可证356户。

二、排污费征收

1986年，县政府印发《关于进一步贯彻国务院征收排污费暂行办法的通知》，继续向排污企业单位收取排污费，实行专款专用，用于环保事业。1988年，征收排污费企业36户，收取排污费50.55万元。1990年，排污费收取企业41家、61.91万元，其中排污大户输油泵厂征收14.4万元。

2002年，县政府依据《排污费征收使用管理条例》，规定对排污者排放污染物的种类数量按具备监测条件的监督监测数据进行核定，对餐饮、娱乐、服务等第三产业的小型排污者，采用抽样测算的办法核算排污量，送达“排污核定通知书”，逾期不申报、不缴纳的下发“排污费限期缴纳通知书”。2003年，加强和规范境内石油开采行业排污收费征缴工作，全年共征收283.83万元，其中石油企业排污费征收32万元，乡镇工业企业征收11万元，三产和建筑施工噪声排污征收17.5万元。

2005年，全年共征收排污单位188户，排污费280.43万元，其中：化工企业5户、34.82万元，轻工企业1户、82.2万元，纺织企业2户、7.83万元，乡镇企业32户、13.73万元，其他单位148个、141.85万元。在征收的排污费中，超标排放收费240.47万元，其中，废水60.65万元，废气40.50万元，废渣3.93万元，噪声134.52万元，放射性废物8707元。

1986—2005年金湖县排污费征收统计表

表5-4-11

年份	排污单位（个）	征收排污费（万元）	排污类别			年份	排污单位（个）	征收排污费（万元）	排污类别		
			废水（万元）	废气（万元）	噪声（万元）				废水（万元）	废气（万元）	噪声（万元）
1986	33	37.80	—	—	—	1996	72	181.54	76.99	4.78	23.84
1987	34	45.00	—	—	—	1997	72	188.00	77.10	7.80	25.43
1988	36	50.55	—	—	—	1998	121	206.11	86.34	3.20	24.31
1989	39	45.38	35.32	9.98	0.08	1999	109	190.47	80.64	3.96	23.70
1990	41	61.91	49.80	11.51	0.30	2000	97	204.93	69.80	4.06	23.34
1991	41	61.52	49.14	9.70	0.47	2001	84	220.53	73.10	13.01	38.5
1992	42	62.57	51.33	6.30	2.27	2002	138	240.47	79.19	12.70	44.66
1993	51	74.03	54.66	7.38	4.80	2003	188	283.83	152.08	12.77	57.28
1994	63	90.15	49.34	6.91	7.02	2004	188	283.83	91.09	20.13	65.79
1995	65	85.08	41.54	46.64	20.54	2005	188	280.43	60.65	40.50	134.52

说明：征收排污费的类别中仅列入3个主要项目，还有废渣、放射性废物排放等其他项未列入。

三、排污总量控制

1989年，境内开始对工业污染物排放实行总量控制，超排部分加收排污费或进行经济处罚。是年，向39户企业及单位征收超标排放收费45.4万元，其中，超标排放废水收费35.32万元，废气收费9.98万元，噪声收费750元。1995年，重点控制工业废水中主要污染物的排放总量，境内淮河流域工业污染源的达标排放工作完成。实行排放总量控制的主要企业有县造纸厂、化肥厂、制药厂、丝绸总厂、溶剂厂、酒厂等。实施排放总量控制后，工业废水污染物中化学耗氧量、悬浮物、挥发物等主要污染物均大幅度降低，重金属、六价铬等污染物排放基本得到控制，工业废水处理率和固体废弃物综合利用率均能保持100%。2002年，年审A类企业15家，B类企业90家，并建立污染物排放增量、减量台账和重点污染源动态数据库；发放排污口统一标志牌37块，县金莲纸业排污口设置远程自动监控系统，安装治理设施装置黑匣子2台，为实现排污总量控制提供技术数据。

1998年，县制定《金湖县排污口整治计划》，列为排污口整治企业12户。投入资金18.5万元，在县造纸厂、制药厂排污口安装污水流量器；在江苏石油试采二厂、县针织内衣厂、江苏华康保健食品总厂排污口采用堰槽法测流；在县油化厂用浮标法测流，在其他7家企业排污口安装提示牌17块、警告牌6块、监督黑匣子1台，提醒企业严格依照排污总量规定排污。2001年，汇总排污口42个。2003年，安装排污口标志牌37块，2004—2005年，下发重点排污单位污染物排放总量控制计划共13份，均完成市下达的污染物削减计划。

1989—2005年金湖县污染超标排放费征收统计表

表5-4-12

年份	超排单位总数（户）	其中企业分类					超排费收取总额（万元）	超排类别		
		轻工（户）	化工（户）	纺织（户）	乡镇企业（户）	其他（户）		废水（万元）	废气（万元）	噪声（万元）
1989	39	3	7	2	5	22	45.38	35.32	9.98	0.08
1990	38	2	7	2	10	17	61.91	49.80	11.51	0.30
1991	35	6	2	2	8	17	59.30	49.14	9.70	0.46
1992	44	6	3	4	20	11	59.89	51.33	6.30	2.36
1993	48	5	3	4	29	7	66.83	54.66	7.38	4.79
1994	50	5	3	4	28	10	63.27	49.34	6.91	7.02
1995	68	5	4	4	45	10	66.74	41.54	4.66	2.05
1996	72	4	3	4	53	8	105.61	76.99	4.78	23.84
1997	77	3	3	4	59	8	107.80	77.10	4.50	26.20
1998	121	3	2	3	106	7	113.84	86.34	3.20	24.30
1999	108	3	2	2	85	6	98.27	71.30	4.82	22.15
2000	97	3	1	2	86	5	97.19	69.8	4.07	23.34
2001	84	2	8	2	9	63	124.61	73.10	13.01	38.50
2002	240	1	7	2	31	199	136.45	79.19	12.70	44.66
2003	188	1	5	2	32	148	222.13	152.08	12.77	57.28
2004	188	1	5	2	32	148	124.18	91.09	20.13	65.79
2005	188	1	5	2	32	148	240.47	60.65	40.50	134.52

说明：2005年超排收费中，含新增收的固体废弃物超排收费3.93万元。

四、治污重点项目与投入

1986年，县环保局集中解决化肥、溶剂、造纸、酿酒、缫丝等企业废水、锅炉污染问题，完成治理项目12个，更新改造锅炉26台。县从征收的排污费中拨出9.1万元给企业用于治污，企业投资近百万元，其中县化肥厂闭路循环水工程投资22万元；县造纸厂污水储放天然曝气池投资49.61万元。1988年，完成治理项目9个，投资67.2万元，征收的排污费用于县城治理工程20万元。1989年，县输油泵厂投资10万元建成电镀车间废水还原中和、重金属分离、干化的处理系统，保证含铬废水达标排放。全县治污投资额132.8万元。

1990年，县从征收的排污费中拨出10.93万元给企业用于治污，农村环保建设总投资160万元，完成重点废水治理工程3项，新建一个省级生态村及鸟类保护区；98%煤渣全部流向砖瓦厂和用于铺路，变废为宝。1991年，县从征收的排污费中拨出32.98万元给企业用于治污，治污总投入214.98万元，治理水污染项目3个，烟尘污染项目3个。

1995年，重点控制工业“三废”排放总量，完成淮河流域工业污染源的达标排放调查摸底工作。1996年，淮河流域境内工业污染源涉及企业11户均列入限期治理，其中，金莲纸业占全县污染负荷的70%。至2000年，11家企业共投入治污资金1807.4万元，其中县造纸厂850万元，年削减工业废水中污染物排放约3000吨，顺利通过上级部门验收。

2002年，对筛选出的重点污染源企业23家严加管控，涉及造纸、医疗设备、机械制造、电镀、缫丝、粮食加工等行业，占全县排放总量的97%以上。神华药业有限公司投资20万元，治理锅炉烟气，改旋风除尘为水膜除尘，对引风机实施密封降噪，年减少二氧化硫排放量38.4吨，烟粉尘排放量42吨，噪声达国家排放标准。2003年，上级环保部门拨入湿地保护经费15万元。2005年，全县企业治污投入33万元，国家贷款投资治污2万元。

第二节　建设项目环评与审批

1986年，县政府规定，将环境影响评价作为建设项目的“第一审批权”。县环保局严格执行“三同时”要求，即严把建设项目环境影响评价审批关，做到防治污染的措施与主体工程同时设计、同时施工、同时投产使用。是年，审批建设项目20个。

1990年，审批环境影响评价建设项目74个。1995年，县政府印发《金湖县建设项目环境保护“三同时”保证金实施办法的通知》，审批环境影响评价建设项目39个，总投资额9435.15万元，环保投入465万元，验收合格项目3个。在审批“新建、扩建、改建”项目时，同时考虑到建设项目所处环境区域的承受能力，对影响环境质量的银集、涂沟两镇拟办水杨酸和3.45三甲基苯乙醛化工项目2个予以否决；对县溶剂厂和江苏华鼎精细化工有限公司项目，收取“三同时”保证金1.8万元。试采二厂闵中加热治污项目，没有办理环境影响和审批手续，违法排污，造成横桥乡小桥村1.33公顷秧田遭受到不同程度的损失，县环保部门及时调查取证，依法对该厂进行处罚，并责令赔偿农民经济损失。

2003年，环评预审建设项目41个，批准环境影响报告表37份，经审批的建设项目总投资3.1亿元，其中环保投资1035万元。2005年，环评预审建设项目126个，其中批准环境影响评价书4份、评价表31份、登记表91份；验收项目16个。

1986—2005年金湖县建设项目环评审批统计表

表5-4-13

年份	环评审批建设项目（个）	总投资额（亿元）	环保投入（万元）	竣工验收项目（个）	年份	环评审批建设项目（个）	总投资额（亿元）	环保投入（万元）	竣工验收项目（个）
1986	20	0.35	156	—	1996	31	2.33	310	5
1987	26	0.48	234	—	1997	36	0.52	600	4
1988	34	0.56	289	—	1998	21	2.06	222	7
1989	53	0.79	423	—	1999	39	0.74	313	8
1990	74	0.95	782	1	2000	38	0.62	276	5
1991	62	0.82	810	2	2001	32	0.56	385	6
1992	65	0.87	670	3	2002	38	0.63	170	3
1993	48	0.49	546	2	2003	37	3.10	1035	6
1994	42	0.67	416	1	2004	70	1.68	340	13
1995	39	0.94	465	3	2005	126	2.63	316	16

第三节　环境监察

一、举报测查

1986年，调查处理县人大、政协交办的环境污染与防治的提案、议案10件，接待群众信访5次。1988年，处理提案、议案7件，接待群众信访15次，处理率和结案率100%。1991年，接待群众信访120多次，人大提案、政协议案30多件。5月7日，对县棉绒厂噪声污染下发限期整改的通知。1995年，接待群众信访41件，处理率和结案率100%。1997年，接待信访61人次，来访10人，办理县人大、政协有关环保议案、提案20多件。

2003年，配合市支队做好环保“110”社会联动服务，开通环保举报电话“12369”，收到群众关于环境污染纠纷的来信来电及县长公开电话投诉144件，其中水污染14件，大气污染81件，噪声污染46件，其他3件，处理率和结案率均达100%。2004—2005年，共接待处理环境污染纠纷、举报305件，其中，水污染49件，大气污染138件，噪声污染106件，其他方面12件，均到现场测查，处理率、结案率均达100%。

二、监理督察

1986年，完成淮河流域工业污染源调查建档，1987年3月汇编装订成册。1988年，开展乡镇工业污染源调查，整治违法排污企业，实行每月一次现场监察，及时掌握污染动态，做到早发现、早解决。1989年，工业污染源调查建档企业174户，其中县属企业45户，乡镇企业129户；污染重点单位59个。1995年，全年出动650人次，现场监理200次，治理设施运转率85%，运转达标率70%。

2001年，环境监理540人次，完成排污整治企业102家，其中A类企业18户，B类企业84户；治理噪声源74个，安装污水排放流计量2个。8月，监理中队获得“省2000年度排污收费先进集体”称号。2003年，取缔“十五小”（小化工、小化肥、小炼油、小电镀等15类小型企业）企业县化工厂炼油车间、北园路电镀厂、县晨光机械厂、金南镇邹正清电镀厂及县汽车零部件有限公司电镀车间等5

户。全年出动536人次，现场监理195次，治理设施运转率91.7%，运转达标率79.7%。2004年，加强工业园区环境管理，对经过环评审批的177户招商引资项目水、气、声的排放，全面进行监督监测。特别是对群众反映较多的江苏理士科技有限公司排放的废水，先后不定期地进行监督监测40多次，获得有效监测数据200多个，为环境执法提供依据。全年共接待处理环境污染纠纷、举报139件，其中水污染17件，大气污染72件，噪声污染46件，其他方面4件，处理率、结案率均达100%。

2005年，加大对违反建设项目管理规定、治理设施未正常运转、拒绝排污申报等环境违法行为的行政处罚力度，下发行政处罚通知书、行政处罚决定书146份，处罚金额8.5万元。全年出动771人次，现场监理315次，治理设施运转率97%，运转达标率79.5%。农灌期间，对直接影响灌溉水源质量的排污单位，指派专人负责，实施24小时监控，确保灌溉水源水质达标。对27户重点工业企业环境行为进行评级，评出绿色企业1户，蓝色企业16户，黄色企业7户，红色企业3户，并在县报上予以公示。

三、案件查处

1986年，横桥乡一农民和高邮一蛙贩，联合收购青蛙到外地高价出售，被查获后放生青蛙4000只，并处罚款1000元。1987年，境内发生污染事故3次：一是县机械厂电镀水流入专业户鱼塘，造成塘内的鱼大量死亡；二是江西船队60吨复合肥全部沉入石港河段；三是涂沟乡漂液厂漂液渣放入水中造成死鱼事件。县环保部门均及时赶赴现场监测处理，采取措施援救，降低污染程度。1988年，黎城船塘村一组农民反映县第二玻璃厂废气污染问题，经采集样品送省检测，厂区广玉兰叶片中含氟量178.4毫克/千克，桑叶含氟量129.8毫克/千克。与市局一起裁决，该厂向农民一次性赔偿污染损失3.45万元。

1990年，县酒厂废水排放量大，群众反映强烈。经县政府协调准备搬迁。该企业由于资金运转困难，搬迁安置受阻，县环保局遂于1992年1月7日作出吊销营业执照的建议。1991年5月，对县棉绒厂噪声污染下发限期整改的通知；对县委党校受黎城镇玻璃仪器厂污染危害的纠纷，作出仲裁意见：安装消音器，墙壁安装吸音板，解决空压机房的噪声；加固加高烟囱，减少废气烟尘及其他固体废弃物的排放量。1995年，坐落县城青年路1号、临近县第三中学的江苏华鼎精细化工有限公司，在生产对羟基苯乙酰胺过程中尾气吸收不完全，散发的气味影响学生和周围群众的正常学习、生活，县环保局对此发出限期整改通知，验收合格后才准予正式投入生产。是年，共发出限期补办环评和审批手续通知书5份，限期整改通知书、处罚通知书各2份，调整和新增排污费6户，取缔关停浪费资源、污染环境的土炼油厂4户，搬迁影响县城饮水水源的企业1户。

1997年，加倍征收县造纸厂超标排放水污染物的排污费4万元；取缔土炼油窝点16处，强行拆除少数“钉子户”的炼油设备，并没收其非法所得；查处非法捕杀、贩卖青蛙案件3件，放生青蛙300公斤。1999年，组织600余人次现场执法，对县造纸厂擅自停运污水处理设施，超标排放污染物，石油试采二厂泄漏原油污染环境，捷尔电缆厂燃烧有毒有害物质，县人民医院氯气泄漏，华鼎精细化工有限公司擅自转移有毒化学固体废弃物等违法行为，均给予行政处罚。

2001年3月，黎城镇吴前安等27户养殖户上访省环保厅，投诉县造纸厂废水毒死种鹅2万只一事，县环保局组织多管、水产等部门专业技术人员进行联合调查取证，将死亡种鹅取样送至权威部门化验，找出H5亚型禽流感是鹅致死的真正原因。既为造纸厂洗去不白之冤，又为养殖户打消在三河不能养殖家禽的顾虑。6月21日，县政府对金湖县喷塑厂电镀车间未经审批、擅自上马、污染环境，金湖银海丝业有限公司恢复生产时汰头废水污染物超标，江苏神华药业锅炉老化、烟尘材料林格曼黑度和烟尘浓度超标，造纸厂、白马湖鑫桥木业树脂厂污染环境等违法行为，出动督查134人次，分别下达关停、限期整治的通知，作出行政处罚决定。2002年，县政府取缔金南镇百庙村小电镀项目，关停未经审批、擅自投入生产的同仁巷大理石厂。

第六篇　城乡建设

1986年，县城所在地黎城镇主干道三纵三横，呈“田”字形格局，城区面积9平方公里，建成区面积约3平方公里。城区人口2.69万人，其中非农业人口2.15万人。房屋多为低矮简陋的平房，部分行政、企事业单位建有5层以下的楼房，高层建筑仅有1幢8层的金湖商场综合楼。县城道路总长13.37公里，巷道、背道等其他行道多为砖铺路、砂石路、土路，有桥梁（闸）14座，排水管道总长2430米，大小窨井1000余座。城区排水不畅，雨雪天多处道路凹凸不平、积水、泥泞难行。绿化面积27.37万平方米，自来水日供水能力1万立方米。各乡镇集镇居民住宅一般是平房。是年冬，县政府调集民工疏浚三里桥河，着手解决城区排水问题。1987年起，逐步将污染环境严重的企业从城内整体搬出。1989年，在城西开挖辟洪河、疏浚排涝河，新建护城闸和冲污站。20世纪90年代初，投资兴建防护绿地，改善城区生态环境。1997—1998年，完成城西排污河、环城排污河明河改暗道工程。随着职工房改制度的实施，一座座新楼拔地而起。全县各镇开展“三优”（优美环境、优良秩序、优质服务）创建活动，推动乡镇集镇建设与管理走上正轨。1999年，加大城区改造力度，拆除旧危房，铺筑下水道，疏浚改造排水河道，延伸硬化道路，配套兴建桥梁、涵闸、绿地、广场。全县集镇基础设施总投入近2亿元。是年，闵桥镇建成省级新型小城镇；银集、陈桥建成市级新型小城镇。

2000年起，县委、县政府决策将县城打造成为具有水乡园林特色的现代化城市，改造老城区，实施西进、南拓、东扩战略，铺路修桥，拉开骨架，疏浚河渠，拆旧除危，兴建新楼。至2002年，房屋建筑施工面积22.57万平方米，竣工15.43万平方米。城区公共绿地分解落实到各责任单位养护，巩固提高绿化效果。2004年，县城西部2.5平方公里的工业园新区建成“六纵六横”道路网络，实现“六通一平”。全县集镇建设投入增加到3.5亿元，吕良、闵桥两个省级重点中心镇继续加快集镇建设步伐。

2005年，创建“省级文明城”活动深入开展。县城开发兴建房屋面积10.3万平方米，累计拆除违章搭建的棚亭、临时建筑物面积约12万平方米，拆除妨碍县城规划建设的建筑物总面积26万平方米。各镇村基础设施配套建设进一步完善，建成镇工业集中区4个。县城总面积34.27平方公里，建成区面积14.45平方公里，其中县工业园区建成区面积6.7平方公里，共有主次干道29条，形成“五横九纵”交通网络，道路总面积101.16万平方米，铺设排水管道5.18万米，建大小窨井2582座，电力、电信、广播、电视线路和排水管道、煤气管道基本全部入地；安装路灯6861盏；城区供水主管道总长112.6公里，日供水能力2.9万立方米；设立石油液化气储备供应站3家，储罐容积560立方米；建成行政广场、憩园、爱特福、飞天等景观广场6个，及翠湖园、柳树湾湿地公园和三里桥河、三河、利民河等风光带等，同时附设体育健身器材，成为市民休闲、娱乐、健身的乐园。建成区内高楼林立，地面乔、灌、花、草相互搭配，处处见绿，四季有花，宽敞林荫道路四通八达，绿地覆盖面积447.3公顷，绿化覆盖率42%，人均绿地6.23平方米。每到夜晚，路灯、桥头灯、霓虹灯、射灯、满天星、探照灯等，将湖城夜空装扮得分外亮丽，呈现出一派水乡园林特色。

第一章　城乡建设与管理机构

第一节　城乡建设机构

一、局本级

1986年，县城乡建设环境保护局内设人秘、财务审计、城市建设、建筑管理、农房、环保等6个股和监察室1个，农房股协调指导村镇规划建设管理工作。行政编制7人，事业编制19人，实有工作人员26人。1987年人员编制增加到35人。1989年4月，分设为县城乡建设局和县环境保护局。县城乡建设局内设人秘、财务审计、农房、建筑管理等4个股和监察室，行政编制7人，实有工作人员22人。1997年8月，更名为金湖县建设局，行政编制14人，实有工作人员22人；局农房股更名为村镇建设股。2005年，县建设局机构名称没有变动，增设规划科，共5个科，行政编制14人。

二、直属单位

县规划办公室　1989年8月成立，隶属于县城乡建设局，编制3人。2004年5月，升格为副科级。2005年，编制数增加到8人。

县建设工程监督管理站　1986年，为县建筑管理站与县建筑质量监督站，两站合署办公，"一套班子、两块牌子"，为全民事业单位，编制6人。1993年4月，更名为县建设工程监督管理站。2001年，划出编制数2人。2005年实有4人。

县自来水公司　前身为县自来水厂，1986年有职工49人，其中固定职工20人。1993年，县自来水厂更名为县自来水公司，职工增加到58人。2000年4月，县自来水公司从县建设局划出，隶属县水利局管理。2005年11月，又从县水务局整体转移到县建设局。编制108人，实有职工114人。

县液化气管理办公室　1995年5月成立，为股级全民事业单位，隶属于县城建局，与县城市建设管理监察大队合署办公。2001年10月，从县城管大队划出，编制5人，同县城市房屋拆迁管理办公室为"一套班子、两块牌子"。至2005年，该机构隶属关系没有变动。

县城市房屋拆迁管理办公室　1997年9月成立，为全额拨款事业单位，与城市建设管理监察大队合署办公。2001年10月，县拆迁办与县城管大队分开，同县液化气管理办公室"一套班子、两块牌子"。直至2005年，隶属关系没有变动。

县市政建设管理所　1986年，为城建工程队，实有职工26人，其中固定工20人。1988年，实有职工人数减少到15人，1991年16人。1992年，县城建工程队更名为县市政建设管理所，实有职工19人。2001年，划出编制3人。2005年，机构名称及其隶属关系没有变动，编制9人。

县城市管理监察大队　1986年，城市管理工作由县城乡建设环境保护局的城市建设股负责。1987年组建县城管监察中队，隶属于县城乡建设环境保护局。1991年，县城管监察中队更名为县城市建设管理监察中队，仍隶属于县城建局，业务上受市城建管理监察大队指导，主要职能是受城市建设行政主管部门委托履行专职，如管理监察县城建设规划执行、市政设施、园林绿化、环境卫生等，编制、实有职工人数12人。1995年7月，监察中队改称县城市建设管理监察大队，与县液化气管理办公室合署办公。编制、实有职工19人。1998年3月，县城市建设管理监察大队和县创建精神文明城镇监察大队合并为城市建设管理监察大队，股级建置，隶属于县城市建设管理委员会办公室，大队内设副股级建制的3个中队，编制23人。2002年，县城市管理局成立后，该大队划归其管辖。

县园林管理处　1987年1月成立，为县公园筹建处，全民事业单位，编制5人。1991年1月，更名为县园林管理处。1992年5月，事业编制9人。至2005年，机构人员无变化。

县路灯管理所　2005年5月20日成立，全民事业单位，编制8人，挂靠县供电公司管理。增置液压升降平台车1辆，高杆灯维护难问题得到解决。

三、基层机构

1986年，各乡镇村镇建设管理工作均由该乡镇的土地管理员兼管。1987年，乡镇成立土地管理办公室后，由其代履行村镇规划建设管理职能。1990年10月，各乡镇成立村镇建设管理办公室，配备村镇建设管理员1人，全县共22人，1996年增加到33人。1997年5月，乡（镇）的村镇建设管理办公室更名为村镇建设管理服务所，为全民事业单位，编制增加到45人。2000年2月，区划调整中22个村镇建设管理服务所合并调整为11个，并更名为村镇建设管理服务站。2005年，镇村镇建设服务站负责镇域范围内的规划、建设、管理和环卫等工作。

第二节　城镇管理机构

一、局本级

1990年，成立县城市管理委员会，下设办公室，县城建局下设的城市建设管理监察中队划属其管辖，编制12人，实有职工15人。1991年，县城管监察中队更名为县城市建设管理监察中队，仍隶属于县城建局，业务上受市城建管理监察大队指导，主要职能是受城市建设行政主管部门委托，管理监察县城建设规划执行、市政设施、园林绿化、环境卫生等，编制、实有职工人数12人。1995年5月，成立县创建卫生文明城镇办公室，为正科级建制，县政府直属机构。7月，县监察中队扩编改称县城市建设管理监察大队，与县液化气管理办公室合署办公。编制、实有职工19人。

1998年3月，县创建卫生文明城镇办公室并入县城市管理委员会办公室，“一套班子、两块牌子”，为正科级事业单位，挂靠县建设局，核定事业编制5人。2002年7月，县城市管理委员会办公室更名为县城市管理局，为县政府直属正科级事业单位，行使市容管理、环境卫生、园林绿化、规划执行、市政公用设施建设等方面的监察与管理。内设办公室、法制宣传科、广告管理科、规划监察科，下辖环境卫生管理处等。直至2005年，城市管理局机构和隶属单位没有变动。

二、直属单位

县环境卫生管理处　1986年，县清洁管理所为集体所有制性质，隶属于黎城镇管理，实有职工人数63人，其中固定工43人。1989年，县清洁管理所划归县城乡建设局管理，更名为县环境卫生管理所。2002年，该所整建制划入县城管局，更名为县环境卫生管理处，下设保洁队、清洁队、车队、监察队、经济开发区保洁队、业务科、维修车间，集城市环境卫生的服务、监督管理于一体。至2005年，机构名称及其隶属关系没有变动。

县综合执法大队　1999年8月成立，为县政府副科级事业单位，不核定编制，人员由各单位抽调，原县城市建设管理监察大队行使的市容环境卫生管理部分执法权交由该大队行使，即城区人民路、园林路、衡阳路、建设路、健康路、金湖路等6条主干道范围内的市容环境卫生管理。2002年，与县城市建设管理监察大队合并成立县城市管理执法大队。

县城市管理执法大队 2002年7月组建，由原县综合执法大队与县城市建设管理监察大队合并成立县城市管理执法大队，为城管局下属副科级事业单位，下设4个中队，配备工作人员82人。2005年，内设一中队、二中队、三中队、四中队和开发区中队。

三、基层机构

1986—1987年，各乡镇集镇环境卫生主要依靠集镇的市场管理委员会负责管理，集镇建设先后由该乡镇土地管理员、土地管理办公室负责管理。1995年7月，县城市建设管理监察大队成立，黎城、金沟、闵桥、银集、塔集、涂沟、吕良等7个建制镇成立镇建设管理监察中队，与村镇建设管理办公室合署办公。2002年7月，全县所属11个镇均建立镇建设管理监察中队。至2005年，镇建设管理机构及隶属关系没有变动。

第三节 房产管理机构

机构（参见“第十七篇建筑业”第一章第一节第二目。）

第二章 城乡规划

第一节 县域城镇体系规划

2002年9—12月，县政府委托南京大学城市规划设计研究院编制《金湖县县域城镇体系规划》，规划年限为2002—2020年，分近期（至2005年）、中期（至2010年）、远期（至2020年）三个阶段。城市化水平近期40%，中期48%，远期超过56%，远景达到70%左右。县城将建成具有较强实力和较大规模的小城市，闵桥、吕良2个镇区建成2万人口以上的具有一定影响力的城镇，适度发展金南、银集、陈桥等4个达到1万人口规模的镇区。2003年11月，县政府又聘请省城市规划设计研究院对原规划进行修编调整。2005年，《金湖县县域城镇体系规划》报请市政府批准实施。规划的主要内容：

主要经济发展指标 2003年，县域人口规模36万人；国内生产总值30.25亿元，人均国内生产总值0.84万元。2007年，县域人口规模37万人；国内生产总值52亿元，人均国内生产总值4.3万元。2020年，县域人口规模41万人；国内生产总值207亿元。2003年，城市化水平35%。2007年，县域城市化水平41%。2020年，县域城市化水平64%。

区域功能定位及周边地区的协调发展 在南京都市圈内：主动接受从南京、扬州等沿江地区的产业转移和辐射，依靠周边大中城市，强化自身功能，实现资源共享；主攻以劳动密集型和资源密集型产业，适时发展高新产业，加强区域生产配套协作关系，错位发展；立足于自然资源优势，大力发展和宣传饮食文化，提高城市竞争力和亲和力。争取成为南京都市圈内重要的经济节点。在淮安市内，依靠信息共享、资产重组和资源整合来创造新的区域竞争优势；充分利用淮安的金融、商贸、文化等服务功能，避免重复建设；在产业配套和生产协作上，充分依靠和利用淮安“三向辐射”的便利，通过技术支援和服务等形式，展开与淮安市的生产协作，成为市南部重要经济增长点，具有和谐生态环境的洁净、舒适、宜人的现代化城市。与其他地区在资金、技术、生产、市场等方面寻求更广泛的合作机会；区域性重要基础设施进行协调，减少近域恶性竞争。

城镇布局结构调整原则　在城区规划用地范围内的城镇应并入县城区统一规划；扩大重点中心镇的腹地范围；合并的城镇应地域相邻、交通便利，尽量保持行政单位的完整性；以大带小、以强带弱、以发达带欠发达、发展潜力大带后劲不足的城镇；保留特色镇。

县域城镇规模等级及职能结构规划　至2020年，在县城建成人口规模超过15万人、本等级城镇人口争取达到18万人的城镇，占全县城镇人口的69.2%；建设以机电和轻工业为主的县域中心，建成一座水乡园林特色现代化城市。在闵桥建成3~5万人规模的城镇，以食品、仪表和机械工业为特色的旅游型城镇。将吕良、银集、金南等3个镇建成1.5~3万人口规模的城镇，银集镇为工贸型城镇，金南镇为工业型城镇，吕良镇为县域北部的工贸型城镇。

城镇空间结构　以城区为带动县域发展核心，依托规划的省道332，充分利用交通干线的优势，将城市现代化要素向县域传递，带动县域城镇的发展。

农村居民点空间布局　以基础设施和公共服务设施的等级配套为手段，引导分散的居民点稳妥地逐步向城镇集中；将地域相邻、人口小于3000人的村庄进行集中建设，城镇规划用地范围内的村庄，集中到镇区统一建设；以政策引导村镇工业向城镇工业小区集中、人口向镇区集中、耕地向种田大户集中的“三集中”战略，促进城市化进程。

公路网规划　新建金宝南线一级公路，戴楼—陈桥二级公路；县级公路技术等级提高到二级公路标准，乡镇公路达到三级标准。

内河水运规划　将金宝航道建成四级航道，淮河入江水道建成六级航道；改建金湖新港，设计吞吐量80万吨；在金宝航道与入江水道交界处新建货运港口1处；疏浚整治内河航道，建设相应码头与配套工程，完善县内河运输网络。

第二节　城区总体规划

1985年，县政府对1982年编制的《金湖县城总体规划》进行第一次编修。1991年、1998年又先后进行两次修编。1998年7月至1999年6月，县建设局委托南京大学城市规划设计院对县城总体规划进行第三次修编。8月20日，市政府批准实施。主要内容：该规划分近期（1998—2003）、远期（2004—2010）、远景（2011—2020）3段。县城总体规划规定，县城规划用地范围20平方公里，东至造纸厂氧化塘东端和规划的高宝路（城东干道），南至规划的过境的环城南路及饲料厂，西至金郑路（规划的环城西路）以西，北至三河大堤外的水面和三河滩。其中城市规划建设用地范围10.2平方公里，远景为14.4平方公里。

2003年11月至2005年1月，县政府又委托省城市规划设计研究院对《金湖县城总体规划》进行第四次修编。2005年4月，市政府批准实施。规划期限：近期至2007年，远期至2020年，远景展望至21世纪中叶。城市性质，为水乡园林特色的现代化城市。城市人口规模：现状2003年，9万人；近期2007年，12万人；远期2020年，18万人。城市发展方向是，西进东整，南拓北优。城市规划范围：近期，西至城西干道（即金宝南线西绕城段），东至城东干道，南至环城南路（金宝南线改线），北至三河(淮河),面积共34.27平方公里。远期,城市规划区为现黎城镇和戴楼镇的全部行政区范围,总面积189.8平方公里。城市用地规模:现状2003年,城市用地9.91平方公里,人均110.1平方米;近期2007年,城市用地13.45平方公里,人均112.11平方米;远期2020年,城市用地21.56平方公里,人均119.56平方米。

城市布局结构 城市形态为单中心团块结构;城市轴线:依托衡阳路、人民路、金湖路、新建路、形成“两横两纵”城市发展轴线。衡阳路是城区大型公共设施发展的依托,具有城市窗口展示功能;人民路为老城区商业中心,是城市发展的重要依托;金湖路是重要的景观大道之一,结合沿公路行政办公、商业金融、绿地广场等建设,具有综合性功能;新建路串联工业组团与居住组团,连接组团中心,是现代化城市的重要体现。城市总体布局:以衡阳路为界,划分为东西两大功能组团。东部生活组团。以居住用地为主体,结合部分公共设施的改造,工厂的搬迁,疏散老城区部分人口,加强城市环境景观的改造,注重加强以商业、金融、信息服务、旅游服务等现代服务业为主要功能的现代三产的发展。西部工业组团。以工业用地为主体,适当配套居住,以机械、医药、化工、建材等城区传统第二产业发展为主,适时引进资金密集型和技术密集型产业,严格控制三类工业企业入驻,加强环境整治。

第三节 专项规划

《金湖县城抗震防灾规划》 1992年,由县抗震防灾规划编制办公室编制,并通过市级鉴定。规划目标:提高城市综合抗震能力,最大限度地减轻城市地震灾害,在县城遭受基本烈度7级地震时,要害系统不受较重破坏,重点企业能正常或很快恢复生产,人民生命财产得到保障,人民生活基本正常,经济建设不受影响。

《金湖县城防洪排涝规划(1994—2010年)》 1994年6月,该规划编制成功。规划年限:近期,1994—2000年;远期,2001—2010年。规划区域规模12.5平方公里。防洪标准:按20年一遇水位确定;治涝标准:按一般城镇设计,区域主流及泵站设计,按日降雨200毫米计算。规划重点:设计利农河两侧防洪整治方案,城西辟洪河工程,把县城分成2个区、5个汇水片。随着城市规划的实施,将逐步减轻城区内涝1小时,为城市建设提供较多的理想用地。

《金湖县城园林绿地系统规划》 1994年,由县城乡建设局编制。规划年限:近期:1994—2000年,远期:2001—2010年。规划范围:南至新建河,北至三河滩,东至利农河,西至果园,面积约12平方公里。近期人均公共绿地3~4平方米,绿化覆盖率30% ~35%;远期人均公共绿地4~5平方米,力争6~8平方米,绿化覆盖率35% ~40%。根据各类绿地公园功能要求,因地制宜选择法桐、雪松、水杉等为城区绿地的主要树种。《金湖县城园林绿地系统规划》为当时淮阴市所属县(区)中第一个编制绿地系统规划的县。2001年11月,县建设局又委托市园林设计研究所修编《金湖县城绿地系统规划》。规划范围:北起三河大堤外的三河滩,南至环城南路,东至高宝路,西至环城西路。年限分近期(至2005年)、中期(至2010年)、远期(至2020年)3个阶段。绿化覆盖率,近期达到38%,中期达到40%,远期达到43%。人均绿地,近期达到7平方米,中期达到8平方米,远期达到10平方米。规划以加强城市生态环境建设、创造良好的人居环境、促进城市可持续发展为中心,以创建“水乡园林特色城市”为目标,实行点(城中街头绿地)、线(沿河绿化风光带及道路绿化网)、面(大块绿地及农田林网)相结合,把城市公共绿地、居住区绿地、单位附属绿地、生产绿地、防护绿地有机融合,形成完整的绿地系统。

《金湖县城给水规划(1996—2010)》 1996年,由淮阴市城市建设设计院编制。城区用水量按城市发展规模拟定:至2010年,城区人口规模10万人,生活用水量标准采用250升/人·天;工业用水量6.954万立方米/天,公建用水量6906立方米/天,浇洒道路用水量2472立方米/天,绿地用水量1040立方米/天,消防用水量70升/秒,城市规划总用水量10.5万立方米/天。其中,使用城市管网水6.5万立方米/天,使用地下水4万立方米/天。根据城区用水量,规定城区地下水开采量2.5万立方米/天作为工业用水;工业用水的1.5万立方米/天缺额由城市管网供给;城市管网供水能力需达到8万立方米/天,方能满足城市发展的需要。老水厂的生产能力距规划城市管网的8万立方米/天的供水能力尚缺额4.5万立方米/天,规划新建生产能力5万立方米/天的第二水厂。因城市向西发展,城区地势西高东低,且城区西侧是三河的上游,目前没有化工污染源。因此,第二水厂的水源仍为毗邻城区的三河水,方位确定在城区的西侧,以解决城区西片水压较低的弊端。

《金湖县工业区控制性详细规划》 2000年,县建设局委托苏州城建环保学院规划设计研究所编制,规划范围:北至健康西路,南至金湖西路,东至新兴路,西至环城路,总面积48.7公顷。

《金湖县工业新区分区规划(2004—2020)》 2004年,由省城市规划设计研究院编制。发展目标:因地制宜、科学安排各类用地,合理组织交通体系,高标准配套各项基础设施,创造具有良好投资环境和生态环境,工作、生活便利舒适、竞争力强的现代化产业区,为将来建设智慧型工业新区做准备。性质和规模:规划工业新区为县域经济发展的重要增长极;高新工业密集区和对外贸易的窗口;具有高品质的城市新区;规划区内以一、二类工业为主体,以机电、汽车配件、医药化工、轻工食品为四大支柱行业。规划总用地1165.98公顷,总建设用地1137.44公顷。总体格局,共分6大功能组团,即3个工业小区(启动区、大型重点项目区、中小型项目区),2个生活配套区,1个物流园区。

《金湖县城市景观设计(2004—2020)》 2004年编制。县城景观框架以三河沿线景观带和利农河沿线景观带为主轴,以人民路、衡阳路、金湖路和新建路为骨架,引导城区景观空间的重构,以商业中心、行政办公中心、社区中心等更新和现代化建设为配套,以标志性广场、公园、码头车站等的重要城市景观节点,构建一个具有水乡园林特色的现代化城市。城市特色景观风貌分区:以三河、利农河作为城区与三河风光带直接沟通的河道,将三河风光引入城区并深入城区内部,成为城区绿色景观带的一条主带;沿利农河沿线、局部地区进行敞开空间的扩大,形成带状,力求大内涵深邃、格调新颖、功能明确,并具有强烈的时代气息;以西海水库的城西南森林风景区以及三河滩为主体,建设生态景观区,充分保持自然特色,改善城市环境;以商业中心和行政中心为主体的城市中心景观。传统商业街区在现有的基础上进行充分深化,仍采用沿街布置形式并保持现有的建筑风格;新建商业街区与休闲娱乐区,通过成片布局的公共建筑形成中心区延续、繁华、宜人的多形态空间组合,造就丰富、开敞、有机的办公建筑景观;金湖路、人民路地区规划为商业区;人民路、新建路地区规划为行政办公区。景观轴线:城区规划着重强化"一横一纵"两条"十"字形主要景观轴线。纵向景观轴线为人民路。人民路串联老城区中心、商业中心、市民休闲广场、行政办公区以及体育中心等,使商业区和办公区紧密联系而不相互干扰,使之成为城市丰富多彩、富有人情味的中心走廊。横向景观轴线为金湖路。衡阳路以西的金湖西路道路沿线两侧各预留80米的绿化带,金湖路可结合两侧良好的建筑景观,形成人与自然协调、融洽、共存的良好视觉走廊。城区地标:门户地标,以绿化和雕塑为主要元素,反映县城特色,突出入口形象。规划分别在金湖路与城东干道、金湖路与城西干道、衡阳路和金宝路、三河码头处设置4个门户地标。中心地标,设在爱特福市民广场,成为金湖新时代形象的重要标志。地区地标,由具有强烈识别性特色建(构)筑物构成。县城中心区以现代化的县政府大楼为标志;文化艺术中心以现代体育馆为标志;商业中心以统领该片区的一幢或一群商业建筑为标志;开发区以现代工业建筑为标志。2005年,县城区实际规划面积48.65平方公里,建成区面积14.45平方公里。

第四节 村镇规划

1986年，县城乡建设与环境保护局组织人员，集中力量完成255个村的建设规划。是年，全县有自然村庄4092个。其中：少于50人的3287个，占总数的80.4%；51~100人的387个，占9.5%；101~300人的265个，占6.4%；301~800人的153个，占3.7%；800人以上的没有。大致为三个不同地区：一为金南、戴楼西南缓坡丘陵区，自然村庄小而多；二是金北、吕良、陈桥北部冲积平原，自然村庄密度集中；三是前锋、涂沟、银集、塔集、闵桥东部湖积区，自然村庄大而稀。一般情况下，村庄沿河、沿路分布，布局为前路后河或前河后路，呈“一”字形或“非”字形排列，比较规则整齐，但布线较长，有的绵延上公里甚至数公里。1989年，修改和完善银集镇洪湖村规划。1990年，编制黎城镇蔬菜村二、四、五组和上湾村一组村民住宅的详细规划。1992年，完成全县村级规划257个。1994年，黎城村三组、四组、六组及上湾村八组的住宅小区规划编制完成。1997年，编制完成22个乡镇中心村试点规划及闵桥镇住宅小区详细规划。1999年编制完成中心村及基层村规划122个，2000年完成104个；完成示范中心村规划5个，完成试点中心村规划6个。2001年，完成中心村规划60个，示范中心村规划10个。2002年，编制村庄规划14个。2003年，村庄规划编制7个。

2004年，《金湖县镇村布局规划（2004—2020年）》由市城市建设设计研究院有限公司编制。规划原则：集中居住、集聚发展，引导从事第一产业为主的农户在规划保留和重点村庄集中居住，鼓励从事二、三产业为主的农户进城镇居住，重点发展县城和建制镇镇区，加速推进城市化进程。村庄布局保护历史文物遗存和农村自然生态环境，合理利用资源；村庄选址以规模大、区位好的现有村庄进行整治、集聚为主，以新建村庄为辅；充分考虑自然地理条件和自然生态环境，村庄选址尽量利用废地劣地，合理确定用地标准，节约和保护耕地；确定合适的耕地半径，合理归并村庄，减少自然村庄；按照公共设施、基础设施的经济配置规模，以及村庄布局规划要求，进行公共设施布局和市政设施配置；对规划撤并村庄，以维持现状设施为原则，不再进行配套和改善。规划范围：金湖县全部行政区域，面积1393.86平方公里。城镇分布情况：金湖县城；重点中心镇为闵桥镇、吕良镇；一般镇为银集镇、金南镇、前锋镇、陈桥镇、塔集镇、涂沟镇、戴楼镇、金北镇。2005年，对原有的4092个自然村庄，选择保留476个农民集中居住点，启动建设2个。根据镇村建设布局，各镇农民建设住宅一律到规划保留的村庄和定点村庄，按规划实施建设；因招商引资、水利、公路等建设引起的拆迁户一律安排到规划的居民点建设，严禁在规划撤并的村庄或其他地方建设住宅。各村设1个村民委员会办公室，1所幼儿园、托儿所，1个村文化活动中心、卫生所，设文化宣传栏、运动场、贸易市场、商业网点，保留小学教学点。村庄按照服务半径70米左右设立小型垃圾收集站若干个。对在规划保留村庄建房的农民减免相关费用，免收水、电、通信等过户费、开户费；水利、供电、土地、财政、税务等部门收取的相关建设资金、税收，按规定留用或返还的部分，必须足额用于基础设施建设，规划撤并的村庄不再进行设施配套建设和完善。全县镇村布局规划编制完成，并经县政府批准实施。

第五节 规划管理

1986年，县城乡建设与环境保护局农房股协调指导村镇规划建设管理工作，组织指导村镇总体规划和各类详细规划的编制审查、审批、报批。1990年10月，编制市政工程专项规划、市政管线规划，对市政管线全部核发建设工程规划许可证，未经规划许可的建设一律予以查处；对新建管道破路、开挖做好审批，对有争议的项目做好批前公示，将管线综合方案送交市政所、园林处、水务局、城管局及相关管线单位会签，力争做到科学、准确；同时，开展地下管线资料收集工作，实行项目备案制度，确保预留污水管道、燃气管道等通道，为县城住宅小区管线综合建设工作提供优质服务。

1994年，根据《园林路与城中路交叉口详细规划》，调整县体育中心和图书馆规划位置。审核办理规划设计要点105份、建设项目选址意见书89份，建设用地规划许可证310份、用地9.73公顷，建设工程规划许可证507份、面积11.01万平方米；办理临时准建证69份。1995年，《城西河改造规划》和黎城村3组、上湾村8组的《城南住宅小区建设用地规划（二期）》编制完成。实施的黎城村3组住宅小区一期工程规划有50户居民住房竣工。1997年，完成《城东干道1100米长的控制性详细规划》，北起建设东路，南至金湖东路，红线宽度44米，控制宽度60米。道路两侧为商业、公共建筑等用地，沿街后面以住宅用地为主，住宅高度一般控制在5层至6层。1999年1—11月，完成县城三年城改方案编制，内容包括“十路”“两河”“两带”。

2002年，加强规划方案审查工作，严格实行审查要素制度，对各类市场项目、公园、小区及公共设施等重要项目，严格按照审查要素进行方案审查，按照沿城市道路4000平方米、小区4公顷以上必须进行方案竞选的要求，推行方案竞选，做到好中选优，执行批前批后公示制度。是年，县建设局被市规划局评为“综合先进单位”。2003年，做好规划设计要点和“一书两证”的发放工作，发放建设项目选址意见书、建设用地规划许可证各71份，建设工程规划许可证202份。证书发放准确率100%。对规划方案进行公开招投标，对面积较小的建筑也进行多方案比较，确保好中选优，提高城市品位；完善规划业务例会制度和规划审批会议制度，发扬民主，科学决策。是年，县建设局被市规划局连续第二次评为“综合先进单位”。2004年，发放规划设计要点119份，建设项目选址意见书、建设用地规划许可证各31份，建设工程规划许可证276份。证书发放准确率100%。2005年，制定出台规划编制管理规则、业务例会规则、规划设计方案审查规则、规划设计方案竞选管理办法、建设用地规划许可证审批管理规则、建设工程规划许可审批管理规则等一系列规则，规范审批行为。是年，发放规划设计要点105份，建设项目选址意见书40份，建设用地规划许可证45份，建设工程规划许可证329份。证书发放准确率100%。

第三章 旧城改造与新城区建设

第一节 旧城改造

一、改造范围

1986年，老城区范围东自利农河，西至三河路，北起三河大堤，南到利民河，面积约0.8平方公里。1992年，县委、县政府规定老城区改造范围为：淮河路以南，利民河以北，便民巷以东，利农河以西，面积约3平方公里。1999年，决定将老城区改造的范围扩大到：北到淮河风光带，南到金湖路，东至利农河，西临衡阳路，总面积4平方公里。

二、河渠疏浚

1987年，县政府调集民工疏浚县城主排水道三里桥河，解决老城区排水不畅、大水年份很多单位和居民区遭受内涝的问题。1993年，改造环城河东河南段（劳动桥向南至利民河），将明河改为泄水暗道，暗道为1.5米×1.8米拱形浆砌砖石涵道，排水量4立方米/秒，上建二层商住楼。1995年，县第九届人民代表大会第三次会议作出《关于环城河沿河路段改造工程的决议》。1996年5月，县政府第四次常务会议决定对城西排污河进行改造。时因资金困难，直至1997年，两项工程才付诸实施，将环城河沿河路段西自园林路，向东至湖滨路，再转向南至劳动桥河段，改造为1.5米×1.8米拱形浆砌砖石涵道泄水暗道，排水量4立方米/秒，上面建商品房、公厕，铺混凝土路面，搞绿化，1998年初竣工。1997年3月，城西排污河北自淮河路，南至三里桥河的950米河段，由明河改为3.0米×1.8米拱形浆砌砖石涵道泄水暗道，排水量8立方米/秒，上建2~3层商住楼，年底竣工，共建商品房564间，其中门面房232间，预留部分绿化空地。至此，园林路西侧形成商贸一条街，总投资1600多万元。

图6-3-1　县城三里桥河改造前后（摄于1998年）
李义海/摄

1999年初，县委、县政府针对老城区沿街危旧平房多、建筑散乱、城河污染严重等突出问题，列出10多个城区改造项目，“两河（利民河、三里桥河）一堤（入江水道南堤城区段）”改造工程被列入其中。3月，“两河一堤”改造工程开工，5月竣工，总投资1000余万元。利民河改造工程、三里桥河改造工程（参见“第八篇水利”第四章第一节）；入江水道南堤城区段改造工程（参见“第八篇水利”第二章第一节）。

三、道路桥梁建设

1986年初，县城道路总长13.37公里、面积约11.11万平方米，其中，混凝土路面3.6公里、3.01万平方米，沥青路3.71公里、3.7万平方米，砂石路6.6公里、4.4万平方米。巷道、背道等其他行道多为砖铺路、砂石路、土路。是年，拓宽改造健康路，铺设混凝土路面5100平方米，沥青路5500平方米；铺设金湖通往县外的主干道金湖路2000米砂石路；延伸改造人民路自建设路至金湖路的砂石路为混凝土路面。1987年，改造黎城桥向南至县总工会的黎城路砂石路面为混凝土路面；铺设人民路混凝土路面2751平方米；完成健康西路路基工程。1988年，改造老城区最早的一条主干道建设路中段，快车道铺设为混凝土路面，慢车道铺设为沥青路。铺设改造人民南路砂石路2000平方米，健康路混凝土路面3200平方米、沥青路280平方米。1990年，改造健康路东段县羽绒厂至黎城路混凝土路面2236平方米。1991年，县域遭受洪涝灾害，城镇路面破损严重，县政府决定修缮改造坑洼不平的黎城路和泥泞不堪的淮河路，将黎城路改造为混凝土路面，淮河路铺筑为砂石路。1992年，金湖路慢车道的砂石路改铺为混凝土路面。1993年，建设东路铺设为砂石路。至1994年5月，黎城路改造为混凝土路面，淮河路铺设为简易沥青路面，建设东路铺设为混凝土路面。1995年，建设东路利农闸至造纸厂段慢车道的砂石路改造为沥青路，并铺设路牙1657米；改造健康西路县中医院向西至翠湖园的快慢车道砂石路为混凝土路面；同时兴建利农桥，1996年竣工。1997年，改造建设路慢车道沥青路面为混凝土路面，人行道铺设为彩色地面砖。1998年，完成健康西路与衡阳路的连接工程混凝土路面。2000年，铺筑园林南路混凝土路面，快慢车道、绿化岛同时完成；铺筑黎铜路至新建路路段；完成衡阳南路、人民南路、园林南路、新建路路基工程；完成利民东路、西路等11条支巷道改造工程，铺设混凝土路面2.84万平方米，下水道3690米。2001年，铺设金湖西路慢车道为混凝土路面。2002年，完成“四路（衡阳南路、人民南路、园林南路、新建路）”改造后续工程、城东干道路基工程和健康西路等道路改造建设工程，铺设混凝土路面11.82万平方米，下水道5805米。2003年，完成新建东路路基工程，铺设新建西路混凝土路面1.13万平方米；完成新建西路、建设西路、东路、健康中路、城东干道、淮河路、台州南路、星洲南路、工二路等道路建设及改造工程，铺设混凝土路面8.27万平方米，下水道1.08万米。

2004年，铺筑衡阳南路混凝土路面；铺设黎城中路、淮河路混凝土路面；完成台州北路、环城西路南段和上湾七组回迁小区内道路建设工程，及长乐西路、聚贤巷等支巷道改造工程。完成利农路、新兴北路北段、利农闸西侧接线路路面改造，新建东路、新兴北路南段路基工程，利民河南岸便道、顺河东路接线、顺河西路、港口路等支巷道改造，建设西路、金马路部分路段、尧园大厦门前、飞天广场东侧慢车道建设，金湖路与衡阳路交会处混凝土路面浇筑；对健康路两侧人行道重新铺设，更换为大理石道板，面积2.8万平方米；对健康路、建设路、园林路等主干道进行维修。人民南路、园林南路、衡阳南路和新建路四路接线工程竣工。沿河东路路巷工程竣工。共铺设混凝土路面3.4万平方米，下水道5076米，安装路灯293盏。2005年，完成沥青路面的利农路改造工程，黎城路混凝土路面、金湖路慢车道交叉路口混凝土路面工程以及利农路，健康路、健康西路两侧人行道彩色地面砖改铺成大理石道板工程；完成新建东路铺设工程3万余平方米。

四、房屋建设

1986年初，县城内共有住宅面积33.82万平方米，其中房管部门直管1.73万平方米，各部门自建面积27.54万平方米，私人住房面积4.55万平方米。建设时间，约有1295平方米为新中国成立前的老宅，占总面积的0.38%；50年代建设的5087平方米，占1.54%；60年代建设的11.62万平方米，占34.4%；其他为70年代以后建设。房屋结构，砖木结构占73.73%，砖混结构占26.27%。公用宿舍和居民住宅大多为青砖瓦房，房屋结构简单，檐口低，窗户小，室内无卫生间。是年，为更新改造老城区破旧危房，全民所有制单位房屋更新改造竣工面积9338平方米，其中厂房7535平方米、仓库420平方米、其他1383平方米。集体所有制单位房屋更新改造竣工面积3112平方米，其中，改造厂房2657平方米，集体宿舍26套、455平方米。1987年，兴建的楼房有油脂化工厂、供电局、制药厂宿舍楼，邮电局宿舍楼，物资局物资商场，百货公司营业楼、木材公司、燃料公司宿舍楼，人民医院综合病房楼，金湖县中学图书综合楼，第二中学、第四中学、职业中学宿舍、实验楼，实验初中、实验小学、实验幼儿园教学楼、科技楼，工商银行、农业银行2号宿舍楼，人民法院审判庭、宿舍，公安局消防楼、宿舍楼。1990年，全民所有制单位房屋更新改造竣工面积1.09万平方米，其中厂房9069平方米、仓库672平方米、集体宿舍1200平方米；城镇集体所有制单位房屋更新改造竣工面积1.53万平方米，其中厂房3681平方米、仓库500平方米、商业营业用房3339平方米、办公室2128平方米、住宅5699平方米。至1992年，兴建起农业推广中心宿舍楼，稻麦原种场化验楼，蚕茧总站、渔政站宿舍楼；供电局电力服务楼，制药厂计量楼，机械厂、砖瓦厂、造纸厂、缫丝厂、输油泵厂、水泥制品厂宿舍楼，面粉厂综合楼；汽车站宿舍楼，邮电局综合楼，公路管理站宿舍楼，港航监督所办公楼；商业公司宿舍楼，五化交公司商业大厦；物资局燃料公司、机电设备公司、金属材料公司宿舍楼；教师进修学校实验楼，新华书店综合楼，医药公司宿舍楼，粮食局直属库、木材公司综合楼，广播电视局宿舍楼，金湖中学、第二中学、职业中学宿舍楼，实验小学实验楼，城西小学宿舍楼，血防站宿舍楼，中医院、文化馆宿舍楼；气象站宿舍楼，农业银行综合营业楼，人民银行、建设银行、保险公司宿舍楼；农工部、粮食局宿舍楼，县政府宿舍楼，经委办公楼，计生委综合楼，农机化服务公司、财政局、武警总队宿舍楼，人武部民兵训练教学楼。

1994年，国有单位更新改造投资5635万元，施工面积2.10万平方米，竣工面积1.27万平方米；集体所有制单位投资2502万元，施工面积2.03万平方米，竣工面积1.6万平方米。是年，县城最高层建筑12层电力大厦耸立在老城区的东部，建筑面积5080平方米。1995年，框架6层的中国人民银行金湖支行营业大楼竣工，建筑面积4700平方米，造价4700万元。至1996年，兴建兽医站住宅楼，面粉厂、玻璃厂、输油泵厂、曙光福利仪表厂、第一棉纺厂、溶剂厂、橡胶厂、塑料二厂、构件厂、玻璃仪器厂住宅楼；烟草专卖局、食品公司、茧丝绸总公司、中国财保公司、农业银行宿舍楼，工商银行办公楼加层1300平方米，建筑工程公司、第三建筑工程公司宿舍楼，口腔病防治院门诊楼，房地产业宿舍楼，饮服公司娱乐城，社保管理处宿舍楼；金湖中学、职业中学综合楼、宿舍楼，第二中学学生餐厅，教师进修学校宿舍楼，黎城中学、黎东小学、城镇中心校宿舍楼、教学楼，机关、城西幼儿园、广电局宿舍楼，金湖电影院综合楼；国税局综合楼，县政府机关住宅楼、交通局、工商局、多管局、绿化委、体委、物价局、粮食局、党校、总工会、公安、消防住宅楼。1997年，县委、县政府逐步加大县城拆迁改造力度。为活跃农贸市场，促进城乡交流，工商行政管理局投资1600多万元，在园林路东侧兴建黎城市场，占地面积1.83万平方米，框架结构6层，一、二层为农副产品和工业品交易大厅，3至6层为住宅商品房，总建筑面积2.8万平方米，其中营业面积近2万平方米，商品房面积0.8万平方米，1999年9月建成开业。1999年5月，行政中心大楼开工建设；9月，工商行政管理局又投资20万元改建、扩建黎苑市场，营业面积扩增1500平方米；11月，12层电信大楼在老城区西部衡阳路开工建设。电信大楼2003年竣工，建筑面积8900平方米，砖混结构，总造价875万元。2000年1月，位于健康路南侧的建设房管大厦开工建设。建筑面积8360平方米、框架7层、局部8层，基础采用钢筋混凝土独立基础，结构设计按地震烈度6度设防，为钢筋现浇楼面。大厦分3个区域，第一区域为行政办公用房，第二区域为招标大厅，第三区域为交易大厅，总造价720万元。年底竣工。3月，老城区拆迁改造的声势和力度进一步加大。城区共拆除各类建筑物3万平方米；更新改造制造业项目，投资1.36亿元，竣工面积1.05万平方米。建成的新楼还有广电局住宅楼。

图6-3-2 建设房管大厦落成（摄于2001年） 住建局/供

2001年2月，县人民医院综合楼开工建设；5月，温州商贸城破土动工。县人民医院综合楼框架9层，局部10层，占地面积1200多平方米，建筑面积1.12万平方米，工程造价650万元。2002年8月竣工交付使用。温州商贸城由浙江温州市永安房地产开发公司杨加恩、陈厚兴、唐伟金联合投资2000万元建设，县设计院设计，县建筑工程公司和县第二建筑工程公司承建。该商贸城建筑面积1.81万平方米，共分5个区域，其平面形状为“四”字形，一、二层为商业用房框架结构；3至6层住宅为砖混结构。是一个集加工、批发、零售为一体，融商贸、休闲、娱乐于一身的商贸城和高档生活服务区，2002年5月竣工。2003年1月，温州商贸城落成运营。2002年，在老城区竣工6层以上的楼房有：电力实业开发公司综合楼、汽车运输公司综合楼、尧园大厦、九建住宅楼、缫丝厂综合楼、家电公司综合楼、教师进修学校综合楼、干燥设备厂综合楼、西苑新村综合楼、农行大楼、烟草公司综合楼、实验幼儿园商住楼等10多幢楼房；3层至5层办公楼、住宅楼、商业楼50余幢。2005年，结合实施利农河西岸防洪整治工程、建设都市华城小区、造船厂丽水天景小区、桓裕广场等工程。竣工和在建的建筑工程有：县中医院综合病房楼，县人民法院审判综合楼，工商行政管理局行政大楼，石油试采二处住宅楼，建筑面积4145平方米的金湖图书馆图书楼，6.36平方米的国祥工贸有限公司商住楼，2485平方米的江苏移动通信公司金湖分公司综合楼，2185平方米的江苏石油研发中心，供电公司生产楼，龙港花园城，农业机械总公司综合楼和工商行政大楼。

第二节 拆迁 安置

一、拆 迁

1987年，县委、县政府决定，对环境污染严重的县火葬场、玻璃厂等企业整体搬出城外，共拆除房屋面积近3万平方米。1990年，拓宽金湖路、人民路、新建路，拆除影响市政建设的建筑物、构筑物房屋64间、围墙15处，面积1250平方米。1995年，拓宽健康东路、新建利农桥、改造尧园，拆除影响市政建设的建筑物、构筑物房屋227间、面积5500平方米。1996年，拓宽、改造园林路、健康路工程，涉及居民22户、单位38个，共拆除影响市政建设的建筑物、构筑物房屋面积1.11万平方米。1999年，分三批对城区进行拆迁改造。第一批拆迁3月进行，涉及部门43个、单位和居民223户，拆除破旧平房756间、面积1.3万平方米；第二批5月进行，涉及19个部门、79个单位和个人，拆除破旧房屋632间、面积1.75万平方米。其中“两河一堤”改造，共拆除平房面积近1万平方米；第三批5—12月进行，共拆除障碍建筑物5.23万平方米，涉及部门13个、单位83个、居民58户。

2000年3月，县委提出“奋战一千天，建设新城区”口号。城区拆除各类建筑物5.23万平方米。拆除的主要建筑有：县政府原办公楼大部分及招待所浴室，县政府宿舍区南侧平房，县联社农资公司利民河南侧宿舍及仓库，家电公司招待所1号楼门市、利民河南侧宿舍及仓

图6-3-3 利民路房屋拆迁（摄于1999年3月） 王伟民／摄

库，饮服公司利民河北侧碧溪泉浴池、百货大楼招待所1号楼门市、红光仪表厂利民河南侧宿舍、县建筑公司利民河南侧宿舍，县环卫处门楼及两侧平房和位于健康路东段的平房。2001年，拆除障碍建筑物面积3万多平方米，涉及单位和部门10个。拆除原县塑料厂、玻璃厂、干燥设备厂、文教印刷厂厂房及办公用房，拆除县建筑公司、城南小学、实验小学、家电公司平房，以及河湖管理所、新能源开发公司等单位房屋共3万平方米。2003年，完成拆迁项目13个，拆除各类障碍建筑物3.8万平方米，搬迁住户82户。拆除的主要建筑物有：为兴建步行街拆除东至人民路、西至体育局、南至温州商贸城、北至县中行范围内的6028平方米建筑物；金穗农机公司位于人民路沿街房屋；第五建筑公司位于跃进路房屋；县委党校及工业园区内房屋。2004年，县城拆迁22户，拆除建筑面积4500平方米。是年，开始实施拆迁公示、文明拆迁、信访接待、投诉举报、检查考核、责任追究等6项制度，推行"阳光拆迁"。2005年，实施龙港花园二期工程、利农河西岸防洪整治工程、都市华城小区、造船厂居民区、桓裕广场等项目，搬迁住户48户、拆迁面积3.12万平方米。

二、安　置

1986年，县城只有少数零星拆迁项目。政府对被拆迁市民私有住房，由建设单位按市政府规定的房屋作价标准收购拆除，价款由拆迁单位一次性付给产权所有人。拆迁户居住用房安置办法：一是按规划部门核定的地点、用地面积和建筑要求异地自拆自建；二是由建设单位或者被拆迁户所在单位安排住房；如果双方均无条件安置，则由建设单位向房地产开发公司购买商品房进行安置，面积标准按政府规定执行。拆迁郊区农户住房和农村集体公房，以自拆自建为原则，给予适当经济补偿。补助标准：平房、土墙草屋25~30元/平方米，砖墙草房、土墙瓦房和老式瓦房30~35元/平方米；楼房，一般砖瓦结构40~45元/平方米，砖混结构50元/平方米；附属物酌情补助。征用使用房屋和其他建筑物的地基以及无收益的非耕地，不支付安置补助费。1991年，因国家、集体建设需要，征用使用成片房屋和土地，造成劳动力多余，由政府优先安置符合条件者就业。对拆迁的房屋，一般采取产权调换和作价货币补偿的方式安置。作价补偿标准：砖混结构220~240元/平方米，砖木结构180~210元/平方米，草竹结构140元/平方米，披房100元/平方米；成新折扣计算，1~5年不打折，6~10年折算9成，11~15年折算8成，向前以5年折算一成新类推，31年以上折算为4成。

1994年，为安置"城中村"拆迁的居民户，规划兴建黎城镇黎城村三、四、六组和上湾村八组等4个组住宅小区，每个住宅小区规划用地3公顷供居民集中建房，可安排60户。1995年2月，黎城村三组开始建房，用于安置拆迁户。1996年，黎城镇黎城村二组因国家建设需要，耕地被征用，农业人口人均耕地不足0.1亩，经省政府批准予以"撤组转户"，167人全部转为非农业户口。1999年，开始筹建黎城村四组、上湾村八组、果园别墅、徐梁村一组等4个农民新村。是年，县城完成住宅建筑面积24万平方米。2002年，在衡阳路、新建路地段规划居住用地50公顷，发展多层中密度公寓式住宅；中北地段结合文教、商业娱乐城，适当加入住宅用地，设置多层联体高标准住宅，以适合不同层次居民需求；西南地段改造为农民新村。规划兴建新港花苑（后改为龙港花园）小区，占地面积18.06公顷，其中住宅用地12.43公顷，范围南自建设路，北至上湾路，东起衡阳北路，西至新兴路。该小区规划安置总户数2076户，建筑面积21.68万平方米。是年，搬迁户安置136户。2003年，搬迁户安置82户。

2004年5月，县政府制定《金湖县城市房屋拆迁管理实施细则》《金湖县城区城市房屋拆迁补偿补助标准》，维护当事人合法权益，保障建设项目顺利进行。是年，县城完成拆迁居民安置22户，并筹建上湾村七组回迁小区和翠湖苑小区。上湾村七组小区范围，南临健康西路，北至建设路，用地面积5.77万平方米，规划设计总户数144户，户均400.4平方米。建筑面积5.1万平方米，建筑密度30.12%，容积率0.7，平均每户建筑面积180平方米。翠湖苑小区范围，南临金湖西路，北至健康西路，东临昌盛路，西至衡阳路。总面积17公顷，性质为居住和商业服务用地，其中居住小区用地面积13.3公顷，大型商业设施用地面积2.67公顷，市民广场建设用地1公顷。建成后将成为集居住、购物、餐饮、娱乐等功能为一体的高档社区，形成新的商务中心。2005年10月，筹建城区农民集中居住点安置拆迁户。城区农民集中居住点涉及城区内黎城村一、二、三、四、六、七组。一组居民点位于园林路以西，利民路以北，内有润德路南北穿过，规划兴建住宅180户，插建43户；二组居民点位于新建东路以北，黎城南路以东，利农河以西，规划兴建住宅95户，插建66户，设公共停车位23个；三组居民点位于新建路以北，金湖路以南，黎城南路以西，内有次干道青年路穿过，规划兴建住宅334户，插建81户，设公共停车位69个；四组居民点位于青年路以北，平安路以南，人民南路以西，内有次干道新民路穿过，规划兴建住宅199户，插建68户，设公共停车位36个；六组居民点位于平安路以北，金湖路以南，内有昌盛路穿过，规划兴建住宅102户，插建18户，设公共停车位20个；七组居民点位于长乐西路以南，跃进西路以北，昌盛路以东，园林路以西，规划兴建住宅200户，插建33户，设公共停车位66个。

第三节　新城区建设

一、西部工业新区

2000年2月22日，县委、县政府召开“加快县城建设，推进城市化进程”动员大会后，全县走以水利带城建，以交通带城建、以教育带城建、以绿化带城建的路子。总体思路是西进、南拓、东扩。是年起，向西延伸建设西路、健康西路，兴建新建路（后改为神华大道，东起利东河，西至八四大道）等主干道，拉开新城区的骨架，并将沿街建成以商业、办公、住宅为主的混合型现代化城市街道。2001年，铺设新建路的人民南路—衡阳路路段为混凝土路面，快车道、慢车道、绿化岛、排水等设施同时建成；铺设金湖西路慢车道混凝土路面。2002年5月，县委、县政府决定在老城区西南部兴建县工业园区。是年，规划用地规模2.5平方公里，新修筑果园区的新兴路、西兴北路、健康西路，戴楼区的温州路、星州路、台州路，和连接黎城区、戴楼区的工二路共7条。铺设新建西路混凝土路面、排水管道及安装路灯等工程相继竣工。2003年，完成新建西路、建设西路铺筑工程，铺设新建西路混凝土路面接线；铺筑东西向的工一路，南北向的西兴路、环城西路，初步形成畅通的交通网络，工业园区范围扩展到4.5平方公里，道路总长1.47万米，用地面积约20.04万平方米。12月，省政府批准征用道路用地11.94公顷。

2004年，城市功能划分衡阳路以西为工业组团，适当配套居住区，工业以机械、医药、化工、建材等为主，适时引进资金、技术密集型产业，严格控制三类工业项目入驻，加强环境整治。园区内共分6大功能组团，即启动区、大型重点项目区、中小型项目区等3个工业小区，2个生活配套区，1个物流园区，达“六通一平”要求的面积5.7平方公里，进园项目7个，清理出园项目27个，收回建设用地11.98公顷。2005年，铺设通往县城中心区的健康西路慢车道及交叉路口混凝土路面，建设新建东路和绿化岛，快车道和绿化建设工程相继竣工。园区共建主干道12条，形成“六纵六横”的道路交通网络；用于绿化的土地面积13万平方米，埋设供、排水管道1.13万米。落户园区项目81个，已竣工投产项目46个，在建项目19个，未开工项目11个。已竣工和在建项目中，亿元以上项目4个，5000万~1亿元的项目4个，累计固定资产投资额19.15亿元，到位资金7.2亿元，形成机械、电子、医药、化工、粮油、食品、轻纺、服装等支柱产业。是年，调整园区四至范围：东起衡阳路、西至城西干道、南抵金宝南线、北临北兴路。县域对外主要通道省道331穿越工业园区，西连宁淮高速公路，东接京沪高速公路；园区北部的金宝六级航道，疏浚提升为四级，港口扩建为年吞吐量80万吨，为工业园区建设提供优越的交通环境。工业园区累计投入建设资金2.57亿元，建成区面积6.7平方公里，园区绿化总面积13万平方米，新铺供水管网5300米、排水管道6000米，架设输电线路5500米，开通有线电视和电信宽带网，建成区实现“六通一平”。年底，顺利通过省环科院环境评审，连续三年被市委、市政府评为示范工业园区。

二、南部优化区

1986年，老城区街道两侧仅有几处商业楼，南北总长不足800米，主要服务区集中在建设路、人民路，主要教育单位位于建设路西段，商业网点多分布于建设路、人民路临街，工业企业大部分坐落在城区东部和西南部。老城区有影剧院3座、3444个座位；有工人文化宫、图书馆、广播站、电视转播台各1座，学校26所，中学4所，小学6所，幼儿园14所，电大1所，教师进修学校1所；有医疗机构8所，体育场1处；商业服务公司13家，集贸市场4个，招待所、旅馆11家。其中，办公楼8005平方米，商业服务设施1.64万平方米，文教设施5399平方米。是年，向南拓展金湖通往县外的东西向主干道金湖路，延伸人民路至金湖路，改造砂石路为混凝土路面。人民路金湖商场综合楼建成，建筑面积3500平方米，框架8层，投资额280万元。1987年，开始改造老城区，对环境污染严重的火葬场、酒厂、玻璃厂等企业整体搬到城外，共拆除面积近3万平方米。以植物造景为主的城东公园对外开放。1988年，人民路继续向南延伸。1994年，在建设东路2号建成电力大厦。图书馆由新建路调整到健康路西段北侧兴建。1995年，在人民路建成中行大楼，建筑面积4700平方米，框架6层，投资额376万元。1997年，在人民路建成农行大楼，建筑面积5600平方米，框架9层，投资额448万元。1999年，在金湖路两侧（化肥厂—尧园）兴建建材市场、农副产品市场、水产品市场、家电市场、服务市场和部分商住区。

2000年，在建设路建成广电住宅楼；在衡阳路建成石油新村3、4、9、13、14、15、16号等7幢住宅楼，和石油新村第三期一、二、三标段6幢住宅楼；在衡阳路建成农机大厦。2001年，在建设西路2号建成教师进修学校综合楼；在衡阳路建成金创大厦；建设东路建成金叶200吨专用面粉车间；在建设路109号建成行政中心大楼。2002年，县城以衡阳路、新建路及相关河道为界分片，各片又以功能不同进行分区，东南区以大众型居住方式为主，发展多层中密度公寓式住宅；中北区结合文教、商业娱乐城，适当加入住宅用地，设置多层联体高标准住宅；中南区设置体育中心；西南区改造为农民新村。是年，完成城东干道路基和下水道铺设工程；在人民路建成家电公司综合楼、电力实业开发公司综合楼、烟草公司综合楼、城南小学综合楼、人民医院综合楼、温州商贸城；在金湖路建成尧园大厦；城南跃进路南北开发为住宅楼；建设路建成缫丝厂综合楼；园林路建成干燥设备厂综合楼；传统商业街区在现有的基础上进行充分深化，仍采用沿街布置形式并保持现有的建筑风格，新建商业街区与休闲娱乐区。通过成片布局的公共建筑形成中心区延续、繁华、宜人的多形态空间组合，造就丰富、开敞、有机的办公建筑景观。2003年，在衡阳路建成龙港花园6、9、10号住宅楼、新华大厦、电信大楼。2004年，进一步优化金湖路和人民路部分地区的商业区，人民路部分地区和新建路的行政办公区，县城衡阳路以东生活组团的功能进一步显现。随着工厂的搬迁、老城区人口的疏散、公共设施的改造，居住用地扩大，人民路串联老城区中心、商业中心、市民休闲广场、行政办公区以及体育中心等，商业、金融、信息、旅游等现代服务业功能得到强化。是年，衡阳路北段龙港花园一期工程建设任务完成，跃进路建成金波花园，康乐路建成金都花苑，并在衡阳路以西的金湖西路沿线两侧各预留80米的绿化带，形成人与自然协调、融洽、共存的良好建筑景观。2005年，延伸人民南路、园林南路，兴建新建路、新建东路、新建西路（新建路后改为神华大道）、衡阳南路和城东干道等，道路路面、绿化岛、桥闸、供水、排水、绿化、路灯等工程相继完成。在利民路建成都市华城，健康路建成外贸公司住宅综合楼。

三、东部拓展区

1986—1993年，三次铺筑改造金湖路，向东、向南拓展县城区范围。1995年，对建设东路的慢车道改铺为沥青混凝土路面，并铺设路牙、排水管道。1997年，在城区东部大兴村境内兴建黎城镇工业集中区。1999年，加强市区东部公共设施的改造、环境景观改造，铺筑金湖二中南大门前的大兴路。2001年，县城绿地系统范围向东部扩展至高宝路。2002年，完成高宝路路基工程。该干道北起建设东路，南至金湖东路。2003年3月，九里村农民新村付诸实施。新村位于九里村西北部，范围南临高宝路，北至九里村居民区，东起九里排涝河北路，西至黎城镇工业园区。占地面积12.4万平方米，其中建筑面积5.1万平方米，建筑密度21%，绿地面积4.37万平方米，可安置居民300户。是年，高宝路、建设东路均铺设为混凝土路面，新建东路混凝土路面工程完成。2004年，铺设新建东路接线混凝土路面。

2005年，县城用地范围向东延伸至造纸厂氧化塘东端和规划的高宝路（城东干道），金湖东路慢车道及交叉路口混凝土路面铺设完成。

第四章 市政建设

第一节 道 路

一、概 况

1986年，县城共有主次干道15条，全长约22.9公里。其中：主干道“三纵”（人民路、利农路、园林路）“三横”（建设路、健康路、城中路）6条、14.4公里；次干道9条、8.5公里；路况，混凝土路面8.7公里，沥青路面9.2公里，砂石路、砖铺路、土路5公里。1987—1988年，延伸改造人民路、建设路、健康路。1989年，铺设金湖路2500米。1991年，扩建园林路长1856米、宽12米，金湖路由12米拓宽到24米。1993—1995年，改造拓宽建设东路，铺设衡阳砂石路长1020米、宽7米。1998年，城区主干道增至12条，道路总长33公里，面积21万多平方米，其中混凝土路面15.86万平方米、沥青混凝土路面5.04万平方米、砂石路面0.13万平方米。2000年，建成长1570米、宽14米的新建路。城区主干道增至16条，道路总长39.17公里，面积28.32万平方米，其中混凝土路面23.28万平方米、沥青混凝土路面5.04万平方米。2001年起，强化工业园区道路建设，先后建成华海路、金荷路、环城西路、同泰大道、理士大道、八四大道等道路。2002年，建成工业园区及城西主干道金荷路、华海路、理士大道、台州路等，总长9985米、宽7~24米。2003年，铺设长1038米、宽7米的城东干道；建成长808米、宽14米的新建西路。

2005年，全县共投资3800多万元，拓宽改造建设路、健康路、金湖路、人民路、园林路等主干道5条，黎城路、淮河路、沿河路、跃进路、利民路等次干道5条，以及交通路、润德路、长乐路等巷道20多条，延伸主干道建设西路、健康西路及次干道淮河西路、黎城路；投资1500万元兴建主干道衡阳路（淮河西路至金湖路），且电力、电信、广播、电视、煤气管道基本全部入地，排水管道全部埋入人行道下，道路上的绿化岛、行道树和路灯同时完成。至年底，县城拥有主次干道29条，形成“五横九纵”主干道网络。“五横”：建设路、健康路、金湖路、新建路、神华大道；“九纵”：城东干道、利农路、黎城路、人民路、园林路、衡阳路、同泰大道、理士大道、八四大道。除此，主干道还有华海路，共15条；次干道、支路有淮河路、利民路、长乐路、工一路、工二路、工园路、环城西路（城西干道）、沿河路、清河路、建业路、青年路、丰收路、朝阳路、康乐路等17条；街巷道15条。县工业园区范围内或过境的道路，纵向：华海路、金荷路、环城西路（城西干道）、同泰大道、理士大道、八四大道；横向：新兴北路、南路，西兴北路、南路，星州路，台州路等。城区道路总长69.96公里，全部为混凝土路面和沥青混凝土路面。

1986—2005年金湖县城次干道、支路、街巷道一览表

表6-4-1

道路类别	道路名称	起讫地点	长度（米）	宽度（米）	面积（平方米）	修建年份
次干道	淮河路	港口路—衡阳路	2336	5.0	11680	2004
	利民路	园林路—黎城路	1130	4.5	5085	1998
	长乐西路	园林路—人民路	528	3.5	1848	2005
	工一路	环城西路—新兴路	715	7.0	5005	2002
	工二路	金宝南线—衡阳路	3135	7.0	21945	2002
	工园路	金宝南线—园林南路	3755	7.0	26285	2004
	环城西路	上湾路—新建路	2400	7.0	16800	2003
支路	沿河路	园林路—人民路	700	5.0	3500	2000
	清河路	城西干道—台州路	4554	12.0	54648	2003
	建业路	星洲路—园林路	3032	12.0	36384	2003
	青年路	衡阳路—油库路	2336	5.0	11680	2000
	丰收路	建设东路—清河路	329	14.0	4606	1998
	朝阳路	黎城路—人民路	500	7.0	3500	1997
	康乐路	健康路—金湖路	814	7.0	5698	2001
	郑岗路	建设路—上湾路	1150	4.5	5175	2003
	平安路	昌盛路—黎城路	2063	5.0	10315	2002
	团结巷	健康路—沿河路	510	7.0	3570	2002
巷道	大兴路	利农路—城东干道	1280	3.5	4480	2005
	船塘路	金湖路—新建路	568	3.0	1704	2003
	便民路	建设路—金湖路	1097	3.5	3840	2003
	新民路	金湖路—建业路	1398	3.5	4893	2002
	新华路	建设路—金湖路	1202	3.5	4207	2001
	向阳路	新港路—健康路	817	3.5	2860	1986
	闸东路	淮河东路—大兴路	846	3.5	2961	1998
	油库路	金湖路—清河路	1039	3.5	3637	2000
	西苑路	建设西路—健康西路	447	3.5	1565	2001
	北苑路	新港路—建设西路	498	3.5	1743	2004
	昌盛路	健康路—清河路	2127	3.5	7445	2003
	文明路	建设东路—清河路	1199	3.5	4197	2003

接上表

道路类别	道路名称	起讫地点	长度（米）	宽度（米）	面积（平方米）	修建年份
巷道	海晏路	利农路—城东干道	951	3.5	3329	2003
	跃进路	润德路—园林路	300	3.5	1050	1987
	交通巷	淮河路—利民河	683	3.5	2391	1989

说明：以上道路路面均为混凝土路面。

二、主要道路选介

黎城路 南北向。1986年，该路是城区内一条主要次干道。北起黎城桥，南至金湖路，全长1500米。1987年，黎城桥至工会路段砂石路面严重破损，影响交通，投资10万元，改建长230米、宽5米、面积1150平方米的混凝土路面，铺设排水管道200米。1989年，完成金湖路以南长132米、宽5米的路基工程，并铺设长132米、宽3.5米、面积462平方米的砂石路，排水管道132米。1991年，遇洪涝灾害，县总工会至金湖路段的砂石路面破损严重，1994年改铺长745米、宽5.5米、面积4097.5平方米的混凝土路面，造价32万元。2004年，改造黎城路中段，投资35万元，铺设长180米、宽14米、面积2520平方米的混凝土路面。2005年，铺筑黎城路南段长200米、宽9米的混凝土路面，下水道200米，造价35.4万元。改造后黎城路北起黎城桥，南至新建路，全长1604米，其中，黎城桥至县总工会长279米、宽5~14米；总工会至金湖路长745米、宽5.5~14米；金湖路至新建路长580米、宽7~9米。

建设路 东西向。1986年，为县城主干道。东起造纸厂，西至园林路，长3990米，宽度24米。1988年，改造利农闸至园林路路段，铺设长1000米、宽9米、面积9000平方米的混凝土路面和2390平方米的沥青路面。1997年，由于沥青路面破损严重，加之新建隔离护栏，行人通行困难，将慢车道改铺水泥路面3648平方米，铺设人行道彩色地面砖近8000平方米。1993年，对建设东路（利农闸至造纸厂）进行拓宽改造，铺设砂石路面4200平方米，1994年铺设混凝土路面5000平方米。1995年，改造建设东路慢车道，原砂石路面改铺沥青路面，长950米、宽7.1米、面积6745平方米；铺设路牙1657米，排水管道1600米，总造价41.5万元。2003年，投资66万元铺设建设东路混凝土路面，长690米、宽7~14米；投资42.7万元铺设建设西路混凝土路面，长150米、宽7米、面积1050平方米，维修砂石路面长563米、宽7米、面积3941平方米。2005年，铺设建设西路（东起园林路，西至衡阳路）慢车道混凝土路面，长630米、宽3.5米、面积2205平方米，造价26.1万元；铺设利农闸东西路面接线混凝土路面长175米、宽16米、面积1.28万平方米，造价30.8万元。全路东起城东干道，西至衡阳路，全长4106米、宽7~24米，混凝土路面。

人民路 南北向。1986年，北自建设路，南至金湖路，长1178米，宽24米；混凝土路面1008米，砂石路面170米，局部宽28米。该路是老城区第一条南北向主干道。是年，改建人民路的建设路至人民桥段，长1008米、宽14米为混凝土路面，铺设排水管道816米，路牙56米。其中建设路至人民桥段宽14米，人民桥至金湖路段宽24米。1987年，铺设混凝土路面2751平方米。1988年，铺设人民路南段（人民桥至金湖路段），砂石路面，长500米、宽4米。1995年，完成人民路北段慢车道改造工程，铺设混凝土路面2550平方米，造价15万元。1997年，改造县人民医院至人民桥两侧慢车道，铺设混凝土路面6250平方米，造价18.5万元。1998年，完成人民路与金湖路接线工程，铺设混凝土路面2384平方米，造价27.4万元。2000年，投入32.8万元，建设人民路向南延伸改造工程。县政府调集3个乡镇、3000多名民工和600台手扶拖拉机，完成路基工程，长753米、宽24米，土方量2万多立方米。人民南路北起金湖路，南接新建路，长680米，快车道宽14米，慢车道宽10米，绿化岛宽

4米，铺设混凝土路面1.99万平方米，造价397.5万元。同时，还铺设维修人民路人行道彩色地面砖1500平方米，完成铺设人民路、人民南路排水管道及绿化、路灯等配套设施。2005年，该路北起建设路，南至新建路，全长2611米，混凝土路面。

健康路 东西向。1986年，拓宽改造健康路，东起利农河大桥，西至园林路，长1400米，宽24米，铺设混凝土路面5100平方米，沥青路面5500平方米。1987年，完成健康西路西段路基工程，长565米、宽8.6米，面积4855平方米。1988年，铺设混凝土路面3200平方米，沥青路面280平方米。铺设健康西路东段混凝土路面长268米、宽3米，面积804平方米；铺设中段砂石路面长400米、宽3米，面积1200平方米。1989年，新铺健康西路砂石路长400米、宽9米，面积3600平方米。1990年，改造慢车道路基5382平方米，铺设健康路东段（县羽绒厂至黎城路）混凝土路面2236平方米，排水管道430米，总造价39.18万元。1995年，对县中医院至翠湖园宽6米的砂石路进行改造，铺成长490米、宽16米，面积7840平方米的快、慢车道混凝土路面；路两侧进行绿化，长980米、宽6米，面积6020平方米；铺设排水管道917.5米，造价116.8万元。1996年，健康路路面由24米拓宽至28米，面积6917.6平方米，建绿岛长1000米，做路牙1000米，排水管道643米，总造价172万元。1997年，完成后续工程，铺设混凝土路面306平方米。1998年，完成健康西路与衡阳路连结工程，投资60万元，铺设混凝土路面4360平方米。2003年，将健康路中段的沥青路面改铺混凝土路面，长646米、宽10米，面积6460平方米。2005年，将健康路、健康西路（人民路—衡阳路）两侧人行道上的彩色地面砖，全部更换成大理石道板，总面积2.8万平方米，造价280万元；该路东起利农河，西至衡阳路，全长3257米、宽28米，混凝土路面。

利农路 南北向。1986年，利农路城区段长2000米、宽18米，砂石路。1991年，铺设沥青混凝土路面8500平方米。2005年，对北起利农闸，南至金宝南线，全长3380米的城区段进行改造，铺设长2600米、宽9米、面积2.34万平方米的沥青混凝土路面，由振达公司承建，总造价351万元。

园林路 南北向。1986年，该路北起淮河路，南至新建河，长3300米、宽24米，沥青路面。1987年，铺筑沥青路1000米，砂石路2300米。1991年，扩建淮河路至金湖路路段，长1856米，快车道宽9米，慢车道宽8米，绿化岛宽4米，面积3280平方米，铺设沥青路面。园林路北段的淮河路与汽渡口连接，铺设混凝土路面2800平方米，建排水管道500余米。1995年，改造园林路与金湖路交会处的县城重要出入口，取消北侧8米宽的道路，将南首路面拓宽成36米，与金湖路连接；北边留有5米宽的人行道，拓宽改造混凝土路面长260米，造价8万余元。1996年，投资558万元，拓宽改造其快、慢车道，铺设混凝土路面，总面积1.31万平方米；铺设排水管道3000米，路牙2000米，建绿化岛1500米。1997年，投入28万元，改造该路中段、北段，路面长80米，宽19米，铺设混凝土路面1520平方米；同时铺设排水管道、路牙以及人行道彩色地面砖。1998年，改造县中医院处转盘路，铺设混凝土路面2150平方米，造价30万元。2000年，投入530万元，建设老新建河至新建路路段的快、慢车道、绿化岛，长950米，铺设混凝土路面2.66万平方米；铺设黎铜路至新建路路段长200米，宽24米，面积4800平方米的混凝土路面。2005年，该路北起淮河路，穿过建设路、健康路、金湖路、黎铜路、新建路、工园路，南接金宝南线，全长4293米、宽24米，混凝土路面，为县城中心区西侧的一条主干道。

金湖路 东西向。该路是县城通往县外的一条主干道，是省道331线的一部分。1986年，名称为城中路，东起利农河大桥，西连黎铜路，长2500米、宽12米，砂石路面。1989年，铺设长2500米、宽8.5米、面积2.13万平方米的道路，其中混凝土路面长1000米，砂石路面长1500米，路牙1500米。1990年，金湖路交通桥至衡阳路路段路基由原宽12米拓宽至24米，面积2.7万平方米，土方量2.5万立方米。1992年，投入130万元，将慢车道砂石路面改铺混凝土路面，长1400米，面积5600平方米，维修路面2.5万平方米，其中沥青路面6892平方米，砂石路面1.77万平方米；铺设排水管道、绿化岛470米。1993年，投入220多万元，修建其快车道，长4200米；慢车道，长850米；以及金湖路与人民路、园林路交会口圆弧形混凝土路面，铺设排水管道、路牙，建绿化岛，各长650米。1994年，建成绿化岛，长1300米，面积5200平方米。1997年，维修金湖路快车道，加沥青路面24850平方米。2001年，铺设金湖西路慢车道混凝土路面，长400米、宽12米，面积4800平方米，造价52.8万元。2005年，铺设其慢车道及交会路口混凝土路面3847平方米，造价71.6万元；该路东起淮河入江水道大桥，西至八四大道，全长10公里、宽16米，沥青混凝土路面。

衡阳路　南北向。1993年初，征地4.33公顷，新建一条主干道示范路。是年10月，由黎城镇13个村的2500名民工施工，挑运土方4.8万立方米，其中县城乡建设局组织手扶拖拉机运土2.5万立方米，至1994年9月，完成长1020米、宽42米的路基工程。11月底，由县市政所铺成宽7米的砂石路，共投入118万元。1999年，投资1000万元，铺设金湖西路至淮河西路路段，全长1780米。铺筑时分南北两段施工：南段路面建成快、慢车道及绿化岛、路牙、排水管道，铺设混凝土路面3.41万平方米，由县市政所和第二建筑公司承建；北段铺设混凝土路面2万余平方米，排水管道1800米，由交通部门负责施工。同时，电力、电信、广播、电视线路及煤气管道全部入地，供水排水管道全部埋入人行道下。2000年，投资34.3万元，完成衡阳南路路基工程，长675米、宽28米，面积1.89万平方米。2001年，铺设快、慢车道混凝土路面1.90万平方米，新建绿化岛，总造价370.6万元。2003年，投入65万元，完成衡阳路北段慢车道改造工程，铺设长446米、宽12米的混凝土路面，面积5352平方米，排水管道3000米。2004年，又投资73万元，铺设衡阳南路慢车道长750米、宽8米，面积6950平方米的混凝土路面。2005年，该路北起淮河西路，南至金宝南线，全长4523米，快、慢车道宽28米，混凝土路面；绿化岛宽3米，集交通、商业、生活功能于一体，成为综合性示范干道和一道靓丽的风景线。

神华大道（原新建路）　东西向。2000年，投资74.13万元始建利农河至园林路段的路基工程，长1570米、宽26米。2001年，投入701.71万元铺设人民南路—衡阳路段，长1570米，快车道宽14米，慢车道宽12米，绿化岛宽8米，面积3.52平方米，为混凝土路面，且排水等设施同时建成。2002年，新建西路开工，铺设混凝土路面，长536.2米、宽14米，面积7562平方米，排水管道及路灯安装等工程相继竣工，造价108.52万元，由淮安市政公司承建。2003年，铺设新建西路长808米、宽14米、面积1.13万平方米的混凝土路面，还完成新建东路路基工程，造价144万元，维修路面长563米、宽7米，面积3941平方米，造价29.5万元。2004年，与新建东路的接线铺设混凝土路面，长180米、宽14米，面积2520平方米，造价25.8万元，均由县市政所承建。2005年，投入420.5万元，建设新建东路，长1050米、宽34米（含绿化岛），面积3万余平方米，快车道和绿化建设相继竣工，由县市政所承建。该路东起利东河，西至八四大道，全长5495米，混凝土路面，其中快车道宽14米，慢车道宽12米，绿化岛宽3米，人行道宽5米。

城东干道　南北向。2002年，完成北起建设路，南至金湖东路的城东干道路基工程，全长1038米。2003年，由江苏石油公司承建第一期混凝土路面铺设工程，面积7266平方米，投资额72万元。2005年，该路北起建设路，南至金湖东路，全长1038米、宽7米，混凝土路面。

华海路　南北向。2002年兴建，北起健康路，南至黎铜路，长1490米、宽7米，混凝土路面。

金荷路　南北向。2002年兴建，北起上湾路，南至新建路，长2320米、宽7米，混凝土路面。

环城西路　南北向。北起上湾路，南至神华大道，长912米、宽7米，混凝土路面，2003年由县市政公司兴建，投资额62.6万元。

同泰大道　南北向。2002年兴建，北起建设路，南至黎铜路，长3195米、宽12米，混凝土路面。

理士大道　南北向。2002年兴建，北起上湾路，南至工园路，长2980米、宽24米，混凝土路面。

八四大道　南北向。2004年兴建，东起园林南路，西至金宝南线，长3755米、宽7米，面积2.63万平方米，混凝土路面。

工园路　东西向。2004年兴建，东起园林路，西至金宝南线，混凝土路面。

工二路 东西向。2002年兴建，东起衡阳路，西至金宝南线，长3135米、宽7米，面积2.19万平方米，混凝土路面。

第二节 桥 梁

一、概 况

1986年，城区内拥有桥梁（闸）14座。1997年，将城西排污河及环城河明河改暗道，下建涵洞，上面铺路，根治两河的污染问题，相继拆除河道上的跃进西路桥、黎城食品站桥、劳动局旁桥、城西桥、城北桥和劳动桥。2000年，城区建设范围不断扩大，道路建设速度加快，并同时拓宽改造，重建、新建桥梁（涵闸）。2005年，县城共有桥梁23座，其中主要桥梁有7座。桥闸改造、兴建总投资近千万元。

2005年金湖县县城区主要桥梁一览表

表6-4-2

桥梁名称	所在地点道路	河流	长度（米）	宽度（米）	投资额（万元）	修建时间
新城闸（桥闸一体）	神华大道	利农河	30.0	闸门4	280.0	2005年新建
健康路涵洞	健康路	城西排污河	28.0	洞2.5	23.4	1983年建，1995年重建
大兴桥（东）	城东干道	大兴河	15.0	17	100.0	2004年新建
九里桥（桥闸一体）	金湖东路	九里中心河	15.0	闸门4	18.0	1980年建，2005年改建
黎东桥	金湖东路	利东河	40.0	17	65.0	1988年建，2005年改建
新兴桥	华海路	徐梁河	12.0	24	58.0	2002年新建
西兴桥	金荷路	徐梁河	12.0	18	44.0	2002年新建
※	环城西路	徐梁河	12.0	15	36.0	2004年新建
※	工二路	衡阳河	14.0	15	42.0	2004年新建
※	环城西路	神华排涝河	16.0	24	75.0	2004年新建
※	神华大道	同泰河	5.0	20	20.0	2003年新建
※	同泰大道	神华排涝河	12.5	30	75.0	2004年新建
※	理士大道	神华排涝河	12.5	30	75.0	2004年新建
※	工园路	神华排涝河	14.0	15	42.0	2004年新建

说明：1.凡列入"主要桥梁选介"的桥梁不重复列入。2.以上桥梁设计荷载均为：汽-20/挂-100。3.桥梁名称栏加※号为名称未定

二、主要桥梁选介

健康桥 位于健康路西端，横跨城西排污河，原为拱形，宽3.5米，坡度大。健康路扩宽后，于1995年3月由县市政所负责改建，将原桥改建成涵洞式平桥，洞宽、高均为2.5米，长28米，6月竣

工，造价23.37万元。

利农河桥　横跨利农河，东接利农路，西连健康路。1995年10月，县投资214万元，新建利农河桥，解决城区东南部交通问题。其标准为：建筑长度71米，净跨40米，拱顶真高12.5米，桥面宽14米，两边人行道各宽1.5米，设计荷载汽-20/挂-100。建设单位为金湖县建设局，县水利局负责设计并组织施工，1996年9月建成通车。

园林桥　原名三里桥。该桥始建于1969年12月，横跨三里桥河，位于园林路中段。原三里桥呈双曲拱形，长25米，净跨18米，宽7.95米，设计荷载汽-15/挂-100。桥中心高出路平面约2米，坡度大，与拓宽改造后的园林路不配套，且影响交通安全。

劳动桥　该桥始建于1960年，是老城区排水河上一座古老的桥梁。经过历年多次改造修建，桥身不断扩宽。1997年明河改暗道，下建宽1.8米、高1.5米浆砌砖石涵洞，上面覆盖泥土，铺设混凝土路面，长8米、宽24米。

利民桥　原名城中桥，位于人民路中北段，横跨利民河，故名。该桥始建于1968年3月，1978年、1981年曾两次修缮扩宽。1983年4月，改建为钢筋混凝土单跨拱桥，长16米、宽24米，设计荷载汽-20/挂-100，造价15.5万元。

人民桥　原名城南桥，始建于1981年，单跨拱桥，横跨三里桥河，位于人民路中段。1997年，被鉴定为危桥。1998年4月重建，由县水利工程队负责承建，县市政所负责施工管理，于8月建成通车。重建后的人民桥系单跨平桥，跨径12米，宽24米，设计荷载汽-20/挂-100。投资额102万元。

衡阳桥（闸）　始建于1995年，横跨三里桥河上游，位于衡阳路南端，洞高3.5米，宽3.2米，长10米。1999年，改造衡阳桥（闸），与新建的衡阳路配套。由县水务局负责施工，将涵洞向东拓宽至32米，桥面长度延伸至14米，总造价35万元，9月竣工。

宋坝桥　横跨三里桥河，位于黎城路中段，建于1974年。原桥长18米，宽5米，由于设计先天不足，施工质量差，表面混凝土严重碳化，多处露筋并锈蚀，影响行车安全，被鉴定为危桥。2002年，拆除重建。该工程由市水利勘测设计院设计，淮阴水利建设集团第八工程公司承建，概算105万元。3月开工，10月竣工。重建后的新桥为钢筋混凝土架拱桥，桥面宽24米，净宽14米，两边各留5米宽的人行道。桥梁净跨28米，总长40米，设计荷载汽-20/挂-100。新桥被市水利工程建设监督站评为优良工程。

交通桥　始建于1984年，横跨利农河，位于金湖路东端。2005年初，由县公路管理站承建，在原桥南侧拓宽至17米，其中行车道宽14米，人行道3米，桥面长度延伸至57.2米，桥下净高4.5米，与拓宽改造后的金湖路相适应。该桥上部结构为预应力空心桥、预应力钢筋混凝土，桥面铺设沥青混凝土；下部结构为柱式墩台，基础为钻孔灌注桩，钢筋混凝土浇筑，10月竣工，设计荷载汽-20/挂-100。总造价80余万元。

第三节　给排水　供气

一、给排水

供水　1986年，县自来水厂日供水能力1万立方米。由于城区人口较少，水厂资金严重不足，主管道的铺设因陋就简，基本上采用的是铸铁管和水泥管，最大管径仅300毫米。1987年，为解决停电不停水的问题，该厂自筹资金近10万元，购置一套发电机组。1988年，在城南开凿第一口深井，缓解城区供水不足的矛盾。1990年，县城建设快速发展，用水量逐步增大，城南片供水管网末梢水的压力仅1.5公斤/平方厘米，遇到用水高峰时，3层以上楼房时常无水可用。1992年，自来水厂在城南开凿第二口深水井，县城实行并网供水，日供水能力增加4000立方米，城区用水紧张的状况暂时缓解。1994年7月，县政府投资180万元，对自来水厂实施第三期改造扩建。9月，由县建筑工程公司负责施工。至年底，完成清水池、反应沉淀池、无阀滤池、一级泵房、二级泵房改造工程，同时改造配电房。1995年5月竣工投入运行。扩建后，自来水厂日增加供水能力1.5万立方米，达到2.9万立方米，城区供水矛盾缓解。是年，改造原有的输水主管道，形成管道网络。在拓宽建设路、健康路、金湖路、黎城路、人民路和园林路时，将沿路的主管道一律外移于人行道下，管材也改用球墨铸铁管、螺旋钢管、FE塑料管，承受的水压8~10公斤/平方厘米，最大管径600毫米。

2002年，地处县城西南的县经济开发区供水工程启动。园区内供水基础设施建设总投入约800万元，达到“六通一平”标准。至2005年，县自来水公司在老城区改造县城供水管网，新铺管道20公里，新安装和分户改造1900户，抢修主管网漏水142次，小户维修871次，检修水表2000只；建设新城区过程中延伸建设西路、健康西路、金湖西路、黎城南路、人民南路、园林南路主干道管网，新建衡阳南路、北路、神华大道等主干道管网，主管道最大管径600毫米，新城区新铺主管道46公里，总造价220万元。县城区供水主管道总长度94.64公里，其中直径600毫米管道约38.5公里，余为100毫米以上主管道。同时，投入16万元整治厂区环境，拆除旧建筑物，平整场地，铺设厂区混凝土路面，进行绿化美化，绿化面积5500平方米，绿化率45.2%，达到省园林单位的绿化标准。

1986—2005年金湖县自来水公司效益统计表

表6-4-3

年份	年供水量（万立方米）	日供水量（万立方米）	产值（万元）	利润（万元）	职工（人）	其中技术人员（人）
1986	293	0.80	88	5.2	30	8
1987	329	0.90	94	6.3	30	8
1988	329	0.90	96	6.2	32	8
1989	340	0.92	98	4.8	32	8
1990	360	0.93	185	4.5	40	10
1991	365	0.96	192	4.6	46	10
1992	382	1.05	280	4.5	52	14
1993	401	1.10	286	4.6	52	14
1994	551	1.25	286	4.3	54	16
1995	558	1.56	367	4.6	62	21
1996	584	1.60	380	2.1	68	25
1997	600	1.60	520	3.5	71	30
1998	592	1.62	520	3.8	88	34
1999	620	1.70	542	2.6	96	38
2000	676	1.85	555	2.1	105	42
2001	656	1.82	600	2.5	109	44
2002	692	1.90	700	1.8	109	44
2003	686	1.86	700	−2.0	111	45

接上表

年份	年供水量（万立方米）	日供水量（万立方米）	产值（万元）	利润（万元）	职工（人）	其中技术人员（人）
2004	700	2.10	710	0.2	111	45
2005	720	2.16	710	0.6	105	42

1986—2005年金湖县自来水公司主管道铺设统计表

表6-4-4　　单位：米

年份	主管道铺设	年份	主管道铺设	年份	主管道铺设	年份	主管道铺设
1986	2354	1991	1000	1996	4450	2001	5500
1987	5128	1992	1500	1997	5851	2002	6500
1988	4300	1993	1200	1998	16174	2003	7600
1989	1800	1994	2350	1999	5000	2004	8200
1990	2000	1995	6536	2000	5200	2005	2000

说明：表中主管道管径为100毫米以上。

排水排污　1986年，县城区铺设排水管道24.3公里，其中管径在600毫米以上的只有1000米，其他为300毫米；建大小窨井1000余口，排涝排污站1座，功率220千瓦；排污站1座，功率110千瓦。城区的生活、工业废水和雨水主要通过管网或自流形式排入近河道利民河、三里桥河进入利农河，最终注入高邮湖。1989年2月，县第三建筑工程公司承建三里桥河东端河段护城闸，银集镇组织250名民工配合完成基础土方1.44万立方米。闸体结构单孔，净宽8米，高7米，闸底真高4米，闸身长9米，设计流量为42立方米/秒，同时建成4立方米/秒的排涝、排污泵站，投入混凝土8000立方米，石方1189立方米，机房建筑面积122.8平方米，于8月2日吊装闸门，次年1月通过总体验收，总投资80万元。闸东侧引河由淮建乡组织近千民工施工，完成土方9700立方米。新开挖城西辟洪河，长2500米，完成土方8万立方米；疏浚城西排涝河600米，完成土方1万立方米。1990年，县城排水管道总长11公里。

1991年，县域遭遇特大洪水，县城防洪排涝基础设施在汛期发挥重要作用，城区未发生严重内涝灾害。1995年，县城排水管道总长18.8公里。6月，由县建设局投资，县水利局工程服务中心设计并承建，在县自来水公司北厂区东侧兴建冲污站，于8月底竣工。该站共装机700ZLB-125型轴流泵2台套，提水量2.1立方米/秒，总投资50万元。冲污站建成后，提取三河水，冲释城区环城河涵洞及利民河、三里桥河污水。1997年3—5月，县市政所承建利民河西端利民河节制闸，闸身长3.5米、宽3米、高5.4米，闸门宽2.44米、高2.5米，为钢筋混凝土结构。启闭机由人工控制。该闸建成后，可阻挡城西河地下涵洞的水流入利民河，并进行分水截流，控制利民河水位，总造价19.7万元。1998年6月，县市政所投资17.4万元，在县人武部北侧新建环城河涵闸，15日开工，7月底竣工。闸洞高1.8米、宽1.5米、长50米。建成后，可使县城冲污站冲污分流，汛期控制园林路以西的雨水进入城区，确保安全度汛。1999年，对三里桥河、利民河进行彻底改造，疏浚河道，两岸浆砌两级块石挡土墙，接着又疏浚利农河、大兴河、老新建河。同时，兴建数座涵闸，使城区汛期洪水能排出，旱季能保持水位。2000年，县城排水管道总长40.2公里。

2003年，金湖县污水处理厂经省政府批准，列入淮河流域污水处理建设计划。2004年6月，污水处理工程项目环境影响报告由市环境科学研究所制发并报批。年底，省发改委对一期工程可行性研究报告批复实施。利东河九里桥北侧100米处的利东河节制闸由县水务局负责承建。该闸为单孔箱型钢筋混凝土结构，设计流量10立方米/秒，闸身长2.5米、宽3米，洞长17.4米，洞顶高程8米，底板高程5米，启闭机为螺杆式，共完成土方5000立方米，石方400立方米，混凝土200立方米，投资80万元。2005年5月竣工。该闸建成后，城区东部涝能排出，旱能控制水位。2005年11月，由县水务局承建新城闸（又称利农河节制闸）。该闸位于新建路与利农河交会处，闸路一体，单孔U型钢筋混凝土结构，设计流量为30立方米/秒，闸身长8米、宽4米，洞长30米，洞顶高程12.4米，底板高程5米，启闭机为绳鼓式，共完成土方1.5万立方米、石方1600立方米，水泥混凝土800立方米，投资280万元，年底竣工。该闸建成后，具有排污、排涝、水运、控制城区水位的功能，既保证汛期城区的安全，又造福于市民。是年，全城排水管网体系建成，排水管道总长度52.78公里，有大窨井1260口，小窨井2322口。县城污水处理厂部分基础设施建设开始启动，经过招投标，县政府与清华同方股份有限公司签订污水处理《特许经营协议》。县污水处理厂一期工程位于县城东南角，利农河与新建河交汇处右岸。该工程投资7000多万元，征地1.33公顷，由清华同方水务工程公司中标承建，建设规模为日处理2万吨污水能力。污水处理采用CASS工艺浓缩脱水后填埋。建筑物总面积4788平方米，其中综合办公楼面积659平方米。主要建设项目：进水控制井、粗格栅及污水提升泵房、细格栅及旋流沉砂池、配水井、CASS反应池、接触池、鼓风机房和加氯间、污泥储存池、污泥脱水机房、变配电间综合楼和附属设施以及相应的污水收集管网，总长约40公里，管径300~1500毫米。厂外建提升泵站11座。城区的生活、工业废水、污水和雨水通过管网排入城西河、环城河、利民河、三里桥河、大兴河、老新建河，然后经正在兴建的污水处理厂进入利农河，最终分两支注入高邮湖。一支由利农河流入金西河，经北新沟闸进入淮河入江水道抵达高邮湖；另一支由利农河尾闸泄入高邮湖，或经太平排涝站排入入江水道泄入高邮湖。

二、燃气供应

20世纪80年代后期，县能源办从外地协进液化石油气，供给县城部分居民作燃料，年经销量150吨左右。1994年，县城开始筹建第一家液化石油气供应站，后定名为广誉液化石油气供应站。该站位于金湖西路，储气规模220立方米。气源由南京扬子石化和淮阴石化提供。液化气由供应方使用特种运输槽车运到各液化气储配站输入储气罐，然后将瓶装气由专业人员使用专用运输车辆运至各个供应点，进入千家万户。1995年，明确燃气管理部门、燃气经营企业和燃气供应站点的各自职责，加强燃气安全管理，保障人民生命财产安全和社会公共安全。各燃气供应点与气站签订安全管理责任状，严格执行“一集镇一站点、一门市一瓶库”制度，禁止再度分散经营。1997年，相继成立天龙液化石油气站和金湖招商局道达尔液化气公司，储气规模分别为120立方米和220立方米，全年售气1000立方米，用户达1万户，气化率90%。

2000年起，定期或不定期组织燃气管理执法大检查。2002年，县域第一家管道输送液化气企业金湖华燊燃气有限公司成立，年销售管道燃气6万立方米，燃气管道网络覆盖3个居民小区、500家用户。2004年5月，在戴楼镇官塘粮库成立金湖县天天液化石油气钢瓶检测站。该检测站由县广电局招商引资新建，占地3200平方米，其中检验检测车间1000平方米，办公用房100平方米，有职工12人，持证上岗检验员2人。10月，经国家质监总局审查，取得“特种设备检测机构核准证”。是年起，严格规定对燃气设施定期进行检测、检修、更新，保障设施安全运行；不得使用非法制造、报废、改装的气瓶和超期限未检验或者检验不合格的气瓶充装燃气；不得超过国家规定的允许误差标准充装燃气；充装后的燃气气瓶要进行角阀塑封，并标明充装单位和投诉电话。2000—2005年，共查处违法经营燃气127起，依法取缔非法经营点92个，扣押经营器具102件、钢瓶688只，强制检测钢瓶2602只，发放事故隐患整改书64份。2005年，全县经审查批准的石油气储配站3家，投入运行的储罐容积560立方米，资质审查均合格，全部领取“液化气工程设施使用许可证”和省“瓶装燃气经营许可证”。全县设液化气供应点30个，其中县城点8个，乡镇点22个。是年，全县液化石油气销售量5250立方米，其中城区3920立方米，气化率96.9%。1995—2005年11年中，未发生供气安全事故。

1995—2005 年金湖县液化石油气销售量统计表

表 6-4-5　　单位：立方米

年份	天龙液化气站	广誉液化气站	招商液化气站	年份	天龙液化气站	广誉液化气站	招商液化气站	华燊管道燃气公司
1995	—	800	—	2001	1470	1400	1420	—
1996	—	900	—	2002	1500	1570	1515	20
1997	700	1100	750	2003	1630	1685	1570	30
1998	1250	1115	1170	2004	1700	1730	1580	40
1999	1300	1280	1235	2005	1800	1800	1600	50
2000	1315	1335	1423	合计	12665	13015	12263	140

第四节　照明与亮化

1986年，城区有白炽路灯255盏，主要分布在城区建设路、人民路和健康路等主街道，安装在电线杆上，使用的基本是马路弯架。1987年，逐步淘汰白炽灯泡，更新为高压汞灯和高压钠灯。县供电局设置路灯管理办公室，职工5人，加强对城区路灯的管理与维修。1992年，县城安装路灯450盏。1997年，增加到600盏。1999年，城区道路新安装路灯189盏，添置草坪灯80盏；临街单位按照县政府要求，分别在建筑物上安装霓虹灯、轮廓灯、泛光灯、“满天星”等。2000年，城区路灯增加到958盏，主要路段更换为落地杆、双挑灯架，全部使用节能灯泡。

2001年，县政府决定，对城区的路灯进行大范围地更新改造，淘汰架设在电线杆上的灯架，主次干道全部改为落地杆，配置短臂灯、长臂灯、落地灯、高杆灯，桥闸使用桥头灯，灯头型号也换上琵琶灯头、鸭嘴灯头、球形灯头及子弹头等灯头，提升城市品位。2004年，工业园区先后安装路灯318盏，金湖西路（尧园广场东西路段）安装槐花灯共1728盏，金湖西路至戴楼集镇区共安装路灯205盏。路灯遍及城区大街小巷，东起城东干道，西至环城西路，北起淮河风光带，南至新建路，至年底城区路灯猛增到3889盏。2005年，完成人民路及43幢建筑物亮化工程。城区共安装路灯6861盏，路灯亮化率99.1%。每到夜晚，城区主街道两侧及广场、公园、游园的路灯、桥头灯、草坪灯、荷花灯、泛光灯等通明，城区高层建筑物的轮廓灯、内透日光灯、霓虹灯、绿光灯、射灯以及120多条聚束光带，五彩缤纷，把县城装扮得更为靓丽。

1986—2005 年相关年份金湖县城路灯一览表

表 6-4-6　　单位：盏

年份	配置数量	主要品种	主要道路
1986	255	电杆马路弯架灯、白炽灯	黎城路、建设路、人民路、健康路
1992	450	淘汰白炽灯，更新为高压汞灯、高压钠灯	增加金湖路
1997	600	高压汞灯、高压钠灯、草坪灯	增加园林路、新建路
1999	869	草坪灯、霓虹灯、轮廓灯、泛光灯、满天星	全部主干道
2000	958	落地杆、双挑灯架，全部使用节能灯泡	增加淮河路、沿河路、跃进路、利民路

接上表

年份	配置数量	主要品种	主要道路
2001	1236	淘汰电杆灯架，改为落地杆，配置短臂灯、长臂灯、落地灯、高杆灯，桥闸使用桥头琵琶灯、鸭嘴灯、球形灯、弹头灯等	主干道、次干道
2004	3889	增加槐花灯	增加工业园区、金湖西路、城东干道、环城西路，淮河风光带
2005	6861	见下表	遍及城区大街小巷

2005年金湖县城路灯配置一览表

表6-4-7 单位：盏

路名	配置数量	配置类形	路名	配置数量	配置类形
沿河路	41	短臂琵琶灯	湖滨路	11	短臂琵琶灯
甘泉路	4	短臂琵琶灯	友谊路	12	短臂琵琶灯
电视台	3	短臂琵琶灯	上湾路	13	短臂球形灯、马路弯灯
三河路	14	长短臂琵琶灯	润德路	16	长、短臂球形灯、琵琶灯
育才路	9	短臂琵琶灯	为民路	10	短臂琵琶灯、球形灯，马路弯灯
新村路	8	长短臂琵琶灯	顺河路	17	长臂球形灯、短臂琵琶灯
大兴路	71	长短臂琵琶灯	体育馆	7	长臂球形灯、短臂琵琶灯
城东干道	11	长臂鸭嘴灯	西苑小区	10	长臂球形灯
健康桥头	4	桥头球形灯4基	衡阳路	242	落地子弹头灯落地灯
健康路东	18	长臂球形灯、短臂琵琶灯	黎农路	35	长、短臂琵琶灯
健康中路	182	落地灯，长、短臂琵琶灯	金湖路东	126	落地灯126基
健康西路	126	高杆灯7基	金湖路中	3168	落地灯47基景观灯、槐花灯
康东路	9	短臂琵琶灯	金湖路西	181	落地灯181基
港口路	11	短臂琵琶灯	跃进路东	11	长臂琵琶灯、球形灯
建设路	496	落地灯160基	跃进路西	11	短臂琵琶灯
悦来巷	6	长臂球形灯	淮河路	146	七彩数码灯73基
黎城北路	8	短臂琵琶灯	华海路	140	落地灯70基
黎城路	21	长短臂球形灯、琵琶灯，桥头琵琶灯	金荷路	37	落地灯37基
团结巷	20	短臂琵琶灯、球形灯	同泰大道	182	落地灯88基
园林路	256	落地灯126基	工二路	62	落地灯62基
人民路	218	落地球形灯、桥头球形灯、落地灯	工一路	16	落地灯16基
竹园路	15	短臂琵琶灯	星洲路	320	落地灯80基
朝阳路	17	短臂琵琶灯、球形灯	神华大道	120	落地灯60基
利民路	32	长短臂琵琶灯	八四大道	296	落地灯148基
向阳路	6	短臂球形灯、鸭嘴灯	十字路口	54	高杆灯9基
交通路	13	长臂球形灯、马路弯灯	合计	6861	

第五章　城市园林与绿化

第一节　概　况

1986年，县城道路绿化总长11.8公里、面积27.37公顷，其中公共绿地1.61公顷，专用绿地23.48公顷，行道树以法桐、水杉为主，兼部分铅笔松、雪松、塔松等常绿树。三河滩林场20.5公顷。1994年，建成城中路绿化岛长1300米、面积5200平方米；绿化城西干道1100米、健康路300米，共植树1650株，累计14500株。完成滨河绿地的块石挡土墙383米，绿篱240米。城区累计绿化总面积197.15公顷，绿化覆盖率29.9%，人均绿地面积3.78平方米。

2001年，以创建"水乡园林特色城市"为目标，实行点（城中街头绿地）、线（沿河绿化风光带及道路绿化网）、面（大块绿地及农田林网）相结合，把城市道路、河流、公园、广场公共绿地、居住区绿地、单位附属绿地有机融合，形成完整的绿地系统。建成行政广场、县政府家属区广场、衡阳路绿化广场、县人民医院绿地、邮政绿化广场、建设房管大厦绿化广场、憩园、教师进修学校绿地、飞天广场等绿化广场，爱特福绿化广场开工建设。2003年4月，投资23万元的金湖西路绿化带竣工，8月，淮河路风光带竣工。2004年，建成衡阳北路段景观大道、健康西路绿化景观带，完成龙港花园小区、城东外围绿化和台州路、工二路绿化建设工程，补植新建路、衡阳路、黎城路等路段花草树木1.2万株，建成建设路两侧10处街头绿地2000平方米，城区绿化总面积418.8公顷，绿化覆盖率41%。

2005年3月，投资80万元的衡阳北路景观带竣工，绿化面积4500平方米。4月，投资75万元的健康西路绿化景观带竣工，绿化面积1.2万平方米。绿化建设工程完成金马路段景观带、三河风光带、金湖路绿化景观带、飞天广场四大绿化工程，新建楚天大厦、尧园大厦游园等多处街头绿地，对园林路、健康西路绿地进行更新改造，面积2200平方米；栽植城区主干道及工业园区行道树1200株。是年，城区具有水乡园林特色的园林绿化体系基本形成，衡阳路、金湖路、健康路等18条主干道绿化覆盖面积108.4公顷，三河、利民河、三里桥河等10条主要河道滨河绿化面积63.4公顷，7大公园、广场和各单位及居住区游园、绿地的绿化面积246.4公顷，城区绿地总面积447.3公顷，绿化覆盖率42%，人均公共绿地面积6.23平方米。

1986—2005年部分年份金湖县城区绿化统计表

表6-5-8

年份	道路（公顷）	滨河绿化（公顷）	柳树湾及城区公园（公顷）	广场（公顷）	单位（居住区）绿化（公顷）	其中工业园区（公顷）	花卉基地（公顷）	合计绿化面积（公顷）	绿化覆盖率%	人均绿地（平方米）
1986	27.4	—	20.5	—	0.7	—	—	48.6	19.8	1.7
1989	35.8	1.5	97.2	—	0.7	—	—	135.2	21.1	1.8
1995	36.9	7.0	120.0	—	4.0	—	6.2	174.1	27.9	2.8

接上表

年份	道路（公顷）	滨河绿化（公顷）	柳树湾及城区公园（公顷）	广场（公顷）	单位（居住区）绿化（公顷）	其中工业园区（公顷）	花卉基地（公顷）	合计绿化面积（公顷）	绿化覆盖率%	人均绿地（平方米）
1997	40.6	8.0	126.4	2.6	8.8	—	10.8	197.2	29.9	3.8
2000	51.3	16.5	136.7	16.0	33.0	3.5	19.7	276.7	32.8	4.7
2004	96.6	58.2	146.0	40.6	40.3	12.0	28.4	418.8	41.0	5.5
2005	108.4	63.4	146.7	42.5	44.2	13.0	29.1	447.3	42.0	6.2

第二节　公　园

翠湖园　位于健康路南侧，建设房管大厦西，始建于1987年，原名金湖公园，占地6.67公顷。1987年，首期投资22.5万元，征地3公顷，水系、假山、简易园路等相继建成，并进行部分园内绿化。1988年，投入7.9万元，新建四方亭、鹤亭（清风亭）、曲桥等景观建筑，植树2500株，栽植花卉1000余株，建苗圃7337平方米，培育树苗3500株。1989年，投入15万元，建围墙618米（后拆墙透绿），完成规划占地面积，建公厕1座，增建苗圃2000平方米，育苗3400余株，栽植绿坪650平方米。1990年，投入10万元补栽花木5700株，铺设园路595平方米，建拱桥1座，新建月季园。至此，一个封闭式翠湖园初步建成。2005年，经过多次绿化改造，该园成为城区市民晨练、休闲、健身、娱乐不可缺失的场所。

图 6-5-4　翠湖园（摄于2005年）　　县城建局／供

三河滩湿地公园　该园位于临近县城三河滩地、淮河路北侧。1958年成立湖西工委后就一直发动机关干部和群众植树造林，定名三河滩林场，面积约20公顷。经林场多年开发，建成防护林120多公顷。1995年，在此兴建湿地公园，规划占地10公顷，建成公共绿地2.5公顷，修建园路1000平方米，添置凳、桌、椅25组，与三河风光带一水相依。1997年，县绿化委组织机关干部、职工在三河滩翻土，面积近2万平方米。引进竞争机制，允许个人投资，进一步开发三河滩湿地公园。投资60多万元，增加水上游船、跑马场、儿童乐园等娱乐项目，新建绿地1.6万平方米，铺设园内道路6000多平方米，增加石凳、石桌、石椅10组，由个人承租管理。2005年，占地133公顷，拥有30年以上树龄的柳树2000余株，形成自然防护林，林中遍地芦苇、蒌蒿等野生植物，是一个天然的湿地生态园。建成的三河滩湿地公园，成为一个天然的氧吧，县城的“绿肺”，市民休闲、游览的乐园。

第三节　广　场

憩园　位于健康路与园林路交会处东南侧，占地1056平方米，1999年始建。园内建假山、修园路，置景盆，栽植桂花、龙柏、广玉兰、棕榈、香樟等乔木，种植草坪600多平方米。2001年，添置花坛、座椅。2005年，对该园进行升级改造，补植香樟、樱花、紫薇等乔木，将原有的草坪更换成四季常绿的高羊茅草坪，增加外侧绿篱，成为街头一景。

尧园广场（爱特福广场）　位于金湖西路与园林路交会处西北侧，占地2.55公顷，时称三角带游园，始建于1995年。铺设混凝土路面500平方米，砂石路268平方米，水泥预制块路面450平方米，下水道153米，土建、绿化、路灯等工程相继建成，游园轮廓初步形成。1996年，投资60万元，铺设草坪2000平方米，栽植各类花木300余株，铺设彩面砖园路850平方米，并建廊架、喷泉、布置景石等设施，改名为尧园。1999年，对其进行改造，安装园内路灯、补植部分苗木。2000—2002年，县政府启动尧园改建、扩建工程，由淮安市园林设计院规划设计。主广场建设：建有雕塑、喷泉、拱形廊架、主广场、管理用房及景盆等，总造价480万元，其中主题雕塑由爱特福集团赞助80万元兴建，故冠名为“爱特福广场”。至2005年5月，全部工程竣工。该广场由主广场、林荫广场和休闲绿地三部分组成。置身园中，能从不同角度透视出空间层次感和文化广场的氛围，成为人们休闲、健身的理想场所。林荫广场：按照“春花、夏荫、秋果、冬青”的要求，形成具有四季特色的植物景观，栽植各类乔灌木1万余株，其中栽银杏100株，桂花、香樟、合欢、棕榈、茶花、月季等40多个品种。休闲绿地：满足市民休闲、健身的需求，铺设园路160平方米，建花坛32个，栽植乔灌木1万余株，种植草坪9500平方米，片植色块4000平方米，铺设健身广场4600平方米。园内设置庭院灯、草坪灯60余盏，林荫广场和休闲绿地共投入资金150万元。竣工后的尧园，总共投资800余万元，空间开阔，层次感强，特色鲜明，园林绿化品位、城市窗口形象提升，成为县城园林建设的一大亮点。

市民广场　位于县行政广场西侧，县政府家属大院前，占地面积0.3公顷，投资45万元，1999年始建。有花坛、园路、拱形廊架、健身广场、亮化等设施，栽植水杉、香樟、洒金柏、寿星桃等乔灌木，并种植高羊茅草坪1360平方米。

邮政广场　位于园林路东侧、黎城市场南侧，占地面积0.21公顷。2001年由邮政局投资兴建，故冠名为邮政广场。广场内栽植香樟、广玉兰、红叶李等乔灌木40余株，种植草坪1100平方米，铺设园路100平方米。

电信广场　位于衡阳路与健康西路交会处东北侧，占地面积2862平方米。该广场原为交通岛，1999年由电信局投资兴建，故冠名为电信广场。广场绿化面积1962平方米，场内通道及健身区由大理石及广场砖铺设而成，是集休闲、健身于一体的绿化广场。

行政广场　位于县行政大楼前，占地约2万平方米。1999年重建县行政大楼时，拆除原办公楼前人大、政协的办公平房，建钟楼、廊架、景墙、下沉广场。拆除办公楼北侧围墙，还绿于民。广场内共栽植桂花、香樟、红叶李、国槐、月季等乔灌木1万余株，安装景观灯、草坪灯240盏，行政广场的建成，是市民晨练、健身、娱乐的理想场所。

飞天广场　位于人民路西、跃进路南北两侧，占地面积4800平方米。因建飞天雕塑一座，而取名飞天广场。2005年，投资100万元，由淮安绿宇园林建设有限公司和楚州园林古建公司承建，建有林荫广场，广场内铺设大理石910平方米，彩面砖人行道550平方米，鹅卵石园路450平方米及橡胶广场140平方米，设置景石5组，安装荷花灯2组，栽植各类乔灌木26个品种，草坪1800平方米。飞天广场的建设，体现河、桥、路、雕塑、景石、灯、花木浑然一体的广场效果，充分展示水乡湖城的园林特色。

第四节　道路绿化

健康路景观带　1989年，延伸健康西路（园林路—衡阳路），植雪松、广玉兰等行道树400余株。1994年，道路绿化面积4000余平方米，建绿篱长65米。1996年，新增绿篱长1400米，新栽各种花木1000余株。1997年，增建绿化带2600平方米，植花木800余株。2004年，投资75万元，由常州环艺园林绿化工程公司中标承建健康西路景观带（衡阳路—金荷路），绿化面积1.2万平方米，安装高杆路灯7盏。2005年，该路绿化带全长4100米。

金湖路景观带　1989年，延伸金湖路绿化带长1000米，栽植雪松、广玉兰、香樟、法桐等行道树580株。1993年，在绿化带内栽植花木1000余株。1994年，增建金湖路绿化带长1300米，面积5200平方米，栽植树木500多株。1999年，补植行道树600余株。2001年，为庆贺金湖首届荷花节暨金湖大桥通车，在绿化带内补植香樟、高杆女贞、红叶李、紫薇、龙柏球等1000余株。2002年，该路成为省道331线过境城区路段，新建衡阳路至宁连一级公路路段长12公里绿化景观带。2003年起，投资193万元由常州环艺绿化工程有限公司中标承建金马路景观带，全长2225米（园林路—八四大道），绿化面积17.8万平方米。其中意杨防护林带10万平方米，共栽植意杨5000株，各类乔灌木20余种18万株。投资50万元，由楚州园林古建有限公司中标承建金湖路绿化带（交通桥—衡阳路），栽植书带草2950平方米、小叶女贞及红叶李3000平方米。2005年9月，全长2519米的金湖路、金湖西路景观带、绿化景观带竣工。栽植书带草、小叶女贞2952平方米，红叶李1.02万株，绿化总面积3000平方米。

衡阳路景观带　1995年，完成衡阳路路基工程，并绿化道路1100米，栽植行道树1800株。1999年，建成绿化带长1200米。2000年，栽植乔灌等花木8000多株，草坪3100平方米；由县电信局出资兴建健康路与衡阳路交会处的电信广场，其中绿化面积1962平方米。2002年，新建衡阳南路绿化带8100平方米，栽植国槐、桂花、棕榈、高杆女贞等树种1200株。2003年，衡阳路景观大道东侧绿化工程由县电信局、移动公司、联通公司、邮政局等单位联合出资，县园林绿化工程有限公司承建；西侧绿化工程由教育系统、金融系统、农业局、林牧渔业发展局、国土局联合出资，由市艺华园林建设公司中标承建。该段景观带东西宽度均为14米，总面积万余平方米，铺设彩面砖、鹅卵石园路近4000平方米，布置假山石、点景石7组，栽植各类乔灌木1万余株，总造价80万元。2005年，衡阳路成为县城南北轴线主要交通干道，北起淮河西路，南至神华大道，全长2600米，宽34米，总面积7.24公顷，其中绿化面积4.01公顷，占道路面积的55.4%。是年底，城区共有主次干道29条，道路总面积101.16万平方米，道路绿化面积24万平方米，道路绿化率95%。以金湖路、健康路、园林路、衡阳路等道路绿化带体现一路一景特色。

2005年金湖县城主干道绿化一览表

表6-5-9

道路名称	起讫点	总面积（公顷）	绿化面积（公顷）	其中行道树		绿化率%
				品种	数量（株）	
建设路	衡阳路—金莲纸业	11.29	3.5	水杉、法国梧桐	844	31.0
健康路	金荷路—利农路	9.32	2.9	广玉兰、雪松、香樟	434	31.3
金湖路	交通桥—金卫公司	12.00	4.1	法国梧桐、重阳木	657	34.2

接上表

道路名称	起讫点	总面积（公顷）	绿化面积（公顷）	其中行道树		绿化率%
				品种	数量（株）	
神华大道	新城闸—衡阳路	7.41	4.0	银杏、垂柳	675	54.0
理士大道	金湖路—工园路	8.10	4.6	香樟	433	56.2
同泰大道	金湖路—工园路	8.82	4.6	香樟	324	51.7
衡阳路	淮河路—神华大道	7.24	4.0	女贞、国槐	440	55.4
园林路	淮河路—神华大道	4.16	1.5	女贞	423	35.6
人民路	建设路—神华大道	4.87	1.5	法国梧桐、香樟	355	30.6
利农路	建设路—新城闸	4.37	1.4	法国梧桐、意杨、垂柳	896	31.6
利民路	利民桥—园林路	0.64	0.4	香樟、垂柳、红叶李	280	56.3
跃进路	园林桥—人民桥	0.79	0.5	香樟	117	62.0
工二路	金宝南线—衡阳路	8.59	4.2	合欢、垂柳	869	48.9
新建路	同泰大道—八四大道	9.24	6.3	广玉兰	50	68.2
华海路	健康路—居民房	5.96	3.3	重阳木	268	54.9
金荷路	健康路—居民房	4.32	2.3	香樟	270	53.9
顺河路	水厂东围墙—黎城路	0.96	0.5		—	56.3
友谊路	翠园路—园林路	0.34	0.2		—	46.2

第五节 滨河绿化

三里桥河风光带 1999年3月，县委、县政府对被称为“龙须沟”的三里桥河进行集中整治，拆迁、拆违、清淤、修路，并在两岸修建二级块石挡土墙，对河岸边挡土墙内侧空地进行立体绿化，栽植垂柳、香樟、红叶李、海棠、樱花等乔灌木7000多株，铺设马尼拉草坪1.6万平方米，建飞天雕塑1座。2005年，位于跃进路南北两侧、长1640米的三里桥河风光带，总面积4.2公顷，经过整治、绿化、美化，绿化面积2.06公顷，覆盖率49%。

利民河风光带 1999年3月与三里桥河同时、同标准整治。治理后，两岸挡土墙内侧空地栽植爬山虎，进行立体绿化，同时栽植垂柳、香樟、红叶李、桂花、洒金柏等乔灌木6000余株，铺设马尼拉草坪1.2万平方米，其中，将利民河北岸（利民桥至黎城闸）河段原饮食一条街门面房和棚亭全部拆除，腾出5500平方米的地块兴建公共绿地。2002年起，先后整治两岸道路，补栽各类苗木860株，并加强该风光带的养护和管理。2005年，改造后的利民河风光带，位于利民路南侧，全长1135米，总面积2.6公顷，绿化面积1.4公顷，覆盖率53.8%。此风光带建成后，彻底改变昔日“脏、乱、差”的旧貌，成为一道河水清澈、绿树成荫的靓丽风景。

三河风光带 原名为淮河风光带，1999年3月兴建。县政府投资800万元，在三河南岸的淮河路两侧补植水杉、意杨，兴建淮河风光带，初步形成以湿地植物生态景观，园林小品与美化、亮化相结合的综合性生态休闲景观带。其主要建设项目有四连亭、月亮湾、彩虹桥、蘑菇亭、双鱼雕塑、园林小品、运动器材、晨练广场、游乐设施等，园路穿插于水杉林中。2003年，投资117万元对其进行改造，新栽法青绿篱、夹竹桃绿篱2500米，播种草坪1875平方米，栽植紫薇、花桃、合欢、青枫等各类乔木500余株，地被植物1500平方米，增设健身器材2组，铺设人行道3125平方米，鹅卵石园路1320平方米，安装七彩数码海鸥灯44盏，柱式广播音箱12只。2005年，又投资180万元，对淮河西路进行改造，新建健身广场1处，设置石桌石椅26组，建园路1800平方米。是年，该风光带改称三河风光带，全长2600米，绿地面积5.2公顷，与北侧的三河滩湿地公园连成一片，形成占地172公顷的生态旅游风景区，成为市民晨练、休闲的理想场所，县城绿色大氧吧。

第六节　单位（居住区）绿地建设

1986年，县城在加强城区道路、公园、滨河、游园和广场绿化的同时，开始注重单位（居住区）的省、市、县级绿化达标创建工作，加大投资力度，增加绿化总量。1990年，县供电局率先跨入市级绿化达标先进行列，并积极创建“园林式”单位，生活区、工作区同步发展，草坪、花坛、花池、假山、亭台、水榭一起建，乔、灌、花、草相配置。1993年，县土地管理局、物价局、审计局等3单位庭院绿化获市级绿化达标单位称号。1995年，县供电局种植草坪2756平方米，栽植花卉1.2万株、4344平方米，利用水面栽植荷花睡莲2800平方米，被市政府授予“绿化十佳单位”称号。城区有县绿化委、县劳动保险处、黎城油库、县农机校、城中幼儿园、卫生防疫站等6个单位庭院绿化达到省级标准，绿化达标单位累计53个。1996年，尧园广场铺设草坪2000平方米，栽植各类花木300余株，铺设彩面砖园路850平方米，并建廊架、喷泉、布置景石等设施，改名尧园。1999年，在县政府家属大院前，建成占地面积0.3公顷的市民广场，拥有花坛、园路、拱形廊架、健身广场、亮化等设施，栽植水杉、香樟、洒金柏、寿星桃等乔灌木，并种植高羊茅草坪1360平方米。其东侧建成行政广场，栽植银杏、桂花、香樟、红叶李、国槐、月季等乔、灌木万余株，安装景观灯、草坪灯240盏，成为市民晨练、健身、娱乐的场所，衡阳路与健康西路交会处建成电信广场，占地面积2862平方米，绿化面积1962平方米，场内通道及健身区由大理石及广场砖铺设而成，集休闲、健身于一体。在健康路与园林路交会处、县中医院对面建成憩园，占地1056平方米，园内有假山、修园路，置景盆，栽植桂花、龙柏、广玉兰、棕榈、香樟等乔木，种植草坪600多平方米。城区单位庭院绿化增加县人民法院、果园、房地产开发公司等单位3个，达标单位总数累计90个。

2000年，各单位、部门响应县委、县政府推进城市化进程、以绿化带城建的号召，实施拆迁、拆违、拆围墙，拆栏透绿，为绿化腾出空地，带动社区、庭院、支巷绿化全面展开。2001年，由县邮政局投资，在园林路东侧、黎城市场南侧建成邮政广场，占地面积0.21公顷，栽植香樟、广玉兰、红叶李等乔灌木40余株，种植草坪1100平方米，铺设园路100平方米。2003年，金泽园、理士随想园、黄庄游园、金中游园、上湾游园等社区绿化园林由单位建成。2005年，尧园按照“春花、夏荫、秋果、冬青”的要求，栽植各类乔灌木万余株，其中银杏100株，桂花、香樟、合欢、棕榈、茶花、月季等40多个品种，铺设园路160平方米，建花坛32个，种植草坪9500平方米，片植色块4000平方米，铺设健身广场4600平方米。园内设置庭院灯、草坪灯60余盏，总投资800余万元，成为县城园林建设的一大亮点。憩园补植香樟、樱花、紫薇等乔木，将原有的草坪更换成四季常绿的高羊茅草坪，增加外侧绿篱，成为街头一景。投资100万元，在人民路西、跃进路南北两侧，建占地面积4800平方米的飞天广场，广场内铺设大理石910平方米，彩面砖人行道550平方米，鹅卵石园路450平方米及橡胶广场140平方米，设置景石5组，安装荷花灯2组，栽植各类乔灌木26个品种，草坪1800平方米，体现出河、桥、路、雕塑、景石、灯、花木浑然一体的水乡湖城的园林特色。县建设局、电信局、省金湖中学3个单位和龙港花园、江苏石油试采二厂2个居住区，被省建设厅授予省级园林式单位（居住区）；县烟草局、实验幼儿园、金洪工程公司等3个单位和县电信小区，被市政府授予市级园林式单位（居住区）称号；县环卫处、神华药业公司、武警金湖中队、医药公司、移动公司、江苏油田试采二厂等8个单位和龙港花园小区被市政府批准为市级达标单位（居住区）。县城区绿化达标单位共有104个。

第六章　城市管理

第一节　市容整治

一、概　况

1986年，县城环境卫生推行“门前三包”责任制，公共区由清洁管理所63人清扫，城市管理力量薄弱。1987年，城市管理办公室与公安、市政管理所、环卫、绿化、城镇等职能部门密切配合，齐抓共管。县政府相继出台《关于加强城市管理的规定》《关于县城私人建房管理暂行规定》等城市管理规范文件，使城市管理有章可循。是年，共处理违章建筑121起，计2197平方米，制止违章建筑行为82起，计2920平方米，清除乱设摊点503起，同时进一步落实“门前三包”责任制，开展“创三优”竞赛活动，被淮阴市政府评为优胜县。1989年，县政府印发《关于加强县城临时亭棚管理的暂行规定》《关于加强店外店经营管理的暂行规定》等6项规定，补签144个单位（户）的“门前三包”责任书，城市管理得到进一步加强，在市“创三优”检查验收中，名列全市第一。1991年，充分利用专线广播、城管橱窗等形式，广泛进行城市法规宣传，并制定实行《金湖县实施〈城市规划法〉办法》。1992年，县城镇监察中队依法查处违章建筑147起，查处破坏市政设施和绿化行为18起，城区宽度3.5米以上道路违章发现率100%，违章查处率96%以上，结案率90%。

1995年5月，县政府印发《金湖县城区市容和环境卫生监督处理规定》的1号令，明确对57种行为的行政处罚和经济罚款等处理办法，并以城市主干道为主体，成立道路管理指挥部8个，划分路段68个，分别明确指挥长、路段长，配备管理员和维护员，落实管理监督措施。1998年，查处各类违章违法建设154起、面积5320平方米。协助城市改造清理障碍物27次，拆除县城5条主干道两侧有碍市容的临时亭棚92个、面积1400平方米，清除违章占道312起、乱设摊点4500人次，查处损坏绿化17起、城市“牛皮癣”580起，宽3.5米以上道路的违章违法建设查处率100%。2001年，加强拆迁管理、燃气管理，推行拆迁许可制度，查处违法拆迁3起，燃气违法经营39起，取缔非法经营点44处，下发整改通知书52份。2003年，查处纠正乱停乱放、违章行驶车辆2万余辆次，清理整顿市区公路打谷晒场近万平方米，清除无证摊点、店外店2500处次，与临街单位、经营户签订“门前三包”责任书1200余份，并实行收缴保证金制度。

2005年，在创建“省级文明城”活动中，着力整治城区交通秩序，划设出租车、公交车、人力三轮车停车位置，治理机动车乱停乱放行为。全年查处交通违章行为3.2万余起，处罚2.7万起，行政拘留19人。同时加大“门前三包”、“城市牛皮癣”查处力度，治理“十乱”行为，确保城区主次干道无乱摆摊点、无摊点外溢、无乱停车辆、无乱涂乱画、无乱堆乱放、无乱吊乱挂、无乱扔乱倒、无乱泼污水、无乱搭乱建、无运输车辆抛洒滴漏等。

二、拆除违章建筑

1995年下半年，县政府组织声势浩大的执法检查3次，查处各类违章建筑192件，面积1.07万平方米；拆除违章建筑44件、面积1240平方米；清除违章占道308件，查处损害市政公用设施行为18件、损害园林绿化27件，罚款2.39万元。1997年，查处各类违章建筑217件、面积1.17万平方米；拆除违章建筑45处、面积865平方米；清除违章占道173件、面积2531平方米。县城规划区内违法建筑查处率、结案率98%，道路两侧违法建筑发现率、查处结案率均100%。

2001年，加强拆迁管理，发放拆迁许可证32份，查处违法拆建3件，下发停工、整改通知书5份；查处各类违章建筑192件、面积10715平方米；拆除违章建筑150件、面积12000平方米，其中申请人民法院强制拆除7件、面积180平方米；清理违章占道308件。2003年，拆除影响工业园区规划建设的房屋、棚亭87处、770平方米，查处违章建设216件、6826平方米，违章占道施工行为12件。

2005年，加强在建工程的批后监管。查处各类违章建设238件、面积4548.36平方米，其中无证建房145件、3428.27平方米；未按审批内容施工93件、1120.09平方米；申请人民法院强制拆除7件。拆除违章建筑220处、面积2341.7平方米；清除违章占道打谷晒场200件、面积万余平方米。城区主要道路及3.5米道路两侧违规违章行为发现率、查处率均100%，规划区范围内违法建筑发现率、查处率均95%以上。对严重影响城市规划的建筑物、构筑物，做到发现一件、查处一件，解决乱搭乱建影响市容环境和市民通行等问题。

三、广告设置管理

2001年，查处违章设置、发布户外广告近百件，乱贴乱糊“牛皮癣”式广告2000多件。2002年，县城管局专门设置广告管理科，户外广告管理走上规范化轨道。2003年，设置户外广告张贴栏57处，并引进“语言追踪警告系统”（又称“呼死你”）电子仪器，从源头上遏制乱贴乱糊户外广告行为。对过街横幅、灯杆灯箱广告、护栏广告设置权实行市场化公开招标，对大型户外广告牌、市面经营户的店名招牌实行统一规划管理，核发许可证。全年查处违章广告张贴行为200多件，追踪呼叫通信号码300多个，清除“牛皮癣”式广告2500多处，拆除破旧广告牌匾30余块。

2005年，城区对所有大型广告牌和店名店牌按照高标准、高品位的要求进行统一规划，核发设置许可证。人民路、建设路、健康路等路段实行店名店牌“三统一”，即统一设计、统一制作、统一标准。对城区主干道680多处店名店牌实施整治更新，拆除大型户外广告牌88处，灯箱广告220处，墙体广告60多处，清除横道条幅、道旗广告、“牛皮癣”式广告3.08万多处。

第二节　环境卫生

一、设施设备

1986年，城区拥有公厕233座，垃圾箱253只，其中主干道设置果壳箱54只，有垃圾车2辆，洒水车、真空吸粪车各1辆，以及500立方米化粪池等环卫基础设施。1992年，新辟垃圾填埋场面积近6公顷。1995年，兴建垃圾中转池1座，垃圾池5座，更新、添置果壳箱250只，添置密闭式垃圾自卸车1辆，拓展垃圾填埋场新征地2公顷。1997年，投资55万元，新建封闭式垃圾池76座，添置铲运车、洒水车各1辆、垃圾自卸车2辆；投资230万元，新建、改建水冲式公共厕所24座，垃圾机械转运站1

座，添置与广告灯箱连体的果壳箱60只，为创建省级卫生文明城镇创造条件。2005年，城区建有垃圾中转站3座，垃圾填埋场1座、7.9公顷，设垃圾房32个、垃圾桶620个、垃圾池720座、水冲式公厕30座、旱厕8座。县环卫管理处拥有垃圾清运车3辆、粪便运输车3辆、小型垃圾收集车7辆、洒水车1辆、推土机1台、铲运机1台、垃圾吊桶车3辆、交通车3辆。每天清扫街道面积约85.09万平方米，做到生活垃圾日扫日清。

二、清扫保洁

1986年，县城有环卫工人63人，清扫面积约8万平方米。1995年，县环境卫生管理处有职工110人，每天清扫路面18万平方米，对建设路、人民路、健康路等繁华地段约5.2万平方米实行全日制保洁，日保洁厕所198座。全年清运垃圾3.5万吨、粪便7400吨，清理化粪池40余座，疏通下水道19处。7月起，将4.7万平方米的背街巷道全部由二级保洁改为一级保洁。“门前三包”执法检查中，清除乱贴乱画1584处，清除杂草1.9万平方米，清运积存垃圾326吨。顺利通过“市级卫生镇”巩固情况复查。

2003年，县城区道路日清扫总面积63.29万平方米；对234座公厕实行每日双清洗，其中环卫所直管36座、有偿代管198座。2005年，县环卫处担负城区85.09万平方米清扫保洁任务，管理公厕234座；环卫作业实行“三统一”（作业标准统一、作业时间统一、检查考核内容统一）的管理模式，对城区金湖路、建设路、健康路、人民路等8条道路，实施20小时不间断巡回清扫保洁；对服务范围内的生活垃圾做到日产日清，清运率100%。全年共清运垃圾6.2万余吨、粪便污水1万余吨。

第七章　集镇建设

第一节　集镇房屋

1986年，集镇房屋建筑除单位公共建筑外，大部分是低矮简陋的砖木结构平房，农民在集镇建房较少。至1988年，全县集镇房屋建筑竣工面积5.4万平方米，其中，仓库3798平方米，商业营业用房9614平方米，机关单位办公用房3760平方米，住宅2.3万平方米，学校638平方米；房屋更新改造竣工面积1.15万平方米。1989年，集镇房屋竣工面积1.01万平方米，其中厂房3832平方米、仓库480平方米、机关单位办公用房925平方米、住宅4884平方米。镇居民私人建房51户。

1990年，农村居民开始进镇建设2层以上砖混结构的楼房。1995年，村镇完成各类房屋建设项目2355个，建筑面积25.4万平方米，房屋建筑投资额7500万元。其中：集体单位投资2787万元，竣工面积1.2万平方米；制造业竣工面积5979平方米；镇居民私人建房46户，建筑面积6072平方米。是年，村镇房屋登记发证工作开始，发证率占50%。1996年，乡镇建房1523户，建筑面积21万平方米，全县房屋产权登记工作基本完成，累计发证5.5万份。

1997年，乡镇集体完成各类建筑1320项，竣工面积1.85万平方米，其中制造业竣工面积1.54万平方米、商饮服务业2460平方米、卫生和社会福利业309平方米。镇居民私人建房182户，建筑面积2.4万平方米。银集镇投入100万元，拓宽集镇街道，农民进镇建楼房10余幢，主要经营服装、理发、沐浴、照相、打印、餐饮等。1998年，新建房屋1710项，建筑面积19.09万平方米，其中公共建筑74项，生产建筑31项，住宅建筑1605项、建筑面积15.79万平方米。在新建的住宅中，楼房面积8.4万平方米。1999年，建设各类房屋面积28.9万平方米，其中楼房18万平方米，新进镇居民650户，一批设计新颖、设施完善、安全卫生的新型住宅相继建成，集镇居民住宅条件明显改善。

2001年，全县村镇建设各类房屋1500户、27万平方米，其中集镇新进镇居民305户，建筑房屋面积5万平方米。2002年，村镇建设总投入3.5亿元，新建各类建筑32万平方米；银集镇新建淮建工业小区。黎城镇大兴村新建私营工业园区，园区占地53公顷，可容纳中小企业60多家。有72户农民进集镇建房，建筑面积9653平方米。2000—2005年，乡镇完成各类建筑131.64万平方米，居民进镇建房2951户，建筑面积38.95万平方米。

第二节　集镇道路

1986—1993年，各集镇内的道路建设投资少，发展速度比较缓慢，主要以主街道维修改造为主。1994年，全县集镇道路建设投资248.75万元。1995年，投资额增加到1147.55万元。1996年，铺设混凝土路面7370平方米，沥青混凝土路面4.33万平方米。金沟镇建起商贸一条街；闵桥镇投入500多万元，在集镇建成“田”字形沥青混凝土街道；夹沟乡投入100多万元，全面改造集镇街道路面，铺设混凝土路面或沥青混凝土路面，街道形成“目”字形框架，集镇农贸、生猪、小商品交易市场生意兴隆，商业日成交额2500万元。1997年，银集镇投入100万元，拓宽集镇街道。全县集镇铺设混凝土路面、沥青混凝土路面7.7万米，下水道1万米。

1998年，集镇道路建设投入2132.4万元，新铺设混凝土路面5.71万平方米，沥青混凝土路面19.66万平方米，砂石路面3.61万平方米。省级试点集镇闵桥镇投资1169万元，扩建绿地1300平方米，绿岛1000平方米，建设道路完成土方万余立方米，新建停车场1500平方米。市级试点集镇白马湖乡阮桥集新铺设沥青混凝土路面1200平方米，投资614万元。1999年，全县集镇建设混凝土路面15.5万平方米，下水道9500米，部分人行道还铺设为彩面砖。2000年，硬化道路1.46万平方米。2001年，硬化道路3.1万平方米，铺设下水道5250米。2002年，硬化道路5.2万平方米，铺设下水道9800米，新建、改造桥梁5座。2003年，全县集镇硬化道路19.12万平方米，铺设下水道5200米，新建改造桥梁27座。2004年，硬化道路62.68万平方米，铺设下水道3770米，安装路灯108盏。2005年，硬化道路19.34万平方米，铺设下水道6170米，拓建桥梁13座。

第三节　农贸市场

1986年，集镇市场大多为临街或路边设置。1991年，吕良、白马湖、银集等集镇建成棚顶式或露天市场。1994年，戴楼乡新建一座钢架大棚农贸市场，面积1200平方米；塔集镇投资14万元，新建兔毛农贸综合市场，营业面积750平方米。1995年，有4个乡镇新辟交易市场。夹沟乡兴建繁昌街和达康街，金平村利用靠近集镇的地理优势，新建全县第一家村办农贸市场，占地面积1000平方米，经营用房20间；银集镇新建一座占地300平方米的农贸市场；孙集乡投资50多万元，新建占地面积1000平方米农贸市场；涂沟镇扩建农贸市场。

图 6-7-5　黎城市场露天市场（摄于 2005 年）　孙锦香／摄

1996年，全县新建农贸市场5个。唐港乡投资100多万元，新建占地2207平方米的兴港市场，市场内设有营业门市、商业住宅楼、钢架大棚、公厕，摊位94个，主要经营五金、日杂、服装鞋帽、肉类、蔬菜等；夹沟乡扩建繁昌街，新建1000平方米的农贸市场；淮胜乡扩建占地400平方米的封闭式农贸市场；新农乡新建占地1320平方米的钢架大棚农贸市场，固定摊位84个，晴雨天照常营业；孙集乡建成粮油、水果、蔬菜等农副产品市场。1997年，塔集镇投资70多万元，新建一条长700米、宽28米的商业街，绿岛、下水道、人行道等设施齐全，可吸纳商户100家；孙集乡建成农副产品交易市场和水产品销售码头。

1998年，新建各类市场1.37万平方米。金沟镇新建一座600平方米的农贸市场；横桥乡建成占地400平方米的水产品交易市场；夹沟乡投资10多万元，建成长1000米的商业步行街，街市商贾云集，生意繁荣，日客流量5000人；白马湖乡投入20万元扩建农贸市场；陈桥乡新建占地面积1700多平方米农贸市场。1999年，前锋乡投资100多万元，新建农贸市场2000平方米，新建和改建专业市场4个，形成生猪、林木、农贸和小商品交易市场；白马湖乡新建万余平方米露天水产品批发市场。2000年，黎城镇拥有各类市场7个，面积5万平方米；戴楼镇新建永丰农贸市场3000平方米，拥有农贸市场3个；金南镇拥有农贸市场3个；前锋镇拥有农贸市场3个及水产品和藕行批发市场各1个；吕良镇拥有农贸市场2个、畜禽交易市场1个；金北镇新建一个农贸市场，其他镇拥有农贸市场2个。2003年，戴楼镇改造扩建商贸市场。2005年，黎城新建各类农贸市场10个，金北改建农贸市场1个，市场占地面积万余平方米。

第四节　集镇绿化

1986—1988年，全县集镇绿化尚未启动。1989年，吕良镇开始绿化镇区。1991年，县拨款4500元，在吕良、塔集2个建制镇试点道路绿化建设，从绿化规划到建设管理给予业务指导。1993年，塔集、金沟2个镇集镇绿化基本达标。1994年，塔集、金南、戴楼3个乡镇集镇绿化投资额在100万元以上。1995年，白马湖乡、闵桥镇分别被确定为市级和省级试点乡镇；吕良、银集、涂沟3镇和金南乡为县级试点乡镇。共投入资金1843.35万元，其中闵桥镇80万元，吕良镇60万元，用于道路、绿化、邮电、供电、供水、有线电视建设；6个试点建制镇新植绿地2670平方米。1996年，乡镇公共绿地建设步伐加快，共建绿地9块，面积2640平方米。1997年，省级试点集镇闵桥镇扩建绿地1300平方米，绿岛1000平方米。白马湖乡完善绿地1000平方米。1998—1999年，全县集镇新植绿地万余平方米，新建绿岛5000平方米。2000—2005年，全县集镇新植绿地9.54万平方米、草坪1.02万平方米。

第五节 集镇公共设施

1986年，各乡镇集镇基本都有饭店、歌厅、电影院、旅馆、浴室、供销社、公厕、医院、幼儿园、小学、初级中学、邮电所、银行、简易农贸市场和通往县城的公共汽车站点等公共设施。1988年，县城乡建设局帮助指导各镇整治镇容镇貌，改善集镇环境。1989年，县政府下发《关于在各镇开展“三优”创建活动的通知》，对乡镇集镇各项生活设施建设进行规范。吕良镇对临时棚亭、摊点实行划行归市，镇属各单位均落实环境卫生责任制。闵桥镇重点狠抓乱设、乱搭、乱建等违章建筑的管理，使镇容镇貌有所改变。1995年，白马湖乡、闵桥镇分别被确定为市级和省级试点乡镇；吕良、银集、涂沟3镇和金南乡为县级试点乡镇。各镇共投入资金1843.35万元（含自来水），其中闵桥镇80万元，吕良镇60万元，用于道路、绿化、邮电、供电、有线电视建设。

1996年，闵桥镇安装路灯50盏，通信实现现代化，有线电视入户218户，镇区文化中心、高档水冲式沐浴、电影院、舞厅、农贸市场、商场、商店、卫生院、学校等文化、科教、生活娱乐设施齐全，工商各业兴旺发达，服务功能完善，被省政府命名为“百新小城镇”。夹沟乡投入100多万元，集镇农贸、生猪、小商品交易市场生意兴隆，商业日成交额2500万元；集镇共有居民户1200户，居民4100人。1997年，全县集镇的下水道、农贸市场、通信网络、文化娱乐等基础设施总投入6398万元（含自来水）。新增程控电话1.02万部，实现村村组组通电话，集镇范围内每100户电话占有量59.4部；新建文化活动中心5477平方米，用地面积2.02万平方米。闵桥镇新建停车场1500平方米，新增电话1500门，新增有线电视入户500户，新建秸秆气化站，有72户农民进集镇建房，建筑面积9653平方米。白马湖乡完善绿地1000平方米，新增电话400门，新建文化活动中心150平方米，新建公共建筑1040平方米。闵桥镇被市政府命名为淮阴市卫生镇。白马湖乡首家建起占地270平方米的溜冰场。

1998年，各乡镇集镇生活设施建设和管理进入正轨，全县有10个乡镇通过市初保合格卫生乡镇验收，占45.5%。通过开展“六个一”（一条主干道、一个农贸市场、一座自来水厂、一个文化活动中心、一块公共绿地、一个现代化通信网络）工程建设，集镇环境卫生、通信、自来水、文体活动、交通等生活配套设施进一步完善，村组都通上程控电话，集镇有线电视基本普及，部分村也通上有线电视。1999年，集镇普遍建立文化活动中心，建停车场5805平方米。2000年，全县集镇铺设下水道5000多米，安装路灯95盏。2001—2002年，全县集镇安装路灯173盏。各镇修订完善《集镇管理暂行规定》，加大对集镇环境卫生、交通秩序和农贸市场的管理力度，镇容镇貌有了较大改变。陈桥、塔集建成淮安市卫生镇。2004年，全县集镇新建桥梁5座，安装路灯228盏，镇容明显改观。2005年，全县11个镇共投入400多万元改造扩建敬老院，建房屋179间、6646平方米，“五保”老人居住生活条件改善。全县108个村开通13条农村公交专线，公交车总量137辆，设公共汽车站点候车亭22个。

第六节 集镇自来水

1986年，各乡镇在“两管”（管好水源、管好粪便）“五改”（改水、改厕、改灶、改畜圈、改善环境卫生）爱国卫生运动中，掘井1.2万口，有7个集镇采用压力罐储送自来水，改善饮用水卫生条件，受益居民1200户。1988年，城乡建设局组织县自来水厂相关人员到闵桥、金沟2个镇，现场指导水厂选址定位、改善水质，至年底，2个集镇的自来水厂建成，居民饮用上洁净自来水。1996年，22个乡镇全部建起自来水厂，乡镇规划区自来水普及率100%，日供水20小时以上。闵桥镇自来水厂日供水量2000立方米。1997年，全县集镇自来水普及率，集镇保持100%，村庄57%。闵桥镇开凿深水井1口，铺设自来水管道5000米。1999年，重点扶持白马湖、前锋、淮胜、金沟等5个集镇自来水厂扩建改造工程，全县乡镇累计开凿深水井142口，建水厂150座，续接自来水管道2万米，增加受益人口8000人，乡镇村庄供水逐步稳定，普及率73%。

2000年，全县集镇安装延伸自来水管道4.12万米，新增受益人口8697人；闵桥镇自来水厂安装二氧化氯发生器新装置，改进供水系统加氯液、氯气的传统工艺，受到省爱卫会表彰。2001年，各乡镇延伸自来水管道2.8万米，新增受益人口9000人。2002年，全县集镇新建水厂2座，延伸自来水管道8000米。2004年，集镇延伸自来水管道4.73万米，铺设下水道3770米。2005年，全县集镇延伸自来水管道9.03万米。

第七节　集镇卫生

1986年，乡镇村普遍开展“两管”“五改”爱国卫生运动。1995年，各镇开展创建卫生文明集镇工作，改善镇容村貌。1998年，各乡镇集镇生活设施建设和管理进入正轨，普遍设置垃圾池（箱），购置清洁工具车，新建公厕8座、垃圾箱100余只，集镇环境卫生改善，全县有10个乡镇通过市初保合格卫生乡镇验收。1999年，全县乡镇建公厕5座、垃圾填埋场2400平方米，垃圾中转站400平方米，垃圾管理开始向收集、处理、填埋一体化发展。闵桥、银集两镇积极开展创建卫生镇工作，生活设施更加完备，银集镇被市政府命名为市级卫生镇。

2000年，全县集镇新建公厕7座、垃圾处理设施79处。闵桥镇积极开展卫生镇创建工作，先后投入758万元，在组织管理、环境卫生、健康教育、市容市貌卫生、卫生基础设施建设、公共场所卫生、单位和居民区卫生等10项创建方面做出显著成绩，被省爱卫会命名为江苏省卫生镇，成为全市第一个获此殊荣的乡镇。2001年，各乡镇新建公厕4座、垃圾处理设施34处，黎城镇通过市级卫生镇验收。2002年，全县集镇新建公厕9座、垃圾处理池50处。2003年，全县集镇新建公厕9座、垃圾设施45处，新建桥梁5座、垃圾池50处。2004年，集镇新建垃圾设施65处、公厕7座。2005年，全县集镇新建垃圾设施56处、公厕9座，新架设路灯84盏。金北、陈桥、银集等镇改造扩建卫生院。银集镇扎实抓好村镇环境整治，顺利通过市级文明卫生镇验收。

第八章　村庄建设

第一节　中心村建设

1998年，开始进行中心村建设试点，在符合乡镇区域规划的前提下，确定中心村人口1000人，基层村人口500人，建设用地人均100平方米，并按规划在每个中心村、基层村建设商业服务、文教卫生、公共建筑、住宅、工业等五大功能区。是年，闵桥镇、吕良镇及戴楼乡的中心村、基层村建设工作起步。闵桥镇胡桥中心村安排村民建房22户，建筑面积3520平方米；白马湖乡新跃中心村建设初具规模，先后投入80多万元，修筑沥青路，通上有线电视，配置广播音柱，对村民住宅前后的降水沟、排涝河进行清理和疏浚，整治村庄环境，新建农民住宅楼30幢，水乡特色村庄初具雏形。

2002年，徐梁中心村规划由市城市规划设计院设计，投入启动资金1300多万元，主要用于征地、道路、水电等，整个小区占地面积8.36公顷，规划总户数500户，一期进入107户，平均每户建筑面积180平方米，造价18万元。2003年，启动7个基层村、35个中心村村庄规划和建设。2004年，黎城镇徐梁村二期进入150户，居民主要由黎城、徐梁、上湾等村拆迁农民组成。该中心村设施完善，功能配套，达到省康居示范村庄标准。前锋镇新跃中心村初步建成，占地3.24万平方米，规划建房260户，已建成145户。2005年，全县投入村镇建设资金2.2亿元。闵桥镇施尖村、吕良镇军舍村的集中居住点试点建设基本完成，小区绿地率38%。至是年，全县共编制农民集中居住点规划476个，已建成和在建的有黎城镇黎城村、徐梁村、上湾村，戴楼镇牌楼村、楼庄村，闵桥镇施尖村，吕良镇军舍村等基层村、中心村村庄12个，完成建筑面积21.4万平方米，入住农户1270户，户均168.5平方米；硬化道路19.3万平方米，新建绿地4950平方米，村级水厂3个，桥梁13座，垃圾设施56处，公厕9座，安装路灯84盏。

第二节　农村房屋建设

1986年，全县农村房屋建设逐步向瓦房过渡。随着家庭承包经营责任制的改革推进，农民连年增收，部分农民开始用余钱建房，改善居住条件。农民建房主要在规划的“一”字形、“非”字形庄台上，东西排开兴建；户型房屋基本是平房，三间七架梁，中间堂屋带檐廊，两头卧室，南边灶房或兼储藏室，门前有宽敞的广场，基本上没有院落，正房屋后建猪舍、茅房；房屋结构多为砖木结构，青砖斗子墙，顶架木梁或水泥梁，上盖青平瓦。1988年，全县农村住宅建筑面积820.4万平方米，户均100平方米，人均25平方米。其中：砖瓦结构的平房758.7万平方米，占92.48%；楼房8.7万平方米，占1.06%；砖混结构的53万平方米，占6.46%。金湖成为全国闻名的“瓦房县”。

图6-8-6　吕良镇大庄村“非”字型村庄（摄于2005年）
李义海／摄

1990年，农民建房向砖混结构发展，一般建设体量4~5间，厨房、储藏室另建在东西厢房内，独户关院，屋后建猪舍厕所；富裕起来的农民兴建2层以上砖混结构的楼房户增多。1999年起，农民兴建楼房的户数快速增加。2005年，农村居民楼房的户型设计，有客厅、卧室、厨房、卫生间、储藏室，屋前置围墙或铁栅栏院落，房屋功能齐全，既安全，又卫生。

第三节　乡村道路建设

1986—1993年，全县乡村道路大部分是土路，只有少数村通上砂石路或砖头路。1994年，全县启动砂石路面的乡村道路建设，年底，有171个村通上砂石路。1995—1996年，全县乡村道路建设投资440万元，新铺砂石路的村有55个，通上砂石路的村有224个，约占村总数的85.8%。1997年，全县村村通上砂石路，总里程481公里，投资额2610万元。1998—2000年，乡镇部分村庄陆续通上砂石路。

2001年，为进一步发展优化农村交通，全县编制农村公路发展规划，农村公路等级建设分为3期，近期（2001—2005年），镇乡到村公路建成二级以上100%；中期（2006—2010年），镇乡到村公路建成四级以上100%；远期（2011—2020年），镇乡到村公路全部灰黑化，村到村公路逐步灰黑化。2003年，农村混凝土路面建设全面启动。为11个镇28个行政村改造镇村公路，使通村的砂石路改成混凝土路面，总长74.8公里。2004年，投资6000万元，铺筑镇村公路210公里，道路等级为四级，11个镇90个行政村通上混凝土路面。2005年，全县投资1694万元，完成镇通村道路70.59公里，11个镇108个村实现村村通上混凝土路面道路。

第四节　农村饮水及卫生

一、饮用水

饮用水　1986—1993年，全县无村级自来水厂。1994年，全县开始启动村级自来水厂建设，村级水厂达到56座。1995年，全县新建村级水厂10座，总数66座；延伸4个村自来水厂管网，增加受益人口1万多人。1996年，全县新建村级水厂25座，总数91座。1997年，筹集资金487万元，新建村级自来水厂29座。1998年，继续实施农村改水工程，新建村级自来水厂16座，总数146座，新增受益人口4.3万人。1999年，全县新建水厂4座，累计150座，其中深井142口，大口井8口，新增受益人口8000人。

2000年，县政府把农村改水作为当年改善民生的10件实事之一，筹资320万元，新建改造水厂3座，新增受益人口2万人，到年底，全县累计建设水厂152座，其中深井144口，大口井8口。戴楼镇永丰村安装全自动恒压供水装置，为全县村级水厂第一家。2001年，全县农村改水投资433.5万元，共有南望、宋墩、新桥、新丰、秦庄等18个村实施改水，延伸自来水管网，共有2.05万人受益。2002年，有19个村延伸管网，新增受益人口2.04万人，受益人口总数27.6万人，普及率77.6%。2003年，新建水厂10座，另有35个村利用邻近村水厂延伸自来水管道6.9万米，新增受益人口3.05万人。2004年，全县在农村实施农村改水工程，新建村级水厂8个，利用新建村水厂延伸自来水管道，新增受益人口2.04万人，农村自来水普及率79.6%。2005年，继续实施改水工程，新建村级水厂3座，延伸自来水管道，农村自来水普及率90%。黎城镇村村组组通上自来水，闵桥、陈桥等镇村村通上自来水。

二、生态村建设

1986年，生态村建设在各乡镇全面展开，对庄前屋后的沟河进行清淤，清理猪圈、鸡圈和厕所等，并将清出的淤泥与人畜粪便、生活垃圾混合，经过发酵，制成人造有机肥返还农田，相继建成淮胜乡淮村村、金沟乡胜利村、唐港乡新淮村等生态村。1990年，22个乡镇均建起本乡镇的生态村。1994年，县政府要求农村环境卫生工作具体到农户生活设施建设，村民建房时须建好一座上有顶盖、下不渗漏的卫生厕所。是年，全县新建符合卫生要求的厕所406座，其中配套建设沼气池的112座；同时，各村还开展灭鼠灭蝇活动。1997年，全县建三格式无害化厕所556座，卫生厕所4762座。淮胜乡淮村村道路和住房建设规划科学，绿化达标，环境整洁优美，自来水普及率100%。1999年，该村建沼气池239个，沼气入房率95%。2000年，闵桥镇被列为农村改厕试点村4个，改建户厕100座，新建无害化户厕420座。2003年，国家级生态示范区创建工作深入开展，农村大力发展稻田生态养殖、保护水源水质，开辟绿色食品、有机食品基地，发展农村能源综合利用。2005年，环境优美乡村建设深入开展，前锋镇前锋村创建成省级生态村。

三、整治环境

1986年，乡村环境整治结合爱国卫生运动开展，普遍实施“两管”“五改”。1997年，淮胜乡淮村村环境整治优美，卫生户厕普及率85%，健康教育、除害灭病等工作取得显著效果，被市爱委会命名为市级卫生村。1999年，该村继续开展卫生村创建，卫生户厕普及率95%以上，被省爱委会命名为江苏省卫生村。2001—2003年，全县继续开展村庄改厕、改厨、改圈活动，整治村庄环境。兴建沼气池1000座、无害化户厕1039座，改建三格化粪池120座。闵桥镇金桥村三格式化粪池改厕试点的经验在全市推广。2004年，各镇积极开展卫生镇和卫生村创建工作，对村庄进行净化、美化和绿化；在沿国道的村庄推行“一建三改”，即帮助农民建沼气池与改厕所、改猪圈、改厨灶，村容村貌改善，闵桥镇金桥村创建成省级卫生村。2005年，组织镇村党员干部、居民清理家前屋后垃圾，清除杂草，整治河坡，植树绿化，实施以“清洁田园、清洁水源、清洁家园”为主要内容的农村“三清工程”。在骨干河道疏通、村庄河塘整治中，还与土地复垦、道路建设、植树造林等结合起来，促使农村环境整体改观。同时，深入开展卫生村创建活动，共投资82.4万元，改建厕所、沼气池3000户、改厨灶1020户。金南镇王庄村获“江苏省卫生村”称号。至此，全县创建闵桥镇省级卫生镇1个，省级卫生村3个（前锋镇淮村村、闵桥镇金桥村、金南镇王庄村），创建省级生态村1个（前锋镇前锋村）。

第七篇　交通与电力建设

1986年，金湖陆运有晴雨公路14条（不含县城公路）、194.5公里；县城有汽车站1个。全县对外通航的较大河流有三河、金宝河、入江水道、利农河、淮胜河、军民河、中心河等，总里程552公里；另有通各乡镇的61条支线101.5公里。电力建设方面，全县有110千伏线路2条、40公里，35千伏线路6条、68.6公里，10千伏配电线路28条、770.7公里，低压线路1538.9公里；有110千伏变电所2座，35千伏变电所6座，全县用电量8371万千瓦时。

1986年6月至1998年，全县先后完成金马公路新线和盐金国防公路2项骨干工程建设。两路均为省道二级路，沥青路面，使金湖西接宁连路东到盐城，东西畅通。自1992年起，平均每年改建沥青路面31公里，总里程达184公里，全县22个乡镇均通沥青路。在乡村道路砂石化方面，新建闵桥—横桥、陈桥—新农、吕良—孙集砂石路，236公里县乡公路全部实现砂石化，至1997年底，全县261个行政村481公里砂石路全部修建成功。其中，不少乡镇依靠自己力量建成部分沥青路面。1988年5月，坐落于金湖路中段南侧的新汽车站建成启用。对金宝航道唐港段实施3次整治，并砌块石护坡，完成土方13.46万立方米。电力建设方面，1988年在全市首家实现村村通电。1990年起，10千伏配电网络技改，开展农村用电标准化、农村电气化建设，实施扶贫通电工程，配电线路和网络得以发展完善。1991年，通过110千伏马金2号线再次从220千伏马坝变输入电源。至此，4路网供电源基本保证全县用电需求，自发电逐渐退出。1991—1996年，有7个35千伏、110千伏输变电工程竣工。

进入21世纪后，金湖的交通事业取得长足发展。根据县委、县政府提出的全县应在2000年实现“省道标准化、县乡道路黑色化、乡村道路砂石化”的要求，县交通部门和各乡镇从实际出发，制定分期实施的规划，继续推进农村公路和桥梁建设，至2005年底，金湖大桥建成；金宝南线（含大桥拓宽，下同）、金宝航道“6改3”筹建等。建设镇村公路19条、70.59公里，多为混凝土路面，为四级公路。全县118个行政村及重要居民点全部通等级公路，总里程810公里。在电力建设方面，历经6年进行城网、农网、农林场圃网改造。2004—2005年，投资2.1亿元的220千伏双龙输变电工程立项并开工。2005年，全县有220千伏线路1条、38公里，110千伏线路4条、68.89公里，35千伏线路15条、183.48公里，10千伏配电线路67条、3101.86公里；有220千伏变电所1座，110千伏变电所3座，35千伏变电所14座，全年用电量3.14亿千瓦时。

第一章　交通电力机构

第一节　交通机构

一、局本级

1986年，金湖县交通局内设人秘股、财务股、生产股、监理股，编制13人。1997年，内设人秘股、财务审计股、建设股、政策法规监察股、监察室。行政编制14人、附属编制1人。2002年全县机构改革时，内设机构为办公室、财务审计科、建设科、政策法规监察科（挂“安全工作办公室”牌子）、交通战备办公室、纪检监察室。行政编制14人，附属编制1人。2005年，机构体制延续未变。

二、直属单位

金湖县运输管理所　1984年7月成立，1995年3月明确为副科级建制，事业性质，编制20人。内设办公室、水运管理股、陆运管理股、市场监督股、财务股。2000年8月，金湖县交通运政稽查大队并入，未增编。2001年3月，6个片乡镇交管所又并入，均保留原编制，全员58人，直至2005年底。

金湖县车船监理所、县城镇交通管理队　1988年4月撤销，在此基础上设置县公安交通警察队、城区中队和县车辆管理所。

乡镇交通管理所　1986年7月，全县成立黎城、金南、塔集、银集、淮胜、金北6个片交通管理所，股级建制，事业性质，编制33人。2001年3月，6个片交管所与县运输管理所合并，由县运管所统一领导。

金湖县汽车维修行业管理所　1989年9月成立，股级建制，事业单位，编制3人。1995年4月增编至5人。2005年，机构体制延续未变。

金湖县交通局运政稽查大队　1991年12月，成立黎城、东偏泓公安交通联合检查站，1994年1月撤销。是年2月，成立金湖县交通道路稽查队，为股级全民事业单位，人员编制从原公安、交通联合检查站中划转4人，经费在收费中列支。2000年8月，更名为金湖县交通局运政稽查大队，副科级建制，与县运管所为“一套班子、两块牌子”。

金湖县公路管理站（金湖县路政执法大队）　1986年，县公路管理站内设政工组、工程组、机料组、财务组，共有公路养护道班18个。包括工人全员185人。1990年7月，该站升格为副科级事业单位，内设各组改称股；公路养护道班重组后新设为交通工程服务公司、公路养护公司。1994年5月，淮阴市公路管理处〔1994〕第29号文件要求，金湖县公路管理站增挂淮阴市公路工程总公司第七公司牌子，为“一套班子、两块牌子”。2002年4月，该站进行事企脱钩改制，10月，交通工程服务公司、公路养护公司经改制析出，新成立金湖县振达交通工程有限公司、金湖县顺吉公路养护有限公司，均为自主经营、自负盈亏的独立经济实体。是年，金湖县公路管理站增挂“金湖县路政大队”牌子，与公路站为“一套班子、两块牌子”，未增编。2005年，金湖县公路管理站内设办公室、财审股、工程养护股、安全股、综合股、一中队、二中队，全员（包括工人）257人。

金湖县航道管理站　1986年，县航道管理站内设人秘、财稽、航政、工程等组，编制19人。负责辖区内航道航政管理、养护和航养费征收等。1993年10月，该站升格为副科级事业单位，内设机构改为人秘股、稽财股、航政股、工程股、机料股。拥有航政艇2艘、航标艇1艘、执法车1辆。2002年，在县城建设西路76号建设1幢办公综合大楼，占地1033平方米，建筑面积1638平方米。2005年，该站内设办公室、稽财股、航政股，在职人员22人。

金湖县地方海事处　1986年，为金湖县港航监督所，编制5人。1993年，升格为副科级事业单位，内设财务股、航监股、船检股，人秘股。2001年10月，更名为金湖县地方海事处，增挂"金湖县船舶检验处"牌子。2005年，内设办公室、财务股、航监股、船检股，在编人员20人。

第二节　电力机构

一、公司本级

1986年，金湖电力生产与管理部门是县供电局，内设机构有办公室、企业管理办公室、生产技术股、用电管理股、财供股、变电工区、线路工区、劳动服务公司。后几经更迭。2000年8月成立金湖县供电公司，与供电局并轨运行。2002年12月，撤销县供电局，由县供电公司独立运作，原供电局承担的电力行政管理职能移交给县经贸委。供电公司内设机构有工会、总经理工作部、综合监察部、生产技术部、安全保卫部、财务部、电力营销部、输变电运行工区、电力调度所。2005年，机构体制延续未变。

二、直属单位

金湖金尚电力实业开发有限公司　1994年6月，成立电力实业公司，注册资金1000万元。下辖金湖开关厂、输变电检修安装公司、电力器材公司、电力汽车运输公司、生活服务公司"一厂四公司"，有员工251人。后数次改制更名，2005年6月更为现名，有子公司10户，分别是江苏腾达苏源电气设备有限公司、金湖县苏源送变电工程有限公司、金湖县苏源物资贸易有限公司、金湖县苏源物业管理有限公司、金湖县苏源电力汽车运输公司、金湖县金源农电有限公司、金湖县城区配电公司、金湖县苏源电力设计公司、金湖县金源建筑装潢公司、金湖县苏源宾馆有限公司。共有员工432人。

三、镇供电所

1986年，全县设21个电力管理站，对配网进行管理，为乡镇集体事业单位，行政受所在乡镇政府领导，业务归县供电局管理。是年，调整农电工报酬，实行企业工资制和农电工退休制度。1992年，成立农村电力管理总站，为集体事业单位。翌年，在乡镇电管站招聘在岗农电工为农民合同制工人。1994年，对电管站账、卡、物统一管理。1999年12月，撤销乡镇电管站，改为县供电企业所属的供电所；撤销县农村电力管理总站，成立农村电力管理所；原乡镇电管站人、财、物整体划拨由县供电企业统一管理，统一核算。原则上按乡镇设置，名称统一为金湖县供电局××供电所。2001年2月，重新招用供电所职工与农村电工，对自愿离职的给予一次性经济补偿。2002年，开展"农村供电所管理年"和创一流县级供电企业活动，22个乡镇供电所均获得市级"文明单位"称号。

第二章　交通设施建设

第一节　公　路

一、省道及县际公路

黎（城）铜（城）线（226省道） 起点县政府门口，沿途经黎城镇徐梁村、县林场、官塘集镇，终点为安徽省天长市铜城镇。长18.5公里，其中金湖段13.79公里，始建于1960年，砂石路面，为全县首条晴雨通车公路。后经多次拓宽改修。2001年10月，该路升级改造，按平原微丘二级路标准建设，路基宽12米，路面宽9米。工程投资2444万元。2002年11月交工验收。该路升级改造成功，缩短金湖至天长、扬州的行车时间。

331省道金马段 金（湖）马（坝）线，从县城交通桥起，至盱眙县马坝镇止，长23公里，当时金湖段长13公里，始建于1979年，1986年建成，砂石路面。1995年4月，开建盐金国防公路时，金湖县城至马坝北盐金立交桥段按二级路标准建设，是金湖第一条过境二级公路。路基宽15米、路面宽9米、黑色路面，1997年6月全线竣工。1999年10月，开建331省道金马段，起于宁连公路盐金立交，经戴楼镇，止于金湖县城园林路，与金马线重叠。长15.45公里，按平原微丘区一级公路标准改造，路基宽24米，行车道16米，沥青路面，设计荷载汽-20/挂-100，设计车速100公里/小时。2001年11月23日，通过交工验收。

洪（泽）金（湖）线 全长53.05公里，金湖段30.05公里，平均路宽5.5米。始建于1970年4月。1993年2月，全路段进行黑色化改造。2005年4月，再次改造，分为A1、A2、A3三个标段，A1、A2标段11.86公里，投资340万元，于是年底完工；A3标段金北镇向东至盐金线7公里，按二级路标准沥青路面继续施工。

淮（安）金（湖）线 从淮安（楚州区）车站起经洪泽与金湖县交界的大治桥，再经三河汽渡到金湖县城，为干线公路。长65.2公里，金湖段长18.3公里，路宽9米。该线南段，三河淮北闸至吕良，长8.3公里，1972年施工，翌年2月竣工；北段吕良至新农乡与洪泽县交界的大治桥，长10公里，1981年3月施工，翌年1月竣工，对接洪泽县境内公路。全路为砂石路面，1983年3月全线通车。1998年，改造为黑色沥青路。

331省道丹宝明线（盐金国防公路）金湖段 1995年4月，盐金国防公路金湖段开工建设，从马坝至石港大桥在原路基础上升级改造，从石港大桥新辟路径直向北经白马湖集镇往宝应方向。金宝交界处至金湖县城交通桥34.72公里，路基宽15米、路面宽9米，并同步按GBM工程实施。县城至马坝北盐金立交桥15.45公里（该段与金马线重叠），为二级公路。1999年10月，金湖至马坝段实施一级路改造工程。路基拓宽至24米，行车道拓宽至16米，行政等级为省道，技术等级为一级公路。2001年7月竣工，全线通车。11月23日通过验收。

二、县　道

石白线 起于洪金线石港东风闸经水总、淮胜（沿大汕河）至白马湖阮桥，长20.5公里。该路系分段施工，至1977年底建成砂石路面。1996年，改造为黑色沥青路。

东横线 东偏泓起横桥集镇止，长24.5公里，砂石路面。1969年3月至9月建成东偏泓至闵桥路段，长16.5公里。1985年3月建成闵桥至横桥路段，长8公里，砂石路面。1998年，改造为黑色沥青油路，路基宽12米，路面宽6米。

东唐线 东偏泓起唐港集镇止，长17.4公里。1971年冬，修筑东偏泓至涂沟12公里砂石公路。1982年12月，修筑涂沟至唐港5.4公里砂石路面。1996—1997年，改造为黑色沥青路，路基宽15米，路面宽7米。

东复线 东偏泓起复兴圩止，长15.3公里。1971年修建刘圩至复兴圩11公里石子路面。1972年9月，又对全线路面进行扩修并延伸修至东偏泓。1996年，改造为黑色沥青路，路基宽12米，路面宽6米。

金下线 自县城利农闸到下塘集镇，长17公里。始建于1966年秋，砂石路面。1996—1999年，分段改造为三级公路，黑色沥青路，路基宽12米，路面宽6米。2005年该线列入农村公路改造，改造(一期工程)起点位于利农闸—金宝南线，长2.68公里，按二级公路改造，为沥青混凝土路面。

漫水公路 全称淮河入江水道漫水公路，西偏泓至东偏泓，长3.7公里，水泥混凝土路面，宽5.5米，1969年建成。该路建于淮河入江水道行洪道内，三河闸泄洪时沉没水中，故称漫水公路。非泄洪时为沟通县境南北、东西之交通干道，2001年7月，金湖大桥通车后，漫水公路降为乡道。

图7-2-1 淮河入江水道漫水公路（摄于1996年） 李义海/摄

金(湖)郑(岗)线 亦称城西公路，长6.5公里，路面宽3.5米。1969年春铺城西桥至华水农场泥结石路面3公里，此后郑岗砖瓦厂接线铺筑砂石路面3.5公里，为该厂专线公路。2004年纳入农村公路，全线按四级公路标准改造，为混凝土路面。

李新港公路 又名陈桥公路，以李新港东岸为路基，长3.16公里，路基宽10米，路面宽3.5米，砂石路面，1979年秋建成，为江苏油田试采二厂专线公路。1998年，改造为黑色沥青路。

夹涂线 南起夹沟集镇，北至涂沟镇西侧，1994年，利用东中心河东岸为路基，铺设砂石路面，长12.6公里，路基宽8米，路面宽6米。后向南延伸至闵桥楼庄，全长16公里。1998年，改造为黑色沥青路。

孙集线 南自吕良镇，北至孙集集镇，长9公里。1987年利用幸福港东岸拓宽后建成简易砂石路面可通汽车。1990年4月，正式建成砂石公路。1998年10月，对该路进行升级改造，路面宽由5米拓至8米，并全部改造为黑色沥青路。

三、农村公路

1994年始，全县大部分乡镇采取集体筹资、群众集资、借助外援等方法修建乡村公路。是年底，全县有171个村通公路，通路率为67%。戴楼、闵桥2乡镇在江苏油田支持下，分别修建乡村公路10公里、8公里，实现村村通公路。1995年，全县乡村公路建设总筹资399万元，通砂石公路村192个，村通车率达73.6%，标准为四级砂石路面。是年，唐港、戴楼、闵桥、淮胜、夹沟、黎城等6个乡镇村村通砂石公路。1997年底，全县261个行政村全部通上砂石路，总里程481公里，实现村村砂石化。1998年，全县22个乡镇实现乡乡黑色化（沥青路面），县乡道路网络化（以县、乡公路为骨干，村道公路为脉络的农村公路网络体系）。

2001年初，县交通部门编制《金湖县2001—2020年农村公路发展规划》，得到县政府批准。此后即按《规划》分步实施。2003年始，农村公路建设被列入江苏省为民办五件实事之一。是年底，全县有9个镇的12条农村公路完成招投标和开工建设，其中10条完成桥涵工程和路基层，有2条接近完成混凝土面层浇筑。全县总完成工程量为：路基层43.5公里，混凝土面层10公里，总投资1600万元。

2004年，金湖被列为全省13个农村公路建设示范县，全县共完成农村公路建设210公里，工程造价6000万元，其中省、市补助3000万元。县交通局下设全县农村公路建设指挥部，实行统一招投标、统一施工管理、统一资金拨付。经省市检验，合格率达100%。是年，是金湖历史上农村公路建设投资最多、建设里程最长、标准最高的一年。

2005年，全县投资1694万元，完成19条、70.59公里镇村公路建设，路面多为混凝土，等级为四级公路。是年底，全县117个行政村（并村以后）及重要居民集中点，全部通上等级公路，共完成四级以上农村公路660公里，其中乡道457公里、村道203公里。工程质量达到省定标准。

附：周边国道及高速路

宁连公路（205国道） 1996年11月18日全线建成通车，该路自南京泰山新村起，经龙池、汉涧、盱眙、马坝、淮阴、淮安、灌云，止于连云港墟沟，全长306.5公里，设计标准为一级公路，设计行车速度100公里/小时，设计荷载汽-20/挂-120。路基宽23米，路面宽2×8.25米，双向四车道。1997年6月，金湖县城至宁连公路（马坝北）盐金立交桥段全线竣工，按二级路标准建设。1999年10月，开建省道331金马段，起于宁连公路盐金立交，经戴楼集镇，止于金湖县城园林路，与金马线重叠。长15.45公里，按平原微丘区一级公路标准改造。2000年2月，盱眙县的永丰、瓦地、黄桥、楼庄4村划归金湖县管辖，宁连公路金湖境内为4.14公里。

图7-2-2 宁连公路金湖立交（摄于2005年） 李义海/摄

京沪高速公路 京沪高速公路是中国大陆第一条全线建成高速公路的国道主干线。也是“八五计划”中“八纵七横”和“两纵两横”三个重要路段的一条，北起北京，穿过北京、天津、河北、山东、江苏、上海六省市，1987年12月动工。2000年11月，京沪高速公路江苏境内新沂至江都段竣工。

2000年11月起，金湖至京沪高速线路一：金湖县城—漫水公路（2001年7月起金湖大桥）—前锋白马湖集镇—宝应—宝应京沪高速宝应入口（全程58公里）；线路二：金湖县城—漫水公路（2001年7月起金湖大桥）—东偏泓—涂沟—大运河汽渡—宝应氾水—京沪高速宝应入口（全程64.5公里）。2010年12月起332省道（金宝南线）全面建成通车后，金湖到京沪高速线路：金湖县城—332省道—宝应氾水—京沪高速界首入口（全程46公里）。

第二节　航　道

一、概　况

1986年，全县有通机动船的主干线航道7条、154.3公里，支线航道61条、501.5公里。由于陆运迅速发展，加之基本建设、河道状况改变等，致水运萎缩。1998年起，内河航道按等级划分。是年，境内有等级航道3条、103.8公里，等外级航道5条、67.5公里。2005年，有等级航道3条、95.4公里，等外级航道5条、69.2公里。6级航道新三河段最高通航水位12.5米，最低通航水位7.15米，正常水位7.5米。等外航道利农河最高通航水位10.5米，最低通航水位7.2米；中心河最高通航水位6.5米，最低通航水位5.5米，正常水位5.8米。境内航道经过不断维护整治，均能保持常年通航。

2005年金湖县航道一览表

表7-2-1

航道名称	等级	航段	最高/最低通航水位（米）	正常水位（米）	里程（公里）
金宝航道	6	金宝河（金湖—地龙）	7.0/5.50	5.8	30.26
		新三河（石港船闸—衡西村）	12.5/7.15	7.5	19.03
入江水道	7	施尖进口标—西偏泓套闸	7.0/5.50	5.8	22.35
		西偏泓套闸—金湖港5号标	8.0/7.15	7.5	5.47
利农河	等外	卞塘尾闸—利农闸	8.0/6.50	7.5	17.40
		利农闸—五号标	10.5/7.20	7.5	1.30
淮胜河	等外	刘圩—淮胜	7.0/5.50	5.8	6.50
军民河	等外	淮胜—吕良	7.0/5.50	5.8	11.20
中心河	等外	闵桥闸—五大队	6.5/5.50	5.8	18.50
金宝北线	等外	淮胜—郭庄	7.0/5.50	5.8	14.30
邮金线	7	高邮湖8号标—施尖进口标	7.5/5.50	5.8	18.29
合　计	—	—	—	—	164.60

说明：表中航道长度有重复段2.04公里。

二、金宝航道整治

1993年起，金宝航道进行过多次整修。1993—1994年，金宝航道唐港段块石护坡一期工程，护岸长度4600米，经费110万元。1995—1996年，金宝航道唐港段块石护坡二期工程，护岸长度7070米，经费221万元。1996年，金宝航道1号标护岸，护岸长度35米，经费3.48万元；1998年，金宝航道2号标护岸，护岸长度80米，经费3.87万元。2001年，金宝航道张尖弯道直立式护岸工程，护岸长度140米，经费12.53万元。2002年，金宝航道6号标（现7号标）护岸，护岸长度25米，经费3.92万元。2003年，金宝航道唐港块石护坡维修，维修3400平方米，经费10万元。2004年，金宝航道唐港块石护坡维修，维修3400平方米，经费10万元。2005年，金宝航道唐港块石护坡维修，维修3400平方米，经费10万元。

1996年4月18日，金宝航道唐港段墙前土疏浚一期工程开工，6月30日竣工，经省航道局验收为优质，这是金湖县航道疏浚的第一个优质工程，该工程全长1502米，总土方35470.1立方米。1997年，二期工程全长1991米，总土方4.9万立方米。1998年5月20日，三期工程开工，8月30日竣工，总土方4.99万立方米，投资64.98万元。1999年，四期工程全长2527米，总土方4.28万立方米，投资59万元。2000年4月20日，五期工程开工，按六级航道标准设计施工。航道最低通航水位真高5.5米，航道底宽不小于25米，边坡1∶3，河底真高3.0米，用0.5立方米抓斗挖泥船施工，泥浆泵吹填上岸。疏浚长度3396米，总土方量108254立方米，经费146.06万元。11月20日竣工。

2001年6月1日，张尖段裁弯疏浚工程开工。考虑裁弯疏浚后岸坡的稳定，一并实施直立式块石护岸。按六级航道标准设计施工。疏浚后航道底宽大于22米，边坡1∶2，河底真高3.0米。疏浚长度472米，总土方量2.55万立方米，8月30日竣工。护岸工程长度140米，护岸墙顶真高7.0米，墙底真高4.5米。9月20日竣工。合计经费41.131万元。

2002年3月10日开工，在新港码头东侧新建1座航道专用码头。该码头采用板桩结构、钢筋混凝土方桩，桩顶标高8.0米，上部结构承台面板标高8.8米，码头前沿长30米，宽5.5米，码头上方预留航标维护大棚。该工程6月30日竣工。5月28日，宝红桥段裁弯疏浚工程开工。按六级航道标准，疏浚底宽大于22米，边坡为1∶2，河底真高3.0米，长625米。土方量2.12万立方米，经费34.1万元。8月20日竣工。9月12日，六号标护岸工程开工。护岸顶高程8.5米，底高程4.5米，设置变形缝两条。护岸总长度25米，经费3.92万元。10月10日竣工。2003年10月8日开工，在新港口门引航道西侧新建一座示位标。设计最高通航水位12.5米，基础为圆台型块石混凝土，高3米，基础底高程11.5米。标体为10米热镀锌板，外贴工程级反光膜，11月23日竣工。经费9.66万元。2004年11月30日，9号、15号侧面标改建工程开工。该标原为双船浮标改为固定标。改建工程按六级航道标准设计，最高通航水位12.5米，最低7.15米，基础为圆台型钢罩，内部打3根钢管桩，钢罩内为抛石混凝土。基础顶标高8.5米，上部为直径220毫米、高10米钢质侧面标，经费7.46万元，12月8日竣工。

2005年10月20日，开工新建航道专用码头航标维护大棚。为钢架结构，面积为232平方米，屋面为彩钢板。11月30日竣工。11月18日，开工将10号、11号、12号侧面浮标改为固定标。按六级航道标准设计，最高通航水位12.5米，最低7.15米。航标基础为圆台型钢罩，内部打3根钢管桩，钢罩内为抛石混凝土。基础顶标高9.0米，上部为直径220毫米、高10米钢质侧面标，经费14.34万元。当月28日竣工。

第三节　公路桥梁

园林桥　原名三里桥。位于黎城老街西南1500米处三里桥河上，1986年，为双曲拱型水泥桥，桥面净宽7米，荷载汽8吨，桥下可通航。20世纪80年代，此桥南北建成干道园林路，改建后更名为园林桥。1997年9月，由市政部门改建为平桥，桥长增至2 6.6米，桥宽增至24. 5米，设计荷载汽-20/挂-100。

利农桥　位于利农闸南约200米处横跨利农河，东与利农路垂直、西接健康路，钢筋混凝土钢架拱桥，全长71米，桥面宽14米，按3车道设计。1995年10月9日开工兴建，共投资320万元（包括拆迁、引桥），1996年9月28日建成通车。

利农闸（桥）　位于县城建设路与利农河交汇处，是连接县城东西部的主要桥梁。1986年，该桥为钢筋混凝土结构的双子公路闸桥，跨径40米，总长55.5米，桥面净宽9米，通航净高8.7米，荷载汽-20/挂-100。

图7-2-3　建设路东端的利农闸（桥）（摄于2005年）　李义海／摄

永丰一桥　位于331省道金马线上。原为盱眙县所辖，1999年，该桥随331省道金马线改造而同步改造。2000年2月，该桥随永丰村划入金湖。2001年7月，改造完成通车。改造后桥长58.13米，宽24米，为公路二级桥。设计荷载汽-20/挂-100。2005年11月，完成对老桥的拆除重建。

永丰二桥　位于永丰一桥东100米处，原桥为双曲拱桥、跨径30米，总长52.9米，桥面净宽9米，通航净高10.2米。1999年，该桥随331省道金马线改造而同步改造，2001年7月，改造完成通车。新桥为梁桥，桥面宽增至24米，总长增至58.13米。设计荷载汽-20/挂-100。2005年11月，完成对老桥的拆除重建。

丰收桥　位于戴楼镇西1200米处丰收河上，原桥为双曲拱型，跨径30米，总长52.9米，桥面净宽9米，通航净高10.25米，荷载汽-20/挂-100。1999年，该桥随331省道金马线改造而同步改造，2001年改造完成通车，桥面宽增至24米，总长49.4米，为梁桥。2005年11月完成对老桥的拆除重建。

吕良大桥　位于吕良镇南1410米处。1971年10月开建，1972年7月竣工。桥跨径53.5米，总长75米，净宽6米，5孔，块石拱结构，通航孔净高7.4米，净跨13米，荷载汽-20/挂-100。

军民河桥　位于石（港）白（马湖）公路所过军民河上，南距淮胜集镇约1000米。1973年开建，1974年5月竣工。桥3孔，跨径58米，总长68.5米，桥面宽4.6米，通航孔净高7.1米，荷载汽-20/挂-100。1997年8月，盐金国防公路建成，在该桥西侧约1000米处新建成军民河大桥，该桥作用下降。

军民河大桥　1996年初，在盐金国防公路上兴建军民河大桥。位于军民河老桥西侧约1000米处。桥长117米，桥面宽9米。荷载汽-20/挂-100。1997年9月竣工通车。

涂沟大桥　位于涂沟集镇，横跨涂沟河。1980年5月开建，翌年12月竣工。桥3孔，跨径72米，总长106米，桥面净宽7米，通航孔净高13.06米，荷载汽-20/挂-100。

东漫水桥　位于漫水公路东首，1969年10月建成。桥15孔，跨径57米，总长75米，净宽4.25米，高3.7米。荷载汽-10/挂-80。

西漫水桥　位于漫水公路西首，1969年10月建成。桥7孔，跨径28米，总长31.7米，净宽4.24米，高3.3米，荷载汽-10/挂-80。桥南侧有船闸，闸宽10米，过船时桥面吊起，桥面通行暂止，过船后桥面放下，恢复通行。

石港大桥　位于石港船闸东1500米处。1985年3月建成，桥3孔，跨径75米，总长90.6米，净宽9米，通航净高9.1米，荷载汽-20/挂-100。

孙集大桥　1997年3月开建，当年6月底竣工。该桥跨草泽河，桥南为孙集，桥北为洪泽县，由淮阴市政府协调兴建。桥总长64米，4跨，桥面净宽6米，通航孔净高4.5米，为灌注桩T型梁结构。设计荷载汽-15/挂-80。

大治桥 位于新农集镇北约5公里处草泽河上，桥北为洪泽县。1981年初开建，1982年竣工，是淮金公路的桥梁之一。桥总长58米，总宽9米，1跨。该桥由洪泽县负责建造和管理。

表7-2-2

2005年金湖县公路小型桥、闸一览表

线路名称或公路起讫点	桥名 闸名
省道331丹宝明线	阮桥、新时桥、腰闩桥、朱港桥、应集桥、黎东桥、九里桥、黄桥
洪泽共和—金湖金北	新桥、三河桥
岔河—金湖	五庄、丰港桥、新隆桥、新丰桥、学田港北闸
金湖—金南	金西闸
金湖—闵桥	塔集桥、中心河桥
吕良—孙集	向阳闸、大全沟桥
塔集—夹沟	塔东桥、夹沟中心桥

第四节 车站 港口 码头

一、车 站

1986年，金湖汽车站位于人民路与健康路交叉处西北侧，坐西面东，占地0.7公顷，有平房60余间，其中售票室2间，办公室1间，候车室7间（3000多平方米，内设长椅24张）。另有仓库、油料库、修车间、食堂、宿舍等。停车场3600平方米。有客运班车金湖—南京、金湖—镇江、金湖—淮阴、金湖—扬州等；县内22个乡镇全部通班车。

1988年7月，金湖新汽车站建成投入使用。新站始建于1985年，位于金马路南侧（后改称为金湖路）。占地面积1.89万平方米，超过原站面积的3倍。其中，站务楼与配套设施建筑面积2887平方米，宿舍建筑面积257.12平方米，食堂182平方米。停车场1.56万平方米。1990年6月，开通金湖—徐州客车。1992年7月，开通金湖—盐城客车；8月，开通金湖—苏州客车。1993年2月，开通金湖—杭州、金湖—滁州客车。1995年2月，开通金湖—上海客车；6月，开通金湖—无锡客车；7月，开通金湖—连云港客车。1998年2月，开通金湖—北京客车；8月，开通金湖—南通客车。此后，开通金湖—深圳客车。

图7-2-4 金湖汽车站，1988年7月建成，位于金湖路12号（摄于1998年） 李义海/摄

2001年，企业改制，国有资

产全部退出，由淮安汽车运输集团有限公司控股，成立淮汽集团金湖公路运输有限公司。企业改制时有员工253人，通过离退休及内退后，在职人员173人。

2005年，全县拥有客运等级站3个，其中二级站1个、四级站2个，乡镇客运站亭22个。县、镇两级站场网络基本形成。

二、港　口

1986年，金湖港拥有闸口、利农、城南、石港4个作业区，总计岸线2200米，泊位24个，吊机24台，年吞吐量约120万吨。有员工380余人。1994年，利农作业处被撤销。1998年，对港口西迁进行规划设计。新址在原址西约3000米处，衡阳路北端。是年底，开挖航道。1999年初开挖港池，砌筑岸线、办公用房、货物堆场（仓），安装吊机。新港口岸线长220米，泊位7个，新型高效吊机7台，设计年吞吐量80万吨。港区占地（滩涂）2公顷多。2000年2月，闸口作业处被撤销。2000年3月2日，金湖新港开业。2003年，城南作业区被撤销。

图 7-2-5　1998—1999 年建设的金湖货运港口（摄于 1999 年）
冀春阳 / 摄

2003年底，金湖新港企业改制，由县属大集体企业改为股份制企业。企业名称由金湖县港务处改为金湖县金港港务有限公司。职工通过退休、买断工龄等办法，由380人减为70余人。

三、码　头

1986年，县搬运公司更名为金湖县汽车运输二公司，与县港务处为“一套班子、两块牌子”。下辖闸口码头、油米厂码头、油化厂码头、化肥厂码头、城南码头、煤库码头、第二玻璃厂码头、溶剂厂码头、水泥制品厂码头、石港码头等10座码头。共有职工187人。“八五”（1991—1995）期间，搬运装卸纳入行业管理范畴，全县共有搬运装卸组织23家，从业人员1790人。这些码头上先后安装固定旋转式起吊机。“八五”末，主要港口码头机械化程度达85%以上。1994年，城南码头因城区改造和城中河断航而关闭。1999年，油米厂码头改由厂方自己操作；溶剂厂码头因城区改造需要而拆除。2003年，油化厂码头改由厂方自己操作；是年底，水泥制品厂码头关闭。2004年，化肥厂码头关闭；是年底，煤库码头因县域用煤量的减少而关闭。2003年底企业改制后，到2005年，县金港港务有限公司下辖码头还有新港码头、石港码头、第二玻璃厂码头3座。全县主要港口、码头机械化程度达100%。此外，各镇还有一些简易码头。

第五节　船　闸

（参见“第八篇水利”第二章第三节第一、第二目。）

第六节 渡口 车渡

一、渡 口

1986年，县境渡口有36道，主要有三河渡（又称黎城渡）、刘圩渡（又称乌龙渡）、中义渡（又称闵桥西河口渡）等。渡船由单位、乡镇政府购置改为由渡工购置、所有。对经济困难无力购船的渡工，县交通部门向上申请专项经费，全部或部分资助渡工购船，外滩渡、桂花渡、直港渡3道渡口，全部由国家为困难渡工购买新船。是年，黎城（县城）渡有机动渡轮3艘，单船载客100~150人。主要渡运旅客至三河北岸潘河口（双向渡运），是三河（淮河入江水道）的重要渡口。汛期，漫水公路沉没，该渡口亦渡运旅客至石港码头，然后乘车续行，有客轮2~3艘投入营运，每艘约150客位。1995年7月，改扩建的新码头竣工投用。新码头设高、中、低三级重力式靠船平台，栈房设候船室、快餐厅、小卖部、售票处。候船室内设60张靠背椅、29英寸彩电。新码头采用长流水式售、检票服务，进出口人流分道，改变拥挤状况，提高安全系数。北岸码头亦建有售票房、候船室。

随着公路和桥梁建设的发展，渡口也逐渐减少。1998年，全县渡口有26道。

1998年金湖县渡口一览表

表7-2-3

名称	起讫	河流	渡距（米）	年渡量（人次）	定额（人）	船体	动力	渡工	主管单位
三河渡	金湖—金北	新三河	3500	300000	200	钢质	机动	刘俊清	交通局
	金湖—金北	新三河	3500	300000	180	钢质	机动	刘俊喜	交通局
	金湖—金北	新三河	3500	300000	100	钢质	挂机	徐金华	交通局
石港渡	金湖—石港	新三河	6000	—	180	钢质	机动	韩建付	公路运输公司
	金湖—石港	新三河	6000	—	100	钢质	机动	韩建付	公路运输公司
汽渡	金湖—金北	新三河	4000	—	8（车）	钢质	机动	—	公路站
衡阳渡	岗头—刘庄	新三河	4000	4000	30	水泥	挂机	张宏观	戴楼文管站
郑岗渡	郑岗—刘尖	新三河	3000	1600	50	水泥	挂机	郑汉华	顺河村委会
桂花渡	桂花—下坝	涂沟河	200	15000	6	水泥	人力	何献明	唐港交管站
直港渡	直港—复兴圩	涂沟河	200	15000	8	木质	人力	黄玉才	唐港交管站
金沟渡	金沟—淮建	入江水道	3500	2000	40	水泥	挂机	陈为宽	金沟交管站
先进渡	先进—外滩	入江水道	200	1500	12	水泥	机动	韦　平	金沟交管站
塔集渡	塔集—金沟窑厂	入江水道	3500	2000	20	水泥	机动	陈文龙	塔集交管站
塔集渡	塔集—外滩	入江水道	1500	1500	15	水泥	机动	陈文龙	塔集交管站
中义渡	闵桥—卞塘	入江水道	5000	102000	80	钢质	挂机	陈汉祥	闵桥交管站
祥南渡	砖瓦厂—义平	金宝河	60	36000	10	钢质	人力	周秀俊	银集砖瓦厂
四叉河渡	一分场—涂沟镇	金宝河	60	36000	8	钢质	人力	王玉芳	宝应湖农场
窑湾渡	窑湾—窑湾大队	金宝河	60	15000	8	钢质	人力	朱善全	唐港交管站

接上表

名称	起讫	河流	渡距（米）	年渡量（人次）	定额（人）	船体	动力	渡工	主管单位
外滩渡	外滩—付兴	金宝河	60	22000	8	钢质	人力	王佩宝	唐港交管站
华庄渡	华庄—范西	大汕河	3000	11000	50	水泥	机动	王洪元	唐港交管站
于南渡	于南—宝航	大汕河	3000	11000	15	水泥	机动	华元中	唐港交管站
于沟渡	于沟—南闸	宝应湖	5000	11000	25	水泥	挂机	杨殿球	唐港交管站
淮湖渡	淮阳—淮湖	大汕河	180	66000	20	钢质	挂机	沈亚强	淮胜乡淮湖村
东滩渡	东滩—中营	大汕河	400	25000	30	水泥	挂机	陈志刚	白马湖乡政府
红峰渡	红峰—中营	大汕河	400	15000	30	水泥	挂机	李永翠	白马湖乡政府
红峰渡	红峰—韩复庄	大汕河	400	15000	10	水泥	挂机	杨步才	白马湖乡政府
施沟渡	鲤鱼滩—施沟	金玉沟	50	15000	10	钢质	人力	王少美	宝应湖一分厂
刘圩渡	刘圩—乌龙	金宝河	2000	237000	50	钢质	机动	颜永年	宝应湖农场
横桥渡	横桥—高邮	高邮湖	40公里	25000	30	木质	挂机	朱　俊	闵桥乡政府
	横桥—高邮	高邮湖	40公里	25000	20	钢质	挂机	朱庆勇	闵桥乡政府

2000年，由县城出发至潘河口、石港的渡河旅客，高峰时日往返6000余人次。

2001年7月，金湖大桥建成通车，汛期，黎城至石港的渡运停止。此后，由于大小汽车、摩托车、电动自行车日增，许多旅客乘（骑）车绕行大桥往返，黎城至潘河口的旅客锐减，渡运班次亦相应减少。是年底，全县有黎城渡，黎城郑岗渡，戴楼汪木排渡，塔集渡，金南先进渡，闵桥中义渡，银集样南渡，涂沟窑湾渡、桂花渡、直港渡、外滩渡、华庄渡、于南渡、于沟渡，宝应湖农场刘圩渡、四叉河渡、施沟渡，前锋淮湖渡等18道渡口。

2005年，随着陆上交通建设的发展，农村公路网逐步形成，渡运被桥梁所取代，全县正常营运的渡口只有10道（黎城三河渡、黎城郑岗渡、闵桥中义渡、塔集渡、金南先进渡、涂沟华庄渡、涂沟于沟渡、涂沟于南渡、涂沟外滩涂、前锋淮湖渡），其余8道渡口基本停渡。

二、车　渡

1986年，县城汽车轮渡开通运营已有2年。车渡横跨三河，南岸码头位于县城

图7-2-6　金湖大桥建成前，汛期黎城至石港的客运渡轮（摄于2000年）　姜燕／摄

图7-2-7　金湖大桥建成前，县城至三河北岸的汽车轮渡（摄于2000年）　姜燕／摄

园林路北端，对岸码头在淮北闸东侧。该车渡拥有渡船2艘。“金湖”号，为四车钢筋水泥汽渡船，船长24米，宽7.2米，载重100吨；“江苏802”，为八车钢质汽渡船（从镇江—扬州渡口调入），船长26米，宽9.8米，载重150吨。该渡平时停运，入江水道行洪、漫水公路沉没时，以汽渡船载运三河南北两岸的来往车辆、行人，日渡通能力150辆左右。2001年7月，金湖大桥建成通车，该车渡安全渡运18年停运。

第七节　金湖大桥与金宝南线

一、金湖大桥

1995年，县政府在县九届三次人代会上提出建设金湖大桥的动议。1996年10月，县政府成立大桥筹建领导小组和工作班子，并编写《金湖淮河入江水道大桥项目建议书》、完成《大桥初步设计图》上报。1997年9月8日，省计经委对《金湖淮河入江水道大桥项目建议书》给予批复，同意建设金湖淮河入江水道大桥。预算总造价1.04亿元。

大桥全长3354.49米，121跨，全宽15米，净宽14米，接线长1432米。为超二级公路桥，双向四车道，设计行车速度为80公里／小时，设计车辆荷载为汽-20/挂-100。航道通航标准：西偏泓为七级航道，通航净空为20×4.5米，最高通航为7.20米。地震设计烈度按7度进行设防。正桥分A、B两段公开招标施工。A标段：东端位于拦河大坝终点向南100米处，西至69号墩，全长1459.95米。B标段：东起69号墩，西至原金沟构件厂，全长1894.54米。B标段全套施工设计图纸先行完成。该段由铁道部第三工程局（上海）华海公司中标承建，1999年7月28日开工。A标段由铁道部第四工程局中标承建，2000年3月5日钻孔开钻。2001年3月16日，大桥合龙。月底，C标段（接线工程）开工。7月26日通过竣工验收并交付使用，7月28日大桥正式通车。

累计完成工程量：征用土地10.33公顷，拆迁房屋458平方米。主桥（A、B标段）完成钻孔灌注桩252根，立柱245根，墩（台）帽121片，30米预应力T梁预制和架设576片，20米预应力空心板梁预制和架设330片，3×10米现浇异型连续板梁，桥面水泥混凝土铺装2912立方米，沥青混凝土铺装3802立方米。接线工程（C标，主要为接线1432米的路基、路面工程），完成土方4.5万立方米，沥青混凝土路面1480立方米，涵洞15道，全线同步完成安全等措施。还对大桥广场（西接线环型交通岛）等进行设计、施工，包括21米高的“新世纪之光”大型不锈钢雕塑、大桥碑记石刻、收费站以及绿化等。总决算投资额为9950万元，比预算节约500万元。

大桥西端建有大桥标志“新世纪之光”，质地为不锈钢雕塑，矗立于大桥广场中央，2001年10月建成，高21米，由字母JH（金湖）和大鹏展翅造型构成。雕塑底座为三层圆形平台，底座中层平台呈坡形，坡面为花坛。从地面至中层平台建有4个通道，各21级台阶，栏杆以汉白玉制成；顶层平台周壁为桥碑，东侧刻有《金湖大桥碑记》。碑西侧铭刻向建桥捐款2万元以上的单位和2000元（县外1000元）以上的个人名单。碑记、名单均为魏体镂刻（阴字）鎏金。

（参见“第四十三篇专记”《金湖大桥兴建始末》。）

二、金宝南线

1999年始，金湖县向省、市申报金宝南线项目。2003年，331省道、332省道金宝南线列入省市计划，2004年初正式向省市申报立项。2005年3月，省交通厅对金宝南线项目建议书进行审查。4月7日，省发改委出文对项目建议书进行批复。12月5日，省发改委批准可行性研究报告。接着，完成施工图设计。翌年初开工建设。金宝南线全长51公里。其中金湖段全长41.064公里，起点为金湖县金马一级公路198公里处，终点为金湖与宝应交界处大汕隔堤退水闸。工程预计投资7亿元，省补资金约占总投资的65%，其余为县内自筹。

金宝南线工程按双向四车道一级公路设计，设计时速80公里/小时，桥梁设计使用寿命100年。路基全宽24.5米。该线路境内通航桥梁为2座。金湖大桥下为七级通航航道，涂沟河大桥下为六级通航航道。金湖大桥是在原桥南侧加11.25米宽的新桥，工程全长3570米，其中原桥拓宽部分3354米，按照双向四车道一级公路标准建设，荷载标准为公路1级，改造后桥宽增至26.25米。大桥向东连接淮河入江水道东堤平交路段59米后，新建双幅桥157米。

金宝南线（金湖段）工程，是境内公路建设史上一次建设最长的一条一级公路。建设条件复杂，尤其是大汕子隔堤段7公里路基全部是滩地和水面，与金宝航道毗连，路基水位高。施工前，先筑围堰，多台抽水机同时排水，露出路基。路基清淤深度平均4米，施工时先垫置钢板，使用多台清淤机平行作业，以防止清淤机履带下陷。①

第三章　交通管理

第一节　路政管理

1986年，路政管理人员上路148人次，清除公路两侧违章建房和摊点53处、堆积物20处，对滥砍行道树的违章者进行教育、制止并罚款；对干支线标号进行刷新；金马线新增里程碑、标志牌。1990年，清除违章建筑39起、810平方米，审批公路两边建筑16起，处理违章建筑16起，收回路面损断补偿费7万元，新植路旁绿化林木9公里，补植11公里，共新（补）植树木9800株，成活率88.9%。1996年，清除违章设施20起、200平方米，拆除非交通标志牌12块，审批临时建筑7起、301.3平方米，清除打谷场及堆积物20起、530平方米，收取各种路产损失费近15万元。

2000年，办理路政许可证12件，拆除违章建筑物124平方米，清除违章堆积物2418立方米，收取路产赔偿费近19万元，绿化补植桧柏997株、意杨5000株。2002年，配备路政执法车2辆，累计3辆。是年7月，购置微机等设备，建立公路信息化局域网。2003年，办理路政许可证34件，处理案件36件，拆除违章建筑271平方米，清理违章堆积物3781立方米，清理非交通标志牌68块，清理路旁违章摊点102个；开展公路环境综合整治，提请县政府召开全县公路环境综合整治工作会议，县政府与各镇签订护路工作责任状；对公路两侧违章建筑、堆积物，路面打谷晒场、街道化等现象进行了集中整治。是年春，根据上级要求，配合卫生防疫部门，在交通关卡开展"非典"检查登记工作。

2005年，共办理路政许可案件51件、路政处罚案件14件、路政处理案件28件；拆除违章建筑5处163平方米。查处超限运输车辆256辆，卸货2279吨。是年，公路站还邀请交巡警、运管等部门协

①金宝南线金湖段41.064公里，2006年2月23日开工，2009年12月底竣工，投资7.1亿元；宝应段9.5公里，2007年2月开工，2010年12月上旬竣工，投资4亿元。12月19日上午，淮安、扬州两市共同举行省道331、省道332金宝南线全线通车典礼。

同开展集中执法行动3次，争取乡镇政府、公路沿线村组联合行动2次，有效控制了公路街道化、公路打谷晒场等现象的蔓延。

第二节　交通稽查

1986年始，通过几年的稽查活动，至1994年，客车持证率、年审率达100%，货车持证率、年审率95%；搬运、装卸持证率、年审率100%。1995年，加强运政、稽查等执法人员自身的行风管理，对1名不适宜执法人员坚决调离。

1998年，县交通局将全年工作分为安全生产、公路建设、工程质量、规费征收、财务审计、统计、交通战备等16个项目，项项有内容、要求、考核标准，强化责任，管理到位。对稽查等行业行政执法人员进行“文明执法，规范管理”素质教育。采取一年一聘制，增强责任感。是年，全系统4个行政执法事业单位均被评为县级以上文明单位，其中公路站连续12年为市级文明单位；港监所被市委破格授予市级“文明单位”称号；稽查队被省交通厅命名为文明稽查队。

2000年，运交管稽查人员共上路9360人次，先后稽查各类社会车辆206辆；处罚无证出租车63辆次；补征各类交通规费124万元。2003年，全县集中开展维修、出租、水运、客运市场专项整顿，共检查车辆4.2万辆次，查处“黑车”34辆次，纠正违章1026辆次，查处逃费船舶60余艘、超载船舶50艘，清理非法挂靠车船23台次。2005年，以整顿运输、维修市场秩序，规范经营行为为重点，全年检查渡口112道次，发违章通知书7份。共查处各类违法、违章经营行为1096起。

第三节　运政管理

1991年12月，县运输管理所成立黎城、东偏泓公安交通联合检查站，开始运政执法，主要执法依据为交通部（1990第13号）令。1994年2月，成立金湖县交通道路稽查队。是年起，开展交通运输法规宣传，全年召集运输业户学习交通法规10次，累计纠正违章营运218起，补办手扶拖拉机、三轮车、四轮农用车营运证照150辆，纠正客运车辆乱停乱放412辆次。

1995年，县政府颁布《金湖县客运管理办法》《金湖县运输市场整治通告》等，强化运输市场秩序。1997年，审批各类营运汽车75辆，营运船舶65艘。对长短途客运车辆分站归口管理，联合公安、城管、工商开展客运市场秩序专项整治。公开监督制度、公开监督电话，聘请客运监督员30人加强社会监督。是年，县汽车站采取“封闭扎口式”管理办法：车辆一律进站，领取登记号牌，按序排队；定额配载，定时发车；明码标价，禁止“宰”客；出站时，必须持有车站签发的定额、安全车单；稽查人员在城郊“扎口”处检查。

2000年，重点加强对无证出租车管理，整顿马路市场及“宰”“卖”客违章行为，节假日客运高峰期倒客现象；整顿超范围、超载营运行为；清理技术不达标、等级评定不合格车辆；整治水运经营违章行为。全年共查处各类违章车辆961辆，清理不合格车辆维修点19个，淘汰更新车辆27辆。2002年，严管农公车辆超载、倒客、“宰”客及站外带客行为，杜绝长途班车和农公班车城区漫游带客行为，打击黑车。运政部门会同交警、城管、工商等部门，在五一、十一黄金周加大对重点区域和路段的监控力度，鼓励长途车辆更新升级，将供电车队、宝应湖农场车队经营的长途班线，统一并入县公路运输有限公司，实行挂靠经营。对114辆农公车、150余辆出租车和16辆城市公交车，纳入县客货运输综合服务中心统一管理。

2001年8月《江苏省道路运输市场管理条例》出台，2004年4月《中华人民共和国道路运输条例》出台，两个条例为交通执法依据。

2005年，清理路旁违章堆积418立方米，清除违章摊点65个，排除非标240块，拆除违章建筑163平方米；对全县164.6公里航道进行清障扫床，清除暗桩5根，废弃物4处1.5吨，实施行政处理、处罚45起；检查渡口112道次，发违章通知书7份，更新渡船8艘，撤销渡口2道，取缔私渡9道，全县18道渡口全部达标。

第四节　运输管理

1986年7月，全县成立6个片交通管理所，与县运管所共同加强对全县水陆运输的管理。1989年，成立县汽车维修行业管理所，强化对客货运输业、运输服务业的全行业管理，整治运输市场。1994年，成立交通稽查大队，配备2辆稽查车，设置差转台、配备对讲机、“大哥大”等通信工具。1996年上半年，运管稽查人员从源头监管运输市场，出动执法人员4600余人次，检查各类车辆2.1万余辆次，船舶3100余艘次，纠处违章车辆3650辆、船舶608艘。查征运管费2.8万元、客附费6.1万元、货附费2.8万元、手扶拖拉机养路费4.3万元。1997年，所有客车纳入车站统一管理，坚决查处抬价、“宰”客行为，共检查客车682辆，处罚抬价行为25起。

2001年，交通管理出台相关制度。6月，出台《金湖县农用客车淘汰更新实施意见》，8月，出台《关于加强客运出租车管理的实施意见》。严把行业管理入口和年检年审关，对从事道路客货运输、搬运装卸、汽车维修、运输服务的业主经营资质严格审查，对不符合资质条件和经营不规范的业户，视情节分别给予整改、处罚、淘汰等处理。2002年，着重查处超载运输、倒客、“宰”客、窜线经营、站外经营、乱停乱放等违章行为。共查处违章车辆1034辆、船舶19艘，“黑车”14辆。

2005年，继续以整顿运输市场、打击黑车和“三无”船舶并举，规范经营行为，保障运营安全。全年审验客运车辆281辆，审验货运车辆680辆，合格率达90%、96%。

第五节　港航监督

1986年，三河渡口连续16年安全渡运无事故。主要是：教育从业人员增强安全意识；责任到人，所、班、船三级安全网络健全；对渡船实行定期保养与检修；严格执行渡工酒后、雾大、发现危险品上船不准开船等“十不准”制度。1987年9月，成立县港航监督所。1994年，继续加强水上安全管理和监督检查，使事故、经济损失、沉船、死人等4项指标均下降为零，航道通航率、航标发光率均达100%。

2000年4月11日至5月15日，港监部门牵头，会同有关乡镇对全县24道渡口和渡船质量、限载人数、码头设置、渡船消防、责任领导、制度规范、船工素质、救生设施等方面进行检查整顿。共查处违章渡运、事故隐患10起，培训渡工158人，签订责任状22份，以县政府公告形式公布渡口责任人，还取缔戴楼乡衡阳渡、前锋镇红峰渡2道不合格渡口。2001年，主要开展对船长小于等于20米，主机功率小于等于29.4千瓦的干货船营运检验。

2005年，建立全辖区101.3公里等级航道设施文本、电子档案，统计等级航道的临、跨、过河设施

109件。其中桥梁6座、码头12座、架空管线63处、过河管线2处、其他设施26处。是年，进行船舶专项整治。从船舶建造的源头——船厂入手，实行船舶开工前申报制。船厂必须提出建造申请，提供原材料清单及审批认可的图纸。海事部门严把材料质量关、图纸审核关，建造过程中不定期检查监督。船舶申请检验合格后方可下水。全年共检验新船40艘、1.4万载重吨，无一起漏检、逃检，无一起质量事故。是年，海事处还投入220万元资金，对全县渡船进行维修加固，渡口、道路连接线进行硬化改造，确保安全渡运无事故。

第六节　规费征收

1986—2005年，全县交通规费征收工作严格按照“应征的不漏，应免的不征”原则，标准不突破，项目不增加，专款专存，日清月结，票款同行，按时解缴，不截留，不挪用。规费征收总体上呈逐年上升趋势。

表7-3-4

1986—2005年金湖县交通运输规费征收统计表

单位：万元

年份	运输管理费	客票附加费	货物附加费	“五小”养路费	年份	运输管理费	客票附加费	货物附加费	“五小”养路费
1986	25.00	31.00	80.10	15.00	1996	122.20	198.90	178.80	29.70
1987	31.60	38.00	83.60	14.89	1997	126.50	213.00	153.54	31.20
1988	28.80	42.80	89.70	23.80	1998	136.40	257.60	108.60	30.40
1989	29.40	50.60	90.40	31.60	1999	131.08	288.30	94.60	70.00
1990	28.60	58.20	95.10	36.20	2000	91.96	315.21	89.44	96.69
1991	29.50	62.10	98.50	40.20	2001	80.65	336.44	84.67	110.98
1992	30.40	70.60	102.40	48.50	2002	80.09	312.08	101.30	130.21
1993	31.20	75.60	108.50	52.80	2003	67.90	214.90	108.30	126.10
1994	30.90	77.20	116.50	60.10	2004	84.40	323.60	111.40	143.30
1995	128.70	177.40	204.20	51.80	2005	128.60	311.10	111.85	198.10

第四章　电　源

第一节　电网输入

1986年，110千伏金湖变电所（以下“变电所”简称“变”）从220千伏马坝变电所输入电源。随后，4座35千伏变电所分别从110千伏金湖变输入电源。4座35千伏变电所分别从110千伏石港变输入电源。110千伏金湖变还向110千伏石港变转供电网电源。

1989年起，110千伏金湖变再次从220千伏马坝变输入电源。35千伏金南、官塘变电所从110千伏金湖变输入电源。1992年起，35千伏闵桥油田变电所从110千伏金湖变输入电源，35千伏唐港、乔七井油田变电所分别从110千伏石港变输入电源。1996年，35千伏崔庄变电所通过35千伏马崔线（产权属盱眙县供电局）从220千伏马坝变直接输入电源，自此，金湖有4条线路从220千伏马坝变输入电源。1997年起，35千伏银集变电所从110千伏石港变输入电源；110千伏马金2号线被断开环入110千伏黎城变电所，110千伏黎城变则从220千伏马坝变输入电源；35千伏红桥变电所输入110千伏石港变电源。2004年，35千伏金龙压延变电所输入110千伏石港变电源。35千伏金德利变电所输入110千伏金湖变电源。

图7-4-8　电力大厦（摄于2005年）
县供电公司／供

2005年，35千伏荷花变电所从110千伏金湖变输入电源。是年，共有3条110千伏、2条35千伏线路直接从220千伏马坝变输入电源。网供电量再创历史新高。1986—2005年，金湖从220千伏马坝变共输入电量35.88亿千瓦时。

1986—2005年金湖县网供电量统计表

表7-4-5　　单位：万千瓦时

年份	110千伏金湖变	110千伏石港变	110千伏黎城变	35千伏崔庄变	35千伏官塘变	合计
1986	7793	598	—	—	—	8391
1987	8878	1355	—	—	—	10233
1988	9198	1216	—	—	—	10414
1989	10219	1314	—	—	—	11533
1990	10989	1371	—	—	—	12360
1991	12771	2290	—	—	—	15061
1992	13961	1185	—	—	—	15146
1993	14452	1826	—	—	—	16278
1994	15532	1430	—	—	—	16962
1995	16740	1823	—	—	—	18563
1996	16358	3040	—	594	578	20570
1997	15523	2806	—	756	367	19452

接上表

年份	110千伏金湖变	110千伏石港变	110千伏黎城变	35千伏崔庄变	35千伏官塘变	合计
1998	15003	3242	—	737	122	19104
1999	14622	2348	—	763	10	17743
2000	13957	3822	—	849	106	18734
2001	10407	4538	3336	967	382	19630
2002	11008	3853	4376	1032	158	20427
2003	12985	5690	4574	1265	16	24530
2004	16808	5331	5423	1379	48	28989
2005	18594	6383	8118	1270	297	34662

第二节　风能发电

1986—1989年，有少数渔民自置风能发电机发电，得不到指导服务。1990年，县能源办从南京购回1台500瓦风能发电机作试点示范。是年，渔民张国洋在下河口开张第一家销售门市，上船免费安装、维修。100余户渔民装上风能发电机。1993年，县能源办、气象局、供电局联合对渔民生活用电进行调研，县财政投资2万元，再次购250瓦风能发电机试点并推广。1994年，开张第二家销售门市，全县掀起购买热潮，还吸引洪泽、宝应、高邮等周边县市渔民前来购买。

1995年，县能源办将风能发电作为“九五”农村能源综合建设县项目向国家申报，经国家八部委评审，同意金湖为“‘九五’全国农村能源综合建设县”，将风能发电项目立项，签订合同书。年初，县委、县政府与相关乡镇签订责任状，将此项目列入考核。市财政补贴10万元用于项目点建设。立项期间，县财政每年补贴2万~3万元用于示范推广。年内，安装风能发电机渔民户占湖区渔民总户的41.9%。1996年起，水面、滩涂开发力度加大，加之招商引资优惠政策，外地客商到金湖承包水面养殖，为风能发电增添后劲。渔民改捕捞和普通养殖为特种养殖，收入提高，也为风能发电注入新活力。市、县财政扶持，又为风能发电可持续发展奠定基础。1999年，渔民风能发电普及率59%。2000年7月，金湖“九五”农村能源风能发电项目通过省验收。2001年3月，农业部农村能源调查组到金湖调研风能发电情况。2002年6月，中央电视台七套《致富经》栏目播放金湖利用风能发电新闻。2005年底，渔民风能发电普及率85%。

图7-4-9　渔民渔船风能发电（摄于2002年）　　李义海/摄

表7-4-6　**1995—2005年金湖县湖区渔民风能发电机拥有量统计表**　单位：台

年份	白马湖		高邮湖		宝应湖		三　河		合　计	
	当年新增	累计	当年新增	累计	当年新增	累计	当年新增	累计	当年新增	累计
1995	—	266	—	451	—	389	—	122	—	1228
1996	8	274	8	459	9	398	—	122	25	1253
1997	17	291	20	479	22	420	3	125	62	1315
1998	64	355	98	577	86	506	7	132	255	1570
1999	65	420	52	629	74	580	10	142	201	1771
2000	17	437	85	714	65	645	15	157	182	1953
2001	35	472	75	789	60	705	25	182	195	2148
2002	8	480	12	801	11	716	21	203	52	2200
2003	19	499	45	846	37	753	19	222	120	2320
2004	30	529	50	896	20	773	20	242	120	2440
2005	30	559	40	936	20	793	20	262	110	2550

第三节　柴油发电

1986年，全县有自发电265户，装机265台，总容量7328.1千瓦。自20世纪80年代初出现的“自发电热”仍在持续。1987年，自发电增至300户、313台、9408.6千瓦。1988年起，随着一批70年代到金湖创办农场的南京工学院、南京电子管厂等单位陆续撤走，所使用17台、510.5千瓦发电机全部封存；全县实现村村通电，网供电源趋于缓解，各乡镇政府、广播放大站、供销社、中学相继停止发电；一批乡镇、村办企业因柴油发电成本高于电价，也纷纷停止发电。1990年，自发电降至238户、259台、7942.5千瓦。1991年起，供电设施建设加快，基本摆脱停电和电压不稳困扰，自发电户陆续减少。1994年，自发电有45户、52台、3225.6千瓦。1998年，一些用户将发电机拆除变卖，未拆除的进行保养备用。2001年8月，戴楼等13个电信支局统一各购置1台35千瓦发电机备用，还有招商引资到金湖办液化气站等5家企业，先后购置30~75千瓦发电机，也作为备用。2005年底，全县有自发电户28户，装机30台，总容量2468千瓦。其中县城5户、7台、910千瓦，农村23户、23台、1558千瓦。

第五章　供　电

第一节　电网发展

1986年，35~110千伏电网初具规模。220千伏马坝变与110千伏金湖变之间有110千伏马金1

号线、35千伏马金线联通；110千伏金湖变与110千伏石港变之间有110千伏金石线和35千伏金石线联通。35千伏电网基本覆盖全县。是年，全县以6座35千伏变电所为供电电源，以32条10千伏配电线路为主线，形成一定规模的10千伏配电网络。1988年起，配电网络大幅度调整。其中，新农乡刘桥、前进2村通电，10千伏配电网络覆盖全县21个乡镇、5个农场和259个行政村。

1989年起，调整主供电网结构。兴建4个35千伏输变电工程；110千伏马金2号线竣工运行，标志着全县电网从此走出单线路输送电源的困境。1991年4月，35千伏金南变建成，原10千伏卞塘线改成金南、卞塘等4条主线，原110千伏金湖变为供电电源改由35千伏金南变承担。至此，丘陵片新配电网络形成，减轻110千伏金湖变压力，解脱电压偏低困境。11月，35千伏官塘变建成，原10千伏王庄线改成黎城、戴楼等5条主线，原110千伏金湖变为电源改由35千伏官塘变承担。丘陵片又一新配电网络形成。1992年起，主供电网进一步改造完善。历时4年实施对110千伏石港变迁址和进出线改造；先后兴建3个35千伏输变电工程。1994年6月，35千伏唐港变建成，原10千伏唐港线被改成唐北、复农等4条主线。该配电网络形成，标志着全县实现一乡一线供电。

1998年起，电网进入改造、建设期，供电可靠率得以提高。1999年3月，35千伏银集变建成。35千伏华庄变退出运行，原配电网络解体，原出线10千伏淮建、华夹等4线被改成银集、宝农等5条主线路。配电网络覆盖银集、淮建2乡镇，夹沟、涂沟、塔集3乡镇部分村及复兴圩、宝应湖2个农场。2002年12月，35千伏红桥变改建，原10千伏宝农线改成10千伏红中、乔花、刘圩3条主线，配电网络覆盖宝应湖农场东部及复兴圩农场作业大队。2004年10月，110千伏黎城变建成，形成以该所为供电电源，10千伏尧园、徐梁、油苑等12条主线。该网络覆盖县城一半及县工业园区，黎城镇和戴楼乡部分村。

2005年，电网建设迈上新台阶。3月，兴建35千伏荷花输变电工程，该工程是220千伏双龙输变电配套工程之一；220千伏双龙线路（淮安杨庄电厂—220千伏双龙变电所）工程全线开工建设，金湖主电网骨架将发生质的变化；9月，220千伏双龙变电所土建工程投入施工；12月，电气安装工人正式进驻220千伏双龙变电所。7月，35千伏荷花变建成，新架10千伏甫坝、太平、小桥3条主线，原由35千伏塔集变提供电源的10千伏横桥线改由35千伏荷花变供电，4条主线覆盖甫坝、太平等7个村。经过建设与改造。是年底，全县有以110千伏金湖、石港、黎城变，35千伏官塘、金南、塔集、银集、红桥、唐港、前锋、吕良、荷花变为供电电源的12个电网，供电可靠率99.8%，电压合格率98.33%。

1986—2005年金湖县电网发展一览表

表7-5-7

年份	线路				变电所					
	110千伏		35千伏		110千伏			35千伏		
	条	长度（公里）	条	长度（公里）	座	主变（台）	容量（千伏安）	座	主变（台）	容量（千伏安）
1986	2	40.0	6	68.6	2	2	40000	6	11	33580
1987	2	40.0	11	99.5	2	2	40000	8	17	32380
1988	2	40.0	8	99.5	2	3	71500	8	14	26630
1989	2	40.0	8	105.7	2	3	71500	9	15	27130
1990	2	40.0	8	105.7	2	3	71500	9	18	36380
1991	3	66.3	11	105.7	2	3	71500	10	19	43680
1992	3	66.3	11	127.7	2	3	71500	11	21	49980
1993	3	66.3	11	129.0	2	3	71500	12	22	52680

接上表

年份	线路				变电所					
	110千伏		35千伏		110千伏			35千伏		
	条	长度（公里）	条	长度（公里）	座	主变（台）	容量（千伏安）	座	主变（台）	容量（千伏安）
1994	3	66.3	12	144.6	2	3	71500	13	24	59080
1995	3	66.3	12	144.9	2	3	71500	14	25	59395
1996	3	66.3	12	144.9	2	3	71500	15	26	61895
1997	3	66.3	12	145.0	2	3	71500	15	26	61895
1998	3	66.3	10	143.9	2	3	83000	13	24	63215
1999	3	66.3	13	157.9	2	3	83000	13	24	66415
2000	4	68.3	11	158.8	3	4	114500	13	24	75915
2001	4	68.3	11	158.8	3	4	114500	12	24	80000
2002	4	68.5	12	163.0	3	5	154500	13	25	88150
2003	4	68.6	15	10.0	3	5	163000	14	26	96600
2004	4	68.6	16	177.5	3	6	183000	14	29	121950
2005	4	68.7	15	183.5	3	6	183000	14	29	133150

说明：表中含用户自备变电所、线路。

第二节 线 路

一、110千伏线路

马金线 原名马金1号线，1986年，从220千伏马坝变出线至110千伏金湖变，26.1公里。2002年，该线路改造更新，总长度不变。

金石线 1986年，自110千伏金湖变出线至110千伏石港变，15公里。1999年，该线路改造，长度为14.2公里。

马黎线 原名110千伏马金2号线。1991年，从220千伏马坝变出线至110千伏金湖变，26.27公里。2000年，该线一分为二，易名为110千伏马黎线和黎金线。2004年，因工业园区建设，改造110千伏马黎线，改后长度为21.8公里。

黎金线 2000年，断开马金2号线，环入新建的110千伏黎城变，自此，110千伏黎金线为110千伏黎城变与110千伏金湖变联络线，长6.5公里（参见“马黎线”）。

二、35千伏线路

马官线 原名35千伏马金线，1986年，该线自220千伏马坝变出线进入110千伏金湖变，25公里。1991年，该线原1~83号杆段更名为35千伏马官线，长16公里。

金官线 1991年，从官塘变新架线联结至110千伏金湖变，长10.4公里。1999年，该线出线端组立角钢铁塔3基，更换导线6公里。

金南线 1986年，自110千伏金湖变出线至35千伏金南电线电缆厂变电所，6.8公里，属用户自备线路。1989年，因新建35千伏金南变电所，线路产权移交县供电局。新架线路与原线路联结至35千伏金南变，仍名金南线，12.05公里。同时对原线路改造。1991年投入运行。

金塔线 原名35千伏金华塔线，1986年，自110千伏金湖变出线至东偏泓。原塔集支线从金华塔线延伸至35千伏塔集变，11公里。1999年，因35千伏华庄变迁址，原金华塔线一段加原塔集支线，更名为35千伏金塔线，16.9公里。2002年，线路改造。

石银线 原名35千伏金华塔线，原金华塔线一段拆除，新架线至35千伏银集变。同时从110千伏石港变新架线（双回路）与原金华塔线联结，取名35千伏石银线，12.9公里。1999年投入运行。

金石线 1986年，自110千伏金湖变出线至110千伏石港变。是2座110千伏变电所联络线，15公里。1999年，线路改造。2001年，因110千伏石港变迁址，进线端改造，13.7公里。

石吕线 1986年，自110千伏石港变出线至35千伏吕良变，11.8公里。2004年，该线路改造，11.3公里。

石前线 原名先后为新泗线、石泗线，1988年竣工，自110千伏石港变出线进入35千伏前锋变，12.6公里。2001年，因110千伏石港变迁址，该线路改造，12.9公里。

石唐线 始建于1993年，原支接在35千伏金石线上，进入35千伏唐港变，1994年竣工运行。1999年，该线分线改造，21.05公里。

银红线 始建于2002年，由35千伏银集变出线至35千伏红桥变，4.2公里。

唐红线 是35千伏唐港、红桥变相互联络线路，自35千伏唐港变出线至35千伏红桥变，5.78公里。2003年10至11月开工并竣工运行。

塔闵线 是35千伏塔集、闵桥变相互联络线路，自35千伏塔集变出线至35千伏闵桥油田变，7.2公里。2003年11月开工并竣工运行。

吕前线 是35千伏吕良、前锋变相互联络线路，自35千伏吕良变出线至35千伏前锋变，10.3公里。2003年11至12月开工并竣工运行。

荷花支线 始建于2005年5月，由35千伏塔闵线引入，故称荷花支线，4.7公里。7月竣工运行。

用户自备线路 1986年，有用户自备35千伏线路4条，总长9.9公里。1989年，35千伏金南线改造和延伸时，线路产权移交县供电局。1992年，由省石油勘探局投资架设35千伏金闵线，从110千伏金湖变出线至35千伏闵桥油田变，22公里。1993年，由金南特种电缆厂投资架设金南支线，0.4公里。1995年，由石油二厂投资架设乔七井油田支线，0.9公里。1995年底，用户自备35千伏线路共6条，总长26.4公里。1998年，为减少迂回供电，拆除宝农、水总2条支线。2004年，由金龙压延公司投资架设金龙压延支线，0.4公里。由金德利公司投资架设金德利支线，0.38公里。拆除35千伏化肥线。2005年，全县拥有用户自备35千伏线路4条，总长23.18公里。

三、10千伏线路

1986年，全县有10千伏配电线路32条，875.49公里；配电变压器1144台，11.91万千伏安；低压线路2426.06公里。1988年，35千伏泗湾湖变因迁址停运，新建35千伏前锋变投运，10千伏配电线路随之调整，新架设10千伏白马湖、前锋2条线路，原东、西站线更名为泗农线。1990年，从35千伏塔集变出线，新架横桥线，26.2公里，减轻沿高邮湖6个村排涝压力。1991年，35千伏金南、官塘2座变电所先后建成，原10千伏卞塘线被改造成4条10千伏线路；原10千伏王庄线被改造成5条10千伏线路。又因成立孙集乡，从35千伏吕良变出线新架设孙集线，28.2公里。1994年6月，35千伏唐港变建成，原10千伏唐港线、华复线部分线段被改造成4条线路。1995年起，从110千伏金湖变新增2条10千伏用户专用线路。还有持续4年的扶贫通电工程，新架和整改220伏~10千伏配电线路248.5公里。

1999年起，全县城网、农网、农林场圃网改造全面展开，先后新建35千伏银集，110千伏黎城，35千伏红桥、荷花4座变电所，为之改造、架设的10千伏配电线路先后有：宝农、银夹等4条线由35

千伏银集变供电；尧园、徐梁、油苑等12条线由110千伏黎城变供电；红中等3条线由35千伏红桥变供电；小桥、甫坝等4条线由35千伏荷花变供电。

2005年，全县拥有10千伏配电线路67条，总长3079.08公里；配电变压器2478台，总容量297495千伏安；低压线路总长7880.75公里。

2005年金湖县10千伏线路一览表

表7-5-8

线路名称	起点	讫点	线路长度（公里）	导线型号	配电变压器（台/千伏安）	投运日期
纸厂线	110千伏金湖变	县造纸厂	2.00	JKLYJ-50-185/10	5/3810	1967.07
电炉线		县造纸厂	14.89	JKLYJ-50-185/10	27/6485	1972.10
城东线		县造纸厂	10.08	JKLYJ-50-185/10	31/6680	1967.07
城西线		城西桥	9.99	JKLYJ-50-185/10	60/10415	1962.06
工业线		园林路	17.72	JKLYJ-50-185/10	67/11270	1972.04
药厂线		园林路	16.31	JKLYJ-50-185/10	44/9430	1972.04
城南线		运西农场	16.90	JKLYJ-50-185/10	56/7745	1972.03
运西线		运西农场	66.40	JKLYJ-50-185/10	56/8725	1968.07
金沟线		金沟134号杆	79.24	LGJ-70-35	74/5390	1968.11
尧园线	110千伏黎城变	衡阳路	11.89	JKLYJ-50-185/10	14/2750	2004
徐梁线		衡阳路	45.37	JKLYJ-50-185/10	33/3980	
建设线		城西桥	13.76	JKLYJ-50-185/10	17/4230	
利民线		城西桥	11.15	JKLYJ-50-185/10	20/2795	
跃进线		中医院	12.47	JKLYJ-50-185/10	26/5260	
健康线		中医院	10.94	JKLYJ-50-185/10	16/4790	
顺河线		顺河村	49.32	JKLYJ-50-185/10	37/4230	
牌楼线		牌楼村	77.14	JKLYJ-50-185/10	48/5530	
理士Ⅰ线		理士厂	1.82	JKLYJ-50-185/10	9/6345	
理士Ⅱ线		理士厂	1.93	JKLYJ-50-185/10	3/6000	
温州线		温州路	14.68	JKLYJ-50-185/10	17/3595	
西兴线		金石阀业	12.06	JKLYJ-50-185/10	13/2020	
油苑线		油脂厂	1.00	JKLYJ-50-185/10	4/1930	
宝镇线	110千伏石港变	宝农集镇	15.80	JKLYJ-50-185/10	5/700	1972.05
宝场线		宝应湖农场	34.20	JKLYJ-50-185/10	17/1510	1972.05
三河线		金北乡	63.90	JKLYJ-50-70	82/6150	1973.06
翻水Ⅰ线		石港翻水站	1.00	LGT-120	10/18000	1974.04
翻水Ⅱ线			1.00	—	—	
翻水Ⅲ线			1.00	—	—	
翻水Ⅳ线			1.00	—	—	

接上表

线路名称	起点	讫点	线路长度（公里）	导线型号	配电变压器（台/千伏安）	投运日期
塔集线	35千伏塔集变	新华村	77.6	LGJ-70-50	55/4685	1979.07
塔镇线		塔集镇区	16.8	LGJ-70-50-35	6/610	1979.07
夹沟线		新坝村	80.53	LGJ-90-70-50-35	63/5180	1972.11
闵桥线		198号杆	99.48	LGJ-70-50-35	67/6270	1979.07
油田线	35千伏吕良变	试采二厂	21.60	LGJ-50	5/980	1979.08
陈桥线		万坝村	106.98	LGJ-70-50-35	81/5815	1973.06
新农线		丰乐村	93.98	LGJ-70-50-35	83/4740	1973.06
孙集线		139号杆	93.96	LGJ-50-35	54/4360	1976.10
吕镇线		吕良镇区	73.95	LGJ-70-50-35	32/2010	1973.09
吕良线		赤水村	98.98	LGJ-70-35	65/3890	1973.09
金北线		吴庄村	144.31	LGJ-70-50-35	115/7035	1973.06
淮胜线	35千伏前锋变	良种场	97.10	LGJ-90-70-50-35	66/7370	1973.04
泗农线		泗湾湖农场	56.5	LGJ-70-50	13/1750	1972.05
白马线		新河村	130.57	LGJ-70-50-35	76/5590	1976.02
前锋线		前锋村	99.75	LGJ-70-50-35	51/3535	2000
金南线	35千伏金南变	金南镇区	103.84	LGJ-70-50-35	101/6810	1968.07
沟南线		25号杆	71.37	LGJ-50	48/4825	1968.07
卞镇线		卞塘集镇	26.04	LGJ-70-50-35	18/1875	1968.07
卞塘线		32号杆	85.95	LGJ-70-50-35	69/4425	1968.07
黎城线	35千伏官塘变	黎城镇区	66.30	LGJ-70-50-35	34/2385	1991.08
戴楼线		115号杆	109.48	LGJ-70-50-35	91/9375	1991.11
官塘线		97号杆	87.15	LGJ-70-50-35	70/5710	1991.11
官镇线		官塘集镇	6.83	LGJ-95	3/4200	1991.11
唐北线	35千伏唐港变	100号杆	82.65	LGJ-70-50-35	76/5845	2000.11
唐南线		窑湾村	65.30	LGJ-70-50-35	53/4235	2000.11
复农线		复兴圩农场	46.80	LGJ-70-50-35	18/1665	1999.11
涂沟线		108号杆	42.99	LGJ-70-50-35	35/3115	1999.12
红中线	35千伏红桥变	红中村	30.26	LGJ-70-50-35	1/80	2002.12
乔花线		乔花村	39.00	LGJ-70-50-35	1/50	2002.12
刘圩线		刘圩	52.80	LGJ-70-50-35	56/4690	2002.05
淮建线	35千伏银集变	永祥村	45.91	LGJ--70-50-35	59/4325	1972.05
银夹线		高邮湖村	29.75	LGJ-70-50-35	30/2370	1972.12
银农线		复兴圩农场	38.62	LGJ-70-50-35	25/1950	1972.11
银集线		银集镇区	30.40	LGJ-70-50-35	41/3525	1972.11

接上表

线路名称	起点	讫点	线路长度（公里）	导线型号	配电变压器（台/千伏安）	投运日期
甫坝线	荷花变	甫坝村	23.64	LGJ-70-50-35	22/1995	2005.04
太平线		太平村	22.69	LGJ-70-50-35	20/2415	
横桥线		横桥村	42.65	LGJ-70-50-35	30/3140	
小桥线		小桥村	21.61	LGJ-70-50-35	15/1525	

说明：1.表中“起点”因多有变动，此表为2005年起点名称。2.表中投运日期为2004年，应为2000—2004年期间投运。3.线路长度含全部分支线长度。

第三节　变电所

一、110千伏变电所

金湖变电所　1986年，位于黎城乡九里村六组，占地7487平方米。自220千伏马坝变引进电源。1988—1998年，先后增添设备、增容技改，占地扩至9300平方米。2000—2003年，增容改造，实现无人值班“四遥”（遥测、遥信、遥控、遥调）功能并全面实现微机化管理。数次新增设备。2005年，拥有有载调压主变2台，71500千伏安；35千伏所用变压器2台，200千伏安；110千伏六氟化硫开关6台，35千伏六氟化硫开关9台，10千伏ZN28-10型真空开关15台；110千伏单母线分段母联兼旁路，35千伏、10千伏均为单母线分段带旁路；110千伏进线1回、出线2回；35千伏出线5回；10千伏出线9回；10千伏补偿电容器2组，容量6000千乏。

石港变电所　始建于1988年，位于金北乡刘庄村，占地7475平方米，由110千伏金湖变转供220千伏马坝变电源。1992年，因建设时先天不足，迁址新建，位于原址北500米处，占地8099平方米，1997年投入运行；2000年主变技改；2002年增容改造，基本实现“四遥”功能并实行微机化管理。2005年，拥有有载调压主变2台，71500千伏安；10~35千伏所用变压器2台，容量分别为50、100千伏安；110千伏六氟化硫开关2台，35千伏六氟化硫开关9台，10千伏ZN28-10型真空开关11台，110千伏为内桥接线，进线1回；35千伏为单母线分段兼旁路接线，进线1回，出线4回；10千伏为单母线带旁路接线，出线7回，10千伏补偿电容器2组，容量6000千乏。

图7-5-10　110千伏石港变电所一角（摄于2005年8月）
县供电公司／供

黎城变电所　筹建于1992年12月，位于黎城镇徐梁村三组。从220千伏马坝变引进电源，2000年12月投运。2002—2004年，数次增添设备。2005年，拥有有载调压主变2台，4万千伏安；10千伏所用变2台，200千伏安；110千伏六氟化硫开关3台；ZN28-10型真空开关19台；110千伏进线、出线各1回；10千伏单母线分段联结，进出线22回，10千伏补偿电容器2组，4800千乏；完善遥测、遥信装置，为无人值班变电所。

二、35千伏变电所

官塘变电所 始建于1989年5月，位于官塘乡官东村五组，占地2664平方米。从220千伏马坝变引进电源（备用电源），主供电源是110千伏金湖变。1991年11月竣工运行。1997—2002年，增添设备，先后2次进行无人值班自动化改造，基本实现"四遥"功能。2005年，拥有有载调压主变2台，16300千伏安；10~35千伏所用变各1台，分别为30、50千伏安；35千伏六氟化硫开关2台；10千伏ZN28-10型真空开关8台；35千伏为单母线不分段，进线2回；10千伏采用单母线结线，出线4回；10千伏补偿电容器1组，900千乏。

前锋变电所 始建于1988年，位于前锋乡施港村金白公路东侧，占地3450平方米。从110千伏石港变引进电源，1994年起，先后增容技改。2003年，又从35千伏吕良变电所引进电源，35千伏前锋、吕良变电所变成"手拉手"变电所。2005年，拥有有载调压主变2台，9000千伏安；35千伏所用变2台，100千伏安；35千伏六氟化硫开关4台；10千伏ZN28-10型真空开关8台；35千伏进线2回；10千伏出线4回；10千伏补偿电容器1组，900千乏。

吕良变电所 始建于1988年，位于吕良镇区西南1公里处，占地3321平方米。从110千伏石港变引进电源。1991—2003年，先后增容技改，进行无人值班自动化改造，基本实现"四遥"功能。2005年，拥有有载调压主变2台，10300千伏安；35千伏所用变2台，100千伏安；35千伏六氟化硫开关4台；10千伏ZN28-10型真空开关8台；35千伏进线、出线各1回；10千伏出线7回；10千伏补偿电容器1组，900千乏。

金南变电所 始建于1988年，位于卞塘乡南桥村十组，占地2164平方米。1991年投入运行。从110千伏金湖变引进电源。1991—2003年，先后增容技改，2次进行无人值班自动化改造。2005年，拥有有载调压主变2台，10300千伏安；10~35千伏所用变各式各1台，30千伏安、50千伏安；10千伏ZN28-10型真空开关7台；35千伏进线1回；10千伏出线4回；10千伏补偿电容器1组，870千乏。

塔集变电所 始建于1988年，位于塔集镇南2公里处，占地2081.73平方米。从110千伏金湖变引进电源。2000年，新增设备，主变二次回路更改；2001年技改，因该所地处滩涂，汛期电缆长期浸泡水中，不利安全运行和电网长远发展，采用站所合一模式迁址新造。新所位于塔集镇东方红村四组，塔集供电所东侧，占地1533.4平方米。按"户外式、小型化、无人值班"标准设计。2002年11月开工，2003年4月投入运行。11月，又从35千伏闵桥油田变引进电源，35千伏塔集、闵桥油田变电所变成"手拉手"变电所。2005年，拥有有载调压主变2台，11300千伏安；35千伏所用变2台，100千伏安；35千伏六氟化硫开关1台；10千伏ZN28-10型真空开关7台；35千伏进线2回，出线5回；10千伏补偿电容器1组，1500千乏。

华庄变电所 始建于1988年，位于淮建乡新庄村六组，占地2518.6平方米。从110千伏金湖变引进电源。1999年，因地理位置偏僻，运行和检修困难，设备陈旧老化，无备品备件而停止运行，其供电任务由35千伏银集变承担。

唐港变电所 始建于1991年8月，位于唐港乡窑湾村三组，占地1790平方米。按"户外式、小型化、无人值班"标准设计，1994年6月投入运行。由110千伏石港变供电。2002年，进行无人值班自动化改造。2005年，拥有有载调压主变2台，9000千伏安；10~35千伏所用变各1台，30千伏安、50千伏安；35千伏六氟化硫开关4台；10千伏ZN28-10型真空开关7台；35千伏进、出线各1回；10千伏出线4回；10千伏补偿电容器1组，900千乏。

银集变电所　始建于1996年4月，位于银集镇银集村一组，占地1200平方米。按“户外式、小型化、无人值班”标准设计，1999年3月投入运行。从110千伏石港变引进电源。2000年，增容技改，基本实现“四遥”功能。2005年，拥有有载调压主变2台，11300千伏安；10~35千伏所用变各1台，30千伏安、50千伏安；10千伏ZN28-10型真空开关8台；35千伏进、出线各1回；10千伏出线5回；10千伏补偿电容器1组，1200千乏。

红桥变电所　始建于2000年8月，位于宝应湖农场红西新村（九大队）村部西北侧，农场中心公路西侧，占地1200平方米。按“户外式、小型化、无人值班”标准设计，2002年12月投入运行。由35千伏银集变转供电源。基本实现“四遥”功能。2003年，又从35千伏唐港变引进电源，35千伏银集、唐港、红桥变电所变成“手拉手”变电所。2005年，拥有有载调压主变1台，4000千伏安；35千伏所用变1台，30千伏安；35千伏六氟化硫开关2台；10千伏ZN28-10型真空开关5台；35千伏进线2回；10千伏出线3回；10千伏补偿电容器1组，600千乏。

荷花变电所　始建于2005年3月，位于闵桥镇太平村四联组，占地1200平方米。是220千伏双龙变配套工程。主变压器为室外布置，35千伏及10千伏电气设备布置在室内，7月投入运行。从35千伏塔集变引进电源，配置有载调压主变1台，5000千伏安；35千伏线路进线1回；10千伏均为单母线结线，出线4回；装设分散式电容器1组，容量1200千乏。断路器采用弹簧操作机构，真空灭弧；主变及10千伏部分采用DSA系列微机保护。采用集中组屏方式安装保护柜、综自柜、监控汇集柜、计量柜、所用电柜、直流电源柜、通信柜及辅助设施。架设12芯普通光缆14公里，并安装相应光端设备，具备“四遥”功能。

用户自备变电所　1986年，有用户自备变电所4座，分别是：化肥厂、水总造船厂、宝应湖农场、金南电线电缆厂变电所，共有主变6台，总容量4380千伏安。1990年起，全县化工、电线电缆、石油开采企业纷纷增加主变容量和兴建变电所。1992年，省石油勘探局投资在闵桥镇兴建35千伏闵桥油田变电所。1993年，金南特种电缆厂投资兴建变电所。1995年，由石油二厂投资，在前锋乡兴建乔七井变电所。1996年，由省石油勘探局投资，在戴楼乡兴建35千伏崔庄油田变电所。是年，全县有用户自备变电所8座，主变12台，总容量15895千伏安。1998年，水总造船厂、宝应湖农场变电所停止运行。2004年，金龙压延公司投资兴建变电所，主变2台。金德利公司投资兴建变电所。县化肥变电所停止运行。2005年，全县有用户自备变电所5座，主变12台，总容量40350千伏安。

2005年金湖县用户自备35千伏变电所主要设备一览表

表7-5-9

变电所名称	变压器		六氟化硫开关台数	ZN28-10型真空开台数	10千伏补偿器		进出线（回）	
	台数	容量（千伏安）			容器组数	容量（kvar）	35千伏	10千伏
崔庄油田	1	4000	3	5	3	1140	1	3
闵桥油田	2	6300	3	9	4	2220	1	7
金兴捷尔电缆厂	1	800	—	—	—	—	1	
金德利公司	6	18750	7		5	1000	1	
金龙压延公司	2	10500	1	2	1	2100	1	1

第四节　电网建设与改造

一、“两化”县建设

1988年，县供电局按省局下达标准，为各乡镇、村配备农电工421人；组织电工、农电工学习《农村低压电力技术规程》674人，经考试领到电工操作证620人；乡、村通电率100%，户通电率93.41%，无1人死亡事故，安全用电1630天。是年，整改二、三类线路139.12公里，配电房71座，计量柜、配电柜69台，动力计量箱148只，建成用电标准村41个。

1992年7月，金湖被列为全省第二批创建农村电气化县之一。自此，将创建用电标准化县与创建电气化县同步实施。1993年，全县乡村通电率100%，户通电率98.37%，排灌供电保证率100%，乡村居民生活用电保证率94.41%，全县人均用电量438千瓦时，农业人均245.69千瓦时，电压合格率91.87%，设备完好率100%。至1994年3月，全县无农村人员触电死亡事故2874天；乡镇、村通电率均达100%，户通电率98.6%；乡村居民生活用电供电保证率95.4%；农村10千伏平均线损率7.44%，低压线损率12%以下。8月，省电力局命名金湖为农村用电标准化县。1995年1月，国家电力部授予金湖“农村电气化县”称号。

二、农村配网技改

1992年5月，黎城、戴楼、官塘3乡经技改实现一乡一线。1993年，改造35千伏唐港变10千伏出线，新架衔接线路19.6公里，调整16公里。1994年，改造配电变压器37台。1995年，改造配电变压器58台，更换木模电杆100根。1996年，改造配电变压器64台；改造35千伏吕良变10千伏出线，新架线路3.2公里，采用LGJ-50型导线。1997年，改造配电变压器63台。1998年，更换木模电杆685根。1999—2004年，全县进行大规模农网改造（参见本节“农网改造”）。

三、扶贫通电

1995年1月，开始实施扶贫通电工程。建成标准用电户1691户，无电户通电1041户。1997年4月，先后对12家国营农林场圃进行扶贫通电。无电户通电1042户。5月，白马湖乡宝应湖组148户渔民家家通电，所有鱼塘也用上电。1998年5月，市下达金湖1998年扶贫通电计划，22个乡镇电管站全部投入到属地工程，6月底竣工，完成华庄变易地改造任务，完成10千伏线路改造110公里、新架设10公里，改造高耗能配电变压器85台。

四、城区配网改造

1999年11月，110千伏黎城变10千伏出线工程之一尧园线施工，11.89公里，12月竣工。2000年12月，在尧园主干线安装1台柱上式分断开关；在末端安装1台联络开关，与由110千伏金湖变供电10千伏城南线末端线联结，形成两路电源“手拉手”运行方式，确保供电。是月，10千伏尧园线由110千伏黎城变供电，同时，由该所出线还有10千伏建设、利民、跃进主干线路及分支线路。

2001年3月起，城网改造全面展开，新建改造10千伏电炉、城东、城西、油苑等14条线路。新增无功补偿1万千乏，淘汰所有JB-64型、73系列型高耗能配电变压器，换上S9型及非晶合金系列节能型配电变压器和箱式变电站，改造低压线路、用户电能表、用户接线等。线路器材首次选用钢管塔，线路选用绝缘铜导线，在交通要道、繁华地段、住宅小区等人口稠密地段选用不同规格高、低压电缆入地敷设。

2004年10月底，持续4年的城网改造，新建与改造10千伏线路81.87公里；新建与改造低压线路159.98公里；新建与改造变压器166台；组立杆塔1275基；安装柱上式开关13台，改造接户线42.256公里，一户一表改造5625户。城网改造共投入资金5097万元。2005年，经过新建、改造，有10千伏线路17条，175.35公里；配电变压器372台，82405千伏安；低压线路658.92公里。

五、农网改造

一期农网改造　1998年12月，白马湖电管站在阮桥村安装变压器1台，架设低压线路100米，在全县率先进行农网改造。1999年1月，全县80个行政村展开农网改造。4月，一期一批农网改造竣工。新架设、改造10千伏线路分别为71.26公里、40.70公里，新建、改造400伏线路430.32公里、220伏线路258.96公里，新上配电变压器240台，计量箱175台，整改标准户615户，更换电子表300只。国家总投资1600万元。9月，展开对全县181个行政村、22个集镇农网改造。2000年3月，一期二批农网改造竣工。新建、改造10千伏线路91.02公里、413.35公里，新建、改造400伏线路分别为125.22公里、902.90公里，新建、改造220伏线路分别为57.65公里、642.31公里，新增和改造配电变压器487台，新安装计量箱335台，整改农户75241户。国家总投资4490万元。是年3月，一期农网改造通过验收。

图7-5-11　农网改造现场（摄于1999年12月）

县供电公司／供

二期农网改造　2002年8月，全县再次掀起农网改造热潮。12月1日，金南供电所在装卸电杆时，发生一起人身死亡事故，全县原由乡镇供电所承担的施工任务，全部移交给农电公司3个工程队承担。12月31日，二期农网改造竣工。新建、改造10千伏线路分别为118.79公里、391.86公里，新建、改造400伏线路分别为65.11公里、144.39公里，新建、改造220伏线路分别为15.72公里、22.63公里，新增和更换配电变压器185台，新增配电箱196台。国家总投资6480万元。2004年10月，国家投资1118.64万元农网改造项目110千伏黎城变建成投运。至此，历经6年的全县农网改造工程圆满完成。

六、农林场圃农网改造

2000年8月，35千伏红桥变始建，拉开农林场圃农网改造序幕。2001年2月，市局下达35千伏宝农输变电工程资金420万元，下达宝应湖、复兴圩等7个农林场圃10千伏及以下工程资金1060万元。2002年12月，农林场圃农网改造全面竣工。先后新建10千伏运西线粮棉原种场支线、复农线一分场支线、刘圩支线等21条线路，全长21.84公里；改造10千伏金南线湖羊场支线、10千伏红中、乔花线等17条线路，全长56.10公里；新建、改造400伏线路分别为46.94公里、51.03公里；新建、改造220伏线路分别为19.52公里、11.29公里；新增和改造配电变压器66台；整改配电房12座，新安装计量箱83台。

第五节 运行 检修

一、运 行

线路运行 1988年，供电局线路工区将10千伏及以上电压等级线路进行分解，实行定人、定线、定巡视周期、定巡视工日、定报酬的“五定”承包责任制。年底，对10千伏及以上电压等级线路夜巡、特巡、正常巡视2532公里；清理线路通道树木1万余棵。110千伏马金线、金石线安全运行3017天。1989年，首次为电杆拉线加装压接管959道。1990年2月，撤销线路工区，成立股级输变电工程队。年底，在全市110千伏线路运行管理劳动竞赛中，110千伏马金、金石线被评为“红旗线路”。1992年6月，运行人员首次在35~110千伏线路杆塔上空挂绝缘子，监测线路绝缘子盐密度值。1993年8月，成立输变电运行工区，同时成立线路运行班。修订《线路运行规程》。1994年9月，除城区220伏~10千伏及和35~110千伏线路仍属线路运行班管理外，所有农村10千伏线路运行职责全部移交给农电总站，将220伏、10千伏线路按属地分解到各乡镇电管站管理。是年底，110千伏线路安全运行5217天，荣获市局安全生产一等奖。1999年上半年，首次利用红外测温仪测量110千伏线路连接器温度。下半年，首次使用GPS测量仪（卫星定位系统）对全县所有110千伏、35千伏线路进行经、纬度测量，线路巡视。2003年4月，成立城区配网公司，承担城区220伏~10千伏线路运行和维护、抢修任务。2004年，修订《金湖县供电公司送电线路现场运行规程》。是年，110千伏马金线、110千伏金石线安全运行8870天，110千伏马黎线、110千伏金黎线安全运行4568天。

变电运行 1988年，变电运行管理制度主要有：电气安全工作规程、事故调查规程、现场运行及事故处理规程、调度管理规定、岗位责任制、交接班制、技术培训制、运行分析制、设备巡回检查制、设备定期试验切换制、设备检修验收制、文明生产管理制，还有工作票、操作票执行制度，防止误操作装置管理制度，防止小动物短路事故、消防、防汛等各项管理制度。是年，运行工区对各变电所夜间查岗、电话查岗20余次，110千伏金湖变进行反事故演习5次；全年操作票合格率99.8%，工作票合格率100%。1989年，加强运行管理，全年绝缘及开关事故为零、保护不误动、不拒动。1991年，对操作票、工作票实行班组、工区、生技股三级审查制度，制定相应责任制和保质书，并与奖金、工资挂钩。1993年初，各变电所把消除设备缺陷和达标整改相结合，定人、定标准、定时间、包质量。全年消缺84条，各变电所10千伏开关自达标以来无一渗油现象。1994年，贯彻电力部20项重点反事故措施。1995年，共执行变电操作票495张，执行变电Ⅰ种工作票256张，Ⅱ种工作票199张，合格率100%，废票率8%，符合市局规定考核指数。1999年初，110千伏金湖、石港变运行进入微机管理，实时功能同时投运，结束多年手工抄表历史。2002年8月，成立变电运行监控中心，对各变电所实行全天候24小时监控、操作。2003年4月，35千伏塔集变移址建成投运，至此，3座110千伏变电所，8座35千伏变电所全部按无人值班变电所模式进行管理，除110千伏黎城变外，其他各座变电所仅配备1~2人值守。2005年，全年共执行工作票819张，执行操作票1308张，合格率100%。全年共发现设备缺陷202条（其中红外测温发现3条），Ⅰ类44条，消除44条，消除率100%；Ⅱ类60条，消除55条，消除率92%；Ⅲ类98条，消除83条，消除率85%。

二、检 修

线路检修 1988年底，全县10千伏线路二线改为三线工程全部结束，大修35千伏线路105.7公里；110千伏线路40公里。在对110千伏线路大修中，首次对线路耐张杆和部分直线杆进行带电测试零值，并更换不合格零值瓷瓶3片。大修验收全部合格，10~110千伏线路均被评为Ⅰ类线路，设备完好率达100%。1993年8月，输变电检修安装公司凡对线路检修、大修，都按规定标准向主业和用户收取劳务费。发包单位变更为生技安监股，工程承包书考核单位变更为主任工程师室。1996—1998年，先后完成处理110千伏金石线57号杆下沉重大缺陷；110千伏金石线电杆换成角钢铁塔5基，维修、改造城区10千伏线路22.9公里，新架10千伏线路20.6公里，拆除10千伏线路2.8公里，维修和改造农村10千伏线路328.86公里。1999年，线路维修、大修结合城网、农网一期、二期、农林场圃改造同步进行，完成110千伏金石线入江水道段电杆换角钢铁塔9基，35千伏金石、金华线入江水道段角钢铁塔13基，其他线路立角钢铁塔33基。2000年12月，110千伏马金1号线路全程检修，首次使用重量轻、耐污性能好、免测零、免检修合成绝缘子，玻璃钢、瓷质绝缘子被淘汰。随后，110千伏马黎线73~95号杆、110千伏金黎线17~30号杆、35千伏银红线1~42号杆、35千伏唐红线1~43号杆、35千伏塔闵线1~49号杆、35千伏吕前线1~70号杆输电线路全部用上合成绝缘子。2005年，完成110千伏线路68.6公里、35千伏线路153.69公里检修，改造10千伏线路139.12公里，新架10千伏线路37.44公里。是年底，除35千伏马官线因投运时间长达34年，输电设备整体老化定Ⅱ类线路外，其余输电线路完好率、配电线路完好率全部为100%。

变电检修　1988年，变电检修完成110千伏金湖、石港变和35千伏塔集、华庄、吕良变大修任务，完成县化肥厂等8个单位35千伏变电所检修和预试，变电所设备完好率100%。1989年初，首次对2座110千伏变电所四组电压互感器进行烘烤大修。1991年，采用真空降压焊接新工艺，解决少油开关检修后仍会渗油难题，对主变压器每年取一次油样改为每月取一次油样分析，对110千伏石港变1根不合格避雷针进行更换。是年，累计大修110千伏、35千伏油开关110台次，大、小修主变压器36台，对110千伏金湖变2号主变进行调压改造，对全县35~110千伏变电所防误装置进行全部改造，采用机械程序锁替代原机械程序挂锁。1993年8月起，输变电检修安装公司凡对主业变电所和用户自备变电所、配电房进行电气安装、检修、抢修、大修，都按规定标准收取劳务费。1995年，变电检修执行市局检修计划，同时，实行定人、定标准、定时间、包质量。检修结束时，严格执行班组、检安公司、生技安监股三级验收制度，并对设备定级。1998年，县供电局结合“达标”“创一流”工作，变电检修、变电技改同步进行，大修35千伏开关8台，试验变电主设备200余台次，盘表校验100余套，完成35千伏官塘变2号主变增容，110千伏金湖变1号主变增容换型，是年，年度大修计划项目完成率100%。2001年7月，变电检修由送变电工程有限公司负责。2002年，化验员在周期性取样化验时，发现110千伏金湖变1号主变油烃超标，及时带油样送市局和省中试所进行复测，避免一次重大事故发生。2005年，共完成110千伏金湖、石港、黎城变和35千伏银集、前锋、唐港、官塘、金南、塔集、吕良变检修任务，共消除变电一类缺陷44处、二类缺陷60处、三类缺陷98处，变电设备完好率100%。其间，加班加点完成同泰服饰公司、移动公司、金德利公司、金龙压延公司、双兔米业公司、金石阀业公司高压配电工程安装任务。

第六节　用　电

一、用电水平

1986年，全县乡镇工业持续发展。石油、天然气的开采，使化肥生产增量；金湖港口的建成投产，一批工业电力需求量增大。全县电力缺口在40%左右，由于采取调荷节电、购“议价电”、争取煤加工电等措施，工业用电仍不断上升。用电村发展到257个。开放市政生活用电。用电比1985年增长26.3%；人均增52.2千瓦时。1988年，全县258个行政村全部通电，在淮阴市首家实现村村通电。

1991年，工业企业全面复苏，人民生活用电大幅提高，城市居民用电首次突破千万，达1069

万千瓦时。电压质量提高，供电可靠性增强，在遭受百年罕见的洪涝灾害时，电力发挥强大威力。是年，农渔水利用电5104万千瓦时，创历史新高。1992年，用于石油开采的首座35千伏闵桥变建成，工业用电又添新的增长点。是年，重工业用电4414万千瓦时，比上年增长25.29%，占全社会用电量29.42%。1993年，民营企业首座35千伏金南特种电缆厂变建成。同时，县造纸厂、机械厂等企业用电量上升。普非工业、农业用电因议价电电价上涨等原因，用电量下降，但乡村居民生活用电量首次超过城市居民生活用电，达1500万千瓦时，并持续领先。1995年，农渔水利业用电1655万千瓦时，跌至最低谷，主要是部分农副业加工用电因电价高而停产，用电45万千瓦时，比上年下降79.64%，排灌下降47.83%。而工业，交通、运输、邮电、通信业，商业，人民生活用电量却大幅提升。其中，工业首次突破1亿，达10403万千瓦时，交通、运输、邮电、通信业106万千瓦时，商业536万千瓦时，人民生活5374万千瓦时，分别增长14.66%、58.20%、36.04%、17.64%。1996年，全社会用电量20439万千瓦时，突破2亿大关。用电增长点首先来自农、渔、水利业增加新用户491户，用电量增长55.59%；其次来自35千伏崔庄油田变建成，力挺工业用电稳中有升，增长30.96%。

2000年起，全社会用电量开始复苏，主要因一期农网改造，供电可靠性提高，农村居民生活用电量提升；招商引资客商落户工业园区；金莲纸业、石油机械、神华药业、江苏油田等大用户增容等。全县用电设备装接容量增加到30.03万千瓦，增长14.84%。2003年，金湖城网、农网、农林场圃网改造工程基本结束，新增10千伏用电客户80户，新增10千伏配电变压器126台，轻、重工业用电量同步增长16%；6月以后，遭受内涝外洪，石港翻水站和全县排涝泵站全部启用，用电量增长107%。2004年，电力需求猛增。用电增长点主要来自招商企业40余家，总容量达17500千伏安，直接带动工业用电量跨过2亿千瓦时大关，工业占总用电量70.20%；人民生活用电也升至历史最好水平，占总用电量18.58%。

2005年，电力需求继续保持猛增势头，特别是装机容量增加为用电史上罕见，全年总用电量突破3亿千瓦时大关。用电水平呈现多个亮点：在业扩上，新增用户1894户、28694千伏安；在农业上，换补发土地承包经营权证书、控减农民负担等惠农政策的落实，调动农民用电积极性；在工业上，发展速度创历史新高。金石液压快锻、同泰水洗等重点企业技改项目完成，技改投入增长54.1%。金石集团、爱特福集团销售均超4亿元，四大支柱产业产销绩效在规模以上企业中的比重均超过85%。

1986—2005年金湖县用电量统计表

表7-5-10

年份	用户装机容量（万千瓦）	月最高用电负荷（千瓦）	用电量（万千瓦时）	人均用电量（千瓦时）
1986	11.54	27500	8371	254
1987	14.38	30000	10167	308
1988	14.26	28300	10327	311
1989	19.30	25000	11427	340
1990	19.75	29300	12232	354
1991	19.80	42100	14924	437
1992	19.81	30800	15001	438
1993	19.93	29700	16107	467
1994	24.74	34900	16835	487
1995	25.41	36800	18436	532

接上表

年份	用户装机容量（万千瓦）	月最高用电负荷（千瓦）	用电量（万千瓦时）	人均用电量（千瓦时）
1996	22.39	47810	20439	588
1997	23.44	39490	19252	552
1998	23.46	54590	18814	537
1999	26.15	39210	17506	498
2000	30.03	48500	18500	521
2001	35.96	44150	19433	544
2002	39.70	42910	20297	565
2003	46.11	70870	24343	676
2004	53.79	71000	28788	807
2005	84.04	96080	31409	872

二、用电结构

农、林、牧、渔、水利及其他业用电　1986年，金北、陈桥、新农、吕良4个乡镇农民及省石油二厂集资40多万元，加上国家投资，建成35千伏吕良变电所。1988—1990年，实施黄淮海一期农业综合开发，完成为之配套的排灌站改造。1993年，完成黄淮海二期农业综合开发任务，新建和改造排灌站14座。1994年，农业用电量跌至用电纪录最低。主要是因历史少见的干旱，降水量657.9毫米，比常年减少335.8毫米，全县73%的陆地是湖荡相间的湖积平原，自古怕涝不怕旱，仅丘陵片需抽水抗旱。1995年起，专业户、专业村、基地乡快速发展，直接拉动用电水平提升。1996年，按县委、县政府"全面奔小康"战略部署，"两专一基"规模经济发展迅速。实施黄淮海三期农业综合开发，新建排涝站2座，改造排涝站2座。1999年起，城网、农网改造，多条线路须停电作业，县供电局采取迂回方式确保对农村供电。1999—2003年，年均用电2446.5万千瓦时，仍保持正常水平。2003年，遭受特大洪涝灾害。6月21日至7月14日梅雨期，累计降水651.1毫米，超过常年6.5成。同时，洪泽湖上游泄洪量猛增，外河湖水位急剧上升，内河水积滞难排。电力排涝得到有效发挥。2005年，全县农网改造结束后，农、林、牧、渔、水利及其他业用电稳中有升，全年用电量增长76.64%，占全社会总用电量增2.58个百分点。除林、牧业分别减少12万千瓦时、6万千瓦时外，农、渔、水利、其他业分别增长19.29%、12.7倍、18.81倍、4.71倍。

1986—2005年金湖县农、林、牧、渔、水利及其他业用电量统计表

表7-5-11　　单位：万千瓦时

年份	合计	占全社会总用电量（%）	其中					
			农业	林业	畜牧业	渔业	水利业	其他
1986	3044	36.36	2411	0	2	99	516	16
1987	3766	37.04	3334	0	0	205	162	65
1988	3562	34.49	2922	0	0	55	550	35
1989	4196	36.72	3371	0	20	153	532	120

接上表

年份	合计	占全社会总用电量（%）	其中					
			农业	林业	畜牧业	渔业	水利业	其他
1990	4306	35.20	3508	0	0	134	293	371
1991	5104	34.20	2782	0	0	92	1562	668
1992	4197	27.98	2392	0	0	117	1173	515
1993	3325	20.64	1724	0	0	112	1106	383
1994	2360	14.02	996	12	0	105	1016	231
1995	1655	8.98	1295	0	0	51	186	123
1996	2575	12.60	1674	6	33	58	639	165
1997	3240	16.83	2922	0	0	0	318	0
1998	3610	19.19	2584	8	21	10	937	50
1999	2673	15.27	2496	3	25	7	91	51
2000	3055	16.51	2614	4	26	5	383	23
2001	2695	13.87	2005	5	29	10	628	18
2002	1363	6.72	1118	4	27	5	193	16
2003	2738	11.25	1786	25	34	7	874	12
2004	1571	5.46	1462	14	27	12	42	14
2005	2775	8.04	1744	2	21	152	790	66

说明：1.社办工业用电于1986年改列工业用电统计；2.农业用电量含排灌、农副加工用电量。

工业用电 1986年，全县工业用电3729户，其中轻工业2828户，重工业901户。1987年，统计口径改变及企业关、停、并、转，用电只有147户，锐减3582户。1989年，工业大发展，给用电结构带来优化组合机遇。用户从上年212户增至1843户，轻、重工业用户比例为49.76∶50.24。石油及天然气开采业仅增1户，年用电便从15万千瓦时猛增到244万千瓦时，增幅达1526.67%；交运、电气、电子设备制造业年用电增41.46%。1990年，新增千余户企业投产，工业用电明显上升，特别是轻工业用电增加，提升与重工业用电比例。1993年，油气田开采兴旺，加之自来水用户增加，食品添加剂新产品黄原胶、江苏名牌金莲牌卫生纸等一批新产品供不应求，用电量明显增长。

1995年，用电结构再次变化。首先，用电大户和用电量增加。石油及天然气开采、建材制品、金属制品业比上年增9户，用电量增长17.48%。其次，产量带动用电量提高。县造纸厂3000吨高档卫生纸项目投产，年用电量首次突破千万，达1037万千瓦时；县化肥厂月产量突破6000吨、县华鼎精细化工有限公司建成投产，双双带动化学工业年用电量的增加。是年，工业用电量比上年增14.66%。1996年，受亚洲金融危机波及，全县工业企业户数急速下滑，从1995年1839户下滑到1167户。而用电量不降反升，年用电量占全社会总用电量双创历史最好水平。主要是因：工业技改投入2.45亿元，改造项目243个，年内竣工投产240个，用电量全面提升；石油及天然气开采、造纸及纸品制造、化学工业、机械工业、其他工业等35户骨干企业增势强劲，用电量增长，用电结构更趋合理完善。1997年，县化肥厂半停产，造成化学工业用电量下降47.06%，用电结构再次变化。石油及天然气开采业用电量继续保持领先。1998年起，工业企业全面改制，关闭化肥厂、制氧厂等耗能大户，但石油机械集团、轻纤集团、金莲纸业、汽车零部件、金桥建材等新用电大户应运而生，用电结构得以快速重组。其次，持续工业技改，大批科技含量较高新产品推向市场，产品附加值自然增高。

2000年，招商引资力度加大，用电结构也随之变化。建成以电线电缆为主导的金南工业园区、以渔具渔网为主导的银集工业园区、以日用化工为主导的陈桥工业园区、以仪器仪表为主导的闵桥工业园区、以木业制品为主导的吕良工业园区和黎城工业园区，工业用电量回升。2004年，理士科技、金湖铸锻、金德利机电设备制造、金龙压延等相继建成投产，新兴行业崛起，使工业用电量、占全社会总用电量明显增长。2005年，全县工业用电量攀上建县以来最高峰。电量增长主要得益于县政府加大招商引资力度，在县工业园区，有江苏同泰服饰水洗有限公司等5家企业投产；有产值过亿元重点企业支撑，如金石机械、爱特福药物保健品、金湖输油泵等11家企业；各乡镇积极招商，重点培植规模企业；新增私营企业211户。

1986—2005年金湖县工业用电量统计表

表7-5-12　　单位：万千瓦时

年份	合计	其中		占全社会总用电量（%）	其中					
		轻工业	重工业		石油及天然气开采业	自来水生产和供应业	食品饮料制造业	纺织业	造纸及纸制品业	电力供应业
1986	4466	1528	2938	53.35	7	103	699	137	241	747
1987	5264	2309	2955	51.77	21	230	629	370	470	876
1988	5576	2323	3253	53.99	15	253	659	304	471	872
1989	5718	2184	3534	50.04	244	74	429	314	783	921
1990	6181	2658	3523	50.53	222	89	635	419	788	985
1991	7790	3376	4414	52.20	206	86	697	565	721	1105
1992	8855	3591	5264	59.03	531	99	736	631	814	1174
1993	9572	3860	5712	59.42	1562	116	644	617	846	1189
1994	9073	2913	6160	53.90	1622	106	481	474	844	1268
1995	10403	3227	7176	56.45	1797	118	407	609	1037	1372
1996	13624	4394	9230	66.67	2228	137	617	764	1208	1484
1997	11969	4017	7952	62.17	2767	150	602	727	1361	1501
1998	10397	3753	6644	55.27	2650	162	571	422	1185	1345
1999	9836	4186	5650	56.19	2448	140	627	591	1209	1277
2000	10263	4311	5952	55.46	2442	134	693	663	1323	1333
2001	11405	4788	6617	58.70	2655	136	683	583	1503	1409
2002	13286	5621	7665	65.50	2922	142	927	729	1552	1975
2003	15420	6460	8960	63.36	3162	151	1261	861	1765	2362
2004	20210	6489	13721	70.24	3517	159	1413	796	1787	2786
2005	22532	9920	12612	65.28	3558	276	2264	921	1669	3137

续上表

年份	其中									每千瓦时电创产值（元）
	煤制品业	化学工业	医药工业	橡胶及塑料制品业	建材制品业	机械工业	金属制品业	交运、电气、电子设备制造业	其他工业	
1986	22	1648	137	68	234	297	27	19	80	—
1987	34	1374	132	125	146	637	75	74	71	—
1988	38	1266	228	96	180	837	122	82	153	10.47
1989	83	1139	156	93	412	706	115	116	133	10.74
1990	51	1073	283	193	302	559	120	231	231	10.79
1991	64	1920	350	409	341	517	307	289	213	8.84
1992	89	1796	383	399	358	724	320	430	371	9.70
1993	110	1606	522	325	293	715	387	306	334	12.21
1994	56	2162	475	177	188	655	209	184	172	15.56
1995	55	2450	401	342	383	851	192	198	191	13.57
1996	79	2584	422	505	546	1173	346	261	1270	15.07
1997	63	1365	373	393	464	1057	248	209	689	22.06
1998	32	605	472	470	658	1048	142	226	409	26.32
1999	18	164	596	566	684	991	136	221	168	32.05
2000	14	118	462	714	635	1058	120	256	298	41.59
2001	12	159	537	772	867	1171	138	399	381	42.67
2002	11	118	542	903	853	1439	183	565	425	46.55
2003	9	204	572	1066	805	1974	180	513	535	22.26
2004	5	206	387	1036	1007	3330	191	2749	841	20.66
2005	12	248	353	1040	574	2762	398	4382	938	22.63

建筑业用电 1986年，全县建筑业用电量8万千瓦时，占全社会用电量0.1%。1987年，用电量上升到21万千瓦时。1988—1990年，年用电量12万千瓦时左右，“七五”期间，建筑业年用电量平均递增11.38%。1991年起，按《金湖县县城“八五”建设总体规划》，先后拓宽改造人民路、建设路、健康路、城南路“一纵三横”主要街市，建成西苑、供电、石油新村，闸东、城南、城中、上湾小区。各乡镇也普遍新建办公楼、招待所、影剧院、中小学、医院等，建筑业用电量逐渐增多。1991—1995年，年均用电43.2万千瓦时，占全社会用电量0.24%。1996年，拓宽改造健康路、园林路，封闭城西河，新建利农桥；加之房改政策出台，县房地产开发公司、金城房地产开发公司开发建筑房屋1.45万平方米；县城各单位新建住宅5.68万平方米，各乡镇完成建筑12.99万平方米。建筑业用电量比上年增35.29%。1998年，是建筑业的黄金年。先后完成人民路与金湖路，建设路西段、健康路西段与衡阳路街市接线工程，一些沿街单位门面房改建成综合楼；重建人民桥、新建环城河涵闸；30家部、委、办、局系统职工集资建住宅18.1万平方米；乡镇新建房屋19.09万平方米。1999年，县启动“十路、两河、两带”城改方案，大力进行城区改造，拆除破旧平房5万平方米，乡镇拆除破旧房屋4万平方米，新建28.9万平方米。2000年，县提出“奋战一千天，再造新城区”目标。建设房管大楼、国祥大楼、尧园大楼等13

座标志性建筑竣工。全县新建房屋18万平方米，建筑业用电创历史新高。1996—2000年，年均用电88.6万千瓦时。2001年，新建1.81万平方米温州商贸城，私营工业园区初具规模；县工业园区启动建筑，城区新建住宅17.71万平方米；乡镇各类建筑27万平方米。2003年起，沿衡阳路建成龙港花园、新华大厦、电信大楼，徐梁中心村初步建成。闵桥、吕良、陈桥、前锋4个特色小城镇建设步伐加快。2005年，县城铺设水泥路面62633平方米；办理项目报建28项，15.7万平方米；村镇各类建筑21.4万平方米，硬化道路19.3万平方米，桥梁13座。建筑业用电122万千瓦时，占全社会用电量0.35%。

1986—2005年金湖县建筑业用电量统计表

表7-5-13　　单位：万千瓦时

年　份	1986	1987	1988	1989	1990	1991	1992	1993	1994	1995
合　计	8.0	21.00	12.00	12.00	12.00	19.00	27.00	63.00	56.00	51.00
占全社会用电量（%）	0.1	0.21	0.12	0.11	0.09	0.13	0.18	0.39	0.33	0.28

续上表

年　份	1996	1997	1998	1999	2000	2001	2002	2003	2004	2005
合　计	69.00	79.00	77.00	85.00	133.00	93.00	64.00	88.00	55.00	122.00
占全社会用电量（%）	0.34	0.41	0.41	0.49	0.72	0.48	0.32	0.36	0.19	0.35

交通运输、邮电业用电　1986年，全县交通运输业用电有6户，用电主要集中在港务处装卸码头、汽车站；邮电业用电有7户，主要是载波机用电。1987年，交通运输业用电减少到3户，用电量下降7.1%；邮电业用电减少1户，用电量上升90%。1988—1990年，年用电量徘徊在23万~24万千瓦时之间，升降幅度不大。1995年，全县电信长途线路从原480条增加到1440条，移动电话B网开通，无线寻呼全省联网，刘圩、金北、塔集等15个支局（所）实现交换数字化，交换机总容量发展到10240门。1991—1995年，交通运输、邮电业年平均用电量49.4万千瓦时。1998年，金湖在苏北地区第一家建成电话县。全县电信网初步实现交换数字化、传输光缆化。交通运输、邮电业用电量创历史新高。1999年，年吞吐量为56万吨的金湖货运新港工程竣工。无线电通信也由1家发展到县电信局、中国移动金湖分公司、国信寻呼金湖分公司。2005年，交通运输、邮电业用电量，占全社会用电量增长数均攀上用电量历史新高。拉动用电增长因素是：金湖新港货物年吞吐量23万吨，港口货物操作量61万吨；县汽车站年客运量58.1万人次；邮政电子化支局版本升级完成18个网点，绿卡“银联卡”与全国联网；电信电话普及率、宽带渗透率、小灵通网络覆盖范围率等主要通信发展指标均居全市各县（区）之首；中国移动共设通信基站39个，用户总数52800户；中国联通拥有GSM基站32座，CDMA基站29座，用户总数32000户。

1986—2005年金湖县交通运输、邮电业用电量统计表

表7-5-14　　单位：万千瓦时

年份	合计	占全社会总用电量（%）	其中		年份	合计	占全社会总用电量（%）	其中	
			交通业	邮电业				交通业	邮电业
1986	24	0.29	14	10	1990	24	0.20	12	12
1987	32	0.31	13	19	1991	24	0.16	12	12
1988	23	0.22	10	13	1992	24	0.16	12	12
1989	24	0.21	12	12	1993	26	0.16	14	12

接上表

年份	合计	占全社会总用电量（%）	其中		年份	合计	占全社会总用电量（%）	其中	
			交通业	邮电业				交通业	邮电业
1994	67	0.40	12	55	2000	148	0.80	38	110
1995	106	0.58	55	51	2001	144	0.74	10	134
1996	149	0.73	82	67	2002	132	0.65	10	122
1997	167	0.87	85	82	2003	172	0.71	17	155
1998	190	1.01	72	118	2004	189	0.66	13	176
1999	167	0.95	58	109	2005	363	1.05	35	328

商业、饮食、物资、供销、仓储业用电　1986年，全县有商业、饮食、物资、供销、仓储业（以下简称商业等业）用户485户，设备装接容量428千瓦，年用电量44万千瓦时，占全社会用电量0.53%。1987年，根据新统计口径，商业等业用户有6户，设备装接容量上升，用电量增长。1989年，商业等业用户增至35户，因限制使用电力空调器等高耗能设备，设备装接容量下降。年用电量增长。1991—1995年，商业等业用户徘徊在36~39户之间，设备装接容量维持在1011~1534千瓦，年均用电量333.2万千瓦时，呈上升趋势。1996—2000年，商业等业通过进一步深化经营体制改革，实行个人承包经营，加之县“三电”办停止执行若干限制用电规定，用户迅速从原39户发展到198户，后增至291户，用电设备装接容量增加。年均用电量584.6万千瓦时。2002年起，农民进城经商，商业等业用户数、设备装接容量大幅攀升，年用电量有所回升。2005年，商业等业发展势头猛进，用电户猛增到2585户，设备装接容量增加到17741千瓦。其中批发零售贸易额年14.78亿元，餐饮业2.16亿元，其他0.35亿元，同比分别增长17.3%、8.6%、7.8%，直接拉动用电量的增长，全年用电量846万千瓦时，为用电历史之最。

1986—2005年金湖县商业、饮食、物资、供销、仓储业用电量统计表

表7-5-15

年份	用电量（万千瓦时）	占全社会总用电量（%）	户数（户）	设备装接容量（千瓦）	年份	用电量（万千瓦时）	占全社会总用电量（%）	户数（户）	设备装接容量（千瓦）
1986	44	0.53	485	428	1996	633	3.10	198	2005
1987	56	0.55	6	4736	1997	741	3.85	198	2005
1988	61	0.59	6	4736	1998	654	3.48	226	2117
1989	72	0.63	35	911	1999	542	3.10	226	2117
1990	82	0.67	36	1011	2000	353	1.91	291	2377
1991	59	0.40	36	1011	2001	304	1.56	507	4312
1992	265	1.77	36	1011	2002	392	1.93	511	4336
1993	410	2.55	38	1091	2003	448	1.84	674	5289
1994	394	2.34	38	1091	2004	507	1.76	820	8032
1995	538	2.92	39	1534	2005	846	2.45	2585	17741

公用事业及其他用电　1986年，对公用事业及其他业用电稍有放开，年用电量44万千瓦时，占全社会用电量的0.53%，同比增长120%。1987年，用电全面放开，用电量上升。1988年，用电量有所下降。1990年，在公用事业及其他用电中，科学研究和综合技术服务业用电5万千瓦时，占总用电量5.68%。“七五”期间，用电量年平均递增34.49%。1994年，用电快速增长。1995年起，用电量逐年下降，但其中教育、文化艺术和广播电视业，党政机关和社会团体用电量却稳步增长。1998年，用电恢复到历史较好水平。1999年又有提升。2000—2004年，年平均用电量718.2万千瓦时，占全社会总用电量的3.23%。2005年，开展省级文明城市创建活动，先后完成金马路景观带等四大绿化工程，健康西路、“三广场”路灯等多处亮化工程。是年，公共事业及其他业用电量1131万千瓦时，占全社会用电量的3.28%。其中，房地产等业、教育等业、党政机关和社会团体用电量均有增长。卫生业、其他业用电量有所下降。

1986—2005年金湖县公用事业及其他用电量统计表

表7-5-16　　单位：万千瓦时

年份	合计	占全社会总用电量（%）	其中					
			房地产、公共事业、居民和咨询业	卫生体育和社会福利业	教育、文化艺术和广播电视业	科学研究和综合技术服务业	党政机关和社会团体	其他
1986	44	0.53	15	8	8	0	10	3
1987	83	0.82	26	14	18	0	18	7
1988	75	0.73	19	14	20	0	14	8
1989	71	0.62	14	15	16	0	15	11
1990	88	0.72	17	23	13	5	18	12
1991	80	0.54	15	12	16	12	12	13
1992	128	0.85	21	18	24	21	20	24
1993	152	0.94	28	23	27	24	23	27
1994	317	1.88	55	84	53	35	36	54
1995	311	1.69	63	83	62	28	38	37
1996	262	1.28	43	78	70	13	48	10
1997	292	1.52	47	80	97	12	45	11
1998	417	2.22	56	98	111	12	88	52
1999	444	2.54	66	98	129	12	82	57
2000	589	3.18	100	130	166	17	94	82
2001	654	3.37	111	146	153	14	110	120
2002	677	3.34	107	160	161	16	120	113
2003	763	3.14	110	164	197	19	138	135
2004	908	3.16	139	188	214	20	146	201
2005	1131	3.28	276	183	267	22	227	156

城乡居民生活用电　1986年，城乡居民生活用电741万千瓦时。1990年，城乡居民生活用电量

是1986年的2.08倍，特别是城市居民生活用电量增长较快，是1986年的3.95倍。“七五”期间，城乡居民生活用电量年递增15.55%，其中，城市居民生活用电量递增34.32%；乡村居民生活用电量递增2.07%。1992年起，开展“两化县”建设，坚持电力为“三农”服务，调动乡村居民用电积极性。1993年，乡村居民生活用电首次超过城市居民生活用电。1995年，开展扶贫通电工程，乡村居民生活用电量再创历史新高，是城市居民生活用电量的3倍多。1998年起，相继开展城网、农网、农林场圃网改造，翌年，实行城乡同网同价。2003—2005年，城乡居民生活用电量又持续上升。

1986—2005年金湖县城乡居民生活用电量统计表

表7-5-17　　单位：万千瓦时

年份	用电量	占全社会总用电量（%）	其中		年份	用电量	占全社会总用电量（%）	其中	
			城市	乡村				城市	乡村
1986	741	8.85	241	500	1996	3127	15.3	1482	1645
1987	945	9.29	483	426	1997	2764	14.36	1382	1382
1988	1018	9.86	623	395	1998	3469	18.43	1464	2005
1989	1334	11.67	734	600	1999	3579	21.47	1555	2204
1990	1539	12.58	953	586	2000	3965	21.43	1725	2240
1991	1848	12.38	1069	779	2001	4138	21.29	1690	2448
1992	1505	10.03	796	709	2002	4383	21.59	1663	2720
1993	2559	15.89	1059	1500	2003	4714	19.36	1857	2857
1994	4568	27.13	1219	3349	2004	5348	18.58	2264	3084
1995	5374	29.15	1324	4050	2005	6727	19.50	3720	3007

第八篇　水　利

1986年，全县水利工程建设继续以整治境内115公里淮河入江水道堤防为主线，加高培厚拦河坝，修筑险工险段、险涵病闸，兴修农田水利。是年起，每年均对淮河入江水道堤防，境内堤、坝、闸、洞及沟、渠、库、塘等水利设施进行改造兴建、维修加固。至1990年，累计完成护坡石方5.16万立方米、土方2900万立方米，年均581.2万立方米；国家投入淮河入江水道整治加固资金804.46万元，全县用于农田基本建设资金417.57万元。

1991年，淮河流域出现特大洪涝灾害，外洪内涝夹击。全县动员上万名干群奋力抗洪抢险，平安度过汛期。其间，国家防汛总指挥部、省委、省人大、省政协领导亲临金湖，检查指导淮河入江水道防汛工作。灾后，针对堤、坝、桥、闸等防洪水利设施在抗御洪涝灾害中暴露出来的问题和薄弱环节，连续3年实施三期淮河入江水道整治除险工程，共加固大堤37.97公里，整治险工险段15.74公里，大堤灌浆19.4公里，铺砌块石护坡及挡浪墙56.98公里，修筑防汛路面31.87公里；完成土方210.82万立方米、石方31.84万立方米、混凝土3182立方米，总投资3438万元。1997年起，国家投资加固大堤、病涵闸洞拆建等，每年均在1000万元以上。与此同时，加强水政执法，清除行洪障碍，做好护堤林木的更新管理。至1999年，寻找到一条“以耕代清”的双赢措施，节省清障资金。淮河入江水道共植树28万余株，面积530多公顷，堤防森林覆盖率达100%。在确保淮河入江水道堤防安全的同时，全县投入大量人力、物力、财力，维修疏浚灌排水系，兴修农田水利，基本形成“遇洪挡得住，遇涝排得出，遇渍降得下，遇旱灌得上”的水利体系。

2000年，开始对“三湖”周边地区进行圩堤达标和湖洼治理，实施丘陵地区小流域治理、洪金灌区设施配套与节水改造工程，以及全县村庄河塘整治、城区防洪排涝治理等工程。2001年，在“两河一堤”（三里桥河、利民河及淮河入江水道三河段南堤）改造任务完成以后，继续实施大兴河、老新建河、柏涧河清淤整治工程，完成土方13万立方米，城区防洪排涝能力提高。全县护堤林被林业部确认为国家级公益林。2003年，完成洪金灌区续建配套与节水改造一期工程66处，完成高宝湖周边湖洼治理等防汛应急工程，总投资692.68万元。

2005年，铺砌三河南堤块石护坡1公里，实施金沟行洪道西堤、横桥联圩、衡阳圩块石护坡工程，金沟行洪道东堤、西堤、高邮湖大堤插塑防渗加固工程，西堤混凝土预制块护坡工程。全县水利系统配置卫星云图接收系统、水位雨量遥测系统、涵闸远程监控系统等现代科技设备，提高指挥调度、抗洪抢险的科学性；加大对城市防汛排涝、供水、河道治污及地下水开采等管控力度，进一步兴水之利，促进国民经济发展。

第一章　水利机构　管理

第一节　水利机构

一、局本级

1986年，为县水利局，局机关实行科员负责制，设人秘、财供、农水、工务、工管、水政等6个组。1989年4月，恢复1984年前的股级建制，设工务、农水、工管、财供、人秘、水政水资源等6个股。1996年4月，成立县水政监察大队，为股级全民事业单位，核定编制8人。2000年11月，县水利局更名为县水务局。2001年11月，县水务局内设机构股室改为科室，设办公室、财务审计科、工程建设科、农村水利科、城区水务科、工程管理科、水政水资源科（挂“节约用水办公室”牌子）、纪检监察室，行政编制14人、附属编制1人。2005年机构、编制没有变化。

二、直属单位

县水利工程服务中心　1987年9月，成立县水利局水利工程服务中心，股级事业单位，编制20人。主要承担水利工程规划、设计、施工管理等业务工作。1990年5月，实有工作人员22人。2001年，局内设股室改为科级建制时该服务中心撤销，职能划归工程建设、管理两科。

县河湖管理所　1986年，为县堤防管理所，设工管、财务、人秘等组，职工26人，所址设在东漫水闸。1987年，职工增加到71人。1991年，所址移至人民路161号。1998年9月，更名为县河道管理所；10月30日，县河道管理所成立水政监察站。1999年8月，县水政监察站更名为县河道水政监察中队。2000年4月，县河道管理所成立白马湖、高邮湖、宝应湖三个管理处。6月，成立县第二水政监察中队。11月，县河道管理所更名为县河湖管理所。2003年，购置利龙闸西南角拆迁的原水利局办公楼作为新所址。2004年7月，县河湖管理所升格为副科级事业单位，内设办公室、财务股、工管股、资产经营股、水政监察中队、工会办公室，下设下河口提防管理所等14个河湖管理基层单位，在职人员137人，其中事业编制90人，余为企业性质和计划外合同工。2005年机构编制没有变化。

县城区河道管理站　1986年，为县抗旱排涝站，该站拥有排灌机械柴油机401台、1059千瓦，打井钻机3台，16吨、80吨冲床各一台，铁扒杆、50吨千斤顶各2台，固定资产原值30万元，职工62人，主要承担综合水利经营。1987年，职工增加到69人。1989年1月，成立县水利凿井工程队，与抗排站合署办公。1990年，添置车床2台、刨床1台，挖掘机组2台（套），客货两用汽车1辆，固定资产原值72万元，职工59人。在相关乡镇驻地凿生活用水井14眼，井深100米左右，每眼井每小时出水量约30~80立方米。2002年6月19日，成立县城供排水管理所，编制4人。2004年7月，县抗旱排涝站更名为金湖县城区河道管理站，专司城区河道、闸站管理、保洁，城区防洪排涝等工作。2005年，设办公室、财务科、河道管理科、闸站管理科、水政监察中队，下设城中管理站、开发区管理站。有事业性质人员65人、企业性质15人（均含退休人员）。

洪金灌区金湖管理所　1990年6月，设置洪金灌区金湖管理所，全民事业单位，股级建制，隶属县水利局，事业编制3人，经费自收自支。洪金灌区位于洪泽湖大堤以东，淮河入江水道以北，草泽河以南，大汕河和阮桥河以西，引洪泽湖水灌溉洪泽、金湖两县部分农田。涉及境内陈桥、金北、吕良3个镇和2个场圃，耕地面积约1.5万公顷，干渠总长39公里。1998年10月，成立灌区水政监察站。2005年，管理所实有工作人员4人。

县防汛器材管理中心 1986年，为县水利器材服务站，县水利局下属事业单位，与水利局财供股合署办公，独立核算；在金湖、石港设置水利器材仓库2座，拥有5吨汽车1辆，职工12人。1987年，工作人员增加到17人。1990年4月，从局财供股析出，负责全县防汛器材的管护与调度，对抗洪抢险提供物资保障，有职工15人。2001年5月，更名为县防汛器材管理中心。2005年，实有工作人员11人。

县水利船队 1986年，为县水利局车船队，拥有99.2千瓦拖轮1艘，钢质拖驳船3艘，水泥拖驳船7艘、555吨位，职工60人。1990年，更名为县水利船队，拥有钢质拖轮1艘，拖驳船增加到8艘、850吨位，职工45人，年运载量1.5万吨，营业收入21万元。1997年，实有人员46人，其中离退休14人，拥有99千瓦钢质拖轮1艘，拖驳船10艘、1120吨位。5月，县水利船队因亏损改制拍卖，资产总额237.94万元，净资产167.94万元，可转让有效资产57.54万元，最后以56万元出让给宝应县第二航运公司。拍卖时有职工32人，其中办理退休6人，分流到各乡镇水利服务站17人，水利局直属单位9人。

乡镇水利管理服务站 l986年，全县有乡镇水利管理服务站（简称水利站）21个，职工70人。1987年11月，省水利厅规定乡级水利管理服务机构属全民事业单位，股级建制，是县水利局的派出机构，一般需配置站长、工程员、机电员、会计员等。是年，县下达编制79人，实有职工116人。1990年底，全县有乡镇水利站22个，聘干21人，合同制工人41人。1999年，全县22个乡镇水利站共有职工92人，其中国家干部9人、聘用干部29人、工人54人。2000年2月，乡镇区划调整后保留黎城、戴楼、金南、闵桥、塔集、银集、涂沟、前锋、吕良、陈桥、金北11个水利站，实有职工67人。2005年，机构、人员未变。

三、防汛防旱机构

1986年，防汛防旱办公室为县防汛防旱指挥部的办事机构，正科级单位，设在县水利局。办公室主任由县水利局局长兼任，另设一名专职副主任，办事员1~2人。在防汛紧张时，县临时调配数名兼职副主任和必要的工作人员，人员多少根据汛情而定。1998年5月，县编委批复为常设机构，核定编制3人。直至2005年，体制和编制未变。

第二节 水利改革

一、城乡水务一体化改革

2000年11月，根据国家水事管理改革要求，县水利局更名为县水务局，在继续履行全县水行政主管职责的基础上，增加城市供水、城市防汛及城市河道污水治理等管理职能，对全县防洪除涝、蓄水、供水、节水、水资源保护等实行一体化管理，优化水资源配置，保证水资源供需平衡，以促进社会经济持续发展。水务局增设城区水务股，成立县城区河道管理站，接收原来由城建系统管理的城区河道、涵闸、泵站，担负起水利设施统一管理及防汛排涝、排污治污、水源保洁等职能。2001年起，县水务局在做好农村各项水利工作的同时，在城区疏浚大兴河、利东河、新建河。2004年，兴建新城闸和利东河节制闸，改造利农河两岸和三里桥河上游段，兴建太平排涝站。至2005年，全县加强水利工程软硬件设施配套建设，城乡统筹，合理调配水资源，用水、管水效率和效益提高。

二、水利管理事业单位改革

2000年，县水务局有水利管理直属事业单位4家：县河湖管理所、县城区河道管理站、金湖县防汛物资管理中心和洪金灌区金湖管理所。2002年，县水务局研究制定《金湖县水利工程管理体制改革实施方案》，对4家水管事业单位分类为纯公益性水管单位、准公益性水管单位，同时优化人员结构，精减冗员，确定人员编制。4个单位共设编制149名，精减17.7%。其中，纯公益性水管单位，为县河湖管理所编制90名，县城区河道管理站编制39名，县防汛物资管理中心5名；准公益性水管单位，为洪金灌区金湖管理所编制15名。同时，核定各单位人员经费、基本管理费和工程维修养护经费。

在改革实施中，对基层水利管理单位实行职工“双向选择、竞争上岗”，一人多岗，专兼结合，岗位设置精简高效，管理人员逐步向技术型、年轻化方向发展。完善分配制度，打破“档案工资”分配模式，扩大内部分配自主权，实行绩效挂钩；打破“大锅饭”，平均主义，拉开分配档次，向管理岗位、关键岗位、艰苦岗位和边远岗位倾斜，定期考核，综合测算发放，体现“按劳分配，效率优先”原则，逐步建立起一套“凭实绩、重贡献、形式多样、自主灵活”的内部分配机制。

三、镇水利管理机构改革

2002年，县水利局实施镇水利管理机构改革。主要有：对各镇水利站精减人员编制，由99人缩减为67人，精减30%。对在编在职男性年满50周岁，女性年满45周岁或工作年限满25年以上的32人，办理离岗退养手续；临时人员予以清退。对水利站站长实行系统内公开招考，竞争上岗，公开、公平、公正，择优录用。经过文化业务考试、民主测评、组织考察，为符合“德才、实绩、民意”要求的11人办理镇水利站站长试用聘用手续，试用期1年，试用期满考核合格者予以任职，考核不合格者取消聘用资格，另行安排。理顺水利站“条块共管、以条为主”的管理体制，完善自身职能。至2005年，11个镇水利站运行机制良好，为农服务水平及效率提高，既减轻财政和农民负担，又促进水利事业发展。

四、小型水利工程管理体制改革

1998年10月，县印发《金湖县农村小型水利工程体制改革试行办法》《金湖县农村小型水利工程体制改革优惠政策》，开始进行小型水利工程管理体制改革。主要改革内容有：对全县小型水利工程现状进行调查摸底，并按效益型、公益型和资源型进行分类，确定纳入改革的范围和对象。纳入改革的小型水利工程为：产权明晰的国有（含国家扶持、乡村集体兴办的工程）和集体所有的支渠、大沟级以下的各级农田水利工程（包括沟、渠、路以及配套建筑物、排灌站）；乡镇范围内的人、畜供水工程；废沟塘、荒滩和水土保持工程以及工程管理范围内的附属设施；在建的各类小型水利工程等。按照“公开、公正、平等、竞争”的原则，面向社会拍卖，鼓励受益区农民以户或联户购买、承包、租赁经营权或所有权，允许城镇企事业单位职工、城镇居民及个体工商户参与竞争。实行“谁投资、谁管理、谁受益”。10月，首先在官塘乡召开全县小型水利工程改制现场会，当场拍卖电灌站、水库、鱼塘、废荒地、道路等项目工程10~15年经营权、使用权的有8个。2000年，白马湖、淮建等乡镇亦陆续拍卖荒丘、荒坡、荒沟、荒滩等“四荒”地。2002年，全县又组织一轮小型水利工程改制，共完成宜改工程2074处。其中，按工程类别分，灌溉站232处，排涝站233处，涵闸164处，水泥制品厂、供水厂19处，河道、圩堤、机耕路151.4公里；按经营权分，拍卖使用权10处，租赁经营权3处，竞价承包经营管理2061处。全县农村小型水利工程体制改革完成后，建立起农田水利工程产权明晰化、投入多元化、经营企业化的运行机制，农村水利资源配置趋于合理，水利工程建设步伐加快，逐步走上"以工程养工程"的良性发展道路。王庄电灌站建于20世纪60年代初，装机290千瓦，提灌面积660公顷。经40多年运行，机电设备老化，运行成本高。改制后实行经营、管理、使用权租赁，由该站8名职工竞标承租，年上缴租金由3.2万元提高到5.16万元，个人得利，单位受益，改变长期亏损局面。

第三节　水政水资源管理

一、水政执法

1986年，全县水政工作由县水利局水政科员负责管理。1987年，在全县广泛宣传《江苏省水利工程管理条例》和《金湖县水利工程管理实施细则》。1989年5月，县水利局举办水法知识竞赛，并参加市组织的水法知识竞赛。1993年3月，在全县城乡设置固定宣传牌214块，张贴标语6924条，出墙报、板报、布报246期，设咨询台接待咨询2196人，出动车辆70多辆次，巡回宣传、普及水政管理知识。是年，于汛前拆除圩堤违章建房（棚）29间、猪羊舍44个，平坟261丘，铲除违章种植1.6公顷。1995年，拆除圩堤违章建筑房屋、猪羊舍17间，铲除违章种植16公顷。1996年，拆除淮河入江水道堤防上的所有违章建筑房屋158间、2536平方米，行洪道内迁址平毁坟墓4000多丘。6月19日，县水政监察机关对宝应湖农场白马湖养殖场在白马湖区圈圩147公顷的违章行为，下达处理意见，要求迅速清除。宝应湖农场立即成立清障领导小组，组织人力和机械进行清障。7月29日，经市水利局检查，清障达到要求。

1999年，全县查处河湖违章设障行为52件，责令平毁违章圈筑圩堤9000余米，土方5万立方米。2000年，查处各类水事案件21件，平毁非法圈圩3000多米，拆除违章搭建68处，清除违章种植24公顷。4月，县水政执法人员巡查时，发现县城新港北侧三河滩违法圈圩4公顷，制止无效，两户渔民继续用3台推土机强行施工。县防指征得上级同意，决定予以强行拆除，以保障安全度汛。4月24日，市防指领导现场监督，县水利局组织百名水政监察员负责警戒，由涟水县拆除公司对180多米违法圈圩予以爆破。2002年9月，发现戴楼镇新河水库堤坡青坎上有人违章开垦种植，多次劝阻、送达清障通知，均不见效，遂于9月19日申请县人民法院强行清障。当日，组织水政监察和管理人员近20人，在县人民法院执法干警的配合下，将2公顷违章种植全部清除。10月1日，《中华人民共和国水法》施行。2003年，出动执法人员60人，清除入江水道北堤、闵桥闸至南华坝处违章搭建棚屋46处、53间、530平方米，平毁金南镇南望村王某擅自圈圩650米。2005年，对全县凿井施工队伍进行登记管理，实行凿井、地下取水许可制度。

二、确权划界

1993年3月，县河湖管理所开展淮河入江水道土地确权划界工作，对工程所属范围内1113公顷土地埋设界桩200多处，绘制示意图、桩点断面图和万分之一详图28份，向土地部门提供权属证明材料430份。1994年7月，国土管理部门发给该所国有土地使用证，面积1075公顷。12月，金湖被省水利厅表彰为"确权划界工作先进单位"。2004年，全县11个镇水利站对所属河道管理范围内的土地经营管理权，取得国土部门确认。其中，黎城水利站收回新建河工程土地权属，戴楼水利站取得新河水库管理范围土地所有权、使用权和管理权。12月20日，洪金灌区南、中、北3条干渠，堤岸线全长47.8公里，县国土局予以确权划界，发给国有土地使用证。使用面积：南干渠51.41万平方米（陈桥镇18.1万平方米，金北镇33.31万平方米）；中干渠金北镇24万平方米；北干渠32.7万平方米（陈桥镇25.92万平方米，吕良镇6.78万平方米）。

三、河湖清障

1987年6月，动用大拖拉机6台，耕翻清除入江水道内大墩岭、二墩岭滩地芦苇277公顷，以保证行洪畅通，降低御洪风险。1988年6月，动用大拖拉机5台，历时18天，耕翻清除衡阳滩滩地芦苇、杂草260公顷。1989年6月，继续动用大拖拉机5台，耕翻衡阳滩滩地173公顷。1990年，对清障地段划给有关水利站承包负责实施。其中，黎城镇、淮建乡承包大墩岭段滩地清障任务253公顷，戴楼乡承包衡阳滩清障任务267公顷。1992年，县水利工程队在淮河入江水道金沟行洪道耕翻清除芦苇、杂草3219公顷，大墩岭233公顷。1993年7月21日，针对高邮湖、宝应湖、白马湖三湖水域圈圩养殖，严重影响行、蓄洪问题，县在前锋乡召开由县水利、水产、开发、司法、监察、湖管等部门，以及沿湖7个乡镇、场圃负责人参加的清障会议，布置“三湖”清障任务。22日，全县组织1000多人执行清障任务，按照省厅规定，将圈圩开口门4处，共长160米，将圈圩圩顶平毁至真高6.5米以下，共长5.46公里。1994年，继续湖面清障。其中，白马湖区圈圩开口门128处，平毁圩堤3.22公里；宝应湖区圈圩开口门2处，平毁圩堤0.6公里；高邮湖区圈圩开口门15处，平毁圩堤0.6公里。10月，对涂沟镇白马湖村2户村民顶风违章、加圩设障行为，分别处以1000元罚款，并责令限期平毁所圈圩堤。1995年，“三湖”清障工程通过县级验收后，县下发关于进一步抓好湖荡、河流清障，不准在泄洪、蓄洪滩涂造林的通知，建立长效管理机制。

图 8-1-1　淮河入江水道金沟行洪道耕翻清障（摄于 2005 年）
张国华 / 摄

1996年5月，在淮河入江水道漫水公路以南长3400米、宽1200米、面积408公顷的行洪道，以履带拖拉机耕翻清除芦苇和杂草。1997年5月至6月，组织16台883千瓦履带式拖拉机，对大墩岭和漫水公路两侧207公顷滩地芦苇、杂草进行耕翻清障，并组织90人、30台弥雾机，对大、小墩岭等滩地喷药灭芦367公顷。10月，组织机械对耕翻过的滩地实施复耕。1998年10月，水利建筑安装工程队再次对淮河入江水道大墩岭、二墩岭和漫水公路两侧可耕滩地进行清障施工330公顷。1999年4月，县水利器材站组织30人、18台弥雾机，对大墩岭80公顷滩地进行喷药灭芦。6月，夹沟造纸原料场主动组织1000多人、推土机2台，将2.35公里老圩堤上的新加土全部清除，将陈家圩外非法圈圩平毁670米，清障土方1.1万立方米。2000年，经过连续10多年的水域滩地清障整治，河湖行洪障碍基本消除；对淮河入江水道金沟行洪道内的土地，实施由农民分别承租种植，以耕代清。2005年，行洪道以耕代清的清障措施取得双赢成效。

四、水资源管理

1994年，县贯彻国务院《取水许可制度实施办法》，将水资源管理提上议事日程，水资源费征收由城建部门划归水行政管理部门。1995年，加大力度宣传国务院《取水许可证制度实施办法》和省政府出台的《江苏省水资源管理条例》。9月，县城规划区地下水收费标准每立方米提高0.15元。2000年，县召开各乡镇和用水单位负责人参加的取水许可现场会，实施取水许可管理；县水务局组织人员对全县2200个地表水取水口进行普查、登记、审批、发证，加强统一管理和调配水资源。2001

年，水利工程水费由事业性收费转为经营性收费管理。2002年，开展地下水机井全面调查登记，建立档案。县水务局第二次被水利部表彰为全国水利系统水资源管理工作先进单位。

2005年7月13日，县再次调整水资源费标准，地表水为0.13元/立方米，地下水资源费，管网通达地区1.2元/立方米，管网未通达地区1.1元/立方米。全县11个镇157个地下水用水单位，均登记造册，建立地下水管理数据库。

五、地下水开采控制

1986年，境域的地下水开采由县地下水资源管理站负责登记控制。全县共有水井1.2万口，其中县城酒厂、制药厂、造纸厂、机械厂等工业自备水单位共有利用地下水的深水井25口，年取水量约160万立方米。1989年，深水井数量增加到156口，水费每立方米0.003元，年征收额1.43万元。1991年，对境内地下水开采进行全面调查摸底，实行水资源论证制度、取水许可制度。用水单位须先行申请，进行水资源认证，认证可行方予批准，然后办理凿井许可证、进场施工。成井后必须安装取水计量设备和办理好取水许可证，才能按批准的取水量取用水，不得突破。水行政主管部门实行计量收费，依法制止超计划用水，或加价收费；未获许可，不得擅自凿井取水。1994年始，水费收取从城建部门移交给水务部门。1997年9月起，水价调为0.25元/立方米。2000年5月起，水价调为0.4元/立方米。2001年6月，县政府常务会议决定，在三年内分三批关闭县城区54口地下深水井，以保护地下水资源和淮河入江水道大堤安全。2002年，全县共有地下水机井201口，监测重点取水口11个，检查计量水表用户23户，查处水事案件4起。年底，关闭21个单位26口深水井。2003年，关闭9个单位10口深水井。2004年，关闭15个单位18口深水井。2005年，建立地下水管理数据库，全县共有深水井147口，多为工业企业用水，井深一般在100~120米之间，最深的县供电公司一口井，深达192米，神华药业井深190米，江苏理士科技公司井深185米，出水量60立方米/时。每口井都有取水许可证、深井标志牌、水表、档案卡，实现水表计量。水务部门指导华鼎精细化工有限公司实施循环水处理工程节水改水项目，帮助广源油脂化工公司建成省级节水示范企业。黎城镇顺河村一村民，打算凿井取水搞水产品冷冻项目，因当地已有自来水，未予批准。地下水开采量比上年减少17万立方米。8月起，地下水水价标准调整到0.40元/立方米。全年征收地下水水费98.4万元。

1994—2005年金湖县地下水开采量、水费征收统计表

表8-1-1

年份	深水井（口）	开采量（万立方米）	征收标准（元/立方米）	征收额（万元）	年份	深水井（口）	开采量（万立方米）	征收标准（元/立方米）	征收额（万元）
1986	25	160	0.003	0.45	1996	205	269	0.15	36.20
1987	86	180	0.003	0.68	1997	205	292	0.25	34.98
1988	112	210	0.003	0.96	1998	205	273	0.25	54.68
1989	156	230	0.003	1.43	1999	205	252	0.25	50.42
1990	187	268	0.009	2.56	2000	201	243	0.25	48.68
1991	210	274	0.009	3.64	2001	201	246	0.40	68.62
1992	210	288	0.009	9.68	2002	201	247	0.40	72.98
1993	210	280	0.009	18.00	2003	175	251	0.40	75.50
1994	210	286	0.150	24.90	2004	165	263	0.40	73.73
1995	210	279	0.150	39.00	2005	147	246	0.40	98.40

第四节 水利科技应用

一、卫星云图接收系统

1997年，县水利局配置安装卫星云图接收系统，主要用于接收、处理静止、极轨卫星所拍摄的高分辨率数字化气象资料，包括全天候天气变化、降雨区移动、台风位置、台风路径等天气现象监测资料。根据系统产生的卫星云图，进行放大、增强、动画、云顶温度等值线操作，将资料汇集到数据库，结合其他气象资料进行气象趋势预报。系统具有信号接收和图像处理两个功能，能自动定时接收、发送日本GMS及我国FY-2C静止气象卫星数字云图资料及信息，通过局域网实现多用户共享，为全县防汛防旱工作提供参考。2005年，该系统仍正常运行。

二、水雨情测报系统

1999年12月，县配置雨水情自动测报系统，2000年3月投入运行。该系统水位、雨量测报点，包括县水务局主中心数据接收站，淮安市入江水道管理处分中心数据接收站，县河湖管理所分中心接收站，淮河入江水道沿线的利农闸、东偏泓闸、卞塘闸、淮北闸、丰收闸、金沟闸、塔集闸等闸洞和官塘、戴楼等9个遥测站、18个测点；宝应湖沿线的银集、陈桥、金北、吕良（南部）、涂沟等5个遥测站及淮胜大桥、唐港等10个测点；白马湖沿线的阮桥闸、新农、吕良（北部）、孙集等8个测点；高邮湖沿线的涂沟闸、利农尾闸、红桥闸、杨金闸和金南等5个遥测站、12个测点。2002年，撤乡并镇后21个乡镇水利站合并为11个，该系统改设2个中心站和8个遥测站，监测点不变。2003年汛期，该系统与省、市水利部门联成水利内部网，及时收集数据，每日以报表、准点短消息、防汛简报和传真等形式，向各级领导机关和部门报告金湖各地水位、雨量资料，使领导及时了解汛情并做出防汛决策，同时将水、雨情测报数据通过广播、电视、报纸等媒体向社会发布。2005年，雨水情自动测报系统除2个中心站外，遥测站增加到10个，测点48个，系统一直正常运行。

三、微波通信与远程监控系统

2000年，防汛微波通信网络工程项目列入县域防汛岁修工程实施，投资30万元，购置数字无线微波接力机2套，88门容量数字程控交换机2台，分机48门，9月建成与省网连接的微波通信网络，使全县水情调度、报汛防汛、抗灾应变速度加快。2002年11月22日，远在横桥境内、入江水道东堤64.5公里处的红桥闸自动监控系统开通，具有自动控制、测量和数据处理、视频监视等功能，可以检测启闭机运行状况，测量闸门上、下游水位和闸门启闭高度，在开闸时自动计算瞬时流量、日平均流量、一闸引排水量等。2004年，水务网站开通，新建的涵闸全部建成远距离自动控制和视频监视系统，各镇农业水费计收实现微机开票。2005年，局域网自动控制和视频监视系统并入全省防汛调度系统。

四、水稻浅湿调控灌溉节水技术

1998年，县水利局在农田灌溉方面，吸收浅水灌溉、湿润灌溉和间歇灌溉的各自优点，试验开发水稻浅湿调控灌溉技术，并进行大面积推广。该项技术要点是：根据水稻不同生长期对水分的不同要求，实施浅水与湿润交替、间断灌溉的方法，使稻田土壤水分多样化，达到“促、控、养”相结合的效果，节约水资源和农本。该技术具有节水增产、适合大中型灌区干渠轮灌、易为群众掌握等特点。2001年2月，该技术获省水利厅2000年度水利科技进步二等奖。2005年，此项技术在全县推广面积占水稻种植面积的60%以上，节约水资源30%。

第二章　骨干工程设施

第一节　堤　防

一、淮河入江水道堤防

北堤　渔池涧（25.17公里）至石港引江洞（36.1公里）堤段称为淮河入江水道北堤，长10.93公里。1994年3月，堤面全部铺筑成防汛公路，路面宽3.5米，石子厚度20厘米，为泥结石路面，晴雨通车，当年12月竣工。1996年3月，整修接高块石护坡工程，工长10.93公里，上限接高至12.5~12.8米，砂浆勾缝封顶，当年10月竣工。2001年12月24日开工，对北堤防汛公路进行维修翻筑，2002年5月30日竣工。2004年4月，25.2~25.4公里、34.5~34.8公里总长500米堤段，与三河拦河坝36.1~38.8公里堤段，共长3200米，一起进行插塑防渗工程施工，行洪设计标准1.2万立方米/秒，铺膜面积2.45万平方米。2005年，堤长10.93公里，顶宽6米，真高15~15.2米。

南堤　西自衡阳岗头（20.5公里）东至西漫水闸（35.6公里），称淮河入江水道南堤，长15.1公里，西段称衡阳圩。1991年发生历史罕见的大洪大涝时，衡阳圩显得堤身单薄，频露险情。1992年12月，县组织20个乡镇2万多民工约500台手扶拖拉机，加高培厚衡阳圩，工长6485米，严格按照圩堤工程清基去杂、开阶捣毛、30厘米坯头碾压等工序施工。1993年2月竣工，完成土方30余万立方米。加固后的堤顶真高13.5~14米、顶宽6米、内坡1∶2、外坡1∶3。3月，兴建南堤块石护坡工程，工段29~32.75公里，坡顶砌至真高12.6米，底坎顶高程8.2~8.5米，平滩面石坡中间设浆砌块石腰埂一道，7月底竣工。1998年10月，兴建南堤21.8~22公里堤段块石护坡工程，11月竣工；20.9~21.8公里堤段护坡工程，坡顶真高13米，坡脚真高7.5米，坡比1∶3，每隔100米设一道浆砌块石格埂，翌年1月竣工。1999年3月，南堤城区新港码头（衡阳路北端）至渡船管理所段工程开工，工长1714米，分整修块石护坡、浆砌块石挡浪墙、在坡顶与挡浪墙之间形成8~11米的土平台等项目，由戴楼、官塘、黎城、金南、金沟5个乡镇、700名劳力、80多台机械施工，共完成土方1.2万立方米、石方5000立方米。是年8月，开工建设南堤20.5~20.9公里堤段块石护坡工程，坡顶真高13米，坡脚真高7.5米，每隔100米设浆砌块石格埂一道，12月竣工。

2001年12月24日，开工建设南堤35.0~36.2公里堤段块石护坡工程，工长1.2公里。上限真高12.5米，下限护至平滩面，坡比1∶3；干砌块石厚30厘米，下设石子垫层10厘米；护坡底设50厘米×60厘米浆砌块石底坎，上设40厘米×50厘米浆砌块石封顶，中间设40厘米×50厘米浆砌块石腰埂；顺水流方向每隔100米，设一道40厘米×50厘米浆砌块石格埂，2002年9月竣工，完成土方600立方米、石方7700立方米。同时，铺筑南堤防汛公路，工段20.5~29.5公里，工长9公里，路面泥结石厚20厘米，宽3.5米，2002年6月5日竣工。2004年4月，22.0~23.2公里堤段防汛插塑工程开工，长1.2公里，要求确保淮河入江水道安全行洪1.2万立方米/秒，铺膜面积1500平方米。2005年4月10日，开工兴建南堤24.15~24.55公里堤段块石护坡工程，坡顶真高13米，坡脚真高9米，坡比1∶3，5月竣工。是年，在防汛急办工程经费中，兴建23.55~24.15公里堤段块石护坡工程，完成干砌块石2706立方米、混凝土506立方米。南堤堤顶宽6米，真高14.3~15.4米。

西堤 漫水公路以南西侧淮河入江水道大堤简称西堤，36.5~55公里，长18.5公里。1991年大洪大涝后，水利部将西堤加固纳入治淮工程。西堤南段北起泥坝洞，南至岗坂头，工长6235米，实施土方加固。1991年12月5日开工，夹沟、陈桥、新农、淮建、卞塘、金南、孙集等7个乡镇投入民工2.5万人，配拖土手扶拖拉机近千台，施工40天基本完工，部分乡镇在春节后做一些扫尾工作。加固后，堤顶真高12.8~13米（行洪1.2万立方米/秒时，大堤尚有3米的高差），堤顶宽6米；加筑前戗台，宽7米，真高10.8~11米，外坡1∶3，完成土方55万立方米。1993年3月，兴建西堤53.5~55公里堤段块石护坡，坡顶真高10.3~10.4米，底坎顶平滩面，做浆砌块石封顶和腰埂各一道，7月竣工。1996年3月，西堤42.95~43.35公里长400米护坡工程开工，石子垫层10厘米，块石厚30厘米，坡顶砌至真高11.9米（泄洪1.2万立方米/秒时，大堤高出水面1米），坡脚真高6.5米，坡顶为浆砌块石封顶，坡脚下设浆砌块石底坎，坡面中间做一道浆砌块石腰埂，5月竣工。2002年9月，西堤38.1~38.7公里堤段灌浆工程开工，共布井孔153个，灌泥浆803.16立方米，10月竣工。11月，38.7~39.4公里堤段劈裂灌浆工程施工，工长0.7公里，钻浆孔175个，总进尺1225米，灌入泥浆414.03立方米，灌入干土206.54吨，12月竣工。2004年3月23日，西堤37.5~39公里堤段块石护坡工程开工，工长1500米。上限砌至真高12.8米，下限平滩面真高7.5米左右，坡比1∶3，9月30日竣工。4月，38.7~41公里堤段防渗插塑工程开工，工长2.3公里，行洪1.2万立方米/秒时，铺膜面积1.59万平方米。10月，完成西堤36.9~37.3公里混凝土预制块护坡工程。2005年，在防汛急办工程项目中，维修西堤50.5~55公里堤段防汛公路，工长4.5公里。西堤全长18.5公里，堤顶真高：西漫水闸至西安高地北侧14.1~15米，顶宽6米，堤东迎水面设前平台，台顶真高12.1~13米，宽7米；西安高地堤段顶宽4~6米，真高11.4~15米；西安高地以南自卞塘闸至岗坂堤段顶宽6米，真高12.5~12.8米，迎水面设前平台，台顶真高7.8米，宽10米；墩塘、南望段顶宽4~5米，真高11~11.5米。

三河拦河坝 引江洞（36.1公里）至新河闸（40.9公里）称三河拦河坝，长4.8公里。其中，引江洞至石港大桥为三河拦河大坝副坝，长2.7公里（36.1~38.8公里）；石港大桥至新河闸叫三河拦河大坝正坝（38.8~40.9公里），长2.1公里。1986年1月，大坝加固二期工程开工。全县动员1.4万名民工，首先在背水坡翻运吹填土，筑成部分二级平台（真高10~9米），共转运积土9.73万立方米，耗用工日14.72万个。工程安排一部分人开挖龙沟43条、3450米，其中主龙沟750米、深2米，支龙沟2700米、深1.7米；一部分人在进土区清基去杂、开阶捣毛，为机械作业做好准备。5月，7个乡镇出动手扶拖拉机400多台，从2000多米外的行洪道拖土加高培厚大坝。作业机械去取土区是空车，在人工搭起的3座便桥上通行；出取土区是实车，在漫水路上行驶。运土空车、实车分道行驶，秩序井然，工效提高，没有发生一起重特大事故。3个月共完成土方16.87万立方米。至1987年底，加固工程竣工。坝顶真高14.5米，顶宽14米；背水坡形成三级平台；迎水面平台加高，完成土方5.5万立方米，浆砌、干砌块石护坡1.65万立方米；新建挡浪墙2.1公里，浇筑混凝土2138立方米，转运块石2.03万立方米；翻筑坝顶公路2.12公里。1988年2月8日，通过水利部淮河水利委员会和省、市水利部门组织的专家组验收。

图8-2-2 民工拖土加固拦河坝（摄于1986年） 王作礼/摄

1992年3月，副坝36.1~38.8公里段块石护坡工程开工，工长2.7公里。在原护坡顶上加高，完成土方1.5万立方米、石方1.18万立方米、混凝土290立方米，10月竣工。堤顶高程不足的部分，做浆砌块石挡浪墙，挡浪墙顶真高14.8米，宽0.5米，墙顶设0.2米×0.55米混凝土盖帽。2004年4月，36.1~38.8公里段长2.7公里堤段插塑防渗工程施工。2005年，正坝长2.1公里，顶宽14米，真高14.5~15米；副坝长2.9公里，顶宽6~8米，坝顶真高14.5米。

东堤　淮河入江水道新河闸（40.9公里）至施尖（59.7公里）称淮河入江水道东堤，长18.8公里。1987年，将原存滩地上的积石0.6万立方米，转运到东漫水闸（41.5公里）至纪大坝（49公里）段长7.5公里的堤段工地，加高块石护坡，砌至真高12.5米。1992年10月，完成新河洞至三河拦河大坝长384米堤段的块石护坡工程，上面浆砌块石挡浪墙，墙顶真高14.8米，厚0.5米。1993年3月，将东堤57.7~59.35公里堤段原块石护坡做浆砌块石封顶，下限延伸至真高7.5米；59.35~59.7公里堤段有平台，护坡下限不延伸，上限接高至真高10.3米并增做封顶，平台处增做底坎和封顶各一道，新老护坡交接处坡长1米范围内用砂浆勾缝。7月竣工。1996年3月，东堤41.3~49公里堤段，整修块石护坡，将老护坡局部上限缺口接高补齐，全线勾缝封顶，有平台的保留平台，平台顶向下砌至滩面并做齿坎。2004年4月，49.5~49.7公里、50~50.2公里段长400米防渗插塑工程开工，铺膜面积4080平方米。2005年，该堤长18.5公里，顶宽6米，堤顶真高12.1~14.7米。

高邮湖大堤　位于施尖（59.7公里）向东再折向北直至张尖（91公里），长31.3公里。1986年4月，该堤“294丈”段，完成灌浆土方1000立方米。1988年5月，完成62.0~63.1公里段长1100米块石护坡工程。砌至真高9米，坡底真高6.25米，完成干砌块石2500立方米、浆砌块石220立方米、石子垫层330立方米、土方5100立方米。1989年10月，完成桂花洞以北堤段330米灌浆工程，灌浆土方1000立方米。1991年5月，完成桂花洞以南险段200米灌浆施工，灌浆土方1000立方米。1992年2月，组织3000名民工上堤清杂、整坡；4~12月，完成复兴圩至桂花洞5660米块石护坡，83.5~91公里段长7500米块石护坡。坡顶真高10.5米，浆砌块石封顶，中间设浆砌块石腰埂一道，坡脚做浆砌块石齿坎，共完成石方4.8万立方米，混凝土方830立方米。10月，对高邮湖大堤沿堤裂缝实施灌浆工程，工长12.13公里，灌浆土方1.1万立方米。12月，淮泉洞至张尖铺筑泥结石路面13.4公里。1993年，完成闵桥至淮泉洞防汛公路5.1公里的铺筑任务。是年3月，59.7~65公里堤段护坡底部做浆砌块石底坎，从原坡顶向上接高至真高10.5米，新老护坡交接处1米范围内用砂浆勾缝，并做浆砌块石封顶，11月竣工。1995年3月，70~74.1公里段长4.1公里，老护坡沙浆填缝，上限接高至10.5米，增做封顶。77.1~83.5公里段长6.4公里，上限接高至10.5米，新老护坡结合处用沙浆勾缝，下做齿坎，上做封顶。2003年8月，83.2~87.2公里复兴圩段4000米防汛公路施工，10月竣工，投工600个，完成土方150立方米，石子1206.7吨。2005年，该堤长31.5公里，顶宽6~8米，堤顶真高12~12.5米。

大汕子隔堤　大汕子隔堤位于张尖（91公里）至退水闸（98.5公里），全长7.5公里。1987年，块石护坡工程开工兴建，铺砌900米。1989年12月，延长铺砌块石护坡1300米，用石子1028立方米、块石3732立方米。1990年3月，延长铺砌块石护坡1600米，用块石3769立方米。4月，江苏石油勘探局在隔堤上修筑砂石路12.27公里，其中金湖段路面长7.77公里，宽3.5米，真高不低于12.5米，基础为灰土20厘米，泥结石8厘米，磨耗层2厘米，两边路肩各宽1.25米，每隔1公里修会车道一处，两边各加宽1米。1991年5月，铺砌隔堤块石护坡800米，其中干砌块石1896立方米，浆砌块石400立方米。1992年5月，补砌和整修全堤段块石护坡，坡顶真高10.5米，新老护坡衔接处1米范围内用砂浆勾缝，浆砌块石封顶，坡脚下浆砌块石底坎，坡中间浆砌块石腰埂一道，用块石4.8万立方米，混凝土830立方米，1993年元月竣工。2005年，全堤长7.5公里，顶宽8米，堤顶真高12.5米以上。

护堤林木　1986年，境内淮河入江水道大堤有树木105.6万株，其中，水杉1.8万株、泡桐1.1万株、槐树3.7万株、白杨4万株、刺槐45.6万株、白榆33.6万株、柳树12.1万株、桑树3.7万株、杞柳7250穴、紫穗槐8300穴。1990年12月，县第八届人大常委会第六次会议通过县堤防管理所制订的

《淮河入江水道堤防1990~2000年树木更新规划》，列入县建设用材林基地和“绿色银行”开发工程，每年依规划实施造林。1992年春，更新堤防树木17.7公顷，植树7.2万株。1994年，对大堤林木实施间伐更新，计间伐南堤、西堤、北堤、东堤、高邮湖大堤等堤段20.1公里，合49公顷，材积850立方米。是年3月12日植树节前，栽植水杉、池杉、柳杉、杨树5.94万株，槐树22.37万株。堤管所对树木间伐更新实行“三包”（包间伐、包栽植、包成活），新栽树木成活率90%。1995年，更新淮河入江水道大堤林木，北堤1.2公里，南堤2.5公里，东堤3.6公里，西堤5.1公里，高邮湖大堤4.2公里，大汕子隔堤5公里，全长约21.6公里，面积56公顷。采伐后，新植水杉、杨树、灌木等7万多株。1996年，采伐更新堤防林木长14.4公里，面积49公顷，伐材300多立方米，价值8万余元。采伐后栽植杨树、杂交柳5.6万多株。至1999年，淮河入江水道护堤林更新规划全部结束，共植树28万余株，面积530多公顷。其中，意杨25.62万株，水杉、泡桐2.38万株，林间夹种紫穗槐60万穴，具有防风挡浪、环境保护、促进生态平衡等作用，堤防森林覆盖率100%。2001年，护堤林被林业部确认为国家级公益林。2005年，护堤林活立木蓄积量6000多立方米。

二、高邮湖周边堤防

横桥联圩 该圩1978年冬建，位于高邮湖大堤外闵桥镇境内，三面临高邮湖，圩长17.1公里。1991年，遭特大洪涝灾害，经高水位、大风浪冲击后千疮百孔。是年冬及翌年春，县组织民工复堤，圩顶真高10.5~11米，超过抗洪前的标准。1995年4月，联圩块石护坡工程施工。工段13.15~13.8公里，工长650米，浆砌块石护坡，顶真高10.5米，底真高6米，坡比1∶2.5，5月底竣工。1996年11月，横桥、闵桥、淮建、白马湖、黎城、官塘等20个乡镇3万多名民工、70多台推土机、铲运机集中加固联圩。因遇冬季淮河入江水道大流量行洪，高邮湖涨水，圩外取土的乡镇无法施工，工程拖至1997年1月竣工。加固圩堤17.1公里，完成土方95万立方米。圩顶从真高10.5米增加到真高11.8米，顶宽从4米增加到6米，坡比1∶2.5。1997年3月，联圩铺砌块石护坡，历时110天，铺砌护坡4.9公里。其中西荡300米、朱桥段400米、张家圩拐700米、东荡3100米。2000年12月，联圩11.1~11.3公里段铺筑块石护坡，工长0.2公里，5月竣工。2004年3月，3.9~4.86公里、9.26~11公里堤段铺筑块石护坡，工长2.7公里，护坡上限真高10.5米，下限有滩地的平滩地，无滩地的真高5.05米，边坡1∶2.5，完成土方2.38万立方米、石方4520立方米、砼3430立方米，9月底竣工。2005年，联圩长17.1公里，顶宽6米，真高11.5~11.8米，内外坡比1∶2.5。

陈家圩 位于高邮湖大堤以东外滩，三面环湖，西接陆地，隶属塔集镇。1987年，在东圩砌块石护坡2.5公里，护坡顶真高8.6~9米，底真高5.5米。1993~2004年，先后5次耗工40万工日加固此圩，完成土方45万立方米，耗资约600万元。2005年，圩长6.65公里，圩顶真高11~11.5米，顶宽4~5米，内外坡比均为1∶2.5。

墩塘圩 位于淮河入江水道西堤南端西侧，属金南镇。1986年，圩顶真高10米，顶宽4米，可防御淮河入江道行洪8000立方米/秒。1996年，卞塘乡组织4000名民工对该圩加高培厚，工长1500米，工期25天。顶真高由9.5~10米增加到11米，顶宽由4米增至4.5米，坡比为内坡1∶2.5、外坡1∶3。1998年冬，卞塘乡动员1500名民工、10台推土机加固此圩，工长1600米。加固后，堤顶真高11.5米，顶宽5米。新做戗台真高9米，宽5米，坡比1∶3；国家支持块石7000吨，在“老虎口”段铺砌护坡1.5公里，护坡真高9.0~9.5米。2005年，该堤长7.0公里，顶宽4.5米，堤顶真高11.5米。

南望圩 位于墩塘圩之西，利农河东侧。1986年，圩长3.7公里，顶真高10米，顶宽3米，防洪能力为淮河入江道行洪8000立方米/秒时的相应水位。1999年11月，卞塘乡组织3500名民工、16台推土机加固该圩，工长2200米，工期10天，完成土方10万立方米。加固后，圩顶真高11.5米，顶宽5米，内外坡比均为1∶2.5。2001年春，金南镇（原卞塘并属金南镇）加固南望圩，出动推土机34台，工长2600米，做土方11.5万立方米。2005年，该堤长3.7公里，顶宽5米，圩顶真高11.5米。

三车圩　该圩东起利农河西侧，西至安徽天长市龙岗，属金南镇。1985年冬至翌年春，金南乡组织民工对该圩的大部分低洼圩段进行加固，投工1000人，工长3500米，2月竣工，完成土方4.5万立方米。1991年，三车圩溃破。10月初水退后，出动民工1700人，对此圩进行部分裁弯取直、扩大加固，堤顶真高10.5米，顶宽4米，外坡1：2，内坡1：1.5，11月中旬竣工，完成土方9.7万立方米，达到淮河入江水道行洪7000立方米/秒时安全御洪要求。2001年冬，金南镇出动600余民工加固三车圩，工长1200米，完成土方2.5万立方米。2003年汛期，该圩"双鼻孔"段溃决，武警官兵与当地1000多名民工英勇奋战，堵住决口，避免沉圩。是年冬及翌年春，进行复堤加固。2005年，该圩长4.0公里，顶宽4米，堤顶真高11米，坡比1：1.5~1：2。

三、宝应湖周边堤防

德兴圩　位于涂沟镇境内，圩西、圩南临涂沟河，东南临高邮湖，北与振兴圩北圩衔接，东南段与高邮湖大堤重叠，金宝南线横穿其间。1986年，圩顶真高8.5~9米，顶宽3~3.5米。2000年，唐港乡三次组织劳力加固此圩。2001年春，按省关于"三湖"周边圩堤达标要求，涂沟镇组织人力和机械加固德兴圩，工长17.3公里，2002年3月验收达标。2005年，圩长21.3公里，顶宽3.5~4米，堤顶真高9.5米。

振兴圩　位于涂沟镇境内，东、东北临大汕子，南与德兴圩、王尖圩相接。1986—1991年，唐港乡数次加固此圩，提高御洪能力。1992年2月，唐港乡发动4000余名民工加固此圩，工长2.3公里，完成土方5.8万立方米。加固后，圩顶真高9.5米，顶宽4米，内外坡比1：2。1999年12月，按省"三湖"周边圩堤达标要求，唐港乡组织民工4000多人、350多台大小机械加固振兴圩，工长4.81公里，完成土方11万立方米。2005年，该圩长18公里，顶宽2~4米，真高9.2~9.5米。

军民圩　位于前锋镇西南境，西自良种场西，东至军民桥，长4.8公里。此圩一部分为军民河南岸河堤，余为新匡圩。1999年在"三湖"圩堤达标活动中，对此圩进行加固。2005年，圩长4.8公里，顶宽3~4米，顶真高9.5米。

四、白马湖周边堤防

白马湖隔堤　西自洪泽、金湖两县交界之山阳河，沿老三河北堤向东经县内之新农、吕良、张集、阮桥、小郭庄至宝应县严荡大圩，全长44.4公里，其中境内长31公里，山阳河至吕良向阳闸段为老三河北堤。淮河入江水道工程建成后，宝应湖成为内湖，白马湖隔堤御洪历史使命完成。2005年，白马湖隔堤部分堤段为金湖至淮安公路、金湖至宝应公路（盐金国防公路）的一部分。

郑家圩　位于前锋镇东北部，由阮桥闸向东至宝应界。2001年初，根据省"三湖"周边圩堤达标要求，前锋镇筹资13万元，租用挖泥机船从圩外取土，加固濒临白马湖的险段2.8公里，圩顶真高9.5米，顶宽4米，坡比1:2；圩外加筑二台，台顶真高8.5米，宽3米，完成土方4万立方米。至2002年冬，前锋镇累计完成郑家圩达标工长7.14公里，涂沟镇完成郑家圩达标工长1.85公里。2005年，圩长8.7公里，顶宽4~6米，堤顶真高9.5~9.8米。

张集内圩　位于前锋镇境内，白马湖隔堤以北，由白马湖隔堤阮桥河西岸往北、往西到避沉沟，沿避沉沟东岸往南至孙渡闸达白马湖隔堤，长10.22公里。1986年，圩顶真高8.5米，宽2~2.5米，防洪能力为白马湖水位真高8米。1995年冬，组织挖泥机船圩外取土进行加固，工长1.05公里，圩顶真高9.5米，顶宽4米。2000年8月，前锋镇组织2艘挖泥机船对该圩滨湖段加固，工长1.1公里，完成土方2万立方米，达省关于"三湖"周边地区圩堤标准。2001年，继续组织加固，前锋镇工长8.7公里，圩顶真高10米；涂沟镇工长3.75公里，当年达标2.95公里。2005年，圩长10.22公里，圩顶真高9.5米，顶宽4米。

张集外圩 位于前锋镇境内，原张集圩被白马湖隔堤穿越隔开的以南圩段，称为张集外圩。1986年，圩长15.0公里，圩顶真高8米，顶宽2米。2001年，前锋镇对该圩组织加固，工长8.7公里。2005年，圩长15公里，宽2米，圩顶真高9米，宽4米。

高蔡圩 位于吕良镇东北境，濒临白马湖，1976年春筑成，圩长7公里，顶宽3米，真高7.5~8.8米。1992年，孙集乡发动民工加固，圩顶真高9.5米，顶宽4米，完成土方5.61万立方米。2000年冬，纳入县办工程，组织涂沟、金北、银集、吕良4个乡镇民工4000余人和机械20台（套）进行加固，工长7公里，完成土方11.2万立方米。2001年春，县组织劳力和机械再次加固。2005年，圩长7公里，顶宽4米，顶真高10米，内外坡比1:2。

军舍圩 位于吕良镇东北部，濒临白马湖，由军舍村于1979年冬至次年春挑筑，长3公里。1982年、1985年两次加固，圩顶真高8.5米，顶宽3米，防洪能力为白马湖水位7.8米。1999年冬，纳入“三湖”圩堤工程实施标准加固。2005年，圩长3公里，顶宽4米，堤顶真高10米，可防御白马湖最高水位8.5米。

第二节 河 道

一、县际河道

淮河入江水道 三河闸至县域闵桥镇施尖，全长56公里。1971年筑成。境内长31公里，平均宽约3公里。三河闸至漫水公路的东西向河道为三河，长37.7公里，境内长12.7公里；漫水公路折转向南至施尖的南北向河道称金沟行洪道，长18.3公里。1986年起，先后对淮河入江水道沿线堤防进行加高培厚、灌浆固堤，对配套附属设施进行更新改造，对河道实施清障，清除芦苇及非法建筑物，确保大堤行洪安全。2005年，淮河入江水道东西向三河河道长12.7公里，平均宽度3000米，河底真高3~5米；南北向金沟行洪道长18.3公里，宽度3000米，河底真高4.5~5.5米，最高的南部“西安高地”真高达11米，设计泄洪流量为1.2万立方米/秒。

老三河 西起洪泽湖大堤，东经吕良同太圩拐，下入泗湾湖，全长38公里。上段属洪泽县，部分河段已淤塞成陆；下段属金湖县，长23公里，流域面积125.2平方公里。1970年冬，泗湾湖军垦农场与淮胜乡共同开凿东西向军民河，上接老三河，下泄大汕河。1993年12月，县集中18个乡镇4万多名民工整治老三河，20天时间，完成正杂项土方约100万立方米。河底宽35米，河底高程降到真高4~5米，岸顶真高9~9.5米，顶宽4米，坡比1:2。该工程改善排涝面积1.48万公顷，增加自流灌溉面积530多公顷，保护鱼池近300公顷。2005年冬，吕良镇对老三河陈新港到南京军区泗湾湖农副业基地段，进行河道疏浚、堤岸加固工程，堤顶真高10米，顶宽4米，内外坡比1:2，完成土方22.5万立方米；圩堤增植树木2万株，增加除涝面积66公顷，改善防洪面积134公顷。是年，境内河长23公里，河底宽约35米，河底真高4~5米。

草泽河 又名漕泽河、草子河，西自洪泽湖大堤周桥闸，东入白马湖，长36公里。河道中上游属洪泽县，下游为洪泽、金湖二县界河，长11公里。1998年，孙集乡加固草泽河南岸险工险段2.24公里，岸顶真高9.5~10米，顶宽3~4米，坡比内坡1:2、外坡1:1.5，完成土方4.7万立方米。1999年，新农乡加固丰西港至丰乐港河岸，工长5.45公里，堤顶真高10.5米，顶宽3米，内外坡比1:1.5，完成土方11万立方米。2001年11月，陈桥镇加固仁和大桥向东至丰西港、丰乐港向东至陈新港段堤岸，机械施工，工长1.9公里，完成土方4.8万立方米，耗资21.6万元。竣工后，境内河长11公里，河底宽100~200米，河底真高5米左右；岸顶真高10.5米，顶宽3米，内外坡比均为1:1.5。至2005年无新的建设。

大汕子　位于县境东部，有东、西两条河道，北端相连，呈"n"形。东侧河道称大汕子，北自前锋镇伏家洼东北与宝应交界处，往南经李郑滩、于沟渡、马沟渡、斜流渡至宝应湖退水闸，全长26公里，河宽200~300米，河底真高3.5~4米，系金湖县与宝应县之界河。枯水季节大汕子河道清晰，为白马湖、宝应湖、高邮湖相连之通道。西侧河道称大汕河，自三河人字头往东北流经前锋镇淮胜、前锋、阮桥三集镇东部，与大汕河东侧河道合流，长17公里，河宽200~300米，河底真高3.5~4.5米。2005年，东、西大汕子仍起退水、排涝、通航等作用。

金宝河　又名金宝航道，系淮河入江水道附属工程，是三河连通大运河的航道（六级航道），开挖于1971年11月。该河西起石港船闸，东达大运河南运西闸（境内段至大汕子隔堤退水闸），全长36公里，境内段长21.8公里，是县域灌溉、排涝、航运的主要河道，亦是淮河联系长江的重要通道。1993年11月，唐港乡对其境内段疏浚加岸并铺筑块石护坡，右岸唐港大桥至付兴二站，左岸唐港大桥至孙家坝，工程总长4.6公里。土方段岸顶真高9米，顶宽3米，内外坡比1∶2；块石护坡段真高5.2米至真高7.2米。完成土方8.2万立方米，用石料1.24万吨，耗资110万元。1995年12月，实施加岸、护坡工程，长7.07公里。铲坡土方13.6万立方米，耗用石料1.91万吨。投资175万元，拆迁房屋137户、585间，砍伐树木2430株，该工程改善了通航环境。竣工后，境内段长21.8公里，河底宽约20米，河底真高3米；岸顶真高9米，顶宽3米，内外坡比1∶2，年航运量300多万吨。至2005年无新的建设。

洪金排涝河　洪泽、金湖二县的排涝河，故名。该河西起洪泽县共和镇万福港，东至金湖县石港引水河，为三河北堤内侧贴堤河，流经洪泽县共和镇及金湖县陈桥、金北两镇。该河原为挑筑淮河入江水道北堤留下的不规则沟塘、小河道，1973年，淮阴地区革委会组织洪泽、金湖两县拓宽、浚深用于排涝。1990年3月，淮阴市再次组织洪泽、金湖疏浚洪金排涝河，民工互换施工。金湖县1.4万名民工疏浚洪泽境内河道6.1公里，历时1个月，完成土方23.6万立方米；洪泽县民工疏浚金湖县境内河道7.9公里，完成土方10万立方米。竣工后，河长14公里，河底宽6.5~8.5米，河底真高3~3.8米，排涝流量23.2立方米/秒，达十年一遇标准。至2005年无新的建设，一直发挥排涝作用。

二、县内河道

利农河　北起县城利农闸，南至下塘胥家洼注入高邮湖。1986年前，虽多次进行疏浚、裁弯取直，但经过多年运行，河道淤厚1.5米。特别是城区段沿岸乱搭乱建现象严重，杂乱无章，垃圾成堆、杂草丛生，河道污染，断面缩小，防洪排涝标准降低。2002年1月，对城区段自利农闸向南长1.65公里河段进行整治，工程包括河道清淤、东岸美化，组织11个镇参加施工，河道整治结合城区规划、美化，按十年一遇排涝标准施工。清淤后，在东岸建3.5米高浆砌块石直立式挡土墙，齐墙顶做8~10米宽平台，平台植树和种植草坪；堤顶路面拓宽5米；拆房屋124户、9600平方米。4月竣工，完成土方5.7万立方方米（其中清淤2万立方米）、混凝土2000立方米、块石4600立方米。竣工后，该河段河底宽12~18米，河底真高4米，水清岸绿，常有人休闲、垂钓。西岸杂乱，尚待整治。利农河全长21公里，口宽20~30米，底宽8~15米，河底真高4~4.5米。

利东河　原称横龙河，位于利农河东侧3公里，为南北向河道。北自南堤太平涵，南至老龙窝，长5.6公里。1991年大洪大涝过后，该河列入灾后疏浚加岸项目。是年11月，金沟镇出动3000名劳力进行施工，历时20天，完成土方22.5万立方米。疏浚后，河底宽6米，河底真高4米，两岸堤顶真高9.5~10米，岸顶宽3~4米，坡比1∶1.5。2005年5月，黎城镇完成该河北段疏浚加岸工程，工长4.3公里，完成土方12.04万立方米。是年，全河长5.6公里，口宽15米，底宽6米，河底真高4米。

淮南圩东中心河　北自金宝航道东中心河闸，南入范坝河，长14.8公里，系淮南圩区东部灌溉、排涝、通航河道之一，排水能力20立方米/秒，引宝应湖水灌溉两岸农田2600多公顷。当宝应湖水位6米以下时，可将流域内涝水自排入宝应湖；当高邮湖水位6米以下时，通过范坝河亦可向高邮湖自排。1986年，河堤顶真高8.5米，东岸顶宽6米，西岸顶宽4米，两侧有多条支河，形成较完整的排灌水系。1991年11月，中心河疏浚加岸工程开工，闵桥、塔集、夹沟、银集4个乡镇1.5万名民工参加施工。河底拓宽至10米，堤顶真高9米，东岸结合做公路拓宽至8米；疏浚加岸工长12公里，做土方40万立方米；拆迁房屋300多间，拆除建筑物101座。2004年，东中心河再次疏浚加岸，工长14.8公里，完成土方22.32万立方米，更新改造建筑物2座。竣工后，河长14.8公里，口宽30米，底宽10米，河底真高3.5~4米，堤顶真高9米。

淮南圩西中心河 北自金宝航道宝农闸，南入闵桥河，全长17.2公里，系淮南圩区西部灌溉、排涝、通航河道之一，引排水能力20立方米/秒。1986年，具有日雨量200毫米两天排出的能力。1990年11月，10个乡镇3万名民工对该河进行疏浚，完成土方55万立方米，12月竣工。疏浚后，可引宝应湖水灌溉两岸农田6000公顷。宝应湖水位在真高6米以下时，淮南圩区内涝水可自排入宝应湖；在高邮湖水位真高6米以下时，淮南圩区内涝水可通过闵桥河自排入高邮湖。1997年11月，闵桥、塔集、银集等乡镇对西中心河进行疏浚并加筑两岸，机械施工，仅闵桥镇出动挖掘机4台、泥浆泵3台。竣工后，河长17.2公里，口宽30米，底宽10米，河底高程真高3.5~4米；内坡二台宽3米、真高6.5米，岸顶真高8.5~9米，顶宽3~4米，坡比1∶2。

大金沟河 老三河北部东西向河道，西起陈桥镇新农集，经吕良镇中部，东入白马湖，可排涝、通航。长10.9公里，其中吕良镇境内7.1公里。开口10米，底宽2~3米，流域面积57平方公里，灌排受益面积1866公顷。1986年前，新农公社组织民工对新农集至陈新港段进行疏浚加岸。1991年冬，上段新农乡，下段孙集乡、吕良镇分别对该河进行疏浚拓宽，加固两岸河堤。竣工后，该河长10.9公里，口宽25米，底宽3~4米，河底真高4.5米。

幸福港 吕良镇境内南北向河道，南自老三河，北至草泽河。流域面积20多平方公里，两岸灌排受益面积2066公顷。1986年，全面疏浚幸福港，东岸结合修筑公路10公里，完成土方30万立方米。1988年10月，疏浚柏桥至孙集南闸段，长3.5公里，河底拓宽至20米，完成土方8万立方米。1997年，疏浚该河，在东岸积土16.28万立方米，东岸修筑沥青路面。西岸堤身单薄，2004年11月，结合疏浚加固西岸，挖泥机船施工。西岸岸顶真高9.5米，顶宽4米，坡比1∶1.5，做土方30万立方米。竣工后，该河口宽45~50米，河底真高4米，岸顶真高9.5米，西岸顶宽4米，坡比1∶1.5，东岸顶宽8~10米，坡比1∶2。

丰收河 戴楼镇境内引灌、排涝、通航河道。1966年，对河道进行拓浚、加岸及裁弯取直，南自新河水库，北至柏长庄入三河。1991年10月，组织戴楼、卞塘、黎城、官塘4个乡镇近1万名民工，对该河道进行疏浚、加岸工程，工长6.4公里，完成土方26万立方米，11月底竣工。竣工后，河道全长6.4公里；北段口宽40米，河底宽8米，真高4.5米；南段河口宽35米，底宽5米，真高4.5米；岸顶真高由北向南为13.5~18米。

金北中心河 位于老三河南，东西走向，流经陈桥、金北二镇，西起李新港，东至腰滩河，长12.5公里，排涝兼通航河道。2005年，金北镇对境内河段实施疏浚加岸工程，工长12.5公里，4台挖掘机施工80多天，完成土方48万立方米，疏浚至河底宽12米，口宽40米，河底真高4~4.2米；岸顶真高10米，顶宽7~8米，坡比1∶1.8。

朝阳河 金北中心河北侧东西向河道，流经陈桥、金北二镇，西起李新港，东至腰滩河，长12.3公里。原河底宽4米，原河底高程真高4.5~5米，岸顶真高8~8.6米，顶宽4~6米，坡比1∶2，担负近1300公顷农田排涝降渍任务。1969年开凿以来从未清淤，河底已淤积至真高6.3米左右，几乎与两侧农田相平。大涝期间，近60%的河岸没入水下达0.5米。1997年，县政府将朝阳河列入县办工程整治，由金北乡分两个年度组织施工。金北乡投入挖掘机4台588千瓦、手扶拖拉机16台、水泵6台，对7.9公里河段进行疏浚加岸，历时80天，完成土方23.8万立方米。疏浚后，朝阳河长12.3公里，河口宽30米，底宽6~8米，河底真高4~4.5米；岸顶真高9.5~10.2米，顶宽5~7米。

汪木排河 2000年2月，盱眙县东阳乡、马坝镇的永丰、瓦地、黄庄、楼庄4个村划入金湖县戴楼镇，汪木排河东段随之划入金湖县版图。汪木排河东西向，位处县西部金湖与盱眙二县交界处，为当地排涝河道。该河原与三河相通，抗日战争时期，尚能通行、停靠百吨船只，新中国成立前后只能排涝不能通航。二十世纪五六十年代河岸标准低，年年破圩、灾害频仍。1964年2月至4月，组织1000名民工对汪木排河下游进行河口疏浚，工长1.35公里。疏浚后底宽40米，底真高6.1米，完成土方5.16万立方米。1970年冬，汪木排河列为淮河入江水道三河南堤附属工程，国家投资38.4万元，动员民工1.5万人，做土方140万立方米，筑成两岸圩堤31.3公里，圩顶真高13~14米，顶宽1~3米。三河闸泄洪6000立方米/秒能保证安全，保护农田2130公顷。圩内兴建机械排灌站7座，安装柴油机12台/454.23千瓦。1973年冬，马坝公社民工4000人，对该河上游九里涧段进行疏浚，工期7天，完成土石方7万立方米，先后建成高坝、新庄、黄杨、楼庄等圩；加固衡西、永丰、瓦地等圩，泄洪标准达10年一遇。2003年7月汛期，汪木排河南堤出现40米塌方险情，县在背水面堤脚打排桩加固，桩前叠土袋稳定堤坡。14日，险情加剧，木桩倾斜、位移，压重土袋下沉。在桩后再次抛石重压，桩柱位移得到控制，险情解除。2005年，汪木排河全长15.6公里，河口宽65米，底宽40米，底真高6.1米；圩顶真高13~14米，顶宽3米。

第三节 涵闸 水库 泵站

一、入江道涵闸

利农船闸 位于利农河与三河入口处，节制船闸。1986年，利农闸上闸首建有钢筋混凝土结构双子公路桥，桥长55.5米，跨径40米，桥面宽9米，荷载汽-20/挂-100；闸孔净高8.7米，闸门宽、高皆为8米；上闸首真高4米，下闸首真高3米；上闸首闸门为钢架梁混凝土面板上下扉直升门，下闸首为钢架混凝土波形板人字门；闸室南北向，全长100米、宽8米。船闸上游建有避风港。至2005年，该闸只进行维修保养，未作大的改造，一直是县城水陆交通要道，桥上通车，闸室通航；经利农闸可引水灌农田6670公顷，排涝面积1.38万公顷。

图8-2-3 利农闸南正面图（摄于2005年） 李义海/摄

石港船闸 位于县境入江水道北堤东端与三河拦河大坝副坝西端衔接处的石港，为三河、金宝河间船闸，1969年冬建。1986年，上闸首建有钢筋混凝土结构操作台和路桥，桥长15米，跨径12米，桥面宽9米，荷载汽-20/挂-100。船闸上游辟有船坞。上闸首主控闸孔净高11米、宽10米；上闸首真高4米，下闸首真高3米；上下首闸门均为钢质人字形面板，横拉启闭式，机械制动。1993年，重建上闸首操作台，改造闸上通行公路。船闸闸室东西向，全长100米、宽10米，一次可通航560吨船队。闸室北侧改为直立墙，墙顶真高11米；南侧真高3~8米段改为直立墙，8米以上为平台加斜坡。石港船闸上接淮河、洪泽湖，下连金宝河、大运河。至2005年，该闸既是水运通航关隘，又对境内宝应湖、白马湖区起着防洪屏障的重要作用。

西偏泓船闸　位于淮河入江水道西偏泓北首、漫水公路西首。1969年建。1986年，闸室长80米、宽10米，上下闸首系钢筋混凝土“U”形结构。上游辟建引航道250米、导航墙30米、护坡10米；下游护坡接长35.5米、护堤19米。上闸首北侧建公路活动吊桥，“人”字形钢架木质面板结构。可通航500吨船队。1988年重建公路吊桥。1995年7月，下游闸门更换为钢筋混凝土结构的人字形闸门。门顶真高7.8米，门底真高3.5米。2005年，该船闸在非泄洪期，仍然起着节制河槽水位、通航、灌溉的作用。

西漫水闸　位于西偏泓船闸东侧，两闸相连。1969年建。1986年，闸室7孔，高、宽均为3.8米，共长26.6米，设计流量100立方米/秒，闸墙、闸墩为钢筋混凝土“U”形结构，闸门为钢丝网波状板，倒卧式，电动葫芦起吊。至2005年，该闸在非汛期一直起着调节淮河入江水道河槽水位的作用。

东漫水闸　位于淮河入江水道漫水公路东端南侧、东偏泓北首。1969年建。1986年，闸室15孔，高、宽均3.5米，共长57米，设计流量150立方米/秒。闸墙、闸墩为钢筋混凝土“U”形结构。闸门为钢丝网波状板，倒卧式，电动葫芦起吊。西侧建有鱼道，大鱼槽宽2米，小鱼槽宽1.1米，上下游全长133米。该闸在非汛期一直起着调节淮河入江水道河槽水位的作用。

永丰洞　位于淮河入江水道南20.5公里处，2004年10月兴建，单孔洞身为钢筋混凝土箱涵结构，宽1.4米、高1.8米、长35米，底板真高5米，闸门为铸铁平面滑动门，配手电两用螺杆启闭机，设计流量3.2立方米/秒。具有引水、挡洪双向功能。

丰收闸　戴楼镇丰收河北首节制闸。1973年2月建。1986年，闸室宽5米、高6米，钢丝网波形板直升门。闸底板、闸墙为300号砂浆粉面；下游干砌块石21立方米，混凝土灌实、粉面5厘米；闸门底贴橡皮止漏。闸区砌有围墙并安装铁门。至2005年，对启闭机、供电线路、爬梯、栏杆等进行过整修，灌溉流量10立方米/秒，排涝受益面积3270公顷。

新生洞　位于南堤25.4公里处黎城镇境内。1971年10月建。1986年，洞室宽2米、高2.3米，洞底真高5米，洞身为整体式钢筋混凝土平底板，长7.5米，钢筋混凝土平板闸门，设计流量2立方米/秒。1997年春重建。闸室长6.5米、宽1.2米、高4米，可控水位8.8米，造价11万元。至2005年，增建下游套闸，形成三级水位控制。排涝受益面积1340公顷。

郑岗闸　位于南堤26.2公里处黎城镇境内，1980年10月建。1986年，闸室宽5米、高3.7米，闸底真高7.5米，整体式钢筋混凝土结构。设计出水流量35.1立方米/秒。至2005年，排涝受益面积1200公顷。

顺河洞　位于南堤27.9公里处黎城镇境内，1971年春建。1986年，洞室宽1.2米、高1.6米、长16.35米，洞底真高9.07米。洞身结构为混凝土底板、混凝土顶拱与浆砌块石洞身墙，钢筋混凝土闸门。至2005年，加固加高并接长圩外翼墙，增建圩外消力池，工作桥面抬高至真高13.57米，排涝流量3立方米/秒，排涝受益面积200公顷。

城河洞　位于南堤29.8公里处黎城镇境内，1972年春建。1986年，洞室长14米、宽1.3米、高1.65米，洞底真高5米。钢筋混凝土整体式平底板，浆砌块石侧墙，半圆形顶拱，钢筋混凝土闸门。下游100米处增建套闸1座，形成三级水位控制。至2005年，重建外圩翼墙，工作桥面抬高至真高13.4米，圩内增做消力池、洞身墙，顶拱用沙浆灌砌块石并抹面。设计流量8立方米/秒，为县城引水排污之用；南侧建有自来水厂，该洞亦为自来水厂输水涵洞。

柏涧洞　位于西堤37.6公里处黎城镇境内。2002年1月兴建，洞身为钢筋混凝土箱涵结构，长48米、宽1.8米、高2.5米，底板真高4.5米。翼墙上游长12米，下游长6米，均为倒八字形重力式浆砌块石结构，设计流量7.6立方米/秒。

金沟闸　位于西堤41.5公里处金南镇境内，金西河东首。1970年春建。1986年，闸室宽4米、高6米，洞底真高4米。闸身为钢筋混凝土“U”形结构，两铰顶拱，闸门为钢丝网波形板直升门，设计最大流量20立方米/秒。1997年重建。闸室长7米、宽4米、高4.5米，造价14.9万元。至2005年，加高圩外挡土墙，延长渗径长度11米，下游增建套闸，提高安全系数。管控水位8.5米，排涝面积1340公顷。淮河入江水道水位真高8米以下时可以通航。

六丘洞　位于西堤44.59公里处金南镇境内。1970年春建。1986年，洞室长8.65米、宽2.7米、高4.2米，底板真高7米，浆砌块石侧墙，两铰顶拱，钢丝网波形板直升门。1997年重建。闸室长8..65米、宽2.7米、高4.5米，造价9万元。至2005年，重建圩外翼墙长20.8米，圩内翼墙拆除重建，闸门更换为钢闸门；下游增建套闸，提高安全系数，设计流量5立方米/秒，排涝受益面积1000公顷。

北新沟洞　位于西堤47.4公里处金南镇境内。1970年冬建，1987年兴建利农分洪河时拆除重建，洞身由直径2.3米钢筋混凝土圆管改为钢筋混凝土箱涵结构，长14米、宽6米、高6.05米，底板真高4米，矩形钢筋混凝土板梁式直升门。圩外设挡土墙，块石护砌至真高10~10.4米，加固消力池及护坦。设计流量64.05立方米/秒。排涝受益面积62平方公里。

泥坝洞　位于西堤48.75公里处金南镇境内。1972年建，洞身为直径50厘米水泥涵管。1980年1月，因此洞无法御洪而拆除重建。1986年，洞室长14米、宽1米、高1.4米，底板真高6.5米。钢筋混凝土分离式平板底，浆砌块石侧墙，两铰顶拱，钢筋混凝土平板闸门，设计流量1立方米/秒。排涝受益面积167公顷。

卞塘闸　位于西堤49.9公里处金南镇境内。1970年8月建，2004年3月重建。2005年，闸室宽5米、高6.5米，钢筋混凝土箱涵结构，钢闸门，配2×10吨卷扬式启闭机一台。设计流量30立方米/秒，排涝受益面积2000公顷，御洪水位为淮河入江道行洪1.2万立方米/秒，排涝为十年一遇。

乌龟套洞　位于西堤53.5公里处金南镇境内，南新河东首。1970年建，2004年3月拆除重建。2005年，洞身长16米、宽4米、高5.5米，底板高程为真高4米；设计挡洪水位为淮河入江水道行洪1.2万立方米/秒，排涝为十年一遇，排涝流量30立方米/秒，排涝受益面积670公顷。

墩塘闸　位于西堤62.6公里处金南镇境内。1972年建。1986年，闸室宽3.2米、高5.3米，底板真高4.2米。闸身为分离式底板，浆砌块石闸墙，钢筋混凝土板梁式直升门。设计流量10立方米/秒，排涝受益面积533公顷。至2005年，该闸因工程质量差，闸底板漏水严重，汛期来临均用泥土草包堵闭。

利农河尾闸　位于金南镇境内利农河南端，又称利农河南闸。1972年12月建。1986年，闸室宽5米、高5.75米，底板真高4米，块石重力式岸墙，混凝土墩平底板。闸门为上下门框架波浪板式，设计最大流量114立方米/秒。至2005年，此闸汛期挡高邮湖洪水，非汛期可向高邮湖排涝，旱时亦可引高邮湖水灌溉。

淮北闸　位于北堤31.05公里处金北镇境内，1970年冬建。1986年，闸室为上下拱形涵洞结构，宽4米、高6米、长20.3米，底板真高5米。洞身为反拱底板，浆砌块石侧墙，两铰顶拱；上游翼墙为混凝土护坦。上闸门为钢丝网波形板直升门，闸下游有第二道闸门控制。1988年，闸门更换为钢闸门。设计最大流量20立方米/秒，引灌流量10立方米每秒；水位闸上6.5米、闸下8米时，排涝流量亦为10立方米/秒。三河水位8.5米以下时可以通航。

引江洞　位于北堤36.6公里处金北镇境内，为石港翻水站出水洞，1974年1月建。1986年，洞身3孔，相连框架结构，洞室宽、高均5米，底板真高4.5米，总长15米，均为钢闸门，设计流量150立方米/秒，迎水面挡土墙至真高13米，背水面设置16米消力池。

新河洞　位于东堤41.3公里处银集镇境内，1970年春建。1986年，洞身为双孔混凝土框架结构，每孔宽2.25米、高3.5米，底板真高3.5米。钢丝网波浪板闸门。设计流量25立方米/秒，干旱时可引淮河入江水道水灌溉。1997年重建，闸室长17米、宽4米、高5米，可控水位9米，造价33.1万元。10月，在下游建套闸。1998年4月，在洞南侧安装全县第一座水雨情自动测报系统。至2005年，运行状况良好。

塔集闸　位于东堤50.52公里处塔集镇境内，1969年春建。1986年，单孔闸室为混凝土轻型框架结构，净宽5米，底板真高3.5米，闸顶真高12.5米，平板直升闸门。闸下游辟引河80米，配制消力池和套闸1座，闸室底板真高3.5米，闸顶真高8米、宽5米。汛时形成闸上、闸下、套闸下三级水位，减轻外洪对上闸的压力。1990年4月，将上游“一”字形闸门改为钢闸门，设计最大流量20立方米/秒。排涝受益面积1667公顷，淮河入江水道水位8米以下时可通航。

时坝洞 又名先锋洞，位于东堤52.53公里处塔集镇境内、杨高河西端，1970年春建。1991年12月重建，翌年5月竣工，完成土方1.4万立方米、石方150立方米、混凝土210立方米。洞室宽2.7米、高4.2米，底板真高4米；洞身为反拱底板钢筋混凝土结构，洞门为钢丝网波形直升门；两侧翼墙长13.8米，真高11.6米，渗径8.9米。设计最大流量12立方米/秒。至2005年，排涝流量5立方米/秒，排涝受益面积667公顷。

闵桥洞 位于东堤56.25公里处闵桥镇境内，闵桥河西首，1970年春建。1986年，洞室宽4米、高6米，底板真高4米；洞身为平底板，浆砌块石侧墙，两铰顶拱；洞门为钢丝网波形板直升门，圩外翼墙长11.6米，渗径9.1米。设计最大流量20立方米/秒。1997年10月，在下游建套闸1座，闸室长13.5米，宽4米，高4米，可控水位8米，造价19.1万元。汛期形成三级水位控制，抗洪安全系数提高。引排流量均为10立方米/秒。排涝受益面积800公顷。淮河入江水道水位5~7米时可通航。

南华坝洞 位于高邮湖大堤60.61公里处闵桥镇境内，1970年4月建，2004年拆除重建，8月30日竣工。洞室单孔箱涵结构，内净跨2.7米、高3.8米，底板真高4米，洞身长20.6米，填埋式构筑，设计流量12立方米/秒，钢闸门，电动启闭。排涝受益面积534公顷。圩外水位5米~5.7米时，可通航小型船只。

红桥闸 位于高邮湖大堤64.15公里处闵桥镇境内，1967年建。2002年1月拆除重建，钢筋混凝土箱涵结构，闸室长16米，闸室底板真高4.0米，闸室顶板底面真高9.5米，长、宽各8米。设计流量为22立方米/秒。上游采用倒“八”字形重力式浆砌石翼墙，浆砌石护底，护坡长16米；下游为斜降圆弧形重力式翼墙，浆砌石护底，护披长14米。闸顶大堤覆土真高12.5米，顶宽6米。使用原平面钢闸门，配2×10吨绳鼓式启闭机1台，建有操作室117平方米，并配制雨水情自动测报系统。至2005年，红桥闸一直担负淮南圩范围195平方公里防洪任务。

小桥洞 位于高邮湖大堤70.23公里处闵桥镇境内，1972年4月建。1997年重建，闸室长16米、宽3米、高3.5米，可控水位7.5米，造价13.7万元。2004年拆除重建，洞身长16米、宽3米、高4.1米，底板真高4米，9月竣工。设计标准：挡洪水位为淮河入江水道行洪1.2万立方米/秒，排涝为十年一遇，排涝流量12立方米/秒。排涝受益面积667公顷。

杨金闸 位于高邮湖大堤74.15公里处塔集镇境内，杨高河出口处，1964年冬建。1986年，闸室宽4米、高5.95米，底板真高4米，闸室长10米，闸门为钢架混凝土面板直升门，闸身为钢筋混凝土“U”形结构。设计流量20立方米/秒。1990年7月，将混凝土闸门更换为钢闸门。2000年6月3日上午9时许，该闸因暴雨袭击，下游南侧翼墙突然整体倒塌。2001年3月，投资140万元拆除重建，6月30日竣工。新闸为钢筋混凝土箱涵结构，闸室长16米，底板真高4.0米，顶底面真高9.5米，设计流量20立方米/秒。上游采用倒“八”字形重力式浆砌石翼墙，浆砌石护底、护坡长16米；下游为斜降圆弧形重力式翼墙，浆砌石护底，护披长14米。闸顶大堤覆土至真高12.5米，堤顶宽6米，使用原平面钢闸门。建有操作室50平方米，配置2×8吨螺杆式启闭机1台及雨水情自动测报系统。至2005年，此闸一直担负着淮南圩范围防洪面积195平方公里、排涝面积6667公顷和灌溉面积1000公顷的灌排任务。

淮泉洞 位于高邮湖大堤77.15公里处塔集镇境内，1975年1月建。1986年，洞室宽4米、高6米，底板真高4米，洞身为反拱底板，浆砌块石侧墙，设计流量20立方米/秒。闸门上扇为钢筋混凝土框架钢丝网波形门，下扇为钢筋混凝土门。1997年重建，闸室长16米，宽3米，高3.5米，可控水位7.5米，造价17.9万元。10月，增建套闸1座，汛期形成三级水位控制，抗洪安全系数提高。排涝受益面积667公顷。

夹沟洞 位于高邮湖大堤78.9公里处塔集镇境内，1971年6月建。1986年，洞室宽4米、高6米，底板真高4米，洞身为反拱底板，浆砌块石侧墙，钢架混凝土面板闸门。下游两侧翼墙真高9米，长12米，渗径9米。设计流量12立方米/秒。排涝受益面积1000公顷。

新坝洞　位于高邮湖大堤81.65公里处涂沟镇境内，五岔河东首，1971年春建。1986年，洞身为反拱底板，浆砌块石侧墙，宽4米、高6米，底板真高4米、长16米；两侧墙内设有高1米、宽1.5米涵洞，两铰顶拱，洞门为环氧树脂和玻璃丝布加固的波形板直升门；下游两侧翼墙12米，渗径长度9米，设计流量20立方米/秒。1987年5月，将原闸门更换为钢质。排涝受益面积667公顷，灌溉引水10立方米/秒。

朝阳闸　位于高邮湖大堤87.4公里处涂沟镇境内，涂沟河东首，1971年2月建。1986年，该闸共4孔，闸室宽、高均为8米的1孔；闸室宽3.5米、高4米的3孔。为通航孔开敞式拱形涵洞式结构，混凝土反拱底板，浆砌块石墙；闸门为混凝土梁板结构直升门。1994年5月，闸门更换为钢闸门，设计流量204立方米/秒。至2005年，该闸汛期可预降水位，腾空宝应湖库容；三河闸泄洪时，挡高邮湖水倒灌；排涝受益面积6600多公顷。

桂花沟洞　位于高邮湖大堤88.5公里处涂沟镇境内，1963年建。1986年，洞身宽、高皆为1.2米，底板真高4米、长24米，闸门为钢闸门，设计流量2立方米/秒，排涝受益面积134公顷。至2005年，该闸因排涝沟河改道，闸门闭塞多年未用。

二、内河节制闸

阮桥闸　位于阮桥河东首前锋镇境内，1968年建。1986年，闸身钢筋混凝土结构，3孔，长17.6米，闸室中孔宽5米、边孔各3.5米，高8米，底板真高4米，钢质闸门；浆砌块石护坡120立方米，设计流量57.2立方米/秒。至2005年，该闸与运西闸配合，一直在起着控制白马湖水位的作用。

迎湖闸　位于大金沟河尾入白马湖处吕良镇境内，1989年10月建，闸室宽5米、高4.5米，底板真高4米，钢筋混凝土直升门，2×8吨螺杆式启闭机控制。设计流量25立方米/秒。排涝受益面积700公顷。

向阳闸　位于幸福港与老三河交汇处吕良镇境内，1969年5月建。1986年，闸室宽5米、高8米，底板真高3.5米；钢筋混凝土桥面，净宽4米；木板直升门，2×8吨绳鼓式启闭机控制，设计流量20立方米/秒。排涝受益面积2000公顷。

下坝闸　位于大马港与涂沟河交会处银集镇境内，1961年6月建。1986年，闸室宽3.5米、高5.4米，底板真高3.5米，钢筋混凝土直升门，1×10吨螺杆启闭机，设计流量17立方米/秒。灌排效益面积1340公顷。

横桥套闸　位于闵桥镇横桥联圩西堤，1984年10月建。1986年，上游闸室宽4米、高6米，底板真高4米，闸桥宽4米，钢筋混凝土直升门；下游闸室宽4米、高5米，底板真高3.5米，钢筋混凝土直升门。上、下游之间河道长70米，底宽10米，底真高3米；两岸堤顶真高7.5米，顶宽8米，设计流量14立方米/秒。至2005年，此闸一直在起着防洪排涝、灌溉、通航之作用。

淮南圩东中心河套闸　位于东中心河北端与金宝河交汇处，1975年8月建。1986年，闸室宽5米、高7.1米，底板真高3.5米，钢筋混凝土直升门。下游建有套闸，可与金宝航道、银集、塔集、夹沟等集镇间通航，设计流量20立方米/秒。排涝受益面积6000公顷，引水灌溉面积2660多公顷。

淮南圩西中心河套闸　位于西中心河北端与金宝河交汇处，1971年建。1986年，闸室宽5米、高4.2米，底板3.4米，钢丝网水泥板人字形门。下游建有套闸，上、下闸之间河道长80米，底宽10米，底真高3.4米，设计流量20立方米/秒。排涝受益面积6733公顷。

新河闸　位于淮南圩新河河口处，1963年12月建。1986年，闸室宽4米、高11米，底板真高3.5米，设计流量20立方米/秒。至2005年，此闸通过上游新河洞引三河水入新杨河，解决淮南圩区的灌溉水源，灌溉受益面积300公顷；内涝严重时也可相机向宝应湖排涝。

大兴闸 位于利农河东岸大兴河西端，1969年冬建。1986年，闸室宽4米、高7米，设计流量12立方米/秒。至2005年，一直引利农河水灌溉，亦可在利农河水位低时排除内涝；利农河行洪时，关闭闸门防洪水倒灌。

万坝闸 位于洪金干渠与李新港交汇处，1978年11月建。1986年，双孔，每孔闸室宽2米，设计流量4.8立方米/秒；闸上两侧各设一涵洞，洞室高1米、宽1.2米。至2005年，一直运行控制金北、陈桥两镇灌溉用水：关闭闸门时，陈桥用水；开启闸门时，金北用水。

枣树坝闸 位于淮南圩西中心河下游闵桥镇与塔集镇交界处，1968年建。1986年，闸室宽4米，底部为砖石结构，上部为混凝土结构，钢筋混凝土闸门，设计流量12立方米/秒。下游建有套闸。1990年冬，拆除上游闸，在下游闸的下游50米处建一座新闸。闸室宽5米、高5米，底板真高3.5米。至2005年，一直起着排灌、通航作用，排涝受益面积6000公顷；旱时，可引宝应湖水灌溉农田2630公顷。

金西闸 位于金西河与利农河交汇处的利农河东岸，1988年4月建，12月竣工，完成土方3万立方米、石方1360立方米、混凝土方510立方米。闸身单孔，宽6米、高7米、长10米，闸底板真高4米。钢筋混凝土直升门，配2×10吨绳鼓式启闭机1台，设计流量24立方米/秒。用于调节利农河进入金西河之水。

利农河腰闸 位于利农河中段，近运西农场。1989年3月建，闸室宽8米、高8.5米，底板真高4米；桥面宽4.5米；钢筋混凝土上、下扇门，配2×10吨绳鼓式启闭机、2×10吨螺杆式启闭机各一台套；计完成土方1.07万立方米，石方1477立方米，混凝土方842立方米。是年12月竣工，设计流量32立方米/秒。至2005年，此闸一直用于控制利农河南段之水北上，使金西闸能顺畅排泄县城区涝水。

三、水　库

新河水库 位于戴楼镇丰收河南端，为小（一）型水库，建于1960年春。1986年，水库大坝长1.5公里，顶宽4米、真高19.5米；背水面平台长1400米、宽4米、真高18米。库区建有一条由三河衡阳岗头至水库引水河，名丰收河（原名反修河、衡阳干渠），长5.7公里；坝身东西两头有引水涵洞2座：东为向阳洞，水泥涵管，长9.1米，直径50厘米，洞底真高15.5米；西为跃进洞，洞底真高15.5米，拱形混凝土结构，长24.3米、净宽1.2米、高1.6米。坝西有溢洪道一条，长1.4公里，底宽24米。溢洪道首建溢洪闸一座，4孔，每孔宽4米，闸底真高15.5米，闸顶真高18.6米。丰收河首及水库坝下距70米处分别建一级、二级翻水站一座，干旱时可向水库补充水源。一级翻水站装机8台，600千瓦，进水位7.5米，出水位13.5米；二级翻水站装机10台，550千瓦，进水位13.1米，出水位18.3米。水库地表水集汇面积14.97平方公里，库容594万立方米；兴利水位17.8米，兴利库容310万立方米；死库容34.3万立方米。灌溉面积400公顷。1987年9月，因溢洪道比降大，在溢洪道内设二级跌水工程。一级跌水底真高12.7米，消力池长12米；二级跌水底真高11.2米，消力池长10米。1999年，水库坝迎水面做块石护坡250米，耗用块石706立方米，完成土方520立方米。至2005年，水库蓄水、泄水能力增强，正常年份灌溉面积450公顷。

东海水库 位于黎城镇徐梁村境内，为小（二）型水库，1960年春建。1986年，水库大坝长1.2公里，坝顶真高18.5米，宽5米，内外坡比1∶3。库区西侧与西海水库间有一条连接沟，长500米，底宽2米，真高16米。沟上建有一座四门闸，配钢筋混凝土直升门，闸底真高15米，闸顶真高17.6米，东、西孔宽均为2米，南、北孔宽0.8米，用于调节东海、西海两座水库的水位。坝东有新建河溢洪道一条，长1.1公里，底宽2米，深1米。溢洪道首建溢洪闸一座，单孔，宽1.2米，闸底真高15.8米，闸顶真高7.4米。新建河西首建电灌站一座，装机5台，260千瓦，进水位7.2米，出水位15.7~16.7米。水库地表水集汇面积2.7平方公里，库容72万立方米；兴利水位17.3米，兴利库容56万立方米；死库容11万立方米。1988年，利用水库养鱼，在水库中筑长300米、坝顶真高16米的南北向堤坝，坝西侧开挖鱼塘10公顷，东侧为蓄水区，减少蓄水面积三分之一以上。1993年12月，省水利厅同意东海水库报废，仅作水产养殖之用。2005年，水库灌溉面积约134公顷。

西海水库 位于黎城、戴楼两镇交界处，为小（二）型水库，1960年春建。1986年，水库大坝长970米，坝顶真高18米，顶宽3米，内外坡比1∶3。水库集汇水面积5.78平方公里，可从王庄电灌站二分干渠补水。库容84万立方米；兴利水位17.3米，库容44万立方米；死库容6万立方米。大坝东首建有节制闸，西侧建临时滚水土坝，坝顶真高17~17.3米，坝下开挖溢洪道，通三里桥河，长0.65公里。水库灌溉面积66公顷。1988年冬，黎城、戴楼受益双方协商，由黎城镇组织民工在水库中心挑筑东北—西南方向隔坝一道，长650米，坝顶真高18米。坝东属黎城镇，坝西属戴楼镇，蓄水用水矛盾解决。1989年冬，黎城镇在所属水库大坝东首建2孔节制闸，灌溉面积33.4公顷，库内亦养鱼。戴楼镇所属水库，交牌楼七组管理使用，坝上置有50厘米涵管一道，用作引灌与泄洪。2005年，该水库仍发挥蓄水灌溉作用，同时养鱼。

四、泵 站

概况 1986年，全县拥有农用机电排灌泵站376座，装机682台，水泵708台，输电线路449.7公里。其中，电力排灌站324座，装机565台，容量2.29万千瓦；机动排灌站52座，装柴油机117台，容量4127千瓦。总灌溉面积1.18万公顷，除涝面积3.13万公顷，排灌结合面积3140公顷。农田灌溉模数每万亩（666.7公顷）1.03立方米/秒，排涝模数每万亩0.475秒立方米。1989年，有农用机电排灌泵站421座，装机686台，水泵686台，输电线路485.25公里。其中，电力排灌站369座，装机583台，容量2.89万千瓦；机动排灌站52座，装柴油机103台，容量3600千瓦。总灌溉面积3.24万公顷，除涝面积3.34万公顷，排灌结合面积4007公顷。

至1990年，全县共新建、改造机电灌站198座，装机320台、1.82万千瓦。排灌泵站拥有量406座，装机704台、3.42万千瓦。分布情况是：丘陵地区105座，装机198台、8869千瓦；东南圩区85座，装机167台、10057千瓦；东部宝应湖、东北部白马湖圩区103座，装机140台、6942千瓦；三河以北洪金灌区109座，装机145台、6582千瓦；县站4座，装电动机14台、流动柴油机40台、1784千瓦。2002年，全县农用机电排灌泵站增加到417座，装机692台，水泵692台，输电线路433.8公里。其中，电力排灌站增加到388座，装机663台，容量扩大到3.27万千瓦；机动排灌站减少到29座，装机29台，容量1054千瓦。总灌溉面积3.44万公顷，除涝面积3927公顷，排灌结合面积4807公顷。2005年，农田排灌基本实现电气化，泵站拥有量419座，装电动机4591台、7.96万千瓦，水泵1.05万台，节水灌溉类机械21套。全部农田除特高特洼处，基本达到旱涝保收的标准。

石港翻水站 该站1974年建成，位于县城东偏北的石港，淮河入江水道北堤与三河拦河大坝副坝交会点的东北侧、金宝航道的入口处。距县城中心直线距离约8.5公里，系县域最大的排灌站和江水北调的重要设施。1986年，拥有出水池、机房、出水洞和引江洞。出水池东西向，东西长2000米，南北宽约450米；其南堤是入江水道北堤的延伸，四周堤顶真高12.5米、宽4米，堤身内侧迎水面铺筑浆砌块石护坡；出水池水位真高8.9米。南岸圩堤上建有砖瓦结构平房10幢作为机房，共安装20HP20–40型混流泵及与其匹配的55千瓦电动机240台（套），总容量1.32万千瓦；机房地坪真高7.5米，扬程4~5米，提水能力120立方米/秒。在出水池西南侧的淮河入江水道北堤上建有引江洞，作为出水口。洞身为钢筋混凝土结构，三孔，每孔净宽、净高均为5米，洞底真高4.5米，安装有钢闸门和10吨电动螺杆式启闭机，上游设有块石浆砌翼墙，内侧设置16米消力池，设计出水流量150立方米/秒；出水池的西北侧越堤埋设退水洞，洞身为拱形钢筋混凝土结构，单孔，洞室长44米、高1.4米，宽1.6，洞底真高6米，安装有钢筋混凝土闸门和螺杆式启闭机，上下游配置块石护坡、护底和消力设施。翻水站北1公里处配套建有110千伏变电所1座，专供该站排灌用电。1989年，该站向洪泽湖翻水抗旱，同时为宝应湖地区降渍。据1990年统计，该站运行15年，开机抽水31.46亿立方米。其中开机时间最长的是1979年，运行155天，出水量7.68亿立方米。1991年，全县遭遇特大洪涝灾害，石港翻水站开动200余台（套）机泵抢排宝应湖涝水，减轻涝灾损失。是年12月，金北乡组织民工5000人，投工9.8万工日，运土8.5万立方米，加固该站出水池北堤1.97公里，堤顶真高达13米、宽4米。1992年7月，由扬州市水建公司采用高压喷射防渗帷幕工艺，为出水池937米南堤施行河堤防渗加固工程，防渗帷幕墙厚度达0.2米。2005年，此站一直发挥着排除洪金排涝河、老三河、宝应湖周边地区下泄之涝水，亦可向三河、洪泽湖翻送金宝航道、里运河所引长江水，增加灌溉和航运之用水，洪泽县南部、金湖县北部皆受益。

王庄电灌站 金湖建县初的1959年冬，兴建此站。站址位于黎城镇顺河村王庄，故名王庄电灌站。该站实施二级提水，设置一级、二级两站。一级站距三河1.1公里，站北开凿有引水河、进水池。引水河河底真高4米、宽3.5米；进水池池底真高4.5米，水位6.5米。出水池池底真高9.5米，水位11.5米，扬程5米；二级站距一级站东南方向800米，之间有一道引水渠，渠底真高10米、宽20米；进水池池底真高11米，出水位真高17.5米，扬程6.5米。1986年，站内装电机各3台，容量300千瓦，其中一级站165千瓦，出水量1.1立方米/秒；二级站135千瓦，出水量0.75立方米/秒。二级站下开凿干渠2条，渠首均设置一节制闸。干渠一条向西南通往官塘乡跃进村新河水库；一条向东南方向通往黎城乡境内的西海、东海水库。黎城、戴楼、官塘三乡镇皆受益，灌溉真高17.5米以下农田约667公顷。经官塘乡境内三级、四级站提水，灌溉高岗真高30米以上农田约300公顷。1989年11月16日，该站实行经营管理使用权租赁改制，由站内8名职工竞标，年租金由3.2万元提高到5.16万元。1990年，两站装机仍为6台，容量减小到290千瓦，其中一级站155千瓦、二级站135千瓦，提灌面积667公顷。至2005年，该站为缓解县域利农河以西高岗丘陵地区的旱情，解决农田灌溉、居民用水难题，一直发挥着重要作用。

第三章 农田水利

第一节 洪金灌区建设

洪金灌区兴建于1960年，省水利厅批准建成蒋坝洞，老三河以南地区得到洪泽蒋坝灌区部分水源灌溉；以北地区能从洪泽周桥灌区引入少量水源灌溉。1970年春，蒋坝镇北2.2公里处兴建成洪金洞，该灌区正式形成。到20世纪90年代，虽经30多年的配套建设，灌排体系基本形成，但渠系建筑物配套不齐、老化失修严重，致工程效益衰减。2002年6月，实施一期续建配套和节水改造工程。完成各类配套建筑物66座，其中干渠工程10座、支渠首工程22座、支渠配套路涵34处，总投资350万元。2003年6月通过竣工验收。

2003年9月，实施二期工程。完成续建配套和节水改造工程97座。其中，拆建新建涵闸、泵站15座，主要有东风闸改造，新建中北干渠退水闸，拆建新港、老圩、丰乐3座排涝泵站，拆建陈新港灌溉倒虹吸，新建北干渠金南分干渠大金沟倒虹吸，拆建金南分干渠金淮路涵，管墩闸、马港闸、应集闸改建为干渠桥，拆建万坝闸、闸东小闸、幸福港退水闸、朝阳河闸站；续建配套和拆建支渠或直挂斗渠首24座；续建或改造支渠配套建筑物48座；增建二期影响工程10项，主要有金南分干渠，张坝渡槽，大元、拾圩支渠首护坡，张庄便桥，竹园、渠北等5座自排涵洞，洪金中干渠学田港以东拓浚工程。

2005年5月全面竣工。

一、二期工程竣工后，恢复、新增自流灌溉面积1066公顷，改善自流灌溉面积6400公顷。但仍存在许多问题，干渠上的建筑物与直挂斗渠较多，致干渠灌溉水位下降，自流灌溉面积减少；建筑物标准低、配套率低，输水损失大；外排动力不足，大、中、小沟局部淤积，排水不畅等。

第二节　“三湖”圩堤建设

1998年，根据省、市“突出防洪保安重点”要求，全面启动“三湖”（白马湖、宝应湖、高邮湖）边圩堤达标工程。11月，组织县域“三湖”边13个乡镇民工，采取人工和机械作业相结合的方法抢做土方。至年底，完成土方132万立方米，加固圩堤46.1公里。其中，白马湖畔孙集圩、避沉沟河岸24.4公里，高邮湖畔墩塘圩等6.3公里，宝应湖畔振兴圩等15.4公里。1999年冬，完成土方162万立方米，建设达标“三湖”圩堤90.2公里。2000年冬，完成“三湖”圩堤达标加固任务71公里，对高蔡圩、张集内圩、草泽河岸、洪金排涝河岸进行土方加固。2001年春，金南镇加固南望圩，工长2.6公里，做土方11.5万立方米；前锋镇加固张集内圩、郑家圩、汕北圩、洪湖圩、南北鱼塘圩等，工长11.86公里，完成土方18.98万立方米。3年时间，共加固防洪圩堤600公里，高邮湖畔堤顶真高增至11.5米，白马湖畔堤顶真高增至10米，宝应湖畔堤顶真高增至9.5米，达到抗御特大洪涝灾害标准。

第三节　丘陵塘坝与小流域治理

一、塘　坝

1986年，全县有塘坝447座，面积245公顷，总蓄水量723万立方米，可灌溉农田1300多公顷。1990年，丘陵地区采取引提为主、蓄水为辅的方法，塘坝只作为补充水源。一部分塘坝被利用改造为鱼塘、藕塘，一部分蓄水量少的小型塘坝退塘种植。1999年，全县有塘坝432座，总蓄水量436万立方米，可灌农田640公顷。2005年，全县塘坝蓄水灌溉受益面积不足100公顷。

二、小流域治理

1995年，疏浚引灌排涝河卞塘河，开凿黎城、戴楼两镇交界处的撇洪河，增加受益农田1210公顷。1997年11月，启动丘陵区小流域治理工程。工程项目在官塘、戴楼两乡境内红星路两侧1000米范围的辐射带及衡阳圩向东延伸到黎城镇区域。参加施工的有黎城、官塘、戴楼、金沟、金南、唐港、银集、夹沟、涂沟等9个乡镇3万多人，出动大、中型施工机械600多台，完成土方150万立方米。其中平整老庄基39处，扩浚塘坝58面，新建荷藕池60面，整治鱼蟹塘7面，新开和疏浚沟渠366条，完成骨干工程13项。实行岗、坡、冲一并整治，蓄、引、提同步实施，山、水、田、林、路综合治理。是年12月8日全部竣工。改造中低产田1330多公顷，改善灌溉面积530多公顷。2000年11月，县调集黎城、金南、闵桥、塔集、戴楼等5个乡镇民工3万多人，大型机械40多台，采取集中会战的办法，实施戴楼镇永丰、楼庄丘陵区小流域治理工程。新划进的楼庄、永丰村近30年基本未搞农田水利建设，水利设施不配套，沟河淤积，灌排不畅，农田易涝易旱。民工们克服淤厚、土硬等困难，艰苦奋战，新开、疏浚沟渠820条，修筑机耕路56条、52公里，整治水库塘坝19面。至年底，共完成土方90万立方米，整治受益面积950公顷。

三、乡镇河道疏浚

卞塘河 西起利农河，东至卞塘闸，1967—1969年开挖建成。1986年，该河长5.8公里，底宽3米，河底真高4米，岸顶真高12.5~13.5米，坡比1∶2。1995年，该河淤深1.5米。11月，作为县办工程由卞塘乡组织劳力4000人，机械28台，突击施工40天，完成土方35.8万立方米。2005年，河长5.8公里，河口、河底宽分别为40米、4~5米，河底真高4.5~5米，坡比1∶2.5，堤岸真高10~13米处有青坎，宽3~4米。

闵桥河 位于闵桥镇，西起西河口，东至小桥闸，长6.6公里。2004年11月18日，闵桥镇组织实施闵桥河疏浚工程。全镇动员民工200人，组建清障小组7个，安排2座电排站和临时架设的8台抽水机排水，12台清淤机械实施清淤，12月20日竣工。完成土方13.8万立方米。疏浚后河底真高3.5米，底宽5米，坡比1∶2。在真高5米处，两岸各设1米宽青坎。

图8-3-4　开挖县城撇洪河（摄于1995年11月）　王作礼/摄

县城撇洪河 位于黎城、戴楼交界处，1995年11月中旬开挖，由黎城、戴楼两乡镇劳力8000多人施工。根据地面高差和蓄水灌溉要求，在河底设三级滚水坝。历时15天，完成土方22万立方米。2005年，河长5.9公里，河口、河底宽分别为30米、3~4米，河底真高8.6~12米，并根据地面高差，设三级滚水坝。该河道既防止上游洪水对县城的威胁，又灌溉农田800公顷，改造低产田533公顷。

腰闩河 西起白马湖隔堤孙渡闸，东入大汕河，全长5公里，开挖于1973年12月。1986年，宽4米，河底真高3.5米，岸顶真高8.5米，坡比1∶1.5，受益面积330多公顷。1991年11月7日，腰闩河疏浚加岸工程开工，吕良、前锋两乡镇负责施工，工长5公里，最高上工人数8000多人。是年12月初竣工，完成土方25万立方米。1997年，再次疏浚腰闩河。1999年冬，继续对腰闩河河岸加高培厚。2005年，腰闩河宽4米，河底真高3.5米；岸顶真高9.5米，顶宽4米，内外坡比均1∶2，达宝应湖水位真高8米不出险标准。

第四章　城市水利

第一节　设　施

一、河　道

利民河 原名城中河，东西向，西自园林路，东达利农河，开挖于1966年4月，长1500米，底宽4

米，真高5米。多年失修，河坡坍塌、生活垃圾集聚、河床淤塞、河水混浊、河道成臭水沟。1997年更为现名。1999年，列入县"两河一堤"整治工程（参见"第六篇城乡建设"第三章第一节）。2005年，河底宽8米，河口宽18~20米，河底真高5米以下，岸顶真高12米。

环城河　原为老县城排涝河，20世纪70年代初开凿，其中有部分河段为县城历史上形成的水沟。1986年，该河道以主排涝河三里桥河为主干，由城西河、沿河路河及黎城老街西侧河环绕老县城建成区，组成环城河。南北向城西河河段，南自三里桥河，北至淮河路，长950米；东西向沿河路河河段西起城西河向东至黎城老街西侧河，长1100米；南北向黎城老街西侧河北起沿河路，南至利民河，长550米。80年代，环城河污染严重，故又称为排污河。1993年，改造环城河东河南段，即黎城老街西侧河劳动桥至利民河段，将明河改为泄水暗道，暗道为1.5米×1.8米拱形浆砌砖石涵道，排水量达4立方米/秒，上建二层商住楼。1996年5月，县第九届人民代表大会第三次会议作出决议，要求对城西排污河进行改造，但因资金困难，直至1997年3月才付诸实施，将环城河沿河路段西自园林路，向东至湖滨路，再转向南与已改造的劳动桥河段连接，统一改造为1.5米×1.8米拱形浆砌砖石涵道泄水暗道，排水量4立方米/秒，上面建商品房，1998年初竣工。至2005年，老县城建成区的环城河，除主排涝河三里桥河外，其他均改为1.5米×1.8米拱形浆砌砖石涵道泄水暗道，排水量4立方米/秒，上面建成商住楼，原河不见踪影。

三里桥河　西自果园，东至利农河，长2.5公里，1966年12月开挖。20世纪70年代，为县城区防洪排涝、通航河道。河道两岸原设有造船厂、化肥厂、煤球厂、水泥制品厂等物资吞吐量大的单位，码头可停靠200吨上下货船。1986年，因河道年久失修，河岸坍塌，河床淤浅，过水断面缩小，通航能力降低。1987年，老城区排水不畅，雨水期很多单位和居民区遭受内涝。1999年3月18日，与利民河改造工程同时开工整治。（参见"第六篇城乡建设"第三章第一节。）

新建河　西自黎铜路东侧黎城鱼种场，东入利农河，长3.5公里，1974年冬开挖，为灌排型河道。1987年第一次疏浚。2003年12月，第二次疏浚并加固北岸，岸顶真高11.5~18米，宽3~9米；南岸为村民庄台。2005年，河底宽4米、真高5~5.5米，坡比1∶1.5~1∶2，设计流量18立方米/秒，流域面积18平方公里，受益面积530多公顷。

大兴河　西自利农河，东入利东河，长2公里，1973年5月开挖。1986年，河底宽3米、真高5米，岸顶真高10米，坡比1∶1.5。2001年11月，县组织银集、涂沟两镇劳力与机械疏浚加岸，工长2公里，河底宽5米，真高5米，岸顶真高10.5米，坡比1∶2。2005年无变化。

二、涵　闸

利农闸　（参见本篇第二章第三节第一目。）

护城闸　位于三里桥河东端入利农河处，1989年11月建，完成土方2.1万立方米、石方1190立方米、混凝土800立方米。2005年，闸室长9米、宽8米、高7米，底板真高4米，上下扉直升门，上扉为钢筋混凝土闸门，2×8吨螺杆式启闭机；下扉为钢闸门，2×8吨绳鼓式启闭机。设计流量42立方米/秒。建有电排站，装机4台220千瓦，排涝受益面积133公顷，亦可防御利农河洪水倒灌县城。

黎城闸（原名城中闸）　位于县城南老街南端，跨利民河（原名城中河），闸桥合一，1983年12月建。1986年，闸身为钢筋混凝土"U"型结构，闸室长13.7米、宽5米，桥宽9米，底板真高5米，钢质闸门，2×8吨绳鼓式启闭机控制，闸室上下游各设长度10米防冲灌的铺砌块石护坦及浆砌块石挡土墙。设计流量20立方米/秒。闸室配置排涝电机4台（套）220千瓦，抽水流量3立方米/秒，排涝效益200公顷。至2005年，该闸一直发挥为城区排涝、排除污水及汛期防止利农河水倒灌作用。

新城闸　为神华大道跨利农河闸，桥闸合一，县城防洪工程之一，可通航。2004年11月开工兴建，中途变更闸址，停止施工。2005年3月，在新址处重新施工，历时一年，次年3月竣工。闸室宽8.4米、高8米、长30米，底板真高4米，上、下游护坡长均16米，设计流量20立方米/秒。完成土方2.6万立方米、石方1828立方米、混凝土方1628立方米。

利东河节制闸 位于县城东部利东河上，2004年11月开工建设。按3级水工建筑物设计，挡洪设计水位城区外侧10米，内侧8.5米；排涝设计水位外侧7.3米，内侧7.5米，设计排涝流量10立方米/秒。闸身为2.5米×3米钢筋混凝土箱式涵洞，顺水流长17.4米，底板真高5米。闸室上、下游(外侧)均为重力式倒“八”字形挡土墙，墙顶真高9米，护坦长度上游7米，下游5.6米，下接浆砌块石护坡、护底，2005年5月竣工。该闸与新城闸、太平排涝站配套，控制县城区水位。当城区遭受较强降雨，而淮河入江道行洪超过8000立方米/秒，或高邮湖水位在真高8米时，城区洪水无法对外自排，关闭该闸和新城闸，开启太平排涝站以降低城区河道水位。

三、泵　站

太平排涝站 位于淮河入江水道南堤34公里处，利东河北首。原为太平涵洞，2004年10月废洞建站，主要为城区及周边地区排除涝水，排涝标准为十年一遇，排涝面积16.6平方公里，排涝流量20立方米/秒。该站为堤后式布置，堤外挡洪按淮河入江道行洪1.2万立方米/秒、三河水位真高12米、利东河水位真高8.5米设计。安装1000ZLB-7.0全调节轴流泵7台，单泵流量2.86立方米/秒，配套电机为ISL-14-12型电动机，单机功率280千瓦，总装机功率1960千瓦；架设35千伏专用输电线路5公里。出水池出口处设防洪闸门一道，采用LQ-8T手、电两用螺杆式启闭机。泵房为湿室型，泵房内设一台LD-A型电动单梁吊机。2005年5月，完成底板混凝土浇筑，混凝土墩8个，站身主体真高11米以下的出水池、穿堤涵洞全为混凝土浇筑，还完成大堤土方回填。后因经费不济暂时停顿。

第二节　水体保洁

1986年，县城水体保洁与安全管理由环保、城建等部门负责。1999年，“两河一堤”整治工程完竣，城区水体洁净状况大有改观。2000年，县水务局成立，增加了对城市河道污水治理的职能。2001年6月，县政府始决定将城区利民河、三里桥河及其附属设施由建设局划归水务局管理，实施净化水体、清洁水源工程。县水利局指派县抗旱排涝站负责管理。抗排站安排专人定期清理河岸垃圾，清理河面漂浮物；因当时污水管网尚未建设完善，城市污水直排河道，水体受污染严重。抗排站根据季节变化，确定配水换水频率，对“两河”实施灌水冲污。2004年7月，成立县城区河道管理站，该站制定城区“两河”保洁方案、配水换水方案，加大人力、物力和财力投入。配备专职保洁员12人，其中负责河面保洁员2人，负责河道两岸管理范围内的保洁员4人，每条河道配备一艘铁质保洁船和其他保洁工具，每天进行河道保洁，确保两河岸洁水清。至2005年，河道保洁制度一直坚持执行，平均每年配水换水量约1800万立方米。

第三节　城市供水

（参见“第六篇城乡建设”第四章第三节第一目。）

第五章 水利经营 规费

第一节 综合经营

1986年始，水利部门兴办水泥预制厂18个、水产养殖场4个、木器加工厂4个、商饭店6个、自来水厂4个和钢窗厂1个，综合经营固定资产580多万元，产值850万元，经济效益呈上升趋势，各单位的生产、生活和工作条件得到很大改善。从综合经营收入中拿出100多万元，用于农田水利基本建设、工程维修养护和机电排灌站的更新改造等。水利局各下属单位和部分水利站陆续建成办公楼，添置固定资产250多万元。20世纪90年代，水利服务中心、河道管理所先后将金沟行洪道河床滩地向外发包种植，以耕代清，既保障行洪，又增加农民和管理单位收入，节省清障费用。1994年，与新农乡联合开发老三河，创办兴水特种水产养殖股份有限公司，总投资86万元，水利局投资50万元，开发整理鱼塘31.2公顷。1998年，县水利系统共有工业企业2户，水利建筑工程队2个，营业门市160多间，水泥预制场23处，发包金沟行洪道河床滩地867公顷，鱼塘养殖200公顷，综合经营产值6800万元。

2000年1月，水利器材服务站以房屋为资本，与南京皇冠装饰有限公司合办金皇冠健身休闲中心，经营餐饮、歌厅、保龄球、桑拿浴等项目。22个乡镇水利站兴办水泥预制场地计2.37万平方米，拥有固定资产1850多万元，陆续兴建起办公楼17栋，面积5265平方米。全年全系统综合经营产值6000万元，利税390万元。是年8月，浮雕工艺、金皇冠健身休闲中心因经营不佳停办，水利器材站借资140万元收购金皇冠健身休闲中心，单独经营。2001年，改为出租经营。2004年，全县水利系统实现综合经营产值8500万元，淮河入江水道金沟行洪道河床滩地“以耕代清”向外发包种植1238公顷。2005年，水利系统实现综合经营产值8500万元，利税360万元；金沟行洪道河床滩地租赁种植1660多公顷，年收入100多万元。

第二节 建筑施工

1986年，水利部门只能生产销售一些水泥预制涵管，或者对工程施工提供无偿技术指导。1991年，各单位在上级补助经费不足的情况下“找米下锅”，发挥水利技术、动力机械优势，组织凿井队和起重安装队加入水利工程施工队伍。11月2日，成立金湖县水利建筑安装工程队，为河湖整治、堤防加固等水利工程服务。2002年8月，该企业被授予三级资质。至2005年，工程队共承建淮河入江水道、淮河入海水道等大、中型工程400多项，有多项工程被评为省级优良工程，企业被评为省级重质量、保安全、守诚信AAA级优秀施工企业。是年，工程队有在职员工30人，其中中级职称8人（工程师7人、会计师1人），二级建造师13人，实现利税130万元。

第三节 行政事业性规费

水利工程水费 1986年，境域征收的水利工程水费，不上解，乡镇自收自用。征收标准水田每亩每年收1~1.5公斤稻谷的价值，旱地不收。1991年，国家取消多项收费，水费在取消之列。1995年始，水利工程水费恢复收取，水田每亩每年4元，旱地每亩每年2元，委托乡镇代收。1996年，收费标准略有提高，水田每亩每年8元，旱地每亩每年3元。2000年，对全县2200个农业取水口逐一登记造册，发放临时取水许可证，与取水口单位（村、组）签订供水、缴费合同书，明确供需双方权利义务。是年，水利工程水费征收标准每亩每年稻麦田为12元，旱田3元，经济作物田8元。2001年1月1日，改革和调整水利工程水费计收模式、计费方法，发挥乡镇水利站作用，聘请村组主要负责人为收费员，形成水费计收管理网络。以后逐步转变由委托代收为水利单位自收。2002年3月，成立金湖县供排水管理所，划转自2001年1月1日起经营性收费所形成的资产，投资成立企业性质的金湖县金禹供水服务中心，隶属县供排水管理所，负责全县供排水固定资产的经营管理和水利工程水费的收取、使用以及供水成本核算等，水利工程水费由事业性收费改为经营性收费，并严格执行水价政策，按照省、市、县物价部门核定的价格，实行面积、价格、水费"三公开"制度，确保征收水费的透明度和可信度。

2005年，水利工程水费仍执行2000年征收标准，即每亩每年稻麦田12元，旱田3元，经济作物田8元。收取的水利工程水费按规定比例上缴县以上水行政主管部门，其中省级30%、市级10%、县级30%，镇级站留用30%，收取的水费主要用于灌区改造、河道疏浚、桥梁闸站维修、圩堤加固等。

1986—2005水利工程水费征收统计表

表8-5-2

单位：万元

年份	金额	年份	金额	年份	金额	年份	金额
1986	10.24	1991	15.86	1996	128.83	2001	313.40
1987	9.92	1992	44.62	1997	193.50	2002	346.12
1988	9.97	1993	10.71	1998	225.82	2003	358.06
1989	10.06	1994	14.58	1999	226.68	2004	478.11
1990	20.71	1995	23.52	2000	243.37	2005	479.64

河道堤防占用补偿费 1996年，省政府出台《江苏省河道管理实施办法》，江苏省水利厅、财政厅、物价局核定河道堤防工程占用补偿费计征标准。1998年1月16日，境域方收取河道堤防占用补偿费。计征标准：占用河道、湖泊、水库、堤防兴建建筑物、设施，停放、堆放物料等行为的，每月每平方米0.5~1.0元，占用内河河道岸线的，每月每平方米3~5元；从事种植、养殖等活动的，每月每平方米0.01~0.05元，设置渔网、渔簖等捕鱼设施的，每月每张（道、处）10~15元。此项收费按预算外资金管理，全额缴入县财政专户。主要用于河道堤防工程的管理、维修和养护，雨水情观测设施的更新、改造，工程管理技术的研究，专业培训等。1999年，全县收取河道堤防工程占用补偿费36.8万元。11月22日，江苏省水利厅、财政厅、物价局出台《关于核定河道堤防工程占用补偿费征收标准的通知》《江苏省河道堤防工程占用补偿费征收使用管理办法》，对避免双重收费，减轻企业

负担做出具体规定。2001年，全县收取河道堤防工程占用补偿费48.6万元。2005年收取补偿费增加到79万元。

船舶过闸费　1986年，境内收费船闸主要有石港船闸、利农闸和西偏泓船闸。其中，石港船闸是六级航道（金宝航道）上的船闸，收费执行省定标准。1994年，船舶过闸收费标准：重载货船按核定准载吨位每吨位每次0.25元，空船每吨位每次0.15元；拖轮、挖泥船、打捞船、泥驳、宿舍船每吨位每次0.05元；挂机船、货轮、渔轮、人力船每吨位每次0.35元；木排、竹排及其他浮运物每吨位每次0.4元，客班船每吨位每次0.2元。对直接从事国防军事物资运输，执行公安、消防、救生、港船监督、水政监察和运输管理任务的各种专用船艇，参加防汛抢险、抗旱、运输救灾物资的船舶，水利部门从事水利工程施测、航道管理的专用船舶，3吨位以下的农船及内河从事捕捞的渔船，免征过闸费。过闸费主要用于船闸养护和管理，提高船闸的通航和防洪排涝能力，确保船闸畅通和航行安全。1996年，船舶过闸收费标准略有提高：轮队每吨位每次0.6元，拖轮、挖泥船、泥驳、宿舍船每吨位每次0.1元，木排、竹排及其他浮运物每吨位每次0.4元，排筏按每立方米折合1吨计，在排筏上装运其他货物另行计费；客班船每吨位每次0.2元。

21世纪初，县城建造利农河风光带，利农河沿线工厂搬迁，不准船舶停靠，利农闸位在县城，水运量减少，船闸几乎不再通航，无费可收；西偏泓船闸只是在非汛期有通行于三河、高邮湖之间的船舶过往，数量不多，亦因淮河入江水道大桥建成，水运量锐减。2004年，过闸费收取346万元，2005年减少到300万元左右。

水利建设基金　1986年，全县水利建设基金由县财政在收取和分成的市政设施配套费、征地管理费、市场管理费、个体工商业管理费中提取3%，拨付给县建设局、水利局作为城市防洪建设、水利基础设施建设资金，全年70万元。1998年，县财政拨付额52.58万元。2001年4月，省政府下发《关于继续征收水利建设基金有关问题的通知》，金湖县列入有重点防洪任务的市、县，水利建设基金从城市建设维护税中提取不少于5%的额度，增加到全年101.26万元。2005年，县财政拨付水利建设基金123.73万元。

第六章　防汛防旱

第一节　防洪抗旱预案

1986年，县域防御洪涝灾害的目标是：保证淮河入江水道堤防在行洪1.2万立方米/秒时不出险情，确保入江水道沿线防洪小圩在淮河入江水道行洪8000立方米/秒时不出险，确保宝应湖周边圩堤在宝应湖水位8米时不出险，确保白马湖周边圩堤在白马湖水位8.5米时不出险情。1987年起，每年的4—5月主汛期前，均制定或修订防洪、抗旱预案。

1991年春，淮河中下游连续阴雨，3月11日三河闸开闸泄洪，流量逐步加大。4月，县防汛防旱指挥部根据水情，编制和修订防洪调度预案。5月，制定防洪圩堤溃口性险情抢险预案和防洪抗旱四级应急响应预案。其中，Ⅰ级应急响应预案：淮河入江水道金湖水位高于11.97米，高邮湖水位高于9.48米，白马湖水位高于8.25米，宝应湖水位高于7.85米，全县受涝面积超过1.33万公顷，绝收面积超过2660多公顷；特大干旱，受旱面积超过1.33万公顷等情况。Ⅱ级应急响应预案为：淮河入江水道金湖水位11.50~11.97米，高邮湖水位9.0~9.48米，白马湖水位8~8.25米，宝应湖水位7.5~7.85米，全县受涝面积超过1万公顷；严重干旱，受旱面积超过1万公顷等情况。Ⅲ级应急响应预案为：淮河入江水道金湖水位10.5~11.5米，高邮湖水位8.5~9米，白马湖水位7.5~8米，宝应湖水位7~7.5米，全县受涝面积5000~1万公顷；中度干旱，受旱面积4670~1万公顷，人畜饮水困难等情况。Ⅳ级应急响应预案为：淮河入江水道金湖水位低于10.5米，高邮湖水位低于8.5米，白马湖水位低于7.5米，宝应湖水位低于7米，全县受涝面积在5330公顷以内；轻度干旱，受旱面积在5330公顷以内等情况。

是年，及时启动防洪救灾Ⅰ级应急响应预案。县成立防汛抗旱、抗洪救灾指挥部，全县按地区划分为6个片，成立县城片（负责城区各单位）、丘陵片（负责黎城镇、戴楼镇、金南镇）、东南片（负责闵桥镇、塔集镇）、东片（负责银集镇、涂沟镇、复兴圩农场）、东北片（负责前锋镇、宝应湖农场）、北片（负责吕良镇、陈桥镇、金北镇）等6个分指挥部，分工负责淮河入江水道大堤和各自境内的重要水利工程险工险段。所有应急小组以及专家组全体成员24小时值班，加强监测预报工作。水情调度：白马湖地区水位高时，要求省"防指"降低大运河水位，打开北运西闸自排涝水；当白马湖水位超过7.5米时，要求省"防指"开启镇湖闸，通过淮安抽水站抽排白马湖涝水；当宝应湖水位较低且涝水排出有保障时，要求省"防指"开启阮桥闸向宝应湖分泄涝水。在宝应湖地区，降雨时要求省"防指"降低大运河水位，打开南运西闸向大运河自排；当宝应湖水位高于高邮湖水位时，打开宝应湖退水闸和涂沟闸以及高邮湖大堤沿线各闸向高邮湖自排；当高邮湖水位高于宝应湖水位且宝应湖水位超过真高7米时，要求省"防指"开动石港抽水站向三河抽排。在丘陵地区，淮河入江道未行洪时，通过各圩口闸向淮河入江水道自排，行洪时该地区高水通过东、西截水沟和衡阳冲向淮河入江水道自排，低水通过沿堤泵站向淮河入江水道抽排；降暴雨时关闭利农河腰闸以防安徽高岗地区山洪倒灌县城；县城及黎城、戴楼部分高岗地区涝水经金西闸，通过利农分洪河向淮河入江道自排或抽排。同时，各镇成立抢险救援队，平均人数不少于3000人，最多的金南镇出工5600人以上，闵桥、前锋两镇各出工4000人以上，负责堤防巡查、决口堵漏、危闸垮塌、水库溃坝等抗洪抢险任务，还疏散险区民众，必要时请求部队增援。

1992年起，每年的4—5月份（即主汛前），均结合当时情况对防汛防旱四级预案作修订和完善。其中，二级、三级、四级应急预案的响应措施主体内容为：均需成立防汛抗旱、抗洪救灾指挥部，建立情报通信、工程技术、物资调集、应急抢险、后勤保障、卫生保安等应急组织；出工防守人数分别为3万人、1.5万人、4000人左右。

至2005年，境域先后遭受1997年11号台风、2000年特大暴雨、2003年洪涝等3次灾害，县委、县政府领导全县干群及时采取应急响应措施，全县没有因灾害死亡人员，没有产生流行疫病。

第二节　防汛物资

1986年，县域防汛抢险物资来源主要有省、市、县储备，汛情紧张时地方群众自筹。省、市、县防汛储备物资由县水利局防汛物资管理中心负责储存和管理，少量的存放在乡镇水利站，其中防汛块石码方堆放在堤防险工险段；地方群众自筹的防汛抢险器材由水利站负责储存和管理，少量的存放在险工险段附近村、组。省、市、县防汛储备物资主要用于流域性工程应急抢险，使用必须经省、市、县防汛防旱指挥部批准同意；地方群众自筹的防汛抢险器材，使用必须经县防汛防旱指挥部或分指挥部批准同意。负责储存和管理防汛抢险物资的单位，需及时调拨适时应急抢险，并保证不霉变、不腐烂、不短少、不它用。正常年份所需防汛抢险物资，基本上使用地方群众自筹的防汛抢险物资。

1991年发生特大洪涝，县共动用省、市、县防汛储备杉木239根、杉木桩1467根、草包4.4万只、编织袋38.65万只、铁丝2.49万公斤、芦席2.87万张、毛竹4423支、大柴12万公斤；群众自筹木桩59.21万根、草包7500只、编织袋112.98万条、麻袋10.72万条、铁丝6798公斤、树枝2.26万吨、柴草990吨、芦席1300张等。1996年，国家支持防汛抢险木桩1108根、草包1.14万只、铁丝2吨、块石1.15万吨、芦席2000张。群众自筹塑编袋14万条、木桩10万根、铁丝3.5吨、麻绳30万米和挡浪埽把15万米，用于抗洪抢险。2005年，国家支持防汛木桩260根、草包2.8万只、铁丝1吨、土工布7620平方米、彩条布1.04万平方米、大柴2000束。

第三节 抗灾减灾纪实

1986年抗洪排涝 1986年7月15—23日，全县连续降雨，境内平均降雨量250毫米。三河闸泄洪流量从2000立方米/秒迅速增加到6050立方米/秒，三河（金湖站）水位从7.4米猛增到10.99米，相当于以往行洪7200立方米/秒的水位，是淮河入江水道工程建成17年来的最大流量和最高水位。高邮湖庙沟水位从4.92米猛升到7.87米，超过圩内地面2.5~3米。由于外洪顶托，宝应湖水位抬高至7.22米，农田受淹1.63万公顷。7月31日下午3~6时，全县大部地区受大风、暴雨袭击，阵风10级，三河拦河大坝上直径40厘米的树木被刮断，870户2303间房屋遭受不同程度损坏，其中房屋倒塌193户404间，圩堤损坏13处，长5公里，流失土方5万立方米。面对灾情，全县组织劳力4.3万多人，草包、塑编袋5.5万只，木桩8000根投入抗洪抢险，做抢险工程57处，堵闭圩堤口门2处，完成土方12.8万立方米；投入排涝电动机604台2.87万千瓦、柴油机479台1.76万千瓦。减灾1.2万多公顷。

1991年抗洪救灾 1991年，全县洪涝持续时间长、范围广、危害大，为历史罕见。全县投入抗洪抢险劳力7万多人，超过全县总劳力60%；开动各种排涝机械3126台4.99万千瓦，石港翻水站开动200余台（套）机泵抢排宝应湖涝水。

7月9日，东南风大作并伴随暴雨，三河闸泄洪流量再次加大，防洪圩堤多处出险。市委、市政府在三河闸召开南片防汛紧急会议。会后，县委连夜召开四套班子负责人紧急会议，制定抗洪措施。是日，横桥联圩再次遭受重创，高邮湖百里长湖遭受巨浪猛烈冲刷，长5公里、宽4米的东荡圩被冲刷掉2米多宽，形势危急。县委副书记陈德昌、横桥乡党委书记杨彭民带领5000多名民工（其中大部分为外乡镇赶来支援的人）顶风斗浪，护堤

图8-6-5 抢险民众以“人墙”护圩（摄于1991年） 朱伟/摄

修圩。因风浪太大，干群一个个站立在齐腰深的水中，臂挽着臂组成“人墙”挡浪，在人墙内排桩、捺埽、叠包方见成效。同样，高邮湖长浪口的卞塘乡墩塘圩，情况亦十分危急，“老虎口”段堤身被风浪冲刷得更为严重。乡干部带领群众抢险。身患脊椎病的乡长王泽扔掉拄手拐棍，跳入水中，抱桩挡浪，100多人迅即跟着跳入水中，损坏的圩堤得以修复。

7月16日，三河闸最大泄洪流量8900立方米/秒，淮河入江水道金湖水位11.69米，为入江水道建成后最高水位。高邮湖庙沟最高水位9.22米，宝应湖石港闸下最高水位7.75米，白马湖阮桥闸最高水位8.25米。汛期多处工程发生险情，石港抽水站出水池3处渗水，机房进水，该站仍带险开机，突击抢排宝应湖涝水；高邮湖大堤桂花沟洞的堤脚发现3处漏水；淮河入江道西堤金沟集镇北200多米处堤段渗水，南堤东段出现纵向裂缝；横桥联圩高庄圩段塌方3000米，险情严重，民工排成人墙站在水中挡浪；联圩东荡堤防被洪水冲刷二分之一。县防指果断决策，立即撤出圩内老弱病残人员1483人。戴楼乡同时全部撤出金西圩内2500人。金南乡车洪圩溃决，圩内车洪六组撤出200多人。金西河北岸圩堰漫水，金沟镇吴桥村五组及武警农场部分农田、蔬菜田受淹，牲畜无处存身，只好或宰或卖。

因外洪内涝夹击，在县城，县制药厂、化肥厂、汽配厂及金马公路两侧居民住宅区进水；在农村，石港抽水站、石港变电所，前锋、新农、黎城三乡镇粮站及一部分农民住宅进水。全县受淹水稻1.4万公顷，其中烂苗6000公顷；受淹棉花3000公顷，其中绝收2266.7公顷；受淹旱谷2333公顷，其中绝收1866.7公顷；受淹桑园、果树等林木1333公顷；鱼塘进水、漫水1200公顷。受淹工厂、企业109户，被迫停产51户。全县倒塌房屋1036户、2516间，损坏房屋4157户、8730间，受伤27人。

自3月11日三河闸开始泄洪至9月29日，泄洪量5200亿立方米。全县抗洪排涝投入300万工日，抢筑防浪工事1200公里，抢修水毁工程2000多处，做土方41万立方米，调用车辆1.5万辆次、船只2.1万吨位。安置灾民约8万人，调拨大米150吨、食盐35吨、煤炭50吨以及塑料薄膜、毛竹等物资。国家拨款及各地（含企业、团体、个人）捐款1677.5万元，捐粮食514.2吨、衣服万余件、煤球9万多块、煤炉750只，为灾民重建房屋5913间。

7月中旬开始，全县各地在抗洪排涝的同时组织救灾，对农田据情补种、补苗、施肥、壅根。卞塘乡从高淳县购晚稻种21吨、绿豆种850公斤，供农民补种；淮胜乡将全乡稻、棉苗情分三等，有针对性的补苗或补肥；金南乡车洪村利用濒临百家荡，乡、村两级组织动员群众大养秋鸭；闵桥、塔集动员群众养秋鸭和养长毛兔；县多管局从外地购回大量鱼苗和蚕种，帮助群众多养鱼，多养秋蚕；各地农民还广种青菜、萝卜、大蒜等。通过多种补救措施，弥补灾害带来的损失。

2003年抗洪抢险 2003年，全县又遭遇特大洪涝灾害。汛期，中共中央政治局常委、国务院总理温家宝，中共中央政治局委员、国务院副总理回良玉，以及省委、省政府领导，市委、市政府领导，多次到金湖指导抗洪抢险工作。6月21日入梅后，全县在梅雨期连续遭受暴雨袭击6次，降雨量643毫米，占年均降雨量的65%。汛期累计降雨量1022毫米，相当于正常年份的全年降雨量。境内河湖水位猛涨，县城区亦不例外。省防指从骆运水利工程处抽调机泵15台，支援金湖城区排涝。6月28日，三河闸开始泄洪，并不断增大流量。7月9日，泄洪流量增至8630立方米/秒，金湖水位超过警戒水位时长64天；最高水位11.97米，超过1991年历史最高水位0.28米；高邮湖庙沟水位最高达9.49米，比1991年大洪时最高水位高0.29米；宝应湖淮胜大桥最高水位7.75米，超过1991年最高水位0.03米;白马湖最高水位8.11米，接近历史最高水位。

7月10日，利农河水位猛涨，河西岸城区段进水，居民房屋进水。下午3时，刚赶到金湖支援抗洪的解放军73106部队510名官兵紧急驰援，到第二天上午5时，连夜奋战13个小时，筑成两条高1米、宽1米、长3公里的防洪圩堰，控制了险情。11日上午6时，金湖、高邮湖水位均超历史，沿线防洪小圩险象环生。按照省防总明传电报精神，县防指立即发布撤离令，命令横桥联圩、陈家圩、墩塘圩等危险圩区内的所有人员必须全部撤离。县防指主要领导分片包干，靠前指挥，确保安全撤离，不留一户一人。县防指政委、县委书记成迎初亲临横桥联圩内，指挥人员撤离，闵桥镇从8个镇直单位抽调30多人分工到村组动员撤离；腾出中小学3所和原乡政府办公楼用于灾民安置。至当晚12时撤离2150人，运出粮食890吨。塔集镇陈家圩当晚101户257人以及粮食等主要物资安全撤出。全县共转移安置受灾群众5.38万人。

12日凌晨2时，金南镇三车圩被洪水撕开一条决口长35米，2米高的水头直冲三车村。2时10分，73106部队政治部主任胡自龙带领第一梯队86名官兵赶往险段抢险。7时40分，驻军抢险总指挥郭耀辉率官兵130名前往增援。经过9个小时奋战，决口修复，共投入沙包3万多只，木桩、钢管100多根。13日，淮河入江水道衡阳圩丰收闸东侧背水坡，渗水险情进一步发展，渗水点增多，渗水量增加，浸泡水中的堤坡坍塌。戴楼镇组织民工2000多人、拖拉机16台，连夜在堤后打桩、屯土固堤而无效，出现滑坡险情。14日，经省、市、县专家现场鉴定，决定采取堤后抛石固基的办法，紧急从盱眙调运块石0.2万吨。下午6点30分，400名部队官兵跑步进入险情现场，以双手搬石，连续奋战9个小时，将0.2万吨块石搬运抛至险段堤脚处，筑成一道坚固的石坝。是日，淮河第二次洪峰将抵洪泽湖，直逼淮河入江水道。解放军驻新沂73032部队，调集著名的“红军团”“百将团”官兵1800多人，到金湖支援抗洪抢险。15—24日，部队先后在永丰圩拐、高庄闸、夹沟闸、向阳闸和横桥联圩抢险，出动官兵6910人次，车辆214台次，打桩130根，筑围堰260米，耗用编织袋2.6万条、草包2.5万只，完成土方3300立方米，驳运、装卸块石2810吨。

这次抗洪救灾，全县共投入人力10万多人，机械动力7.1万千瓦，做抢险土方16万立方米，耗用防汛抢险“三袋”123.2万条、块石1.03万吨、木桩17.85万根、铁丝3.5吨、土工布4000平方米、彩条布1.2万平方米、大柴2000束、柴油2400吨、电力2000万千瓦时。洪涝灾害共造成全县经济损失12.6亿元。其中，农田受涝面积3.38万公顷，成灾2.02万公顷，绝收6730公顷，损失2.3亿元；水产养殖漫塘12.93万公顷，损失2.4亿元；416家工厂、730多家店铺进水受淹，损失6.4亿元；受灾人口29.3万人，倒塌房屋425间，损坏房屋2.15万间，民房进水3.68万户，毁损房屋及其他物资损失1.5亿元。由于党政军民并肩抗灾，无一处圩堤决口，无一人伤亡，损失降低到最低限度。

图8-6-6　解放军驻新沂73032部队官兵到金湖横桥联圩支援抗洪抢险（摄于2003年7月）　县志办/供

第九篇　改　革

1986年，金湖深入推进以家庭联产承包责任制为中心的农村经济体制改革。是年起，全县乡及乡以上274户工业企业经济体制改革开始由点到面逐步展开，按照“政企分开、两权分离”的要求，实行承包制、租赁制等措施，扩大企业自主权；推行以厂长负责制、工效挂钩、劳动合同制为内容的企业领导、分配、用工等管理制度的改革。商业上，县农机公司、县水产供销公司首先试点，推行经理负责制、经营承包责任制，扩大企业自主权，实行责、权、利挂钩的商贸企业体制改革，之后在县百货公司、饮服公司等全县商贸系统逐步全面推开。

1989年起，全县先后推行“三田制”“两田制”和统分结合的双层经营体制，开展农业适度规模经营，农村经济向着专业化、商品化、社会化方向发展。1993年，取消生产资料价格双轨制，粮油购销全部放开，取消粮油票证。1995年，小型国有（集体）企业实行“先售后股”改制，县服装厂改制为县服装有限责任公司，成为全县首家实行“先售后股”改制企业。

1997年起，开始实行企业产权制度改革。1998年，全县农村开始第二轮家庭联产承包责任制（“二轮承包”），推进农村财务制度改革、农民负担征收管理改革和产业经营方式改革等。1999年，深化流通企业经营体制改革，转换经营机制，采取柜组承包、整体承包、合股经营、租赁经营、资产责任经营等形式，把商品经营权下放给职工和承包者。2000年，流通企业实行产权制度改革，国有、集体资产有序退出，职工随企业改制转换劳动关系。是年，对改制后乡镇企业全面“回头看”，加大集体股退出力度，规范企业运行机制。同时，推行股份制、股份合作制，实现国有与集体资产、全民与集体职工身份置换，逐步建立现代企业制度。

2001年2月起，全面推行农村税费改革。2003年，流通企业改制全面完成。2004年，全县最后一批县属特困企业改制完成。2005年起，全县免征农业税，从此，延续多年的直接向农民征收农业税的历史宣告结束。全县农民除村内“一事一议”民主筹集公益事业所需资金的分摊外，实现常态下税费零负担。是年，全县农产品流通经纪人队伍1.16万人，在全国设立直销农副产品的窗口1192个，交易额8.78亿元。至2005年，全县工业形成各种所有制并存、多种经济成分共同发展的局面。全县商贸企业经营形式基本适应市场的需求。在经济体制改革的推动下，全县还进行宏观调控体制改革，改革计划、财政、税务、金融、价格体制，以与经济体制改革相配套。进行行政管理体制和社会管理体制改革，改革党政机构、人事制度，改革教育体制、卫生体制、文化体制及社会保险制度、劳动用工制度、城镇住房制度等。

第一章　农村经济体制改革

第一节　农村工作机构

一、部本级

1986年，县委农村工作部内设办公室、政策研究股、经营管理股、集体资产监督管理股；行政编制11人，实有11人。1992—1996年，实有人员在10~11人间波动。1996年9月至1997年7月，县级党政机构改革，内设办公室、政策研究股、经营管理股、集体资产监督管理股（挂“县农村集体资产管理办公室”牌子）；行政编制14人、附属编制1人，实有9人。1998—2001年，实有人员在8~12人之间波动。2001年12月，内设科室4个，包括办公室、政策研究科（挂“扶贫开发科”牌子）、经营管理科（挂“集体资产管理科”牌子）、农民负担监督管理科；撤销在县委农工部挂的“县农村集体资产管理办公室”牌子；行政编制12人，行政附属编制1人。2005年5月，行政编制12人、行政附属编制1人；实有行政编制11人、行政附属编制1人。

下属单位：县农村财务辅导站，1984年5月建立，事业单位，未定编，人员由县委农工部安排。1987年5月明确为股级，事业编制4人；1991年10月，实有人员4人；2000年4月，实有人员5人；2004年7月，县农村财务辅导站更名为县农村合作经济经营管理站，事业编制4人，实有3人。2005年未有变化。

二、镇农经机构

1986—1998年，有乡镇经管站22个，事业编制72人，实有人员在70~76人之间波动（其中临时工38~41人）。2000年区划调整，4月，有镇（乡）经管站11个，事业编制，未定编，实有84人。2001年10月，各镇（乡）设置农村经济服务站（挂“劳动保障服务站”“私营个体经济服务站”牌子），事业机构。2003年8月，各镇农村经济服务站的公益性职能剥离出来，统一归并组成综合性的“镇农业技术推广服务中心”，为股级全额拨款事业单位。

第二节　土地承包制度

一、首轮家庭联产承包完善

1986年，金湖继续实行首轮农村家庭联产承包责任制，承包期限15年。随着承包农户人口、劳力发生变化，不少农户实际耕种能力与其承包耕地面积不相适应，1989年起，全县承包土地实行“三田制”，将农户承包田划为口粮田、商品粮田和经济田3类。口粮田不承担粮食定购任务，商品粮田保证粮食定购任务的完成，经济田和商品粮田一样承担定购任务，粮食定购任务由商品粮田完成，但必须补缴粮食平议差价款，返还商品粮田，由村自行调剂落实。从而既保证农户口粮又保证粮食定购任务完成和经济收入增长。1994年，又进行“两田制”试点、推广工作。“两田制”即在稳定土地承包权，搞活土地使用权的前提下，将农村现有耕地划分为口粮田和责任田两部分，口粮田按农业人口划分，责任田按等定价，公开招标，适度竞争，按生产能力经营。1996年3月，为切实维护农民的合法权益，稳定和完善农村基本经营制度，县委组织力量深入调研，探索稳定土地承包关系、延长土地承包期办法，重点开展以转包、转让、反租倒包等形式的土地流转机制的探索工作，进一步完善农业承包合同，全县共签订农业承包合同10.52万份。还加强对农业承包合同的签证、兑现和纠纷调解，使农业承包合同的完善率、兑现率均达95%以上，合同纠纷率下降到1‰以下，为农业生产和农村经济发展创造良好的环境和秩序。1998年，全县农村土地第一轮承包基本到期。

二、第二轮家庭联产承包

1998年初，中央提出农村土地实行第二轮承包即再延长30年不变。4月上旬，县委农工部在塔集镇进行土地第二轮承包试点，6月中旬在全县逐步推开。通过大稳定、小调整，完善土地承包关系，签订承包合同，经审批确权，向农户发放土地承包经营权证。至年底，全面完成土地第二轮承包工作。全县22个乡镇、256个村、2120个有承包土地的村民小组，直接延包1627个组，占76.7%；圩口和农户之间调整183个组，占8.6%；大稳定、小调整310个组，占14.6%。承包农户7.21万户中，共签订承包合同7.21万份，对应发放土地承包经营权证书7.21万本。承包土地总面积2.9万公顷。并做好资料的立卷、建档工作，乡镇有村组资料，村有组方案、到户表、册和土地丈量资料，农户有土地承包经营权证。

三、土地使用权流转

进入21世纪，随着城市化进程的加快和“农转非”人口不断增加，农村人地分离现象日益增多，土地承包经营处于相对不稳定状态。全县在稳定农村土地承包经营权的基础上，积极探索土地承包经营权流转机制改革，规范流转程序，加强流转服务。2002年7月，县委农工部、县统计局联合对全县农村土地流转情况进行调查。调查显示，全县11个镇71818户，集体土地面积3.36万公顷，其中耕地2.97万公顷、农民自留地及生活用地3380公顷、其他用地553.33公顷。在耕地面积中，第二轮发包2.89万公顷、集体机动地593.33公顷。全县土地流出2613户，流出耕地611.4公顷。流出户中，转包1263户，334.6公顷；转让524户，147.7公顷；出租327户，67.93公顷。农户自发流转1304户，乡村集体组织流转1309户。农户流转土地的原因包括：因外出打工、无人耕种的827户、257.93公顷，因产业结构调整、集体统一流转调整的845户、163.87公顷，因年老体弱、无力耕种的227户、55.73公顷，因招商引资转出土地的93户、16.73公顷，其他原因转出土地621户、117.13公顷。土地流入户1480户、流入面积589.86公顷，其中，流入农林牧渔业土地的1455户、556.93公顷，流入工业用地的20户、16.93公顷，流入房地产开发的1户、0.34公顷，流入其他方面的4户、15.67公顷。土地流入按田块大小规模，1~5亩的975户、174.93公顷，6~10亩的305户、179.2公顷，11~50亩的111户、128.27公顷。土地流转存在问题有：流转面不平衡，土地流入农林牧渔业的比重较高，为94.4%，流入工业、房地产（含小城镇建设）的仅为5.6%；部分镇少数农户劳动力外出打工，承包的土地无人耕种，又不办理土地转移手续，致使部分农田抛荒；土地流转手续不规范，双方签订协议的159户、占0.6%，绝大多数农户土地流转仅凭口头约定，双方责权利不明确，极可能产生承包纠纷。

2003年10月，在塔集、戴楼2个镇开展土地承包规范化管理工作试点，重点坚持“三个不变”和“五个不准”，即农户现有地块、承包计税面积、政策规定上缴税费标准不变；不准重新丈量土地，不准调整农民承包地，不准扩大计税面积加重农民负担，不准强迫农民土地流转，不准改变土地的农业用途。2004年，县委成立领导小组，全县11个镇成立农村土地流转服务站，全面开展农村土地流转和土地承包规范化管理工作。负责土地流转供求信息的收集发布，指导办理和鉴证土地流转手续，协调处理各方面关系，搞好土地流转后的跟踪服务等工作，规范和完善土地承包合同和土地流转合同。健全农户承包土地台账、农户承包地经营权流转台账、“四荒”等专业承包台账；健全土地承包经营权登记簿、土地承包合同签证登记簿、土地流转合同登记簿、流转信息登记簿；农户承包地块落实到户、面积核准到户、合同签订到户、承包经营权证书发放到户。是年，全县土地流转4121户，流入2023户、面积367.4公顷，流出2098户、面积369.5公顷，签订流转合同2726份，占应签订数100%，合同规范率94%。2005年，全县签订土地流转合同2726份，其中转让1992份、转包566份、互换168份，签订率98.3%。7月，全县在土地流转、转包、调整的基础上，全面开展换、补发土地经营权证书工作。至11月底，先后核实填写土地承包经营权证书6.72万份，发放到村6.72万份，到村率100%，发放到农户手中6.65万份，到户率99%。

第三节　农村税费改革

1986年，在塔集镇试点基础上，提出《关于减轻农民负担，实行一道费上交的意见》，由县委转发各地执行。是年，全县农民负担总额控制在1985年集体承包纯收入8%以内，人均负担控制在20元以下。

1990年，国务院《关于切实减轻农民负担的通知》下发后，全县认真贯彻落实，讨论提出的农民负担方案，经乡人代会审议通过并报县审批后，分解落实到户，当年共落实农户负担1087.59万元，人均39.52元，占上年人均纯收入5.76%。1991年，省委、省政府要求，以村为单位，农民上缴费用不得突破上年人均纯收入5%。是年，金湖农民负担下降到上年人均纯收入4.85%。1994年，国务院发布《关于农民承担费用和劳务管理条例》，规定人均负担以村为单位控制在上年人均纯收入的5%以内。全县统一印制农民负担费用及劳务明白卡。是年，人均负担下降到48.07元，占上年人均纯收入4.6%。2000年，贯彻《江苏省农民负担监督管理条例》，向农户发条例及问答小册子，并规定全县合同内农民负担以村为单位不得超过1997年预算额，也不得突破上年人均纯收入5%。是年，人均负担133.72元，占上年人均纯收入4.09%。

2001年2月起，按照省委、省政府制定的农村税费改革相关政策和市统一要求，全县全面推行农村税费改革。县委、县政府先后制定《金湖县农村税费改革和实施意见》《金湖县农村税费改革工作试点方案和实施方案》《金湖县农业税征收管理意见》等政策文件，并在金南、前锋、陈桥3个镇进行试点，为全县面上工作提供示范。主要是：取消乡统筹费，取消农村教育集资等专门面向农民的行政事业性收费和政府性基金、集资，取消屠宰税，逐步取消统一规定的劳动积累工和义务工，调整农业税和农业特产税征收政策，改革村提留征收使用办法。逐户登记核定土地面积，核定计税面积2.8万公顷，并经农户签字认可。各乡镇依据1998年前5年粮食平均产量确定计税产量，全年平均每亩（0.067公顷）地计税年产量664公斤。向农户发放纳税通知书和农民负担监督卡。税改后，全县农民负担总额2859.07万元，人均111.3元。比改革前共减少负担总额2945.81万元（含合同内外负担），人均减少114.67元，减负率50.7%。农民负担的义务工、积累工三年内逐年减轻。是年，全县农民总负担为2859.07万元，比税费改革前减少1695.97万元，人均合同内负担111.3元，减少66元；合同外负担225.97元，减少114.67元；合同内外减负率分别为37.2%、50.8%。

2002年，全县继续深化农村税费改革，主要有推行涉农收费公示制，镇村向农民收取各种行政事业性和生产服务性收费，利用村务公开栏公布收费项目、标准和范围，收费部门在收费窗口公示，凡收费不公示的，农民有权拒缴；执行预决算制度，镇村需统筹使用资金的，年初提出预案经村民代表大会通过并报镇审核批准后实施，年终向群众公布使用情况，多退少补，接受群众监督，全年落实农业税及其附加2360.57万元，人均91.89元，筹集"一事一议"资金434.75万元，人均20元；实行监督卡制度；对农民负担的税费项目，在张榜公布的同时，还以监督卡形式发放到户，凡卡上没有的款项，农民不予承担，全县发放监督卡7.26万份，到户率100%；定期开展检查，县委农工部分别于年初、年中、年末，组织相关部门10多人，分4个组赴全县11个镇检查，还深入22个村进行抽查，对少数地方违反政策规定和不合理的开支限期改正，全年取消不合理收费项目4项，减轻农民负担30多万元。是年，农民合同内负担除农业税及附加外，仅剩村级公益事业"一事一议"筹资。

2003年，全县规范"一事一议"和生产代办费筹集、使用和管理，全年筹资总额以村为单位人均不得超过20元。对各镇进行逐项抽查，对"一事一议"筹资和以镇统筹排涝费进行重点审计，查处不合理支出58.8万元。是年，全县发放农民负担监督卡6.8万多份，发卡率98%以上，农民负担总额3079.28万元，人均123.44元。

2004年，取消"两工"（义务工和劳动积累工）负担。全县农业税税率下降3个百分点，农业税总额由上年的2262.61万元下降到1521.49万元，减少741.12万元，下降32.76%。发放农民负担监督卡6.95万份，发卡率98%以上，落实农民负担1839.9万元，农民人均负担80.40元，分别比上年减少1239.39万元和52.04元，下降40.25%和39.29%。是年，中央出台降低农业税，实行粮食直补、良种补贴、农机具补贴的"一降三补"，全县"一事一议"筹资424.9万元，人均20元。

2005年初，县委农工部成立农民负担专项审计小组，对闵桥、银集、吕良、陈桥4镇的"一事一议"筹资、筹劳和金南、闵桥、塔集、银集4镇以镇统筹的排涝费进行专项审计。对审计不合理的支出20多万元进行退还。是年，全县落实农民负担总额421.75万元，比上年减少1418.15万元，农民人均负担18.50元，比上年减少61.9元，下降77%。落实粮食直补1019.2万元，粮种补贴232万元，农机具补贴206.98万元，免征农业税1521.49万元。发放农民负担监督卡7.1万份，发卡率98%以上。

2005年，中共中央、国务院决定在全国取消农业税。是年，全县免征农业税1521.49万元。从此，延续多年的直接向农民征收农业税的历史宣告结束。全县农民除村内"一事一议"民主筹集公益事业所需资金的分摊外，实现常态下税费零负担。

第四节　农业经营方式改革

一、规模经营

1986年，全县开始鼓励发展家庭农场、种粮大户，推行适度规模经营。1995年起，在前几年发展家庭经济的基础上，县乡村各级大力发展专业户、专业村，基地乡镇（以下简作"两专一基"），引导农民走农业产业化道路。县制定扶持鼓励政策措施，组织典型观摩和干部帮助规划推动，在信息、技术、资金、种苗、销售等方面给予优惠支持，并明确专业户、专业村、基地乡镇标准。当年共建成达标基地乡镇13个，占乡镇总数59%，其中棉花基地乡镇2个、蔬菜基地镇1个、林业基地乡1个、蚕桑基地乡镇3个、养兔基地镇1个、水产基地乡镇5个；达标专业村96个，占总村数36.8%；达标专业户5991户，占总农户8.2%。1996年，基地乡镇发展到15个，占总乡镇数68%；专业村发展到151个，占总村数59%；专业户发展到10580户，占总农户的14%。"两专一基"生产专业规模扩大，水产养殖面积8666.67公顷，其中螃蟹特种养殖4866.67公顷。生猪饲养突破36万头，"三禽"（鸡、鸭、鹅）饲养791.73万只，经济效益明显提高。专业户收入高于普通农户几倍、十几倍。1997年，全县按照市委提出的区域建片和一体化要求，突出主导产业，促进"两专一基"发展。基地乡镇增加到17个，专业村发展到177个，专业户发展到1.39万户。入江水道沿线养兔总量18万只以上，成为全市第一个长毛兔养殖基地。

1998年，全县开始培植龙头企业，实行专业化生产，农工贸一体化经营，逐步推进农业产业化。是年，全县有营销大户871个，在大中城市设销售窗口86个，带动农户的专业化生产。1999年，建成横桥联圩万亩（666.67公顷）荷藕区，也称“荷花荡”。螃蟹、牛蛙、青虾三大水产品注册品牌。至2004年，共投入650万元，建成各类农副产品市场13个。县轻纤集团与涂沟、前锋、银集3家优质棉基地签订生产销售协议；县粮油食品公司在各镇建设优质水稻、小麦生产基地；广源油脂公司在全县建设双低油菜示范基地，并无偿提供菜种。到2005年，全县共发展各类农副产品加工龙头企业36户，其中省级3户，分别是江苏省轻纤集团、江苏省金叶粮油食品有限公司、金湖县广源油脂有限公司，市级龙头企业9户。龙头企业带动农民发展优质稻米基地3.07万公顷，中弱筋小麦基地2.45万公顷，双低优质油菜8004公顷，水产养殖面积1.47万公顷，其中特种养殖9338公顷，蚕桑3001.5公顷，优质棉3335公顷。创建绿色基地24个，建农产品市场38个，其中年交易额1000万元以上的17个。全县从事农产品流通经纪人1.16万人，比上年新增1102人，在全国设立直销窗口1192个，交易额8.78亿元。

二、农村经济合作组织

1987年底起，由供销社、外贸公司、食品站、粮管所等单位牵头、扶持，全县共组建129个专业生产合作社（包括协会），其中养殖业91个、种植业17个、购销贸易业11个、运输业7个、加工业3个，入社农户11613户。这些专业合作组织，一般以专业生产比较集中的村组为中心，以专项产品为纽带，吸收从事本专业生产的农户组成，但仍带有行政推动和部门扶持服务的特点，较好地解决农户“有主权、没主意”“有门路、没资金”“有能力、没信息”“有法产、没法销”的问题。合作社成立的头一年即1988年，入社农户共养禽65万只、养蚕2700多张、养兔9000只、养鱼1113.33公顷、养猪8500头、种菜38公顷，包括其他行业全年总收入3060.7万元，户均2636元，纯收入1222万元，户均1052元，比一般农户高出20%以上。其中养兔户332户，户均纯收入5750元，比一般农户高50%以上。

1990年5月，县委召开专业生产合作社经验交流会，推广成功经验，逐步实现专业合作社由行政推动、部门扶持为主，转变为农户自发组织、自我服务型的合作经济组织。至2000年，共建立各类专业合作组织120个，其中专业合作社32个、联合体25个、专业协会63个。吸纳股金820万元，销售农副产品1.8亿元，带动农户销售农副产品2.79亿元。2003年，涂沟集镇组建的金湖县涂沟镇水产品营销协会被授予“市示范合作经济组织”称号。2004年，金南镇宋墩村所属的金湖县金南木业加工合作社，被授予“省示范合作经济组织”称号；陈桥镇新丰村创办的金湖县老三河养殖合作社等，被授予“市示范合作经济组织”称号。

至2004年底，全县参加专业合作社会员2.07万人，带动农户1.73万户，固定资产总额3142万元，年经营服务总收入3.15亿元，纯收入2807万元，返还会员利润539.4万元。同时发展农民经纪人1.69万人，在全国各地建立销售窗口1108个，年销售额14亿元。2005年，全县农村专业合作组织调整为96个，涉及11个镇92个村，会员2.01万户、2.72万人，销售农产品2800万公斤，代购农用生产资料734万公斤，培训362人次。是年，全县被授予“省示范合作经济组织”称号的2个，即县城的金湖县蚕业合作社，前锋镇白马湖村的金湖县前锋镇水产品营销协会；“市示范合作经济组织”称号的2个，即金北镇万庄村的金湖县景春来蒌蒿产品营销协会、吕良镇军舍村的金湖县吕良镇农副产品营销合作社，共争取到省级扶持资金18万元。

第五节　农村财务管理体制改革

1986年，金湖县组织1100多人次，全面清理、整顿农村财务和集体资金，共清理256个村，2143

个组，475户村办企业，建立健全管理制度。1990年，全面贯彻实施财政部、农业部颁发的村合作经济组织会计制度，并逐步建立健全农村财务审计队伍。

1995年，组织县乡两级财务审计人员2022人次，对农村财务进行审计。共审计8个乡镇经管站、170个村、1344个组、46户村办企业的财务，查出违纪金额941.31万元，其中吃喝招待419.57万元，村平均2.47万元，贪污2.81万元（30人），挪用22.88万元（150人），核实两项往来1473.86万元，收回欠款136.11万元，换据计息286.46万元，查处“小金库”98个、存资50.85万元，促进农村财务管理逐步走上正轨。是年起，全县农村实行“村账乡管”改革，村组集体资金由乡镇统管，村会计每月集中记账、会审，按月向群众公布收支账目。1997年，在金沟镇试点基础上，全县实行村务公开，以村建立公布栏，每季度公布一次村财务收支、债权、债务、各项代办费用等村务事项。1998年，村务公开向两头延伸，向上延伸到乡镇一级，实行乡镇政务公开；向下延伸到组一级，实行组务公开，使农村一切公共事务都向群众“亮相”。

1999年，县委农工部根据《国务院关于加强农村集体资产管理工作的通知》要求，组织开展实行家庭联产承包责任制以来第一次农村集体资产清产核资工作，全县纳入清产核资的256个村，2672个组，464户乡村集体企业，269个行政事业单位和347个农村服务组织。经清核，农村集体净资产3.3亿元，其中乡镇级2.64亿元、村级3500万元、组级3100万元。2003年4月，县委农工部对重点村开展内部审计，审计出违规金额4.8万元，涉及村干部6人，处理6人。

2004年，全县农村财务公开把“清财化债”内容作为公开重点，将村级收支预算计划、清财化债政策、财务清理结果、债权债务核销、债权清收、债务化解方案及结果等在公开栏中进行公布。县纪委和县委农工部牵头，从民政、财政、农经等部门抽调专业人员组成2个督查小组，逐村“过堂”。县委农工部组织人员不定期地明察暗访，深入到村组，走访农户了解情况，发放调查表1120张，收到群众意见200多条，将群众意见及时反馈给镇村，妥善进行处理，提高财务公开的质量和效果。是年，全县统一印制民主理财记录簿，将理财小组发现的问题逐条记录，并提出处理意见，村委会再进行答复，同时在公布栏公布。2005年，建立健全新增债务申报制度和新增债务责任追究制，对列入预算并经村民会议讨论确需借债的，严格按照规定举债程序办理，防止个人多头借款行为。同时把制止新债、化解旧债作为各镇年度工作目标考核的重要内容。通过资源发包还债，债权债务抵兑清债，降低利息减债、核销等办法，全县共化解债务1531.91万元，其中化解群众债务1244万元。

第二章　工业企业改革

第一节　管理体制改革

1986年，县经委负责制定全县工业发展规划、计划与政策，指导、服务、监督企业的经营管理等。乡镇工业由县乡镇企业管理局负责规划、指导、服务与监督。各乡镇设立工业公司或工商公司。县粮食、商业、教育、供销合作联社等部门工业，由所在部门设立工业股或工业办公室管理。1991年，乡镇工业公司或工商公司统一改称为工业办公室；1995年更名为乡镇企业管理服务站。

2002年2月4日，县经济委员会更名为县经济贸易委员会（挂“县乡镇企业管理局”牌子）。其职能分为划入、划出、转变三个方面。划入职能，制定贯彻国家产业政策的实施意见和调整产业结构，指导企业和商业金融投资方面的职能，承担原县贸易局、县物资局的行政管理职能；划出职能：将化学危险品质量监督职能交给县技术监督局，将药品监督管理职能交给县药品监督管理局；转变职能：不再编制下达系统年度调控方案，改为编制近期经济运行调控目标和政策，逐步取消审批企业利用自有资金和商业银行贷款建设的一般项目；逐步取消对企业直接管理的职能，强化对企业的间接调控和服务。是年12月，县乡镇局增挂“县民营经济发展局”牌子。2003年，县商业、物资、工业企业划归县经贸委管理。2005年，县乡镇局增挂“县中小企业局”牌子。

第二节 经营体制改革

1986年，县委、县政府在输油泵厂、印刷厂、汽车配件厂等6户县属企业，进行工业企业经济体制综合改革试点。试点内容是全面推行厂长负责制，确立厂长在企业的中心位置，明确厂长对生产、经营的统一决策、指挥权；企业党组织的工作中心转向加强职工的思想政治工作和党的建设，支持厂长用好权和对行政工作实行保证与监督，推进民主管理。在全县乡镇工业企业普遍推行“一包三改”责任制，即全面实行经营承包，改干部任免制为选聘制、改工人录用制为合同制、改固定工资制为浮动工资制。是年，乡镇工业企业中通过选聘走上领导岗位的39人，占聘用人数的9.13%；选聘连任的338人，占79.16%；落聘53人，占12.41%；签订用工合同8158份，其中新录用工人909份；裁减非生产人员110人，占原有非生产人员的12.9%；实行浮动工资的职工3719人，浮动幅度20%~30%。

1987年3月17日，县委印发《关于1987年经济体制改革工作的意见》《关于推行厂长（经理）负责制若干具体问题的意见》《关于厂长用好权的意见》，开始实施县属企业承包经营责任制，即第一轮承包。全县工业企业立足实际，因企制宜，选择不同的承包形式，主要有：全员资金抵押承包，租赁经营，切块承包，分层承包，利润递增上缴承包，亏损不补、盈利全留承包，亏损自补、减亏全留承包，上缴利润定额包干、超收全留承包，上缴利润递增包干承包，定额实现利润、新增利润还贷承包等数种形式。通过承包，简政放权，扩大企业自主权，强化厂长的“中心位置”和生产、经营与行政权力，推进企业所有权与经营权分离，使企业成为相对独立、自主经营、自负盈亏的经济实体。全县工业企业根据自身大小成立5~13人不等的管委会。厂长聘期一般与承包合同期同步；副厂长由厂长提名，征求党组织意见，报上级主管部门聘任；中层干部由厂长聘任，聘期1年，可连聘连任；科室的组长、车间的班长，由科长和车间主任聘任，聘期1年，可连聘连任。车间主任有权提名有关岗位具体人员名单，报厂长审批；有权安排工人加班或休息、审批病事假、调度使用所管辖范围内的固定资产等；中层干部有权按有关规定考核职工工作实绩，分配奖金。

是年，金湖滚轮体厂租赁经营金湖通用机械厂，租期从1987年9月10日至1990年12月31日，合同规定经济效益、固定资产投入等指标，租赁期内，折旧资金全部用于设备更新，同时开发2~3个新产品；规定产品质量，机械加工废品率不超过3%，铸铁件废品率不超过25%，热处理废品率不超过1%，锻件废品率不超过2%；规定职工人均年收入净增50元，人均住房增长率10%等。1989年1月，县汽车配件厂实施全员资金抵押承包，时间为1989年1月1日至1990年12月31日。抵押金以股金形式投入，每股金额100元；股额设定，按每个人计算分档次缴纳：正厂级，每人15股1500元，副厂级12股1200元，中层干部8股800元，职工4股400元。抵押金按年计算：企业完不成当年各项指标，所欠利润先用上年结余风险资金抵补，风险金抵不完的部分，再用抵押金抵补；企业完成当年各项指标，可提取税后超承包利润部分的20%作为抵押金的分红资金，但年分红率限在抵押金的10%

以内。此种形式，仅县经委直属工业企业中就有18户。

1990年6月，县委、县政府印发《关于稳定和完善企业承包经济责任制的意见》，开始实施企业第二轮承包，强调处理好国家、企业和职工三者关系，合理确定承包基数、完善承包指标体系，健全考核办法。是年7月，县体改委、县总工会联合制定《金湖县共保合同实施细则》，逐步建立职工与企业、职工与经营者“风险共担、利益共享”的新型关系，进一步调动经营者与生产者的积极性；由厂长代表行政、工会主席代表职工签订共保合同，共同保证实现企业发展的契约。第二轮承包期限为1991年1月1日至1993年12月31日，时间3年。1992年3月16日，县委印发《关于进一步深化改革搞好企业的意见》，随后批准通过《关于县属骨干企业综合改革试点暂行方案》，提出按照“政企分开、两权分离”的要求，以转换企业经营机制为重点、以搞活企业，提高经济效益为目标，积极妥善地改善企业领导体制，打破“大锅饭”及“铁交椅”“铁饭碗”“铁工资”（简称为破“三铁”），使企业成为自主经营、自负盈亏、自我发展、自我约束的商品生产者和经营者。县造纸厂中层干部实行竞争制，通过竞争聘用上岗，干部能上能下；对职工实行双向选择，在同一车间或科室内，班组长可选择职工，职工也可选择班组长，做到能进能出，使优秀人才脱颖而出，在中层干部12人中，新人竞聘上岗有4人，占中层干部的33.3%。是年，全县工业企业中层干部通过竞聘制上岗的近20%。职工工资能计件的实行计件，计时工资与工效挂钩，拉开分配档次。

1995年，县属工业企业开始推行资产风险抵押承包，县化肥厂、油脂化学厂、玻璃厂、刃具厂、砖瓦厂和阀门厂相继实施。承包方式是：由县体改委牵头，工商部门鉴证，国有资产管理部门和企业主管部门与各承包企业签订承包经营合同，实行一年一定，保证企业资产保值增值，同时向主管部门缴纳风险抵押金，以承担资产经营的风险。企业法人代表6人共缴风险抵押金11.3万元，企业副职每人按正职的70%缴纳，与正职共同承担经济责任。1996年，全县75户企业实行资产风险抵押承包，分高、中、低三档指标，按不同档次，企业经营者相应缴纳不同数量的风险抵押金。年终，经审计审核，视目标任务完成情况，将经营者奖惩直接与风险抵押金挂钩。

1997年，实行“公有民营”，即将国有、集体资产租赁给个人经营。2003年起，全县“公退民进”。至2005年，整个工业企业以民营为主，经营方式力求适应市场需求。

第三节　产权制度改革

1987年，金湖对工业企业产权制度改革方面做出探索，在推行承包经营责任制同时，进行企业租赁企业的尝试。

1993年起，闵桥热工仪表厂在全县率先改制成立股份合作制企业，其股权设置为企业股、个人股、法人股等。县总结其经验后明确：股份合作制企业，其股权设置形式为：乡、村集体股（联社股）、企业股、职工权益股（总额为企业历年积累的30%~70%）、个人股、法人股。是年，特困企业县针织厂、织布厂实现“公有民营”试点；金沟镇企业实行“一租三结合”，即企业租赁经营，企业内结合产品售卖，结合切块承包，结合股份合作制的改革模式，受到市领导和有关专家肯定。

1994年1月10日，县委、县政府印发《关于推行股份制工作的意见》，开始推进产权制度改革，建立现代企业制度。4月，县机械厂与官塘乡农机厂、县供电局合股组建铸锻有限公司；县印刷厂与黎城镇上湾村合股组建低模有限公司；县刃具厂与汽车配件厂合股筹建离合器配件有限公司；县汽车配件厂与机械厂、南汽车身厂商定合股筹建县车桥股份有限责任公司。至是年8月，全县528户（县属97户）工业企业中，进行产权制度改革的有347户（县属63户），占工业企业的64.95%。其中：县属工业企业建立有限责任公司5户，股份合作制企业9户，实行租赁经营39户；股份合作制企业股本总额689.02万元，其中法人股654.57万元，职工股34.44万元；租赁经营工业企业的租赁费217.48万元，风险金95.34万元。

1995年4月18日，县服装厂首家实行"先售后股"改革，组建金湖县服装有限责任公司并挂牌运营。随后，金沟鞋楦厂、黎城机电配件厂等5户企业进行"先售后股"改革。为此，县体改委对"先售后股"企业进行人事、用工和分配制度的配套改革。

1997年11月，全县执行"抓大放小"方针，全面推行产权制度改革。县成立企业改制指挥部，抽调人员组建"一室五组"（办公室、业务指导组、政策研究组、宣传指导组、监督检查组、法律服务组），各乡镇成立企业改制领导小组。县政府制定《金湖县企业改制方案》，出台清产核资、资产评估、产权易定，公有资产管理、土地处置、劳动用工、税收管理、股份制企业选举等8个《实施细则》。12月22日，全县首批乡镇企业进行产权拍卖交易：吕良镇禽蛋加工厂、黎城镇冶金建材工业公司和汽车修理厂3户企业产权拍卖成功，金南福利橡胶厂等6户企业顺利进行产权协议转让。至1998年6月，全县共完成改制企业356户（工业企业296户）。其中，县属企业21户（工业企业15户），乡镇企业335户（工业企业281户）；共出售资产2.76亿元（工业企业2.38亿元），承包债务2.38亿元（工业企业1.95亿元），出售净收入2481万元（工业2133万元），募集个人股金2270.8万元（工业1952万元）。在改制的335户乡镇企业中，拍卖25户，协议转让63户，售股、售租结合31户，名为集体实为私营完成"摘帽子"193户，挂账建新等其他形式23户，乡镇企业改制面97%。改制后企业建成有限公司的14户、股份合作制的28户。所改制乡镇企业中，工业企业约占84%。

图9-2-1 1997年12月22日，县召开首批乡镇企业产权交易会
县志办／供

1999年9月9日，县委、县政府印发《关于深化全县工业改革的实施意见》，要求调整和完善所有制结构，重点突出产权出售转民营。县造纸厂、汽配厂、刃具厂、阀门厂、羽绒服装总厂、丝绸总厂缫丝分厂等8户完成转民营改制，共出售资产2.2亿元，募集个人股本金959.5万元；实行经营层控投，经营者持大股，职工自愿入股，公有资产参股不控股。全县改制为股份制的乡镇企业结合增量扩股推动股权流动，加快经营层控股和经营者持大股的改革。完善法人治理结构，规范"三会"运行。

2000年，全县全面深化工业企业产权制度改革，实行"一股两置换"，即用"股权"置换企业性质、职工身份。县粮油食品总厂、油脂化学厂、涂沟米厂、闵桥米厂、食品总厂、羽绒厂、植物油脂厂、轻纤集团等20户县属企业实行不同形式的改制，达到国家、集体资产置换到位，国有、集体企业职工身份置换到位；对已改制的乡镇企业全面进行"回头看"，加大集体股退出力度，规范企业运行机制。2001年，县属工业加大国有、集体资本退出力度，进一步调整股权结构；全县深化和完善乡镇企业产权制度改革，企业集体股全部退出，经营层持股不低于80%，经营者不低于51%，有的直接改为私营企业。

2002年，对玻璃仪器厂等6户企业进行产权制度改革；对金莲纸业有限公司、机械有限公司、金鑫实业有限公司、全兴电缆厂等企业进行深化改革；对近40户困难企业顺利实行“一股两置换”。仅经贸委系统，对困难企业采取整块出售、切块出售、先购后租等形式进行公司制改制，10户困难企业筹集和落实改制资金2500万元，安置职工2500多人；6户特困企业盘活存量资产近5000万元，兴办各类加工企业40多户。2003年，全县工业对已改制的企业，按照“机制转换、职工身份置换到位、公有资产监管到位、法人出资到位”进行完善；对已改制的19户困难企业职工安置采用变现资产安置、盘活存量资产安置，政策扶持安置等措施，筹措资金2000万元，安置职工2100多人，占应置换职工身份总数的80%以上。

2004年，全县工业企业完成金荣玻璃公司、服装有限公司、塑编厂等特困企业改制；原织布厂、针织厂、印刷厂等特困企业职工补偿金全部兑现到位；金荣玻璃公司一次性兑付3年，占应兑付数的98%以上。

2005年，兑付、安置工作进入扫尾阶段。是年，金湖县在全市率先完成县镇企业改制，累计兑付职工经济补偿1.3亿元。

第四节　企业兼并与破产

一、企业兼并

1994年1月8日，在金南乡成立苏北首家乡镇企业集团——江苏中大电线电缆集团公司，形成2亿元生产能力。该集团是以江苏全兴电缆厂为核心企业，联合产品设计、研究、生产、设备制造等8户成员单位组成，为跨行业、跨所有制，具有综合功能的电线电缆企业集团。1995年，县面粉厂兼并饲料厂，组建粮油食品总厂，盘活饲料厂的闲置资产1079万元，职工101人整建制并入面粉厂，同时也改善面粉厂仓容不足、厂区狭小制约发展的状况。

1996年，县新组建江苏淮阴汽车零部件集团和江苏爱特福化工集团。2个企业集团通过投资控股等纽带，联络紧密层企业6户，带动半紧密层和松散层企业18户，优化重组后，2集团资产分别为2654.66万元和3759万元。是年，县羽绒厂兼并以肉禽类产品加工为主的食品冷冻厂，强化羽绒生产，拓展发展空间。全县乡以上工业企业中，有4户优势企业兼并或委托代管4户劣势企业。

1998年5月8日，金湖县石油机械集团成立。该集团以金湖机械厂为核心企业，金湖铸锻有限公司、金湖第二石油机械厂、金湖煤矿机械厂为半紧密层企业。是年，江苏省金湖轻仟集团成立。该集团以县棉麻公司为核心企业，以金湖县轻仟实业公司、金鹏丝绸有限公司、宏源实业开发公司、纺织原料公司为紧密层企业，以棉花、蚕茧、兔毛等生产、收购、加工、销售等多种经营为一体，集团拥有固定资产3935.97万元，职工1309人。1999年，金湖汽车零配件集团成立。该集团以县汽车配件厂为核心企业，轿车有限公司、刃具厂、金大众轿车维修中心为紧密层企业，县夹沟冲压件厂、官塘农具厂、戴楼弹簧、宝应红星压铸厂、白马湖农机厂为松散层企业。

2003年，江苏爱特福药物保健品有限公司成立。以爱特福公司为核心企业的江苏爱特福化工集团，拥有紧密层企业8户，半紧密层企业4户，松散企业8户，公司占地32万平方米、固定资产3.5亿元，职工568人，其中专业技术人员150多人。是年12月，金湖石油机械有限公司变更资本，更名为江苏金石集团有限公司。以金湖石油机械有限公司为核心企业，下辖金湖铸锻有限公司等子公司8个，占地10.5公顷，在岗职工350人。至2005年底，企业兼并工作未有新的发展。

二、企业破产

1995年2月27日，金湖县城南化工厂经县人民法院裁定，宣布破产。该厂建于1976年，破产前已停产3年以上，破产时总资产6.3万元，总负债145.02万元，负债率高达2301.9%。通过清偿，共偿还资金0.66万元，实物折价5.63万元。是年11月30日，县特种油品厂宣布破产。总资产7.04万元，总负债158.71万元，资不抵债151.66万元，共偿还现金4.91万元，实物折价2.14万元。

1996年12月，金湖县酒厂破产。该厂创建于1960年，破产时企业总资产260万元，其中固定资产126万元（不含土地资产155万元），应收货款134万元，总负债600万元，负债率230.77%。其在全县国营工业企业中被首家依法破产。破产时，全厂在册职工178人，除李永祥等6人自谋职业外，其余人员在经委直属企业中进行分流。共需优抚费、抚恤费、养老费、医药费、安置费等200余万元，县政府依据《中华人民共和国企业破产法》和相关政策，将酒厂的土地使用权转让给县育才小学，获取转让费210万元，全部用于职工安置。对其他剩余资产，用于抵债、拍卖变现还债，偿还债务78万元，清偿率13%。

1997年12月国营金湖中荣玻璃器皿厂，1999年金湖县丝绸总厂，2005年金湖县野生绿色食品厂、金湖县制鞋总厂等工业企业相继破产，均按照《中华人民共和国企业破产法》规定的程序，核清资产，妥善安置职工，归还债务，提高清偿率，基本实现企业破产无震动，保持社会和谐稳定。

第三章　商贸体制改革

第一节　国有商业体制改革

1986年，全县国有商业企业开始推行经理负责制。县农机公司、水产供销公司、百货公司、饮服公司、羽绒服装厂列入试点单位。1987年，经过严格的经济指标测算、民主测评、职工推荐等程序，百货公司、饮服公司于3月分别召开职工大会，通过企业改制方案，新聘任经理发表就职讲话，并签订为期3年的承包合同。是年底，全县商业企业全部实行经理负责制。1990年，全县商业企业进行企业内部改革。百货公司、五交化公司、糖酒公司以批发为主的企业在经营上将专业划细，核算划小，实行责任制；在分配上实行浮动工资，幅度30% ~50%；在劳动管理上实行“双向”选择，优化组合，定岗定人；商业零售企业实行奖金与劳效挂钩和“双百”工资含量计酬制度；饮服公司等边、小、微、亏门点实行承包经营或租赁经营；食品公司各基层食品站实行集体承包，在确保完成上缴利润、管理费、退休统筹费、折旧费等任务后，实行自主分配。1991年，县百货公司实现销售3200万元，利润36万元，被省政府授予文明单位称号。

1992年5月，全县商业企业全面推行以放开经营、放开价格、放开用工、放开分配为主要内容的“四放开”改革，在百货公司进行试点：干部实行聘用制，能上能下；职工“双向选择”，竞争上岗，允许企业内部待岗、停薪留职，内部退养、按职工总数的2%推向社会自谋职业；工资全额浮动，初期上不封顶、下不保底；1年后，改为上不封顶，下保基本生活费；经营上不受行业限制，只要国家没有明令禁止不允许经营的商品都可以经营。至1994年，全县商业企业实行风险抵押承包和抽底硬包门店55个，实行租赁经营门店34个，批发公司内批发部或批发组（柜）组建新的批发分公司或批发部，独立经营，全县共组建分公司和批发部近40个。1995年起，金湖商场、中百一店等大型商场也推进柜组硬承包。1997年12月，金湖商场实行国有民营，将商场内36个柜组划细到40个，进行柜组抽底承包，共收取承包费40多万元，商品资金63万元。至1999年底，全县商业系统共有门市部（批发部、营业部）48个，柜组实行硬承包231个；22个基层食品站中，实行硬承包4个，资产责任经营18个。

2000年6月起，全县商业企业进行产权制度改革，实行国有资产退出，民营资本进入，建立现代企业制度。是年，县百货公司等7户商业企业改制为有限公司，募集股本金475万元。改制形式包括净资产出售、售租结合、建新租旧等。改制成立新企业后，均保留原建制，处理遗留问题。新企业坚持经营者持大股、经营层控股、职工自愿入股原则。原企业领导班子成员进入董事会或执行监事，原企业法定代表人均为新企业董事长。在产权转让中，坚持公正、公平、公开原则，面向全社会竞标。县五交化公司抬标50万元，县糖烟酒公司抬标30万元，其余5户商业企业通过议标完成改制。改制企业员工实行全员终止或解除劳动合同，支付补偿金或内退（补偿金支付为一次性或分3年结清），被新企业聘用上岗者，与新企业重新确定用工关系，经济补偿金带入新企业建立风险金。

2001年初，原金湖县家电总公司随着商业产权制度改革的深化，国有资本有序退出流通领域，改制成立民营企业金湖县宝利来家电经营有限责任公司，经营面积1500平方米，注册资本50万元，董事长兼总经理韩福刚。是年3月，县百货大楼（始建于1960年，县“老字号”商贸企业）实施民营改制招标，宝利来公司投资500万元中标，成功并购百货大楼，开全县民营企业并购国有大中型商场的先河。是年底，宝利来家电经营有限责任公司下辖宝利来百货大楼、家电商城2个大中型商场和1个房地产开发部，职工86人，固定资产2300万元，经营场地3800平方米。主要经营家用电器、百货和房地产开发等。至年底，全县共有改制转民营的商业企业14户。是年12月，撤销县贸易局，成立贸易资产管理公司（先为领导小组），划归县经济贸易委员会。

2002年2月1日，县政府办发文，撤销贸易资产管理公司和物资资产管理公司，成立县物资贸易资产经营管理公司，隶属县经贸委。年内，公司加大改革力度，继续探索国有资产处置、下岗职工分流路子，变商品经营为资产经营，加快国有资本退出。是年，世记食品有限责任公司、广誉液化气有限责任公司、裕华食品有限责任公司、建材公司先后完成产权制度改革。至年底，隶属公司管理的改制企业累计有18户，占企业总数82%。是年9月28日，上海家得利超市金湖店开业。该超市由县帝业百货有限公司利用所属中百一店资产和上海家得利超市共同开发经营。营业面积4500平方米，经营百货、食品、纺织等品种近万个，开业当天实现营业额30万元，至年底，实现销售额200万元。2003年，县物资贸易资产管理经营公司对所属的23户特困企业进行资产处置、职工安置工作。至年底，共有终止劳动关系职工848人，职工身份置换率99%；共兑付经济补偿金432万元，兑付率65%；落实职工集资款、欠发工资等费用737万元。至2005年，未有新的变化。

第二节　供销体制改革

1987年，实行经理（厂长）任期目标责任制，县供销社所属县城企业8户（公司4户、商场1户、厂3户）实行经理（厂长）负责制，并在全系统推行以经济效益为中心，以“基数承包，超利分成”“定额上缴，全奖全赔”“计件工资、以产计酬”“工资浮动，三联计酬”等为主要形式的多种承包经营责任制改革。1990年，总结第一轮承包工作，完善第二轮承包方案。完善的总体目标是：健全科学承包指标体系，合理确定承包基数，抑制企业短期行为，促进企业内部挖潜，正确处理三者关系，保护职工长远利益，提高企业综合经济效益和管理水平。

1992年，县供销社系统推行以放开经营、放开价格、放开用工、放开分配为主要内容的“四放开”改革。3月初，选择县生活用品公司和黎城供销社试点，5月下旬在全系统全面推行，8月底系统内流通企业“四放开”改革和企业综合改革全部落实到位，拓宽企业经营范围，扩大企业定价权，搞活劳动用工制度。1993年，供销社系统深化改革，仍然以转换企业经营机制，完善和深化承包责任制为重点，推行“双层经营、柜组承包”的改革。并在所有零售企业全面推行“四自三包两抵押”的双层经营，即自筹资金、自主经营、自负盈亏、自由组合，包缴足税金、包缴足利润、包库存商品还本付息，风险抵押和资产负抵押。在坚持资产所有权不变、企业性质不变、隶属关系不变、职工身份不变的情况下，根据“包而不乱、管而不死、放而有度、活而有序”的要求强化企业风险激励机制，推动企业真正走向市场。全系统29户商业企业，75户门店、柜组、经营部、供销站全面实行多种形式经营承包责任制后，经济效益普遍增长；经营部、供销站137户亏损面由上年39户下降到11户，降低70%。

1994年，全系统又采取10种经营承包责任制形式：①“五统一押”。对县公司所属综合性商场和基层社中经营、效益较稳定的商场，实行统一管理、统一作价、统一进货、统一纳税、统一核算；柜组实行联销、联利考核，职工人均缴纳3000元风险抵押金。②“四自一押”。基层社部分生活资料柜组、门店，核定资金额度由基层社直接向柜组、门店发包。实行自筹资金、自主经营、自行分配、自负盈亏：职工缴纳风险抵押金额度必须占核定资金的50%或上缴利税总额的80%，人均3000元以上。③专线切块承包。对农业生产资料供应、农副产品收购、废旧物资回收、综合批发（包括外购外销）行业，实行专线切块承包，超利、欠利按比例奖赔。④抽本承包。对经营中长期保本微利的生活资料柜组、门店，实行全额、定额和分期抽本承包，承包期满后商品不得退还。并网发电用财产抵押。⑤租赁承包。对边小微亏的或扭亏无望的门店、站以及闲置房产，实行租赁承包，一次性收取租金。⑥定额上缴。对不具备出租条件的门店和供销站，实行定额上缴承包。⑦“三包一定”。对汽车、手扶拖拉机等车辆驾驶人员，实行包公里油耗、包维修费用、包行车安全，固定上缴。⑧停薪留职、固定上缴。对落聘的正式职工，办理停薪留职手续，年上缴养老保险金和管理费1000~1500元。⑨职利挂钩、双向考核。对行管人员，在完成本职工作的同时，须人均创收500~1000元，未完成者年终以本人风险抵押金弥补。⑩核定利润、超利分成。对自愿组织外购外销的非承包人员，在完成核定利润指标的基础上，超利部分实行分成。是年，全系统商业企业30户，门店、柜组、经营部、供销站751个，共落实承包利税1450万元，收取风险抵押金760万元，收回本金710万元；生活资料门市、柜组614个，70%以上销售、利税比上年增长，县供销社改革经验在全省供销社系统推广。

1995年，县供销社对上述10种承包责任制形式进一步完善和规范：①将“五统一押”新增加核定销售毛利（或利润）实行按超、减比例奖赔。②改“四自一押”为“二统四自一押”，增加统一管理、统一核算内容。③改“抽本承包”为“全额抽底承包”。对基层社生活资料零售门市、店、站，废旧物资收购部门，实行统一管理、统一核算、自筹资金、自主经营、自主分配、自负盈亏，包死上缴基数，全奖全赔。④改“专线切块承包”为“专线管理、集体风险抵押承包”。工业企业划小核算单位（或分厂），基层社生产资料、农副产品收购、工业品批发等门市按经营范围，实行专线切块承包，核定际包利费，超、减按比例奖赔，或全奖全赔。⑤“租赁承包”不变，新增租赁外企业、租赁外系统门店从事经营缴费内容。⑥改“定额上缴”为“全员风险抵押”承包。对不能划小核算单位的工业企业，干部职工实行缴纳3000~5000元的风险抵押金，由法人代表负责集体承包经营。企业内部制定若干考核奖惩办法。⑦改“三包一定”为“单车核算”。企业车辆实行单车核定费用或上缴利费，由部门或个人（驾驶员）承包经营。⑧改“核定利润，超利分成”为“股利制”，采取“先售后股”办法施行，逐步向股份制、股份合同制改革过渡。

1996年起，县供销社把改革重点放在增强企业内部承包经营的约束机制和深化企业团体承包经营的风险机制上。是年，县供销社规定所有企业一切承包经营活动，必须以合同形式为依据，符合法律规定的要求。实行先缴后包或先缴后租。1997年，县供销总社在全系统全面推行团体风险抵押承包(承包团体成员包括正副经理、厂长，正副主任，书记、工会主席及主办会计)，企业承包中团体成员个人以现金向县总社缴纳风险抵押金。缴风险抵押金的数额是根据企业经济效益目标和成员职务高低，分为1000~10000元的6个抵押档次。实行亏损以风险金抵押按比例赔偿制度，风险金实行欠额补足，滚动使用。

1998年起，县供销社将改革重点由转变商品经营方式转向到资本、资产经营上，推进建立现代企业制度。是年2月，金城宾馆实行切块承包经营，由内部职工竞标上岗；4月，经仟集团所属棉麻公司和经仟公司分别改制为棉麻有限责任公司和经仟有限责任公司，根据自愿原则，由职工配股，股东每人认股4000元，中层管理人员每人认股1万元，领导层每人认股3万元，两公司分别募集股金102.6万元和35.6万元；9月，华昌商厦实行内部职工集体承包经营；10月，县收回公司经营门点租赁给内部职工承包经营；11月，县供销商场柜组实行租赁经营。各基层供销社生活资料门市普遍实行抽底承包经营。1999年，金城商厦40个柜组首次进行公开竞标，共收回租金122万元；全县基层供销社除白马湖、涂沟2社外，其余基层社门市、柜组全部实行租赁经营，收回租金120多万元。是年，供销商场将二楼800平方米营业场地，租给南京天天食品有限公司搞食府，年租金4万元。是年，全县供销社还出售房屋4800平方米，盘活存量资产500多万元。2000年9月，县供销总社将金城宾馆资产（原值1280万元，占地1500平方米，建筑面积3000平方米）一次性租赁给原法人代表个人经营，租期5年，年租金40万元，年租金占总资产3.12%。2001年，县供销商场一楼整体出租给浙江客商5年，年租金29万元；农工贸城中市场以210万元租赁给内部职工经营15年等，至此供销社系统所属各企业门市、站、点、仓库等设备全部向社会公开租赁。是年，县供销面粉厂以97万元出售给该公司原法人代表个人经营。

2002年，县供销社系统积极开展资产经营。金城商厦东侧临街地皮以135万元转让给县五建公司；将一、二层营业楼以520万元租赁给上海客商经营10年，首期付款300万元，余款分4年缴清；宏源公司将0.8公顷土地以168万元转让开发门面住宅楼；夹沟、塔集、闵桥、金北等基层供销社对一些小、弱、偏门市（店）进行一次性公开竞标出售，实现收益41.2万元，全年全系统共实现各类资产经营收入864.2万元。2003年，县供销社完成全系统最后一户企业改制，即县供销商场。至此，县供销社42户企业（含4户工业企业）改制全面完成，全系统原有职工3909人，除内退113人，离退休595人外，其余人员全部终止劳动关系，职工身份置换100%，列全市同行之首。2005年，县供销社全力盘活资产，引办项目，带动下岗职工就业：利用原植物油脂闲置区，与浙江乐清、常州武进客商合作，投资近1000万元，兴办金常机械加工有限公司；利用基层供销社的大院、站点、仓库，引办粮食、树材、针织、玩具等加工企业15户，全年全系统以引办项目盘活社有资产3000多万元，增加就业岗位500多个，增加下岗职工和农民工工资性收入近300万元。至是年11月，除少数欠钱欠物的职工外，基本兑清了全系统下岗职工补偿金3800多万元。

第三节　粮食体制改革

一、购销体制改革

1986年，金湖贯彻执行中共中央、国务院印发的《关于进一步活跃农村经济十项改革决定》，取消粮食统购，改为合同订购。订购以外的粮食可以自由上市，形成粮食购销的“双轨制”。1987年，执行省政府规定，即粮食定购任务与化肥、柴油、预购定金发放“三挂钩”，农民缴售粮食50公斤，供应标准化肥2.5公斤、柴油0.75公斤（后调整为1升），以统购价按20%贷给农民粮食预购定金。

1993年起，金湖粮食价格放开、经营放开。1994年，又恢复定购“保量放价”，宣布“粮食归三级所有”。1995年，执行粮权归中央，经营归基层的粮食购销政策。1997年，实行保护价敞开收购农民粮食。1998年，粮食部门实行顺价销售，减少亏损。1999年，执行国务院颁布的《粮食收购条例》，敞开收购，户缴户结，不打白条。

2001年7月21日，金湖执行国务院《关于进一步深化粮食流通体制改革的意见》、省政府《关于推进粮食购销市场化改革的实施意见》，全面推进粮食购销市场化改革，取消粮食定购任务；需要新增储备粮、储备轮换粮源、军供粮等，采取订单形式，向全县粮食主产区和种粮大户收购；在一定时期内，农业税原则上采取征收实物办法，充分发挥市场机制对粮食价格形成的作用，粮食的购销价格由市场供求规律确定，原则上不再实行粮食收购保护价。至2005年，粮食市场全面实行经营主体多元化，粮食经营全面步入市场。

二、企业改制

1988年起，金湖粮食购销企业实行购、销、调、费用定额补贴和上缴利润包干。全县22个粮管所签订承包合同，实行计划指标和超计划指标两种留成分配比例办法核算到承包者。粮油工业企业实行工资总额与税利挂钩和指令性工资额包干的办法。同时以扭亏增盈为重点，引进乡镇企业灵活机制，实行企业内部承包。1989年，实行企业全员承包经营的经理（厂长、主任）任期目标责任制。

1995年初，县粮食部门实施法人代表风险抵押承包经营。年初签订企业经营承包合同时，企业法人代表根据经济指标，向县粮食局上缴5000~20000元的风险抵押金，企业副职按正职的70%缴风险金；完成当年经济指标者，兑现奖金封顶额2万元。是年9月，县政府决定，由县面粉厂兼并县饲料厂，成立金湖县粮油食品总厂，隶属县粮油食品（集团）总公司。当年底，共有职工325人，固定资产1700万元，总厂内设厂办、财务、生计3个科室，经营公司、门市各1个，辖有面粉、大米、挂面、饲料4个分厂。1998年，县粮食部门实施转岗分流减员增效措施。嵇圩、闵桥、淮建、金南、石港等粮管所、库共转岗分流40多人，占职工总数四分之一。是年底，全系统共办理退休37人，内退198人，清退46人，停薪留职85人，转岗分流154人。1999年，按照“先分开业务，后分开企业再分离资金”的原则，在嵇圩、金南、塔集所，粮油食品总厂召开主、附营业务分离会办会，完成嵇圩鸡场、金南粮用器具厂、塔集粮食印刷厂的机构、人员、资产分离，将直属粮库整体并入粮油食品总厂，分离资产410万元，分流人员63人。

2000年6月，县粮油食品总厂按照全县企业改制总体部署实施民营改制，改制形式为售、股、租结合。经资产清查、剥离和评估界定，全厂总资产4307.98万元，总负债2348.44万元，净资产1959.54万元，剥离资产1856.06万元，剥离后净资产82.13万元。改制后股本总额258万元（其中职工个人股161万元，国有股76万元，奖励股、量化股21万元）。2001年初，县油脂化学厂按照全县企业改制总体部署，实施建新租旧。经资产清查、剥离和评估，全厂总资产1855.5万元，总负债1436.8万元，净资产418.7万元，剥离资产376.97万元。改制后股本总额60万元，其中经营层持股32万元，职工个人持股28万元。至5月，全厂民营改制完成。

2002年4月，县粮食局制定《粮食购销企业改革实施办法》，对职工劳动关系处置、企业产权处置、职工经济补偿和企业运作作出22条具体规定。成立改革领导小组，抽调局机关20多人进驻各所库，协助指导改革。是年5月20日起，分3批对终止劳动关系的职工进行补偿兑现，兑现补偿金740万元。各企业通过考试、考核、考评实行竞争上岗、择优上岗，粮食购销企业共返聘职工441人。改制后股本总额60万元，其中经营层持股32万元，职工个人股28万元。2003年，闵桥米厂按照有关法律程序，完成企业破产的各项工作，拍卖剩余资产140万元，由原企业租赁者仇曙东一举拍得。原企业职工63人全部终止劳动关系，实行经济补偿。至2005年，企业改制工作未有新的变化。

第四节 物资系统体制改革

1986年，县物资局辖县木材公司、建材公司、机电公司、生资公司、燃料公司、煤球厂等企业，担负全县生产资料物资的购销任务。1987年，县委、县政府把完善企业经营机制作为搞活企业的重点，全面推行经理（厂长）负责制。是年4月，在县燃料公司进行经理（厂长）责任制试点：新选聘的企业领导与主管部门签订目标责任状。其内部实行干部聘任制、一年一聘，职工聘用制、半年一聘，分配实行绩效工资制；公司各科室、班组与经理签订考核目标或承包协议。是年，木材公司、建材公司、机电公司、生资公司、煤球厂等主要企业都完成企业经营体制改革，实行经理（厂长）负责制。至1988年2月，物资系统11户企业全部完成目标责任制；企业内部对边小微亏科室、门店尝试费用包干、利润承包等形式来调动职工的积极性。木材公司木材库实行运杂费包干，节省部分留给职工分成。生资公司的青年商店实行利润承包。是年，全县物资系统销售首次突破亿元大关，达到11584.5万元、利润124.1万元，比上年增长124.5%和17.8%。县燃料公司被省物资厅授予“先进单位”称号。1991年，全县物资系统销售2.44亿元，利润只有55.6万元，比前2年大幅度下降。生资公司、木材公司、机电公司等6户企业已发生亏损。

1992年5月起，县物资系统进行以放开经营、放开价格、放开用工、放开分配为主要内容的“四放开”改革。在县机电公司、燃料公司试点，至年底，全系统14户企业全部完成“四放开”改革。在经营上，机电公司把市场的重点放在上海、苏州、无锡、南京等南方大中城市，设办事处、分公司，两头在外，搞活经营。1992年，该公司销售汽车106辆，机床182台，实现销售2500万元，占总销售额71%。在分配上，机电公司实行岗位工资和效益工资制度，向经营能手倾斜；劳效工资包括费用包干、毛利五五分成、利润四六分成等。县燃料公司将企业一分为三，成立煤炭销售公司、煤石化公司和城西液化气站，向外扩张经营。县物资局机关成立物资集团公司。至1993年底，物资系统新组建汽贸中心、金属材料中心、机电产品公司等大小公司8户，有的公司只有3~4人，无资产、无场地，抗风险能力较差。

1995年5月，县批准煤石化公司“先售后股”改制方案。这是全县流通企业中首家实行“先售后股”的企业，改制为股份合作制公司。该公司股本总额15万元，每500元1股，共300股，由本企业职工认购，股权可在公司内部职工中转让。1997年12月，县物资商厦被县列为零售企业改制试点单位。至1998年4月，物资商厦实行“售租结合，公有民营”，即企业的性质、名称、法人资格、职工身份不变，将经营权交给职工，柜台对内招标租赁，库存商品售给职工。职工投标竞标，16个柜组全部租赁出去，承包金31万元，回笼库存商品金额17万元。汽贸中心、燃料公司、建材公司、物资再生利用公司等13户企业采用部门划细、业务硬承包的办法，即公司只提供营业执照、公章、发票、部分资金，经营权全交给职工，费用包干，利润分成。

2000年起，县物资系统部分有经营能力的职工，利用原企业场地、资源，独立注册民营企业。物资再生利用公司在南钢成立的再生资源有限公司，金属建材公司新成立金鑫金属回收有限公司、华伟物资贸易有限公司等，都从原企业完全独立出来，自筹资金、自主经营、自负盈亏、自我发展。是年12月起，全县物资系统企业全面进行“一股两置换”改革，即以股权置换企业性质、职工身份。其主要形式是租旧建新、挂账建新、整体出售。金源压铸件有限公司原是物资实业总公司的压铸件厂，从总公司剥离出来后，进县工业园区征用2公顷土地发展。2003年5月，县城西液化气站以整体出售的形式完成改制，组建广誉液化气有限公司。是年11月，位于人民路26号的物资大楼整体转让给浙江客商，这是全县首家国有商场整体转让。至此，全县物资系统18户企业全部实现“一股两置换”。至2005年，这种状况未有变化。

第五节 外贸体制改革

1986年，对外贸易由国家统一领导、统一管理，外贸专业公司统一经营，实行指令性计划和统负盈亏的高度集中的经营体制。县外贸公司主要为省、市专业外贸公司组织货源，充当“二传手”，人权、财权归省、市。

1992年起，外贸经营体制改为块块管理、市场化运作，县外贸经营与省、市脱钩“断奶”，人权、财权归县管，实行“独立核算，自负盈亏”“找米下锅”。1994年，金湖县外贸公司取得淮阴市外贸公司对外经营延伸权。1995年，外贸公司下属5个科室分别改为二级分公司，即外贸公司工业品公司、粮油食品公司、土产品公司、畜产品公司和轻纺织品公司。1996年5月，正式取得国家对外经济贸易合作部赋予的直接对外贸易经营权。

1998年7月7日，县外经贸委和外贸公司政企分开，县外贸公司为全民企业，独立核算，自主经营，自负盈亏，享有进出口经营权，按照外经贸部核准的经营范围从事进出口业务。

2000年下半年，县外贸公司改制为股份制民营企业，原有资产和人员实行重组和分流。原金湖县对外贸易进出口有限公司继续承担原有债权债务，新成立金湖金盛进出口贸易有限公司（股份制），承担全县进出口经营责任和义务。2001年，县发改委作出《关于金盛进出口贸易有限公司深化和完善企业改制方案的批复》，继续完善改制过程中遗留的资产处置、人员安置等问题。2003年，县外贸公司改制结束。至2005年底，全县有自营出口企业金湖晶莹创业商贸、江苏金石机械集团、江苏输油泵等17户，自营出口额1811.16万美元。

第四章 宏观调控体制改革

第一节 计划体制改革

1986年，县计委对全县计划管理由“以计划经济为主，市场调节为辅”逐步向“以市场调节为主，计划经济为辅”方向过渡。指令性计划大幅缩减，指导性计划和市场调节的作用范围明显扩大。农业方面，对粮、棉、油等重要农副产品的播种面积和产量的指令性计划全部改为指导性计划，实行自主种植、综合平衡的管理方式；取消收购环节的统购派购任务，实行合同定购和市场收购。工业方面，有步骤地缩小指令性计划范围，逐步实现指导性计划和市场调节。流通方面，国家统配物资品种逐步减少，生产资料正式成为商品，由国家统一调拨转变为市场调控。

1993年起，逐步建立社会主义市场经济体制，指令性计划大部分被取消，改为指导性计划，但基本建设计划、户口“农转非”计划仍被保留。1997年起，随着社会主义市场经济体制的初步建立，计划工作职能由微观经济管理转向宏观经济管理，加强对经济运行质态的监测分析，为经济社会发展做好参谋、协调、服务工作。是年，除户口“农转非”与固定资产投资项目外，指令性计划全部取消。

1998年，计划管理由重视年度计划的制定转为重视中长期计划制定，工业品由市场取舍，资源由市场配置。2003年5月1日起，县发改委取消户口“农转非”计划。2005年，县发改委审批固定资产投资项目128个，并做好固定资产投资1000万以上重点项目的跟踪督察服务工作。

第二节 财政体制改革

一、县财政体制

1986年，淮阴市在原省定的全额比例包干的基础上，对金湖县实行财政收支挂钩的结算体制。规定以1983年财政收支实绩作为基数，核定金湖县财政收支挂钩比例为74.6%。是年，金湖实现财政收入17019万元，实际参与分成的收入数应为15722万元，按包干比例计算的分成收入则为11729万元，少分成3993万元。是年，全县粮食、棉花、蔬菜、民用煤销售等进行价差补助1441万元；农业税折征代金后增加的收入按25%比例留用88万元；屠宰税按上年决算数一半给予补助64万元；小化肥降价补助183万元；罚没收入用于办案经费补助2万元，其他补助550万元。1991年起，国家对棉花不再实行差价补助。1992年，对平抑市价的肉食、蔬菜价差补贴实行减半，到1993年取消补贴。

1994年起，金湖实行分税制财政体制。淮阴市核定金湖县税收返还基数2625万元。是年，税收返还递增率按上划增值税和消费税增长率的1∶0.25系数确定：增值税地方留成25%，比基数增长的部分省分成50%，印花税省集中20%；城镇土地使用税省集中20%，资源税分成30%，土地增值税分成上缴20%，排污费省集中14.5%，水资源费上解8%，核定原体制收入递增包干上解654万元。是年，金湖县财政体制结算情况是：实现县级预算收入2082万元，税收返还收入2469万元，其中基数返还2625万元，两税递增返还87万元，未完成两税目标扣款243万元；省市补助923万元，其中粮食商业政策性亏损补助684万元，罚没收入用于办案经费补助7万元，困难县体制补助30万元，财力补助180万元，其他补助22万元；原体制收入递增包干上解654万元；专项上解104万元，其中固定上解或补助负62万元，增值税省分成50%部分62万元，省集中排污费、耕地占用税、印花税、城镇土地使用税等59万元，资源税省分成部分22万元，外贸出口退税地方负担上解6万元，到2000年底，金湖县一直执行分税制财政体制。

2001年起，淮安市对金湖的财政管理体制作相应调整，完善分税制财政体制。取消省集中增值税12.5%和印花税等税费比例分成或集中的政策，原上缴省的部分，以2000年为基数，实行定额上缴1454万元，其中原体制上解为654万元，体制调整核定两税及小税种上解800万元。以2000年为基期年，核定税收返还基数3366万元。2001年起，省取消税收返还增量集中5%的政策，税收返还比2000年基数增长的部分，省统一集中20%。由此核定金湖2000年地方一般预算收入基数6274万元，比基数增长部分，省统一集中20%。2002年，实行所得税分享改革财政体制，对企业所得税，以2000年收入实绩乘以1998—2000年3年平均增幅计算，核定金湖基数1708万元，对个人所得税以2001年实绩核定基数881万元。超基数部分中央地方实行五五分成，2003年及以后六四分成。基数内平时入库被中央集中部分，到年底结算时中央作为补助返还；比基数减少部分，中央将在结算中扣减。2004年，金湖县实行出口退税由中央地方共同负担的办法。以2001年为基期年，核定退税基数，超基数部分，中央地方按75∶25的比例共同负担；2005年起，负担比例调整为92.5∶7.5。

二、乡（镇）财政体制

1986年起，金湖对乡镇实行收支两条线的财政管理体制，即“统收统支”体制。乡（镇）收入全部上缴县财政，乡（镇）支出全部由县财政统一安排。1986年，全县22个乡镇收入合计1173万元，当年安排支出936万元。

1994年起，对乡镇财政实行“收支挂钩”的财政管理体制。划分收支范围，核定收支基数，定额包干上解（补助），超收比例分成，短收全额自负，一定两年不变。1994年，核定22个乡镇收入基数合计1820.3万元，核定乡镇支出基数1078.18万元，定额上解742.12万元，支出占收入比重为59.23%。

1996年起，按照“分税制”的财政管理体制要求，税收返还数额以1995年为基期年核定，基数部分将原体制计算出税收返还数额，全额返还各乡镇。基数逐年递增，递增率按各乡镇上划中央增值税和消费税增长率的1∶0.25系数确定，对未达基数的将相应扣减税收返还基数；基数内对各乡镇实行定额上解和定额补助，仍按原体制办法执行；对各乡镇超收县应分成部分，以1995年为基数，凡乡镇行政事业单位财政预算内供给人数人均财力不足5500元的，由县财政补足到5500预案，实行定额补助，一定三年，不增基数，年终结算。

2000年，对撤并的乡镇财政体制仍按1996年确定的原乡镇财政体制上解或补贴计算给合并后的新乡镇。以1999年的人均财力为依据，不足1万元的补足到1万元；农业特产税收入20%纳入农发基金专户，用于农业开发项目经费配套。

2001—2002年，乡镇仍执行1996年财政体制，以2000年为基期年，核定地方财政收入基数和税收返还基数。2001年比基数增长部分，省统一集中20%；对农业税、农业特产税省不集中，以支持农村税费改革。此间，全县对享受财政转移支付的乡镇在保证工资按时发放、机关正常运转、年度财政收支平衡的前提下，实行补助增长与财政收入增长挂钩的办法，即地方财政收入每增长1%，补助总额增长1.1%，补助增长幅度最高不超过15%。

2003年，对各镇财政管理体制进行调整。主要有：以2002年一般预算收入和补助收入为依据，剔除正常的农村税费改革转移支付补助、非正常补助收入、农村费改税后农业税、农业特产税收入应补助到村部分，计算2002年财力；以1993年的财政供养人口为基期年，1994年后按每年3%的速度递增，计算出2002年末标准财政供养人口；以调整后2002年人均财力1.24万元为标准，不足部分按50%补足；将原有老体制补助和原公费医疗补助合并，作为一般转移支付的固定补助，一定三年；核定各镇在职教师工资、离退休金、福利和医疗经费，作为定额上解财力基数。

2005年，金湖对原有财政管理体制进行调整，采取“划分税种、核定收支、差额补助、结余上解、超收分成、短收自负”的新财政管理体制。根据各镇财政收入增幅情况县镇按比例分成，其比例为：增幅低于15%的镇不予分成，增幅15% ~20%的为3∶7，增幅20% ~35%的为2∶8，增幅35%以上的为1∶9。

三、会计委派制

2000年10月26日，县直行政事业单位会计管理体制实施全面改革。将会计人员从原单位分离出来，成立专门会计管理机构——金湖县会计中心，隶属县财政局，实行会计委派和会计报账制。对财务收支量较大、会计业务较繁杂一级（主管部门）和二级（下属单位）综合预算管理单位，由县会计中心委派会计人员；对财务收支量较小、财务操作简单一级（主管部门）和二级（下属单位）综合预算单位实行单据报账制，单位不再设立会计机构和会计人员，只配报账员1人。实行单据报账制的一级单位，直接到县会计中心报账，财务收支由县会计中心统一核算管理；实行单据报账制的二级预算单位，直接到主管部门报账，财务收支由主管部门委派的会计负责统一核算管理。全县实行一级会计委派部门19个，实行二级会计委派单位18个；实行一级报账制部门和单位36个，实行二级报账制单位42个。

2001年1月16日，县政府印发《金湖县直机关事业单位会计管理体制改革实施细则》，明确所有综合预算管理单位根据财务收支量和业务繁简分别实行会计委派制和单位报账制两种形式，全县行政事业单位会计委派和结算工作正式实施。县会计中心围绕三个方面做好会计委派工作。首先是建章立制，规范行为，不断加大财务监督管理工作力度。根据委派会计人员岗位设置和兼职报账员工作特点，制订考核细则和奖惩办法；定期组织会计人员互审检查，对互审结果公开通报，并作为年度考核主要依据。其次是抓好培训，夯实基础，不断提高会计人员业务素质。先后举办会计业务培训班4次，邀请专家作业务专题讲座，对所学知识进行测试，测试结果作为年终考核依据之一；鼓励和支持会计人员参加全国会计职称报考和相关知识培训学习，为提高业务素质创造条件。再次是加强行风建设，不断提高会计人员政治素质。坚持每月一次政治学习制度；制订委派会计“十不准”制度，明确要求委派会计不得享受派驻单位一切奖金福利和补助；坚持按年初制订考评办法，对会计人员进行综合素质考评，并奖惩兑现。是年，共取消乱收费项目7项，调整收费标准8项，取消补助项目23项，降低补助标准20项，阻止单位发放奖金、补助、实物63次，拒报不合法票据94张，杜绝违纪金额119.82万元。2002年，县会计中心在所有委派单位全面推广会计电算化；同时建立财务互审制度，互审办法是将各单位的会计凭证，账簿送会计中心，然后由各单位委派会计进行交叉审计。2004年，会计中心到委派单位就地审计。2005年起，抽调精干人员互审，提高审计质量。

四、政府采购

1996年起，全县开展政府采购管理工作，由县财政局预算科设立专人管理审批。1999年，县财政局成立政府采购管理科，负责对全县所有行政事业单位的政府采购进行管理，制定《金湖县政府采购暂行办法》及相关实施细则，采取“先大宗、后小件、先易后难、逐步推开”的办法，逐步实施到位，首先实施车辆集中保险、车辆定点加油、集中采购办公用纸等。

2003年，国家颁布《中华人民共和国政府采购法》，进一步规范政府采购行为。2004年，金湖县县级集中采购目录、政府采购限额和招标数额标准，得到市政府批准，同年执行。集中采购目录涉及三大类（即货物类、工程类和服务类）近百种商品，货物类、服务类项目单项或同批预算金额在20万元以上，工程类项目单项或同批预算金额在50万元以上，实行公开招标。2003年，先后印发《金湖县政府采购运行规程暂行办法》《关于成立县政府采购工作领导小组》《关于进一步做好政府采购工作的意见》等一系列规范性文件，同时与专项检查相结合，有力地维护国家利益和社会公共利益。到2005年底，采购总额具备一定规模。

1996—2005年金湖县政府采购统计表

表9-4-1

年份	采购金额（万元）	节约资金（万元）	节约率（%）	年份	采购金额（万元）	节约资金（万元）	节约率（%）
1996	6504	561	8.63	2001	12580	926	7.36
1997	7536	602	7.99	2002	16380	1096	6.69
1998	8990	792	8.81	2003	18280	1426	7.80
1999	9883	713	7.21	2004	19580	1426	7.28
2000	11680	916	7.84	2005	21380	1526	7.14

说明：采购金额为货物、工程、服务三大类金额。

第三节 金融体制改革

一、国有专业银行改革

中国农业银行金湖县支行恢复于1980年1月。1986年，县农行兼代理行使管理农村信用合作社职能，代理财政管理支农资金，具有管理和经营的双重职能。1995年末，县信用社与县农行“脱钩”。1996年8月，国务院印发《关于农村金融体制改革的决定》。当年末，金湖县农业发展银行与县农行完全分开。至2005年底，县农行撤并全县所有农村乡镇网点，保留金湖农行营业部、黎城分理处等8个城区网点。

中国建设银行金湖县支行于1984年3月成立，行使财政拨款和工程预决算的财政职能。1986年隶属中国建设银行淮阴市分行，全面开办人民币结算和存款等银行业务。2004年更名为中国建设银行股份有限公司金湖支行，为单点式支行。2005年，县建行内设机构进行第三次改革，设立营业部、客户部、办公室“二部一室”，完成高效运转的运营体制，即全县首家离行式自助银行投入运行。

中国工商银行金湖县支行于1984年1月1日成立，重点服务城乡工商企业和城乡居民的经营网络体系，并在存、贷、汇等基础业务领域确立县内金融业的优势地位。1986年，县工商银行代理中国人民银行金湖县支行的业务。2005年10月28日，中国工商银行金湖县支行经过股份制改造，更名为中国工商银行股份有限公司金湖支行。

中国银行金湖县支行于1992年7月7日成立，8月18日对外营业。主要办理人民币及外币储蓄业务，外币兑换及企业存贷款业务。2005年8月股份制改造后，中国银行金湖县支行更名为中国银行股份有限公司金湖支行。

二、国有政策性银行改革

1994年4月起，中国人民银行金湖县支行按照国务院《关于农村金融体制改革决定》的精神，改变县农业银行一身两任、职能不清、风险责任不明等状况，参与组建中国农业发展银行金湖支行，作为国家政策性银行分支机构。1996年10月18日，中国农业发展银行金湖支行成立，11月30日接受原由农行代理的金融业务。其主要任务是按照国家产业政策，以国家信用为基础，筹集农业政策性信贷资金，承担全县粮棉油储备、主要农副产品合同收购、农业开发等方面的政策性贷款，代理财政性支农资金的拨付，为农业和农村经济发展服务。至2005年，该体制未变。

三、农村金融机构改革

金湖县农村信用合作联社于1985年3月成立，是集体性质的农村合作金融组织。1995年12月25日，县信用联社与县农行实行分门办公。信用联社具体负责全县农信社经营管理。1997年，县人行开始承担对农信社的监管和行业管理。信用联社根据行业管理要求，在全县信用社系统逐步推行资产负债比例中的存贷款比例管理，加强对信用社信贷资产风险的防范和管理，把信用社的存贷款比例控制在75%以内，对存贷款比例在90%以上的高风险社进行监控。2003年8月，根据国务院《深化农村信用社改革试点方案》，信用社与中国人民银行脱钩，归地方政府管理，组建省级信用联社，统一管理辖区内信用社。至2005年，该体制未变。

四、保险机构改革

中国人民保险公司金湖县支公司成立于1980年8月。1986年，县保险支公司主要为企业办理财产保险与理赔业务。1994年，县保险支公司在全县22个乡镇分别设有保险服务所。是年底，全县实行财产、人寿保险业务分业经营，单独成立南京人寿保险股份有限公司金湖县代理处，为正科级非银行金融机构，经营人寿保险业务；县保险公司专门经营财产保险业务。1996年，中国人民保险公司金湖县支公司完成体制改革，分设为中保财产保险有限公司金湖县支公司、中保人寿保险有限公司金湖县支公司，原南京人寿保险股份有限公司金湖县代理处并入中保人寿保险有限公司金湖县支公司。

2002年5月起，中国太平洋保险有限公司金湖支公司，平安保险公司财产、人寿有限公司金湖支公司等7户保险公司成立，在保险界出现寿险和财产险分业经营的局面。随着寿险市场上经营主体的增多，保险产品的种类也不断增加，除团体人身意外伤害保险、简易人身保险、养老保险之外，又陆续扩展到各种医疗保险、子女教育保险、婚嫁保险、团体人身保险等险种。

第四节　价格体制改革

1986年，县物价工作由县物价委员会负责，县物价委与县计委合署办公。是年，按照“国家调节市场、市场引导企业”的运行模式，采取“以调为主，以放为辅”的方针，以价格形成机制为重点，放开部分农产品价格和多种消费品价格，实行工业生产资料双轨制。1987年，取消县物价委员会，成立县物价局。1988年，全县放开蔬菜价格和蔬菜计划管理，实行政府指导价和议购议销政策，取消豆制品（凭票）平价定量供应，实行副食品价格补贴。这一时期，由于国家调价商品1500多种，价格放开的商品比重占45%，生产资料价格双轨制一度造成平议差价过大，引发物价大幅上涨。1990年，县政府放开地产砖瓦价格。

1992年，县政府制定关于改善价格管理的意见，规定除属国家管理的商品种类外，其余商品价格全部放开，由企业自主定价；除国家规定的最高限价外，取消计划外物资的各类差价，由企业根据市场供求状况自行确定；放开部分商品的经营差率，由企业根据经营条件、成本水平自行制定价格；粮食部门经营合同定购以外的粮油商品，价格放开，由企业随行就市，自主定价，必要时实行最高限价；实行商品优质优价，鼓励和开发生产适销对路产品等。1993年，县政府放开粮油销售价格，取消凭票证供应，把粮油价格列入政府监审目录，实行行业议价、提价申报和经营差率控制。1997年，县政府实行“菜篮子”“米袋子”物价调控目标责任制，与政府各部门签订物价调控目标责任状，使物价高位涨幅得到有效控制。至1997年底，全县放开的商品价格95%以上。1998年，执行《中华人民共和国价格法》，实行宏观调控下主要由市场形成的价格机制。

2001年，县政府制定关于服务全县经济的若干意见，将价格改革转向以“清费、治乱、减负”为重心，全面清理乱收费，推行公用事业价格市场化改革。至2004年，县物价部门加强自来水、统配电、液化气、商品房、化肥、药品等主要民生商品价格管理，同时实施行政事业收费许可证制度，共取消乱收费项目484项，降低项目标准137项，减轻企业和群众负担6852万元；加大价格监督检查力度，规范价格秩序，制止不正当价格行为，开展教育收费、医疗收费两大热点专项整治，共查处价格违法案件1281件，经济处罚728万元，退还用户1613万元。至2005年底，金湖由市场调节的价格形成机制初步建立。

第五章　行政管理体制改革

第一节　党政机构改革

一、县级党政机构改革

1996年9月至1997年7月，金湖县实施党政机构改革。此次改革按照省委、省政府关于县级机构改革的意见和市委、市政府批准的《金湖县县级党政机构改革方案》进行，重点是精简机构和人员，以适应经济体制改革需要。

县委工作部门改革：主要是划清职能范围，减少职能交叉，理顺关系，精简内设机构和人员，改善干部队伍结构，提高干部素质和工作效率。具体调整是：撤销县委组织员办公室，其职能移交县委组织部；县委统战部挂“县委台湾工作办公室”（县政府台湾事务办公室）和“县民族宗教事务管理局”牌子；县委农村工作部挂“农村集体资产管理办公室”牌子；县委政法委员会挂“县社会治安综合治理委员会”牌子；县委保密委员会办公室（县国家保密工作局）归口县委办公室管理，为副科级机构；县委机要室更名为县委办公室机要室，归口县委办公室管理，为副科级机构；县委老干部局归口县委组织部管理，为正科级机构。

县政府机构改革：主要是从转变职能入手，逐步理顺各部门之间的关系、政府与企事业单位之间的关系，增强政府对宏观经济活动的管理能力，完善政府的管理体系，加强县政府行政指挥的权威。改革的具体内容为：①规范名称的机构：县城乡建设局更名为县建设局，县土地管理局更名为县国土管理局。②撤销、新组建和职能转移的机构：撤销县标准计量局，组建县技术监督局；撤销县教育局，组建县教育委员会，县职工教育办公室并入县教委；县对外经济贸易委员会列入县政府工作部门；撤销县档案局，其职能移交县委办公室；撤销县经济体制改革委员会、县政府外事办公室、县政府侨务办公室，其职能交县政府办公室；撤销县经济技术协作委员会，其职能交县计划委员会；撤销县蔬菜办公室，其职能交县农业局；县爱国卫生委员会办公室设在县卫生局；县绿化委员会办公室设在县多种经营管理局；县科学技术委员会承担的科技干部和专业技术职称管理职能转移到县人事局。③合署和“一套班子、几块牌子”的机构：县政府法制局与县政府办公室合署，县机构编制委员会办公室与县人事局合署，县体育运动委员会与县文化局合署，县监察局与县纪律检查委员会机关合署，县政府办公室挂“县外事侨务办公室”和“县经济体制改革办公室”牌子，县财政局挂“县国有资产管理局”牌子。④部门管理机构：县信访局归口县政府办公室管理，仍为正科级机构。⑤改为事业单位的机构：县农业资源综合开发利用管理局更名为县农业资源开发局，改为县政府直属正科级事业单位；县水产局改为县政府直属正科级事业单位；县广播电视局为县政府直属正科级事业单位；县农业机械化服务公司更名为县农业机械管理局，为县政府直属正科级事业单位。⑥转为经济实体的机构：县物资局转为县物资集团总公司，暂保留县物资局牌子，行使物资行业管理职能；县商业局转为经济实体，暂挂县贸易局牌子，行使商品流通行业管理职能。1997年8月，县委办、县政府办印发55个部门的机构改革“三定”（定职能、定内设机构、定人员编制）方案。至年底，县级党政机构改革全部完成。

这次县级党政机构改革，原有行政机构中，撤并机构12个，改为事业机构2个，转为经济实体2

个，新列入政府工作部门2个，改变机构名称3个。共设县纪委和党政机构38个，比改革前的62个减少24个，精简38.7%；另设部门管理机构4个，合署办公机构4个，挂牌机构7个，承担政府管理职能的事业局5个。其中：县委工作机构7个，分别是县委办公室（归口管理县委保密委员会办公室〈县国家保密工作局〉、县委办公室机要室）、组织部（归口管理县委老干部局）、宣传部、统战部（挂“县委台湾工作办公室”〈县政府台湾事务办公室〉和“县民族宗教事务管理局”牌子）、政法委（挂“县社会治安综合治理委员会”牌子）、农工部（挂“农村集体资产管理办公室”牌子）、县直机关党委。另设有党校、党史工委（县地方志办公室与其合署）、档案馆。县政府工作机构31个，分别是政府办公室（挂“外事侨务办公室”“经济体制改革办公室”牌子，县政府法制局与其合署）、计划委员会、经济委员会、农业局、教育委员会、公安局、民政局、财政局（挂“国有资产管理局”牌子）、人事局（编委办公室与其合署）、卫生局（爱国卫生运动委员会办公室设在该局）、计生委、审计局、工商局、统计局、劳动局、科委、建设局、交通局、司法局、乡镇局、地税局、国土管理局、文化局（体委与其合署）、环保局、物价局、水利局、粮食局、技术监督局、外经贸委、多管局、信访局。另监察局与纪律检查委员会合署。承担政府管理职能的事业局5个，分别是农业资源开发局、水产局、广播电视局、农机局、地震局。市下达金湖县行政编制680人，核定到党政机关和其他机关625人。与改革前相比，机关现有人员534人，减少31人；内设机构197个，增加32个；部门领导职数142人，减少2人。

2001年，全县实施党政机构改革。县委、县政府先后制定《金湖县县级党政机关机构改革实施方案》《金湖县县级党政机关机构改革人员分流的实施办法》《金湖县县级党政机关机构改革“三定”工作的实施办法》。11月1日，县召开县镇（乡）党政机构和镇乡事业单位机构改革动员大会，进入实施阶段。改革情况如下：

党委部门：保留县纪委机关（县监察局与其合署办公），不再挂“农村集体资产管理办公室”牌子，其职能交县委农工部；保留县委台湾工作办公室（挂“县政府台湾事务办公室”牌子），与县委办合署；县信访局改为党委部门管理机构，由县委办、县政府办共同管理；县委办机要室改为县委办内设机构；县民族宗教局与县委统战部合署，列政府序列，不计机构个数；县综治办与县委政法委合署办公；保留县委办、县委组织部（挂“县委组织员办公室”牌子）、县委宣传部（挂“县文明办”“县外宣办”牌子）、县委统战部、县委农工部、县委政法委；保留县委老干部局，仍由县委组织部管理；保留县委保密办（挂“县国家保密局”牌子，副科级建制），仍由县委办管理；按党章规定，设立县级机关党委，不计机构个数；县编委办列县委工作机构序列，与县人事局合署，不计机构个数。

政府机构：县计划委更名为县发展计划委；县经委更名为县经贸委；保留县财政局，不再挂“县国有资产管理局”牌子，其职能交财政局；县外贸委更名为县对外贸易经济合作局；不再保留县多管局、县水产局（原为事业局），组建县林牧渔业发展局；将县乡镇局并入县经贸委，挂“县乡镇局”牌子；不再保留县物资局、县贸易局牌子，其原承担的行政职能划入县经贸委；保留县建设局、县水务局、县交通局、县农业局、县粮食局、县环保局、县物价局；县教委更名为县教育局，县体委更名为县体育局，其职能交县教育局，挂“县体育局”牌子；县科委更名为县科技局；不再保留县政府法制局，其职能交县政府办，挂“县政府法制局”牌子；在县劳动局的基础上组建县劳动和社会保障局，将县级政府相关部门的社会保险职能统一交新组建的县劳动和社会保障局；在县国土局的基础上，组建县国土资源局，将县政府相关部门的自然资源规划管理、保护利用的职能划入县国土资源局；县政府办保留“县外事侨务办公室”“县经济体制改革办公室”牌子；保留县政府办、县民政局、县公安局、县监察局（与县纪委合署）、县司法局、县人事局（与县编委办合署）、县文化局、县卫生局、县计生委、县审计局、县统计局；组建县防空办，为县国防委常设机构，不计机构个数；保留县农机局、县开发局、县广电局，为县政府直属事业局；组建县招商局，为县政府直属事业局。

县委、县政府直属事业单位：保留县委党校、县委党史工委（县地方志办公室与其合署）、县档案馆（局）、金湖日报社、县文联、县残联、县接待办、县双拥办、县城管办、县地震局、县机关事务局、县房管局12个单位；撤销县地质矿产局，职能交县国土资源局；撤销县重点项目办，职能交县发展计划委，人员编制并入县经贸委下属技改办公室；将交通战备办改为行政机构，设在县交通局；将县老龄委办公室改为县民政局下属副科级事业单位；将县经济研究中心、县经济信息中心合并为县经济信息中心；组建县旅游局，为县政府直属事业单位。上述单位中，除县档案馆（局）、县接待办为副科级建制外，均为正科级建制。2001年底，45个部门的"三定"方案分别由县委办、县政府办印发执行。

这次县级党政机构改革，共设县纪委和党政机构32个，另设部门管理机构3个、合署办公机构5个、挂牌机构9个、县政府直属事业局4个。县委、县政府直属事业单位由18个调整为14个。其中：县委工作机构6个，分别是县委办公室（县委台湾工作办公室〈挂"县政府台湾事务办公室"牌子〉与其合署，管理县信访局、县委保密办〈挂"县国家保密局"牌子〉、县档案局）、组织部（挂"县委组织员办公室"牌子，管理老干部局）、宣传部（挂"县文明办"、"县外宣办"牌子）、统战部（县民族宗教局与其合署）、农工部、政法委（县综治办与其合署），另设有县级机关党委（不计机构数）、党校、党史工委（县地方志办公室与其合署）、金湖日报社。县政府工作部门26个，分别是政府办公室（挂"外事侨务办公室""经济体制改革办公室""县政府法制局"牌子）、发展计划委员会、经济贸易委员会（挂"乡镇企业管理局"牌子）、教育局（挂"体育局"牌子）、科技局、民政局、公安局、司法局、财政局、人事局（县编办与其合署）、劳动和社会保障局、国土资源局、建设局、交通局、水务局、农业局、外贸局、文化局、卫生局、计生委、审计局、环保局、物价局、统计局、粮食局、林牧渔业局。县政府直属事业局4个，分别是农机局、开发局、广电局、招商局。县级党政机关行政编制由原来的637人减少为541人，精简15%。内设机构188个，减少5个，新定部门领导职数157人。

至2005年，未再进行县级党政机构改革。

二、乡（镇）党政机构改革

1997年，县委、县政府按照省市要求，印发《金湖县乡（镇）党政机构改革实施意见》，实施乡（镇）党政机构改革。8月23日，县委、县政府召开乡（镇）党政机构改革动员大会。乡（镇）党政机构改革主要内容：

机构设置和职能配置：乡（镇）党政机构设置采取党委、政府领导下组合办公形式，不上下对口。一、二类乡（镇）均设6个综合性和专业性办公室：党政办公室（保留"团委""妇联"牌子），主要负责组织、宣传、人大、团委、妇联及党委、政府日常事务性工作；财经办公室（挂"财政所"牌子），主要负责财政经贸、民营经济、统计等工作；社会事务办公室（挂"社会治安综合治理办公室"牌子），主要负责乡（镇）教育、科技、文化、卫生、体育、民政、计划生育和社会治安综合治理的组织领导和管理服务工作；乡（镇）村建设办公室，主要负责乡（镇）村建设、环境保护、土地管理、农村能源推广利用等工作；工业办公室，主要负责乡（镇）村工业；农业办公室，主要负责乡（镇）农业、林业、畜牧业、水产、蚕桑、园艺、水利、农机等工作。监察室与乡（镇）纪委机关合署。人武部单设。

编制分配：乡（镇）行政编制的使用范围为，乡（镇）党委正副书记、正副乡（镇）长、人大、纪委（监察室）、人武部及各办公室人员，在上述岗位上的国家干部、选聘制干部，列入乡（镇）行政编制范围。一类乡（镇）人员编制数35人，二类乡（镇）30人。

职位设置：党政办公室设组织委员、宣传（统战）委员（兼管党校工作）、人事劳动助理、秘书（兼信访工作）、文书、团委书记、妇联主任等职位；财经办公室设财政所所长、预算会计、农业税专管员、计划统计助理等职位；社会事务办公室设民政助理、文教助理、计划生育（卫生）助理、科技助理、综合治理干事等职位；乡（镇）村建设办公室设乡（镇）村建设助理（兼土地管理、环境保护、农村能源工作）职位；工业办公室设工业助理职位；农业办公室设农业助理、农经助理职位；纪委（监察室）设纪委书记、监察室主任职位；人武部设部长、干事职位。各办公室不定级别，其领导人称主任，一般由乡（镇）党政领导兼任。党委称委员、干事，政府称助理、办事员。

领导职数：乡（镇）党委设书记1人，副书记2~3人〔含乡（镇）长〕；乡（镇）政府设乡（镇）长1人，副乡（镇）长3~4人；乡（镇）人大主席可由乡（镇）党委书记兼任，也可设专职，如兼任可设专职副主席1人。是年10月，各乡（镇）六大办公室全部挂牌、人员调整到位，新机构启动运行。

2001年9月，县委、县政府在闵桥镇试点基础上，印发《金湖县镇乡机关机构改革指导意见》，实施新一轮乡（镇）机关机构改革。改革主要内容：

职位与编制：乡（镇）机关实行职位制，党委称委员、干事，政府称科员、办事员；股级职位实行竞争上岗，末位待岗。核定金南镇、前锋镇机关行政编制48人，其余乡（镇）机关行政编制42人，乡（镇）行政附属编制3人。

领导职数：乡（镇）党委设书记1人、专职副书记1~2人；乡（镇）政府设乡（镇）长1人、副乡（镇）长2~4人；人大设专职主席或副主席1人。

党群机关：设纪委书记、党委办公室主任、人大秘书、组织委员、组织干事、宣传委员、宣传干事、统战委员、综合治理干事、团委书记、妇联主席、党校校长、党校副校长、工会主席、残联理事长等职位。党校校长和工会主席不设专职人员。人武部按有关规定设置，设部长和干事2个职位。

政府机关：设政府办公室主任、财政所所长、财政所副所长、预算会计、农业税专管员（1~2人）、民政科员、教育科员、计划生育科员、科技科员、司法所所长、司法办事员、人事劳动科员、计划统计科员、计划统计办事员、工业科员、农业科员、农经科员、信访科员、监察室主任等。撤销原村镇建设助理、司法助理职位。

实施过程中，对机关股级干部从德、能、勤、绩四个方面进行测评。11月10日，组织全县乡（镇）机关干部254人参加竞争上岗笔试。根据测评和笔试成绩，按照乡（镇）148个股级职位规定，原股级干部落岗32人，新上岗39人，末位待岗11人，分流人员63人。乡（镇）司法所、财政所通过竞争上岗，司法所待岗1人，财政所下岗9人。

是年10月，制定《金湖县镇乡事业单位机构改革指导意见》，规定：各乡（镇）原18个事业单位（不含教育、卫生），通过调整、保留、划转、撤销等方式重新设置为9个：农业技术服务站（由农技站和农机站合并，挂“农机管理服务站”牌子）、农村经济服务站（由农经站、农村保险所、劳动服务站和乡镇企业服务站合并，挂“劳动保障服务站”“私营个体经济服务站”牌子）、文化广播电视服务站（由文化站和广播电视站合并）、水产林桑技术服务站（由林业站、蚕桑站和水产站合并）、国土资源管理站（由国土管理所更名）、水利服务站（由水利站更名）、村镇建设服务站（由建设管理所更名，包含环境保护职能）、计划生育服务站（不变）、畜牧兽医服务站（由畜牧兽医技术推广服务站更名）。正式人员成建制划转，按照重新核定的单位编制数，不超编的直接进编，超编的实行竞争上岗。是年底，乡（镇）事业单位机构改革结束，全县乡（镇）事业机构共设置104个（黎城、戴楼、塔集、银集、金北等5镇单独设有镇企业服务站），减少94个，精简47%；人员编制从原来的1112人减至778人，精简30%。通过离岗退养、自主择业和竞争上岗等渠道，分流人员208人。

至2005年，未再进行乡（镇）党政机构改革。

第二节　人事制度改革

一、公务员制度改革

1997年，全县进行国家行政机关现有工作人员向国家公务员过渡工作，制定《金湖县国家公务员制度实施方案》《金湖县国家行政机关现有工作人员向国家公务员过渡实施办法》。过渡对象和范围是：全县国家行政机关，参照公务员制度管理的部门、单位，以及具有行政职能的事业局和事业单位。依据机构改革“三定”方案，合理设置职位，制定职位说明书，并以此作为选配人员的依据，对现有工作人员近2年的德、能、勤、绩等情况进行全面考核，为选配人员、任命职务、确定级别提供依据；在严格考核的基础上，确定人员过渡的范围和对象，进行人员培训。培训内容包括：国家公务员制度基本知识（《国家公务员暂行条例》及相关单项法规），行政管理，国家公务员行为规范，机关应用文写作和履行职位、职责所需的专业知识。10月25日，进行过渡考试，参加考试人数1261人，合格率100%。随后，开展登记、造册、填表、审批、发证工作。并根据职务说明书确定的任职资格条件和考核、培训情况，选配人员上岗；任命职务（包括非领导职务）、确定级别，并按管理权限办理审批手续。对未被任命者进行调整分流，妥善安置。基本完成县级机关工作人员向国家公务员过渡任务。

1998年，县人事局在试点基础上，指导县直30个部门完成职位说明书编写任务。职位说明书以“三定”方案为基础，分职位名称、职位代码、工作项目、工作概述、工作标准、所需知识能力、转任和升任方向等项目。实施与《国家公务员暂行条例》相配套的考核、奖惩、考录、培训等单项法规。经过人员资格审查，定岗定职，全县过渡为国家公务员的有1261人。国家公务员制度全面运行。

1999年起，实行公务员考录制度。是年8月，从应届大学毕业生中考录公务员22人到乡镇机关工作。至2005年底，全县录用国家公务员176人。

二、事业单位改革

1991年起，事业单位实行聘用干部制度。至1994年，全县事业单位共有正式干部3182人、聘用干部704人。是年，县对事业单位要求在有编制和增人计划的前提下，进人时一律实行公开招考、平等竞争、择优录用；对临时人员除特殊岗位外及时进行清理；对副科级以上领导干部子女、配偶要求进机关事业单位实行申报备案制度。

1996年，县人事局印发《关于印发企事业单位聘用制干部管理意见的通知》，规范聘用制干部的管理。1998年，省人事厅印发《江苏省事业单位实行聘用制办法（试行）》，进一步深化事业单位用人制度改革。1999年，印发《金湖县教育系统实行聘用制暂行意见》，在教育系统全面推行聘用制。制定《金湖县乡镇超编事业单位编内职位竞争上岗办法》，规范工作行为，实行“阳光操作”，做好“减人”工作。2000年11月24日，出台《金湖县事业单位人事制度改革意见》，明确在事业单位内部实行聘用合同、竞争上岗、公开录用和末位淘汰制度，年底，全员聘用工作基本完成。2001年，县鼓励有条件的自收自支和企业化管理的事业单位转为企业、走向市场。

2003年8月，全面启动县属事业单位改革工作。重点是：精简压缩管理执法类，适度发展社会公益类，改制转企生产经营类，实施机构、体制、用人、分配、职称、社会保障等配套改革，使机构、编制、人员精简20%。乡镇教育、卫生单位列入县直教育、卫生系统改革。是年，金湖在全市率先实施镇涉农事业单位改革工作，原事业单位正式人员424人，通过文化业务知识考试和品德、能力、实绩测评，其中127人获得上岗资格。是年，县委、县政府印发《关于县属事业单位改制转企工作的实施意见》，明确事业单位改制转企主要包括出售资产、兼并重组、注销破产三种形式。原单位与职工办理劳动关系的解除手续，并按规定支付经济补偿。改制后的新企业实行全员劳动合同制，与重新上岗的职工签订新的劳动合同，依法参加各项社会保险。对县政府招待所改制转企，改制转企人员221人。2004年，县渡船管理所、县电影公司、县新华书店3家事业单位改制转企业，改制转企人员144人。2005年，县种子公司改制转企业，改制转企人员36人。

三、机关事业单位工资改革

1986年，金湖县行政机关和事业单位工资按照1985年工改后的模式执行，机关事业单位均采用同一结构的工资制度。

1993年，全县进行机关事业单位工资改革。这次工资改革，鉴于机关和事业单位工作性质的差异，实行不同的工资制度。机关实行职务等级工资制，其工资按不同职能而定。干部工资由职务工资、级别工资、基础工资和工龄工资4块构成；技术工人工资由岗位工资、技术等级工资和奖金3块构成；普通工人工资由岗位工资和奖金两块构成。建立正常增资制度，实行地区津贴制度，整顿津贴、改革奖金制度。事业单位根据教育、科研、卫生、测绘、交通、海洋水产、文化艺术、体育运动以及金融等不同类型，分别实行不同的工资制度，有管理人员工资、专业技术人员工资、技术工人工资和普通工人工资4个系列，由固定部分和活的部分（津贴、奖金等）两块构成。其中，全额拨款单位，固定部分占70%，活的部分占30%；差额拨款单位，固定部分占40%，活的部分占60%；自收自支单位，固定部分占50%，活的部分占50%。新工资制度还具有正常的增长机制，国家根据国民经济和劳动生产率提高的水平，适时调整工资标准。新工资制度还建立地区津贴，在国家统一工资制度、工资政策、工资标准的前提下，通过地区津贴来体现各地区自然环境、经济发展水平和物价与居民生活水平的差异。

1994年3月，县在粮食、司法等单位进行套改试点。5月底，召开全县机关事业单位工资制度改革会议。6月，对全县676个机关事业单位中的工作人员7583人、离退休人员784人工改后的工资标准进行审批，7月，开始兑现新工资标准，人均月增资额88元。至2005年，未再进行工资制度改革。

第六章　教育卫生与住房体制改革

第一节　教育体制改革

一、管理体制改革

1986年4月，《中华人民共和国义务教育法》颁布，进一步明确义务教育实行分级办学、分级管理的管理体制。1987年，县制定《关于贯彻执行市委〈关于进一步完善普通教育分级办学、分级管理新体制的若干问题的意见〉的意见》，明确县与乡（镇）分级办学、分级管理的责任与权限。主要内容是：

学校办学管理：农村小学和初中（含完中、职中的初中部）由乡（镇）政府办学。城镇的小学由城镇办学。完全中学、职业中学（含附设在普中的高中职业班）、县城初中，县实验小学、实验幼儿园和教师进修学校由县政府办学。驻金农场及企事业单位主办的学校由办学单位管理。

学校干部管理：县实验小学校长、乡（镇）初中校长和乡（镇）文教助理任免归县管，由县教育部门考核，征求乡（镇）人民政府的意见后，由县委组织部（宣传部）任免。金湖县中学、教师进修学校的正副校长，完全中学、职业中学的校长，由县政府任免；完全中学、职业中学的副校长、县实验初中的正、副校长，金湖县中学、教师进修学校的中层干部由县文教局任免。乡（镇）学校副校级教干由乡（镇）政府任免，县办学校的中层干部由校长任免，报县文教局备案。学校党支部负责人，由任免行政干部的同级党组织任免。

教师管理：乡（镇）管理学校中的公、民办教师由县和乡（镇）共同管理，公办教师以县管为主，民办教师以乡（镇）管为主。县办学校的公办教师，归县教育部门管理。县、乡（镇）学校的公办教师的记大过到开除留用和民办教师的开除处分，由县教育部门研究决定。公办教师的开除处分须报县人民政府批准。乡（镇）可以根据教育工作的需要调动本乡（镇）教师。从1987年开始，各乡（镇）一律不得再招聘新的合同民师。县教育部门有权根据教育事业需要调配各乡（镇）的教师。

教育经费和校产的管理：国家拨给乡（镇）的教育事业费，由县下达到乡（镇）包干使用。乡（镇）财政要按照县下达的教育事业费附加的征收比例（按人均社会纯收入1.5% ~2%）计征；企业等教育附加，按本地教育事业发展的实际需要和群众承受能力制定本乡（镇）的征收意见，提交乡（镇）人民代表大会讨论通过，报县政府批准执行。

教育事业计划和教育业务管理：全县教育事业长远发展规划，由县教育部门提出方案报县政府批准。小学的计划由县管理，初中、高中（含职中）的计划由市管理。学校的撤销、合并、新建，小学由乡（镇）政府报请县政府批准；中学由县政府批准，报市教育部门备案。普通中学和全日制小学的教学计划，按省下达的教学计划执行，各地不得自行随意增减。

乡（镇）教育管理：实施分级办学、分级管理后，乡（镇）成立教育管理委员会。由分管乡（镇）长、文教助理、乡（镇）财政所长、初中及中心小学校长、成人教育辅导员、专职教研员、总账会计为委员会成员。在乡（镇）人民政府领导下，全面贯彻执行党的教育方针，负责该乡（镇）的教育行政、教育发展计划、教师的调配、教干任免、教育经费计划安排和使用、改善学校的办学条件，落实民办教师的工资和福利待遇、实施普及九年制义务教育、发展成人教育事业、中小学的教学业务、组织教学研究活动、对所属中小学的检查考核与表彰等工作。日常工作由乡（镇）教育管理委员会办公室（简称教办室）具体负责办理。村建立由村支书或村主任、校长和在群众中有一定威望，热心办学的人士组成的董事会，负责动员施教区内的学龄儿童按时入学、筹集办学资金、帮助学校改善办学条件、加强师生思想教育、帮助教师解决生活困难。

1988年，金湖“普九”工作中，乡（镇）财政呈现出力不从心之态。1994年，实施国务院发布的《〈中国教育改革和发展纲要〉实施意见》，县政府开始在组织义务教育实施方面负主要责任，包括筹措教育经费，调配和管理中小学校长、教师，指导中小学教育教学工作等。1999年，县积极调动社会力量办学，先后在县实验小学、县育才小学、县实验初中、外国语学校增设民办班，公办白马湖幼儿园转制为私立幼儿园。2001年，贯彻实施《国务院关于基础教育改革与发展的决定》，完善农村义务教育以县为主的管理体制。

2002年，县政府根据国务院办公厅《关于完善农村义务教育管理体制的通知》，针对农村义务教育经费投入主要靠乡镇财政和农民群众的困难、农民承担过多的义务教育成本、拖欠教师工资、校舍建设和危房改造投入不足、中小学公用经费短缺、在岗教师得不到必要的培训和进修、师资和教学质量难以提高、同一县城的教职工待遇迥异，影响师资队伍的稳定和义务教育均衡发展等问题，对全县农村义务教育管理体制实行两项重大改革，即把农村义务教育的责任从过去主要由农民承担，转变到主要由县政府承担；把政府对义务教育的责任主要由乡镇政府管理，转变到以县级管理为主；全县中小学的布局规划建设，教职工工资的发放，校长、教师及教育教学等均由县统一管理。2003年，新建金湖县青少年活动中心。2005年，县政府决定通过招商引资建1所民办学校。

二、招生就业制度改革

1986年7月起，县内小学招生低限年龄调整为6周岁。农村学龄儿童实行就近入学，县城区学龄儿童实行划片招生。是年，全县小学毕业生升学需参加升学考试，各学校招生根据县定招生计划，按升学考试成绩进行录取，农村初中限录取本校施教区内的小学毕业生，县城区初中限录取县城区范围内的小学毕业生。是年，高中招生一直实行全市中等学校统一招生考试制度，各学校根据省、市、县制定的招生计划，按学生填报的升学志愿，分中师、中专、普高、职业中专、电大、职高等批次依次从高分到低分进行招生录取。是年，中师、中专、职业中学、职业高中和电大毕业生多为在县内分配就业。1989年起，全县实施六年义务教育，县内年满6周岁的学龄儿童必须依法入学接受六年义务教育，并明确家长或监护人送子女入学及学校和政府部门动员学龄儿童入学的责任。

1994年，全县开始实施九年义务教育。是年，全县小学、初中办学条件全部达到九年义务教育标准，小学毕业生逐步取消升学考试，当年的小学毕业生免试按施教区，直接派位到就近入初级中学就读，接受九年义务教育。全县小学应届毕业生必须依法接受九年义务教育，并明确家长或监护人必须履行按时送子女入学或帮助学校、政府部门动员学龄青少年入学接受九年义务教育的责任。

1996年起，金湖施行大中专毕业生不包分配。1998年后，大规模施行。2000年，全面停止包分配制度。

2000年起，中师停止招生，中专、职业高中和电大毕业生多为自谋职业。2001年，进一步推进实施素质教育，提高农村初中学生进入重点高中学习的比例，在重点高中招生计划中增加了向各初中定向分配招生计划，根据学生中考填报的升学志愿，从高分到低分录取的原则不变。非重点高中的招生，实行填报参考志愿录取和考生凭中考成绩单，先到招生学校报到，后再办理录取手续相结合的招生录取办法，以提高录取学生的报到率。职高招生实行先到招生学校报名注册，后办理录取手续，以提高录取的有效性。至2005年，维持这种招生方法。是年，县教职中心主动为职校毕业生找出路，安排学生240人到长三角、珠三角地区就业。

第二节　卫生体制改革

一、管理体制改革

1986年，县乡医疗机构人、财、物实行由县卫生局统一管理。村卫生室、厂（校）医务室行政上受村委会、厂（校）单位管理，业务上受卫生部门指导；个体诊所严格控制。是年底，县人民医院首家推行院长负责制，实行院长行使行政指挥权、党组织监督保证、职工民主管理、医疗技术人员当参谋，形成党、政、工、技齐抓共管的领导体制新格局。1987年，县直医疗单位普遍推行院、所、站长负责制，将所有权与经营权分离，规范政府与经营者之间的关系，明确双方责、权、利。4月，乡镇卫生院推行县（卫生局）、乡（政府）两级管理，先后有18个乡镇政府与县卫生局签订协议。试行后，暴露出弊端，乡镇卫生院仍回卫生局统一管理。1989年1月，乡镇卫生院防保组相继成立“三独立不分家”（工作独立、人员独立、经费独立，与卫生院不分家）的防保所。1990年，卫生系统兴办经济实体，以解决补偿不足，先后兴办经济实体6家，注册资本120万元，此后由于经营不善相继关闭。

1992年，县人民医院后勤部门推行社会化改革，由办后勤转变为花钱买后勤服务，改变摊子大、效益差、消耗高、漏洞多、满意度低等弊端。县口腔病防治院和县中医院部分科室引进企业经营管理，实行承包责任制。1993年5月，县政府印发《金湖县社会医疗机构管理办法》，允许社会力量开办医疗机构，尤其允许个体开业行医。1995年11月，贯彻实施国务院《医疗机构管理条例》，对县乡医疗机构首次实行执业许可制度，全县对符合条件的340家（含村卫生室、厂校医务室、个体诊所）核发国家卫生部统一印制的医疗机构执业许可证。1998年8月，县政府印发《金湖县乡村卫生机构一体化管理暂行办法》，将村卫生室纳入乡镇卫生院统一管理。

2000年4月，全县推行社区卫生服务，在原有乡镇卫生院和规模较大的村卫生室基础上，建立11个社区卫生服务中心和22个服务站。社区服务中心均按“三部一室”（预防保健部、医疗康复部、行政后勤部，办公室）格局建设。优化村级卫生资源配置，全县村卫生室从251个减少到176个。各单位开辟合作办医新途径。县人民医院与中日友好南京眼科医院合作，引进设备和专家，开展眼科疾病诊治。县中医院分别与中国联络中心淮安总代表、上海美国新世纪公司合作，添置彩色经颅多普勒和日本岛津5000CT医疗设备。县皮肤病防治所与福建投资商合作，引进资金83万元，开办皮肤、性病门诊部。是年11月，实施医疗机构分级管理，改变过去医疗单位以产权（全民、集体、个体）所有的划分，按经营目的（营利性、非营利性）重新界定，以发挥各自职能，促进公平，有序竞争。全县确定包括个体办医在内的营利性医疗机构14家，政府或企事业单位等举办的非营利性医疗机构46家，对县定的医疗机构分类登记、分类管理。2002年，县卫生局规范医疗技术准入制度，各级医疗机构必须在规定范围内开展医疗项目。

2003年10月，乡镇卫生院实行托管制改革，将医院的医疗服务、资产经营委托给医院院长为法人代表的领导班子，进行目标管理，并承担相应责任，使医院逐步完成自主经营、自我发展、自我约束，充满生机和活力的法人实体。县直卫生单位进一步完善院、所、站长负责制，建立激励机制。2005年，取缔县城个别医疗单位以合资、出租、承租等形式开展的不正规医疗项目。通过多年改革和探索，全县医疗服务的内在活力逐步增强，医疗机构运行质量逐步提高，社会满意度83%，经济效益是1986年的15.8倍。

二、人事及分配制度改革

1986年初，新农乡卫生院率先在分配制度上进行改革。3月11日，县卫生局印发《金湖县乡镇（中心）卫生院浮动工资试行办法》，对分配制度改革进行规范。按照技术技能、岗位效率、经济效益、服务质量等要求，本着“绩效优先、兼顾公平”的原则，实行按劳（技）分配，绩效挂钩，拉开档次。分配向一线岗位倾斜，向业务骨干倾斜。1987年，全县22所乡镇（中心）卫生院，有14所实行全额工资浮动，4所实行部分工资浮动。1989年5月14日，横桥乡卫生院进行公开选聘卫生院长尝试，打破长期以来的单一委任制。1992年，委托高、中等专业学校定向培养的毕业生，率先采取定向分配方式，对定向分配生签订合同，不得借故他调，否则缴纳一定的委培费用。1994年1月，县内实施《中华人民共和国护士管理办法》，护士必须经考核注册领取护士执业证书，方可从业。1995年，县卫生局规定卫技人员不得停薪留职、不得辞退从事个体行医、不得借用到外系统外地工作。

1997年，中共中央、国务院印发《关于卫生改革与发展的决定》，2月，涂沟镇卫生院率先实行中层干部公开竞争上岗。通过组织考察、任职目标公示、即席演讲等程序，推选出医疗组长、防保组长、后勤组长。全县卫生系统在科学合理地定岗、定职、定酬的基础上，全面推行竞争上岗，逐级聘用制度。医疗卫生单位负责人，分别实行“聘任、选任、委任、考任”等多种选拔任用方式；中层干部在坚持“德才兼备、任人唯贤、择优聘用”的基础上，推选聘任。全县7个单位职工75人参加竞岗，其中成绩优异者52人走上中层干部岗位。1998年，实行一次审告待岗制度，对服务态度差、不遵守工作纪律、以职谋私的经查实宣布待岗，待岗期间另行安排工作，发基本工资。1999年5月，县内实施《中华人民共和国执业医师法》，医师必须经考核注册领职业医师证书方可从事医疗活动。卫生技术人员实行专业技术职务聘任制，工勤人员实行合同制。同时对卫技人员根据需要实行低职高聘、高职低聘或只评不聘。对解聘、待聘人员在服从单位安排完成任务的前提下，发基本工资。

2001年，卫生队伍补充由原来一直靠国家统配生，开始通过人才市场采取双向选择办法招聘。县卫生局印发《关于系统内人员流动的意见》，县、乡之间流动，一律采取统一考核，引入公开、公平机制。是年10月，戴楼乡卫生院院长和县中医院副院长两个职务在卫生系统公开招考录用。2002年，医疗单位院长全面实行年薪制，其中基本年薪与出勤挂钩，按月发放；绩效工资与单位年度责任目标完成情况挂钩，年终发放。2003年，完善分配激励机制，使分配向高技术、高责任、高风险的岗位倾斜。到2005年没有变化。

第三节　城镇住房制度改革

一、公有住房租金改革

1986年，城镇职工住房实行产权归国家和单位所有、职工低租金使用的制度。是年，全县直管公房1.73万平方米，每平方米租金0.05~0.15元，此租金尚不敷维修费用。

1989年，金湖贯彻国务院《关于全国城镇分期分批推行住房制度改革实施方案》，按照“从改革低租金入手，提租补贴，促进个人购房”的总体思路，制定《金湖县住房制度改革实施意见》，把分步提租发补贴作为房改起步阶段的一项重要内容，改革住房低租金、无偿分配的制度，逐步达到成本租金，提租范围包括县城范围内公有住房和城乡接合地的县属单位公有住房。是年12月28日，制定《金湖县公有住房租金实施办法》，使租金接近折旧费、维修费、管理费三项因素构成标准，达到双职工家庭平均工资收入的5%，使用面积每月每平方米为0.5元。同时，县住房制度改革领导小组办公室印发《金湖县城区内单位公用住房提租补贴暂行办法》《金湖县单位公房提租后减免补助暂行规定》等房改配套性文件，实施提租后房租补贴政策。住房补贴发放对象为，租住城区范围内的直管住房和单位自管住房（包括城乡接合地的县属单位公有住房）的具有城镇常住户口的职工和离退休人员。住房补贴标准按职工月工资和离退休人员养老金的2.5%计算，由职工所在单位一次核定，逐月随工资或离退休养老金发放。居住在集体宿舍和私房的职工，暂不发住房补贴。对特殊人员住房租金实行减免政策。主要是：1937年7月7日前参加革命工作的干部的一处住房和民政部门确认的救济对象，非在职的优抚对象，一处住房提租补贴后净增资的部分免缴；1937年7月7日及以后参加革命工作享受离休待遇的干部和职工、已故离休干部和职工配偶的一处住房新增房租，本人和随住家庭成员的全部住房补贴抵缴新增房租后，月净增支超过的部分免缴20%；已故离休干部和职工的配偶，一处住房提租补贴后，月净增支过多的，给予适当免缴；单位或房管部门确认的困难职工，由所在单位和房管部门分别给予适当补助和减免。

1996年，全县公有住房租金达到双职工家庭平均收入的7%，使用面积每月每平方米租金为0.8元。1997年为双职工家庭平均收入的9%，使用面积每月每平方米1.1元。1998年为11%，使用面积每月每平方米1.45元。1999年为13%，使用面积每月每平方米1.85%。2000年为15%，使用面积每月每平方米2.3元。2001—2005年，公有住房向出售方向转变。

二、公有住房出售

1995年，金湖公有住房开始出售。7月和9月，《金湖县深化城镇住房制度改革方案》《金湖县出售公有住房实施办法》分别经省政府住房制度改革办公室批准。县政府和县住房制度改革领导小组分别印发《金湖县深化城镇住房制度改革的决定》《金湖县深化城镇住房制度改革配套政策》。出售公有住房：按建筑面积每平方米473元的成本价出售，并有4项优惠政策，即现住房折扣5%、成新年折扣2%、工龄折扣每年3.5元（不超过65年，即男职工35年、女职工30年）、一次性付款优惠19%。1996年，全县有142个单位出售公有住房，共出售成套楼房3100套，建筑面积21万平方米，收取售房款2899万元。是年3月28日，县政府印发《关于金湖县1996年房改调整方案的通知》，从9月1日起，出售公有住房成本价基价调整为每平方米建筑面积510元，现住房折扣率改为4%，一次付款折扣率调整为14%，其他折扣不变。

1997年，经省政府房改办批准，6月30日，县政府印发《关于金湖县1997年房改调整方案的通知》，从9月1日起，出售公有住房的成本基价调为每平方米建筑面积540元，现住房折扣为3%，其他折扣不变。1998年11月30日前参加工作的无房和住房未达到规定面积标准的职工在购房时，有条件的单位，可给予每平方米建筑面积106元的补贴，并可给予工龄补贴（工龄补贴=353×2×0.6%×实行住房公积金制度前的工龄×应补贴面积），但个人出资部分，不得低于届时按成本价购房办法计算的家庭应承担部分的一半；1998年12月1日以后参加工作的职工，实行逐月计发住房补贴，补贴在新职工工资的6%~8%的幅度内确定（不含公积金，不再另发租金补贴）；现有公房出售成本价从1998年12月1日起，每平方米建筑面积调整为556元，现住房折扣调整为2%，一次性付款折扣调整为8%，对新建的经济适用住房只售不租。

1998年12月23日，省政府房改办印发《关于对金湖县1998年度进一步深化房改实施方案的批复》，对房改有关政策作出具体规定：从1998年12月1日起，停止住房实物分配，逐步实行住房分配货币化。为做好新老政策的衔接，在1998年11月30日前开工建设并于1999年12月底前交付使用的住房，可按照《省政府印发〈关于深化城镇住房制度改革的方案〉的通知》和《省政府批转省住房制度改革领导小组关于进一步深化城镇住房制度改革的实施方案的通知》规定，向职工出售。从1998年12月1日起，出售公有住房成本价为每平方米建筑面积556元，实际售价依据结构、地段、层次等因素进行调整。市场价按评估后确定。现住房折扣率为2%，一次性付款折扣率8%，成新折旧率、工龄等折扣不变。2005年，全县出售公有住房26套，面积1877平方米，回收售房款22.25万元。

1996—2005年金湖县公有住房出售统计表

表9-6-2

年份	数量（套）	面积（平方米）	售房款（万元）	年份	数量（套）	面积（平方米）	售房款（万元）
1996	2877	193517	3686.82	2001	63	4090	92.28
1997	722	51575	1561.06	2002	24	1742	33.93
1998	3227	223417	7589.55	2003	210	11320	157.03
1999	339	25600	728.68	2004	247	10971	162.96
2000	122	8523	210.38	2005	26	1877	22.25

三、住房分配货币化

1999年，县制定《金湖县进一步深化城镇住房改革的实施方案》和《金湖县停止住房实物分配逐步实行住房分配货币化实施办法》，明确从1998年12月1日起，金湖停止住房实物分配，实行住房分配货币化。除廉租房外，各级财政不再拨款用于单位购、建住房，各单位不得再购买商品住房或建造住房分配给职工租住。在建立职工购房补贴制度、完善住房公积金制度和个人合理负担的基础上，由职工个人购买经济适用住房和普通居民住宅。购房补贴对象为：由人事、劳动部门批准的在册职工中的无房职工和住房面积未达到规定面积标准的职工，包括1998年11月30日之前参加工作的职工（“老职工”）和1998年12月1日后参加工作的职工（“新职工”）。已离退休的人员，在离退休时住房尚未达到原规定面积标准的，也可按照本单位购房补贴的具体办法办理。

2000年起，全县正式停止住房实物分配，全面启动货币化分房新制度，职工解决住房主要由个人购买。购房资金来源：职工工资，住房公积金，个人住房贷款以及财政和单位原有住房建设资金（含单位出售公有住房售房款）可以转化的住房补贴等。1998年11月30日前参加工作的无房职工，购房时可由夫妇双方所在单位按职工本人应享受的购房补贴面积标准，即一般干部职工75平方米、科级干部90平方米、处级干部110平方米、厅级干部135平方米，分别一次性计发住房补贴。对住房面积未达到规定面积标准的职工，按面积差购房时实行一次性补贴。1998年12月1日以后参加工作的职工，按其月工资基数的7%逐月计发住房补贴。全年为157户职工发放购房补贴，补贴面积1.18万平方米，补贴总额188.8万元。2005年，全县发放职工购房补贴129人，补贴面积3062.3平方米，补贴金额52.38万元。

2000—2005年金湖县购房补贴统计表

表9-6-3

年份	人数（人）	面积（平方米）	金额（万元）	年份	人数（人）	面积（平方米）	金额（万元）
2000	157	11807.32	188.8	2003	78	4913.07	69.80
2001	32	2247.08	38.54	2004	39	2632.76	40.88
2002	62	4169.90	66.18	2005	129	3062.30	52.38

四、经济适用房与廉租房

1995年6月起，金湖规划建设经济适用住房和廉租房，用于解决中低收入家庭中的住房困难户、无房户、危房户的住房。1998年起，新城经济适用房发展中心在西苑小区进行经济适用房住房建设试点，建设首批经济适用住房6幢共240套，建筑面积2万平方米，每平方米销售价格856元。1999年，廉租住房租金原则上按照维修费和管理费两项因素确定，每平方米0.45元/月。2005年，在建设西路北侧规划建设一个占地10公顷，面积13万平方米的经济适用房住宅小区。首期征地3公顷，建造11幢250套2万平方米的住房。该工程于5月28日动工，12月底竣工。销售对象主要是中低收入家庭和老城区改造的部分拆迁户。同时，对首批人均住房面积不足10平方米的低保家庭26户，按每月每平方米5元的标准，发放廉租住房补贴3.58万元。

五、住房公积金

1995年7月1日开始，根据《金湖县深化城镇住房制度改革实施方案》，实行住房公积金制度，缴交率10%，单位和个人各缴纳5%，并在全县行政机关、企事业单位、城镇集体企业全面推行该制度。1996年，全县住房公积金缴存单位199个，归集公积金505.5万元。县政府在财政较困难的情况下，对全额拨款的行政事业单位补贴住房公积金37万元。是年，县政府在《关于金湖县1996年房改调整方案的通知》中明确：住房公积金缴存率仍分别为5%，缴存基数按职工本人年度月平均工资核定，每个乡镇均要建立职工住房公积金制度，从1996年7月1日起执行。1997年，建立住房公积金归集、管理、使用等一系列制度，职工和单位的缴存比例为工资额的6%，至11月底，全县行政机关和企事业单位中已开户缴存住房公积金的单位255个，占应归集单位90%以上，归集住房公积金663.83万元，在全市名列前茅。1998年，对住房公积金严格管理，专户储存，专款专用。至12月底，归集261个单位17055人的住房公积金，覆盖率87%，住房公积金归集额1281.8万元，归集率90%。

1999年4月3日，《国务院住房公积金管理条例》颁布实施，将住房公积金的实施对象扩大到所有国家机关、事业单位、社会团体、国有企业、城镇集体企业、外商投资企业、城镇私营企业及其他城镇企业、民办非企业单位。全县利用媒体、简报、横幅、咨询点，大力宣传《住房公积金管理条例》。是年，在140个单位发放《住房公积金手册》1.11万本；及时进行公积金基数的年度调整，调整率达90%以上；7月起，职工与单位缴存比例各为工资额的7%；全年归集住房公积金1047.48万元。

2001年7月起，职工与单位缴存比例各提高到8%，全年归集公积金1527.84万元。2003年，原为县房管局管理的住房基金管理中心实行垂直管理，更名为淮安市住房公积金管理中心金湖管理部。该管理部主要从事金湖县行政事业单位职工住房公积金缴存、提取、使用、管理和服务工作。

2004年7月起，职工与单位缴存比例各提高到10%，全年归集额2519.13万元。2005年，全年归集公积金3217万元，支取1053万元，贷款2923万元。

1996—2005年金湖县住房公积金归集、支取、使用统计表

表9-6-4

年　份	归集（万元）	支取（万元）	余额（万元）	贷款（户）	金额（万元）	余额（万元）	结息（万元）
1996	505.50	3.77	496.77	—	—	—	0.91
1997	663.83	18.68	1145.78	6	13.00	10.00	9.84
1998	1281.80	187.19	2240.4	83	160.30	116.95	18.89
1999	1047.48	307.83	2980.06	91	148.60	149.72	25.04
2000	1149.20	389.26	3746.00	103	443.00	185.87	47.40
2001	1527.84	1135.85	4143.3	188	589.48	671.20	—
2002	1936.20	1007.73	5031.13	155	555.05	883.35	—
2003	2036.00	1091.00	5830.98	303	1427.60	1744.00	—
2004	2519.13	783.08	7860.45	356	2396.80	3065.00	—
2005	3217.00	1053.00	10143.00	395	2923.00	4998.00	118.85

第十篇　开放　开发

1986年，县委、县政府做出扩大对外开放、加强横向经济联合的决策，全县上下开展与外地企业，尤其是科研单位、大专院校的外联活动，采用聘请顾问、联合试制、技术转让、技术咨询等方法，大力拓展新产品。是年，全县出口商品为4大类35个品种，出口供货额551.21万元，对外贸易的形式都为供货。1992年5月，与美国派力实业有限公司合资，在金湖创办第一家合资企业——江苏国祥鞋业有限公司。是年8月，开始建设金湖县经济技术开发区。1994年，金湖的进口贸易起步，金额较小，且外方多为设备投资。是年起，县外贸公司相继取得自营出口延伸权和自营权。此后六年间，组织直接出口累计1746.05万美元，年递增20%，产品直接销往亚、非、拉美等地区的10多个国家，金湖进出口贸易在全市由后位列入前三位。1995年，金湖县外经合作起步，利用自身条件，开展经济技术合作和劳务输出。经不断拓展，输出工种有建筑工、针织缝纫工、家政服务工、海上捕捞工、电子装备工等，在以色列、科威特、阿尔及利亚、沙特阿拉伯、新加坡、毛里求斯、阿联酋、日本、韩国、马来西亚等国家和中国香港、台湾地区从事劳务。

1998年，中国台湾客商郑志成在金湖独资兴办金湖亿士达工艺品有限公司，系金湖引进的第一家独资企业。1999年起，全县立足实际，逐步完善政策措施，营造招大商、招港澳台商和国外客商的氛围，实行全民动员，采取集中招商、组团招商、驻点招商、节会招商、小分队招商、离岗招商等多种形式，开展多层次、多渠道、多形式、全方位的招商引资活动，并逐步向工业项目、大项目、进园区项目、科技项目、含税高的项目转变，提高招商引资的效益。2000年10月，金湖县经济技术开发区更名为金湖县工业园区，并开始加大投入。

到2005年，全县共组织招商活动84次，招商项目1696个，开工项目335个，引进资金98.8亿元，到位资金36.991亿元，利用港澳台和国外资金4195.75万美元。全县累计有与港澳台商、外商合资兴办港澳台资、外资企业66户，合作企业1户，总投资额8127.79万元，注册资金5856.9万美元，合同资金3151.19万美元；有港澳台商与外商兴办独资企业16户，总投资额16999.53万美元，注册资金9876.1万美元。全县取得进出口经营权企业有生产型企业27户，贸易流通企业3户，外资企业有出口实绩6户；出口品种有机械设备、电子化工、纺织服装、工艺鞋帽、轻工玩具、医药保健等十个大类200多个品种，远销美国、德国、新加坡、印度等30多个国家和中国香港地区；出口总额2907.6万美元，居全市县（区）第二名，其中机电产品出口居全市榜首。县工业园区累计投入资金4.30亿元，园区规划面积1165.98公顷，形成“六纵六横”的道路网络，“五通一平”等建成区770公顷。园区内初步形成机电、汽配、医药三大主导产业，入工业园区的项目累计81个，其中竣工投产46个、在建19个、待开工11个、关停5个；有中国港澳台商企业与美、日、韩、新加坡等企业11户，已竣工6户，在建4户，关停1户。当年，园区实现销售收入6.79亿元，税收1843万元。

第一章 开放开发机构

第一节 开放机构

一、外贸机构

1986年，为金湖县对外贸易公司，内设人秘、财务、工业、土畜产股。1989年11月30日，成立金湖县对外贸易委员会，与县外贸公司“一套班子、两块牌子”。1990年，县外经贸委（县外贸公司）设立办公室、财务科、工业科、粮油科、土产科、畜产科。1992年2月，增设外资科。1996年1月，增设外经科。1998年6月，增设外贸科。

1998年7月7日，县外经贸委和外贸公司政企分开，机关行政编制10人、行政附属编制1人。实有人数4人。8月28日，县外贸公司领导班子正式组建。

2002年2月，县对外贸易委员会更名为金湖县对外贸易经济合作局，内设机构为办公室（挂“财务科”牌子）、外贸科、外资科、外经科。机关行政编制9人、行政附属编制1人。至2005年机构未变。

二、经济技术协作机构

1987年3月9日，金湖县经济技术协作办公室成立，未定编。并先后设立组建金湖县人民政府驻宁办事处、驻上海办事处、驻无锡办事处、驻北京办事处等4个驻外办事处（均为副科级全民事业单位，编制暂定各3人），以及经济技术服务公司、汽车销售公司等下属业务机构。其主要职能为：开展信息交流、技术引进，发展横向经济联系；开展引进物资协作，主要是协作引进工农业生产和人民群众生活紧缺的化肥、农药、柴油、塑料薄膜、煤炭、木材、水泥、钢材等生产生活资料，同时协作推销本地的皮蛋、鸡蛋等农副产品。1991年10月，县经济技术协作办公室更名为县经济技术协作委员会。1992年，经协委职能明确为会同有关部门拟定横向经济与技术协作的政策、规定；对全县经济与技术协作进行指导、组织、协调和管理；参与和组织县各种经济技术协作代表团开展经济技术协作业务等。1994年6月20日，县经济技术协作委员会与县计划委员会合署办公。1997年底，撤销县经济技术协作委员会，人员分流到有关单位，职能划归县计划委员会。

三、招商机构

1999年3月，成立金湖县招商引资办公室，县委常委、组织部部长兼任办公室主任，未定编，抽调业务骨干12人组成。2000年3月，撤销县招商引资办公室，成立金湖县招商局，为县政府直属正科级事业单位，内设机构为办公室、计划考核股、项目服务股，核定编制8人，人员从当时行政及全额拨款事业单位调剂，经费由财政拨款。2002年4月，县政府办下发《金湖县招商局职能配置内设机构和人员编制规定的通知》，内设机构为办公室、招商科、项目科、督查科，核定编制8人。至2005年机构未变。

第二节　开发机构

1992年8月中旬，县委、县政府决定成立金湖县经济技术开发区管理委员会，为正科级单位，行使县级管理权限，未定编，实有人员6人。1995年初，县开发区管委会与县计委合署办公。2002年7月15日，成立金湖县工业园区管理委员会，为县政府直属事业单位，正科级建制，内设办公室、规划建设科、项目管理科、资产运营科4个科室，核定编制6人。至2005年未变。

第二章　招商引资

第一节　政策措施

一、优惠奖励政策

1999年10月12日，制定《金湖县人民政府招商引资优惠政策》，共有土地使用优惠、税收优惠、费用优惠、其他优惠、奖励、附则等六个方面24条。内容包括：来金投资企业，可以通过行政划拨出让或租赁方式取得土地使用权；可以从获利年度起，所得税免征或减半征收；可根据年限获固定资产投资方向调节税、车船使用税、房产税、土地使用税和城建维护税、耕地占用税、农业税、农业特产税、增值税、营业税等免征或减半征收；外商整体收购金湖县的出让企业，一次性付款的优惠30%。凡为金湖引进合资、合作项目的，按引资额的1%给予奖励等。

2000年9月11日，县政府制定《金湖县关于鼓励外地客商来金投资的若干规定》。共有总则、用地、税费、保护、服务、附则等六个方面28条。主要内容有：外地客商指来金湖投资固定资产在100万元以上的金湖境外的国内外一切组织、单位和个人；用于教科文卫和其他公益事业投资的，可按行政拨划方式取得的土地使用权，免缴土地使用费；对客商以出让方式、租赁方式取得的土地，给予在一定时间内免缴或减半收取土地使用费；对企业所得税的县留存部分和个人所得税实行"五免五减半"；对外商投资企业实行挂牌保护，未经批准，不得进入企业检查；规定县职能部门对外来投资企业提供相应服务。

2002年，县委、县政府连续印发3个文件，鼓励外商投资和激励招商引资。主要有：外商固定资产投资在2000万~4000万元、4000万~8000万元、8000万元以上的工业项目，政府分别奖励该项目用地2公顷、2.67公顷、6.67公顷；外商固定资产投资在500万元以上的工业项目，可以进入县工业园区，每亩（0.067公顷）只缴纳1.8万元的土地出让金，即可办理合法用地手续；外商固定资产在200万元以上的省、国家级高新技术项目，或固定资产投资在500万元以上的工业项目，新增所得税的地方留成部分，前5年全额、后5年减半由财政奖励企业用于扩大再生产。2003年，县政府印发《关于明确县工业园区招商引资有关收费标准的通知》，进一步降低收费标准。

2004年，县委、县政府根据国家宏观调控经济形势，及时调整招商引资政策，7月1日，印发《关于进一步完善招商引资有关政策的意见》。调整土地政策：提高进入县工业园区项目的投资额，由原来的固定资产投资500万元以上提高到3000万元以上，对科技含量高、经济效益好的项目可放宽到1000万元以上；提高进园项目土地价格，由原来的每亩只收土地出让金1.8万元提高到3万元以上；提高进园项目的投资密度，由原来的每亩50万元提高到80万元；取消按项目投资额大小相应赠送土地的规定。调整税费政策：所得税奖励政策由原来的固定资产投资在500万元以上的工业项目，其企业享受所得税地方留成部分"五免五减半"调整为内资企业仍然执行这一规定，其他外销产品部分实行"两免三减半"，外资企业按国家有关法律规定执行；增加增值税奖励政策，当年实现增值税在500万元以上的新项目，在政府回收用地投资成本后，奖励企业增值税地方留成部分的30%~50%。

2005年，调整县工业园区入园项目的有关政策：对入工园项目属于机械、仪表行业的，在投资规模、土地出让、税收返还等方面给予适当优惠。

二、招商激励措施

2000年底，对完成招商引资任务150%以上的县纪委等10家各奖4000元，对完成任务120%以上的前锋镇等5家各奖2000元，对完成任务100%的县委组织部等31家各奖1000元；对完成任务为零的单位，由县委组织部对其部门主要负责人进行诫勉谈话；属垂直部门的，向所属主管机关通报。

2001年初，县委、县政府从全县机关、企事业单位中选派年轻干部110人，离岗1年专门从事招商引资。6月，又从110人中挑选81人，分成4组，分别赴江苏昆山、太仓，浙江温州及其平阳县鳌江镇，驻点挂职招商3个月。年内，离岗招商引资110人共引进各类项目103个，总投资额9601万元。是年，对完成任务150%以上的黎城镇、财政局2家各奖4000元；对完成任务120%以上的建设局、贸易局、教委、广电局4家各奖2000元；对完成任务低于70%、50%以下的单位给予批评、取消县内各项评优资格。

2002年4月13日，制定《中共金湖县委、金湖县人民政府关于激励招商引资的二十条意见》，规范招商引资奖惩：对引进固定资产投资在100万元以上工业项目的个人，分别按固定资产引资额的外资2%、内资1.5%进行奖励；对引进一次性固定资产1000万元以上项目的个人，经审核，奖励住宅1套或安排直系亲属（配偶或子女）进县事业单位工作；机关事业单位在职股级以下干部引进固定资产投资200万元以上、股级干部引进300万元以上、副科级干部引进500万元以上、正科级干部引进800万元以上的工业项目，给予记功并晋升一个职务工资档次；引进固定资产1500万元以上的工业项目的科级以下干部，符合任职条件的优先提拔使用。是年9月2日、11月2日，县委、县政府两次召开招商引资大会，表彰先进，鞭策落后。对7个镇和部门的"一把手"给予离岗招商处理，40个单位受到黄牌警告。县委、县政府还对全年完成招商引资任务比较好的镇、部门和单位给予表彰、奖励。其中，对县委办、县政协办、县招商局、戴楼镇政府各奖5万元；戴楼镇党委书记招商引资有功，其妻直接从企业调进县事业单位工作。是年，还成立金湖县人民政府驻南京办事处和金湖县人民政府驻昆山办事处。

2003年初，在民资发达的浙江温州、台州两市分别建立招商联络处，每个联络处工作人员4人，主任1人、书记1人，分别由副科级干部担任（两个联络处于1年后自动撤销）。县成立招商引资工作考核领导小组，一月一考核，两月一公布。7月，对完成任务较差的进行通报批评，对15个部门主要负责人宣布离岗招商。县委、县政府还对招商引资成绩突出的塔集镇、黎城镇、人大办、广电局、国土局、建设局、粮食局等单位和10名个人予以表彰。9月，又专门下发《关于招商引资考核的补充规定》，对未完成进园任务的单位实行评先"一票否决"。

2004年1月28日召开双文明表彰大会，县委、县政府重奖招商引资有功人员，塔集镇、金北镇党委副书记各1人被明确为正科级，吕良镇财政所所长被提拔任镇党委副书记，农业开发局1名科员被提拔为副主任科员，并发给4人引资奖金计45.16万元；对黎城镇、塔集镇、银集镇、吕良镇、陈桥镇、人大办、人民法院、国土局、广电局、建设局等各单位的党政主要负责人奖励1万元，待项目竣工验收合格后发放；对金南镇党委书记、银集镇党委书记、制药厂原支部书记等直系亲属或本人安排到县直事业单位工作。是年9月8日，对1—8月招商引资任务低于全县平均进度的8个镇和12个部门予以黄牌警告；对4个未完成新增列统企业的镇党委书记、2个园区任务完成较差的部门“一把手”实行离岗招商。

2005年，县集中戴楼镇、闵桥镇、银集镇、吕良镇，水务局、计生委、园区管委会、旅游局等部分镇、部门人力财力，在无锡惠山区、深圳市2个重点区域成立专业招商小组，由县委、县政府分管领导总负责，招商局、外经贸局“一把手”为具体责任人，时间半年。其间，2个招商小组组织多次招商推介活动，结识众多的当地客商，取得一定实效。是年8月，县委、县政府对2002年以来招商引资成绩显著的15个项目引资人，给予计38.93万元的现金奖励，安排引资人亲属1人进县事业单位工作；各镇党委书记、22个重点部门主要负责人或分管负责人，向县委、县政府递交招商引资保证金各1000元。10月，县委、县政府对招商引资工作较差的12个县管部门予以通报批评，2个市管部门向其上级通报情况，2个县管部门负责人离岗招商。年底，县委、县政府召开全年目标奖惩兑现大会，戴楼镇、黎城镇、闵桥镇、粮食局、财政局、水务局、乡镇局、经贸委等8个镇、部门被评为招商引资先进单位。

第二节 招商引资活动

1999年，全县开始实行全民动员、全方位招商引资的措施，招商引资力度加大。是年5月，根据市统一部署，金湖开展第一个招商引资月活动，先后组团6次40多人次，参加北京、厦门、上海、广州、南京等地的各类招商引资洽谈会。随后，招商引资活动正常化，主要招商活动有：8月25—28日，组织县计委、贸易局、唐港乡等参加大连全国科技成果及合作项目推广洽谈会；8月26—28日，组织县造纸厂、金南乡、戴楼镇等参加上海第七届中国经贸洽谈会；9月7—28日，组织乡镇局、横桥乡、县食品总厂等单位参加厦门第三届中国投资贸易洽谈会；10月上旬，组织有关部门和企业参加江苏省新品、精品、优品洽谈会；11月初，全县抽调乡科级干部19人，组织19个招商小分队赴东南沿海等地招商引资，历时2个月；12月8日，组织全县有关乡镇、部门赴浙江宁波招商；12月中旬，组织戴楼、淮建等10多个乡镇及陈桥轻工机械厂等有关企业参加淮北地区农业研讨会；12月22日，组织县造纸厂、玻璃厂、白马湖乡与有关企业参加市委、市政府组织的签约大会。全年共达成招商引资签约项目近200个，协议引进资金9.2亿元，其中500万元以上项目26个，投资额7.2亿元，新批“三资”企业7户，实际利用港澳台资及外资545.10万美元。

2000年，县委、县政府注重营造浓厚的招商引资氛围，促进招商引资工作全面深入地开展，共参加市政府组织的4次大规模招商引资项目集中签约会，合计签约项目98个，协议引资额7.2亿元，实际到位资金3.5亿元。

2001年7月28日至8月20日，金湖实施“文化搭台、经贸唱戏”策略，举办首届荷花艺术节。节庆期间，举行经贸产品展、经贸产品新闻发布会、经贸洽谈与招商签约大会、县域经济发展座谈会等。在荷花节开幕当天，举办招商引资项目发布会和签约大会，35个项目当场签约，协议总投资1.37亿元，引资额1.35亿元。全县还采取组团招商、小分队招商、离岗招商等措施，进一步加大招商引资力度，通过上门招商、驻地招商、举办招商会等形式，吸引外地客商到金湖投资。全年正式签约项目

393个，协议引资额7.5亿元。

2002年，县委、县政府把招商引资作为发展经济的主要抓手，坚持“五个为主”和“三个70%”，即工业项目、大项目、进园区项目、科技项目、含税高的项目为主；各镇、各部门70%的干部参与和服务招商，70%的时间和精力用于招商，70%的办公经费、差旅费花在招商。全年先后组团并由县领导带队，参加全市组织的集中招商推介活动6次。其中9月下旬，首次组织招商团队赴新加坡进行境外招商活动，一行10人中企业老板6人，项目推介60个，签约协议20个。10月起，新加坡客商陆续率团到金湖进行投资考察。全年洽谈项目326个，协议引进资金10.2亿元，其中正式签约项目248个，协议引进资金8.2亿元。在建项目74个，竣工项目174个，到位资金7.19亿元，项目的开工率、竣工率和资金到位率分别为100%、70.2%、86.6%。全年引进项目中：投资500万元以上项目33个，总投资4.09亿元，其中固定资产引资额3.12亿元；工业项目30个，总投资额3.79亿元；经营性三产及社会事业项目3个，总投资额3000万元。2003年，全县以招商引资为第一要务，优化环境，开展多层次、多渠道、多形式的活动，全年签约项目130个，协议引进资金19.2亿元。

图10-2-1　2001年5月18日，县重点招商项目金湖温州商贸城开工典礼　朱伟／摄

2004年，全县招商引资方式多样化，且成效显著。主要有：集中招商，全县以浙江、广东、上海、苏南等地区为重点区域，通过参加省市主办和自行组织，集中开展各类招商活动19次，邀请客商430多人，洽谈招商项目260多个，签订正式协议80多份；小分队招商，各镇、各部门及有关单位共组建各类专业招商小分队50多个；境外招商，组织赴韩国、日本、法国等国家和中国香港、台湾地区招商近10次，洽谈一批项目；企业招商，全县50多名骨干企业厂长、经理，主动走出县外招商引资，寻求合资合作项目10个，合同引资额1.4亿元。全年新引进规模以上招商引资项目72个，固定资产合同引资额16.7亿元，到位资金9.4亿元。

2005年初，全县召开万人动员大会，再次掀起招商新热潮。农历正月初六，在浙江玉环举办招商引资汇报、推介会，11个镇党委书记、重点部门主要负责人，应邀客商共60多人参加。全县参加省、市主办和自行组织的重点区域集中招商活动22次，邀请客商600多人，洽谈项目380多个，签订协议150多份。全县举办招商引资项目集中开工4次，集中开工项目21个。全年引进各类项目245个，固定资产协议引资30.8亿元，到位资金6.89亿元。

1999—2005年金湖县招商引资统计表

表10-2-1

年　份	招商活动（次）	招商项目（个）	开工项目（个）	协议引进资金（亿元）	到位资金（亿元）	利用港澳台资与外资（万美元）
1999	6	200	12	9.20	0.98	545.10
2000	4	330	86	7.20	3.50	565.20

接上表

年　份	招商活动（次）	招商项目（个）	开工项目（个）	协议引进资金（亿元）	到位资金（亿元）	利用港澳台资与外资（万美元）
2001	5	393	41	7.50	0.83	240.60
2002	6	326	107	8.20	7.19	691.70
2003	10	130	68	19.20	8.20	2153.15
2004	31	72	42	16.70	9.40	3501.96
2005	22	245	21	30.80	6.89	6723.50

第三节　利用港澳台资与外资

1986年开始，县委、县政府帮助企业用诚信树立信誉，力争引进港澳台资与外资。1988年，县羽绒总厂成为江苏省土畜产进出口公司在苏北地区羽绒制品生产出口定点厂。1991年起，县委、县政府每年召开外向型经济工作会议，当年制定《关于鼓励发展外向型经济的暂行规定》，涉及实行出口创汇承包责任制、设立发展外贸生产发展基金、出口创汇优惠措施及奖惩办法和兴办“三资”企业等。

1992年4月9日和8月17日，县政府两次下发《关于鼓励外向型经济的暂行规定》，明确“三外”工作目标和优惠政策，突出引进外资，突出土地使用，水、电供应，还贷等方面的优惠政策。是年4月29日，金湖县塑料厂与中国香港派力实业有限公司合资成立江苏国祥鞋业有限公司，总投资42万美元，注册资本30万美元，合同外资10.5万美元，成为县内第一家合资企业。6月24日，陈桥镇江苏爱特福化工有限公司与汇通国际发展（香港）有限公司合资成立江苏爱特福保健品有限公司，总投资25万美元，注册资本18.35万美元，合同外资6.25万美元，成为乡镇第一家合资企业。11月20日，金湖振银鞋业有限公司与中国香港真晖发展有限公司合资，注册成立金湖三禾玩具有限公司，总投资28万美元，从国外引进先进的工艺技术，改变企业规模小、产品档次低的状况，生产出新型的PV、冷粘、软底等三大系列100多个花色品种的工艺鞋和玩具鞋，产品全部销往丹麦、德国、意大利、土耳其、比利时、卢森堡、伊拉克、日本、新加坡、马来西亚、印度尼西亚等国家和中国香港地区。全年共引进港商4户、台商2户，均为合资企业，累计总投资282.66万美元，注册资本200.62万美元，合同外资80.1万美元。

图10-2-2　1993年7月19日，县羽绒总厂与加拿大客商合资成立江苏冬雁制衣有限公司。这是首次有外商到金湖投资　朱伟／摄

1993年7月19日，县羽绒总厂与加拿大客商胡敏德合资成立江苏冬雁制衣有限公司，总投资36.86万美元。此后，外商先后3次直接增加投资累计达35万美元。全年共兴办合资企业13户，居全市县区之首，其中台资7户、

港资5户、加拿大客商投资1户，累计总投资498.56万美元，注册资本372.13万美元，合同利用外资202.45万美元，除港台商投资外，首次有外国企业到金湖投资，合同利用外资首次突破200万美元。

1994年4月6至8日，金湖首次参加淮阴（深圳）经贸洽谈会，签订合资项目3个，协议外资75.4万美元。10月，首次组织金湖金秋十月经贸洽谈会，签订外资项目2个，协议外资20.27万美元。全年共兴办合资企业8户，其中港商4户、澳商1户、台商3户，累计总投资301.82万美元，注册资本230.43万美元，合同资金118.57万美元。1995年，金湖参加亚欧大陆桥经贸恳谈会，签订外资项目8个，协议外资61.5万美元。全年兴办合资企业6户，其中港商4户、台商1户、日本客商1户，累计总投资125.17万美元，注册资本100.38万美元，合同资金63.06万美元，创外汇36.68万美元（折304.4万元人民币）。

1996年起，县委、县政府将每年召开的外向型经济工作会议，改为对外开放经济工作会议，建立健全引进外资项目库并逐年进行充实和调整，利用外资纳入全县县、乡工业企业固定资产投入中。是年12月、1997年4月，县委、县政府主要领导赴德国、法国、日本、韩国等国家和中国香港地区进行专项招商。1996—1998年，共引进台资企业4户、港资企业1户、美国客商投资企业1户，累计总投资287.7万美元，注册资本251.75万美元，合同利用资金133.63万美元。1999年，兴办港澳台与外资企业7户，其中港商、台商各2户，美国、英国、韩国客商各1户，累计总投资1031.61万美元，首次突破1000万美元，注册资本649.81万美元，合同利用资金330.31万美元。是年1月，江苏爱特福公司与香港嘉利爱特福气雾剂（集团）有限公司合资组建江苏爱特福气雾剂有限公司，注册资本840万元，投资总额1200万元，其中爱特福投资900万元、港商投资300万元，主要生产气雾剂产品，年生产气雾剂1000万听。

2001年7月起，金湖每年举办荷花艺术节，借助节日向外商进行项目推介，境外和县外客商纷纷到金湖考察。2000—2001年，共引进港澳台资与外资项目4个，其中，港商1户，韩国客商2户、美国客商1户；江苏爱特福保健品有限公司与港商甲乙双方分别增资76.23万美元和25.41万美元。

2002年，新批港澳台资与外资项目6户，其中港商4户，美国、芬兰客商各1户，增资扩股企业2户，累计总投资1435.90万美元，注册资本1112.01万美元，合同资金468.21万美元，实际到账200.46万美元，总投资和注册资本都首次突破千万美元大关。是年6月5日，香港华燊燃气（中国）投资有限公司在金湖合作成立金湖华燊燃气有限公司，总投资1000万元港币，独家经营，改变居民散装用气，方便居民住户（至2005年铺设燃气管道15000米，龙港花园、金都花园等1300多户用上管道燃气）。

2003年，由美国D&P国际研究开发公司独资兴办的江苏理士科技有限公司，总投资、注册资本和合同利用外资均为1000万美元，填补金湖单体利用外资千万美元的空白。在南京江宁区落户的香港生亚有限公司，数次到金湖考察之后，将服装加工项目迁至金湖工业园区，独资新建同泰服饰（江苏）有限公司，一期总投资180万美元（2005年又创办配套企业——江苏同泰服饰水洗有限公司，投资100万美元）。是

图 10-2-3　美国D&P国际研究开发公司独资兴办的江苏理士科技有限公司（摄于2005年）　李义海/摄

年，共新办港澳台资与外资企业7户，其中港商4户、台商1户、美国客商2户，独资3户，增资扩股1户，累计总投资3423.39万美元，注册资本2487.02万美元，合同资金2167.66万美元，实际到账外资784.53万美元，居全市县区第一名。

2004年，引进港澳台资与外资项目10户，其中港商、台商各2户，加拿大、日本、缅甸、捷克、马来西亚、波兰客商各1户，独资项目5户，增资扩股2户（江苏理士科技增资1000万美元，同泰服饰〈江苏〉有限公司增资87万美元），累计总投资8228.71万美元，注册资本5651.12万美元，合同利用外资5243.16万美元，实际到账资金1255.87万美元，总投资、注册资本、合同资金均超过5000万美元大关，实际到账外资首次突破1000万美元大关，居全市县区第一名。

2005年，利用外资继续保持强劲势头，全年新批外资项目10户，其中港商9户、美国客商1户，增资扩股3户，累计总投资8924.18万美元，注册资本4114.91万美元，合同资金3821.45万美元，实际到账资金1322万美元，居全市第二位。是年末，全县累计工商注册登记的港澳台商与外商投资企业33户，其中，注册港澳台资与外资完全到位27户，已开业投产26户，运行良好21户。

表10-2-2

1992—2005年金湖县引进港澳台商与外商投资统计表

年份	新批项目（个）	引资情况（万美元）			到账资金（万美元）
		总投资	注册资金	合同外资	
1992	6	282.66	200.62	80.10	23.75
1993	13	498.56	372.13	202.45	58.86
1994	8	301.82	230.43	118.57	53.43
1995	6	125.17	100.38	63.06	54.05
1996	3	198.40	156.02	78.20	39.59
1997	1	32.80	26.73	18.55	26.05
1998	2	76.50	69.00	36.88	64.71
1999	7	1031.61	649.81	330.31	161.37
2000	3	21.82	161.82	138.14	37.84
2001	1	400.80	400.80	240.60	290.00
2002	6	1435.90	1112.01	468.21	200.46
2003	7	3423.39	2487.02	2167.66	784.53
2004	10	8228.71	5651.12	5243.16	1255.87
2005	10	8924.18	4114.91	3821.41	1322.00

说明：1.到账资金：指注册资金（含增资扩股）当年直接汇入指定账户的港澳台资和外资。2.利用港澳台商与外商投资方的分布：中国香港40个、中国澳门1个、中国台湾22个，加拿大2个、日本2个、美国7个、韩国3个、芬兰1个、缅甸1个、捷克1个、马来西亚1个、波兰1个。

第四节　软环境建设

2001年10月，成立金湖县经济发展软环境建设领导小组，下设办公室（简称“软件办”）。是年起，全县每年开展两次企业服务月活动，县委、县政府领导率软环境建设重点部门主要负责人，深入企业调查研究，摸情况，听建议，帮助企业解决融资、用工、征地等实际困难。

2002年起，由软建办等单位牵头，开展软环境（行风）建设“十佳”“三差”或“较差”单位评选活动，对全县各部门服务招商引资企业起到强烈促进作用。是年4月，印发《中共金湖县委、金湖县人民政府关于鼓励外商投资兴业的十五条规定》，又提出企业在办理项目开工手续时，除环保、土地和规划手续外，其他审批手续可先开工后办理。对外商投资企业实行“绿卡”保护制度，“绿卡”持有企业及其外商，可享受引进单位的帮办服务，注册资本可分期到位，用工、就医、子女入学、安全、交通、广告宣传等方面给予优惠。年内，有20多家外商投资企业取得“绿卡”。神华药业有限公司香港投资方代表陶俊杰子女，由家乡学校转入金湖外国语学校就读，免收择校费2万元，成为全县外商受惠于“绿卡”的第一人。

2003年，全县以服务促发展，对引进项目实行“一条龙”服务。县政府印发《关于明确县工业园区招商引资有关收费标准的通知》，降低收费标准。制定《金湖县软环境建设九条规定（暂行）》，加大对违纪人员的处罚力度。5月和10月，县软件办牵头组织在全县开展两次企业服务月活动，对全县112户规模企业、投资500万元以上的外来投资企业和225户规模以下企业进行摸底调查。县委、县政府领导分别带领各镇和相关部门负责人分成34个组，上门了解企业的生产经营情况，征求意见和建议。两次企业服务月活动，共收集涉及规范执法、部门服务、社会保障、治安环境等方面存在的问题229条，涉及49个部门或镇，共梳理归纳为138个需要解决的具体问题，由县领导分别召集有关部门和镇负责人会议进行交办，县软建办组织联络员登门回访，确保“件件有落实，事事有回音”。12月，发放测评表6300余份，在基层群众、各单位服务对象、软环境行风监督员、人大代表、政协委员中进行广泛的测评，同时进行认真考核，审定软环境（行风）建设“十佳”“三差”单位，“十佳”单位分别是：县供电公司、县地税局、县公安局、县国税局、县财政局、县国土局、县建设局、县电信局、县广电局、县计生委、县水务局；“三差”单位分别是：县质量技术监督局、县蚕业发展中心、县农业发展银行。全年共对涉及10个部门的50多起软环境举报进行调整，提交调查报告15份，会同各单位对36起违反软环境建设的人和事进行查处，被宣布待岗27人、辞退9人。其中，对11起“三乱”等违规行为的查处，为企业和群众挽回损失23万元。

2004年，对全县机关工作作风进行明察暗访7次，组织专项督查25次，编发《督查简报》11期；受理涉及群众生产、生活投诉261件，并专门召开交办会，明确交办单位和办理要求，分组督办和回复投诉人，所有投诉办结率98%，群众满意率86%；解决企业反映问题15件，办理涉企检查93件次，实施行政处罚1件次。是年，县软件办还聘请软环境（行风）监督员20人，发文明确其监督职责，同时对各单位自聘监督员亦相应做出规定。2月26日，县纪委、软建办在时代超市门前广场举办“行风热线”第14期户外直播活动，现场接受群众咨询及投诉，共接受涉及29个部门和7个镇的投诉187件，于29日召开交办会并分组督办。至3月底，各项投诉办结率100%，群众满意率74%。9月，县软建办选择县工商、公安等部门下属24个与全县人民群众生产生活密切相关、与经济建设密切联系的基层执法单位，开展民主评议活动。县软建办根据《2002年江苏省行政事业性收费项目目录》，与县物价局一同向全县规模以上企业和个体工商户发放“企业付费明白卡”和“企业缴费登记卡”8860份。是年底，评出软环境（行风）建设“荣誉单位”2个、“十佳单位”10个、“创十佳”单位5个。

2005年，先后制定《2005年度软环境建设考核评议办法》《软环境监督员联系企业制度》《经济发展软环境建设信访投诉办理规定》等，对软环境建设工作机构进行重新调整，正式成立县委督查办，与软建办合署办公。继续开展企业服务月活动，5月、8月，对全县180户规模以上企业、园区企业及996户民营企业走访调研。对两次调研活动中收集的涉及资金、政府服务、收费罚款、执法环境、市场秩序、享用优惠政策、用工培训等7大类412件问题进行分类汇总，分别于6月10日和9月30日召开企业服务月问题交办会，两次交办的问题均得到协调解决，办结率100%。在全县规模以上企业中选择30家企业，作为经济环境监测点；县软建办设立3000人的软环境建设评议人员信息库。是年底，对59个重点单位进行评议，最终评选产生软环境（行风）建设“十佳”单位、“先进”单位和“较差”单位，“十佳”单位是：县公安局、县质量技术监督局、县供电公司、县国税局、县财政局、县计生委、县劳动和社会保障局、县地税局、县人事局、县国土局。“较差”单位：县联通公司。

第三章　对外与港澳台贸易

第一节　出口贸易

1986年起，省土畜产品进出口公司将金湖县塔集乡、金沟乡定为毛兔生产饲养基地，省工艺品进出口公司将金湖县以白马湖村为中心定点为淡水珍珠养殖基地。是年，全县出口商品有四大类35个品种，出口供货额551.21万元。1987年，在塔集建立种兔场，免费提供德系和法系长毛兔优良品种30对。1987—1988年，该地养毛兔10万只，产兔毛5万公斤，收购值达650万元。1988年，全县出口供货1084万元。外贸出口产品共有四大类35个品种，其中薄荷油、羽毛、黄鼠狼皮、鲜蛋、再制蛋、螃蟹、蜂蜜、白厂丝等为传统出口产品，产品销往23个国家和地区。是年，新增出口桐木24.5立方米，减少钢丝刷出口品种，鲜鸡蛋出口量达124.8吨，创历史最高。1990年，白马湖村淡水珍珠养殖基地已辐射到白马湖、涂沟、唐港、金北等4个乡镇。是年，钢丝刷恢复出口718万把，少了猪鬃、桐木的出口品种，全年出口收购额3955.1万元。

1991、1992年，金湖出口供货额分别为5580万元、9900万元。1992年，县制鞋总厂与香港客商兴办合资企业——江苏国祥鞋业有限公司，这是全县第一家合资企业。是年，新增工艺玩具出口额16万美元，全县出口供货额9900万元。1993年，在巩固原有供货渠道基础上，先后开辟上海、杭州、合肥、南通等供货口岸，全年供货额1.73亿元。

1994年10月，县政府组织“金湖金秋十月”经贸活动月，接待境外客商7人，外贸出口供货额达6200万元。是年，实现外贸出口供货额3.37亿元，其中工业品供货额1.7亿元、农副产品供货额1.67亿元。在12个系统中，经委系统供货额最多，达7915.36万元，占全县供货额的23.49%。其次，外贸系统供货出口5752.61万元。全县22个乡镇都有出口产品，出口供货额6905.48万元。官塘的汽车配件，戴楼的铝箔，淮建的汽车配套件、花线，淮胜的文化衫，陈桥的绒花玩具，孙集的玩具、太空被等首次出口，填补该6个乡产品出口空白。组织出口供货100万元以上的乡镇，由上年5个增加到14个，其中黎城镇出口供货占全县供货额的5.7%。外贸收购额100万元以上企业由上年11户发展到16户。出口产品发展到12大类52个品种，产品远销32个国家和地区，出口代理商增加到20多家进出口公司。

1994年起，县外贸公司取得市对外贸易公司进出口延伸经营权（自营出口）。当年，该公司与美国MPW公司达成1.2万件“猪皮女式背心”出口业务，直接创汇7.68万美元，填补金湖自营出口空白。是年，全县出口产品12大类52种，白厂丝、蚕茧、特种电缆、电线、羽绒服出口值1000万元以上。产品远销32个国家和地区，出口口岸达20多个进出口公司。

1995年，县政府组织企业厂长（经理）和外贸公司中层以上干部、外销员8人，先后参加上海华交会、第七十八届中国广州交易会，达成17份贸易合同，成交额41.2万美元。9月12—16日，由县领导、乡（镇）党委书记、乡（镇）长，部门、企业负责人120多人的金湖分团，带着100多种本地产品，参加省政府在连云港举办的亚欧大陆桥经贸恳谈会，分别与美国、日本、俄罗斯、韩国、法国等国家客商洽谈，达成意向外贸合同8个，合同额61.5万美元。当年外贸出口供货额7.23亿元，外贸收购额1000万元以上的企业由上年的4户发展到8户。在12个系统中，经委系统出口供货1.75亿元，商业系统5798万元，全县22个乡镇完成出口供货1.47亿元。出口产品12大类113个品种。其中，机械设备类13种，有石油机械、电线机械、钢丝刷、油嘴油泵和麻花钻等；化工类11种，有对羟基苯乙酰胺等；轻工工艺类24种，有皮鞋、玩具、绒花、票夹、渔网等；医药保健类21种，有灵芝干菌粉、黄原胶、血压计、手术刀片等；粮油食品类12种，有粮食、油料、再制蛋等；水产品类7种，有螃蟹、冻河虾、冻银鱼等；土畜产类7种，有薄荷原油、蜂蜜、兔毛等；纺织服装类18种，有毛巾、羽绒服、工作服、睡袍、白厂丝等。是年，对外贸易快速发展：乡镇出口企业由上年的18户增至24户（不含黎城），县属企业由上年的28户增至30户（含黎城6户）；工业品种由上年的34个增加到70多个，农副产品由上年的12个增加到26个。全年完成出口商品供货额7.23亿元，其中直接出口供货856.4万元（101.7万美元）。

1996年，虽然遇到出口退税率下调和出口成本提高等诸多困难，但出口供货仍达8.04亿元，其中工业产品5.49亿元、农副产品2.55亿元。当年被县列入重点出口供货企业的14户，其中，乡镇企业7户，分别是江苏爱特福药物保健品有限公司、涂沟水产品加工厂、闵桥计量仪器厂、银集渔网厂、金沟织巾厂、江苏全兴电缆厂、卞塘农机厂；县属企业7户，分别是华鼎精细化工有限公司、县羽绒服装总厂、县粮油食品总厂、县制鞋总厂、县水泥制品厂、县第一棉纺厂和黎城玻璃仪器厂。是年，出口商品供货额8.04亿元。其中，工业产品出口供货5.49亿元，农副产品出口供货2.55亿元，分别占出口供货总额的68.3%和31.7%。1000万元以上出口供货的企业由上年8户增加到9户。自营直接出口180.79万美元（折合人民币1510万元），比上年增长110.9%。

1997年，因东南亚及周边国家的金融危机，当年出口供货减少到6013.41万元，比上年少供货出口7亿多元。是年，县外贸公司自营出口额402.5万美元，全县完成对外贸易出口额707.46万美元，产品出口到40多个国家和地区。1998年，出口供货9089.56万元，出口市场从东南亚转向中东、欧洲和拉丁美洲等12个国家和地区，出口品种为针织服装、工艺鞋等，其中工艺制成品的比重上升到52.8%。在“三资”企业供货出口中，江苏华鼎精细化工有限公司“八溴醚”出口供货343.8吨，金湖冬雁制衣有限公司出口到英国、美国的羽绒服装17.78万件，金湖金鹏丝绸有限公司出口白厂丝44.9吨，金湖三禾玩具服饰有限公司出口到美国、日本、比利时等国家和中国香港地区的工艺拖鞋59.2万双，累计供货额4095.2万元，占全县出口供货45%。是年，完成外贸出口额1065.75万美元，比上年增长51%，县外贸公司自营出口535.6万美元，增长33.1%，自营生产企业组织出口51.4万美元，增长5倍多；“三资”企业出口482.36万美元，增长58.2%。

1999年，县外贸公司自营出口额585.04万元。2000年，自营出口额260万美元，比上年增长66.7%。县外贸公司在做好自营出口的同时，积极将本地产品推向国际市场。全年代理额近80万美元，其中为涂沟冷冻食品厂代理出口速冻小龙虾仁近50万美元；参加春秋两届广交会，共成交200余万美元，产品有服装、鞋帽、玩具、医疗器械等，出口地区也逐步从发展中国家向发达地区转移。

2002年，金石机械集团生产的2009SI-I5000RSI系列各种高压阀门、井口装置、节流压井管汇等三大类100多个品种，销往印度尼西亚、乌兹别克斯坦、美国及科威特、约旦等国家，自营出口101.1万美元，占当年全县自营出口58%，占全市机电产品出口的38.5%，占总出口（含供货出口）的11.2%。县输油泵有限公司取得进出口自营权，当年生产的柴油机用输油泵系列产品出口11.02万美元。全县完成出口供货额13084.5万元，比上年增长145.96%。

2003年，全县有进出口自营权外贸企业2户、生产企业12户、外商投资出口型企业13户，形成机械、电子、轻工工艺、化工、鞋帽、玩具、服装等九大出口系列。产品远销亚、非、拉美26个国家和地区。机械产品占全县出口总量主导地位，全年机械、电子产品出口1400多万美元，占全县出口总量的66.7%，其中自营出口251.2万美元，占全县自营出口总量的83.2%，居全市县（区）首位。2004年，新增加进出口经营企业16户，其中流通企业1户，生产企业11户，“三资”企业4户。

2005年，全县外贸供货额4.28亿元，形成机械、电子、轻工、化工、鞋帽、玩具、服装等九大出口系列，产品远销亚、非、拉美30多个国家和地区。至2005年底，全县取得进出口经营权企业有生产型企业27户，贸易流通企业3户，外资企业有出口实绩6户。是年，全县出口实绩为2907.6万美元（其中江苏理士科技有限公司占出口总量62.3%），比上年增长17%，仍居市县（区）第二名，机电产品出口居全市榜首。

表10-3-3

1986—2005年金湖县外贸收购额统计表

单位：万元

年份	收购额	年份	收购额	年份	收购额	年份	收购额
1986	551.21	1991	5580.00	1996	80400.00	2001	5319.81
1987	504.64	1992	9900.21	1997	6013.41	2002	13084.50
1988	1083.73	1993	17300.00	1998	9089.56	2003	18100.00
1989	2636.73	1994	33700.00	1999	10097.49	2004	38855.00
1990	3955.10	1995	72300.00	2000	8160.00	2005	42755.00

表10-3-4

1986—1995年金湖县各系统外贸出口供货额统计表

单位：万元

年份	1986	1987	1988	1989	1990	1991	1992	1993	1994	1995
合计	551	505	1084	2637	3955	5580	9900	17300	33700	72300
一、县属单位	390	345	864	2070	3085	4571	8377	14731	30636	48900
经委系统	154	164	631	1710	2433	3609	7206	8780	17000	17500
商贸系统	88	80	87	109	352	494	728	3860	7530	14149
粮食系统	—	—	—	64	91	138	90	1091	1670	2680
供销系统	97	95	96	132	191	278	353	600	2191	6000
其他	51	6	50	55	18	52	—	400	2245	8571
二、乡镇	161	160	220	567	870	1009	1523	2569	3064	23400
其中：黎城镇	36	51	57	189	262	450	673	991	1921	5989

表10-3-5

1996—2005年金湖县各系统外贸出口供货额统计表

单位：万元

年份	1996	1997	1998	1999	2000	2001	2002	2003	2004	2005
合计	80400	6013	9090	10097	8160	5320	13085	18100	38855	42755
一、县属单位	63635	4772	7212	8010	6408	4165	6080	6491	16385	16905
经委系统	19600	1470	2222	2466	1972	1282	1870	4290	11896	12690
商贸系统	6800	510	771	856	685	445	650	593	689	758
粮食系统	8600	645	975	1080	864	562	820	410	1108	1009
供销系统	7600	570	862	956	765	498	726	621	721	987

接上表

年　份	1996	1997	1998	1999	2000	2001	2002	2003	2004	2005
教育系统	1860	140	211	234	187	122	178	468	1897	1360
其　他	19175	1437	2171	2418	1935	1256	1836	109	74	101
二、工业园区	—	—	—	—	—	—	—	3700	12387	15570
三、乡镇	16765	1241	1878	2087	1752	1155	7005	7909	10083	10280
其中：黎城镇	6980	524	791	878	402	457	667	—	839	867

说明：县工业园区从2003年起单独统计。

1986—1995年金湖县部分出口商品交货量统计表

表10-3-6

商品名称	单位	1986	1987	1988	1989	1990	1991	1992	1993	1994	1995
白厂丝	吨	39	40	42.5	59	72	90	67	65	70	36
蚕茧（干）	吨	201	198	238.9	240	230	210	205	215	180	165
服装	万件	16	9	6	8.5	12	13.5	15	12.5	14.3	19
钢丝刷	万把	648	683	—	708	718	760	810	700	650	500
薄荷油	吨	106	111	103	159	160	165	136	111	120	156
蜂蜜	吨	136	103	189	180	106	180	143	108	109	136
水产品	万元	460	510	322	380	305	405	501	538	516	486
鲜鸡蛋	吨	78	96	124.8	106	123	98	—	—	—	—
再制蛋	万枚	408	450	51.87	410	460	370	326	330	360	280
麻花钻	万支	69	71	88.1	67	56	50	39	42	36	38
石油配件	万美元	610	660	680	680	750	786	800	780	760	780
农机配件	万元	—	—	—	126	180	182	176	180	126	136
粉末冶金	吨	162	171	186	180	100	106	108	110	108	136
塑编袋	万条	5	23	41.6	27	33	30	28	22	16.5	17
兔毛	吨	5.1	5.8	6.44	24	13	1.1	0.8	—	—	—
水貂黄狼皮	张	9500	12000	7300	11190	10891	7500	7150	7050	5360	3850
豆粕	吨	160	200	176	230	246	263	256	280	189	86
菜籽粕	吨	130	206	186	260	216	280	265	268	176	73
山芋干	吨	260	240	270	298	300	320	306	305	310	301

1996—2005年金湖县主要出口商品交货量统计表

表10-3-7

商品名称	单位	1996	1997	1998	1999	2000	2001	2002	2003	2004	2005
服装	万件	21	23	31	27	24	25	21	36	65	85
工艺玩具	万美元	1801	403	537	306	163	93	59	55	295	383
薄荷油	吨	198	238	201	102	132	98	98	39	46	60

接上表

商品名称	单位	1996	1997	1998	1999	2000	2001	2002	2003	2004	2005
蜂蜜	吨	103	233	152	41	30	36	35	38	28	30
水产品	万元	487	590	480	586	425	283	203	363	283	300
石油配件	万美元	760	886	986	1001	1260	1080	1001	1114	1259	1392
塑编袋	万只	18	16	15	13	9	6	7	13	30	56
精细化工	万美元	81	156	170	—	—	0.6	7	—	19	20
木制餐具	万美元	36	23	23	23	19	23	19	17	14	5
贝壳纽扣	万美元	—	—	—	—	1	2	0.4	2	1	0.1

第二节　进口贸易

金湖进口贸易起步较晚，金额较小，且外方多为设备投资，主要为外商设备投资和进料加工贸易两部分。1993年起，港商投资成立的江苏金久鞋业有限公司，港商以缝纫机等设备投资30.88万美元。1995年，与台商合资的金湖玉森木业有限公司，台商设备投资12万美元。1996年，中日合资的金湖亚星医疗器械有限公司，日方设备投资7.35万美元。1999年，独资成立的金湖永森木业有限公司，台商设备投资3.60万美元。2000年，新成立的金湖新日纽扣有限公司，韩方设备投资7.60万美元。

2002年，江苏金石集团有限公司分别从美国、澳大利亚等国进料加工贸易额121.38万美元。2003年，美方独资成立的江苏理士科技有限公司，其中第一批设备投资505.66万美元。2004年，港商独资成立的江苏弘悦科技有限公司，设备投资136.59万美元。

2005年，江苏金湖输油泵有限公司从台湾地区进口自用设备0.82万美元，江苏省金湖县玻璃仪器有限公司从台湾地区进口自用配套设备25.38万美元。1994—2005年，全县进口贸易总量851.25万美元。其中：港澳台商与外商投资设备703.67万美元，占82.7%；全县企业进口贸易额147.58万美元，占17.3%。

第四章　经济技术合作

第一节　境外经济技术合作

一、“三来一补”合作

“三来一补”，即来料加工、来件装配、来样定做，补偿贸易。1992年起，县羽绒服装总厂替江苏省土畜产进出口总公司为韩国、加拿大客商进口面料加工，全年共组织面料50多万米，加工出口供货2140万元人民币，直接创外汇120.59万美元，实现利税118.1万元人民币。1996年，县夹沟草帽厂与英籍华商吕建材签订5.5万美元生产草帽项目补偿贸易合同。县塔集镇麦芽厂与新加坡在华亚太啤酒有限公司签订12万美元的麦芽扩建技改的补偿贸易合同。县金沟织巾厂与云南西双版纳针织品合资供应站签订3万美元的生产毛巾项目补偿贸易合同。3个补偿贸易合同额20.5万美元，实现利润14.86万元人民币。2004—2005年未有新的“三来一补”合作业务。

二、境外劳务输出

1995年，金湖的境外劳务输出起步。3月，陈桥乡霍春年通过中国江苏国际经济技术合同公司派往新加坡海上渔船做轮船工。7月，县外经贸委派出英语翻译张伟，随淮阴市第二建筑公司赴津巴布韦施工，当随队翻译。当年劳务收入0.69万美元，填补金湖县境外劳务输出的空白。

1996年底，中国江苏国际经济技术合作公司金湖公司（以下简称中江金湖公司）成立，行政上挂靠县外经贸委，业务隶属省中江公司，独立法人，独立核算，自主经营，自负盈亏。是年，以金湖建筑公司为主体，建筑工人杨春等29人赴以色列从事钢筋工和木模工，合同额10.8万美元。1997年，新签外经合同额183.2万美元、外经营业额132.2万美元，新派劳务101人。首次取得在异国分包工程项目，在淮阴6县（市）中，为当年外派人数最多的县。是年，境外劳务输出中，工程建筑116人、宾馆服务2人、保姆工作3人、缝纫工2人、普通技术开发2人、海上捕捞1人，年末累计在海外人数126人，分布在以色列、科威特、日本、韩国、新加坡等亚洲五国和中国香港地区。1998年，新签外经合同额280.18万美元，新派海外人数201人，实现外经营业额259.61万美元，在全市8个县（市、区）中，金湖县新派人数列第一名，外经营业额列第二名，外经合同额列第三名，综合指标居首位。1999年，新签外经合同额346.2万美元，新派出境劳务236人，实现外经营业额475.5万美元，综合指标列全市第二位。2000年，新签外经合同额401.74万美元，新派出境劳务264人，实现外经营业额539.07万美元。

2001年，全县新签外经合同额519.04万美元，外经营业额669.19万美元，新派出境劳务313人，综合目标居淮安各县区前三位。至年底，全县累计在境外人数743人，其中建筑工715人、缝纫工5人、渔工10人、电焊工2人、宾馆服务人员3人、普通技术开发5人、农业工3人，分布在新加坡、科威特等国家和中国香港地区。2002年，新签外经合同额617万美元，实现外经营业额691.7万美元，新派国际劳务348人，综合目标居全市8县（区）之首。2003年，新签外经合同额857.7万美元。实现外经营业额967万美元，新派国际劳务437人，综合三项指标居全市8县（区）首位。2004年，新签外经合同额1087.6万美元，实现外经营业额1051.2万美元，新派国际劳务438人，综合三项指标居全市8县（区）第三位。2005年，全县对外新签外经合同额1104.4万美元，实现外经营业额1018.9万美元，新派国际劳务478人，综合三项指标居全市8县（区）第三位。至年末，累计境外劳务932人，其中建筑劳务834人、缝纫工31人、勤杂工45人、纺织工22人，分布在科威特、新加坡、阿尔及利亚、利比亚、日本、韩国、阿联酋、沙特、越南等国家和地区。

1995—2005年金湖县对外及中国港澳台地区承包工程与劳务技术合作一览表

表10-4-8

项目执行期限	项目执行单位	所在国家（地区）	人数（人）	项目内容
1995.03—1997.02	县外经贸委	新加坡	1	海上捕捞
1995.07—1997.06	县外经贸委	津巴布韦	1	工程翻译
1996.10—1998.09	县建筑公司	以色列	27	钢筋工
1997.12—1999.12	县建设公司	科威特	204	建筑工等
1998.10—2000.08	中江金湖公司	中国台湾地区	160	海上捕捞

接上表

项目执行期限	项目执行单位	所在国家（地区）	人数（人）	项目内容
1999.10—2000.06	中江金湖公司	新加坡、中国香港	1424	家政服务
2000.01—2005.12	县建设公司	科威特	78	建筑工等
2000.07—2003.06	中江金湖公司	毛里求斯等	20	针织缝纫
2002.11—2005.12	县环球公司	新加坡、科威特、日本等	93	建筑工78人，缝纫工15人
2002.12—2005.12	县神州海外公司	阿尔及利亚、韩国、阿联酋等	150	建筑工88人，缝纫工25人，电子装配31人，其他6人
1995—2005	县外劳务公司	相关国家和地区	689	建筑、缝纫、家政、电子等

第二节　境内经济技术协作

1986年，全县开始重视对外经济技术协作。1987年1月，金湖造纸厂与江苏省造纸印刷公司签订联营协议书，成为江苏省造纸印刷公司金湖卫生用品联营厂。1988年1月，县土产果品公司与上海吉利食品厂联营，创办上海吉利食品厂沪金联营厂。是年，黎城镇工业公司与南京工艺鞋厂联营兴办南京工艺鞋厂金湖分厂。县化肥厂与上海吴淞化工厂联营，投资400万元，兴办上海吴淞化工厂金湖分厂。1989年2月，金湖县农业局与上海第三制药厂合作兴建赤霉素厂，其规模为3吨/年，总投资600万元。

1995年，金湖针对市场竞争激烈、协作串换萎缩、物资流通滑坡、经济效益下降的形势，采取增设协作窗口和经营网点的措施，寻求新的协作关系。全年协作经营液化石油气238吨，各种汽车30多辆，摩托车320多辆，氯化钾1000多吨，化工原料100多吨；帮助县乡企业推销产品，其中电线电缆15.8万元，植物油40多吨，篷布7000多平方米及其他农副产品、水产品等。全年协作销售收入1002万元，实现利税21.5万元。是年4月，金湖与海南琼中县缔结友好县，并举行签字仪式。5月，由县驻上海办事处牵头，组织县乡有关单位去江西省参加科技、专利产品交流会，洽谈专利技术和新产品开发项目。下半年，县电子机械厂与香港永胜精密机械有限公司合资经营，合同利用外资16.97万美元。1997年，金湖玉森木业有限公司先后在沭阳县和新沂市办毛坯加工点、成品加工厂各1个。木制餐具产品由几十万支上升至120万支，全年生产791.75万支，比上年增长122%。

2002年，金湖金星木材制品厂与江苏大亚集团合作生产纸浆原料。江苏大亚集团投资150多万元，向金星木材制品厂提供纸浆原料的机械设备，金星木材制品厂每年向大亚集团提供纸浆原料1.5万吨至2万吨，合作项目于当年12月竣工投资。是年，全县参加宁淮挂钩合作项目签约活动，共签项目17个，其中投资类项目9个、技术合作类项目3个、贸易类项目5个，投资总额2856万元，合同引资额2596万元，到位资金1596万元，实施项目17个，项目开工率100%。2003年，全年共签订宁淮挂钩项目32个，其中工业项目20个、农业项目3个、服务业项目9个，总投资2.6亿元，资金到位率72.6%。2004年，全县争取宁淮挂钩项目资金2.28亿元，组织21家单位参加两次宁淮挂钩合作签约活动，共签订项目45个，其中工业项目30个、农业项目2个、服务业项目13个，投资总额3.6亿元，到位资金2.1亿元，完成劳务输出1102人。

2005年，全县宁淮挂钩合作与区域发展共争取资金2.42亿元，其中无偿资金8250元；签订宁淮挂钩合作项目47个，投资总额27亿元，到位资金13.1亿元，劳务输出1234人。

第五章　工业园区

第一节　园区规划

1992年7月，县四套班子联席会议提出兴建金湖县经济技术开发区的设想。8月中旬，县委、县政府组织人员到宝应、高邮、六合等地考察外地开发区建设情况后，着手选择开发区地点范围，制定《金湖县经济技术开发区优惠办法》，提出建立开发区组织机构的意见，决定成立金湖县经济技术开发区管理委员会。

2000年10月，县委、县政府决定在县城西南片建设园林式工业园区，并将园区建设纳入2001年政府承诺办理的12件实事之一。2001年2月13日，县长办公会议就加快工业园区建设的有关问题进行讨论，并决定成立县工业园区建设领导小组。4月，请苏州环境保护设计院进行设计，拟定《金湖县工业区控制性详细规划》，园区控制规划面积80平方公里，首期规划面积20平方公里，建成区11.66平方公里，区内实现为“八通一平”。是年，开始按照《金湖县工业区控制性详细规划》进行工业园区产业布局。全区共分A、B、C、D、E、F6个板块，每个板块面积约8公顷，可设置2~4户企业。

2002年6月26日，县工业园区立项。8月20日，县政府明确县工业园区管委会职权范围，包括相对独立的人事任免权、项目审批权、投资决策权、考核分配权和园区管理权。8月28日，市政府批准建立金湖县工业园区。是年，县委托江苏省城市规划设计院对园区规划进行修编，分中期和远期规划两个部分。中期规划以当时已建园区为基础，以金马路向南北两侧拓展，东到衡阳路，西至八四大道，建成1000公顷工业新区；远期规划是启动建设金宝南线，以宁连、京沪高速金湖连接线为轴心，向两侧拓展，建成4000公顷的“工业走廊”。

2004年4月28日，县政府上报市政府《关于将淮安市金湖县工业园区列为省级开发区的请示》。同日，县政府原则同意县建设局上报的《淮安市金湖工业园区控制性详细规划》。10月，由省城市规划设计研究院编修的规划初稿完成，县政府主持召开《金湖县工业新区规划（2004—2020年）》成果论证会；12月底规划定稿。规划金湖县工业新区面积为1166公顷，四至为：东至衡阳路，西至城西干道，南至金宝南线，北至北兴路，同时首次将环境保护作为规划重要内容纳入。2005年，《金湖县工业新区规划（2004—2020年）》正式公布。

第二节　基础设施建设

2002年前，金湖县工业园区已有雏形，但区内道路以土路为主，供水、供电能力较差。2002年，县委、县政府大规模实施园区基础设施建设，投入资金8000多万元，完成250公顷启动区“五通一平”（“五通”：供电、供水、电信、广电、排水；“一平”：场地平整）工程，拆迁园区内房屋4万多平方米。其中，一期工程道路建设完成投资2000万元，建成果园区的新兴路、西兴北路、健康西路，戴楼区的温州路、星州路、台州路等6条干支线道路，连接黎城区和戴楼区的工二路接近完工，园区内主要支干线道路全部完成；开设现代化数字通信网络、语音信息、电视会议、ATM、DDN、帧中继等电信业务；广电宽带网可提供多媒体服务，园区供电接通华东电网。2003年，县工业园区新增建成区面积230公顷，建成区总面积达480公顷。新建成东西向的温州路、工一路、工二路和南北向的新兴路、西兴路、环城西路、台州路、星州路等10多条主次干道，道路总长14698米，面积24万平方米，投资3300万元；供电设施投资2100万元，供水排水设施投资1390万元，通信设施投资2900万元；场地平整及其他投资3400万元，总投资1.31亿元。

2004年，园区"五通一平"面积达570公顷，占总规划面积48.9%。总投入1.96亿元，其中基础设施投入1.37亿元、征地补偿5547万元、其他投入354万元。主要完成工园路、新建路东段、西兴南路等3条路和3座桥涵的建设，新建道路路长2330米、面积2.01万平方米，使园区主次干道达到10条，道路总长16.95公里，面积23.8万平方米，形成"六纵四横"的道路网络。全年新铺自来水管道2800米，供水15户企业，解决园区企业正常生产、生活用水；建设排水管道4650米，园区主次干道排水基本连通。

2005年，在道路建设上，完成台州北路、台州南路、新建西路、工二西路、健康西路、建设西路的设计、招标和施工，使园区建成道路达到12条，总长1.76万米，面积24万平方米，形成"六纵六横"（纵向：华海路、金荷路、环城西路、同泰大道、星州路、八四大道，横向：上湾路、建设西路、健康西路、金湖西路、工二路、神华大道）的道路网络；在绿化上，投资630万元，建成金马路南侧80米宽、近2000米长的绿化景观带，绿化面积达7万平方米，使园区绿化总面积达13万平方米；在供、排水系上，投资150万元新铺供水管道5300米，投资240多万元新铺设排水管道6000米；供电投资665万元，新架设电力线路5500米；广电通信投资865万元，为新竣工投产企业开通有线电视和电信宽带网。新增建成区100公顷。至2005年底，累计建成区670公顷。

第三节　园区产业

1992年8月21日，县成立西郊经济技术开发区。1994年，县经济技术开发区内首先落户金湖供电局开关厂。此后，县缫丝厂分厂及水溶珍珠粉厂先后落户。

2002年，按照"现代化产业区和高品质新城区"的定位，明确工业园区以机械电子、仪表线缆、医药化工、轻纺服装等四大支柱产业的发展导向。由于处于创建初期，将工作重点放在发展具有一定基础的机电产业上，对产业布局没有过多细化，所引进企业正处于建设之中。是年，县提出"发展经济关键是要发展工业经济，发展工业经济关键要招商引资，招商引资关键要建好工业园区"的经济发展思路，举全县之力，将西郊经济技术开发区改建成工业园区。至年底，有23个固定资产投资500万元以上的工业项目在园区开工建设，总投资3.5亿元，其中，石油机械有限公司采气进口项目投资1000万元、神华药业有限公司GMP改造项目投资4000万元、栋珊服饰公司服装加工项目投资3500万元。

2003年，全年入园项目65个，总投资11.5亿元，到位资金2.9亿元。其中，亿元以上项目3个，4000万~1亿元项目5个，2000万~4000万元项目8个，企业用工1952人。年内已竣工投产主要有理士电池项目一期工程、三禾玩具、哥德威尔、光阳线缆、华信服饰、曙光热工机械、方程机械、华兴宠物、全成合成革、捷通线缆、凯源涂料、金荷厨具、沁宝橡塑、吉信车业和宏达卫生巾设备等有限公司，其中江苏理士科技有限公司系列电池项目有美国D&P国际研究开发有限公司投资兴建。项目建设用地13.3公顷，总投资1000万美元，主要生产铅酸免维护电池、镍氢系列电池项目。是年，竣工投产企业30户，园区企业共实现产值1.05亿元，销售收入0.96亿元，税收2650万元。

图 10-5-4 同泰服饰生产车间（摄于2004年） 李义海／摄

2004年，入园项目累计61个（其中外资和港澳台资项目9个），协议投资额14.47亿元，到位资金5.16亿元；是年入园企业30户，协议投资额6.9亿元；竣工投产、半投产的企业累计50户，企业用工4381人。竣工投产项目中主要有同泰服饰、金石阀业、沃尔特彩印包装、迈特尔金属制品等有限公司，其中同泰服饰（江苏）有限公司由江苏纺织品进出口公司驻香港生亚有限公司独资兴建，固定资产投资800万元，征地1.07公顷，总建筑面积3800平方米，主营服装产销及原辅材料销售。园区聚集带动作用形成，美、日、韩、新加坡等国家及中国香港、台湾地区客商，纷纷落户县工业园区，园区注册到账外资和港澳台资居全市领先地位。是年，竣工投产、半投产的企业累计20户，全年实现产值3.53亿元，销售收入3.24亿元，税收957万元。至年底，园区初步形成以机械、电子为主导，医药化工、汽车配件、轻工服装、仪表线缆相辅助的产业格局，入园项目由建园初期的中小型、劳动密集型项目为主逐步转变为大中型、高新科技项目为主。

2005年，公布实施《县工业园区分区规划（2004—2020）》，大力进行招商引资与项目引进，同时注重引进项目的质量与可持续发展，优先引进机电产业项目、5000万元以上项目、省级高新科技项目、高税赋项目优先、产品关联度高项目，低水平重复建设项目不引进，污染项目不引进。是年签约入园项目18个，协议引资额4.9亿元。竣工和在建项目中，亿元以上项目有4个，5000万～1亿元项目有4个；累计固定资产投资额19.15亿元，到位资金7.20亿元，从业人数6548人。全年竣工投产企业46户，实现销售6.79亿元、税收1843万元、出口退税1533万元。至2005年，工业园区共有项目81个，其中竣工投产46个，在建19个，未开工11个，关停5个，协议引资额18.45亿元。工业园区形成机电、服装、化工三大主导产业。其中：机电产业有企业44户，固定资产协议投资4.9亿元，形成以理士科技、金石集团、卫生巾机械和柴油机配件等有影响的企业为龙头，延伸发展产业链；服装产业有企业16户，总投资2.2亿元，形成以同泰服饰、哥德威尔等企业为龙头，在上下游配套上做文章，带动全县服装业整体跃升的产业链；精细化工产业有企业14户，总投资5.7亿元，形成以神华药业、爱特福等企业为龙头的产业链，力争建成苏北最大的真菌发酵原料药基地和23万吨过氧化氢生产基地。

第十一篇　宏观经济

1986年，金湖是一个工业基础比较薄弱的农业县，第一、第二、第三次产业比重为64.5∶19.5∶16，地区生产总值3.37亿元，农业总产值4.41亿元，工业总产值3.42亿元；固定资产投资额2025万元，城乡社会消费品零售总额1.33亿元，农民人均纯收入596.8元。1989年，强化农业基础地位，加大科技和生产投入，扩大种植面积，落实增产增收措施；工业企业深化改革，克服资金、能源、原材料紧缺和市场行情疲软等困难，确保适度增长。三次产业结构中，第一产业比1986年下降13.1个百分点，第二产业上升6.2个百分点，第三产业上升6.9个百分点。1991年起，实施“稳农兴工”“科技兴县”发展战略，推进产业结构调整，加快工业经济发展步伐；新建各类市场7个，面积5万平方米；兴办商业服务业项目199个。1998年，全县以建设高标准小康县总揽全局，加快所有制结构和经济结构调整步伐，推进农业产业化及经济体制和经济增长方式的转变。是年，实现工业总产值27.69亿元，农业总产值9.43亿元，1986—1998年年均递增率分别为22.47%、13.36%，社会消费品零售年均递增率15.70%。

1999年，全县加快工业化进程，启动城镇化建设，推进农业现代化，放手发展私营个体经济，大力提高经济外向度，稳步推进各项改革。全县三次产业结构比重为39.4∶27.9∶32.7。工农业总产值比上年增长12.2%。2000年，全县围绕富民强县的总目标，抢抓机遇，推进工业化、农业产业化、城市化、外向化和民营化进程，为二、三次产业发展提供广阔空间。农业坚持调整结构，培植蚕桑、稻田养殖、水生蔬菜各1万公顷；工业大力招商引资，建好工业园区；企业改革实行“一股两置换”，推进“公退民进”。2001年，地区生产总值24.38亿元。2003年，社会消费品零售总额突破10亿元大关，达到10.40亿元。

2005年，县委、县政府在坚持稳定发展农业的前提下，继续狠抓全力招商，促进规模工业发展，活跃第三产业，科学、合理配置资源，推动县域经济持续、快速、健康地发展，实现地区生产总值39.43亿元，三次产业构成比例为27.6∶37.9∶34.5；工业总产值51亿元，农业总产值19.28亿元，1986—2005年年均递增率分别为17.37%、0.38%；固定资产投资17.56亿元，社会消费品零售总额17.28亿元，农村居民人均纯收入增加到7210元。

第一章　经济规模

第一节　农业发展期

1986年，金湖深入进行以调整产业结构为主要内容的农村改革，进一步完善以家庭联产承包为主要形式的生产责任制，发展多层次的合作经济组织；县属企业试行厂长经理负责制，乡镇企业完善“一包三改”责任制，促进生产要素有效组合。是年，全县粮食总产40.71万吨，农村人均产粮1421公斤、人均贡献商品粮822公斤。1987年，全县坚持改革开放，广泛开展增产节约、增收节支活动，加强对农业的领导，稳定工农业生产发展。工农业总产值比上年增长16.7%，其中工业产值增长27.97%；城乡社会消费品零售总额增长18.6%。

1988年，面对国家经济宏观调控、资金供给偏紧的形势，全县开展“清仓挖潜、清财化债”活动，向企业内部要资金。全年共清理回收往来款和企业应收款近2900万元，清理各项债权债务金额1000多万元，用财政借债方式筹集建设资金430万元。农业适当扩大湖桑、棉花、油菜的种植面积，农业内部结构进一步朝着合理、高效、支工的方向推进；创建各种专业合作社（协会）120多个，有效开展产、供、销系列服务，推进经济联合、产业合作和适度规模经营。是年，全县工农业总产值比上年增长22.7%，工业产值增长33.4%；社会消费品零售总额增长39.2%。1989年，全县坚持加强农业的基础地位，增加科技和生产投入，稳定和扩大种植面积，落实增产增收措施；工业企业深化改革，克服资金、能源、原材料紧缺和市场行情由畅转疲等困难，确保适度增长。工农业总产值增长5.6%，社会消费品零售总额增长6.3%。

1990年，全县农村不断完善双层经营体制，坚持公有制为主体，多种经济成分、多种所有制形式并存的经营方式，“四轮驱动、双轨并进”（乡镇工业、村办工业、联户办工业、户办工业四个轮子一齐驱动，集体经济、私营个体经济双轨并进）的乡镇企业机制得到坚持和完善，形成大田承包经济、乡镇集体企业、家庭经济并进的农村经济格局。在城市，围绕搞活企业中心环节，实行多种承包经营责任制，稳妥进行一、二轮承包的衔接工作，并逐步进行效益分配、用工制度等配套改革；流通领域新建县城农贸市场、惠民市场等，形成以国营商业、集体供销社商业为主渠道，全民、集体、个体多种经济成分并存的开放式商品流通体系。是年，全县工农业总产值比上年增长10%，社会消费品零售总额增长1.5%。

1986—1990年金湖县主要经济指标统计表

表11-1-1　　单位：万元

年　份	地区生产总值	工农业总产值	其中		社会消费品零售总额
			工业总产值	农业总产值	
1986	33671	78356	34238	44118	13327
1987	39783	88343	43814	44529	15180

接上表

年 份	地区生产总值	工农业总产值	其中		社会消费品零售总额
			工业总产值	农业总产值	
1988	44991	103787	58443	45344	21138
1989	53768	110147	61361	48786	22122
1990	59124	116643	66692	49951	22870

第二节 稳农兴工期

1991年起，实施“稳农兴工”战略。是年，全县遭遇特大洪涝灾害，广大干群团结一心、顽强拼搏、奋力抗灾，及时恢复发展生产；工业企业扎实开展“质量、品种、效益年”活动，克服三项资金占用较多、产品积压、原材料和资金短缺等困难，减轻特大洪涝灾害的损失。1992年，全县确立“科技兴县”的发展战略，推动科技进步，推进产业结构调整，加快工业经济发展步伐，起步外向型经济，开拓流通市场，新建各类市场7个，面积5万平方米，相当于前5年的两倍；兴办商业服务业项目199个，推动第三产业发展。1993年11月，全县乡村综合体制改革启动，主要内容为：控制和减轻农民负担，调整产业结构、调整承包土地，改革乡村机构体制、改革经营管理体制、改革财务管理体制，建立健全乡村合作经济组织、建立和发展农村股份合作制、建立和完善农村社会化服务体系、建立和强化民主监督体系。全县深化工业企业改革，实施转换机制转变职能、搞活分配、推行股份制、改善企业管理、加强领导等五项措施，清理党政机关办经济实体43个。1994年，全县继续稳定农村双层经营体制，调整农村经济结构、减轻农民负担；工业坚持抓重点带一般，努力开拓市场，推进稳步发展；县物资集团总公司跻身“'94中国物资流通百强”。1995年，全县进一步解放思想，深化改革，扩大开放，加快发展工业使弱势变强，加快提高农业使优势更优，加快发展个体私营经济和农村集体经济，实现一、二、三次产业协调发展。

1996年，全县实施“工业扩总量、农业拓市场、环境塑形象、大力攻外向、各业重人才、快步奔小康”的发展思路，农业紧紧抓住“两专一基”（专业村、专业户，基地乡镇）；工业抓住乡镇企业求突破，抓住骨干企业扩规模，抓住亏损大户找出路；加快盘活存量，加大投量，扩大总量，提高质量；全县流通企业积极服务搞活经营、增购扩销，探索连锁经营、配送制、代理制新形式，活跃市场。1997年，全县以达小康为目标，加快改革开放，加快工业化和农业产业化进程，推动第三产业和个体私营经济的发展。1998年，全县以建设高标准小康县总揽全局，加快所有制结构和经济结构调整步伐，推进农业产业化和企业尤其是工业企业产权多样化进程，推进经济体制和经济增长方式转变。是年，全县工农业总产值由1991年的11.46亿元增长到37.12亿元，年均递增18.3%；农业总产值由4.58亿元增加到9.43亿元，年均递增10.9%；工业总产值由6.88亿元增长到27.69亿元，年均递增22.1%；社会消费品零售总额由2.48亿元增长到7.67亿元，年均递增12.9%。

1991—1998年金湖县主要经济指标统计表

表11-1-2　　单位：万元

年　份	地区生产总值	工农业总产值	其　中		社会消费品零售总额
			工业总产值	农业总产值	
1991	58787	114634	68843	45791	24794
1992	75618	141772	85828	55944	29169
1993	95137	182615	116815	65800	34758
1994	137970	215188	141251	73937	45185
1995	155726	223802	140285	83517	56534
1996	167100	295600	205327	90273	65877
1997	179300	353514	264034	89480	73026
1998	192300	371205	276868	94337	76731

第三节　强工活“三”期

强工活“三”期，即加强工业发展，活跃第三产业时期。1999年，全县加快工业化，启动城镇化，推进农业现代化，放手发展个体私营经济，大力提高经济外向度，稳步推进各项改革。农业以市场经济为导向，大规模进行农业产业结构调整，改善生产条件，建成一批具有一定科技含量的农业园区；工业坚持抓大抓优与活小攻难并举，转换机制与技改投入联动，强化管理与开拓市场齐抓，强化工业，活跃第三产业。全县工农业总产值41.65亿元，同比增长12.2%，其中，农业总产值增长7.4%，工业总产值增长13.8%；社会消费品零售总额增长7.5%。2000年，全县围绕富民强县总目标，抢抓机遇，推进工业化、农业产业化、城市化、外向化和民营化进程。农业继续坚持调整结构，培植蚕桑、稻田养殖、水生蔬菜各1万公顷；工业大力招商引资，建好工业园区；整个企业改革实行“一股两置换”，即用股权置换企业性质、置换职工身份，推进“公退民进”，即国有集体资产退出，民间资本进入。2003年，全县实现工农业总产值47.56亿元。其中，农业产值增长34.7%，工业产值增长8.3%。

2004年，坚持农、林、牧、渔业全面发展，坚持招商引资，适时调整招商政策，创新招商方式，推进工业化进程。全县实现工农业总产值61.77亿元，同比增长55.3%。其中农业产值增长128.2%，工业产值增长34.7%；社会消费品零售总额增长43.3%。2005年，全县坚持全面抓农业，抓规模工业发展，抓建筑施工总承包，抓全力招商，活跃第三产业。全县实现工农业产值70.28亿元，社会商品零售总额17.28亿元。

1999—2005年金湖县主要经济指标统计表

表11-1-3　　单位：万元

年　份	地区生产总值	工农业总产值	其　中		社会消费品零售总额
			工业总产值	农业总产值	
1999	206400	416467	315207	101260	82500

接上表

年　份	地区生产总值	工农业总产值	其　中		社会消费品零售总额
			工业总产值	农业总产值	
2000	221400	341757	233357	108400	84005
2001	243800	381467	265560	115907	97734
2002	270800	409103	286070	123033	93426
2003	302500	475571	309900	165671	104029
2004	346200	617661	417500	200161	149063
2005	394300	702845	510000	192845	172811

第二章　三次产业构成

第一节　概　况

1986年，全县第一、第二、第三产业结构在地区生产总值中的比重为64.5∶19.5∶16，第一产业占主导地位；产业结构比重排列顺序为一、二、三。1990年，三次产业结构比重，第一产业比1986年下降12.6个百分点，第二产业上升6.7个百分点，第三产业上升5.9个百分点；第一产业仍占主导地位，产业结构比重排列顺序为一、二、三。1991年，第二、第三产业比重之和超过第一产业比重。1997年，第三产业比重首次超过第二产业比重0.9个百分点；产业结构比重排列顺序为一、三、二。2002年，第三产业比重首次超过第一产业比重2.1个百分点，产业结构比重排列顺序为三、一、二。2003年，第二产业比重首次超过第一产业比重1个百分点，而第三产业比重比第二产业的比重多3.2个百分点；产业结构比重排列顺序为三、二、一。2005年，第二产业比重超过第三产业，产业结构比重排列顺序为二、三、一。

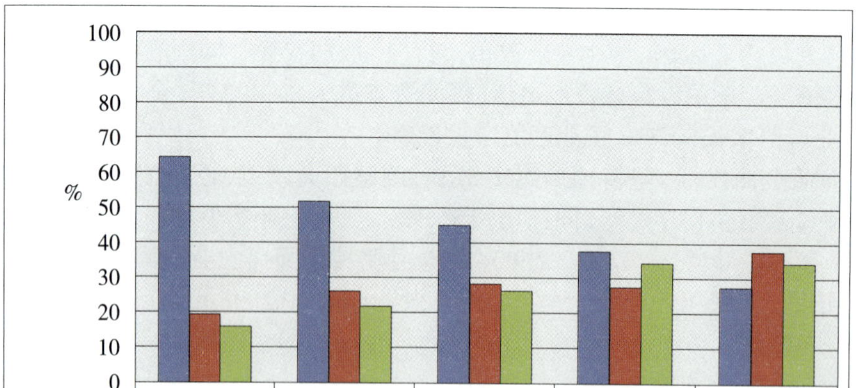

	1986年	1990年	1995年	2000年	2005年
第一产业	64.5	51.9	45.2	37.9	27.6
第二产业	19.5	26.2	28.4	27.6	37.9
第三产业	16.0	21.9	26.5	34.4	34.5

图 11-2-1　1986—2005 年每五年三次产业结构调整变化示意图

吴跃华 / 制

1986—2005年金湖县三次产业构成统计表

表11-2-4　　单位：万元

年份	地区生产总值	第一产业		第二产业		第三产业	
		增加值	比重(%)	增加值	比重(%)	增加值	比重(%)
1986	33671	21705	64.5	6572	19.5	5394	16.0
1987	39783	22206	55.8	9143	23.0	8434	21.2
1988	44991	24635	54.8	10953	24.3	9403	20.9
1989	53768	27645	51.4	13810	25.7	12313	22.9
1990	59124	30713	51.9	15463	26.2	12948	21.9
1991	58787	28716	48.8	16937	28.8	13134	22.4
1992	75618	35140	46.5	22469	29.7	18009	23.8
1993	95137	44783	47.1	25722	27.0	24632	25.9
1994	137970	70004	50.7	37940	27.5	30026	21.8
1995	155726	70319	45.2	44196	28.4	41211	26.4
1996	167100	72900	43.6	47600	28.5	46600	27.9
1997	179300	75500	42.1	51100	28.5	52700	29.4
1998	192300	78200	40.7	54500	28.3	59600	31.0
1999	206400	81400	39.4	57600	27.9	67400	32.7
2000	221400	84000	37.9	61200	27.6	76200	34.5
2001	243800	86500	35.5	71900	29.5	85400	35.0
2002	270800	90400	33.4	84300	31.1	96100	35.5
2003	302500	95500	31.6	98700	32.6	108300	35.8
2004	346200	106500	30.8	117100	33.8	122600	35.4
2005	394300	108800	27.6	149400	37.9	136100	34.5

第二节　第一产业构成

1986年，全县第一产业中农业增加值1.76亿元，占第一产业的81.0%，林业占2.5%，牧业占7.6%，渔业占6.3%；农林牧渔服务业占2.7%。农业占主导地位，其次是牧业、渔业。排列顺序为农业、牧业、渔业、服务业、林业。1990年，农业比重比1986年下降27.5个百分点，林业上升1个百分点，牧业上升12.1个百分点，渔业上升14.1个百分点，服务业上升0.3个百分点；内部产业构成比重排列顺序为：农业、渔业、牧业、林业、服务业。1995年，农业比重比上年上升3.7个百分点，林业下降1个百分点，牧业下降0.7个百分点，渔业下降4.4个百分点，农林牧渔服务业上升0.4个百分点；内部产业构成比重排列顺序为：农业、渔业、牧业、林业、服务业。

2000年，在第一产业中，农业比重比1986年下降33.6个百分点，林业上升3.5个百分点，牧业上升2.1个百分点，渔业上升26.7个百分点，农林牧渔服务业持平；内部产业构成比重排列顺序为：农业、渔业、牧业、林业、服务业。2005年，农业比重比2000年上升7.6个百分点，林业上升0.4个百分点，牧业下降2.4个百分点，渔业下降7.6个百分点，农林牧渔服务业上升0.6个百分点；内部产业构成比重排列顺序为：农业、渔业、牧业、林业、服务业，凸显出金湖“鱼米之乡”的特色。

1986—2005年金湖县第一产业构成统计表

表11-2-5 单位：万元

年份	第一产业增加值	农业		林业		牧业		渔业		农林牧渔服务业	
		增加值	比重（%）	增加值	比重（%）	增加值	比重（%）	增加值	比重（%）	增加值	比重（%）
1986	21705	17575	81.0	537	2.5	1651	7.6	1359	6.3	583	2.7
1987	22206	16994	76.5	583	2.6	2335	10.5	1886	8.5	408	1.8
1988	24635	15061	61.1	869	3.5	4748	19.3	3084	12.5	873	3.5
1989	27645	16289	58.9	926	3.3	6041	21.9	3496	12.6	893	3.2
1990	30713	16419	53.5	1062	3.5	6047	19.7	6278	20.4	907	3.0
1991	28716	13969	48.6	872	3.0	6322	22.0	6621	23.1	932	3.2
1992	35140	18192	51.8	985	2.8	7483	21.3	7573	21.6	907	2.6
1993	44783	20144	45.0	2031	4.5	7790	17.4	13613	30.4	1205	2.7
1994	70004	35554	50.8	1827	2.6	8660	12.4	22642	32.3	1321	1.9
1995	70319	38340	54.5	2518	3.6	8227	11.7	19651	27.9	1583	2.3
1996	72900	41781	57.3	3466	4.8	7845	10.8	17920	24.6	1888	2.6
1997	75500	41306	54.7	3750	5.0	6137	8.1	22055	29.2	2252	3.0
1998	78200	40565	51.9	4051	5.2	5957	7.6	25222	32.3	2405	3.1
1999	81400	41687	51.2	4354	5.3	6303	7.7	26847	33.0	2209	2.7
2000	84000	39809	47.4	5011	6.0	8142	9.7	28448	33.9	2590	3.1
2001	86500	41074	47.5	5583	6.5	8340	9.6	29186	33.7	2317	2.7
2002	90400	42667	47.2	5254	5.8	8783	9.7	30944	34.2	2752	3.0
2003	95500	48259	50.5	7263	7.6	9286	9.7	27237	28.5	3455	3.6
2004	106500	59650	56.0	6723	6.3	9286	8.7	27361	25.7	3480	3.3
2005	108800	59797	55.0	6984	6.4	9348	8.6	28616	26.3	4055	3.7

第三节　第二产业构成

1986年，全县第二产业增加值6572万元，其中工业增加值占第二产业的87.4%、建筑业增加值占12.6%。1990年，工业增加值超亿元，达到1.36亿元，建筑业增加值1850万元，与1986年相比，工业增加值增长1.07倍，建筑业增加值增长1.24倍。1995年，工业增加值与1990年相比，增长1.91倍，建筑业增长1.48倍。2000年，工业增加值与1995年相比，增长34%，建筑业增长76%。

2005年，工业增加值与2000年相比，增长1.5倍，建筑业增长1.09倍。1986—2005年20年间，第二产业中的工业经济发展一直占主导地位，前10年工业增长速度快于建筑业，显示出工业在第二产业中的基础作用；后10年，建筑业增长速度快于工业，显示出城镇化的进程和建筑业对第二产业的拉动作用。

1986—2005年金湖县第二产业构成统计表

表11-2-6　　单位：万元

年份	第二产业增加值	工业		建筑业	
		增加值	比重（%）	增加值	比重（%）
1986	6572	5745	87.4	827	12.6
1987	9143	7940	86.8	1203	13.2
1988	10953	9580	87.5	1373	12.5
1989	13810	12182	88.2	1628	11.8
1990	15463	13613	88.0	1850	12.0
1991	16937	14773	87.2	2164	12.8
1992	22469	20015	89.1	2454	10.9
1993	25722	22945	89.2	2777	10.8
1994	37940	33921	89.4	4019	10.6
1995	44196	39603	89.6	4593	10.4
1996	47600	42360	89.0	5240	11.0
1997	51100	45073	88.2	6027	11.8
1998	54500	47575	87.3	6925	12.7
1999	57600	49976	86.8	7624	13.2
2000	61200	53100	86.8	8100	13.2
2001	71900	62500	86.9	9400	13.1
2002	84300	73600	87.3	10700	12.7
2003	98700	86300	87.4	12400	12.6
2004	117100	102900	87.9	14200	12.1
2005	149400	132500	88.7	16900	11.3

第四节　第三产业构成

1986—1999年，县内统计口径多变，统计资料中尚无第三产业的名称，第三产业构成要素不全，缺乏准确的分类数据。2000年，全县在第三产业中，交通运输仓储邮政业增加值1.46亿元，占第三产业增加值比重19.2%；批发零售住宿餐饮业增加值1.69亿元，占22.2%；金融保险增加值6100万元，占8.0%；房地产业增加值8800万元，占11.5%；其他服务业增加值2.98亿元，占39.1%。产业构成比重的排列顺序为：服务业、批发零售住宿餐饮业、交通运输仓储邮政业、房地产业、金融保险业。2002年，在第三产业中，全县交通运输仓储邮政业比重比2000年上升1.1个百分点，批发零售住宿餐饮业上升4个百分点，金融保险业下降0.9个百分点，房地产业上升1.1个百分点，其他服务业下降4.3个百分点。产业构成比重排列顺序为：其他服务业，批发零售住宿餐饮业，交通运输仓储邮政业、房地产业、金融保险业。2004年，在第三产业各业的比重中：其他服务业比上年下降1.5个百分点，仍占第一位；批发零售住宿餐饮业下降2.9个百分点，居第二位；交通运输仓储邮政业占20.4%，居第三位；房地产业占11.7%，金融保险业占4.7%，分别居第四、第五位。

2005年，在第三产业中，全县交通运输仓储邮政业下降0.7个百分点，批发零售住宿餐饮业下降0.7个百分点，金融保险业上升0.2个百分点，房地产业上升0.3个百分点，其他服务业上升0.9个百分点。产业构成比重排列顺序为：其他服务业，批发零售住宿餐饮业，交通运输仓储邮政业、房地产业、金融保险业。在第三产业中，其他服务业由始至终居首。

2000—2005年金湖县第三产业构成统计表

表11-2-7 单位：万元

年份	第三产业增加值	交通运输仓储邮政业		批发零售住宿餐饮业		金融保险业		房地产业		其他服务业	
		增加值	比重（%）	增加值	比重（%）	增加值	比重（%）	增加值	比重（%）	增加值	比重（%）
2000	76200	14600	19.2	16900	22.2	6100	8.0	8800	11.5	29800	39.1
2001	85400	16900	19.8	20700	24.2	6000	7.0	10500	12.3	31300	36.7
2002	96100	19500	20.3	25200	26.2	5900	6.1	12100	12.6	33400	34.8
2003	108300	22200	20.5	31100	28.7	5800	5.4	13400	12.4	35800	33.1
2004	122600	25000	20.4	38700	31.6	5800	4.7	14400	11.7	38700	31.6
2005	136100	26800	19.7	42000	30.9	6700	4.9	16400	12.0	44200	32.5

第三章 固定资产投资

第一节 概 况

一、投资分布

1986年，全县固定资产投资完成2025万元。其中，全民所有制单位基建投资完成522万元，更新改造措施投资完成1088万元，集体所有制单位固定资产投资完成415万元，分别占当年总投资25.8%、53.7%和20.5%。1990年，全县固定资产投资额比上年增加885万元，其中基础设施建设投资增加181万元，更新改造措施投资增加366万元，集体所有制单位固定资产投资减少338万元。1994年，在全民所有制单位基建投资总额中，投入制造业的148万元，电力、煤气、供水业440万元，地质勘测、水利管理业30万元，交通运输、仓储及邮电通信业159万元，商贸、餐饮业240万元，金融保险业377万元，房地产业18万元，社会服务业965万元，文教体育广电业562万元；更新改造建设项目投资3613万元，重点投入工业企业技术改造项目。集体所有制单位基本建设投入2252万元，重点用于工业企业厂房建设、技术改造和设备购置。

1995年，投资类型的统计口径发生变化。全县完成全民所有制单位固定资产投资额1.24亿元，其中基本建设投资2507万元、更新改造投资2127万元、城镇集体单位投资2368万元、农村投资4739万元、房地产投资647万元，分别占当年总投资20.2%、17.2%、19.1%、38.3%和5.2%。1998年，全县完成固定资产投资额3.58亿元，其中国有经济基本建设投资1.91亿元、集体经济基本建设投资1.49亿元、房地产开发项目投资1747万元。投资用途分布，投入农林牧渔业699万元，工业、建筑业1.3亿元，商业、运输、邮电业5634万元，房屋住宅1.42亿元，其他2253万元。2000年，全县固定资产投资完成8.66亿元，其中全民所有制单位基本建设投资1.66亿元、更新改造投资7823万元、城镇集体单位投资8586万元、农村集体单位投资4.92亿元、房地产开发投资3790万元、零星投资603万元，分别占当年总投资额19.2%、9.0%、9.9%、56.8%、4.4%和0.7%。

2005年，投资类型的统计口径又发生变化，全县固定资产投资完成额17.56亿元，其中城镇投资9.66亿元、农村投资3.28亿元、房地产开发投资1.67亿元、50万元以下投资2.95亿元，分别占当年总投资的55.0%、18.7%、9.5%和16.8%。在城镇建设项目本年完成的投资总额7.87亿元中，投入制造业的4.25亿元，电力、燃气、供水业1.33亿元，水利、环境和公共设施管理业7687万元，交通运输、仓储及邮电通信业4230万元，商贸批零、餐饮业755万元，采矿业8288万元，卫生社会保障480万元，公共管理与社会组织1475万元，分别占当年总投资的54.0%、16.9%、9.8%、5.4%、0.01%、10.5%、0.006%、和1.9%。

1986—1994年金湖县固定资产投资分布统计表

表11-3-8 单位：万元

年份	投资总额	全民所有制		集体所有制固定资产投资完成额	年份	投资总额	全民所有制		集体所有制固定资产投资完成额
		基本建设投资完成额	更新改造投资完成额				基本建设投资完成额	更新改造投资完成额	
1986	2025	522	1088	415	1991	2966	1053	1254	659
1987	3464	742	1602	1120	1992	4896	2058	1618	1220
1988	3017	678	667	1672	1993	7260	1885	3305	2070
1989	1908	605	720	583	1994	9175	3310	3613	2252
1990	2793	786	1086	921					

1995—2005年金湖县固定资产投资分布统计表

表11-3-9 单位：万元

年份	投资总额	基本建设	更新改造	城镇投资	农村投资	房地产开发	其他零星投资
1995	12388	2507	2127	2368	4739	647	—
1996	21325	5420	3023	3154	9268	460	—
1997	21983	5280	7494	2513	5645	1051	—
1998	35792	13847	5250	3576	11372	1747	—
1999	68772	11883	8862	6287	38490	3250	—
2000	86551	16589	7823	8586	49160	3790	603

接上表

年份	投资总额	基本建设	更新改造	城镇投资	农村投资	房地产开发	其他零星投资
2001	102594	22577	8031	7617	60866	2879	624
2002	125057	25455	10215	10436	75991	2277	683
2003	113607	23697	16987	12723	57578	2131	491
2004	139927	36646	21913	15177	57836	8355	—
2005	175587	—	—	96610	32794	16730	29453

二、投资项目分类与资金来源

1986年，全县固定资产投资完成额中建筑安装工程投资1309万元，占投资额的64.6%，设备器具购置投资647万元，占32.0%，其他费用69万元，占3.4%。资金来源：国家资金16万元，贷款797万元，自筹资金1212万元，分别占当年投资额的0.8%、39.4%、59.8%。1995年，全县固定资产投资中，建筑安装工程投资6381万元，设备器具购置投资5465万元，其他费用542万元，分别占当年投资额的51.5%、44.1%、4.4%。资金来源，国家资金62万元，贷款4267万元，自筹资金5536万元，其他资金2532万元，分别占当年投资额的0.5%、34.4%、44.7%和20.4%。2005年，全县固定资产投资中，建筑安装工程投资8.89亿元，设备器具购置投资6.63亿元，占投资额的50.6%，其他费用2.04亿元，占11.6%。资金来源：国家资金1.23亿元，占投资额的7%；贷款1.27亿元，占7.2%；自筹资金11.07亿元，占63.1%；其他资金3.98亿元，占22.7%。

1986—2005年金湖县固定资产投资项目分类与资金来源统计表

表11-3-10　　单位：万元

年份	投资总额	主要项目分类			新增固定资产	筹集资金总额	其中			
		建筑安装工程	设备器具购置	其他费用			国家资金	贷款	自筹资金	其他资金
1986	2025	1309	647	69	1529	2025	16	797	1212	—
1987	3464	2065	1320	79	3345	3223	209	1091	1923	—
1988	3017	1567	1280	170	3398	3486	140	1356	1949	41
1989	1908	1247	640	21	1541	1482	10	440	1032	—
1990	2793	2052	655	86	3011	2898	10	1151	1723	14
1991	2966	1873	1038	55	3128	3001	—	—	2912	89
1992	4896	3331	1443	122	3806	4889	—	—	4839	50
1993	7260	4404	2764	92	6579	6528	17	3300	2878	333
1994	9175	4862	4008	305	8228	9352	734	2717	4978	923
1995	12388	6381	5465	542	13311	12397	62	4267	5536	2532
1996	21325	11029	9104	1192	21099	20734	104	4778	10346	5506
1997	21983	13496	7511	976	22112	20696	21	5887	10226	4562
1998	35792	24885	8612	2295	32280	34674	125	3425	14551	16573
1999	68772	46686	18474	3612	61882	68187	388	9057	50436	8306

接上表

年份	投资总额	主要项目分类			新增固定资产	筹集资金总额	其中			
		建筑安装工程	设备器具购置	其他费用			国家资金	贷款	自筹资金	其他资金
2000	86551	52542	28950	5059	80335	84914	500	8737	62436	13241
2001	102594	60099	38246	4249	113533	103034	2770	6960	85481	7823
2002	125057	69488	51646	3923	115217	124925	1251	11595	105131	6948
2003	113607	62627	44619	6361	103158	113600	9543	7957	84730	11370
2004	139927	75226	58242	6459	145559	139893	6717	4454	112321	16401
2005	175587	88864	66290	20433	136268	175500	12291	12696	110720	39793

第二节　重点投资项目简介

县乡村道路　2003年，全面启动农村公路建设，2004年县投资6815万元，2005年投资4230万元。至2005年，县道路面硬化158公里，镇村公路硬化270公里，乡村道路路面硬化311公里。获省农村公路建设先进县称号。

图11-3-2　镇村公路吕良镇幸福路硬化工程竣工（摄于2005年8月）　吕良镇/供

金湖货运新港　1996年批准立项，1997年1月15日开工建设，位于淮河入江水道南堤与双灯圩交会处，开挖土方总量53万立方米，主体工程浆砌片石重力式码头，码头岸线长220米，宽40米，泊位7座，呈弧形，设计年吞吐量为80万吨。工程总投资881万元，2000年3月2日竣工营运。

黎城市场　1996年批准立项，1997年开工建设，位于园林路与健康路交会处东南侧，占地2公顷，建筑面积2.8万平方米，主体6层，建室内营业门面156个，摊位821个，水果、蔬菜批发门市33间，地下储藏室6间，钢架大棚2000平方米，停车场2100平方米，总投资额1600万元。1999年9月竣工交付使用。

电信扩容和电信大楼　1997年，县电信局交换机扩容、电源监控设备投资1850万元；农话交换设备扩容投资2200万元。2002年，电信大楼批准立项，坐落县城健康西路与衡阳路交会处东北侧，框架结构，12层，占地面积包括电信广场2862平方米，竣工建筑面积8580平方米，投资额3031万元，由县建筑工程公司中标承建。2003年竣工交付使用。

县政府行政中心　1999年批准立项，坐落县城建设路109号，框架结构，楼层10层，占地包括门前行政广场约2公顷，建筑面积9800平方米，概算造价784万元，由县建筑工程公司中标承建，实际投资额1600万元。2001年竣工交付使用。

江苏金湖中学新校区 江苏金湖中学新校区建设项目位于健康西路109号，2000年初立项，报省政府批准。该项目占地18公顷，建筑面积5万平方米，概算工程造价为8000万元。8月，新校区开工建设，经在全省范围内招标，由扬州建筑工程公司中标带资兴建。2001年，政府又投入扩建资金2000万元，8月，新校区建成。拥有单体楼15幢，其中标准化教室92个，科技楼、图书馆楼各1幢，400米塑胶田径场、升旗广场、游泳池各1个，还有学生公寓、餐厅、超市、浴室等附属设施，投资总额1亿元。

县人民医院综合楼 2001年批准立项，位于县城人民路，工程砖混结构，楼层10层，建筑面积1.2万平方米，投资额1500万元，由县建筑工程公司中标承建，2002年竣工交付使用。

电力大厦 1992年批准立项，位于县城建设东路2号，工程框架结构，楼层12层，高42.6米，占地面积650平方米，建筑面积5080平方米，主体工程投资额267万元，由邗江3082工程队中标承建，1994年6月竣工。

331省道金马段一级公路 1999年10月，331省道金马段（该段与331省道金马线重叠）公路开工。技术等级一级，设计荷载汽–20/挂–100，车速100公里/小时；路基宽24米，行车道16米，西起宁连公路盐金立交C匝道，东至县城爱特福广场，全长15.45公里，预算造价1.095亿元，工程全长14.5公里，路基宽24米，行车道宽16米。项目总投资1.1亿元，其中省交通厅贷款支持7120万元，占总投资额近65%；各界捐资447.35万元。2001年11月，全线主体工程竣工。

工业园区 县委、县政府于2002年5月决定在县城西南部新建县工业园区。是年，投入建设资金2500万元；2004年投入5566万元，累计新增固定资产9066万元。2005年投入5493万元，新增固定资产2210万元。累计完成固定资产投资额2.57亿元，建成区面积6.7平方公里。

县图书馆图书楼 2002年，县图书馆大楼建设项目立项。两易馆址，最后定位于县城健康西路3号，建筑面积4145平方米，主体楼层4层，局部5层，概算投资450万元，向上争取资金70万元。2005年12月完成主体工程兴建，实际投资额460万元。

第四章 居民收入支出

第一节 城镇居民

1986年，县域城镇居民家庭的收入以从业职工工资性收入为主。全县有职工33169人，职工工资收入总额3188.33万元，劳保福利性收入752.32万元，人均1188元。其中，全民所有制单位职工1284元，集体所有制单位的职工813元。职工家庭购置消费品人均支出高于全县人均消费品支出的382元，为856元。1991年，全县有职工37743人，职工工资收入包括奖金、津贴、补贴等，总额6913.84万元，人均1832元。其中，全民所有制单位职工人均工资收入2064.26元，集体所有制单位职工1419元。职工家庭人均购置消费品支出高于全县人均消费品支出的656元，为2484元。2001年，全县有职工29229人，职工工资收入包括奖金、津贴、补贴等，总额26124万元，人均8829元。其中，全民所有制单位职工人均工资收入1.78万元，集体所有制单位职工6012元。城镇居民消费总额4.32亿元，人均消费3220元；职工家庭人均消费水平高于城镇居民，平均额4695元。

2003年起，县域形成较为完整的城乡居民住户抽样调查资料。是年，城镇居民人均总收入7672.8元，人均可支配收入7143.1元；人均总支出6358.6元，消费支出4734.8元。2004年，城镇居民家庭人均总收入8354.44元，其中工资性收入占总收入51.41%；消费性支出5399.34元，其中食品支出2068.00元，占消费性支出38.3%。2005年，城镇居民人均总收入9550.93元，比上年增长14.3%。其中工资性收入占58.72%，经营性、财产性和转移性收入呈降低趋势。是年，人均消费性支出5884.6元，比上年增长10.8%；储蓄性贷款支出2880.25元，增长4.3%。在各类支出中，医疗保健、衣着、居住支出增长较快，分别增长61.0%、19.1%和18.6%；教育文化服务支出、交通通信支出分别下降16.6%和4.3%。医疗保健、食品支出比重比上年提高1.53和1.42个百分点；教育娱乐服务、交通及通讯支出分别出比上年下降4.06、1.0个百分点。

2003—2005年金湖县城镇居民收入与支出百户抽样调查统计表

表11-4-11　　单位：元/人

项　目	2003	2004	2005	项　目	2003	2004	2005
一、家庭总收入	7672.8	8354.4	9550.9	2、衣着	493.0	483.2	575.5
#可支配收入	7143.1	7800.3	8925.2	3、设备用品服务	325.6	389.0	444.6
（一）工薪收入	4110.0	4294.9	5607.9	4、医疗保健	252.0	228.3	367.6
（二）经营收入	999.2	1240.8	974.3	5、交通及通讯	461.3	496.4	475.3
（三）财产性收入	94.2	146.4	154.6	6、教育文化娱乐服务	819.7	1107.2	923.0
（四）转移性收入	2469.4	2672.3	2814.1	7、居住	381.2	463.2	549.7
二、储蓄借贷收入	1237.2	1336.1	994.0	8、杂项商品及服务	167.5	163.8	151.3
三、家庭总支出	6358.6	6753.8	7482.7	（二）非消费性支出	1623.8	1354.5	1598.1
（一）消费性支出	4734.8	5399.3	5884.6	四、储蓄借贷支出	2580.6	2762.2	2880.3
1、食品	1920.0	2068.0	2397.6	2、衣着	493.0	483.2	575.5

第二节　农村居民

1986年，全县农民家庭收入主要是经营性收入，全县人均总收入859.8元。1988年，全县农村居民人均总支出1162.5元，占收入98.7%。其中，家庭经营性支出331元，生活消费支出831.5元。在生活消费支出中：食品支出486.1元，占生活消费支出58.5%；衣着支出39.7元，占4.8%；住房支出147.5元，占17.7%；其他支出158.2元，占19.0%。1992年起，全县农村居民人均收入1260.4元，其中工资性收入占4.8%；转移性收入占2.6%，收入结构开始出现质的变化。1995年，全县农村居民人均工资性收入438.9元，占总收入12.1%，比上年提高7.3个百分点；财产性收入占0.7%；转移性收入占1.1%。农村居民人均总支出3731元，与总收入相比，透支98.1元，透支率为2.7%，透支主要原因是农村居民对居住条件的改善投资较多。

2001年起，金湖县作为省试点开展农村住户百户收支抽样调查工作。全县农村居民人均总收入4958元，其中工资性收入1172.1元，家庭经营性收入3618.7元，财产性收入、转移性收入167.2元，分别占总收入23.6%、73%、3.4%；总支出4473.6元，家庭经营性费用支出占总支出24%，购置生产性固定资产占6.8，税费支出占3.9%，转移性支出占6.7%，生活消费支出2884.6元，占64.5%。在生活消费支出中，食品支出1363.9元，衣着支出195.8元，居住支出541元，分别占总支出的30.49%、4.38%和12.1%；同时取消上交“集体承包任务”方面的费用。人均年纯收入3434元。2005年，全县农村居民人均总收入7209.9元，其中工资性收入1551.9元、财产性收入80.3元、转移性收入272.4元，分别占总收入的21.5%、1.1%和3.8%；人均总支出7040.6元，其中家庭经营性费用支出2517.8元，生活消费支出3664元，分别占总支出36.5%、53.2%。在生活消费支出中，食品支出1806.2元、衣着支出168.8元、居住支出375.7元，分别占总支出29.4%、2.7%、6.1%。人均年纯收入4419.1元。

1986—2005年金湖县农村居民收入百户抽样调查统计表

表11-4-12　　单位：元/人

年份	全年总收入	其中				全年纯收入
		分配及薪酬收入	家庭经营收入	转移性收入	财产性及其他收入	
1986	859.8	25.5	507.4	18	308.9	596.8
1987	992.4	45.3	782.5	80.6	84.0	600.4
1988	1177.9	54.2	905.5	95.7	122.5	635.7
1989	1464.6	48.9	952.9	102.6	360.2	667.6
1990	1260.4	60.1	1168.1	32.2	—	701.0
1991	1460.2	46.3	1383.3	30.6	—	852.0
1992	1616.4	58.7	1506.6	51.1	—	1062.8
1993	1851.1	226.7	1590.6	33.8	—	1308.6
1994	2736.5	273.3	2423.4	39.8	—	1611.3
1995	3632.9	438.9	3129.6	40.1	24.3	1984.0
1996	4613.6	701.2	3848.7	20.5	43.2	2622.4
1997	4981.4	787.2	4149.5	35.4	9.3	3006.2
1998	4872.8	974.8	3843.9	43.0	11.1	3251.4
1999	4974.6	1083.3	3792.6	88.6	10.1	3434.3
2000	4644.1	1100.8	3335.3	192.7	15.3	3271.2
2001	4958.0	1172.1	3618.7	163.1	4.1	3433.5
2002	5192.3	1257.1	3800.1	133.7	1.4	3430.3
2003	5005.1	1239.5	3527.9	208.4	29.3	3409.2
2004	6508.9	1403.9	4868.3	229.8	6.9	4018.3
2005	7209.9	1551.9	5305.3	272.4	80.3	4419.1

1988—2005年金湖县农村居民全年总支出百户抽样调查统计表

表11-4-13　　单位：元

年份	全年总支出	家庭经营性支出	购置生产资料支出	生活消费支出合计	其中				其他支出
					食品支出	衣着支出	住房支出	其他支出	
1988	1162.5	331.0	0	831.5	486.1	39.7	147.5	158.2	0

接上表

年份	全年总支出	家庭经营性支出	购置生产资料支出	生活消费支出合计	其中				其他支出
					食品支出	衣着支出	住房支出	其他支出	
1989	1452.1	527.4	0	924.7	528.1	55.3	114.0	227.3	0
1990	1228.5	370.4	30.0	774.8	467.4	64.8	66.4	176.2	53.3
1991	1575.3	492.2	45.6	937.3	669.3	62.8	22.9	182.3	100.2
1993	1672.8	606.4	47.5	905.5	534.2	72.5	91.2	207.6	113.4
1994	3091.8	1144.4	23.8	1773.3	1053.8	104.6	330.0	284.9	150.3
1995	3730.9	1406.5	47.0	1986.0	1232.8	123.2	272.2	357.8	291.4
1996	4596.9	1764.7	140.2	2506.6	1430.4	154.3	493.0	428.9	185.4
1997	4858.1	1721.8	49.2	2866.4	1655.7	78.3	361.3	771.1	220.7
1998	4567.8	1331.3	71.5	2938.2	1534.6	203.1	625.0	575.5	226.8
1999	4526.6	1218.9	35.4	2974.0	1470.4	184.0	616.7	702.9	298.3
2000	4282.5	968.1	264.7	2868.5	1341.0	189.9	650.6	687.0	181.2
2001	4473.6	1074.7	30.6	2884.6	1363.9	195.8	541.0	783.9	483.7
2002	5059.7	1313.9	113.8	3002.7	1455.0	199.5	582.7	765.5	629.3
2003	4787.6	1192.5	91.4	3115.7	1585.4	127.9	413.9	988.5	388.0
2004	6510.4	2049.4	261.5	3330.7	1667.4	158.4	432.0	1072.9	868.8
2005	7040.6	2517.8	155.6	3664.0	1806.2	168.8	375.7	1313.3	703.2

说明：1986—1987年统计资料无农村居民总支出分类统计；1992年无统计数据。

第十二篇　农　业

1986年，全县粮食作物播种面积6.69万公顷，经济作物种植面积5226公顷，粮经比例为1:0.08。实现农林牧副渔业总产值4.41亿元，其中种植业产值3亿元，林业产值292万元，牧业产值3289万元，副业产值9182万元，渔业产值672万元。1989年后，农业产业结构调整力度加大，实施“压粮扩经”；改革试行口粮田、商品粮田和经济田“三田制”，既确保农民有充足的口粮、经济收入增长，又能使国家粮食定购任务圆满完成。1990年起，棉花价格上扬，植棉面积和产量逐年上升。1992年，粮食作物播种面积、总产分别比1986年下降19.04%、23.6%，而经济作物棉花、油料、蚕桑拓植面积增加，农林牧渔业生产发展，实现总产值5.59亿元。1994年，全县有13个乡镇27个村实施口粮田和责任田两部分的“两田制”，耕地面积8666.67公顷，规模经营农户（亦称种田大户）的粮食亩产和复种指数高于一般农户的生产水平，亩产约提高11%，成本下降、效益上升10%，粮食商品率88%。1995年，粮食种植面积略降，亩产提高，总产1.76万吨，为历史峰值。翌年，植棉面积扩大到3852公顷，为历史峰值，总产3603吨。

2000年，金湖县被列为国家生态示范区试点县，国家免除沿袭数千年的农业赋税，还给农民种粮补贴、良种补贴、购买农机补贴以及其他优惠政策，农民种田积极性进一步调动；加之水利条件和农田基本建设日臻完善、农业机械化水平提高，粮食、经济作物产量增加，农民收入增长。2001年，全县农业示范园区建设形成高潮。是年，因棉花价格上扬，市场俏销，棉农植棉积极性高涨，投入加大。全县植棉3319公顷，平均每公顷产皮棉1.34吨，比上年增长7.9%，创历史新高。2004年，县域全面贯彻国家扶持发展粮食生产的政策，种粮享受国家水稻直补和良种补贴，比较效益提高，农民种粮积极性进一步高涨，全县粮食作物播种面积增至6.11万公顷，蔬菜及其他经济作物种植面积相应减少。

2005年，全县先后实施黄淮海开发工程项目6期、世界银行贷款项目3期，共投资1.11亿元；推广水稻精准化栽培技术2.5万公顷，小麦精量播种1.5万公顷；新建沼气池1260座，保存量7093座，在用沼气池3660座；新推广微型风力发电机120台，总拥有量为2300台，在用太阳能热水器5.45万台；被认定为AA级绿色品牌食品4个，A级绿色品牌食品22个，共26个。共有有机食品基地近400公顷，获批无公害农产品37个。拥有农机总动力42.49万千瓦。全年实收粮食作物总产37.49万吨，棉花总产1825吨，油料总产1.22万吨，分别比1986年下降8%、增长262%、754%；蚕桑面积1667公顷，产茧1919吨；饲养生猪26.17万头，家禽499.63万只；农田林网面积4320公顷。实现农林牧渔业总产值19.28亿元，比1986年增长3.37倍，其中种植业、林业、牧业、渔业产值分别比1986年增长2.15倍、32.15倍、8.43倍、73.61倍。农民人均纯收入4419元，比1986年增长6.4倍。

第一章 农业机构

第一节 农业局机构

一、局本级

金湖县农业局 1986年，县农业局内设农业股、财务审计股，编制10人。1988年增设人秘股，1989年增设生产股，编制增加到12人。1993年2月，设立科技教育股，负责全县农业科技教育管理工作。1997年内设人秘股、农业股、科技教育股、财务审计股、蔬菜股、监察室，行政编制14人，附属编制1人。2001年11月机构改革，内设办公室、财务审计科、科技教育科、生产综合科、农业生态环境保护科，纪检监察室；行政编制13人，行政附属编制1人。至2005年，机构、编制未变。

二、挂靠机构

县蔬菜办公室 1991年5月成立，为县蔬菜领导小组下设机构，副科级单位，挂靠县商业局。1994年7月，改为挂靠县农业局。1996年9月县级党政机构改革，该办撤销，职能移交县农业局。

县绿色食品办公室 1994年9月，金湖县被省确定为“绿色证书工程”试点县，遂成立县绿色食品办公室，负责规划和指导全县绿色食品、有机食品、无公害农产品的开发创建工作，挂靠县农业局。1996年，该办撤销，其职能划归县农业局。

县农村能源办公室 1986年，为金湖县沼气办公室，全额拨款股级事业单位，编制5人。挂靠县计划委员会。1988年4月，更名为县农村能源办公室，编制5人，实有工作人员7人。1997年，升格为副科级，编制增至10人。2001年机构改革，挂靠县发展计划委员会。2004年，挂靠县农业局，实有工作人员8人。2005年，该办编制10人，实有9人，仍为县农业局副科级全额拨款事业单位。

江苏省农业广播电视学校金湖分校 1981年，成立中央农业广播学校金湖县分校，1993年4月，为股级差额拨款事业单位，编制13人；增挂“金湖县农业干部学校”牌子。1994年，更名为江苏省农业广播电视学校金湖分校，为成人中等专业学校，有教学楼一幢、1440平方米，专职教师5人，兼职教师15人。2001年，增挂“金湖县农民科技教育培训中心”牌子。2005年，在编13人。

三、直属单位

县农业技术推广中心 1986年，该中心为差额补贴事业单位，副科级建制。内设作物栽培技术指导站、土壤肥料技术指导站、植物保护站、信息服务站、科教管理站，共有职工113人。1988年，科教管理站撤销，职能划归县农业局科教股，职工人数增加到162人。1989年，土壤肥料技术指导站更名为土壤肥料监测站。1993年，县农技推广中心增挂“金湖县农业干部学校”和“江苏省农业广播电视学校金湖分校”牌子，年末析出。1994年，职工人数减少到108人。2001年，增挂“金湖县农民科技教育培训中心”牌子。2005年，内设作物栽培技术指导站、土壤肥料技术指导站、植保植检站、科教管理站、信息服务中心、办公室，在编员工107人。

县农业执法监察大队 1998年9月成立，隶属于县农业局，编制5人，职能为依法行使管理、执法、监察程序，稳定农资市场秩序，维护农民切身利益。2001年1月减编1人。2002年7月增挂“县种子管理站”牌子。2005年，编制4人。

县植保植检站 1986年，该站隶属于县农业技术推广中心，为差额补贴股级事业单位，编制26人。2001年，该站与县农业技术推广中心分设，编制28人。2005年，机构编制未变。

县种子公司 1986年，隶属于县农业局，为差额拨款股级事业单位，编制27人；职能为种子繁育与销售。1994年，人员增加到31人。2004年，改制为自收自支事业单位，切块承包给私人经营。2005年，机构性质未变。

四、镇农业机构

1986年，各乡镇设有农技站，股级差额拨款事业单位性质，每镇配备临时农技员2~5人。1991年，各乡镇设农业技术服务站22个，编制93人，实有临时工作人员93人，1994年实有人数减少到86人。1996年，全县各乡镇配备农技服务人员84人，其中聘干57人，临时工作人员27人，人员工资仍实行差额拨款。1998年，配备农技服务人员68人，其中，国家干部11人，聘干57人。2000年，行政区划调整，11个乡镇农技服务站人员配备数增加到75人，其中，国家干部15人，聘干59人，全民工1人。2001年机构改革，11个镇的股级农业技术推广服务中心，人员定编132人，实有人数99人。2005年，镇农业技术推广服务中心人员编制165人，实有人数127人，其中，国家干部44人，聘干83人。

第二节 林牧渔业机构

一、局本级

县多种经营管理局 1986年，该局内设办公室、生产股、财务股，行政编制13人。1994年，实有工作人员11人。1997年，内设人秘股、科教生产股、财务审计股，行政编制13人，附属编制1人。2001年11月，该局撤销，其职能划归金湖县林牧渔业发展局。

县水产局

（参见“第十三篇水产业”。）

县林牧渔业发展局 2001年11月，机构改革中，撤销金湖县多种经营管理局、金湖县水产局，成立金湖县林牧渔业发展局。内设办公室、综合执法科、财务审计科、科教信息科、生产经营科、绿化委办公室、纪检监察室。行政编制13人、附属编制1人。2005年，绿化委办公室增挂“金湖县湿地保护办公室”牌子。

二、挂靠机构

县绿化委员会办公室 1990年7月设立，为县绿化委员会的办事机构，全额拨款正科级事业单位，编制6人，无内设机构。1998—2001年，该办先后设置在县多种经营管理局、县林牧渔业发展局。2002年，县三定方案确定县绿化委员会办公室为副科级建制，编制6人。至2005年无变化。

三、直属单位

县畜牧兽医站 1986年，为全额拨款股级事业单位，编制17人，实有职工20人，职能为畜牧生产指导，畜禽防疫、治病及新技术推广。1988年，编制人数24人，1992年减少到15人。1994年，编制又增加到24人。2005年，在编17人。

县家畜改良站　1993年设立，为差额拨款股级事业单位，编制8人；职能为畜种改良与推广。1994年，编制减少到4人。2005年，在编8人。

县兽医卫生监督所　2000年设立，为全额拨款股级事业单位，编制7人，与县畜牧兽医站合署；职能为兽医卫生检疫检验的管理与监督。2005年，编制7人。

县林业科技推广中心　1986年，为金湖县林桑技术指导站，全额拨款股级事业单位，编制10人，职能为林业、蚕桑技术指导、新技术推广。1992年，编制增加到13人。1993年，分设为林业、蚕桑两个技术指导站，两站编制各增加到15人。2001年，林业技术指导站更名为林业科技推广中心，减编3人。2005年，在编12人。

县蚕桑技术指导站　1993年，从县林桑技术指导站析出独立，为全额拨款股级事业单位，编制15人。1994年，增加差额补贴编制1人，共16人。2001年，减差额补贴编制1人。2005年在编15人。

四、镇林牧渔业机构

1986—1991年，各乡镇设有兽医站，股级自收自支事业单位性质，编制110人，实有人数110人。1992年，各乡镇增设多种经营服务站22个，编制22人，实有临时工作人员22人；增设林果技术员、蚕桑技术员岗位，定编59人，其中林果技术员29人、蚕桑技术员30人，均为临时工作人员。1998年，乡镇兽医站实用编制103人，其中，国家干部3人，聘用干部100人；另聘用临时工27人。2000年，行政区划调整，11个乡镇兽医站人员配备数增加到134人，其中，国家干部14人，聘用干部119人，全民工1人。2001年，11个自收自支的镇兽医站共有人员137人，其中国家干部17人，聘用干部119人，全民工1人；配备水产技术员23人，其中，国家干部3人，聘用干部20人；林果技术员26人，其中，国家干部5人，聘用干部21人。2002年，各镇增设差额拨款事业单位水产林桑技术服务站，实有人数4~11人不等。2005年，县政府决定，撤并镇级农林牧渔业技术服务指导机构，在各镇统一设立全额拨款事业单位农业技术推广服务中心，共有人员编制165人，实有人数127人，其中，国家干部44人，聘用干部83人。各镇自收自支的畜牧兽医站性质、人员情况依旧。

第三节　农业资源开发机构

1986年，县农业区划办公室（简称县区划办）负责规划农业资源开发工作。1988年，金湖县农业资源开发领导小组成立，下设办公室。该办公室与县区划办为“一套班子、两块牌子”。1990年1月，金湖县农业资源开发办公室成立，工作仍由县区划办承担。1991年3月，撤销农业资源开发办公室、区划办公室，成立金湖县农业资源综合开发利用管理局。1997年，更名为金湖县农业资源开发局。内设机构：办公室、开发规划股、项目管理股、农业区划办公室，事业编制8人。2001年11月机构改革时，县农业资源开发局内设办公室、科教科、开发科、规划科（挂“县农业区划委员会办公室”牌子）、纪检监察室，事业编制8人。至2005年，机构、编制未变。

第四节　农业机械管理机构

一、局本级

1986年，为县农业机械化服务公司，副科级单位，1989年4月升格为正科级单位。1998年3月，金湖县农业机械化服务公司更名为金湖县农业机械管理局，为县政府直属行政事业单位，事业编制13人。内设人秘股、农机管理股、财务审计股。2001年机构改革时的内设机构为：办公室（挂“财务审计科”牌子）、农机管理科、科技质量科、纪检监察室，事业编制12人。至2005年，机构、编制未变。

二、直属单位

县农机安全监理所 1998年设立，隶属于县农业机械管理局，全额拨款股级事业单位，编制8人。2002年，与县农业机械安全监理所合署办公，为“一套班子、两块牌子”。2005年，实有在岗人员13人。

县农业机械安全稽查大队 2002年7月23日设立，隶属于金湖县农业机械管理局，与县农业机械安全监理所合署办公，为“一套班子、两块牌子”。至2005年，机构无变化。

县农业机械化学校 1986年，该校与县农机技术推广服务站为“一套班子、两块牌子”，隶属于金湖县农机化服务公司，事业性质，编制10人，职能为农机职业技术培训。1998年，隶属于金湖县农业机械管理局，编制10人。2000年初，金湖县农业机械化学校与金湖县农机化技术推广服务站分设为两个独立机构。原事业编制10人分配给县农机校6人，县农机推广服务站4人。2005年，该校编制5人。

县农机化技术推广服务站 1986年，该站与县农机化学校为“一套班子、两块牌子”，隶属于金湖县农机化服务公司。1998年，隶属于金湖县农业机械管理局。2000年初，与县农机化学校分设，为独立机构，编制4人。2005年，机构编制未变。

三、镇农机机构

1986年，全县各乡镇设有农机服务站22个，有职工515人，主要负责乡镇范围内的农机管理、维修与供应和综合经营。1991年，改制为差额拨款事业单位，名称改为乡镇农机管理服务站，全县22个服务站核定事业编制106人，实有职工106人。1998年，22个服务站核定事业编制115人，实有职工120人，其中，聘干29人，全民工71人，临时工20人。2000年区划调整，22个乡镇农机服务站合并为11个，有职工91人，其中，国家干部9人，聘干27人，全民工55人。2001年机构改革后，各乡镇农机服务站改制为企业性质。至2005年，机构性质未变。

第二章　农业管理

第一节　产业化经营

1996年，成立金湖县农业产业化建设领导小组，负责全县农业产业化工作的组织领导和协调管理工作，主要是培育优质农副产品生产基地、农副产品龙头加工企业及各类营销合作组织和经纪人。至1997年，全县培育乡以上农副产品加工企业42户，各类营销公司、运销大户、联合体50多个及一批直销大户。县内60%以上水产品和40%以上畜禽由直销大户营销。2000年，有生产、生产与加工、产加销一条龙各类合作经济组织120多个，销售农副产品1.8亿元，带动农户销售2.79亿元。2001年，全县建成农副产品加工龙头企业27户，资产总额1.78亿元，年销售收入3.7亿元，出口创汇144万美元；建成专业市场39个，年交易额5.5亿元，净利润1.5亿元，上缴税金427万元；拥有各类合作经济组织30个，入社人数9874人，年销售收入1.4亿元；各类专业协会18个，会员7242人，年销售额1.7亿元；农民经纪人1.24万人，年销售额6.6亿元。2004年，针对农业龙头企业规模不够大、辐射带动力不够强、利益联结不紧密、农民的组织化程度不高等问题，继续发展生产合作组织、营销组织和农民经纪人，建成农副产品市场13个。

2005年，全县扶持各类农副产品加工龙头企业36户，其中省级农副产品加工龙头企业有江苏金叶粮油食品有限公司、江苏双兔米业、江苏金湖轻纤集团等3户，江苏金湖广原油脂有限公司、江苏曙东粮油食品有限公司、金湖县恒泰蔬菜食品有限公司等市级龙头企业8户。带动农民发展优质稻生产基地3.07万公顷，中弱筋小麦生产基地2.45万公顷、双低油菜基地8004公顷；水产养殖面积1万多公顷，其中特种养殖9338公顷；发展蚕桑3001.5公顷，优质棉3335公顷；建成绿色基地24个，农产品市场38个，其中年交易额1000万元以上的17个；新增农副产品营销经纪人1102人，在全国设立农副产品直销窗口1192个，当年交易额8.78亿元，实现利税1685万元。闵桥镇荷花荡荷藕专业合作社，参组农户102户，荷藕种植面积由原来533公顷扩大到1000公顷，引进荷藕新品种8个，创办荷藕加工厂3个，年加工销售荷藕1500余吨。在上海、山东、浙江、安徽等省市设立销售窗口8个，年销售荷藕3000吨，销售收入1500万元，创利300多万元，每公顷藕田平均增收9000元。前锋镇水产营销协会新吸纳水产养殖户300多户，联合养殖9000公顷，协会为会员提供鱼种、饲料、防病、销售一条龙服务，还多次举办水产养殖技术培训班，与上海、南京、杭州等地的水产品批发市场签订购销合同，对会员实行订单养殖，保底价收购，解决销售难问题。是年，为产业化服务的金湖农业信息网站建成开通。设置《金湖农业》《农业园区》《名特优新》《招商引资》《植保信息》等10多个专栏，并与"中国农业网""江苏省农业信息网"等网站衔接。全年共搜集整理国内外农业新技术、新品种和农副产品供求等信息300多条，对外发布信息120余条。

第二节　标准化管理

2000年，县农业局与县质监局开始承担建设农业标准化示范区职能，对具有本地特色的农业生产项目、农产品，根据国家、省、市相关标准，制定出具有地方特色的农产品标准，采用"公司+基地+标准+农户"的模式，组织生产加工。2001年，按照产品标准，在前锋镇建成有机米生产基地100公顷。在生产过程中，农技部门包技术指导和物资供应，农民包生产，加工企业包收购，形成紧密的产业链。是年9月，共收获有机稻谷300吨，增加基地农民收入120万元；"金栗"牌大米获绿色食品标志。

2002年，开展"一基三品"（无公害产品基地，有机食品、绿色食品、无公害农产品）创建工作，共申报无公害农产品基地23个，无公害农产品品牌8个，绿色食品品牌10个，有机食品品牌5个。2003年，县制定《无公害芡实生产技术规程》《无公害茭白生产技术规程》《无公害中弱筋小麦生产技术规程》《无公害油菜生产技术规程》《无公害塑料大棚春提早甜（香）瓜生产技术规程》等5个地方农业标准。2004年，制定《无公害杂交籼稻生产技术规程》《无公害荷藕生产技术规程》等2个地方农业标准，开始建设淮安市茭白标准化示范区和淮安市莲藕标准化示范区。2005年，制定《无公害荠菜生产技术规程》，并开始建设淮安市无公害中弱筋小麦标准化示范区。至此，先后制定完成地方农业标准8个，建设农业标准化示范区3个。

第三节　产值与效益

1986年，全年实现农林牧副渔业总产值4.41亿元，比上年增长5.9%，占工农业总产值的56.3%，其中种植业产值3亿元，林业产值292万元，牧业产值3289万元，副业产值9182万元，渔业产值672万元，分别占农业总产值的68.1%、0.7%、7.5%、20.8%、1.5%。农民人均纯收入597元。1990年，实现农林牧渔业总产值近5亿元，占工农业总产值的比重上升到68.9%，为历史峰值。农民人均纯收入701元。1992年，经过农业产业结构优化，林牧渔业发展速度加快，全年实现农林牧渔业总产值5.6亿元，与1986年相比，农业总产值增长27%，种植业降低9.8%，林业、牧业、渔业产值分别增长3.34倍、4.33倍、11.73倍。各业在农业产业总产值中的比重分别为48.5%、2.3%、31.4%、15.3%。1999年，农林牧渔业总产值创历史新高，实现10.13亿元，各业在农业总产值中的比重分别为41.2%、5.0%、20.8%、33%。2005年，实现农林牧渔业总产值19.28亿元，比1986年增长3.37倍，其中种植业、林业、牧业、渔业产值分别比1986年增长2.15倍、32.15倍、8.43倍、73.61倍。各业在农业产业总产值中的比重分别为49.2%、5.0%、16.1%、26.0%。农民人均纯收入增加到4419元，是1986年的7.4倍。

1986—2005年金湖县农林牧渔业效益统计表

表12-2-1　　　　单位：万元

年份	农业总收入	成本		农林牧渔业		农业产值中					增加值
		总额	其中物质消耗	产值	占工农业总产值%	种植业	林业	牧业	渔业	农林牧渔业服务业	
1986	48111	9933	9506	44118	56.3	30053	292	3289	672	9812	21705
1987	48559	21895	19142	44529	50.4	29085	322	3515	952	10655	22206
1988	49464	30025	13560	45344	43.7	25490	311	4302	1342	13899	24635
1989	55619	33963	29003	48786	44.3	24785	343	4429	1587	17642	27645
1990	56278	34520	32709	49951	42.8	26784	1559	13210	6713	1685	30713
1991	53666	32003	28822	45791	39.9	22074	1225	13210	7036	2246	28716
1992	70639	45046	43390	55944	39.5	27107	1268	17544	8552	1473	35140
1993	102280	70202	67327	65800	36.0	29168	1768	20680	14184	—	44783
1994	127614	86790	82210	73937	34.4	27368	1958	23888	20723	—	70004
1995	175989	117746	110066	83517	37.3	30794	3123	25335	24265	—	70319
1996	146308	67289	66523	90273	30.5	33908	3787	24623	27955	—	72900
1997	146539	66236	65400	89480	25.3	35798	4053	17876	31753	—	75500
1998	159513	72104	71227	94337	25.4	37023	4496	19143	33675	—	78200
1999	167673	75793	74882	101260	24.3	41767	5037	21041	33415	—	81400
2000	177838	80383	79353	108400	31.7	42757	5508	22765	37370	—	84000
2001	188783	85189	83585	115907	30.4	46131	5940	24442	39394	—	86500

接上表

年份	农业总收入	成本		农林牧渔业		农业产值中					增加值
		总额	其中物质消耗	产值	占工农业总产值%	种植业	林业	牧业	渔业	农林牧渔业服务业	
2002	200092	90482	86984	123033	30.1	50511	6279	25528	40715	—	90400
2003	269427	75160	68979	165671	34.8	71977	9561	32088	46093	5952	95500
2004	305518	90677	83142	200161	32.4	99209	10067	33118	51295	6472	106500
2005	293620	86892	78780	192845	27.4	94864	9680	31014	50139	7148	108800

说明：1993—2002年农林牧渔业服务业产值未作专项统计。

第三章　农业区划与开发

第一节　农业区划

一、西南丘岗区

丘岗区位于淮河入江水道金沟行洪道以西，三河以南，西、南分别与盱眙县、安徽省天长市相连，地处宁镇扬丘陵区的北缘。区内耕地面积9553公顷，至20世纪90年代，中、低产田面积占95.2%，其中低产田3333公顷。其范围包括黎城、戴楼、金南等3个镇，和稻麦原种场、粮棉原种场、林场、果园等4个县属农场，运西、武警等2个军警农场，及华东石油局六普农场。该区为垄岗状地形，西高东低，地面真高一般35.4~5.5米。土壤养分含量由西向东逐渐增高，变幅较大，普遍缺乏磷素；土壤板结，土质较差，耕作层较浅（一般13~15厘米），水利条件落后。全区农田有4333公顷缺水，3067公顷干旱，1800公顷易涝，其余易受渍。开发重点为：建设节水型农业，改造中、低产田，扩大蚕桑，营造速生丰产林，发展花木、苗圃基地，商品禽、羊基地，新建蔬菜基地，扩建禽、蛋加工厂。

二、西北平田区

平田区位处三河以北，西、北与洪泽接壤。区内耕地面积9467公顷，土壤瘠薄，有机质含量低，磷素普遍缺乏，土壤中速效磷纯磷含量仅为5PPM左右。低产田约为2667公顷，主要分布于陈桥、孙集一片。该区开发治理重点是：提高洪金灌区供水配套设施及能力，保证有水灌溉；培肥土壤，建设高产稳产农田，建立粮食、蚕桑、畜禽和渔业生产基地。

三、东北滩田区

滩田区在县境东北，隔白马湖、宝应湖与宝应县为邻。区内耕地面积6833公顷，滩田土壤肥沃，有机质含量为2.3%；沿湖农田地势低洼，渍害严重。中、低产田3587公顷，占52.4%，分布于白马湖老圩区和新垦殖的高角滩地。开发（治理）的重点是：解决宝应湖的泄洪出路，除涝降渍，建立优质粮、棉、茧和禽、蛋、鱼生产基地。

四、东南圩田区

圩田区位于县境东南，东、南临高邮湖与高邮市、天长市为邻。区内耕地面积8513公顷，土壤肥沃，有机质含量高，但缺乏磷素；地势低洼，沟渠纵横，水资源极为丰富，而沿湖农田外洪威胁频繁，渍害严重。中产田约为3067公顷，低产田1000公顷，共占47.8%，主要分布于沿高邮湖低洼地区。该区开发治理的重点是：加固圩堤及农田基本建设，解决排涝降渍问题，建立优质粮、油和禽、鱼生产基地。

五、沿湖渔业区

该区主要是高邮湖、黎城湖（三河黎城段）、宝应湖、白马湖以及大汕子等大、中型河湖水面，以涂沟渔业镇为主体，包括沿湖农业区的渔业村、组。区内耕地面积500公顷，占全县耕地的1.4%；湖河水面3.98万公顷，占全县面积的80%。该区开发治理的重点是：在确保滞洪、排涝、降渍与保护生态环境的前提下，大力发展水禽、水产养殖和水生经济作物，建立鱼、禽、经济作物等商品生产基地。积极开发宝应湖水面及其他水面，建立特种水产品和水生经济作物出口基地。

第二节　农业后备资源

一、“四低”“三荒”资源

1990年5月，境域首次组织农业后备资源调查，摸清农业后备资源“四低”（低产耕地、低产水面、低产园和低产林）、“三荒”（荒地、荒滩、荒水）的数量、区域分布，并研究探讨开发潜力，制定开发利用措施。

低产田　按国家制定的耕地高产、中产、低产上下限标准对照，县域有低产田1.87万公顷，占耕地总面积的36.4%。其中，西南丘岗区3800公顷，占低产田总面积的20.4%；西北洪金区7800公顷，占41.8%；东南区7067公顷，占37.9%。全县有中产田2.43万公顷，占耕地总面积的47.3%。其中，西南丘岗区1万公顷，占41.2%；洪金区4933公顷，占20.3%；东南圩田区9333公顷，占38.4%。按省定年亩产高于600公斤、400~600公斤、低于400公斤确定为高产、中产、低产田标准，4个县属场圃，5个省（军）属场圃和东南区的淮建乡、涂沟镇共6227公顷为低产田，占耕地总量的12.1%，其余均为中产田。县内中低产田类型分为易旱型、涝渍型和砂礓黑土型。易旱型，全县约有4200公顷，部分“实心田”水利设施差，提水动力不足，输水渠系、建筑物不配套或水源不足。涝渍型，主要是排涝动力不足，水利工程配套不全，地下水位较高，如“三湖”周边低洼地麦油产量低。砂礓黑土田，土壤板黏，缺氧缺磷，易涝易旱。这类土地西南丘岗区、西北平田区各有300多公顷。

低产园　按“年亩产鲜桑叶所产蚕茧低于50公斤的成年桑园为低产园”标准，全县有低产园1267公顷，占总面积1733公顷的73.1%。其中，西南丘岗区、西北平田区各467公顷，占73.7%；东南圩田区333公顷，占26.3%。按“年亩产低于全县2年平均亩产量30%的成年果园为低产”的标准，低产果园面积有500公顷，占总面积693公顷的72%。其中，西南丘岗区267公顷，占低产园总量的53.3%；东南圩田区200公顷，占40%。树体老化、病虫害多、立地条件差，水系不配套以及管理粗放等，是形成低产园的普遍问题。

低产林　全县林地总面积8800公顷，有林地面积4533公顷，按“低产林划分标准”，有2867公顷属于低产林，在各片区平均分布。主要原因是立地条件差、水系不配套，林地和树种选择不合理，管理粗放，近467公顷的堤防林尤为突出。

低产水面 全县有水面面积（含陆地沟河池塘）5.21万公顷，其中可发展养殖业的有1.4万公顷，已养5267公顷。根据“低产水面划分标准”，低产的有2000公顷，主要为低产池塘887公顷，及宝应湖300公顷、白马湖333公顷、高邮湖467公顷的围养水面。低产原因是养殖资金缺乏，机械装备、科学养鱼的水平低和粗放经营。

荒地 县域有荒地2600公顷，其中面积在3公顷以上的成片荒地共有97块约2267公顷，集中分布在远离乡村居住地的边角地，围湖造田后的低洼地，水利设施不及的零星地。其分布为：东南圩田区1200公顷，土壤肥力中等，靠近水源，宜走农、林、渔综合开发之路；西北平田区933公顷，丘岗区457公顷，主要是土壤肥力低，大多远离水源，开发成本高。

荒滩 县域滩涂面积约为1.33万公顷，其中可开发利用的有1133公顷，主要是宝应湖的湖滩、高邮湖沿岸和三河中的河滩。这些滩地大多为柴草滩地，湖相沉积物，地势低，土层深厚，有机质含量高（在2.5%以上），pH值为6.5~7.5，极易开发利用。

荒水 建县前，高邮湖、白马湖、宝应湖等三湖属金湖县管辖范围内的水域面积约为4.02万公顷，其中高邮湖2.98万公顷，宝应湖6713公顷，白马湖3700公顷。至2005年，围垦三湖水域面积共约1.14万公顷，其中高邮湖4006公顷，宝应湖5520公顷，白马湖1900公顷。县域荒水面积约有8867公顷，主要为可开发养殖的湖泊水面8167公顷。其中宝应湖1533公顷，白马湖300公顷，高邮湖6333公顷，百家荡333公顷，黎城湖（三河黎城段）333公顷。上述水面水质较好，易于发展水产养殖和耐湿林木。

1999年3—6月，县开发局以乡镇（中低产田以村）为单元，对全县农业后备资源再次进行更新调研，对待开发、改造、利用的“四低”“三荒”资源的数量与质量，成因与演变，类型与分布，潜力与开发模式、方向和途径进行全面评价。低产田改造主要是：培肥改土，实施5~7年即可使土壤提高一个肥力等级，其级差亩产量悬殊在50公斤左右；推广良种，其增产效果在5%~10%；提高科学种田水平。县内高产田亩产小麦400公斤、水稻650公斤以上，分别比现有低产田产量高出一倍多，科技兴农潜力大。低产园、低产林的挖潜改造主要是解决水系配套、苗木更新、防病治虫和精细管理等问题。低产水面的挖潜改造重在解决生产资金、机械装备和科学管养水平问题。

二、劳动力资源

1986年，全县共有农村人口28.21万人，占总人口的85.6%；劳动力13.18万人，其中从事种植业的8.99万人，从事林木副渔业的9059人，从事工业的1.1万人，分别占劳动力总数的68.2%、6.9%、8.3%，其他人从事建筑业、交通运输业、餐饮服务业等。

1996年，县开发局调研全县劳动力资源。此次调研以1995年为调查年，采取随机抽样调查、问卷调查、专题典型调查等方法，调查吕良、塔集、官塘3个乡镇300户的农村劳动力资源的基本状况、利用状况、生产经营状况、转移状况。据此做出合理的产业调整布局和劳动力转移配置的措施。全县共有农村人口27.85万人，占总人口的80.2%；农村劳动力14.3万人，其中从事农林牧渔业9.9万人，占69.2%；从事工业1.4万人，占9.8%；从事建筑业0.84万人，占5.9%；剩余劳动力1.43万人，占10%；其他0.73万人，占5.1%。调查认为，农村劳动力从事第一产业的比例较大，在产业结构调整中应组织剩余劳动力合理、有序地向第二、第三产业转移。

2005年，全县共有农村人口25.3万人，占总人口的70.9%；劳动力14.7万人，其中从事农林牧副渔业的6.53万人，从事工业的1.27万人，从事建筑业1.03万人，分别占劳动力总数的44.4%、8.6%、7%。从事第一产业的劳动力比1986年下降30.7个百分点；从事其他职业的劳动力5.88万人，占劳动力总数的40%，农村剩余劳动力转移取得一定的成效。

第三节　农业综合开发

一、农田基本建设开发

1986年，境域农田水利开发共完成土方628万立方米，主要集中于中沟以下的小型水利工程，占总工程量的95.5%。1987年，县域被列为里下河农业开发项目区。1988—1990年，实施黄淮海第一期开发工程。其项目区分布在横桥、闵桥、夹沟、塔集、淮建、银集、唐港、新农、吕良、陈桥、孙集、金北、官塘、黎城、戴楼、金南、卞塘、金沟、淮胜等乡镇及县良种场、原种场、果园、林场，涉及淮南圩区、洪金灌区、丘岗区的灌溉工程、荒滩开发、中低产田改造等，共完成投资552.27万元。建造中沟级以上建筑物185座，其中12米桁架拱桥1座、13~24米桥23座、直径80~100厘米混凝土涵管16座、混凝土涵洞7座，直径30~60厘米混凝土涵管186座、30~50厘米小沟级混凝土涵洞730座；建小型闸1米高、2米宽的1座，2米高、2米宽的4座，20HB-40泵站1座，26HB-40泵站1座，32ZLB-100泵站6座，30.48~66.04厘米混流泵站5座，203千瓦；建生产用房96平方米；购大型拖拉机1台；开发宜农地133公顷；改造中低产田8100公顷；增加旱涝保收田4467公顷；恢复自流灌溉2000公顷。项目实施后，年新增粮5100吨，产值350万元左右。

1991—1993年，实施黄淮海二期开发工程，总投资1123.8万元。新建和改建排灌站14座，中沟级以上配套桥、涵、闸83座，田间配套建筑物260座。实施后，改造中低产田7773公顷，开垦宜农荒地153公顷，改良土壤1467公顷，共完成各类土方445万立方米；建种子仓库200平方米，水泥晒场190平方米，钢架大棚2座237平方米；建成年产复合肥1.5万吨配肥站1座；购置中型拖拉机5台，小型拖拉机7台，收割机23台，条播机42台，开沟机6台，脱粒机26台，迷雾机183台。项目区年新增粮食7900吨，棉花80吨，油料600吨。

1994—1996年，实施黄淮海三期开发工程。项目区分布在官塘、黎城、金沟、闵桥、塔集、夹沟、唐港、白马湖、吕良、新农、孙集、银集等乡镇，总投资1279.17万元。改造中低产田7200公顷，开垦宜农荒地600公顷。其中，新建排灌站10座，防渗渠2.2公里，桥19座，中沟级以上建筑物143座；平整土地及机械深翻5.3公顷。上述工程共投劳16万工日，完成土石方47.3万立方米。购置迷雾机60台，推广适用新技术9项，培训农技、农机人员5970人次。

1997—1999年，实施世界银行贷款第二期（包括国家黄淮海开发第四期）农业开发工程，项目区涉及塔集、淮建2个乡镇7个村，总投资769万元。完善农田基本建设面积800公顷，其中，改造泵站2座，建中沟级以上建筑物121座，小沟级建筑物95座，渠衬砌6000米，铺设农村道路8.5公里，改良土壤284公顷；扩大旱改水287公顷。共完成土方184万立方米。新建仓库400平方米，晒场375平方米；配置动力机械3台。年新增粮食生产能力1500吨，新增农业总值600万元，项目区农民人均纯收入增加180元。

2000—2002年，实施国家黄淮海开发第五期和世界银行农灌第二期开发工程项目，合计投资4494.9万元。项目区涉及黎城、塔集、戴楼、金北等乡镇和县滩涂开发公司，改造中低产田500公顷。其中：新建中沟级以上建筑物124座，铺设砂石路23.72公里，建防渗渠4.89公里。项目区农民年人均收入新增260元。

2003—2005年，实施黄淮海开发第六期和世界银行农灌第三期开发工程项目，涉及县林场和涂沟、金北、前锋、陈桥、黎城等镇、场，总投资4040.7万元。改造中低产田2701.2公顷。其中，建设渠系配套建筑物932座（中沟级以上建筑物186座），建防渗渠1.3公里，蓄水池1座，铺设砂石路40.16公里，完成土方45.8万立方米。

二、林业开发

1986年，全县植树造林558公顷，育苗33.5公顷。1987年，利用农业开发项目资金78万元，在官塘、横桥、白马湖、前锋、夹沟等7个乡（镇）营造成片林837公顷。1988—1990年，实施黄淮海开发一期项目新建林苗基地和农田林网。项目区分布在金南乡林场、横桥乡堤防林场、涂沟镇涂沟村红专组、白马湖乡制钉厂南侧、县林场场部北面、戴楼乡果林场、夹沟林场、卞塘乡新卞村二组、陈桥乡青年林场北侧、黎城果林场、黎城综合开发实验区、金南镇副办室旁、前锋乡新生村、金北乡万庄村红旗中心路东侧、吕良养殖场东侧、大汕隔堤北侧徐河等滩涂和湖荡边，完成投资125.67万元，建立苗木基地13.3公顷，抬田造林280公顷，营造农田林网667公顷；建仓库、工具房7间，购手扶拖拉机3台、迷雾机6台、高压喷雾机1台；开排水沟1000米，筑田间道路750米，建粪池3个、涵洞3座，平整土地33公顷，购水杉小苗5.5万株、杨树苗2000株，造成片林400公顷。林木15年成材、亩（0.067公顷）均年增活立木蓄积量1.0立方米，年可增值百万元左右。

1991—1993年，在黄淮海第二期开发项目中，造林660公顷。1994—1996年，实施黄淮海开发项目，在黎城、官塘、金沟、银集、新农、吕良等乡镇建设农田林网1027公顷，总投资30万元。1997—1999年，实施黄淮海第三期和世界银行第二期开发项目，在塔集、淮建、戴楼等乡镇造林36公顷。2003—2005年，实施国家黄淮海第六期和世界银行农灌第三期开发项目，涉及涂沟、金北、前锋、陈桥等乡镇和县林场，营造防护林1750公顷。其中，2005年营造防护林820公顷。

三、养殖业开发

1988—1990年，实施黄淮海第一期开发项目中，其水产养殖项目涉及县鱼种场、县特种水产品苗种场、戴楼乡特种水产品养殖场，乌龟套、鸡鸣荡、宝应湖、闵桥镇叶家渡等地围养、网养，完成投资额145万元。开发水面100公顷，建鱼池187公顷，扩池13公顷。其中：成鱼养殖池15公顷，围栏养殖133公顷，网箱1.33万平方米；建2~3公顷的围养区30个；另建肉牛生产基地1个，千只养鸡场1个，购黄牛125头、兔1000对，投放大规格鱼种5000公斤、亲鳜鱼200组、蟹苗2000公斤；购置8.8千瓦捞草水泥船10条，颗粒饲料机组3台（套），增氧机5台，建孵化池1座，活水闸1座，添置围栏设施、拉网、捕捞网、水草打浆机等，年增产值300万元左右。1994—1996年，利用黎城镇新生圩洼地水源充足、水质清新、交通方便、距县城较近等优势，投资开发连片标准鱼池67公顷，其中蟹苗基地0.67公顷，鱼种池13公顷，成鱼池43公顷；投放蟹种435公斤，产成蟹1200公斤，繁育幼蚌960万只。

1997—1999年，利用黄淮海第三期和世界银行第二期农业综合开发项目资金，投资200万元，在金北乡建成鸡舍1500平方米、猪舍800平方米、沼气池1座，添置配套饲料加工设备、降温设备各1台，开凿深水井1口等。形成百头猪场11个，年饲养生猪1000头以上；千只禽以上大户19户，500只以上36户，年饲养蛋鸡5万只；生态

图12-3-1　金北乡家禽规模养殖户（摄于1996年）　朱伟/摄

养鱼基地1个，年养成鱼2万公斤。此后无此项开发。

四、良种基地和服务体系建设

1988—1990年，实施黄淮海第一期开发项目时，投资280万元，建成杂交稻和棉花良种繁育基地，加强植保、农机服务体系建设。良种繁育基地分布在县粮棉原种场、县稻麦良种场、淮胜农技站、淮胜乡种子队，黎城乡船塘村，闵桥、塔集、黎城等地。植保服务体系建设分布在县农技中心、闵桥、塔集、夹沟、横桥、淮建、黎城等农技站；农机服务体系建设分布在黎城、官塘、金南、闵桥、横桥、夹沟、淮建、银集、金沟等农机站。引进推广良种面积2.33万公顷。其中，繁殖南大改优、亚优等水稻高产品种6667公顷，建大棚3座325平方米；推广高产杂交棉建F1制种田3公顷、F2繁殖田100公顷；购轧花机5台、剥绒机1台、电动机5台、配电柜1台以及有关仪器；建仓库440平方米、晒场600平方米、轧花车间120平方米；技术培训3000人次。另外，购病虫测报仪器设备2台和有关仪器设备1台，迷雾机300台，植保机械20台；购大中型拖拉机18台，手扶拖拉机1台，旋耕机16台，犁3台，推土铲车7台，开沟机44台，播种机105台，脱扬机17台，割晒机6台，条播机31台，联合收割机7台以及油罐、电焊机、氧焊机、手电钻、车床、钻床、小型发电机等一批机械；建仓库270平方米、晒场400平方米，培训人员2000人次。推广高产良种后，全县杂交水稻年增产约1650吨，杂交棉花增产约200吨。植保服务体系建设使县、乡、村三级形成服务网络，平均每年减少粮食损失约2000吨。1999年，利用农业综合开发资金453万元，直接投入闵桥生态农业示范区、银涂特养带、横桥荷藕观光带、戴楼荷藕示范园等特色项目建设。项目区农民人均增收150元。

2001年，实施世界银行贷款第二期项目，投资额487.68万元，加快三大园区建设，即金南镇新拓蚕桑园面积270公顷，为闵桥镇生态农业观光示范区添置部分旅游设施，扩大涂沟镇棉经套种示范区。2002年11月，实施全县主导农产品优质专用种植计划，编制出台《金湖县优质专用水稻、小麦种植区划方案》《金湖县水稻、小麦主导品种、品质和生产分布现状及存在问题》等指导性文件。优质稻米产业经过2年培植，具备一定规模、资源、品牌优势。2003年，利用开发资金838.92万元，建设优质粮食基地、经济林果基地各1个。是年，金湖被列为全省33个优质水稻优势产业区重点县之一，10个重点示范基地和6个农业综合开发示范区所在县之一。2004年，利用开发资金2456.05万元，在涂沟、银集、前锋、吕良、金北等5个镇分别建设优质稻米基地和优质蚕桑基地各1个，总规模3330公顷。2005年，未实施新项目。

五、农产品加工业开发

1986年，全县拥有农副产品加工机械动力1.19万千瓦，其中碾米、磨面机1635台，轧花机46台，榨油机16台，淀粉机11台。1987年，增建水产食品加工厂冷藏库及加工车间，至1994年，全县共有水产冷库3座，冷藏量1300吨，制冰量300吨，年水产品加工总量607吨。是年，投资116万元，建成金杰天然珍珠食品厂，并引用国家药学专家王大平的专利技术，可年产内含18种氨基酸、多种微量元素、维生素及丰富活性钙、人体吸收率95%以上的水溶性全成分珍珠粉5吨、速溶性珍珠晶30万盒。农产品加工机械动力增加到1.43万千瓦，其中，碾米机1132台，磨面机80台，轧花机63台，榨油机31台，淀粉机6台。1995年，涂沟水产食品加工厂投资130万元，新上一条熟龙虾仁生产线，加工冻熟龙虾仁80吨、冻整龙虾50吨，还有冻河虾、冻虾仁、冻田螺肉、河蚬肉、银鱼，珍珠粉、珍珠饰品等，出口美、英、日、韩等国和销往中国香港、台湾地区共367.2吨，创产值1500多万元，外汇折人民币424万元。1998年，全县加工生产速冻水产品及珍珠粉、珍珠饰品等425吨，产值1760万元，创外汇折人民币940万元，利税70.7万元，上缴税金40.2万元。后因珍珠产品市场销路不畅，未能形成规模。

2000年,引资90万元,建设金北镇蒌蒿加工项目。2004年,争取到国家开发农业产业化龙头加工重点项目资金820万元,财政资金700万元,总投资1520万元,扶持金叶粮油公司年产4万吨优质稻米加工项目,2005年8月底通过验收并投产运营。该项目辐射优质稻米基地1万公顷,涉及农户3.6万余户。2005年,全县扶持各类农副产品加工龙头企业36户,其中省级3户,市级8户;拥有农副产品加工机械1244台,动力1.22万千瓦;建成绿色基地24个,农产品市场38个。江苏康舜食用油有限公司年产1.8万吨米糠油加工扩建项目、县广源油脂有限公司年产4万吨脱脂棉粕加工项目及金叶粮油食品有限公司年产2万吨优质米粮加工项目等3个项目被列入《金湖县农业综合开发"十一五"规划》。

第四章　种植业

第一节　面积产量

一、粮食作物

1986年,全县粮食作物播种面积6.69万公顷,粮食品种以稻麦为主,兼种少量山芋、玉米、大豆、高粱、花生等旱谷,平均亩产406公斤,总产40.71万吨。其中小麦总产12.79万吨、水稻总产26.76万吨,稻麦产量39.55万吨,占粮食作物总产量的97%;经济作物种植面积5226公顷,粮经比例为1∶0.08。1988年,塔集、唐港兴办麦芽厂,为啤酒生产厂家提供大麦芽原料,两乡镇发展大麦种植面积7280公顷。但由于大麦早播旺长,11月突降大雪,造成大面积死苗,严重减产。此后,大麦播种面积下降,小麦面积上升。在改革开放逐步深化、产业结构不断调整过程中,计划经济逐步被市场经济所取代,出现"压粮扩经"趋势,稻麦种植面积平稳下滑。1990年,全县粮食作物播种面积调减为6.09万公顷(夏秋两季,下同),经济作物调增到9340公顷,粮经比例为1∶0.15。1991年,发生特大洪涝灾害,粮食播种面积减少8280公顷,总产减产7.44万吨。1993年,进一步"压粮扩经",粮食作物面积降至4.61万公顷,总产减少到27.95万吨。至1995年,粮食作物播种面积稳定在4.8万公顷左右,经济作物面积约2.13万公顷,粮经比例为1∶0.44。

1996年,粮食种植面积、亩产均有所上升,粮食亩产达到历史最好水平,小麦亩产为339公斤,水稻亩产526公斤。1998年水稻平均亩产创历史最高,达576公斤,1999年,粮食作物播种面积、平均亩产均接近历史最高水平,总产升至37.79万吨,亩产为429公斤,创历史新高。2000年,受粮食价格下调、"卖粮难"等因素影响,农业投入减少,粮食作物播种面积再度下降,平均亩产比上年减少37公斤,下降8.6%;总产减少5.42万吨,下降14.3%。其中,小麦受冻、涝、旱等灾害袭击,亩产比上年减少84公斤,降低24.3%;水稻栽插面积比上年减少4万公顷,降低30.9%,总产降低6.6%。

2002—2004年,在国家发展粮食生产优惠政策的激励下,机械化程度、科学种田水平逐步提升,粮食作物播种面积扩大,产量快速增长。2004年,粮食作物播种面积扩增到6.11万公顷,总产37.85万吨,其中,夏收小麦亩产提高到339公斤,秋收水稻亩产486公斤,另收获杂粮3473公顷,总产1.05万吨。2005年,国家继续加大对农业的政策扶持力度,全县粮食作物播种面积增至6.38万公顷,比上年增4.45%，总产37.49万吨，其中夏收小麦2.5万公顷，总产12.86万吨；秋收水稻虽遭受严重虫灾，总产23.77万吨，仅比丰收的上年减产0.96%。

1986—2005年金湖县粮食作物播种面积、产量统计表

表12-4-2

年份	合计			小麦			稻谷		
	面积（万公顷）	亩产（公斤）	总产（万吨）	面积（万公顷）	亩产（公斤）	总产（万吨）	面积（万公顷）	亩产（公斤）	总产（万吨）
1986	6.69	406	40.71	2.78	307	12.79	3.47	514	26.76
1987	6.68	385	38.54	2.69	305	12.31	3.40	486	24.79
1988	6.04	368	33.30	2.32	246	8.56	3.28	482	23.72
1989	6.20	381	35.40	2.46	229	8.45	3.31	524	26.00
1990	6.09	359	32.84	2.41	231	8.34	3.29	479	23.64
1991	5.26	322	25.39	2.09	203	6.36	2.82	435	18.42
1992	5.39	385	31.11	2.05	285	8.77	2.98	480	21.44
1993	4.61	404	27.95	1.91	300	8.60	2.69	468	18.89
1994	4.82	356	25.73	1.63	297	7.26	2.54	445	16.97
1995	4.84	393	28.52	1.71	265	6.79	2.60	522	20.35
1996	5.23	437	34.30	2.00	339	10.16	2.82	526	22.25
1997	5.77	412	35.66	2.45	316	11.61	3.29	485	23.93
1998	5.78	406	35.18	2.48	249	9.25	2.86	576	24.70
1999	5.87	429	37.79	2.50	345	12.93	2.99	528	23.68
2000	5.50	392	32.37	2.32	257	8.93	2.77	532	22.12
2001	4.90	398	29.28	1.84	267	7.38	2.63	528	20.82
2002	5.36	410	33.00	2.28	294	10.06	2.72	535	21.83
2003	5.38	326	26.34	2.31	260	9.02	2.66	413	16.47
2004	6.11	413	37.85	2.39	339	12.16	3.38	486	24.65
2005	6.38	392	37.49	2.50	343	12.86	3.55	446	23.77

说明：粮食作物包括稻、麦、豆类、玉米、薯类。

二、经济作物

棉花 1986年，全县植棉683公顷，亩产皮棉49.2公斤，总产504吨。植棉区主要集中在唐港、涂沟、前锋、银集等乡镇，其中唐港乡、涂沟镇占全县总产量70%以上。1988年，植棉面积扩增3.26倍，产量仅增1.96倍。1989年，受市场价格下行影响，面积、总产下降。1990年起，棉花价格回升，植棉效益提高，植棉面积和产量逐年上升，1996年，全县植棉面积扩大到3852公顷，为历史峰值，总产3603吨。1998年，全县植棉3123公顷，在技术上全面推广群体质量栽培，立足抗灾，主攻亩产，平均亩产94.3公斤，达到历史最高值，比上年增长23.2%；总产4417吨，比上年增长58.8%。2001年，

因棉花价格上扬，市场俏销，棉农植棉积极性高涨，投入加大。农业部门因势利导，依靠科技主攻亩产，积极推广“苏杂26”“南抗3号”等优质新品种及群体质量栽培、增肥补钾施硼、全程化学调控、病虫草害综合防治等关键技术，促进棉花生产水平提高。是年，植棉3319公顷，平均每公顷产皮棉1.34吨，比上年增长7.9%，创历史新高。2004年，植棉面积3300公顷，总产4007吨，平均亩产80.9公斤。2005年，受国家扶持粮食发展政策和植棉比较效益下降等因素影响，种粮面积上升，植棉面积比上年下降30.8%，总产仅为上年的54%。

1986—2005年金湖县棉花面积、产量统计表

表12-4-3

年份	播种面积（公顷）	亩产皮棉（公斤）	总产（吨）	年份	播种面积（公顷）	亩产皮棉（公斤）	总产（吨）
1986	683	49.2	504	1996	3852	62.4	3603
1987	904	43.1	584	1997	2434	76.2	2782
1988	2147	46.3	1491	1998	3123	94.3	4417
1989	1064	55.0	878	1999	2755	70.3	2904
1990	1650	49.5	1226	2000	3057	82.0	3760
1991	2090	47.4	1485	2001	3319	88.5	4406
1992	2962	43.4	1928	2002	2772	86.3	3587
1993	2453	62.7	2306	2003	3175	38.3	1824
1994	2718	66.5	2710	2004	3300	80.9	4007
1995	3386	67.8	3445	2005	2284	53.3	1825

油料　1986年，全县油菜、大豆、花生、芝麻等油料作物播栽种面积为4246公顷，平均亩产112公斤，总产7114吨。其中油料作物的主要品种油菜，种植面积4184公顷，占油料作物面积的98.5%；总产7040吨，占油料产量的98.9%。1987年，油料作物种植面积扩增到5061公顷，总产8839吨。1988年，因油粮比较效益下降，油料作物面积降至3310公顷，总产4417吨。1989年后，农业产业结构调整力度加大，“压粮扩经”，加之油菜籽价格上升，播种面积和产量逐年上升。1994年，油料作物种植面积9822公顷，为峰值，总产1.37万吨。1995年，面积略降，亩产提高，总产达到1.79万吨，为历史峰值。1997年起，种植面积略有下降，产量降低。2000年，种植面积又回升到6971公顷，总产1.11万吨，平均亩产107公斤。2001后，种植面积、产量基本稳定，且多以十边隙地种植为主。2005年，因种植油料作物比较效益下降，全县种植面积降为5276公顷，虽亩产上升，总产1.22万吨，仍比上年下降9.66%。其中，油菜种植面积5165公顷，占油料种植面积的97.9%，产量11980吨，占98.6%。

1986—2005年金湖县油料作物面积、产量统计表

表12-4-4

年份	播种面积（公顷）	亩产（公斤）	总产（吨）	年份	播种面积（公顷）	亩产（公斤）	总产（吨）
1986	4246	112	7114	1988	3310	89	4417
1987	5061	116	8839	1989	6728	100	10132

接上表

年份	播种面积（公顷）	亩产（公斤）	总产（吨）	年份	播种面积（公顷）	亩产（公斤）	总产（吨）
1990	7684	105	12111	1998	5961	81	7214
1991	8898	100	13363	1999	5930	133	11808
1992	9633	112	16145	2000	6971	107	11142
1993	8575	120	15406	2001	6044	137	12465
1994	9822	93	13694	2002	6702	119	11953
1995	9527	125	17863	2003	5799	134	11672
1996	8910	117	15637	2004	6375	141	13452
1997	6100	127	11619	2005	5276	154	12152

第二节　种　子

一、品种引进与应用

水稻　1986年，全县推广的杂交中籼稻优良品种主要有：汕优63、献改优63、协优63、协优559、两优培九、Ⅱ优084、华优广抗占等。1994年，以汕优63为主，与协优系列品种并重，扩大种植协优559等长粒型杂交籼稻。2001年，扩大种植优质两系杂交中籼稻；常规中籼稻品种主要有BG929、910、国际稻、扬稻6号等，后逐步被常规粳稻品种代替，先后有武育粳3号、9520、9516、徐稻3号、淮稻7号、南粳41、扬粳9538、淮稻9号等；杂交粳稻品种有3优18，因其品质不如常规粳稻，生育期又长，种植面积仅占三分之一，籼稻面积占三分之二。至2004年，武育粳3号成为粳稻主体品种，约占粳稻面积的75%左右。2005年，两系杂交中籼稻品种占杂交中籼稻95%左右，其中两优培九占80%以上。

三麦　1986年，全县推广种植的小麦品种主要有：博爱7422，扬麦2、3、4、5号，宁麦3、6号，搭配种植太山4号、徐州麦系列、德国麦等。其中以早中茬半冬偏春性品种博爱7422，春性品种扬麦4号、5号为当家品种。20世纪90年代，小麦品种逐步过渡到以扬麦158、皖麦19为当家品种，搭配种植陕麦229，淘汰扬麦5号。2001—2005年，推广种植陕229、扬麦158、扬麦10号、扬麦11号、扬麦12号、皖麦19、淮麦18、淮麦20、郑麦9023、扬辐麦2号、扬麦13，少量种植豫麦63、皖麦44。经推广应用，扬麦158、皖麦19、扬麦11、郑麦9023、淮麦20逐步成为当家品种；大麦以苏啤一号为当家品种，搭配种植矮早三。

棉花　1986年，全县种植的棉花品种主要为泗棉3号。1991年起，品种增加苏杂16、苏棉9号，苏杂26、苏棉15等。21世纪初至2005年，品种有苏棉9号、科棉1号、科棉3号、南抗3号、中棉29、南农98-7。其间，除苏棉9号是常规棉外，其他品种均为转基因抗虫杂交棉。

油菜　1986年，全县种植的油菜品种主要为淮油6号、兴化油菜。1990年起，品种有秦油2号、陕油6号。21世纪初至2005年，品种有秦优7号、宁油8号、皖油18、史力丰、宁油16等。

二、良种繁育与经营

1986年，粮棉油种子除少部分常规用种由农民自繁自育外，大部分由县种子公司负责良种的引进与推广，同时进行示范、繁育、生产。强调统一生产，统一价格，统一供种，县乡统供。县种子公司既是经营单位又是种子管理单位，乡镇农业技术推广站是基层供种单位。种子生产与经营利润较大，在市场经济条件下，社会生产和外引外调种子数量增加，县统一供种数量有所下降，县种子公司侧重推广、监管杂交稻的繁育制种。1994年，省政府将当年定为“种子年”，各级政府先后发出《关于深入开展“种子年”活动的通知》。县成立领导小组，组织种子市场检查21次，查处违法案件8起，涉及伪劣种子4500公斤；查核、发放农作物种子“三证”（生产许可证、检查合格证、经营许可证），增强农民推广应用优良品种的自觉性，扭转农作物品种“多、乱、杂”状况，提高种子“两纯化”水平，即不混杂、没有退化、性状稳定的新一代种子，经提纯复壮而保持原品种典型性状的优良种子。

2002年7月，县种子管理站成立，与县农业执法大队合署，行使种子生产计划制定、项目管理、生产经营许可、质量监督、事故鉴定、违法案件查处等职能。2004年8月，《中华人民共和国种子法》颁发施行，全县种子管理与生产经营逐步走上法制化、专业化、常态化、标准化轨道。2005年，全县建立杂交稻种子生产基地1000公顷，常规稻麦种生产基地2000公顷，年生产杂交稻种子3000吨，常规稻麦种子1万吨。

第三节　施　肥

一、有机肥料

绿肥　1986年，全县绿肥种植面积4733公顷，其中越冬秧池田种植的冬绿肥4000公顷，亩（0.067公顷）产鲜草量2000公斤左右。此后，因水稻育秧方式改进，池田面积减少，冬绿肥种植面积逐年下降。1994年，旱育秧技术推广，秧池田面积锐减，冬绿肥的种植面积随之直降，1997年，境内以紫云英为主的冬绿肥仅种植数公顷，蚕豆等豆科绿肥种植量也微少。

家积肥　1986年，全县家积肥以人、畜、禽粪尿、草木灰、垃圾等堆积或沤制成有机肥为主，数量少、肥质高，年施用量约20万立方米；另有部分沼渣、沼液，年施用量约6000吨。1988年，农村富余劳动力转移，外出打工人数增多，农户养猪数量减少，家积肥数量下降，至2000年，年施用量基本稳定在5万立方米左右；沼渣、沼液施用量8000吨左右。2001—2005年，随着畜禽规模化养殖业的发展，以及养猪大户逐渐兴起，家积肥、沼渣、沼液的施用量有所增加，全县年施用量约2.35万吨。

秸秆还田　1986年，全县开始推广留高茬还田、铺草还田技术，每公顷粮田还草量3吨左右。1995年，开展增肥补钾工程，全面推广秸秆还田技术，稻麦两季秸秆还田量每公顷约3~5.3吨。2000—2005年，秸秆还田成为常规农艺措施，年还田面积3.5万公顷左右，还草量每公顷5吨以上。

二、化学肥料

1986年，全县逐步推广施用复合肥料，品种有磷酸二氢钾、磷酸一铵、磷酸二铵等；邻近县城的乡村，充分利用县化肥厂的浓氨水，车装人挑，运回施入农田做肥料，年施用量约1.3万吨，以节约农本。1987年，县农业技术推广中心利用贷款筹建金湖县配方肥料厂，应用第二次土壤普查成果，研制生产符合县域土壤养分实际的配方肥料。全县配方肥料年施用量3000吨左右，氨水年施用量1.5万多吨。

1990—1994年，全县化肥年施用量9.6万吨左右，其中氨水年施用量在6万吨上下，同时利用黄淮海开发资金，投入200万元改造扩建县配方肥料厂，设计年产量约1.5万吨。1995—1998年，实施增肥补钾工程，全县化肥年施用量超过10万吨，配方肥料施用量进入高峰期，实施面积约13.3万公顷次，每公顷增施钾肥（氯化钾）112.5公斤，钾肥销量以45%~60%的幅度递增，其中1996年钾肥施用量1323吨，比上年增长44.3%。县配方肥料厂年产1.2万吨仍供不应求。全县增肥补钾工程获省农林厅表彰。2003年，配方肥料厂企业改制，零资产转给私人经营，社会产量亦显著增长。2005年，全县化肥施用实物量11.5万多吨，折纯量4.06万吨。全县推广配方肥料施用面积29.3万公顷次。

1986—2005年金湖县化肥施用量统计表

表12-4-5

年份	化肥施用			肥效类别及亩均施用量								
	总量（万吨）	其中		氮肥			磷肥			钾肥		
		复合肥（万吨）	尿素（万吨）	实物量（万吨）	折纯氮（万吨）	亩均纯氮（公斤）	实物量（万吨）	折五氧化二磷（吨）	亩均五氧化二磷（公斤）	实物量（吨）	折氧化钾（吨）	亩均氧化钾（公斤）
1986	7.41	0.67	—	5.11	1.11	21.3	1.57	1827	3.5	609	122	1.9
1987	7.95	0.98	0.95	5.33	1.15	22.0	1.60	1879	3.6	453	91	2.0
1988	7.32	1.25	—	5.61	1.22	23.3	1.67	1983	3.8	425	85	2.1
1989	7.67	1.56	—	5.93	1.26	24.2	1.66	1994	3.8	837	167	2.1
1990	9.58	1.80	—	6.00	1.35	25.9	1.71	2035	3.9	811	162	2.6
1991	9.77	2.08	1.86	6.09	1.36	26.0	1.54	2088	4.0	574	115	2.7
1992	9.78	2.32	1.88	6.04	1.44	27.5	1.35	2192	4.2	706	141	3.1
1993	9.56	2.42	1.73	5.81	1.47	28.2	1.28	2215	4.2	489	98	3.5
1994	9.63	2.40	1.87	5.90	1.51	28.9	1.27	2296	4.4	603	121	3.8
1995	10.07	2.56	1.96	6.15	1.56	29.8	1.26	2349	4.5	917	183	4.1
1996	10.26	2.72	2.04	6.08	1.64	31.5	1.33	2369	4.5	1323	265	5.5
1997	10.54	2.72	2.17	6.38	1.65	31.7	1.26	2453	4.7	1743	349	5.8
1998	10.83	2.86	2.46	6.34	1.71	32.8	1.39	2662	5.1	2472	494	6.1
1999	10.62	2.86	2.60	6.22	1.68	32.2	1.33	2760	5.1	2046	410	6.3
2000	10.29	2.76	2.65	5.97	1.74	33.4	1.40	2714	5.2	1584	317	6.7
2001	10.69	3.14	2.78	5.97	1.75	33.5	1.40	2818	5.4	1769	354	6.9
2002	10.14	3.04	2.90	5.46	1.80	34.4	1.42	2871	5.5	2141	428	7.1
2003	10.42	3.11	3.09	5.65	1.81	34.7	1.39	2975	5.7	2715	543	7.2
2004	10.44	3.45	3.11	5.58	1.80	34.5	1.17	2654	5.6	2351	470	7.2
2005	11.57	3.63	3.94	6.49	1.90	34.6	1.24	2412	5.7	2128	426	7.1

第四节　作物栽培

一、水　稻

浸种催芽　1986年，境域大部分农户仍习惯采用泥水浸种的办法对稻种进行催芽落谷。1994年，推广肥床旱育稀植技术，稻种先进行药剂处理，直接播入秧池，省去浸种催芽工序。但露天育秧池田仍采用传统的浸种催芽办法落谷。1996年，推广使用沼气的村组，采用沼液浸种，具有消毒杀菌、催芽壮坯促早发的作用。2004—2005年，因人工栽插工价太高，有部分农户种植直播稻，浸种催芽落谷仍为必不可少的工序。

育秧 1986年起，全县部分地区推广两段育秧，母秧田与寄秧田分开。第一段从播种至寄秧时间约15天，第二段从寄秧至移栽大田约30天。两段育秧秧苗壮，为增产奠定基础。1994年，育秧推广肥床旱育稀植技术，经几次改进，育秧程序由初期的21道简化为7道，即旱整苗床，种子药剂处理，浇足底墒水，播种，盖薄层土，化学除草，覆膜盖草保温促早发。此项技术具有"五省一增"（省秧池田、省种、省肥、省水、省工，增产）等优点，亩（0.067公顷）减成本30~50元；秧苗移栽后返青早，低位分蘖多，一般亩增产30~60公斤。1995年，全县推广肥床旱育稀植秧5300公顷，是上年的20倍。平均亩产700公斤，比常规育秧增产15.3%。

1997年，示范推广与机插秧相配套的双膜育秧和塑盘育秧。双膜育秧是在有孔地膜上铺平底土，浇足底墒水后均匀播种，再盖土、覆膜、盖草；秧苗育成后起秧切块，上机移栽。塑盘育秧是在专用的育秧盘中按双膜育秧的程序育秧，塑盘育秧省去起秧切块程序。双膜育秧和塑盘育秧的秧池田与大田比1∶75~1∶100，移栽时秧龄18~20天。2000年，全县推广水稻肥床旱育稀植技术2.33万公顷。2005年，水稻秧池面积1813公顷，其中推广肥床旱育稀植技术1667公顷、双膜（塑盘）育秧面积147公顷。使用肥床旱育稀植技术经多年实践，均显示出增产优势。

栽培 1986年，全县水稻仍为人工手栽的行距秧。1997年，示范推广机插秧。2000年，推广机插秧135公顷，省工节本，增产高效。2004年始，因人工栽插工价太高，机插许多技术问题一时难以解决，且插秧机又不能满足需求，便出现直播稻。至此，全县人栽、机插、直播三种稻作方式并存。其中杂交中籼稻多为人工手栽，常规粳稻采用机插或直播。手插的杂交中籼稻推广适龄、扩行降株栽培，移栽秧龄由10叶龄左右降为6~7叶龄；行距26~30厘米，株距12~15厘米，亩栽1.7万~1.8万穴，6万~7万茎蘖苗。机插粳稻行距30厘米，株距11.7~12.5厘米，亩栽1.8万~1.9万穴，6万~8万基本苗。直播稻，麦茬田直播一般采用生长期较长的晚粳品种，机条播或人工撒播，并相机使用除草剂和肥料，亩播种量5~6公斤。2005年，推广水稻精准化栽培技术2.5万公顷。从适宜播栽期、育秧技术、基本苗数、移栽质量、肥料用量及灌溉技术等6个方面，精准确定水稻定量栽培数据与技术规范，实施效果很好。

管理 20世纪80年代中期，合成化学肥料投入量迅速提高，有机肥料投入量逐年减少。化学肥料投入沿用"前重、中稳、后补"运筹原则，分别在移栽前、分蘖期和拔节至孕穗期，施基肥、追分蘖肥和穗肥。水浆管理采用"薄水移栽，寸水活棵，浅水分蘖，够苗重搁，干干湿湿长穗"的模式。在水稻移栽后1个星期，推广化学药剂封闭除草。普遍运用病虫害综合防治技术。1990年后，推广水稻群体质量栽培技术，依据目标产量和土壤供肥能力确定施肥总量。施肥运筹上，氮肥注重增加穗肥比例，并推广应用氮磷钾复合肥。水浆管理上，注重分蘖期适时露田和80%够苗时分次轻搁田。2001年，水稻群体质量栽培技术得到普遍运用，开始限制使用高毒高残留农药。2005年，按水稻精准化栽培技术规范实施管理，起到节水、省肥、增产效果。

二、三 麦

种子处理 1986年前后，用粉锈宁等药剂进行拌种，后来加入强力增产素、丰产灵、活力素等促进早发壮苗。1995年后，用矮苗壮、多效唑、除虫菊等防病虫药剂拌种控旺、促壮、防病虫。2001—2005年，三麦播种普遍推广使用处理后的优良品种，自行选留的种子处理仍采用药剂拌种控旺、促壮、防病虫。

整地播种 1986年前后，推广机耕旋和机条播种麦，也有农户采用机开沟。此方式在稻茬上比较普遍，前茬收割晒垡后，利用旋耕机或免耕条播机的灭茬装置，浅旋3~4厘米，灭去稻茬，使基肥和土壤混合，然后进行机条播或人工条播，亩播量12~15公斤，播后开沟覆土盖种。1990年，示范推广稻板茬机旋免耕播种。但对前作水稻田要求很高，播后开沟覆土盖籽或稻秸秆还田覆盖。1996年起，推广适期早播、秸秆铺草还田、精量半精量播种、小麦高产群体质量栽培、小麦晚播独秆栽培等。同时，在播种时示范应用小麦根际固氮菌、强力增产素、883丰产灵、多效唑等。直至2005年，全县小麦采取上述技术措施精量播种面积1.5万公顷。

管理施肥 1986年前后，三麦施肥采取重施基肥、普施腊肥、巧施拔节肥，推广使用脚踩追肥器根外追肥等技术措施；麦田水浆管理，根据旱情，强调浇底墒水、分蘖水、返青水、抽穗扬花水等，累计灌水5~6次。1990年始，提倡"一基两追"的施肥模式，即施足基肥，及早追施苗肥或壮蘖肥（一般在12月上旬前），追施好拔节孕穗肥，保证前期足肥早发，中期稳长促平衡，后期不脱肥力早衰。水浆管理灌水次数减少，根据墒情，主要是灌底墒水、苗期水、越冬水和后期灌溉，重点做好麦田排水降渍。至2005年，随着开沟机的普遍推广使用，麦田排水降渍效果较前提高。

三、棉　花

育苗 1986年前后，全县棉花育苗采取营养钵露地育苗方法，冬前预留苗床，春季培肥翻耖，播种时用制钵器制钵，其后播种、盖细土、浇水、除草，主要用于麦茬棉移栽。1995年，推广双膜育苗，与营养钵露地育苗同时存在。双膜育苗，即在露地育苗的基础上，平铺一层地膜后，再加盖一层棚膜，以增加苗床温度。双膜育苗期早于露地育苗，主要用于闲茬棉、麦套棉、油菜茬棉等早茬棉移栽，苗床期用壮苗片促壮。此育苗方法行之有效。棉花育苗优良品种率100%。2005年，推广优新品种科棉系列0.3万公顷，育苗方法以双膜育苗为主。

移栽 1986年前后，棉花均为人工移栽，采用大小行移栽，大行0.8~0.9米，小行0.5~0.6米，亩（0.067公顷）栽3500~4000株。1990年起，推广杂交棉，采用扩行降株栽培法，大行1米左右，小行0.5米左右，亩栽2500株左右。1995年，推广地膜移栽棉，在冬闲田、麦套棉田或油后棉花田中提前抽行，将棉苗移栽到预先铺好的地膜上，不仅节水省工，且成活率高。1997年，推广地膜直播棉，在冬闲田或麦田中抽行套播，大行1米，小行0.5米，人工点播，亩播2600~2800株，然后铺膜保温保湿，出苗保存率高。21世纪初，棉花品种基本为杂交棉，移栽密度进一步下降，亩栽1600~2000株。

管理 1986年前后，棉田管理方法主要是整枝，施化学肥料，用化学合成植物激素控制棉花疯长。整枝即打公枝、抹赘芽、摘顶心。施肥技术重点是移栽前施足基肥，花铃期追施花铃肥，打顶后追施盖顶肥。化学控旺的方法是在蕾铃期用矮壮素控制旺长，吐絮时用乙烯利促进其提早吐絮。1990年起，施肥量增加，亩施纯氮20公斤左右，蕾铃期用缩节胺控制旺长，全程药控防治病虫害，苗蕾期推广用灭生性除草剂定向喷雾防治杂草。21世纪初，注重增加钾肥用量，氮肥与钾肥的比例由90年代的1∶1提高到1∶1.2左右。转基因抗虫棉推广后，棉铃虫发生减轻，而刺吸式口器害虫为害程度上升，采用药物防治，效果颇佳。

四、油　菜

育苗 1986，油菜育苗方法是留足苗床。苗床与栽植大田的比例为1∶5~1∶6；稀播匀播，每亩苗床播种0.5~0.6公斤；适期早播，播种期9月中旬；出苗期及时去丛籽苗，三叶期间苗定苗；基肥一般在整地前施用。苗肥在三叶期之前施用，亩施尿素3~5公斤，促进菜苗快速生长。移栽前一周施用起身肥，3~4叶期喷施15%的"多效唑"50克/亩，促壮苗形成，及时防治蚜虫、菜青虫等病虫。至2005年，一直延续此育苗方法。

移栽 1986年前后，油菜大部分是利用场头、"十边"隙地扩大种植面积，亩栽1.44万~1.49万株。1990年，移栽密度逐步下降为亩栽0.8万~0.9万株。行距40~50厘米，株距15~17厘米。同时，推广朝阳沟移栽，以达到防冻保苗、安全越冬的效果。至2005年，绝大部分农户一直延续此移栽方法；有少数小面积种植农户，为节省工时，则采取挖塘穴栽的方法，每塘栽植3~4株，允布于四周，塘穴间距适当加大，亩栽1.5万株左右。

管理　1986年前后，油菜田管理的重点是适期早栽，延长菜苗冬前有效生长期，以利安全越冬。1991年始，推广合理肥料运筹，普施基肥，保证壮苗越冬；普施苗肥，促进菜苗生长；普施苔肥，促进平衡生长保丰收。旱时及时浇水，涝时及时清沟理墒，排涝降渍。春暖气温回升时及时治虫。2001年始，推广使用硼肥，以防开花而不结实，狠抓菌核病的防治，开展高产示范和品种试验，实施引种栽培。2005年，在继续实施以往技术基础上，注重更新品种，提高良种率，全县以秦油7号为当家品种，取得增产效果。

第五节　作物保护

一、治　蝗

1986年，全县蝗虫孳生地仅有淮河入江水道金沟行洪道荒滩约3300多公顷土地。发生原因主要是该行洪道仅在每年的7—8月主汛期行洪，其他时间一般无水，成为蝗虫滋生的空旷地。1992年，县水利部门将行洪道划片对外发包，承包户每年在此种植一季小麦，防病治虫，捣毁蝗虫老窝；同时，部分养殖户在此饲养大量鹅、鸭等水禽，捕食残存的蝗虫，达到生态治理效果。2000—2005年，全县蝗虫危害得到有效控制，一直仅为小范围轻度发生。

二、麦类病虫害与防治

锈病　1986年，麦锈病为中度发生，经连续防治，少有发生。1990年后，每年叶锈病仅产生零星为害。2003年，由于气候等因素影响，又呈中等发生，全县发生总面积约1.2万公顷。至2005年，均为轻度发生，未见达标田块，对麦子未构成为害。

麦粘虫　1986年后，该虫数量大为减少，为害程度逐年减轻，降为“三麦”次要害虫。1994年，为中度发生，为害面积约1000公顷。1995年后，为轻发生，年发生面积低于130公顷，每公顷虫量750头左右，对“三麦”产量不足以构成威胁。2005年，该虫害已不作为重点防治对象。

麦蚜虫　1986年起，全县麦蚜虫已上升为“三麦”主要虫害。以麦穗蚜危害为主，发生范围极为普遍，为中等偏轻至中等发生，部分田块中等偏重发生。1990年，常年发生面积1.34万~2万公顷，防治面积1.7万公顷左右。2000年，农民对该虫害防治意识增强，综合防治措施扎实，常用化学药剂大面积喷雾防治，有效控制该虫为害。

麦白粉病　20世纪80年代起，该病害不断发展蔓延，已经由危害部分地区的“三麦”次要病害，上升至全县各地普遍发生的麦类主要病害。1990年，为大发生年，平均病叶率12%，且田块间为害程度极不平衡，有的田块病叶率高20%。1996—2005年10年中，一般年份发生程度为中等偏轻至中等，发生面积1万公顷左右，基本达到全面综合防治。

麦纹枯病　1986—1992年，该病害为中度发生，1993年、1995年为大发生年，是三麦主要病害。发病面积逐年增多，病害严重度呈逐年加重趋势，发生极为普遍，几乎每年对所有田块均造成不同程度的产量损失，达标田块面积超过全县三麦面积的95%。1996—2005年，均为中等偏重发生年。常用防治药剂为井冈霉素。

赤霉病　1986年起，全县共发生赤霉病大流行5次，分别是1987年、1989年、1990年、1998年、2003年，其他年份为中度以下发生。所有三麦品种都有不同程度的感病，感病重的品种有博爱7422、豫麦18、豫麦20、淮麦16、淮麦19、皖麦19、皖麦22等，病穗率一般为30% ~50%，大流行年份最高90%，减产幅度2000~4000吨。赤霉病每年均使用多菌灵及其复配剂预防，年预防面积占三麦面积的70%~90%。5次大流行年份，防治到位，减少产量损失5000~1万吨。2005年，小麦赤霉病为中度发生，全县发生面积2.3万公顷。由于防治及时，为害较轻，减少小麦产量损失1.23万吨。

三、水稻病虫害与防治

稻苞虫及纵卷叶螟 1986年起，境内水稻稻苞虫发生很轻，而纵卷叶螟间隙发生较重，一般一年发生2~3代，发生面积在1.33万公顷次左右，发生三代、四代时产生为害较重，部分年份两代发生亦产生较重为害。2003年，由于入梅早，雨期长，全县水稻纵卷叶螟发生为多年来最重的一年，属大发生年，发生面积累计6.39万公顷次。其特点二代迁入早，发生度轻；三代以迁入为主，虫量大，为害重；四代蛾量大，峰期长，卷叶率高。经全力防治，有效控制为害，减少损失4.87万吨，仍损失产量1.08万吨。2005年，稻纵卷叶螟为中等偏重发生，累计发生4.5万公顷次，8月为高峰发生期，因雨水集中而影响适期防治，为害较重。全县纵卷叶螟已逐渐上升为水稻主要病虫害，防治宜治早治小。

稻飞虱 1986—1996年，县域稻飞虱为中等程度发生。常见稻飞虱有3种：褐飞虱、白背飞虱、灰飞虱，以褐飞虱、白背飞虱为多，灰飞虱较少。1997年为褐飞虱大发生年，发生面积近4万公顷，防治面积10.77万公顷次，减少稻谷产量损失5.94万吨，实际仍损失稻谷产量8910吨。褐飞虱、白背飞虱一年发生2~3代，为害较重的为四代、五代，采取治三代、压四代、抑五代的防治措施，常年防治面积6.6万公顷次左右。2003年、2004年均为大发生年，并出现灰飞虱，防治药剂为扑虱灵、毒死蜱、敌敌畏等，防治效果较好。2005年，褐飞虱受台风影响，飘移迁入量大，为中等偏重发生，局部大发生，全县冒穿面积折实数为140公顷。由于及时防治，为害不重，减少稻谷产量损失3.86万吨。

水稻纹枯病 1986年以来，随着种植制度的改革，杂交稻面积的扩大，施肥水平的提高，纹枯病发生渐趋严重，常年发病面积在2.6万公顷左右，每年损失稻谷1086吨左右，发生程度为偏重至大发生，用井冈霉素防治。

稻瘟病 1986—1998年，县域稻瘟病发生较轻。1999年起，随着产业结构的调整，粳稻种植面积扩大，稻瘟病呈中等偏重发生，发生年份为2000年、2003年，年发生面积在8000公顷左右。采用三环唑进行防治，效果较好。

水稻螟虫 1990年起，全县粳稻种植面积扩大。1995—1997年，连续3年三化螟为大发生或特大发生年份。1996年发生面积累计1.35万公顷，防治面积2.57万公顷次，1~3代螟害率分别为0.05%、0.45%、1.24%。2001年、2003年为大发生年份，2001年三化螟发生面积累计2.72万公顷次，防治面积4.95万公顷次，1~3代螟害率分别为0.07%、0.57%、2.5%；1~3代三化螟残虫量分别为628头/公顷、1.15万头/公顷、4.38万头/公顷。损失稻谷7640吨。2005年，大螟在全县零星发生。

图12-4-2 前锋镇实行统防统治农作物病虫害（摄于2005年）
县志办／供

条纹叶枯病 2000年，条纹叶枯病在县域出现，发生面积逐年加大，为害程度加重。2003年起，连续暖冬天气有利于灰飞虱的越冬，虫源基数大，感病品种多，呈大面积发生态势。2004年，全县对防治条纹叶枯病采取新的方略：麦田以治虫为主，控制传毒基数；秧田治虫防病结合，降低病苗数量；大田以防病为主，结合治虫控制病害发生，取得明显效果。全县大田平均病株率2.3%，明显低于周边县市，共减少经济损失约4900万元。2005年，为水稻条纹叶枯病大发生年，秧田发生1200公顷，大田发生面积9350公顷，累计防治3.28万公顷次。由于防治科学合理，力度大，造成的粮产实际损失2208.35吨，低于上年。

水稻白叶枯病 20世纪80年代末，该病在县域发生，呈逐年减轻趋势。20世纪90年代起仅零星发生，发生面积在133公顷以下。用叶枯宁、叶枯净等农药封锁发病中心，有效控制传播。直至2005年，此病在境内未出现大的为害。

四、棉花病虫害与防治

棉铃虫 20世纪80年代末，棉铃虫在县域发生较轻，进入90年代，发生与为害日趋严重。1992年棉铃虫大爆发，1993年、1994年连续大发生，凡未防治田块的铃害率平均42.6%；用辛硫磷、快杀灵、赛铃灵等农药防治，防治田块铃害率低于5%。两年分别减少皮棉损失近800吨。1993年始，经过连续3年对棉铃虫的综合治理，特别是90年代末抗虫棉新品种推广后，直至2005年，此虫危害得到控制。

棉红蜘蛛 20世纪80年代末至90年代初，此虫在县域每年均有不同程度发生，在防治其他病虫时兼治，取得一定的效果。90年代末至2005年，随着抗虫棉种植面积扩大，此虫达中等发生，使用三氯杀螨醇、扫螨丁、克螨特等农药防治，效果较好。

棉　蚜 系棉花苗期主要害虫。20世纪80年代末至90年代发生较轻，2000年后，随着抗虫棉种植面积比例扩大，此虫发生量回升。使用吡虫啉、吡蚜酮、三氟氯氰菊酯农药防治，此虫危害得到控制。

县域棉花病虫害还有棉盲蝽象、玉米螟、棉小造桥虫、棉红铃虫，立枯病、炭疽病、白斑病、枯萎病、黄萎病等，随着全县植保体系健全，农作物综合防治措施实施，这些病虫害得到有效防治与控制。

五、农田杂草与化除

麦田 境域麦田杂草主要种类有看麦娘、日本看麦娘、猪殃殃、大巢菜、牛繁缕、麦家公、野老鹳等。1986年，田间以混合发生为主，为害面积2万公顷左右，至1992年，常用除草剂有骠马、使它隆、二甲四氯、苯磺隆，主要以春季化除为主，年化除面积2.33万公顷左右。1993年，采用甲磺隆、氯磺隆等复配剂用于冬季化除，面积5300~6700公顷。1994年，全县实施麦田无草害工程，采取统一供种、轮作换茬、深翻灭茬、化学除草等措施，使麦田草害得到有效控制，有效面积在90%以上。2000年，发现采用复配剂进行冬季化除对下茬水稻生长产生影响，遂逐渐停用；而使用其他新化除剂控制草害。2005年，麦田化学除草已成为全县农户种植三麦的必经程序和自觉行动。

稻田 县域稻田杂草主要有稗草、牛毛草、莎草、鸭跖草、眼子菜等。1986年，部分农户采用化学药剂除草，部分农户仍采用人工推扒、泥草搁田、薅拔的办法去除稻田杂草。1991年，防除田间杂草主要靠化学药剂，防除药剂主要有乙草胺、苄嘧磺隆、苯噻酰、二氯喹磷酸、丁草胺、苯噻苄等。2001年后，因直播稻的种植，“千金”在部分稻田上升为主要杂草，发生为害面积2.5万公顷左右。至2005年，全县常年防除面积在3万公顷左右，防除效果95%以上。

第六节 蔬菜种植

一、规模与模式

面积 1986年，全县蔬菜种植面积1143公顷，其中黎城镇139公顷，黎城乡50公顷，邻近县城的戴楼乡种植面积最多，为167公顷，银集、吕良两乡镇分别种植80公顷左右，其他乡镇面积20~50

公顷；最少的唐港乡仅种植3公顷。1988年，县城和集镇人口增加，全县蔬菜种植面积增加到1779公顷，其中黎城镇扩大到259公顷，黎城、戴楼、金沟、卞塘、闵桥、白马湖、前锋、新农等乡镇种植面积均在千亩（66.7公顷）以上，闵桥镇多达140公顷。1994年7月，县政府将蔬菜生产纳入相关单位的目标考核，并从人力、物力、财力等方面支持蔬菜生产的发展；县乡两级各自确保建成5000亩（333公顷）左右的常年专业菜地，改变过去品种单一、效益低微的状况，丰富城乡居民的菜篮子。是年，全县蔬菜实际种植面积增加到2880公顷，其中黎城镇扩大到508公顷，官塘、戴楼、金沟、卞塘、闵桥、淮胜、前锋、吕良等8个乡镇种植面积均在2000亩（140公顷）以上。1998年，陈桥乡管庄村蔬菜种植户140户，占总户数的70%，种植面积5.2公顷，不仅有传统蔬菜，还有反季节蔬菜、野生蔬菜，人均增收600余元。

2000年，城市改造力度加大，县城内蔬菜组菜地被征用，种植面积大幅度减少，蔬菜种植向周边村组转移扩展。2002年，全县蔬菜种植面积650多公顷，黎城镇增加到246公顷，戴楼镇发展到134公顷，陈桥镇20多公顷。2003年，黎城镇黎城、徐梁、大兴、上湾、九里、黎东等6个村发展大棚蔬菜112公顷，生产反季节、无公害多品种蔬菜，被省农林厅授予省无公害蔬菜产地称号。2005年，全县蔬菜种植面积近1000公顷。

大棚蔬菜 1986年，黎城镇、黎城乡菜农开始推行地膜覆盖、温床育苗、塑棚栽培等蔬菜种植技术。1996年，金沟镇推广塑膜大棚种植蔬菜技术，新农乡有塑棚种植蔬菜专业户5户。1997年，黎城镇徐梁、黎城、九里、大兴、蔬菜等5村实施“白色化保护地”（塑料大棚）栽培；采用遮阳网、防虫网覆盖5万平方米，既防风雨、烈日强光，又增加无公害蔬菜产量。1998年，黎城镇、淮建乡分别建成“百亩野菜园”，种植荠菜、蒌蒿、菊花脑、马兰头等野生蔬菜，满足城乡居民对野生绿色食品的需求。

图12-4-3 黎城镇建成蔬菜科技示范园（摄于2002年） 朱伟/摄

2000年，全县大棚蔬菜种植面积共有650多公顷，套种面积约300公顷。戴楼镇瓦地、向东、牌楼等3村，发展大棚蔬菜98.7公顷，采取“反租倒包”的形式，引进外地承包户75户，与本地75家农户共同种植卞椒一号、杨花萝卜等蔬菜。金南镇卞塘、南桥村投资240万元，发展大棚蔬菜53.3公顷，种植反季节蔬菜。闵桥镇组织村组干部、农户代表到东台县及淮安市清浦区学习取经，引进专业承包户24户，发展大棚蔬菜53.3公顷，种植淮研1号、2号、苏椒5号、徐椒2号等品种辣椒。前锋镇发展大棚蔬菜33.3公顷。吕良镇蚕桑场以“反租倒包”引进承包户7户，联系本地农户185户，建成蔬菜示范园53.3公顷，种植品种主要有淮研1号、2号辣椒。陈桥镇管庄村从东台引进种植大户11户，建成精品西瓜园，采用“三膜一帘”（地膜、小拱棚膜外加大拱棚膜，棚外覆盖保温草帘）方法发展大棚西瓜种植29公顷。产品有台湾产“特小凤”“特小兰”“黑美人”和香港“金兰”“新金兰”等优质西瓜，春秋两季亩产4000~5000公斤，亩获纯利4000元左右。金北镇大棚蔬菜由上年的13.3公顷发展到26.7公顷，建成蔬菜示范园，购回有机质育苗肥2100公斤，穴盘2800只，采用有机质穴盘育苗移植技术，种植春提早辣椒6.7公顷。是年，全县大棚蔬菜种植存在“一哄而起”的现象，品种单一，销路不畅，部分乡镇菜农遭受不同程度的经济损失。2002年，黎城镇种植的72公顷大棚蔬菜采用生物防虫治病技术，生产绿色蔬菜1620吨。2005年，全县大棚蔬菜种植面积减少到500公顷，而“三膜一帘”种植蔬菜方法被普遍采用。

套种　1986年，境域农村的菜农、桑农、林农采用套种、套茬的方法，提早蔬菜上市期，增加产出效益。规模套种始于1998年。是年，塔集镇采取集体购种、统一套种、农技部门指导的办法，在66.7公顷新桑园全部种上黄芽菜、大蒜、“菊花心”青菜等蔬菜；有的采取“夏套西瓜冬套菜”的方法，增加市场蔬菜供应，同时为桑农增收10万元。银集镇发展“棉套葱”80公顷，镇政府还聘请南农大、市农业局的专家、技术员到田头指导“黄皮洋葱”种植，并与农户签订保护价收购合同，消除其卖不出去的后顾之忧，为棉农增收72万元。淮胜乡沿盐金线两侧建成棉、桑、林田套种土豆、洋葱200公顷，建蔬菜大棚33个，使蔬菜种植形成主导产业。2000年，前锋镇发展套种土豆66.7公顷，全镇蔬菜产量9988吨。2002年，涂沟镇发展棉田套种马铃薯400公顷，经济效益提增8%。2005年，蔬菜套种主要集中于县城、镇区邻近村组农户，种植方式、品种由种植户根据市场行情自行决定，品种不再单一，规模不求庞大，销售方法灵活多样。

“反季节”种植　此蔬菜种植方法始于蔬菜大棚的推广。1986年，仅有黎城镇菜农小规模试种，产量不多。至2005年，全县“反季节”蔬菜种植面积逐步扩大，推广种植面积2300多公顷。其种植方式，在一年当中主要有“春提早”“秋延后”“越冬塑棚栽培”等。“春提早”品种主要有辣椒、豇豆、四季豆、丝瓜、黄瓜、韭菜及叶菜类、瓜类蔬菜等；“秋延后”品种主要有番茄、四季豆、黄瓜、辣椒及叶菜类、瓜类蔬菜等；“越冬塑棚栽培”有韭菜、芹菜、杨花萝卜及“春提早”品种，部分地块套种草莓等。

二、品　种

1986年，境域蔬菜种植品种为传统瓜菜类，一般随种植季节上市。1994年，蔬菜种植品种较前丰富，“反季节”蔬菜开始上市，如春冬有韭菜、西红柿、四季豆、毛豆、豇豆、辣椒、茄子、冬瓜等蔬菜销售。2000年，随着塑膜大棚种植的普遍兴起，优良蔬菜种子的推广，菜农种植品种、市场蔬菜供应品种增多。2005年，一年四季，境域蔬菜种植城乡市场上市品种百余种。叶菜类的有青菜、黄芽菜、菠菜、苋菜、生菜、空心菜、茼蒿、莴笋、芫荽、旱芹菜等，葱蒜类的有大蒜、韭菜、洋葱、蒜薹、蒜苗等，根菜类的有萝卜、胡萝卜、马铃薯、地瓜、生姜、山药、百合等，瓜类的黄瓜、番瓜、菜瓜、冬瓜、西瓜、苦瓜、佛手瓜，豆类的四季豆、长豇豆、毛豆荚、豌豆、蚕豆、扁豆、刀豆等，茄果类的西红柿、青椒、茄子等，薯芋类的山芋、芋艿，芽苗菜类的有黄豆芽、绿豆芽、豌豆苗、萝卜芽，多年生及杂类蔬菜有黄花菜（又称金针花）、菊花脑、香椿头、枸杞头、芦笋、竹笋、槐花、嫩玉米、糯玉米等，食用菌类的有蘑菇、香菇、金针菇，水生蔬菜类的有荷藕、茭白、水芹、荸荠、菱、慈姑、芡实、蒲菜等。

第五章　林　业

第一节　林木资源

1986年，县域林木品种有杨、柳、桑、槐、檀、松、柏、桧、桐、榆、楝、苦楝、椿、栎、柘、冬青、夜合、乌桕、黄楝、皂荚、橡、棠、梨等，植树造林以柳树、榆树等老品种为主。20世纪80年代后，新造林树种85%以上是意杨。1991—1992年，全县进行为期2年的树种资源清查，发现境域木本树种资源共有63个科、125个属、215个品种。按树木学分类，裸子植物有8科18属29种；双子叶植物51科100属175种，单子叶植物4科7属11种。2000年5—8月，配合全省森林资源清查，共调查老体系样地35个，新体系样地115个，查清全县成片林保存面积6380公顷，其中用材林3340公顷，以湖桑为主的经济林3040公顷，其中湖桑面积3000公顷。建成农田林网3.39万公顷，其中高标准农田林网3.26万公顷；村庄树木保存量588.5万株。

2005年5月，全县开展新一轮森林资源调查，共调查样地342个，其中国家级样地114个，省级样地228个。调查样地的属性包括：乔木林地43个，未成林地6个，灌木林2个，宜林地1个，耕地131个，水域137个，农村居住地19个，工矿用林地2个，其他1个。年底，全县成片林保存面积7724.8公顷，其中，用材林4590.8公顷，以湖桑为主的经济林3134公顷。农田林网3.46万公顷，占可建林网面积的99.9%。其中，高标准农田林网3.41万公顷，占已建成林网的98.7%。村庄树木保存量831万株。全县共有树木1240.2万株，活立木总蓄积量93.4万立方米，森林覆盖率23.6%。

第二节　林业生产

一、育　苗

1986年，全县共有林木育苗基地53.4公顷，产苗约253万株。品种结构以水杉、池杉、意杨、泡桐等优良品种为主，其中淮胜乡农科队28家农户，户户育苗，产苗6万多株。1992年，林木育苗面积69公顷，1994年增加到74公顷。品种增加法国梧桐、女贞、侧柏等，产树苗497万株，其中用于造林意杨树苗260万株。1998年后，林业育苗面积基本稳定在150公顷左右，年产一级意杨造林苗木360万株以上，育苗年效益每公顷4.8万元左右。苗木树种意杨占80%，常绿树占20%；品种有香樟、女贞、雪松、广玉兰、蜀桧、紫薇、红叶李、木槿、银杏、黄杨、冬青、枫树、棕榈、合欢等。2005年，全县共有林业育苗基地132.8公顷，生产苗木235万株，分别比上年增长35.5%、7.8%，其中国有林场育苗量占10%，个人、私营育苗占90%。

二、绿化造林

1986年，全县造林面积558公顷，其中白马湖乡当年造林68公顷，为全县造林最多的乡镇。1989年，唐港、横桥、卞塘等三乡造林面积均在87公顷以上，其中唐港乡多达169公顷。1993—1995年，县政府制定的全县三年绿化责任目标全面完成，县城新增绿地12.26公顷，集镇新增绿地3.81公顷；农村人工造林面积2087公顷，其中“灭荒”造林1400公顷，新建农田林网2773公顷，农田林网总面积3.46万公顷；公路绿化：完成省道绿化54.77公里，县县公路63.25公里，县乡公路44.13公里；堤

图 12-5-4　涂沟镇外滩村扦插成林（摄于2005年）

刘家衡 / 摄

防绿化实行乔灌结合，更新造林合格面积141公顷。其中，1994年全县新造林200公顷，完成人工造林合格面积780公顷，新建农田林网833公顷，新增"四旁"（村旁、舍旁、路旁、渠旁）植树21.4万株，保存量共151.4万株。有7.67万人参加义务植树活动，栽植树木44万株。被市政府授予"绿化造林先进县"称号。

图 12-5-5　涂沟乡河道绿化（摄于2000年）　朱伟／摄

1996年，实施意杨产业化并逐步推进林业产权制度改革，调动社会各方面的造林积极性。全县新增成片林500公顷，建成农田林网2240公顷；县城新增绿地28.2公顷，6个建制镇新增绿地2公顷，公路绿化171公里，河堤绿化70公里，全县森林覆盖率13.7%。金湖县被授予"省绿化造林工作先进单位"称号。1997年，有8.97万人参加义务植树活动，栽植树木65.8万株；"四旁"植树133.16万株，"四旁"树木累计保存量895万株。金沟镇胜利村被授予"全国绿化千佳村"称号。2000年，完成人工造林合格面积213公顷，新建高标准农田林网6467公顷；"四旁"植树200.8万株，农户村庄树木保存量589万株，全县共有树木965万株，活立木蓄积量61.3万立方米，森林覆盖率18.9%。2004年，完成人工造林面积1600公顷，"四旁"植树322.3万株。2005年，完成人工造林面积730.9公顷，其中新造林521.2公顷（包括抬田造林97.4公顷），迹地更新209.7公顷；完成"四旁"植树204.1万株，城区新增绿地40公顷，其中公共绿地28.5公顷；新建和配套高标准农田林网3433.3公顷。年底，全县成片林保存面积7724.8公顷，农田林网3.46万公顷，树木保存量1240.2万株，活立木总蓄积量93.4万立方米。全县森林覆盖率23.6%。

三、采伐加工

1986年，县域林木采伐材积8000余立方米，收入183.13万元；采伐的树材流向主要是县内金南、卞塘等地的木材加工企业，供生产板材、包装箱、木盘等。林业产值292万元，占农业总产值的1.4%。1992年，全县林业产值1268万元，商品率27%。随着机械加工和电线电缆业发展，木材加工业迅速发展。1994年，实行林木采伐一次性审批制度，9月30日前呈送采伐报告，11月采伐，确保年生长量大于年采伐量。1999年末，全县木材加工企业（包括个体木材加工户）202家，年加工木材10.3万立方米，从业人员4021人。

2000年，全县核发"林木采伐许可证"224份，采伐林木材积4万立方米，其中集体林采伐材积1万立方米，农户砍伐庄前屋后"四旁"树木材积3万立方米。是年，根据省政府统一部署，对全县木材加工企业进行清理整顿。清理登记木材加工企业154家，关停并转48家。全县林业产值5508万元，比上年增长9.4%。2002年，采伐林木材积5.8万立方米，比上年下降6.84%。其中采伐集体成片林和林网树木的材积1.65万立方米，农户采伐"四旁"树木材积5.3万立方米。林业产值增加到6279万元，占农业总产值的比率上升到5.1%。前锋镇木材加工企业发展到80户，其中投资1500万元以上的有28户。2005年，采伐林木材积6.95万立方米，比上年减6.84%。其中采伐集体成片林和林网树木的材积1.65万立方米，农户采伐"四旁"树木材积5.3万立方米。全县有木材加工企业154家。

1986—2005年金湖县林业生产统计表

表12-5-6

年份	造林面积（公顷）	植树（万株）	育苗面积（公顷）	采伐材积（万立方米）	产值（万元）	年份	造林面积（公顷）	植树（万株）	育苗面积（公顷）	采伐材积（万立方米）	产值（万元）
1986	558	266	34	0.8	292	1996	266	142	47	2.3	3787
1987	780	300	100	0.9	322	1997	220	133	57	2.7	4053
1988	639	40	53	0.8	311	1998	46	111	42	3.0	4496
1989	586	21	44	1.1	343	1999	1163	165	59	3.6	5037
1990	593	23	60	1.8	1559	2000	213	201	38	4.0	5508
1991	543	19	73	1.6	1225	2001	245	213	70	5.2	5940
1992	544	20	69	1.5	1268	2002	367	241	80	5.8	6279
1993	487	18	56	2.4	1768	2003	1480	320	92	6.5	9561
1994	783	65	70	1.9	1958	2004	1600	322	98	7.5	10067
1995	545	151	74	1.9	3123	2005	731	204	133	6.9	9680

四、新品种试验

杨树 1986年前后，县域在金南林场进行69杨、72杨、西玛露易荷、214杨等5个意杨品种的区域对比试验，经过一个短轮伐期8年的试验，选育出72杨的优良品种，并由市林业站牵头，全面推广试验。经10多年的不懈努力，完成“黑杨派南方型优良无性系推广”成果，获省政府农业科技进步三等奖。1991年，县林业科技推广中心与省林科院在杨树试验推广方面进行合作，选育出适合金湖滩涂生长的35杨、7号杨；引进南京林业大学培育的95杨、895杨新品种，经过试验推广，取得很好的经济、生态、社会效益。

水杉、池杉 1986年，县滩涂开发公司嵇圩林场试验种植3年的水杉、池杉，苗高3米以上，长势喜人，试验推广面积300公顷。1987年，经林业专业人员对生长情况调查研究，水杉、池杉2个树种在低洼滩地生长良好，但林地如长期积水，对水杉影响比对池杉影响更大。1990年，对场地进行改造性施工，采取开沟、抬田，沟宽由3米拓至7米；垛宽由5米拓至12米，并加以垫高；采取林渔、林经、林禽、林药（中药材）共育等模式，经20多年的种植、推广，摸索出一套适应里下河地区滩地立体复合经营模式，在全省湖滩洼地林业种植方面取得开创性成果。2005年，嵇圩林场成为江苏省最大的人工林之一，树木高大成荫，林场生态良好，有白鹭、灰鹭等10多种鸟类栖息，建成为金湖旅游、观光的好场所。

柳树 1991年，县林业科技中心与省林科院涂忠虞研究员（全国柳树专家）进行合作，开展柳树引种、试验、推广。先后从省林科院引进柳树杂交无性系7个新品种和绿化树种金丝垂柳，在县滩涂开发公司嵇圩林场南来寺一带进行试验种植。杂交柳无性系7个品种试验面积为6公顷，金丝垂柳试验面积为1.47公顷。经过7年的试验，对杂交柳无性系各项生长指标对比分析，172柳、174柳、795柳、799柳生长速度快、干形通直，适合在本地生长；金丝垂柳可广泛运用于城市园林绿化。金湖县“柳树造林及矿柱用材林优良无性系选育”成果荣获国家林业局科技进步二等奖，“金丝垂柳优良无性系选育”获省农业科技进步一等奖，并有多篇柳树栽培方面的论文发表。

五、果树园艺

1986年，全县有各类果树园327公顷，主要品种为苹果、梨、桃、枣，种植面积在20公顷以上的有黎城、官塘、涂沟、淮胜、县果园、宝应湖农场等6个乡镇场,最多的淮胜乡为60公顷。全县水果年产量1087.6吨,其中苹果229.9吨,梨子665吨,桃子189.7吨,红枣2.7吨。1989年,全县水果年产量上升到1745.6吨,在淮胜等乡开展山楂幼旺树环剥及丰产配套技术推广应用。1990年,山楂栽植面积335公顷,主栽品种有:敞口、粉口、大金星等,栽植密度2米×3米,亩(0.067公顷)植111株。1991年,推广应用山楂环剥技术94公顷,净增产量250吨,净增效益25万元。1992年,该项科技成果获县政府科技进步一等奖。是年,全县水果年产量下降到1646.8吨。1994年,全县水果年产量上升到2545.6吨。1999年,果树园因果树新品种更新快、原果实品质差、产量低、果品储藏加工能力不足,加之粮食种植效益提升,导致成片果园数量锐减。2001年起,因城市建设扩展,地处县城西郊县果园的土地逐步被征用,全县成片果园保存面积仅剩56公顷,“四旁”散生果树5.8万株。2005年,果树保存面积从38.7公顷下降为21.7公顷,比上年减少43%;产量158.6吨,减产63%,其中桃产量60吨,梨产量仅为5.2吨,比上年下降96.2%。

六、花 卉

1986年,境域没有花卉种植,花卉市场销售的鲜花均从外地购进。1990年,城东大兴村始创办个体花卉培植园,面积约500平方米。1992年,县绿化委办公室创办盛发园艺公司,开拓花卉经营。1994年,盛发园艺公司改花卉转销为产销一条龙体系。春季从港、台引进“苏铁”种子20万粒,至7月出苗7.7万株;“龟背竹”种子7万粒,出苗6.5万株。从广西引进“棕竹”种子100公斤,出苗10.25万株。同时,还培育出南洋杉、富贵竹、春羽、蔓绿绒、红宝石、绿宝石、巴西铁、红白掌、白兰花、茶花、月季系列等34科38属40个品种的观叶花卉53万多株(盆)。当年花卉销售到全国除台湾、西藏外的29个省、市、自治区1000多客户,销售收入60多万元,获利14.8万元。1996年,盛发园艺公司由金洪成承包经营。翌年,金洪成新建盛发园艺公司(金马路与宁连路交会处)和花卉种苗二场,租用楼庄村塘窝组土地两块5.57公顷,建设以观叶花卉为主的培植基地和批发市场。市、县两级政府先后帮其解决花卉发展贷款220万元,从邯郸购进高科技全天候温室设备,建成1.35万平方米和6000平方米的智能化温室,引进和培育广东顺德观叶花红苹果、青苹果,比利时杜鹃、欧洲仙客来、美国黑金刚橡皮树、荷兰铁等数十种花卉共1.5万多盆。

图 12-5-6 盛发园艺公司花卉交易市场(摄于2003年) 朱伟摄

1998年,盛发园艺公司、花卉种苗二场、城东花木园等建成花卉基地13.7公顷,全天候温室6000平方米,太阳能钢架2万平方米,塑棚1.3万平方米,太阳能温室3300平方米,生产观叶、观花、观果类盆花和露天花木300多种、150万盆,销售额200多万元。1999年,引进隆发花木园,至此,全县共有花卉苗木生产企业和专业户10余家,种植面积45公顷,花卉苗木品种300余种,实现产值271万元。2005年,全县花卉苗木生产企业、专业户共有12家,种植面积40公顷,花卉苗木品种300余种,产值近200万元。

第三节 林木病虫害与防治

1986年，境域林木病害主要有刺槐杆腐病、泡桐丛枝病、杨树溃疡病，害虫主要有天牛、草履蚧、榆蓝金花虫、金龟子、柳毒蛾、刺蛾、袋蛾、杨舟蛾等。对集体林木病虫害，除林场、城区园林管理处进行防治外，其他尚不够重视；私有林木，一般采用高残留药剂防治，有的在幼苗期对主干虫害孔洞，实施掏灭害虫，并采用药液注射孔洞，然后用泥土或塑膜封闭，发现一处，防治一处。1990年，成立金湖县森林病虫害防治检疫站，专司森林病虫害防治工作。随着意杨产业化的不断推进，杨树的种植比例越来越大，树种单一的趋势日益严重，病虫害发生的危险几率不断提高。2002年，金唐公路宝应湖农场段发生近7公里长、面积10公顷、发生程度为重发的天牛为害。通过采用胶带缠绕主干的阻隔法，有效地减轻和控制天牛的危害与蔓延。林木的蛀干害虫以天牛为主，防治办法主要是人工捕捉成虫、药液注射孔洞并封闭，对控制该虫的蔓延与危害颇有效果。杨树食叶害虫以杨舟蛾危害为主。县林业部门在加强病虫测报的基础上，及时指导防治，重点抓好宁连公路、省县镇道路和村级硬质路两侧各类绿色通道树木的防治，减轻虫害造成的损失。

2003年，金湖县被国家林业局确定为国家级森林病虫害测报点。县域发生较多的林木病虫害有天牛、刺蛾、杨舟蛾、草履蚧及杨树溃疡病等。2004年春，县域乃至整个苏北的杨树苗发生一种不知名的病害，造成苗圃里弱苗、小苗和新植杨树苗大量死亡。据测报，县域新植杨树苗短短2个月内就死亡2万余株，给林农造成巨大经济损失。4月初，县林业部门邀请南林大、南农大，省林科院、农科院、林业局及森防站14位专家到金湖实地调研会诊，采集病苗苗木和苗圃土壤样品，进行培养、观察、研究，认为杨树苗木大面积发病的原因主要是上年雨水较多，日照严重不足，引起生理病害。2005年，县域普遍实施专家建议的对策，栽前药液泡根，栽时浇足水分，栽后枝干定期喷洒药液，保持苗木不失水分，使该病得到有效预防。在杨树育苗中，对苗圃用地进行更新，避免多年连作及育苗密度过大，7月后禁施氮肥，提高苗木木质化程度。

第四节 林政管理

1986年，县域建立森林采伐限额管理制度。“七五”（1986—1990）期间，省政府下达金湖县森林采伐年限额指标为5000立方米。1989年起，所有运输木材、竹材、种苗、花卉、果品、中药材以及所有林副产品出境，须经县级以上林业主管部门批准，并发给运输证和检疫证。林木采伐实行一次性审批制度，确保年生长量大于年采伐量。树木所有者提出林木采伐申请后，林业部门及时赴现场进行林木勘验，制作林木采伐作业设计书，按照林木采伐审批权限，逐级上报林木采伐申请，待各级林业行政主管部门批准后，按当年的森林采伐限额指标综合平衡下发“林木采伐许可证”。林木所有者凭“林木采伐许可证”方可进行林木采伐。

“八五”“九五”期间，省下达金湖县年森林采伐限额指标为1万立方米。1994年，森林“三防（森立防火、防治病虫害、防止乱砍滥伐）”被列为林政工作的重要内容，配备森林防火车1辆，摩托车3辆，及防火、灭虫器具；同时制定应急预案，及时处理突发事件。全县签订林业承包管护合同5169份，其中承包50亩以上的林业大户20户。查处乱砍滥伐案件5件，对违规的当事人、树贩给予罚款处理。1999年，县政府制定的《关于加强林木、林地管理，打击林业违法犯罪活动的通知》《关于严禁滥伐林木的紧急通知》等文件，严厉打击各种破坏森林资源违法行为。是年，发生乱砍盗伐林木案件42件，查处40件，查处率95%，为历年来最高。地产材加工经营、木材运输、限额采伐、育林基金征收等林政管理工作得到进一步加强。全年核发“林木采伐许可证”124份，办理木材出运证、森林植物检疫证810份，审验、核发“木材加工经营许可证”183份，共征收育林基金27.3万元，收取检疫费3.7万元。2000年，签发木材运输证、检疫证2450份，外运木材4万立方米，审核、登记“木材加工经营许可证”154份，清理核销48份。4月，查处涂沟镇政府在没有依法办理“林木采伐许可证”的情况下，擅自砍伐镇水产开发公司北养殖场防洪圩堤意杨树3726株，材积849.3立方米，此行为已构成滥伐林木罪。经司法程序，该案主要责任人被判处有期徒刑二年、缓刑二年，并处罚金2000元。其他有关责任人也分别受到党纪政纪处分。

“十五”期间，省下达金湖县年森林采伐限额指标增加到1.25万立方米。1986—2005年20年间，全县共查处乱砍、滥伐、非法侵占林地以及乱捕滥猎野生动物等违法案件74件，其中，移送公安机关处理7件，行政处罚67件。2004年8月8日，前锋镇柏某雇佣油锯工、装运工等数人，自带车辆，无证采伐银集镇石某承包的该镇粮管所围墙外的杨树。县林业行政执法人员接到电话举报后，立即赶赴现场调查取证。经查，共滥伐杨树24株，材积8.86立方米。根据《中华人民共和国森林法实施条例》第三十九条第二款规定，给予违法当事人柏某、石某行政罚款8200元，责令补种树木120株。通过林政管理执法，全县林木生态安全得到有效保护。2005年，全县森林覆盖率为23.6%，比上年上升0.85个百分点；城区绿化覆盖率为42%，比上年上升2.44个百分点。

第六章　蚕桑业

第一节　概　况

1986年，全县有湖桑面积733公顷。其中金沟、新农桑园面积超过100公顷。淮胜、新农乡面积在千亩（66.7公顷）以上。1988年，茧丝绸行情看好，各乡镇大力拓植桑园。1994年，全县形成以金沟、银集、淮建、塔集、唐港为重点的15个200公顷以上的蚕桑基地，其中银集镇建成省优质茧基地。至1995年，桑园面积拓植到5036公顷，发放蚕种13.41万张，蚕茧总产量4465吨，为县域蚕桑生产史上的最高峰。而到下半年，蚕茧市场价格急剧下滑，全县随即出现毁桑改种粮食的现象，桑园面积仅保留60%。至1998年，桑园保存面积跌入低谷，仅为1216公顷。县政府对蚕桑业加大政策扶持力度，制定新栽桑不征收特产税、桑园内外配套三沟开挖纳入乡村农田水利工程、保护价收购蚕茧等优惠扶持政策，以保护蚕农的生产积极性。

2000年，新建和改造小蚕共育室150多座，标准化、规范化、科学化小蚕共育率90%。2002年，桑园面积恢复到2345公顷。2005年，全县累计改造低产桑园133公顷，湖桑保存面积为1667公顷。重点建设666.7公顷以上的金南、333公顷以上的塔集、200公顷以上的黎城、陈桥等4个镇，以及达到或接近66.7公顷的20个重点村，逐步形成稳固的蚕桑生产基地。全县共有小蚕共育室383座，小蚕共育率100%，室外大棚条桑养蚕普及应用率80%以上，方格蔟应用率接近100%。

1986—2005年金湖县蚕桑业生产统计表

表12-6-7

年份	桑园面积（公顷）	发种量（张）	茧产量（吨）	收入（万元）	年份	桑园面积（公顷）	发种量（张）	茧产量（吨）	收入（万元）
1986	733	2.00	505	192	1996	3095	7.57	2063	3000
1987	762	2.50	556	211	1997	1797	6.18	1401	3000
1988	1037	3.00	652	587	1998	1216	4.48	1612	3200
1989	1533	4.00	988	889	1999	1476	5.30	1561	3500
1990	1978	4.50	1265	1644	2000	1467	5.46	1796	4000
1991	3386	5.20	1700	2210	2001	2263	6.00	2007	4000
1992	3882	6.80	2362	3306	2002	2345	6.30	1990	6775
1993	4697	8.60	3541	6667	2003	2279	5.60	2153	4500
1994	4697	11.95	4176	7000	2004	2067	5.80	2377	4800
1995	5036	13.41	4465	2922	2005	1667	6.00	1919	4030

第二节　植桑与管理

一、植　桑

面积　1986年，县域有桑园面积783公顷，栽植密度每亩800株。1989年，全县湖桑面积拓植到1533公顷。1990年，蚕茧价格提高，各乡镇大力拓植湖桑，1995年春，拓桑掀起高潮，桑园面积增加到5036公顷，面积达到历史的顶峰，且亩植密度提高到1000株。下半年，中晚秋蚕茧价格大幅下滑，中秋蚕每公斤由15元降至8元，晚秋蚕由18元降至8元，故而多处出现毁桑现象，桑园减少面积1947公顷。县政府于是年10月和翌年3月连续制定免除桑田高出粮田承包金部分，免除水利工程任务，减半征收粮食定购任务等多项优惠政策及保护措施，以遏制毁桑势头，但收效不佳。1996—1997年，全县桑园面积不断减少，至1998年底，保存面积跌入低谷，仅为1216公顷。此间，茧丝绸市场行情逐渐回暖，茧价上扬，全县筹集资金180多万元，购买桑苗870多万株，部分蚕桑重点镇相继引进“育71-1”“农桑4号”等优良湖桑品种，拓植新桑园570公顷，栽植密度每亩1200株。1999年，蚕桑生产逐步趋于稳定。2000年，县政府制定蚕桑扶持政策，新栽桑不征收特产税，桑园内外配套三沟开挖纳入乡村农田水利工程，以保护蚕农的生产积极性。2002年，桑园恢复到2345公顷。2005年，湖桑保存面积为1667公顷。

桑园管理　1986年，全县湖桑育苗推广绿枝扦插和一步成园技术，为大面积拓桑节约成本；桑园管理推广摘芯、桑树根外追肥等技术。桑园害虫主要有桑蓟马、红蜘蛛等，施用杀虫剂防治。2000年，全县桑园实施综合防治措施，桑园病虫害危害率在5%以下。2001年，塔集镇跃进村、东方红村各有桑园约70公顷，均采用室外大棚育蚕、室外方格蔟结茧新技术，成为全县推广养蚕新技术的典范。2003年起，由于农村剩余劳动力转移和杨树价格上涨，部分桑农自发在桑园内套栽杨树，全县桑园内套栽杨树705公顷，严重制约蚕桑生产。

2005年，针对秋蚕出现中毒现象，加大宣传力度，指导蚕农科学用药、科学治虫，有效避免桑园污染。在桑园管理中，突出夏管和冬管两个关节点。同时，坚决防止“桑套杨”现象，已套植的坚决清除，铲除蚕桑污染源。2005年，巩固桑园面积，重在提高科学植桑、养蚕水平，查清桑田的立地、结构、类别等要素，改造低产田133公顷，亩（0.067公顷）产桑叶由50公斤提高到75公斤以上。蚕桑指导部门安排技术人员80多人分工到村，实行包组包户服务，坚持上门指导。桑园管理围绕"肥、水、虫、型"四个重点加强技术指导，特别是针对秋蚕易中毒问题，指导蚕农和邻近桑园田块的种植农户，科学用药，科学治虫，避免桑园污染。同时，防范"桑套杨"，遏制变相毁桑现象发生。

图12-6-7 金沟镇王庄村规模桑园（摄于2000年） 县志办/供

二、基地建设

1986年，全县桑园较为集中、面积在千亩（66.7公顷）以上的有金沟、淮胜、新农、金北等4个乡镇，其中金沟、新农桑园面积超过100公顷。1994年，银集镇建成省属优质茧基地。该镇有桑园面积382公顷，占农田的24.8%，户均0.092公顷。是年，该镇与省丝绸总公司联合投资生产优质原料茧，投入22万元，加强桑蚕基础设施建设。全县形成以金沟、银集、淮建、塔集、唐港为重点的15个200公顷以上的蚕桑基地。1997年9月21日，国家和省茧丝绸业界人员到金湖蚕桑基地视察调研。12月25日，国家茧丝绸协调小组在《茧丝绸行业改革与发展简报》第七期刊登《江苏省金湖县加强蚕茧基础建设》一文，将金湖县理顺蚕桑生产经营体制、增加生产基础建设投入、保护蚕农利益等做法和经验，向全国作介绍。

2000年，蚕桑事业的发展按照区域规划集中连片、规模经营的原则，新增桑园面积约1333公顷，形成一批蚕桑基地和养蚕大户。其中，金南镇桑园面积1000公顷，塔集666.67公顷，闵桥、银集、涂沟、陈桥等镇各333公顷以上。2001年，建设塔集千亩蚕桑科技示范园区（基地）。该园区位于塔集镇的跃进、东方红两村，占地近70公顷。项目园区以生产示范和科技示范为主题，从湖桑新品种"育71-1"的引进，桑园规划、建立、管理以及省力化养蚕系列技术诸方面，推广应用先进的新品种、新技术，取得较好的经济效益、社会效益和示范效应。10月，通过国家茧丝办公室组织的专家组验收。

2005年，全县累计改造低产桑园133公顷，桑叶亩产由50公斤提高到75公斤以上。重点建设666.7公顷以上的金南，333公顷以上的塔集，200公顷以上的黎城、陈桥等4个镇，以及达到或接近66.7公顷的20个重点村（金南7个，塔集5个，黎城3个，闵桥、银集、涂沟、前锋、陈桥各1个），逐步形成稳固的蚕桑生产基地。

第三节 养 蚕

一、布 局

1986年，全县蚕茧年饲养春蚕、夏蚕、中秋蚕、晚秋蚕等四季，平均张亩产25公斤，投产桑园亩

图 12-6-8　金沟镇推行大棚条桑育蚕技术（摄于2000年）
李义海/摄

产茧67.3公斤，亩收入538元。1994年，全年养蚕四季，发种11.95万张，平均张产茧34.9公斤，投产桑园亩产茧66.3公斤，亩收入780元。1998年，张产茧量提高到75.8公斤，投产桑园亩产茧94.6公斤，亩桑收入1730元，并涌现出亩桑收入超2500元的村20个，户桑收入超3000元的农户350多户。2001—2002年，根据夏蚕、中秋蚕遭受大田治虫药剂影响严重、劳动力集中于"四夏"大忙、安排调度养蚕有一定困难的实际，调整养蚕布局，一年养蚕四季改为饲养春蚕、晚秋蚕等两季，全年发蚕种6万张，平均张亩产45公斤，投产桑园亩产茧102.5公斤，亩收入1750元。2005年，推行一年饲养春蚕、夏蚕、晚秋蚕、晚晚秋蚕等四季，年发种6万张，平均张亩产32公斤，投产桑园亩产茧76.7公斤，亩收入1612元。

二、蚕仔品种与催青

1986年，全县蚕仔品种，春蚕仔以"苏五×苏六"为主，秋蚕仔以"苏3·秋3×苏4"为主，催青由县蚕桑技术指导站统一负责，蚕仔用密封保温专用车辆从发种地运回，直接进入催青室，室内有加温、测温、保湿、光源自动化控制设备，催青人员24小时值班在岗，科技人员全天候跟踪监测。催青由煤炉加温改为自动化控制；大蚕饲养大面积推广室外塑料大棚条桑育等养蚕新技术。1990年，育蚕品种以春秋兼用"苏五×苏六"为当家品种。1998年，县茧丝绸有限责任公司重建催青室，催青技术装备条件更为完善，蚕种孵化率均在98%以上。2000年，淘汰春秋兼用品种"苏五×苏六"，春季改用新品种"菁松×皓月"，秋季改用新品种"苏菊×明虎"和"菁松×皓月"。至2005年，全县蚕仔催青工作零事故，各地蚕农每年每季均能拿到合格的"放心种"。

三、小蚕共育

1986年，全县对蚕儿采取分片区集中培育的方法进行饲养，建有小蚕共育室825间；另有小部分分发到技术、条件比较好的蚕农家饲养；有的利用炕坊腾出的专用空间共育。共育室改煤炉加温为"地火龙"加温。1994年，县投资新建标准化小蚕共育室32座，乡、镇、村投资新建82座，小蚕共育率76%以上。1997年，新建和改造小蚕共育室82座，小蚕共育率90%以上。2000年，新建和改造小蚕共育室150多座，标准化、规范化、科学化小蚕共育率90%。2001年，新建和改造小蚕共育室35座，小蚕共育率90%以上。2005年，全县共有小蚕共育室383座，小蚕共育率100%。

四、塑棚条桑育

1998年，县域始大面积推广大蚕饲养室外塑料大棚条桑育等养蚕新技术。2001年，室外大棚养蚕普及应用率在80%以上，塔集镇跃进村、东方红村各有桑园约70公顷，均采用室外大棚育蚕新技术，成为全县养蚕新技术的典范。2005年，室外大棚养蚕普及应用率95%。

五、方格蔟结茧

1986年，全县大部分蚕农采用传统的“草龙”结茧法结茧，少数用纸板方格蔟结茧。1992年，改良蔟具，普遍推广使用方格蔟。1994年，银集镇推广纸板方格蔟75万片，方格蔟结茧率100%。1997年，县茧丝绸公司投入资金80万元，相关乡镇落实资金20万元，购置方格蔟100万片，方格蔟结茧率50%，蚕茧质量处于全省前列。方格蔟茧平均上车茧率95%，解舒率68%，出丝率33%以上，分别比草龙茧提高15、13、6个百分点。张种蚕农净增收入85元，缫丝企业增效35元。1998年，推行方格蔟室外预挂结茧技术，使县域蚕茧质量处于全省前列。2001年，新增方格蔟100万片，使用方格蔟结茧率提高到98%。塔集镇跃进村、东方红村蚕农全部采用室外方格蔟结茧新技术。2005年，重点指导河北片蚕农推广使用方格蔟结茧技术，抓好方格蔟器具的填平补齐，全县方格蔟应用率接近100%。

图 12-6-9　金沟镇推行方格蔟室外预挂结茧技术（摄于1998年）

李义海/摄

六、毒害与病虫害防治

1986年，境域桑园虫害主要有桑蓟马、红蜘蛛，一般施用低残留杀虫剂杀灭。蚕农对共育室、养蚕空间、蚕具均进行严格消毒。1988年，邻近县第二玻璃厂的黎城船塘村一组桑园受该厂废气污染，影响幼蚕生长发育。经送样去省科技部门检测，该组桑叶含氟量高达129.8毫克/公斤。蚕农一次性获赔3.45万元。1994年，全县养中秋蚕种4.1万张，产茧35吨，张仔平均减产11公斤，损失1600多万元。经蚕桑专家检测，其主要原因一是持续高温，超出幼蚕生理适应范围，功能减弱；二是天气久旱无雨，桑叶含水率在65%以下，低于正常含水率25个百分点，造成幼蚕生理障碍；三是养蚕环节消毒不彻底，小蚕共育基础不牢；四是桑田虫害密度大，危害猖獗，发病传染源增加；五是农田病虫害防治造成环境污染，成蚕微量中毒不结茧。

1996年春，塔集、金沟、金南等3个乡镇，春蚕四眠前后普遍发生病害，经中国农业科学院蚕业研究所镜检确认，为蚕种微粒子病害。经查，产生病害的“菁松×皓月”蚕种，来源于锡山市锡北蚕种场供给的第18批、20批蚕种，共2800张。所造成的损失，经金湖县与锡山市双方政府协调，按实际损失额的85%赔偿，蚕农减少经济损失77.35万元。8月，全县大部分桑园发现第三代桑瘿蚊虫害，县茧丝绸总公司投入15万元购置5吨灭多威，组织60多人登门统一防治，及时控制危害，将损失降低到最低限度。是年，县蚕桑技术指导站编印《金湖茧丝》《桑病虫情报》等技术宣传资料15期、4500份，发至专业村和蚕农，及时提供蚕桑病虫情报和饲养技术。2005年，全县桑蚕病虫害全部采取综合防治措施，针对秋蚕易发中毒问题，加大宣传力度，引导农民和蚕农科学用药、科学治虫，避免桑园和养蚕区遭受污染。在桑园管理中，突出夏管和冬管两个关节点，坚决制止“桑套杨”现象，已套植的坚决铲除，清除蚕桑污染源。

第四节　蚕茧收烘

1986年，全县建有蚕茧收烘站18座。鲜茧收购价格每公斤标准茧8.5元。蚕茧平均上车茧率50%，解舒率30%，出丝率20%。1994年，茧丝绸行业投资190万元，新建蚕茧收烘站8座、茧灶18副，黎城、金沟、银集、吕良、金北、陈桥等5个乡镇均建成一站一灶，全县共有收烘站30座、茧灶83副，单季鲜茧收烘能力1500吨。收购蚕茧平均上车茧率50%，解舒率30%，出丝率20%。1995年下半年，中晚秋蚕茧收购价格大幅下滑，中秋蚕每公斤由15元降至8元，晚秋蚕由18元降至8元。1997年，省蚕茧收烘工作会议在金湖召开，对蚕桑业处于低谷阶段如何优化蚕茧收烘环境、把握质量标准、执行价格标准等问题进行研究探讨，金湖县作典型发言。1998年，收烘的蚕茧平均上车茧率95%，解舒率75%，出丝率35%。

图 12-6-10　金沟茧站蚕茧收购现场（摄于1998年）　　李义海／摄

2000年，县政府制定蚕桑扶持政策，5年内不论市场行情如何变化，蚕茧收购中准价不低于每公斤24元，国家标准价高于保护价的按国家规定的标准执行；并从蚕茧经营利润中每吨提取2000~3000元风险基金，调节市场行情的变化。2005年，全县发放蚕种6万张，生产蚕茧1919吨。收购春茧、秋茧的价格，鲜茧每公斤分别达到20.6元和21.6元，每公斤均高于周边县市2元以上，张茧收入850元，亩桑收入1830元，创历史新高。

第七章　畜牧业

第一节　概　况

1986年，县政府根据境域滩涂多、牧草资源丰富的自然优势，制定优惠政策，鼓励发展畜牧业，增加粮食作物有机肥施用量，农民增产增收。全县畜牧业传统养殖品种主要有生猪、羊、长毛兔、家禽等，特种养殖品种有鹌鹑、肉鸽、野鸡、绿头鸭、水貂、狐狸等。全年生猪饲养量25.27万头，饲养家禽321.9万只，畜牧业总产值0.32亿元，占农业总产值15.2%。1988年起，畜牧业注重引进优良品种。扬州鹅推广率98%，饲养量增加到63.15万只；新加坡父母代樱桃谷鸭种鸭引进500套。1994年，全县筹集资金110万元，新建兔舍10万间，长毛兔饲养量51万只，其中塔集镇17.3万只，为历史峰值。1996年7月，金湖县应邀参加在法国图卢兹召开的第六届世界养兔大会，介绍发展养兔经验。塔集镇被市命名为"养兔之乡""尧乡兔苑"。1997年前后，随着畜牧业的发展，禽苗炕孵、畜禽防疫得到重视。苗禽炕孵逐步改变燃料加温为电孵箱自动控温，改季节炕孵为常年炕孵，并根据市场需求确定炕孵量。县畜牧兽医站研制出多种畜禽生物制剂20万毫升，生猪防疫密度99%，家禽防疫密度95%，并开始试行动物防疫目标责任制，动物防疫检疫工作连续5年达标，受到市主管部门的表彰。

1999年，全县高邮鸭饲养量120.6万只，占鸭饲养总量的33.2%。鸭蛋加工创出一批绿色无公害产品，"金水""旭阳""锦湖"等品牌咸蛋、松花蛋在省内外有一定的知名度，年销售量500万只。2000年起，草鸡饲养由规模养殖取代分散饲养。东南丘陵片形成蛋鸡养殖带，饲养规模100万只以上。2001年，动物防疫推行双轨目标责任制，对猪瘟、口蹄疫、鸡新城疫、高致病性禽流感进行抗体测定和预防注射，疫苗实行免费供应。这一做法和经验在全省推广。各地不仅利用水草丰盛的自然优势大力发展水禽养殖，还新增饲草种植面积540公顷，总面积667公顷。2005年，全年饲养生猪26.17万头，家禽499.63万只，毛兔存栏量5.73万只，产兔毛50.13吨。畜牧业总产值3.2亿元，占农业总产值16.6%。随着正大、三森等禽业企业的创办，肉鸡生产实施工厂化饲养和产、供、销"一条龙"服务。黎城良友蛋鸡场年饲养量超过3万只。经国家检测中心检测为"绿色无公害企业"，创出"哒哒姆"绿色无公害品牌鸡蛋。5月，陈桥乡农民梁晓军北极狐的引种及示范饲养通过市科委科学成果鉴定。

1986—2005年金湖县生猪家禽饲养量统计表

表12-7-8

年份	生猪饲养（万头）	其中		家禽饲养（万只）	其中		畜牧业总产值（亿元）	占农业总产值（%）
		出售自宰数（万头）	年末存栏（万头）		出售自宰（万只）	年末存栏（万只）		
1986	25.27	11.56	13.71	321.90	185.04	136.86	0.33	7.5
1987	28.17	12.46	15.71	370.00	233.00	137.00	0.35	7.9
1988	29.46	14.03	15.43	480.67	308.63	172.04	0.43	9.5
1989	30.54	14.65	15.89	495.70	337.41	158.29	0.44	9.0
1990	30.87	15.04	15.83	521.47	359.07	162.40	1.32	26.4
1991	30.27	14.80	15.47	548.22	380.94	167.28	1.32	28.8
1992	31.68	16.31	15.37	601.00	392.44	208.56	1.75	31.3
1993	32.64	17.29	15.35	621.85	414.67	207.18	2.07	31.5
1994	34.57	18.75	15.82	659.97	443.27	216.70	2.39	32.3
1995	36.84	20.11	16.73	697.3	471.14	226.16	2.53	30.3
1996	36.10	20.41	15.69	791.73	543.24	248.49	2.46	27.3
1997	24.31	13.29	11.02	408.59	287.48	121.11	1.79	20.0
1998	25.47	13.37	12.10	476.80	336.86	139.94	1.91	20.2

接上表

年份	生猪饲养（万头）	其中		家禽饲养（万只）	其中		畜牧业总产值（亿元）	占农业总产值（%）
		出售自宰数（万头）	年末存栏（万头）		出售自宰（万只）	年末存栏（万只）		
1999	25.68	13.71	11.97	554.90	376.60	178.30	2.10	20.7
2000	27.07	14.27	12.8	598.22	433.41	164.81	2.28	21.0
2001	28.65	14.68	13.97	627.94	448.34	179.60	2.44	21.1
2002	29.28	15.24	14.04	663.74	474.06	189.68	2.55	20.7
2003	28.41	15.43	12.98	611.40	432.14	179.26	3.21	19.4
2004	25.91	14.04	11.87	522.22	371.64	150.58	3.31	16.5
2005	26.17	14.43	11.74	499.63	361.97	137.66	3.10	16.1

第二节　畜禽生产

一、家　畜

生猪　1986年，县政府制定优惠政策，鼓励发展养猪业。给养猪户划给适当饲料地，全面推广二元杂交猪优良品种，在淮胜、前锋2乡部分农户中试点，由县科委、农行、饲料公司、兽医站牵头，从扬中、海安等地引进二元杂交猪178头，交由15户农户饲养繁殖，经济效益显著。是年，全县饲养生猪25.27万头，除出售和自宰，年末圈存13.71万头，其中母猪5674头。1994年，积极发挥养猪大户、养猪基地的辐射带动作用，全县饲养生猪34.57万头，年末圈存15.82万头，分别比上年增长5.9%、3.1%，母猪年末存栏1000头。1997年9月，塔集镇双桥村从如东引进三元杂交猪723头，饲养繁殖获得成功。1998年又从沭阳购进三元杂交苗猪99头饲养。

2000年，市生猪产业领导小组发出《关于加强社会种公猪管理的通知》，县域淘汰劣质种公猪147头，购进一批优质种公猪，对引进二元母猪实行每头补助50元优惠政策。是年，新增二元母猪471头，占当年二元母猪总数的72%。三元杂交猪占肉猪总数的82%。2001年，全县生猪饲养量比上年增长5.8%，除出售和自宰，年末存栏13.97万头。2005年，全年肥猪出栏14.43万头，比上年上升2.78%。年末存栏11.74万头。其中，饲养30头以上的大户187户，超百头的大户96户，最多的大户年饲养生猪近千头。

图12-7-11　闵桥林生生态猪场育肥舍内景（摄于2005年）
闵桥镇／供

水牛　1986年底，全县牛

存栏量为6061头，品种以水牛为多，主要供役用，分布全县。1989年，随着农业机械化的发展，农田耕耙多为机器取代，耕牛数量逐年减少。1998年，全县仅有耕牛603头。2000年，减少到380头。2001年以后，水牛不再作为役用牛饲养，境域农村水牛仅存282头。2005年底，全县有牛324头，其中耕牛仅91头。

奶牛　1986年，县种禽场始引进黑白花奶牛36头，为县域当家品种，1990年发展到39头。2005年，金南镇新杨村农户嵇尚荣从盱眙引进奶牛30头，此后发展到52头，终因饲养管理不善及市场行情等因素影响而停止饲养。

黄牛　1990年，县畜牧兽医站从安徽蒙城县引进秦川黄牛和西门达尔牛杂交后代120余头，在黎城、金沟沿入江水道放牧饲养，进行易地快速育肥试验，放牧和补饲相结合，获得成功。1994年，孙集乡在县畜牧兽医站帮助下，从蒙城县购进秦川黄牛和西门达尔牛杂交后代95头，进行快速育肥，经济效益十分显著。1996年，新农乡从安徽滁县引进黄牛200头，分在3个村20户饲养，后因市场行情不佳，于1998年停养。

驴　1986年，全县存栏驴106头，主要为役用，分布在涂沟、唐港、闵桥、夹沟、塔集、黎城和戴楼等乡镇。1990年后，农村广泛使用机械，养驴得不偿失，基本被淘汰。

羊　1986年，全县养羊3648只，除出售与自宰，年末存栏2827只。主要品种是本地山羊和黄淮山羊，分布在官塘、银集、戴楼、淮建等乡镇。1992年，淮建乡从睢宁引进波尔山羊种公羊4只，1993—1996年，先后从扬中、如皋、睢宁引进部分山羊，在入江水道沿线滩涂饲养。1995年又从东台引进波杂羊500只。2002年，黎城镇从吴江引进30只种湖羊，其中种公羊2只，并建成占地1.33公顷的湖羊场，当年栏存120多只。是年，全县出售和自宰各品种羊2.2万只，年末存栏9767只。2004年，县畜牧站从外地引进纯种波尔山羊2只，并在戴楼建立种羊场。2005年，年末存栏0.56万只，比上年下降18.84%

兔　1986年，县域饲养长毛兔，品种为德系安哥拉和法系长毛兔，全县饲养量3.46万只，存栏2.69万只，兔毛产量9745公斤。主要分布在塔集、闵桥、金南等乡镇，其中塔集镇饲养量7978只。1991年，县畜牧兽医站、县改良站以及22个乡镇全面建兔舍、办兔场。1993年，县林牧渔业局从江阴、张家港种兔场调进德系安哥拉种兔，给部分乡镇兽医站饲养。县改良站办起2000只兔场。5月，县林牧渔业局又从浙江镇海种兔场引进法系长毛兔种兔366只，由塔集镇时坝村、高桥村部分农户饲养。

1994年，全县群众筹集资金110万元，新建兔舍10万间，全县养兔51万只，其中塔集镇17.3万只，为20世纪90年代峰值。该镇饲养长毛兔农户占总农户的75%，其中年饲养量1000~5000只的专业大户有22户。时坝与高桥两村家家户户饲养，时坝村农民邱文饲养量5000只，被县政府表彰为“养兔状元”。1996年7月，金湖县应邀参加在法国图卢兹召开的第六届世界养兔大会，介绍发展养兔经验。1997年4月，塔集时坝村建立起金湖县塔集种兔场。1998年3月，市委工作会议上，塔集镇被命名为“养兔之乡”“尧乡兔苑”，成为塔集镇的一张名片。年底，该镇种兔存栏8000只。2001年末，全县存栏数16万多只，产兔毛120.5吨。后因兔毛价格下滑，饲养量逐渐减少。2005年，全县年末兔存栏量5.73万只，产兔毛50.13吨。

二、家　禽

鸡　1986年，县域养鸡品种，地方草鸡品种主要有麻鸡、三黄鸡、芦花鸡，特点生长慢，开产迟，产蛋小而少，但耐粗饲，抗病力强，肉质好，不仅便于农户养殖，销售行情也看好；外来品种有来杭鸡、罗曼鸡、依沙鸡、海兰鸡；肉鸡为AA鸡。饲养方式：地方草鸡多为一家一户散养为主，饲养周期长，产蛋率低；外引品种主要是平养、笼养，适宜规模化养殖，饲养周期短，经济效益高。1987年，引进品种由于饲养技术不成熟，加之鸡本身对地方适应性问题，仅保留罗曼蛋鸡和AA肉鸡。1989年，22个乡镇畜牧兽医站有20个站率先兴办规模在500~2000只的养鸡场，带动社会上形成一些规模养殖大户，其中养鸡5000~3万只的规模专业户有12户。1999年，黎城良友蛋鸡场从起初饲养2000只发展到2万只规模。

2000年起，草鸡饲养受到重视，并逐步改变传统饲养方式，规模养殖取代分散饲养。草鸡及草鸡蛋的价格分别高于引进品种1~3倍。2005年，戴楼、黎城、金南等3个镇的蛋鸡养殖带，蛋鸡饲养量均超过40万只，年产蛋6000多吨。全县肉鸡养殖大户45户，主要集中在黎城、戴楼、宝农、前锋等镇（场）。随着肉鸡产业的发展，正大、三森禽业的进入，肉鸡生产进入工厂化饲养阶段，产、供、销“一条龙”服务。黎城良友蛋鸡场饲养量3万只。经国家检测中心检测为“绿色无公害企业”，并创出首个绿色无公害“哒哒姆”品牌鸡蛋，进入本地超市和外地销售市场。

鸭 境域有水面滩涂4.67万公顷，水禽放养自然条件优越，养鸭历史悠久。1986年，推广鱼鸭混养和稻田养鸭等生态养殖技术，养鸭综合效益和生态效益提高。蛋鸭品种以高邮麻鸭和绍兴鸭为普遍，肉鸭以樱桃谷鸭为大宗。是年，从外地引进品种有绍兴鸭、昆山麻鸭、番鸭、樱桃谷肉鸭，主要分布在入江水道和高邮湖沿岸的乡镇场，如卞塘、泗湾湖、宝应湖、黎城、前锋等乡镇（场）。1992年，省畜牧局从新加坡引进500套父母代樱桃谷种鸭在县种禽场饲养，每套价格137元。1996年3月，戴楼镇红岭村周文忠创办“金湖文忠鸭业有限公司”，累计投资1500多万元。1997年，省畜牧局牵头，在高邮、金湖等5县推广饲养高邮鸭。1999年，县域的高邮鸭饲养量120.6万只，占鸭饲养总量的33.2%。鸭蛋加工创出一批绿色无公害产品，“金水”“旭阳”“锦湖”等品牌咸蛋、松花蛋，享誉省内外，年销售量500万只。县域试验推广的“我国优良鸭种及综合配套技术推广”项目，获2001度全国农牧渔业丰收计划一等奖，“高邮鸭优质高效生产技术推广”获第三届省农业技术推广一等奖。2005年，全县饲养种鸭4万余只，饲养肉鸭100余万只，实行产、供、销一体化，创造出高效、生态、立体的种养模式。其中，黎城肉鸭养殖带总量保持在40万只以上，批次出栏3万只。

图12-7-12 高邮湖湖荡鸭群（摄于1996年） 李义海／摄

鹅 1986年，全县鹅饲养量26.2万只，养殖品种主要以饲养本地草鹅（金湖小白鹅）为主，还有太湖鹅、扬州白鹅、隆昌鹅及少量狮头鹅和四季鹅。1987年3月，省畜牧局牵头，由金湖、句容、仪征、六合4县联合承担农业部丰收计划推广项目“优质肉用仔鹅饲养推广及其综合配套技术应用”。县多管局与县畜牧兽医站围绕该项目，开展扬州鹅的饲养新技术推广。1988年上半年，塔集、闵桥、戴楼、银集等乡镇炕坊和养鹅大户，先后从扬州地区引进种蛋和苗鹅80万只，并迅速在全县推广。下半年，本地草鹅基本淘汰。扬州鹅个体大、适应本地环境和饲养习惯，具有生长快、抗病力强、产出率高等特点，一般使用稻麦副产品糠麸加玉米混合饲喂，减少粮食消耗，节省饲养成本，当年推广率98%。人工选留公母种鹅的比例由1∶5提高到1∶8，减少公鹅饲养数量，提高种蛋受精率，减少种鹅饲养成本；在种鹅开始产蛋前活拔鹅毛2次，产蛋后拔毛1次，累计活拔鹅毛3.6吨；同时，与江苏农学院和南京农业大学相关教研组开展扬州鹅疾病防治专题研究，利用淘汰种鹅制造抗“小鹅瘟”血清，每年生产抗血清15万~20万毫升，提供给县域和周边市县用于“小鹅瘟”疫病防治，从而，金湖县成为江苏农学院微生物教研组的血清生产基地。县域全年鹅饲养量48.8万只，与其他3个合作市（县）顺利通过农业部“丰收计划”推广验收并获得一等奖。

1994年，全县“三禽”饲养形成一批重点乡、特色村、专业组、规模户，鹅饲养量增加到63.15万只。20世纪90年代，随着养鹅业的发展，鹅销售量大增。城区销售盐水鹅摊点最多时增加到284家。端午节、中秋节等传统节日，几乎家家户户的餐桌上都离不开鹅。2001年，引进新扬州鹅等优良品种。2005年，全县家禽饲养499.63万只，其中鹅67.66万只。

炕孵生产 1986年，全县有鸡鸭鹅炕坊48个，分布在各乡镇（场），年炕孵能力在4000万只左右，向省内外20多个县（市）提供苗禽。炕孵方式一般在春节前后开始，7月份结束，先炕鸡鹅后炕鸭。1997年前后，逐步改进传统的炕孵方式，由炕孵师傅凭经验掌握孵温，改变成电孵箱自动控温，苗禽孵出率提高。同时，改季节炕孵为常年炕孵，并以需定产，根据市场需求确定炕孵量。2000年，养禽大户多自办炕坊，自孵优良品种，自繁自养，部分苗禽外销到县外、省外。2005年，全县“三禽”炕孵量4000万只以上。

三、特种养殖

鹌鹑 1986年，卞塘乡饲养鹌鹑2000只，1989年5000只。1988年，华东石油局六普农场饲养鹌鹑2万只，1989年3万只。1991年，卞塘乡饲养户于年底停止饲养，停养原因主要是市场行情疲软，经济效益不理想。1992年，黎城镇大兴村一农户鹌鹑饲养量上万只。1995年，涂沟镇花庄林场2户饲养1000只，黎城上湾村2户计饲养5000只，1996年超万只。1998年，涂沟花庄林场2户停止饲养。2002年，“六普”农场及黎城上湾村的饲养户均停止饲养。2005年，黎城镇大兴村养殖户因场地不足，饲养量不足万只。

肉鸽 1986年，境域肉鸽饲养品种主要有美国的落地王，分白色、灰色2种，饲养量不多，以零星散养为主。1988年，淮胜乡供销社饲养肉鸽1万对。1989年后，戴楼、闵桥、黎城、涂沟、吕良等乡镇均有数家农户饲养，饲养量1000~3000对不等，最多的1户饲养5000对。1996年，戴楼乡办起养鸽场。翌年，该场肉鸽饲养量8000对。1995年，涂沟镇一农户饲养1000对，1998年停养。主要原因是饲养技术和市场信息滞后。2000年后，全县肉鸽规模养殖基本停止，只有零星户饲养。2004年，黎城一农户饲养3000对，2005年停养。

野鸡 1989年，境域始出现野鸡家养，县畜禽改良站从如东引进七彩山鸡1000只饲养，饲养方法是围网家养。1992年，陈桥乡刘桥村引进1000只。1995年，该户和县畜禽改良站均因市场行情和饲养技术滞后而停养。戴楼乡2农户从外地引进500只，1996年停养。1997年，黎城镇上湾村和陈桥镇3农户从江西、山东聊城等地引进七彩山鸡4000只，1998年5000余只，1999年停养。1999年，银集复兴村从外地引200只，全县野鸡家养发展到16户，饲养量6000余只。2001年，因市场价格波动，大部分饲养户停养。2003年，黎城镇又有2户引进1500只，至2005年，全县野鸡饲养户3户，饲养量2000只上下。

图 12-7-13 黎城镇上湾村村民饲养的野鸡（摄于2003年）
县志办／供

野鸭 称绿头鸭，经过人工

繁殖饲养称眉鸭，县域品种主要是从省内外引进。1986年，涂沟乡高邮湖、宝应湖2村共15户饲养眉鸭3000只。塔集高桥1户从外地引进绿头苗鸭100只。1987年，前锋供销社从如东引进绿头野鸭3000只，1989年停养。1996年，塔集高桥村发展到9户3500只。2002年，前锋镇白马湖村和淮胜文化站从盱眙引进绿头苗鸭7000只饲养。2005年，前锋镇停养，金北镇董河村1户从安徽枞阳引进6000只饲养。

貂 1986年，涂沟乡水貂养殖场、前锋镇白马湖村共饲养水貂600只。1994—1995年，饲养量增加到2200只。2002年因市场行情变化停养。

狐狸 1986年，陈桥乡农民梁晓军从中国农业科学院特产研究所种狐场引进10只公狐狸、2只母狐狸饲养，此后，又从山东聊城养狐场引进20只公狐狸50只母狐狸，至2000年，共繁殖饲养2600只，出售1850只，分别销往省内的江阴、张家港、洪泽、宿迁等地，及外省的广西扶绥、贵州铜仁、云南临沧、江西赣县、湖南耒阳、重庆梁平、云南昆明、广东深圳等地，成为闻名全国的“养狐能手”。《农民日报》《中国新科技》《当代农业》《新华日报》等报刊对梁晓军的养狐事迹先后作过专题报道。2005年5月，市科委对其北极狐的引种及示范饲养进行科学成果鉴定，获得通过。

其他经济动物 1991年，银集从河南引进美国牛蛙，1992年在全县范围推广，全县有700~800户饲养成蛙6万公斤左右。其中银集镇养殖户480户，成蛙10万只、4万公斤。有10户饲养成蛙8万只，幼蛙100万只，其他乡镇为零散户饲养。因市场原因，1993年停养。荷兰鼠、麝香鼠、梅花鹿、香猪、蝎子、黄粉虫、蝇等特种经济动物在境内也曾饲养，但由于饲养技术、环境条件、市场销售等诸多因素制约，未能形成规模而持续下去。

四、饲草饲料

饲草 境域滩涂多，牧草资源丰富，品种有野生的，也有人工种植的；有水生草本，亦有陆地生长的，还有各种农作物的秸秆。野生草类有水葫芦、水花生、水藻菜、绿浮萍等；陆地上有各种青草。人工种植主要是杂交狼尾草、紫花苜蓿、黑麦草、苦麻菜等。谷类秸秆主要是稻草、麦秸、玉米秆、山芋藤等。20世纪90年代起，引进牧草种子进行人工种植，但多为分散种植，未形成规模，最大规模在0.67公顷左右，主要是为养牛，0.2~0.33公顷规模是养鹅，0.33~0.47公顷为养羊。农民多数用“十边地”（屋边、田边、沟塘边零散小块地俗称“十边”地）种植，也有在林地套种，少数占用耕地。牧草种子多为省农林厅提供，少数从外地引进。1999年，在黎城、塔集、吕良、陈桥等乡镇先后建立5个氨化池，将玉米、稻、麦等秸秆进行青贮、微贮和氨化后饲喂羊、兔。2001年，各地利用水草丰盛的自然优势大力发展水禽养殖，新增饲草种植面积540公顷，总面积667公顷。2005年，饲草种植面积维持在667公顷上下。

饲料 畜禽常用的精饲料主要有玉米、山芋、砻糠、麦麸、豆粕、菜籽粕、棉籽粕等。1986年，粮食部门投产万吨混合饲料厂，产品供应全县。1997年，该厂与上海一家饲料厂合作，年产全价饲料6000~7000吨。1988年，县畜牧兽医站引进南通正大、淮阴正大、扬州希望等厂生产的饲料在县内推广，年推广200~800吨。1992年，县种禽场开办饲料厂，年产300~400吨，至1995年年产1500吨。1997年，该厂转产鱼饲料。2002年起，不再由县畜牧兽医站组织引进饲料，而由各镇兽医站、个体户运作，全面放开经营。2005年，全县混合饲料年销量在1万吨左右，常用的精饲料约5000吨。

第三节 动物疫病防治

1986年，各乡镇兽医站均配备专业技术人员，从事动物疫病防治工作。各乡镇动物疫病防治由乡镇兽医承担。1991年起，对猪瘟和鸡新城疫每年抽查抗体2~3次。1994年，县畜牧兽医站研制出多种畜禽生物制剂20万毫升，生猪防疫密度99%，家禽防疫密度95%，动物防疫检疫工作连续5年达标，受到市主管部门的表彰。1996年，部分乡镇开始试行动物防疫目标责任制。1999年，推行动物防疫双轨目标责任制，得到省市主管部门的肯定和支持，并加以推广。是年起，逐步对猪瘟、口蹄疫、鸡新城疫、高致病性禽流感进行抗体测定和预防注射。

2000年9月，金湖县被省农林厅确定为淮安市首家“畜禽无规定动物疫病区项目建设县”，投入项目资金80万元，其中国家无偿补贴26万元，县配套54万元，用于实验室动物疫病诊断设备、防疫监督设备及县、镇冷链设施的添置。是年起，全县对猪瘟、猪口蹄疫、猪链球菌、鸡新城疫等国家强制免疫疫病的疫苗实行免费供应。这一做法和经验在全省推广。2001年3—4月，整顿兽药经营市场。依据《中华人民共和国兽药管理条例》，对全县所有从事生产经营兽药的单位和个人，进行“梳篦式”检查。重点检查无证经营、经营无批准文号以及假冒伪劣产品，个人非法销售生物制品；兽药生产企业无生产许可证，掺杂使假、以次充好、销售变质失效兽药、假冒他人产品证号、擅自修改标签内容及非法使用盐酸克伦特罗等违禁药品的违法行为；无证经营种畜、禽场等违法行为。县乡村三级联动，兽医站、工商所、派出所密切配合，共查处28个单位和个人，没收兽药35个品种，其中，无批准文号7个品种，失效变质3个品种，计没收假劣失效兽药标值6.31万元，取缔无证经营户6户。2002年，采取督查方式，根据领取疫苗数、塑料耳标和抽检血样确定免疫率。

2005年，多次开展以防治禽流感和牲畜五号病为主要内容的动物免疫工作。全年共用禽流感疫苗12.1万毫升，五号病疫苗54.5万毫升，猪瘟、猪丹素二联疫苗1.93万瓶，鸡1系疫苗1.57万瓶。经多次防疫检查验收，全县11个镇（场）存栏生猪防疫密度为99.5%，苗鸡、成鸡防疫密度分别为96.4%和99%，散养禽禽流感防疫密度90%以上。10月26日起，畜牧、交通、公安等单位人员组成卡点值班人员，进驻戴楼、金南、前锋等3个镇的临时检查运输消毒站；11月8日，各镇在与外界相连的主要路口均设立畜禽临时检查站，全天候值班。其间，共查验过往畜禽车辆324辆次，消毒车辆1240辆次。全县87名专职防疫人员组成防疫小分队24个，在143名村组干部的带领下，对全县所有家禽进行防疫，对水禽开展二次免疫工作，全部符合技术标准。

第八章　农业机械化

第一节　概　况

1986年，全县拥有农用机械总动力19.20万千瓦，其中大中型拖拉机470台，小型拖拉机6903台。1989年，境域农民青睐投资额不大、便于操作和农田作业的小型手扶拖拉机，其拥有量快速增加到1.09万台；新增大型拖拉机70台、割晒机56台。1997年，加快收割机械推广力度，全县大中型联合收割机购置量在上年添置354台的基础上，又新增88台，保有量增加到870台，各种配套农机具5.24万台，机收水平上升到85%；脱粒机生产组平均保有量3台，机械脱粒100%。10月，里下河地区秋收秋种机械化现场会在金湖县召开，对推进县域农业机械化起到促进作用。随着大型农机保有量不断增长，农机跨区作业逐步形成规模。是年，全县共组织大中型机械跨区作业1140台次，创收

913.68万元。1998年，与收割机相配套的新型秸秆切碎器在县域推广使用，秸秆禁烧、秸秆还田初见成效，既可增加农田有机肥，又保护环境，一举两得。是年，农机跨区作业得到省政府的支持，此项工作在全市、全省产生轰动效应。1999年，金湖县被农业部评为全国农机跨区作业先进单位，《人民日报》、中央电视台、《新华日报》《中国农机化导报》《淮阴日报》等多家新闻媒体作了报道。

2000年，政府给予购置农机补贴开始实施，农民购置农机的积极性进一步调动。不仅农田作业机械拥有量急剧增加，农田基本建设机械亦开始发展。2001年，全县推土机、挖掘机拥有量增加到160台、6180千瓦，兴修水利工程机械化作业取代传统的人工作业，使农民摆脱了数千年来挑河筑圩之苦。2002年，县农业机械安全稽查大队成立，对农机安全生产进行专项整治。共查处无牌无证驾驶296人次，超速、超载91人次，违章载人162人次；清除非法拼装、擅自改变拖拉机技术数据和土制扬谷风扇窝点15个、维修点4家，对全县农机安全生产起到促进和保障作用。2004年，省政府实施购机补贴政策，进一步激发农户购买农机的热情，金湖县获得国家购机直补资金42.5万元。2005年，金湖县被确定为中央财政补贴农机具重点县，共向上争取购机补贴项目资金230多万元，全年新购和更新联合收割机等大中型农机具1500多台（套），农机装备水平大幅提高。11个镇都有机插秧示范点，机插秧农户1000多户，机插面积3333公顷，占全部水稻栽插面积的近10%；播种机拥有量3998台，三麦机播面积占总播种面积的29.8%；秸秆切碎还田率70%；拥有农田基本建设机械182台、1.03万千瓦，农田基本建设作业基本全部机械化施工，人工仅进行加工“出细”，工效成百倍提高。年底，金湖县“十五”期间农机化综合示范项目通过省验收。

表12-8-9

1986—2005年金湖县农业机械拥有量统计表

年份	总动力（万千瓦）	大中型拖拉机（台）	手扶拖拉机（台）	排灌动力机械（台）	收割机（台）	植保机械（台）	渔业机械（台）	农副产品加工机械（台）	运输机械（辆、艘）	农田基本建设机械（台）
1986	19.20	470	6903	4181	30	401	306	1708	445	—
1987	21.38	502	8457	4206	34	493	389	1521	525	—
1988	22.31	512	9425	4408	35	601	426	1493	630	—
1989	24.07	582	10900	4554	37	705	974	1363	416	—
1990	25.48	704	12429	4396	55	981	938	1455	436	2
1991	26.27	722	13140	4570	62	1163	1118	1405	245	2
1992	26.69	723	13459	4511	56	1227	1148	1344	368	4
1993	28.27	705	14725	4866	61	1312	1235	1349	393	12
1994	28.92	726	15379	6857	99	1398	1276	1312	389	19
1995	29.08	819	15547	4386	328	1618	1281	1114	399	19
1996	31.71	1110	16894	4031	682	2018	1327	1410	335	23
1997	32.87	1275	17987	3847	870	2514	1379	1201	388	23
1998	33.39	1406	17882	4468	1078	2719	1294	1208	370	36
1999	33.56	1517	17349	4541	1227	3347	1421	1153	326	80
2000	34.24	1605	17588	4676	1401	3714	1200	1161	72	159
2001	34.58	1660	17288	4693	1466	3800	1200	1161	72	165
2002	34.64	1720	16938	4711	1546	3826	996	1273	72	107

接上表

年份	总动力（万千瓦）	大中型拖拉机（台）	手扶拖拉机（台）	排灌动力机械（台）	收割机（台）	植保机械（台）	渔业机械（台）	农副产品加工机械（台）	运输机械（辆、艘）	农田基本建设机械（台）
2003	35.12	1765	16738	4713	1676	3927	996	1273	72	129
2004	38.85	1795	18198	4612	2012	5968	747	1244	157	137
2005	42.49	2213	18447	3220	2362	6625	2351	1244	127	182

第二节　农机种类

一、耕作机械

1986年，全县拥有大中型拖拉机470台、1.97万千瓦，小型拖拉机6903台、6.09万千瓦。1988年，22个乡镇全部设立柴油供应站点，方便农机户购买使用。1989年，配套农机具有：大中型旋耕机1220台，小型旋耕机7732台，开沟机49台，条播机760台。机耕面积3.1万公顷，秋播时，大力推广机条播和机开沟作业。1995年，手扶拖拉机拥有量增加到1.55万台，平均每村民小组7.2台。陈桥、金北、白马湖、吕良、前锋等8个乡镇均超过千台。各种配套农机具4.24万台（件）（其中拖车1.42万辆），主机与农具配套比为1∶2.59，全县机耕面积为3.43万公顷（单季），占耕地总面积的99.8%。1997年，全县手扶拖拉机拥有量17987台，平均每村民小组8.3台。2000年，大中型拖拉机拥有量平均21.4公顷耕地1台；手扶拖拉机在连续2年下降后增加239台。配套农机具拥有大中型旋耕机3171台、小型旋耕机1.15万台、开沟机1321台。按省政府提出的6项主要机械化作业指标，经省综合考核，金湖县农机化综合作业水平81.3%，其中机耕旋100%。

图 12-8-14　机械化耕作（摄于2005年）　　县农机局／供

2005年，政府实行农机购机补贴，农民购机积极性进一步高涨，全县新购大中型拖拉机418台（套），比上年增23.2%。全县拥有量2213台、7.63万千瓦，平均每15.6公顷耕地达1台；手扶拖拉机拥有量1.84万台、16.28万千瓦，旋耕机1.74万台，开沟机1832台。全县农机综合作业水平84.6%。

二、种植（栽插）机械

1986年，境域粮食种植逐步推行机械化，三麦推行机械播种，水稻开始推行机械插秧，减轻劳动强度。全县新增条播机49台、大中型开沟机9台、其他配套机具9种、200件。1990年，县农机配件五厂生产的金农2BG-6A型条播机于秋播时投入使用，每小时能机播“三麦”0.2~0.4公顷。该厂还利用盖籽机改成条播机，提高机械化播种率。1995年，全县机播面积1.5万公顷，占播种总面积的23.2%。1999年，引进1台台湾产“裕农”牌YP-650型插秧机，在陈桥乡、黎城镇召开现场会，进行机插秧示范。初次试插完成2.53公顷，每小时可插秧0.13~0.2公顷，是手工栽插率的20~30倍，还节约秧池田、节省用水、提高产量，一般比手插秧田增产10%。但机插秧对工厂化育秧环境、秧苗素质及栽插田块平整度等方面要求很高，达不到标准，栽插时会出现浮秧缺棵，须人工补插。所以，机插秧推广速度显得缓慢。

2000年，引进韩国产机械化育秧流水线1套，碎土机1台，塑盘3000只，在黎城镇建立0.12公顷的县水稻机械化育秧中心；购韩国产PF-455型插秧机3台，台湾产裕农牌YP-650型插秧机1台，在黎城镇工农村建立机插秧试验示范区。县育秧中心分三批育秧8500盘，实施机插秧33.3公顷。5月26日至8月1日，分别召开机械化播种、育秧、插秧及田间管理现场会，全县干群近千人与会现场观摩。至秋收时，试验田实收8725公斤/公顷，比手工栽插田块增产6.7%，首次大面积机插秧试验取得成功。2002年，机播面积27%。2004年，全县拥有播种机3567台，“三麦”机播面积占总面积的28.4%。2005年，水稻插秧机推广思路，由单纯的行政推动转变为以大户带头、典型引路、直接示范等为主。全县新增PF-455插秧机113台，总拥有量430台。11个镇都有机插秧示范点，机插秧总农户1000多户，实现机插面积3333公顷，占全部水稻栽插面积的近10%。播种机拥有量3998台，“三麦”机播面积占总播种面积的29.8%。

三、植保机械

1986年，大部分农户在农田植保中仍使用小型手动喷雾器。随着植保机械产品的更新换代，全县乡村集体添置背负式机动迷雾机401台。这种低容量迷雾（粉）机重量轻、体积小、雾化性能好，不仅喷洒均匀、防治效果好，而且速度快、效率高，劳动强度减轻，颇受农民欢迎。1994年，机动迷雾机增加到1958台，2000年3967台，2004年增至5891台，比1986年增多13.7倍。2005年，全县拥有机动迷雾机6625台、7893千瓦。是年，水稻条纹叶枯病大发生，达9350公顷，使用迷雾机共防治3.28万公顷次，使水稻虫害的面积和损失大为降低。

四、收获机械

1986年，全县拥有联合收割机30台、1618.55千瓦，机动脱粒机5292台，种子精选机4台。夏收秋收机械收割面积4200公顷，占收获面积的12%，其余为人工收割；麦、稻等大宗作物除少部分采用石磙打场的办法脱粒，其余均为机械脱粒。1989年，有联合收割机37台、1998.08千瓦，割晒机新增56台，机动脱粒机5860台。1995年，共推广（购置）桂林3型、上海3型、丰收3型等型号的联合收割机229台，联合收割机保有量共328台；脱粒机拥有量6500台，生产组平均保有量3台。1997年，全县大中型联合收割机保有量870台，各种配套农机具5.24万台，机收水平85%，机械脱粒100%。10月11日，里下河地区秋收秋种机械化现场会在金湖县召开，里下河地区15个县（市、区）150多人参加会议。与会者实地观看水稻机械收获作业和耕地、整地、播种、开沟4种机械作业。对推进农业机械化起到积极作用。2004年，全县拥有联合收割机2012台、2.77万千瓦，割晒机278台，脱粒机1.11万台。2005年末，全县拥有联合收割机2362台、5.3万千瓦，机收面积94.7%，机械脱粒100%。

五、运输机械

1986年，全县拥有载重汽车43辆，大中型拖车125辆，运输船395艘，小型手扶拖拉机6903台。1989年，随着手扶拖拉机新的配套农机具投入使用，及挂斗的兴起，农村购买量急剧增多，便逐渐成为农村的主要运输机具。1990年，全县农用手扶拖拉机拥有量增加到1.24万台，是1986年的1.8倍。

陆路运输方便，水运船只逐年减少。到1998年，农用机动运输船仅有318艘。是年，农村出现拖拉机变型运输机械——小型拖车，拥有量1.55万台。这种拖车以手扶拖拉机为原型，拖斗增添自卸式装置，便于卸载货物，变型的手扶拖拉机很快成为农村的主要运输工具，农忙在田间作业，农闲从事运输。2000年，城市建设快速发展，亦有部分变型手扶拖拉机领取“进城许可证”，单纯从事砖瓦、黄砂、水泥等建筑材料运输，不再进行农田作业。2004年，全县拥有农用运输车288台，变型拖拉机运输车3152台。因拖拉机变型运输车易发事故，省政府发文严控，该机型专业从事运输的逐渐减少。2005年，全县农用运输车保有量127辆、3772千瓦，拖拉机变型运输车3000辆。

六、排灌机械

1986年，境域基本实现农田排灌机械化，全县拥有排灌动力机械4181台、8.46万千瓦，其中柴油机1753台、2.14万千瓦，电动机2428台、6.33万千瓦。丘岗地区实行4级提水灌溉，旱改水面积增加562公顷。洪金灌区陈桥乡大部，金北乡一部，在水稻栽插及生长过程中基本实现自流灌溉。遇较重的旱情、涝情，县、乡镇两级水利、农机部门都派出技术人员下农村，确保灌排机械运转正常。1998年，拥有排灌机械4.47万台、7.62万千瓦，农用水泵8890台，喷灌机械15套，农田保证灌溉面积3.20万公顷。2001年，有机电排灌动力4693台、8.17万千瓦，另有节水灌溉机械18套16.52千瓦，形成能灌、能排、能降的机电排灌网。2005年，全县有排灌机械3220台、7.65万千瓦，农用水泵1.07万台，农田保证灌溉面积3.32万公顷，保证排涝面积3.61万公顷。

七、秸秆还田机械

1998年，县农机推广站与江苏大学共同研制成功秸秆切碎器，将切碎器装置在收割机上，在收割的同时将秸秆切碎并抛撒在田间，腐烂后成为有机肥料，一举两得。1999年，县、乡镇政府鼓励和支持秸秆切碎还田作为肥料之用，秸秆切碎还田的比例逐年提高。2005年，秸秆切碎还田率70%。

八、工程施工机械

1986年，县内已有手扶拖拉机在淮河入江水道拦河大坝加固工程中施工，手扶拖拉机拖土工效每台可抵20人肩挑，且速度加快若干倍。1990年，仅复兴圩农场始有推土机2台，为专业的工程施工机械，用于平田整地与河渠疏浚，及非农用各类建设工程。1992年，金北乡、新农乡各购置1台推土机，共106.16千瓦，全县（包括复兴圩农场）共有推土机4台、194.93千瓦。因各类土建工程逐渐增多，购机速度加快。1993年，有推土机12台、1397.7千瓦。1996年，有推土机23台。2001年，推土机拥有量快速增加到160台、6180千瓦。是年，县内始见挖掘机记载，为5台、600千瓦。此时，水利工程多用挖掘机、推土机施工，取代传统的“人海战术”，深受农民欢迎。2005年，全县交通、水利及其他基础设施建设加快，工程量大，促使推土机更新换代，动力加大，挖掘机数量增加，拥有推土机163台、8906千瓦，挖掘机19台、1411千瓦。农田水利工程全部由机械施工，人工仅在整做标准方面进行加工“出细”，农民摆脱重活累活之苦，工效成百倍提高。

第三节　农机推广与应用

1986年，在农村“大包干”的形势下，县政府继续倡导、推广农业机械化，得到农民积极响应，形成合伙或单独购买农机的热潮。最初多为购买手扶拖拉机用于耕地旋地，随着农民经济实力增强，特别是外出打工人数增多，弃“小机”购大机现象较为普遍。是年，推广大中型拖拉机开沟机9台、条播机49台、手扶开沟机84台，还有其他机具9种，国家补助经费6.55万元。1988年，22个乡镇全部有农用柴油供应点，平价向农机户供应柴油，鼓励农民购买农机。1989年，推广130型割晒机56台。1992年3月，金湖县第一期黄淮海农业开发工程通过省市验收合格。该工程投入农机部分的资金96.69万元，公费购买大中型拖拉机20台、手扶拖拉机1台、联合收割机3台、各种配套农机具254台（件）。

1994年，全县主机销售实行质量“三包”，配件销售送货上门，新产品售后请厂方技术人员上门服务。全年推广手扶拖拉机778台，销售摩托车突破千辆。县农机总公司下属的农机配件、主机、汽摩配、物资协作等5个分公司，销售总额1980万元，创利税37.2万元，分别比上年增长31.4%和89.8%。1995年4月，制定《金湖县农业机械管理实施意见》，进一步明确县农机公司是农机供应的主渠道，农机和农用柴油由该公司经营。1997年，农机总动力32.87万千瓦，比上年增1.16万千瓦。其中，销售大中型拖拉机165台、大中型联合收割机175台、手扶拖拉机1093台。1999年，市农机局为加快水稻生产机械化补贴2万元，陈桥乡农机站自筹2万元，引进裕农YP-650型插秧机1台，为全县购机补贴之始。2000年3月，县财政局、农机局、黎城镇共同出资20多万元，引进韩国产机械化播种流水线1套，PF-455型插秧机3台、台湾产裕农牌YP-650型插秧机1台，在黎城镇工农村建立机插秧试验示范区。是年，全县供应大中型拖拉机88台、大中型联合收割机174台，手扶拖拉机经连续两年下滑后，新增239台。2001年，继续推广水稻机插秧技术，县财政补贴购机户20户共10万元，每台机补贴5000元，乡镇根据财力每台再补贴2000~5000元，每个示范村给予每台再补贴1000元。

2004年，省政府实施购机补贴政策，进一步激发农户购买农机的热情，共购买条播机99台、高性能联合收割机4台、手扶式插秧机46台、秸秆还田机11台，获得国家购机直补资金42.5万元。2005年，金湖县被确定为中央财政补贴农机具重点县，共向上争取购机补贴项目资金230多万元，超过前5年的总和，全年新购和更新联合收割机等大中型农机具1500多台（套），农机装备水平大幅提高。

第四节　农机作业

1986年，全县农田耕、播（插）、植保、收、脱、排灌、运输等，大多使用机械作业。夏、秋两季机耕、机旋面积6万公顷，占耕地面积的82%；机收割面积约4.6万公顷，另有机脱面积约2万公顷。2月，淮河入江水道拦河大坝加固工程中，动用全县1500台手扶拖拉机运土及后勤服务，70天完成土方28.1万立方米，工效超过人工作业20倍以上。1994年，进一步推进农机作业，完善乡镇农机站基础服务设施，黎城、官塘、金沟、前锋、白马湖、陈桥等8个乡镇农机站达到“五有”（有供油门市、配件门市、维修车间、农机服务队和培训学校）要求，农机管理服务功能增强。1997年，全县农机综合作业水平达省考核指标的84.5%，其中机械耕旋90%，机械播种22%，机械植保100%，机械收割85%，机械脱粒100%，机电排灌100%。

2000年，按省政府提出的6项主要机械化作业指标综合考核，金湖县农机化综合作业水平81.3%，其中机耕旋100%，机播（含栽插）19%，机收91.4%，机电排灌100%，机脱粒100%。年底，通过省政府对农机化综合示范县的考核验收。2005年，全县加快速度向农机化强县迈进，农机化综合作业水平84.6%。其中，机耕旋93%，机播29.8%，机插10.5%，机植保100%，机收94.7%，机脱粒100%，机电排灌100%。是年，金湖县被确定为中央财政补贴农机具重点县。

第五节　跨区作业

1986年，县内有少数农机专业户利用农作物成熟期与外地的时间差，自由组织大型拖拉机、联合收割机开展跨区作业，提高农机具的利用率；同时，也提高社会农机化水平，增加机手收入。随着大型农机保有量不断增长，跨区作业规模逐渐扩大。1997年夏、秋、冬三季，县内共组织大中型机械跨区作业1140台次，其中跨县作业400台，跨乡镇作业740台，完成收割面积1.03万公顷，耕地、播种2553公顷，水利土方65万立方米，创收913.68万元。“三夏”期间，银集镇农机站组织20台联合收割机前往灌南县沂河淌，收获小麦266公顷，机手增收16万元，机站收服务费6000元；“双秋”期间，金北乡组织16台大中型机械，为涟水县高沟镇建设万亩梨葱园，作业533.33公顷，推土1.1万立方米，创收19万元。

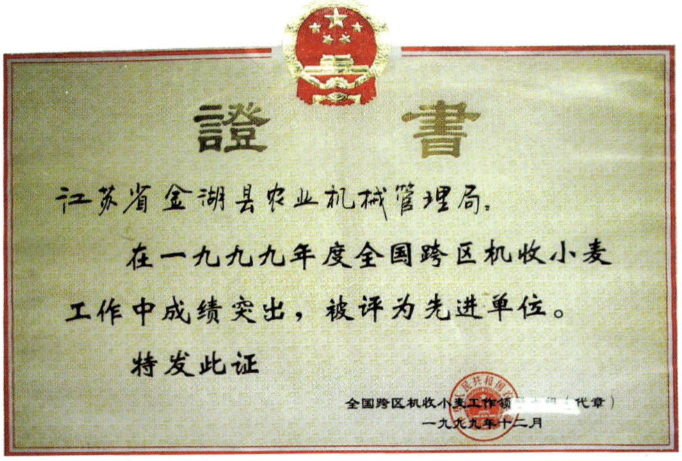

图 12-8-15　金湖县农机局被农业部表彰为农机跨区作业先进单位（摄于1999年）　县农机局／供

1998年5月28日，金湖县举办“农机跨区作业出征仪式”，副省长姜永荣，省农机局、公安厅、物价局负责人，淮阴市及金湖县县乡（镇）领导干部共600多人参加。金湖县农机跨区作业在全市、全省产生轰动效应。1999年5月20日至6月23日，全县共出动联合收割机722台，分赴安徽、山东等省及省内的常州、泰州、扬州、连云港等市跨区作业，最远达1500公里。夏季创收900多万元，最高单机收入4万多元。全年共组织大中型机械跨区作业（包括水利工程）1312台次，有组织的外出850台次。除耕作、收割外，还完成土方80万立方米，创收总额1700万元。是年，金湖县被农业部评为全国跨区作业先进单位，《人民日报》、中央电视台、《新华日报》《中国农机化导报》《淮阴日报》等多家新闻媒体作了报道。2005年7月16日，成立金湖县农机作业协会，规范农机作业经纪人制度，全县农机作业步入社会化、规范化服务轨道。是年，农机作业协会组织农机跨区作业2500多台（套），创收9000多万元，成为全县农民增收的重要渠道之一。

第六节　农机管理

1986年，县农机安全监理所承担全县农机管理职责。1989年夏收前，县制定《关于整顿和加强农机维修市场管理的通知》，对乡村农机维修网点进行审定，合格者发给修理工等级证书和网点技术合格证书。同时，对全县手扶拖拉机测功测耗2597台，脱粒机验证5386台；建立村级农机服务队51个，培训农机手474人。1994年8月27—29日，县农机局举办培训班，农机系统行政执法人员44人参训，学习贯彻《江苏省农业机械管理办法》等农机法规，培训农机监理业务知识。12月20日起，组织县乡农机监理人员10多人，对拖拉机进行田检路查，检审手扶拖拉机驾驶员214人，办理驾驶证和行车证197个，纠正违章310人次。1995年4月，制定《金湖县农业机械管理实施意见》，进一步明确县农机化服务公司负责农业机械监督管理和农机行业的协调管理。同时，对农机修理、农机作业管理服务费收取及农机安全监理等工作做出具体规定。1999年，县农机局会同工商、质监、公安部门，联合开展农机供应、维修网点审定工作，挨门逐户审定核发证件，至8月底，共审定农机供应维修网点296个，依法取缔不合格网点162个，年审年检率100%。

2002年，对农机安全生产进行专项整治。整治期间，共查处无牌无证驾驶296人次，超速、超载91人次，违章载人162人次；清除非法拼装、擅自改变拖拉机技术数据和土制扬谷风扇窝点15个、维修点4家。7月23日，县农业机械安全稽查大队成立，与县农业机械安全监理所合署，为农机规范化、法制化管理，确保农业机械安全运行提供组织保证。2004年，县农机局会同公安、交通、工商等部门，开展农机安全生产专项整治活动，发放相关文件和宣传材料900多份，检查农机制造、销售、维修网点300多个，查处违章案件95起，下整改通知书145份，扣压非法农机配件56件，补办“职业技能操作等级证书”24份，查处无证经营12户，出动执法人员150多人次。2005年底，省政府办公厅和省农机局组织验收组，对金湖县“十五”期间农机化综合示范项目进行检查验收。认为县域农机装备、农机服务和农机管理水平都比较高，在苏北地区发挥较好的先行示范作用，圆满通过验收。

第九章　农技推广

第一节　农技教育与培训

1986—1992年，县农业技术推广中心科教站先后开展温室无土育秧、水稻三麦病虫害预报防治、棉花种植等农技培训，参训不脱产农民技术员3500余人次。1994年，金湖县被确定为省“绿色证书工程”试点县，县农业广播电视学校（简称县农广校）、农业干部学校（简称县农干校）开始对具有初中以上文化程度的乡村农业社会化服务体系人员、村组干部、专业大户进行岗位技术培训。同时，县农广校与涂沟职业中学联合开办脱产成人中专班，设会计统计与审计、乡镇企业管理两个专业，培训学员82人。1997年，农广校与南京农业大学成人教育学院联办以“现代农业”为内容的大专函授班，函授培训121人。1998年，农广校开办中专脱产班，开设机械、电脑、电子专业，招收农村初中应届毕业生7人。1999年，再次与南农大成人教育学院联办“现代农业”大专函授班，函授培训271人。2002年，新招学员120人，其中，大专44人，中专76人；围绕“文明育农、科技富农”开办村主任、联组组长、种养大户培训班，同时开展送科技下乡活动，全年实用技术培训4000余人，其中劳务输出208人。2004年起，开展农村劳动力转移培训，让农村青壮年有一技之长者可以进城务工经商。是年，全县经培训转移劳力800余人。

2005年，县中专函授班开设乡镇企业管理、农经、畜牧、水产等7个专业，招生494人；全县117个行政村实施新型农民科技培训工程，共培训科技大户、骨干农民约2000人；承担县委宣传部“文明育农，科技富民”培训工程，培训468人；开展“阳光工程”培训1600人。至是年，县农广校、农干校共为培训合格人才颁发成人中专学历毕业证书600份。

2000—2005年金湖县粮油类绿色食品、有机食品品牌名录一览表

表12-10-10

生产企业名称	认定商标及产品名称	认定年份	面积（公顷）
江苏农垦宝金玉粮油食品有限公司	“宝金玉”牌大米	2000	1200
金湖县广原油脂有限公司	“花星”牌菜籽油	2001	4000
金湖县金穗米厂	“荷香”牌大米	2002	500
金湖县万源粮食加工有限公司	“高邮湖”牌大米	2002	2700
金湖县泗湾湖米业有限公司	“泗湾湖”牌大米	2002	2100
吕良福利油米厂	“金栗”牌大米	2002	4533
金湖县锦湖贸易有限公司	“锦湖”牌大米	2003	2200
金湖县苏裕食品有限公司	“苏裕”牌面粉	2003	2000
金湖县万源粮食加工有限公司	“万源”牌大米	2003	2700
金湖县锦湖贸易有限公司	“锦湖”牌大米	2003	2200
金湖县盛丰粮油加工厂	“盛丰”牌大米	2003	2300
金湖县金桥粮油食品厂	“岛田”牌大米	2003	4300
金湖县塔集米厂	“圣清”牌大米	2003	2800
闵桥粮油食品加工厂	“精华”牌大米	2003	1200
金湖县叶贵米业有限公司	“叶贵”牌大米	2003	80
金湖县香绵粮油有限公司	“香绵”牌大米	2004	1200

2000—2005年金湖县茶饮、果瓜、禽蛋类有机食品品牌名录一览表

表12-10-11

生产企业名称	认定商标及产品名称	认定年份	面积（公顷）
金湖县戴楼思甜西瓜营销中心	“思甜”牌西瓜	2001	1000
金湖县锦湖贸易有限公司	“锦湖”牌咸鸭蛋、松花蛋	2002	—
金湖县金水食品厂	“金水”牌咸鸭蛋	2003	30万只
金湖县世纪食品有限公司	“旭阳”牌咸鸭蛋	2003	25万只
金湖县黎城镇蔬菜服务公司	“黎特”牌甜瓜	2003	35
芗园饮品开发有限公司	“芗园”牌蒿茶	2003	500
江苏爱特福药物保健品有限公司	“九里荒”牌蒿茶	2003	333
金湖柏氏兰茶厂	“柏氏兰”茶	2003	133
金湖县西苑绿野茶厂	“西苑”牌蒿茶	2004	133
金湖县盈科工贸有限公司	“老龙窝”牌蒿茶	2005	133

第十三篇　水产业

全县水域总面积6.98万公顷，其中湖泊5.2万公顷，纯水面4.79万公顷，可开发利用的约2万公顷以上，全县人均纯水面0.13公顷，是全县耕地面积之外的第二大资源利用开发的宝库。1986年，全县水产品总产量5311吨，其中捕捞3688吨、养殖1713吨，养殖面积2927公顷。年实现渔业产值672万元。种植的水生植物主要有芦苇、蒲草、茭草、荷藕、菱角、芡实、茭白等。1987年，水产品总产量7795吨，其中养殖3992吨、捕捞3803吨，养殖产量首次超过捕捞产量，并成为全国水产重点县。1988年，掀起水面资源开发利用热潮，水产业得到快速发展，当年水产品总产量突破万吨，为10730吨，跨入全国水产品产量超万吨的重点县行列。

1990年起，着力调整水产养殖结构，发展高产、高质、高效的“三高”渔业。通过发展精养鱼池，开发“三大湖”（高邮湖、宝应湖、白马湖），发展“三网”（网围、网栏和网箱）养殖，常规养鱼与特种养殖齐头并进。1993年，全县水产品总产量2.39万吨，水产品人均占有量69.2公斤，比全省人均占有量高出51.7公斤。1994年，县委、县政府提出“走水路，奔小康，再建水上金湖”号召。是年11月13日，《新华日报》刊载通讯《金秋看金湖》，盛赞金湖县水产开发“全国第一，世界少见，规模称雄，效益最佳”。1995年，以芦苇、荷藕、菱角为主的7类水生经济作物面积为3873公顷，产量3.19万吨。随着开发面积的迅速扩大，湖区自然面积减少，捕捞空间被压缩，但由于捕捞工具先进，捕捞强度加大，捕捞产量并未下降。水产品总产量以每年30%的速度递增，鱼、蟹、珍珠等水产品的大量上市，致使流通渠道以及消费市场一时难以承受。全县有计划地建立水产品批发市场，在大中城市增设销售窗口，还积极组织有关生产单位和个人从事水产品流通。全县有水产冷库3座，冷藏总量1300吨，制冰总量300吨。加工产品有冻河虾、冻龙虾仁、河蚬肉、田螺肉、珍珠粉、珍珠项链等近10个品种。1998年，销往国外的螃蟹、牛蛙、河蚬达1260吨。2000年，稻田养殖发展到3467公顷，苗种培育规模扩大，异育银鲫繁苗量1.5亿尾，蟹苗、青虾苗自繁自育自给率显著提高。2001年，全县水生蔬菜面积8200公顷，其中荷藕5500公顷、茭白1000公顷、菱角350公顷、芡实1000公顷、其他350公顷。水生蔬菜总产量18万吨，总产值7200万元，实现效益4000万元。

2002年，水产业发展由数量速度型向质量效益型过渡。水产养殖总面积9533.33公顷，其中特种养殖8000公顷。水产品总产量4.82万吨，特种水产品1.35万吨。实现渔业总产值4.07亿元，渔业总产值占农林牧渔业总产值的33.1%。2005年，全年水产品养殖面积1.47万公顷，另有网箱养殖40万平方米。水产品总产量4.57万吨，人均占有量124公斤，渔业产值5.01亿元。水生蔬菜推广标准化生产，稳定种植面积，提升产品质量档次，突出主体品种，示范生产特色品种，种植面积稳定在8000公顷，总产量18万吨。是年，全县累计在工商部门注册的水产营销户100多户，从事营销人员3000多人，销售量占全县水产品总产量的60%以上。

第一章 机构 产业规模

第一节 水产机构

一、局本级

1986年，水产工作归属于县多种经营管理局。1989年10月，恢复设立金湖县水产局，为行政机构。1992年，有行政编制5人，实有4人。1996年9月县级党政机构改革，该局由行政机构改为县政府直属行政事业单位。1997年，内设人秘股、生产股、科教股和监察室，事业编制9人。2001年撤销，并入金湖县林牧渔业发展局。2005年，在县林牧渔业发展局增挂“金湖县水产局”牌子。

二、挂靠机构

1990年6月，成立江苏省金湖县渔船渔港监督站，隶属于金湖县水产局，为全民股级事业单位，编制7人。1994年，编制增加到10人。1995年7月，撤销江苏省金湖县渔船渔港监督站，成立中华人民共和国金湖渔港监督站、江苏省金湖县渔船检验站，为“一套班子、两块牌子”。1996年4月，江苏省金湖县渔船检验站更名为中华人民共和国江苏渔船检验局金湖检验站，与渔港监督站仍为“一套班子、两块牌子”。1999年7月，编制增加4人，共14人。2005年，隶属于金湖县林牧渔业发展局，编制14人，实有10人。

三、直属单位

金湖县渔政管理站（金湖县湖泊管理分会） 1987年4月成立，隶属于金湖县多管局，为全民股级事业单位，编制5人。1994年，编制增加到10人，隶属于金湖县水产局。2001年，减编1人。2005年，隶属于金湖县林牧渔业发展局，编制8人，实有8人。

金湖县水产技术推广站 1986年，为金湖县水产技术指导站，编制19人，全额拨款股级事业单位，隶属于县多管局。1988年，编制增加到52人。1989年成立水产局，增挂“金湖县水生动物疫病预防控制中心”牌子，编制减少到37人。1991年改称水产技术推广站，编制11人。2005年，隶属于金湖县林牧渔业发展局，编制10人，实有15人。站内建有水生动物疫病预防控制中心实验室，面积200多平方米，获得省级实验室资质认定；鱼病防治中心，面积100多平方米。实验室配备有细菌鉴定仪、PCR仪、高速离心机、电子显微镜等检测仪器50多台（套），能对水生动物常规疫病开展检查，满足水生动物疫病监测、检疫、疫病病原诊断的需要。

金湖县鱼病防治中心 1988年设立，为自收自支事业单位，定编5人。1997年9月撤销，人员和机构职能全部并入县水产技术推广站。

第二节　产业规模

1986年，全县水产品总产量5311吨，其中养殖1713吨、捕捞3598吨。全县精养鱼池达万亩以上，亩（0.067公顷）产200公斤，各乡镇都有亩产400~500公斤面积的精养鱼池。1987年，水产品总产量7795吨，其中养殖3992吨、捕捞3803吨，养殖产量首次超过捕捞产量，并成为全国水产重点县。进行精养鱼池千斤“高产、高效”竞赛，全县有118.27公顷精养鱼池达到千斤（500公斤）以上的水平。是年，宝应湖网围改造被纳入里下河开发项目，至1989年，3年时间改造投资383万元，其中贷款140万元、自筹200万元、国家拨改贷43万元。

1988年，全县开始实施“蓝色工程”计划，走水路奔小康，再建水上金湖，掀起水面资源开发利用热潮，大力发展湖泊网围、网栏养殖，同时实施科教兴渔和依法治渔战略，水产业得到快速发展，当年水产品总产量突破万吨，为1.07万吨，跨入全国水产品产量超万吨的重点县行列。1990年，全县精养鱼池面积扩大到1680公顷，其中亩产500公斤的高产鱼池533公顷。随着精养面积的扩大，精养水平不断提高，水产养殖场基地也相应发展壮大，百亩连片以上的水产养殖场发展到39个，其中乡镇场31个，比1985年新增加12个，养殖面积1193.07公顷，占内塘总面积45.6%，养殖产量2727吨，占内塘养殖总产量30%。12月8日，《新华日报》头版头条报道：金湖县重视开发蓝色、绿色工程（水产养殖和造林），每户已拥有养殖水面1亩、林木3亩。1992年，水产品总产量1.66万吨，养殖产量10643吨，养殖产量突破万吨关。1993年，水产品产量2.39万吨，全县水产品人均占有量69.2公斤，比全省人均占有量高出51.7公斤。

20世纪90年代中期起，全县掀起退耕还渔热潮，累计退耕还渔1066.67公顷，遍及全县所有乡镇。1994年，退耕还渔千亩以上的有夹沟、横桥、白马湖、前锋等乡镇。横桥乡退耕还渔，在联圩大力发展水产养殖，开始实施修筑10公里防洪保安堤、建成万亩水产养殖区规划。夹沟乡采取引进资金独资开发、股份合作开发、联营开发等多种形式，投资570多万元，动土30多万立方米，在陈家圩退耕还渔180多公顷，发展鱼蚌混养，规模为全县之首，仅此一项为该乡增加收入800多万元。孙集乡漕泽村退耕还渔36公顷，集体增加收入5.6万元。金北乡有4个村16个组，累计退耕还渔166.67公顷，其中1994年向市场出售水产品500余吨，创产值400万元，与退耕前相比，每亩水面收入是退耕前粮田收入的3倍以上。是年，县乡部门主动参与开发水面，全县共有13个县直部门和68个乡直单位，通过股份合作、补偿贸易、独资经营等形式，累计开发水面653.33公顷，其中县粮食局、工商局、水利局开发水面都超过千亩。县粮食局年初专门组建县珠丰实业有限公司，开发水面160多公顷，发展河蚌育珠。

图13-1-1　白马湖退耕还渔工程（摄于1994年）　李义海/摄

1994年，水产品总产量2.99万吨，养殖产量2.2万吨，养殖产量突破2万吨。是年11月13日，《新华日报》在第2版以半版篇幅，刊登通讯《金秋看金湖》，对金湖县高邮湖、宝应湖、黎城湖的水面开发进行描述，赞美金湖县“走水路、奔小康”的“蓝色工程”。通过湖区渔民刘孝春一家三代人的变迁，展示金湖水乡人民随着时代前进的三部曲——划小船寻求温饱，驾机船实现小康，乘快艇奔向富裕；还引用全国长江流域大水面应用专家组考察评价意见，称金湖县湖泊水产开发“全国第一，世界少见，规模称雄，效益最佳”。1995年，全县水产品产量3.36万吨，比“七五”期末增加3.2倍。养殖产量2.40万吨，特种养殖形成规模。渔业产值上升到2.43亿元，是1990年的2.33倍。金湖的水产业进入一个蓬勃发展的新时期。是年，特种水产品养殖从螃蟹、珍珠养殖开始突破，逐步发展到甲鱼、牛蛙、黄鳝、青虾、鳜鱼等养殖品种。形成特种水产品生产体系，并建立上规模的生产基地。特种水产品养殖面积4793公顷，占养殖总面积的59%。产量4566吨，其中河蟹养殖3325.5公顷，产蟹547吨；珍珠养殖1230公顷，吊养珍珠蚌2000多万只，产珍珠58.3吨；甲鱼养殖667公顷，产成鳖20.32吨，繁育稚鳖10.5万只，存塘种鳖7000公斤，新建温室1580平方米，全县甲鱼养殖重点大户141户。其他还有牛蛙、青虾、黄鳝、鳜鱼、乌鳢（黑鱼）、革胡子鲶、泥鳅等特种养殖面积170.8公顷。全县特种水产品养殖总产值1.2亿元，占渔业总产值的48.4%。

1997—1998年，全县围绕发展“两专一基”、规模经济，规划和建设“三带四片”。“三带”是：扩大完善银（集）涂（沟）特养带，面积666.67公顷，其中拥有省级“池塘鱼鳖混养技术推广示范区”33.33公顷、县乡稻田养殖示范区14.67公顷；拓展提高盐金公路特养带，面积1000多公顷；启动石港至新农沿线特养带，面积200多公顷。“四片”是：横桥联圩养殖片、夹沟陈家圩养殖片、白马湖郭家荡养殖片、孙集下庄养殖片，围绕扩面挖潜、调整结构，均成为333.33公顷以上重点养殖区，其中特养面积占70%以上。全县建成养殖面积333.33公顷以上的乡镇5个，养殖面积4386.67公顷；建成养殖面积33.33公顷以上的村48个；涂沟、白马湖、横桥、夹沟、孙集等5乡镇被列为全市20个水产产业化基地乡镇。实施以优质高效为主要目标的“双千塘”（亩产超千斤、亩纯收入超千元）建设工程，共建成“双千塘”1200公顷，其中亩产千斤以上的有940公顷。“双千塘”主要分布在涂沟、唐港、白马湖、金北、前锋、淮胜等乡镇。其中淮胜乡鱼种场建成全县第一个亩产超千斤、亩纯收入超1200元的示范养殖场，顺利通过市验收。1998年，全县水产品总产量4.48万吨，养殖面积8846.7公顷，养殖产量3.41万吨，其中特养面积5500公顷，特养产品4180吨。2000年，水产养殖总面积9080公顷，其中池塘养殖4126.67公顷、湖泊养殖3893.33公顷、河沟养殖520公顷、其他养殖480公顷，水产品总产量4.66万吨，渔业产值3.74亿元。

2002年，水产业发展由数量速度型向质量效益型过渡。水产养殖总面积9533.33公顷，其中特种养殖8000公顷。水产养殖总产量4.82万吨，特种水产品8069吨（其中河蟹5148吨、青虾1642吨、小龙虾500吨、甲鱼100吨、其他特种水产679吨），常规养殖中，异育银鲫产量9864吨。实现渔业总产值4.07亿元，渔业总产值占农林牧渔业总产值的33.1%。水产业已成为全县实现农民增收、农业增效和农村稳定的支柱产业。2003年，水

图13-1-2　高邮湖网围养殖（摄于1995年）　李义海/摄

产养殖总面积9866.67公顷，其中特养面积8667公顷（河蟹8333公顷、甲鱼100公顷、鳜鱼166.67公顷、其他67.33公顷）。水产品总产量4.06万吨。受洪涝灾害影响，渔业生产遭受重大损失，水产品共减产512吨。2004年，水产品总产量4.91万吨，为20年中产量最高，水产品人均占有量130公斤。

2005年，全年水产养殖面积1.47万公顷，其中湖泊养殖面积9587公顷，主要分布在高邮湖区6293公顷、宝应湖区1760公顷、白马湖区1147公顷；池塘养殖面积4933公顷，50%以上集中在“两带四区”（沿老三河养殖带、沿朝阳河养殖带，郭家荡养殖区、夹沟荡养殖区、陈家圩养殖区和联圩养殖区）。另有网箱养殖40万平方米，主要分布在宝应湖围栏养殖区内和黎城湖中。全县水产品养殖品种主要是鲢鱼、鳙鱼、异育银鲫、团头鲂、草鱼、青鱼、鲤鱼等常规鱼类，以及河蟹、甲鱼、乌龟、小龙虾、鳜鱼、黄颡鱼、黄鳝、泥鳅、珍珠、水蛭等特种水产品。水产品总产量4.57万吨，人均占有量124公斤，其中养殖产量3.57万吨、捕捞产量1.01万吨。品种分类为：鱼类3.69万吨，虾类3104吨（其中青虾500吨），河蟹4021吨，甲鱼100吨，贝类1267吨。渔业产值5.01亿元。

1986—2005年金湖县渔业生产统计表

表13-1-1

年份	水产品产量（吨）			养殖面积（公顷）			渔业产值（万元）
	合计	养殖	捕捞	合计	池塘	湖泊	
1986	5311	1713	3598	2926.7	1593.3	333.3	672
1987	7795	3992	3803	3506.7	2053.3	546.7	952
1988	10730	6543	4187	4053.3	2340.0	566.7	1342
1989	12283	7509	4774	4120.0	2606.7	566.7	1587
1990	14398	8875	5523	4500.0	2606.7	673.3	6713
1991	15005	8298	6707	4700.0	2553.3	1026.7	7036
1992	16600	10643	5957	5240.0	2700.0	1453.3	8552
1993	23876	17053	6823	6733.3	2973.3	2686.7	14184
1994	29863	22006	7857	7473.3	3480.0	2660.0	20723
1995	33610	23954	9656	8120.0	3646.7	3460.0	24265
1996	38312	28910	9402	8666.7	4126.7	3573.3	27955
1997	41721	31703	10018	8766.7	4273.3	3393.3	31753
1998	44795	34148	10647	8846.7	4046.7	3733.5	33675
1999	47293	35256	12037	9013.3	4090.0	3826.7	33415
2000	46580	37320	9260	9080.0	4126.7	3893.3	37370
2001	46663	39037	7626	9067.0	4033.3	3960.0	39394
2002	48205	41035	7170	9533.3	4046.7	4333.3	40715
2003	40639	28676	11963	9866.7	3953.3	5086.7	46093
2004	49068	42377	6691	14700.0	4933.0	9587.0	51295
2005	45747	35693	10054	14667.0	4933.0	9587.0	50139

说明：1.本表养殖面积不包含稻田、藕田套养面积，但稻田、藕田套养产量计入本表“养殖产量”中。2.文中养殖方式和分品种面积中含套养、混养面积，故面积相加数大于本表总面积数。3.“渔业产值”中，不含水生植物的产值。

第二章　水产养殖

第一节　养殖品种与产量

一、鱼　类

鱼苗鱼种　1986年，全县建鱼苗人工繁殖场6个，即黎城、金北、闵桥、涂沟、横桥水产养殖场和县鱼种场。1990年，人工繁殖鱼苗2.5亿尾，是1985年1.66亿尾的1.5倍，生产仔口鱼种5000万尾，比1985年的3356万尾上升49%，斤两鱼种产量1300吨，是1985年7475公斤的17.4倍。1994年，全县共生产各种鱼苗3835吨，其中仔口鱼种1219吨，斤两鱼种2616吨。6个鱼苗人工繁殖场共繁育长江原种亲本鱼苗15个品种、5.33亿尾。放养各种鱼苗4349吨，其中仔口鱼种1410吨，斤两鱼种2939吨。鱼苗人工繁殖量、放养量均居淮阴市第一位。1996年，全县水域人工放流鲤鱼夏花820万尾、幼蟹270公斤。1998年，共放养鱼种6137.4吨，比上年增10.6%。2001年，人工繁殖鱼苗5.21亿尾，培育各类鱼种3086吨；放养各类鱼种鱼苗5792吨，其中仔口鱼苗1907吨，斤两鱼种3885吨。

2002年，因引进长江原种亲本成本高，相关养殖场无力更换，致使繁育的常规鱼苗严重老化、退化，生长慢，规格小，品质差，病害频发，成活率低。2003年，共投放各类鱼种4460吨，其中仔口鱼种1340吨、斤两鱼种3120吨，繁育鱼苗3.2亿尾。累计投放大眼幼体蟹苗3860公斤，五期幼蟹1.5亿只（2.3万公斤），扣蟹5013万只。11月，金湖县常规鱼亲本更换工程被列入省水产品种、技术、知识“三项更新工程”的品种更新项目，县鱼种场、涂沟、金北水产养殖场，分批次从邗江国家级鱼苗原种场调进草鱼、鲢鱼和鳙鱼长江亲本原种1310尾、5775.2公斤，节省费用10余万元，一年后陆续投放养殖区，全县常规鱼种质量显著提高。2005年，县内规模较大的金北、闵桥、涂沟水产养殖场和县鱼种场均投产鱼苗繁育，共繁育鱼苗15个品种、4.6亿尾，河蟹大眼幼体蟹苗3500公斤。全年共投放各种鱼苗5920吨，其中仔口鱼种1420吨，斤两鱼种4500吨。

成鱼　1986年，金湖县鱼类养殖品种主要有鲢、鳙、草、鳊、鲂、青、鲤、鲫、鳜、乌鲤、翘嘴红鲌、胡子鲶、泥鳅、黄颡鱼、鲟鱼、黄鳝、斑点叉尾鮰等。养殖方法以投饲菜籽饼、割草喂鱼为主，亩产一般只有100~150公斤，且饲料浪费多，劳动强度大。1988年，开始大规模推广种草养鱼，在塘口边缘、空地种植苏丹草、黑麦草等，就近收割投喂，保证青草的来源，减轻养殖人员的劳动强度。1990年起，根据饵料来源，在水草资源丰富的沿湖地区，大力推行养殖以草食性鱼类（草、鳊、团头鲂）为主的生产模式；在螺蚬丰富的高邮湖畔，积极推广以底层鱼（青、鲤、鲫）为主的养殖模式；在饵料来源困难、资金贫缺的丘陵地带，推广养殖以肥水性鱼类（鲢、鳙）为主的生产模式。1995年，随着特种养殖业的发展，常规鱼类养殖面积开始减少，养殖技术提高，亩产显著上升。1997年，着力建设沿湖水产养殖区、近湖特养和稻田养殖区。沿湖水产养殖区包括涂沟、白马湖、夹沟、横桥、孙集、吕良6个乡镇，养殖面积5733公顷，其中特养4400公顷，渔业产值占全县6成左右。近湖特养和稻田养殖区分布于银集、金北、淮胜、前锋、陈桥、新农、唐港7个乡镇，面积866公顷。是年，全县水产养殖总面积达8767公顷，产量3.17万吨，总产值3.18亿元，分别比上年增长1.2%、9.7%、13.9%。1998

图 13-2-3　涂沟镇高邮湖养殖成鱼获丰收（摄于 1997 年）
朱伟／摄

年，常规养殖结构更优化，适销新品种异育银鲫主养面积达166.67公顷。2000年，全县贯彻上级“压稻扩渔”的要求，结合创建“省级稻田养殖示范县”，稻田养殖发展较快，总面积3467公顷。

2001年，异育银鲫等优质鱼亩产提高到1000公斤以上。2003年，进行鳜鱼养殖试验获成功，县水产技术推广站与县鱼种场合作，主养塘口1个0.3公顷，饵料鱼配套塘口3个计0.92公顷，共产鳜鱼1678公斤，亩产373公斤。2004年，渔民积极调整养殖品种，增大吃食性鱼类比例，投喂颗粒饲料，提早商品鱼上市时间，经济效益显著。全县推行“80∶20”养殖面积达2000公顷，占池塘养殖面积83.33%，养殖效益亩均1500元。2005年，全县水产养殖面积14667.0公顷，产量33693吨，占水产品总产量69.7%。由于特种水产品养殖面积的增加，还有常规鱼类养殖面积1827公顷，常规鱼养殖品种主要是鲢、鳙、鲫、团头鲂、草鱼等。

二、河　蟹

1986年，河蟹（螃蟹，学名中华绒螯蟹）养殖主要是湖区网围养殖，全县养殖面积333.33公顷。1991年，面积增加到353.33公顷。1993年，涂沟镇网围养殖捕获成蟹150吨，创产值2400万元，纯收入1460万元。该镇白马湖村围养46户，捕蟹一季，每户纯收入5万元左右。1994年，县水产技术推广站与淮胜鱼种场合作，购进河蟹大眼幼体3公斤（约50万只），首次进行蟹种培育试验，一举成功。试验面积0.2公顷，共生产幼蟹221.5公斤。是年，2处稻田养蟹试验首获成功。涂沟镇涂沟村陈明坤等6户，在低洼田块搞稻田养蟹5.33公顷，放养幼蟹305公斤，收获成蟹1000公斤，亩产12.5公斤，总产值20多万元，获纯利9万元；水稻产量37.5吨，亩产469公斤。夹沟乡夹镇村四组农民吕义华试养面积2.67公顷，亩产蟹近20公斤，产稻400公斤，纯收入2.9万元。试养效益居国内上游水平。稻田养蟹，稻蟹共生，稻蟹双丰收，低洼田块资源充分利用，农民收入增加，经济、生态效益显著。是年，全县河蟹养殖面积扩增到2960公顷，其中湖泊养蟹面积2660公顷，产量474.4吨。

1995年，河蟹养殖面积3325.5公顷，比上年增365.5公顷，投放蟹苗309公斤、幼蟹10.11万公斤，产商品蟹547吨，比上年增15.3%。1996年，螃蟹养殖产量934.4吨，增长70.8%。1997年，稻田养殖拓展了新的领域，稻田养蟹670多公顷。全县共购进“大眼幼体”蟹苗500公斤，培育幼蟹1500多万只，自给率近40%。

2000年，河蟹养殖规模逐年扩大，稻田养蟹的迅速兴起，对蟹种数量和质量的要求也不断提高。全县大棚育苗总面积20多万平方米，其中育苗1000多平方米以上的大户有20户，共购进“大眼幼体”蟹苗2200公斤，培育幼蟹达1亿只，分别比上年增长175%和150%。前锋镇有300多户推广“就池育苗，就池放养”技术，其中大棚温室育苗90多户，面积6万平方米。蟹苗自给率达85%。闵桥镇从上海崇明，省内扬州、赣榆等地引进技术、资金，创办大型扣蟹（大眼幼体经蜕皮、生长，即长成蟹形，前1~5次蜕皮的仔蟹，依次称为Ⅰ~Ⅴ期仔蟹，因其个体小，仅有黄豆般大小，故称豆蟹；仔蟹再经数次蜕皮至当年秋天的蟹种，长成纽扣般大小，即成为扣蟹）培育基地3个，为推广二龄蟹养殖打下基础。其中，崇明人薛笑利创办的8.53公顷扣蟹基地，年生产扣蟹量超过500万只。河蟹养殖已成为全县主导水产养殖品种。

2001年，县水产技术推广站承担省水产“三项工程”（品种、技术、知识更新工程）“长江系中华绒螯蟹良种推广与产业化开发”“河蟹鳜鱼套养技术示范与推广应用”等项目，主要是围绕特定的品种和环境水质条件，对水温水流、投喂方法、日常管理等技术内容进行试验研究。经过两年的努力，完成项目合同的各项技术指标任务，为长江系中华绒螯蟹良种推广与产业化开发提供一套适用的技术资料。2002年11月26日，省海洋与渔业局、市林牧渔业发展局组织专家，到金湖对该项目进行验收，认定该项目及种草投螺生态养殖与轮养轮休技术，在苏北地区处于领先地位，具有很好的推广价值。是年，全县二龄河蟹生态养殖面积5553.33公顷，优质蟹产量5148吨。2004年，引进荷兰莱茵河中的纯正长江水系中华绒螯蟹亲本繁育的原种蟹苗2000克，投放在省军区运西副食品生产基地养殖场试养。县水产技术推广站选派2名技术员常驻该场，对水质条件、水温、水流、投喂方法、日常管理等方面进行技术指导，在年内取得扣蟹养殖试验成功。

图13-2-4　实施江苏省重大水产三项工程项目——优质中华绒螯蟹产业化链式开发（摄于2001年）　县档案馆／供

2005年，承担省“湖泊围养区域生态修复及增产增效技术示范与推广”工程项目，继续推广蟹池套养鳜鱼模式面积1万多公顷，占河蟹养殖面积83.3%，取得良好经济效益。高邮湖试验区每公顷产值7980元，利润5970元；宝应湖试验区7605元，利润5205元。沿河湖的涂沟、前锋、塔集、闵桥、金南、吕良等6个镇成为河蟹养殖重点镇，养殖户增加收入1350万元。养殖方式有池塘养殖、湖泊网围养殖、湖泊低埂高围养殖，养殖模式有鱼蟹混养、鱼虾蟹混养和大规格河蟹套养优质鱼等。全县河蟹养殖面积12067公顷，其中池塘2520公顷，投放河蟹大眼幼体3500公斤、五期幼蟹1亿只、扣蟹6250万只，产河蟹4021吨。

三、小龙虾

20世纪90年代中期，县内开始在小池塘、河沟中放养淡水小龙虾（学名克氏原螯虾），皆粗放粗养，产量较低。2000年，在高邮湖养殖小龙虾6.67公顷，在涂沟镇、复兴圩农场养殖小龙虾5.33公顷。全县小龙虾产量4000多吨，少部分是养殖，大部分为捕捞。2001年，涂沟镇徐长奎为全县专业渔民人工养殖小龙虾第一人，租用茭白田1.33公顷，每亩放种虾20公斤，边放养幼虾，边起捕成虾出售，每亩产出商品虾500公斤，产值6000元，利润2100元。是年，陈桥镇新桥村农民雷兴国为全县农民人工养殖小龙虾第一人，花费2000元，在自种植的2.33公顷茭白田中投放小龙虾种苗350公斤，2~3个月后，茭白田中长满小龙虾。出售高峰期每日售成虾50多公斤，日收入400多元，年收入达2万元。2002年，全县小龙虾养殖面积266.67公顷，产小龙虾500余吨。后因自然捕捞小龙虾产量高，销售价格低于养殖小龙虾的成本，小龙虾人工养殖一度停止。2005年，小龙虾自然捕捞产量减少，人工养殖开始复苏，全县小龙虾单独养殖面积增加到13.33公顷。

四、中华鳖

20世纪80年代末，官塘乡卫东村四组陈广杰，以捕到的野生鳖存入塘内暂养，开始人工养殖中华鳖（甲鱼）。1991年，白马湖乡阮桥村五组农民罗正奎，建甲鱼池100平方米，产成鳖600公斤，产值5.1万元，纯利2.5万元。1994年，稚鳖人工繁殖有较大突破，全县人工繁殖稚鳖户83户，占养鳖户的三分之一，共繁育孵化稚鳖9.35万只，比上年增长近4倍，初步形成规模，稚鳖远销苏南、浙江、福建等地。是年，县水产局承担市局下达的"中华鳖人工繁殖技术研究"试验项目，在县特种水产品苗种养殖试验场进行。翌年，试验池4.5亩，投放种亲鳖332.5公斤，产鳖卵9270只，其中受精卵8251只，受精率89%；孵化稚鳖7838只，孵化率95%；成活稚鳖7770只，成活率99.1%。共获纯利润22.68万元，亩均5.04万元，各项指标均超额完成项目要求。

1995年，中华鳖养殖行情看好，人工繁养大户增加到141户，养殖面积达66.7公顷，比上年增长近1倍。存塘种亲鳖7000公斤，繁育稚鳖10.5万只。养殖户中，产稚鳖1000只以上的有46户，5000只以上的6户。卫东村陈广杰投资8万元，购进种鳖250公斤、200只，进行人工繁殖，全年产稚鳖1.1万只，纯收入10万元。在其影响带动和扶持下，全村有10户建起鳖池0.8公顷，共繁殖出售稚鳖3万多只，纯收入近30万元。种鳖最高售价900元/公斤，稚鳖30元/只。高价位促进温室养殖。温室养殖规模较大的有县鱼种场、涂沟水产养殖场、金北水产养殖场。温室养殖程序是冬季将5~10克的稚鳖放进温室养殖，到次年5月，培育成100~150克的幼鳖，再放入池塘进行养殖。1996年，县水产局、淮胜养殖场、涂沟养殖场、横桥特种养殖场等4个单位共新建甲鱼培育温室2580平方米。是年，全县成鳖产量104.6吨，增长79.5%。1997年，由于温室鳖不受市场青睐，温室养殖于90年代末逐步衰败，而为池塘常温生态养殖成鳖所取代。养殖户以在常规养鱼塘口中套养鳖，每亩投放150克左右的幼鳖20~30只，即可产商品鳖15~20公斤，增效1000~2000元左右。2001年起，县林牧渔业局引导渔民精养与野生养殖相结合，使甲鱼养殖逐步走上野生化新型发展道路，采用放养稚鳖与鱼、蟹、虾等套养模式，以投放螺蚬、虾、杂鱼等天然饵料为主，营造野生甲鱼的生活环境，使养殖甲鱼保持"野味"，深受市场欢迎。2000年，甲鱼养殖146.67公顷，产量100余吨。2005年，全县养成鳖面积333.33公顷，产量72吨，产值720万元。其中在成鱼池中混养87公顷。

五、青虾　对虾

1990年前后，县内开始试养青虾。1998年，青虾养殖面积1400公顷。是年，为配合全县发展青虾养殖的需要，涂沟镇水产养殖场承担青虾人工繁殖育苗试验任务。经过精心准备筹划，县内历史上首次青虾人工繁殖获得成功。5月初至7月底，该场从捕捞的青虾中收购选取抱卵亲虾178公斤，育成虾苗1100万尾。2001年5月，县鱼种场先后从启东、连云港等地引进南美白对虾种苗20多万尾进行试验养殖。南美白对虾原产于南美洲西海岸至墨西哥湾中部，系海水产品，其外形与中国对虾相似，具有繁殖季节长、生长速度快、含肉率高、饵料要求低、产量高等特点。该场利用一面0.43公顷的精养塘进行试养，塘口经去杂消毒并改善供氧条件后，按3‰~5‰的比例配制淡盐水，进行盐度驯化养殖。8月中旬，经过近80天的精心饲养管理，成虾长度12~15厘米，每500克25只左右，计产虾1.72吨。成虾一上市即销售一空，产值7万余元，获纯利润1.3万余元。2002年，青虾养殖面积3960公顷，产青虾1642吨，养殖总产量占青虾总产的一半。2005年，由于饲养南美白对虾与饲养地产大青虾、小龙虾的比较效益悬殊较大，且生长环境、管理要求及工本、成本过高，南美白对虾养殖被淘汰。

六、河蚌育珠

境内河蚌育珠始于1966年，由苏州太湖水产中心试验站派出技术员，在闵桥、横桥、涂沟等乡镇培训传授河蚌嫁接技术，开始河蚌育珠生产。1985年开始规模化养殖，并在全县21个乡镇推广。1986年前后，采取外来人单独承包水面或与当地养殖户合作的方式，进行河蚌育珠，出现一批珍珠嫁接能手。境域育珠蚌品种主要有三角帆蚌、褶纹冠蚌。1990后，随着珍珠国际市场的不断变化，金湖河蚌育珠也经历多次反复。1992年，白马湖乡聘请南京农业大学、省水产技术推广中心举办珍珠嫁接培训班4期，组建128人的珍珠嫁接服务队，形成自繁、自育、自嫁接、自管理的"四自"河蚌育珠体系，有的还到苏南从事育珠嫁接劳务。1994年，根据工艺珍珠市场需求和出口需要，县内育珠户调整珍珠培育结构，淘汰传统落后的嫁接方法，推广"小蚌、小片、小工具"嫁接新技术，嫁接优质三角帆蚌1760万只，占嫁接总数92.6%。河蚌育珠面积达到1280公顷，且珍珠的质量和产量显著提高，产优质珍珠48.4吨。是年，省内外许多市县到金湖学习取经。1995年，县内河蚌育珠发展到高峰，全县河蚌育珠面积1230公顷，养殖手术蚌2000多万只，产珍珠58.51吨，规模居苏北前列。夹沟、横桥两乡建成鱼蚌混养基地666.7公顷。1996年后，由于国际珍珠市场的变化，珍珠市价走低，随着新一轮水产养殖结构调整，河蚌育珠面积开始缩减。2005年，全县河蚌养殖面积仅剩57公顷，珍珠产量1.2吨。

1986—2005 年金湖县河蚌育珠统计表

表13-2-2

年份	面积（公顷）	珍珠产量（公斤）	年份	面积（公顷）	珍珠产量（公斤）	年份	面积（公顷）	珍珠产量（公斤）
1986	—	22	1993	778.4	19000	2000	39.8	3900
1987	—	53	1994	1280.0	58300	2001	15.2	1175
1988	—	127	1995	1230.0	58512	2002	40.0	2200
1989	—	104	1996	844.4	40524	2003	104.7	2490
1990	—	1914	1997	525.5	38750	2004	75.4	1800
1991	—	2053	1998	312.5	24900	2005	57.0	1200
1992	—	5100	1999	87.9	3195			

说明：珍珠养殖周期一般为2~3年，故珍珠产量与当年的河蚌育珠面积并不对应。

第二节　养殖方式

一、网围、网栏与网箱养殖

概况　20世纪80年代中期起，全县在发展内塘精养鱼池的同时，通过开发"三湖"（高邮湖、宝应湖、白马湖），逐步发展网围、网栏与网箱（合称"三网"）养殖，以充分利用大中型水面进行渔业生产。20世纪90年代中期，全县形成集中连片的湖面开发三大模式养殖区：以网围养殖鱼蟹混养为重点的高邮湖开发区，有复兴圩外荡、新滩、鸡鸣荡、叶家渡外荡、乌龟套等5个开发区，面积1200公顷；以围栏、网箱养殖为重点的鱼、蚌、蟹结合的宝应湖开发区，有刘圩、鲤鱼滩、郭家荡、大汕河、伏家洼等5个开发区，面积2133公顷；以低埂高围（即在湖内湾汊口选择适宜的地形，开沟筑起1米左右的低坝，坝上建网、栏等拦鱼措施，以便丰水期拦鱼不拦水，枯水期“水退里不干”，使养殖得到保障）鱼蟹混养为主的白马湖大杨庄开发区，集中连片成条带式，面积1000公顷。至2005年，全县已形成以湖面开发为中心，具有不同开发模式和开发重点的“三湖”（高邮湖、宝应湖、白马湖）“一河”（三河，其中黎城段亦称黎城湖）面积5000公顷的四大开发区。

网围与网栏养殖 在大水面（湖泊、水库等）的浅水区，用网片围起一片水域，面积在几公顷至数十公顷不等，称为网围养殖或网栏养殖。其中：网围养殖是指网围放在四面环水的水体中养殖，适用畅水地区；网栏养殖是指一面靠岸、用网拦住一部分水体养殖，适用湖汊、库湾等地区。网围与网栏养殖均具有产量高、成本低、投资小、便于管理、节地节水节能等特点。养殖品种一般以蟹为主，鱼蟹混养更为经济有效。网围与网栏养殖技术基本相同，主要技术要点分水面选择、网围与网栏设计、网围与网栏安装、投喂与管理等方面。在水面选择方面：水质上，要求水域宽敞，水草茂盛，水质清新，地势平坦，水位适当；水域位置上，要求阳光充足，远离航道，网围内的水能循环流动，保证充足的溶氧；网围区底部要平坦，底质要硬些，并有10厘米左右淤泥；周围水草丛生，有一定沉水植物或有底栖动物的更佳。在网围与网栏设计方面：包括网围、墙网、防逃墙及网目，网围的深度（高度）根据水深而定，一般为5~6米；面积从150平方米到数万平方米不等，但大面积的网围产量低，易逃鱼，后向缩小面积的方向发展；墙网通常采用双层，外层与内层相隔5~10米，以防止内网围破损逃鱼；网目大小视养殖鱼蟹种类和规格而定，用3×3股聚乙烯材料编织的网片，防逃墙的主要作用是防止河蟹和鱼类攀爬和跳逃。在网围与网栏安装方面：一般跨水域设置，并在岸边设置防逃墙，面积以2000~6000平方米为宜；选用木桩，用来固定围网的装置，一般选用质地结实、粗细适宜的树干为桩，桩长5米以上，直径10厘米左右，木桩周身要修整光滑，以防风刮时扯破网片；立桩，用人力摇晃插入水底泥土1.2~1.5米，使桩受四周泥沙自然挤压而牢固，迎水一面立桩间距1米左右，排列方向需顺水流并有一定的弧度，不得与流水垂直，以减小水的冲力，与水流同向的木桩可稀疏一些，间隔2~3米，网围的水下网片系上石块埋入水底的泥沙中；挂网，立桩完成后，用直径8毫米的钢丝拴住木桩腰部，将木桩联结，以加固木桩，防止大风而将网拉起，钢丝绑定后，再用绳将网围和木桩绑在一起，网围做好后，就可进行养殖。在养殖与管理方面：水中有浮游动植物能给鱼蟹提供部分饵料，另需投喂水草或旱草，一般每天投喂1次，每晚7–8时进行；日常查看，主要是防逃；水质管理主要是清除污物和腐烂的水草等，经常清除杂物，防止网眼堵塞，以保持水体交换畅通，必要时洗刷墙网；鱼蟹混养中的鱼类一般到冬季才能捕捞，结束生产，而成蟹必须在秋季寒潮到来以前捕清，9月中下旬，蟹达到75~150克时，即可捕捞上市。

1984年，宝应湖农场首先在宝应湖刘圩河口一带开发围栏养鱼6.67公顷，亩产150公斤，纯利100元。1985年，境域开始在宝应湖区水面大规模网围、网栏养殖。1986年，宝应湖区网围、网栏养殖504公顷，其中涂沟乡三河村200公顷，复南村及淮胜乡分别为47公顷，宝应湖农场200公顷，平均亩产30公斤，高产试验区亩产500公斤以上。全县网围、网栏粗养殖666.67公顷，最大的200公顷1块，最小的也在13.33公顷以上。由于面积过大、资金不足，管理困难，经济效益较低，极需改粗养为精养。1987年，宝应湖网围、网栏改造被纳入里下河开发项目，至1989年，宝应湖网围、网栏设施改造投资383万元，其中贷款140万元、自筹200万元、国家拨改贷43万元。完成改造面积387.5公顷，其中高产精养小区57个133.33公顷，养鱼亩产500公斤以上的40公顷，网围、网栏总面积880公顷。1990年，全县开发网围、网栏养殖面积增加到1000公顷，总产1815吨，亩产120公斤。1992年起，涂沟镇共投入1000多万元，将1000公顷41个大区改造成256个小区，全镇网围、网栏养殖亩产从1991年的72公斤提高到156公斤，总产量提高165吨，增加产值1320万元。是年，涂沟镇水产品总产量6006吨，渔业总产值3600万元，人均收入1268元，在全县率先跨入小康乡镇。全县人均收入前几名的乡镇均为沿湖乡镇，10多个明星村中，靠开发湖区致富的有5个村。

1993年，全县通过老区改造，建成高标准精养小区280个，“小精高”精养面积超过1000公顷。1994年，湖泊“三网”养殖面积66.67公顷以上的开发区26个，其中网围、网栏养殖3920公顷，平均亩产109.8公斤。2000年，湖泊网围、网栏养殖面积3853公顷，2002年增加到4293公顷，平均亩产提高到200公斤左右。2005年，全县湖泊网围、网栏养殖面积9587公顷，其中高邮湖区6293公顷、宝应湖区1760公顷、白马湖区1447公顷、其他87公顷。

图 13-2-5　大汕子“三网”养殖（摄于1994年）　县档案馆／供

网箱养殖　用网片制造的箱笼内进行养殖的，称为网箱养殖。网箱一般设置于较大水体中，水流由网孔通过，使箱体内形成一个活水环境，保持水质清新，溶氧丰富，可进行高密度养鱼，是一种高度集约化的养殖方式，具有充分利用水体和饵料生物，具有成活率高、饲养周期短、产量高、管理方便等优点。网箱养殖技术包括网箱设置、鱼种放养、投喂管理等方面。在网箱设置方面：分为框架、网衣、浮子与沉子拉索4部分；框架部分，把网用浮子与沉子在水中将网张开，悬浮于水中，开始是四周加底五面体框架，后部分改为六面体的框架，框架用金属管、木料或毛竹做成；网衣部分，分网裙、网底、网盖及投饵通道，绝大多数网箱底要做底托盘，以防止饵料丢失；浮子，起浮起网箱作用，后也出现用浮子的小网箱，只用毛竹或水泥柱插于泥中直接架网衣；沉子与拉索：起拉直网箱、固定网箱的作用。在鱼种放养方面：根据水质和饲料来源而定，放养规格要求3厘米以上，宜大不宜小，一般为20尾/千克；放养密度，根据浮游生物的多少、网箱中水交换量以及饲养管理技术水平而定，一个长宽各6米，深3米的网箱中，可放养草鱼种8000~1万尾；待鱼种稍大，进行分箱饲养，同规格的网箱，可放养草鱼4000~6000尾，因密度过大，水体中含氧量不够，影响鱼类的生长；鱼种进箱时要进行严格的水体消毒。在投喂与管理方面：以养草鱼等“吃食性”鱼类为主的网箱，需投喂鱼粉、豆粕等人工配合饲料，以补充天然饵料之不足；一般每天投饲4次，分别在上午4时、9时，下午2时、6时；每次投喂约45分钟，投喂时不可太快，否则鱼类来不及吃，会造成饲料浪费；定期检查，及时清理死鱼，并补足放养密度；注意鱼疾病防治。经过约1年的时间，即可捕捞收获成鱼。

1986年，县内仅有零星网箱养殖。1991年，全县网箱养鱼起步。是年，金湖遭受历史罕见洪涝灾害，围网围栏养殖遭到重创，而7户养殖户进行网箱养鱼未受任何损失。由此，网箱养殖开始受到养殖户重视。1992年，网箱养殖发展到107户，共有179只网箱15万平方米，全部高产高效。涂沟镇金宝村刘启明、陈方余2人各搞1只467平方米和533平方米网箱，当年各获纯利12407元和12356元。网箱养殖受到普遍欢迎。是年，县水产技术推广站与省水产局技术推广站等有关单位合作，引进美国大豆协会“小水体高密度”网箱养鱼新技术，在涂沟下河口试验，获得成功，平均每平方米产鱼55.25公斤、纯利113元的高收益，为发展“小、精、高”养鱼开辟新路。1993年，涂沟镇1660户渔民，户户都搞网箱养鱼，网箱养殖普及湖区。宝应湖村杨启干、金宝村刘启明、三河村张开亮、复南村段广兵等户，网箱亩产都达3000公斤以上，亩产值2.4万元，亩纯利1.15万元，高产网箱养鱼达到5000公斤以上。养殖品种从七大家鱼（即青、草、鲢、鳙、鲤、鲫、鳊）发展到鳜鱼、黑鱼

（学名乌鳢）、黄鳝、青虾等特养品种。全县网箱养殖面积24万平方米。1994年，县政府对网箱养殖提出“小、精、高”的要求，每块不超过3.3公顷，亩放鱼种不低于50公斤、蟹种不低于2.5公斤，产量不低于150公斤。是年，网箱养殖面积扩增到34.15万平方米，比上年增长41.1%；产量2200吨，平均每平方米6.43公斤，取得亩产超4000公斤、亩纯利超万元的高效益。网箱养殖面积、产量居全市前茅。1996年，全县网箱养殖面积32.75万平方米，网箱养殖产量2787吨，亩产5.67吨，亩效益12000元以上。2002年，针对洪灾频发，湖区汛期水位高，水草、螺蛳等生物资源趋于衰竭等状况，在高邮湖和宝应湖区推广网箱养殖，增强抗风险能力。通过投喂青草、螺蛳、颗粒饲料，增加单位水体产量，每平方米产鱼15公斤，增加效益30元，为灾后复产、保障渔民生活，调整湖区养殖结构起到促进作用。2005年，全县网箱养殖总规模40万平方米，主要分布在宝应湖围栏养殖区内和黎城湖中。是年，受市质量技术监督局、市林牧渔业发展局的委托，县林牧渔业发展局组织水产技术人员，编制《无公害食品鲢、鳙网箱养殖技术规程》市级地方标准。编写人员通过深入生产基地，收集相关技术数据资料，听取养殖户技术人员的经验介绍，参考国内外先进生产技术，结合淮安市生产实际，起草标准。年底，该标准圆满通过专家的评审。此项技术填补水产业市级标准制定的空白。

二、混养套养

鱼鳖混养 1991年，县内始有池塘鱼鳖混养。1996年，金湖承担省水产局下达的“池塘鱼鳖混养技术”重点示范区建设任务。通过宣传发动、健全领导体系、制定技术操作规程、加强指导组织措施，以及搞好塘口改造和基础建设、统一放养模式、搞好日常管理等技术措施的实施，该项目完成预定指标，12月18日通过省水产局专家组的实地验收。示范区建设规模为500亩，平均亩产成鱼534.36公斤，产成鳖27.93公斤，亩均纯利3440.83元，均超额完成项目指标。该示范区是全省仅有的两个重点示范区之一，对全县乃至全省的池塘鱼鳖混养有重要的示范作用。鳖池建砖结构防逃设施、钢架塑料大棚温室培育幼鳖、养鱼池塘低密度投放幼鳖养成鳖技术等，得到省水产局领导和专家们的高度评价，并获市政府科技进步三等奖。2004年，鱼鳖混养87公顷，2005年增加到92公顷。

鱼蚌混养 县内鱼蚌混养始于20世纪80年代。1983年，金北乡腰滩村1.8公顷鱼池进行鱼蚌混养，嫁接珍珠蚌17000只，除养鱼外，1985年产珍珠23.5公斤，销售收入3.1万余元，亩产珍珠0.87公斤，亩产值1149元，纯利858元，3年每亩年增值286元。1986年，全县继续推广鱼蚌混养。1990年，全县鱼蚌混养133.33公顷，吊养珍珠蚌53万只，产珍珠3000多公斤。是年，金北乡张桥村同圩组农民张志龙，承包村水面10多亩搞河蚌育珠，1991年进行鱼蚌混养，获纯利3万多元，1992年获纯利7万多元，自家新建1幢8间的小楼房。1995年，以夹沟、横桥两乡为主的万亩连片鱼蚌混养基地基本建成。1996年起，由于国际珍珠市场的变化，珍珠价格下跌，河蚌育珠面积逐年减少，至2000年，鱼蚌混养基本结束。

鱼蟹混养 1991年，闵桥水产养殖场首创鱼蟹混养66.67公顷，当年产成蟹4000多公斤、成鱼3万公斤，产值35万元，去掉当年所有开发资金成本后，盈利6万余元。1994年，三河村刘孝春，围网鱼蟹混养，产成蟹1560公斤、成鱼3000公斤，产值28.7万元，纯收入16.3万元。该村潘如明、张富标、孟现好等户，每户养蟹纯收入都在5万~10万元之间。1995年，县渔政站承担农业部“网围鱼蟹混养高产高效综合技术”丰收计划项目。金湖项目区（涂沟镇三河村、复南村高邮湖养殖区）共实施266.67公顷。主要技术措施：推行小区精养，改大面积网围为每块50至100亩的小区；围养区中套放网箱，提高鱼产量，共放置网箱121只、4.17万平方米；鱼种放养时间提早，改春放为冬放，幼蟹、鱼种均在2月底前放养结束，同时杜绝假劣蟹苗；加强防逃设施，改单层防逃为双层，并在内层上增设斜形防逃网。10月24—25日，省水产局组织有关水产专家来金湖进行测产验收，认为该项目

“组织严密、措施得力、技术先进、效益显著、资料完整，完成项目指标，达到了全国先进水平”。项目区内，产商品蟹32.2吨，平均亩产蟹8.05公斤、鱼195公斤，总产值624万元，纯利润482.11万元，亩均利润1205元。其中，涂沟镇复南村倪成富网围鱼蟹混养13.33公顷，投入12万元进行小区精养，当年收获河蟹1.7吨、产值41万元，小龙虾10吨、产值3.5万元，鱼20吨、产值12万元，全年净收入近40万元。白马湖村刘中喜网围鱼蟹混养4.67公顷，产值20万元、纯收入15万元。白马湖村青年王学兵，承包草滩40公顷进行鱼蟹混养，当年纯收入15万元，1995年出席全国青年联合会，并当选为全国青联委员。是年，以高邮湖、宝应湖、黎城湖为主的网围鱼蟹混养基地，面积2460公顷。至2005年，全县“三网”养殖多为鱼蟹混养。

三、稻田养殖

发展状况　县内稻田养殖开始于20世纪80年代，是县内养殖户自主创新的一种养殖模式。但因受技术、洪涝灾害等影响，效益不佳，未能推开。1994年，金湖在2处稻田养蟹试验首获成功。1997年起，推广“稻田养鱼、蟹、虾高产高效技术”，充分利用低洼稻田，发展稻田河蟹、青虾养殖，既提高稻谷产量，又增加水产品产量，经济效益显著。1999年，全县稻田养殖面积2667公顷，亩产值2000元，亩均纯效益达1200元。2000年，结合创建省级稻田养殖示范县，稻田养殖面积3467公顷，闵桥、塔集、涂沟、银集、前锋等重点乡镇新开发面积均在133公顷以上，前锋镇在阮桥、张集、中段等15个村集中连片开发稻田养殖，新发展653公顷、改造提高400公顷。是年，稻田养殖规模500亩以上的村22个，其中，1000亩以上的村12个。建成张集圩养殖区、郑家圩养殖区、丰泰圩养殖区、盐金公路沿线养殖区等，以稻田养蟹、养虾为主。年内共产稻谷4400吨、螃蟹650吨、青虾200吨，总产值5140万元。2002年，稻田养殖总面积6133公顷，其中新开发面积近2000公顷。2004年，仅吕良镇陈庄村发展稻田养殖15.3公顷。2005年，稻田养殖继续巩固和发展。在涂沟镇五星村、高邮湖村，银集镇复连村、团结村，共发展稻田养殖100公顷。其中五星村、高邮湖村66.7公顷主要从事稻田养蟹，亩产稻谷300~400公斤、河蟹15~30公斤。复连村、团结村33.3公顷主要从事鱼虾蟹养殖，亩产稻谷300~400公斤、鱼虾蟹15公斤左右。

图13-2-6　银集千亩稻田养殖区一角（摄于2005年）县档案馆/供

养殖技术　稻田养殖是农业结构调整的最佳选择之一。此养殖模式是在水稻田里放养鱼、虾、蟹，一般亩产稻谷400公斤左右，蟹25~60公斤、虾10公斤、鱼50~100公斤，亩纯效益1000~2000元。主要养殖技术包括田间工程、栽种水草、苗种放养、日常管理等四方面。在田间工程方面：视田块大小，开挖环沟和田间沟，面积约占该田块的15%~20%；围栏设施选用石棉瓦内侧贴塑料布，用木桩固定，四角做成圆弧形；进排水口用铁丝网扎牢。在栽种水草方面：环沟、田间沟内移植水蕹菜或菹草、眼子菜等沉水植物，要求布满环沟和田间沟。在苗种放养方面：一般在插秧前，亩放规格为80~120只/公斤的扣蟹5~6公斤，或规格为400~500只/公斤的蟹种2~4公斤，同时套养银鲫夏花200~500尾、抱籽虾1~3公斤。在日常管理方面：高温季节每隔2~3天加换1次水，保持水质清新；饵料为水草、小麦、鱼虾等，一般日投喂蟹总体重的10%~15%；主要防治敌害有水蛇、蛙、鼠等，采取捕捉清除；每半月泼洒生石灰水1次消毒杀菌；不施化肥，不用农药，基肥为农家肥；适时销售，错开螃蟹上市高峰，争取好价格。稻田养殖，稻鱼共生，稻田的水生物为鱼类提供天然饵料，降低养鱼成本；鱼多水肥，有机质增多，化肥农药施用量降低，稻米质量提高，可增加农民收入。

四、轮养轮休

2002年起，县内湖泊围养区推行“轮养轮休”制度，即在围养区调整吃食性鱼类与滤食性鱼类品种比例，或对生物资源过于枯竭的区域实行休止养殖的保护措施，以改善生态环境，实现可持续发展。2005年，全县水产养殖实行轮休面积3300公顷，轮养面积4000多公顷。

第三节 饲 料

1986年，县内水产养殖业饲料多为水草、青草及少量粮食类的大豆、玉米、豆饼、菜籽饼等，滤食性鱼类以人粪便、禽粪便、沼渣液肥水饲养。1988年，开始大规模推广种草养鱼，在塘口边缘、空地种植苏丹草、黑麦草等，就近收割投喂，保证青草来源，节本增效，减轻养殖人员的劳动强度。1994年，全县购进饲草种子1100公斤，2001年，养殖业开始推广颗粒饲料、自动投饵、“80:20”（吃食性鱼类比例占80%、滤食性鱼类比例占20%）等养殖新技术，实行标准化生产，提高水产品档次，养殖水平显著提高，特别以异育银鲫为主要对象的优质鱼，产量大幅上升，亩产达1吨以上。2005年，全县再掀“80:20”养鱼技术推广高潮，调优品种，增大吃食性鱼类的比例，投喂颗粒饲料和水草、田螺（用轧螺机轧碎）等生物饲料，提早商品鱼上市时间，获得较好的经济效益。全县“80:20”养殖面积达2000公顷，占池塘养鱼面积的83.33%，养殖效益每亩达1500元。

第四节 鱼病防治

1986年，县内发生的鱼病，主要有鲢鱼、草鱼的中华鳋病，多种鱼类的烂鳃病、赤皮病、肠炎等。防治方法对染病鱼池用漂白粉消毒，用敌百虫、磺胺脒、磺胺噻唑等药物，亦有用大蒜、韭菜、地芹草、食盐等泼洒池内进行治疗。1988年，金湖县鱼病防治中心成立，为淮阴市第一家“鱼医院”，设有鱼病门诊部、鱼药销售部，全方位地为水产业服务。1994年，该中心接待鱼病门诊750多次，出诊18次，发布病情预测预报8期1500多份，组织供应各种鱼药23.5吨、草种1100公斤，试验推广新鱼药5种。1998年，由于购进大量蟹苗，致使蟹类“抖抖病”和黑腮病传入，白马湖、淮胜、横桥等乡镇发生较重。此类病尚无根治良方，唯以预防为主。养殖区加强池水水源管理，勤换新水，增加青绿饲料投喂比例，杜绝使用变质动物性饲料，深埋病死蟹。药物防治：“抖抖病”用板蓝根2.5公斤、病毒灵0.5公斤，拌100公斤饲料喂饲；黑腮病用氟哌酸0.5公斤拌100公斤饲料喂饲，还用生石灰每公顷225公斤全池泼洒消毒，防治效果良好。2000年，县鱼机公司新开发的清杀剂、青苔净广泛应用，为渔民更好地清洁池塘、预防鱼病创造条件。

2001年、2002年连续整顿鱼药、鱼种市场，依据国务院《兽药管理条例》，对符合条件的20户鱼药经营户颁发“鱼药经营许可证”,取缔无证经营的销售点及渔场9个。2004年,县水产监管单位严格控制养殖水体环境,在养殖水体中移植水草、投放螺蛳等,水体环境得到有效改善,水生物防病抗病能力、水产品质量和安全水平提高。2005年,坚持预防病害,健康养殖;立足提高苗种质量,常规鱼苗坚持亲本原(良)种化、操作规范化;改善水体,对鱼药、饲料等严格监管。全县未发生大规模鱼病。

第五节　水产基地

1985年冬至1986年春,全县动员劳力10万余人,开挖修建鱼池,1986年,全县精养鱼池670公顷,亩产200公斤,各乡镇都有27~47公顷面积不等的精养鱼池。1987年,开展精养鱼池亩产千斤(500公斤)“高产、高效”竞赛,全县亩产达千斤以上的精养鱼池有118.27公顷。1988年,亩产千斤以上的精养鱼池307公顷。1989年,县委、县政府采取激励措施,每亩精养鱼池供应平价饲料100公斤、柴油5公斤、化肥10公斤。1990年,全县百亩以上连片的养殖场发展到39个,其中乡镇场31个,比1985年增加12个。是年,全县水产养殖面积4500公顷,其中池塘2607公顷,池塘中精养鱼池扩大到1680公顷,亩产千斤以上的鱼池53.33公顷。1992年,全县水产养殖产量10643吨,首次突破万吨关,是当年捕捞产量的1.79倍。

1991年,全县将开发湖荡养殖作为主攻方向,把内塘养殖工艺应用于湖泊养殖,全县围绕“蓝色”工程计划,抓住里下河开发、黄淮海开发的机遇,引进资金。发动各乡镇利用各种关系,通过各种渠道寻找合作伙伴,发展横向联系,引进资金、技术。宝应湖200公顷围养场与南京等地联营,先后引进资金83万元。横桥、前锋、金北等乡先后从无锡、镇江、南京等地引进资金1000多万元,还邀请外地人员承包水面130多公顷,均取得明显的经济效益。1993年,涂沟镇从海南、苏南等地引进资金410万元用于水面开发。白马湖乡吸引外地承包者17人,带来开发资金536万元,承包水面385.8公顷。通过引进资金技术,金湖的资源优势迅速变为商品经济优势,加快生产步伐。1994年,结合农村产业结构调整,横桥、夹沟、白马湖、前锋、淮胜等乡镇将围湖、围荡造成的低洼农田,有的改造成精养鱼池,有的养蚌,总面积超过667公顷。仅夹沟乡和横桥乡围田筑埂、提水养蚌育珠的面积分别为180公顷和167公顷。金北乡的应集、梁圩,孙集乡的泽南,白马湖乡的前锋等11个村退耕还渔面积均超过33.4公顷。通过退耕还渔,有8个乡镇建起水产财政基地,基地养殖面积达374公顷。全县有13个县直部门、68个乡直单位参与水产开发,累计开发水面653.33公顷。亩产千斤以上、亩纯利千元以上“双千塘”460公顷。1995年,基地建设加快,县水产局与高宝邵伯湖渔管会配合,建立起高邮湖属金湖县范围内的鸡鸣荡鱼类常年繁殖保护区。该区面积400公顷,水草茂盛,流速和缓,是鲤、鲫、鳊、梅鲚等鱼类的天然产卵场,自3月1日起,实行常年禁渔(禁止各种器具捕捞、禁止捞水草、禁止放养鹅鸭)管理,并设立13公顷放流苗种暂养区,以利于湖区渔业资源的恢复。年内,全县人工放流草鱼、鳊鱼一龄鱼种5526公斤,草鱼夏花105万尾,大眼幼体蟹苗15.7公斤。

2002年,县渔政、渔监站引进上海进茂实业公司来金湖承包水面开发养殖,在高邮湖、黎城湖分别建立100公顷、33.3公顷网围养殖基地,取得较好的经济效益和社会效益。10月,县林牧渔业局组织相关单位申报无公害水产品生产基地和产品。12月,“湖光”牌青虾、异育银鲫、“津湖”牌中华鳖、中华绒螯蟹、“金宇”牌冻熟小龙虾等5个品牌水产品标志获省农林厅批准。在老三河沿线和宝应湖水面,分别建成460公顷和390公顷的无公害水产品生产基地,获得产品和基地双认证。2003年,金湖县获省级无公害水产品生产整体推进示范县称号。涂沟镇水产养殖场等11个水产业生产主体,成功申报无公害中华绒螯蟹、异育银鲫等无公害水产品生产基地11个、无公害水产品12个，面积5266公顷。

2005年，全县拥有无公害水产品养殖基地14个、面积6343公顷，占全县水产养殖总面积的43.2%；无公害鱼蟹品牌10个，年产量8730吨，经省水产品质量检测中心抽检6批12个产品、52份水样和52份土样，全部合格，金湖县成为全省首批无公害水产品整体推进县。

2005年金湖县水产品基地建设一览表

表13-2-3

经营单位	基地名称	主导产品	商标	面积（公顷）	年产量（吨）
金湖县三河渔业服务有限公司	金北老三河养殖基地	中华绒螯蟹	湖光	267	200
金湖县鱼种场	宝应湖区前锋段	中华绒螯蟹	津湖	540	320
金湖县鱼种场	郭家荡池塘养蟹基地	中华绒螯蟹	津湖	267	200
江苏农垦宝应湖农场	宝应湖区宝农段	中华绒螯蟹	宝绒	267	160
金湖县白马湖养殖场	白马湖湖泊养蟹基地	中华绒螯蟹	白马湖	667	400
金湖县涂沟水产养殖场	宝应湖华庄湖泊养蟹基地	中华绒螯蟹	双湖	667	400
金湖县涂沟水产养殖场	高邮湖新滩湖泊养蟹基地	中华绒螯蟹	双湖	1000	600
金湖县鸡鸣荡养殖场	鸡鸣荡湖泊养蟹基地	中华绒螯蟹	鸡鸣荡	667	400
金湖县鸡鸣荡养殖场	陈家圩池塘养蟹基地	中华绒螯蟹	鸡鸣荡	267	200
金湖县闵桥镇水产养殖场	荷花荡池塘养蟹基地	中华绒螯蟹	叶家渡	267	200
金湖县滩涂开发公司	堤南池塘养蟹基地	中华绒螯蟹	绿荡	667	400
金湖县涂沟水产养殖场	夹荡池塘鱼鳖混养基地	中华鳖、鱼	双湖	133	50
金湖陈桥老三河水产养殖场	老三河池塘养鱼基地	异育银鲫	渔家傲	267	1200
金湖县吕良镇水产养殖场	泗湖水产生产基地	草鱼、异育银鲫	泗湖	400	4000
合　计				6343	8730

第三章　渔业捕捞

第一节　捕捞区域与渔具

捕捞区域　县内水面辽阔，沟河湖荡纵横交错，淡水鱼、甲壳类、贝类水生动物品种较多，渔业生产长期以捕捞为主。主要捕捞区域有：高邮湖：位于县境东南，地跨苏皖两省高邮、天长、金湖、宝应四县（市），为江苏省第三大湖，湖域面积663平方公里，均可捕捞。其中金湖县辖289平方公里，可定置渔具（固定设置在湖内捕获鱼、虾的作业方式，多为签箔具）捕捞。盛产鱼、虾、蟹，是沿湖渔民赖以生存的天然捕捞场所，适宜拖网、围网、刺网、签箔、笼篮类渔具生产，高邮湖银鱼、高邮湖大闸蟹、高邮湖梅鲚（毛刀）是极具金湖地方特色的水产品。

宝应湖：位于县境东部，在高邮湖与白马湖之间，地跨金湖、宝应两县，总面积140平方公里，均可捕捞。其中金湖县辖60.1平方公里，可定置渔具捕捞。适宜签箔、刺网、笼篮类渔具生产，是主要的鱼、虾、蟹捕捞场所。

白马湖：位于县境东北部，地跨金湖、宝应、洪泽、淮安楚州四县（区），总面积110平方公里，均可捕捞。其中金湖县辖37平方公里，可定置渔具捕捞。适宜签箔、刺网、笼篮类渔具生产，是主要的鱼、虾、蟹捕捞场所。

三河：为淮河入江水道的西段，横穿县境东西，地跨金湖、洪泽两县，其中金湖县境113.1平方公里。在三河黎城段，渔业生产上亦称黎城湖，面积38.1平方公里。适宜刺网、笼篮、敷网、挂钩、卡类渔具生产，是鱼、虾、蟹、蚌、螺、蚬捕捞场所。

图13-3-7 三河鸬鹚（水老鸦）捕鱼（摄于2000年） 李义海/摄

渔具 1986年前后，县内常用的捕捞工具有60余种，分网具、钩具、簖具和杂具4类。20世纪90年代中期起，渔民的捕捞工具和船只发生明显变化，用于捕鱼的小木船迅速减少，机帆船日益增多。一些传统的渔具渔法也相继失传。1994年后，县内出现非法电捕鱼，县水产部门不断加大对电捕鱼的查处力度，收到显著效果，但禁而未止。

2005年，主要捕捞工具有40余种，分网具、钩具、签箔具、笼篮具和杂具5类，以网具为主，签箔具次之。①网具：拖网类，有浮拖网（大搬网）、小搬网、小兜网、联网、快网、江网、脚网、蟹拖网、虾拖网等，主要在湖区、入江水道作业；围网类，有操网、绞网等；刺网类，有拖刺网（挑刺网）、双层网、三层网、丝网、虾条网等；张网类；敷网类，有虾罾、拦河罾、桥头罾等。②签箔具，常用的为簖类（又名迷魂阵），有塑料簖、竹簖、撬布簖、蟹簖、打围箔等。③笼篮具，常用的有花篮、虾笼、睡笼、黄鳝笼、虾独笼、丝光篮等。④钩具，常用的有挂钩、卡等。⑤杂具，常用的有鱼叉、卷圆子、鸭枪、鸬鹚（又名鱼鹰，俗名水老鸦）等。

第二节 捕捞作业与产量

20世纪80年代，淡水捕捞是县内渔业生产的主体。1986年，全县有捕捞渔船1526艘，1.2万吨，其中机动渔船466艘、6000多吨、5775千瓦。有大型簖塘500余个，因数量过多，网目过小，有损水产资源的发展，妨碍其他渔具生产。捕捞品种主要是：鱼类有鳊、草、鲤、鲂、鲌、鲫、鳢、青、鲢、鳙、鳜、鳝、鳗以及黄颡、梅鲚、鲂皮、花骨鱼等，甲壳类有中华绒螯蟹、小蟹、青虾、白条虾、竹节虾、马头虾、小米虾、小草风虾、日本鳌虾等，爬行类有龟、中华鳖等，贝壳类有蚌、螺、蚬等。除在县内捕捞外，另有渔船70余艘、渔民200余人季节性下长江捕捞。全年水产品捕捞量3598吨。

20世纪90年代初期，湖区围网养殖面积逐步扩大，湖区自然面积减少，捕捞空间被压缩，但由于捕捞工具先进，捕捞强度加大，捕捞产量并未下降。1994年，全县有捕捞渔业村12个，专业捕捞劳动力2834人，渔船2196艘、15241吨，捕捞鱼簖480塘，捕捞产量7857吨，其中虾类1986吨。是年，金湖县进入长江口捕捞鳗鱼苗的渔船有100余艘，共捕获鳗苗166公斤、60万尾，比上年翻一番，产值600余万元。2月初，县政府首次发布通告，宣布对黎城湖实施40天的封湖禁渔管理，禁渔期为2月20日至3月31日。该湖区当年捕捞量增加2成以上。全年签发“捕捞许可证”1050本，外来渔船签证96户，核发专业渔民证1061本、兼业渔民证85本。是年，随着捕捞水域的减少，专业渔民劳务输出发展较快，全县有18.2%的专业渔民转入劳务输出，达629人，累计1072人。主要是发挥渔民会管理船舶的技能，在上海及苏、锡、常、杭一带从事水上运输，既缓解湖区生产的压力又解决富余劳动力的出路，当年从事运输的专业渔民劳务纯收入400余万元。

1995年起，县政府一方面实行水面整治、工业污染治理、种草栽蒲等措施，保护渔业生态发展；一方面加大人工增殖放流，每年在高邮湖、宝应湖、白马湖等水面投放数以千万计的鱼、蟹等苗种，遏制渔业自然资源衰退。是年，县内渔业资源开始回升，当年捕捞量增至9656吨，比上年增22.9%。是年，小龙虾获得丰收，捕捞产量2077.5吨，比1994年增210%。县水产局与苏州等地合作，组织黎城湖、高邮湖河蚬资源的开发利用和出口创汇，由县渔政站负责，实行统一捕捞、统一收购、统一经营与管理，为致富湖区渔民、发展外向型渔业经济开辟新途径。全年共采捕河蚬850吨，全部出口日本。1996年，涂沟水产食品加工厂组织捕捞加工成品河蚬肉80吨，全部出口日本，创汇8.71万美元。是年，涂沟、夹沟、闵桥等乡镇有122艘渔船远赴长江捕捞，产量87吨。1998年，全县有捕捞渔业村12个，专业捕捞劳动力3391人，渔船3741艘、27412吨，其中机动渔船1881艘、18633吨；定置性捕捞鱼簖456塘，其中杆子簖98塘。全县水产品捕捞产量10647吨。1999年，全县水产品捕捞产量12037吨。

2000年7月4日，淮河上游大量污水下泄，黎城湖、高邮湖上万公顷水域发生重大污染事故，污水所到之处，鱼虾大量死亡，即使未死的鱼虾亦不能食用，捕捞停止作业达3个月之久。2001年，全县有各类渔船3900艘，其中机动渔船1700艘。捕捞产量7626吨。2005年，全县有各类渔船1065艘、5796吨位，功率8179千瓦，出县捕捞渔船100余艘，渔民300余人，主要分布于长江流域的上海、南通、张家港一带，捕捞长江毛刀鱼、鳗鱼等鱼类。其中鳗鱼苗60余万尾、166公斤，创产值600余万元。全年水产品捕捞产量10054吨。其中鱼类6582吨，甲壳类2205吨，贝类1267吨。

图 13-3-8　金湖渔民在长江口捕捞蟹苗（摄于1988年）　姜燕／摄

1986—2005年金湖县渔业捕捞统计表

表13-3-4

年份	渔船			捕捞渔民（人）	捕捞产量（吨）	年份	渔船			捕捞渔民（人）	捕捞产量（吨）
	总数（艘）	其中机动					总数（艘）	其中机动			
		数量（艘）	动力（千瓦）					数量（艘）	动力（千瓦）		
1986	1526	466	5775	2635	3598	1996	—	1469	13271	3391	9402
1987	1670	769	6339	2610	3803	1997	3430	1597	13927	3944	10018
1988	1727	970	6737	2846	4187	1998	3741	1881	16092	3391	10647
1989	1778	987	7083	2698	4774	1999	3852	1806	15585	3418	12037
1990	1765	992	7094	2844	5523	2000	3899	1662	15715	3778	9260
1991	1800	1155	6411	2908	6707	2001	3900	1700	14957	3131	7626
1992	1843	1330	7673	3203	5957	2002	3088	1623	15296	3475	7170
1993	1875	1380	8857	3463	6823	2003	—	2123	9027	2246	11963
1994	2196	1787	10064	2834	7857	2004	839	713	4416	1352	6691
1995	2844	1617	11103	3458	9656	2005	1065	813	8179	1352	10054

第三节　渔政监管

1986年，县渔政管理工作由水产局负责，每年1月1日至9月15日为螃蟹禁捕期，2月20日至5月25日，高邮湖、宝应湖实行全湖禁渔期管理。从是年1月1日起，依规对捕捞渔民征收水资源保护费，凡在禁渔期进入禁渔区捕鱼者，首次收缴40~80元水资源保护费，第二次加倍，并吊销“渔业捕捞许可证”；凡炸鱼、毒鱼、电力捕鱼者，除没收全部器材外，视情节轻重，收缴50~200元的水产资源赔偿费；情节严重的，依法追究刑事责任。1987年，县渔政管理站成立，在每年的禁渔期期间，深入湖区现场，严格执行封湖禁捕，让鱼类资源休养生息，还参与配合上级渔管会组织的在金湖水域水产品苗种的人工放流。

1994年，黎城湖于2月20日至3月31日首次实行40天的禁渔期，该湖当年捕捞产量增加两成以上。9月，金湖县代表省参加国家渔船检验局在新疆乌鲁木齐召开的全国内陆渔船检验工作会议，并在会上作交流发言。10月，县渔政监督管理站开展打击电力捕鱼专项治理，在涂沟镇政府、县水上派出所及有关村配合下，先后组织3次较大规模集中检查，共查处电力捕鱼45起，收缴电捕工具39台（套），行政拘留1人。12月26日，县渔政监督管理站在黎城湖召开渔民大会，当场销毁电捕工具，对电力捕鱼者起到震慑作用。是年12月，由中国船东互保协会①江苏省办事处批准，中国渔船船东互保协会金湖代办处成立，该协会组织渔船船东参加相互保险，共同承担生产过程中发生意外风险所造成的财产损失，并向会员提供安全保障服务，增强会员的防灾、抗灾能力，

① 中国船东互保协会是由农业部主管、民政部批准的，全国范围内广大渔民以及其他从事渔业生产经营或为渔业生产经营服务的单位和个人自愿组成，实行互助保险的非营利性的社会团体。

维护会员的合法权益，保障渔业生产稳定发展，金湖首批入会办理平安保险的有24户。1995年，签发“捕捞许可证”1045本，为外来渔船签证85户；开展渔业执法检查108次，查处违章作业渔船55艘、无证捕捞者29人，没收违规渔具41件，查处电力捕鱼22起。随着螃蟹养殖业的快速发展，正宗蟹苗货源紧俏，大量假劣蟹苗趁机流入，危害养殖户。渔政管理人员奔赴湖区现场查处，开展渔业执法检查108次，对贩运和放养假劣蟹苗进行宣传教育和严厉制止。全县放养假劣蟹苗约占总放养量的25%，危害面积330多公顷，造成损失约300万元。为此，县水产局在《淮阴日报》刊登《假蟹苗坑了养殖户》的报道和照片，披露涂沟镇三河村渔民蒋正华养殖假劣蟹苗受害情况，为其追责索赔提供帮助，警示其他养殖户避免上当受骗。1998年，针对县内电力捕鱼工具越来越先进、破坏性越来越大、危害范围越来越广、参与人数越来越多、抗拒管理越来越严重等实际情况，11月28日，县政府召开专题会议，部署开展严厉打击电力捕鱼专项治理活动。渔政、公安、司法部门与各有关乡镇紧密协作，利用多种形式广泛宣传，采取陆上排、限期缴，水上查、合力管等措施严厉打击。共查处电力捕鱼50多起，收缴大中型电捕船只工具30多台（套），有关涉案人员都受到相应处罚。

2002年7月，由于泄洪污染，高邮湖乌龟套一带，接连发生大面积死蟹、死鱼事故，其中乌龟套17户86.7公顷、川宝湖（位于闵桥镇甫坝村高邮湖大堤外侧，也属于高邮湖水面）40多户300公顷水面重度污染，经济损失30万元。县渔政部门协同环保部门积极做好污染事故调查工作，并请省专家考察实际受损情况、进行化验鉴定，帮助渔民一方面开展生产自救，一方面提请索赔仲裁，最后6户受灾最重的渔民获赔12万元。9月，整顿全县鱼药、鱼苗市场，对符合条件的颁发苗种生产许可证4个，鱼药经营许可证20户；对无证经营的9个渔场及个人予以取缔，保护全县养殖户利益。2005年，全县共登记在册管理渔船1065艘，培训考试在册渔业船员1500人，参加渔船船东互保30人。

第四章　水生植物种植

第一节　品　种

据1980年调查，金湖水生植物资源有60余种，分为四类：浮叶类，有菱、藕、芡实、荇菜等；漂浮类，有莼菜、芜萍、青萍、斑萍、绿萍、槐叶萍、水浮莲等；沉水类，有苦草、竹节草、马来眼子菜、金鱼藻、菹菜等；挺水类，有芦苇、茭草、蒲草、稗草等。主要水生植物的分布是：茭草、蒲草，分布在白马湖、宝应湖；芦苇，分布在宝应湖、三河、高邮湖；菱角、荷藕、芡实，分布在沟塘、外荡、洼地。上述水生植物多为野生，也有因经济价值和食用价值，转为人工种植。1986年，县内种植的水生植物主要有芦苇、蒲草、茭草、荷藕、菱角、芡实、茭白等。1995年，以芦苇、荷藕、菱角为主的7类水生经济作物面积为3873公顷，产量3.19万吨。2001年，全县水生蔬菜面积8200公顷，其中荷藕5500公顷、茭白1000公顷、菱角350公顷、芡实1000公顷、其他350公顷。水生蔬菜总产量18万吨，总产值7200万元，实现效益4000万元。2005年，水生蔬菜推广标准化生产，种植面积稳定在8000公顷，总产量18万吨。

第二节　面积与产量

一、芦苇　蒲草　茭草

1986年，境域芦苇种植面积约667公顷，蒲草483公顷，茭草900公顷。芦苇产量约7000吨，产值50万元；蒲草产量2700吨，茭草产量13.5万吨。芦苇主要作造纸原料和供地方发展编织业，用于抗洪防汛和解决城镇居民生活燃料不足等问题。1987年后，随着河湖水系的变化，大片芦荡变为旱滩，导致柴质逐年退化，产量逐步走低。20世纪80年代末，由于茭草、蒲草需求量减少，不再栽植。1996年起，大部分柴滩被逐步开发利用。进入21世纪，县政府决定，采取退养还湖、发展高效生态农业等措施，加强对湖区生态环境的治理与保护。2002年，县三河滩地保护性开发项目获得国家投资1983万元，463公顷滩地的芦苇、蒲草、茭草被开发为林地或水产养殖区；沿湖各镇村亦利用低洼地发展养殖种植业、“抬田造林”，绝大部分苇草地被开发。2005年，全县芦苇面积仅保留约70公顷。

图 13-4-9　金湖柴滩管理所堤南滩芦苇（摄于1988年）

李义海／摄

二、荷　藕

1986年，全县荷藕人工种植面积767公顷，产量8300吨，亩产约720公斤，产值1160万元。1994年，以荷藕为主的水生植物种植面积扩大到3953公顷，其中荷藕面积1500公顷，产量3.11万吨，产值3732万元。1995年，县镇将发展荷藕生产作为一项重点产业，鼓励农民整治旧藕区，利用低洼田，改造浅水湖区，拓展荷藕种植。1997年，荷藕种植成为境域的特色产业，并逐步做强做大。2000年，全县建成闵桥、吕良等荷藕生产基地镇4个，总面积5500公顷，其中闵桥镇建成远近闻名的荷花荡生态旅游示范区。戴楼镇新塘、中东、永丰等村，开发利用低洼地367公顷，种植水生蔬菜荷藕等。涂沟镇发展水生蔬菜267公顷。前锋镇水生蔬菜总面积达1200公顷。吕良镇水生蔬菜基地种植荷藕733公顷，产量9988吨；慈姑55公顷，产量410吨。荷藕开始引进新特优品种，按适应水位深浅分为浅水藕和深水藕。深水藕品种主要为宝应美人红、鄂莲4号、鄂莲2号；浅水藕品种主要为鄂莲1号、苏州花藕、宝应大紫红、上海飘花藕、大白花等品种。

2001年，经评估论证，金湖县被命名为“中国荷藕之乡”。全县加大荷藕产业化步伐，荷藕专业合作组织开始出现。合作社内专业分工明确，有生产技术队伍、防病治虫队伍、采挖营销队伍，荷藕产业经济效益提高。是年，荷藕种植面积5500公顷，其中吕良镇1000公顷，闵桥、银集、涂沟、前锋、金北等镇均超过万亩。闵桥荷花荡引种观赏性花莲，建起观荷园，面积80亩，品种有睡莲、牡丹红、红台莲、绝品鸳鸯等80多个，花色有宫粉、桃红、纯白等，6—8月赏荷时节，闵桥万亩荷花荡吸引数万游人赏景采莲，带动旅游业发展。2002年初，县农业部门组织技术人员编制《金湖县荷藕生产标准》。根据国家和省有关规定，结合金湖的生产实际，制定出荷藕生产的技术操作规程和主要生产指标，规定荷藕生产中用肥、用药等主要参数，确保产品品质。年内，全县积极示范推广，建立标准化示范基地2个，示范面积1500公顷。7月，《金湖县荷藕生产标准》被淮安市质量技术监督局定为市级地方标准，在全市推行。是年，全县加强荷藕生产技术创新，加大配套技术攻关和推广。主要有：①推广轮作技术。多年种养老塘口实行荷藕种植和养鱼轮作，藕塘养鱼可降低荷藕的病虫害，鱼塘种藕可充分利用鱼塘中的有机肥料，改善水质，减轻鱼病，提高水产品品质。推广面积1200公顷。②推广藕塘套养技术。藕塘套养泥鳅、黑鱼等，可减轻病害，提高综合效益，每亩可增纯利200元以上。推广面积2150公顷，增加收入500余万元。③推广生物防治技术。以高效低毒少残留的生物农药替代高毒高残留农药，降低污染，结合藕塘养鱼，以降低荷藕食根金花虫的危害和荷藕腐败病的发生。推广面积2800公顷。④推广配方施肥技术。开展荷藕需肥规律的研究，研制开发荷藕配方专用肥，合理投入肥料，减少化肥对水质的污染，推广面积4500公顷。是年，闵桥荷藕加工厂、吕良东亚果菜食品有限公司两家龙头加工企业，生产鲜切藕、盐渍藕、藕粉、罐头等产品，年加工荷藕4万吨，实现产值1.7亿元，利税1500万元。

2003年，全县水生蔬菜面积发展到8600公顷，其中荷藕5700公顷，产量11万吨，产值7800万元。建成蔬菜营销协会4家，农民经纪人队伍发展到420人，年外销水生蔬菜达15万吨，实现产值1.7亿元，创利税1500万元。建设荷藕示范园区，指导农民改变传统栽培方式，应用看苗诊断，合理用肥、管水等种管技术；引进新品种，调优品种结构，提前鲜藕上市期；按标准化生产，全面禁止使用高残留农药，实施无公害栽培；针对荷藕原地多年反复留种，带来鲜藕品质差等问题，藕农采取单独留一块藕塘，专门用来培育藕种，最长3年就自行淘汰，然后引进优质新品种的方法，提高荷藕的抗病能力和鲜藕产量，保证品质。是年，全县沿湖7个镇的荷藕种植面积均在万亩以上，80%为规模连片种植；建成水生蔬菜无公害生产基地4500公顷，其中荷藕3700公顷，"浪底玉"牌荷藕等3个水生蔬菜产品品牌通过省绿色无公害农产品认定。鲜藕产量15万吨，其中，生产鲜切藕、盐渍藕、营养藕粉等藕制品1000吨，消耗鲜藕4万吨，实现产值3000万元，创利税500万元，出口创汇60多万美元。同时，探索荷藕与鳅鱼、小龙虾等水产品套养技术，不断提高藕田经济效益。闵桥镇植藕面积1000公顷，生产过程中基本施用有机肥，严格控制农药和化肥施用量，所产鲜藕洁白如雪，脆嫩香甜。加工的腌制藕、风味藕畅销日本市场。该镇全年共加工鲜藕1.2万吨，六成销往日本市场，其余鲜藕亦被外省市抢购一空。

图 13-4-10　吕良镇军舍村采收花香藕（摄于2005年）

李义海 摄

2004年，水生蔬菜种植面积发展到9000公顷，其中荷藕6000公顷，优良品种覆盖率90%以上，产量18万吨，产值8000万元，效益4500万元。新增蔬菜营销协会1家，农民经纪人队伍发展到450人，外销水生蔬菜13万吨。县制订《无公害荷藕生产标准》。2005年，建成荷藕标准化生产示范园2个，核心区面积1360公顷，辐射面积5000公顷；推广优良品种，良种覆盖率95%；荷藕实际种植面积已达1万公顷，金湖被誉为“全国荷藕之乡”。继续完善公司（经纪人）+基地（农民）的产销合作模式，推进产加销一体化，培育农民经纪人队伍，外销水生蔬菜15万吨。

三、茭白　菱角　芡实

1986年，茭草、菱角、芡实遍布各乡镇的河湖沟塘水面，多为野生、自然生长，管理粗放，集中于宝应湖、白马湖、高邮湖湖区；总面积约1200公顷，其中人工种植面积约300公顷；产量茭白800吨，菱角3400吨，芡实50吨。2000年，戴楼镇新塘、中东、永丰等村，开发利用低洼地种植菱角67公顷；前锋镇种植芡实、茭白533公顷，吕良镇扩大茭白种植237公顷，产量2670吨。2001年，全县种植芡实1000公顷，菱角350公顷，茭白1000公顷，产量9万余吨，产值100余万元。2003年，茭白种植1000公顷，“白玉”牌茭白和“芙蓉”牌菱角两个品牌通过省绿色无公害农产品认定。2004年，县制订《无公害芡实生产标准》《无公害菱角生产标准》。2005年，有茭白1000公顷，芡实1200公顷，菱角500公顷，年产量1.2万吨，年产值133.2万元。

图 13-4-11　高邮湖区菱角采摘（摄于2004年）
朱伟／摄

图 13-4-12　芡实种植（摄于2005年）　李义海／摄

第五章　水产品购销

第一节　水产品加工

1986年，全县水产购销和加工企业有县水产供销公司、涂沟水产食品加工厂、涂沟镇7个村办水产加工厂等。其中县水产供销公司全年产冰545吨，冷冻水产品490吨，水产品加工收回186.4吨，加工付出403.2吨。涂沟镇食品加工厂速冻能力80吨，冷藏130吨，制冰5吨。全县除初加工速冻鱼外，精加工产品有冻河虾、黑鱼片、冻虾仁、冻银鱼、冻蟹粉等。

1994年，共有水产购销和加工企业17户，其中国有企业2户、集体6户、个体9户，从业人员（不

图 13-5-13　金宇水产食品有限公司水产加工品（摄于2001年）
朱伟/摄

含季节性用工）186人。其中县水产供销公司和涂沟水产食品加工厂是全县水产加工龙头企业。全县有水产冷库3座，冷藏总量1300吨，制冰总量300吨。水产品加工总量607吨，加工产值1500多万元。加工产品有冻河虾、冻虾仁、河蚬肉、田螺肉、珍珠粉、珍珠项链等近10个品种。水产品出口367.2吨、创汇51.27万元美元，比上年增长19.1%和13.6%。是年3月，县金杰天然珍珠保健食品厂建成投产。该厂由县水产局先后投资116.6万元兴建，年生产能力为水溶性全成分珍珠粉5吨、盒装珍珠粉20万盒、速溶珍珠晶30万盒。

1997年，由于资金、技术、市场等多方面因素制约，全县水产品加工呈连续滑坡态势。全年水产品加工总量530吨，加工产值790万元（不含个体加工户），分别比上年下降54.9%和26%。加工产品品种亦趋萎缩，有冻河虾、冻虾仁、熟冻龙虾仁、冻整小龙虾、冻田螺肉、冻银鱼以及珍珠粉、珍珠饰品等。造成水产品加工不景气的原因主要是：小龙虾、银鱼、河蚬等原料产品货紧价高，收购渠道增多，企业收购成本居高不下；鲜活水产品上市渠道通畅，初级加工产品技术含量偏低，附加值不高，缺乏竞争力，销路不畅；加工水产品出口受阻，如美国对冻龙虾仁限制进口，加之竞争加剧，每吨出口价从1995年的5.95万元降至3.05万元，企业经营效益受到严重影响。1998年5月，涂沟水产食品加工厂改制为股份制企业——金湖县金宇水产食品有限公司。

2000年，金宇水产食品有限公司通过机制创新、规模盘大和龙头带动，实现产销两旺。其加工以熟龙虾为主的水产品1100吨，其中出口占三分之二，创产值1960万元，销售1850万元，创汇150万美元，利税110万元。

第二节　收购与销售

1986年，县水产供销公司下设水产收购站4个、收购组7个、批发部1个。是年，收购水产品472.8吨，地销399.7吨，外地调进220.7吨，调出207.8吨，加工收回186.4吨，加工付出403.2吨，结存241.2吨，营业额305.04万元，纯利15.29万元。县水产供销公司自水产品放开以来，经营一直不景气，1989年起连年亏损，至1993年，累计亏损100余万元，为全县困难企业之一。1994年，该公司扭亏为盈，上缴税金21.7万元，利润1.88万元。

20世纪90年代起，随着开发面积的迅速扩大，全县水产品产量以年30%的速度递增，鱼、蟹、珍珠等水产品的大量上市，致使流通渠道以及消费市场一时难以承受。全县一方面有计划地建立水产品批发市场，在大中城市增设销售窗口外，还积极组织有关生产单位和个人从事水产品流通。1995年，全县从事水产品收购、销售的单位和个人有200余家，在上海及杭州、广州、苏州、无锡、常州等地都设有销售网点，并与一些大中型企业如扬子、南钢、徐州煤矿等单位挂钩，定期供应水产品，年销售水产品万吨以上，销售额近亿元。唐港乡五星村大力发展水产品营销，1996年共经销水产品800吨，其中干货达480多吨，产值450万元，创利103万元，户均纯利4800元，人均1315元，占该村人均总收入3810元的34.5%。由于销售渠道的畅通，促进水产商品的正常运转。县水产局还创办珍珠粉厂，加工水溶性全珍珠粉及其系列产品，解决珍珠销路和物资供应问题。县水产部门创办蛋白粉厂，生产羽毛粉，蟹、虾饲料配方"富氨宝"；在部分开发区设立网绳、鱼药供应点，直接服务湖区群众，保证全县水产生产的稳步发展。还扩建银集渔网厂，年产各类渔网（线、绳）2000吨以上。

1997年，全县水产品流通呈现蓬勃发展态势。个体运销户日趋活跃，其经销的水产品占总量的80%以上，部分运销大户还在沪、宁、杭等城市开设批发窗口，其中仅直销大户赵怀远一户，年销水产品4000多吨，占全县水产品总量的10%；生产者流通意识增强，走产销结合之路、自觉参与市场流通的越来越多；各类水产流通组织发挥越来越积极的作用，官塘乡甲鱼养殖公司、银集镇特种水产品营销协会、唐港乡五星村水产品贩销联合体等一批组织，已成为联系生产和市场的纽带。是年9月7日，县委、县政府专门召开全县水产直销大户座谈会，共商水产品流通计策，有21个年经营额100万元以上的水产品直销大户参加会议，县四套班子主要领导出席，县工商、水产、外贸、税务、供电等部门负责人参加座谈。这在金湖历史上属首次，对拓宽水产品流通渠道、实现以销促产，有着重要意义。

1998年，采取有效措施搞活水产品销售市场。全县发展各类营销户800多户，拥有活水车60辆、活水船120多艘，在大中城市设立销售窗口近百个，其中年销售20万元以上达120多户；各类水产流通组织发挥积极作用，突出的有银集镇牛蛙协会、涂沟镇水产品营销协会、官塘乡甲鱼养殖公司、唐港乡五星村水产品贩销联合体、怀远水产品营销公司等，已成为联系生产和市场的"金桥"；白马湖、横桥两乡初建水产品批发交易市场，为以场兴市开好头；部分水产品有了自己的品牌，涂沟镇苏丰水产品贸易有限公司为金湖县鲜活鱼、虾、蟹在工商局分别注册"高宝湖""白马湖"两只商标，在上海、杭州、苏州等城市水产品市场产生影响。全县生产的水产品均及时销出，其中销往国外的螃蟹、牛蛙、河蚬达1260吨。

2000年，全县有各类水产经纪人800多户，从业人员2500多人，年运销水产品2.8万吨，运销额3.5亿元，其中运销额50万元以上的大户27户。2005年，全县把水产品营销队伍建设作为发展渔业生产的一项重要工作，累计在工商部门注册的营销户100多户，从事营销人员3000多人，销售量占全县水产品总产量的60%以上。

第十四篇　工　业

1986年，全县共有乡及乡以上工业企业274户，其中全民企业50户、集体企业224户，其中独立核算工业企业有205户，职工年平均人数1.84万人，固定资产净值6458万元，实现工业总产值3.42亿元，其中全民工业、独立核算集体工业产值分别占全部工业产值的55.4%、44.6%。医药、化工工业保持发展优势，机械工业提速，石油钻采设备、机械配件、输油泵等产品开始向国际先进水平迈进，市场覆盖率攀升。1987年，工业企业全面推行厂长负责制、承包责任制。1993年，县属工业发展步入快车道。全民企业、乡及乡以上独立核算集体工业企业发展到316户，实现产值10.76亿元，其中全民工业产值占全部工业产值的比重降至38.8%，集体工业比重上升到61.2%。县属工业的一批重点项目先后实施，石油机械产品、输油泵产品市场覆盖率分别达40%、50%。客车门泵、"金河"牌碳酸氢铵获江苏省优质产品，县化肥厂被授予全国小氮肥红旗单位、大庆式企业等荣誉称号，县制药厂白葡止咳片国内市场覆盖率占同行业的50%。

1994年，全县工业企业改革继续深化，发展步伐加快。县制药厂、输油泵厂、机械厂、第一棉纺厂等企业成为县属企业的排头兵。县机械厂主要产品在全国同行业中达到产量、质量、销售、效益、市场占有率和覆盖率6个第一；县水泥制品厂研制生产的环形强应力水泥电杆填补市内空白。江苏爱特福药物保健品有限公司、银集砖瓦厂等骨干企业带动促进乡镇工业发展。1995年，汽配厂8吨级焊接式后桥总成项目通过交通部鉴定验收，填补国内空白；县水旱两用施肥机获国家专利，氯气泵系列产品获国家金奖；县渔机公司产品获全国农业博览会银奖；在'95中国高新技术、新产品博览会上，金湖县参展项目19项，有8项获奖，其中金奖4项、银奖3项、优秀奖1项。1996年，金湖县机械厂获产品自营出口权。1998年，全县国有及年销售收入500万元以上（以下简称"规模以上"）集体工业企业发展到83户，实现产值15.77亿元，占全部工业产值的56.9%，其中，国有工业占21.1%，集体工业占20.5%，股份制工业占14.9%，私营工业占17.4%，港澳台工业占6.5%，外商投资工业占0.7%。

2000年，实施工业强县战略，加快推进工业化进程。19户重点工业企业产、销、效保持快速增长，在全县工业中的比重，产品销售收入占56.2%，利税占69.8%，利润占78.2%，县机械厂和爱特福公司利税总额分别达1871万元和1870万元，对全县工业发展起着重要的支撑作用。2001年，各企业进一步深化产权制度改革，国有工业退出非国计民生行业，国有企业产值600万元，在全部工业总产值中的比重降至0.3%。2002年，县镇工业园区的建成为工业经济提供集聚发展平台。2004年，县工业园区被评定为市示范工业园区。全县有规模以上工业企业84户，实现产值23.47亿元，销售产值22.42亿元，利税1.70亿元。2005年，全县实现工业总产值51亿元，比1986年增长13.9倍；其中规模工业产值33.49亿元，占全部工业产值比重为65.7%。机械制造、仪表线缆、纺织服装、医药化工等四大支柱产业的产、销、效，在规模工业中的比重超过85%；105户规模以上工业企业全部职工年平均人数1.61万人，固定资产净值年平均余额6.74亿元，销售产值32.16亿元，其中，国有工业占0.5%，集体工业占4.1%，其他经济类型的工业占95.4%。创建国家级高新技术企业1户，省级高新技术企业2户，市级高新技术企业5户。

第一章　工业机构　管理

第一节　工业机构

一、经济贸易委员会机构

1986年，名称为县经济委员会（简称县经委），内设机械建材科、轻工科、化工纺织科、综合开发科、企管财务科，均为副科级单位，人员编制29人。1990年7月16日，增设技改科，对外挂牌为金湖县技术改造办公室，主要为全县工业企业新产品开发、质量管理、技术改造、产品创新、企业升级等提供服务。1997年，县经委内设6个职能股室，另设人武部。

2002年2月4日，县经委更名为县经济贸易委员会（简称经贸委，增挂“金湖县乡镇企业管理局”牌子），为县政府工作部门，内设办公室、组织人事科、经济运行综合科、科技与质量科、流通市场科、电力能源科、管理监督科（增挂“财务审计科”牌子），机关行政编制20人，另设人武部、纪检监察机构。直属单位为：国有资产经营管理办公室，为自收自支事业单位。其主要职能是服务于商贸物资企业国有资产的经营、管理与处置。同时，监督管理全县猪肉供应的定点宰杀。该体制延续到2005年末。

二、乡镇企业管理局机构

1986年，金湖县乡镇企业管理局（简称县乡镇局）内设人秘股、产业指导股、财务股和企业管理股4个股室，编制12人。1989年，增设企业管理股。1991年4月，成立金湖县乡镇企业技术改造办公室，股级建制，全民事业单位，核定编制3人。1993年，增设技术股。1994年，企业管理股与财务股合并，改称企财股。1997年，内设机构调整为人秘股、财务审计股、产业指导股、技术质量股和企业管理股5个股室，核定行政编制15人，附属编制1人。

2002年2月4日，金湖县乡镇局并入县经贸委，对外挂“金湖县乡镇企业管理局”牌子。内设机构综合管理科、发展规划科、信息统计科、企业指导科，均为股级，机关行政编制8人；是年12月，乡镇局增挂“民营经济发展局”牌子。2005年，增挂“金湖县中小企业局”牌子，形成乡镇企业、民营经济、中小企业“三位一体”的管理体制。

三、乡镇工业管理机构

1986年，乡镇工业管理机构为工业公司或工商公司。1990年，县乡镇局与劳动部门制发《关于全县乡镇工业公司人员实行定编享受大集体企业职工待遇的暂行规定》，入编人数110余人。1995年，更名为乡镇企业管理服务站。1996年，乡镇企业管理服务站入编人员进行竞争上岗，有76人转为事业编制。2003年，增挂民营经济服务站的牌子。是年底，乡镇对涉农机构进行改革，企业管理服务站归并到乡镇农业技术推广服务中心，对外保留“企业管理服务站”牌子，并履行对企业的服务职能，全县企管站人员缩减到11人。至2005年底，机构编制未变。

第二节　工业布局

一、县　城

1986年，县城工业分布以利农河为轴心，向东、西两侧拓展。利农河以东的建设路两侧有县油米厂、机械厂、输油泵厂、造纸厂，利农河东岸有棉纱厂、轧花厂、油脂化学厂、构建厂等，利农河以西有化肥厂、针织厂；沿三里桥河设有煤球厂、汽车配件厂、木器厂、水泥制品厂；城中有制药厂、酒厂、阀门厂、溶剂厂、玻璃厂、滚轮体厂等；砖瓦厂在远离县城的郑岗。1987年，污染环境的酒厂、玻璃厂搬出城内。1992年8月21日，县在西郊成立经济技术开发区，县内规模较大的工业企业和招商来的工业企业便逐步向开发区集中。1997年，黎城镇创建私营工业园区，占地13.33公顷；园区内有年产值200万元以上企业23户，固定资产总值3117万元，涉及机械、化工、线缆、仪表、服装、建材、工艺鞋、木器加工等十大行业。2000年，黎城镇工业园区占地20公顷，以机械、线缆、仪表为主导产品，园区企业达40户，全年实现营业收入3亿元，缴纳税金1317万元；9月被农业部命名为全国乡镇企业示范区。2002年，县委、县政府加强县工业园区建设，集聚全县投资规模较大的企业。

2005年，县工业园区投入建设资金2.57亿元，建成区6.7平方公里，规划面积11.66平方公里；建成区基本实现“六通一平”；并申报省级工业园区。全县重点工业企业，如江苏金石集团、江苏神舟车业集团有限公司、车桥有限责任公司、金屋控制系统有限公司等，都积极筹备迁入工业新区。是年，工业园区吸纳项目81个，其中竣工投产46个，在建19个，未开工11个，关停5个，协议引资额18.45亿元。江苏金莲纸业有限公司、江苏金叶粮油食品有限公司、江苏金桥建材有限公司、金湖县建源新型建材有限公司、江苏红光仪表厂有限公司等仍在原址。

二、乡　镇

1986年，乡镇工业主要以乡镇农机厂为主，布局基本在乡镇人民政府所在地范围。仪器、仪表行业始于闵桥镇，并逐步成为全县仪表行业的重镇，被誉为“仪表之乡”。到80年代末，在热工仪表厂的带动下，以东南片为中心，全县办起仪表企业65户；金南、淮建、黎城等乡镇陆续兴办的电线电缆企业有江苏全兴电缆厂、江苏捷尔电线电缆公司、金湖县特种电缆厂、江苏金菱电线电缆厂、金湖县星月制线厂、金湖县金龙电缆厂等。渔机渔网行业开始兴起，主要以靠近湖区的塔集、银集两乡镇为基地。陈桥乡以“84”消毒液为主产品的金湖有机化工厂带动化工行业兴起，一度被誉为“化工之乡”。卞塘乡以生产机动脱粒机、粉碎机等小型农业机械为主。其间，全县个体私营工业、手工业取消全面规划、合理布局的提法，乡镇个体私营工业多半分布于集贸市场、专业市场中。

1990年，全县乡镇工业及农村私营个体工业快速发展，家庭工厂开始兴起。全县共有乡镇办和合作、个体经营户6221户，其中，乡镇办、村办工业户251户，合作经营户261户，个体工业户5709户。至1997年，全县乡镇工业经过市场经济的优胜劣汰，一部分管理不善、技术薄弱、经济效益差的个体私营工业户，有的转项，有的关闭。11月，全县起动乡镇企业产权制度改革，实行“售、租、卖”结合，到1998年底，全县乡镇集体企业仅剩74户。2000年，始建于1997年、占地13.3公顷的黎城私营工业园区被农业部命名为“全国乡镇企业示范区”，园区吸纳年产值200万元以上企业23户，其中工业产品销售额5000万元以上企业1户、1000万元以上企业6户，固定资产总额3117万元，涉及机械、化工、线缆、仪表、服装、建材、工艺鞋、木器加工等十大行业。是年，该园区实现产值3亿元，销售收入2.9亿元，利税0.3亿元。全县乡镇累计在建的工业集中区有6个，即以电线电缆为主导的金南工业集中区，以渔具渔网为主导的银集工业集中区，以日用化工为主导的陈桥工业集中区，以仪器仪表为主导的闵桥工业集中区，以木业制品为主导的吕良工业集中区，以木业卷板业为主的前锋镇淮胜工业集中区。2002年起，投资规模较大的重点乡镇企业逐步迁入县工业园区。2005年，全县11个镇均建有工业集中区，其中黎城、戴楼、金南、银集、前锋、金北、陈桥等7个镇分别兴建和拓展工业集中区2个。

第三节　技术改造

1986年，全县工业企业以技术改造为引擎推动工业发展，实施技术改造项目67个，竣工50个。第一棉纺厂增扩3000纱锭棉纺项目、刃具厂扩建麻花钻出口生产项目、化肥厂碳铵煤头改造项目、制药厂黄原胶生产车间改造项目等一批重点技改项目均在年内完成，投入资金1197万元，新增产值5617万元，新增利税560万元。1988年，治理通用机械厂电镀废水污染。1989年，建设造纸厂排污工程。1990年，实施工业技改项目88个，竣工项目79个。县造纸厂投资30万元，建成年产万吨生活卫生用纸能力的填平补齐项目；缫丝厂投资90万元，改造复摇车间厂房及配套工程等，共投入技改资金1545万元，新增产值1.18亿元，新增利税900万元。1992年，完成机械厂扩大石油节流管汇、制药厂200吨黄原胶、砖瓦厂空心砖改造、水泥厂电杆车间、精细化工厂、酒精厂设备等重点技改项目18项。1994年，创办专业研究所2个，新发展科技示范乡镇2个，建立起仪器仪表科技密集区。全县完成工业技改项目171个，竣工项目167个。建成一批工业重点骨干项目，其中投资1000万元以上的有制药厂300吨黄原胶扩建项目、汽配厂车桥生产项目、造纸厂年产1.2万吨卫生纸设备填平补齐及3000吨中高档卫生纸项目，县汽车配件厂客车后桥总成项目被淮阴市列为23件重点实事，合计投入技改资金1.05亿元，新增产值15.5亿元，新增利税4623万元。1995年，全县实施工业技术改造项目148个，其中竣工投产项目140个。全年工业技术改造完成财务支出1.22亿元，完成技改投入1.20亿元，其中机械工业投入1928万元，医药化学工业投入2473万元，服装纺织工业投入1456万元，建材工业投入778万元，粮油食品加工业投入540万元，仪器仪表工业投入500万元。

1998年，完成技改项目264个，竣工投产200个。县汽配厂冲压线二期改造项目、县机械厂出口万套平板阀项目、县造纸厂污水治理项目等，均通过省验收，共投入技改资金2.79亿元，新增产值1.42亿元，新增利税4216万元。2001年，全年完成技改投入5.89亿元，实施技改项目280个，其中投资1000万元以上项目1个，投资500万元以上的项目12个。2005年，全县工业技改实施项目110个，竣工40个。投资3012万元的江苏神华药业GMP改造项目、投资2790万元的江苏爱特福5A消毒剂生产线改造项目等均按期完成，共投入技改资金15.3亿元，新增产值15.79亿元，新增利税2.50亿元。

1986—2005年金湖县完成工业技术改造项目统计表

表14-1-1

年份	实施项目（个）	竣工项目（个）	投资额（万元）	新增产值（万元）	新增利税（万元）	年份	实施项目（个）	竣工项目（个）	投资额（万元）	新增产值（万元）	新增利税（万元）
1986	67	50	1197	5617	560	1988	82	70	2046	6430	750
1987	70	55	2215	6737	700	1989	87	72	1095	10588	860

接上表

年份	实施项目（个）	竣工项目（个）	投资额（万元）	新增产值（万元）	新增利税（万元）	年份	实施项目（个）	竣工项目（个）	投资额（万元）	新增产值（万元）	新增利税（万元）
1990	88	79	1545	11791	900	1998	264	200	27942	141650	4216
1991	85	70	1619	15225	1200	1999	22	20	37357	45595	4500
1992	84	75	2367	20002	1800	2000	25	22	46534	44521	4800
1993	76	60	6125	30656	2800	2001	87	74	58968	60838	9627
1994	171	167	10519	155043	4623	2002	79	69	68000	70156	11102
1995	148	140	12222	28656	4566	2003	90	70	80500	83503	13142
1996	243	240	24546	64225	9855	2004	73	32	97900	101033	15983
1997	331	200	28541	16684	4075	2005	110	40	153000	157852	24970

第四节 工业规模效益

1986年，全县有乡及乡以上工业企业274户。其中，乡及乡以上独立核算工业企业205户，工业流动资产平均余额5299万元，工业固定资产平均余额8756万元，工业固定资产净值6458万元，全部职工年平均人数18418人；实现工业总产值（现行价）3.42亿元，产品销售收入2.47亿元，利税总额1866万元。1990年8月8日，金湖县化肥厂获化工部颁发的二级企业合格证书，成为苏北小氮肥行业首家国家二级企业。是年，县化肥厂年末固定资产原值1643万元、净值1051万元，定额流动资金年平均余额184万元，全部职工年平均人数608人，实现工业总产值1313万元，产品销售收入1309万元，利税总额178万元。1991年，金湖县造纸厂首家进入中型企业行列，实现工业产值（现行价）3258万元。1994年，全县有乡及乡以上独立核算工业企业243户。其中：国有企业33户，集体所有制企业201户，其他经济类型企业9户；按企业规模分：中型企业7户、小型企业236户。乡及乡以上独立核算工业企业年平均职工人数25443人，其中国有企业8307人，集体所有制企业15884人，其他经济类型企业1252人；拥有固定资产原值4.05亿元，固定资产净值平均余额2.74亿元，实现工业总产值（现行价）12.62亿元，销售收入10.17亿元，利税6751万元。

1996年，培植县属企业年利税100万元以上或产品销售收入2000万元以上重点企业15户，分别为县造纸厂、机械厂、输油泵厂、汽配厂、玻璃厂、制药厂、第一棉纺厂、水泥制品厂、制鞋总厂、粮油食品总厂、化肥厂、溶剂厂、羽绒厂、缫丝总厂、华鼎精细化工厂；乡镇企业年利税50万元以上或产品销售收入1000万元以上的重点企业20户，分别为：黎城玻璃仪器厂、陈桥化工厂、金南电缆厂、金南电线厂、卞塘农机配件厂、银集砖瓦厂、银集渔网厂、闵桥计量仪器厂、塔集渔机厂、金南特种电缆厂、吕良油米厂、闵桥热工仪表厂、陈桥轻工机械、吕良农机厂、塔集麦芽厂、金北缫丝厂、涂沟水食厂、金沟织巾厂、金南农机厂、淮建电线厂。1997年，评选出县造纸厂、机械厂、输油泵厂、汽配厂、水泥制品厂、玻璃厂、玻璃仪器厂、第一棉纺厂、粮油食品总厂、轻纤实业公司为“十强企业”。1999年，全县有国有及规模以上工业企业84户，其中年销售收入1000万元以上的企业新增12户，年销售500万元以上企业新增20户；流动资产平均余额6.26亿元，固定资产净值年平均余额6.95亿元，全部从业人员年平均人数15064人。实现全部工业总产值31.52亿元，其中销售收入500万元以上企业产值15.63亿元，产品销售收入15.12亿元，利税总额1.06亿元。2005年，实现工业总产值51亿元，其中规模以上工业企业105户，流动资产年平均余额12.4亿元，固定资产净值年平均余额9.73亿元，全部从业人员年平均人数16095人；实现产值33.49亿元，产品销售收入32.16亿元，利税总额2.14亿元。

1986—2005年金湖县工业企业规模统计表

表14-1-2

年份	企业数（户）	独立核算企业（户）	工业流动资产平均余额（万元）	工业固定资产平均余额（万元）	工业固定资产净值（万元）	全部职工年平均人数（人）
1986	274	205	5299	8756	6458	18418
1987	296	224	9912	11595	8775	21201
1988	297	222	8321	14239	10826	21171
1989	311	222	16803	16346	12185	21201
1990	300	222	20644	19045	14037	22095
1991	382	230	26215	22336	16110	23083
1992	291	240	31914	25272	16752	24202
1993	316	271	40688	33001	20881	26203
1994	297	243	48558	40471	27439	25443
1995	305	267	56930	57637	33210	25783
1996	264	251	65640	67697	46262	23059
1997	268	255	73260	74523	52774	22247
1998	83	—	59539	66191	46982	14136
1999	86	—	62584	69480	50469	15064
2000	86	—	65678	63539	46067	13070
2001	87	—	66535	59824	44933	11221
2002	92	—	72140	65679	44762	11138
2003	92	—	77993	66997	45059	11892
2004	84	—	103205	70656	54607	12773
2005	105	—	123988	97295	67375	16095

说明：表中1986—1997年为乡及乡以上工业。1998—2005年为国有及年销售收入500万元以上企业。

1986—1997年金湖县工业效益统计表

表14-1-3　单位：万元

年份	工业总产值	产品销售收入	利税总额	其中税金	年份	工业总产值	产品销售收入	利税总额	其中税金
1986	34238	24734	1866	325	1989	61361	48230	3921	1526
1987	43814	32466	3277	1071	1990	66692	52247	4362	2279
1988	58443	44446	4202	1425	1991	68843	65374	4388	2293

接上表

年份	工业总产值	产品销售收入	利税总额	其中税金	年份	工业总产值	产品销售收入	利税总额	其中税金
1992	85828	80057	5458	2398	1995	140285	112670	7751	5340
1993	116815	97539	6509	3058	1996	205327	135604	9496	7070
1994	141251	101740	6751	3724	1997	264034	124732	10265	7826

1998—2005年金湖县工业效益统计表

表14-1-4　　单位：万元

年份	工业总产值	其中规模以上企业				年份	工业总产值	其中规模以上企业			
		产值	产品销售收入	利税总额	其中税金			产值	产品销售收入	利税总额	其中税金
1998	276868	157652	143478	12177	7429	2002	286070	154434	142178	13529	7248
1999	315207	156320	151215	10590	6849	2003	309900	158995	168707	14543	8080
2000	233357	140844	131060	11539	6783	2004	417500	234671	224227	16999	8960
2001	265560	151407	145083	13258	8766	2005	510000	334903	321570	21433	10706

说明：2001年数据根据当年《政府工作报告》公布的比上年增长率调整。

第五节　能耗与资产管理

一、能耗管理

1986年，县工业经济管理部门设立能源管理科，负责全县工业企业能源节约和综合利用。当年对化肥、造纸等厂43种产品实行单耗考核，进行同行业节能竞赛，全年节约标准煤140.63吨。1989年，推广节约能源技术及新产品微阻缓闭止回阀、电机节电器、节能灯具，实施交流接触器改无声运行、低效风机及水泵改造、串激调速技术应用，改造高频热处理炉，利用可控硅调压装置取代闸流管、电焊机断电器、磁性槽泥节电等技术，全年节约标准煤176.5吨。1990年，根据淮阴市规定的主要工业产品能耗电量定额，对工业企业40个产品进行单耗考核，每季度进行单耗考核分析。至10月，改造老式电机45台，淘汰老式电机41台，并改造和淘汰老式锅炉等，全年节电折合标准煤185.06吨。

1991年，开展节能宣传周和科技周活动，组织下乡巡回检查1000余人次。是年，淘汰老式水泵7台，低效风机2台，安装布机自停开关59只，电焊机自动断电器30只。实行单耗考核产品41种，单耗考核低于定额的有30种，计节约标准煤209.75吨。1993年3月，县对39个单位、41种产品进行单耗考核，并将节能数量分解到户。各用户成立节能科（室），企业生产负责人兼职抓节能管理。银集渔网厂推广节能调速电机，一年减少电费支出6万元。1996年，发放节能宣传单300多份，技改节约标准煤24.82吨，产品单耗节约标准煤340.75吨。1998年，县帮助企业推广使用蓄热、蓄冷技术，了解其优点和优惠政策，并从技术上给予无偿支持。2005年，全县制作展牌40多块，到企业开展以“节约用电，缓解瓶颈制约”为主题的节能宣传周活动，并与金湖中学、育才小学和实验小学配合，向少年儿童作社会节约能源宣传；深入居民小区，倡导“节约光荣，浪费可耻”的社会风尚。

二、资产管理

1986年，金湖县经委设有企业管理科，负责管理全县乡以上全民、集体工业企业公有资产。全县独立核算工业企业205户，公有资产总额1.86亿元，其中固定资产净值8175万元。1993年，选择县输油泵厂、机械厂、造纸厂3户国有企业进行清产核资试点。1994年，全县开展清产核资企业136户，至1995年3月31日止，全部资产总额为25.3亿元，负债总额15.36亿元，所有者权益9.94亿元，资产负债率60%；扣除固定资产价值重估增值，则资产负债率75%。查出各类资产损失净额为3568万元，资产挂账为2684万元。

1996年，全县强化对县乡重点工业企业的管理，纳入管理的有年利税额100万元以上或年产品销售收入2000万元以上的县属工业企业15户，年利税50万元以上或产品销售收入1000万元以上的乡镇工业企业20户。为重点企业平均每年投放周转金1000万元，扶持企业扩大再生产；县乡（镇）领导和分管领导每人挂钩一户重点企业，实行面对面领导，及时帮助解决发展中的困难和问题。同时，对重点企业实行动态管理，不搞终身制。1999年，全县着力完善权责明确的公有资产管理、监督、运营体系，并逐步由管理资产向资本运营转变。2002年起，全县县、乡（镇）工业相继成立资产经营公司，对工业企业的公有资产进行运营。至2005年12月31日，全县65户企业中的国有和集体股权全部退出，涉及资产总额12.24亿元，负债10.02亿元，所有者权益评估增值0.64亿元，增值率为12.4%。

三、规范化管理

1986年起，全县开展工业企业管理年活动，狠抓增产节约、安全生产，推行规范化管理。1995年，按淮阴市委、市政府要求，推行企业分类划档滚动管理，对企业档次及干部实行动态管理，每年进行一次考核。三档企业相当正科级，四档企业相当副科级；企业干部的管理及待遇与企业档次挂钩，随企业档次的升降而升降。全县共有10户企业进档。其中，三档企业有金湖造纸厂、金湖县建筑工程公司；四档企业是金湖输油泵厂、金湖机械厂、金湖汽车配件厂、金湖制药厂、金湖县第一棉纺织厂、金湖县土产棉麻总公司、金湖县三河缫丝厂、江苏全兴电缆厂。1996年，企业围绕资金、市场、人才等抓企业管理，并把成本管理作为企业管理的突破口，建立成本否决机制，全县有10户企业被评为企业管理标杆企业。金湖机械厂被列为淮阴市企业管理标杆企业；吕良农机厂通过农业部全面质量管理达标验收；全兴电缆厂通过ISO 9002国际质量体系认证，所产电力电缆、控制电缆获电力部产品入网许可证；淮建电线厂产品质检体系通过国际标准复查；全兴电缆厂、金湖县渔网厂被评定为“中二型”企业。

1997年，全县工业企业以市场为导向，调整结构，抓大活小，提高企业管理质量和水平。县机械厂制定的产品质量手册得到加拿大认证局（QCB）和国际石油学会（API）认可，并顺利通过ISO 9001质量体系认证。县输油泵厂产品顺利通过中国机械工业质量体系认证中心的ISO 9002质量体系认证。全兴电缆厂等8户乡镇企业通过市乡镇局组织的企业管理等级验收。1998年，全县工业企业积极实行现代企业管理模式，提升产品在国内外市场竞争力和企业职工抗风险心理能力。江苏全兴电缆厂、江苏捷尔电线电缆公司等3户企业通过ISO 9000国际质量体系认证。2000年，县对乡镇工业企业加大管理力度，将企业“基础管理认证”、大中型企业“综合管理合格认证”、ISO 9000系列认证、目标成本管理、财务管理、标准工作、产品质量工作、创名牌工程等管理重点列入全年目标计划，举办各类培训班11期，参训1600多人次。至年底，全县乡镇企业累计被评定为省、市级名牌新产品29个，企业基础管理合格达标18户，企业综合管理合格达标36户，通过ISO 9000系列认证企业5户。全县乡镇企业达标生产率、产品质量稳定率均达98%。2005年，全县各工业企业均自觉按照现代化管理要求，抓好成本管理、财务管理、产品质量，提高市场竞争力。全县基础管理合格达标的企业有78户，综合管理合格达标的86户，通过质量体系认证的35户。

第二章　所有制结构

第一节　国有工业

1986年，全县有国有工业企业50户。其中独立核算企业25户，分别是：县经委系统的机械厂、输油泵厂、通用机械厂、滚轮体厂、刀具厂、砖瓦厂、水泥制品厂、制药厂、化肥厂、化工厂、玻璃厂、第二玻璃厂、造纸厂、酒精厂、印刷厂、缫丝厂，县粮食系统的面粉厂、油化厂、闵桥米厂、涂沟米厂，县商业系统的禽蛋加工厂、糖果食品厂、酱醋厂，县城乡建设系统的自来水厂，县农业系统的汽酒厂。1990年，一轮承包结束，全县国有工业企业发展到54户，其中独立核算工业企业发展到28户，新增企业为：封缸酒厂、羽绒厂、饲料厂。1995年，全县国有工业企业发展到62户，其中独立核算工业企业37户，新增国有及合资工业企业为：县康乐制塑厂、玉森木业公司、肉类加工厂、航海仪器厂、装饰工程公司、精达仪表厂、铰链二厂、制氧厂、机电仪表公司等。1998年，全县国有规模以上工业企业22户。2000年，全县深化改革，国有经济逐步从非国计民生行业中退出，当年退出9户，剩余9户；2005年，全县国有企业仅剩县自来水公司、江苏金湖开关厂等2户，实现工业总产值1522万元（现行价），产品销售收入1347万元。

1986—2005年金湖县国有工业企业主要经济指标统计表

表14-2-5

年份	企业数（户）	独立核算企业（户）	全部职工年平均人数（人）	固定资产原值（万元）	工业总产值（万元）	占全部工业总产值（%）	产品销售收入（万元）	利税总额（万元）	其中税金（万元）
1986	50	25	6204	5061	17992	52.5	6943	415	325
1987	58	25	6414	6427	21037	48.0	9194	1173	466
1988	55	27	6827	7155	25554	43.7	12552	1475	607
1989	60	28	7252	8250	26064	42.5	15887	1678	748
1990	54	28	7425	9817	26357	39.5	16906	1896	1146
1991	50	32	7615	11274	28107	40.8	19332	1401	833
1992	53	32	8032	12569	30070	35.0	23721	1532	785
1993	56	34	8164	15207	35055	30.0	33092	2124	1028
1994	57	33	8307	19989	35568	25.2	27064	2032	1326
1995	62	37	10643	33120	38749	27.6	38315	3330	2144
1996	46	34	9825	36131	43312	21.1	42747	3255	2869
1997	41	28	9336	37106	39884	15.1	37388	4575	2766

接上表

年份	企业数（户）	独立核算企业（户）	全部职工年平均人数（人）	固定资产原值（万元）	工业总产值（万元）	占全部工业总产值（%）	产品销售收入（万元）	利税总额（万元）	其中税金（万元）
1998	22	22	7115	28231	40994	14.8	40347	4896	2743
1999	20	20	6010	21326	38400	12.2	37729	3410	2611
2000	21	9	2715	10215	17691	7.6	18788	1677	1203
2001	1	1	256	365	1352	0.5	1127	56	89
2002	1	1	246	380	1519	0.5	1506	171	100
2003	1	1	386	385	803	0.3	720	49	46
2004	2	2	380	750	1564	0.4	1298	80	77
2005	2	2	388	754	1522	0.3	1347	137	113

说明：1998—2005年为国有及年销售收入500万元以上企业。

第二节　集体工业

一、县属大集体工业

1986年，全县有县属大集体工业企业25户，主要企业有金湖县阀门厂、汽车配件厂、溶剂厂、木器厂、服装厂、织布厂、针织内衣厂、塑料厂、塑料编织厂、淀粉厂、轧花厂、汽车修配厂、造船厂、综合厂、构件厂、第二砖瓦厂、塑料二厂等。是年，职工年平均人数3641人，固定资产原值1457万元，实现工业产值5662万元，产品销售收入3268万元。1995年，县属集体工业企业65户，新增主要企业有：金湖县制鞋总厂、铸锻有限公司、工艺制品有限公司、第一棉纺厂、苏淮复合肥厂、宏源实业公司、篷布厂、教学设备厂、铜材拉丝厂、宏达棉纺机械厂、渔业设备厂等。是年，职工年平均人数5453人，固定资产原值1.1亿元，实现工业产值3.53亿元，产品销售收入2.91亿元。1997年，县属集体工业企业50户，固定资产原值1.6亿元，实现工业产值3.45亿元，产品销售收入3.02亿元。11月，启动集体企业产权制度改革，县属集体工业企业不断被转让、售卖、改为股份制。1998年，县属规模以上集体工业企业减少到17户，职工年平均人数3251人，固定资产原值9985万元，实现工业产值3.99亿元，产品销售收入3.28亿元。2005年底，有县属规模以上集体工业企业3户，职工年平均人数415人，固定资产原值3089万元，实现工业产值1.42亿元，销售收入1.23亿元。

1986—2005年金湖县县属集体工业企业主要经济指标统计表

表14-2-6

年份	企业数（户）	全部职工年平均人数（人）	固定资产原值（万元）	工业总产值（万元）	占全部工业总产值(%)	产品销售收入（万元）	利税总额（万元）	其中税金（万元）
1986	25	3641	1457	5662	16.5	3268	659	482
1987	28	4263	1858	5578	12.7	4603	854	605
1988	35	4474	3018	9501	16.3	6847	1353	818

接上表

年份	企业数（户）	全部职工年平均人数（人）	固定资产原值（万元）	工业总产值（万元）	占全部工业总产值(%)	产品销售收入（万元）	利税总额（万元）	其中税金（万元）
1989	40	6387	4272	11110	18.1	8612	1163	778
1990	43	6315	4938	12741	19.1	9830	1229	1133
1991	42	7145	6424	15997	23.2	12987	1627	1460
1992	46	7649	7176	21060	24.5	17062	2308	1613
1993	92	5674	9544	27637	23.7	23025	3294	2030
1994	72	6155	11790	35955	25.5	26608	3299	2398
1995	65	5453	11006	35349	25.2	29126	4421	3196
1996	51	4924	13393	35349	17.2	29059	6240	4201
1997	50	4967	15990	34510	13.1	30231	7451	5060
1998	17	3251	9985	39892	14.4	32751	7579	5586
1999	16	3494	10763	38545	12.2	31743	6938	5396
2000	12	1423	6574	23002	9.9	22885	4370	3220
2001	5	392	3805	10030	3.8	8615	1905	1404
2002	3	262	1242	10052	3.5	8574	1910	1407
2003	4	383	1896	10407	3.4	5515	1149	897
2004	6	323	1207	10275	2.5	9207	1952	1439
2005	3	415	3089	14211	2.8	12302	1461	415

说明：1998—2005年为销售收入500万元以上企业统计数。

二、乡镇工业

1986年，全县有乡镇集体工业企业199户，其中城镇工业企业13户、乡及乡以下办工业企业186户。其中各镇农机厂实现工业产值1021万元，占全部乡镇工业总产值的14.9%。主要企业为：各乡镇农机厂，金湖县闵桥热工仪表厂、金南全兴电缆厂、陈桥化工厂、金北缫丝厂、银集渔网厂、塔集渔业机械厂、金沟棉纺织厂等。电线电缆行业最早发源于金南乡，该乡工业产值达848万元，名列各乡镇之首，并很快成为电线电缆的重点生产地，逐步向淮建、黎城等乡镇辐射。是年，全县乡镇工业职工年平均人数8573人，固定资产原值2235万元，实现工业产值6871万元，产品销售收入4493万元。1990年，全县乡镇工业快速发展，兴办集镇工业企业31户，实现工业产值1.84亿元。其中：黎城镇工业产值达2758万元，名列第一；金南、闵桥、金北、卞塘等4个乡镇工业产值超过千万元。各乡镇农机厂实现工业产值2067.4万元。乡镇工业的机械行业增加技改投入，更新改造设备，增加农用耕整机械、灌溉机械、渔业机械及其配件的品种，形成系列产品；开发石油、煤矿机械及其配件的新产品，从以配件生产为主逐步向生产主机为主过渡；电线电缆行业扩大与科研单位联合，引进新技术，优先发展通信、计算机、电脑、航空、航天等高科技部门使用的光电线缆、同轴射频电缆、弹簧软电缆等高技术产品；轻工纺织企业开发附加值高、市场适销的产品，淘汰亏损产品；食品行业充分利用丰富的农副产品资源，实施水产品和禽蛋的深度加工，增加花色品种。全县乡镇集体工业形成初具规模的机械、电线电缆、仪器仪表、化工、建材、轻纺、粮油食品加工等7大行业，工业产值超千万元以上的乡镇10个，产值10万元以上的企业63户。

1994年，全县有乡办企业159户，主产品有橡胶软电缆、电力电缆、控制电缆、粉末冶金件、智能压力表、增氧机、尼龙网、电磁吸盘、氯气泵、“84”化工产品系列、蒸箱、旅游织巾等。乡镇砖瓦行业迅速发展，有砖瓦厂14个，实现利税287万元，比上年增72%，销售收入3284万元，比上年增18%，创造历史最好水平。官塘、白马湖乡砖瓦厂跻身全市“砖瓦行业二十强”。1995年，乡镇集体工业企业有164户，重点企业有：金湖县电工机械厂、捷尔电线电缆厂、特种电缆厂、织巾厂、计量仪器厂、麦芽厂、渔业机械有限公司、金菱电线电缆厂、渔网厂、水产食品加工厂、银集砖瓦厂、粮油加工厂、化工机械制造有限公司、轻工机械公司、爱特福保健品公司、三河缫丝厂等。是年，金南乡成立苏北首家乡镇企业集团江苏中大电线电缆集团，形成2亿元的生产能力。乡镇工业全部职工年平均人数7093人，固定资产原值1.13亿元，实现工业产值4.44亿元，产品销售收入4.42亿元。银集渔网厂瞄准市场，在投入720万元开发渔具渔网系列产品的基础上，又筹资380万元新建一条拉丝生产线，可产聚乙烯单丝线、绳、结网、经编网、尼龙网等新品，产品产量2008吨，实现产值2720万元，利税58.06万元。

图14-2-1　金沟织巾厂生产的织巾睡衣拖鞋等旅游产品（摄于1995年）　朱伟／摄

1997年，全县乡镇工业企业170户，其中镇属企业32户、乡属企业138户，全部职工年平均人数6042人，固定资产原值1.64亿元，工业总产值9.34亿元，产品销售收入8.47亿元。黎城镇镇办工业保持良好发展势头，产值达1.83亿元，名列第一；金南、银集、陈桥分别达到1.46亿元、1.38亿元、1.01亿元，闵桥、金沟、卞塘等3个乡镇乡镇办工业产值超过5000万元。11月，全县启动乡镇企业产权制度改革，到1998年，乡镇集体工业企业包括农机厂的产权，有的被转让，有的拍卖给私营个体企业，有的被组建成股份制、股份合作制企业，个别的破产、关停或被优势企业兼并。是年底，全县有规模以上乡镇集体工业企业74户，实现工业产值、产品销售收入、利税额分别占全县乡镇工业总量的35.3%、37.2%和58.5%。1999年，继续加大乡镇集体工业改制力度，规模以上乡镇集体工业企业降至54户，2000年降至19户，2001年5户。2003年，全县仅剩金南镇的全兴电缆厂、金鑫实业有限公司、江苏省金湖县机械制造有限公司等3户规模以上集体企业，其他全部改制为私营企业。

1986—1999年金湖县乡镇集体工业企业效益统计表

表14-2-7

年份	企业数（户）	全部职工年平均人数（人）	固定资产原值（万元）	工业总产值（万元）	占全部工业总产值(%)	产品销售收入（万元）	利税总额（万元）	其中税金（万元）
1986	199	8573	2235	6871	20.1	4493	390	326
1987	210	10353	3310	11263	25.7	6639	569	431

接上表

年份	企业数（户）	全部职工年平均人数（人）	固定资产原值（万元）	工业总产值（万元）	占全部工业总产值(%)	产品销售收入（万元）	利税总额（万元）	其中税金（万元）
1988	207	9870	4066	15188	26.0	10510	920	509
1989	211	7562	3824	14019	22.8	10439	888	618
1990	203	8355	4290	15998	24.0	11124	740	715
1991	190	8323	4638	16123	23.4	12796	892	878
1992	192	8521	5527	21071	24.6	16253	1444	1102
1993	163	9154	8250	30687	26.3	25055	2215	1395
1994	159	8285	8692	34643	24.5	31836	2206	1701
1995	164	7093	11307	37128	26.5	44226	2899	2140
1996	155	6764	15059	70376	34.3	62658	4660	3095
1997	170	6042	16381	93389	35.4	84741	6063	3911
1998	74	4093	15800	87400	31.6	87197	6699	4214
1999	54	3796	36000	105639	33.5	96936	7183	3695

说明：2000年及以后乡镇工业情况列入本章第三节“私营个体工业”。

三、村及村以下工业

1986年，全县有村办集体工业企业300多户，实现产值2943万元。闵桥镇小桥村引进绒花工艺品加工项目，成本小，利润大，既可以集中加工又可以家庭分散作业，所制作的圣诞老人、美国黑人、海豚、卡通鸡鹅鸭等10余种绒花产品全部供外贸出口，年产值逾百万元。1990年，全县共有村办工业户251户，合作经营户77户，实现工业产值5104万元。1994年，全县有村办企业242户，主要从事机械零部件加工、仪表装配、绒花加工、树材加工、粮油加工等。闵桥乡自小桥村创办第一家绒花厂以后，新发展绒花生产厂家5户，其产品90%以上出口到新加坡及中国香港地区，供货额达80万元。金南乡丰南村利用本地杨树资源优势，积极引导农户走木材加工之路，发展专业大户69户，形成木材经营专业村。全村仅此一项，纯收入60多万元，人均纯收入1000多元。

至1997年，全县村办集体工业企业数量、产值虽有不同程度的增长，但是绝大部分企业由于村集体经济基础薄弱、技术人员缺乏、产品质量偏低、经营管理落后等因素制约，难以适应改革发展的新形势和新的市场经济条件，处于不断的优胜劣汰之中，有的转项，有的关闭，村办工业产值4.36亿元。1998年，部分村办工业企业自行关停转项，其他转为个体私营企业，实现工业产值2794万元。

表14-2-8

1986—1997年金湖县村及村以下工业统计表

单位：万元

年份	从业人数		工业总产值	占全部工业总产值（%）	年份	从业人数		工业总产值	占全部工业总产值（%）
	村办工业	村以下工业				村办工业	村以下工业		
1986	2194	1289	2943	8.6	1989	2302	2073	4604	7.5
1987	2716	1904	4091	9.3	1990	1996	2127	5104	7.8
1988	2788	1976	4283	7.3	1991	1653	2105	3767	5.5

接上表

年份	从业人数		工业总产值	占全部工业总产值（%）	年份	从业人数		工业总产值	占全部工业总产值（%）
	村办工业	村以下工业				村办工业	村以下工业		
1992	2207	2045	5599	6.5	1996	1860	1319	30011	14.6
1993	2656	2502	8859	7.6	1997	1620	1419	43648	16.5
1994	2766	2269	12184	8.6	1998	—	—	2794	1.0
1995	2625	1212	15428	11.0	1999	—	—	929	0.3

第三节　私营个体工业

1986年，全县有私营个体工业户850户，从业人员1200人，实现产值770万元。1988年，私营个体工业经营户迅速发展到4944户，产值1845万元。1989年，私营个体工业户5899户，从业人员5970人，实现产值3917万元。1993年，加大对户办、联户办工业的扶持力度，推广兴办专业村和专业市场，促进资金、技术、劳力、信息等生产要素的优化组合，全年发展个体工业712户，私营工业企业21户，从业人员1570人，注册资金713万元，实现产值11047万元。1994年，全县私营个体工业户增加到3184户，从业人员3894人，注册资金1268万元。1995年，全县私营个体工业户在优胜劣汰中减少到1516户，从业人员3210人，注册资金2450万元。其中私营工业企业128户、个体工业户1388户。私营工业企业中，内资、独资企业87户，合伙企业28户，有限责任公司13户，注册资金1689万元，从业人员1487人，产值1.36亿元；个体工业1108户，注册551万元，从业人员2023人，注册资金717万元，产值6604万元。塔集镇农民张本江自办铸铁加工私营企业，固定资产13万元，流动资金15万元，雇工22人，实现产值83万元，上缴税金4.8万元，获利5.18万元。1996年，全县私营个体工业户1157户，从业人员3902人，注册资金2170万元，其中县城109户、从业人员596人、注册资金652万元；私营工业99户，注册资金1467万元，从业人员1211人。全年总产值1.48亿元。

1998年，全县进行企业改制，鼓励个人购买原国有、集体企业的资产，兴办私营个体工业企业，私营个体工业逐渐成为全县工业经济主要成分之一。是年，年销售收入超500万元以上规模私营工业企业达40户，实现工业总产值6.28亿元。2000年，始建于1997年、占地13.3公顷的黎城私营工业园区被农业部命名为全国乡镇企业示范区，园区吸纳年产值200万以上企业23户，其中工业产品销售额5000万元以上企业1户，1000万元以上企业6户，固定资产总额3117万元，涉及机械、化工、线缆、仪表、服装、建材、工艺鞋、木器加工等十大行业，实现产值3亿元，销售收入2.9亿元，利税0.3亿元。2002年，江苏栋棚服饰有限公司注册资本1088万元，成为当时县内最大的服装生产企业。2003年，江苏利达特种电缆有限公司生产的聚四氟导线被中国“神舟五号”载人飞船采用。

2005年，私营企业不断推进技术创新、管理创新，通过ISO 9000质量体系认证的私营企业有78户，一批实力雄厚的私营企业建立内部科研机构，高薪聘请专业科技人才，江苏爱特福药物保健品公司、金湖卫生巾设备公司、杰创科技公司等民营企业纷纷派出管理人员，前往北京、上海、广东等地人才市场和科研院所选聘技术、管理人才，以此提升企业自身创新能力，打造名牌产品，增强企业在国内外市场的竞争力。私营个体工业累计开发市级以上新产品16个，创市名牌产品14个，市高新技术产品12个；省名牌产品4个，省高新技术产品16个；国家免检产品1个。创市高新技术企业12户，省高新技术企业4户。县科星电子有限公司研制的KX-C智能型控制仪获省星火计划科技奖。是年，全县有私营个体规模以上工业企业86户，实现总产值27.27亿元。

1986—1997年金湖县私营个体工业统计表

表14-2-9

年份	企业数（户）	从业人员（人）	工业总产值（万元）	占全部工业总产值（%）	年份	企业数（户）	从业人员（人）	工业总产值（万元）	占全部工业总产值（%）
1986	850	1200	770	2.2	1992	4573	4299	8028	9.4
1987	2520	2898	1845	4.2	1993	3733	3570	11047	9.5
1988	4944	4970	3917	6.7	1994	3184	3894	15382	10.9
1989	5899	5970	5564	9.1	1995	1516	3210	5681	4.0
1990	5892	4967	6492	9.7	1996	1157	3902	14777	7.2
1991	5112	5321	4849	7.0	1997	1273	4211	36998	14.0

1998—2005年金湖县私营个体工业统计表

表14-2-10

年份	企业数（户）	从业人员（人）	其中规模以上企业				年份	企业数（户）	从业人员（人）	其中规模以上企业			
			企业（户）	从业人员（人）	总产值（亿元）	占全部工业总产值（%）				企业（户）	从业人员（人）	总产值（亿元）	占全部工业总产值（%）
1998	3889	17413	40	4644	6.28	22.7	2002	3648	34616	83	7260	12.22	42.7
1999	3699	17228	46	5005	8.92	28.3	2003	3652	34955	79	7747	12.59	40.6
2000	3439	18657	61	5939	9.05	38.8	2004	1795	24270	68	8149	19.56	46.8
2001	3828	20793	79	6799	13.35	50.3	2005	1990	23358	86	24043	27.27	53.5

说明：1.以上两表数据来源于县统计局、乡镇企业局和工商部门登记注册工业户的相关资料；2.“规模以上私营工业企业”按统计新口径指年产品销售收入在500万元以上的非国有工业企业（下同），表中数据不包括中外合资及与港澳台合资企业。

第四节　港澳台商投资工业

1993年，县属集体工业企业金湖县制鞋总厂与台湾客商合资成立全县首家合资企业国祥鞋业有限公司。是年，全县有港澳台商投资企业3户，实现工业总产值折合人民币3379万元。1995年，全县有港澳台商投资企业7户，分别是香港盈利国际投资公司与金湖卷烟材料公司合资兴办的江苏金利卷烟材料公司、江苏福达油脂公司，香港伟高贸易公司与县特种稻米厂合资兴办的金湖银伟特种稻米公司，香港莱斯国际洋行与金湖盛发园艺公司合资兴办的金湖威德园艺公司，澳门飞翔公司与县糖果食品厂合资兴办的金湖飞翔食品工业有限公司；台湾鹏飞公司与轻纤实业公司合资兴办的金鹏丝绸有限公司，台湾昱诜实业股份公司与县果品公司兴办的金湖玉森木业公司，投资总额

301.84万美元，注册资本226.53美元，实现产值折合人民币4688万元。1998年，县内港澳台商投资工业企业除去亏损歇业、股权转让外，实有经营企业3户，实现工业产值折合人民币1.26亿元，占工业总产值的6.5%。1999年、2000年，3户港澳台商投资工业企业的产值在全部工业产值比重分别增长到8.3%、9.7%。2002年，香港华燊燃气（中国）投资有限公司投资315.2万美元与金湖县建筑公司合资兴办金湖华燊燃气有限公司。是年，全县共有港澳台商投资企业4户，实现产值折合人民币3.79亿元。

2005年，县内引进香港长源制衣有限公司兴建祥丰制衣项目，投资1500万元，落户县工业园区；引进台湾客商兴建富茂升酒业项目，投资500万元，落户黎城镇九里村。全县除歇业转向企业，实有港澳台商投资经营企业4户，实现产值折合人民币1.16亿元。

1993—2005年金湖县港澳台商投资企业统计表

表14-2-11

年份	企业数（户）	产值（万元）	占全部工业总产值（%）	年份	企业数（户）	产值（万元）	占全部工业总产值（%）
1993	3	3379	2.9	2000	3	22571	9.7
1994	6	5003	3.5	2001	1	27725	10.4
1995	7	4688	3.3	2002	4	37891	13.2
1996	7	7002	3.4	2003	5	38402	12.4
1997	5	10297	3.9	2004	5	53737	12.9
1998	3	12619	4.6	2005	4	11629	2.3
1999	3	17582	5.6				

第五节 外商投资工业

1993年，金湖县羽绒服装总厂与加拿大客商合资成立江苏冬雁制衣有限公司，当年实现产值折合人民币151万元。至1998年，全县外商投资企业数仍为1户。1999年，全县引进外商投资企业4户，分别是嘉利美商（集团）公司与江苏爱特福公司合资兴办江苏爱特福气雾剂公司，美国邦正投资公司与金湖谷丰总公司合资兴办金湖金邦食品有限公司，英籍华人吕建仁与夹沟乡集体资产经营部合资兴办金湖丰泽水产有限公司，韩国客商崔相万与唐港乡集体资产经营部合资兴办金湖富达工艺品有限公司，总投资220.73万美元，实现产值折合人民币2879万元。2000年，韩国双三株式会社与金湖冬雁服装公司合资兴办金湖双冬雁服装有限公司。2002年，美国客商李建平与县茧丝绸集团合资兴办金湖宏伟塑胶制品有限公司；芬兰克瑞斯控股有限公司与上海大容工程技术有限公司共同投资320.78万美元兴办江苏淮安市金芬环境技术有限公司，实现产值折合人民币652万元。2004年，波兰籍王冬琴女士和香港嘉利美商（集团）有限公司分别收购中方江苏栋栅服饰有限公司75%、25%的股权，总投资、注册资本折合人民币均为1088万元。

2005年，美国客商李建平与县银海丝业有限公司合资兴办金湖威尔塑胶制品有限公司，总投资1120万元。是年，全县有外商投资企业3户，实现产值3.49亿元。

1993—2005 年金湖县外商投资企业统计表

表 14-2-12

年份	企业数（户）	产值折合人民币（万元）	占全部工业总产值（%）	年份	企业数（户）	产值折合人民币（万元）	占全部工业总产值（%）
1993	1	151	0.0	2000	1	1126	0.5
1994	1	2297	1.6	2001	1	905	0.3
1995	1	1004	0.7	2002	2	652	0.2
1996	1	1897	0.9	2003	3	4570	1.5
1997	1	1718	0.7	2004	3	13771	3.3
1998	1	1302	0.5	2005	3	34876	6.8
1999	4	2879	0.9				

第六节　股份制工业

1993年，县内进行股份制改革试点。闵桥热工仪表厂首家组建股份合作制企业。1995年初，县经委和县体改委对金湖县服装厂进行先售后股试点，4月18日金湖县服装有限责任公司成立，成为全县首家实行先售后股企业。1998年，股份合作制企业发展到12户。2000年，全县实施“工业强县”战略，主攻招商引资，扶持骨干企业盘大盘强，全县股份制工业快速发展，逐步成为全县工业经济的重要支撑。规模以上股份制工业企业增加到32户，职工年平均人数7253人，实现工业产值7.85亿元。

2005年，全县股份制工业企业27户，职工年平均人数5694人，实现工业产值17.51亿元，产品销售收入14.33亿元，有11户企业产销均超亿元，其中江苏爱特福股份有限公司、江苏理士科技有限公司和江苏金石机械集团有限公司的产销均超2亿元。

1993—2005 年全县股份制工业企业统计表

表 14-2-13

年份	企业数（户）	职工年平均人数（人）	工业总产值（万元）	占全部工业总产值（%）	工业销售收入（万元）	年份	企业数（户）	职工年平均人数（人）	工业总产值（万元）	占全部工业总产值（%）	工业销售收入（万元）
1993	1	25	—	—	—	2000	32	7253	78503	33.6	73611
1994	2	104	219	0.2	203	2001	36	7235	92005	34.6	91255
1995	5	490	2258	1.6	2151	2002	35	7297	113774	39.8	110779
1996	4	434	2603	1.3	2117	2003	34	6323	129818	41.9	93293
1997	1	276	3590	1.4	309	2004	59	8619	142592	34.2	139596
1998	12	1412	29067	10.5	21530	2005	27	5694	175062	34.3	143331
1999	15	1878	22033	7.0	21181						

说明：1998—2005 年为年销售收入 500 万元以上企业。

第三章　工业门类

第一节　机械制造业

（参见“第十五篇机械制造业”。）

第二节　仪表线缆工业

1986年，起步于20世纪60年代中后期的仪表线缆工业呈现良好发展势头，全县共有企业19户，主要企业有闵桥热工仪表厂、县化工仪器厂、金南电线厂、县塑料电线厂等。仪器仪表类主要产品有：耐震压力表、膜盒压力表、膜片压力表、数字显示仪、单双法兰变送器、电磁流量计、威力巴流量计、双金属温度计、闪光报警仪等；线缆类主要产品有：通信电缆、电气设备用电线电缆、电磁线、绝缘导线、电力电缆、裸电线、电子线、信号电线、音频线、视频线、电源线、漆包线等。实现工业产值1524万元，产品销售收入1101万元，利税65万元。是年，县化工仪表厂实现产值26万元，产品销售收入19万元；县塑料电线厂实现产值80万元，产品销售收入58万元。1988年，县计量仪表厂在闵桥镇成立，通过引进专家和科研人员，开发出省级火炬计划项目GPB压力变送器、省级星火计划项目GYB液位变送器等。金湖县电线厂实现产值564万元，成为全县乡镇工业中产值最高的厂。随后，金南、淮建、黎城等乡镇陆续兴办电线电缆企业江苏全兴电缆厂、江苏捷尔电线电缆公司、县特种电缆厂、江苏金菱电线电缆厂、县星月制线厂、县金龙电缆厂等，全县共发展仪表线缆工业企业25户。1990年，闵桥计量仪器厂的交直流数字压力表、闵桥热工仪表厂的数字显示器等9个产品投入批量生产。1994年，金湖计量仪器厂生产的YBS-WB型精密数字压力表被评为国家AA级新产品，BP-800扩散硅压力变送器获省级新产品称号，并列入省火炬计划，该厂获农业部颁发全面质量

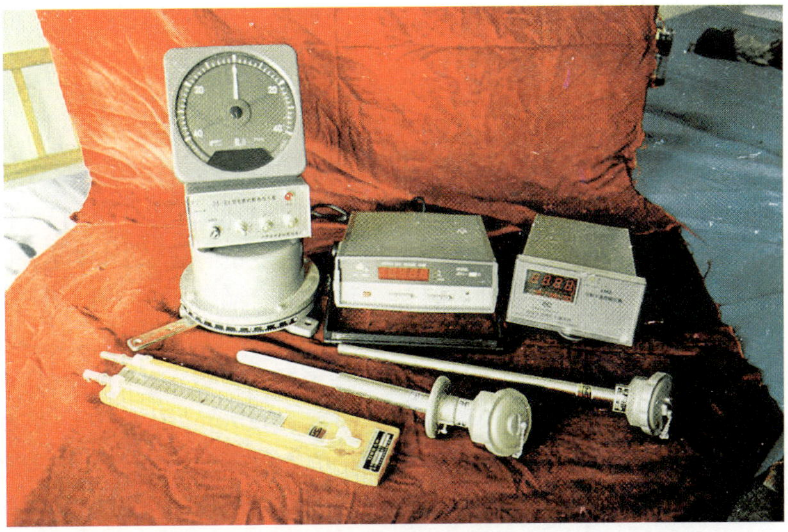

图14-3-2　江苏红光仪表厂生产的仪表产品（摄于1995年）
朱伟／摄

管理达标证书。县特种电缆厂与电子工业部23研究所联合开发的F46高温导线为高科技产品，广泛应用于航天、化工、计算机和冶金等行业，获国家科委颁发的第五届新技术、新产品博览会金奖。是年，苏北首家乡镇企业中大电线电缆集团公司在金湖成立。该集团以江苏全兴电缆厂为核心企业，联合产品设计、研究、生产、设备制造等8家成员单位组成，拥有固定资产原值3000万元，职工1500人，工程技术人员198人。产品主要有电力电缆、通信信号及控制电缆、阻燃电缆、射频电缆、船用电缆、高温导线以及各种电器装备用电线。产品严格按国际标准生产，销往全国各省、直辖市、自治区。1995年，闵桥镇兴办的规模较大的仪表企业有金湖热工仪表总厂、县仪表三厂、振兴厂、县计量仪表成套厂等，闵桥被称为“仪表之乡”。

1997年，全县仪表线缆企业发展到44户，主要企业有县计量仪表厂、航海仪表厂、江苏全兴电缆厂、捷尔电线电缆厂、塑胶电线厂、特种电缆厂等，生产电线4.55万千米，电力电缆1353千米等，实现工业总产值2.91亿元，产品销售收入2.51亿元，利税1963万元。其中，江苏全兴电缆厂、金湖县计量仪器厂产品销售收入分别达到4271万元和1021万元。1998年，全县有销售收入500万元以上规模仪表线缆工业企业13户，主要有县红光仪表有限公司、通达特种电缆有限公司、电线电缆有限公司、科星电子有限公司、江苏全兴电缆厂、捷尔电线电缆公司、特种电缆厂、计量仪器厂、热工仪表总厂等，实现工业产值2.82亿元，产品销售收入2.57亿元，利税2178万元。是年，江苏全兴电缆厂实现产值8365万元，产品销售收入6615万元，利税398万元；捷尔电线电缆公司实现产值7470万元，产品销售收入5395万元，利税339万元。两企业产、销、效列全行业前一二名。

图 14-3-3　金湖全兴电缆厂生产车间（摄于1997年）　　朱伟／摄

2001年，全县有仪表线缆工业企业16户，主要企业有县红光仪表厂、仪表电器设备厂、金科仪表有限公司、科星电子有限公司、通达特种电缆有限公司、江苏尔俊电缆有限公司，江苏捷尔电缆有限公司、江苏全兴电缆厂、金湖中亚特种仪表线缆有限公司、金荣电线电缆有限公司等，实现工业产值3.03亿元，产品销售收入2.84亿元，利税2383万元。金湖金科仪表有限责任公司产品销售收入突破2000万元，达到2056万元，成为仪表行业的首家。2004年，全兴线缆公司开发控制电缆、高温导线、计算机导线等10多种高科技替代进口产品，广泛应用于军事、航天、石油、电子行业。捷尔公司经过3年攻关，电缆表面易开裂、不耐寒等技术难题解决，成为全国唯一能够生产拖链电缆的企业。8月，由张家港市客商顾春和县内杨晓华共同投资兴建的金湖县永安线缆有限公司竣工投产，固定资产投资568万元，占地0.76公顷，建筑面积4060平方米，主产厂矿、船舶用电力电缆。11月，由山东临沂津鲁五交化有限公司和县内塑胶电线厂联合投资兴建的金湖县金祥线缆有限公司竣工投产，固定资产投资600万元，征地1.31公顷，建筑面积4000平方米，主产各种电线电缆等。2005年，全县仪表线缆企业发展到32户，生产电力电缆3.29万千米，自动化仪表及系统8.47万台（套），实现产值7.92亿元，产品销售收入7.60亿元，利税5066万元。

1986—2005年金湖县仪表线缆工业统计表

表14-3-14

年份	企业数（户）	总产值（万元）	产品销售收入（万元）	利税总额（万元）	年份	企业数（户）	总产值（万元）	产品销售收入（万元）	利税总额（万元）
1986	19	1524	1101	65	1996	42	23755	20788	1456
1987	21	1747	1295	131	1997	44	29086	25124	1963
1988	25	3134	2383	225	1998	13	28213	25677	2178
1989	31	3925	3085	251	1999	13	19582	18942	1326
1990	31	4265	3341	279	2000	12	22488	20925	1702
1991	29	4682	3913	263	2001	16	30281	28401	2383
1992	29	6354	5545	378	2002	15	35189	31967	2781
1993	46	11033	10003	667	2003	16	16442	15751	1358
1994	40	11627	9375	662	2004	21	42604	40708	3085
1995	44	14697	11190	770	2005	32	79161	76010	5066

说明：1998—2005年为国有及年销售收入500万元以上企业。

1986—2005年金湖县仪表线缆产品产量统计表

表14-3-15　　单位：千米

年份	电力电缆	电线	自动化仪表及系统（套）	年份	电力电缆	电线	自动化仪表及系统（套）
1986	18615	—	—	1996	1101	34100	—
1987	10962	—	—	1997	1353	45500	—
1988	13668	23000	—	1998	4400	23500	—
1989	10336	10000	—	1999	2225	22800	18145
1990	10456	15000	—	2000	2551	22500	11166
1991	6243	30000	—	2001	4340	22900	12420
1992	4464	30000	—	2002	8410	22100	11708
1993	1394	40000	—	2003	11297	13400	12530
1994	1141	35000	—	2004	29767	14500	49708
1995	1334	38500	—	2005	32863	12300	84707

2005年金湖县国有及年销售收入500万元以上仪表线缆企业一览表

表14-3-16

企业名称	主要生产项目及产品	地　址
江苏红光仪表厂有限公司	电阻电偶	健康路29号
金湖县杰创计量仪器有限公司	数字压力计	县工业园区
江苏腾达苏源电气设备有限公司	高压开关柜	金湖西路155号
江苏光阳仪表线缆有限公司	仪器仪表	县工业园区昌盛路99—1

接上表

企业名称	主要生产项目及产品	地　址
江苏金湖县热工仪表线缆厂	热电阻	建设路
江苏金工仪表线缆总公司	仪器仪表电线电缆	健康路19号
江苏省金湖县科星电子有限公司	变送器	黎城路50号
江苏省金湖县金信仪表线缆厂	仪器仪表	县工业园区工二路
金湖县华宇仪表线缆厂	压力变送器	县工业园区昌盛路99—1
江苏金科仪表有限公司	温度湿度测量仪表	县工业园区
江苏金湖县恒通仪表线缆厂	仪器仪表	健康路97号
金湖县仪表三厂	热电偶、热电阻	闵桥镇
金湖县恒达自动化仪表厂	变送器	金湖路100号
金湖县富林电子有限公司	电子元件	淮建集镇
江苏尔俊线缆有限公司	电线电缆	黎铜路8号
江苏捷尔电缆有限公司	电缆	金南镇集镇
江苏金兴电缆有限公司	电线	金南镇集镇
江苏利达特种电缆有限公司	高温线	金湖西路139号
金湖县华能特种电缆有限公司	电线电缆	金南镇集镇
江苏星羽电缆有限公司	电线电缆利	利农南路8号
金湖县荣兴特种电缆有限公司	电力电缆	金南镇集镇
金湖县永安电缆有限公司	电线电缆	牌楼村
金湖县四通电线电缆厂	电线电缆	黎铜路19号
金湖县金顺传输线缆有限公司	电线电缆	县工业园区
金湖县旺达电缆有限公司	电线电缆	园林南路97号
江苏捷通电缆有限公司	电线电缆	县工业园区新兴路
江苏金菱电线电缆厂	电线电缆	淮建集镇

第三节　建材工业

1986年，全县有砖瓦制造业、水泥制品业、玻璃制品业、耐火材料等建材工业企业18户，主要企业有县砖瓦厂、水泥制品厂、四中建材厂、构件厂等，全年生产砖2亿多块、瓦1354万片等，实现总产值2396万元，产品销售收入1731万元，利税102万元。是年，县砖瓦厂实现产值177万元，产品销售收入167万元，利税36万元，列全县建材行业之首。1991年，全县建材工业企业发展到44户，新增金沟砖瓦厂、银集砖瓦厂等，砖瓦行业生产砖1.85亿块、瓦1116万片。县水泥制品厂实现产值313万元，产品销售收入322万元，利税19万元，产销效列全县建材行业之首。1994年，全县砖瓦行业开展增产节约活动，实行产品最低保护价，亏损企业由上年的6户减少到1户。1995年，全行业共有14户，实现产值4579万元，占全县工业总产值4.3%，销售收入3487万元，主要产品产量有砖3.13亿块、瓦2078万片、水泥电杆5.24万根。县水泥制品厂抓住电力、通信事业迅猛发展机遇，调整产品结构，启动已关停24年的水泥船生产线，限量生产水泥构件，集中资金扩大重型电杆生产规模，被省电讯局批准为邮电用杆定点生产厂。全年实现产值736万元，销售收入1138万元，利税152万元；固定资产原值净增510万元，累计1340万元，主要经济指标均创历史最好水平，跻身县“十强企业”。1997年，全行业共有建材企业12户，主要产品产量有砖3.03亿块、瓦1715万片、农房构件884立方米、水泥电杆11.68万根。县水泥制品厂投入技改资金230万元，扩大生产规模，实现产值1157万元，销售收入2017万元，利税352万元。淮胜砖瓦厂加强目标成本管理，实行全奖全赔责任制，并投入技改资金205万元，实现产值406万元，利税55.7万元，万砖成本费用由上年的1401.7元下降到1383.7元。该厂撰写的《以市场为导向，强化目标成本管理》论文在全省交流，并获省企业管理成果二等奖。

1998年，全县有规模以上建材工业企业6户，主要企业有金湖县水泥制品厂、银集砖瓦厂、江苏省金湖水泥制品二厂等，全年生产砖3.12亿块、瓦1883万片，实现工业产值7469万元，产品销售收入7553万元，利税803万元。银集砖瓦厂实现工业产值2115万元，产品销售收入2250万元，产销均列全县建材行业之首。金湖县水泥制品厂实现利税381万元，并于年内改制为金湖县金桥建材有限公司。2001年，金湖县有规模以上建材工业企业7户，主要企业有金湖县金桥建材有限公司、金湖县金龙建材有限公司、金湖县建筑构建厂、金湖县砖瓦制造有限公司等，全年全行业实现产值8685万元，产品销售收入8649万元、利税突破千万元大关，达到1025万元。金湖县金桥建材有限公司利税达到505万元，占全行业利税总额的49.3%。2004年，金湖县金茂建筑工程装饰有限公司、琳翔家居门业装饰有限公司竣工投产，主产彩钢板、彩钢瓦、装饰木门等系列产品。2005年，全县建材行业生产砖3000万块、瓦2840万片，实现工业产值2935万元，产品销售收入3706万元，利税586万元。

1986—2005年金湖县建材工业企业效益统计表

表14-3-17

年份	企业数（户）	总产值（万元）	产品销售收入（万元）	利税总额（万元）	年份	企业数（户）	总产值（万元）	产品销售收入（万元）	利税总额（万元）
1986	18	2396	1731	102	1996	12	4731	4140	290
1987	52	2922	2166	219	1997	12	5221	4510	352
1988	46	3972	3021	286	1998	6	7469	7553	803
1989	49	4920	3867	314	1999	6	8552	8042	712
1990	45	4693	3676	307	2000	6	12779	11891	967
1991	44	5134	4291	288	2001	7	8685	8649	1025
1992	44	7085	6183	422	2002	6	8663	7738	673
1993	15	3115	2824	188	2003	4	7702	7379	636
1994	17	5604	4519	300	2004	4	7078	6763	512
1995	14	4579	3487	240	2005	4	2935	3706	586

说明：1998—2005年为国有及年销售收入500万元以上企业。

1986—2005年金湖县砖瓦产品产量统计表

表14-3-18

年份	砖（万块）	瓦（万片）	年份	砖（万块）	瓦（万片）
1986	20048	1354	1987	23035	1617

接上表

年份	砖（万块）	瓦（万片）	年份	砖（万块）	瓦（万片）
1988	25646	1595	1997	30324	1715
1989	18402	1349	1998	31203	1883
1990	21405	1245	1999	11369	393
1991	18497	1160	2000	20557	800
1992	22818	3309	2001	8424	1298
1993	23745	1814	2002	5874	759
1994	24421	1976	2003	8748	502
1995	31269	2078	2004	2974	2545
1996	33854	1430	2005	3000	2840

说明：砖数量为折标准砖数量。

2005年金湖县国有及年销售收入500万元以上建筑材料企业一览表

表14-3-19

企业名称	主要生产项目及产品	地　址
江苏金桥建材有限公司	水泥制品	金湖路7号
金湖县建源新型建材有限公司	构件	利农南路48号
金湖县金龙建材有限公司	砖瓦	郑岗

第四节　纺织工业

1986年，全县有纺织工业企业22户，主要企业有金湖县织布厂、缫丝厂、金沟棉纺厂、金南毛纺厂、金南针织厂、金北缫丝厂、金北丝织厂等，全年全行业生产棉布216万米，呢绒3000米，毛线40吨，白厂丝94吨，丝织品51万米，实现工业产值2116万元。其中，县织布厂实现产值399万元，产品销售收入297万元，实现利税8万元，走在全行业的前列。1988年，成立金湖县塑料编织厂，生产塑料袋483万条，净产值74万元。1991年，全县纺织工业企业27户，新增主要企业有金湖县针织厂、第一棉纺厂、金沟毛纺厂、卞塘织带厂等。其中，第一棉纺厂实现产值1771万元，产品销售收入1661万元，利税216万元，列全县同行业之首。1994年，县第一棉纺厂在全市小棉纺行业不景气情况下，筹措资金2000多万元，新上精纺纱锭4000枚，总数达8000枚，并组织20多人去河南、河北、山东等省产棉区，购进棉花原料3000多吨，实现产值3369.8万元，成为全市同行业效益最好的厂家。是年，金湖县丝绸总厂成立，该厂共有职工1600人，固定资产1584万元，立缫机344台，SFD507型自动缫丝机6组、180台，全年生产白厂丝117.68吨，实现产值1979.4万元。金鹏丝绸有限公司建成投产，总投资450万元，配置D301自动缫丝机2组、60台（套），8~12月生产白厂丝9吨，实现产值200万元。金北缫丝厂采取多种途径积聚资金490万元，购置丝织机129台（套），新建封闭式厂房，年生产丝织品能力达140万米。镇办企业金湖县织巾厂生产的“爱迪尔”牌高级提花毛巾、浴巾、浴衣等产品，销往北京、广州、沈阳、石家庄、南京等地110多家星级以上宾馆，被江苏省旅游公司指定为省旅游毛巾定点生产厂家。

1998年,全县纺织行业规模以上工业企业9户。7—8月,县第一棉纺厂开发固体仿羊绒、膨体仿羊绒等适销对路的新产品,投放市场后深受消费者青睐。金湖县轻仟集团投资16万元与塔集集镇联合建立一座万只种兔场,为兔农提供优质种兔;投资200万元建立兔毛分类加工厂,所加工的兔毛年内通过省级外贸验收,实现工业产值8823万元,产品销售收入9064万元,利税366万元,成为全行业的首户。2001年,全县有规模以上纺织企业5户,即金湖县银海丝业有限公司、昌达纺织有限公司、江苏轻仟纺织有限公司、金湖县工业用布厂、三河缫丝厂。是年,江苏轻仟纺织有限公司对所属的轧花、制线、宏源、兔毛等四个分公司(厂)实行“四自、两定”(自筹资金、自主经营、自负盈亏、自主分配,定编制、定上缴)的承包经营模式,在行业不景气情况下,轻仟公司实现产值9619万元,销售收入8653万元,利税167万元。金湖县银海丝业有限公司生产“金荷”牌白厂丝获市名牌产品称号,公司被列为2001年农业产业化经营龙头企业之一。2005年,全县纺织行业生产纱4640吨、丝132吨,实现产值1.42亿元,产品销售收入1.37亿元,利税911万元。

1986—2005年金湖县纺织工业统计表

表14-3-20

年份	企业数(户)	总产值(万元)	产品销售收入(万元)	利税总额(万元)	年份	企业数(户)	总产值(万元)	产品销售收入(万元)	利税总额(万元)
1986	22	2116	1529	90	1996	19	16839	14736	1032
1987	26	3328	2467	249	1997	18	19266	16642	1300
1988	30	4671	3552	336	1998	9	16059	14615	1240
1989	28	5352	4207	342	1999	9	18545	17939	1255
1990	26	6546	5128	428	2000	7	18864	17553	1428
1991	27	7891	6595	443	2001	5	16520	15494	1300
1992	25	8784	7666	523	2002	5	20476	18289	1591
1993	26	11509	10434	696	2003	5	8193	7849	677
1994	24	18347	14793	982	2004	3	8409	8035	609
1995	22	17064	12993	894	2005	4	14233	13667	911

说明:1998—2005年为年销售收入500万元以上企业。

1986—2005年金湖县纺织工业主要产品产量统计表

表14-3-21

年份	棉布(万米)	毛线(吨)	针棉织品折用纱线(吨)	纱(吨)	白厂丝(吨)	丝织品(万米)	年份	棉布(万米)	毛线(吨)	针棉织品折用纱线(吨)	纱(吨)	白厂丝(吨)	丝织品(万米)
1986	216	40	352	—	94	51	1992	313	7	200	1994	171	6
1987	272	134	371	675	102	46	1993	146	—	200	1990	233	5
1988	212	91	398	1390	71	61	1994	140	—	127	2580	201	35
1989	250	71	400	1649	105	58	1995	210	—	—	2903	216	35
1990	402	24	300	1726	120	26	1996	217	—	—	2838	173	28
1991	243	28	200	1373	131	26	1997	225	—	—	3611	176	15

接上表

年份	棉布（万米）	毛线（吨）	针棉织品折用纱线（吨）	纱（吨）	白厂丝（吨）	丝织品（万米）	年份	棉布（万米）	毛线（吨）	针棉织品折用纱线（吨）	纱（吨）	白厂丝（吨）	丝织品（万米）
1998	199	—	—	1811	201	26	2002	168	—	—	3435	156	125
1999	173	—	—	3615	116	23	2003	—	—	—	1865	155	52
2000	227	—	—	4625	115	41	2004	—	—	—	1964	139	—
2001	191	—	—	3751	161	92	2005	—	—	—	4640	132	—

2005年金湖县年销售收入500万元以上纺织企业一览表

表14-3-22

企业名称	主要生产项目及产品	地　址
江苏轻仟纺织有限公司	棉纱	黎城镇
金湖县银海丝业有限公司	白厂丝	金湖西路162号
金湖县仙禹纺织有限公司	工业制线	黎城路31号
金湖县金凌工贸有限公司	涤纶帆布	新村路56号

第五节　服装鞋帽工业

1986年，全县有服装、鞋帽工业企业16户，主要企业有金湖县服装厂、金湖县针织内衣厂、卞塘乡服装厂等，全年生产服装23.4万件，实现产值357万元，产品销售收入258万元，利税15万元。其中，金湖县针织内衣厂，实现产值330万元，产品销售收入310万元，走在全县服装、鞋帽行业的前列。1991年，全县服装、鞋帽企业减少到10户，主要企业有县服装厂、羽绒服装总厂、针织厂，及官塘、卞塘、闵桥等乡镇服装厂。全年服装鞋帽行业生产服装39万件，实现产值1227万元，产品销售收入1026万元，利税69万元。其中，县羽绒服装总厂实现产值563万元，产品销售收入399万元，利税3万元，产值居该行业之首；针织厂产品销售收入429万元，销售收入居该行业之首。1993年，县羽绒服装总厂与加拿大客商合资，成立金湖县冬雁制衣有限公司。1994年，该公司开拓自营出口业务，扩展服装、制衣、辅料等近10个加工分厂，固定资产由100万元增加到400万元，年生产能力由原10万件增至20万件，以羽绒服装为主产品的出口业务量由不足8万件增加到15万件，产品远销到日本、美国、韩国、俄罗斯、阿根廷、荷兰等20多个国家。县服装厂与省服装进出口公司合作，开拓外贸业务渠道，实现产值1127万元，销售收入741万元，利税34.7万元，创汇617万元。金湖县制鞋总厂实现工业产值1522万元、产品销售收入1332万元、利税41万元。是年，全县有县制鞋总厂、服装厂、金湖县冬雁制衣公司、惠民服装厂、皮革制品厂、前锋乡服装厂等13户服装、鞋帽企业，全行业生产服装54万件，实现工业产值4051万元。1995年，县制鞋总厂产值达到3313万元；冬雁制衣有限公司产、销“双过千”，即实现产值1044万元，产品销售收入1003万元。

1998年，全县拥有规模以上服装鞋帽企业4户，全年生产服装116万件，实现工业产值8256万元。是年，县制鞋总厂实现工业产值5495万元，产品销售收入5650万元；冬雁制衣有限公司投入20余万元，购买设备，新上西服生产线，形成年产西服20万件（套）的能力。2000年，县制鞋总厂改制成立金湖县国祥工贸有限公司，总资产1612万元，主产品为“天皇”“三河”牌各种靴鞋，年生产能力300万双，实现产值948万元，销售收入712万元。2001年，全县有规模以上服装、鞋帽企业5户，即金湖县国祥工贸有限公司（以鞋业为主）、金湖县双三冬雁服装有限公司、金湖县羽绒服装有限责任公司、金湖县友联制衣有限责任公司、金湖县金鹏制衣厂。2004年，金湖县创德制衣有限公司竣工投产，固定资产投资800万元，征地1.07公顷，总建筑面积3800平方米。主营服装产销及原辅材料销售，年产值超过1000万元。2005年，全县有规模以上服装、鞋帽企业13户，生产服装358万件，实现工业产值1.79亿元，产品销售收入1.72亿元、利税1147万元。

1986—2005年金湖县服装鞋帽工业产量产值统计表

表14-3-23 单位：万元

年份	企业数（户）	服装产量（万件）	总产值	产品销售收入	利税总额	年份	企业数（户）	服装产量（万件）	总产值	产品销售收入	利税总额
1986	16	23	357	258	15	1996	8	123	3424	2996	210
1987	12	26	352	261	26	1997	8	103	3653	3155	247
1988	12	49	947	720	68	1998	4	116	8256	7941	307
1989	14	39	1182	929	76	1999	4	94	4292	4152	291
1990	10	39	1190	932	78	2000	5	254	8083	7521	612
1991	10	39	1227	1026	69	2001	5	88	7077	5853	240
1992	10	69	2184	1906	130	2002	5	80	8753	7818	680
1993	8	58	3080	2792	186	2003	7	52	5607	5327	463
1994	13	54	4051	3266	217	2004	11	225	11985	11452	868
1995	10	147	2628	2001	138	2005	13	358	17924	17211	1147

说明：1998—2005年为国有及年销售收入500万元以上企业数据。

2005年金湖县年销售收入500万元以上服装鞋帽企业一览表

表14-3-24

企业名称	主要生产项目及产品	地 址
江苏栋栅服饰有限公司	服装	工业园区台州路3号
江苏同泰服饰有限公司	服装	工业园区同泰大道
金湖双三冬雁服装有限公司	服装	健康路105号
江苏三禾玩具服饰有限公司	室内工艺鞋服生产	黎铜路2号
金湖哥德威尔服饰有限公司	服装、针织品加工	健康西路98号
金湖县舒雅制衣有限公司	服装	金马路10号
金湖县诚信制衣有限公司	服装生产	园林南路10号
金湖县羽绒服装有限公司	服装	健康路162号
淮安市友联制衣有限公司	服装	朝阳路10号
金湖县德泰制衣有限公司	服装	金湖路26号
金湖县尔康服饰有限公司	针织服装	淮建集镇
江苏御风制衣有限公司	服装	银集镇
金湖县金鼎服装有限公司	服装	大兴路128号

第六节　医药化学工业

1986年，全县医药化学工业以药品制造业、基本化学原料制造业、化学肥料制造业为主，共有企业34户，主要企业有县化肥厂、制药厂、化工厂、酒精厂、县塑料厂、金城塑料厂等。主要产品：药用方面有普通过磷酸钙、液氨、蜜环片、猴头菌片、白葡止咳片、乙醇、丙醇、丁醇等近20个品种；化学产品有盐酸、氧化锌、氯氰锌、硫酸、碳酸氢铵、合成氨、化学农药、增塑剂、酒精、杀虫剂等。全行业生产塑料制品1157吨、合成氨9570吨、农用化肥3.75万吨等，实现产值3374万元。金湖制药厂占地2.9万平方米，建筑面积1.9万平方米，主产品为白葡菌止咳片、蜜环片，获江苏省优质产品称号，两产品国内市场覆盖率占30%以上，该厂实现产值占县内全行业产值的37.4%，产品销售收入占45%，利税占24.8%。金湖化肥厂占地12万平方米，建筑面积2.5万平方米，固定资产900万元，主产品“金河”牌碳酸氢铵年产量1.6万吨，获江苏省优质产品称号，实现产值占全行业产值的14.7%，产品销售收入占28.6%，利税占48.6%。

1990年，注重研制开发高科技、高附加值、高效益产品。油化厂与江苏省农科院食品饲料研究所合作，研制出蔗糖脂、甲酯，年产300吨，新增产值300万元。玻璃厂与珠海经济特区华大医药公司联合，精细化工产品硅烷偶联剂研制成功。制药厂研制出黄原胶，应用于石油钻井开采和食品工业、药物制剂，产品供不应求，市场前景广阔。1991年，全县医药化学工业企业发展到33户，增加的主要企业有县精细化工厂、溶剂厂、复合肥厂、日用化学厂、陈桥有机化工厂等。县制药厂产值、销售收入分别达到2411万元和2032万元，利税118万元；化肥厂产值、销售收入分别达到1527万元和1410万元。1995年，县化肥厂化肥月产量突破6000吨，全年生产化肥5.4万吨，销售收入2360万元，分别比上年增长19.4%和18%，利税41.9万元，其中利润15.2万元，实现扭亏为盈。县溶剂厂投资150万元的氧化石蜡项目建成投产，年新增产值800万元、利税60万元。中外合资江苏华鼎精细化工有限公司建成投产，当年实现产值342万元，利税114万元，主产品对羟基苯乙烯胺、3.5-二碘水杨酸，3.5-二碘水杨酸产品填补国内空白，直接外销到法国。10月，县自来水公司与无锡医疗器械厂联合创办金嘉医疗器械有限公司投产，到年底生产血压计3000台，部分产品销往日本。

1998年，全县有规模以上医药化学工业企业11户，主要有金湖县制药厂、化工厂、化肥厂、溶剂厂、江苏华鼎精细化工有限公司、江苏爱特福药物保健品有限公司、配方肥料厂等。江苏爱特福药物保健品有限公司实现产值9704万元，产品销售收入8900万元，利税1387万元，成为全县同行首户。县配方肥料厂新品BB肥投产，产品经国家统检，质量达GBI 5063-94标准，获省技术监督局“产品质量监督检查合格证书”，被市技术监督局列为淮阴市重点保护产品。2001年，全县有规模以上医药化学工业企业10户，主要企业为江苏神华药业有限公司、金湖县化工厂、金湖县金荣化工有限公司、江苏华鼎精细化工有限公司、金湖县恒祥塑料制品有限公司、江苏爱物福气雾剂有限公司等。江苏爱特福气雾剂有限公司生产的“老好”空气净填补国内空白，公司实现工业产值2.28亿元、产品销售收入2.25亿元、利税2340万元。2005年，全县规模以上化学工业企业增加到12户。其中：化学原料、化学制品制造企业3户，产值4.19亿元，销售收入4.05亿元；医药制造业企业1户，产值2651万元，销售收入2285万元；化学纤维制造企业1户，产值660万元，销售收入636万元；橡胶制品企业2户，产值5378万元，销售收入4767万元；塑料制品企业5户，产值8877万元，销售收入8419万元。全行业实现工业产值5.94亿元，产品销售收入5.71亿元，利税3804万元。

1986—2005 年金湖县医药化学工业统计表

表 14-3-25

年份	企业数（户）	总产值（万元）	产品销售收入（万元）	利税总额（万元）	年份	企业数（户）	总产值（万元）	产品销售收入（万元）	利税总额（万元）
1986	34	3374	2437	144	1996	38	32715	28629	2005
1987	39	4595	3406	344	1997	40	34935	30177	2358
1988	38	7282	5538	524	1998	11	30606	27855	2363
1989	41	7692	6046	492	1999	11	31513	30483	2133
1990	38	8766	6867	573	2000	10	35403	32942	2680
1991	33	9731	8133	546	2001	10	39571	37114	3114
1992	38	10776	9404	641	2002	12	54084	48308	4202
1993	37	15655	14193	947	2003	12	45235	43335	3736
1994	35	25652	20683	1372	2004	11	50353	48112	3646
1995	33	19345	14729	1014	2005	12	59430	57065	3804

说明：1998—2005 年为国有及年销售收入 500 万元以上化工企业数据。

1986—1998 年县医药化学主要产品产量统计表

表 14-3-26　　单位：吨

年份	塑料制品	合成氨	农用化肥（实物量）	盐酸	增塑剂	酒精	年份	塑料制品	合成氨	农用化肥（实物量）	盐酸	增塑剂	酒精
1986	1157	9570	37548	—	1136	710	1993	3768	8883	38077	2133	1900	—
1987	1317	9030	33964	—	455	1090	1994	4363	10733	45180	1302	2823	—
1988	1560	6218	23269	2366	1462	1512	1995	7401	12821	70836	—	2295	—
1989	1873	6739	21419	3033	954	1276	1996	1392	13650	61143	—	3206	—
1990	2139	6671	22996	3535	1505	1336	1997	8029	6508	39629	—	4728	—
1991	2213	10507	43336	1153	1207	1235	1998	9924	2259	9739	—	1280	—
1992	2586	9753	41609	163	1534	291							

1999—2005 年县医药化学主要产品产量统计表

表 14-3-27　　单位：吨

年份	塑料制品	增塑剂	年份	塑料制品	年份	塑料制品
1999	6816	1740	2002	8138	2005	11576
2000	6839	1599	2003	7633		
2001	7698	115300	2004	5445		

2005 年金湖县国有及年销售收入 500 万元以上医药化工企业一览表

表 14-3-28

企业名称	主要生产项目及产品	地 址
江苏神华药业有限公司	黄原胶	神华大道 188 号
江苏理士电池有限公司	免维护铅酸蓄电池	县工业园区

接上表

企业名称	主要生产项目及产品	地　址
江苏爱特福股份有限公司	84消毒液生产	陈桥街84号
金湖全成合成革材料有限公司	无纺布	工业园区工二路东南侧
金湖县国祥工贸有限公司	塑料鞋	人民路139号
江苏华鼎精细化工有限公司	八溴醚	青年路1号
金湖县玻璃仪器厂	丁基橡胶	金湖西路141号
金湖县沁宝橡塑制品有限公司	塑料靴鞋	工业园区西兴路中段
金湖县恒祥塑料制品有限公司	食品包装覆膜纸	崔庄路
金湖县金玉塑料编织有限公司	塑料编织袋	金湖东路180号
江苏赛尔电池有限公司	镍氢可充电电池	建设路47号
金湖县佳申实业有限公司	PVC雨鞋	黎铜路15号
金湖县金凌化工仪表厂	消泡剂	园林南路191号
金湖县渔网厂	编织网	银集镇
金湖县永兴福利化工厂	软骨青年粉	青年路14-1
江苏金莲纸业有限公司	机制纸及纸板	建设东路89号
金湖县金芙蓉纸业有限公司	瓦楞纸	黎城镇蔬菜村

第七节　粮油食品加工业

1986年，全县有粮油食品工业企业42户，主要企业有县油脂化学厂、面粉厂、闵桥米厂、涂沟米厂、再制蛋加工厂、糖果食品厂、淀粉厂、酒厂、泗湾湖酒厂、运西酒厂等。全行业生产大米9.24万吨，面粉1.82万吨、食用植物油6485吨，饮料酒2364吨，再制蛋303万只，粉丝24吨等，实现工业产值6600万元、产品销售收入4768万元、利税281万元。是年，县油脂化学厂、面粉厂工业产值分别达到1257万元和1132万元，成为粮油食品行业的领头雁。1987年，县淀粉厂粉丝产量32吨。1991年，全县粮油食品工业企业36户，主要企业新增县禽蛋厂、酱醋厂、吉利食品厂、果味品厂、肉类加工厂、果园汽酒厂等，县油化厂、面粉厂，闵桥米厂、涂沟米厂等“四大”粮油加工企业产值均闯过千万元大关，分别达到3117万元、2033万元、1381万元和1371万元。是年，县糖果食品厂生产糖果77吨，至1992年糖果产量共143吨；肉类加工厂生产动物油4吨、畜肉制品98吨、禽肉制品308吨、冷冻饮品44吨；酱醋厂生产酱油692吨。1994年，全县粮油食品工业企业48户，主要新增企业有油化食品冷冻厂、吕良粮油加工厂、金北粮油加工厂、宝应湖米厂、涂沟水产品加工厂、供销社冷冻厂等。闵桥米厂投资250万元革新生产工艺流程，所产“精华”牌特一粉、特二粉、精粉、面包粉、糕点粉、营养粉、自发粉等，畅销全国20个省（直辖市、自治区）。涂沟米厂投资30多万元，购置14台米糠榨油机，开发新产品米糠油成功，经深度加工的米糠，每吨可增值5000余元。县食品冷冻厂先后从上海宝翔实业有限公司引进北京樱桃谷白鸭1.39万只，从无锡引进朝鲜龙城蛋鹌鹑饲养，实现养殖、加工、销售一条龙，经营局面逐步走出困境。酱醋厂酱油产量585吨。1995年，肉类加工厂生产畜肉制品163吨、禽肉制品166吨、冷冻饮品375吨，酱醋厂生产酱油430吨。1998年，全县粮油食品工业有规模以上企业14户，主要企业有县食品总厂、油脂化学厂、涂沟米厂、肉类加工厂、江苏省华康保健食品总厂、卞塘油米厂、塔集米厂、水产食品加工福利厂、农工贸实业公司等。县农工贸实业公司万吨面粉生产线投产，所产特一、特二精白面粉以小麦兑换方式销往毗邻县市，解决公司挂面生产原料不足等问题。酱醋厂生产酱油80吨，此后不再生产。

2001年，全县有江苏金叶粮油食品有限公司、金湖县广源油脂有限公司、金湖县珍宝米业有限公司、江苏农垦宝金玉粮油有限责任公司、金湖县水产食品加工厂、金湖县盛丰粮油加工厂、金湖县吕良福利油米厂等粮油食品工业企业15户。金叶粮油食品公司日处理200吨小麦生产线建成投产，年生产能力由3.5万吨提高到8万吨。县油脂化学厂完成民营改制，重新建立金湖县广源油脂有限公司，并跃入市50强第15位。2005年，金叶、曙东粮油食品公司发展迅猛。金叶粮油食品有限公司投入技改资金1520万元，新上一条年产4万吨优质米生产线，新建一幢万吨粮成品仓库等，实现产值1.7亿元，利税220万元。曙东粮油食品有限公司投入技改资金460万元，对大米、面粉生产线进行改造，全年加工大米3.3万吨、面粉1.1万吨，分别比上年增长173%、664%，实现产值、销售过亿元，成为全县粮油加工企业新秀。是年，全县粮油食品行业生产大米10.71万吨，面粉7.88万吨、食用植物油1.87万吨，实现工业产值6.88亿元，产品销售收入6.6亿元，利税4414万元。

1986—2005年金湖县粮油食品工业产效统计表

表14-3-29

年份	企业数（户）	总产值（万元）	产品销售收入（万元）	利税额（万元）	年份	企业数（户）	总产值（万元）	产品销售收入（万元）	利税额（万元）
1986	42	6600	4768	281	1996	34	24615	21541	1509
1987	40	8287	6142	620	1997	32	26726	23086	1804
1988	41	11577	8804	832	1998	14	24305	22120	1876
1989	47	11438	8990	731	1999	14	24201	23410	1638
1990	45	11220	8790	734	2000	17	31597	29401	2392
1991	36	10980	9177	616	2001	15	34045	31931	2679
1992	36	11659	10175	694	2002	16	43166	38556	3354
1993	49	16902	15323	1023	2003	15	33999	32571	2808
1994	48	17375	14010	930	2004	10	40230	38440	2913
1995	51	21149	16103	1108	2005	15	68757	66021	4414

说明：1998—2005年为国有及年销售收入500万元以上企业数据。

1986—1998年金湖县主要粮油食品产品产量统计表

表14-3-30

年份	大米（吨）	面粉（吨）	植物油（吨）	再制蛋（万只）	水产加工品（吨）	饮料酒（吨）	无酒精饮料（吨）	畜肉制品（吨）
1986	92400	18200	6485	303	—	2364	0	—
1987	274400	13000	6584	3203	—	2705	324	—
1988	60000	15000	6053	240	—	3447	529	—
1989	70000	30000	6055	134	—	3990	711	—
1990	50000	30000	6547	2751	163	2167	326	—

接上表

年份	大米（吨）	面粉（吨）	植物油（吨）	再制蛋（万只）	水产加工品（吨）	饮料酒（吨）	无酒精饮料（吨）	畜肉制品（吨）
1991	50000	10000	6626	207	216	978	295	98
1992	50000	10000	5240	209	222	773	745	243
1993	80000	20000	9898	164	333	1243	945	106
1994	70000	20000	2299	302	351	130	32	131
1995	50500	18400	4963	650	404	37	226	163
1996	58700	24700	4473	259	267	155	94	168
1997	56200	28900	4469	148	323	—	8962	139
1998	65600	30500	4285	75	—	—	8608	112

1999—2005年主要粮油食品产品产量统计表

表14-3-31　计量单位：吨

年份	大米	面粉	植物油	加工水产品	畜肉制品	年份	大米	面粉	植物油	加工水产品
1999	78100	33600	9793	785	102	2003	77300	51600	12726	527
2000	91300	36800	12597	651	50	2004	57400	52000	15827	—
2001	87700	35000	9477	844	50	2005	107100	78800	18682	—
2002	102000	43200	11400	932	—					

2005年金湖县国有及年销售收入500万元以上粮油食品企业一览表

表14-3-32

企业名称	主要生产项目及产品	地　址
江苏金叶粮油食品有限公司	粮食加工	建设东路11号
金湖县广原油脂有限公司	GB四级菜油生产	黎农路62号
金湖县水产食品加工福利厂	熟龙虾仁	涂沟镇沿河路1号
金湖县麦芽厂	麦芽	塔集镇
江苏曙东粮油食品有限公司	粮食加工	闵桥镇古镇路88号
金湖县吕良福利油米厂	粮食加工	吕良镇大庄村
金湖县双兔米业有限公司	粮食加工	戴楼镇工业园区
江苏农垦宝金玉粮油有限公司	粮食加工	宝农路88号
金湖县盛丰粮油加工厂	粮食加工	前锋镇淮胜集镇
金湖县金桥粮油食品厂	粮食加工	陈桥镇新农集镇
金湖县叶贵米业有限公司	大米	吕良镇孙集集镇
金湖县金亚食品有限公司	挂面	崔庄路
金湖县华兴实业有限公司	宠物饲料	工业园区

第八节　造纸印刷业

1986年，全县有造纸及纸制品业企业4户，全部职工年平均人数622人，年产纸浆5102吨，机制纸及纸板4168吨，实现产值986万元；印刷业3户，从业人数336人，产值268万元。1990年，造纸及纸制品业企业增加到8户，造纸及纸制品业全部从业人员平均人数1226人，年产纸浆1.06万吨，机制纸及纸板9155吨，产值4292万元；印刷业5户，从业人数545人，产值801万元。1993年，造纸厂万吨纸扩建工程、年产3000吨高档卫生纸生产线及循环用水工程建成。1995年，全县共有造纸及纸制品业企业8户，年产纸浆1.69万吨，机制纸及纸板1.46万吨，实现产值7575万元，销售收入7898万元；印刷企业11户，产值1209万元，主要产品为扑克及各种印刷品。是年，县印刷厂有职工335人，固定资产总额261万元，因负债709.6万元，被政府交由县造纸厂托管。县文教印刷厂有职工80人，实行风险抵押承包，实现销售收入232万元，利税50万元。

1997年，全县造纸、印刷企业发展到16户，实现产值9103万元，占全县工业总产值5.5%；销售收入9989万元，占全县销售收入6.5%。其中，造纸及纸制品企业7户，产值7539万元，销售收入8376万元；印刷企业9户，产值1564万元，销售收入1613万元。文教体育用品印刷企业1户，产值838万元，销售收入876万元。是年，县造纸厂污水淀塘土建及黑液提取闪蒸装置工程竣工。12月，在国家环保局组织的淮河流域工业污染源达标排放“零点行动”检查中，该厂获得好评。“金莲”牌商标被认定为省著名商标，企业被省建行评定为AAA级信用企业。2000年，全县有造纸印刷业企业2户，造纸业1户，实现产值6701万元，销售收入7335万元，主要产品机制纸及纸板产量1.7万吨；印刷业1户，产值1136万元。2001年，县造纸厂改制为江苏金莲纸业有限公司。

2005年，全县有规模以上造纸及纸制品企业2户，全部职工年平均人数1174人，拥有固定资产原值6656万元，流动资产平均余额2859万元，实现产值1.08亿元，占全部工业产值的2.1%；年产纸浆2.12万吨，机制纸及纸板2.49万吨。

第九节　其他工业

1986年，全县有其他工业制造企业21户。其中：家具制造业7户，产值122万元；木材加工及竹柳藤棕制造业11户，产值155万元；皮革、毛皮、羽绒及其制品业3户，产值40万元。其中独立核算的企业14户，职工年平均人数882人，总产值400万元。1990年，有木材加工及竹柳藤棕制造业5户，产值266万元；皮革、毛皮、羽绒及其制品业1户，产值102万元；家具制造业8户，产值469万元。其中独立核算的企业8户，职工年平均人数139人，总产值495万元。篷布厂研制生产的PVC双面涂塑布通过省级鉴定。该产品外形美观，具有防水、防霉、耐磨、耐腐、耐热、阻燃等特点，用途广泛。1994年12月，由县商业局果品公司和台湾昱诜实业股份有限公司合资创办金湖玉森木业有限公司成立，总投资45万美元，注册资金32万美元，主要生产木制橱具等，实现年产值600余万元。县篷布厂开发的飞机罩套新产品，经沈阳飞机制造公司、航空航天部等单位试用检测，符合质量要求，确定该厂为军工产品定点生产厂家，投入批量生产。1995年，全县共有其他加工工业企业56户，实现产值9161万元。其中：皮革、毛皮、羽绒及其制品业2户，产值2005万元，销售收入1217万元；木材加工及竹柳藤棕制品业7户，产值514万元，销售收入557万元；家具制造业3户，产值104万元，销售收入101万元；其他加工制造业17户，产值2403万元，销售收入2701万元。主要产品产量：锯材8292立方米，生产家具1.17万件，日用玻璃制品1.61万吨，塑料制品7401吨，塑编袋883.6万条。1996年6月，创建于1960年的金湖县酒厂破产，有职工196人，总负债600万元，负债率230.8%。破产后，该厂的土地使用权转让给县育才小学，获转让费210万元，全部用于职工安置；其他剩余资产拍卖变现，用于还债，偿还债务78万元，清偿率13%。

1997年，全县共有其他加工工业企业42户，实现产值1.87亿元，占全县工业总产值11.2%，销售收入1.63亿元。其中：皮革、毛皮、羽绒及其制品业2户，产值1542万元，销售收入1724万元；木材加工及竹柳藤棕制造业6户，产值2776万元，销售收入2816万元；家具制造业1户，产值156万元，销售收入106万元；其他加工制造业3户，产值151万元，销售收入141万元。主要产品产量：锯材3.1万立方米，家具5.18万件，日用玻璃制品1.18万吨，塑料制品8029吨，塑编袋622万条。2000年，全县有其他加工工业企业14户，实现产值1.52亿元，销售收入1.51亿元。其中：皮革、毛皮、羽绒及其制品业2户，产值2005万元，销售收入1217万元；木材加工及竹柳藤棕制品业3户，产值4728万元，销售收入4922万元；其他加工制造业1户，产值451万元，销售收入436万元。主要产品产量：年加工皮棉1791吨，锯材5600立方米，日用玻璃制品6531吨，塑料制品6839吨，塑编袋883.6万条。2005年，全县有橡胶、塑料制品业7户，职工年平均人数793人；有规模以上木材加工及竹柳藤棕制造业2户，从业人数125人。主要产品产量：年产橡胶、塑料制品6839吨，塑编袋883.6万条，人造板390立方米，非织造布698万米，日用玻璃制品2840吨。

表14-3-33

2005年金湖县年销售收入500万元以上其他企业一览表

企业名称	主要生产项目及产品	地　址
金湖县蓝盾木业有限公司	木箱	官塘集镇
金湖在明木业有限公司	芯板	前锋镇淮胜村
江苏省金湖县香绵粮棉油有限公司	加工皮棉	刘圩

第四章　企业选介

第一节　机械制造企业

江苏金石集团、金湖输油泵有限公司等企业简介（分别参见“第四十三篇专记”《从小机械厂到江苏金石机械集团》、“第十五篇机械制造业”第四章第二节。）

第二节　仪表线缆与建材企业

一、江苏红光仪表有限公司

由原金湖县红光仪表厂改制设立。原厂创建于1972年4月，厂址在县城健康路29号。主要产品有玻璃温度计，包括工业用金属套玻璃水银温度计，玻棒水银温度计，金属套玻璃红水（煤油）温度计，玻棒红水（煤油）温度计，农业用干湿温计等。1980年5月21日，所生产的测温仪表用于第一艘运载火箭发射成功而受到中共中央、国务院、中央军委的贺电嘉奖；1986年，企业新上工业热电阻、热电偶等工业自动化仪表项目，调整产品结构，被批准为民政福利企业。全年生产热工仪表2万台、舵角指示器1000台、工业玻璃温度计1.2万支，实现产值120万元，利税9.6万元。1990年，一轮承包结束，企业生产热工仪表2.9万台，舵角指示器2400台、工业玻璃温度计1.2万支，实现产值190.45万元，利税16万元。1993年，企业实行集体承包制，新引进市场销售人员10余人，建立透明公平的业务结算体系，使产品销售逐步与市场接轨。全年生产热工仪表3.8万台、舵角指示器2900台、工业玻璃温度计2万支，实现产值287万元，利税24.98万元。

1998年，企业实行产权制度改革，全部职工买断工龄，共160人。1999年，实施江苏省"火炬"科技计划取得成功，到2001年，实现工业产值1067.98万元，产品销售收入1000万元。2003年，金湖县红光仪表厂更名为江苏红光仪表厂。2004年，该厂工业物位仪表获得国家专利6项，被认定为江苏省高新技术产品。2005年，企业集体股全部退出改为民营企业江苏红光仪表有限公司，共退出集体股107.1万元，占股金总额51%。是年，该公司作出整体搬迁县经济开发区的决策，于经济开发区征地3.33公顷（50亩），新建标准厂房2万余平方米，综合办公楼8000平方米。企业生产热工仪表20万台，实现产值2319.36万元，利税252.81万元。

图 14-4-4　金湖县红光仪表厂（摄于1995年）
朱伟/摄

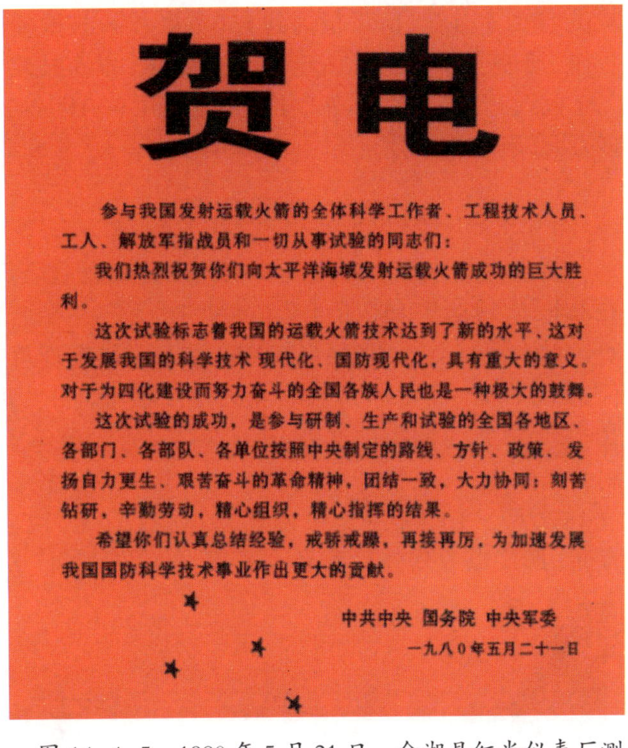
贺电

参与我国发射运载火箭的全体科学工作者、工程技术人员、工人、解放军指战员和一切从事试验的同志们：

我们热烈祝贺你们向太平洋海域发射运载火箭成功的巨大胜利。

这次试验标志着我国的运载火箭技术达到了新的水平，这对于发展我国的科学技术现代化、国防现代化，具有重大的意义。对于为四化建设而努力奋斗的全国各族人民也是一种极大的鼓舞。

这次试验的成功，是参与研制、生产和试验的全国各地区、各部门、各部队、各单位按照中央制定的路线、方针、政策、发扬自力更生、艰苦奋斗的革命精神，团结一致，大力协同；刻苦钻研，辛勤劳动，精心组织，精心指挥的结果。

希望你们认真总结经验，戒骄戒躁，再接再厉，为加速发展我国国防科学技术事业作出更大的贡献。

中共中央　国务院　中央军委

一九八〇年五月二十一日

图 14-4-5　1980年5月21日，金湖县红光仪表厂测温仪表成功用于第一艘运载火箭发射，受到中共中央、国务院、中央军委贺电嘉奖　县志办/供

二、江苏全兴电缆有限公司

原名金湖县电线电缆厂，创建于1977年10月，为金南公社集体与学校联办企业，主要生产民用电线、电力电线，有员工20人。1982年3月，电线车间分开组建金湖县电线厂（现为江苏捷尔电缆有限公司）。1986年，企业拥有职工60人，产品销售收入600万元，利税30万元。1987年，先后与原电子工业部第23所、北京航天科技集团等有关科研院所合作，致力于特种电线电缆产品的研制、开发和生产，使企业在电线电缆行业中处于技术领先地位，为江苏省第一家生产耐高温电线电缆，其产品用于航空、航天、雷达等国防领域，实现销售收入650万元，利税35万元。1989年，企业更名为江

苏全兴电缆厂，成为乡集体企业，并注册“全兴”牌商标，全年产品销售收入750万元，利税40万元，被省政府授予江苏省明星企业称号。1990年，AF系列耐高温传输线产品获江苏省优秀新产品“金牛奖”。1992年，与原电子工业部第14研究所合作，配套生产具有国际领先水平、应用于雷达和军用飞机的高性能电线电缆，替代进口产品。全年实现产品销售收入1000万元，利税70多万元。5月，高温导线车间分开成立金湖县特种电缆厂。1993年，被农业部授予“全面质量管理达标企业”称号。1994年，线缆产品被列入“中国之光”名牌产品，RJZ系列耐高温绕接线产品获“江苏省一等品”称号。1995年，新上的通信电缆生产线投产运营；生产的线缆被省政府授予“江苏省名牌产品”称号。

1998年，企业占地面积扩大到6.8万平方米，建筑面积4.6万平方米，拥有员工286人，其中高级工程师2人、各类技术管理人员52人，总资产5198万元。是年，企业由镇集体性质改制为经营层投股、经营者持大股、职工参股的股份制企业，研制开发的高温绕接专用线填补国内空白，并被被列入省“星火计划”。产品被广泛用于航空、航天、舰艇、电子、雷达、坦克、石油、化工、冶金、建筑等行业。2002年，研制开发的QLA系列高性能氟塑料导线获国家知识产权局专利，被江苏省科学技术厅认定为高新技术产品，可替代进口产品。全年销售收入2600多万元，利税240万元。2003年，企业集体股退出，转变为由经营者控股的股份制企业，并更名为江苏全兴电缆有限公司。经过优化组合、减员增效等措施，员工精简到136人。投入技改资金50多万元，与航天集团第8研究所等科研单位合作，研制开发轻型无卤电缆。2005年，投入技改资金150万元，用于添置测试设备、生产设备、军工车间改造、商务轿车等项目，建立GJB 9001 A-2001标准质量管理体系，实现产品销售收入2650多万元，利税260万元。

三、江苏金桥建材有限公司

前身为县水泥制品厂。1986年，县水泥制品厂投资4.1万元，新上一套铜拉丝生产线，年产量328吨，实现销售150万元，产品销往上海，并在上海设立办事处；投资2万元，延伸开发水泥柱，农房建材水泥制品系列化；新建综合楼。全年实现总产值407万元，销售收入354万元、利润17万元、税金11万元。1987年，投资6.5万元，新建船台，购置卷扬机、混凝土拌和机，使水泥船产量增长30%，个体水泥船吨位达到40吨。在完善铜拉丝生产线的同时，投入专用资金18.4万元，新上一条制钉机生产线，鞋钉产量41吨。全年固定资产投资60万元，固定资产总值157万元；实现工业总产值487万元，销售收入452万元，利润21万元，税金20万元。1988年，对制钉生产线技改投入30.4万元，形成以农房建材配套水泥预制件、铜拉丝、制钉三个产品为支柱的格局，产量分别达3276立方米、168吨和220吨；实现产值389万元，产品销售收入527万元，利润31万元，税金23万元；鞋钉出口到中东等地区，出口创汇4万多元。1989年，调整产业结构，投资5万元，新上“切削液”产品，该产品当年实现产值3.1万元，弥补铜拉丝、鞋钉处于停产状态的损失。1991年，因遭受特大洪涝灾害，直接经济损失12万元。1992年，企业电杆通过邮电器材公司鉴定，达到C级产品标准，完全满足邮电通信需要；同时，投

图14-4-6 县水泥制品厂电杆生产现场（摄于1996年） 姜燕/摄

资3万元，开发6米电杆生产线。1995年，李文焕担任厂长，裁撤预制和造船2个车间；新建高架车间、电杆第三车间、码头等，电杆车间增加到3个，电杆产量达到5.24万根。1996年，投入资金136万元用于新产品开发，主要项目有深井管、电杆二期、压筋纸；电杆车间增加到5个，电杆生产能力达到12万根。1997年，电杆生产量1.17万根，产品销售市场遍及本省及安徽省。全年实现工业总产值1867.7万元，产品销售收入2011.4万元，利润202万元，税金152万元。

1998年，县水泥制品厂改制为江苏金桥建材有限公司，李文焕出任董事长兼总经理。企业性质由国有转变为民营，当年开发FC板系列。1999年农村电网改造，公司抓住机遇，技改投入160万元，改扩建电杆车间和开发FC板系列产品；在南京江浦和扬州开办分厂，生产的电杆产品重型电杆比重达68%。8月，公司通过ISO 9001质量管理体系认证。全年实现工业总产值2454.5万元，产品销售收入2219.3万元，利润202万元，税金204万元，职工人数370人，资产总额3033万元，其中固定资产1486万元。2000年，投资70万元，新建一条彩色水泥瓦生产线，当年销售彩瓦25万片，实现销售收入62万元。是年，生产电杆16.55万根，销售18.25万根，成为全国同行业中最大的企业，被中国质量检验协会评为质量达标放心品牌，全年工业总产值3173.1万元，产品销售收入3997.8万元，利润320万元，税金421万元。2001年，农村电网改造基本结束，面临又一次产品结构调整，投资100万元，新开发钢管杆塔、薄壁离心钢管砼杆塔新产品，全年生产钢筋混凝土电杆9万根，彩瓦100万片。

2003年，公司进行第二次改制，原有20%的国有股全部退出，企业注册资本为550万元。2004年，与新加坡籍华人孙斌等合资注册资金200万元，在县工业园区成立金湖县金洋生物工程有限公司，主要产品为生物饲料；独资成立金湖县金桥建筑材料检测有限公司，注册资金80万元，逐步形成多元化发展的格局。2005年，钢管混凝土杆、塔，钢结构产品生产基地迁入县工业园区，成立江苏焕发钢业有限公司，注册资金500万元。全年实现工业产值、产品销售收入2000万元，利润196万元，税金162万元；资产总额2850万元，其中固定资产826万元，员工150人。

四、金湖县金龙建材有限公司

前身为金湖县砖瓦厂。县砖瓦厂始建于1958年，隶属于宝应县湖西工委，1959年建县时，定名为地方国营金湖砖瓦厂（地处郑岗，又称郑岗砖瓦厂）。1986年，县砖瓦厂自筹资金，购买轮胎式液压挖掘机设备2台，砖年生产量上升到2310万块。1988年，实行承包经营责任制，更名为金湖县砖瓦厂。是年，购置大型挖泥船、运泥船、翻斗运土车，厂区安装钢轨道及固定式吊机、移动式吊机等一整套挖土、运土设备，开始到三河中的滩地取土，总投资超过35万元。至此，形成与32门轮窑配套的机制砖生产线2条，黏土红平瓦生产线1条，年产量折合标准砖（下同）3600万块，瓦219万片，年产值240万元，销售收入276万元，税金36万元，利润20万元。是年，还投资生产妇女卫生巾使用的热溶压敏胶，年产值45万元。1991年，因淮河流域发生特大洪涝灾害，砖产量下降到1620万块，亏损44万元。1995年，添置五角轮压瓦机1台，共有压瓦机4台，年产红砖2675万块、红瓦573万片，工业总产值（不变价）387万元，销售收入523万元，上缴税金31万元，实现利润52万元，职工389人，被评为淮阴市建材行业排头兵。

1996—1999年4年间，由于全县砖瓦产量过剩，销售不景气，产品价格低，企业开始走下坡路，并欠下债务。1999年底，总资产961万元，总负债933万元，负债率97.1%。当年生产红砖、空心砖合计2391万块，红瓦393万片，完成工业总产值（不变价）326万元，销售收入547万元，利润25万元。2000年初，企业拖欠银行贷款、拖欠职工工资、拖欠劳动部门的养老保险，处于资不抵债的状况。6月，改制成立金湖县金龙建材有限公司，由原企业中层以上干部共18人为股东，出资50万元作为注册资本，原企业零资产转给新成立的公司。是年，为节约黏土资源，对原有的实心砖生产线进行技术改造，逐步淘汰黏土平瓦生产线，形成以2条空心砖生产线为主的格局，主要产品从过去的黏土实心砖转变为黏土空心砖。2003年，生产砖3510万块，平瓦106万片，实现销售收入675万元，利润16.9万元，总资产1311万元，总负债1157万元。2005年，生产砖3045万块，产品销售收入602万元，实现税金34.5万元，亏损1.8万元。

第三节　纺织与服装鞋帽企业

一、金湖县服装有限责任公司

前身为黎城镇集体所有制性质的服装鞋帽生产社，创建于1960年，时有职工18人，年产值1.46万元。20世纪80年代中期上升为县属集体所有制性质企业，更名为金湖县服装厂。1986年，拥有职工121人，其中女职工101人，固定资产原值7万元，工业产值91万元，销售收入89万元，税金5万元。1995年2月，改制为股份合作制企业金湖县服装有限责任公司，为全县第一家“先售后股”企业，有职工315人，拥有厂房建筑面积4000余平方米，外贸服装流水生产线一条，缝纫机械300余台（套），固定资产原值400余万元，羽绒、夹克、牛仔、裘皮、棉布等系列成品服装年生产能力100万件，产品出口美国、加拿大、俄罗斯、日本、韩国、德国、荷兰、阿拉伯、科威特等20多个国家和地区，年产值1217万元，销售收入819.5万元，利税总额38.5万元，其中税金28.3万元。1998年，企业售股撤销，职工全部终止劳动合同，给予补偿金推向市场。2005年，公司坐落县城健康路64号。

二、金湖县第一棉纺织厂

该厂建于1987年，厂址坐落利农路26号，为县属集体所有制性质企业，时生产规模4000枚纱锭，有职工160人，固定资产原值141万元，年产值173万元，销售收入103万元。1993年，生产规模扩大到2万枚纱锭，产值3000万元。1994，新上精纺纱锭4000枚，拥有职工750人，固定资产原值1340万元，工业产值2447万元。1995年下半年，市场纯棉纱滞销，该厂果断停纺纯棉纱，改纺化纤腈纶、涤纶纱并获得成功，生产形势好转，年销售收入4201万元，利税额201万元，被确定为县四档企业，相当副科级。1996年，实现产值4675万元，销售收入4027万元，利税额161.8万元，跻身全县“工业十强”企业。1997年，有职工750人，固定资产原值1879万元，年产值6006.6万元，销售收入5060万元，利税额123万元。1999年，企业改制为民营，职工全部终止劳动合同，给予补偿金推向市场。

图14-4-7　第一棉纺厂纺纱车间（摄于1997年）　王国瑞／摄

三、金湖县针织内衣厂

始建于1969年，为县属集体所有制性质企业。1986年，有职工352人，固定资产原值183万元，年产值330万元，销售收入310万元。因市场行情影响，针织品滞销，而棉纱等原辅材料价格大幅度上涨，企业连年亏损。至1994年，累计亏损234万元，故实施公有民营改革。1995年，有职工415人，固定资产原值289万元，年产值818.3万元，销售收入1101万元，税金30万元，利润-26万元，比1994年减亏58.5万元。1997年，有职工360人，固定资产原值475万元，年产值799万元，销售收入958万元，利税总额-16万元。1999年，企业改制为民营，职工全部终止劳动合同，给予补偿金推向市场。

四、金湖县轻仟实业集团

前身为县轧花厂，为县属集体所有制性质企业，位于利农路30号，单一加工皮棉。1986年，有职工71人，固定资产原值89万元，年产值173万元，销售收入103万元。1993年，改制为轻仟实业公司，集轧花、制线、缫丝、家具、电器、絮棉的生产和外购外销为一体的综合型企业，有职工208人，固定资产原值180万元，年产值1316万元，销售收入665万元。1994年，该公司开拓商贸业务，从省内及安徽、河南、江西、新疆等地购销皮棉700多吨、水泥5000吨、棉籽3000吨，解决公司和县内其他企业生产急需，创产值1222万元，利税30.5万元。1998年1月，以棉麻公司为核心层企业，轻仟实业公司、金鹏丝绸有限公司、宏源实业开发公司、纺织原料公司为紧密层企业，成立轻仟实业集团，主营棉、茧、兔毛"一条龙"的生产、收购、加工、销售，有职工1309人，固定资产原值3936万元，年产值8823万元，销售收入9064万元，利税总额366.1万元。1999年，企业改制为民营，集团实现销售收入16297万元，利税416.2万元。是年，新成立江苏轻仟纺织有限公司。

五、同泰服饰（江苏）有限公司

2003年12月，落户在南京市江宁区的香港生亚有限公司，在金湖工业园区独资新建同泰服饰（江苏）有限公司，总投资180万美元，翌年增资87万美元。占地11.7公顷，一期建筑面积3万平方米，有先进的缝纫设备1700余台（套），经营范围为纺织服饰产品的研究、设计、开发、生产及国内外销售，产品有外贸休闲裤、夹克、羽绒服等。2004年10月，一期厂房建成投产，建成服装流水线12条，加工能力5000件/天。在江苏省纺织工业(集团)进出口有限公司支持下，与江苏海企、舜天、华瑞、日本伊藤忠、美国NEXT等大型中外外贸企业建立合作关系，所产休闲服装系列产品出口欧美、东南亚及日本等地。2005年，首次组织生产服装60万件，完成外贸供货销售额折合人民币2617万元，创税收40.89万元，出口供货量居淮安市外贸服装企业前三名。

六、江苏哥德威尔服饰有限公司

2002年1月始建，由返乡客商缪鹏投资兴办，为县工业园区首家入驻企业，初定名为金湖哥德威尔服饰有限公司，主要从事外贸服装加工。总投资1000万元，注册资本208万元，占地2公顷，建筑面积6000平方米。2003年2月8日，开工生产，有员工300人，缝纫设备500台（套），是年，实现产值3000万元，销售2800万元，利税80万元。

2004年，公司通过世界知名品牌迪士尼公司指定的第三方论证公司的认证，获得指定供应商资格，全年销售收入5000万元，利税200万元，员工总数扩至350人。2005年，公司更名为江苏哥德威尔服饰有限公司，产品通过1SO 9000质量管理体系认证；增加固定资产投入1200万元，注册资本增至1200万元；公司员工增至496人，实现销售7000万元，利税400万元。

七、金湖三禾玩具服饰有限公司

前身为杨金玩具厂、南京工艺鞋厂金湖分厂，为黎城镇镇办企业。1986年，杨金玩具厂厂址黎铜路2号，有职工60多人，主要生产出口长毛绒玩具，缝纫机由员工自带；南京工艺鞋厂金湖分厂厂址在沿河路192号，有破旧工业缝纫机13台，租用镇服装厂平房9间，职工20多人，主要生产室内

图 14-4-8 三禾玩具服饰有限公司生产车间（摄于2004年）
李义海/摄

鞋，年产值不足20万元。1990年11月，黎城镇政府将两个小厂合并到黎铜路2号，成立金湖工艺鞋玩具厂，有职工103人，厂区占地1.1万平方米，厂房900平方米，生活用房2000平方米，固定资产48万元，设备仪器50台，产值不足100万元。1992年初，金湖工艺鞋玩具厂与香港真辉发展公司合资，成立金湖三禾玩具服饰有限公司，为金湖乡镇集体企业中首家与香港客商合资企业。1993年，为扬州外贸公司和省轻工工艺集团提供货源，产品间接出口，年出口额30多万元。1997年3月，企业调整领导班子，聘用高级设计人才，组建设计室，样品展示厅，研发新产品，开拓市场，实现产值468万元。1999年6月，被江苏省乡镇企业管理局评为管理示范企业。

2000年，企业改制转让给个人，并继续与港商合资经营，有员工650人，实现销售769万元。是年，公司收购前锋镇一玩具厂，成立三禾前锋玩具分公司，占地6000多平方米，有员工130人。2001年，公司收购天缘服装厂，增加服装生产线1条。2002年7月，投资1000万元，新征土地1.03万平方米，兴建4层综合楼，建筑面积6000平方米。扩建后，以橡塑底、TPR底鞋为主，每月开发设计新款10余种，制作新品样品200余款供客商选择。2003年，公司间接出口额300多万元。2004年，公司直接自营出口。是年，投资50万元，新办新农玩具分厂，有员工130余人，添置新型电脑绣花机，增加绣花生产线、海绵生产线各1条，实现电脑绣花与海绵生产配套；更新工业缝纫机180台套，新安装高级专业设备侧缝车20套，年产工艺鞋250万双。2005年，投资800万元，新办白马湖分厂，成立宇航鞋业有限公司，有员工140余人；县城公司本部新建服装综合楼，建筑面积6000平方米。是年，公司员工增至796人，每月开发设计新款增至30种，制作样品600余款，通过自营出口单打入美国市场，产品由最大零售商沃尔玛（WMT）经销，并通过互联网，利用先进的在线工具DSN打开国内市场；全年产销服装50万件（套），销售收入5530万元，利税450万元，其中税金125万元。

八、金湖县羽绒服装有限公司

前身为县羽绒服装总厂，坐落县城健康路5号，全民企业性质。主产品羽绒服装，兼营禽蛋。1993年7月，县羽绒服装总厂与加拿大客商合资，成立冬雁制衣有限公司，县羽绒服装总厂与冬雁制衣有限公司实行“一套班子、两块牌子”。1994年，冬雁制衣有限公司有职工189人，固定资产原值300万元，实现产值2297万元，销售收入810万元，创利税52万元；羽绒服装总厂瞄准国际市场，实施半经销“来料加工”，出口供货值110.59万美元，创利税82.5万元人民币，产品远销美国、日本、韩国、加拿大、俄罗斯、阿根廷、荷兰等20多个国家和地区。1995年，冬雁制衣有限公司新上100吨羽绒和25万件羽绒制品生产线，实现产值2005万元，销售收入1003万元，创利税74万元。1997年，总厂有职工267人，固定资产原值1220万元，年产值1302万元，销售收入1374万元，利税总额35万元。1999年，企业改制为民营，职工全部终止劳动合同，给予补偿金推向市场。

九、金湖县茧丝绸集团总公司

1992年，县成立蚕茧总站，为县政府直属科级全民企业单位。1993年4月，成立县茧丝绸集团总公司，蚕茧总站撤销。5月，县缫丝厂与蚕茧试样厂合并成立金湖县丝绸总厂，隶属于县茧丝绸集团总公司。1994年，县丝绸总厂有职工1600人，拥有立缫机344台，SFD507型自动缫丝机6组、180台，年产白厂丝117.68吨，产值1979.4万元，销售收入2488.3万元，税金125万元。其中县缫丝厂有职工891人，固定资产原值1015万元，年产值1916万元，销售收入1944万元。1995年，成立县茧丝绸集团有限责任公司，隶属于市茧丝绸总公司，下辖蚕茧公司、丝绸公司、丝绸总厂及其缫丝分厂等企业4户，主要产品有白厂丝、绢织棉球、茧丝副产品等，其中“梅花”牌白厂丝获省优产品称号，产品出口日本、中国香港地区。拥有固定资产原值2898万元，职工1672人，因国内丝绸行业滑坡，年产值下降到2001万元，利润-108万元。1997年，公司固定资产原值增加到5074万元，生产白厂丝57.4吨，年产值1090.8万元，销售收入1293万元，利税总额60万元，其中利润9万元。1998年，固定资产原值2456万元，年销售收入971万元，利税总额47万元。1999年，丝绸总厂资不抵债，依法破产。2000年，企业更名为金湖县茧丝绸集团总公司。2001年，有职工1104人，固定资产原值3678万元，年销售收入1746万元，利税总额27万元。2003—2005年，与县蚕桑发展中心合署。

十、金湖县国祥工贸有限公司

前身为县塑料厂，1992年更名为县制鞋总厂，属集体所有制性质企业，坐落县城金湖路49号，主产品橡塑鞋、雨衣等。创办初期由于受橡塑市场行情影响，效益一直滑坡。1995年，开发新品橡塑劳保靴，获得省“劳动用品生产许可证”，被煤炭部指定为行业专供劳保靴定点生产厂；同时拓宽销售渠道，销售网点由国营集体拓展到私营个体，效益急剧提升，实现产值3101万元，销售收入2739万元，创利税122万元。1998年，有职工406人，固定资产原值1686万元，年产值1806万元，销售收入1661万元，利税总额-181万元。2000年，采用“挂账建新”的方式，改制为股份制企业“金湖县国祥工贸有限公司”，有员工120人，固定资产总额1612万元，注册资本80万元，年产值948万元，销售收入712万元，利税总额8万元。2005年，企业资不抵债，依法破产。

第四节　医药化工企业

一、江苏爱特福药物保健品有限公司

（参见“第四十三篇专记”《江苏爱特福集团创业路》。）

二、江苏神华药业有限公司

前身为江苏金湖制药厂，始建于1970年11月，厂址坐落县城健康路30号，占地5.27万平方米。1986年，县制药厂固定资产原值359万元、净值243万元，流动资金年末占用259万元，全部职工年平均人数493人，实现工业产值1043万元，产品销售收入1102万元，利税176万元。是年，“蜜环”牌白菊菌止咳宁被评为1985年度江苏省优质产品。1987年，县制药厂为全县工业综合改革的试点企业之一，实行厂长负责制，并启动第一轮承包经营责任制。是年，与天津南开大学等单位共同承担“七五”重点科研攻关项目“新型食品添加剂黄原胶的研制与应用”。1990年，实现工业产值1726万元，产品销售收入1874万元，利税283万元。1991年，黄原胶产品获全国首届食品添加剂展览会“飞

天奖”，全国食品工业十年成就新工艺奖。翌年，黄原胶产品获评全国食品添加剂展览会优质产品，江苏省科技进步三等奖和淮阴市科技进步一等奖。1993年，第二轮承包结束，全厂固定资产原值1461万元、净值795万元，流动资产年平均余额2035万元，全部职工年平均人数495人；实现工业产值4030万元，产品销售收入3686万元，利税238万元。是年，食品添加剂黄原胶被评为江苏省优秀新产品，获“金牛奖”，中国高新技术新产品博览会金奖、国家科技星火项目三等奖。1995年，食品添加剂黄原胶被评为国家级新产品；300吨衣康酸项目通过中试、立项投产。

1998年，县制药厂有职工517人，其中技术人员93人。固定资产原值2351万元，净值1181.31万元。全厂占地4.07万平方米，建筑面积2.75万平方米。主要产品有：黄原胶，年生产能力600吨；真菌类原料药，年生产能力140吨；各类药物制剂，其中针剂年生产能力8000万支，片剂7.5亿片。全厂实现产值2671.5万元，销售收入3503万元，利税226万元。1999年，全厂固定资产总值5400万元，占地5.3万平方米，建筑面积3.6万平方米，职工人数520人。产品有针剂、片剂、输液剂、胶囊剂、颗粒剂、滴眼剂、口服液等8个剂型85个品种，对白葡菌止咳片、猴头菌片、脑心舒口服液、胃乐舒口服液、宁心宝胶囊、云芝多糖胶囊、灵芝胶囊、云芝肝泰颗粒剂、复方灵芝冲剂等品种实行独家生产经营，营销人员收入与销售实绩挂钩，全年实现产值2285万元，销售收入2299万元，利税73万元。2000年7月2日，金湖制药厂改制成立江苏金晔药业有限公司，为股份制企业。12月，公司与神华集团（香港）合资成功，更名为江苏神华药业有限公司。合资后总资产7176万元，注册资本599万元，其中港方投资350万元，占总股本58.4%。全年公司完成产值1900万元，销售收入2029万元。2001年，主产品有白葡菌止咳片、天麻蜜环片、长白灵咳喘片、灵芝胶囊以及食品添加剂黄原胶等。3月，公司与军事医学科学院放射医学研究所合作，研制的国家四类新药——L-谷氨酰胺原料药和胶囊剂，获国家药品监督管理局颁发的新药证书及生产批文。是年，公司实现产值1538万元，销售收入1521万元，上缴税金113万元，年末从业人数223人。2002年4月，神华国际（香港）有限公司与江苏省铁路实业有限公司签订增资扩股的合作框架协议，增资后总资本2200万元，神华国际（香港）有限公司750万元，江苏省铁路实业有限公司1201万元，江苏神华药业有限公司249万元。7月，由江苏省铁路实业有限公司和神华药业有限投资兴建的GMP改造项目。8月，江苏神华药业有限公司与金湖县工业园区管委会签订协议书，征地6.47公顷（97亩），进行药品生产质量管理规范异地改造。是年，公司实现销售收入1417万元，上缴税金104万元，年末从业人数248人。2003年，云芝菌胶囊、黄原胶获省高新技术产品证书，L-谷氨酰胺原料和胶囊获市高新技术产品证书，公司获市高新技术企业称号；改造项目完成土建工程，进入设备安装调试阶段；小容量注射剂、滴眼剂、滴鼻剂未取得药品质量管理规范证书，停止生产。全年实现销售收入2083万元，上缴税金239万元，年末从业人数320人，职工平均收入9320元。

2004年5月，公司GMP异地改造工程竣工，地址在县城工业园区神华大道188号，占地6.7公顷，新建厂房面积1.2万多平方米，总投资约5000万元；新购设备350台（套），拥有现代化的片剂、胶囊剂生产车间，真菌、细菌发酵生产线和谷氨酰胺精制生产线等。6月初，通过国家GMP专家组认证，片剂、胶囊剂、颗粒剂、口服溶液剂和合剂等5种剂型以及谷氨酰胺、云芝胞内糖肽、虫草头孢菌粉、白葡萄球菌粉、天麻蜜环菌粉6种原料药获GMP证书，中药保护品种云芝菌胶囊生产线被列为2004年省星火计划项目。实现销售收入2653万元，上缴税金298万元，年末从业人数300人，职工平均收入1.09万元。2005年，销售收入1956万元，上缴税金246万元，年末从业人数300人，职工平均收入1.03万元。

三、地方国营金湖化肥厂

始建于1970年，1972年投产，厂区坐落在利农河西岸，为全国小氮肥红旗单位、“大庆式企业”。1986年，占地12.08万平方米，建筑面积2.48万平方米，厂区有花园、假山、喷水池、凉亭，绿化面积

图 14-4-9　位于利农河西岸的地方国营金湖化肥厂（摄于1987年）
姜燕／摄

3.6万平方米，环境优美。职工年平均人数427人，主要生产设备有合成塔1座，酞化塔8座，废热锅炉、转化炉各3座，变换炉1座，空气压缩机8台，循环机、冰机各3台，储存浓氨钢地槽3座，储存总量9900吨，设备总量847台（套），固定资产原值917万元。年产合成氨9570吨，农用化肥（折100%）5841吨，产值575万元，产品销售收入696万元，利润68万元，上缴税金46万元。1987年，开发无碱玻璃球和年产2000吨四氯化碳新产品，主产品“金河”牌农用碳酸氢铵获化工部优质产品称号，被省政府授予1987年省级先进企业称号。1989年，在全国小氮肥生产严重滑坡的形势下，该厂生产合成氨6739吨，碳酸氢铵14616吨，商品氨3341.5吨，四氯化碳822吨，盐酸3033吨，实现产值1689万元，利税243万元。1990年，上级能源部门决定供化肥厂的天然气实施限量供应，不久，即停止供应。在化肥生产成本提高的情况下，投资360万元新上口服液易拉瓶和玻璃管生产线，全年创利税额178万元。是年，被化工部命名为国家二级化工企业，厂长兼党总支书记杨书生获全国“五一劳动奖章”。1991年，由于天然气停供，化肥产出成本提高，加上市场、政策、经营等诸多因素影响，企业首次出现亏损，亏损额61万元。1993年，全厂职工人数增加到892人，年产值1893.9万元，产品销售收入1889万元，仍然亏损20万元。至1994年，连续4年亏损，亏损总额296万元，负债总额达1330万元。1995年，疏通销售渠道，加强内部管理，实施技术改造，化肥产量比上年增长19.4%，扭亏为盈，利税额15.2万元。1996年4月，实施合成车间驰放气回收再燃烧技改项目，年节煤3000吨，利税额增加到37万元，负债合计增加到2415万元。1997年，年产值1366万元，产品销售收入1695万元，利税总额仅1万元。1998年上半年，产合成氨2259吨，农用化肥（100%）1678吨，产值441万元，产品销售收入780万元，年亏损额扩大到166万元，工人工资发不出，并多次聚集上访，已到难以为继的地步，6月被迫停产。

1999年，化肥厂剩余产品销售收入7万元，固定资产原值4671万元，负债额合计增加到2785万元。5月11日，县政府批准化肥厂关停，要求做好善后工作，组织产品结构调整，开发新项目。9月，县委、县政府派工作组进驻该厂。经调查，化肥厂关停的主要原因：一是受化肥生产大气候和市场影响，江苏乃至全国的小氮肥厂普遍入不敷出，化肥市场供大于求，农民对氮、磷、钾复合肥或专项肥的需求量大，而对碳酸氢铵需求量小，处于饱和状态；二是县化肥厂生产的碳酸氢铵在市场没有竞争力，销售价格高于规模企业大批量生产的产品；三是化肥企业一旦停产，设备严重腐蚀，如果要复产或转产，需要巨额资金投入，无财力支撑。10月，县委、县政府决定，盘活该厂现有资产，分步完成企业职工安置清算工作。至年底，对年产1.5万吨合成氨设备，水处理、脱氮、机械化灰、油再生、四氯化碳等装置，及库存物资、交通运输工具实施拍卖。2000年，在艰难维持的情况下，新调进企业的负责人引资新办金湖金花木业有限责任公司，注册资金50万元；引资扩建年产100万张胶合板生产线。后因浙江嘉兴投资商撤资，半途而废，企业彻底关停。其时，有在册职工520人，内退14人，离退休职工96人。账面累欠债务2585.37万元；资产总额3451.11万元，其中流动资产684.37万元，固定资产2695.43万元。6月30日，与152名合同到期职工解除劳动关系，并进行补偿安置。2002年5月，化肥厂办公区、生产区及金湖路北侧未设定他项权利的地块和附属建筑物，有偿转让给金湖汽车零部件有限公司，保留内河码头、大会堂及生活区，评估价格为520万元，作为分期分批安置职工的经济补偿费用。其中：职工补偿费用352.52万元，欠缴职工养老金29.21万元，失业金2.61万元；欠发职工药费、独生子女费、集资款25.55万元；劳动部门处罚该企业的追加职工补偿金12万元。是年底，职工分流安置320人。至2005年底，全部职工补偿安置结束，资产、土地处理完毕。

四、江苏华鼎精细化工有限公司

前身为金湖县树脂厂，为县教育局校办日用化工厂，坐落青年路1号。1992年，有职工79人，固定资产原值102万元，年产值177万元，销售收入173万元。1995年，与厦门华鼎实业公司、香港客商胡跃洲以30∶40∶30的比例合资兴办"江苏华鼎精细化工有限公司"，主产品为医药中间体各类精细化工产品。1998年，有职工133人，固定资产原值633万元，年产值2382万元，销售收入2300万元，利税总额77万元。2001年，有职工68人，固定资产原值787万元，年产值1808万元，销售收入1651万元，利税总额176万元。2005年，主产品为对羟基苯乙酰胺、八溴醚、3，5-二碘水杨酸、溴化聚苯乙烯、吡啶盐酸盐、喹哪啶酸、异喹啉羧酸、四溴邻苯二甲酸酐、喹啉酸、溴螨酯等。

五、江苏理士科技有限公司

该公司由县粮食局于2003年3月招商引进，系美国D&P国际研究开发有限公司独资投资外贸出口企业"江苏理士科技有限公司"（JIANGSU LEOCHSCLENCE & TECHNOLOGY CO.LTD），经营期限50年，投资额、注册资本均为1000万美元，坐落县工业园区星洲路东，占地13.3公顷，一期工程投资8270万元人民币，主产品为铅酸免维护蓄电池、镍氢系列电池、镍镉电池、全锂电池、充电器，以及与电池相关的注塑、模具、汽车配件、电动车、电动车配件、机电设备及配件，12月投入运营。2004年，实现销售收入突破亿元。7月，实施仓储物流二期工程，投资2500万元。2005年，该公司投资额、注册资本增至2000万美元，产值、销售收入均超亿元，其中自营出口1811.11万美元。

六、金湖申凯医药科技有限公司

前身为县溶剂厂，县属大集体性质企业，始建于1980年，占地2.54万平方米，建筑面积6336平方米，坐落县城人民路52号。1986年，主产品为生产助剂、丁醇、乙醇、丙酮等，产值618万元，销售收入556万元，税金58万元。1988年，有职工220人，固定资产原值377万元，年产值1631万元，销售收入1464万元。后因受市场行情影响，多年亏损。1995年，厂址动迁至金湖东路，紧邻县塑编厂。除加强内部管理，又新上氯化石蜡生产线，有职工223人，产品新增邻苯二甲酸二丁酯、邻苯二甲酸二辛酯、对苯二甲酸二辛酯、仲辛脂及多种规格的氯化石蜡等，产值回升到1494.8万元，销售收入2497万元，利税110万元，实现扭亏为盈。1997年，有职工196人，固定资产原值400余万元，年产值675.7万元，销售收入823.6万元。1999年，企业改制为民营，职工全部终止劳动合同，给予补偿金推向市场。2001年5月，成立金湖申凯医药科技有限公司，注册资本800万元，主产品有羟基戊酸钙、邻碘苯甲酸、α —酮基戊二酸、邻苯二甲酸二丁酯等医药中间体、食品添加剂、农药中间体化工原料及产品。厂址坐落金湖工业园区工二路3号。

第五节 造纸印刷企业

一、江苏金莲纸业有限公司

前身为金湖县造纸厂，创建于1958年。停产多年后于1970年重新整装投产，全民所有制企业性质。1986年，企业为县属副科级企业单位，坐落建设东路89号，占地20万平方米，有职工394人，固定资产原值398万元，产值950万元，产品销售收入800余万元，利税总额47万元，其中税金42万元。1994年，3000吨中高档餐巾、卫生纸项目建成投产。1995年，职工998人，固定资产原值4764万元，年产值5322万元，产品销售收入5412万元，利税总额1053万元，其中税金513.3万元，经济效益进入全国造纸行业百强行列，被中国企业形象认定委员会评定为“中国企业最佳形象AAA级”。是年，县政府决定，由其托管负债710万元的金湖县印刷厂，并提供启动资金100万元。1996年，实现产值、销售收入7117万元，利税额1611.3万元，经济效益名列全县工业企业之首。1999年，新上中高档卷筒纸生产项目，有职工1004人，固定资产原值6800万元，拥有年产2万吨的综合制浆、造纸能力，主产品为机制纸、纸板等，“金玫瑰”牌卫生巾、“金莲”牌卫生纸年产量1.5万吨，曾获得省新产品“金牛奖”、全国妇女儿童用品40周年博览会铜牌奖，年产值8358万元，销售收入7502万元，在国内设销售网点50多个，产品供不应求，利税总额1400万元，纳税额连续8年名列全县之首。是年9月，企业完成全民转民营改制，职工全部终止劳动合同，取消固定工，推行劳动用工市场化。2000年企业改制为江苏金莲纸业有限公司，固定资产总额6731万元，注册资本500万元，年产值7378万元，销售收入7072万元，利税总额1486万元。2005年，产值、销售收入突破亿元，利税1060万元。

图 14-4-10 县造纸厂改制为江苏金莲纸业有限公司（摄于2000年）
县志办／供

二、金湖县印刷厂

该厂始建于1958年，坐落建设路60号，1960年有职工36人，全民企业性质。1965年，有职工31人，拥有大号、二号、三号、四号圆盘印刷机8台，及电动切纸机、脚踏订书机、铸字炉、拖蜡机等设备。1986年，职工增加到238人，固定资产原值115万元，销售收入240万元，扑克牌产品在省内小有名气。1995年，有职工335人，拥有固定资产原值261万元。企业因市场原因和经营不善，负债709.59万元。11月，县政府决定该厂由县造纸厂予以托管，并提供启动资金100万元，县造纸厂委派党支部副书记担任印刷厂厂长。1998年，该厂工人全部保留劳动关系离岗，发给生活费。1999年，职工终止劳动合同，给予其补偿金推向市场。

第六节　粮油食品加工与其他企业

一、江苏金叶粮油食品有限公司

前身为金湖县粮油食品总厂。1960年1月为国营金湖县油米厂，位于利农闸东首建设东路11号，占地4.1万平方米。1986年，有职工146人，固定资产原值108万元，年产值1132万元，产品销售收入1125万元。1987年2月改称国营金湖县面粉厂，明确为县属副科级企业单位。1995年9月，县面粉厂兼并县饲料厂，饲料厂整建制无偿并入，由面粉厂接收其1079万元资产、585万元债务，和101名职工。1996年6月改称县粮油食品总厂，隶属于县粮油食品集团总公司，跨入国家中型一档企业。拥有大米生产线2条，面粉生产线1条，筒装挂面生产线2条，饲料生产线2条，塑编袋生产线2条，年生产能力分别为2.5万吨、3万吨、0.7万吨、1万吨、200万条。县粮油食品总厂固定资产原值3480万元，总负债2049万元，净资产1430万元，职工350人（在册317人），年产值5870万元，销售收入5500万元，利税总额105万元，其中税金15.8万元。曾获得市文明单位、省“贸工农一体化”龙头企业等荣誉称号。1996年，投入技改资金200万元，新上高、中、低档饲料生产线和年产300万条塑编袋的塑编分厂。1997年，粮油食品总厂有职工498人，固定资产原值2149万元，年产值6305万元，产品销售收入6057万元，利税总额304万元。1999年，企业改制为民营，名称改为江苏金叶粮油食品有限公司，职工全部终止劳动合同，给予补偿金推向市场。2001年，有职工434人，固定资产原值2074万元，年销售收入5178万元，利税总额133万元。

二、金湖县广源油脂有限公司

前身为国营金湖县油脂化学厂，始建于1971年10月，位于利农路62号，占地4.4万平方米。1986年，有职工181人，固定资产原值280万元，年产值1558万元，销售收入186万元，被县政府评为县属十大骨干企业。1987年，新建办公楼、质检楼和仓储门市部各1幢。1988年，新建标准化仓库2幢。1989年，建宿舍楼1幢。1990年7月，与江苏省农科院食品研究所合作，开发新产品蔗糖酯。1991年，新建80吨/日预榨车间1幢，并对预榨设备、50吨炼油车间进行技术改造。是年，金湖周边油菜籽种植面积下降，加工量严重不足。面对困境，加大新产品开发力度，投入100多万元兴建20吨/年蔗糖酯中试车间。1993年，新建300吨/年蔗糖酯车间，投资476万元。但由于工艺技术不成熟，产品成本巨大，与市场价格形成倒挂，该车间未能批量投产。1994年，新建80吨棉籽剥壳车间。由于负担沉重，企业逐步出现难以维持的局面。1995年实行风险抵押承包。1998年下半年，由于国家进口油菜籽，加工量提高，企业出现转机。1999年，企业改制为民营，职工全部终止劳动合同，给予补偿金推向市场。2000年，名称改为金湖广源油脂有限公司。2001年，有职工108人，固定资产原值1063万元，日加工菜籽达150吨，年加工油菜籽2.5万吨。年销售收入6137万元，利税总额73万元。5月，企业改制，由32位股东出资60万元，注册成立金湖县广源油脂有限公司，范建民任董事长兼总经理；分两步改造浸出车间和锅炉车间，新上6吨蒸汽锅炉1台，浸出车间产能由80吨/日扩大到200吨/日，开始扭亏为盈。2002年，棉籽剥壳车间产能由60吨/日扩大到120吨/日。2003年，对预榨车间进行配套技改，产能扩大到日加工菜籽350吨，被评为江苏省农业产业化重点龙头企业，并获得国家质量技术监督局颁发的首批“QS”食品生产许可证，主导产品原料产地取得“无公害农产品原料基地”称号。2005年，新上120万千卡导热油炉1台，生产能力扩大到油籽浸出250吨/日，炼油车间120吨/日，棉籽剥壳车间200吨/日；新建彩钢大棚仓库2幢，增加库容5000吨；新建大型储油罐1座，增加罐容2300吨。主产品为国标四级菜籽油、国标三级棉籽油。

是年，占地5万多平方米，建筑面积2.8万平方米，总资产6800万元，在册员工106人，实现销售收入1.8亿元，利税200万元。

三、江苏农垦宝金玉粮油有限公司宝应湖米厂

前身是江苏省农垦宝金玉粮油有限公司，位于金湖县宝应湖畔。1998年6月组建，12月投产，主要从事大米加工、销售、粮食贸易，年大米加工能力3万吨。1999年，实现工业总产值1800万元，利税38万元。2000年，工业总产值2800万元，利税68万元，被省政府批准为大型农业产业化龙头企业，大米产品被中国绿色发展中心评定为"绿色食品"。2001年3月，与金湖县银集等周边乡镇签订数万亩优质水稻"未种先售"协议，提供优质水稻良种，作为收购水稻定金，委托所在镇镇政府负责将水稻种植计划分解落实，并严格按照《粳稻无公害种植生产规程》实行连片种植；所产稻谷实行保护价收购，市场价高于保护价时按市场价收购，市场价低于保护价时按保护价收购。是年，实现产值3000万元，利税75万元，被江苏省质量协会授予"江苏市场用户满意产品"证书，并获国家技术监督总局五类食品"QS"标志和生产许可证。2002年，实现产值4200万元，利税85万元。大米产品在中国稻米博览会上获"优质产品"称号。2004年8月，被江苏省农垦米业有限公司整体收购，改组成立为江苏省农垦米业有限公司宝应湖米厂。是年，实现工业总产值4600万元，利税107万元，大米产品被评为江苏名牌产品。2005年，米厂占地3万平方米，拥有日产150吨大米生产线1条，日烘干粮食300吨烘干线1条等设备，库容总量3万吨，年稻谷加工能力8万吨，固定资产总额2600万元，有员工50人，技术人员占30%。是年4月，被农业部农垦局列入无公害农产品网上质量追溯系统试点企业，形成"生产可记录，信息可查询，流向可追踪，责任可追溯"的现代化食品安全体系。全年实现产值5100万元，利税126万元。

四、金湖县酒厂

始建于1960年，时有职工30人，全民所有制性质，位于向阳路。1986年，改称为县酒精厂，有职工206人，固定资产原值198万元，年产酒精626吨、白酒390吨、米甜酒141吨，产值285万元，销售收入281万元，利税总额-69万元。1988年，设封缸酒分厂。1989年，为酒厂产效巅峰期，有职工232人，固定资产原值198万元，产白酒3000多吨，封缸酒540吨，酒精1276吨，产值突破1000万元，扭亏为盈5万元。此后，企业逐步走下坡路，1994年处于停产状态。1996年，有职工196人，固定资产原值281万元，负债总额600万元，总负债率达230.8%。6月，依法宣布破产。

五、金荣玻璃制品有限公司

前身为县玻璃厂，始建于1972年6月，位于人民路25号，占地1.1万平方米，全民所有制性质。1981年，有职工159人，固定资产原值64万元，产值45万元，销售收入44万元，利润-24万元。1985年，划分建立玻璃二厂，坐落利农南路新并入的原县磷肥厂址，占地2.8万平方米，共有职工374人，固定资产原值369万元，产值337万元，销售收入269万元，税金29万元，利润-15万元。1990年，明确为县属副科级企业单位。1991年，新建金湖县精细化工厂，实行"一套班子、两块牌子"。1994年，强化企业管理，广开产品销路，实现产值1027万元，销售收入1334万元，利税218万元。收回陈欠货款274.6万元。1995年实行风险抵押承包，跨入县"工业十强企业"。1999年，企业改制为民营，职工全部终止劳动合同，给予补偿金推向市场。2000年，采用"挂账建新、零资产转让"的方式，改制为股份制企业"金湖县金荣玻璃制品有限公司"，有员工370人，资产总额1274万元，具备年产2万吨玻璃制品的生产能力。2001年，有职工384人，固定资产原值2169万元，年产值3061万元，年销售收入983万元，利税总额-51万元。2005年，公司地址坐落县城利农南路198号。

第十五篇　机械制造业

金湖县机械制造业起步于20世纪60年代初，70年代中后期开始发展。1986年，全县机械制造行业共有企业67户，制造业类别主要有原动机械柴油机零部件制造、通用设备制造、通用零部件制造、专用设备制造及脱粒机、粉碎机等农林渔业机械制造等，产品1000多种，产值5617万元，占全县独立核算企业产值的16.4%。是年起，县委、县政府加强企业改革与政策扶持力度，在全行业推行厂长负责制和承包经营责任制，扩大企业自主权，强化厂长决策权力；接着，又提出"政企分开、两权分离"的要求，转换企业经营机制，使企业成为独立自主的商品生产者和经营者。1987年，机械零部件初加工向乡镇延伸，带动乡镇机械制造业的发展。1992年，完成18项重点技改项目，县汽车配件厂的门泵、金湖机械厂研发的试油节流压井管汇获得省优产品。1994年，机械制造独立核算企业增加到58户，全行业产品以石油机械、输油泵、汽车配件为主导，实现产值3.39亿元，占全县独立核算企业总产值的31.1%；产值、销售收入比1986年分别增长5倍多、6倍多。有色、黑色金属冶炼及压延加工业企业发展到2户，实现产值325万元，县铸锻公司研制的套管头获省"金牛奖"。

1995年，全县工业科技创新力度加大，机械制造行业争相通过质量管理体系认证，技改投入1928万元，产品质量和市场竞争力提高。1997年，在市场经济的优胜劣汰中，机械制造独立核算企业减少到63户，而产值实现6.05亿元，销售收入5.5亿元，利税4087万元，分别比上年增长4.1个、11.4个、8.7个百分点。是年起，公有民营企业实行产权制度改革，县政府对纳税贡献大的企业实行重奖。1998年，金湖县石油机械集团、县输油泵有限公司成立。石油机械设备的生产能力3500吨，输油泵品种30多个、年生产能力120万台（套），国内市场占有率均在75%以上。同时，从事制造业的个体私营企业急剧增加，私营企业268户、个体工业户876户，实现产值2641万元，为全县机械制造业的发展起到重要辅助作用。是年，机械制造行业有国有工业企业及销售500万元以上非国有工业企业（统称规模以上企业，下同）18户，实现产值4.97亿元，占全县规模企业产值31.6%。

2000年，实施"工业强县"战略，工业结构优化升级，机械制造业经济总量扩大，产值增加到4.45亿元，比1986年增长近8倍，占全县规模企业产值23.9%。2001年，县工业园区建设进一步加强，为机械制造业骨干企业提供集聚发展平台。县卫生巾设备厂以重金聘用高级科技人才，保证卫生巾设备不断推陈出新。2004年，江苏省油气井口装备工程技术研究中心获准成立，机械制造行业共实施500万元以上技改项目66个，其中投资1000万元以上项目35个。2005年，县政府全力服务骨干企业，及时帮助解决其资金、用地、用工等方面的问题，促进企业跨越式发展。全县从事机械制造业的私营企业增加到641户，个体工业户945户。一批机械制造企业科技创新效能彰显，创建国家级高新技术企业1户、省级高新技术企业2户、市级高新技术企业3户。全县有规模以上机械制造工业企业53户，实现产值15.86亿元、产品销售收入15.25亿元、利税1.29亿元，分别占全县规模工业的47.4%、47.4%、60.2%。

第一章　规模　效益

第一节　规　模

1986年，全县机械制造行业经过分层承包改革，产品逐步取消计划调拨，直接面向市场。全行业共有企业67户，职工4169人，固定资产原值3128万元。主要企业有县机械厂、输油泵厂、通用机械厂、滚轮体厂、阀门厂、汽车配件厂、车辆修配厂、卞塘农机厂、陈桥轻工机械厂等。主要产品为输油泵、滚轮体、高中压阀、工业泵、农用水泵、船用挂桨机、机动脱粒机、粉碎机、电磁吸盘、电缆端接式管接头，以及农机具配件、石油机械配件、工矿机械配件、汽车配件等1000多种。1991年，机械工业新增石油机械配件厂、白马湖农机厂、金北农机厂等，共有企业53户。其中，县机械厂实现工业产值1768万元，产品销售收入1739万元，利税273万元，列全县同行之首。1994年，新成立县铸锻有限公司、车桥责任有限公司、离合器有限公司等，共有企业58户。全行业产值在1000万元以上企业有5户，其中输油泵厂、汽车配件厂产值超3000万元，利税超250万元。年内亏损企业亏损额大幅度下降，刃具厂、滚轮体厂均实现扭亏为盈。主要产品产量为：高中压阀门535吨，输油泵1.96万台（套），石油钻采设备102吨，汽车配件销售额1721万元，滚轮体116.7万只，器量刃具23.87万件。以上几个主要产品在全国同行中达到年产量、质量、销售、效益、市场占有率和覆盖面“六个第一”。其中，金湖机械厂节流压井管汇，销售量占全国同类产品70%，引起同行业震动。1995年，全行业共有企业100户，其中独立核算企业68户、产值在1000万元以上企业有4户、3000万元以上2户。主要产品产量，输油泵89.35万套、提前器2.2万套、石油钻采设备908吨、汽车配件销售额17.81万元、滚轮体184.19万只、高中压阀门659吨、器量刃具36.81万件。1996年，县机械厂获产品自营出口权，金湖县汽车配件厂成为南京跃进汽车集团成员厂，县金源压铸厂建成投产。

1998年，全行业共有规模以上企业18户。县石油机械集团、县输油泵有限公司成立，输油泵品种30多个，年生产能力120万台（套），国内市场占有率75%以上，主机配套面90%以上。1999年，县石油机械配件有限公司成立，金湖汽车零部件集团成立，机械行业的实力与竞争力提升，同时带动全县机械零部件制造加工业的蓬勃发展。机械制造业私营企业发展到155户，个体户发展到843户，从业人员3800多人；产值在1000万元以上企业13户。其中，机械厂、输油泵厂、汽车配件厂产值1.82亿元。主要产品产量为：输油泵89万套、提前器6万套、石油钻采设备1099吨、汽车配件销售额4226.9万元、滚轮体125万只、高中压阀门689吨、器量刃具28万件。2000年，实施“工业强县”战略，加快推进工业化进程，工业结构优化升级，全县经济总量扩大。2004年，机械制造行业共有规模企业40户，实现产值10.15亿元。金石阀业新厂区建成投产，江苏霞光机械公司竣工投产，金鑫公司新上的机械铸造项目完成。

2005年，全县机械制造业私营企业发展到105户，个体加工户发展到903户，从业人员4300多人；其中机械制造业规模工业企业53户，实现产值15.86亿元，比1986年增长27倍多。

1986—1994 年金湖县机械工业主要产品产量统计表

表 15-1-1

年份	工业泵（台套）	高中压阀门（吨）	石油钻采设备（吨）	输油泵〔万台（套）〕	提前器〔万台（套）〕	汽车配件销售额（万元）	拖拉机内燃机配件销售额（万元）
1986	798	450	—	28.40	—	436	1127
1987	865	408	—	29.20	—	432	1186
1988	2000	465	—	34.00	—	1064	1382
1989	—	649	—	32.50	—	1384	526
1990	—	678	—	32.50	—	22	408
1991	—	268	476	34.00	0.20	1485	2148
1992	—	371	522	48.00	0.12	1485	321
1993	—	336	947	81.00	0.85	1443	—
1994	278	535	102	1.96	—	1721	—

续上表

年份	农机配件销售额（万元）	中小农机具（万件）	民用钢质船舶（艘/吨）	水泥农船（艘/吨）	机动脱粒机（台）	机动粉碎机（台）	金属切削工具（万件）
1986	42.26	16.5	28/230	262/1111	125	—	—
1987	33.00	2.3	34/2940	272/8106	210	—	—
1988	1064.00	12.3	46/3480	180/5065	155	—	124
1989	—	8.0	13/980	128/3255	70	—	178
1990	48.00	—	6/620	143/1026	140	—	189
1991	35.00	17.0	29/1670	81/1392	145	149	54
1992	48.00	30.0	29/1880	85/1438	60	115	9
1993	—	30.0	104/7720	64/1180	—	—	—
1994	16.00	134.0	134/—	85/—	—	—	1141

1995—2005 年金湖县机械工业主要产品产量统计表

表 15-1-2

年份	高中压阀门（吨）	石油钻采设备（吨）	输油泵〔万台（套）〕	提前器〔万台（套）〕	铸件（吨）	锻件（吨）
1995	659	908	89.35	2.20	—	—
1996	499	1593	91.00	2.21	—	—
1997	684	1183	85.49	4.60	—	—
1998	689	1099	89.04	6.42	—	—
1999	678	1242	86.63	10.58	—	—
2000	586	1807	77.46	15.23	—	—

接上表

年份	高中压阀门（吨）	石油钻采设备（吨）	输油泵〔万台（套）〕	提前器〔万台（套）〕	铸件（吨）	锻件（吨）
2001	598	2005	62.19	17.92	—	—
2002	285	2417	75.08	35.02	2749	3540
2003	410	2693	87.11	42.86	2882	4475
2004	550	3000	127.2	43.80	2950	4850
2005	1173	4000	131.0	52.84	3100	5500

2005 年金湖县机械制造业主要企业一览表

表15-1-3

企业名称	法定代表人	主要生产项目及产品	地　址
江苏金石机械集团有限公司	殷舜时	采气（油）井口设备	建设东路4号
江苏金石富源机械有限公司	柏传新	石油阀门	利农南路36号
江苏金石铸锻有限公司	刘亚群	铸锻件加工	官塘集镇
江苏金石阀业有限公司	雷兴国	泥浆阀	县工业园区工二路19号
江苏金湖输油泵有限公司	黄爱源	输油泵	建设东路25号
江苏神舟车业集团有限公司	朱庆庚	汽车零配件	人民路82号
江苏车桥有限责任公司	朱庆庚	各种驱动桥系列产品	人民路82号
江苏金屋控制系统有限公司	朱庆庚	客车门板及总成	人民路82号
金湖县常盛动力机械配件公司	冯树云	滚轮体输油泵	黎铜路97号
江苏省宝应湖机械厂	李红生	机械配件	刘圩
金湖县渔业机械有限公司	时承章	增氧机	塔集镇
金湖县利来压铸有限公司	王光芸	电饼铛发热盘	黎铜路129号
金湖县金菱机械厂	杨谢军	压力机配件	夹沟三柳村
金湖县兴隆机械有限公司	涂怀青	石油机械配件	新农路2号
江苏迈特尔金属制造有限公司	李福华	裸铜线	县工业园区工二路
金湖县金源压铸有限公司	王　平	发热盘	金湖西路95号
金湖县金龙压延铸造有限公司	张玉兴	合金铸件	涂沟镇
金湖县振兴石化机械制造有限公司	王金元	系列泵	唐港集镇
金湖县金峰铜材加工厂	王广来	铜丝	金南镇
金湖县东峰铜业有限公司	杨卫东	裸铜线	金南镇
金湖小青青机电设备有限公司	张晓青	渔业机械	黎铜路99号
金湖卫生巾设备有限公司	陈　斌	卫生巾设备	金湖西路131号
金湖县宏大卫生巾设备有限公司	季兵奎	卫生巾设备	牌楼村
金湖县金鑫实业有限公司	徐家乾	系列塑料机及成套散件	金南镇集镇

第二节　政策扶持

1986年，县机械制造行业有6户企业推行厂长负责制，推进企业所有权与经营权分离，使企业真正成为经济实体。企业党组织的工作中心转向加强职工的思想政治工作和党的建设，推进民主管理。1987年，协调县工商行对县机械厂1.5吨铸钢炉改造、输油泵厂“七五改造”、汽配厂汽车门泵生产线等技改项目发放贷款1055万元。1989年，县政府组织银行系统帮助企业清理回收“三角债”600多万元。1990年改革完善第二轮承包，合理确定承包基数，健全考核办法。1992年，对县机械厂等重点骨干企业实行技改资金、流动资金、信息服务“三优先”，贷款免于担保，县工商行共支持企业流动资金贷款2972万元、技改贷款1070万元。1994年，县政府先后制定企业实行股份制、租赁经营及改革经营体制等方面的6个文件，并组织体改、金融、财税和工业主管部门深入企业帮助解决具体问题。县四套班子领导分片挂钩，定厂包干，帮助企业排忧解难。县直有关部门选派60多名业务骨干挂钩乡镇企业，为企业提供信息100多条，筹措资金1000多万元，引进项目10多个。县滚轮体厂、溶剂厂、刃具厂等企业实现扭亏为盈，还有一批企业实现减亏。

1995年，淮阴市委提出对企业干部试行分类划档滚动管理的意见。11月，县有10户企业进档。机械制造企业中有金湖输油泵厂、机械厂、汽车配件厂等3户企业进入四档，管理人员积极性进一步调动。是年，县农行加大对乡镇机械制造企业技术改造资金的投入力度，向20个骨干企业投放技改贷款1645万元、配套流动资金1855万元。1999年，重点突出产权出售转民营，县汽配厂、刃具厂、阀门厂等8户完成民营改制，江苏淮阴汽车零部件集团成立。信贷资金集中投向效益好的骨干机械工业企业，金融单位与石油机械集团等县属骨干企业签订银企互保协议书，投放资金2700万元，为具有发展潜力的企业做好“支、帮、促”工作。2000年，继续向县石油机械集团新上项目发放技改资金1000万元。2001年，县委、县政府加强县工业园区建设，为全县投资规模较大的企业提供发展平台，形成集聚效应。2003年，在贷款条件、手续、利率等方面给予骨干企业、守信企业优惠政策，支持有市场、有效益、有信誉的中小企业。县工商行对机械工业企业实施“快易通”贷款新办法，金湖富源机械有限公司等12户企业获授信总额2400万元，新增工业贷款7862万元。2004年，又为诚信企业开办保理业务，企业只需凭应收货款即可获得额度内的信贷支持，拓宽企业的融资渠道。金石机械集团作为全市首家享受该政策的企业获得保理融资1800万元；汽车零部件等2户骨干企业获得省建行授信和意向贷款9000万元。

2005年，县政府确立“骨干企业和支柱产业互动发展、以龙头企业带动支柱产业发展”思路，利用银企对接平台，出台支持县域经济发展新举措。资金运用向机械制造工业企业倾斜，全县与银行签约企业48户、项目40个、信贷3.5亿元，及时帮助解决其资金、用地、用工等方面的问题；向铸锻公司等6户骨干企业授信6000万元，完成30户企业、4268万元不良资产的剥离工作，一批机械制造企业科技创新能力明显提高。江苏金石机械集团创建为国家高新技术企业，创建为市级高新技术企业3户。

第三节　经济效益

1986年，全县机械制造行业共有企业67户，职工4169人，固定资产原值3128万元。实现产值5617万元，占全县工业总产值26.9%；利税239万元，占全县工业利税额的13.0%。其中县输油泵厂生产输油泵28.4万台（套），实现产值635.5万元，产品销售收入655万元，利税133万元，独占全县同行业鳌头。1991年，共有企业53户，实现产值1.52亿元，占全县独立核算企业产值的28.2%；销售收入1.27亿元，占全县独立核算企业销售收入28.2%。其中县机械厂实现工业产值1768万元，产品销售收入1739万元，利税273万元，列全县同行之首。1993年，各企业普遍实行销售承包责任制，促进产销平衡。全年实现产值3.07亿元，占全县工业总产值34.2%，销售收入2.78亿元，比上年增长25%，占独立核算企业销售收入的34.2%；利税1855万元，增长26%，占全县独立核算企业利税额的30.6%。1995年，全行业企业增加到68户，实现工业产值3.64亿元，占全县独立核算企业总产值30.0%；销售收入3.39亿元（新口径），占全县独立核算企业销售收入的30.1%；利税1908万元，占全县独立核算企业利税额的24.6%。

1998年，全行业共有规模以上企业18户，实现产值4.97亿元，占全县规模企业总产值31.6%，销售收入4.79亿元，占规模企业销售总产值33.3%。2005年，全县机械工业有规模企业53户，实现产值15.86亿元，占全县规模企业总产值47.4%，比1986年增长27倍多；产品销售收入15.25亿元，占全县规模企业销售收入的46.1%；利税1.29亿元，占全县利税总额60.2%。

1986—2005年金湖县机械制造业产销效统计表

表15-1-4

年份	企业数（户）	工业产值（万元）	占全部规模以上工业企业（%）	销售收入（万元）	占全部规模以上企业（%）	利税额（万元）	占全部规模以上工业企业（%）
1986	67	5617	26.9	4058	27.6	239	13.0
1987	56	6737	24.9	4994	24.9	504	19.0
1988	58	9430	24.0	7172	24.0	678	21.7
1989	61	10588	23.8	8322	23.8	677	20.5
1990	51	11791	24.7	9237	24.4	771	22.0
1991	53	15225	28.2	12725	28.2	854	26.5
1992	56	20002	30.6	17456	29.5	1190	30.6
1993	58	30656	34.2	27793	34.2	1855	30.6
1994	58	33855	31.1	28982	36.1	1811	32.3
1995	68	36410	30.0	33860	30.1	1908	24.6
1996	68	48250	30.1	44318	32.7	2958	31.1
1997	63	60544	34.0	54970	44.1	4087	39.8
1998	18	49743	31.6	47758	33.3	3840	31.5
1999	17	45595	29.2	44104	29.2	3087	29.2
2000	17	44521	23.9	41427	23.9	3370	23.9
2001	29	67821	33.1	63609	33.1	5338	33.1
2002	31	54691	35.4	48850	33.0	4249	31.4
2003	32	57769	32.8	55342	32.7	4772	32.8
2004	40	101461	43.2	95147	42.4	7346	43.2
2005	53	158611	47.4	152539	47.4	12892	60.2

说明：数据来源《统计年鉴》，部分数据次年对于前一年作调整的，以次年公布的为准。工业产值为现行价，1986—1997年数据为独立核算工业企业数据；1998—2005年为统计“新口径”数据，即全部国有工业及年销售收入500万元以上的非国有工业企业。

第二章　行业分布

第一节　金属制品业

1986年，全县有金属制品业企业29户，主要产品为农、林、渔业机械，如农用铁制工具、脱粒机、粉碎机及零部件等，产值1240万元。其中独立核算企业23户，产值899万元，净产值243万元，全部职工平均人数1938人，人均劳动生产率4639元。1989年，镇办企业县农机配件总厂（金南镇）被省政府命名为明星企业；至1994年，连续8年被市委、市政府授予文明单位、明星企业称号。其产品销往全国26个省、市、自治区1500多家公司，尤其是粉末冶金、花键轴产品连续7年销往英、美、东南亚等10多个国家和地区，产品质量过硬，深得用户信赖。年底，该厂总资产850万元，其中固定资产391万元。全年实现产值1030万元、销售收入1075万元、利税65万元。1990年，全县有金属制品业企业22户，其中独立核算企业15户，产值1544万元，全部职工年平均人数1168人，人均劳动生产率2405元。1994年，全县金属制品业产值3011万元，全部职工年平均人数597人，人均劳动生产率5.95万元。1995年，金属制品业企业14户，产值1846万元，销售收入1852万元。

1998年，全县有规模以上金属制品业企业2户，产值1892万元，销售收入1349万元，全部职工年平均人数140人，人均全员劳动生产率11.22万元。2001年，金属制品业企业1户，产值186万元，销售收入156万元，全部职工年平均人数52人，人均全员劳动生产率3.23万元。2002年，全县有金属制品业企业1户，产值2222万元，销售收入2163万元；全部职工年平均人数20人，人均全员劳动生产率100.15万元。

2005年，全县有金属制品业1户，固定资产总额527万元，产值2280万元，销售收入2453万元；全部职工年平均人数31人，利税总额21万元。

1986—2005年部分年份金湖县金属制品业效益统计表

表15-2-5

年份	企业数（户）	产值（万元）	占机械制造业（%）	销售收入（万元）	占机械制造业（%）	年份	企业数（户）	产值（万元）	占机械制造业（%）	销售收入（万元）	占机械制造业（%）
1986	29	1240	22.1	1135	28.0	1993	12	1156	3.8	1190	4.3
1987	19	1113	16.5	1086	21.7	1994	12	1770	5.2	1646	5.7
1988	22	1601	17.0	1536	21.4	1995	14	2037	5.6	1852	5.5
1989	20	1727	16.3	1664	20.0	1996	12	2612	5.4	2292	5.2
1990	22	1544	13.1	1458	15.8	1997	11	2153	3.6	1906	3.5
1991	15	1189	7.8	1069	8.4	1998	2	1892	3.8	1349	2.8
1992	15	1610	8.0	1318	7.6	1999	2	1895	4.2	1712	3.9

接上表

年份	企业数（户）	产值（万元）	占机械制造业（%）	销售收入（万元）	占机械制造业（%）	年份	企业数（户）	产值（万元）	占机械制造业（%）	销售收入（万元）	占机械制造业（%）
2000	1	233	0.5	219	0.5	2005	1	2280	1.4	2453	1.6
2001	1	186	0.3	156	0.2						

说明：该表为独立核算或规模以上金属制品业和机械制造业企业数据。2002—2004年无此项统计数据。

第二节　黑色有色金属冶炼及压延加工业

1986年，全县黑色、有色金属冶炼及压延加工业，多为附属于机械工业企业的车间或班组，生产规模小，加工量少。县、乡机械厂、农机修造厂的铸造车间一般每周或每旬，甚至更长时间开炉一次，为生产、维修农机具铸造一些零部件。电线电缆工业发展后，实力雄厚的线缆企业开始生产铜拉丝。主要产品为：铸体、锻体、冲压件、制鞋业用的铝楦、铜拉丝等。1991年，县内有有色金属冶炼及压延加工企业1户，为金沟乡乡办企业铝楦厂，从业人员12人，产值60万元。1992年，全县有黑色金属冶炼及压延加工企业1户，为金南乡铸造厂，从业人员26人，产值和销售收入均为87万元；有色金属冶炼及压延加工企业1户，从业人员15人，产值和销售收入均为128万元。1993年2月，金湖石油机械厂以法人持股形式与官塘乡农机厂、县供电公司按股组建金湖铸锻有限公司，研制生产的TF70套管头获省“金牛奖”。2001年，有规模以上黑色金属冶炼及压延加工企业1户，职工21人，产值1962万元，销售收入1842万元。

2004年，全县黑色、有色金属冶炼及压延加工业加快发展。1月，铸轧钢铁的金湖金得利机电设备有限公司竣工投产，总投资2500万元，征地2.22公顷，建筑面积1.14万平方米。7月，由江苏金石集团投资1亿元的1600吨液压快锻项目，落户戴楼镇的金湖县铸锻公司，项目首期工程投资5000万元，各种规格的重型铸锻件年生产能力达千万吨。坐落在涂沟水利站的金龙压延铸造公司竣工投产，公司由常州客商投资1700万元兴建，占地面积1.67万平方米，建筑面积3200平方米，主产品为金属钢锭，当年实现产值2000多万元，利税100多万元。金南镇金鑫实业有限公司兴建一条铸造生产线，总投资820万元，占地1.3公顷，主要产品为铸造件及加工件。

2005年，有3户刚兴建的冶炼及压延加工企业因效益不佳改行从事机械制造业，全县黑色金属冶炼及压延加工业规模以上企业仅剩1户，固定资产总额1150万元，产值2020万元，销售收入1920万元；职工年平均人数100人，利税总额160万元。

1991—2005年部分年份金湖县黑色、有色金属冶炼及压延加工业效益统计表

表15-2-6

年份	企业数（户）	产值（万元）	占机械制造业（%）	销售收入（万元）	占机械制造业(%)	年份	企业数（户）	产值（万元）	占机械制造业（%）	销售收入（万元）	占机械制造业入（%）
1991	1	60	0.4	60	0.5	1993	3	325	1.1	335	1.2
1992	2	205	1.0	205	1.2	1994	6	1685	5.0	1682	5.8

接上表

年份	企业数（户）	产值（万元）	占机械制造业（%）	销售收入（万元）	占机械制造业(%)	年份	企业数（户）	产值（万元）	占机械制造业（%）	销售收入（万元）	占机械制造业入（%）
1995	5	1015	2.8	944	2.8	2002	1	2222	4.1	2163	4.4
1996	1	559	1.2	559	1.3	2003	2	226	0.4	218	0.4
1997	1	415	0.7	415	0.8	2004	4	2148	0.2	2000	0.2
2000	1	1700	3.8	1648	4.0	2005	1	2020	1.3	1920	1.3
2001	1	1962	2.9	1842	2.9						

说明：该表为独立核算或规模以上黑色、有色金属冶炼及压延加工业和机械制造业企业数据。1986—1990年和1998年、1999年无黑色、有色金属冶炼及压延加工业统计数据。

第三节　通用机械制造业

1986年，全县通用机械制造业有独立核算企业19户，主要产品为：锅炉及原动机、通用设备、工业专用机床、各类阀门、输油泵、提前器等，产值2214万元，净产值713万元，全部职工年平均人数2427人，人均劳动生产率8916元。1990年，全县有通用机械设备制造业企业29户，产值5580万元；其中独立核算企业22户，全部职工年平均人数3462人，年人均劳动生产率1.65万元。1993年，有独立核算通用机械制造业企业9户，全部职工年平均人数2168人，产值4602万元，销售收入4634万元。1995年，通用机械制造业企业11户，产值7651万元，销售收入7443万元。

1998年，有规模以上通用机械制造业企业6户，产值8196万元，销售收入7928万元，全部职工年平均人数1424人，全员劳动生产率人均5.86万元。2001年，普通机械制造业企业7户，产值近1.7亿元，销售收入1.66亿元，全部职工年平均人数1057人，全员劳动生产率人均14.49万元。2002年，全县有普通机械制造业企业10户，产值2.18亿元，销售收入2.21亿元；全部职工年平均人数1348人，全员劳动生产率人均14.58万元。

2004年，规模以上通用设备制造业企业6户，产值1.56亿元，销售收入1.45亿元。新建小型通用机械制造企业13户。投资250万元的金菱机械厂（塔集镇夹沟集镇），主要生产金属配件。投资400万元的江明机械厂（塔集镇夹沟集镇），铸造、精加工"一条龙"，生产各种规格的机床通用配件，并成为出口创汇产品，实现年销售收入450万元，上缴税金30万元，职工平均年薪1.8万元。12月，江苏霞光机械公司（金南镇）竣工投产，投资1200万元，占地1.5公顷，建筑面积2500平方米，主产品为粉末冶金制品，广泛用于汽车、拖拉机等相关机械配件。

2005年，全县有规模以上通用设备制造企业9户，固定资产总额6852万元，职工年平均人数1265人，实现产值2.51亿元、利税2647万元。

1986—2005年金湖县通用机械制造业效益统计表

表15-2-7

年份	企业数（户）	产值（万元）	占机械制造业（%）	销售收入（万元）	占机械制造业（%）	年份	企业数（户）	产值（万元）	占机械制造业（%）	销售收入（万元）	占机械制造业（%）
1986	19	2214	39.4	2113	52.1	1996	10	7662	15.9	7642	17.2
1987	29	3279	48.7	3082	61.7	1997	12	8723	14.4	8347	15.2
1988	30	4159	44.1	4021	56.1	1998	6	8196	16.5	7928	16.6
1989	31	5352	50.5	5047	60.6	1999	6	9082	19.9	8752	19.8
1990	29	5580	47.3	5264	57.0	2000	7	14645	32.9	14094	34.0
1991	34	5681	37.3	5367	42.2	2001	7	16970	25.0	16606	26.1
1992	33	7334	36.7	7033	40.3	2002	10	21802	39.9	22068	45.2
1993	9	4602	15.0	4634	16.7	2003	8	11268	19.5	10584	19.1
1994	7	6633	19.6	6215	21.4	2004	6	15606	15.4	14545	15.3
1995	11	7651	21.0	7443	22.0	2005	9	25115	15.8	25092	16.4

说明：该表为独立核算或规模以上通用机械制造业和机械制造业企业数据。

第四节　专用设备制造业

1992年前，县内对通用机械制造业与专用设备制造业未加区分，统一称为机械制造业。1993年始分项目统计，主要产品包括：石油钻采设备、纺织机械、粮食加工机械、卫生巾设备、医药机械等。是年，全县拥有专用设备制造业企业23户，产值6737万元，销售收入5540万元，其中独立核算企业21户，产值6103万元，职工年平均人数2126人，全员劳动生产率人均2.83万元。1994年，县轻工机械有限公司生产的丝织蒸箱为缫丝工业专用，该产品获得机械工业部颁发的生产许可证，成为定点生产厂家，实现年产值385万元，利税61万元。县石油化工机械制造有限公司生产的QYJ–750/3.0型、QYJ–950/3.5型液环式氯气泵系列产品具有节省能源、结构简单、工艺合理、安装、检修方便的特点。经化工部氯气泵测试验证中心实验，确认产品性能稳定可靠，测试数据准确，参数达到设计要求。该系列产品为国内首创，某些零部件可替代进口。全年生产整套产品65台（套），零部件1000多件，产值182万元，利润11.19万元，税收9.9万元。1995年，有独立核算专用设备制造业企业24户，产值8167万元，销售收入7816万元；主要产品有矿山除尘机械类的单路及多路液控阀、多路换向联动阀、抑尘器，石油化工机械类的QYJ–750、950型液环式氯气泵，自行车减震鞍管、V系列注塑机等。其中多型号液环式氯气泵在'95中国高新技术、新产品博览会上获得金奖，产品畅销全国20多个省、直辖市、自治区。

1998年，全县有规模以上专用设备制造业企业8户，产值1.5亿元，销售收入1.37亿元，全部职工平均人数1289人，全员劳动生产率人均10.62万元。2001年，专用设备制造业企业10户，产值2.18亿元，销售收入2.22亿元，全部职工年平均人数1331人，全员劳动生产率人均14.82万元。2002年，全县有专用设备制造业企业10户，实现产值2.87亿元，销售收入2.71亿元；全部职工年平均人数1304人，全员劳动生产率人均19.84万元。2004年，有专用设备制造业企业7户，产值2.71亿元，销售收入2.5亿元。银集镇黎明机械配件厂，厂房、设备总投资120余万元，主要生产石油机械配套的套管头、油管器、矿车轮等，年产值500余万元，利润50万元。2005年，全县有专用设备制造业企业6户，固定资产总额6852万元，产值3.22亿元，销售收入3.01亿元；全部职工年平均人数863人，利税总额6354万元。

1993—2005年金湖县专用设备制造业效益统计表

表15-2-8

年份	企业数（户）	产值（万元）	占机械制造业（%）	销售收入（万元）	占机械制造业（%）	年份	企业数（户）	产值（万元）	占机械制造业（%）	销售收入（万元）	占机械制造业入（%）
1993	23	6737	22.0	5540	19.9	2000	6	14242	32.0	14629	35.3
1994	24	7546	22.3	6218	21.5	2001	10	21848	32.2	22180	34.9
1995	24	8167	22.4	7816	23.1	2002	10	28704	52.5	27117	55.5
1996	21	10507	21.8	9539	21.5	2003	7	18951	32.8	18799	34.0
1997	25	16347	27.0	14275	26.0	2004	7	27143	26.8	25021	26.3
1998	8	15018	30.2	13687	28.7	2005	6	32214	20.3	30146	19.8
1999	8	16881	37.0	15538	35.2						

说明：该表为独立核算或规模以上专用设备制造业和机械制造业企业数据。1986—1992年全县无专用设备制造业统计数据。

第五节　交通运输设备制造业

1986年，全县有独立核算交通运输设备制造企业5户，主要产品为：钢质、水泥船舶、挂桨机、汽拖、内燃机各类配件、交通机具防护用品篷布等，产值685万元，净产值250万元，全部职工年平均人数708人，劳动生产率年人均9280元。1990年，全县有独立核算交通运输设备制造企业6户，产值1013万元，职工年平均人数588人，劳动生产率年人均1.72万元。

1994年，全县有独立核算交通运输设备制造企业6户，产值4109万元，职工年平均人数847人，劳动生产率年人均4.85万元。由县汽车配件厂与交通部重庆公路科学研究所联合设计开发生产的8吨钢板焊接式客车后桥总成，填补国内空白，用于中、高档客车底盘配套，可使车速达到每小时110公里，适应高速公路的发展。产品选用较小的减速比，采用带储能弹簧的制动器，加大制动摩擦面积，保证行车安全。9月5日，项目可行性研究报告通过省级论证，年内投入1110万元，进行试生产，1995年开始批量生产。1995年，交通运输设备制造业独立核算企业7户，产值2902万元，销售收入2758万元。

1998年，有规模以上交通运输设备制造业企业1户，产值4227万元，销售收入3968万元，职工年平均人数458人，全员劳动生产率年人均8.66万元。2005年，全县有规模以上交通运输设备制造业企业4户，固定资产总额6852万元，产值1.78亿元，销售收入1.76亿元；职工年平均人数1431人，利税总额1233万元。

1986—2005年金湖县交通运输设备制造业效益统计表

表15-2-9

年份	企业数（户）	产值（万元）	占机械制造业（%）	销售收入（万元）	占机械制造业（%）	年份	企业数（户）	产值（万元）	占机械制造业（%）	销售收入（万元）	占机械制造业（%）
1986	5	685	12.2	674	16.6	1996	8	3714	7.7	3185	7.2
1987	7	772	11.5	718	14.4	1997	8	3750	6.2	3727	6.8
1988	5	1139	12.1	1094	15.3	1998	1	4227	8.5	3968	8.3
1989	5	983	9.3	897	10.8	1999	1	4616	10.1	4831	11.0
1990	6	1013	8.6	987	10.7	2000	1	5115	11.5	4998	12.1
1991	7	1496	9.8	1382	10.9	2001	1	5977	8.8	5455	8.6
1992	7	2171	10.9	2247	12.9	2002	3	7782	14.2	7331	15.0
1993	9	3548	11.6	3474	12.5	2003	5	16869	29.2	16139	29.2
1994	6	4109	12.1	4013	13.8	2004	5	16108	15.9	16445	17.3
1995	7	2902	8.0	2758	8.1	2005	4	17821	11.2	17598	11.5

说明：该表为独立核算或规模以上交通运输设备制造业和机械制造业企业数据。

第六节 电气机械及器材制造业

1986年，全县有独立核算电气机械及器材制造业企业19户，主要产品为：各类无线电、电器、电机、电子产品，传输线缆，各类仪器仪表等，产值1568万元，销售收入1499万元，职工年平均人数637人，劳动生产率人均1.58万元。1994年，县供电局开关厂试制的XGN2-10（Z）箱型固定式金属封闭开关柜，通过省级鉴定，投入批量生产。6月，该产品获1995年中国高新技术、新产品博览会银奖、淮阴市政府1995年科技成果二等奖。该厂研制的XRM4-L型照明配电箱获国家专利，产品广泛应用于家用电器及照明控制，具有漏电过载、短路保护功能。1995年，有电气机械及器材制造业独立核算企业44户，产值1.48亿元，销售收入1.4亿元。

1998年，全县有电气机械及器材制造业规模企业13户，产值2.23亿元，销售收入2.1亿元，职工年平均人数942人，全员劳动生产率年人均20.22万元。2005年，全县有电气机械及器材制造业企业32户，固定资产总额1.47亿元，产值7.92亿元，销售收入7.53亿元；职工年平均人数2852人，利税总额1275万元。

1986—2005年金湖县电气机械及器材制造业效益统计表

表15-2-10

年份	企业数（户）	产值（万元）	占机械制造业产值（%）	销售收入（万元）	占机械制造业收入（%）	年份	企业数（户）	产值（万元）	占机械制造业产值（%）	销售收入（万元）	占机械制造业收入（%）
1986	19	1568	27.9	1499	36.9	1988	25	3134	33.2	3011	42.0
1987	21	1800	26.7	1763	35.3	1989	31	3925	37.1	3678	44.2

接上表

年份	企业数（户）	产值（万元）	占机械制造业产值（%）	销售收入（万元）	占机械制造业收入（%）	年份	企业数（户）	产值（万元）	占机械制造业产值（%）	销售收入（万元）	占机械制造业收入（%）
1990	31	4265	36.2	4011	43.4	1998	13	22303	44.8	21045	44.1
1991	29	4682	30.8	4475	35.2	1999	13	19144	42.0	19711	44.7
1992	29	6354	31.8	5446	31.2	2000	12	20488	46.0	20127	48.6
1993	46	11833	38.6	10059	36.2	2001	16	27334	40.3	28393	44.6
1994	40	11627	34.3	10890	37.6	2002	15	34789	63.6	34562	70.8
1995	44	14797	40.6	14003	41.4	2003	16	16442	28.5	15756	28.5
1996	42	21171	43.9	17899	40.4	2004	21	42604	42.0	39136	41.1
1997	44	29086	48.0	26715	48.6	2005	32	79161	49.9	75330	49.4

说明：该表为独立核算或规模以上电气机械及器材制造业和机械制造业企业数据。

第三章　科技研发　技术改造

第一节　科技研发

1986年，金湖机械厂研发的手动平板阀、采气井口装置被评为市优质产品，获省计经委授予的江苏省优秀新产品“金牛奖”。7月，该厂“铸件攻关”QC小组、研发“提高采油井口油管挂铜条镶焊”技术的QC小组，获全国石化行业先进QC小组称号。1987年，金湖机械厂“阀板喷焊攻关”课题，在全国石油化工机械行业第三次QC成果会上获三等奖；县小青青机电设备有限公司研发的ZY3c型叶轮式增氧机项目，获市政府科技进步（开发新产品类）四等奖，并投入规模生产。1988年，金湖机械厂产品JY-35节流压井管汇，被评为市1987年度市优质产品，并同时获得国家经委颁发的“1987年度国家技术开发优秀成果证书”和省机械工业厅颁发的“铸造行业检查合格证书”。

1989年，县机械工业产品品牌创建获省优5个、市优10个。1990年，县小青青机电设备有限公司研发试制的由手扶拖拉机带动的IGS9IL-75B型旋耕机产品，通过机械工业部鉴定；叶轮增氧机系列产品，通过省机械工业新产品鉴定。县输油泵厂研发的单缸泵体、县通用机械厂降尘泵、黎城农机厂的KSB干燥机、银集农机厂的三用阀等产品投入批量生产。1991年，金湖机械厂产品JGY/YG-70节流压井管汇，在全国“星火计划”成果博览会上获银奖，获中国石油天然气总公司科技进步三等奖。1992年，全行业完成18项重点技改项目。县汽车配件厂FR803C门泵和SK644门泵分别获省优、市优产品称号。1993年，金湖机械厂研发的JG/YS、YG/S试油节流压井管汇获得省优产品；金湖铸锻公司研制的TF70套管头获省“金牛奖”。1994年，金湖机械厂与交通部重庆公路科学研究所合作，生产的虎门大桥主缆索股铸钢套筒经检测合格后投产。1995年，县组团参加1995中国高新技术新产品博览会，参展19个项目，有8项获奖，其中金奖4项，即金湖县石油化工机械制造有限公司生产的QYJ750/03、QYJ950/03液环式氯气泵，金湖县轻工机械有限公司生产的多种纤维干湿两用快速蒸箱，金湖县电器设备厂生产的XGN2-10（Z）箱式（固定）金属封闭开关，金湖县渔业机械有限公司生产的叶轮式增氧机。县农机所等研发的双叶轮多功能增氧机、机械施肥机获专利成果。金湖机械厂获得国际石油行业权威机构——美国石油协会API（API6A、API16C、API5CT三种）证书及会标使用权，从而使该厂石油机械产品可直接进入国际市场。

1996年，县日用电器厂生产的浴王牌浴室空调机获中国专利及新产品博览会金奖。1997年，金湖石油机械厂通过ISO 9001质量管理体系认证，使企业的质量管理与国际标准接轨。35兆帕、70兆帕套管头被认定为1996年度国家级新产品；防喷系统配套技术研究荣获中国石油天然气总公司科学技术进步一等奖。1998年，金湖县小青青机电设备有限公司研发的振动式鱼塘自动投饲机获得国家专利。1999年，金湖县汽车配件厂的客车新式踏板支架等冲压件产品开发成功。2000年，金湖县卫生巾设备厂生产的"金卫灿"牌卫生巾设备，金湖小青青机电设备有限公司生产的"小青青"牌渔机、液压元件被认定为江苏省著名商标。

2001年，6户企业生产的机械产品获得市级名牌6项。金湖汽配有限公司与美国西屋空气制动技术公司合营成立江苏金屋控制系统有限公司，引进美国西屋公司的技术、产品、管理、资金，进一步研发客车、列车（含轻轨、地铁等）自动门及其控制系统，实现优势互补和利益最大化。2002年，4户企业获得市级名牌产品6项。金湖县小青青机电设备有限公司法人代表张晓青作为起草人，参与农业部制定投饲机国家行业标准，标准由农业部发布实施。2003年，JH牌输油泵、JMP牌石油井口设备等2项获得江苏省名牌产品。

2004年，江苏省油气井口装备工程技术研究中心获准成立，中心设立在金石机械集团；同时还成立省级工程技术研究中心——江苏金石油气井口科技有限公司，进一步加强企业的科研开发力度。金湖石油机械有限公司生产的JMP牌石油采油树获省级名牌产品；JMP牌石油化工设备被认定为省著名商标。金湖县小青青机电设备公司的专利振动式鱼塘自动投饲机投入批量生产，产量突破1万台，实现产值1000万元。是年，该公司又发明轧螺蚬机、机电两用叶轮式增氧机，研制出充电式直流投饲机，同时与中国矿业大学签订"DWX型单体液压支柱系列产品"技术转让合同，走产学研合作道路。2005年，有6户企业获得市级名牌产品6项，其中喷油提前器获得省名牌产品。江苏金石机械集团被认定为国家高新技术企业，为淮安市第一家获此称号的企业。

第二节　技术改造

1986年，县农机修造厂改制后，企业开发汽车配件样品，参加甘肃兰州汽车配件会，使用范围由农用柴油机延伸到汽车柴油机，产品形成一个飞跃。全年技改投入103万元，生产输油泵28.4万台。1987年，该企业获得省"双文明先进单位""六五"技术进步先进单位称号。1988年，农机修造厂电镀废水污染治理合格。企业完成从西德博世公司引进的A型输油泵试验、奥地利FM公司引进的P7泵，供上海柴油机厂、江西油嘴油泵厂配试，并出口新加坡、泰国、马来西亚等国家，获全国用户评选委员会的全国油嘴油泵行业输油泵"金龙奖"。1990年，县通用机械厂从南京引进专利产品降尘泵试制成功，降尘效果提高到90%以上，通过部级鉴定。1991年，输油泵研发投入技改资金200万元，引进美国卡特匹勒泵，参与无锡研究所修订输油泵标准，批量生产提前器2000台，输油泵34万台，实现产值1430万元，获得国家科委、劳动部颁发的QWNP系列双偏心供油角度自动提前器国家级新产品奖、机械工业部二等奖。

1994年，县轻工机械有限公司筹措资金260万元，购置自动焊、氩弧焊、探伤机、卷板机等设备，新建标准厂房和机械检测X光室700平方米，主产品丝织蒸箱获得机械工业部批准，领取一、二类压力容器生产许可证，成为定点厂家，实现产值385万元，利税61万元。1995年，机械工业技改投入1928万元。1996年，随着一批重点项目的建成，全县工业结构得到较大改善，发展后劲增强。1997年，县机械厂、汽配厂等一批企业开始向规模化方向发展。县机械厂年产1万套出口平板阀生产线、县汽配厂冷冲压线技改及年产1万根汽车后桥生产线、输油泵厂年产30万台提前器等技改项目，固定资产投资财务支出数均在1000万元以上，形成生产能力。县机械厂实现利税超千万元。1999年，坚持抓大扶优，壮大优势企业的实力，全县技改投入力度加大，完成工业重点技改项目7个。2000年，江苏金湖输油泵有限公司除生产输油泵、圆盘犁、提前器、联轴节、闭门器、混水阀、滚轮体、脚踏阀、高压清洗泵，还开发潍坊柴油机厂用顶杆式I/II/D114输油泵，扩大与伊维、威孚、南岳、大连油泵油嘴厂、柴油机厂，无锡柴油机厂的配试量；开发特殊要求的提前器直供常州柴油机厂、大连柴油机厂；输油泵、手泵体总成、输油泵修理包出口尼日利亚、新加坡、埃及等国家。

2001年，机械工业技改投入2490万元。县卫生巾设备厂在通过ISO 9001国际质量体系论证、“金卫灿”商标获淮安市知名商标、产品获江苏省质量信得过产品称号的基础上，研制开发出护翼式卫生巾设备。是年，该公司以年薪26万元的优厚条件，吸引杭州、上海韦德合资公司2户企业3位优秀人才加盟，不断改进完善产品的质量和样式，保证卫生巾设备不断推陈出新。2002年，该厂更名为金湖县卫生巾设备有限公司，聘用高级外语人才成立国际销售部；聘用伊朗生活用纸协会的穆汗穆得·阿里（Jose mourinho khan.Ali）、孟加拉国杰贝德（Jerry bader）分别为该公司的中东地区、东南亚地区总代理，成为全县首批拥有自营出口权的民营企业。公司还在新浪、搜狐等知名网站建立公司网页，发布信息200多次。先后研制开发国际市场领先的双路成形护翼式卫生巾生产线、婴儿尿裤生产线、产妇垫等5大系列20多种型号的卫生巾设备，满足国内外客商的需求，受到日本、意大利同行的赞赏。

2004年，全县共实施500万元以上技改项目73个，其中投资1000万元以上项目41个，累计完成工业技改财务支出9.97亿元。江苏金湖输油泵有限公司开发欧Ⅱ、Ⅲ输油泵，获得省名牌产品、质量信得过产品称号，企业被认定为市高新技术企业。2005年，县汽车配件厂经过多年技术改造，具有各种生产设备220多台套。江苏金湖输油泵有限公司开发生产的输油泵（上海日本电装NB泵、国Ⅲ叶片式泵）、助力转向泵、提前器（上海日本电装PX）、联轴节等产品中，“JH”牌输油泵、提前器产品获“省名牌产品”“省质量信得过产品”称号。

第四章　企业与产品选介

第一节　产品选介

（参见“第二十二篇名优特产”第一章。）

第二节　企业选介

一、江苏金石机械集团

（参见“第四十三篇专记”《从小机械厂到江苏金石机械集团》。）

二、江苏神舟车业集团有限公司

江苏神舟车业集团有限公司前身为金湖县汽车配件厂，于1973年1月由原金湖县电器五金厂、黎城镇东风五金厂合并成立，位于黎城镇人民路45号。1986年，企业占地3.6公顷，建筑面积1.43万平方米，其中厂房面积4296平方米，仓库520平方米；有职工331人，机械设备80余台（套），装机容量300千瓦，固定资产原值156万元。主要产品为FR803、SK644等12个品种、19类规格的汽车门泵，具有年产8万台（套）汽车配件的生产能力，是中国汽车公司经销部的成员厂。是年，企业提出“艰苦奋斗，自强不息”的办企方针，实现工业产值423万元，产品销售收入368万元，利润76万元。1987年，企业做出“内改、外拓、横联”的决策，开始与南京汽车制造有限公司洽谈配套生产厚板料冲压件，实现当年投产受益的计划目标。企业在做好传统门泵系列产品的同时，建立第一条汽车厚板料冲压生产线，走上配套加工汽车零部件、冲压件、焊接件为主导产业的模式。至1991年，企业连续被省政府授予先进集体称号，连续荣获县政府授予的集体一等功，获市政府授予的明星企业称号。1992年，门泵系列产品与冲压件产品的效益基本相当。FR803C、SK644门泵分别获省优、市优产品称号；企业跻身于江苏省100强工业企业行列。1993年，企业被评为江苏省文明单位，列入国家中型企业。生产进入冲压件效益上升、门泵系列产品效益下降的逐步转型阶段。1997年7月，企业以合资的形式，与县机械厂合办江苏车桥有限责任公司，作为附属企业和经济补充，主要生产汽车后桥、农用车后桥、汽车前桥和汽车配件等。1999年，在南汽冲压件产量不断上升的同时，客车新式踏板支架等冲压件产品开发成功，基本实现以汽车冲压件、焊接件生产为主的产品转型，企业扩大到一个总部、两个分厂（门泵分厂、冲压件分厂）的生产规模，企业实现产值4616万元，销售收入3730万元，利税697万元。

2000年3月，企业由县属大集体改制转换为股份制民营企业，成立江苏汽车零部件有限责任公司，县机械厂从江苏车桥有限公司转让股权退出；5月18日，江苏汽车零部件公司正式挂牌运营。是年底，企业先后为职工购买宿舍楼1幢24套1440平方米；在县城繁华地段金湖路新建职工宿舍楼5幢180套1.26万平方米，平房1幢18套1080平方米，合计总面积1.51万平方米，帮助222名职工家庭解决住房问题。2001年，企业与美国西屋空气制动技术公司合营，成立江苏金屋控制系统有限公司，成为金湖第一家中外合资公司。11月，该公司独立运行，其运作方式是，引进美国西屋公司的技术、产品、管理、资金，充分利用中方的劳动力、销售市场、技术设施等，实现优势互补和利益最大化。经营范围为：客车、列车（含轻轨、地铁等）自动门及其控制系统。由于美方派出的管理人员失当，造成公司一直经营不佳，未见明显效益；但企业经历过一次引入外资、中美合营的尝试。2004年4月，组建企业集团，公司更名为江苏神舟车业集团有限公司，旗下设有本部核心企业集团公司和江苏车桥有限责任公司、金湖金马汽车配件公司、金屋控制系统有限公司（中美合营）、金湖金大众汽车维修公司等4个子公司。年底，企业发展陷入低谷：主要冲压设备由30多台（套）降到2台（套），工业产值降到2000多万元，利润降到2万元。

2005年，企业调动一切积极因素，加大协作力度。随着芜湖奇瑞产品配套量的上升，新程轿配公司、上海交运股份公司冲压件产品先后配套协作成功，企业很快以汽车零部件、冲压件、焊接件产品生产制造为主业，成为江浙地区较大的汽车零部件生产规模企业。到年底，企业拥有各种生产设备220多台（套），其中，1000吨、500吨液压机和1250吨、630吨、400吨、250吨大中型机械压力机（冲床）等84台，小型压力机（冲床）9台（套），焊接设备113台（套），行车、叉车、剪板机等其他辅助设备30多台（套），并配有齐全的生产制造空间和质量检测器具。拥有2个冲压车间、4条冲压生产线，和1个焊接车间、3条焊接生产线，主厂房和辅助用房等生产场地和空间2.3万多平方米；可从事“四门两盖”等多车型、多品种焊接，年生产能力达3200多万冲次，固定资产总额3560万元；实现产值8400万元，产品销售收入7800万元，上缴税金195万元，利润76.26万元。

三、江苏金湖县输油泵有限公司

江苏金湖输油泵有限公司前身为国营金湖县农机修造厂（又称县农机二厂），创建于1968年12月，坐落在江苏省金湖县建设东路25号，主产品输油泵。1978年，改名为金湖输油泵厂。1986年，该厂占地面积5.92万平方米，建筑面积2.85万平方米，职工731人，机械设备420台（套），装机容量2200千瓦，固定资产原值487.05万元。主要产品为GⅠ、GⅡ等19种规格型号的柴油机用活塞式输油泵，广泛应用于拖拉机、车辆、船舶等动力机械上的柴油机、高压泵，产品技术标准达国际先进水平。是年，该厂被县政府列为经济体制综合改革试点单位之一，推行厂长负责制。改制后，企业开发汽车用样品，参加甘肃兰州汽车配件会，产品形成由配套农用柴油机到汽车柴油机的一个飞跃。全年技改投入103万元，生产输油泵28.4万台（套），实现产值653.5万元，销售收入655万元，利润103.16万元，上缴税金30.02万元，并获得省企业整顿先进单位、安全生产先进单位称号。1987年，企业实施第一轮承包，全年生产输油泵29.2万台（套），实现工业产值682.2万元，销售收入787.3万元，利润115万元，上缴税金61.74万元，获省计经委颁发的B型泵新产品奖。1988年，企业完成从西德博世公司引进的A型输油泵试验、奥地利FM公司引进的P7泵，供上柴、江泵配试，并出口新加坡、泰国、马来西亚等国家，获全国油泵油嘴行业输油泵金龙奖。1989年，企业强化内部核算，开办内部银行，生产线实行计件工资，产值突破千万元，获得泵油行业中的产量、质量、信誉、效益“四个第一”，同时获得省计经委颁发的A型泵优秀新产品奖。1991年，开始引进美国卡特匹勒输油泵，参与无锡研究所修订输油泵标准，批量生产提前器2000台套，技改投入200万元。全年生产输油泵34万台（套），实现产值1430万元，销售收入1047万元，上缴税金160万元。是年，GI号输油泵部优复评、B型输油泵省优复评、输油泵生产许可证复评均顺利通过；A型输油泵经省质量监督中心抽查，评为一等品。1992年，企业列入全省100家岗技工资试点单位之一，被省机械工业厅评定为技术进步先进企业。1993年，企业试行全员劳动合同制。1994年，QWNP系列双偏心供油角度自动提前器，获得国家科委、劳动部颁发的国家级新产品奖，翌年又获机械部授予的二等奖。

图 15-4-1 县输油泵有限公司（摄于2005年） 李义海／摄

1998年，国营金湖输油厂改制为金湖输油泵有限公司，全年企业生产输油泵89.04万台套，提前器6.42万台（套）；实现产值4542万元，销售收入3614万元，利润50万元，上缴税金243万元。2000年12月，改制为江苏金湖输油泵有限公司，国有资产退出，注入民营资本，成为股份制民营企业，设有2个子公司，即上海锦虎泵业有限公司，租地0.67公顷（10亩）；金湖锦虎泵业有限公司，占地4.3公顷（65亩）；母公司占地6.67公顷（100亩），注册资本261万元，股东20名，经营者控股。企业生产的手泵体总成、输油泵修理包出口尼日利亚，输油泵出口新加坡、埃及；除生产提前器、联轴节、闭门器、混水阀、滚轮体、脚踏阀、高压清洗泵外，还开发顶杆式I/II/D114潍柴用输油泵，扩大伊维、威孚、南岳、大泵、大柴、锡柴等厂家的配试量；开发特殊要求的提前器特供常柴、大柴。9月，一线操作工仇英被评选为全国劳动模范。

2002年，该公司通过股权转让，股东增加到39名，注册资本为261万元，通过ISO 9001：2000质量体系认证。2004年，输油泵产量127.2万台（套），销售收入1.09亿元；开发欧Ⅱ、Ⅲ输油泵，生产的输油泵、提前器获省名牌产品、质量信得过产品称号；企业被淮安市科技局认定为高新技术企业。2005年6月，江苏金湖输油泵有限公司增资扩股，溢价购股，注册资本从261万元增加到449万元，股东增加到45名。是年，开发生产输油泵（上海日本电装NB泵、国Ⅲ叶片式泵）、助力转向泵、提前器（上海日本电装PX）、联轴节，被机械工业内燃机油泵嘴技术情报网列为全行业产销量和市场占有率第一。全年生产输油泵131万台（套），提前器52.84万台（套）；技改投入400万元，实现产值1.11亿元，销售收入1.04亿元，利润537.9万元，上缴税金996万元。

四、金湖县小青青机电设备有限公司

金湖县小青青机电设备有限公司起步于原金湖县塔集农机厂。1986年前后，塔集农机厂分管技术的副厂长张晓青从江苏省农业机械化研究所引进增氧机技术，填补金湖渔业机械产品的空白。1987年，张晓青等研发的ZY3c型叶轮式增氧机项目投入生产，并在市场销售，获市政府科技进步（开发新产品类）四等奖。1990年，由手扶拖拉机带动的IGS91L–75B型旋耕机项目产品通过机械工业部鉴定；12月18日，研制的叶轮增氧机系列产品，通过江苏省机械工业的新产品鉴定。1994年3月，张晓青调入金湖县高级职业中学，创建金湖县渔业设备厂，并担任厂长。学校提供厂房250平方米、简易棚300平方米、车床4台（套），要求既要完成学生实习任务，又要办好企业，为学校创收。当年生产增氧机304台，实现产值43万元。1998年，企业研发的鱼塘自动投饲机获得国家专利。

2002年12月，张晓青在黎城镇征地0.92公顷（13.8亩），新建厂房等3000平方米，企业更名为金湖小青青渔业设备厂，位于县城黎铜路99号；是年，由该厂为起草单位，张晓青为主要起草人，参与制定投饲机国家行业标准，标准由农业部批准发布实施。至2002年底的9年间，该企业协助学校完成机械班学生的实习培训任务，还上缴学校经费40万元。2003年，全国出现“非典”疫情，销售人员外出受到严格限制，公司只完成350万元生产任务。2004年，推广生产专利产品振动式鱼塘投饲机，产量突破1万台，产值达到1000万元。公司还发明轧螺蛳机、机电两用叶轮式增氧机，研制出充电式直流投饲机，同时与中国矿业大学签订“DWX型单体液压支柱系列产品”技术转让合同。2004年7月，张晓青被中国国家标准化管理委员会聘为全国水产标准化技术委员会渔业机械仪器分会（SAC/TC156/SCB）委员。

2005年，公司生产的增氧机、投饲机被渔民称为“救鱼机”“高产机”，“小青青”牌渔机产品供不应求，渔机产品产量达2万多台，产值2000多万元。场地不足、产能不足、管理不能跟进的矛盾突显。公司与浙江温岭客商金华杰合作，征地0.97公顷（14.5亩），组建江苏华联机电设备有限公司，张晓青任董事长，金华杰任总经理，主要生产电动机和空压机。由于空压机投资失败，公司承担亏损，接手华联机电电动机生产线、淘汰空压机项目，接受土地和房产，解决场地不足的矛盾，公司更名为金湖小青青机电设备有限公司。公司生产的电动机用于增氧机和投饲机，提高产品质量，降低生产成本。是年12月，公司通过ISO 9001：2000国际质量体系认证，注册的“小青青”商标被认定为“淮安市知名商标”。

五、金湖县常盛动力机械配件有限公司

金湖县常盛动力机械配件有限公司创建于1991年7月，原名金湖县银集冲压件厂，现址为金湖县城黎铜路97号。创办时，银集镇居民冯树云借款3万元，租赁县城城南木器厂厂房、设备，雇请3名帮手，注册办厂，从事滚轮体加工。是年，实现工业产值3万元。1992年，城南木器厂的车床被收回，工厂搬迁到金湖汽车站附近，租赁车床生产。7月，黎城镇黎城村村办厂要求与冯树云合作，工厂又落户到黎城村村办厂里。合作不到一年时间，因产品在热处理时出现裂纹，对方感到风险太大，便中止合作。工厂再次寻找场地，最后在县抗排站租赁几间小平房当车间，租一间民房当宿舍。每逢雨天，将产品用木箱装好放到床上，防止产品受潮生锈，而人倚在木箱上睡觉。1994年12月，工厂与黎城镇农机站签订租房协议，并征得对方同意，拆除简易房屋重新建造车间。到1995年8月，企业建成厂房300平方米，结束4年多的“游荡”生活。1995年，工厂更名为金湖县动力机械配件厂。至1996年底，企业实现产值45万元，销售收入32万元，产品品种扩大到9个，员工人数增加到32人。

2000年12月，工厂更名为金湖县动力机械配件有限公司，冯树云任董事长兼总经理。公司在黎城镇工业园区征地1.8公顷，投资1000多万元，新建生产车间和办公楼2.36万平方米，并购买黎城镇农机站内的部分厂房、土地，形成新老两个厂区。2001年3月初，公司与山东某企业签订一份新产品试制协议，协议规定在当月25日早晨上班时，新产品必须送到对方厂里。由于试制任务艰巨，一直到3月22日晚才全部赶制完成，按常规汽车托运发货时间已来不及，公司果断决定租用一辆轿车送货，运费3600元，而试制的产品价值只有3000元。公司的诚信换得用户信任，产品订单数量逐年攀升，企业由此从小到大。是年底，公司产品品种达到40个，员工人数增加到163人，实现工业产值858万元，产品销售657万元，税金74万元。2002年，新厂房和办公楼竣工。8月，主要机器设备搬至新厂区，公司产品通过ISO 9001：2000质量体系认证。2003年，公司董事长冯树云被市政府评为创业之星。2004年10月，企业增资扩股，成立金湖县常盛动力机械配件有限公司。是年，公司鼓形滚轮体产品开发研制成功，列入国家新产品目录，获国家“星火计划”产品称号，企业被评为淮安市高新技术企业。2005年12月，公司生产的新型手压泵获国家专利。至年底，公司员工达到382人，其中工程师11人、经济师8人、技术员60多人，实现产值2486万元，销售收入2187万元，上缴税金218万元，产品由单一滚轮体产品发展到滚轮体、输油泵、接合器等100多种。

六、江苏金卫机械设备有限公司

江苏金卫机械设备有限公司创建于1996年秋，原名金湖县卫生巾设备厂。创始人陈斌筹措资金20余万元，租用黎城镇副业办公室几间闲置房，添置相关设备，建立卫生巾设备厂。办厂之初，仅有员工20余人，技术员1人。生产卫生巾设备从原材料购进到组织生产，投入较大，且生产的5台卫生巾设备未卖出1台。陈斌卖掉自家住房筹措资金，并利用全国卫生巾设备行业会议召开之机，精心制作宣传单，宣传推介自己的产品。到1997年底，先后销出卫生巾设备11台，实现产值85万元，利税12万元，企业逐步走出困境。1999年，工厂员工增至30余人，年产卫生巾设备10余台（套），销售收入近200万元。2000年，企业顺利通过ISO 9001国际质量体系论证，注册的“金卫灿”商标获“淮安市知名商标”称号；“金卫灿”系列产品获江苏省质量信得过产品称号。企业坚持“客户至上”理念，把技术最好的人员安排到售后服务部，只要客户购买该厂产品，从产品上门安装调试开始，到使用过程中的零配件代购，到每年一次的上门维护保养，以及旧设备的改装升级等，提供全程服务。2001年，工厂生产的“金卫灿”系列产品获江苏省“3·15”消费者最满意产品、全国新产品无投诉示范单位称号。根据护翼式卫生巾趋于取代编条式卫生巾的市场行情，工厂研制开发出护翼式卫生巾生产设备，受到广大客户的欢迎。是年，工厂还以年薪26万元的优厚条件，吸引杭州余

宏、上海韦德合资公司2户企业的3位优秀人才加盟，确保产品不断创新。

2002年，金湖县卫生巾设备厂更名为金湖县卫生巾设备有限公司，陈斌兼总经理。是年春，公司在工业园区投资1000多万元新建的现代化厂区正式投入使用，并确立“稳定国内市场，打响国际市场”的经营战略，聘用外语高级人才成立国际销售部，聘请伊朗生活用纸协会的穆汗穆得·阿里、孟加拉国杰贝德分别为公司中东地区、东南亚地区总代理，成为全县拥有自营出口权的首批民营企业。同时，还在新浪、搜狐等知名网站建立公司网页，发布信息200多次。2000—2002年，公司先后研制开发国际市场领先的双路成形护翼式卫生巾生产线、婴儿尿裤生产线、产妇垫生产线等五大系列20多种型号的设备，满足国内外客商的需求，受到日本、意大利同行的赞赏。2003年11月，公司领导带领10多人的推介团，冒着中东战火的危险，到尼日利亚参加卫生巾设备国际市场交易会，赢得众多国际客商对公司产品的认可。2004年上半年，公司生产的多型号卫生巾生产线和婴儿纸尿裤生产线成功销往泰国、乌兹别克斯坦、伊朗、埃及、加拿大、罗马尼亚、土耳其、希腊等国家和地区。

图 15-4-2　江苏金卫机械设备有限公司卫生巾设备生产车间（摄于2004年）　姜燕／摄

2005年，公司有员工50余人，技术人员4人；共有资产1500余万元，实现产值2000多万元，利税100多万元，其中，实现自营出口170多万美元。是年，“金卫灿”商标获江苏省著名商标称号，“金卫灿”卫生巾设备被评为江苏省名牌产品，企业成为全国制造卫生巾生产线和婴儿纸尿裤生产线的大型专业制造公司。在其拉动下，全县专业生产卫生巾设备和零配件的企业发展到20多户，使金湖成为全国三大卫生巾设备生产基地之一。

七、金湖富源机械有限公司

前身为通用机械厂（又名县农机修造三厂），成立于20世纪70年代初，全民所有制性质，占地面积1.53万平方米。1974年，有职工71人，产值17万元。1975年，改称为县插秧机厂，研制生产插秧机。1980年，名称又恢复通用机械厂，有职工175人，固定资产原值44万元，产值81万元，销售收入80万元，利税4万元。1986年，有职工203人，固定资产原值88万元，产值78万元，销售收入86万元，利税10万元。1987年6月至1990年底，部分厂房由县滚轮体厂租赁经营。1992年，通用机械厂改称煤矿机械厂，有职工136人，固定资产原值96万元，年产值175万元，年销售收入194万元。1998年，煤矿机械厂改制为金湖县石油机械有限责任公司，厂址利农路36号。1999年6月，该公司与县第二石油机械厂以64∶36的股份，合股成立金湖县石油机械配件有限公司，职工380人，注册资本300万元，为县石油机械集团紧密层企业之一。2002年12月，企业改制，名称改为金湖富源机械有限公司，厂址利农南路36号。公司占地面积2.99万平方米，建筑面积6855平方米，有员工285人，拥有主要机械设备160台套，总资产1200万元。主产品钻杆旋塞阀、钻具止回阀等石油采油（气）井口装置、机械配件和多种型号滚轮体，年产值1775万元，利税130万元。2005年，公司产、销、效稳中有升。

八、金湖县第二石油机械厂

前身为县滚轮体厂。此前系黎城公社集体所有制性质的五金生产组，创建于1960年，时有职工10人，年产值1.2万元。1970年，改为电器五金厂。1974年划分为无线电厂、电机厂。1979年，两厂合并为县滚轮体厂，转产滚轮体，全民所有制性质，坐落建设路44号。1984年，有职工227人，主产品为高压油泵、挺柱体总成等石油机械配件，年产值158万元，销售收入73万元，利税总额14万元。1986年，职工增加到271人，固定资产原值198万元，产值319万元，销售收入253万元，利税49万元。1987年6月至1990年底，该厂租赁县通用机械厂部分厂房经营。1995年，产值771.3万元，销售收入944万元。1998年，有职工247人，固定资产原值1501万元，年销售收入1100万元，利税总额120万元。是年，县滚轮体厂原址拆迁，该厂全部迁移到利农路36号，即租赁的厂区内，并改称为县第二石油机械厂。1999年6月，企业改制，与县石油机械有限公司合股成立金湖县石油配件有限责任公司。此后该企业经营状况参见本节第七目。

九、金湖县高中压阀门有限公司

前身为金湖县阀门厂，始建于1969年，厂址坐落县城人民路24号。是江苏省机械工业厅最早定点生产高中压阀门专业厂家之一。1986年，该厂为县属大集体性质企业，职工183人，固定资产原值107万元，主产品为闸阀、止回阀、球阀、截止阀、泥浆阀等高中压阀门和精密铸造件等，其中8"1501bAPI美阀荣获省计划经济委员会颁发的“金牛奖”。产值618万元，销售收入556万元，税金58万元。1994年，职工286人，产值618万元，销售收入293万元，利润-49万元。1995年实行风险抵押承包。2000年，企业改制为民营企业金湖县高中压阀门有限公司，职工全部终止劳动合同，给予补偿金推向市场。企业被吸收为省阀门协会会员厂，省机械工业联合会团体会员，金湖石油机械集团成员单位。2001年，开发的NFL3000-5000DN2“-4”泥浆阀系列新产品通过国家油气田井口设备质量监督检测中心检验，获中国石油天然气总公司一级供应网络证书，成为中国石化物资资源市场成员企业，新增产值300万元。2003年通过1S0 9001国际质量体系认证。2004年10月，迁入县工业园区工二路新厂区，占地面积3.39公顷，建筑面积3360平方米，实现产值2185万元，利税310万元。2005年主要产品为多种系列泥浆阀，产品出口美国、加拿大等国。

十、金湖县渔业机械有限公司

前身为金湖县渔业机械厂，坐落金湖县塔集镇，1986年，有职工100余人，主产品为ZYG型系列鱼塘增氧机、颗粒饲料投饲机、农机配件等。1993年，固定资产原值225万元，年销售收入1242万元，ZYG型鱼塘增氧机系列产品在农业部举办的首届博览会上获得铜奖。1998年，渔机产品在'95中国高新技术、新产品博览会上获银奖。是年，有职工近400人，固定资产原值1185万元，销售收入5702万元。2001年，有职工399人，固定资产原值869万元，年销售收入9710万元，利税总额374万元，被列入县“乡镇工业十强”。2005年，公司占地面积2.6万平方米，建筑面积1.5万平方米，拥有资产1100万元，员工148人，为中国渔机渔船行业协会会员企业。销售收入1050万元，税金32.5万元。

第十六篇　金湖油田

金湖油田位于苏北盆地东台坳陷金湖凹陷。金湖凹陷为晚白垩世发育起来的南断北超的箕状凹陷，北起建湖隆起，南至天长凸起，西邻张八岭隆起，东与菱塘桥—柳堡低凸起相连，凹陷面积约5000平方公里，地面位置包括金湖县全境以及天长、宝应、高邮、盱眙、洪泽等县（市）的一部分。金湖凹陷油气资源丰度约为每平方公里3.3万吨，凹陷油气资源量约为2亿吨。金湖凹陷地下构造复杂，具有小、碎、贫、散的地质特征。金湖油田为典型的复杂小断块油田。

20世纪50年代始，石油工作者通过试油地质勘查、区域概查、普查勘探，1974年发现刘庄油田后，陆续发现闵桥油田、金南油田、腰滩油田、崔庄油田、卞东油田、杨家坝油田、淮建油田，均先后投入试采和开发。开发过程中，随着地层储油能量下降，含水率上升，产量逐步递减，部分油气井陆续停产，而金湖油田通过不断综合调整治理，改善开发效果，提高产油效率；同时滚动勘探开发新的油井，增加油田开发储量，扭转产量下降局面，实现稳产和上产。

至2005年，金湖油田累计开发刘庄、闵桥、金南等油气田11个，探明含油面积64.42平方公里，石油地质储量4527.63万吨，采油井425口，开井342口，日产油水平850吨，累计产油超过840万吨。江苏油田是金湖资源税的纳税大户，除正常纳税外，县化肥厂用试采二处供应天然气生产的化肥、浓氨水，价廉物美，远近闻名，深受农民喜爱。油田还通过原油供应、资金资助的方式，支持金湖企业发展，给予金湖道路、桥梁等重要基础设施建设及重大活动多次支持。

第一章 机构 勘探开发

第一节 机 构

一、试采二厂

全称为中国石油化工股份有限公司江苏油田分公司试采二厂。1976年4月11日，江苏石油勘探开发会战指挥部试采二处成立，同时成立试采二处党委，隶属石油化学工业部，下属单位有地质室、调度室、计划科等22个部门及基层单位。厂部设在三河公社董河大队，征地59.89公顷，办公、宿舍占地47.34公顷。试采工区面积近4000平方公里，含扬州地区的高邮、仪征、邗江和淮阴地区的金湖、洪泽、盱眙县等6个县、24个公社。1983年3月26日，江苏石油勘探开发会战指挥部试采二处改称江苏石油勘探开发公司试采二厂，隶属中国石油天然气股份有限公司（中石油），撤销政治处，新增党委办公室。1986年5月，更名为江苏石油勘探局试采二厂。1998年4月，勘探局划归中国石油化工股份有限公司（中石化）。2000年1月28日，根据中国石化集团统一部署，组建中国石油化工股份有限公司江苏油田分公司。是年，江苏石油勘探局试采二厂更名为中国石油化工股份有限公司江苏油田分公司试采二厂（简称试采二厂）。2002年，在金湖县城金湖西路北侧征地12.04公顷建设金采新村，2004年投入使用。新村集办公、居住为一体，各类住宅878套，建筑面积68704平方米，后勤辅助用房1.37万平方米，常住人口2295人，绿地面积5.65万平方米。是年，在衡阳路北段西侧征地5.46公顷，建设金水湾石油新村。2005年，新增井下作业监督科、法律事务办公室，设有油田工艺研究室、油田开发研究所、财务资产科、装备科、综合治理办公室等部门及基层单位20多个。

二、采油二队

全称为中国石油化工股份有限公司华东分公司采油厂采油二队。1973年3月，成立华东石油地质局试采大队二队，属地质矿产部。1983年，更名为地质矿产部华东石油地质局井下作业大队二队。1996年12月，试采大队并入中国新星石油有限责任公司，更名为中国新星石油有限责任公司华东石油局试采大队采油二队。2000年2月，试采大队采油二队并入中国石化集团，更名为中国石油化工股份有限公司华东分公司采油厂采油二队（简称采油二队），为华东分公司下属的二级单位（正科级），下设生产小组5个：生产维护组、设计组、苏211井组、腰4注水站、腰滩集输站。至2005年，厂部设在县原种场。

第二节 勘探开发

20世纪40—50年代初，苏南、苏北相继发现油苗和气苗，地质工作者开始在苏皖地区进行早期试油地质勘查。50年代中期，国家经济建设对石油需求不断增加，加快苏北地区勘探力度。1956—

1957年，进行区域概查。1958年8月，石油工业部根据国务院关于石油勘探要向东移的战略部署，组建华东石油勘探局，负责华东地区五省一市并以江苏为重点开展石油勘探工作。是年10月，地质部成立江苏石油普查大队和华东石油物探大队。几家单位在江苏省石油领导小组的协调下，通过前期工作，初步查明东台坳陷构造格局，明确古近系是苏北盆地主要勘探目的层，决定将勘探重点转向高邮、金湖凹陷。1958—1974年，进行普查勘探。

1974年，发现刘庄油田，金湖油田开发进入试采期。1975年，江苏石油勘探开发会战指挥部第一次组织力量在金湖凹陷钻探，发现闵桥油田、金南油田。1976年，刘庄油田、闵桥油田投入试采。1980年发现腰滩油田，后投入试采。1983—1985年，江苏石油勘探开发会战指挥部第二次组织力量在金湖凹陷钻探。两次共钻探局部构造17个，完钻探井51口。1986年下半年开始，江苏石油勘探开发会战指挥部和华东油田加大金湖凹陷勘探力度，选择成藏条件有利的卞、闵、杨构造高带进行重点勘探，采用先进的水陆两栖数字地震勘探技术和定向井、丛式井钻井技术，实施淮河入江水道和高邮湖勘探开发。1986年发现崔庄油田，1987年发现卞东油田，1988年发现杨家坝油田，均投入试采。到80年代末，金湖油田完钻各类井62口，其中开井31口，日产油182.4吨，年产油7.98万吨。刘庄油田天然气生产进入稳产阶段，气井开井4口，年产气1563万立方米，累积产气1.37亿立方米。随着地层能量下降，产气量递减较快，气井刘9井、刘10井分别于1987年9月和1988年6月停喷转采油井。

1991年开始，金湖油田开发进入稳产期。是年9月，腰滩油田第1口探井苏205井试获每天6.39吨工业油流，投入生产。1992年，闵桥油田年产油达到顶峰的9.1万吨。1993年12月，崔庄油田投入试采。1994年初，崔庄油田有崔2、崔4、崔6–10、崔7、崔8、程1等6个断块获得工业油流。该油田完钻井17口，试油井7口，获得工业油流井6口，崔7–1井、崔6–3井等井也先后投入试采，进入滚动开发。至1995年1月，崔庄油田共钻井45口，其中探井16口，滚动开发井29口，总进尺8.36万米；开井28口，日产油190吨，采油速度1.6%，年产油4.59万吨，采出程度1%，进入稳产阶段。至1995年3月，闵桥油田发现含油断块15个，投入开发断块10个，投产油井54口，投（转）注水井2口，日产油215.7吨，综合含水58%。1995年，杨家坝油田年产油最高达到5.79万吨，采油速度1%。刘庄油田气井刘9井、刘10井和东60井3口井陆续停产，仅东64井在生产。1996年4月，金南油田投入试采。1997年6月，杨家坝油田共有油井40口，开井40口，日产油122吨，采油速度0.7%，累积产油46.1万吨，采出程度7.7%，综合含水57.6%。注水井26口，开井24口，日注水752.2立方米，累积注水122.6万立方米，累积注采比1.43。1997年，崔庄油田的崔6断块经过调整，日产油水平保持在80吨以上，采油速度1.3%。1998年9月23日，腰滩油田投入正式开发，主要是依靠天然能量开发阶段，以苏227井单井生产。平均单井日产油水平3.1吨，采油速度0.8%，采出程度0.3%。至1999年2月底，金南油田1号构造累计完成各类井10口，其中探井6口、评价井2口、开发井1口、注水井1口，提交测试井8口，转机抽试验性采油4口，试采油期间最高日产油22.2吨。1999年，发现淮建油田并投入试采。到1999年末，有各类井175口，其中开井131口，日产油550吨左右，年产21万吨。

自20世纪90年代末开始，金湖油田开发进入产量递减期。其时，油井陆续进行注水开发，但由于地质原因，层间矛盾突出，水窜严重，采油速度下降，综合含水率上升，油田进入产量递降阶段。1997年7月，杨家坝油田日产油从138吨下降到90吨。2000年3月，湖区高、低压分注工程投产，注水井开始实施高低压分注。2000年底，崔庄油田日产油由1998年底的83吨下降到57吨，阶段综合递减率31.3%，年平均综合递减率高达15.67%，综合含水由52.9%上升到65.5%，阶段含水上升率11.4%，采油速度由0.66%下降到0.49%。2001年，杨家坝油田年产油下降到3.29万吨，年综合递减率为11.76%。到年底，有各类井152口，其中开井84口，日产油262吨左右，年产10.05万吨。

2002年开始，金湖油田开发进入调整挖潜期。一方面通过对油田调整和综合治理，改善油田开发效果，提高油田开发水平；另一方面通过不断滚动勘探开发，增加石油地质储量，实现油田稳产。

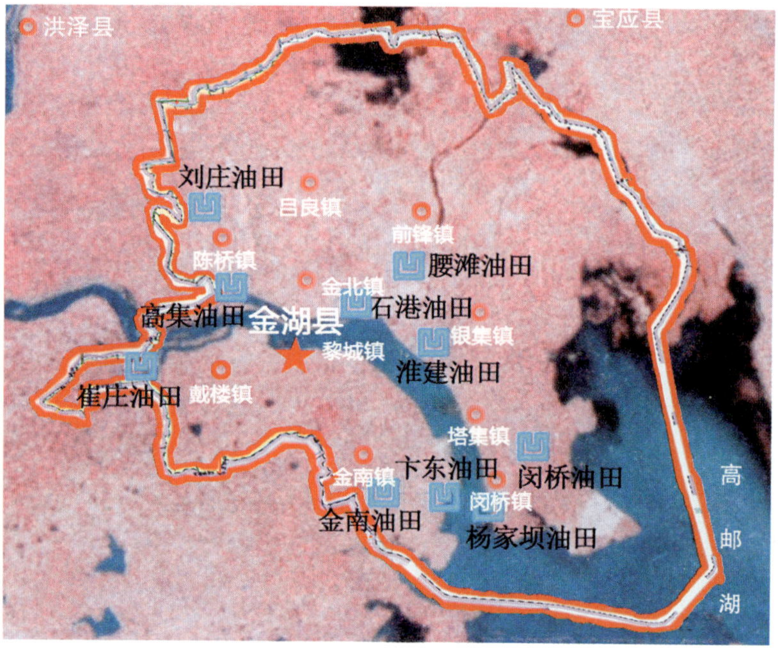

图 16-1-1　2005 年金湖油田分布图　　李义海 / 绘制

是年，闵桥油田新增探明含油面积3.6平方公里，探明石油地质储量261万吨。2003年，通过卡堵水、调补层、老井侧钻等措施及动态调配等手段，保持低速开采态势，崔庄油田日产油保持在50吨左右，采油速度0.32%。2004年7月和8月，腰滩油田转注腰3B、腰6井，形成3注5采的开发井网。注水后，4口井明显见效，苏227井平均单井日产油量从注水前3.31吨提升至12.25吨，提高3倍，另腰7井、腰2井日产油量也增长2倍。2005年，闵桥油田开展闵40、闵35、闵4断块的产能建设会战，通过滚动勘探开发，陆续发现闵4、闵15、闵16断块等21个含油断块，扭转油田产量下降局面，年产油上升到6万吨以上。杨家坝油田通过综合治理，日产油从2001年9月的77吨上升到2005年12月的127吨，年产油从2001年的3.29万吨上升到2004年的4.09万吨，2005年保持在3.97万吨，采油速度0.66%。崔庄油田年产油从2001年的1.75万吨提高到3.26万吨，采油速度从0.3%上升到0.6%，综合含水从68.7%下降到60.5%，开发效果得到有效改善。金南油田1号构造阜宁组二段累计产油1.56万吨，产水8692.56吨；3号构造先后有8口井投入生产，油田日产油16.63吨，日产水13.04吨。淮建油田日产油由4吨上升到5.33吨，原油含水率由50%下降到45%，采油速度由0.49%上升到0.65%。2005年，总井数190口，其中开井159口，日产油418吨左右，年产14万吨。

自试采至2005年，金湖油田探明含油面积64.42平方公里，地质储量4527.63万吨，动用含油面积47.15平方公里，动用储量4442.63万吨，注水储量2748.63万吨。金湖辖区内有油水井560口，其中采油井425口，开井342口；注水井135口，开井98口，日产油水平850吨。30年累计开发油气田11个（刘庄、卞东、杨家坝、石港、墩塘、闵桥、崔庄、腰滩、金南、吕庄、淮建），试采区5个（李庄、乔河口、唐港、尖1、银集），累计产油超过840万吨。

第三节　支持地方建设

纳税　1991—2001年，金湖油田上缴国税1.14亿元；1994—2005年，金湖油田上缴地税资源税579万元。

1991—2001 年金湖油田缴纳国税统计表

表 16-1-1　　单位：万元

年份	1991	1992	1993	1994	1995	1996	1997	1998	1999	2000	2001
纳税	199	181	174	625	889	911	1172	1230	1176	1650	3170

说明：1994年税改前为全部纳税额。

1994—2005年金湖油田缴纳地税统计表

表16-1-2　　单位：万元

年份	1994	1995	1996	1997	1998	1999	2000	2001	2002	2003	2004	2005
纳税	75	71	70	74	40	37	38	31	76	16	30	21

天然气供应　1976年10月，从刘庄油田到县化肥厂长21公里的天然气管道铺设完工，29日11时，天然气在化肥厂1号K2锅炉试烧成功。11月11日，2号K4锅炉改烧天然气成功。每天用气1.2万立方米，节省烟煤900多吨。生产能力由年产合成氨3000吨提高到1.1万吨。1977年生产合成氨2658吨。1978年，生产合成氨6156吨、氮肥（折百分之百氮）4380吨、氨水1.8万吨。1979年6月，淮阴地区根据金湖天然气有限的情况，经研究并经省计委同意，暂定每天供应金湖、洪泽两县化肥厂5.5万立方米天然气，三分之二供应金湖化肥厂，三分之一供应洪泽化肥厂。1984年，天然气总用量1106万立方米，1985年后，随着天然气储藏量自然衰竭，为节约和保护地下资源，上级能源部门决定逐年陆续限量供应，是年，化肥厂天然气总用量1022万立方米。1990年停止供应天然气。

原油供应及企业资助　1987年11月，成立县石油开发服务公司，为县滩涂开发公司下属单位，主要工作职能是代表县政府为江苏油田进行有关征地等方面的协调服务工作，将油田每年向县供应的2.4万吨原油送到清江石油化工厂加工成成品油，销售收入每年250万元左右，上缴县财政200万元左右。1994年，石油资源归国家统管，油田不再供应原油，以支持金湖地方工业发展的名义，江苏油田每年支持金湖县资金200万元，到2005年，受到资助的企业有县制药厂、84消毒液厂、金南电缆厂等20多家。

基础设施建设支持　1994年，试采二厂支持40万元修建夹沟乡到宝应湖农场的砂石路，且清理了沿线的河道，建好沿途的桥梁、涵闸。1995年，试采二厂支持1000万元改造升级金湖宾馆。1998年11月，江苏石油勘探局支持500万元建设金湖大桥。油田除为金湖重大建设与活动多次出资外，还对油田作业区所在地的闵桥、卞塘、金北、陈桥、戴楼等乡镇在资金上给予一定支持。

第二章　试采二厂油田

江苏油田试采二厂系江苏油田3个采油厂之一，自成立起，原油产量持续提高。1980年达1万吨，1990年突破20万吨，1997年突破50万吨，2002年突破60万吨后一直保持稳定，2005年60.6万吨。至2005年，探明含油面积59.52平方公里，地质储量4289万吨，动用含油面积42.25平方公里，动用储量4204万吨，注水储量2540万吨。金湖辖区内有油水井476口。其中，采油井360口，开井309口；注水井116口，开井88口。日产油水平800吨。30年累计开发油气田14个、试采区6个，其中金湖辖区油气田6个（卞东、杨家坝、石港、墩塘、闵桥、崔庄），试采区4个（李庄、乔河口、唐港、尖1），累计产油超过800万吨。

第一节　刘庄油田

刘庄油田位于陈桥镇境内，南距县城12公里，隶属中国石油化工股份有限公司江苏油田分公司试采二厂管理经营。该油田区域构造处于苏北盆地东台坳陷金湖凹陷西北斜坡刘庄断裂构造带。吴堡运动时，该区形成东倾西抬的斜坡构造面貌，主要控油断层基本形成；三垛运动期，斜坡继续东倾西抬，地层倾角加大，断裂继续活动；三垛运动后，断裂活动基本停止，形成现今的构造格局。刘庄地区地层层序自下而上依次为上侏罗系火山岩系和白垩系，古近系始新统阜宁组，新近系三垛组、戴南组以及盐城组。含油层系为古近系阜宁组阜一段，含气层系为阜二段。油气重力分异明显，构造高部位是气顶，低部位为狭窄油环，边部为水，油气层埋深1090.2~1291.4米。气层平均厚度11.9米、油层平均厚度4.2米。刘庄油田受构造、岩性多种因素控制，具有气顶、油环、边水的浅层低中产、低中丰度小型油田，是金湖凹陷发现的第一个油气田。

1973年，国家计委地质局第四物探大队完成刘庄地区约400平方公里范围内地震详查任务。1974年12月，国家地质总局第五普查大队钻探预探井东60井，测井解释气层4层8.7米，油层5层4.6米，阜一段试油获日产油7.9立方米的工业油流，阜二段5毫米油嘴试气，日产气4万立方米。1975年初，加强刘庄构造及油气聚集规律研究，是年4月，江苏石油勘探开发会战指挥部成立，开始刘庄油田的勘探开发工作。提出东60井阜二段气层酸化措施，获得日产气21万立方米的工业气流。是年6月，第五普查大队在构造顶部钻探东64井，钻获19层53米油气层，阜一段1层4米油层试油，日产油3.1吨，阜二段1层6.4米气层试气，日产气9.74万立方米，酸化后日产气39.7万立方米，刘庄构造是以天然气为主的含油气构造。12月，江苏石油勘探开发会战指挥部开始评价研究刘庄构造。

1976年，江苏石油勘探开发会战指挥部集中钻探刘庄构造。地调处进行韩庄断裂构造作业，完成80.2公里地震剖面，地震测网密度达到1公里×1公里，全区获得5个较好的地震地质反射层资料，落实构造高点及主要断层，显示刘庄油气田为断层鼻状构造，为由刘Ⅰ号断层和刘Ⅱ号断层所夹持的断块圈闭，含油层系为古近系阜宁组阜一段，含气层系为阜二段。2月4日，完钻第一口预探井刘5井，该井钻井周期43天，由钻井处32644钻井队承钻，完钻井深2125.8米。10月，东60井投入天然气试采，射开阜二段第二砂层组4层8.7米气层，投产初期5毫米油嘴生产，共有气井4口，采用J55型直径73毫米油管生产，初期年产气1800万立方米，日产气4万立方米，平均日产气在3万立方米左右，平均单井日采气1.2万立方米左右，为纯弹性气驱，直接输送下游用户。

1977年，刘庄油田地面集输系统工程开始建设。9月，地质处刘杰等人完成《刘庄构造详探部署意见》，提出重点详探东60井阜一段含油断块，探明含油面积和地质储量，位于刘庄构造边部油水界面附近布井3口，刘9井东部构造高部位部署详探刘13井，扩大含油气面积。至月底，总完钻探井16口（包括第五普查大队完钻探井），试油井8口，试获工业油、气流井4口。

1978年投入开发，基本以采气为主。年底前，刘庄油田绝大部分井完成钻探，且井型全部为直井，一般井深1400米左右，为浅井钻井，采取“低泵压、大排量、大喷嘴”的普通方式钻井。二开后至井深1000米井段采用满眼刚性钟摆防斜钻具组合，钻铤上接3个稳定器增强防斜能力；下部井段则采用塔式防斜钻具组合，虹吸测斜仪定点测斜，监控井身质量。实行一次井控措施，采用每立方厘米1.2克的较高钻井液密度，使井下液柱压力足以平衡油气层的地层压力。一开以直径400.05毫米井眼钻深40米左右，下直径323.85毫米表层套管；二开直径250毫米钻头钻至井深1000米左右，再用直径247.65毫米钻头钻至完钻井深，下直径139.7毫米油层套管固井完井。

到1978年底，详探工作基本结束，刘庄油田及周边共钻井26口，取心井16口，取心进尺490.83米，岩心收获率86.32%。有23口井下套管，经过23口井93层试油及增产措施后，有14口井22个层段获得工业油气流。该油田为高饱和油藏，油质较稠，含蜡量、凝固点变化较大，驱油能量主要来自溶解气及气顶，边水能量很弱，投产初期大多数油井不能自喷，单井日产油3至4吨，在抽深达到1160至1200米时，生产气油比高达每立方米4000吨。开发生产后油井含水急剧上升，且大部分油井生产很不正常，生产时率很低，油田日产油15吨左右。其中东64井阜二段射开1层6.4米气层，井段1139.8~1146.2米，21.5毫米油嘴日产气39.7万立方米；刘13井阜一段射开1层4.8米油层，井段1189.8~1192.6米，酸化后6毫米油嘴日产油30.3立方米。

是年，集气流程开始建设，流程采用单井集气站模式，气井输送流程采用单管，伴热方式采用干线加热炉进行沿途加热。各气井产出天然气经过一级油气分离后，原油经计量站外输到集油站处理，天然气经输气管线进入集气站集中，通过高、低压两组输气管线分别为用户提供经过处理的天然气。

1979年2月，刘庄集油站开工建设，主要包括计量、原油外销、加热和污水回注等生产功能。油田产出液输送到集油站后，通过站内加热，直径800毫米分离器脱气，脱水沉降罐脱水后进入100立方米储油罐，最后由齿轮油泵外输装船。天然气主要供站内加热炉使用。是年，站内建设高压污水回注泵两台，将沉降罐脱出的污水直接回注地层。4月，地质研究所王蕙茹等人编制完成《刘庄油气田试采方案》，对油气藏性质、储量规模、油气井产能等进行初步研究，方案要求全油田13口油气井全部投入试采，其中气井4口，日产气3万立方米，年产气1095.5万立方米，采气速度2.63%，试采阶段保证地方化肥厂供气。

至年底，刘庄油田先后投产油井13口，地面集输系统工程建成刘11、刘12、刘13等多座拉油站，油井产出液在拉油站内分离器计量、脱气后，通过汽车直接外销，脱出的天然气作为站内加热炉的燃料。1980年底，气井开井4口，年产气1752万立方米，累积产气3011万立方米，采气速度4.2%，采出程度7.22%，地层压力10兆帕，压降1.6兆帕。

1981年底，经全国矿产储量委员会审查后，上报天然气探明含气面积2平方公里，探明天然气储量4.17亿立方米；探明含油面积2.5平方公里，探明石油地质储量110万吨，溶解气地质储量0.33亿立方米。是年全部采用5型游梁抽油机生产，直径38毫米、直径44毫米管式泵，下泵深度600~800米，平均单井日产油2吨，年产油为7000吨，为该油田原油产量最高时。

1982年，进行油井相对较深、产量较稳定的东66井天然气发动机试验。1986年，刘庄油田8口油井全面推广小泵深抽工艺，泵挂深度平均加深500米左右。低液面油井采用间抽生产工艺，适时放套管气，控制套压提高泵效；低产井，采取气举定期活动收油工艺。定期用大罐原油对油井进行自洗清蜡、油井热油清蜡和下抽油杆刮蜡器清防蜡等措施，检泵周期不断提高，年产气1563万立方米，累积产气1.37亿立方米，采气速度3.75%，采气程度32.9%，地层压力6.2兆帕，压降5.4兆帕。到1986年，气井开井4口，日产气4.28万~5.28万立方米，年产气稳定在1563万~1927万立方米，采气速度最高4.62%，气藏稳产期6年。从生产动态分析，东64井、东60井一带生产能力较高，初期单井日产气4.1万立方米，刘10井一带产能相对较低，初期日产气1.6万立方米。

1987年，东66井引进应用链条抽油机，开展小泵深抽试验，下泵深度达1980米，取得良好效果。是年，随着地层能量下降，产气量递减较快，气井刘9井、刘10井分别于1987年9月和1988年6月停喷转采油井。1990年，东66井引进应用液压抽油机试验，一年后改用抽油机生产。1993年后，产气量递减减缓，气田靠自身气体膨胀消耗式开采，持续时间长。随着天然气产销合同的终止和气井压力的下降，产气主要用于自用。1994年，由于原油产量低、含水高而全部关井停产。1995年以后，采用直径215.9毫米的完井井眼，采用102射孔枪和127强力射孔弹，射孔密度为每米16孔。1997年，采集三维地震资料，结合钻井状况，地质科学研究院王章青等人重新解释落实构造，构造形态变化不大。刘庄油田是刘Ⅰ号断层上升盘的一个断鼻构造，内部被一条小断层分割，地层东南倾，倾角8.8度，构造高点沿着刘Ⅰ号断层分布，高点埋深1090米，按1350米等深线计算的圈闭面积为6.5平方公里，闭合幅度约260米。1999年8月后，东66井开始活动收油，区块各生产井相继停产，地面相关设施也全部停用、报废。2003年7月4日，完钻第一口定向预探井刘30井，完钻井深1740米，最大井斜35.25度，最大水平位移583.91米，采用直一增一稳三段制井身剖面，使用直井段防斜打直技术、定向造斜、增斜、稳斜轨迹控制技术以及电子单多点测量技术。2003年，刘13井实施提捞生产，年产油322.5吨，2004年年产油44吨，以后关井。2004—2005年期间，矿业开发部陆续进行刘14井、刘22井、刘26井、东60井活动收油。

2005年3月，中国石油化工股份有限公司与中国石油天然气股份有限公司签订转让刘庄油田框架协议，刘庄油田作为中国石油西气东输管道分公司储气库。刘庄油田经过31年勘探开发，到2005年底，探明天然气含气面积2平方公里，探明天然气储量4.17亿立方米，标定天然气采收率60.2%，可采储量2.51亿立方米。有气井4口，累积产气2.15亿立方米，采气程度51.5%。可探明含油面积2.5平方公里，探明石油地质储量110万吨，动用储量110万吨，标定采收率9.1%，可采储量10万吨。有油井2口，开井1口，日产油6.2吨，年产油1530吨，采油速度0.14%，累积产油6.6万吨，采出程度6%，综合含水33.2%。共完钻各类井29口井，其中探井26口、开发井3口，总井数里有23口井上报工程和地质报废。建成计量站2座、集油站1座。12月底，刘庄油田所有油井和气井全部关井停产。

第二节　闵桥油田

闵桥油田位于闵桥镇境内，隶属中国石油化工股份有限公司江苏油田分公司试采二厂管理经营，油田为金湖凹陷卞闵杨断裂构造带东南部复杂小断块油藏。根据构造划分为断块21个，其中开发断块17个，主要含油层系为古近系阜宁组阜三段砂岩和阜一段、阜二段火山岩，油品为稀油。

1974年，国家地质总局第四物探大队磁带地震普查发现闵桥构造。1975年，国家地质总局第六普查勘探大队首钻该构造西翼预探井苏81井，阜三段和阜二段钻遇多层油气显示，经江苏省石油试采大队试油，生物灰岩油层日产油24.7吨，闵桥油田发现。

1976年，江苏石油勘探开发会战指挥部进行闵桥地区地震详查，地震测网密度为1公里×1公里。9月，国家地质总局第六普查勘探大队继续进行该构造钻探工作，位于构造东高点的苏85井在阜三段和阜二段见油层，试油日产油15.52吨，而南部的苏90井见油气显示，但未获油流。12月，苏85井钻遇油层2层2.9米，含油水层3层7.8米，投产后日产油4吨。1977年2—7月，分别钻探闵桥构造南、北断块苏93、苏97井。苏93井在阜三段、阜二段、阜一段均见油气显示，经试油阜三段日产油21吨。

1978年，国家地质总局第六物探大队在该区作3条数字地震测线，钻探苏106井，在阜三段、阜二段、阜一段均见油气显示，经试油阜三段日产油4吨。是年10月，江苏石油勘探开发会战指挥部进行该构造钻探。

1979年7月，闵4井钻遇阜三段油层10米，投产后日产油7.4吨。随后，钻探的闵8井钻遇油层2层4.4米，投产后初期日产油7.8吨；苏106井钻遇油干层5.1米，投产后初期日产油2.4吨。试采井初期，采用3~5毫米油嘴自喷生产，自喷期很短，停喷后转抽油生产，但生产一段时间后产能低，基本不出液。其间，钻井工程推广高压喷射钻井工艺技术，同时通过使用中长喷嘴及斜喷嘴技术，钻井速度得到大幅度提高，并尝试定向井钻井技术。至1979年10月，初步探明苏81、苏85、苏93、闵3、闵4等含油断块。是年，闵桥油田苏81、苏85、苏93、闵8断块探明含油面积2.5平方公里，地质储量72万吨，投产油井4口。1988年2月，油井因低产全部关井，累积产油2.75万吨。

1989年，江苏石油勘探局第二次进行闵桥钻探。7月，完钻闵7井。闵7井在阜二段火山岩取心过程中，岩心见到裂缝、裂隙、孔洞含油，原油外溢。是年9月，获得日产油33.8吨高产工业油流。闵9、闵15、闵16、闵18断块等含油断块的相继成功发现，加快闵桥地区滚动勘探开发进程。

9月，闵7井火山岩油藏投入试采，首次发现苏北盆地阜二段火山岩高产油藏。1990年，部署闵桥构造三维数字地震勘探，通过不断滚动和发现，闵7、闵15、闵16、闵17、闵18、闵20、闵21断块等陆续进行火山岩油藏产能建设。

1991年，该区完成三维地震68平方公里。4月，江苏石油勘探局开展以闵北为重点的勘探开发百日会战，张兆林任项目经理。年底，建成原油年生产能力9万吨、闵北接转站等配套地面工程。到1992年6月，8个断块的火山岩油藏共钻井32口，投入试采油井27口。1992年，闵28断块部署的闵28井获得成功，该井电测解释阜三段油层2层12米。是年6月，该井试油，井段1679.4~1687米，测试日产油15.4吨。是年，闵桥油田年产油达到顶峰的9.1万吨。编制实施《闵桥油田阜三段滚动开发概念设计》，实施阜三段油藏滚动开发，井位部署的区域主要是闵中、闵南储量预测区，兼顾闵北、闵中的火山岩油藏。根据断块的形态，由里向外、高部位向低部位按三角形井网布井，井距250~350米，注水方式采用点状加边缘注水。共部署井位25口，其中油井20口，注水井5口。基本探明闵中断块区砂岩和闵中、闵北断块区火山岩构造及含油层系，并形成两套开发层系的基础井网。钻井工程上广泛采用定向、丛式井钻井技术，推广应用了低密度水泥浆固井工艺，针对火山岩地层钻井中易发生井漏的特点，不断探索适合各种井漏类型的防漏、堵漏方法，形成一整套解决井漏难题技术。采油工艺为常规机械采油，选用5型游梁抽油机、直径38毫米管式泵，下泵深度800~1000米，油井普遍产量低，供液不足。

1993年编制完成《闵桥油田火山岩油藏开发方案》。开发初期，火山岩油藏产能建设会战中不断发现阜三段砂岩油藏，闵28井投产后初期日产油33.7吨。至1995年3月，发现含油断块15个，投入开发断块10个，投产油井54口，投（转）注水井2口，日产油215.7吨，综合含水58%。1995年4月，闵桥火山岩油藏的闵18断块和闵7断块投入注水开发，但由于阜二段火山岩油藏为裂缝油藏，注水开发后水窜严重，油井有效期短，随着注水前缘的突破后油井含水上升快，未投入注水开发的小断块因地层能量供应不足，产量递减快，多数油井因高含水关井或活动捞油。闵4、闵28断块阜三段砂岩油藏实施早期注水开发。闵28断块注水开发后，见效明显，闵28井在注水4个月后日产油由8.1吨迅速上升到28.3吨，但见效半年后油井见水，并且含水上升快，10个月后含水达到70%以上。阜三段构造比较破碎，注采井网虽然得到完善，但由于内部小断层的封挡，仅部分油井见到注水效果，导致油井得不到能量补充，断块产量下降。此时，由于阜二段火山岩油藏油井递减幅度大，全油田年综合递减率20%以上，而投入开发的新断块大多为难采储量，无法弥补产量递减，导致全油田产量呈递减趋势。钻井工程优化定向井下部钻具结构，使用单弯螺杆复合钻井技术，提高钻井速度以及轨迹控制质量，使用电子单、多点测斜仪、有线、无线随钻井身轨迹测量技术，提高定向井井身轨迹的控制精度。举升工艺主要采用小泵深抽和链条机深抽工艺，同时强磁清防蜡、化学清防蜡、热油车洗井清防蜡技术得到普遍应用。注水工艺先后引进应用空心配水分注工艺和偏心投捞测试分注工艺。1997年底，闵南断块阜三段油藏列入难采储量评价项目，编制实施《闵桥油田闵南闵35断块阜三段布井意见》，闵35断块钻探闵35-1井、闵35-3井和闵35-4井，3口井投产后日产油10.4吨。

2000年，编制实施《闵桥油田闵中、闵北断块区滚动钻探目标研究》，闵20断块、闵24断块优选老井闵18-1A、闵24-2、闵20-1、闵20、塔1井，进行钻遇的阜三段油层试油试采，落实产能。塔1井重新试油后日产油达7.8吨，为闵北断块区滚动开发奠定基础，先后发现闵18、闵20断块。闵中的闵24-3井侧钻成功，钻遇油层5层12.7米，投产后日产油7.2吨，由此发现闵24断块。随着开发井的不断增多，通过精细地层对比，并结合三维地震资料精细解释，重新落实阜三段顶面构造，闵中和闵北断块区陆续发现闵21、闵24-1、闵24-2、闵18-10、闵16-3、闵40断块等一批阜三段含油断块，从而扩大油田规模，储量达到千万吨级油田的行列。至2001年12月，投产油井82口，开井50口，日产油128吨，年产油4.76万吨，采油速度0.29%，累积产油68.05万吨，采出程度4.12%，综合含水48.45%。投（转）注水井16口，开井12口，年注水5.19万立方米，累积注水41.3万立方米，累积注采比0.23。

2002年，经闵20-4井、24-3A井的钻探，编制实施《塔1断块区开发概念设计》，闵18、闵20和闵24断块，形成产能建设会战规模，完钻井位47口，其中油井35口，注水井12口，建成年原油生产能力4万吨。新增探明含油面积3.6平方公里，探明石油地质储量261万吨。此时，钻井工程推广使用老井套管开窗侧钻井工艺技术，采用水力扩张式封隔器、高效水泥添加剂、防窜防漏水泥浆体系等一系列调整井固井技术；采油工艺完善油井清防蜡技术，不断优化管杆泵技术参数和生产参数，油井检泵周期在500天以上，开展以水力压裂为主的储层改造14井次，有效率85%。2004年11月，闵40井完钻后电测解释阜三段油层6层19.2米，试油日产油25.5吨，投产后日产油一直保持在10吨左右。闵中断块区的闵4-11井在火山岩油藏钻遇油层4层11.7米，投产后初期日产油7.8吨，不含水。2004—2005年编制完成《闵杨产能建设油藏工程方案》，完钻闵40、闵35、闵4断块井位29口，其中油井22口、注水井7口，建成年原油生产能力1.7万吨，新增探明含油面积1.6平方公里，探明石油地质储量151万吨。

2005年，开展闵40、闵35、闵4断块的产能建设会战，通过滚动勘探开发，陆续发现闵4、闵15、闵16、闵18、闵19、闵20、闵24、闵28、闵33、闵35、闵40断块等含油断块21个，这些断块中多数为阜三段砂岩和阜一段、阜二段火山岩两套含油层系，基本投入开发，扭转油田产量下降局面，年产油上升到6万吨以上，油田含水得到较好控制。闵桥油田累积探明含油面积21.7平方公里，探明石油地质储量1785万吨，可采储量224.1万吨，新增探明含油面积5.2平方公里，动用储量1650万吨，标定采收率13.6%，可采储量224.1万吨，核定年原油生产能力8.1万吨。截至年底，闵桥油田油井总井数103口，开井85口，日产油184吨，年产油6.13万吨，采油速度0.37%，累积产油93.52万吨，采出程度5.67%，综合含水56.95%。投（转）注水井29口，开井16口，日注水量395.7立方米，累积注水103.49万立方米，月注采比0.68，累积注采比0.4。先后建成接转站3座、计量站21座、注水站2座、配水间12座，年原油接转能力35万吨，日注水能力700立方米。由试采二厂采油五队管理，承担油气集输、采油、注水、供热、供电等管理工作。

第三节　杨家坝油田

杨家坝油田位于金湖县境内淮河入江水道金沟行洪道与高邮湖交汇处，隶属中国石油化工股份有限公司江苏油田分公司管理经营。该区地势平坦，油田有三分之二的面积在高邮湖中。区域构造处于苏北盆地东台坳陷金湖凹陷下闵杨断裂构造带的中南部，是一个被近东西向的杨1断层切割的北倾断鼻构造，内部发育小断层。由于地面条件特殊，主体构造位于高邮湖湖区，采用湖岸边丛式井组整体开发，其油水井水平位移和井斜角均为江苏油田最大，钻井、采油和地面工程技术遇到很大挑战。

1979年，江苏石油勘探开发会战指挥部进行闵桥、卞塘地区模拟磁带地震勘探工作。1987年5月，江苏石油勘探局进行卞东构造的高部位钻探定向预探井卞1井获得成功，发现卞东油田。卞东油田发现后，随即抽调当时雇佣的法国通用地球物理公司地震队，采用144道水陆两栖遥测数字地震仪，进行卞东油田以南的湖区、水陆过渡带和陆地二维地震精查，发现湖区水下杨家坝断鼻构造，圈闭面积6平方公里，三分之二面积位于水域。

1988年5月24日，完钻第一口定向预探井——杨1井，由钻井工程部陈升鹗指导，钻井处廉炳勋进行钻井工程设计，造斜点井深450米，最大井斜31.75度，实钻水平位移499.51米，该井钻井周期29天13小时，平均机械钻速每小时8.08米，完钻井深1840米，由3291钻井队承钻。6月，江苏石油勘探局组织卞、杨油田产能建设大会战，由主管生产的副局长何富荣牵头成立会战领导小组。10月31日，召开卞杨会战誓师动员大会，聚集钻井、测井、油建、井下作业、采油各路队伍近千人，开始大规模下、杨油田产能建设会战。参战人员克服湖区地理条件差、开发难度大等困难，采取边滚动、边建设、边投产的方式，相继钻探探井杨3井、杨4井和杨5井，构造西翼的杨3井钻遇阜二段油层4层15.4米，酸化后日产油36.2吨，获工业油流。构造东翼的杨5井钻遇阜一段、阜二段油层10层28.2米，进行阜一段36、34、32、30~23号　层（井段1586~1675.6米）试油，酸化后合层日产油4.1吨；进行阜二段7~21号层32.4米（井段1512~1564.8米）试油，酸化后机抽日产油42.4吨，获工业油流。10月，预探井杨1井投入阜二段油藏试产，初期日产油65.6吨，拉开杨家坝油田油气生产序幕。是年，建设油气处理系统和油气集输系统，集油站内建设30立方米火烧罐16台，区块原油经火烧罐加热后直接输至码头装船外输。

图 16-2-2　分布在淮河入江水道的杨家坝油田（摄于2005年）
李义海／摄

1989年初，杨3井和杨5井投入试采。9月，建设注水工程，注水泵采用SL3立式柱塞泵，注入水水源为清水。是年，首次上报阜一段含油面积1.6平方公里，探明石油地质储量358万吨。

1990年，上报阜二段含油面积3.1平方公里，探明地质储量241万吨。杨家坝油田累积上报探明含油面积3.8平方公里，探明石油地质储量599万吨，溶解气地质储量1.54亿立方米。4月，杨家坝联合站建成投产，初始设计规模为年原油处理规模30万吨，原油库容9000立方米。站内共设置集油、油气分离、原油脱水、储油、原油外输、供热、发电及供配电、消防和生产生活给水等8个生产区域，并预留含油污水处理、油田污水回注及原油稳定扩建区。站内主要设备包括卧式分离器1台、立式除油器1台、陶粒聚集床热化学沉降脱水器2台、电脱水器2台、3000立方米沉降脱水罐1座、3000立方米原油储油罐3座、110立方米天然气干燥器1台、气体分离器1台、零位油罐1台、汽车拉油装车鹤管1组、卸油泵2台、外输油泵3台、浮头换热器1台、原油加热炉2台、热水炉3台。由32728队承钻的杨8-2井，最大井斜54.25度，最大水平位移1389.21米，创造当时江苏油田定向井水平位移新纪录。

至1990年底，产能建设会战结束，形成以杨家坝联合站为中心，计量站7座（杨1、杨3、杨7、杨8、杨9、杨10、杨12计量站）为分支的二级布站地面油气集输系统。由于地处淮河入江水道和高邮湖的交汇处，每年汛期油田几乎全部淹没在水中，湖区计量站等地面设施全部安装在钢架平台上，平台底标高为黄海高程10.5米，与地面自然高差4至5米。油区集输管线全部采用三管伴热流程，油井出油经沿程伴热输送至各计量平台，经计量汇集后输送至杨家坝联合站进行集中处理。共完钻各类井45口，投产油井29口，开井27口，日产油160吨，年产油7万吨，年采油速度1.17%，累积产油13万吨，采出程度2.17%，综合含水19.6%。投（转）注水井10口，开井10口，日注水816立方米，累积注水13.5万立方米，累积注采比0.75。

1991年，地质科学研究院开发室张兆林、杨新明等人编制完成《杨家坝油田开发方案》，方案采取总体部署、分批实施的原则，进行少量预探井和评价井控制地质储量后，部署滚动开发井网，新井首先占据高点，逐步向边部蔓延。采用阜二段、阜一段两套开发层系，按照300~350米的三角形井网整体部署，全面投入注水开发。阜二段由于含油面积相对较大，采用边缘加点状注水方式，部署井数31~40口，阜一段以边缘注水方式为主，部署井数18~23口，两套层系共部署井数49~63口。方案设计阜二段采油速度2%，最高年产油5.36万吨，稳产期5年；阜一段采油速度1%，最高年产油2.93万吨，稳产期5年。是年，投入全面注水开发后，阜二段总井数33口，其中油井22口，注水井11口；阜一段总井数17口，其中油井12口，注水井5口；全油田总井数50口，其中油井34口，注水井16口。阜二段油井初期产量高，但由于裂缝发育，产量递减幅度大，最高年产油4.5万吨，采油速度1.9%，没有达到方案设计要求；阜一段油井初期产量较高，最高年产油3.9万吨，采油速度1.09%，超过方案设计要求。1992年，建设杨家坝污水处理系统的同时，开始建设杨家坝注水站，初始建设SL3立式柱塞泵6台、洗井泵1台、60立方米注水罐2台。12月，杨家坝供热管网进行改造，在联合站站外新建供热站1座，站内安装蒸汽锅炉2台、热水循环泵3台、汽水浮头换热器3台，整个杨家坝油区开始由锅炉房集中供热。杨家坝联合站污水处理系统建成投产。

1993年，与万庄压裂技术中心合作，进行阜一段整体压裂。4月，改造杨家坝注水站，新建注水泵房1栋，新增注水泵4台、200立方米注水罐2座及相关配套设施。1994—1995年，进行杨家坝油田压裂油井10口，初期平均单井日增油6.2吨。针对阜一段油层大段合采后储量动用程度低，层间矛盾突出问题，地质科学研究院开发一室杨新民、骆瑛等人进行《杨家坝油田开发调整方案》编制。阜一段进一步细分为1、2砂层组和3、4砂层组两套层系开发，阜二段基本保持原注采井网，全油田总体上细分为三套开发层系。调整方案部署钻井7口，投产油井4口，投（转）注水井8口。通过以注水为中心的细分调整，采收率提高3%以上，全油田采油速度达1.2%，稳产期1~2年。1995年，年产油最高达5.79万吨，采油速度1%。至1996年，杨家坝联合站油气处理系统进行3年连续改造，站内新增PN0.6兆帕DN3000×8000三相分离器2台、1万立方米外浮顶油罐2座。到1997年6月，共有油井40口，开井40口，日产油122吨，采油速度0.7%，累积产油46.1万吨，采出程度7.7%，综合含水57.6%。注水井26口，开井24口，日注水752.2立方米，累积注水122.6万立方米，累积注采比1.43。

1997年7月，随着油田开发的不断深入，杨家坝油田开发上暴露的矛盾日益突出，阜二段储层裂缝发育，投入全面注水开发后，水窜严重，层系存水率低，对应油井见效快，但含水上升过快，产量递减大；阜一段低渗储层，注水井吸水能力差，地层能量不断下降，油井压裂增产的有效期短；注水井多数为大段合注，层间矛盾突出，储量动用程度普遍在50%以下；注采系统由于套管损坏和注水等原因逐渐遭到破坏，调整的难度加大。由于投入的钻井工作量少，只采取少量的油层压裂改造和油井补层措施，全油田进入产量快速递减阶段，日产液从305吨下降到254.2吨，日产油从138吨下降到90吨。2000年3月，湖区高、低压分注工程投产，注水井开始实施高低压分注。2001年，年产油下降到3.29万吨，年综合递减率11.76%。

2001年，地质科学研究院开发一室黄艳梅、奥立德等人完成“杨家坝油田开发综合治理研究”科研课题。11月，完钻第一口套管开窗侧钻井——侧杨12–2井，完钻井深1750米，侧钻裸眼段长385.93米，最大井斜角23.58度，采用斜向器开窗侧钻的方式。2002年，编制完成《杨家坝油田综合调整意见》，重点采取阜一段注采井网调整完善和老井压裂、调补层及卡堵水等措施，部署新井18口，其中油井16口，注水井2口，方案设计新井日产油5吨，新建产能2.6万吨。方案实际实施新井10口，其中油井7口，注水井3口，并转注杨10–6井，新建产能1.2万吨。2004年，部署新井23口，采取整体部署、分批实施的原则，第一批完成5口井位的工作量。通过调整，杨家坝油田60万吨储量得到动用和开发，储量动用程度提高18.4%，采收率有望提高2.4%，年产油达到5.2万吨。是年，从杨家坝联合站敷设一条至下13注水站的低压玻璃钢输水管线，杜绝污水无效回注。

到2005年12月，站内共有污水处理设备6台（套），包括3000立方米污水缓冲罐1台、100立方米污水罐1台、200立方米缓冲油罐1台、加药系统1套、双滤料自动过滤器2套及相关辅助工艺配套设备。站内日污水处理设计规模3000立方米，处理水水质B_2级，污水处理达标后，大部分污水进行有效回注。完成钻井4口，其中油井3口，注水井1口，油井压裂后单井平均日产油3吨；老井调补层15口，压裂17口，酸化解堵5口，调剖堵水1口，注水井重新分注3口，大修2口。通过综合治理，杨家坝油田取得明显的调整效果，原油产量稳中有升，日产油从2001年9月的77吨上升到2005年12月的127吨，年产油从2001年的3.29万吨上升到2004年的4.09万吨，2005年保持在3.97万吨，采油速度0.66%。杨家坝油田经过18年的勘探开发，到2005年12月，探明含油面积3.8平方公里，地质储量599万吨，动用储量599万吨，标定采收率20.6%，可采储量123.5万吨。共完钻各类井93口，其中预探井 3 口，评价井3口，开发井87口，总井数里有26口井上报工程和地质报废。杨家坝油田投产油井46口，开井39口，日产油127吨，年产油3.97万吨，采油速度0.66%，累积产油79.3万吨，采出程度13.2%，综合含水66.1%。投（转）注水井21口，开井15口，日注水514.4立方米，年注水18.1万立方米，年注采比1.37，累积注采比1.48。共建成联合站1座、计量接转站7座、注水站2座，年原油处理及外输能力30万吨，日注水能力1750立方米，日污水处理能力3000立方米。经过多次改造，杨家坝油田共建成注水站2座（杨家坝注水站和杨3注水站）、配水间4座、200立方米注水罐2座、注水泵6台，注水干线4条3200米，单井注水流程32条1.36万米，日注水能力1750立方米。经过多次开发调整，油区共建成集输干线36.52万米，6座钢结构计量平台改造成4座钢筋混凝土结构，解决湖区平台腐蚀问题。

第四节　崔庄油田

崔庄油田位于盱眙县与金湖县交界处，隶属中国石油化工股份有限公司江苏油田分公司试采二厂管理经营。该油田构造上处于苏北盆地东台坳陷金湖凹陷西斜坡中部，西邻南湖、范庄油田，北与刘庄—高集构造带相连，东邻三河次凹，南邻东阳次凹，是一个堑式断背构造，由多个小断块组成的小断块群，其沉积特征明显受北东向斜背景和早期同生断层控制，同时受近南北长轴状古背斜控制，是有利的油气聚集带。崔庄构造由于受多期构造应力场作用，断层发育，形成近南北、北东和东西向三组断裂系统，把崔庄古鼻状构造切割成小断块群构造。圈闭类型以反向层脊式断块圈闭为主，如崔6、崔8、崔4、崔7、崔13断块；其次为顺向断块，如崔9、崔12、崔14断块。

1973年，地质部实施崔庄地区第一口预探井东39井，因钻探部位较低，未取得预期效果。1976年3月，江苏石油勘探开发会战指挥部通过模拟磁带地震资料解释构造，钻探预探井崔1井，由钻井处32516钻井队承钻，电测解释含油水层1层2米。5月17日，完钻第一口预探井——崔1井，使用钙处理钻井液体系，该井钻井周期53天，完钻井深2181.31米，采用“重压、快转、大排量”的普通方式钻井，全井平均机械钻速每小时6.73米，由钻井处32644钻井队承钻。1977年1—3月，该井进行阜二段试油5层次，阜三段试油2层次，其中2月19日试油补开阜二段1层2米，井段1732.5~1734.5米后，酸化见少量油花，试油结果为低产含油水层，其余试油结果均为水层和干层。1986年，本区开始部署二维数字地震，经二维地震详查决定钻探探井崔2、崔3井，其中崔2井电测解释阜二段油层1层3.8米，油干层2层4.6米，试油射开干层1层7米，井段1808.2~1815.2米，测液面折算日产油14.1吨，酸化后日产油29.2吨，获得阜二段油藏工业油流。1987年，崔2井使用铁铬盐细分散防塌钻井液体系。1988年2月，采用高架罐集油，原油通过汽车、船外运至淮阴和靖江炼油厂。1991年开始，部署崔庄地区三维地震。1993年，部署探井和评价井崔4井、崔5井、崔6井、崔7井、崔8井、崔9井、崔10井、崔11井、崔12井、崔13井和程1井，均获得工业油流。3月，钻探的崔6井获得较大成功，电测解释阜二段和阜一段油层10层29米，生物灰岩2层5.1

米，阜三段油干层2层1.8米，试油射开阜三段井段1503.4~1521.6米，阜二段井段1603.8~1613.1米和阜一段井段1721.9~1729.4米，日产油分别为1.3吨、6吨和5.9吨。4月12日，完钻第一口定向井——崔6井。6月，成功钻探崔7井，电测解释阜二段和阜一段砂岩油层5层18.7米，试油射开阜二段和阜一段，日产油6.2吨。12月，崔庄油田5个断块完钻预探井5口，均获得成功。从崔6-1井开始主要使用两性离子聚合物钻井液体系。12月31日，崔6井投入阜一段油藏的试采，初期日产油16.4吨。

1994年1月，江苏石油勘探局组织崔庄油田产能建设会战，聘任储康年为项目经理。石油工程技术研究院杨海滨编制完成《崔庄油田钻井工艺方案》。钻井方案进行集中布井，大力采用定向井、丛式井等钻井新工艺、新技术，优化井身结构和工艺流程。年初，崔庄油田有崔2、崔4、崔6-10、崔7、崔8、程1断块获得工业油流断块6个，全区完钻井17口，试油井7口，获得工业油流井6口。崔7-1井、崔6-3井等井也先后投入试采。2月，地质科学研究院张人玲、张春峰、杨新明等人编制完成《崔庄地区构造主体部位第一批井位部署意见》。方案依据崔6断块石油地质储量256万吨，崔10断块石油地质储量38万吨，第一批部署井共12口，主要部署在崔6、崔10、崔7、崔4断块。其中崔6断块9口，以阜一段基础井网为主，兼探阜二段，其他断块各1口。

是年3月，崔庄油田地面油气集输系统工程开始建设，建成崔庄联合站1座，计量站9座，原油外输码头1座，北区原油外输管线1条，崔2-1、崔8东区集油气干线1条、崔9、崔6西区集油气干线1条，崔13、崔7南区集油干线1条以及集油支线。集油流程均采用单井—计量站—油气集中处理站两级布站模式，偏远井站仍保留高架罐拉油的方式。4月，崔6-13井首次应用保护油气层屏蔽暂堵钻井液技术，为江苏油田大面积推广该技术积累经验。上报崔庄油田崔3、崔8断块阜三段和阜二段探明含油面积0.5平方公里，探明石油地质储量37万吨；崔4、崔7断块阜二段和阜一段探明含油面积1.6平方公里，探明石油地质储量117万吨；崔6、崔10、崔12断块阜二段和阜一段探明含油面积1.5平方公里，探明石油地质储量229万吨；崔9断块阜二段和阜一段探明含油面积0.6平方公里，探明石油地质储量75万吨。

是年5月，局副总地质师熊光绥组织崔庄油田开发概念设计编制，地质科学研究院开发室顾金銮、杨新明等人编制完成《崔庄油田滚动开发概念设计》。方案设计总井数31口，其中油井23口，注水井8口，设计最高日产油257吨，采油速度2.6%，建成年原油生产能力7万~9万吨。10月，进行崔6断块为主体的崔庄油田产能建设会战，建成年原油生产能力9万吨。10月1日，油气水处理系统建成投入使用，该站集计量、原油处理、原油外销、污水处理、消防供水、卸油、供热为一体，主要担负崔庄、高集、范庄、南湖等油田油气水的集中处理、原油外销、污水处理及回注任务，设计年原油处理能力15万吨。年污水处理能力15万立方米，年原油外销能力15万吨。原油处理系统主要设备有三相分离器2台、气体除油器1台、贮气罐1座、外输油泵2台、3000立方米储油罐2座、1万立方米储油罐1座，整体库容1.6万立

图16-2-3 崔庄油田联合站（摄于2005年） 采油二厂/供

方米。

至1995年1月，共钻井45口，其中探井16口，滚动开发井29口，总进尺8.36万米。开井28口，日产油190吨，采油速度1.6%，年产油4.59万吨，采出程度1%。见水井11口，综合含水9.3%。5月，完钻滚动开发井崔15井，电测解释阜二段油层1层6.3米，油水同层1层3.3米，油干层2层2.2米。试油分别射开油干层井段1646.9~1657.5米和油层井段1630.1~1636.4米，获得日产油分别为3.1立方米、25立方米的工业油流。崔庄油田有注水站3座，主要处理设备有140立方米除油罐1座、100立方米缓冲罐1座，100立方米污水回收罐1座、30立方米污油罐1座、粗滤罐3台、中滤罐3台，设计日污水处理规模411立方米。年注水能力15万立方米，注入水水源为污水，主要注水设施为3S-19.4/20注水泵2台、200立方米注水罐2台，负责崔6断块的注水。1995年7月，崔6断块主体注采井网基本形成，有5口注水井投入注水开发，采用边内加边外注水方式分层系注水，对应的14口油井开始收效，地层压力下降趋势得到控制，油井动液面有所回升。1995年上报崔15断块阜二段探明含油面积0.3平方公里，探明石油地质储量12万吨。

1997年，完钻高13井。编制完成《崔庄油田崔6断块调整意见》，调整崔6断块阜二段、阜一段注采井网，投（转）注水井4口，实施1口调整井和12口油井的增产措施。崔6断块经过调整，日产油水平保持在80吨以上，采油速度1.3%。10月，调整部分不合理流程，主要建成XL-30旋流式油水分离器2台、直径1500毫米旋流反应筒2台、螺杆泵2台。12月，崔9注水站投入使用，年注水能力2.5万立方米，注入水水源为清水，主要注水设施为30立方米注水罐1座、3S75－3.2/25－2H注水泵1台，负责崔9断块的注水。1998年12月，采出程度7.8%，综合含水55%。1999年1月起，由于局部注采井网不完善，加之储层非均质性及裂缝的影响，崔6断块含水急剧上升，产量递减加快，导致整个崔庄油田生产态势变差。2000年底，崔庄油田日产油由1998年底的83吨下降到57吨，综合递减率31.3%，年平均综合递减率高达15.67%，综合含水由52.9%上升到65.5%，采油速度由0.66%下降到0.49%。12月，崔7注水站建成，年注水能力为10万立方米，注入水水源为污水，主要注水设施为60立方米高架水罐1座、3S125 A-13.9/20-2H注水泵2台，负责过剩污水的回注和崔7断块的注水。

2001年，上报崔17断块阜二段探明含油面积0.3平方公里，探明石油地质储量30万吨。2002年8月，整体调整污水处理流程，新建500立方米除油罐1座、SL－1600双滤罐2座、多功能污水池1座，日污水处理能力扩建为720吨。2002年，上报崔11断块探明含油面积0.4平方公里，探明石油地质储量16万吨；高13断块探含油面积0.7平方公里，探明石油地质储量43万吨。1月3日，完钻第一口套管开窗侧钻井——侧崔3井，完钻井深1783米，侧钻裸眼段长454米。随着开发程度的深入，崔6断块逐步暴露出水驱控制程度和水驱动用程度低、合采合注层间矛盾加剧、注采井网不完善等问题。2003年，主要通过卡堵水、调补层、老井侧钻等措施及动态调配等手段，保持低速开采态势，油田日产油保持在50吨左右，采油速度0.32%。是年9月，该站采用改性聚四氟乙烯膜精细过滤技术，新建精滤罐2套4台，通过扩建和新工艺、新技术的应用，确保崔庄污水处理站的出站水质。

2004年10月，试采二厂油田开发研究所编制完成《崔庄油田崔6断块调整方案》。方案以细分层系开发、充分动用非主力层和井间剩余油作为调整思路，重点提高阜二段非主力层及阜一段储量动用程度。层系划分上打破砂层组限制，组合物性、沉积微相、动用程度相近的砂体为一套井网，减少层间干扰。崔6断块组合为非主力层、阜一段、阜二段第三砂层组三套层系井网进行开发。非主力层系井网组成4个注采井组，新部署油井2口，注水井3口，调整后井网中单采该层系的油井有6口，单注该层系的注水井有2口，占总井数的50%，层间干扰得到很大程度的缓解。阜一段层系井网构造高部位地层能量不足，储量动用程度较差，通过内移注水井，部署构造高部位油井3口，提高储量控制动用程度。阜二段第三砂层组层系主要针对挖掘井间剩余油，部署油井4

口。崔6断块共部署新井12口，其中油井9口，注水井3口。同月，崔6断块调整工作全面展开，上报崔17-1断块探明含油面积0.1平方公里，探明石油地质储量36万吨。进行崔7、崔9断块滚动完善。通过综合调整，2005年，崔庄油田年产油从2001年的1.75万吨提高到3.26万吨，采油速度从0.3%上升到0.6%，综合含水从68.7%下降到60.5%，开发效果得到有效改善。

崔庄油田经过18年的勘探开发，至2005年底，探明含油面积6平方公里，石油地质储量595万吨，溶解气地质储量0.9亿立方米。动用地质储量565万吨，标定采收率16%，可采储量90.4万吨。共完钻各类井72口，其中探井14口，评价井5口，开发井53口，总井数里有24口井上报工程和地质报废。油井总井数39口，开井数34口，日产油101吨，年产油3.26万吨，累积产油40.57万吨，采油速度0.6%，采出程度7.2%，综合含水60.5%。建成联合站1座、计量站9座、注水站3座、原油外输码头1座，年原油处理能力15万吨，年污水处理能力15万吨，年注水能力27.5万立方米。实际注水井总数9口，开井9口，日注水370立方米，年注水7.14万立方米，累积注水87.6万立方米，月注采比1.17，累积注采比0.86。

第三章　采油二队油田

华东分公司采油厂采油二队原油产量1998年突破1万吨，2005年2.5万吨。至2005年底，探明含油面积4.9平方公里，地质储量238.63万吨，动用含油面积4.9平方公里，动用储量238.63万吨，注水储量208.63万吨。金湖辖区内有油水井84口，其中采油井65口、注水井19口，日产油50吨。累计产油超过40万吨。

第一节　腰滩油田

腰滩油田位于前锋镇境内，隶属中国石油化工股份有限公司华东分公司采油厂采油二队管理经营。腰滩构造位于金湖凹陷中部三河、氾水次凹之间的石港断裂上升盘，为受石港断裂控制的断鼻构造。石港断裂形成于吴堡运动早期，中、晚期活动强烈，定型于三垛运动末，其长期活动是腰滩构造及油田形成的主要因素，西南部与金南油田相邻。区内由新生界沉积实体组成，最大厚度约5000米，分三大构造层，下构造层泰州组、阜宁组；中构造层戴南组、三垛组；上构造层盐城组、东台组。其南部以杨村断裂为界与天长凸起、菱塘桥低凸起相邻，北接建湖隆起，东与柳堡低凸起相连，西邻张八岭隆起，深凹带位于凹陷中部。凹陷内由南向北受断层控制的五个次级凹陷分别为：龙岗次凹、三河次凹、氾水次凹及东阳、汊涧次凹。三垛运动后，凹陷东部地区整体下沉，沉降中心位于三河次凹，氾水次凹一带，由东向西古埋深加大，并形成今天的构造格局。腰滩油田为砂岩油藏，戴南组一段、阜宁组油藏储层均呈层状，主要受控于构造和断层的作用，属断块型油藏。腰滩油田油气集中分布在新生界下第三系中，纵向上含油层系多、井段长，阜一、二段和戴一段主要含油层系。阜一、二段自下而上又分为5套油砂组，17层油砂体，砂体厚度40~45米，主要含油砂组2套10小层，储油层厚度20~26米，含油砂体主要属三角洲前缘水下分支河道，曲流河沉积，储层物性、原油性质差异大。

腰滩油田原油均属陆相成因的石蜡基原油，具高蜡、高凝固点、高初馏点、低硫的特征。其中：

戴一段油藏原油密度0.8~0.9克/立方厘米，黏度9.4~381.7毫帕·秒，含蜡量28.6% ~38.9%，含盐量38.4~2680.6毫克/升，含硫量0.14%~1.45%，凝固点33℃ ~47℃，初馏点105℃ ~182.5℃。阜宁组油藏地面原油密度0.88~0.89克/立方厘米，黏度61.2~198.5毫帕·秒，含盐量228.2~484.98毫克/升，含蜡量26.3%~29.5%，含硫量0.4%~1.1%，凝固点34.5℃ ~47℃，初馏点105℃ ~182.5℃。腰滩油田戴一段、阜宁组油藏储层均呈层状，主要受控于构造和断层的作用，属断块型油藏。戴一段储层物性好，边（底）水发育，为一受构造控制的边（底）水驱动的层状断鼻油藏；阜宁组油藏储层物性差，测试、试采中未见无边(底）水，属低孔、低–特低渗断块油藏。

1975年，三河次凹南缘石港断裂上升盘发现腰滩断鼻构造，首钻该构造高点（T25波）东70井（普查井），于戴一段和阜宁组地层钻遇油气层（9层），阜二段试获油流。1980年，普查井苏147井在戴一段试获每天18.07吨的工业油流，于是年投产。

1991年，探井苏205井试获每天6.39吨工业油流，是年9月投产。1996年3月，苏211井试油投产。年底，苏211井阜二段油层（2708.6~2728.0米）经酸化、压裂后获每天4.26吨工业油流，开始投入试采。1997年，探井苏227井在阜一段常规测试获每天3.05吨工业油流，经压裂后日产油8.77吨，于是年投产。由于投入资金少，没有形成开发井网，油井都是利用地层能量自然开采。

1998年9月23日，腰滩油田投入正式开发，主要依靠天然能量开发阶段，以苏227井单井生产。平均单井日产油水平3.1吨，采油速度0.8%，采出程度0.3%。2002年，油田开始整体开发，建集油、原油外输、施工车辆通行道路等地面土建工程。腰1井投产，建3只40立方米卧式方形贮油罐，增设一组加热盘管和28立方米套管式加热器。编制《腰滩油田阜一、二段油藏开发概念设计》，按总体设计、分块开发原则，北断块（鼻）先后部署腰2—腰7等开发井7口，总进尺2.03万米，6口井在阜一、二段油藏均试获工业油流，并先后投产，初期日产油量平均9吨以上，由于油藏无边水和底水，地层能量补给不足，油井产量下降快，至年底单井平均日产油水平仅2.6吨，采油速度0.7%，采出程度0.5%。

2003年11月20日，进入注水开发阶段，进行北断块中部注水开发，采油井腰4井转注。建成腰滩油田注水站，油田初期注水为清水。注水站主要设备为三柱塞注水泵3台，其中注污水1台、既可注清水又可注污水1台、注清水1台。2004年7月和8月，转注腰3B、腰6井，形成3注5采的开发井网。注水后，4口井明显见效，苏227井平均单井日产油量从注水前3.31吨提升至12.25吨，提高3倍，另腰7井、腰2井日产油量也翻了2倍。是年，由于戴一段油藏边底水发育，进入中高含水期，苏205B井首次采用螺杆泵采油。

至2005年底，腰滩油田戴南组油藏开发24年，阜宁组油藏开发10年。油田共有生产井22口，其中，油井18口（开井10口），转注水井4口（开井4口）。油田日产液108.01吨，日产油40.94吨，平均单井日产油3.41吨，平均日注水77立方米。油田累产原油4万吨，综合含水55.9%，累注水4.31万立方米，年注采比1.97，累注采比1.09。

第二节　金南油田

金南油田位于金南镇境内，隶属中国石油化工股份有限公司华东分公司采油厂采油二队管理经营。金南油田地层属金湖凹陷，是东台凹陷最西端的新生代沉积凹陷，纵向上分别沉积有下、中、上三套较完备的新生界构造层，下构造层由下第三系泰州组、阜宁组组成，中构造层由下第三系戴南组、三垛组组成，上构造层由上第三系盐城组及第四系东台组组成。本区油气田分布纵向上绝大多数集中在阜宁组一段、二段和三段，并以阜宁组二段为主。金南油田油藏属阜宁组油藏，以阜二段油藏为主产层，埋深在该区域2200米，油藏储层以长石石英砂岩，岩屑长石细砂岩为主，部分为长石石英细砂岩；油田储层储集空间以粒间小孔为主，油田油层平均孔隙度11.9%，平均渗透率1.9毫达西，砂体的储集，储渗能力较差，溶蚀作用表现较弱，次生孔隙非常有限；油田内阜二段储层的敏感性矿物以水敏和酸敏矿物为主，其含量相对较高，分布普遍。

油田构造与勘探 金南油田构造属于金湖凹陷中部，石港断裂带中段，北邻三河次凹，南接龙岗次凹，基本位于金湖凹陷内两大生油中心中部，具有“凹中隆”特点，从南往北分别为金南油田1号构造，金南油田2号构造，金南油田3号构造。1号构造由Ⅰ号断块切割形成的断鼻圈闭，构造轴向南东向，上中下油层组高点埋深2100~2138米，闭合幅度300~320米，闭合面积2.42~2.55平方公里。Ⅰ号断层走向北东方向，倾向北西向，倾角45度，断距250~280米，Ⅰ号断层对1号构造油藏起控制与封闭作用。2号构造由Ⅰ Ⅱ号断层切割形成的断鼻圈闭，内部的Ⅳ号断层将其分成东西两个断块，构造轴向南南西向，上油组高点埋深2252米，闭合面积大于1.2平方公里。Ⅱ号断层为东西走向，南倾，倾角32度，断距40~70米，Ⅱ号断层分割2、3号构造，为封闭性分界断层，Ⅳ号断层为2号构造内的小断层，走向北西向，南西倾向，倾角15度，断距15~17米。3号构造由Ⅱ Ⅲ号断层切割，因为断鼻构造，轴向南南东，上油组高点埋深2012米，闭合幅度大于200米，闭合面积2.4平方公里。Ⅲ号断层走向北东东向，倾向北北西向，倾角40度，断距300~400米，控制着3号构造北部边界，同时对3号构造阜二段油藏起封闭作用。

20世纪70年代初，二维模拟地震勘探发现金南构造高带。1975年4月，金南1号构造高带附近，首钻普查井苏64井，钻达井深2418.87米。发现从戴南组到阜宁组二段含油气层共9层，经测试阜宁组二段为含油干层，阜宁组三段为干层。1976年4月28日，苏64井试获日产原油0.18吨，证实金南1号含油，揭开金南油田油气滚动勘探开发的序幕。1980年9月，进行地震资料重新编图，勘探三垛组一段、阜宁组一段及泰州组含油情况，又部署该构造第二口普查井苏150井，钻井深度2498.14米，钻井结果未发现新突破。1993年10月，部署该构造上部第三口探井苏208井，该井钻达井深2903.5米，阜宁组二段下部钻遇良好的油气层8层，其中油层—差油层6层，厚15.1米。1994年4月至1995年1月，通过该井阜二段三个层次测试，三次油气井中途测试，三次酸化一次高能气体压裂，试获日产油3.21吨，无水，证实金南1号构造为含油气构造。

1995年，3号构造先后布探井苏216井、苏219井。苏216井位于构造高部位阜宁组二段下部含油层段中，经对阜宁组二段第18层，第18、15、12、11、10层，第8、7、6层三次酸化后，全井合试日产油5.63吨，无水；苏219井位于构造中部，钻遇边水，试油结果为水层（含油干层），证实3号构造也是含油构造。是年，3号构造部署探井苏276井，评价井苏265井，开发井JK-2井、JK-3井、JK-5井和JK-6井，上述各井均在阜宁组二段下部砂岩储层中试获工业油流，其中JK-5井还在阜宁组一段第28层经压裂后获日产油0.35吨，日产水4.35吨，为油水气层。1996年，2号构造部署苏224与苏224B井，钻探结果表明该构造是比1、3号构造阜宁组二段测井结果更差的差油层，2个测试层的测试结果为干层和水层，该井段上部的泥灰岩储层经酸化获日产油0.4吨，未突破工业油流。

1号构造开采 1996年4月6日和10日，1号构造的苏214井、苏208井分别投入机抽生产，日产油分别为4.35吨、2.61吨。8月，1号构造完成探井5口（苏64井、苏150井、苏208井、苏214井、苏215井），试油3口井（苏64井、苏208井、苏214井）。是年，1号构造投产井2口，其中苏208井与苏214井相距460米，且苏214井井场紧靠公路，故在苏214井安装30立方米卧式贮油罐3只，两井产液分进不同贮罐，通过测量贮罐液面计算各井产液量及外运总量，原油由汽车外运。贮油罐及集输管道采用热水循环供热、供热设备为FC－1200型无压燃煤热水炉1台，安装在苏214井场，此炉在供水与回水温差40℃情况下循环水量3立方米/米，最大扬程为96米。1998年，增建苏208井场计量房1座，内设4600型分离器1台及6井式管汇1套，在不同时间计量苏208、苏

243、苏252各单井产量，管汇上留有3个备用管供新井使用，各井计量后通过混油管线输往苏214井场贮罐。由于供热量的增加，又增设苏214井场锅炉房FL–2200型热水炉1台。完成1号构造苏214井集油站扩建。2月13日，1号构造4口试采井（苏208、苏214、苏243、苏252）日产降至9.57吨，选择苏214与苏243两井中间位置相对较高的苏252井停抽转注，注水方式为正注，试注期累计注水3.7万立方米，试注期累计产油6834.49吨，产水6190.6吨。油田平均注采比为2.63。至1999年2月底，1号构造累计完成各类井10口，其中探井6口、评价井2口、开发井1口、注水井1口，提交测试井8口，转机抽试验性采油4口，试采油期间最高日产油22.2吨。1999年3月起，因金南油田属于低孔特低渗、弹性、弹性–弱边水驱油藏，依靠天然能量进行试采开发不能保证油井的稳产，油井产量递减十分明显，进入试验性注水开发期。至2005年12月，1号构造投产油井5口，为苏208、苏214、苏243、苏252、JK–1，其中JK–1采集阜三段油藏，其余4井开采层位均为阜二段油藏。1号构造阜宁组二段累计产油1.56万吨（含测试期产油589.22吨），地质储量采出程度4.2%（地质储量按37.6万吨计算），可采储量采出程度19.8%（可采储量按7.9万吨计算），油层剩余可采储量6.34万吨。

3号构造开采　1996年3月13日，苏216井试油结束，通过该井中油组第15、12、11、10层与第18层同时酸化，获日产油5.63吨。3月26日单井投产，日产油5.45吨。苏216井单井流程采用电加热保温工艺，根据该井产量及贮存周期，井场安装30立方米卧式贮罐2只，罐内各安装9千瓦电热棒2个，通过电控柜自动控制油罐加温、保持罐内温度50℃ ~55℃之间。2000年4月，苏265、JK–2井相继投产，两井合用一根集油管线至苏216井场贮罐，两井于井口各安装刮板式流量计1只，用于单井计量。集油管线为热水伴热，供热设备为安装在苏216井场上的2台FL－1600型和FL–2200型热水炉，热水循环动力为2台热水泵，从苏265、JK–2至苏216井场相距280米，集油管线为直径60×壁厚4毫米沥青管、供热管线为直径48×壁厚4毫米黄夹克管、回水为直径48×壁厚4毫米沥青管。2000年末，苏216井南侧建100立方米立式拱顶贮罐2只，建成后停用2只30立方米罐。因苏216集油站和苏214集油站均是由单井采油生产设施逐步改扩建而成，仅有集油、存储、外输、供电、供热简单设施，无原油脱水和污水处理生产设备，根据油田发展情况，3号构造成为油田开发重点区域，故将苏216集油站扩建为集油联合站，将苏214井集油站原油由车运至苏216集中处理。到2001年1月，3号构造4口井累计产油1.2万吨，其中无水采油量2997.52吨，地层产水502.08吨，平均含水率6.3%。因天然能量开采能量不足而致产量下降，开始试验性注水开采，由产油井苏265井转注，试注方式为正注。4月，苏216井场新建60立方米脱水罐1只、100立方米贮油罐2只、100立方米污水沉降罐2只，形成日处理140吨（其中原油60吨，污水80吨）集油联合站。由于将苏214集油站原油运至苏216贮罐、联合站增设卸油设施，即卸油平台、零位罐、提升泵等，供热设备新上1吨/小时型燃煤蒸汽锅炉2台，替代热水炉，完善注水水源井以及污水回注井等各项设施。是年10月，重新敷设JK–4、JK–5两井临时投产管线与JK–6、苏276集油、回水、供热管线一并与苏216井联合站沟通，JK–4、JK–5、JK–6、苏276井计量房设在JK–4、JK–5井井场，内设6井式管汇1套，至此全面完成油田联合站建设任务。至2005年底，3号构造先后有8口井投入生产，为苏216、苏265、JK–2、JK–3、JK–4、JK–5、JK–6、苏276井，生产阜二段油藏。至年底仍有苏208井、苏243井、JK–2井、JK–5井、JK–6井和苏216井在生产，油田日产油16.63吨采油3.43万吨，油田平均注采比1.22。3号构造阜二段油层累计产油4.66万吨（含试油期间产油243.81吨），地质储量采出程度11.36%，（地质储量按41万吨计算），可采储量采出程度54.1%，剩余可采储量3.95万吨。金南油田完钻井18口中获油井13口，为苏208、苏214、苏243、苏252、苏216、苏265、JK–1、JK–2、JK–3、JK–4、JK–5、JK–6、苏276，均先后投产。累积采油6.25万吨，动用地质储量采出程度8.05%，可采储量采出程度39.6%。

第三节 淮建油田

淮建油田位于银集镇境内，隶属中国石油化工股份有限公司华东分公司采油厂采油二队管理经营。淮建构造位于金湖凹陷三河、氾水次凹间的石港断裂东端。三维地震剖面上控油断层及构造形态清晰，构造高点埋深2335米，闭合幅度30米，闭合面积0.9平方公里。油气主要赋存于戴南组一段底块砂岩中。原油含蜡量25.9%，含盐量每升1073毫克，含硫量0.5%，凝固点37℃，原油密度0.87克/立方厘米，黏度52.25厘沱。地层原油饱和压力1.05兆帕，地层原油体积系数1.08，地层原油黏度8.27厘沱。天然气为原油中少量的溶解气，甲烷含量38.2%，氮气含量40.1%，天然气比重每立方厘米0.7克。原始地层压力每2307.13米22.1兆帕，压力系数0.96，接近静水柱压力，属正常压力系统。地层温度每2307.13米80℃，地温梯度为每100米2.9℃，属正常地温系统。

1996年，完成三维地震并覆盖全区，发现淮建构造。1999年，华东石油局第六普查勘探大队进行淮建构造戴一段底块砂岩高部位施工，定向探井苏金264探井钻遇含油层6层，累计视厚14.58米。5月，戴南组一段第8、10层进行试油，获日产油10.64吨的工业油流，发现淮建油田。11月，进入3口井（苏264、淮建1、淮建2B井）采油阶段。由于地层供液不足，采用逐步加深泵挂（泵深由1439.31米下降到1818.97米）的方法来缓解原油产量的递减，日产油由24.55吨下降到5.56吨，日产水由零吨上升到14.24吨，原油含水率由零上升到72%，采油速度由3%下降到0.6%。此时共产油1.07万吨，产水0.91万吨。是年，淮建油田采用无水采油期临时投产方式投产，设有原油储罐卧式方罐3只40立方米、供热FL-3200型燃煤热水炉2台、计量站四井式1座、原油外输拉油点1座等设施。

2002年10月，3口井采油阶段结束。11月，为开发剩余油，进行构造中高部位施工的淮建3井经试油投产，采油井数由3口上升到4口（苏264、淮建1、淮建2B、淮建3井），进入4口井采油阶段。与上月相比，油田日产油由5.56吨上升到10.77吨，原油含水率由72%下降到54%，进行构造高部位钻井采油增油降水效果明显。至2003年4月，机抽泵深1835米，日产油由10.77吨下降到5.55吨，原油含水率由54%上升到63%，采油速度由1.3%下降到0.7%。阶段产油0.13万吨，阶段产水0.18万吨。

2003年5月，进入2口井（淮建2B、淮建3井）采油阶段。为降本增效，关停低效高含水生产井2口（淮建1和苏264井，日产油分别为0.15吨和0.34吨，原油含水率分别为89%和88%），采油井数由4口下降到2口，日产油5.5吨，采油速度0.7%。原油含水率由63%下降到50%，关停低效高含水生产井，起到降水稳油的作用。2003年5月至6月，机抽泵深1853.45米，阶段产油300吨，产水300吨。是年7月，构造西较高部位的淮建1井转注，实施边部注水，形成一注（淮建1）二采（淮建3、淮建2B）的开发井网。是年，完成淮建油田的转注工程，设有水源开凿站1座，注水泵2台，纤维过滤器2台。

2005年2月，进入一注（淮建1）一采（淮建3）阶段。关停低效高含水生产井1口（淮建2B井，日产油0.18吨，原油含水率92%），采油井由2口下降到1口，形成一注（淮建1）一采（淮建3）的开发井网。至是年4月，泵深2002.78米，日产油由4吨上升到5.33吨，原油含水率由50%下降到45%，采油速度由0.49上升到0.65%。本阶段产油400吨，产水400吨，注水7300吨，注采比8.5。是年5月，进入二注（淮建1、淮建2B）一采（淮建3）阶段。构造东部位的淮建2B转注水，实施边部注水。至12月，泵深2002.78米，日产油由5.71吨上升到7.89吨，原油含水率由47%下降到41%，采油速度由0.7%上升到1%。本阶段产油1800吨，产水1100吨，注水6500吨，注采比1.99。

至2005年底，淮建油田先后有4口井（淮建1、苏264、淮建2B和淮建3井）投入试采，其中先后有2口井（淮建1和淮建2B井）转注水，油田累计生产原油1.75万吨，累计产水1.7万吨，累计注水1.79万吨，累积注采比0.47，地层累计亏空1.97万立方米。

第十七篇　建筑业　房地产业

1986年，全县建筑行业共有建筑企业24户，建筑业从业人数3800人，产值1093.3万元；房地产开发企业1户。1988年，随着房地产交易业务的拓展，交易量逐年增加。1989年起，县建筑设计室勘察设计项目在县外拓展业务。1992年，城区住宅建设开始统一规划布局。1994年，县建筑业劳务输出进入省内徐州、连云港、常州等中等城市。1995年，全县建筑施工企业增加到30户，房地产开发企业2户。1996年，实施有偿分配住房和职工住房公积金制度，全年共出售公有住房面积19.35万平方米；建筑业境外劳务输出实现零的突破，向以色列耶路撒冷输出建筑劳务工21人。1998年，继续推进公有住房出售及房屋租金制度改革，试点建设经济适用住房，全年共出售公有住房面积22.34万平方米。12月1日起停止住房实物分配，实行住房货币化分配，建立职工购房补贴制度，完善住房公积金制度，由职工个人购买商品房、经济适用住房或普通居民住宅。1999年，国家《住房公积金管理条例》颁布实施，职工住房公积金纳入规范化、法制化管理轨道，实施范围和对象不断扩大；同时，对不同收入水平的家庭实行不同的住房保障政策。

2000年，全县有四级及以上资质建筑企业20户，其中县属企业3户。供电新村、金石小区等住宅小区建成。2001年，部分居民小区实施市场化物业管理，管理内容包括安全保卫、保洁、维修等。2003年，开发建成温州商贸城，开工建设龙港花园、中鑫步行街。2004年，县政府成立经济适用房发展中心，兴建新城花园，腾出一批廉租房，着手改善城区住房困难户的居住条件；基础设施、物业管理配套的住宅小区，如金浦花园、都市华城、桓裕广场、阳光星城、书香华庭、上海花园等20多个规模房地产开发项目陆续上马，建成折迁安置房31万平方米、经济适用房和廉租房4.5万平方米。

2005年，全县共有建筑施工资质等级企业30户，计算劳动生产率平均人数10115人；自有机械设备2088台，总功率4.13万千瓦；资产合计6.17亿元，固定资产原值2.01亿元；利润总额3481万元。建筑业产值12.5亿元，其中创劳务输出产值6.5亿元，占总产值52%；从业人数1.29万人，赴国外承建建筑工程劳务人员2255人次。1986—2005年，全县基本建设投资总额累计31.2亿元，建筑业施工面积293.83万平方米，竣工面积203.63万平方米，新建10层以上楼房10幢，5层以上楼房千余幢；建筑工程累计获省级优质工程奖8项，市级优质工程奖29项。累计为干部职工房改7857套、面积53.26万平方米；发放购房补贴497人，补贴金额456.58万元；住房公积金归集1.59亿元，余额1.01亿元。至年底，全县住房总面积860万平方米，人均住房面积23.89平方米。其中，城镇居民人均住房面积19平方米，乡村居民人均住房面积28平方米。

第一章 建筑房产机构 企业改革

第一节 建筑房产机构

一、城乡建设机构

（参见“第六篇城乡建设”第一章第一节。）

二、房产管理机构

1986年，县房产管理机构为县房地产管理所，隶属于县财政局。1987年11月，该所与县房地产开发公司实行“一套班子、两块牌子”，改隶县城乡建设环境保护局。县房地产管理所负责县城房屋产权清查、登记、发证，县域城乡公有房地产管理、房屋维修、租金征收及公有私有新旧房屋的买卖、转让、赠与、继承、分析等业务的现场勘查、材料审核、发证等工作；农村房地产管理由县城乡建设环境保护局农房股及各乡镇农房办负责。1998年3月，县房地产管理所与县住房制度改革办公室合并，成立县房地产管理局（简称县房管局），为县政府直属正科级事业单位，核定编制21人，实有职工28人。主要职能承担全县房屋产权、住房公积金、经济适用房建设、房产交易、白蚁防治、房屋安全鉴定等管理工作。内设办公室、财务审计股、房改房管股、产权监理股。2003年3月，县房管局在县行政审批中心设立服务窗口，统一受理房产登记、交易、评估等事项。至2005年，机构没有变动。

三、直属单位

县住房制度改革办公室 1993年1月，成立金湖县房改工作领导小组，下设住房制度改革办公室，编制3人，负责全县房改日常工作。1998年3月，并入县房产管理局。

县白蚁防治所 1994年3月成立，负责县域内所有房屋建筑物白蚁危害的检查和灭治。至2005年，机构没有变动。

县经济适用房发展中心 1995年7月成立，负责经济适用房的规划、开发、建设与分配。1998年3月，并入县房产管理局。

县房屋安全鉴定办公室 1998年3月成立，负责房屋安全性能的评估与鉴定。至2005年，机构没有变动。

县房地产评估事务所 1998年3月成立，负责上市交易的房地产价值评估。至2005年，机构没有变动。

县世纪房产测绘事务所 2005年10月成立，集体企业性质，资质丁级，业务范围包括房产要素测量，房产测绘、变更测量等。

县建筑管理处（县建设工程质量监督站） 1986年，县城乡建设环境保护局下属的县建筑管理站与县建筑质量监督站合署办公，“一套班子、两块牌子”，为全民事业单位，编制4人。1989年4月，隶属县城乡建设局。1993年4月，县建筑管理站更名为县建筑管理处，县建筑质量监督站更名为县建设工程质量监督站，其职级、隶属关系不变。县建筑管理处和县建设工程质量监督站仍合署办公，

“一套班子、两块牌子”，仍隶属县建设局。至2005年，其机构及隶属关系没有变动。

四、县住房公积金管理部

1995年7月成立县住房基金管理中心，隶属于县房地产管理所。主要负责县职工住房公积金、公有直管住房售房款、维修基金的收支与管理。2003年9月撤销，成立淮安市金湖住房公积金管理部，隶属于淮安市住房公积金管理中心，负责全县住房公积金归集、使用、管理工作。

第二节　企业改革

一、建筑施工企业改革

概况　1986年，全县建筑行业共有建筑企业24户。其中全民所有制性质2户、集体所有制性质20户，房地产开发企业1户。1995年，建筑施工企业增加到30户，房地产开发企业2户。1998年，集体建筑企业改制为私营企业1户。1999年，全民性质的县房屋服务开发公司改制为股份制企业。2000年，全县有四级及以上资质建筑企业30户，其中县属企业3户。至2002年，县、乡镇建筑行业改制基本完成。2005年，全县共有施工总承包和专业承包建筑企业18户全部改制为私营企业，其中：房屋建筑施工总承包一级资质1户、二级资质2户、三级资质9户；专业承包建筑企业6户。乡镇建筑站改制为私营企业9户。建筑业计算劳动生产率的年平均人数10115人。

县第二建筑工程公司　2000年，该公司经评估，总资产2155.02万元，负债1051.54万元，净资产1103.48万元。剥离资产203.48万元，其中职工住房152.78万元，终止和解除职工劳动合同补偿金50.7万元，剥离后企业净资产900万元（含土地资产169.83万元）。原企业债权、债务均由改制后企业承担。该公司股本总额1000万元，其中职工个人股100万元、集体（量化）预留股900万元，由企业工会作为股权代表。是年11月，县第二建筑工程有限公司挂牌运营。

县建筑工程公司　2002年，该公司为国家二级施工总承包资质企业。经中介机构评估，该公司总资产3644.81万元（含土地资产792.01万元），负债2621.59万元，净资产1023.22万元。剥离资产1019.89万元，剥离后净资产3.33万元（均为土地资产），一次性优惠80%出售。改制后企业全员终止或解除职工劳动合同，按照规定给予补偿或安置。企业自主用地，原企业债权债务均由改制后的企业承担。新组建的金湖县建筑工程有限责任公司股本总额2238万元，其中经营者出资102万元，经营层和其他人员出资98万元、工会入股2038万元（不参加分红）。2003年11月，县建筑工程有限责任公司挂牌运营。

县淮胜建筑工程公司　全县第一家实施改制的乡镇集体建筑施工企业。1998年6月，该公司整体出售，经评估，总资产405万元，净资产45万元。原企业债权、债务均由改制后企业承担。新组建的县淮胜建筑工程有限公司股本总额668.3万元，其中流动资金313.6万元、房产70万元、土地33.3万元、设备资产251.4万元。1999年3月，县淮胜建筑工程有限公司挂牌运营。

二、建筑设计企业改革

1986年，全县仅有一家建筑设计室，丁级资质。1995年，提级改称建筑设计院，为全民事业单位。2002年，设计院改制，资产出售。企业资质，勘察为乙级，测量丙级，设计丙级，监理丙级。经中介机构评估，总资产233.3万元，总负债88.43万元，净资产144.87万元。剥离资产104.45万元，剥离后企业剩余净资产40.42万元，其中土地资产31.57万元、其他资产8.85万元。根据省政府关于科技型事业单位改制政策规定，土地资产不改变用途，缴土地出让金20%，土地出售价6.31万元，其他资产一次性出售优惠40%，出售价5.31万元，合计出售价11.62万元，原单位所有债权债务由改制后企业承担。新组建的县顺达勘测设计咨询有限公司股本总额51.8万元，其中经营层出资36.26万元，占70%；技术骨干出资15.54万元，占30%。原建筑设计院在编人员终止或解除劳动合同，按规定给予补偿或安置。2005年，公司总资产256万元，办公场所建筑面积1000多平方米，拥有电脑25台，勘察、测量、设计软硬件设施配备齐全。

三、房地产开发企业改革

县建设工程有限公司 前身县房地产开发有限公司为县第一家房地产开发企业，成立于1975年，原名县房屋服务开发公司，隶属于县房地产管理所。1986年，仍为全民所有制性质，编制5人，实有职工7人。1990年增加到30人，1994年37人。1999年，县房屋服务开发公司改称为县房地产开发有限公司，股份制企业性质，资质四级，注册资本200万元。2001年进行改制，经评估，总资产3025.35万元，负债1778.04万元，净资产1247.31万元（含土地资产961.43万元）。剥离和挂账资产321.98万元，净资产925.33万元（均为土地资产），其中，84.91万元依照改制相关优惠政策出售，其余840.42万元为集体股（优先股），新组建县建设工程有限公司股本总额1020.42万元，其中职工个人股180万元、集体股840.42万元。4月，县建设工程有限公司挂牌运营。

县金城房地产开发建设有限公司 1995年新建，为全民企业，隶属于县城乡建设与环境保护局。2001年初，该公司改制，经评估净资产71.34万元（含土地资产38.78万元），股本总额200万元。2005年，提升为国家三级施工总承包资质企业。

第二章 建筑业

第一节 概 况

1986年，全县建筑行业共有县建筑企业1户，拥有施工机械总值21.9万元；乡镇建筑企业22个。拥有丁级资质工程设计单位1户，固定资产总额65万元。8月，始设置工程地质勘测组，丁级资质。1989年，县建筑设计室勘察设计开始进入邻近县的建筑市场，1994年进入徐州、连云港、常州等中等城市。1995年，有建筑施工企业30户，其中县属企业3户、集体企业27户。全县拥有机械设备754台，价值782.4万元，技术装备率1500元/人，动力装备率0.61瓦/人。设计室改称为设计院。1998年，建筑行业推广使用塑钢窗、散装水泥、多孔砖等新型建筑材料。

2000年，有四级及以上建筑企业20户，其中县属企业3户，乡镇及集体所有制企业17户。建筑企业继续开辟外埠市场，打入北京、上海、南京等大城市，县外施工人数7830人，实现外出施工产值3.3亿元。2001年，有建筑企业30户，其中县属企业9户、乡镇及集体所有制企业21户。2002年，拥有施工总承包和专业承包资质建筑企业10户，设计院提升为勘察乙级、测量丙级、设计丙级、监理丙级资质。2004年，施工总承包和专业承包建筑资质企业增加到15户。

2005年，全县共有建筑企业30户，其中拥有施工总承包和专业承包建筑资质县属企业18户、乡镇私营个体企业9户。拥有机械设备2088台（套），总功率4.13万千瓦，净值1.02亿元。技术装备率1.01万元/人，动力装备率4.1千瓦/人。

1986—2005年金湖县建筑业主要经济指标统计表

表17-2-1

年份	企业数（个）	总产值（万元）	其中外出产值（万元）	增加值（万元）	利税（万元）	年份	企业数（个）	总产值（万元）	其中外出产值（万元）	增加值（万元）	利税（万元）
1986	24	1093	—	—	17	1996	30	8500	3120	2300	83
1987	24	1264	—	—	18	1997	30	10600	3139	2800	106
1988	24	1410	—	—	20	1998	30	13544	3920	4400	805
1989	24	2027	—	—	25	1999	30	14070	8358	6270	1255
1990	25	1298	—	—	25	2000	30	201660	13600	16610	2100
1991	26	1215	—	—	21	2001	30	27045	14100	14160	3000
1992	28	1426	1251	536	22	2002	30	71200	33000	21300	3560
1993	28	8684	3768	1563	31	2003	30	60227	39000	32700	4123
1994	29	8360	4515	1921	115	2004	30	84512	49000	40400	4632
1995	30	8200	3100	2200	74	2005	30	125000	65000	17000	4840

第二节 建筑企业与队伍

一、建筑队伍

1986年，全县建筑行业有职工3800人，工程技术人员38人，其中工程师5人、助理工程师5人、技术员28人；另有一线技术工人329人。县建筑工程公司拥有施工机械31台（套），总值21.9万元，主要有卷扬机、砂灰机各16台，井字架6套，震动棒26只，电焊机、平板震动器各3台，以及混凝土搅拌机、木工带锯、空气压缩机、打夯机和车床、钻床、铣床等。1990年，运用法律法规及企业规章制度加强对施工队伍员工的教育管理，确立依法治企观念，企业与职工签订用工合同，明确职工与企业双方的权利和义务，保护各自的合法权益；条块结合管理，建筑业主管部门负责企业领导层的任免，以及对管理层、工程技术人员及高级工的申报、审核、上报、评审、录用等日常管理工作，建立健全由建筑业主管部门—企业—工程队—班组四方面组成的一个条块结合的管理网络，对职工队伍实施长效管理机制；依靠党群组织加强管理，在生产经营过程中，发挥施工队伍中基层党组织和党员的先锋模范作用，发挥工会、共青团、妇联组织的带头配合作用，对职工队伍实行有效管理。1995年，全县共有在册建筑业职工5216人，其中工程技术人员292人；拥有机械设备754台（套），价值782.4万元，技术装备率1500元/人，动力装备率0.614瓦/人。1998年，加强工程施工招投标管理，全县有工程施工单位181户，其中投标承包施工单位137户。2000年，有工程施工单位170户，其中投标承包施工单位110户。2001年，工程施工单位增加到221户，其中投标承包施工单位151户。2003年，全县建筑业计算劳动生产率年平均人数7351人。2005年，从业人数1.29万人，其中工程技术人员824人，高级职称35人、中级职称180人、初级职称609人。拥有机械设备2088台（套），总功率4.13万千瓦，净值1.02亿元。技术装备率1.01万元/人，动力装备率4.1千瓦/人。至是年，建筑系统经过层层挑选，向国外输送建筑劳务人员2255人次。赴外人员在外派机构领导下，保持和发扬中国公民勤劳朴实的劳动本色，在异国他乡遵纪守法、诚实工作，较好地完成各项承包工程任务。

1986—2005年金湖县建筑队伍统计表

表17-2-2　　单位：人

年份	从事建筑业人数	其中县外施工人数	年份	从事建筑业人数	其中	
					县外施工人数	出国出境施工人数
1986	3800	—	1996	5373	2512	21
1987	3820	—	1997	6009	3094	224
1988	3860	—	1998	5620	2955	220
1989	3932	—	1999	4783	3569	238
1990	4236	—	2000	5662	4563	262
1991	4589	—	2001	6562	5214	202
1992	4631	1100	2002	12152	7830	278
1993	4852	3000	2003	12801	9698	242
1994	5069	3100	2004	15900	12600	242
1995	5216	3120	2005	12900	12608	320

说明：1986—1995年无出国出境施工人数统计。

二、建筑企业选介

江苏金建建设集团有限公司　始建于1960年5月，名称为县建筑工程公司。1986年，县建筑工程公司拥有职工536人，其中工程技术人员10人；企业资质三级，固定资产总额97.4万元。2002年，为国家二级施工总承包资质企业，净资产1023.22万元。改制后新组建的县建筑工程有限责任公司股本总额2238万元。2005年3月，该企业更名为江苏金建建设集团有限公司，并提升为国家一级施工总承包资质企业。

县第二建筑工程有限公司　成立于1980年。1986年，担负着对乡镇建筑企业进行业务管理职能。此后，城镇、夹沟、黎城乡3个建筑队划归该公司成立经济实体，拥有职工391人，企业资质为四级，资金总额93.68万元，年施工能力1.76万平方米。1990年，提升为三级资质企业。2000年，改制后净资产1103.48万元，并重新组建县第二建筑工程有限公司，股本总额1000万元。2005年，该企业提升为国家二级施工总承包资质企业。

县建设工程有限公司　成立于1975年，名称为金湖县房地产开发公司，隶属于县房产管理所，上属县财政局，为集体单位。1986年，负责县城车间、厂房、仓库、住宅的开发与建设。1990年，隶属关系由县财政局改属县城乡建设局，具有三级资质。1992年，成立县房地产开发总公司。2001年，改制后更名为县建设工程有限公司，净资产1247.31万元（含土地资产961.43万元），股本总额1020.42万元。2005年，提升为国家二级施工总承包资质企业。

县淮胜建筑工程有限公司　前身为淮胜建筑公司，成立于1985年4月，隶属于淮胜乡政府，集体企业性质。1993年4月，更名为县淮胜建筑工程有限公司。1996年，取得房屋建筑施工总承包四级资质。1998年6月，改制后净资产45万元，股本总额668.3万元。2003年，提升为总承包三级资质。

第三节　勘察设计

概况　1986年，县建筑设计室拥有丁级工程设计资质，隶属于县城乡建设局与环境保护局，固定资产65万元，有职工26人，其中专业技术人员21人。8月，新成立工程地质勘测组，丁级资质，拥有固定资产26万元，职工14人，其中高级职称1人，中级职称5人，初级职称8人。1995年3月，设计室更名为县建筑设计院，系全民事业单位，占地2700平方米，职工38人，具有建筑、结构、给排水、电、暖通，勘察、测量、规划、预算等专业人才，其中高级职称3人、中级职称11人、初级职称15人，拥有固定资产110余万元，勘察设计设备较齐全。2002年，提升为勘察乙级、测量丙级、设计丙级、监理丙级资质企业。至2005年，该企业累计完成勘察、设计项目3609项，设计总面积203万平方米，总收入1621万元，利润80.5万元，获省、市级优秀工程勘察设计奖25项。

表17-2-3

1986—2005年金湖县建筑设计院勘察设计统计表

年份	项目（个）		设计面积（万平方米）	勘察进尺（万米）	收入（万元）	利润（万元）	年份	项目（个）		设计面积（万平方米）	勘察进尺（万米）	收入（万元）	利润（万元）
	勘察	设计						勘察	设计				
1986	48	56	4.50	0.38	157	4	1996	70	81	9.80	0.80	85	32
1987	52	74	5.87	0.42	262	6	1997	112	103	9.10	1.43	124	31
1988	70	77	7.18	0.56	30	11	1998	160	150	22.80	1.36	136	10
1989	52	59	5.40	0.44	28	25	1999	110	102	11.50	1.64	105	50
1990	69	71	6.67	0.51	30	50	2000	109	113	12.10	2.12	164	44
1991	85	75	5.44	0.63	32	57	2001	113	111	11.80	2.32	120	48
1992	74	81	9.90	0.63	50	65	2002	98	103	12.60	2.21	105	36
1993	70	76	8.00	0.60	44	31	2003	112	109	12.90	2.62	120	38
1994	66	79	7.51	0.73	62	36	2004	109	114	13.90	3.40	131	47
1995	76	81	8.20	0.84	72	38	2005	121	118	17.80	3.83	142	56

工程勘察　1986年，县建筑设计室从甘肃、江苏地矿局调进2名工程地质技术人员，成立工程勘察组，勘测机械设备有人工钻和2吨手摇静探机各1台，手工记录仪、水准仪各1台。勘察资质为丁级，完成地质勘察项目48项，勘察进尺3840标准米。1990年，金湖中学食堂工程获市优秀勘察奖。1995年，勘察资质提升为丙级。1996年，11层、建筑高度44米的泗洪县中行综合楼，获省勘察二等奖、淮阴市勘察一等奖；占地1387.5平方米、建筑高度20米的盱眙县狼山水泥厂生料精磨车间厂房，获淮阴市勘察二等奖。1990—1999年10年中，共获得省、市优秀地质勘察奖10项。2002年，勘察资质提升为乙级，测量资质提升为丁级。2005年，工程勘察技术人员增加到5人，其中高级技术职称1人、中级技术职称2人；勘察机械设备有工程勘察车1辆，150米钻机1台，5吨和3吨液压静探机各1台，2~3吨手摇静探机4台，静探自动记录仪3台，水准仪3台，经纬仪1台，测距仪2台，电脑5台及勘察CAD软件等，并配置土工试验室。是年，完成勘察项目121项，勘察进尺3.83万标准米，测量1.2万平方米。

工程设计　1986年，县建筑设计室有设计人员11人，其中中级职称4人，初级职称7人；主要设备有晒图板、绘图板等简陋办公设施，资质为丁级。1990年，设计的灌南县邮政电信大楼，主体5层，塔楼9层，总高度39米，建筑面积3038平方米，获省优秀工程丙丁级设计三等奖。1991年，该室设计资质提升为丙级。1994年设计的宝应县劳动服务公司教学楼获得淮阴市优秀工程设计一等奖。1995年设计的县供电局电力大厦，12层，总高度43米，建筑面积5078平方米，获省城乡建设优秀工程设计三等奖和淮阴市优秀工程设计二等奖。1999年设计的县实验中学综合楼获得淮阴市优秀工程设计一等奖；与市建委村镇科联合编制的村镇住宅通用图集，参加全国城镇商品住宅设计“我心目中的家”竞赛，获得优秀设计奖，在同资质勘察设计行业中崭露头角。2005年，工程设计人员增加到

20人，其中高级职称4人、中级职称8人、初级职称2人。拥有电脑20台，打印机3台，复印机、晒图机、绘图机各1台。

第四节　建筑施工

一、县内工程

1986年，县内建筑工程施工面积7.56万平方米，竣工面积4.52万平方米，竣工率59.8%。1987—1991年，施工面积47.54万平方米，竣工面积25.58万平方米，竣工率53.8%。1994年，县内建筑工程施工面积9.28万平方米，竣工面积7.02万平方米，竣工率75.6%。是年，县建筑工程公司承建的县城人民路中国人民银行金湖县支行大楼，建筑面积4700平方米，框架6层，1995年竣工。随后，该公司又继续承建中国农业银行金湖支行综合楼，建筑面积5600平方米，框架9层，1997年竣工。

2000年，县内建筑工程施工面积13.04万平方米，竣工面积9.76万平方米，竣工率74.8%。县建筑工程公司承建的县城衡阳路江苏石油勘探局石油试采二处第9、15、16号住宅楼，建筑面积7463平方米，砖混6层；淮胜建筑工程公司承建的县城建设路广播电视局综合楼，建筑面积3700平方米，砖混6层，两项工程均在当年竣工。2001年，竣工的主要工程有：县建筑工程公司承建县城建设路109号行政中心大楼，主体9层（地面以上8层，地下1层），建筑面积9800平方米；建设东路金叶粮油食品有限公司200吨专用面粉车间，建筑面积4600平方米，砖混6层；建设房管大厦，建筑面积8360平方米，砖混9层；健康西路20号，汽车运输公司综合楼，建筑面积3020平方米，砖混6层。县第二建筑工程公司承建的县城健康西路国税局办公楼，建筑面积2600平方米，砖混7层。健康路县中医院西侧县房地产开发公司承建的衡阳路果园商住楼，建筑面积4400平方米，砖混7层；建设西路2号教师进修学校综合楼，建筑面积2939平方米，砖混7层。

2002年，竣工的主要工程有14项，其中县第二建筑工程公司承建7项，竣工建筑面积5.31万平方米。具体项目是：人民路128号电力实业开发公司综合楼，建筑面积4246平方米，砖混6层；健康西路28号国土局1号住宅楼、建筑面积1.33万平方米，砖混7层；人民路58号城南小学综合楼，建筑面积4200平方米，砖混6层；人民路145号烟草公司综合楼，建筑面积5100平方米，砖混7层；人民路人民医院综合楼，建筑面积1.13万平方米，砖混10层。六建公司在衡阳路兴建的农机大厦，建筑面积7400平方米，砖混7层。县城建砖混6层的建筑有：人民路温州商贸城，建筑面积1.81万平方米；衡阳路江苏石油勘探局石油试采二处三期二标段（2幢），建筑面积4000平方米；金湖县建设集团总公司承建的健康西路西苑新村综合楼，建筑面积5160平方米；金城建筑工程有限公司承建的建设路缫丝厂综合楼，建筑面积3667平方米；金湖县第三建筑工程公司承建的金湖路尧园大厦，建筑面积5600平方米；淮胜建筑工程公司在衡阳路兴建的该公司综合楼，建筑面积1831平方米；九建公司在城南跃进路开发的该公司住宅楼，建筑面积3130平方米；在人民路43号兴建的家电公司综合楼，建筑面积3585平方米。

2003年，县内建筑工程施工面积27.55万平方米，竣工面积15.86万平方米，竣工率57.6%。竣工的主要工程有3项：县第二建筑工程公司承建2项，竣工建筑面积1.87万平方米。衡阳路龙港花园第6、9、10号住宅楼9800平方米，砖混6层；电信大楼，建筑面积8900平方米，砖混12层。县建设工程有限公司在衡阳路兴建新华大厦，建筑面积8150平方米，框架8层。2004年，全县基本建设工程施工面积23.25万平方米，竣工面积17.99万平方米，竣工率73.5%。竣工砖混（砌体）结构5~6层的主要工程有3项：县第二建筑工程公司承建的衡阳路龙港花园一期工程，建筑面积5.12万平方米；金建建设集团有限公司、县第二建筑工程公司共同承建康乐路的金都花苑，建筑面积2.1万平方米；

县第二建筑工程公司、淮胜建筑工程公司共同承建的跃进路金波花园，建筑面积2.05万平方米。

2005年，县内建筑工程共施工面积20.75万平方米，竣工面积15.77万平方米，竣工率76%。竣工的主要工程有3项：县第二建筑工程公司承建的建设路县政府小区住宅楼，建筑面积2300平方米，砖混6层；健康路外贸公司住宅综合楼，建筑面积4390平方米，砖混6层。淮胜建筑工程公司在利民路兴建的都市花园，建筑面积7025平方米，框架6层。

1986—1998年金湖县建筑工程施工效益统计表

表17-2-4

年份	施工面积（万平方米）	竣工面积（万平方米）	产值（万元）	其中					
				全民单位项目		城镇集体单位项目		更新改造项目	
				施工（万平方米）	竣工（万平方米）	施工（万平方米）	竣工（万平方米）	施工（万平方米）	竣工（万平方米）
1986	7.56	4.52	1093	3.85	2.26	1.16	1.16	2.55	1.10
1987	11.27	6.91	1264	4.16	2.51	3.55	2.12	3.56	2.28
1988	10.09	5.20	1410	4.95	2.30	2.89	2.13	2.25	0.77
1989	6.93	3.61	2027	3.63	1.89	2.00	1.01	1.30	0.71
1990	10.85	4.96	1298	3.91	2.34	5.20	1.53	1.74	1.09
1991	8.40	4.90	1215	5.05	2.76	2.02	1.17	1.33	0.97
1992	11.74	6.31	1426	7.59	4.06	2.69	1.67	1.46	0.58
1993	10.84	7.64	4916	5.08	3.95	2.89	2.25	2.87	1.44
1994	9.28	7.02	3845	5.15	4.13	2.03	1.62	2.10	1.27
1995	15.39	11.33	5100	12.49	9.01	1.44	1.20	1.46	1.12
1996	18.46	14.29	5380	15.71	11.93	1.99	1.60	0.76	0.76
1997	22.30	16.70	7461	18.00	13.51	2.96	1.85	1.34	1.34
1998	24.16	20.11	9624	20.25	16.20	2.88	2.88	1.03	1.03

1999—2005年金湖县建筑工程施工效益统计表

表17-2-5

年份	施工面积（万平方米）	竣工面积（万平方米）	产值（万元）	其中			
				基本建设项目		更新改造项目	
				施工（万平方米）	竣工（万平方米）	施工（万平方米）	竣工（万平方米）
1999	14.13	9.54	5712	13.35	8.94	0.78	0.60
2000	13.04	9.76	6566	11.99	8.70	1.05	1.05
2001	12.08	10.88	12945	11.59	10.39	0.48	0.48
2002	11.70	5.45	38200	10.98	5.03	0.72	0.42
2003	27.55	15.86	21227	18.36	12.64	9.20	3.22
2004	23.25	17.99	35512	13.65	8.84	9.61	9.15
2005	20.75	15.77	60000	15.28	10.30	5.47	5.47

说明：2004年、2005年两年“基本建设项目”栏为“城镇建设项目”数据。

二、县外工程

1989年，县建筑设计室勘察设计先后进入邻近的盱眙、宝应、高邮、泗洪、灌南、宿迁和安徽省天长等县建筑市场。1994年，县建筑队伍进入睢宁县和江西省武威县及徐州、连云港、常州等中等城市。2000年前后，打入北京、上海、南京等大城市。2002年，全县在县外施工人数7830人。除巩固安徽、新疆及本省昆山等建筑劳务市场，又开辟山东省和黑龙江省大庆、安徽省合肥市建筑劳务市场，完成外出施工产值3.3亿元。

图17-2-1　金建集团承建的黑龙江大庆东风花园17号楼（摄于2005年）
李逢生／供

至2005年，县建筑劳务先后进入省内苏州市、扬州市、句容县等地建筑市场；承接省外建筑工程有山东省青岛市、威海市，河南省漯河市、临颍县，安徽省天长市、芜湖市、合肥市，浙江省衢州市，广东省东莞市，陕西省西安市、咸阳市，江西省南昌市，湖北省黄石市，辽宁省沈阳市、黑龙江省大庆市，新疆维吾尔自治区乌鲁木齐市以及上海市、北京市等地。承建较大建筑工程有：县建筑工程有限公司承建的大庆市祥阁花苑住宅小区第1、2号住宅楼，面积1.5万平方米，造价1400万元；大庆市花园别墅楼，面积1.83万平方米，造价1500万元；大庆市大庆大学教学综合楼，面积1.25万平方米，造价1400万元；浙江省衢州市远方房地产开发公司开发的金都花苑住宅楼，面积2.25万平方米，造价1738万元；上海浦东房地产开发公司开发的海滨花园别墅，面积1.6万平方米，造价3000万元。县第二建筑工程有限公司承建的扬州市人民医院病房楼，面积1.5万平方米，造价1200万元；江西省南昌市中益房地产开发公司开发的综合楼，面积9800平方米，造价1500万元。县设计院承担泗洪县中行综合楼，11层，总高度44米，获得省优秀勘察二等奖、市优秀勘察一等奖；灌南县邮电电信大楼，主体5层，塔楼9层，总高度39米，建筑面积3038平方米，获省丙丁级优秀设计三等奖。

1992—2005年金湖县建筑企业承建县外建筑工程统计表

表17-2-6

年份	产值（万元）	从业人数（人）	年份	产值（万元）	从业人数（人）	年份	产值（万元）	从业人数（人）
1992	1251	1100	1997	3139	3094	2002	33000	7830
1993	3768	3000	1998	3920	2955	2003	39000	9698
1994	4515	3100	1999	8358	3569	2004	49000	12600
1995	3100	3120	2000	13600	4563	2005	65000	12608
1996	3120	2512	2001	14100	5214			

三、出国出境建筑劳务

1996年7月，县城建局与县外经委、县劳动局联合向社会公开招聘贴面砖和地面砖的技术工人出国，经市国际经济技术合作公司考核，有27人合格，分别于8月、9月向以色列耶路撒冷输出建筑劳务工27人，实现县建筑业境外劳务输出零的突破。年底，中国江苏国际经济技术合作公司金湖公司（以下简称中江金湖公司）成立，行政上挂靠县对外经济贸易委员会，业务上隶属省中江公司，对外独立核算，自主经营、自负盈亏。是年，经中国建筑总公司和国家中农垦建筑总公司选拔，以金湖建筑公司为主体，杨春等29名建筑工人赴以色列国从事钢筋工和木模工，合同额10.8万美元。1997年，委托金湖县房地产开发公司牵头，承办在科威特国“267项目”劳务人员的选派，承建住宅施工等工程。县房地产开发公司经理朱茂文被市建工局聘用，任驻海外公司总经理兼“267项目”经理。“267项目”（金湖片区）共派204名劳务工和管理人员赴科威特国工作。是年，外派劳务人员101人，新签外经合同额183.2万美元，实现外经营业额132.2万美元。1998年，在科威特分包工程从事建筑工204人，到以色列从事瓷砖铺贴工16人，至2000年，县建设工程公司（原县房地产开发公司）向科威特组织劳务工428人。该公司与科威特国阿哈玛蒂亚公司签订海滨工程项目中的第一期主体工程分包项目，合同额为126.54万美元，合同期为14个月。

2001—2002年，县除继续向科威特输送建筑工人，县建设局还与淮阴建筑集团海外分公司合作，在全县招收建筑工44人，并排除“非典”干扰，委托中国江苏国际经济合作公司代理，与科威特国签订苏拉电影院34层AL-ASFOER写字楼及配套停车车库项目合同。2002年，县出国人数278人，被市委、市政府授予淮安市建筑业出国出境先进县。2003年1月、7月、9月，3次向科威特选派143人出国。2004年上半年，输送200多人到达科威特。

图 17-2-2 金建集团承建的科威特36层综合楼（摄于2002年）
李逢生／供

至2005年，以县建设工程公司为龙头的涉外建筑施工队，在科威特先后承建海滨工程、阿哈玛蒂亚工程、苏拉电影院34层写字楼工程、休威克购物中心、五环超市和发电厂扩建等工程项目，累计输出劳务人员1150人次，实现营业收入1048.97万美元；县建设系统共外派建筑劳务工2255人次，先后赴以色列、科威特、阿尔及利亚等国承建建筑工程，累计实现外经营业额1.2亿元人民币。

四、工程监理

1998年，金湖县始开展建设工程监理业务，新成立建设监理、金昕监理、城乡建设监理等3户监理企业。2001年，合并为金湖县建设工程监理有限责任公司，丙级资质。2003年，随着房地产招商引资项目的进入，有2户外地监理企业来金湖县执业，参与建设工程监理。

2005年，在县内从事监理工作的监理企业除金湖县建设工程监理公司外，还有3户外地监理企业，均为丙级资质，从业人数58人，其中国家注册监理工程师12人、省注册监理工程师20人、监理员26人。监理企业均按照《建设工程监理规范》，对建设项目的勘察设计、投资预算、用料型号标准，以及质量进度、施工安全等方面，实行全方位、全过程监理，从放线定位到进料施工，从架设输电线路、安装脚手架到撤卸起吊机械，一直到工程结束，每道工序严格把关验收，对隐蔽项目实行旁站监理、拍照建档，确保安全无事故和工程质量符合设计要求。

五、优质工程

1994年，县域建筑业始获得市级以上优质工程奖6项，其中县建筑工程公司承建的县机电公司宿舍楼工程被评为省优质工程，县建筑设计室设计的县邮电局综合楼被评为市优质工程，闵桥镇政府总体规划设计获市优秀建筑工程设计奖。1995年，县电力大厦等3项工程获市优秀工程设计奖。1996年，获奖5项，其中省优秀工程奖2项、市级优秀勘察奖2项、优秀设计奖1项。1997年，金湖宾馆工程建筑面积8120平方米，土建造价590万元，由县建筑设计院设计，县建筑工程公司承建，于11月被省建筑业联合会评为“扬子杯”优质工程，此为金湖县建县以来建筑工程质量首次获得的最高奖项。1998年建造的县农行综合楼、2000年建造的B幢住宅楼，分别获得省优质工程奖、“扬子杯”优质工程奖。2003年，石油试采二厂、苏源电力公司、县烟草公司、县图书馆、县航道管理站、县人民医院综合楼、西苑新村住宅楼，塔集中心小学教学楼等8项工程分别获得市级设计、勘察、建筑优质工程奖，其中县建设房管大厦工程又获得省“扬子杯”优质工程奖，全年获奖项目数创历史之最。2005年，全县建筑企业获得市级优质结构工程奖8项。

六、建筑技术

1990年11月，成立县发展新型墙体材料领导小组，并设置改革办公室，简称“墙改办”，负责新型墙体材料推广工作。1994年，推广使用塑钢门窗。1996年4月，县房地产开发公司下属的县丽舒建材有限公司批量生产丽舒牌塑钢门窗。1998年9月，取得建设部颁发的国家首批塑钢门窗生产许可证和省建委颁发的准用证。2000年，县政府规定采用新型墙体材料、达到节能标准的建筑视为节能建筑。2001年，县成立推广使用散装水泥办公室，简称“散改办”，2002年全面推广使用。2003年，推广使用黏土多孔砖和混凝土小型砌块砌墙。至2005年，全县使用此砌块砌墙的面积50.67万平方米，推广使用散装水泥38万吨，累计生产塑钢门窗18.2万平方米，中空玻璃钢9.5万平方米，生产PP-R新一代供水、供热高性能管材——塑王管465吨，县行政大楼、金创大厦、苏源宾馆、江苏油田金采新村及淮安富春花园住宅小区、盐城宏都花苑小区、南京政治学院综合楼等，均使用该公司的管材，县内所有在建工程全部淘汰木质门窗、普通空腹钢门窗、实腹普通钢窗及不合格铝合金窗，全部推广使用塑钢门窗及其他耐温防腐、密封性好的隔热保温窗，被市建设局评为综合先进集体。

第五节　建筑行业管理

一、资质管理

1986年，根据国家颁布的相关法规，县建设行政主管部门加强对施工企业的资质管理，以保障企业依法承包和经营工程建设任务，维护建设市场秩序，确保工程质量。年内，对全县从事各种房屋建筑、土木工程、设备安装、管线铺设等施工的1户县属企业、21户乡镇企业的资质，即建筑企业的人员素质、管理水平、资金数量、承包能力和建设业绩，进行年度查验。县建筑工程公司获三级资质，

1户获四级资质，20户为等外级资质。1995年，全县30户建筑施工企业，按体制分，县属企业3户，乡镇集体企业27户；资质等级，二级资质企业1户，三级资质企业3户，四级资质企业8户，等外级资质企业18户。在册建筑业职工5216人，工程技术人员292人，其中高级职称6人、中级职称31人、初级职称225人。拥有机械设备754台（套），价值782.4万元，技术装备率1500元/人，动力装备率0.614瓦/人。

1999年，县建设局成立标准化工地评审委员会，在全县建筑业企业开展创建标准化工地活动，加强对职工和管理人员培训，提高建筑队伍的管理水平和技术水平。至2003年，共创建县级标准化工地38个，其中被市建委命名为标准化工地的32个。2004年，县域所有在建工程标准化工地率100%。同时，加大老化机械设备更新和企业资质升级力度，坚持年审制度，保证施工企业安全生产、创优质工程。至2005年，全县建筑业共投入更新机械设备资金3000多万元，其中县建筑工程公司一次性投资130余万元。共有建筑施工资质等级企业30户。其中，县建筑工程有限公司提升为国家房屋建筑施工总承包一级资质，并更名为江苏金建建设集团有限公司；二级资质企业2户，为县第二建筑工程有限公司、县建设工程有限公司；三级企业5户；专业承包企业10户，劳务企业11户；丙级企业1户，为县工程建设监理有限公司。建筑业全员劳动生产率平均人数10115人，工程技术人员824人，其中，高级职称35人、中级职称180人、初级职称609人。拥有机械设备2088台，总功率4.13万千瓦，净值1.02亿元。技术装备率每人1.01万元，动力装备率4.1千瓦/人。是年，对外地来金湖施工的建筑企业实行准入注册备案登记制度。据统计，共有48户外地建筑企业到金湖施工。有建筑一级建造师及一级临时建造师25人，二级建造师及二级临时建造师77人，三级项目经理177人，造价员24人。对项目经理实行动态管理，县所有在建工程的建造师（项目经理）均实行押证制度，保证其建筑工程质量和安全生产。

2005年金湖县建筑工程承包企业资质等级一览表

表17-2-7

一、施工总承包企业

单位名称	资质等级	单位名称	资质等级
江苏金建建设集团有限公司	一级总承包	江苏前龙建筑工程有限公司	三级总承包
县第二建筑工程有限公司	二级总承包	县第九建筑工程公司	三级总承包
县建设工程有限公司	二级总承包	县金城建筑工程有限公司	三级总承包
县淮胜建筑工程有限公司	三级总承包	县第四建筑工程有限公司	三级总承包

二、专业施工承包企业

单位名称	资质等级	单位名称	资质等级
县金鹏彩钢有限公司	钢结构专业承包二级	县丽舒建材有限公司	金属门窗工程专业承包三级
县建源新型建材有限公司	混凝土预制构件专业承包二级	江苏焕发钢业有限公司	钢结构工程专业承包三级
江苏金桥建材有限公司	钢结构工程专业承包二级	县金茂建筑工程装饰有限公司	金属门窗工程专业承包三级 建筑装修装饰工程专业承包三级
淮安建源地基基础工程有限公司	地基与基础工程专业承包三级	县瑞华房屋拆除有限公司	金属门窗工程专业承包三级
县常洪新型建材有限公司	钢结构专业承包三级	县琳翔家居门业装饰有限公司	钢结构工程专业承包三级

2005年金湖县建筑劳务企业、监理企业资质等级一览表

表17-2-8

单位名称	资质等级	单位名称	资质等级
县金玖建筑劳务有限公司	砌筑作业劳务分包一级	县国云建筑劳务有限公司	砌筑作业劳务分包一级
县隆兴建筑劳务有限公司	砌筑作业劳务分包一级	县金塔建筑劳务有限公司	砌筑作业劳务分包一级
县宏塔建筑劳务有限公司	砌筑作业劳务分包一级	县发华建筑劳务有限公司	砌筑作业劳务分包一级
县飞达建筑工程公司	砌筑作业劳务分包一级	县华宇建筑劳务有限公司	砌筑作业劳务分包一级
县金建建筑劳务有限公司	砌筑作业劳务分包一级	县吕良建筑劳务分包有限公司	砌筑作业劳务分包一级
县富强建筑劳务有限公司	砌筑作业劳务分包一级	县工程建设监理有限公司	建筑工程监理丙级资质

二、质量管理

1986年，县建筑工程质量监督站担负工程质量监督管理职能。施工单位配备专职、兼职质检员，深入施工现场，严把工程自检质量关。工程监理人员做好旁站、巡视检测工作，严把验收关，确保工程质量。1992年，实施新工人岗前培训，学习相关建筑法规、操作规程，上岗后由老职工一对一“传帮带”。对部分职工进行学历培训，共培训26人，其中有10人考入市城建中等职业专科学校。

1993年、1994年，县质监站连续两年被省建委评为先进工程质量监督站。1994年9月，县建管处与县职业高级中学联合举办一个建筑班，在社会招收40名初、高中毕业生，专门学习工业与民用建筑业理论业务知识，学历为职业高中，3年学业期满奔赴建筑施工第一线。1995年，县建设工程质量监督站根据建设工程相关法规，严格执行工程质量终身制，建立健全工程质量全面监测管理网络。2003年，县质监站被省建委评为先进单位，被市建设工程质量监督站评为“优质结构工作先进集体”。2004年，对本系统内168名特殊工种人员进行严格培训，一律培训上岗，持证上岗率为100%。

2005年，开展工程质量执法检查，将查出的工程质量隐患，及时督促相关责任单位进行整改；强化施工图审查、工程质量监理、建筑材料质量检测、工程质量通病防范等工作，施工图审查率达98%。鼓励支持青年工人参加省、市职工技能竞赛。县第二建筑工程有限公司油漆工黄青松，参加全省青工岗位技术比赛，获二等奖，被省建委和团市委分别表彰为技术能手和新长征突击手；县建筑工程公司工人马俊被县政府评为岗位能手；县淮胜建筑工程有限公司王志勤参赛获全市技能竞赛第一名，被授予淮安市“五一劳动奖章”“淮安市技术能手”称号，获得高级职业资格证书。在创建优质工程活动中，至2005年，全县共争创省优质工程8项、市优质工程29项。

三、安全管理

1986年起，全行业坚持“安全第一、预防为主”的方针和“管生产必须管安全”的原则，年年开展“安全生产周”“安全生产月”和“百日安全无事故”等各种竞赛活动，组织参加市县举办的“平安杯”“中淮杯”“安康杯”等安全知识有奖竞赛活动。1995年，县建筑工程管理处被省建工局评为安全生产先进单位。2000年，全县建筑行业举办多种形式的安全生产培训班，加大安全生产宣传力度，组织职工观看安全生产警示教育片，发放安全生产工作手册。2002年，县建设局同全县所有建筑施工企业签订安全生产责任状，明确企业的法人代表为安全生产管理第一责任人，把安全生产责任落到实处。年底，县建设局被市评为安全管理工作先进集体。

2005年，坚持实行“两证”制度，即施工单位开工前必须经上级主管部门检验，符合安全开工条件、领得“施工企业安全资格证”和“施工现场安全认可证”方可施工。2000—2005年，全县建筑行业共举办各类安全生产培训班15期，培训688人次，先后组织2500多人次观看安全生产警示教育片，发放安全生产工作手册600余册。组织施工现场安全生产大检查6次，发现事故隐患61处，下发整改通知书61份、停工通知书22份，处罚金3400元，对相关企业进行通报批评。对发生安全生产事故的施工企业，坚持找出原因，查明责任，吸取教训，落实整改措施。对安全生产坚持实行一票否决制。

第三章 房地产业

第一节 概 况

1986年，全县城乡住房总面积329万平方米，人均住房面积县城8平方米、乡村11平方米。进行第一次县城房屋普查，调查住户5108户、面积75.93万平方米，其中属县房产管理所直管公房1.73万平方米。1988年，房屋买卖、转让、赠与、继承、分析等业务由新成立的县房地产交易所承担。1995年，县城有直管公房1.6万平方米，其中有1万平方米平房建于20世纪60~70年代，较为破旧，县城居民住房需求矛盾较为突出。县政府一方面继续对公有住房实行租金改革，逐步向成本租金过渡，使公有住房租售关系趋于合理；一方面严格执行国务院房改政策，加大房产开发力度，按规定向职工出售公有住房。

1998年底，停止住房实物分配，实行住房分配货币化。在建立职工购房补贴制度、完善住房公积金制度和个人合理负担的基础上，提倡由职工个人购买商品房、经济适用住房或普通住宅。城乡居民住宅需求量急剧增加，房地产开发升温，私人建房量增加，部分先富裕起来的村民也开始进镇建私房。2004年，县政府成立经济适用房发展中心，兴建新城花园，解决县城困难户的住房问题。建成拆迁安置房31万平方米。

2005年，全县累计出售房改房7857套、面积53.26万平方米，销售金额1.42亿元；发放购房补贴497人，补贴面积2.88万平方米，补贴金额456.58万元；住房公积金归集1.59亿元，支取5977.39万元，余额1.01亿元；住房贷款1680户，贷款金额8656.83万元，余额4998万元，结息118.85万元。县房地产管理部门累计登记房产交易1.14万宗，面积101.85万平方米，交易金额11.97亿元；安全鉴定房屋144批次，鉴定面积12.33万平方米；白蚁灭治91户，施工面积115.41万平方米，防治覆盖面占86.8%。县政府兴建并销售新城花园经济适用房594套、4.5万平方米；在建的640套、4.8万平方米；廉租住房的租金实行政府定价，每平方米0.45元/月。至年底，全县住房总面积860万平方米，人均住房面积24平方米，其中，城镇居民人均住房面积19平方米，乡村居民人均住房面积28平方米。

1999—2005年，私人建房户4625户，竣工房屋建筑面积70.76万平方米，单2005年一年的建房面积，就相当于1989—1998年10年私人住宅建设的总量。房地产开发商由1986年的1户增加到2005年的11户，西苑、实验、金城、工商、土地、县政府、温州商贸城、龙港、金都、上海等共200余万平方米的居住区相继建成，金浦、都市华城、桓裕广场开工建设。居住区绿化率达35%，且配备闭路监控、宽带网、管道液化气、健身器材等设施。新建小区全部由5家物业管理公司实行管理，治安、卫生、生活环境明显改善。

表17-3-9

1986—2005年金湖县城乡居民住房统计表

年份	总人口（万人）	住房总面积（万平方米）	其中楼房（万平方米）	人均住房面积（平方米）	城镇居民住房		乡村居民住房	
					总面积（万平方米）	人均住房面积（平方米）	总面积（万平方米）	人均住房面积（平方米）
1986	32	329	76	10	99	8	230	11
1987	33	337	80	10	100	8	237	12
1988	33	349	88	11	102	8	247	12
1989	33	361	92	11	104	8	257	12
1990	33	388	102	12	113	8	275	13
1991	34	416	115	12	121	9	295	13
1992	34	444	120	13	131	10	313	14
1993	34	476	130	14	141	10	335	15
1994	34	511	140	15	151	11	360	16
1995	34	546	145	16	162	12	384	18
1996	34	581	155	17	173	13	408	19
1997	35	610	165	17	185	13	425	19
1998	35	640	175	18	195	14	445	21
1999	35	670	195	19	205	15	465	21
2000	35	700	210	20	217	16	483	22
2001	36	730	220	20	219	17	511	24
2002	36	763	242	21	229	18	534	25
2003	36	795	263	22	245	18	550	26
2004	36	830	288	23	263	18	567	27
2005	36	860	303	24	283	19	577	28

第二节　住房制度改革

（参见“第九篇改革”第六章第三节。）

第三节　房地产开发与建设

一、房地产开发企业

1986年，县有房地产开发企业1户，即县房地产开发公司。1995年，新成立金城房地产开发公司，全县房地产开发企业增加到2户。1999年，新增外地到金湖房地产开发企业江苏华夏置业发展有限公司，全县房地产开发企业发展到3户。2000年，县政府印发《金湖县城镇住宅建设管理办法》，规范住宅建设和房地产开发行业管理。县房产管理局对全县3户房地产开发企业资质进行年检，杜绝无资质开发行为。2003年，新成立江苏金石置业有限公司。2004年金湖县建设房地产开发有限公司成立。2005年，引进外地到金湖房地产开发企业绿达、金蒲、中发、棠城等6户，全县注册登记房地产开发公司11户，其中具有资质二级的4户、三级的7户。

表17-3-10

1986—2005年金湖县房地产开发注册企业一览表

企业名称	成立年份	注册资金（万元）	资质	企业性质	公司参股人数（人）
金湖县房地产开发公司	1986	800	三级	股份	10
金湖县金城房地产开发公司	1995	50	三级	股份	5
江苏华夏置业发展有限公司	1999	500	二级	股份	15
江苏金石置业有限公司	2003	800	三级	股份	20
金湖县建设房地产开发有限公司	2004	800	三级	股份	20
江苏绿达置业发展有限公司	2005	800	三级	股份	20
金湖县神华房地产开发有限公司	2005	800	三级	股份	12
金湖县金蒲房地产开发有限公司	2005	800	二级	股份	15
江苏中发置业有限公司	2005	2000	二级	股份	20
南京棠城房地产开发公司	2005	2000	二级	股份	5
金湖县新城保障性住房开发中心	2005	15000	三级	股份	10

二、房地产建设

1986年，全民所有制单位房屋施工面积3.85万平方米，竣工面积2.26万平方米；集体所有制单位房屋施工面积、竣工面积均为1.16万平方米。平均造价每平方米255元左右。1988年，全民所有制单位房屋施工面积4.95万平方米，竣工面积2.29万平方米；集体所有制单位房屋施工面积为2.89万平方米，竣工面积2.13万平方米。1992年，全县房屋建筑施工面积12.81万平方米，竣工房屋面积6.95万平方米，竣工率54.26%。其中商品房开发1.07万平方米。开发的商品房多为5层以下的砖混结构楼房，单元面积一般在45~65平方米左右；卧室大，客厅小，门窗由木质、钢质或铝合金材料制成。房屋平均造价369元/平方米。

至1995年底，县房地产开发公司开发商品房31幢、5.2万平方米，安排住户674户，其中西苑新村南区住宅楼1.09万平方米，销售房屋面积6741.6平方米，销售额369万元，利润13.7万元。1996年，两户房地产开发公司共开发商品房37幢、6.85万平方米，安排住户764户。随着县塑钢产业的兴起，塑钢门窗在建筑工程中开始普及。1997年，县房地产开发公司房屋开发、竣工面积均为1.4万平方米，销售商品房60套，销售额515万元，实现利润18.7万元；金城房地产开

图17-3-3　县房地产开发公司兴建的西苑新村（摄于1995年）
姜燕／摄

发公司房屋开发、竣工面积均为5500平方米，销售商品房52套，销售额325万元，实现利润10.2万元。

1998年，全县房地产开发投资1747万元，完成建筑面积1.85万平方米，竣工面积1.66万平方米，销售商品房194套、面积1.46万平方米，销售额1519万元，实现利润32.08万元。其中县房地产开发公司与县刃具厂、县食品公司、县总工会联合开发1.3万平方米；与县房管局、县人民检察院、金湖电影院联合开发4431平方米。金城房地产开发公司自行开发1163平方米。至1999年，房屋施工面积全民所有制单位97.63万平方米，竣工面积71.73万平方米；集体所有制单位施工面积20.32万平方米，竣工面积15.51万平方米。2000年，房地产开发投资3790万元。2001年，房地产开发投资额2879万元，施工面积13.35万平方米，竣工11.87万平方米。

2002—2004年，房地产开发投资1.28亿元，施工面积9.79万平方米，竣工面积7.82万平方米。房屋结构多为框架式砖混结构的楼房，配备闭路监控、宽带、管道液化气等设施。2005年开发企业坚持向舒适、美化、环保、现代化人居环境发展转变的开发理念，确保工程质量标准，不断满足不同层次居民的基本居住需求，一批大型高档居住小区和功能齐全、设施先进、气魄宏伟的高楼拔地而起；部分独院式、基础设施、物业管理配套的住宅小区建设逐步形成规模。共开发房地产15.28万平方米，竣工10.3万平方米，完成投资3.62亿元。

三、城镇居民私人建房

1986年，县城镇职工住房为实物化福利性分房、低租金使用的制度，住房均由各单位自行建设、自行分配，城镇和工矿区居民建私房的较少。兴建的公房和少数私房，结构简单，檐口低，窗户小，一般无卫生设施。1989—1991年，城镇居民私人建房总户数392户，其中在县城建房的237户，在集镇建房的155户；农业户238户、非农业户154户；竣工房屋建筑面积5.6万平方米，其中住宅5.23万平方米。1992—1998年，城镇居民私人建房总户数1095户，其中县城居民建房户447户，占40.8%；集镇居民建房户648户，占59.2%；农业户建房户914户，占83.5%，非农业户建房户181户，占16.5%；竣工房屋建筑面积25.71万平方米，其中住宅20.23万平方米。1997年是城镇和工矿区居民私人建房最多的一年，建房户377户，其中农业户306户，占建房总户数81%。1999—2001年，农村部分先富裕起来的村民开始进镇建私房，处于城镇居民私人建房的高峰期，3年建房户2030户，其中居民在乡镇集镇建房1418户，占70%；在建房总户数中，农业户1680户，占82.8%；非农业户350户，占17.2%；竣工房屋建筑面积30.8万平方米，其中住宅25.16万平方米。

2002—2005年，城镇居民私人建房总户数2595户，其中县城615户、集镇1980户、农业户2218户、非农业户377户；竣工房屋建筑面积39.96万平方米，其中住宅36.28万平方米。2005年，是县域城乡居民私人建房最多的一年，总户数1209户，其中县城323户、集镇886户；农业户1119户、非农业户90户；竣工房屋建筑面积19.76万平方米，其中住宅18.87万平方米，占前4年私人建房总量的50%左右，相当于1989—1998年10年私人住宅建设总量。

1989—2005年金湖县城镇居民私人建房统计表

表17-3-11

年份	建房总户数（户）	住户类型（户）		分布（户）		竣工房屋（平方米）	
		农业户	非农业户	县城	集镇	建筑面积	其中住宅
1989	271	161	110	220	51	34375	33853
1990	62	31	31	10	52	9985	8268
1991	59	46	13	7	52	11690	10192
1992	83	74	9	13	70	13561	11317
1993	100	71	29	14	86	11338	9028

接上表

年份	建房总户数（户）	住户类型（户）		分布（户）		竣工房屋（平方米）	
		农业户	非农业户	县城	集镇	建筑面积	其中住宅
1994	74	49	25	23	51	9743	7847
1995	60	30	30	14	46	15207	7737
1996	124	119	5	20	104	14685	14209
1997	377	306	71	195	182	49701	42663
1998	277	265	12	168	109	41714	35268
1999	603	507	96	156	447	101118	74193
2000	736	609	127	240	496	107336	93218
2001	691	564	127	216	475	99566	84160
2002	489	372	117	104	385	71641	58545
2003	393	310	83	97	296	59769	51361
2004	504	417	87	91	413	70561	64266
2005	1209	1119	90	323	886	197623	188709

第四节　房屋与产权产籍管理

一、产权产籍管理

1987年，县政府制定《金湖县城镇房屋产权清查、登记、发证实施办法》，并从1988年12月20日起，对全县城镇房屋产权进行清查、登记、发证，审查、确认房屋产权的归属，依法保护产权所有者和使用者的合法权益，及时掌握房产的变化和产权的异动情况。1991年5月，县城登记结束后，对金沟、银集、闵桥、塔集、涂沟和吕良等6个建制镇规划区内的房产进行登记发证，共登记、核发产权证721户。1994年，办理房产抵押24件、赠与4件、析产2件、交换2件、租赁5件、委托评估4件。1995年7月至9月，第二次城镇住房制度改革起步，共办理房屋买卖41件，面积6150平方米；办理析产和赠与8件，委托评估8件。办理房屋产权登记发证225件，面积7.78万平方米。办理房产抵押24件，办理房产交换2件、租赁5件。1996年，办理产权登记发证1585件，面积34.48万平方米。2001年，县房地产交易所办理私房产权初始登记848户，登记面积10.07万平方米；办理公房登记134户，登记面积33.03万平方米。办理房产变更登记发证218户，变更面积2.34万平方米。办理他项权证850户。累计整理房屋产权产籍档案1万份，全部实行微机查询。2002年，县房管局建立和完善《住宅质量保证书》《住宅使用说明书》制度；办理房产使用权登记2317份、48.36万平方米；办理房产抵押登记953份、31.64万平方米。2005年，办理房产使用权登记2625份、66.92万平方米；办理房产抵押登记1201份、45.57万平方米。

1989—1995年金湖县房产登记发证统计表

表17-3-12

年份	房产登记发证数（份）	面积（万平方米）	年份	房产登记发证数（份）	面积（万平方米）
1989	3867	52.40	1991	721	7.60
1990	430	4.70	1992	543	5.80

接上表

年份	房产登记发证数（份）	面积（万平方米）	年份	房产登记发证数（份）	面积（万平方米）
1993	829	9.60	1995	643	7.78
1994	561	6.70			

1996—2005 年金湖县房产登记发证、抵押登记统计表

表 17-3-13

年份	房产登记发证数（份）	面积（万平方米）	抵押登记总数（份）	面积（万平方米）	抵押金额（亿元）
1996	1585	34.48	136	5.70	0.32
1997	2122	39.57	212	11.02	0.96
1998	3263	57.11	386	17.68	1.22
1999	2016	47.26	560	19.68	1.76
2000	2235	45.74	813	23.27	2.31
2001	2422	45.19	865	27.44	2.56
2002	2317	48.36	953	31.64	3.75
2003	2129	44.25	988	36.83	3.98
2004	2506	50.33	1025	42.96	4.66
2005	2625	66.92	1201	45.57	4.78

二、房产管理

公房维修　1986年，全县有直管公房1.73万平方米，都是平房，完好率占50%，由于经费有限，维修只能抓重点，解决带有普遍性的问题。20世纪90年代初，县房地产管理所对全县直管公房行使管理职能，每年对公房的质量、完好程度进行普查。特别在梅雨、台风来临之前对危旧房屋进行突击检查，发现隐患，立即采取加固和维修措施，确保不倒不漏，保证人身和财物的安全。1994年，县房地产管理所收取房租2.3万元，财政补贴6.4万元，维修房屋1.15万平方米，油漆门窗750平方米，代建45平方米。1995年，维修房屋3550平方米。1996年，维修房屋3358平方米。同时，根据资金和房产的使用情况，每年投入适量资金，新建和翻建部分项目，对一些坐落地段较差，使用年代久远的破旧房屋进行变价或拆除。2000年，县房产管理局对直管公房逐户检查，维修房屋3000平方米。2001年，普查直管公房8000平方米，并对检查情况进行登记造册，属一般损坏的有5000平方米，严重损坏的2300平方米，危房700平方米。维修2160平方米。2002年，再次对直管公房进行全面检查，维修1920平方米，发现危房，及时向居住人发送《危房通知书》，确保居住安全。2004年，维修直管公房1800平方米。

房屋安全鉴定　1990年，县城建局根据建设部1989年颁发的《城市危险房屋管理规定》，派2名工作人员到省学习，取得上岗证书，专门负责危房鉴定工作。1991年，县城建局印发《关于城镇危险房屋鉴定管理和收费标准的通知》，明确危房鉴定工作由县房地产管理所负责。1993年，县政府印发《金湖县危险房屋管理实施细则》，在县房地产管理所设立房屋安全鉴定办公室，负责全县房屋的安全鉴定工作。2000年，县房屋安全鉴定办公室完成18个单位、3.3万平方米的危旧房改造鉴定，受理部分乡镇学校、医院房屋的评级鉴定，共3.35万平方米。2001年，完成8个单位、5000平方米的危旧房改造鉴定和2个单位700平方米的房屋评级鉴定。2002年，房屋安全鉴定1.92万平方米。2004年，房屋安全鉴定1854平方米。2005年，房屋安全鉴定项目7个、950平方米。

1990—2005年部分年份金湖县房屋安全鉴定统计表

表17-3-14

年份	房屋安全鉴定		年份	房屋安全鉴定		年份	房屋安全鉴定	
	项目（个）	面积（平方米）		项目（个）	面积（平方米）		项目（个）	面积（平方米）
1990	19	14500	1996	21	17284	2004	—	1854
1993	9	800	1997	35	27176	2005	7	950
1994	12	8000	2000	18	33045			
1995	18	16000	2001	5	3656			

房屋白蚁防治 1994年3月，县白蚁防治所成立，承担全县行政区域内的白蚁预防、灭治职责。每年对新建、扩建、改建房屋和装饰装修房屋进行白蚁防治，对重点预防工程及时组织抽查、回访，以确保房屋安全。1995年10月，首次与11个单位签订协议，开展白蚁预防灭治工作，预防施工面积3.29万平方米，灭治民宅7户，覆盖率达80%。此后，由于条件限制，该所主要负责县房管所的直管公房的白蚁灭治。1998年，县房产管理局召开白蚁防治蚁情发布会，宣传蚁情蚁害，增强全民防治意识。是年，与96个单位签订白蚁防治合同，无偿为18户私房户进行白蚁防治，共完成预防工程106项，施工面积25.9万平方米，灭治民宅白蚁19户、面积1300平方米。1999年，防治总面积11.06万平方米，完成民宅防治10户，覆盖率90%；对房屋更新装修、装饰装潢过程中白蚁预防32户、面积2700平方米、木材白蚁预防3立方米；灭治有蚁害面积1220平方米。2001年，县白蚁防治所具有江苏省白蚁防治三级资质，属事业单位。全年完成白蚁防治任务10.3万平方米，其中装修预防36户，防治面积3700平方米。2002年，完成白蚁防治面积11.2万平方米，其中装饰装修预防面积4200平方米。2003年，完成白蚁防治面积10.5万平方米，其中装饰装修预防面积3100平方米。2004年，开展多次白蚁防治宣传，新接白蚁防治任务达11.2万平方米。

2005年3月，县白蚁防治所被吸收为江苏省白蚁防治协会团体会员。全年完成白蚁防治面积13.7万平方米，其中灭治民宅白蚁8户，灭治面积400平方米；完成装饰装修预防37户、面积4000平方米。规划区内房屋白蚁防治覆盖率、回访率均达100%。因防治实绩突出，县白蚁防治所成为江苏省白蚁防治协会理事单位。

1995—2005年金湖县白蚁预防灭治统计表

表17-3-15

年份	预防		灭治		年份	预防		灭治	
	施工面积（万平方米）	签订合同（项）	户	覆盖率（%）		施工面积（万平方米）	签订合同（项）	户	覆盖率（%）
1995	3.29	20	7	80	2001	10.30	29	10	90
1996	2.90	18	3	80	2002	11.20	30	9	90
1997	3.05	19	2	80	2003	10.50	30	9	90
1998	25.90	106	19	90	2004	7.82	6	6	85
1999	11.06	33	10	90	2005	13.70	9	8	90
2000	13.80	31	8	90					

三、房产测绘

2005年10月，县世纪房产测绘事务所成立，为县首家房产测绘单位。由县房管部门出资兴办，性质为集体企业，一级独立法人单位，测绘资质等级为丁级。业务范围包括房产平面控制测量、房产面积测算、房产要素调查与测量、房产变更调查与测量、房产图测绘。

第五节 房地产交易市场管理

1988年12月，县政府设立县房地产交易所，承担辖区范围内的房地产交易管理工作，包括各种所有制新旧房屋的买卖、转让、赠与、继承、分析等业务。房管局完成现场勘查、材料审核收件，交易所负责初审、复审、终审、缮证、发证。1989年，金湖县房管所对全县建制镇的房地产交易进行登记管理，交易业务拓展到各乡镇、交易量也逐年增加。1994年，办理房屋买卖37件，面积6085平方米，成交额400万元；办理乡镇私房买卖4件，面积300平方米，成交额11.55万元；办理房产抵押24件、赠与4件、析产2件、交换2件、租赁5件、委托评估4件。1995年，办理房屋买卖41件，面积6150平方米；办理房产抵押24件，办理房产析产、赠与8件，委托评估8件。1996年，办理房屋买卖70件，面积7760平方米；办理房产析产、赠与24件，委托评估28件。销售商品房147套，面积万余平方米，销售额905万元。1998年，办理房产交易1263件，面积9.97万平方米，成交额8500万元。其中：公有房产转让109件，面积2.79万平方米，成交额2061万元；私有房产转让66件，面积4740平方米，成交额290万元。1999年，县公房产管理所办理房产权转让61户，面积1.5万平方米；办理私房转让70户，面积5849平方米；办理商品房转让92户，面积1.21万平方米；办理房地产抵押381户，其中公房抵押68户，贷款金额8805万元，私房抵押31户，贷款金额1151万元。办理房屋租赁18户，面积1068平方米。

2000年5月，启用房地产办证微机管理系统，开始电脑录入、审批房地产交易。2001年，全县住房二级市场日渐繁荣，县房产管理局办理房改房上市审批手续210户，面积1.45万平方米，成交额710.94万元。是年，县房地产交易所办理房产转让800件，成交房屋面积6.5万平方米。办理房地产抵押850件，其中：私房752件，面积7.3万平方米，抵押贷款3920万元；公房98件，面积25.4万平方米，抵押贷款2.4亿元。办理房屋租赁20户，面积1200平方米。发放商品房销售许可证8本，批准销售面积5.18万平方米。2003年7月，集体土地上的房屋除继承、离婚、析产外，停止交易。在开展房地产交易管理的同时，配合财政部门加强房地产交易环节的契税征收。2005年，发放商品房预售许可企业14户，批准预售、销售面积8.96万平方米。

1996—2005年金湖县房产交易统计表

表17-3-16

年份	房产交易登记（件）	建筑面积（万平方米）	成交金额（亿元）	年份	房产交易登记（件）	建筑面积（万平方米）	成交金额（亿元）
1996	877	6.24	0.38	2001	1860	15.25	1.11
1997	1033	7.83	0.66	2002	1033	10.02	1.07
1998	1263	9.97	0.85	2003	1226	11.67	1.46
1999	914	7.58	0.74	2004	1312	13.35	1.93
2000	987	8.75	0.92	2005	1592	16.32	2.85

第六节　维修基金管理

1996年，房屋本体共用部位设施的维修基金，由县房地产管理所负责归集、使用、核算和管理；住房公积金亦由县住房公积金管理中心负责归集、使用、管理。1998年，国有住房的出售收入，按规定比例上缴同级财政后，留归单位部分纳入单位住房基金，专项用于住房建设。售房款实行专户存储、权属不变、专项使用的原则。公有住房出售后，室内维修由个人负责。楼房出售后各产权单位可将售房款总额的10%用于建立共同部分和设施的维修基金，用于公共维修。公共部分维修基金，采取按产权比例分别从售房款中提取一部分和购房者交一点的办法筹集；拥有全部产权的住户，按该户占该楼房总面积的比例承担公共维修费。2003年9月，县住房公积金管理中心撤销，成立淮安市金湖住房公积金管理部，隶属于淮安市住房公积金管理中心，负责全县住房公积金归集、使用、管理工作。

2005年，对售房款、维修基金管理过程中出现的问题进行梳理，总户数近1.3万户，总面积达150万平方米，审计总金额2800多万元。同时，建立维修基金验票制度，凡业主的正式房款收据在2004年9月1日后开具的，一律实行维修基金验票制度，将维修基金的发票作为申领产权证的收件内容，杜绝欠缴基金和不按规定开票的现象。是年，县建设局、财政局、物价局联合转发《江苏省住宅区公用设施维修资金管理办法》，按规定对业主征收多层住宅50元/平方米，非住宅100元/平方米，高层100元/平方米，作为房屋本体共用部位设施的维修基金，进一步规范维修基金管理。全年维修基金缴存389.92万元，支出7.6万元。

售房情况（参见“第九篇改革”第六章第三节。）

1996—2005年金湖县售房款和维修基金收支统计表

表17-3-17　　单位：万元

年份	收入	支出	结息	余额	年份	收入	支出	结息	余额
1996	28.73	781.78	4.00	2090.84	2001	1568.20	193.89	2.70	3024.01
1997	809.35	1087.93	2.80	1815.06	2002	52.72	135.69	2.40	2943.44
1998	7176.75	6585.87	4.20	2410.14	2003	17.78	78.56	2.00	2884.66
1999	327.29	1027.40	3.10	1713.13	2004	362.09	56.67	2.60	3192.68
2000	403.29	472.57	3.15	1647.00	2005	443.46	140.50	3.30	3498.94

第七节　物业管理

20世纪末，随着县城房地产开发兴起，住宅小区日益增多，物业管理这一新兴产业开始萌生。1997年，全县以创建全国卫生城市为契机，酝酿实施物业行政管理，由县房地产管理所全权负责。其主要职能是：初步审核物业管理企业的资质；对全区物业管理企业的经营活动进行监督检查；对物业行业实施行业管理；参与住宅小区的综合验收；负责住宅项目前期物业管理招投标活动。2000年，县房产管理局成立房改房管物管科，兼管物业管理；投资100多万元，实施西苑小区基础设施的规划和配套建设。新架设高压线路150米，增设两箱式变压器1台；铺筑混凝土路面4500多平方米，下水道1300米，路牙2000米，上水管道750米，总、分电线槽800米，各种线路全部入地；完成绿化场地平整换土，新建花池12个，种植草坪6000平方米；铺筑彩面砖人行道300平方米。

2001年，县房管局将物业管理推向市场，招标成立裕祥物业管理公司，完善承包责任制。2002年，鑫程物业管理公司成立，县城区物业管理范围扩大，建设房管大楼、县政府居住小区、金城小区、实验小区、工商小区等5个居住小区纳入物业管理范围。对西苑小区又投资40万元，添置阅报栏、娱乐健身器材10多套，设置假山和小溪，种植香樟、桂花等名贵树种，栽植草坪3万多平方米。该小区实行全封闭管理，安全保卫、保洁、维修全天候服务。翌年，该小区被授予省文明社区称号。县物业管理实行体制改革，完善内部承包责任制；社区服务中心、城区报修中心挂牌运作；温州商贸城被接收为物业管理范围。

2003年，杰诚物业管理公司成立，增加小区物管面积13万平方米。10月，县政府制定《金湖县物业管理细则》，进一步明确业主与物业管理企业的权利和义务，维修基金的收缴与使用，以及相关部门的职能。是年，县房管局对物业管理进行全面整顿，审计财务，解决物管小区脏乱差的问题；同时，开展物管小区评优活动。年底，建成省级物业管理优秀住宅小区2个、市级优秀住宅小区3个。2004年，新成立创清、东方2家物业管理公司。县政府完善城市长效管理机制，提出13项考评内容。县房管局成立物管小区长效管理考核小组，对物业管理进行全面整顿，加强日常考核工作，发现问题及时提出书面整改意见，并督促责任单位限期整改。同时，审计财务，制定服务制度和措施，解决物管小区脏乱差的问题，开展物管小区评优活动。年底，建成省级物业管理优秀住宅小区2个、市级优秀住宅小区3个。

2005年，县城物业管理公司新发展3户，物管企业总数达到8户。公司全部实行市场化运作。对新建的新城花园物业管理首次实行招投标。华天、金帝2户物业管理公司获得二级资质，托管项目3个；创清、东方、杰诚等5户获得三级资质。龙港花园创建成国家园林示范小区、省优秀住宅小区各1个，供电新村、龙港花园、西苑新村、金浦花园、新城公寓等5个小区均创建为市级平安示范小区。

2005年金湖县物业管理统计表

表17-3-18

物业公司名称	成立时间	员工人数（人）	管理小区数（个）	管理面积（万平方米）
裕祥物业管理公司	2001	15	1	10.0
鑫程物业管理公司	2002	15	2	4.0
杰诚物业管理公司	2003	12	1	13.0
创清物业管理公司	2004	12	1	3.0
东方物业管理公司	2004	12	零散单位	—
华天物业管理公司	2005	35	2	34.0
金帝物业管理公司	2005	40	4	15.1
振兴物业管理公司	2005	10	1	10.0

第十八篇　国内贸易

1986年，全县商贸业以商业、粮食、物资、供销四大系统国有、集体商业为主体，经营模式以计划经济为主，经营范围受到一定的限制，企业缺乏活力。县城商业区主要集中在建设路。全县有各类贸易市场91个，总面积2.47万平方米；设立集市贸易服务所24个。社会商品零售总额1.82亿元，其中，国有、集体商业1.7亿元，私营个体商业销售额仅1115万元，分别占全县社会消费品零售总额的91.6%、8.4%。1987年后，县内商贸企业试行多种形式经营承包责任制，企业自主权扩大，活力增强，市场供应日趋活跃。1992年，茧丝绸实行专管专营。1993年后，随着社会主义市场经济体制的逐步建立，企业经营模式、价格体系、分配制度、用工制度完全放开，打破由国有商业垄断市场的局面，形成多种经济成分、多种经营方式、多种经营渠道并存的大流通格局，社会商品供需矛盾缓和，物资计划分配及各种紧俏商品凭票证供应的现象不复存在。

1994年，全县国有、集体商业消费品零售总额3.44亿元，占比降至76.1%。私营个体商业户发展到5142家，其中独资企业19家、合伙企业5家、有限责任公司9家，注册资金1837万元，从业人员6797人，销售额1.08亿元，占比上升至23.9%。1995年9月，全县经注册登记的国营、集体商场有21家。1996年，全面实施产权制度改革，股份制、私营个体经济快速发展。流通企业逐步向“大市场、大流通、大买卖”方向发展，扩大外购外销，探索连锁经营、配送制、代理制等新的经营模式，市场购销两旺。1999年，私营个体商业户发展到1.2万家。2000年，县城商业区形成以人民路与健康路交会处为中心，逐步向人民路、健康路、金湖路、园林路扩展，原建设路商业经营状况逐步冷落。

进入21世纪，个体商业迅猛发展，国营、集体商业除烟草、石油、食盐专卖行业外，经营艰难。商贸企业实施“国退民进”体制改革，国有资本退出，民营资本融入，新的商贸业态在优胜劣汰的市场竞争中逐步转化形成，私营个体企业发展成为商贸流通市场主体。至2004年，县城区先后改造和兴建市场5个，各镇集镇（除黎城、涂沟镇）安排逢集时间，定期进行农村集市贸易；全县私营商贸企业发展到198家，个体商户6761户，从业人员1.06万人，实现销售额5.6亿元。2005年，全县国有、集体商业零售总额9.01亿元，占全县社会消费品零售总额的比例降至52.1%；私营商贸企业213家，个体商户8235户，从业人员1.51万人，实现销售额8.27亿元，是1986年9.5倍，占比提高到47.9%。

第一章　国内贸易机构

第一节　商业物资机构

一、商业机构

局本级　1986年，为县商业局，内设人秘股、纪检股、业务股、财务股、工副业股、职工学校。1992年11月，成立县商业公司，与县商业局合署办公，“一套班子、两块牌子”，政企分设。内设综合经营科、财务审计科、工业科技科、政工科、办公室。1994年8月，县商业公司更名为县商业（集团）总公司，下设百货大楼、金湖商场、家电公司、建材家具分公司、百货二店、百货四店、烟酒二店、螺丝批发部、百货大楼服装厂、家电公司豪门酒店，共有职工355人，营业面积7000平方米，固定资产470.6万元，是全县规模最大的零售批发企业。1996年，改称县贸易局，退出政府序列。1999年，局机关科室由原来的10个精简为4个。2001年11月，县贸易局撤销，成立县贸易资产管理公司。2002年2月，与县物资资产管理公司合并成立县物资贸易资产经营管理公司，隶属于县经济贸易委员会。

经营网点　1986年，县商业系统共有百货、食品、糖业烟酒、五化交、饮食服务、蔬菜（含商业信托贸易公司）、石油、商业零售等8家公司，和工业品贸易中心、商业综合公司、商业车队各1个，基层经营网点129个，职工1864人。1987—1990年，增加金湖商场、石油二处商店及食品冷冻厂、酱醋厂、糖果食品厂、金沟砖瓦厂、联合砖瓦厂等5家商办厂。商业网点主要按各专业公司业务性质设置，集中于县城区建设路。1991—1993年，共投资700多万元，改造、扩建、新建各类商业网点45个，增加营业面积9900平方米，开设家电、服装、鞋帽、家具、建材、螺丝、汽配等专业店25个；新建高档浴室碧溪泉浴城，改建金星宾馆，在县城利民桥一带形成“食、住、浴、美容、摄影、娱乐”为一体的特色街；新建金桥商场、蓝天商场，扩建商业大厦、百货大楼、中百一店；在南京、扬州、洪泽等地设置批发零售网点13个，其中五化交公司在洪泽开设家电门市，糖酒公司在扬州设批发站，食品公司在南京浦口设立猪肉批发点；食品公司利用基层食品站闲置的房屋、土地资产，开办百货、日杂、烟酒等小型综合商店，将商业网点触角伸向农村。1994年，经营网点新增20个，共158个。1996年，各类商业网点增加到167个。1999年，因县城规划需要，饮服公司的老车站饭店、碧溪泉浴城、金星宾馆，商业公司的百货三店、四店，金湖商场的五金店，家电公司的鞋帽城等一批商业网点被拆除，县商业集团总公司经营网点减少到125个。2000年6月，商办工业企业改制4户。10月，商贸企业改制8家。改制后的12家企业均保留原建制，处理遗留问题。是年，辖有国有企业4户、民营企业8户，经营网点136个。2001年，增加经营网点2个，县贸易局辖商贸企业12户，经营网点138个，经营面积4.92万平方米。商业综合公司的东升商店、八一商店，家电公司的金马路家具城等门点相继转为个人经营，至年底共有14户企业改制转为民营，其中全县最大的超市——时代超市开业，宝利来家电公司并购百货大楼。

县商业总公司　前身为县商业零售公司，位于人民路45号。1986年，建成主体8层，建筑面积4333平方米综合楼1幢，底一、二层为经营场地，面积2612平方米，5月改称金湖商场，明确为县副科级企业单位，1987改称为县商业公司。1994年8月，改称为县商业总公司，下设百货大楼、金湖商场、家电公司、建材家具分公司、百货二店、百货四店、烟酒二店、螺丝批发部、百货大楼服装厂、家电公司豪门酒店等10家经营单位，共有职工355人，营业面积7000平方米，固定资产原值470.6万元，是全县规模最大的商业零售批发企业，被评为县明星企业。1998年，公司撤销，人员资产分别划给百货大楼、金湖商场。这两户企业成为独立法人企业，直属县贸易局。

金湖商场　1986年5月建成运营，隶属于县商业公司。该商场地处人民路与健康路交会处西南角，东、北两面临街，门牌号码人民路38号，经营场地二层，面积2000平方米，员工86人，经营范围：食品、饮料、糖烟酒、副食品、五金交电、针织服装、日用百货批发零售，书刊、音像制品零售等，年销售额1000多万元。1997年改制，划属县五化交总公司，切分为36个柜组，发包承租经营，企业实施国有民营，年承包金40万元。2000年，县五化交总公司改制为县商业大厦有限责任公司，股本总额115万元。2001年6月，与香港兆丰集团连锁经营，注册成立江苏时代超市有限公司金湖分公司，9月开业。

图 18-1-1　县商业大厦开业（摄于2000年）　姜燕／摄

县糖业烟酒公司　1986年，拥有批发部1个、零售门市部2个，职工58人。零售门市部营业面积126平方米，仓库面积2507平方米，固定资产净值37.16万元，经营品种850种。1987年，公司设置烟酒一店、二店、三店。1994年6月，县糖业烟酒公司更名为县糖业烟酒总公司。1996年，设置副食品商场1个，批发部7个，经营网点9个，职工80人，实现销售额374万元，企业获得全国酒行业优秀企业称号，总经理获得全国酒行业卓越贡献奖。1997年，与多户名酒厂家联合召开13次供货会，实行厂商合作经营，成交额800余万元。1998年，总公司被评定为国家中型企业。2000年，改制为县翔宇烟酒有限公司，股本总额50万元。

县五化交总公司　1986年，县五化交总公司位于人民路与健康路交会处西南角，东、北两面临街，门牌号码人民路38号。1995年，县五化交公司更名为县五化交总公司，获得县"流通企业十强"称号。1997年12月，商业大厦改制，划入县五化交总公司，共切分为40个柜组，实行国有民营、租赁承包，年收承包费40多万元。2000年，县五化交总公司改制为县商业大厦有限责任公司，股本总额115万元。

县食品公司　1986年，公司位于建设路132号，辖经营门市部2个、基层食品站17个，和熟食加工厂、综合加工厂、屠宰场、种猪场、车船队、招待所各1个，食品收购组、供应点100多个，自办炕坊13个，仓库面积4685平方米，职工457人，固定资产净值230万元。1988年11月，明确为县副科级企业单位。1995年，与台商合资创办玉森木业有限公司。1996年，辖乡镇食品站21个，棉绒、玩具、肉类加工等3家商办工业企业，和养殖、玉森木业2户公司等，共26家独立核算单位，职工563人，年销售额1549万元。1998年更名为县食品总公司，被评定为国家中型企业。2002年，改制更名为世纪食品有限公司。

县百货公司　1986年，下设第一百货商店（简称中百一店）、批发分公司和1个零售门市，主要

图 18-1-2　县百货公司中百一店（摄于 2005 年）　　县志办 / 供

图 18-1-3　县百货公司（摄于 2005 年）　　县志办 / 供

经营百货、文化用品、针纺织品、家用电器、家具、建筑装饰材料、副食品、日用杂品、汽车、化工原辅材料等商品批发零售，经营品种1.77万种，职工227人，位于建设路155号，占地1.1公顷，其中批发部、样品间710平方米，3层仓库楼5132平方米。1987年，明确为县副科级企业单位。1989年，扩建第一百货商店。1995年，与南京商厦合营新辟"布料总汇"500平方米，全公司实现销售额3576万元。1996年，所属中百一店扩大营业面积500平方米；利用原有1200平方米的批发部、仓库建成金客隆商城。1998年，公司被评定为国家中型企业。所属柜组分别实行合股经营、抽底承包及租赁经营。2000年，改制为民营企业县帝业百货有限公司，股本总额55万元。

百货大楼　系县老字号商贸企业。1986年，拥有两层销售楼，营业面积710平方米，坐落建设路151号。主要经营百货、文化用品、针纺织品、家用电器、建筑装饰材料、副食品、日用杂品、化工原辅材料等商品批发零售，经营品种1万多种。1995年，投资100万元，将2楼扩建为"服装大世界"，新设副食品商店，被评为全国商业信誉企业。1998年，公司获得省"商品质量信得过单位"称号，被评定为国家中型企业。2001年，由民营企业县宝利来家电总公司以500万元中标收购。

县饮服公司　1986年，公司为全民所有制性质，下设国营旅社、饭店、理发店、浴室、照像馆等单位13个。1995年，兼并县糖果食品厂。糖果食品厂始建于1960年，在职职工49人，离退休23人，固定资产原值98.7万元，负债220多万元。被县饮服公司兼并后，在其厂区内新建东方娱乐城，内建室内游泳馆、健身房、豪华沐浴部、情侣包厢、客房、茶座、购物中心等。至年末，饮服公司下辖有碧溪泉浴室、金星宾馆、副食品批发公司、东方娱乐城等16个单位、网点，在职职工370人，营业面积3000平方米，年营销额353万元，利税32万元。被县委、县政府授予"流通十强企业"称号。2001年底，改制为民营企业。

县蔬菜副食品公司　该公司前身为副食品公司，1986年，下辖金桥商场，有职工107人。1987年，设置副食品一店、二店、三店。1995年，改称蔬菜副食品公司，职工减至82人，固定资产原值145.4万元。因市场、政策、经营等方面原因，该公司累计亏损负债200.3万元，濒临破产。6月，由县家电总公司租赁经营。

金客隆商城　1997年11月，县百货公司利用原有的批发部、仓库，在健康路与园林路交会处西北角，建成金客隆商城，3层楼，营业面积1320平方米，为全县首家批价直销商城。一楼经营副食品，二楼为美食广场，经营100多种风味小吃，三楼为舞厅。连锁分店设置在建设东路22号，营业面积60平方米。2000年，县百货公司改制为民营企业县帝业百货有限公司，金客隆商城房屋全部出售，用于安置下岗职工。

县家电总公司　1994年成立，为县商业总公司的一个分公司。1995年，该公司从商业总公司析出，租赁县蔬菜副食品公司，新成立家用电器销售公司、鞋城专业店、家电批发部。共辖子公司4户、副食品门市部5家，职工204人，营业面积2000平方米，实现销售额2184万元、利税29.09万元。10月，投资120万元将县蔬菜副食品公司属下的金桥商场改建为家电商城，为县家电总公司子公司。1996年扩大外购外销业务，实现销售额2615万元。2001年，改制为民营企业县宝利来家电有限公司，股本总额105万元，位于建设路151号。

二、物资机构

局本级　1986年，县物资局内设人秘股、业务股、财务股、纪检股。1992年11月，成立县物资（集团）总公司，与县物资局合署办公，内设办公室、政工科、财会科、审计监察科、业务经营科。1997年9月，退出政府序列。2001年11月，县物资局撤销，成立县物资资产管理公司。2002年2月，与县贸易资产公司合并，成立县物资贸易资产经营管理公司，隶属于县经济贸易委员会。

经营网点　1986年，物资系统设置专业公司有木材建材、生产资料、金属机电化工、金属回收、燃料等5家公司，经营门市、商店7家。木材建材公司内设木材一科、木材二科、木材三科、煤炭科、综合科、门市部、木材加工厂等，在乡镇设有3家木材供应站。职工353人，固定资产203万元。1987年，金属机电化工公司分设为3家独立经营的专业公司（金属材料公司、机电公司、化工化轻公司）。金属材料公司建成钢材库和金属交易场地，成立金属交易中心；化工轻工公司建有化工仓库、营业部。1988年，成立燃料、汽车贸易等专业公司。1989—1991年，设置木材、建材、生产资料服务、化轻、机电设备、金属回收、金属材料、燃料等8个公司。1992—1993年，成立机电产品公司、物贸公司、汽车贸易中心，以及一、二、三分公司等9家二级法人单位的公司，在上海、南京、无锡、杭州等地设办事处18个，与南钢、扬子石化、仪征化纤、一汽、二汽、上汽等大型企业直接经营购销业务。1994年，新增上海金城汽车销售、物资实业、物资开发、外资企业物资供应、物资贸易等5户公司，另有物资商厦等附属独立核算单位2家。1995年，新建金属材料交易中心、汽车产品贸易中心，县燃料公司更名为县燃料总公司，驻外办事处陆续撤销。共辖法人企业20户，职工790人，资产总额9903.2万元；设置县外办事处18处。1996年，汽车贸易中心并入物资商厦，金属材料公司与汽贸公司合并，成立县物贸实业总公司。

1997年，物资系统共有法人企业18户，分别是机电设备、化工轻工、建材、生产资料服务、燃料、煤炭石油化工、物资、物资开发、物资贸易实业、物资再生利用、外资企业物资、机电产品销售、汽车贸易公司和物资商厦、物资贸易中心、金属材料交易中心、汽车产品贸易中心、石油化工贸易中心。1998年，撤销合并化工轻工公司、汽车贸易公司、汽车产品贸易中心，组建成物资贸易实业总公司、石油化工贸易中心、机电产品销售公司、物资公司、汽车产品贸易中心，职工751人，固定资产总额9414万元。1999年，物资再生利用公司以废金属回收科、钢材销售科和驻南钢办事处为基本单位，成立金鑫金属回收有限公司、金鑫钢材销售有限公司、再生资源有限公司；县燃料总公司所属液化气站更名为县城西液化气站，城南煤库更名为县煤炭购销有限公司，2000年该公司被注销。2001年，县物资局下辖法人企业15家，即物资贸易总公司、石油化工贸易中心、煤炭石油化工公司、建材公司、机电设备公司、化工轻工公司、物资商厦、物资公司、鑫鑫金属回收公司、金鑫钢材销售公司、再生资源公司、华伟物资贸易有限公司、城西液化气站、煤炭购销公司、生产资料服务公司。

县燃料总公司 1986年，名称为县燃料公司，位于健康路51号，专营煤炭。占地2.5公顷，建有煤库、船队、煤球厂，经营设施较为齐备；设置驻外办事处、销售网点20多处，有在编职工181人，固定资产净值103万元。1987年，明确为县副科级企业单位。1989年，公司在黎城镇蔬菜村二组朝阳路南侧征地兴建新煤球厂，新置机制蜂窝煤流水线2条，年煤炭加工生产能力扩大至2.5万吨，机制煤球380万只。1992年，在编职工增加到207人。1993年，煤炭市场放开后，国营主渠道的优势不复存在。是年底，分流33人成立煤石化公司，燃料公司在编职工减少到144人。1995年，改称县燃料总公司，拥有运载量1500吨船队、150吨液化气站、吞吐量1.5万吨煤场各1个。主营煤炭、焦炭、液化气、灶具、金属材料、化工产品、木材等，固定资产原值706万元。随着液化气的普及，煤球销售量锐减，煤球厂承包给个人经营。1996年，县燃料公司累计亏损167万元，不得不关停。2000年，改制为县煤炭购销有限公司，原下属液化气站更名为县城西液化石油气站。2003年，煤球厂整体出售，改作个人经营。

县金属机电化工公司 1986年，金属机电化工公司有职工43人，固定资产净值33.7万元，主营钢材、生铁、有色金属、机床、电动机、汽车、橡胶、纯碱、化工原料等。1987年，公司分拆成金属材料公司、机电设备公司、化工化轻公司3户独立经营的专业公司。金属材料公司在黎城村金湖路北侧征地0.33公顷，建成钢材库和金属交易场地，成立金属材料交易中心，辐射县城乡及周边县市，年销售钢材、有色金属4200吨。化工轻工公司在县城宋坝桥旁建化工仓库1座，在金湖路沿线等处增设营业部，年销售1700万元，基本满足市场需求。1992年，乘着“四放开”（经营产品放开、人事制度放开、薪酬分配放开、价格放开）之机，物资系统各公司成立多家二级分公司参与汽车经营，在大中城市开设办事处11个，驻外人员200人，形成全行业经营汽车的格局。1994年，在编职工金属材料公司43人，机电设备公司36人，化工化轻公司39人。1995年，市场发生变化，销售额比上年下降52%，全行业亏损，驻外办事处撤销。2000年，发展民营经济，深化企业改制，新注册成立民营企业5家。

县物资实业总公司 1996年12月，由原汽贸公司、金属材料公司合并成立，位于建设路229号，注册资金200万元，主要经营汽车、机电设备、金属材料、化工产品、五金交电、木材建材等。属下有金源压铸厂，生产加工铝合金压铸件。2000年，该公司改制为民营企业，金源压铸厂改制为金源压铸有限公司。

县木材公司 1986年，县木材公司有职工73人，内设木材一科、木材二科、木材三科、煤炭科、综合科、门市部、木材加工厂等，在乡镇设有3家木材供应站；木材库代锯车间扩建600平方米厂房，配备较先进的带锯机械以及辅助设备，为城乡用户进行原木初加工，解决原木笨重难运难题，方便顾客，年加工木材4000立方米。公司经营品种由杂木、毛竹、油毛毡、钢筋发展到原木板材、螺纹钢、线材等。木材销售市场占有率85%。是年，销售木材1.2万立方米、水泥3824吨、建筑用钢材1807吨。1987年，县木材公司划出部分资产和职工36人，成立县建材公司，在县城金湖路113号征用土地1.33公顷，建物资综合楼一座和仓库等经营设施，主营钢材、水泥、木材、板材等，兼营化工原料、有色金属等。1994年，公司有职工57人。2000年，木材建材公司改制，企业退出市场。

县金属回收公司 1986年，县金属回收公司隶属县物资局，在编职工30人。1989年，公司扩大规模，在金湖路北侧、化肥厂大桥西征地0.83公顷，建铁屑加工厂、仓库、营业部，增设地磅等经营设施。1991年，在编职工增加到43人。1992年，更名为县物资再生利用公司，内设经营、回收、业务3个科室，主要从事废钢铁、废有色金属、报废设备、汽车拆解回收。2000年12月，物资系统改制，县物资再生利用公司撤销，分设为县鑫鑫金属回收、金鑫钢材销售、再生资源等3户公司。2003年，因县城建设需要，被整体拆除。

三、物资贸易资产经营机构

2001年11月，县贸易局和县物资局撤销，分别成立县贸易资产管理公司和县物资资产管理公司。2002年2月，两公司合并成立县物资贸易资产经营管理公司，内设办公室、企管科、财务科、清资办、安保科，隶属于县经济贸易委员会。9月，由县帝业百货有限公司所属中百一店和上海家得利超市有限公司共同开发经营的上海家得利超市金湖店开业。是年，隶属公司管理的企业22家，世纪食品、裕华食品、广誉液化气、建材公司等18家企业改制。2003年，下辖饮服公司、商业综合公司、燃料公司等23家企业，帝业百货、商业大厦等14户企业改制为有限公司；物资大楼整体转让给浙江客商。2004年，辖有商贸企业34户，分别是原县贸易局下辖的帝业百货公司、世纪食品公司、五化交总公司、翔宇糖业烟酒总公司、饮食服务公司、家电总公司、宝利来百货大楼、金湖商场、商业运输公司、商业物资公司、商业物资经营公司、商业综合公司、千秋商贸有限公司、商业大厦有限公司、农工贸实业有限公司、广誉液化气公司等16户；原县物资资产管理公司下辖的机电设备有限公司、化工轻工公司、建材公司、生产资料服务公司、燃料总公司、物资贸易实业公司、金鑫金属回收公司、华伟物资贸易有限公司、物资贸易中心、物资商厦、煤炭石油化工公司、物资开发总公司、金属材料交易中心、外资企业物资公司、物资实业公司、石油化工贸易中心、煤炭购销公司、生产资料服务公司等18家。7月，宝利来服饰广场开业。12月，上海家得利超市金湖店歇业。至2005年，绝大多数边、小、微、亏店面，或拆迁，或出租，或转让，原所属公司均改制为私营个体企业。

第二节　粮食购销机构

一、局本级

1986年，县粮食局内设人秘股、购销股、财会股、检测站。1989年5月，成立县粮油食品（集团）总公司，下辖公司6家、粮管所（库）22家、粮油加工企业5家。1992年11月，成立县粮油食品购销总公司，为副科级自收自支全民事业单位，编制25人，与县粮食局合署办公“一套班子、两块牌子”，内设人秘股、购销股、财会股。1997年7月，县级党政机构改革时，县粮食局内设人秘股、财务审计股、购销股、企业管理股。1999年，成立县粮食购销总公司，为副科级自收自支全民事业单位，与县粮食局合署办公。该公司内设办公室、计统购销科、储运质检科、财务科、经营科。2001年底，县级党政机关机构改革，内设办公室、财务审计科、购销调控科、产业指导科，另设纪检监察机构。行政编制14人，附属编制1人。2005年末，内设机构为办公室、计统购销科、产业指导科、财务审计科。

二、直属单位和经营网点

1986年，下辖公司有储运公司、粮贸公司，另设职工学校，基层库有直属粮库、石港粮库和装具库，企业有面粉厂、油化厂、饲料厂、涂沟米厂、闵桥米厂、车船队、饲料厂。1987年5月，增设工业饲料公司，编制15人；核定粮食系统职工学校编制5人。1988年8月，增设综合经营管理办公室，编制4人。1990—1992年，县内改粮食企业单一粮油销售为多层次、全方位综合经营，兴办食品、饭店、旅社等服务企业20户，加工企业6户，畜禽、水产养殖企业8户。事业性公司有储运公司金星经营部、工业饲料公司饲料经营部、职工学校金星经营部、综合经营公司、检测站；基层所、库有22家粮管所、粮油食品公司、直属粮库、装具库、石港粮库、城南粮库；企业有粮贸公司、粮香园、粮行、金贸公司、良友商场、黎东市场、兴达鸡场、金久鞋厂、金谷经营部、金穗经营部、面粉厂、油化厂、饲料厂、涂沟米厂、闵桥米厂、良友运输公司、珠丰养殖公司。1993年，辖有商业企业31户，分别是粮油贸易公司、粮行、粮香园、黎东市场、直属粮库、城南粮库、石港粮库、兴达鸡场和23个基层粮管所；设有粮油营销网点28个，其中城区5个、乡镇21个、县外2个（海口、福州）。1994年，增设金粮贸易公司。1995年，增设金穗粮油贸易中心、金谷粮贸行，新增粮油经销网点14个，其中乡镇13个、县外1个（南京）。粮食系统共有商业企业34户，其中基层粮管所（粮站）23户，经营网点42个，其中城区5个、乡镇34个、县外（海口、福州、南京）3个，职工1096人。

1996年，新建金海工贸公司，共有商业企业35户，职工1170人；粮油经营网点41个，其中县城区5个，乡镇34个，南京、海口各1个。1997年，撤销直属粮库和福州粮油经销点，黎东市场更名为黎东综合经营公司。1998年，合并黎东综合经营公司、金谷粮贸行，撤销南京、海口粮油经销点。共有商业企业32家，职工1075人，固定资产原值589万元。1999年，新成立县粮食购销总公司。粮食系统辖粮油经销网点39个（城区5个、乡镇34个）。2000年县区划调整，22个粮管所（粮站）撤并为11个所和11个站点。全系统辖经营企业18户，职工952人，拥有固定资产4746万元；设置经营网点39个，其中城区5户、乡镇基层34个。2001年，全面推进粮食购销市场化改革，取消粮食定购任务；需要新增储备粮、储备轮换粮源、军供粮等，采取“订单”形式，向全县粮食主产区和种粮大户收购；在一定时期内，农业税原则上采取征收实物办法，充分发挥市场机制对粮食价格形成的作用，粮食购销价格由市场供求规律确定，原则上不再实行粮食收购保护价。粮办商业企业减少到19家。2002年，增设饲料公司经营部，兴达、嵇圩鸡场，粮用器具厂。2004年，粮油贸易公司和粮行歇业，设有粮油经营网点28个（城区12个、镇16个）。2005年，辖有金星、新星粮油经营部，兴达、嵇圩鸡场，工业饲料公司，粮油贸易中心，粮香园，粮用器具厂，11个镇粮管所（粮站），石港粮库，城南粮库，及歇业的粮油贸易公司、粮行，共有粮办购销企业23户，职工288人，拥有固定资产原值4284万元。粮食市场全面实行经营主体多元化，粮食经营全面步入市场。

三、镇粮管所（粮站）

1986年，全县有基层乡镇粮管所（粮站）各22个。1993年，在金沟镇南部的嵇圩村增设嵇圩粮管所、粮站和种禽养殖场，共有基层粮管所、粮站各23个。2000年乡镇区划调整，22个镇粮管所（粮站）撤并为11个。直至2005年，镇粮管所（粮站）体制没有变化。

第三节　供销合作机构

一、社本级

1986年，县供销合作社内设秘书、人事、财会、审计、监察、综合业务、基层等7个股，和理事会、监事会及1所职工学校。1990年，县供销合作社更名为县供销合作联社，改理事会、监事会为社务管理委员会。1992年9月，又更名为县供销合作总社，同时成立县供销社（集团）总公司，与总社“一套班子、两块牌子”。总社实行机关内部改革，内设机构为办公室、政工办公室、审计监察科、综合业务科、财会基建科、科技工业科、职工学校。1998年下半年，职工学校撤销。2001年，撤销审计监察科、财会基建科，职能归并新组建的资产管理科。2002年，新成立会计中心，负责基层供销社的财务工作，控制费用支出。2005年，内设机构精简为办公室、财务科、政工科、综合业务科。

二、直属单位和经营网点

1986年，县供销社下辖农业生产资料、生活用品、土产果品、物资回收利用等4户商业公司，和工业品批发部、化肥农药供应站、竹木农具供应站及门市部9个，运输车队1个，宝应湖、水总商店

2个，基层供销合作社22个，供销站53个，合作商店15个，集体饭店14个，售货亭21个，双代店66个，联营店189个及下伸点52个，共有职工2080人。1987年，全系统实行经理（厂长）任期目标责任制，和以经济效益为中心、"基数承包，超利分成""定额上缴、全奖全赔""计件工资、以产计酬""工资浮动、三联计酬"等多种形式的承包经营责任制改革。1989年，辖有县属企业11户、22个基层社和9个集体商店，经营网点354个。1990年，完善二轮承包，合理确定承包基数，促进企业内部挖潜，正确处理三者关系，保护职工长远利益，提高企业综合经济效益和管理水平。1992年，推行以放开经营、放开价格、放开用工、放开分配为主要内容的"四放开"改革。1993年，推行实施"四自、三包、两抵押"的"双层经营、柜组承包"改革，即自筹资金、自主经营、自负盈亏、自由组合，包缴足税金、包缴足利润、包库存商品还本付息，风险抵押和资产负债抵押。在坚持资产所有权不变、企业性质不变、隶属关系不变、职工身份不变的情况下，强化企业风险激励机制，推动企业真正走向市场。全系统137家亏损面由上年39家下降到11家，降低70%。

1996年，供销系统有商业企业42户，其中直属企业8户、基层供销社22个、集体商店12个，经营网点362个，职工4179人。1997年，全系统推行团体风险抵押承包(承包团体成员包括正副经理、厂长，正副主任，书记、工会主席及主办会计)，承包团体向县总社缴纳风险抵押金，实行亏损以风险金抵押按比例赔偿制度。1998年，供销系统辖商业企业41户，分别是农业生产资料总公司、生活用品总公司、土产食杂公司、废旧物资回收利用公司、工业品公司、贸易服务公司、供销商场、华昌商厦、金城宾馆、宝应湖商店，基层供销合作社22个，集体商店9个；经营网点354个，职工3893人，固定资产原值1.03亿元。2000年，共辖商业企业32户，其中城区10户、基层供销社22个（9个集体商店和宝应湖农场商店并入当地供销社），职工1714人，终止解除劳动关系500多人。2001年，全县供销系统下辖商业企业37户，其中城区10户、基层供销社22个、集体商店5个，职工1249人。2002年3月，县供销社在全县原22个基层供销社中设立黎城、金南、塔集、涂沟、前锋、吕良等6个中心供销社，负责所辖基层社的协调与管理。2005年，供销（集团）总公司实施镇镇办超市计划，至年底，全县经多方洽谈，招商引资，基层供销社引办大型超市7户。辖有企业42户，其中，商业企业38户、工业企业4户；县城区10户、基层供销社22家、集镇超市7家、集体商店3家。

县农业生产资料总公司　1986年，县农业生产资料公司设置化肥、农药、竹木农具3个供应站及门市部，职工57人，固定资产净值40万元。1988年，增设农业生产资料经营部，经营农业机械及配件，新建苏淮复合肥厂，年产化肥8000吨。1993年，投资新建金都大厦，公司与新成立的金湖县物资购销公司实行"一套班子、两块牌子"，辖化肥、农药农膜、物资3户分公司。1995年，划出苏淮复合肥厂，新划入供销商场，全公司有职工80人，农业生产资料实行连锁经营，农资公司增设乡镇农资供应站22个（设在基层供销社）。1996年，改称为县农业生产资料总公司，各乡镇场设立分公司。12月，苏淮复合肥厂划入。1997年，所属供销商场划出。2001年，总公司下设乡镇农资销售中心11个，全部实行联合管理、自主经营、独立核算。年底，县农资总公司将金都大厦以资抵贷给县农行改造重建，解除其对健康路14号12间门面房的抵押权。公司公开拍卖12间门面房，获得资金150万元，用于职工经济补偿和人员关系置换，重新募股成立金湖县润农有限公司。

县生活用品总公司　1986年，县生活用品公司经营品种逾万种，销售额3991万元。1989年，所属批发部划分为工业品、日用陶瓷2个批发部。1993年，公司投资38万元，在安徽天长县城新辟一商场，营业面积1428平方米。1994年，改称为县生活用品总公司。1995年，租赁工商银行仓库改建成家电城，成为供销系统最大的家电零售批发店。全公司生活用品销售额达5857万元。2000年，改制为私营企业。

县土产棉麻总公司　前身为县土产果品公司。1986年，辖棉麻产品、农副产品、工业品等3个经理部，及土产果品批发部，吉利食品厂和门市部3个，职工139人，农副产品采购额190万元，商品零售额800万元，利润16万元。1993年3月，改称县土产棉麻总公司，下设棉麻、茧丝、土产、果品食杂公司，成立供销冷冻厂、上海吉利食品厂金湖分厂、南北货商场。1995年，职工增加到190人，固定资产净值664万元，年营业额6054万元，创利税124万元。是年，经市政府批准，定为四档企业，相当于副科级。1997年12月，划出所属棉麻公司，与县轧花厂合并为新的棉麻公司，棉花经营业务划入；县土产棉麻总公司更名为县土产食杂公司。2001年，企业改制，终止全员劳动关系，养老金、失业金等经济补偿分年度偿还。

县供销商场 1986年初，县供销联社将位于建设路111号日杂陶瓷南北货门市改建为供销大楼，交由县生活用品公司管理；原南北货门市移至县招待所对面新门市，隶属县土产果品公司。是年12月，供销大楼开业，内设22个柜组，营业面积2100平方米，职工108人，固定资产原值81.1万元。主要经营日杂、百货、副食品、针纺织品及五化交用品等。1987年3月，成立县供销商场，从县生活用品公司划出为独立法人企业。1995年，改属县农业生产资料总公司。1997年12月，从县农资公司划出，变更为县供销社直属法人企业，并实施柜组租赁承包经营。1999年，出租二楼800平方米闲置场地给浙江客户经营家具。2005年，吸纳家电、家具等多家个体商户进场经营。

图18-1-4 金城商厦（摄于2001年） 县志办/供

金城商厦 1992年建成，位于人民路与健康路交会处东北侧，营业面积4000平方米。1994年投资38万元，配置自动扶梯一组，系县内为顾客首设自动扶梯的商场。1996年，投资100多万元进行装修改造，设置柜组36个，营业面积增加到5000平方米，固定资产总额600多万元，有职工150人。1999年，由集体经营改为柜组承包经营，面向社会公开招租、竞争上岗，年收租金120多万元。2001年，终止全员劳动关系，养老金、失业金等经济补偿分年度偿还。

华昌商厦 1992年建成，营业面积1800平方米。1998年9月，实行内部职工集体承包经营，并变更为县供销社直属法人企业。1999年，由集体经营改为柜组承包经营，面向社会公开招租、竞争上岗；出租600平方米闲置场地给南京天天食品有限公司经营美食。2001年，企业改制，终止全员劳动关系，养老金、失业金等经济补偿分年度偿还。

金都大厦 1993年由县农业生产资料总公司投资建成，位于人民路52号，主体3层，营业面积2000平方米。主要经营生产资料、日杂用品、家电、百货等。1999年，实施柜组承包经营。2001年，以资抵贷给县农行（参见本节暗目“县农业生产资料总公司”），终止全员劳动关系，养老金、失业金等经济补偿分年度偿还。

县棉麻有限责任公司 前身为棉麻产品经理部。1986年隶属于县土产果品公司。1993年3月，改称为县棉麻公司，隶属于县土产棉麻总公司。1997年12月，从县土产棉麻总公司划出，与县轧花厂合并为县棉麻公司，棉花经营业务划归该公司。1998年1月，加入县轻仟集团，为核心企业；4月，募股102.6万元改制为县棉麻有限责任公司。1999年8月，从县轻仟集团划出，列入县供销社直属独立法人企业。2001年，企业改制，终止全员劳动关系，养老金、失业金等经济补偿分年度偿还。

县工业用品公司 前身为县供销合作联社工业品批发部。1987年,改称为县综合贸易服务公司。1988年,改称为县工业用品公司。1992年,华昌商厦并入。1996年7月,所属华昌商厦划出并入县土产棉麻总公司。2001年,该公司经评估,总额为221.5万元的固定资产划归华昌商厦。11名职工的劳动关系转至该商厦,实施买断补偿。

县第一棉纺织厂 1986年建立,固定资产总值160万元。1998年12月,加入县轻仟集团,为紧密层企业。2001年,企业改制,终止全员劳动关系,养老金、失业金等经济补偿分年度偿还。

县轻仟集团 1992年,建立县轻仟实业公司,固定资产总额177.71万元。1998年1月,成立县轻仟集团;核心层企业为县棉麻公司,紧密层企业有轻仟实业公司、金鹏丝绸有限公司、宏源实业开发公司、纺织原料公司等4户,以棉花、蚕茧、兔毛等生产、收购、加工、销售一条龙等多种经营为一体,拥有固定资产总额3935.97万元,职工1309人。3月,黎城供销社托管给该集团;4月,集团出资278万元收购唐港轧花厂,归口县棉麻有限责任公司,理顺棉花加工、流通、管理渠道;轻仟实业公司募股35.6万元改制为轻仟有限责任公司;12月,县第一棉纺织厂加入该集团。是年,集团实现销售收入9064万元、利税366万元。1999年,利税突破400万元。2001年,因市场行情变化,经营不景气,集团解体,相关企业自主经营,自负盈亏。

三、镇供销社

1986年,县供销社下辖基层供销合作社22个。至2000年乡镇区划调整,乡镇供销社仍保留22个。2002年3月,在全县原22个基层供销社中设立黎城、金南、塔集、涂沟、前锋、吕良等6个中心供销社,负责所辖基层社的协调与管理。至2005年,全县经多方洽谈,招商引资,镇级基层供销社引办大型超市7户,镇供销社总数仍为22个。

第四节 专项经营机构

一、烟草专卖机构网点

县烟草专卖局 1986年8月,名为省烟草公司金湖县公司。1995年,设立县烟草专卖局,与公司“一套班子、两块牌子”。局(公司)设经营一科、经营二科、专卖科、财务科、人秘科。1999年,设人事秘书科、网络建设办公室、计划财务科、经营业务科、专卖管理稽查科。12月,在原烟草稽查执法队基础上成立县烟草稽查大队,下设塔集、涂沟、金北、白马湖、城东、城南、城中7个分队。2001年,经营业务科改为经营网建科。2005年9月,取消县烟草公司法人资格,成立淮安烟草分公司金湖县市场营销部,局(营销部)下设办公室、专卖监督管理科、市场营销部和财务委派室。

烟草专卖网点 1986年,全县选择20个基层供销社作为卷烟经营委托转批单位,设立卷烟经营零售店集体商店366个、个体户1375户。1987年,保持转批单位20个。1991年,转批单位增加到23个。1993年,调整卷烟销售模式,取消新农、金北、涂沟、淮胜、闵桥、金南等乡镇转批单位的转批资格,建立卷烟批发部。1994年,在县城设有烟草批发部4个,在金北、吕良、新农、白马湖、唐港、夹沟、金南、闵桥等乡镇设烟草专卖管销所(批发部)8个。1995年,县城增设振业物资公司和玉溪、昆明卷烟特约专卖店4个,乡镇增设刘桥烟草专卖管销所(批发部),全县共设卷烟零售直供店50个。1996年,撤销县城专卖店1个、乡镇管销所(批发部)5个,并将其更名为连锁店(管销所)。

1997年,县城设批发部3个,乡镇设金北、新农、白马湖、涂沟、塔集等批发部5个,全县共有零售直供店70个。1998年,县城增设批发部4个,乡镇撤销新农批发部,全县共有零售点2100个。1999年,增加持证零售户161户。2000年,设卷烟批发部(管理所)6个,城区合并1个,共有持证零售户2521户。2001年，设卷烟批发部6个，其中县城2个，塔集、金北、涂沟、白马湖各1个，共有持证零售户2559户。2002年，持证卷烟零售户2690户。此后，呈减少趋势。2003年，2259户。2005年，1699户。

二、食盐专卖机构网点

县盐务管理局 1986年，名为省盐业公司淮阴分公司金湖支公司。1994年1月成立县盐业检察室。1995年3月，成立县盐务管理局，在县盐业公司挂牌，实行“一套班子、两块牌子”。县局（公司）下设办公室、财务科、业务科、盐政科、多种经营科。12月，县盐政稽查大队成立。1999年，支公司更名为省盐业集团淮阴有限公司金湖分公司。2001年，分公司更名为省盐业集团淮安有限公司金湖分公司。

食盐专卖网点 1986年，境域食盐专卖渠道，主要是通过县公司批发给各乡镇场基层供销社，再由供销社按核定量批发给商店、代销点，销售给城乡居民。全县设盐管站20个（乡镇场供销社副经理兼任站长），代销网点1300个。1990年，代销网点增加到1500个。1994年，设石港批发站（库）、宝丰经贸公司和盐业粮油加工厂，共有持证经销户1600户。1995年，增设盐业门市1个和代理销售网点58个，撤销盐业粮油加工厂。1997年，撤销宝丰经贸公司。1998年，增设县城批发部。1999年，将23个基层盐管站调整合并为塔集、闵桥、金南、吕良、戴楼、金北、涂沟、前锋等8个盐业管理所，县城范围由盐政稽查大队负责管理。2000年，增设城区服务所1个。2001年，基层盐务管理所合并为4个。2002年，设立基层盐务管理所11个。2003年，下设石港、县城批发部各1个，基层盐务管理所11个。2004年，设基层盐业特许经销商11个。2005年，设县城批发部1个，基层盐业特许经销商11个。

三、石油经营机构

中石化淮安市石油分公司金湖支公司 1986年1月，原隶属于县商业局的县石油公司析出，为省石油总公司淮阴分公司金湖支公司，有职工104人，其中固定职工51人。1990年，职工人数增至123人。1994年，公司内设物资经营部、矿产资源开发公司。1995年，增设物资贸易部、劳动服务公司，共有职工152人，经营汽油、煤油、柴油、润滑油4大类100多个品种，固定资产总额922万元，库容量6200立方米。1996年，成立润滑油公司，不久，该公司改设为润滑油销售中心。主营品种不变，增加副营品种有煤炭、化工、五金交电等，固定资产总额1138万元。1999年，公司内设机构精简为物资经营部，增设江苏国联化肥有限公司金湖经营部，为非独立法人，与县支公司合署办公。2001年，新成立润滑油销售部。2004年，公司名称改为中石化淮安市石油分公司金湖支公司，内设单位全部撤销。2005年，支公司有在册职工31人，招聘劳务工105人。

石油经营网点 1986年，县石油公司下属黎城油库1座，汽油、柴油供应根据县计划部门批准的计划数量，下拨到各商业、供销部门代为经营。1994年，随着工农业生产的发展和用油量的提高，增设物资经营部、矿产资源开发公司，及刘圩油库1座，城西、黎城、金北、水上新村加油站4座，城南、城西、综合门市部3个。1995年，筹资40多万元建成城东加油站。1996年，增设石港、白马湖加油站，成立润滑油销售中心。1997年，下辖黎城、刘圩油库，加油站7座（城西、城东、黎城、水上、金北、石港、白马湖），门市部4个（城南、城西、黎城、综合），物资经营部、矿产资源开发公司、润滑油销售中心各1个。1998年，增设新农销售点，撤销和合并城南门市部、矿产资源开发公司、润滑油销售中心。1999年增设塔集销售点。2000年，筹资291.5万元，收购民营盐金加油站，租赁县汽车运输公司通途加油站和市教委富丽加油站，是年加油站增至9个。2001年，刘圩油库改为零售网点，合并黎城、综合、城西门市部，成立润滑油销售部，化肥销售部改由省公司国联化肥公司直接管理。投资956万元，对黎城油库进行维修、改造，收购民营前锋加油站，改造石港加油站，新建戴楼、城东加油站，全县加油站增至13个。2002年，有加油站16座，润滑油销售部、分销部、配送部设在黎城油库内。2003年，拥有油库1座（内设直销部、润滑油部）、加油站17座（新建5座，迁建、停用各1座）。2004年，有油库1座（黎城）、加油站19座（盐金、戴楼、官塘、城西、黎城、通途、金南、渡口、城东、闵桥、塔集、银集、刘圩、金山、吕良、陈桥、金北、前锋、白马湖）。2005年，增设夹沟加油站1座。

四、药品（器械）经营机构

江苏省医药公司金湖县公司　1986年，为中国医药公司江苏省金湖县支公司，隶属县卫生局管辖，下设办公室、财务股、质检股、药品经营部、中药经营部、保健品经营部，有职工92人，固定资产原值58.78万元。1989年8月，划归县经济委员会管辖。1994年1月，改称县医药公司。1996年12月，又划归县卫生局管辖。2000年4月通过省级GSP药品经营企业标准验收，换发药品经营企业许可证。2002年12月，公司改制，名称改为江苏省医药公司金湖县公司。

医药器械经营网点　1986年，县医药公司辖中药饮片加工厂、零售一门市、二门市、三门市、吕良医药站、塔集医药站等共12个经营单位。1989年，新增基层营业单位6个。1990年后，社会私营个体医药营销门店增加，县医药公司经营网点没有增设。2005年，经营网点仍保持18个。

五、茧丝绸经营机构

县茧丝绸集团总公司　1992年5月，成立县蚕茧总站，县内茧丝购销业务从县土产棉麻公司的蚕茧公司划入蚕茧总站。1993年4月，成立县茧丝绸集团总公司，实行茧丝绸专营。1996年4月，成立县茧丝绸有限责任公司，实施茧丝绸生产经营一体化、产业化、集约化，隶属于市茧丝绸集团总公司。5月，县供销社蚕茧公司人、财、物整建制划入县茧丝绸集团有限责任公司，公司股本总额4401.65万元，其中市茧丝绸总公司3643.39万元，占82.8%；县供销社股本总额758.26万元，占17.2%。2000年6月，成立县茧丝绸集团总公司，编制17人。2003年，拥有固定资产原值1008万元，从业人数减少到21人，负债总额1675万元。是年2月，公司被撤销。

蚕茧收烘网点　1986年，县供销社土产公司独家经营蚕茧收烘，下设蚕茧站8座、茧灶23座，总建筑面积7445平方米，占地2.3公顷。20世纪90年代初，金南、塔集新建茧站2座、茧灶6座，1993年9月，县改革茧丝流通体制，晚秋茧由县土产公司收烘结束后，逐步放开，由县茧丝绸总公司和县土产棉麻公司自主收烘经营。1995年，蚕茧归口县茧丝绸总公司统一组织收购、调拨、经营，县土产棉麻总公司仅受其委托代收代烘。4月，总公司下设蚕茧公司、丝绸公司，职工33人。1996年4月，公司下属单位有蚕桑指导站一个、蚕茧收烘站10座、茧灶29座。至2003年，县茧丝绸集团公司撤销，下设网点资产亦相继转让或变卖。

第二章　规模　效益

第一节　商贸业规模

1986年，全县共有商业经营单位2993家，从业人员7868人。其特点是国营、集体商业占主导地位，有经营单位1032家，从业人员5496人，分别占34.5%、69.9%。国营商贸业有商业、粮食、物资、医药、农机、水产、烟草、食盐专卖等8个系统，形成百货、五化交、食品、饮服、商业零售、蔬菜等16个大专业公司，下设网点358个，有从业人员2490人（含饮食服务业和其他部门办商业）。集体商业以供销合作社系统、合作商店、农村代购代销店为主体的经营网点686个，从业人员2809人。县城商业区主要集中在建设路，有盐业公司、食品公司、百货公司、百货大楼、邮电大楼、蔬菜公司、供销商场、农贸市场、糖业烟酒公司等。

1990年，全县共有商业经营单位4656家，从业人员8623人。其中，批零贸易业3221家、5955人；工业和其他部门零售门市94家、223人。个体经营户3647户、3682人，分别占总数78.3%、42.7%。其中，批零贸易业个体经营户2397户、2877人。农村集市贸易成交额3365万元。1994年，全县商业经营单位增加到6401家，从业人员9918人。其中，批零贸易业5132家、7728人。个体经营户6116户、8331人，分别占总数95.5%、84.0%。农村集市贸易成交额1.57亿元。1995年，零售商业完善柜组承包经营，全县34户国有企业、772个柜组、151家门店全部实行承包经营；批发企业实行“母体裂变”，择优汰劣，盘活资产，组建小型公司60多户，投资1100万元，扩增商业网点面积2000多平方米。是年，全县有交易市场43个，其中县城13个、农村集镇30个。

1996年，实施产权制度改革，全县有改制商贸企业和经营网点620个，从业人员7858人；有私营个体商业户2852户，从业人员5545人。1998年12月，县五化交总公司所属商业大厦加盟省果品食杂总公司，首家在大厦内建立苏果超市金湖连锁店，营业面积1500平方米，主营副食品、果品等，品种6000多个。1999年，贸易局有直属商贸企业12户，职工1873人；经营网点125个，经营面积7.4万平方米。县供销社辖商业企业43户，其中城区12户、基层供销社22个、集体商店9个，职工3909人。物资系统辖企业17户，职工750人。粮油商业辖商业企业30户，职工961人，设置经营网点39个，其中城区5个、基层乡镇34个。

2000年，全县国有商贸企业资产退出，民营资本融入。县城商业区逐步向人民路、健康路、金湖路、园林路扩展。人民路商业区主要有温州商贸城、物资商厦、金城商厦、供销商场、金湖商场、眼镜专卖店、电动车、五金电器专卖店和餐饮业等，健康路商业区内有多家经销国际、国内知名品牌服装鞋帽专卖店，金湖路商业区主要经营建材和农机具等。乡镇商业网点除县商业流通系统开设的基层社、粮站、连锁店、代销店、便利店、专业店和总代理等，其他均为私营商业、服务业；个体经营户遍布集镇街道、村部、村庄及交通要道口，给城乡居民生产生活带来极大方便。2002年，全县商业系统各类批发部发展到近100个，总经销、总代理商品占系统总销售额70%。2005年，全县拥有批发零售私营商业、餐饮私营企业213户，注册资金1.44亿元，从业人员2004人；个体商户8235户，从业人员1.24万人，注册资金1.09亿元；在县城经营的有3875户，从业人员6077人，注册资金5809万元。全县拥有乡镇市场25个，占地13.16公顷，较稳定的常年经营者4882人。

第二节　商贸扶持政策

1986年，县政府鼓励农民进入流通领域，疏通流通渠道，促进商贸购销。县供销社将180多个代购代销店，按7∶3比例改为由基层供销社、农民合股经营的联营店，销售品种增加到1200多种。金湖商场、供销商场建成开业，服务网点增加。县恢复蔬菜办公室，制定优惠政策，落实城乡蔬菜基地，解决城乡蔬菜供应紧张、居民“吃菜难”问题。1988年，治理整顿市场秩序，禁止跨地区抬价抢购粮、棉、油、茧大宗农副产品，打击官倒、私倒、欺行霸市、擅自抬价、平价转议价等从中牟取暴利的行为，保护消费者利益。县五化交、百货等专业公司，将乡镇企业生产的电线电缆、日用化工等产品推销到县外和省外的大中城市。1990—1991年，供销系统组织大型商品供货会、展销会117场次，实行优惠让利销售，成交额1256万元。1992年，百货、五化交、商业公司等企业扩大零售商场，兴办酒店、印刷厂、服装厂、卫生日用品厂等经济实体，降低流通费用。1994年，坚持"大市场、大流通、大买卖"，扩大外购外销，发展壮大商贸企业，为地方工业服务。供销系统实现销售额1.5亿元。1995年，粮食部门供应限价大米2300吨，面粉、食油各30吨，以平抑粮油价格，稳定市场供应。县食品公司继续实施上市生猪"定点屠宰、集中检疫、统一纳税、分散经营"方针，设置屠宰点23个，乡镇白肉批发点16个，兴建房屋20多间，猪舍100多间，制止病死猪肉、灌水猪肉流入市场，确保食品安全。全年集中宰杀生猪3.9万头，比上年增长33%。财政部、国家税务总局对商业企业批发肉禽蛋等业务实行先征税、后返还办法销售。4月，供销系统加入省供销社商务信息电子网，设置政策法规动态、全国商情动态和农副产品动态等3个数据库，为经营决策提供信息和依据。8月，国务院印发《关于改革化肥等农业生产资料流通体制的通知》，实施农资连锁经营，互惠互利，风险共担。

1997年，县委、县政府提出拓展新兴第三产业，积极发展中介服务业、信息咨询业，发展房地产业，鼓励发展私营个体经济，进一步提高第三产业增加值。4月，县商业集团总公司率先实行联购联销，全系统主要商品品种、价格、货源渠道、送货方式、结算方式实行"五统一"，规范市场经营秩序，减少流通环节，节约经营成本。此举得到国内贸易部、省贸易厅充分肯定。商业流通企业实施兼并、租赁、托管、拍卖、出售转民营等多种形式的改革措施，增强企业活力。培育市场，新建集市贸易市场4个，改建扩建市场3个，提高档次，扩大辐射面。是年，全县有集市贸易市场42个，总面积15.2万平方米，年成交额4.6亿元。

1999年，县政府批准资产50万元以上商业企业法人代表实行年薪制，激发企业法人代表积极性。商贸系统精减行政管理人员，撤销、压缩行政机构52个，新设置的科室实行公开考聘、竞争上岗，共精简人员156人，节约支出120余万元。在城区改造中，采取商贸流通企业出土地，承建方或租赁方出资金的办法，改善企业面貌和经营环境。县城商贸系统拆除房屋192间、5750平方米，开发新建饮服公司、家电公司、金湖商场、百货公司、商业运输公司综合楼、家电公司停车场等，建筑面积1.5万平方米。县政府协调组建县煤炭管理办公室，成立物资系统民用煤粉碎配送中心，全县各煤球厂所需白煤和煤屑统由该中心采购配送，形成连锁经营的格局。供销合作商业的基层供销社开发盘活存量与闲置资产，出售房屋4800平方米，盘活资产500多万元；开拓农副产品购销业务，年获利200多万元。在集镇改造中，15个基层食品站拆除房屋123间、3480平方米，重新开发临街门面房78间、3605平方米，兴办工商企业安置职工，实行个人投资，自主经营，自负盈亏。停止吸纳社员"保息分红"股金业务，清退社员股金1129万元，防止和化解金融风险。粮食系统采取"三就"（就厂、就船、就车）方式，帮助农民出售夏秋"等外粮"5000吨；采取"藕断丝连法"分流冗员，清退临时工63人，鼓励转岗分流187人，对年龄偏大、不能胜任本职工作的职工实行内部退养，既减少人员经费50多万元，又取得"震荡"小、效果好的成效。这一做法得到省政府肯定。

2000年，着手培育大流通，加快信息传递。培育大型骨干流通企业，引导中小企业参加大集团经营。调整流通业态结构，加快发展便利店、专业店、连锁店和总代理等现代经营方式。鼓励流通企业向生产领域渗透，加强与生产企业的资本联合和产品联合，发展一体化经营。2001年，配合创建农业部水稻生产机械化示范县，县财政对购置插秧机农户实施补贴的办法，激发农民购买农机的积极性。2004年，省财政厅、省农机局对购置农机具实施财政补贴。全县新购置条播机99台、高性能联合收割机4台、手扶式插秧机46台、秸秆还田机械11台，争取直补资金42.5万元。

2005年，全县抓住创建"万村千乡放心店"试点县机遇，首批建成放心店85户。《粮食流通管理条例》《粮食流通监督检查暂行办法》颁布实施后，严把粮食收购准入关，确保粮食收购秩序稳定和粮食消费安全。

第三节 效 益

1986年，全县社会商品零售总额1.82亿元，社会消费品零售额1.33亿元。按商品用途分，对居民和社会集团的消费品零售额1.33亿元，对农民的农业生产资料零售总额4834万元；按销售地区分，县城6084万元，县以下7243万元；按经济类型分，全民所有制商业7387万元，集体所有制商业8818万元，其中供销合作商业6530万元、个体有证商业1183万元。按行业分，商业零售额1.45亿元，饮食业零售额324万元，工业零售额1486万元，其他行业1053万元，农民对非农居民零售额773万元；农副产品收购额1.14亿元。

1990年，全民所有制和集体所有制商业零售总额增长幅度较大，分别达到1.03亿元、1.63亿元，其中供销合作集体商业1.06亿元，分别比1986年增长38.9%、84.6%、62.7%；农民对非农居民零售总额8008万元，农副产品收购额1.68亿元，分别增长9.4倍、48.1%。1994年，全县社会商品零售额5.82亿元，社会消费品零售总额4.52亿元。按销售地区分，县城2.58亿元，县以下1.94亿元，分别增长3.2倍、1.7倍；按经济类型分，全民所有制商业1.82亿元，集体所有制商业1.62亿元，个体商业7960万元，分别增长1.5倍、1.8倍、5.7倍，其他商业2806万元。按行业分，商业零售额3.45亿元，餐饮业855万元，工业零售额6571万元，其他行业415万元，分别增长1.4倍、1.6倍、3.4倍、下降39.4%；农民对非农居民零售额2806万元，增长2.6倍。1999年，县贸易局销售额1.3亿元，亏损132万元；推销地方工业品1610万元，缴纳税金154万元。县供销社拥有资产1.05亿元，所有者权益4925万元；年商品购销额8.42亿元，销售额4.31亿元，综合经济效益亏损253.3万元。银集镇、淮建乡供销社分别兴建劳动村、新庄村两个棉花合作社，入社农户455户。物资系统拥有资产6700万元，年商品销售额4200万元，缴纳税金60万元，综合经济效益亏损400万元。粮油商业企业拥有资产4143万元。年完成粮食定购任务1.5万吨，入库保护价粮14.25万吨，顺价销售11.85万吨，其中稻谷3.45万吨、小麦8.4万吨，实现销售收入1.51亿元、利润404万元。

2000年，全县社会消费品零售总额8.40亿元。县物资系统拥有资产7900万元，年商品销售额近亿元，缴纳税金60万元，综合经济效益亏损320万元，比上年减亏802万元。在外埠新成立的上海市恒盛汽车贸易有限公司实现销售额2亿元；上海市远航汽车贸易中心销售额1780万元。全县在沪宁杭等地从事汽车销售者近60人，年利润近1000万元。县供销社系统年商品购销额8.30亿元，销售额4.36亿元，综合经济效益亏损215万元。粮油商业实现销售收入1.4亿元，利润408万元。

2005年，全县社会消费品零售总额17.28亿元。按行业分，商贸批发零售业14.78亿元，餐饮业2.16亿元，其他0.35亿元；按销售区域分，县城10.13亿元，县以下7.15亿元；按经营单位分，粮油商业完成商品销售收入2.48亿元，供销合作商业销售总额9.38亿元，石油成品油销售收入1.63亿元，卷烟销售收入1.15亿元，盐业销售收入1500万元，其他为私营个体商贸业销售额。

1986—2005年金湖县社会消费品零售总额统计表

表18-2-1 单位：万元

年份	总额	年份	总额	年份	总额	年份	总额
1986	13327	1989	22122	1992	29169	1995	56534
1987	15180	1990	22870	1993	34758	1996	65877
1988	21138	1991	24794	1994	45185	1997	73026

接上表

年份	总额	年份	总额	年份	总额	年份	总额
1998	76731	2000	84005	2002	93426	2004	149063
1999	82500	2001	97734	2003	104029	2005	172811

第三章　商贸物资流通

第一节　生活用品购销

1986年，县生活用品进货渠道主要是从县百货公司、县五化交公司、县糖业烟酒公司和县供销系统的县生活用品总公司等省三级批发站购进。日用工业品进货主渠道由所属镇江经济区二级批发站按计划调拨；纺织品进货渠道增加淮阴、南京等纺织品二级批发站，销售对象为县城零售企业和城乡供销社、合作商店。主要生活用品销售量：棉布100.9万米、针织品34.38万件、服装32.73万件；工业日用品销售量，缝纫机3168架，手表1.02万只，自行车1万多辆，收音机2880台，电视机5424台，录音机1926台、电冰箱159台、洗衣机1938台、电风扇7397台。实现生活用品零售额7392万元，其中国有商业销售额5693万元、集体商业销售额1699万元。1991年，城乡居民购买布匹需要凭布票购买，故购买成衣的人多，购买布匹量身自做的少，布匹销售量减少到81.23万米，服装销售量增加到33.6万件，针织品销售量27.55万件；工业日用品销售量呈增长趋势，销售缝纫机1938架、手表9500只、自行车7267辆、收音机3203台、电视机6428台、录音机3657台、电冰箱677台、洗衣机3642台、电风扇1.22万台。实现生活用品零售额1.06亿元，其中国有商业销售额8743万元、集体商业销售额1500万元。主要进货渠道转至江苏南京、常熟、淮阴，浙江义乌、柯桥等商品专业市场，部分基层供销社、零售企业加大到一级站、二级站的自采力度。县生活用品公司采取延期付款、托收承付的结算方式和代销、送货上门的经营办法，抢占农村生活用品市场。1992年，该公司销售额2729万元，比上年增长45.8%，其中生活用品销售额2069万元。

1994年，各商贸企业美化亮化购物环境，将原先封闭式柜台改成敞开式自选厅，在店堂中增设黄金首饰、家电、服装等专卖店、专卖柜，有的还引入游乐、美食、茶座等，以方便顾客，提升零售业经营水平。是年，主要生活用品销售量：棉布16.89万米、针织品6.95万件、服装15.7万件、黄金饰品314万元；工业日用品增加品种的销售量有照相机184架、摩托车189辆、彩色电视机1170台、录像机125台、空调器243台、抽油烟机367台；原有品种电冰箱904台、洗衣机1399台、电风扇5869台、自行车4620辆、录音机125台。实现生活用品零售额1.73亿元，其中国有商业销售额1.1亿元、集体商业销售额6293万元。1995年，各大商贸企业扩大进货渠道，采购点主要集中至苏州、无锡、南京、镇江、扬州等二级批发站，并加大从生产厂家直接进货比例，实行批零“一条龙”、批零“一道价”。实现生活用品零售额1.98亿元，其中，国有商业销售额1.12亿元、集体商业销售额8588万元。

1997年，县商贸企业推行承包经营，提高生活用品销售量。全县实现生活用品零售额2.22亿元，其中国有商业销售额1.21亿元，集体商业销售额1.01亿元。2000年，商贸企业国有资本有序退出，改制成民营企业，建立有限责任公司。统计口径仍按原所有制形式归口，实现生活用品零售额2.7亿元，其中国有商业销售额1.4亿元、集体商业销售额1.37亿元。2001年后的商贸业发展情况见本篇第六章新型商贸业。

1986—2000年金湖县国有、集体商业生活用品销售额统计表

表18-3-2　　单位：万元

年份	国有销售额	集体销售额	年份	国有销售额	集体销售额	年份	国有销售额	集体销售额
1986	5693	1699	1991	8743	1500	1996	11702	9425
1987	7249	1783	1992	8887	2069	1997	12100	10086
1988	8507	1924	1993	9337	3000	1998	12264	10604
1989	9182	1746	1994	11009	6293	1999	12963	11648
1990	8299	1628	1995	11200	8588	2000	14000	13660

第二节　副食品购销

1986年，国家对食品行业取消统一收购、统一销售、统一核算，开放猪、禽、蛋等市场，延续10多年的统购、统销体系解体，县食品公司经营遇到困难，当年收购生猪6.87万头，销售生猪5.96万头，外调生猪1.06万头；收购家禽35万只，销售家禽47.37万只；收购鲜蛋1994吨，销售鲜蛋834吨，外调鲜蛋410吨，出口鲜蛋220吨。全公司亏损22.79万元。

1987年，食品行业转变观念，走产、供、销一条龙之路，以基层食品站为基础与农户联合建立29个畜禽专业合作社，为社员提供种苗、资金、饲料、防疫、技术和销售等服务，解除畜禽生产的后顾之忧，促进养殖业发展，拓展食品货源基地。农户争相入社，全县共入社1465户，饲养生猪4513头、家禽25万只、种羊1100头。1988年，收购鲜蛋2463吨、家禽34.68万只、生猪4.71万头，其中，入社农户出售鲜蛋300吨、家禽15万只、生猪3520头。食品系统全年禽、蛋收购量分别比上年增长76%和9.7%。除保证县内消费外，大部分外调至上海、南京等大中城市，一部分出口。禽蛋厂和食品冷冻厂生产加工的再制蛋（咸蛋、松花蛋）每年销售240万只左右，以外销为主，正和牌、金水牌咸鸭蛋、松花蛋颇有名气。两厂有职工300多人，有较先进的生产设备，经济效益较好。随着市场开放，私营企业加工量扩大，两厂生产、销售日益萎缩，出现亏损局面。

1990年，国家宏观调控政策发生变化，市场形势严峻，全县生猪肉品调拨不畅，出口遇阻，销售遇到困难，供大于求矛盾非常突出，出现农民卖猪难问题。为此，县向食品系统企业下达100天内销售6000头生猪任务。食品系统采取送货上门、发肉票等措施，农民卖猪难问题方得到缓解。1994年，全县实行生猪“定点宰杀、集中检疫、统一纳税、分散经营”的管理办法，控制猪源外流，保证猪肉市场供应安全，让消费者吃上“放心肉”。全县城乡共设屠宰点25个、乡镇白肉批发点16个。由于粮食成本增加，以及生活习惯改变，农民一家一户饲养生猪量减少，县域猪源越来越少。1996年，以生猪外销为主业的食品公司及各食品站因无米下锅而难以为继，经营重点转向猪肉批发与零售。

1986—1995年金湖县国有商业猪、禽、蛋购销量统计表

表18-3-3

年份	生猪(万头)		家禽(万只)		鲜蛋(吨)	
	收购	销售	收购	销售	收购	销售
1986	6.87	5.96	47.50	47.37	1994	834
1987	7.09	5.97	34.45	31.81	2874	1400
1988	4.71	4.10	44.98	44.87	2463	1589
1989	6.00	5.64	62.19	48.62	2608	1403
1990	5.89	5.88	33.33	28.68	1729	1056
1991	7.30	7.27	57.78	36.52	2002	966
1992	4.63	4.63	32.78	32.50	1569	616
1993	2.06	2.06	20.10	18.00	1632	632
1994	2.60	2.60	16.84	16.80	1351	531
1995	3.83	3.83	10.63	10.53	1236	826

第三节 木材建材采供

1986年，作为计划物资的木材、水泥、钢材等建筑材料，由各级计划部门层层下达分配指标、开具调拨单，凭单调运购买。县域原木进货渠道，主要由省公司设在镇江的木材中转站及市公司设在淮安的上新河木材中转站供应，经大运河水路由机船拖木排运达。县木材公司在两站都派驻代表，负责开单、催调等工作；水泥、钢材等建材，亦凭省市计划调拨单，到规定的厂或公司调运。县内木材、建材供应，凭县计划部门计划调拨单到县木材、物资等公司购买，价格由县物价部门核准。个人砌房造屋、制作家具需要木材、建材，亦需批计划、开条子，价格有平价，亦有协议价。1987年，物资企业实行经理负责制改革，推行经理承包经营模式，市场逐步放开，价格执行双轨制，扩大企业自主权，调动经营层积极性，木材建材市场进一步得到发展。1991年，国家放开部分木材市场，县木材公司等企业派采购员至黑龙江大兴安岭、江西婺源等地林区自采，采用“发排”或火车运输；同时进口木材、板材，如俄罗斯花旗松等，执行国家指导价，比较灵活，基本满足县域需求。是年，销售额2200万元，利润156万元。

1992年，“四放开”（经营、价格、用工、分配放开）改革后，民营企业、个体工商户进入木材、建材领域，市场发生重大变化，国有企业在价格、渠道上的优势不复存在，销售、利润、市场占有率逐年下降，1995年，销售额1232万元，比1991年下降44%，累计亏损150多万元。1998年，经营模式发生变化，公司将门市部、场地出租，不再从事商品经营，木材加工厂停产。

1986—1997年金湖县物资系统木材建材采供量统计表

表18-3-4

年份	木材(立方米)	水泥(吨)	建筑钢材(吨)	年份	木材(立方米)	水泥(吨)	建筑钢材(吨)
1986	1798	16105	591	1988	1759	16186	651
1987	2501	15670	2629	1989	1329	12857	591

接上表

年份	木材（立方米）	水泥（吨）	建筑钢材（吨）	年份	木材（立方米）	水泥（吨）	建筑钢材（吨）
1990	1204	10363	278	1994	5433	16040	1745
1991	1098	16706	1423	1995	9934	25474	2221
1992	1201	19535	1427	1996	2424	23967	2072
1993	646	10692	531	1997	2337	24469	2316

第四节　金属机电化工产品采供

1986年，金属、机电化工营销体系按计划经济模式运营，主要商品从省公司调拨，年销售额1961万元。1987年，销售额3500万元。1991年，物贸中心、机电公司派业务员到上海做汽车销售生意，逐渐打开公务车销售市场，当年销售汽车210辆，销售额4300万元。1992年，公司带动物资系统以进口汽车为主、国产汽车为辅的汽车营销，年销售汽车823辆，销售额1.8亿元，占系统总销售额65%。1993年，营销规模不断向外扩张，物资系统成立二级法人单位9家，在上海、南京、无锡、杭州等地设办事处，与南京钢铁厂、扬子石化、仪征化纤、长春第一汽车制造厂、湖北第二汽车制造厂、上海大众汽车制造厂等大型企业直接衔联购销业务，外购外销比例占70%。是年至1994年是物资系统的营销突破之年，两年销售额分别达到5.33亿元和5.04亿元，利税分别达到519万元、365万元，其中汽车销售贡献率达到70%。为此，县物资（集团）总公司第二次进入国内贸易部发布的“'95中国物资流通百强县”行列，1993年排名第99位，1994年上升至第54位。1995年以后，市场发生变化，物资营销艰难，销售额同比下降52%，全行业亏损，驻外办事处撤销。1997年，加大物办工业投入，采取多种措施拓展县内外物供市场，主攻龙头企业钢材、煤炭、化工产品、机电产品等大宗物资销售渠道，全年实现销售额1.95亿元，外购外销1.2亿元，占销售总额80%。改造装修后的物资商厦，实行柜组租赁、公有民营改革，完成销售额200万元。2000年，企业改制，重新注册成立民营企业。

表18-3-5　1986—1990年金湖县物资系统金属机电化工产品购销量统计表

单位：万元

年份	金属材料		机电产品		化工产品	
	购进	销售	购进	销售	购进	销售
1986	122	150	1604	1548	179	263
1987	234	235	1890	1841	1108	1030
1988	730	277	2198	2171	920	1943
1989	220	213	2289	2300	853	1004
1990	448	337	2880	2731	260	911

第五节　煤炭采供

1986年，县燃料公司煤炭购销模式按计划分配调拨，年销售量1.4万吨，县煤球厂年加工煤炭

1.2万吨、机制蜂窝煤球180万只左右，利润总额14.51万元，被省物资局授予先进集体称号。随着生产力发展，煤炭需求量增加与供应量不足之间矛盾突出，每年有一定数量缺口，县燃料公司千方百计以协作购进方式进行弥补。1989年，扩大煤球厂规模，增加民用蜂窝煤球生产量，按计划供应县内城镇定量、定销户口居民、部分菜农、驻金农场职工等，煤球厂设蜂窝煤球销售点5个，方便城乡居民购买，另组织职工送蜂窝煤球上门260多万只。1990年，以县燃料公司为主的物资系统企业向大同、阳泉、徐州、淮南等煤炭产地派驻采购员、调运员，增设办事处、中转站，千方百计组织货源，并用相对紧俏的洋河酒、木材等商品与煤矿搞物资协作，调进的煤炭称为"协作煤"，缓解供需矛盾。同时，新置千吨级运输船队，缓解运输压力。1991年，销售煤炭24万吨，其中县内销售7.2万吨。是年夏，县域发生洪灾，县煤球厂突击生产蜂窝煤球10万只支援灾区，并组织车队及时送达横桥、白马湖和盱眙等灾区。1992年，煤炭市场放开后，国营购销主渠道的优势不复存在，销售、利润大幅度下降。1993年9月，县物资能源总公司下设的电力煤炭公司、工业燃料公司、油品物资公司，在大同、徐州、秦皇岛等地设立采购窗口，与淮阴、镇江等8大电厂建立供需关系。1995年，随着石油液化气普及和煤炭市场放开，蜂窝煤球销量锐减，遂将煤球厂承包给个人经营。1996年，县燃料公司累计亏损167万元，不得不关停。2001年，县内煤炭供应由重新组建的县石油化工贸易中心、县煤炭石油化工公司2家民营企业经营。2003年，煤球厂整体出售，改制为私营企业。

1986—2001年金湖县物资系统煤炭县内销量统计表

表18-3-6　　单位：万吨

年份	总量	年份	总量	年份	总量	年份	总量
1986	6.98	1990	5.17	1994	6.12	1998	5.88
1987	7.65	1991	7.20	1995	7.94	1999	5.43
1988	10.70	1992	15.42	1996	7.86	2000	5.29
1989	12.60	1993	16.53	1997	6.50	2001	5.38

说明：1998年后为工业用煤。

第六节　废旧金属回收

1986年，县金属回收公司回收废旧金属1298吨，其中上缴国家指令性计划280吨。1989年，回收的废旧金属、铁屑、金属刨花、铁皮、小铁件等就地压制成铁板块，随大件一起运送至省市指定的回收单位再利用。1993年，废旧金属回收市场放开后，县城和各乡镇废旧物品回收站点纷纷兴办。淮建乡村民张恒清从事废旧金属收购加工，年吞吐量接近县物资再生利用公司收购量。1995年，县物资再生利用公司回收废旧金属2915吨，取得较好经济效益。1996年，县物资再生利用公司业务量下降60%以上，出现亏损，企业将经营设施承包给个人经营。1999年6月，淮建乡村民张恒清引资100万元，创办天宝物资经营有限公司，兴建起拉丝厂，并与国有大型企业无锡钢厂建立协作关系，成为该厂在苏北地区的原材料供应代理商。张恒清将回收的废旧金属就地分类熔合，进行初加工后运往无锡钢厂，年加工量8000吨，产值近1000万元。2000年，县物资再生利用公司解体后，原有经营骨干在金湖路109号至111号开办鑫鑫金属回收有限公司、金鑫金属材料销售公司、华伟物资贸易有限公司等私营企业，直接从事钢材和废旧金属购销。

第四章 粮油购销

第一节 粮油收购

一、粮食合同定购

1986年，全县贯彻执行中共中央、国务院颁发的《关于进一步活跃农村经济十项改革决定》，取消粮食统购，改为合同订购，形成粮食购销“双轨制”。是年，全省调减合同定购数量，扩大市场议价收购比重，金湖县由15万吨调减为13.9万吨，合同定购以外再为国家代购“议价转平价”贸易粮0.38万吨。省政府规定，各地可在省分配和自有化肥中统筹安排部分化肥用于粮食合同定购，另对完成粮食定购任务93%以上者，其超过部分按原超购价与县结算，市规定的奖励差价款由县安排使用，主要用于发展粮食生产，也可奖励完成收购任务的单位。是年，全县合同定购入库14.4万吨。1987年，省政府规定，粮食对下实行购销财务包干，合同定购任务包干数必须保证完成，完不成任务由地方出钱购买议价粮补足；又规定粮食定购任务与化肥、柴油、定金发放“三挂钩”，农民交售50公斤原粮，奖售标准氮肥2.5公斤、柴油0.75公斤（后调整为1公斤），以统购价按20%幅度计算贷给农户作为粮食预购定金。定金贷款利息为月率3.3‰；并对部分合同定购粮食的价格进行调整，调整幅度10%左右。全县定购任务为12.87万吨，实际完成12.39万吨。1988年，根据国务院、省政府通知精神，实行粮食购、销、调及财务包干。1991年起，将粮食合同定购改为国家定购，作为农民应尽义务，必须保证完成。省政府决定继续实行粮食购、销、调及财务包干，一包两年，一年一结，两年统算。至1991年6年间，全县完成国家定购任务共获得奖励标准肥6.43万吨。

1993年，粮食流通体制改革，粮食价格放开，粮食定购保留数量，价格随行就市。金湖县持续10年11.7万吨以上的合同定购任务量，下调到3万吨。1994年，又恢复定购“保量放价”，规定“粮食归三级所有”。1995年，执行“粮权归中央，经营归基层”政策。1996年，实施“米袋子省长负责制”。1997年，实行保护价敞开收购农民粮食，组织人员对全县6万多农户已出售的议价粮逐笔登记造册，建立保护价收购台账，按实际执行价格和保护价差额，凭收购单据如数向农户兑现差价款。仅此，全县售粮农户增收2000多万元，人均近100元。1998年，国务院颁布《粮食收购条例》，提出“敞开收购、户交户结，不打白条”的要求。1999年，国家要求粮食部门顺价销售，减少亏损。2000年，实行粮食敞开收购政策，完成粮食入库任务7.5万吨，合同定购任务1.5万吨全部完成。直至2001年秋粮收购时，执行国务院通知，取消粮食定购任务，放开粮食市场，放开粮食收购，放开粮食购销价格，粮食合同定购工作取消。

1986—1999年金湖县完成粮食收购、定购任务统计表

表18-4-7　　单位：万吨

年份	收购入库量	合同定购任务数	完成数	占比（%）	年份	收购入库量	合同定购任务数	完成数	占比（%）
1986	19.50	13.90	14.40	103.6	1987	17.64	12.87	12.39	96.3

接上表

年份	收购入库量	合同定购任务数	完成数	占比（%）	年份	收购入库量	合同定购任务数	完成数	占比（%）
1988	14.50	12.64	9.53	75.4	1994	10.67	5.05	3.70	73.3
1989	15.43	12.64	11.01	87.1	1995	5.89	5.05	5.05	100.0
1990	16.49	12.64	10.96	86.7	1996	5.05	5.05	5.05	100.0
1991	8.39	12.32	7.32	59.4	1997	5.05	5.05	5.05	100.0
1992	13.72	11.72	8.63	73.6	1998	7.50	1.50	1.50	100.0
1993	8.69	3.00	0.94	31.3	1999	7.50	5.05	5.05	100.0

二、议价粮收购

1986年，县内基层粮管所开始经营议价粮食，粮食部门内部出现多渠道经营局面。当年，全县议价收购粮食3.62万吨，次年议价收购5.18万吨。1988—1989年，粮食实行“双轨制”，即农民卖粮以国家定购为主，其余可在市场上自由出售。1988年，省政府规定以县为单位在完成定购“议转平”任务后，组织粮食议购议销，实行多渠道经营。1990—2001年，粮食逐步放开收购和销售价格，步入市场经济轨道。1993年，全县定购任务量下调到3万吨，粮食部门变以收购定购粮为主为收购议价粮为主，当年收购议价粮8.69万吨。1999年夏，入库小麦12.5万吨，其中定购仅收5190吨，议购量近12万吨。2000年，采用以销定购和“就厂、就船、就车”收购，与农民协商定购，严格执行户交户结，现金结算。2001年秋收起，国家取消粮食定购任务，实行粮食购销市场化。2003年，粮食系统在全县场头、码头、交通路口等地设立固定收购点48个、流动收购点26个，组织职工300多人进村入户上门收购，设点、上门收购的粮食占总收购量82%。2005年，全县完成粮食收购14.50万吨，其中订单收购4.51万吨，占总收购量31.22%；粮食销售14.15万吨，其中外购外销、外购内销粮食2.8万吨，占总销售量19.79%。

1986—2005年金湖县议价粮收购统计表

表18-4-8　　单位：万吨

年份	数量	年份	数量	年份	数量	年份	数量	年份	数量
1986	3.62	1990	5.23	1994	7.69	1998	7.48	2002	9.50
1987	5.18	1991	1.67	1995	5.89	1999	11.85	2003	9.97
1988	4.14	1992	2.86	1996	5.90	2000	16.90	2004	13.78
1989	4.42	1993	8.69	1997	8.61	2001	9.17	2005	14.50

三、油料收购

1986年，全县油菜籽仍按“倒四六”比例价敞开收购。是年，国家油菜籽定购任务1100吨，完成625吨，占任务数56.8%，议价收购262.5吨。1987年，省政府要求，在落实粮食合同定购任务时一并落实油菜籽合同定购任务，并明确油菜籽经营渠道不变，除定购计划外，按比例价敞开收购不封顶，计划内油菜籽价格调整为50.8元/50公斤（含不返菜籽饼差价1.8元），同时优惠供应比例价菜油1.5公斤；计划外52元/50公斤。全年完成油料定购任务34%，议价收购油料833吨。1988年，省规定油脂在没有包干前按计划购销差进行调拨，少购多销各地自行负责。完成议价收购875吨。1989年，市规定增加油菜籽或花生果每50公斤定购数奖售标准化肥5公斤，价格执行统一综合零售价。是年，完成国家定购油料任务318吨、议价收购220吨。1990年，省对油脂定购价格作大幅度调整，油菜籽定购价470.4元/50公斤，花生果69.6元/50公斤，涨幅约30%。是年，完成油料定购1300吨。1991年，油料收购443吨。1992年，油料减产，没有收购。1993年，根据省、市政府对粮食定购的意见和粮油购销价格逐步放开的原则，油料收购价格放开，实行随行就市，油料议价收购538吨。至此，国家收购油料在金湖县结束。

第二节　粮油销售

一、城镇定量供应

1986年，省政府规定粮食销售实行计划控制、包干使用的办法。以上年销售计划为基数，年平价粮销售计划增长2.5%，比例价粮增长4%；对部分工业、食品行业、侨汇补助粮、生猪换购粮、种禽场以及家畜改良饲料粮、大中型水利用粮、退耕还林用粮等，按相关政策实行计划供应；工业和其他各项用粮，从4月1日起一律改为议价供应。定量人口每月供应标准：重体力劳动者17公斤，轻体力劳动者14.5公斤，机关、团体工作人员和企业职员14公斤，中学生16公斤，10周岁以上儿童和居民12公斤，6周岁以上10公斤，3周岁以上7.5公斤，不满3周岁的儿童3.5公斤。年底，全县定量人口3.45万人，定量供应口粮1.01万吨。

1987年，根据省政府办公厅通知精神，县内对60年代初精简下放变为农业人口的全民所有制职工、城镇人口及回城知青、转正民办教师等，就地“农转非”，恢复定量供应。到1990年底，办理“农转非”近万人，加上正常迁移人口，全县定量人口增加到4.03万人，占全县总人口13.5%。1988—1990年，粮食实行购、销、调包干，按实两年统算，结余由地方安排，超支由地方财政买议价粮补足。金湖县两年粮食包干，累计支付粮食5.41万吨，超计划5050吨。1992年4月1日，国家提高粮食统销价格。1993年3月25日，县政府规定，从4月1日起，放开粮食、油料购销价格和经营，向粮油经营市场化方向发展。1994年12月1日，县政府规定对城镇定量人口（含地方定量）实行粮油凭证、定量、定点、限时限价供应，每人每月供应标准大米10公斤、菜籽油0.25公斤，每公斤大米价格1.86元、食油8元。

1995年4月，县内对定量、定（统）销供应的粮油价格放开，不再使用粮食、食油票证，全国通用粮票只限于部队特需使用。城镇人口口粮定量供应制度取消，城镇居民使用40多年的城镇定量人口粮油供应证不再使用，流通几十年的粮票在市场上也失去使用价值，米、面、油走进大小超市，走进个体经营户门市。粮油市场销售价格：每公斤标一杂交米2.5~2.6元、标一粳米2.7~3元、特二面粉1.9~2.4元、二级菜籽油7.2~9.4元。1996年，国家再次提高粮油销售价格，而金湖县市场销售价较上年稳中有降。2000年5月，根据省、市要求，金湖县停办城乡居民一切粮油关系转移手续。2001年5月1日起，不再为转移户口、出生、死亡的城镇居民办理市镇居民粮油供应证及其定量人口变更事宜。

二、农村统销

1986年，全县农村统销（供应）对象主要是国营农林牧渔场人员、菜农等常年定销人口，还包括农村因灾缺粮和缺乏自救能力的特困户、“五保”户等，供应标准为每人每月成品粮13公斤。全县常年定销人口10598人，年供应粮食（含缺粮供应）3590吨。1987年，县域遭受洪涝灾害，农村缺粮户增多，粮食统销量增加到近6000吨。1991年，再次遭受特大洪涝灾害，夏粮减产，且收获中相当数量的小麦发芽变质，只能作为饲料粮，市下达救灾粮2500吨，用于对农村缺粮户供应。1995年，随着粮食市场放开、销售价格的提高，农村缺粮人口的救灾用粮主要由民政部门直接到市场购买，粮食部门对渔民、菜农的统销供应量减少到4610吨。此后，全县没有统销粮供应。

1986—1994年金湖县粮食计划销售量统计表

表18-4-9　　单位：吨

年份	市镇定量	农村统销	年份	市镇定量	农村统销	年份	市镇定量	农村统销
1986	6320	3590	1989	10360	4140	1992	24980	4590
1987	7360	5920	1990	10750	4760	1993	32100	1510
1988	8440	5390	1991	15160	9330	1994	14040	1120

三、油脂计划销售

1986年，全省统一对县城集镇定量和农村定销人口每人月供应食油0.25公斤。是年，全县食油计划供应人口6.84万人，销售食油定量146吨，定销统销106吨，行业用油65吨。根据国家政策，还对一些供应对象实行补助供应。主要有节日补助供应，国庆节（中秋节）、春节（元旦）几大节日按市镇定量户口分别补助供应0.25公斤/人；侨汇补助，凭华侨特种物资供应凭证，每百元人民币侨汇供应食油0.75公斤；回民等少数民族补助、会议补助、糕点等行业生产用素油计划供应等。1991年底，县内行业用油改为议价计划供应，销售价由市一年一定。1992年，省批准金湖县降价处理一批食油，解决油料生产县平价食油压库的突出矛盾，市粮食局分配金湖县降价食油计划750吨。销售价为二级菜籽油3.65元/公斤，二级花生油4.02元/公斤，购销发生价差每公斤0.60元由省财政年终统一清算。1994年，二级菜籽油销售价每公斤7.2~9.7元，此后，停止食油计划供应。

1986—1994年金湖县食油计划销售量统计表

表18-4-10　　单位：吨

年份	市镇定量	农村统销	行业用油	年份	市镇定量	农村统销	行业用油	年份	市镇定量	农村统销	行业用油
1986	146	106	65	1989	241	122	151	1992	497	149	286
1987	170	175	107	1990	250	140	184	1993	639	49	310
1988	196	159	123	1991	353	303	210	1994	279	36	340

四、议价粮销售（市场销售）

1986年4月1日，省规定对副食品行业的中、低档糕点及酱醋和豆制品等用粮维持上年度议销价格和供应数量。1987年，《江苏省粮油议购议销价格管理暂行办法》要求，议销价格以保本微利、略低于集市价格为原则。1988年后，国家实行粮食“双轨制”，允许农民完成定购任务后，可以在市场自由出售。

1992年，按照省、市要求，县域在石港粮库建立全市第一家粮油批发市场。1993年，面对新的粮油购销体制，粮食部门在县外大中城市开“窗”设点，拓展经营渠道，东到福州、厦门，南到海口、三亚，西到重庆、成都，北到辽宁、吉林、黑龙江及内蒙古赤峰，全县共销售（包括议价调拨）粮食3.36万吨。1995年，县粮食部门将收购的5万多吨粮食全部卖出，获利近1000万元，用着弥补基层费用。1997年，抓住最佳销售机遇，成功销售1996年收购的粮食10万吨，经审计未突破亏损指标。1998年，启动东北市场，打开上海、江西、湖南市场，销往南方市场小麦3.25万吨，稻谷3万吨，顺价销售粮食9500吨，实现销售收入1.44亿元、毛利516万元。1999年，顺价销售11.9万吨，实现销售收入1.51亿元、毛利404万元。两年均实现当年收购、同步销售、减少库存、提高效益的目标，受到省、市粮食部门和县委、县政府高度评价，新华社《国内动态清样》作详细报道。

2000年5月，粮油市场放开以后，议价粮食销售结束。2001年起，粮食全部进入市场随行就市销售，粮价由国家实行宏观调控。面对粮食销售市场持续疲软，全县采用标准粮入库待机销售，非标准粮即购即销和就船、就车、就厂销售等措施，全年销售粮食6.85万吨。2002年，县粮食经营公司和所库重视省外和沿海市场开拓，全年外销粮食4.5万吨，占总销量的42.7%。2003年，全县组织2批粮食企业参加省粮竞价拍卖，销往广东、福建、上海等地，销售3.58万吨；加工销售到欧美、日本等市场的大米6014吨，实现当年收购、销售同步。2005年，随行就市销售粮食14.15万吨。

1986年—2005年金湖县议价粮、随行就市粮食销售量统计表

表18-4-11 单位：万吨

年份	数量	年份	数量	年份	数量	年份	数量
1986	0.74	1991	0.004	1996	2.30	2001	6.85
1987	1.44	1992	0.01	1997	10.00	2002	10.55
1988	2.69	1993	3.36	1998	9.50	2003	13.59
1989	0.20	1994	1.52	1999	11.85	2004	14.68
1990	0.34	1995	5.00	2000	16.90	2005	14.15

第三节　粮油储运

一、粮仓建设

1986年，全县设置存粮点40个，粮食仓库177幢、面积6.6万平方米，理论仓容量13.3万吨，库房均陈旧。是年，由商业部和省政府共同投资260万元，新建石港粮库竣工。该粮库占地5.1公顷，建有房式粮仓17幢，理论仓容量2.5万吨，分为储粮区、办公区和生活区。这是县内一次性投资规模最大、仓容量最大、仓储设施最齐全的标准化粮库，填补县域没有大型储粮设施的空白。1990年8月至1992年5月，粮食部门向上争取资金155万元，自筹资金209万元，建成标准仓库17幢，增加仓容3.8万吨。至20世纪90年代末，全县共增加仓容量12.5万吨。2000年，陈桥粮管所完成省1.5亿吨储备粮轮出轮进的任务；石港粮库完成省5000万吨粮食的代储任务，并为江海公司代储粮食2亿吨。

2005年金湖县各粮管所、库粮食仓库仓容一览表

表18-4-12

单位名称	仓库面积（平方米）	仓库容量（万吨）	单位名称	仓库面积（平方米）	仓库容量（万吨）
黎城粮管所	2528	2.08	银集粮管所	5673	3.78
戴楼粮管所	8537	7.13	涂沟粮管所	6300	5.65
金南粮管所	9556	7.49	前锋粮管所	5954	5.30
闵桥粮管所	5742	4.43	陈桥粮管所	6682	6.35
塔集粮管所	5440	4.39	吕良粮管所	5750	6.10

接上表

单位名称	仓库面积（平方米）	仓库容量（万吨）	单位名称	仓库面积（平方米）	仓库容量（万吨）
金北粮管所	5434	6.58	城南粮库	3456	5.00
石港粮库	11892	12.40	合　　计	82944	76.68

二、粮油调运

1986年，县粮食局车船队有拖轮2艘、283千瓦，铁驳船11条、1034吨位，水泥驳船5条、300吨位，汽车10辆、84.5吨位。全年完成粮食调出任务近19万吨，油料337吨。1987年，调出粮食11.3万吨。1988—1990年，粮食调出任务在8万吨上下，油料500吨左右。1991年，因县域遭受特大洪涝灾害，没有粮油调出任务。1992年起，全县粮食调出任务逐年减少，大多以市场购销为主，到1994年，只有4.5万吨。2000年起，全县粮食连年丰收，总产量年均在32万吨以上，是全国商品粮基地之一，粮食部门每年的粮食入库量大都在10万吨左右，粮食调运以完成国家调拨任务为主。是年，县粮食局车船队筹资300万元，增添铁驳船10条、2000吨位。至2002年，完成粮食调运任务1.5万吨。2005年，完成粮食调运6.89万吨。

第五章　供销合作

第一节　农业生产资料采供

1986年，全县供销系统供应氮肥4.89万吨、磷肥8921吨、钾肥113吨、复合肥6016吨、农药389吨、农膜164吨、喷雾器3440架、中小农具11.59万件。计划外组织供应标准氮肥1.8万吨、钾肥7672吨。1987年，全县供销系统化肥供应量8.56万吨，创历史最高水平。是年7月、8月，全县3.3万公顷水稻遭稻飞虱虫害的威胁，全系统农资经营部门一方面多方求援，争取货源；另一方面尽力方便农民购买农药，增设22个农资临时供应点，延长营业时间，101个联营店临时代售瓶装农药，送农药下乡价值150多万元，降低虫害损失。

1988年，省政府明确化肥、农药、农膜实行由供销社系统农资部门专营，供销社农资销售部门在抓好国拨货源销售的基础上，积极组织计划外货源，确保农业生产需要。全系统组织百人采购计划外化肥2.86万吨，占计划供应量60%。是年，农药货源紧缺，市场出现个体户及非农资经营单位倒卖农药现象。县供销社系统内除农资公司一家经营外，对其他非授权单位全部进行清理，杜绝不合格农药流入市场。全年供应农药1522吨，无一出现质量问题。1990年，化肥实行专营，农资部门兑现“三挂钩”化肥1.4万吨，配合有关部门取缔非法经营农资单位30多家，打击一批生产、销售伪劣农资的经营者，增加供应计划外尿素3464吨、复合肥8686吨、碳铵1.24万吨。1991年，县域遭遇特大洪涝灾害，抗洪期间供销系统组织送肥下乡800多人次，全年供应化肥6.42万吨，比上年增长16.5%，满足农民抢栽补种和突击施肥的需要。配合农业科技部门，建立健全乡村植保服务网络，全县植保联防面积3.17万公顷，推广新药14种，安全供药479吨。其中县农资公司直接植保联防面积2.07万公顷。1992年，印发科技资料4万多份，指导农民科学用肥。研制和推广新型多元素复合肥、蚕桑专用肥、生物肥和高效肥等，以平衡土壤肥力，防止土壤板结，改良植物品质和增加产量。

1993年，国家对农资价格全面放开。1995年8月，根据国务院《关于改革化肥等农业生产资料流通体制的通知》精神，全县实施农资连锁经营。1994年，公司开发农副土特产品经营，实现综合经济效益116.48万元。1996年，县政府印发深化农资连锁经营意见，改由县农业生产资料公司牵头，通过租赁基层供销社原有农资经营设施承包经营。1998—1999年，农资市场全面放开，县供销总社迅速调整经营策略，对系统内农业生产资料的经营管理，严格执行统一经营、统一管理、统一进货、统一定价、统一核算的"五统一"制度，保证农资供应，做好跟踪服务。在全县化肥多渠道经营的情况下，两年仍供应化肥8.85万吨，农药械3.23万架，占全县市场供应量的主要份额。2000年下半年，将22个基层农资经营公司精简合并为11个销售中心，保留一个批零合一的销售门市部，实行独立经营、自负盈亏。

1986—1999年金湖县供销系统农业生产资料销售量统计表

表18-5-13

年份	销售额（万元）	化肥（万吨）	农药（吨）	农膜（吨）	柴油（万吨）	年份	销售额（万元）	化肥（万吨）	农药（吨）	农膜（万吨）	柴油（万吨）
1986	2579	6.39	389	164	1.19	1993	6481	7.67	298	163	0.37
1987	3051	8.56	872	146	1.34	1994	7692	11.10	363	296	1.07
1988	3631	7.47	650	134	1.33	1995	10726	5.00	419	200	0.99
1989	4678	7.95	535	100	0.29	1996	9858	9.42	889	298	0.95
1990	4980	6.07	479	162	1.71	1997	9835	8.75	1158	1342	0.96
1991	5222	6.42	376	207	1.33	1998	9809	4.85	369	115	0.99
1992	5024	6.68	320	150	1.30	1999	8795	4.00	338	174	1.20

说明：2000年以后农资销售情况，见该篇第七章第四节第二目，表18-7-29。

第二节　生活资料采供

一、概　况

1986年，全县供销系统有1352人参与生活资料供应与服务，经营品种万余种，基层供销社有4000~6000种，全系统销售额3991万元。1988年，全系统改变过去单一进货渠道，以县公司为龙头，组织基层社联购分销和直接向工厂、产地及国营批发企业进货，拓宽进货渠道，逐步形成供销社工业品经营新格局。

1989年，工业品经营全面放开，供销系统调整经营策略，扩大经营规模，提供适销商品；提高服务水平，促进社会购买力增长。至1993年，基层经营网点建设投资943.4万元，增加营业面积1.95万平方米，生活资料年销售额平均递增18%左右。1994年，全系统生活资料经营网点350个，经营服务人员2436人。1999年，全系统生活资料销售总额实现1.22亿元。2002年增加到2.38亿元。2004年，充分发挥自身优势，全力兴办“为农综合服务社”33家，其中三星级服务社5家、二星级8家。2005年，全系统生活资料销售总额实现1.64亿元。

1986—2005年金湖县供销系统生活资料销售总额统计表

表18-5-14 单位：万元

年份	金额	年份	金额	年份	金额
1986	3991	1993	5340	2000	13409
1987	4200	1994	6293	2001	16409
1988	5173	1995	5857	2002	23753
1989	5641	1996	5935	2003	13753
1990	5617	1997	6021	2004	12100
1991	5593	1998	7442	2005	16428
1992	5294	1999	12186		

二、县城市场营销

1986年，供销系统县城商业企业，主动参与市场竞争。1988年，改变过去生活资料经营以零售为主，实行批零兼营，进货渠道向外地、产地拓展，加强与省内外产地和沿海经济发达地区合作。先后从上海、苏州、无锡、南京、扬州等百家工厂直接进货2012.7万元。1990年，面对市场出现疲软，商品销售出现滑坡的局面，超前抢占市场，商品经营以多、优、廉取胜，服务方式以灵活多样领先。充分发挥群体优势，采取下乡展销、送货上门、出摊赶集、有奖销售等多种形式，扩大销售，做到“人无我有，人有我新”。至1991年，先后组织商品供货会、展销会117次，成交额达1256万元。1992年，对集体、个体批发额达2729万元，比1991年增长45.8%。1993年，县供销总社先后投资240万元和615.2万元，在县城新建金城、金都、华昌3个2000平方米以上的中型商场和城中、金龙2个市场，使县城商业网点面积增加到2万平方米，县属流通企业生活资料零售额实现3000万元，比1992年增长42.8%。1995年，批发额达8320万元，比上年增长1倍多。

1998年，县属商业企业金城商厦和贸易公司等发展厂商关系，以良好信誉取得8种名、特、优商品的总经销、总代理权，仅8种商品的年销售额160多万元，获利16万元。1999年，供销商场、华昌商厦、金城商厦、金都大厦先后由集体经营改为柜组承包经营。2001年，县属企业商品销售额实现1.48亿元，2002年增加到2.42亿元，比上年增长62.8%。

2005年，着重盘活城区闲置资产，引办新项目，带动下岗职工就业。先后引进浙江乐清、常州武进等地客商，兴办金常机械加工有限公司、金湖县纺织有限公司，盘活闲置资产3000万元，增加就业岗位500多个，棉纱、棉线销售额2000多万元。

三、农村市场营销

1986年，全县基层供销社开拓经营，细化服务，增加经营品种，扩大服务项目。闵桥供销社门市经营商品由过去不足5000种增加到5500种。新农供销社组织专门力量往返沪宁线，搜集信息，组织调进木材707立方米、玻璃1025平方米、水泥100吨等适销商品，进货额100多万元。金沟、涂沟供销社新建商场。金沟商场开业当天接待顾客5000多人，营业额3万多元。1987年，基层社发挥农村集体商业和联营店在农村市场前哨阵地的作用，分别实现营业额636万元和685万元，共占全系统生活资料销售额16.3%。

1988年，基层供销社全面开展优质服务，组织送货到村到户活动，送货金额500万元。黎城供销社全年送货2057人次，送货金额144.1万元，占年销售额的28.8%。1989年，22个基层社进城与县公司联合举办大型廉价商品展销会，活跃城乡市场，回笼压库商品资金。2800多种商品降价50%，两天时间销售库存积压商品14万元，并带动正常商品销售，缓解资金矛盾。1990年，全县254个联营店销售额达902万元，比上年增长13.44%。

1992年，面对市场经营逐步放开，洪灾后的市场疲软，各基层社大力组织外购外销。金南供销社当年外购外销额300万元，占总销售额的60%；新农供销社6名职工销售手扶拖拉机105台，价值70多万元，全年销售额228万元，人均销售38万元，人均创利1.1万元。1993年，基层社生活资料经营实行多种形式的承包责任制。承包部门亏损面比上年下降70%左右。新农供销社承包后实现商品总销售1500多万元、利润21万元，分别比上年增长50%和1倍。1994年，县供销总社累计新建和改造基层商场10个，营业面积达1.1万平方米。银集、淮建等供销社外购外销突破800万元，分别占销售总额的78.1%和88.4%，被列入市供销系统基层供销社的排头兵。1998年，县供销总社实现商品销售总额4.21亿元，被市社综合考评为先进单位、“奉献杯”先进单位，获一等奖。1999年，全系统实现生活资料销售额达1.22亿元。2002年，基层社商品销售总额为3.03亿元。2004年，引进淮安商联公司在吕良、塔集、银集、唐港等供销社开设大型超市，年租金收入23万元；新农、夹沟、金南等供销社利用后院大、地势开阔优势，引资兴办针织、玩具、粮食、机械加工等工业项目，安排就业岗位200多人，增加租金收入60多万元。2005年，实施“万村千乡放心店”建设工程，建成第一批“放心店”83家，并顺利通过国家商务部委托省经贸委组织的验收。

四、烟花爆竹经营管理

1986年前后，县供销总社生活用品公司为境域烟花爆竹专营单位，设置与周边建筑保持必要安全距离，配有标准化烟花爆竹专用仓库300平方米，仓库具有防雷、防爆、防盗、防静电等电子监控设施和安全疏散条件，配备专用车辆和有资质的专职驾驶员、仓库守护员、安全管理员、市场监督员等安全经营管理的专业队伍，以及事故应急预案、应急救援器材、设备、人员等。2000年，专门成立烟花爆竹供应站，规范进货渠道，杜绝伪劣产品，配合公安、安监、工商行政管理部门，对县域烟花爆竹市场实行安全管理和监督检查，保证全县节日、庆典的需要。共检查生产、销售烟花爆竹企业与个体工商户373户，限期整改129户，责令停业整顿28户，取缔7户，收缴非法经营的烟花爆竹价值3.5万元。2001年，查封烟花爆竹非法生产点8个，取缔私销点150个，并从自身做起，诚信经营，优质服务，广泛宣传安全常识，维护消费者权益。2003年起，加入省市烟花爆竹流通协会，有效维护烟花爆竹经营安全。2005年，烟花爆竹批发销售额达500万元，利税30万元。

第三节　农副产品购销

一、概　况

1986年，县供销系统以收购棉花、蚕茧、蜂蜜、薄荷油等大宗农副土特产品为重点，收购总额596万元。1990年，把农副产品购销作为支持农村发展商品经济、深化供销改革的首要任务，收购总额增加到2691万元，比1986年增长3.5倍，被市供销总社评为“农副土特产品收购竞赛优胜单位”。1995年，收购的农副产品主要是棉花、蜂蜜等，收购总额为9114万元，比上年增长23.8%。2001年，收购的农副产品主要为粮食和棉花，完成收购总额1924万元。此后，农副产品收购市场放开，购销呈多元化格局，品种不再单一。

1986—2001年金湖县供销系统主要农副土特产品收购量统计表

表18-5-15

年份	收购总额（万元）	棉花（吨）	粮食（吨）	蚕茧（吨）	芦席（万张）	蜂蜜（吨）
1986	596	457	—	372	6.9	91
1987	863	665	—	308	—	149
1988	1761	960	—	505	—	40
1989	2199	1728	—	775	4.4	68
1990	2691	1031	—	875	5.5	75
1991	3266	1171	13299	1156	8.5	116
1992	3920	1764	9000	1467	—	198
1993	4443	1951	9226	1280	0.6	64
1994	7362	1640	4592	1069	—	47
1995	9114	2500	—	1000	1.0	49
1996	5113	4072	17752	—	—	56
1997	10400	2780	8550	—	—	180
1998	6078	3002	4697	—	—	8
1999	2609	1585	1609	—	—	15
2000	—	4406	—	1796	—	—
2001	1924	7500	5000	—	—	—

说明：2001年以后，供销系统改制，农副产品收购市场放开，无准确分类统计数据。

二、棉　花

1986年，县域棉花生产处于落后阶段，种植面积683公顷，收购量仅457吨。至1990年，棉花种植面积2000公顷左右。是年，县供销社执行国务院关于棉花统一收购、经营不放开市场的决定，当年收购1728吨，比上年增长80%，被市供销总社评为力争百万担棉花竞赛优胜单位。1992年，实施粮棉统算、粮棉挂钩，收购1公斤皮棉抵算粮食定购任务3公斤；棉农缴售50公斤皮棉，奖售标准氮肥40公斤、柴油2.5公斤，全年棉花收购4037吨。1994年，配合工商、公安等部门加强对棉花市场管理，维持棉花正常收购秩序，收购棉花1640吨。全年查处非法购销棉花案件10起，没收籽棉250多吨、非法所得10多万元，查封、拆除私设轧花机10台。1998年，主要靠市场机制实现棉花资源合理配制的新体制，收购棉花3002吨。1999年9月1日起，棉花购销价格主要由市场形成，打破单一僵化的棉花流通渠道。供销社适应市场变化，为棉农提供技术、物资、资金服务，全系统棉花收购、加工、销售保持稳定。2000年，企业改制后，县供销系统直接由棉花加工企业经营棉花业务。

三、蚕　茧

（参见本篇第六章第五节。）

四、土特产品

1986年，全县土特产品经营品种有芦苇、折席、稻麦草、蜂蜜、鲜蛋、薄荷油等10多个品种。1987年起，县供销社系统开拓农副土特产品经营，采取"增人员、找销路、扩品种、重服务"的经营策略，与省内外30多个市县建立购销关系，收购品种增加到30个，当年农副土特产品收购额863万元，比上年增长44.8%。1988年、1989年收购额分别为1761万元和2199万元，出现较高幅度增长。1990年，粮价下跌，市场疲软，面对农民卖粮难，县供销社组织百人队伍外出寻找粮食销路，全年收购粮食1.22万吨、油料1560吨、稻麦草1.5万吨。

1991年，县供销社系统进一步完善农副土特产品服务体系，开展上门服务。全年收购稻谷7600吨、小麦5710吨、油菜籽1310吨、蜂蜜120吨、鲜蛋80吨、稻麦草12510吨、芦席74万条、草包11万只，完成农副土特产品收购额3266万元。1992年、1993年出现稳定增长的趋势，分别完成农副土特产品收购额3920和4443万元。1994年，全供销社系统和部分县属企业也参与农副产品经营。是年，全系统农副产品购进总额、7362万元。1998年，在农副土特产品全面进入买方市场的情况下，供销社系统因势利导，适应市场，扩大收购品种和范围，全年仍完成农副产品购进6078万元。2001年，完成收购棉花7500吨、粮食5000吨。2002—2005年，分别完成收购额7066万元、3.27亿元、5.48亿元、2.85亿元。2005年，县供销社获省供销总社农副产品购销工作一等奖。

第四节　废旧物资收购

1986年，县供销社废旧物资回收利用公司负责回收废旧有色金属和化工原料，以及造纸原料等。1987年，全系统配合增收节支运动，开展突击回收废旧物资活动，收购废旧物资56万元。1988年6月28日，全系统开展纪念周总理关于废旧物资回收利用的题词发表30周年活动，掀起废旧物资收购突击月高潮，当月实现收购7万元。

1989年，黎城供销社率先成立废旧物资回收专业合作社，开展多种形式的收购活动，收购额比上年增长46.4%。卞塘供销社采取灵活多样措施，收购额较上年增长75.9%。是年，全系统废旧物资收购额完成87万元。1991—1993年，是废旧物资收购最好的年份，分别实现收购额120万元、134万元和136万元。1997年11月3日，县公安局、县工商局核定供销社系统设24个金属收购站点，统一收购、管理废旧金属市场。1998年后，由于收购市场逐步放开，经营个体户增多，供销系统废旧物资回收逐渐萎缩，2000年后不再经营。

1986—1999年金湖县供销系统废旧物资收购额统计表

表18-5-16　　单位：万元

年份	金额	年份	金额	年份	金额
1986	44	1991	120	1996	105
1987	56	1992	134	1997	80
1988	74	1993	136	1998	60
1989	87	1994	60	1999	33
1990	109	1995	76		

第六章　专项经营

第一节　烟草专卖

一、卷烟购销

1986年，全县卷烟进货渠道按照计划分配与选购相结合的调拨方式，从市烟草公司购进，同时与烟厂签订卷烟购进合同。省内品牌主要有大运河、华新等，从上海、云南、贵州、山东、安徽等地烟厂购进的有牡丹、大前门、飞马、红塔山、阿诗玛、云烟、茶花等，但淮阴地产卷烟比重一直较大。对委托转批单位供货采用自选货源，多品种组合供应，实行客户上门开票提货的方式销售。是年，大多是无过滤嘴卷烟，乙、丙两类烟占总销量的90%以上。1988年，卷烟市场实行以计划分配为主、市场调节为辅的经营体制，计划分配以淮产烟为主。随着市场逐步开放，云南、贵州等外省的名烟进入金湖市场，大量的淮产烟滞销积压、降价销售。1989年，县烟草公司与省内20多个县公司联系，调出地产烟1384箱，销出省外300多箱。1991年，过滤嘴卷烟销量占总销量比重超过60%。

1993年，开展直接送货上门服务，开始建设卷烟销售下伸点，在新农、金北乡建立卷烟批发部，在涂沟、淮胜、闵桥、金南等乡镇建立转批点。1994年，县烟草公司作为中国卷烟批发市场会员单位，参加每半年举行一次的全国卷烟交易会。1995年3月，与云南省玉溪、昆明卷烟厂订立联营合同，直销红塔山、玉溪、阿诗玛、云烟、红山茶等品牌卷烟，至年底共销售名烟259箱。8月至12月，开展江苏五大名烟（淮阴产“罗曼蒂克”“一品梅”，徐州产“东渡”“红杉树”，南京产“南京”）百日宣传促销活动，共销售卷烟8063箱，其中淮产烟占82%。1996年，投资56万元，分别在县城建设路、人民路和涂沟、新农、塔集3个乡镇建立卷烟连锁店5个。是年，县烟草公司被确定为淮阴市特醇“红一品梅”卷烟总经销单位后，制定“以本市为中心，发展苏北，扩大苏南，渗透省外，以点带面，店面结合”的营销策略，加大促销力度，增加调拨数量。

1997年，投资110多万元，改建和完善卷烟批发部8个，初步形成全县卷烟销售网络，基本达到统一渠道、统一配送、统一价格、统一核算、统一服务规范、统一广告宣传。全县卷烟零售直供店70个。1998年10月，“一品梅”卷烟被定为公用招待烟。2000年，实施“一品梅”工程，全年宣传促销210人次，发放宣传品3200份，开展“一品梅之星”评比竞赛活动。加大对特长一品梅（俗称金卡一品梅）、蓝一品梅促销。8月，精品一品梅投放金湖市场，全年共销售一品梅系列卷烟4135箱，占地产烟销售量的54%，面市率100%。2001年，加大江苏四大名烟（淮阴产“罗曼蒂克”停产）宣传、销售力度，推行卷烟“零售一价制”，在城区实行访送分离工作，全年共销售3521箱，增长65.9%，其中“一品梅”销售3504箱。除上海卷烟厂产无过滤嘴卷烟“大前门”外，销售的基本都是过滤嘴卷烟。

2002年，全面实行以“全面访销、全面配送、访送分离、城乡一体”为特征的大配送运营模式，废除批发部中转环节，改由公司直接将卷烟配送给零售户，全县共设访销线路14条、送货线路8条。在城区试行电话订货，采集零售户卷烟需求信息。2003年，首次通过网络参加卷烟交易会，并签订电子合同。公司积极推行以“电话订货、网上配货、电子结算、现代物流”为特点的卷烟销售网络模式，设订货、送货线路7条。年底，电话订货率96%以上，电子结算率58%。2004年，送货线路调整为5条，年底电话订货率100%，销售全国名优烟24个品牌，占全国三十六大名优烟三分之二。2005年9月，县烟草公司法人资格被取消，全县卷烟由淮安烟草分公司通过电话直接与卷烟经营户联系预定，县市场营销部根据订单配送到户，共设送货线路5条。1986—2005年，累计卷烟销售量26.43万箱，销售额11.09亿元，利税1.39亿元，其中利润1.07亿元。

1986—2005年金湖县卷烟销售统计表

表18-6-17

年份	卷烟销量（万箱）	销售额（万元）	利税（万元）	年份	卷烟销量（万箱）	销售额（万元）	利税（万元）
1986	1.29	1152	50	1996	1.4	7337	851
1987	1.43	1258	41	1997	1.74	8025	650
1988	1.60	1812	59	1998	1.42	7314	475
1989	1.55	2509	113	1999	1.39	6438	476
1990	1.38	2547	64	2000	0.92	5819	568
1991	1.53	3029	71	2001	0.95	6648	1278
1992	1.31	3772	28	2002	0.97	7431	1441
1993	1.41	4265	134	2003	1.03	8345	1585
1994	1.30	4240	443	2004	1.14	10485	2253
1995	1.71	6965	541	2005	0.96	11500	2677

二、烟草市场管理

1986年，县烟草局联合县工商局、县公安局等11家单位印发《关于加强烟草专卖管理的通知》，在全县城乡张贴。1987年，对全县国营、集体、个体经营户的烟草经营许可证和准购证进行年检。1988年3月起，开始换发烟草专卖零售许可证、准运证及烟草专卖批发和委托转批许可证，全年共换发集体许可证496份、个体许可证893份。1991年，先后在22个乡镇和宝应湖农场同供销社联建烟草专卖管理所，形成专卖管理网络。采取多种形式开展烟草专卖法学习宣传活动，发放宣传资料3000余份，举办专题座谈会4次。1992年，共换发证1716份。1993年，印发《关于加强全县烟草专卖管理的公告》，建立新农、金北、唐港、戴楼、官塘、白马湖、金南等7个专卖管理所；成立县烟草市场管理整顿领导小组，落实国务院《关于进一步加强烟草专卖管理的通知》。1995年，会同县人民检察院、县公安局、县工商局、县标准计量局突击检查4次，局稽查大队路查127次、市场检查186次，查获假冒烟117件，没收走私限牌号烟1301条，罚没款15.6万元。1996年，开展“清理卷烟经营渠道，整顿卷烟市场秩序”专卖管理突击月活动，查获假冒烟580条、走私烟75条、非法运输卷烟2400条，罚没款1.5万元。

1997年，成立县烟草治安办公室。7月，《烟草专卖法实施条例》公布，县烟草局在金湖电视台、金湖人民广播电台举办讲座，向卷烟经营户发放宣传资料2000余份。9月，开始实施卷烟加贴防伪标识。1998年，结合换发烟草专卖许可证工作，对卷烟经营户调查摸底，调整零售网点。1999年，完成烟草专卖零售许可证换发工作，共换发2261本。2000年，将全县2500多个卷烟经营户分为A、B、C 3类，实行户籍化管理；严厉查处“假、私、非、超”卷烟，在县城垃圾场公开焚毁查获的假冒卷烟9400条。县人民法院以销售假冒伪劣卷烟罪判处3名犯罪嫌疑人有期徒刑并处罚金。2001年，设县城、乡镇两个稽查中队，实行中队驻点，定期轮换。2002年，开展“四无”（无假冒烟、无走私烟、无乱渠道烟、无无证经营烟）达标活动。2003年，开展诚信等级管理工作，根据经营户守法情况、经营规模等因素分为3等9级，制定谈话劝勉、黄牌警告、记分登记、停供货等制度。2004年，按照“双向承诺、分类管理、星级服务、计分考核、专销结合”模式深化专卖诚信等级管理工作；完成2003年版零售许可证换发，数量控制在全县人口的5‰以内；“3·15”期间，焚烧假冒卷烟1.3万余条。2005年，先后组织开展打击非法卷烟的“春雷”“先锋”“秋风”行动和冬季会战。

图 18-6-5　县烟草局会同公安、工商等部门在淮河入江水道空旷地销毁收缴的假冒伪劣香烟现场（摄于2004年）　县烟草局／供

1986—2005年金湖县查处违法违规卷烟经营统计表

表18-6-18

年份	违规卷烟（条）	其中假冒（条）	查处案件（件）	罚没款（万元）	年份	违规卷烟（条）	其中假冒（条）	查处案件（件）	罚没款（万元）
1986	—	114	25	0.1	1996	18100	1406	58	6.7
1987	—	—	—	0.05	1997	13308	753	32	9.3
1988	1038	—	9	0.1	1998	14600	3600	44	9.5
1989	13415	—	104	2.4	1999	11356	5100	31	23.0
1990	23664	—	175	5.4	2000	18459	610	20	4.8
1991	—	—	161	3.6	2001	12700	—	6	0.9
1992	—	—	28	0.4	2002	5727	388	31	—
1993	—	679	34	3.7	2003	10908	7100	74	2.8
1994	52523	2980	54	10.0	2004	4900	3800	71	1.3
1995	7151	5850	66	15.6	2005	9423	—	55	6.5

第二节　食盐专卖

一、食盐销售

1986年，县盐业公司有仓库30间（其中县城两幢20间、石港1幢10间），总面积1170平方米。1988年，仓库拆旧建新，扩建小包装加工车间及成品库。1994年7月1日，开始发放购盐证，到年底全县发放购盐证1600余本。1995年8月1日起，供应加碘食盐，各食盐批发点、销售单位及个体户均需领取碘盐零售许可证，到年底共发证300余本，销售碘盐630吨。1996年，食盐专营办法颁布实施。全县食盐专营根据区域内供应情况，制定年度指令性购销计划，上报后由省公司批准下达调拨计划。城区供应由有关商店经销，农村供应由乡镇供销社及其代销点经销。1999年，随着食盐流通

体制的变化，市场销售逐步实行经销商制度，由经销商负责对区域内食盐市场的供应，保证城乡居民能及时食用合格碘盐，合格率100%，覆盖率98%。2000年，通过省有关部门专家检查组考评验收，确认金湖县为“消除碘缺乏危害阶段目标”考评县。2001年，食盐品种逐步朝着精细化、品种化、小包装化的方向发展。主要食用盐品种有：500克、320克纸塑淮牌精制海盐、精制盐，250克雪花盐，500克复合膜泡菜盐、低钠盐，加钙、加硒、加锌盐等，另有生活用的沐浴盐、足浴盐等。2004年，与经销商签订保证食盐安全承诺书1560多份。2005年，与村民小组签订协议1310份，促进食盐营销的安全管理。

表18-6-19

1986—2005年金湖县食盐销售量统计表

年份	销售量（吨）	利润（万元）	年份	销售量（吨）	利润（万元）	年份	销售量（吨）	利润（万元）
1986	3248	4.92	1993	3254	15.45	2000	3203	63.93
1987	3921	6.41	1994	2929	15.26	2001	3702	88.18
1988	4221	11.16	1995	3186	20.01	2002	2731	88.18
1989	5017	7.74	1996	3468	19.40	2003	2987	46.34
1990	3281	8.14	1997	3112	9.94	2004	2890	64.74
1991	3017	8.39	1998	3210	11.16	2005	2687	6.00
1992	3188	13.88	1999	3642	61.85			

二、食盐市场管理

1986年，市场食盐供应品种主要是原盐、精细盐。1990年7月，县盐业公司联合工商、税务、供销社、防疫站等部门，用半个月时间对12个乡镇盐业市场进行检查，共查处私盐近7吨，罚款4790元。1995年12月，县盐务管理局成立盐政稽查队，查获私盐4.75吨，罚款1570元。1996年5月，组织学习宣传食盐专营办法。县盐务局加大宣传力度，狠抓经营管理，查处私盐案件15吨，查获私盐5吨，捣毁制作私盐窝点2个，罚款1.06万元。1998年7—8月，会同县有关执法部门，对全县碘盐生产包装、销售进行专项打假行动，共查获假冒碘盐、劣质碘盐2.4吨。1999年，食盐专营实施计划管理，执行省公司下达的指令性计划。2001年，成立盐政110指挥中心，与公安110指挥中心联动，并设立举报电话。2003年，县盐业公司被省评为AA级食盐批发企业。2004年，与县卫生局联合印制《致广大居民公开信》，与县消协编印《食用碘盐须知》，并走进城乡10所小学，走访居民1850户，发放宣传材料1.34万份。与县卫生局、县药监局联合开展“烈火行动”，推进食盐安全工程建设。2005年，全县食盐制假售假行为得到有效控制。

表18-6-20

1995—2005年金湖县碘盐食用量统计表

年份	碘盐覆盖率（%）	年人均食用量（公斤）	年份	碘盐覆盖率（%）	年人均食用量（公斤）	年份	碘盐覆盖率（%）	年人均食用量（公斤）	年份	碘盐覆盖率（%）	年人均食用量（公斤）
1995	—	6.2	1998	98.3	6.1	2001	100	8.7	2004	100	6.0
1996	—	5.8	1999	98.7	6.4	2002	100	6.8	2005	100	5.5
1997	98.1	5.5	2000	100	6.6	2003	100	5.9			

1995—2005 年金湖县营销私盐查处统计表

表 18-6-21

年份	执　法（人次）	办理案件（件）	没收违法盐（吨）	罚没款（元）	年份	执　法（人次）	办理案件（件）	没收违法盐（吨）	罚没款（元）
1995	406	2	4.75	1570	2001	904	8	0.97	1220
1996	540	23	5.80	13665	2002	541	9	1.15	1380
1997	1618	46	15.45	23651	2003	642	14	17.78	6070
1998	795	29	2.75	1932	2004	688	9	0.50	3800
1999	493	52	9.05	15199	2005	960	2	—	2218
2000	787	22	2.30	3815					

第三节　石油经营

1986年，县石油公司主营汽油、煤油、柴油、润滑油4大类100多个品种。1987年，县域工业发展，农村机械化程度提高，排灌机械用油需求量大，柴油供应量呈增长趋势。1991年，农村排灌机械油改电，农用柴油供应量减少。1997年，县石油支公司确立以县域市场为主、外地市场为辅的销售原则，外购外销成品油7850吨，县外促销4600吨，县内销售1.49万吨，创历史最高水平。1998年，面对石油市场持续萧条的局面，增设网点，发展终端销售，因地、因量、因用户灵活定价，成品油销售在全县市场占有率由上年的72%上升到80%。2001年，交通事业发展，汽车拥有量、销售网点增多，成品油销量增加到3000吨左右。2005年，全县油库库容量3500立方米，年吞吐量5.5万吨。是年，销售成品油3.51万吨。

1986—2005 年金湖县石油成品油供应量统计表

表 18-6-22　　单位：万吨

年　份	成品油销售总量	其中			年　份	成品油销售总量	其中		
		柴油	煤油润滑油	汽油			柴油	煤油润滑油	汽油
1986	1.94	1.67	0.07	0.20	1996	2.04	1.10	0.03	0.91
1987	1.61	1.28	0.07	0.27	1997	2.73	1.15	0.03	1.55
1988	1.80	1.34	0.10	0.36	1998	3.47	1.26	0.04	2.17
1989	2.20	1.66	0.13	0.41	1999	2.59	1.40	0.03	1.16
1990	2.22	1.64	0.07	0.51	2000	2.36	1.44	0.04	0.88
1991	1.79	1.26	0.06	0.47	2001	3.01	1.30	0.03	1.68
1992	1.74	1.25	0.05	0.44	2002	2.79	1.39	0.02	1.38
1993	1.77	1.29	0.04	0.44	2003	2.77	1.48	0.02	1.27
1994	1.55	1.07	0.03	0.45	2004	3.20	1.40	0.02	1.78
1995	1.51	0.96	0.04	0.51	2005	3.51	1.47	0.03	2.01

第四节　药品与医疗器械经营

一、药品购销

1986年，县医药公司二类及三类药品的购进，省规定由扬州医药采购供应站分配供应。二类药品品种每半年编报一次计划，平时如遇需求量增加也可以追补；大型不常用的医疗器械可根据医疗单位需求情况随时进货。1993年，县政府出台允许具有办医条件的社会力量开办医疗机构、允许具有医疗资质的人员开业行医的规定，药品销售量有所增加。1998年，随着市场的开放，县医药公司除从省内相关二级站进货外，还参加全国各地的药品交流会进行订购，直接从制药厂进货数额不断上升，毛利率也随之上升。2002年公司改制后，从事药材收购和贩运的个体私营药贩日渐增多，县医药公司原以定向医药公司进货的主渠道转向各地医药公司和药厂，供货单位也向外地发展。2005年，经营品种3238种，销售总额1533.1万元，其中零售额394.7万元。

1986—2005年金湖县医药公司药品购销统计表

表18-6-23　　单位：万元

年份	购进	销售	类别		年份	购进	销售	类别	
			批发	零售				批发	零售
1986	328.8	370.1	340.8	29.3	1996	939.6	1178.3	1022.5	155.8
1987	367.1	417.8	385.6	32.2	1997	1071.1	1354.2	1165.8	188.4
1988	474.6	539.2	500.3	38.9	1998	1073.8	1368.5	1190.4	178.1
1989	513.6	601.8	551.1	50.7	1999	1079.9	1404.7	1209.6	195.1
1990	523.8	631.7	562.3	69.4	2000	1276.8	1580.5	1349.6	230.9
1991	534.1	639.5	568.2	71.3	2001	1285.1	1654.1	1383.8	270.3
1992	461.8	643.5	576.6	66.9	2002	1466.7	1815.8	1527.3	288.5
1993	585.5	682.5	609.9	72.6	2003	1436.3	1625.3	1403.1	222.2
1994	778.2	864.4	778.5	85.9	2004	1118.4	1333.8	1126.3	207.5
1995	804.1	1082.5	948.9	133.6	2005	1282.2	1533.1	1138.4	394.7

二、中药材购销

药材收购　1986年，县医药公司成立中药材资源调查队，用近一年时间测得全县中药材共有466个品种，其中植物类414种、动物类49种、其他类3种，蕴藏量最大的有益母草、莲须、芡实等100多个品种，总蕴藏量1880吨左右。是年，县医药公司共收购家种药材33.4吨，野生药材25.85吨，除留县内供应使用，大部分调往县外。1987年以后，因粮食产量增长较快，收益超过药材，药材种植面积不断下降；农田和水利工程建设使浅水荒草地变为良田，加之人工灭绝性捕捉和环境污染，野生名贵药材和大宗品种，如龟板、鳖甲、龙胆草、半枝莲、墨旱莲、梗通等资源逐年减少，全县收购品种下降到45个，总量26吨，野生药材占16%，家种药材占84%。1990年，由于药材价格起落较大，影响农民种植和采集的积极性，药材收购量远远少于蕴藏量，中药资源利用率不高。1995年后，收购的中药材基本全部外销。1996年后，县医药公司停止中药材收购。

1986—1995年部分年份金湖县医药公司收购地产中药材统计表

表18-6-24

年份	人工栽培药材收购		野生药材收购		调出	
	数量（吨）	金额（万元）	数量（吨）	金额（万元）	数量（吨）	金额（万元）
1986	33.4	2.48	25.85	2.57	58.8	3.06
1988	29.1	3.69	19.0	1.73	36.4	3.78
1990	40.3	5.78	30.5	1.99	59.0	5.65
1992	43.6	6.58	83.0	1.27	30.7	5.32
1995	17.6	2.40	48.8	2.37	50.1	4.61

药材加工销售 1986年，县医药公司中药材加工厂有生产用房500平方米，工人5人，拥有磨刀机、粉碎机、碎石机、切药机、筛造机、打包机等8台生产设备，设有3个车间，主要将购进的原料中药材应用机械化手段加工成饮片，解决少数药品不能装斗的困难，方便医疗单位和零售药房对外服务。公司中药材加工厂全年加工药材107个品种，加工数量56吨。全县各经营单位合计加工药材438种750吨，饮片质量在淮阴市县属公司中一直名列前茅，评比获淮阴市第一名、江苏省第七名。1988年，县内收购的益母草数量较大，该厂一度将益母草加工成膏剂，除满足县域供应，还销往外地。1989年，中药材销售量比1986年增长32.6%。1994年该厂由单一洗、切、漂、碾加工工艺，根据不同药材又扩大到炮、炙、煨、晒、炒等工艺，提高药品质量，获得供货单位好评。1997年，县医药公司中药材营销创历史最高点，中药材购进额58.3万元，销售额89.2万元。1998年，药市场放开后，县医药公司中药材的购销量呈波动下滑趋势。2002年，县医药公司加工药材扩大到438个品种，年加工量102吨。2003年，饮片加工厂停止生产。

1986—2005年金湖县医药公司中药材购销统计表

表18-6-25 单位：万元

年份	购进	销售	年份	购进	销售	年份	购进	销售
1986	35.2	45.4	1993	34.1	55.8	2000	25.9	75.3
1987	36.8	47.4	1994	40.1	53.9	2001	20.3	45.9
1988	43.8	53.8	1995	55.2	73.4	2002	15.1	43.2
1989	39.1	60.2	1996	42.1	72.8	2003	11.8	21.1
1990	21.8	47.4	1997	58.3	89.2	2004	13.8	23.6
1991	22.9	32.9	1998	57.8	74.9	2005	23.3	44.8
1992	33.1	55.7	1999	38.1	54.2			

三、医疗器械、卫生材料购销

1986年，县医药公司经营的医疗器械主要品种有人用体温计、人用注射器、人用注射针头、血压计、手术刀片、手术剪刀、止血钳、普通镊子、医用胶布、医用手套、医用耗材、敷料及卫生材料等。1997年，医疗器械购进量达36.3万元，销售额41.1万元。1998年，随着私营个体经济的兴旺，县医药公司医疗器械的购销量逐年减少。2000年，乡镇医疗卫生机构的诊疗水平提高，X胶片、电动吸引器、医用耗材等需求量增加，此类器材的购销量略有增多。2005年，全县医疗单位的大中型医疗器械基本上都是使用单位自行采购。

1986—2005年金湖县医药公司医疗器械购销统计表

表18-6-26 单位：万元

年份	购进	销售	年份	购进	销售	年份	购进	销售
1986	19.5	19.3	1993	16.6	29.3	2000	22.9	26.2
1987	21.8	23.4	1994	25.4	33.4	2001	19.4	20.6
1988	26.5	30.1	1995	28.6	37.3	2002	17.8	19.9
1989	26.4	30.2	1996	33.4	39.1	2003	19.8	14.3
1990	21.8	23.5	1997	36.3	41.1	2004	8.9	7.9
1991	25.4	32.7	1998	25.2	32.5	2005	11.1	8.1
1992	27.7	33.8	1999	20.6	24.6			

四、社会零售药店

1996年，唐港乡创办港达中药材公司，拥有8个收购站、2个种植场、1个加工厂，形成生产、收购、加工、销售一体化，主要经营水蛭、荷叶、芦根、野菊花、车前草、水鳖草、蝼蛄等70多种中药材。公司派人先后参加上海、镇江、樟树、百泉举办的全国药材交易会，将地产的中药材经销到上海、浙江、四川、广东、福建等10多个省（直辖市），全年销售量500多吨，销售额150多万元，实现利税15万元。2001年，全县经卫生主管部门批准设置的零售药店有10家，主要集中在县城。2002年5月，全市药品代购工作现场会在金湖召开，金湖被确定为全市农村药品“两网”建设示范县。

2004年，全县进一步完善药品、药械供应网络和监督管理网络建设，加强药品配送企业和代购卫生院的药品质量监督管理，逐步实现农村药品连锁经营，统一配送，实现城乡药品同质同价。全县共有药品、医疗器械生产企业5户，经营企业、门店71个，其中药品批发企业1户、药品零售连锁企业1户、零售连锁门店26个（埠外6个）、零售药店41个，社会零售药店购销量约占社会用药量45%左右。

2005年，进一步加强社会零售药店的监督管理力度，开展“正源行动保健康”“广告热播药品专项检查”等督查，帮促药品、药械生产企业通过GMP认证1户，经营企业县医药公司通过GSP认证，县城17家零售药店全部通过GSP认证，无证经营、销售假劣药品的现象得到有效遏制。是年，全县共有药品零售门店79家，县城零售药店增加到46家，占58%；镇村33家，占42%。社会零售药店购销量约占社会用药量65%左右（参见“第二十五篇综合经济管理”第五章第一节）。

第五节 茧丝绸经营

1986年，蚕茧购销由县供销社土产公司独家经营。至1989年，共购销蚕茧1.93万吨。全县设有蚕茧站8座、茧灶23座，总建筑面积7445平方米，占地2.3公顷。20世纪90年代初，金南、塔集新建茧站2座、茧灶6座，建筑面积2167平方米，占地7000平方米。1990年，县成立茧丝绸总公司，土产棉麻公司茧站实行代收、代烘。

1991年春，蚕茧收烘从开始到结束，遭遇连续阴雨、暴雨恶劣天气，蚕茧含水率40%左右，最高50%，致使平均烘折率高出常规的256.7%；而茧农又无法晾晒吹干。县土产棉麻公司各茧站顾全大局，独家承担亏损72.15万元，既保护蚕农利益，又不致茧源外流。是年，全县购销蚕茧1275吨，其中县土产棉麻公司收购1160吨，占91%，获市委、市政府奖励134万元。1992年，蚕茧实行订购，蚕农每缴售1公斤蚕茧奖售标准化肥0.5公斤，收购50公斤蚕茧，收购单位向乡镇政府兑现代理费4元。县棉麻公司购销蚕茧1550吨。

1993年9月，县改革茧丝流通体制，按照建立市场经济体制的要求，从晚秋茧开始收烘实行逐步放开，即由县茧丝绸总公司和县土产棉麻公司自主收烘经营。是年，收购蚕茧1850吨。1994年，县丝绸总厂有职工1600人，拥有立缫机344台，SFD507型自动缫丝机6组、180台，年产白厂丝117.68吨，产值1979.4万元，销售收入2488.3万元，税金125万元。其中县缫丝厂有职工891人，固定资产原值1015万元，年产值1916万元，销售收入1944万元。

1995年，蚕茧归口县茧丝绸总公司统一组织收购、调拨、经营，县土产棉麻总公司仅受其委托代收代烘。是年，蚕茧购销1000吨。公司拥有职工1672人，拥有固定资产原值2898万元，主要产品有白厂丝、绢织棉球、茧丝副产品等，其中"梅花"牌白厂丝获省优产品称号。因国内丝绸行业滑坡，年产值下降到2001万元，利润-108万元。1996年4月，县茧丝绸公司上划市茧丝绸总公司，蚕茧由市公司统一经营。省优产品"梅花"牌白厂丝出口日本和中国香港地区。

1997年，公司固定资产原值增加到5074万元，年生产白厂丝57.4吨，产值1090.8万元，销售收入1293万元，利税总额60万元，其中利润9万元。1998年，固定资产原值降至2456万元，年销售收入971万元，利税总额47万元。1999年，县丝绸总厂资不抵债，依法破产。

2001年，公司有职工1104人，固定资产原值3678万元，年销售收入1746万元，利税总额27万元。2003—2005年，由于受国际市场影响，全县蚕桑业下滑，茧丝绸行业一直处于低迷状态，直至退出市场。

第七章　经营业态

第一节　概　况

一、私营个体商业

1986年，县委、县政府鼓励农民进城经商、摆摊设点，发展私营个体商贸业。至年底，共有私营个体零售商业1127户、从业1469人，其中，饮食业313户、545人，服务业709户、918人。1993年，共有私营个体零售商业3838户、从业4850人，销售额8159万元。

1995年，私营个体商户增加到7086户，其中私营商业企业33户，从业人员1.03万人，销售额1.45亿元。在33户私营商业企业中，独资企业19户、合伙企业5户、有限责任公司9户，注册资金607万元，从业人员309人，销售额1970万元。1998年底，全县共发展私营个体商业6577户，从业人员1.09万人，销售额2.51亿元。

2001年，全县私营个体商贸业5660户、从业1.17万人，注册资本4381万元，销售额2.12亿元。2005年，县供销社为金湖县申办成功全国"万村千乡放心店"建设工程试点县。年底，城乡第一批83家放心店全部开业，通过商务部的检查验收。是年，全县私营个体商贸业8448户，从业人员1.51万人，注册资本1.09亿元，销售额8.62亿元。

1986—2005年金湖县私营个体商贸业统计表

表18-7-27

年份	户数（户）	从业人员（人）	社会消费品零售额（万元）	占全县社会消费品零售总额（%）	年份	户数（户）	从业人员（人）	社会消费品零售额（万元）	占全县社会消费品零售总额（%）
1986	1127	1469	1167	6.43	1996	5956	9393	17059	25.90
1987	1696	2237	1234	5.73	1997	5971	9644	21510	29.46
1988	1789	2522	2119	10.02	1998	6577	10900	25117	32.73
1989	2126	2507	2452	12.26	1999	6461	9222	16227	19.67
1990	2397	2877	2776	12.06	2000	5095	10847	18336	21.83
1991	2382	2865	3039	16.53	2001	5660	11690	21191	21.68
1992	3099	3837	3518	17.62	2002	6639	15740	20267	18.74
1993	3838	4850	8159	23.58	2003	6080	7884	52873	50.83
1994	4900	6277	10766	23.83	2004	6959	10561	59224	39.73
1995	7086	10304	14547	25.73	2005	8448	15110	86191	49.88

说明：1993年后的社会消费品零售额，除私营个体有证商业营销额还包括其他商贸业营销额。

二、国有集体商业改革

1986年，全县共有商贸业经营单位2167户、从业人员6965人。其中，国营、集体性质1040户、5496人，分别占48%、79%；私营个体商业1127户、从业1469人，分别占52%、21%。社会消费品零售总额共1.82亿元。其中，国营、集体1.37亿元，占75.34%；私营个体商业1167万元，占6.43%。商贸业所有制形式国营、集体占主导地位，经营模式以计划经济为主、市场调节为辅；从业人员、商业零售额国营、集体占绝对优势。1988年，国务院《城乡个体工商户管理暂行条例》《中华人民共和国私营企业暂行条例》先后印发，私营个体商业呈现发展态势。1991年，商贸业从业人员共8381人。其中，国营、集体5516人，占66%；私营个体商业2865人，占34%，比1986年提高13个百分点。社会消费品额零售总额共2.48亿元。其中，国营、集体实现2.24亿元，占92.2%；私营个体商业1936万元，仅占6.5%。

1992年，商贸企业实施体制改革，经营模式、价格体系、分配制度、用工制度放开，开始试行多种形式的经营承包责任制，企业自主权扩大，活力增强，逐步形成大流通格局，市场供应日趋活跃，社会商品供需矛盾缓和，物资计划分配及各种紧俏商品凭票证供应的现象不复存在。1994年，商贸业从业人员共1.29万人，其中国营3952人、集体2684人、私营个体商业6277人，分别占30.6%、20.8%、48.6%。私营、个体商业从业人员接近国营、集体的总和。社会消费品额零售额共4.52亿元，其中，国营实现1.82亿元，集体1.62亿元，分别占40.3%、35.8%；私营个体商业1.08亿元，占23.9%，比1986年提高17.5个百分点。

1995年，私营个体商户增加到7086户，从业人员1.03万人，销售额提高到1.45亿元，比上年增长35.1%。是年，县商业局批发企业进行母体裂变，组建专业小型公司60多户。县饮服公司兼并糖果食品厂，县家电总公司兼并县蔬菜副食品公司。县蔬菜副食品公司在职职工107人，离退休25人，固定资产原值145.4万元，负债200.3万元。县家电总公司兼并县蔬菜副食品公司后，从商业总公司划出，单独建制，并将蔬菜副食品公司金桥商场改建为家电商城。年末，县家电总公司共辖有子公司（批发部）4户及副食品门市部5户，职工204人，经营面积2000平方米。全年实现销售额2183.95

万元，利税29.08万元。

1996年，商贸企业全面实施产权制度改革，原国有、集体商业企业基本实施承包经营，股份制、私营个体经济稳定发展，国营、集体商业垄断市场的局面被打破。1997年，县百货公司兴办金客隆商城（又称连锁超市）。

1998年，商业总公司撤销，原总公司资产、人员分别划给百货大楼和金湖商场，两企业改为县贸易局直属股级企业，独立法人。县食品公司更名为食品总公司。商贸业实施资产租赁经营和资产转让、拍卖，私营个体商户发展到3577户，其中私营商业企业52户，成为社会主义商业市场的重要组成部分。1999年，在改善服务、搞活经营，逐步向"大市场、大流通、大买卖"方向发展的背景下，私营个体商业扩大外购外销，探索连锁经营、配送制、代理制等新的经营模式，市场呈现购销两旺。私营个体商业户发展到4461户、9222人，其中私营商业企业增加到88户，注册资本达3802万元。

2000年，原商业系统有14户企业改制转为民营。6月，香港兆丰集团连锁店、全县最大的超市——时代超市建成开业，宝利来家电公司并购百货大楼。私营商业企业增加到127户，注册资本达5403万元。

2001年，全面实施"国退民进"改革，新型商贸业态基本形成。私营商业企业增加到161户，注册资本达6772万元。供销系统下辖商业企业37户，其中县城区的金城商厦、供销商场改制为民营，全部切块实行租赁经营。农资公司所属金都大厦以资抵贷给县农行，重新募股建立金湖县润农有限公司。华昌商厦改由私人承包经营，并加盟"华润苏果"。私营企业桃园超市成立东泰发展有限公司，经营业务除超市零售，还有商品批发、汽车运输等，与多户知名厂家合作，取得总经销代理权。拓展水产品加工企业2户，从业人员500多人；水产流通从业人员增加到2500多人，运销量3万吨，运销额2.5亿元；县城零售药店新增到10户。2002年，全县私营商业企业突破200户，注册资本8332万元。县物资贸易资产经营管理公司所辖企业22个，改制18个，改制面82%。9月，县中百一店引进上海家得利超市金湖店开业。

2003年，私营商业企业注册资本达1.17亿元。县物资贸易资产经营管理公司属下的帝业百货、商业大厦等14户企业改制为有限公司；7月，宝利来服饰广场开业；12月，经营一年的上海家得利超市金湖店歇业。物资大楼整体转让给浙江客商。粮食系统商贸企业减少到19户，粮油贸易公司和粮行歇业；新增设饲料公司经营部，兴达、嵇圩鸡场，粮用器具厂等。2004年，培育发展新型市场。至年底，县城改造和兴建黎苑、利民、金城、闸东等市场4个；农村先后改造市场10个。金城商厦，引进上海客商兴办服装鞋帽超市。药品、医疗器械生产企业5户，经营企业、门店增加到71户。全县私营商贸企业198户，注册资本增加到1.22亿元。

2005年，全县商贸系统国有企业有石油、烟草、盐业等专卖行业企业。粮食系统下辖金星、新星粮油经营部，兴达、嵇圩鸡场，工业饲料公司、粮油贸易中心、粮香园、粮用器具厂、11个镇粮管所、石港粮库、城南粮库，及已歇业的粮油贸易公司、粮行，全民粮办购销企业28户，员工288人，拥有资产4284万元。改制建成江苏金叶粮油食品、广原油脂、曙东粮油食品、良友运输、金源宾馆等5户有限公司。县供销（集团）总公司仍保留以农民为主体的集体所有制合作经济组织形式，辖有企业42户，其中，县城区10户，基层供销社22户；集镇超市7户，集体商店3户。私营商贸企业增加到213户，用工2734人，注册资本1.44亿元。供销商场吸纳家电、家具等多家个体商户进场经营。私营药品零售门店79户，县城零售药店增加到46户，占58%；镇村33户，占42%。社会零售药店的购销量约占社会用药量的65%左右。经工商部门登记注册的私营水产品营销户增加到100多户，从业人员3000余人。水产品营销采取公司（经纪人）＋基地（农户）产销合作模式，实施产销一体化。东泰发展有限公司在县城金湖路开办第三门市，并先后在白马湖、夹沟、闵桥、陈桥等集镇开办连锁店4户。

1986—2005 年金湖县国有、集体商贸企业社会消费品零售总额统计表

表 18-7-28

年份	全县社会消费品零售总额（万元）	其中					
		国有商业（万元）	占比（%）	集体商业（万元）	占比（%）	其中供销合作商业（万元）	占比（%）
1986	18161	5824	32.1	7858	43.3	6530	36.0
1987	21540	7410	34.4	8750	40.6	7177	33.3
1988	21138	8949	42.3	10570	50.0	8741	41.4
1989	22122	9479	42.8	12144	54.9	10319	46.6
1990	22870	8687	38.0	12561	54.9	10597	46.3
1991	24794	9075	36.6	13783	55.6	10815	43.6
1992	29169	9097	31.2	14074	48.2	10318	35.4
1993	34758	14337	41.3	12226	35.2	8962	25.8
1994	45185	18205	40.3	16214	35.9	11885	26.3
1995	56534	23399	41.4	18588	32.9	12625	22.3
1996	65877	26322	40.0	22496	34.1	16490	25.0
1997	73026	27081	37.1	24435	33.5	17910	24.5
1998	76731	26781	34.9	24833	32.4	18203	23.7
1999	82478	21242	25.8	45009	54.6	32992	40.0
2000	84005	22362	26.6	43307	51.6	31614	37.6
2001	97734	23300	23.8	53243	54.5	38867	39.8
2002	108166	24000	22.2	63899	59.1	46646	43.1
2003	104029	23460	22.6	27696	26.6	21049	20.2
2004	149063	22680	15.2	67159	45.1	49026	32.9
2005	172811	21630	12.5	64990	37.6	47443	27.5

三、新型市场培育

1986年，全县拥有各类贸易市场91处，总面积2.47万平方米。其中，建有顶棚的市场9个，面积3905平方米。设立集市贸易服务所24个。市场交易品种由畜禽肉食品、鲜蛋、水产品、瓜果蔬菜、豆制品、南北货、调味品逐步增加到百货、五金、针织、日杂等工业品。1990年3月，县供销系统的土产棉麻公司开办全县第一户超市——金龙超市，注册资金仅2万元。此后，超市这一新型经营方式在全县开始发展。1992年，县粮食局投资145万元，在建设东路新建闸东市场；县供销社投资78万元，在利民路新建黎中市场；县土产棉麻公司投资70万元，在金湖路化肥厂大桥西南侧新建金龙市场。是年，全县先后改造兴建集贸市场17个，面积1.05万平方米，设置摊位500多个。黎苑市场连续两次被国家工商行政管理局授予"全国文明集贸市场"称号；白马湖市场、惠民市场、饮食小街等先后被评为"省级文明市场"；城中市场、金龙市场、闸东市场等12个市场被表彰为"市级文明市场"。1995

年9月，全县经注册登记的商场有21户，大多为商业、供销系统国营、集体商业门市更名形成。1996年，全县有各类市场44个，其中综合市场28个，专业市场16个，年成交额3.1亿元。1997年，闵桥镇建成富民农贸市场。9月，县工商局在园林路东侧征地2公顷，投资2000多万元，新建现代化综合性贸易市场——黎城市场。1998年，黎城镇黎城村投资80万元新建城南市场，全县城乡先后建成城南、白马湖、官塘、吕良、刘圩、水总、前锋等13个棚顶式市场，面积3791平方米。1999年9月，黎城市场竣工营业。全县拥有各类集贸市场62个，年成交额4143万元。

2000年，商贸企业实施“国退民进”体制改革，国有资本退出，民营资本融入。经历国营、集体与私营个体经济所有制形式的相互转换，在优胜劣汰的市场竞争大潮中，私营个体企业发展成为商贸流通市场的主体，新型贸易业逐步转化形成。

2001年，全县加快城市化进程，县城和各镇政府所在地集镇，加大市面改造整治力度，为私营个体商贸业发展提供优越条件，进城、进镇、进市场经商者日益增多，商城、商场、超市、专业市场与专卖店、农贸市场等新型商业贸易业态逐步发展壮大。县内实行市场办、管脱钩，原有工商部门管理的黎城市场、黎苑市场、惠民市场移交给县财政局管理；少数集镇市场在区划调整中冷落凋零。至2004年，全县农村先后改造市场10个，县城改造5个。2005年，拥有集贸市场38个，其中县城13个、乡镇25个。乡镇市场占地13.16公顷，其中，室内面积3.78万平方米，顶棚2.27万平方米，其他为露天市场。较稳定的常年经营者4882人。各乡镇（除黎城、涂沟镇）都安排逢集时间，定期进行农村集市贸易，扩大城乡交流。

第二节　商城　商场

一、概　况

1986年，全县商城、商场以国有、集体经济为主体，形成规模的有百货大楼、惠民市场、金湖商场3家。1987年3月，县供销商场开业。1992年，金城商厦建成。1997年，县百货公司又新建金客隆商城。2000年，县商业局、县供销社两大系统共建成商场、商城6家。2001年，县引资建成1.8万平方米温州商贸城。2005年，位于县城人民路繁华地段的中鑫步行街开业。至年底，县城共有商城、商场8家，年营销额1.5亿元，占全县社会消费品零售总额的8.68%。

二、商城商场选介

温州商贸城　该商贸城位于县城人民路33号，由浙江温州市永安房地产开发公司个体老板联合投资兴建，于2001年5月动工，2002年5月竣工，占地8561平方米，建筑面积1.81万平方米。商贸城东抵人民路，南临利民路，为“回”字形通廊框架结构，四面主体6层，中间3层；第一、第二层为商业用房，第三至第六层为住宅。商业用房的四面与中间均有走廊通联。2005年，吸纳个体商户200余户，主要经营纺织品、黄金首饰、鞋帽、五金、交电、日用杂百货、食品、文化用品、建材、化工产品的批发零售，还有多户电脑销售与维修店铺。

惠民市场　1985年1月，由县商业局投资14万元兴建，位于建设路北侧，东临原百货大楼，是全县第一家工业品批发贸易市场，面积1463平方米。后经扩建，穿过建设路向南延伸，在城中市场东侧增设门面房，共120间，占地面积增至5440平方米，营业面积4440平方米，共设摊位门店450个，以经营鞋帽服装、日用小商品为主，价格低廉，批零兼营，生意兴隆。2000年，县城专业服装店增多，加上消费者审美观念增强，市场生意渐趋清淡。2005年，市场内商户主要销售和批发普通服装、鞋帽、装饰品、工艺品、衡器等。

图 18-7-6　惠民市场开业（摄于1986年）　　县志办/供

中鑫步行街　中鑫步行街位于县城繁华地段的人民路9-5至7号，2004年8月动工，2005年10月开业。步行街南面紧邻温州商贸城，东临人民路，为“回”字形通廊框架结构，东面主体4层，中间2层；第一、第二层为商业用房。步行街设有医药、饰品、珠宝、茶馆及服装、鞋帽、黄金首饰、工艺品、美容等店铺100余户。

百货大楼　（参见本篇第一章第一节第一目。）

金湖商场　（参见本篇第一章第一节第一目。）

供销商场　（参见本篇第一章第三节第二目。）

金城商厦　（参见本篇第一章第三节第二目。）

金客隆商城　（参见本篇第一章第三节第二目。）

第三节　超市与便利店

一、概　况

2000—2001年，全县实施“国退民进”改革后，民营经济成为市场主体，各商贸企业自主经营，纷纷建立有限责任公司和大型超级市场，形成新的贸易业态。新组建的公司大部分以出租为主，自身不再搞商品经营；也有部分企业实行新的经营模式，如中百一店、金湖商场、百货大楼、家电商城等零售商场，划片、分块出租给私营个体户经营；商业大厦引入香港兆丰集团资本创办的时代超市获得成功，在经营理念、经营设施、经营规模上，处于同行业领先地位。全县城乡零售便利店遍地开花，各地新增1400多户，总数达到4800多户。2002年，商贸业发展总趋势向超级市场方向发展，商品类别多，花色品种全，促销方式新，明码标价，质地可见，消费者挑选自择的空间大，买卖公平。2005年，城乡私营个体商贸超市发展到100余户，从业人员1000多人，注册资本6000多万元，年营销额8000多万元；零售便利店增加到5300多户，年营业额2600多万元。

二、超市、便利店选介

时代超市　前身为县五化交总公司，地处人民路与健康路交会处西南角，东、北两面临街，门牌号码人民路38号。2000年，改制为县商业大厦有限责任公司，股本总额115万元。2001年6月，与香港兆丰集团连锁经营，注册成立江苏时代超市有限公司金湖分公司，9月开业，对外挂牌简称时代超市。经过改造，第一、第二两层营业面积3800平方米，职工70人。2005年，该公司经营范围：食品，饮料，糖烟酒，副食品，五金交电，针织服装，日用百货批发零售，书刊，音像制品零售等，年销售额2500多万元。

苏果超市　原名华昌商厦，1992年10月兴建，位于建设路2号，营业面积1800平方米。2001年

7月，下岗职工沈英姿夫妇承包该商厦，并加盟“苏果”，改称“苏果超市”，有职工62人（其中下岗职工25人）。2002年，在建设西路107号创办二店，2003年在健康路85号创办三店，2005年，又在建设路301号创办四店，共有1个总店、3个分店，总营业面积3000多平方米，职工160人，经营品种有日杂、百货、食品、烟酒、服装等18大类1.2万余品种。沈英姿获淮安市政府授予“创业之星”“百佳新女性”称号，所开超市获得中华全国总工会授予“下岗职工自主创业示范点”称号。

桃园超市　该超市由福州籍人郑承营于1995年到金湖创办，位于健康路58–1号，主营福建莆田特产桂圆、香菇、银耳，兼营烟酒、食品、杂货等。1998年，在建设西路35号增设一户连锁店，共有营业面积100多平方米，职工22人，实现经营收入200余万元、利税12万元，被市工商局、市个体协会评为“讲道德、无假货摊店”。1999年12月，成立东泰发展有限公司，经营业务有超市零售、商品批发、汽车运输等。公司与多户知名厂家合作，取得总经销代理权。2005年，在县城金湖路开办第三门市，并先后在白马湖、夹沟、闵桥、陈桥等集镇开办4户下伸连锁店。

家得利超市金湖店　前身为县百货公司。2000年，改制为民营企业县帝业百货有限公司，股本总额55万元。2002年9月，该公司与上海家得利超市共同开发经营中百一店，更名为上海家得利超市金湖店。2005年，经营百货、针纺织品、食品等近万种。

上海华联超市　2005年6月，世纪华联超市位于健康路99号，经营范围包括商业管理咨询、商业策划、商业零售业连锁、特许经营与投资管理、日用百货、服装鞋帽等，注册资本为人民币50万元。所属世纪华联超市营业面积300平方米，主营糖烟酒、副食品等共1500多个品种。12月改称上海世纪华联超市，经营范围包括销售预包装食品、日用百货、五金、家电、文化办公用品等。

图18–7–7　上海华联超市（摄于2005年）　县志办／供

宝利来百货大楼　前身为县家电总公司和百货大楼。2001年3月，改制为民营企业县宝利来家电有限公司，股本总额105万元，位于建设路151号；同时并购百货大楼，更名为县宝利来百货大楼。2005年，宝利来家电有限公司主要经营家电、五金、装饰材料等；宝利来百货大楼主要经营百货、针纺织品、五金、交电、化工产品。

正和食品公司　前身为县副食品公司。2000年，改制为县正和食品有限公司，股本总额50万元。2005年，主要经营百货、针纺织品、五金、交电、化工产品、糖果食品等。

千秋商贸公司　前身为金湖商场，地处人民路45号。2000年，改制为县千秋商贸有限公司，股本总额50万元。2005年，主要经营百货、针纺织品、五金、交电、化工产品。

万村千乡放心店　2005年，金湖县作为国家“万村千乡放心店”创建工程试点县，县供销社选择一批位置优越、具有一定规模、经营人员素质高的私营商店参与创建。经过加强硬件设施投入，美化亮化购物环境，检查整理商品质量，进行商业道德教育，年底，全县第一批83户“万村千乡放心店”全部开业，其中，农业生产资料放心店19户，生活资料放心店64户，并通过商务部委托省经贸委组织的检查验收。

第四节 专业市场与专卖店

一、概 况

1995年，县内少数乡镇开始兴建专业市场，促进和带动县域特色产业发展。1998年，白马湖乡投资120万元，建成3000平方米的水产品批发市场。2000—2001年，全县各民营企业自主经营，根据自身特点，进军各类专业市场，开设专卖店。主要专业市场除石油经销和烟草、盐业专卖企业外，有农资、建材、水产、粮食、五金、机电、化工、石油液化气等。前锋、银集分别建成畜禽市场和生猪交易市场。汽车市场由县域法人在外地大中城市开发经营，县内尚未形成。2005年，全县共有专业市场10多个，专卖店100多户。

二、专业市场选介

农资市场 2001年，县供销社农资总公司以资抵贷给县农行，重新募股成立金湖县润农有限公司，主要负责全县农业生产资料的经营管理，规范进货渠道，防止假冒伪劣，保护农民利益。2002年，随着农资市场的开放，私营个体经营农资商户增多，全县共有90多户；且进货渠道广泛，促销手段灵活，县润农有限公司及各镇供销社农资销售中心的购销优势不复存在。县供销系统坚持"三农"办社宗旨，积极参与市场竞争，与农技部门联手，选准化肥、农药、农膜等大宗农业生产资料的进货渠道，确保质量，赢得农户信赖。2005年，全县农业生产资料经营户增加到近百户。县城约30户，主要集中在金湖路和园林路园林桥（老三里桥）附近；乡镇有农户放心店19户，个体经营户40余户。部分乡镇还出现不定期、无定位的经纪人，他们在春播夏插前，从外地购进批量化肥、农药、农机等生产资料进行销售。工商、物价部门加大巡查整治假冒伪劣农资产品力度，查处违法案件12件，案值35万元，罚没款23万元；同时，规范农资批零差价率，维护农资市场经营秩序，保护农民利益。

2000—2005年金湖县农业生产资料销售量统计表

表18-7-29

年份	销售（万元）	化肥（万吨）	农药（吨）	农膜（吨）	柴油（万吨）	年份	销售（万元）	化肥（万吨）	农药（吨）	农膜（吨）	柴油（万吨）
2000	8960	10.57	462	278	1.25	2003	11382	10.42	720	305	1.48
2001	5062	10.69	652	331	1.30	2004	13860	10.44	851	258	1.40
2002	8876	10.14	524	309	1.39	2005	1756	11.57	654	243	1.47

建材市场 1998年，全县进入建筑材料行业的私营个体商户逐渐增多，原物资系统建材公司停业，退出市场。2003年，县规划筹建建材城，建材和再生利用公司被整体拆除，职工买断工龄下岗。公司将存量资产处置变现，用作职工安置。部分职工自筹资金，注册成立新企业，自主经营，以私营个体工商户为主的木材、建材市场在金湖路一带形成，成为县域采供的主体。再生利用公司驻南钢办事处独立注册成立再生资源有限公司，年销售钢材2万吨，销售额8000余万元，为南钢15个一级经销商之一。2005年，建材经营户遍布城乡，水泥营销在县城、集镇约有50余户，黄沙营销主要集中于各地河运码头，砖瓦由生产厂家直接派车送货上门，木材、钢材及各种装饰材料的经营店铺主要集中在金湖路沿线、衡阳路北尽头。

2005年金湖县建材商贸企业一览表

表18-7-30

单位名称	主要经营项目	地 址
县建材公司	建筑装潢材料等	金湖路109号
金鑫钢材销售有限公司	金属材料销售	金湖路111号
华伟物资贸易有限公司	金属材料购销	金湖路109号
闸东装饰城	建筑装潢材料	建设东路
金南建材市场	建筑材料	金南镇

汽车市场 2000年，原物资系统汽贸中心、物贸中心一批下岗多年的业务骨干，在上海注册成立恒盛汽车贸易公司、远航汽车贸易中心，成为日本丰田等知名品牌汽车销售代理商，重建营销网络。全县物资系统汽车销售的强势逐步转入私营个体的体制，并获得成功，实现销售额2.18亿元，利润400多万元。2001—2005年，全县在沪宁杭等地从事汽车销售者近60人，年利润近1000万元。

水产品市场 1998年5月，涂沟水产食品加工厂改制为股份制企业金宇水产食品有限公司。随着全县水产养殖、种植业的快速发展，公司成立水产营销协会、大型水产品产销联合体各4个，水产品交易市场3个，发展营销经纪人800余人，流通从业人员2500多人。2005年，水产品营销采取公司（经纪人）＋基地（农户）产销合作模式，实施产销一体化经营。金宇水产食品有限公司购销量占全县水产品总产量60%以上。水生蔬菜购销量18万吨，外销15万吨，占生产总量83%。

白马湖水产品市场 1998年4月建成，紧靠白马湖集镇农贸市场，占地1047平方米，设置摊位91个。该市场建成后，吸引镇内外大批客商前来进行水产品交易，日均销售各种水产品10吨以上。2000年，区划调整，白马湖乡撤销后，白马湖集镇商贸业的繁华景象较前冷落，但水产品批发销售市场仍然兴旺。2005年，固定摊位减少到一半左右；而到鱼、蟹、小龙虾上市旺季，市场上每天前来购销水产品的客户逾百，通过商户信息联系，直接到养殖塘口采购水产品的车辆络绎不绝，年成交额近百万元。

粮食市场 2000年，县区划调整，粮食系统的22个粮管所（粮站）撤并为11个，设站点11个。全系统共辖经营企业18户，员工952人，拥有资产4746万元。设置经营网点39个，其中城区5户，乡镇基层34个。2001年，国家取消粮食定购任务，实行粮食购销市场化，农村经纪人开始融入粮食流通行业，粮食收购市场形成各种收购主体多渠道竞争格局，全县共有200多户，粮办商业企业减少到19户。粮食经营户开着汽车、自卸手扶拖拉机，带着装卸工，深入到场头或农户家收购粮食，给农户带来方便；但粮食质量存在不少问题，价格有随机性。2004年，粮油贸易公司和粮行歇业，设有粮油经营网点28个（城区12个、镇16个）。县粮食部门会同工商部门对全县申报粮食收购资格的企业、个体工商户逐一进行审查，严格把好收购粮食准入关。全县共发放“粮食收购资格许可证”138本，其中法人企业55户，个体工商户83户。同时，加大检查管理力度，先后查获无照粮贩12人，封存粮食750吨。

2005年，粮食部门继续加大粮食流通监管力度，查处无照私商粮贩，先后查扣违规经营粮食1200吨，涉及粮食整改数量700吨。开办粮食流通培训班2期，参训280人次，印发宣传资料2000多份，深入乡镇宣传8天，广泛宣传粮食收购、流通、储存、统计、监管等法律法规。经审查，全县具有粮食购销资质的经营户142户，其中，国有企业13户，具有法人资质和其他经济组织45户，个体户84户。国有粮食购销企业在市场竞争中，充分发挥仓储条件优越、设施先进、资金充裕的优势，订单收购粮食4.53万吨，12个基层所库为金叶、双兔、曙东等粮食加工企业代购代储粮食4.5万吨；对一些无劳力、残疾人组织上门收购，对种粮大户指派专人上门过秤验质，解决农民卖粮难问题；按国家出台的保护价收购或托市收购，保护农民利益。全年完成收购任务14.5万吨，其中秋粮5万吨，夏粮9.5万吨；销售粮食14.5万吨，其中稻谷5.25万吨，小麦8.9万吨，实现销售收入2.48亿元。收购总量占农民余粮的70%以上。

石油液化气市场 1997年，县商业集团总公司与江都招商石油化工有限公司、香港达峰国际股份有限公司共同投资360万元，成立金湖招商液化气有限公司和商业物资经营公司。招商液化气有限公司占地面积6700平方米，液化气储备量420立方米。该公司在县城设立销售门市部4个，农村销售点22个，年销售量680吨。2000年，由华燊管道燃气有限公司首开县城管道液化气供应，县城新建居民小区均安装天然气管道，城市居民用上液化天然气。2002年，由裕华食品公司改制析出部分资产建立广誉液化气公司。2005年，共有4户液化石油气站专营生活燃气，供应全县城乡，供应量约5250吨。

2005年金湖县石油液化气商贸企业一览表

表18-7-31

单位	主要经营项目	地址	单位	主要经营项目	地址
华燊管道燃气有限公司	石油液化气	金湖迎宾馆	招商液化气有限公司	石油液化气	金湖东路218号
广誉液化气有限公司	石油液化气	金湖西路133号	天龙液化气站	石油液化气	

五金机电化工市场 2000年，全县有五金机电化工经营户近20户，其中县城5户、各集镇15户。2001年，增加到25户。2005年，经营五金机电化工产品的公司有3户，个体户24户，县城区相对集中在建设路、人民路、健康路、金湖路。

2005年金湖县五金机电化工商贸企业一览表

表18-7-32

单位	主要经营项目	地址
县化工轻工公司	化工轻工原料、产品	健康路50号
县物资公司	金属机电、化工、煤炭	人民路35号
县机电设备公司	机电设备、仪器仪表	人民路35号

黎城南老街小商品市场 1986年，黎城镇老街为南北走向，其中南老街北自建设路、南至城中闸，长约300米；街道路面由青砖侧立铺成，宽约4米。街道东侧自北向南设置的单位有：物资局机电门市、生产资料公司仓库、县糖业烟酒公司酒库、城镇香酥食品厂、木材库；街道西侧自北向南设置有城镇向阳服装厂、皮鞋厂、向阳居委会、县糖业烟酒公司烟库、糖库、原汽配厂及职工宿舍；东西两侧有巷弄4条，其间居民150余户、1000多人口。街道时有周边仓库进出货车来往，行人很少。

1990年，靖江外来户朱永祥自购黎城南老街93号居民房，作为裁缝店门面和自住。1991年，宝应一何姓人家租朱家裁缝店一部分门面经营起小食品，品种百余，经营方式以零售为主。约二三个月后，何姓人家因故去往他处发展，朱永祥遂接手兼营起小食品生意。1992年，西隔200余米的城中农贸市场建成运营后，南老街过往行人逐渐增多。1993年起，张金友等几户临街居民见小本经营有利可图，遂模仿做起小生意，经营范围除小食品批发零售外，增加洗化用品、塑料制品等。1996年，县糖烟酒公司、生产资料公司将南老街酒库、糖库、烟库、生产资料仓库逐渐对外出租，有的改作日杂用品仓库，有的分隔开办起烟酒批零店，街道经营商户发展到10余户，经营范围增加百货、日杂、服装及床上用品等，农村个体商户纷纷来此采购货物。其中，原660平方米的生产资料仓库改成“小谢日杂批发部”后，日杂用品3000余种，销路遍及全县城乡。1998年，部分下岗职工看中此处房租低廉，人气渐旺，便在此租房开店，落脚营生。2000年，南老街百余户沿街居民住房大多出租或自营，呈南北贯通扩展趋势，仓储面积增加，街道改建成混凝土路面，市面逐步活跃兴旺起来。

图 18-7-8　黎城南老街小商品市场（摄于2005年）　李义海／摄

2005年，街道东西两侧150多间门面房租赁一空，20平方米左右一间出租房年租金由20世纪90年代初的700~800元，增加到万余元；商户日平均营业额由起初的300~500元增加到千元以上，经营大户日营业额近万元；纳税额由起初的每户每年定额200元，增加到平均每户近万元；个体商户营业面积最多800平方米。经营品种有烟酒、百货、南北货、鞋袜手套、床上用品、小五金电器、办公文化用品、日用杂品，以及香烛祭奠用品等，小到针头线脑、纸张笔墨、火柴肥皂，大到电视机、微波炉、洗衣机等家用电器，品种数万，批零兼营。“永祥超市”“金友食品批发部”“华星文化用品商行”“金纺批发部”“小谢日杂批发部”等商户都有自家车，商品送货上门。“永祥超市”的烟酒远销宝应、洪泽、盱眙等周边县。小商品市场整日车水马龙、人头攒动，生意兴隆，成为全县小商品集散地。

三、专卖店分布

2000年起，全县城乡私营个体商户为某种产品或某一知名品牌产品而开设专卖店的逐渐增多，县城形成区位特色的有：黎城老街宋坝桥南、北一带，有淮安地产烟酒专卖店，批零兼营；健康路中段有红豆、利郎、杉杉、鳄鱼、柒、意尔康、雅戈尔、七匹狼、波司登等名牌服装鞋帽专卖店；人民路中段、利民桥南、北及利农闸以西，有苏宁、五星、中意、海尔、格力等电器专卖店；人民路段人民桥南北的上海、捷安特等牌自行车，绿能、红日、小鸟等牌电动车，皇明、辉煌、太阳雨等牌太阳能热水器专卖店；园林路有五金电器、烟花爆竹专卖店；金湖路有农资、机电、哈尔滨轴承、山东挖掘机专卖店；利农闸东建设东路有粮油专卖店，等等。2005年，全县开设各类专卖店共有100多户，年营业额1800多万元。

第五节　农贸市场

一、概　况

1986年，全县拥有各类农贸易市场（包括集市）26个，总面积7667平方米。设立集市贸易服务所24个。1992年，全县先后改造新建农贸市场9个，面积5475平方米，设置摊位300多个。

1996年，全县有各类农贸市场28个。1998年，黎城镇黎城村新建城南市场，全县城乡先后改造新建城南、白马湖、官塘、吕良、刘圩、水总、前锋等棚顶式农贸市场13个，面积3791平方米。1999年，全县拥有各类农贸市场32个，年成交额4143万元。2005年，全县拥有农贸市场30个，其中县城5个、乡镇25个。

2005年金湖县农贸市场一览表

表18-7-33

市场名称	兴建年份	投资额（万元）	总面积（平方米）	市场名称	兴建年份	投资额（万元）	总面积（平方米）
宝应湖农贸市场	1986	10	1200	黎城镇农贸市场	1997	3	525
吕良农贸市场	1986	6	300	闵桥镇综合市场	1997	60	1620
戴楼农贸市场	1990	3	300	闵桥农贸市场	1997	600	2560
夹沟农贸市场	1994	5	300	淮胜农贸市场	1997	7	500
涂沟农贸市场	1994	5	300	孙集农贸市场	1997	5	400
唐港兴港农贸市场	1994	10	1200	金北苗猪市场	1997	8	450
官塘农贸市场	1995	5	300	陈桥农贸市场	1999	26	830
金南农贸市场	1995	35	1080	金沟农贸市场	1999	28	850
金南建材市场	1995	30	3000	银集生猪交易市场	2000	4	200
夹沟小商品市场	1995	30	2000	白马湖水产品批发市场	2000	120	3000
白马湖畜禽市场	1995	5	300	前锋农贸市场	2000	20	2000
白马湖树材市场	1995	8	700	前锋畜禽市场	2001	6	300
新农农贸市场	1996	15	1320				

二、农贸市场选介

黎苑市场 前身为城西菜场，位于县城建设路与园林路交会处西北侧，门牌号园林路109–2号。1986年，市场北部为房屋式店面，其他部分是顶棚市场，部分是露天广场。1991年4月，县商业局投资180万元，对该市场进行全面改造，并改名为黎苑市场。建筑面积5676平方米，经营面积4711平方米，设置摊位700余个。1997年进行扩建，占地6772平方米，建筑面积5572平方米，棚顶面积1200平方米，吸纳工商户近1000户。主要经

图18-7-9 黎苑市场（摄于2005年） 县志办／供

营蔬菜、肉类、家禽、豆制品、南北货、工业品等，成为当时全县最大的农副产品集散中心，年成交额1.1亿元。1999年，黎城市场投入运营后，政府对黎苑市场拟予撤销未成，又重新进行修建改造，市场南北为店铺式门市，中间为水泥台式摊位。2005年，门市摊位1000多个。

黎城市场　该市场位于县城主干道园林路120号，1997年破土动工，1999年9月竣工开业。该市场占地1.83公顷，建筑面积2.8万平方米，主体工程为砖混结构，共6层，第一层为农副产品交易大厅，第二层为工业品交易大厅，室内经营区9782平方米，楼群东侧建钢架顶棚2000平方米。主体楼第二到第六层为住宅商品房96套。共有摊位点821个，店、面房156间，地下储藏室6间，建有停车广场2100平方米，水果交易区33间2200平方米，特种水产交易区20间1000平方米，棚顶式蔬菜批发交易区2000平方米。该市场集水果、蔬菜、水产品、禽蛋、肉类、南北货、工业品等6大系列5000多个品种的批发、零售，日客流量2万多人，从业人员3000多人，年成交额2亿元左右。至2005年，该市场多次荣获国家、省、市级文明集贸市场称号。

黎中市场　1992年，县供销社投资78万元兴建。位于老县城中心位置的利民路51号，在建设路南侧、利民河北侧，东距黎城老街200米，占地5800平方米，店面2000平方米，四面为简易平房，中间是钢架玻璃钢瓦棚顶结构，占地3500平方米，设置摊位500多个，主要经营各种蔬菜瓜果、禽蛋、肉食品、水产品、米面、豆制品、调味品等。2003年，市场南部改造为5层楼房。

黎东市场　1992年，县粮食局投资145万元，在建设东路北侧、县机械厂对面邻近工业区新建黎东市场。该市场地处利农闸东，故亦称闸东市场，为框架屋面结构，占地2000余平方米，设置摊位360多个，主要经营瓜果、蔬菜、禽蛋、肉食品、水产品等。

城南市场　1988年，黎城镇黎城村投资80万元，新建黎明市场，经营面积2226平方米，主要经营百货、棉布、鞋帽、针织内衣、副食品、日杂用品等。1998年，改称城南市场。2002年，商业体制改革，该商场整体出售，改为私营。2005年，县城区改造，金马路拓宽，商场全部拆除。

金龙市场　1992年，县土产棉麻公司投资70万元，在化肥厂大桥西南侧新建金龙市场。该市场位于金湖路112号，占地2200平方米，室内637平方米，棚顶1500平方米，150个摊位，以经营农副食品为主。2003年，在县规划筹建建材城和兴建居民区过程中被整体拆除。

闵桥镇富民农贸市场　始建于1997年，投资600万元，占地2560平方米，是县“菜篮子”重点工程，闵桥镇农副产品集散中心。市场主要经营蔬菜、肉类、水产品、干鲜果品、南北货等，年成交量3万吨，成交额3000万元。市场销售覆盖周边乡镇。2001年，在“新型小城镇”建设中，对市场的卫生环境进行整治，面貌焕然一新。2005年，设置固定摊位50多个。

图 18-7-10　闵桥集镇集市贸易小商品市场（摄于2005年）　李义海 / 摄

第十九篇　运输业　生活服务业

1986年，境域运输业具有水乡特色，水路货运量略高于陆路运输量，而客运量陆路高于水路。全年实现运输业产值1818万元，服务业产值1377万元，其中餐饮业324万元。1990年，实现乡乡集镇通客车。生活服务业有经营户798户、1227人，其中旅馆32家、理发美容店54家、照相馆24家；饮食业经营网点543个、从业人员1218人。1996年，随着经济的快速发展，经济事务、中介服务、家政服务、建筑机械租赁介绍等生产生活服务业逐步发展扩大，物流业形成新兴产业。1997年，县城首次开通公交车。1999年，运输市场从业范围延伸，陆路客运车辆不断更新换代，社会运力大于专业运力，全县客运班线发展到32条；宾馆饭店配置程控电话、空调、闭路电视等，实现住宿、餐饮、洗浴、百货一体化经营；沐浴场所增添桑拿浴、芬兰浴、泰式按摩、日式按摩、足疗、保健等项目。

2001年，金湖淮河入江水道大桥建成后，陆路运输效益提高，而水上客运和三河渡口客流量急剧下降。全县完成客运量413万人次、客运周转量1.20亿人/公里，比上年分别下降18.9%、2.4%，其中水运客运量同比下降28.40%、客运周转量下降41%；完成货运量386万吨、货运周转量5.45亿吨/公里，比上年分别下降10.6%、21.7%，其中水运货运量同比下降8.9%、货运周转量增长4.2%。运输业实现社会产值1.2亿元，比1986年增长5.6倍。生活服务业实现社会产值1.08亿元，其中餐饮业7263万元，比1986年分别增长77.4倍、21.4倍。2003年起，县城区先后添置更换福莱尔出租车147辆，比较健全的出租车客运市场初步形成。生活服务业个体私营户增加到1165户，从业人员2796人，注册资金1.10亿元。2004年，县公共交通实施“村村通”工程，全县有11个镇、90个行政村通车。

2005年，全县拥有客运车辆500余辆，商业货运车辆802辆，船舶348艘、2.76万千瓦、2.47万吨位。完成客运量296万人次、客运周转量1.83亿人/公里；完成货运量163万吨、货运周转量1.6亿吨/公里。生活服务业经济事务、中介租赁服务、物流家政服务、信息处理等初具规模，共有个体私营户2738户，从业人员7256人，注册资金1.56亿元。实现运输业社会产值8677万元，服务业增加值1.47亿元。

第一章　运输业

第一节　概　况

1986年，全县交通运输车辆共有5379辆（台），其中商运车辆401辆，大型运输船只284艘，其中客运船10艘，拥有港口码头10座，乡镇简易码头34座，年货物吞吐量约28万吨，货物周转量1649万吨/公里。全年完成客运量173万人，客运周转量5896万人次/公里；货运量60万吨，货运周转量1.2亿吨/公里。运输业社会总产值1818万元。1988年，占地面积1.89万平方米的金湖新汽车站投入运行。1990年，县城长途班线终点站增加到9条；农村公交开通线路9条，实现全县乡乡集镇通客车。1994年，县联运公司增添为旅客代购南京飞机、火车、轮船票业务。县交通系统投资331.5万元，新增船只18艘、2550吨位。

1995年3月1日，淮阴汽车总公司金湖分公司划归地方管理，成立金湖公路运输总公司，经过客运市场整治，长、短途车混杂，出车时间交叉干扰，互争客源，随意停靠带客、严重超载，客运秩序混乱的现象有效遏制，客运市场秩序明显好转。1996年，县客运公司实施第二轮承包，实行公私合营，减少经营风险，新开辟金湖至上海、泰州、无锡3条线路，长途班线增加到23条。1997年，金湖县第二航运公司撤销后，所属唐港、涂沟、银集、白马湖、吕良、金北、石港、塔集、闵桥、卞塘、金沟、戴楼航运管理站及白马湖搬运站成建制划归所在乡镇管理，各站所有者权益、债务均由各自享受和承担，税及交通规费就地解缴。

1998年，随着市场经济的培育发展，陆路客运运载工具不断更新换代，运输业从业范围延伸，社会运力大于专业运力，全县客运车辆增加到177辆3100座，到达的县级以上城市由3年前的31个增加到64个，专业客运车辆占社会运力的三分之一，车辆座位占二分之一。1999年，全县客运班线发展到32条，水上运输船舶向大吨位、多功能、多用途方向发展，交通系统更新100~150吨货驳15艘，50吨以下的小货驳逐步被淘汰。运输货物由普货发展到特种特型货，包括石油等化学物品；航线由小范围的内河、大运河拓展到长江、珠江等大江大河。

2000年，全县长途客运线路增加到25条，到达县级以上城市67个，比上年翻一番。2001年11月，县公路运输总公司加入淮汽集团。县交通系统拥有营运客车317辆、4776座。2004年，综合整治运输市场，捣毁“黑驾校”2所，查处“黑车”42辆、违规车1800多辆、无证维修“小刀手”19家，消除安全隐患127起。同时，县实施“村村通”工程，全县开通农公班线13条，配置农公客车127辆，有11个镇、90个行政村通车；修建“港湾式”候车亭22个，设立候车牌52对。2005年，全县有客运车辆500辆，客运班车线路发展到52条，总行程7500公里，完成客运量296万人，客运周转量1.83亿人次/公里；完成陆路货运量113万吨，货运周转量3164万吨/公里。有水运企业11户，营运船舶348艘、2.47万吨位，完成水路客运量57万人，客运周转量4446万人次/公里；完成货运量50.4万吨、货运周转量1.29亿吨/公里。

1986—2005年金湖县运输业效益统计表

表19-1-1

年份	客运		货运		运输业社会产值（万元）	年份	客运		货运		运输业社会产值（万元）
	客运量（万人）	客运周转量（万人次/公里）	货运量（万吨）	货运周转量（万吨/公里）			客运量（万人）	客运周转量（万人次/公里）	货运量（万吨）	货运周转量（万吨/公里）	
1986	173	5896	60	11996	1818	1996	306	11781	103	12479	4367
1987	355	8316	107	16241	2685	1997	314	12021	109	13083	5423
1988	359	10346	183	27328	3804	1998	347	9638	311	47518	10288
1989	432	10842	259	29305	4509	1999	300	16305	134	13646	7547
1990	451	13670	339	31257	4738	2000	328	12716	353	49453	11190
1991	154	2539	199	24832	4866	2001	413	11988	386	54553	11974
1992	218	3005	249	30401	5980	2002	442	12974	413	57438	18056
1993	224	6686	279	57497	11488	2003	456	13414	423	58472	18173
1994	236	7221	288	60372	12099	2004	293	18196	158	15352	8481
1995	261	7571	360	61048	12983	2005	296	18308	163	16016	8677

第二节 客 运

一、公路客运

长途客运 1986年，域内交通运输业先后开通金湖至南京、扬州、淮阴、六合、盱眙、淮安、镇江、宝应等长途客运班线。1988年7月，位于金马路（后定名“金湖路”）的金湖新汽车站投入运行，占地面积1.89万平方米，建筑面积2988平方米。1990年，农村公交开通线路9条，实现全县乡乡集镇通客车。1991年，全县拥有各类客运车辆110辆，其中客车99辆、特种车11辆；营运线路11条；年公路客运量85万人，客运周转量2115万人次/公里。1992年，县客运公司投入中巴车18辆、大客车2辆，推行个人租赁承包制。4年间租赁收入203万元、纯利43万元。1995年，30条长短途营运线路实现客运量198万人，客运周转量1.09亿人次/公里。1996年，县客运公司投资52万元购置豪华卧铺车1辆，新开辟金湖至上海、泰州、无锡

图19-1-1 位于金湖路南侧汽车站停车场（摄于2005年）

县志办/供

3条线路，长途班线增加到23条。10月，总公司实施划站定员包干责任制，长途站管理班线17条，配置客车85辆、1800座，另将开往上海、泰州的个体客车纳入统一管理；农公站管理班线11条，配置中巴车23辆。1998年，更新长途中高档中巴车7辆140座，分别占总数的16%和18%；长途客运线路扩展到23条，营运车辆84辆1380座，到达县级以上城市增加到64个。

1999年，全县有各类客运车辆186辆，其中客车166辆；客运班线发展到32条，其中省际线路2条、市际线路9条、县际线路6条、农公线路15条。县公路运输总公司兼并县客运公司、联运公司，共有员工245人，管辖客运长途线22条、营运车辆46辆、1380座。2000年，全县更新长途中高档中巴车12辆、240座，营运客车总数达到195辆、2531座；长途客运线路25条，到达县级以上城市67个。2001年，县公路运输总公司加入淮汽集团。

2005年，全县有客运车辆500辆，其中交通系统拥有营运客车340辆、4712座，比2000年末年均递增分别为4%、6%。站场建设初具规模，全县拥有客运等级站3个，其中二级站1个、四级站2个；乡镇客运站（亭）发展到22个。县、乡（镇）两级客运站场网络化基本形成，基本达到“车进站、人归点”的要求。班车客运线路辐射面更加广密，全县客运班车线路已发展到52条，线路总长7500公里，其中省、市际线路27条，线路总长6100公里，年均递增率分别为3%、2%。

2005年金湖县长途客运线路及停靠站点一览表

表19-1-2

线　路	沿途停靠站	线　路	沿途停靠站
金湖—北京	连云港、济南、德州	金湖—宝应	
金湖—上海	江阴、张家港、常熟、昆山	金湖—江都	高邮
金湖—杭州	宜兴	金湖—扬州	天长
金湖—南京	葛塘	金湖—镇江	天长
金湖—无锡	江阴	金湖—兴化	高邮
金湖—徐州	泗洪	金湖—淮安	
金湖—常州	靖江	金湖—盱眙	马坝
金湖—苏州	江阴	金湖—楚州	
金湖—常熟	张家港	金湖—洪泽	
金湖—南通	如皋路口	金湖—滁州	天长
金湖—盐城	建湖路口		

农村公共交通　1986年，全县农村公交车配置7辆，通达乡、镇、场所在地集镇10个。1990年，农村公交开通线路9条，到达乡镇场所在地集镇22个，另有1个乡由个体户开班，实现全县个个集镇通客车。1999年，金下线19辆客车率先自发联营，按序发车，每户平均日营运收入增长20%，最高增长50%。至年底，客运农公车自主联营线路10条，实行定点、定时、定员排序发车。翌年，客运农公线开通11条，更新长途中高档中巴车7辆，投入营运车辆共有170辆、2226座。2004年，县实施“村村通”工程，调整农公班线，实施城乡一体化，推进公交化经营服务，对不适宜开常日班线路的，采用开季节班、周末班、赶集班、假日班等多种形式进行“冷热”搭配，合理分配客源线路资源。全县开通农公班线13条，农公客车127辆，有11个镇90个行政村通车；修建“港湾式”候车亭22个，设立候车牌52对。2005年，13条农村公交线路配置中巴车127辆，各镇、场和集镇，日班次均在4次以上，最多的每隔半小时一趟车，给旅客带来极大方便。

表19-1-3

2005年金湖县县内农村公共汽车通车站点一览表

起点站	终点站	距离（公里）	沿途停靠站	通车时间
金湖	夹　沟	27	中桥、塔集、新桥、淮建、东偏泓	1969.10
	金　沟	14	红星桥、金西河、运西、油库	1969.9
	复兴圩	28	下坝、银集、刘圩、东偏泓	1973.3
	唐　港	28	秦庄、涂沟、刘圩、东偏泓	1983.2
	陈　桥	30	万坝、陈大干、丰收、金北、石港、东偏泓	1981.4
	吕　良	27	金北、石港、东偏泓	1983.3
	卞　塘	18	抬畈、湖羊场、金西河、运西	1969.2
	新　农	34	轮窑、吕良、金北、石港、东偏泓	1982.1
	白马湖	39	合义、淮胜、淮阳、水总、石港、东偏泓	1977.12
	闵　桥	27	横桥、塔集、新桥、淮建、东偏泓	1969.9
	孙　集	34	吕良、金北、东风闸、水总桥、东偏泓	1985.2
	淮　胜	21	淮胜、淮阳、水总桥、东偏泓	1985.2

县城公共交通　1997年11月8日，县输油泵厂将外地企业以物抵债的8辆各12座的中巴客车用于县城公交服务，营运路线为城区建设路—健康路—金湖路—人民路—园林路等主干道，营运时间为每日6时至18时。这是金湖县城首次开通公交车。

2002年初，县城统一购置同一车型、同一车色的友谊牌中巴公交车16辆，投入2条公交线路。1路从汽车站至造纸厂，主要停靠点有苏源宾馆、人民医院、卫生局、中医院、劳动局、广电局、县政府、供电局；2路由金采小区至汽车站，主要停靠点有金湖中学、西苑新村、广电局、商贸城、卫生局、中医院、黎城市场，基本实现对城区主街道的全覆盖。营运时间为每日6时至19时，票价均为1人1元。11月，在上述站点建成固定站台近40座，站亭均以不锈钢和聚胺酸酯阳光板焊接和制作，设立站名及线路标牌，配以广告宣传栏等。新上的公交车及配套设施全部由个人集资，经营自负盈亏。年平均输送旅客115.2万人。2003—2005年，县交通部门会同公安、工商、城管等部门，联合规范公交客运市场，城区出租汽车增加，城区公交车减少到12辆，营运路线和时间未变。

出租汽车　1986年，境域城乡仅有10余辆加长微型车（俗称面包车）、轿车不定期从事客运，亦无固定经营场所。1998年，县城有奥迪、富康、红旗、桑塔纳等多种型号的个体客运出租车41辆。11月5日，县出台《金湖县客运出租汽车管理办法》，加强对出租汽车的管理。1999年，城乡个体出租轿车发展到70辆，2000年增加到142辆。2002年，金湖县客货运输综合服务中心正式运作，主要负责对社会零散出租车辆统一实行挂靠管理，由县运输管理所按照城市化出租汽车管理要求对其进行直接指导。至年底，该中心托管出租车150余辆。2003年，县交通部门投入120辆"福莱尔"牌出租车在城区运营，实行统一车型、统一标志、统一价格、统一监管。2004年初，新增自动挡福莱尔出租汽车28辆，解决部分残疾人和下岗职工就业。2005年，城区有出租汽车147辆。

人力与机动三轮车　1986年，县城区从事载客的人力三轮车有近50辆，机动三轮车10辆。1994年，从事载客的人力与机动三轮车增加到100余辆。1998年，企业改制，下岗职工增多，城乡从事载客的人力与机动三轮车增加到500余辆，补办营业证照的有150辆；取缔在人力三轮车上自行安装电动装置的有30余辆。2003年，县交通部门会同公安、工商、城管等部门，联合规范公交客运市场，对城乡1000余辆机动三轮车违章载客行为依法取缔。2005年，全县城乡从事载客的人力与机动三轮车保留800余辆。

1986—2005 年金湖县公路客运量统计表

表 19-1-4

年　份	客车（辆）	客运量（万人）	周转量（万人/公里）	年　份	客车（辆）	客运量（万人）	周转量（万人/公里）
1986	79	143	5160	1996	237	203	11165
1987	84	166	7011	1997	190	207	11396
1988	90	328	9821	1998	177	236	9005
1989	92	384	10170	1999	186	215	12040
1990	102	341	13116	2000	195	219	12236
1991	110	85	2115	2001	346	335	11705
1992	117	186	10230	2002	349	372	12696
1993	129	135	6085	2003	445	384	13128
1994	135	157	6684	2004	379	235	13641
1995	143	198	10929	2005	500	239	13862

1986—2005 年部分年份金湖县城乡公共交通车辆配置量统计表

表 19-1-5　　单位：辆

年份	出租车	县城公交车	农村公交车	年份	出租车	县城公交车	农村公交车	年份	出租车	县城公交车	农村公交车
1986	10	—	7	1998	41	8	80	2002	150	16	135
1990	16	—	9	1999	70	8	170	2003	150	12	135
1995	18	—	12	2000	142	11	170	2004	148	12	127
1997	20	8	15	2001	142	12	150	2005	147	12	127

二、水路客运

1986年，县内水上客运由县轮船站的客船8艘、264座承担金湖至宝应、白马湖至宝应的客运，以及汛期县城至石港渡运任务；县渡船管理所有渡船4艘、780座，职工42人，承担县城至金北三河段常年渡运任务，每天客流量约1000人次，节假日高峰期约3000人次。全年客运量30万人，客运周转量736万人/公里。1987年，客运量猛增5.3倍，周转量增加77%。1988—1989年客运量和客运周转量有所下降，1990年又有所回升，到1993年保持稳定。其主要原因是淮河入江水道全年的行洪时间有长有短、行洪流量有大有小，致使水上客运量和客运周转量有增有减，节假日高峰期多达6000人次。1994年11月，三河轮渡继高、中、低三级重力式新码头竣工后，又建站房393平方米。新码头采用长流水式售检票服务方式，进口、出口人流分道，改变原码头狭小、阴暗、拥挤的状况，渡运安全系数提高。

2001年，金湖淮河入江水道大桥建成，2艘客轮和车渡轮退役，三河渡口客流量急剧下降，县对其进行事业转企业性质改制，县渡口管理所更名为县恒源渡运有限公司，有职工16人，钢质渡船3艘、300座，每天客流量约600人次。2005年，全县拥有客轮19艘、560座，年客运量57万人、客运周转量4446万人/公里。年底，全县所有渡口实现20年安全渡运无事故，其中县渡船管理所渡运旅客95万人安全无事故。

表19-1-6

1986—2005年金湖县水路客运量统计表

年份	客（渡）轮		客运量（万人）	周转量（万人/公里）	年份	客（渡）轮		客运量（万人）	周转量（万人/公里）
	艘	座				艘	座		
1986	12	1044	30	736	1996	12	366	103	616
1987	13	979	189	1306	1997	12	366	107	625
1988	16	1403	31	525	1998	13	420	111	633
1989	10	300	48	672	1999	13	420	85	4265
1990	17	1526	110	554	2000	20	280	109	480
1991	10	805	69	424	2001	24	336	78	283
1992	16	1076	92	621	2002	20	280	70	278
1993	10	775	89	601	2003	20	280	72	286
1994	9	625	79	537	2004	24	605	58	4555
1995	12	366	84	553	2005	19	560	57	4446

说明：表中数据来自《金湖统计年鉴》《金湖年鉴》及交通部门提供。

第三节 货 运

一、陆路货运

1986年，全县共有货运车辆401辆，其中载重汽车340辆，小货车和三轮机动车51辆，其他车辆10辆；全年陆路货运总量28万吨，货运周转量1649万吨/公里。1991年，专业运输车队发展迅猛，各类货运工具发展到1331辆，其中载重汽车562辆，陆路货运量、货运周转量比1986年分别增长近4.96倍、5.88倍。是年起，县汽车运输公司开拓经营市场，分派10辆汽车专为苏北油田代办运输原油业务，平均每天出动120辆次，年营运收入170多万元，创利税13万多元。

1996年11月18日，县汽车运输公司成立金湖县公路货运服务中心，对全县300多辆个体货运车辆实行统一管理，并投资15万元，建成8000平方米的砂石层停车场地，可容纳10吨以下不同车型的货运车120辆，扭转个体货运车在市内乱停乱放、乱窜乱拉业务的现象。1997年10月1日，开始实施货运路单制度。1998年初，又投资65万元，在县城区西南角建成县货物运输市场，占地面积6600平方米，可停放大小货车120余辆。市场管理采取提供货源调配、路单发放、发票管理、汽车维修、汽配零部件销售、汽车清洗、驾驶人员住宿餐饮等“一条龙”服务。12月31日，县政府批准县公路运输总公司兼并县客运公司和联运公司。另有私营运输企业4户，雇工46人，注册资本32万元；个体运输户669个，从业人员1080人，注册资金577万元，营业额2817万元。1999年，运输个体户增加到972户，从业人员1714人，注册资金1190万元，营业额下降为2178万元。是年，扶持发展水产品个体运输队，组织24辆车将鲜活水产品运往上海、浙江、安徽及省内有关城市。随着运输市场的逐步放开，社会运力大为增强，交通、商业、物资、供销、粮食系统的专业运力逐渐萎缩，全县货运车辆以辆和吨位计算，专业运力分别只占社会运力的0.9%和0.2%。

2000年，整顿运输市场，限制农用拖拉机参与公路运输。至年底，全县有各类货运车辆688辆，其中县交通系统拥有营运货车375辆、1396吨位。2001年，全县有私营运输企业8户，雇工82人，注册资本141万元；个体户680户，从业人员1360人，注册资本1539万元，营运收入4103万元。2002年，专业运输车辆增加34辆。2004年，境内公路货运专业市场有所萎缩，企业自备车增多。至2005年，全县各类货运车辆总数802辆，企业自备车及专门为企业服务的货车占总数的30%。其中：厢式货车265辆，单车载重量在10吨以下的有600多辆；30吨以上的大型车辆19辆。货运特种汽车8辆，货运零担线路3条。

1986—2005年金湖县货运车辆拥有量统计表

表19-1-7　　单位：辆

年份	货运车	其　中			年份	货运车	其　中	
		载重汽车	小货车	其他车			载重汽车	小货车
1986	401	340	51	10	1996	673	596	77
1987	484	357	71	56	1997	577	496	81
1988	638	429	111	98	1998	523	433	90
1989	709	467	125	117	1999	628	530	98
1990	868	528	209	131	2000	688	586	102
1991	1331	562	538	231	2001	710	602	108
1992	1514	588	652	274	2002	744	631	113
1993	1978	813	782	383	2003	776	656	120
1994	1582	623	718	241	2004	811	685	126
1995	500	428	72	—	2005	802	670	132

1986—2005年金湖县公路货运量统计表

表19-1-8

年份	货运量（万吨）	周转量（万吨/公里）	年份	货运量（万吨）	周转量（万吨/公里）	年份	货运量（万吨）	周转量（万吨/公里）
1986	28	1649	1993	181	21493	2000	308	38080
1987	53	2577	1994	187	23691	2001	345	42697
1988	95	4916	1995	55	1696	2002	373	46112
1989	130	13145	1996	62	1953	2003	382	46942
1990	239	14035	1997	66	1989	2004	110	3086
1991	139	9690	1998	262	33541	2005	113	3164
1992	168	11844	1999	91	2596			

二、水路货运

1986年，县内拥有大型水路运输船只284艘，其中拖货轮船30艘、3058千瓦，驳船248艘、1.42万吨位，其他轮船6艘、210千瓦。全年完成货运量32万吨、货运周转量1.03亿吨/公里。至1989年，水路运输量处于稳定发展阶段。1993年，涂沟镇高邮湖村运输组船民庞夕林投资50万元，在泰州造船厂建造1艘载重量400吨位、88.7千瓦内舱机铁质运输船，创“全县第一船”的美誉。1994年1月下水营运，年纯收入20多万元。是年，县交通系统投资331.5万元，新增运输船只2550吨位。其中，县航运公司筹资160万元，新增船只8艘、1010吨位；第二航运公司筹资171.5万元，新增船只10艘、1540吨位。1996年，全县有营运船只269艘、1.97万吨位。县属集体性质的专业水上运输企业第二航运公司，拥有运输船舶855吨位，共有职工1006人，其中在职职工921人。9月，对下辖14个航运站、1个搬运站、1个船队实施改革，将航运站和搬运站撤并为9个交通航运管理站，精简6个核算单位，减少行管人员24人，解决管理机构庞杂、点多线长，船员人浮于事，集体资金流失严重等问题。1997年7月17日，撤销金湖县第二航运公司管理机构，所属唐港、涂沟、银集、白马湖、吕良、金北、石港、塔集、闵桥、卞塘、金沟、戴楼航运管理站及白马湖搬运站成建制划归所在乡镇管理，各站所有者权益、债务均由各自享受和承担，税及交通规费就地解缴。1998年5月，对成立于1970年、负债70万元的县水利局车船队实行改制，将99千瓦钢质拖轮1艘、总载重量1120吨拖驳10艘等有效资产以评估价56万元拍卖给宝应县第二航运公司，32名职工和14名离退休人员全部分流。

1999年，水上运输船舶向大吨位、多功能、多用途方向发展，交通系统更新100~150吨货驳15艘，50吨以下的小货驳逐步被淘汰。运输货物由普货发展到特种特型货，包括石油等化学物品；航线由小范围的内河、大运河拓展到长江、珠江等大江大河。2000年3月2日，县货运新港码头开业。是年，全县共有营运船舶295艘、298万吨位，其中交通系统113艘、9031吨位；完成水路货运量45万吨、货运周转量1.14亿吨/公里。2001—2004年，每年完成货运量40万吨以上、货运周转量1.13万吨/公里以上。2005年末，共有水运企业11户，营运船舶348艘、2.47万吨位，其中货轮243艘、21870千瓦、3.25万吨位，驳船47艘、3164吨位，油船39艘、3510千瓦、7295吨位，其他轮船19艘、2245千瓦、1.03万吨位。全年完成货运量50.4万吨、货运周转量1.29亿吨/公里。

1986—2005年金湖县水路货运船舶拥有量统计表

表19-1-9

年份	合计（艘）	其中			
		拖货船（艘/千瓦）	驳船（艘/吨）	油船（艘/千瓦）	其他货船（艘/千瓦）
1986	284	30/3058	248/14169	—	6/210
1987	229	27/2492	192/12814	—	10/400
1988	238	20/2043	208/14994	—	10/400
1989	255	22/2393	223/16388	—	10/400
1990	183	18/1092	152/8340	—	13/585
1991	207	19/2193	175/15601	—	13/585
1992	217	20/2131	183/15657	1/75	13/585
1993	101	14/1604	75/4115	1/75	11/605
1994	208	18/3310	178/8069	2/150	10/650
1995	367	223/16625	135/11205	2/150	7/455
1996	269	130/12040	128/9300	2/150	7/455
1997	364	230/17047	122/10300	3/165	8/544
1998	349	236/17770	103/9990	3/165	7/504
1999	341	238/18564	91/9170	5/375	7/504
2000	346	241/18790	87/8258	12/960	6/456
2001	299	246/19680	30/2480	17/1479	6/456

接上表

年　份	合计（艘）	其		中	
		拖货船（艘/千瓦）	驳船（艘/吨）	油船（艘/千瓦）	其他货船（艘/千瓦）
2002	373	253/20250	87/8258	22/1936	11/813
2003	301	181/16240	87/8258	22/1936	11/813
2004	343	250/21250	47/4230	30/2640	16/1216
2005	348	243/21870	47/3164	39/3510	19/2245

说明：表中数据来自《金湖统计年鉴》《金湖年鉴》及单位提供。

1986—2005 年金湖县水路货运量统计表

表19-1-10

年份	货运量（万吨）	周转量（万吨/公里）	年份	货运量（万吨）	周转量（万吨/公里）	年份	货运量（万吨）	周转量（万吨/公里）
1986	32	10347	1993	98	36004	2000	45	11373
1987	54	13664	1994	101	36681	2001	41	11856
1988	88	22412	1995	42	10733	2002	40	11326
1989	129	16160	1996	41	10526	2003	41	11530
1990	109	17222	1997	43	11094	2004	48	12266
1991	60	15142	1998	44	11393	2005	50	12852
1992	81	18557	1999	43	11050			

2005 年金湖县水路货运企业经营情况统计表

表19-1-11

名　称	船舶运力艘/吨位	进货（万吨）	出货（万吨）	合计（万吨）
金湖县金鑫水运有限公司	28/5228	4.20	2.00	6.20
金湖县航运实业总公司	28/6452	9.60	19.20	28.80
金湖县金龙水运有限公司	73/18000	10.80	28.80	39.60
金湖县戴楼航运站	8/1545	2.59	1.55	4.14
金湖县闵桥交通运输站	7/670	0.59	0.89	1.48
金湖县前锋航运站	11/1736	6.00	10.00	16.00
金湖县塔集交通航运站	10/1586	3.80	4.20	8.00
金湖县涂沟航运站	24/4453	3.00	4.20	7.20
金湖县顺通运输有限公司	13/2055	6.00	15.70	21.70

三、港口码头

1986年，县港务处下辖闸口、城南、石港、油米厂、油化厂、化肥厂、煤库、第二玻璃厂、溶剂厂、水泥制品厂等10座码头，金湖港拥有闸口、利农、城南、石港4个作业区，码头口岸线2200米，泊位

24个，固定旋转式起吊机24台，运输工具有四轮卡车和汽车10余辆，年货物吞吐量约120万吨。各乡镇均有1~2座简易码头，为企业、民间装卸水运物资。1989年，成立县航运实业总公司，归口港务处。各镇根据交通运输实际情况，分别成立航运站或运输社。1991年，县属和集体港口码头先后安装起固定旋转式起吊机，装卸效率提高。1994年，县港务处码头装卸机械化程度在85%以上，全年完成港口货物吞吐量42万吨、港口货物操作量126万吨。1995年，县港务处属于地方事业性港口管理机构，实行政企合一体制，负责全县港口建设与经营管理，下设闸口、石港、城南等三个作业区，和汽车运输、建筑材料、设备安装三个经营公司，有职工539人。所辖港口码头岸线总长545米，建有100吨位以上停靠泊位19个，配备5吨吊车26台，粮食专用淌槽2台，接驳运输车辆80吨位；港口年吞吐量41.3万吨，操作量127.5万吨，营业收入41.3万元，利税14.3万元。

1998年，规划兴建金湖新港，距原港口西约3000米、衡阳路北端，年底开挖航道，1999年开挖港池，砌筑岸线、办公用房、货物堆场（仓），安装吊机。2000年3月2日，新港区竣工并投入运营。新港集装卸、仓储、中转、交易为一体，提供"一条龙"服务，占地（滩涂）2公顷，港口岸线长220米，泊位7个，安装新型高效固定旋转式起吊机7台，年吞吐量80万吨。是年，完成港口货物吞吐量63.6万吨，货物装卸操作量210万吨，营业收入347.3万元，实现利税19.1万元，创历史最好水平。先后有18个县（市）交通港口管理部门到金湖新港考察。2001年7月，金湖淮河入江水道大桥建成通车后，陆路交通更加便捷，水路运输较前冷落，货物装卸量明显减少，港口码头保留新港区、闸口（包括县避风港南岸的金叶粮油公司码头）、石港、城南等4个。2003年，金湖港改制为股份制企业金湖县金港港务有限公司，职工通过退休、买断工龄等办法由380人减为70余人。2005年，全县主要港口、码头货物装卸机械化程度达100%，县城全部集中于新港区，撤销其他港口、码头，维护城区环境整洁；乡镇码头也备有输送机等装卸机械。全年港口货物吞吐量23万吨，货物操作量61万吨。

四、搬运装卸

1986年，承担县城货物短途运载装卸的县搬运公司更名为县汽车运输第二公司，与县港务处"一套班子、两块牌子"，共有搬运装卸职工187人；各乡镇运输社、航运站下属的松散型搬运队有搬运工800余人，由集镇青壮年居民组成。搬运装卸工具除有少量小拖车、手扶拖拉机、三角葫芦架外，主要是人力三轮车和平板车，劳动强度大，搬运速度慢，操作量低下。1991年，搬运装卸纳入交通行业管理范畴，全县共有搬运装卸组织23个，从业人员1790人，县城搬运工大多分配在各个码头和作业区，分为固定和流动两种形式；还有一部分职工分工在常年有装卸任务的企业。1995年，经县劳动部门批准，县港务管理处为40名生产一线的装卸临时工办理转为大集体合同工手续。1996年，县第二航运公司下设搬运站1个。1997年，县第二航运公司撤销，县城搬运工大多分流下岗，自谋职业；所属各乡镇航运站及白马湖搬运站成建制划归所在乡镇管理。

2001年，随着工农业生产的发展、产业结构的优化，县镇搬运装卸工作形成以个体经营为主的新态势，队伍迅速扩大，农村大量富余劳动力开始融入。组织形式多样化，有专业固定的，也有季节临时性的；有人到工商企业，也有人在建筑工地；有人跟随专业户或经纪人，也有人随车随船服务。搬运装卸工具有汽车、吊车、铲运车、输送机等，大型、重型、量大货物装卸基本都实行机械化操作；但同时也有机动、电动、人力三轮车、自卸手扶拖拉机，简易滑轮工具、胶轮车、手推车等，更多的是肩扛、担挑强体力劳动。为没有电梯的居家楼装运卸载装修装潢的水泥、黄沙、木材、釉面砖等建筑器材，橱柜、电器等家具，全靠人力背到楼内；夏秋收获季节，装卸工随粮食经营户的车到场头和收购点，靠肩扛、背揹装卸粮袋（每袋100公斤）。2003年，县交通部门审验搬运装卸业经营户8家。2005年，审验搬运装卸业经营户12家，装卸工人数机动灵活，没有定数，全年完成装卸量89万吨，其中汽车装卸量28万吨，港口码头装卸操作量61万吨。

五、仓　储

1986年，域内没有专项的仓储业，但商贸业、粮食、物资、供销社、工业企业一般都自行设置物资仓库，配备管理员、记账员；民政、防汛防旱等部门设置抗灾救灾物资仓库，柴滩管理所在石港置有露天草场，储存防汛用柴。20世纪80年代后期，石港草场堆放量逐渐减少，防汛用柴年存量减少到75~100吨左右。1990年起，仓储业成萎缩态势，许多企业的仓库改作他用。2000年，针对商品粮基地余粮多的特点，国家加大对县域粮食储备库建设的投入，投资825万元兴建仓容1.5万吨的城南粮库；同时，粮食加工企业、个体粮食经营户也在不断扩大粮食仓储。2005年，全县有重点粮食储存点14处，粮食仓容总量增加到27.3万吨，且储存转换设施条件得到改善，基本实现机械化。

第四节　运输企业

一、概　况

1986年，全县在册运输企业20户，其中客运企业3户（公路客运1户、水路客运2户），货运企业17户（公路货运4户、水路货运13户）。营运体制以计划经济为主，基本上由交通部门独家经营。1989年，运输市场个体经营孕育发展，各运输企业经济效益下滑。1990年，交通部门开始进行管理制度改革，实行单车、单船承包经营。1995年，江苏省淮阴汽车运输总公司金湖分公司成建制划归属地管理后，成立金湖县公路运输总公司。该公司在运输行业普遍不景气的情况下，以优质服务抢占市场，想方设法降低成本。1997年，开展为顾客“四代服务”（代开票、代押车、代送货、代结算），15辆货车实现营业收入135.1万元、利润1.52万元，比上年增长38.2%。

1999年，县公路运输总公司兼并县客运公司和联运公司，下辖5个独立核算单位，主要从事公路客运、货物零担联运等，运输合力增强，经济效益好转。2001年11月，县公路运输总公司加入淮汽集团，宏观调控能力提高。2004年，县交通部门的水上运输企业加大整治船型力度，改造、拆解不合标准船舶79艘，使运输船舶船型杂乱、吨位小、油耗大、成本高、运输效益低下的状况有所改善，竞争力和安全性能提高，且有利于保护水体环境。是年，该系统水上运输企业营运船舶增加到301艘、2.85万吨位，比2000年增加188艘、1.95万吨位，完成水路运输运量48万吨、货运周转量1.55亿吨/公里。2005年，全县共有在册的运输私营个体企业62户（客运企业3户、货运企业59户），其中股份制、股份合作制企业43户；私营个体运输企业19户，雇用从业人员42人，注册资本46万元。

二、企业选介

淮汽集团金湖公路运输有限公司　该公司原名金湖汽车站，创建于1960年。1986年，隶属于淮阴汽车运输分公司。1995年3月，成建制划归金湖属地管理，更名为金湖县公路运输总公司，为全民所有制企业。1999年1月，兼并县客运公司和联运公司，总公司下辖站务公司、客运公司、联运公司、三佳科贸有限公司和通途综合经营部等5个独立核算单位，在册职工253人，拥有资产1320万元，净资产850万元，拓展长途客运线路23条，长途班车39辆；农公客运线路11条。主要从事公路客运、货物零担联运等。1999年，全公司营运收入550万元，利税18万元。2000年10月，企业改制时，253名在册员工退休44人、离休8人，内退28人，在职173人；账面资产总额1287.4万元，其中流动资产232.6万元、固定资产净值1053.6万元；负债总额375.9万元，所有者权益911.5万元。改制以净资产出售方式，将原企业净资产274.8万元出售给新建企业淮汽集团金湖公路运输有限公司，因原企业的净资产为土地资产，新建企业一次性按20%购买，实际金额为55万元。淮汽集体控股占51%，经营层参股、经营者相对控股，股本设置总额为60万元，其中淮汽集团以现金方式投入股金31万元，剩余29万元由公司经营层购买。新企业运营后，2003年更新中级以上JAC客车和高一级以上豪华名牌客车20多辆，调整下线旧车26辆，为旅客提供快捷、安全、舒适的乘车环境。虽受“非典”影响，全年客运量仍与上年持平，运送旅客近384万人。2005年，公司拥有客运车辆340辆、4712座，其中豪华型客车8辆、360座，完成客运量239万人、客运周转量13862万人/公里。

金湖县汽车运输公司　原名金湖县车船运输队，1973年4月组建，有运输车3辆、9吨位，船队2个、1200吨位。1983年10月更名为金湖县运输公司，主要以陆上货物运输为主，拥有运输车21辆、195吨位。1986年，货运量5.3万吨，货运周转量330万吨/公里。1990年，运输市场货源紧缺，运价下降，公司实行单车风险抵押承包，取得较好的经济效益。1995年，名称改为金湖县汽车运输公司。1997年6月，采取以副补主的办法开发生活服务业，兴建红珊瑚沐浴休闲中心和客货配载服务部。公司拥有总资产486万元，其中红珊瑚沐浴休闲中心266万元，客货配载服务部120万元；负债454万元，所有者权益32万元。1999年9月，企业第一次改制，总资产评估842万元，负债454万元，净资产388万元，剥离资产327万元，剥离后净资产61万元（为土地资产）。改制形式为股份合作制，企业股本设置采取职工自愿入股、经营层控股、经营者持大股的方法进行。成立新企业后，单位名称不变。2003年7月，深化和完善改制，职工解除或终止劳动关系的给予职工安置和经济补偿。2005年，拥有营运货车670辆、2500吨位，完成货运量56万吨，货物周转量9828万吨/公里。

金湖县航运实业总公司　原名金湖县航运公司。1986年，拥有职工1117人。至1995年，该公司投入更新改造资金913万元，共制造钢质驳船98艘、8325吨位，原有的水泥船全部淘汰，船队全部实现钢质化。是年12月28日，更名为金湖县航运实业总公司，下辖9个船队、篷布厂、商业公司、航运站、建材商店、船舶修造厂、交通卫生所等15个单位，干部职工1021人。2002年12月，该公司改制，共有在职职工436人，退休职工39人，账面资产226.7万元，负债1085.5万元，净资产负债858.8万元。改制的重点以“变现资产、安置职工”为主要形式。通过资产变现、门面房和土地拍卖、系统内调剂、局打包处理等办法，保证职工的安置和补偿。2005年，公司拥有营运船舶28艘、6452吨位，完成货运量28.8万吨，货运周转量6450万吨/公里。

金湖县恒源渡运有限公司　原名金湖县渡船管理所。1986年，拥有客船7艘、798座，职工25人。1989年，增加汽车渡轮1艘、177座，职工增加到35人。1994年，拥有客船4艘，机动渡船5艘，汽车渡轮1艘，座位增加到802座，职工45人。2004年4月，实行转企改制，改为县恒源渡运有限公司，总资产198.95万元，其中流动资产10.46万元、固定资产124.92万元、土地资产63.57万元；负债44.77万元，净资产154.18万元。采取“售”“租”“股”结合形式，职工事业性质转为企业性质，由新企业返聘上岗。公司股本总额为30万元，经营者出资18万元，占股本的60%。2005年，公司拥有客运船舶7艘，其中机动渡船5艘，完成水路客运量1.4万人，客运周转量16.93万人/公里。

金港港务有限公司　前身为金湖县港务管理处。1986年，该处为县办集体企业，实行独立核算，自负盈亏。拥有利农闸口重立式码头岸线百余米，有起重吊机8台套，大小运输车辆10余辆，人力平板车50余辆，闸口的办公用房10余间，沿河路121号办公用房20余间，会议室6间，停车场300多平方米，职工宿舍100多间，并有修理车间和仓库。搬运装卸是苦、脏、累工种，体力劳动繁重，在编职工318人，其中女职工90人。1990年，设立闸口、石港、利农、城南、金北等5个作业区，并组建县第二汽车运输公司、安装公司，开办锅炉厂、色纸厂、工艺厂、综合商店等，码头岸线建成1000多米，占地面积2.5万多平方米，泊位24个，起重吊机24台，人力平板车上百辆，还配有铲车、扒仓机、机动平板运输车，长、短途运输车辆30余辆，并设立食堂、浴室、医务室、理发室等，有职工470余人，在编

304人。1996年，固定资产（港口、码头等）总额198万元，流动资产13万元，债权154万元，负担债务180万元。是年，农民工转为正式工76人。2000年，位于金湖县开发区同泰大道1号、占地面积近3.5万平方米、码头岸线430米的金湖新港建成，县城区内码头11个、散装散卸点35个同时撤销。新港拥有300吨泊位5个，500吨泊位2个，5吨起重吊机6台，10吨起重吊机一台和15间办公用房，800平方米仓储大棚，万余平方米货场及配电房、厕所等配套设施。该港口建成，综合服务功能提升，年吞吐量增加到近60万吨。2003年，改制为金港港务有限公司，员工精简为70余人。2005年，设立新港、闸口、石港、利农、城南、金北等6个作业区，作业区功能包括装卸、仓储、物流服务等，货种以散货、杂件为主；新港作业区侧重于金湖经济开发区、城区、河北片物资装卸运输。完成货物吞吐量23万吨，货物操作量61万吨。

第二章　餐饮住宿业

第一节　餐饮业

一、概　况

1986年，全县有饮食业经营户409户，从业人员1182人，营业额324万元，其中全民所有制企业5户，从业人员75人，营业额131万元；集体企业91户，从业人员450人，营业额141万元；有证个体私营户313户，从业人员657人，营业额52万元。1994年，饮食业经营户增加到806户，从业人员2011人，营业额855万元。1997年，全县从事餐饮业的经营户831户、2298人，其中全民所有制职工仅37人，其他多为集体及私营个体餐饮从业人员；注册资金310万元，营业收入3076万元。

2000年，企业改制深入推进，县城大规模拆迁改造，利民河饮食一条街等多处餐饮店先后拆除，金湖饭店等国营企业相继转为民营或改行。与此同时，苏源宾馆、银海大酒店、御沁园大酒店、华夏大酒店等一批有影响的个体私营餐饮企业建成营业，以个体私营为主的餐饮业格局形成。2005年，金湖迎宾馆资产转让改为民营，金城宾馆、苏源宾馆实施租赁经营，国祥宾馆、明轩龙虾酒店、金门大酒店、山水大酒店、万家灯火大酒店等相继建成营业。年底，全县餐饮业经营户共有915户，从业人员4240人，其中：私营企业126户，从业人员890人；个体户789户，从业人员3350人。年营业额2.16亿元。

1986—2005年金湖县私营个体餐饮业统计表

表19-2-12

年份	户数（户）	从业（人）	销售额（万元）	年份	户数（户）	从业（人）	销售额（万元）	年份	户数（户）	从业（人）	销售额（万元）
1986	409	1182	324	1990	654	1823	508	1994	806	2011	855
1987	559	1500	286	1991	569	1883	341	1995	818	2194	1107
1988	532	1333	443	1992	706	1924	525	1996	823	2230	1303
1989	525	1173	410	1993	717	1936	721	1997	831	2298	3076

接上表

年份	户数（户）	从业（人）	销售额（万元）	年份	户数（户）	从业（人）	销售额（万元）	年份	户数（户）	从业（人）	销售额（万元）
1998	842	2546	3361	2001	1085	2114	5490	2004	962	3980	19872
1999	911	2270	3865	2002	1090	2230	7283	2005	915	4240	21573
2000	1242	2766	4541	2003	998	3700	7312				

正餐业 1986年，县城提供正餐服务企业有县政府招待所、金湖饭店、湖滨馆、车站饭店国有企业5户，供销系统集体饭店20户，还有各乡镇招待所及大企业食堂，经营单位共有330户，从业人员1100多人，既经营零售，又承办各档次宴席；菜肴有冷盘、炒菜、煲汤等传统家常菜，有米面制成的各种主食和辅助名点，如上海南翔小笼包、镇江千层油糕、高邮蒲包肉、泰兴黄桥烧饼等特色面点，花式品种350多种。烹饪的菜肴多以地产原料为主，讲究品种和份量。1995年，城乡集市贸易活跃，商旅流动量增加，正餐业发展加快，出现全民、集体、个体多种经济成分并存的经营格局。1997年，金城宾馆、利民河边饮食一条街、豪门酒店、粮香园等有影响的正餐店建成营业。菜谱上出现外购原料制作的菜肴，消费开始注重营养和质量。1998年，全县有私营餐饮企业2户，雇员24人，注册资本10万元；个体户670户，从业人员1000人，注册资金300万元，营业额3100余万元。1999年，私营餐饮企业增加到10户，雇员增加到111人；个体户901户，从业人员2159人，注册资金598万元，营业额3210万元。

2001年，全县有私营餐饮企业48户，雇工347人，注册资本1881万元；个体户1037个，从业人员1767人，注册资本901万元，营业额3623万元。2002年，全县有餐饮私营个体户1090户，从业人员2230人，注册资本5136万元，营业额4000万元。2005年，全县正餐服务企业50户，个体户1100户，从业人员1890人，年营业额9800万元。

快餐业 1986年，县内还没有专门的快餐业门店，只有面食店、小吃店，网点163户，从业人员748人，品种有烧饼、油条、水饺、烧卖、馄饨、麻团、包子等。到20世纪90年代，快餐业开始发展，首家田氏盒饭送餐个体户在县城出现，有三菜一汤、四菜一汤，根据客户要求配菜送餐，每盒5~10元不等，既及时方便又经济实惠，深受单身汉、加班加点者和忙碌的经商人欢迎。随着县内经济快速发展，县城人口增加，生活节奏加快，快餐业也逐渐兴旺起来，工厂、学校周边，均有小型快餐店（摊点）经营。2000年后，快餐店经营花样丰富多样。同时，麦当劳、肯德基、森德贝、森德堡等西式连锁快餐店也开始出现，经营品种有薯条、甜玉米、炸鸡腿、汉堡包、三明治、可乐、咖啡、啤酒、棒冰、雪糕、冰淇淋等及各种饮料。2005年，全县快餐店发展到15家，配送品种30多种，价格有的也上升到每份20元。

二、餐饮店（点）选介

名流酒店 始建于1997年3月8日，地址在县城健康西路17号，拥有包厢4个、员工9人。2003年8月，迁至建设路37号，拥有包厢8个、10桌大厅2个，以淮扬、湖鲜菜肴为主，可同时容纳300人进餐。2005年，该酒店特级厨师制作的“荷塘三鲜”“东坡鱼线”两道菜肴，曾获省、市餐饮协会举办的餐饮名菜评比金奖。全年接待宾客1.8万人，营业额约90万元。

东方饮食服务有限公司 前身为县国营饮服公司。1986年，县国营饮食服务公司辖金湖饭店、湖滨馆、车站饭店、闸东饭店等4家门店。所属金湖饭店营业面积1227平方米，红白案厨师10人，烹饪菜肴和制作面点350多种，可承办高中档宴席。1995年，公司租赁县糖果食品厂，投资500万元兴建东方娱乐城；全公司下设经营网点16个，经营面积3000平方米，员工382人，销售额近400万元。其中拥有东方娱乐城沐浴中心、碧溪泉、人民、建淮等男女浴室7个，客位348个。1998年，公司被县委、县政府授予“流通十强企业”称号，被评定为国家中型企业。2000年，改制为金湖县东方饮食服务有限公司，股本总额50万元。2005年，接待宾客10万余人次，营业额约420万元。

图19-2-2　御沁园大酒店（摄于2005年）　李义海／摄

御沁园大酒店　创建于1996年，地址在县城健康路51号，装潢古色古香，环境优雅恬静，拥有营业面积2000平方米，可同时容纳700人就餐。2003年，该酒店被吸收为江苏省餐饮协会理事单位，法人代表是县餐饮协会会长，获得江苏省优秀餐饮企业称号。2005年，特色菜肴“尧母月子汤（鸡汤煮烧饼）”“湖阳煲（韭菜汆鳝鱼汤）”“荷荡金鳅（蘑菇炖泥鳅）”及蒜泥小龙虾等深受消费者青睐。全年接待宾客2万余人次，营业额突破100万元。

万家灯火大酒店　由县供电公司兴建，2005年11月竣工，位于县城园林南路20号，建筑面积3850平方米，融餐饮、住宿、办公、会务于一体，拥有包厢13套，标准客房14套，大型宴会厅、中型餐厅、购物中心、会务接待中心各1个，可同时接纳400人就餐。是年，接待宾客8000人次，营业额约50万元。

饮食一条街　1986年，利民河北岸、利民路以南有几家零星经营水饺、馄饨、熏烧、家常饭菜的个体餐饮店。1987年，县工商部门学习外地经验，加快私营个体经济发展，会同城建、卫生、市场管理所、个体私营者协会等单位，采取动员经营者个人集资、由城建部门统一规划、统一勘测设计、工商部门负责建设的办法，在个体餐饮店汇聚原址筹建饮食一条街，形成餐饮集聚竞争效应，既方便管理，又使乱摆摊、占道经营及环境脏、乱、差等问题和食品安全隐患得到解决。

1988年，饮食一条街建成，东起城中闸、西至人民路利民河装卸码头以东，除中间夹有县淀粉厂原3间平房（后亦改作餐饮店），两边统一建成整齐划一的砖瓦结构房屋，安排个体餐饮经营户27户，每户东西长4.5米，南北宽6.2米，营业面积约28平方米，水、电统一接入，共投入资金9.45万元。饮食街建成后，投资少，见效快，开业即能创收。县工商部门通过扬州个体劳动者协会请来名厨，多次举办培训班，提高经营者烹饪技艺；同时，还不定期开展评比竞赛，使饮食一条街逐步发展成为具有一定规模和特色的餐饮点。颇受消费者青睐的餐馆有醉仙酒家、富春酒家、兴国饭店、双凤饭店、玉明饭店，以及具有特色风味的“野味熏烧”“流连水饺”“靖江馄饨”等。1992年，城中市场建成后，“饮食一条街”客流量急剧增加，平均每天光顾的消费者近千人次，年营业额超过千万元，创税30万元左右。1994年，“饮食一条街”被评为市级“饮食文明街”。1996年，县城创建市级卫生文明城市，县政府改造环城河东段之沿河路至利民河段，决定一并拆迁饮食一条街。直至1999年，饮食街个体经营户被分别安置到新开辟的园林路商贸街、改造环城河东段新建街及金湖路新车站附近商铺，原址改造为利民河风光带。

2005年金湖县城主要正餐服务企业一览表

表19-2-13

名　称	餐位数	地　址	名　称	餐位数	地　址
金湖迎宾馆	800	建设路113号	金城宾馆	600	人民路54号

接上表

名　称	餐位数	地　址	名　称	餐位数	地　址
苏源宾馆	600	人民路128号	金门大酒店	300	健康西路47号
金西宾馆	400	建设西路2号	名流酒店	300	建设路37号
御沁园大酒店	700	健康路51号	银海大酒店	500	衡阳路
华厦大酒店	300	润德路19号	万家灯火大酒店	400	园林南路20号
无名酒店	200	健康路			

2005年金湖县城主要快餐店一览表

表19-2-14

名　称	餐位数	地　址	名　称	餐位数	地　址
森德堡	60	健康路	红高粱	40	健康路
森德贝	50	人民路	摩登经典	30	人民路
玉米人	60	人民路	天然居美食城	40	建设路

第二节　住宿业

一、概　况

1986年，县内有一定规模和影响的旅馆有金湖县招待所、金星旅社、人民旅社、大众旅社等，都是国有或集体所有制性质，个体私营旅社很少。旅社陈设简单，有双人间、三人间、四人间、大通铺，单间数量少。随着城乡经济发展，消费需求提高，客房条件逐步改善。到1995年，已配备电视机、空调、浴缸，装饰较为讲究。1996年10月，金北乡集镇个体修理户胡松与中国台湾亲属合资60万元，兴建的全县第一家乡镇宾馆——裕成宾馆正式营业。该宾馆建筑面积630平方米，拥有客房26间，配有浴室、程控电话等设施，外设停车场等。是年底，又投资8.43万美元，兴办起金湖裕成休闲有限公司。1998年，全县有住宿业经营户96户，从业人员270人，注册资金74万元，营业额200万元。1999年，住宿业经营户增加到181户，从业人员641人，注册资金138万元，营业额358万元。

2000年，因改制深化和城区拆迁改造，金湖宾馆转为民营，金星旅社、人民旅社相继拆除，同时，金城宾馆、苏源宾馆、国祥宾馆、阳光假日酒店相继建成运营，个体私营住宿业蓬勃发展，陈设装饰更富有时代特色。2001年，全县经工商部门登记的个体旅社55户，从业人员244人，注册资本69万元，营业额357万元。2002年，个体私营旅社增加到259户，从业人员957人，注册资本240万元，营业额为280万元。2005年，全县有证经营住宿业的有86户，床位2580张，从业人员890人；未注册登记的个体私营旅社约300户。年营业额8200余万元。

2005年金湖县城主要旅馆一览表

表19-2-15

名　称	床位数（张）	地　址	名　称	床位数（张）	地　址
金湖迎宾馆	350	建设路113号	国祥宾馆	48	人民路118号
金城宾馆	82	人民路37号	阳光假日酒店	44	健康西路88号
苏源宾馆	50	人民路128号	万家灯火大酒店	48	园林南路20号

二、住宿企业选介

金湖迎宾馆、金城宾馆、苏源宾馆　（参见“第二十篇旅游业”第四章第一节。）

阳光假日酒店　位于健康西路88号，前身为银海大酒店，2005年5月开业，是集餐饮、客房、桑拿、KTV为一体的综合性服务酒店，有客房22间，可同时为350名宾客提供用餐服务。是年，接待宾客3万余人次，营业额约600万元。

第三节　风味小吃　菜肴

一、概　况

金湖风味小吃花色多样，历史悠久。1986年，主要品种有油条、麻花、烧饼、馒头、包子、烧卖、糯米粉团，煎饼、大糕、方糕、水糕之类，特别是金沟镇生产的大糕、民间的烧卖、糯米粉团、水糊茶、鸡汤煮烧饼等小有名气。1988年，在县城利民河北岸兴建饮食一条街，市民可以在这里享用部分风味小吃。1990年后，随着经济发展、人民收入水平提高，对食品要求愈来愈高，地方传统的、外地新颖的风味小吃品种在市场上不断涌现，如县内的糟烧饼、方蒸糕、汤包、汤圆、煎饺、蒸饺、三鲜锅巴、糍巴饭、赤豆糕、南瓜饼，还有茶鸡蛋、炒螺丝、鸭血粉丝、油炸鸡等；外来的有新疆羊肉串，浙江臭豆腐，兰州拉面、刀削面，江西竹筒蒸饭，南京桂花鸭，以及油炸火腿肠、热狗等。2001年，城市建设步伐加快，市面管理加强，风味小吃只能于早晨上班前在街头巷尾摆摊设点售卖，发展受到制约。2005年，人们的消费更注重口味、营养、保健和卫生安全，工商、卫生管理部门根据市民需要，将风味小吃制作点逐步安排固定位置，有的进入室内或专卖市场。

二、小吃与菜肴选介

水糊茶　此特色小吃历史悠久，源于旧社会农家春夏青黄不接之时，剪些即将成熟的麦穗，取其麦粒，和水磨成糊状，在热锅中摊煎成薄饼，俗称“水糊子粑粑”，切成条状或菱形块，下开水锅煮熟后加调料充饥。老幼咸宜，制作简便，一直流传至今。

原料：小麦面粉、葱、姜、蒜、油、盐等。做法：①摊煎饼。将搅匀的面糊倒入抹少许油的铁锅中，用平铲匀摊四周，厚度2毫米左右，用微火烤至米黄色，再翻烤另一面，至米黄色即成。②切煎饼。煎饼切成条状或菱形块备用。③煮煎饼。将切好的煎饼倒进开水锅中，煮的时间不宜过长，以不烂不糊为度，放入盐、鸡精、姜、葱、蒜即成。讲究一些可制作高汤或加入荷包蛋。口味清香浓郁，爽口劲道，滋味鲜美。

醋汤挂面　原料：手工制作的挂面、食盐、香醋、葱、姜、蒜等。做法：将挂面投入开水锅里，烧煮片刻，用漏勺捞出放进有香醋、葱、姜、蒜的碗中，再浇上麻油、撒上胡椒，醋汤挂面即做成。也可制作高汤，或加入青菜、鸡蛋，或放入烧制好的雪菜肉丝、长鱼丝等，做成青菜挂面、鸡蛋挂面、肉丝挂面、长鱼挂面等。滋味鲜美，清香可口，绵软爽滑。

鸡丝粉皮　原料：鸡肉丝、绿豆（或蚕豆、豌豆、荞豆、山芋）粉皮、葱、姜、食盐等调料。做法：①撇粉皮，俗称片粉。将豆制淀粉（干、湿均可）用冷水浸泡搅和成稠糊状，取其少量放入平底金属（或搪瓷面盆）盆中，再将金属盆置于烧有开水的锅中，旋转面盆，淀粉糊便均匀撇贴到旋转的热盆边上，形成一层薄薄的粉皮。待粉皮成熟，取出面盆，放进冷水中片刻，粉皮冷却即可轻轻剥下，撇粉皮即成。如此反复操作，直至淀粉糊撇完。将粉皮切成菱状块备用。如今市场上有加工好的干粉皮出售，将其用温水充分浸泡后亦可替代，但没有自制的“撇粉皮”柔嫩、利滑、爽口。②做高汤。炖好的鸡汤（鸭汤、肉汤、骨头汤均可）加入适量油、盐、葱、姜等调料。③将鸡肉丝、撇粉或粉皮汆入炖好的高汤里，烧煮片刻即成。味道鲜美，爽滑可口，营养丰富。

第三章　中介服务业

第一节　广告服务

1986年，境内广告服务仅限于有线广播、地方报刊，或自行张贴文字式告示。专业广告服务业始于20世纪90年代。1992年，首家广告公司金湖县广告公司经工商部门登记注册成立。随后，发展几家个体经营户，主要经营招牌制作、灯箱、美术装潢、代理媒体广告业务。广告传播形式也由最初的音响、悬物、印刷品、报纸和广播等发展到电话、传真、电视、电子、网络等。1997年，县邮政广告公司成立，主要提供邮送广告、商业信函、企业明信片、企业金卡、校园明信片、户外广告和广告代理服务。是年，城管与工商配合，设置户外广告栏21处，新增广告面积1000平方米，核准设立路牌广告11块、550平方米，灯箱广告60块、180平方米，完成民墙广告1800平方米。1998年，全县有广告经营企业8户，设置户外广告栏24处，墙体广告2000平方米。1999年，新增广告经营单位5户。县邮政广告公司成功代理《金湖电话号码簿》广告业务，发行"金湖建县四十周年"邮资明信片10万枚、企业金卡1万枚、校园明信片4万枚，发行"建县四十周年""金湖淮河入江水道公路大桥开工""喜迎新世纪"纪念信封4000枚，发行陆功勋彩膜剪纸、周思民影与诗作品艺术明信片7500套4.5万枚，广告总收入49.2万元。2000年，新发展广告经营单位2家，累计16家，登记店堂、户外广告172份。2001年，发布户外广告、印刷品广告88份，媒体发布广告1450条。2002年，发布各类广告59条。

2003年，企事业单位发布广告量成倍增加，除新闻媒体竞相承办外，个体、私营广告企业增加到41户，发布印刷品广告56条，媒体广告300多条。2005年，广告经营户发展到48户，发布各类广告282条。

第二节　经济事务服务

税务事务服务　1995年5月3日，县国家税务局税务事务所成立，股级建制，全民事业性质，编制6人。该所集税务、财务、经济服务为一体，依法为税收事务和纳税人服务。至年末，为企业代办税务登记证525户次，注册税务登记98户，变更税务登记62户，增值税一般纳税人资格认定46户，民政福利企业年检33户，办理税务登记证验证2500户，举办企业财会人员培训班2期，参训840人。1996年，该事务所主营业务增加纳税审查、纳税申报、开具增值税专用发票、担任常年税务顾问等业务。2002年，办理网上纳税申报600户，税务登记160户，担任常年税务顾问30户，举办税务培训班5期，受训1000多人次。2005年1月，税务事务所改制，与县国税局脱钩，更名为江苏省淮安市国源税务师事务所有限公司金湖分公司，是县内唯一一所具有资质的税务师事务所，工作人员6人。是年，培训纳税户400多人次，免费担任税务顾问50多家，纳税审查20多户。

审计、会计事务服务　1986年，金湖县审计师事务所成立，为审计局下属单位。1994年，共完成社会审计项目296个，其中，配合工商部门为乡镇企业注册资金验资263户，承办财务收支审计企业25个，离任审计企业6个；受司法部门委托进行经济案件鉴定2个，为企业提供财务咨询20多个。1995年，共完成社会审计项目257个，其中，配合工商部门为乡镇企业注册资金验资227户，承办财务收支审计20个，离任审计5个；经济案件鉴定2宗。审计查出某乡企业利用增值税发票投机获利案件1起。1996年，新增基建审计，全年共完成社会审计项目286个，其中财务收支20个、承包离任10个、经济案件鉴定2个、基建项目18个、注册资金审验236个。核减基建预决算资金158万元、虚假注册资金157万元，查出代开增值税发票事件1起。审计质量连续10年未出现涉诉事件，达到4级标准。1997年，扩大服务领域，开展资产评估业务，服务对象遍及城乡，扩大基建审计规模，成为建设工程专项治理的重要力量。全年完成社会审计项目325个，其中财务收支25个，基建21个，注册资金审验273个。核减基建决算金额96万元、虚假注册资金10万元，创收25万元。1998年，完成社会审计项目490个，其中验资380个，财务收支37个、资产评估46个。审验资金4亿元，核减虚假注册资金368万元、工程造价241万元。评估资产2.4亿元，增值5745万元，减值1765万元。1999年，完成社会审计项目390个，其中验资279个，财务收支61个，资产评估5个，工程决算45个；审验资金3650万元，核减虚假注册资金105万元、工程造价180万元，评估资产6350万元，增值450万元，减值275万元。2000年1月1日，县审计师事务所与县审计局脱钩，改制成金湖申宝联合会计师事务所，性质为合伙制，民事责任由合伙人按出资比例承担，合伙人对事务所债务承担无限连带责任。从业人员15人，其中注册会计师和会计师10人、注册税务师3人。至2005年，一直从事财务审计与咨询、整财建财、企业验资、资产评估、工程造价咨询、代培财务人员等。

价格事务服务　1992年5月14日，金湖县价格事务所成立，为县物价局下属单位，编制3人，实有工作人员6人。主要从事涉案财产价格鉴证，属非营利性事业单位。1993年，为公安部门刑事案件中涉及的追缴、扣押、没收及盗窃等案件中的财物物价鉴定总额100多万元。2000年8月5日，更名为金湖县价格认证中心。是年，为公安部门涉及案件财物物价鉴定总额300多万元，为人民法院审理民事经济纠纷案件财物物价鉴定总额8000多万元，为工商、质监、税务等部门扣押、追缴、没收物品价格鉴定20多起，涉案金额150多万元。2005年，为公安部门刑事案件物品物价鉴定500多万元，为人民法院民事经济纠纷案件物品物价鉴定总额1.2亿元，为工商、质监、税务委托案件鉴定150多万元，社会中介业务价格认证总额2亿元。是年4月，接受县公安部门委托，对盗窃原油案件进行价格鉴定，通过现场勘查和市场调查，确定被盗原油市场价格。

工程监理服务　1999年，县内有2家公司涉足工程监理和造价咨询业务，分别是淮阴市建设监理咨询中心金湖监理所、金湖县工程建设监理有限公司。县工程建设监理有限公司，是经江苏省建设厅批准为丙级建设监理资质、具有独立法人资格的有限责任公司，江苏省建设监理协会会员单位。公司有土建、水电安装、测量、工程造价等专业配套人员38人，拥有全国及江苏省注册监理工程师21人，其中国家注册造价师2人、高级工程师3人。1999年起，县工程建设监理有限公司先后完成电信大楼、建设房管大楼、中鑫步行街、温州商贸城、桓裕城市广场、龙港花园、新城花园、金浦花园、信用社大楼、书香华庭、国税局、爱特福新厂区等投资项目的监理，为百余家业主提供建设监理、咨询等服务。所监理的工程项目中，获省优质工程“扬子杯”1项，获市优质工程“翔宇杯”16项，有2人次获“淮安市优秀总监理工程师”称号。2005年，工程监理服务仅剩金湖县工程建设监理有限公司一家。公司在工程建设监理方面取得的成绩已编入江苏省建设厅编写的《江苏省建设工程优质成果集》。

经纪人　1986年，县内经纪人多为活跃在集镇市场上从事农副产品交易的介绍人，俗称“开行的”。随着经济的快速发展，各类经纪人纷纷涌现，经纪的项目也从物质拓展到技术等领域。1995年

10月，国家工商行政管理局《经纪人管理办法》颁布实施，自此经纪人始有合法地位。是年，县科技咨询中心主任徐锦明、县科委科技成果科科长伏道凤被市科委、工商局聘为第一批特约技术经纪人。在6月召开的1995年中国高新技术、新产品博览会期间，徐、伏二人穿上红马甲，活跃在博览会的技术市场上。2人共为金湖县输出技术12项、引进技术10项、销售地方产品1084万元。由于成绩突出，经市科委评选，徐锦明为优秀技术经纪人，伏道凤为优秀联络员。2000年，县成立落地油、荷藕等涉及部分工业、农副业产品的行业经纪人协会，培育和发展各类市场交易经纪人。2001年，经纪人经纪范围扩展到水产品、房地产、保险、粮食、劳务输出、用工、水上运输、信息咨询、法律服务，乃至引进专利技术、招商引资项目等，经纪行为也逐步规范。是年，全县拥有各类经纪人1050人，其中在工商部门领取经纪人证书的有100人。2002年，全县经纪人增加到1245人，其中领取证书的有300人。2003年，举办粮食、蔬菜、水产、荷藕、禽蛋、落地油经纪业务讲座8期，培训农民经纪人1500多人次，发放业务知识书籍2000册，组织经纪资格考试11场，出台“三免”（免费提供培训考核服务、免费发放经纪资格证书、免收工商管理费）扶持政策，新发展经纪人679人，撮合成交额8500多万元。2005年，全县共有各类持证经纪人1925人。

第三节　职业介绍

县职业介绍机构最早设立在县劳动局，兴办于1993年初，为全县用工单位和劳动者提供劳动力需求信息及各种中介服务。同时，各乡镇成立劳动服务站，协助开展就业咨询、用工、求职登记、求职信息发布、劳动力交流服务管理等工作。1997年，《金湖县职业介绍暂行规定》《金湖县职业介绍工作运作程序》出台，职业中介行为逐步规范。1998年5月，县劳动局对全县县属企业开展调查，对企业所用员工按照工种、年龄和性别进行分类登记，初步建成劳动力信息库。

2000年9月，县劳动和社会保障局成立金湖县职业介绍所，11月1日，县劳动力市场信息网开通。2001年，就业服务体系不断完善，职业中介组织得到发展，县妇联、残联分别成立职业介绍机构，个体中介组织也加入为私营个体企业、城市居民劳务介绍的行列。2002年，县内继中国江苏国际经济技术合作公司金湖分公司成立之后，又有2个涉外劳务中介公司挂牌。其中，11月，塔集镇劳动服务所成立金湖环球对外劳务有限公司，全年共介绍国际劳务输出37人、国内劳务输出5352人。12月18日，由对外贸易经济合作局牵头，创办私营企业金湖神州海外劳务公司。该公司汇集提供涉外劳务市场信息，工种有建筑、缝纫、电子等。

至2005年，境内城乡共有职业介绍机构21家，其中非公性质机构7家；劳动力中介服务单位近百户。共求职登记2.19万人次，中介成功1.14万人次，其中派遣到美国、日本、韩国、新加坡等国家和中东、非洲地区从事涉外劳务的有339人次。

2005年金湖县职业介绍机构一览表

表19-3-16

名　称	从业（人）	成立时间	名　称	从业（人）	成立时间
金湖县职业介绍所	3	2001.9	金湖育林职业介绍所	1	2004.2
金湖县涂沟镇职业介绍所	1	2001.9	金湖县黎星农电有限责任公司	4	2004.2
金湖残联职业介绍所	3	2001.10	金湖县汇中劳务技术有限公司	4	2004.2
金湖县金桥劳务服务部	4	2001.11	金湖县惠民劳务技术有限公司	2	2004.2

接上表

名　称	从业（人）	成立时间	名　称	从业（人）	成立时间
金湖县黎城镇职业介绍所	1	2004.2	金湖青年职业介绍所	2	2004.2
金湖县塔集镇职业介绍所	1	2004.2	金湖县富民劳务有限公司	1	2004.6
金湖县银集镇职业介绍所	2	2004.2	金湖县青华劳务输出服务中心	2	2004.9
金湖县前锋镇职业介绍所	1	2004.2	金湖县闵桥镇职业介绍所	1	2005.10
金湖县陈桥镇职业介绍所	1	2004.2	金湖县金南镇职业介绍所	1	2004.10
金湖县金寰职业介绍所	3	2004.2	金湖通达职业介绍所	1	2005.11
金湖工会职业介绍所	2	2004.2			

第四节　信息、租赁服务

1986年，商铺、仓库、机械、建筑设施等租赁业的兴起，信息中介服务亦应运而生。此时主要集中在县城，乡镇较少。1989年，县华孚泵业有限公司、玻璃仪器厂经工商部门登记注册，直接从事机械设备、房屋租赁、销售中介服务，注册资金4400万元。1993年，县供销系统引进建成北成数据产业有限公司，注册资本1000万元，员工160人。该公司装备计算机120台，实施计算机联网，日处理信息数据量200万字。1996年，拥有无尘厂房面积4000平方米，计算机增加到818台，员工872人，每天信息数据录入量250万字，成为国内最大的多媒体光盘制作企业。是年，公司与省出版总社合作，录制出国内首张《天下为公》多媒体光盘，汇集珍贵历史照片1500幅，电影画面20段，200位人物介绍800万字，再现革命先驱孙中山先生的革命生涯和丰功伟绩。2000年，因北京合作方原因导致停产，赔偿县联社118万元，合同终止。

进入21世纪，随着市场经济和教育体制改革的深入，进城经商、就业和上学人数不断增加，房屋租赁业随之兴旺，与之相适应的中介服务业也逐渐发达起来。2003年，新增通信设施、汽车租赁等中介服务企业23户。2005年，全县共介绍城区商铺租赁户5000余户次、农村集镇3000余户次，介绍企业用房和设施租赁2100户次，介绍居民住房租赁约660户次；直接中介机械设备租赁业务的服务公司有7家。

第四章　传统服务业

第一节　家政服务

1986年，随着居民生活水平提高，家政服务行业逐渐兴起，主要项目有保姆、护理、保洁等，雇员以城乡女性为主，报酬一般按月亦有按时支付。2000年，家政服务人员的社会需求不断增加，从业人员也越来越多，劳动和社会保障部门正式认定“家庭服务员”这一职业，服务项目扩展到为家庭保洁、老人陪护、月子护理、接送儿童、病床陪护、家庭厨师、物流配送、家庭管理教育等，为社会提供全方位的服务。计酬方式增添周工资、日工资，或完成某项服务后给予约定工资。经营方式均为无证零散户中介和服务人员自找雇主。

2001年，县内第一家家政服务介绍机构——巾帼家政服务中心成立，由县妇联主办。2002年底更名为金寰服务中心，有工作人员2人，主要从事劳务输出、家政服务等中介业务。该中心在苏南各地建立常年联系点5个、长期合作单位5个，全年共向县内企业及上海、苏州、昆山、江阴等地输送劳动力1000余人，其中家政服务500余人。是年4月，鑫程物业服务有限公司从事物业管理、家政中介服务等。2003年，家政服务就地转移“4050”（指女40岁、男50岁以上待业人员）人员200余人，家政介绍500余人次。2004年，县妇联启动“姐妹手拉手，共创新生活”活动，提高“4050”人员就业率。8月，县妇联、劳动和社会保障部门率先在全县开展评星级家政服务员、发放家政服务员资格证书工作。9月，两部门会同县总工会，在县劳动就业培训中心联合举办家政服务员培训班5期，培训200人次。培训内容包括职业道德、职业技能、行为礼仪，到幼儿保姆、月妇护理、老人护理、病人康复等，有60余名家政服务员参加资格证书和星级家政服务员考核评选活动，其中30人获得初级资格证书，10人被评为星级家政服务员。2005年，全县有江苏金帝物业、金湖县恒裕物业服务有限公司等持证家政服务公司10余家，整个行业呈现职业化趋势。

第二节　理发　美容

1986年，县城有国营理发店4户、个体发廊10余户，从业人员约100人，集镇农村主要以个体经营为主，有固定理发店，也有提包上门服务的。整个行业以传统的剪发为主，附带提供修面、掏耳朵、松筋骨、治扭伤等服务，少量兼营吹、烫、染等美发项目。1990年后，现代美容美发业兴起，个体私营发廊迅速发展，服务内容延伸到干洗、焗油、护肤、化妆、按摩等项目。1992年，各宾馆、休闲、沐浴场所配套开设美容美发中心，服务项目拓展到彩染、美发设计、按摩保养、敲背、修眉、漂唇、美甲等。

1995年，美容兼营按摩保健的个体户增多。2000年，国营理发店改制，相继关闭，个体美发、美容店遍布城乡。2002年，美发美容个体户发展到420户，从业人员595人，注册资本293万元，营业额330万元。2003年，经工商部门登记的美发美容店305户，从业人员374人，注册资本178万元，营业额965万元。2005年，全县有个体美发店300多户，美容化妆店40多户，从业人员900余人。

第三节　沐浴　休闲　娱乐

概况　1986年，县内洗浴业基本都是由政府、集体或企业创办，多以福利性为主、营业性为辅。国营的有人民浴室、建淮浴室，机关有县政府招待所浴室，企业的有化肥厂、制药厂、造纸厂、酒厂等有余热企业以及中等以上企业的浴室。服务项目比较单一，主要是洗浴（池浴、盆浴、淋浴）、修脚、擦背等。休闲、娱乐业尚处于萌芽状态。1990年以后，私人投资，集洗浴、休闲、健身等功能于一体的洗浴中心在县内逐渐兴起。经营方式灵活，服务内容多样，价格在中低档次，服务项目增添餐饮、棋牌、按摩、影视、休闲等。1993年，县饮服公司“碧溪泉”高档浴室开业。

1996年，人民路新建的东方娱乐城投入运营，上湾村一组私营“西苑浴泉”建成，拥有高中档客位74个、普通客位60个、包厢1间。戴楼、孙集、淮胜等乡建起私营男女浴室，解决居民洗澡难问题。社会个体休闲、娱乐业逐步兴旺发达起来。年底，全县共开设歌舞厅13家、游戏室6个、桌球室2个、露天桌球180多盘。1998年，三河滩游乐村建成。全县共有娱乐服务业个体户68个，从业人员210人，注册资金74万元，营业额130万元。1999年，台商詹文钦投资90万元，租用东方娱乐城洗浴中心资产兴办金湖县东方桑拿休闲中心，7月25日开业。是年底，娱乐服务业个体户猛增到136户，从业人员218人，注册资金86万元，营业额增加到273万元。县城区的主要歌舞娱乐场所有：金皇冠休闲中心，东方娱乐城、蓝天、西苑、火凤凰、文化馆等歌舞厅，百乐门、枫林晚、凤鸣楼、爱情鸟、展示、星期八、千禧缘、百老汇、世纪缘、蓝色火焰、都市情缘、快乐大本营等歌厅，梦巴黎音乐茶座、格兰德咖啡屋等20多家。2000年7—9月，县政府对娱乐服务场所进行集中整治，检查县城娱乐场所140户，其中歌厅98户、舞厅8户、电子游戏室20户、录像放映厅14户，合格84户，停业整顿20户，取缔36户。2001年，全县有娱乐服务业个体户183户，从业人员304人，注册资本122万元，营业额358万元。2005年，县内有洗浴中心56户，从业人员980人，注册资本822万元，年消费额近6000万元。有各类休闲娱乐场所214户，其中音乐茶座、饮吧10户，足疗坊10户，歌舞厅20户，棋牌室30户，老年活动中心15户。

“碧溪泉”浴室　县饮服公司于1993年兴建，开设有针刺按摩浴、冲浪按摩浴、矿泉浴、芬兰浴等，设置双人高级包厢，配有闭路电视、空调、卡拉OK音响等设施，为浴客提供推拿、按摩、美容、助浴等多项服务。1995年，浴室实现营业收入42万元，从业人员人均3.23万元，创淮阴市同行业第一，被省浴室行业协会吸收为团体会员。

东方娱乐城　前身为县糖果食品厂。1986年，有职工49人，固定资产原值98.7万元。1996年，由县饮服公司投资600万元租赁经营，新建东方娱乐城，占地面积1万多平方米，营业面积6000平方米，设有室内游泳馆、健身房、豪华沐浴部、情侣包厢、客房、茶座、碰碰车游乐场、溜冰场、桌球室、棋牌室、餐厅、舞厅、美容厅、购物中心等20多个服务项目设施。

第四节　洗染　保洁

1986年，县内从事环境保洁的专业组织主要是县环卫处，除搞好主街道的清扫、垃圾清运工作外，还与有关单位签订合同，委派职工有偿从事清扫院落、厕所，清除垃圾等服务。1997年，随着人们生活水平的提高，皮革、毛料、呢料等高档衣物纷纷进入普通家庭，洗染行业逐步发展起来，县城新开洗衣店6户；少数家庭开始到中介机构雇请钟点保洁工。2002年，全县洗染行业发展到30余户，因竞争日趋激烈，在优胜劣汰过程中关闭10多户，其中单体店6户，加盟连锁店4户；新开业6户，共有20余户。是年，部分下岗职工和城镇待业人员自找门路，进入宾馆饭店或企事业单位，签订劳动合同，从事清扫保洁服务，到家庭做钟点保洁工。

2005年，全县有各种不同规模的洗染店近30户，从业人员近100人，年洗涤能力10多万件（条）。营业性干洗店的干洗剂多数为四氯乙烯溶剂，其余为石油溶剂、干氟素溶剂或碳化氢合物溶剂；宾馆、饭店洗衣房、直营连锁配置的洗衣厂和欧式特许经营的连锁店，除干洗机外，也具备洗后整理设备，如全封闭整烫机、万能夹烫机、平烫机、去渍机、包装机等。是年，在工商管理部门登记注册的保洁公司有5户，拥有松散型员工200余人。

第五节 维 修

装潢 1986年，县内装潢只有少量工匠和个体经营户零散经营，亦未在工商部门注册登记。装潢涉及的工种较多，如瓦工、木工、电工、水工、漆工、防水工、电焊工、切割工、安装工等。其中有来自农村的工匠，也有城市社会零散人员和建筑公司的下属工人，专业人数逾千人。他们平时主要从事工程建筑，在顾客需要时才上门服务。1990年以后，集镇特别是县城兴起“经商热”，临街机关、企业、住户几乎是家家拆墙、户户开店。与此同时，住房制度改革，公有住房出售，房地产开发兴起，私人买房者越来越多，农村居民改善住房条件的家庭也逐渐增加，带动装潢业的发展。1994年，各乡镇村镇建设管理办公室对所辖区域个体工匠逐村进行摸底登记，并集中培训，学习识图、制图、施工规范、施工安全等基础知识，根据其施工年限、操作水平以及对理论知识掌握程度发放相应技术等级证书，以适应装潢业的市场需求。是年，共发放“个体工匠证”3008件，其中5级以上30件。1995年，通过培训、考核，又有552人获得“个体工匠证”。1997年，全县对3056名个体工匠进行登记考核，经过审核，达到甲级120人，乙级1137人，丙级1424人。2000年后，随着城乡居民居住条件逐步改善，建材市场越来越兴旺，专业装潢企业和个体经营户逐步增多。2003年，全县共有房屋装潢私营企业25户、个体户12户，从业人员169人，营业额2737万元。2005年，房屋装潢私营企业发展到32户，全部装潢业从业人员1231人，营业额近亿元。

日用品修理 1986年，域内的日用品修理业以修理钟表、自行车、缝纫机、收音机、电视机、照相机等物品为主，经营形式有设店、铺、点固定地点营业，也有少数走街串巷、乡间集镇赶集流动经营。从业者除少数是国营企业的专业技术人员外，多为个体能工巧匠。1990年，日用品经营网点配套售后服务兴起，规模较大的有商业局的五金交电化工公司家电维修部和广播电视局家电维修部，主营业务为家用电器经营、维修。1995年，随着国有、集体维修网点的增加和技术水平的提高，日用品主要是家用电器的维修业务占有量大大上升，个体、私营修理网点逐渐萎缩。2000年，国有、集体企业全面改制，一些著名品牌专卖店推出保修、包换等措施，设有定点维修点（店），家用电器维修服务逐步拓展到数十个品种，如冰箱、摩托车、电脑、音响、空调、洗衣机、微波炉等。2005年，在工商部门登记注册的家用电器维修店有近20户，从业人数约100人，年营业额在500万元上下。

2005年金湖县家电修理服务企业一览表

表19-4-17

名　称	经营场所	名　称	经营场所
黎城镇城南家电经营部	金湖路49号	金晖家电维修中心	黎城路98号
黎城镇金中家电维修服务部	建设路17号	立华制冷维修部	黎城镇园林路128号
新一代电子维修中心	金湖东路66号	黎城镇金信家电维修部	黎城镇郑岗村苏庄组
黎城镇红旗电子服务部	淮河路西坎	黎城镇振华家电维修部	黎城镇城中路264号
五洲家电维修部	甘泉路11—5号	苏星电器维修服务部	黎城镇健康路98号
黎城镇城东家电门市部	建设东路137—7号	黎城冰峰制冷维修部	衡阳路199—2号
黎城镇金鼎制冷家电维修部	衡阳路果园商贸楼15号	精益家电维修中心	团结巷2号

汽车（摩托车）维修　1986年，县内从事汽车养护、修理、美容服务业的仅有3户，修理摩托车的也只是一些农具厂、机械厂的五金修理工。1990年后，部分下岗职工利用自有或租赁的场地，从事简单的车辆冲洗、擦拭，洗车器具、材料为自来水皮管和普通洗涤剂，收费标准每辆小车每次3~5元不等。1996年，县内有国产、进口轿车近1000辆，摩托车也成为家庭特别是年轻人的主要交通工具，因无专业修理厂，日常修理十分不便。5月6日，县交通局在县汽车修配厂原有人员中选派5名技术骨干，去外地学习轿车修理技术，投资30多万元，对原有设备进行改造、添置，成立专修各类轿车的修理厂。至年底，为客户修理轿车50余辆次、摩托车500多辆次，质量符合部颁一级修理标准。

2000年后，县内汽车增多，与汽车的相关产业，如汽车维修、补胎、美容、回收业也随之诞生。一些个体洗车店购置高压喷淋水枪，配以无污染的汽车清洗液等专业用品，收费标准上涨到每次10~15元。有的个体户除对车辆进行清洗除尘外，还兼营抛光、打蜡、贴膜、补胎、换胎、配换车内装饰件等项目。2005年，县内经工商部门注册登记的汽车（摩托车）维修、补胎、美容、回收服务企业和个体经营户有30家，从业人数近1000人，年营业额在1000万元以上。

2005年金湖县汽车（摩托车）维修服务单位一览表

表19-4-18

名　称	经营地址	名　称	经营地址
金盛汽车修理部	金湖路75号	黎城镇文祥补胎服务部	金湖西路118号
永生汽车修理厂	金湖路117号	宏冠轿车修理厂	建设西路65—2号
联运汽车修理中心	汽车站内	黎城镇仁义机电修理部	黎农南路2-14号

第六节　其他服务

民办托儿所　县内民办托儿所在20世纪90年代初期开始兴办，早期由政府和部分事业单位内部办理。随着婴幼儿早期教育市场的放开，开始出现私人办托儿所，随之也成为一项行业。1995年，最早开办私人托儿所的是图书馆一名退休职工家属，起名为“新苗托儿所”，从业3人。到2005年，县城区内托儿所发展到10多家。

2005年金湖县城区民办托儿所一览表

表19-4-19

名　称	经营地址	托儿数（人）	名　称	经营地址	托儿数（人）
城东托儿所	新村路7号	8	童苑托儿所	交通路1号1-103号	8
宝宝托儿所	朝阳路	1	小宝贝托儿所	润德路56-3号	15
健康托儿所	便民巷27幢3单元202	11	丑小鸭托儿所	新城花园31幢102室	4
亲琴托儿所	园林路111号	22	大风车托儿所	尧园浴室4楼	10
为民托儿所	为民路6-2号	13	育苗托儿所	同仁巷37-5号	5
卧云阁托儿所	进修学校内	14			

说明：政府和企业自办的托儿所均不在表内。

婚庆礼仪服务 21世纪初期，婚庆礼仪服务在县内悄然兴起，约有服务部10家。每年经礼仪服务部主持婚庆的新人近1000对，营业额在200万元左右。2002年，婚庆礼仪的服务范围逐步扩展到婚纱摄影、婚车装饰、新娘化妆、婚礼司仪、摄影录像等，其他礼仪有典礼策划、商场促销、现场布置等。2003年，天地礼仪服务部婚庆礼仪主持人徐建源，在华东地区组织的婚庆礼仪主持人大赛中，获得个人演唱第三名、主持人第六名的好成绩。2004年，亲密爱人婚纱摄影店被县消费者协会和县文明委评为“十佳诚信单位”。2005年底，县内在工商部门登记注册的婚庆礼仪服务部（个体户）9家，注册资金100万元。

2005年金湖县婚庆礼仪服务部一览表

表19-4-20

名　称	经营地址	注册资金（万元）	名　称	经营地址	注册资金（万元）
百年花合服务部	交警大队楼下	10	花中情服务部	长乐路79号	8
月之梦花坊	健康路31号	10	天地礼仪服务部	人民路75号	10
雪中彩影服务部	桓裕广场11幢601室	15	水晶之恋服务部	人民路61-5号	12
亲密爱人服务部	金城影剧院	20	文达礼仪服务部	园林路	10
金都歌舞团	建设路153-3-501号	10			

帮办 1986年，县内城乡居民遇有红白大事，一般多在自家操办，请亲友邻居相互帮忙协助，不计报酬。1990年后，经济条件宽裕的人家到饭店宴请，一般人家便开始找帮手，在自家或小区空地操办，付给帮办者相应报酬，于是帮办业在城乡悄然兴起。经营者自筹资金，购置必要的帐篷、桌凳、炊具、餐具、礼仪用品等，约请厨师和帮工，为婚庆、丧葬、乔迁、生日、寿诞等居民料理一切事务。帮办业的发展，既减轻主家的劳作负担和心理压力，又提高办事效率。但全行业多为松散型组织，无固定经营场所，市场不太规范，虽有联办和个体帮办组织35家，但没有一家在工商部门登记注册。2000年前后，县城和集镇的治丧“一条龙”服务帮办组织自然形成，可根据主家需要，由其提供请厨师、乐师、车队，搭帐篷、办宴席、吊唁、火化、安葬等全程服务。2005年，全县城乡联办和个体帮办组织发展到100余家，固定或不固定从业人员1500余人。

第二十篇　旅游业

金湖原生态自然旅游资源丰厚，但旅游业发展起步较迟。1998年，金湖宾馆获“三星级涉外旅游饭店”称号；1999年，县家电公司购置旅游客车，开办组团旅游服务，这是县内第一家从事旅游经营服务的企业。2001年，县委、县政府决策举办金湖荷花艺术节，给旅游业开发与发展带来生机和活力，催生出一个新兴产业。3月，县内第一家专事旅游的旅行社——金盛旅行社成立。10月，前锋镇白马湖村“十一黄金周·白马湖观光美食一日游”举办，吸引淮安及上海、南京等地游客数千人，显示出金湖旅游业的发展潜力。2002年6月，县旅游局成立，政府主导型旅游业发展战略得到强化，重点旅游项目规划、投资、建设步伐加快。随后，县城宾馆、饭店的环境、条件、接待能力提升，金港旅行社成立，旅游服务接待中心形成；万亩荷花荡、水上森林公园、白马湖生态渔村、柳树湾湿地公园等旅游景区景点先后建成。是年，旅游创收30多万元。2003年，逐步形成由观光过境到观光、休闲、娱乐、餐饮、度假为一体的独立型旅游目的地。2004年，金鹏旅行社成立。至2005年，县连续举办5届荷花艺术节，不仅弘扬金湖荷文化，扩大金湖知名度，促进经济和社会事业发展，同时也打造出金湖旅游品牌，带动旅游业快速发展。全县共有旅行社3家、涉外旅游饭店3家；有旅游产品企业16家，持有资格证书导游61人。是年，全县接待游客38.5万人，其中国外游客122人、港澳台游客198人；旅游经营收入2.01亿元，其中外汇收入15.2万美元。旅行社组团出游5300多人次，营业额750万元。

第一章 旅游机构 资源

第一节 旅游机构

2002年6月，县旅游局成立，为正科级事业单位。内设综合、市场开发2科，编制4人。至2005年，机构、人员无变动。

第二节 旅游资源

水乡原生态自然资源是县域旅游资源的一大特色。2005年，地文景观旅游资源有亚类2种、基本类型2种、资源单体6个，滩地型旅游资源特色鲜明，等级较高，如三河滩、桃花岛、长寿岛、兄弟岛等；水域风光类旅游资源有亚类3种、基本类型4种、资源单体7个，如金宝航道、白马湖、高邮湖、水上森林公园、芦苇荡等；生物类旅游资源有亚类2种、基本类型3种、资源单体8个，如水上森林公园池杉、池杉气根、蓑草等；建筑与设施类旅游资源有亚类5种、基本类型9种、资源单体18个，如金湖大桥、荷花仙子雕塑、青山寺、西安寺等；旅游商品类旅游资源有亚类1种、基本类型4种、资源单体25个，如金湖小龙虾、白马湖大闸蟹、野生蒿茶、野生虾米、有机大米、藕粉等；人文活动类旅游资源有亚类3种、基本类型5种、资源单体7个，如金湖荷花艺术节、金湖香火戏、金湖秧歌、白马湖水上运动会等。旅游资源类型及丰度特征：有主类6个、亚类15个、基本类型26个。与全国8个主类和155个基本类型相比，县域旅游资源主类较丰富，亚类一般，基本类较缺乏。以自然旅游资源为主，人文旅游资源为辅。旅游资源品质特征为：四级旅游资源单体4个、三级旅游资源单体14个、二级旅游资源单体34个、一级旅游资源单体23个，优良级单体主要分布在水域风光、生物景观、地文景观。县内旅游商品资源丰富，主要有湿地旅游产品、乡村旅游产品、湖泊旅游产品、体育旅游产品、美食旅游产品、节事旅游产品、自驾车旅游产品、滨水休闲旅游产品和民俗旅游产品等。

图 20-1-1 三河滩全景图 刘立珍／摄

第二章　景区景点

第一节　金湖万亩荷花荡

一、概　况

位于县域东南部，地处高邮湖畔，三面环水，是一块伸向高邮湖的岛状陆地。1997年，横桥乡将其中466.67公顷洼地改作荷藕生产基地，在荷藕集中区域向外铺筑一条砂石路4000米，既方便荷藕经营，又方便旅游人观荷。1999年，横桥乡政府在原有荷藕基地基础上，扩种266.67公顷，使荷藕连片种植面积达730多公顷，定名为金湖万亩荷花荡。是年，有数千人慕名前来观荷。2000年，撤乡并镇，横桥乡划属闵桥镇。荷花荡水乡特色浓郁，原生态氛围浓烈，历史文化底蕴深厚。宋苏东坡在此曾留下“酒沽横荡桥头月，茶煮青山庙后泉”脍炙人口的诗句，且水陆交通便利，金横公路直达县城，水路与高邮市仅一湖之隔，相距20多公里。镇领导高瞻远瞩，拟将此荡建设为观荷之地。县委、县政府抓住契机，果断决策，着力规划投资，建成水泥路面、停车场等基础设施，和荷荡牌坊、荷荡长廊、东坡望月亭、风车木屋、咏荷碑廊、观荷亭桥、佛光古寺、百荷园、荷花仙子雕塑等景点，及游船、垂钓中心等。2002年，省旅游局批准荷花荡为国家AA级旅游景区。2005年，接待游客近20万人次，荷花荡被国家旅游局命名为“全国农业旅游示范点”。

二、景　点

天然“八景”　荷花荡所处区域凸入高邮湖，特殊的地理位置和自然环境，使其具有许多美丽的自然风光。不同季节、不同时间，站在不同的位置，可以观赏到罕见而奇特的自然景象，民间称之为湖荡天然“八景”。

“东湖日出”“水天一色”：春秋清晨，风和日丽，站在荷荡东面或南面的堤顶上，可以观赏到此景。当一轮红日从地平线冉冉升起，由湖面喷薄而出之时，霞光万道，湖天皆红；辰时过后，阳光灿烂，湖面碧波荡漾，银光闪烁，极目远眺，分不清哪里是天、哪里是水。

“南湖渔帆”“渔歌唱晚”：捕鱼时节，荷荡边的万顷湖面渔帆点点，网撒片片，渔舟在风波中忽上忽下、时隐时现；如果乘船近观，可一睹渔民搏击风浪之险，以及他们的取鱼之乐。待到夕阳西斜，渔舟陆续靠岸进港，渔民们把一天的劳动成果卖给经销商以后，带着丰收的喜悦，哼着小曲，回到自己的“小天地”，点亮一盏盏小灯，摆上丰盛的晚宴，把酒问盏，划拳逗趣。这时的渔港，星灯闪烁，谈笑风生，不时传出悠扬激荡的歌声，港湾沉浸在一片欢乐之中。

“绿湖仙岛”：荷荡三面环水，形似半岛。荡内荡外不仅有数百顷绿色的湖滩、草地，还有苍翠葱郁的树林、百花争艳的莲池、绿草遮掩的鱼塘；不仅有珍稀野生动植物，还有人工养殖、培植的绿色产品。这里人杰地灵，鸟语花香，是野生动物栖息的乐园，亦是生态绿色食品的产地。身临其境如入“世外桃源”，有返璞归真、回归自然的妙趣。

“荷荡赏月”：晴朗月圆的夜晚，月光洒满荷荡。漫步在荷荡路桥上，或围坐在观荷亭里，举目可见天穹里的繁星明月，俯视可见莲塘里的花莲与绿叶，微风拂面，清香飘逸，令人心旷神怡；如遇知己把酒对盏、饮茶品茗，更让人浮想联翩、流连忘返。

“甓社珠光”：历史上的高邮湖，有一段水域名称叫甓社湖。据北宋沈括在《梦溪笔谈》中记载，高邮状元孙觉中举前常在湖边读书，有一天为一难题冥思苦索，迟迟不归，直至夜阑人静，甓社湖上突闪金光，寻源望去，是一只如柴席般巨蚌正张开蚌壳，里面的珍珠在发光。不一会，湖面金光四射，如烈焰升腾，连湖边都被照亮。后巨蚌在水面上疾驰而去，珠光消逝。孙觉之婿、文学家黄庭坚听说，写下“甓社湖中生明珠，淮南草木皆光辉”的诗句，感叹此事，传为佳话。

“海市蜃楼”：蜃楼幻景一般多出现在夏秋的海边或沙漠地带，而荷花荡地域却显现过不止一次。最近的一次是1995年8月9日9时左右，一场暴雨过后，荷花荡东南方向的湖面上，隐现大堤、树木。不一会，又见大堤上有汽车在奔驰。约待10来分钟，图像较前清晰，出现一座城市轮廓，有楼房街道，有2个耸立的烟囱还冒着浓烟；大堤旁有人来回走动；水边有人在收虾笼。此幻景持续约40分钟，湖面风起，“蜃楼”逐渐模糊，直至消失。

荷荡牌坊 1994年，横桥乡政府命名荷藕基地为“荷花荡”，并在通往荷荡的横桥联圩进口处砌一堵南北走向、宽7米、高4米的砖墙作为牌坊，上书“荷花荡”3个大字，从此，横桥乡“荷花荡”由此出名。2001年，乡政府请扬州古典园林设计院重新设计建造“荷荡牌坊”，7月建成，造价55万元。新牌坊位于进入荷花荡入口处的高邮湖大堤上，东西走向，5楣门，总宽度29米，高度分三级：正中大门高度13米、净宽9.5米，上顶有三层阶梯式的深褐色琉璃瓦飞檐，檐下横批正中镶嵌着由新加坡华人高僧常恒所题“荷花荡”3个遒劲大字；正中门两侧对称的里边门净宽2.5米，上顶有深褐色琉璃瓦檐盖；外边门净宽3.5米，上顶为两层低于正中门边檐的深褐色琉璃瓦飞檐。整个牌坊具有典型的明清风格。站在牌坊处向东眺望，荷花荡美景尽在眼前。

图 20-2-2 荷荡牌坊（摄于2005年） 李义海／摄

图 20-2-3 荷花荡荷荡长廊（摄于2005年） 李义海／摄

荷花仙子 位于荷花荡中心广场内的东北侧，南京艺术学院雕塑家李广玉工作室设计制作，2001年7月落成，造价18万元。雕塑材料为二级汉白玉，高度7.5米，其中主雕6.5米，重24吨。塑像采用荷花荡里荷花仙子的传说，脚踩莲花，神采飘逸，貌若天仙。此处是游人摄影留念的理想场所。中心广场位于荷花荡中部，呈圆形，面积300余平方米，混凝土路面。

荷荡长廊 1999年7月建成，投资额45万元。长廊南北向，位于中心广场南北两侧的通道上，“门”字框架形，分别向南、北湖荡延伸，长1400米，宽、

图 20-2-4 荷花荡碧荷亭（摄于 2005 年） 李义海／摄

高皆为4米，每组相隔10米，组与组横竖之间以铁丝相连，供两侧栽植的紫藤和葡萄牵藤。长成后，长廊成为一条绿色通道，可供游客休息或纳凉。远看酷似一条绿色蛟龙游弋于荷荡之中。

碧荷亭 1999年6月建成，位于中心广场东南面的湖荡中，由县建筑设计院设计，投资额8.5万元。该亭为四角尖顶飞檐形，每边宽4.5米、高3米，下半部以栏杆相连，栏杆内设置固定长凳，亭楣书“碧荷亭”匾额，两侧楹联书南宋诗人杨万里的“接天莲叶无穷碧，映日荷花别样红”名句，恰似数百顷荷荡碧叶连天的意境，供游客憩赏。

东坡望月亭 1999年6月建成，位于中心广场西北面的荷荡中，由县建筑设计院设计，投资额8.5万元。该亭与碧荷亭遥相呼应，较碧荷亭稍大，为六角尖顶飞檐形，每边宽5.5米、高3.4米，下半部以栏杆相连，内设固定长凳；亭楣书“东坡望月亭”匾额，两侧楹联书相传为北宋诗人苏东坡的名句“酒沽横荡桥头月，茶煮青山庙后泉”。传说苏东坡某次泛舟高邮湖，夜宿横荡桥旁的青山寺。寺中方丈特意派人到横荡桥集镇沽酒，以寺中井水煮茶待客。苏东坡陶醉在香茶美酒和湖舟夜月的情境之中，诗兴勃发，留下传世名句。此亭即记此佳话。

风车木屋 风车由兴化市亚龙机械厂设计制造，木屋由横桥建筑公司建造，共2座，荷荡长廊南端东、西各一座，2000年6月建成，造价4万元。风车高8米，风叶12片，直径5米。木屋为老式农舍。风车配以木屋，借以展示水乡古老的田园风光，把游客带回到自然经济的时代，让他们领略往日农事趣味。

咏荷碑廊 该碑廊由县委宣传部、县文明办、县书法协会牵头，县人民检察院、县供电局、县电信局等25家文明单位捐资共建，1999年7月建成。碑廊东西向，位于中心广场以南，荷荡长廊东、西两侧，每侧设置对称的、高皆2.8米的砖砌露天碑廊一大两小共3座。大碑廊长14米，设漏窗4个、大理石诗碑10块；小碑廊长8米，设漏窗2个、大理石诗碑6块。碑廊共设置大理石诗碑22块。诗碑皆高1.5米，宽0.7米。诗碑以咏荷为主题，从历代文人墨客的诗词歌赋中选择一部分精品，请书法家书写成碑文，镌刻在大理石碑上，故曰“咏荷碑廊”。省作协副主席、一级作家赵恺所作《荷花荡记》，长达10块碑，列于显要位置；省内外著名书法家吕迈、戚庆隆、姜华等赠予墨宝；县内10多位书法家亦留有墨迹。

图 20-2-5 荷花荡“咏荷碑廊”（摄于 2000 年） 李义海／摄

观荷亭桥 2001年7月建成，造价90万元。该亭桥位于中心广场东北荷荡中，由横桥建筑公司设计建造。此景以长桥和凉亭构成，亭桥皆为钢筋混凝土结构，基墩浇筑于水下。长桥总长580米，共有12曲，每曲长度不等，宽皆1.75米，桥两侧设扶手栏杆，高0.8米；桥面高度略高于荷花荡汛期最高水位线标准。观荷季节，荷叶簇拥长桥，见荷而不见桥。游客漫步在桥上，犹如乘舟穿行浮游在荷荡莲塘中，别有情趣。长桥设四角凉亭4座，钢筋混凝土框架结构，琉璃瓦盖顶；亭内置固定长凳，内顶彩绘“八仙”等民间故事。主亭两层，底层3.3米，上层3米，四角柱到顶，边间距均为6米；其余三亭为单层，高度3.3米，四角柱边间距均为4.4米。4座凉亭定名一亭，为“狼山亭”，是对盱眙县狼山水泥厂赞助建造观荷亭桥的纪念；至2005年，其他三亭尚未定名。

图 20-2-6 1999年重建后的荷花荡西安寺（摄于2005年）
李义海 摄

西安寺 1999年初重建，民间投资约8万元，位于荷花荡东南原高庄村。西安寺相传始建于唐代贞观年间。到民国时期，有前殿后殿、土楼、西厢房等18间，后全部被毁。寺中出过本根、直川等高僧，新加坡华人高僧常恒亦剃度于此。传说荷花荡这块地域因有一风水神锚牵引，才没有漂走或坍入高邮湖中。西安寺是风水神的锚头，距其千米左右的横桥老街上东、南、西、北4座庵是锚齿，锚链则在高邮湖水下延伸至运河堤。

观荷园 2001年3月投资30万元建成。该园由中心广场向南，位于荷荡长廊南端西侧，经过一座古色古香的混凝土仿木拱桥进入。园内有荷塘32个，每个塘面积660平方米，共2.11公顷。引进栽植观赏荷花品种10多个，名贵的有重瓣淡黄色的友谊牡丹莲、重瓣多色的大洒锦、重瓣红色红台莲、重瓣粉红色的披针粉等，因荷花品种多，故又称百荷园。

度假村 2000年，荷花荡开发后，将位于荷花荡东北角、高邮湖大堤西旁的县电信局职工培训中心改造而成，度假村范围约5000平方米，房屋建筑面积2000平方米，设有宿舍、食堂、会议室、文体活动室、花圃、菜园、鱼塘等，游乐、生活设施齐全，环境优雅，可供30人住宿、50人餐饮。

湖上美食 设置为一艘美食船，2000年由民间投资建造，30吨位，泊于荷花荡西边老高邮湖大堤西侧。船体分上下两层，底层以住宿为主，配置卡拉OK包厢4间，设床位10张；上层以餐饮为主，设置餐厅、歌舞厅和小包厢。两层房间均配置空调。餐饮菜肴以高邮湖湖区水产品为主，组合成四大特色系列：荷藕系列的炝藕、脆藕、藕夹、藕圆、糯米藕等，水产品系列的青虾、小龙虾、泥鳅、虎头鲨、鳗鱼、黄鳝、鳜鱼、龟鳖等，野生蔬菜系列的蒌蒿、茭白、蒲菜、菱角、芡实茎、马兰头等，野味系列的野鸭、野鸡、野兔等。

第二节 白马湖生态渔村

一、概 况

生态渔村位于前锋镇白马湖村境内，在白马湖的东南部。白马湖为内陆湖泊，湖中的99座小岛

（土墩子）为白马湖区独有风景。湖区水位稳定，水质清澈，水生动植物丰茂，属金湖、宝应、洪泽、楚州4县区共有水面，面积110平方公里；其中属金湖县辖区范围的约二分之一。有千余渔民在张集外圩临湖岸边建房而居，垦殖荒滩，半农半渔。

1986年，该村隶属于涂沟镇，渔业改以捕捞为主为捕养并重，逐步发展围湖养殖和网箱养殖，盛产螃蟹、甲鱼、青虾、乌鱼、鳜鱼等多种特种水产品，白马湖大闸蟹闻名遐迩。1992年，村党支部、村委会组织渔民开展水上体育活动，自娱自乐。经过几年连续举办，村民兴趣浓厚，积极性很高。1998年，涂沟镇举办首届白马湖水上渔民运动会后，又于11月开展白马湖区域群众文化艺术联谊活动，洪泽、淮安、宝应等地的文化工作者和文艺爱好参加者100余人。1999年，淮阴电视台拍摄的一部白马湖水乡风情片《九十九墩》在美国交流播出，白马湖村开始出名。2000年撤乡并镇，白马湖村划归前锋镇。2001年10月1日至7日，前锋镇白马湖村在成功举办渔民水上运动会的基础上，又举办"十一黄金周·白马湖观光美食一日游"活动，吸引淮安、南京、上海等地数千游客，生态农业旅游雏形基本形成。2003年起，白马湖旅游注重人文旅游资源的深度开发，以采摘捡拾湖荡野趣、购农家特产，赏田园风光为特征的"农家乐"活动，吸引来自上海、苏州、无锡、常州、扬州等地大批游客；还编印"长寿岛的由来""出众草"等湖中传说故事12个，整理编演"渔家婚俗"情景剧；出版《美哉白马湖》丛书，赢得游客们的赞誉，显示出传统文化的魅力，白马湖知名度、美誉度进一步提高。"渔家婚俗"还被列入市级非物质文化遗产。

至2005年，县、乡两级政府先后投资1000余万元，用于该村的基础设施建设和旅游开发。旅游景点及特色，主要有渔歌催晓、双龙聚首、渔家小憩、百味鱼宴、孤岛垂钓、荡舟采莲、白马观月等，还有赏湖景、品湖鲜为主题的"渔家乐"，游渔村、逛渔岛、进渔家、品鱼宴（湖水煮湖鱼、湖水煮湖虾、小鱼锅贴等）等旅游项目。白马湖村的生态旅游设施有"水上漂"9家，"渔家乐"24家，游艇16艘，旅游船2艘，游览车2辆，旅游宾馆、招待所3家，旅游饭店46家，游客购物中心3处，从事旅游产业的人数820人，"桃花岛""水上漂""渔家乐"年接待游客30多万人次，旅游业经营收入8000多万元。获得江苏省"农家乐专业村""最具魅力休闲乡村""休闲渔业乐园"，获全国"美德在农家示范点""生态文化村""农业旅游示范点""中国最佳休闲水乡"等称号。

二、景　点

水上漂　为供游客进餐的豪华餐船，吨位40吨以上，泊位于南北向张集圩堤西侧岸边。船体分上下两层，设置餐厅多个，厨房设在船尾，装修华丽、电气设备齐全。2001年，该村渔民定做的"水上漂"餐船5艘，让游客品尝白马湖区原生态美味佳肴，成为白马湖旅游的特色和亮点，受到众多游客的青睐。2005年增加到9艘，招牌亮出"宝中宝""好中好""旺中旺""明中明""大安大""高乐高"等别具一格的店名，向游客展示尽善尽美、无可比拟。

图 20-2-7　前锋镇白马湖村明中明水上酒楼（摄于2001年）

朱伟／摄

大杨庄　大杨庄小岛，位于南北向张集圩堤西北约

1500米的白马湖中，四面环水，面积约1.2平方公里，居住渔民26户，人口100余人。岛上除柳、槐、桑、桐等树木，还有桃、李、杏、梨、苹果、石榴、葡萄、金橘、板栗等果树，以及梅、桂、菊、月季、栀子、白兰、冬青等花木。春季桃花盛开，秋季硕果累累。在苍翠葱郁美景掩映下，排列着一座座渔家私宅，其中有10多户人家装修别致，被称为“渔家乐”，可供游客食宿。菜肴都是现捕现捉、现采现摘、现炒现煮的湖区鲜活特产，风味更胜一筹，使“观水景、游渔村、逛渔岛、进渔家”的游客美不胜收。全村的“渔家乐”包括岸上的共有24家。

游船 2001年，该村渔民先后购置机动游艇13艘，供游客观水景、游渔村。每艘游艇乘坐游客6~8人，时速40公里以上，快速行驶转弯时船体倾斜度可达45度，斩风破浪，十分惊险。舵手操作时根据游客身体状况及需要调节量定。2005年，全村共有游艇16艘、旅游船2艘。

三、渔家婚俗表演

2001年，白马湖村将“渔家婚俗”表演作为一项新的旅游项目推介给游客。此时的渔家婚俗已不完全是古老传统的渔家习俗，亦融入当今社会流行的恋爱、领结婚证、暖房、穿婚纱摄影留念、成婚、置办婚宴、做朝、回门等婚嫁程序。表演中突出渔家与陆上居民嫁娶的典型区别，渔家传统嫁妆必不可少的是渔船、渔具，而当今是陆上的房屋和陈设；渔家迎娶新娘的时辰是晨娶，为何晨娶？晨娶的当日做些什么？买不起渔船、渔具、房屋、家具的渔家又怎么应付？对这些问题，在表演中均通过相关演员的对话、说唱或故事情节，将新旧社会婚嫁者不同的遭遇、悲欢离合的场景表现得淋漓尽致，感人肺腑，引人入胜。2005年，游客可与表演者互动，以新郎、新娘的身份，参与晨娶后下湖察看“对象”家渔区的围网养殖场景，亲自操起渔具，撒旋网、叉鱼、捕鱼；亦可亲临婚宴，使游客乐不思归。

四、水上渔民运动会

水上渔民运动会是涂沟镇白马湖村特有的体育运动项目。1992年，村党支部、村委会组织渔民民兵开展水上游泳、划船、撒旋网、拔河、攀爬桅杆、武装泅渡等体育活动，自娱自乐。经过几年连续举办，村民兴趣浓厚，积极性很高。1998年，涂沟镇举办首届白马湖水上渔民运动会，观赛6000余人。2001年起，将此作为县每届荷花艺术节的一项展示项目，向参加节庆的贵宾和游客进行专项表演。每届水上渔民运动会设有赛龙舟、游泳、叉鱼、水上投弹、水上拔河等多个赛项，另有蒙眼织网、少儿游泳、武装泅渡、水上篮球等表演项目。参加运动会的有200人左右，年龄最大的50多岁，最小的只有9岁，吸引来自南京、淮安等地省、市、县领导、游客及周边地区群众数千人观看。2005年，将此项目融入旅游，吸引沪、苏、皖、浙、冀等地体育爱好者参与，有兴趣的游客还可亲身体验，参加游泳、划船、叉鱼、撒旋网、拔河、攀爬桅杆等项目表演，与渔民们同乐。

图 20-2-8 前锋镇白马湖村举行水上渔民运动会（摄于2005年）
县志办 / 供

第三节　水上森林公园

前身为嵇圩林场，位于县境东部，三面环水，北接宝应湖，南临高邮湖，东濒氾光湖，面积733.4公顷，系县紫滩管理所属地。1986年，有“抬田造林”面积80余公顷，栽植水杉、泡桐等树种5万余株，成为省市工程造林的典范。1987年7月，从刘协记站划出253公顷滩地（含水面）建立南刘林场。至1988年，共建造人工林300公顷，树种有水杉、池杉、泡桐、杨树和桃李果木，成为苏北地区最大的人工林基地。1990年冬，嵇圩林场西来寺、南来寺和堤北站徐河、陈圩滩地“抬田造林”工程竣工。县政府组织淮胜、前锋、唐港、白马湖、银集等5个乡民工近万人，支持嵇圩林场“抬田造林”工程及改造水利设施。栽植杨树、银杏、金枝垂柳等树木面积334公顷，其中水杉、池杉、意杨等林木220多公顷，银杏、杂交柳、金枝垂柳等风景树木20多公顷。1991年夏，遭遇特大洪涝灾害，场内桃李果木几乎全部被淹死。1992年，黄淮海农业开发项目投资嵇圩林场39.57万元，林地渍涝问题得到解决。该场被江苏省林科院列为杂交柳、意杨13号实验基地。9月，中共中央政治局候补委员、中央书记处书记、中央办公厅主任温家宝看到这片人工林后，赞叹不已地说：“这个林子太美了，就像我在泰国看到的塔林。”

2001年，县荷花艺术节举办后，将嵇圩林场作为旅游景点予以培育、发展、推介，并改称为水上森林公园。水上森林公园独特的生态环境和景观，吸引天南地北的游客来此休闲、度假、写生、游玩、摄影等。炎夏季节，林中气温比阳光下低10摄氏度左右。游客步入林中，顿生清凉舒爽之感，都赞不绝口地称其为“天然氧吧”“生态清凉林”。是年，林区被列入淮安市对外开放的旅游景点之一。是年秋，县滩涂开发公司继续扩大林地面积，在南刘林场实施千亩机械化“抬田造林”工程，栽植意杨2万多株，耗资35.5万元。2002年，南刘林场、刘协记站、十八篙站等地的463公顷滩地的改造规划纳入国家土地复垦计划，获得专项开发资金1983万元。2005年4月，该项工程正式动工，共建排灌站2座，修建涵闸311座，新建防渗渠112.7公里，开挖疏通排水沟36.3公里，新修砂石路15.53公里，栽植意杨防护林7.16万株，投入资金2010.4万元，全公司人工林面积达590公顷，在树荫里、草丛中、水塘边，白鹭、苍鹭、喜鹊、黄鹂、黑腰燕、白头翁、黄嘴鹦鹉、鸬鹚等唧唧喳喳，獐鸡、野鸡、野鸭、野兔、蛇、鳖、龟等穿梭忙碌，一派原始森林景象。为苏北地区最大的人工林基地。

图20-2-9　水上森林公园（摄于2005年）　刘明礼/摄

第四节　三河滩湿地

三河滩湿地，位于黎城镇北郊三河（淮河入江水道）河道内，毗连南岸，总面积约172公顷。三河行洪时滩地没入水中，行洪过后裸露为陆地小岛，河面形成一个自然弯道。中华人民共和国成立初，广袤的滩地仅有自然生长、不怕水淹的芦苇杂草及百余株柳树。1958年春，宝应湖西工委、办事处组织人工在滩地栽植柳树，为的是防风、挡浪、护堤，改善城区周边环境。1960年，金湖县政府在此建立三河滩矿柱林场，1961年，省政府批准建立国营金湖县林场，始在滩地有组织、有计划、不间断地增植更新柳树。

1986年，三河滩地上已形成一片柳树林，柳林面积约为80公顷，林木稀疏、参差不齐。此后的每年植树节，县委、县政府均组织县城的广大干部、职工、学生、团员青年、民兵参加义务植树活动。经过多年的培育，柳林面积逐步扩大到130公顷，成为民众休闲娱乐的场所。1993-1996年，县政府先后投入10多万元，在柳树林内建成南北向水泥预制块路面3000平方米，路边设置水泥圆桌、桩凳、条凳等60余组，供游人游玩休闲。1999年，三河滩造林面积增加到140公顷。2001年，县荷花艺术节举办后，三河滩湿地作为旅游景点予以培育、发展、推介。2002年，按国家关于森林区划分类界定要求，该林被列为国家级生态公益林。2004年，三河滩公益林成片更新造林34公顷。

图20-2-10　三河滩湿地（摄于2002年）　李义海／摄

2005年，公园林地树种均为柳树，覆盖率达90%以上，总面积约147公顷，是全省唯一以柳树为单一品种、面积最大的柳树林。估算拥有柳树4万余株，活立木蓄积量约3万立方米。阳光明媚的春天，柳林披上嫩绿的盛装，绿柳在和煦春风的吹拂下，枝头摇曳，绿波荡漾；林间有小鸟鸣唱，地上有蒌蒿、野芹、荠菜、马兰头等多种野菜，人们正忙碌着采摘；炎夏酷暑，游人进入林荫间，凉风习习，顿生凉爽之感；三河行洪时，滩地虽没入水中，柳树的枝头却像一撮撮绿丘浮现在水面，湍急的水流在此间缓慢流淌，群群野鸭在绿丘中穿梭，乘船游览别有情趣；寒冬雪景，柳林银装素裹，树干亭亭玉立。一年四季，三河滩景色宜人，成为游客听涛、赏旭、望月、观鸟、拂煦、亲水、野炊的佳地，成为书画家、摄影家、作家、诗人等文人墨客即兴写生创作的理想场所。

游乐场　1997年，由私人投资80多万元兴建。位于公园入口处，面积万余平方米。设置有跑马场、溜冰场、网球场、快艇、游船、儿童乐园等游览娱乐设施。1998年，添置碰碰车、赛车、小火车、射箭等娱乐项目，入园门票每人2元。

跑马场　位于游乐场南部，利用原有草地圈框而成，面积约400平方米。跑马场四周设置有钢网和栏杆，并购置草原牧马2匹，供游人骑马游乐；另配备驯马员一人，负责骑马游乐安全。

溜冰场　位于跑马场以西，面积约200平方米，溜冰场地为混凝土结构。

网球场　位于跑马场以西、溜冰场以北，面积约200平方米。供爱好体育运动的游客活动娱乐。

儿童乐园　1998年设置，位于游乐场中部。娱乐设施有碰碰车6辆、赛车4辆、高架车6辆等，还有气枪射击、射箭等娱乐项目。

观光小火车　1998年设置，位于游乐场东部。小火车轨道南北向，长约50米，宽100厘米，以30×30厘米钢筋混凝土预制块为枕木，上铺小钢轨；小火车直流电制动，一次可乘坐儿童4~6人。

水上游览厅　1998年设置，位于游乐场进口处的河道上，有快艇2艘、小型游船数艘、海盗船1艘，供游客水上游览娱乐。

第三章　中国·金湖荷花艺术节

第一节　第一届金湖荷花艺术节

2001年，县举办第一届金湖荷花艺术节。办节宗旨是：以荷为媒，文化搭台，经贸唱戏，让世界了解金湖，让金湖走进世界。年初，县成立荷花艺术节组委会，向社会征集荷花艺术节节标和吉祥物。节标，以荷花基本形象为主要构成元素，变形为似手的飞翔鸟形，其线条弯曲、圆润、飘逸、流畅，寓水乡、水流；意涵水乡的热情、妩媚，水乡人民舒展胸怀、友好、真挚，表达水乡的柔媚、灵动、腾飞等；吉祥物为拟人化的结构相同、形态各异的开心鸭4只。开心鸭身着绣有荷花艺术节节标的肚兜，以红、黄二色粉饰，明快热烈。它们或头顶荷叶、手持莲花，或脚踩荷叶、手持莲蓬，均呈喜乐态，笑迎八方客。节前，县举办由省文联、省作协、市文联参加的荷花诗歌节、诗歌朗诵会及采风荷花荡激情创作金湖歌等活动，创作多首水乡特色浓郁的歌词。县城主要道路两侧布置花圃，人民路沿线布挂30多个品种荷花灯2000多盏，县行政广场设置大型气囊拱门，两边耸立吉祥物巨形开心鸭4只，节日气氛浓郁。

图 20-3-11　2001年7月28日，在县行政中心广场举行“荷乡放歌”大型文艺晚会　姜燕／摄

第一届荷花艺术节7月28日开幕，8月20日闭幕，历时24天，可谓金湖县成立以来规模最大、层次最高、参与人数最多、持续时间最长、影响

最为深远的一次文化艺术活动。7月28日晚在县行政广场举行“荷乡放歌”大型文艺晚会。晚会由江苏卫视与县政府联合举办，中央电视台节目主持人朱军、文清主持，刘欢、董文华、腾格尔、尹博林、孙静、顾芗、张克勤、朱虹等18名国家一级演员到场献艺；南京市歌舞团、省青年舞蹈团、南京市盼和艺术团、金湖娃艺术团、南京市杂技团等参加演出。晚会演出舞蹈、独唱、联唱、快板、小品、相声等节目12个，历时近3小时。中外嘉宾及县域干部群众现场观看演出者1.3万多人，晚会现场直播的城乡观众有近30万人。8月11日、15日晚，县育才小学和实验小学、金湖娃艺术团分别在金城影剧院联合推出“小荷风采”青少年器乐演奏晚会、“尖尖小荷”专场文艺晚会。参演小学生近百人，独奏、合奏交错进行，二胡、古筝等民族乐器与双簧管、萨克斯等西洋乐器竞相上阵；有舞蹈、独唱、配乐诗朗诵，还有时装和书画表演等。8月20日晚的闭幕式文艺晚会，特邀江苏省歌舞剧院、南京市歌舞剧团、前线歌舞团的著名演员加盟演出合唱《苏北江南》《金湖风》、摇滚快板《锦绣金湖》，及舞蹈、歌舞、表演唱、相声、快板、评话等节目，市县领导及社会各界代表1000多人观看演出。

8月28日上午10时，县在金湖宾馆召开招商引资项目发布和签约大会，国内外100多名客商参加。发布项目35个，其中工业项目19个，农业项目1个，基础设施项目2个，社会事业项目4个，房地产开发项目4个，接纳意向投资6亿多元。签约项目35个，投资1.7亿元。荷花艺术节期间，县在金湖宾馆一楼大会议室举办县域经贸产品展览，300平方米展厅展出地方名特优产品600多种，至9月底，国内外客商前来参观、浏览的有4000多人。

第二节　第二届金湖荷花艺术节

2002年7月18日至7月22日，第二届荷花艺术节举办。办节宗旨是：聚焦工业园，推进金湖经济；点击金莲花，展示水乡文明。县组委会下设项目、活动、安全、后勤4个组和1个办公室，分别负责工业园区重点项目筛选引进，城区美化、亮化、绿化，各景点准备；系列文化活动策划、组织，各类材料准备与新闻外宣；节日期间场馆、交通安全、信访接待、来宾接待、资金筹措、后勤保障等日常事务。

第二届荷花艺术节开展12项活动。其中参观活动4项：荷花艺术节开幕式，大型花车方阵游行，民间广场艺术表演，“人寿年丰”中国人寿大型礼花焰火晚会。

图 20-3-12　2002年7月18日，在县工业园区举行金湖县第二届荷花艺术节开幕式文艺晚会　姜燕／摄

7月18日上午，第二届荷花艺术节开幕式在县工业园区金石机械有限公司天然气集输配套采气井口装置项目工地举行，省市有关领导、部门负责人，在金湖投资兴业的客商代表和中央、省、市新闻媒体记者等参加。县委书记致辞后，有关领导为县工业园区工业重点开工项目集中剪彩11个，10余支民间艺术表演队载歌载舞，增添开幕式的热烈气氛。开幕式后是

"花车迎嘉宾，金莲献友人"大型花车方阵游行和民间广场艺术表演。县实验小学、育才小学学生组成的百人鼓号队、腰鼓队在前开路，老年大学老年学员的健身队紧随其后；金石机械集团、江苏石油试采二厂、爱特福集团等9家企业制作的9辆花车引人注目；县机关工委、教育局、卫生局等部门单位由80~90人组成的16个方阵队参加游行。游行队伍从开幕式会场出发，沿衡阳南路北行至金湖西路东进，再由人民路北行，至行政广场结束，行程近4公里。沿途两侧，人流如织，赏阅者有3万多人。

7月22日晚，题为"人寿年丰"的大型礼花焰火晚会的闭幕式，在健康西路与衡阳路交会的街道中心广场举行。晚会由人寿保险公司金湖支公司承办，21响礼炮鸣放以后，主席台上空展现出一幅由五光十色的火花组成的"祝第二届荷花艺术节圆满成功"焰火字幕，随后，口径5英寸、6英寸、8英寸的250枚礼花弹渐次在夜空绽放，组成一幅幅绚丽多彩的画面，县城乃至县城附近的数万观众沉浸在节日的欢乐之中。节间，还举行"金湖风情"一日游；"金莲盛开"文艺晚会，著名书画家荷画精品展暨"走进金湖"书画摄影美术作品展，"湖城万家乐"广场晚会，"爱特福杯"里下河风情演唱会，"十里荷花"人民保险大型灯展；以及金湖工业园区11个工业重点项目开工典礼、到金湖参加荷花艺术节客商座谈会、"相聚在金湖"企业家联谊会等经贸活动3项。中央电视台第四套、第三套、第七套及《新华日报》《扬子晚报》等媒体均作新闻报道和对金湖生态县进行宣传等。将"金莲盛开""人寿年丰"等活动制成"盛世荷风—江苏金湖第二届荷花艺术节"VCD光盘，供人们收藏和观看。

第三节　第三届金湖荷花艺术节

2003年7月26日至28日，举办第三届金湖荷花艺术节。办节宗旨：以荷为媒，做大经济发展平台；扬荷之风，展示水乡文化特色。是年，适逢"非典"和"特大洪涝灾害"，全县人民全身心投入抗击非典和抗洪排涝。荷花节的举办时间及节程几度调整、几经修改。最后实施的荷花艺术节时间及节程是临近荷花节的7月下旬确定的，节时仅3天，活动内容减少为6项。

7月26日上午，开幕式在工业园区爱特福工业园内举行。省市有关领导、部门负责人，参加金湖抗洪抢险的解放军某部首长，驻金江苏石油试采二厂领导，在金投资的客商代表，县骨干企业代表，劳模代表，县四套班子领导，县直各部门负责人，各镇党委书记以及部分机关干部参加。开幕仪式后，省市县领导同时为园区内开工企业剪彩17个。当日晚，在金湖中学升旗广场举行"情满荷乡"开幕式暨大型赈灾广场文艺晚会。晚会由中国东方歌舞团担纲，节目主持人亚宁、佟秋菊主持，歌星韦唯、周彦宏、孙悦、牟玄甫、刘维维、陈依华等参加演出。县内艺人和金湖

图20-3-13　2003年7月26日，在县金湖中学举行第三届金湖荷花艺术节"情满荷乡"开幕式暨大型赈灾文艺晚会　朱伟/摄

娃艺术团分别表演摇滚快板“全面建设小康县”、少儿舞蹈“打金斗”。晚会始终突出抗洪救灾主题，在一个个精彩节目之间穿插进行“献爱心赈灾募捐”活动，现场收到社会各界的企业家、个人赈灾捐款134.26万元。

随后，举办名人、名企、名品、名胜“大卖场”，招商项目推介会，“金湖名片”发行仪式，发展金湖经济系列论坛等活动。名人、名企、名品、名胜“大卖场”设于金湖中学东侧的衡阳路。以形象图版、实物产品、手工加工、团体表演等形式展示。6万多平方米的卖场共展出高2.5米、宽1.8米的图版133快，50个实物展位展出产品实物品种300个，20多个表演队分门别类地表演各自的手工技艺，外地客商及全县城乡群众数万人前往观看、品评，金湖的区域经济、区域文化、区域优势和区域特色进一步得到彰显。

第四节　中国·金湖第四届荷花艺术节

2004年7月16日至18日，举行中国·金湖第四届荷花艺术节（自本届起，金湖荷花艺术节前冠“中国”二字）。办节宗旨：体现“三个代表”重要思想内涵，坚持贴近群众，贴近生活，贴近实际；全民参与，高歌伟业，弘扬创业，娱乐百姓。本届荷花艺术节以市场运作方式办节，打破由政府承包办节格局，让更多企业或经济实体参与办节，既宣传企业，又节省财政支出。节前，全县新闻媒体开展强势宣传。6月21日至28日，主要报道金湖建县45年来全县工业、农业、水利、交通、城建、电信、文化、教育等方面发生的巨大变化、取得的业绩，激发全县人民进一步弘扬金湖精神、建设小康社会、实现“三个率先”的士气；6月29日至7月7日，主要报道荷花艺术节准备工作情况，督促各办节单位做好各自所承担的工作；7月8日至15日，主要是展示金湖形象，宣传欣欣向荣的城乡建设、水乡风情，让世人了解金湖、向往金湖，亲临金湖旅游观光。县城人民路、建设路、健康路、园林路、金湖路、衡阳路等主要路段及其两侧的标志性建筑物和几处大型广场，共悬挂荷花彩灯600余只，彩旗1.5万多面，竖、横幅100多条，大型气球50多只，设置大型气囊拱门、挂角灯笼、气柱、广告牌等难以数计。

7月16日上午8时，第四届中国·金湖荷花艺术节开幕式在县工业园区内举行。开幕式后，县四套班子领导为落户县工业园区的江苏金石机械集团液压快锻等4家重点工业项目开工剪彩。同时，在县行政广场举办为庆祝建县45周年的“总结辉煌成就，展望美好未来”的“飞跃的金湖·建县45周年大型图片成就展”，展出县属工业、乡镇工业、水产业、畜牧业、林业、生态示范区等方面展牌60余块。节间，举办庆祝建县45周年和一系列经贸活动，举办“盛世荷风”文艺晚会及广场文艺、广场电影、广场健身和展览交流等系列群众文化活动。

图20-3-14　2004年7月28日，在金城影剧院举行庆祝金湖县建县45周年和“盛世荷风”文艺晚会　朱伟/摄

三、苏源宾馆

2000年，由县供电公司投资1200万元兴建，位于县城人民路与金湖路交会处东北侧的人民路128号。宾馆占地3000平方米，建筑面积3600平方米，有客房38间，其中标准客房29间，豪华套间9套；有大、小会议室2个，大会议室可容纳150人开会；在一楼、三楼、七楼均设有餐厅，可分别供100人、300人、180人同时用餐。2002年8月被淮安市旅游局评定为二星级旅游涉外宾馆。2005年，经营正常。

第二节　旅行社

一、金盛旅行社

2001年3月，经市旅游局批准挂牌营业，是金湖县第一家拥有旅游经营资质的旅行社。旅行社下设旅游部、票务中心、旅游车队等。有资质导游12人，其中中级导游1人、初级导游11人。开发有往北京、青岛、大连、三亚、昆明、西安、广州、珠海、拉萨、杭州等城市和往桂林、张家界、千岛湖、黄山、九华山、峨眉山、武夷山等景点旅游线路。是年，被市旅游局评为"最佳旅行社"。2005年，拥有豪华旅游车5辆，经营国内旅游业务。是年，组团208批4016人次；地接30批1060人次，年营业额488万元。

二、金港旅行社

2002年3月，由市旅游局批准成立。旅行社持旅行社经理资格证4人，持导游证14人，其中中级导游员2人、省十佳导游员1人、市优秀导游员7人。2005年，组团96批3980人次；地接22批780人次。

三、金湖旅行社

2002年12月，由市旅游局批准成立，位于县城人民路128号，有工作人员4人，服务内容有订购国际、国内机票、火车票，组团国内旅游、公务考察、学习、疗养等。2003年，该旅行社由于效益不佳而停业。

四、金鹏旅行社

2004年7月，经市旅游局批准成立。有工作人员6人，其中淮安市优秀导游2人。2005年，该旅行社提供国内团体、散客、旅游咨询等旅游服务，代订火车、飞机票，可根据游客的具体情况规划旅游线路。

第三节　导游队伍

1999年，境域始有导游3人，其中持证资质导游1人。2001年，持证资质导游增加到26人，其中，中级导游6人、初级导游20人。2002年，持证资质导游增加到43人，其中，中级导游8人、初级导游35人；被评为省级"十佳"导游1人，市级优秀导游3人。2005年，共有持资质证书导游61人，其中，中级导游10人、初级导游51人；省级"十佳"导游1人，淮安市优秀导游5人。

第二十一篇　信息产业

1986年，金湖有市县邮路1条50公里，县内邮路5条360公里；收寄函件93.91万件、出口包件1.29万件、汇兑交换量4.42万张、发行报刊1135.41万份。县电信营业初步使用少量计算机及终端设备，有共电式长途交换机6席/30门、长途载波电话终端机4部，自动拨号电话交换机容量1000门。至1989年，电话准电子交换机扩容至2000门。1991年9月，县内首次开通数字无线寻呼（BP机）业务。

1992年，电信事业快速发展，市话首次开通JKT20程控自动交换机400门，农话全部更新为JKT20程控自动交换机，共有交换点14处，容量5124门，在苏北地区率先实现农话自动化。1993年，开通金湖—淮阴1920路长途光缆电路，配套开通程控电话交换机7000门，同时开始发展移动电话（手机，俗称“大哥大”）用户。1994年，又安装开通程控交换机3000门，县城市话交换机总容量达1万门，列全市各县（区）首位。先后布放电缆1.23万对，总长69杆公里；撤销人工长途台，全部由市局转接；布放县城至闵桥、吕良光缆72.18杆公里，沿途乡镇实现传输光缆化；使用程控交换机2048门，在苏北地区率先实现全县电话自动化。1996年，移动通信交换设备改制，手机用户大幅增加；全县城乡电话实现传输光缆化、交换数字化；261个村，村村通电话。

1998年，按照全国邮电统一分营部署，邮政、电信分营，县邮电局一分为四，即邮政、电信、移动、寻呼（联通）。加快通信建设步伐，筹集邮电通信建设资金，建成苏北第一个电话县。县邮政事业迅猛发展，24个农村分支机构都建起营业大楼和职工住宅楼，县城营业部和3个支局业务操作实现电子化，开办邮政储蓄、特快专递、邮政广告、集邮等多项新业务。是年，新增1条淮阴市区至金湖的邮路，自办邮路4条并由直线改为环形，总长470公里。

2000年后，邮政物流业务收入较快增长，数据通信、互联网成为电信业务新的增长点。2001年，县邮政局新增邮资盖戳机1台，由此减少邮件收寄盖戳人员三分之一工作量。2003年，建设无线市话——小灵通（PHS）网络。2004年，龙港花园小区首批158户居民安装集群式信报箱，自办汽车邮路2条255公里。因通信手段现代化，电汇、网购等新的资金流、物流形式出现，传统的信函、包裹、汇款等邮政业务逐渐萎缩。2005年，全县邮政完成业务量1815万元，收寄函件74.3万件、出口包件0.94万件、汇票业务量1.43万张、报刊发行601.37万份，分别下降40%左右；新增特快专递出口2.98万张、集邮收入34.19万元。电信方面，完成业务量5455万元，交换机总容量近12万号线，实占11万号线；无线市话网覆盖全县城乡，拥有无线市话基站528座、信道2848个；城乡电话用户累计13万户（固定电话10万户、无线市话3万户），电话普及率达37%，城镇每百户拥有固定电话134部、移动电话72部，农村每百户拥有固定电话及移动电话157部；城乡电信宽带用户逾万户，占电话用户渗透率超过10%。

第一章　信息产业机构

第一节　邮政机构

1986年，县邮电局内设人秘股、通信股、计财股，下辖邮电支局7个、邮电所11个、邮电代办所7个，设有信筒、信箱47个，其中农村39个。1987年，升格邮电支局2个，减少邮电所3个，增设报刊零售亭4处，邮票代售处74处，其中农村62处。1988年，随着乡镇数量增加，增设前锋、戴楼、黎城3个邮电所和城南邮电支局。1990年3月，设立政工股。1991年2月，计财股更名为经营计划财务股。1993年7月，县邮电局通信股分设为邮政股和电信股。邮政股下设报刊发行、集邮、邮件、投递、机要5个班组。服务网点有邮电支局9个、代办所12个，信箱、信筒55个。此后，邮政网点逐渐增多。1994年，金沟、戴楼、石油二厂、夹沟、银集邮电所升格为邮电支局，年底共有自办邮电支局（所）18个、邮电代办所7个、邮政代办所1个，职工354人。设有信筒、信箱122个，其中农村91个。1995年8月25日，官塘、石油二厂、戴楼、银集、夹沟5个邮电所（代办所）升格为邮电支局；9月，设立农话股、移动通信股、储汇股；12月18日，城西邮电支局成立。至年底，全县共有邮电支局15个、邮电所11个，职工375人。1996年5月1日，卞塘、陈桥、淮胜、淮建、横桥邮电所升格为邮电支局；10月1日，新农、孙集、刘圩、官塘、前锋邮电所升格为邮电支局；11月18日，城南邮电支局开业。是年，全县共有邮电支局26个、邮电代办所1个、营业网点29处，县局设职能股室14个、生产班组14个，共有职工376人。1997年12月28日，闸东邮电支局成立。年底，全县有县局营业部，城乡27个支局，石油二厂、复兴圩2个代办所，另设邮箱、邮筒66个，邮票代售点18个。

图21-1-1　邮政、电信分营前的金湖邮电大楼（摄于1998年9月）　县志办／供

1998年，按照全国邮电统一分营规划，金湖县邮电局一分为四，即县邮政局、县电信局、县移动公司、县寻呼（联通）公司。9月8日，金湖县邮政局成立，内设综合办公室、经营服务部、财务部、人事教育部，组建储汇、报刊、集邮、广告、速递5个公司，邮件、投递、车队、机要、后勤、业务档案6个班组，下辖邮政服务网点28个（维系邮政、电信合署），全局在册职工

241人（含离、退休46人）。根据邮电一分到底的原则，分营后的邮政、电信支局进行资产置换，石港、石油二厂、陈桥、阮桥、前锋、孙集、淮建、夹沟、唐港、银集、官塘、金南支局的生产用房和院落（含小招待所和小食堂）划归邮政局，并改称为邮政支局，其余支局的生产用房和院落（含小招待所和小食堂）划归电信局，改称为电信支局。在产权明确的情况下，所有支局营业楼的一楼营业厅双方各自设立台席，分开营业；二楼作为电信局的通信机房。

1999年，县邮政局有城乡邮政支局27个、县局营业处1个，投递点8310个，共有职工187人。2000年，撤销石油二厂、复兴圩邮政代办所，三里桥邮政支局兼并集邮公司，闸东支局划归电信局，因县撤乡并镇撤销淮胜、孙集2个支局。2001年6月18日，县城三里桥邮政支局成立，至此城乡共有营业网点25个。8月，成立金湖邮政投递局和金湖邮政函件局；9月，撤销石油二厂邮政支局，邮政业务除邮政储蓄外均由石油二厂邮政代办点负责。2002年，开办“185”客户服务中心，服务项目有综合咨询、业务咨询、业务受理、投诉受理、邮政电话银行、物流配送、邮政礼仪，以及代发工资、代收各种通信费、代理保险、代发养老金、代收各种电信卡等业务。2005年，内设综合办公室、经营服务部、财务部、人事教育部。全县共有邮政网点25个，其中县城网点4个、乡镇网点21个。

第二节　电信机构

1986年，境内电信业务隶属县邮电局，由通信股具体负责，下辖的邮电支局（所）均经营电信业务。1995年9月，设立农话股、移动通信股，下辖的邮电支局（所）仍同时经营长话、农话、移动电话业务。

1998年9月，县邮电局分离为电信、邮政、移动、寻呼4个部分，金湖县电信局成立，内设机构有综合办公室、人力资源部、计划财务部、市场经营部、设备维护部，下辖金北、新农、刘圩、淮胜、吕良、塔集、闵桥、涂沟、戴楼、卞塘、金沟、横桥12个支局，与邮政合署营业支局（所）12个，城乡共有营业网点29个。1999年，县电信局、中国移动通信公司金湖分公司、国信寻呼公司金湖分公司联合承办各项电信业务。县电信局主要承办固定电话、数据通信、电报通信、会议电话等业务，移动公司承办移动电话业务，寻呼公司承办寻呼业务。全县有城乡电信支局12个、营业网点28处，职工166人（含移动通信17人、无线寻呼3人）。2000年，共有电信支局24个，服务网点28处。2001年7月，成立电信管线服务总公司。是年，共设有农村电信支局23个，城乡电信营业网点27处。2002年6月，县电信局更名为江苏省电信公司金湖县电信局。2003年3月，江苏电信公司金湖县电信局更名为江苏省电信有限公司金湖县分公司，内设综合管理部、业务经营部、工程维护部等管理部门，业务资源部、客户服务部、设备维护安装中心、线路维护安装中心等二级班组。2005年，内设机构、下辖支局和营业网点未变。

图21-1-2　金湖电信大楼（摄于2004年）　　县档案馆／供

第三节　移动通信机构

一、中国移动机构

1998年5月，中国移动江苏公司金湖分公司从县邮电局剥离，成立中国（香港）江苏省移动通信有限责任公司淮阴分公司金湖运营部，内设机构为经理室、综合部、经营部，共有职工17人。1999年3月，注册成立中国移动通信公司金湖分公司（简称金湖移动公司），地址设在县城健康西路47号，建成主营业厅。2001年，增设合作营业厅2个、代办点18个。2003年，发展农村合作营业厅11个、代办网点36个。2004年10月，公司迁至县城衡阳南路139号综合楼，拥有主营业厅1个、合作营业厅2个、农村营业厅12个，有职工50人。2005年，拥有各类营业厅、专营店及特约代理店62个，自营比例21.2%。

二、中国联通机构

1998年9月2日，县无线寻呼成建制从县邮电局剥离，成立金湖县寻呼公司。1999年6月，成立江苏国信寻呼有限公司淮阴分公司金湖经营部，10月更名为江苏国信通信有限公司金湖经营部，有职工3人。2000年8月，组建中国联通江苏淮阴分公司金湖经营部。2001年，有主营业厅2个，分销商30户。3月，向社会公开招聘营销员1人、营业员6人，职工总数15人，此后，更名为中国联通有限公司金湖分公司（简称金湖联通公司）。2003年，合作营业厅发展到7个，代理商发展到33户。

2004年6月9日，金湖联通公司综合楼建成，位于县城园林路112号，占地1900平方米。2004—2005年，公司内设机构有总经理室、市场部、集团部、客服部、财务室，有主营业厅1个、合作营业厅22个、代理商24户，在册职工30人。主要经营国内、国际长途通信业务，移动通信业务，无线寻呼业务，互联网业务和IP电话业务，技术咨询和技术服务等。2005年，公司加强分销渠道建设和集团大客户发展，全年新发展分销商7户，集团单位96户。

第二章　邮　政

第一节　邮政设施

基础设施　1986—1988年，部分乡镇邮电机构通过购买和自建方式获得自主产权房屋。1991年，改造、扩建吕良、三河、卞塘、阮桥4个农村支局（所），建筑面积2200平方米。1992年，闵桥、三河、石港、刘圩、银集5家邮电综合楼建成使用。1993年，县邮政局建成6层邮电综合办公楼，同时对支局（所）房屋进行重新修建。至1997年，全系统新增建筑面积3106平方米，所有支局（所）的基本建设改造基本结束，建成营业楼和宿舍楼。

1998年，邮政、电信分营后，县邮政局采取职工集资方式自建2幢商住楼。邮政自有房屋建筑面积1.91万平方米，其中生产用房5519平方米、非生产用房1.36万平方米（含住宅6033平方米）。2002年3月，县邮政局投资23万多元，在县城主街道两旁设置报刊亭14座。至2005年，邮政基础设施基本未变。

营业设备 1986年，县邮电营业初步使用少量计算机及终端设备。1995年，用于邮政生产作业的计算机有35台。1996年，由于电信网实现由模拟向数字的转变，邮政网点科技含量不断增加，26个邮电支局均配备传真机、双面显示电子秤等，年内新增电子化邮局3个。县局邮件班配备自动过戳机1台，日均缩短处理时间近三分之二。1997年，用于邮政生产作业的计算机增加到58台，邮政储蓄业务实现县内联网，资费计算完全计算器化，算盘基本淘汰。

1998年，邮政、电信分营后，县邮政局业务迅猛发展，营业设备明显改善。陆续配备电子信函秤、机电式扇形包件称重机、包裹收寄机、点钞机等。1999年，所有网点邮政储蓄计算机设备全部更新，并实现全省联网。2000年，县城部分网点安装ATM机。2001年，新增与110指挥中心联网的CK报警系统，县局新增邮资盖戳机（Neopost.SM/法国制造）1台，由此邮件收寄人员工作量减少三分之一。11月20日，建成并开通邮政综合通信网，为开发各项新业务搭建一个新的平台。由此推出的新业务有网上集邮、网上报刊、网上商城、CA论证、绿卡网上支付和ISP接入服务等，实现邮政多种资源有机地整合。2004年，筹资2万元，为龙港花园小区首批158户居民安装集群式信报箱。2005年，邮政储蓄网点的封闭作业工作完成，新增大理石柜台、防弹玻璃墙，安全防护设施达到公安部规定标准。

邮运车辆 1986年，全县仅有邮运汽车2辆、邮运摩托车5辆（其中红邮车4辆）、投递用自行车79辆。1987年，增加邮运汽车1辆。1988年，减少邮运摩托车（红邮车）1辆。1990年，增加邮运摩托车（红邮车）1辆。1991年，邮运汽车增加到6辆，邮运摩托车减少为4辆。1992年，增加邮运汽车1辆，淘汰摩托车3辆。1993年，又增加邮运汽车1辆。1994年，邮运汽车增加到9辆，最后1辆邮运摩托车退出历史舞台。

1998年9月，邮政、电信分营后，邮政局独立运营时有生产用车9辆。2000年，有用于邮路运输车4辆。2001年后，随着传统邮政业务逐步滑坡，邮件的收寄、投递量逐年减少，邮路相应缩减，运载工具也相应减少。2005年，有投递自行车52辆。

第二节　邮路　投递

邮路 1986年，全县仅有金湖—盱眙县马坝镇县际邮路1条，长50公里；县内邮路5条，总长递360公里。县内邮路中，自办三轮摩托车邮路4条：金湖—闵桥76公里、金湖—卞塘50公里、金湖—阮桥110公里、金湖—复兴圩74公里；委办汽车邮路1条，金湖—卞塘50公里。1991年，自办汽车邮路3条，总长382公里。其中，农村邮路2条，起止点分别是：县局—金北—白马湖，环形单程135公里；金湖—闵桥—唐港，环形单程115公里。城区邮路1条，起止点是：县局—闸东—城西—城南，环形单程40公里。1995年2月20日，金湖—马坝二级邮运干线的邮运频次由原来的每天1班增为4班，加快邮件传递速度。

1998年初，新增淮阴市区—金湖邮路1条。9月，邮政、电信分营后，邮政局自办邮路4条，总长470公里。其中，二级汽车邮路：县局—马坝—卞塘，环形单程180公里。1999年，邮路总长延伸30公里。2000年，邮路总长缩减至356公里。其中，二级汽车邮路起止点是：县局—马坝，直线单程24公里。自办农村邮路起止点分别是：县局—金沟—闵桥—唐港，环形单程145公里；金湖—戴楼—陈桥—吕良—前锋，环形单程147公里。城区邮路起止点是：县局—城南—三里桥—城西，直线单程40

公里。有4部运输车用于邮路。2001年起，传统邮政业务滑坡，邮件收寄、投递量逐年减少，加之运送工具先进、运送能力增强，邮路相应缩减。2003年，县内自办邮路仅剩2条，总长290公里，邮件交接点19个。2004年，2条邮路实行承包作业。至2005年，自办汽车邮路2条，总长255公里。分别是：县局—戴楼—金北—吕良—陈桥—石港—前锋—白马湖，总长110公里；县局—营业部—运西—运东—金南—银集—涂沟—唐港—刘圩—淮建—塔集—闵桥，总长145公里。

投递　1986年，域内邮电支局（所）一般配备投递员2~3人，少数支局（所）配备1~2人，全县投递单程2214.5公里，其中逐日投递路程1582公里、隔日投递路程632.5公里。配有投递专用自行车79辆。1987年，全县投递员66人，路线63条，总长3122公里。1988年，共有城乡投递邮路54条，总长2005公里，投递点8155个。投递用自行车减少2辆。1989年，投递自行车减少6辆。1990年，投递自行车减少1辆。1991年，投递自行车增加至82辆。1994年，共有城乡投递路线49条，总长2008公里，投递点5880个。1995年，有城乡投递路线57.5条，总长2121.5公里，投递点5997个。1997年，全县投递员62人，投递路线58条，总长2458公里。1999年，共有城乡邮递邮路52条，投递点8310个。2000年，总长减少到2340公里。2005年，有投递路线33条，投递员51人，总长2408公里。是年，通过争取使进口报刊传递时间提前，保证乡镇报刊在正常情况下于当天下午5时前抵达邮政网点，50%乡镇支局实现集镇报刊当天投递。

2005年金湖县农村投递路线一览表

表21-2-1

投递支局	投递路线（条）	路线总长度（公里）	投递支局	投递路线（条）	路线总长度（公里）
戴　楼	3	218	闵　桥	3	235
金　南	4	283	石　港	1	59
银　集	4	276	前　锋	3	208
涂　沟	1	56	金　北	3	254
唐　塘	2	115	吕　良	3	237
塔　集	3	221	陈　桥	3	246

说明：投递工具均为自行车；投递班期均为每周5班。

邮政编码　1980年7月1日，全国统一使用的邮政编码开始正式在全国宣传推行。当时，规定使用左上方和右上方带有红框邮政编码的标准信封，此后又规定使用左上方带有红框邮政编码的标准信封。后因种种原因，推行工作全面停止。直到1986年，全国邮政工作会议决定重新在全国推行邮政编码。采用的邮政编码为"四级六码"制，即每组编码由六位阿拉伯数字组成，前两位代表省（自治区、直辖市），第三位代表邮区，第四位代表县（市）邮电局，最后两位是投递局（区）的编号。是年起，金湖县开始使用邮政编码，规定在交寄信件、包裹时务必写明邮政编码，以确保在传递过程中提高速度和准确性。

金湖县邮政编码配置一览表

表21-2-2

乡　镇	邮政编码	乡　镇	邮政编码	乡　镇	邮政编码	乡　镇	邮政编码
县城（黎城）	211600	官　塘	211612	卞　塘	211615	孙　集	211619
金　南	211611	金　沟	211614	戴　楼	211616	吕　良	211621

接上表

乡 镇	邮政编码	乡 镇	邮政编码	乡 镇	邮政编码	乡 镇	邮政编码
金 北	211622	白马湖	211627	夹 沟	211633	唐 港	211643
石油二厂	211623	陈 桥	211628	闵 桥	211634	银 集	211644
石港（宝农）	211624	新 农	211629	横 桥	211635		
前 锋	211625	塔 集	211631	涂 沟	211641		
淮 胜	211626	淮 建	211632	刘 圩	211642		

第三节　邮政业务

一、概　况

1986年，全县邮电业务总量98.04万元。20世纪90年代起，由于电信业日益发达，传统邮政业务受到很大冲击，渐趋萧条，加之邮政本身属于劳动密集型服务型行业，自身人员多，生产成本高，还要为社会提供大量、多品种的无偿或低效益服务，致邮政业务处于（政策性）亏损状态。1998年，全县邮政、电信分营时，邮政业务收支差-462.4万元。县邮政局多方开拓市场，力争扭亏为盈，相继开办邮政储蓄、特快专递、邮政广告、集邮等多项新业务。2000年，邮政业务收支差降至-12.9万元。2000年后，因通信手段现代化，电汇、网购等新的资金流、物流形式出现，传统的信函、包裹、汇款等邮政业务逐渐萎缩。邮政物流业务收入较快增长。2005年，全县邮政完成业务量1815万元，收寄函件88.16万件、出口包件0.94万件、汇票业务量1.43万张、报刊发行601.37万份，比上年分别下降40%左右；新增特快专递出口2.98万张、集邮收入34.19万元。

二、函　件

1986年7月1日，调整印刷品准寄范围，凡经出版行政机关批准印有统一书号、证号的书籍、报纸、期刊和教材，可作为印刷品交寄。是年，收寄函件93.91万件，其中计费函件83.96万件。1988年3月，与台湾通邮。10月，停止收寄在信封封面上写有香港红十字会、中华红十字会或其他公共机关转寄台湾的信件。是年，收寄函件159.56万件。

1989年1月1日，废除过时的与人民银行、工商银行、农业银行、中国银行、建设银行、交通银行式样相近的“银行挂号信”信封，各银行使用不同颜色的系统内联行专用信封，并符合邮电局规定的“大宗邮件快件标签”标准。4月1日，对特种挂号信封仍执行局内投交规定，对印有统一书号、证号，同时又印有“内部”字样的各种资料，按信函寄递，不得按印刷品寄递；信箱内开出，已贴足挂号资费的函件，除注明“挂号”字样的退回寄件人到营业窗口补办手续外，作平常函件处理。是月，加强推行统一信件书写规格，使用标准信封，非标准信封于30日停止使用。是年，收寄函件有所下降，比上年减少33万多件。1990年，国务院批准对国内邮政及其他相应业务资费进行上调，邮政总体资费水平比调整前上涨150%，平常函件基本资费0.2元；7月31日，调整邮政业务种类，取消邮件回执业务。11月，对新华书店和国家新闻出版署批准的出版社邮寄的大宗（一批500件以上）图书目录、征订单，按提高后的平信资费给予20%的优惠。1991年1月1日起，县人民法院按挂号信函邮寄的诉讼文书，可以继续使用邮件回执业务。8月，对全县各级学校交寄的录取通知信函，一律作挂号或邮政快件寄递。10月，开办礼仪信函。12月1日起，开办中国邮政贺年（有奖）明信片业务。贺年明信片分“卡通”和“剪纸”2组图案，每组6枚，共12枚，每枚0.38元。是年，收寄函件135.83万件，其中计费函件115.16万件。此后3年，函件业务量维持在130万件左右。

1995年，收寄函件有所上升，达到167.43万件，比上年增长27%。业务收入29.5万元，比上年增长25%。1996年12月1日，邮政资费再次上调，总体水平又比调整前上涨150%，平常函件基本资费为0.5元。1999年3月1日，国家邮政局又一次上调资费标准，本埠信函每件（100克内，下同）0.60元，外埠每件0.80元。是年，收寄函件下降至70.65万件，占业务量最高1988年的44.3%。2000年，由于电信事业日益发达，传统的邮政业务受到冲击，渐趋萧条，全年只完成收寄函件83.61万件。2001年，除收寄正常信函外，还开发《中邮广告》小报27.65万份、企业明信片等20.05万份。2002年，开办邮资信封（片）、回音卡、企业金卡等业务。2003年6—7月，境内发生严重的外洪内涝灾害，县邮政局启动汛期抗洪应急预案，在灾情较为严重的金南、闵桥等6个镇分设流动邮局，确保邮政服务不间断。精选出会游泳的邮政职工40人，奔赴全县11个镇，协助农村邮政支局搞好信函、报刊特别是"高校录取通知书"的投送工作。是年，开展企事业单位邮资封、旅游景点门票式邮资片新业务，使函件专业增收20.58万元。2004年1月1日起，国家邮政局将国内邮件挂号费从2元调为3元。是年，因邮政部门大力发行邮政贺年有奖明信片、企业明信片等业务，普通信函特别是明信片业务量明显增多，全年函件收寄陡增至174.9万件，比上年增加43万件，创历史新高。2005年，函件业务推出市内收件人邮资总付、全球优先挂号函件和空运、水陆路函件业务，规模开发账单制作和寄递业务。12月28日，由县水务局出资付印、创意开发的5000枚"保护水源"有奖贺年明信片发行。是年，收寄函件88.16万件，比上年减少86.74万件，占50.4%。

1986—2005年金湖县函件业务统计表

表21-2-3　　单位：万件

年份	业务量	其中计费	年份	业务量	其中计费	年份	业务量	其中计费
1986	93.91	83.96	1993	152.46	138.90	2000	83.61	83.61
1987	133.42	115.45	1994	131.77	118.00	2001	93.74	93.74
1988	159.56	143.47	1995	167.43	167.43	2002	100.84	100.84
1989	126.52	115.27	1996	101.95	101.95	2003	131.20	131.20
1990	153.05	141.19	1997	112.48	112.48	2004	174.90	174.90
1991	135.83	115.16	1998	88.22	88.22	2005	88.16	88.16
1992	136.70	120.10	1999	70.65	70.65			

三、包　件

1986年，出口（收寄）包件1.29万件，其中计费包件1.25万件。1987年11月1日起，开办大件商品包裹业务，每件包裹最大重量可放宽到25公斤。大件商品按商包资费计算后，每件另收手续费1元。是年起，所有包件均按计费邮件处理。1988年10月21日起，除卷烟厂寄往烟草质量检测中心的香烟货样可按规定收寄外，其他单位、个人不得以任何邮政业务种类收寄（夹寄）香烟包裹。

1989年1月7日，执行用户交寄录像带业务，一律凭县、市以上广播电视部门的证明，按包裹或快递小包收寄的规定执行。4月1日，实行凡价值在30元以下（含30元）的手表（怀表）、金银饰品、外国铸币、珠宝玉器四类物品，可按普包交寄。如寄件人要求保价，可按"乙类保价包裹"的规定办理。8月11日，停止收寄干鸭毛包裹。9月23日，不准收寄录（放）像机等商品包裹。年内，开办纸质品包裹业务，规定适用于信函和印刷品准寄范围以外的纸质印刷品应作纸包收寄。全年出口包件1.32万件。1990年7月31日，取消用户专用袋包裹业务。1993年3月1日，恢复烟草及其制品的收寄业务。全年出口包件2.5万件，创历史最好水平。

1994年起，随着国内快递行业的兴起，继之网购业务逐渐被消费者所采纳，彻底打破邮政部门独家经营包件业务的局面，常规包件收寄业务逐步下滑，业务量逐年下降。是年，出口包件1.65万件。1998年，出口量下滑到1万件以下，此后一直在0.8万~1万件之间徘徊。2002年，开办快递包裹业务，省内3天、省外4~5天到达，对普通包件业务带来更大冲击，全年收寄业务量滑至万件以下。2005年，出口包裹0.9万件，仅为高峰期1993年26.2%。

1986—2005年金湖县包件业务统计表

表21-2-4 单位：万件

年份	业务量	年份	业务量	年份	业务量	年份	业务量
1986	1.29	1991	0.89	1996	1.11	2001	1.04
1987	1.29	1992	1.90	1997	1.07	2002	0.96
1988	1.27	1993	2.50	1998	0.83	2003	1.08
1989	1.32	1994	1.65	1999	0.90	2004	0.96
1990	0.97	1995	1.09	2000	0.95	2005	0.90

四、汇　票

20世纪80年代起，随着市场经济的逐步建立，商品流通活跃，汇兑业务增长较快。1986年，境内开发（又称“出口”）汇票业务量4.42万张，其中计费3.98万张。1988年7月，为加速县内汇兑及储蓄资金周转速度，22个邮电支局（所）均开办县内小电汇业务，全年开发汇票4.84万张。1989—1994年，每年开发汇票均在4万张以上。1995年，开发汇票6.1万张，比上年增长41.9%；汇票收入13.1万元，比上年增长24.8%，创历史最高水平。此后开始下滑，1996年比上年下滑1万张，下降近20%；1997—1999年，每年开发汇票都在4万余张，业务量与1986年相近。

2000年后，各商业银行开办电汇业务，电子银行、网上银行、手机银行相继开通，汇款既方便又快捷，邮政部门传统的汇款业务因传递速度慢、手续繁杂而逐步下滑。是年，开发汇票减至4万张以下，仅有3.87万张。2001年，开发汇票3.02万张，又下降22.2%。2002年，电子汇兑系统建成，实现汇款实时到达。电子汇兑有24小时汇兑、2小时加急汇兑、即时特急汇兑3种。尽管如此，仍然难以与多家商业银行竞争，开发汇票逐年减少。2005年下降到1.43万张，平均每年减少0.65万张。

1986—2005年金湖县汇票业务统计表

表21-2-5 单位：万张

年份	业务量	其中计费	年份	业务量	其中计费	年份	业务量	其中计费
1986	4.42	3.98	1993	4.10	3.00	2000	3.87	3.87
1987	4.73	4.14	1994	4.30	3.10	2001	3.02	3.02
1988	4.84	4.24	1995	6.10	6.10	2002	2.33	2.33
1989	4.61	3.74	1996	5.00	5.00	2003	2.07	2.07
1990	4.32	3.45	1997	4.72	4.72	2004	1.99	1.99
1991	4.18	3.13	1998	4.60	4.60	2005	1.43	1.43
1992	4.30	3.10	1999	4.20	4.20			

门程控小交换机在石港邮电支局开通使用，标志着域内农村通信交换手段进入一个新的发展阶段。1992年，电信事业快速发展。3月23日，塔集60路微波开通；9月，512门程控交换机开通使用。自此，塔集、夹沟、淮建乡（镇）进入自动电话网。是年底，有农话三路载波电话终端机50部，特高频收发信机2套、微波发信机3部。农话由小微波电路全部更新为JKT20程控交换机，有交换点14处，容量5124门，其中三河支局256门程控交换机开通。1993年8月，相继开通农村数字电话。年底，载波电话终端机44部，其中三路40部，特高频收发信机1套，微波收发信机8部。1994年，利用国产HJD04程控交换机2048门，金湖在苏北地区率先实现电话自动化。是年起，计量单位按路计算，年底，载波电话终端机总容量150路，实占150路，特高频收发信机16路，微波收发信机24路。1995年，全县投入农话建设资金1200万元。9月20日，刘圩、淮建、银集、唐港、塔集、金沟、吕良、金北、石油二厂、陈桥、白马湖11个数字点全部开通，采用国产HJD04程控交换机，总容量10240门。9月25日，收费采用微机话费处理系统。金北邮电支局投资150万元，于9月27日开通功能多、接续快、微机计时计费的1000门HJD04数字程控交换机，建成第一个农村数字交换点。至此，全县15个支局（所）实现程控电话交换数字化，农话程控交换点22处，交换机总容量13888门。1996年4月，域内在全市率先实现杆线到村。12月，交换机改造工程1000线，农话净增交换机8512门。1998年，交换机扩容18576门。2000年，农话交换点22处，交换容量61824门（含戴楼永丰接入网点1处，容量512门），ISDN（线通）口1328个，虚拟网端口50组。2001年末，农村交换机容量58560门。2002年起，交换机设备与市同规，实现城乡一体化。

二、信号传输线路

城区线路 1986年，县内市话杆路长46公里，架空明线线路42对公里，电缆32.6皮长公里。1987—1989年，杆路长、架空明线线条长、电缆皮长逐年增加，分别达到62公里、33对公里、50.9皮长公里。1990年后，架空明线逐步改为通信电缆。至1993年，先后筹资1800万元，布放电缆12300对，总长69杆公里，电缆皮长达到86.9公里。

1999年3月12日至4月29日，县城共拆除通信电杆1360根，撤除架空通信电缆120皮长公里，撤除吊线115公里，铺设管道通信电缆115皮长公里，完成建设路、健康路、金湖路、园林路、衡阳路5条主干道的通信电缆入地工程。

2000年后，随着数据及多媒体通信事业的发展，单一的市话线路不再发展。

乡村线路 1986年，境内农话中继杆路长429公里，其中乡镇经营262公里；架空明线线路总长895对公里，其中乡镇经营497对公里；电缆70.3皮长公里，其中乡镇经营4.7皮长公里。1987—1993年，乡村农话线路建设仍由县局和乡镇共同经营。其特点是：杆路总长由420公里发展到513公里，其中乡镇经营从252公里减少到84公里；架空明线线路总长从879对公里上升到1000多对公里后，又逐步下降为712对公里，其中乡镇经营从486对公里上升到500多对公里后，又迅速下降到123对公里；架空电缆从77.7皮长公里快速增加到204.2皮长公里，其中乡镇经营从8.9皮长公里增加到30多皮长公里后，陡降到2.5皮长公里。

1994年，县邮电局投入资金512万元，用于农话建设，布放县城至闵桥、县城至吕良2条首套光缆共72.18杆公里，304芯线公里，使沿途的金南、金北、石油二厂等地实现传输光缆化。年底，杆路长513公里，其中乡镇经营84公里；明线线路长712对公里，其中乡镇经营123对公里；电缆204.2皮长公里，其中乡镇经营2.5皮长公里。1995年，全县拥有明线线路长712对公里，光缆115.9公里。1996年，全县农话总投资4870万元，其中杆线到村工程3760万元，共立杆26830根，布放钢绞线1048公里，铺设各种规格电缆1230皮长公里。完成杆线到村261个，到村率100%；杆线到组1402个，到组率64.6%。光缆传输工程1890路。1997年，累计立杆4.3万根，架设电缆2348.3皮长公里，全县2173个村民小组全部杆线到位。1998年，县电信局投入村杆线建设资金2亿多元，投入工日12

万多个，架设电话杆5万根、电缆5969.5皮长公里，农话放装18314号线，增长102.5%，累计36171号线。1999年起，农村电话全部实现电缆化，线路建设不再发展。2000年，县内电话主线普及率19.2%，保持全市领先。2002年，电话主线普及率32.7%，继续保持全市领先地位。2005年底，县内光缆遍布城乡，达到6500纤芯公里，形成两个2.5G传输环网。

1986—1994年金湖县农村电话线路建设统计表

表21-3-9

年份	杆路（公里）	其中乡镇经营（公里）	架空明线（对公里）	其中乡镇经营（对公里）	电　缆（皮长公里）	其中乡镇经营（皮长公里）
1986	429	262	895	497	70.3	4.7
1987	420	252	879	486	77.7	8.9
1988	464	264	964	528	64.0	8.9
1989	518	273	1014	479	68.9	19.0
1990	461	262	907	466	87.2	34.7
1991	441	268	1007	543	105.4	33.9
1992	454	84	814	123	194.2	2.5
1993	444	84	797	123	178.1	2.5
1994	513	84	712	123	204.2	2.5

说明：1995年起，农村电话开始电缆化建设，其他线路不再建设。

三、移动电话基站

1993年，县内始建移动基站。1994年1月，引进18信道美国摩托罗拉公司设备，建成移动电话基站，向用户推出移动电话业务（A网）。年底，县内移动电话实现全国联网，可“一机在手，漫游神州”。1995年8月，县邮电局投入资金79.3万元，引进8信道瑞典爱立信公司蜂窝移动电话设备，建成移动电话基站，开通移动电话B网，实现A、B网用户的全国自动漫游。

1996年12月30日，闵桥、唐港G网移动通信基站投入使用，增加信道196个，全县实现无缝隙覆盖。1997年12月，吕良、官塘G网移动通信基站建成投入使用，增加信道22个（含吕良A网8个），通信更为畅通，音质更加清晰。同时，县城A网、G网基站扩容，增加信道28个，使全县信道增加到160多个。1998年，邮政、电信分营，移动电话业务由移动公司、联通公司经营，基站由两家各自建设。（参见本篇第四章。）

四、DDN数字网、宽带

（参见本篇第五章第一节。）

第二节　电信业务

一、电　报

1986年，外发电报由县局营业厅和各乡镇邮电支局（所）接单，县局统一拍发，费用以字数计算。接收的电报，县城区的由县局全部直投，乡镇的通过电话话传、记录、核对后，由乡镇支局（所）投送。是年，全年业务量5.26万份。1988年，为金湖电报业务量的最高年份，全年8.74万份。此后，业务量有升有降，维持在7万~8万份之间。1994年，随着程控电话开通、移动电话出现、互联网被越来越多的人所接受，且覆盖范围逐渐扩大，电报的服务功能被先进的通信工具所替代，业务量陡降至4万份，仅为高峰期业务量的二分之一。此后，业务量逐年下降，投递线路与投递力量随之减少，统计数据亦被忽略不计。1998年，邮政、电信分营，电报业务划归电信局经营，由于业务清淡，至2000年，电报业务基本终止。

1986—1994 年金湖县电报业务统计表

表21-3-10　　单位：万份

年份	业务量	其中计费	年份	业务量	其中计费
1986	5.26	4.98	1991	7.91	7.45
1987	6.64	6.25	1992	8.20	7.80
1988	8.74	8.20	1993	6.90	6.40
1989	8.58	7.97	1994	4.00	3.60
1990	7.94	7.44			

说明：1995年起，电报业务不再单独统计。

二、长途电话

1986年，境内长途电话全部由人工接转，每接通一个长途电话均需填写话单，内容有接话人地点、通话起止时间、话费等，凭单与发话人结算费用。个人从营业厅发话的直接缴纳话费，单位包租的按月与之总算。全年话单业务量14.48万张，其中计费14.27万张。此后，每年平均以2万张左右速度上升。至1989年，营业门市话单20.76万张，长途直拨有权用户发展到53户，其中计费50户；出租长途电路收入2.34万元。1990年，长途直拨有权用户增加到89户，其中计费85户；出租长途电路收入2.16万元。1991年，长途直拨有权用户增加到298户，其中计费290户。1992年，长途直拨有权用户394户，其中计费户377户。1993年，长途直拨有权用户猛增至3187户，其中计费3096户。1994年，长途电话业务快速发展，除门市业务量猛增外，长途直拨有权用户也迅速增加。全年门市营业业务量达到186.5万张，是1986年的近13倍。本地计次制电话到达数（中央国营）5898户，其中计费5781户；本地计次制电话通话量（中央国营）674.8万次，其中计费653.1万次；长途直拨有权用户5789户，其中计费5761户；本地计次制电话到达数（地方国营）2760户，其中计费2710户；本地计次制电话通话量（地方国营）285万次，其中计费268.1万次。是年10月，撤销人工长途台，长途电话全部由淮阴市邮电局转接。至此，域内客户长途电话话费由微机直接储入账户，结束人工开发话单历史。

1986—1994 年金湖县长途电话人工计费业务统计表

表21-3-11　　单位：万张

年份	业务量	其中计费	年份	业务量	其中计费
1986	14.48	14.27	1989	20.76	20.40
1987	16.59	16.40	1990	23.20	22.80
1988	19.53	19.28	1991	29.37	28.89

接上表

年份	业务量	其中计费	年份	业务量	其中计费
1992	44.90	44.00	1994	186.50	182.90
1993	85.40	83.10			

说明：1995年起，长途电话人工计费业务量不再单独统计。

三、市内电话

1986年，有市内电话用户672户，其中计费641户。1987年10月，新增程控电话业务，电话号码为4位数。1988年，市话话机发展到1159部，平均每百人拥有4.1部。年末，有市话用户747户、城镇有公用电话点412处。1989年，电话话机总数发展到1247部，年末用户843户。1991年，电话机总数2151部，年末用户1573户。1992年，电话机总数2670部，年末用户突破2000户。

1993年8月8日，从上海贝尔公司购进S1240-7000门程控数字自动电话交换机开通，金湖县第一次使用6位数电话号码（原号码4位数前加“88”）。是年，去话186.5万次，完成业务总量1160.3万元（含农话）。1994年2月，县城兴起私人住宅“装电话热”，当月安装话机1600部。年底，市话话机总数6533部，列淮阴市各县（市、区）之首。

1995年，电话事业快速发展，电话号码资源不敷应用，从8月18日零时起，固定电话号码由6位升至7位（号码6位数前加“6”）并进入淮阴本地网，长途区号由“05278”（1985年开始使用）改为“0517”。是年末，全县累计有市话话机9297部，市话普及率24.2部/百人。完成电信业务总量1739.3万元（含农话），比上年增长49.9%；完成业务收入1164万元（含农话）；市话通话1065.7万次。1996年9月，开通程控数字电话交换机后，除开放一般市内电话业务外，还开放国际长途自动直拨、缩位拨号、热线服务、呼叫等待、三方通话、转移呼叫、闹钟服务、遇忙回叫、呼出限制、遇忙记存呼叫、免打扰服务、缺席用户服务、追查恶意呼叫、会议电话等10多种新的服务项目。是年，城区磁卡电话投入使用。1997年，IC卡公用电话投入使用。

1998年，邮政、电信分营，电信业务形成以市场运营为主的公司化运行格局。1999年，发展市话用户2077户，累计1.67万户。2000年，县城有公用电话1014部，其中IC卡电话199部、有人值守公话813部，市话放号3505部，累计2.02万部，市内电话机3.02万部。2001年，市内电话业务种类达到18种，即普通电话、副机及附件、无绳电话、用户交换机和集团电话、同线电话、合用电话、用户交换机或互通机、分机、中继线、专线、临时电话、公用电话、用户终端复用设备、租杆挂线、代维用户机线设备、程控电话服务项目、电话查号、移机、改名过户、代办工程、选号等。是年底，电话机总数3.59万部。2002年，公用电话遍布各镇，累计1285部，其中无人值守IC卡公话189部。7月1日，取消固定电话初装费，再次兴起个人装电话热，至翌年底，新增市话机5203部，累计4.11万部。2005年，市话业务种类发展到20种，市话电话机总数7.76万部。

1986—2005年金湖县市内电话用户统计表

表21-3-12　　单位：户（部）

年份	年末用户	其中计费	年份	年末用户	其中计费
1986	672	641	1990	1147	1085
1987	728	693	1991	1573	1507
1988	747	717	1992	2096	1986
1989	843	779	1993	3198	3081

接上表

年份	年末用户	其中计费	年份	年末用户	其中计费
1994	6533	6533	2000	30196	30196
1995	9297	9297	2001	35859	35859
1996	12069	12069	2002	41062	41062
1997	14205	14205	2003	52391	52391
1998	14619	14619	2004	74000	74000
1999	16696	16696	2005	77630	77630

四、农村电话

1986年，全县农村电话全部由人工接转，每接通一个电话均需填写话单，内容有接话人、通话起止时间、话费等，凭单与发话人结算费用。个人从邮电局（所）营业门市发话的直接缴纳话费，单位包租的按月与之总算。全年话单业务量60.82万张。此后，每年平均以4万张左右速度上升。至1989年，乡镇邮局话单72.77万张。1989年5月，孙集乡实现村村通电话；7月，金湖至孙集特高频开通。是年12月，农村电话全部实现4位电话号码半自动拨号。

1990年，全县有农话交换点33个，其中24个交换点实现农话半自动拨号，取消县局农话台，各支局（所）至中心支局之间均有1条以上人工直达电路（或迂回电路）。1992年，电信事业快速发展，域内农话全部由小微波电路更新为JKT20程控交换机，有交换点14处，其中三河支局开通程控交换机。1993年8月，相继开通农村数字电话。1995年，金北邮电支局在全县较早开通微机计时计费数字程控交换机。自此，域内农村电话话费由微机直接储入账户，结束人工开发话单的历史。年底，全乡装话机169部，比上年增加100部。是年，全县农话话机5552部，普及率1.8部/百人。1996年，实现村村通电话，并全部实现农话交换数字化。1997年，仅有210户的银集镇新胜村就新装电话50部，总装机量突破150户，全村农户电话普及率71.4%，继获“百部农话村”称号后，又被省政府列为首批省级电话村。是年，淮胜乡农民踊跃安装电话，以增加致富信息渠道。至年底，共安装程控电话1400部，占全乡总农户61%，建成苏北第一个电话乡，其中有8个村建成程控电话村。1998年，县委、县政府把电话县建设纳入年度为民办的十件实事之一，各乡镇纷纷出台补助安装电话费用的优惠政策，至12月28日，22个乡镇261个村中建成电话村221个，70207个农户中安装电话38979户，安装率56%。全县城乡固定电话用户数5.07万户，被省邮电管理局确认为“苏北地区第一个电话县”。1999年，发展农话用户7163户，累计43334户。

图21-3-3　金湖县召开建成苏北地区第一个电话县庆祝大会（摄于1999年1月）　县志办/供

2000年，全县农话放号3600部，累计49634部，农村电话机61433部。2001年末，农村固定电话增加5687部，累计67120部，继续保持全市领先地位。2002年，新增农话9146部，累计76266部。2003年后，因手机逐渐普及，固定电话用户逐年减少。2005年底，全县农村固定电话机总数83700部，比上年减少7300部。

表21-3-13

1986—2005年金湖县农村电话业务统计表

年份	年末用户（户）	其中计费（户）	通话（万张、次）	其中计费（万张）	年份	年末用户（户）	通电话行政村（个）
1986	459	431	60.82	56.85	1996	10185	—
1987	471	443	64.00	58.64	1997	17857	—
1988	508	480	68.31	61.73	1998	38979	221
1989	581	553	72.77	67.76	1999	43334	240
1990	622	594	96.15	92.27	2000	61433	261
1991	758	744	108.52	104.27	2001	67120	118
1992	1595	1545	152.90	147.90	2002	76266	118
1993	1960	1910	216.30	204.50	2003	82571	118
1994	3113	3113	285.00	—	2004	91000	117
1995	5552	5552	346.60	—	2005	83700	117

说明：1994年起，农村电话由微机计费，不再单独统计人工计费量。

五、无线寻呼（BP机）

1991年9月9日，县内首次开通数字无线寻呼业务。1994年，投资近10万元，改造无线寻呼系统，增加中文及自动寻呼功能。新增用户BP机400部，累计882部。1995年11月，投资13.3万元，引进美国摩托罗拉公司无线发射机，建成无线寻呼基站，开通128、129联网寻呼台，实现全省无线寻呼联网，完成P网扩容工程。全年新增用户BP机688部，累计1570部。1996年4月18日，县邮电局“大哥大”、BP机销售中心开门营业，至年底，BP机销售4734只，县城人口每7人拥有1只BP机。1997年发展BP机5447部，累计11751部，完成率在全省名列前茅。1998年9月2日，县无线寻呼成建制从邮电局剥离，由寻呼（联通）公司接手经营，直至2003年无线寻呼业务消亡。（参见本篇第四章第二节第二目。）

六、移动电话（手机）

1993年，发展移动电话（手机，俗称“大哥大”）用户50户。1994年，新增移动电话301部，名列全市各县之首。1995年8月，县投资79.3万元，引进8信道瑞典爱立信公司蜂窝移动电话设备，建成移动电话基站，实现A、B网用户全国自动漫游。当年新增移动电话313部，累计814部。1996年，发展移动电话620部，累计1434部。1997年发展移动电话1951部，累计3385部，名列全省前茅。

1998年，邮政、电信分营，移动电话（手机）业务由移动公司负责承办，同时联通公司也经营手机业务。（参见本篇第四章。）

七、无线市话（小灵通）

2003年，金湖大规模建设无线市话——小灵通（PHS）网络。3月1日启动建设，5月1日通过测试。随后，经多人拨打测试，县城东起造纸厂，西至工业园区，南到黎城初级中学，北临淮河路的小灵通网络，基本达到“全能打，处处通”。7月1日，金湖无线市话业务全区联网成功，并正式向集团用户放号。8月，陈桥、石油二厂网络开通，并面向城乡普通客户开放。小灵通具有呼叫转移、无应答转移、呼叫寄存、无线上网、短信息服务等功能。至年底，全县有小灵通用户5846户。2004年，小灵通用户迅速发展至21746户。2005年，小灵通用户26803户。

第四章　移动通信

第一节　中国移动

一、设施建设

1998年，金湖移动公司投资3600万元，新建城区及戴楼、金南、金沟、金北、新农、孙集、淮胜、白马湖、银集、夹沟、横桥等12座移动通信基站，扩大移动通信网络的覆盖面，全县G网移动通信基本实现无盲区。公司主要经营数字蜂窝移动电话（网139、138、137、136、135）、IP电话及国际互联网接入服务，拥有“全球通”“动感地带”“神州行”等品牌。1999年，建成移动通信基站17座，新增无线寻呼基站4座，累计11座。2000年，拥有数字网基站22座，信道总数447个。2001年末，拥有通信基站30座、信道总数1156个，形成覆盖全县、功能先进的通信网络。2002年，完成G网六期扩容工程，初步建成本地骨干传输网络。年末，拥有移动通信基站30座，信道总数1221个。2003年，完成G网六·二期扩容工程，城区新建基站1座，全面完成城域网光缆管道工程和农村接入网传输工程，年底拥有通信基站31座，信道总数1560个。2004年，拥有移动基站33座，城域网管道19.18公里。

2005年1月，在前锋镇郑圩村、金南镇南望村、闵桥镇横桥村新建光纤直放站3座，2月底工程竣工。总投资约90万元，新建杆路约14公里，布放8芯光缆17.3公里。由此，彻底解决分别位于宝应、高邮、天长边界的乡村网络盲区问题。年底，共设通信基站39座，新建城域管道1.4公里、农村传输杆路14公里。

二、业务发展

1998年，金湖移动公司发展移动电话2254部，累计4908部。1999年，净增用户2022户，累计6930户。2000年，推出短消息、呼叫转移、呼叫等待、秘书服务、语音信箱、WAP（无线应用协议，是一项全球性的网络通信协议）无线上网、IP电话等新业务，年底网上总用户2万多户。2001年初，开通无线通信与INTERNET（因特网，又叫做国际互联网）相结合的应用平台——WAP业务；6月，开办服务功能包括聊天、白板、电子邮件、文件传输等移动QQ业务；10月，开通可通过手机菜单操作，切换和选择其中任一号码进行通话的“一卡双号”业务。是年，新增客户17000户，累计3万户。2002年，新增用户1万户，总数近4万户。是年，开发动感地带套餐、17951IP直通车、信息点播、手机银行等新业务。2003年，开发WAP、百宝箱、彩信、随e行等新业务，新增客户1.3万户，总数近4.8万户。2004年，开通小灵通与移动电话实现短信互通，推出定制手机、彩铃（英文简称CRBT）、品牌可视化、随e邮等新业务。全年移动客户新增9178户，网上客户超5万户。2005年，推出号簿管家（PIM）、短号短信（VPMN）、集团业务推广等个性通信业务。通话用户新增8710户，总数5.68万户。全年实现运营收入3286万元。

第二节　中国联通

一、设施建设

1999年，江苏国信寻呼有限公司淮阴分公司金湖经营部（江苏国信通信有限公司金湖经营部）通过招商引资，新增无线寻呼基站4座，累计11座；10月，建设130摩托罗拉移动基站13座（包含县供电局、县广电局、县邮政局、吕良集镇、闵桥集镇等基站），地理区域信号覆盖率在80%以上，较好地启动130网移动电话市场，130网络通信能力和服务质量得到充分提高，初步树立联通130品牌形象。2000年，在县城新建主营业厅2个（建设路263号、园林路197号）。2001年，新建GSM基站26座，信号覆盖县域90%以上，通信能力和质量大幅度提高。2002年，CDMA133网络一期工程建设基站7座，信号覆盖全县95%的区域。2003年，加速GSM七期工程和CDMA二期工程建设，累计投入2000万元，新建塔集、银集、前锋、新农、工业园区基站，完善网络覆盖，提高通信质量，特别是CDMA1X网络的开通，实现CDMA独特的网络优势。至年底，共有GSM基站23座、CDMA基站15座，初步建成域内骨干网络。

2004年11月，江苏联通举办“千金测试网络，联通承诺更好”活动，向CDMA客户有奖征集盲点信息。活动期间，在金湖境内未发现一处盲点。年底，全县共有GSM基站28座、CDMA基站26座。2005年，加快CDMA三期工程建设，新建金沟、复兴圩、唐港基站。至年底，全县共有GSM基站32座、CDMA基站29座。

二、业务发展

1998年9月，江苏国信寻呼有限公司淮阴分公司金湖经营部发展无线寻呼用户3263部，累计15014部。1999年开展市场调研，强化市场营销，完善分销网络，挖掘众多潜在用户，发展分销商30余户，较好地启动移动电话市场，年末累计发展无线寻呼用户15014户。2000年7月，增开198、199国网寻呼，10月开通“股讯通”，域内寻呼业务得以稳定发展。

2001年，主要经营GSM和无线寻呼业务。在做好分销商工作的同时，积极发展集团用户，同时开通农业银行、工商银行、邮政储蓄、建设银行4家金融单位代收费，使用户缴费、充值更为方便，130业务得以迅速发展。开展短消息信息传递、联通在线、呼叫转移、呼叫保持、“超级大赢家”短消息有奖答题游戏、小区广播等业务。至年底，全县130网上用户1.2万余户。同时，增加扩大无线寻呼业务，推出无线寻呼业务种类有区域网126、127，省网128、129，国网191、192、198、199，先后与县电信局联合开展装电话赠寻呼机、名牌寻呼机大优惠活动，同时开发特色寻呼，如冠名呼、如意呼、农业信息机等，调动用户积极性，全年新增寻呼机用户6000余户。2002年引进CDMA（英文全称为Code Division Mutiple Address）技术，手机的通信质量显著提升。至年底，新增130、131用户1.4万户，133用户2000户，在网寻呼用户3000户，网上用户累计达2.5万户，市场占有率38%，发展速度位居全市同行榜首。

2003年，新发展分销商9户，集团用户36户。推出如意信箱、10158短信听、来电宝、联通秘书等项新业务，新增130、131用户1万户，133用户3100户，网上累计用户3.02万户（其中GSM130、131用户2.5万户，CDMA133用户5200户）。是年，因手机用户迅速发展、手机功能越来越多，无线寻呼（BP机）逐渐失去市场，遂停止发展，128、129寻呼网撤销。2004年，推出“uni”增值、世界风、集团综合新业务，全年新增G网用户0.86万户、C网用户0.16万户，网上累计用户达4.89万户（其中GSM用户4.25万户、CDMA用户6400户）。2005年，推出如意商务卡、掌中宽带新业务，全国漫游随时随地使用。全年新增用户8000户，累计达到5.69万户，营业收入1881万元。

1999—2005年中国联通有限公司金湖分公司设施、业务统计表

表20-4-14

年份	职工（人）	网点（个）	基站（个）		用户（户）	营业额（万元）
			GSM	CDMA		
1999	3	2	13	—	15041	305
2000	3	2	13	—	15260	211
2001	15	32	20	—	16589	1186
2002	15	34	20	7	25000	1456
2003	25	41	23	15	30200	1588
2004	30	48	28	26	48860	1726
2005	30	47	32	29	56860	1881

第五章　互联网

第一节　电信网

1995年11月，县邮电局投资58万元，引进美国DSC公司CP4000节点机，于12月15日建成开通DDN（字数据网），并进入省DDN网。该网可在距县局半径5公里区域内，提供8个V.35同步数据专线用户及20个V.24同步数据专线用户入网。1996年，又开通计算机互联网。公众分组交换网和公众数字数据网建成后，电信网在传统的传输话音基础上，能高质量地进行数字通信。同时，向用户提供加入国际互联网的通道，满足用户利用数据通信网组建银行通存通兑系统、传送电子报表、收发电子邮件、建立互联网站等需求。1998年，电信网初步实现交换数字化、传输光缆化。年底，全县共有数据通信用户40户、因特网用户151户、多媒体用户近200户。

1999年，数据通信业务快速增长，上网账号用户、"一线通"用户开始出现，因特网用户发展到1169户，增长速度居淮阴市各县（市、区）之首。9月，金湖县信息港湾（亦称"政府上网工程"）建成使用，共投资80多万元，59个县级单位、22个乡镇全部上网，89个国有企业及利税500万元以上的65个非国有企业在网上发布信息。分别被评为全市最佳和全省优秀政府站点。2000年，因特网用户发展到3278户（其中603家企业在因特网上安家），上网账号用户发展到3278户，"一线通"用户发展到143户，数据基本用户发展到73户。年底，由县电信局投资，运用以太网接入技术建设的淮安市首家宽带信息网在县行政中心建成开通。县电信局购置2台29系列CISCO交换机、1台21系列路由器，预放五类线进行综合布线，工程总投资约50万元。此宽带信息网的建成，为县行政中心因特网接入用户提供2M宽带，上网速率比拨号上网增加数百倍。

2001年7月20日，县电信局在县城范围内开通ADSL宽带网络。至此，全县形成县城以FTTX+LAN（主要面向大中型客户）和ADSL（面向相对零散的客户）互补的宽带接入方式为主、农村以ISDN准宽带接入方式为主的宽带通信网络。是年，数据及多媒体通信业务快速发展，新增"一线通"用户61个、拨号上网用户2591个、FTTX+LAN接入宽带用户23个、开通ADSL用户95个，城乡

百人上网普及率1.6%。

2002年，继续加快数据及多媒体通信业务的发展，县城建成以ADSL和FT-TLAN接入方式为主、农村以ADSL和ISDN接入方式为主的电信宽带网络，建成以电信骨干网为主体的信息高速公路。全年新增宽带用户675户，累计853户。2004年，新增宽带用户近5000户，累计近8000户。2005年，城乡宽带用户逾万户，宽带用户占电话用户渗透率超过10%。

第二节　广电网

2000年，县广电局投资550万元，始建广播电视宽带信息网，2001年4月底开通运行。至是年底，广电宽带网发展视频用户337户、集团计算机联网用户3户。2002年，县广电局以原有广播电视宽带信息网为基础，与浙江华立集团采取伙伴合作方式，成立金湖广电宽带数据有限公司（简称金湖广电宽带），经营城区宽带网业务。总投资1150万元，注册资本200万元，华立集团占49%股份，县广电局占51%股份。12月18日，公司挂牌运营。内设机构为总经理室、综合部、财务部、市场部、BDC中心，共有职工19人，位于建设路58号，主营业厅1个。是年，投资100余万元，铺设县工业园区内有线电视宽带线路，并全部作入地处理，发展个人用户540户、集团用户108户。2003年，在全市首家开通党政机要网，发展个人用户385户、集团用户34户。

2004年，加快城区宽带网络全覆盖工程建设，先后建成水上新村、大兴村、城南小区、原化肥厂等处光接点19个，改造光接点25个，城区光接点总数48个，宽带网络覆盖率100%。基本实现光纤到楼幢，到户一律采取五类线接入。农村光缆直达11个镇和中心集镇。是年，开通保险、公安、金融等系统专线，新发展个人宽带用户1102户、集团用户12户，累计1686户。

2005年，广电宽带与CHINANET、CHINAGBN、CERNET、CSTNET（中国公用计算机互联网、中国金桥信息网、中国教育与科研网、中国科学技术网，合称为中国四大骨干网）的主干节点都有高速链路互联互通，拥有多条独立高速国际出口链路出口。可提供多种网络业务，包括个人、集团宽带接入、VPN（英文全称：Virtual Private Network　虚拟专用网络）、VLAN（英文全称为Virtual Local Area Network，虚拟局域网）及各项IDC（英文全称为Internet Data Center，互联网数据中心）业务，并结合SDH（英文全称为Synchronous Digital Hierarchy，同步数字体系）技术可在全县范围内提供通信电路出租业务。全年新增个人、集体用户426户，累计用户2112户。

第六章　信息服务与管理

第一节　政府门户网站

1999年9月，“中国·金湖”网站（金湖县政府网站，域名：WWW.Jinhu.gov.cn）开始建设，当年开通运行。设有《政府之窗》《地方特色》等12个栏目，其中《政府之窗》栏目又包含领导致词、政府机构、招商引资、地区概况、乡镇风貌、发展规划等内容，有图片1586张、文字132万字，总信息量62兆。2000年，在全省县（市）级政府门户网站评比中获得优秀政府网站称号。2002年，网站改版，采用数据库+ASP动态管理模式，并可随时开辟信息专栏。

2003年，网站设有首页和《领导致辞》《县长之窗》《透视金湖》《招商指南》《观光旅游》《政府机构》《乡镇站点》《金湖农情》《便民便企服务》等10余个栏目，《企业之窗》《人才就业》等20余个子栏目，容纳信息百余页。

2004年，政府网站划入县信息中心管理。针对政务信息公开和资源整合不充分、服务和办事功能薄弱等问题，根据政府网站标准化要求，对县政府门户网站进行全面改版，新设置《透视金湖》（介绍金湖人文、地理情况及政治、经济发展情况）、《招商引资》（介绍金湖招商政策、投资环境、招商项目、招商服务程序等）、《政策法规》（介绍金湖重要政策文件、法律规范）、《企业服务》（介绍为企业发展全方位服务的项目、内容、程序）、《便民服务》（介绍为百姓日常生活便利提供服务的部门、项目、内容）、《专题》（对金湖重大政治经济活动的集中性报道）等栏目。同时，在服务器基础上扩建成含防火墙、数据库服务器、专用UPS电源保障系统的全新电子政务平台，实现公文网上流转、行政审批、信息发布三大办公自动化功能。网站当年改版当年投入运行。

2005年7月20日，县政府与淮安电信分公司在全市率先达成组建电子政府网协议，由市电信部门投资1600万元对境内电子政务内网进行建设。8月18日，县印发《金湖县电子政府网建设方案》，启动工程建设，明确“建成全县政府工作内网，与政府外网配合，架构政府电子工作交流平台，为实现全县办公效率的提高奠定网络基础”的组网目标。建成后，实现与省、市电子政务网对接。年内，首批187个单位陆续割接上线。参与组网单位可通过电子政府网实现电子邮件、公文交换、综合查询、信息上报、公告发布、号码查询、任务查询、县长公文处理、网上审批、因特网接入服务等多种信息化功能。县信息中心安排专职人员做好“中国·金湖”网站建设维护工作，开设《领导信箱》《在线网谈》《来信回复》《投诉举报》《网上建议》《网上评议》《网上听政》等栏目。是年，“中国·金湖”网站点击量共100余万次，最高日点击量3万余次。

第二节　公众信息服务

农业信息网　2000年3月，县农业局添置微机等设备，建立金湖农业信息网站（http://www.jhagri.gov.cn/）。设有《金湖农业》《农业园区》《明星乡站》《名特优新》《招商引资》《当前农事》《植保信息》等10多个栏目，并与中国农业网、省农业信息网等联网。当年共收集整理国内外农业新技术、新品种、新材料和农副产品供求等信息300多条，为县内农业生产组织向外发布信息120多条。2001年，加强软硬设施建设，添置交换机、网络交换器、管理机等设备，增设《产品介绍》《农产品市场》《生态农业》《农业论坛》《企业之窗》等栏目。网站全年共接访4万余次，下载实用信息2500条，上网发布县内农产品供求信息5250条，收到反馈信息2500余条，达成网上交易60项，实现交易额0.55亿元，为域内发展网上农业打下良好基础。2005年，初步建成以县农业信息中心为主体，涵盖各镇及场圃、农业龙头企业的农业信息网络体系，从业人员80人。全年编报《金湖农业》《金湖植保信息》《农产品安全检测周报》110期，发布农业技术、农业生产资料、农产品市场信息等2000余条。

防汛防旱信息网　2000年，县水利部门针对域内水利工程多、范围广、任务重的实际，经过争取，省、市主管部门将防汛微波通信网络工程项目列入全县年度防汛岁修工程实施，筹资30万元，购置无线微波接力机，88门容量数字程控交换机以及分机建立防汛防旱网。该网络建成后，与省水利厅、市水利局、县政府及县防汛防旱指挥部联网，进一步提高水情调度、汛情报告、防汛应急速度及抗灾能力。

国税征管网 2000年，县国税局投资35万元，购买服务器、计算机及相关辅助设备，配齐硬件并培训人员。11月，域内个体“双定户”（定期缴纳定额税款）均实行预储税款、划卡缴税。县国税局与县农行、纳税户签订电子申报征缴三方协议。年底，有700多个企业实行网上申报纳税。此后，逐步形成以计算机网络集中征收税款的征管模式。

新型合作医疗网 2004年，境内采用MPLS-VPN方式组建新型农村合作医疗网，委托县人寿保险公司网点兑付保险费业务，规范基金管理运作。各镇设补助点，并配备电脑、电话等办公设施，让参保者不出镇就可得到补助。是年，全县参保率90.4%，到位资金630万元，共为3062位参保者平均每人补助1604元。2005年3月，鉴于人寿保险公司承办的参保农民医疗费用兑付网络开通后运行稳定、服务到位，县卫生局决定进一步扩大网络范围，县电信局提供网络支撑和服务，将全县各医院终端接入卫生局的合作医疗服务器，同时接入劳动局医疗保险网络，实时传输合作医疗住院病人有关信息、费用结报信息、医院管理信息等，进一步完善农村合作医疗服务电子网。

“校校通”工程网 2005年8月，县电信局与县教育局联手，结合县域实际规划全县“校校通”工程组网方案并快速实施。9月，全县“校校通”工程50所学校的综合布线工作全面竣工，省教委“校校通”工程验收组对工程网建设进度和质量进行现场查验，给予较高评价。11月4日，全市教育系统在金湖召开“校校通”工程现场会。

第三节　无线电管理

1986年，金湖无线电管理工作主要是对无线电频率台站进行普查登记，掌握无线电台站基础资料，开展无线电台站核查及执照年审工作，建立更换、报废及年检制度。对新设立无线电发射设备进行检测，对无线电信号特征数据进行监测记录等。1987年，县政府办公室明确秘书1人负责无线电管理工作。20世纪90年代，增加对公众移动通信基站的检测，对使用频段进行监测。1991年，批准县人民广播电台增设自办调频广播节目。是年8月，县委、县政府使用的防汛指挥电台经淮阴市无线电管理委员会批准开通。1992年，批准县邮电局开通数字无线寻呼。1995年8月，批准移动电话B网开通。2000年后，开展对非法生产、销售、设置、使用无线电设备整治活动，规范无线电设备生产、使用行为，建立生产、销售许可制度。2003年3月，批准“中国·金湖”网站开通。2004年8月，县无线电管理科与县信息办（中心）合署办公。